2006

# 中国工业经济年鉴

# China Industry Economy Yearbook

（上卷）

中国工业经济联合会
中 国 工 业 报 社 编

中国财政经济出版社

**图书在版编目(CIP)数据**

中国工业经济年鉴.2006/中国工业经济联合会，中国工业报社编.—北京：中国财政经济出版社，2006.9

ISBN 7-5005-9270-1/F·8049

Ⅰ.中... Ⅱ.①中... ②中... Ⅲ.工业经济-中国-2006-年鉴 Ⅳ.F42-54

中国版本图书馆 CIP 数据核字(2006)第 087371 号



中国财政经济出版社 出版

URL:http://www.cfeph.com.cn

E-mail:cfeph@cfeph.cn



社址：北京海淀区阜成路甲 28 号 邮政编码：100036

读者电话：010-88190973

北京雷杰印刷有限公司印刷 各地新华书店经销

开本：880×1230 毫米 16 开 83.375 印张 2 668 000 字

2006 年 9 月第 1 版 2006 年 北京第 1 次印刷

定价：480.00 元

ISBN 7-5005-9270-1/F·8049

（图书出现印装问题，本社负责调换）

# 《中国工业经济年鉴》特邀编委名单

(按姓氏笔画排序)

# 《中国工业经济年鉴》编辑委员会

# 编辑说明

继《中国工业经济年鉴·2005》首次出版发行之后，经过近一年的资料搜集和编辑加工等项工作，《中国工业经济年鉴·2006》如期与读者见面。这本由中国工业经济联合会和中国工业报社联合编纂的年鉴始终遵循真实的原则，力求成为记录年度中国工业经济运行状况的权威性资料。

本书所采用的数据，由国家统计局根据2005年月报整理归纳组成；"综合篇"稿件由中国工业经济联合会和国家统计局提供；"行业篇"稿件由相关工业行业协会提供；"地方工业篇" 稿件由地方工经联及国家统计局提供；"行业点评"和"工业行业主要数据"由中国工业报产业形势研究室和国家统计局联合分析制作；"专题研究"由中国工业报社编辑部提供；"大事记"由中国工业报总编室整理。

2006年中国工业行业排头兵企业名单由中国工业报社产业形势研究室根据国家统计局按国民经济法人单位产值销售额计算，行业前五名的企业为行业排头兵，共计2235家，仅供参考。

本书在编辑出版过程中，得到下列单位的大力支持：中国煤炭工业协会、中国石化工业协会、中国电力工业协会、中国钢铁工业协会、中国有色金属工业协会、中国建材工业协会、中国机械工业联合会、中国轻工业协会、中国纺织工业协会、中国食品工业协会、中国电器工业协会、中国农业机械工业协会、中国内燃机工业协会、各地方工业经济联合会等，在此一并表示衷心感谢。在此，我们很荣幸地告诉大家，《中国工业经济年鉴·2005》，获得了由中国出版工作者协会年鉴研究会组织评选的编校质量特等奖。

由于时间紧迫、经验不足，在编辑《中国工业经济年鉴·2006》过程中，难免有疏漏之处，敬请广大读者、业内专家提出建议并批评指正，我们将致力于完善，让来年的《年鉴》更上层楼。

联系电话：(010)68321348

电子邮件：qyllb@126.com

**中国工业经济联合会　中国工业报社**

**二〇〇六年九月**

# 目录

## （上卷）

## 综合篇
### ——2005 年中国工业概况



## 行业篇
### ——2005 年中国主要工业行业运行概况

目录



## 地方工业篇
## ——2005 年中国主要地区工业运行概况

## 行业点评

# 目录



## 重点领航企业风采篇（上）

目录

目录

目录

# 目录

（下卷）

## 重点领航企业风采篇（下）

目录

# 目录

# 目录

## 工业行业主要数据

目录

# 目录



(以上数据由国家统计局提供)

## 政策法规

目录

目录



## 专题研究

目录

# 目录



## 大事记



## 附 录

China unicom 中国联通

# 中国联合通信有限公司

让一切自由连通

董事长：常小兵

总　裁：尚　冰

中国联合通信有限公司（以下简称中国联通）经国务院批准于1994年7月19日成立，是一家具有多元股权结构的有限责任公司。公司注册资本163亿元，其中国家资本金占79.7%，其余13家股东占20.3%。经过十余年的建设和发展，中国联通从零开始迅速成长为我国电信市场的竞争主体之一。公司建成了大规模综合通信网，通信能力不断增强，GSM和CDMA移动通信网络覆盖全国，多业务统一网络平台具有国际领先水平。公司拥有世界上最大的CDMA移动通信网、世界第三大移动电话用户群和世界第二大CDMA用户群。截至2005年底，公司总资产达到2260.9亿元，净资产达到902.8亿元，移动电话用户总数超过1.29亿户，用户市场占有率达到33%，在国内电信市场的收入份额为13.4%。中国联通的发展与壮大，促进了电信竞争，繁荣了电信产业，改善了电信服务，对我国电信行业综合竞争能力的提高做出了积极的贡献。

2005年，中国联通基于市场变化并结合企业自身实际，按照科学发展观的要求，坚持理性、务实、积极的策略，坚持市场导向，加快有效发展；控制投资规模，提升投资效益；加强基础管理，提高执行能力，努力实现公司发展模式由数量规模型向规模效益型的转变。公司继续保持了稳健发展的良好势头，G、C两网有效发展，GSM业务稳中有升，CDMA业务快速发展；收入持续稳定增长，成本控制取得明显成效，效益水平进一步得到改善，公司发展迈出新的步伐。

2005年中国联通各项业务稳健发展，主营业务收入稳定增长，效益水平逐步改善。全年累计完成主营业务收入777亿元，同比增长7%。累计净增移动电话用户1596.2万户，用户总数达到1.29亿户，移动电话用户市场占有率达到33%。其中，净增GSM用户1081万户，用户累计达到9587.9万户；净增CDMA用户515.2万户，用户累计达到3346.5万户。移动增值业务发展迅速，计费短消息使用量累计达到550亿条，同比增长24%，掌中宽带用户达到71万户，炫铃用户达到2204万户，互动视界用户达到1468万户。公司IP电话和193长途去话累计时长分别达到147.3亿分钟和104.8亿分钟，同比分别增长5.6%和3.7%。

2005年，中国联通贯彻落实"走出去"战略，凭借综合实力获得澳门特区政府颁发的CDMA牌照，并成立联通（澳门）公司，于10月18日顺利开通运营澳门CDMA网络。公司成功发行了100亿元短期融资债券和实施CDMA资产证券化，进一步拓宽了融资渠道。中国联通积极响应政府号召，完成了10个省共计4631个行政村的"村村通电话"工程，超过任务数557个，超额完成"村村通电话"工程建设任务。同时，充分发挥技术和业务优势，积极服务信息化建设，中国联通四川分公司"天府农业信息网"荣获联合国"世界信息峰会大奖"。在技术上不断开拓创新，公司ATM+IP统一多业务网络平台荣获国家科技进步一等奖。2005年9月，中国联通为中科院可可西里地区科考活动提供了价值2000多万元的CDMA网络BTS高原越野基站车和高原卫星应急通信车，为科学考察提供全程通信保障，为我国的科学考察事业和世界自然生态环境科学研究的进展作出了巨大贡献。

（左）中国联通澳门CDMA网络正式开通

（右）天府农业信息网获联合国信息峰会大奖

国家电网
STATE GRID

党委书记、总经理

## 公司简介

国家电网公司成立于2002年12月29日，是经国务院同意进行国家授权投资的机构和国家控股公司的试点单位。公司作为关系国家能源安全和国民经济命脉的国有重点骨干企业，以投资建设运营电网为核心业务，为经济社会发展提供坚强的电力保障。公司注册资本金2000亿元，经营区域覆盖26个省、自治区、直辖市，覆盖国土面积的88%以上。公司实行总经理负责制，总经理是公司的法定代表人。

截至2005年末，公司资产总额11767亿元，资产负债率61.96%，共有220千伏及以上输电线路195899千米，变电容量61664万千伏安，直接管理员工150.2万人，直接服务客户1.28亿户。

2005年，公司售电量14646亿千瓦时，主营业务收入7214亿元，利税604亿元，利润总额144亿元。公司2004年收入位列2005年《财富》杂志公布的全球企业500强第40位。

责任目标

**发展公司**

**服务社会**

责任准则

**以人为本**

**共同成长**

机器人带电清扫变电设备

500千伏输电线路长江大跨越

750千伏输电线路

东北电网大扰动试验

500千伏输电线路在施工中

地址：中国北京市西城区西长安街86号　　邮编：100031
电话：86-10-66598109　　传真：86-10-66598138
http://www.sgcc.com.cn

Beijing 2008
国家电网
STATE GRID
北京2008年奥运会合作伙伴
OFFICIAL PARTNER OF THE BEIJING 2008 OLYMPIC GAMES

中国华能集团公司
CHINA HUANENG GROUP

中国华能集团公司是经国务院批准成立的国有重要骨干企业，是国家授权投资的机构和国家控股公司的试点。

公司注册资本200亿元。主要从事电源的开发、投资、建设、经营和管理，电力（热力）的生产和销售，信息、交通运输、新能源、环保相关产业及产品的开发、投资、建设、生产、销售、实业投资经营及管理。

截至2005年底，华能在全国23个省市拥有运营的全资、控股电厂76个，总装机容量4321.4万千瓦，资产总额2269亿元。

华能根据国民经济发展规划、国家产业政策以及市场需求，明确了“十一五”的发展目标：到2010年，公司所有企业达到资源节约型企业标准的要求，各项能源、资源水泵指标和排放指标达到国内领先、国际先进水平；装机容量超过8000万千瓦，总资产超过4000亿元人民币，销售收入超过1400亿元人民币，进入世界企业500强，将建设成粮食作以电为核心，煤为基础、电煤路港运一体化的跨国能源集团。

# 核心价值观

坚持诚信　注重合作

不断创新　积极进取

创造业绩　服务国家

Beijing 2008

中国石化
SINOPEC

北京2008石化合作伙伴
PETROCHEMICAL PARTNER OF BEIJING 2008

# 中国石油化工

中国石油化工集团公司（以下简称中国石化）是1998年国家在原中国石油化工总公司基础上重组成立的特大型石油石化企业集团，是国家独资设立的国有公司、国家授权投资的机构和国家控股公司。中国石化作为上下游、内外贸、产销一体化的特大型石油、石化公司，拥有油气勘探开发、石油炼制、成品油批发、销售和石油化工等主营业务。中国石化在《财富》2004年度全球500强企业中排名第31位。

2005年中国石化坚持以市场为基础，以效益为中心，强化安全环保管理，不断扩大资源、开拓市场、降本增效，尤其是努力克服各种困难，坚持炼油满负荷生产，精心组织成品油调运和购销，保障市场供应，生产经营和经济效益实现了新的增长。全年新增探明石油储量2.21亿吨、探明天然气储量1910亿立方米，生产原油3927万吨，天然气63亿立方米，同比分别增加1.7%和7.2%，加工原油1.49亿吨/年，增长5.2%，生产乙烯550万吨，增长29.2%；国内销售成品油1.05亿吨，增长10.5%。全年实现利税1099.57亿元，增长16.74%，其中实现利润557.36亿元，增长28.93%。

2005年中国石化坚持以结构调整为主线，走以内涵为主的发展道路。体现突出主业，严谨投资，保持了比较稳健的资本结构。川东北、塔河等油气勘探获得一批重要发现，塔河、鄂尔多斯等油气产能建设如期完成。扬子、金陵等炼油化工改造投产，茂名乙烯、广州炼油等改造进展顺利，新增加油站1000多座，1.3万座加油站实现联网刷卡加油。仪征－长岭原油管道和西南、鲁皖成品油管道全线或分段建成投用。扬巴、赛科两大中外合资乙烯项目顺利投入商业运行，青岛炼油、福建炼化等新建项目开工建设，一批海外油气资源项目和石油石化工程项目取得重要进展。

中国石化环境保护工作的基本情况：中国石化长期致力于追求安全、环境与健康的协调发展，恪守社会承诺，认真贯彻执行“安全第一、预防为主、全员动手、综合治理、改善环境、保护健康、科学管理、持续发展”的HSE工作方针，积极开展各项工作。2005年，以“完善制度、练好功夫、打好基础、落实问责”为中心，强化企业基础工作，进一步提高了企业整体的环保管理水平。

中国石化在发展经济、使国有资产保值增值的同时，主动履行自身的社会责任，不断回报社会。认真遵守国家的法律法规，严格做到新改扩建项目的环保“三同时”，实行HSE一体化管理，推行清洁生产，积极开展污染治理，取得了较好的成效。2005年与2000年相比，在工业总产值（以1990年不变价计算）增加51.5%的情况下，外排COD量减少27.5%，外排废水达标率达提高4.8个百分点；万元产值排COD量下降50%。

地址：中国北京朝阳区惠新东街甲六号
邮编：100029
电话：86-10-64999249
传真：86-10-84645710

# 集团公司

完善制度、练好功夫、
打好基础、落实问责

安全第一、预防为主、全员动手、综合治理、
改善环境、保护健康、科学管理、持续发展

奉献能源　创造和谐

中国石油

中国石油天然气集团公司是根据国务院机构改革方案，于1998年7月在原中国石油天然气总公司的基础上，重组设立的特大型石油石化企业集团，是国家独资的国有公司和国家授权投资的机构、国家控股公司，也是国内最大的石油天然气生产商和供应商。公司的业务涉及油气勘探开发、炼油化工、管道运输、油气产品销售、石油工程技术服务、石油机械加工与装备制造、海外油气业务、石油科学研究等。截止到2005年底，公司资产总额达11665亿元，所有者权益7374亿元，负债率为30%，全集团职工总数为107.8万人，全员劳动生产率为32万元/人。2005年，公司在国内外生产原油12598万吨、生产天然气395.7亿立方米，加工原油11541万吨，生产成品油7434万吨；全年完成销售收入6720亿元，实现利润总额1756亿元、税费1410亿元，为历史最好水平，经济效益和规模实力在全国大型企业中保持领先地位。公司在《财富》杂志全球500强最新排名中位居46位，在美国《石油情报周刊》公布的世界最大50家石油公司排名中连续四年位居前十位，在美国《商业周刊》首次评选的“亚洲150家最佳企业”排名中位居第2位。

www.cnpc.com.cn

# 中国海洋石油总公司
CHINA NATIONAL OFFSHORE OIL CORP.

## 中国海洋石油总公司（CNOOC，简称中国海油）

是中国三大国家石油公司之一，成立于1982年，注册资本500亿元人民币，总部位于北京。依据《中华人民共和国对外合作开采海洋石油资源条例》，负责在中国海域对外合作开采海洋石油及天然气资源。20多年来，中国海油以国际化发展为基本宗旨，在对外合作中成长壮大，经过不懈的探索努力，实现了高速高效发展，成为全球最大的油气勘探开发公司之一，在国际石油大家庭中的排名不断提升。

历经多年发展，中国海油已由原先单纯从事油气开采的纯上游公司演变为主业突出、产业链完整的综合型企业集团，形成了油气勘探开发、专业技术服务、综合服务与新能源、化工化肥炼化、

# 一流的能源公司

天然气及发电、金融服务等六大板块，企业的综合竞争力持续增强。

2005年，中国海油经营业绩创历史新高。油气总产量实现3900万吨，销售收入888.8亿元，利润总额达到387.7亿元，净利润191亿元，纳税额为180亿元，总资产达到1914.3亿元，净资产达到1054.7亿元。公司各项经济指标在中央企业排名中保持了继续上升的势头，其中，利润总额居第4位，销售收入居第16位，资产总额居第11位。

凭借良好的发展业绩，中国海油的国际影响力亦得到大幅提升。中国海油在国际资信评级中继续保持了国内企业的最高级，标准普尔评级为A-，穆迪评级为A2。在2005年美国《福布斯》杂志公布的“亚洲企业50强”排名中，中国海油列第8位。

**中国海油将紧紧抓住新世纪前20年的重要战略发展机遇期，致力于推动企业的全面、协调、可持续发展，以较快的发展速度、较强的盈利能力和较好的发展质量在2008年建成具有国际竞争力的能源公司，全面建成现代企业制度。在此基础上，建设一个国际一流的能源公司。**

# 大庆石油管理局

大庆石油管理局办公大楼

大庆石油管理局是中国石油天然气集团公司的全资子公司，位于中国东北的黑龙江省大庆市，是以油气勘探、开发、石油化工、油田建设等石油工程技术服务为主，加速向新经济领域迈进的特大型国有企业集团。企业下属12个集团，9个专业公司，7个直属单位，共有职工11.6万人。

大庆石油管理局始终致力于谋求企业在市场中的可持续发展，肩负着党中央、国务院的殷切期望和继承大庆油田辉煌历史的重任，坚持以“三个代表”重要思想为指导，继承和发扬大庆精神、铁人精神，并以此培育和造就了一支具有较高素质和过硬作风的员工队伍，从而全面推进二次创业。面对新时期新阶段企业改革发展的艰巨任务，大庆石油管理局明确了“发扬大庆精神，搞好二次创业，实现持续发展，再铸企业辉煌”的二次创业战略方针，提出了本世纪头20年的长远目标规划和新的战略组合，为今后发展搭建了战略平台；坚持以大庆精神、铁人精神为灵魂，与时俱进，不断赋予新的时代内涵，构建了富有时代特色的企业文化，并全面实施文化塑造工程，员工整体素质进一步提升，发展

地震施工

钻井施工

油气化工

的力量进一步凝聚；坚持“三老四严”光荣传统，充分发挥技术装备优势，尽心尽力为国内外用户提供真诚服务；立足于提升市场竞争力，切实深化改革，大力推进经济结构战略性调整，加快企业内部资源整合，优化资源配置，着力打造钻探集团、建设集团、电力集团、化工集团、装备制造集团等12个具有较强市场竞争能力的集团企业，加快建立适应市场的新体制、新机制，企业走上了持续健康发展的轨道。

大庆石油管理局党政领导班子

新时期，面对经济全球化的机遇和挑战，大庆石油管理局提出“逐步建成以石油工程技术服务为主、加速向新经济领域迈进的国内一流的社会主义现代化企业和全面实施国际化经营的现代企业集团”的奋斗目标。大庆石油管理局正在以崭新的形象阔步前行于“创建百年油田、搞好二次创业”的辉煌征程上……

发扬大庆精神、铁人精神，遵守“奉献能源，创造和谐”的企业宗旨，秉持“诚信、创新、业绩、和谐、安全”的企业核心经营管理理念，发展中的大庆石油管理局竭诚为您服务！

大庆石油管理局在中央企业企业文化建设研讨交流会上做典型经验交流

**诚信、创新、业绩、和谐、安全**

管道施工

油田发供电

装备制造

# 持续有效发展
# 创建百年油田

大庆油田有限责任公司办公大楼

大庆油田有限责任公司

大庆油田有限责任公司是中国石油天然气股份有限公司的全资子公司，以石油、天然气勘探开发为主营业务。2000年1月1日注册成立，注册资本475亿元，资产总额858亿元。下属勘探开发、技术服务、科研设计和产品销售等厂（分公司）23个，现有员工9万多人。

“十五”期间，大庆油田有限责任公司以科学发展观统领全局，从确保国家石油能源战略安全、推进小康社会建设促进和谐社会发展的高度，提出“持续有效发展，创建百年油田”战略，完成产量战略性调整，进入新一轮高产稳产开发期。

企业荣誉

“十五”期间，大庆油田有限责任公司先后被评为中央企业先进集体、全国“重合同守信用”企业、全国模范职工之家、全国石油和天然气开采行业十佳企业、全国企业文化建设先进单位，荣膺全国“最有影响力企业”榜首，公司董事长、总经理王玉普荣获2005年度全国“最受关注企业家”、“中国品牌建设十大杰出企业家”称号。

取得进口俄罗斯石油的经营权，进入国际石油贸易市场。

发现我国东部第一大气田——庆深气田。

完善先进的科研创新体系，

建成具有国际水平的五个研发基地。

## 油田开发达到世界领先水平

注水开发技术、聚合物驱油配套技术、三元复合驱油技术达到世界领先水平，建成世界上最大的三次采油基地。五年为国家生产原油2.4亿吨，年均油气当量保持在5000万吨水平。

## 发现我国东部陆上第一大气田

2005年，提交天然气探明储量1000多亿立方米，所发现的庆深气田是目前我国东北地区最大的天然气藏，对于平衡和改善我国天然气资源宏观布局具有重要意义。

## 打造了一流的石油骨干企业

连年荣登中国纳税百强榜首。“十五”期间，累计实现销售收入5840亿元，利税总额4795亿元，其中，2005年销售收入和利税总额均突破千亿元。

## 自主创新能力显著增强

“十五”期间，共取得科技成果577项，发明专利143项，有4项科研成果获得国家科技进步奖，企业核心竞争优势显著增强。

## 形成内外并举的发展新格局

成功收购蒙古国的三个开发区块，实现海外市场由技术服务向独立勘探开发的历史性跨越。取得进口俄罗斯石油的经营权，实现由单纯油气生产型企业向生产、贸易型企业的转变。

## 铸就了享誉中外的优秀文化

大庆精神、铁人精神和大庆优良传统成为中华民族的宝贵精神财富，创出享誉国内外的大庆品牌，为创建百年油田提供了强大的精神动力。

# 责任承载希望　发展托起未来

大庆油田公司继续以忠诚回报祖国，以发展践诺使命，大力推进创建百年油田战略，实现油田开发技术走在世界石油工业的前列，油气勘探技术走在国内同行业前列，经营管理水平走在国内同行业的前列，精神文明建设走在全国工业企业的前列，企业发展和员工生活走在构建和谐社会的前列，不断强壮石油筋骨，振兴国民经济，为建设社会主义和谐社会做出积极贡献。

## 百年油田阶段性目标

实现油气当量4200万吨以上稳产到2010年，实现油气当量4000万吨以上稳产到2020年。

加强生产管理，严格执行制度，提高油田管理水平。

高度重视人才培养，促进了全员科技创新。

员工业余文化生活丰富，展现了良好的队伍风貌。

# 四川石油管理局
# CNPC Sichuan Petroleum

新办公大楼

压裂施工作业

西气东输施工现场

## 企业概况

四川石油管理局隶属于中国石油天然气集团公司，是主营油气田工程技术服务、机械制造和油气合作开发，享有独立对外经济贸易和技术经济合作业务权的国有大型企业集团。

四川石油管理局有近50年的天然气勘探开发历史，在四川盆地建成了中国最大的天然气工业基地。坚持以建设中国西部最具实力的综合性油气工程服务企业为发展方向，形成了物探、钻井、测井、井下作业、油气田建设、石油机械制造等9个支柱专业、19个专业化公司的主营业务格局。是国际地球物理承包商协会成员和国家测绘局认证的“甲级测绘单位”、国际钻井承包商协会成员，具有国家化工石油工程施工总承包一级资质。截止2005年底，全局有在册职工4.29万人，局属二级单位39个，资产总额110.8亿元。有各类专业技术人员1.24万人。钻井队120个，地震队26个，建筑施工作业队92个。在山地地震、超深井、定向井、丛式井、欠平衡水平井钻井，各类型测井，高压油气井控制，深井固井，地层取心，新型泥浆体系，油气井灭火，低渗透油气层改造，油气加工装置建设，大型油气管道跨越及穿越施工，钻头生产、螺旋焊钢管制造、钻机生产配套等方面居国内或国际先进水平。能提供从油气田勘探开发到地面建设等系统工程技术和相关的产品。

在近50年的发展史中，四川石油管理局先后参与了大庆、胜利、辽河、塔里木等10多个油田的会战，参与西气东输、忠武线、克拉2中央处理厂等重大工程建设。先后在20多个国家和地区服务。四川石油管理局的钻井队是最早进入国际市场的中国钻井队伍，特别是在科威特油井灭火中声誉卓著。荣获过“鲁班奖”、全国“五一劳动奖状”等多项国家级、省部级荣誉称号。荣获了“川军特别能战斗”的称誉，孕育了以“川油精神”为核心的企业精神文化。

CNPC SICHUAN PETROLEUM

螺旋焊钢管

成像测井仪器

## “十五”成就

经过“十五”期间五年的不懈努力，四川石油管理局的面貌与2000年相比发生了较大变化。主要取得了四大成效：

——经营状况根本好转。2005年，主营业务收入98.9亿元，较2000年的39.5亿元增长150%。2005年全局实现利润0.61亿元，较2000年亏损6.66亿元，减亏增盈7.27亿元。

——管理体制彻底变革。撤销、移交中小学校33所，9个公安机构全部移交，医院、卫生所减少31个，企业办社会负担大大减轻。彻底进行专业化重组，压缩管理层次，构建了专业化管理格局。

——整体实力快速提升。五年中，设备新度系数从0.4提高到0.61。坚持不断强化“川油”特色的技术实力，形成了一大批特色配套技术。凭借较强的实力，为四川油气田的勘探开发提供了坚强支撑，完成的工作量不断攀升，大力拓展外部市场，年收入从7亿元增长到36.7亿元。

——企业凝聚力明显增强。随着企业发展，员工的人均收入较2000年的水平实现翻番。生产、生活基地逐步向大中城市靠拢。广大员工信心倍增，企业凝聚力大大增强。

## “十一五”规划

“十一五”期间，四川石油管理局将实施“三四五六七”发展规划：

实施“三大战略”：持续发展战略、技术创新战略、市场拓展战略。

提高“四个能力”：提高服务保障能力、提高市场开拓能力、提高自主创新能力、基本具备自我发展能力。

突出“五个重点”：把转变经济增长方式作为发展的着力点、把技术创新作为发展的支撑点、把加强基层建设作为发展的立足点、把安全环保稳定作为发展的基本点、把以人为本作为发展的出发点。

实现“六大目标”：(1) 经济总量持续增长。到2010年，主营业务收入达到150亿元。(2) 盈利能力持续提高。到2010年，利润达到2亿元。(3) 竞争能力持续增强。技术创新能力明显提升，人才总量和结构更趋合理，建成中国西部最具实力的综合性油气工程服务企业。(4) 创建资源节约型企业取得显著成效。年新增技术措施节能率达到1.8%以上，新增技术措施节水率达到3%以上。(5) 全局各项事业全面发展。基层建设、企业文化建设取得新进展，安全、环保、稳定形势进一步好转，构建和谐企业取得实效。(6) 职工生活质量改善。基地收缩取得较大进展，职工人均收入在2004年基础上实现翻番。

拓展“七项部署”：做大做强工程技术服务业务、做精做强天然气业务和燃气业务、做专做强装备制造和机械加工业务、做快做强国际业务、做优做强多元经济业务、做好做强生产服务业务和公共事务管理业务。

法人代表：胥永杰　地址：四川省成都市府青路一段三号　邮编：610051　电话：028-86011656　传真：028-86011894

# 中国石油大庆

## 公司简介

## Company Introduction

中国石油大庆石化公司是中国石油天然气股份有限公司的地区分公司，是以大庆油田原油、轻烃和油田气为主要原料，从事炼油、化工、化肥、化纤生产的特大型石油化工联合企业。目前，公司拥有650万吨/年原油加工能力和60万吨/年乙烯、60万吨/年聚乙烯、6万吨/年腈纶、80万吨/年尿素生产能力。可生产48种187个牌号的石油化工产品，是我国重要的炼油、化工生产基地和科研基地。

大庆石化公司不断提高自主创新能力，公司研究院已跨入中国石油天然气股份有限公司先进科研院所的行列，在加氢催化剂及工艺、廉价合成气制备及下游产品、聚烯烃催化剂及工艺、α－烯烃制备技术、聚烯烃树脂专用料及后加工技术、炼油与化工助剂系列产品开发等方面形成了自己的特色，是中国科学院——中国石油天然气化工中试基地、中国石油天然气股份有限公司加氢技术研究中心、黑龙江省石化产品、合成树脂分析测试中心，并建立了博士后流动工作站。公司有188项科研成果通过技术鉴定，百余项科研成果实现了工业化应用，5项重大科研成果获国家级奖励、国家级企业技术进步奖。

公司100多个牌号的产品采用国际标准，75个牌号产品获国家、省（部）级优质产品称号。轻柴油、腈纶短纤、尿素等12个牌号的产品被评为全国用户满意产品；1号灯煤和5000S聚乙烯获国家优质产品金质奖，公司被评为全国质量管理先进企业、国家一级计量先进单位，在国庆五十周年的阅兵仪式上，公司生产的航空煤油被指定为参检战机的专用燃油。石蜡、石油焦、异丁醇等产品远销美国、法国、日本、韩国、澳大利亚、新加坡等29个国家和地区。

公司地处大庆油田，原油、轻烃和天然气等原料品质优良，与俄罗斯有着便捷的交通条件，具有得天独厚的资源优势；公司炼化一体、产品品种齐全，生产经营调整空间大，综合盈利能力强。特别是聚乙烯专用树脂、乙烯、化肥、腈纶扩能改造完成后，生产规模将进一步扩大，竞争能力将会进一步提高。

催化重整装置

裂解装置

毛条车间

# 石化公司

大庆石化公司坚持以人为本，精心培育了独具特色的企业文化，造就了一大批石油化工管理人才、技术人才和技能人才，培养了一支作风硬、素质高、经验丰富的干部和员工队伍，形成了较为明显的人才优势和管理优势，为谋求长远发展奠定了坚实的基础。公司先后荣获了全国"五.一"劳动奖状，全国企业文化优秀奖，全国"守合同重信用"企业等荣誉称号。

安康工程启动仪式

**展望未来，大庆石化人将以科学发展观为指导，充分发挥"炼化一体化"的优势和大庆地区得天独厚的资源优势，做精炼油，做强化工，稳步推进"三步走"发展战略，全力打造中国石油最具竞争力的石化企业，实现持续有效较快协调发展，为我国石化工业的发展谱写历史新篇章！**

公司产品市场占有率稳步提高，
产品畅销海内外

尿素造粒塔


地址：黑龙江省大庆市龙凤区卧里屯
邮编：163714
电话：0459--6763987
传真：0459--6767025
网址：http://www.dqsh.com.cn

# 宝钢集团有限公司简介

宝钢集团有限公司是当今世界现代化程度最高、生产规模最大、品种规格最齐全的钢铁联合企业之一，也是中国第一家跻身世界500强的钢铁企业。

1998年11月，以宝山钢铁（集团）公司为主，吸收上海冶金控股（集团）公司和上海梅山（集团）有限公司，组建成立上海宝钢集团公司。2000年2月，创立宝山钢铁股份有限公司，同年12月12日在国内上市；2005年5月，宝钢股份实施增发收购，发行总数为50亿股人民币普通股。宝钢主业实现整体上市，钢铁主业资产实行一体化运作。2005年10月，宝钢依照《公司法》，改建为规范的国有独资公司——宝钢集团有限公司。

2006年7月，美国《财富》杂志公布2005年度全球500强企业排名，宝钢列第296位，比上年提升13位；在2005年底标准普尔企业外债信用评级复审中，尽管行业整体状况不佳，宝钢仍获BBB+信用评级，与上年持平；2006年1月，《宝钢高等级汽车板品种、生产及使用技术的研究》荣获冶金科技进步特等奖和国家科技进步一等奖。

宝钢立足于生产高技术含量、高附加值钢铁精品，形成普碳钢、不锈钢、特钢三大产品系列，产品集聚在汽车（尤其是高级轿车）用钢、家电用钢、石油管线钢、钻杆、油井管、高压锅炉管、冷轧硅钢、不锈钢、

# 武汉钢铁(集团)公司
# WUHAN IRON AND STEEL (GROUP) CORP.

武钢是新中国成立后兴建的第一个特大型钢铁联合企业，于1955年开始建设，1958年9月13日建成投产。

武钢是中央和国务院国资委直管的国有重要骨干企业，与鄂钢、柳钢联合重组后，已成为年产钢2000万吨规模的大型钢铁企业集团。武钢本部厂区坐落在“九省通衢”的湖北省武汉市东郊，长江南岸，占地面积21.17平方公里。武钢是中国重要的板材生产基地，生产的冷轧硅钢片、汽车板、桥梁用钢、管线钢、压力容器钢、集装箱用钢、帘线钢、高性能建筑用钢等产品在国内外市场享有广泛的声誉。其中，武钢生产的冷轧硅钢片和船板获“中国名牌”产品称号。此外，武钢还生产焦炭、耐火材料、粉末冶金制品、气体等副产品，并对外承担工程建设、机械加工和自动化技术开发等。目前，武钢钢铁主业已经成功实现整体上市，辅业改制正在积极推进。集团公司现有直属全资子公司20家、控股公司7家、分公司4家、直属厂2家、集体企业2家，集团公司出资委托二级单位管理的全资子公司12家、控股公司11家，上市公司1家，即武汉钢铁股份有限公司。近年来，武钢先后获得国家技术创新奖、全国质量管理奖、全国质量效益型先进企业、全国用户满意先进单位、全国企业管理杰出贡献奖和全国文明单位等荣誉称号。

“十一五”时期，武钢以科学发展观统领改革与发展全局，坚持科技为先导，走质量效益型发展道路；坚持外向型发展思路，实施中西南发展战略，在重组和挖潜改造的基础上，到2010年集团公司总体生产规模达到3000万吨以上，年销售收入达到1000亿元以上，力争进入世界500强行列，努力把武钢建成为中国汽车板和冷轧硅钢片为主的重要板材生产基地。

武钢船板获中国名牌称号

武钢冷扎硅钢片获中国名牌称号

企业理念：争先 争优 争一流
市場的需求就是武钢的追求

汽车用钢

压力容器钢应用于大型工程建设

桥梁钢实现了武钢桥梁板“跨江出海”

石油储备用钢顶替进口产品，应用于国家战略石油储备基地建设

高层建筑钢相继承接了奥运工程、北京国贸等重点工程

管线钢应用于国内外大型工程项目

地址：湖北省武汉市青山区　　邮编：430080
电话：027-86893691　　传真：027-86892325　　网址：www.wisco.com.cn

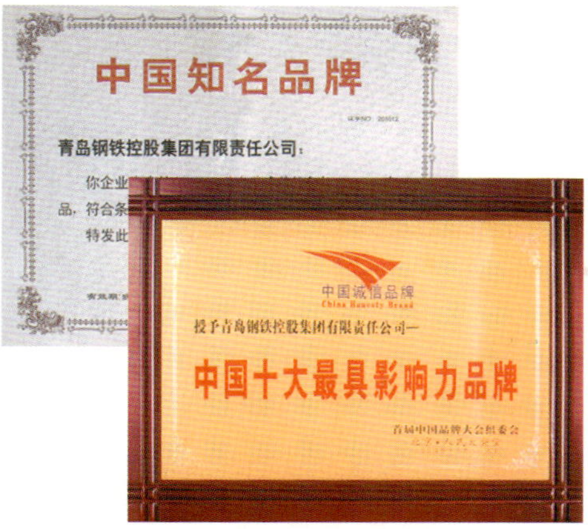


**主要产品有：焊接用钢，碳素结构钢，优质碳素结构钢，低合金、合金结构钢，弹簧钢，钢筋钢，冷镦和冷挤压用钢，易切削钢，预应力用钢。类别有：热轧盘条，热轧型钢等，牌号近70个，规格120余种。产品荣获省市名牌、实物质量“金杯奖”、“产品质量国家免检产品”、“全国用户满意产品”、“中国钢铁市场产品质量用户满意第一品牌”称号。**

**焊接用钢盘条** 执行GB/T3429-2002及内控标准，国内市场占有率50%以上，销售区域遍布20个省市。H08A被国家经贸委认定为“国家级新产品”；ER50-6最小规格达Ø5.5 mm，不经退火可直接拉拔至Ø1.0 mm，焊接飞溅少，焊缝平整美观强度高，达到国内先进水平。

**弹簧扁钢** 标准为GB/T1222-1984，用于制作运输工具及机械设备的弹簧配件。有60Si2Mn、60Si2MnA、50CrVA、60CrMnA；规格为6.5～30 × 60～150mm 。质量优，疲劳寿命长，国内处于领先地位。

**冷镦钢盘条** 标准为GB/T6478-2001，用来制作各种规格的螺栓、螺帽、螺钉等工件。有ML35、ML40Cr，规格为Ø5.5mm～Ø16mm 。

**合金结构钢** 标准为GB/T3077-1999，用于制作机械轴、杆类及标准件等，40Cr圆钢已批量生产，具有高强度、高韧性和较好的淬透性。

**优质碳素钢热轧盘条** 执行GB/T4354-1994及内控标准，综合力学性能好，用于制造钢钉、机械零件；高碳钢盘条有较高的强度、硬度、弹性和耐磨性，用于制造弹簧、胎圈钢丝等。

**易切削钢** 标准为Q/02GTZ010-2003，有46S20圆钢、Y45Mn、Y50Mn盘条。产品广泛应用于生产钻夹头、钻体、夹爪、丝母等配件。规格为Ø25mm、Ø28mm、Ø34mm、Ø36mm、Ø38mm等，其断面平滑、无撕裂，切削加工顺利，软硬度合适，销量占国内市场近半，质量达到国内先进水平。

**预应力钢棒（PC钢棒）热轧盘条** 标准为Q/02GTZ012-2005，牌号30MnSi，规格有Ø8mm、Ø10mm、Ø12 mm，用其制作的预应力混凝土钢棒，具有高强度、低松弛、高塑性等特点，主要用于生产预应力混凝土管桩及沿海地区高层建筑、港口码头、桥梁等基础设施和大型屋面板等预应力混凝土构件。

**预应力钢丝及钢绞线用热轧盘条** 标准为YB/T 146-1998和严格的内控标准，规格有Ø10mm、Ø12.5mm，采用优质原材料，钢质纯净，控冷控轧，产品性能好。

# 中国铝业公司

ZHONG GUO LU YE GONG SI

总经理、党组书记肖亚庆，男，汉族，1959年9月出生，北京市人，博士研究生，教授级高级工程师。1982年8月毕业于中南大学金属压力加工专业。历任东北轻合金有限责任公司总经理、西南铝业（集团）有限责任公司董事长、总经理，现任中国铝业公司党组书记、总经理、中国铝业股份有限公司董事长、首席执行官，中国有色金属工业协会副会长、中国有色金属加工协会副理事长，国际原铝协会副主席，东北大学、中南大学、重庆大学兼职教授。

中国铝业公司（简称中铝公司）成立于2001年2月23日，公司注册资本113.8亿元。中铝公司是国家授权的投资管理机构和控股公司，是中央直接管理的53户国有重要骨干企业之一。固定资产增值保值率、净资产收益率在冶金行业连续三年处于领先地位，在全国100亿元资产以上的国有企业中名列前茅。目前，公司主要产品氧化铝产量位居世界第二，钼生产加工能力位居亚洲前列，电解铝、铝加工材和钛材产能在全国名列前茅。

在国家宏观调控和监督管理下，中铝公司依法经营国家投资形成的国有资产和国有股权；进行铝、镁、钼、钛、铜、铅、锌、镍、金、银等有色金属矿产资源的勘察、开发；有色金属矿产品、冶炼产品、加工产品、碳素制品及相关有色金属产品的生产、销售；开展与上述业务有关的国内外融资业务；经营相关有色金属及矿产品等产成品进出口业务以及进料加工和“三来一补”业务；经营对外贸易和转口贸易；从事勘察设计、科研、工程建设总承包、建筑安装、设备制造、矿产品开发和加工、技术开发、技术服务；自

公司是中国最大的原铝生产商，
拥有国内最先进的电解铝技术。

现代大型预焙铝电解工艺及装备技术产业化，为我国淘汰传统自焙槽做出了贡献，在节能环保及资源综合利用方面取得了重大成果。

正在建设的青岛再生铝工程

营和代理各类商品及技术的进出口业务，经营来料加工、对销贸易和转口贸易；承包境外有色金属行业工程和境内国际招标工程；承包上述境外工程的勘测、咨询、设计和监理项目；上述境外工程所需的设备、材料出口；对外派遣实施上述境外工程所需的劳务人员。

中国铝业公司经过改革重组，设立了中国铝业股份有限公司（简称中国铝业）。2001 年 12 月，中国铝业股票在纽约和香港成功上市；2004 年 1 月，在香港增发又获得成功。这两次成功的资本运作，不仅开通了国际资本市场的融资渠道，而且通过改制，使中国铝业从传统意义上的国有企业变成在组织架构和管理模式上与国际接轨的境外上市公司，构建了“集中管理，统一经营”的管理模式，整体优势得到了充分的发挥，提升了公司的市场竞争能力。

中国铝业公司的发展理念是振兴中铝，报效国家，回报股东，造福员工。发展目标是不懈地追求价值第一，不断增强公司的整体素质和核心竞争力，建成以铝为主的资源型、综合性的跨国公司。发展方针是坚持做强做大铝业，加快创办一流铜业，积极发展稀有稀土，有选择地发展其它产业。发展举措是超常规快速发展，全方位开放发展，低成本高效发展，多方式灵活发展，高科技抢先发展，强管理稳健发展，努力把公司建设成为内具凝聚力、外具竞争力，具有规模效益良好增长性的资源型、科技型、综合性的世界一流企业。

具有世界一流水平的铝加工“1+4”生产线

2006 年上半年，公司进一步深化国有企业体制改革，抓住机遇，加快发展，生产经营业绩再创历史新高，资产总额达到 1280 亿元，实现工业总产值 578 亿元，实现的利润在冶金行业排名第一，在中央企业排名第七，销售收入增长率在中央企业排名第三。公司正在向创建世界一流企业的目标快速前进。


**公司地址：**北京市西直门北大街 62 号　　**邮政编码：**100088

**公司总机：**（010）82298888　　**值班电话：**（010）82298080

**值班传真：**（010）82298081　　**网　　址：**http://www.chinalco.com.cn

茅台
国酒
2002
中外驰名
茅台酒
中国名酒世界名酒
贵州茅台酒

50年
陈年茅台酒
OVER FLOWING OF THE HEAVENLY AROMA
天香之作
五十岁人生，功成富贵天命
五十年陈酿，甘美醇厚天香
贮存五十年，精心勾制，酱香突出，香味幽雅细腻，
老熟醇厚，回味悠长，空杯留香持久。
茅台 国酒
AGED 50 YEARS
Precious
KWEICHOW
MOUTAI
贵州茅台酒
2001
KWEICHOW MOUTAI CO.,LTD.
贵州茅台酒股份有限公司
地址：中国 贵州省仁怀市茅台镇
电话：86-852-2386000 2386057 2387692 2386060
网址：www.moutai.com.cn
www.moutaichina.com www.茅台.中国

公司专业从事高新技术产业“混凝土外加剂”的研制开发、生产、销售、对外技术服务。拥有聚羧酸系列、萘系列、氨基磺酸盐系列、脂肪族系列高新技术混凝土外加剂产品；具有年产 38 万吨粉剂生产能力，居世界混凝土外加剂行业领先地位；产品广泛应用于各类工业与民用建筑、水利、交通、港口、市政等建筑混凝土工程，在立足国内销售的同时，已销往二十多个国家和地区，产品质量和信誉深受国内外用户的好评。

公司是国家重点高新技术企业、国家建设部定点混凝土外加剂产业化示范基地、中国水泥制品工业协会定点生产企业、浙江省 AAA 级重信用守合同单位、浙江省农行 AAA 级资信企业、浙江省绿色企业、浙江省名牌产品和浙江省著名商标；通过 ISO9001 国际质量管理体系和 ISO14001 国际环境管理体系以及 OHSAS18001 国际职业健康安全管理体系认证。

公司拥有“五龙省级企业技术中心”和“五龙省级混凝土外加剂材料研究开发中心”及“五龙职业教育培训中心”，参与多项国家标准编制工作，发表多篇专业技术论文。已实施国家重点技术改造“双高一优”、国家出口高新技术产品重点技术改造、国家科技火炬、星火计划等 60 多项国家级（省级）各类科技成果项目，具有强劲技术创新能力。

浙江五龙化工股份有限公司

鞍本钢铁集团
鞍山钢铁集团公司

# 今日鞍钢

## 公司简介

鞍本钢铁集团董事会推进委员会主席刘玠在鞍本钢铁集团成立揭牌仪式上讲话。

国内首条拥有全部自主知识产权的鞍钢1700中薄板坯连铸连轧生产线已向济钢成套输出。

鞍钢冷连轧2号生产线拥有自主集成技术、自主知识产权，其生产的05级板入主奇瑞轿车。

2005年8月16日鞍本钢铁集团宣告成立。鞍本钢铁集团具有年产钢2000万吨、年销售收入1000亿元的能力。通过发挥双方资源开发、技术开发、产品开发、市场开发等优势、实现资源共享、优势互补、互惠双赢，提升企业国际竞争力。到2010年，鞍本钢铁集团将成为年产钢3000万吨以上、最具国际竞争力的大型钢铁集团，进入世界500强。

“九五”以来，鞍钢认真实践科学发展观，坚定走新型工业化道路，以“建精品基地，创世界品牌”为目标，锐意进取，开拓创新，用高新技术改造传统产业，探索出老企业振兴发展新路，将濒临亏损的国有老企业改造发展成世界先进钢铁企业，成为中国国有老企业重振雄风的典范和振兴东北老工业基地的排头兵，企业实现了“旧貌换新颜”，受到党和国家领导人的充分肯定和高度赞誉。

“九五”以来，鞍钢坚持走“高起点、少投入、快产出、高效益”的技术改造新路子，用高新技术改造传统产业，实施“平改转”、全连铸、铁焦以及轧钢系统的技术改造使企业主要生产工艺和技术装备达到国际先进水平，精品基地初步建成，企业整体发展驶入快车道。2004年，鞍钢实现铁、钢、材三超1000万吨，利润实现了由1999年的8000万元到2004年的108亿元的巨幅跨越，全员劳动生产率提高6倍。

鞍钢在国际钢动态对世界级钢铁企业竞争力的排名中列第8位，跃入世界先进钢铁企业行列。高附加值产品比例提高42.74个百分点，创世界品牌初见成效；建设资源节约型和生态保护型企业，淘汰了一排四座1000立方米以下小高炉；实施了矿山复垦，保护和恢复了生态环境，绿化覆盖率达到35%，生态鞍钢和谐发展。2004年鞍钢加工出口专用材排名全国第一，出口创汇是上年同期的4.48倍，产品用户遍布美国、英国、意大利、日本、韩国等30多个国家和地区。1949年至2004年，鞍钢累计生产钢3.22亿吨、铁3.16亿吨、钢材2.22亿吨；实现利税1034.81亿元，上交利税831.62亿元，相当于国家同期对鞍钢投入的16倍；向全国输送各类人才近6万人。

# 首钢集团

## SHOUGANG GROUP

首钢总公司党委书记、董事长：朱继民

首钢总公司总经理：王青海

首钢3号高炉

首钢彩涂板生产线

首钢建于1919年，解放前30年累计产铁28.6万吨。解放后首钢获得了新生，1958年建起了我国第一座侧吹转炉，结束了首钢有铁无钢的历史；1964年建成了我国第一座30吨氧气顶吹转炉，揭开了我国炼钢生产新的一页；在我国最早采用高炉喷吹煤技术，二号高炉使用37项国内外先进技术，成为我国第一座现代化高炉。改革开放以来，首钢获得了巨大发展，2005年钢产量达到1000万吨，实现了新的突破；同时发展成为以钢铁业为主，兼营采矿、机械、电子、建筑、房地产、服务业、海外贸易等多种行业，跨地区、跨所有制、跨国经营的大型企业集团。首钢集团以首钢总公司为母公司，下属股份公司、新钢公司、矿业公司、高新技术公司、机电公司、特钢公司、国际贸易工程公司、房地产公司、建工集团、军工集团、实业公司等子公司，在香港有4家上市公司，在南美洲有首钢秘鲁铁矿等海外企业。1979年到2005年，首钢累计向国家上交利税费414亿元。2005年首钢集团销售收入806亿元，实现利润16亿元。

首钢集团发展战略总体构想是：做强做大核心产业钢铁业；大力发展具有高新技术含量和竞争能力的电子机电业、建筑业、服务业、矿产资源业等优势产业；提升拓展海外事业。每个产业中要培育自己的核心业务、核心能力，有若干个具有优势产品的骨干企业，形成海内外紧密结合，互为促进的发展格局。集团销售收入和在岗职工收入2005年要比2000年翻一番，到2010年，力争再翻一番。把首钢建设成为在钢铁业和综合实力方面处于全国一流水平的大型企业集团。

2005年2月，国务院批复了首钢实施搬迁、结构调整和环境治理方案，首钢按照服从服务于发展首都经济、建设国际化大都市的要求，以科学发展观为指导，全力推进压产搬迁、结构调整方案的实施。一是分步压缩和转移北京地区钢铁冶炼部分生产能力，在河北省曹妃甸建设21世纪国际先进水平的钢铁精品生产基地；在北京顺义区建设150万吨冷轧薄板生产线。二是大力发展具有高新技术含量和竞争能力的电子机电业、建筑业、服务业、矿产资源业等优势产业，提升拓展海外事业。三是加强环境治理，大力发展环保产业，为改善社会环境做贡献。四是在北京大力发展首钢总部经济。通过产业结构调整，在北京地区形成无污染的、高附加值钢铁业，各优势非钢产业和研究开发体系组成的首钢总部经济，在北京形成一定规模的新的经济载体，引领首钢集团全面、协调、持续发展，为发展首都经济做出新的贡献。

首钢高速线材生产线

JISCJO

# 浙江众华家纺集团

Zhejiang Zhonghua Home Textiles Group

董事长：魏中华

浙江众华家纺集团位于绍兴柯桥柯西工业区。集团公司总占地面积为30万平方米的办公大厦和生产基地，集团公司下属：浙江众华家纺集团有限公司、绍兴大众纺织装饰品有限公司、中国轻纺城大众装饰品有限公司、绍兴魏氏纺织装饰品有限公司、绍兴魏氏经贸有限公司、绍兴县众华家纺有限公司。实现纺织、刺绣、转移印花、阻燃复合、印染一条龙生产。公司拥有自营进出口权，是集研究、开发、生产和销售室内纺织装饰品（装饰布、窗纱、印花、遮光布、阻燃布）、床上用品、服装面料及各种配件于一体的国际性公司。

公司在中国轻纺城市场设有相当规模的营业厅，为实现产、供、销配套平衡的发展，公司在国内一些大、中城市相继设立了营销网络和代理商。产品出口美国、德国、法国、英国、俄罗斯、日本、土耳其、西班牙、瑞典、比利时、印度、澳大利亚、加拿大、希腊、意大利、印尼、马来西亚、韩国、新加坡、中国香港等国家及地区。

“创造时尚、引领潮流”是众华人不倦地追求。我们不断以“新、准、难”挑战个性时代的市场需求。以创新的产品、一流的质量、先进的管理理念、完善的服务与广大海内外客户真诚合作！让中国悠久的纺织装饰品在我们这代人上真正的发扬光大！

地址：浙江绍兴柯桥柯西工业区山阴路 1698 号

ADD：1698 Shanyin Road,Kexi Industry Zone,Keqiao, Shaoxing, Zhejiang, China

电话（Tel）：0086-575-4880588 4881603（总机）　传真（Fax):0086-575-4882789

网址：www.dzdeco.com　电子邮箱（E-mail):weizhonghua@371.net

陕西铜川

# 鑫光铝业有限公司

SHANXI XINGUAN LUYE CO.,LTD.

陕西铜川鑫光铝业有限公司是一家以铝冶炼为主、多品种、深加工、铝电联产的国家大型有色金属企业。企业占地面积160万平方米，总资产17亿元人民币，现有职工3150人。1994年，企业获得外贸进出口自营权，2000年，通过ISO9002质量体系认证，2003年，通过ISO9001:2000质量体系认证，银行等级AA。1995年以来，企业发展速度加快，产值产量和销售收入逐年增加，2005年末工业总产值达到10.4亿元，电解铝产量完成71830吨，销售收入实现9.4亿元。现年生产能力为：电解铝15.5万吨，电工圆铝杆8000吨，铝导线3000吨，铝镁合金棒2000吨，铝型材400吨，铸造铝母线2000吨，发电装机容量50MW，其中主导产品："玉华牌"重熔用铝锭为陕西省"名牌产品"，并获准在上海金属交易所注册交易，畅销全国20多个省（区），并远销到日本、韩国、新加坡、马来西亚和港台地区，深受用户信赖。

企业（前身为铜川铝厂）始建于六十年代末，1971年形成年产5000吨电解铝能力。1983年以来，乘改革开放的东风，企业党政一班人带领全厂职工解放思想，艰苦创业，团结拼搏，励精图治，走滚动发展之路，采取补偿贸易及资产重组等形式，先后从上海、北京、广州、青海、珠海及省内引进资金2.4亿多元，分三次对企业进行改扩建，新增电解铝生产能力5.5万吨，使企业进入陕西省重点骨干企业行列，并荣获陕西省质量效益型企业称号。2004年被国家发改委列为电解铝行业14家重点扶持企业之一。

为了适应国家产业政策和环保要求，陕西铜川鑫光铝业有限公司通过采用100KA预焙槽技术完成了对老系列改造，采用240KA大型预焙槽技术，新建15万吨电解铝项目。目前，一期7.5万吨工程已建成投产，在"十一·五"期间，将形成23万吨电解铝生产能力，并同步建设与之相配套的电厂，实现铝电煤一体化。

陕西铜川鑫光铝业有限公司位于陕西省铜川市印台区，毗临西铜一级公路、咸铜铁路和210国道，交通条件十分便利。欢迎海内外各界朋友洽谈贸易，愿与各位同仁携手合作，共图发展。

地　址：陕西省铜川市印台区（老厂）
陕西省铜川市耀州区董家河（新厂）
总经理：李有华
电　话：（0919）4561011
传　真：（0919）4561291
邮　编：727007
邮　箱：stlyzjb1011@163.com

# 中国铝业股份有限公司中州分公司

【概况】

2005年，在中铝公司党组的正确领导和全体员工的共同努力下，中州分公司以创建资源节约型企业为目标，积极推进标准量化管理，依靠技术进步，持续了企业上市重组以来快速、平衡、高效、和谐发展的良好势头。全年实产氧化铝154.6万吨，同比增长33.27%；全年销售收入46.36亿元，同比增长40.19%；实现税前利润18.67亿元，实现税收11.91亿元。年末分公司实有职工4914人。人均实物产量达到314.61吨/人年，全员劳动生产率达到93.61万元/人年，均创历史新高。全年还实现了重伤以上事故为零、职业病新发病例为零和重大环境污染事故为零的“三零”目标，被评为河南省“安康杯”竞赛优胜企业。

【改革创新、提升管理】

2005年，中州分公司大力推进以“点检制”为核心的设备管理模式，提高了主体设备的运转率和产能。全年熟料窑运转率达到95.79%，同比提高了0.54个百分点，台时产能达到62.84吨，同比提高了3.64个百分点。在资源节约型企业的创建中,形成了全方位全员节能降耗的工作局面,主要消耗指标持续优化。全年实现吨氧化铝碱耗67.45公斤的较好成绩。综合能耗达到1057.25公斤标煤，同比下降了11.38%。分公司全年综合氧化铝现金成本与总部下达的指标相比，降低了3.96%。分公司“以降本增效为核心的持续改进管理"被全国企业管理现代化创新成果审定委员会评为“第十一届国家级企业管理现代化创新成果一等奖”。10月份，分公司被列为国家首批循环经济试点企业。

【技术进步与企业发展】

2005年中州分公司积极推进群众性技术创新，其中“高白氢氧化铝的研制与开发”和“熟料窑技术工艺创新”荣获“河南省十大职工技术创新成果奖”，分公司还被评为“有色金属行业质量管理小组活动优秀企业”。分公司认真组织科技项目的申报和立项工作，几年来共申报专利43项，其中2005年申报26项，累计已有7项专利获得授权。

“烧结法系统挖潜改造”和“拜耳法后加矿增浓”两项目在年内开工建设，建成后将再增加年产能20万吨，中州分公司将成为具有170万吨产能的大型氧化铝生产企业。

【培育企业文化，加强精神文明建设】

中州分公司坚持以人为本，打造和谐中州铝业。抓好经营管理者队伍、科技人员队伍和技术工人队伍“三支队伍”建设；2005年9项操作法以员工个人命名；对首批聘任的“首席员工”高套了岗位工资。2005年赵卫荣获“河南省技术能手”称号，并获“2005年度有色行业技能大奖”；闫禄军获得“河南省百名技术英杰”荣誉；闫锐、刘海明两人荣获“河南省技术创新能手”称号；孙泉水被评为“中央企业优秀共青团员”。中州企业团结和谐的大好局面，全体职工意气风发的奋斗精神，为企业发展构建了良好的环境，为2005年取得可喜的成绩作出了贡献。

中国铝业股份有限公司中州分公司
中国铝业股份有限公司中州分公司

# 开平富琳纺织制衣有限公司

本公司是一家香港独资的集纺纱、浆染、 织布、后整理、制衣、洗水于一体的大型综合性棉纺织制衣企业，公司位于中国广东省侨乡之都——开平市，占地面积 1300 多亩。公司建于 1989 年，经过十多年的发展 ，公司引进了当今世界上最先进的气流纺纱、 环定纺纱、印染设备、 织布和后整理等设备， 形成了从棉花进厂到成衣出厂的一条龙生产线。现时， 公司投资总额1200 多万美元，拥有熟练技术工人 3000 多人。

公司拥有世界上先进的德国 Schlafhorst 公司生产的气流纺设备 5800 多头，年产 OE 纯棉 5～60 支纱 28000 吨，年耗用棉花 32000 吨，浆染生产线 4 条，年浆染能力 3000 万米，比利时毕加诺织机 300 多台，年产坯布 3300 多万码，美国莫里森后整理生产线 4 条，年后整理能力 8000 万码，制衣厂年产成衣 720 多万件。公司以优良的品质，准确的交货期及完善周到的售后服务赢得了海内外客户的赞誉，产品畅销美国、欧洲、中东、南美等全球各地。

Kai Ping Fu Lin Weaving & Garments Co., Ltd. is located at Zhu Jiang Triangle Area, which near Hong Kong and Macao, close to every southeast country of Asia. It has convenient tran-sportation by landway and waterway. It's an larger integrated factory with spinning、dyeing、weaving、pre-shrink、garment manufacture、Washing. The area of the company occupies 1300 acre, The company sets up in 1989, after the deve- lopment of more than ten years, the company tidies up after usher in the most advanced current of air spin cotton in the world nowadays, the wreath certainly spin cotton, print to dye an equipments, weaving and etc. equipments, become to enter factory to the ready-to-wear clothes a dragon production line of the factory from the cotton. At present, company investment the total amount is more than USD 12,000,000, owning more than 3000 knacky worker.

Our company owns in the world advanced German Schlafhorst company produce of the current of air spinning equipment is more than 5800 , the producing pure cotton of OE 5-60 yarn is 28000 tons per year, the year consumes to use cotton 32000 tons, the oar dye has 4 production lines , the oar dye can be finished 30, 000,000 meters per year, It has more than 300 sets of weaving machine from Belgium, It produces the original cloth over 33,000,000 ydg per year, it has 4 production lines for pre-shrink from American, the pre-shrink can be finished 80,000,000 yds per year, the factory produce the garment over 7,200,000 per year .our Company with good quality, accurately delivery and good service wons the praise from oversea customers, product is well sold in United States, Europe, Middle East, South America etc place in the world.

# 雅鹿集团有限公司

YALU GROUP CO.,LTD.

全国劳模“五一”劳动奖章获得者

雅鹿集团董事长兼总裁顾振华先生

## 集团简介

雅鹿集团始建于 1972 年，旗下拥有江苏雅鹿实业股份有限公司、中美合资苏州雅鹿方奕服饰有限公司、苏州雅鹿合成纤维有限公司、太仓华电投资发展有限公司、哈尔滨华鸿房地产投资发展有限公司、上海雅鹿投资发展有限公司、扬州雅鹿高邮制衣有限公司等七大子公司，现已建成拥有雅鹿、蓝冰、自由自在、双韵、纯彩地带、米立其、乡村树、金太利、金绒飞、银绒飞、羽浩、施奇、冰枫、冰绒飞、自由公爵等十五大品牌，员工 1 万多名，年销售件数 1000 多万件，资产总额 20 亿元，2005 年销售 20 亿元，出口总额 2000 万美元，其“雅鹿”品牌无形资产高达 32.16 亿元的全国服装行业领军企业。

公司始终秉承“以创新取胜，塑世界名牌”的经营理念，充分利用自己的区域优势、人才优势、品牌优势、市场优势、资源优势、不断提升产品品质和品牌形象，1998 年企业率先在同行业中通过了 ISO9001 质量管理体系国际认证和 ISO14001 管理体系国际认证，02 年公司拿到了三块金字招牌——雅鹿商标被国家工商总局评为中国驰名商标；雅鹿品牌被中国名牌战略推进委员会评为中国名牌产品称号；雅鹿产品被中华人民共和国国家质量检验检疫总局评为国家免检产品。

雅鹿集团计划用 2—3 年时间，运用新的高端技术，通过国际化合作，充分发挥以雅鹿为主导的品牌群优势，以消费升级和深化品牌经营为契机，跻身 80 亿元销售行列，将雅鹿建成为全球最大的羽绒服生产销售基地。雅鹿将立足名牌优势，加快资本运作步伐，打造国内服装业的超级航母，缔造真正的世界品牌，实现中国雅鹿到世界雅鹿的成功转型。

真正的羽绒服专家

雅鹿集团总部

# 广州珠江钢琴集团有限公司

GUANG ZHOU ZHU JIANG GANG QIN JI TUAN YOU XIAN GONG SI

2006年1月集团董事长童志成接过美国NAMM颁发的里程碑奖

立式琴生产线

广州珠江钢琴集团有限公司是一家以钢琴制造为主业的国有全资乐器制造集团，兼有中外合资企业和混合型所有制控股、参股企业。是广东省现代企业制度试点企业、广东省50户龙头企业之一，也是广州市政府授权经营国有资产的大型国有企业，资产总额144488万元，所有者权益101420万元。

集团公司拥有数十万平方米厂房面积、4000多职工和2000多台（套）机器设备，拥有立式钢琴、卧式钢琴、手风琴、吉他、提琴和木材加工处理等六大生产基地。珠江钢琴集团已具备年产12万架钢琴、15万把提琴、80万把吉他的生产能力。主要产品有钢琴、吉他、提琴、手风琴、管乐器、民族乐器、打击乐器和电声乐器，拥有“珠江”、“里特米勒”、“喜临门”、“红棉”等20多个商标。“珠江”牌钢琴是“中国名牌产品”、“中国驰名商标”、“全国用户满意产品”、“里特米勒”牌钢琴是“广东省著名商标”和“广州名牌产品”。“红棉”牌吉它是广东省名牌产品。

集团公司经过多年深化改革和发展，实施战略经营，强化战略管理，围绕"雄踞中国，冲出亚洲，走向世界"的总体战略目标，通过对生产要素的优化配置和资产结构的动态调整等方式和手段，把企业各种潜在的、沉淀的资产激活，并通过市场公平、公正、公开和有序地流动，初步实现了资产效益最大化。集团公司坚持实施科技领先战略、率先在国内同行业组建省级技术中心和省级工程研究开发中心，持续引进国内外先进技术设备和钢琴制造专家，加强与科研院校机构开展产学研联合，用先进适用技术和网络信息技术改造传统乐器制造业，加快了技术工艺、产品材料、机械装备和花色品种的创新步伐，通过技术进步提升产品质量水平和集团生产力水平。坚持名牌带动战略、国际化经营战略来保证战略目标的实现。突出以质量为核心、以成本为中心、以市场为重心的企业管理，因地制宜实施本土化经营策略、商标策略和高质优价策略，致使珠江牌钢琴连续10多年占有28%以上的国内钢琴市场份额，以美国为突破口拓展南、北美洲市场，以德国为基地带动整个欧洲出口，扩大国际市场的覆盖面和占有率，出口到80多个国家和地区。主导产品“珠江”牌钢琴的质量技术指标已接近或达到国际（欧洲）中档质量水平。

珠江钢琴集团多年的不懈努力，产量、产品销售收入、利税总额、资产保值增值率和社会贡献率等主要经济指标持续十多年居于全国同行首位。珠江钢琴产销量居全球领跑者位置，是目前全球最具发展潜力的钢琴制造企业。集团公司现正努力提升自身档次，按"先做大，后做强"的战略思维，加快向世界知名品牌目标迈进的步伐，把企业办成高水平、高速度、高效益，跨国界、跨地区、跨行业，集工业、商贸、科研、服务一体化的大型企业集团。

珠江钢琴集团与斯坦威亚洲公司签订合作合约

板材自然风干

# 天信仪表

TANCY

浙江天信仪表有限公司创建于1995年，是专业生产流量仪表和标准装置的股份制企业，拥有“上海天信”、“浙江天信”、“苍南天信”三大生产基地和“苍南天信软件开发有限公司”和“浙大流体传动与自动控制国家重点实验室—天信科技开发中心”两大省级技术研发中心。资产总值1.7亿元，2005年实现产值1.38亿元，销售收入1.1亿元，人均劳动生产率57万元。主要产品有TDS系列智能旋进流量计、TBQZ系列智能气体涡轮流量计、天信—德莱赛（美国）气体罗茨流量计及LXH系列临界流气体流量标准装置等十二大系列产品，其中有九项产品被列入“国家级重点新产品”、“国家级火炬计划项目”及863对接项目，技术水平被专家鉴定确认为：“处于国内同行领先水平或国际先进水平”。公司先后荣获“浙江省高新技术企业”、“省农行资信等级AAA企业”、“浙江省工商企业信用AA级”、“浙江省技术进步企业”、“中国优秀企业”、温州市“星级企业”、“苍南县工业龙头企业”等荣誉称号。

“让员工实现价值，为社会创造财富”，是天信人的经营宗旨，天信人将为流量仪表自动化领域的更大发展努力拼搏，并与国内外朋友共图发展，共创辉煌。

◆智能旋进流量计系列

特点：
- 独特的双传感器技术,抗震动抗脉动
- 集流量、温度、压力传感器于一体
- 无可动部件
- 多功能显示
- 多种信号输出
- 采用微功耗技术，内电池可使用五年以上

◆B3系列气体罗茨流量计

天信与美国德莱赛公司合作的产品

特点：
- 高精度,高可靠,长寿命
- 极低的起步流量
- 宽范围度26:1～135:1（1级精度时）
- 压力损失小
- 贸易计量首选产品

◆CPU卡气体流量计
- 基表为罗茨流量计、涡轮流量计、旋进流量计
- 稳定可靠
- CPU卡保密性好
- 零压损切断球阀
- 预付费极大方便贸易结算管理

◆TBQZ系列智能气体涡轮流量计

速度式流量计，可用于贸易计量

特点：
- 压力损失小
- 精确度高
- 始动流量低
- 智能流量计集流量、温度、压力于一体

## 我们出售服务

浙江天信仪表有限公司
地址：浙江省苍南县灵溪镇工业园区一路
电话：0577-64839680
传真：0577-64839090
邮编：325800
网址：//www.tancy.com
电子信箱：tancy@tancy.com

上海天信仪表有限公司
地址：上海市奉贤西渡工业园区扶港路1258号
电话：021-57436680
传真：021-57436681
网址：//www.tancy.com
电子信箱：shanghai@tancy.com

本企业通过ISO9001国际质量管理体系认证
北京市著名商标　北京市名牌产品
中华老字号
红星
始创于1949年®
红星®二锅头酒
北京红星股份有限公司
北京红星
BEIJING RED STAR CO.,LTD.

中国四大名酒
中国驰名商标
西鳳酒
恭贺新禧万事如意
凤凰吉祥西凤酒香
吹箫引凤
陕西西凤酒股份有限公司
电话：（0917）8612833 传真：（0917）8600999

# 综合篇

## ——2005 年中国工业概况

# 东北的振兴、发展与中欧合作的机遇(摘录)

全国人大常委会副委员长、中国工业经济联合会名誉会长
顾 秀 莲
(2005年9月15日 沈阳)

当今世界,经济全球化趋势日益加剧,世界科技革命日新月异,产业结构迅速调整,促进了生产要素的跨国流动,为各国发展提供了重要机遇。同时,世界经济发展不平衡,南北差距扩大,贫困、疾病、文盲困扰着许多发展中国家,环境与发展的矛盾突出。要实现可持续发展,需要各国做出正确的战略抉择,进行坚持不懈的努力。

上个世纪80年代以来,中国经济持续快速增长,综合国力显著增强,人民生活水平大幅度提高,现代化事业取得了长足进展。同时,我们也清醒地看到,中国仍处于不发达的社会主义初级阶段,在前进的道路上面临着不少困难和问题。

实现中国现代化,是一个相当长的过程。我们已经制定了本世纪头20年的发展蓝图,这就是全面建设惠及十几亿人口的更高水平的小康社会。中国有可以支撑经济更大发展的物质技术基础;有十几亿人口日益增长的市场需求;有丰富的和整体素质不断提高的劳动力资源;有不断完善的社会主义市场经济体制和政策保障;有稳定的社会政治环境。总结以往发展的经验,借鉴人类现代文明的成果,我们明确提出了坚持以人为本、全面协调可持续的科学发展观,提出了构建社会主义和谐社会的重大任务。我们对中国未来的发展充满信心。

作为新中国现代工业的摇篮,东北老工业基地对新中国的国民经济建设做出了巨大的贡献。这里诞生了一批重型装备制造业、精密仪器制造业、冶金工业、石油化学工业、汽车制造业、造船业、国防工业等为主的战略产业。

但是,随着社会主义市场经济体制逐步完善和对外开放不断深入,计划经济时期积累的体制性、结构性矛盾日益突出,严重地制约了东北经济的发展。

为加快东北的振兴与发展,中央做出了振兴东北老工业基地的重大决策,并将“东北振兴”、“西部开发”并列为现代化建设东西互动的两个轮子。正确认识东北老工业基地的比较优势,遵循我国工业化和比较优势发展战略的原则,确立今后东北老工业基地的产业、产品和技术结构,使之在激烈的国内和国际市场竞争中立于不败之地,将重振东北经济的雄风。

振兴东北老工业基地是一个综合的系统工程,需要调整的政策涉及到各个方面,但坚持深化改革,扩大对外开放,提高东北经济的外向度,扩大吸收外商投资的规模,将发达国家的资金、技术、管理经验与老工业基地在产业、人才、自然资源等方面的优势相结合,促进老工业基地发展和国有企业改组、改造,是振兴东北地区等老工业基地的重要举措。

近年来,东北地区利用外资的工作取得了突破性进展。2004年,东北三省共批准外商投资项目3072个,占全国比重的7.03%,合同外资金额106.74亿美元,占全国的6.95%,实际使用外资59.39亿美元,占全国比重的9.8%。可以说,东北

老工业基地已初步走出了困境，发展潜力十分巨大，拥有了更多的“请进来，走出去”的机会。

东北地区与欧洲之间的经贸合作有着广泛的基础：

首先，中国东北地区具有非常好的生产要素条件，工业特别是重工业门类齐全，经济社会发展有一定基础，在现代化建设的进程中，东北地区仍然具有十分重要的战略地位。近年来，东北三省与欧洲的贸易往来与投资合作日益密切。主要涉及到汽车、化工、电子通讯、机电、冶金等多个产业。东北地区与欧洲之间的经济互补性很强，产业联系面广，欧洲有技术、管理和资金等优势，东北地区有市场、劳动力资源丰富和产业配套等优势，双方结合起来，一定会实现互利互惠和双赢。德国政府和经济界对中国东北地区工业结构的调整转型很感兴趣，德国的鲁尔区、北威州等老工业基地的改造调整已经取得了成功经验，这对东北振兴很有借鉴意义。

其次，东北地区拥有众多的国有大中型企业。外资与这些曾是竞争对手的大型国企合作，可以缩短进入中国市场的时间，继而获得了国有企业中大批的技术和管理人才，继承了一片市场，得到了合作伙伴在原有领域的资源和政府支持，更重要的是将自己的竞争伙伴转化为合作伙伴，突出了竞争优势。

第三，东北地区的对外开放度不断加大，对外开放迈出新步伐。2004年，东北三省工业企业实现出口交货值1481亿元，同比增长33.6%，实际利用外商直接投资59.4亿美元，同比增长83.6%，增幅高于全国平均69.5个百分点，是中国发展最快的地区之一。

近日，国务院提出了《促进东北老工业基地进一步扩大对外开放的实施意见》，明确提出要探索和拓展利用外资的新方式，鼓励外资参与国有企业改组改造，并制定了鼓励外资参与国有企业改组改造的支持措施，旨在促进体制和机制创新，增强老工业基地国有企业适应市场经济的能力。《实施意见》给东北地区的扩大开放提供了多方面的政策保障，有利于东北地区投资环境的改善，增加了对外资的吸引力，将会大大促进东北地区的扩大开放。前不久，在吉林召开的东北亚博览会，盛况空前。它不仅将促进东北地区的经贸发展，更是构筑东北亚经济圈、发展区域合作的一个重要载体。

中国经济正在保持持续、快速和健康的发展。中国是最大的发展中国家，欧盟是世界上最大的发达国家集团。中欧经贸关系有着广泛的互补性，潜力巨大。在中欧经贸关系中，双方一定要坚持“交流、合作、发展，共赢”的方针。要在交流中表达合作诚意，在合作中实现优势互补。只有充分接触，深入沟通与了解，真诚合作，才能实现共赢和发展。

# 自主创新是中国工业大奖的灵魂、中心环节和必要条件(摘录)

中国工业经济联合会名誉会长
中国名牌战略推进委员会主任
中国工业大奖组委会顾问
林宗棠

## 自主创新是中国工业大奖的必要条件

“加强自主创新，建设创新型国家”，是我国新世纪的重大战略。

中国工业大奖是一面旗帜，代表了我国工业经济的发展方向，根本的目的就是要推动我们工业坚持科学发展观、走新型工业化道路、又好又快地发展，提高国际竞争力，实现中华民族的伟大复兴。

中国工业大奖不是一般的奖项。锦涛总书记讲：要把工业大奖办成中国工业经济最具有影响力的一个奖项。那么，这个奖的中心是什么？就是中央提出来的：要着力自主创新。这是这个奖的灵魂、中心环节，也是获取工业大奖的必要条件。

获取工业大奖有很多条件，如规模、效益、质量等等。我认为，最重要的，也是必要的条件是自主创新，以自主创新为主。到底多少算为主？是60%、70%，还是80%、90%，请大家考虑。以自主创新为主，虽然不是评选工业大奖的充分条件，但却是一个必要条件。这一点，我们开始向中央建议创办中国工业大奖时，没有强调提出。最近，学习党中央文件和锦涛总书记讲话，认为应该明确这样一个指导思想：不管你的规模多大，效益多好，但若不是以自主创新为主，你可以得其他奖项，但没有资格、没有条件获取中国工业大奖。

我们建设中国特色社会主义，是以经济建设为中心，一百年不动摇。在经济领域里面，锦涛总书记提出，要以提高质量效益为中心。质量是最重要的，一定要第一；效益要包括社会效益，不能片面追求经济效益，这是一个质的重大转变。以提高质量效益为中心，主要抓什么环节？中央和锦涛总书记也多次讲：自主创新是中心环节，是调整结构、经济发展的一个中心环节。中国工业大奖的实施，就要坚决地贯彻党中央这样一个非常重要的指导思想，抓住自主创新这个中心环节不放，抓得越紧越好。

## 自主创新具有丰富内涵

中央提出自主创新。“自主”，大家很清楚，就是以我们自己为主，以自力更生为主。我们既要充分吸收国外好的东西，但是更要以我们自己为主。国外引进的目的是要增强自力更生能力，而不是相反。什么叫“创新”？《人民日报》有篇文章讲：人家没有想到的，你想到了，这就叫创新；人家没有发现的，你发现了，这就叫创新；人家没有做到的你做到了，这就叫创新。这个解释很好，我想范围可能更广。字典和《辞海》里有创造、发明、发现、革新、改进等，但没有“创新”这个词。要自主，还要创新。“自主创新”这个词，本身就是一个创新。它的涵盖面很广，包括创造、创造新事物，包括发现、发现自然规律，包括发明、发明新原理，包括革新、革新旧技术，包括改进、改进新工艺，包括研究开发，研究开发新产品，等等。所以，"自主创新"这个词的内涵非常丰富，涵盖面很大，给我们的活动空间也很大，机遇也很大。自主创新是大有可为的。

## 差距和动力

20世纪下半叶，在中国共产党的领导下，我国工业经济取得了很快的发展。前30年打下了基础，后20年得到了大发展。虽然我们走的道路比较曲折，但从人类发展史上看，用半个世纪时间，从无到有，建立这样一个门类比较齐全、规模比较强大的工业基础，的确是一个人间奇迹。

2004年，全世界国内生产总值GDP 40.8万亿美元，我国1.98万亿美元，占世界第6位；我国国际贸易额占世界第4位；我们有100多个产品产量世界第一；我们的两弹一星、载人飞船等一大批高新技术产品，都研制成功了，达到了世界的先进水平。在工业战线上，我们取得了很大的成功，取得了很大的胜利，这个成绩是世人有目共睹的，是应该充分肯定的。

在肯定成绩的同时，我们还要有一个清醒的认识。这些成绩和国外的先进水平来比，还有很大的差距。全世界测评了47个国家和地区的国际竞争力，我们占第31位，排名很靠后。全世界每年评选100个世界名牌，我们一个也没有。去年，我们自己评了三个中国世界名牌，还要取得国际上认同。我们的工业发展，主要是建立在国外的传统的技术上，炼铁怎么炼，炼钢怎么炼，轧钢怎么轧，机器怎么造，等等，都是国外的传统技术。有些是历史很久了，几十年，甚至上百年。国外企业手里已经有下一代、更下一代、甚至更下下一代新技术，它才会把这个过时技术或即将淘汰的技术给我们。一般的讲，国外近20年的技术是绝对不会给我们的，我们至少落后他20年，有的甚至30年、40年。我们很多企业主要靠贴牌生产。贴牌生产可以利用国外技术，迅速扩大生产力。但是我们不能长期停留在贴牌生产上。贴牌生产，用国外牌子、用国外技术，我们加工生产。美其名曰"世界工厂"，实际上是国际资本的"加工车间"。在全球产业链上，我们处于低端位置。我们花费了很多劳动力，浪费了很多宝贵的资源，严重破坏了生态环境，收取微薄的加工费用，有的是产品销售额的十分之一，甚至百分之一。

我们过去的工业经济发展，有自主创新的成分，而且这种成分还在不断提高。但是，我们自主创新的成分太少了，自主创新的本领太小了，自主创新的比重太小了。我在工业战线工作了五六十年，结果我们还是这样粗放经营，"高投入、高消耗、高污染、低效能"，真是惭愧呀。

同志们，假设我们不改变工业发展的思路，还这么继续干下去，我们不但不能够建立独立自主的、充满生机的、为民造福的民族工业，而且，我们还会为我们的子孙后代留下无法挽救的祸害。这不是造福，而是造孽。20世纪90年代，我在全国人大环境资源委员会工作。党中央、国务院非常重视环境资源保护工作。我在全国调查研究后，感到问题非常严重，编了两本书：《中国环境》和《中国资源》。我们全国的河流湖泊基本上都被污染了。最近，松花江污染事件，震惊全球。其实，类似这样大小隐患全国还有不少，危机四伏。那时候，我多次在全国人大常委会上大声疾呼，背着电脑演示，在全国讲了170场，大家都说"你讲的很好"，但是没有什么实效。我国的环境，虽然局部有所改善，但是总体仍在不断恶化。

那时，我国钢铁产量不到1亿吨，现在是3亿多吨，还想到五、六亿吨，其他产业也在同时急剧扩大。这种发展方式是不科学的。我们不能牺牲环境来发展，不能浪费资源来发展，不能追求产值规模来发展，不能不顾中国人民及世界人民的利益来发展。我们假设不改变这种发展思路，让环境资源继续急剧恶化，就不能代表先进生产力的发展要求，不能代表先进文化的前进方向，更不能代表最广大人民群众的根本利益，这是与"三个代表"重要思想背道而驰的。

在工业战线上，我们取得了很大的成绩，但还有很大的差距。我们讲差距，不是泄气，而是鼓劲。知道差距在那里，才能把握努力的方向，急起直追，知难而进。差距是激励我们奋力赶超的强大动力。

## 中国人能不能自主创新

我们工业发展走到这样一个关键时刻，中央提出来要转变观念、要科学发展、要走新型工业化道路、要自主创新、要提高我们的国际竞争力，中央提的非常及时，非常好，我完全拥护。我们中国工业经济，是不是非要依赖国外技术，才能发展呢？我们有没有可能走自主创新的道路呢？历史经验证明，工业化、现代化的进程也是自主创新的过程。中华民族是富有创造精神的民族。中国人民有志气、有信心、有能力屹立于世界先进民族之林，有志气、有信心、有能力在攀登现代科技高峰的道路上不断创造非凡的业绩。

中国13亿人，将来十五六亿人，中国人是勤劳的，是勇敢的，是能吃苦耐劳的，这一点，全世界都承认。那么，我们能不能自主创新呢？有人说，不行，现在还不行。我说，行！完全行！没有问题。为什么这么说？我们从古代说起，几百年到几千年前，我们中华民族在世界经济方面一直占据世界的中心地位。这不是我们中国人讲的，而是国外学者们的共同认识。在汉、晋、宋、明、清，中国大统一的时候，我们的经济总量（现在叫GDP）占全球的40%以上，有时达到60%，甚至达到90%。现在美国是多少？2004年，美国GDP是11.66万亿美元，全世界是40.8万亿美元，美国占28%。美国现在是世界超级强国，它认为自己是全球的经济中心。我们在几百年到几千年前，我们占有世界经济的比重，远远超过现在的美国，是当时世界的经济中心。

那么，在科技方面，在自主创新方面，我们行不行呢？我们也是行的。造纸技术是谁发明的？活字印刷技术是谁发明的？都是我们中国人发明的。假如没有纸，没有活字印刷，人类的文明怎么发展呢？这两项创造发明，对世界文明史发展起到了决定性的作用。火药也是我们中国人发明的，它彻底改变了人类战争军事状态，改变了人类利用自然、改造自然的手段，促进了人类的发展。指南针也是我们中国人发明的。没有指南针就没有远洋航行，就没有全球市场。这都是几千年前我们的老祖宗做的。除了四大发明，我们还有陶瓷，还有丝绸，都是中国原创的，也代表中国古老的科学技术的发明。除了这“六大发明”外，还有不少其他创造发明。

从历史背景看，我们中华民族既是勤劳勇敢，又是聪明智慧的。现在为什么不行了呢？就是18世纪60年代到19世纪的40年代，英国发生了工业革命，然后法国、德国、欧洲的工业革命起来了，我们没有跟上去，落后了，一落千丈，变成了殖民地、半殖民地，变成了一穷二白。但是，在中国共产党代表全国人民建立了我们伟大祖国以后，这50多年，我们又取得了很大的成绩。虽然还有很大差距，我们正在奋起直追，为中华民族的伟大复兴而努力奋斗。

在困难的时候要看到光明，要提高我们的勇气。我们现在已经具备了自主创新的很多有利因素，我们的人才队伍全国已经有几千万人；我们的科研投入总额已经列入世界第六名；我们的工业布局相当完整；我们的科学研究布局也是很好的，基础理论、应用理论都是很好的；一些重要领域的研发能力已经进入到世界的第一流。特别是我们有13亿人口，将来十五六亿人口，这样一个全世界最大的市场就在我们面前，它对我们生产发展的需求，对我们科技创新的需求，是一个非常巨大的推动力。这是我们最好的条件。所有的外国人来中国，都是看好这个条件，而我们自己就是这个市场的主人。我们不干谁干呢？我们能把这个市场全都拱手让给外国人吗？由于这个市场的需求，促使了我们很多企业走上了自主创新的道路。创造了一批非常好的成果，做出了很大的贡献。

同志们，我们还有一个外国没有的特殊有利条件——社会主义优越性，社会主义能够集中力量办大事的特殊的优越性。这是我们的一个撒手锏、尚方宝剑，这个有利条件运用得好的话，我们可以说无坚不摧，没有什么困难能够吓倒我们，我就不相信我们干不上去。

中国人不是没有这个能力、没有这个智慧、不能自主创新。现在需要增强我们的信心，我们是有这个可能的，是有这个潜力的。关键是你想不想干，你有没有自主创新的愿望、胆识和魄力。在座的各位企业家、董事长、总裁，你们都是掌握企业发展命运的关键人物，就看你有没有这个远见、有没有这个胆量、有没有这个魄力。时势造英雄，英雄造时势。你到底要把企业引向何方？这是一个非常非常关键的问题。

有的企业说，首先要有一个梦，我要自主创新，我要创造世界最好的东西，我要振兴我们中华民族。首先要有这个梦，没有这个梦，就什么东西都没有了。有了这个梦,然后,扎扎实实一步一个脚印地去做。现在,很多企业取得了很好成绩,海尔就是一个,它就是从梦开始的。它的老祖宗是德国利勃海尔。利勃海尔变成琴岛海尔,琴岛海尔变成海尔。现在它把利勃海尔远远地甩到后面了。利勃海尔总裁看了说,你们发展这么快,为什么?关键的问题,是你们有个梦,要造世界最好的,结果你们上去了;我们没有这个梦,结果我们下来了。

这个梦,就是理想,就是振兴中华的伟大理想。有了这个理想,再加上求真务实的精神,我们中国人是完全能够自主创新的。

工业现代化的进程也是不断自主创新的进程。中华民族是勤劳勇敢的民族,是富有创造力的民族。中国人民有志气、有信心、有能力在工业现代化的道路上不断创造新的奇迹。

## 自主创新的四个主要方面

自主创新有很多方面,在工业经济战线,最重要的是四个方面,四个创新:思维创新,机制创新,科技创新,产品创新。

思维创新是最重要的,刚才已经讲了。没有思维创新,其他一切都谈不上。

第二就是机制创新。改革,改革体制,改革机制,怎么改?就是把对自主创新不利的、阻碍自主创新发展的体制、机制统统改掉。什么是好体制、好机制?就是能够让自主创新畅通无阻,能够推动自主创新积极向前发展的好体制、好机制。我们要创建创新型国家,创建创新型企业,首先要创建一个创新型的好体制,创建一个创新型的好机制。既能充分发挥我们企业行业专家的作用,又要充分发挥我们工程院、科学院院士的作用。把这些同志的作用真正发挥出来,对我们自主创新是一个非常重要的保证。我们能不能邀请100位院士参加我们的工业大奖培育工程,企业也可以请几位,把自主创新搞得更好。

第三是科技创新。真正加大研发投入,有的企业5%就可以了,电子行业没有10%,恐怕很难发展。国家也要切实加大研发投入,要逐步提高到占GDP的2%、3%,把钱用在刀刃上,一个钱当两个钱用,这样我们的科技创新才能够真正开展起来,鲜花满园、硕果累累。

第四是产品创新。科技创新的成果,体现在什么地方?一个是体现在论文上,这非常重要。对于我们工业界来讲,科技创新最后还是要落实在产品创新上,论文要转化为产品。既出论文,又出产品。产品要有竞争力,在世界上要有国际竞争力,这才是真正的自主创新。你有1万篇论文、1万个专利,但是你的产品还是落后的,这是没有用的。

## 自主创新的秘诀

一是要“选准目标”。自主创新要有一个目标,目标要选得好。

二是要“找出差距”。你和世界第一、第二、第三的差距在哪里?这个差距可能是几十条、几百条、几千条,你要找出来,要知己知彼。

三是要“抓住重点”。抓住主要矛盾,集中力量打歼灭战。

四是要“制定措施”。怎么样来解决这个差距。要运用系统科学工程,还要运用智慧科学工程

五是要“狠抓落实”。要天天抓、月月抓、年年抓。锲而不舍,不达目的誓不罢休。掉几层皮,瘦几十斤,没关系。就是要有这股韧劲,不怕失败。试验,失败;再试验,再失败;再试验,直至成功。这就是胜利的秘诀。

1965年,我非常幸运,我们敬爱的周总理把我们找去了,听我们对原子弹和万吨水压机的汇报。周总理听到最后,讲了几句话。他说,原子弹、万吨水压机,看起来是个庞然大物,但是不要害怕它,要在战略上藐视它,在战术上要重视它,要一分为二、一分为二,一分为二……,然后抓住主要矛盾,集中力量打歼灭战,没有什么困难是不能克服的。

周总理这几句话,是马克思列宁主义,是毛泽东思想,是辩证唯物主义认识论,是颠扑不破的真理。这几句话,我记了一辈子,用了一辈子,到现在还不忘,还在继续用。

小平同志亲自抓过一项高科技项目,正负电子对撞机,取得了很大成功。当时就是充分发挥社会主义的优越性,集中力量打歼灭战,攻克了八大关键,最后一次对撞成功。在这个“能区”里面,当时我们是世界第一,最近又发现了新粒子。

周总理这几句话,对我们自主创新也是非常非常重要的。希望你们在创建创新型国家、创新型企业的伟大事业中,创造出更好、更伟大的成绩,为中华民族的伟大复兴贡献力量。

# 中国制造业的现状与面临的挑战(摘录)

中国工程院院长、中国工业经济联合会会长
徐匡迪

(2005年9月15日)

制造业是国民经济的物质基础和工业化的产业主体,是社会进步与富民强国之本。任何一个大国为了自身的发展和安全,都将装备制造业的发展和升级作为国家战略来对待,高度发达的装备制造业是实现工业化的必备条件,也是一个国家综合竞争力的重要标志。制造业在中国现阶段至少有五个方面的作用:第一是我们国家经济高速增长的发动机;第二是推动国民经济和社会信息化的基础产业;第三是科技创新的重要载体;第四是劳动就业的主要部门;最后也是国家安全的一个基本保证。

## 一、中国制造业的发展现状

中国制造业在改革开放25年间得到了快速的增长,它的动力来自两个方面,一是强大的国内需求,就是国内的基本建设、基础设施建设的需求,人民生活提高的需求,还有就是国际产业的转移。因为我们现在正处于工业化的中期,中国制造业在GDP里面所占的比重一直都是比较高。世界制造业的主要国家第一还是美国,第二是日本,中国在2003年超过了德国。尽管美国的服务业已经超过80%,但是它还是世界上制造业最强的国家。制造业特别是装备制造业始终是高于GDP的速度在增长,它已经成为我国最大的产业和国民经济重要的组成部分。我们国家制造业的构成分为三块,一共是17个行业,有5个行业是轻工业、纺织工业和日用品的制造,这部分约占制造业的30.24%;第二块也是5个行业,主要是资源加工,包括石油化工、橡胶、非金属、金属冶炼,大概占33%,是我们整个制造业产值增加值的1/3;第三是机械、电子类制造业,这部分略多,约是35%。三块组成大概是这样的:轻工业比1/3略少,资源加工业1/3,机电加工产品比1/3强。资源加工业生产的产品基本全部用在国内,包括像钢铁、有色金属、石油加工的产品,都是用于国内的。轻工业和机械、机电工业的产品大约是一半或者是少于一半是出口的,主要还是满足内需。

中国的工业增加值,因为第二产业还有建筑,讲工业占GDP的35.75%,工业增加值占全部工业,就是第二产业的78.69%,建筑业只有大概20%,工业上缴的税金占第二产业的90%,从业人员90.7%,这里面我想特别指出一点,制造业出口占全国外贸出口的91.2%,接纳外商实际直接投资额约占全部外商投资额的70%。中国制造业的发展也是承接国际产业转移的一个结果。在市场竞争直接成本中,它们的比大约是美国30美元,欧洲24个美元,东欧是3个美元,日本是24个美元,在中国是2个美元,当然印度现在比我们还低一点,是1个美元,包括东南亚国家。以软件工程师来说,在硅谷一个成熟的软件工程师工资大概是20万至30万美元,这里包括付税,不是全部给他工资;在爱尔兰是8万至9万美元,在印度是4万至5万美元,在中国是2万至3万美元,所以无论是体力劳动者还是脑力劳动者在中国的成本都比较低。我举一个例子，像直升机，在美国商用直升机最成熟的，在美国只生产顶部直升机的螺旋桨和尾部的螺旋桨，顶盖部分在西班牙生产，尾部也是在西班牙生产，中间的机身部分是在日本生产，起落架是在巴西生产，机头是在中国台湾生产，机尾是在中国的井冈山直升机厂生产，从头到尾，在中国生产的，就是一头一尾。中国累计批准外商投资企业到2004年11月底是5万多家，合同金额超过1万亿美元，实际利用外资是5590亿美元。跨国公司的研发机构在中国发展也非常迅速，到2004年6月，在中国设立研发机构的跨国公司超过600家，累计投入研发金额是40亿美元，包括东芝、IBM、HP、英特尔、GE、诺基亚、松下、爱立信公司。跨国公司在中国的研发机构发展非常迅速，其中有计算机、电子、医疗、运输，还包括汽车。我曾经访问GE在浦东的研发机构，它用了900多个中国的博士和工程师，并不针对中国生产研发，而是针对GE全世界，正在从面向中国转向全球。外国在华研发R&D投资分布主要还是集中在北京，接近60%，因为北京具有我们中国教育科研人才的优势，其次是在上海和深圳，在其他地区包括中国的成都、南京、武汉也都有一些研发的机构。

## 二、中国制造业面临的挑战与解决路径

讲到中国的制造业，我们必须看中国制造业和国际先进水平的差距。第一是劳动生产率比较低，我们现在一年不到4万美元，只有美国的4.38%，日本的4%，德国的5%多一点。中国的制造业能源消耗大，污染比较严重，制造业的能耗占全国一次能耗的63%，单位产品的能耗高出国际水平20%~30%，全国二氧化碳的排放量67.2%是锅炉排放。第二是产品以低端为主，附加价值不高。增加值率仅为26.23%，比美国、日本及德国分别低22%、22%和11%，出口主要是劳动密集型和技术含量低的产品。当然事情是两方面的，这既是一个缺点，有的时候也是优点，因为中国需要解决就业问题，如果都搞自动化，工厂每年新增就业就有问题。产业结构不合理，作为先进生产力代表，国家核心竞争力关键是装备制造业，在我们国家只占26%，比发达国家低10个百分点左右。我们进口的产品占外贸出口总额将近一半左右，集成电路95%要进口，轿车制造装备、数控机床、纺织机械70%依赖进口。我们出口的是中低端产品，即使少数高新技术产品也是劳动密集型或者是来料加工型的，而进口的是高新技术产品。从这里可以看得很清楚，即中国进出口是平衡的。但是，中国出口是以初期产品和一般的机电产品、工业制造品为主，而进口的是高新技术产品。中国制造业也面临非常严峻的挑战，因为我们要走一条新型工业化的道路，就必须要以信息化带动工业化，工业化促进信息化，走出一条科技含量高，经济效益好，资源消耗低，环境污染少，人力资源得到充分利用、充分发挥的新型工业化道路，这是我们的目标。我国制造业目前面临着以下几个问题：

第一是资源消耗严重制约。全世界工业化有不同的阶段，在初期阶段主要是农产品加工和轻纺工业，主要是农产品，这个时候对资源的消耗比较少；到工业化加速发展期，也就是重化工业发展期，对矿产资源、能源消耗急剧增加；后工业化建设由于国家基础设施都具备先进的条件，所以能源和矿产资源的消耗是减少的。我们中国正处于非常需要矿产资源和能源的阶段。是不是中国特别落后才走这个阶段?答案是否定的。世界上GDP总量和能源总量都是线性的关系，中国还很低，集中在下面这一部分，而这一部分基本上是非常线性的。即使是上个世纪末，一些新型的工业化国家和地区，人均GDP和人均能耗也是一个线性的关系。现在有一种误解，中国为什么要用这么多的石油，用这么多的煤?我们是有13亿人，如果美国有13亿人，它的能耗是我们现在的4倍，所以要看到我们落后的一面，看到人多给我们带来的压力。所以温家宝总理说“中国任何一个数字，如果除以13亿就非常非常小，如果中国一个很低的消耗乘上13亿，那就是非常非常地大”。我们国家资源严重不足，尽管煤炭资源比较丰富，但是储量也还不能够完全满足未来的需要，石油和天然气只有世界人均储量的6%至8%。到2010年我们大量缺少石油1.2亿至1.7亿吨，到2020年缺2.5亿至3.3亿吨。天然气2010年缺口是300亿立方米，2020年缺口是700亿立方米；煤炭资源也面临储量不足、产能建设严重滞后的局面。2010年我们煤炭缺口大概是5亿吨，2020年缺口12亿吨。

煤炭按照现在增长的储量计算，静态保证年限是40年左右，石油是14年，天然气是65年，水、电、核能数据还不太明确，太阳能等是我们未来应用的方向，但是还有技术的制约要解决。

第二是环境的制约。二氧化碳排放70%，二氧化硫排放90%，氮氧化物排放2/3来自于燃煤，电厂还要继续建，如果不采取措施，到2020年中国二氧化碳排放将要占到全球的17.2%。未来20年制造业的增长，如果单纯依靠数量，是资源能源和环境所不能承受的，因此我们必须依靠科技进步，采用绿色制造技术，在提高产品质量和附加值的同时努力降低资源的能耗。现在制造业的发展方向，一个是极端制造。比如说三峡的水轮发电机的转轮，这个轮子是462吨，是在中国制造的，但是这个制造非常不容易，因为它有几炉钢水这么大，要几炉钢水全部放进去还不裂。还有一个小的冷却电动机，载人飞机上有，这种极端制造是我们现在制造业面临的技术上强大的挑战。一个是绿色制造，比如说德国提出了产品回收法，日本提出了3R战略，美国提出再制造新的理念，这都需要我们考虑。

第三个很重要的问题就是我们要改变自主知识产权缺乏核心、专利技术比较少的局面。2001年中国接受海外申请专利37800件，而我们自己到海外申请专利不到2000件，这2000件还主要集中在中医药和保健品上，很少涉及高新技术。在制造技术领域，我国的发明专利数只有美国、日本的1/30，韩国的1/40，所以我们必须努力改变这种局面。另外我们在引进、消化、吸收、创新当中，投入经费不够。2002年我国高新技术产业用于技术引进与消化吸收的收支比为1:0.1，其中医药产品制造业引进设备消化的比例比较高一点，大概是1:0.18，电子通信只有1:0.13，作为计算机制造的IT核心企业只有1:0.01，而多数工业国家安排引进消化经费大概是引进项目总经费的3倍，日本在经济振兴期达到了10倍。我这样说不是偷人家的专利或者是拷贝别人的生产技术，而是要求我们在充分搞清楚消化吸收的基础上自主创新，而不是说去简单地复制，侵犯人家的知识产权。中国的制造业必须积极地承接世界制造业的转移，要坚持对外开放，中国必须融入世界经济全球化的过程里面。为了接收世界制造业的转移，我们要在保护知识产权的同时努力加强研发力量，努力提高集成能力和创新能力，使中国制造业从中、低端产品加工厂转为世界制造业中心之一。

第四，人才是关键。国家综合实力的提高，主要依靠科学技术水平的提高，科学技术进步主要靠创新，创新的载体是人才。我们以工程项目带动科技进步，培养从设计、制造工艺到操作、管理的各类、各级优秀人才，才能使中国的制造业在21世纪头20年，在中国全面建设小康社会，在实现工业化的过程中再上一个台阶。

# 如何理解我国“十一五”时期若干重大战略任务(摘编)

国家发展和改革委员会主任
马凯

回首即将走过的新世纪头五年，这是我国历史进程中不平凡的五年,是继往开来、与时俱进的五年。面向未来,我们站在一个新的历史起点上。

《中共中央关于制定国民经济和社会发展第十一个五年规划的建议》明确提出了今后五年经济社会发展和改革开放的主要任务，为我们指明了奋斗目标和前进航向。

## 建设社会主义新农村,破解“三农”难题

《建议》提出,要按照生产发展、生活宽裕、乡风文明、村容整洁、管理民主的要求,扎实推进社会主义新农村建设,这是新时期解决“三农”问题的重大举措,是我国现代化进程中的重大历史任务。

建设社会主义新农村,蕴涵着四个新的思想和思路。

第一，通过统筹城乡发展破解“三农”问题。“三农”问题始终是制约我国经济社会发展的根本性问题。从人口结构看,能否实现全面建设小康社会的目标,关键和难点不在城市和城市居民,而在农村和农村居民。“三农”问题难就难在众多的且不断增加的农村人口与有限的且越来越少的农业生产资源的尖锐矛盾。在解决温饱的阶段,“三农”问题可以在农业和农村内部通过优化资源配置解决,在全面建设小康社会阶段,就农业论农业、就农村论农村、就农民论农民,解决“三农”问题就难有大的突破。因此,解决“三农”问题,必须超越农业和农村的层次,站在统筹城乡发展的高度,把农业生产放到整个国民经济乃至世界经济的循环中，把农村发展放到构建社会主义和谐社会的进程中，把农民增收放到国民收入的分配和再分配中统筹考虑。

第二,通过工业反哺农业、城市支持农村破解“三农”问题。总体上看,我国已经到了以工促农、以城带乡的发展阶段,要顺应这一趋势,通过工业反哺农业、城市支持农村,逐步解决“三农”问题。从“十一五”开始,要逐步建立起工业反哺农业、城市支持农村的长效机制，包括财政对农民的直补机制,对农业和农村的投入稳定增长的机制,以及保障农民合法权益的机制等。

第三,通过明显改善农村的整体面貌破解“三农”问题。二十多年来,我国城市的面貌发生了天翻地覆的变化,但农村面貌的改善不大,中西部地区的农村更为落后。我国人口众多,即使今后城镇化水平达到70%，仍会有4亿到5亿人居住在农村。因此,在积极稳妥地推进城镇化、减少农村人口的同时,也要把农村建设好,加强农村道路、通信、电网、饮用水、沼气、垃圾收集处理等方面的建设,通过农民的辛勤劳动和国家的政策扶持,明显改善广大农村的整体面貌。

第四,通过扩大公共服务覆盖农村的范围破解“三农”问题。长期以来,政府为城市居民提供的公共服务较多,而农村居民享受到的公共服务较少,在义务教育、公共卫生、公共文化、公共安全和社会保障等方面与城市居民存在差距。建设社会主义新农村，就是要逐步解决农村公共服务严重滞

后的问题，扩大公共财政覆盖农村的范围，强化政府对农村的公共服务，逐步使农村居民与城市居民一样，公平地享有均等化的公共服务。“十一五”期间要重点加强农村义务教育和公共卫生，加快建立新型农村合作医疗制度，加大扶贫减贫力度，有条件的地方要积极探索建立农村最低生活保障制度。

## 增强自主创新能力，推进产业结构优化升级

《建议》要求加快经济结构战略性调整，推进产业结构优化升级，是保持经济平稳较快发展、提高经济增长质量和效益的重要保障，是“十一五”时期经济社会发展的重大任务。

产业结构不合理是我国经济增长中资源消耗多、环境污染重、整体素质不高和运行不稳定的重要原因。产业结构不合理的主要表现是：从三次产业看，农业基础薄弱，工业大而不强，服务业发展滞后；从产品结构看，高消耗产品、粗加工产品、低端产品还占主体地位，贴牌生产的产品占相当比重，自主品牌、知名品牌不多；从企业组织结构看，“大而全”、“小而全”的问题在某些行业依然突出，企业间、产业间的专业化分工不细，规模化经营水平不高，配套协作能力不强。产业结构不合理的重要原因是缺乏核心技术、缺乏自主知识产权、缺乏世界知名品牌，这三个“缺乏”集中起来就是自主创新能力不强。所以，《建议》把增强自主创新能力作为国家战略，摆在了经济社会发展的重要位置。这是《建议》的一大亮点。

第一，要充分认识增强自主创新能力的必要性。当前，人类社会正在经历一场全球性的科学技术革命。各国综合国力的竞争，越来越多地体现在自主创新能力的较量上。一些主要国家为了在国际竞争中占据优势，都把科技创新作为国家战略。比如，美国把保持科学技术的前沿领先地位作为国家的战略目标，英国提出必须确保基础科学的优异和强大，日本确定了科技创新立国、知识产权立国的战略，韩国提出要在国家层次上制定和执行以科技为基础的政策等等。如果我们跟不上科技进步的步伐，就会拉大与其他国家的差距，难以真正在世界民族之林立足。

第二，要充分认识增强自主创新能力的紧迫性。目前我国的“比较优势”和国际竞争力，在相当程度上是依靠劳动力、资源和环境的低价格，主要以消耗资源、污染环境为代价换来微薄收益，成为低端产品的“世界工厂”。必须清醒地看到，今后，我国各种生产要素和资源性产品的价格将呈上涨趋势。由于资源短缺，淡水、土地的价格要上涨；要保护环境，环境的成本要上涨；要维护劳动者的合法权益，劳动成本也会提高。同时，随着其他发展中国家工业化的发展，以及俄罗斯、东欧国家经济的恢复，世界石油和其他矿产资源的价格都要上涨。这些都将弱化我国现有的竞争优势，保持经济平稳较快增长的难度加大。因此，必须大力增强自主创新能力，加快经济增长由主要依靠物质要素投入带动，向更多依靠科技进步带动转变。

第三，要全面把握增强自主创新能力的内涵。自主创新，不是放弃技术引进，而是要强化消化吸收再创新。自主创新，不是单纯的技术创新，而且还包括产业创新、产品创新和品牌创新。自主创新，也不是一切领域都要原始创新，而是发挥优势，有些领域要尽可能实现原始创新，有些领域要实现集成创新，有些领域要在引进消化吸收基础上实现再创新，有些领域要通过用先进技术改造传统产业，实现产业产品生命周期的再创新。自主创新，要坚持有所为有所不为，突出重点，重点跨越。自主创新，不仅是科学技术发展的战略基点和科技领域的重点任务，也是调整产业结构、转变增长方式的中心环节，是经济建设的重要任务。

第四，要加快营造有利于自主创新的良好环境。要深化科技体制改革，加快建立以企业为主体、市场为导向、产学研相结合的技术创新体系，形成自主创新的基本体制架构。要开发对经济社会发展具有重大带动作用的高新技术，突破一批核心技术，构建自主创新的技术基础。要加强国家工程中心、企业技术中心建设，搭建自主创新的技术平台。要实行支持自主创新的财税、金融和政府采购政策，发展创业风险投资，完善自主创新的激励机制。要健全知识产权保护体系，加大保护力度，营造有利于自主创新的社会氛围。

## 明确区域功能定位，促进区域协调发展

《建议》总结了建国以来特别是改革开放以来

区域发展方面的经验，完整阐明了推进区域协调发展的总体战略布局，这就是推进西部大开发，振兴东北地区等老工业基地，促进中部崛起，鼓励东部地区率先发展。《建议》提出要通过健全市场机制、合作机制、互助机制和扶持机制等四大机制形成东中西互动、优势互补、相互促进、共同发展的新格局。

《建议》提出，各地区要根据资源环境承载能力和发展潜力，按照优化开发、重点开发、限制开发和禁止开发的不同要求，明确不同区域的功能定位，并制定相应的政策和评价指标，逐步形成各具特色的区域发展格局。功能区的提出是促进区域协调发展的一个新思路，也是《建议》的一个新亮点，体现了党中央高瞻远瞩、谋划全局的战略思维，体现了对区域发展规律认识上的深化。

第一，充分体现了以人为本谋发展的理念。促进区域协调发展、缩小区域差距，不是简单地缩小区域间经济总量上的差距，最终目的是逐步使居住在不同区域的人民，都有接受教育的机会，都有就业和参与发展的机会，都享有均等化的公共服务，都享有大体相当的生活水平。按主体功能构建区域发展格局，打破了长期以来把做大经济总量作为出发点和惟一目标来缩小区域差距的传统观念，把协调发展的实质定位于“人”，而不是地区生产总值，是“一切为了人”的思想和要求的具体落实。因此，促进区域协调发展，既要支持欠发达地区发展经济，做大其分母；也要树立人口流动的理念，逐步促使一些生态环境脆弱、发展经济条件不够好的区域的人口逐步转移，缩小其分子。通过发展经济、人口转移、财政转移支付等多种途径，逐步缩小不同区域之间人均收入、公共服务和生活水平的差距。

第二，充分体现了突破行政区谋发展的理念。以行政区为单元推动经济发展、制定政策及评价标准的方式，虽然有利于调动行政区的积极性，便于区域政策的操作，但很容易导致发展条件不同的地区之间盲目攀比，对地区发展的评价也有失客观。我国不同区域的资源环境承载能力不同，集聚产业和人口的能力不同，发展的内涵和要求也应该不同。比如，对优化开发和重点开发区域，应该评价其经济增长；对限制开发和禁止开发区域，就不能把经济增长速度作为首要的评价指标，而应主要评价其生态环境保护的绩效。

第三，充分体现了尊重自然规律谋发展的理念。我国相当一部分国土的生态环境十分脆弱，并不适合大规模推进工业化、城镇化，对这些地区来讲，实现第一个翻番、达到人均1000美元，生态环境已经不堪重负；若按照原有的发展模式实现第二个翻番，达到人均3000美元，势必大大超出其生态环境的承载能力，带来生态环境的更大破坏。因此，促进区域协调发展，不是“遍地开花”，不是每一寸国土都要实现工业化和城镇化。按照功能区域构建区域发展格局，就是在全国960万平方公里的陆地国土上，既要有开发，更要有保护，引导经济布局和人口分布适应自然，这样才能从源头上、从根本上扭转我国生态环境恶化的趋势，逐步实现“一方水土”与“一方经济”、“一方人口”相协调。

## 发展循环经济，建设资源节约型社会

《建议》从资源环境状况与经济发展的矛盾已经上升到现阶段我国现代化建设主要矛盾之一出发，提出了建设资源节约型和环境友好型社会的任务。

我国资源相对不足，维系人们基本生存的水和耕地资源人均占有量很低，许多矿产资源人均占有量不足世界人均水平的一半，且资源的时空、地域分布不均衡。同时，我国目前粗放型的增长方式又进一步加剧了资源不足的矛盾。资源瓶颈约束若得不到有效缓解，我国经济发展将难以持续。大力发展循环经济是建设节约型社会和环境友好型社会的重要途径，也是《建议》的一个重要亮点。循环经济是一种以资源的循环利用为核心，以“减量化、再利用、资源化”为原则，以低消耗、低排放、高效率为基本特征，符合可持续发展理念的经济增长模式，是对“大量生产、大量消费、大量废弃”的传统增长模式的根本变革。发展循环经济符合科学发展观的要求，是缓解我国资源约束矛盾的重大举措，是减轻环境污染的有效途径，也是应对贸易保护主义的迫切需要。

发展循环经济的基本途径和重点包括：在资源开采环节，要大力提高资源综合开发和回收利用；在资源消耗环节，要大力提高资源利用效率；在废弃物产生环节，要大力开展资源综合利用；在再生资源环节，要大力回收和循环利用各种废旧资源；在社会消费环节，要大力提倡绿色消费。

要用循环经济的理念指导各级各类规划的编制，通过实施规划促进循环经济的发展。要研究建立科学的循环经济评价指标体系。健全促进循环经济的法律法规体系，加快制定用能设备能效标准、重点用水行业取水定额标准、主要耗能行业节能设计规范，以及强制性能效标识、再利用品标识等标准。加大执法力度，逐步将循环经济发展工作纳入法制化轨道。调整和落实投资政策，加大对循环经济发展的资金支持。进一步深化价格改革，实行促进循环经济发展的价格和收费政策，实行促进循环经济发展的财税政策。

## 坚持以人为本，建设和谐社会

构建社会主义和谐社会，是我们党从全面建设小康社会的全局出发，着眼于我国社会结构和社会组织形态已经和正在发生的深刻变化，提出的又一重大战略思想和重大任务。

《建议》提出"十一五"时期要从认真解决人民群众最关心、最直接、最现实的利益问题入手，以扩大就业、完善社会保障体系、理顺分配关系、发展社会事业等为着力点，在构建和谐社会中取得新进步。这充分体现了以人为本的执政理念，充分体现了维护社会公平和加强公共服务两个思想。

要更加注重社会公平。社会公平是社会和谐的基石。目前我国城乡差距、区域差距、收入分配差距等影响社会公平的问题已十分突出，如果长期得不到缓解，不仅会挫伤积极性，而且可能会影响社会安定团结。《建议》从维护好和实现好最广大人民群众根本利益出发，把更加注重社会公平作为一条重要原则贯穿始终。在发展教育、扩大就业、完善社会保障、调节收入分配，以及建立健全促进公平的体制机制等方面，都提出了明确的要求。

要更加突出公共服务。公共服务是政府的重要职责。健全并公平地分配公共服务，是维护社会公平、促进社会和谐的重要内容。我国经济发展与社会发展"一条腿长、一条腿短"的问题，突出表现为政府提供的公共服务难以满足人民群众的需要，特别是农村和中西部地区公共服务更为短缺。《建议》针对这一问题，着重强调了要实行公共服务均等化的原则，各级政府要强化公共服务职能，强化对农村的公共服务，改革城乡之间公共服务制度，强化政府促进就业的公共服务职能。

据此，《建议》提出了加强和谐社会建设的主要任务：要千方百计扩大就业，把扩大就业摆在经济社会发展更加突出的位置，实行积极的就业政策；加快完善社会保障体系，建立健全与经济发展水平相适应的社会保障体系；合理调节收入分配，着力提高低收入者收入水平，逐步扩大中等收入者比重，有效调节过高收入，努力缓解地区之间和部分社会成员收入分配差距扩大的趋势。要丰富人民群众精神文化生活，提高人民群众健康水平，保障人民群众生命财产安全。

《建议》还提出，要深化体制改革和提高对外开放水平，深入实施科教兴国战略和人才强国战略，这既是"十一五"时期的重大战略任务，也是完成战略任务的重要保障。我们要在以胡锦涛同志为总书记的党中央领导下，进一步增强历史责任感和时代紧迫感，紧紧抓住和用好战略机遇期，加倍努力工作，迎接新的挑战，使我们国家在新的历史起点上朝着现代化宏伟目标阔步前进。

# 中国加快国有经济布局和结构的战略调整

国务院国有资产监督管理委员会主任
李荣融
2005年12月8日

中国将更加坚定地把科技进步和创新作为经济社会发展的首要推动力量，把握投资方向，推动结构调整，努力提高国有企业的科技开发能力、市场竞争能力和抵御风险能力，使国有经济在国民经济中更好地发挥主导作用。中国将按照有进有退、有所为有所不为的原则，加快国有经济布局和结构的战略性调整。具体内容包括：

一是推动国有资本向关系国家安全和国民经济命脉的重要行业和关键领域集中。合理收缩中央企业分布范围，使国有资本集中投向特定产业链中市场机制难以发挥作用或需要重要控制的基础产业、基础服务、基础设施、基础原料、关键技术、关键工序等。

二是推动国有资本向具有竞争优势的行业和未来可能形成主导产业的领域集中。通过增量投入和存量调整相结合的办法，加大对产业进入门槛高、国有经济控制力较强、市场发展前景广阔的基础性和支柱产业等领域的投入力度，重点发展高新技术产业，培育未来主导产业，形成能在国民经济发展中起先导和带头作用的高新技术产业群和骨干力量。

三是推动国有资本向具有较强国际竞争力的大公司大企业集团集中。围绕加快培育和发展80~100家技术先进、结构合理、机制灵活、具有自主知识产权、有较强国际竞争力的大公司大企业集团，加快中央企业的重组和调整，在体现国家综合国力的基础性和支柱产业中拥有一批对行业发展有较强影响力的重要骨干企业。

四是推动国有资本向国有企业主业集中。积极推进中央企业之间、中央企业和其他企业、上下游企业之间存量资产的调整重组，优化国有经济在企业间的分布。通过内部整合和外部重组等措施减少企业管理层次，优化国有经济在企业内部的分布。

科技创新和技术进步有力促进了中国国有企业持续快速健康发展，一批具有国际竞争力的大公司大企业集团在激烈的市场竞争中脱颖而出，2005年已有15家中国国有企业进入世界500强。

中国国有经济是国民经济中的主导力量，国务院国资委履行出资人职责的169家中央企业，共拥有技术研究院、技术中心、研究开发中心等技术创新机构476家，它们在推进科技创新、加快技术进步方面发挥着重要的作用。

2002年至2004年，中央企业共获得各类国家和省部级科技成果奖5646项，投产的新产品22943个，采用新工艺17204项，实现重大工艺改进7427项。2004年中央企业共申请专利6579项，其中发明专利2853项；授权专利3886项，其中发明专利1265项。

中国石油化工集团公司2004年全年申请专利989项，平均每天2.7项；获得授权专利760项，平均每天2.1项。载人飞船、卫星发射等航天科技接近或达到国际先进水平。电信TD-SCDMA技术已成为3G的国际标准。冶金连铸比达到97%，在转炉技术、薄板技术和冷轧技术方面形成了自主知识产权；吨钢综合能耗、吨钢水耗和粉尘、二氧化硫等主要污染物排放控制指标达到国际先进水平。

# 提升自主创新能力 推动建设“中小企业成长工程”(摘录)

国家发展和改革委员会副主任
欧新黔

(2005 年 11 月 10 日)

## 一、中国中小企业技术创新状况

中小企业在国家经济社会发展中发挥着重要作用。在技术创新方面,中小企业同样具有突出表现。改革开放以来,我国65%的发明专利,75%以上的技术创新,80%的新产品是由中小企业完成的。中小企业是我国市场经济中最具活力的部分。在信息技术、工业设计、生物技术等高新技术产业和现代物流、社区服务等新兴服务业的发展中,中小企业发挥了积极的作用,对提升产业技术水平,加快传统产业技术进步发挥了重要作用。

中小企业技术创新的特点,一是反应快,由于中小企业规模小、管理层次少,更有利于根据市场变化和需求做出快速的创新决策;二是动力强,中小企业在市场竞争中处于弱势地位,生存危机与竞争压力迫使中小企业更加关注市场机会,重视创新;三是机制活,宽松的管理环境、灵活的用人机制等,使创新活动更容易在中小企业中获得成功。

但是,目前我国中小企业在技术创新方面也存在一些问题:一是缺乏技术创新人才,我国从事科研开发的科技人员虽然60%在企业,但绝大多数集中在大企业,在中小企业从事技术创新的人员很少;企业自身人员素质较低,中小企业中具有大专以上学历的职工占职工总数不足10%,初中以下的职工占60%左右,企业科技人员不足且流失严重,直接影响了中小企业的自主创新;二是创新资金来源不足,中小企业资本的社会化程度低且总量小,难以应对技术创新成本高、回收期长等风险;融资难,使很多企业因资金缺乏而无力搞技术创新,整体技术装备水平也较低;三是企业技术创新投入不足,据有关部门统计,2002 年,我国成长型中小企业用于研究开发的费用占其销售收入的比重只有0.31%,不仅大大低于发达国家的水平,也低于我国工业企业的平均水平;四是创新服务能力弱,已有的各类科技中介机构服务产品少,服务面窄,服务缺乏深度,部分机构可持续发展的能力较弱;五是信息不畅,中小企业获取信息途径少,不及时等,也直接影响着中小企业的创新发展。

## 二、深刻认识提高中小企业自主创新能力的重要性和紧迫性

中国共产党第十六届五中全会通过的《中共中央关于制定国民经济和社会发展第十一个五年规划的建议》提出,“十一五”时期,中国经济要在优化结构、提高效益和降低消耗的基础上,实现 2010 年人均国内生产总值比 2000 年翻一番,单位国内生产总值能源消耗比“十五”期末降低 20%左右,形成一批拥有自主知识产权和知名品牌、国际竞争力较强的优势企业等经济社会发展目标。并指出:“必须提高自主创新能力。实现长期持续发展

要依靠科技进步和劳动力素质的提高。要深入实施科教兴国战略和人才强国战略，把增强自主创新能力作为科学技术发展的战略基点和调整产业结构、转变经济增长方式的中心环节，大力提高原始创新能力、集成创新能力和引进消化吸收再创新能力。”五中全会通过的“十一五”规划建议，从战略全局的高度指明了我们未来的发展方向，是指导今后一个时期我国经济社会发展的纲领性文件。纵观人类社会，技术创新与发展历来都是推动社会进步的最重要力量。我们要从落实科学发展观，全面建设小康社会的全局和战略高度，深刻认识提高企业特别是中小企业自主创新能力的重要性和紧迫性，对于促进中小企业快速发展，实现新时期发展目标具有重要意义。提高中小企业自主创新能力是“十一五”时期推动建设“中小企业成长工程”的重要环节，是我国走新型工业化道路的必然选择。

中小企业是传统产业的主体，技术水平、产品附加值比较低的中小企业的比例还较大，积极采用高新技术和先进适用技术改造传统产业，提升中小企业的自主创新能力，对于促进产业优化升级具有重要意义；随着我国加入世贸组织，市场化、信息化、国际化步伐加快，资源配置的全球化、产业分工的细化成为可能，信息技术、网络技术的快速发展，加速了科技创新的速度，新兴产业的发展加速了产业结构的调整，对传统产业中的中小企业也提出了挑战，提升中小企业创新能力，是实现产业结构优化升级的迫切要求。从新一轮全球经济结构调整的现实看，谁掌握了世界经济主导产业和战略产业的核心技术，谁就掌握了竞争的主动权，谁就能占据产业链的高端，享有竞争优势和更多的利益。否则，就只能处于产业链低端，成为别人的“组装车间”、“加工基地”，获取低微的加工收入。提升中小企业的自主创新能力，加快产业结构调整，提升我国在国际分工中的地位，把握经济发展主动权，缩短与发达国家的差距，实现跨越式发展。

提升中小企业自主创新能力，促进经济增长方式转变。目前我国经济的快速增长在很大程度上是依靠资金、劳动力和自然资源等生产要素的投入实现的，高投入、高消耗、高排放、低效率、资源利用效率低下，成为影响我国经济可持续发展和国际竞争力的最大问题。中小企业也严重地存在着低水平盲目投资、重复建设、浪费资源、污染环境、生产不安全等现象。提升中小企业自主创新能力，加快中小企业的技术进步，运用科技手段解决经济发展中的突出矛盾，实现经济增长从要素驱动型向创新驱动型的转变，是中小企业生存与发展的需要。

提升中小企业自主创新能力，促进经济增长质量提高。过去的20年，虽然中国经济以平均9.5%的速度增长，但进一步分析可以看到，我国经济增长的质量还不高，缺乏拥有自主知识产权的核心技术，关键技术自给率较低，技术创新还没有成为推动我国经济增长的主要动力；经济增长的外贸依存度大，大部分中小企业仅限于简单的组装和来料加工，缺少自主研发的核心技术。自主创新能力弱，将直接影响到我国的经济安全和国家利益。作为发展中国家，面对国际市场的竞争压力，如果不能快速提升自主创新能力，就无法突破技术垄断和技术壁垒，无法立足于国际经济、政治舞台。提升中小企业自主创新能力，是保证国家安全、增强我国国际竞争力的迫切要求。

提升自主创新能力，促进经济社会发展。中小企业是市场主体的重要组成部分，中小企业发展的质量和水平直接关系着一国经济社会发展全局。中小企业是人们日常生活用品和服务的主要提供者，随着人民生活水平的不断提高，人们对中小企业提供的产品和服务质量的要求不断增强，加快提升中小企业自主创新能力，可以有效满足日益丰富的市场需求，也是中小企业在激烈的市场竞争中做到“人无我有，人有我新，人新我专，人专我精”，由小到大，由弱变强，快速发展；中小企业是产业链中的重要组成部分，也是科研成果产业化的主要载体，提升中小企业的自主创新能力，对于提高新技术、新工艺、新产品、新材料在产业中的迅速扩散，促进产业技术创新，增强产业的竞争力具有重要的现实意义；中小企业是区域经济的主导力量，是地方财力的主要来源，越来越多的国家和地区案例表明，提升中小企业的创新能力，加快中小企业的空间集聚，促进中小企业联合创新，成为快速提升区域竞争力的有效途径，对于促进区域经济发展，改善我国区域结构，缩小地区差距具有重要意义。

## 三、提高中小企业自主创新能力必须做好的几项重要任务

当前，我国经济正处在一个重要的发展时期，营造有利于创新的环境，提升中小企业的自主创新能力，充分发挥其对经济社会发展的重要作用，是各级政府和中小企业管理部门的重要职责，也是实现我国“十一五”规划各项目标，促进中小企业发展的重要任务。

“十一五”期间，国家发改委将积极推动实施中小企业技术创新工程。总体思路是，认真贯彻落实十六届五中全会精神，坚持科学发展观，落实《中小企业促进法》和《国务院关于鼓励支持和引导个体私营等非公有制经济发展的若干意见》，以企业为主体，以市场为导向，以提高中小企业自主创新能力为目标，以建立健全产学研相结合的中小企业创新支持体系，引导中小企业向“专、精、特、新”方向发展为重点，推动中小企业自主创新、联合创新、引进消化吸收再创新和信息化，增强企业竞争力，促进中小企业健康快速发展。

主要目标是，在落实和完善创新政策措施，营造创新发展环境的基础上，健全中小企业技术创新支持服务体系；建立百家中小企业公共技术支持服务平台；形成一批具有自主知识产权、专有技术或知名品牌、市场竞争力较强的优势中小企业；形成千家中小企业信息化示范企业。

重点任务是：

（一）提高创新意识，建立中小企业自主创新的激励机制

——培育创新精神。创新是企业生存发展的永恒主题，更是中小企业的立身之本。要充分认识创新对企业发展的推动作用，增强企业的创新意识，使创新成为企业的自觉行动。要不断探索符合市场规律、体现企业优势、具有自身特色的创新发展道路。

——提供创新保障。要通过管理创新，建立健全有利于企业自主创新的制度与激励机制，包括市场快速反应机制、科学决策机制、资金保障机制和人才激励机制等，为企业自主创新提供制度保障。

——增强创新能力。要提高企业经营管理水平，增强对市场机会的捕捉能力和把握能力；坚持把引进、培养、使用、凝聚人才作为提升创新能力的重要内容，加强人才队伍建设，提高企业技术开发、新技术应用能力；提高合作意识，借助“外脑”、运用社会资源弥补企业自身不足，增强自主创新、模仿创新和依托社会资源联合创新的能力，提高企业的核心竞争力。

（二）建立健全创新支持服务体系，提高中小企业的创新能力

——建立公共技术支持平台。采取政府引导、市场化运作、开放服务方式，在中小企业比较集中和具有产业集聚优势的地区，重点支持建立一批公共技术支持平台，为中小企业技术创新提供设计、信息、研发、试验、检测、新技术推广、技术培训等全方位服务，为中小企业自主创新提供场地、仪器设备、技术人才等技术支持，帮助中小企业提高技术水平，降低资源消耗，实施环境友好型生产；支持有条件的大企业和企业集团的技术开发中心向中小企业开放，为中小企业提供技术支持服务。

——建立健全中小企业技术支持服务体系。促进各类技术服务机构发展，建立健全以满足中小企业技术创新需求为目标、以推动中小企业技术进步为主要任务，以中小企业技术创新服务机构为主体，各类社会服务机构广泛参与、协同配合的中小企业技术创新支持服务体系。以服务企业为宗旨，不断创新服务方式，提高服务质量，增强服务能力；引导创新服务机构帮助中小企业解决技术难题，完善知识产权保护和专利申报服务，积极推动采用先进技术改造提升传统产业，促进科技成果产业化。

——推动产学研合作。鼓励中小企业与大学、科研机构建立长期合作关系，通过共建研发机构、联合或委托开发、技术成果转移、专业技术人才培养等多种形式，加快企业与科技资源的有机结合，加速科研成果产业化进程。

——加强人力资源服务。落实人才强国战略，把培养、输送专业人才作为提升中小企业技术水平、增强自主创新能力的重要服务内容，组织、引导各类中介培训机构，针对中小企业的人才需求，开发培训教材，提供灵活的培训服务；鼓励中小企业技术服务机构建立技术服务专家库，组织大学、科研机构、企业的离退休技术人员采用灵活多样

的形式为中小企业提供技术咨询、技术指导和技术诊断服务。

(三)完善创新政策,优化中小企业的创新环境

——营造有利于中小企业技术创新的公平政策环境。落实国家激励企业自主创新的各项政策,制定促进中小企业技术创新的政策措施,鼓励企业加大科研开发的资金投入;完善人才流动政策,鼓励企业自主创新及与大学、科研机构联合创新;加强知识产权保护,维护企业的合法权益。

——完善投融资政策。建立健全创业投资机制,制定《中小企业投资公司管理办法》,组织中小企业投资公司试点,促进风险投资机构发展,解决制约中小企业自主创新的资金瓶颈问题;继续做好符合条件的中小企业到境外上市,建立中小企业上市融资的育成体系,拓宽直接融资渠道;完善技术交易市场、产权交易市场,促进技术与资本的有机结合;加强与各金融机构合作,开展对中小企业的金融产品创新,完善金融服务,对符合条件的企业可开展知识产权和非专利技术等无形资产的质押贷款试点,加大对中小企业技术创新的金融支持;积极推进多层次的信用担保体系建设,鼓励开展针对中小企业技术创新的多层次信用担保。

——支持中小企业技术创新。发挥公共财政资金的导向作用,引导中小企业向"专、精、特、新"方向发展,推动形成以特色产业或优势企业的产品品牌为龙头,以中小企业专业化合作和协同创新为特色的产业、产品配套链;鼓励中小企业运用新技术、新工艺、新产品、新科技成果,提高技术水平、降低消耗、减少对环境影响、提高资源利用率;鼓励企业自主创新、合作创新和引进消化吸收再创新;鼓励发明创造和专利技术申报,支持中小企业培育品牌,为特色产业或优势企业的产品提供配套。

(四)推动实施信息化推进工程,加快中小企业创新发展

坚持以信息化带动工业化,以工业化促进信息化,走新型工业化的道路,运用现代信息技术提升中小企业的发展质量和技术创新能力。按照政府引导、企业为主、市场化运作的原则实施"中小企业信息化推进工程",鼓励中小企业提高信息化水平,引导大型信息技术企业和社会中介机构为中小企业信息化提供优质服务,通过中小企业信息化示范企业的典型带动作用,加快中小企业信息化进程,提高中小企业的管理、技术水平,增强竞争力。

# 工业结构调整的任务和途径

中国社科院工经所所长
吕 政

工业结构是生产要素在不同部门、区域和不同企业配置的比例关系。在社会再生产的过程中,前期固定资产投资形成了即期的产业及其产品的生产结构。工业结构既是过去经济发展的结果,又是新的经济发展阶段的起点。工业结构具有一定的刚性,新的一轮经济增长总是在过去形成的经济结构的基础上运行的。工业结构在经济发展中的作用,一是制约社会再生产的比例关系,决定着产品的市场供求;二是影响一个国家或地区的经济效率,关系到国家及企业的竞争力;三是决定和影响着贸易条件、进出口结构和效益。调整和优化工业结构,是实现宏观经济政策目标、提高经济增长质量的重要环节。

## 一、工业结构调整的目标和任务

调整工业结构的目的主要有两个:一是消除结构性短缺或结构性过剩,实现市场供求的平衡,保证工业以及国民经济协调发展,减少和避免经济运行过程中的剧烈波动,实现经济的持续稳定增长,不断满足日益增长的社会需求;二是促进生产要素向效率更高的部门、地区和企业转移,提高资源配置效率,增强工业竞争力。

我国工业结构调整面临着双重任务,既要消除结构性短缺和结构性过剩,又要解决生产要素的配置效率问题。消除结构性短缺,也有两方面的任务,一是解决能源、原材料供给不足的矛盾,二是解决技术密集型的、先进的机械、电子元器件和软件产品等国内生产能力供给不足的矛盾。

我国的基本国情是人口多、人均占有资源少,不可能以达到工业发达国家的人均能源原材料消耗水平作为我国工业发展目标,而是需要形成能源原材料消耗相对较少,又能实现工业化和现代化的生产结构与消费结构。所以结构调整应当以提高资源配置效率、促进产业升级为重点,它是解决上游产业供给不足、下游产业竞争力不强问题的根本出路。为此,在继续发展劳动密集型产业、加强能源原材料等基础产业的同时,必须把发展的机械装备制造业、投资类电子产品制造业、精细化学工业等技术密集型产业放在战略性的地位。这样既可以推进国民经济各个部门物质技术基础的现代化,降低社会生产过程的能源原材料消耗,提高短缺性资源的利用效率,又能够改善国际贸易条件,降低对国际市场上能源、原材料的依赖程度。

日本在20世纪70年代初期,曾经遭遇严重的能源危机,国际市场每桶原油价格从3美元上涨到11美元,但日本产业界变压力为动力,积极推进产业升级,工业结构由50~60年代末的重化工业为主导转向机械、电子、汽车、家用电器等附加价值高、消耗能源少的技术密集型产业为主导,顺利度过了能源危机和此后日元升值的压力。

1997年东南亚金融危机的产生,固然与这些国家和地区的金融、财政政策有关,也与国际金融投机资本的兴风作浪有关,同时与这些国家和地区的实体经济出了问题有关。东南亚的一些国家地区在经过多年的持续高速增长之后，土地、房地产和劳动力价格的上升，使劳动密集型产业的比较优势逐步丧失，但技术密集型、附加价值高的产业又没有发展起来，出现了“高不成、低不就”的产业结构，并导致贸易条件的恶化。

我国应当吸取日本及东南亚国家和地区的经验教训，从我国生产力发展水平多层次性的实际出发，逐步形成“高亦成、低亦就”的工业结构。

## 二、必须重视工业组织结构和地区结构的调整

在市场竞争机制的作用下，生产要素向优势企业集中是必然趋势，尤其是资本和资源密集型产业，如钢铁、有色金属、石油化工、火力发电、主要建筑材料、交通运输设备制造、造纸等行业，应当促进生产要素向大企业集中。以火力发电为例，采用大型发电机组发电煤耗只有320克/kWh，但我国发电的平均煤耗超过400克/kWh。如果火力发电的平均煤耗达到大型机组的水平，一年就可节约2.8亿吨标准煤，相当于目前发电用煤量的25%。由此可见，在资源密集型产业，限制并逐步淘汰不具有规模效应、技术落后的中小企业是完全必要的。

产业组织结构调整的另一条途径是在加工组装型制造业领域，应以龙头企业为主导，推进社会化和专业化分工。我国大多数企业实际上是在用小农经济的小生产的办法搞大工业生产，专业化分工程度低，零部件的自制率过高。企业从原材料采购、铸造、各种零部件的加工到产品组装和包装，大部分生产过程都在企业内部完成。工业结构调整必须先改变“大企业、小生产”以及企业专业化分工程度低的企业组织结构。在一般加工组装型制造业领域，没有小而专的小企业，就没有大而强的大规模生产。在专业化分工的条件下，小而专的企业，也可以实现大批量、大规模生产。

在区域经济布局的认识和实践问题上，我们纠正了20世纪50-70年代要求各个地区建立完整的工业体系的做法。今天在强调地区经济协调发展的同时，也要看到生产要素向优势地区集中的趋势。美国的国土面积与我国相近，但65%的GDP是由西南部的旧金山湾地区和东北部的五大湖地区创造的。日本GDP的70%是由东京湾地区和以大阪为中心的关西地区创造的。以较少的国土面积，实现产业积聚，创造更多的国内生产总值，可以大大提高资源的配置效率。产业布局的微观利益应当服从资源利用的宏观效益，而不应当因小失大。它的结果，可能会加剧地区之间经济发展的不平衡性。但是必须看到，由于资源配置的效率的提高，为中央政府增强转移支付的能力奠定了基础。另一方面，生产集中化趋势迫使每个地区必须发展具有本地区比较优势和特色的产业及产品，避免结构趋同，从而提高每一个地区的资源配置效率。因此，在制订第十一个五年计划时，应当研究如何正确处理生产集中化趋势与区域协调发展之间的关系问题。

## 三、工业结构调整的机制

工业结构虽然表现为生产要素相互之间的物与物的关系，但是结构的形成和演变，要受一定的体制和经济运行机制的支配，所以调整结构，即要依靠科技进步，同时必须解决影响结构的经济体制和经济运行机制问题。

在转向社会主义市场经济以后，市场机制在资源配置过程中发挥基础性作用。结构调整实际上是重新配置资源的过程，因此结构调整的经济机制也相应地发生了变化，即结构调整的主体由政府转向企业，优胜劣汰的竞争机制成为结构变化的决定性力量。政府在结构调整过程中的主要任务是创造公平竞争的市场环境，制定市场准入规则，提供公共产品，完善社会保障体系，在国际经济关系中，维护本国企业的合法权益。在体制转轨过程中，由于市场经济体制还不够完善，政府仍然有责任引导和调节投资方向，矫正市场失灵。例如，当前抑制房地产领域的投机行为，防止出现房地产泡沫经济是完全必要的。因为房地产领域的投机行为，对房地产价格上涨起着推波助澜的作用，其结果不仅提高了工商业的生产经营成本，而且诱导许多工业企业把剩余资本转向房地产业，而不再追求企业技术进步和扩大再生产，进而影响到国家综合经济实力的基础。

# 中国工业发展报告

## ——"十一五"期间中国工业发展战略

中国工业经济联合会

"十一五"时期，是我国经济发展重要战略机遇期，也是我国完成第三次工业革命，实现从制造业大国向制造业强国转变，衔接向知识经济过渡的关键时期。"十一五"期间我国工业发展的思路应为：以提高自主创新能力为中心，推进工业增长方式的战略转变；以完善工业体系建设为基点，推进工业结构的调整和优化；以振兴装备制造业为主线，提高工业产品的国际竞争力；以推动知识化、绿色化、国际化为核心，实现工业的可持续发展。

### 一、中国工业发展的基本判断

经过几十年的建设与发展，特别是改革开放以来的持续高速增长，我国已经成为工业生产大国。工业经济在整个国民经济中已经占绝对主体地位；形成了庞大的工业生产能力，工业主要产品产量居世界前列；结束了利用工农产品"剪刀差"来支持工业发展的局面，已经开始利用工业支持和"反哺"农业；在出口商品总额中，工业制成品出口占绝大部分；我国制造业的工业增加值位居世界第四位，已经成为世界制造业大国，但还不是制造业强国。当前，我国工业发展面临的重大问题主要是：经济增长方式依然粗放，资源供应、环境保护和人口压力巨大；科技创新不足，特别是装备制造业整体创新水平低；产业结构不合理，低水平、低技术含量的生产能力严重过剩；制造业呈现明显的"代工型"特征，在产业价值链中整体处于利润水平的低位区间；高素质和适用性人力资源缺乏。

我国与工业发达国家之间重要的差距，已不在工业生产规模和产品产量方面，而在工业经济结构、生产技术水平、产业组织方式、研发投入水平和科技成果转化等方面。从一定意义上说，产量高、层次低、技术弱、自创少仍然是当前我国工业发展的基本状况。

未来的十几年中，发达国家将由工业经济时代全面转向知识经济时代。我国经济整体上还处于工业化中期，工业现代化进程已经步入了从制造业大国向制造业强国转变的阶段。在这个阶段，一方面工业化没有完成，另一方面，又不得不面对知识经济时代的压力。工业化是不可逾越的发展阶段。在追赶和达到世界经济先进水平的过程中，需努力实现新工业化、知识化、绿色化和全球化的协调发展。即：一方面要在信息化引导下完成国家工业化，另一方面衔接进入信息经济、知识经济阶段，推动从新工业化向知识化的转变。为此，必须走一条科技含量高、经济效益好、资源消耗低、环境污染少、人力资源优势得到充分发挥的新型工业化道路。

中国工业发展需要完成两次转变：第一次是从规模增长型向质量进步型转变，转变的时间大约为2006~2015年；第二次是从质量进步型向创新福利型转变，时间大约为2015~2050年。中国经济可望在2030年前后全面完成新工业化和信息化。相对于传统工业化，中国的新型工业化呈现7个特征：一是工业化和农业现代化协调发展，走工农业协调发展的新工业化之路；二是工业化和生态保护协调发展，走绿色工业化之路；三是工业化、城镇化与新农村协调发展，探索社会主义新农村的发展道路；四是工业化和信息化协调发展，走数字化的工业化之路；五是高技术和适用技术协调发展，走高质量工业化之路；六是工业化和全球化协调发展，走面向全球市场的工业化之路；七是工业化和工业转移协调发展，促进从工业化向知识化转型。

## 二、我国工业发展的十大战略

### (一)坚持壮大和完善国家工业体系

鉴于中国工业化面临的国际环境、自身特点、问题矛盾和目标任务，我国既要适度发展重化工业，又要有效抑制对资源的过度消耗和对自然、社会、环境的过度侵蚀；既要大力发展高新技术，尽快占领高端产业的份额，又要改造维护和发展传统产业；既要积极发展技术密集型、资本密集型产业，又要保留和发挥劳动密集型产业的作用；既要优先发展瓶颈产业，选好和做强支柱产业，又要协调平衡完善整个工业体系建设。我们这样的大国，不宜提以轻型结构为主还是以重型结构为主，而应坚定不移地建立一个比较完备、轻重相宜、平衡协调的工业体系。

### (二)衔接国家工业体系与区域工业布局

在统一的国家工业体系下，纠正各个地区建立完整工业体系的做法。在工业布局上，改变资源效益低下和不合理分布的状况。强调发挥比较优势、地区优势，培育支柱产业，以较少的国土面积，实现产业积聚。在市场竞争机制的作用下，使生产要素向优势地区集中，形成一批多层次特色产业带，促进区域经济协调发展。

### (三)着力提高装备制造业水平

把推进重大装备国产化作为提升制造业的战略重点。力争在不太长的时间内，使我国装备制造业的核心竞争力和总体水平有实质性的提高，使国民经济的物质技术装备和手段转移到现代化的水平和基础上来。建议制定鼓励装备制造业发展的政策和激励措施，实施"装备制造业振兴战略"，鼓励购买国产装备，促进国产装备市场的形成和壮大。选择一批关键性的成套设备和加工制造设备作为重点，集中力量攻关突破，力保在"十一五"期间推出一批重大成果。加强对外资收购我国行业龙头企业的监督，维护国家产业安全。建立以现代高技术为基础、寓军于民的国防工业，实现国防现代化。

### (四)努力提高自主创新能力

改变为跨国公司代工的状况，推动产业的技术创新由技术引进、技术改造向原创型技术创新升级。建立国家重大创新工程，遴选一批对经济和社会发展带动性强，对提升我国整体工业水平和创新能力有重大作用的重点领域和项目，加大政府推动和政策支持的力度，积极吸收企业参与，形成产学研相结合、开放式的攻关体，攻克和掌握重大关键技术和核心技术，逐步改变高新技术产业对跨国公司的技术依赖，逐步摆脱战略产业受人控制的局面。加快制定促进企业成为技术创新主体、激励其自主创新能力的税收优惠政策，鼓励企业投入研发、支持中小企业技术创新；统筹协调引进技术消化吸收和创新的政策，形成鼓励创新的有效激励机制；加强产业共性技术科技队伍的建设，实施激励创新的人才政策，吸引、稳定和培养科技创新人才，加强高级技术工人的培养；加大体制机制改革，切实解决科研与生产脱节问题。

### (五)大力发展循环经济

大力发展循环经济，是工业领域贯彻落实科学发展观的主要内容和任务。当前的问题是，要有可操作的措施一项项落实。一要解决思想观念问题，并且在规划、政策上体现出来；二要加强环保和资源的执法管理，努力创造有利于优胜劣汰的宏观环境；三要发挥各级地方政府的作用，加快对耗能高、耗原材料高、耗水高的设备的淘汰、更新，加强市场准入和税收等手段的扶优限劣作用；四要设置专门机构，制订专门政策，采取专门措施，加强新能源和资源再生利用，推广清洁生产、绿色工业和绿色消费模式，加大生态环境治理力度；五要加强矿产开发中的综合利用，引导资源型地区和城市适度、合理开发资源，及早谋划接续性产业的发展；六要在税收、信贷、进出口、财政补贴、科技人才培训等方面对发展循环经济给予政策支持，建立有利于资源节约与合理开发的约束机制和补偿机制。

**(六)为信息化提供坚实基础和有效保证**

实施“以信息化带动工业化、推进工业现代化”的战略。加快发展以信息技术为主要代表的高新技术产业，特别要加快发展对经济增长有重大引领作用的高新技术，以及能推动产业升级的共性技术、关键技术、配套技术。坚持引进先进技术和消化吸收、自主创新相结合,政策支持和市场竞争相结合、技术创新和管理创新相结合、资本投入和大力培养人才相结合，不断增强创立自主知识产权、国产知名品牌的能力。

**(七)创建一批国家级大型企业集团**

根据我国工业发展的战略需要,对一些涉及国计民生的工业行业,尽快完成几项重大重组。通过海内外的重组和并购等措施，组建一批国家级大型集团和跨国企业,参与国际分工与竞争,增强我国经济的控制力。国有企业之间的重组,需要国家来决定和推动。同时要深化国有企业特别是国有大集团的改革,调整国有资本结构,优化国有资产配置,健全法人治理结构。鼓励有条件的非国有企业“走出去”,做大做强。

**(八)扶植产业集群发展**

大力发展以资本为纽带、以市场为导向、以中小企业为主体、以骨干企业为龙头,专业化分工、配套协作的产业集群，是加快我国区域经济发展步伐,形成特色产业的成功之路,应制订切实扶持产业集群发展的政策措施。发挥民营经济在产业集群中的作用,需要进一步消除体制性障碍,清理和修订限制非公有经济发展的法律法规和政策，使非公有制企业在投融资、税收、用地和对外贸易上,与其他企业享受同等待遇。

**(九)加强和改善宏观调控**

促进产业结构升级和工业增长方式转变,仍需加强和改善宏观调控。一是充分利用经济手段、法律手段和必要的行政手段,引导社会投资和消费,使之进一步合理化；二是要加快政策法规建设的步伐,推进和完善垄断行业改革,研究制订反垄断法;三是转变政府职能,最大限度地排除政府对市场的不当干预,发展和规范公平、公正、健康、有序的市场秩序,创造一个相对公平的市场环境;四是根据当前工业发展的特点和需要，建议设立国家级的装备制造业管理机构和能源管理机构。

**(十)重视发挥行业协会作用**

“十一五”是行业协会改革和发展的关键时期。按照市场化原则规范和发展行业协会,是实现我国工业管理体制改革的重要步骤。各级政府和有关部门应高度重视和切实发挥行业协会的作用,在制定产业政策、国家标准、进出口政策、引进开发和改造重大技术项目的论证，相关法律法规的制订等方面,应把邀请行业协会参与,听取行业协会意见,逐步制度化、规范化。尽快将行业规划、资质审查、质量规范、非强制性标准制订修改、行业统计等事项授权、委托或转移给行业协会来做。努力形成“政府—协会—企业”各尽其职、良性互动的工业管理体制和机制。

# 中华人民共和国2005年国民经济和社会发展统计公报

中华人民共和国国家统计局

2006年2月28日

2005年，全国各族人民在党中央、国务院的领导下，以邓小平理论和"三个代表"重要思想为指导，以科学发展观统领经济社会发展全局，认真贯彻落实加强和改善宏观调控的各项政策措施，国民经济和社会发展取得明显成效。经济保持平稳较快增长，重要领域和关键环节的改革有所突破，就业和社会保障工作进一步加强，城乡居民生活不断改善，对外开放继续扩大，各项社会事业得到加强，实现了年初确定的国民经济和社会发展的预期目标，较好地完成了"十五"时期的主要任务，为"十一五"时期经济社会发展奠定了良好基础。但经济结构不合理、增长方式粗放等问题仍比较突出。

## 一、综合

初步核算，全年国内生产总值182321亿元，比上年增长9.9%。其中，第一产业增加值22718亿元，增长5.2%；第二产业增加值86208亿元，增长11.4%；第三产业增加值73395亿元，增长9.6%。第一、第二和第三产业增加值占国内生产总值的比重分别为12.4%、47.3%和40.3%。

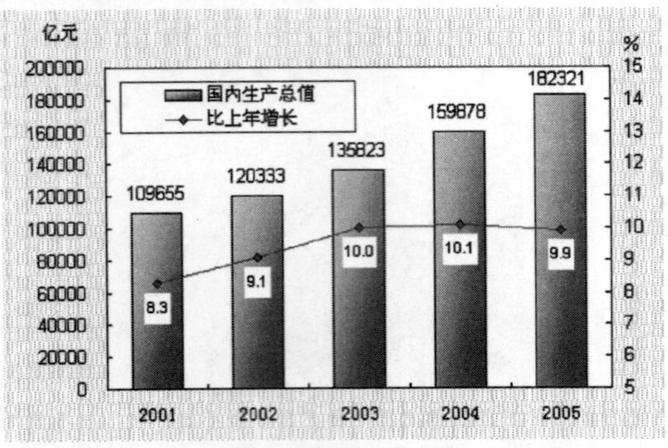


图1 "十五"时期国内生产总值与增长速度

全国居民消费价格总水平比上年上涨1.8%（见表1），其中服务价格上涨3.3%。商品零售价格上涨0.8%。工业品出厂价格上涨4.9%。原材料、燃料、动力购进价格上涨8.3%。固定资产投资价格上涨1.6%。农产品生产价格上涨1.4%。70个大中城市房屋销售价格上涨7.6%。

表1 2005年居民消费价格比上年上涨情况

单位：%

| 指　　标 | 全国 | 城市 | 农村 |
|---|---|---|---|
| 全国居民消费价格总水平 | 1.8 | 1.6 | 2.2 |
| 食　品 | 2.9 | 3.1 | 2.5 |
| 其中：粮食 | 1.4 | 1.5 | 1.3 |
| 烟酒及用品 | 0.4 | 0.3 | 0.5 |
| 衣　着 | −1.7 | −2.0 | −0.9 |
| 家庭设备用品及服务 | −0.1 | −0.3 | 0.3 |
| 医疗保健及个人用品 | −0.1 | −0.4 | 0.5 |
| 交通和通信 | −1.0 | −1.6 | 0.3 |
| 娱乐教育文化用品及服务 | 2.2 | 1.3 | 3.8 |
| 居　住 | 5.4 | 5.6 | 5.2 |

年末全国就业人员75825万人，比上年末增加625万人。其中城镇就业人员27331万人，新增加970万人，净增加855万人。年末城镇登记失业率为4.2%，与上年末持平。

年末国家外汇储备达到8189亿美元，比上年末增加2089亿美元。2005年7月21日，对人民币汇率形成机制进行了改革，年末人民币对美元汇率为8.0702，比上年末升值2.56%。

全年各项税收收入30866亿元(不包括关税和农业税)，比上年增加5148亿元，增长20.0%。全国规模以上工业企业实现利润14362亿元，比上年增长22.6%；销售利润率为5.9%，比上年降低0.1个百分点。

## 二、农业

全年粮食种植面积10427万公顷，比上年增加267万公顷；棉花种植面积506万公顷，减少63万公顷；油料种植面积1431万公顷，减少12万公顷；糖料种植面积156万公顷，减少1万公顷；蔬菜种植面积1774万公顷，增加18万公顷。

全年粮食产量48401万吨，比上年增加1454万吨，增产3.1%；棉花产量570万吨，减产9.8%；油料产量3078万吨，增产0.4%；糖料产量9551万吨，减产0.2%。蔬菜、水果在品种优化的基础上平稳发展(见表2)。

**表2　2005年主要农产品产量**

单位：万吨

| 产品名称 | 产　量 | 比上年增长% |
|---|---|---|
| 粮　食 | 48401 | 3.1 |
| 夏　粮 | 10627 | 5.1 |
| 早　稻 | 3179 | -1.3 |
| 秋　粮 | 34595 | 2.9 |
| 油　料 | 3078 | 0.4 |
| 花　生 | 1434 | 0.0 |
| 油菜籽 | 1305 | -1.0 |
| 棉　花 | 570 | -9.8 |
| 糖　料 | 9551 | -0.2 |
| 甘　蔗 | 8760 | -2.5 |
| 甜　菜 | 791 | 35.2 |
| 烤　烟 | 241 | 11.5 |
| 茶　叶 | 92 | 9.8 |
| 水　果 | 16076 | 4.8 |
| 蔬　菜 | 56284 | 2.2 |

全年肉类总产量7700万吨，比上年增长6.3%。其中，牛、羊肉分别增长5.6%和9.3%。全年

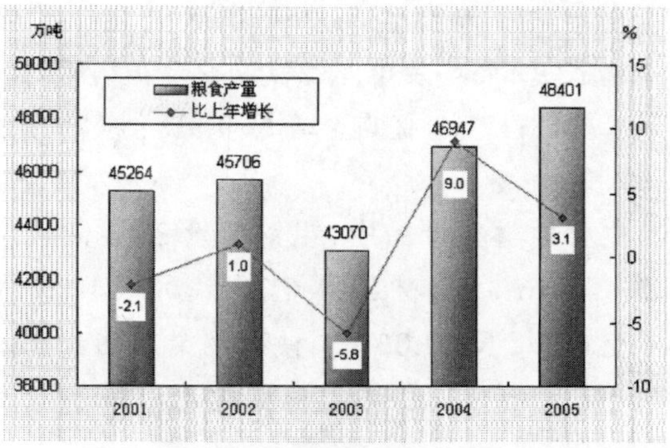


**图2　"十五"时期粮食产量与增长速度**

水产品产量5100万吨，增长4.0%。

全年木材产量4746万立方米，比上年减少8.7%。

全年新增有效灌溉面积102万公顷，新增节水灌溉面积123万公顷。

## 三、工业和建筑业

全年全部工业增加值76190亿元，比上年增长11.4%。规模以上工业增加值66425亿元，增长16.4%(见表3)；产品销售率98.1%，与上年持平。

**表3　2005年规模以上工业增加值主要分类情况**

单位：亿元

| 指　　标 | 增加值 | 比上年增长% |
|---|---|---|
| 规模以上工业 | 66425 | 16.4 |
| 其中：国有及国有控股企业 | 26063 | 10.7 |
| 其中：集体企业 | 2581 | 12.4 |
| 股份制企业 | 32173 | 17.8 |
| 外商及港澳台投资企业 | 18977 | 16.6 |
| 其中：私营企业 | 11807 | 25.3 |
| 其中：轻工业 | 20585 | 15.2 |
| 重工业 | 45840 | 17.0 |

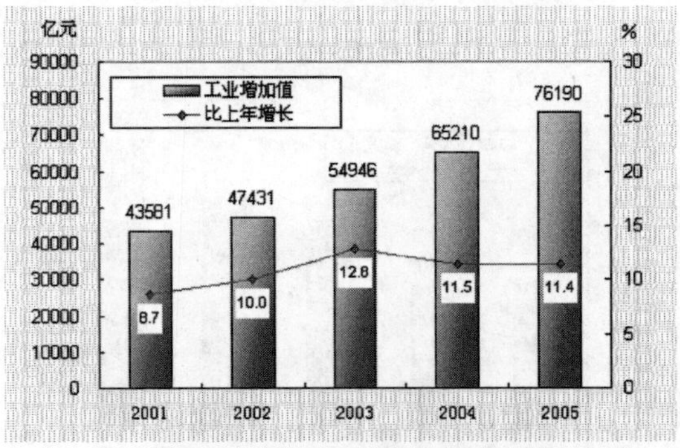


**图3　"十五"时期工业增加值与增长速度**

全年一次能源生产总量20.6亿吨标准煤，比上年增长9.5%；发电量24747亿千瓦小时，增长12.3%；原煤21.9亿吨，增长9.9%；原油1.81亿吨，增长2.8%。

主要原材料产品中，粗钢产量3.52亿吨，比上年增长24.6%；钢材3.97亿吨，增长24.1%；水泥10.6亿吨，增长10.0%；十种有色金属增长13.2%；硫酸、纯碱、烧碱、乙烯等主要化工产品增长9.9%至21.4%。

汽车产量570万辆，比上年增长12.1%，其中轿车277万辆，增长19.7%。

程控交换机、移动通信手持机、微型电子计算机等高技术产品产量分别比上年增长1.3%至35.3%(主要工业产品产量见表4)。全年规模以上工业中，高技术产业增加值7839亿元，比上年增长19.8%。

全年规模以上工业企业中，国有及国有控股企业实现利润6447亿元，比上年增长17.4%；集体企业实现利润551亿元，增长32.0%；股份制企业实现利润7420亿元，增长28.7%；外商及港澳台投资企业实现利润3967亿元，增长6.9%；私营企业实现利润1975亿元，增长47.3%。

全年全社会建筑业实现增加值10018亿元，比上年增长11.9%。全国具有资质等级的总承包和专业承包建筑业企业实现利润818亿元，增长13.8%；上缴税金1099亿元，增长17.4%。

## 四、固定资产投资

全年全社会固定资产投资88604亿元，比上年增长25.7%。其中，城镇投资75096亿元，增长27.2%；农村投资13508亿元，增长18.0%。

在城镇投资中，国有及国有控股投资40047亿元，比上年增长17.5%。第一产业投资823亿元，增长27.5%；第二产业投资31598亿元，增长38.4%；第三产业投资42675亿元，增长20.0%。分行业看，煤炭开采及洗选业投资比上年增长65.6%；电力、热力的生产与供应业投资增长33.7%；石油和天然气开采业投资增长29.7%；铁路运输业投资增长

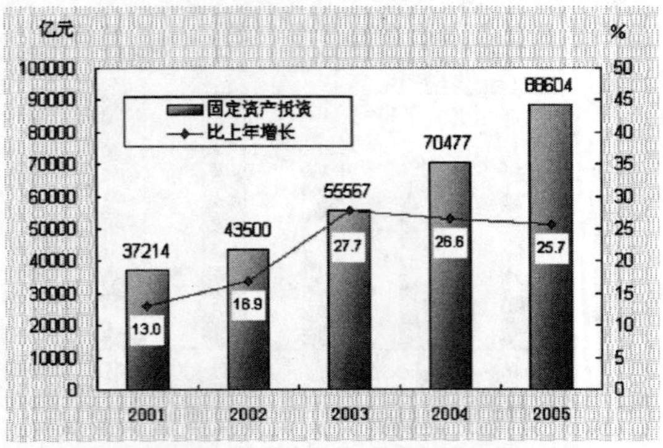


图4 "十五"时期固定资产投资与增长速度

表4 2005年主要工业产品产量

| 产品名称 | 单位 | 产量 | 比上年增长% |
|---|---|---|---|
| 纱 | 万吨 | 1440 | 11.5 |
| 布 | 亿米 | 470 | 11.9 |
| 化学纤维 | 万吨 | 1618 | 13.6 |
| 成品糖 | 万吨 | 903 | -12.6 |
| 卷烟 | 亿支 | 19560 | 4.4 |
| 彩色电视机 | 万台 | 8283 | 11.5 |
| 家用电冰箱 | 万台 | 2986 | -0.7 |
| 房间空气调节器 | 万台 | 6765 | 5.9 |
| 一次能源生产总量 | 亿吨标准煤 | 20.6 | 9.5 |
| 原煤 | 亿吨 | 21.9 | 9.9 |
| 原油 | 亿吨 | 1.81 | 2.8 |
| 天然气 | 亿立方米 | 500 | 20.6 |
| 发电量 | 亿千瓦小时 | 24747 | 12.3 |
| 其中：火电 | 亿千瓦小时 | 20180 | 12.4 |
| 水电 | 亿千瓦小时 | 4010 | 13.4 |
| 粗钢 | 万吨 | 35239 | 24.6 |
| 钢材 | 万吨 | 39692 | 24.1 |
| 十种有色金属 | 万吨 | 1635 | 13.2 |
| 其中：精炼铜(铜) | 万吨 | 260 | 18.1 |
| 电解铝 | 万吨 | 779 | 16.4 |
| 氧化铝 | 万吨 | 851 | 21.9 |
| 水泥 | 亿吨 | 10.6 | 10.0 |
| 硫酸 | 万吨 | 4529 | 15.3 |
| 纯碱 | 万吨 | 1467 | 9.9 |
| 烧碱 | 万吨 | 1264 | 21.4 |
| 乙烯 | 万吨 | 756 | 20.0 |
| 化肥(折100%) | 万吨 | 5220 | 8.6 |
| 发电设备 | 万千瓦 | 9200 | 28.9 |
| 汽车 | 万辆 | 570 | 12.1 |
| 其中：轿车 | 万辆 | 277 | 19.7 |
| 大中型拖拉机 | 万台 | 16.2 | 42.7 |
| 集成电路 | 亿块 | 266 | 12.9 |
| 程控交换机 | 万线 | 7721 | 1.3 |
| 移动通信手持机(手机) | 万台 | 30354 | 6.4 |
| 微型电子计算机 | 万台 | 8084 | 35.3 |

45.7%；交通运输设备制造业投资增长51.1%；纺织业投资增长38.0%；教育投资增长8.4%；卫生投资增长28.9%。

全年房地产开发投资15759亿元，比上年增长19.8%。商品房竣工面积48793万平方米，增长14.9%。商品房销售额18080亿元。其中，现房销售额占35.5%，期房占64.5%。

**表5 "十五"时期固定资产投资新增主要生产能力**

| 指标 | 单位 | 2001-2005年累计 | 其中：2005年 |
|---|---|---|---|
| 新增发电机组容量 | 万千瓦 | 17655 | 6326 |
| 11万伏及以上变电设备 | 万千伏安 | 40666 | 15306 |
| 新建铁路投产里程 | 公里 | 7063 | 1203 |
| 增建铁路复线投产里程 | 公里 | 3556 | 486 |
| 电气化铁路投产里程 | 公里 | 5494 | 863 |
| 新建公路 | 公里 | 351173 | 129748 |
| 其中：高速公路 | 公里 | 23964 | 6457 |
| 港口万吨级码头泊位新增吞吐能力 | 万吨 | 45232 | 18989 |
| 新增局用交换机容量 | 万门 | 23254 | 4608 |
| 新增光缆线路长度 | 万公里 | 214 | 53 |
| 新增数字蜂窝移动电话交换机容量 | 万户 | 35148 | 8598 |

三峡电站工程已投产运行14台发电机组，累计发电940亿千瓦时；西电东送北通道、中通道、南通道共形成输送能力超过3250万千瓦；青藏铁路全线铺通，结束了西藏地区不通铁路的历史；南水北调东、中线一期工程累计完成投资38亿元；治淮骨干工程累计完成投资250亿元。

## 五、国内贸易

全年社会消费品零售总额达到67177亿元，比上年增长12.9%，扣除价格上涨因素，实际增长12.0%。分城乡看，城市消费品零售额45095亿元，增长13.6%；县及县以下消费品零售额22082亿元，增长11.5%。分行业看，批发零售业零售额56589亿元，增长12.6%；餐饮业零售额8887亿元，增长17.7%；其他行业零售额1701亿元，增长0.4%。

在限额以上批发零售业零售额中，汽车类零售额比上年增长16.6%，石油及制品类增长34.4%，文化办公用品类增长11.4%，通讯器材类增长19.9%，家用电器和音像器材类增长14.8%，建筑及装潢材料类增长22.1%，日用品类增长11.9%，家具类增长13.3%，食品、饮料、烟酒类增长13.6%，服装类增长19.6%，化妆品类增长19.1%，金银珠宝类增长13.9%。

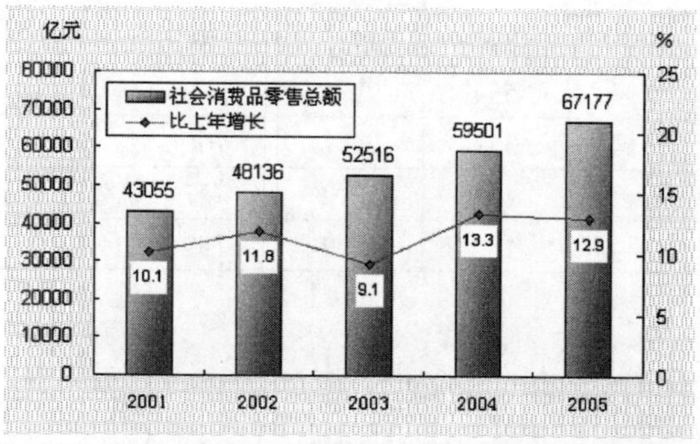


**图5 "十五"时期社会消费品零售总额与增长速度**

## 六、对外经济

全年进出口总额14221亿美元，比上年增长23.2%。其中，出口7620亿美元，增长28.4%；进口6601亿美元，增长17.6%。出口大于进口1019亿美元(见表6)。在全国进出口总额中，外商投资企业的进出口额为8317亿美元，比上年增长25.4%。其中，出口额4442亿美元，增长31.2%；进口额3875亿美元，增长19.4%。

**表6 2005年进出口主要分类情况**

单位：亿美元

| 指标 | 绝对数 | 比上年增长% |
|---|---|---|
| 进出口总额 | 14221 | 23.2 |
| 出口额 | 7620 | 28.4 |
| 其中：一般贸易 | 3151 | 29.3 |
| 加工贸易 | 4165 | 27.0 |
| 其中：机电产品 | 4267 | 32.0 |
| 进口额 | 6601 | 17.6 |
| 其中：一般贸易 | 2797 | 12.7 |
| 加工贸易 | 2740 | 23.6 |
| 其中：机电产品 | 3504 | 16.0 |
| 出口大于进口 | 1019 | |
| 其中：一般贸易 | 354 | |
| 加工贸易 | 1425 | |

全年批准外商直接投资项目44001个，比上年增长0.8%；实际使用金额603亿美元，下降0.5%

**表 7　2005 年对主要国家和地区进出口情况**

单位：亿美元

| 国家和地区 | 出口额 | 比上年增长% | 进口额 | 比上年增长% |
|---|---|---|---|---|
| 美国 | 1629 | 30.4 | 487 | 9.1 |
| 欧盟 | 1437 | 34.1 | 736 | 5.0 |
| 中国香港 | 1245 | 23.4 | 122 | 3.6 |
| 日本 | 840 | 14.3 | 1005 | 6.5 |
| 东盟 | 554 | 29.1 | 750 | 19.1 |
| 韩国 | 351 | 26.2 | 768 | 23.4 |
| 中国台湾 | 165 | 22.2 | 747 | 15.3 |
| 俄罗斯 | 132 | 45.2 | 159 | 31.0 |

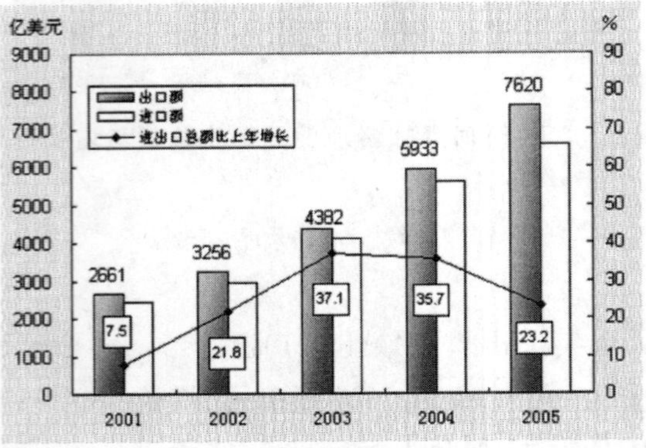


**图 6　"十五"时期进出口情况**

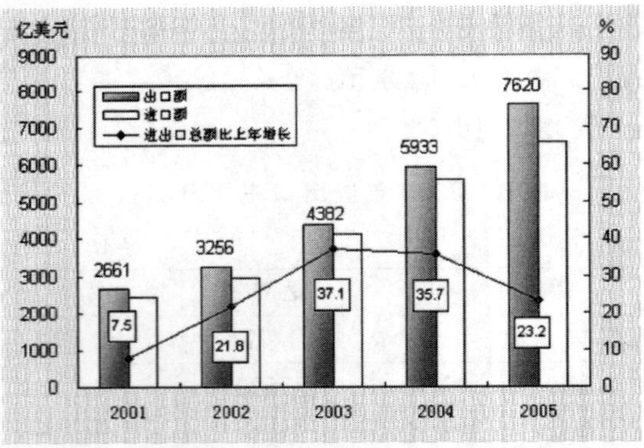


**图 7　"十五"时期实际使用外商直接投资与增长速度**

(见表 8)。在实际使用外商直接投资金额中，制造业和房地产业所占比重分别为 70.4%和 9%，分别比上年下降 0.6 和 0.8 个百分点；租赁和商务服务业、交通运输仓储和邮政业所占比重分别为 6.2%和 3%，分别上升 1.6 和 0.9 个百分点。

全年对外直接投资额（非金融部分）69 亿美元，比上年增长 25.8%。

全年对外承包工程完成营业额 218 亿美元，比上年增长 24.6%；对外劳务合作完成营业额 48 亿美元，增长 27.5%。

**表 8　2005 年外商直接投资分行业情况**

金额单位：亿美元

| 行业名称 | 合同项目(个) | 比上年增长% | 实际使用金额 | 比上年增长% |
|---|---|---|---|---|
| 总　　计 | 44001 | 0.8 | 603.2 | -0.5 |
| 农、林、牧、渔业 | 1058 | -6.4 | 7.2 | -35.5 |
| 采矿业 | 252 | -9.7 | 3.5 | -34.0 |
| 制造业 | 28928 | -4.8 | 424.5 | -1.3 |
| 电力、燃气及水的生产和供应业 | 390 | -14.3 | 13.9 | 22.7 |
| 建筑业 | 457 | 11.2 | 4.9 | -36.5 |
| 交通运输、仓储和邮政业 | 734 | 15.1 | 18.1 | 42.4 |
| 信息传输、计算机服务和软件业 | 1493 | -8.0 | 10.1 | 10.7 |
| 批发和零售业 | 2602 | 53.1 | 10.4 | 40.4 |
| 住宿和餐饮业 | 1207 | 2.8 | 5.6 | -33.4 |
| 金融业 | 40 | -7.0 | 2.2 | -13.0 |
| 房地产业 | 2120 | 20.0 | 54.2 | -8.9 |
| 租赁和商务服务业 | 2981 | 12.0 | 37.5 | 32.6 |
| 科学研究、技术服务和地质勘查业 | 926 | 47.2 | 3.4 | 15.8 |
| 水利、环境和公共设施管理业 | 139 | -15.2 | 1.4 | -39.3 |
| 居民服务和其他服务业 | 329 | 31.1 | 2.6 | 64.6 |
| 教育 | 51 | -13.6 | 0.2 | -53.8 |
| 卫生、社会保障和社会福利业 | 22 | 4.8 | 0.4 | -55.1 |
| 文化、体育和娱乐业 | 272 | 0 | 3.1 | -31.8 |
| 公共管理和社会组织 | | | 0.04 | 105.6 |

## 七、交通、邮电和旅游

全年交通运输、仓储及邮电通信业增加值 13805 亿元，比上年增长 12.4%(见表 9、表 10)。

**表 9　2005 年各种运输方式完成货物运输量**

| 指　　标 | 单　　位 | 绝对数 | 比上年增长% |
|---|---|---|---|
| 货物运输总量 | 亿　　吨 | 183.7 | 7.7 |
| 铁路 | 亿　　吨 | 27.0 | 8.2 |
| 公路 | 亿　　吨 | 132.9 | 6.7 |
| 水运 | 亿　　吨 | 21.1 | 12.8 |
| 民航 | 万　　吨 | 306.7 | 10.8 |
| 管道 | 亿　　吨 | 2.7 | 10.6 |
| 货物运输周转量 | 亿吨公里 | 78329.8 | 12.8 |
| 铁路 | 亿吨公里 | 20730.5 | 7.5 |
| 公路 | 亿吨公里 | 8573.8 | 9.3 |
| 水运 | 亿吨公里 | 48057.6 | 16.0 |
| 民航 | 亿吨公里 | 78.9 | 9.9 |
| 管道 | 亿吨公里 | 889.0 | 12.4 |

表 10　2005 年各种运输方式完成旅客运输量

| 指　　标 | 单　位 | 绝对数 | 比上年增长% |
|---|---|---|---|
| 旅客运输总量 | 亿　人 | 184.2 | 4.2 |
| 铁路 | 亿　人 | 11.6 | 3.4 |
| 公路 | 亿　人 | 169.2 | 4.2 |
| 水运 | 亿　人 | 2.0 | 3.6 |
| 民航 | 万　人 | 13827.0 | 14.1 |
| 旅客运输周转量 | 亿人公里 | 17473.0 | 7.1 |
| 铁路 | 亿人公里 | 6061.8 | 6.1 |
| 公路 | 亿人公里 | 9299.1 | 6.3 |
| 水运 | 亿人公里 | 67.1 | 1.3 |
| 民航 | 亿人公里 | 2044.9 | 14.7 |

全年港口完成货物吞吐量 49 亿吨，比上年增长 17.7%，其中外贸货物吞吐量 13.6 亿吨，增长 18.0%。

年末全国民用汽车保有量达到 4329 万辆（包括三轮汽车和低速货车 1149 万辆），比上年末增长 20.6%。年末私人汽车保有量 2365 万辆，增长 22.0%。

全年完成邮电业务总量 12199 亿元，比上年增长 24.6%。其中，邮政业务总量 624 亿元，增长 10.1%；电信业务总量 11575 亿元，增长 25.4%。全年新增局用交换机 4608 万门，总容量达到 4.7 亿门。新增固定电话用户 3868 万户，年末达到 35043 万户。其中，城市电话用户 23977 万户，农村电话用户 11066 万户。新增移动电话用户 5860 万户，年末达到 39343 万户。年末全国固定及移动电话用户总数达到 74386 万户，比上年末增加 9728 万户。电话普及率达到 57 部/百人。

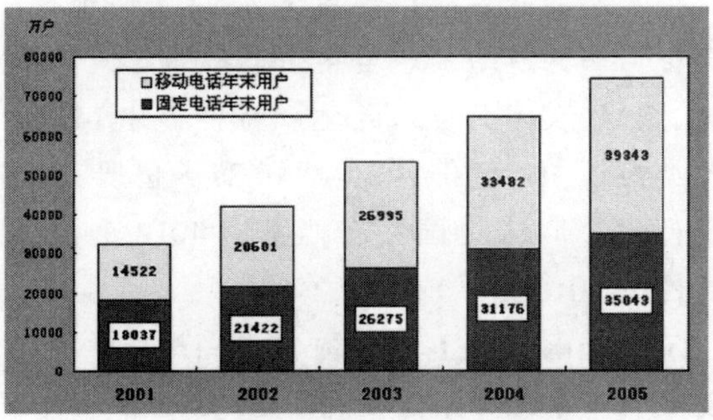


图 8　“十五”时期各年年末电话用户数

全年入境人数 12029 万人次，比上年增长 10.3%。其中，外国人 2026 万人次，增长 19.6%；香港、澳门和台湾同胞 10003 万人次，增长 8.6%。在入境旅游者中，过夜人数 4681 万人次，增长 12.1%。国际旅游外汇收入 293 亿美元，增长 13.8%。全年国内出境人数达 3103 万人次，增长 7.5%。其中因私出境 2514 万人次，增长 9.4%，占出境人数的 81.0%。全年国内出游人数达 12 亿人次，增长 10.0%；国内旅游总收入 5286 亿元，增长 12.2%。国际国内旅游总收入 7686 亿元，增长 12.4%。

## 八、金融、证券和保险

年末广义货币供应量（M2）余额为 29.9 万亿元，比上年末增长 17.6%；狭义货币供应量（M1）余额为 10.7 万亿元，增长 11.8%；流通中现金（M0）余额为 2.4 万亿元，增长 11.9%。年末全部金融机构本外币各项存款余额 30.0 万亿元，增长 18.2%；全部金融机构本外币各项贷款余额 20.7 万亿元，增长 12.8%（见表 11）。

表 11　2005 年全部金融机构本外币存贷款情况

单位：亿元

| 指　　标 | 年末数 | 比上年末增长% |
|---|---|---|
| 各项存款余额 | 300209 | 18.2 |
| 其中：企业存款 | 101751 | 13.8 |
| 城乡居民储蓄存款 | 147054 | 16.5 |
| 其中：人民币 | 141051 | 18.0 |
| 各项贷款余额 | 206838 | 12.8 |
| 其中：短期贷款 | 91157 | 6.5 |
| 中长期贷款 | 92941 | 16.2 |

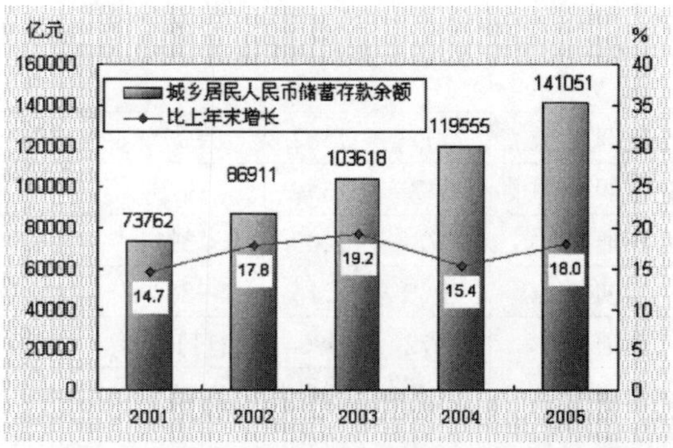


图 9　“十五”时期城乡居民人民币储蓄存款余额与增长速度

全年农村金融合作机构（农村信用社、农村合作银行、农村商业银行）人民币贷款余额 2.2 万亿元，比上年末增加 3451 亿元。全部金融机构人民币消费贷款余额 2.2 万亿元，增加 1996 亿元。其中个人住房贷款余额 1.84 万亿元，增加 2444 亿元。

全年企业通过证券市场发行、配售股票共筹集资金1883亿元，比上年增加363亿元。其中，发行A股(包括增发及可转债)20只，配股2只，筹集资金338亿元，减少498亿元；发行H股24只，筹集资金1545亿元，增加887亿元。年末境内上市公司(A、B股)数量由上年末的1377家增加到1381家，市价总值32430亿元，比上年末减少12.5%。全年发行一年期以上企业债券654亿元，比上年增加332亿元。

全年保险公司保费收入4927亿元，比上年增长14.0%，其中寿险业务保费收入3244亿元；健康险和意外伤害险业务保费收入453亿元；财产险业务保费收入1230亿元。支付各类赔款及给付1130亿元，其中寿险业务给付307亿元；健康险和意外伤害险赔款及给付151亿元；财产险业务赔款672亿元。

## 九、教育和科学技术

全年普通高等教育招生505万人，在校生1562万人，毕业生307万人。普通高中招生878万人，在校生2409万人，毕业生662万人。普通小学招生1672万人，在校生10864万人，毕业生2020万人(见表12)。

表12 “十五”时期各类教育发展情况

单位：万人

| 指　标 | 2005年招生 | 2005年在校生 | 2001-2005年累计毕业生 | 其中：2005年 |
|---|---|---|---|---|
| 研究生 | 37 | 98 | 60 | 19 |
| 普通高等教育 | 505 | 1562 | 971 | 307 |
| 中等职业教育 | 647 | 1559 | 1919 | 403 |
| 普通高中 | 878 | 2409 | 2391 | 662 |
| 初中 | 1988 | 6215 | 9864 | 2123 |
| 普通小学 | 1672 | 10864 | 11171 | 2020 |
| 特殊教育 | 4.9 | 36 | 23 | 4.3 |
| 学前教育 | 1356 | 2179 | 5470 | 1025 |

全年研究与试验发展(R&D)经费支出2367亿元，比上年增长20.4%，占国内生产总值的1.30%，其中基础研究经费135亿元。年末国有企事业单位共有各类专业技术人员2720万人。全年国家安排了288项科技攻关计划课题和911项"863"计划课题。新建国家工程研究中心19个。新安排国家重点实验室改造项目16项，累计达到143项。国家认定企业技术中心达到361家。全年共取得省部级以上科技成果3.6万项。全年受理国内外专利申请47.6万件，其中国内申请38.3万件，占80.5%；受理国内外发明专利申请17.3万件，其中国内申请9.3万件，占53.8%。全年共签订技术合同26.5万项，技术合同成交金额1510亿元，比上年增长13.2%。全年成功发射卫星5次。“神舟”六号载人航天飞行取得圆满成功，标志着我国在一些重要科技领域达到世界先进水平。

年末全国共有产品检测实验室18932个，其中国家检测中心293个。全国现有产品质量、体系认证机构177个，已累计完成对4.7万个企业的产品认证。全国共有法定计量技术机构4037个，全年强制检定计量器具3491万台(件)。全年制定、修订国家标准1304项，其中新制定673项。全国共有各类气象台站9881个，其中自动观测站7246个；天气雷达观测站点258个，卫星云图接收站点440个。全国共有地震台站1253个，地震遥测台网31个。全国共有8376个海洋观测站、监测站位。测绘部门公开出版地图1667种，测绘图书497种。

## 十、文化、卫生和体育

年末全国共有艺术表演团体2577个，文化馆2868个，公共图书馆2736个，博物馆1556个。广播电台273座，电视台302座，教育台50个。全国有线电视用户12569万户，有线数字电视用户413万户。年末广播综合人口覆盖率为94.5%；电视综合人口覆盖率为95.8%。全年生产故事影片260部，科教、纪录、美术片42部；生产特种影片14部。出版各类报纸404亿份，各类期刊27.5亿册，图书64亿册(张)。年末全国共有档案馆4012个，已开放各类档案6016万卷(件)。

年末全国共有卫生机构30万个，其中医院、卫生院6万个，妇幼保健院(所、站)2964个，专科疾病防治院（所、站)1470个。医院和卫生院床位307.0万张。卫生技术人员445.6万人，其中执业医师和执业助理医师193.8万人，注册护士134.0万人。全国疾病预防控制中心(防疫站)3592个，卫生技术人员16.1万人；卫生监督所1925个，卫生技术人员 3.8 万人；乡镇卫生院 4.0 万个，床位 65.3 万张，卫生技术人员 84.8 万人。截至 2005 年 9 月底，全国共有 671 个县(市)开展了新型农村合作医疗试点工作，有 1.77 亿农民参加了合作医疗。全年共有 13 个省区发生高致病性禽流感疫情；人感染高致病性禽流感累计发病 7 人，死亡 5 人。

全年我国运动员在世界锦标赛、世界杯赛的 22 个项目中获得 106 个世界冠军。全年共有 8 人 2 队 21 次创 15 项世界纪录。全民健身运动更加活跃。

## 十一、人口、人民生活和社会保障

年末全国总人口为 130756 万人，比上年末增加 768 万人(见表 13)。全年出生人口 1617 万人，出生率为 12.40‰；死亡人口 849 万人，死亡率为 6.51‰；自然增长率为 5.89‰。

表 13　2005 年人口主要构成情况

单位：万人

| 指　　标 | 年末数 | 比重(%) |
|---|---|---|
| 全国总人口 | 130756 | 100.0 |
| 其中：城镇 | 56212 | 43.0 |
| 乡村 | 74544 | 57.0 |
| 其中：男性 | 67375 | 51.5 |
| 女性 | 63381 | 48.5 |
| 其中：0-14 岁 | 26504 | 20.3 |
| 15-64 岁 | 94197 | 72.0 |
| 65 岁及以上 | 10055 | 7.7 |

全年农村居民人均纯收入 3255 元，扣除价格上涨因素，比上年实际增长 6.2%；城镇居民人均可支配收入 10493 元，实际增长 9.6%。农村居民家庭恩格尔系数（即居民家庭食品消费支出占家庭消费总支出的比重)为 45.5%，城镇居民家庭恩格尔系数为 36.7%(见表 14)。按年人均纯收入低于 683 元的标准，年末农村贫困人口为 2365 万人，比上年末减少 245 万人；按年人均纯收入 684~944 元的标准，年末农村低收入人口为 4067 万人，比上年末减少 910 万人。

年末全国参加城镇基本养老保险人数为 17444 万人，比上年末增加 1091 万人。其中参保职工 13082 万人，参保的离退休人员 4362 万人。全国参加城镇基本医疗保险的人数为 13709 万人，增加 1305 万人。其中参保职工 9959 万人，参保退休人员 3750 万人。全国参加失业保险的人数为 10648 万人，增加 64 万人。全国参加工伤保险的人数为 8390 万人，增加 1545 万人。

年末全国企业参加基本养老保险离退休人员 4002 万人，实现了基本养老金全部按时足额发放；全年进入再就业服务中心的下岗职工全部按时足额领到了基本生活费，并由中心代缴了社会保险费；年末全国领取失业保险金人数为 362 万人。全年共有 2233 万城镇居民得到政府最低生活保障，比上年增加 27.8 万人。

年末全国各类收养性社会福利单位床位 150 万张，收养各类人员 116 万人。城镇建立各种社区服务设施 17 万个，其中综合性社区服务中心 9705 个。全年销售社会福利彩票 411 亿元，筹集社会福利资金 144 亿元，直接接收社会捐赠款 29 亿元。

## 十二、资源、环境和安全生产

全年实际建设占用耕地 13.9 万公顷，比上年减少 4.1%。灾毁耕地 5.4 万公顷。生态退耕 39 万公顷，因农业结构调整减少耕地 1.2 万公顷。查出往年建设未变更上报的建设占用耕地 7.3 万公顷。土地整理复垦开发补充耕地 30.7 万公顷。当年净减少耕地 36.2 万公顷。

全年水资源总量 27430 亿立方米，比上年增长 13.7%；人均水资源 2098 立方米，增长 13.0%。全年平均降水量 628 毫米，增长 4.6%。年末全国 454 座大型水库蓄水总量 2227 亿立方米，比上年末增

表 14　“十五”时期城乡居民生活改善情况

| 指　　标 | 单　位 | 2001 年 | 2002 年 | 2003 年 | 2004 年 | 2005 年 |
|---|---|---|---|---|---|---|
| 城镇居民人均可支配收入 | 元 | 6860 | 7703 | 8472 | 9422 | 10493 |
| 农村居民人均纯收入 | 元 | 2366 | 2476 | 2622 | 2936 | 3255 |
| 城镇居民家庭恩格尔系数 | % | 38.2 | 37.7 | 37.1 | 37.7 | 36.7 |
| 农村居民家庭恩格尔系数 | % | 47.7 | 46.2 | 45.6 | 47.2 | 45.5 |

加283亿立方米。全年总用水量5578亿立方米，比上年增长0.5%。其中，生活用水增长6.9%，工业用水增长3.7%，农业用水减少1.6%。万元GDP用水量357立方米，下降8.7%。全国人均用水量为427立方米，与上年持平。全年曾有2163万人口、1969万头大牲畜发生临时性饮水困难。

国土资源调查及地质勘查新发现大中型矿产地169处，其中，能源矿产地40处，金属矿产地58处，非金属矿产地64处，水气矿产地7处。有72种矿产新增查明资源储量，其中，石油9.43亿吨，天然气5263亿立方米，原煤698亿吨。

全年完成营造林面积637万公顷。六大林业重点工程营造林面积543万公顷，占全年营造林面积的85.2%。全国共批准国家级生态示范区166个，自然保护区达到2349个，其中国家级自然保护区243个，自然保护区面积14995万公顷，占国土面积的15%。国家地质公园达138个，其中新批准53个。新增综合治理水土流失面积4.4万平方公里，新增实施水土流失地区封育保护面积6.3万平方公里。

初步测算，全年能源消费总量22.2亿吨标准煤，比上年增长9.5%。其中，煤炭消费量21.4亿吨，增长10.6%；原油3.0亿吨，增长2.1%；天然气500亿立方米，增长20.6%；水电4010亿千瓦小时，增长13.4%；核电523亿千瓦小时，增长3.7%。主要原材料消费中，钢材4.0亿吨，增长20.1%；氧化铝1561万吨，增长21.7%；水泥10.5亿吨，增长9.0%。万元GDP能耗1.43吨标准煤，与上年持平。

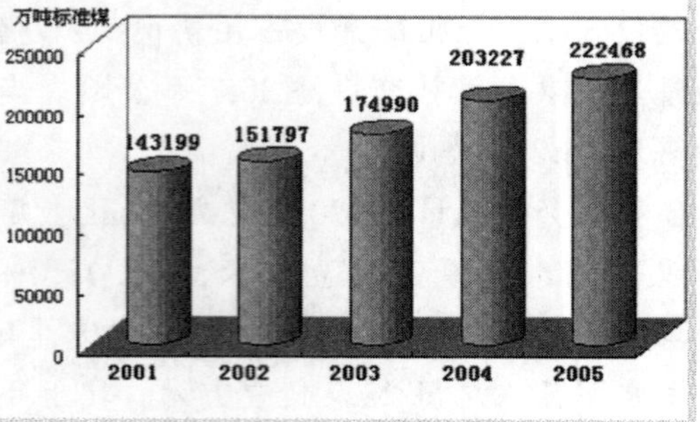


图10 “十五”时期能源消费总量

七大水系的411个水质监测断面中，有41%的断面满足国家地表水3类标准，比上年下降1个百分点；32%的断面为4~5类水质，上升2个百分点；超过5类水质的断面比例占27%，下降1个百分点。

全国近岸海域293个海水水质监测点中，达到国家一、二类海水水质标准的监测点占67.3%，比上年上升17.7个百分点；三类海水占8.9%，下降6.5个百分点；四类、劣四类海水占23.8%，下降11.0个百分点。全国海域未达到清洁海域水质标准的面积为13.9万平方公里，比上年减少17.8%，其中，严重污染海域面积约为2.9万平方公里。对18个海洋生态监控区监测表明，主要海湾、河口及滨海湿地生态系统均处于不健康或亚健康状态。

在监测的523个城市中，有344个城市空气质量达到二级以上（含二级）标准，占监测城市数的65.8%；有133个城市为三级，占25.4%；有46个城市为劣三级，占8.8%。在监测的350个城市中，城市区域声环境质量为重度污染的占0.9%，中度污染的占1.7%，轻度污染的占33.1%。

全年城市污水日处理能力达8091万立方米，比上年增长9.5%；城市污水处理率达到48.4%，提高2.8个百分点；集中供热面积22亿平方米，增长3.2%；建成区绿化覆盖率达到33.0%，提高1.4个百分点。

全年各类自然灾害造成直接经济损失2042亿元，比上年上升27.4%。全年农作物受灾面积3882万公顷，上升4.6%。其中，绝收460万公顷，上升5.4%。全年发生特大森林火灾3起，因森林火灾造成受害森林面积7.3万公顷，下降48.4%。全年因海洋灾害造成直接经济损失约332亿元，增加5.1倍。全年发生赤潮82次，减少14次；累计赤潮面积约27070平方公里，上升1.7%。全年共发生造成人员伤亡或直接经济损失50万元以上的地质灾害854起，共造成直接经济损失36.5亿元。全年共发生5级以上地震13次，受灾人口208万人，受灾面积15040平方公里，造成直接经济损失26亿元。

全年生产安全事故死亡12.7万人，比上年下降7.1%。亿元GDP生产安全事故死亡人数为0.70人，下降18.5%；工矿商贸企业从业人员生产安全事故10万人死亡人数为3.85人，下降6.8%；煤矿百万吨死亡人数为2.81人，下降8.7%。全年共发生道路交通事故450254起，造成9.9万人死亡、47.0万人受伤，直接财产损失18.8亿元；道路交通万车死亡人数为7.60人，下降23.7%。

**注：**

1.本公报为初步统计数。

2.各项统计数据均未包括香港特别行政区、澳门特别行政区和台湾省。

3. 国内生产总值、各产业增加值绝对数按现价计算，增长速度按可比价计算。

4.表 2 中的水果产量含果用瓜。

5.钢材产量及消费量数据中均含部分使用钢材加工成其他钢材的重复计算因素。

6.表 6 中，进出口按贸易方式分，除了一般贸易和加工贸易外，还有保税区仓储转口货物、边境小额贸易、外商投资企业作为投资进口的设备物品等贸易方式。

7.邮电业务总量完成额按 2000 年不变价格计算。

8.电话普及率的计算含接入用户交换机的话机数。

9.六大林业重点工程是指天然林资源保护工程、退耕还林工程、京津风沙源治理工程、三北及长江中下游地区等重点防护林工程、野生动植物保护及自然保护区建设工程、重点地区速生丰产用材林基地建设工程。

10.万元 GDP 用水量、万元 GDP 能耗按 2000 年不变价格计算。

11.七大水系是指长江、黄河、珠江、松花江、淮河、海河、辽河水系。

# 2005 年经济增长 9.9% 增速减慢 0.2 个百分点

2005 年以来，随着国家采取的各项宏观调控措施逐步到位，国民经济继续保持平稳较快发展的良好势头，突出表现为“高增长、低通胀、高效益”。

## 一、经济增长基本情况和特点

初步核算，2005 年按照经济普查口径的国内生产总值为 182321 亿元，增长 9.9%，增速同比减慢 0.2 个百分点。其中，第一产业增加值为 22718 亿元，增长 5.2%，增速同比回落 1.1 个百分点；第二产业增加值为 86208 亿元，增长 11.4%，加快 0.3 个百分点，其中工业增加值 76190 亿元，同比增长 11.4%，回落 0.1 个百分点；第三产业增加值为 73395 亿元，增长 9.6%，回落 0.4 个百分点。

**1.各季经济增长波动明显减弱**

分季看，一季度经济增长 9.9%，二季度经济增长 10.1%，三季度经济增长 9.8%，四季度经济增长 9.9%，四个季度之间最大落差为 0.3 个百分点，表明经济增长波动明显减弱，稳定性显著提高。

**2.经济增长动力格局有所改变**

从供给方面看，工业仍是经济增长的引擎。2005 年，第一产业对经济增长的贡献率为 6.3%，同比下降 1.5 个百分点，拉动经济增长 0.6 个百分点；第二产业对经济增长的贡献率为 54.9%，同比上升 2.7 个百分点，拉动经济增长 5.4 个百分点，其中，工业对经济增长的贡献率为 48.6%，同比上升 0.9 个百分点，拉动经济增长 4.8 个百分点；第三产业对经济增长的贡献率为 38.8%，同比回落 1.2 个百分点，拉动经济增长 3.9 个百分点。

从使用方面看，投资、消费和净出口三驾马车共同拉动经济增长。2005 年，最终消费对经济增长的贡献率为 33.3%，同比下降 4.5 个百分点，拉动经济增长 3.3 个百分点；资本形成总额对经济增长的贡献率为 48.8%，同比下降 7.2 个百分点，拉动经济增长 4.8 个百分点；货物和服务净出口对经济增长的贡献率为 17.9%，同比上升 11.7 个百分点，拉动经济增长 1.8 个百分点。

**3.GDP 生产结构变化不大，但使用结构变化显著**

从生产结构看，二产比重继续上升，一产和三产比重则继续有所下降。据测算，第一产业比重为 12.4%，同比回落 0.7 个百分点；第二产业比重为 47.3%，同比上升 1.1 个百分点；第三产业比重为 40.3%，同比下降 0.4 个百分点。从使用结构看，投资比重基本稳定，消费比重继续下降，货物和服务净出口比重明显上升。最终消费的比重为 50.7%，同比下降 2.7 个百分点，创建国以来的最低水平；资本形成总额比重为 44.8%，同比上升 0.8 个百分点，创建国以来的最高水平；货物和服务净出口比重为 4.5%，同比上升 1.9 个百分点。

**4.经济运行质量进一步提高**

经济运行质量提高主要表现在两个方面：一是工业企业效益继续改善。2005 年 1~11 月，规模以上工业经济效益综合指数为 173.61，比上年同期提高 10.7 个点；实现利润 12464 亿元，比上年同期增长 20.1%。二是全国财政收入继续保持快速增长。2005 年 1~11 月,全国财政收入实现 28942 亿元,同比增长 18.5%。

**5.物价涨幅回落加快**

2005 年 GDP 增长 9.9%, 比去年同期回落 0.2 个百分点,但价格指数回落更加明显。2005 年,CPI 上涨 1.8%,同比回落 2.1 个百分点;GDP 缩减指数上涨 3.7%,同比回落 3.2 个百分点。

**附表 2005 年 GDP 增长情况**

| | 绝对数(亿元) | 增长速度(%) | 结构(%) |
|---|---|---|---|
| 国内生产总值 | 182321 | 9.9 | 100.0 |
| 第一产业 | 22718 | 5.2 | 12.4 |
| 第二产业 | 86208 | 11.4 | 47.3 |
| 工业 | 76190 | 11.4 | 41.8 |
| 建筑业 | 10018 | 11.9 | 5.5 |
| 第三产业 | 73395 | 9.6 | 40.3 |
| 批发零售餐饮业 | 17119 | 11.4 | 9.4 |
| 运输邮电业 | 13805 | 12.4 | 7.6 |
| 金融保险业 | 6188 | 9.8 | 3.4 |
| 房地产业 | 8125 | 5.3 | 4.5 |
| 其他服务业 | 28158 | 8.1 | 15.4 |

# 2005年全国规模以上工业生产增长16.4%

2005年，全国规模以上工业生产快速平稳增长，大部分主要产品增长速度较快，工业品出口继续较大幅度增长，产销衔接情况良好，工业经济总体运行态势良好。

## 一、工业生产快速平稳增长

2005年，规模以上工业继续保持快速增长的态势。全年累计完成增加值66425.2亿元，比上年增长16.4%，略低于2003年（17%）和2004年(16.7%)的增速。

分季度看，增速波动幅度不大。1~4季度，规模以上工业分别比上年同期增长16.2%、16.5%、16.2%和16.4%，平稳增长的特点比较明显。

2005年，股份制企业和外商及港澳台商投资企业生产增长速度较高，分别完成工业增加值32173.4亿元和18976.7亿元，比上年增长17.8%和16.6%；国有和集体企业增速相对较低，分别完成工业增加值8621.8亿元和2581亿元，增长10.5%和12.4%。

## 二、大部分重要产品增长较快，但各类产品增幅的走势有所不同

2005年统计的404种主要工业产品中，比上年增长的有361种（其中，增幅超过20%的有153种）；比上年下降的有43种(其中，下降幅度超过10%的有17种)。

主要能源产品生产增长较快，但煤和电的增幅回落。全年共完成发电量2.41万亿千瓦时，比上年增长13.3%，增幅比上年下降1.6个百分点；规模以上企业生产原煤18.24亿吨，比上年增长10.7%，增幅比上年下降4.3个百分点；原油产量近1.81亿吨，增长3.9%，增幅提高1个百分点；天然气499.5亿立方米，增长21.9%，增幅提高3.4个百分点。

主要冶金产品增幅比上年有所提高，但8月份以后增幅明显回落。全年生铁、粗钢和钢材产量分别达到3.3亿吨、3.49亿吨和3.71亿吨，分别比上年增长28.2%、24.6%和24.1%(增幅分别比上年提高4.1、1.4和0.6个百分点)。但从9月份开始，增幅明显呈逐月回落的走势。8月份，生铁、粗钢和钢材产量同比分别增长27.6%、26.8%和27.8%；9月份，增速分别下降到23.7%、22.3%和21.1%，回落3.9、4.5和6.7个百分点；到12月份，增速已进一步回落到了17.2%、16.2%和17.4%，均比8月份回落10个百分点以上。

主要建材产品生产增长较快，但增幅回落。水泥产量为10.38亿吨，比上年增长11.6%，增幅比上年回落4.1个百分点；平板玻璃产量近3.66亿重量箱，比上年增长16.8%，回落3.7个百分点。

十种有色金属继续较快增长。全年产量为1585.1万吨，比上年增长15.5%，增幅回落0.9个百分点。其中，原铝741.2万吨，增长18.7%，回落1.5个百分点。

大部分家电产品和部分电子产品生产平稳增长，微型计算机等继续快速增长。彩电、家用洗衣机、家用吸尘器、房间空调器、吸排油烟机、微波炉、收录放音组合机、程控交换机、传真机、手机、打印机、集成电路等平稳增长，同比增速在13%–23%之间；微型电子计算机、显示器、数码相机、电热水器、电饭锅和家用洗碗机等大幅增长，增速在

37.2%~55.6%之间。

汽车产量615.3万辆，比上年增长13%，增幅略低于上年。其中，轿车295.8万辆，增长26.9%，增幅比上年提高16.7个百分点。

## 三、出口交货值继续较快增长，但增幅回落态势明显

2005年，工业品出口继续较快增长，但增幅已出现明显的回落态势。

一是增幅低于上年。2005年，规模以上工业企业共实现出口交货值47948.9亿元，比上年增长26.1%，增速比上年下降6.5个百分点；出口交货值在工业销售产值中的比重为19.6%，比上年下降了0.5个百分点。据测算，出口对工业增长的贡献率约为19%，比上年下降2.3个百分点；拉动工业增长3.1个百分点，比上年下降0.5个百分点。

二是下半年以来增速明显走低。6月份前，出口交货值增长速度较高，1~5月累计增长30.2%；6月份以后，增幅基本呈逐月回落的走势，6、7月份同比分别增长27.5%和26.1%；8~12月，增速一直徘徊在20%左右(18.1%~21.7%)。

## 四、产销衔接水平较高

2005年，工业产品销售率为98.1%，和上年基本持平。

分大类行业看，产销率高于99%的行业有5个，分别是烟草、石油加工、石油和天然气开采、燃气、电力；产销率在98%~99%之间的行业有9个，主要有交通运输设备制造、煤炭、文教体育用品制造、金属制品、农副食品加工、化纤等；产销率在97%~98%之间的行业有22个，主要有冶金、食品制造、纺织、饮料、仪器仪表、电气机械、电子、设备制造等；医药制造业的产销率最低，为94.14%。

# 2005年全国国有企业实现利润突破9000亿元

2005年，中央采取的一系列宏观调控措施取得了明显成效，经济运行的协调性进一步增强，国有企业继续保持上年的发展势头，经济效益平稳较快增长，取得了良好的经营业绩。据财政部企业财务快报统计，2005年，全国国有企业累计实现销售收入115340.7亿元，同比增长19.2%；实现利润9047.2亿元，同比增长25.1%；实现税金9957.1亿元，同比增长20%。其中：中央企业实现利润6413.4亿元，同比增长27.3%；实现税金6862.2亿元，同比增长19.8%。

2005年，各级财政部门按照党中央、国务院的部署，围绕做大"经济财政蛋糕"这个中心环节，从促进我国经济和社会发展的大局出发，着力改善企业运行的外部环境，培育内生增长动力，有力地支持了企业改革和发展。一是通过组织开展74户中央企业分离办社会职能、稳妥推进东北地区国有企业厂办大集体改革试点、继续实施政策性关闭破产政策等，逐步消除国有企业改革和发展过程中的体制障碍；二是不断完善财税政策，综合运用各种政策工具，加大对企业自主创新的支持力度，促进企业提高竞争力和可持续发展能力。

财政部企业财务快报同时也显示，长期以来粗放式经济增长方式所带来的问题进一步显现，一些行业面临着产能过剩、供需失衡、成本上涨、价格下跌等问题的考验，盈利空间受到挤压。2006年，财政部门将继续认真贯彻落实科学发展观，积极发挥财税政策在促进转变经济增长方式和提高经济增长质量中的作用，促进企业经济效益的稳定持续增长。

# 2005年我国大部分产品的库存基本正常

2005年末，规模以上工业企业的大部分产成品库存基本正常。产成品资金占用12266亿元，同比增长17.9%，低于同期销售收入27%的增幅；产成品资金占流动资产的比重为11.6%，与上年末持平。在所统计的129种主要工业产品中，生产企业库存同比增加的有83种，占64.3%（其中，增加50%以上的有21种）；下降的有46种，占35.7%（其中，下降20%以上的有16种）。

## 一、原煤和焦炭库存增加，石油类产品库存减少

原煤生产企业煤炭库存基本正常。2005年末，规模以上原煤生产企业的煤炭库存为3824万吨，比上年末增长12.4%，增幅虽然高于原煤生产增长速度1.7个百分点，但从库存可供销售天数来看，只有7.6天，比上年末低0.1天。

焦炭库存偏高。年末库存为1169万吨，比上年末增长47.6%，增幅比焦炭生产增长速度高23.2个百分点，可供销售天数达到18.5天，比上年增加5.5天。

石油类产品的库存均出现不同程度的下降。天然原油库存为301万吨，比上年末减少6.8%；汽油、煤油和柴油库存分别为104万吨、19万吨和128万吨，分别减少18.2%、18.7%和18.3%；润滑油和燃料油库存分别为30万吨和66万吨，分别减少9.9%和27.3%。

## 二、大部分冶金、建材产品库存增加

2005年末，铁矿石和生铁库存分别为1055万吨和464万吨，同比分别增长57.2%和80.1%，但从库存可供销售天数来看，仍比较正常，铁矿石可供销售9.1天，比上年减少1.4天，生铁可供销售5.1天，增加1.6天。

粗钢库存为826万吨，同比增长1倍；可供销售8.7天，比上年增加4.7天。

钢材库存1078万吨，增长51.7%；可供销售10.5天，和上年基本持平。

水泥库存正常。年末库存3313万吨，同比增长7.7%，低于生产增长速度3.9个百分点；库存可供销售11.5天，同比减少2.6天。

平板玻璃库存偏高。年末库存2698万重量箱，同比增长65.2%，比生产增速高48.4个百分点；库存可供销售27.5天，增加7.8天。

## 三、有色金属库存下降

十种有色金属年末库存43万吨，同比减少2.1%；库存可供销售9.7天，同比减少2.5天。其中，铜、铅、锌和锡年末库存分别为2.7万吨、6.4万吨、9万吨和0.3万吨，同比分别减少12.9%、13.5%、15.1%和22%；库存可供销售天数分别为3.8天、9.8天、12.1天和8.1天，同比分别减少1.6天、2.2天、3.9天和2.4天。

氧化铝库存5.1万吨，同比减少28.2%；年末库存可供销售2.1天，同比减少1.5天。铝、铜材和铝材年末库存分别为20.1万吨、15.7万吨和22.1万吨，同比分别增长8.6%、29.8%和18.8%。

## 四、部分电子和耐用家电产品库存增加

2005年末，大规模集成电路、彩色电视机和黑

白电视机库存分别为18392万块、820万台和38万台，同比分别增长14.4%、20.8%和73.6%；年末库存可供销售天数分别为6.8天、33.9天和16.3天，比上年分别增加0.7天、9.8天和8.7天。家用吸尘器、吸排油烟机和电饭锅库存分别为127万台、52万台和453万个，同比分别增长55.3%、55.4%和1.8倍；年末库存可供销售天数分别为10.1天、27.7天和35.5天，比上年分别增加3.4天、8.8天和18.8天。家用洗衣机、家用电冰箱和家用电风扇库存分别为175万台、207万台和505万台，同比分别增长17.9%、25.6%和28.8%；冷柜和房间空调器库存为39万台和614万台，同比分别增长9.3%和6.2%。

## 五、汽车库存减少

2005年全国工业企业共销售汽车615万辆，同比增长20.8%；年末汽车库存27.7万辆，同比减少6.4%，库存可供销售16.2天，同比减少4.2天。

在汽车库存中，载货汽车年末库存10.7万辆，同比增加4.9%。公路客车和轿车年末库存分别为6.6万辆和10万辆，同比分别增长23.3%和3.8%。其中，轿车一季度末库存8.7万辆，二季度增加了1万多辆，三季度又增加了4.6万辆，四季度减少4.3万辆。

摩托车年末库存52.1万辆，同比减少11.4%，库存可供销售11天，同比减少0.7天。

## 六、部分轻工和纺织产品库存增加

在所统计的22种轻纺产品中，年末库存增加的有16种。其中，在食品类产品中，精致食用植物油、配混合饲料、乳制品和软饮料库存同比增长22%到72.1%；原盐、罐头和啤酒增长0.5%到18.5%。在纺织产品中，毛线和丝织品库存分别为2.3万吨和41688万米，同比分别增长27.8%和24.8%；化学纤维、合成纤维和纱增长幅度在10.4%到17.9%；布、棉布、棉混纺布和丝库存增长1.9%到6.9%。化学纤维布、呢绒和服装库存同比分别减少3.1%、2.6%和1.7%。

# 2005年全国工业品价格总体涨势趋缓

2005年，国民经济保持了平稳较快发展，工业经济运行情况良好，对工业产品的市场需求继续保持旺盛势头，主要生产资料产品价格呈现较大幅度的上涨。同时，各地落实国家宏观调控的各项政策措施，投资过快增长的势头得到遏制，生产资料总体上供不应求的局面有所缓解，部分产品价格冲高后逐步回落，导致全年工业品价格涨势趋缓。与上年相比，2005年工业品出厂价格平均上涨4.9%，原材料、燃料、动力购进价格平均上涨8.3%，涨幅与2004年比分别回落1.2和3.1个百分点。

## 一、工业品价格总体运行特征

（一）2005年工业品价格总体涨势趋缓，呈现出前八个月大致平稳，后四个月逐月回落的格局。年初，受原油、煤炭和有色金属价格大幅上涨的影响，一季度工业品出厂价格上涨5.6%，原材料、燃料、动力购进价格上涨10.1%。二、三季度，受国际原油价格持续攀升、屡创新高的影响，工业品价格继续上涨，但与此同时全国各地加强了煤电油运的供给，再加上钢材价格的不断回落，工业品价格涨势趋缓，工业品出厂价格分别上涨5.6%、4.9%，原材料、燃料、动力购进价格分别上涨9.6%、7.9%。5月份工业品出厂价格上涨5.9%，涨幅为全年最高。四季度，受国际原油价格大幅回落和钢材价格加速下降的影响，工业品出厂价格上涨3.5%，原材料、燃料、动力购进价格上涨5.6%。

（二）生产资料出厂价格上涨是影响工业品出厂价格上涨的主要因素。2005年，生产资料出厂价格比上年上涨6.8%，涨幅与2004年相比回落1个百分点，拉动工业品出厂价格总水平上涨约5个百分点。生产资料价格上涨主要受原油、成品油、煤炭和有色金属价格上涨较高的影响。从主要分类看，采掘工业价格涨幅最高，达25.8%。其次是原料工业价格上涨9.8%，加工工业上涨2.2%。

（三）生活资料出厂价格小幅下降。与上年相比，2005年生活资料出厂价格略降0.2%，影响工业品出厂价格总水平下降约0.1个百分点。其中，食品类和衣着类出厂价格分别略涨0.9%和0.8%，一般日用品类上涨1.9%，耐用消费品类则下降3.2%。

（四）工业品出厂价格上涨的行业较多。在所调查的39个工业行业中，有34个工业行业价格呈上涨态势，占87.2%，上涨面与上年持平。其中，涨幅最高的行业是石油和天然气开采业，涨幅高达29.9%。煤炭开采和洗选业、黑色金属矿采选业、有色金属矿采选业、石油加工炼焦及核燃料加工业、有色金属冶炼及压延加工业涨幅也较高，分别比上年上涨23.2%、12.3%、19.6%、18.4%和11.7%。

## 二、能源产品和有色金属价格上涨幅度大

（一）原油价格大幅上涨。年初，国际原油市场价格不断上涨，3月15日的轻质原油价格创下了2004年10月26日以来的最高收盘价。受其影响，国内于3月23日调整了成品油的出厂和零售价格。一季度原油出厂价格比上年同期上涨24.5%。

进入二季度，国际原油价格波动较大，国内在5月10日调高了柴油的出厂价格，在5月23日降低了汽油的出厂价格，但下调的幅度远远低于前期上调的幅度。三季度，国际原油价格涨势凶猛。8月29日，美国纽约商品交易所WTI近月期货价格一度突破70美元/桶的历史纪录，之后有所波动，但始终保持在高价位上。国内于7月12日和23日分别上调了汽、柴油的出厂价和零售中准价，这是2005年成品油价格的第五次调整。三季度原油出厂价格比上年同期上涨33.6%。四季度，国际原油价格出现回落态势，11月17日，纽约商品交易所WTI近月期货价格大幅下跌，比最高时下跌13.47美元/桶，降幅达19.3%，降至5个月来最低。国内原油及成品油价格也随之高位回落。2005年全年，原油出厂价格比上年上涨31.1%，涨幅比2004年提高10.8个百分点，影响工业品出厂价格总水平上涨约1个百分点。成品油价格涨幅也较高，汽油、柴油出厂价格分别比上年上涨21.2%和20.7%。

（二）煤炭产品价格继续上涨，但涨幅逐渐回落。2005年，由于工业、特别是高耗能的重工业增速回落，电力需求增速有所降低，加上新增装机保持较快增长，水电增发较多，电力供需矛盾呈缓解趋势。受此影响，煤炭需求增速也在回落，供求紧张状况有所缓解，煤炭价格冲高回落。上半年，煤炭价格居高不下，7月中下旬，山西、山东、河南、安徽等主要产煤区的煤炭出矿价格开始下滑，部分地区价格降幅达到10%~20%。原煤价格涨幅由年初的26%缩小到年底的16.5%，回落了9.5个百分点。2005年全年，原煤出厂价格上涨了23.3%。

（三）钢材价格冲高后转降。近两年，国内外钢材需求激增导致钢材价格飞涨，社会各方资本纷纷投资钢铁业，刺激了钢铁产能过快扩张，钢材的生产增长速度以不低于20%的幅度递增，最终导致市场供大于求，价格下跌。年初，钢材产品价格延续2004年底涨幅趋缓之势，涨幅进一步回落，一季度，黑色金属冶炼及压延加工业出厂价格比上年同期上涨8.3%。二季度钢材价格基本平稳，小幅波动。三季度以后，产能过剩的消极效应逐渐显现，供大于求的局面更加严重。8月份开始，部分钢材产品价格由升转降，到年底，钢材产品价格全部在高位转为下跌趋势。2005年全年，黑色金属冶炼及压延业产品出厂价格比上年上涨4.7%，涨幅与2004年比回落14.2个百分点。其中，普通大型钢材上涨1.5%，普通中型钢材下降1.5%，普通小型钢材上涨2.4%，线材下降0.4%，中厚钢板上涨6.6%，薄钢板上涨7.9%。

（四）有色金属价格持续上涨。2005年，国际有色金属市场价格始终保持高价位，而国内对有色金属的需求也较大，致使有色金属价格持续大幅上涨。与上年相比，2005年有色金属冶炼及压延业产品价格上涨11.7%。其中，铜、铅、锌、镍、铝、锡的出厂价格涨幅在5.1%~17.6%之间。

## 三、影响工业品价格变动的主要原因

**（一）受国际市场价格波动的影响**

2005年，国际市场的变化严重影响着国内主要生产资料的价格。国际原油市场价格的剧烈波动，国际铜的期货合约，铁矿石的定价谈判，始终是影响国内主要生产资料价格的重要因素。由于我国目前还没有重大商品国际贸易定价权，相对于欧美发达国家而言，我国的工业化还处于对国际原材料依赖十分明显的阶段。因此，中国已成为国际原材料价格上涨过程中真正的利益受损方，国际市场价格波动成为拉动国内工业品价格上涨的重要因素。

**（二）受国内供求关系的影响**

一方面，随着我国宏观调控政策效应的逐渐显现，2005年工业生产和投资增速有所回落，煤电油运全面紧张的局面逐渐好转，经济发展对主要生产资料的需求有所减弱；另一方面，随着近几年投资的高速增长，主要生产资料生产能力的增长速度快于需求的增长。生产资料供求关系已由2004年的总体上供不应求转变为2005年的部分产品供求基本平衡，部分产品供大于求。供求关系的转变也导致了2005年工业品价格总体涨幅的回落。

**（三）成本拉动作用的影响**

2005年，原材料、燃料、动力购进价格上涨较高，全年上涨8.3%，高出工业品出厂价格涨幅近一倍。九大类购进产品价格全面上涨。其中，燃料动力类和有色金属材料类涨幅较高，分别上涨15%和14%。原材料等中间消耗价格上涨必然带动工业品出厂价格上涨。

# 行业篇

## ——2005年中国主要工业行业运行概况

# 2005年中国煤炭工业经济运行概况

2005年,在国家宏观经济调控作用下,煤电油运供求矛盾有所缓解,但在国民经济整体快速增长的带动下,全国煤炭工业继续保持平稳快速增长。主要煤炭消费行业增长速度虽较2004年有所放缓,但生产继续保持平稳较快增长,推动煤炭需求增加。煤炭行业共同努力,挖掘潜力,保证市场供应,煤炭产量和销量双双首次突破20亿吨大关,创历史最高水平。

据主要经济指标统计显示,煤炭行业继2004年实现大跨越后,2005年全行业各项主要数据趋于平稳增长,涨幅较上一年有所回落。盈利能力、偿债能力、资产营运能力与发展能力均有所提高。市场供求矛盾有所缓解,价格在波动中有所上扬,固定资产投资增速不减,社会贡献大幅提高;但是国有大中型煤矿负担沉重,电煤价格改革等深层次问题没有得到根本性解决,产能继续扩张与需求增长趋缓等新矛盾已经显现,2006年成为行业发展中的关键一年。

## 一、2005年煤炭行业经济运行情况

### 1. 工业总产值和工业增加值

2005年,全国规模以上煤炭企业完成工业总产值5360亿元,同比增长44.7%,增幅比上年下降了3个百分点;完成工业增加值2805亿元,同比增长47.9%,虽高于全国工交行业增加值增幅36.6个百分点,但仅占全国规模以上工业增加值的4.2%。

### 2. 煤炭产量

2005年,全国原煤产量完成21.1亿吨(快报),同比增加1.57亿吨,增长8.0%,增幅比上年下降7.5个百分点。其中,规模以上煤炭企业原煤产量完成172127万吨,占全国原煤产量的81.5%,同比增长10.8%。按原隶属关系分,国有重点煤矿产原煤10.27亿吨,同比增加0.97亿吨,增长10.5%,平均日产281万吨;国有地方煤矿产煤2.93亿吨,同比减少116万吨,下降0.4%,平均日产80万吨;乡

全国原煤产量分月增长速度 (%)

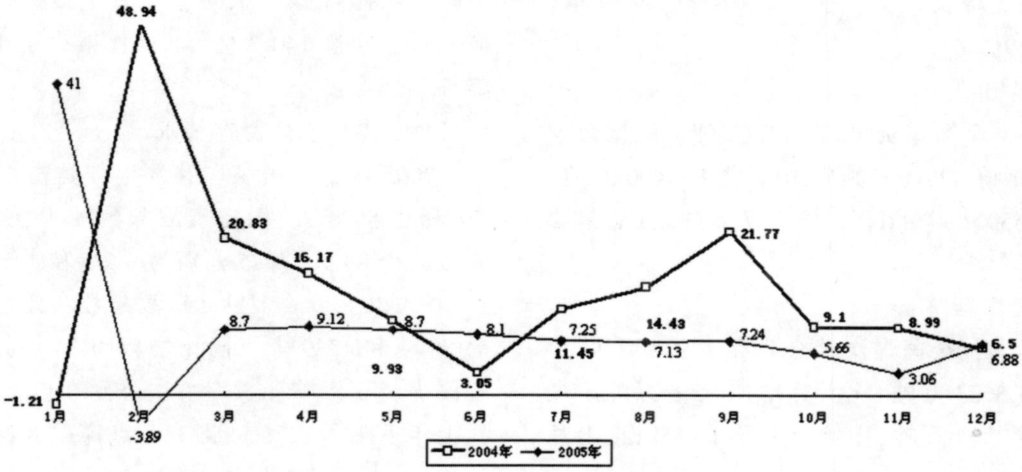

镇煤矿产煤7.92亿吨，同比增加0.61亿吨，增长8.3%，平均日产217万吨。三类煤矿原煤产量分别占全国原煤总产量的49%、14%、37%。增产量分别占全国原煤增产量的62.0%、-0.7%、38.7%。

全国27个产煤省(市、区)中，产量超过亿吨的有6个省份：山西5.43亿吨，内蒙古2.41亿吨，陕西1.55亿吨，河南1.50亿吨，山东1.31亿吨，贵州1.06亿吨。6省合计产煤13.26亿吨，占全国总产量的63%。

全年产煤千万吨以上的企业共31户，与上年持平，产量合计为8.9亿吨，占全国产量的42%，比上年提高了3个百分点。其中，产量前十位的企业(前十位为年产煤3000万吨以上企业）依次是：神华、中煤、山西焦煤、大同、龙煤、兖矿、阳泉、淮南、平顶山、晋城。

国有重点煤矿企业洗精煤年产量12332万吨，同比增产646万吨，增长5.5%。

3. 煤炭销量

2005年，全国商品煤销量实现20.4亿吨，同比增长8.1%，增幅比上年下降了7.9个百分点。其中，国有重点煤矿销量9.73亿吨，同比增长8.6%；地方煤矿销量10.71亿吨，同比增长7.6%。

4. 铁路煤炭运量

2005年，全国煤炭铁路运量累计完成10.71亿吨，同比增长8.0%，增幅比上年下降了4个百分点。其中，国有重点煤矿运量完成7.59亿吨，同比增长10.1%；地方煤矿运量完成3.12亿吨，同比增长3.3%。

全国铁路煤炭日均装车平均达到45948车，同比增加2486车，同比增长5.7%，增幅比上年下降了4.6个百分点。国有重点煤矿装车日均完成32529车，同比增长7.8%；地方煤矿完成13419车，同比增长0.9%。

5. 煤炭出口

2005年，全国煤炭出口7107万吨，同比减少1461万吨，下降17.1%。其中，中煤集团3400万吨，神华集团2559万吨，山西地方757万吨，五矿集团391万吨。

6. 煤炭库存

2005年末，全国煤炭社会库存13974万吨，比上年底增加3623万吨，比上月增加85.6万吨。煤矿企业库存2894万吨，比年初上升1.06%，比上月末下降10.84%。

7. 煤炭平均售价和单位成本

2005年，原中央财政煤炭企业商品煤平均售价270.2元/吨，同比增加63.8元/吨，提高30.9%。其中供发电用煤平均售价212.75元/吨，同比提高30.9%。电煤平均售价与商品煤平均售价价差达57.45元/吨，比同期价差加大了13.53元。该类企业原选煤单位成本达200.05元/吨，同比增加31.18元/吨，增幅18.5%。其中吨煤安全费用16.02元，工资及福利费用58.97元。

8. 劳动工资

2005年，全国规模以上煤炭企业全部从业人员平均人数428.44万人，同比增加22.24万人，增长5.48%。国有重点煤矿企业年末职工257.91万人，在岗职工月平均工资1799元(含补发工资等)，比上年增加376.37元。

9. 利润和税金

2005年，全国规模以上煤炭企业补贴后实现利润总额550.2亿元，占全国规模以上工业利润的3.83%，同比增长78.6%，增幅同比下降了38个百分点。全国规模以上煤炭企业成本费用利润率10.9%，同比提高2.33个百分点。原中央财政煤炭企业补贴后盈利148.3亿元，同比增加68.7亿元，增长86.3%。

全国规模以上煤炭企业全年应交增值税高达441.6亿元，涨幅为45.2%，增值税涨幅高出产品销售收入涨幅3个百分点。

10. 两项资金占用情况

2005年末，全国规模以上煤炭企业产成品资金211.25亿元，同比增长44.3%，增幅同比提高4.4个百分点，应收账款净额461.48亿元，增长16.9%，增幅同比提高14个百分点。原中央财政煤炭企业应收煤款净额140.3亿元，同比减少了16.7亿元，降幅10.6%。

11. 煤矿安全生产情况

2005年，全国煤矿共发生各类伤亡事故3306起，死亡5938人，同比事故起数减少335起，死亡人数减少89人，降幅分别为9.2%和1.5%；一次死亡10人以上事故多发，事故起数和死亡人数分别为58起和1739人，同比增幅为34.9%和66.6%。全国煤炭百万吨死亡率首次降到3以下，为2.811，比上年下降了8.76%；国有重点煤矿百万吨死亡率为 0.931，比上年提高了 2.15%；国有地方煤矿为 2.039，下降了 26.42%；乡镇集体煤矿为 5.533，下降了 5.74%。

**12. 主要生产技术指标**

2005 年，国有重点煤矿完成开拓进尺 114.4 万米，同比增加 7.2 万米，增长 6.74%。回采工作面平均 1474 个，单产 43644 吨/个/月，同比增加 1906 吨/个/月，提高 4.57%。掘进工作面 4079 个，平均单进 155 米/个/月，同比增加 2 米/个/月。国有重点煤矿洗精煤产率、灰分和水分分别为 52.52%、9.82%和 10.14%，同比分别降低 2.1、0.1、0.2 个百分点。国有重点煤矿原煤生产人员效率 4.071 吨/工，同比增加 0.311 吨/工，提高 8.27%。

## 二、行业经济运行的主要特点

**1. 全行业继续保持平稳较快增长，但整体增速放缓，投资增幅提高**

从行业的产值、产量、销量、运量、利润等方面看，均保持了一定的增长幅度，但增幅比上年均出现回落。与此相反，固定资产投资持续保持高速增长，增幅提高。

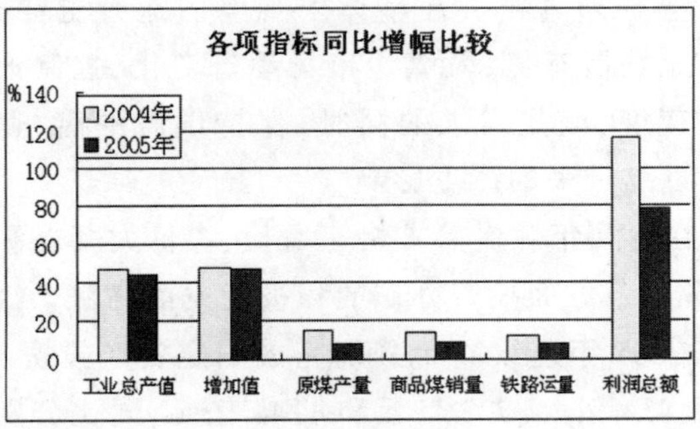


**2. 煤炭生产销售两旺，增产结构进一步优化**

2005 年，全国原煤产量和商品煤销量首次突破 20 亿吨，分别达到 21.1 亿吨和 20.4 亿吨，增幅均为 8%。在增产结构中，由于 2005 年国家鼓励大基地大集团建设，同时对非法小煤矿的整治力度加大，煤矿超能力生产问题较 2004 年得到了一定的改善，全国煤炭总增产量中，国有重点煤矿增产占 62.1%，乡镇煤矿占 38.7%，与 2004 年的 46.1%和 52.9%相比，分别上升了 16 个百分点和下降了 14 个百分点。全年共有 6 个省份产煤超过 1 亿吨，合计产量占全国总产量的 63%，产量前 10 位省份产量占总产量的 80%。从企业看，2004 年和 2005 年都是有 31 家企业产量在 1000 万吨以上，但是 2005 年千万吨企业产量比 2004 年增长了 1.15 亿吨，涨幅为 15%；2005 年共有 10 家企业产量超过 3000 万吨，比 2004 年增加 4 家。煤炭生产在向大基地大集团集中。

**3. 煤炭全社会库存持续增加，企业两项资金增长明显**

从 2005 年 4 月开始，煤炭全社会库存出现连续 7 个月增长，到 2005 年末，全国煤炭社会库存 13974 万吨，比年初增加 3623 万吨，增幅为 35%。其中：煤矿企业库存 2894 万吨，比年初上升 1.06%；电力直供电网煤炭库存 2370 万吨，比年初上升 115.7%；冶金重点钢厂煤炭库存 343.5 万吨，比年初上升 52.6%；重点煤炭中转港口煤炭库存 1423 万吨，比年初上升 70.1%。

年末，全国规模以上煤炭企业产成品资金 211.25 亿元，同比增长 44.3%，比全国规模以上工业企业高 26.4 个百分点，增幅同比提高 4.4 个百分点，应收账款净额 461.48 亿元，增长 16.9%，增幅同比提高 14 个百分点。

煤炭社会库存的持续增长及煤炭企业两项资金占用的提高验证，煤炭供求的紧张状况正在不断缓解，市场交易关系正在发生变化。

**4. 行业利润额增幅很高，但盈利能力缓步回落，与相关行业相比仍处于较低水平**

2005 年，全国规模以上煤炭企业补贴后实现利润总额 550.2 亿元，占全国规模以上工业利润的 3.83%，同比增长 78.6%。虽然利润涨幅在各行业中名列前茅，但从绝对数值上看仍然处于较低水平；同时全国规模以上工业利润增幅同比回落 15.5 个百分点，煤炭行业利润增幅在本年度内逐月下降，全年合计增幅同比下降了 38 个百分点，比全国工

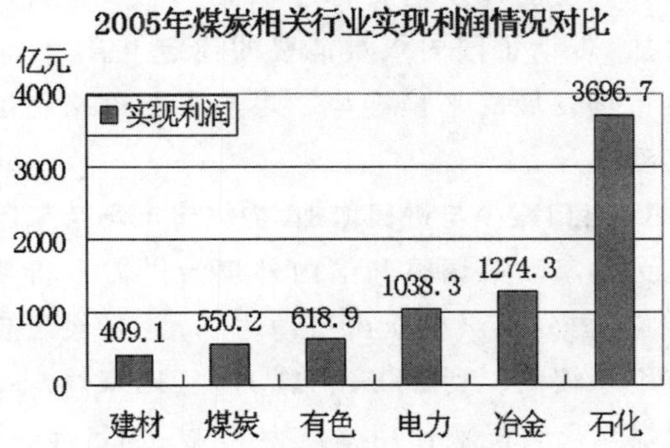

业回落增幅高出 22.5 个百分点。全国规模以上煤炭企业成本费用利润率 10.9%,同比提高 2.33 个百分点，但年内比较成本费用利润率，从 1~3 月的 11.14%,1~6 月的 11.27%,1~9 月的 11.21%，最后到全年 10.9%,出现了先扬后抑的趋势,利润在下半年中增长放缓,增长空间逐渐减小。

**5. 资产规模稳定增长，投资加大造成负债率有所提高,股东权益稳步提高**

2005 年末，全国规模以上煤炭企业资产总计达 8477 亿元，同比增长 24.5%；负债合计达 5268 亿元，同比增长 27.9%，负债涨幅高于资产涨幅 3.4 个百分点。资产负债率达 62.15%,比上年同期高出 1.64 个百分点。年末,全国规模以上煤炭企业所有者权益达 3209 亿元,同比增长 19.35%,增幅比上年同期的 15.23%,提高了 4 个百分点,股东权益稳步提高。

**6. 销售收入与成本同步提高，成本和税金增幅略高于销售增幅**

2005 年，全国规模以上煤炭企业产品销售收入达到 5737 亿元,同比增长 42.3%;全国规模以上煤炭企业产品销售成本达到 3934 亿元，同比增长 45.3%;成本增幅比收入增幅高 3 个百分点。全国规模以上煤炭企业应交增值税达到 441.6 亿元,同比增长 45.2%，增幅比销售收入增幅高 3 个百分点。应交增值税占全部销售收入的 7.7%，高于全国规模以上工业企业 4.4 个百分点。

**7. 煤炭市场总体平衡,煤炭价格在波动中上升**

2005 年以来,煤炭产销两旺,继续保持较高水平，在不断满足国内工业生产及城乡居民生产生活用需要的同时,随着能源投资的迅猛增长,煤矿生产能力不断提高,煤炭资源总量有了较大增加。铁路、交通运输中转的能力大幅提升,改善了煤炭销售外运的外部环境，使煤炭产品的周转速度大幅上升。主要煤炭消费行业相关产品产量持续大幅增加,带动了国内煤炭消费的稳定上升,保证了煤炭市场发展的平稳走势，煤炭市场价格在区间内波动上升。

**8. 出口减少与进口增加,给煤炭市场带来压力**

受国家政策调整和国内外煤炭供需及价格变动影响,国内煤炭企业出口动力不足,煤炭出口配额使用率较低。到 2005 年 11 月底,四家煤炭出口公司煤炭出口配额使用率仅为 82%。2005 年,全国煤炭出口累计完成 7107 万吨，同比减少 1461 万吨,下降 17.1%。与此同时,煤炭进口依然保持强劲势头,前 11 个月全国累计进口 2316 万吨,同比增加 674 万吨,增长了 41%。进出口相抵后,当年同比净增超过 2000 万吨煤炭补充国内消费，占全国煤炭销量增量的 13%。

## 三、煤炭经济运行中存在的问题

**1. 煤矿建设投资趋热,产能过剩压力增加**

据国家发改委通报,尽管宏观调控取得明显成效,随着近两年新建项目的陆续投产,部分行业供大于求的矛盾更加突出，产能严重过剩的不良后果逐步显露。目前,钢铁、电解铝、铁合金、焦炭、电石、汽车、铜冶炼行业产能过剩问题突出,水泥、电力、等相关行业也潜在着产能过剩的问题,煤炭也位列其中。由于严重供大于求,钢铁等行业产品价格大幅回落,有的已经跌破成本;企业效益大幅下滑，亏损企业增加。2005 年电力紧张状况得到缓解,2006 年电力行业产能将近饱和。而煤炭行业固定资产投资高速增长，增涨幅度远高于全国及相关行业平均水平,这对控制产需平衡造成了压力。全行业必须紧密关注整体宏观经济运行走势,下游行业发展态势,及煤炭市场动态变化,控制产能增长速度,满足需求的同时,保持供需平衡,避免产能过剩带来的严重影响。

在近几年煤炭需求快速增长、煤价大幅上涨的情况下,各方面投资办矿的积极性空前高涨。2002 年至 2005 年连续 4 年分别完成固定资产投资 286 亿元、414 亿元、702 亿元和 1144 亿元,同比分别增长 31%、43.3%、60.8%和 65.6%。煤矿生产能力迅猛增长,潜在的产能过剩、供大于求的压力增大。

**2. 铁路运力紧张局面有所缓解，但部分地区仍然紧张**

近年来铁路部门通过对大秦、侯月等线路实施技术改造,运能明显增加,有效缓解了东南沿海地区煤炭供应紧张的压力,但其他铁路直达线路的运能均已饱和,运力增长受限,致使近年来地处中部的湖北、湖南、江西等省煤炭运输仍然比较紧张。

**3. 煤矿安全事故不断发生,形势依然严峻**

通过开展安全生产专项整治,煤矿安全生产状况总体略有好转,但重特大事故接连发生,死亡人数居高不下。2005年全国煤矿安全事故死亡5938人，居世界各国之首。其中发生一次死亡30人以上的重特大事故11起，死亡961人，同比增加3起，438人。特别是在一年中相继发生4起一次死亡百人以上的特重事故，造成了人民生命财产的巨大损失。

**4. 生产增长向大型企业集中的同时，该类企业安全生产事故相应增加**

2005年，全国煤炭总增产量中，国有重点煤矿增产占的62.1%，与2004年的46.1%相比，上升了16个百分点，产量向国有大型企业集中。当年，在全国煤矿伤亡事故起数、死亡人数及百万吨死亡率同比均减少或降低的情况下，国有重点煤矿事故死亡人数上升11.9%，国有重点煤矿百万吨死亡率升高2.15%。特别是年内发生了两起国有重点煤矿一次死亡百人以上特别重大事故，为大型国有煤矿敲响了警钟。产量增长与事故多发之间产生了一定的联系。因此，企业在扩大生产的同时，必须在管理、投入等各个方面保证安全生产。

**5. 计划内、外电煤价格矛盾比较突出**

在全国煤炭价格总体稳定的前提下，电煤价格的结构性矛盾凸显。目前全国计划内电煤价格比市场电煤价格相差30~80元/吨，有的高达100元/吨左右。而计划内电煤一般为优质动力煤，这就造成同质不同价和优质低价的现象，未能形成正确反映市场供求状况和资源稀缺程度的价格形成机制。

**6. 产能扩大的同时，后备资源管理混乱**

当前，我国煤炭资源管理问题仍十分突出。越权审批、跑马圈地、抢占资源问题依然突出；炒作煤炭资源，牟取暴利现象越来越严重，整体煤田被随意分割和大型煤炭企业后备资源短缺问题没有得到根本解决，这给煤炭生产的可持续发展和煤炭工业走大基地、大集团战略都造成了严重的影响。建议加强资源规划和后备资源管理，加强煤炭资源矿业权市场管理，整顿煤炭市场秩序，严格煤矿准入制度，给予大型煤炭企业优先开发权。制定政策支持大型企业开发国外资源，提高国际竞争力。

## 四、2006年煤炭行业基本态势分析

2006年，国内煤炭供需将基本保持总量平衡。国家宏观经济将继续保持高速增长，保证了煤炭需求的增长，但受煤炭下游产能过剩行业的影响，煤炭需求增长速度将进一步放缓，同时，国家将进一步加大对违法违规小煤矿的整治力度，煤炭生产在连年大幅度增长后，生产增速也将继续回落，供需保持基本平衡。但在不同地区、不同时段、不同品种的供需矛盾将继续存在。

2006年，市场煤炭价格将继续在高位运行。年初，国家取消了电煤价格“双轨制”，推进煤炭流通市场化进程，煤炭价格改革必将推动2006年市场煤炭价格总体继续在高位运行；2005年下半年开始征收的“煤炭价格调节资金”和煤炭资源税的调整也将能一定程度推动2006年煤炭价格上扬。但在一年一度的煤炭产需衔接会上，出现国内五大发电集团所属电厂重点电煤最终没能签订供需合同的结果。如果不对2006年重点电煤的产供需衔接采取适当的补救措施，未来煤炭市场运行不确定性将有所增加，也可能导致煤炭价格震动幅度增大。短期供需与价格将相互影响，市场煤炭价格继续受到季节性及区域性供需状况的影响，导致价格将在高位波动，市场敏感度更高。

**1. 需求小幅增长**

随着国民经济保持平稳较快增长，煤炭需求也继续保持增长势头，但由于宏观调控成效进一步显现，以及大力发展循环经济和推进节约型社会建设，高耗能产品的过快增长继续受到抑制，社会各方面的节能效果愈益明显，煤炭需求的增幅将低于近几年的水平。预测2006年国内煤炭需求21.7亿吨左右，其中发电用煤12.1亿吨，加上出口8000万吨左右，总需求约22.5亿吨。

**2. 产能过剩压力逐渐显现**

据发改委组织各产煤省（区、市）统一核定，截止到2005年4月，全国持有煤炭生产许可证的煤矿核定能力为22.6亿吨。而且近几年生产能力迅速增长，2005年投产新增能力至少在6000万吨以上，新建和改扩建煤炭项目增多，产能过剩的压力逐步显现。当然也存在一些不确定因素，主要是目前不具备基本安全生产条件的小煤矿，将有约5000处被关闭，这对煤炭产量也会产生一定影响。

**3. 总运能继续增加，但局部趋于饱和**

大秦线通过改造，2006年运能将达到2.5亿吨，新增5000万吨；侯月线增加500万吨左右。但

石太、太焦、陇海等主要干线的运能均已饱和，2006年还将实施第六次大提速技术改造，增加运能困难。秦皇岛港“煤四期”扩能工程已经完工，“煤五期”工程将于2006年一季度完工，总计每年增加6500万吨的吞吐能力。

## 五、措施建议

2006年煤炭经济运行，必须坚持以党的十六届五中全会精神为指针，以科学发展观为统领，认真贯彻《国务院关于煤炭工业健康发展若干意见》，坚持总量调控、关小上大、有进有退、产能置换的原则，大力推进结构调整，提高产业素质，保障煤炭供需高质量平衡，促进国民经济平稳较快增长。

**1. 加强产运需协调，保障煤炭供应**

加强运行协调工作，做好生产与销售、产煤地区与消费地区、重点用户与一般用户、内贸与出口、铁路、公路和水路运输等综合平衡。抓紧建立全国煤炭运行监测监控系统，提高运行调节的针对性、时效性。根据近几年运行特点，要高度重视、重点抓好电力迎峰度夏和冬季取暖两个用煤高峰季节，以及元旦、春节等重要节日和重大会议期间的煤炭供应。加强市场动态监测，做好应对台风、洪涝灾害等紧急情况下的煤炭调度，保障稳定供应。

**2. 进一步加强和完善煤炭生产监管**

抓紧修订发布《煤炭生产许可证管理办法》，从井型规模、资源回收、环境保护、从业人员资质等方面提高准入条件，明确持证煤矿在煤炭生产过程中必须遵循的基本规定，并按照《国务院关于预防煤矿安全事故的特别规定》，加大对违法的处罚力度。抓紧制定完善煤矿生产能力核定办法和核定标准，加强生产能力日常监管，严格控制超能力生产。抓紧制定煤炭资源回收率、环境保护以及煤炭生产许可证年检办法等配套规章。

**3. 继续推进煤炭订货制度改革**

总结近年来煤炭订货初步改革经验，按照建立符合社会主义市场经济要求的煤炭市场交易机制的目标，进一步发挥市场对资源配置的基础性作用，打破行业垄断，减少政府干预，充分尊重和发挥市场主体的地位和作用，鼓励供需双方自主衔接，签订中长期合同。改革电煤价格形成机制，坚持在政府监管条件下放开电煤价格。组织有关方面开展调研，加快建立以全国煤炭交易中心为主体自主交易和政府宏观调控的现代化煤炭交易体系。

**4. 加强煤炭经营监管，整顿煤炭市场秩序**

进一步贯彻《煤炭经营监管办法》和关于严格规范煤炭经营资格审查监管的通知。组织和指导各地制定煤炭经营企业合理布局和总量调控规划，从注册资金、储运场地、经营设施、专业人员等方面抬高准入门槛。鼓励和支持耗煤量大的大中型工业企业，与煤矿签订煤炭直销合同，建立长期稳定的购销关系。对民用型煤加工经销继续大力推行集中粉碎、定点成型、统一配送、连锁经营的方式，扩大经营规模和供应区域。同时，依法打击在煤炭经营中短斤缺两、掺杂使假、偷税漏税等不法行为。

## 六、协会工作情况

一年来，中国煤炭工业协会以落实《国务院关于促进煤炭工业健康发展的若干意见》为主线，以推动煤炭经济运行持续好转为重点，努力发挥协会联系政府、指导行业、服务企业的桥梁和纽带作用，认真开展调查研究，及时分析判断形势，科学地把握未来，适时提出煤炭工业健康发展的思路和政策建议，千方百计地为行业健康发展营造良好的政策环境；坚持依靠科技进步，努力促进煤炭行业生产力水平提高。

**1. 紧紧抓住影响行业发展重大问题，主动开展调查研究，积极反映行业诉求，努力为行业健康发展赢得政策支持**

一是积极促进《国务院关于促进煤炭工业健康发展的若干意见》的早日出台。在《若干意见》形成过程中，协会选派得力人员自始至终地参加了文件的起草、论证工作，提出了许多有价值的具体意见和建议，其中绝大部分被采纳。

《若干意见》发布后，协会又适时地向全行业发出了深入学习贯彻的指导意见；主要领导在媒体和各种会议上发表文章、讲话，畅谈学习体会；会同国家发展改革委编写辅导材料，培训学习骨干，收到了明显效果。

二是高度重视《煤炭价格形成机制研究》，推进煤炭价格市场化进程。在认真研究的基础上，协会提出了坚持市场定价，放开煤炭价格，完善成本核算制度，增强企业发展能力，积极稳妥地推进煤炭价格和成本核算制度的改革的建议。煤炭价格市场化改革的理念已经形成社会共识，许多建议成为政府部门制定煤炭价格政策的依据。在2006年煤炭产运需衔接会上，国家发展改革委宣布取消煤炭价格的临时性干预措施，鼓励煤炭供需双方按照市场需求协商定价。煤炭价格市场化改革取得实质性进展。目前，财政部等有关部门正在就完善成本核算制度，增加煤炭资源成本、环境和安全成本等问题征求各方面意见，煤炭完全成本化改革进程加快。

三是《煤矿转产援助机制的研究》得到政府高度重视，煤矿提取转产资金的政策近期有望出台。经过连续多年的不断研究和广泛宣传，煤矿因资源枯竭而退出的这一特殊规律被社会所认同。目前，财政部已经就建立煤矿衰老转产资金制度和财务管理办法发文征求有关方面意见，不久将正式实施。

四是积极参与"促进煤炭工业可持续发展政策研究与试点工作"，取得成果。根据国务院领导批示，协会选派具有丰富行业管理经验的人员参与了由国务院七部门共同在山西开展的"促进煤炭工业可持续发展政策研究与试点工作"，就煤炭工业管理体制、资源管理、安全生产、煤矿转产和环境保护五个重大问题，提出了大量有价值的意见和建议，多数被政府部门认可和采纳。目前有关具体政策正在国办协调，即将出台。

五是煤炭资源回采率调查与相关制度研究，得到政府部门高度重视。有关部门委托的《煤炭采矿权人资质管理办法》、《煤炭资源回采率标准和管理办法》的研究得到政府部门认可，有关论证工作已经取得实质性进展。

**2. 准确分析和判断形势，及时向行业发出预警，协助政府搞好煤炭经济运行与协调，提高了行业凝聚力**

一年来，针对国民经济和行业发展面临的突出问题，协会又组织6个调研组深入20个产煤省区和40多个重点煤炭企业开展调查研究，并在此基础上多次召开会议，冷静分析形势，准确判断煤炭市场走向，动员煤炭企业抓住机遇，转变增长方式，提高发展质量，实现可持续发展。近两年，协会配合国家发展改革委先后在秦皇岛、济南召开了2005和2006年重点煤炭产运需衔接会议，受到了政府和企业的赞扬。同时，针对2005年3月以来，秦皇岛连续出现了数次煤炭压港问题，主动协助政府有关部门做好疏港工作，受到了政府部门的表扬。

**3. 坚持科技兴煤战略，推广先进适用技术，完善煤矿安全基础工作，适时提出今后一个时期煤炭工业科技创新工作的奋斗目标**

一是积极推进高产高效矿井建设。经过全行业多年努力，涌现出一批以神华集团大柳塔煤矿为代表的世界一流千万吨级和一大批效率高、安全好的现代化矿井。2004年全国建成高产高效矿井177处，生产煤炭5.6亿吨，占全国煤炭总产量的28.6%，全员效率12.82吨/工，单井利润1.06亿元，百万吨死亡率0.064，达到了世界先进水平，为全国煤矿安全形势稳定好转奠定了坚实基础。

二是组织开展"十一五"煤炭工业科技规划和煤炭工业技术政策研究。努力开展行业标准制(修)订和安全评价工作。先后制(修)订了1056项行业技术标准（其中国家标准149项），协助国家煤矿安全监察局研究制定了《煤矿安全质量标准化标准以及考核评审办法》。同时组建了煤矿安全资质认证中心，完成了100多个煤矿的安全评价、安全诊断和职业安全健康管理体系认证工作。

三是继续组织开展了"煤炭科技万里行"和"院士专家行"活动。组织工程院院士和行业资深专家深入煤炭企业开展技术诊断、技术交流和技术攻关，努力推进行业安全技术进步。

四是成功地召开了第六次全国煤炭科学技术大会。认真总结交流了"十五"煤炭科技工作，提出了"十一五"行业科技发展思路和重点，把发展先进生产力，实现煤矿安全发展放在突出位置上，不断推进煤炭科技进步。国务委员陈至立同志为大会发来了《贺信》，国务院有关部门领导，煤炭企业、科研院校和国内18家媒体等1200多人参加了会议，会议在国内外产生了重大影响。

五是加强企业安全文化研究和试点工作。总结推广12家大型煤炭企业安全文化建设经验，积极推动企业安全文化建设，促进煤矿安全状况的不断好转。

六是加强行业职工培训。积极扩大远程培训教育网覆盖范围，加强工商管理培训，推进高校“对口单招”工作，努力提高行业从业人员素质。

**4．积极开展评先树优活动，弘扬正气，树立行业品牌和形象，激励企业自主创新**

近两年，协会一直把行业评先树优活动作为宣传煤炭企业形象，弘扬行业创业、奉献、吃苦精神，提高煤炭行业社会地位，增强凝聚力和创新力的一件大事来抓，坚持“公开、公正、公平”的原则，规范评审程序，严格评审制度，取得明显效果，得到全行业的好评。通过开展全国煤炭工业优秀企业、优秀企业家、双十佳煤矿和双十佳矿长、优秀矿长评选活动，评出了一大批煤炭行业先进生产力代表和带头人；通过评选中国煤炭工业科技创新先进单位和个人，推动了行业科技创新；通过评定和推选煤炭工业全国企业新纪录、全国煤炭企业管理现代化创新成果、中国煤炭企业100强，为煤炭工业争得荣誉。2005年，煤炭工业有20个项目入选“第十届全国企业新纪录”，其中，神华集团5年创造新纪录36项，排全国第6位；有23家煤炭企业跨入全国500强的先进行列。

# 2005年中国石油和化学工业经济运行概况

## 一、2005年行业结构情况

1. 2005年全部石油和化学工业企业分行业统计的企业数比例中，化学工业所占比例最高，为93.49%；其次是石油工业，为6.51%。

化学工业各项主要指标均占主体地位，各项主要指标的比例均比2004年有所提高。资产总计、销售收入和出口交货值在全部石油和化学工业企业中占有的比例分别为61.13%、52.1%和80.51%，均比2004年有所提高，分别提高0.64、0.15和0.08个百分点。但形成反差的是利润总额，化学工业的利润总额所占比例为25.79%，比2004年下降2.77个百分点，仅占石油和化学工业利润总额的1/4左右。

石油工业由石油钻采专用设备制造业、石油加工业和天然原油及天然气开采业组成。由于国际原油价格上涨，天然原油和天然气开采以及石油钻采专用设备制造业利润大幅上升，这两个行业的利润总额所占比重达79.3%。主要指标的比例均比2004年有所上升，利润总额、销售收入、工业总产值(当年价格)和出口交货值所占比重分别上升15.47、0.03、0.56、和0.09个百分点。由于国内成品油价格机制，石油加工业出现巨额亏损。

2. 2005年全部石油和化学工业企业中各种经济类型企业数比例为：股份和有限责任公司占有比例最高，为52.37%；其次是外商和港、澳、台商投资企业和私营企业，所占比例分别是16.11%和12.54%；国有及国有控股企业和集体企业所占比例分别为10.65%和8.27%；股份合作企业和其他企业的比例最低，分别只占4.25%和1.05%。

3. 国有及国有控股企业仍然是石油和化学工业的主体力量。2005年底，石油和化学工业国有及国有控股企业的数量由2004年年末的2580家减少到2345家，减少了235家，在石油和化学工业中所占比重下降3.8个百分点。从国有及国有控股企业其他主要指标在石油和化学工业中所占比重的增减看，国有及国有控股企业的经济实力有所下降，但仍占据石油和化学工业的主导地位。首先，国有及国有控股企业的利润总额所占比重从2004的77.21%下降到75.51%，下降1.7个百分点；其次，资产总计所占比重为61.65%，比2004年下降5.75个百分点；销售收入所占比重为59.29%，降幅为5.16个百分点。但这些指标仍占行业总体水平的1/2以上。

2005年私营企业除利润总额所占比例比2004年上升0.07外，各项主要指标的比例均有所下降。

4. 2005年全国石油和化学工业企业地区分布比例为：华东地区企业占有比例最高，为48.77%；其次是华中地区和华北地区，所占比例分别为22.43%和11.96%；东北和西南地区企业所占比例分别为7.27%、4.61%；西北地区企业占比最低，为3.18%。

华东地区的主要指标在全国石油和化学工业中所占比重最高，各项主要指标的比例均比2004年有所提高。其中资产总计、工业总产值、产品销售收入、利润和出口交货额的比重均在1/3强，占有比例分别上升2.3、2.16、1.83、0.4和1.12个百分点。新产品产值所占比重虽比2004年下降5.31个百分点，但仍高达54.7%，说明该地区石油和化学工业产品推陈出新速度快。

东北地区企业创造的利润仅次于华东地区，居第二位，所占比例为29.1%，比2004年所占比例下降3.47个百分点。其他主要指标在全部石油和化学工业企业中占有的比例均比2004年有所下降。其中资产总计、工业总产值、销售收入和出口交货值产值分别下降0.63、1.36、0.77和1.56个百分点；但可喜的是该地区新产品产值所占比重上升0.36个百分点。

西北地区企业创造利润居全国第三位，利润所占比重为18.28%，比2004年的比例上升2.82个百分点。但新产品产值和出口交货值为全国最低，新产品产值和出口交货值所占比重分别为2.08%和0.68%；新产品产值比2004年下降0.64个百分点，出口交货值上升0.14个百分点。

西南地区企业在石油和化学工业中占有比重虽不大，但各项指标所占比例均在上升。西南地区企业的主要指标比例分别为：资产总计占6.60%、销售收入占4.08%、利润总额占2.84%、新产品产值占7.82%、出口交货值占3.45%。其中利润总额和工业总产值(当年价)所占比例分别比2004年上升0.15、0.04个百分点。

## 二、2005年经济运行情况

2005年我国石油和化学工业发展势头良好，经济效益快速增长，主要经济指标的增速在30%以上。但也存在着负债规模扩大，投入产出能力下降的问题。

### 1. 工业总产值

2005年，全国国有及年销售收入500万元以上的非国有(以下简称规模以上企业)石油和化学工业企业完成工业总产值(当年价格)33798.35亿元，比2004年增长34.095%。其中，天然原油和天然气开采业实现工业总产值5653.10亿元，上升42.28%，石油加工业10332.78亿元，上升32.52%。分经济类型看，增长最快的是股份和有限责任公司，增速达42.42%，高出行业总体水平8.33个百分点；集体企业、股份合作企业、私营企业、外商和港、澳、台商投资企业的增幅在35%~39%；国有及国有控股企业的增速最低，为26.48%。

分地区来看，西北地区增长最快，为42.28%；华东、西南和东北地区的增速在31%~37%；而华中和华北地区的增速最慢，分别为29.19%和27.14%。

### 2. 产品销售收入

2005年全国石油和化学工业产品销售收入快速增长，实现产品销售收入33069.75亿元，增长34.74%，比2004年的增速高出2.16个百分点。其中天然原油和天然气开采业销售收入5264.86亿元，增长42.03%，比2004年增速高出16.1个百分点；石油加工业产品销售收入为10376.99亿元，增长35.04%。

表1　2005年全国石油和化学工业总产值(当年价格)(按行业分)

单位：千元

| 行业 | 工业总产值 | 同比增长(%) |
|---|---|---|
| 石油和化学工业合计 | 3379833515 | 34.09 |
| 合计中：化学工业 | 1759460399 | 32.46 |
| 化学矿采选业 | 12001884 | 49.62 |
| 基本化学原料制造业 | 394642042 | 36.45 |
| 化学肥料制造业 | 241433035 | 31.06 |
| 化学农药制造 | 64182146 | 30.13 |
| 涂料、油墨、颜料及类似产品制造 | 152066668 | 23.15 |
| 合成材料制造业 | 328561402 | 25.90 |
| 专用化学品制造业 | 325663205 | 43.88 |
| 橡胶制品业 | 221223487 | 28.44 |
| 炼油、化工生产专用设备制造 | 13923557 | 46.16 |
| 橡胶加工专用设备制造 | 5762973 | 15.32 |
| 合计中：天然原油和天然气开采 | 565309917 | 42.28 |
| 石油加工业 | 1033278335 | 32.52 |
| 石油钻采专用设备制造 | 21784864 | 44.18 |

表 2　2005 年全国石油和化学工业总产值(当年价格)(按经济类型及规模分)

单位：千元

| 经济类型 | 工业总产值 | 同比增长(%) |
|---|---|---|
| 石油和化学工业合计 | 3379833515 | 34.09 |
| 按经济类型分： | | |
| 合计中：　国有及国有控股 | 2002971378 | 31.56 |
| 合计中：　集体企业 | 92205080 | 26.48 |
| 　　　　　股份合作企业 | 52110258 | 39.92 |
| 　　　　　股份和有限责任公司 | 2202299515 | 34.41 |
| 　　　　　私营企业 | 84332700 | 42.42 |
| 　　　　　外商和港、澳、台商投资企业 | 581312674 | 35.30 |
| 　　　　　其他企业 | 13612302 | 35.24 |
| 按规模分： | | |
| 合计中：　大型企业 | 1677699645 | 30.7 |
| 　　　　　中型企业 | 791534052 | 35.6 |

表 3　2005 年全国石油和化学工业总产值(当年价格)(按地区分)

单位：千元

| 工业总产值 | | 同比增长(%) | 工业总产值 | | 同比增长(%) |
|---|---|---|---|---|---|
| 石油和化学工业 | 3379833515 | 34.09 | 河南 | 110693900 | 39.08 |
| 北京 | 80488878 | 21.31 | 湖北 | 80348232 | 29.86 |
| 天津 | 118508830 | 26.25 | 湖南 | 63689068 | 26.42 |
| 河北 | 117736015 | 30.35 | 广东 | 270093940 | 25.60 |
| 山西 | 26660160 | 23.60 | 广西 | 21048007 | 36.28 |
| 内蒙古 | 22953244 | 43.11 | 海南 | 4340444 | 21.33 |
| 华北地区 | 366347127 | 27.14 | 华中地区 | 550213591 | 29.19 |
| 辽宁 | 264950928 | 28.01 | 重庆 | 18930117 | 25.39 |
| 吉林 | 70720199 | 29.93 | 四川 | 69872190 | 36.36 |
| 黑龙江 | 220716615 | 35.51 | 贵州 | 23119970 | 27.65 |
| 东北地区 | 556387742 | 31.14 | 云南 | 25215132 | 28.03 |
| 上海 | 189308121 | 27.64 | 西藏 | 93415 | 4.96 |
| 江苏 | 397484390 | 36.78 | 西南地区 | 137230824 | 31.66 |
| 浙江 | 208291985 | 35.84 | 陕西 | 100843462 | 44.30 |
| 安徽 | 45678350 | 24.37 | 甘肃 | 65786640 | 29.51 |
| 福建 | 57234734 | 19.31 | 青海 | 16588539 | 47.34 |
| 江西 | 27132077 | 30.77 | 宁夏 | 14642510 | 39.07 |
| 山东 | 521098954 | 47.65 | 新疆 | 125564469 | 47.99 |
| 华东地区 | 1446228611 | 37.66 | 西北地区 | 323425620 | 42.28 |

分经济类型看，销售收入增长最快的是私营企业，增速达 45.75%，高出行业总体增速 11 个百分点。其次是股份合作企业，增速为 45.39%；股份和有限责任公司、外商和港、澳、台商投资企业以及国有及国有控股企业的增速在 30%~37%；集体企业的增速最慢，28.31%，低于行业总体水平 6.43 个百分点。

分地区来看，西北地区销售收入增长最快，为 44.29%，高出全国总体水平 9.55 个百分点；东北、华中和华北地区增速则低于全国水平，分别为 32.25%、27.78%和 26.56%。

化学工业实现产品销售收入 17228.51 亿元，增长 32.39%，比 2004 年增幅下降 1.64 个百分点。其中，增速最快的是化学矿采选业，为 51.28%，比行业总体水平高出 18.89 个百分点；其次为专用化学品制造业，增速为 45.62%，增速最慢的是橡胶加

表4　2005年全国石油和化学工业销售收入(按行业分)

单位:千元

| 行业 | 销售收入 | 同比增长(%) | 所占比重(%) |
|---|---|---|---|
| 石油和化学工业合计 | 3306974729 | 34.74 | 100.00 |
| 合计中:化学工业 | 1722851307 | 32.39 | 52.10 |
| 化学矿采选业 | 12477747 | 51.28 | 0.38 |
| 基本化学原料制造业 | 388950503 | 32.36 | 11.76 |
| 化学肥料制造业 | 230840244 | 32.34 | 6.98 |
| 化学农药制造业 | 62451646 | 30.21 | 1.89 |
| 涂料、油墨、颜料及类似产品制造 | 146789505 | 24.78 | 4.44 |
| 合成材料制造业 | 335085415 | 27.07 | 10.13 |
| 专用化学品制造业 | 316890900 | 45.62 | 9.58 |
| 橡胶制品业 | 211338395 | 28.56 | 6.39 |
| 炼油、化工生产专用设备制造 | 12838014 | 39.66 | 0.39 |
| 橡胶加工专用设备制造 | 5188938 | 20.87 | 0.16 |
| 合计中:天然原油和天然气开采 | 526486049 | 42.03 | 15.92 |
| 石油加工业 | 1037699367 | 35.04 | 31.38 |
| 石油钻采专用设备制造 | 19938006 | 44.02 | 0.60 |

表5　2005年全国石油和化学工业销售收入(按经济类型及规模分)

单位:千元

| 经济类型 | 销售收入 | 同比增长(%) | 所占比重(%) |
|---|---|---|---|
| 石油和化学工业合计 | 3306974729 | 34.74 | 100.00 |
| 按经济类型分: | | | |
| 合计中:国有及国有控股 | 1960708201 | 31.76 | 59.29 |
| 合计中:集体企业 | 92619701 | 28.31 | 2.80 |
| 股份合作企业 | 43059187 | 45.39 | 1.30 |
| 股份和有限责任公司 | 2176234706 | 36.15 | 65.81 |
| 私营企业 | 78916183 | 45.75 | 2.39 |
| 外商和港、澳、台商投资企业 | 545703139 | 34.55 | 16.50 |
| 其他企业 | 12361882 | 34.26 | 0.37 |
| 按规模分: | | | |
| 合计中:大型企业 | 1692220626 | 31.21 | 51.17 |
| 中型企业 | 747425663 | 37.22 | 22.60 |

工专用设备制造业,为20.87%。

3. 利润

2005年全国石油和化学工业利润大幅增长,共实现利润3717.02亿元,上升32.59%,但比2004年的增速下降26.14个百分点。由于国际油价的上升,为天然原油和天然气开采业带来了丰厚的利润,2005年我国天然原油和天然气开采业的利润为2929.34亿元,上升67.1%,与此同时,由于国内成品油缺乏合理的价格形成机制,导致成产品油和原油价格倒挂,2005年我国石油加工业的利润为-189.03亿元。

分经济类型看,股份合作企业和私营企业利润增长最快,股份合作企业增速为75.82%,私营企业为65.97%;增长速度最慢的是外商和港、澳、台商投资企业,为8.28%。

分地区看,西北、华北和华东的增速均超过全国水平,分别为64.69%、33.48%和33.18%,高出全国水平32.1、0.89和0.59个百分点;东北地区增速最慢,为18.87%。

化学工业实现利润958.49亿元,增长15.24%,比2004年的增速下降73.4个百分点,主要原因是国际油价在大幅上升,化学工业却要承受巨大的成本压力,压缩了利润空间。受原材料价格上涨的影响,基础化学原料制造业、合成材料制造业的利润出现负增长，分别为-23.19%和-11.7%。而增长较快的行业是：化学矿采选业，增幅为163.49%；炼油、化工生产专用设备制造业，增幅为108.71%；化学肥料制造业，为63.28%。

**4. 主要产品产量**

在统计的85种主要化工产品中，产量增长的有79种，其中产量增幅在10%以上的占76.47%。2005年天然原油产量为1.81亿吨，上升3.9%；原油加工量达2.86亿吨，上升6.5%；乙烯产量755.54万吨，增长20.4%：塑料树脂及共聚物2141.94万吨，上升18.3%；合成橡胶产量为163.21万吨，上升11.6%；合成纤维单体741.26万吨，上升13.9%。

**5. 进出口贸易**

2005年全国化工进出口总额1335.61亿美元，比2004年增长21.97%。其中，出口480.63亿美元，增长33.56%；进口854.98亿美元，增长16.30%；累计贸易逆差374.35亿美元，同比下降0.25%。

天然原油和天然气开采的进口额为508.44亿美元，上升39.8%；出口额29.33亿美元，上升91.54%。石油加工及炼焦制品的进口数量为3536.84万吨，下降14.76%；进口金额为112.17亿美元，上升13.54%；出口数量3025.04万吨，上升

**表6　2005年全国石油和化学工业实现利润、利税情况(按行业分)**

单位：千元

| 行业 | 利润总额 | 上年同期 | 利税总额 | 上年同期 |
|---|---|---|---|---|
| 石油和化学工业合计 | 371702102 | 280333197 | 544371737 | 421987787 |
| 合计中：化学工业 | 95849060 | 83173539 | 155260333 | 132608227 |
| 化学矿采选业 | 1117859 | 424259 | 2024735 | 950257 |
| 基本化学原料制造业 | 13935039 | 18142534 | 30052426 | 31965459 |
| 化学肥料制造业 | 17660144 | 10815556 | 23890916 | 16219271 |
| 化学农药制造业 | 3324056 | 2269016 | 4535242 | 3154691 |
| 涂料、油墨、颜料及类似产品制造 | 9243967 | 7483509 | 13971994 | 11316459 |
| 合成材料制造业 | 17817592 | 20178650 | 27816941 | 29505447 |
| 专用化学品制造业 | 21464449 | 15717203 | 33912237 | 24863328 |
| 橡胶制品业 | 10357107 | 7561360 | 17395915 | 13557103 |
| 炼油、化工生产专用设备制造 | 589375 | 282391 | 1098193 | 627071 |
| 橡胶加工专用设备制造 | 339472 | 299061 | 561734 | 449141 |
| 合计中：天然原油和天然气开采 | 292934449 | 175305297 | 360619624 | 222024568 |
| 石油加工业 | -18903107 | 20786346 | 25916098 | 65632463 |
| 石油钻采专用设备制造 | 1821700 | 1068015 | 2575682 | 1722529 |

**表7　2005年全国石油和化学工业实现利润、利税情况(按经济类型及规模分)**

单位：千元

| 经济类型 | 利润总额 | 上年同期 | 利税总额 | 上年同期 |
|---|---|---|---|---|
| 石油和化学工业合计 | 371702102 | 280333197 | 544371737 | 421987787 |
| 按经济类型分： | | | | |
| 合计中：国有及国有控股 | 280689781 | 212959102 | 407919790 | 320972541 |
| 合计中：集体企业 | 5408482 | 4233224 | 9000410 | 6993382 |
| 股份合作企业 | 2580518 | 1467672 | 4067314 | 2567164 |
| 股份和有限责任公司 | 297730652 | 216874480 | 425190883 | 319759981 |
| 私营企业 | 4472311 | 2694584 | 7781788 | 4968043 |
| 外商和港、澳、台商投资企业 | 45825566 | 42320823 | 63534788 | 57067373 |
| 其他企业 | 831453 | 597160 | 1357266 | 998209 |
| 按规模分： | | | | |
| 合计中：大型企业 | 257494162 | 196208800 | 369353220 | 291482210 |
| 中型企业 | 64973980 | 47883415 | 96322817 | 72820269 |

表 8　2005 年全国石油和化学工业产品利润总额(按地区分)　　单位:千元

| | 利润总额 | 上年同期 | | 利润总额 | 上年同期 |
|---|---|---|---|---|---|
| 石油和化学工业 | 371702102 | 280333197 | 河南 | 7862145 | 4965706 |
| 北京 | 2821349 | 6030241 | 湖北 | 3011838 | 1682337 |
| 天津 | 20121634 | 11924770 | 湖南 | 1037811 | 602819 |
| 河北 | 12151533 | 8455024 | 广东 | 23786514 | 20769051 |
| 山西 | 1108920 | 875067 | 广西 | 684917 | 452825 |
| 内蒙古 | 1620419 | 1051051 | 海南 | 1240549 | 944869 |
| 华北地区 | 37823855 | 28336153 | 华中地区 | 37623774 | 29417607 |
| 辽宁 | 3435319 | 13340787 | 重庆 | 2040001 | 1551175 |
| 吉林 | 5082606 | 5962197 | 四川 | 4610250 | 3673958 |
| 黑龙江 | 99641456 | 71685572 | 贵州 | 1117983 | 966583 |
| 东北地区 | 108159381 | 90988556 | 云南 | 2793737 | 1864227 |
| 上海 | 8196804 | 11499619 | 西藏 | — | — |
| 江苏 | 19553687 | 17104765 | 西南地区 | 10561545 | 8048522 |
| 浙江 | 12263754 | 10489325 | 陕西 | 27050018 | 16413122 |
| 安徽 | 780350 | 716405 | 甘肃 | 808646 | 2367430 |
| 福建 | 2614476 | 4335401 | 青海 | 4569543 | 1628735 |
| 江西 | 396554 | 259635 | 宁夏 | -203992 | 473716 |
| 山东 | 65779970 | 37879324 | 新疆 | 35723737 | 20374882 |
| 华东地区 | 109585595 | 82284474 | 西北区 | 67947952 | 41257885 |

4.78%;出口金额 96.09 亿美元,上升 13.33%。塑料加工制品进口数量 151。07 万吨,下降 1.80%,进口额 74.79 亿美元,增长 18.34%;出口数量为 863.52 万吨,上升 11.12%,出口额 153.09 亿美元,增长 28.53%。

进口方面,进口金额下降的行业有所减少,分别为有机化学原料和化肥行业。其他行业的进口金额有所增长。增长较快的行业主要有:农药,增长 35.71%;橡胶制品,增长 32.92%;无机化学原料,增长 30.09%。

(1)行业　从累计进口金额来看,进口累计金额居前列的行业为:有机化工原料,进口 287.19 亿美元,在化工进口总金额中占 33.59%;合成材料,进口 279.75 亿美元,占 32.72%;专用化学品,进口 80.01 亿美元,占 9.36%。出口方面,除无机化学原料、化肥和化学矿外,其他行业出口全面增长,增长速度较快的行业有:化工生产专用设备、合成材料和专用化学品,增速分别为 52.73%、28.19%和 23.93%。

2005 年出口额居前三名的化工行业为橡胶制品、有机化学原料和无机化学原料,出口金额分别为 146.27 亿美元、92.74 亿美元和 68.43 亿美元,在化工出口中所占比重分别为 30.43%、19.30%和 14.24%。

(2)经济类型　从增速来看,私营企业无论进口还是出口增速均领先,三资企业其次,国有企业增速较慢。2005 年私营企业出口金额的增速为 75.43%,进口金额的增速为 31.03%,三资企业出口增速为 36.97%,进口增速为 19.99%;国有企业出口增速为 15.03%,进口增速为 3.86%。

(3)贸易方式　一般贸易和进料加工贸易是化工产品进出口的主要贸易方式。2005 年,一般贸易进出口额为 756.89 亿美元,占化工贸易总额的 56.67%。同期进料加工贸易进出口金额为 347.74 亿美元,占化工贸易总额的 26.04%。

(4)地区构成　无论是化工进口还是化工出口,金额最多的都是广东省,2005 年化工贸易总金额 330.57 亿美元,在全国化工贸易总额中所占比重为 24.75%。从全国化工出口贸易来看,居前十位的出口大省(市)有广东省(17.93%)、江苏省(15.33%)、浙江省(14.29%)、山东省(8.93%)、福建省(8.82%)、上海市(8.77%)、辽宁省(2.75%)、天津市(2.56%)、河北省(2.28%)和北京市(1.98%)。从全国化工进口贸易来看,居前十位的进口大省(市)有

表9 2005年全国石油和化学工业主要产品产量

单位：万吨

| 产品 | 产量 | 2005/2004增长(%) | 产品 | 产量 | 2005/2004增长(%) |
|---|---|---|---|---|---|
| 天然原油 | 18083.89 | 3.90 | 精甲醇 | 535.64 | 21.60 |
| 天然气(亿立方米) | 499.53 | 21.90 | 冰醋酸 | 136.96 | 18.00 |
| 硫铁矿(折含S35%) | 1146.09 | 9.90 | 油漆 | 249.05 | 14.40 |
| 磷矿石(折含P20530%) | 3044.49 | 15.10 | 建筑涂料 | 133.52 | 3.70 |
| 原油加工量 | 28622.30 | 6.50 | 油墨 | 30.23 | 17.20 |
| 汽油 | 5405.33 | 3.20 | 颜料 | 139.17 | 5.70 |
| 煤油 | 988.59 | 2.60 | 染料 | 106.13 | 7.10 |
| 柴油 | 11061.57 | 9.50 | 塑料树脂及共聚物 | 2141.94 | 18.30 |
| 润滑油 | 541.51 | 4.00 | 聚氯乙烯树脂 | 649.20 | 27.60 |
| 燃料油 | 2261.19 | 6.60 | 聚乙烯树脂 | 529.04 | 17.10 |
| 石油沥青 | 922.91 | 6.40 | 聚丙烯树脂 | 522.95 | 12.30 |
| 液化石油气 | 1610.79 | 7.60 | 合成橡胶 | 163.21 | 11.60 |
| 焦炭 | 23281.72 | 24.40 | 顺丁橡胶 | 39.85 | -1.00 |
| 机械化焦炉生产的焦炭 | 20644.90 | 23.10 | 合成纤维单体 | 741.26 | 13.90 |
| 硫酸(折100%) | 4462.16 | 17.20 | 己内酰胺 | 21.38 | 7.80 |
| 浓硝酸(折100%) | 156.97 | 20.60 | 合成纤维聚合物 | 874.94 | 11.50 |
| 盐酸(含量31%以上) | 658.18 | 16.50 | 聚酯 | 777.63 | 14.40 |
| 氢氧化钠(烧碱，折100%) | 1239.98 | 21.40 | 照像胶卷(万平方米) | 194.50 | 38.30 |
| 离子膜法烧碱 | 365.62 | 32.00 | 化学纤维 | 1629.20 | 14.80 |
| 碳酸钠(纯碱) | 1421.80 | 12.70 | 化纤用浆粕 | 83.10 | 39.20 |
| 碳化钙(电石，折300L/kg) | 894.57 | 33.90 | 粘胶纤维 | 118.00 | 21.30 |
| 合成氨 | 4596.25 | 8.40 | 合成纤维 | 1500.25 | 14.20 |
| 农用氮、磷、钾化学肥料总计(折纯) | 4887.99 | 10.70 | 锦纶纤维 | 71.66 | 16.30 |
| 氮肥(折含N100%) | 3575.91 | 10.50 | 涤纶纤维 | 1270.16 | 15.60 |
| 尿素 | 1994.88 | 6.40 | 腈纶纤维 | 86.53 | 9.10 |
| 磷肥(折合P205100%) | 1075.33 | 8.90 | 维纶纤维 | 41749.00 | 11.20 |
| 钾肥(折含K20100%) | 232.66 | 22.10 | 丙纶纤维 | 24.46 | -11.60 |
| 磷酸铵肥 | 917.12 | 22.30 | 轮胎外胎(万条) | 31819.91 | 28.30 |
| 化学农药 | 103.94 | 20.30 | 子午线轮胎外胎(万条) | 14261.69 | 36.30 |
| 杀虫剂 | 43.43 | 13.30 | 胶鞋(万双) | 123578.63 | 22.60 |
| 杀菌剂 | 10.54 | 4.40 | 塑料制品 | 2198.54 | 12.90 |
| 除草剂 | 29.69 | 24.80 | 塑料薄膜 | 442.18 | 14.90 |
| 乙烯 | 755.54 | 20.40 | 农用薄膜 | 87.29 | 20.30 |
| 纯苯 | 306.11 | 20.10 | 化工设备(吨) | 1629.20 | 14.80 |

注：本表产量数据和增长速度为国家统计局初步统计数据。

广东省(28.59%)、江苏省(19.92%)、上海市(13.63%)、浙江省(11.18%)、山东省(5.30%)、北京市(4.34%)、福建省(4.06%)、天津市(3.00%)、辽宁省(1.78%)、河南省(0.91%)和黑龙江省(0.86%)。

(5)贸易对象　按地区来看，2005年我国对亚洲的化工贸易总金额为812.25亿美元，增长21.89%，占化工贸易总额的比重为60.81%，是我国最大的化工贸易地区；对欧洲的化工贸易总额为231.95亿美元，增长23.23%，占17.37%，是第二大化工贸易地区；对北美洲的化工贸易总额为199.87亿美元，增长18.63%，占14.96%。

从具体贸易对象看，2005年与我国化工产品

**表 10　2005 年全国化工产品进出口行业构成**

单位：万美元

| 行业名称 | 进口金额 | 同比增长(%) | 出口金额 | 同比增长(%) |
|---|---|---|---|---|
| 无机化工原料 | 471580.9 | 22.45 | 684287.4 | 44.64 |
| 有机化工原料 | 2871879.0 | 17.35 | 927442.7 | 40.19 |
| 化肥 | 303714.6 | 31.97 | 101550.1 | −22.70 |
| 涂料、油墨、颜料 | 307953.5 | 3.57 | 248479.4 | 28.89 |
| 日用化学品 | 57601.7 | 28.20 | 183222.0 | 22.84 |
| 专用化学品 | 800083.4 | 16.50 | 527364.2 | 28.46 |
| 农药 | 18214.5 | 24.00 | 140178.4 | 18.08 |
| 合成材料 | 2797530.0 | 19.25 | 324322.4 | 80.90 |
| 橡胶制品 | 205449.9 | 8.41 | 1462740.0 | 29.32 |
| 化工生产专用设备 | 442060.5 | −11.68 | 133036.2 | 50.80 |
| 化学矿 | 85585.8 | 21.41 | 24383.8 | 0.75 |
| 其他化学制品 | 188177.6 | 35.43 | 49275.8 | 27.91 |
| 化工小计 | 8549831.0 | 16.30 | 4806283.0 | 33.56 |
| 天然原油和天然气开采 | 5084382.0 | 39.80 | 293276.4 | 91.54 |
| 石油加工及炼焦制品 | 1121660.0 | 13.54 | 960885.1 | 13.32 |
| 塑料制品 | 747940.3 | 18.34 | 1530874.0 | 28.53 |

**表 11　2005 年全国各经济类型企业化工进出口贸易增速**

单位：万美元

| 企业性质 | 出口 | | 进口 | |
|---|---|---|---|---|
| | 金额 | 同比增长(%) | 金额 | 同比增长(%) |
| 国有企业 | 1546879 | 15.03 | 2346666 | 3.86 |
| 中外合作企业 | 58141.3 | 11.29 | 143944.1 | −1.29 |
| 中外合资企业 | 842646.9 | 35.91 | 1661738 | 13.98 |
| 外商独资企业 | 953305.1 | 39.90 | 2434684 | 26.14 |
| 集体企业 | 325892.3 | 14.83 | 5994995 | 16.20 |
| 私营企业 | 1077367 | 75.43 | 1343572 | 31.03 |
| 其他企业 | 1319.74 | −37.06 | 19642.5 | 17.83 |

**表 12　2005 年化工产品主要贸易方式的贸易额统计**

单位：万美元

| 贸易方式 | 进口金额 | 同比增长(%) | 出口金额 | 同比增长(%) |
|---|---|---|---|---|
| 化学工业 | 8549831 | 16.30 | 4806282 | 33.56 |
| 其中：一般贸易 | 4586682 | 15.68 | 2982232 | 32.14 |
| 来料加工装配贸易 | 561400 | −1.24 | 249010 | 15.21 |
| 进料加工贸易 | 2102124 | 26.84 | 1375236 | 39.22 |
| 边境小额贸易 | 121707 | 0.62 | 17289 | 64.70 |
| 来料加工装配进口的设备 | 44140 | 7.06 | 0 | 0.00 |
| 外商投资企业作为投资进口的设备、物品 | 264219 | −12.62 | 0 | 0.00 |
| 保税仓库进出境货物 | 348640 | 47.14 | 75152 | 35.78 |
| 保税区仓储转口货物 | 504262 | 12.85 | 100908 | 48.78 |
| 出口加工区进口设备 | 11465 | 45.36 | 0 | 0.00 |

进出口贸易居前十位的国家/地区,即日本、美国、韩国、中国台湾、中国香港、德国、新加坡、沙特阿拉伯、泰国和俄罗斯。双边化工产品贸易总金额达915.13亿美元,在化工进出口总额中的比重为68.51%。2005年我国与主要贸易国家或地区的化工贸易基本呈较稳定的增长态势,而与一些非主要贸易区的贸易额高速增长。日本、美国和韩国是我国化工产品的三大主要贸易国家,2005年我国与上述3国的化工产品贸易总额分别为192.29亿美元、172.61亿美元、162.05亿美元,分别比2004年增长16.15%、18.69%和26%,所占比重分别为14.40%、12.92%和12.13%。而其中进口增长速度普遍低于出口增速。例如,2005年从日本的进口增长10.68%,而出口增长36.48%;从美国的进口增长了7.77%,而出口增长30.77%;从韩国的进口增长23.89%,而出口增长39.47%。

(6)进出口贸易特点 化工贸易形势良好,但增速有所回落。近年来化工贸易快速增长,保持良好的发展势头。2005年化工进出口总金额达到1335.6亿美元,高于2004年1095.0亿美元水平,但增速有所放慢,为21.97%,而2004年的增速高达35.17%,2003年更高达44.55%。

化工进口增速放慢,出口增速加快。2005年以来,我国化工行业一反往年进口快速增长、出口相对缓慢的走势,转而呈现出口大幅增长、进口有所放缓的显著特点。2005年化工出口金额为480.63亿美元,增长33.56%;进口854.98亿美元,增长16.30%;出口增速快于进口增速17.26个百分点,这是近年来少有的现象。2004年出口619.02亿美元,增长31.88%;进口1283.40亿美元,增长39.49%;出口增速慢于进口增速7.61个百分点。出现此种现象的主要原因:一是因为国内宏观调控导致下游需求增速放缓,同时国际石油和化工产品价格大幅上涨,国内用户对高价位的消化能力较弱,抑制了部分需求,使得进口整体增速放慢,部分产品进口甚至下降;二是近年来国内石油和化工产品生产能力扩张较为快速,过去自身缺口较大的产品现在自给率大大提高,进口需求下降,而自身产能充足的产品在能力扩张、内需趋缓的形势下,加快了国际市场的开拓,并且随着产业水平的升级、质量品种的上升,在国际市场的竞争力大为增强,出口量价齐增。

贸易逆差从扩大到缩小。2005年,累计贸易逆差374.35亿美元,同比下降0.25%,逆差规模有所缩小。而2004年累计化工贸易逆差达375.30亿美元,同比上升36.07%。

在我国化工贸易的逆差中,合成材料和有机化学原料的逆差排在第一和第二位。其中合成材料的逆差占化工贸易逆差的50%以上,有机化学原料的逆差占40%以上。而基础化学原料、日用化学品、农药、橡胶制品则一直保持顺差,充分显示我国化学工业进出口贸易的特点。

化工产品进出口仍在走以资源换资金的道路。我国化工行业进口的产品主要集中在几大类:

**表13 2005年全国化工产品贸易的地区构成**

单位:万美元

| 地区 | 进口 | | | 出口 | | |
|---|---|---|---|---|---|---|
| | 金额 | 比重(%) | 增长(%) | 金额 | 比重(%) | 增长(%) |
| 亚洲 | 5851237 | 68.44 | 18.17 | 2271237 | 47.26 | 32.64 |
| 东盟 | 898813 | 10.51 | 13.09 | 426528 | 8.87 | 16.08 |
| 中东 | 434227 | 5.08 | 37.86 | 254304 | 5.29 | 33.62 |
| 海湾六国 | 370353 | 4.33 | 40.28 | 112455 | 2.34 | 33.36 |
| 非洲 | 28898 | 0.34 | 20.26 | 193398 | 4.02 | 33.47 |
| 欧洲 | 1322350 | 15.47 | 13.06 | 997128 | 20.75 | 39.91 |
| 欧盟 | 452313 | 5.29 | 20.61 | 353316 | 7.35 | 34.35 |
| 独联体 | 32725 | 0.38 | 65.01 | 71097 | 1.48 | 87.04 |
| 拉丁美洲 | 109343 | 1.28 | 13.78 | 302618 | 6.30 | 35.35 |
| 北美洲 | 1047375 | 12.25 | 9.30 | 951313 | 19.79 | 30.93 |
| 大洋洲 | 190208 | 2.22 | 25.25 | 90588 | 1.88 | 15.59 |
| 总计 | 8549831 | 100.00 | 16.30 | 4806282 | 100.00 | 33.56 |

资源缺乏型，例如钾肥、原油；供不应求型，例如合成树脂、合成橡胶；技术附加型，高档的合成产品，以及某些主要化工原料，例如基本化工产品。出口主要集中在基础化工加工原料，例如：尿素、纯碱、烧碱、磷肥、硫酸镁、碳酸钠等基本化工产品。与出口产品相比，进口主要集中在生产复杂、技术和资金密集的产品，而出口主要集中在原料供给的产业链上游，出口的产品附加值低，造成我国石油和化工进出口基本走的是资源换技术和资金的路子。在这种体制下，国内的上游出口企业可能获利丰厚，但总体上是耗费资源的。我国的出口企业在具备成本优势的同时，就等于是在便宜地变卖我们不可再生的资源，而进口的高附加值产品，价格却丝毫不降。

三资企业取代国有企业成为化工贸易的主导力量。2004 年三资企业异军突起，取代国有企业在化工贸易中的主导地位，这种势头保持到 2005 年，三资企业累计出口金额 185.41 亿美元，进口额 424.04 亿美元，所占比重分别为 38.58%和 49.6%。国有企业作为一支主要的力量，2005 年累计出口金额 154.69 亿美元，占化工出口总金额的 32.19%；进口额 234.67 亿美元，占化工进口总金额的 27.45%。

# 2005年中国电力工业经济运行概况

2005年，在国民经济平稳较快发展、运行质量进一步改善的良好态势下，电力供应能力进一步增强，电力消费保持较快增长，速度有所回落，电力供需紧张形势得到明显缓解，但季节性、时段性、地区性供需矛盾依然突出。

## 一、2005年电力供需与经济运行形势分析

2005年全国电力供需形势基本呈现“前紧后松”、逐步缓和的总趋势，电力供需特点也同时逐渐由2004年的持续性、全国性缺电转变为区域性、季节性、时段性缺电。全国缺电省份由年初的26个省逐步减少到11月的7个省份，缺电范围明显减少，拉闸限电主要集中在华北的冀南、山西、蒙西，华东的浙江、安徽，南方的广东、广西、云南等地区。2005年全国最大电力缺口在2500万千瓦左右。

一季度全国缺电比较严重，电力需求紧张的主要原因是工业负荷居高不下，冬季采暖负荷较高，电力需求始终保持较高水平；同时，新增发电装机总量不足，部分还未能按计划投产，电煤供应紧张、煤质下降，广西、云南、湖北、四川等地区枯水期水电出力不足等引起的电力生产能力受限也都是导致电力供需形势严峻的主要原因。二季度全国电力供需形势整体缓和，但部分地区因异常气候因素、机组检修安排较多等因素，供电能力仍然不足，期间最多有18个省份拉闸限电。三季度迎峰度夏期间，虽然全国负荷水平急剧上升，但是由于发电机组投产较多、水电出力充分、政府和电力企业积极实施电力需求侧管理错峰移峰等原因，拉闸限电范围并没有扩大，7月份全国共有15个省份拉闸限电，供电形势基本表现为区域性、时段性缺电。随着大量机组陆续投产和用电需求减缓，四季度拉路限电省份范围进一步减小，供电形势得到进一步缓解。

### （一）电力消费持续快速增长

受国民经济持续快速增长的强劲拉动，2005年全国电力消费继续保持了快速增长的态势，全国电力呈现供需两旺的局面。

1. 全社会电量消费保持快速增长

2005年全国全社会电量消费仍然保持了快速增长的势头，达24689亿千瓦时，同比增长13.45%，但增速比2004年回落1.73个百分点。第一、二、三产业和城乡居民生活用电量同比分别增长7.64%、13.37%、12.90%和16.19%。第二、第三产业增速在连续两年的高速增长后，增速有所回落，第一产业和城乡居民生活用电量增速加快。

2. 工业用电量增长明显减缓，重点行业用电势头趋缓

2005年工业用电量为18056亿千瓦时，同比增长12.48%，比2004年回落4.27个百分点。其中轻、重工业用电量分别同比增长7.93%和13.85%，增幅分别回落5.87和3.48个百分点。工业用电量增长减缓明显。

从工业用电量各月增长趋势来看，基本呈现“低开、高走、低收”的趋势。1~3月增速逐月下降，从4月开始逐步回升，到8月达到最高值14.4%，此后快速回落至12月最低点12.48%，主要原因是高耗能行业的压产，导致用电量的急剧下降。

2005年工业用电量占全社会用电量的比重与2004年相比，下降0.72个百分点，但仍比2003年高0.3个百分点，说明我国工业化特征明显，工业

用电增长对全社会用电增长的贡献率很大。在以后相当长一段时间内，工业用电仍然是全社会用电的主要部分,对全社会用电量的影响也最大。

3. 城乡居民生活用电量保持高速增长态势

2005年，城乡居民生活用电量为2838亿千瓦时,同比增长16.19%,增幅比2004年增加了6.07个百分点。

从总体趋势上看,城乡居民生活用电量保持高速增长的态势，各月增速均比较高,5月份的增速甚至达到20.37%，以后逐步回落到12月份的16.19%。从地区上看,江西更是达到了40%的高增长率。

经调研后分析,城乡居民生活用电量增长较快的主要原因有：

(1)城乡居民收入保持较快增长。

(2)城镇化水平提高,人均居住面积增大,人们对生活质量要求和舒适度要求提高。

(3) 各地实行峰谷分时电价促使居民多用低谷时段电量。

(4)全国城农网改造使得对居民供电能力、供电质量和可靠性提高，原来被抑制的部分需求得到释放。

4. 各区域最高用电负荷同比增长较快，最高用电负荷增长率高于全社会用电量增长率

各地区的全社会用电量增长表现出很大的不均衡性，用电量同比增长超过全国平均水平(13.45%)的省份主要有12个,主要原因是省内经济快速发展,电力需求增加,另外,部分省份发电装机快速增长也极大地满足了该省对电力的需求增长。全社会用电量同比增长较慢的地区有吉林、黑龙江、贵州、西藏,这些省区电量增长缓慢的主要原因是经济发展缓慢，高耗能行业发展受到一定的限制。

2005年全国主要电网统调最高用电负荷合计为33220万千瓦,同比增长16.97%;统调用电量为20686亿千瓦时,同比增长14.04%。随着人民生活水平的提高和人们越来越重视生活的舒适度,空调负荷需求增长很快，使得夏季最高负荷有极大的上涨空间和潜力。其中2005年北京地区统调最高用电负荷达到1054万千瓦，同比增长12.12%，高于同期全社会用电量增长率10.10%；天津地区整点统调最高用电负荷达到609万千瓦,同比增长20.24%，高于同期全社会用电量增长率12.61%；上海地区统调最高用电负荷达到1668万千瓦,同比增长11.2%，高于同期全社会用电量增长率9.9%,这些经济发达地区空调负荷比重较高,基本能够达到统调最高用电负荷的40%左右。

2005年有大批发电装机陆续投产运行，电力供需形势有所缓解，全国统调最高用电负荷增长率和统调用电量增长率特点也发生了一定的变化，全国统调最高用电负荷比统调用电量增长率高2.93个百分点，这是从2003、2004年来的首次转变。特别是华东电网、华北电网统调最高用电负荷增长率分别高于统调用电量增长率7.88和5.26个百分点。这种最高用电负荷增长速度远高于用电量增长速度的现象，说明部分在高峰时段被抑制的负荷得以释放出来，也说明总体供需紧张形势得到了一定的缓解;但是,从另一个方面来说，电网峰谷差增大，给电力的合理备用和电网调度等都带来了一定的安全风险和投资效益风险。

**(二)电力供应能力快速增长**

1. 发电装机保持快速增长，总装机突破5亿千瓦

为满足国民经济发展对电力的强劲需求,全国电力装机以前所未有的速度发展，是建国以来电源发展最快的一个阶段。截止到2005年底,全国发电装机达到50841万千瓦,同比增长14.9%。其中,水电约占总容量的22.9%,同比增长10.7%;火电约占总容量的75.6%,同比增长16.6%;核电约占总容量的1.35%,同比增长0.1%。

2005年，全国发电装机容量增加了6602万千瓦，其中火电增加5465万千瓦，占增加总容量的82.78%；水电增加1128万千瓦，占增加总容量的17.09%。新增装机主要分布在华东、华北和南方等电力供需比较紧张的地区，这些机组的投产对缓解紧张的电力供需形势起到了巨大的作用。仅江苏省,2005年就增加装机1400万千瓦左右，使得该省在“十一五”期间的电力供应初步得到保证。

至2005年底,华东、华中、华北区域发电装机容量均突破1亿千瓦。华东区域发电装机增长率(26.9%)高于全国平均水平(14.9%),是该区域电力供需紧张形势得到极大缓解的主要原因。

2. 发电量保持快速增长,但增速有所回落

2005年全国发电量达到24747亿千瓦时,同比

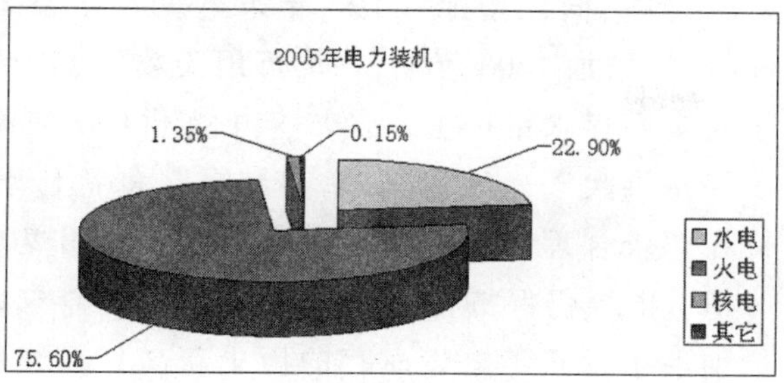


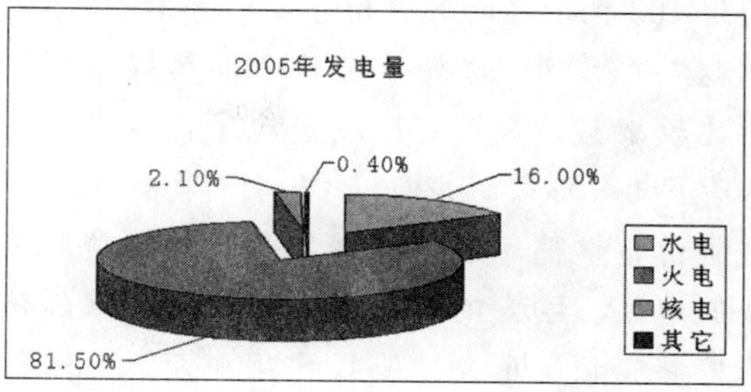


增加12.8%,与2004年相比回落了2.4个百分点。其中,水电发电量增长很快,约占发电总量16.0%,同比增长19.4%,是改革开放以来的最高值,这主要是得益于全国大部分地区来水情况较好;火电发电量约占总发电量81.5%,同比增长11.5%;核电发电量约占发电总量2.1%,同比增长3.7%。

如前所述,水电发电量同比增长率达到19.4%,是改革开放以来的最好水平,特别是东北、华东、黄河上游及广东等地水电发电量同比增长率都达到30%以上,福建更是达到88.3%的超高增长率。主要原因是这些地区2005年来水情况好于往年,特别需要指出的是华东地区充足的来水量也极大地缓解了该地区紧张的供需形势,同时2004年来水情况较常年偏枯也是使2005年增长率偏大的一个主要原因。另外,南方电网区域来水不充足使得该地区枯水期水电发电量受到较大影响。

3. 发电设备平均利用小时数有所下降,但水电设备利用小时数大幅增加,火电设备利用小时数下降较多

全国总体情况　2005年全国发电设备利用小时数呈现先增长后趋缓下降的趋势。1~9月发电设备利用小时数呈同比增长态势,9月份以后,随着迎峰度夏期结束和大批电源项目的建成投产,电力供需矛盾相对缓和,发电设备利用小时数逐月有所回落。2005年累计平均利用小时数为5411小时,同比降低44小时。其中,水电设备利用小时数为3642小时,同比增加180小时;火电设备利用小时数为5876小时,同比降低115小时。

分地区情况　分地区看,发电设备利用小时数超过6000小时的省份有6个省,其中宁夏的发电设备利用小时数更是达到了7000小时。有6个省发电设备利用小时数同比增长超过300小时,海南增加了798小时,这些地区发电设备利用小时数增长比较多的主要原因是经济发展较快引起的电力需求增加,同时装机增长率相对比较小的因素也不容忽视。

火电机组情况　从火电机组利用小时数来看,绝大部分省份都有所下降,其中有9个省下降在300小时以上,5个省下降幅度在600小时以上,下降特别明显。经初步分析判断,利用小时数下降是新增机组大量投产、高耗能产业用电量减缓和水电出力增加共同作用的结果。

**(三)电网输送能力有所提高,西电东送规模增加**

1. 电网建设保持较大规模,一批重点工程投运

2005年,全国电网投资规模巨大。据初步统计,全国投产220千瓦及以上输电线路23372公里,变电容量12807万千伏安。截止到2005年底,220千伏及以上输电线路回路长度达到25.19万公里,同比增长9.6%;220千伏及以上变电设备容量达到86680万千伏安,同比增长15.9%。全国电网建设重点工程项目进展顺利,区域电网和省级电网网架得到了加强。

2. 跨区、跨省送电及进出口增幅平稳

跨区送电情况　2005年由于三峡左岸14台发电机组提前一年全部投产运行,全国跨区域送电量特别是南方与华中区域之间的电量互调增长速度较快,促进了跨区域资源优化配置和电力电量余缺调剂,缓解了相关地区电力紧张形势。全国全年跨区送电量共完成651亿千瓦时,同比增长13.71%。其中,跨区域送电比较大的有山西阳城送江苏103.95亿千瓦时,同比降低0.23%;华中送华东270.86亿千瓦时,同比增长1.52%;华中送南方219.12亿千瓦时,同比增长48.98%。

省间电量交换情况　2005年,各省间共送出电量3354.78亿千瓦时,受进电量3187.65亿千瓦时,全国净送出167.13亿千瓦时。其中,净送出电

量超过100亿千瓦时的省份主要有湖北、广西、山西、内蒙古、贵州，这些省份基本都是煤炭和水力资源比较丰富的地区；净受进电量比较大的省份依次有广东、北京、天津、上海、辽宁、浙江、河北。这些省份基本都是经济比较发达、能源资源相对短缺的地区，巨大的电力输入对这些地区经济的快速发展起到了重要的支撑作用。西北及其他区域虽然净送出、净输入电力数量不大，但是省间电力电量交换更加频繁，对提高互供保障支援能力、提高电网备用水平等都起到了积极的作用。

进出口情况　2005年，电力进出口量也以很高的速度增长，全年进出口电量总额166.87亿千瓦时，同比增长24.19%。其中，进口电量49.8亿千瓦时，同比增长45.24%；出口电量117.07亿千瓦时，同比增长16.98%。

3. 西电东送输电能力有所提升，资源配置更加合理

到2005年底，"西电东送"的规模进一步扩大，北、中、南三大通道已形成3200万千瓦的输送能力。西电东送北通道共建设投运11回500千伏输变电工程，总输送能力超过1200万千瓦，这些输变电工程的建设对山西、内蒙古地区的能源资源输送到京津唐及河北地区发挥了巨大的作用；中通道形成了三峡、葛洲坝到华东地区的500kV直流输变电工程，总输送能力420万千瓦，是华东电网满足电力需求的主要保证之一，另外山西阳城到江苏的500kV输变电工程的输送能力为330万千瓦；包括三峡至广东的500千伏直流输变电工程，南通道共形成"六交三直"九条输电线路，总输送能力超过1300万千瓦。随着西电东送"三大通道"进一步拓展，对全国范围内资源优化配置将发挥越来越大的作用。

**(四) 电力生产的一次能源供应喜忧参半，能源利用效率逐步提高**

1. 电煤供应总体趋缓，煤质下降，库存情况比较理想

2005年，受社会电煤生产能力增加、铁路运输改革与挖潜增效，煤电联动政策启动、煤炭进出口税率下调等一系列政策综合影响，电煤供应从一季度的全面紧张向年底的趋缓态势发展。

电煤库存充足　2005年6000千瓦及以上电厂发电耗用原煤9.84亿吨。全年直供电网累计耗煤4.76亿吨，同比增加9.4%；年末电煤库存2800万吨，同比增加1400万吨，平均可用天数为17天，处于安全库存水平以上。2005年电煤供应大部分时段保持供大于耗的情况，库存量同比大幅上升，保持在比较合理的水平，在迎峰度夏发电用煤高峰时期，电煤仍保持在18天的存煤水平，年末库存量创下了近几年电煤库存的历史新高，很好的保证了冬季电煤安全稳定供应的需要。

电煤价格高位运行　2005年电煤价格矛盾依然突出，发电企业生产经营仍面临很大的压力。电煤价格基本呈现：一季度涨幅较大，二季度平稳，三季度略有下降，四季度价格平稳但部分地区有小幅上升。总体上全年电煤价格仍处于高位运行状态。

据测算，2004年12月至2005年5月，电煤车板价比2004年6月至11月增长40.23元/吨，煤电联动仅消纳25.2元/吨。另再加上铁路运费调高2.9元，煤质下降影响价格上涨8.3元，仅三项因素就使煤电联动综合缺口达26.23元。

电煤运力　2005年铁路系统通过实施内部改革，加强集中统一调度，整合运能，提高了运输效率；通过实施大秦、侯月铁路两线改造，增加了山西、陕西煤炭的运力，重点加大了电煤的运力安排，为电煤供应稳定创造了好的条件，基本保证了电煤运力需求。

电煤质量下降　近年来，电煤质量普遍下降，供应紧张地区的煤质下降达300~500大卡，造成电煤采购成本大幅上升。据统计，2005年直供电网综合燃料发热值同比降低127大卡/公斤，相当于发电企业因此增支7.6元/吨左右。有的电厂电煤发热值仅为2800到3000大卡左右，下降幅度超过1000大卡。由于煤质差，锅炉燃烧不稳定，不但增加了煤耗，加大了发电成本，同时还造成设备受损，导致锅炉灭火、"四管"爆漏等事故上升，给安全生产带来了极大隐患，维护检修成本大幅上升。

2. 燃油价格偏高，油气供应困难

受国际市场燃油价格高位运行及国家宏观调控政策影响，国内燃油电厂生产成本高于上网电价，如粤电集团所属黄埔电厂仅燃料成本就亏损14.8分/千瓦时，核定的燃油电厂上网电价已不能正常弥补发电企业的生产成本。

由于西气、东气及LNG供应量不足，无法满足

燃气电厂发电用气需求，华东地区有400万千瓦的燃气机组不能投入生产运行，无法参与当地电力电量平衡，加剧了该地区的电力紧张局势。另外，南方等地区也存在燃气电厂投产即停产的情况，这些燃气电厂的非正常停产使得发电企业无法回收各种投资，发电公司资产保值增值面临很大困难，增加了市场风险。

3. 电力生产环节能源利用效率有所提高

2005年电力生产企业克服了电煤供应质量下降等不利因素影响，在节能降耗上深挖潜力，2005年全国供电煤耗为374克/千瓦时，比2004年降低2克/千瓦时，相当于节省标准煤量300多万吨，“十五”期间共下降11克/千瓦时；电网方面，通过科学管理，线路损失率比上年减少0.39个百分点，降为7.18%，“十一五”期间线损率变化不规律，2004年达到最高值7.71%。

**（五）电力企业经济效益下滑、亏损的情况有一定好转**

自5月1日国家启动并实施煤电价格联动方案以来，电力企业经营效益下滑、亏损的情况有明显好转，利润自7月份开始连续实现同比正增长，亏损面逐月下降。全年规模以上电力工业企业累计实现利润总额1038亿元，同比增长21.41%，而1~4月利润总额同比下降25.87%。；但受到电煤价格上涨和火电设备利用小时数下降的不利影响，火力发电企业利润增长缓慢，全年仅增长2%。1~12月按企业数计算的亏损面为27.12%，比1~4月下降15.93%。

**（六）典型发电企业指标对比**

选取华能、大唐、华电、国电、中电投五大集团作为典型中央发电企业代表，另外又选取浙能、申能、粤电力、山西国际、河北建投五家作为典型地方发电企业代表，对其2004年、2005年总体装机总量、发电量、供电标准煤耗指标进行对比分析。

装机规模对比　2005年，五家中央发电企业装机容量18664万千瓦，同比增长23.89%，占全国总装机容量的36.7%；五家地方发电企业装机容量3175万千瓦，同比增长14.51%。

发电量对比　五家中央发电企业发电量9605亿千瓦时，同比增长19.28%，占全国发电量的38.81%；五家地方发电企业发电量1877亿千瓦时，同比增长12.60%。

从具体各个代表企业来看，五家中央发电企业中，华能发电量增长率最高为31.64%，中电投发电量增长率最低为10.06%；五家地方发电企业中，申能发电量增长率最高为44.44%，粤电发电量增长率最低为2.96%。

供电煤耗对比　2005年，五家中央发电企业供电标准煤耗为357克，同比降低2克；五家地方发电企业供电标准煤耗为341克，同比降低4克。从具体的代表企业情况来看，申能、浙能供电标准煤耗水平较低，分别为319克、332克；山西国际供电标准煤耗比较高，为383克；大唐、申能供电标准煤耗下降较快，为6克；华能集团由于资产并购，其供电标准煤耗上升了9克。

综上所述，具有如下几个特点：

1. 中央发电企业装机容量和发电量保持了很高的增长速度，规模优势继续提高，对国民经济的支撑和保障作用更加明显；地方发电企业也保持了较高的发展速度，对当地电力和经济发展也起到了重要的保证作用，但是发展并不均衡，如浙江、山西国际、河北建投装机增长率都在20%以上，而粤电集团装机增长率为4.83%，申能全年未增加装机。

2. 市场环境下，各家发电企业加大了经营管理力度，供电煤耗水平在不断降低，但是发电机组的参数、结构、运行方式，发电辅机的节能技术应用等因素是发电煤耗下降的关键，而且企业通过成本管理进一步实现节能降耗也尚有空间。

## 二、2006年电力供需形势预测

2006年，国民经济将继续朝着宏观调控预期的方向发展，发电设备投产规模将保持在很高水平，电煤供应不足的矛盾有望逐步好转，全国电力供需矛盾依然存在，但缺电程度和缺电范围将大大降低。考虑国民经济发展、第三产业和城乡居民生活用电增长势头、社会主义新农村的建议、重点行业发展、产业结构调整、节能降耗、电源供应能力、电网输送能力等多种因素，并运用“全国电力供需分析预测软件”，综合判断：2006年全社会用电量增长率将在12%左右，全社会用电量将达到27500亿千瓦时左右。

**（一）电力供应能力将进一步增强，但存在一些不确定性因素**

1．发电装机预计投产规模较大

据初步调查了解，2006年新增发电装机将在7500万千瓦左右，预计是建国以来发电机组投产最多的一年，如此大的机组投产规模将决定着全国及各地区电力供应形势的变化。由于2006年大部分机组将在下半年投产，对上半年电力供需平衡影响不会太大。这种情况下，如何协调确定机组投产计划，使电力紧张地区的机组能在夏季高峰负荷前如期投产运行，将对2006年迎峰度夏产生较大影响。

2．电网建设规模将进一步扩大，网络结构将更加合理

据初步了解，2006年电网投资规模将进一步扩大，预计全国电网投资达到2000亿左右，全国将投产220千伏及以上输电线路30000公里左右，220千伏及以上变电容量15000万千伏安左右。国家电网公司特高压交流试验示范工程、南方电网公司±800千伏直流输电线路工程将陆续开工建设。各地城电网、农网改造与完善工程将继续进行，以尽快消除配电“瓶颈”问题。

随着西北–华中电网的联网成功，全国除新疆、西藏和海南外，全国电网的联系将更加紧密，互供保障及相互支援的能力将进一步增强，跨区、跨省送电电量将继续增加，省间互供更加频繁。2006年“西电东送”三个通道将会发挥更大的作用，以保证京津唐、华东、广东等经济负荷中心区域经济的持续发展，跨区送电量将在2005年的基础上有一定的增长。

3．电煤供应充足，但煤质和运力仍是影响电力供应的主要不确定因素

根据1994年到2005年的历史数据推算，2006年电煤消耗量将达到10.2亿吨。根据国家发改委预测，2006年全国煤炭需求将达到21.7亿吨，出口8000万吨，总计需求22.5亿吨，煤炭核定生产能力为22.6亿吨，煤炭供需总量基本可以平衡。

预计2006年电煤供应总量可以保证，但是电煤价格、质量和运输将仍然是影响电力供应的主要不确定因素。

从2006年“全国重点煤炭产运需衔接会”订货情况看，煤电运形势不容乐观，由于电力企业与煤炭企业在电煤价格上存在着分歧，年度电煤供需合同基本未能落实，签订合同量占占总量的6%，剩余绝大部分电煤合同仍需要政府、煤炭企业和电力企业及其他相关部门经过极大的努力才能完成。

电煤运输的结构性矛盾仍然突出，大秦、侯月线改造后运力与需求量相匹配，大大增强了陕西、内蒙西部特别是陕西省内煤炭的调出量，华东、华南下水电煤供应相对宽松，但是中路及南路铁路运力基本没有增长空间，新投产机组的供煤将受其制约，电煤资源难以调出，特别是华中、华北、东北等地区的电煤供应不稳定因素较多。

4．水电发电量将略有下降，地区情况不均衡

据全国422座大型水库统计，2006年1月1日蓄水总量为2051.4亿立方米，比上月初少蓄97.5亿立方米，比去年同期多蓄291.4亿立方米，比多年同期平均多蓄425.7亿立方米，总体蓄水情况较好，对冬春季水电机组出力有较大的帮助。

水电站来水情况将直接影响到水电站的发电能力。从全国来说，2006年全国主要河流总体上仍然按平水年进行预测，南方电网特别是云南、广西地区来水情况为多年偏枯，水电出力受将到一定影响。

**（二）全国各地区电力供需形势预测**

总体上2006年全国全年电力供需形势将进一步缓解，但局部地区、局部时段缺电的特点将依然存在。预计全国最大电力缺口出现在一季度，总计约800万~1000万千瓦，缺口主要发生在南方电网和华中地区，主要原因是枯水期水电出力不足影响所致，其它地区基本平衡或偏紧。夏季最大缺口出现在三季度，总计约500万~700万左右，缺口主要发生在华东和华北地区，表现为高峰时段缺电。由于华东地区燃气机组气源无法保证等不确定因素，600万千瓦燃气机组暂时没有参与电力电量平衡计划，是导致高峰缺电主要原因之一。

北电网地区　预计2006年全网新增装机1786万千瓦左右，华北电网总体的电力供需形势将得到极大缓解，但部分地区仍然存在会缺电情况。

东北电网地区　预计2006年全网新增装机347.8万千瓦左右，在电煤供应正常和煤质稳定的情况下，全网电力供需基本平衡，但三省间“南紧北松”的局面依然存在。

华东电网地区　预计2006年全网新增装机2347万千瓦左右，全网统调最大电力需求10730万千瓦，考虑燃气气源不足的因素，扣除全网燃机容量600万千瓦以及备用容量300万千瓦，加上区外送电负荷392万千瓦，全网夏季高峰负荷缺口为400万千瓦。

华中电网地区　预计2006年全网新增装机1680万千瓦左右，网内各省间供需情况不平衡，在考虑省间电力电量交换和互供的情况下，电力供需形势将在2005年的基础上继续好转，但年初和年底枯水期电力供应仍然比较紧张，1月电力缺口最大，为430万千瓦，在来水和电煤供应情况好于预期的情况下，电力供应形势将有所好转。

西北电网地区　预计2006年全网新增装机350万千瓦左右。全网供需形势呈现“供大于求”的局面，在对高耗能行业政策调控效果明显、水电来水正常的情况下，全年电力电量均有较大富裕，具备向华中电网供电的能力。西北电网结构仍比较薄弱，各省间主网互供能力仍可能是造成局部地区局部时段电力紧张的主要原因。

南方电网地区　预计2006年全网新增装机1528万千瓦左右。在电煤供应正常、不考虑燃油、违规机组停运的条件下，供需形势具有时段性、季节性缺电的特点，但总的供需形势比2005年有较大缓解，1~3月受水电枯水期影响供需矛盾突出，最大电力缺口达540万千瓦，4~8月电力缺口由300万逐步缩小到150万千瓦，9月后全网基本能达到平衡。

# 2005年中国钢铁工业经济运行概况

## 一、2005年钢铁行业运行情况

2005年我国粗钢产量首次超过3亿吨，这是中国钢铁工业发展史上的第三个里程碑，是中国钢铁工业又一个大发展的一年和对国民经济快速增长继续做出新贡献的一年。另一方面，也是产能过剩矛盾显现、钢材市场价格大起大落的一年。

### 1. 钢铁工业现代化建设取得新成绩

2005年全行业固定资产投资完成2281.49亿元，比上年增长27.5%，是“十五”期间完成投资最多的一年。

全年新建投产1000立方米以上大型高炉15座，其中2000~3000立方米高炉3座，3000立方米以上高炉3座。新建投产100吨以上大型转炉21座。

2005年也是我国现代化轧钢生产线建成投产最多的一年。新建投产现代化的热连轧宽带轧机11套，新增年产能力2390万吨；新建投产冷连轧宽带轧机6套，新增年产能力746万吨；新建投产中厚板轧机7套，新增年产能力630万吨。攀钢和包钢现代化的100米长轨新生产线建成投产。宝钢1800冷轧板和汽车及家电用高档热镀锌板生产线建成投产。鞍钢具有国际先进水平的新区500万吨钢规模的两座3200立方米大型高炉、两座260吨转炉和ASP2150连铸连轧板带轧机生产线建成投产。宝钢不锈钢生产线二期冶炼配套工程和5米宽厚板轧机建成投产。此外还有一批现代化的涂镀层生产线、不锈钢冷轧生产线、H型钢生产线和棒线材生产线(包括特殊钢)建成投产。

截止到2005年底，已有宝钢、武钢、马钢、首钢、攀钢等23家企业完成了信息化阶段目标。这些企业占全国钢产量的34.2%，占重点大中型钢铁企业的40.4%。这23家企业的信息化涉及企业核心业务，有57%企业进入应用成熟期，并取得了显著的经济效益。

### 2. 全行业钢材产品结构进一步改善

2005年长材产量(含铁道用重轨、轻轨)占全部钢材产量的比重由2004年的54.52%下降到52.21%，下降2.31个百分点；板带材比例由36.34%上升到38.56%，上升2.22个百分点。在新增加的钢材产量中，板带材占47.31%。特厚板生产242.54万吨，比上年增加62.53万吨，增长34.7%，进口下降47.61%，出口增长1.99倍，由上年净进口6.83万吨，变为净出口21.21万吨。热轧中厚宽带钢生产3707.01万吨，比上年增加1025.69万吨，增长38.3%，进口量由上年的339.36万吨减少到230.11万吨，下降32.19%，出口量由上年的187.86万吨增加到245.69万吨，增长30.78%，由上年的净进口151.5万吨变成净出口15.58万吨。冷轧薄宽带生产增长33.2%，进口增长8.23%，出口增长9.77%。但仍为净进口602.95万吨，比上年增加45.17万吨。镀层板生产增长43%，进口下降7.09%，出口增长32.46%，净进口427.91万吨，比上年减少61.96万吨。涂层板生产增长41%，进口下降19.29%，出口增长1.02倍，净进口30.68万吨，比上年减少14.15万吨。无缝钢管生产增长23.5%，进口下降2.03%，出口增长84.43%，净出口71.42万吨，比上年增加65.14万吨。

### 3. 钢铁生产继续保持高增长

①2005年粗钢产量34936.15万吨，创历史新高

国家统计局公布2005年粗钢产量34936.15万吨，比上一年增加6887.6万吨，增长24.56%；生铁产量33040.47万吨，比上一年增加7265.08万吨，增长28.19%；钢材产量(含重复材，下同)37117.02万吨，比上一年增加7214.42万吨，增长24.13%。2005年粗钢产量增幅24.56%，是“十五”期间增幅

最高的一年，粗钢增量6887万吨，是"十五"期间增量最多的一年。

②2005年钢铁产量总体呈逐月增长的态势，下半年在市场价格下跌的情况下，仍保持高增长。2005年12月粗钢平均日产量达103.36万吨。

③2005年钢材品种结构进一步改善。2005年长材、铁道用材占总量的比重为52.21%，比上一年下降2.31个百分点，板带材的比重为38.56%，比上一年上升2.22个百分点(见表1、表2)。

**表1　2005年品种钢材产量占总量的比重**

| 品种名称 | 2005年（万吨） | 2004年（万吨） | 各品种占总量比重(%) | | |
|---|---|---|---|---|---|
| | | | 2005年 | 2004 | 增减 |
| 钢材总增量 | 37117.02 | 29902.60 | 100.00 | 100.00 | 0.00 |
| 铁道用钢材 | 3188.85 | 2730.00 | 0.86 | 0.91 | -0.05 |
| 型材 | 3412.38 | 2912.44 | 9.19 | 9.74 | -0.55 |
| 棒材 | 2820.81 | 2313.13 | 7.60 | 7.74 | -0.14 |
| 钢筋 | 6776.48 | 5771.27 | 18.26 | 19.30 | -1.04 |
| 盘条(线材) | 6051.09 | 5078.91 | 16.30 | 16.78 | -0.48 |
| 中、厚板(带) | 6649.65 | 5109.01 | 17.92 | 17.09 | 0.83 |
| 热轧薄宽板(带) | 1404.99 | 113450 | 4.00 | 3.79 | 0.21 |
| 冷轧薄宽板(带) | 1567.39 | 1234.22 | 4.22 | 4.13 | 0.10 |
| 窄带 | 3108.11 | 2303.62 | 8.37 | 7.70 | 0.67 |
| 涂镀层板(带) | 1020.22 | 714.99 | 2.75 | 2.39 | 0.36 |
| 电工钢板(带) | 240.70 | 161.23 | 0.65 | 0.54 | 0.11 |
| 无缝钢管 | 1047.05 | 848.05 | 2.82 | 2.84 | -0.02 |
| 焊接钢霄 | 1567.06 | 1301.26 | 4.22 | 2.35 | -0.13 |
| 其他钢材 | 809.59 | 626.94 | 2.18 | 2.10 | 0.08 |

2005年板带材产量占钢材总量的比重均高于2004年。

**表2　2005年品种钢材增量占总增量的比重**

| 品种名称 | 2005年比上年同期 | |
|---|---|---|
| | 增减量　(万吨) | 占增量比例% |
| 钢材 | 7214.42 | 1000 |
| 铁道用钢材 | 45.85 | 0.6 |
| 型材 | 499.94 | 6.9 |
| 棒材 | 507.68 | 7.0 |
| 钢筋 | 1005.21 | 13.9 |
| 盘条(线材) | 1032.18 | 14.3 |
| 中、厚板(带) | 1540.64 | 21.4 |
| 热轧薄宽板(带) | 350.49 | 4.9 |
| 冷轧薄宽板(带) | 333.17 | 4.6 |
| 窄带 | 804.49 | 11.2 |
| 涂镀层板(带) | 305.23 | 4.2 |
| 电工钢板(带) | 79.47 | 1.1 |
| 无缝钢管 | 199.00 | 2.8 |
| 焊接钢管 | 265.80 | 3.7 |
| 其他钢材 | 182.65 | 2.5 |

2005年板带材合计增产3413.49万吨，占总增量的47.31%。

④2005年我国粗钢产量占全球的30.93%。国际钢铁协会公布,2005年全球粗钢产量为112940万吨,比上一年增长5.9%。其中,中国(大陆)粗钢产量34936.15万吨,占全球总量的30.93%。2005年61个主要生产粗钢的国家、地区合计产粗钢110714.5万吨,比上一年增加6081.9万吨,增长5.8%。如果扣除中国(大陆)的粗钢产量,全球60个主要产钢国家、地区合计粗钢产量为75778.3万吨,比上一年下降805.7万吨,下降1.05%。2005年除中国(大陆)外,产粗钢最多的国家,日本11247.7万吨、美国9389.9万吨、俄罗斯6614.6万吨、韩国4764万吨,4国合计32016.2万吨,仍低于我国(大陆)的粗钢产量。2005年全球40个国家、地区高炉生铁产量78100万吨,比上一年增加5976.4万吨,增长8.3%。其中,中国(大陆)33000万吨,比上一年增加7265.1万吨,增长28.2%。如果扣除我国(大陆)的高炉生铁产量,全球(不含中国大陆)高炉生铁产量45070万吨,比上一年减少1288.7万吨,下降2.78%。

**4.钢铁产品进口仍在高水平,出口有较大增长**

①2005年钢材进口2581.62万吨,出口2052.26万吨,进口大于出口529.36万吨。2005年钢材进口2581.62万吨,比上一年减少348.71万吨,下降11.9%;钢坯进口131.41万吨,比上一年减少254.63万吨,下降65.96%;钢材出口2052.26万吨,比上一年增加629.53万吨,增长44.25%;钢坯出口706.85万吨,比上一年增加101.12万吨,增长16.69%。

2005年日平均进口钢材7.07万吨,月平均进口钢坯10.95万吨,进口钢材、钢坯全年保持稳定高水平。2005年下半年出口钢材、钢坯、生铁呈下降态势。2005年出口钢材:上半年为1157.25万吨,下半年为895.01万吨,下半年比上半年下降22.66%;2005年出口钢坯:上半年为481.92万吨,下半年为224.3万吨,下半年比上半年下降53.33%;2005年出口生铁:上半年为168.69万吨,下半年为53.88万吨,下半年比上半年下降68.06%。

②进口、出口钢材、钢坯折合成粗钢上半年为净出口,下半年转为净进口。

③2005年进口钢材品种构成及对国内市场的影响。2005年进口钢材2581.62万吨,其中板材2242.84万吨,占86.88%。进口钢材主要来自日本、我国台湾省、韩国、俄罗斯、欧盟15国,这5个国家、地区占进口总量的76.68%。

④2005年出口钢材品种结构及地区分布。在出口的2052.26万吨钢材中,板材占41.17%,棒线占29.69%,管材占17.08%。出口国家和地区主要是韩国、美国、欧盟25国、东盟和中国香港地区。这5个国家和地区占出口总量的65.5%。

**表3 2005年钢材、钢坯折合粗钢逐月日均净进口表**

单位:万吨

| | 1月 | 2月 | 3月 | 4月 | 5月 | 6月 | 7月 | 8月 | 9月 | 10月 | 11月 | 12月 |
|---|---|---|---|---|---|---|---|---|---|---|---|---|
| 钢日均进口量 | 6.93 | 6.57 | 8.88 | 9.51 | 7.83 | 9.34 | 7.70 | 7.67 | 9.20 | 6.78 | 7.85 | 6.33 |
| 钢日均出口量 | 6.93 | 8.66 | 12.29 | 10.01 | 9.15 | 9.71 | 7.35 | 5.79 | 5.29 | 5.11 | 6.83 | 7.96 |
| 钢日均净进口 | 0.00 | -2.09 | -3.41 | -0.50 | -1.32 | -0.36 | 0.35 | 1.88 | 3.91 | 1.67 | 1.02 | -1.62 |

**表4 2005年钢材、钢坯进口、出口对国内市场的影响**

单位:万吨

| | 2005年 | 2004年 |
|---|---|---|
| 粗钢生产量 | 34936.15 | 28048.55 |
| 粗钢净增产量 | 6887.60 | 5814.95 |
| 进出口折合粗钢净进口量 | -12.3 | 1383.04 |
| 比上年减少粗钢净进口量 | 1395.34 | 2272.13 |
| 减少粗钢进口量占粗钢增量的比重% | 20.3 | 39.1 |
| 国内市场粗钢表观消费增量占粗钢增量的比重% | 79.7 | 60.9 |
| 国内市场粗钢表观消费增量 | 5492.26 | 3542.82 |
| 上年国内市场粗钢表观消费总量 | 29431.59 | 25888.77 |
| 国内市场粗钢表观消费量增长率% | 18.66 | 13.68 |

⑤进出口因素加剧了国内市场供大于求的矛盾。2005年进口钢材、钢坯折合成粗钢为2877.81万吨,出口钢材、钢坯折合成粗钢为2890.11万吨;全年为净出口粗钢12.3万吨;上半年净出口粗钢229.33万吨,下半年转变为净进口粗钢217.03万吨。上、下半年一出一进的变化,下半年比上半年国内市场粗钢资源量净增加446.36万吨,加剧了下半年国内市场供大于求的矛盾。

**4. 钢铁行业科技创新、技术进步取得丰硕成果**

"低碳铁素体/珠光体钢的超细晶强韧化与控制技术"获2004年国家科技进步一等奖。低碳铁素体/珠光体钢是钢铁材料中产量最大、应用面最广的工程结构用钢材。通过采用这项创新技术可以在保持钢的韧性和塑性基本不下降,生产制造成本基本不提高的前提下,使钢的强度成倍提高,使传统材料更新换代,为今后大量节约使用钢材开辟了新途径,意义十分重大。

"宝钢高等级汽车板品种、生产及使用技术的研究"获2005年国家科技进步一等奖。这项综合性技术创新项目历时10年,至2004年底自主开发了193个汽车板品种,形成了47项专利技术,其中发明专利13项,为我国汽车板国产化比例不断提高做出了杰出贡献。

"鞍钢1780mm大型宽带钢冷轧生产线工艺装备技术国内自主集成与创新"获中国钢铁工业协会、中国金属学会冶金科技奖2005年特等奖。鞍钢1780mm大型宽带钢冷轧生产线,是我国第一次依靠自己的技术力量,通过自主研制、开发和集成建设的大型冷轧宽带钢生产线。它标志着我国已掌握了冷轧成套设备制造技术和生产工艺控制技术,对我国冶金重大装备国产化做出了杰出贡献。2005年钢协会员单位在开发钢材新品种,提高质量,节能降耗,综合利用,改善环保等方面所取得的科技创新和技术进步成果还有很多,这里不一一列举了。

**5. 钢铁企业规模进一步扩大**

2005年是钢铁企业规模迅速扩大的一年。年产1000万吨粗钢以上的企业由2004年的2家(宝钢、鞍钢)发展到2005年的8家,即宝钢、鞍钢、武钢、首钢、沙钢、莱钢、济钢、唐钢。

500万~970万吨粗钢的企业有10家,即马钢、华菱钢铁、包钢、邯钢、本钢、攀钢、安阳钢铁、太钢、酒钢、建龙钢铁。

300万~500万吨企业有16家,即柳钢、国丰钢铁、南京钢铁、北台钢铁、新余钢铁、宣钢、韶钢、天铁、津西钢铁、萍钢、昆钢、三明钢铁、青钢、广钢、杭钢、通钢。

年产粗钢500万吨以上钢铁企业有18家,其产量合计占全国粗钢产量的46.36%。

**6. 国内市场总体供大于求,钢材价格大起大落,但分品种看有差别**

①国内市场粗钢资源量从5月份以来增量、增幅明显大于市场需求增长,供大于求的态势不断发展。2005年国内市场粗钢月平均日资源量第2季度以来持续增高(见表6)。

②2005年粗钢资源富余1400万吨左右,增长率大于需求增长率4个百分点左右。

2005年国内市场粗钢资源量34923.95万吨,比2004年增长5492.36万吨,增长18.66%;按2005年粗钢实际消费增长14%计算,实际消费量为33551万吨。2005年国内市场粗钢资源量与实

**表5 2005年主要钢材品种净进口表**

单位:万吨

| 品种 | 进口量 | 出口量 | 净进口量 |
|---|---|---|---|
| 热轧普薄板、宽带 | 307.39 | 157.91 | 149.48 |
| 冷轧普薄板、宽带 | 713.99 | 55.23 | 658.76 |
| 镀层板 | 518.99 | 91.08 | 427.91 |
| 彩涂板 | 39.83 | 9.15 | 30.68 |
| 电工钢 | 120.83 | 10.15 | 110.68 |
| 不锈板带 | 289.65 | 24.54 | 265.11 |
| 合金板带 | 70.03 | 6.67 | 63.36 |
| 不锈钢棒线材 | 8.20 | 3.27 | 4.93 |
| 合金棒线材 | 16.67 | 7.89 | 8.78 |

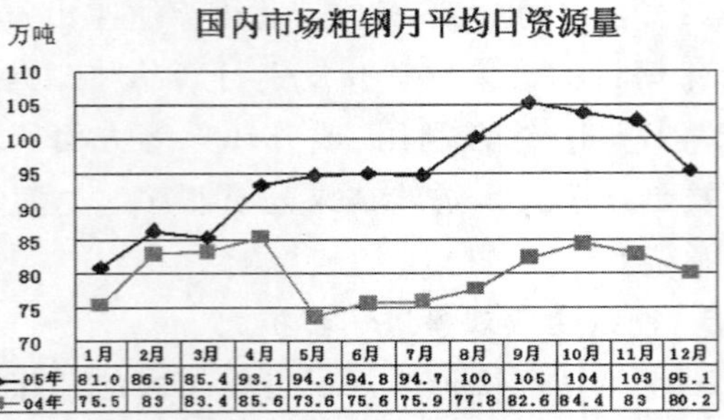


**表 6　2005 年国内市场粗钢月平均日资源量 2 季度以来持续增高**

际消费量比较，粗钢资源富余 1372.95 万吨，资源增长率比消费增长率高 4.66 个百分点。因此可得出结论：2005 年粗钢资源富余 1400 万吨左右，增长率高于需求增长率 4 个百分点左右。

③在总体供大于求的情况下，分品种钢材存在明显差异。板材、窄带生产高增长，供大于求的矛盾突出；长材、管材相对缓和一些，铁道用材、特种钢材供需基本平衡。我国钢铁工业产业集中度低是造成市场行为不规范的重要原因，2005 年市场价格降幅最大的热轧薄板、热轧薄宽带，会员企业的生产量仅占全年生产总量的 67.82%。

④当前特钢产需基本平衡，不会出现国内市场严重供大于求、钢材价格大起大落的情况。这是因为：第一，特钢企业 2005 年粗钢产量 4695.3 万吨，比上一年增加 594.66 万吨，增长 14.5%，总体上未出现类似普钢产量的超常增长情况；第二，特钢产品的专业性强，属于特殊用途钢种，而且各主要钢种生产的增量、增幅相对较均衡，未出现个别品种产能集中释放，造成某一品种钢材严重供大于求的情况；第三，2005 年特钢企业产粗钢 4695.3 万吨，其中粗钢 100 万吨以上企业有 12 家，合计粗钢产量 3352.7 万吨，占粗钢总量的 71.41%，产业集中度比普钢企业高，而且特钢生产工艺技术要求高，一般生产者进入比较困难。

⑤国内市场钢材价格呈现大起大落。国内市场钢材综合价格指数 2005 年 12 月末为 94.18 点，比 2005 年 3 月末的 138.33 点下降了 31.92%。

⑥国内市场出现供大于求的原因，可以说是前几年盲目投资、盲目扩大产能不良后果的集中显现。根本原因是钢铁生产总量过高，增量和增幅过大，超过了国内市场需求增长的数量和增幅。重要原因是钢材、钢坯进口和出口相抵，增加了国内市场的资源量，加剧了供大于求的矛盾。其他影响因素包括国内市场行为不规范，特别是人们的心理因素对推动市场价格下跌产生了不良的影响。

**7. 节能节水、保护环境取得新的成绩**

①2005 年大中型钢铁企业吨钢综合能耗 741.05 公斤标煤/吨，比上一年下降 24.35 公斤标煤/吨，下降 3.2%。2005 年大中型钢铁企业吨钢可比能耗为 714.12 公斤标煤/吨，比上一年下降 41.17 公斤标煤/吨，下降 5.5%。吨钢耗电为 452.24 千瓦时/吨，比上一年下降 7.07 千瓦时，节电 1.5%。

②水资源利用率提高。2005 年大中型钢铁企业吨钢耗用新水 8.03 吨/吨，比上一年下降 1.68 吨/吨，下降 17.3%；工业水重复利用率预计达 93%，比上一年提高 0.72 个百分点；工业废水处理率预计 99.6%，与上一年基本持平。

③污染物排放量下降。2005 年吨钢外排废气量预计为 16100 立方米/吨，比上一年下降 1.75%；吨钢二氧化硫排放量预计为 2.96 公斤/吨，比上一年下降 3.9%；可燃气体平均利用率预计为 92%左右，比上一年下降 3.7 个百分点；提高可燃气体利用率应是下一步节能工作的重点。尘泥利用率预计为 98.5%，废渣利用率预计为 62%，废酸平均处理率预计为 97%，均与上一年持平。

**8. 钢铁企业实现利润下降，生产经营面临困难**

①2005 年 11 月份是全年实现利润最低的一个月。2005 年 11 月份纳入统计的 68 户大中型钢铁企业实现利润 29.8 亿元，比上一年同月下降 55.9%；68 户大中型企业销售利润率仅为 3.25%，全行业处于微利状态。

②随钢材市场价格的变化，月度实现利润大起大落。2005 年 66 户大中型钢铁生产企业实现产品销售收入 11752.76 亿元，同比上升 16.42%；实现利润 768.65 亿元，同比下降 10.62%。

③钢铁生产企业生产经营面临困难。由于原燃料价格上涨，在 2004 年生铁成本上涨 47%的基础上，2005 年预计上涨 12%；2005 年预计吨材成本比上一年增加 314 元/吨，上升 8.25%；66 户企业 12 月末负债总额 760.37 亿元，同比上升 18.62%，资产负债率 56.78%，同比增加 1.07 个百分点；66 户企业 12 月末应付账款 1230.35 亿元，同比增加 228.21 亿元，上升 22.77%；应收账款 327.62 亿元，同比增加 23.37 亿元，上升 7.68%；全年货款回收

率98.38%，比上年下降4.41个百分点；这些情况说明企业资金周转已经出现一定的困难，应引起高度关注。

## 二、2006年钢铁工业发展态势预测

### 1. 2006年钢铁工业发展的外部环境分析

从国际环境看，世界经济增长的基本态势不变；国际货币基金组织预测，2006年全球经济增长4.3%，世界银行预测增长3.2%，亚洲开发银行预测增长6.6%，总体与2005年持平；国际货币基金组织预测全球贸易增长7.4%，增幅略高于2005年。国际货币基金组织预测2006年美国经济增长3.3%，日本2%，欧元区1.8%，俄罗斯5.3%、拉美地区3.8%、非洲5.9%、中东欧地区4.6%、亚洲发展中国家7.2%，亚洲仍是全球经济增长最快的地区。同时，世界经济发展面临高油价，主要大国经济结构失衡，贸易保护主义等挑战。

从国内环境看，我国处于居民消费结构升级和工业化、城镇化步伐加快的时期，经济发展基本处于上升通道，国内钢材市场潜力巨大，并将保持稳定增长；国民经济发展更加注重统筹协调，有利于提高经济发展的协调性、可持续性，实现快速稳定协调发展；通过国家加强和改善宏观调控，社会供求关系总体有改善。煤炭供需保持总体基本平衡、比较宽松的格局；2005年新增电力装机容量为5050万千瓦，总容量突破50000万千瓦，2006年供需基本平衡；2006年铁路运力新增13000万吨，运输瓶颈有所缓解；2006年是“十一五”的起步之年，国家推进经济全面协调发展的战略全面启动实施，有利于解决钢铁工业发展中存在的问题。因此，国际、国内外部环境总体上有利于我国钢铁工业的发展。

### 2. 2006年钢铁生产发展的目标预测

①相关行业钢材消费需求预测

A. 机械行业：2005年机械行业是我国发展较快的行业之一，预测全年汽车产量达600万辆，大型拖拉机16万台，金属切削机床45万台，发电设备9000万~9500万千瓦，均有较大幅度增长。2005年我国机电产品出口达4267.5亿美元，比上一年增长32%，占我国出口贸易总额的比重达56%，比上一年提高1.5个百分点。2005年机械行业耗钢5200万吨左右，2006年全行业预计将增长15%左右，耗钢材量预计5700万吨，增长9.6%左右；其中，汽车行业用钢2005年为1579万吨，2006年预计1850万吨，比上一年增长17.2%左右。

B.煤炭行业：2005年原煤产量预计21.1亿吨，用钢量预计为1620万吨。2006年原煤产量预计22亿吨，用钢量预计为1740万吨，比上一年增长7.4%左右。

C. 造船行业：2005年造船产量突破1222万载重吨，比上一年增长41.86%，占全球总量的18.2%，全年用钢440万吨。2006年预计造船产量将达到1500万载重吨，比上一年增长25%，预计用钢600万吨左右，比上一年增长36.4%。

D.集装箱行业：2005年集装箱行业用钢为450万吨，其中国产钢材占50%左右，目前已出现全行业产能过剩，加上受出口退税政策的影响，企业拿到的订货定单减少，2006年用钢量预计为480万吨，比上一年增长6.7%左右。

E. 五金制品行业：2005年用钢量预计为1500万吨，比上一年增长8%~10%，其中国产钢材占95%。2006年用钢量预计增长10%左右。

.家电行业：2006年家电行业保持稳定增长，但市场占有率接近饱和，总量不会有大的增长，年用钢量为600万吨左右，保持5%~10%的增长率。

G. 自行车行业：2005年我国自行车产量7500万辆，用钢量为185万吨，未来3~5年保持平稳发展的态势，用钢量将小幅增长。

H. 石油化工行业：2005年石油化工行业生产快速增长，全行业产值预测增长30%左右，用钢量预计达333万吨，比上一年增长31.6%。2006年全行业产值预计增长20%，用钢量预计达380万吨，比上一年增长14.1%。

综合各方面因素，2006年8个行业钢材消费量预计比2005年增加4238万吨，增长12.97%。表72006年国内市场粗钢消费预计增长12%~15%。

② 2006年国内市场粗钢消费预计增长12%~15%(见表8)。

③ 2006年预计进口钢材2300万吨，钢坯135万吨；出口钢材2050万吨，钢坯420万吨。

2006年做好国产钢材替代进口工作，是全行业的一个重要课题，通过全行业的努力预计实现替代进口钢材300万吨，全年相应减少进口钢材

表 7　2006 年主要用钢行业钢材消费预测表

单位：万吨

| | 建筑 | 机械 | 轻工 | 汽车 | 煤炭 | 造船 | 集装箱 | 石化 |
|---|---|---|---|---|---|---|---|---|
| 2004 年 | 17500 | 4500 | 2480 | 1276 | 1500 | 359 | 356 | 253 |
| 2005 年 | 20400 | 5200 | 2660 | 1579 | 1620 | 440 | 450 | 333 |
| 2006 年 | 23300 | 5700 | 2870 | 1850 | 1740 | 600 | 480 | 380 |
| 2006 年增量 | 2900 | 500 | 210 | 271 | 120 | 160 | 30 | 47 |
| 2006 年增长率% | 14.2 | 9.6 | 7.9 | 17.2 | 7.4 | 36.4 | 6.7 | 14.1 |

2006 年 8 个行业钢材消费量合计比 2005 年增加 4238 万吨，增长 12.97%。

表 8　2006 年粗钢消费预测

| 项目<br>年度 | 全社会固定资产投资 | | 国内市场粗钢消费 | | 粗钢消费强度 | |
|---|---|---|---|---|---|---|
| | 数量(亿元) | 增长率(%) | 数量(万吨) | 增长率(%) | 量（万吨/亿元) | 比上年 ±% |
| 2005 年预测 | 8860.1 | 25.7 | 33551 | 14 | 0.379 | -9.3 |
| 2006 年预测(1) | 104500 | 18.0 | 37580 | 12 | 0.360 | -5 |
| 2006 年预测(2) | 106300 | 20.0 | 38600 | 15 | 0.363 | -4.2 |

300 万吨。2005 年末国际钢材综合价格指数：北美 143.8，欧洲 140.7，亚洲 120.1。北美、欧洲市场钢材价格明显高于亚洲，而亚洲市场我国价格最低，有利于我国钢材出口。

按上述分析预测，2006 年进口钢材 2300 万吨左右，比 2005 年减少 282 万吨，下降 10.92%；2006 年进口钢坯 135 万吨左右，保持 2005 年水平；2006 年出口钢材 2050 万吨左右，保持 2005 年水平；2006 年出口钢坯 420 万吨左右，相当于 2005 年下半年水平。按上述年进口、出口钢材、钢坯预测，折合成粗钢相抵后，全年净出口 19 万吨，同 2005 年水平基本一致，不会对国内市场资源量带来明显的影响。

④2006 年预计粗钢产量 3.84 亿吨，比上一年增长 10%左右。根据 2005 年 12 月 20 日《2006 年钢铁生产经营预期目标座谈会》各企业、省市上报数据汇总，同时考虑 2006 年国内市场需求和进口、出口因素的影响，2006 年预计粗钢产量 3.84 亿吨，比上一年增长 10%左右。其中也包括考虑消化 2005 年底企业产成品库存的影响，并留有余地，有利于实现国内市场新的供需基本平衡，使钢材市场价格趋向合理并保持相对稳定。

**3. 2006 年全行业钢铁生产应当关注的主要问题**

① 2006 年钢铁生产要充分考虑在建项目投产、新增产能和淘汰落后产能的影响。

② 坚持按照市场需求组织生产。2006 年从国内市场需求出发，由于城镇化、工业化步伐加快，固定资产投资保持较高增幅，国内市场需求呈现多元化、多层次的特点；对长材的需求仍将保持较大比重；而居民消费结构升级，对板材的需求增加，比重将会有所上升。

③2006 年钢铁生产支撑条件总体比 2005 年有所好转。2005 年 12 月全国原煤库存量达 1.39 亿吨，比上一年同期增长 34%，2006 年预计原煤产量为 22 亿吨，预计供需基本平衡。2006 年，全国发电量预计为 26850 亿千瓦时，同比增长 9.6%；全社会货运量预计为 201 亿吨，同比增长 8.1%；铁道货运量预计为 28 亿吨，同比增长 4.9%。

④2006 年预计进口铁矿石 30000 万吨，比 2005 年增加 2500 万吨左右，增长 9.1%。2005 年进口铁矿石 27526 万吨，比上一年增加 6718 万吨，增

表 9　2006 年新增钢铁产能预测

单位：万吨

| 时间<br>产能 | 2005 | | 2006 | | 2005 比 2006 增加产能 | |
|---|---|---|---|---|---|---|
| | 会员企业 | 全行业预计 | 会员企业 | 全行业预计 | 会员企业 | 全行业预计 |
| 炼钢产能 | 29400 | 41400 | 31400 | 43900 | 2000 | 2500 |
| 炼铁产能 | 24600 | 39100 | 27000 | 41400 | 2400 | 2300 |
| 轧材产能 | 26000 | 42000 | 29500 | 46300 | 3500 | 4300 |

长32.3%。2006年预计生铁产量为36000万吨，比2005年增加3000万吨，增加铁精矿消耗4440万吨。2006年国内铁矿石生产预计5.28亿吨(含地方中小矿山)，比2005年增长10%，增量4800万吨，折合精矿2280万吨，满足国内需求后2006年对进口铁矿石需求增量为2160万吨左右。

因此可得出如下结论：2006年进口铁矿石比2005年增加2500万吨左右；从全球铁矿石海运贸易的供需状况看，2006年将明显好于2005年，总体上供需基本平衡，并呈向供大于求转变的趋势。

## 三、2006年应当做好的重点工作

**1. 2006年是我国钢铁工业发展的关键之年**

第一，钢铁产能过剩是影响全行业发展的突出问题。第二，从我国钢铁工业的发展看，以产能过剩为主要特征，2006年钢铁工业发展将进入一个新的发展阶段。第三，2006年针对产能过剩，国家将从4个方面加大工作力度，包括：完善行业规划政策，加强部门协调配合；严格市场准入，控制新上项目；依据法律法规，淘汰落后产能；推进技术改造，加快兼并重组。第四，2006年钢铁工业发展面临着总体产能过剩和国内市场供大于求的挑战，发展中不确定因素多。对此，全行业必须对发展过程中有可能出现的困难有充分的估计，解决困难的应对措施安排得更加周全，抓好落实的工作更加扎实，以努力实现最好的结果。

上述因素将促进全行业加快技术进步、结构调整、联合重组、淘汰落后和提高国际竞争力，争取市场好转，达到新的供需基本平衡。适应上述发展新阶段的要求，我国钢铁工业发展必须由注重数量转移到以提高品种质量，提高资源利用效率和更加注重效益的轨道上来。

**2. 贯彻钢铁产业发展政策，推进企业联合重组和淘汰落后产能**

第一是贯彻落实《钢铁产业发展政策》。认真贯彻落实《钢铁产业发展政策》是解决钢铁产能过剩的根本出路，当前要从两个方面开展工作：一是要充分发挥市场机制、优胜劣汰的作用；二是要强化政府宏观调控和政策引导的作用。

第二是积极推进企业跨省市、跨地区联合重组。当前，工作的重点应当是大力推进跨省市、跨地区钢铁企业的联合重组，在更大范围内优化资源配置和实行专业化分工，避免盲目投资和盲目扩大产能。实行联合重组要积极推进和充分发挥特大型钢铁企业的综合优势和骨干作用。当前的主要问题是缺乏全国范围内的统一规划和指导，缺乏协调和照顾各方面利益的工作机制。建议国家有关部门尽快出台相应的政策和措施。

第三，淘汰落后产能是2006年十分紧迫的工作。在全行业产能过剩的情况下，国家发展改革委已经明确必须严格项目审批，2006年原则上不批准新上钢厂。同时，现有的钢铁企业产能中，高能耗、高污染、工艺装备落后的产能达30%以上，淘汰落后产能，提高全行业的国际竞争力，已成为当前十分迫切的任务。

淘汰落后产能要严格行业准入门槛，建议国家有关部门尽快出台钢铁行业工艺技术、产品质量、安全生产、节能、节水和资源利用、环境保护等方面的具体标准，新建项目达不到标准的不准投产，已生产企业限期要达到标准；建议国家有关部门明确，对《产业结构调整目录》明确淘汰的300立方米及以下小高炉一律停止向其供应进口铁矿石；以市场方式淘汰落后产能，要充分考虑当前我国市场秩序不规范、企业税负负担不均等现状，国家有关部门应有针对性地采取措施，创造有利于企业公平竞争的环境，真正做到扶优扶强，优胜劣汰；另外，要认真研究淘汰落后产能可能出现的问题和影响，提前采取应对的政策和措施。

**3. 注重发展的质量和效益，实行以销定产**

第一，实行积极的以销定产方针。2006年钢铁生产要坚持立足国内市场，依据市场需求组织生产，产销率保持99%左右，并努力消化2005年增加的产成品库存；努力开拓国内新的市场空间和新的用户，特别是扩大满足特殊用途需要的专用钢生产；实行总量产需衔接的同时，要注意分品种的产需基本平衡；继续实施和加强区域钢铁生产企业的定期和不定期产需协调工作；充分考虑在建项目新增能力的影响，防止产能集中释放带来的不利影响；中钢协实行按旬公布铁钢材产量、按月公布国内市场钢材资源量制度，为全行业提供市场产需信息。

第二，保持钢铁产品进出口总量的大体平衡。积极实施国内钢材替代进口策略，全年实现全行业替代进口钢材300万吨以上；积极扩大高技术含量、高附加值钢材出口，全年钢材出口总量2050万吨以上，保持2005年的水平；建议国家有关部门恢复加工出口专用钢材的相关政策，鼓励和扩大加工出口专用钢材的总量。

第三，规范市场行为，改进和完善销售工作。当前，我国钢材流通行业经营分散，集中度低，交易模式、服务功能相对落后；流通渠道不健全、不完善，物流专业化程度低，运输、仓储的现代化水平低，物流中心和配送中心的建设和发展速度还不适应现代物流的要求；多数企业钢材销售方式相对落后，直供直销比重只占20.67%，企业分支机构代销占17.12%，通过中间流通环节进入市场占61.7%，而中间商有20多万家，这是造成市场行为不规范的重要原因。

针对上述存在的问题，2006年改进和完善销售工作的措施：钢铁企业扩大直供直销的比重；规范钢材出厂定价，保持出厂季、月价相对稳定，做到不付款不发货，不增加拖欠；杜绝保值销售等不规范做法；研究钢铁企业、中间商双方建立长期稳定合作关系，实现双赢的措施，共同维护市场的稳定。

**4. 积极推进替代进口，保持适度出口总量**

第一，实施替代进口钢材的工作要实现新的突破。2005年进口钢材2581.62万吨，初步分析，其中54%左右是国内能够生产并替代进口的。我国作为全球最大的产钢国，积极参加国际交流和合作，保持适度的出口总量是完全必要的，特别是要鼓励高技术含量、高附加值钢材出口，以提高我国钢铁工业和企业的国际竞争能力。同时，在当前国际贸易中保护主义强化的情况下，实施替代进口可以避免贸易争端，对我有利。所以国产钢材替代进口应当是2006年及今后若干年的重要方针，2006年全行业应该努力实现替代进口钢材300万吨以上的目标。

第二，警惕国际贸易保护主义的不利影响。在2006年钢材进口、出口工作中，要进一步强化行业协调和企业自律工作，包括协调进出口总量、品种构成、国家和地区分布等。在充分发挥现有5个协调小组，对热轧薄板、冷轧薄板、中厚板、无缝管、线材、螺纹钢六大品种进行协调的基础上，2006年要进一步扩大品种范围，强化和完善协调工作制度。

第三，积极应对国际贸易保护主义的措施。针对贸易保护主义强化、贸易争端不断上升的情况，要从3个方面采取措施，维护钢铁行业和企业的合法权益：一是积极主张通过双边对话和协商解决贸易争端；二是针对有关国家、地区对我的反倾销诉讼，积极组织应诉，以法律手段进行抗争；三是针对有关国家、地区对我国出口的倾销，积极提出倾销指控，以法律手段，保护我方利益。

**5. 加快技术创新和技术进步，大力发展循环经济**

第一，推进钢铁工业发展必须把提高自主创新能力摆在突出位置。要把钢铁工业发展的着力点转移到加快技术进步，优化产品结构，提高质量效益上来；钢铁工业发展要从主要依靠比较优势向具有核心竞争能力转变；建立以企业为主体，以市场为导向，产学研相结合的技术创新体制；要努力提高钢铁企业原始创新能力、集成创新能力、引进消化吸收再创新能力等3个能力；加强和完善企业技术中心，健全企业自主创新的激励机制。

第二，发展循环经济是全行业面临的重大课题。当前，钢铁行业是国家发展循环经济的第一批试点行业；同时，钢铁行业又是国家资源消耗的大户，全行业发展循环经济，提高资源利用率的潜力巨大，在2006年应当实现新的突破。发展循环经济，政府有关部门应当制订全行业环境保护、能耗、水耗、资源综合利用等行业标准，提高行业准入门槛；同时，中钢协要积极配合有关部门做好工作。2006年全行业要进一步推广应用“三干一综合”先进适用技术，提高二次能源回收利用率(可燃气体回收利用率达到95%以上)，提高水资源和固体渣综合利用率；钢铁企业要加大环保投入，认真做到污染物全面达标排放；中国钢铁工业协会建立按季分析、公布全行业能耗、水耗及相关情况的制度，提供全行业发展循环经济情况的相关信息。

第三，切实做好节能降耗，降低成本工作。2006年面对国内钢材市场激烈的竞争，除了面对品种、质量、售后服务的竞争外，价格将是竞争的最重要内容之一，努力降低生产成本，节约各项费用是钢铁企业2006年一项十分重要的工作。各钢铁企业要有2006年降低生产成本的明确目标，并在企业内部认真分解落实；要通过企业对标挖潜，全面强化企业管理，进一步推进节能、节水和降低消耗工作，提高资源利用效率，实现企业降低成本的目标。

**6. 对政府有关部门的政策建议和意见**

第一，建议研究并出台推进钢铁企业联合重组、淘汰落后产能的配套措施及政策；第二，建议国家有关部门恢复2005年7月1日取消的加工出口专用钢材的优惠政策；第三，建议对出口钢材采用差别退税税率，体现鼓励和支持高技术含量、高附加值钢材出口，又适度控制出口总量的原则；第四，建议停止审批扩大产能的不锈钢项目，对进口200系列不锈钢进行限制，降低主要原料镍、铬的进口关税，对特种铁合金进出口关税实行差别税率；第五，尽快出台钢铁行业严格市场准入的标准和规定，从环境、能耗、水耗、资源综合利用和安全、质量、技术、规模等方面，提高行业准入门槛；第六，目前钢铁企业购入废钢的增值税由17%降低为10%，不利于企业多吃废钢，建议恢复为增值税17%。

# 2005年中国有色金属工业运行概况

2005年，我国有色金属工业在科学发展观和构建和谐社会战略思想的指引下，在国家宏观调控政策的正确指导和市场需求的强劲拉动下，继续保持了健康、稳定、和谐发展的良好态势，产品产量稳定增长，经济效益大幅度提高，进出口贸易额继续增长，可持续发展的能力显著增强。

## 一、产品产量持续增长

2005年，我国10种有色金属总产量达（快报数，下同）1632万吨，同比增长18.14%，连续第四年位居世界第一位。其中，精炼铜258万吨，同比增长25.33%；电解铝781万吨，同比增长17.02%；铅238万吨，同比增长31.29%；锌271万吨，同比增长7.60%；镍9.53万吨，同比增长26.29%；锡11.94万吨，同比增长2.01%；锑14.35万吨，同比增长16.50%；镁46.96万吨，同比增长10.21%。

2005年，10种有色金属产量居前10位的省区依次为：河南省294.6万吨、云南省140.7万吨、湖南省124.6万吨、甘肃省118.8万吨、山东省114.1万吨、山西省83.3万吨、青海省72.6万吨、内蒙古自治区68.1万吨、广西自治区66.3万吨、四川省64.7万吨。上述10省区有色金属总产量达1147.8万吨，占全国总产量的70.3%。

2005年，规模以上企业六种有色金属矿山产品金属量为329.94万吨，同比增长6.15%。其中：铜金属含量65.14万吨，同比增长7.39%；铅金属含量62.68万吨，同比增长4.80%；锌金属含量182.16万吨，同比增长5.62%；镍金属含量5.99万吨，同比增长5.39%；锡金属含量7.80万吨，同比增长21.92%；锑金属含量6.18万吨，同比增长19.25%。

2005年，规模以上企业钨精矿折合量7.34万吨，同比下降14.03%；钼精矿折合量6.66万吨，同比增长4.08%。

2005年，氧化铝产量851.06万吨，同比增长21.68%。本年氧化铝产量是2000年的1.97倍，年均递增率为14.5%，居世界第二位。

2005年，规模以上企业铜、铝材的产量继续快速增长。其中铜材产量466.80万吨，同比增长12.07%。铜材产量列前5位的省份依次是：浙江135.5万吨、江苏99.9万吨、广东81.6万吨、安徽32.3万吨、河南25.7万吨；铝材产量为583.69万吨，同比增长32.76%。铝材产量列前5位省份依次是：广东144.9万吨、河南97.3万吨、江苏47万吨、浙江41万吨、重庆39.4万吨。

## 二、经济效益再创历史新高

2005年，规模以上工业企业实现销售收入、利税及利润等各项指标再创历史新高。

### （一）工业企业主营业务收入持续大幅度增长

2005年，规模以上有色金属工业企业主营业务收入8090.51亿元，同比增长37.09%。其中，国有及国有控股企业主营业务收入2975.39亿元，同比增长32.28%；非国有企业主营业务收入5115.12亿元，同比增长40.05%。本年国有及国有控股企业主营业务收入所占比重为36.78%，多种经济成分的非国有企业主营业务收入所占比重为63.22%。

2005年规模以上企业主营业务收入超过100亿元的省、自治区、直辖市有22个，比上一年增加3个，它们依次是：江苏省（821亿元）、浙江省（722亿元）、河南省（700亿元）、山东省（635亿元）、广东省（623亿元）、云南省（427亿元）、湖南省（426亿元）、江西省（418亿元）、甘肃省（379亿元）、安徽省（329亿元）、辽宁省（300亿元）、上海市（261

亿元)、山西省(199亿元)、广西自治区(196亿元)、四川省(193亿元)、陕西省(185亿元)、湖北省(181亿元)、内蒙古自治区(179亿元)、河北省(146亿元)、贵州省(122亿元)、重庆市(117亿元)、福建省(144亿元)。

**(二)实现利税大幅度增加**

2005年规模以上有色金属工业企业实现利税847.81亿元,同比增长52.34%。其中,国有及国有控股企业实现利税457.98亿元,增长56.41%,所占比重为54.02%;非国有企业实现利税389.83亿元,增长47.83%,所占比重为45.98%。

2005年规模以上有色金属工业企业实现利税超过10亿元的省、自治区、直辖市有21个,比上一年增加3个,它们依次是:河南省(112.5亿元)、山东省(77.9亿元)、陕西省(70.6亿元)、江西省(57.3亿元)、甘肃省(48.6亿元)、浙江省(46.9亿元)、云南省(46.1亿元)、江苏省(40.7亿元)、湖南省(38.4亿元)、广西自治区(34.5亿元)、山西省(32.9亿元)、广东省(27.4亿元)、内蒙古自治区(26.1亿元)、辽宁省(25.7亿元)、贵州省(25.7亿元)、安徽省(24.3亿元)、青海省(18.9亿元)、四川省(17.1亿元)、上海市(12.7亿元)、湖北省(12.4亿元)、福建省(10.1亿元)。

**(三)工业企业实现利润再创历史新高**

2005年规模以上工业企业实现利润为543.90亿元,同比增长59.27%。其中:国有及国有控股企业实现利润307.48亿元,同比增长67.48%,所占比重为56.53%;非国有企业实现利润236.42亿元,同比增长49.77%,所占比重为43.47%。

2005年在有色金属行业中实现利润超过10亿元的行业小类依次是:铝冶炼企业(包括氧化铝和电解铝)120.76亿元,常用有色金属(铜、铝)加工企业108.41亿元,钨钼采选企业84.03亿元,铜冶炼企业60.04亿元,铅锌采选企业34.45亿元,镍钴冶炼企业25.30亿元,钨钼冶炼企业24.73亿元,铅锌冶炼企业23.68亿元,有色金属合金企业10.69亿元。

2005年规模以上企业实现利润超过10亿元的省、自治区、直辖市有17个,比上一年增加6个,它们依次是:河南省(79.29亿元)、陕西省(58.84亿元)、山东省(58.16亿元)、江西省(36.30亿元)、云南省(28.66亿元)、浙江省(25.79亿元)、甘肃省(24.60亿元)、江苏省(22.58亿元)、广西自治区(21.11亿元)、山西省(20.68亿元)、湖南省(19.18亿元)、内蒙古自治区(17.05亿元)、辽宁省(15.97亿元)、贵州省(15.40亿元)、广东省(15.04亿元)、青海省(14.48亿元)、安徽省(12.97亿元)。

## 三、进出口贸易额继续增长

2005年,有色金属外贸进出口总额达468亿美元,同比增长28.5%。其中,出口额165亿美元,同比增长24.4%;进口额303亿美元,同比增长30.8%。外贸逆差增至139亿美元。其中,铜原料和氧化铝的大量进口是外贸逆差进一步加大的主要原因。2005年,我国有色金属产品进出口的结构有所变化,除继续大量进口原料外,锌锭进口量加大,锡锭由净出口转为净进口,铝材第一次由净进口转为净出口。电解铝出口明显下降。

## 四、可持续发展能力增强

2005年,全国有色金属工业共完成固定资产投资865亿元,比2004年增长42.45%。在科学发展观和国家宏观调控政策的积极作用下,2005年固定资产投资呈现出投资主体多元化,投资项目规模大、建设速度快、质量高的显著特点。

2005年,有一批有影响的大型工程项目相继建成投产,这些项目包括:山西华泽28万吨电解铝工程、青铜峡铝业四期25万吨电解铝工程、中铝西南铝业1+4热连轧铝板带生产线、中铝河南分公司70万吨氧化铝工程、中国铝业山东分公司61万吨氧化铝工程、中国铝业山西分公司80万吨氧化铝工程、山东信发集团华宇40万吨氧化铝工程、云南冶金集团曲靖铅锌基地20万吨铅锌工程、云南金鼎锌业10万吨电锌工程、河南豫光金铅集团10万吨电锌工程、8万吨粗铅技改工程、江西铜业集团公司6000吨高档电子铜箔工程等。

在这些重大工程项目中,有两项工程获国家优质工程银奖;两项工程获2005年中国建筑工程鲁班奖;14项工程获2005年度有色金属工业优质工程奖。

截止到2005年底,全国规模以上有色金属企业拥有资产总额达到6881.77亿元,同比增长23.54%;负债总额为4306.01亿元,同比增长

21.39%，资产负债率为62.57%。2005年末，国有及国有控股企业拥有资产总额3549.04亿元，同比增长19.33%，占规模以上企业的比例为51.57%；非国有企业拥有资产总额3332.73亿元，同比增长28.36%，占规模以上企业的比例为48.43%，比上年所占比例提高了1.82个百分点。

## 五、技术进步成效显著

2005年，又有一批重大科技成果和先进工艺装备成功应用到生产实践中。350kA特大型预焙阳极电解槽技术在青铜峡铝业集团公司和河南神火铝业集团公司实现规模化生产；具有自主知识产权的一水硬铝石拜耳法种分和烧结法碳分生产砂状氧化铝技术被成功运用到氧化铝生产中；金川集团公司开发的“混合型反调节式精矿喷嘴”、“新型结构的高效长寿贫化炉”等技术使镍冶炼产能翻番；云南冶金集团将自主研发的“富铅渣鼓风炉熔炼技术”与引进的技术装备结合，在曲靖铅锌基地属于世界上首次采用“艾萨”炉炼铅获得成功。贵阳铝镁设计研究院注重拥有自主知识产权和构建专利战略成效显著，2005年专利申请373项，居全国科研单位第一位，有97项被国家专利局授权批准。中南大学校长黄伯云院士主持完成的“高性能炭/炭航空制动材料制备技术”荣获国家技术发明一等奖，结束了该奖项连续六年空缺的历史，教育部、财政部为此重奖该校2000万元。2005年7月至10月，吴邦国、温家宝、贾庆林等三位中央领导人相继到该校视察，对中南大学给予了充分肯定和高度评价。同时，黄伯云院士被评为2006年度“感动中国人物”。

## 六、产业结构进一步改善

在国家产业政策和有色金属市场价格的推动下，2005年，有色地质、矿山建设明显加快，冶炼能力增长得到一定抑制，有色金属产品深加工迅速发展。

2005年电解铝新增产能继续得到有效遏制，产能增长幅度比宏观调控前的2003年下降38个百分点；铜冶炼盲目投资现象被国务院发文制止，与此同时有色金属深加工业进入快速增长期，产品深加工生产能力明显增强。铜铝材产品质量提高，档次升级；镁及镁合金产业化和应用成效显著。

## 七、产业集中度有所提高

2005年，精炼铜产量超过10万吨的企业有6家，其中铜陵有色金属(集团)公司和江西铜业公司均超过40万吨。这6家企业合计产量占全国总产量的63.1%；电解铝产量超过10万吨的电解铝厂增加到29家，其中超过20万吨的有9家，超过30万吨的有4家。这4家电解铝厂分别是：中铝青海分公司、青铜峡铝业集团有限公司、云南铝业集团有限公司和伊川电力集团豫港龙泉铝业公司。10万吨以上电解铝厂产量占全国总产量的66.8%；铅产量超过5万吨的企业增加至11家，合计产量占全国总产量的44.4%；锌产量超过5万吨的企业也增到11家，合计产量占全国总产量的51.3%。

在国家宏观调控政策影响下，全国电解铝企业整合重组速度加快。2005年，中国铝业公司整合了6家电解铝企业，增加产能115万吨。目前，全国电解铝生产企业按报表数只有93家，两年内有52家企业先后关停或退出市场，落后的自焙槽生产能力基本上全部淘汰。按目前产能计算，平均企业规模已超过10万吨。

## 八、管理进一步增强，企业改革不断深化

2005年，有色金属工业企业继续加强管理，在原料、能源价格大幅上涨，供应持续紧张，国家宏观调控下出口退税、金融信贷、环境监控等愈来愈严的外部环境下，企业通过加强管理，千方百计降低成本，节约开支。2005年，规模以上工业企业销售、管理和财务三项费用增长都大大低于销售收入增长幅度，其中，销售费用低12.41个百分点，管理费用低21.6个百分点，财务费用低19.21个百分点。

中铝股份公司以企业管理的科学化、规范化和程序化为目标，贯彻标准量化管理思路，积极推进安全、质量、环保三大管理体系的整合和认证工作，夯实了基础，提高了效率；江西铜业集团公司和金川集团公司严格成本控制，强化风险管理，创新管理体制机制，提高市场适应能力，实现了跨越

式发展。铜陵有色(集团)公司和云南铜业公司紧紧围绕建立现代企业制度，规范实施产权制度改革，积极推进关闭破产和资产重组，深化三项制度改革，成效显著。云南冶金集团、中铝西南铝业、豫光金铅集团、新疆有色集团公司等单位坚持以人为本，全心全意依靠职工群众，积极推进民主管理，构建和谐企业。金堆城钼业集团通过制度创新、技术创新、管理创新和市场创新，加强过程控制，规范管理，建立健全了企业自我发展的激励机制和约束机制，企业改革取得新进展。中金岭南公司、株冶火炬公司成功完成了股权分置改革。包头铝业公司实现了成功上市。南山集团发行企业债券，获得批准。云南铝业股份公司通过国际环境管理体系认证，被评为全国有色金属行业第一家“国家环境友好企业”。

## 九、海外资源开发和技术合作又有新成果

中国铝业公司2005年加快了海外资源的开发力度，积极推进铝土矿和氧化铝三大项目的开发，巴西淡水河谷ABC项目的联合可研已经完成、越南多农氧化铝项目已与越南煤炭集团签订了合作谅解备忘录、澳大利亚奥鲁昆项目竞标已获确认，公司同时获得几内亚1万平方公里铝土矿勘探权；中国五矿集团公司与世界最大铜业公司智利国家铜业公司签署联合开发智利铜资源项目协议，与牙买加政府签署联合开发铝土矿资源框架协议；中国有色矿业集团公司2005年10月与哈萨克斯坦签下目前国内企业在海外承包建设的最大电解铝项目，蒙古图木尔廷敖包锌矿已成为中蒙合作的典范工程。2005年5月，中国冶金集团公司与巴布亚新几内亚合作瑞末镍钴矿正式启动。2005年8月，北京矿冶研究总院与哈萨克斯坦铜业公司签署了多个项目的“合作意向书”。

## 十、当前我国有色金属工业发展面临的形势和任务

一是有色金属市场需求将继续保持较快增长。当前，世界经济正处于新一轮恢复和增长期，国际环境总体上对我国发展有利。我国具备保持经济平稳较快发展和社会和谐进步的有利条件。城乡居民消费结构升级，将带动产业结构调整和城镇化加快发展，这些都为有色金属工业发展提供了巨大的市场需求。2006年，国内市场对铜、铝等主要有色金属的需求仍将保持增长态势，产品产量将继续增加。预计精炼铜的产量将增长8%，达到280万吨；电解铝产量将增长8%，达到850万吨以上；铅产量将达到250万吨以上，锌产量也将达到275万吨以上。

二是产业政策和发展规划更加明确。2005年，国务院原则通过了《铝工业发展专项规划》和《铝工业产业发展政策》，国务院办公厅转发了国家发展和改革委员会等部门《关于制止铜冶炼行业盲目投资若干意见》和《关于加强钨锡锑行业管理的意见》。十届人大四次会议通过了《国民经济和社会发展第十一个五年规划纲要》。这些国家产业政策和规划对指导有色金属工业健康发展将起到积极的、非常重要的作用。2006年是国家实施第十一个五年规划的第一年，从政策层面看，持续发展是总的趋势，有色金属工业发展不会出现大起大落。

三是能源、资源供应状况有喜有忧。经过几年电力工业快速发展，2006年能源供应紧张局面将有望得到缓解，但电价仍将保持高价位。有色金属矿产资源开发仍将保持较快增长，但资源短缺问题仍未缓解。铜、铝、铅、锌等主要金属品种的资源静态可采保有储量年限大体上仅有10年左右。2005年我国进口铜精矿实物量406万吨，比2004年增长41.4%，对外依存度已超过60%；进口氧化铝702万吨，比2004年增长19.4%，对外依存度高达47%左右。我国铜、铝、铅、锌等主要有色金属品种，由于矿山原料短缺，尤其是铜精矿和氧化铝需要大量进口，生产成本受国际市场原料价格的严重制约。2006年，国内还将有一部分新建电解铝、铅锌产能陆续投产，使国内外市场现货氧化铝、铅锌精矿供应形势紧张。

四是部分产品产能过剩。目前电解铝有200万吨产能过剩，近年来铜冶炼能力增长过快；铜铝加工在建能力过大，产品方向雷同，市场风险值得注意。

五是国家要求建立资源节约型和环境友好型社会的政策力度加大。有色金属工业正面临着加快节能降耗，改善环境的严峻挑战，必须转变增长方式，调整结构，大力发展循环经济。

## 2005 年 1~12 月有色金属产品产量汇总表

单位：吨

| 指标名称 | 本月 | 本月止累计 | 同期比(%) | 指标名称 | 本月 | 本月止累计 | 同期比(%) |
|---|---|---|---|---|---|---|---|
| 一、十种有色金属 | 1524957 | 16318431 | 18.14 | 2.铅精矿含量 | 59270 | 626798 | 4.80 |
| 其中：矿产 | 1383013 | 15128383 | 16.41 | 3.锌精矿含量 | 169306 | 1821571 | 5.62 |
| 1.精炼铜(铜) | 257665 | 2583433 | 25.33 | 4.镍精矿含量 | 5016 | 59876 | -5.39 |
| 其中：矿产 | 171826 | 1921896 | 22.64 | 5.锡精矿含量 | 11123 | 77974 | 21.92 |
| 2.原铝(电解铝) | 684108 | 7806001 | 17.02 | 6.锑精矿含量 | 6609 | 61836 | 19.25 |
| 3.铅 | 224977 | 2378759 | 31.29 | 三、钨钼精矿折合量 | | | |
| 其中：矿产 | 171401 | 1863356 | 24.28 | 1.钨精矿折合量 | 6061 | 73403 | -14.03 |
| 4.锌 | 271145 | 2710814 | 7.60 | 2.钼精矿折合量 | 6624 | 66571 | 4.08 |
| 其中：矿产 | 268617 | 2697705 | 7.49 | 四、中间产品 | | | |
| 5.镍 | 8449 | 95250 | 26.29 | 1.矿产粗铜 | 127275 | 1604809 | 21.34 |
| 6.锡 | 11927 | 119447 | 2.01 | 2.氧化铝 | 801530 | 8510619 | 21.68 |
| 7.锑 | 16890 | 145526 | 16.50 | 3.矿产粗铅 | 74084 | 871953 | 30.67 |
| 8.汞 | 21 | 361 | -14.86 | 五、有色加工产品 | | | |
| 9.镁 | 48730 | 469567 | 10.21 | 1.铜材 | 424338 | 4668000 | 12.07 |
| 10.海绵钛 | 1045 | 9274 | 86.81 | 2.铝材 | 579734 | 5836869 | 32.76 |
| 二、六种精矿含量 | 304359 | 3299440 | 6.15 | 六、冶炼厂产金(千克) | 3321 | 37560 | 4.74 |
| 1.铜精矿含量 | 53035 | 651385 | 7.39 | 七、白银(千克) | 675255 | 6753664 | 19.80 |

## 2005 年 1~12 月色金属行业规模以上企业主要财务指标

| | 计算单位 | 本月止 | 上年同期 | 同期比(%) | 备注 |
|---|---|---|---|---|---|
| 企业个数 | 个 | 5852 | | | |
| 工业总产值(现价) | 千元 | 820188722 | 591726288 | 38.61 | |
| 销售产值(现价) | 千元 | 804380144 | 582429531 | 38.11 | |
| 资产总计 | 千元 | 688177427 | 557060577 | 23.54 | |
| 流动资产平均余余额 | 千元 | 316039953 | 243153838 | 29.98 | |
| 应收帐款 | 千元 | 56708950 | 44803594 | 26.57 | |
| 产成品 | 千元 | 38585595 | 29886969 | 29.11 | |
| 固定资产净值平均余额 | 千元 | 236074941 | 201473343 | 17.17 | |
| 负债合计 | 千元 | 430601007 | 354718996 | 21.39 | |
| 产品销售收入 | 千元 | 809051096 | 590172255 | 37.09 | |
| 产品销售成本 | 千元 | 701775376 | 513216165 | 36.74 | |
| 产品销售费用 | 千元 | 11033226 | 8849466 | 24.68 | |
| 产品销售税金及附加 | 千元 | 3409671 | 2268352 | 50.31 | |
| 管理费用 | 千元 | 27472584 | 23788257 | 15.49 | |
| 财务费用 | 千元 | 10305651 | 8742743 | 17.88 | |
| 利息支出 | 千元 | 9082502 | 7987523 | 13.71 | |
| 利润总额 | 千元 | 54390391 | 34146975 | 20243416 | 绝对数 |
| 亏损企业亏损额 | 千元 | 3737322 | 2526890 | 1210432 | 绝对数 |
| 亏损企业个数 | 个 | 1063 | 1001 | 62 | 绝对数 |
| 应交增值税 | 千元 | 26980792 | 19236930 | 40.26 | |
| 从业人数 | 人 | 1486947 | 1416128 | 5.00 | |
| 利税总额 | 千元 | 84780854 | 55652257 | 29128597 | 绝对数 |
| 产销率 | % | 98.07 | 98.43 | -0.36 | 百分点 |
| 资产负债率 | % | 62.57 | 63.68 | -1.11 | 百分点 |
| 资产利润率 | % | 7.90 | 6.13 | 1.77 | 百分点 |
| 资产利税率 | % | 12.32 | 9.99 | 2.33 | 百分点 |
| 销售收入利润率 | % | 6.72 | 5.79 | 0.94 | 百分点 |
| 销售收入利税率 | % | 10.48 | 9.43 | 1.05 | 百分点 |
| 人均销售收入 | 元/人年 | 544102 | 416751 | 127352 | 绝对数 |

# 2005年中国建材工业经济运行概况

在国民经济持续、快速发展的强劲拉动下，建材工业生产和市场需求继续保持了平稳增长的态势；固定资产投资增速继续回落，投资结构更趋合理，产业结构得到进一步优化；出口贸易呈继续扩大的态势，但贸易摩擦有所增加；受原燃材料涨价等因素的影响，企业生产成本上升，盈利水平下降，亏损面扩大，全行业经济效益下滑。

## 一、2005年建材工业经济运行特点

### 1. 生产平稳，需求增长，增速下降

建材工业全年完成工业增加值2275亿元，按可比价格比上年增长17.3%，低于上年24.3%的增长率。其中，水泥工业增加值增长了3.4%，平板玻璃工业增加值下降了14.2%。石棉制品、石棉水泥、轻质建筑材料、隔热隔音材料、技术玻璃、石灰石膏等行业工业增加值增长率超过30%。按省市分，河南、山东、江西、云南、广西、重庆、四川、内蒙古、辽宁、湖南等省区市建材工业增加值增长率超过20%。按所有制类别划分，国有及国有控股企业建材工业增加值下降。私营、集体、股份合作和联营、有限责任企业建材工业增加值增长率在10%以上。

建材产品产量继续保持增长态势。水泥累计完成10.34亿吨，同比增长11.8%，增幅下降了3.9个百分点；平板玻璃累计完成3.57亿重量箱，同比增长16.6%，增幅下降了3.8个百分点。夹层玻璃、钢化玻璃、砖、瓦、水泥混凝土桩、大理石板材、花岗石板材等10种产品产量增长速度均超过了20%，其中瓦、大理石板材和夹层玻璃、钢化玻璃等产量的增速超过30%。在国民经济持续快速增长的拉动下，建材需求平稳增长，建材产品平均产销率为97.48%，同比基本持平。

### 2. 固定资产投资增幅回落，产业结构进一步优化

建材行业全年累计完成固定资产投资1144亿元，同比增长20.7%，但与2004年相比，增速回落了28.3个百分点。这是国家宏观调控取得的成果，使建材投资结构更趋合理。2005年建材工业施工项目4648个，比上年增加1053个；新开工项目3473个，比上年增加852个；投产项目2197个，比上年增加590个。新增固定资产694亿元，增长24.1%。在固定资产投资完成额中，新建项目完成662.61亿元，增长22.1%；扩建项目完成255.99亿元，下降7.4%；改建项目完成186.20亿元，增长91.5%。按行业分，水泥制造业占36.1%，投资完成额同比下降5.1%；平板玻璃制造业占6.8%，投资完成额同比增长44.8%；非金属矿采选业占6.6%，投资完成额同比增长90.6%；建筑陶瓷制品制造业占6.1%，投资完成额同比增长12.4%；水泥制品制造业占5.9%，投资完成额同比增长31.7%；技术玻璃制品制造业占4.2%，投资完成额同比下降7.4%。除上海、天津、西藏、新疆、福建、宁夏、浙江、湖南、安徽、甘肃10个省区市建材工业固定资产投资完成额下降外，其他21个省区市建材工业固定资产投资完成额均有所增长。

水泥新增投资主要集中在大型新型干法水泥生产线，预计全年新增新型干法生产能力约1亿吨。新型干法水泥产量占预计总产量的比重达38.6%，较上年提高9个百分点，水泥工业结构调整再度取得长足进步。浮法玻璃产量已占到我国玻璃总产量的84.56%，2005年建成投产的浮法玻璃生产线中有60%属优质浮法和国内市场短缺的产品。山东玻璃集团开发的超白玻璃，北京新立基

2005 年建材产品产量统计表

| 产品名称 | 单位 | 本年累计 | 增长率(%) | 产品名称 | 单位 | 本年累计 | 增长率(%) |
|---|---|---|---|---|---|---|---|
| 水泥 | 万吨 | 103444 | 11.80 | 瓷质砖 | 万平方米 | 164091 | 24.33 |
| 水泥排水管 | 千米 | 5737 | 0.89 | 炻瓷砖 | 万平方米 | 16093 | 10.12 |
| 水泥压力管 | 千米 | 6768 | 10.28 | 细炻砖 | 万平方米 | 8238 | 38.45 |
| 水泥电杆 | 万根 | 401.21 | -9.59 | 炻质砖 | 万平方米 | 3223 | 42.28 |
| 商品混凝土 | 万立方米 | 14905 | 21.97 | 陶质砖 | 万平方米 | 109449 | 25.49 |
| 水泥混凝土桩(水泥预制管桩) | 万米 | 9223 | 23.62 | 卫生陶瓷 | 万件 | 6784 | 19.99 |
| 砖(折标准砖) | 亿块 | 765.04 | 25.99 | 玻璃纤维纱 | 吨 | 927532 | 29.88 |
| 瓦 | 亿片 | 38.38 | 59.78 | 附:建筑涂料 | 万吨 | 133.51 | 3.68 |
| 大理石板材 | 万平方米 | 1795.61 | 51.31 | 塑料型材 | 万吨 | 236.68 | 13.28 |
| 花岗石板材 | 万平方米 | 13403.66 | 25.12 | 塑料管(棒)材 | 万吨 | 196.78 | 22.95 |
| 石膏板 | 万平方米 | 65921 | 18.84 | 泡沫塑料 | 万吨 | 111.25 | 14.85 |
| 平板玻璃 | 万重量箱 | 35745 | 16.68 | 耐火材料制品 | 万吨 | 2276.38 | 32.15 |
| 中空玻璃 | 万平方米 | 592.26 | 11.74 | 石墨及碳素制品 | 万吨 | 860.29 | 24.96 |
| 钢化玻璃 | 万平方米 | 4130.31 | 30.88 | 钢材-钢筋 | 万吨 | 6776 | 17.42 |
| 夹层玻璃 | 万平方米 | 1084.29 | 106.13 | 钢材-盘条(线材) | 万吨 | 6051 | 20.57 |
| 陶瓷砖 | 万平方米 | 301094 | 24.40 | 水泥专用设备 | 万吨 | 36.5 | -1.50 |

开发的平板真空玻璃等新产品不断涌现；洛阳玻璃集团成功开发出电子工业用超薄浮法玻璃产品，在国内首次实现了0.55毫米、0.7毫米玻璃的工业化生产，提升了中国洛阳浮法玻璃的整体技术。池窑拉丝产量已占到了玻纤总产量的70%，浙江巨石集团10万吨大型无碱池窑拉丝生产线的建成投产，使我国拥有全球规模最大的无碱玻纤池窑拉丝生产线。

**3. 竞争加剧，成本上升，效益下降，亏损面增加**

受煤电油运紧张和价格上涨因素的影响，建材销售成本同比上升28%，累计生产成本和销售、管理、财务三项费用上升26.4%，高于产品销售收入的增长幅度。成本费用上升，导致建材工业盈利水平大幅度下降，累计成本费用利润率为4.94%，比上年同期减少1.47个百分点。同时，新增产能的释放也带来了对市场的冲击和竞争的进一步加剧，产品价格在低位徘徊，盈利水平下降。建材行业全年累计实现利润总额346.23亿元，同比下降2.6%。实现利税总额710.51亿元，同比增长5.2%。累计主营业务利润率14.22%，同比减少2.17个百分点；销售利润率为4.69%，同比减少1.32个百分点。全行业亏损企业3537户，同比增加544户，企业亏损面达20.86%，同比增加2.23个百分点。除山东、河南、四川、湖南、云南、新疆等省区外，全国大部分省市区建材工业的盈利水平下降。

**4. 进出口额继续高位增长，贸易摩擦增加，外资进入国内市场步伐加快**

建材行业全年完成进出口总额152.93亿美元，同比增长28%。其中出口金额97.58亿美元，同比增长37.1%，成为推动建材增长的重要因素；进口55.35亿美元，同比增长14.6%；实现贸易顺差42.23亿美元，同比增长84.7%。水泥熟料、水泥、玻璃砖、花岗石荒料等产品出口高速增长，增速在60%以上，卫生陶瓷、陶瓷砖、石英玻璃、玻璃纤维纱、玻璃砖、窗玻璃、平板玻璃、大理石板材等产品出口增长也在30%以上。随着建材产品出口的持续快速增长，国际贸易磨擦时有发生，建筑陶瓷、卫生陶瓷、玻璃纤维、汽车玻璃等产品先后遭遇国外反倾销调查，引起了大家的重视。与此同时，跨国公司和国际金融资本加大了对建材业的投资力度，并购水泥、玻璃等企业的步伐明显加快，这也是2005年建材行业令人关注的新动向。

## 二、2006年建材工业发展预测

2006年国内生产总值将继续保持8%以上的增长水平。与建材工业密切相关的固定资产及房地产投资等也都将保持相当的增速，而居民消费结构升级、城镇化步伐的加快以及社会主义新农村建设，为属于投资拉动型产业的建材工业发展营造了良好的政策环境和市场需求。预计2006年建材工业将保持稳定增长的态势，市场需求平稳增长。但是由于资源能源性产品价格仍呈上涨趋势，市场供大于求的矛盾依然十分突出，因此部分产业的市场竞争将进一步加剧，行业效益不容乐观。大企业的竞争优势将进一步凸现，企业间的并购、重组步伐将会加快。

**1. 生产总体将保持稳定增长态势**

适度的固定资产投资规模仍是建材工业增长的持续动力。同时，建筑及装饰装修业、汽车业的快速发展，信息产业、电子工业、建筑装饰装修业等的崛起，社会主义新农村的建设也将成为拉动建材增长的重要因素，受投资和相关产业的拉动，预计2006年建材工业生产总体将保持稳定增长的态势。水泥、平板玻璃等建材主要产品需求保持稳步增长。预计全国水泥消费需求量增加5000万吨以上，平板玻璃消费需求量增加2000万重箱以上，增长的绝对量仍然较大。

**2. 装饰装修材料需求保持较快增长，多功能绿色建材产品需求看好**

装饰装修材料需求保持较快增长。随着人民生活水平的提高，人们在追求高质量生活、个性化生活的同时，带来装饰装修业的繁荣，带动了装饰装修产品市场需求快速增长。国家首次将节约资源作为一项基本国策，明确提出，单位国内生产总值能耗比“十五”期末降低20%左右。因此，建材产品在生产和使用过程中将更加突出体现健康、资源节约和综合利用、环保等要求，多功能产品如自洁、灭菌、节能、装饰等功能性玻璃在公共建筑、民用建筑上的应用将有更大的市场，高品质、多功能的节水、环保型卫生洁具的市场需求也将不断增加。因此，多功能绿色建材产品将成为市场需求的新亮点。

**3. 建材产品的出口将继续保持较快增长**

虽然2006年世界经济增速会略有回落，但仍将保持较快的增长，投资的增加，特别是美国、欧盟、日本和亚洲等中国主要建材出口国家和地区的经济还会保持增长态势，对建材产品的进口需求仍将持续增长，中国建材产品的出口将继续保持较快增长。

**4. 市场竞争进一步加剧，产品价格将在低价位徘徊，行业经济效益不容乐观**

鉴于目前建材主要产品产能过大、供给能力持续增长的情况，产需矛盾会进一步突出，市场竞争进一步加剧，建材产品价格将稳中有降，总体在低价位徘徊，行业经济效益不容乐观。虽然2006年世界经济增速会略有回落，但仍将保持较快的增长，投资的增加，特别是美国、欧盟、日本和亚洲等中国主要建材出口国。

## 三、协会工作

**1. 编制“十一五”规划，开展专题研究**

建材行业积极参与国家“十一五”规划的编制工作。中国建材协会系统中的规划院、科教委等有关单位，就建材“十一五”发展问题组织召开了多个座谈讨论会，邀请国家发改委、建设部、科技部等政府部门负责同志以及各地建材协会的领导参加，集思广益，广泛深入地征求意见，研究编制了《以建筑业市场需求为主要导向，加快转变建材业的增长方式》等六个专题报告，最终形成了以服务于建筑业为重点，以节能、节地、节水、节约资源和保护环境为中心，加快产业结构调整的建材“十一五”发展的基本思路。在国家制定的“十一五”发展纲要中充分体现了建材工业的作用和地位。组织开展了“十一五”建材科技发展计划、新型墙材发展专项规划、建材矿产资源开发利用与保护规划等规划的编制工作，完成了建材工业“十一五”标准化发展规划、《2005~2007年资源节约和综合利用标准发展计划》和建材节能降耗发展纲要的编制工作，确定了水泥、玻璃、陶瓷、墙体材料和非金属矿等五个重点工作领域，提出了行业节能、节地、节材、节水的主要工作内容。组织开展了“十一五”十大重点节能工程实施方案编制工作，提出了建材行业的初步实施方案，突出了加快行业结构调整、实施低温余热发电项目、发展新型建材、推动建筑节能等方面的内容。各专业协会和各省市协会也都组织制定了专业规划和地方建材发展规划。

为了贯彻落实国务院加快建设节约型社会精神，建材行业上下掀起建设节约型社会，开展循环经济实践的高潮。先后组织完成了《我国建材工业的能源消耗状况和节能潜力研究》、《现行产业政策分析与建议》、《我国建材产业集群发展模式研究》等多项课题研究任务。从行业和企业发展的需要出发，充分发挥协会的优势，完成了《建材行业发展报告》、《建材工业质量状况分析报告》、《建材工业环境报告》和《建材工业科技发展报告》以及2004年度《中国行业分析报告》"建材行业篇"的编写工作，其中质量、环境、科技报告是首次组织编制。协会还以《会讯》、《中国建材》、建材信息网等媒介为载体，在全行业组织开展了建材行业建设节约型社会发展循环经济有奖征文活动，在行业内引起较大反响。还组织开展了《建材行业循环经济支撑技术》的编纂工作，将37项行业技术推荐列入了《国家重点产业循环经济支撑技术汇编》。

针对近年来国际水泥市场需求明显增长，我国水泥出口增速较快的特点，中国水泥协会专程到水泥企业进行调研，了解水泥出口现状，组织召开了"水泥出口高层论坛"。在此基础上，就水泥出口政策问题向国家有关部门提出了"暂缓改变现行的水泥出口退税政策"等相关建议，被政府有关部门采纳。此举不仅缓解了国内水泥市场的压力，也为水泥企业继续开拓国际市场创造了较好的条件。同时，向财政部、发改委、商务部提出调整散装水泥专项资金征收政策的建议。建议取消专项资金征收，减轻企业负担，通过完善相关法规和政策措施，依靠市场力量，推动散装水泥的发展。

**2. 加强统计信息分析，扩大信息服务领域**

积极为省区市建材管理部门、有关协会、企业提供专项统计服务，定期向政府有关部门报送行业信息，对行业统计信息作了进一步的改进。开拓创新，建立按年度发布环保统计分析报告的制度，首次向全行业发布建材工业环保统计数据。同时与国家统计局联合，组织开展了第二次建材百强企业信息发布活动，宣传建材百强企业的风采，交流百强企业发展经验。

**3. 举办各类推介、论坛、展览活动，加强国际间交流与合作**

召开了"中国绿色建材发展论坛"，按照绿色建材认证标准，评定并颁发了"绿色建材产品（性能）"证书；与省市建材协会、地方政府、行业协会等一起，先后举办了产业发展论坛、企业产品推介活动，开展了技术交流研讨会。在建材展览业竞争加剧的情况下，中国建材协会重组整合后举办的"国际建筑建材贸易博览会暨国际绿色建材展览会"以及"国际水泥、混凝土技术及装备展览会"、"国际陶瓷工业展览会"、"国际玻璃工业技术展览会"、"国际石材产品及石材技术装备展览会"等重要品牌展览，均取得了良好业绩。

经与日本建材住宅设备产业协会一起大力推进，采取政府支持、民间交流为主导的产业交流方式，成功召开了首届中日建材及相关产业交流研讨会，恢复了因政府机构改革一度中断的中日建材交流。国家发改委、建设部、国资委以及日本经济产业省制造产业局、中日两国大中型建材企业的200多位代表出席了会议。中日双方从目前两国业界现状、发展动向、面临的问题及解决办法等诸多方面进行了广泛交流，在许多方面达成了共识，促进了两国建材业的交流与合作。中国建材协会加强了与国外相关协会组织的联系、合作与交流。与德国水泥协会、美国混凝土协会等组织建立了工作联系。通过邀请国外驻华使馆参加协会组织的展览会、交流会，加强了与国外驻华机构的沟通与交流。组织有关单位申请中小企业开拓国际市场资金，为中小企业开拓市场服务，共落实政府支持项目22项，补助资金109万元。

虽然2006年世界经济增速会略有回落，但仍将保持较快的增长，投资的增加，特别是美国、欧盟、日本和亚洲等中国主要建材出口国。

**附：**

## 中国建材工业"十五"发展回顾

"十五"时期是国内建材工业取得迅猛发展和辉煌成就的五年。五年间建材产业结构不断优化，产品质量不断提高，大企业和企业集团迅速成长，技术进步迈上新台阶，节能环保取得卓著成效，成为我国资源综合利用和发展循环经济的重点行业。

**成绩主要体现在：**

投资快速增长，行业先进生产力得到空前发展，产业结构调整取得显著成效，经济效益大幅提高。"十五"期间建材工业完成固定资产3426亿元，年均增速47%，为"九五"投资的3.14倍，成为建国以来建材投资力度最大的五年。由于改革开放政策的实施和经济体制的改革，国家投资对生产能力增长的影响作用在逐步缩小，国家预算资金占固定资产投资总额的比重大幅度降低，由1988年的20.7%下降到2000年的1.33%，2005年的比重进一步下降到0.88%。投资呈现出明显的多元化趋势，企业自筹及其他资金已成为建材资金投入的主要来源，占投资总额的比重由1988年的40.89%上升到2000年的66.14%，进一步提高提高到2005年的80.49%。

近年来，随着建材企业改制、建材工业多种经济成分的发展以及投资多元的发展，私营和有限责任公司已经成为建材工业的主要经济成分。2000年建材工业规模以上企业中，国有经济和集体经济企业数分别为3222个和4579个，分别占建材工业总企业数的25.40%和36.09%，2005年二者企业数在建材工业总企业数中的比重分别下降到6.86%和11.07%；而私营经济企业数所占的比例则从2000年的11.46%提高到2005年45.83%，有限责任公司所占比例也提高了近10个百分点。

建材产业结构调整取得了突破性的进展。与“九五”末相比，“十五”新型干法水泥产量年均增长7000万吨以上，比重提高了30个百分点；浮法玻璃产量比重提高了10.2个百分点；池窑玻璃纤维成为玻纤工业的主导产品，产量比重提高了46.41个百分点；墙体材料革新取得明显成效，新型墙材占总量的比例已达40%左右，提高了12个百分点。建材工业增加值达到2275亿元，是“九五”末的2.3倍，年均增速达24%。经济效益大幅度提高，“十五”建材行业共实现利润1223亿元，是“九五”利润总和的9.63倍，年均增长34.9%，成为建国以来利润增长最快的五年之一。

技术进步成就显著，部分行业技术装备水平接近或达到国际先进水平。建材行业先进生产力得到空前快速发展。如水泥行业，“十五”期间全国新增水泥产量4.5亿吨，其中新型干法水泥增加了3.5亿吨，占水泥增量的77.7%。大型水泥预分解工艺技术取得突破性进展，国产新型干法水泥技术装备成熟可靠，单位投资大幅度降低，工艺技术已达到国际先进水平。日产5000吨生产线已基本实

**2000年和2005年各经济类型企业主要经济指标所占比重**

单位:%

| 经济类型 | 企业数 | | 工业增加值 | | 产品销售收入 | | 利润总额 | |
|---|---|---|---|---|---|---|---|---|
| | 2000年 | 2005年 | 2000年 | 2005年 | 2000年 | 2005年 | 2000年 | 2005年 |
| 国有经济 | 25.40 | 6.86 | 16.71 | 4.75 | 17.09 | 4.47 | -3.47 | 0.50 |
| 集体经济 | 36.09 | 11.07 | 30.60 | 10.26 | 31.59 | 10.47 | 35.79 | 12.52 |
| 私营经济 | 11.46 | 45.83 | 8.00 | 31.93 | 7.89 | 32.79 | 7.48 | 33.85 |
| 股份合作和联营企业 | 8.05 | 5.09 | 8.75 | 3.99 | 6.52 | 3.93 | 4.53 | 4.31 |
| 有限责任公司 | 7.43 | 17.41 | 10.74 | 21.63 | 11.70 | 22.33 | 10.03 | 16.02 |
| 股份制公司 | 3.23 | 3.44 | 8.62 | 8.21 | 8.46 | 8.53 | 17.36 | 9.28 |
| 港澳台和外资企业 | 8.34 | 10.30 | 16.60 | 18.00 | 16.75 | 17.49 | 28.29 | 23.53 |

资料来源：建材协会信息部

**“十五”期间建材工业目标完成情况**

| 主要目标 | “十五”目标 | 2005年 |
|---|---|---|
| 新型干法水泥产量(亿吨) | 1.2~1.3 | 4.2 |
| 新型干法水泥产量占总产量的比重(%) | 20 | 40 |
| 浮法玻璃产量(亿重箱) | 1.6 | 3 |
| 浮法产量占玻璃总产量的比重(%) | 80 | 86 |
| 新型墙体材料产量占总产量的比重(%) | 40 | 40 |
| 池窑拉丝玻璃纤维占总产量的比重(%) | 60 | 75 |
| 前10家水泥企业(集团)生产集中度(%) | 17 | 13 |
| 前10家玻璃企业的生产集中度(%) | 50 | 57 |
| 前4家玻璃纤维企业的生产集中度(%) | 60 | 63 |

资料来源：《建材工业“十五”计划》、建材协会讯和中国建材报

现国产化，海螺集团建成投产4条日产10000吨水泥生产线，标志着我国新型干法水泥生产技术已处于世界领先地位。浮法玻璃工艺已成为平板玻璃工业的主导技术。采用中国洛阳浮法玻璃工艺技术可生产19~25mm超厚及0.55~1.1mm超薄浮法玻璃，并建成了900吨/日浮法生产线，在规模、技术、装备以及产品档次上都迈上了新台阶。2005年有8家企业的浮法玻璃产品获得中国名牌称号。建筑卫生陶瓷生产技术装备、产品装饰与造型设计及配套能力、高中压注浆技术水平不断提高。国产压砖机最高吨位已达7800吨。玻璃纤维产业已建成日产10万吨级池窑生产线，标志着我国玻纤行业的科技进步达到新的高度。

建材大企业和企业集团迅速成长，在行业中的主导地位和作用日益显现。目前，水泥行业中的海螺、华新、山水、拉法基瑞安、三狮、中联、冀东等企业的年生产能力都超过1000万吨，其中海螺水泥熟料的生产能力达到5480万吨，居世界水泥企业第7位。10大水泥企业集团的生产集中度由"九五"末的4.4%提高到13.3%。华尔润、山玻、洛玻、光宇、蓝星、秦皇岛耀华、上海耀皮等平板玻璃企业的年生产能力均超过1000万重量箱，前12家浮法玻璃企业的生产集中度已达55%以上。年产1000万平方米以上的新中源、诺贝尔等陶瓷砖企业的产量已占全国陶瓷砖总产量的17%；唐山惠达、重庆四维等10家卫生陶瓷企业的产量超过2650万件，占全国卫生陶瓷总产量的24%以上。巨石、泰山、重庆国际3家企业的池窑玻璃纤维年生产能力达44万吨，占池窑生产总能力62%。中国建材、中国材料科工、北京金隅、上海建材等综合性大型企业集团也在迅速发展壮大。大企业集团的迅速发展对提高行业生产集中度、加快产业结构调整、增强建材市场的调控能力起到了很好的导向和示范作用。

进出口贸易逐年增加，对外开放取得可喜成果。"十五"期间，我国建材产品进出口贸易逐年增加。进出口贸易额从2000年的50.59亿美元，增长到2005年的152亿美元。建材主要出口产品为石材、玻璃纤维、平板玻璃及其制品、建筑卫生陶瓷等。

我国建材技术装备在国际市场日益显示出较强的竞争能力，预分解水泥、浮法玻璃等技术装备出口到东南亚、中东、非洲和欧洲等多个国家和地区。由于我国大型成套水泥装备技术成熟可靠、价格合理，具有从设计、施工、安装、工程总承包的系统集成服务能力，水泥成套技术装备及工程建设服务出口规模逐年扩大，在国际水泥工程技术装备及工程服务市场的份额已达到20%以上。2005年由中材国际承担的我国万吨新型干法水泥生产线出口沙特阿拉伯，这是世界水泥工业装备制造与供货、工程建设行业历史上单笔金额最大的项目，也是中国工程业在海外取得的最大的工程总承包项目之一，显示出我国建材技术装备在国际市场上具有较强的竞争能力。中材国际已跻身于国际水泥工程建设的四强之列。与此同时，由于对我国建材市场前景预期较高，一些国际知名建材企业和跨国公司纷纷在国内投资建材，拓展业务，国内竞争国际化的格局日益增强。目前，我国内地共有外资和港澳台资建材企业1700多家，工业增加值占全行业工业增加值的17.8%。

行业节能、环保卓有成效，已成为资源综合利用和发展循环经济的重点行业。"十五"期间，随着技术进步和结构调整的不断推进，在主要产品产量大幅度增长的同时，建材万元工业增加值能耗逐年下降，由"九五"末的11.85吨标煤/万元降到7.4吨标煤/万元，减少了37.8%。水泥行业中，近几

**"十五"期间建材工业目标完成情况**

单位：万美元

| 年 份 | 进出口总额 | 出口金额 | 进口金额 | 出口–进口 |
|---|---|---|---|---|
| 2000年 | 505852 | 286857 | 218995 | 67862 |
| 2001年 | 567150 | 330205 | 236945 | 93261 |
| 2002年 | 698812 | 417748 | 281064 | 136684 |
| 2003年 | 884539 | 529795 | 354744 | 175052 |
| 2004年 | 1194923 | 711800 | 483123 | 228678 |
| 2005年 | 1529285 | 975809 | 553476 | 422333 |

资料来源：建材协会信息部

年投产的新型干法水泥生产线与20世纪90年代初国外相近规模的生产线相比，热耗下降了5~10%，电耗下降了10%~15%，系统运转率超过92%。

环保治理卓有成效，$SO_2$、粉尘等主要污染物的单位排放量不断下降。建材工业二氧化硫排放量由2000年的234万吨降到2004年的175万吨，降低了25.3%；粉尘排放量由2000年的824万吨降到2004年的577万吨，降低了29.9%。其中，水泥制造业在产量增加62.5%的同时，粉尘排放量降低了32.3%。

建材行业年综合利用各种工业固体废弃物超过4亿吨，已成为固体废弃物综合利用量最大的行业，并被国家确定为发展循环经济的重点行业，吉林亚泰、内蒙古乌兰、北京北水三家企业被国家有关部门确定为第一批循环经济试点企业。

**行业发展存在的主要问题**

1. 由于历史原因，尽管“十五”期间产业结构调整取得突破性进展，但结构调整的任务仍然艰巨，全行业整体技术装备水平依然落后，信息化水平较低。

2. 全行业集约化程度低，生产集中度不高，在建材业、建筑业、房地产业大的产业链中，建材产业处于相对被动地位，缺少控制力。从整体看，我国建材企业的市场竞争能力有待提高。

3. 企业战略管理意识不强，品牌意识比较薄弱，投资发展中的跟潮和短期行为等时有发生，贯彻落实科学发展观任重而道远。

# 2005年中国机械工业经济运行概况

## 一、行业经济发展总体概况

2005年，机械工业较好地克服了“市场波动”和上游产品大幅提价等不利因素的影响，成功地实现了由高速增长向平稳快速增长的过渡，主要经济指标创造了历史新的水平(参阅表1)。

### (一)生产发展

1. 保持平稳较快增长，由超高速向快速过渡

从2004年下半年开始，国家宏观调控的作用，在机械工业经济运行中的影响逐步显现，部分行业增速走低，至2005年二季度开始进入稳定的增长期，工业增加值在2003年（38.9%）、2004年(33.52%)连续两年以30%以上超高速增长基础上的向20%左右回落，增幅虽比上年有较大下降，但仍属较快增长。

经济的稳定性有所提高。全年工业总值达到41428亿元，增长21.55%，四个季度分别增长18.86%、19.44%、20.25%和21.55%。工业增加值10821亿元，增长20.30%，四个季度分别增长11.66%、17.78%、20.72%和20.30%。数据显示，增长速度曲线非常平稳，前三年过快增长所引发的诸多风险大大缓解，增长的可持续性明显提高。

生产效率显著提高。2005年机械工业全员劳动生产率94912元/人年，比上年的83677元/人年增长11235元/人年，增长13.43%，增长率创历史最好水平，但总的水平与工业发达国家(美国9.73万美元、日本10.47万美元、德国7.66万美元)比较，还有较大差距。

2. 重要产品产量实现新的突破

在统计的94种主要产品中，产量比上年增长的77种，占81.9%；其中以二位数速度增长的60种，占总量的63.8%，大中型拖拉机、火力发电设备等14种重要产品增幅在30%以上(参阅表2)。

大中型拖拉机 支持“三农”的大中型拖拉机

表1 2005年中国机械工业主要经济指标和主要产品产量简表

| | 单 位 | 绝对值 | | 同比增速(%) | |
|---|---|---|---|---|---|
| | | 2004年 | 2005年 | 2004年 | 2005年 |
| 主要经济指标 | | | | | |
| 工业增加值 | 亿元 | 9088 | 10821 | 33.52 | 20.30 |
| 工业总产值 | 亿元 | 35045 | 41428 | 36.76 | 21.55 |
| 销售收入 | 亿元 | 33832.6 | 40307.3 | 36.95 | 22.35 |
| 利润总额 | 亿元 | 1981.2 | 2140.82 | 26.63 | 11.26 |
| 外贸出口额 | 亿美元 | 794.31 | 1044.6 | 41.87 | 31.51 |
| 主要产品产量 | | | | | |
| 大中型拖拉机 | 万台 | 9.83 | 16.24 | 83.93 | 53.80 |
| 机床 | 万台 | 38.90 | 45.07 | 35.91 | 12.77 |
| 其中：数控机床 | 台 | 51861 | 59639 | 49.84 | 14.24 |
| 发电设备 | 万千瓦 | 7137 | 9200 | 90.87 | 28.89 |
| 汽车 | 万辆 | 507.08 | 570.77 | 14.11 | 12.56 |
| 其中：轿车 | 万辆 | 222.45 | 276.77 | 11.99 | 24.42 |

大发展。2004年生产9.83万台，比2003年增长83.93%，在此基础上，2005年又生产16.24万台，同比增长53.8%。

机床 2005年生产45.07万台，同比增长12.77%。按台数计居全球首位；按产值计，2005年产值40亿美元，占全球金切机床产值约410亿美元的1/10，次于日本、德国，居世界第三位。结构改善，数控机床生产5.96万台，同比增长14.24%；数控化率，按台数计为13.23%，按价值计为35.2%，都比上年有所提高。

发电设备 2005年生产9200万千瓦，同比增长28.89%；按中国机械工业联合会发电设备中心对全国29个单位统计，完成电站主机8635.57万千瓦，同比增长29%。据全球最大的美国通用公司、德国西门子公司和法国阿尔斯通公司三家发电设备制造商的研究报告，近年全球发电设备订单年平均约为12000万千瓦，金额约500亿美元；中国2005年生产电站发电设备8600多万千瓦，价值约300多亿美元，稳居世界第一位。

汽车 2005年生产汽车570.77万辆，其中轿车276.77万辆，分别增长12.56%和24.42%，比上年增幅(分别为14.11%和11.99%)回落1.55个百分点和增长12.23个百分点；产量仅次于美国、日本，已居全球第三位。

**(二)销售与市场**

2005年机械工业国内外市场活跃，对于机械工业生产企业总体产销形势而言，销售增长快于生产增长，形势很好。

中国机械工业市场需求旺盛，反映在三个方面：一是销售收入增速(22.35%)快于生产增速(工业总产值增长21.55%)；二是产品销售率达98.0%的高水平，创历史最高（2000年97.23%，2001年97.11%，2002年97.66%，2003年97.64%，2004年97.59%）；三是产成品、应收账款净额同比增速低于销售收入和销售产值的增长。

从各行业情况看，销售率在98%以上的有6个行业，汽车行业最高达99.01%，反映汽车制造厂家密切市场需求，较好地安排生产；文化办公设备和工程机械行业销售率分别为98.79%和98.78%，产品销售率最低的食品与包装机械行业也有96.09%。

机械工业是一个以内需为主的产业，但外需增长也很快。2005年内需占市场的83.31%，外需占16.69%。对国内外市场分析，出口交货值同比增长28.97%，内销交货值增长18.98%，外贸依存度，2005年为16.69%，比2004年的15.81%多0.88个百分点；内贸依存度，2005年83.31%，比2004年的84.19%有所减少。

从各行业国内外市场情况分析，大多数行业产品市场主要是依靠国内需求。出口率最高的是文化办公设备行业达84.09%，其后是仪器仪表行业和其他民品行业分别为27.74%和22.95%。国内市场占有率最高的是农业机械行业为94.15%，其后是工程机械行业、汽车行业和内燃机行业分别为93.79%、92.00%和91.4%；重型、机床、石化的内销率都在85%以上(参阅表3)。

**表2 2005年同比增速超过30%的机械产品**

| 序号 | 产品名称 | 单位 | 产量 | 同比增长(%) |
|---|---|---|---|---|
| 1 | 大中型拖拉机 | 万台 | 16.24 | 53.80 |
| 2 | 电站汽轮机 | 万千瓦 | 7790.16 | 46.66 |
| 3 | 数码照相机 | 万台 | 5552.97 | 45.87 |
| 4 | 造纸机械 | 万台 | 2.77 | 39.74 |
| 5 | 越野汽车 | 万辆 | 8.48 | 39.56 |
| 6 | 阀门 | 万吨 | 169.74 | 37.82 |
| 7 | 采矿设备 | 万吨 | 114.27 | 37.55 |
| 8 | 电站锅炉 | 万蒸吨 | 32.02 | 37.50 |
| 9 | 起重设备 | 万吨 | 191.68 | 36.51 |
| 10 | 环境监测仪表 | 台 | 9373 | 36.37 |
| 11 | 汽轮发电机 | 万千瓦 | 7888 | 33.19 |
| 12 | 固体废弃物处理设备 | 台(套) | 2602 | 30.36 |
| 13 | 气动元件 | 万吨 | 7138.24 | 30.29 |

表 3 2005 年机械工业各行业产品销售率和市场外贸依存度

| | 产品销售率 | | 外贸依存度 | |
|---|---|---|---|---|
| | 排序 | 指标值(%) | 排序 | 指标值(%) |
| 机械工业全行业总计 | | 98.00 | | 16.69 |
| 农业机械行业 | 5 | 98.44 | 13 | 5.85 |
| 内燃机行业 | 6 | 98.00 | 10 | 8.60 |
| 工程机械行业 | 3 | 98.78 | 12 | 6.21 |
| 仪器仪表行业 | 8 | 97.16 | 2 | 27.74 |
| 文化办公设备行业 | 2 | 98.79 | 1 | 84.09 |
| 石化通用机械行业 | 12 | 96.80 | 6 | 14.63 |
| 重型矿山机械行业 | 11 | 96.91 | 8 | 12.99 |
| 机床工具行业 | 7 | 97.17 | 9 | 12.85 |
| 电工电器行业 | 9 | 97.67 | 4 | 19.79 |
| 通用基础件行业 | 10 | 97.36 | 5 | 19.41 |
| 食品与包装机械行业 | 13 | 96.09 | 7 | 13.19 |
| 汽车行业 | 1 | 99.01 | 11 | 8.00 |
| 其他民用机械行业 | 4 | 98.50 | 3 | 22.95 |

**(三)盈利状况**

2005 年,机械工业经营管理水平有所提高,销售费用(同比增加 18.12%)、管理费用(14.62%)、应收账款净额(19.81%)和产成品(12.30%)等指标的增幅都比同期销售收入(同比增长 22.35%)增幅低。但由于上游产品大幅提价,加大了制造成本和产能过剩导致降价竞销的双重挤压,利润增幅下降。

原材料占机械产品成本的比重为 60%~70%,年内由于钢材、铜、铝大幅提价,企业难以消化;部分产品产能过剩,产品降价竞销,严重地影响了机械工业企业的盈利。如轿车,平均每辆售价,2004 年为 14.63 万元,2005 年为 12.93 万元,每辆售价减少 1.7 万元。2005 年销售轿车 278.74 万辆,仅降价一项,即减少利润总额 230 亿元左右。

2005 年,机械工业利润总额同比增长 11.26% 的成果来之不易,1~4 月利润总额同比增长曾下滑到-15.36%;亏损企业亏损额 1~7 月同比高达 41.34%。严峻的形势,激烈的竞争,促使企业改善经营管理,优化产品结构、企业结构,加上原材料的价格增势自三季度开始有所松动,盈利情况逐步好转,至 10 月份才终止盈利负增长的状态,全年实现利润 2140.8 亿元,再创历史新高(参阅表 4)。

从各行业的盈利情况看:

农机行业增长最快,增幅达 82.19%,其次是重型机械行业和仪器仪表行业,增幅分别为 58.43% 和 39.30%;汽车行业减幅最大,累计利润总额下降 22.55%。

电工电器行业利润总额最多共 599.28 亿元,占比 27.99%,居第一位,而上年占比为 23.06%,居第二位;汽车行业次之,共 542.44 亿元,占比 25.34%,居第二位,而上年为 28.27%,居第一位。

利润增长贡献率最高的是电工行业,2005 年新增利润 147.22 亿元,对当期全行业新增利润的贡献率 67.95%,即占全行业新增利润的 2/3;次之为基础件、重型机械和石化机械行业,分别为 21.24%、17.94% 和 17.21%(参阅表 5)。

**(四)综合经济效益**

2005 年,机械工业经济效益综合指数 156.37%,比上年提高了 3.86 个百分点。主要经济效益指标与上年比较增减不一;流动资产和人力工效趋好,流动资产周转率比上年增加 0.08 次,劳

表 4 2005 年机械工业利润总额、亏损企业亏损额分月同比增长情况 (%)

| | 1~2 月 | 1~3 月 | 1~4 月 | 1~5 月 | 1~6 月 | 1~7 月 | 1~8 月 | 1~9 月 | 1~10 月 | 1~11 月 | 1~12 月 |
|---|---|---|---|---|---|---|---|---|---|---|---|
| 利润总额 | -10.57 | -14.64 | -15.36 | -12.58 | -9.05 | -6.49 | -4.17 | -1.40 | 0.91 | 6.08 | 11.26 |
| 亏损企业亏损额 | 25.12 | 37.77 | 35.40 | 37.20 | 39.76 | 41.34 | 37.77 | 33.66 | 28.62 | 18.69 | 19.81 |

表 5 2005 年机械工业各行业利润总额增长情况

（亿元）

| | 指标值 | 比重（%） | 同比增减额 | 同比增长（%） |
|---|---|---|---|---|
| 机械工业全行业总计 | 2140.82 | 100.00 | 216.66 | 11.26 |
| 农业机械行业 | 41.43 | 1.94 | 18.69 | 82.19 |
| 内燃机行业 | 28.86 | 1.35 | 0.52 | 1.83 |
| 工程机械行业 | 32.80 | 1.53 | 0.18 | 0.55 |
| 仪器仪表行业 | 112.25 | 5.24 | 31.69 | 39.34 |
| 文化办公设备行业 | 36.65 | 1.71 | -1.35 | -3.55 |
| 石化通用行业 | 218.68 | 10.21 | 37.28 | 20.56 |
| 重型矿山行业 | 105.28 | 4.91 | 38.79 | 58.43 |
| 机床工具行业 | 89.30 | 4.17 | 23.79 | 36.32 |
| 电工电器行业 | 599.28 | 27.99 | 147.22 | 32.57 |
| 通用基础件行业 | 181.23 | 8.47 | 46.01 | 34.03 |
| 食品与包装机械行业 | 13.25 | 0.62 | 1.82 | 15.92 |
| 汽车行业 | 542.44 | 25.34 | -157.92 | -22.55 |
| 其他民用机械行业 | 139.49 | 6.52 | 29.97 | 27.36 |

动生产率增长 1.12 万元；产品单位费用得到有效控制，但因能源、原材料价格持续上涨，成本增加过高，2005 年机械工业销售收入利润率和成本费用利润率分别比上年下降 0.53 个百分点和 0.58 个百分点（参阅表 6）。

分规模类型来看，小型企业盈利情况较好，全部效益指标高于机械工业总体水平。大型企业虽然资金充足，重大产品发展多，销售形势好，但由于产销成本费用较高，产成品和应收账款占用资金多，获利能力不强（参阅表 7）。

表 6 2005 年机械工业综合评价指标

| 分类 | 指标 | 单位 | 2004 年 | 2005 年 | 同比增减点、次、（元/人） |
|---|---|---|---|---|---|
| 综合评价水平 | 综合经济指数 | % | 152.51 | 156.37 | +3.86 |
| | 附加价值率 | % | 26.42 | 26.13 | -0.29 |
| 一、投入产出能力 | 劳动生产率 | 元/人 | 83677 | 94912 | +11235 |
| | 成本费用利润率 | % | 6.21 | 5.63 | -0.58 |
| 二、运营能力 | 流动资金周转率 | 次 | 1.72 | 1.80 | +0.08 |
| | 产品销售率 | % | 97.59 | 98.00 | +0.41 |
| 三、盈利能力 | 总资产贡献率 | % | 10.3 | 10.2 | -0.10 |
| | 销售利润率 | % | 85.84 | 85.31 | -0.53 |
| 四、偿债能力 | 8.资产负债率 | % | 60.62 | 60.55 | -0.07 |
| 五、发展能力 | 9.资产保值增值率 | % | 116.99 | 116.36 | -0.63 |

表 7 2005 年全国机械工业不同规模类型企业经营情况 （%）

| | 销售收入利润率 | 总资产贡献率 | 资产负债率 | 流动资产周转率 | 成本费用利润率 | 资本保值增值率 |
|---|---|---|---|---|---|---|
| 机械工业全行业 | 5.31 | 10.28 | 60.55 | 1.80 | 5.63 | 116.36 |
| 大型企业 | 4.85 | 9.89 | 60.85 | 1.68 | 5.14 | 110.28 |
| 中型企业 | 5.66 | 9.77 | 60.87 | 1.71 | 5.97 | 114.41 |
| 小型企业 | 5.36 | 11.11 | 59.98 | 1.99 | 5.70 | 123.60 |

## 二、体制改革与并购重组

2005年，由于政策环境、市场环境的变化，机械工业的改革、重组不断深化，行业上下努力探索发展的新路。

**(一)国有大中型企业主辅分离、辅业改制**

主辅分离、辅业改制在机械工业国有企业改革中发挥了显著作用，是国有大企业一项意义深远的改革。首先主辅分离、辅业改制，成为分流安置企业富余人员的主要渠道，为深化国有企业改革与维护企业和社会稳定发挥重要作用。其次这项改革有力推动了国有大型企业的结构调整，国有大型企业在计划经济体制下形成的大而全、小而全的不合理结构，已成为参与市场竞争的一大障碍，通过这一项改革逐步化解历史遗留问题。再次辅业改制后以多种方式推进了产权多元化，增强了活力和发展后劲。东方锅炉厂和一汽集团在这项意义深远的改革中取得了较好成绩，为国有企业改革提供了成功的范例。

东方锅炉厂，从2003年起，将实施主辅分离与妥善解决存续企业的问题结合起来，经过两年的努力，存续企业连同富余人员问题已全部脱离主体进入市场，彻底解决了企业富余人员问题及背负的存续企业历史遗留问题，基本达到了精干主业，搞活辅业的预期目的。10家改制企业2005年第一季度全部实现盈利，主业东锅股份公司卸掉包袱后也得到更快发展。2005年度东锅股份公司主营业务收入和净利润都有大幅增长，企业市场竞争力显著提高。

一汽集团在这项改革中，使主业制造得到了进一步加强，汽车年产量已突破百万辆；分离出去的"辅业"，独立经营，"推墙入海"，在市场中多方突破，成为主业坚强后盾，并活跃于国际国内市场。如：一汽模具，改制前作为一汽集团的辅助企业，以完成一汽的任务为主，每年都是政策性亏损，改制后独立经营，而今已成为国内最大、技术水平最高的汽车模具生产企业，部分产品已经出口，利润也由1999年净亏损1626万元增长到2005年的盈利4381万元。抓住了汽车行业迅猛发展对模具大量需求的机遇，与德国大众等国外知名的模具厂商进行合作，"自主发展，开放合作，"现已能生产整车车身的模具，确立了中国汽车模具第一品牌的地位。

又如"一汽启明"。一汽启明公司前身为一汽集团电子技术处，自分户成立公司以来，销售收入从2001年的1.04亿元增长到2005年的5亿元，平均年增1亿元，成为吉林省首家进入全国IT行业百强的公司。这样的成果，得益于股份改造、面向市场。创业之初，公司制定的三步改革：第一步成立全资子公司，实行企业化运作；第二步，进行股份制改造；第三步，准备上市，让公司真正贴近市场。这些改革确保了企业经营的彻底市场化。

**(二)企业并购重组进入平稳阶段**

2005年中国机械工业的国内企业联合重组和走出国门并购，在经历了2004年快速增长后进入平稳发展阶段。

1. 企业跨地区兼并，实现强强联合和战略重组及产业结构调整

沈阳机床集团公司，2005年上半年重组云南CY集团之后，下半年又收购了交大昆机科技股份有限公司的28%股本，控股该公司，实现了强强联合的战略重组，初步形成了沈阳、昆明南北两大机床产业基地和德国重大型机床研发制造中心；目前沈阳机床集团数控机床产量近万台，经济总量跃居全球同行业前十位。其后，北京机电研究院高技术股份有限公司又控股北京第二机床有限公司等。

工程机械行业的改革重组与产业结构调整同时进行。柳工集团收购江阴压路机及扬州建机后，除扩大压路机生产外，又将小型装载机安排在镇江生产，形成小装载机的生产基地；福田在收购宣化工程股份后，又在北京昌平和山东潍坊建新的生产基地，分别生产混凝土机械、装载机、挖掘机及旋挖钻机，成为农机系统企业大举进入工程机械的最大厂家；抚顺永茂实业集团是塔机行业后起之秀与行业厂北京建筑机械厂资产重组、优势互补，意图成为塔机行业的骨干企业。

2. 开放合作逐步深入，开展多种形式的科技合作与交流

走出国门，实施跨国经营战略，有利于学习国外先进技术和管理，提高我国企业的国际竞争力。如机床行业继大连机床集团(2002年和2003年全资收购美国的英格索尔生产系统有限公司和英格

索尔曲轴制造系统有限公司、2004年9月成功收购了德国兹默曼有限公司70%的股份)、沈阳机床集团(2004年10月全资收购德国希思公司,并注入流动资金)、上海明精机床公司(先后在2003年和2004年收购了德国沃伦贝格和日本池贝公司,分别占据其53.6%和65%的股份)、秦川机床集团(2004年并购了联合美国工业公司,控股60%)并购了包括美、德、日三国在内的7家世界知名企业后,2005年初,哈尔滨量具刃具集团有限责任公司并购了德国制造刀具系统的凯狮公司(KELCLT);北京第一机床厂又全资收购了制造重型数控龙门铣床的德国瓦德里希·科堡公司(WALDRJCH COBURG)。

另一种类型是以大项目为龙头,广泛吸引国内外大公司的资金和技术,全力推进骨干企业与世界500强等企业的合资合作,并围绕下游产品做好配套,实现与外商深层次合作。大连冰山集团与日本三洋、日本富士电机、美国英格索尔、德国林德公司等世界大公司联手成立合资企业已达32个。瓦轴集团公司与世界三大轴承公司分别成立合资企业,2005年实现出口创汇3亿多美元。

3. 市场经济促进其他行业进军机械制造业

石化工业进军机械制造业取得成功,钢铁工业又进军机械制造业。作为中国钢铁行业的排头兵,宝钢集团旗下的工程技术公司和三菱日立、三菱商事增资组建的常州宝菱重工机械有限公司成立,该产业已被宝钢列为今后集团发展的六大支柱产业之一。

此前,宝钢和鞍钢已经先后和长春一汽结成战略伙伴关系,东风汽车公司也与攀钢建立战略合作伙伴关系,河南安阳钢铁集团也表示把机械制造业作为新的增长点来培育,钢铁业内专家认为,在目前中国钢铁产能相对过剩的情况下,确立依靠发展国内装备制造业来扩大钢铁市场的尝试大有可为。他们认为钢铁行业真正有潜力可挖的是装备制造业。装备制造业不仅仅是国内有需求,而且还有巨大的出口潜力。预测未来几年国内钢材行业拟新建、改扩建的机组将超过1000套,存在巨大的市场空间,但国内冶金制造业由于缺乏技术创新,很多高、精、尖的钢材生产装备都需要从国外引进。而宝钢,正是希望进军机械制造业。

电力系统在大型电站自动化控制系统研制中取得较大突破,目前已实现了60万千瓦机组DCS系统的国产化,并已有10余套订单。

**(三)以外资收购为特点的行业排头兵企业变局引发各界关注**

近年来,装备制造业领域吸引外资呈现出一个特点,即外资进入战略对准行业排头兵企业。2005年《中国工业报》策划报道的包括锦西化机与德国的西门子的合资、西北轴承与德国FAG的合资、无锡威孚与德国博世公司的合资等15个合资变局典型案例,给行业自主发展带来诸多担忧,已引起国家有关单位关注。

## 三、科技发展与自主创新

2005年,中国机械工业在经济实力稳步提高的同时,在科学技术发展的道路上取得了重要成就,创新能力显著增强,重大科技成果不断涌现。

**(一)科技进步显示机械工业创新和研发能力的增强**

机械工业科技进步捷报频传,2005年度有1项成果获得国家科技进步一等奖、有10项成果获得国家科技进步二等奖、3项获得国家技术发明二等奖;263项成果获“中国机械工业科学技术奖”和“中国汽车工业科学技术奖”,263项优秀科技成果中,机械214项、汽车49项,其中一等奖16项(机械14项、汽车2项)、二等奖90项(机械81项、汽车9项)、三等奖157项(机械119项、汽车38项)。这些获奖项目显示我国机械、汽车工业总体水平正在进一步提高。如汽车工业在发动机、代用燃料、实验方法、新材料、新工艺、新技术和计算机应用等领域自主创新的成就。这些项目构成了我国汽车工业自主创新体系的重要组成部分。

(1)自主创新基础有所增强

这些获奖项目都具有较高的自主创新性,改变了几年前以消化吸收国外先进技术为主,或在消化吸收基础上局部改进的状况。获国家技术发明奖二等奖“滴灌灌水器基于迷宫流道流动特性的抗堵设计及一体化开发方法”项目,在深入研究了流道内水压力、流量、流阻及流场变化规律的基础上,建立了流量与结构特征之间的数学模型,自主创新了迷宫流道主航道设计方法,从根本上解决了滴灌中固体颗粒沉淀造成堵塞的世界难题。同时发明的“一体化灌水器结构设计与快速制造方法”,实现了无模快速制造灌水器实验件,实现了设计的快速定型,使开发周期由原3~5个月缩短到3~5天;开发成本由5万元左右降到2000元以下。同样获国家科技进步奖二等奖的“汽车摩托车齿轮类零件冷摆碾精密成形关键技术及应用”及“铝及镁合金微弧氧化系列设备及工艺技术的研究开发”等项目,都是在深入进行理论研究的基础上,创造性开发出具有自主知识产权的制造工艺技术和加工设备,解决了机械加工中的复杂技术难题,产生了较好的经济和社会效益。

(2)振兴装备制造,支持国家重大工程建设

从获奖项目看,支持国家重大、关键工程建设和现代化装备的能力得到进一步加强。由上海振华港口机械(集团)股份有限公司研制生产的全自动双小车岸边集装箱起重机,获得2005年度国家科技进步奖一等奖和中国机械工业科学技术奖一等奖。该项目是针对目前集装箱运输船大型化、高速化而自主开发的全自动产品。该机的工作效率比普通机型提高了60%以上,大大减轻了工作人员的劳动强度。这台起重机是目前世界上最先进的集装箱起重机,全球市场占有率突破60%,产生了很好的经济效益。该起重机的制造成功,标志着我国这类起重机的制造水平居国际领先地位。

为了解决水力发电设备加工所需的超重型加工设备,特别是解决三峡工程中水轮发电机组制造中加工设备能力不够的瓶颈问题,武汉武重机床有限公司开发、制造了“CKX53160数控单柱移动式铣车床”,获国家科技进步奖二等奖。该设备实现了水轮机大件装卡完成车、铣、镗、钻、攻丝、磨削全部加工工序,属国内外首创。该产品在加工精度、加工工件尺寸和加工件的重量等方面都处于国际先进水平。该产品的开发成功,标志着我国重型数控机床制造水平达到了一个新的高度,解决了加工大型、超大型水轮机大件能力不足的问题,有力地支持了三峡工程中发电设备的国产化。另外,获机械科技一等奖的由北京机电院高技术股份有限公司研制的大型汽轮机叶片五轴联动加工中心,是加工大型汽轮机关键零部件40英寸大型叶片的关键设备,过去我国此类设备一直依靠进口,其制造技术只掌握在国外少数几个公司手里。该装备研制成功后,经实际使用,证明各项性能指标达到国际先进水平,而价格仅是进口同类产品的五分之一。该产品的研制成功,打破了国外公司技术和市场的垄断,打破了国外对我国重点用户的禁运。获国家科技进步奖二等奖的“巨型精密模锻水压机高技术化与功能升级”项目,针对我国现有的3万吨模锻水压机已不能满足国防和经济建设对特大、高性能锻件的需求现状。通过对模锻水压机的运行测试、系统建模和动能分析,采用了位置控制、在线保护等多项先进技术对其进行改造,开发了特大、精密模锻水压机的实际锻造能力,使其在国防和经济建设中发挥了巨大作用,满足了各领域的需要。

吉林大学开发了金属三维曲面柔性成形集成系统与成形工艺,并建立了以多点成形压力机为核心的、集CAD/CAE/CAM与非接触测量于一体的板壳类零件柔性成形技术。由于其系统开发、工艺研究及应用已达到国际领先水平,也获一等奖。同时获得一等奖的还有大型乙烯装置成套冷箱国产化攻关研制、年产70万吨乙烯装置用裂解气离心压缩机组、9F燃气轮机试车台、离心煤气压缩机等项目,这些都具有很高的技术水平并产生了很好的经济效益,为我国重大工程项目的顺利实施及提高我国装备制造水平做出了巨大贡献。由杭州杭氧股份有限公司设计制造的乙烯冷箱,其主要技术指标达到了国际同类产品水平,具有自主知识产权,标志着我国已经掌握了大型乙烯设计制造的关键技术,实现了大型乙烯的国产化。杭氧承担的茂名100万吨/年乙烯改造冷箱是迄今为止国内最大乙烯冷箱。

由沈阳变压器集团有限公司研制的OSFSZ9-900000/230自耦有载调压变压器,是该公司为美国洛杉矶电力公司生产的,标志着中国的变压器产品由原来只向第三世界国家出口,扩大到向世界发达国家出口。该产品获得多项发明专利,具有抗短路能力强、抗震能力强、噪音低、局部放电量小、技术性能先进等特点。

本届汽车科学技术奖获得一等奖的分别是由清华大学汽车安全与节能国家重点实验室、浙江亚太机电股份公司和北京吉普汽车有限公司联合完成的“汽车防抱制动系统研究开发及其产业化”项目,由吉林大学汽车动态模拟国家重点实验室和吉林大学车身与模具工程研究所联合完成的“汽车车

身结构及部件快速设计、制造分析 KMAS 软件系统”。对此，专家认为：“系统尽管已经广为应用，但过去一直处于国外的技术垄断之下，今天终于有了自主的技术，这个成果是具有里程碑意义的。”

(3)攻克了一批关键技术

机械基础件的质量、性能、水平及可靠性一直是制约机械装备性能和水平的关键环节。获国家科技进步奖二等奖的“高精度热压氮化硅陶瓷球轴承”和获国家技术发明奖二等奖的“螺旋式浮环密封装置”等项目针对机械工业密封技术和高速精密轴承进行了深入研究，开发出了具有国际先进水平的密封技术和产品，提升了我国密封和高速精密轴承的设计、制造及产品的水平，更好地满足了国民经济建设的需要。

获奖项目除反映科技成果的实用性和先进性之外，其科学性、系统性也很显著。如获国家技术发明奖二等奖的“压电石英现代测试理论、方法、系列化新型测量仪及其应用”、获国家科技进步奖二等奖的“大型离心压缩机关键共性技术及在石化、冶金行业的应用”等项目，都在理论上进行了深入地研究，提出了一些新的理论、方法和观点，并指导产品的开发，产生了较好的效果，也为今后进一步开展研究工作打下了较好的基础（参阅表8、表9）。

**(二)自主创新结出丰硕成果**

机械工业要实现自主创新，离不开国家的重点工程建设。在举世瞩目的三峡工程、西电东送、西气东输、南水北调、青藏铁路等重大工程技术装备的自主研制和电动汽车等重大科技专项攻关中取得重要创新成果，掌握其核心技术，一些重大装备和新产品达到世界先进水平。

(1)三峡工程 70 万千瓦特大型水轮发电机组国产化取得突破性进展

被誉为中国重大装备自主创新“里程碑”的三峡特大型水电机组，其水轮机的稳定性(即水力压力脉动值，国外提供的左岸机组为 12%，哈尔滨大电机所只有 7%)和效率(哈尔滨大电机所的水轮机模型最高效率为 94.6%，达到国际先进水平)在引进技术的基础上研发和再创新，并超过引进技术机组的水平；发电机关键件线圈，根据本国的材料条件，自主研发改进工艺，性能与国外完全一样。在 2005 年 7 月和 9 月，随着分别由哈尔滨电机股份有限公司和东方电机股份公司为主生产的三峡左岸 14 号和 9 号机组的投产发电，标志着三峡工程在机组设计制造方面，走出了一条有中国特色的自主创新之路，中国也由此进入世界发电机

**表 8 2005 年度中国机械工业获得国家技术发明奖二等奖和国家科技进步奖一等奖、二等奖的项目**

| 序号 | 项目名称 |
|---|---|
| 一 | 获得国家技术发明奖二等奖的项目 |
| 1 | 螺旋式浮环密封装置 |
| 2 | 压电石英现代测量理论、方法、系列化新型测量仪及其应用 |
| 3 | 滴灌灌水器基于迷宫流道流动特性的抗堵设计及一体化开发方法 |
| 二 | 获得国家科技进步奖一等奖的项目 |
| 4 | 全自动化的双小车岸边集装箱起重机 |
| 三 | 获得国家科技进步奖二等奖的项目 |
| 5 | 高精度热压氮化硅陶瓷球轴承 |
| 6 | CKX53160 数控单柱移动式铣车床 |
| 7 | 铝及镁合金微弧氧化系列设备及工艺技术的研究开发 |
| 8 | 大型离心压缩机关键共性技术及在石化、冶金行业的应用 |
| 9 | 在役重要压力容器寿命预测与安全保障技术研究 |
| 10 | 巨型精密模锻水压机高技术化与功能升级 |
| 11 | 汽车摩托车齿轮类零件冷摆碾精密成形关键技术及应用 |
| 12 | 轿车覆盖件精益成形技术及其应用 |
| 13 | ZBM-A1200 型全自动包装机器人码垛生产线 |
| 14 | 大型螺旋机械和振动机械重大振动故障治理与非线性动力学设计技术 |

表 9 2005 年度中国机械工业、汽车工业科学技术奖一等奖项目(16 项)

| 序号 | 项目名称 | 主要完成单位 |
|---|---|---|
| 1 | 大型汽轮机叶片五轴联动加工中心研制 | 北京机电院高技术股份有限公司 |
| 2 | 输配电谐波治理和无功补偿<br>新技术新装备研制及工程应用 | 湖南大学<br>湖南银纳科技有限公司<br>湖南博迪电气有限公司<br>贵溪冶炼厂 |
| 3 | 现场总线低压电器关键技术开发及产业化 | 上海电器科学研究所(集团)有限公司<br>常熟开关制造有限公司 |
| 4 | (OSFSZ9 900000)/230 自耦有载调压变压器 | 特变电工沈阳变压器集团有限公司 |
| 5 | 全自动化的双小车岸边集装箱起重机 | 上海振华港口机械(集团)股份有限公司 |
| 6 | 马铃薯综合加工技术与装备研究开发 | 中国农业机械化科学研究院 |
| 7 | CCPP 装置 AV45 17+4E280 轴流+离心煤气压缩机 | 陕西鼓风机(集团)有限公司 |
| 8 | 大型乙烯装置成套冷箱国产化攻关研制 | 杭州杭氧股份有限公司 |
| 9 | 年产 70 万吨乙烯装置用裂解气离心压缩机组 | 沈阳鼓风机(集团)有限公司 |
| 10 | 大梯度离心场液压振动台技术 | 北京机械工业自动化研究所 |
| 11 | 9FA 燃气轮机试车站 | 中国联合工程公司 |
| 12 | 导弹舱体及油箱铸造技术研究 | 沈阳铸造研究所 |
| 13 | 金属三维曲面件柔性成形集成系统与成形工艺 | 吉林大学 |
| 14 | 镁合金激光——氩弧复合热源焊接新工艺 | 大连理工大学 |
| 15 | 汽车防抱制动系统研究开发及其产业化 | 清华大学安全与节能国家重点实验室<br>浙江亚太机电股份有限公司<br>北京吉普汽车有限公司 |
| 16 | 汽车车身结构及部件快速设计、<br>制造分析 KMA5 软件系统 | 吉林大学汽车动态模拟国家重点实验室<br>吉林大学车身与模具工程研究所 |

组设计制造强国之列。

三峡工程 70 万千瓦特大型水轮发电机组尺寸大、水头变幅宽,设计和制造难度居世界之最。我们成功地执行了“技贸结合,技术转让,联合设计,合作生产”十六字方针,并在产品国产化过程中有所创新。哈尔滨电机股份有限公司和东方电机股份公司已具备了自主开发设计制造 70 万千瓦大型水电机组的能力;此前,中国只有自主设计 32 万千瓦机组的能力,而国外生产特大型机组已有 30 年的历史,三峡工程大型机组国产化,一步跨越了 30 年。各方面对此重大成就评价极高。中共中央政治局常委、全国人大常委会委员长吴邦国指出:三峡工程通过技贸结合,实现特大型水轮水电机组、直流输变电国产化,一举跃居国际先进水平,意义重大。认真借鉴这一经验有利于按照科学发展观,搞好“十一五”期间重大工程建设。

据了解,三峡电厂以及刚开工的溪洛渡等多个在建和筹建的大型水电站,单机 70 万千瓦的机组超过 100 台,加上技术难度相当的 60 万千瓦机组,市场规模超过千亿元,三峡机组的研制成功,对支持国家经济建设意义重大。这与上世纪 80 年代我国成功地引进 30 万千瓦、60 万千瓦大型火电机组,并通过消化、吸收、改进、提高,成为我国电力工业的主力机组(2005 年生产了 120 多台),极大地支持了我国电力工业高速发展的成功经验相比,具有同样值得借鉴的意义。

(2) 重型燃气轮机联合循环发电机组研制成功,实现了以市场换技术

重型燃气轮机是国家“十五”重大装备国产化重点项目,在国家重点工程建设中,重型燃气轮机发挥了重要作用,是解决电力供应短缺和提高能源利用效率的重要装备。过去,由于起步晚等原因,我国燃机技术与世界先进水平差距极大。为此,国家通过打捆招标引进重型燃气轮机制造、组装及试车技术,外方同意转让燃气轮机 75%的制造技术。国家采取了“捆绑招标、技贸结合、引进技

术、合作制造”的方式。研制工作于2003年开始，2005年哈尔滨动力设备集团与美国GE公司合作生产的第一台单台容量25万千瓦的F级重型燃气轮机在秦皇岛出口基地组装试车成功，2005年5月在杭州成功投运；四川东方电气集团公司与日本三菱重工合作的第一台M701F级单台容量27万千瓦的重型燃气轮机也于2005年6月一次点火成功，国产化率46.5%。

(3)积极研制超超临界火电机组

继首台国产60万千瓦超临界燃煤火电机组由哈尔滨集团制造于2004年11月在华能沁北发电厂投产后，安装于浙江玉环电站的我国第一台百万千瓦级超超临界压力火电机组，也已在哈尔滨集团积极研制，预计将于2006年制成。常规超临界锅炉热效率比亚临界压力的锅炉高2%左右，每千瓦时可节煤10克；而超超临界锅炉热效率又可再提高约2%，节煤更多，通常电站效率每提高1%，则二氧化碳的排放将减少2%。正在建设的安装超超临界100万千瓦机组的玉环电厂，设计供电标准煤耗为每千瓦时200.9克，达到国际先进水平，比现在主要生产的亚临界压力机组供电煤耗每千瓦时低90克以上，如果全国发电煤耗都达到这个水平，2004年全国火电发电量可少耗2亿吨原煤左右，减少排放二氧化碳更多。

(4)首台30万千瓦大容量的循环流化床锅炉制成

大型循环流化床锅炉是目前世界公认的高效、清洁、环保火力发电设备技术。四川白马电厂的30万千瓦循环流化床锅炉是国家重点鼓励建设的大型环保型发电示范项目。东方锅炉厂依托该工程采用技贸合作方法，消化吸收引进设计制造技术，实现了国产化过程。该锅炉已于2005年初制造完成，于11月建成并网发电。

(5)交流750千伏成套输变电设备研制成功投产

750千伏交流输变电示范工程是目前国内电压等级最高、世界上相同电压等级海拔最高的输变电工程。工程包括青海官亭至甘肃兰州长达140公里的750千伏输电线路和两座75千伏变电站（主变容量为121500兆伏安）。该工程成套设备主要由西安电力机械设备总公司、东北输变电集团公司、保定天威集团有限公司、许继集团有限公司于2004年研制完成，2005年验收正式投产。这项成套设备的成功制造供应，开创了完全依靠中国自己的力量供应如此高压等级装备的先河。

目前，中国输变电设备制造行业已经开始研制世界最高电压等级1000千伏交流和±800千伏直流输电技术装备的工作。

(6)电动汽车研制跨入世界先进行列

电动汽车重大科技专项于2001年启动，国家投资8.8亿元，以燃料电池汽车、混合动力汽车、纯电动汽车三大整车技术，电池、电机、电子控制三大零部件关键技术为突破口展开全国性攻关。现已取得专利600多项。2005年底，112辆纯电动车出口美国；混合动力客车已投入公交试运营；自主研制的混合动力轿车和以氢气为载体的燃料电池汽车将于近期投放市场和进行试运行。

被认为电动汽车中最难的项目是以氢气作载体的燃料电池汽车，在2001年专项实施后，先后经过“超越1号”、“超越2号”二轮研制过程，现在的“超越3号”分别由上汽集团和奇瑞集团生产了3种车型共10辆的燃料电池汽车，正在同济大学新能源汽车工程汽车中心进行运营前的最后测试。短短的4年时间里，燃料电池汽车实现了4大技术突破，取得58项专利，跨越了汽车工业大国10年的道路。

另外，由东风电动车辆公司自主研发的混合动力客车已有20辆在武汉市投入商业公交运营，燃油消耗和尾气排放都减少30%以上。该车创造了全球首家投入商业公交运营的纪录。

(7)高档数控机床产品开发速度加快

长期以来，国产数控机床处于低档迅速膨胀、中档进展缓慢、高档依靠进口的局面。特别是重点工程建设需要的关键设备主要依靠进口，技术受制于人。近几年，机床工业企业加大了高档数控机床的研发力度，紧跟国际机床向高速、高效、复合、智能、环保方面发展的趋势，研制开发出一批为发电设备、交通运输、航空航天、国防军工等部门的重点工程项目所需，技术水平先进的机床产品，特别是五轴加工机床、五面加工机床、复合加工机床、落地铣镗床等一批高档数控机床。过去受美国禁运的五轴联动机床，目前已有20多家企业可以制造，技术上的突破，展现了国产机床水平的提高。2005年又取得一批新成果，代表性产品有：

齐齐哈尔一机床集团公司为鞍山钢铁公司设计制造的数控重型龙门移动立式车铣床，是在吸收国外先进技术的基础上自主开发的，国内首次采用龙门移动式加工工作台轴技术的全功能车铣床，最大加工直径为16.2米，最大加工高度5.5米，最大承重250吨，具有车、铣、钻、镗、磨等复合功能。世界上只有少数几个国家能生产。

湖南长沙中大创远数控装备有限公司，是继美国格里森、德国格林贝格之后，世界上第三家能够生产七轴无联动数控螺旋锥齿轮磨齿机的厂家。该机床依靠中南大学的研究力量，在齿轮设计、制造、分析、检测和仿真等软件开发上取得重大突破，成功创建了从齿轮到检测的闭环加工系统。该机床售价400多万元，而进口同类机床价格高达1000多万元，是理想的替代进口机床产品。

北京第一机床厂研制的CXMH6130型车铣复合加工中心，它配备了双车削主轴，双刀塔和一个铣削主轴，可以完成九轴五联动的加工。该机床完全是自主设计开发，性能和参数具有世界先进水平。

还有沈阳机床（集团）有限责任公司、大连机床集团有限责任公司、济南一、二机床集团有限公司、秦川机床集团有限公司、上海机床厂有限公司等机床行业企业有一大批自主开发新产品的问世，多项国家发明专利的获得，表明我国机床工具行业自主创新能力明显增强。

## 四、结构调整和经济增长方式转变

### （一）产品结构优化取得进展

2005年，中国机械工业在继续高速发展的同时，产品结构也在积极向高端发展，技术含量迅速提高。

火力发电设备。高参数、大容量、新技术机组产量迅速增加、比重提高。

2005年火力发电设备，30万千瓦以上大机组产量占全部火电机组的69%，真正成为电力工业装机的主力机组。2005年30万千瓦及以上汽轮发电机完成126台/5320万千瓦，占同期汽轮发电机组总产量的69%；30万千瓦及以上汽轮机完成137台/5763万千瓦，占汽轮机的72%；30万千瓦及以上电站锅炉完成143台/6069万千瓦，占电站锅炉的72%（参阅表10）。

在30万千瓦及以上火电机组中，60万千瓦机组发展更快，首次超过30万千瓦、60万千瓦机组总量的50%。60万千瓦机组在30万千瓦、60万千瓦机组总计中的比重，发电机为51.69%、汽轮机54.24%、电站锅炉57.64%（参阅表11）。

在火力发电设备中，还有不少高技术机组。2005年，在60万千瓦汽轮机中，有超临界汽轮机33台，占63.46%，而上年只有7台，占33%；在60万千瓦电站锅炉中，有超临界锅炉34台，占58.62%，而上年只有14台，占43.75%；还有循环流化床锅炉五台。还有燃汽轮机24台/611.73万千

表10　2005年30万千瓦及以上火电机组产量分析

| | 汽轮发电机 | | 汽轮机 | | 电站锅炉 | |
|---|---|---|---|---|---|---|
| 总产量 | 台/万千瓦 | 同比增长 | 台/万千瓦 | 同比增长 | 台/万千瓦 | 同比增长 |
| 其中：30万千瓦及 | /7657.26 | /32% | /7947.56 | /51% | /8458.70 | /44% |
| 以上机组 | 126/5320 | 36台/ | 137/5763 | 53台/ | 143/6069 | 52台/ |
| 30万千瓦 | 81/2602 | 19台/ | 85/2637 | 22台/ | 85/2571 | 26台/ |
| 60万千瓦 | 45/2718 | 17台/ | 52/3126 | 31台/ | 58/3498 | 26台/ |

表11　2003年~2005年30万千瓦、60万千瓦机组产量增长情况

| | 2003年 | | 2004年 | | 2005年 | |
|---|---|---|---|---|---|---|
| 30万千瓦及以上 | 台 | 万千瓦 | 台 | 万千瓦 | 台 | 万千瓦 |
| 机组合计 | 46 | 1740 | 90 | 3540 | 126 | 5320 |
| 30万千瓦机组 | 34 | 1020 | 62 | 1860 | 81 | 2602 |
| 60万千瓦机组 | 12 | 720 | 28 | 1680 | 45 | 2718 |
| 比重（%） | | 41.38 | | 47.46 | | 51.69 |

瓦，其中9F级14台/560万千瓦、9E级1台/13.5万千瓦、6B级9台/38.23万千瓦。

水力发电设备中，有三峡70万千瓦机组2台。

轿车在汽车中的比重不断提高。2005年，轿车产量276.77万辆，增长24.22%，同期汽车总产量570.77万辆，增长12.56%；轿车增速高11.66个百分点。轿车在汽车总产量中的比重48.49%，比上年的45.68%提高了2.81个百分点。

其他如机床的数控化率、仪表中的自动化控制仪表、照相机中的数码相机、拖拉机中的大中型产品；输变电设备中的高压、大型产品、机械基础件中的中高档产品等在总量中的比重都明显提高。

**（二）市场经济观念深化，服务水平有新突破，质量形象有改善，经营观念有新发展**

机械工业企业为用户服务的观念有新突破、新的举措。沈阳机床集团2005年8月8日在北京举行新闻发布会，推出了机床召回的“A计划”，“对78台2000年以前售出的问题机床召回，为用户免费大修或换货”；据了解，事实上“A计划”已早在2005年6月底实际启动，至年底，沈阳机床集团已按时全部完成“A计划”规定的行动任务。涉及客户企业29户。投入资金2010万元，对计划涉及的78台数控机床免费实施了更换、大修和项修。其中更换机床6台（占8%）、大修机床52台（占66%）、项修机床20台（26%），并全部达到了客户正常使用要求。其后沈阳机床集团又提出了于2006年3月1日起动争取“零投诉”的第二阶段战略计划，即“B计划”*，服务目标更高。上海机床公司对使用上机数控磨床的重点用户，逐一进行摸底调查，对个别机床发生的使用不当现象，上门整改和召回。大连机床集团、武汉重型机床公司、济南一机床、济南二机床等企业都由企业主要领导带队，开展了大规模的用户回访或采取其他加强用户服务的措施。这是机床制造企业服务理念、重视质量理念的突破，行动上的跨越，受到用户的好评，坚定了用户进一步采用国产数控机床的信心，一些拟进口数控机床的用户改用了国产设备。陕西鼓风机集团研制开发了完整的售后服务系统“陕鼓旋转机械远程在线监测及故障诊断中心”，构建了客户远程服务平台，陕鼓目前已在全国35家企业的156台套机组上实现了在线监测；陕鼓还在2005年11月13日对外发布了“工业流程能量回收发电设备行动计划”，提出将利用近年来成功开发的数十项专有技术和专利技术对前期出厂的产品进行免费改造升级。所有创新服务，已在机械工业广大企业产生了广泛影响，推动了行业服务水平的提高。

国产装备质量形象有所改善。发电设备的用户在需求超常增长的情况下，仍然坚持采用国产设备。国产高压输变电设备的质量也有了明显提高，得到了用户的赞许和肯定。大型空分设备、大型加氢反应器、大型透平压缩机和轴流压缩机、大型压力成型机等一大批国产装备的质量获得用户认可，市场份额迅速扩大。

企业经营理念趋于成熟，众多企业走出了求全发展、万事不求人的误区，从市场需求和经济上合理出发，走出厂门、国门搞协作，计划经济管理时期沿袭下来的经营管理思维模式开始转变。如国内外大协作助推三大动力集团生产、技术大发展。按用户要求配套名牌、高档基础件和动力是高档数控机床、工程机械等装备得到了快速发展的经验。

服务的改善、质量的优化、水平的提高和性价比的诱人，提高了用户对机械产品的认知度，提高了机械产品的市场竞争力。

服务的改善、质量的优化、水平的提高和性价比的诱人，提高了用户对机械产品的认知度，提高了机械产品的市场竞争力。

**（三）企业结构调整，形成新的格局**

通过海外并购与境内重组、主辅分离等整合国内资源和技术改造、消化引进技术注入新的活力等举措，一大批骨干重点企业竞争力明显增强。如大连、沈阳机床集团两家数控机床产量已占全国的24.1%，美国机械工程师协会最近颁布的机床行业权威排名显示，2005年沈阳机床以其数控机床产值规模的飞跃式发展，已跻身世界前十，这也是我国机床企业首次进入世界机床行业强手行列。哈电、上电、东电等三大动力集团发展了70万千

* **注：**“B计划”主要内容：在目标领域，实行“一站式”全方位优质服务，最终实现“客户零投诉”；建立“绿色专用通道”，对批量客户实行专项经理负责制；首台、首套产品实行贴身服务，三年“三包”保驾护航；建立客户对沈阳机床的“综合评价体系”，客户提出的各种改进创意给予奖励；积极与客户建立长期战略合作伙伴关系，开发满足客户需求的高端产品。

瓦大水电机组及超临界压力、重型燃机发电机组等一批高参数、大容量机组，发电设备年产量都达2000万千瓦以上；许继集团，高科技产品已超过销售额的70%，技术创新确立了在行业内的主导地位；陕鼓集团2005年生产了轴流压缩机89台、工业流程能量回收装置46套，生产水平居世界前列；杭氧承接了包括6万立方米空分设备在内的合同40套，全年完成按制氧量计算产量已居全球第一；被科技部誉为“自主创新旗帜的”奇瑞汽车公司，不到三年开发出四大系列车型和新一代高性能轿车发动机，2005年轿车销量已进入行业排名前十位，并成为轿车整车出口主力，还把自己的品牌和技术输出国外。等等。

**(四)企业资本结构不断调整，民营经济快速发展**

2005年，机械工业市场化程度不断提高，各类市场主体的发展活力进一步激发，三种不同经济类型企业都取得迅速发展的业绩，特别是民营企业得到更为引人注目的快速健康发展。民营经济的迅速发展，为机械工业经济发展、产业结构优化、增长方式转变提供新的动力和保障。2005年，机械工业民营经济的工业增加值增长30.49%，比国有及三资企业分别高22.87%个百分点和16.5个百分点；比重达46.53%，比2004年提高4.07个百分点，为整个机械工业良好发展态势，起了重要作用。(参阅表12)

**(五)综合要素生产率已达较好水平**

2005年，机械工业资产同比增长16.15%、从业人员增长6.06%，而同期工业增加值却增长20.30%，表明中国机械工业的经济增长，初步改变了过去过分依靠资金投入、人力投入的粗放型增长方式。经济管理进步、科技进步在机械工业增长各因素中已占重要地位，转变经济增长方式初见成效。

## 五、区域发展

**(一)2005年地区发展总的态势**

2005年，各地区发展态势与全行业一致，继续保持平稳快速的态势；东部地区，特别是长三角、珠三角和环渤海湾地区继续保持机械工业发展的核心地位。振兴中西部机械工业、振兴东北老工业基地都取得了巨大成绩，但区域间发展不协调仍是一个不容回避的重要问题。

1. 省市区发展不平衡

各地机械工业继续高速前行，各项指标大多创历史新高，但发展不平衡。

增加值：

吉林、广西、湖北为负增长(主要受汽车行业影响)，山西、上海、海南、重庆、贵州、宁夏为个位数增长，其他省市均为两位数增长，增速在50%以上的4个省区，它们分别是内蒙古(52.79%)、黑龙江(51.59%)、四川(53.57%)、青海(63.53%)；40%以上的4个省山东(43.89%)、河南(46.92%)、湖南(44.91%)、云南(45.41%)；

发展不平衡，同比增速最高(青海63.53%)与最低(吉林-17.48%)间差距81.01个百分点。

利润总额：

甘肃亏损，其他都是盈利；吉林、上海、湖北、广西、重庆、贵州、陕西6个省市区为负增长，大都是受汽车盈利下降所累，其他地方都创历史新高；

天津(25.32%)、河北(42.07%)、内蒙古(108.42%)、黑龙江(271.03%)、江苏(27.64%)、安徽(32.55%)、江西(71.09%)、山东(48.07%)、河南(77.22%)、四川(77.51%)、云南(65.31%)、青海(65.00%)、宁夏(136.59%)、新疆(25.61%)增幅在20%以上；山东、江苏在高基数情况下又得到了高速增长，成绩突出。

从各省市区的工业增加值和利润的排序表中

**表12 2005年机械工业增加值在不同类型企业的增长情况**

| | 2004年 | | | 2005年 | | |
|---|---|---|---|---|---|---|
| | 亿元 | 同比增长(%) | 比重(%) | 亿元 | 同比增长(%) | 比重(%) |
| 机械工业总计 | 9087.5 | 33.52 | 100.00 | 10820.5 | 20.30 | 100.00 |
| 其中：国有及国有控股企业 | 2749.6 | 4.33 | 30.26 | 2959.1 | 7.62 | 27.25 |
| 民营企业 | 3858.8 | 43.89 | 42.46 | 5035.4 | 30.49 | 46.53 |
| 三资企业 | 2479.1 | 66.49 | 27.28 | 2826.1 | 13.99 | 26.12 |

看，江苏、山东、广东、上海和浙江为排名前5位的机械大省，5省市机械工业增加值总和与利润总和分别占全行业工业增加值和利润的57.81%和66.16%，5省市对新增工业增加值的贡献率达60.79%。2005年这5个省市工业增加值都超过1000亿元，而2004年过1000亿元的只有江苏和山东两省；2005年5省利润总额都在200亿元以上。西部地区（不含渝、川、陕）的多数省市，工业增加值和利润总额均比较低，在全国总量中所占比重很小，但从发展的角度看，极具赶超潜力（参阅表13）。

2.东部地区优势明显，中部地区比重下降，西部地区绝对差距仍在增加

以工业增加值为例，2005年，在机械工业继续快速发展的情况下，东、中、西三个地区都以二位数增长，分别为21.76%、12.27%和24.54%。但从绝

表13　2005年机械工业各省市区工业增加值、利润总额情况

| | 工业增加值 | | | | | 利润总额 | | | | |
|---|---|---|---|---|---|---|---|---|---|---|
| | 2004年 | | 2005年 | | | 2004年 | | 2005年 | | |
| | 亿元 | 比重(%) | 亿元 | 比重(%) | 同比增长(%) | 亿元 | 比重(%) | 亿元 | 比重(%) | 同比增长(%) |
| 全国总计 | 8638 | 100.00 | 10820 | 100.00 | 20.30 | 1858 | 100.00 | 2141 | 100.00 | 11.26 |
| 北京 | 251 | 2.9 | 298 | 2.76 | 10.12 | 76 | 4.10 | 79 | 3.69 | 0.24 |
| 天津 | 210 | 2.43 | 384 | 3.55 | 25.68 | 49 | 2.66 | 67 | 3.14 | 25.32 |
| 河北 | 207 | 2.40 | 273 | 2.53 | 29.98 | 50 | 2.69 | 68 | 3.15 | 42.07 |
| 山西 | 52 | 0.61 | 66 | 0.61 | 7.45 | 2 | 0.13 | 3 | 0.14 | 8.96 |
| 内蒙古 | 17 | 0.20 | 30 | 0.28 | 52.97 | 1 | 0.04 | 2 | 0.09 | 108.42 |
| 辽宁 | 368 | 4.26 | 459 | 4.24 | 27.90 | 39 | 2.11 | 52 | 2.43 | 13.16 |
| 吉林 | 469 | 5.43 | 329 | 3.04 | -17.48 | 62 | 3.34 | 29 | 1.35 | -53.25 |
| 黑龙江 | 76 | 0.88 | 102 | 0.94 | 51.59 | 4 | 0.21 | 11 | 0.50 | 271.03 |
| 上海 | 913 | 10.57 | 1025 | 9.47 | 1.78 | 354 | 19.08 | 306 | 14.31 | -16.52 |
| 江苏 | 1162 | 13.45 | 1507 | 13.92 | 26.30 | 231 | 12.43 | 289 | 13.50 | 27.64 |
| 浙江 | 834 | 9.66 | 1016 | 9.39 | 18.72 | 232 | 12.50 | 267 | 12.49 | 11.69 |
| 安徽 | 158 | 1.83 | 199 | 1.84 | 20.34 | 29 | 1.54 | 37 | 1.74 | 32.55 |
| 福建 | 207 | 2.40 | 270 | 2.50 | 18.65 | 46 | 2.48 | 51 | 2.36 | 1.08 |
| 江西 | 68 | 0.79 | 98 | 0.90 | 25.20 | 10 | 0.53 | 16 | 0.76 | 71.09 |
| 山东 | 1003 | 11.64 | 1450 | 13.40 | 43.89 | 193 | 10.38 | 289 | 13.48 | 48.07 |
| 河南 | 308 | 3.56 | 459 | 4.24 | 46.92 | 43 | 2.31 | 82 | 3.83 | 77.22 |
| 湖北 | 465 | 5.38 | 488 | 4.51 | -2.07 | 53 | 2.84 | 57 | 2.64 | -0.42 |
| 湖南 | 142 | 1.64 | 210 | 1.94 | 44.91 | 22 | 1.2 | 27 | 1.27 | 14.72 |
| 广东 | 969 | 11.22 | 1258 | 11.63 | 16.25 | 238 | 12.79 | 265 | 12.38 | 2.36 |
| 广西 | 110 | 1.27 | 95 | 0.88 | -6.77 | 22 | 1.20 | 22 | 1.01 | -4.83 |
| 海南 | 22 | 0.26 | 25 | 0.23 | 9.43 | 4 | 0.24 | 6 | 0.28 | 10.38 |
| 重庆 | 217 | 2.51 | 233 | 2.15 | 10.80 | 53 | 2.86 | 39 | 1.81 | -23.72 |
| 四川 | 212 | 2.45 | 297 | 2.74 | 53.57 | 32 | 1.73 | 56 | 2.60 | 77.51 |
| 贵州 | 17 | 0.20 | 19 | 0.18 | 6.78 | -0.2 | -0.01 | 2 | 0.11 | -6.57 |
| 云南 | 25 | 0.29 | 37 | 0.34 | 45.41 | 1 | 0.06 | 2 | 0.11 | 65.31 |
| 西藏 | | | | | | | | | | |
| 陕西 | 98 | 1.13 | 121 | 1.12 | 18.97 | 15 | 0.81 | 15 | 0.69 | -9.12 |
| 甘肃 | 31 | 0.36 | 40 | 0.37 | 14.01 | -2 | -0.11 | -0.4 | -0.02 | -86.84 |
| 青海 | 3 | 0.04 | 6 | 0.05 | 63.53 | 0.2 | 0.01 | 0.3 | 0.02 | 65.00 |
| 宁夏 | 12 | 0.14 | 16 | 0.15 | 6.55 | -4.6 | -0.25 | 2 | 0.09 | 136.59 |
| 新疆 | 11 | 0.13 | 11 | 0.11 | -5.44 | 2 | 0.12 | 3 | 0.16 | 25.61 |

对值看，东部地区优势突出，且在全国的比重继续扩大，2005年占比达73.6%，比2004年的71.2%增加2.4个百分点；中部地区进一步发展，其比重由2004年的20.1%降为18.0%，下降了2.1个百分点；西部地区也下滑了0.3个百分点。地区之间比较，不仅比重在变化，差距的绝对值快速扩大，如中部与东部的差距，2004年为4410亿元，2005年增到6016亿元，同比增加了36.44%；西部与东部的差距也以30.93%的速度拉大。东部地区利润的占比更大，高达80%以上(参阅表14)。

3.三大经济圈是机械工业的集中地区

以上海为中心的长江三角洲地区，以广州、深圳为中心的珠江三角洲地区和包括京、津、冀、鲁、辽等省市在内的环渤海湾地区是机械工业集中地带，在机械工业主要经济指标中，三大经济圈占绝大比重，大体上生产总量占70%左右，利润占80%左右，出口额占90%左右。2005年三大经济圈经济实力都有所提升，总体上看长江三角洲实力最雄厚，约相当珠三角和环渤海湾地区两者之和，除出口额外，环渤海湾地区占比均高于珠三角地区(参阅表15)。

**(二)区域发展的新动态**

1.振兴东北老工业基地已取得初步成效

振兴装备制造业是振兴东北老工业基地的重要方面。通过几年来进行大量工作，已取得初步成效。如黑龙江省投入10亿元的振兴老工业基地第一批重大技改项目之一落户一重，改造了加氢、轧辊、热加工等六大项目，加氢产品迅速扩容，现已领跑全国；一重生产的发电机转子、水轮机大轴、超临界汽轮机缸体等电站铸锻件发展到全国领先水平，而且占据了国内半壁江山。2005年11月底，以5台钢水包合浇，液重达716吨的国内最大轧机机架在该厂诞生。

辽宁省的装备工业以调整优化结构为主线，企业重新定位，核心竞争力进一步提高。大连冰山集团75%的产品达到国际先进水平，国内市场占有率60%以上。大连重工·起重集团综合指标在国内重机行业排名第一。沈鼓集团的离心压缩机产量世界第二，打破了国外长期垄断。瓦轴集团13000多个规格的轴承拥有自主知识产权；他们组建了世界最先进的铁路轴承生产线，生产的铁路轴承达到世界先进水平，一举打破国外轴承产品垄断国内市场的格局；该集团已经把目标瞄准世界轴承十强。特变电工变压器集团产能已达8000万千伏安，自主研发的53.5万千伏安/525千伏的大容量超高压单相自耦变压器，成功填补了我国变压器制造领域的空白，表明我国变压器制造的自主创新能力已经达到世界一流水平，具备了与跨国公司同台竞技的能力。

2. 在做大做强路上，加快战略布局调整

跨地区发展有两种类型，一类是跨地区企业间的并购重组，另一类是一些大企业为做大做强，根

**表14　2005年机械工业分地区工业增加值、利润情况**

| 地区 | 工业增加值 | | | | | | | | | 利润总额 | |
|---|---|---|---|---|---|---|---|---|---|---|---|
| | 指标值 | | 比重(%) | | 增速(%) | | 指标值中西部与东部比较 | | | 比重(%) | |
| | 2004年 | 2005年 | 2004年 | 2005年 | 2004年 | 2005年 | 2004年 | 2005年 | 增速(%) | 2004年 | 2005年 |
| 东部地区 | 6147 | 7966 | 71.16 | 73.62 | 21.40 | 21.76 | – | – | – | 81.46 | 81.25 |
| 中部地区 | 1737 | 1950 | 20.11 | 18.02 | 24.36 | 12.98 | -4410 | -6016.8 | 36.44 | 12.10 | 12.23 |
| 西部地区 | 754 | 905 | 8.73 | 8.36 | 30.73 | 24.54 | -5393.6 | -7061.6 | 30.93 | 6.44 | 6.52 |

**表15　2005年三大经济圈机械工业发展情况**

| 经济区 | 工业增加值 | | | 利润总额 | | | 出口交货值 | | |
|---|---|---|---|---|---|---|---|---|---|
| | 比重(%) | | 同比增速 | 比重(%) | | 同比增速 | 比重(%) | | 同比增速 |
| | 2004年 | 2005年 | (%) | 2004年 | 2005年 | (%) | 2004年 | 2005年 | (%) |
| 全国总计 | 100.00 | 100.00 | 20.30 | 100.00 | 100.00 | 11.26 | 100.00 | 100.00 | 28.97 |
| 三大经济圈合计 | 68.51 | 70.89 | 21.92 | 78.74 | 78.60 | 11.22 | 90.04 | 89.99 | 28.67 |
| 长江三角洲 | 33.68 | 32.79 | 16.10 | 44.06 | 40.29 | 3.59 | 42.19 | 44.16 | 38.06 |
| 珠江三角洲 | 11.23 | 11.63 | 16.10 | 12.79 | 12.38 | 2.36 | 31.56 | 29.69 | 15.63 |
| 环渤海湾地区 | 23.60 | 26.48 | 33.03 | 25.93 | 25.93 | 31.72 | 19.29 | 15.84 | 31.35 |

据本身发展需要，突破地区限制全方位发展。

前者早已得到很大发展。如汽车行业大企业，早在上世纪 80 年代即在全国范围内并购重组，各大汽车集团的成员企业大都纵连南北，横跨东西。

后者是近年来发展起来的一批重大技术装备制造企业的战略布局调整。哈尔滨电站、东方电站、一重、二重、保变、西变、特变电工等企业为适应当今世界水平的超大超重型装备加工、装配、试验和发运的要求，分别在大连、秦皇岛、广州等地加速建设超大超重装备加工、装配、发运新基地，形成了既能适应国内重点工程运输要求，又便于开拓国际市场和对外合作的跨地区的生产、经营布局。典型的如一重集团，为充分利用外部市场资源，相继将设计研究院、市场营销部迁到了大连，组建了大连分公司，并在鞍山、天津、上海成立了协作部，同时在天津组建了国家研究中心，初步实现了跨地域发展，使企业成为中国综合能力最强的重型机械制造企业之一。

3. 产业集群的效应初步显现，产业布局有所改善

当前的世界经济发展正在演绎着一个个产业集聚的空间模式。一方面由于信息技术和交通系统的飞速发展，推进了全球化的进程；另一方面，区域经济在增长中的作用比以往更为加强，其主要原因是因为出现了“产业集群”。这些产业集群吸收聚集了巨大的经济能量，培育了一大批世界级的产业和企业。是当今时代模块经济的反映与表现形式。无论是发达国家或发展中国家，产业集群在推动区域经济增长、集聚人才、解决就业、扩大出口、占领市场等方面，体现出非凡的活力和良好的势头。

产业集群通过产品结构的前向关联和后向关联，逐步形成了细分的专业化分工；通过要素配置的优化，发展了规模化生产；竞争、合作与互动联接，已经形成综合优势。良好的政策导向、园区规划、区位环境和优势产业的出色表现，带动关联产业的集聚效应，驱使相关产业往一个特定区内集聚。正是在这一大背景下，经过多年的发展、培育，目前中国机械工业已经拥有一批以民营企业为主体的、规模不一的产业集群。浙江温州和苏南地区的低压电器和泵阀产品、宁波的塑料机械和微小型轴承、珠江三角洲的照相机和复印机、浙江和福建及珠海的模具、浙江的水表和电表、山东的农用运输车和拖拉机、河北的标准件和铸件，以高度专业化分工和规模化生产为特点的产业聚集已形成明显竞争优势。

还有汽车产业，以整车厂为龙头，相关零部件企业迅速在其周围聚集，我国汽车产业集群已初具雏形，使汽车产业集中度进一步提高，形成以大型汽车集团为中心的产业经济圈，上海、吉林、湖北、重庆、广东和京津地区构成我国汽车产业的重要集聚区。在长江三角洲、珠江三角洲、京津地区、东北地区、华北地区和西南地区出现了 6 大汽车产业集群的雏形。

产业集群的逐步形成，可以为我国机械工业相关产业的发展带来新的机遇，增强师承竞争力，改善地区布局。

## 六、对外经济贸易持续高速发展

2005 年，中国机械工业对外经济贸易进出口规模继续扩大，突出的特点是进出口态势出现较大变化；一方面出口继续呈现快速增长态势，商品结构和出口方式不断优化；另一方面进口明显放缓，外贸逆差大幅减少。

### （一）机械工业对外经济贸易总体形势良好

1. 增势强劲，为全国外贸高速增长作出重要贡献

2005 年，机械产品进出口总额 2228.67 亿美元，同比增长 16.73%，比上年 1909.25 亿美元净增 319.42 亿美元，增量主要是依靠外贸出口而增加的，与往年净增额进口占大头的情况不同。

机械产品进出口总额占全国外贸总额的 15.67%，比上年的 16.50%有所减少，主要是因为进口增幅大幅下降所致；占同期机电产品外贸总额 7771.25 亿美元的 28.68%，比上年的 30.53%减少 1.85 个百分点。

机械产品 2005 年进出口净增额 319.42 亿美元，对全国外贸进出口净增额 2663.5 亿美元的贡献率为 12.0%，为全国机电产品进出口净增额 1518.25 亿美元的 21.04%。

2. 贸易逆差大幅减少

2005 年，机械产品外贸进出口逆差 139.47 亿美元，比 2004 年逆差 351.53 亿美元，减少 201.96

亿美元，减幅达60.32%。逆差额低于2000年(160.82亿美元)以来的各年，改写了机械装备逆差额只增不减的态势(参阅表16)。

3. 各行业对外贸易大发展

2005年，机械工业13个行业中，除其他民品行业进出口总额略有减少(-2.80%)，内燃机行业(9.92%)、食品包装机械（3.53%）为个位数增长外，其他9个行业都以二位数增长。电工电器行业连年高速增长，在2004年增长43.18%的基础上，2005年又增长20.68%，贸易总额达549.24亿美元，占机械工业贸易总额的24.64%，是机械工业进出口贸易额最多的行业；仪器仪表行业(411.75亿美元)、石化通用行业(322.77亿美元)、机床工具行业(127.00亿美元)、机械基础件行业(122.12亿美元)都超过100亿美元。

出口额最多的是电工电器行业，达275.89亿美元，占机械工业出口总额的26.21%；其后是仪器仪表行业(199.10亿美元)、石化通用行业(168.36亿美元)、汽车行业(117.87亿美元)，分别占机械出口总量的17.39%、16.12%和11.28%。出口增长量快的是工程机械行业和汽车行业，分别比上年增长了54.69%和50.06%；其次是重型矿山行业和农机行业，分别增长48.96%和46.10%；其他各行业也都以二位数增长，增长最少的食品包装机械行业也增长了22.53%。

多数行业2005年进口减少，食品包装机械(-22.57%)、其他民品机械（-14.34%)、农机(-12.35%)、工程机械(-11.40%)、汽车(-5.22%)等5个行业负增长；进口增幅最大的是仪器仪表行业(19.19%)，主要是加工贸易的零配件进口所致，电工电器(15.78%)、机械基础件(15.10%)行业的进口增长也不低。

进出口贸易平衡，2004年有10个行业逆差，2005年只有5个行业逆差；逆差大户是机床工具(67.70亿美元)，其次是内燃机(19.21亿美元)行业、仪器仪表(13.55亿美元)、重型矿山(12.24亿美元)和机械基础件(12.16亿美元)等行业，主要是一些基础性行业(参阅表17)。

4.欧美日等发达国家仍为主要贸易伙伴

2005年，中国机械商品对外贸易仍以欧美等发达国家为主，欧盟、日本和美国为中国机械工业最大的三个贸易伙伴。

2005年，中欧的机械贸易，进口略有减少，但出口有较大增长，贸易额531.05亿美元，居第一位。第二、三位为中日贸易468.84亿美元、中美327.03亿美元，中国机械工业与欧盟、日本和美国的贸易总值1326.92亿美元，占机械工业进出口总值的59.54%。同期，中国与韩国的机械贸易额为141.96亿美元，与中国香港的贸易额为134.62亿美元、与东盟为131.30亿美元、与中国台湾为121.27亿美元。

2005年，中国机械外贸出口不仅对中东以及非洲国家出口贸易活跃，对美日及欧盟等发达国家的出口继续高速增长。最多的是美国，出口额214.23亿美元，同比增长32.13%，占中国机械出口额的20.51%；其次是欧盟，出口198.71亿美元，同比增长32.42%，占总出口额的19.02%；第三是日本130.51亿美元，占12.50%，前三家共543.45亿美元，占出口总额的52.02%；还有中国香港119.93亿美元、占11.48%，东盟83.43亿美元、占7.99%，韩国36.85亿美元、占3.53%，中国台湾25.52亿美元，占2.44%。

中国机械外贸进口最多的是日本，进口额338.29亿美元，同比增长4.19%，占中国机械进口额的28.57%；其次是欧盟，进口332.34亿美元，同比减少3.61%，占总进口额的28.07%；第三是美国的

**表16　2005年机械产品进出口概况**

| | 贸易额（亿美元） | | | | 2005年同比增速(%) | | 机械产品在全国比重(%) | |
|---|---|---|---|---|---|---|---|---|
| | 全国外贸 | | 机械产品 | | 全国外贸 | 机械产品 | 2004年 | 2005年 |
| | 2004年 | 2005年 | 2004年 | 2005年 | | | | |
| 进出口总额 | 11547.7 | 14211.2 | 1909.2 | 2228.7 | 23.2 | 16.73 | 16.5 | 15.7 |
| 出口总额 | 5933.6 | 7620.0 | 778.8 | 1044.6 | 28.4 | 34.13 | 13.13 | 13.71 |
| 进口总额 | 5163.8 | 6601.2 | 1130.4 | 1184.1 | 17.6 | 4.75 | 21.89 | 17.94 |
| 顺逆差 | 319.8 | 1018.8 | -351.5 | -139.5 | | | | |

表 17 2005 年机械工业各行业进出口情况

| | 进出口总额 | | | 进 口 额 | | |
|---|---|---|---|---|---|---|
| | 亿美元 | 同比增长(%) | 占比(%) | 亿美元 | 同比增长(%) | 占比(%) |
| 机械工业总计 | 2228.67 | 16.73 | 100.00 | 1184.07 | 4.75 | 100.00 |
| 农机行业 | 29.72 | 21.35 | 1.20 | 9.09 | -12.35 | 0.77 |
| 内燃机 | 55.92 | 9.92 | 2.51 | 37.57 | 0.04 | 3.17 |
| 工程机械 | 56.61 | 13.18 | 2.54 | 27.84 | -11.40 | 2.3 |
| 仪器仪表 | 411.75 | 27.9 | 18.48 | 212.65 | 19.19 | 17.96 |
| 石化通用 | 322.77 | 13.56 | 14.48 | 154.41 | 0.41 | 13.04 |
| 重型矿山 | 70.83 | 19.78 | 3.18 | 41.54 | 5.25 | 3.51 |
| 机床工具 | 127.00 | 14.47 | 5.70 | 97.35 | 10.18 | 8.22 |
| 电工电器 | 549.24 | 20.68 | 24.64 | 273.35 | 15.78 | 23.09 |
| 机械基础件 | 122.12 | 23.37 | 5.48 | 67.14 | 15.10 | 5.67 |
| 食品包装机械 | 55.23 | 3.53 | 2.48 | 17.40 | -22.57 | 1.47 |
| 汽车 | 231.75 | 16.64 | 10.40 | 113.88 | -5.22 | 9.62 |
| 其他 | 195.73 | -2.8 | 8.78 | 131.87 | -14.34 | 11.13 |

| | 出 口 额 | | | 顺逆差(亿美元) | |
|---|---|---|---|---|---|
| | 亿美元 | 同比增长(%) | 占比(%) | 2004 年 | 2005 年 |
| 机械工业总计 | 1044.60 | 34.13 | 100.00 | -351.53 | -139.47 |
| 农机行业 | 20.62 | 46.10 | 1.97 | 3.75 | 11.53 |
| 内燃机 | 18.36 | 37.76 | 1.76 | -24.23 | -19.21 |
| 工程机械 | 28.77 | 54.69 | 2.75 | -12.82 | 0.93 |
| 仪器仪表 | 199.10 | 38.73 | 17.39 | -34.90 | -13.55 |
| 石化通用 | 168.36 | 29.05 | 16.12 | -23.32 | 13.89 |
| 重型矿山 | 29.30 | 48.96 | 2.80 | -19.82 | -12.24 |
| 机床工具 | 29.65 | 31.24 | 2.84 | -65.77 | -67.70 |
| 电工电器 | 275.89 | 25.96 | 26.41 | -17.07 | 2.54 |
| 机械基础件 | 54.98 | 35.23 | 5.26 | -17.67 | -12.16 |
| 食品包装机械 | 37.83 | 22.52 | 3.62 | 8.41 | 20.43 |
| 汽车 | 117.87 | 50.06 | 11.28 | -41.60 | 3.99 |
| 其他 | 63.86 | 34.67 | 6.11 | -106.52 | -68.01 |

112.81 亿美元，日本、欧盟和美国共 783.44 亿美元，占总量的 66.17%。还有韩国的 105.11 亿美元、占 8.88%，中国台湾 95.74 亿美元、占 8.09%，东盟 47.87 亿美元、占 4.04%，新加坡 20.22 亿美元、占 1.71%。

从贸易平衡情况看。与主要贸易伙伴，逆差增幅较小，顺差增幅较大。主要逆差国家、地区，除韩国由 2004 年 65.41 亿美元增至 2005 年的 68.26 亿美元、中国台湾由 69.25 亿美元增至 70.22 亿美元外，其他国家均有所减少，欧盟由 2004 年的 194.01 亿美元减至 133.63 亿美元，日本由 218.01 亿美元减至 207.78 亿美元，分别减少 60.38 亿美元和 10.23 亿美元。主要顺差国家、地区，顺差均有所增加，美国由 54.13 亿美元增至 101.42 亿美元，增加了 47.29 亿美元，中国香港由 79.86 亿美元增至 105.25 亿美元、东盟由 21.70 亿美元增至 35.56 亿美元，分别增加了 25.39 亿美元和 13.86 亿美元。

以上市场分布情况，从市场稳定的角度看，比较合理。如出口市场，欧、美、日三家以外的其他国家约占 50%左右，这样的分布，市场比较稳定，不易受制于人；进口来源地，欧、美、日三家近三分之二，货物资源水平较高，也有选择的余地(参阅表 18)。

**表 18 2005 年机械工业对外贸易伙伴分析**

| | 进出口总计 | | | 出口额 | | |
|---|---|---|---|---|---|---|
| | 亿美元 | 同比增长(%) | 占比(%) | 亿美元 | 同比增长(%) | 占比(%) |
| 总 计 | 2228.67 | 16.73 | 100.00 | 1184.07 | 4.75 | 100.00 |
| 欧盟总计 | 531.05 | 0.13 | 23.83 | 332.34 | -3.61 | 28.07 |
| 其中: | | | | | | |
| 德国 | 224.76 | 0.82 | 10.08 | 181.79 | -4.92 | 15.35 |
| 法国 | 46.49 | 16.17 | 2.09 | 28.70 | 5.87 | 2.42 |
| 英国 | 49.66 | 14.81 | 2.23 | 21.63 | 9.22 | 1.83 |
| 意大利 | 58.96 | 5.32 | 2.65 | 34.14 | 0.77 | 2.88 |
| 东盟总计 | 131.30 | 25.68 | 5.89 | 47.87 | 15.68 | 4.04 |
| 美国 | 327.03 | 21.07 | 14.67 | 112.81 | 4.45 | 9.53 |
| 日本 | 468.84 | 8.69 | 21.04 | 338.29 | 4.19 | 28.57 |
| 中国香港 | 134.62 | 20.04 | 6.04 | 14.68 | -9.01 | 1.23 |
| 韩国 | 141.96 | 22.27 | 6.37 | 105.11 | 15.82 | 8.88 |
| 中国台湾 | 121.27 | 9.55 | 5.44 | 95.74 | 6.41 | 8.09 |

| | 出口额 | | | 顺逆差(亿美元) | |
|---|---|---|---|---|---|
| | 亿美元 | 同比增长(%) | 占比(%) | 2004 年 | 2005 年 |
| 总 计 | 104460 | 31.13 | 100.00 | -351.53 | -139.47 |
| 欧盟总计 | 198.71 | 32.42 | 19.02 | -194.01 | -133.63 |
| 其中: | | | | | |
| 德国 | 42.97 | 35.41 | 4.11 | -155.47 | -138.82 |
| 法国 | 17.80 | 37.79 | 1.70 | -14.19 | -10.90 |
| 英国 | 28.03 | 19.53 | 2.68 | 3.6 | 6.41 |
| 意大利 | 24.81 | 14.33 | 2.38 | -12.18 | -9.33 |
| 东盟总计 | 83.43 | 32.26 | 7.99 | 21.70 | 35.56 |
| 美国 | 214.23 | 32.13 | 20.51 | 54.13 | 101.42 |
| 日本 | 130.51 | 22.37 | 12.50 | -218.01 | -207.78 |
| 中国香港 | 119.93 | 24.93 | 11.48 | 79.86 | 105.25 |
| 韩国 | 36.85 | 45.38 | 3.53 | -65.41 | -68.26 |
| 中国台湾 | 25.52 | 23.18 | 2.44 | -69.25 | -70.22 |

**(二)机械产品出口稳定快速增长**

1. 出口持续快速增长

机械产品外贸出口连续三年在30%以上增速的高位运行。2005 年出口 1044.60 亿美元，增速 34.13%，高于同期全国外贸出口增幅（28.4%）5.73 个百分点；出口额在全国外贸总出口额中的比重为 13.71%，比 2004 年的 13.13%提高 0.68 个百分点。

2. 机械产品出口对全国外贸出口迅速增长作出重要贡献

2005 年出口贸易净增额：全国外贸 1686.3 亿美元，机电产品 1033.5 亿美元，机械产品 265.78 亿美元。新增机械产品出口额，对全国和机电产品新增出口额的贡献率分别为 15.76%和 25.72%。

3. 出口已成为机械产品市场的重要组成部分

2005 年机械产品出口交货值 6777.1 亿元，同比增长 28.97%，比同期机械工业销售产值增幅 22.19%高 6.78 个百分点。出口率 16.69%(比上年的 15.81%提高 0.88 个百分点)，即出口占机械产品市场的 1/6，外贸是机械产品的重要市场。但与德国、日本等机械装备制造大国出口率在 40%以上比较，还有较大发展空间。良好的外贸出口业绩，为2005年中国机械工业快速发展作出重要贡献。2005年机械产品新增出口出口交货值1522.31亿元，对同期机械工业发展的贡献率20.65%，即机械工业21.55%的增速中，有1/5是出口拉动的。

4. 出口商品结构趋于升级

一是汽车及零部件、数控机床、电机、电器等产品逐步成为出口新亮点。2005年共出口汽车17.28万辆，同比增长164.18%，其中轿车3.11万辆，同比增长233.42%，卡车近10万辆，增长88%，首次成为汽车净出口国。虽然中国目前出口的多是廉价而大众化的产品，车型主要是卡车，市场主要是面向叙利亚等发展中国家，与日本汽车出口400万辆、韩国出口250万辆，且能大量进入欧洲和美国市场的要求相比，还有很长的路要走，但已开了一个好头，已出现了长城汽车等创汇1亿美元以上的大户，出现了长安、奇瑞、吉利等积极开创出口事业的厂家。又如数控机床和加工中心，全年分别出口5306台和707台，数量同比分别增长38.47%和下降47.82%，金额分别增长75.30%和138.81%。沈阳机床集团2005年海外市场营业额已突破5000万美元，中高档卧式加工中心这一类产品仅出口到美国就近40台，龙门五面加工中心已成批出口欧美，经济型数控机床大批量销往世界各地。

二是出口产品档次提升。多数重点产品出口商品在量价齐增的情况下，出口金额增幅高于数量增幅，反映出口产品档次有所提高，附加值有所增加。如自动调节或控制仪器及装置出口数量增长9.54%，而出口金额增长42.77%；标准件出口数量增长32.63%，出口金额增长39.61%；轴承数量增长10.55%，金额增长24.54%；摩托车出口数量减少5.54%，金额增长21.62%；等等。

三是出口商品水平提高，大型成套设备和关键产品开始走出国门。如振华港机公司荣获2005年国家科技进步奖一等奖的大型集装箱起重机，已进入50多个国家和地区，占据了全球70%的市场份额。杭氧的大型空分设备，继2004年1.8万立方米和2.1万立方米产品成功出口后，2005年进一步发展，已签合同包括6万立方米和4万立方米产品各2套、3万立方米的1套、2万立方米的4套和1万立方米的7套。陕鼓的工业流程能量回收装置中标巴西。特变电工沈阳变压器集团向美国洛杉矶电力公司出口23万伏90万千伏安变压器，标志着中国的变压器产品由原来向第三世界国家出口迈向世界发达国家出口，技术水平跻身世界先进行列。大型冶金设备开始出口，一重集团向比利时出口1700毫米连铸机设备，二重集团首次向欧洲出口2250热连轧机，合同金额达3250万欧元。

5. 出口方式有所改善，一般贸易增长快于加工贸易

2005年，机械产品一般贸易额484.80亿美元，同比增长37.97%；加工贸易额516.81亿美元，增长29.07台；一般贸易增幅比加工贸易高8.9个百分点。在出口总额中的比重，一般贸易连续提高，2004年为45.45%，2005年为46.41%；加工贸易不断降低，2004年为51.45%，2005年为49.07%，两者差距日益缩小。

摩托车、汽车、内燃机、仪表、通用机械、电机等不少行业走出国门设厂扩大出口，取得好成绩。

6. 民营企业出口增长强劲，三资企业出口贸易占比大

2005年，机械工业不同经济类型企业的外贸出口都以两位数以上的高速增长，尤以民营企业发展最快。

国有企业出口232.8亿美元，同比增长17.22%，增速比全行业出口速度低16.91个百分点；占比22.29%，比上年减少2.72个百分点。

民营企业出口213.24亿美元，同比增长45.40%，比全行业高11.27个百分点；在行业的占比20.41%，比上年增加两个百分点。特别是私营企业发展快，出口156.95亿美元，同比增长65.02%，占比15.02%，比上年增加3.05个百分点。

三资企业机械产品出口最多，出口额598.51亿美元，占比57.30%；其中中外合资企业214.47亿美元，占总量的20.53%；外商独资企业365.44亿美元，占1/3还多(参阅表19)。

**(三)机械产品进口情况**

2005年，我国机械产品进口1184.07亿美元，同比增长4.75%。增幅比上年（32.77%）降低了28.02个百分点，比全国外贸进口（17.60%）低12.89个百分点；比同期机械产品外贸出口增幅(34.13%)低29.38个百分点。改变了长期以来机械产品进口高速增长和进口增幅与同期全国外贸进

表 19 2005 年机械工业各种经济类型企业出口情况

| 企业类型 | 2004 年 | | 2005 年 | | |
|---|---|---|---|---|---|
| | 亿美元 | 占比(%) | 亿美元 | 同比增长(%) | 占比(%) |
| 机械产品出口总计 | 794.31 | 100.00 | 1044.60 | 34.13 | 100.00 |
| 其中:国有企业 | 198.13 | 25.01 | 232.84 | 17.22 | 22.29 |
| 民营企业 | 146.65 | 18.41 | 213.24 | 45.40 | 20.41 |
| 其中:集体 | 51.52 | 6.49 | 56.26 | 19.20 | 5.39 |
| 私营 | 95.11 | 11.97 | 156.95 | 65.02 | 15.02 |
| 其他 | 0.02 | | 0.03 | | |
| 三资企业 | 449.03 | 56.53 | 598.51 | 33.29 | 57.30 |
| 其中:中外合作 | 16.79 | 2.11 | 18.60 | 10.78 | 1.78 |
| 中外合资 | 155.75 | 19.60 | 214.47 | 37.74 | 20.53 |
| 外商合资 | 276.53 | 34.84 | 365.44 | 32.15 | 34.98 |

口增幅相近和高于同期机械产品出口增幅的态势。然而,受国内需求的拉动,2005 年机械产品进口仍创历史新高;在全国外贸进口总额中的比重仍高达 17.94%(2004 年为 21.89%)。

进口增势趋缓反映在许多重要机械产品上。如机床,连续 4 年高速增长,2005 年有所减缓,进口 64.96 亿美元,同比增长 9.8%,比 2004 年增长 43.3%,降低了 33.5 个百分点。又如汽车,是多年来高速进口的主要行业,2005 年进口减缓,进口金额 153.13 亿美元,同比只增长 1.05%。其中汽车整车进口 16.19 万辆、下降了 38.06%,金额 51.52 亿美元、下降了 5.06%;轿车进口 7.65 万辆,同比下降了 34.06%,金额 21.94 亿美元,同比下降了 20.65%。

初步分析进口增幅下降的原因,主要是:

一是 2005 年国家加大了宏观调控力度,效果正在逐步体现,同时国债项目投资也在减少,这些必然带来一定影响。

二是经过改革开放以来的建设,机械工业自主创新能力大增,国产装备的认知度提高,许多重要装备都留在国内制造供应。2005 年电力装机 6000 多万千瓦,如果进口国外机组,仅主机一项即需 200 多亿美元,现在绝大部分留在国内制造。

三是人民币值升值的预期。从分月的进口额增幅看,人民币升值的 7 月份是分水岭,7 月份进口同比增长-2.5%,其后各月快速回升,12 月已升至 16.8%。预示 2006 年机械产品进口将会提高,值得关注(参阅表 20)。

四是外商投资企业投资进口的设备减少。2004 年外商投资进口设备 275 亿美元,占机械产品进口的 23.75%,2005 年只有 246.76 亿美元,减少 10.34%,占比下降到 20.84%。

五是欧美等发达国家对我出口管制范围不断扩大,许多大型设备、技术含量高的产品设限,导致进口不畅。

表 20 2005 年 7 月(人民币升值)以来机械产品进出口增速变化情况 (%)

| | 6 月 | 7 月 | 8 月 | 9 月 | 10 月 | 11 月 | 12 月 |
|---|---|---|---|---|---|---|---|
| 出口月度同比增速 | 36.37 | 28.53 | 40.81 | 32.46 | 44.47 | 24.95 | 26.27 |
| 进口月度同比增速 | -0.73 | -2.50 | 8.23 | 11.75 | 12.84 | 14.69 | 16.80 |

# 2005 年中国轻工业经济运行概况

2005 年全国轻工业生产呈现出平稳发展的势头，企业生产增长较快，规模以上工业经济效益继续保持了较高水平，各项指标均完成较好。轻工业经济运行呈现以下特点：

## 一、生产持续高速增长

据国家统计局提供的数据，轻工全行业（不含烟草）全部国有和年产品销售收入 500 万元以上非国有独立核算工业企业 2005 年完成工业总产值（现价）47805.60 亿元，比上年增长 26.25%。分经济类型看，私营企业累计完成工业总产值 12903.88 亿元，外商投资企业完成工业总产值 10800.21 亿元，港澳台商投资企业完成工业总产值 8067.85 亿元，占全部轻工企业工业总产值的 66.46%。在总计中，国有及国有控股企业完成工业总产值 4495.14 亿元，占全国轻工行业完成工业总产值的 9.04%。轻工全行业工业销售产值 46775.00 亿元，其中：私营企业累计完成 12569.45 亿元，外商投资企业完成 10644.94 亿元；港澳台商投资企业完成 7872.97 亿元，有限责任公司完成 7581.04 亿元。全行业完成出口交货值 11816.85 亿元，其中：内资企业累计实现出口交货值 4159.37 亿元，外商投资企业累计实现出口交货值 4010.51 亿元，港澳台商投资企业累计实现出口交货值 3646.97 亿元。在总计中，国有及国有控股企业出口交货值累计为 432.74 亿元，占全部出口交货值的 3.66%。

全行业工业总产值稳定增长，从行业分类看：农副食品加工累计完成 10604.64 亿元，塑料制品 5011.38 亿元，造纸及纸制品完成 4178.71 亿元，家用电力器具完成 4052.16 亿元，食品制造业 3701.04 亿元，饮料制造业 3075.85 亿元。比 2004 年相比增幅较高的产品是：纸浆制造增长 62.99%，酒精制造增长 61.80%，毛皮鞣制及制品加工增长 48.82%，采盐增长 42.47%，电池制造增长 43.68%，游艺器材及娱乐用品制造增长 40.45%，非电力家用器具制造增长 38.31%，其他食品制造增长 37.15%，调味品、发酵食品增长 31.31%，不锈钢及类似日用金属制品增长 30.84%。产效率超过 100% 行业有：营养、保健食品制造 103.68%，纸浆制造 100.88%，电光源 100.88%，瓶（罐）装饮用水 101.87%，制糖 100.62%，碳酸饮料 100.45%，啤酒 100.16%。

从各地生产完成情况来看，广东、山东、浙江和江苏仍保持了较高的增长速度，领先于其他省市，并起到拉动轻工业增长作用。这四个省的工业总产值分别为：9781.10 亿元、8017.86 亿元、5628.23 亿元和 4393.75 亿元。四个省占全国工业总产值的 58.20%。与 2004 年相比，产值增长幅度达 30%以上的省市是：江西增长 49.86%，河南增长 43.97%，山东增长 39.39%，内蒙古增长 39.28%，辽宁增长 38.60%，湖南增长 36.21%，吉林增长 33.78%，四川增长 33.22%，海南增长 32.92%。

全国轻工行业主要经济指标见表 1。

全国轻工产品产量大部分持续增长。根据国家统计局对全国 109 种轻工产品产量的统计，全年比上年增长的有 100 种，占全部产品的 91.74%，其中累计增幅在 30%以上的产品有：家用洗碗机增长 55.57%，电热水器增长 45.47%，速冻米面食品增长 40.22%，造纸机械增长 39.47%，彩色照相胶卷增长 38.90%，电饭锅增长 37.21%，手工工具增长 38.28%，书写印刷纸增长 35.75%，发酵酒精增长 35.65%，燃气灶具增长 32.47%，羽绒服增长 30.75%，燃气热水器增长 30.00%等。下降幅度较大

表1　2005年全国轻工行业主要经济指标

| 指标名称 | 单位 | 2005年 | 比上年增长(%) |
|---|---|---|---|
| 企业单位数 | 个 | 79584 | |
| 亏损企业 | 个 | 13272 | |
| 应收账款净额 | 亿元 | 4935.57 | 17.36 |
| 产成品 | 亿元 | 2889.59 | 18.16 |
| 流动资金平均余额 | 亿元 | 18743.87 | 17.74 |
| 固定资产净值平均余额 | 亿元 | 11677.70 | 16.96 |
| 资产总计 | 亿元 | 36254.16 | 15.98 |
| 负债总计 | 亿元 | 21106.97 | 15.33 |
| 产品销售收入 | 亿元 | 46125.44 | 26.68 |
| 产品销售成本 | 亿元 | 39055.05 | 27.12 |
| 产品销售费用 | 亿元 | 2210.15 | 19.20 |
| 产品销售税金及附加 | 亿元 | 348.99 | 25.71 |
| 管理费用 | 亿元 | 1797.65 | 18.20 |
| 财务费用 | 亿元 | 453.62 | 17.70 |
| 利息支出 | 亿元 | 381.62 | 21.56 |
| 利润总额 | 亿元 | 2115.21 | 32.41 |
| 亏损企业亏损额 | 亿元 | 291.79 | 1.31 |
| 应缴增值税 | 亿元 | 1142.30 | 24.40 |
| 全部从业人员平均人数 | 万人 | 1720.48 | 7.89 |
| 工业总产值(当年价) | 亿元 | 47704.47 | 26.44 |
| 其中:新产品产值 | 亿元 | 2652.16 | 22.27 |
| 工业销售产值(当年价) | 亿元 | 46679.37 | 26.79 |
| 其中:出口交货值 | 亿元 | 11805.12 | 21.48 |
| 产品销售率 | % | 97.85 | 0.27 |
| 销售收入利润率 | % | 4.59 | 0.20 |
| 总资产贡献率 | % | 11.00 | 1.06 |
| 资产保值增值率 | % | 116.91 | |
| 资产负债率 | % | 58.22 | -0.33 |
| 流动资产周转率 | 次 | 2.46 | 0.17 |
| 成本费用利润率 | % | 4.86 | 0.23 |

统计口径:规模以上企业

的产品是:玻璃保温容器下降13.84%,成品糖下降12.01%,卫生陶瓷下降10.28%,火柴下降8.58%,塑料加工设备下降5.39%,家用电热烘烤器具下降4.60%。

轻工业主要产品产量见表2。

## 二、轻工产品出口继续保持强劲增势

2005年我国轻工产品出口1941.30亿美元,占我国外贸出口总额的25.48%,比2004年增长23.53%;轻工产品进口总额504.86亿美元,同比增长6.66%。轻工产品进出口累计实现贸易顺差1436.44亿美元,是我国对外贸易实现顺差的1.41倍。

在20大类轻工行业出口中,所有产品出口均为正增长。

进出口情况见表3。

## 三、产销同步大幅增长,利润保持较高增长

2005年轻工全行业累计实现产品销售收入

表 2　2005 年全国轻工主要产品产量

| 产品名称 | 单位 | 产量 | 比上年增长(%) |
|---|---|---|---|
| 原盐 | 万吨 | 4454.72 | 16.35 |
| 成品糖 | 万吨 | 897.35 | -12.01 |
| 饼干 | 万吨 | 136.75 | 23.68 |
| 速冻米面食品 | 万吨 | 130.66 | 40.22 |
| 方便面 | 万吨 | 327.92 | 20.52 |
| 乳制品 | 万吨 | 1310.42 | 27.97 |
| 其中:液体乳 | 万吨 | 1145.78 | 29.37 |
| 罐头 | 万吨 | 360.06 | 16.27 |
| 味精 | 万吨 | 135.97 | 17.93 |
| 饮料酒 | 万千升 | 3565.82 | 11.00 |
| 其中:白酒(折 65 度) | 万千升 | 349.37 | 15.04 |
| 啤酒 | 万千升 | 3061.55 | 10.35 |
| 葡萄酒 | 万千升 | 43.44 | 25.42 |
| 软饮料 | 万吨 | 3380.42 | 24.08 |
| 其中:碳酸饮料 | 万吨 | 771.94 | 19.17 |
| 果汁及果汁饮料 | 万吨 | 634.56 | 29.17 |
| 瓶(罐)装饮用水 | 万吨 | 1386.29 | 23.75 |
| 羽绒服装 | 亿件 | 1.59 | 30.75 |
| 轻革 | 亿平方米 | 5.45 | 19.29 |
| 皮鞋 | 亿双 | 25.25 | 13.86 |
| 革皮服装 | 万件 | 6640.06 | 2.95 |
| 家具 | 亿件 | 3.40 | 11.41 |
| 其中:木制家具 | 万件 | 11328.08 | 17.76 |
| 软体家具 | 万件 | 1444.11 | 20.40 |
| 纸浆 | 万吨 | 1954.91 | 25.29 |
| 机制纸及纸板 | 万吨 | 5404.28 | 26.27 |
| 其中:新闻纸 | 万吨 | 304.95 | 15.09 |
| 木杆铅笔 | 亿支 | 103.93 | 9.11 |
| 肥(香)皂 | 万吨 | 71.57 | 2.67 |
| 合成洗涤剂 | 万吨 | 494.44 | 14.08 |
|  | 万吨 | 294.05 | 10.14 |
| 其中:合成洗衣粉 | 万吨 | 11.13 | 14.82 |
| 香精及其他香料混合物 | 亿支 | 64.75 | 27.20 |
| 牙膏(折 65 克标准支) | 万件 | 677.34 | -8.58 |
| 火柴(折 50 支标准盒) | 万吨 | 2198.55 | 12.92 |
| 塑料制品 | 万吨 | 87.31 | 20.30 |
| 其中:农用薄膜 | 万吨 | 871.76 | 15.03 |
| 日用玻璃制品 | 亿个 | 2.90 | -13.48 |
| 玻璃保温容器 | 亿件 | 99.04 | 10.63 |
| 日用陶瓷 | 亿把 | 54.03 | 32.28 |
| 手工工具 | 万吨 | 23.56 | 15.13 |
| 搪瓷制品 | 亿把 | 13.65 | 3.47 |
| 锁具 | 万吨 | 93.20 | 18.44 |

（续表）

| 产品名称 | 单位 | 产量 | 比上年增长(%) |
|---|---|---|---|
| 日用不锈钢制品 | 万吨 | 93.20 | 18.44 |
| 燃气热水器 | 万台 | 689.34 | 30.00 |
| 缝纫机 | 万架 | 986.36 | 11.46 |
| 自行车 | 万辆 | 5631.05 | 10.89 |
| 蓄电池 | 千伏安时 | 6645.05 | 11.79 |
| 电光源(灯泡) | 亿只 | 99.65 | 9.56 |
| 家用洗衣机 | 万台 | 2952.63 | 15.93 |
| 家用吸尘器 | 万台 | 4544.71 | 17.59 |
| 家用电冰箱 | 万台 | 2976.68 | 1.71 |
| 家用电风扇 | 亿台 | 1.16 | 7.49 |
| 房间空气调节器 | 万台 | 6764.56 | 10.86 |
| 吸排油烟机 | 万台 | 697.81 | 17.93 |
| 电热水器 | 万台 | 771.13 | 45.47 |
| 微波炉 | 万台 | 4931.89 | 14.52 |
| 钟 | 亿只 | 1.42 | 9.61 |
| 表 | 亿只 | 1.55 | 1.49 |
| 眼镜成镜(眼镜) | 亿副 | 6.70 | -0.85 |
| 伞 | 亿把 | 4.86 | 4.36 |

**表 3　2004 年轻工产品海关进出口情况**

单位:亿美元

| 商　品　名　称 | 进口额 | 比上年增长(%) | 出口额 | 比上年增长(%) |
|---|---|---|---|---|
| 轻工业进、出口合计 | 504.86 | 6.66 | 1941.31 | 23.53 |
| 其中:来料加工产品额 | 72.42 | 4.46 | 209.70 | 3.21 |
| 纸浆造纸 | 74.87 | -1.4 | 19.56 | 49.53 |
| 日用机械 | 17.56 | 1.77 | 58.03 | 6.49 |
| 日用硅酸盐 | 5.13 | -34.59 | 50.73 | 18.52 |
| 灯泡 | 10.79 | 75.54 | 20.64 | 27.31 |
| 日用化学产品 | 59.09 | 19.22 | 77.84 | 25.12 |
| 制盐 | 1.52 | 109.96 | 0.35 | 2.10 |
| 食品饮料 | 100.27 | 5.65 | 181.69 | 23.37 |
| 皮革、毛皮制品 | 41.54 | 6.95 | 327.11 | 19.33 |
| 木制品及其他天然植物制品 | 0.69 | 38.85 | 33.21 | 21.19 |
| 家具 | 6.84 | -5.74 | 137.67 | 32.98 |
| 文教体育用品 | 11.34 | 19.30 | 236.30 | 23.78 |
| 工艺美术品 | 6.02 | 17.47 | 80.45 | 20.73 |
| 塑料制品 | 82.90 | 17.26 | 166.04 | 30.00 |
| 金属制品 | 13.78 | 12.82 | 145.83 | 24.82 |
| 家用电器 | 27.91 | 5.31 | 209.17 | 24.74 |
| 照明器具 | 1.96 | 21.77 | 65.83 | 20.88 |
| 衡器 | 0.59 | -17.85 | 4.80 | 24.60 |
| 日用杂品 | 5.52 | 8.28 | 46.03 | 23.55 |
| 轻工机械 | 29.51 | -18.15 | 9.78 | 49.57 |
| 其他 | 7.02 | 2.56 | 70.23 | 20.77 |

46125.45 亿元，比上年增长 26.68%。内资企业中销售收入保持在前几位的是：私营企业累计完成 12138.34 亿元，有限责任公司 7623.98 亿元，外商投资企业累计完成 10655.35 亿元，港澳台投资企业完成 7812.21 亿元。从企业规模上看，轻工大中型工业企业累计实现产品销售收入 22259.49 亿元，占总计的 48.26%，同比增长 19.46%。

轻工全行业工业企业实现利税 3606.50 亿元，比上年增长 29.11%，利润总额 2115.21 亿元，比上年增长 32.41%。

利润总额排在前几位的企业类型是：私营企业累计完成 527.10 亿元，有限责任公司累计完成 344.48 亿元，外商投资企业累计完成 577.02 亿元，港澳台投资企业完成 322.83 亿元。从全国各省市来看，排在前三位的是：山东完成 435.87 亿元，广东省完成 319.91 亿元，浙江完成 262.35 亿元，占全国轻工企业利润总额 48.13%。利润总额较高的行业有：农副产品加工利润总额 380.07 亿元，饮料制造业 217.33 亿元，塑料制品业 206.32 亿元，食品制造 206.32 亿元，造纸及纸制品 192.04 亿元。

2005 年轻工全行业企业 79584 家，其中亏损企业 13272 家，亏损面 16.68%。亏损企业亏损总额累计 291.79 亿元，比上年增长 1.31%。轻工行业应收账款净额 4935.57 亿元，比上年增长 17.36%，其中国有及国有控股企业应收账款净额 554.77 亿元，比上年增长 11.37%。企业产成品库存 2889.59 亿元，比上年增长 18.16%，其中：国有及国有控股企业产成品资金 383.49 亿元，比上年增长 8.04%。

**附：**

## "十五"轻工业发展回顾及"十一五"展望

### （一）"十五"时期轻工业发展取得显著成就

"十五"期间，轻工行业以邓小平理论和"三个代表"重要思想为指导，认真落实科学发展观和构建社会主义和谐社会的重大战略思想，应对市场变化的能力有了提高，化解了"非典"、禽流感疫情、人民币汇率变化以及原材料、能源、运输费用的上涨、国外对我国轻工产品实施反倾销和设置贸易壁垒等的影响，在主要产品产量、技术装备水平、结构调整及原材料基地建设和特色区域建设等方面取得了长足的进步。形成了主导产品品种比较齐全，技术装备比较先进的加工体系和与之配套产业链，生产要素配置进一步得到优化，所有制结构，产业结构和产品结构更趋合理，更加适应市场经济发展要求。并在出口导向、服务三农、扩大就业等方面发挥了独特的作用。为不断满足日益增长的消费需求，扩大内需，构建和谐社会做出了巨大的贡献。

1. 保持持续健康发展，进一步确立了世界轻工业大国地位

轻工业是我国市场化程度最高的产业之一，改革开放以来保持了很高的发展速度。"十五"期间轻工业仍然快速发展。2005 年轻工业规模以上工业企业工业总产值 47704 亿元，比"九五"末期增长 147.74%，"十五"期间年平均增长 19.89%；工业增加值 13227 亿元，比"九五"末期增长 163.12%，"十五"期间年平均增长 21.35%；工业销售产值 46679 亿元，比"九五"末期增长 150.42%，"十五"期间年平均增长 20.15%，其中出口交货值 11805 亿元（人民币），比"九五"末期增长 170.76%，"十五"期间年平均增长 22.04%；产品销售收入 46125 亿元，比"九五"末期增长 155.72%，"十五"期间年平均增长 20.66%；利税总额 3603 亿元，比"九五"末期增长 146.68%，"十五"期间年平均增长 19.79%；全部从业人员平均人数 1720 万人，比"九五"末期增长 38.52%，"十五"期间年平均增长 6.73%。同时，"十五"期间轻工行业也得到快速发展。家电、皮革、家具、羽绒、五金制品、电池等行业已成为中国在全球具有比较优势、有一定国际竞争力的行业。钟表、自行车、缝纫机、电池、啤酒、家具、塑料加工机械、日用陶瓷、海盐、电光源和灯具等产品和家电行业的空调、微波炉，皮革行业的鞋类产品，文体用品行业的本册，乐器行业的钢琴、提琴、吉他，五金制品行业的工具五金和塑料制品行业的农、地膜等很多产品产量居世界第一。纸及纸板、塑料制品产量居世界第二。2005 年比"九五"末期产量增长超过一倍的产品有：电冰箱、洗衣机、空调器、吸尘器、微波炉、电热水器、电热烘烤器具、电饭锅、洗碗机、机制纸及纸板、新闻纸、纸制品、家具、燃气热水器、乳制品、罐头、饮料、冷冻饮品、毛皮服装、本册、油墨、照相胶卷、香精、塑料制品、手工工具、日用不锈钢制品、糖果、糕点、饼干、方便面和伞。

经过“十五”的发展，行业形成了相当的规模，并在行业内部形成比较完整的产业链，且专业化程度越来越高，分工越来越细；同时产业链向外扩展，开始与相关行业相互交叉渗透。

2005 年轻工产品出口额达到 1941.30 亿美元，比上年增长 23.53%，相当于“九五”末期轻工产品外贸出口额的 2.74 倍，即我国加入世界贸易组织以来轻工产品外贸出口额翻了一番多，轻工产品出口额占我国外贸出口总额的 25.48%。2005 年轻工产品外贸进口额为 504.86 亿美元，比上年增长 6.66%，相当于“九五”末期进口额的 2.26 倍。实现贸易顺差达到 1436 亿美元，比全国贸易顺差多 417 亿美元。家具、家用电器、日用陶瓷、文教体育用品、自行车、钟表、缝纫机、皮革、电光源与灯具、制笔、乐器、玩具、眼镜、羽绒等行业出口额名列世界出口额前茅。日用陶瓷出口量占世界出口总量的 65%，自行车行业出口贸易量占世界 70%，家用电器行业产品目前出口到世界 200 多个国家和地区。

2.积极发挥行业组织作用，为构建和谐社会提供有效服务

“十五”期间，轻工业积极探索推进循环经济发展，对造纸、皮革、酿造、家用电器、塑料制品、电池、照明电器、玻璃、陶瓷等行业主要制造业生产

表 4 “十五”期间全国轻工业主要经济指标

| 指标名称 | 计算单位 | 2005 年 | 2000 年 | 2005 年比 2000 年增长(%) | “十五”期间平均增长(%) |
|---|---|---|---|---|---|
| 企业单位数 | 个 | 79584 | 52535 | 51.94 | 8.66 |
| 工业总产值(当年价) | 亿元 | 47704 | 19256 | 147.74 | 19.89 |
| 工业增加值(当年价) | 亿元 | 13227 | 5027 | 163.12 | 21.35 |
| 工业销售产值(当年价) | 亿元 | 46679 | 18640 | 150.42 | 20.15 |
| 其中:出口交货值(人民币) | 亿元 | 11805 | 4360 | 170.76 | 22.04 |
| 资产总计 | 亿元 | 36254 | 20706 | 75.09 | 11.85 |
| 负债合计 | 亿元 | 21107 | 13165 | 60.33 | 9.90 |
| 产品销售收入 | 亿元 | 46125 | 18037 | 155.72 | 20.66 |
| 利税总额 | 亿元 | 3606 | 1462 | 146.68 | 19.79 |
| 其中:利润总额 | 亿元 | 2115 | 640 | 230.50 | 27.01 |
| 税金总额 | 亿元 | 1491 | 822 | 81.42 | 12.65 |
| 全部从业人员平均人数 | 万人 | 1720 | 1242 | 38.52 | 6.73 |
| | | | | | |
| 主要产品产量 | | | | | |
| 原盐 | 万吨 | 4454.73 | 3128.00 | 42.41 | 7.33 |
| 成品糖 | 万吨 | 897.35 | 700.00 | 28.19 | 5.09 |
| 糖果 | 万吨 | 78.93 | 36.87 | 114.08 | 16.44 |
| 糕点 | 万吨 | 42.95 | 13.32 | 222.42 | 26.38 |
| 饼干 | 万吨 | 136.75 | 53.01 | 157.98 | 20.87 |
| 方便面 | 万吨 | 327.92 | 142.27 | 130.49 | 18.18 |
| 罐头 | 万吨 | 360.06 | 178.21 | 102.04 | 15.10 |
| 乳制品 | 万吨 | 1310.42 | 207.49 | 531.56 | 44.57 |
| 其中:液体乳 | 万吨 | 1145.79 | 124.57 | 819.79 | 55.86 |
| 味精 | 万吨 | 135.97 | 84.50 | 60.91 | 9.98 |
| 软饮料 | 万吨 | 3380.42 | 1490.83 | 126.75 | 17.79 |
| 冷冻饮品 | 万吨 | 144.57 | 60.13 | 140.43 | 19.18 |
| 轻革 | 万平方米 | 54528.52 | 34695.25 | 57.16 | 9.46 |
| 皮鞋 | 亿双 | 25.25 | 14.68 | 72.04 | 11.46 |
| 革皮服装 | 万件 | 6640.05 | 6457.16 | 2.83 | 0.56 |

续表

| 指标<br>名称 | 计算<br>单位 | 2005 年 | 2000 年 | 2005 年比 2000 年<br>增长(%) | "十五"期间平均<br>增长(%) |
|---|---|---|---|---|---|
| 毛皮服装 | 万件 | 208.56 | 50.33 | 314.39 | 32.89 |
| 家具 | 万件 | 33990.18 | 9212.34 | 268.96 | 29.84 |
| 纸浆 | 万吨 | 1954.91 | 1048.72 | 86.41 | 13.26 |
| 机制纸及纸板 | 万吨 | 5404.29 | 2486.93 | 117.31 | 16.79 |
| 其中:新闻纸 | 万吨 | 340.95 | 145.53 | 134.28 | 18.56 |
| 书写印刷纸 | 万吨 | 182.71 | 89.21 | 104.80 | 15.42 |
| 纸制品 | 万吨 | 1871.93 | 637.18 | 193.78 | 24.05 |
| 本册 | 亿本 | 27.67 | 7.95 | 248.09 | 28.33 |
| 自来水笔(钢笔) | 亿支 | 1.02 | 0.57 | 78.70 | 12.31 |
| 油墨 | 万吨 | 30.24 | 13.90 | 117.58 | 16.82 |
| 肥(香)皂 | 万吨 | 71.58 | 60.77 | 17.79 | 3.33 |
| 合成洗涤剂 | 万吨 | 494.43 | 297.47 | 66.21 | 10.70 |
| 其中:合成洗衣粉 | 万吨 | 294.05 | 171.33 | 71.63 | 11.41 |
| 香精及其他香料混合物(香精) | 万吨 | 11.13 | 4.03 | 176.21 | 22.53 |
| 塑料制品 | 万吨 | 2198.55 | 1035.76 | 112.26 | 16.25 |
| 日用玻璃制品 | 万吨 | 871.75 | 617.10 | 41.27 | 7.15 |
| 玻璃保温容器 | 亿个 | 2.90 | 3.10 | -6.46 | -1.33 |
| 日用陶瓷 | 亿件 | 99.05 | 67.59 | 46.54 | 7.94 |
| 手工工具 | 亿把 | 54.03 | 21.30 | 153.64 | 20.46 |
| 搪瓷制品 | 万吨 | 23.56 | 14.18 | 66.16 | 10.69 |
| 日用不锈钢制品 | 万吨 | 93.20 | 30.55 | 205.08 | 24.99 |
| 锁具 | 亿把 | 13.66 | 10.39 | 31.43 | 5.62 |
| 燃气热水器 | 万个 | 689.34 | 195.19 | 253.17 | 28.71 |
| 缝纫机 | 万架 | 986.36 | 507.23 | 94.46 | 14.23 |
| 原电池及原电池组 | 亿只 | 275.57 | 146.76 | 87.77 | 13.43 |
| (折 R20 标准组) | | | | | |
| 电光源(灯泡) | 亿只 | 99.65 | 49.98 | 99.39 | 14.80 |
| 家用洗衣机 | 万台 | 2952.63 | 1442.98 | 104.62 | 15.40 |
| 家用吸尘器 | 万台 | 4544.71 | 1010.30 | 349.84 | 35.09 |
| 家用电冰箱 | 万台 | 2976.68 | 1279.00 | 132.73 | 18.41 |
| 家用电风扇 | 万台 | 11593.65 | 7661.61 | 51.32 | 8.64 |
| 房间空气调节器 | 万台 | 6764.57 | 1826.67 | 270.32 | 29.93 |
| 吸排油烟机 | 万台 | 697.81 | 366.15 | 90.58 | 13.77 |
| 电热水器 | 万台 | 771.13 | 146.02 | 428.10 | 39.49 |
| 微波炉 | 万台 | 4931.89 | 1257.16 | 292.30 | 31.44 |
| 电饭锅 | 万个 | 4893.08 | 1355.46 | 260.99 | 29.27 |
| 家用电热烘烤器具 | 万个 | 10829.88 | 2698.83 | 301.28 | 32.04 |
| 家用洗碗机 | 万台 | 81.41 | 1.70 | 4689.03 | 116.80 |
| 钟 | 万只 | 19353.02 | 9466.47 | 104.44 | 15.38 |
| 表 | 万只 | 15498.87 | 21430.69 | -27.68 | -6.28 |
| 眼镜成镜(眼镜) | 万付 | 6.70 | 4.47 | 49.90 | 8.43 |
| 伞 | 亿把 | 4.86 | 1.13 | 329.87 | 33.87 |

**注**:统计口径为"规模以上企业"。税金总额为产品销售税金及附加与本年应交增值税之和。

过程、产品销售使用、废物排放及产品回收过程等不同层面，运用循环经济的生态学原理对其生产过程"减量化"(节约使用资源)、产品使用后"再利用"(多次使用或修复、翻新或再制造后继续使用，延长产品使用周期）和废弃物"资源化"(变废为宝、化害为利，将废弃物最大限度地转化为资源循环使用而减少污染物的排放)。为连接轻工主要行业企业之间、行业之间和社会消费系统内部及其与生产系统之间的资源循环链，为开拓轻工系统循环经济发展领域奠定基础。如"十五"期间，造纸行业污染治理取得很大成绩，污染物的排放量和单位产品消耗水量都大幅度下降。超过总生产能力 1/3 的企业的污染治理水平达到了国际水平。废纸回收率和废纸利用率都有了明显的增长，特别是废纸利用率方面，中国在目前世界上主要纸张生产国家中高居榜首，据统计，2005 年中国的废纸利用率超过了日本、美国、加拿大和欧洲主要的造纸国家，达到了 50%左右。

发挥行业特点，扩大劳动就业。轻工业仍属于劳动密集型产业，轻工行业绝大部分是中小企业，规模以下企业占有相当比重。截止到 2005 年，全国规模以上共有各类轻工企业 79584 家，从业人员 1720 万人，占全部工业从业人数的 25.4%。如果将规模以下企业从业人员计算在内，全国从事轻工行业人员超过几千万人。轻工行业是创造劳动就业机会、缓解劳动就业压力的重要产业。

轻工的食品、羽绒、皮革、造纸、家具、塑料等行业与"三农"关系密切，到 2005 年，我国食品工业与农业总产值的比例，由"九五"末的 0.34:1 提高到 0.55:1。在轻工业的 44 个行业中，有相当多的行业涉及农副产品深加工问题和农业产业化问题。以农产品为原料的轻工行业总产值，超过全国轻工总产值的 1/3。轻工业的发展对提高农产品产量、提高农产品附加值、提高农民收入、改善农民生活质量、满足农村市场消费需求、缩小区域差距、促进农村经济发展和新农村建设起到了积极的推动作用。

3. 努力加快结构调整，行业的整体竞争力不断提升

——技术结构进一步优化。技术与装备水平有很大提高，采用高新技术和先进适用技术改造传统产业成效显著，科技创新和知识产权保护成为带动全行业持续发展的保证。随着改革开放的深入，"十五"期间我国轻工业新建、扩建、技术改造项目不断增加，经过引进技术和资金以及自主技术开发力度的加大，使行业技术装备水准有了很大的提高。如口腔清洁行业企业装备大量更新，行业技术工艺跃居世界一流；代表乳制品行业主流力量的大型骨干企业技术装备已经达到国际先进水平；洗涤行业技术水平已基本达到和接近国际先进水平。造纸、皮革、塑料加工、照明、电池等行业技术装备也达到世界先进水平。为饮料、啤酒等行业配套的国产化灌装机，国产塑料机械已达到国际先进水平。用高新技术改造传统产业取得成效，技术进步明显。如凭借生物技术，酶工程等高新技术的研发和推广应用，对传统食品工业改造升级以后，大大推动了食品行业的发展，提高了企业的经济效益，增强了食品工业的持续增长能力。缝制机械行业应用高新技术后使部分产品已经接近国际先进水平。轻工业科技发展水平和产业结构的技术构成发生了很大的变化，劳动力的素质也有了相当的提高。行业和企业都认识到提高自主创新能力对转变增长方式，提升行业整体竞争力的重要性。皮革、家电、制笔等行业的大中型骨干企业建立了企业的研发中心，以市场为导向开发新产品。制笔行业企业在新产品推向市场前及时申请专利保护，行业目前申请专利达 3000 多项。"十五"期间，科技进步取得可喜成绩。五年来组织科技成果鉴定 60 多项，并推荐 20 项行业成果申报国家科技进步奖。轻工相关军工配套企业为"神舟"五号、"神舟"六号的成功发射运行做出重大贡献，受到国防科工委的表彰。

——产品结构进一步调整，优质产品比重上升。五年来，轻工企业质量意识提高，十分重视标准、质量工作，大多数企业获得 ISO 质量体系认证和有关国家相关认证，不少企业采用国际先进标准和国内先进标准进行生产。许多行业协会积极参与国标、行标的制、修订工作，注意收集国际先进标准，尽可能"采标"、"对标"，努力打破技术壁垒，同时又注意结合我国国情，符合本行业实际情况和发展趋势。五年来，共制定国家标准 368 项，行业标准 470 项。轻工产品随着管理水平的提高和生产工艺和设备的改进，原材料质量结构改善，特别是新技术的应用，使轻工产品的质量总体上有

所提高。“十五”期间,国家质检总局对洗涤用品、日用陶瓷、眼镜、皮革、食品等行业产品进行了定期抽检,绝大多数产品质量合格率比以前有所提高。自2001年国家质检总局中国名牌战略推进委员会启动评选中国名牌产品以来,轻工各行业积极进行了中国名牌的培育工作。至2005年,共有300多种轻工产品获中国名牌产品称号,涉及钟表、塑料制品、洗涤用品、皮革、家电、电池、制笔、文教体育用品等近30个行业,轻工名牌产品占全部中国名牌产品的40%。很多产品的质量已经达到世界一流的水平。通过争创名牌和争创质量效益型先进企业的活动,推动企业在产品质量、服务质量、经营质量和综合效益等方面不断提高。自2001年起,共表彰轻工质量效益型先进企业390家,其中特别奖43家。从2005年起,按照卓越绩效国家标准的要求,质量效益型先进企业转换为卓越绩效先进企业。认真推荐企业参加全国质量管理奖的评选,在众多行业和企业的竞评当中,五年共有6家轻工企业获奖,在2005年中国世界名牌评选中,海尔的电冰箱、洗衣机获此殊荣。

——企业所有制结构调整取得突破,新型集体经济得到发展,整体竞争力得到提升。“十五”期间,轻工加快了企业改制的步伐,绝大部分行业完成了股份制改造,大型企业集团按现代企业的要求进行管理体制改革已经显现成效。新型集体经济得到迅速发展,在产权制度上,建立了“产权清晰、权责明确、保护严格、流转顺畅”的新型产权制度;在组织形式上实现了自愿组合,民主管理,互助互利;在管理上做到了政企分开,管理科学;在实现形式上多种多样。通过不断的改革,一些行业所有制结构发生了重大变化,国有企业通过资产重组、结构调整取得一定进展。民营经济、外资企业迅速崛起,形成多种经济成分共同发展的格局。在部分行业,民营经济开始成为行业的主体,引进外资成效显著,国有及国有控股企业所占比例居次要地位。如自行车行业民营占68%,外资占25%,股份制和国有企业仅占7%;口腔清洁护理用品行业民营占25%,外资占55%,国有及国有控股占20%。而在制笔、家具、文教体育用品、眼镜、羽绒、照明电器、皮革等行业则是民营经济占主导地位。

通过改革、改组、改造,使产业集中度增加,企业规模扩大,规模效益显现。如家用电器、食品、皮革、自行车、钟表、洗涤用品、啤酒、造纸等行业产业集中度比以往有所提高,龙头企业开始崛起,行业的整体竞争力提高。

——区域经济结构调整成效显著,成为推动地方经济快速发展的重要推动力量。在“十五”期间,我国轻工业在发展中逐渐呈现出以区域经济为格局的产业集群。这些产业集群逐步形成了从原料加工生产到销售服务一条龙的生产体系,并具有一定竞争优势,在促进轻工业发展的同时,也带动了当地工业的发展。其突出的作用是找到了解决多年来困扰轻工业发展的“大而全”、“小而全”问题的途径,使行业内专业化水平大大提高,有利于行业整体水平的提升。自行车行业形成深圳、苏州、上海、天津产业区域;皮革行业形成浙江海宁、温州鹿城、河北辛集、广东狮岭等十大产业区域;羽绒行业形成江苏常熟、浙江萧山、广东吴川等十大羽绒生产加工基地。自2001年对温州授予“中国鞋都”称号至今,被中国轻工业联合会授予轻工特色区域称号已有70多个,涉及到皮革、家具、塑料、眼镜、家电、羽绒、陶瓷、制笔、乐器、礼品、照明电器、乳制品、日用杂品、文房四宝等20多个行业,分布在浙江、山东、广东、江苏、河北、四川、山西、内蒙古等十几个省市自治区。

4. 强化对市场规律的认识,逐步建立了适应入世的运行机制

轻工业是改革开放后较早地进入市场的产业,在市场经济的磨练中,按照市场经济规律的要求,积极探索建立适应市场经济要求的运行机制。特别是在我国加入WTO以后,轻工行业经受了严峻的考验,轻工战线广大干部职工逐渐加深了对市场经济规律的认识,掌握了市场经济的一些方法,增强了驾驭行业发展大局的本领,逐步建立了适应社会主义市场经济要求的运行机制。首先,在管理学理论方面,在与国内外企业同台竞争中,通过不断学习发达国家的管理理论和方法,并结合我国的情况加以创新,提炼出很多经典的管理模式,为企业改革积累了经验,同时造就了一批国际化企业和企业家队伍。其次,充分发挥中国轻工业联合会和行业协会的作用,协调解决在新形势下出现的新问题。随着针对轻工产品的贸易摩擦日益增多,家电、家具、皮革、电池、自行车等行业都受

到各种非关税贸易壁垒及国外反倾销的影响。为此在行业协会的组织下，迅速建立预警和应对机制，用市场经济的方法，解决国际贸易纠纷。第三，学会用市场经济的手段来管理行业，促进行业不断发展。如近年来行业协会通过举办行业展览会使行业展览会规模日益扩大，成为行业技术交流和信息沟通的重要平台。中轻联和各协会、学会每年举办各类展会活动70多个，展会规模持续扩大，品牌效应明显，国际化程度提高、内容不断丰富、社会效益和经济效益同步增长。家电、家具、皮革、眼镜、食品添加剂、照明、乐器等行业国内展览已位居世界同行业展览前列。不少行业协会还组织企业走出国门，参与国际同行业展览，成为国际展览中的重要组成部分。展会经济已成为推动行业发展的重要舞台。第四，在专业市场培育方面也取得了一定经验。中轻联与家具协会、皮革协会、塑料协会分别支持并和地方政府共同培育了200万平方米的广东乐从家具市场、120万平方米的江苏溧口家具市场和近100万平方米的河北香河家具市场、广东花都狮岭皮具市场、河北辛集皮革市场、浙江海宁皮衣市场、河北肃宁裘皮市场等。这些专业市场已逐步成为交易平台、市场走势的晴雨表和当地经济发展的增长点。

5. 加强技能培训和人才培养，为行业发展提供人力资源保障

为落实人才强国战略要求，围绕实施国家技能人才培养培训工程、成人继续教育和再就业培训工程。针对轻工行业对技能劳动者的实际需要，全面开展职业技能培训和鉴定工作，为社会、为企业提供合格的技能人才。目前劳动和社会保障部已经批准轻工行业特有职业101个，批准轻工行业特有工种职业技能鉴定站54个。编写出版了包括皮革、钟表、陶瓷、乐器、酿酒、家电、自行车、缝纫机、制糖、工艺美术、珠宝首饰、发酵、香化、制笔、搪瓷等行业的55个国家职业标准。为加强培训和鉴定工作，批准成立了56个各类培训机构，其中行业总站11个，培训中心9个，培训基地36个；2005年共培训鉴定了82批，鉴定人数5312人，有5186人已通过了鉴定，其中技师548人，高级技师897人，三年来共有一万多人取得了不同等级的国家职业资格证书。

开展中国轻工业设计师职业资格考评工作，制定《中国轻工业设计师职业资格制度》以及相关操作性文件。增设了9个分站，并对分站进行了工作评估，共组织考试7次，近300人获得中国轻工业设计师职业资格，在行业人才队伍建设上，打造了一个新的平台。

中轻联会同全国总工会轻纺工会、中国就业培训技术指导中心分别与中国焙烤协会、中国酿酒工业协会共同举办了全国焙烤技能大赛、“枝江杯”全国品酒师技能大赛，共有2人获得了全国“五一”劳动奖章，12人获得劳动部颁布的全国技术能手称号，20人获得行业技术能手称号。

**(二)行业发展遇到的主要问题**

1. 增长方式尚未得到根本转变，不能全面满足国内外需求

自“九五”期间以来，轻工行业根据国家的要求，提出转变轻工业的增长方式，合理配置生产要素。这些年来，各行业为此做了很大努力，取得了积极的成效，企业效益和行业发展效率都有了很大提高。但从整体上讲，轻工业增长方式没有实现根本性转变，以“高投入、高消耗、高排放和低效率、低效益”为特征的粗放型增长格局还在继续，粗放的增长方式超过了国内资源和环境的承载能力，如不尽快转变增长方式，资源将成为制约轻工业持续发展的重要因素。如陶瓷行业如不改变目前状况，将很快面临原料资源枯竭困境。粗放的增长方式还带来了重复建设和低水平扩张，这也是相当长一段时间内困扰轻工行业发展的一个问题。轻工行业的进入门槛相对较低，投资规模较小。社会资本大举进入和行业内部的相互渗透如白色家电和黑色家电的互相渗透等使行业的生产能力超出市场需求。新进入行业的企业主要集中在生产低端产品，高档产品少，使本来竞争就十分激烈的行业竞争更加激烈。由此造成低档产品结构过剩，资源过度消耗及浪费。如钢琴行业目前有上百家企业，品牌和商标多达100多个。在国内市场有限的情况下，企业拼命以低价抢占国际市场。

2. 企业自主创新能力薄弱，研发机构和行业的品牌建设有待加强

企业自主创新能力弱是轻工行业中一个较为普遍的问题。很多行业整体研发能力不强或水平不高，有的行业甚至缺乏专门的研究机构和人员。这主要是体制和机制方面的问题，有国家对行业

基础研究投入不足的原因，也有企业不重视研发，在技术创新方面投入不足的因素。造成企业拥有自主知识产权产品很少，不少行业主要以“来料加工”方式为主，或贴牌生产，为国外大公司打工，挣取少量的加工费。科技体制改革以后，轻工一批老的科研机构开始转型，主要以市场需求为导向，研究一些“短、平、快”课题，有关行业的基础性研究弱化；科技创新没有专门的机构牵头去做；科研投入的重点也发生变化，轻工的很多项目在有关部门排不上队，科研经费筹措存在困难；企业自身的技术创新能力相对薄弱。企业普遍各方面人才匮乏，特别是科技人才缺乏，企业员工整体素质偏低，缺乏创新的基础。由此带来的是轻工业的品牌建设显得相对薄弱。“十五”期间，轻工行业的品牌建设取得了相当的成就，在中国名牌评选中轻工产品占多数，但轻工整体产品质量、花色品种与世界先进国家相比差距仍然较大，更缺乏在世界叫得响的轻工产品品牌，这与轻工业的飞速发展不相适应，与世界轻工产品生产大国地位不相适应，与不断增加的市场需求不相适应，阻碍了产业向更高水平的提升。

3. 技术与装备水平较低，物耗、能耗、环保和综合利用差距较大

轻工行业整体管理水平、技术水平不高、技术装备较差、工艺落后是造成能耗、物耗偏高的重要因素，直接影响经济效益的进一步提高。

近年来，通过引进和自主创新轻工行业技术装备水平有了很大的提高，但由于行业技术装备水平不高也能开工生产，因此造成轻工部分行业目前技术装备水平较低。如制笔行业众多民营小企业厂房简陋，设备陈旧，大部分处于原始作坊式生产状态。由于企业技术装备落后，造成原材料、能源利用率偏低。如我国食品工业企业能源利用率与国外有较大差距。甜菜糖耗煤率比国外高出1倍多；陶瓷、玻璃行业万元产值能耗和万元工业增加值能耗都大大高于国际同类产品水平。与发达国家相比，轻工大部分行业的原料利用率较低，如食品行业原料平均利用率仅为65%左右，而国外已达到80%以上。食品工业部分行业的废渣中含有大量的蛋白质、脂肪、纤维等物质，限于技术、投资、管理等原因，尚未加以综合利用而直接排放，一方面降低了资源利用率，另一方面污染了环境。轻工业排放的废水占全国工业废水排放总量的1/5，造纸、食品发酵、制革等行业的污染问题治理仍然任重道远。

4. 经济结构不尽合理，提高行业制造水平任务相当艰巨

出口产品结构不合理，部分中低档产品出口依存度、集中度过高的行业经营风险加大。我国是世界出口依存度很大的国家，在轻工行业体现更加突出，2004年轻工业外贸依存度35%。目前电池行业出口量为228.78亿只，占总产量的76%；自行车行业出口依存度达60%~70%，出口到美国和日本数量占总量的50%。轻工产品出口主要以低价格、数量大取胜，出口产品档次不高，造成单件产品出口换汇率较低，自行车行业产品出口平均单价为32美元/辆；陶瓷行业总体出口均价只有23美分/件。钟表行业产品出口主要是中低档产品，在国际市场分工体系中处于低端产品加工位置，产品的竞争力低，与生产大国的地位不符。由于中低档产品出口依存度过高，不仅极易引起贸易摩擦，而且容易被取代；另外，出口国家和地区过于集中，一旦国际市场有所变化将给行业发展带来一定风险。

企业规模结构不合理，造成规模效益低下。我国轻工企业中小企业占绝大多数，在规模效益显著的行业，我们企业的规模和行业的集中度与国外相比差距仍然很大。制盐企业平均产能只有5万吨，几千吨规模的小企业仍大量存在。我国造纸企业占世界造纸企业总数的45%，世界造纸企业平均规模9万吨，我国只有2万吨左右。这种不合理的企业规模结构是导致行业产品能耗高、物耗高、质量低、资源利用率低、技术落后、竞争力弱、经济效益差的重要因素。

5. 部分行业的产业安全需引起高度重视

对外开放与保护民族工业应是相辅相成的，通过引进国外先进管理方法、技术和设备，提高轻工行业制造水平和竞争力，使我国轻工业有了长足的发展，但是与国外发达国家相比还显得十分弱小。近年在部分行业出现国外跨国公司企图利用他们在技术、资金、营销网络等方面的优势控制行业的优势企业，进而占领行业的制高点，形成对中国市场垄断的趋势。一方面要对轻工行业特别是对涉及到有关国防安全的敏感行业的产业安全引

起高度重视。如电池行业外资控股行业龙头企业，眼镜行业外资收购大型验配眼镜连锁企业，在行业内形成垄断现象应引起高度警觉，这不仅关系到一个企业的生存问题，而且关系到我国国防安全问题。另一方面，家电、口腔清洁护理、电池行业、日用化学制品行业外资大规模控股行业龙头企业的现象也要引起我们的重视，应加强对外资收购优势企业的监管，防止国有资产的流失，避免个别外资企业以此打压国内企业，从而对中国市场形成垄断。

现阶段我国是世界轻工业生产大国，主要体现在许多行业生产的产品数量占有世界市场的较大份额，但产品附加值较低，销售额所占比重较小，拥有自主知识产权产品比重更小。要成为世界轻工业强国，首先产品要占有世界市场相当份额。其次要有在全球有一定影响的著名自主品牌产品并掌握核心、高端技术。第三要有一批在全球知名的名列前茅企业和企业家队伍。第四更要拥有自主知识产权的创新体系以及节约资源和能源，企业、人与自然和谐共处，可持续发展绿色产业。从目前我国轻工业发展水平看，要成为世界轻工业强国，还有很长的路要走，需要轻工人为此长期不懈的努力奋斗。

**(三)轻工行业发展导向**

“十一五”期间，轻工行业积极运用信息技术、生物技术、环保技术、新材料和新工艺等高新技术和先进适用技术改造和提升轻工传统产业，节约资源，保护环境，实施循环经济，实现轻工和社会的可持续发展。提高产品的质量和档次，培育一批具有自主知识产权在国内外市场享有盛誉的名牌产品。抓住西部大开发和振兴东北老工业基地的历史机遇，通过培育优势产业和龙头企业，最终形成特色鲜明、竞争力强、吸纳劳动力多、对经济发展影响力大和区域分工合理的轻工产业体系，保持轻工经济持续快速协调健康发展。其中，造纸工业要以原料结构调整为核心，加快林纸一体化工程建设，合理布局林纸项目，加大废纸的回收利用，加快设备国产化进程；食品工业要加快农副产品的转化和增值，带动农业增效和农民增收，建立和完善食品安全体系，提高食品工业整体水平；要以电子信息与先进技术推动和提升家用电器、轻工机械、钟表、自行车、缝制机械等行业的制造技术和水平；以新材料、新技术和新装备提高塑料、陶瓷、玻璃制品加工业以及皮革、香化、日用洗涤用品等产业生产制造的技术水平、创新水平；以新能源及高效节能技术促进新型照明光源和器具、高效能电池等产业制造和应用技术推广；以组建大型盐业企业集团为重点，提升制盐工业的产业集中度，提高食盐专营水平；鼓励发展市场潜力大的家具、五金制品、文体用品、玩具、工艺美术、室内装饰及包装装潢印刷等产业。

“十一五”期间轻工行业要认真贯彻《建议》精神，落实《纲要》的要求和国家的产业政策，保持轻工业持续健康发展，满足不断增长的消费需求，通过实施加大研发投入和培育自主品牌等战略措施以及全面推进采用信息技术、生物技术等高新技术和先进适用技术努力提高轻工传统行业整体水平和自主创新能力，提升国际竞争力；发展轻工新兴行业，开拓新领域，开发新品种。加快产业关联度大的轻工基础行业发展和产业链的延伸、增强；建设资源节约型、环境友好型产业，促进和带动农业产业化，推进社会主义新农村建设，保持轻工各行业持续、稳定、和谐发展，为实现我国建设世界轻工强国和建设绿色轻工产业的目标打下坚实的基础。

1. 鼓励一批在总量和生产技术水平上已经走向世界大国的轻工行业，争取在“十一五”期间率先实现世界轻工业强国的目标

家电、皮革、家具、自行车、电池、口腔清洁护理用品、羽绒等行业要通过全面采用高新技术推动科技创新、产品创新、工艺创新，提高产品技术含量和附加值；积极开发新品种，推出新品牌，开拓国内外市场新领域，扩大占有率，拥有一批具有自主知识产权的产品；使这些行业与国际市场需求保持同步发展，积极引领国际市场潮流。

2. 支持一批产量和生产技术水平已经接近世界大国的行业，经过努力，在“十一五”期间为实现冲击世界强国的目标奠定基础

造纸、食品、制盐、塑料、五金制品、缝制机械、照明电器、钟表、眼镜、日用陶瓷、日用玻璃、日用搪瓷、乐器、室内装饰、玩具、文体用品、制笔和日用杂品等轻工行业要加快调整企业结构和产品结构的步伐，通过自主创新和培育自主品牌，加大研发投入和技术改造，抓住机遇，积聚势能。

3. 扶持一批具有一定基础和潜能的行业，吸收国内外先进技术成果，通过自主创新，努力加快缩小与世界强国之间的差距

轻工机械装备、衡器、日化、洗涤、化妆品等行业要探索和提升自主创新能力，努力实现自主开发、自主研制、自主创新的新模式。向高新技术化、高精度化、高质量化、高档次化方向发展，逐步在全球市场占有率、知名品牌数量、自主知识产权和核心技术、环境保护和能耗等方面接近世界强国的目标。

4. “十一五”期间要继续保护、传承、发展和创新民族传统产业，推动国家出台保护、传承、发展和创新民族传统产业的法规和政策，积极申请非物质文化遗产

民族传统产业中的工艺美术、文房四宝、民族乐器、民俗玩具、少数民族用品等行业的继承发扬，不仅是发展地方特色经济的重要组成部分，也是保护传统灿烂的民族文化遗产，弘扬民族文化的重要内容。对于促进民族传统产业的发展，营造民族传统文明的氛围，推动建设和谐社会具有重要意义。

# 2005年中国纺织工业经济运行概况

## 一、2005年纺织工业经济运行特点

### (一)在国内外两个市场的拉动下,纺织工业产销两旺,保持稳定增长

1. 国内市场消费旺盛

2005年，全国社会消费品零售总额同比增长12.9%,扣除价格因素,实际增长12%,实际增速比上年加快了1.8个百分点。城乡居民收入继续快速增长,城镇居民可支配收入同比实际增长9.6%,增速比上年同期提高了1.9个百分点;农民人均现金收入实际增长6.2%，增速比上年同期回落了0.6个百分点;2005年纺织行业规模以上企业实现销

表1 2005年纺织规模以上企业主要产品产量

| 名　　称 | 单位 | 数量 | 同比±% |
|---|---|---|---|
| 化纤用浆粕 | 万吨 | 83.10 | 39.17 |
| 化学纤维 | 万吨 | 1629.20 | 14.75 |
| 粘胶纤维 | 万吨 | 118.00 | 21.31 |
| 合成纤维 | 万吨 | 1500.25 | 14.19 |
| 锦纶纤维 | 万吨 | 71.66 | 16.29 |
| 涤纶纤维 | 万吨 | 1270.16 | 15.56 |
| 腈纶纤维 | 万吨 | 86.53 | 9.13 |
| 维纶纤维 | 吨 | 41749 | 11.17 |
| 丙纶纤维 | 万吨 | 24.46 | -11.60 |
| 纱 | 万吨 | 1412.40 | 23.61 |
| 布 | 亿米 | 377.61 | 17.45 |
| 棉布 | 亿米 | 196.58 | 24.01 |
| 混纺交织布 | 亿米 | 70.59 | 9.34 |
| 纯化纤布 | 亿米 | 110.45 | 12.22 |
| 印染布 | 亿米 | 362.15 | 15.69 |
| 苎麻布及亚麻布 | 万米 | 21568 | 20.89 |
| 丝 | 吨 | 132536 | 19.54 |
| 丝织品 | 万米 | 777381 | 11.15 |
| 针棉织品折用纱线量 | 万吨 | 92.30 | 10.29 |
| 非织造布 | 万吨 | 35.03 | 20.92 |
| 服装 | 万件 | 1479795 | 16.84 |
| 梭织服装 | 万件 | 709833 | 17.57 |
| 针织服装 | 万件 | 766424 | 16.11 |
| 合成纤维单体 | 万吨 | 741.26 | 13.86 |
| 聚酯 | 万吨 | 807.50 | 14.42 |

售产值20011亿元,同比增长26.09%,拉动衣着类消费在6826亿元左右。

2. 大类产品产量仍然保持较快增速

2005年,全国规模以上纺织工业纱产量为1412.40万吨,同比增长23.61%;布产量为377.61亿米,同比增长17.45%;印染布产量为362.15亿米,同比增长15.69%;服装产量为148亿件,同比增长16.84%;化纤产量1629万吨,同比增长14.75%。

3. 市场机制作用明显增强,行业运行质量稳步提高

2005年规模以上纺织工业实现销售收入19793亿元,同比增长26.29%,增幅比上年提高了1个百分点;产销率达到为97.76%,同比增长0.15个百分点;销售产值20011.28亿元,同比增长26.09%,增幅上升了1.91个百分点;工业增加值4999.18亿元,同比增长26.52%,增幅上升了2.16个百分点;实现利润689.72亿元,同比增长35.81%,增幅上升了19.59个百分点;出口交货值5736.89亿元,同比增长了18.24%,增幅提高了1.1个百分点;销售产值增速高过出口交货值增速7.85个百分点,说明内需对纺织产业的拉动作用突出。

从各项经济指标来看,2005年规模以上纺织工业流动资产周转率达2.51,同比提高0.07次;销售利润率达到3.48%,同比提高0.29个百分点;销售毛利率为10.60%,同比提高0.06个百分点;成本费用利润率为3.62%,同比提高0.17个百分点;全员劳动生产率从上年的44600元/人提高到2005年的51099元/人,提高了14.57%,增长速度是近

**表2 2005年纺织行业(规模以上)部分经济指标**

单位:亿元

| | 金额 | 同比% |
|---|---|---|
| 销售收入 | 19794 | 26.29 |
| 销售产值 | 20011 | 26.09 |
| 增加值 | 4999 | 26.52 |
| 利润 | 689.72 | 35.81 |
| 出口交货值 | 5736.89 | 18.24 |
| 全员劳动生产率 | 51099 | 14.57 |

**表3 2005年纺织行业(规模以上)部分经济指标**

| 项 目 | 流动资产周转次数 | 销售利润率 | 毛利率 | 成本费用利润率 | 产销率 |
|---|---|---|---|---|---|
| 数值 | 2.51 | 3.48% | 10.60% | 3.62% | 97.76% |

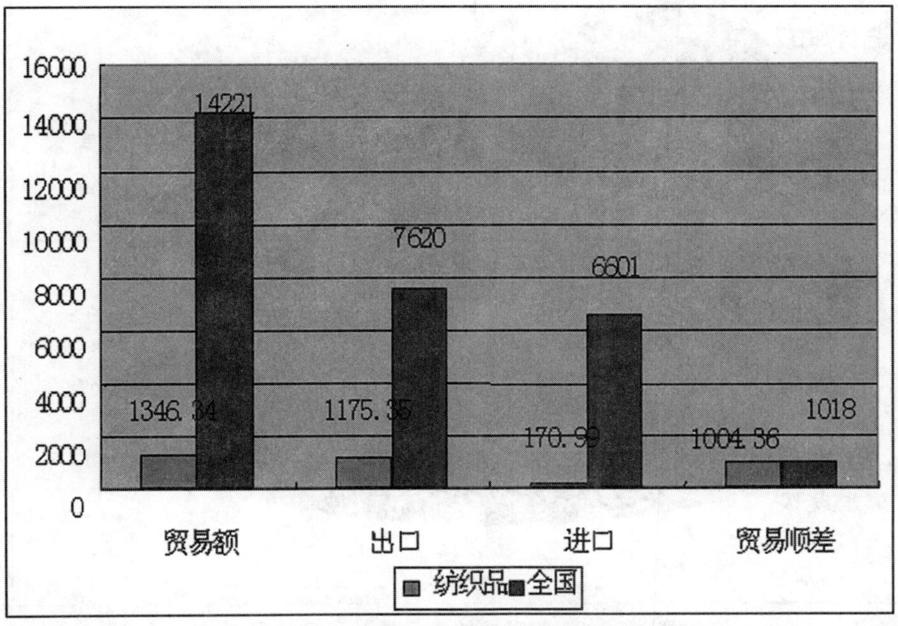


图1 2005年纺织品服装贸易与全国贸易比较

年来最快的。

**(二)纺织品服装出口继续保持较快增长**

2005年，我国纺织品服装贸易总额为1346.34亿美元，同比增长了17.90%，纺织品服装贸易占全国贸易总额的9.47%，其中出口达1175.35亿美元，同比增长20.69%，占全国出口额的15.42%；进口170.99亿美元，同比增长1.76%，占全国进口的2.59%；纺织服装贸易顺差1004.36亿美元，占全国贸易顺差的98.58%。

纺织品服装出口呈现以下几个特点：

1. 一般贸易出口比重上升，出口逐渐向高附加值发展

2005年，纺织品服装一般贸易出口额为819.13亿美元，同比增长24.28%，占出口额的比重上升到69.69%；进料加工贸易额199.59亿美元，同比增长12.68%，来料加工贸易额107.09亿美元，增长1.31%。其中，纺织制成品和服装(不含服装附件)出口的同比增速分别为22.70%、30.79%，大大超过纱线(16.93%)和织物(14.27%)的增速，表明我国纺织工业逐步向高附加值发展。

2. 对原配额地区增长迅速，份额不断扩大，对原非配额地区出口增速有所回落，转口贸易大幅减少

2005年对原配额地区出口金额为384.39亿美元，增长了60.62%，增幅上升了43.5个百分点，占出口比重由上年末26.5%增至32.70%。其中对美国出口195.75亿美元，同比增长66.09%，增幅比上年同期提高了约44个百分点，占我国纺织品服装出口总额的16.65%；对欧盟出口188.63亿美元，同比增长55.30%，增幅比上年同期提高了43个百分点，占我国纺织品服装出口总额的16.05%。

对原非配额地区出口金额为790.96亿美元，同比增长7.68%，增幅下降了14.79个百分点，占全部出口的比例由上年末的73.5%降至67.30%。其中对日本出口181.03亿美元，同比增长5.54%，增速回落了7.16个百分点，占我国全部纺织品服装出口的15.45%；对韩国出口41.71亿美元，同比下降0.35%，增速回落了9.46个百分点，占我国纺织品服装出口的3.55%；对东盟地区出口56.40亿美元，同比增长23.28%，增速回落了1.74个百分点，占我国纺织品服装出口的4.80%。

由于配额的取消，转口贸易大幅减少。对中国香港出口148.43亿美元，同比下降了14.59%；澳门和墨西哥等原主要转口贸易地区的出口虽然总量较小，但增速下降了16.00%和37.39%。

3. 纺织品出口增速高于服装出口，棉制品和

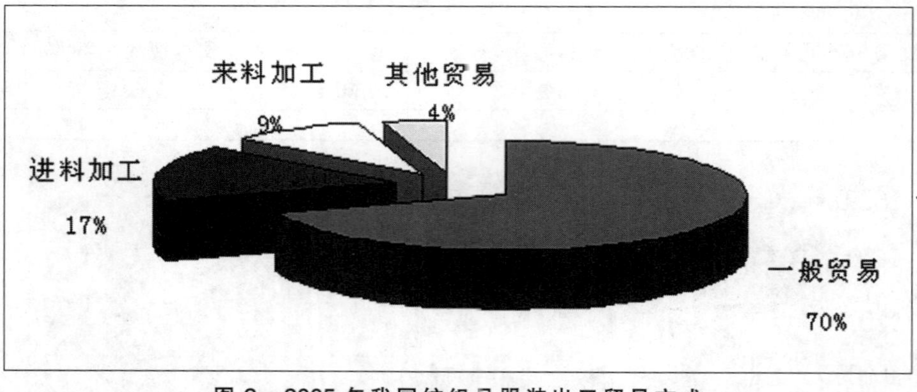


图2　2005年我国纺织品服装出口贸易方式

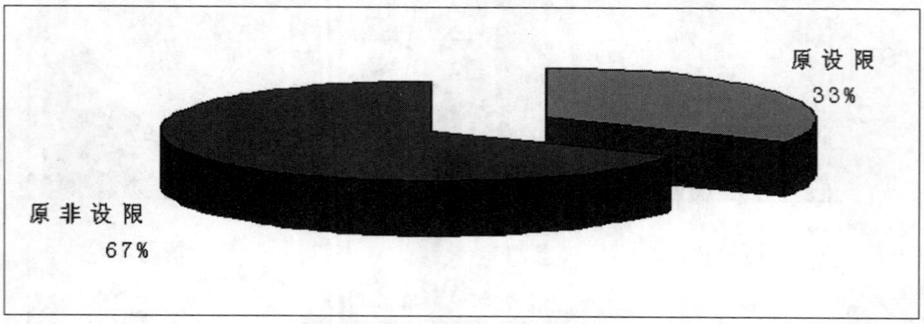


图3　2005年我国纺织品服装出口地区

**化纤制品出口占主导**

在出口产品中，纺织品出口439.69亿美元，同比增长22.93%，增幅回落了2.28个百分点，占所有出口的比重为37.41%；服装出口735.66亿美元，同比增长了19.40%，增幅提高了0.71个百分点，占所有出口的比重为62.59%。

从原料来看，棉制品出口411.13亿美元，同比增长31.66%；麻制品出口56.38亿美元，同比增长

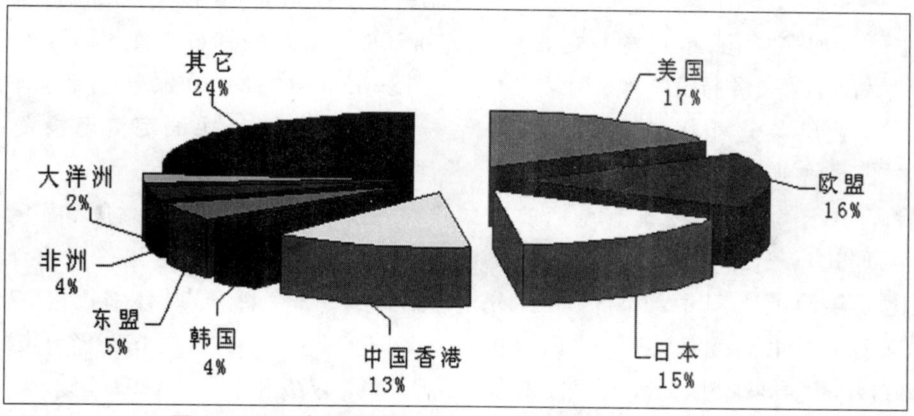


图4　2005年我国主要出口的国家和地区(亿美元)

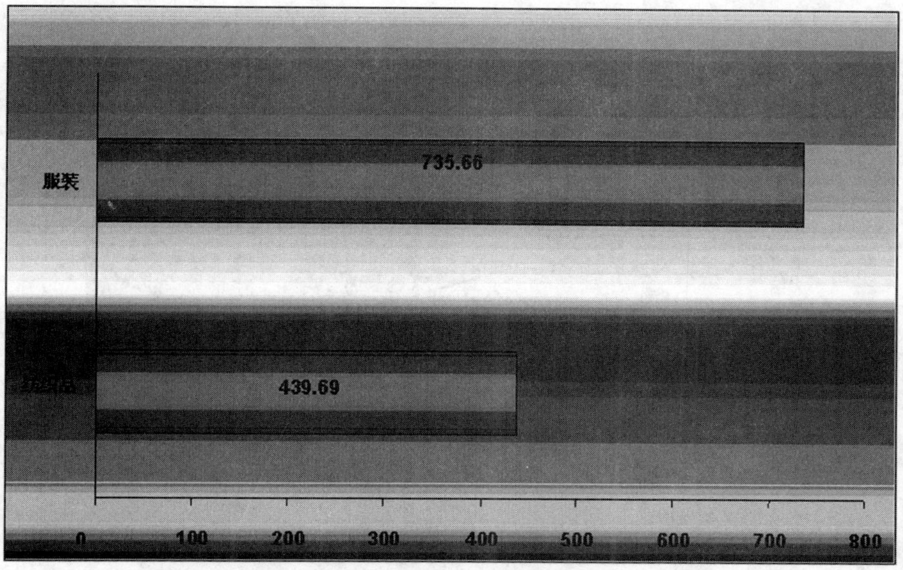


图5　2005年纺织品服装出口金额比较(亿美元)

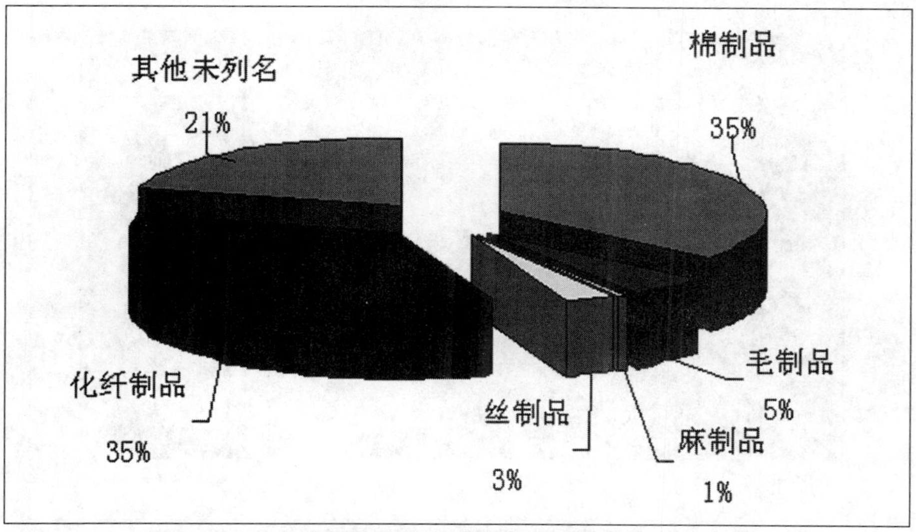


图6　2005年我国出口纺织品服装(按原料分)(亿美元)

15.38%；麻制品出口 7.63 亿美元，同比增长 20.66%；丝制品出口 33.60 亿美元，同比增长 14.73%；化纤制品出口 422.03 亿美元，同比增长 19.98%；其他未列名材料出口 244.57 亿美元，同比增长 8.53%。

4. 出口的主体更加多样化，市场竞争更激烈；以东部五省一市为主的出口格局没有改变

2005 年，民营企业出口金额为 320.38 亿美元，同比增长 60.73%，占所有出口的比重达到 27.26%，比重提高了 6.8 个百分点；国有企业的出口 348.66 亿美元，同比增长 2.17%，占总出口的比重为 29.66%，比上年同期下降了约 5.38 个百分点；三资企业出口金额为 403.25 亿美元，同比增长 20.37%，占总出口比重为 34.35%，跟上年同期基本持平。

从分省市来看，浙江省出口额为 252.29 亿美元，同比增长 23.78%；广东省 221.56 亿美元，同比增长 23.05%；江苏省出口 193.08 亿美元，同比增长 26.08%；上海市出口 133.96 亿美元，同比增长 10.83%；山东省出口 109.27 亿美元，同比增长 19.82%；福建省出口 46.56 亿美元，同比增长 4.28%。上述六省市累计出口 956.72 亿美元，占全国总出口额的 81.40%，与上年基本持平。

**（三）纺织行业固定资产投资平稳增长，行业投资理性发展**

数据显示，2005 年纺织固定资产投资金额 1597 亿元（500 万元以上），同比增长 35.5%，增幅提高了 5.3 个百分点；计划投资 3785 亿元，同比增长 38.8%；施工项目数 6738 个，增加 1463 个；新开工项目 4775 个，增加 1202 个。

固定资产投资呈现以下特点：

1. 棉纺、纺机、服装等基础性行业在市场的驱

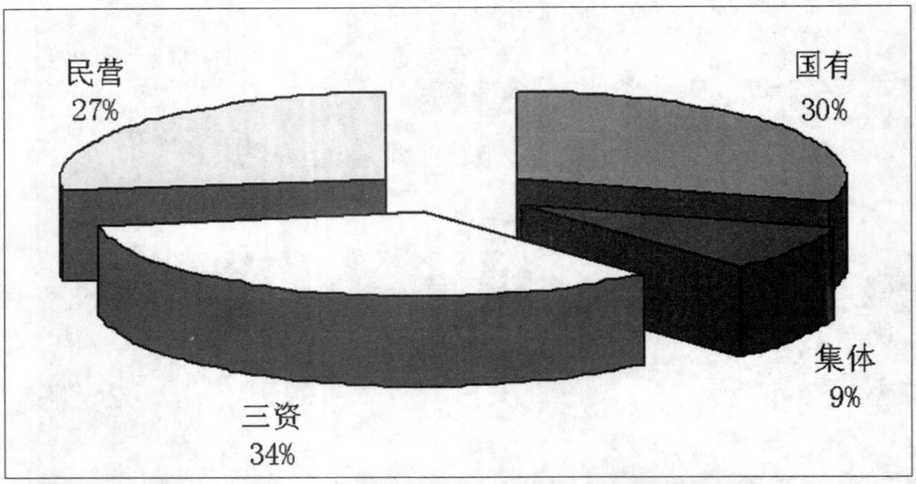


图 7　2005 年不同所有制企业出口比例

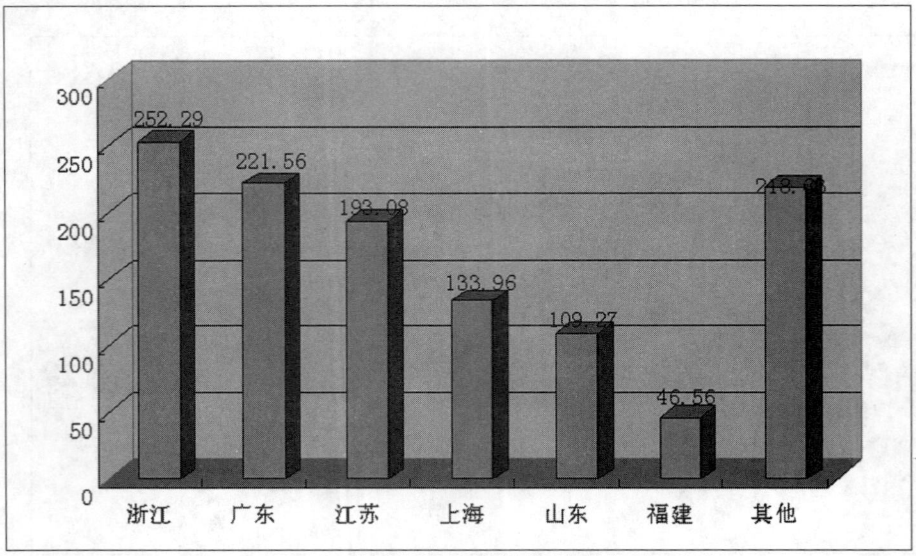


图 8　2005 年我国主要纺织品服装省市（亿美元）

表 4　纺织服装业固定资产投资完成情况

| | 计划投资（万元） | 实际完成投资（万元） | 施工项目数（个） | 新开工项目数（个） | 竣工项目数（个） |
|---|---|---|---|---|---|
| 总　计 | 37850151 | 15971151 | 6738 | 4775 | 2744 |
| 纺织业 | 23081530 | 10236776 | 4096 | 2949 | 1727 |
| 纺织服装、鞋、帽制造业 | 8011161 | 3604226 | 2145 | 1495 | 828 |
| 化学纤维制造业 | 5884814 | 1740483 | 327 | 212 | 135 |
| 纺织专用设备制造业 | 872646 | 389666 | 170 | 119 | 54 |

动下投资增长较快，化纤、麻、绢等行业呈下滑趋势

2005 年，棉纺织行业投资完成额 520 亿元，同比增长 55.5%，增速提高 31.9 个百分点。纺机行业完成投资额 39 亿元，同比增长 53.6%，增速提高 18.6 个百分点，其中外商投资增长 1.2 倍。服装制造业投资完成额 339 亿元，同比增长 49.3%，增速提高了 18.3 个百分点。而化纤投资同比仅增长 1.9%，增幅下降了 47.6 个百分点。麻纺织、丝绢纺织固定投资出现负增长，分别下降了 14% 和 21.9%。

2. 东部依然是投资主体，中部及东北地区投资增长较快，已呈现出产业转移的趋势

东部地区投资仍是主体，全年完成投资 1161 亿元，增长 32.1%，占全国投资额的 72%。受东部沿海地区土地供应有限、劳动力成本上升、能源紧张等要素制约，纺织投资逐步向邻近的中部地区转移。2005 年中部地区纺织固定资产投资快速增长，完成投资 256 亿元，同比增长 44.9%，增幅提高了 11.3 个百分点。东北三省 2005 年完成投资 76 亿元，增长 68.8%。西部 12 省区投资完成 104 亿元，同比增长 32.7%，增幅回落了 15.8 个百分点。

3. 国内投资增速高于外商投资，民营投资快速增长

2005 年，国内资本完成投资 1197 亿元，同比增长 39.3%，其中国有投资同比下降 16.3%，占全行业总投资的比重下降到 4.7%，比 2004 年下降了 3 个百分点；国内集体、联营、股份、私营等非国有投资较快增长，投资完成额 1129 亿元，增幅达 45.7%，占全部投资的比重由 2004 年末的 65.7% 提高到 70.7%；港澳台及外商投资共完成投资 392 亿元，同比增长 25.2%，其中外商投资增长 22.1%，同比回落了 12.5 个百分点。

4. 自筹资金比重继续上升，国内贷款继续下降；行业投资更加理性，先进生产力的投资成为固定资产投资的重点

从资金来源看，自筹资金占全部到位资金的 72.1%，同比提高了 6.8 个百分点；国内贷款比上年减少了 33 亿元，占全部到位资金的 9.3%，同比下降了 5.9 个百分点；利用外资占全部到位资金的 13.9%，同比略有上升。

2005 年，进口各类纺机设备 35.56 亿美元，纺机行业实现销售收入 443 亿元，增长 17.03%。国产设备和进口的设备总额占到 2005 年固定资产投资总额的 47%，基本上都是当今行业先进水平。以棉纺行业为例，棉纺行业中国际先进水平的技术装备比重已超过 50%，精梳纱、无结头纱、无梭布的比重分别从 2000 年的 20.2%、40%、21.4% 提高到 2005 年的 25%、55% 和 53%。

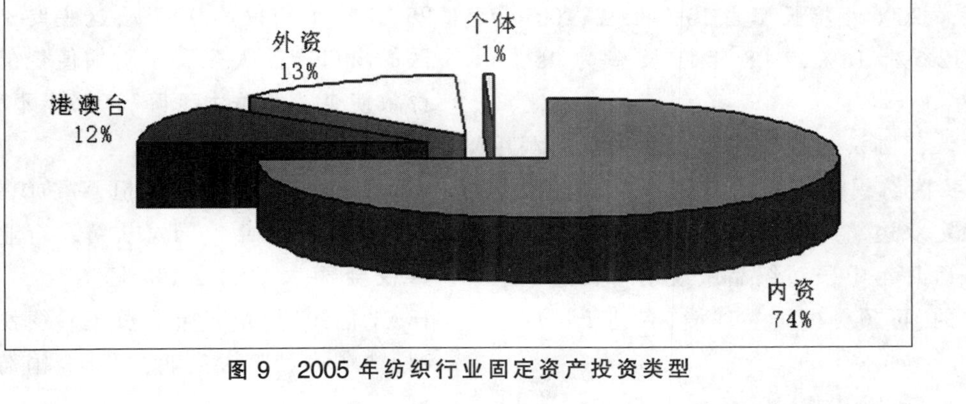


图 9　2005 年纺织行业固定资产投资类型

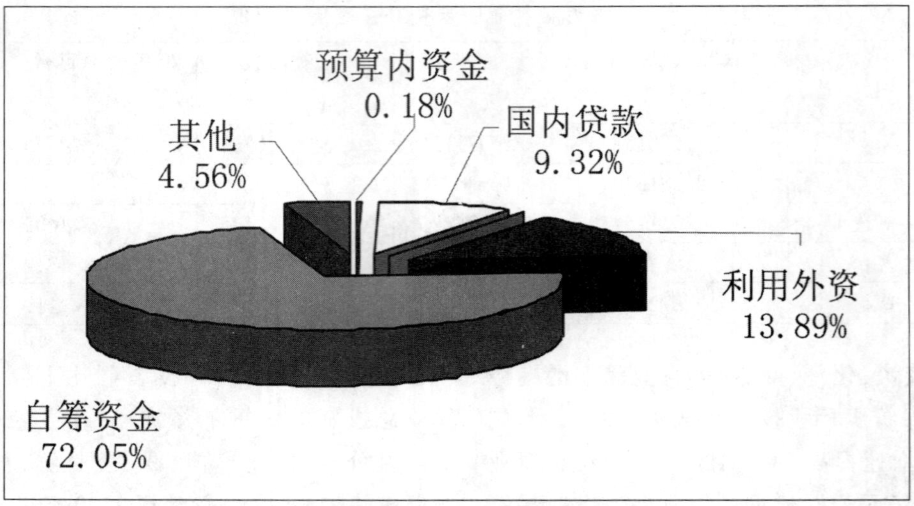


图 10　2005 年纺织行业固定资产投资资金来源

## 二、存在的主要问题及影响

2005 年，纺织工业虽然总体保持良好态势，各项指标均反映良好。但行业在运行中也出现了一些新情况、新问题，这些问题对于行业的运行产生了一定的影响，主要有以下几方面：

**（一）后过渡期，配额取消后相继出现的贸易摩擦对纺织行业造成较大影响**

2005 年是纺织品服装配额取消的第一年，但中美和中欧纺织品贸易却出现许多不和谐因素，贸易摩擦贯穿双边纺织品贸易的始终。

在双方共同努力下，中欧、中美之间达成了纺织品协议。中欧纺织品协议规定对出口到欧盟的这十类纺织品自 2005 年下半年到 2007 年底实施 8%~12.5%的数量限制。中美双方经过七轮谈判，达成协议，对中国向美国出口的棉制裤子等 21 个类别产品实施数量限制。协议产品 2006 年基数基本上是 2005 年有关产品美国从中国的实际进口量，2007 年和 2008 年基数均为上一年度全年协议量。协议产品 2006 年增长率为 10%~15%，2007 年增长率为 12.5%~16%，2008 年增长率为 15%~17%。

应当承认，协议的达成相对于欧美频繁利用 242 条款对我国纺织品服装出口进行单边设限要有利，对稳定双边纺织品贸易环境将起到积极作用，并为今后几年中国纺织品服装出口创造了一个相对稳定的、可预见的贸易环境，有利于国内企业安排生产。

但是，不容否认的是，协议延续了配额时代的贸易保护主义，对我国纺织行业比较优势在全球市场的发挥起到了限制作用，并且对欧盟和美国的零售商、采购商和普通消费者的利益都造成了实质性损害。后配额时代，全球纺织品服装贸易一体化并未真正到来，一体化进程依然面临很大阻力，贸易保护主义依然是影响今后全球纺织品服装贸易的主要因素。

**（二）出口从量税政策的实施加重了企业负担，削弱了产品的竞争力**

2005 年初，中国政府为了促进高附加值产品出口，缓解贸易摩擦，对部分出口产品实施了从量税政策。政策对于行业造成一定的影响，主要表现在：

1. 对非配额地区的影响超过对设限地区的影响

由于征收从量税，致使对非配额地区的出口出现下降。如前五个月，148 个征税税号对原非设限地区出口同比下降 5.04%，平均税负 1.07%；而未征税的产品对非设限地区金额同比增长 13.15%。对原设限地区出口金额 61.67 亿美元，同比增长 96.73%，平均税负 0.87%；这主要是对原非设限地区的出口产品大多属于附加值低的产品，由于征税致使企业竞争力下降，产品出不去，相关市场份额被其他国家产品占领。

2. 加重了企业的负担，对纺织就业影响较大

2005 年全年，国家从纺织行业征收的出口从量税金额大约为 2.198 亿美元，大约合人民币 18.11 亿元，加重了企业负担。征税以及设限的影响，造成大量工人失业，预计全国纺织行业由于征

税和设限造成的就业人口减少25万人。一些专业的产业集群由于生产品种单一，征税和设限后使一些品种单一的产业集群遭受较大打击，地方经济影响非常大。

**（三）纺织原料价格的波动以及能源原材料供需形势对行业也有一定影响**

1. 受国际原油价格不断走高的影响，化纤原料价格大幅度上涨，化纤行业正常运行受到影响

2005，国际原油价格不断走高，原油价格一直在高位徘徊，纽约原油期货价格一度逼近70美元/桶。原油价格上涨带动下游化纤原料价格的上涨。以PTA为例，2005年全年进口就达650万吨，同比增长13.49%；累计金额52.15亿美元，同比增长24.98%；平均单价比上年同期上涨了9.59%，进口依存度分别高达56.4%。其他化纤单体平均单价也上涨了9.64%。而化纤主要产品价格并未相应提高，如涤纶100D DTY价格只上涨了5%左右。下游市场受欧盟化纤布反倾销、印度粘胶长丝反倾销影响，化纤需求疲软，企业库存压力加大，行业开工率不足，造成化纤行业出现亏损。全年化纤行业实现利润同比下降20.30%，亏损企业亏损额高达31.37亿元，同比增长84.24%。

2. 棉花供求形势依然严峻，价格持续平稳上行，滑准税的实施没有兼顾行业特色，加大了用棉企业的成本负担

在棉花消费的需求旺盛条件下，受种植面积减少、恶劣气候等因素的影响，全年棉花缺口超过300万吨。2005年我国共进口棉花265万吨，我国纺织工业对国际棉花的依存度越来越大。随着纺织工业的发展，今后几年国内棉花供应的缺口将长期存在。

2005年，国内棉花价格保持平稳的上升势头，中国棉花价格指数(328级)从年初的11267元/吨上涨到年末的14168元/吨，上涨幅度达到25.75%。而同期国际市场棉花价格A指数(fe)由47.6美分/磅（约合10281元/吨）上升到56.85美分/磅(约合12240元/吨)，升幅达到19.4%。国际棉花价格与国内棉花价格之间的价格差从年初的约1000元/吨上升到年末的2000元/吨，差价逐步上升。国际棉价和国内棉价的价格差异，影响了我国纺织品服装在国际市场的竞争力。

棉花价格的平稳增长，使得企业成本的支出能够很好的传导给下游，所以棉纺织行业能够保持健康、快速的发展，全年棉纺织行业实现利润同比增长77.01%，亏损企业亏损额下降了27%，流动资产周转率2.70次，比上年同期上升了0.31次，成本费用利润率3.31%，同比上升了0.6个百分点，产销率98.03%，同比上升了0.8个百分点。

滑准税政策的实施增加了用棉企业的成本支出，大约每吨增加成本400元左右，对于使用低等级棉花的企业来说，成本增加更加明显，以牛仔布为例，由于滑准税的实施使每米增加大约0.85元，行业面临很大的压力。

**（四）人民币汇率升值影响了行业的盈利水平**

2005年，我国政府对人民币汇率形成机制进行改革。人民币汇率的变化对纺织行业造成一定的影响，具体有以下几方面：

1. 从目前来看，人民币升值对出口为主的企业和产品附加值低的企业的影响是弊大于利。根据测算，人民币2%的升值幅度大约使纺织行业销售毛润率下降0.09%左右。由于纺织行业属于一个微利行业，对企业利润会造成一定的影响。

2. 从具体行业来看，上游的棉纺、化纤行业由于原料需要大量进口，升值会减少企业成本的支出。根据测算，若不考虑棉花价格变动的因素，2005年下半年，人民币升值会减少成本支出20.5亿元左右，而对于下游出口依存度较高的服装行业则会减少其收入。

3. 人民币升值对利用外资的影响需要综合分析。总的来看，升值有利于优化利用外资结构，提高利用外资效果。具体来说，外商投资的外币数额可折合的人民币变少，会影响他们的来华投资积极性。但是，外资企业的人民币利润可兑换成的外币也增加了，又会提高他们的积极性。并且，很多外商来华投资看重的不仅是廉价的劳动力，更看重中国国内市场和快速增长的经济。因此，人民币对利用外资的影响要综合考虑在华外资企业的综合状况来估算。

此外，人民币升值对纺织企业出口产品价格也会造成一定的影响，主要取决于企业换汇成本和企业议价能力的大小。由于纺织企业的换汇成本普遍较高，人民币升值后，企业的利润率降低，势必会通过增加出口产品价格的手段来提高盈利水平。升值会促进企业转变经营机制，提高科技研

发、高附加值产品等方面的投入，加快外贸增长方式的转变，促进产业的结构调整和升级，那些常规的、大路货产品的竞争力会越来越弱，逐渐被市场淘汰。

**（五）自主创新能力薄弱、自主品牌和营销网络建设落后**

2005年，纺织工业的发展虽然取得了一些突出成绩，但是长期发展过程中积累的问题和矛盾依然突出，具体表现在：

1. 研发能力和研发资金投入的不足阻碍了纺织工业产品创新能力和核心竞争力的提高

根据2004年经济普查数据，规模以上企业研发投入比例仅为销售收入的0.25%，化纤行业虽然高一些，也仅达0.47%。利用高新技术及生物资源开发研制的化纤品种和规模化生产企业都还较少，高技术含量的特种纤维如芳纶、碳纤维的开发虽取得阶段性成果，但尚未实现大规模产业化生产，仍需进口；化纤仿真技术、天然纤维改性技术、新型纤维开发和材料创新能力不足，影响了高附加值纺织品和服装的开发。

行业对纤维回收利用和循环技术还需要进一步开发和推广。对可再生纤维、清洁生产工艺、节能技术、环保型产品和“三废”治理的研究开发都存在较大差距，目前环境治理基本以“末端”环节处理为主。

企业信息化应用水平不高，适应纺织品服装消费短周期、快交货要求的能力不强。企业资源计划（ERP）等信息化技术在行业内的应用刚刚起步，在销售收入超1000万元的纺织服装企业中应用ERP的比例也仅占到7%。

2. 纺织品服装出口以贴牌加工为主，自主品牌产品的比重很低，缺乏对出口营销渠道的控制力

目前，国内高档纺织品服装市场大多被国际知名品牌和二线品牌所占据。国内出口企业多以贴牌加工、OEM为主，贴牌加工出口企业获得的利润大约只占产品全部市场利润的10%左右。纺织行业虽然已有175个中国名牌，但还没有一个世界名牌。培育自主品牌除了在提升产品自身的物质品质和文化品位方面尚需付出更大努力外，企业传统管理经营方式严重影响企业出口营销渠道的开拓能力和控制力。培育自主品牌和掌控营销渠道，成为纺织行业迈进高端供应链和提高纺织品附加值的关键。

此外，2005年纺织行业运行中，能源、电力、交通的紧张局面未从根本上得到缓解，需求侧矛盾依然突出；同时部分地区劳动力短缺现象也给行业带来不利影响。调查显示，全年有超过50%的企业的原料、电力、运输、用水和劳动力成本出现增长。能源、原材料价格、人力资源成本和运输成本的上升，加重了企业的成本负担，规模以上纺织行业销售成本占销售收入的比重达到89.40%，在沿海的广东、浙江、福建、江苏还出现了招工难的问题。

## 三、2006年形势分析及行业预测

**（一）全球经济保持平稳增长**

2005年的全球经济保持4.3%的稳定增长，预计2006年全球经济增长率会在2005年的基础上略有放慢，增速在4.0%~4.3%之间。2006年较高的石油价格将会仍然持续下去，总体水平比2005年有所下降，但是继续维持在高位，对全球经济运行的负面影响将会逐渐显现出来；发达国家的连续的升息减缓经济增长速度，世界主要经济体的经济增长趋缓。2006年美国经济增速比2005年略有下降，大致在3.3%左右；日本的经济增长率预计达到2%左右；欧元区2006年增长率估计在1.6%~1.8%范围内。

**（二）我国宏观经济保持稳定增长**

2006年是我国实施“十一五”规划的开局之年，是进一步贯彻落实科学发展观，巩固宏观调控成果，实现“十一五”规划良好开局的关键之年，也是我国加入世界贸易组织过渡期的最后一年。当前国内外总体形势有利于我国经济的平稳健康发展，但不稳定、不确定因素仍然很多。2006年工业化、城镇化和居民消费机构升级步伐加快，投资、消费、出口均能保持较快增长。

1. 固定资产投资增幅有望回落

2006年，中央政府对部分产能过剩行业采取紧缩性的调控措施，甚至包括一些行政性措施。同时，产能过剩企业根据市场信号也会相应调整产品结构和市场结构。因此，固定资产投资相对前两年的高位增幅将有所放缓。

2. 消费增长略有上升

2006年，包括个人所得税起征点提高、农业税

的免征及公务员工资提高等一系列的有利政策将刺激居民收入持续较快增长，居民实际可支配收入和消费预期将增加。同时，居民在旅游、文化娱乐、通讯、教育卫生、保健等服务性消费将步入一个新的发展期。预计2006年社会商品消费额增长为13%左右。

3. 在进出口方面，出口增长幅度将显著下降，进口增长幅度上升，贸易顺差有望缩小

受人民币升值预期、出口退税率调整和国际贸易摩擦增加等因素的影响，出口增速会降低；但国内部分产能的严重剩余会加剧国内竞争，同时在一定程度上抑制进口增长和倒逼出口的增加。从总体来说，随着国内经济结构的调整，出口增幅将会较大幅度回落，进口增幅会平稳提高。

**（三）纺织行业将继续保持健康、平稳、快速的增长势头**

作为以国内市场为主的纺织行业，国民经济的稳定增长以及居民可支配收入的稳步提高，为纺织工业的平稳健康发展提供了可靠的保证。纺织品服装消费持续增长，一是衣着类纺织品仍将不断增长。城镇和农村居民可支配收入的提高对于衣着类消费的增长提供了动力。二是家用纺织品的消费需求也将随着房地产业及旅游业的增长不断扩大。城市化率的提高会带动家用纺织品需求的增长，此外，中央建设新农村的宏伟目标，也会对家用纺织品产生较大需求。三是汽车、建筑、卫生、水利、农业、能源等产业的发展将刺激产业用纺织品的消费需求不断增加。

但是，应当看到，行业发展依然面临着一些不确定因素。国际贸易摩擦多样化、范围广、全方位态势仍将成为制约我国纺织产业在国际市场上发挥比较优势的重要因素，国际竞争将更为激烈；棉花、化纤原料等资源及环境约束也将对产业发展形成较大制约。

总的来看，预计2006年纺织行业仍将保持较快发展。纺织行业满足内需的能力将继续扩大；终端消费市场向多元化、差异化、品牌化方向发展；出口形势将趋于稳定，但增速有所回落；纺织投资更为理性，投资结构将进一步优化。主要预期目标是：规模以上企业工业总产值25000亿元，增长超过20%左右；大类产品产量如纱、化纤产量均增长10%左右；出口1350亿美元，增长15%左右。

# 2005年中国食品工业经济运行概况

中国食品工业作为轻工业中的重要产业,在服务三农、出口创汇、扩大就业、满足国内需求等方面做出了突出贡献。2005年规模以上食品工业完成工业总产值2.03万亿元,占全国工业总产值8.2%,同比增长26.9%;产品销售率98.6%,实现利税总额3365亿元,同比增长21.6%,其中实现利润1234.68亿元,比上年同期增长三成。进出口总额449.7亿美元,同比增长13.7%;全行业从业人数达453万人。2005年我国食品工业继续发挥了国民经济支柱产业的重要作用,顺利完成了"十五"计划的预期目标。

## 一、2005年食品工业运行特点

### (一)生产快速增长,一些主要产品产量居世界前列

2005年规模以上企业完成工业总产值同比增长26.9%,实现利税总额同比增长21.6%;食用植物油、饮料、味精总产量分别达到1612万吨、3380万吨和136万吨,位居世界前列;全国啤酒产量3061万吨,连续十几年位居世界第一。

### (二)产品结构调整取得进展,市场需求趋旺

各类食品在质量、品种、档次、功能以及包装等方面基本满足了不同消费层次的需求。新兴的方便食品、休闲食品、保健食品、绿色食品等市场份额继续扩大,主副食品、调理食品、速冻食品、熟食制品、调味品、豆制品等花色品种和市场需求迅速提升。

### (三)优势企业实力增强,产业集中度不断提高

通过企业组织结构调整,涌现出一批具有较强经济实力和市场竞争优势的大中型骨干企业和企业集团。河南双汇集团年销售额逐年增加,已成为亚洲最大的肉食品加工基地;白酒行业前10名骨干企业产量占规模以上白酒企业总产量的15.3%,实现销售收入占规模以上白酒企业销售收入的43.2%;青岛、燕京、华润三家啤酒企业生产量占行业总产量的30%以上。

### (四)企业改革取得新的进展,科技创新取得可喜成就

许多企业建立了现代企业制度,多种所有制经济形式共同发展,特别是民营食品企业发展较快,在一些地区已成为农产品加工业的主力军;科技创新已成为企业现代化管理的重要内容,目前以大型食品企业为主体的科研中心逐步形成,全国已有500多家大型企业建立食品工业技术研发中心;科研机构、大专院校与企业结合更加紧密,形成广泛合作和相互支持新格局,促进了食品工业自主开发创新能力和水平的提高。

### (五)高新技术得到广泛应用,促进了行业的技术进步

保鲜、超高温杀菌、冷冻速冻、超临界萃取、膜分离、挤压膨化等应用技术在食品行业得到了进一步的推广应用,有力地促进了食品工业生产技术水平的提高和产品的更新换代。食品工业技术装备水平有了不同程度的提高,乳品、啤酒、方便面等行业装备技术水平已与世界先进水平同步。

### (六)食品市场秩序进一步好转,重大安全事故减少

2005年有关部门开展了针对重点区域、重点品种的专项整治,着力抓人民群众反映强烈的儿童食品市场混乱、农产品源头污染和食品加工小作坊危害等突出问题,有效遏制了违法使用非食品原料和无证照生产加工食品现象,学校和建筑工地食堂等重点场所的卫生监管得到加强,全国

重大食品安全事故明显减少，食品安全状况进一步好转。

**(七)食品工业的发展，促进了农业产业化经营和农村经济的发展**

食品工业生产基地进一步从城市向农业产区转移，食品工业布局日趋合理，以公司带农户为主要形式的农业产业化经营，已成为工业反哺农业、促进农产品加工转化增值的有效途径。特别是在中、西部地区，发展食品工业和农产品深加工，对当地经济发展和农民脱贫致富发挥了重要作用，并已成为吸纳农村剩余劳动力就业的主体。

## 二、存在的问题

过去的一年，食品工业取得了显著的成绩，但同时行业发展中结构性矛盾和问题也很突出：

一是产业结构不尽合理。从行业结构上看，原料初、粗加工多，深、精加工少；从产品结构看，部分行业品种少、档次低，产品结构不能完全适应市场需求变化；从组织结构看，目前我国食品行业大多为中小企业，其技术水平低，消耗高，与国际先进水平相比差距较大。

二是农产品加工程度低，企业创新能力薄弱。我国是粮食生产和消费大国，但以粮食为原料的二次加工，用粮不到粮食总量的20%，而发达国家工业化加工用粮比例在70%以上。企业自主创新能力相对薄弱，加工技术水平落后，部分装备依赖国外进口。

三是食品加工与农业原料基地的产业链尚未完全形成。食品加工企业缺乏固定的原料基地，分散农业提供的原料在品种、品质、规格等方面远不能适应食品工业的要求，食品加工与农业之间的联系尚处于简单的初级供需阶段。农产品品种改良和品质的提高与市场消费、食品加工的有机结合还很不够。例如，我国苹果种植面积和产量均为世界第一，但适宜生产高档苹果汁、苹果酒的苹果种植基地较少。

四是地区发展不平衡，重复建设现象依然存在。东中西部地区食品工业发展不平衡，中西部地区的资源未得到充分开发利用，尤其是西部地区食品工业发展相对滞后，但同时存在忽视客观条件盲目发展的现象。如在个别地方，奶业经济已经演变成为典型的政府经济，不切实际的盲目投资、低水平的重复建设，引发了奶业产业链环节的失衡。

五是食品质量安全问题与隐患仍然较多。食品行业部分企业生产不符合卫生安全标准要求、质量管理不严格、检测制度不健全，以及食品原料产地生态环境污染较严重、部分原料产品种养殖过程中过量使用药剂等现象仍然存在；另外食品市场安全监督管理体制、机制不够完善，食品流通运输方式落后，经营行为不规范等还未能得到解决，上述因素已成为制约食品工业发展的严重问题。

## 三、2006年食品工业发展设想

2006年是“十一五”规划的开局之年。为加快转变经济增长方式，推进产业结构调整和优化升级，实现可持续发展和构建和谐社会，中央根据我国经济和社会发展的实际情况，把扩大内需、增加消费放在“十一五”宏观调控政策措施的突出位置。温家宝总理在政府工作报告中提出“坚持扩大内需的战略方针，重点是扩大消费需求，增强消费对经济发展的拉动作用”。根据《国民经济和社会发展第十一个五年规划纲要》，轻工行业要：“着力打造自主品牌，提高质量，增加品种，满足多样化需要，扩大高端市场份额，巩固和提高轻纺工业竞争力”。“运用信息、生物、环保等新技术改造轻工业。大力发展食品工业，提高精深加工水平，保障食品安全”。2005年底，温家宝总理对轻工行业作出重要批示，要求高度重视对于促进消费和扩大就业有巨大作用的轻工行业的发展。国家“十一五”发展规划对轻工行业的发展以及对扩大内需、增加消费、开拓农村市场、增加城乡居民收入的重视和相关政策的实施，标志着轻工行业，包括食品工业面临新的巨大的发展机遇。

2006年重点推进以下几项工作：

(一)坚持自主创新，促进行业持续发展。“十一五”期间，国家发改委将采取一系列措施，加快推进企业自主创新。一是完善激励企业自主创新的政策环境；二是加快建设重大科技基础设施；三是组织实施企业自主创新专项；四是加强重大技术装备研制和重大产业技术研发。

(二)加快结构调整，转变经济增长方式。加快用高新技术和适用技术改造食品工业，提高产品科技含量和核心竞争力，努力使增长方式由数量增长为主转向以质量效益为主；大力推进节约生产、环保生产、循环经济；加强人才培养，重视自主知识产权的保护，提高行业整体素质和企业管理水平。

（三）加强组织协调，推进重点工作。一是针对目前食糖市场价格大幅上涨及对食品、饮料等行业的影响，采取加大国家储备糖投放力度、加强糖料生产销售协调、继续限产限销糖精、规范市场运作等措施，加强协调，稳定食糖市场和价格，切实保护食品企业的切身利益。二是研究和制定《促进酒类行业健康发展的指导意见》，引导行业健康有序发展，继续推进白酒从量消费税等有关税收政策的改革，鼓励和引导大中型骨干企业扩大市场份额，以优质产品满足广大消费者的需求。三是继续加强乳品工业的调查研究，会同有关部门研究提出乳品工业健康发展的意见。

（四）强化食品安全，规范市场秩序。切实提高全社会对食品安全的认识，尽快完善我国有关保障食品安全的法律、法规及其实施办法，建立食品安全信息系统；继续集中力量开展专项整治，严把市场准入关，加强生产、加工、流通和消费全过程监管，突出抓好农村的食品安全，发展农村现代流通网络，为广大消费者提供放心食品。

（五）大力推进品牌战略，打造自主知名品牌。坚持走以企业为主体、市场为导向、自主创新为支撑、政府推动与社会参与相结合的自主品牌的发展道路。鼓励和扶持具有自主知名品牌的大型食品企业建立企业技术中心，进一步完善有关税收等政策，配合有关部门在出口配额、出国参展、市场宣传、设立境外营销机构、跨国投融资、检验检疫等方面给予自主知名品牌企业更多的支持和服务。新闻媒体要加大对自主品牌的宣传，扩大我国自主知名品牌的国内外影响。

（六）提高公共服务水平，支持产业集群发展。各级政府和行业协会要支持在发展基础较好的食品产业集群区域建立公共服务平台，在技术创新、标准制定、质量检测、人才培训、信息咨询、信贷服务、电子商务等方面，为广大中小食品企业提供服务；引导农民科学种植，形成原料基地化、良种化、专用化；扶持和培育具有自主知识产权品牌的大型企业集团，按照聚集化、规模化、国际化的要求提高产业集中度；利用西部开发和振兴东北等老工业基地的政策机遇，充分发挥资源优势和产业比较优势，采取加大投入、建立基地、调整结构、优化品种等措施，在粮食、肉类、乳品、果蔬及西部特色资源的深加工等方面实现新的突破，使中西部和东北地区食品工业跃上一个新台阶。

（七）大力发展循环经济，促进环境友好发展。进一步提高全行业环保意识，加快对技术成熟、成本合理的污水治理技术推广；积极探索食品行业循环经济的运行模式，在综合利用、废旧物回收、节约能源和水资源方面实现发展目标。注重发挥行业协会的作用，学习和借鉴皮革行业“真皮标志和生态皮革”、糖精行业“产品证明商标”和白酒行业“纯粮固态发酵白酒标志”的成功经验，加强自律和维权，逐步在更多领域发展品质证明标志；完善行业预警机制，建立信息沟通制度，加强紧急应对组织建设，维护产业安全。

# 2005年中国农业机械工业经济运行概况

农业机械制造行业是机械工业直接为农业、农村、农民服务的行业。经过50多年来的艰苦奋斗，我国农业机械制造业已经形成门类较齐全，规模较大的行业。特别是在2004年以后，在党中央、国务院的加强农业建设，大力支持农业的发展、加强农村的建设和农民生活水平的提高的有关支农政策和法律的影响下，农机制造业得到了快速发展，农机市场一直处于全年热销的大好形势。也是我国史无前例发展最快的一年。从2005年完成的主要经济指标和实物量来看，我国农机制造业已经步入农机制造大国的行列。

## 一、2005年农机工业运行情况

2005年是农业机械制造业全面发展的一年，也是50多年来发展最快的一年，主要表现在以下几方面。

### 1. 主要经济指标增长率都在20%以上

从工业总产值、新产品产值、产品销售收入、利润、上缴增值税等5个主要经济指标来看，农机制造业增长较大，根据国家统计局对1578个农机制造企业统计结果分析，1578个农机制造企业共完成工业总产值1083.22亿元，新产品产值91.53亿元，产品销售收入1058亿元，利润41.43亿元，应缴增值税18.03亿元，同比分别增加31.61、6.12、35.70、82.17、63.90个百分点。亏损企业260个，同期比减少19.50%，亏损额4.92亿元。在机械制造业中是增幅最高的行业。在完成的各项主要经济指标中，三种经济类型的企业，所占比例不同，民营企业分别占了工业总产值、新产品产值、产品销售收入、利润、应交增值税等金额的65.86、53.10、64.78、69.78、76.11个百分点，民营企业中亏损企业占总亏损企业的49.62%，亏损额占了35.30%。

### 2. 进出口情况良好，出口与进口贸易逆差进一步加大

2005年农机出口形势进一步好转，出口与进口贸易逆差进一步加大。农业机械(不包括农用内燃机及配件)进出口总额29.72亿美元，同比增加21.35%，其中出口总额20.63亿美元，同比增加46.10%，进口总额9.09亿美元，同比减少12.35%。主要产品中的拖拉机进口1878台，同比下降24.61%，总金额10195.50万美元，同比下降20.29%，出口拖拉机107695台，同比增加26.42%，出口总金额28956.79万美元，同比增加104.1%；运输车辆进口30辆，同比下降97.22%，进口金额128.74万美元，同比下降63.43%，出口245590辆，同比增加52.9%，出口金额4259.7万美元，同比增加241%；收获及场上作业机械进口16201台，同比增加36.33%，进口金额12397.98万美元，同比增加55.55%，出口15598台，同比减少31.99%，出口金额2174.01万美元，同比增加6.1%；农产品加工机械进口7147台，同比增加7.52%，进口金额17469.76万美元，同比减少36.75%，出口201324台，同比增加17.91%，出口金额7071.34万美元，同比增加21.75%；牧草机械进口319台，同比增加8.5%，进口金额242.76万美元，同比减少4.75&，出口13133台，同比增加830.1%，出口金额135.7万美元，同比增加47.31%；畜产品采集加工机械进口370台，同比减少56.83%，进口金额1391.44万美元，同比减少65.04%，出口6519台，同比增加195.65%，出口金额1254.43万美元，同比增加

89.45%。从上面的农业机械进出口情况可以反映出以下几个特点，①大中型拖拉机出口量增加，改变了以前以手扶拖拉机出口为主的局面，大中型拖拉机出口量增加，从而带动了拖拉机出口额的大幅增加；②农用运输车出口量大幅增加，特别是三轮汽车（三轮农用运输车）出口增加速度更快，这说明三轮农用车不仅适合我国国情，而且同样适合发展中国家的农业情况，出口前景较乐观；③农业机械零配件出口前景较好，农业机械零配件出口金额占整个农机出口金额的50%多；④拖拉机及零配件是我国农机出口中的主要产品，出口金额占农业机械整个行业出口金额25%以上，应该进一步培养拖拉机制造业的出口工作；⑤国产农业机械适应农业不同经营规模、不同使用条件的适应性增加，质量也进一步有所提高，因此，进口量开始减少。

**3. 主要产品产量大幅增加**

2005年农业机械各行业几乎全面增长，全年一直处于热销，基本上没有淡季旺季之说。主要产品产量增长迅速。大中型拖拉机生产162418台，同比增加53.80%，小型拖拉机生产2010084台，同比增加15.09%，收获机械生产209699台，同比增加28.07%，其中各类联合收割机生产96000台，同比增加29.73%，场上作业机械生产165130台，同比增加24.60%，粮食加工机械生产960757台，同比增加6.16%，饲料加工机械生产129874台，同比减少6.04%，烟草加工机械7024台（套），同比减少15.85%，棉花加工机械生产25068台（套），同比增加0.31%。农业运输车生产共生产了1899834辆，其中低速汽车生产了422923辆，三轮汽生产了1476911辆，同比分别下降了9.15%、3.30%、10.69%。下降的主要原因还是管理政策的影响。

**4. 行业经济效益大幅增长，亏损企业进一步减少**

从农机制造业整体上看，2005年是效益较好的一年，主要表现在：

①全行业完成利润总额41.43亿元，同比增加了82.17%，各小行业的利润增加值都较高，没有亏损小行业。

②利润超过1亿元的小行业有农林牧渔业机械制造及修理业（共完成利润11.66亿元），机械化农业及园艺机具制造业（包括拖拉机配套农具、联合收割机和脱粒机、场上作业机械等，共完成利润8.272亿元），农机配件制造业拖拉机制造业（共完成利润5.55亿元），农产品加工机械制造业（共完成利润5.02亿元），拖拉机制造业（共完成利润总额4.39亿元），农用及园林金属工具制造业（共完成利润2.17亿元），其他交通运输设备制造业（不包括农用车，主要有农用挂车等，共完成利润1.514亿元），水资源利用机械制造业（共完成利润1.16亿元）。

③利润同比增幅在50%以上的小行业有：拖拉机制造业（同比增加2130.45%），畜牧机械制造业（同比增加254.53%），交通运输设备制造业（同比增加109.64%），机械化农业及园艺机具制造业（同比增加87.47%），饲料加工机械制造业（同比增加87.06%），渔业机械（同比增幅83.54%），水资源利用机械制造业（不包括水泵，同比增幅78.49%）农机配件制造业（不包括内燃机配件，同比增幅77.22%），农业及园林金属工具制造业（同比增幅55.86%）。

④亏损企业进一步减少。2005年农业机械制造业亏损企业260个，同比减少19.50%。企业亏损面进一步降低，按1578个企业统计，亏损企业面为16.48%，同比减少5.62%。各小行业的亏损企业也普遍减少，其中制造企业数量较多的行业中，拖拉机制造业亏损企业51个，同比减少3.77%，亏损企业面为26.56%，虽然拖拉机制造业经济效益较2004年有较大的增长，但是，仍是农业机械制造业各小行业中亏损企业面较大的行业；机械化农业及园艺机械制造业亏损企业49个，同比下降16.95%；农副食品加工专用设备制造业亏损企业44个，同比下降了22.81%；农林牧渔业机械配件制造业亏损企业29个，同比减少了29.27%；农林牧渔业机械制造及修理业亏损企业19个，同期比下降13.64%；其他行业制造企业虽然不多，但是，亏损企业同比下降的较多，亏损企业面也有很大的下降。

## 二、市场需求情况

**1. 需求形势分析**

农林牧渔业的发展对农业机械制造业发展的影响是绝对的，由于党中央和国务院对农业发展的高度重视和支持，对农村经济发展的热情关怀和鼓励，对农民致富的极大关心和关注，采取了一系列优惠政策和措施，并在农业上给予较大的投入，使得农业近期有了较快的增长，农村经济和生产环境有了较大的改善，农民收入有了较大的增加，这些因素极大地刺激了农民购买农业机械的积极性，使得农机市场连续两年快速增长。从整个政策、法律法规和农业发展环境来看，在“十一五”规划期间，农机市场将是快速发展的五年，将会连续出现购销是两旺的局面，与其他机械制造行业不同的是将摆脱过去“五年计划”中出现的头年下降、第二、三年出现高峰、第四、五年下滑的局面。从“十五”计划期间农业机械制造业各小行业的发展势头分析，在“十一五”规划期间主要行业预计出现以下情况：

①拖拉机制造业：小型拖拉机(包括手扶拖拉机和小四轮拖拉机)将继续保持每年销售量在200万台左右，手扶拖拉机的销售量将会大于小四轮拖拉机的销售量，每年手扶拖拉机销售量将在110万台左右，小四轮拖拉机销售量在90万台左右；大中型拖拉机每年销售量将在17万~18万台，主要是以30~60马力拖拉机为主体，大约占总销售量的60%，70~100马力拖拉机将会有一个新的起点，销售量将会逐渐上升，每年销售量大约占总销售量的30%~35%，100马力以上的拖拉机销售量很有限，每年需求量大约在2000台左右。

②联合收割机制造业：由于我国小麦种植面积的80%已经实现了机械化收获，因此，谷物联合收割机在“十一五”规划期间每年的销售量将在40000台左右，“十一五”的后三年将会逐渐下降，主要机型仍是以2~3公斤/秒（喂入量）的为主，5公斤/秒(喂入量)及以上的谷物联合收割机会有一定的需要量，但是，需求量不大；水稻联合收割机将是“十一五”规划期间农机制造业迅速增长的新的亮点，由于我国水稻种植区比较广阔，又是我国第一位的粮食作物，目前水稻的机械收获面积只有24%多一些，水稻种植区又多是平原区，因此，水稻机械化收获发展余地较大。预计水稻联合收割机的销售量将以每年30%左右的速度增长，由于价格原因。水稻联合收割机仍将以卧式割台的为主，总销量大体要占水稻联合收割机的90%以上。其次是玉米联合收割机，这是很有发展前途的产业。我国玉米种植面积每年有2500万公顷左右，机收面积只占种植面积的3%多一些，在我国三大粮食作物中，机械收获面积最小的作物。玉米机械化收获将是今后发展的重点，在“十一五”规划期间每年的销售量预计将有10000台左右，主要以背负式玉米联合收割机为主，配套拖拉机主要是50~70马力拖拉机，自走式玉米联合收割机由于价格较高，受到一定限制。

市场急需的是薯类联合收获机械，我国薯类每年种植面积有1亿亩，机械化种植和收获都是较低的，由于薯类是我国主要农作物之一，不仅是工业上的原料，而且也是人们日常生活中离不开的，薯类种植面积不会减少。近几年询问的用户也较多，但是生产企业并不多，因此，在今后几年中有需求迹象。

③从近几年进出口产品中也可看出我国的市场需求。在近几年中，我国农业机械产品出口总额大于进口总额，出现贸易顺差，但是，有几类产品进口大于出口，其原因就是国内生产满足不了需求。如联合收割机，2005年我国进口了3644台，进口金额2437.20万美元，出口了2768台，出口金额1836.38万美元。进口和出口平均单价差不多，都在6600多美元一台，贸易逆差876台，600.82万美元；脱粒机进口9076台，进口金额3635.24万美元，出口6824台，出口金额116.92万美元，贸易逆差较大，数量上差了2252台，金额上差了3518.32万美元，这证明我们还有部分脱粒机满足不了需要。根茎或块茎收获机进口了108台，进口金额508.72万美元，出口了24台，出口金额1.92万美元，贸易逆差也较大，说明此类收获机有需求，需要组织开发。还有未列名收割机进口了16416台，进口总金额4947.36万美元，出口了1894台，出口总金额120.04万美元，贸易逆差也不小。乳品加工机器、挤奶机、种子谷物或干豆的清洁分选或分级机、水果坚果或蔬菜加工机器、播种机、种植机及移植机等都有较大贸易逆差，逆差值都在1000万美元以上，说明了我们国内有需求量，需要我们组织开发。

**2. 产能形势分析**

根据调查，由于国家对农业的重视，给了各种优惠政策，各级政府积极扶持农业，农民收入大大提高，农民购买农业机械的积极性空前高涨，再加上客观因素,农业机械的市场形势大好,正向人们所说的"农业机械化的第二个春天已经来了"。因此,各农业机械制造企业积极性很高,普遍开发农业生产急需的产品,特别是列入国家补贴目录的产品,更是积极。随之而来的是企业之间的竞争更加激烈。现就农业机械主要产品种类的产能情况加以介绍如下:

①小型拖拉机(包括小四轮拖拉机、手扶拖拉机和微型耕作机):我国年生产能力在500万台以上,目前,市场需求在200多万台,小型拖拉机的生产企业有240多家,在"十一五"规划期间,小型拖拉机生产企业将是通过市场竞争、产业发展政策和法律法规进行调整。由于配套发动机主要是单缸柴油机,目前,单缸柴油机的功率已经发展到20.6千瓦(28马力),甚至个别的到了22千瓦(30马力),小型拖拉机配置这样的单缸柴油机无形造成了安全隐患,到底能不能用?安全隐患有多大?这些问题都需要科学验证。政府有关部门应该给予资金支持,组织有关科研部门进行验证。

②中型拖拉机:目前,我国中型拖拉机的生产能力在25万台左右,在"十一五"规划期间,供需矛盾不大,可以满足市场需求。根据统计,目前中型生产拖拉机的生产企业有33家,在"十一五"规划期间准备开发生产大中型拖拉机的生产企业还有23家,因此,从满足国内市场需求上来讲,是没有问题的。但是,进一步开拓国际市场,满足国际市场要求方面还有许多欠缺,尚待在"十一五"规划期间解决。

③大型拖拉机:是指配套动力在73.5千瓦(100马力)以上的拖拉机,根据我国海关统计,在"十五"计划期间,我国进口拖拉机的主要机型是大型拖拉机,随着我国拖拉机制造业的技术进步,进口拖拉机越来越少,进口总金额也越来越低,但是,这一档拖拉机始终是我国拖拉机制造业的缺門。其原因是每年购置量不确定,不能形成合理的稳定的规模生产。有些配套件我国不能生产,需进口解决,除涉及到正常生产外,也涉及到售后的维修,进口价格由比较贵,为了售后维修用,企业事先就得进口部分零配件,成本比较高,所以一直不能生产。虽然中国一拖集团公司和山东福田重工有限公司已经开发出来了130~180马力的轮式拖拉机,但是,"十一五"规划期间能否批量投产还的看市场需要情况。

④联合收割机:适应我国大部分农区需要的中小型谷物联合收割机、水稻联合收割机、玉米联合收割机等粮食作物收割机生产能力较大,完全可以满足国内市场需求,但是,改革后的国营农场需要的大型联合收割机一直不能满足。原因是这种大型谷物联合收割机国内需求量很少,不能达到合理的生产规模,无法生产,特别是配套件的生产更加困难。如果利用国际市场资源进行生产,关键零部件都得进口,生产成本大大增加,而且关键是售后服务很难进行,维修配件很难准备,由生产企业准备,数量很难控制,资金积压时间较长,企业承受不了。维修配件由用户来进行准备,用户会感到更加困难。因此,在"十一五"规划期间,喂入量在5~6千克/秒的谷物联合收割机随着市场需求量的增加会有企业进行生产,比这大一些的谷物联合收割机国内不会生产,仍需依靠进口来解决。

⑤薯类联合收割机:这是联合收割机发展当中的新的亮点,我国薯类种植面积每年在1亿亩左右,目前还依靠人工来收获,薯类联合收割机是我国缺門产品,目前生产能力不足,产品也缺門,需要组织开发。

⑥牧草收获机械:这也是我国农机制造业发展中的弱项。随着草业种植面积的增加,急需适用的产品,过去一直依靠进口解决。需要近期组织开发,解决这一问题。

⑦拖拉机配套农具:随着我国少耕法的推广,拖拉机功率的增加,联合作业机具需求量增加。目前生产能力不足,品种也不全,需要组织开发。

⑧拖拉机配套用的喷雾机、喷粉机:过去已有部分产品生产,但是,由于质量和可靠性问题,生产批量较小,后来几乎近于停产状态。虽有企业生产,质量和可靠性也一直有些问题,所以进口量一直较大。此类产品目前生产能力和产品品种都很难满足国内需要,需要组织开发和生产。

## 三、2006年展望

### 1. 国内市场形势

根据各方面传来的信息,2006年也是农业机械行业市场形势大好的一年,预计工业总产值、销售收入、等主要经济指标增长率在20%以上,主要产品产量增长率在15%以上，税收、利润率增长率都会在20%以上。

2. 国际市场形势

由于我国农业机械制造业已经是世界第二个制造大国，特别是我国生产的农业机械不仅适用于我国国情，同样也适用于一些发展中国家，我国生产的农业机械也是经济发达国家不生产的中小型农业机械，经济发达国家也需要这样的机械，同时，我国生产的农业机械随着出口的增加，产品质量和售后服务也有所提高，生产企业的出口工作经验也不断丰富，根据有关国家不同要求的产品质量和安全认证，各有关企业也正在进行，并且取得了部分国家的认可，这些工作对促进我国农业机械出口十分重要。因此，2006年国际农业机械市场对我国农业机械出口是十分有利的，预计我国农业机械出口额会增长20%以上，主要产品产量出口增长在15%以上，进口产品会进一步下降。2006年小型农业机械产品出口会保持一定水平，中型农业机械产品将要增加，大型农业机械产品会有小批出口。

# 2005年中国电工行业经济运行概况

2005年是"十五"的最后一年。在国民经济继续保持快速健康发展的宏观环境中，电工行业同样继续呈现快速稳定增长的良好态势，产销等各项经济总量指标迈上"万亿"新台阶。特别值得我国电工行业引以为荣的是，在连续数年的大幅度增长之后，发电设备的年产量再次创下历史新高：2005年我国共生产发电设备9200万千瓦。这一产量，不仅已经远远高于整个"九五"期间的总产量，是中国发电设备制造史上的最高年产纪录，而且在世界上也是绝无仅有的。

2005年对电工行业而言，不仅发电设备高速增长，而且其他如变压器、高压开关等输变电、配电设备以及中小型电动机、电线电缆等基础电工产品也都有相当幅度的增长；不仅反映行业发展速度的规模总量指标(如工业总产值、主营业务收入等)大幅度增长，而且反映行业经济运行质量、效益、技术创新成果和市场开发成果的指标(如利润总额、新产品产值、出口交货值以及出口贸易额等)也增长显著。因此，2005年又是电工行业成就辉煌的一年，既为"十五"画上了圆满句号，又为"十一五"发展打下了较好基础。

根据对电工行业14037个规模以上企业的统计调查，反映行业经济规模的工业总产值（当年价）和主营业务收入两项指标，2005年同2004年相比，增长幅度分别为29.38%和29.24%，高速增长的趋势依然明显；作为行业经济效益的重要指标，利润总额的同比增长幅度尽管已经较2004年下降了近16个百分点，但仍然达到了32.57%，继续保持了较快的增长势头；从行业的资源配置情况看，全行业的资产总量为9721.97亿元，同比增长18.74%。其中固定资产净值为1928.23亿元，同比增长14.32%，流动资产为6189.97亿元，同比增长23.94%；从业人员288.44万人，比2004年增长了16.96%，行业规模进一步扩大。

## 一、2005年行业经济运行特点

2005年电工行业经济运行状况总体上保持了健康、平稳和较快增长的良好态势：发电设备"继续火爆"，输变电设备"逐步升温"，基础电工类产品"适度增长"，成为电工行业蓬勃发展的三大主流板块。纵观一年来电工行业经济的运行情况，呈现出以下几方面的特点。

**(一)发电设备年产量达到9200万千瓦，再创历史新高**

作为电工行业最重要产品的发电设备，2005年的产量达到9200万千瓦，比2004年增长了28.89%。这一成绩，一方面是自2002年以来连续四年的高增长，极其难能可贵；另一方面，在我国发电设备产量实现大幅度增长的同时，我国的发电装机容量也同步实现了跨越式增长。截止到2005年底，全国发电设备装机容量已达5.0841亿千瓦，居世界第二。2005年我国发电设备产量在连续三年大幅度增长的基础上，再次创下了历史最高纪录。虽然从增长幅度看，2005年的增幅只有28.89%，大大低于前几年的增幅，但这一增幅是在连续数年持续大幅度增长和高基数的基础上实现的，因此，无论从我国发电设备的产量规模，还是从其发展速度看，意义都非同一般。这标志着我国发电设备制造业的技术水平和生产能力已经实现了质的飞跃，我国自主进行电力建设的能力在迅速提高。

第一,几年以前曾经比较普遍存在于电站建设项目中的主要大型发电设备基本依赖国外进口的局面有了根本改变。以三峡工程为例,左右岸全部26台70万千瓦水轮发电机组工程已经从初期由跨国公司与国内企业“捆绑”在一起联合设计、合作制造的招投标方式,正在向由国内企业从设计到生产独立担纲的方式过渡。其中左岸14台机组中,由国内企业制造的份额仅约为50%,而右岸机组将主要由国内企业独立制造。

第二,国内发电设备核心企业迅速成长。通过几年来引进、消化、吸收和创新的实践,我国的一些发电设备骨干企业都已经完全掌握了特大型机组整体设计的核心技术和关键工艺,如东方电气和哈电通过三峡工程,就成功地实现了从左岸机组工程时"分包商"角色到右岸机组"独立承包商"角色的转换;上海电气电站集团、东方电气集团、哈电集团在近年来我国电力建设蓬勃发展中成功地把握了机遇,更是形成了具有发电设备设计、制造先进技术和强大生产能力的“三大动力”。

第三,国家电力建设步伐的加快与国内发电设备制造业的发展成为相互促进的动力。回顾近年来我国电力建设以及发电设备行业发展的历程,一方面,我国发电设备制造业的迅速发展壮大得益于电力建设步伐加快所提供的广阔市场空间;另一方面,也正是由于以“三大动力”为代表的我国发电设备制造业的巨大进步,更有效地增强了我国自主电力建设的能力,进一步推动了我国电力建设的步伐。作为我国电力建设项目中重要内容的大型发电设备,随着国内发电设备骨干企业技术进步、产品的更新换代和产业化进程加快,国产大型和特大型发电设备已经或正在成为新建电站的主力机型。据中国电器工业协会对业内30个骨干企业的统计,2005年全年总共生产30万千瓦级汽轮发电机80台(其中39万千瓦14台),2526万千瓦,生产60万千瓦级汽轮发电机45台,2700万千瓦,两项合计125台,共5275万千瓦,占这些企业全部火力发电设备产量的比重高达68.2%。与此同时,13个电站锅炉企业共生产30万千瓦级电站锅炉85台,60万千瓦级电站锅炉58台;13个电站汽轮机企业共生产30万千瓦级电站汽轮机79台,60万千瓦级电站汽轮机52台。另外目前在建和拟建的100万千瓦超超临界发电机组就有玉环、邹县、外高桥和泰州共计10套之多。发电设备制造业的技术进步和产品的升级换代为我国电力建设的高速发展提供了可靠的技术支持。

第四,我国发电设备行业生产能力的迅速提高是在克服了重重困难的情况下实现的。近年来,我国发电设备行业尽管市场需求旺盛,企业的干劲很足,但面临的困难和压力也同样很大:绝大部分订单都是工期紧、任务重的“硬骨头”,部分特大型部件需要外协,一些关键原材料(如大口径锅炉钢管、合金钢管及异型钢管)甚至需要进口等等。面对这些困难,企业不畏惧、不退缩,敢于迎难而上。他们不仅要通过充分挖掘内部潜力、科学合理组织生产,并采取外协、外扩等多种措施,有效利用各种社会资源(包括国内和国外两种社会资源),突破产能不足的瓶颈;而且还要通过原始创新、集成创新以及引进消化吸收基础上的再创新等途径,攻克一个个的技术难关,千方百计地保质保量按时完成供货合同。

**(二)变压器产量增速受原材料影响,上半年缓慢、下半年加快**

2005年初,作为变压器主要原材料的冷轧取向矽钢片价格暴涨:从2004年初12000元/吨到2005年初已达近40000元/吨,2005年4月份时曾达到43000元/吨的“天价”,同比增幅竟超过200%。变压器企业由此不堪重负,一些企业出现了亏损,一些企业处于停产、半停产状态,变压器行业陷入了生产、经营极端困难的局面。因此,尽管由于发电设备和发电装机容量的高速增长强劲拉动着输变电设备的市场需求,但是2005年上半年变压器产量的增长速度却始终处于缓慢甚至低迷状态。其中除了3月份的同比增长速度曾达到过20%(21.66%)以上之外,其他各月均在10%左右徘徊,增速最低的4月份只有1.71%。所以,2005年上半年的变压器产量只完成了26789万千伏安,仅为全年产量(63116万千伏安)的42.4%。

针对冷轧取向矽钢片价格暴涨、资源紧缺的状况及变压器行业面临的困难,变压器行业通过中国电器工业协会向政府有关部门反映问题,在“五一”前夕由国家发改委主持召开变压器企业、矽钢片主要生产商(武钢)和进出口经销商(中国五矿)参加的专题会议,并于会后采取了诸如动用国家储备,加强产需直供以及扩大进口等一系列措施,使取向矽钢片价格暴涨的局面得到了有效的遏制。正是在这样的形势下，从下半年起，变压器产量的增长速度迅速回升。7月份当月的增长速度为23.77%，8月份为22.55%，9月份为20.94%，10月份为27.49%，11月份为26.55%，12月份为26.02%，最低的增速也超过了20%。因此，下半年变压器的产量达到了36327万千瓦，是上半年产量的1.36倍。

**（三）新产品产值高速增长，企业自主技术创新能力显著提高**

近年来，由于我国电工行业在技术引进、消化吸收的基础上，通过技术创新和自主研发，已经使一些重点产品的结构性调整取得了突破性进展。

首先，这种进展集中反映在新产品产值的高速增长上。2003年电工行业新产品产值的增长速度为41.73%；2004年为44.66%；2005年继续保持了这种高速增长势头，达到了43.25%。

第二，反映在电工行业重点产品结构的重大变化上。从发电设备的机组构成看，已基本完成了从上世纪80年代的15万千瓦，90年代的30万千瓦为主力机型向目前的30万千瓦和60万千瓦（而且其中还包括一部分100万千瓦机组）为主力机型的转变；从技术参数看，无论是锅炉还是汽轮机均已从常规亚临界向超临界和超超临界的高端机型发展；从能源转换的类型看，也已经遍及水、煤、气、风、核及光能发电等各领域，其中20万千瓦以上的大型燃气轮机发电机组和重型燃气轮机发电机组批量生产能力的形成尤其值得关注：据悉，由东方电气集团通过技术合作方式为深圳某家用户生产的40万千瓦重型燃机也已于2005年内完成。

从输配电设备看，2005年252千伏以上高电压等级的开关产品增长显著。据中国电器工业协会的统计资料，2005年，协会所属重点企业252千伏$SF_6$断路器累计产量1301台，比上年同期增长35.52%；363千伏$SF_6$断路器111台，同比增长158.13%；550千伏$SF_6$断路器114台，同比增长48.05%。同时，我国输变电行业的大型企业集团在开发研制具有自主知识产权的高端产品，提升技术创新能力方面取得了显著进步。尤其是在750千伏超高压输变电工程中，我国第一次自行研制了750千瓦变压器、电抗器、控制保护系统以及导线、金具等全部设备，是多种高端技术在一项庞大的系统工程中的综合运用。

第三，反映在一批高新技术和产品的集中涌现上。2005年，电工行业不仅以60万千瓦以上超临界、超超临界机组的规模生产为标志，实现了我国发电设备制造领域的跨跃式发展，而且在三峡（三常、三广、三沪）500千瓦直流输变电工程，特别是技术、设备100%国产化的灵宝直流背靠背换流站工程以及西北750千瓦交流输变电示范工程成套设备制造并成功运行的基础上，早已把发展的目光瞄准了800千瓦直流输电和1100千瓦交流输电等超高压输变电的高端技术，不断推动我国输变电领域的技术进步。

与此同时，一批行业骨干企业自主研发的高新技术产品也在不断涌现。在诸多产品中，最值得称道的当首推由特变电工沈阳变压器集团自主研发并出口美国的大容量超高压单相自耦变压器。这台53.5万千伏安/525千伏的变压器，容量是目前国内同类产品的近2倍，电压等级也是相当高的。在自主研发过程中，沈变的科技人员敢于创新、大胆实践，有效地解决了多项世界性难题，成功地填补了我国变压器制造领域的空白。该产品的成功研制证明了中国企业在变压器制造领域的自主创新能力已经达到世界一流水平，具备了与跨国公司同台竞技的能力。这也是继沈变2004年生产的OSFSZ9-90万千伏安/230千伏自耦有载调压大容量电力变压器在美国顺利挂网运行，开创了我国大容量变压器出口发达国家的先河后，再次将拥有自主知识产权的中国制造的产品打入美国市场。我国电工行业的技术进步以及在重大技术装备自主创新能力上有显著提高。2005年，富通集团设计开发、改造成功了具有国际先进水平的光纤预制棒设备装置，为提升中国光通信产业水平作出了重要贡献。

**（四）电工产品出口增长快，进口额、出口额及进出口总额增速明显减缓，但出口增速已高于进口增速，进出口贸易平衡**

2005年电工产品的进出口贸易总额达到了549.2亿美元，同比增长20.68%。其中进口额273.3亿美元，同比增长15.78%，出口额275.9亿美元，同比增长25.96%。出口额增长幅度比进口额增长幅度高出了10.16个百分点。贸易顺差2.6亿美元。

上述情况表明，与2004年相比，2005年电工产品进口的增长速度、出口的增长速度及进出口总额的增长速度都在明显减缓。进口增速比2004年(48.54%)的增速降低了32.76个百分点;出口增速比2004年(37%)降低了11.04个百分点;进出口总额的增速比2004年(43.18%)降低了22.5个百分点。尽管进出口增速放缓,但由于出口增长幅度高出进口增长幅度10.16个百分点,进而实现进出口平衡并有小额顺差,仍然是2005年电工行业发展中值得肯定的一大成绩。然而,由于电工行业的涵盖面较宽,产品种类较多,发展水平不均衡等因素,因此,不同电工产品的进出口贸易情况仍存在很大的差异。诸如中小电机、微分电机、电动工具、电线电缆以及蓄电池等电工产品的出口增速高于进口增速,出口额高于进口额,是形成电工产品贸易顺差的主要来源。2005年上述行业形成的顺差就有68.2亿美元,其中仅电动工具产品实现的顺差就达到了28.6亿美元。而高压开关、低压电器等产品,尽管出口增速已经高于进口增速,但仍存在着较大逆差。

**(五)电工行业标准化工作成果显著**

标准化作为规范新兴技术领域实施条件、引领行业持续发展的一项先导性、前瞻性基础工作,既是推动科学技术进步和经济、社会发展的重要手段,又是实现与国际接轨,促进经济全球化的重要途径。

2005年电工行业的标准化工作取得了显著的成果:共申报立项行业标准114项;完成报批国家标准176项,行业标准72项,共计248项;并完成《电器工业"十一五"标准发展规划(征求意见稿)》的编制工作。

在2004年完成了《极端条件物质标准》并于2005年荣获中国机械工业科技进步奖之后,2005年电工行业又先后完成了《物质交换膜燃料电池技术标准》、《新能源和可再生能源》、《若干电气产品有毒有害物质替代措施研究》、《低压电器产品出口技术法规和标准研究》以及《若干电器产品预警系统建立及应对措施》(子课题) 等项目并通过验收;正在实施的则有《高压直流关键技术及标准》、《干热沙漠机电设备技术标准及测试方法》以及对欧盟两指令动态跟踪的"软科学"课题等项目。上述项目多是紧跟国家重点工程及在与国家利益紧密相关的重要领域中开展的课题研究,其重要意义不言而喻。

2005年我国电工行业还积极参与了IEC的国际标准化工作。由西安高压电气研究所2月份提出承担IEC/TC28(绝缘配合)秘书处工作的申请,于6月份获批;另外许昌继电器研究所积极争取承担IEC/TC95主席的意愿正在得到积极回应,目前处于国际投票阶段;我国专家被电气安全标准委员会推荐为IEC/ACOS(顾问咨询委员会)全球5名技术专家之一,为我国能在IEC的AC层面拥有发言权迈出了重要的一步。在参与国际标准的制定方面,我国电热设备标准委员会还按期完成了《电渣重熔炉实验方法》等两项国际标准的研制工作,为此该项目的负责人还获得了IEC1906贡献奖,这也是我国在该领域首次获奖。与此同时,我国电热设备标准委员会和继电器标准委员会正在积极承担和准备承担一些相关国际标准的修订任务。随着我国电工行业标准化工作局面的进一步拓展以及我国参与IEC工作和国际标准制定工作步伐的加快,必将加大我国在国际电工界的话语权。

**(六)推介质量可信产品和名牌产品,促进品牌战略实施**

品牌战略和名牌战略是一个企业、一个行业乃至一个国家获取市场份额、促进自身发展和提高竞争力的最重要手段与最基本战略,尤其在经济全球化过程中,更是参与竞争、战胜对手的锐利武器和有效途径。2005年,电工行业在积极促进并加紧实施品牌战略和名牌战略的工作中又有新的举措。

2005年,变压器行业共有110千瓦及以下油浸式变压器8家企业的产品,干式变压器6家企业的产品;防爆电机行业2家企业的产品被中国名牌战略推进委员会评为"中国名牌"。到目前为止电工行业已有4个行业6类产品32个企业的36个品牌评上了"中国名牌";还有13家企业生产的20个产品(系列)被推介为"质量可信产品"。

## 二、存在的问题及应对措施

**(一)发电设备行业"寅吃卯粮","十一五"三年任务不足**

一方面,由于近年来我国电力建设的超常规发展，我国发电设备的产量一直处于高速增长状态。与此同时，我国的发电装机容量也在逐年大幅度增长，截止到2004年底，已达4.4亿千瓦，2005年全国新增发电装机容量6602万千瓦，使2005年底的装机容量突破了5亿千瓦。另一方面，按照国家电力发展规划，到“十一五”末的2010年，全国发电装机容量应在6.9亿千瓦到7.1亿千瓦。因此，如果在“十一五”规划不作调整的情况下，整个“十一五”期间尚未完成的装机容量，充其量最多也就在2亿千瓦左右。而根据目前中国电器工业协会掌握的各发电设备骨干企业订货情况看，2006年仅“三大动力”须交货的合同数量就不下6500万千瓦以上。2006年全国发电设备的产量有可能仍然维持在8000万千瓦以上的水平。2007年的产量可能会随着合同数量的减少而略有下降，完成7000千瓦左右。另据来自电力部门的有关资料，2006年和2007年的年装机容量仍会达到7500万千瓦左右。因此，发电设备行业“寅吃卯粮”所产生的负面作用，将会在2008年以后显现。即使期间仍然会有一些电站新建或改造项目，但对于近年来已经被超大量订单“撑大肚皮”的发电设备企业来说仍属“杯水车薪”，无济于事。因此，2008年以后发电设备行业总体任务严重不足的“饿肚子”趋势将不可避免。这也是需要引起发电设备生产企业重视的现实问题。

**（二）原材料价格仍处于高位，基础电工产品在中低端市场中竞争加剧**

作为2005年电工行业经济运行过程中遇到的最严重的问题之一就是主要原材料价格大幅度涨价。由于我国目前已进入重化工业时期，随着高成本时代的到来，生产要素价格上涨已成为一种必然趋势，加之需求量增大，因此，再指望原材料价格回归至原来的水平是不现实的。但是，如何通过市场机制的完善，通过政府的宏观调控以及必要的干预，有效地抑制那些市场垄断行为、市场投机行为等非理性涨价因素还是非常必要的。这既是促进国民经济各行业都能够协调健康发展的重要条件，也是电工行业所期待的发展环境。

由于矽钢片、电解铜等原材料在低压电器、电线电缆、变压器、中小型电机等基础电工产品的成本构成中占有很大比重（例如在电线电缆产品中原材料占全部成本的80%以上，在变压器产品中材料成本占总成本的比重也超过了70%），因此原材料大幅度涨价造成了这些基础电工产品成本的大幅提高；再加上能源价格、运输费用以及人力资源成本的上升，也推动了企业成本的进一步提高。然而，尽管这些基础电工产品的成本在大幅攀升，但其销售价格却难以合理提升。特别是在技术附加值低的中低端产品市场中，压价竞销的情况相当普遍，竞涨激烈。因此，已有相当一部分企业出现亏损。按照全电工行业亏损企业亏损额与全行业实现利润总额的比率（2005年该比率为8.91%）对各个小行业分析比较，变压器、电动机、微电机和其他电机，尤其是技术附加值较低的其他电工器材制造（如低压电器）等行业的比率都高于全行业的平均水平。另外，从各行业的亏损面变化情况看，2005年变压器、电动机、微电机和其他电机、其他电工器材制造等行业的亏损面比2004年分别增加了0.18、0.73、2.43和3.32个百分点。亏损面增大也反映了这些行业内竞争的激烈和生存危机的加剧。

造成行业竞争加剧的根本原因是盲目投资、产能过剩、供大于求。一方面，由于投资门槛低，致使大批企业涌入，造成行业内的企业“过多过滥”。另一方面，由于“门槛”低，不仅使行业的集中度越来越低，而且使一部分根本不具备生产、质量控制和监测等必要手段的“作坊企业”得以混迹于行业之中，成为假冒伪劣、粗制滥造、偷工减料、以次充好的产生源头，并凭借压低销售价格等手段扰乱市场竞争秩序，加剧了行业内的无序竞争。

**（三）关键原材料、关键外协件供应及产成品运输方面的某些“短板”严重制约发电设备正常生产和按期交货**

据中国电器工业协会2005年11月初在南京召开的发电设备经营计划研讨会所反映的情况，目前我国发电设备所用的某些诸如大口径锅炉管、异型管、合金管、中厚板等关键原材料以及大型铸锻件等关键外协部件的供应方面尚存在问题。一些目前我国自己尚不能生产或产能严重不足的关键原材料、关键部件仍受到外商的制约，“卡脖子”的情况还很严重。一是在价格上敲我们的“竹杠”：我们越是急需的，价格就越高得离谱，使我们整套产品的利润只是由于进口某些关键原材料和委托国外加工某些部件就严重流失；二是在交货期上控制我们：一些在国外订货的大口径管的交货期竟长达18个月，因此往往造成由于国外原材料或外协件交货拖期而使国内整机厂无法按期交货。我国企业仍处于受制于人的被动局面。影响目前发电设备生产企业按期交货的另一因素是铁路运输这块“短板”。据参加南京研讨会的多家企业反映，目前全国铁路能够承担大型发电设备运输的专用设备太少，远远不能满足需要。发电设备企业生产出再多的设备，最终也只能是排队等待，究竟何时能运抵安装现场并投入运行，无论是设备生产厂还是设备使用方几乎都丧失了主动权。因此，大型发电设备铁路运输的瓶颈必须尽早捅开，否则，即使发电设备企业把设备生产出来了，要实现按期交货、按期装机也是空话。

**（四）出口产品退税率下调和人民币升值对电工行业出口企业的影响不可低估**

我国电工行业历来是机械工业的进出口大户。2005年全年电工产品进出口总额共计549.2亿美元，约占机械工业进出口总额的1/4，其中出口额275.9亿美元，约占机械工业出口额的28%左右，无论是进出口总额还是出口额，仍将居于机械工业各大行业之首。在重点统计的15大类出口电工产品中，电线电缆、低压电器、电动工具、微分电机、变压器和电动机等产品的出口额都超过了10亿美元，其中电线电缆更是达到了38.56亿美元之多。这几类产品是电工行业的主要创汇产品，近些年来，靠较低的成本和价格不断拓展国际市场，取得了显著业绩。

然而，在近年来原材料大幅度涨价的情况下，从2004年起除电动工具整机产品外，其余所有电工产品的出口退税率均下调了4个百分点。另外自2005年7月21日起人民币的汇率又升值了2%。这两大变故对于电工行业出口企业的影响确实不可低估。原本在原材料大幅涨价和出口退税率下调后，我国绝大部分劳动密集型的低附加值电工产品的价格优势就已完全丧失，盈利空间也已被严重挤压。据测算，2005年上半年电工行业出口产品的平均利润率仅为3%左右。其后，人民币升值则给出口企业带来了更大的压力，犹如雪上加霜。据中国电器工业协会中小电机分会反映：由于人民币升值后出口企业要求提价，已使一些企业从7月份以来每月订单都在减少，有的企业每月订单减少的数额都超过了100万美元；另据对4户重点中小型电机出口企业的调查：该4家企业累计全年出口创汇约1亿美元，从2005年7月21日人民币升值以来到年底，出口产品共少收入人民币1100万元。这对于中小型电机行业众多的微利出口企业来说，影响是巨大的。目前一些企业已开始出现生产经营困难的现象。为此，中小型电机分会还在第四季度专门召开会议商讨对策。与此同时，中国电器工业协会和中国机电产品进出口商会已经将微分电机和中小型电机出口企业面临的困难，向国家商务部等政府有关部门反映并提出了一些希望能够得到政策支持的要求。

**（五）对策、措施和建议**

1. 企业多种准备，政府合理调控，共同应对“十一五”后期发电设备企业任务不足

对于“十一五”后三年发电设备生产企业可能面临的任务不足“饿肚子”问题，希望企业能够早做准备，提前采取应对措施，真正做到未雨绸缪。企业应充分利用好自身在这几年良好发展机遇期中所形成的技术显著进步、产品换代升级、产能迅速提高和经济实力增强等优势，不仅要在开发新技术、高参数电力装备方面有新的建树，更要在开发新型能源设备方面实现突破；不仅要立足国内市场，更要大力拓展国际市场，使企业的竞争力在参与经济全球化的过程中得到提高。另一方面，也希望政府有关部门充分利用宏观调控手段和必要的行政干预措施，搞好协调，以缓解“十一五”期间电力建设项目前紧后松、前多后少的不均衡状况。

2. 通过全面增强自主创新能力，提升企业的核心竞争力，有效应对目前企业所面临的困难

2005年的中央经济工作会议提出要全面增强自主创新能力，并强调把增强自主创新能力作为科学技术发展的战略重点和调整产业结构、转变增长方式的中心环节。对于电工行业所面对的原材料大幅度涨价、基础电工产品产能过剩、行业内竞争激烈、部分企业生存困难等现实情况，尽管作为行业组织的中国电器工业协会，希望政府主管部门能够加强对市场的监管力度，运用法律的和行政的手段净化市场环境，使企业能够在公平的市场环境中得到发展，然而，对于企业自身而言，最有效的解决办法其实只有一个，那就是要在充分发挥市场的作用的前提下，充分挖掘自身潜力，

并通过竞争机制参与市场竞争，实现优胜劣汰，实现对产品结构的调整。因此，企业要在激烈的市场竞争环境中得以生存和发展，除了全面增强自主创新能力、进而不断提升自身的核心竞争力外，别无其他选择。当然，在强调企业要全面增强自主创新能力、提升自身竞争能力的同时也要为企业呼吁，希望政府主管部门能够通过相关法规的制定和执行，通过对扰乱、破坏市场竞争秩序现象的有效治理，尽可能地给企业公平竞争的市场环境，使企业凭借自身的努力，在公平竞争中生存和发展。

3. 捅开两个"窄口"，确保发电设备生产运输

鉴于我国目前在一些发电设备的关键原材料和关键部套，如大口径锅炉钢管、异型钢管、合金钢管、中厚板以及大型铸锻件等仍然需要依靠国外供应的情况，建议国内有关部门和有实力的科研机构、生产企业大力协同，加大研究开发力度，尽快实现上述产品的国产化，以使我国发电设备企业尽早摆脱受制于人的被动局面。

同时，建议铁路部门能尽早添置大型发电设备的运输装备，尽快突破"运能制约交货"的瓶颈。

解决上述两块"短板"以后，我国发电设备的生产能力在实现质的飞跃方面将更进一步。

4. 采取必要措施，缓解出口退税率降低和人民币升值给电工出口企业造成的压力

由于我国目前的出口电工产品中多为传统的基础长线产品，利润微薄，国际市场竞争激烈，调整出口产品结构需要一定的时间，因此，为了缓解人民币升值对电工产品出口的影响，建议商务部、国务院税则委能考虑恢复重点出口产品 17%的退税率，以支持电工产品出口企业逐步适应汇率的调整。

建议政府主管部门会同有关银行，在当前电工行业出口企业面临困难的时刻，在政策上给予支持：如根据电工行业出口企业的出口情况给予出口专项低息贷款等，以帮助这些企业渡过难关。

电工行业的出口企业也要积极采取措施，加强与境外客户的沟通，适当调整出口报价；综合运筹外汇现汇账户，衔接好出口收汇和进口用汇，减少汇差损失；在加强管理、努力降低成本的同时，更要依靠自主创新能力，尽快实现对出口产品结构的调整。

## 三、2006 年展望

展望 2006 年，电工行业虽然在发展中还会出现一些新情况，遇到一些新问题，但是从总体上看，我国电工行业经济将会在连续数年保持平稳高速增长的基础上，将继续保持平稳较快增长。

**(一)2006 年电工行业经济持续发展的有利条件**

1. 发电设备市场需求旺势不减

根据中国电器工业协会近期对发电设备行业重点企业的调查，2006 年各企业任务饱满：仅"三大动力"手中需交货的合同就超过了 6500 万千瓦，其他企业亦订单充足。另从国家电力部门得到的信息，2006 年乃至 2007 年我国电力建设力度依然呈强劲态势，每年的新增装机容量都会在 7500 万千瓦左右。因此，2006 年发电设备市场供求旺盛的局面预计不会改变，发电设备的产量仍可能保持与 2005 年相近的水平。

2. 输变电设备行业将进入高速发展期

发电设备行业的高速发展带动了输变电设备行业的迅速升温。基于对 2006 年发电设备行业依然旺势不减的形势判断并根据近期有关部门披露的我国将在"十一五"期间每年投资 2000 亿元进行电网建设的情况，可以预计 2006 年在宏观经济环境继续向好的情况下，我国输变电行业仍将高速发展。

3. 基础电工行业将继续增长

电机、电器、电工器材等基础电工行业的一部分企业，虽然在当前激烈的市场竞争环境中处境艰难，使这些行业的发展遇到了不小的困难，甚至对整个电工行业的发展带来了一定的影响，但随着改革的进一步深化，业内资源的进一步整合，优势企业的崛起，以及在电源建设和电网建设高速发展的拉动下，从整体来看基础电工行业将会继续增长。

**(二)2006 年电工行业经济运行中可能出现的不利因素**

由于发电设备行业新接订单大幅度减少，新一轮价格竞争已开始显现，产品销售收入利润率将会下降；由于电站锅炉用大口径钢管、异型钢管、合金钢管及部套件仍依赖进口，供货周期长，价格上扬，不仅造成主机成本上升，而且影响交货期；

输变电设备、器材等产品用矽钢片以及铜、铝等主要原材料或由于国内产能不足，大部分仍依靠进口，需求量继续增加等原因，或因受国际市场供求紧张等因素的影响，价格不仅仍会维持高位，甚至还会继续走高；鉴于目前我国的主要出口电工产品多为传统长线和低附加值产品，因此原材料涨价、出口退税率下调和人民币汇率升值以及欧盟ROHS指令的实施等因素对电工产品出口的影响不可低估。

**(三)2006年电工行业主要经济指标和主要产品产量预测**(见下表)

| | | |
|---|---|---|
| 1.工业总产值(当年价) | 12380亿~12700亿元 | 同比增长15%~18% |
| 2.主营业务收入 | 11860亿~12170亿元 | 同比增长15%~18% |
| 3.新产品产值 | 1790亿~1865亿元 | 同比增长25%~30% |
| 4.利润总额 | 630亿~ 660亿元 | 同比增长5%~10% |
| 5.进出口总额 | 630亿~660亿美元 | 同比增长15%~20% |
| 其中:进口额 | 310亿~320亿美元 | 同比增长12%~16% |
| 出口额 | 320亿~340亿美元 | 同比增长17%~24% |
| 6.发电设备 | 8000万千瓦以上 | |
| 7.变压器 | 72600万~75000万千伏安 | 同比增长15%~19% |
| 8.高压开关板 | 48万~50万面 | 同比增长15%~20% |
| 9.电力电缆 | 930万~970万千米 | 同比增长15%~20% |
| 10.交流电动机 | 14400万~14700万千瓦 | 同比增长11%~14% |

综合以上分析，由于能够促进电工行业持续发展的有利条件是主要的。因此，2006年电工行业不仅可望继续保持15%~20%的增长速度，而且一定能够在国民经济快速健康发展的大环境中，充分利用有利条件，克服和化解不利因素，通过改革和创新，继续蓬勃发展，继续为振兴我国装备制造业做出贡献。

# 2005年中国内燃机行业经济运行概况

## 一、行业概述

内燃机行业(包括内燃机配附件,下同)是机械工业中一个大行业。内燃机是汽车、摩托车、工程建筑机械、农业机械、园林机械、船舶、铁道内燃机车、地质和石油钻机、内燃发电设备、军用及各种通用机械的主要配套动力。

内燃机是个中间产品,是许多主机产品的配套动力。它必须在动力性、可靠性、经济性、排放、噪声、重量、体积等各方面满足国家法规和各配套主机的要求,这是内燃机行业发展的基本出发点。由于内燃机是各个主机的配套动力,主机的技术和产量发展,会带动其配套内燃机发展,而内燃机的技术和产量发展,也将促进主机产品技术水平和产量提高。

随着科学技术的发展,新型内燃机产品已发展成为一种技术含量很高的产品。现代内燃机已经是融合了电子控制、化工和新型材料等诸多高新技术,已经发展成为一个高科技产品。

"十一五"期间,中国内燃机行业将面临国内外两个市场竞争与挑战,同时也将迎来新的发展与机遇。"十一五"期间内燃机行业将进入一个新的重大发展和重组调整期。为适应汽车、工程机械、铁道内燃机车、船舶、内燃发电设备、大型农业机械等,工业、农业和交通运通领域发展需要,以及应对跨国大集团在国内市场的竞争,内燃机行业必须加快调整产品结构和企业结构,提高行业整体素质和经济效益,加快提高自主创新能力,为国民经济各行业发展,提供新一代的新型节能环保的现代内燃机。

## 二、2005年经济运行概况

截止到2005年12月,据对内燃机158个企业统计资料显示:工业总产值816.14亿元,同比增长1.2%;产品销售收入808.16亿元,同比增长0.76%;利润总额52.12亿元,同比下降26.29%;亏损企业45个,同比增长15.38%;亏损面28.48%,同比增长3.8%。

2005年内燃机及内燃机配附件共计进口36.45亿美元,同比下降2.37%;共计出口17.99亿美元,同比增长36.59%。进出口贸易逆差18.16亿美元,同比下降23.59%。

2005年内燃机行业经济运行从整体上讲已从前几年的高速发展期,回归到平稳发展期。总的看是"国内增长平稳,外贸出口看好,利润大幅下滑。"

## 三、2005年合资合作、技术引进、科研开发成果、重大技术进步概况

内燃机工业根据国民经济工业、农业、交通运输部门及国防建设要求,不断对产品和企业结构进行调整,特别是国家对节能、排放时间表的公布实施后,各企业根据自身市场定位状况。通过各种不同途径,对现有产品进行了改进提高。内燃机及配附件开发出一大批新产品,先后开发出满足欧Ⅱ、欧Ⅲ、并具有欧Ⅳ潜力的内燃机及配附件。与此同时,国外一些跨国大公司也纷纷在中国与有关企业合资合作,建立内燃机及配附件厂。中国内燃机工业从整体上看,产品及质量技术水平已得到明显的提高。产品的结构已向好的方面发展。中

国的内燃机工业体系，已从量的变化转向质的提升，并且正在调整中不断提升和加强。一个资金来源多元化、产品多层次的现代化新型内燃机工业体系正在建设中。它的建设成功必将对我国工业、农业、交通运输和国防建设等各部门发展和技术进步，做出新的更大贡献。

2005年内燃机行业在合资合作、技术引进、研发成果、技术进步等方面取得重大成果项目主要有：

(1)云内开发成功拥有自主知识产权，具有当今世界领先水平的环保节能国产轿车柴油机：D16TC1、D19TC1并推出市场。这是继奇瑞、沈阳华晨金杯汽车开发出具有自主知识产权国产轿车用汽油机之后，国内第一家开发出具有自主知识产权轿车用柴油机。至此，中国内燃机工业在开发轿车用发动机领域中跨上了一个新台阶。

(2)潍柴开发具有自主知识产权，满足欧Ⅲ排放，并具欧Ⅳ潜力的“蓝擎”WP12、WP10柴油机。

(3)玉柴开发具有自主知识产权，满足欧Ⅲ排放，并具欧Ⅳ潜力的YC6M、YC4F等系列柴油机。

(4)锡柴开发具有自主知识产权，满足欧Ⅲ排放，并具欧Ⅳ潜力的CA6DL-32E3柴油机。

(5)上海日野正式推出P11C满足欧Ⅲ排放具有欧Ⅳ潜力柴油机。

(6)无油所开发具有自主知识产权，满足欧Ⅲ排放，并具欧Ⅳ潜力的电控共轨系统。

7)8月8日博世汽车柴油系统股份有限公司正式成立。公司产品为电控共轨燃油系统。公司注册资金2亿欧元，博世占67%股份、威孚占33%股份。该项目总投资6亿欧元，另外追加5000万欧元建立技术中心，11月18日新址建成。

(8)陕汽集团与康明斯公司以50:50比例组建了西安康明斯发动机有限公司，公司产品为11升柴油机(305~440PS)，公司注册资本2400万美元。

(9)东风与康明斯公司合作开发13升柴油机(400~540PS)。

(10)庆铃与五十铃签署协议将出资15亿元，合资建立发动机公司。新公司产品除原有发动机外，新增340~380PS柴油机。新公司注册资本6.8亿元人民币，双方各占50%。

(11)青岛淄柴博洋柴油机股份有限公司与日本洋马株式会社签订引进N330柴油机技术。该柴油机为2207~3310千瓦大功率低速船用柴油机。

(12)长安集团福特公司和马自达公司签署了新成立长安福特马自达发动机有限公司，9月27日在南京江宁开发区奠基，总投资30亿元人民币，三方股份比分别为50%、25%、25%，年产35万台轿车用汽油机。

(13)由中原内配与英国GKN公司合资组建了河南中原吉凯恩汽缸套有限公司。一期纲领年产300万只汽缸套，二期纲领2000万只。

(14)由日本活塞环株式会社、美国亚新科公司和双环公司共同投资组建了日环汽车零部件制造(仪征)有限公司，产品是钢质活塞环。

(15)由德国大众和一汽集团共同投资1.5亿欧元组建了大众一汽发动机(大连)有限公司，年产轿车用发动机15万台，最终形成30万台能力。

## 四、企业结构调整和资产重组

2005年内燃机行业在企业结构调整和资产重组方面，整体进展不是很快，但是在个别项目上有重大突破。如潍柴用10.23亿元重组湘火炬。潍柴通过重组湘火炬资产，可以使潍柴产业链条得以延伸，加快潍柴做强做大，并能迅速提升潍柴动力整体技术水平等。

## 五、“十一五”规划与2006年预测

内燃机行业“十一五”发展战略是：“十一五”期间，内燃机行业要树立和落实科学发展观，走新型工业化道路。要以市场为导向，以改革为动力，以提高经济效益为中心，加快行业结构调整和重组力度，培育和发展几个有较强竞争力的企业集团，以适应经济全球化和国内外市场竞争。科技兴业，利用现代高新技术，加快提升行业开发创新能力和产品技术水平，为2020年由内燃机生产大国转变为生产强国，奠定坚实的基础。

内燃机行业“十一五”期间重点发展的产品和技术领域是：新一代单缸柴油机、新一代通用小汽油机、新一代摩托车用发动机、新一代满足欧Ⅲ、欧Ⅳ排放标准及节能标准的(大、中、小、微、轿)乘用车、载货车(重、中、轻、微)车用柴油机、汽油机和各种代用燃料发动机和混合动力；发展大功

率、大扭矩、高可靠性为大中型工程机械配套用柴油机；发展新一代经济适用环保和节能为农业机械、园林机械配套的柴油机和通用小汽油机；发展为大型船舶配套的各种大功率中低速柴油机；发展为我国铁路提速和现代化配套的铁道机车用柴油机以及发展为石油钻机、军用等用国民经济等部门配套用新一代柴油机；发展与现代新型内燃机配套的电控柴油机高压喷射系统、电控汽油机喷射系统、排气后处理系统等一批新型内燃机零部件。

2006年从总的经济发展形势看，国家将继续执行宏观调控政策，会继续执行稳健的货币政策，我国国民经济仍处于平稳高速发展期。在以上这三个大前提下，国内一些大型建设项目仍将会延续，并将陆续批准一些新开建设项目。特别是能源、铁路、公路、航运交通运输以及奥运等项目的建设会加强；国家仍将加强对“三农”的支持力度，促进农村经济发展，增加农民收入，建设农村公路，改善农村运输条件等；2006年是“十一五”规划开始实施的第一年，“十一五”规划开个好头，对整个“十一五”发展都将产生很大影响；随着世界经济一定的复苏也为内燃机出口带来一定市场发展空间。

以上这几点都将为内燃机市场发展、经济运行向好的方面发展提供有利的条件。

2006年还存在一些不确定因素，这些不确定因素将对行业的经济运行状况产生较大影响。首先是能源和交通运输仍不可能得到根本缓解，而且其价格仍可能在高价区运行；其次，国内外市场还存在其他一些不确定的因素，这种形势下，我们预测2006年内燃机行业经济运行总体上仍处于平稳发展期，力争全行业在产值、产量上同比增长5%左右。争取利润停止下滑，同比略有增长。

# 地方工业篇

# 2005年中国主要地区工业经济运行概况

## 2005年北京市工业经济运行概况

2005年，北京市注重转变增长方式，推进自主创新，有力地促进了北京工业持续健康发展。全市2005年实现工业总产值(现价)6775.5亿元，同比2004年增长17%；实现全部工业增加值1782.4亿元，同比2004年增长12.8%，其中规模以上工业增加值1705.3亿元，同比2004年增长13.1%。

### 一、2005年北京市工业运行特点

**1. 高新技术产业又有新的发展。**全年实现增加值517.5亿元，同比2004年增长20%。其中，电子与信息产业增长22%，生物医药产业增长10.1%，新材料产业增长13.2%，光机电一体化产业增长18.4%，占高新技术产业增加值的比重分别为70.4%、6.8%、8.7%和10.7%。使高新技术产业增加值占全市工业的比重达到29%。

**2. 汽车产业的发展又登上新台阶。**2005年，北京汽车产业共生产汽车58.6万辆，同比2004年增长8.8%。其中，生产轿车22.1万辆，同比2004年增长47.1%。

**3. 对外贸易更取得长足进步。**完成出口交货值1065.3亿元，同比2004年增长42.4%。其中，机电产品出口120.5亿美元，同比上年增长69.2%；高新技术产品出口89.9亿美元，同比上年增长73.8%，分别占全市出口比重的70.5%和52.6%。

**4. 在工业经济效益明显提高的同时，经济质量也明显提高。**万元GDP能耗为0.81吨标准煤，同比上年下降3.9%；万元GDP水耗为50.9立方米，同比上年下降了9.8%。不仅有力地促进了首都经济的全面发展，而且推进了建设节约型城市的进程。

### 二、2006年工作思路

2006年是实施"十一五"规划的开局之年，按照北京市委、市政府的总体要求和部署，2006年全市工业工作的指导思想是：以科学发展观为指导，以培育创新型工业为目标，以促进高端、高效、高辐射力的产业发展为方向。抓重大项目，促进产业结构调整；抓自主创新和名牌战略，促进企业核心竞争力的提升；抓节能节水节地措施的落实，促进增长方式的转变；抓工业开发区建设，促进空间布局调整。实现全市工业平稳健康增长，为使北京工业在"十一五"期间实现跨越式发展奠定良好基础。

2006年全市工业运行的主要预期指标是：工业增加值比上年增长10%；万元增加值能耗降低5%；万元产值水耗降低8%。

**附：**

### 北京"十五"工业发展成就及"十一五"规划设想

**一、"十五"期间北京工业成绩斐然**

1. 工业总量快速增长，经济效益明显提高

"十五"期间，全市工业累计实现增加值5805亿元，每年平均增长速度达到13.1%。2005年实现增加值1782.4亿元，比"九五"末净增加1000多亿

元；规模以上企业实现工业总产值6775亿元，比“九五”末净增4000多亿元（以上两项指标均大幅度超额完成“十五”计划目标）；2005年全市规模以上工业企业实现利润391亿元，比“九五”末增长2.1倍；高新技术产业完成增加值517.5亿元，比“九五”末增加1.4倍；全员劳动生产率达到14万元/人，与“九五”末相比提高1.7倍。

2. 重大项目取得突破，工业结构明显改善

“十五”期间，全市工业累计完成固定资产投资1008亿元，并呈现出逐年增长的态势，尤其是后两年，固定资产投资和增速均达到历史最高水平；实际利用外资摆脱了多年徘徊的局面，五年累计达到42亿元，比“九五”期间增长94%，其中2005年比2000年净增3.4倍。

现代汽车、中芯国际、京东方TFT-LCD、星网工业园、北京第一机床厂搬迁升级改造等一批在全市甚至全国具有影响的重大项目建成投产，形成新的战略增长点；北重阿尔斯通、北一大隈、万泰艾滋病毒诊断试剂及戊肝疫苗等一批高端项目建成投产，有效提升了行业技术水平；北京奔驰、首钢冷轧、燕化1000万吨/年炼油系统改造等一批重大项目2005年启动，为工业的持续发展积蓄了后劲。

从现代制造业几大重点产业的发展看，集成电路产业初步形成完整的产业链，设计能力和制造水平均居全国领先；显示产业实现跨越式发展，技术水平和规模为国内第一；汽车产业产量由“九五”末的12万辆上升到60万辆，增加4倍，在全国排名第5位，其中轿车产业由无到有，短短三年已进入全国排名前4位；数控机床、发电设备和自动化控制系统的技术水平居全国前列；医疗器械产业规模达到全国第2位。现代制造业2005年工业增加值占全市工业的比重已达到50%，比2000年提高了3个百分点。

3. 工业布局趋于合理，开发区集聚效应初步显现

“十五”期间，随着城市中心区工业企业向郊区县的搬迁转移，工业布局进一步趋于合理。五年全市累计完成搬迁企业141户，腾退工业用地面积879万平方米。2005年全市城区、近郊、远郊三类区域工业总量比重，已由2001年的12:51:37，变化为目前的10:34:56。与此同时，工业呈现出向开发区聚集的明显趋势。2005年，全市28个工业开发区实现现价工业总产值3119.7亿元，占全市工业总产值的46%。其中电子、机电、汽车、生物医药四大产业聚集度均在40%以上，电子信息产业已接近90%。

开发区的聚集效应有力拉动了全市各个区域工业的发展。从发展规模看，2005年现价工业总产值完成超过600亿元以上的前五个区域是：北京经济技术开发区1098亿元、顺义区862亿元、海淀区769亿元、朝阳区699亿元、房山区604亿元，这五个区域的产值占到全市的59.5%。从发展速度看，“十五”工业总产值年均增长速度最快的五个区域是：北京经济技术开发区54%、顺义区48%、通州区41%、昌平区38%、延庆县38%，以上五个区域工业增速远远高于全市工业平均增长速度。

4. 资源利用水平明显提高，集约发展模式初见端倪

“十五”期间，全市工业注重资源的节约利用，在经济总量快速增长的同时，实现了能、水单耗的持续大幅下降。与2000年比，在能耗水耗总量基本持平的情况下，2005年全市工业生产总值增长1.46倍，增加值增长1.42倍。与2000年相比，2004年万元产值能耗下降59%，万元产值水耗下降69%。

近年来，北京市进一步加大了节能降耗的工作力度。一是加强规范。如在全国率先制定发布了《关于北京工业开发区（基地）建设项目节约土地和资源的意见》，提出了在土地利用和资源消耗方面的集约化指标，并制定了工业分行业的能效指南；二是组织制定和推进重点行业的实施方案，如制订并实施了《北京电力行业节水方案》，使工业第一耗水大户将成为节水先锋；开展了废旧资源再利用情况调研，完成了《废塑料包装物回收利用产业化示范项目实施方案》和《回收利用北京废纸生产再生纸建设项目试点方案》，并组织了专业化招商和项目推进。三是各区县从本地实际出发，创造了不少好经验，涌现出了一批资源循环再利用的典型。通州区对投资项目实行评估准入制度，有效节约了土地资源；密云县积极推进企业开展环境管理体系认证，促进了生态示范企业建设；房山、门头沟区以大局为重，关闭了一批“五小”企业，同时积极推进产业置换；昌平区在招商引资中

注重引进高端、高效和无污染项目，提高了工业用地的集群效应。

5. 技术创新取得一定进展，工业整体水平得到提升

到2005年底，全市共认定89家市级企业技术中心，其中25家为国家级技术中心，全市工业企业年专利批准量3135项，26个产品获国家级名牌产品称号。一批企业通过原始创新、集成创新和对引进技术的消化、吸收和再创新，掌握了一批核心技术，研发一批新产品，自主创新能力不断增强。为了促进北京丰富的区域创新资源与工业的紧密结合，2005年北京加大了区域资源整合力度，先后与中科院及市教委分别搭建并启动了"北京工业技术支撑与产业促进平台"和"北京工业发展智力支撑平台"，与北京服装学院共同发布了《建设服装产业促进平台合作方案》，为实现企业与科研院所、高等院校科技资源的对接，探索了产学研联合的新模式。为促进具有自主知识产权的名牌产品的发展，组织制订了《加强北京工业品牌建设方案》，从推进品牌建设出发，出台了一系列鼓励、支持企业技术创新的政策措施。

从工业面临的挑战看，主要有以下三个方面：

一是市场形势将更加严峻。从国际市场看，经济全球化趋势推动着国内外市场融合，而贸易失衡导致世界性保护主义进一步蔓延，使市场竞争更加激烈。从国内市场看，国家加强对钢铁、水泥等投资性行业的宏观调控，将使相关行业的市场竞争更加白热化。我们面临的市场形势不容乐观。

二是资源环境约束将进一步加大。北京在保持经济总量持续增长的同时，将进一步形成以第三产业为主导的发展新格局；而能源、水资源的紧缺，要求从资源需求侧的产业结构上作较大的调整，实现产业发展与资源环境的良性互动。要求北京工业进一步节约资源，为新兴产业的发展创造条件。

三是自主创新能力不足的矛盾更加凸显。按照北京着重发展高端、高效、高附加值的产业定位，对工业的自主创新能力提出了更高的要求。特别是在自主创新能力的核心因素——人才的吸引和凝聚方面，北京工业也越来越面临着跨地域流动的挑战。

## 二、关于"十一五"工业发展的总体考虑

基于上述对面临形势和任务的分析，北京市形成了"十一五"期间全市工业发展的基本框架。

在指导思想上，要坚持以科学发展观统领工作全局，按照"新北京、新奥运"的首都经济发展战略，以总体规划和国务院批复为依据，以发展制造业高端产业为目标，以增强自主创新能力为核心，以推进增长方式的根本转变为主线，实现北京工业的跨越式提升和持续健康发展。

在工作要点上，强调三个突出：

一是突出产业选择性，加速结构优化升级。要紧紧依托首都的科技优势，着力培育企业自主创新能力，打造知名品牌，大力发展高新技术产业、发展高端、高效、高辐射力的现代制造业和与首都功能相适应的都市型工业；并将存量的调整与增量的培育紧密结合起来，实行对高消耗、有污染、技术含量低的产业的限制和加速淘汰，建立产业有上有下、有进有退的动态调整和优化机制。

二是突出工业布局调整，实现工业与区域经济的协调发展。要坚持按照"两轴、两带"的城市总体规划布局，准确把握区域功能定位。坚持以开发区和基地建设为依托，实行集中、集聚和集约的发展方针，努力打造和培育一批新的产业集群。城市中心区和新城重点要推进二、三产融合的创意产业，在广大农村通过推进开发区建设和都市产业的发展，以工业化促进城市化，为社会主义新农村建设做出贡献。

三是突出经济增长方式转变，促进工业的持续发展。从经济社会协调发展的要求和资源瓶颈制约的现实出发，充分考虑工业发展与人口、资源、环境的关系，增强转变增长方式的紧迫性。大力发展循环经济，进一步推动工业节水、节能、节地，最大限度的提高资源利用效率，努力探索出一条具有北京特色的新型工业化发展道路，促进工业可持续发展。

"十一五"规划的主要目标是：

——工业增加值年均增长8%，到2010年达到2600亿元；

——开发区工业总产值占全市工业比重达到70%左右；

——企业技术中心数量达到180个，技术研发经费占到销售收入比重为3%左右；

——力争形成50个中国名牌和2~3个国际知名品牌；

——专业技术人员比重提高到22%；技术工人比重提高到40%；

——全市工业万元增加值能耗、水耗比2004年下降40%左右；万元增加值占地下降26%；工业粉尘排放下降20%；市级开发区污水集中处理率100%。

**三、关于几个问题的说明**

一是关于指标体系。“十一五”规划的指标体系中包括了总量、结构、布局、技术创新、品牌培育、人员素质、循环经济等六个方面，与“十五”计划相比，增加了开发区经济比重、人员素质、循环经济等方面的指标，内涵更加全面，体现了落实科学发展观、促进协调发展的要求，将转变经济增长方式的要求进一步量化，便于有针对性地推进和落实。

二是关于增长速度。“十一五”规划提出，到2010年全市工业总产值达到10000亿元，工业增加值达到2600亿元，年均增速为8%，低于近年工业平均增速，也比全市“十一五”规划经济增长9%的水平低1个百分点。之所以确定这个速度指标，主要是综合考虑了全市产业结构调整的目标和为集中力量调整工业内部产业结构，转变增长方式。应当强调的是，尽管“十一五”期间工业增速目标有所下调，但由于“十五”快速增长已形成较高的基数，今后五年全市工业增加值需净增1000亿元以上，实现这样的目标任务并不轻松，对此务必保持清醒的认识。

三是关于发展重点。按照城市总体规划及国务院批复精神，在结构调整上，我们要着力发展包括高新技术产业在内的现代制造业高端产业。大力发展电子信息、光机电一体化、生物医药等高新技术产业，积极培育数字电视、汽车电子、新能源等潜力产业，重点发展汽车、装备制造、石化新材料等制造业高端产业，积极发展文体用品、服装纺织、食品饮料、工艺美术等高端都市工业，加快用高新技术和先进适用技术改造提升传统产业的步伐。对不能适应资源和环境要求的落后产业，要坚决限制和淘汰，为高端产业发展置换发展空间。

# 2005年天津市工业经济运行概况

2005年，天津市工业进一步树立科学发展观，认真贯彻落实国家宏观调控的各项政策措施，坚持以市场为导向，以结构调整为主线，积极推进产业结构优化升级，工业经济总体保持了良好的运行态势。规模以上工业总产值超过6700亿元，增加值超过1700亿元，原油产量超过1700万吨，手机产量超过6300万部，汽车产量超过30万辆，优势产业拉动作用明显，企业经济效益继续提高。

## 一、2005年工业经济运行的主要特点

**（一）工业生产较快增长，企业经济效益继续提高**

2005年，本市工业生产在高平台实现较快增长。规模以上工业实现增加值1783.02亿元，比上年增长20.4%；完成工业总产值6774.10亿元，增长20.8%。从动态发展看，一季度、上半年、前三季度增加值分别比上年同期增长20.9%、19.3%、21.2%，全年增长20.4%，增幅始终保持在20%左右，生产平稳较快增长的特点比较明显。2005年，本市工业增加值增长速度比全国（增长16.4%）高4个百分点，在31个省（直辖市）中列第12位，位居直辖市首位，分别高于北京（13.1%）7.3个百分点、上海（12.5%）7.9个百分点、重庆（17.1%）3.3个百分点。

工业经济效益在上年大幅度增长的基础上，继续保持了较高增幅。全市规模以上独立核算工业企业全年实现产品销售收入6865.24亿元，比上年同期增长22.9%。实现利税总额760.75亿元，增长27.2%，其中实现利润520.18亿元，增长27.2%；实现税金总额240.57亿元，增长27.1%。全市工业经济效益综合指数为214.85，同比提高20.5个点。其中，总资产贡献率为14.34%，提高1.0个百分点；成本费用利润率为8.26%，提高0.3个百分点。

**（二）结构调整成效明显，优势产业拉动作用明显**

1. 行业结构进一步优化，形成14个产值超百亿元行业，冶金、汽车、石油等优势产业增速较高

2005年，本市工业继续深化新一轮嫁改调，使行业结构进一步优化。在全市37个工业行业中，有一个行业产值超过千亿元、三个行业超过500亿元、14个行业产值总量超百亿元，超500亿元和超百亿元的行业分别比上年增加1个和2个，13家市管企业集团(总公司)进入产值百亿元行列。

电子信息、汽车、石油化工、冶金、生物技术与现代医药、新能源及环保等六大优势产业2005年完成工业总产值4851.35亿元，占全市工业比重超过71.6%，对全市工业增长的贡献率接近78.6%。其中冶金工业依靠技术的跨越实现其较快发展。天津钢管公司与外方共同研发的世界上最为先进的三辊在线脱棒连轧机组，代表了当今世界无缝钢管生产工艺技术的顶尖水平，大大提升了其市场竞争力，冶金、天钢集团紧紧围绕市场需求，加快结构调整步伐和新产品的开发，积极开拓国内外两个市场、两种资源扩大产销规模，产品出口实现了新突破，生产运行持续快速增长。2005年冶金工业完成总产值1228.89亿元，增长22.1%，占全市工业的18.1%，对全市工业增长的贡献率为19.1%，拉动工业增长4个百分点；中海石油和大港油田生产强劲增长，在其拉动下，石油及化学工业发展较快，完成总产值1198.83亿元，增长25.3%，占全市工业的17.7%，对全市工业增长的贡献率为20.8%，拉动工业增长4.3个百分点；随着夏利系列经济型轿车市场空间进一步扩大及丰田皇冠、锐志轿车新增长点的拉动，汽车行业保持在高位运行，2005年完成总产值446.51亿元，增长44.1%，占全市工业的6.6%，对全市工业增长的贡献率为11.7%，拉动工业增长2.4个百分点。这三个行业对全市工业增长的贡献率达51.6%，拉动工业增长10.7个百分点。电子信息产品制造业完成总产值1783.30亿元，增长19.1%，占全市工业的26.3%；

新能源及环保产业虽然规模不大，但展现了良好的发展前景，实现工业总产值49.61亿元，增长43.8%。

2. 产品结构继续改善，新产品比重占近三成

从主要产品产量看，2005年天然原油产量1782.9万吨，比上年增长23.6%，增幅比上年提高14个百分点；轿车32.6万辆，增长48.1%，增幅提高19.4个百分点；移动电话机达到6319.8万部，增长28.4%；成品钢材1664.0万吨，增长22.2%；机制纸及纸板、数字程控交换机、化学原料药、粗钢、生铁、焊条、干电池、化学农药、中成药、速冻米面食品、配混合饲料、内燃机、精制食用植物油、柴油分别增长20.2%~83.3%。新产品产值完成1971.66亿元，增长29.6%，占全市工业的29.1%。

3. 工业品产销衔接程度高，出口增长较快

2005年，全市规模以上工业实现销售产值6816.56亿元，比上年增长21.4%，工业品产销率达100.63%，高于上年水平。工业品出口呈现稳定增长态势，实现出口交货值1759.22亿元，增长24.2%，出口占销售产值的四分之一强，有力地拉动了全市工业的快速增长。

**(三)形成了多点支撑的良好格局**

2005年，一是国有及国有控股企业、股份制企业快速发展，引领全市工业较快增长，私营企业增长活跃。三种所有制企业分别完成总产值2567.26亿元、2525.72亿元和653.67亿元，比上年增长27.0%、26.8%和22.7%，均高于全市工业平均水平。外商及港澳台商投资企业完成总产值3298.04亿元，增长19.0%，略低于全市工业平均增速。二是中小型企业稳步发展，企业生产经营状况得到改善。2005年完成工业总产值4141.74亿元，比上年增长23.3%，高于大型企业6.4个百分点。三是中央工业生产增长进一步加快。2005年完成总产值突破千亿元，达到1115.18亿元，比上年增长29.2%，增幅比上年提高11.2个百分点。其中大港油田集团有限公司、中海石油天津分公司生产继续强势增长，产值增幅分别超过50%和70%，中央工业对全市工业的贡献进一步加大。

## 二、当前工业发展中存在的问题

**(一)通信设备、计算机及其他电子设备制造业增幅低于上年**

通信设备、计算机及其他电子设备制造业是本市工业规模最大、外贸出口最多、效益位居前列的重要支柱产业。2005年，受大企业生产经营波动影响，全行业生产增速回落，全年完成总产值1611.55亿元，比上年增长18.6%，增幅比上年回落26.3个百分点，占全市规模以上工业的比重为23.8%，比上年回落1.3个百分点。由此也影响了全市高新技

术产业的发展。2005年,全市高新技术产业完成总产值2141.37亿元,比上年增长16.4%,增速低于全市平均水平4.4个百分点,占全市规模以上工业总产值的比重为31.6%,比上年回落0.6个百分点。

**(二)资金紧缺问题比较突出**

资金紧缺是企业发展的瓶颈,目前全市规模以上独立核算工业企业产成品资金和应收账款合计占用企业资金已超过1000亿元。因能源、原材料价格上涨和宏观调控带来的资金紧缺的问题给企业特别是中下游行业和中小企业生产经营和发展带来了较严重的影响。一是由于资金紧缺使部分企业坐失商机,面临生存挑战。二是由于信贷收紧,融资不畅,企业技改资金缺乏,影响竞争力的提高。三是资金紧缺导致“三角债”问题突出。2005年末企业应收账款总额达到818.83亿元,同比增长29.5%。四是企业产成品资金上升较快。年末产成品占用达到236.19亿元,同比增长21.5%,增幅比上年上升12.5个百分点。产成品和应收帐款合计占用资金达到1055.02亿元,同比增长了27.6%。

## 三、2006年天津市工业发展面临的形势

**(一) 面临的形势**

1. 宏观发展环境比较有利。从国际环境看,世界经济的基本面尚好。2006年世界经济预计增长4.3%左右,和2005年基本持平。世界贸易额2006年将增长7.4%,略高于2005年的7%。从国内环境看,从2003年下半年开始我国经济走上了新一轮景气周期,尤其是2004年、2005年两年GDP增长超过9%。消费需求有望实现较快增长。消费需求是经济增长的基础,近两年来,居民收入稳步增长,农业税减免和个人所得税法修订,以及对“十一五”期间增加收入预算等,都将对2006年居民消费增长产生积极影响,预计全年消费增长将保持较高水平,对GDP的贡献有望进一步提高。因此,国际、国内环境的总体向好,为天津工业经济的快速增长提供了良好的宏观发展环境。

2. 从本市工业自身发展看,工业投资增速加快,发展后劲将进一步增强。2005年,全市工业固定资产完成投资532.58亿元,比上年增长27.3%,保持平稳快速的增长速度。同时,钢管三期、天铁板材基地、丰田汽车扩能等十大工业建设项目进展顺利。这些项目的建成,将对提高天津市工业优势产业集中度、培养产业集群、延长产业链起到重要作用,另外,2006年外部发展环境比较有利,微观上本市企业家信心指数进一步提升,所有这些都为本市工业较快发展提供了良好的外部环境。

**(二) 面临的主要挑战**

一是能源、原材料价格的上涨影响本市中下游行业的效益增长。近几年来,国内外市场能源和原材料价格总水平呈现出在波动中不断攀高的运行态势,原油、铁矿石、铜、铝等价格居高不下。这种情况势必加大加工制造业的生产成本,影响企业利润的提高。

二是人民币汇率形成机制的调整及人民币升值使出口的竞争力减弱。2006年,随着人民币汇率形成机制的不断完善,人民币汇率上浮的空间可能不断扩大,对出口的影响将会进一步显现。

三是贸易摩擦对外销的影响。2005年我国纺织品对外贸易摩擦加剧。欧盟提前取消了我国纺织、家电等多种工业产品的普惠待遇,2006年还将陆续出台一系列技术法规和检疫标准,其负面影响不言而喻。轻工业出口占本市工业出口交货值的近三成,2006年出口形势将面临一定的压力。

## 四、加快天津工业发展的建议和对策

**(一) 做大做强优势产业,努力培育一批航母级具有竞争力的大型企业**

在当前的结构调整中,必须把握国际产业结构调整的趋势,以市场为向导,高标准、高起点地推进新一轮嫁接、改造、调整。进一步做大做强六大优势产业和12大产品基地,使优势更加充分发挥和显现,传统产业得到脱胎换骨的改造,从而带动整个工业迈上新台阶。同时,要不失时机推进和实施大公司、大集团战略。围绕优势产业和产品,努力培育一批在国内外有较强竞争力、主业突出、具有自主创新能力的大企业集团,增强天津工业的核心竞争力,实现既快又好的发展,保持在全国的领先地位。

**(二) 加快转变经济增长方式,大力发展循环经济**

要坚持减量化、再利用、再循环的原则,强化可持续发展的理念,结合新一轮嫁改调,大力发展节约型、集约型、生态型工业,促进工业经济增长方式的转变。提高资源利用率和降低废弃物的排放,加快发展低消耗、低排放的高技术产业,淘汰落后工艺、技术和设备,严格限制高耗能、高耗水、高污染和浪费资源的产业。充分发挥产业集聚和工业生态效应,围绕核心资源发展相关产业,形成资源循环利用的产业链。

**(三)采取各种措施,拓宽企业融资渠道**

构建多层次的融资渠道,是缓解企业资金紧缺最直接、最有效的方法。一是创新并增加金融服务产品,实现银企双赢。二是发展资本市场、规范民间借贷市场,使其成为企业融资的两大支柱。一方面鼓励引导有条件企业进入资本市场,增加证券市场融资;另一方面在政府规范下,活跃民间资本,规范民间融资,使其成为企业融资渠道的重要组成部分。三是开拓新型融资方式,建立融资租赁市场,使其成为企业融资的重要补充。企业可以通过融资租赁公司解决因资金短缺无法及时获得先进设备的问题,以促进企业生产的发展。

# 2005年河北省工业经济运行概况

2005年,河北省突出结构调整主线,强化重大项目建设和县域经济发展两大支撑,综合实力跃上新台阶,国民经济平稳快速增长,经济总量迈上新台阶。初步核算,2005年全省生产总值突破一万亿元,达到10116.6亿元,比上年增长13.4%,为1997年以来最高增幅。

2005年河北省工业生产快速增长。全部工业增加值4759.0亿元,比上年增长15.9%。其中规模以上工业增加值3219.0亿元,增长22.9%。产销衔接较好,产品销售率为98.1%。

经济效益稳步提高。全省规模以上工业实现利润692.1亿元,比上年增长28.4%。其中,国有及国有控股工业实现利润231.5亿元,增长15.2%;股份制企业实现利润265.8亿元,增长29.5%;外商及港澳台投资企业实现利润162.1亿元,增长19.1%;私营企业实现利润184.9亿元,增长44.7%。多数行业盈利水平提高。在38个工业行业大类中,有30个行业利润增长。

工业结构进一步调整优化。积极运用高新技术和先进适用技术改造提升传统产业,主导产业带动作用增强。钢铁、装备制造、石油化工、食品、医药、建材、纺织服装七个主导行业增加值占工业增加值的78.4%,对工业生产增长的贡献率为86.0%。高新技术产业保持较快增长,实现增加值267.3亿元,比上年增长25.2%。主要能源、原材料及部分高附加值产品产量增长较快,焦炭增长40.1%,铁矿石原矿量增长32.3%,生铁增长24.6%,钢增长25.3%,成品钢材增长29.5%,汽车产量增速为36.4%,变压器增长19.2%,自动化仪表及系统增长18.1%。

**表1 2005年规模以上工业增加值主要分类情况**

单位:亿元指标

| | 绝对值 | 比上年增长(%) |
|---|---|---|
| 工业增加值 | 3219.0 | 22.9 |
| 其中:国有及国有控股企业 | 1419.0 | 10.3 |
| 其中:集体企业 | 170.0 | 20.5 |
| 股份制企业 | 1691.2 | 22.3 |
| 外商及港澳台投资企业 | 516.2 | 30.1 |
| 其中:轻工业 | 682.7 | 20.2 |
| 重工业 | 2536.3 | 23.5 |
| 其中:大中型企业 | 2228.1 | 7.9 |

**表2 2005年工业主要产品产量**

| 产品名称 | 单位 | 产量 | 比上年增长% |
|---|---|---|---|
| 纱 | 万吨 | 68.6 | 18.8 |
| 布 | 亿米 | 23.4 | 18.6 |
| 软饮料 | 万吨 | 208.5 | 26.5 |
| 乳制品 | 万吨 | 193.5 | 39.6 |
| 原煤 | 万吨 | 7956.4 | 6.5 |
| 发电量 | 亿千瓦小时 | 1338.6 | 6.6 |
| 生铁 | 万吨 | 6765.6 | 24.6 |
| 钢 | 万吨 | 7386.4 | 25.3 |
| 成品钢材 | 万吨 | 6465.1 | 29.5 |
| 水泥 | 万吨 | 8850.0 | -1.4 |
| 平板玻璃 | 万重量箱 | 4964.3 | 10.4 |
| 化肥(折纯) | 万吨 | 208.9 | -13.6 |
| 汽车 | 万辆 | 19.4 | 36.4 |
| 变压器 | 万千伏安 | 5971.5 | 19.2 |
| 彩色照像胶卷 | 万平方米 | 138.8 | -35.3 |
| 化学原料药 | 万吨 | 39.2 | 17.3 |

# 2005年山西省工业经济运行概况

2005年，山西省紧紧围绕建设新型能源和工业基地的战略目标，深入推进经济结构调整，狠抓发展第一要务，年初确定的各项经济社会发展指标圆满完成，国民经济高位平稳运行，综合经济实力进一步增强。初步核算，全年全省生产总值突破4000亿元，达到4121.2亿元。

2005年山西省工业生产保持平稳较快增长，推动经济发展的主导作用进一步增强。全省上下以建设新型能源和工业基地为目标，紧紧抓住经济结构调整这条主线，不断推进传统产业新型化和新兴产业规模化。全年全省完成全部工业增加值2073亿元，比上年增长16.9%。其中规模以上工业增加值1712.0亿元，比上年增长19.3%，“十五”时期年均增长18.4%。

产销衔接状况保持良好。全年规模以上工业企业产品销售产值4619.3亿元，增长30.5%，产销率96.97%。

各种经济类型工业企业均保持较快增长。在规模以上工业企业中，国有企业完成工业增加值379.4亿元，增长15.6%；集体企业完成124.8亿元，增长12.6%；股份合作企业完成16.7亿元，增长24.9%；股份制企业完成1044.6亿元，增长20.4%；外商及港澳台商投资企业完成73.8亿元，增长24.4%；其他经济类型企业完成72.7亿元，增长29.5%。全年全省大中型工业企业完成增加值1298.9亿元，增长16.8%。

主导产品产量多数较快增长。全年全省规模以上工业企业原煤产量4.4亿吨，增长9.6%(全社会产量5.54亿吨，增长10.1%)；洗煤1.7亿吨，增长19.6%；焦炭7151万吨，增长21.8%，其中机焦6796万吨，增长22.2%；生铁2447万吨，增长29.0%；粗钢1654万吨，增长24.2%；钢材1341万吨，增长18.7%；铝37.8万吨，增长18.0%；氧化铝151万吨，增长7.3%；发电量1273亿千瓦时，增长20.0%。

工业企业效益进一步提高。全年全省规模以上工业实现产品销售收入4626.1亿元，比上年增长29.1%；实现利税628.1亿元，增长22.6%；实现利润264.9亿元，增长19.3%，其中，国有及国有控股企业实现利润167.2亿元，增长32.0%。工业企业经济效益综合指数151.7%，比上年提高9.0个百分点。

# 2005年内蒙古自治区工业经济运行概况

2005年，内蒙古工业经济效益稳步提高，总体运行朝着宏观调控向好的方向发展。但是，在工业经济发展中，也存在原材料价格上涨过快，电力和铁路运输瓶颈制约明显的问题，特别是下半年以来经济运行中的新情况、新矛盾进一步暴露，突出显示在工业增速的粗放型和经济效益的提高靠部分行业的拉动，需引起高度重视。

## 一、运行基本情况

2005年，内蒙古规模以上工业企业累计完成工业增加值1135.5亿元，比上年同期增长30.9%，工业增加值增速虽比上年同期回落7.6个百分点，工业生产继续保持了平稳较快发展的势头。在工业生产快速增长的同时，经济效益整体水平继续提高。2005年，全区规模以上工业企业实现产品销售收入2973.79亿元，同比增长41.1%；实现利润225.73亿元，同比增长75.7%；工业经济效益综合指数达203.61，同比提高39点。

1. 重点行业生产运行状况总体趋好。2005年，统计的35个工业大类行业中，同比增长的行业有31个，占88.6%；增速高于全区平均水平的有16个行业，占45.7%，其中：黑色金属冶炼及压延加工业、煤炭开采和洗选业、纺织业、石油加工、炼焦及核燃料加工业、有色金属冶炼及压延加工业、交通运输设备制造业、黑色金属矿采选业、烟草制品业等8个行业完成工业增加值527.8亿元，占全区总计的46.5%，对全区工业生产增长的贡献率达54.17%。

2. 煤电油供求紧张状况有所改善，能源生产加快。2005年,全区规模以上工业一次能源生产总量达1.65亿吨,同比增长22.1%,原煤2.21亿吨,同比增长20.3%,原油生产131.6万吨,同比增长19.2%,发电量1069.3亿千瓦时,同比增长31.3%。

3. 出口继续加快、产销基本衔接。2005年,全区累计完成工业品出口交货值138亿元,增长36.7%。完成工业销售产值2918.3亿元,比上年同期增长41.5%,产销率为97.42%,比上年同期降低0.01个百分点。

4. 工业经济效益整体水平稳步提高。2005年,从工业经济效益综合指数的七项构成指标看,有六项指标好于上年同期水平。总资产贡献率12.7%,同比提高2个百分点;资本保值增值率131.11%,同比提高13.8个百分点;流动资产周转次数2.32次,同比加快0.3次;成本费用利润率8.52%,同比提高1.9个百分点;全员劳动生产率135616元/人,同比人均提高38819元;资产负债率59.53%(逆指标),同比下降1.1个百分点。产品销售率97.42%,同比下降0.01个百分点。

5. 煤电两大行业对全区工业经济效益提高推动作用明显。2005年,在全区现有统计的37个行业中,有22个行业实现利润增幅超过30%。其中,煤炭开采和洗选业和电力、热力的生产和供应业两大支柱产业比重大、增幅快,对全区规模以上工业经济效益提高拉动作用较大。煤炭开采和洗选业实现利润67.39亿元,比上年同期增长2.1倍;电力、热力的生产和供应业实现利润28.34亿元,同比增长47.9%。两大行业的利润占全区规模以上工业利润的42.4%,拉动全区规模以上工业利润提高42.7个百分点。

6. 骨干企业对全区工业经济效益的提升贡献突出。2005年,利润超过1亿元的企业有40户,共实现利润141.99亿元,占规模以上工业利润总额的比重为62.8%,对全区规模以上工业利润增长的贡献率达72.5%。其中,内蒙古大唐托克托发电有限责任公司实现利润13.34亿元、神华集团准格尔能源有限责任公司实现利润11.29亿元、内蒙古包钢钢联股份有限公司实现利润9.97亿元、内蒙古伊泰煤炭股份有限公司实现9.27亿元、包头钢铁(集团)有限责任公司实现利润8.50亿元、大庆油田有限责任公司呼仑贝尔分公司实现利润6.84亿元、内蒙古蒙牛乳业集团股份有限公司实现6.39亿元,以上七户企业实现利润占规模以上工业利润总额的比重为29.1%,对全区规模以上工业利润增长贡献率高达28.8%。

总的看,2005年上半年,内蒙古工业经济增长率保持快速增长的同时,运行质量也有显著改善。工业企业经济效益总体水平继续提高,产品销售收入和实现利润同步增长。这些既符合国家加强宏观调控的要求,又有利于促进经济增长方式的转变,符合科学发展观的宗旨,为全年工业经济的持续快速健康发展打下了一个良好基础。

## 二、存在的问题

2005年,尽管内蒙古工业经济发展承接了上年良好的发展态势,增长的质量和效益不断提高,但是还应清醒地看到,影响工业经济持续稳定发展的矛盾和问题也比较突出。

1. 工业经济发展进入一个阵痛期。尽管三季度之后显现一些积极变化,但是工业生产、经济效益和制造业投资增幅"三回落"的趋势尚未完全遏制。突出的是利润增幅有所放慢,制造业投资增长放慢,态势依然严峻。这不仅影响工业经济的增长质量,而且影响工业经济的发展后劲。

2. 工业经济发展环境存在较大变数。目前整体经济已经发生趋势性的变化,开始于2003年的高速增长期进入平稳较快增长阶段。宏观经济政策和经济景气均在变动之中,不确定因素很多。内蒙古经济增长速度放缓,投资增幅回落,市场需求约束加大。国际贸易摩擦增多,尤其是纺织品贸易自由化开局不顺。这都将给企业带来新的挑战和经营困难。

3. 基础产品价格全面上扬,企业生产成本加大。2004年底至2005年上半年以来,基础原材料、国际原油、国内成品油价格持续上涨,电价也有所提高,导致企业生产成本加大。全区能源原材料购进价格上扬109.9%;由于相当部分下游产品供大于求,工业品出厂价格只上升105.1%,两者相差4.8个百分点。基础产品涨价,导致较严重的上下游企业两极分化。

4. 电力和铁路运力瓶颈制约仍比较严重。电力供应不足,仍然制约着内蒙古经济的快速发展。伴随一批重点工业项目建成投产,内蒙古西部电网缺电形势更加严峻，用电负荷迅猛增加，供电部门测算，蒙西电网全年平均缺电460万千瓦，缺电量200亿千瓦时以上，预计缺电300亿千瓦时左右。由于供电短缺，造成许多工业企业难以持续正常生产，一些新建成企业迟迟不能开工生产。铁路运力不足，也是制约内蒙古经济发展的瓶颈因素。由于目前铁路运力主要是保证原煤外运以缓解全国能源特别是电力紧张的状况，致使内蒙古多数原材料及产成品运输受到铁路运力的限制比较严重，加之油价大幅度上涨，也增大了企业的运输成本。

5. 亏损企业亏损额上升。2005年，在内蒙古2447户规模以上工业企业中，有568户企业发生亏损，比上年同期增加68户，亏损企业亏损额16.75亿元，同比增长40.5%，增幅比上年同期上升36个百分点。亏损额上升较快的行业是，化学原料及化学制品制造业同比增长2.7倍；黑色金属冶炼及压延加工业同比增长1.9倍；有色金属冶炼及压延加工业同比增长1.3倍；医药制造业同比增长99.9%；纺织业同比增长79.4%。以上五个行业亏损额占全区规模以上工业亏损额的51.8%。

6. 产成品资金占用增幅较快。12月末，内蒙古规模以上工业企业产成品资金占用159.96亿元，比上年同期增长31.4%。产成品资金占用增幅快的行业主要集中在：食品制造业增长65.4%；石油加工、炼焦及核燃料加工业增长59.8%；医药制造业增长1.3倍；非金属矿物制品业增长48.2%；黑色金属冶炼及压延加工业增长65.4%；专业设备制造业增长71.1%；交通运输设备制造业增长51.3%。

2006年内蒙古工业经济仍将保持一个较好的增长势头，将实现以下的目标：规模以上工业企业预计完成固定资产投资1800亿元，同比增长30%；六大特色产业（能源、化学工业、冶金、机械、农畜产品、高新技术产业）完成工业增加值1190亿元以上，增长30%，其中，能源工业完成增加值470亿元，生产原煤2.8亿吨，电力装机达到2800万千瓦，生产钢铁800万吨；农畜产品加工业预计完成增加值250亿元，生产液体奶400万吨。工业开发区（园区）规模以上工业增加值完成700亿元，同比增长50%。

# 2005年辽宁省工业经济运行概况

2005年，辽宁省委、省政府以科学发展观统领辽宁经济社会发展全局，深化体制改革，扩大对外开放，积极转变经济增长方式，增强经济发展后劲，努力建设和谐辽宁，老工业基地振兴取得初步成果，国民经济综合实力明显增强。2005年辽宁省工业经济呈现稳定快速发展态势，全年全省规模以上工业增加值3007.37亿元，按可比价格计算，比上年增长20.1%。分季度看，工业生产在保持快速增长的同时，呈现平稳回落态势，但落差较小。1~3月增长22.9%，1~6月增长21.9%，1~9月增长20.5%，1~12月增长20.1%。

## 一、工业生产的主要特点

**（一）国有企业、外商及港澳台商投资企业及其他经济类型企业增速较快。**1~12月，全省国有企业完成工业增加值421.22亿元，同比增长22.1%；外商及港澳台商投资企业完成工业增加值649.44亿元，增长24.0%；其他经济类型企业完成增加值143.37亿元，增长27.2%，分别高于规模以上工业平均增幅2个、3.9个和7.1个百分点。股份制企业完成工业增加值1669.84亿元，增长16.4%；集体企业完成增加值99.71亿元，增长11.6%，分别低于规模以上工业平均增幅3.7个、8.5个百分点。国有及国有控股企业完成工业增加值1590.0亿元，增长8.8%，低于规模以上工业平均增幅11.3个百分点。

**（二）轻工业高速增长，重工业稳定增长。**1~12月，全省重工业完成工业增加值2467.14亿元，同比增长16.8%；轻工业完成工业增加值540.23亿元，增长30.0%，高于重工业13.2个百分点。其中，农产品加工业增加值244.13亿元，增长37.3%。

**（三）装备制造业增长较快，原材料工业平稳增长。**1~12月，装备制造业工业增加值739.56亿元，占规模以上工业增加值的24.6%，比上年增长20.9%，高于规模以上工业平均增幅0.8个百分点。其中，通用设备制造业完成增加值189.12亿元，增长30.1%；专用设备制造业增加值83.15亿元，增长29.4%；交通运输设备制造业增加值187.39亿元，增长28.4%；电气机械及器材制造业增加值114.16亿元，增长10.5%；金属制品业增加值59.38亿元，增长24.0%；通信设备、计算机及其他电子设备制造业工业增加值82.28亿元，增长0.2%；仪器、仪表及文化、办公用机械制造业工业增加值24.09亿元，增长26.7%。

原材料工业平稳增长。1~12月，全省原材料工业完成工业增加值1397.11亿元，占规模以上工业增加值的46.5%，比上年增长17.5%，低于规模以上工业平均增幅2.6个百分点。其中，冶金工业增加值515.65亿元，增长19.9%；石化工业增加值759.33亿元，增长14.4%；建材工业增加值122.13亿元，增长23.1%。

**（四）主要产品产量多数上升，少数下降**。1~12月，规模以上工业产品产量较快增长的主要有：轮胎外胎1095.65万条，同比增长18.4%；塑料制品99.03万吨，增长23.0%；生铁3108.03万吨，增长22.6%；钢材3206.08万吨，增长21.9%；水泥2614.61万吨，增长16.0%；金属切削机床11.09万台，增长18.8%；数控机床1.49万台，增长51.6%；民用钢质船舶184.74万吨，增长61.1%；载货汽车4.34万辆，增长35.6%；铁路货车3645辆，增长95.7%；手机102.40万台，增长74.4%；程控交换机15.38万线，增长150.4%；彩色电视机550.21万台，增长58.9%。化学纤维23.70万吨，下降17.7%；内燃机3597.41万千瓦，下降11.6%；金属冶炼设备6.34万吨，下降15.1%；微型电子计算机26.67万台，下降85.0%；原煤6152.80万吨，下降5.6%；原油1260.96万吨，下降1.7%；天然气11.72亿立方米，下降7.5%；原油加工量5233.61万吨，增长3.4%。

**（五）产销衔接水平有所提高，出口交货值增长24.3%**。全年规模以上工业企业产品销售率98.18%，比上年提高0.1个百分点。规模以上工业完成出口交货值1586.70亿元，比上年增长24.3%。其中，重工业完成出口交货值1147.22亿元，占规模以上工业出口交货值72.3%，增长25.1%。轻工业完成出口交货值439.48亿元，占规模以上工业出口交货值的27.7%，增长22.4%。

## 二、存在的的问题

在工业经济持续平稳发展的同时，仍然存在一些问题和矛盾需要解决，突出表现在速度与效益不够协调，工业盈利水平下滑，亏损企业亏损额大幅度上升，流动资金比较紧张等方面。

**（一）工业利税持续下滑，速度与效益不相协调**。2005年，辽宁省规模以上工业企业产销形势较好，产品销售收入实现10570.62亿元，比上年同期增长27.5%，但盈利水平持续下降。企业利税总额790.36亿元，比上年减少6.79亿元，利润总额349.21亿元，比上年减少65.46亿元。从2005年5月开始企业利润下降，效益持续下滑。1~6月，利润总额比上年同期减少11.59亿元，下降6.6%；1~9月比上年同期减少29.94亿元，下降10.1%。1~12月比上年同期减少65.46亿元，下降15.8%。与此同时，亏损企业亏损额不断上升，增幅扩大。1~6月亏损111.71亿元，同比增长1.3倍；1~9月亏损156.69亿元，同比增长1.5倍；1~12月亏损213.56亿元，同比增长1.7倍。效益下滑和亏损增加的因素是多方面的，既有国际石油价格波动的影响，也有辽宁省产业结构不合理和增长方式落后等多重原因。从不同角度分析，工业效益下降主要表现在以下几个方面：

1. 按经济类型分，股份制企业效益下降幅度大。1~12月，股份制企业利润总额119.2亿元，比上年同期减少73.05亿元，下降38.0%。亏损企业亏损额151.94亿元，同比增长4.2倍。

2. 按隶属关系分，利润下滑和亏损大户主要集中在中直企业。1~12月，中直企业利润总额140.95亿元，比上年同期减少99.48亿元，下降41.4%。亏损企业亏损额126.31亿元，同比增长10.2倍。

3. 按企业类型分，国有及国有控股大中型企业盈利能力减弱。1~12月，国有及国有控股大中型企业利润总额160.66亿元，比上年同期减少104.38亿元，下降39.4%。亏损企业亏损额154.9亿元，同比增长4.1倍。

4. 按行业分，石油加工、电力行业、交通运输设备制造效益下滑居前三位。1~12月，石油加工、炼焦及核燃料加工业净亏损105.89亿元，比上年减少利润182.79亿元，亏损企业亏损额117.45亿元，增长 138.7 倍；电力、热力的生产和供应业实现利润 7.01 亿元，比上年同期减少利润 10.16 亿元，亏损企业亏损额 14.91 亿元，同比增长 2 倍；交通运输设备制造业实现利润 0.93 亿元，比上年同期减少利润 6.99 亿元，亏损企业亏损额 19.67 亿元，同比增长 49.6%。

**（二）企业流动资金比较紧张，部分行业融资困难。**从企业两项资金占用情况看，全年规模以上工业产成品资金和应收账款同比分别增长 19.3% 和 17.7%，两者占流动资产的比例达 33.3%。另据企业景气调查，2005 年全省企业流动资金景气指数为 89.5，连续 4 个季度不景气。建筑业、交通运输邮政业、住宿餐饮业、社会服务业和房地产业等行业融资状况不佳，企业流动资金比较紧张。

# 2005 年吉林省工业经济运行概况

2005 年，在汽车工业受到严峻挑战的不利因素下，吉林省规模以上工业生产仍然保持了平稳的增长势头，实现工业增加值突破 1200 亿元，达到 1200.8 亿元，再创历史新高，按可比价格计算，比上年同期增长 11.0%。其中 12 月份实现增加值 118.9 亿元，同比增长 25.7%。

2005 年全省工业生产的主要情况是：

**一、工业产出规模不断扩大，工业增长速度先抑后扬**

2005 年，吉林省工业生产走势总体平稳，工业产出规模不断扩大，月均实现工业增加值达到 100 亿元，比上年增加 17.2 亿元。见下图

2005年各月份吉林省实现工业增加值及增长走势

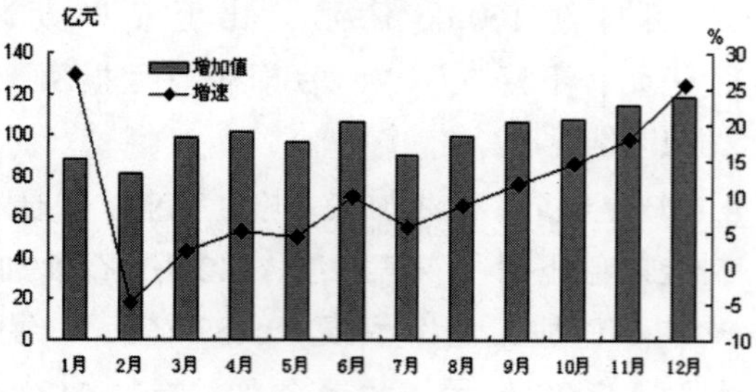


由于 2005 年的春节在二月份，而 2004 年在 1 月份，造成了两个年度 1、2 月份有效工作日的不相同，从而出现了 2005 年 1 月份工业增长速度高而 2 月份增速又徒降的情况，但从 3 月份开始，我省工业增长速度逐月加快，稳步攀升，从而使得全年累计增速保持在 11.0%的较高水平上。

**二、除集体经济外其他各种类型企业生产均呈上升态势**

2005 年，全省国有及国有控股工业企业实现增加值 885.1 亿元，按可比价格计算，比上年同期增长 5.9%，（其中纯国有企业实现增加值 268.6 亿元，同比增长 7.4%）；股份制企业实现增加值 607.0 亿元，同比增长 14.5%；外商及港澳台商投资企业实现增加值 253.4 亿元，同比增长 6.9%；股份合作企业实现增加值 4.7 亿元，同比增长 16.9%；其他经济类型企业实现增加值 37.4 亿元，同比增长 35.4%；集体企业实现增加值 29.7 亿元，同比下降 4.3%。

**三、轻工业生产增速快于重工业**

2005 年，全省规模以上轻工业企业实现增加值 242.4 亿元，比上年同期增长 22.5%；重工业企业实现增加值 958.4 亿元，同比增长 8.3%，轻工业生产增速快于重工业 14.2 个百分点，轻重工业产出之比为 1∶4。

**四、传统支柱行业贡献水平下降，新兴优势行业体现增长活力**

2005 年，全省九大支柱、优势和待培育特色行业共实现增加值 995.4 亿元，比上年同期增长 9.7%，拉动全省工业经济增长 7.9 个百分点，其占全省工业增加值的比重由上年的 86.1%回落到 82.9%，下降了 3.2 个百分点。其中，老的五大支柱和优势产业实现增加值 811.9 亿元，同比增长 6.7%，其占全部工业增加值的比重由上年的 71.7%回落到 67.6%，下降了 4.1 个百分点；待培育的四个特色行业实现增加值 183.5 亿元，同比增长 25.2%，其占全部工业增加值的比重由上年的 14.4%提升到 15.3%，提高了 0.9 个百分点。九大支柱、优势和待培育的特色行业中占据比重最大的依然是交通运输设备制造、石化和食品工业，其实现增加值分别为 334.7 亿元、285.7 亿元和 122.6 亿元，按可比价格计算其增速分别为 -2.9%、12.6%和 30.2%。

**五、工业产销衔接水平有所下滑**

2005年，全省规模以上工业企业实现销售产值3717.2亿元，比上年同期增长10.5%，工业产品销售率为98.5%，同比下降了0.7个百分点。其中，交通运输设备制造业产销率为99.9%，同比下降了1.8个百分点；黑色金属冶炼及压延加工业产销率为98.0%，同比下降了0.8个百分点。

**六、出口交货值率有所提高，新产品产值率大幅回落**

2005年，全省规模以上工业企业实现出口交货值119.4亿元，比上年同期增长24.6%，出口交货值率为3.2%，同比提高了0.4个百分点。实现新产品产值913.9亿元，比上年同期下降8.2%，新产品产值率为24.2%，同比回落了5.2个百分点。

# 2005年黑龙江省工业经济运行情况

2005年，黑龙江省工业生产继续保持良好运行态势，生产和效益继续同步增长，重点工业企业拉动作用显著，地方工业持续增长。

## 一、工业生产增势平稳

2005年，全省规模以上工业(下同)实现增加值2166.3亿元，比上年增长15.3%，增幅与上年持平。分轻重工业看，重工业实现增加值1915.9亿元，增长15.2%；轻工业实现增加值250.4亿元，增长16.1%。分经济类型看，国有及国有控股企业实现增加值1858亿元，增长15.2%；股份制企业实现增加值1851.9亿元，增长15.2%。分企业规模看，大中型企业实现增加值1942亿元，增长15.2%；小型企业实现增加值224.3亿元，增长16.4%。

**1. 重点行业增速较快。**2005年，全省37个工业行业大类中，工业总产值增长的有34行业。其中，黑色金属矿采选业(实现产值3.3亿元，增长44.2%)、有色金属矿采选业(实现产值10.3亿元，增长58.3%)、农副食品加工业(实现产值303.5亿元，增长40.2%)、纺织服装、鞋、帽制造业(实现产值2.5亿元，增长74.3%)、橡胶制品业(实现产值13.2亿元，增长42.1%)和通用设备制造业(实现产值228.2亿元，增长55.6%)等行业产值增速较快。

“六大工业基地”共实现产值4383.8亿元，占规模以上工业的94.8%，增长29.4%，拉动工业生产增长27.6个百分点。其中，装备工业产值增长27.4%；石化工业产值增长26.8%；能源工业产值增长34%；食品工业产值增长26.8%；医药工业产值增长13.6%；林木产品加工业产值增长11.4%。

**2. 龙头企业作用明显。**2005年，全省工业企业产值超亿元的企业有342户，实现工业总产值4121.5亿元，占全省规模以上工业产值的89.1%，拉动全省增长26.5个百分点。其中累计产值超10亿元，增幅较大的企业有：哈尔滨汽轮机厂有限责任公司(83.1%)；黑龙江九三油脂有限责任公司(63.1%)；哈尔滨锅炉厂有限责任公司(61.6%)；齐重数控装备股份有限公司(53.2%)；黑龙江省双鸭山矿业集团公司(49.9%)；北满特殊钢集团有限责任公司(47.9%)；哈尔滨电机厂有限责任公司(44.1%)；桦林佳通轮胎有限公司(43.9%)；中国石油天然气股份有限公司哈石化分公司(42.4%)；大庆油田有限责任公司(38.9%)。

**3. 主要产品产量大幅增加。**2005年，在重点观察的28种产品中，产量上升的有18种，下降10种。其中产量增幅较大的有：橡胶轮胎外胎(91%)、中成药(47.8%)、液体乳(35.8%)、乳制品(25.4%)、焦炭(21.9%)、乙烯(21.8%)、天然气(20.1%)、钢材(19.2%)、生铁(18.4%)、发电量(10.5%)等。

**4. 多数地市增长较快。**分市(地)看，全省有10个市(地)工业增加值增幅超过全省平均水平，其中哈尔滨、齐齐哈尔、鸡西、鹤岗、双鸭山、七台河、绥化等7个市工业增加值增幅在20%以上。

## 二、工业经济效益再创新高

2005年，全省工业经济效益综合指数为333.2，比上年提高38.4点，其中，总资产贡献率为31%，提高5.7个百分点；资本保值增值率为109.5，提高3.1个百分点；流动资产周转率为2.2次，加快0.2次；成本费用利用率为30.5%，提高

3.1个百分点；全员劳动生产率为162113.3元/人，增长15.8%。

全省工业实现利税1467.7亿元，增长35.9%，其中，实现利润1065.7亿元，增长41.6%；实现销售收入4649.4亿元，增长29.4%，是1998年以来的最好水平，利润首次突破千亿元，利税创新高。地方工业企业增势明显，共实现利税170.2亿元，增长31.5%，其中，实现利润63.2亿元，增长75.3%；实现销售收入1564.8亿元，增长20.8%。

装备、能源等主要行业保持高速增长势头。全省37个行业中有12个销售收入增幅超过全省平均水平，这12个行业共计实现销售收入2983.8亿元，占全省的64.2%，增长39.3%，对全省销售收入增长的贡献率为79.6%，拉动力为23.4个百分点。其中，通用设备制造业增长52.8%，煤气生产和供应业增长48.5%，煤炭开采洗选业增长44.8%，专用设备制造业增长44%，石油天然气开采业增长42%，农副食品加工业增长37.4%，石油加工炼焦及核燃料加工业增长29.6%。

**2005年全省规模以上工业增加值**

单位：亿元

| | 工业增加值（现价） | 比上年增长% |
|---|---|---|
| 全省合计 | 2166.3 | 15.3 |
| 轻工业 | 250.4 | 16.1 |
| 重工业 | 1915.9 | 15.2 |
| 其中：国有及国有控股企业 | 1858.0 | 15.2 |
| 集体企业 | 26.0 | 18.6 |
| 股份制企业 | 1851.9 | 15.2 |
| 大中型企业 | 1942.0 | 15.2 |
| 小型企业 | 224.3 | 16.3 |
| 哈尔滨 | 310.6 | 20.1 |
| 齐齐哈尔 | 70.1 | 22.8 |
| 牡丹江 | 38.1 | 13.2 |
| 佳木斯 | 21.4 | 16.4 |
| 鸡西 | 33.4 | 21.4 |
| 鹤岗 | 29.6 | 25.1 |
| 双鸭山 | 25.8 | 21.2 |
| 大庆 | 1212.1 | 9.0 |
| 伊春 | 21.6 | 14.2 |
| 七台河 | 37.0 | 24.8 |
| 绥化 | 33.2 | 25.1 |
| 黑河 | 6.3 | 17.2 |
| 大兴安岭 | 2.4 | 18.1 |
| 农垦总局 | 21.4 | 14.7 |

**2005年主要工业产品产量**

| 品种 | 单位 | 产量合计 | 比上年增长% |
|---|---|---|---|
| 原煤 | 万吨 | 7253.4 | 3.3 |
| 天然原油 | 万吨 | 4516.0 | -3 |
| 天然气 | 亿立方米 | 24.4 | 20.1 |
| 大米 | 万吨 | 205.3 | 14.9 |
| 成品糖 | 万吨 | 20.0 | -1.7 |
| 乳制品 | 万吨 | 92.9 | 25.4 |
| 液体乳 | 万吨 | 57.9 | 35.8 |
| 啤酒 | 万千升 | 201.8 | 5.4 |
| 卷烟 | 亿支 | 400.0 | 13.4 |
| 机制纸及纸板 | 万吨 | 63.9 | 6.7 |
| 原油加工量 | 万吨 | 1536.8 | 4.2 |
| 焦炭 | 万吨 | 461.0 | 21.9 |
| 合成氨 | 万吨 | 52.9 | -10.3 |
| 化肥 | 万吨 | 39.7 | -8.3 |
| 乙烯 | 万吨 | 55.6 | 21.8 |
| 化学药品原药 | 万吨 | 0.8 | 0.8 |
| 中成药 | 万吨 | 2.4 | 47.8 |
| 化学纤维 | 万吨 | 17.8 | -13.3 |
| 水泥 | 万吨 | 1113.3 | -6 |
| 生铁 | 万吨 | 177.3 | 18.4 |
| 钢材 | 万吨 | 232.3 | 19.2 |
| 十种有色金属 | 万吨 | 1.1 | -13.4 |
| 工业锅炉 | 蒸发量吨 | 6237.7 | -14.4 |
| 金属切削机床 | 台 | 5823.0 | -4 |
| 汽车 | 万辆 | 26.6 | 10.4 |
| 轮胎外胎 | 万条 | 237.9 | 91 |
| 发电量 | 亿千瓦小时 | 596.0 | 10.5 |
| 微型电子计算机 | 万部 | 3.9 | -1.7 |

"六大基地"支撑作用明显。2005年，"六大基地"实现销售收入、利税、利润分别为4405.7亿元、1447.1亿元、1059.3亿元，分别增长30.3%、36.5%、42%，分别占全部工业的94.8%、98.6%、99.4%。

多数重点骨干企业保持较快增长。2005年，在74户重点监控企业中销售收入实现增长的有53户，其中七台河勃利亿达、建龙化工、北满特钢、哈锅炉、哈汽轮机、齐重数控等12户企业增长50%以上；销售收入下降的企业中，双城娃哈哈饮料、哈亚麻、黑龙江龙涤、哈水泥等8户企业降幅在20%以上。利润比上年增加的有41户，其中大庆油田、大庆石油管理局、哈药集团、哈汽轮机等18户企业利润增加在5000万元以上。

按可比口径计算，2005年全省亏损企业亏损额37.8亿元，比上年增长2.6%，亏损企业749户，亏损面27.5%，下降2个百分点。其中，地方工业亏损企业亏损额19.8亿元，下降25.6%，亏损企业705户，亏损面27.9%，下降2.1个百分点。大部分企业减亏现象明显，主要由于企业年底结算清账、军工企业年底一次性补贴及部分地市热费涨价等造成电力、热力的生产和供应业及交通运输设备制造业等行业大幅度减亏。

# 2005年上海市工业经济运行概况

2005年，在上海市委、市政府的正确领导下，上海工业抓住机遇，努力开拓国内外两个市场，不断优化产业结构，加快产业基地建设和产业集聚，保持了持续快速健康发展的良好势头，为全市经济连续14年实现两位数增长做出了贡献。

## 一、2005年工业经济运行情况

### 1. 实现平稳较快增长

2005年，全市完成工业总产值16876.78亿元，比上年增长13.9%，其中规模以上工业完成总产值15806.78亿元，增长13.9%。全市完成工业增加值4155.23亿元，比上年增长12.5%，高于全市GDP增幅1.4个百分点，成为全市经济增长的主要推动力量。重工业占全市工业总产值74.5%，比上年上升3.1个百分点，重工业生产增长速度15.4%，快于轻工业5.9个百分点，重化工特征更加明显。经济效益保持较高水平，经济效益综合指数202.27，比全国平均水平高24.83点；产销率为98.61%，比全国平均水平高0.39个百分点；全员劳动生产率16.1万元，比上年提高1.3万元。全年工业实现利润总额939.56亿元，由于受国际原油、集成电路价格以及国内汽车市场变化的影响，全市工业利润出现6年来的首次负增长，比上年下降10.8%。全年完成工业出口交货值4972.12亿元，比上年增长28.7%，占工业销售产值31.9%，比上年提高2个百分点。特别是电子信息产业外向度超过77%，与国际市场关系更加密切。

### 2. 重点产业发展良好

重大技术成套装备实现新的突破。上海电气集团首次取得工程总承包的突破，承接了山西柳林电厂二期2套600兆瓦发电机组交钥匙工程；为浙江玉环和上海外高桥电厂提供了4台汽机岛和2套百万千瓦级超超临界机组，实现了零的突破；首台燃气轮机组交付用户。汽车产业在激烈的国内市场竞争中总体保持平稳。上海汽车集团全年实现销售91.75万辆，居全国第二位。本市汽车行业实现销售60.27万辆，与上年基本持平。高化公司原油加工量首次突破1000万吨，上海石化原油加工量963万吨，上海华谊集团实现稳步增长，加上上海化工区的大规模投产，推动石化产业增长12.6%。钢铁产业实现稳步增长，宝钢集团完成钢材产量1964万吨，比上年增长近8%；完成工业总产值1248.65亿元，比上年增长近12.7%，在世界500强企业排名提升至309位。船舶产业实现新的跨越，全年造船完工量433万载重吨，占全国的35.7%。国内自行建造的第一艘液化天然气船(LNG船)在沪东中华造船集团顺利出坞。迄今国内最大吨位、造价最高、技术最新的30万吨海上浮式生产储油船(FPSO)船体在外高桥造船有限公司开工建造。外高桥造船公司完成217万载重吨，成为国内第一个突破200万载重吨的单体船厂。以轻纺为主的都市产业继续稳步发展。全年都市(轻纺)产业企业总数为6997家，完成工业总产值3321亿元，比上年增长9.6%，占全市工业总产值的20%，都市产业从业人员114万，占全市工业从业人数的44%，为缓解就业压力和社会稳定做出了积极贡献。

### 3. 产业基地建设加快

上海临港产业基地建设已正式启动，上海电气集团临港重型装备制造基地、轨道交通产业基地、沪东重机年产100万匹马力船用柴油机项目等正式开工建设。上海汽车产业基地建设取得新进展，上汽汽车工程院已于2005年底奠基，崇明通用汽车试车场项目进展顺利。上海化学工业区累计完成固定资产投资473亿元,入区企业数增至61家,实现年销售收入近180亿元。积极推进以长兴岛船舶基地、闵行航天新区和航天科技产业基地、航空民机研发基地等战略产业基地建设。中船江南长兴造船基地一期450万吨生产纲领项目正式开工建设,2005年完成投资约31亿元;位于上海莘庄工业区的"航天科研基地"开工建设。

产业规模和工业集中度不断提高。2005年国家级和市级工业区实现工业总产值6916亿元,比上年增长43.8%,其中工业总产值超过1000亿元的开发区2个,500亿~1000亿元的2个。2005年工业集中度从49%提高到53%,平均土地产出水平从45亿元/平方公里提高到47亿元/平方公里。产业集聚发展水平有所提高,2005年,工业区主导产业集聚度进一步提高,市级以上工业区的主导产业集聚度达到80%以上。在工业区内形成了以若干产业集群为核心的发展态势,如闵行开发区形成了机电、医药医疗、食品饮料三大产业集群;在漕河泾形成了电子信息、新材料、生物医药、航空航天等产业集群;在金桥开发区形成电子信息、汽车及零部件、现代家电等产业集群;松江工业区以计算机制造为主的电子信息产业得到快速发展。

**4. 技术创新取得突破**

积极推进列入网络软件交换平台、可降解纤维材料、煤液化成套设备的等首批科教兴市重大产业化攻关项目的实施,实际投入4.7亿元,其中科教兴市重大项目资金投入2.8亿元,锻炼和造就了一批创新团队,在核心技术和关键技术方面形成了一批自主知识产权,其中,申请(包括已授权)中国专利94项,申请(包括已授权)外国专利15项,获得版权3项,注册商标32个。项目总体进展情况良好,其中平底船已投入外高桥与洋山港之间江海联运应用。神华煤直接液化6吨/天中试装置在上海进行了第二次长周期试验,实现连续投煤成功运行18天。船用半组合曲轴生产基地在上海建成投产,形成了具有自主知识产权的核心制造技术,打破了国外企业的垄断。超大型船舶柴油机等9个项目被列入第二批重大产业化攻关专项。

全年企业申请专利2.2万件,占全市申请量的69%,继续发挥主体作用。有134项专利新产品被认定为"2005年上海市专利新产品";有29家企业被确认为"上海市知识产权示范企业(培育企业)";93个项目被列入"市吸收与创新计划",包括"平板显示驱动芯片"在内的11个项目被列入第二批"促进整机业与集成电路设计业联动专项"。加快了以企业为主体、以自主创新为核心的技术创新体系建设。全市新增市级企业技术中心38家、国家级企业技术中心1家、国家级分中心2家、新增区级企业技术中心84家。

**5. 重大项目进展顺利**

2005年,全市完成工业投资1074.8亿元,比上年增长7.3%,占全市固定资产投资比例的30.3%。其中,六大支柱工业投资628.3亿元,占全市工业比例为58.5%。重点推进的20项总投资20亿元以上重点项目,年内建成6项,包括宝钢集团总投资68亿元5M宽厚板、总投资74亿元的1800冷轧带钢项目、总投资35.6亿元不锈钢二期扩建项目,总投资28.8亿元的上海通用汽车二期扩建项目,总投资224亿元的上海赛科90万吨乙烯项目。一批结构调整和产业升级项目开工建设,如总投资32亿元的上海电气临港重型装备基地、总投资17亿元的沪东船用柴油机、投资10亿元的上重大型铸锻件扩产等项目。

**6. 资源利用水平提高**

大力推进工业节能,加强能源需求管理,鼓励企业利用余热发电。2005年本市已有40万千瓦(47台机组)装机容量的资源综合利用发电装机容量,年发电量15.2亿度,为缓解用电高峰时的电力矛盾做出了贡献。完成了崇明前卫村50千瓦屋顶太阳能并网系统等太阳能示范工程。编制了《上海市道路照明节能指南》,完成淮海路灯光"隧道"改造等示范项目。开展"认购绿色电力"活动,宝钢等19家单位和市电力公司800万千瓦时的购买协议,编发了《家庭节能36计》等宣传资料。推进50家企业的清洁生产试点,积极推进金山第二工业区、宝山工业区的循环经济试点工作。按照第二轮环保"三年行动计划",完成环境综合整治任务,全面完成了中心城区环境污染较为严重、与城市发展规划不相符合、资源利用效率低等96家企业的调整,吴淞工业区超额完成整治任务,桃浦工业区环境综合整治达到既定目标,吴泾工业区环境综合整治全面启动。

## 二、2006年发展思路

2006年是实施“十一五”规划的第一年。人民银行上海总部的成立、浦东新区综合配套改革的试点和洋山深水港保税政策的突破等，为上海加快发展先进制造业带来历史机遇。同时，国内外经济发展中也存在许多不确定因素，能源资源约束和贸易摩擦加剧等将对上海市经济运行和产业发展带来一系列制约等。综合各方面情况，2006年，上海工业要围绕“四个中心”建设目标，大力贯彻落实“科教兴市”主战略，按照“两个长期坚持”和“两个优先发展”的要求，提高创新能力和国际竞争力，确保实施“十一五”规划起好步、开好局。

**1. 2006年全市工业经济调控目标主要是：**

(1)工业总产值18000亿元，比上年增长11%；

(2)工业增加值4500亿元以上，比上年增长10%。

**2. 围绕上述目标，工作重点是：**

(1)进一步深化政府职能转变，以“预测、预警、预案、预控”为工作抓手，确保全年两个“两位数增长”。以年产值1000亿元以上的电子、机械、轻工、石化、冶金、汽车等6个行业为重点行业；以年销售2亿元的中芯国际、比亚迪电子、振华港机、广电NEC、凯泉泵业等20户各种所有制企业为重点企业；以液晶显示屏、平板电视、集成电路、轿车、空调压缩机、成品钢材、成品油、乙烯、轮胎外胎、机床等21个产品为重点产品；以工业产出1000亿元左右的松江、闵行、浦东、嘉定等4个区为重点区域，加强动态跟踪。预测做细，进一步完善月度工业生产预测网络和季度工业效益预测网络，跟踪国家重大政策的出台和国际、国内重大事件和热点问题，进一步完善经济运行分析、重点产品进出口和市场价格、产业安全预警等3个监测网络。确保上海煤电气等重要能源、原材料的稳定供应，努力确保煤炭库存在14天以上、成品油库存在7天以上，实现紧急情况下的资源稳定供应。推进与神华集团的战略合作，力争尽快在上海建立煤炭储备基地，从根本上缓解本市煤炭资源供应紧张的局面。

(2)围绕科教兴市主战略实施，以实施《推进企业提高创新能力行动方案》为抓手，以企业为主体，以重大项目为载体，以市场化为原则。点上，重点突破科教兴市重大攻关项目，形成一批科技创新成果；面上，整合科技创新资源，抓好大集团的创新实力和中小企业的创新活力。完善“产学研”战略联盟，加快形成以国家级、市级技术中心为龙头、转制研究所和科技型企业为骨干的技术创新体系，支持微、特、精、专民营科技企业发展，鼓励和吸引跨国公司把全球研发中心落户上海。抓住当前国家外汇储备充足，人民币利率和外汇汇率均比较低的有利时机，引导、鼓励和支持有条件的企业购买国际先进技术和研发装备、测试设备，提高研发和创新能力。依托重大项目，引进、培养一批科技领军人物和研发团队，完善激励办法，对取得重要研发成果的企业领军人物和研发团队进行激励。

(3)推进大产业、大项目、大基地建设，强化投入，增强产业发展后劲。全年工业投资保持10%左右的增幅，总量达到1150亿~1200亿元，占全市投资的1/3左右。以混合动力汽车率先产业化为目标，坚持国际合作与自主研发相结合，加快形成新能源汽车自主知识产权和自主品牌。以临港装备产业基地为重点推进六大产业基地建设。落实国家关于振兴装备制造业发展的政策措施，继续推进一批以重大装备为主的大项目落户临港；推进长兴岛船舶产业基地建设，完善船用配套装备产业链；支持电子信息、钢铁、石化等支柱产业优化结构，保持竞争优势。以重大项目为依托，继续推进航空、航天产业园建设，完善平板显示产业链，加快太阳能光伏电池、新一代移动通讯等项目跟踪推进，抢占制高点。重点推进宝钢股份汽车板硅钢生产线、罗泾COREX项目、一钢不锈钢冷轧项目、化工区拜耳聚碳酸脂、联合异氰酸脂、华胜化工烧碱氯乙烯项目、上海广电NEC第五代TFT二期、中芯国际深亚微米集成电路项目、上汽崇明生态型研发基地、上汽工程研究院项目、电气临港装备基地等重大项目建设。

# 2005年江苏省工业经济运行概况

2005年,江苏省各地、各有关部门认真贯彻省委、省政府的决策部署,积极应对国家宏观经济环境新变化,努力化解工业经济运行过程中出现的不利因素,精心组织,使江苏工业生产继续保持高位运行,但对工业经济运行中出现的效益增幅明显回落等问题,需引起重视。

## 一、2005年工业经济运行的主要特点

**1. 工业生产保持较快增长,经济总量居全国前列。**2005年,全省全部国有及年产品销售收入500万元及以上的非国有工业(以下简称:规模以上工业)完成工业增加值8054.67亿元,同比增长22.5%,工业生产继续保持高位运行态势;工业增加值总量列山东(8411.9亿元)、广东(8290.0亿元)之后位居全国第三位,工业增速高于全国平均水平6.1个百分点。全省规模以上工业实现产值32651.43亿元,完成销售产值32064.10亿元,工业产品销售率为98.2%,同比提高0.4个百分点,产销衔接状况良好。

**2. "三资"、股份制工业两轮驱动明显,贡献份额超八成。**2005年,全省规模以上"三资"工业实现增加值3172.71亿元,同比增长25.3%,高于全省平均水平2.8个百分点,在各种经济类型工业中增速名列首位,拉动全省工业增长9.7个百分点,对全省工业增长的贡献率为43.0%;股份制工业实现增加值3348.28亿元,同比增长21.9%,比上年同期提高3.2个百分点,拉动全省工业增长9.0个百分点,对全省工业增长的贡献率为39.8%;国有、集体、其他类型和股份合作等其他工业共同拉动全省工业增长3.8个百分点,对全省工业增长的累计贡献率为17.2%。"三资"、股份制工业对全省工业增长的累计贡献率达82.8%,是其他工业对全省工业增长的贡献份额的4.81倍,成为全省工业稳步增长的"助推器"。

**3. 民营工业规模壮大,私营工业活力增强。**在各地政府鼓励发展民营经济政策引导下,全省民营工业队伍不断壮大,呈现出良好发展势头。2005年,全省规模以上民营工业企业22005户,比上年同期净增3195户,拥有资产9088.82亿元,占全省资产比重三分之一强(35.7%);实现现价产值13551.02亿元,占全省现价产值比重为41.5%;完成销售收入13268.85亿元,占全省销售收入比重为41.3%;实现工业增加值3284.47亿元,同比增长23.5%,增加值占全省规模以上工业增加值比重为40.8%,增速高于全省平均增速1.0个百分点,民营工业对全省工业增长的贡献率为41.6%,拉动全省工业增长9.4个百分点。

私营工业活力进一步增强,生产同比加速,效益稳步提高。2005年,全省规模以上私营工业实现增加值1965.93亿元,同比增长25.6%,增速高于全省平均水平3.1个百分点,较上年同期加快3.6个百分点;实现利税474.38亿元,其中利润246.57亿元,比上年同期分别增长37.9%、47.7%,分别高于全省平均水平14.3个、22.8个百分点,比上年同期增幅分别提高10.5个、17.1个百分点;私营工业对全省工业增长的贡献率为26.6%,拉动全省工业增长6.0个百分点,比上年同期分别提高7.3个、1.5个百分点。

**4. 大中型企业贡献份额突出,支撑作用明显。**2005年,全省3415家大中型工业企业,拥有资产17791.33亿元,占全省资产合计比重超过三分之二(69.9%);实现工业增加值5011.24亿元,同比增长19.6%,占规模以上工业增加值比重达62.2%,比上年同期上升0.9个百分点,对全省工业增长的贡献率达55.7%,强力支撑全省工业保持稳定增长;实现销售收入、利税、利润分别为20879.72亿元、1651.70亿元、987.95亿元,分别占全省比重为65.0%、69.2%、71.3%,对全省销售收入、利税、利润增长的贡献率分别为65.6%、57.7%、57.7%,贡献份额突出。

2005年,在全省3000多家大中型工业企业中,省电力公司、沙钢集团、扬子石化、金陵石化、乐金飞利浦、华西集团、明基电通、南钢集团等8家大型企业实现产值均超200亿元,这8家企业累计实现产值2996.27亿元,占全省产值比重为9.2%,同比增长40.9%,增幅高于全省平均水平11.7个百分点,对全省工业产值增长的贡献率超过一成(11.8%)。其中,乐金飞利浦同比增长1.03

倍，金陵石化、南钢集团、沙钢集团同比分别增长62.6%、34.2%、27.9%，有力支撑并拉动地方工业快速发展。

**5. 纺织、服装行业生产加快效益提升，石油和天然气开采业利润倍增。**2005年是我国加入WTO后全球全部取消纺织品配额的第一年，江苏纺织及服装制造企业抢抓市场机遇，加大生产组织力度，积极开拓国际市场，行业生产加快，效益提升。2005年，全省纺织业完成产值3027.82亿元，同比增长25.8%，较上年同期增幅加快3.1个百分点，生产纱305.04万吨、布53.97亿米，产量同比分别增长19.8%、18.1%，增幅比上年同期分别提高9.7个、5.8个百分点，实现利润82.39亿元，同比增长55.3%，增幅是全省平均水平2.34倍，是同期利润增幅的5.27倍；纺织服装制造业完成产值999.59亿元，同比增长31.0%，较上年同期增幅加快16.2个百分点，生产服装25.46亿件，产量同比增长21.4%，比上年同期增幅提高8.7个百分点，实现利润47.41亿元，同比增长41.3%，高于全省平均水平16.4个百分点，而上年同期利润增幅则低于全省平均水平17.5个百分点。

受国际原油价格急剧攀升带动影响，江苏石油和天然气开采业产销两旺，利润成倍增长。2005年，石油和天然气开采业实现产值48.78亿元，同比增长35.7%，增速高于全省6.5个百分点，是同期增幅的1.57倍；实现利润23.38亿元，同比增长1.66倍，是上年同期利润增幅的2.12倍，对全省利润增长的贡献率为5.3%。江苏石油勘探局受益于原油价格上涨，2005年以来企业效益大幅攀升，虽然原油产量同比仅增长1.7%，产值、销售、利润同比则分别增长35.8%、40.5%、1.65倍，企业净增利润14.55亿元。

**6. 工业出口保持快速增长，电子行业出口总量继续领先。**2005年，全省规模以上工业实现出口交货值7881.85亿元，比上年同期增长35.3%，增速高于规模以上工业产值增速6.1个百分点，高于销售产值增速5.5个百分点，工业出口在上年高增长的基础上继续保持快速增长势头。在全省39个工业行业大类中，通信设备、计算机及其他电子设备制造业（简称：电子行业）实现出口交货值3579.26亿元，同比增长34.1%，其出口交货值总量继续高居各行业之首，是位居第二的纺织业的5.36倍，占全省出口总量的比重为45.4%，对全省工业出口交货值增长的贡献份额达44.3%，地位举足轻重。以生产电子产品为主的乐金飞利浦液晶显示（南京）有限公司、明基电通信息技术有限公司、希捷国际科技（无锡）有限公司、无锡夏普电子元器件有限公司、纬创资通（昆山）有限公司、苏州飞利浦消费电子有限公司等六家“三资”企业，2005年工业出口交货值均超百亿元，其中乐金飞利浦液晶显示（南京）有限公司实现出口交货值317.41亿元，同比增长1.17倍，增势强劲，跃居全省工业出口总量排名第一大户。

## 二、2005年工业经济运行中存在的主要问题

**1. 企业盈利能力下降，主要经济效益指标回落明显。**2005年以来，企业生产购进的主要原材料、燃料、动力等价格持续保持高位，但产成品销售价格涨幅相对滞后，难以同步增长，全年全省工业品出厂价格指数(102.6%)低于原材料、燃料、动力购进价格指数(107.6%)5.0个百分点，价格倒挂使企业生产成本刚性增加，增收不增利，盈利能力下降。钢铁生产企业2005年遭遇寒流，处境艰难，主要原材料铁矿砂、废钢购进价格同比分别上涨71.5%、46.3%，而钢材价格不涨反跌，特别是进入四季度后国内钢材市场价格更是一路下滑。2005年，沙钢集团、南钢集团实现销售收入同比分别增长30.5%、36.4%，生产成本同比分别上升38.3%、42.6%，成本增幅分别高于销售增幅7.8个、6.2个百分点，实现利润同比分别减少11.60亿元、2.47亿元，降幅分别为43.4%、18.7%。

2005年，全省工业生产继续保持高位运行，但主要效益指标尤其是利润增幅回落明显，表现为利润增幅低于销售增幅、销售增幅低于产值增幅“双低”现象，与往年三者增幅利润高于销售、销售高于产值相比反差较为明显。2005年，全省规模以上工业企业实现产值32651.43亿元，同比增长29.2%，实现销售收入32129.52亿元，同比增长28.8%，增幅同比下降5.3个百分点；实现利税2387.81亿元，同比增长23.6%，其中利润1386.54亿元，同比增长24.9%，利税、利润增幅同比分别下降7.9个、14.4个百分点；利润降幅高于利税降幅6.5个百分点，利税降幅高于销售降幅2.6个

百分点。

**2. 国有控股企业表现不佳，运行质量有待提高。**2005 年，江苏国有控股工业企业经济运行质量不高，且呈现滑坡态势。全省规模以上国有控股工业企业实现增加值 1322.31 亿元，同比增长 13.7%，增速低于全省平均水平 8.8 个百分点，处于低位运行；国有控股工业企业实有户数 957 户，亏损企业户数 266 家，亏损面高达 27.8%，高于全省平均水平 13.8 个百分点；亏损企业亏损额 32.82 亿元，同比增长 28.2%，增幅是全省平均水平 5.13 倍；实现销售收入 4714.54 亿元，同比增长 19.9%，增幅低于全省平均水平 8.9 个百分点；实现利税 552.72 亿元，同比增长 13.8%，其中利润 235.87 亿元，同比增长 8.7%，利税、利润增幅分别低于全省平均水平 9.8 个、16.2 个百分点，且利税、利润增幅明显低于上半年增长水平。

**3. 土地、资金供求矛盾仍较突出，部分行业用工出现短缺。**2005 年，国家继续实行严格的土地政策，各地可支配工业用地日益减少，一定程度上制约工业项目建设和技改扩张，给招商引资带来一定难度，受项目用地迟迟不能到位影响，部分地区协议外资项目流失现象时有发生，一些工程由于拆迁进度缓慢而难以推进。由于银行信贷权限的上收、企业担保条件的提高、商业银行资本充足率的限制，导致全省信贷规模持续收紧，难以满足企业对资金的迫切需求，"供不应求"局面导致企业融资及资金使用成本提高，中小企业"融资难"现象较为普遍。年末，全省金融机构新增贷款 2141.6 亿元，其中短期贷款中的工业贷款 296.0 亿元，比去年同期少增 118.3 亿元，降幅为 28.6%。截止到 12 月份，全省规模以上工业两项资金占用额为 5451.39 亿元，同比增长 23.3%，占流动资金比重为 43.5%，同比上升 1.9 个百分点；全年企业利息支出同比增长 26.6%，增幅同比上升 6.2 个百分点。

伴随着企业生产规模的扩张，企业用工大量增加，尤其是对具有一定劳动技能的熟练工种需求量呈明显上升趋势，2005 年以来，部分地区、部分行业劳动力结构性短缺矛盾开始显现，招工难、用工难导致了开工难，一定程度上制约了企业生产能力的正常发挥。用工短缺现象目前主要集中在以劳动密集型为主的纺织服装和机械制造等行业。据不完全统计，南通市纺织服装企业因受劳动力短缺影响，平均开工率只有 80%左右。

**4. 国际油价持续攀升振荡，省内炼油企业亏损严重。**2005 年，国际油价在波动中持续攀升振荡。8 月上旬，国际油价出现大幅飙升，8 月底纽约商品交易所原油期货一度突破 70 美元/桶，创出该交易所自 1983 年推出原油期货交易以来的最高水平。国际原油价格在最近的一年里已上涨了 40%以上，目前国际原油价格虽有所回落但仍在 60 美元/桶上下高位振荡，受此影响，国际成品油价格也在持续振荡攀升。原油采购价格持续上涨，国内成品油价格未能按价格挂钩机制相应调整到位，成品油价格严重倒挂，导致江苏原油加工企业普遍增产增收不增利，原油加工及其石油制品制造行业利润同比骤降。2005 年，全省规模以上原油加工及石油制品制造行业企业累计实现产值 586.62 亿元、销售收入 583.02 亿元，同比分别增长 48.8%、48.5%，实现利润仅为 0.45 亿元，而同期则盈利 8.13 亿元，利润同比降幅高达 94.5%。为力保市场油品供应，缓解国际油价上涨对国民经济运行的压力，炼油企业承担了巨大的损失。2005 年，中石化金陵分公司原油加工量同比增长 30.8%，产值、销售收入同比分别增长 62.6%、61.9%，制造成本则上升 74.0%，累计亏损 4.90 亿元，而同期则盈利 2.39 亿元。

**5. 电子行业产销明显回落，支撑拉动作用减弱。**通信设备、计算机及其他电子设备制造业（简称：电子行业）是江苏制造业中的第一大支柱行业，近年来，江苏电子行业发展迅速，始终走在行业前列，扮演"领军人物"角色，对支撑拉动全省工业经济发展发挥着重要作用，其地位不可替代。进入 2005 年，电子行业产销增幅明显回落，对全省工业经济发展的支撑拉动作用有所减弱。2005 年，全省规模以上电子行业企业完成产值 5278.17 亿元、销售收入 5251.85 亿元，同比分别增长 28.1%、27.4%；产值、销售收入占全省总量比重分别为 16.2%、16.3%，同比均下降 0.3 个百分点；产值、销售收入增幅低于全省平均水平 1.1 个、1.4 个百分点，同比分别下降 16.5 个、17.4 个百分点；电子行业对全省工业产值、销售收入增长的贡献率分别为 15.7%、15.7%，同比下降 3.9 个、4.5 个百分点，拉动全省产值、销售收入增长 4.6 个、4.5 个百分点,同比分别下降 2.3 个、2.4 个百分点;电子行业实现利润 183.58 亿元,同比增长 32.1%,虽高于全省平均水平 7.2 个百分点,但同比回落 33.2 个百分点。

## 三、2006 年工业经济运行形势展望

2006 年是全面落实“十一五”规划的开局之年,展望 2006 年,全省工业经济发展面临的机遇与挑战并存,趋利避害、迎接挑战,是实现江苏工业经济又快又好发展,开好局、起好步的关键所在。

**1. 制约工业经济运行的不利因素**

一是随着中国在国际贸易中的地位日益重要,出于国际政治和经济利益角度的考虑,国际社会对我国产品从技术、环保、数量等方面设定壁垒和限制,潜在的贸易摩擦将难以避免;人民币升值压力的不断加大,加上出口退税率调整、利率调整等等不确定因素,对江苏持续快速增长的工业出口带来变数。

二是市场供大于求的矛盾将日益显现。从住房和汽车两大消费热点来看,特别是 2005 年房产新政出台后,房地产投资和消费增长出现明显回落走势,为实现房地产市场的软着陆,预计短期内国家不会放松信贷闸门;汽车市场竞争激烈,油价上涨与厂家竟相降价,使许多消费者持币观望,2006 年的汽车市场增幅几何,存在较大的不确定因素;两大消费热点的回落降温,相关产业的市场将受到一定影响。

三是从国内钢材市场价格一路走低、国家四部委紧急叫停 32 个违规电站项目及近期煤炭价格开始下降的情况看,部分基础产业已经开始出现产能过剩情况,预计 2006 年国家将继续加大宏观调控力度,抑制地方政府的投资冲动,土地紧、审批紧短期内不会缓解,新上项目落地难、资金短缺融资难现象仍将延续。

四是国际原油价格居高难下,短期内对国内及江苏经济的冲击难以消除,尤其是对于煤炭、石油资源相对短缺、制造业相对发达的江苏来说,资源瓶颈的制约作用表现得更为突出,企业生产成本增加、流动资金压力增大。

**2. 促进工业经济运行的有利条件**

一是从国际环境来看,世界经济仍将处于较高的增长平台,预计 2006 年增长 4%左右,主要贸易伙伴美国、欧盟、日本经济保持稳定增长,将为我国经济增长提供较强的外部支撑;与欧盟、美国贸易争端谈判相继签署协议,外贸出口的外部环境将有所好转,对江苏外向依存度较高、产品在国际市场上具有比较优势的纺织、服装行业带来利好。

二是从国内环境来看,“十五”期间我国经济高速增长为 2006 年乃至今后的发展打下了坚实基础,加快发展、科学发展、和谐发展的氛围更为浓厚,我国经济良好的发展前景使国际制造业向我国加速转移,江苏地处长三角经济圈,区位优势明显,投资环境良好,基础设施完善,具备持续吸引资金、人才和技术流入的优越条件,有望成为外资转移的重点区域之一。

三是从要素供给环境来看,部分生产要素紧张的矛盾将大为缓解,2006 年全省电力供求基本趋于平衡;经过多年的大力发展,全省电力、交通运输和绝大部分基础原材料等生产要素已能基本满足国民经济快速发展的需要。

四是从经济增长的动力来看,工业化、城市化进程的加快,居民消费结构的升级,巨大的市场需求将为工业加快发展带来新的机遇;近年来,全省工业有效投入持续高位增长,“十一五”开局之年,跨五年规划大项目继续增资、新五年规划的重点项目陆续开工,2006 年投资继续保持适度快速增长仍然可期;经过坚持不懈的努力,全省工业结构调整取得了明显进展,各项改革为企业发展注入了新的活力,企业的市场意识和竞争力明显提高;江苏制造业历史悠久,基础良好,在国际、国内市场具有一定的比较优势,支柱产业升级步伐的加快,将进一步推动工业经济稳定、快速增长。

综合分析 2006 年全省工业经济发展面临的有利条件与不利因素,虽然一些制约经济发展的问题与矛盾较为突出,但促进经济发展的有利条件仍然较多,年内如无异常情况,预计全省全年工业增加值增速小幅回落,经济效益趋于稳定增长,工业经济运行将继续保持平稳较快较好发展态势。

# 2005年浙江省工业经济运行概况

2005年,浙江省按照科学发展观的要求,全面贯彻执行中央的宏观调控政策,深入实施“八八战略”,全面推进先进制造业基地建设,全省规模以上工业企业经济效益总体趋好。全年实现产品销售收入21702.5亿元,比上年增长24.7%;创造利税1878.3亿元,增长13.4%,其中实现利润1072.8亿元,增长11.6%。工业经济效益11项考核指标综合指数为209.3,比上年上升0.6个点。

## 一、工业经济效益的基本情况

**1. 工业利润突破千亿元大关,增幅逐季稳步回升。**2005年,浙江省规模以上工业利润总量突破千亿元大关,赶超上海(939.6亿元)和黑龙江(1065.1亿元),位列山东(2138.2亿元)、广东(1457.6亿元)、江苏(1386.5亿元)之后,居各省市第四位,占全国利润总额的7.5%。从利润增长的走势看,呈现稳步上升的态势。一季度全省规模以上工业实现利润同比下降0.2%,上半年增幅回升到1.9%,1~3季度继续提升至6.5%,全年增幅再升5.1个百分点,达到11.6%。

**2. 纺织、通用设备制造创利超百亿,行业间利润增长差异显著。**从各行业盈利情况看,纺织业、通用设备制造业实现利润突破百亿元,分别为110.0亿元和104.0亿元,比上年分别增长29.9%和19.8%,对全省利润增长的贡献率为38.2%;电力、金属制品、服装、化学原料、塑料制品和皮革等六大行业是拉动工业利润整体回升的主力,共计实现利润309.2亿元,平均增幅为28.7%,其中电力实现利润59.8亿元,增长39.9%;金属制品43.1亿元,增长28.9%;服装50.9亿元,增长28.3%;化学原料78.1亿元,增长25.6%;塑料制品43.0亿元,增长24.7%;皮革34.3亿元,增长23.5%。与此相反,黑色金属冶炼、非金属矿物制品、通信设备等行业利润增幅出现较大程度的下滑。其中黑色金属冶炼业实现利润比上年下降62.7%,非金属矿物制品下降47.4%,通信设备下降49.1%,仅这三大行业利润比上年减少60.1亿元。利润增长比较稳定的是医药制造、电气机械和仪器仪表制造等行业,增幅保持在15%左右。

**3. 私营工业发展强劲,盈利增幅高于全省。**2005年浙江省私营企业个数不断增加,经济效益也日益提高,实现利税、利润快速增长,主要经济指标均超过全省。在全省规模以上工业企业中,私营企业达2.38万个,占规模以上企业比重上升至59.3%。实现利税和利润分别为557.2亿元和306.6亿元,比上年分别增长21.2%和21.9%,增速分别比规模以上工业高7.8和10.3个百分点,对全省工业利税、利润增长的贡献率分别为43.7%和49.4%,拉动利税、利润增长5.9和5.7个百分点。私营工业企业利税和利润占规模以上工业的比重分别为29.7%和28.6%,分别比上年提高1.9和2.4个百分点。其中盈利超1000万元的企业有516个,比上年增加127个,占全省盈利1000万元以上企业的比重由上年的25.1%提升至27.5%,利润总量为130.4亿元,占16.7%,比重上升2.1个百分点。

**4. 全省各市均实现盈利。**2005年,全省11市的工业企业均实现盈利。其中丽水、嘉兴、衢州、金华、台州等5市增长较快,实现利润分别为15.3亿元、101.1亿元、11.9亿元、60.7亿元和74.8亿元,比上年分别增长27.3%、25.1%、21.9%、21.2%和20.1%。除杭州、宁波外,其余各市11项经济效益考核指标综合得分均比上年有所提高,舟山、丽水、湖州、衢州上升较快,分别上升16.3、14.4、11.9和10.9点;湖州(245.0)、丽水(222.0)、绍兴(217.0)、杭州(215.3)、台州(209.5)综合指数高于全省平均水平。

**5. 七成以上制造行业的销售利润率高于全国。**从反映企业或行业整体经营效果的主要指标——销售利润率的统计结果看,2005年,浙江省规模以上制造业中七成以上的行业经营业绩好于全国同行。制造业销售利润率为4.9%,比全国高0.4个百分点,在30个制造业大类中,有22个行业的销售利润率高于全国同行业,其中石油加工(销售利润率为6.1%,比全国平均水平高7.4个百分点)、专用设备(7.6%,高2.4个百分点)、木材加工(6.3%,高1.7个百分点)、烟草(16.2%,高1.6个百分点)、服装(5.5%,高1.3个百分点)、印刷(7.6%,高1.2个百分点)、文教体育用品(4.5%,高

1.2 个百分点)和通用设备(7.0%,高 1.0 个百分点)制造业销售利润率明显高于全国。

## 二、工业企业发展呈现积极变化

随着国家宏观调控政策效应的进一步显现以及工业企业内在活力的增强，全省工业企业呈现出“三升三降”的积极变化：

**1. 企业技术创新能力有所提高，新产品产值率逐季上升。**企业为了化解成本压力,获取高附加收益,加快了技术创新的步伐。2005 年,全省规模以上工业企业科技活动经费和购置技术成果费用分别为 144.9 亿元和 11.9 亿元，比上年分别增长 43.3%和 23.5%，占利润总额的比重分别为 13.5%和 1.1%,比上年上升 3.0 和 0.1 个百分点。科技投入的增加,提升了产品技术性能和质量档次,提高了产品的市场竞争力,新产品产值率逐季提高。全年实现新产品产值 2023.9 亿元，比上年增长 29.1%，新产品产值率从一季度的 8.4%提高到上半年和 1~9 月的 8.5%，进一步提升到全年的 8.9%。

**2. 工业企业从业人员和劳动报酬稳步增长。**2005 年，全省规模以上工业企业从业人员为 654 万人，比上年增长 9.4%；从业人员累计劳动报酬为 971 亿元，增长 18.1%；人均报酬为 14847 元/人,增长 8.0%。从主要行业看,人均报酬存在较大差距，从业人员人均报酬居前三位的行业分别为烟草制品业(6.13 万元)、电力供应业(4.6 万元)和石油加工业(3.8 万元)。

**3. 产销率上升,流动资金周转速度加快。**全省规模以上工业产品产销率从一季度的 96.8%、上半年的 97.2%，提高到 1~9 月的 97.7%和全年的 97.8%。随着产销率的提高,企业产成品存货比重开始回落，年末产成品存货占流动资产平均余额的比重为 12.7%,分别比一季度、上半年和前三季度末回落 0.1、0.2 和 0.1 个百分点。流动资金周转率逐季上升,全年达到 2.2 次/年,为各季的最高。

**4. 国家重点调控行业投资继续回落。**化纤、黑色金属冶炼和非金属矿物制品等行业的投资回落,全年固定资产投资额分别为 52.2 亿元、52.3 亿元和 90.5 亿元，与上年相比，分别下降 52.7%、21.4%和 12.2%,共计减少投资额 84.9 亿元。

**5. 企业亏损面、亏损率逐季下降。**全省亏损企业数从 3 月末的 7767 家下降到 6 月末的 6349 家，9 月末的 5931 家，年末进一步减少到 4425 家;亏损面也从 3 月末的 22.4%、6 月末的 17.5%下降到 9 月末的 15.7%,年末亏损面降至 11.0%;与此同时，亏损率也从 1~3 月的 16.6%降低至全年的 8.4%。

**6. 工业生产能耗水平有所降低。**据统计,全省年综合能耗千吨标煤以上的工业企业万元产值综合能耗量稳步下降,从 1~3 月的 0.488 吨标准煤下降到 1~6 月的 0.458 吨标准煤,1~9 月进一步降低到 0.453 吨标准煤，快报资料显示，全年已降至 0.451 吨标准煤。

## 三、影响工业利润增长的主要因素

从全年浙江工业经济运行情况看，出现了一些有利于工业经济发展的积极变化，但也存在一些影响和制约工业发展的不利因素。原材料、能源、资金等生产要素以及国际、国内社会经济环境仍将对浙江省工业经济发展产生新的压力。

**1. 原材料价格涨势趋缓，但企业的成本压力依然较大。**2005 年,工业品出厂价格和原材料、燃料、动力购进价格分别比上年上涨 2.3%和 5.4%,进出涨幅差由上年的 8.4 个百分点和上半年的 3.5 个百分点,缩小到全年的 3.1 个百分点。但在 2003 年以来原材料、燃料、动力价格持续上扬,企业劳动力成本上升和人民币升值等多种因素的影响下,企业成本上升压力依然较大。企业产品销售成本占销售收入的 87.0%,比上年的 86.0%上升 1 个百分点。随着国际油价的高位震荡运行,国内原油和成品油及相关产品价格仍有上涨空间，将可能推动原材料购进价格指数继续上扬，企业增本减利的压力将进一步加大。油价飙升对浙江省以石油制品及衍生品为主要原材料的化纤、医药、化工和塑料等行业的影响已经显现，部分企业面临成本上升危机。同时，人民币也存在继续升值的压力。此外,在和谐社会构建过程中,企业在环境保护、安全生产、清洁生产、医疗保险和职工养老等方面的投入将不断增加，在一定程度上也冲抵了企业的利润。

**2. 资金供应有所松动,企业融资情况好转,但**

**中小企业融资压力仍然存在。**近期以来，银行资金供应有所松动。全年规模以上工业企业银行贷款余额为4512.7亿元，比上年末增长29.1%，新增贷款达1018.1亿元。据企业景气调查，四季度流动资金景气指数为111.6，分别比上年同期和三季度上升4.2和6.8点。在被调查的企业中，有33.8%的企业感到流动资金“充足”，有44.1%的企业感到流动资金“一般”，仅有22.2%的企业感到流动资金“紧张”。企业融资情况也有所好转。四季度企业融资景气指数为110.2，比三季度上升2.7点，比上年同期上升7.1点。其中认为融资“容易”的企业占27.5%，认为融资“一般”的企业占55.3%，认为融资“困难”的企业占17.3%。但值得注意的是中小企业融资仍较为困难，融资景气指数仅为97.4，比大型企业低30.9点。从发展态势看，国家将保持宏观调控政策的稳定性和连续性，继续严把土地、资金两个闸门，资金供应在短期有所松动之后依然可能趋紧。

**3. 影响出口增长的不确定因素依然较多。**经济全球化在带来发展的同时，也会伴随一些不确定因素。随着全方位对外开放的推进，在获得更多外部资源和利用国际市场实现自身现代化的同时，外部的不确定性也可能会以更快的速度、更直接的方式和更强大的力量影响我省工业经济发展。在目前的纺织品等贸易争端之后，工业品出口可能面临更大的国际竞争压力和更多的新贸易壁垒(如绿色标准、技术标准、劳工标准和社会责任标准)。据有关专家预测，未来五年是我国反倾销、保障措施、技术壁垒和知识产权纠纷的频发期，在纺织品之后还有鞋类、自行车、汽车零部件等我国具有竞争优势的劳动密集型产品，都有可能遭遇摩擦和纠纷。在出口对工业经济影响逐步增强的同时，出口增长的难度将更大。

## 四、促进工业效益稳定增长的对策建议

“十一五”时期，资源、环境和市场的多重约束日趋强化，“成长中的烦恼”依然存在，发展中的深层次矛盾亟待解决。需要继续弘扬“求真务实”精神，更好地适应加强宏观调控的新形势，切实解决当前面临的困难和问题，力争工业经济稳定较快增长，遏制制造业投资增长乏力的趋势，推进增长方式转变和产业结构优化，真正在制造业的先进性上迈出实质性步子，打实提高工业增长质量和效益的基础。应着重抓好以下几个方面的工作：

**1. 着力缓解生产要素的严重制约。**努力协调生产要素供需矛盾，保证企业正常运转。一是切实做好优化配置、盘活存量、集约利用这三篇文章，尽可能保障工业用地需要。按照省政府的明确要求，优先支持重点工业项目建设，多上占地少、产出多的技术改造项目，提高集约用地水平。二是加强煤电油运的协调。确保供用电局面基本稳定，千方百计保证电煤及时运输和供应。保证夏季柴油供应，以应企业自备发电之需。三是加强与金融机构的沟通和合作。建立重点工业投资项目与资金联动的长效机制，争取更多的工业信贷支持；试行小企业贷款风险补偿办法，努力解决中小企业贷款难的问题。引导企业大力压缩“两项资金”占用，提高资金使用效率。

**2. 力争制造业投资增长回升。**积极适应加强投资领域宏观调控的新情况，引导企业更加注重技术改造，保持投资对工业经济增长的必要拉力。加强对企业投资的正确引导。坚持有保有压，优化投资结构，提高投资效率。既要遏制部分行业低水平盲目扩张，又要注重解决高新技术产业投资不足的问题。采取有效措施，落实制造业淘汰落后技术、工艺和产品目录。加快化纤和水泥行业的结构调整，在2007年前淘汰所有水泥机立窑。

**3. 进一步推进企业技术创新和管理创新。**一方面，创造有利于技术创新的环境条件。通过实施环保法律、技术标准、安全卫生法规、市场准入门槛等一系列有效的政策措施，强化企业技术创新的动力机制。建立使成功的技术创新能获得应有的高回报的政策环境，让企业将技术创新作为提高市场竞争力的主要途径，为技术创新提供持久动力。另一方面，引导企业加强管理创新。面临要素制约突出、原材料价格上扬、生产成本压力加大的经营环境，引导企业更加重视夯实管理基础，改变管理粗放局面，向管理要效益。推进企业信息化，在设计、研发、生产、营销、管理的全过程和重要环节，大力提高信息技术和网络技术的应用水平，实现生产经营方式的根本性变革。

# 2005年安徽省工业经济运行概况

"十五"时期,安徽省工业经济总量快速增长,运行质量不断提高,规模以上工业迈上新台阶,为加快发展、奋力崛起奠定了坚实的基础。2005年,安徽省实现工业增加值1833.2亿元,比2004年增长20.4%,对整体经济增长的贡献率达55.4%。其中,规模以上工业拉动作用更为明显,全年完成工业增加值1373.5亿元,占全部工业比重75%,增长22.7%。2005年安徽省工业经济呈现以下特点:

## 一、工业经济迈上新台阶,规模以上企业突破5000家

截止到2005年底,安徽省规模以上工业企业数5277家,当年实现总产值4567亿元,比2000年增长175%,企业拥有资产5259亿元,比2000年增长76.6%。在总量快速增长的同时,规模以上工业企业全年实现利润218亿元,是2000年的5.8倍,工业增加值率达32.5%,比2000年提高了2个百分点,表明安徽省规模以上工业创效能力有了大幅提高,经济运行质量明显改善。

## 二、大中型企业已超600家,成为安徽经济的中流砥柱

截止到2005年底,安徽省大中型工业企业已达625家,比2004年增长5.3%,其中大型企业61家,中型企业564家。主要分布在电力、热力的生产和供应业、纺织业、化学原料及化学制品制造业、交通运输设备制造业、非金属矿物制品业、通用设备制造业、电气机械及器材制造业、饮料制造业、医药制造业、农副食品加工业等行业。统计数据表明,大中型工业企业实现工业总产值3252亿元,虽然单位数仅占规模以上工业的12%,但是,工业总产值比重却高达73%,成为支撑安徽省经济发展的骨干力量。

## 三、企业改革成效彰显,民营工业长足进步

"十五"时期,在企业改革各项政策措施的强力推动下,安徽省工业企业改革成果显著,国有、集体工业占全省经济总量中的比重明显下降,规模以上国有工业企业数由2000年的811户,减少到2005年的256户,集体企业由979户,减少到261户;国有和集体五年间减持资产739亿元,资产占规模以上工业比重由46%下降到17%。同时,私营工业有了较快发展。2005年,全省私营企业2725户,占规模以上工业的半壁江山,比重达51.6%,实现总产值715亿元;与2000年相比,企业数增长了4倍,工业总产值增长了8倍。

## 四、招商引资成果显著,"三资"企业成长良好

"十五"时期,安徽省继续加大招商引资力度,努力提升对外开放水平,提高利用外资质量,"三资"企业表现出良好成长性。目前,规模以上工业企业中,"三资"企业已达496家,实现工业总产值744亿元,其中港澳台商投资企业200家,外商投资企业296家。与2000年相比,"三资"企业数占全部规模以上工业的比重由7%提高到9%,总产值比重由13%提高到16%,出口交货值占销售产值的比重为14%,高出全省平均水平一倍,呈现良好的成长性和较高的外向度。

## 五、工业品外向度不断提高,出口交货值翻番增长

"十五"时期,安徽省工业企业在更大范围、更广领域、更高层次上参与国际合作和竞争,拓展经济发展空间。截止到2005年底,安徽省规模以上工业企业完成出口交货值320亿元,比2004年增长25%,"十五"时期工业品出口额增长了一倍(2000年154亿元)。全省有841家工业企业的产品面向全球,实现销售产值1251亿元,占全省34%,其中210家企业的产品全部出口,企业数比2000年增长93%。以上数据表明,"十五"时期,安徽省工业经济外向度正在提高,参与全球化竞争的企业个数在不断增加,且成长性良好。

## 六、企业技术进步加快，工业创新能力增强

2005年，安徽省规模以上工业企业投入研究开发费用33亿元，是“十五”之初的10倍。企业研发费用占管理费用比率达12.4%，远高出2001年的3.1%。目前全省大中型工业企业已经拥有291家科技创新中心，比2000年增长11.5%。企业科技经费的筹集和支出均增长2倍以上，新产品项目达到1920项。同时，还形成了一批自主创新中心。企业研发投入带来了较高的回报，2005年创造新产品产值491亿元，比2000年增长1.37倍，工业新品率（新产品产值占产值比重）达11%。大型企业新品率为15%，中型企业为12%，而小型企业为3%，大中型工业新产品产值占全省比重的93%，反映出规模以上企业创新能力较强。外商投资企业新品率达22%，是内资企业的两倍。

## 七、企业经营状况改善，工业对社会贡献加大

2005年，规模以上工业企业中，年盈利额500万元以上的盈利大户有475家，盈利额达230亿元，企业数和盈利额分别是2000年的2.8倍和5倍；亏损面为28.5%，比2000年下降2.7个百分点。

工业对社会贡献度提高。规模以上工业实现利税总额487亿元，比2000年增长了1.9倍。利税额在亿元以上的工业企业有58家，5亿元以上有16家。其中：利税贡献最大的企业分别是：马鞍山钢铁股份有限公司55亿元，安徽黄山卷烟总厂41亿元，铜陵有色金属（集团）公司19亿元，芜湖卷烟厂18亿元，淮南矿业（集团）有限责任公司13亿元，淮北矿业（集团）有限责任公司12亿元，安徽江淮汽车股份有限公司11亿元。

## 八、基础工业较快发展，缓解能源瓶颈制约

“十五”时期，安徽省工业中资源型、初加工型的基础行业和原料行业抢抓机遇，努力满足新一轮经济增长对能源类、投资类产品的大量需求。2005年，采掘业实现增加值191亿元，比2000年增长3.4倍，占全省工业增加值比重由2000年的8.6%上升到12.9%。电力行业也实现较快发展，2005年增加值已达139亿元，比2000年增长1.4倍，全省123家电力企业实现销售收入405亿元，利润54亿元；全年发电646亿度，是2000年的1.8倍。

基础工业品生产成倍增长，原煤达8434万吨，是2000年的1.8倍；水泥3218万吨，是2000年的1.7倍；钢1106万吨，是2000年的2.4倍；钢材1142万吨，是2000年的2.6倍；十种有色金属56万吨，是2000年的2.2倍。资源型基础工业的快速发展使一批龙头企业得以成长壮大，并形成了几个特色的产业经济带。

## 九、结构调整取得进展，主导产业支撑力强

“十五”时期，安徽省工业行业结构持续优化，产业结构不断升级，钢铁、电器、汽车等行业快速发展，成为优势产业，形成了新的产业亮点。

2000年，家电、纺织、化工、冶炼、汽车、食品、饮料等行业是安徽省的支柱产业。但目前行业结构已发生了较大变化，纺织、化工和食品饮料等行业比重下滑，而黑色金属冶炼、电气机械、交通运输设备等11个行业则占据了全省70%以上的总量。

2005年，黑色金属冶炼及压延加工业、煤炭开采和洗选业、电力、热力的生产和供应业、电气机械及器材制造业、交通运输设备制造业等五行业增加值占全省工业的46%。说明钢铁冶炼、煤炭、电力、家电、电缆制造和汽车制造已成为安徽省经济的主导产业。

同时，主导产业的支撑力在不断增强，前五大行业比重比2000年提高8个百分点。新的支柱产业在全国具有较强的竞争力。2005年，安徽省汽车产量达到40万辆，比2000年增长274%；实现销售收入222.9亿元，年增速为35.7%，高出规模以上工业11.5个百分点，高出全国同行业26.9个百分点，其占全省规模以上工业的比重4.9%，高出全国汽车制造业同类比重一倍；市场占有率为3.8%，高出同期全省规模以上工业品占有率近2个百分点。

以上数据表明，“十五”时期，安徽省工业增长态势良好，经济运行质量不断提高，夯实了奋力崛起的经济基础。但也应看到，安徽省规模以上工业企业亏损面28.5%，有1505企业全年亏损，亏损额达37亿元，其中石油加工炼焦及核燃料加工业亏

损在4亿元以上。这些行业亏损的原因,主要是受能源、原材料价格上涨以及国家实施宏观调控、部分产品市场需求发生变化的影响,同时也反映出安徽省工业行业结构调整步伐亟待进一步加快。今后,安徽省工业经济发展要以推动产业升级、组织结构合理和产品更新换代为目标,以提高经济整体素质和经济效益为目的,面向国内外市场,培植先进核心产业,逐渐从产业链的较低端向中、高端转移,既要抓好产业、技术的引进,更要重视消化、创新,力争成为处于产业链高端的制造业强省,争取在中部崛起中争得先机,实现发展格局的重大突破。

# 2005年福建省工业经济运行概况

2005年,福建省规模以上工业完成工业总产值8128.93亿元,比上年增长20.8%,产品销售收入7676.94亿元,增长21.3%,实现利润377.03亿元,增长5.4%,增幅分别比上年回落5.8、8.8和18.4个百分点。呈现利润回落高于销售收入回落、销售回落又高于总产值回落的现象。

## 一、规模以上工业利润下滑状况

**1. 利润增速为"十五"时期最低点。**2005年福建省规模以上工业实现利润377.03亿元,比2004年增长5.4%,增速下滑18.4个百分点。与全国相比,利润增速比全国平均水平低15.5个百分点,增速回落程度又比全国高2.9个百分点。从"十五"时期各年利润增长情况来看,2005年利润增速是近五年来增长最低的一年,从动态上看,这五年利润呈"∧"型增长,2002年为最高点(65.5%),2003年利润开始下滑,并在2005年达到"十五"的最低点。

**2. 17个工业行业利润增幅出现回落。**2005年福建省37个工业行业中有17个行业与2004年相比有不同程度的回落,其中回落在100个百分点以上的有黑色金属矿采选业、化学纤维制造业和化学原料及化学制品制造业,分别回落938.6、194.2和168.1个百分点;下滑在50~100个百分点以上的有金属制品业、专用设备制造业、黑色金属冶炼及压延加工业、非金属矿物制品业,分别回落65.5、59.3、56.2和52.6个百分点;回落在20~50个百分点的有仪器仪表及文化、办公用机械制造业,电气机械及器材制造业,通信设备、计算机及其他电子设备制造业,烟草制品业,分别回落38.4、31.2、29.3和25.0个百分点;回落在20个百分点以下的行业有纺织服装、鞋、帽制造业,饮料制造业,纺织业,文教体育用品制造业和工艺品及其他制造业。此外,石油加工、炼焦及核燃料加工业亏损-3.25亿元,同比减利增亏7.41亿元。

**3. 大企业利润下滑。**2005年福建省利润前百家工业企业实现利润215.43亿元,比2004年增长7.2%,增速比2004年下滑26.3个百分点,占全省规模以上工业利润总额比重也由2004年62.7%降到57.1%。从利润下滑在30个百分点以上的大企业看,"福炼"、"柯达"、"捷联"、"三钢"、"华映光电"、"翔鹭石化"、"漳州灿坤"、"玉晶光电"、"翔鹭化纤"、"佳通轮胎"10家企业实现利润36.28亿元,比上年下降50.4%,与2004年110.5%的增速相比,回落160.9个百分点。

## 二、2005年福建省利润下滑原因分析

**1. 生产成本的上升。**近两年能源原材料价格大幅上扬,上游产品上涨的价格不能完全向下游产品尤其是终端产品传导,相当部分要靠企业内部消化,致使企业生产成本加大,高关联行业盈利空间被挤压。2005年全省工业品出厂价格比2004年上涨0.2%,比原材料、燃料、动力购进价格低7.7个百分点。这使得2005年工业企业产品销售成本占销售收入的比重达86.3%,比2004年提高1.4个百分点;而成本利润率为5.7%,比2004年低0.9个百分点。从分行业成本利润率看,21个行业比2004年有所下降,其中下降较多的行业有化学原料及化学制品制造业,石油加工、炼焦及核燃料加工业,化学纤维制造业,黑色金属冶炼及压延加工业,非金属矿物制品业,仪器仪表及文化、办公用机

械制造业,专用设备制造业,通信设备、计算机及他电子设备制造业，分别比2004年低7.29、7.02、5.28、3.74、3.40、3.04、2.66和1.12个百分点。这8个行业实现利润117.74亿元，比2004年下降25.5%,与2004年36.9%的增速相比回落了62.4个百分点。2005年,国际市场原材料价格动荡不定,每桶原油价格多次突破70美元，导致石油加工、炼焦及核燃料加工业生产成本上升，利润总额减少7.41亿元；信息产品必须的塑料化工产品和钢铁等金属产品价格也大幅度上扬,大大增加了电子产品的制造成本，同时由于各类电子信息产品价格不升反降,据赛迪顾问调查数据显示,2005年,各种尺寸平板电视价格降幅在20%~50%之间；计算机类产品价格也有所下降,受其影响,占福建省规模以上工业利润总额14.9%的通信设备、计算机及他电子设备制造业实现利润比上年下降10.0%,与2004年19.3%的增速相比回落了29.3个百分点。

**2."两金"占用成本的上升。**电力、燃油、天然气等能源价格和铁矿石、钢材、棉花等重要原材料价格迅速上涨,使企业运输成本和生产成本增加,同时，为了抑制能源和原材料价格波动带来的影响,尽可能减少损失,部分企业不得不增加库存,从而资金占用较多,流动资金紧缺状况更为突出。另一方面，企业间互相拖欠货款也增加了企业的流动资金占用。2005年末全省规模以上工业企业产成品和应收账款净额达1284.19亿元,比上年增长17.5%，占流动资产平均余额比重为39.2%,虽然比上年同期回落1.2个百分点，但仍然偏高,比全国平均水平高2.4个百分点，在全国31个省市列第五位。此外,在企业普遍感到资金紧缺的同时,利率水平的提高,更加大了企业的资金成本。2005年全省规模以上工业企业利息支出69.35亿元,比2004年增长17.6%，增幅比2004年高8.5个百分点,比全国平均水平高0.9个百分点,列全国31个省市第11位。

**3.部分行业产能过剩,市场供过于求。**钢铁、电解铝、铁合金、焦炭、电石、汽车、铜冶炼——这些是国家发改委最新公布的7大产能过剩行业。随着近两年新建项目的陆续投产,部分行业供大于求的矛盾日益突出。2005年这些行业产品价格大幅回落,有的已经跌破成本,造成企业利润大幅下滑,亏损增加。以钢铁行业为例,由于生产能力远大于市场需求且能力仍在不断释放,2005年二季度起钢材市场价格持续下跌，年末建筑用钢材价格比当年最高价位下降22%左右，板材价格下降28%至43%,受其影响,2005年福建省规模以上黑色金属冶炼及压延业实现利润比2004年下降65.6%。另外,2005年全省规模以上工业完成产品销售收入比2004年增长21.3%,增速比2004回落8.8个百分点，高于同期工业总产值回落5.8个百分点的幅度,这也是市场供过于求的表现。

**4.多起贸易摩擦影响企业利润增长。**纺织服装业是福建省的传统优势产业，在全国有较强的竞争力。福建省是全国纺织服装产品的主要生产和出口基地之一。2005年全球纺织服装配额取消后,国内纺织服装业全面进入"后配额时代",发达国家采取反倾销、特保等各种贸易保护措施限制我国的纺织品出口，对企业造成较大影响。2005年7月7日,应欧洲鞋业联合体的申请,欧盟对原产于中国和越南的皮面鞋靴进行反倾销立案调查,使福建省的皮面鞋靴企业也受到一定影响。2005年福建省规模以上纺织业和纺织服装、鞋帽制造业实现利润35.87亿元，比上年增长25.7%,增幅比上年回落12.1个百分点。另外今年以来,欧盟、日本和韩国从福建(含厦门)、江西出口鳗鱼产品先后检出孔雀石绿等禁用药物残留,引起日本、韩国和欧盟等国家和地区的高度关注。8月10日,我国主动停止烤鳗对外出口，这对福建省烤鳗相关行业也造成了影响,2005年该行业实现利润比2004年减少7437万元。

**5.自然灾害的影响。**2005年福建省多次受台风正面袭击,"海棠"、"泰利"、"龙王"对福建省工业造成巨大影响。台风一方面使部分企业仓库受淹;另一方面,台风影响了正常运输,由于福建省大部分中下游原材料由外省调入，时间拖延及成本加大影响企业正常生产,给企业造成巨大损失,影响企业利润的增长。另外,雨水充足在给水电企业带来利润的同时，也造成了火电企业的亏损,2005年火电企业利润比2004年减少4.09亿元,增幅回落17.9个百分点。

**6.行业结构的制约。**2005年福建省规模以上工业利润增长主要靠电力、热力的生产和供应业,皮革、毛皮、羽毛(绒)及其制品业,纺织服装、鞋、帽制造业,有色金属冶炼及压延加工业,这四个行业对全省利润增长的贡献率为72%、29.4%、23.1%和22.6%,而从全国分行业利润增长情况来看,利润增长主要是靠采掘业的六大行业,2005年原油和煤炭开采和洗选业出厂价格上涨,带动原油、原煤等采矿业企业效益大幅攀升。2005年全国规模以上煤炭、石油、黑色金属矿、有色金属矿、非金属矿等采矿业实现利润3886.17亿元,比2004年增长69.9%,对全国利润增长的贡献率达到60%;福建省规模以上采掘业实现利润13.07亿元,增长40.3%。由于福建省采掘业产品销售收入仅占全省规模以上工业销售收入的1.5%,比全国平均水平低4.5个百分点,因此对全省利润增长的贡献率仅为19.4%,对利润增长拉动不大。

**7. 利润高速增长后的正常下滑。**经济增长都有一定的周期性,一般情况下,过高增长是不可持续的,高增长之后的回归是正常的。最明显体现在黑色金属矿采选业、饮料制造业上,黑色金属矿采选业2003年增长80.7%,2004年增长9.55倍,就是在高增长后2005年增长下滑到16.4%;而饮料制造业2003年增长1.08倍,到了2005年增长46.5%,这些行业增速虽然还是高于全省平均水平,但其下滑对全省利润也有一定影响,属于利润高增长后的正常回归。

综上所述,2005年福建省利润下滑并不是偶然的,而是多种因素共同作用的结果。当前,如何在保持经济持续稳定增长中不断提高工业生产效益,是摆在我们面前的一项艰巨而紧迫的任务。特别是在外部环境对企业效益波动作用日益加大的今天,强调加强企业内部管理、向管理要效益十分重要。但还须看到,做好这项工作更有赖于政府管理部门通过宏观调控手段,如从调整与优化产业结构,大力发展循环经济,为企业增强自主创新能力提供各种资金、服务平台等方面入手,从而为企业提供良好的生产经营环境,实现福建省工业生产销售效益同步增长,提升工业经济运行质量。

# 2005年江西省工业经济运行概况

2005年,江西省工业经济总量在快速扩大的同时,工业企业经济效益水平显著提高,工业利润大幅增加,首次突破100亿元,工业经济效益综合指数达147.29%,再创历史同期最好水平。冶金、汽车和化学工业效益状况提高较快,对全省工业经济效益的提高拉动明显。

## 一、工业企业经济运行质量全面提高

2005年,江西省工业经济效益指数先后突破130和140大关,达147.29%,同比提高17.19个百分点。工业企业总体盈利能力、经营水平、产出效率均有明显提高,列入考核的七项主要经济效益指标中六项优于上年,其中总资产贡献率为10.76%,成本费用利润率为4.28%,产销率98.46%,分别同比提高1.3、0.84和0.29个百分点;资产负债率63.39%,同比下降1.16个百分点;流动资产周转次数为2.40次,同比加快0.3次;全员劳动生产率为77847元/人·年,同比增长21.31%;资本保值增值率118.86,基本与上年持平。全省十一个设区市中,工业经济效益综合指数高于150%的设区市由上年的2个增至5个,其中鹰潭市和南昌市效益指数远远高于全省平均水平,分别为226.26%和171.32%。

## 二、产品销售收入高速增长

2005年全省规模以上工业累计实现销售收入2883.1亿元,同比净增723.52亿元,增长33.5%。从注册类型来看,江西省小型企业销售收入增长迅速,实现销售收入1055.01亿元,增长60.25%,高出全省平均水平26.7个百分点。

## 二、大部分工业行业盈利有所改善,但重点行业表现突出

2005年,江西省工业企业盈亏相抵后实现利

润115.46亿元,同比净增45.3亿元,增长64.5%。全省37个工业行业大类中,有35个行业实现盈利,其中有色金属行业受价格上涨有利因素影响利润大幅增长,2005年有色金属冶炼压延加工业实现利润27.58亿元,净增12.23亿元,增长79.7%;有色金属矿采选业实现利润8.9亿元,净增6.33亿元,增长2.5倍。此外,汽车工业和化工行业经济效益状况也较好,分别实现利润10.36亿元和7.22亿元,同比增长58%和1.5倍。

### 三、企业税金总额增幅继续加快

2005年,江西省工业企业累计上缴税金160.16亿元,同比净增27.45亿元,增长20.69%。其中,应交增值税112.25亿元,增长22.06%,产品销售税金及附加47.92亿元,增长17.6%。

### 四、企业安置就业能力增强,职工收入显著增加

2005年以来,规模以上工业企业单位数平均每月新增28家。2005年末,企业单位数达3785家,同比增加340家。新开工企业数的增加,吸纳了大量的社会人员。12月末,工业企业职工年平均人数106.43万人,同比增加6.85万人,增长7%。随着企业经济效益水平的全面提高,职工工资收入有较大增加,2005年工业企业职工工资总额为127.7亿元,增长16.2%,人均年工资1.2万元,同比增加千元。

## 2005年山东省工业经济运行概况

2005年,山东省认真贯彻落实中央和省委、省政府制定的各项政策措施,加快结构调整步伐,积极推进改革,大力提倡建设节约型社会,在节能降耗的同时,全省规模以上工业生产保持了快速增长,经济效益水平继续提高,为"十一五"规划的顺利实施打下了良好的基础。

### 一、运行情况

**1. 工业生产继续保持快速增长。**2005年全省规模以上工业企业为26867家,比上年增加6563家;实现工业增加值8411.92亿元,比上年增长28.4%。其中,轻工业实现增加值2935.33亿元,增长30.8%;重工业实现增加值5476.58亿元,增长28.0%;轻、重工业增速均高于上年。分经济类型看,股份制工业实现的增加值总量最大,为4619.13亿元,占规模以上工业增加值的54.9%;私营工业增速继续列各经济类型之首,为45.5%,高出规模以上工业增幅17.1个百分点。

**2. 生产与销售衔接状况良好。**与工业生产快速增长相适应,全省工业产品销售保持了逐期稳定提高。全年累计工业产品销售率为98.23%,比上年提高0.25个百分点,达到了近年较高水平。规模以上工业出口交货值快速增长。全年全省规模以上工业完成出口交货值3508.18亿元,增长32.1%。

**3. 经济效益保持较高水平。**在工业生产、销售协调发展的同时,全省经济运行质量进一步改善,主要工业经济总量指标保持了稳步攀升的态势。全年全省规模以上工业实现产品销售收入29910.84亿元,增长43.0%;实现利润2138.15亿元,增长56.6%;实现利税3396.26亿元,增长50.6%。反映全省规模以上工业经济运行质量和效益总水平的综合指数为214.78,比上年提高29.2个百分点,反映工业经济效益水平的七项主要经济指标(资产负债率为逆指标)均保持了近年来的较好水平。

**4. 地方工业发展加快,对全省工业带动作用明显。**2005年,山东省地方工业的影响带动力不断增强,实现产品销售收入27353.09亿元、利润1679.47亿元、利税2702.25亿元,比上年分别增长44.8%、55.2%和52.6%,其占全省工业的比重分别达到91.5%、78.6%和79.6%。全省地方工业的快速发展,对提升全省工业经济运行质量和效益水平做出了明显贡献。

**5. 多数工业行业效益提高,基础性行业优势突出。**2005年,全省39个工业行业中,有38个行业实现利润比上年增长,增幅高于全省平均水平

(56.6%)的有24个大行业。实现利润在100亿元以上且增幅较高的行业有六个，分别是石油和天然气开采业增长76.3%，纺织业增长76.2%，化学原料及化学制品制造业增长68.5%，农副食品加工业增长67.8%，煤炭开采和洗选业增长47.8%，非金属矿物制品业增长40.7%。由此可见，在全国工业企业盈利增速减缓的同时，山东省规模以上工业盈利水平保持稳定增长，主要得益于山东省工业中效益良好、优势突出、贡献较大的石油、化工、食品加工、纺织、煤炭等基础性骨干行业。实现利润在50亿~100亿元的有七大工业行业，它们是通用设备制造业(99.02亿元)、电气机械及器材制造业（83.91亿元）、黑色金属冶炼及压延加工业(79.77亿元)、造纸及纸制品业(61.83亿元)、交通运输设备制造业(59.35亿元)、有色金属冶炼及压延加工业(59.31亿元)、电力、热力的生产和供应业（57.63亿元）。以上13大行业，共实现利润1594.82亿元，占全省工业利润总额的74.6%。

**6. “三资”和股份制企业对全省工业增长的贡献份额较高，“三资”企业亏损状况有所改善，经济效益稳步提高。**2005年，全省“三资”和股份制工业累计完成增加值6082.15亿元，占全省规模以上工业的71.5%。“三资”工业增加值增长32.7%，高于全省平均水平4.3个百分点，其经济增量对全省工业增长的贡献率为18.4%。股份制工业完成的增加值居各经济类型的首位，增长29.2%，其经济增量对全省工业增长的贡献份额达到56.1%。“三资”亏损企业亏损额21.28亿元，虽然同比上升了4.18%，但增幅比全省水平低0.3个百分点，亏损状况有所改善。

**7. 煤炭、原油等主要能源的生产，为全省工业的发展提供了有力保障。**从主要能源品种的生产来看，2005年，山东原煤产量达1.40亿吨，占全国产量的7.7%；原油产量达0.27亿吨，占全国的15.0%，同比增长0.8%。

## 二、存在的问题

2005年，全省工业生产增长较快，效益保持了较高水平，运行质量有所提高，但工业经济运行中存在的问题也不容忽视。

**1. 部分地区企业扭亏增盈任重道远。**2005年，全省规模以上工业企业虽然保持了稳步增长势头，但企业亏损问题仍有待进一步改善，部分地区企业亏损应当引起高度重视。全省规模以上工业亏损面同比虽略有减少，但亏损额却仍居高不下。全省亏损企业2244家，亏损面为8.4%，同比缩小0.4个百分点，但亏损额达69.54亿元，增亏4.5%。从各市看，潍坊、莱芜、临沂、滨州四市的亏损额增长均在50%以上。

**2. 产成品占流动资金的比重有所上升，企业产品积压、资金沉淀问题不容忽视。**年末，全省规模以上工业产成品达到1286.37亿元，增长26.1%，产成品占流动资产平均余额的比重为13.7%，提高0.3个百分点。枣庄、东营、济宁、威海、日照、德州、聊城、滨州、菏泽九市产成品增幅较大，均在30%以上。

**3. 省外调入煤炭不断增加，企业节能降耗势在必行。**2005年山东原煤、原油供求之间仍然存在缺口，这个缺口，主要通过从外部调入加以弥补。近年来，山东对山西等外省煤炭资源的依赖性逐年提高。2005年，仅从山西就调入煤炭6517万吨，同比增长33.0%，增幅比上年提高19个百分点，调入量超过山东原煤产量的1/3，。煤炭短缺对电力生产、石油加工、钢铁等行业影响较大。

## 三、应对措施

针对2005年山东省工业经济走势中存在的问题，为确保“十一五”期间顺利实现工业持续快速增长的目标，今年需要重点抓好以下几项工作。

**1. 因地制宜、充分发挥重点地区和重点企业的骨干带头作用。**按照分类指导的原则，对部分经济效益提高速度偏低的地区，要认真查找原因，在尽快培育新的经济增长点、培育有竞争力的企业方面多下功夫。对长期亏损、扭亏无望的企业，要按照“优胜劣汰”的原则，使其退出市场。同时，充分发挥重点地区和重点企业的骨干作用，要优先保证、全力扶持全省重点工业企业的生产经营，切实帮助企业解决管理、资金、人员等方面的实际问题，充分发挥其在行业、地区中的骨干带头作用，起到发展一个、带动一片的效果。

**2. 密切关注并掌握市场需求结构的变化，及时调整产品生产和营销策略。**在努力拓展国际市场的同时，增加国内市场的竞争力度。及时调整产业、产品结构，适合国内外市场的要求，减少库存积压，同时进一步改善营销方式，加大开拓国内市场特别是农村市场的力度，努力提升山东工业产品的市场占有率。

**3. 落实科学发展观，大力实施节能降耗。**随着全省工业的发展，能源消耗也在逐年增加，各级政府和各有关部门应在重视提高经济效益的同时，加大工业技改投入力度，把节能降耗、发展循环经济的理念贯穿于企业生产的各个环节。大力扶持能耗低、污染少、效益好的行业和企业，真正做到经济与自然的和谐发展。

**4. 集中力量、突出重点，大力进行自主创新，促进产业结构优化升级。**在继续引进国内外先进技术的同时，要把立足点转移到开发型自主创新上来，特别是在山东省工业中已具有一定优势的电气机械及器材制造业、通信设备、计算机及其它电子设备制造业等高新行业中，积极推进原始性技术创新和集成性自主创新，积极培育一批大型企业集团成为技术创新的主体。采取有力措施，创造一个有效推动企业开展技术创新活动的政策环境和市场环境。通过自主创新，切实提升山东省的产业结构档次。

## 2005年河南省工业经济运行概况

2005年，河南工业生产快速增长，全省全部工业增加值比上年增长18.7%，创1995年以来最高水平，在全国的位次由上年的第10位上升到第4位，首次进入全国第一方阵。2005年，河南主要工业发展指标超出预期，全省工业呈现出生产快速增长、效益水平大幅提高的态势，发展的协调性进一步增强。

2005年河南省工业经济呈现几大亮点：

**1. 工业主导作用更加突出，新兴工业大省地位基本确立。**2005年，河南工业生产快速增长，全省全部工业增加值比上年增长18.7%，创1995年以来最高水平。规模以上工业增加值比上年增长23.3%，增幅比全国平均水平高6.9个百分点，在全国的位次由上年的第10位上升到第4位，第一次进入全国第一方阵。

**2. 工业经济效益再创新高，主要经济指标跨上新台阶。**2005年，伴随着工业生产的快速增长，经济效益大幅度提高，工业经济效益综合指数、企业产品销售收入、利润总额、利税总额均创历史最好水平。全省规模以上工业经济效益综合指数达到181.8%，比上年提高30.8个百分点，高出全国平均水平5.2个百分点，在全国的位次由上年的第14位上升到第8位；企业产品销售收入突破10000亿元，达10049.42亿元，比上年增长38.7%，增幅比上年提高4.5个百分点，居全国第3位；企业实现利润总额突破600亿元，达668.29亿元，增长64.9%，增幅高出企业产品销售收入25.8个百分点；全省企业实现利税总额突破1000亿元，达1202.39亿元，增长52.2%。与2000年相比，全省工业企业实现利润、利税总额分别增长了3.8倍和2.5倍。

**3. 非公有制工业高速增长，股份制对工业增长贡献大。**2005年，全省非公有制工业实现增加值1439.91亿元，增长37.0%，增幅高出全省规模以上工业平均增长水平13.7个百分点，对全省工业增长的贡献率达到64.1%，拉动全省工业增长14.9个百分点，非公有制经济已成为拉动工业经济增长的主要力量。非公有制经济份额继续上升。全省非公有制工业增加值占全省规模以上工业的比重达到44.6%，比上年提高4.3个百分点。

**4. 能源、原材料、食品工业快速增长，优势行业带动作用明显。**粮食加工、畜禽加工和铝工业三大优势产业链初步形成，能源、原材料、食品等优势行业快速发展。2005年，全省39个工业行业大类中，37个行业增长，24个行业增长快于全省工业平均增长水平，其中对全省工业增长带动较大的6个行业依次是：非金属矿物制品业增加值增长27.5%，拉动全省工业增长2.4个百分点；农副食品加工业增长33.4%，拉动全省工业增长2.2个百分点；煤炭开采和洗选业增长21.0%，拉动全省工业增长1.8个百分点；化学原料及化学制品制造业增长27.1%，拉动全省工业增长1.5个百分点；有色金属冶炼及压延加工业增长 18.7%,拉动全省工业增长 1.4 个百分点;黑色金属冶炼及压延加工业增长 20.5%,拉动全省工业增长 1.4 个百分点。上述 6 大行业对全省工业增长的贡献率合计 45.4%,拉动全省规模以上工业增长 10.6 个百分点。

**5. 工业大企业(集团)数量增加,实力进一步增强**。2005 年,纳入全省监测的 200 户工业大企业(集团)实现营业收入 5396.80 亿元,比上年增长 34.1%;实现利润总额 263.20 亿元,增长 47.2%。从企业营业收入看,全年营业收入超过 100 亿元的企业(集团)达到 7 家,比上年增加 2 家。从企业盈利看,全省利润总额超 10 亿元的企业(集团)有 7 家,比上年增加 6 家。

# 2005 年湖北省工业经济运行概况

2005 年,在湖北省委、省政府的正确领导下,全省上下坚持以科学发展观统领经济社会发展全局,抢抓"促进中部崛起"的战略机遇,不断开拓进取,扎实工作,全省经济社会保持稳定、快速、协调发展的良好态势。2005 年,全省完成生产总值 6484.5 亿元,按可比价格计算,比上年增长 11.4%,是 1998 年以来增幅最高的一年。

2005 年湖北省工业生产保持较快增长,全省国有及年产品销售收入 500 万元以上的非国有工业企业完成增加值 2007.89 亿元,按可比价格计算,比上年增长 19.3%。其中:国有及国有控股企业完成增加值 1143.83 亿元,增长 14.5%;国有企业增加值 506.65 元,增长 7.0%;集体企业增加值 46.88 亿元,增长 2.9%;股份合作企业增加值 14.62 亿元,增长 34.5%;股份制企业增加值 925.52 亿元,增长 21.3%;外商及港澳台投资企业增加值 418.86 亿元,增长 26.2%;其他经济类型企业增加值 95.36 亿元,增长 7.6%。轻工业增加值 541.89 亿元,增长 13.7%;重工业增加值 1466 亿元,增长 21.6%。轻重工业结构由 2004 年的 26:74 变为 27:73。

工业产品结构改善,高技术产业增长较快。全省高技术产业增加值 533.92 亿元,比上年增长 23.5%,占规模以上工业增加值的比重达 26.6%(主要工业产品产量见表 1)。

工业产销衔接较好,经济效益继续提高。全省工业完成销售产值 5835.19 亿元,比上年增长 18.7%,工业产品销售率为 97.6%。工业经济效益综合指数为 166.12,比上年提高 13.38 个百分点,经济效益综合指数及增幅均为近几年来最好水平。工业企业实现利润 335.76 亿元,比上年增长 22.7%;其中国有及国有控股企业实现利润 232.99 亿元,增长 12.8%。

表 1　2005 年主要工业产品产量

| 产品名称 | 单位 | 产量 | 比上年增长% |
|---|---|---|---|
| 纱 | 万吨 | 89.82 | 13.6 |
| 布 | 亿米 | 20.89 | 15.3 |
| 化纤 | 万吨 | 11.74 | 7.2 |
| 卷烟 | 亿支 | 1123.17 | 5.9 |
| 家用电冰箱 | 万台 | 20.26 | -9.6 |
| 房间空调器 | 万台 | 239.93 | 169.0 |
| 一次能源生产总量 | 万吨标准煤 | 1600.00 | 12.7 |
| 原煤 | 万吨 | 478.07 | 10.2 |
| 原油 | 万吨 | 78.11 | -0.1 |
| 发电量 | 亿千瓦小时 | 1257.18 | 14.5 |
| 钢 | 万吨 | 1571.41 | 16.3 |
| 钢材 | 万吨 | 1585.85 | 17.7 |
| 十种有色金属 | 万吨 | 44.30 | 23.9 |
| 其中:铜 | 万吨 | 19.53 | 20.0 |
| 水泥 | 万吨 | 4512.53 | 21.8 |
| 硫酸 | 万吨 | 440.34 | 27.2 |
| 纯碱 | 万吨 | 71.13 | 17.0 |
| 烧碱 | 万吨 | 41.02 | 27.6 |
| 化肥(折 100%) | 万吨 | 375.49 | 7.6 |
| 发电设备 | 万千瓦 | 362.48 | 38.0 |
| 汽车 | 万辆 | 46.38 | 26.2 |
| 轿车 | 万辆 | 21.61 | 79.8 |
| 移动电话机 | 万部 | 586.89 | 32.3 |

# 2005 年湖南省工业经济运行概况

2005 年，湖南省坚持科学发展观，大力推进工业化进程，积极调整优化工业结构，规模工业平稳快速发展。但由于受国家宏观调控政策、能源和原材料价格上涨、国际国内经济环境变化等诸多因素的影响，规模工业企业生产经营效益有喜有忧。

## 一、运行特点

### 1. 工业生产在高平台上平稳运行

2005 年，湖南省规模工业不但表现出总量的大幅飙升，而且发展速度上一直在高平台上平稳运行。规模工业增加值各月累计增速均保持在 20.1%~21.2%这一区间。全年规模工业共完成增加值 1535.92 亿元，比 2004 年增长 20.6%。

### 2. 大部分产品较快增长

2005 年，湖南规模工业中大部分工业产品产量呈现快速增长。全年统计的 328 种主要工业产品中，有 209 种产品产量保持增长态势，增幅在 50%以上的有 103 种。特别是对推进工业化进程起着关键作用的主要产品产量增长更快。其中，铁矿石原矿量全年达 417.34 万吨，同比增长 1.7 倍；粗钢生产量达 975.17 万吨，增长 22.7%；钢材生产量达 961.26 万吨，增长 19.4%，其中热轧薄宽钢带生产量达 72.08 万吨，增长 1.9 倍；铝合金产量达 4014 吨，增长 1.4 倍；铝材产量达 12.84 万吨，增长 29.1%。

### 3. 轻重工业并驾齐行

近几年来，湖南规模工业中重工业增加值增长速度一直比轻工业相对快一点，但 2005 年以来，轻工业不甘示弱，奋力追赶，每月累计增速除 2、3、9 月外均超出重工业。轻重工业已经形成你追我赶、齐头并进、快速发展的良好势头，这也是湖南工业结构调整所取得成就的一个主要体现。轻、重工业全年分别完成增加值 541.05 亿元和 994.87 亿元，同比分别增长 22.4%和 19.8%。

### 4. 民营工业拉力十足

2005 年，湖南民营工业一直强势挺进、快速发展，对规模工业的拉动作用十分强劲。纵观全年，民营工业拉动规模工业增长至少保持在 11.5 个百分点以上，1~8 月高达 16.7 个百分点。规模工业中民营工业全年完成增加值 753.54 亿元，增长 33.2%，高出规模工业平均水平 12.5 个百分点，拉动规模工业增长 14.6 个百分点。

### 5. 优势产业快速发展

优势产业是湖南工业的龙头，是加快推进湖南工业化进程的主力军。2005 年，优势产业全年共完成增加值 1163.2 亿元，同比增长 21.1%，高出规模工业平均水平 0.5 个百分点；对规模工业增加值总量的贡献均在 73.6%以上；拉动规模工业增长 15.1 个百分点以上。其中，生物医药、食品加工、电子信息、钢铁有色、建筑材料和装备制造 6 大优势产业增势强劲，全年分别增长 35.6%、33.2%、27.7%、25.6%、24.7%和 24%。

### 6. 企业效益整体向好

产品销售形势较好。2005 年，湖南规模工业产品生产与销售之间一直衔接良好，各月产销率均在 98%以上。全年规模工业产销率为 99.6%；完成销售产值 4695.1 亿元，同比增长 28.6%；实现销售收入 4496.6 亿元，增长 29.1%。

经济效益总体水平持续提高。2005 年，规模工业经济效益综合指数逐月攀高。全年规模工业经济效益综合指数达 165.2%，比年初提高 18 个百分点，同比提高 14.4 个百分点。其中，总资产贡献率为 14.1%，同比提高 0.7 个百分点；流动资产周转率为 2.6 次，提高 0.4 次；全员劳动生产率为 92709 元/人，提高 19879 元/人。

实现利税较快增长。2005 年，国家宏观调控政策、能源和原材料价格上涨、国际国内经济环境变化等因素对湖南规模工业企业效益有较大的影响，但规模工业实现利润总额和税金总额仍逐月增加。全年规模工业实现利润总额 188.2 亿元，比上年增长 22.0%，其中，国家政策性补贴 7.5 个亿，如果剔除政策性因素，规模工业实现利润实际增长 17.1%；实现利税 545.6 亿元，增长 21.4%。

6 大行业贡献突出。2005 年，湖南规模工业中烟草制品业、化学原料及化学制品制造业、有色金属矿采选业、有色金属冶炼及压延加工业、煤炭开采和洗选业和农副食品加工业 6 大行业对规模工业利润贡献突出。这 6 大行业共实现利润 82.52 亿元，占规模工业利润总额的 43.9%；实现利润高增长，增幅均在49.6%以上；新增利润居行业前6位，共实现新增利润32.36亿元，占规模工业新增利润的95.5%。

## 二、存在问题

**1. 湖南工业化水平仍然较低**

湖南工业化水平一直低于全国水平，2005年，湖南工业增加值占GDP的比重仅34.0%，比全国平均水平41.8%低7.8个百分点。

在中部六省中，湖南工业化水平也居后，从2004年工业增加值占GDP的比重来看，湖南仅与江西相当，远远低于其他4个省份。

**2. 实现利润增幅放缓**

2005年，物价上涨、国际市场变化及宏观调控滞后影响等因素对湖南工业企业效益冲击较大，规模工业实现利润增速明显放缓，全年有10个月实现利润增幅均在15%以下。

**3. 国有及国有控股企业增速低于全省平均水平**

2005年，湖南规模工业中国有及国有控股企业生产和效益增速均低于全省平均水平。全年国有及国有控股企业完成增加值782.38亿元，同比仅增长11.0%，比规模工业平均水平低9.6个百分点；实现利润85.8亿元，同比增长11.2%，比规模工业平均水平低10.8个百分点，与2004年同期增幅比，低50.5个百分点；亏损企业亏损额达16.2亿元，占全省规模工业亏损总额的68.7%，比2004年同期上升26.4%；亏损面达28.2%，高出全省平均水平15.5个百分点。

**4. 结构欠优，适应能力较弱**

湖南规模工业效益之所以增速放缓，一个重要原因是工业产业结构和产品结构欠优，企业适应政策调控和市场变化的能力较弱，参与国内国际竞争力不强；部分产业与国家产业政策对接较差，面对国家调控政策往往显得束手无策，缺乏应急和应变能力，如在涉锰行业环保“风暴”影响下，湖南锰矿生产企业纷纷停产或半停产，生产和效益急剧下降，9月份，规模工业锰矿石成品矿产量同比下降26.2%；驾驭国际经济环境的能力有限，如石油化工，受国际原油价格飙升的影响，生产大幅下走，全年石油化工仅增长12%。

**5. 创新不力，产品技术含量不高**

企业创新能力不强，产品技术含量不高，在很大程度上制约着企业的生产和效益。创新能力强，产品技术含量高，市场竞争力就强，产品销路就好，企业效益也好；反之，产品销路会受阻，企业效益也不理想。目前，在湖南主要工业产品中，高、精、尖、新产品十分有限，大都是初级产品，技术含量低、附加值低，跟不上消费者对档次高、技术含量高的产品的需求，导致生产与市场脱节，效益减少。全年，湖南规模工业完成新产品产值为489.46亿元，占规模工业总产值的比重仅10%，远远低于发达国家和新兴工业化国家。

**6. 管理不当，成本上升**

企业经营管理不当也是造成企业效益下滑的一个重要因素。有的企业内部管理不到位，致使企业投入成本和各项开支增加，利润相对减少。2005年，湖南规模工业管理费用高达223.56亿元，比2004年同期增加22.62亿元，增长11.3%；成本费用利润率为4.6%，同比下降0.3个百分点。

## 三、对策建议

**1. 加快速度，继续大力推进工业化进程**

首先，要充分认识湖南发展工业化的艰巨性。近10年来湖南工业化得到了长足发展，到2005年，湖南工业化已经进入中期加速发展期。但是，湖南工业化水平远远低于全国平均水平，在中部六省中也居后，可见，湖南发展工业化仍然任重道远。其次，要加大工业投入，加快工业基础建设，更新改造传统设备，有计划、有重点地上一批新项目、大项目。第三，积极培育新的经济增长点，不断提升全省工业核心竞争力。第四，进一步改善和优化工业经济运行环境。第五，加强全省工业化进程监测，建立健全工业化评价考核体系。

**2. 优化结构，提高适应能力**

结构调整始终是湖南工业的重点和难点。要高起点引进，高水平嫁接，合理引导投资方向，防止盲目投资和低水平重复建设，推动产业结构优化升级。要大力发展重加工工业，提高加工组装产业的加工高度，逐渐向以技术密集型产业为主的产业结构过渡。要把大项目做成大产业，拉长产业价值链条，变大企业规模拉动为产业带动。要提高企业适应政策调控和市场变化的能力，加大结构调整力度，加快结构优化升级步伐。要着力解决大企业核心技术“空化”问题，以技术的提升促进产业价值链的延伸，把品牌企业变成品牌产业。要认真开展市场调研，从满足消费者需求入手，加快调整和升级产品供给结构，既要紧跟国际标准，又要考虑我国消费者个性需求，尽量生产适销对路的产品。

**3. 锐意创新，改进生产方式**

党中央提出要在全国建设“创新型”国家。湖南工业要抓住这一机遇，加大企业创新力度，尤其要注重加大生产方式的创新，变粗放型为集约型，变粗加工为精加工。在湖南工业中，传统产业占据主要部分，突出存在设备老化、现代化水平较低的的问题，若不进行技术改造就没有出路。因此要加大工业技术改造投入资金，特别是对那些优势产业具有核心竞争力的大企业要给予更多的投入支持。同时，要以企业为主体，以市场为导向，以提高中小企业自主创新能力为目标，以建立、健全产学研相结合的中小企业创新支持体系，引导中小企业向“专、精、特、新”方向发展为重点，推动中小企业自主创新、联合创新、引进消化吸收再创新和信息化，增强企业竞争力，促进中小工业企业健康快速发展。

**4. 强化内管，开源节流降耗**

加强企业管理是提高企业经济效益必经之路，也是亏损企业扭亏为盈的主要途径。因此，全省工业企业要注重抓好企业内部管理，大力提倡节约，在企业树立全员“节水、节能、降耗”的理念，努力降低企业生产成本。要通过精细化管理提升产品质量，严格控制各项成本、费用支出，降低产品成本投入。要建立健全管理机制，使企业管理步入制度化、规范化、科学化、经常化的轨道。

**5. 加大攻坚，确保国企改革走出低谷**

加大国企改革力度，使部分国企尽快从改革的困境中走出来。做好当前国企改革工作须从以下五个方面进行突破：一是调整结构，不断优化国有经济布局；二是深化改革，大力创新企业经营机制；三是突出主业，努力提高企业核心竞争力；四是强化管理，进一步改善经济运行的质量和效益；五是妥善解决职工安置问题，努力构建和谐企业。

# 2005 年广东省工业运行情况分析

2005 年在科学发展观的指导下，经过各级政府及业界的共同努力，最大限度地协调能源、原材料的供给和使用，部分缓解了煤电油运紧张对工业生产的影响，有效促进了全省工业的稳定增长。2005 年广东规模以上工业企业完成增加值 8290.00 亿元，比上年增长 17.0%，增幅同比回落 5.4 个百分点。工业增长虽有所放缓，但总体上仍保持稳定增长态势。工业的结构调整，继续向合理方向迈进，内源性经济增强，产业布局趋于合理，产业结构层次提升。

## 一、工业生产在结构调整中稳步发展

经过近年来的发展，全省工业结构调整取得了新的进展，民营工业、山区工业、医药工业等发展能力增强。

**（一）民营工业发展迅速，影响力增强。**随着工业准入门槛的放宽，政府政策对民营工业的适当倾斜，激活了民间资本对工业领域的投资，民营工业发展充满活力。承接上年快速增长态势，2005 年民营工业继续高速前行。全省规模以上民营工业企业完成增加值 1561.15 亿元，比上年增长 26.4%，增幅同比加快 2.4 个百分点，高于同年全省规模以上工业 9.4 个百分点。民营工业增加值占全省工业增加值的 18.8%，同比提高 0.8 个百分点，对全省工业增加值增长的贡献率为 23.7%，拉动全省工业增长 4.6 个百分点，其中民营企业中的股份合作制企业增速提高幅度较大，增速为 22.0%，同比提高 15.0 个百分点。各经济类型工业中，国有及国有控股企业和集体企业增加值增速仅为 6.1% 和 7.3%，分别低于民营企业 20.3 和 19.1 个百分点；股份制企业和“三资”企业增加值增速为 19.0% 和 16.2%，分别低于民营企业 7.4 和 10.2 个百分点。

**（二）国企工业在基础性领域的控制力增强。**2005 年国有及国有控股企业增加值增速虽相对较缓，但国企发展按“进退有序”的原则，不同领域分别采取不同的进退策略，增强国企在基础工业领域或关键性领域的控制力。在全省工业企业生产涉及的中类工业行业中，国企占有优势的行业主要集中在能源、原材料或与重大技术装备有关的行业。分中类行业看，2005年国企工业总产值占全省相应行业产值的比重超60%以上的行业有14个，其中与石油和天然气开采有关的服务活动、贵金属矿采选、铁合金冶炼、电力供应等7个行业，国企产值占相应行业产值的比重达90%以上。以上14个行业中，2005年国企产值占相应行业产值的比重比2004年有较大幅度提高的行业是纤维素纤维原料及纤维制造、铁合金冶炼、化学矿采选、船舶及浮动装置制造等，同比分别提高15.4、9.5、4.4和3.7个百分点。从主要产品产量来看，国企在能源、原材料品种方面占有优势，国企原油加工量、煤油、煤气、焦炭等能源品种产量占全省比重95%以上；有色金属的铅、锌，黑色金属特厚板、厚钢板、热轧薄板，石化产品的乙烯、纯苯碳酸钠（纯碱）等产品，国企占全省比重93%以上；重大技术装备产品，如造纸机械、金属轧制设备、场上作业机械、固体废弃物处理设备、载货汽车、公路客车等产品100%由国企生产。

**（三）产业转移优化了珠三角产业结构，拉动山区工业快速发展。**珠三角部分传统产业转出，腾出宝贵的土地，集中资源发展高技术产业及产业链长、产业关联度高的产业。近年来，随着高速公路网络建设的日趋完善，山区地市投资环境大为改观，再加上地理上的优势和政府政策的引导，山区地市成了承接产业转移的主要接收地。

1. 珠三角产业结构进一步优化升级。珠三角工业产出进一步向技术要求高及产业关联度高、产业链相对长的行业集中，传统行业生产规模相对有所收缩。2005年珠三角三大主行业（工业大类行业）通信设备计算机及其他电子设备制造业、电气机械及器材制造业、交通运输设备制造业工业总产值占珠三角产值比重达46.7%，较上年比重提高0.8个百分点；技术含量相对高的黑色金属和有色金属冶炼及压延加工业，其产值占珠三角产值比重同比也有不同程度的提高。传统的纺织业、纺织服装鞋帽制造业、塑料制品业等行业，其产值占珠三角工业总产值比重同比分别回落0.14、0.04和0.07个百分点。在纳入统计的359种（月报统计且广东有生产的品种）主要产品产量中，珠三角产量占全省产量比重90%以上的品种有189种，其中84种产品，100%由珠三角生产，如重大技术装备产品和主要高技术产品的汽车、环境保护专用设备、通信及电子网络用电缆、微波通信设备、集成电路等完全由珠三角生产。

2. 山区工业取得长足发展。从珠三角转移过来落户山区的企业，为山区工业注入新的"血液"，有效地促进了山区工业的发展。2005年山区工业完成增加值516.78亿元，比上年增长29.3%，增幅同比加快8.2个百分点，高于同年全省水平12.3个百分点；山区工业增加值占全省的比重为6.2%，同比提高0.6个百分点。其中清远、河源两市发展表现出色，分别增长56.5%和46.6%，同比提高7.0和8.3个百分点。

**（四）九大产业增长保持强势，对全省工业作用持续增强，但行业发展有所分化。**2005年九大产业完成增加值6108.45亿元，比上年增长20.3%，增幅同比回落4.4个百分点，但高于同年全省水平3.3个百分点；九大产业增加值占全省的73.7%，同比提高0.4个百分点；对全省工业增长贡献率77.2%，拉动全省工业增长14.9个百分点。九大产业的稳定增长，对全省工业的稳定发展起重要作用。但面对宏观环境、市场变化的影响，九大产业中各行业发展有所不同。

1. 新兴支柱产业中与原材料、能源相关的行业生产提速，而电子信息业、电器机械及专用设备业增速有所放缓。经济的快速发展，对原材料、能源的需求相应增大，有利于石油及化学工业稳定增长。新兴支柱产业中石油加工和天然气开采业由于产能所限，增加值增速相对较低；但石油加工炼焦及核燃料加工业、橡胶制品业增速均有所加快，2005年两大行业增加值增速分别为18.4%和26.1%，增幅同比提高6.7和9.0个百分点。新兴支柱产业中电子信息业、电器机械及专用设备业增速有不同程度放缓，尤其是电子信息业中的通信设备计算机及其他电子设备制造业增速回落幅度相对较大；由于该行业是全省工业的最大行业，增加值占九大产业的28.7%，占全省的21.2%，其增速深幅回落，对全省工业影响相对较大。2005年该行业的工业增速为20.7%，增幅同比回落13.5个百分点；其增幅的回落拉低九大产业增速6.2个百分点，影响全省工业增速4.6个百分点。2005年电气机械及专用设备业增加值增速为21.9%，增幅同比回落1.0个百分点。

2. 传统支柱产业中的纺织服装、建筑材料等行业增速明显加快。2005年纺织服装业和建筑材料业的增速分别达到24.8%和33.9%，增幅同比提高12.0和10.1个百分点。其中，纺织服装鞋帽制造业、化学纤维制造业和非金属矿物制品业的增幅提高较快，2005年增加值增速为27.3%、27.2%和34.0%，增幅同比提高15.2、23.8和10.6个百分点，高于同年全省平均增速10.3、10.2和17.0个百分点；此外，纺织业也有较好表现，增幅同比提高8.4个百分点。食品饮料业增速大幅回落，2005年食品饮料工业增速为11.7%，增幅同比回落9.1个百分点，其中食品制造业的增速为3.3%，较上年同期32.3%的增幅，回落28.9个百分点。

3. 潜力产业中的医药制造业生产走出低谷，汽车制造业发展仍是我省工业的一个亮点。医药制造业经过近几年的改革整合，生产逐步走出低位徘徊局面，增加值增速大幅提高，2005年医药制造业增长14.8%，增幅同比提高11.1个百分点。面对汽车竞争加剧，车价不断下滑，但广东汽车制造业增势未减，仍保持高速发展态势。2005年我省汽车制造业增加值增长40.5%，增幅同比提高3.5个百分点，是九大产业各行业中增速最高的行业。2005年我省汽车产量413583辆，同比增长50.8%，其中轿车增长52.9%。潜力产业中的森工造纸业增速明显放缓，2005年增加值增长12.5%，增幅同比回落5.5个百分点。

**（五）高技术制造业增长稳定，新产品生产能力增强。**2005年高技术制造业完成增加值2025.55亿元，比上年增长20.6%，增幅高于同年全省平均增速3.6个百分点。高技术制造业完成新产品产值1385.30亿元，比上年增长23.3%，增幅高于同年全省新产品产值增速5.1个百分点；全省新产品生产中，高技术制造业新产品占67.0%；高技术制造业新产品对全省新产品生产贡献率达75.9%，拉动全省新产品生产增长15.2个百分点。

**（六）出口增长有所减缓，但出口依然是稳定我省工业增长的重要力量。**2005年全省完成工业品出口交货值15062.24亿元，比上年增长21.4%，增幅同比回落4.9个百分点，但高于同年全省产值增长幅度1.9个百分点，对全省工业增长贡献率为43.2%，拉动工业产值增长9.1个百分点。工业品对外依存度持续增大，2005年全省工业品出口交货值占产值的比重为42.5%，同比提高0.1个百分点。2005年在各经济类型工业中，“三资”仍是我省工业品出口的主力，2005年完成出口交货值为13077.77亿元，比上年增长20.8%，占全省工业品出口交货值的86.8%；国企工业品出口增速回落幅度较大，2005年国企完成工业品出口交货值1113.05亿元，比上年增长6.2%，增幅同比回落14.2个百分点。从地域上看，珠三角出口增速回落幅度相对较大，2005年工业品出口交货值增长21.4%，增幅同比回落5.6个百分点，其中传统主要出口大市深圳、东莞、广州、佛山四市出口增幅均有不同程度回落，2005年工业品出口交货值增长25.5%、18.6%、21.9%和19.8%，增幅同比分别回落2.4、4.5、8.3和15.2个百分点；东翼地区工业品出口增速也有所减缓，2005年工业品出口交货值增长19.7%，比上年减缓2.6个百分点；但山区及西翼工业品出口向好，2005年山区工业品出口交货值增长30.5%，增幅同比提高14.2个百分点，西翼工业品出口增长为13.6%，增速虽相对较低，但与上年相比，扭转了负增长局面（上年增速为-3.2%）。

**（七）企业节能降耗取得新成果。**全省资源相对贫乏，工业生产所需的原材料、能源大部分从省外购入或进口。原材料、能源价格的上涨，迫使企业更加关注原材料、能源的综合利用，采取各种措施，以消化成本上升所带来的压力，特别是在节能降耗方面显有成效。2005年全省工业万元产值电耗为371.71千瓦时，同比下降3.1%；每万元产值节电11.92千瓦时，全省工业年节电约42.20亿千瓦时。据广电1~11月的统计数据显示：广东电网6000千瓦及以上火电厂发电煤耗为333克标准煤/千瓦时，同比减少4克标准煤/千瓦时，按广东电网6000千瓦及以上火电厂发电量1584.17亿千瓦时计算，可节能63.37万吨标准煤；供电煤耗为353克标准煤/千瓦时，同比减少3克标准煤/千瓦时；线路损失率为6.16%，同比减少0.69个百分点。

## 二、制约工业快速发展的主要因素

2005年广东规模以上工业增加值增速为

17.0%,增幅仅高于全国0.6个百分点,但低于沿海省份,比江苏、山东分别低5.5和11.4个百分点。

**(一)资源环境制约着全省工业增速的提升。**广东省是一个经济大省,同时也是资源相对贫乏的省份,能源原材料大部分需要从省外购入或进口,能源、原材料供应不足及价格上涨,一定程度上制约着全省工业的提速。

煤电油运紧张的局面依然没有得到舒缓,能源、原材料持续紧张成了制约工业增长的瓶颈。2005年全省天然原油产量1470.03万吨,产量与上年持平,原油加工量1990.82万吨,下降4.2%,全省原油加工自供不足,其中520.79万吨原油需从省外购入或进口。广东省是煤炭消费大省,所需原煤主要从省外购进,由于运力所限,再加上煤矿事件,省内煤矿关闭整顿,原煤供应相对趋紧,进而制约全省电量的供给。2005年全省发电量2163.36亿千瓦时,比上年增长6.8%,增幅同比回落5.8个百分点。其中火电增长5.2%,同比回落12.9个百分点。据了解,广东2005年供电形势十分严峻,仅1月份错峰负荷就高达626万千瓦,是上年同期的近三倍。其中广州1月份因电力供应紧张,已出现第一个用电错峰记录:97万千瓦,比预期的42万千瓦高出55万千瓦。错峰用电,严重影响企业的正常生产,部分企业甚至因此无法完成客户订单,遭受较大的经济损失。

能源、原材料供需矛盾,拉动了能源原材料价格大幅上升。2005年采掘业中的煤炭开采和洗选业、黑色金属矿采选业、有色金属矿采选业及石油和天然气开采业的工业品出厂价格指数分别达152.5%、128.2%、122.3%和134.3%;制造业中的石油加工炼焦及核燃料加工业、黑色金属冶炼及压延加工业、有色金属冶炼及压延加工业,金属制品业四大行业的工业品出厂价格指数分别为122.7%、103.3%、108.5%和103.6%。上游产品价格上涨,直接影响到中下游企业生产成本的上升,而面对市场的激烈竞争,企业难以通过价格转移方式来消化成本上升压力,中下游企业所属行业盈利减少,亏损增加,在一定程度上影响了中下游企业的生产意愿。

2005年通信设备计算机及其他电子设备制造业、橡胶制品业的利润总额比上年增长7.8%和9.4%,增幅同比分别回落4.4和24.5个百分点,电气机械及器材制造业、交通运输设备制造业、化学原料及化学制品制造业等行业利润,增幅由上年的正增长转为2005年的负增长。

2005年通信设备计算机及其他电子设备制造业、电气机械及器材制造业、化学纤维制造业亏损企业亏损额比上年增长35.1%、105.5%和167.1%,增幅同比分别提高23.8、71.8和111.1个百分点;交通运输设备制造业、通用设备制造业、化学原料及化学制品制造业、造纸及纸制品业等行业亏损额,增幅由上年的负增长转为2005年的正增长,即行业亏损由上年的减亏转为当年增亏。

**(二)产业核心技术环节研发薄弱,对工业可持续发展形成制约。**与苏、鲁等省市相比,全省工业结构层次相对较高,高技术制造业产出在工业总产出中所占份额较大。但就掌握该产业核心技术而言,在激烈市场竞争中,"广货"难以取得技术上的优势。从研发投入的角度看,广东省虽是研发大省,但还不是研发强省。多年来,全省研发投入总量和产出总量虽居全国前列,但产出结构并不理想,尤其是核心技术环节的基础研发产出相对较弱。从知识产权角看,发明专利是反映基础研发产出的最佳指标,据有关部门统计,2005年全省获准授权的36894件专利中,发明专利所占比例仅为5.1%,实用新型和外观设计占94.9%;而北京、上海、江苏、山东等省市在各自获准授权的专利中,发明专利所占比例分别为34.4%、15.8%、9.1%及8.4%,专利授权结构明显优于我省。基础研究薄弱,使企业在发展过程中遭遇技术瓶颈,进而影响工业发展后劲。

**(三)环境优势相对弱化,招商引资面对其他省市的激烈竞争。**随着国家的全面对外开放,长三角经济带及其他经济区发展日趋完善,广东原独有的投资环境优势相对弱化。在吸引外资方面,长三角、珠三角及其他经济区竞争激烈。2003年粤苏鲁三省实际利用外商投资总额增幅分别为14.2%、73.2%和52.4%,苏鲁利用外资明显优于我省;2004年我省加大了招商引资力度,实际利用外商投资总额增幅提高到34.1%,苏、鲁分别为32.4%和14.5%。但到了2005年我省实际利用外商投资总额126.77亿美元,增长26.6%;而江苏为131.80亿美元,增长29.2%;总量和增幅均优于我省。

**(四)限产压库,影响增长。**2004年以来,全省工业产成品存货结构性增长过快，部分企业被迫限产压库。限产压库虽然可以舒缓库存压力，但一定程度上却制约了工业的增长。2005年全省产成品存货比上年增长16.4%，增幅同比回落3.5个百分点。总体上压库虽有成效，但分行业看，全省产成品存货结构性增长过快问题依然突出，后续增长不容乐观。全省38个工业大行业中，产成品存货增长20%以上的行业有16个，其中交通运输设备制造业、黑色金属冶炼及压延加工业等增幅超过40%。

## 三、进一步增强工业发展后劲的一些建议

**（一）推进创业型社会建设，营造良好的创业气氛。**要建设创业型社会，关键是降低工业准入门槛和创造公平竞争环境。而创业型社会所营造的创业气氛，有利于激发投资热情，增进工业发展后劲。特别是在当前民营经济蓬勃发展的情况下，适时推进创业型社会建设，有利于促进内源性经济的发展，稳固工业后续发展能力。"三资"企业超国民待遇问题由来已久，取消其优惠待遇，恐影响招商引资的积极性，可通过逆向操作办法，即大力扶持民营经济，对于进入工业领域的民营企业，给予"三资"企业同样的优惠，为民营企业和"三资"企业创造"过渡性"的公平竞争平台，待发展到一定的时候，择机统一国民待遇。这样既不影响外资的积极性，也不挫伤当前民间资本的创业热情。

**（二）加快创新型社会建设，增强企业自主创新能力。**在谋划新一轮的战略转型中，广东要充分弘扬敢为人先的精神，敢于创新、勇于创新、乐于创新。认真落实推进政府所提出的"三个转变"和实现"四个突破"。即要实现从跟踪模仿向自主创新转变，实现从单项创新向系统集成创新转变，实现从各自开展科技攻关向联合攻关转变。同时，在核心技术上实现新突破，在区域创新体系建设上实现新突破，在提升产业竞争力上实现新突破，在建设节约型社会上实现新突破。加快自主创新体系建设，从科技投入、税收激励、金融支持、人才建设、知识产权保护等方面，建立健全支持和促进自主创新的政策体系，进一步解放和发展科技生产率。

**（三）"开源节流"并举，应对能源紧张局面。**短期来说，强化节能意识，组织协调好能源供给，最大限度地舒缓用能紧张的局面。长远目标，关键是加强节能新技术的研发和应用，开发可替代新能源，特别是可循环使用的新能源，从根本上解决能源问题。

**（四）关注汇率变动，积极面对国际贸易纠纷。**广东省不但是一个制造业大省，同时也是产品出口大省，全省所生产的工业品中，超过四成外销；在全国工业品出口中，全省同样占有相当重要的份额。面对如此大规模的出口，国际汇率变动，对我省工业影响相对较大。特别是2005年下半年人民币汇率改革，实行浮动汇率制，扩大汇率波动范围，经营出口贸易的企业感受到人民币升值所带来的压力。应考虑加强对外汇市场的研究，预测汇率变动，并建立相应的定期公布机制，供企业进行进出口贸易时参考。此外，随着我国对外贸易的发展，与贸易国的贸易纠纷不断增加，贸易国对我产品的反倾销指控日益增多。过去企业出于成本考虑，鲜有企业应诉，使出口企业遭受重大损失。政府应协助企业建立反倾销指控的应诉机制，积极应对反倾销指控，并借鉴其他国家经验，在应对反倾销指控中，应充分发挥行业协会的作用。

# 2005年广西壮族自治区工业经济运行概况

2005年，广西工业努力克服煤电油运供求紧张、原材料价格大幅上涨、企业生产成本明显上升、市场竞争加剧等不利因素，积极采取有效措施，千方百计加快发展，使工业经济效益在高平台上继续实现增长，利税总额、利润总额、工业经济效益综合指数等多项指标均创历史新高。

## 一、工业经济效益综合指数再创新高

2005年，全区规模以上工业经济效益综合指数达157.0，比上年提高4.5点，再创历史新高。劳动效率的提高是拉动指数增长的主要原因，全员

劳动生产率为 8.5 万元/人·年，同比提高 18.0%，拉动综合指数提高 7.9 个百分点。流动资产周转率和产销率同比分别提高 0.1 和 0.9 个百分点，分别拉动综合指数提高 0.9 和 0.1 个百分点。从分经济类型企业看，外商和港澳台商投资企业综合效益最优，指数高达 200.0，同比提高 26.9 个百分点，高于全区平均水平 43.0 个百分点。股份合作企业和国有及国有控股企业的综合指数分别为 171.8 点和 170.9 点，也分别高于全区水平 14.8 和 13.9 个百分点。

## 二、工业产品销售收入稳定高速增长

2005 年，规模以上工业企业在生产持续快速增长的同时，销售也保持良好势头，全年完成产品销售收入 2448.7 亿元，比上年增长 24.7%。至年末，工业销售进度累计增幅高于 23%的持续时间已达 22 个月。其中，轻工业完成产品销售收入 745.5 亿元，同比增长 23.8%，对规模以上工业销售增长的贡献率为 30%，贡献率比上年提高 8.0 个百分点；重工业完成产品销售收入 1703.1 亿元，同比增长 25.1%，对规模以上工业销售增长的贡献率为 70%，贡献率比上年下降 8.0 个百分点。

## 三、企业创利实现新突破

2005 年，规模以上工业创利水平在上年利税总额和利润总额分别首次突破 250 亿元和 120 亿元的高平台上继续提高，全年实现利税总额 289.3 亿元，比上年增长 13.5%；实现利润总额 132.7 亿元，比上年增长 7.6%，双双再创历史最好水平。

从分行业看，在 38 个行业大类中，有 29 个利润比上年增长，2 个同比减亏，合计占行业面 81.5%。农副食品加工、电力、有色金属冶炼、化学原料及化学制品制造、有色金属矿采选和烟草制品业是拉动工业效益增长的六大行业。得益于糖价持续高位运行（据了解，年末糖价高达 4400~4500 元/吨，远高于上年末 2700~2800 元/吨的水平），农副食品加工业实现利润 32.3 亿元，增长 43.0%，比上年同期增加 9.7 亿元，已连续半年居利润增长贡献首位。其中，制糖业实现利润 29.6 亿元，增长 40.4%，增加利润 8.5 亿元。制糖业中约 65%的企业利润比上年增加，其中同比增加 1 亿元以上的是广西凤糖生化股份有限公司和广西崇左东亚糖业有限公司。电力行业实现利润 18.1 亿元，比上年同期增加利润 2.6 亿元，位居贡献第二。该行业中同比增利最多的企业是广西平班水电开发有限公司（本年新投产）、广西电网公司和来宾法资发电有限公司，三企业合计同比增加利润 2.6 亿元。有色金属冶炼及压延加工业实现利润 18.4 亿元，比上年增加利润 2.4 亿元，位居贡献第三。其中拉动最大的是中国铝业股份有限公司广西分公司、柳州锌品有限责任公司和柳州市立银金属材料有限公司，合计同比共增加利润 1.4 亿元。化学原料及化学制品制造业、有色金属矿采选业和烟草制品业分别实现利润 7.4 亿元、3.2 亿元和 5.1 亿元，同比分别增加利润 2.0 亿元、1.4 亿元和 1.3 亿元。以上六大行业合计实现利润 84.4 亿元，占规模以上工业利润的 63.7%；同比增加利润 19.5 亿元，是全部规模以上工业利润增加额的 2.1 倍。

## 四、所有市均实现盈利，多数市利润增长

2005 年，广西自治区各市规模以上工业均整体实现盈利。其中，创利最多的前五位是：柳州市和百色市，分别实现利润 34.5 亿元和 20.8 亿元，仍居第一、第二位；排第三的是南宁市，实现利润 13.6 亿元，比上年前进一位；居第四的是桂林市，实现利润 12.8 亿元，也比上年前进一位；来宾市实现利润 11.5 亿元，排位由上年的第三位退至第五位。在全区 14 个市中，有 11 个利润比上年增长，占 78.5%。其中增长 1 倍以上的有钦州市、梧州市、防城港市和贵港市，分别增长 1.5 倍、1.4 倍、1.3 倍和 1.0 倍。下降的有玉林、来宾和北海等 3 个市。玉林市主要受玉柴机器股份有限公司效益大幅下滑影响，全市利润总额同比下降 27.0%；来宾市下降 20.3%，其中影响最大的是广西八一铁合金集团有限责任公司和广西康密劳铁合金有限公司，两大铁合金企业同比共减少利润 4.2 亿元；北海市利润下降 7.3%，原因主要是中国石油化工股份有限公司北海分公司同比增亏 0.7 亿元。

# 2005 年海南省工业经济运行概况

2005 年是实现“十五”计划发展目标的最后一年。海南省委、省政府带领全省各族人民，坚持以科学的发展观统领经济社会发展全局，经济运行保持平稳较快增长。初步核算，2005 年全省生产总值（GDP）903.60 亿元，按可比价格计算，比上年增长 10.1%。

2005 年海南省工业经济保持较快增势。全年全省全部工业增加值 166.62 亿元，按可比价格和同口径计算，比上年增长 17.0%，“十五”期间平均每年递增 16.6%，占生产总值比重由 13.4%提高至 19.1%，对经济增长贡献率由 14.1%提高至 28.5%，工业“短腿”逐步拉长，经济增长技术含量明显提高。其中，规模以上工业企业完成增加值 148.47 亿元，比上年增长 18.6%，“十五”期间平均每年递增 18.5%，“大公司进入、大项目拉动”效应凸显。在规模以上工业增加值中，国有控股企业完成增加值 85.66 亿元，比上年增长 9.3%。在规模以上工业增加值中，重工业完成增加值 97.40 亿元，比上年增长 18.9%；轻工业完成增加值 51.07 亿元，比上年增长 18.2%。分经济类型看，国有企业完成增加值 38.76 亿元，增长 19.9%；股份合作企业完成增加值 2.77 亿元，增长 30.5%；股份制企业完成增加值 57.89 亿元，增长 2.0%；外商及港澳台企业完成增加值 41.07 亿元，增长 64.9%；集体企业增加值完成 0.53 亿元，下降 17.2%；其他经济类型工业完成增加值 7.45 亿元，增长 12.3%。工业产品产销率 98.7%，比上年提高 1.0 个百分点。

一些适应市场需求的主要工业产品产量大幅增长。

**2005 年主要工业产品产量**

| 产品名称 | 单位 | 绝对数 | 比上年增减% |
|---|---|---|---|
| 发电量 | 亿千瓦时 | 81.64 | 23.1 |
| 铁矿石（成品矿） | 万吨 | 285.65 | -4.3 |
| 原油加工量 | 万吨 | 12.7 | -13.5 |
| 钢材（成品钢材） | 万吨 | 14.86 | -15.3 |
| 水泥 | 万吨 | 442.55 | 5.4 |
| 人造板 | 万立方米 | 18.55 | -16.1 |
| 汽车 | 辆 | 73086 | 9.2 |
| 摩托车 | 万辆 | 6.74 | -44.3 |
| 塑料制品 | 万吨 | 2.49 | 63.1 |
| 化学纤维 | 万吨 | 4.61 | -18.6 |
| 服装 | 万件 | 1350.93 | 12.3 |
| 配混合饲料 | 万吨 | 73.76 | 9.7 |
| 成品糖 | 万吨 | 27.51 | -35.6 |
| 原盐 | 万吨 | 16.69 | 97.1 |
| 卷烟 | 亿支 | 59.00 | 0.0 |
| 罐头 | 万吨 | 13.84 | 15.1 |
| 无酒精饮料 | 万吨 | 27.62 | 8.5 |
| 饮料酒 | 万吨 | 15.19 | 33.4 |
| 其中：啤酒 | 万吨 | 11.99 | 36.7 |
| 机制纸及纸板 | 万吨 | 1.27 | 18.5 |
| 油漆 | 吨 | 3818 | -30.6 |
| 氮肥 | 万吨 | 62.21 | -3.7 |
| 磷肥 | 万吨 | 0.44 | 10.4 |
| 合成纤维聚合物 | 万吨 | 4.27 | -22.0 |
| 天然原油 | 吨 | 100677 | 24.4 |
| 天然气 | 万立方米 | 16567 | 28.7 |

# 2005 年重庆市工业经济运行概况

2005 年是“十五”计划的最后一年。重庆市认真贯彻中央的宏观调控政策，国民经济持续快速协调发展，初步核算，全年实现地区生产总值 3069.10 亿元，比上年增长 11.5%。

2005 年重庆工业实现增加值 1023.35 亿元，比上年增长 14.0%，其中全部国有及年主营业务收入 500 万元及以上的非国有工业（简称规模以上工业，下同）实现增加值 716.36 亿元，增长 17.1%。产品销售率为 98.8%，比上年提高 0.6 个百分点。

全市生产汽车 42.15 万辆，比上年减少 1.7%，其中轿车 15.33 万辆，减少 2.5%；生产摩托车 420.84 万辆，比上年增长 27.6%。

全市规模以上工业经济效益综合指数为 138.3，比上年下降 0.5 个百分点；实现利润 112.06 亿元，比上年下降 1.8%；总资产贡献率为 9.8%，下降 0.9 个百分点；人均劳动生产率达到 71176 元，增长 13.9%。

表 1　2005 年重庆市
规模以上工业增加值主要分类情况

单位:亿元

| 指　　标 | 增加值 | 比上年增长% |
|---|---|---|
| 工业增加值 | 716.36 | 17.1 |
| 其中:国有企业 | 55.94 | 13.8 |
| 集体企业 | 10.94 | 16.6 |
| 股份合作企业 | 4.88 | 17.3 |
| 股份制企业 | 495.19 | 20.3 |
| 外商及港澳台投资企业 | 126.31 | 11.3 |
| 其它经济 | 23.10 | 33.4 |
| 其中:轻工业 | 245.23 | 20.1 |
| 重工业 | 471.13 | 15.4 |
| 其中:国有及国有控股企业 | 392.84 | 9.0 |

表 2　2005 年重庆市工业主要产品产量

| 主要产品名称 | 单位 | 产量 | 比上年增长% |
|---|---|---|---|
| 原煤 | 万吨 | 1957.79 | 5.4 |
| 天然气 | 万立方米 | 32658.20 | 46.6 |
| 发电量 | 亿千瓦小时 | 234.03 | 4.1 |
| 钢材 | 万吨 | 294.70 | 8.4 |
| 铝材 | 万吨 | 39.36 | 41.9 |
| 水泥 | 万吨 | 2100.69 | 17.0 |
| 农用化学肥料 | 万吨 | 118.00 | 11.1 |
| 汽车 | 万辆 | 42.15 | -1.7 |
| # 轿车 | 万辆 | 15.33 | -2.5 |
| 摩托车 | 万辆 | 420.84 | 27.6 |
| 中成药 | 吨 | 23240 | -7.0 |
| 啤酒 | 千升 | 538705 | 16.6 |

# 2005 年四川省工业经济运行概况

2005 年,四川省紧紧抓住西部大开发机遇,坚持在发展中搞好调控,在调控中加快发展,促进了全省国民经济持续、快速、协调健康发展和社会事业的全面进步,国民经济保持了持续快速增长势头。经国家统计局审定,全年全省生产总值 7385.1 亿元,比上年增长 12.6%。

2005 年四川省工业努力克服煤电油运气紧张的困难,合理组织生产,工业经济保持了快速增长。全部工业增加值 2512.6 亿元,增长 19.9%,对经济增长的贡献率由上年的 48.2%提高到 53%。在国有及年销售收入 500 万元以上非国有工业企业中,轻工业增加值 648.1 亿元,增长 24.2%;重工业增加值 1386.3 亿元,增长 22.3%。按经济成分划分,公有制工业企业增加值 1047.7 亿元,增长 17.1%;非公有制工业企业增加值 986.7 亿元,增长 29.8%。全省工业四大优势产业完成增加值 1510 亿元,占规模以上工业增加值的 74.2%,增长 26.9%。其中,高新技术产业完成工业增加值 167.7 亿元,增长 22.9%;优势资源产业增加值 742.1 亿元,增长 27.1%;装备制造产业增加值 265.3 亿元,增长 33.6%;农产品加工产业增加值 334.8 亿元,增长 23.6%。全年规模以上工业企业实现出口交货值 274.6 亿元,增长 11.5%;完成新产品产值 857.5 亿元,增长 49.9%。

在统计的 92 种重点产品中,有 79 种产品生产增长,增长面达 85.9%。尤其是能源、原材料、支农产品、食品、轻纺品、耐用消费品、建材化工、机电及其他产品生产增势良好。其中,原油加工量、汽油、天然气、合成氨、机制纸及纸板、中成药等产品产量增幅在 15%~25%之间;氮肥、化学农药、乳制品、服装、人造板、塑料制品、发电设备、铝材等的增幅则在 25%~40%之间;增长平稳的有水泥增长 12.6%,发电量增长 8.3%,彩色电视机增长 13.5%,汽车增长 6.1%。

工业经济效益进一步改善,工业利润创历史最好水平。在 7614 个国有及年销售收入 500 万元以上的非国有工业企业中,盈利企业盈利额 357.3 亿元,增长 30.3%;亏损企业亏损额 35.4 亿元,减亏 52.2%;盈亏相抵后实现净利润 321.9 亿元,增长 31.3%。其中,国有及国有控股企业实现净利润 162.6 亿元,增长 92.3%。工业经济效益综合指数 157.8,创历史新高,比上年提高 26.3 点。全年实现销售收入 5928.1 亿元,增长 30.1%;实现利税 648.3 亿元,增长 39%。

"十五"时期,工业增加值累计增长 1.1 倍,年均递增 15.6%,比"九五"提高 5.8 个百分点,工业经济效益综合指数比 2000 年提高 68 个百分点,规模以上工业中轻重工业增加值比重由 2000 年的 47.6:52.4 调整为 2005 年的 31.9:68.1。

# 2005年贵州省工业经济运行概况

2005年，贵州省紧紧抓住国家实施西部大开发战略和新阶段扶贫开发这两大机遇，积极推进结构调整，努力解决制约经济和社会发展的突出矛盾，胜利完成了“十五”计划，国民经济呈现出速度比较快、效益比较好、结构逐步改善、协调性逐渐增强的良好势头。经初步核算，2005年全省生产总值为1942亿元，按可比价格计算，比上年增长11.5%，是1985年以来增长最快的一年。

2005年贵州省工业在优势行业带动下实现快速发展。2005年，全省工业增加值完成711.86亿元，比上年增长14.8%。其中，全部国有及年产品销售收入在500万元及以上非国有工业企业(以下简称规模以上工业企业)实现增加值561.59亿元，比上年增长17.0%。

表1　2005年规模以上工业增加值

单位：亿元

| 指标名称 | 绝对数 | 比上年增长(%) |
|---|---|---|
| 规模以上工业增加值 | 561.59 | 17.0 |
| 其中：国有及国有控股企业 | 387.63 | 15.1 |
| 其中：集体企业 | 8.99 | -0.1 |
| 股份制企业 | 234.30 | 15.2 |
| 外商及港澳台投资企业 | 13.38 | -13.7 |
| 其中：轻工业 | 173.25 | 25.3 |
| 重工业 | 388.34 | 13.3 |
| 主要工业行业增加值 | | |
| 其中：煤炭开采和洗选业 | 39.82 | 23.9 |
| 饮料制造业 | 38.15 | 27.3 |
| 其中：酒的制造 | 37.34 | 27.5 |
| 烟草制品业 | 72.27 | 25.7 |
| 其中：卷烟制造 | 70.97 | 25.8 |
| 化学原料及化学制品制造业 | 52.68 | 20.3 |
| 医药制造业 | 32.73 | 31.6 |
| 黑色金属冶炼及压延加工业 | 43.82 | -1.2 |
| 有色金属冶炼及压延加工业 | 40.34 | -0.4 |
| 通信设备、计算机及电子设备制造业 | 6.65 | 17.3 |
| 电力、热力的生产和供应业 | 124.67 | 16.6 |

表2　2005年规模以上工业主要产品产量

| 指标名称 | 计量单位 | 绝对数 | 比上年增长(%) |
|---|---|---|---|
| 原煤产量(全社会) | 万吨 | 10795.50 | 10.6 |
| 煤气生产量 | 亿立方米 | 39.45 | 13.5 |
| 磷矿石(折含$P_2O_5$ 30%) | 万吨 | 878.79 | 6.7 |
| 发电量 | 亿千瓦小时 | 786.78 | 10.8 |
| 白酒(折65度，商品量) | 万千升 | 11.74 | 26.0 |
| 啤酒 | 万千升 | 16.55 | 20.0 |
| 卷烟 | 万箱 | 208.21 | 6.9 |
| 硫酸(折100%) | 万吨 | 341.10 | 18.0 |
| 合成氨 | 万吨 | 105.95 | 5.6 |
| 农用氮、磷、钾化学肥料总计(折纯) | 万吨 | 268.28 | 24.6 |
| 其中：磷酸铵肥 | 万吨 | 227.50 | 15.8 |
| 中成药 | 万吨 | 3.61 | 26.9 |
| 轮胎外胎 | 万条 | 371.66 | 4.4 |
| 水泥 | 万吨 | 1557.97 | 9.3 |
| 生铁 | 万吨 | 249.56 | 18.1 |
| 铁合金 | 万吨 | 122.95 | 3.5 |
| 粗钢 | 万吨 | 237.83 | 11.9 |
| 钢材 | 万吨 | 214.85 | 3.9 |
| 铝 | 万吨 | 41.99 | 0.7 |
| 氧化铝 | 万吨 | 97.43 | 11.0 |
| 彩色电视机 | 万部 | 74.10 | 19.1 |
| 家用电冰箱 | 万台 | 80.17 | 11.0 |
| 移动电话机 | 万部 | 54.91 | 82.8 |
| 微硬盘 | 万部 | 28.18 | -63.0 |

2005年，全省37个工业行业大类中，实现增加值在10亿元以上的有10个行业。其中，电力、烟草、饮料、化工和医药五大行业对全省工业增长合计贡献率达到71.8%。原煤、酒、发电量、中成药、氧化铝和化肥等主要工业产品产量增长较快。

工业企业总体经济效益大幅度提高。全年规模以上工业经济效益综合指数为150.04，比上年提高14.59点，是2000年以来最好水平。规模以上工业企业盈亏相抵后实现利润75.29亿元，比上年增长19.7%，其中，国有及国有控股企业实现利润60.17亿元，比上年增长29.7%。

# 2005年云南省工业经济发展概况

2005年,在省委、省政府的正确领导下,云南省各地、各部门和企业以科学发展观为统领,认真贯彻国家宏观调控的各项政策,紧紧围绕走新型工业化道路,实施工业强省战略,以实现工业经济既快又好发展为目标,加快工业结构调整,努力克服了干旱和煤电油运紧张等不利因素的影响,全省工业经济在上年较快增长的基础上继续保持了速度和效益的平稳增长。同时,工业经济在总量、结构、效益、投入以及缓解瓶颈制约等方面取得新的突破。

## 一、运行情况

### 1. 规模以上工业增加值突破千亿元大关

2005年,全省规模以上工业累计完成增加值1018.07亿元,比2004年增长8.4%,是2002年的1.56倍,年均增长16.1%,达到了云南工业发展倍增计划的进度要求。

从全年运行走势看,受干旱入汛推迟、煤电油运紧张以及国家调控卷烟生产进度等因素影响,全省规模以上工业增速由1月的37.1%下滑到8月末的6.0%。通过迅速采取有力措施,加大综合协调力度,全省工业经济扭转了持续下滑的不利局面,增速逐月回升,在上年较快增长基础上仍然实现了8.4%的平稳增长,并且稳定性逐步增强。

州市经济快速增长,11个州市快于全省平均增长水平。16个州市中,有15个州市增长,1个州市下降。其中昆明、曲靖、大理、楚雄、昭通、文山、保山、思茅、版纳、怒江、迪庆等11个州市快于全省平均水平;德宏州下降31.1%,降幅较大。文山州工业经济发展较快,增幅达到32.5%,工业经济总量已经跃居9个非产烟州市第1位。在制糖工业的拉动下,保山、思茅、版纳等州市增幅均达到19%以上。

大中型工业企业保持稳定增长。2005年,全省大中型工业企业完成工业增加值831.22亿元,占全省规模以上工业增加值的81.6%,增长8.0%。

### 2. 经济效益取得新的突破

产销衔接良好。全年规模以上工业产销率99.4%,比2004年提高0.8个百分点。分轻重工业看,轻工业101.1%,重工业98.6%,分别比2004年提高1.4和0.7个百分点。分经济类型看,国有及国有控股、股份制、外商及港澳台投资企业均较上年有不同程度提高。

主营业务收入继续快速增长。2005年规模以上工业企业实现主营业业务收入2532.59亿元,比上年增长24.8%。

工业企业经济效益继续提高,工业企业实现利润突破200亿元大关。工业企业利润在连续两年保持32%~75%高速增长的基础上,2005年进入平稳增长阶段,全年工业经济效益综合指数222.25,与2004年持平;实现利润223.18亿元,比2004年增长6.0%,在2003年基础上翻了一番;实现利税638.57亿元,比2004年增长8.6%。

### 3. 工业投入取得新的突破

2005年,全省工业固定资产投资完成602.69亿元,比2004年增长47.3%,占全社会固定资产投资的比重达到34.6%,比2004年提高了近5个百分点。技术改造投资跃上新台阶,全年完成技术改造投资252.6亿元,增长26.7%,其中,工业技术改造投资完成184.15亿元,增长42.0%,企业技术进步和技术创新能力得到加强,为培育新的经济增长点,确保工业经济的快速、协调、健康发展打下良好的基础。

### 4. 能源生产总量取得新的突破,瓶颈制约矛盾得到部分缓解

由于各方面对煤电油运工作重视程度高、工作部署早、协调力度大,生产供给不断增加,2005年全省原煤产量再创新高,全年生产原煤6462.14万吨,增长21.5%,比上年多产煤1146万吨;在遭受严重干旱使入汛推迟,同时汛期结束也早,全年没有新的火电机组投产情况下,全省发电量继续快速增长,全年共发电624.20亿千瓦时,增长14.8%,比上年多发电80亿千瓦时。能源产品的较快增长,保障了工业经济的平稳增长。

## 二、全国及西部省区情况

2005年,全国规模以上工业完成增加值66425亿元,比上年增长16.4%;实现利润14362亿元,增

加 2649 亿元,增长 22.6%。工业企业经济效益综合指数为 176.61,比上年提高 11.7 点。

按规模以上工业经济总量比较,云南省排在全国第 21 位,比 2004 年下降了两位;西部省区中在四川、陕西、内蒙古之后列第 4 位,也下降两位;内蒙古和陕西在总量上已经超过云南省;按增速比较,云南省在全国末位。

## 2005 年陕西省工业经济发展概况

2005 年,陕西省认真贯彻落实科学发展观,抓住宏观调控的有利机遇,继续加快经济结构调整,构建和谐社会,全省经济呈现持续、快速、协调、健康发展之势,多项经济社会发展指标超额完成预期目标,国民经济持续快速增长。2005 年陕西生产总值 3674.75 亿元,比上年增长 12.6%。

2005 年陕西省工业生产保持稳定增长。国有及年产品销售收入 500 万元以上非国有工业企业(以下简称规模以上工业企业)完成工业增加值 1267.18 亿元,比上年增长 18.7%。分轻重工业看,重工业完成增加值 1056.42 亿元,增长 20.9%;轻工业完成 210.77 亿元,增长 17.5%。全年工业产品销售率为 97.45%,增加 0.2 个百分点。

支柱产业发展迅速,对工业拉动作用明显。能源化工工业完成工业总产值 1523.63 亿元,比上年增长 36.9%,拉动规模以上工业增长 15.8 个百分点;有色冶金工业完成 366.57 亿元,增长 53%,拉动规模以上工业增长 4.9 个百分点;其他支柱产业中装备制造工业增长 17.5%,食品工业增长 25.3%,通信设备计算机及其他电子设备制造业下降 8.2%,医药制造业增长 20.6%,非金属矿物制品业增长 12.1%,纺织服装工业增长 11.5%。

规模以上工业企业综合经济效益水平大幅度提高。全年实现销售收入 3175.6 亿元,比上年增长 25.7%;资产合计 5004.14 亿元,增长 21.2%;实现利润 385.9 亿元,增长 59.8%;税金总额 236.42 亿元,增长 26.7%;工业企业经济效益综合指数 199.64%,提高 32.7 个百分点。

主要工业产品多数保持较快增长。能源类产品保持稳定增长,其中原煤生产增长 15.3%,天然原油增长 16.4%,天然气增长 2.8%,发电量增长 2.6%,原油加工量增长 19.8%;多数化工产品保持增长,其中硫酸生产增长 4.9%,氢氧化钠增长 0.1%,碳化钙增长 69.2%,合成氨下降 2.4%,化肥下降 3.6%;主要建材类产品保持增长,其中水泥增长 11%,生铁增长 34.9%,粗钢增长 39.5%,钢材增长 45.8%;家用电器及通讯类产品有升有降,其中空调器用压缩机下降 9.9%,程控交换机下降 40.4%,微型电子计算机增长 63.6%,彩色显像管增长 23.1%,彩色电视机下降 3.6%;在其他产品中,汽车生产下降 13.4%,十种有色金属增长 3.8%,变压器增长 8.3%。

## 2005 年甘肃省工业经济运行概况

2005 年,甘肃省上下不断深化对省情的认识,以科学发展观为指导,认真贯彻落实省委、省政府关于"发展抓项目,改革抓企业"的战略举措,全省社会经济取得了长足发展,经济实现两位数增长,城乡居民生活水平继续提高,各项社会事业全面进步。国民经济持续快速增长,经济运行质量不断提高。初步核算,全年全省实现生产总值 1928.14 亿元,比上年增长 11.7%,"十五"时期年均增长 10.7%

2005 年全省工业生产快速增长。全年实现工业增加值 685.80 亿元,比上年增长 15.3%,"十五"时期年均增长 12.60%。规模以上工业企业实现工业增加值 601.80 亿元,比上年增长 18.55%。其中国有及国有控股企业完成增加值 475.04 亿元,增长 17.36%。按登记注册分,集体企业完成 29.81 亿元,增长 8.69%;外商及港澳台企业完成 11.12 亿元,增长 14.24%;股份制企业完成 307.16 亿元,增长 14.63%。按行业分,黑色金属冶炼及压延加工业完成 63.67 亿元,增长 39.33%;有色金属冶炼及压延加工业完成 113.40 亿元,增长 24.19%;化学原料及化学制品制造业完成 50.70 亿元,增长

表 1　主要工业产品产量情况

| 产品名称 | 单位 | 产量 | 比上年增长(%) |
|---|---|---|---|
| 纱 | 万吨 | 2.46 | 13.36 |
| 布 | 亿米 | 0.43 | 10.26 |
| 化纤 | 万吨 | 0.60 | -77.27 |
| 卷烟 | 万箱 | 71.00 | 61.00 |
| 一次能源生产总量 | 万吨标准煤 | 3598.75 | 6.80 |
| 原煤 | 万吨 | 3619.84 | 2.26 |
| 原油 | 万吨 | 305.00 | 2.39 |
| 原油加工量 | 万吨 | 1225.17 | 8.87 |
| 发电量 | 亿千瓦小时 | 501.78 | 10.18 |
| 其中:水电 | 亿千瓦小时 | 160.85 | 31.42 |
| 粗钢 | 万吨 | 458.44 | 64.49 |
| 钢材 | 万吨 | 452.25 | 53.14 |
| 十种有色金属 | 万吨 | 117.93 | 14.05 |
| 其中:铝 | 万吨 | 56.95 | 21.28 |
| 镍 | 万吨 | 8.28 | 27.78 |
| 铜 | 万吨 | 23.79 | 24.17 |
| 铅 | 万吨 | 6.07 | -9.67 |
| 锌 | 万吨 | 22.61 | 5.11 |
| 水泥 | 万吨 | 1553.29 | 9.23 |
| 硫酸 | 万吨 | 123.84 | 5.79 |
| 纯碱 | 万吨 | 18.01 | 16.27 |
| 烧碱 | 万吨 | 7.34 | 23.36 |
| 乙烯 | 万吨 | 24.57 | 2.93 |
| 化肥(折 100%) | 万吨 | 113.51 | 6.39 |
| 集成电路 | 亿块 | 24.33 | 19.69 |

12.29%;非金属矿物制品业完成 16.27 亿元,增长 7.04%。规模以上工业企业产品销售率 97.83%,比上年下降 0.35 个百分点。按轻重工业分,轻工业完成增加值 83.28 亿元,增长 12.93%;重工业完成增加值 518.52 亿元,增长 19.50%。主要产品产量增长较快(见表 1)。

经济运行质量提高。全年规模以上工业企业盈亏相抵后,实现利润总额 63.01 亿元,比上年增长 1.14%,其中国有及国有控股企业实现利润 52.08 亿元,增长 0.47%。按登记注册分,集体企业实现利润 1.64 亿元,增长 61.92%;股份制企业实现利润 27.85 亿元,下降 29.76%。规模以上工业亏损企业亏损额 53.7 亿元,比上年增长 2.14 倍,其中国有及国有控股亏损企业亏损额 49.46 亿元,比上年增长 2.38 倍。

# 2005 年宁夏回族自治区工业经济运行概况

2005 年,国家实施的控制房地产开发和投资规模,调整高耗能电价政策和出口退税政策等一系列宏观调控政策的效应持续显现,对宁夏自治区工业经济运行产生了显著的影响。在自治区党委和政府的正确领导下,通过各级政府和全区工业战线广大职工的不懈努力,工业生产依然保持了较快的增长态势。

## 一、运行情况

### (一)工业生产保持高位增长态势

据工业快报统计,2005 年,全区规模以上工业完成工业总产值 660.01 亿元,按现行价格计算,比上年同期增长 24.77%。实现工业增加值 202.34 亿元,按可比价格计算,比上年同期增长 18.53%。完成工业销售产值 651.21 亿元,按现行价格计算,比上年同期增长 26.04%。

1. 轻、重工业生产、销售同步增长

2005 年,轻工业完成工业增加值 33.26 亿元,按可比价格计算,比上年同期增长 16.99%,重工业完成工业增加值 169.08 亿元,按可比价格计算,比上年同期增长 18.85%。轻工业完成销售产值 115.11 亿元,按现行价格计算,比上年同期增长 34.04%,重工业完成销售产值 536.1 亿元,按现行价格计算,比上年同期增长 24.45%。

2. 国有控股企业生产保持快速增长

2005 年,国有控股企业生产继续保持快速增长,共完成工业增加值 127.46 亿元,按可比价格计算,比上年同期增长 26.81%,比全区平均水平高 8.28 个百分点。对全区规模以上工业增加值的贡献率高达 83.88%,拉动工业生产增长 15.54 个百分分。对全区规模以上工业稳定增长的作用大、贡献高。

3. 外商及港澳台商投资企业、股份制企业继续快速增长,其中股份制企业贡献大

2005 年,外商及港澳台商投资企业完成工业增加值 14.37 亿元,按可比价格计算,比上年同期增长 21.19%,比全区平均水平高 2.66 个百分点。

股份制企业完成工业增加值129.88亿元，按可比价格计算，比上年同期增长21%，比全区平均水平高2.47个百分点。其中：股份制企业对全区规模以上工业增加值增长的贡献率达到了69.67%，拉动工业生产增长12.91个百分点。

4. 新产品产值高速增长

2005年，规模以上工业企业实现新产品产值33.72亿元，按现行价格计算，同比增长35.68%。其中：新产品产值超过1000万元的企业共有19家，实现新产品产值33.2亿元，占全区规模以上工业企业新产品产值的98.46%。银川佳通轮胎有限公司、宁夏启元药业有限公司、宁夏西北奔牛实业集团有限公司、宁夏美利纸业股份有限公司、银川佳通长城轮胎有限公司、宁夏恒力钢丝绳股份有限公司、宁夏长城须崎铸造股份有限公司7家企业的新产品产值过亿元。

5. 医药制造业、金属制品业、食品制造业、电力与热力生产供应业等行业保持高速增长

2005年，全区31个工业大类行业中有12个行业增加值的增幅高于全区平均水平。其中增长较快的有：医药制造业完成工业增加值4.15亿元，同比增长107%；金属制品业完成工业增加值2.56亿元，同比增长53.87%；食品制造业完成工业增加值5亿元，同比增长48.79%；电力、热力的生产和供应业完成工业增加值62.43亿元，同比增长42.64%；煤炭开采和洗选业完成工业增加值26.7亿元，同比增长35.95%；专用设备制造业完成工业增加值2.96亿元，同比增长33.47%；农副食品加工业完成工业增加值2.96亿元，同比增长32.86%；电器机械及器材制造业完成工业增加值1.67亿元，同比增长30.28%。

6. 主要工业产品产量保持增长

2005年，全区考核的主要工业产品产量大部分保持增长，其中增长较快的有：合成洗涤剂(5.67倍)、化学药品原药(93.4%)、电石(67.81%)、氢氧化钠(烧碱59.63%)、淀粉(52.3%)、初级形态塑料(45.04%)、柴油(44.94%)、铌(44.33%)、小麦粉(38.58%)、焦炭(37.6%)、原油加工量(37.3%)等。

**(二)经济效益状况有所好转**

据工业快报显示，2005年工业经济效益综合指数达132.48，较1~11月提高4.81个百分点，比上年同期提高了6.78点。盈亏相抵后实现利润20.07亿元，较前11个月累计增加了5.74亿元。比上年同期增长0.98%。

1. 工业经济效益综合指数提高

2005年，工业经济效益综合指数为132.48，比上年同期提高了6.78点，比1~11月提高4.81点。考核经济效益的七项构成指标中，有四项指标好于上年，其中，资本保值增值率129.38%，比上年同期提高10.45个百分点；流动资产周转率1.59次，比上年同期提高0.04次；全员劳动生产率81741元/人，比上年同期提高25.97%；产品销售率98.67%，比上年同期提高1个百分点。而另外三项均不及上年，其中，资产负债率(逆指标)为63.87%，比上年同期提高0.82个百分点；总资产贡献率7.4%，比上年同期下降1.19个百分点；成本费用利润率3.18%，比上年同期下降0.77个百分点。

2. 规模以上工业企业资产总规模超过千亿元

2005年，全区规模以上工业企业资产合计达到1095.21亿元，比上年同期增长32.32%。其中，资产比重较大的有：国有及国有控股企业685.28亿元，占全部规模以上工业企业资产总计的62.57%，比上年同期增长23.92%；有限责任公司522.22亿元，占全部规模以上工业企业资产总计的47.68%，比上年同期增长52.86%；私营企业173.64亿元，占全部规模以上工业资产总计的15.85%，比上年同期增长43.07%；股份有限公司125.12亿元，占全部规模以上工业企业资产总计的11.42%，比上年同期增长19.09%。

3. 产品销售收入增长22.68%

2005年，全区规模以上工业企业累计实现产品销售收入639.2亿元，比上年同期增长22.68%。实现产品销售收入增幅较大的行业为：电力、热力的生产和供应业140.49亿元，同比增长17.99%；化学原料及化学制品制造业71.43亿元，同比增长33.23%；煤炭开采和洗选业66.94亿元，同比增长54.35%；石油加工、炼焦及核燃料加工业62.76亿元，同比增长59.37%；纺织业34.87亿元，同比增长42.29%等。

4. 盈亏相抵后实现利润20.07亿元

2005年，规模以上工业企业盈亏相抵后实现利润20.07亿元，较前11个月累计增加了5.74亿元，同比增长0.98%。全区盈利在100万元以上的企业

有192户，共盈利33亿元，是全部规模以上工业利润总额的1.64倍。在648户规模以上工业企业中，国电宁夏石嘴山发电有限责任公司等6户企业的利润在1亿元以上，共实现利润14.2亿元，占全部规模以上工业利润总额的70.78%。全区规模以上工业企业利润总额增长较低的原因之一是中国石油宁夏炼化公司的巨额亏损。2005年，宁夏炼化公司净亏损6.67亿元，同比增长11.65倍。如果扣除宁夏炼化公司利润，全区648户规模以上工业企业实现利润总额为26.74亿元，同比增长31.08%。

5. 行业差别十分明显

从行业划分上看，利润分布存在较大差异，增长幅度也各有不同。其中盈利的行业主要是：电力、热力的生产和供应业实现利润9.9亿元，同比增长74.54%；化学原料及化学制品制造业实现利润4.39亿元，同比下降13.03%；有色金属冶炼及压延加工业实现利润3.4亿元，同比增长5.26倍；纺织业实现利润1.88亿元，同比增长42%；煤炭开采和洗选业实现利润1.57亿元，同比增长81.11%；通用设备制造业实现利润1.39亿元，同比增长1.36倍；非金属矿物制品业实现利润2.27亿元，同比下降11.63%等。亏损的行业主要是：石油加工、炼焦及核燃料加工业净亏损6.57亿元，同比增长11.46倍；黑色金属冶炼及压延加工业由盈转亏，净亏损1.86亿元；仪器仪表及文化、办公用机械制造业净亏损2618万元，同比增长2.77倍等。

## 二、存在的问题

国家为控制固定资产过快增长和缓解煤电油运紧张矛盾，先后出台了压缩投资规模，严格土地审批程序，紧缩银根，调整电煤价格和清理整顿电解铝、钢铁、水泥、焦炭等行业及取消部分高耗能产品出口退税并加征出口关税等一系列宏观调控措施的影响，加上部分工业产品原材料购进价格上涨与产品出厂价格倒挂，使宁夏区工业面临的问题和困难更加突出。

### （一）工业经济整体运行质量不高，整体效益增速放缓

2005年，全区工业生产保持了较快的发展速度，规模以上工业实现工业增加值202.34亿元，按可比价格计算，比上年同期增长18.53%，与前几个季度相比增幅有所回落，一季度增幅为23.19%，上半年增幅为21.02%，三季度增幅为19.08%。经济效益综合指数虽逐步上升到132.48，比上年同期提高了6.78点，与前几个季度相比增幅呈快速回落又略微反弹态势，一季度为15.1点，上半年为2.51点，三季度为2.1点。经济效益综合指数比全国平均水平低44.13个点，存在较大差距，与相临的内蒙古、陕西、甘肃、青海相比分别低71.85点、67.16点、13.5点和94.66点。其中影响最重的是成本费用利润率和劳动生产率，说明宁夏区劳动密集型产业居多，全员劳动生产率低，企业的管理水平不高，用于科学研究、技术开发的投入严重不足，产品成本及各项费用过大，盈利能力不高，造成经营业绩不佳，增效能力弱，对工业经济效益整体水平的提高影响最为严重。

### （二）工业结构不尽合理

宁夏的工业发展一直是轻工业“轻”，重工业“重”，并且朝着轻工业越来越“轻”，重工业越来越“重”的方向发展。2005年，全区规模以上工业增加值为202.34亿元，其中，轻工业增加值为33.26亿元，占16.44%，重工业增加值为169.08亿元，占83.56%。不难看出，宁夏区轻工业经济总量偏小，这对于这个农业具有相对优势的省区来说不是十分有利，轻工业发展缓慢必然制约农业生产的发展，而宁夏区重工业多为煤炭与冶炼等传统产业，这些产业有的结构调整难度大，有的效益低下，影响全区工业运行质量的提高。

### （三）亏损企业亏损额大幅增长，工业增盈的后劲不足

2005年，规模以上工业亏损面仍高达41.51%，全部亏损企业的亏损额为13.42亿元，比上年同期增长1.66倍，占全部盈利企业盈利额的40.07%。全区亏损在100万元以上的企业有119户，累计亏损额为12.97亿元，占全部规模以上亏损企业亏损总额的96.65%。2005年，国际原油价格持续高位运行，而成品油价格受国家调控，涨幅较小且上涨滞后，仅中国石油宁夏炼化分公司就产生了6.67亿元的巨额亏损。由于宁夏区经济总量较小，对国家政策变化的反应十分敏感，工业利润的好转仍靠少数经营较好的大型企业的支撑。盈亏大户的经营稍有疏漏，都会使全区利润产生巨大滑坡，由此也反映出宁夏工业增盈的基础比较脆弱，后劲

不足。

**（四）利润的增幅在起伏中下滑，行业效益明显分化**

纵观2005年规模以上工业利润增长的变化，我们不难发现，利润虽然是逐月增加，但增幅却是在起伏中下滑的。从各季的情况看，一季度规模以上工业实现利润4.98亿元，同比增长74.21%；上半年实现利润7.12亿元，同比下降7.08%；前三季度实现利润10.34亿元，同比下降9.6%；全年实现利润20.07亿元，同比增长0.98%，主要原因还在于生产成本拖累和市场需求减弱。由于原材料能源价格持续大幅上涨，致使企业生产成本加大、高关联行业盈利空间被挤压，形成行业效益的明显分化。

**（五）增效能力差，企业拓展市场能力不足，资金占用不合理，负担重，不利于经济效益的提高**

2005年，宁夏规模以上工业成本费用利润率仅为3.18%，与全国平均水平相差3.13个百分点，工业总体技术投资较少，技术水平偏低，成本高，增效能力和产品创新能力差。近年来产品结构调整取得了一定的成效，但还没有完全改变宁夏工业产品中初级产品多、深加工产品少，一般产品多、高新产品、名优产品少的状况。因此，参与市场竞争的能力不强，随着市场需求的变化，主要产品供大于求的矛盾更加突出，加上近年来企业的外欠货款居高不下，挤占了大量的流动资金，使资金紧张的矛盾更加突出。2005年，全区规模以上工业应收账款净额为77.83亿元，比上年同期增长25.98%，产成品库存为52.57亿元，比上年同期增长37.46%。“两金”合计为130.39亿元，相当于同期流动资产平均余额的32.35%。大量的资金沉淀，一方面加剧了流动资金的紧张局面，致使流动资金周转减缓（流动资金周转率仅达到全国平均水平的68.83%），职工工资不能按时发放，企业生产无法正常进行。另一方面，为了维持生产，企业不得不增加外借资金，使负债额加大，资产负债率高达63.87%，高出全国平均水平5.62个百分点。随着企业资产负债水平的提高，企业利息支出也不断增加。2005年，利息支出已达到15亿元，同比增长了17.6%，相当于同期利税总额的28.08%。此外，原材料价格、电价和汽车运输价格上涨，污染企业多，环保代价大，小型企业贷款难等问题，都不同程度地制约了企业生产经营资金的充分利用和工业经济效益的提高。

## 三、采取的措施

当前，在保持经济持续稳定增长中提高工业效益，是摆在我们面前的一项艰巨而紧迫的任务。特别是在外部环境对企业效益波动作用日益加大的今天，强调加强企业内部管理、向管理要效益固然重要，但还须看到，做好这项工作更有赖于政府管理部门通过宏观调控手段帮助企业改善经营环境、减少影响效益提升的负面干扰因素。

**（一）加强政府管理部门的宏观调控，帮助企业改善经营环境、促进效益提升**

要扭转部分行业受损的局面，必须依靠政府出台相关调控对策，加强对工业经济运行的协调和指导，不断改善政府管理和服务，为提高各行业企业的经济效益创造更加宽松、有利的宏观环境，使强者更强、弱者增强，努力保持工业生产稳步增长，防止经济效益进一步下滑，对经济运行中反映出来的新情况和新问题，要深入调查研究，及时采取有效措施加以解决，以实现经济增长速度与效益的统一，促进宁夏工业持续健康地发展。从某种意义上说，眼下加大力度进行综合治理，对于工业经济整体健康发展更为紧迫，能否实现统筹兼顾、协调发展，可谓是对政府宏观调控能力和水平的一次关键性考验。

**（二）调整结构，注重轻重工业协调发展**

只有轻重工业协调发展，才有利于全区工业运行质量的提高。近来年，宁夏区轻工业改革发展虽然取得了很大成绩，但在整个工业中所占比重偏低，2005年轻工业增加值占全区规模以上工业增加值的比重仅为16.44%，加快轻工业发展势在必行。轻工业和农业产业化具有天然的亲和关系，是农业产业向市场延伸并提高农产品附加值的桥梁和纽带。宁夏区轻工业可以充分利用农业资源丰富的优势，将农副产品转化为轻工商品，通过发展资源型、劳动密集型以及高附加值的农产品深加工产业，来推动轻工业的发展。

**（三）进一步作好扭亏增盈工作，继续深化企业改革**

由于企业盈利能力两极分化日趋严重，全区已有192户企业的利润总额在百万元以上，累计盈利额33亿元，是全部规模以上利润总额的1.64倍。全区亏损在100万元以上的企业有119户，累计亏损额为12.97亿元，占全部规模以上亏损企业亏损总额的96.65%。，对全区盈利水平影响很大。因此要继续高度关注盈亏大户的生产经营，各级政府和有关部门应积极创造条件、采取措施为企业营造出更加宽松的运行环境。有针对性地对不同情况的亏损企业区别对待，解决实际问题，帮助企业尽快走出困境。对产品无优势、无销路、资不抵债、扭亏无望的企业，应加快兼并破产的步伐。继续深化企业改革，建立现代企业制度和促进政府职能转变，搞好职工的社会保障工作，建立健全职工养老保险、待业保险以及医疗保险制度，完善企业住房公积金制度，健全最低生活费保障制度，使社会保障体系逐步完善，从根本上消除职工的后顾之忧。

**（四）努力提高企业综合管理水平，协调发展分工协作体系**

管理不善是宁夏区工业综合经济效益水平不高的原因之一。从经济效益综合指数的分项指标来看，成本费用利润率和全员劳动生产率的影响较为严重。一方面由于产品成本及各项费用过大，造成盈利空间缩小。另一方面由于宁夏区产业结构属于粗放型，所以，大部分企业都是劳动密集型企业，而且劳动者素质不高，技术水平低，企业之间关联度差，劳动生产率必然难以提高。因此，强化企业管理，提高科学化管理水平，也是企业扭亏增盈、提高竞争能力的重要途径，更是建立现代化企业制度的内在要求。企业应以节能降耗为突破口，严格考核和控制生产经营各个环节的成本费用，努力减少不合理资金占用，提高资金使用效率。要学习和吸收国内外先进的管理办法和经验，提升企业管理水平。在企业管理水平不断提高的前提下，通过市场达到资源的优化配置，使大中小型企业相互结合、相互依存、相互促进、相互补充，逐步形成良好的分工协作体系，提高生产的社会化水平。

**（五）适应市场消费结构的变动，加快发展高效产业，提高产品竞争力**

随着市场消费结构升级加快，企业生产如何适销对路尤为重要。一是要从满足高层次的消费需求入手，通过积极调整产业结构、产品结构，增加高档产品、创新商品的供给，最大限度地满足消费者的升级需求；二是要大力扶持和发展高利税、高附加值产业，以促进传统产业的盈利模式、市场需求、产品性能、生产组织方式、资源消耗的根本性变化，使其增长方式更加符合集约发展、可持续发展和循环经济的要求；三是对知名度高、成长性好的产品和产业加大投入和培养的力度，使之尽快上规模、上档次，形成品牌，发挥效益；四是想方设法扩大营销渠道，积极开拓国内市场，提高国内市场的占有份额。同时，要坚决限制无销路、效益差、环境污染严重，国家产业政策规定限制发展的产品，使宁夏工业产品的结构逐步优化，对市场的适应性得到提高。

# 2005年青海省工业经济运行概况

2005年，青海省积极围绕“消除贫困、富民强省”和“深化改革、创新体制”两大历史任务，开拓进取，国民经济和社会发展取得了鼓舞人心的重大成就，全省全年创造生产总值543.20亿元，按可比价格计算，比上年增长12.2%。

2005年青海省工业生产快速增长。全省全部工业完成增加值203.94亿元，按可比价格计算，比上年增长21.0%。

## 一、各类型、各行业企业增长情况

2005年规模以上工业创造增加值179.54亿元，增长22.7%，其中国有及国有控股企业完成150.95亿元，增长24.5%。按登记注册类型分，规模以上股份制企业完成增加值148.04亿元，增长25.1%；集体企业完成增加值1.10亿元，下降14.7%；外商及港澳台投资企业完成增加值4.17亿元，下降2.7%；私营企业完成增加值9.67亿元，增长37.2%。按轻重工业分，规模以上轻工业完成增加值9.47亿元、重工业完成增加值170.07亿元，分别比上年增长24.9%和22.6%。高新技术产业增加值4.43亿元，比上年增长52.4%。规模以上黑色金属冶炼及压延加工业完成增加值11.92亿元,比上年增长10.3%;有色金属冶炼及压延加工业完成增加值29.62亿元,比上年增长14.8%;化学原料及化学制品制造业完成增加值20.79亿元,比上年增长39.9%;非金属矿物制品业完成增加值5.55亿元,比上年增长14.5%;通用设备制造业完成增加值2.61亿元,比上年增长17.9%;电气机械及器材制造业完成增加值0.26亿元,比上年增长80.9%;交通运输设备制造业完成增加值0.99亿元,比上年增长44.8%。全年四大支柱产业创造增加值100.41亿元,比上年增长25.0%,其中,石油和天然气开采业35.45亿元,增长6.7%,水力发电业16.26亿元,增长63.7%,有色金属业33.52亿元,增长16.9%,盐化工业15.18亿元,增长58.1%。四大优势产业创造增加值51.90亿元,比上年增长14.6%,其中,冶金工业46.73亿元,增长14.1%,医药制造业0.97亿元,增长97.5%,畜产品加工业1.07亿元,增长13.6%,建材工业3.13亿元,增长8.5%。

### 二、主要工业产品普遍增产

全年生产原煤554.85万吨,比上年增产36.5%;天然气22.26亿立方米,增产18.8%;原油加工量95.02万吨,增产16.1%;发电量213.15亿千瓦小时,增产24.8%,其中水电157.52亿千瓦小时,增产45.4%;粗钢50.53万吨,增产7.0%;钢材48.47万吨,增产29.7%;十种有色金属72.49万吨,增产17.3%,其中铝66.56万吨,增产20.3%;水泥370.62万吨,增产8.1%;纯碱17.38万吨,增产126.9%;化肥158.88万吨,增产24.6%,其中钾肥155.78万吨,增产24.0%;中成药361吨,增产16.7%;原盐111.85万吨,增产19.0%。规模以上工业企业完成新产品产值6.78亿元,比上年增长15.3%。

### 三、产销衔接进一步改善

规模以上工业企业产品销售率为98.79%,比上年提高0.10个百分点,其中,股份合作企业产销率达99.23%,提高2.26个百分点;国有企业达99.29%,提高0.33个百分点。大中型企业产销率为99.60%,提高0.22个百分点。

### 四、整体经济效益明显提高

全省工业经济效益综合指数达227.14,比上年提高62.14个点。规模以上工业企业实现利润70.02亿元,创历史最好水平。按经济类型分,股份制企业实现利润72.51亿元,增长86.0%;外商及港澳台投资企业实现利润0.94亿元,增长48.6%;集体企业实现利润0.12亿元,增长22.1%。规模以上工业亏损企业亏损额7.41亿元,比上年减亏39.2%,其中国有及国有控股亏损企业亏损额5.90亿元,减亏45.6%。

## 2005年西藏自治区工业经济运行概况

2005年,是“十五”计划的最后一年。西藏自治区各族人民在自治区党委和人民政府的正确领导下,继续实施西部大开发战略和中央第四次西藏工作座谈会提出的各项工作任务,全区国民经济保持了持续快速发展的势头,各项社会事业全面进步,城乡居民生活继续改善,顺利地实现了国民经济和社会发展的主要目标,为“十五”计划画上了圆满的句号。据初步核算,2005年实现西藏生产总值(GDP)250.60亿元,按可比价格计算,比上年增长12.2%。2005年人均GDP达到9098元,增长10.8%。

2005年西藏自治区工业保持持续发展。乡及乡以上工业企业实现增加值17.44亿元,比上年增长14.9%,实现产值31.13亿元,比上年增长14.2%。其中:轻工业完成产值11.45亿元,增长17.6%;重工业完成产值19.68亿元,增长11.8%。国有及国有控股企业全年实现产值22.88亿元,比上年增长8.7%。乡及乡以上工业企业产品销售率92.2%。全年规模以上工业企业实现利润总额3.68亿元,比上年增长18.6%。其中:国有及国有控股企业实现利润2.84亿元,增长14.2%;集体企业实现利润0.75亿元,增长33.5%;股份制企业实现利润0.92亿元，增长0.7%。全年完成水泥产量137.00万吨，增长42.7%；发电量13.34亿千瓦时，增长14.5%；铬矿石11.67万吨，下降17.9%；啤酒4.89万吨，增长25.9%；中成药(藏医药)1210吨，增长11.0%；自来水8783万吨，增长23.5%；瓶(罐)装饮用水3983吨，增长0.6%。

# 2005年新疆维吾尔自治区工业经济运行概况

2005年，在自治区党委、政府的正确领导和有关部门的大力支持下，新疆工业经济步入改革开放以来增速最快、质量最好的时期，工业生产、效益均创历史最好水平。预计完成工业增加值1010亿元，同比增长16.5%，超过预期目标5.5个百分点，高于全国平均水平4.1个点。工业产品销售率98.84%，同比提高1.4个百分点，高于全国平均水平0.95个百分点。工业企业预计实现利润390亿元，增长72.3%，其中石油石化行业实现利润380亿元以上。预计全年完成工业领域投资520亿元，增长20%以上。

## 一、运行情况

2005年是新疆工业经济发展取得突破性进展的一年。突出表现在以下几个方面：

**1. 资源优势转换步伐加快，支柱产业发展势头强劲**

石油石化产业方面，《2004~2010年新疆石油化学工业发展规划》落实有力，139个项目中有28个项目开工建设和启动前期，投资总额达825亿元；独山子千万吨炼油、百万吨乙烯等项目顺利开工，中哈原油管道进入收尾阶段，乌—兰成品油管道和鄯善—兰州原油管道基本建成；中泰化学东山区重化工园、联合化工聚甲醛等一批项目相继启动。

特色矿产资源产业方面，神华、鲁能等一批中国500强企业参与新疆煤电基地、煤—电—铝、煤—电—铜、煤化工等项目建设；阿舍勒铜矿改扩建项目顺利启动，新鑫矿业1万吨高冰镍冶炼项目开工建设，新疆稀有金属公司云母板项目已经建成，喀拉通克铜镍矿铍铜冶炼正式投产。

纺织产业方面，雅戈尔、山东鲁泰、浙江金鹰和巨鹰集团等知名纺织企业重组新疆国有纺织企业或新建纺织企业，呈现出新的生机和活力。

农副产品精深加工产业方面，中粮集团成功收购新疆屯河，在番茄、食糖等农副产品深加工方面迈出了重要步伐；伊利实业收购重组兵地天元公司有序展开；中基、麦趣尔、冠农等农业产业化龙头企业发展加快，实力增强。

高新技术产业实现新突破，众和公司高纯铝(精铝)完全替代进口，并实现向日本、韩国及东南亚等国的批量出口，预计全年实现外销6000吨；新能源公司投资建立了我国第一个太阳能并网系统检测实验室，并为青藏铁路沿线太阳能电站开发了“50千伏安光伏动力电源控制系统”。

**2. 技术进步力度加大，企业竞争实力提高**

围绕石油石化、特色矿产资源、农副产品精深加工等领域，支持骨干企业实施了一批标志性项目。123个地方重点技改项目中有112个开工建设。其中天业集团20万吨PVC、恒盛铍业铍铜合金、八钢集团棒材及380高炉等58个项目如期竣工。国投公司120万吨钾盐、天利高新甲乙酮改造、巨鹰棉业10万锭精梳等54个项目进展顺利。国债项目和自治区技术改造专项资金落实良好。雪峰民爆6000吨乳化炸药和2000吨震源药柱生产线国债项目建成投产。众和股份军用高纯铝生产线技改项目获得国防科工委1080万元专项支持。

技术创新体系建设继续加强。编制下达自治区技术创新项目计划316项，组织企业实施重点技术创新项目36项，安排财政补助资金920万元。天山水泥的“工业废弃物资源综合利用技术创新能力”项目列入国家创新能力建设专项。3个国防科技工业技术基础项目获国家批复开始实施，实现了零的突破。会同有关部门新认定自治区级企业技术中心5家，鉴定验收新产品21项。甲醇汽油、木塑复合材料的推广应用工作初步显效。民爆行业技术创新实现新突破。哈密三岭化工与云南燃二厂合作生产的导爆索填补了新疆民爆产品的一项空白；雪峰民爆自主研制的雷管自动装填生产线达到国内领先水平。

资源综合利用成效显现。《自治区加快推进清洁生产的实施意见》开始全面推进，以八一钢铁集团、天山水泥等企业为试点，清洁生产工作由点到面展开。全年审核认定21个资源综合利用项目(产品)，完成18家企业热电联产机组和7家企业的资源综合利用机组的认定。康德热力天然气供热节能系统改造、哈密大明实业60万吨铁矿节水及资源利用等2个项目列入国家重点支持的节能、环保、资源节约综合利用示范项目，得到国债专项资金支持。

**3. 国际市场开拓呈现良好迹象**

外向型企业发展加快，新疆屯河、美克集团、特变电工、众和股份、国际实业等一批企业实现了产品出口规模化。自治区产业损害预警联系制度已经建立，新疆优势产品产业损害预警机制开始启动。

坚持实施全方位对外开放战略，围绕把新疆建成我国陆上重要的资源和商贸大通道，积极发展对外贸易。全年完成进出口总额79.4亿美元，增长40.9%，居全国第14位，西部省区第1位。完成出口50.4亿美元，进口29亿美元，分别增长65.5%和12.1%。边境小额贸易出口38.6亿美元，占出口总额的76.6%。进一步加大招商引资力度，加快了中哈霍尔果斯国际边境合作中心建设，建立各类园区，吸引了一批内地企业来新疆投资开发，推动了面向中亚、西亚、南亚、东欧和俄罗斯市场出口加工基地和国际商贸中心建设，提升了新疆参与国内外市场竞争的能力。

**4. 园区建设快速推进，招商引资力度加大**

重点工业园区建设取得突破性进展。组织有关部门、地州和重点企业负责人赴沿海发达省市学习考察，并就园区建设问题进行现场调研，组织召开了自治区重点工业园区现场会。争取财政资金，支持20个重点园区编制发展规划。报经自治区人民政府批准，新设立了克拉玛依石油化工、米东新区、头屯河和鄯善石材4个工业园区。其中克拉玛依石油化工园区已建和在建的项目20多个，总投资350多亿元；米东新区工业园新开工92个，全年可完成投资28.4亿元；石河子经济技术开发区有产值超亿元的企业17家。有色集团三大园区和三大基地建设也已启动。工业领域招商引资有新起色。全年300亿元的招商引资任务超额完成；重点行业"十一五"发展规划基本完成。

**5. 中小企业工作取得新进展**

组织起草了《自治区实施〈中小企业促进法〉办法》。中小企业信用担保体系和服务体系建设逐步完善。截止到2005年年底，全区成立38个担保机构，注册资本金8.1亿元。新疆中小企业信息网正式开通。1/3的地州市建立了中小企业服务中心和技术服务中心。争取到国家620万元国家专项和自治区1500万元中小企业发展专项资金，支持阿舍勒铜矿、雪莲维药等企业的29个项目。

**6. 综合调控能力进一步提高，经济运行保障有力**

推进银企合作缓解资金矛盾。组织了建材、轻工、机电等行业重点企业与银行的协调会，帮助企业落实流动资金贷款7.53亿元。

协调能源、原材料生产与供应。及时掌握原油开采及加工计划执行、主要产品市场及价格动态，协调解决原油、成品油产运销相关问题。加强电力运行监测调控，及时协调电力建设和供用电中的矛盾和问题，制定并落实电力应急预案，推进电力需求侧管理，提高电力运行效率。

经济运行基础工作得到加强。进一步加强了电力、流通、黄金、民爆和重点工业企业的统计分析工作，启动了城市生活必需品、重要生产资料、重点流通企业三个信息直报系统，主要行业运行情况网络化、数字化水平明显提高。

## 二、2006年重点工作

2006年是"十一五"规划的起步之年，是深入推进新型工业化进程、乘势前进的一年。做好2006年的工作，对巩固和发展新疆工业经济快速发展的好势头，为"十一五"开好局起好步，有着十分重要的意义。

2006年，预计工业增加值达1170亿元左右，增长17%，工业占生产总值的比重提高1个百分点；工业企业效益力争好于上年；工业领域投资630亿元左右，增长20%以上；单位生产总值能耗降低4%左右。重点做好以下工作：

1. 务必在做大做强特色支柱产业，走适合区情的新型工业化道路上取得新进展；

2. 务必在培育大企业大集团、放开搞活中小企业和非公有制企业上实现新突破；

3. 务必推进企业技术进步，推动工业结构优化升级迈上新台阶；

4. 务必在推动外向型经济加快发展，实现“两个市场互动、两种资源共享”上迈出新步伐；

5. 务必在强化招商引资和工业园区建设上做出新成绩；

6. 务必在资源综合利用和节能降耗、改善经济增长方式上取得新成效；

7. 务必促使工业经济增长的速度、质量和效益协调发展。

**附：**

## 新疆自治区“十一五”期间工业经济发展重点

“十一五”期间，新疆将坚定不移地实施以市场为导向的优势资源转换战略，充分利用资源优势和现有工业基础，积极引入、构建大企业大集团，做大做强支柱产业和特色工业，以信息化带动工业化，全面快速提升工业化整体水平。

**一、工业发展主要目标**

“十一五”期间，确保工业占新疆生产总值的比重每年增加1个百分点，力争工业增加值年均增长17%，到2010年，实现工业增加值2200亿元，工业占生产总值的比重达到40%以上（第二产业所占比重达到50%以上）；工业固定资产投资年均增速20%以上，到2010年，投资规模达到1300亿元。其中：

石油石化行业：力争实现工业增加值952亿元左右，年均增速12.7%以上。原油产量3500万吨以上，天然气284亿立方米以上，原油加工量2850万吨以上，乙烯120万吨。

煤电、煤化工产业：原煤生产1亿吨以上，煤炭深加工和转化创造的工业总产值达到400亿元以上。

机电行业：力争年均增速18%以上，2010年实现销售收入150亿元，工业增加值35亿元。

轻工行业：力争年均增速18%以上，2010年实现销售收入240亿元，工业增加值160亿元，力争出口创汇4.43亿美元（目前2.26亿美元）。主要产品产量：食糖70万吨，番茄制品80万吨，乳制品50万吨，葡萄酒15万吨，食用油100万吨。

纺织行业：力争年均增速20%左右，2010年实现销售收入180亿元，工业增加值45亿元，棉纺生产规模扩大到500万锭以上。

建材行业：力争年均增速17%以上，2010年实现销售收入200亿元，工业增加值70亿元。

黄金行业：力争年均增速12%以上，2010年黄金产量10吨，实现销售收入12亿元，工业增加值4亿元左右。

冶金行业：力争年均增速20%以上，到2010年，实现工业增加值100亿元左右。

有色行业：力争年均增速17%以上，到2010年，实现工业增加值14亿元左右。

电力行业：发电装机确保年均增速16.6%（扣除东送电能力增幅10.4%），到2010年全区电力装机不低于1480万千瓦（含西电东送120万千瓦），发电量600亿千瓦时（含西电东送70亿千瓦时）。

**二、重点工作**

（一）做大做强石油石化工业。加快石油天然气资源的勘探开发，并积极利用周边国家的油气资源，确保油气产量和进口稳步增长。集中力量建设好独山子—克拉玛依、乌鲁木齐、南疆和吐哈等四大石化基地，尽快形成有现代规模的石油石化产业集群。到2010年，力争油气产量达到6000万吨，石油化学工业增加值占新疆规模以上工业增加值的比重超过70%。把新疆建成国家最大的石油天然气生产基地和西部地区重要的石油化工基地。

（二）大力发展煤炭、煤化工和电力工业。充分发挥煤炭资源丰富、发电成本低、供电价格低的优势，走“煤—电—高载能产业”一体化道路，努力扩大煤炭产量和发电装机规模，积极承接内地产业转移，建设国家高载能产业聚集区。

（三）推进矿业权市场开放。进一步加大铜、镍、铅锌等有色金属，铁等黑色金属，金、银等贵金属和钾盐，石材等特色非金属矿产资源勘查开发力度，建设国家重要的矿产资源生产加工基地。加快建设罗布泊年产120万吨钾肥一期工程、喀拉通克铍铜材深加工、阜康冶炼中心铜镍锌冶炼等项目。

（四）扶持壮大特色农副产品精深加工业。大力发展乳、肉制品加工和啤酒花、瓜果、红花、枸杞、大芸等特色产品加工产业，巩固提升番茄、制糖、酿造、食用油、芳香植物等产业，建设全国乃至国际上都具有竞争力的特色食品加工生产基地。

（五）积极发展高新技术产业。重点发展生物、新能源、新材料、电子信息等产业，加快培育新技术龙头企业，大力发展中小型科技企业。力争到2010年，高新技术产业增加值占工业增加值的比重、高新技术产品出口额占出口总额的比重有较大幅度提高。

（六）改造提升传统工业。利用高新技术、信息技术、环保技术和先进适用技术改造提升纺织、建材、轻工、化工、机电、冶金等骨干企业，坚决淘汰落后的工艺技术，打造品牌，提高企业的技术、装备水平和产品市场竞争力。

（七）着力推进工业园区建设。优化投资环境，聚集生产力要素，重点建设以石油天然气化工园区为主的重化工工业园区，打造几个销售收入过百亿、上千亿的工业园区。按照产品项目链接、公用辅助设施、物流传输、环境保护和管理服务"五个一体化"模式，引导工业园区集约化发展，努力打造聚集程度高、专业分工配套、核心竞争力和创新能力强的产业集群。

# 行业点评

# 2005 年我国煤炭开采和洗选业经济运行概况

煤炭是工业的重要燃料、原料和主要的动力源之一。煤炭采选业是我国国民经济行业分类中的一个大类，主要产出无烟煤、烟煤、褐煤。2005 年该行业全部平均从业人员为 428.49 万人。

煤炭开采和洗选业

| | |
|---|---|
| 烟煤和无烟煤的开采洗选 | 煤炭开采业，煤炭洗选业 |
| 褐煤的开采洗选 | 煤炭开采业 |
| 其他煤炭采选 | 煤炭开采业 |

## 一、总资产和资产负债率

据国家统计局统计，2005 年该行业的总资产为 8482.17 亿元，比上年同期上升了 24.58%。与此同时，流动资产平均余额也相应增加为 3141.17 亿元，比上年同期增长了 28.9%；固定资产净值平均余额为 3322.28 亿元，比上年同期增长了 11.68%。

从资产负债率看，2004 年同期为 58.1%，2005 年为 61.5%，比上年上升了近 3.4 个百分点。

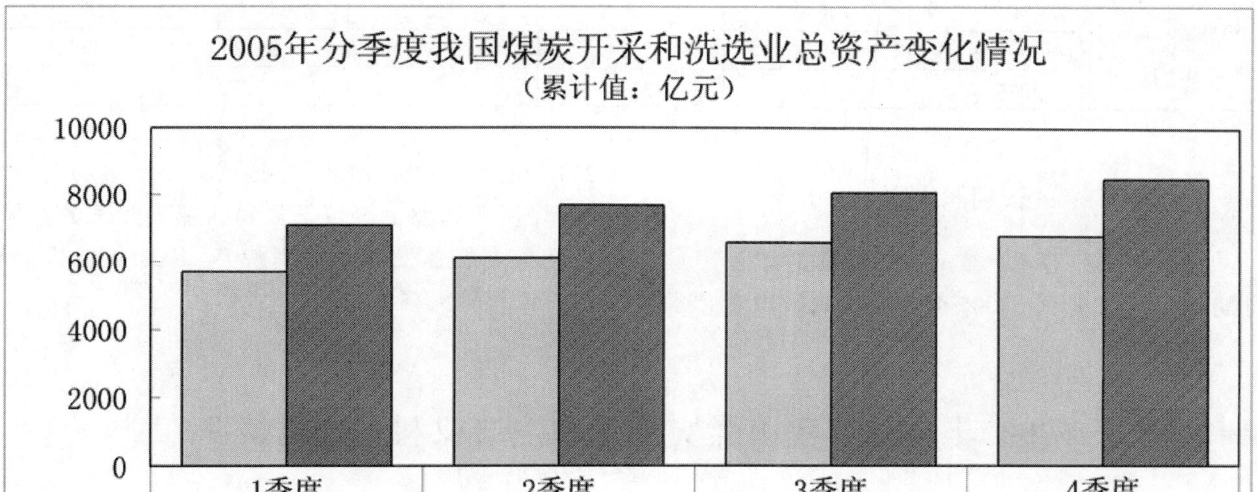


| | 1季度 | 2季度 | 3季度 | 4季度 |
|---|---|---|---|---|
| 2004年 | 5695.1 | 6137.2 | 6600.0 | 6808.7 |
| 2005年 | 7100.8 | 7710.0 | 8091.7 | 8482.2 |

| 资产负债率（%） | 年份 | 1 季度 | 2 季度 | 3 季度 | 4 季度 | 全年平均 |
|---|---|---|---|---|---|---|
| | 2004 年 | 57.4 | 57.3 | 57.1 | 60.5 | 58.1 |
| | 2005 年 | 60.7 | 61.3 | 61.7 | 62.1 | 61.5 |

## 二、销售额和销售利润率

煤炭市场价格走高给煤炭企业带来丰硕利润。2005 年累计产品销售收入为 5745.72 亿元，比上年同期增长了 42.4%，增长迅速。这些数据反映 2005 年我国工业增长强劲，对煤炭等能源产品需求旺盛，国内市场需求殷切是主拉动力。

**2005年分季度我国煤炭开采和洗选业销售额变化情况**
（累计值：亿元）

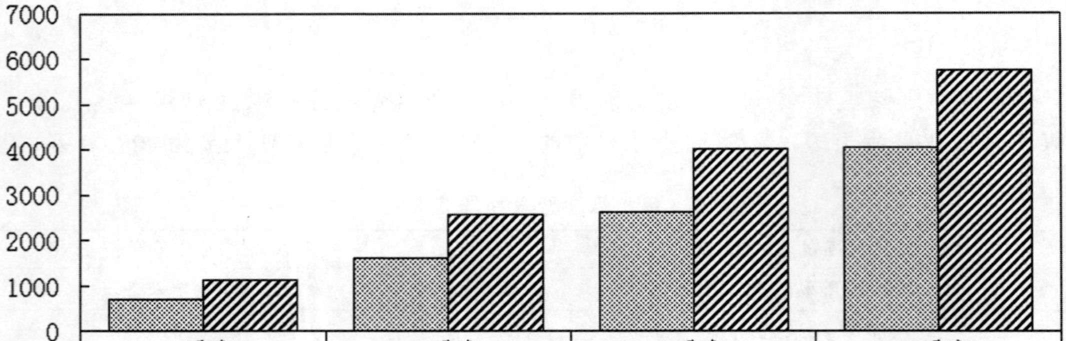


| | 1季度 | 2季度 | 3季度 | 4季度 |
|---|---|---|---|---|
| 2004年 | 705.1 | 1623.0 | 2622.1 | 4033.8 |
| 2005年 | 1124.1 | 2571.7 | 4014.4 | 5745.7 |

2005年该行业平均销售额占总资产比例为41.6%，上年同期为34.4%，比上年提高了7.2个百分点，反映企业产品销售对总资产增长的贡献很大。

| 销售额占总资产比例(%) | 年份 | 1季度 | 2季度 | 3季度 | 4季度 | 全年平均 |
|---|---|---|---|---|---|---|
| | 2004年 | 12.4 | 26.4 | 39.7 | 59.2 | 34.4 |
| | 2005年 | 15.8 | 33.4 | 49.6 | 67.7 | 41.6 |

## 三、利润水平

2005年该行业累计实现利润551.7亿元，上年同期为308.5亿元，2005年比2004年增收利润243.2亿元，劲升78.8%。这些数字给出的信号表明，煤炭采选业借改革开放和西部大开发的东风，已经乘上快速发展的特别快车，2005年销售额和利润都有较大幅度的增加。

**2005年分季度我国煤炭开采和洗选业利润变化情况**
（累计值：亿元）

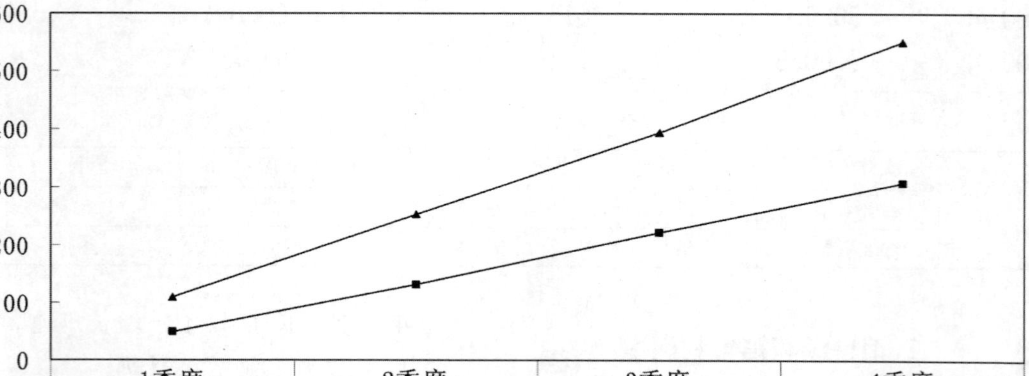


| | 1季度 | 2季度 | 3季度 | 4季度 |
|---|---|---|---|---|
| 2004年 | 49.6 | 131.8 | 222.4 | 308.5 |
| 2005年 | 109.4 | 253.5 | 395.4 | 551.7 |

从全年平均万元利润率分析，2005 年该行业卖 10000 元煤炭能挣回 975.9 元利润，上年同期能挣回 781.9 元利润，比上年增加了 194.1 元利润，增幅为 24.8%，全行业的创利能力有较大提高。

| 利润占销售额比例(%) | 年份 | 1 季度 | 2 季度 | 3 季度 | 4 季度 | 全年平均 |
|---|---|---|---|---|---|---|
| | 2004 年 | 702.8 | 811.9 | 848.0 | 764.7 | 781.9 |
| | 2005 年 | 973.0 | 985.7 | 984.8 | 960.1 | 975.9 |

## 四、企业亏损情况

从数据看，2005 年该行业亏损企业的亏损额为 12.15 亿元，2005 年比上年同期有所上升。亏损企业亏损额大约占利润总额比例（平均值）的 3.2%，无威胁。

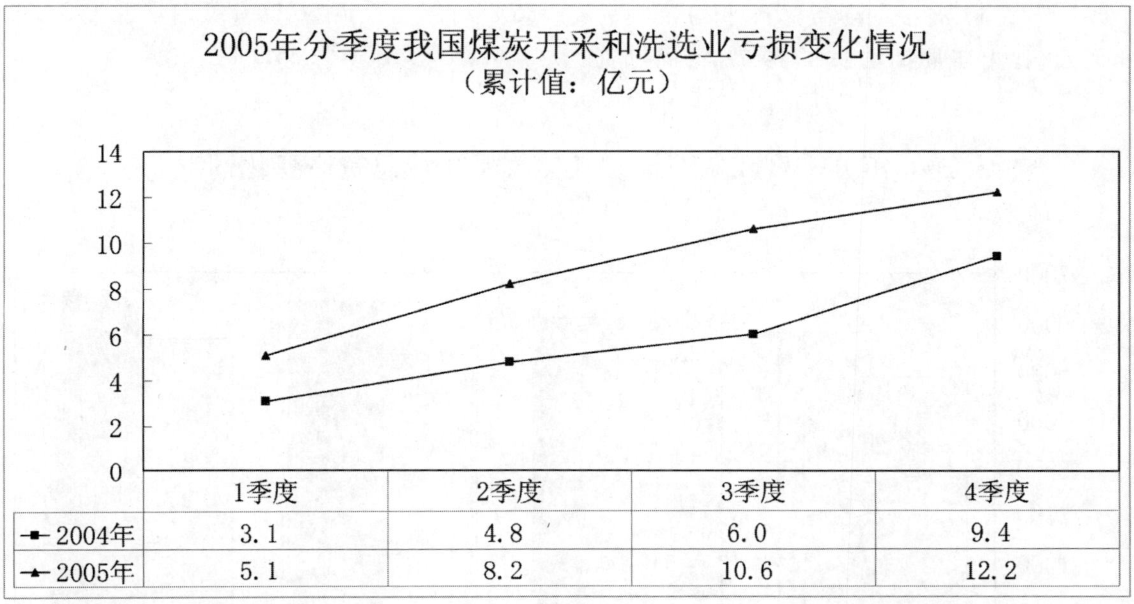


| 亏损占利润比例(%) | 年份 | 1 季度 | 2 季度 | 3 季度 | 4 季度 | 全年平均 |
|---|---|---|---|---|---|---|
| | 2004 年 | 6.3 | 3.7 | 2.7 | 3.0 | 3.9 |
| | 2005 年 | 4.7 | 3.2 | 2.7 | 2.2 | 3.2 |

## 五、产品产量和产销率

从煤炭生产看，我国 2005 年累计生产原煤 182424.5 万吨，洗煤 42791.1 万吨，分别比上年同期增产 10.7%和 13.7%。

从煤炭销售看，2005 年我国累计销售原煤 151448.1 万吨，洗煤 39627.4 万吨，产销率分别达到 99.9%和 100.2%，销售形势很好。

从库存看，原煤库存量比年初增长 12.4%，洗煤库存量增长了 1.1%。2006 年我国电力供应紧张的压力减轻，但煤炭市场需求依然强劲。

# 2005 年我国石油和天然气开采业经济运行概况

石油和天然气是工业的重要燃料和原料。对中国这样一个处在快速发展阶段的大国来说，对石油和天然气的开采能力是国家实力的重要表现。石油和天然气开采业是我国国民经济行业分类中的一个大类，主要涉及石油和天然气的开采和储运业。2005 年该行业全部平均从业人员为 81.92 万人。

| 石油和天然气开采业 | |
|---|---|
| 天然原油和天然气开采 | 天然原油开采业<br>天然气开采业<br>油页岩开采业 |
| 与石油和天然气开采有关的服务活动 | 天然原油开采业 |

## 一、总资产和资产负债率

2005 年该行业的资产总值为 6643.82 亿元，比上年同期上升了 17.85%。流动资产平均余额为 1416.96 亿元，比上年同期增长了 19.72%；固定资产净值平均余额为 4173.13 亿元，比上年同期增长了 11.7%。

从资产负债率看，第一季度 33.7%，第二季度 36.8%，第三季度 36.2%，第四季度为 34.3%，全年平均资产负债率为 35.3%左右。

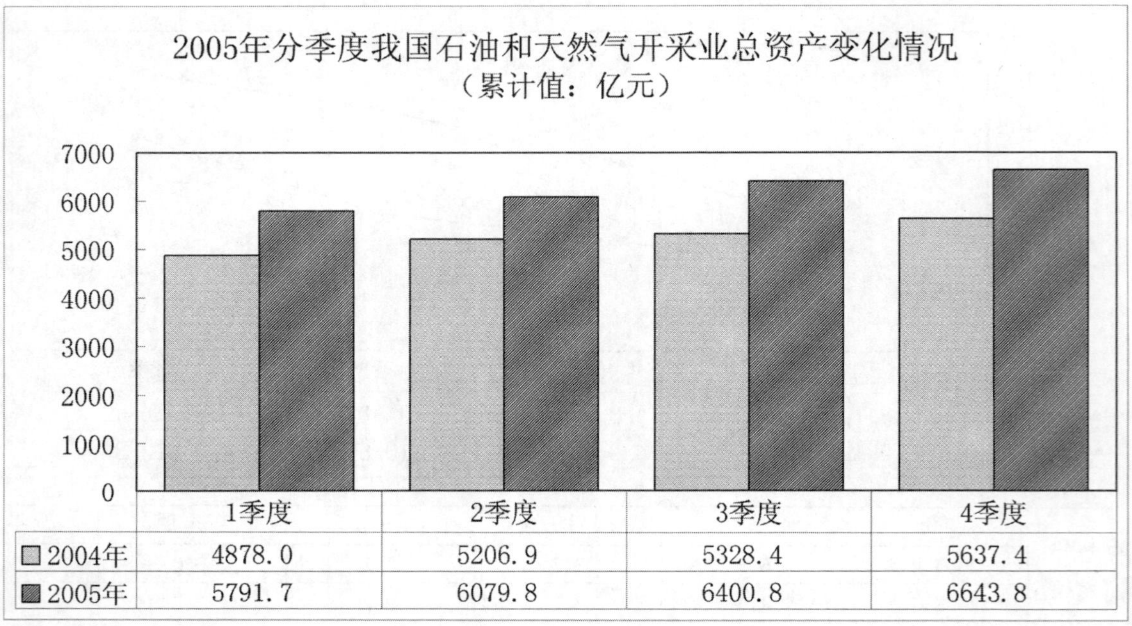


| 资产负债率（%） | 年份 | 1 季度 | 2 季度 | 3 季度 | 4 季度 | 全年平均 |
|---|---|---|---|---|---|---|
| | 2004 年 | 36.1 | 37.4 | 38.2 | 34.7 | 36.6 |
| | 2005 年 | 33.7 | 36.8 | 36.2 | 34.3 | 35.3 |

## 二、销售水平

2005 年该行业累计产品销售收入为 6051.4 亿元，比上年同期增加了 39.3%。产品销售成本为 2433.27 亿元，比上年同期增加了 23.44%。表明 2005 年我国石油和天然气开采增长幅度比较大。

2005 年该行业平均销售额占总资产比例为 55.4%，上年同期为 46.9%，比上年提高了 8.5 个百分点，反映产品销售对总资产增长的贡献很大。

| 销售额占总资产比例(%) | 年份 | 1 季度 | 2 季度 | 3 季度 | 4 季度 | 全年平均 |
|---|---|---|---|---|---|---|
| | 2004 年 | 18.3 | 36.2 | 55.9 | 77.1 | 46.9 |
| | 2005 年 | 20.1 | 43.3 | 67.1 | 91.1 | 55.4 |

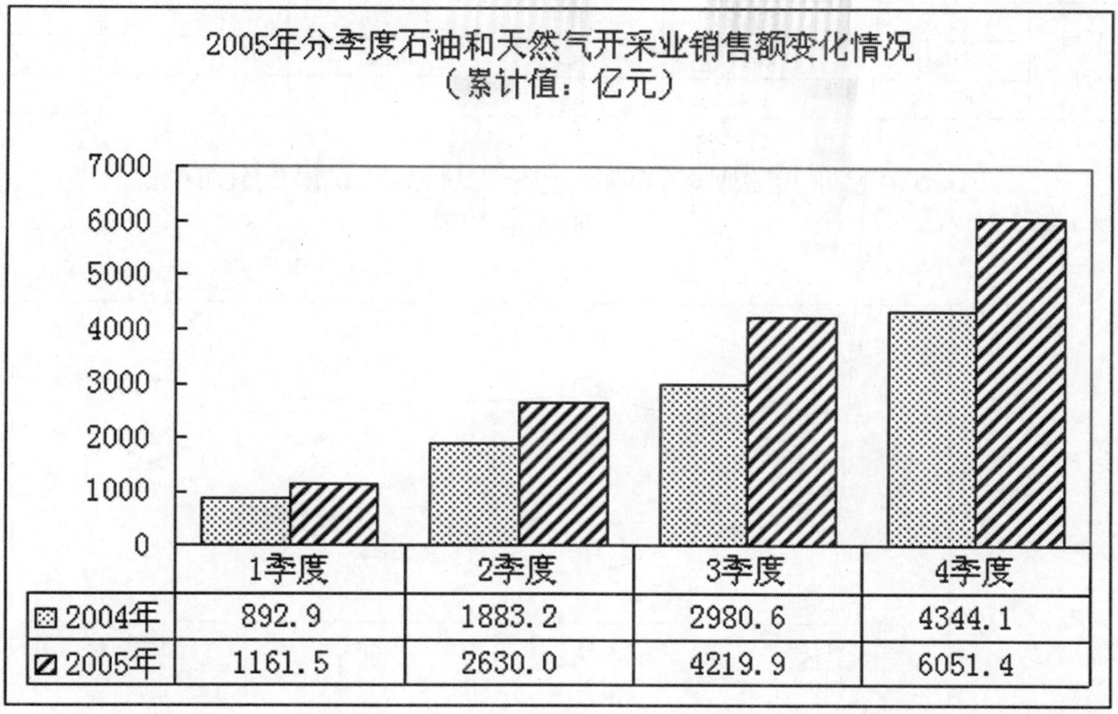


## 三、利润水平

2005 年该行业实现利润 2936.52 亿元，上年同期为 1745.52 亿元，比上年同期增长 68.23%。

从全年平均万元利润率分析，2005 年该行业卖 10000 元石油产品能挣回 4987.4 元利润，上年同期能挣回 4095.1 元利润，比上年增加了 892.3 元利润，增幅为 21.79%，创利水平较大提高。

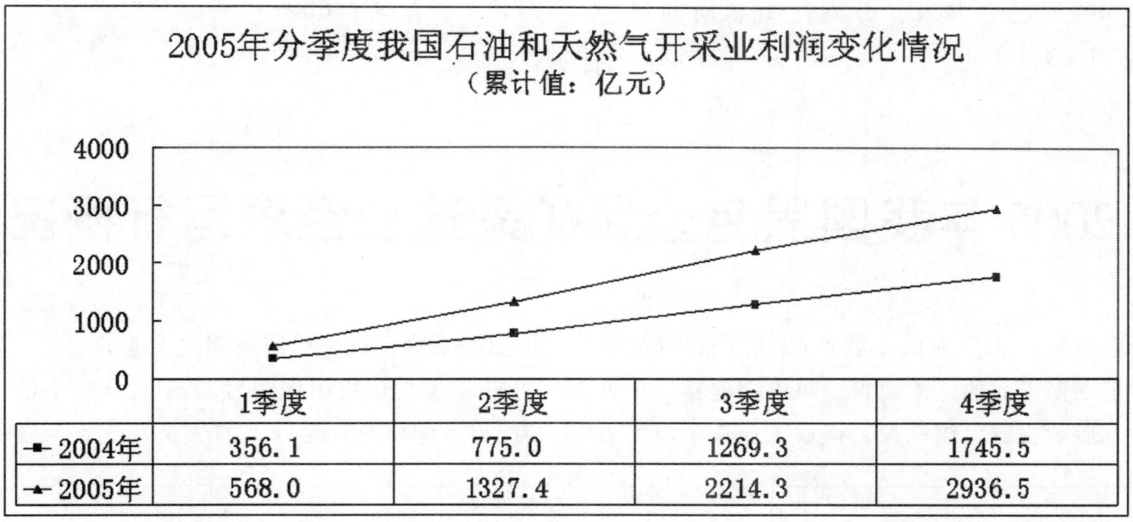


| | 年份 | 1 季度 | 2 季度 | 3 季度 | 4 季度 | 全年平均 |
|---|---|---|---|---|---|---|
| 利润占销售额比例(%) | 2004 年 | 3988.8 | 4115.1 | 4258.4 | 4018.1 | 4095.1 |
| | 2005 年 | 4890.4 | 5047.2 | 5159.3 | 4852.6 | 4987.4 |

## 四、企业亏损情况

2005 年该行业亏损企业亏损额大约占利润总额比例（平均值）的 0.8%，无威胁。

2005 年石油和天然气开采业亏损企业的亏损额为 11.45 亿元。

| 亏损占利润比例(%) | 年份 | 1 季度 | 2 季度 | 3 季度 | 4 季度 | 全年平均 |
|---|---|---|---|---|---|---|
| | 2004 年 | 1.7 | 0.3 | 0.2 | 0.5 | 0.7 |
| | 2005 年 | 1.4 | 0.8 | 0.5 | 0.4 | 0.8 |

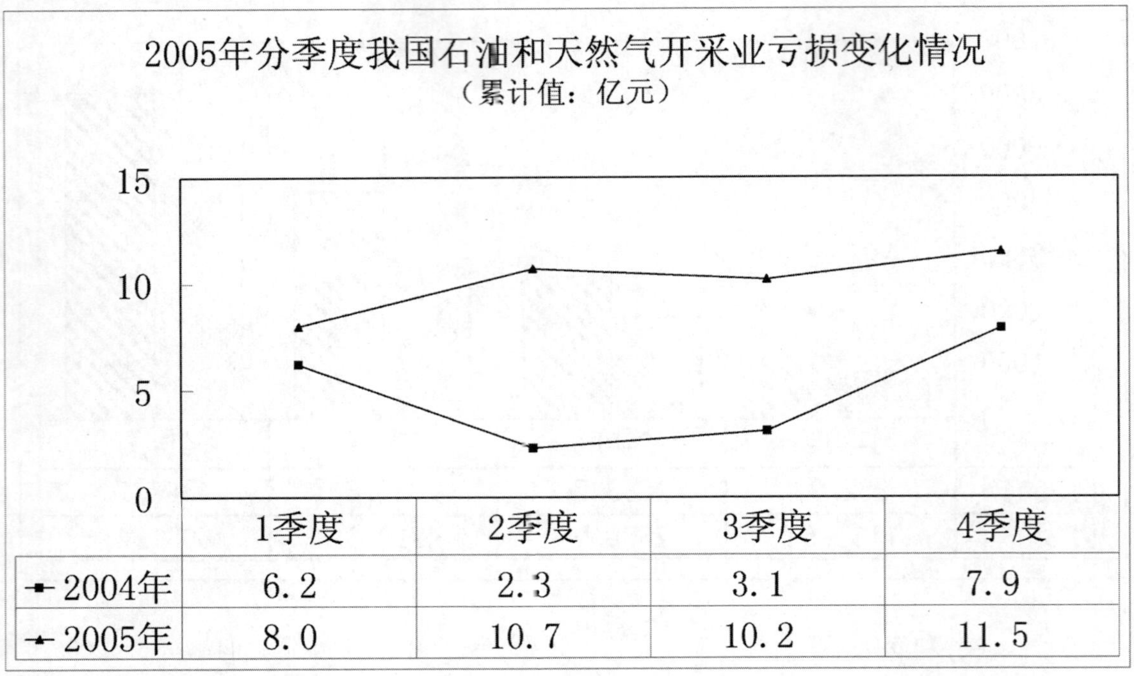


### 五、产品产量和产销率

2005 年我国累计生产天然原油 18083.9 万吨，天然气 499.5 亿立方米，分别比上年同期增产 3.9%和 21.9%。

从同期石油的销售情况看，2005 年我国累计销售天然原油 17530.5 万吨，产销率达到 100.1%，销售形势良好。从原油库存量看，天然原油库存量比年初减少了 6.8%。

# 2005 年我国黑色金属矿采选业经济运行概况

黑色金属矿采选业的主要产品包括磁铁矿、硫铁矿，是钢铁工业的基本原料。对中国这样一个处在快速发展阶段的大国来说，钢铁工业是国家实力的重要表现，铁矿石则是钢铁工业的粮食。黑色金属矿采选业是我国国民经济行业分类中的一个大类，2005 年该行业全部平均从业人员为 38.34 万人。

| 黑色金属矿采选业 | |
|---|---|
| 铁矿采选 | 铁矿采选业 |
| 其他黑色金属矿采选 | 锰矿采选业，铬矿采选业 |

### 一、总资产和资产负债率

据国家统计局统计，2005 年该行业的资产总值为 1064.75 亿元，比上年同期上升了 42.98%。流动资产平均余额也相应增加为 449.94 亿元，比上年同期增加了 45.94%；固定资产净值平均余额为 290.94 亿元，比上年同期增长了 31.9%。(见下图)

从资产负债率看，第一季度末 45.8%，第二季度末 46.6%，第三季度末 46.9%，第四季度为 48.5%，全年为 47.0%左右。

| 资产负债率（%） | 年份 | 1 季度 | 2 季度 | 3 季度 | 4 季度 | 全年平均 |
|---|---|---|---|---|---|---|
| | 2004 年 | 51.3 | 50.4 | 49.5 | 47.7 | 49.7 |
| | 2005 年 | 45.8 | 46.6 | 46.9 | 48.5 | 47.0 |

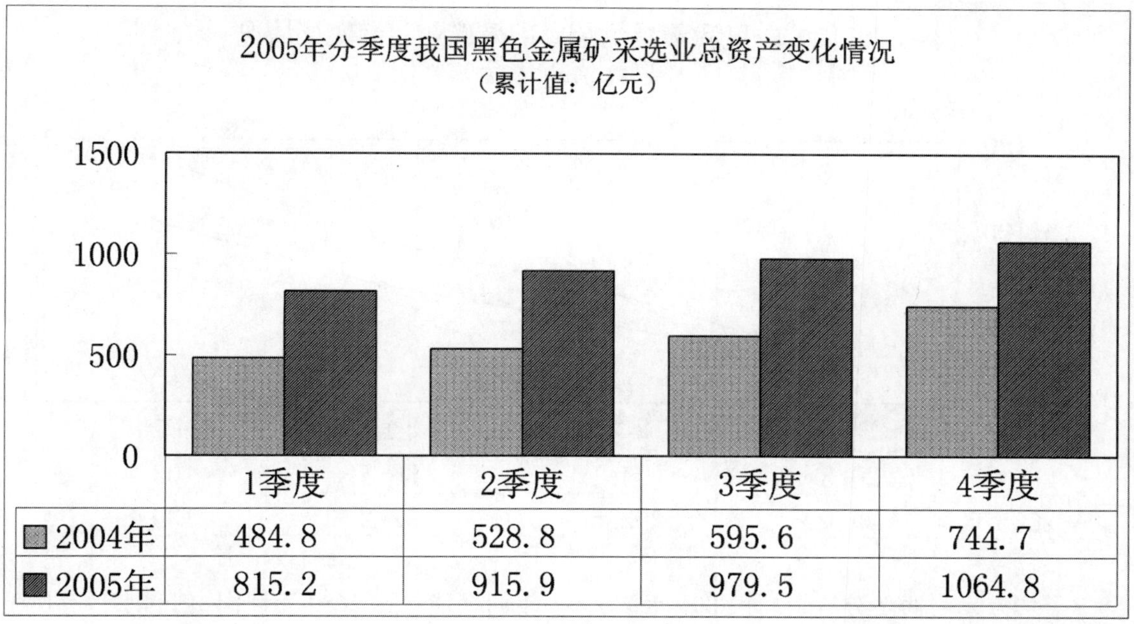


## 二、销售水平

从该行业的产成品销售情况看，2005 年累计产品销售收入为 966.4 亿元，比上年同期增 45.85%。产品销售成本为 690.7 亿元，比上年同期增 49.5%。数据表明 2005 年我国黑色金属矿采选业销售额上升快。

该行业平均销售额占总资产比例为 56.2%，上年同期为 58.8%，略有下降。

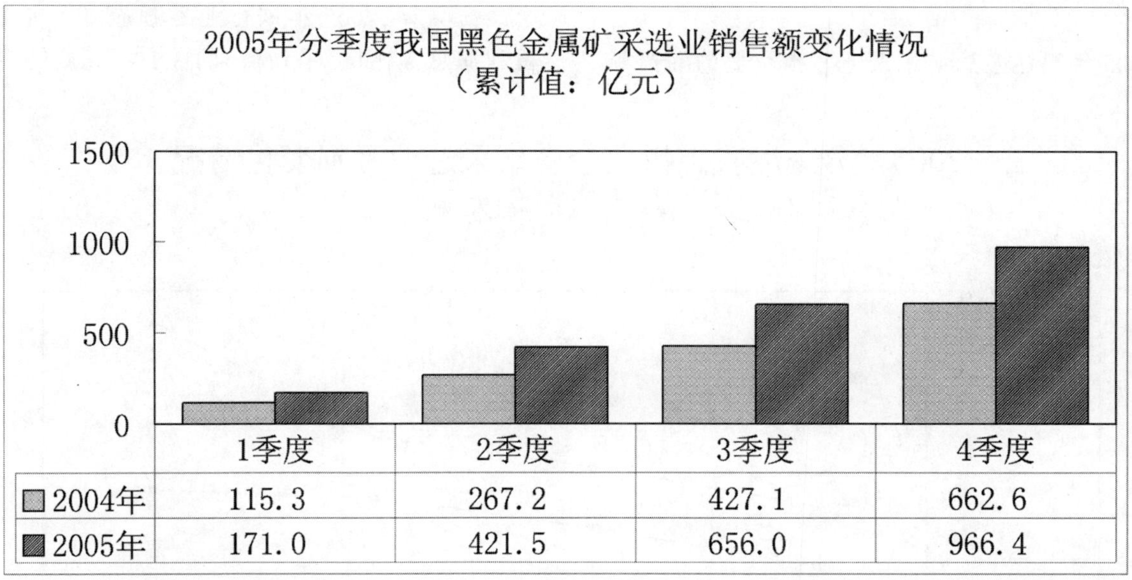


| 销售额占总资产比例（%） | 年份 | 1 季度 | 2 季度 | 3 季度 | 4 季度 | 全年平均 |
|---|---|---|---|---|---|---|
| | 2004 年 | 23.9 | 50.5 | 71.7 | 89.0 | 58.8 |
| | 2005 年 | 21.0 | 46.0 | 67.0 | 90.8 | 56.2 |

## 三、利润水平

随着黑色金属矿采选业销售额的增长，产品销售利润随之上升，2005 年实现利润 139.83 亿元，上年同期仅为 103.44 亿元，增幅为 35.2%。

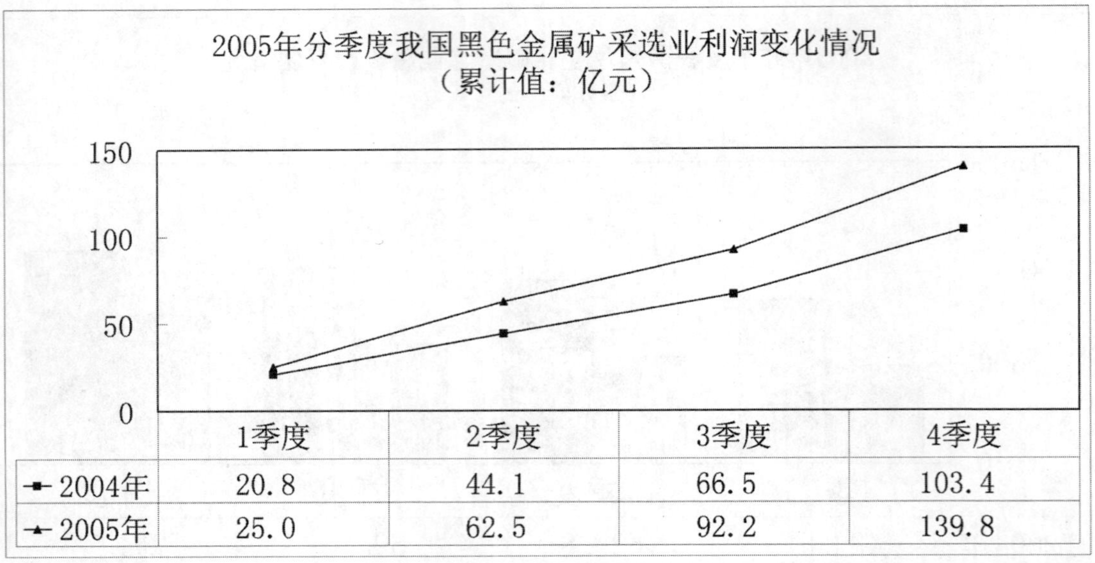


从全年平均万元利润率分析，预计 2005 年该行业卖 10000 元铁矿石能挣回 1448.7 元利润，去年同期能挣回 1689 元利润，创利水平有所下降。

| 利润占销售额比例(%) | 年份 | 1 季度 | 2 季度 | 3 季度 | 4 季度 | 全年平均 |
|---|---|---|---|---|---|---|
| | 2004 年 | 1802.4 | 1648.9 | 1557.6 | 1747 | 1689.0 |
| | 2005 年 | 1459.4 | 1483.4 | 1404.8 | 1447.0 | 1448.7 |

## 四、企业亏损情况

2005 年黑色金属矿采选业亏损企业的亏损额为 3.62 亿元。

据测算，2005 年该行业亏损企业亏损额大约占利润总额比例(平均值)的 3.1%，无威胁。

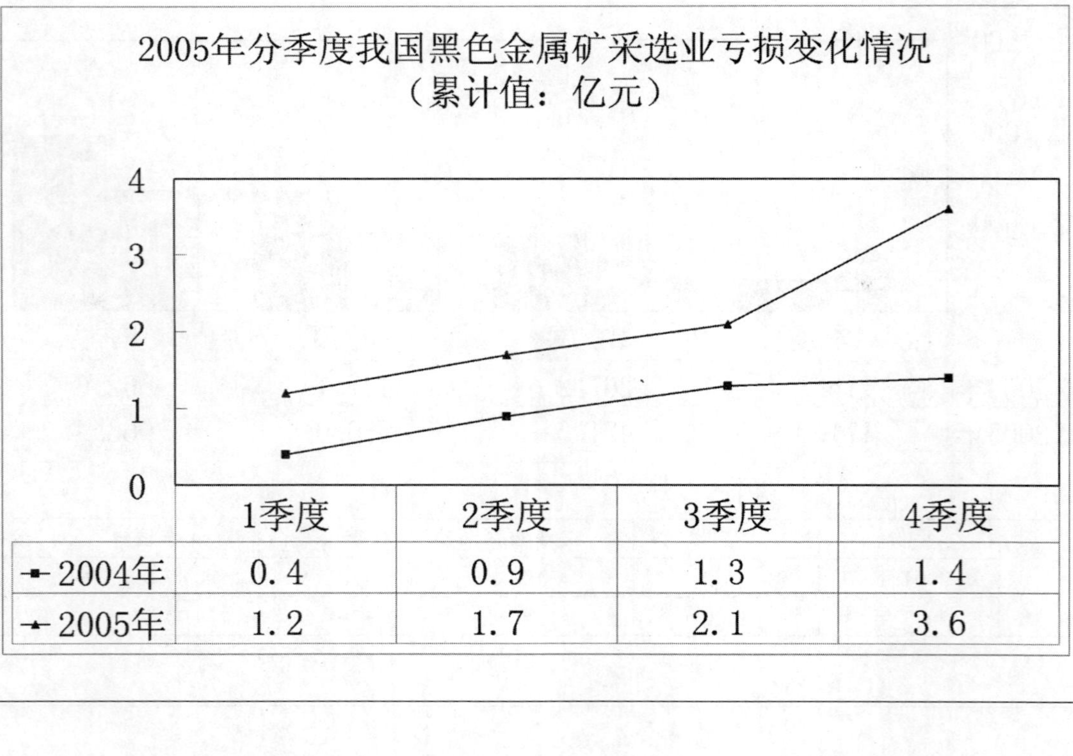

| 亏损占利润比例(%) | 年份 | 1季度 | 2季度 | 3季度 | 4季度 | 全年平均 |
|---|---|---|---|---|---|---|
| | 2004年 | 1.9 | 2.1 | 1.9 | 1.4 | 1.8 |
| | 2005年 | 4.8 | 2.7 | 2.2 | 2.6 | 3.1 |

### 五、产品产量和产销率

2005年我国累计生产铁矿石原矿量为42049.27万吨，比上年同期增长25.3%。我国硫铁矿产量达到1146.09万吨，比上年同期增长9.9%。

从同期铁矿石的销售情况看，上年我国累计销售铁矿石成品矿16201万吨，自用25496万吨，产销率为99.2%；年末库存比年初分别增长了57.2%。较高库存率与国际市场铁矿市涨价，以及国内钢铁行业产品结构变化有关。

# 2005年我国有色金属矿采选业经济运行概况

有色金属矿产品是有色金属工业的重要原料。对中国这样一个处在快速发展阶段的大国来说，对有色金属矿的开采能力关系到电力、国防、民生、电子、通讯等重要行业的发展。2005年该行业全部平均从业人员为39.84万人。

| 有色金属矿采选业 | |
|---|---|
| **常用有色金属矿采选** | |
| 铜矿采选 | 铜矿采选业 |
| 铅锌矿采选 | 铅锌矿采选业 |
| 镍钴矿采选 | 镍钴矿采选业 |
| 锡矿采选 | 锡矿采选业 |
| 锑矿采选 | 锑矿采选业 |
| 铝矿采选 | 铝矿采选业 |
| 镁矿采选 | 镁矿采选业 |
| **其他常用有色金属矿采选** | 汞矿采选业、其他重有色金属矿采选业、钛矿采选 业、其他轻有色金属矿采选业 |
| 贵金属矿采选 | |
| 金矿采选 | 金矿采选业 |
| 银矿采选 | 银矿采选业 |
| 其他贵金属矿采选 | 其他贵金属矿采选业 |
| 稀有稀土金属矿采选 | |
| 钨钼矿采选 | 钨钼矿采选业 |
| 稀土金属矿采选 | 稀土金属矿采选业 |
| 放射性金属矿采选 | 稀有放射性金属矿采选业 |
| **其他稀有金属矿采选** | 稀有轻金属矿采选业、稀有高熔点金属矿采选业、稀散金属矿采选业、其他稀有稀土金属矿采选业 |

### 一、总资产和资产负债率

据国家统计局统计，2005年该行业的资产总值为863.11亿元，比上年同期上升了34.11%，流动资产平均余额为350.07亿元，比上年同期增加了43.22%，固定资产净值平均余额为284.36亿元，比上年同期增加了12.98%。

从资产负债率看，第一季度52.8%，第二季度52.2%，第三季度50.8%，第四季度为49.7%。年平均为51.4%左右。

| 资产负债率(%) | 年份 | 1 季度 | 2 季度 | 3 季度 | 4 季度 | 全年平均 |
|---|---|---|---|---|---|---|
| | 2004 年 | 61.7 | 59.0 | 56.2 | 53.6 | 57.6 |
| | 2005 年 | 52.8 | 52.2 | 50.8 | 49.7 | 51.4 |

2005年分季度我国有色金属矿采选业总资产变化情况
（累计值：亿元）

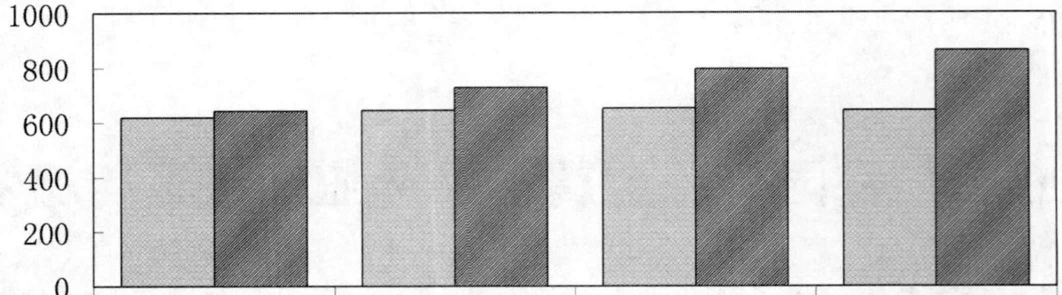


| | 1季度 | 2季度 | 3季度 | 4季度 |
|---|---|---|---|---|
| 2004年 | 618.7 | 644.5 | 651.3 | 643.6 |
| 2005年 | 642.0 | 727.4 | 793.9 | 863.1 |

## 二、销售水平

2005 年该行业累计产品销售收入为 1070.65 亿元，比上年同期增长了 48.87%。产品销售成本为 749.61 亿元，比上年同期增加了 41.79%。

据测算，该行业平均销售额占总资产比例为 79.1%，上年同期为 64.9%，2005 年比上年有所增加。

2005年分季度我国有色金属矿采选业销售额变化情况
（累计值：亿元）

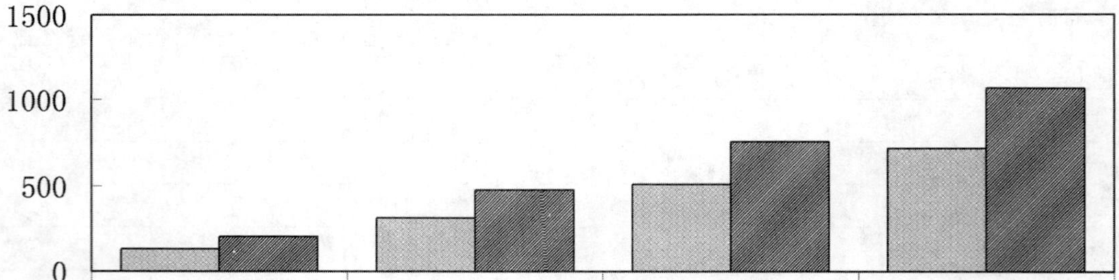


| | 1季度 | 2季度 | 3季度 | 4季度 |
|---|---|---|---|---|
| 2004年 | 132.0 | 313.0 | 507.6 | 719.2 |
| 2005年 | 203.7 | 474.6 | 759.3 | 1070.7 |

| 销售额占总资产比例(%) | 年份 | 1 季度 | 2 季度 | 3 季度 | 4 季度 | 全年平均 |
|---|---|---|---|---|---|---|
| | 2004 年 | 21.3 | 48.6 | 77.9 | 111.7 | 64.9 |
| | 2005 年 | 31.7 | 65.2 | 95.6 | 124.0 | 79.1 |

## 三、利润水平

该行业2005年实现利润199.13亿元，上年同期为100.72亿元，同期增幅为97.7%。

从全年平均万元利润率分析，该行业卖10000元有色金属矿产品能挣回1872.6元利润，上年同期能挣回1276.6元利润，2005年比上年增加了596元利润。

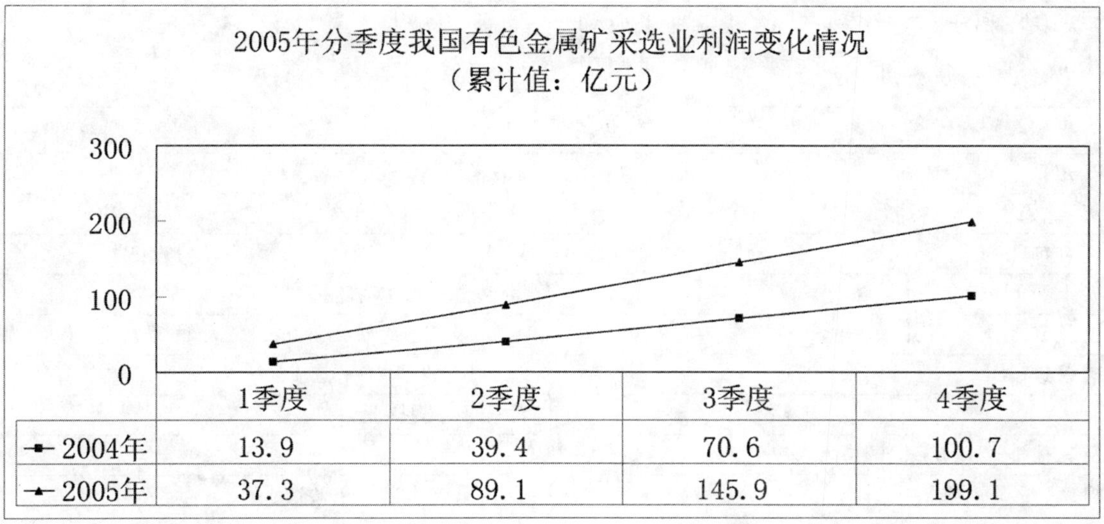


| | 1季度 | 2季度 | 3季度 | 4季度 |
|---|---|---|---|---|
| 2004年 | 13.9 | 39.4 | 70.6 | 100.7 |
| 2005年 | 37.3 | 89.1 | 145.9 | 199.1 |

| 利润占销售额比例(%) | 年份 | 1季度 | 2季度 | 3季度 | 4季度 | 全年平均 |
|---|---|---|---|---|---|---|
| | 2004年 | 1056.0 | 1259.5 | 1390.5 | 1400.4 | 1276.6 |
| | 2005年 | 1830.7 | 1878.0 | 1921.9 | 1859.9 | 1872.6 |

## 四、企业亏损情况

2005年有色金属矿开采业亏损企业的亏损额为3.51亿元。

据测算，2005年该行业亏损企业亏损额大约占利润总额比例(平均值)的3.0%，无威胁。

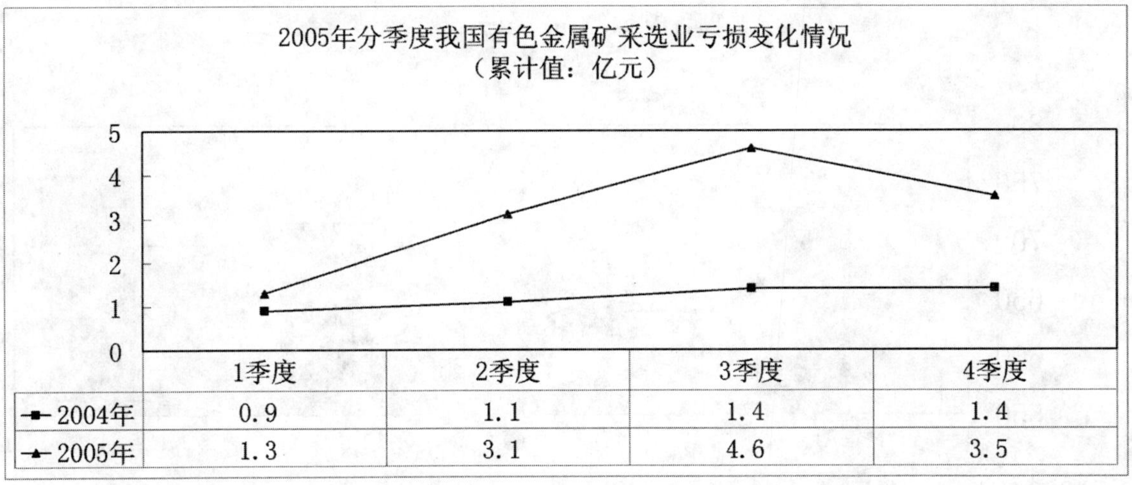


| | 1季度 | 2季度 | 3季度 | 4季度 |
|---|---|---|---|---|
| 2004年 | 0.9 | 1.1 | 1.4 | 1.4 |
| 2005年 | 1.3 | 3.1 | 4.6 | 3.5 |

| 亏损占利润比例(%) | 年份 | 1季度 | 2季度 | 3季度 | 4季度 | 全年平均 |
|---|---|---|---|---|---|---|
| | 2004年 | 6.1 | 2.9 | 2.0 | 1.4 | 3.1 |
| | 2005年 | 3.4 | 3.5 | 3.1 | 1.8 | 3.0 |

# 2005 年我国非金属矿采选业经济运行概况

非金属矿采选业的主要产品包括石灰石、石英石,高岭土、沙、稀土矿等多种产品,是各种工业和建筑业的重要原材料。非金属矿采选业是我国国民经济行业分类中的一个大类,2005 年该行业全部平均从业人员为 42.53 万人。

| 非金属矿采选业 | |
|---|---|
| **土砂石开采** | 石灰石开采业,石膏采选业 |
| 石灰石、石膏开采 | 建筑装饰用石开采业 |
| 建筑装饰用石开采 | 耐火土石开采业 |
| 耐火土石开采 | 其他土砂石开采业 |
| 粘土及其他土砂石开采 | 硫矿采选业,磷矿采选业,天然钾盐采选业,硼矿采选 |
| **化学矿采选** | 业,其他化学矿采选业 |
| **采盐** | 海盐业,湖盐业,井盐业,矿盐业 |
| **石棉及其他非金属矿采选** | |
| 石棉、云母矿采选 | 石棉采选业,云母采选业 |
| 石墨、滑石采选 | 石墨采选业,滑石采选业 |
| 宝石、玉石开采 | 宝石、玉石采选业 |
| 其他非金属矿采选 | 水晶采选业,其他类未包括的非金属矿采选业 |

## 一、总资产和资产负债率

据国家统计局统计,2005 年该行业的资产总值为 757.3 亿元,比上年同期增加 8.6%。流动资产平均余额为 290.55 亿元,比上年同期增加了 17.13%;固定资产净值平均余额为 317.12 亿元,比上年同期减少 0.33%。

从资产负债率看,第一季度末 54.6%,第二季度末 54.2%,第三季度末 54.5%,第四季度为 53.9%。全年平均资产负债率为 54.3%左右。

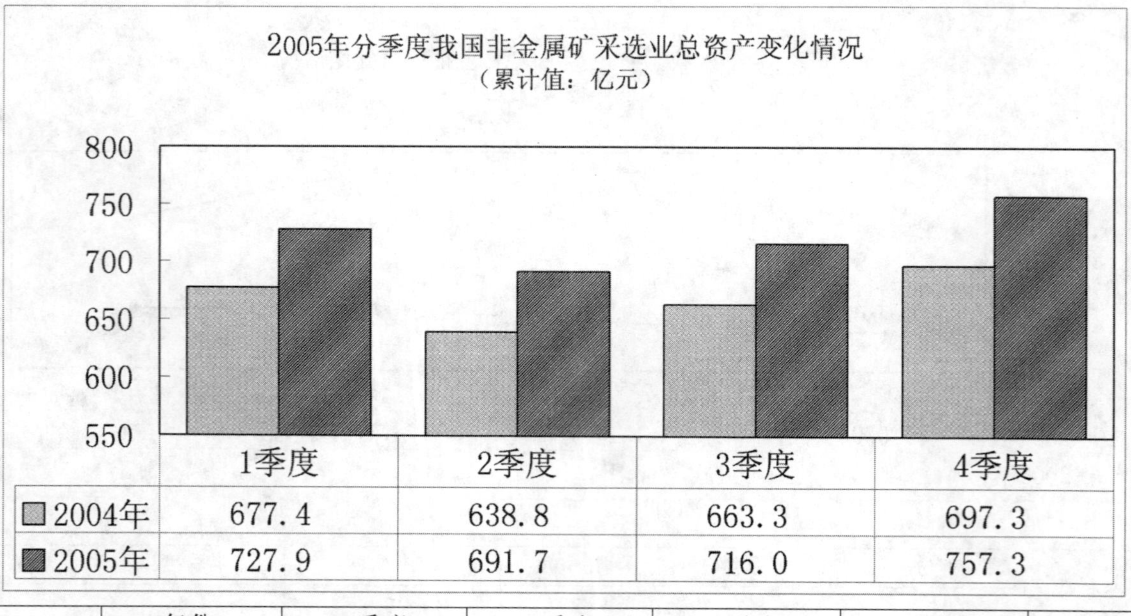


| 资产负债率(%) | 年份 | 1 季度 | 2 季度 | 3 季度 | 4 季度 | 全年平均 |
|---|---|---|---|---|---|---|
| | 2004 年 | 56.2 | 56.5 | 56.9 | 56.8 | 56.6 |
| | 2005 年 | 54.6 | 54.2 | 54.5 | 53.9 | 54.3 |

## 二、销售水平

2005 年累计产品销售收入为 754.91 亿元，比上年同期增长了 45.99%。产品销售成本为 558.69 亿元，比上年同期增加了 44.5%。数据反映出 2005 年我国非金属矿采选业销售额上升速度比较快。

该行业平均销售额占总资产比例为 59.7%，上年同期为 44.5%，2005 年比上年上升 15.2 个百分点。

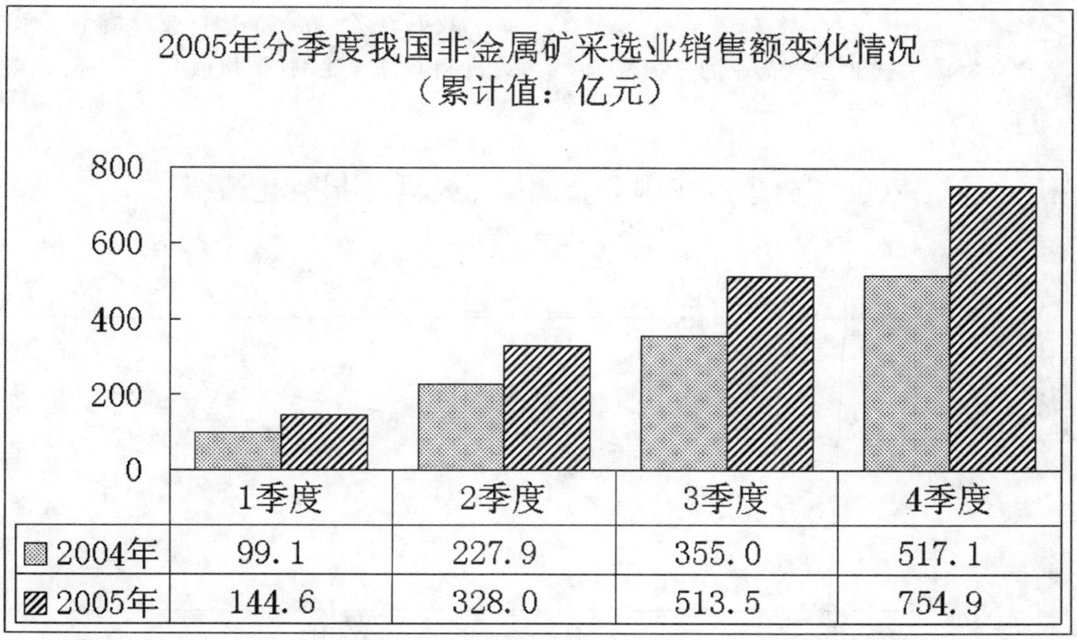


| 销售额占总资产比例(%) | 年份 | 1 季度 | 2 季度 | 3 季度 | 4 季度 | 全年平均 |
|---|---|---|---|---|---|---|
| | 2004 年 | 14.6 | 35.7 | 53.5 | 74.2 | 44.5 |
| | 2005 年 | 19.9 | 47.4 | 71.7 | 99.7 | 59.7 |

## 三、利润水平

该行业 2005 年实现利润 58.91 亿元，上年同期为 29.37 亿元，2005 年是上年的 2 倍。

从全年平均万元利润率分析，2005 年该行业卖 10000 元产品能挣回 710.8 元利润，上年同期能挣回 580.6 元利润，创利水平上升 22.4%。

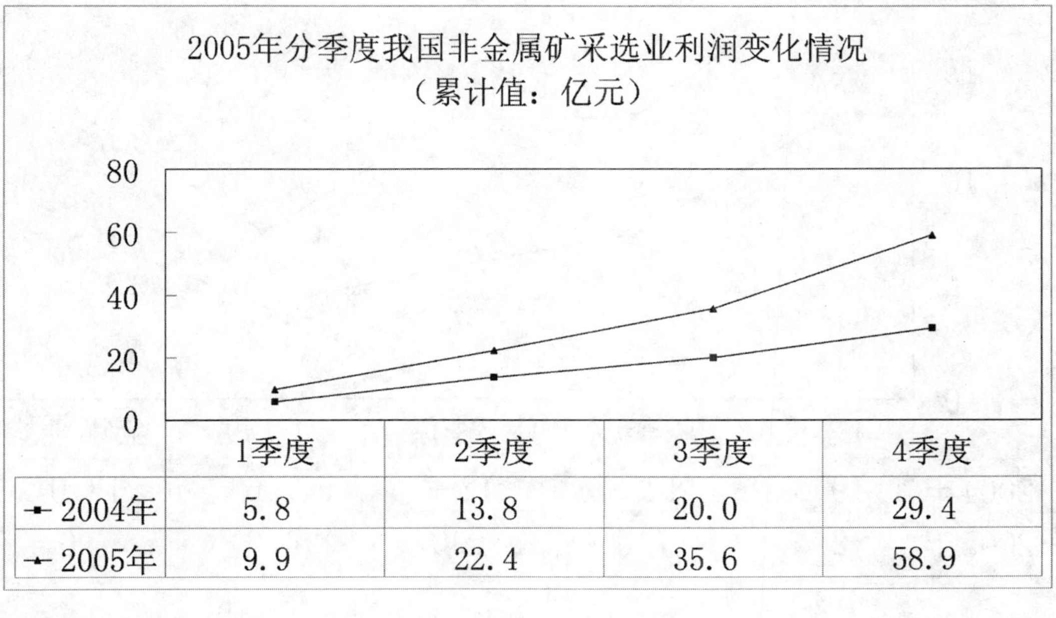

| 利润占销售额比例 | 年份 | 1 季度 | 2 季度 | 3 季度 | 4 季度 | 全年平均 |
|---|---|---|---|---|---|---|
| | 2004 年 | 585.3 | 605.5 | 563.4 | 568.0 | 580.6 |
| | 2005 年 | 686.3 | 682.6 | 693.9 | 780.4 | 710.8 |

**四、企业亏损情况**

2005 年非金属矿采选业亏损企业的亏损额为 2.51 亿元。

数据表明，2005 年该行业亏损企业亏损额大约占利润总额比例（平均值）为 7.6%，无威胁。

2005年分季度我国非金属矿采选业亏损变化情况
（累计值：亿元）

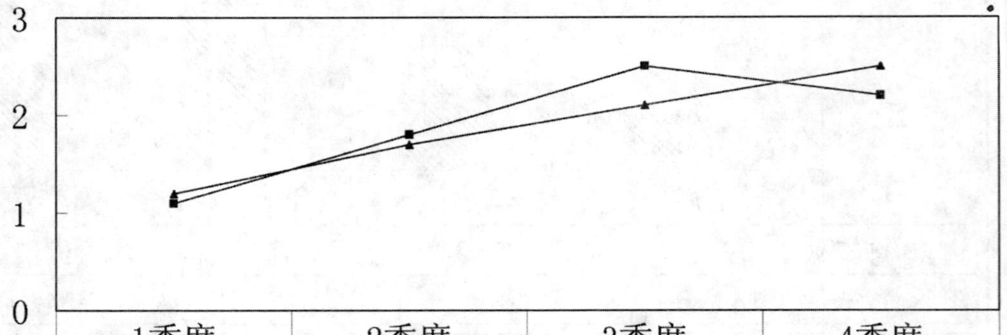


| | 1季度 | 2季度 | 3季度 | 4季度 |
|---|---|---|---|---|
| 2004年 | 1.1 | 1.8 | 2.5 | 2.2 |
| 2005年 | 1.2 | 1.7 | 2.1 | 2.5 |

2005年分季度我国非金属矿采选业亏损占利润比例的变化情况

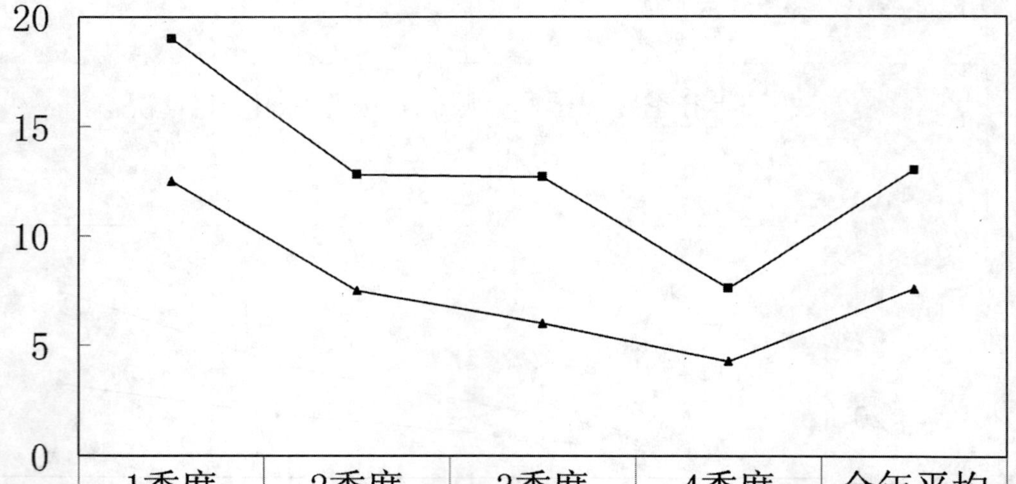


| | 1季度 | 2季度 | 3季度 | 4季度 | 全年平均 |
|---|---|---|---|---|---|
| 2004年 | 19.0 | 12.8 | 12.7 | 7.6 | 13.0 |
| 2005年 | 12.5 | 7.5 | 6.0 | 4.3 | 7.6 |

## 五、产品产量和产销率

由于非金属矿产品众多，本文重点介绍磷矿石和原盐的产销情况。2005 年我国累计生产磷矿石 3044.5 万吨，原盐 4454.7 万吨，与上年同期比较，分别增产了 15.1%和 16.3%。

从同期磷矿石和原盐的销售情况看，2005 年我国累计销售磷矿石 2428 万吨，产销率为 99%，至 9 月末库存较年初减少 29.5%；销售原盐 4024.1 万吨，产销率为 97.2%，9 月末库存较年初增加了 18.4%。

# 2005 年我国其他采矿业经济运行概况

其他采矿业是由国家发展和改革委员会、国家标准局研制和发布新行业标准中的一个工业行业大类。其他采矿业涉及除煤炭、石油、天然气、黑色金属、有色金属、非金属矿物以外的矿物勘探和开采，目前主要涉及水资源的勘探和开采，例如，天然淡水、矿泉水等资源的勘探与开采。

我国水资源有限，分布不均匀，在我国北方和西部找水、勘探淡水储量和有计划的开采应用涉及亿万群众的生活生产，更涉及这些地区的经济发展。截至 2005 年该行业的全部平均从业人员为 0.17 万人，是我国工业 39 个大类行业中职工人数最少的小行业。

## 一、总资产和资产负债率

据国家统计局统计，2005 年该行业的资产总值为 2.28 亿元，比上年同期增长了 16.33%。流动资产平均余额为 1.08 亿元，比上年同期增加了 16.13%；固定资产净值平均余额为 0.92 亿元，比上年同期增加了 58.62%。（见下页图）

从资产负债率看，第一季度末 49.8%，第二季度末 47.5%，第三季度末 46.4%，第四季度为 72.8%，全年平均为 54.1%。

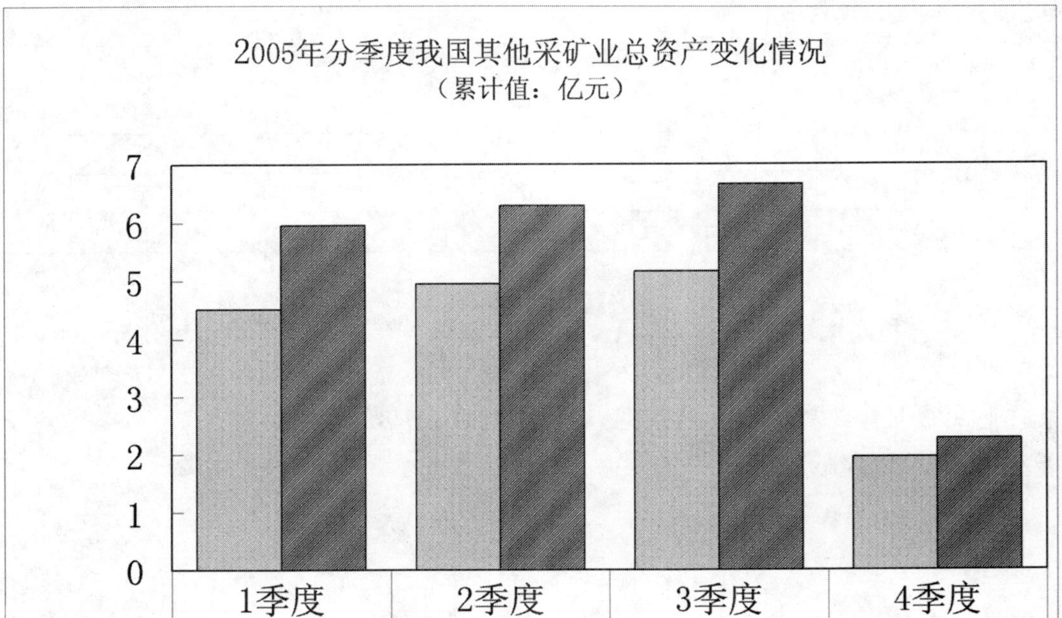


| | 1季度 | 2季度 | 3季度 | 4季度 |
|---|---|---|---|---|
| 2004年 | 4.51 | 4.95 | 5.17 | 1.96 |
| 2005年 | 5.96 | 6.29 | 6.66 | 2.28 |

| 资产负债率(%) | 年份 | 1季度 | 2季度 | 3季度 | 4季度 | 全年平均 |
|---|---|---|---|---|---|---|
| | 2004年 | 0.0 | 47.1 | 31.5 | 78.6 | 39.3 |
| | 2005年 | 49.8 | 47.5 | 46.4 | 72.8 | 54.1 |

## 二、销售水平

从该行业的产成品销售情况看,2005年累计产品销售收入为3.64亿元,比上年同期增长了73.33%。产品销售成本为2.97亿元,比上年同期也增长了82.21%。

该行业平均销售额占总资产比例的91.8%,上年同期为47.3%,2005年比上年上升很大幅度。

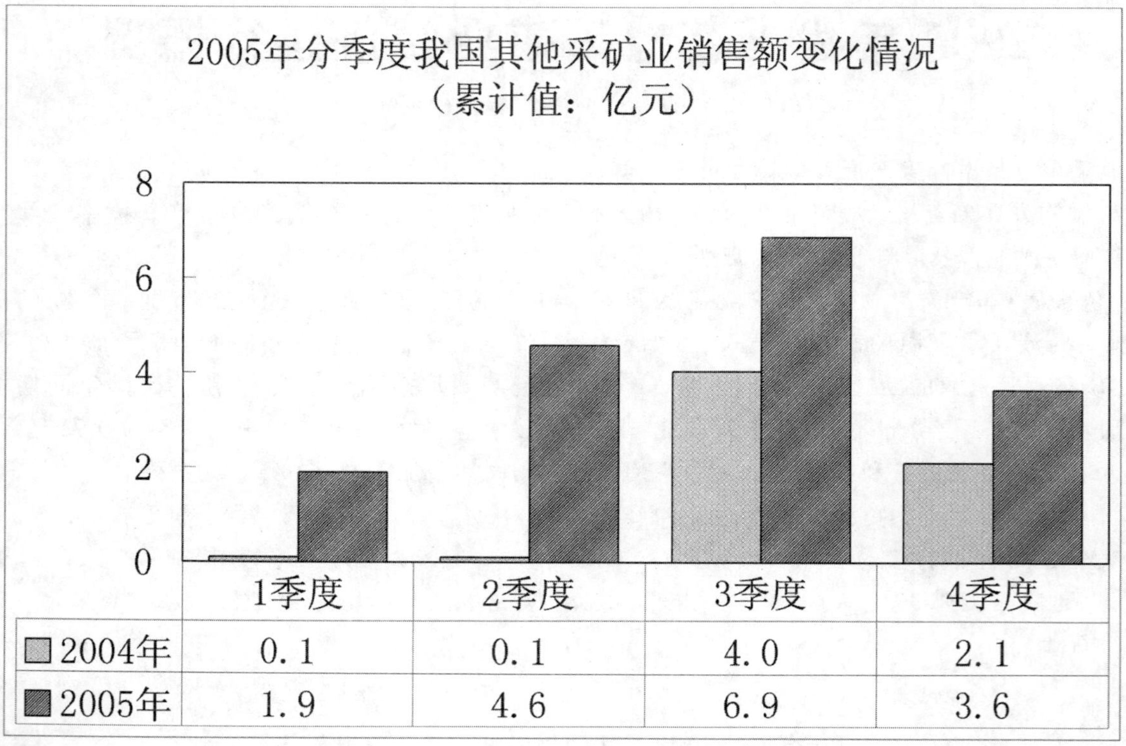


| 销售额占总资产比例(%) | 年份 | 1季度 | 2季度 | 3季度 | 4季度 | 全年平均 |
|---|---|---|---|---|---|---|
| | 2004年 | 2.2 | 2.0 | 77.9 | 107.1 | 47.3 |
| | 2005年 | 31.7 | 72.8 | 103.2 | 159.6 | 91.8 |

## 三、利润水平

其他采矿业2005年实现利润0.12亿元,上年同期为0.09亿元,增幅较大。

从全年平均万元利润率分析,2005年该行业卖10000元产品能挣回992.5元利润,上年同期能挣回10948.4元利润。

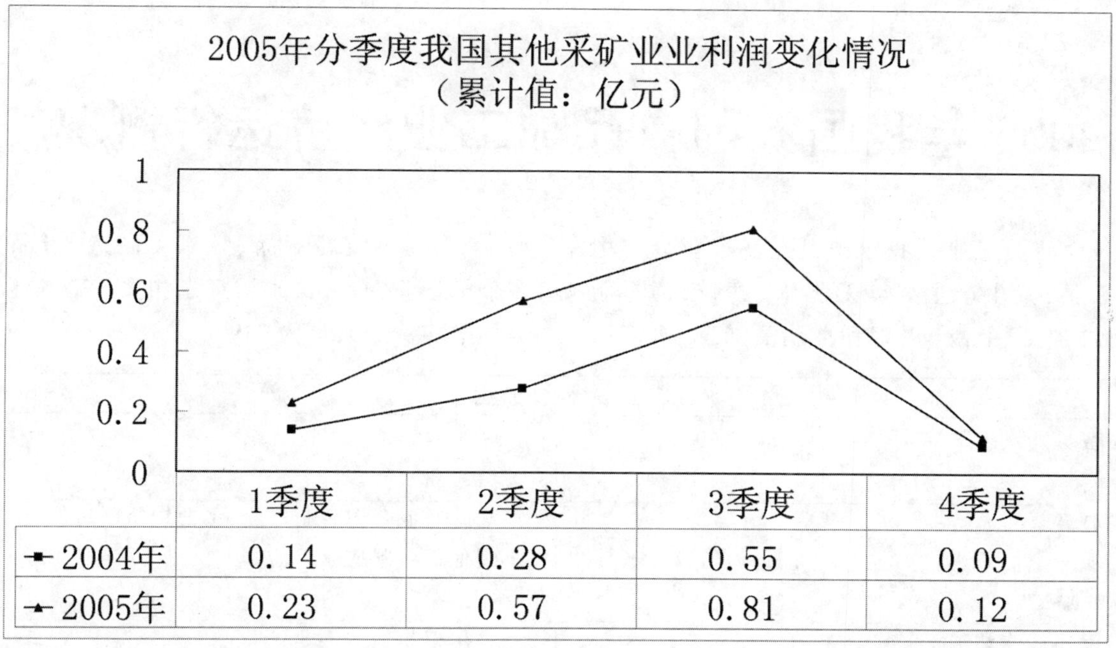


| 利润占销售额比例(%) | 年份 | 1 季度 | 2 季度 | 3 季度 | 4 季度 | 全年平均 |
|---|---|---|---|---|---|---|
| | 2004 年 | 14000.0 | 28000.0 | 1364.8 | 428.6 | 10948.4 |
| | 2005 年 | 1216.9 | 1244.5 | 1179.0 | 329.7 | 992.5 |

**四、企业亏损情况**

2005 年该行业亏损企业亏损额大约占利润总额比例(平均值)的 5.6%,无威胁。

2005 年该行业亏损企业的亏损额为 0.02 亿元。

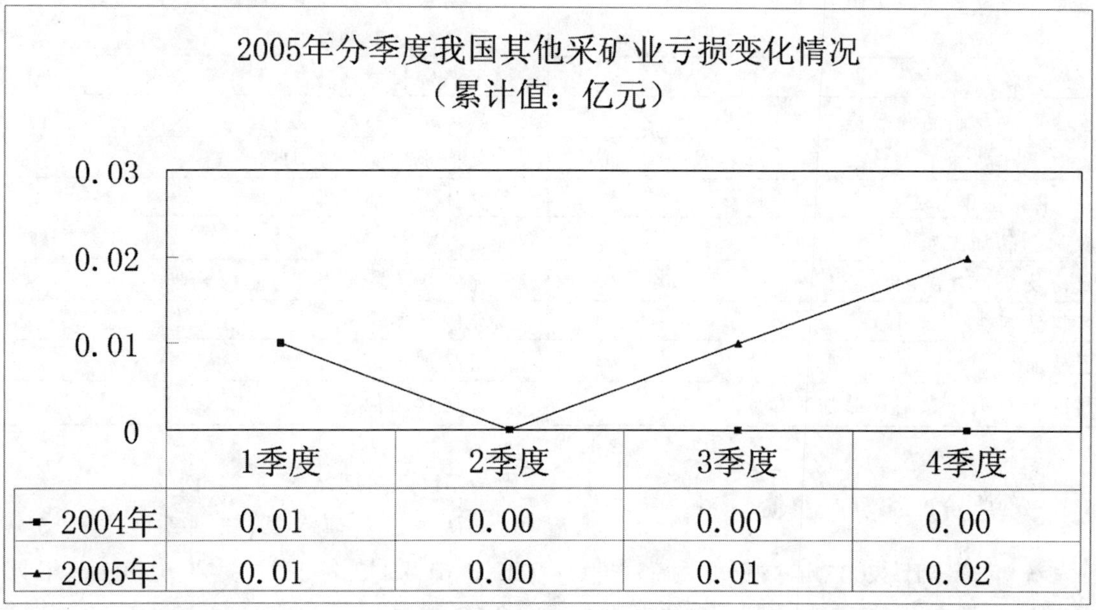


| 亏损占利润比例(%) | 年份 | 1 季度 | 2 季度 | 3 季度 | 4 季度 | 全年平均 |
|---|---|---|---|---|---|---|
| | 2004 年 | 7.1 | 0.0 | 0.0 | 0.0 | 1.8 |
| | 2005 年 | 4.3 | 0.0 | 1.2 | 16.7 | 5.6 |

# 2005 年我国农副食品加工业经济运行概况

农副食品加工业是我国国民经济行业分类中的一个大类，其生产主要涉及碾米、磨粉、饲料制造、植物油加工、制糖、屠宰和肉制品加工、水产品加工、淀粉及淀粉制品、豆制品制造、蛋品加工等多个子行业，与人民生活息息相关。2005 年该行业全部平均从业人员为 219 万人。

| 农副食品加工业 | |
|---|---|
| **谷物磨制** | 碾米业<br>磨粉业 |
| **饲料加工** | 配合及混合饲料制造业，蛋白饲料制造业，<br>其他饲料制造业 |
| **植物油加工** | |
| 食用植物油加工 | 食用植物油加工业 |
| 非食用植物油加工 | 非食用植物油加工业 |
| **制糖** | 甘蔗糖业，甜菜糖业，加工糖业 |
| **屠宰及肉类加工** | |
| 畜禽屠宰 | 屠宰业 |
| 肉制品及副产品加工 | 肉制品加工业，肉类副产品加工业 |
| **水产品加工** | |
| 水产品冷冻加工 | 冷冻水产品加工业 |
| 鱼糜制品及水产品干腌制加工 | 干制水产品加工业，腌制水产品加工业，<br>鱼糜及鱼糜制品加工业 |
| 水产饲料制造 | 水产饲料制造业 |
| 鱼油提取及制品的制造 | 其他水产品加工业 |
| 其他水产品加工 | 其他水产品加工业 |
| **蔬菜、水果和坚果加工** | 其他食品加工业 |
| **其他农副食品加工** | |
| 淀粉及淀粉制品的制造 | 淀粉及淀粉制品业，淀粉糖业 |
| 豆制品制造 | 豆制品制造业 |
| 蛋品加工 | 蛋品加工业 |
| 其他未列明的农副食品加工 | 其他食品加工业 |

## 一、总资产和资产负债率

据国家统计局统计，2005 年该行业的资产总值为 5660.9 亿元，比上年同期上升了 15.84%；流动资产平均余额为 2848.16 亿元，比上年同期增加了 17.44%；固定资产净值平均余额为 1958.53 亿元，比上年同期增长了 21.18%。

从资产负债率看，第一季度末 62.5%，第二季度末 61.7%，第三季度末 61.0%，第四季度为 60.1%，均比上年同期低。2005 年全年平均资产负债率为 61.3%左右。

| 资产负债率（%） | 年份 | 1 季度 | 2 季度 | 3 季度 | 4 季度 | 全年平均 |
|---|---|---|---|---|---|---|
| | 2004 年 | 64.7 | 63.9 | 63.3 | 61.8 | 63.4 |
| | 2005 年 | 62.5 | 61.7 | 61.0 | 60.1 | 61.3 |

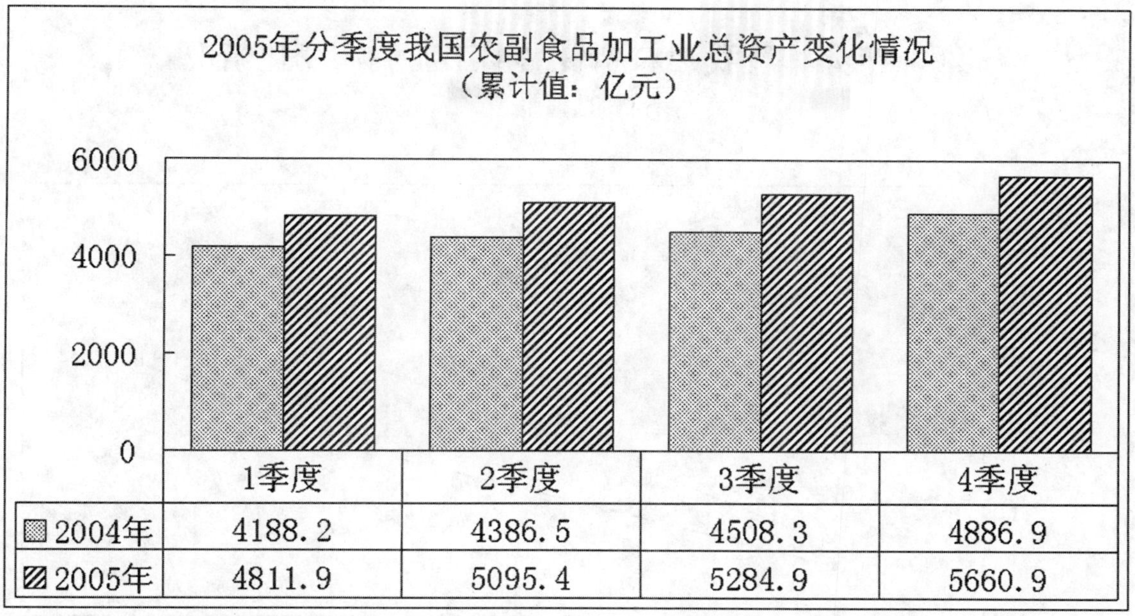


## 二、销售水平

从该行业的产成品销售情况看，2005年累计产品销售收入为10265.96亿元，比上年同期增长了30.66%。产品销售成本为9168.81亿元，比上年同期也增长了29.89%。

该行业平均销售额占总资产比例为111.5%，表明该行业产品是人民生活必需品，生产对固定资产成本要求不高，而盈利良好。

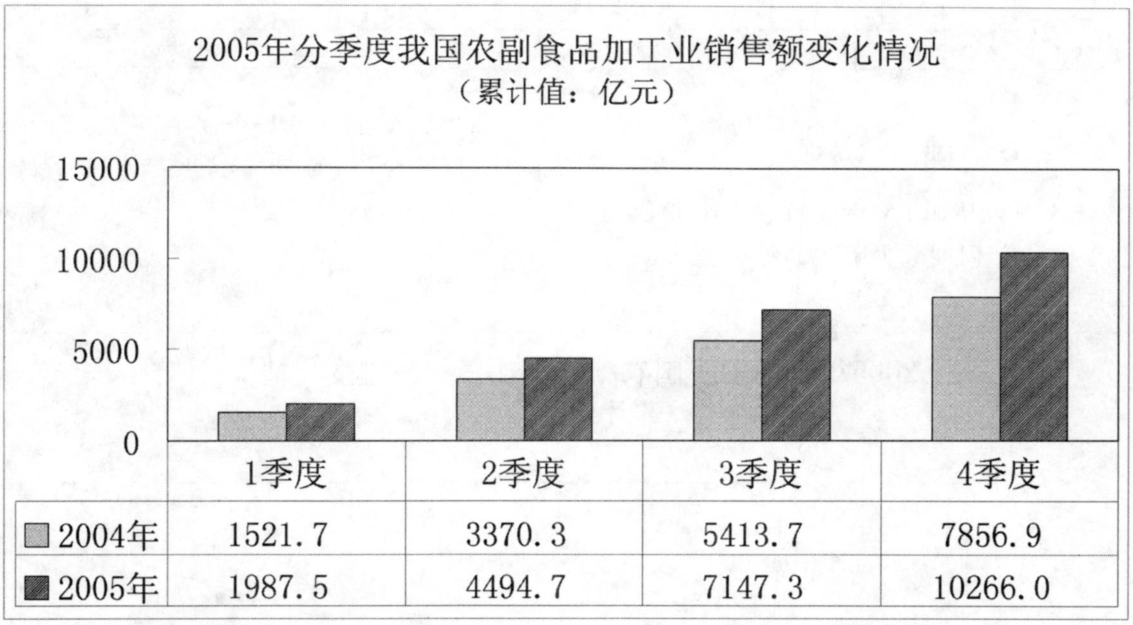


| 销售额占总资产比例(%) | 年份 | 1季度 | 2季度 | 3季度 | 4季度 | 全年平均 |
|---|---|---|---|---|---|---|
| | 2004年 | 36.3 | 76.8 | 120.1 | 160.8 | 98.5 |
| | 2005年 | 41.3 | 88.2 | 135.2 | 181.3 | 111.5 |

## 三、利润水平

农副食品加工业2005年实现利润380.1亿元，上年同期为235.2亿元，增幅为61.6%。

农副食品加工业是一个低利润率行业。从全年平均万元利润率分析，2005年该行业卖10000元产品能挣回343.9元利润，比上年同期稍高。

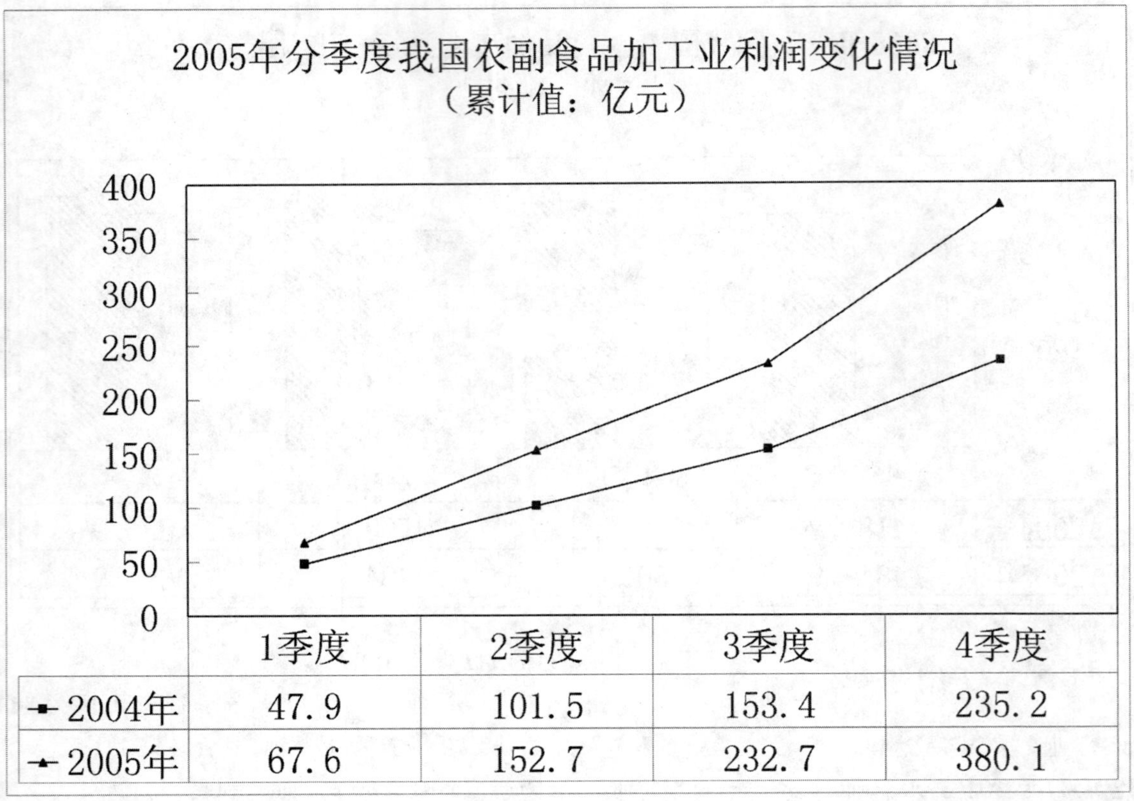


| | 1季度 | 2季度 | 3季度 | 4季度 |
|---|---|---|---|---|
| 2004年 | 47.9 | 101.5 | 153.4 | 235.2 |
| 2005年 | 67.6 | 152.7 | 232.7 | 380.1 |

| 利润占销售额比例(%) | 年份 | 1 季度 | 2 季度 | 3 季度 | 4 季度 | 全年平均 |
|---|---|---|---|---|---|---|
| | 2004 年 | 314.9 | 301.2 | 283.4 | 299.4 | 299.7 |
| | 2005 年 | 340.1 | 339.8 | 325.5 | 370.3 | 343.9 |

## 四、企业亏损情况

2005 年农副食品加工业亏损企业的亏损额为 41.88 亿元，较上年同期减少了 27.5%。

2005 年该行业亏损企业亏损额大约占利润总额比例（平均值）的 15.1%，上年同期为 23.9%，下降了 8.8 个百分点。

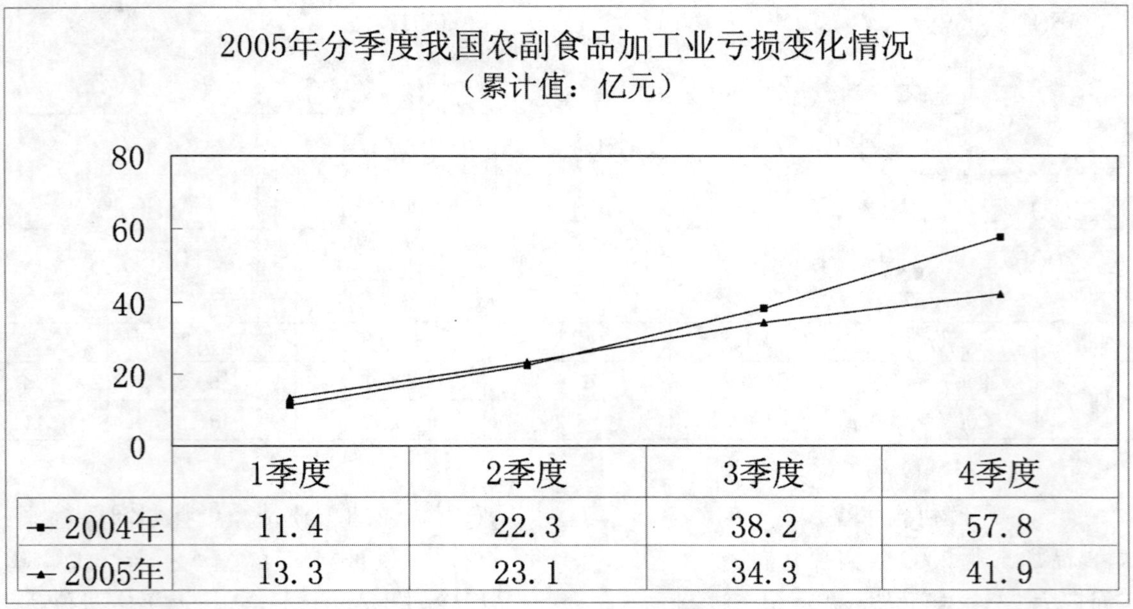


| | 1季度 | 2季度 | 3季度 | 4季度 |
|---|---|---|---|---|
| 2004年 | 11.4 | 22.3 | 38.2 | 57.8 |
| 2005年 | 13.3 | 23.1 | 34.3 | 41.9 |

2005年分季度我国农副食品加工业亏损占利润比例的变化情况（%）

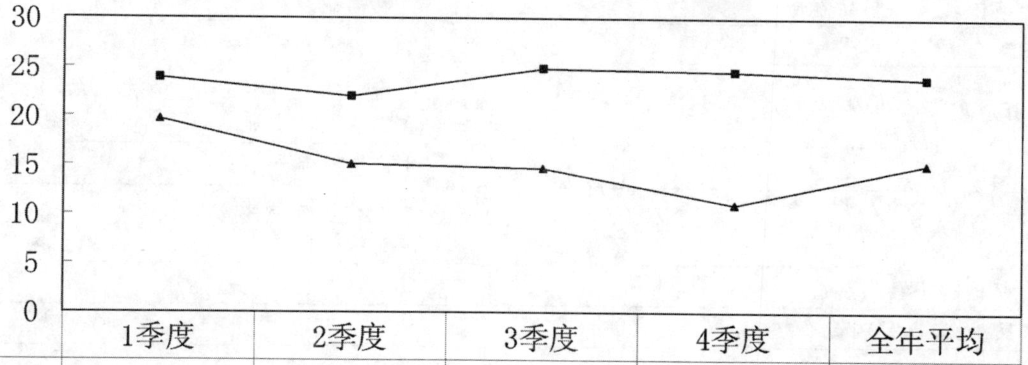


| | 1季度 | 2季度 | 3季度 | 4季度 | 全年平均 |
|---|---|---|---|---|---|
| 2004年 | 23.9 | 22.0 | 24.9 | 24.6 | 23.9 |
| 2005年 | 19.7 | 15.1 | 14.7 | 11.0 | 15.1 |

### 五、产品产量和产销率

从生产看，2005年我国累计生产混合饲料6420.26万吨，比上年同期增产24.4%；机制糖956.97万吨，比上年同期减产9.3%。

从销售看，2005年我国累计销售混合饲料6291.1万吨，产销率为99.1%。至年末库存较年初增加了22%。销售机制糖993.3万吨，产销率为103.9%。至年末库存较年初下降了31.2%。

2005年我国累计生产罐头360.08万吨，增长16.3%；销售353.9万吨，产销率为98.9%；年末库存比年初增加了0.5%。

# 2005年我国食品制造业经济运行概况

食品制造业是我国国民经济行业分类中的一个大类，是重要的民生工业，主要产品有焙烤食品，糖果、巧克力及蜜饯，方便食品，液体乳及乳制品，罐头食品，调味品和发酵制品，营养和保健食品，加工盐等。2005年该行业全部平均从业人员为116.6万人。

| 食品制造业 | |
|---|---|
| **焙烤食品制造** | |
| 糕点、面包制造 | 糕点业 |
| 饼干及其他焙烤食品制造 | 饼干业 |
| **糖果、巧克力及蜜饯制造** | |
| 糖果、巧克力制造 | 糖果业 |
| 蜜饯制作 | 蜜饯业<br>其他糕点<br>糖果制品业 |
| **方便食品制造** | |
| 米、面制品制造 | 面、米制品业 |

| | |
|---|---|
| 速冻食品制造 | 方便主食品业 |
| 方便面及其他方便食品制造 | 方便主食品业 |
| 液体乳及乳制品制造 | 乳制品制造业 |
| **罐头制造** | |
| 肉、禽类罐头制造 | 肉类罐头制造业<br>禽类罐头制造业 |
| 水产品罐头制造 | 水产罐头制造业 |
| 蔬菜、水果罐头制造 | 水果罐头制造业<br>蔬菜罐头制造业 |
| 其他罐头食品制造 | 其他罐头食品制造业 |
| **调味品、发酵制品制造** | |
| 味精制造 | 味精制造业 |
| 酱油、食醋及类似制品的制造 | 酱油、酱类制造业，食醋制造业 |
| 其他调味品、发酵制品制造 | 氨基酸制造业、柠檬酸制造业、酵母制品业<br>酶制剂制造业、其他发酵制品业、调味料制造业，<br>调味油制造业、其他调味品制造业 |
| **其他食品制造** | |
| 营养、保健食品制造 | 代乳品制造业 |
| 冷冻饮品及食用冰制造 | 制冰业、冷冻饮品制造业 |
| 盐加工 | 盐加工业 |
| 食品及饲料添加剂制造 | 添加剂制造业 |
| 其他未列明的食品制造 | 其他类未包括的食品制造业 |

## 一、总资产和资产负债率

据国家统计局统计，2005 年该行业的资产总值为 3138.2 亿元，比上年同期上升了 18.77%，流动资产平均余额为 1485.02 亿元，比上年同期增加了 20.19%；固定资产净值平均余额为 1067.42 亿元，比上年同期增长了 17.06%。

2005 年该行业的资产负债率变化趋势，第一季度 57.9%，第二季度 57.9%，第三季度 57.5%，第四季度 56.7%。全年季度平均为 57.5%。

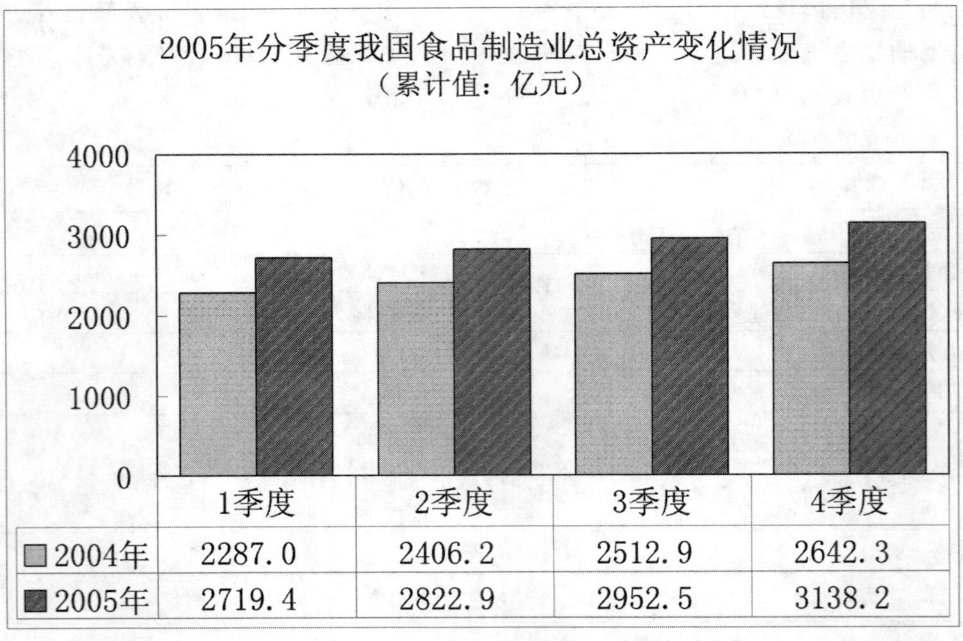

| 资产负债率（%） | 年份 | 1 季度 | 2 季度 | 3 季度 | 4 季度 | 全年平均 |
|---|---|---|---|---|---|---|
| | 2004 年 | 56.8 | 58.1 | 58.4 | 56.9 | 57.6 |
| | 2005 年 | 57.9 | 57.9 | 57.5 | 56.7 | 57.5 |

## 二、销售水平

从该行业的产成品销售情况看，2005 年累计产品销售收入为 3590.3 亿元，比上年同期增长了 32.38%。产品销售成本为 841.72 亿元，比上年同期也增长了 16.17%。

该行业平均销售额占总资产比例为 79.0%。

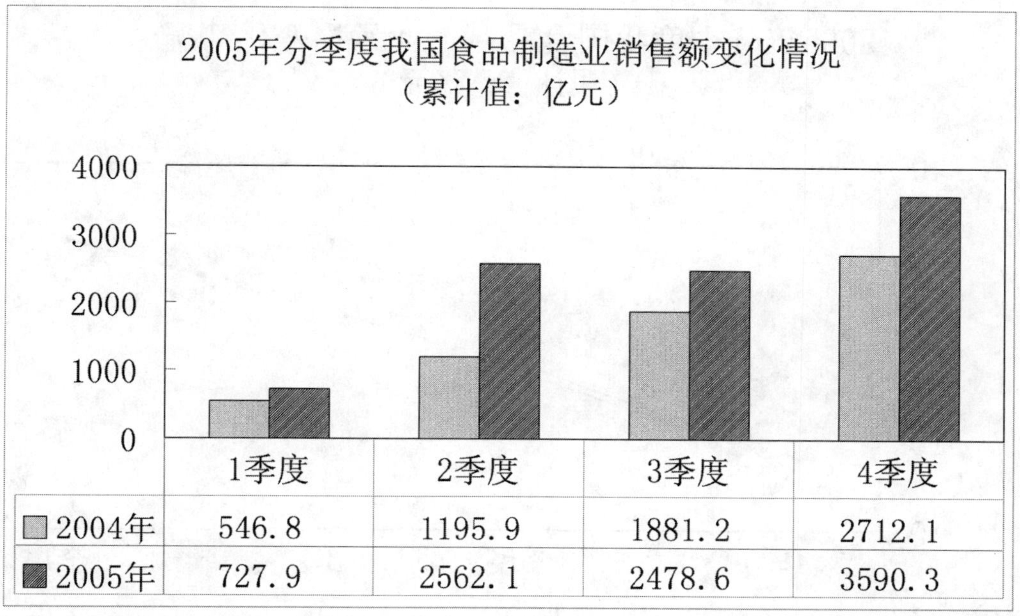


| 销售额占总资产比例（%） | 年份 | 1 季度 | 2 季度 | 3 季度 | 4 季度 | 全年平均 |
|---|---|---|---|---|---|---|
| | 2004 年 | 23.9 | 49.7 | 74.9 | 102.6 | 62.8 |
| | 2005 年 | 26.8 | 90.8 | 84.0 | 114.4 | 79.0 |

## 三、利润水平

食品制造业 2005 年实现利润 205.2 亿元，上年同期为 135.8 亿元，增幅为 51.1%。

从全年平均万元利润率分析，2005 年该行业卖 10000 元该行业出售万元产品能挣回 487.4 元利润，上年同期能挣回 506.2 元利润，创利水平有所下降。

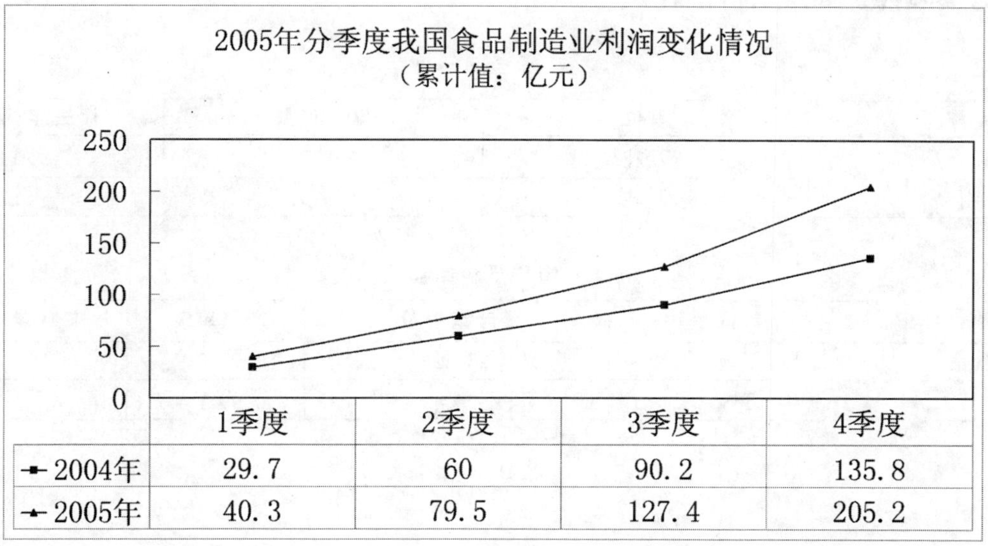

| 利润占销售额比例(%) | 年份 | 1 季度 | 2 季度 | 3 季度 | 4 季度 | 全年平均 |
|---|---|---|---|---|---|---|
| | 2004 年 | 542.4 | 502.0 | 479.6 | 500.7 | 506.2 |
| | 2005 年 | 553.8 | 310.2 | 514.1 | 571.6 | 487.4 |

## 四、企业亏损情况

2005 年食品制造业亏损企业的亏损额为 31.8 亿元。

2005 年该行业亏损企业亏损额占利润总额比例(平均值)的 19.8%,上年同期为 27.0%。

2005年分季度我国食品制造业亏损变化情况
（累计值：亿元）

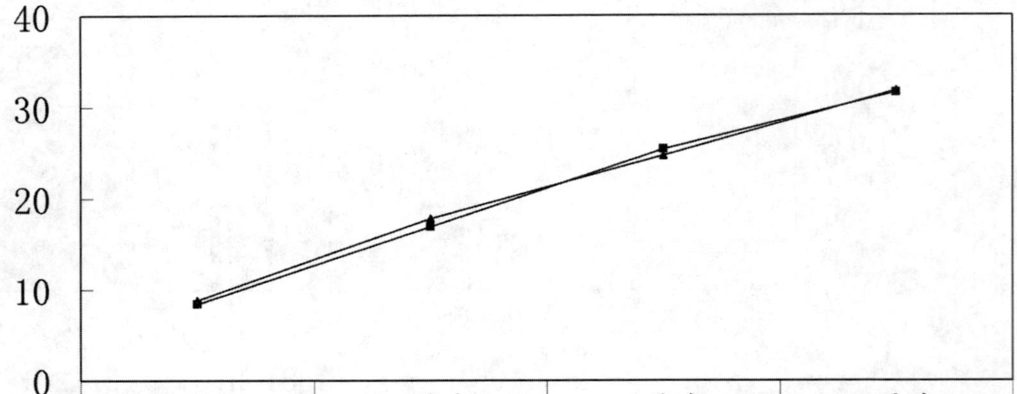


| | 1季度 | 2季度 | 3季度 | 4季度 |
|---|---|---|---|---|
| 2004年 | 8.4 | 16.9 | 25.4 | 31.6 |
| 2005年 | 8.8 | 17.8 | 24.7 | 31.8 |

| 亏损占利润比例(%) | 年份 | 1 季度 | 2 季度 | 3 季度 | 4 季度 | 全年平均 |
|---|---|---|---|---|---|---|
| | 2004 年 | 28.3 | 28.2 | 28.2 | 23.3 | 27.0 |
| | 2005 年 | 21.9 | 22.4 | 19.4 | 15.5 | 19.8 |

## 五、2005 年产品产量和产销率

产品产量

| 名称 | 单位 | 累计产量 | 比去年同期增长% |
|---|---|---|---|
| 罐头食品 | 万吨 | 258.26 | 14.6 |
| 乳制品 | 万吨 | 939.41 | 27.3 |

销售量和库存

| 名称 | 单位 | 累计销售量 | 产销率% | 年末库存比年初增减% |
|---|---|---|---|---|
| 罐头食品 | 万吨 | 251.2 | 97.5 | 4.0 |
| 乳制品 | 万吨 | 924.4 | 99.1 | 7.8 |

# 2005年我国饮料制造业经济运行概况

饮料制造业是我国国民经济行业分类中的一个大类,主要产品有白酒、啤酒、果酒、软饮料等。2005年该行业全部从业人员为87.54万人。

| 饮料制造业的范围 | |
|---|---|
| **酒精制造** | 酒精制造业 |
| **酒的制造** | |
| 白酒制造 | 白酒制造业 |
| 啤酒制造 | 啤酒制造业 |
| 黄酒制造 | 黄酒制造业 |
| 葡萄酒制造 | 葡萄酒制造业 |
| 其他酒制造 | 果露酒制造业 |
| **软饮料制造** | |
| 碳酸饮料制造 | 碳酸饮料制造业 |
| 瓶(罐)装饮用水制造 | 天然矿泉水制造业 |
| 果菜汁及果菜汁饮料制造 | 果菜汁饮料制造业 |
| 含乳饮料和植物蛋白饮料制造 | 其他软饮料制造业 |
| 固体饮料制造 | 固体饮料制造业 |
| 茶饮料及其他软饮料制造 | 其他软饮料制造业其他饮料制造业 |
| 精制茶加工 | 制茶业 |

## 一、总资产和资产负债率

据国家统计局统计,2005年该行业的资产总值为3555.4亿元,比上年同期上升了8.9%,流动资产平均余额为1675.54亿元,比上年同期增加了12.43%;固定资产净值平均余额为1267.81亿元,比上年同期增长了7.91%。

从资产负债率水平看,平均为54.4%,上年同期为54.3%,2005年略有上升。

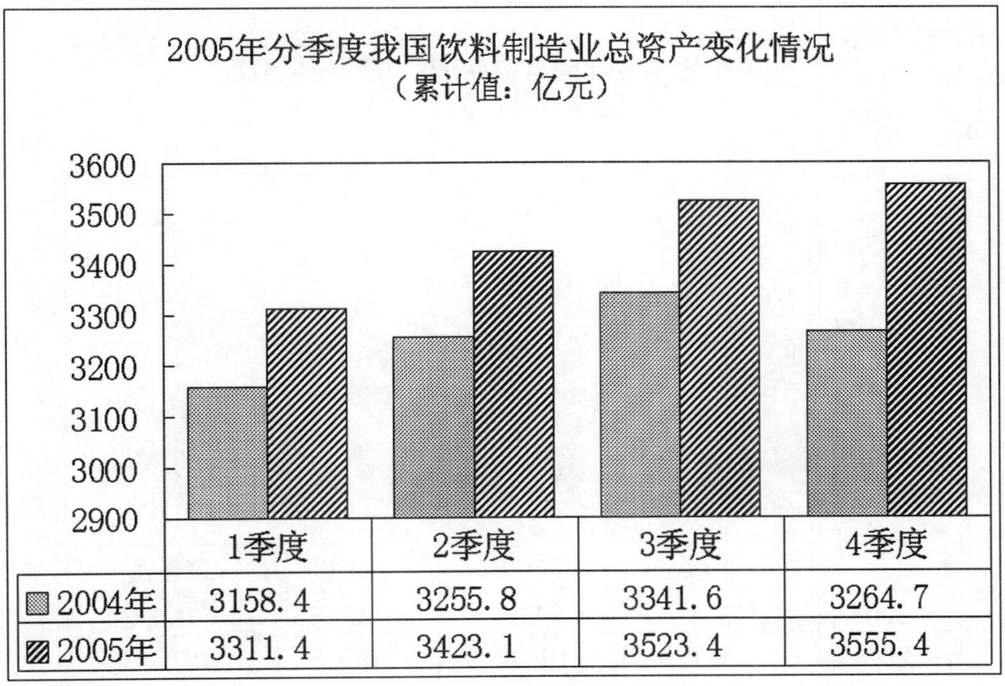

| 资产负债率(%) | 年份 | 1季度 | 2季度 | 3季度 | 4季度 | 全年平均 |
|---|---|---|---|---|---|---|
| | 2004年 | 53.4 | 54.6 | 54.8 | 54.4 | 54.3 |
| | 2005年 | 54.4 | 55.0 | 54.1 | 54.0 | 54.4 |

## 二、销售水平

该行业2005年累计产品销售收入为3036.44亿元,比上年同期增长了24.46%。产品销售成本为2126.19亿元,比上年同期也增长了26.87%。

该行业平均销售额占总资产比例为53.1%,上年同期为46.6%,2005年上升了6.5个百分点。

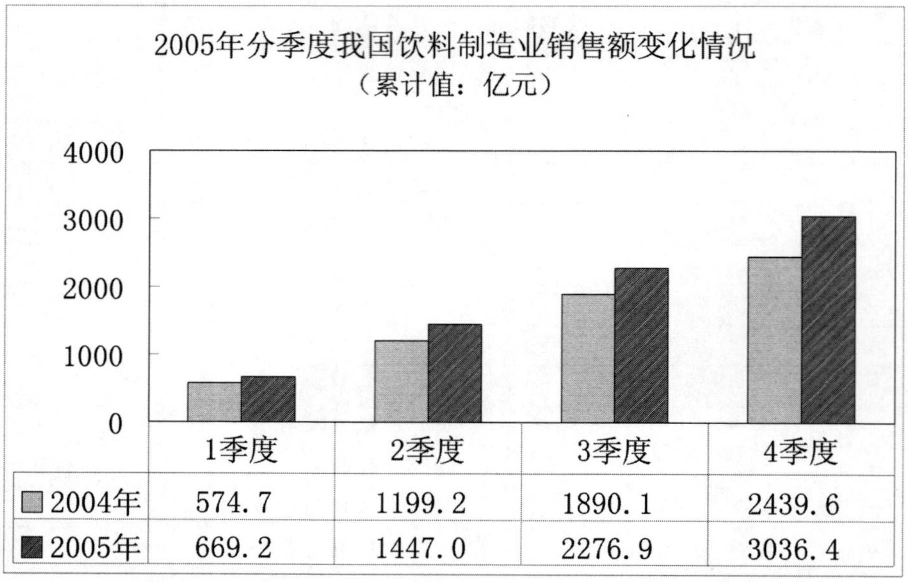


| 销售额占总资产比例(%) | 年份 | 1季度 | 2季度 | 3季度 | 4季度 | 全年平均 |
|---|---|---|---|---|---|---|
| | 2004年 | 18.2 | 36.8 | 56.6 | 74.7 | 46.6 |
| | 2005年 | 20.2 | 42.3 | 64.6 | 85.4 | 53.1 |

## 三、利润水平

饮料制造业2005年实现利润217.33亿元,上年同期为165.24亿元,增幅为31.5%。

从全年平均万元利润率分析,2005年该行业卖10000元产品能挣回753.6元利润,上年同期能挣回776元利润,全年创利水平有所下降。

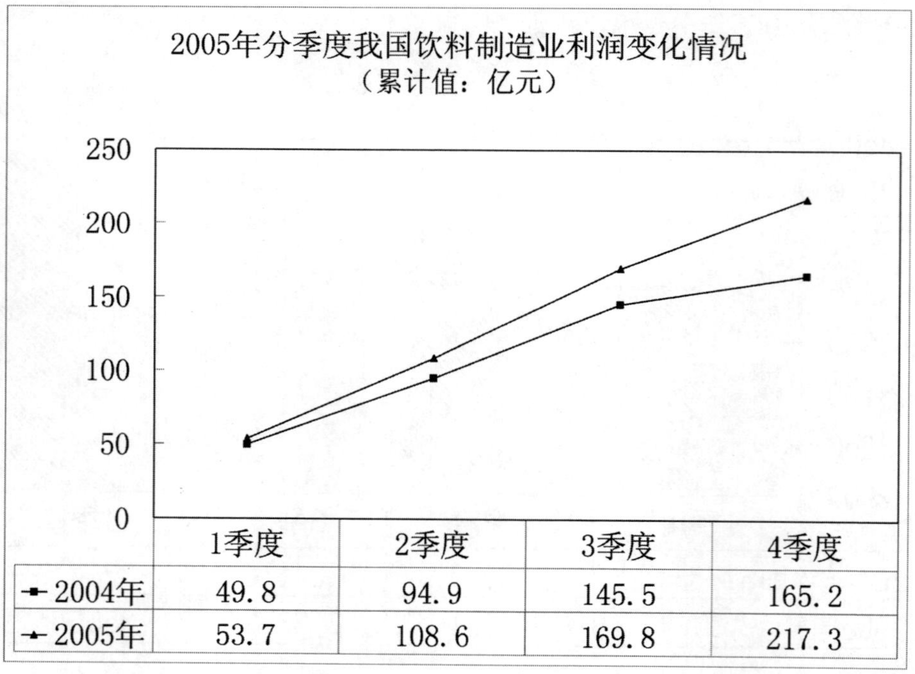

| 利润占销售额比例(%) | 年份 | 1 季度 | 2 季度 | 3 季度 | 4 季度 | 全年平均 |
|---|---|---|---|---|---|---|
| | 2004 年 | 865.7 | 791.1 | 769.9 | 677.3 | 776.0 |
| | 2005 年 | 802.2 | 750.8 | 745.6 | 715.7 | 753.6 |

## 四、企业亏损情况

2005 年饮料制造业亏损企业的亏损额为 33.23 亿元。2005 年该行业亏损企业亏损额大约占利润总额比例(平均值)的 17.2%,上年同期为 16.3%,有所上升。

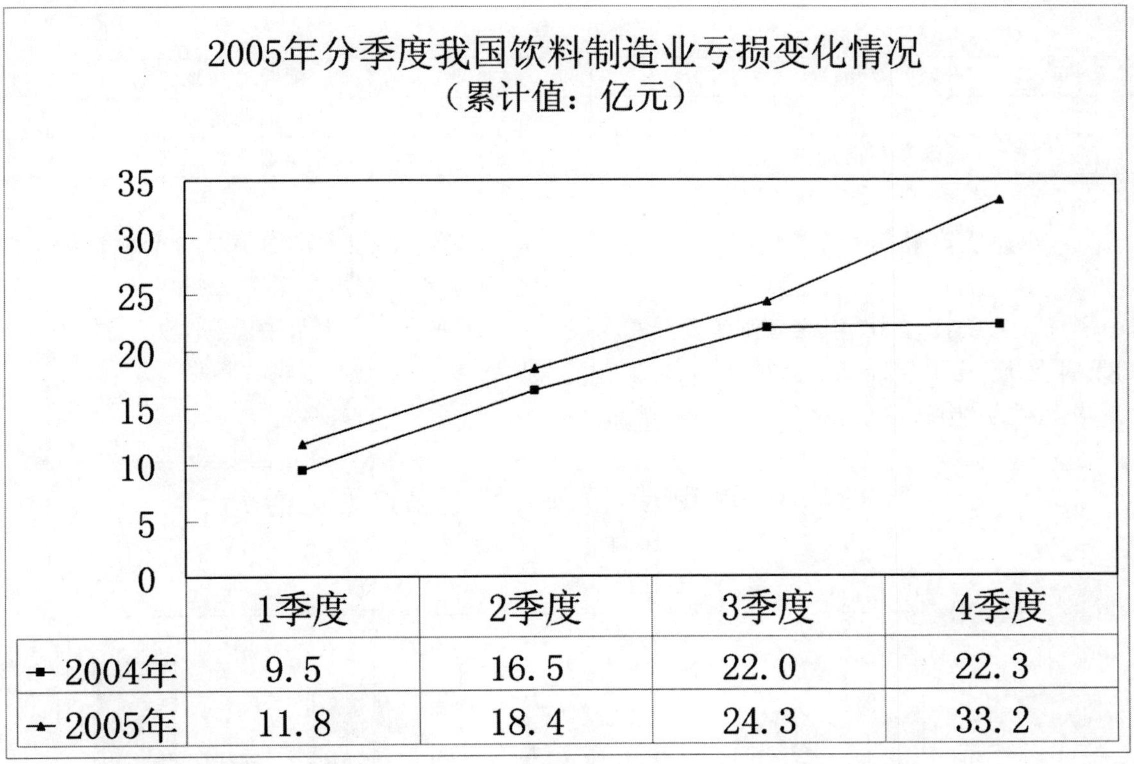


| 亏损占利润比例(%) | 年份 | 1 季度 | 2 季度 | 3 季度 | 4 季度 | 全年平均 |
|---|---|---|---|---|---|---|
| | 2004 年 | 19.0 | 17.4 | 15.1 | 13.5 | 16.3 |
| | 2005 年 | 22.0 | 17.0 | 14.3 | 15.3 | 17.2 |

## 五、2005 年产品产量和产销率

**产品产量**

| 名称 | 单位 | 累计产量 | 比去年同期增长% |
|---|---|---|---|
| 白酒 | 万千升 | 349.34 | 15.0 |
| 啤酒 | 万千升 | 3061.56 | 10.3 |
| 软饮料 | 万吨 | 3380.44 | 24.1 |

**产品销售量和库存**

| 名称 | 单位 | 累计销售量 | 产销率% | 年末库存比年初增减% |
|---|---|---|---|---|
| 白酒 | 万千升 | 358.1 | 103.1 | -1.2 |
| 啤酒 | 万千升 | 3016.1 | 98.8 | 12.1 |
| 软饮料 | 万吨 | 3319.7 | 98.8 | 22.9 |

说明：白酒按折合 65 度，商品量计算。

# 2005年我国烟草加工业经济运行概况

烟草加工业是我国国民经济行业分类中的一个大类，主要产品是卷烟。2005年该行业全部从业人员为18.68万人。

| 烟草制品业 | |
|---|---|
| 烟叶复烤 | 烟叶复烤业 |
| 卷烟制造 | 卷烟制造业 |
| 其他烟草制品加工 | 其他烟草加工业 |

## 一、总资产和资产负债率

据国家统计局统计，2005年该行业的资产总值为3282.64亿元，比上年同期上升了8.19%，流动资产平均余额为2013.44亿元，比上年同期增加了12.16%；固定资产净值平均余额为637.87亿元，比上年同期增长了2.42%。

从资产负债率水平看，平均为34.6%，上年同期为39.4%，2005年略有下降。

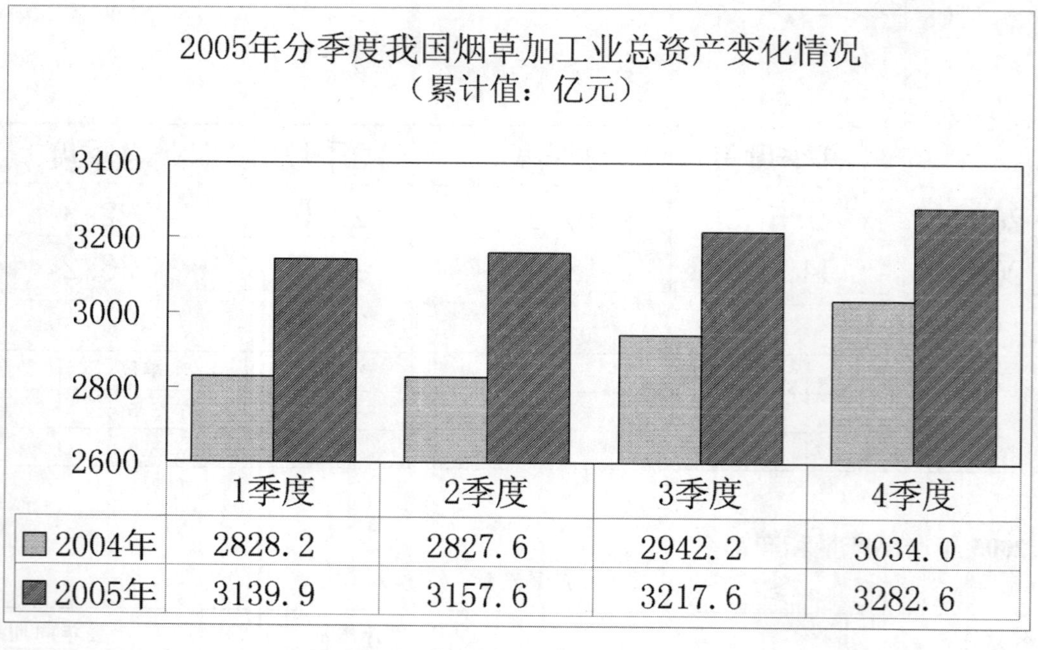


| 资产负债率(%) | 年份 | 1季度 | 2季度 | 3季度 | 4季度 | 全年平均 |
|---|---|---|---|---|---|---|
| | 2004年 | 41.5 | 39.4 | 38.4 | 38.3 | 39.4 |
| | 2005年 | 36.3 | 34.9 | 33.8 | 33.3 | 34.6 |

## 二、销售水平

该行业2005年累计产品销售收入为2858.19亿元，比上年同期增长了10.56%。产品销售成本为1050.43亿元，比上年同期也增长了10.43%。

该行业平均销售额占总资产比例为55.9%，上年同期为55.1%，2005年比上年略高。

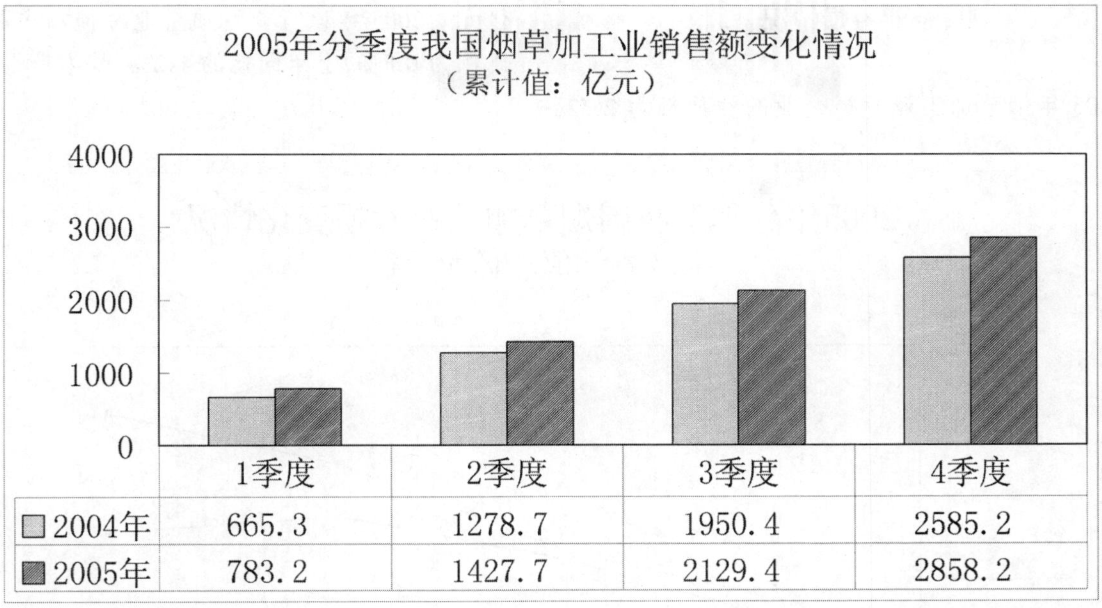


| 销售额占总资产比例(%) | 年份 | 1 季度 | 2 季度 | 3 季度 | 4 季度 | 全年平均 |
|---|---|---|---|---|---|---|
| | 2004 年 | 23.5 | 45.2 | 66.3 | 85.2 | 55.1 |
| | 2005 年 | 24.9 | 45.2 | 66.2 | 87.1 | 55.9 |

### 三、利润水平

烟草加工业 2005 年实现利润 417.56 亿元，上年同期为 371.61 亿元，增幅为 12.4%。

从全年平均万元利润率分析，2005 年该行业卖 10000 元产品能挣回 1597.1 元利润，上年同期能挣回 1531.3 元利润，全年创利水平有所上升。

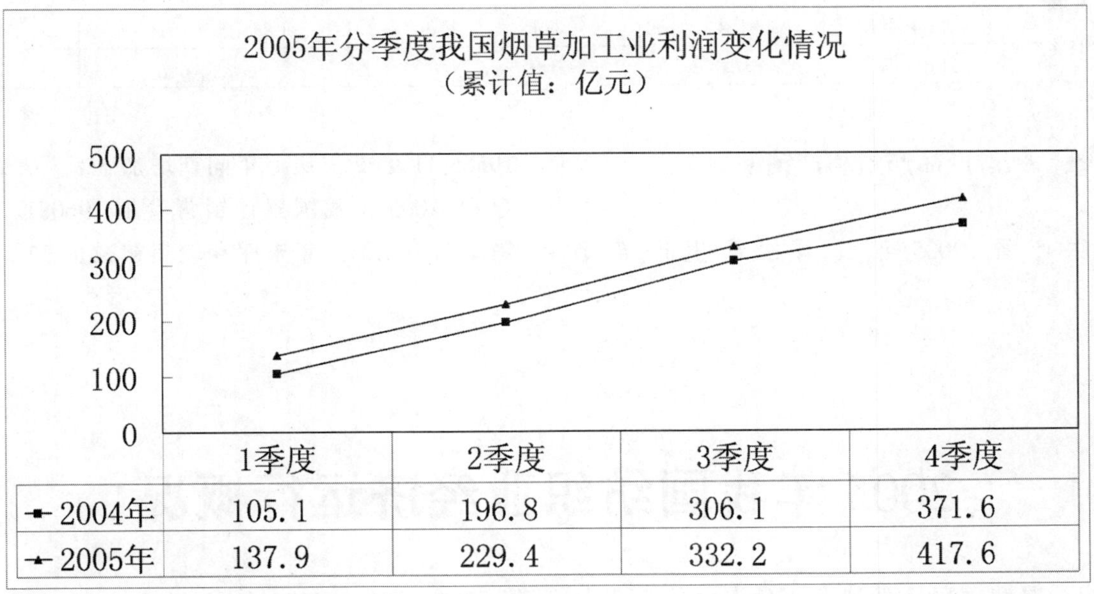


| 利润占销售额比例(%) | 年份 | 1 季度 | 2 季度 | 3 季度 | 4 季度 | 全年平均 |
|---|---|---|---|---|---|---|
| | 2004 年 | 1579.4 | 1539.0 | 1569.2 | 1437.5 | 1531.3 |
| | 2005 年 | 1760.2 | 1607.1 | 1560.1 | 1460.9 | 1597.1 |

### 四、企业亏损情况

2005年烟草加工业亏损企业的亏损额为2.52亿元。2005年该行业亏损企业亏损额占利润总额比例为0.8%，上年同期的1.2%，基本持平。

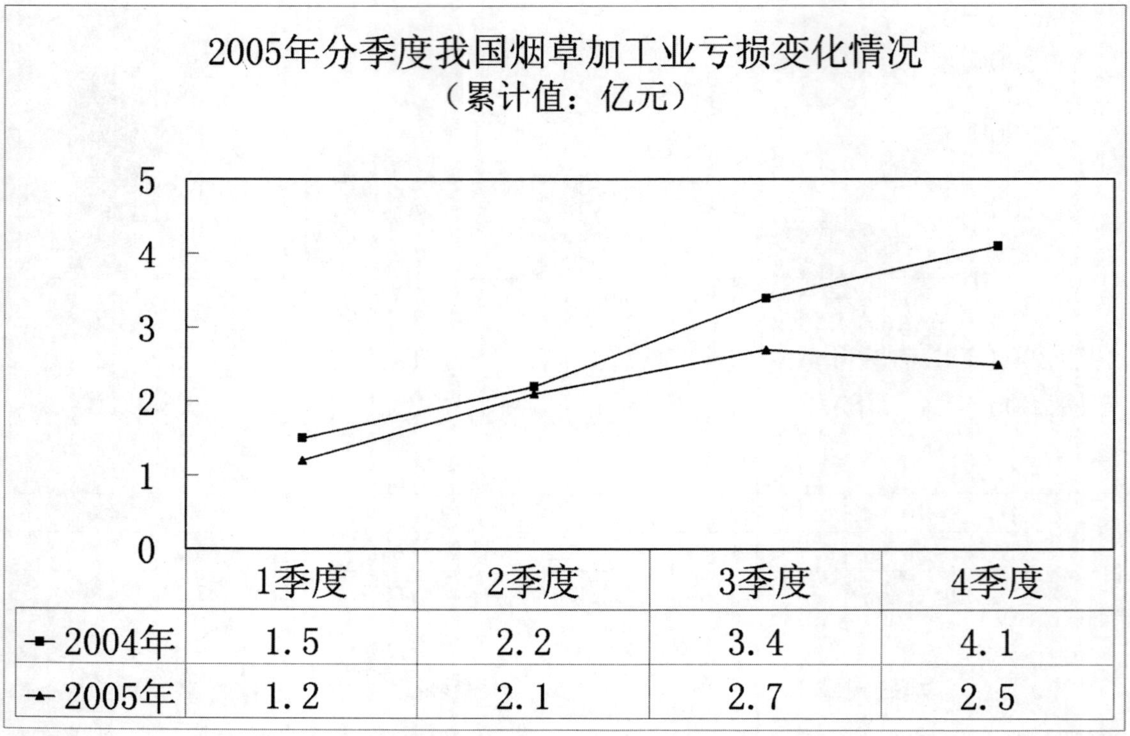


| 亏损占利润比例(%) | 年份 | 1季度 | 2季度 | 3季度 | 4季度 | 全年平均 |
|---|---|---|---|---|---|---|
| | 2004年 | 1.4 | 1.1 | 1.1 | 1.1 | 1.2 |
| | 2005年 | 0.8 | 0.9 | 0.8 | 0.6 | 0.8 |

### 五、产品产量和产销率

从生产看，2005年我国累计生产卷烟19566.11亿支，比上年同期增加5%。从销售和库存看，2005年我国累计销售卷烟19608.9亿支，产销率为100.3%，年末库存较年初减少35.7%。

# 2005年我国纺织业经济运行概况

纺织业是我国国民经济行业分类中的一个大类，主要产品有棉布、呢绒、化纤布、丝绸等，与民生高度关联。2005年该行业全部从业人员为580.86万人。

| 纺织业范围 | |
|---|---|
| **棉、化纤纺织及印染精加工** | |
| 棉、化纤纺织加工 | 棉织业<br>其他棉纺织业 |
| 棉、化纤印染精加工 | 印染业 |
| **毛纺织和染整精加工** | |
| 毛条加工 | 毛条加工业 |
| 毛纺织 | 毛纺业<br>毛织业<br>其他毛纺织业 |
| 毛染整精加工 | 毛染整业 |
| 麻纺织 | 苎麻纺织业<br>亚麻纺织业<br>其他麻纺织业 |
| **丝绢纺织及精加工** | |
| 缫丝加工 | 缫丝业 |
| 绢纺和丝织加工 | 绢纺业<br>丝织业<br>其他丝绢纺织业 |
| 丝印染精加工 | 丝印染业 |
| **纺织制成品制造** | |
| 棉及化纤制品制造 | 棉制品业 |
| 毛制品制造 | 工业用呢、工业用毡制造业 |
| 麻制品制造 | 黄、洋、青麻纺织业 |
| 丝制品制造 | 丝制品业 |
| 绳、索、缆的制造 | 渔具用丝制造业<br>渔具用线制造业<br>渔具用绳制造业<br>渔网制造业 |
| 纺织带和帘子布制造 | 棉线带制造业 |
| 无纺布制造 | 帘子布制造业<br>其他纺织业 |
| 其他纺织制成品制造 | 其他纺织业 |
| **针织品、编织品及其制品制造** | 其他纤维制品制造业 |
| 棉、化纤针织品及编织品制造 | |
| 毛针织品及编织品制造 | 棉针织品业 |
| 丝针织品及编织品制造 | 毛针织品业 |
| 其他针织品及编织品制造 | 丝针织品业 |
| 棉纺业 | 其他针织品业 |

## 一、总资产和资产负债率

据国家统计局统计，2005 年该行业的资产总值为 10076.64 亿元，比上年同期上升了 14.4%，流动资产平均余额为 4853.82 亿元，比上年同期增加了 17.42%；固定资产净值平均余额为 3637.02 亿元，比上年同期增长了 13.78%。

从资产负债率看，第一季度 62.5%，第二季度 62.8%，第三季度 62.8%，第四季度 61.8%。2005 年季度平均保持在 62.5%左右。

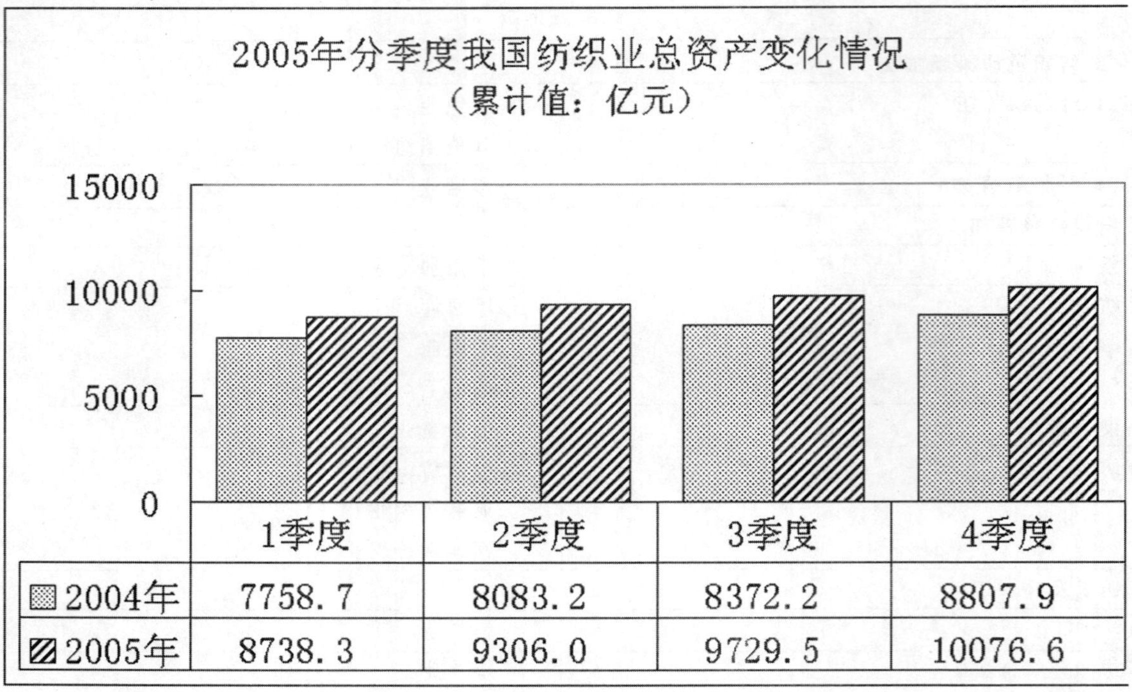


| 资产负债率(%) | 年份 | 1 季度 | 2 季度 | 3 季度 | 4 季度 | 全年平均 |
|---|---|---|---|---|---|---|
| | 2004 年 | 64.1 | 63.8 | 63.7 | 62.5 | 63.5 |
| | 2005 年 | 62.5 | 62.8 | 62.8 | 61.8 | 62.5 |

## 二、销售水平

2005 年累计产品销售收入为 12148.34 亿元，比上年同期增长了 26.46%。产品销售成本为 10944.01 亿元，比上年同期也增长了 26.06%。

据测算，该行业平均销售额占总资产比例为 72.7%，上年同期为 65.2%，2005 年比上年上升近 7.5 个百分点。

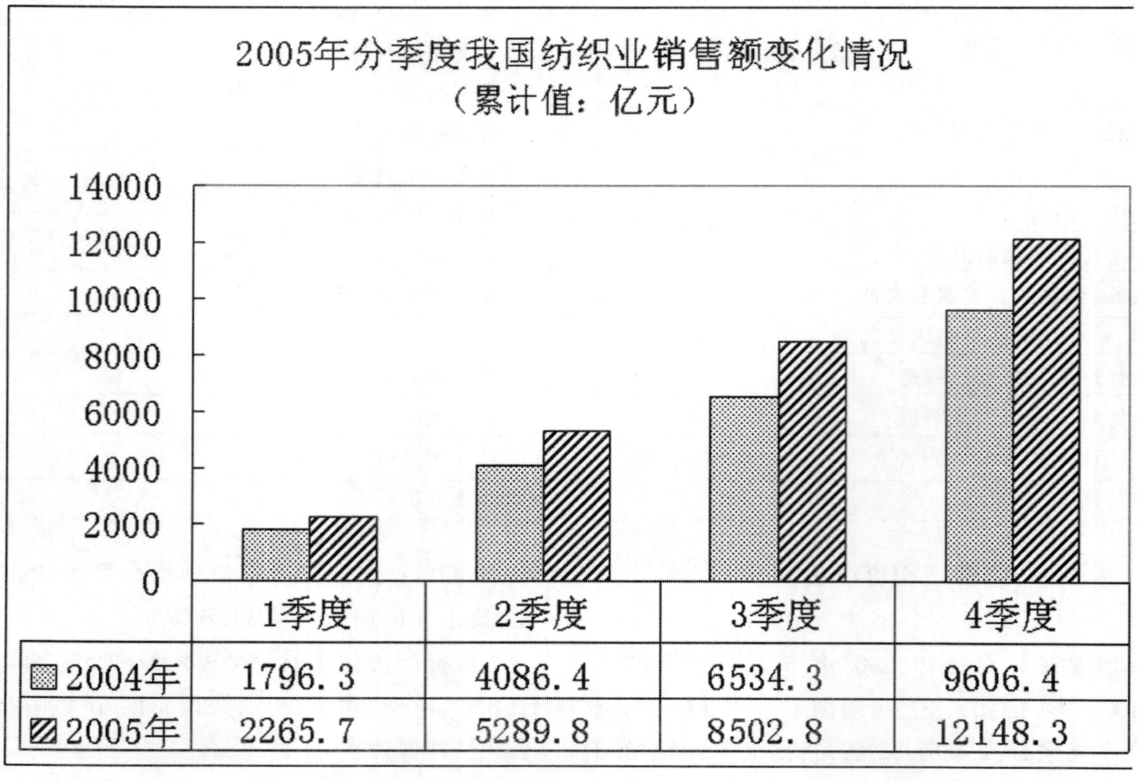

| 销售额占总资产比例(%) | 年份 | 1 季度 | 2 季度 | 3 季度 | 4 季度 | 全年平均 |
|---|---|---|---|---|---|---|
| | 2004 年 | 23.2 | 50.6 | 78.0 | 109.1 | 65.2 |
| | 2005 年 | 25.9 | 56.8 | 87.4 | 120.6 | 72.7 |

## 三、利润水平

纺织业 2005 年实现利润 422.3 亿元，上年同期为 278.1 亿元，增幅为 51.9%。

纺织行业是低利润行业。从全年平均万元利润率分析，2005 年该行业卖 10000 元产品能挣回 298.4 元利润，上年同期能挣回 267.8 元利润，全年创利水平有所上升。

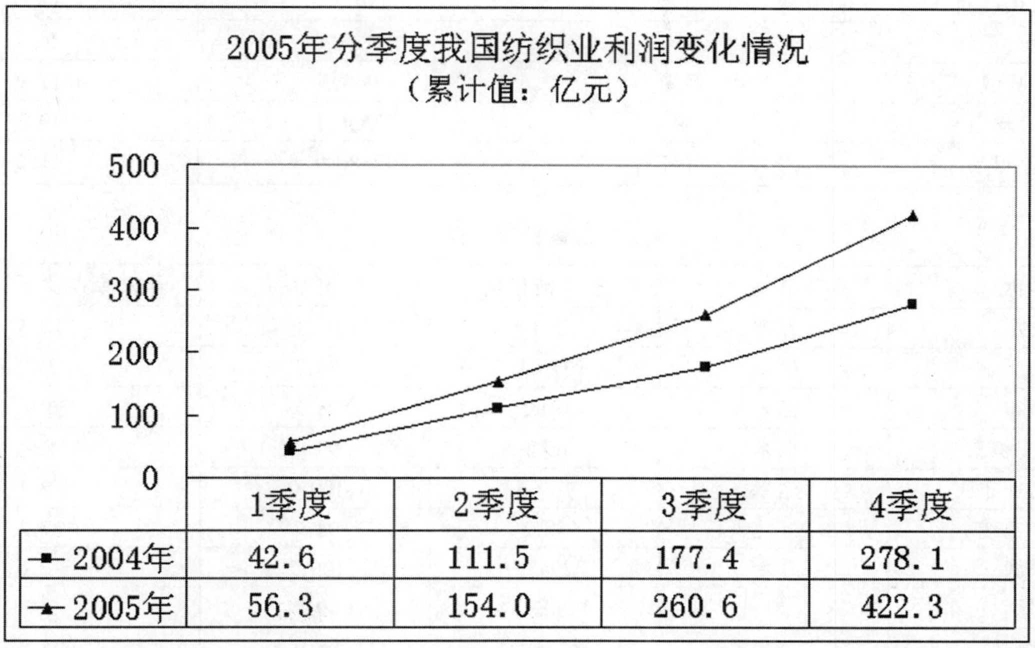


| 利润占销售额比例(%) | 年份 | 1 季度 | 2 季度 | 3 季度 | 4 季度 | 全年平均 |
|---|---|---|---|---|---|---|
| | 2004 年 | 237.3 | 272.8 | 271.5 | 289.5 | 267.8 |
| | 2005 年 | 248.4 | 291.1 | 306.4 | 347.6 | 298.4 |

## 四、企业亏损情况

2005 年纺织业亏损企业的亏损额为 63.7 亿元。具体见下图。

2005 年该行业亏损企业亏损额大约占利润总额比例(平均值)的 25.4%，上年同期为 34.2%，有所下降。

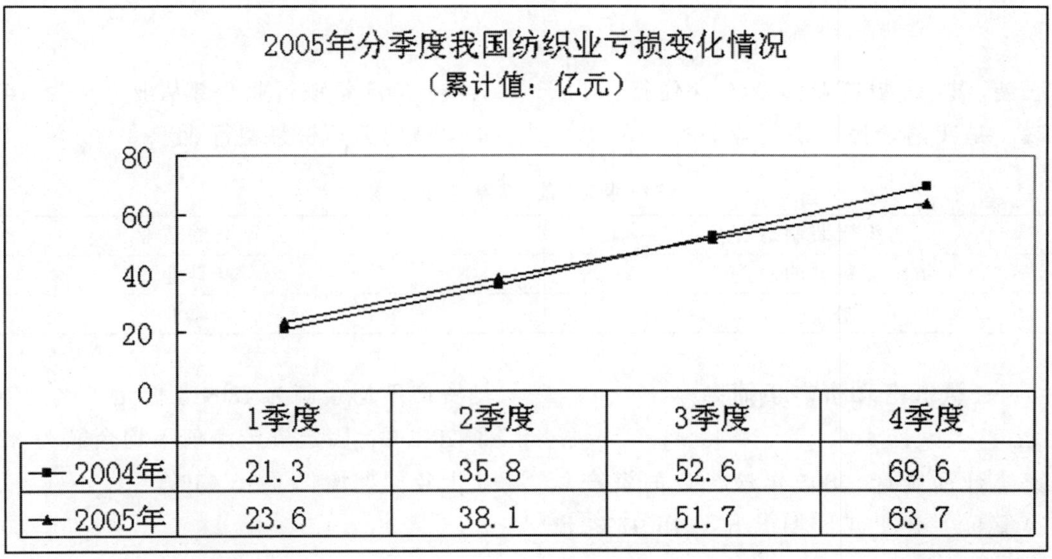

## 五、2005 年产品产量和产销率

产品产量

| 名称 | 单位 | 累计产量 | 比去年同期增长% |
|---|---|---|---|
| 纱 | 万吨 | 1412.4 | 23.6 |
| 布 | 亿米 | 377.6 | 17.5 |
| 棉布 | 亿米 | 196.6 | 24.0 |
| 混纺交织布 | 亿米 | 70.6 | 9.3 |
| 纯化纤布 | 亿米 | 110.5 | 12.2 |
| 绒线(毛线) | 万吨 | 38.7 | 5.0 |
| 呢绒 | 万米 | 32960.3 | 17.9 |
| 丝 | 吨 | 132536.1 | 19.5 |
| 丝织品 | 万米 | 777380.9 | 11.2 |

销售量和库存

| 名称 | 单位 | 累计销售量 | 产销率% | 年末库存比年初增减% |
|---|---|---|---|---|
| 纱 | 万吨 | 1264.1 | 99.1 | 10.4 |
| 布 | 亿米 | 370.1 | 99.2 | 3.2 |
| 棉布 | 亿米 | 191.5 | 98.5 | 6.9 |
| 混纺交织布 | 亿米 | 69.1 | 99.0 | 1.9 |
| 纯化纤布 | 亿米 | 109.3 | 100.0 | -3.1 |
| 绒线(毛线) | 万吨 | 38.2 | 98.7 | 27.8 |
| 呢绒 | 万米 | 32948.9 | 100.5 | -2.6 |
| 丝 | 吨 | 128851.4 | 99.3 | 2.9 |
| 丝织品 | 万米 | 767569.4 | 98.9 | 24.8 |

# 2005 年我国纺织服装、鞋、帽制造业经济运行概况

纺织服装、鞋、帽制造业涉及衣食住行，与民生高度关联，是我国国民经济行业分类中的一个大类。2005 年该行业全部从业人员为 340.19 万人，是典型的劳动密集型行业。

纺织服装、鞋、帽制造业范围

| | |
|---|---|
| 纺织服装制造 | 服装制造业 |
| 纺织面料鞋的制造 | 制鞋业 |
| 制帽 | 制帽业 |

## 一、总资产和资产负债率

据国家统计局统计，2005 年该行业的资产总值为 3127.4 亿元，比上年同期上升了 16.97%，流动资产平均余额为 1809.8 亿元，比上年同期增加了 20.2%；固定资产净值平均余额为 823.7 亿元，比上年同期增长了 16.43%。

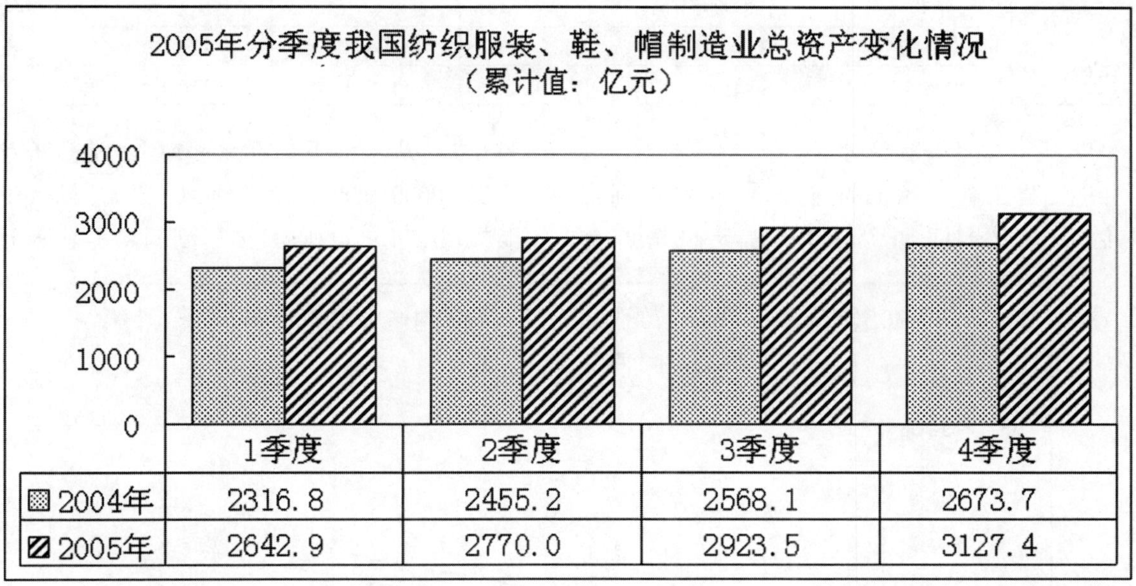


从今年资产负债率水平看，纺织服装、鞋、帽制造业资产负债率不高，第一季度57.3%，第二季度57.1%，第三季度56.6%，第四季度56.4%。2005年平均为56.8%左右。

| 资产负债率(%) | 年份 | 1 季度 | 2 季度 | 3 季度 | 4 季度 | 全年平均 |
|---|---|---|---|---|---|---|
| | 2004 年 | 56.2 | 57.0 | 57.1 | 55.9 | 56.5 |
| | 2005 年 | 57.3 | 57.1 | 56.6 | 56.2 | 56.8 |

## 二、销售水平

从该行业的产成品销售情况看，2005 年累计产品销售收入为 4698.8 亿元，比去年同期增长了26.4%。产品销售成本为 4045.6 亿元，比上年同期也增长了 26.14%。

据测算，该行业平均销售额占总资产比例为92.0%，上年同期的 86%，2005 年比上年高近 6 个百分点。

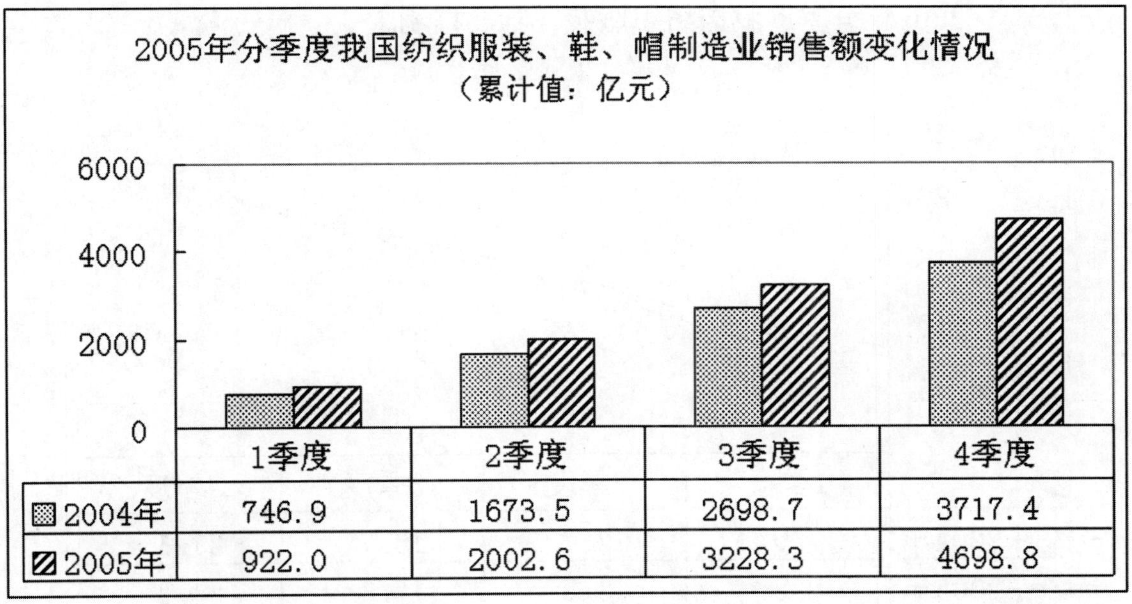

| 销售额占总资产比例(%) | 年份 | 1 季度 | 2 季度 | 3 季度 | 4 季度 | 全年平均 |
|---|---|---|---|---|---|---|
| | 2004 年 | 32.2 | 68.2 | 104.4 | 139.0 | 86.0 |
| | 2005 年 | 34.9 | 72.3 | 110.4 | 150.2 | 92.0 |

## 三、利润水平

纺织服装、鞋、帽制造业 2005 年实现利润 198.3 亿元，上年同期为 149.0 亿元，增幅为 33.1%。从全年平均万元利润率分析，2005 年该行业卖 10000 元产品能挣回 405.6 元利润，上年同期能挣回 374.9 元利润，全年创利水平有所上升。

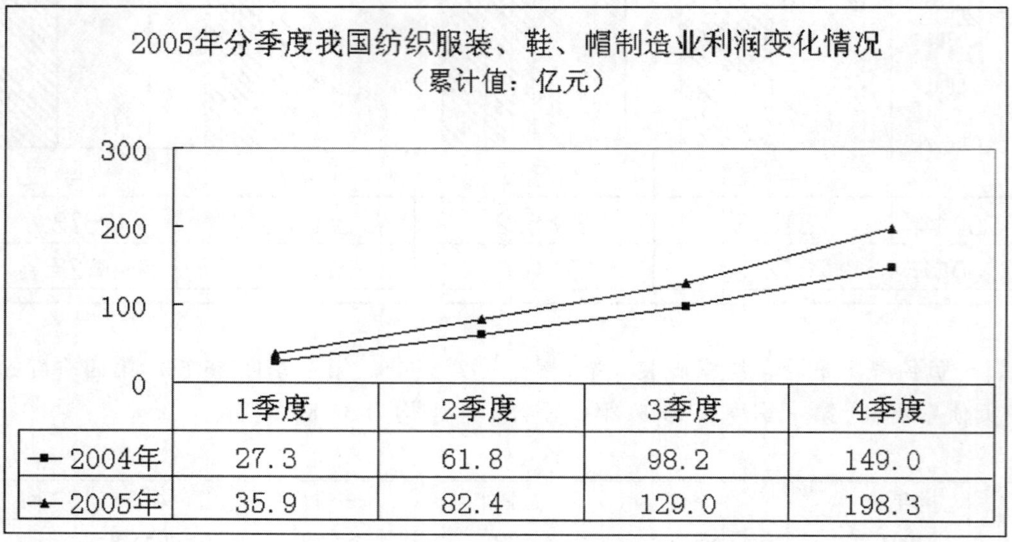


| 利润占销售额比例(%) | 年份 | 1 季度 | 2 季度 | 3 季度 | 4 季度 | 全年平均 |
|---|---|---|---|---|---|---|
| | 2004 年 | 365.7 | 369.2 | 364.0 | 400.8 | 374.9 |
| | 2005 年 | 389.0 | 411.7 | 399.5 | 422.1 | 405.6 |

## 四、企业亏损情况

2005 年纺织服装、鞋、帽制造业亏损企业的亏损额为 21.2 亿元，较上年同期增加了 0.47%。

据测算，2005 年该行业亏损企业亏损额大约占利润总额比例（平均值）的 16.3%，上年同期为 20.2%，有所下降。

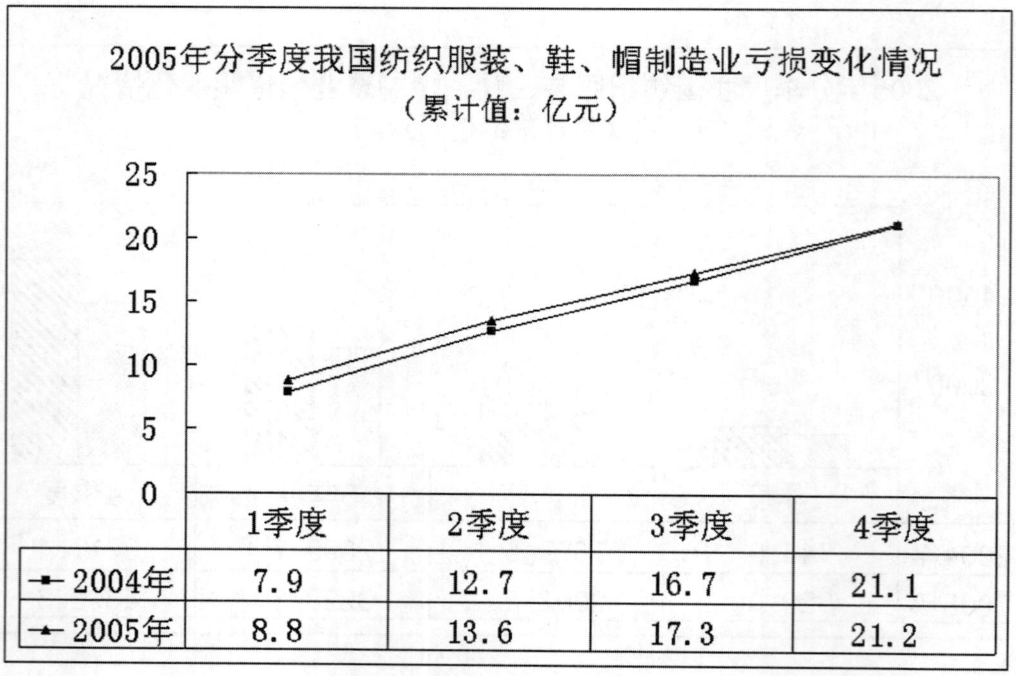

| 亏损占利润比例(%) | 年份 | 1 季度 | 2 季度 | 3 季度 | 4 季度 | 全年平均 |
|---|---|---|---|---|---|---|
| | 2004 年 | 28.9 | 20.5 | 17.0 | 14.2 | 20.2 |
| | 2005 年 | 24.5 | 16.5 | 13.4 | 10.7 | 16.3 |

### 五、产品产量和产销率

从生产看，2005 年我国累计生产服装 1479794.9 万件，比上年同期增产 16.8%。从销售和库存看，我国同期累计销售 1473870.7 万件，产销率为 99.9%，年末库存较年初减少 1.7%。

# 2005 年我国皮革、毛皮、羽毛(绒)及其制品业经济运行概况

皮革、毛皮、羽毛（绒）及其制品业是我国国民经济行业分类中的一个大类，随着人民生活水平持续提高，其产品的市场需求也不断升温。2005 年该行业全部从业人员为 222.8 万人。

| 皮革、毛皮、羽毛(绒)及其制品业范围 | |
|---|---|
| **皮革鞣制加工** | 轻革业 |
| | 重革业 |
| | 其他制革业 |
| **皮革制品制造** | |
| 皮鞋制造 | 皮鞋制造业 |
| 皮革服装制造 | 革皮服装制造业 |
| 皮箱、包(袋)制造 | 皮箱制造业 |
| | 皮包制造业 |
| 皮手套及皮装饰制品制造 | 其他类未包括的皮革制品业 |
| 其他皮革制品制造 | 其他类未包括的皮革制品业 |
| **毛皮鞣制及制品加工** | |
| 毛皮鞣制加工 | 毛皮鞣制业 |
| 毛皮服装加工 | 毛皮服装业 |
| 其他毛皮制品加工 | 其他毛皮制品业 |
| **羽毛(绒)加工及制品制造** | |
| 羽毛(绒)加工 | 羽毛（绒）加工业 |
| 羽毛(绒)制品加工 | 羽毛（绒）制品业 |

### 一、总资产和资产负债率

据国家统计局统计，2005 年该行业的资产总值为 1931.6 亿元，比上年同期上升了 19.7%，流动资产平均余额为 1163.8 亿元，比上年同期增加了 21.0%；固定资产净值平均余额为 482.2 亿元，比上年同期增长了 17.3%。

从资产负债率水平看，第一季度 60.8%，第二季度 61.5%，第三季度 60.9%，第四季度 59.6%。2005 年平均 60.7%。

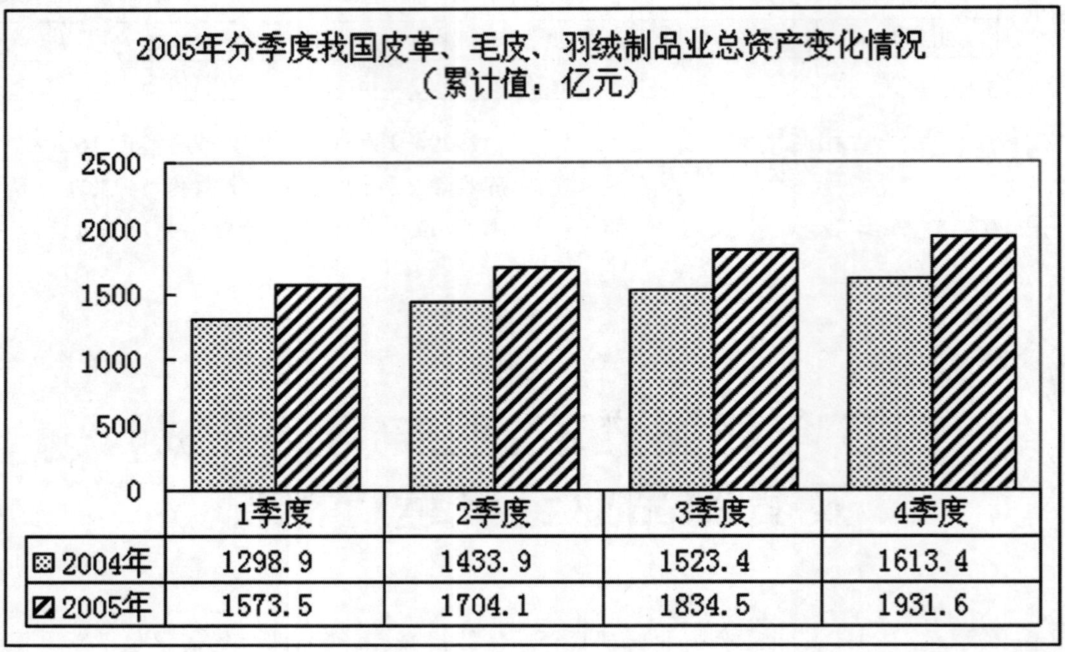


| 资产负债率(%) | 年份 | 1 季度 | 2 季度 | 3 季度 | 4 季度 | 全年平均 |
|---|---|---|---|---|---|---|
| | 2004 年 | 60.0 | 60.7 | 60.2 | 59.2 | 60.0 |
| | 2005 年 | 60.8 | 61.5 | 60.9 | 59.6 | 60.7 |

## 二、销售水平

该行业 2005 年累计产品销售收入为 3259.9 亿元，比去年同期增长了 25.5%。产品销售成本为 2854.3 亿元，比上年同期也增长了 24.2%。该行业平均销售额占总资产比例为 102.2%，上年同期为 97.6%，2005 年比上年有所提高。

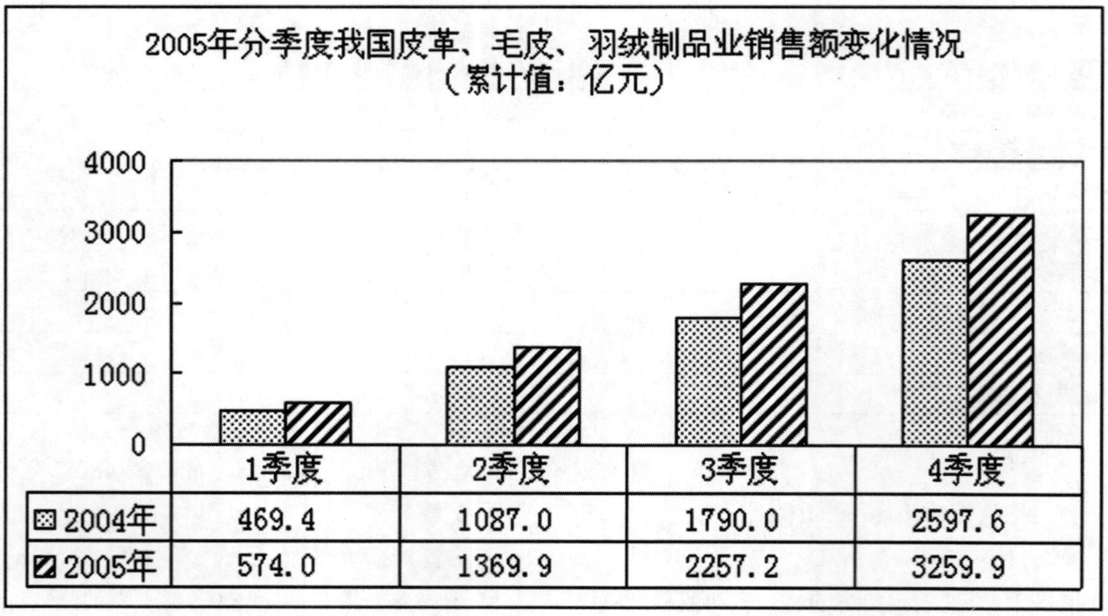


| 销售额占总资产比例(%) | 年份 | 1 季度 | 2 季度 | 3 季度 | 4 季度 | 全年平均 |
|---|---|---|---|---|---|---|
| | 2004 年 | 36.1 | 75.8 | 117.5 | 161.0 | 97.6 |
| | 2005 年 | 36.5 | 80.4 | 123.0 | 168.8 | 102.2 |

### 三、利润水平

从销售利润率为来看，2005 年该行业卖 10000 元产品能挣回 357.5 元利润，上年同期能挣回 338.4 元利润，全年创利水平有所上升。

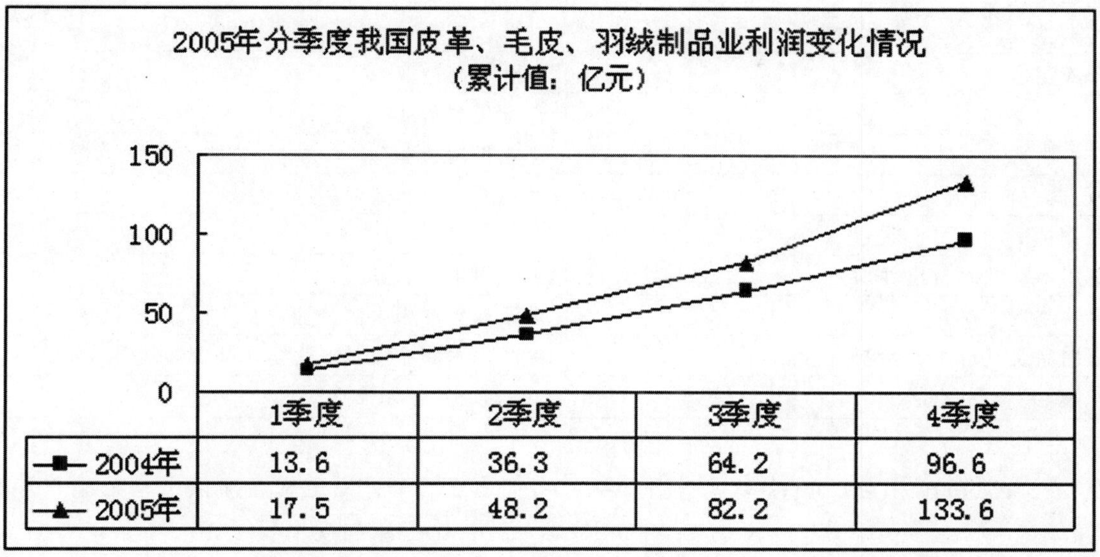


| 利润占销售额比例(%) | 年份 | 1 季度 | 2 季度 | 3 季度 | 4 季度 | 全年平均 |
|---|---|---|---|---|---|---|
| | 2004 年 | 289.1 | 334.0 | 358.7 | 371.7 | 338.4 |
| | 2005 年 | 304.4 | 351.5 | 364.2 | 409.7 | 357.5 |

### 四、企业亏损情况

2005 年皮革、毛皮、羽绒及其制品业亏损企业的亏损额为 12.46 亿元。

2005 年该行业亏损企业亏损额大约占利润总额比例（平均值）为 18.5%，上年同期为 21.9%，有所下降。

| 利润（亿元） | 年份 | 1 季度 | 2 季度 | 3 季度 | 4 季度 |
|---|---|---|---|---|---|
| | 2004 年 | 5.4 | 7.8 | 9.3 | 11.1 |
| | 2005 年 | 5.5 | 9.0 | 12.1 | 12.5 |

| 亏损占利润比例 | 年份 | 1 季度 | 2 季度 | 3 季度 | 4 季度 | 全年平均 |
|---|---|---|---|---|---|---|
| | 2004 年 | 40.0 | 21.5 | 14.4 | 11.5 | 21.9 |
| | 2005 年 | 31.2 | 18.7 | 14.8 | 9.3 | 18.5 |

# 2005 年我国木材加工及竹、藤、棕、草制品业经济运行概况

木材加工及竹、藤、棕、草制品业是我国国民经济行业分类中的一个大类。2005 年该行业全部平均从业人员为 82.7 万人。

| 木材加工及木、竹、藤、棕、草制品业范围 | |
|---|---|
| 锯材、木片加工 | |
| 锯材加工 | 锯材加工业 |
| 木片加工 | 木片加工业 |
| 人造板制造 | |
| 胶合板制造 | 胶合板制造业 |
| 纤维板制造 | 纤维板制造业 |
| 刨花板制造 | 刨花板制造业 |
| 其他人造板、材制造 | 其他人造板制造业 |
| 木制品制造 | |
| 建筑用木料及木材组件加工 | 生产用木制品业 |
| 木容器制造 | 生活和生产用木制品业 |
| 软木制品及其他木制品制造 | 生产用木制品业林产化学产品制造业 |
| 竹、藤、棕、草制品制造 | 竹、藤、棕、草制品业 |

## 一、总资产和资产负债率

据国家统计局统计，2005 年该行业的资产总值为 1338.5 亿元，比上年同期上升了 18.23%，流动资产平均余额累计为 598.9 亿元，比上年同期增加了 23.3%；固定资产净值平均余额累计为 519.9 亿元，比上年同期增长了 16.5%。

从资产负债率水平看，第一季度为 56.8%，第二季度为 56.1%，第三季度为 55.9%，第四季度为 54.8%，年平均为 55.9%。

| 资产负债率(%) | 年份 | 1 季度 | 2 季度 | 3 季度 | 4 季度 | 全年平均 |
|---|---|---|---|---|---|---|
| | 2004 年 | 57.9 | 58.3 | 57.3 | 56.6 | 57.5 |
| | 2005 年 | 56.8 | 56.1 | 55.9 | 54.8 | 55.9 |

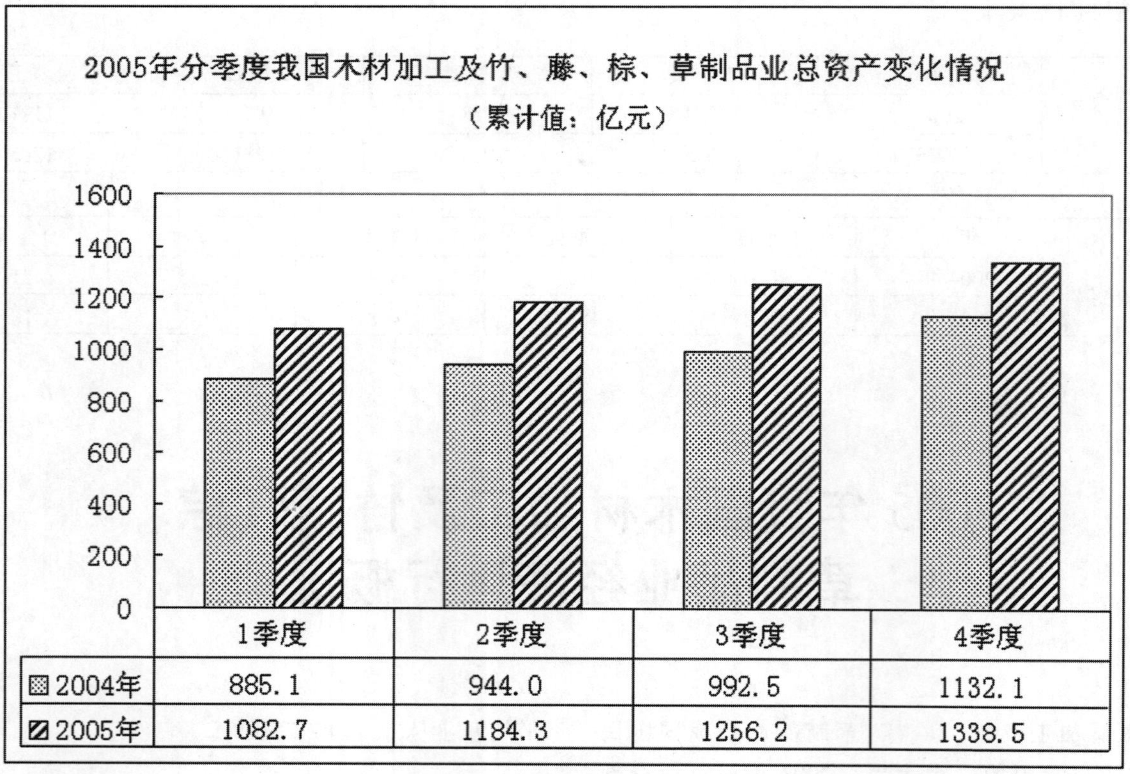

## 二、销售水平

该行业2005年累计产品销售收入为1728.5亿元，比上年同期增长了38.48%。产品销售成本为1507.8亿元，比上年同期也增长了39.0%。

该行业平均销售额占总资产比例为77.9%，上年同期为69.3%，2005年比上年高近8.6个百分点。

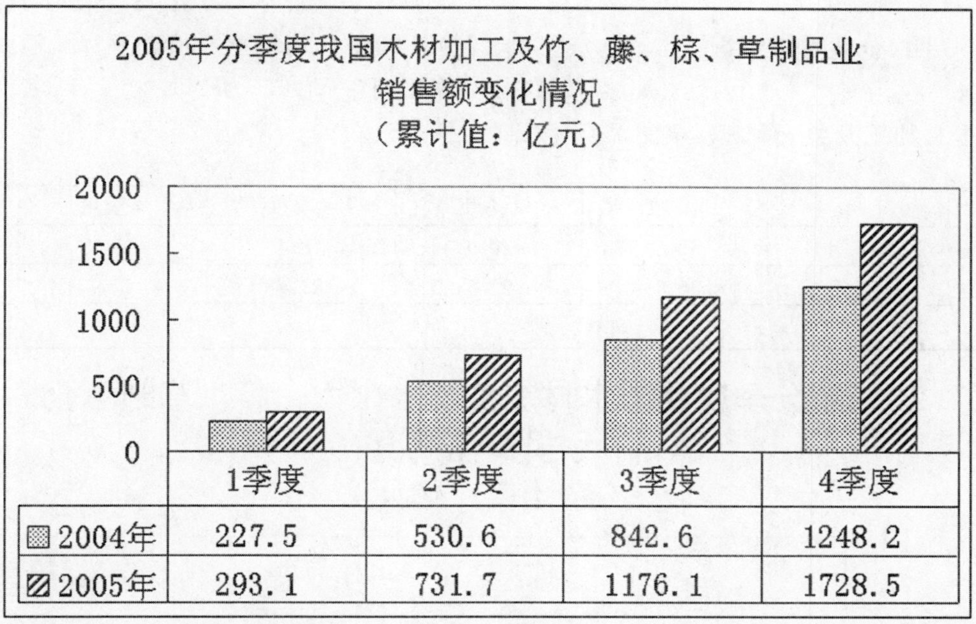


| 销售额占总资产比例(%) | 年份 | 1季度 | 2季度 | 3季度 | 4季度 | 全年平均 |
|---|---|---|---|---|---|---|
| | 2004年 | 25.7 | 56.2 | 84.9 | 110.3 | 69.3 |
| | 2005年 | 27.1 | 61.8 | 93.6 | 129.1 | 77.9 |

## 三、利润水平

木材加工及竹、藤、棕、草制品业2005年累计实现利润79.95亿元，上年同期为55.52亿元，增幅为44.1%。

从万元销售利润率来看，第一季度为345.9元，第二季度末为378.2元，第三季度为390.6元，第四季度将达到462.6元左右，全年平均为394.3元。

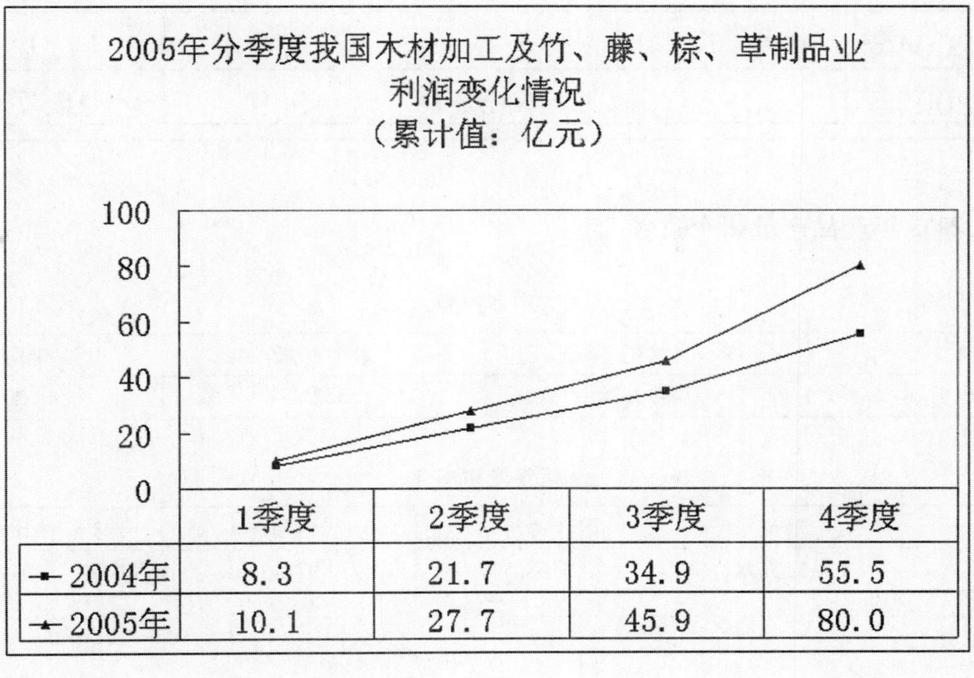

| 利润占销售额比例(%) | 年份 | 1季度 | 2季度 | 3季度 | 4季度 | 全年平均 |
|---|---|---|---|---|---|---|
| | 2004年 | 363.9 | 408.3 | 414.3 | 444.8 | 407.8 |
| | 2005年 | 345.9 | 378.2 | 390.6 | 462.6 | 394.3 |

## 四、企业亏损情况

2005年木材加工及竹、藤、棕、草制品业亏损企业的亏损额为12.7亿元。(见下页图)

2005年该行业亏损企业亏损额大约占利润总额比例(平均值)为24.5%,上年同期为21.2%,有所上升。

| 亏损占利润比例(%) | 年份 | 1季度 | 2季度 | 3季度 | 4季度 | 全年平均 |
|---|---|---|---|---|---|---|
| | 2004年 | 32.6 | 20.9 | 18.4 | 12.7 | 21.2 |
| | 2005年 | 36.8 | 23.5 | 21.6 | 15.9 | 24.5 |

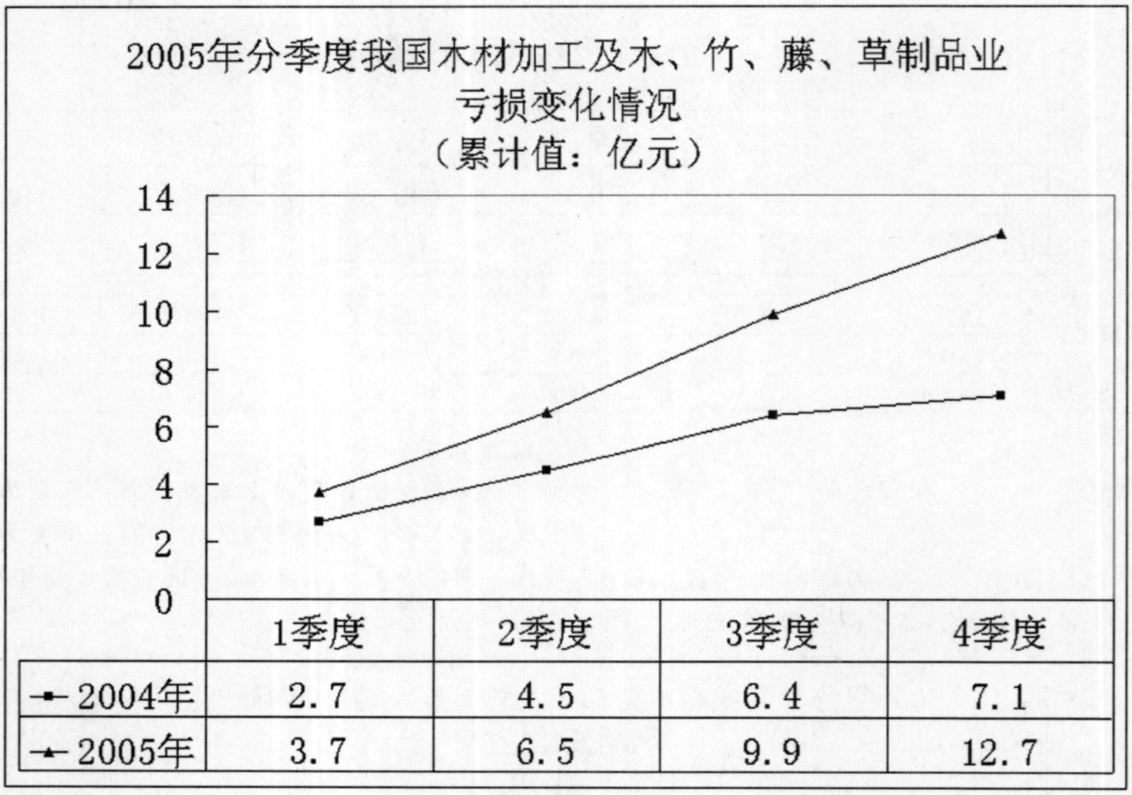


## 五、2005年产品产量和产销率

**产品产量**

| 名称 | 单位 | 累计产量 | 比去年同期增长% |
|---|---|---|---|
| 人造板 | 万立方米 | 5322.4 | 29.4 |

**销售量和库存**

| 名称 | 单位 | 累计销售量 | 产销率% | 年末库存比年初增减% |
|---|---|---|---|---|
| 人造板 | 万立方米 | 5168.5 | 97.5 | 31.5 |

# 2005 年我国家具制造业经济运行概况

家具制造业是我国国民经济行业分类中的一个大类。2005 年该行业全部从业人员为 70.51 万人。

家具制造业的范围

| | |
|---|---|
| 木质家具制造 | 木制家具制造业 |
| 竹、藤家具制造 | 竹、藤家具制造业 |
| 金属家具制造 | 金属家具制造业 |
| 塑料家具制造 | 塑料家具制造业 |
| 其他家具制造 | 其他家具制造业 |

## 一、总资产和资产负债率

据国家统计局统计，2005 年该行业的累计资产总值为 1027.1 亿元，比上年同期上升了 18.8%，流动资产平均余额累计为 556.5 亿元，比上年同期增加了 20.6%；固定资产净值平均余额累计为 291 亿元，比上年同期增长了 22%。

从 2005 年资产负债率水平看，家具制造业资产负债率，平均为 57.6%左右。第一季度为 56.7%，第二季度为 57.5%，第三季度为 58.1%，第四季度为 58.2%。

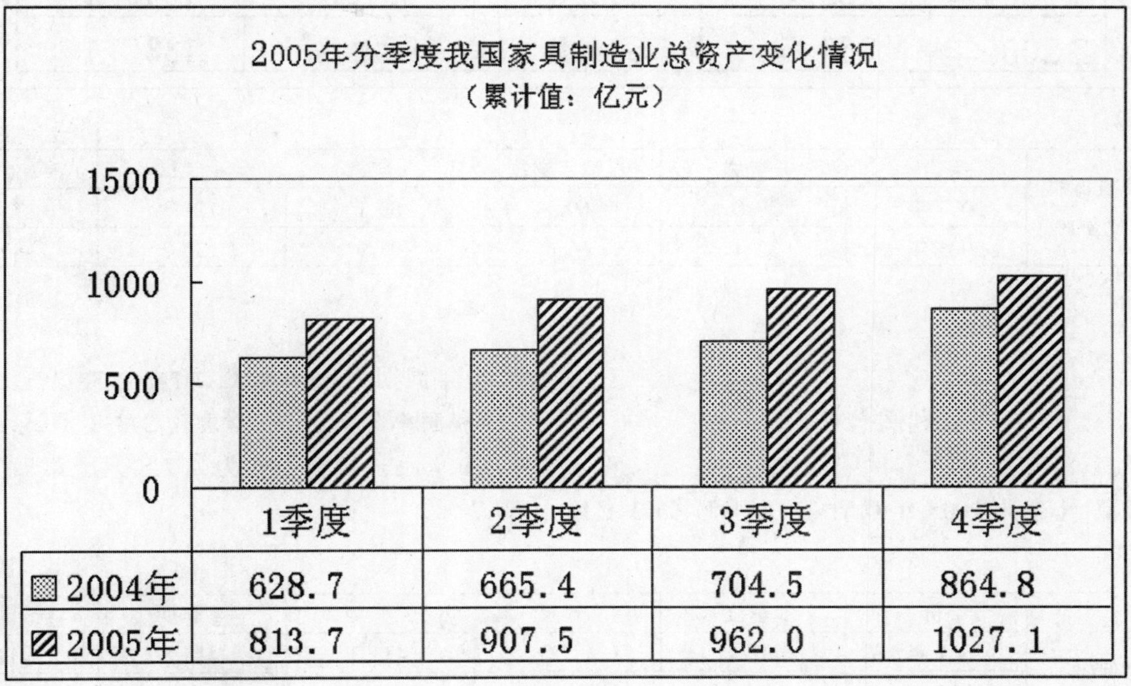


| 资产负债率(%) | 年份 | 1 季度 | 2 季度 | 3 季度 | 4 季度 | 全年平均 |
|---|---|---|---|---|---|---|
| | 2004 年 | 55.2 | 56.6 | 56.6 | 58.2 | 56.7 |
| | 2005 年 | 56.7 | 57.5 | 58.1 | 58.2 | 57.6 |

### 二、销售水平

该行业2005年累计产品销售收入为1337.1亿元，比上年同期增长了27.4%。产品销售成本为1140.2亿元，比上年同期也增长了26.5%。2005年该行业平均销售额占总资产比例为81.3%，上年同期为75%，全年比上年高6.3个百分点。

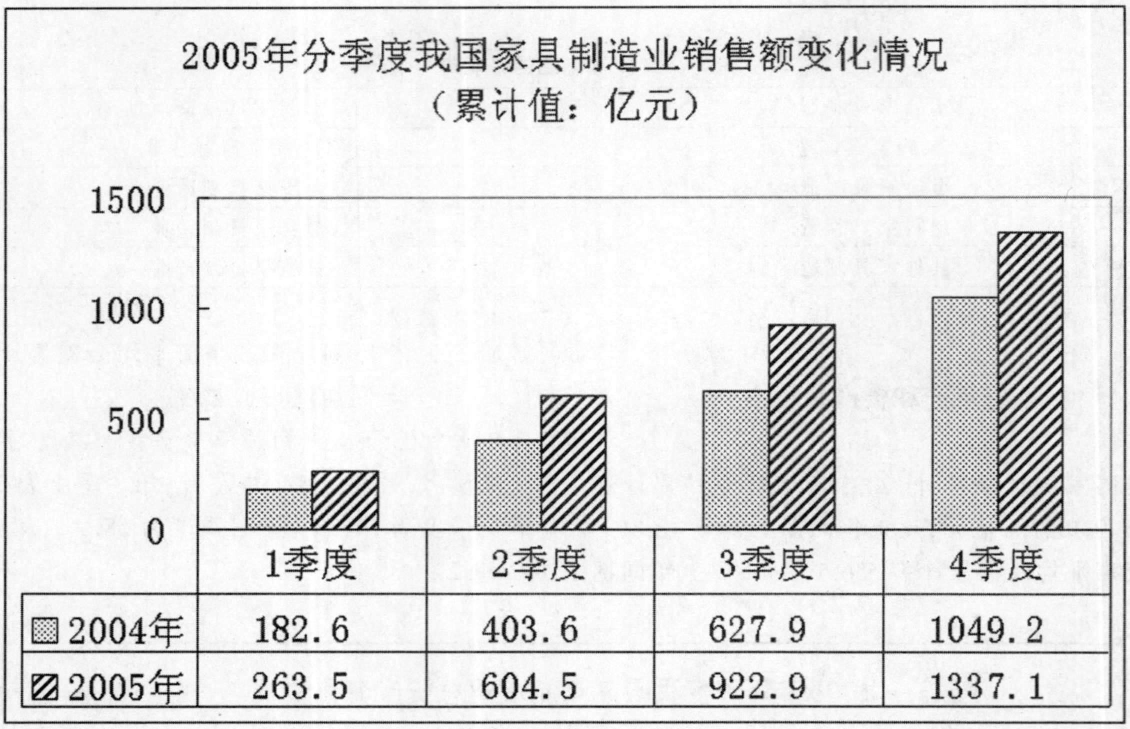


| 销售额占总资产比例(%) | 年份 | 1季度 | 2季度 | 3季度 | 4季度 | 全年平均 |
|---|---|---|---|---|---|---|
| | 2004年 | 29.0 | 60.7 | 89.1 | 121.3 | 75.0 |
| | 2005年 | 32.4 | 66.6 | 95.9 | 130.2 | 81.3 |

### 三、利润水平

家具制造业2005年累计实现利润60.3亿元，上年同期为43.6亿元，增幅为38.3%。从万元销售利润率分析，第一季度为373.8元，第二季度为420.9元，第三季度为407.8元，第四季度为450.7元。

| 利润占销售额比例(%) | 年份 | 1季度 | 2季度 | 3季度 | 4季度 | 全年平均 |
|---|---|---|---|---|---|---|
| | 2004年 | 402.4 | 407.3 | 433.2 | 415.8 | 414.7 |
| | 2005年 | 373.8 | 420.9 | 407.8 | 450.7 | 414.3 |

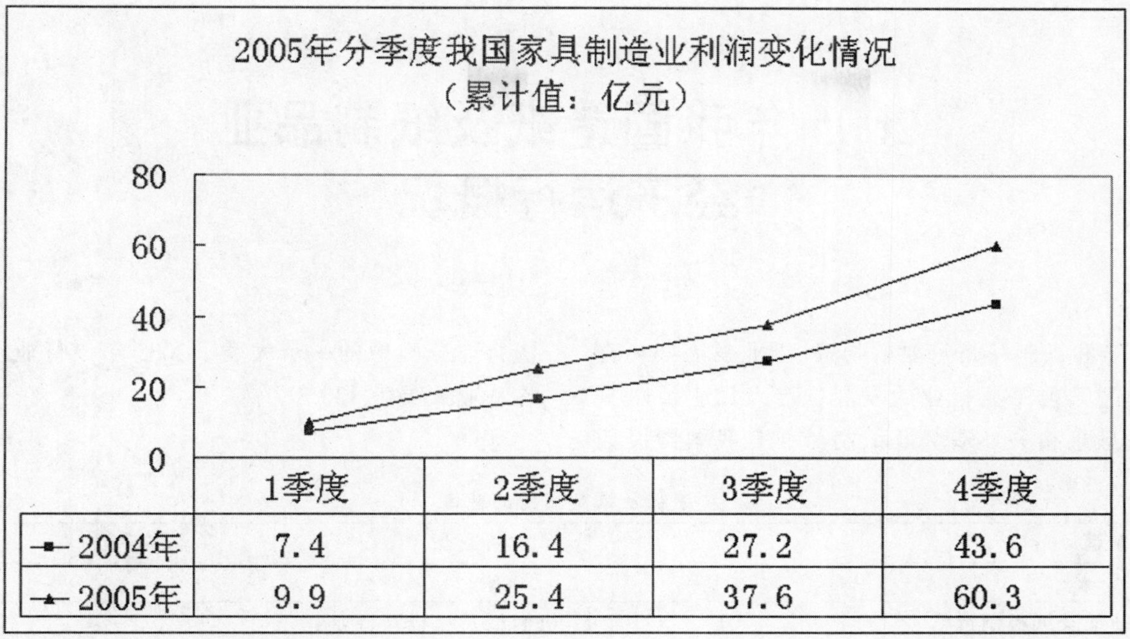


## 四、企业亏损情况

2005年家具制造业亏损企业的亏损额为6亿元，较上年同期有所增加。

2005年该行业亏损企业亏损额大约占利润总额比例(平均值)的14.6%，上年同期为13.4%，略有上升。

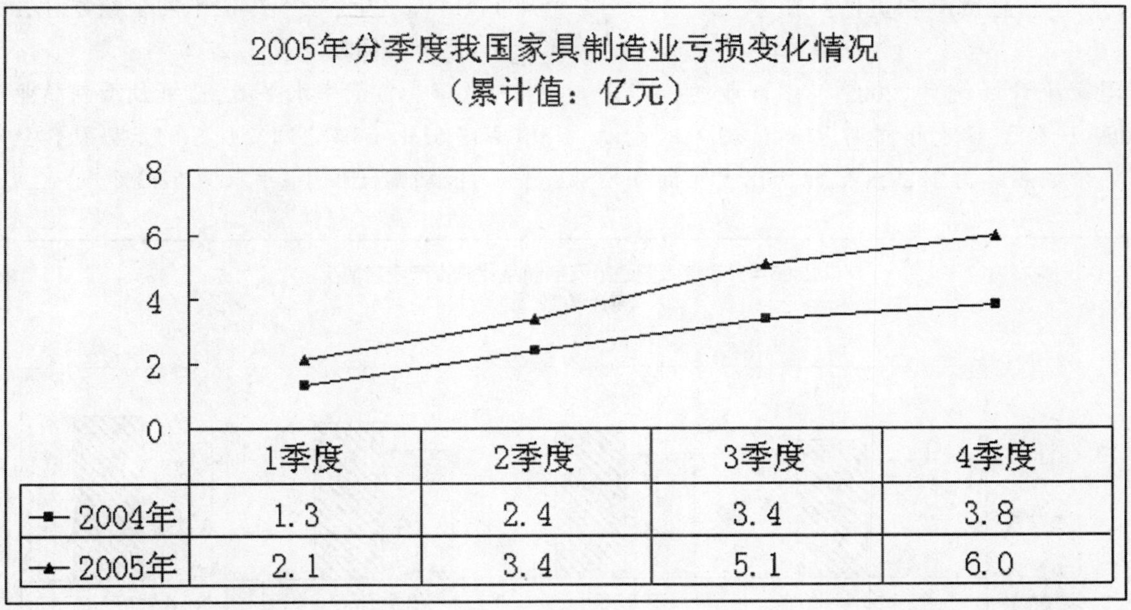


| 亏损占利润比例(%) | 年份 | 1季度 | 2季度 | 3季度 | 4季度 | 全年平均 |
|---|---|---|---|---|---|---|
| | 2004年 | 17.8 | 14.5 | 12.4 | 8.7 | 13.4 |
| | 2005年 | 21.3 | 13.4 | 13.5 | 10.0 | 14.6 |

# 2005年我国造纸及纸制品业经济运行概况

纸张和纸制品是重要的物资。纸业发展好坏直接影响到其他工业行业的发展，与人民生活水平的提高息息相关。造纸及纸制品业是我国国民经济行业分类中的一个大类。2005年该行业全部平均从业人员为130.3万人。

造纸及纸制品业的范围

| | |
|---|---|
| **纸浆制造** | 纸浆制造业 |
| **造纸** | |
| 机制纸及纸板制造 | 机制纸及纸板制造业 |
| 手工纸制造 | 手工纸制造业 |
| 加工纸制造 | 加工纸制造业 |
| **纸制品制造** | |
| 纸和纸板容器的制造 | 纸制品业 |
| 其他纸制品制造 | 纸制品业 |

## 一、总资产和资产负债率

据国家统计局统计，2005年该行业的资产总值为4659.2亿元，比上年同期上升了20.7%，流动资产平均余额累计为1829.3亿元，比上年同期增加了16.3%；固定资产净值平均余额累计为2023.9亿元，比上年同期增长了25%。

从资产负债率水平看，造纸及纸制品业资产负债率在61%~63%之间。从总的走势看，全年走势平稳，波动幅度很小，年末为62.3%。

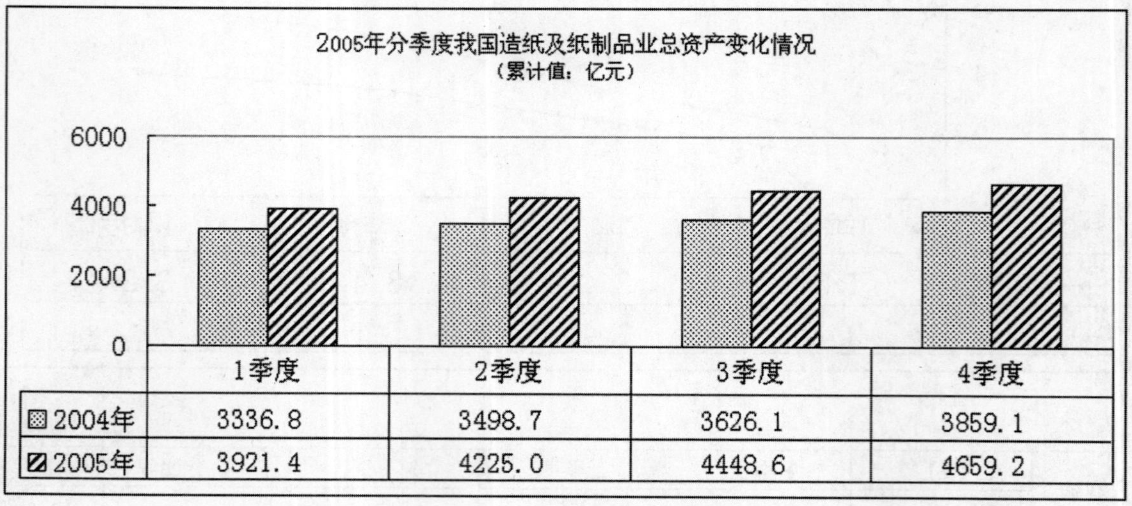


| 资产负债率(%) | 年份 | 1季度 | 2季度 | 3季度 | 4季度 | 全年平均 |
|---|---|---|---|---|---|---|
| | 2004年 | 63.0 | 62.8 | 62.2 | 61.1 | 62.3 |
| | 2005年 | 62.6 | 62.9 | 62.5 | 61.0 | 62.3 |

## 二、销售水平

2005 年造纸行业累计产品销售收入为 4037.3 亿元，比去年同期增长了 29.1%。产品销售成本为 3497.8 亿元，比上年同期也增长了 30.2%。该行业平均销售额占总资产比例为 52.8%，上年同期为 49.3%，2005 年比上年高 3.5 个百分点。

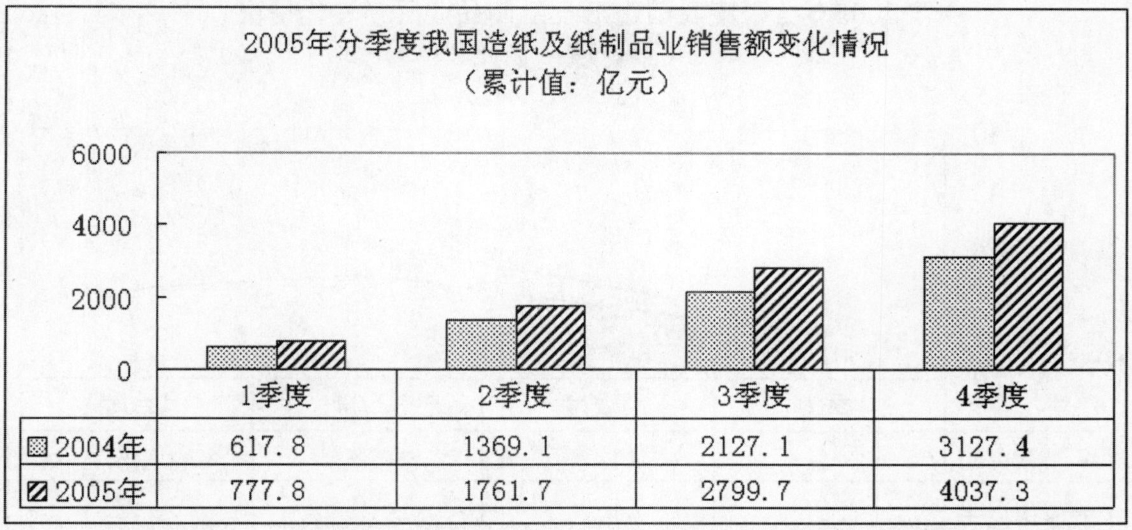


| 销售额占总资产比例(%) | 年份 | 1 季度 | 2 季度 | 3 季度 | 4 季度 | 全年平均 |
|---|---|---|---|---|---|---|
| | 2004 年 | 18.5 | 39.1 | 58.7 | 81.0 | 49.3 |
| | 2005 年 | 19.8 | 41.7 | 62.9 | 86.7 | 52.8 |

## 三、利润水平

造纸及纸制品业 2005 年累计实现利润 192 亿元，上年同期为 152.7 亿元，增幅为 25.7%。从销售利润率为来看，第一季度为 432 元，第二季度末为 434.5 元，第三季度为 431.1 元，第四季度为 475.7 元。

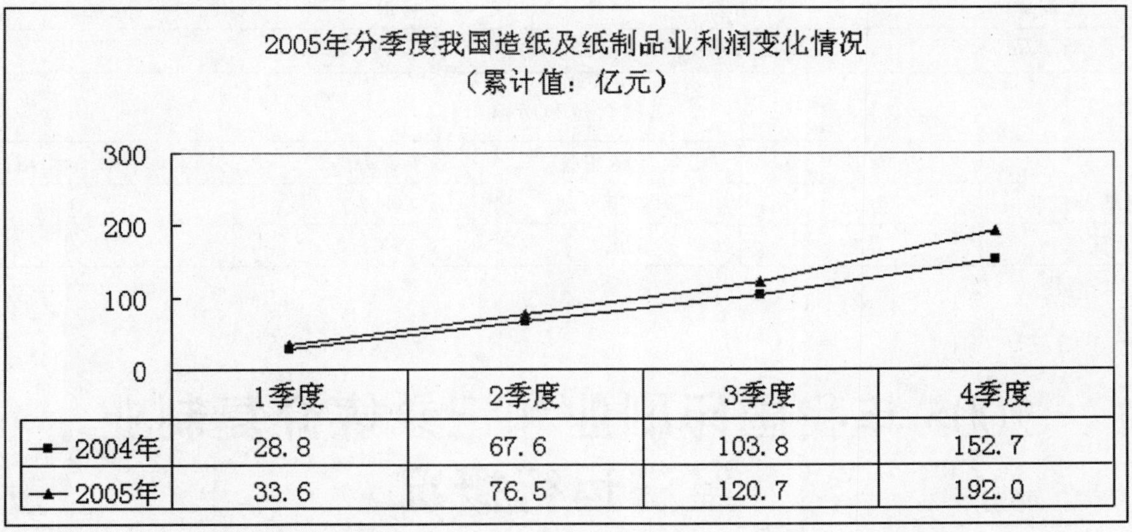


| 利润占销售额比例(%) | 年份 | 1 季度 | 2 季度 | 3 季度 | 4 季度 | 全年平均 |
|---|---|---|---|---|---|---|
| | 2004 年 | 466.0 | 494.0 | 488.0 | 488.2 | 484.1 |
| | 2005 年 | 432.0 | 434.5 | 431.1 | 475.7 | 443.3 |

### 四、企业亏损情况

2005 年造纸及纸制品业亏损企业的亏损额为 29.8 亿元。据测算，2005 年该行业亏损企业亏损额大约占利润总额比例(平均值)为 19.1%，上年同期为 16.8%，有所上升。

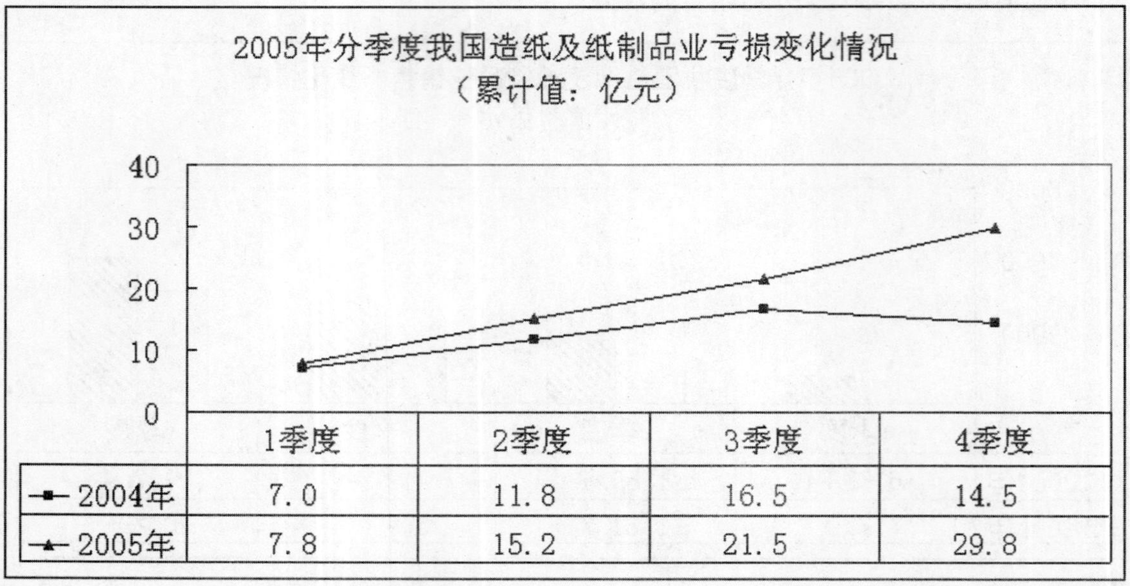


| 亏损占利润比例(%) | 年份 | 1 季度 | 2 季度 | 3 季度 | 4 季度 | 全年平均 |
|---|---|---|---|---|---|---|
| | 2004 年 | 24.4 | 17.5 | 15.9 | 9.5 | 16.8 |
| | 2005 年 | 23.1 | 19.9 | 17.8 | 15.5 | 19.1 |

### 五、2005 年产品产量和产销率

产品产量

| 名称 | 单位 | 累计产量 | 比去年同期增长% |
|---|---|---|---|
| 机制纸及纸板 | 万吨 | 5404.3 | 26.3 |
| 新闻纸 | 万吨 | 341.0 | 15.1 |
| 纸制品 | 万吨 | 1871.9 | 17.9 |

销售量和库存

| 名称 | 单位 | 累计销售量 | 产销率% | 年末库存比年初增减% |
|---|---|---|---|---|
| 机制纸及纸板 | 万吨 | 5270.9 | 98.3 | 25.0 |
| 新闻纸 | 万吨 | 329.2 | 96.8 | 109.0 |

# 2005 年我国印刷业和记录媒介复制业经济运行概况

印刷业、记录媒介复制行业是我国国民经济行业分类中的一个大类，主要产品涉及印刷品、声光音像等媒介的复制产品，与信息传播，与文化、娱乐、生活密切相关。2005 年该行业全部平均从业人员为 64.9 万人。

印刷业和记录媒介复制行业的范围

| | |
|---|---|
| **印刷** | |
| 书、报、刊印刷 | 书、报、刊印刷业 |
| 本册印制 | 本册制造业 |
| 包装装潢及其他印刷 | 包装装潢印刷业 |
| **装订及其他印刷服务活动** | 其他印刷业 |
| **记录媒介的复制** | 记录媒介的复制 |

## 一、总资产和资产负债率

据国家统计局统计，2005 年该行业的累计资产总值为 1793.8 亿元，比上年同期上升了 10.6%，流动资产平均余额累计为 841.0 亿元，比上年同期增加了 13.0%；固定资产净值平均余额累计为 697.6 亿元，比上年同期增长了 13.2%。

从资产负债率水平看，该行业资产负债率在 52%~53%之间徘徊。从总的走势看，全年走势平稳，波动幅度很小，年末为 52.4%。

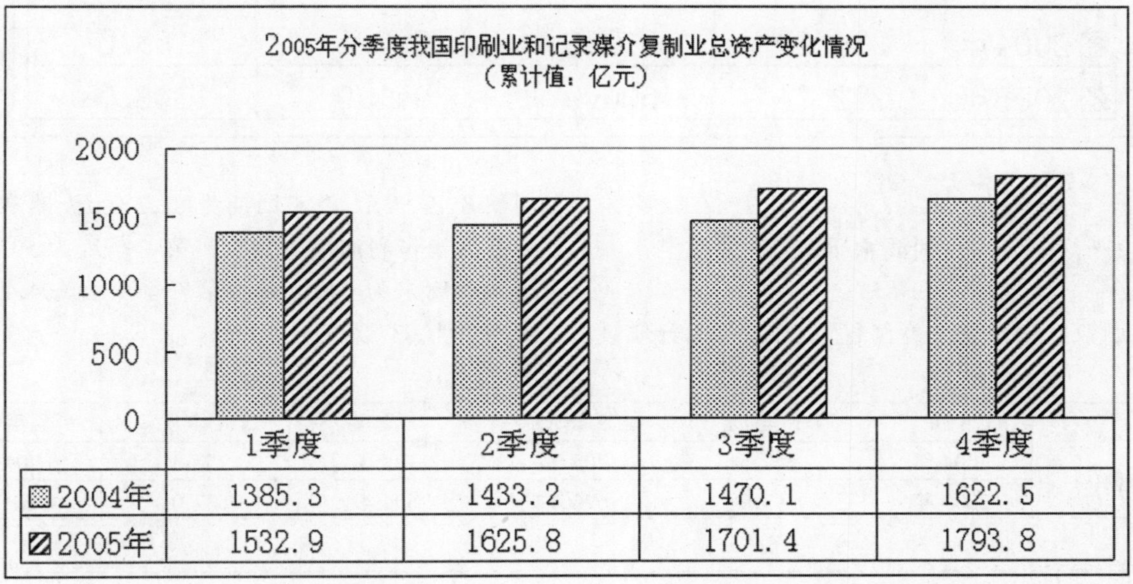


| 资产负债率(%) | 年份 | 1 季度 | 2 季度 | 3 季度 | 4 季度 | 全年平均 |
|---|---|---|---|---|---|---|
| | 2004 年 | 52.4 | 53.2 | 53.8 | 53.0 | 53.1 |
| | 2005 年 | 52.6 | 52.6 | 52.5 | 52.0 | 52.4 |

## 二、销售水平

从 2005 年该行业的产成品销售情况看，累计产品销售收入为 1348.7 亿元，比上年同期增长了 16.9%。产品销售成本为 1110.2 亿元，比上年同期也增长了 19.0%。该行业平均销售额占总资产比例为 46.5%，上年同期为 44.4%，2005 年比上年高 2.1 个百分点。

| 销售额占总资产比例(%) | 年份 | 1 季度 | 2 季度 | 3 季度 | 4 季度 | 全年平均 |
|---|---|---|---|---|---|---|
| | 2004 年 | 17.0 | 35.7 | 53.9 | 71.1 | 44.4 |
| | 2005 年 | 18.4 | 37.0 | 55.4 | 75.2 | 46.5 |

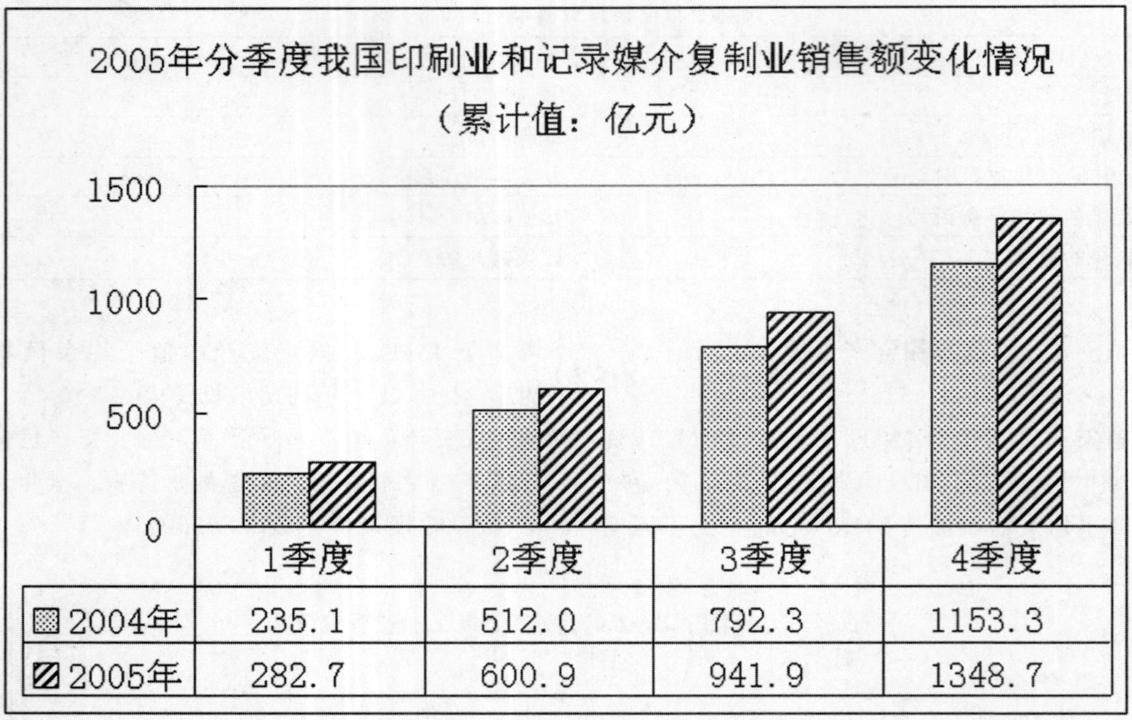


## 三、利润水平

印刷业、记录媒介复制行业2005年累计实现利润85.9亿元，上年同期为87.7亿元，略有减少。从万元销售利润率为分析，第一季度为593.9元，第二季度末为626.4元，第三季度为604.4元，第四季度为637元。

| 利润占销售额比例(%) | 年份 | 1季度 | 2季度 | 3季度 | 4季度 | 全年平均 |
|---|---|---|---|---|---|---|
| | 2004年 | 647.5 | 705.7 | 703.0 | 760.3 | 704.1 |
| | 2005年 | 593.9 | 626.4 | 604.4 | 637.0 | 615.4 |

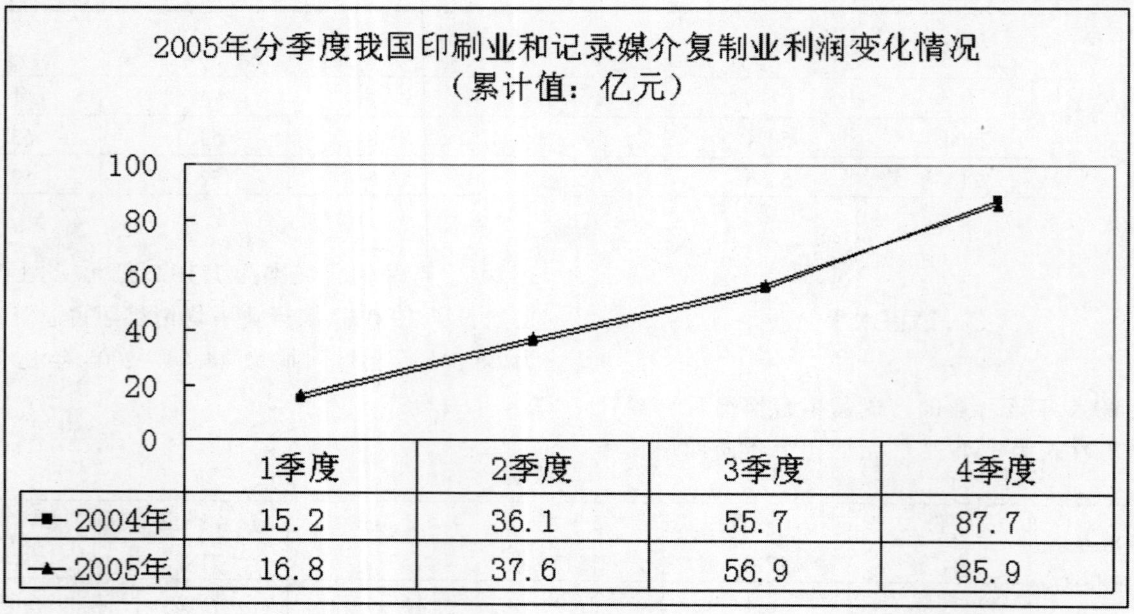

## 四、企业亏损情况

2005年印刷业、记录媒介复制行业亏损企业的亏损额为13亿元，这反映印刷业、记录媒介复制行业亏损面略有加大。

2005年该行业亏损企业亏损额大约占利润总额比例（平均值）的21.4%，上年同期为19.1%。目前，该行业平均亏损已经占到利润近2成，值得警惕。

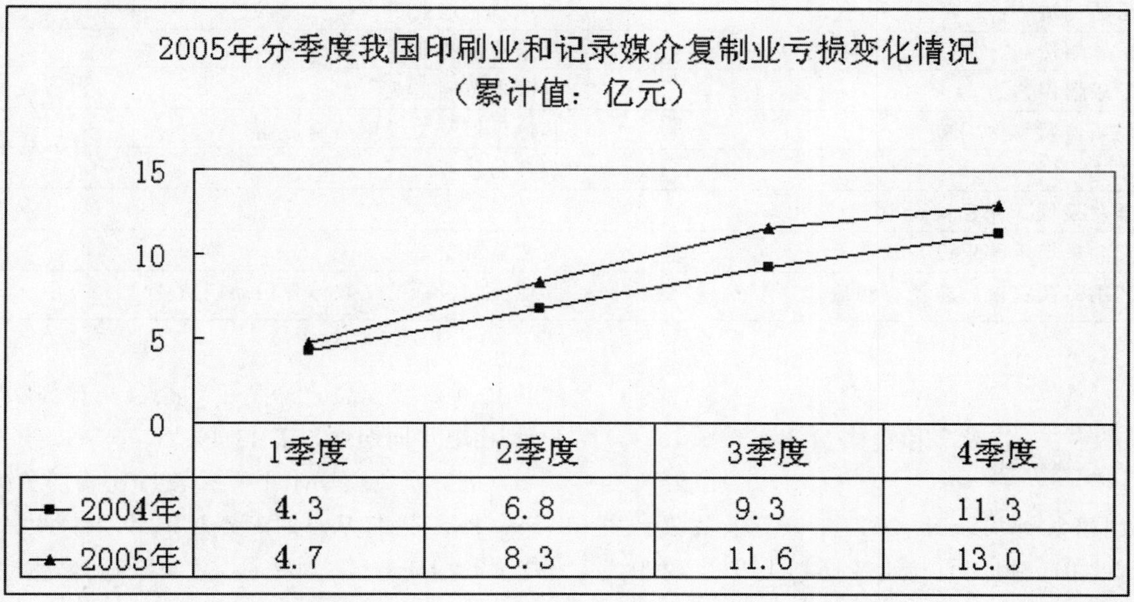


| 亏损占利润比例(%) | 年份 | 1季度 | 2季度 | 3季度 | 4季度 | 全年平均 |
|---|---|---|---|---|---|---|
| | 2004年 | 28.0 | 18.8 | 16.7 | 12.9 | 19.1 |
| | 2005年 | 28.2 | 22.0 | 20.3 | 15.2 | 21.4 |

# 2005年我国文化体育用品制造业经济运行概况

文化体育用品制造业业我国国民经济行业分类中的一个大类。2005年该行业全部平均从业人员为107.8万人。

**文教体育用品制造业的范围**

| | |
|---|---|
| **文化用品制造** | |
| 文具制造 | 文具制造 文具制造业 |
| 笔的制造 | 笔的制造 笔制造业 |
| 教学用模型及教具制造 | 教学用模型及教具制造 教学标本、模型制造业 |
| 墨水、墨汁制造 | 墨水、墨汁制造 文具制造业 |
| 其他文化用品制造 | 其他文化用品制造 其他文化用品制造业 |
| **体育用品制造** | |
| 球类制造 | 球类制造 球类制造业 |

| | |
|---|---|
| 体育器材及配件制造 | 体育器材及配件制造　体育器材制造业 |
| 训练健身器材制造 | 训练健身器材制造　其他体育用品制造业 |
| 运动防护用具制造 | 其他体育用品制造业 |
| 其他体育用品制造 | 其他渔具制造业其他体育用品制造业 |
| **乐器制造** | |
| 中乐器制造 | 中乐器制造业 |
| 西乐器制造 | 西乐器制造业 |
| 电子乐器制造 | 电子乐器制造业 |
| 其他乐器及零件制造 | 其他乐器及文娱用品制造业 |
| **玩具制造** | 玩具制造业 |
| **游艺器材及娱乐用品制造** | |
| 露天游乐场所游乐设备制造 | 游艺器材制造业 |
| 游艺用品及室内游艺器材制造 | 其他类未包括的文教体育用品制造业 |

## 一、总资产和资产负债率

据国家统计局统计，2005 年该行业的累计资产总值为 1011.9 亿元，比上年同期上升了 12.3%，流动资产平均余额为 585.0 亿元，比上年同期增加了 12.9%；固定资产净值平均余额累计为 282.1 亿元，比上年同期增长了 13.4%。

从资产负债率水平看，该行业资产负债率在 55%上下徘徊。从总的走势看，全年走势平稳，年平均为 55.1%。

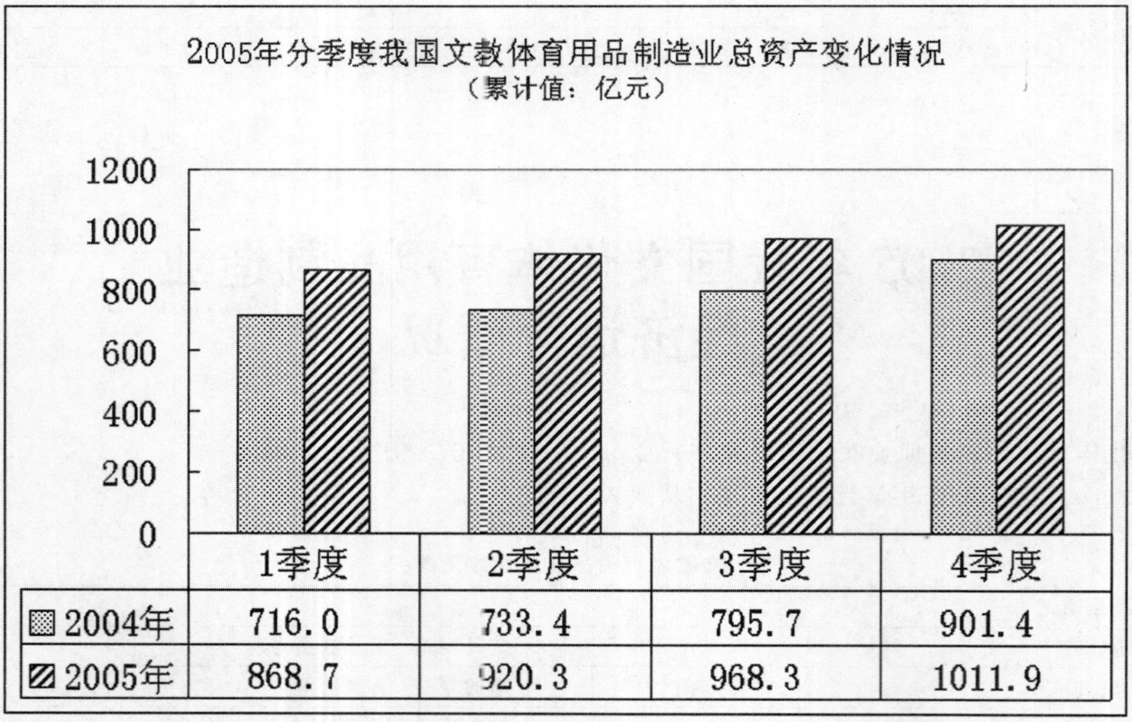

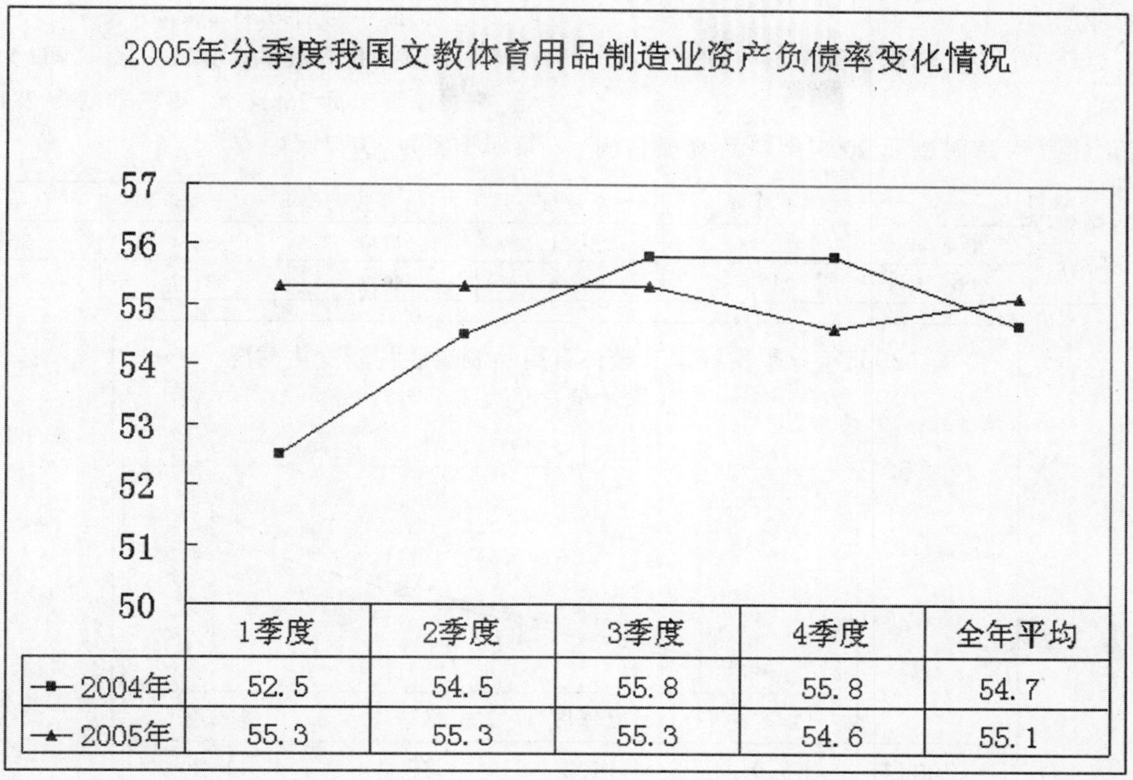


## 二、销售水平

2005 年该行业的产成品销售为 1421.7 亿元，比去年同期增长了 22.91%。产品销售成本为 1244.9 亿元，比上年同期也增长了 24%。

该行业平均销售额占总资产比例为 85.1%，上年同期为 80.6%，2005 年比上年高 4.5 个百分点。

| 销售额占总资产比例(%) | 年份 | 1 季度 | 2 季度 | 3 季度 | 4 季度 | 全年平均 |
|---|---|---|---|---|---|---|
| | 2004 年 | 29.8 | 66.0 | 98.4 | 128.3 | 80.6 |
| | 2005 年 | 30.9 | 66.5 | 102.4 | 140.5 | 85.1 |

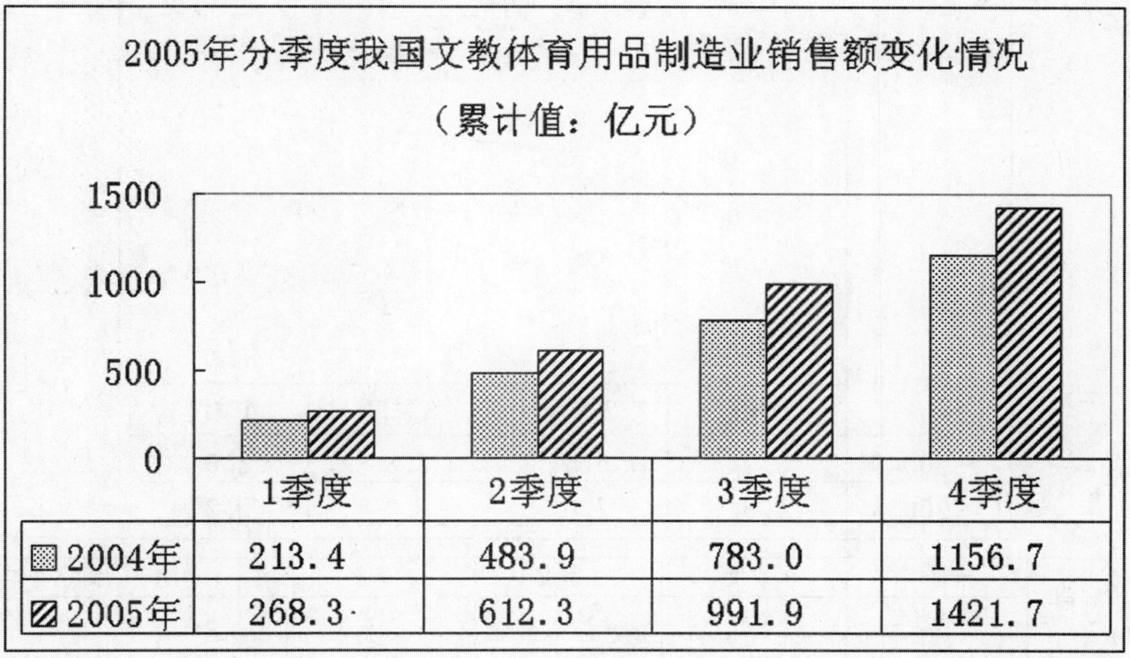

## 三、利润水平

文化体育用品制造业 2005 年产品实现利润47.2 亿元，上年同期为 41.2 亿元，持平。

从万元销售利润率为分析，第一季度为 232.6 元，第二季度末为 268.4 元，第三季度为 289.7 元，第四季度为 331.7 元左右。

| 利润占销售额比例(%) | 年份 | 1 季度 | 2 季度 | 3 季度 | 4 季度 | 全年平均 |
|---|---|---|---|---|---|---|
| | 2004 年 | 227.8 | 295.1 | 337.0 | 356.4 | 304.1 |
| | 2005 年 | 232.6 | 268.4 | 289.7 | 331.7 | 280.6 |

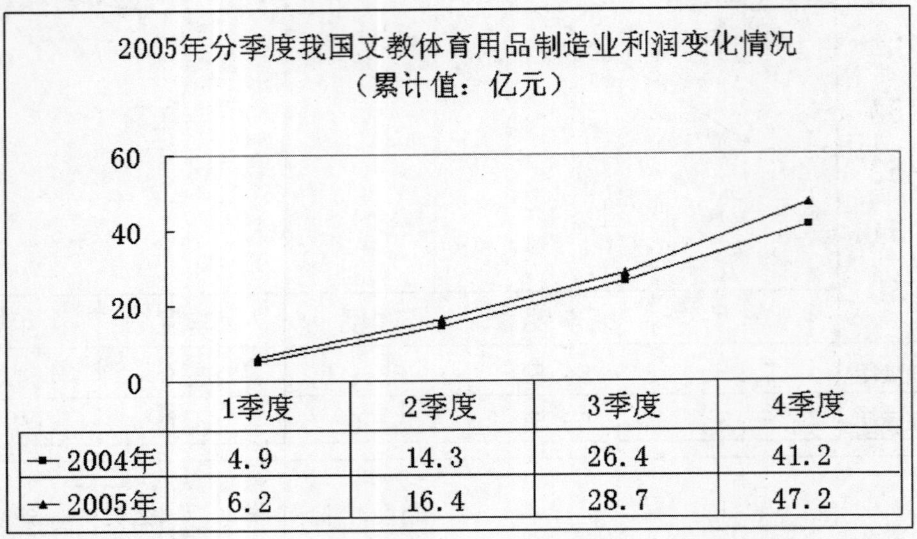


## 四、企业亏损情况

2005 年文化体育用品制造业亏损企业的亏损额为 9.2 亿元。

据测算，2005 年该行业亏损企业亏损额大约占利润总额比例（平均值）的 43.5%，去年同期为 35.5%，有所上升。目前，该行业平均亏损已经占到利润的四成，必须引起行业管理者的警惕。制止亏损继续扩大是必须抓紧抓好的大事，不可丝毫放松。

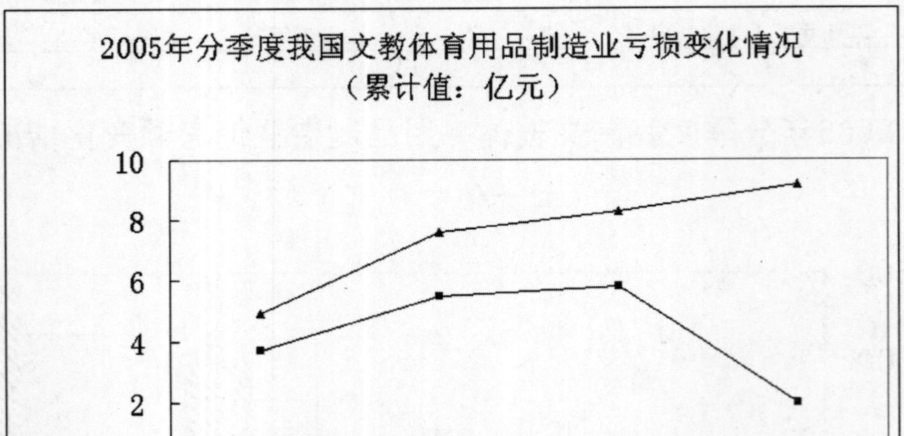


| 亏损占利润比例(%) | 年份 | 1 季度 | 2 季度 | 3 季度 | 4 季度 | 全年平均 |
|---|---|---|---|---|---|---|
| | 2004 年 | 76.3 | 38.8 | 21.9 | 4.9 | 35.5 |
| | 2005 年 | 79.0 | 46.3 | 28.9 | 19.6 | 43.5 |

# 2005年我国石油加工、炼焦及核燃料加工业经济运行概况

石油加工、炼焦及核燃料加工业是我国国民经济行业分类中的一个大类，也是重要的能源工业，其主要产品包括汽油、煤油、柴油、润滑油、各种石油化工产品、焦碳、核燃料。2005年该行业平均全部从业人员为69.9万人。

石油加工、炼焦及核燃料加工业的范围

| | |
|---|---|
| 精炼石油产品的制造 | |
| 原油加工及石油制品制造 | 原油加工业<br>石油制品业 |
| 人造原油生产 | 人造原油生产业 |
| 炼焦 | 炼焦业 |
| 核燃料加工 | 放射化学产品制造业<br>他稀有稀土金属冶炼业<br>稀有稀土金属压延加工业 |

## 一、总资产和资产负债率

据国家统计局统计，2005年该行业的累计资产总值为6246.4亿元，比上年同期增加25.9%，流动资产平均余额为2492亿元，比上年同期增加了36.3%；固定资产净值平均余额累计为2627.7亿元，比上年同期增长了13.6%。

从资产负债率水平看，起伏较大，第一季度51.3%，第二季度58.4%，第三季度60.7%，第四季度为59.4%。全年季度平均为57.6%。

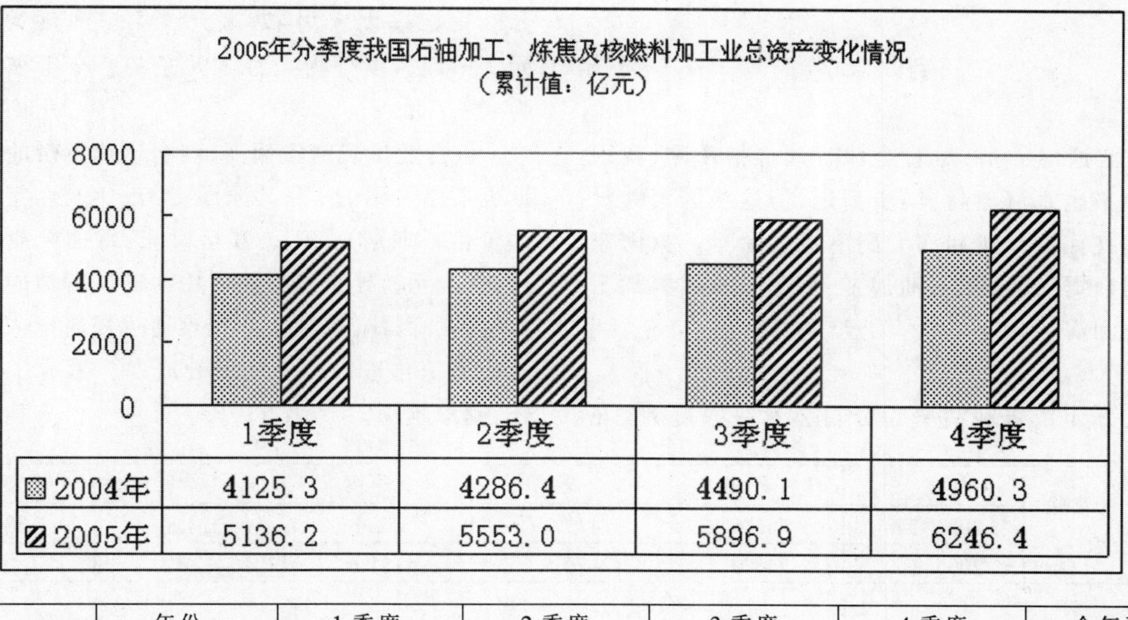


| 资产负债率(%) | 年份 | 1季度 | 2季度 | 3季度 | 4季度 | 全年平均 |
|---|---|---|---|---|---|---|
| | 2004年 | 51.1 | 51.8 | 52.9 | 54.4 | 52.6 |
| | 2005年 | 51.3 | 58.4 | 60.7 | 59.4 | 57.6 |

## 二、销售水平

该行业2005年全年产品销售收入累计为11769.74亿元，比去年同期增加35.01%。产品销售成本为11270.5亿元，比上年同期增加46.2%。

该行业平均销售额占总资产比例为118.1%，上年同期为111.5%，2005年比上年高6.6个百分点。无论是2005年还是2004年，该行业平均销售额占总资产比例都超过了100%，表明销售对于总资产的积累贡献巨大。这种销售增收模式中，石油产品涨价是一个重要推动因素。

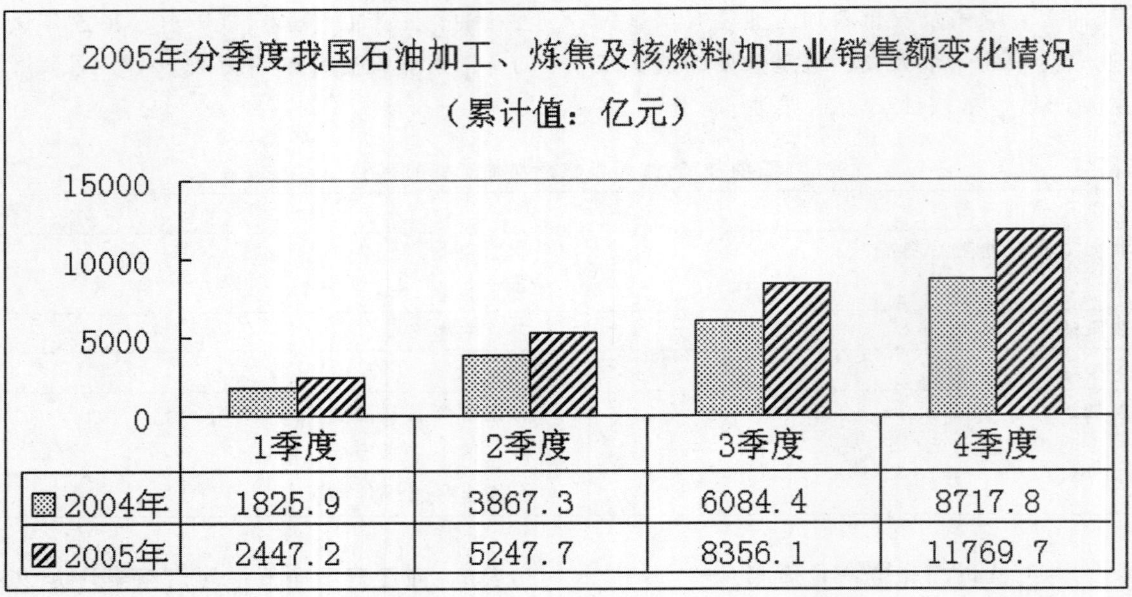


| | 年份 | 1季度 | 2季度 | 3季度 | 4季度 | 全年平均 |
|---|---|---|---|---|---|---|
| 销售额占总资产比例(%) | 2004年 | 44.3 | 90.2 | 135.5 | 175.8 | 111.5 |
| | 2005年 | 47.6 | 94.5 | 141.7 | 188.4 | 118.1 |

## 三、利润水平

非常遗憾的是，尽管全球石油价格暴涨，我国国内价格也水涨船高，同步高走，但这些因素并没有能够挽回该行业利润大副下滑的命运。据国家统计局数据，2005年石油加工、炼焦及核燃料加工业实现利润-149.9亿元，上年同期为274.4亿元，反差巨大。

从万元销售利润率为分析，第一季度为246元，第二季度末为-79.8元，第三季度为-151.6元，第四季度将为-127.3元左右。全年季度平均为-28.2元。

该行业出现销售额高，利润迅速下滑的局面是谁也不愿看到的。究其原因：2005年至今年国际石油价格长期居高不下，甚至疯涨，每桶原油价格逼近70美元，导致该行业使用的进口石油的成本大大提高。因此，炼油企业很难通过提高国内成品油价格来消化进口的价格上升成本，形成了恶性循环，越滑越深。

| | 年份 | 1季度 | 2季度 | 3季度 | 4季度 | 全年平均 |
|---|---|---|---|---|---|---|
| 利润占销售额比例(%) | 2004年 | 446.6 | 423.7 | 362.4 | 314.8 | 386.9 |
| | 2005年 | 246.0 | -79.8 | -151.6 | -127.3 | -28.2 |

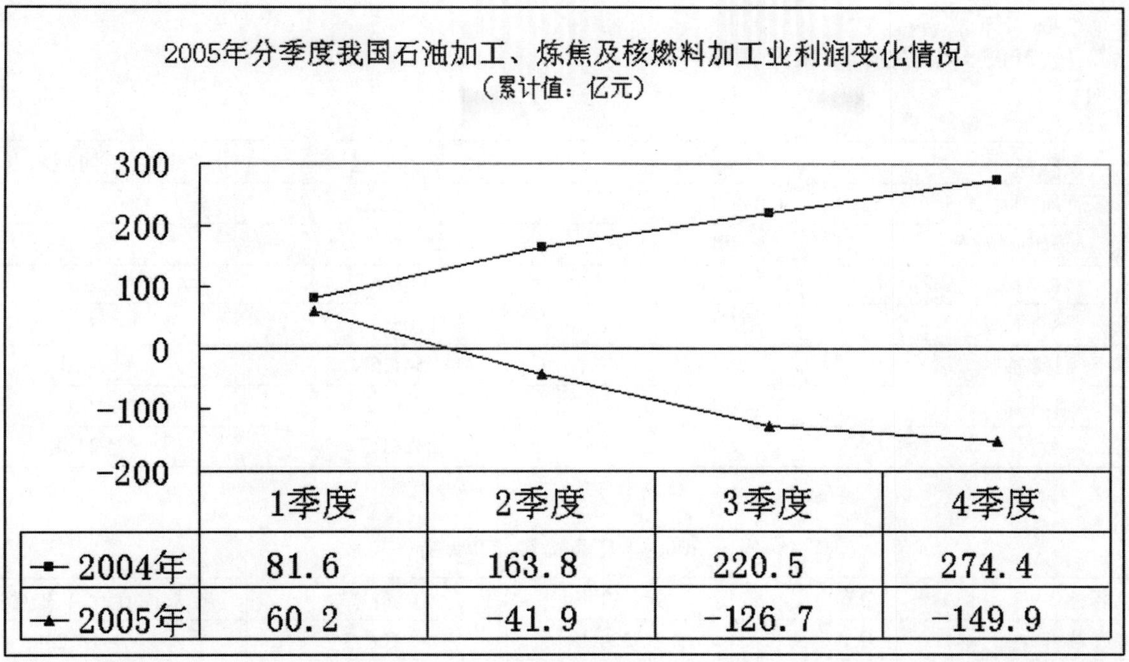


## 四、企业亏损情况

伴随以上情况，2005年石油加工、炼焦及核燃料加工业亏损企业的亏损额直线上升，全年为373.6亿元。2005年该行业亏损企业亏损额大约占利润总额比例（平均值）为-202.7%，上年同期为9.4%，该指标出现巨大负值，是由于明显的负利润导致。

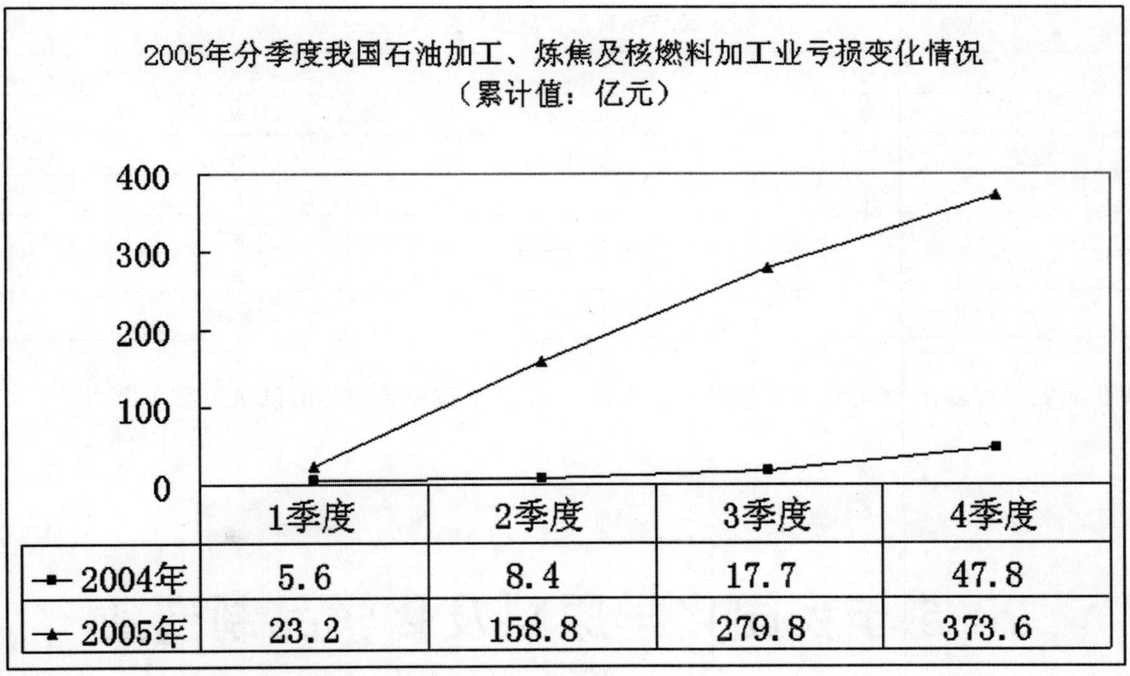


| | 年份 | 1季度 | 2季度 | 3季度 | 4季度 | 全年平均 |
|---|---|---|---|---|---|---|
| 亏损占利润比例(%) | 2004年 | 6.9 | 5.1 | 8.0 | 17.4 | 9.4 |
| | 2005年 | 38.6 | -379.0 | -220.9 | -249.3 | -202.7 |

## 五、2005年产品产量和产销率

产品产量

| 名称 | 单位 | 累计产量 | 比去年同期增长% |
|---|---|---|---|
| 原油加工总量 | 万吨 | 28622.3 | 6.5 |
| 汽油 | 万吨 | 5405.3 | 3.2 |
| 煤油 | 万吨 | 988.6 | 2.6 |
| 柴油 | 万吨 | 11061.6 | 9.5 |
| 润滑油 | 万吨 | 541.5 | 4.0 |
| 燃料油 | 万吨 | 2261.2 | 6.6 |
| 焦炭 | 万吨 | 23281.7 | 24.4 |

2005年产品销售量和库存

| 名称 | 单位 | 累计销售量 | 产销率% | 年末库存比年初增减% |
|---|---|---|---|---|
| 汽油 | 万吨 | 5324.5 | 100.3 | -18.2 |
| 煤油 | 万吨 | 960.4 | 100.4 | -18.7 |
| 柴油 | 万吨 | 11024.9 | 100.2 | -18.3 |
| 润滑油 | 万吨 | 541.3 | 101.1 | -9.9 |
| 燃料油 | 万吨 | 1862.4 | 101.1 | -27.3 |
| 焦炭 | 万吨 | 15779.2 | 97.8 | 47.6 |

2005年产品市场供应关系

| 名称 | 单位 |
|---|---|
| 汽油 | ★ |
| 煤油 | ★ |
| 柴油 | ★ |
| 润滑油 | ★ |
| 燃料油 | ★ |
| 焦炭 | ☆☆ |

★代表紧缺程度,☆充足程度。最大程度为5个星,每个星表述20%的供求关系变化。

# 2005年我国化学原料及化学品制造业经济运行概况

化学原料及化学品制造业是我国国民经济行业分类中的一个大类，主要产品包括各种化工原料和化学品。2005年该行业全部平均从业人员为335.0万人。

化学原料及化学制品制造业

| | |
|---|---|
| 基础化学原料制造 | 无机酸制造 |
| | 无机碱制造<br>无机盐制造<br>有机化学原料制造<br>其他基础化学原料制造 |
| 肥料制造 | 氮肥制造磷肥制造<br>钾肥制造复混肥料制造<br>有机肥料及微生物肥料制造<br>其他肥料制造 |
| 农药制造 | 化学农药制造<br>生物化学农药及微生物农药制造 |
| 涂料、油墨、颜料及类似产品制造 | 涂料制造<br>油墨及类似产品制造<br>颜料制造<br>染料制造<br>密封用填料及类似品制造 |
| 合成材料制造 | 初级形态的塑料及合成树脂制造<br>合成橡胶制造<br>合成纤维单(聚合)体的制造<br>其他合成材料制造 |
| 专用化学产品制造 | 化学试剂和助剂制造<br>专项化学用品制造<br>林产化学产品制造<br>炸药及火工产品制造<br>信息化学品制造<br>环境污染处理专用药剂材料制造<br>动物胶制造<br>其他专用化学产品制造 |
| 日用化学产品制造 | 肥皂及合成洗涤剂制造<br>化妆品制造<br>口腔清洁用品制造<br>香料和香精制造<br>其他日用化学产品制造 |

## 一、总资产和资产负债率

据国家统计局统计，2005年该行业的累计资产总值为14935.8亿元，比上年同期增加20.38%，流动资产平均余额为6363.1亿元，比上年同期增加23.8%；固定资产净值平均余额累计为5611.8亿元，比上年同期增长了17.4%。

从全年的资产负债率水平看，化学原料及化学品制造业的资产负债率波动56%~57%之间。第一季度为56.2%，第二季度为57%，第三季度为56.9%，第四季度为56.3%。各季度平均值为56.6%。

| 资产负债率(%) | 年份 | 1季度 | 2季度 | 3季度 | 4季度 | 全年平均 |
|---|---|---|---|---|---|---|
| | 2004年 | 57.2 | 57.3 | 57.1 | 56.3 | 57.0 |
| | 2005年 | 56.2 | 57.0 | 56.9 | 56.3 | 56.6 |

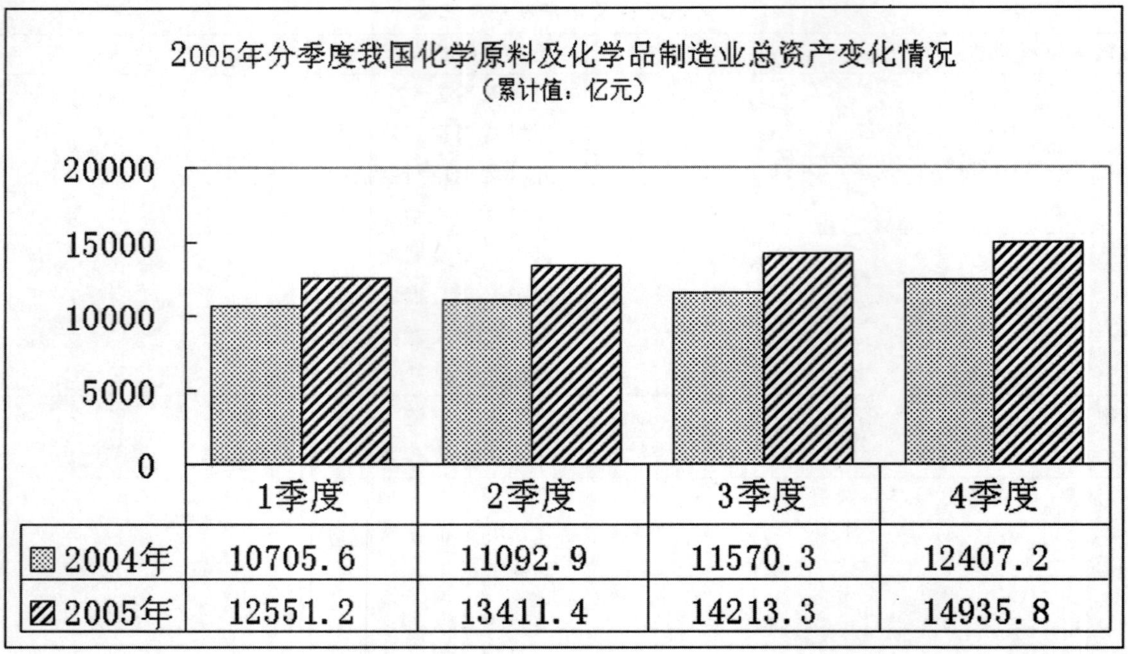


## 二、销售水平

2005 年该行业累计产品销售收入为 16173.2 亿元，比去年同期增加 31.2%。产品销售成本为 13532.9 亿元，比上年同期增加 35.3%。

该行业平均销售额占总资产比例为 67.5%，上年同期为 60.9%，2005 年比上年高 6.6 个百分点。

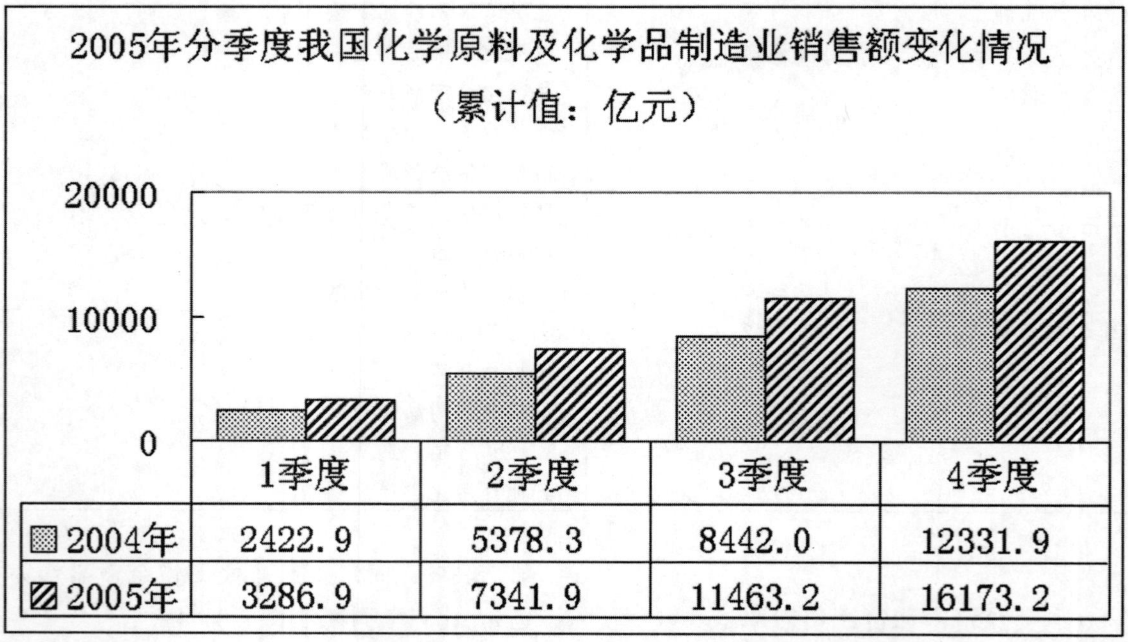


| 销售额占总资产比例(%) | 年份 | 1 季度 | 2 季度 | 3 季度 | 4 季度 | 全年平均 |
|---|---|---|---|---|---|---|
| | 2004 年 | 22.6 | 48.5 | 73.0 | 99.4 | 60.9 |
| | 2005 年 | 26.2 | 54.7 | 80.7 | 108.3 | 67.5 |

## 三、利润水平

化学原料及化学品制造业 2005 年实现利润 985.3 亿元，上年同期为 883.6 亿元，增幅为 11.5%。

从万元销售利润率为分析，第一季度为 656.4 元，第二季度末为 616.5 元，第三季度为 608.4 元，第四季度为 609.2 元左右。

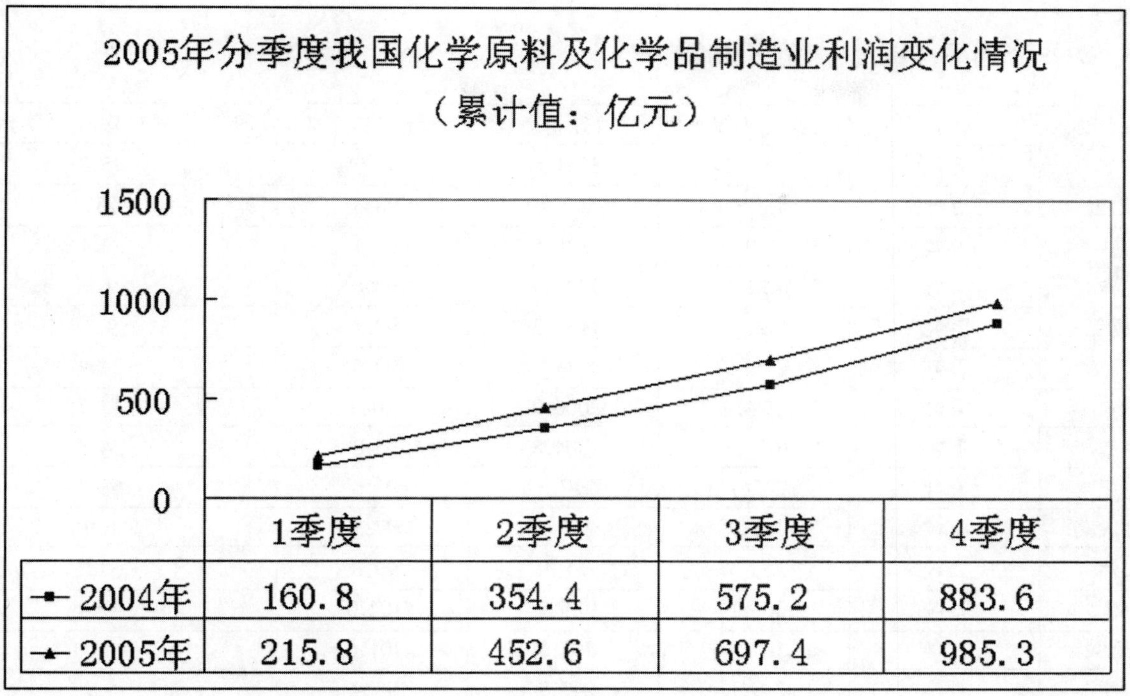


2005年分季度我国化学原料及化学品制造业利润变化情况（累计值：亿元）

| 利润占销售额比例(%) | 年份 | 1 季度 | 2 季度 | 3 季度 | 4 季度 | 全年平均 |
|---|---|---|---|---|---|---|
| | 2004 年 | 663.8 | 659.0 | 681.4 | 716.5 | 680.2 |
| | 2005 年 | 656.4 | 616.5 | 608.4 | 609.2 | 622.6 |

**四、企业亏损情况**

2005 年化学原料及化学品制造业亏损企业的亏损额为 135.2 亿元。

2005 年该行业亏损企业亏损额大约占利润总额比例(平均值)的 13.0%，上年同期为 10.9%，有所上升。

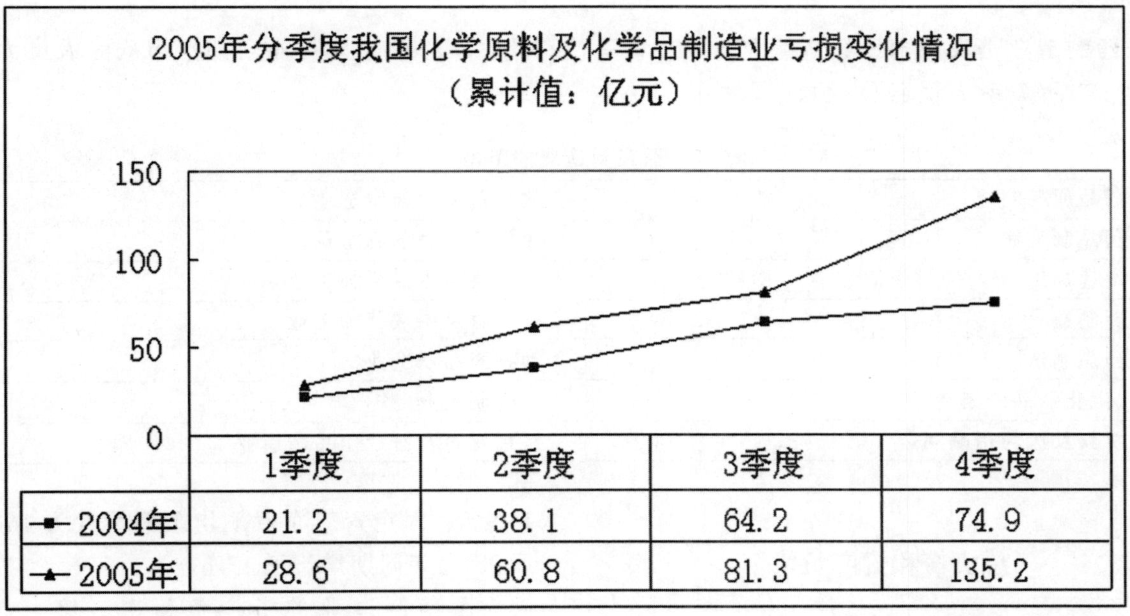


2005年分季度我国化学原料及化学品制造业亏损变化情况（累计值：亿元）

| 亏损占利润比例(%) | 年份 | 1 季度 | 2 季度 | 3 季度 | 4 季度 | 全年平均 |
|---|---|---|---|---|---|---|
| | 2004 年 | 13.2 | 10.8 | 11.2 | 8.5 | 10.9 |
| | 2005 年 | 13.3 | 13.4 | 11.7 | 13.7 | 13.0 |

### 五、2005 年产品产销量、产销率和库存

| 产品名称 | 单位 | 累计产量 | 累计销量 | 累计产销率% | 9 月末累计库存比年初±% |
|---|---|---|---|---|---|
| 硫酸 | 万吨 | 4462.2 | 2321.6 | 97.9 | 35.2 |
| 浓硝酸 | 万吨 | 157.0 | 137.1 | 98.5 | -21.1 |
| 烧碱 | 万吨 | 1240.0 | 1128.5 | 99.1 | 23.1 |
| 纯碱 | 万吨 | 1421.1 | 1375.9 | 99.8 | 9.8 |
| 合成氨 | 万吨 | 4596.3 | 1133.2 | 99.1 | 9.4 |
| 氮肥 | 万吨 | 3575.9 | 3534.7 | 99.6 | 27.9 |
| 尿素 | 万吨 | 1994.9 | 2006.9 | 101.1 | 17.7 |
| 磷肥 | 万吨 | 1075.3 | 1004.8 | 95.8 | 54.5 |
| 钾肥 | 万吨 | 232.7 | 217.5 | 93.6 | 63.9 |
| 化学农药 | 万吨 | 103.9 | 96.7 | 97.5 | 6.9 |
| 乙烯 | 万吨 | 755.5 | 74.3 | 99.8 | 38.2 |
| 纯苯 | 万吨 | 306.1 | 205.1 | 102.0 | 47.4 |
| 冰醋酸 | 万吨 | 137.0 | 107.5 | 101.6 | -48.1 |
| 油漆 | 万吨 | 249.1 | 242.9 | 98.4 | 5.9 |
| 染料 | 万吨 | 106.1 | 102.8 | 98.7 | 15.6 |
| 合成橡胶 | 万吨 | 163.2 | 163.5 | 100.2 | -7.5 |
| 合成洗涤济 | 万吨 | 494.4 | 489.6 | 99.2 | 11.4 |

# 2005 年我国医药制造业经济运行概况

医药制造业是我国国民经济行业分类中的一个大类，产品关系人民身体健康，是重要的民生行业。2005 年该行业全部平均从业人员为 122.8 万人。

**医药制造业的范围**

| | |
|---|---|
| 化学药品原药制造 | 化学药品原药制造业 |
| 化学药品制剂制造 | 化学药品制剂制造业 |
| 中药饮片加工 | 中药材及中成药加工业 |
| 中成药制造 | 中药材及中成药加工业 |
| 兽用药品制造 | 动物药品制造业 |
| 生物、生化制品的制造 | 生物制品业 |
| 卫生材料及医药用品制造 | 医用材料及医疗用品制造业 |

## 一、总资产和资产负债率

据国家统计局统计，2005 年该行业的累计资产总值为 5489.5 亿元，比上年同期增加 13.9%，流动资产平均余额为 2604 亿元，比上年同期增加 13.9%；固定资产净值平均余额累计为 1617.4 亿元，比上年同期增长了 17.1%。

医药制造业的资产负债率，第一季度为 52.1%，第二季度为 52.3%，第三季度为 52.9%，第四季度为 52.0%，全年平均为 52.3%左右。

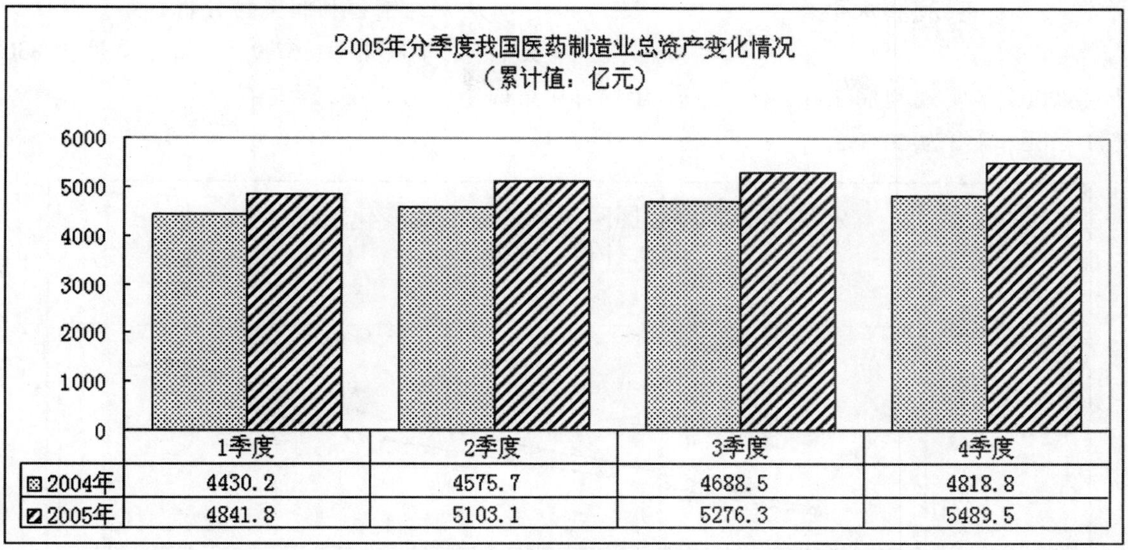


| 资产负债率(%) | 年份 | 1 季度 | 2 季度 | 3 季度 | 4 季度 | 全年平均 |
|---|---|---|---|---|---|---|
| | 2004 年 | 52.7 | 53.1 | 52.5 | 51.9 | 52.6 |
| | 2005 年 | 52.1 | 52.3 | 52.9 | 52.0 | 52.3 |

## 二、销售水平

从 2005 年看，该行业的累计产品销售收入为 4020 亿元，比去年同期增加 26.5%。产品销售成本为 2721.3 亿元，比上年同期增加 30.5%。

该行业平均销售额占总资产比例为 44.8%，上年同期为 40.8%，2005 年比上年高 4 个百分点。

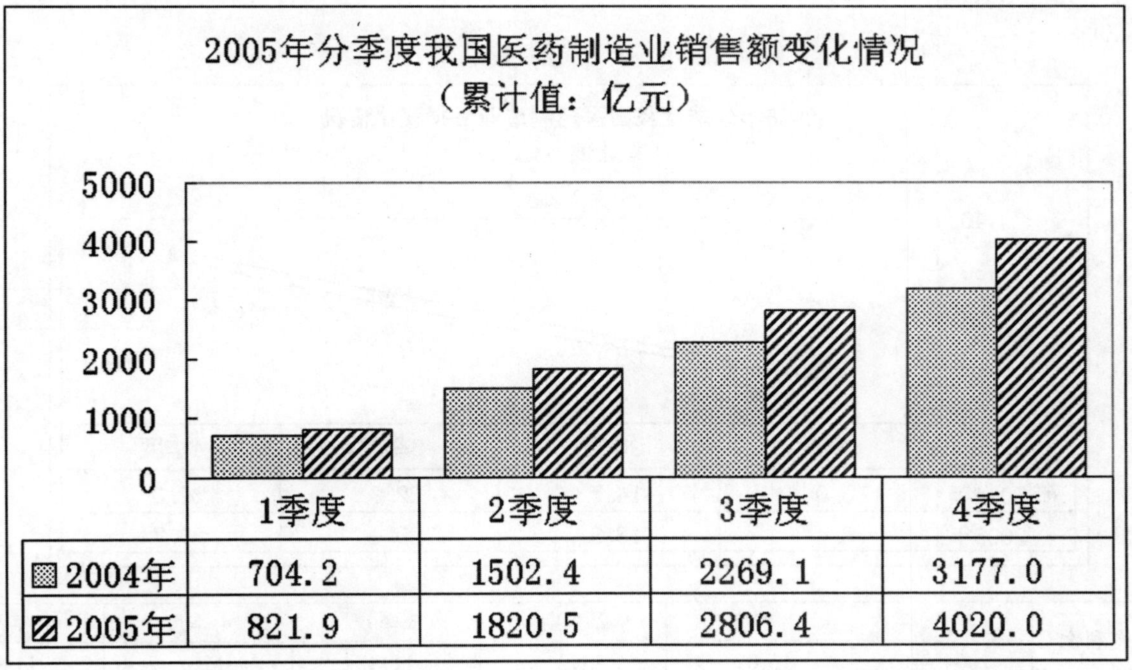


| 销售额占总资产比例(%) | 年份 | 1 季度 | 2 季度 | 3 季度 | 4 季度 | 全年平均 |
|---|---|---|---|---|---|---|
| | 2004 年 | 15.9 | 32.8 | 48.4 | 65.9 | 40.8 |
| | 2005 年 | 17.0 | 35.7 | 53.2 | 73.2 | 44.8 |

## 三、利润水平

该行业 2005 年实现利润 336.2 亿元，上年同期为 279.1 亿元，增幅为 20.5%。

从万元销售利润率为分析，第一季度为 894.3 元，第二季度末为 867.9 元，第三季度为 830.4 元，第四季度为 836.2 元左右。

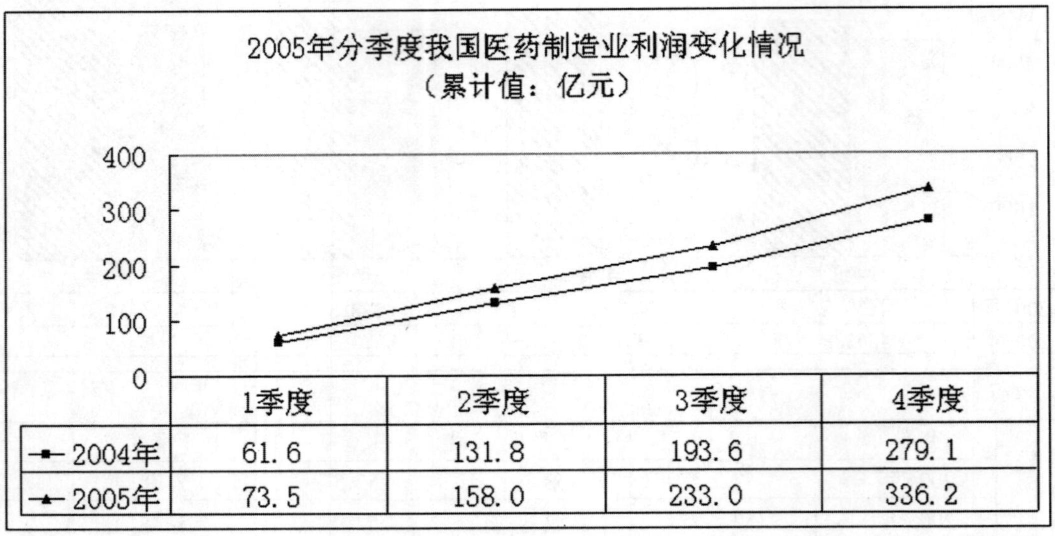


| 利润占销售额比例(%) | 年份 | 1 季度 | 2 季度 | 3 季度 | 4 季度 | 全年平均 |
|---|---|---|---|---|---|---|
| | 2004 年 | 875.0 | 877.5 | 853.1 | 878.5 | 871.0 |
| | 2005 年 | 894.3 | 867.9 | 830.4 | 836.2 | 857.2 |

## 四、企业亏损情况

2005 年医药制造业亏损企业的亏损额为 33.74 亿元。

2005 年该行业亏损企业亏损额大约占利润总额比例(平均值)为 10.8%，上年同期为 11.9%，有所下降。

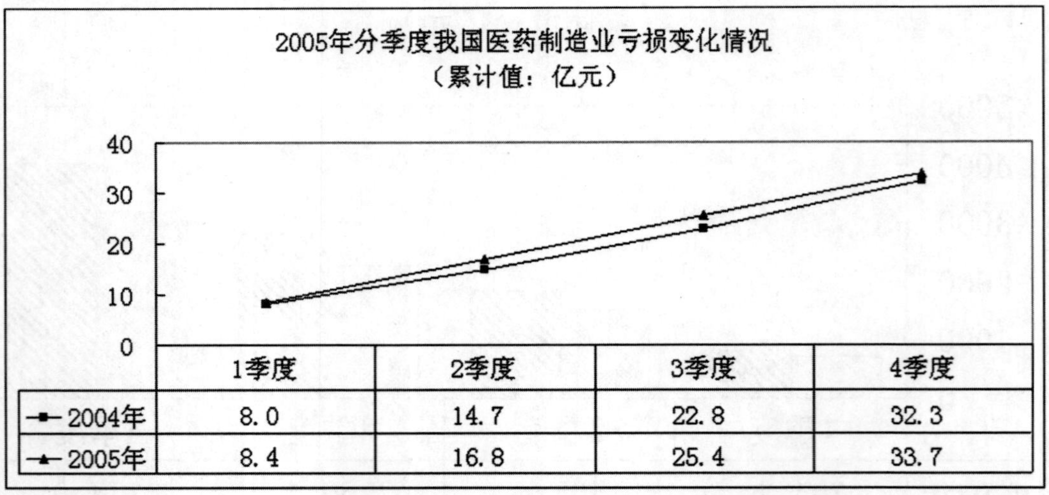


| 亏损占利润比例(%) | 年份 | 1 季度 | 2 季度 | 3 季度 | 4 季度 | 全年平均 |
|---|---|---|---|---|---|---|
| | 2004 年 | 13.0 | 11.2 | 11.8 | 11.6 | 11.9 |
| | 2005 年 | 11.5 | 10.7 | 10.9 | 10.0 | 10.8 |

## 五、2005 年产品产销量、产销率和库存情况

产化学原料药 123.8 万吨，比上年同期增产 23.5%；销售 116 万吨，产销率为 97.7%，年末较年初库存增加 32.7%。

# 2005 年我国化学纤维制造业经济运行概况

化学纤维制造业是我国国民经济行业分类中的一个大类。2005 年该行业全部从业人员为 40.8 万人。

**化学纤维制造业的范围**

| | |
|---|---|
| **纤维素纤维原料及纤维制造** | |
| 化纤浆粕制造 | 化纤浆粕制造业 |
| 人造纤维(纤维素纤维)制造 | 粘胶纤维制造业其他纤维素纤维制造业 |
| **合成纤维制造** | |
| 锦纶纤维制造 | 锦纶纤维制造业 |
| 涤纶纤维制造 | 涤纶纤维制造业 |
| 腈纶纤维制造 | 腈纶纤维制造业 |
| 维纶纤维制造 | 维纶纤维制造业 |
| 其他合成纤维制造 | 其他合成纤维制造业 |

## 一、总资产和资产负债率

据国家统计局统计，2005 年该行业的累计资产总值为 2353.4 亿元，比上年同期增加 11.8%，流动资产平均余额为 947.1 亿元，比上年同期增加 25%；固定资产净值平均余额累计为 1013.8 亿元，比上年同期增长了 7.5%。

从 2005 年的资产负债率水平看，化学纤维制造业的资产负债率平均为 60.5%。第一季度为 59.9%，第二季度为 60.9%，第三季度为 61%，第四季度为 60%。

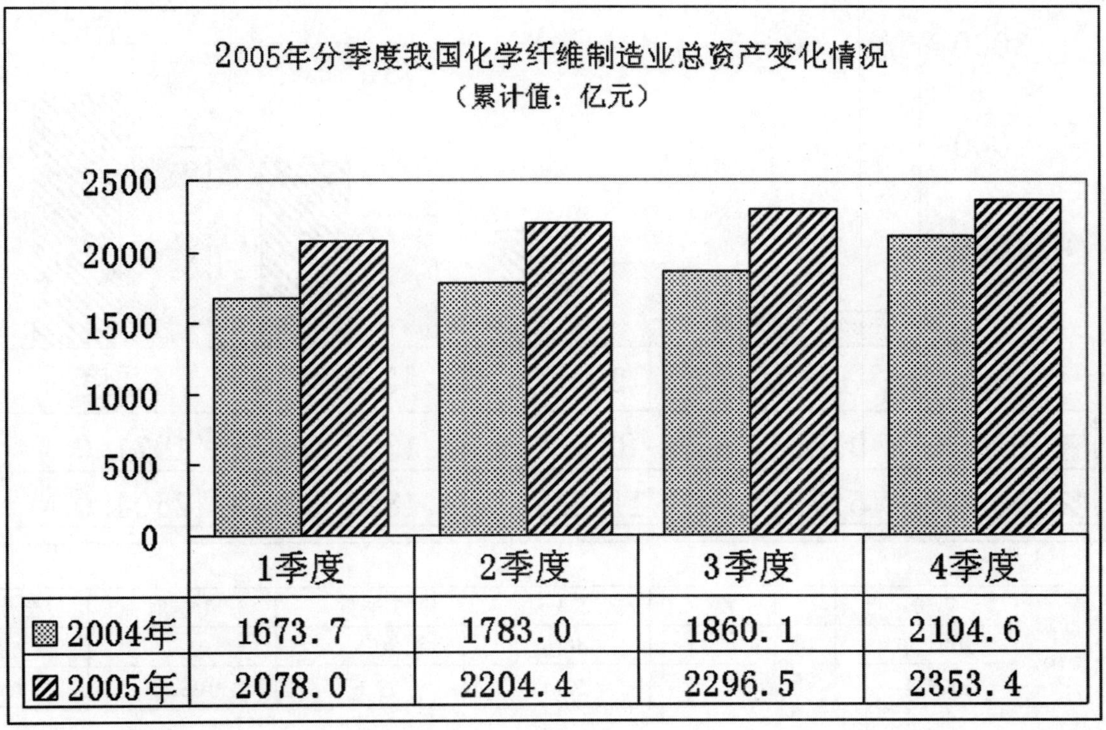

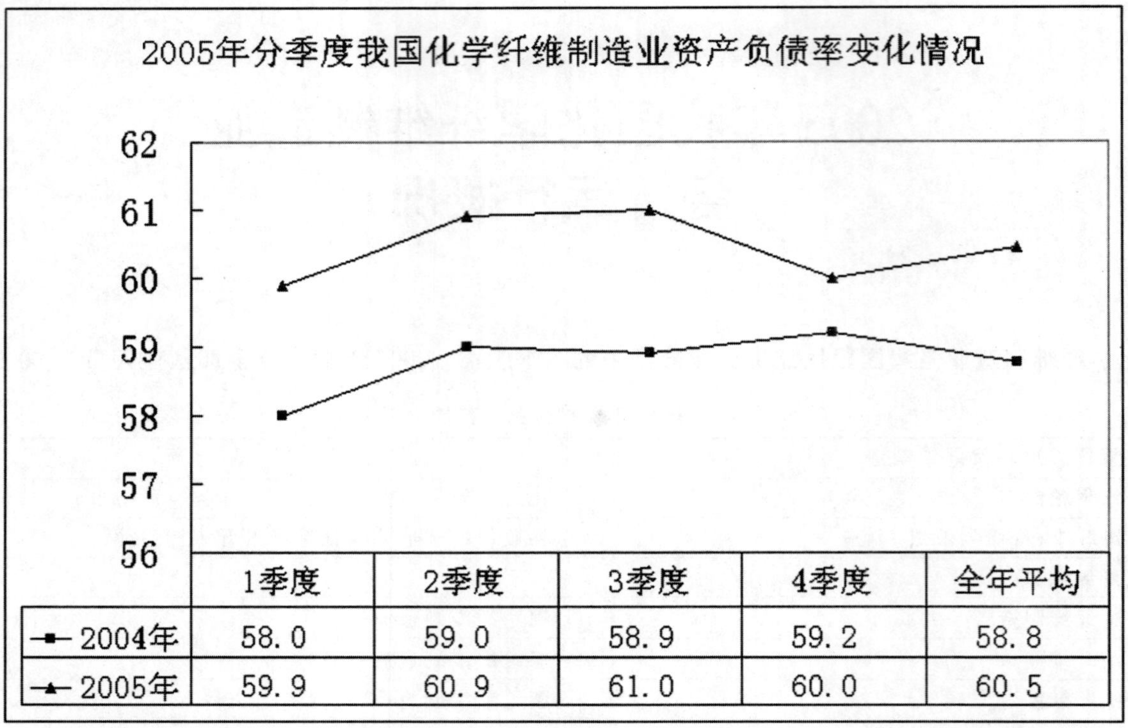


## 二、销售水平

2005 年该行业累计产品销售收入为 2504 亿元，比去年同期增加 27.0%。产品销售成本为 2328.5 亿元，比上年同期增加 28.7%。

据测算，该行业平均销售额占总资产比例为 65.8%，上年同期为 58%，2005 年比上年高 7.8 个百分点。

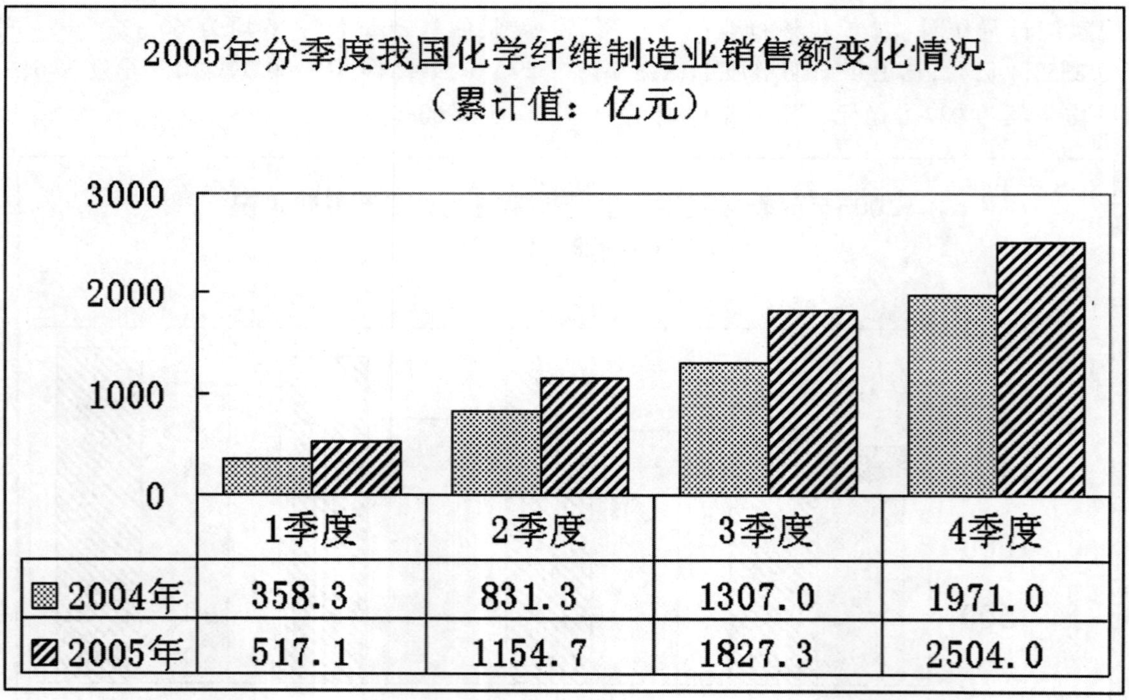


| 销售额占总资产比例(%) | 年份 | 1 季度 | 2 季度 | 3 季度 | 4 季度 | 全年平均 |
|---|---|---|---|---|---|---|
| | 2004 年 | 21.4 | 46.6 | 70.3 | 93.7 | 58.0 |
| | 2005 年 | 24.9 | 52.4 | 79.6 | 106.4 | 65.8 |

## 三、利润水平

该行业2005年实现利润48.5亿元,上年同期为69.9亿元,减幅为30.62%。

从万元销售利润率看,2005年第一季度为183.3元,第二季度为155.8元,第三季度为203元,第四季度为193.8元,全年平均为184.0元。上年全年平均为373.7元,2005年比上年减少189.7元,反映我国化学纤维制造业创利能力比上年低。

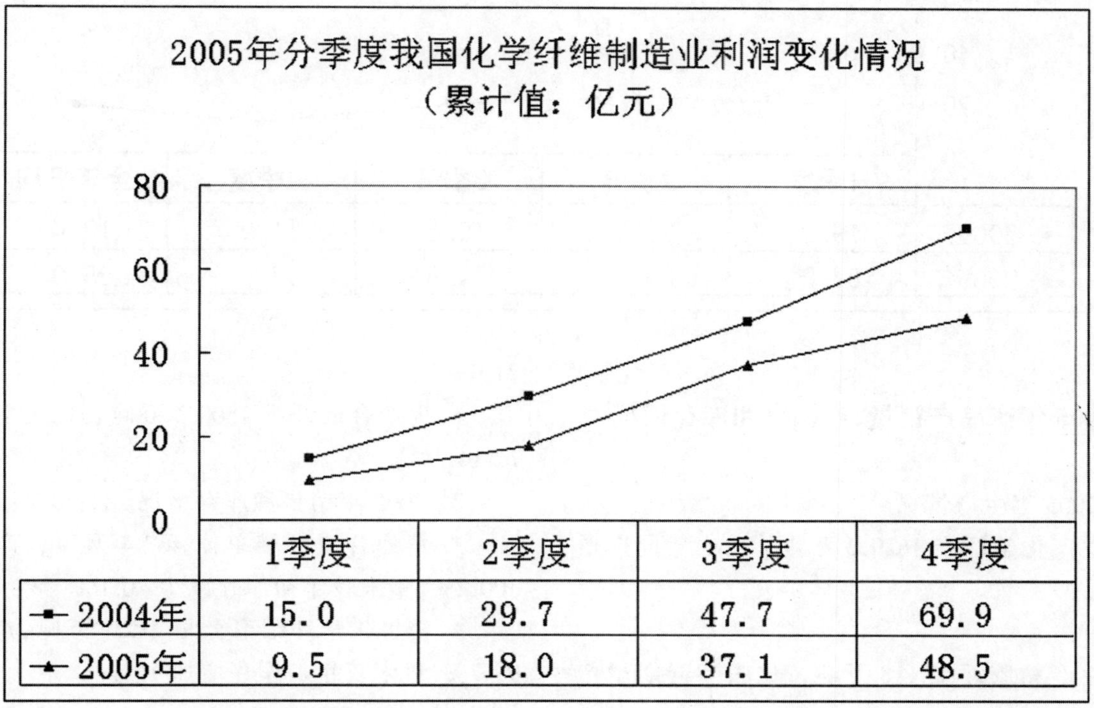


| 利润占销售额比例(%) | 年份 | 1季度 | 2季度 | 3季度 | 4季度 | 全年平均 |
|---|---|---|---|---|---|---|
| | 2004年 | 418.4 | 357.2 | 364.6 | 354.5 | 373.7 |
| | 2005年 | 183.3 | 155.8 | 203.0 | 193.8 | 184.0 |

## 四、企业亏损情况

该行业亏损企业的亏损额为31.4亿元。

2005年该行业亏损企业亏损额大约占利润总额比例(平均值)为65%,上年同期为18.4%,大幅上升,必须采取措施减少亏损。

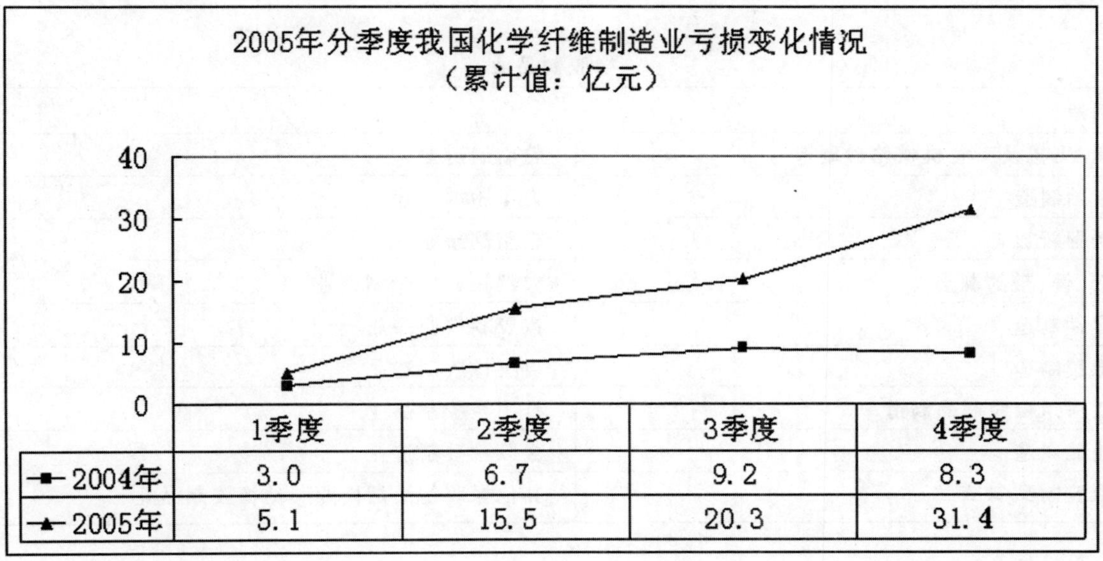

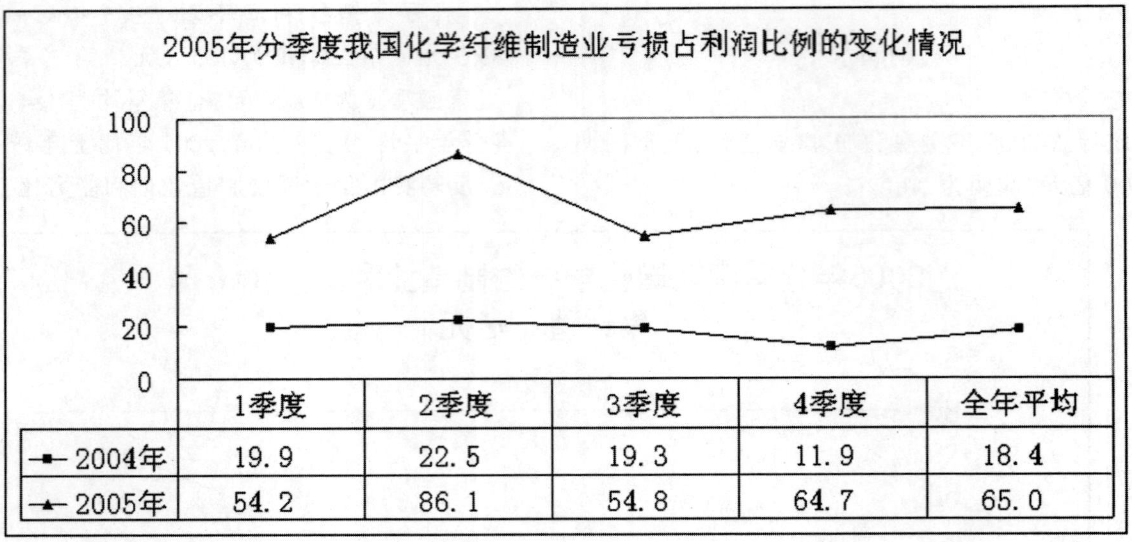


**五、2005 年产品产销量、产销率和库存情况**

1. 2005 年生产情况

* 生产化学纤维 1629.2 万吨，比去年同期增产 14.8%；

其中：

* 生产粘胶纤维 118 万吨，比去年同期增产 21.3%；

* 生产合成纤维 1500.3 万吨，比去年同期增产 14.2%。

2. 2005 年销售和库存情况

* 销售合成纤维单体 467.4 万吨，产销率为 100.2%，年末较年初库存减少 10.1%；

* 销售化学纤维聚合物 642.1 万吨，产销率为 99.7%，年末较年初库存增加 14%。

# 2005 年我国橡胶制品业经济运行概况

橡胶制品业是我国国民经济行业分类中的一个大类。2005 年该行业全部平均从业人员为 78.7 万人。

**橡胶制品业**

| | |
|---|---|
| **轮胎制造** | |
| 车辆、飞机及工程机械轮胎制造 | 轮胎制造业 |
| 力车胎制造 | 力车胎制造业 |
| 轮胎翻新加工 | 轮胎翻新业 |
| **橡胶板、管、带的制造** | 橡胶板、管、带制造业 |
| **橡胶零件制造** | 橡胶零件制品业 |
| **再生橡胶制造** | 再生橡胶制造业 |
| **日用及医用橡胶制品制造** | 日用橡胶制品业 |
| **橡胶靴鞋制造** | 橡胶靴鞋制造业 |
| **其他橡胶制品制造** | 其他橡胶制品翻修业其他橡胶制品业 |

## 一、总资产和资产负债率

据国家统计局统计，2005 年该行业的资产总值为 1934.1 亿元，比上年同期增加 16.4%，流动资产平均余额为 939.2 亿元，比上年同期增加 17.9%；固定资产净值平均余额累计为 675.1 亿元，比上年同期增长了 19.6%。

从资产负债率水平看，第一季度为 61.0%，第二季度为 60.6%，第三季度为 60.2%，第四季度为 59.5%，全年季度平均为 60.3%左右。

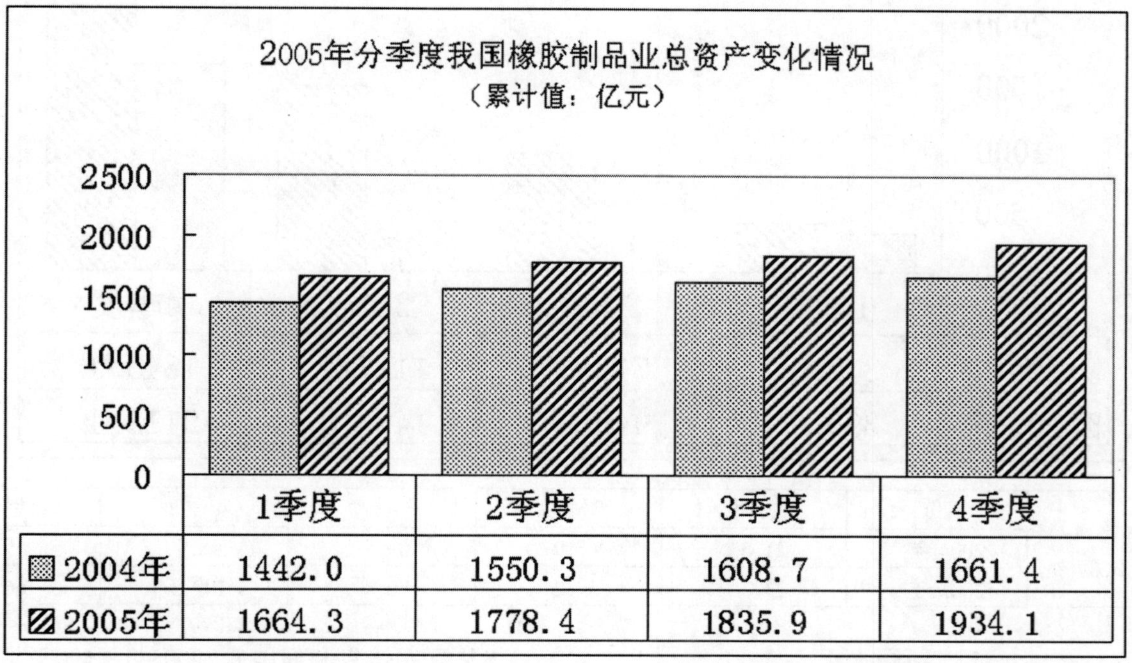


| | 1季度 | 2季度 | 3季度 | 4季度 |
|---|---|---|---|---|
| 2004年 | 1442.0 | 1550.3 | 1608.7 | 1661.4 |
| 2005年 | 1664.3 | 1778.4 | 1835.9 | 1934.1 |

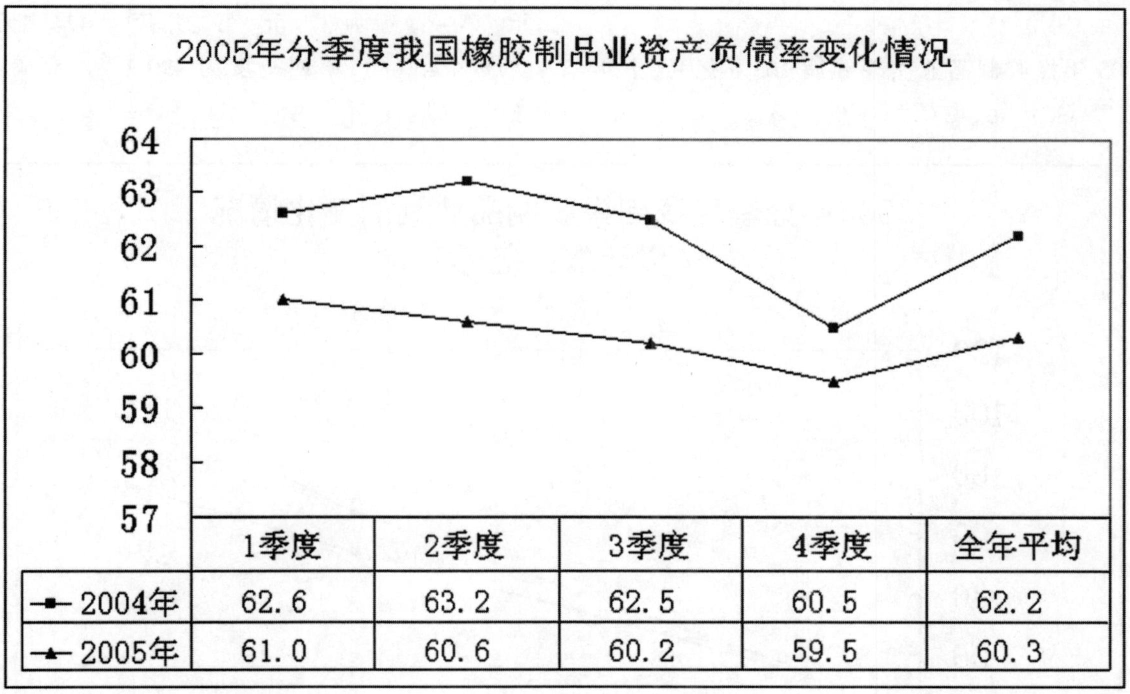


| | 1季度 | 2季度 | 3季度 | 4季度 | 全年平均 |
|---|---|---|---|---|---|
| 2004年 | 62.6 | 63.2 | 62.5 | 60.5 | 62.2 |
| 2005年 | 61.0 | 60.6 | 60.2 | 59.5 | 60.3 |

## 二、销售水平

2005 年该行业累计产品销售收入为 2113.4 亿元，比上年同期增加 28.6%。产品销售成本为 1818.1 亿元，比上年同期增加 31.3%。

该行业平均销售额占总资产比例为 66.8%，上年同期为 59%，2005 年比上年略高 7.8 个百分点。

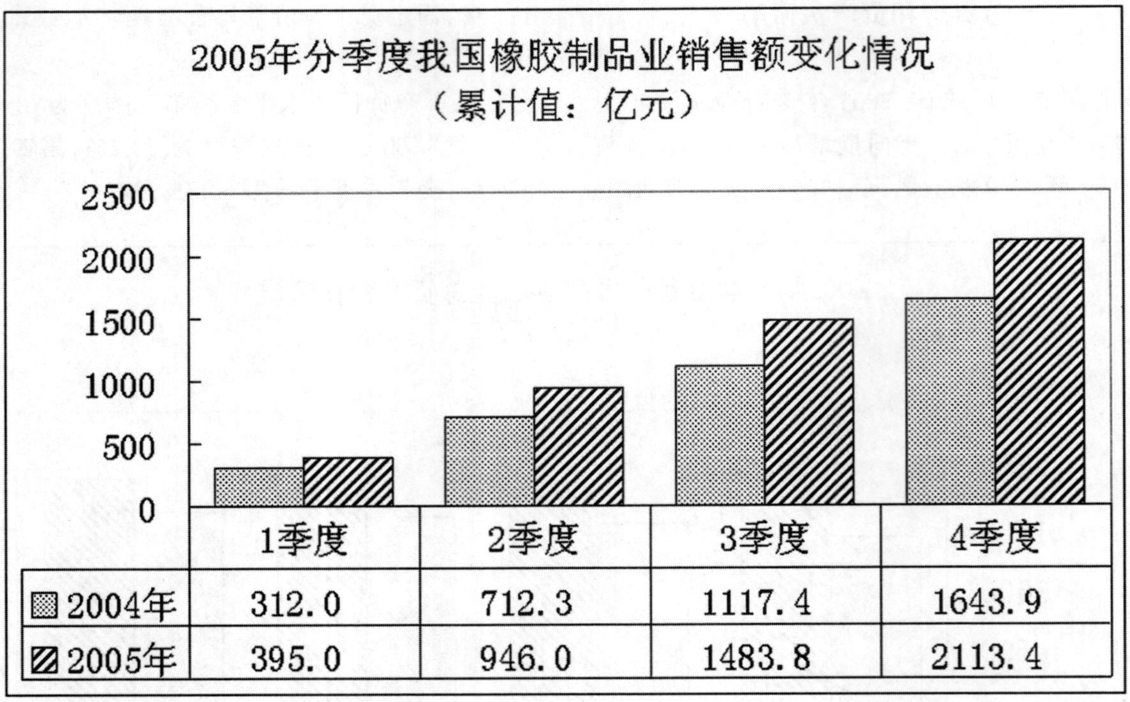


| 销售额占总资产比例(%) | 年份 | 1 季度 | 2 季度 | 3 季度 | 4 季度 | 全年平均 |
|---|---|---|---|---|---|---|
| | 2004 年 | 21.6 | 45.9 | 69.5 | 98.9 | 59.0 |
| | 2005 年 | 23.7 | 53.2 | 80.8 | 109.3 | 66.8 |

### 三、利润水平

2005 年橡胶制品业实现利润 103.6 亿元，上年同期为 75.64 亿元，增幅为 37%。

从万元销售利润率看，2005 年季度平均为 436 元。第一季度为 379 元，第二季度为 424.9 元；第三季度为 450 元，第四季度为 490.1 元，形成步步升高的态势。

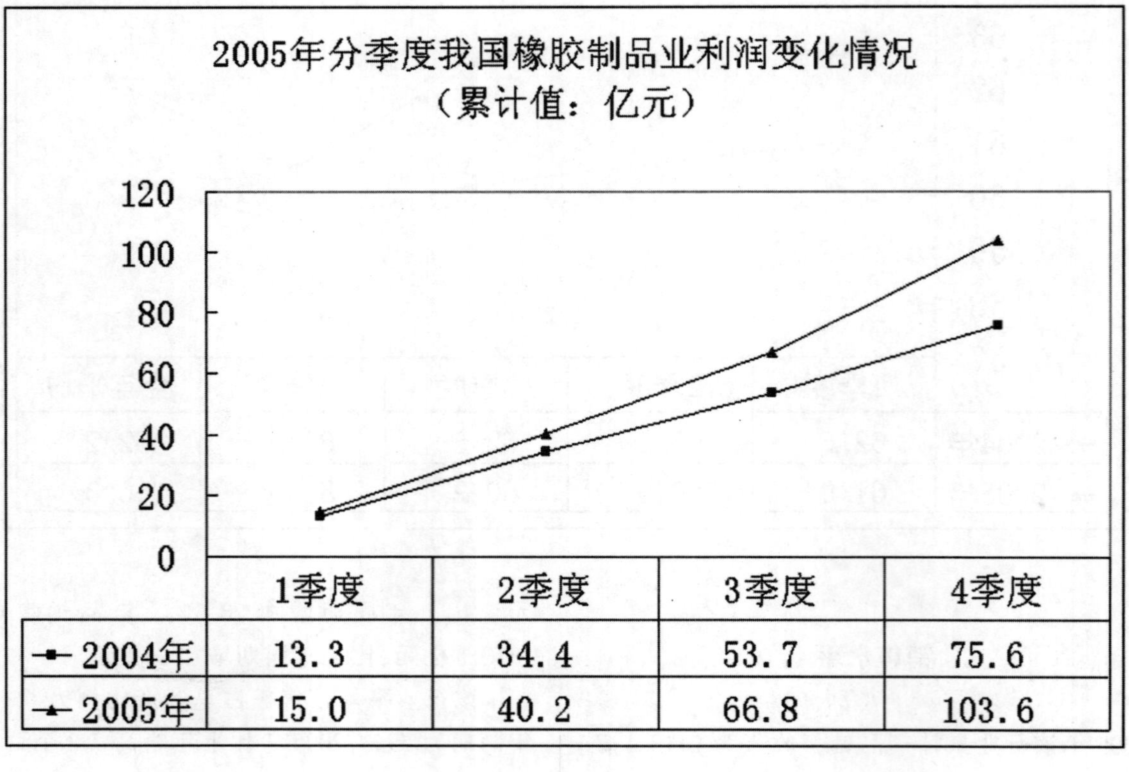

| | 年份 | 1 季度 | 2 季度 | 3 季度 | 4 季度 | 全年平均 |
|---|---|---|---|---|---|---|
| 利润占销售额比例(%) | 2004 年 | 427.6 | 482.4 | 480.9 | 459.9 | 462.7 |
| | 2005 年 | 379.0 | 424.9 | 450.0 | 490.1 | 436.0 |

## 四、企业亏损情况

2005 年橡胶制品业累计亏损企业的亏损额为 11.7 亿元，较上年同期微升。

2005 年该行业亏损企业亏损额大约占利润总额比例（平均值）的 18.2%，上年同期为 17.6%，基本持平。

## 五、2005 年产品产销量、产销率和库存情况

从生产情况看，2005 年我国共生产轮胎外胎 31819.9 万条，比去年同期增产 28.3%。从销售情况看，2005 年我国共销售橡胶轮胎外胎 31258.6 万条，产销率为 98.4%；年末较年初库存上升 21.9%。

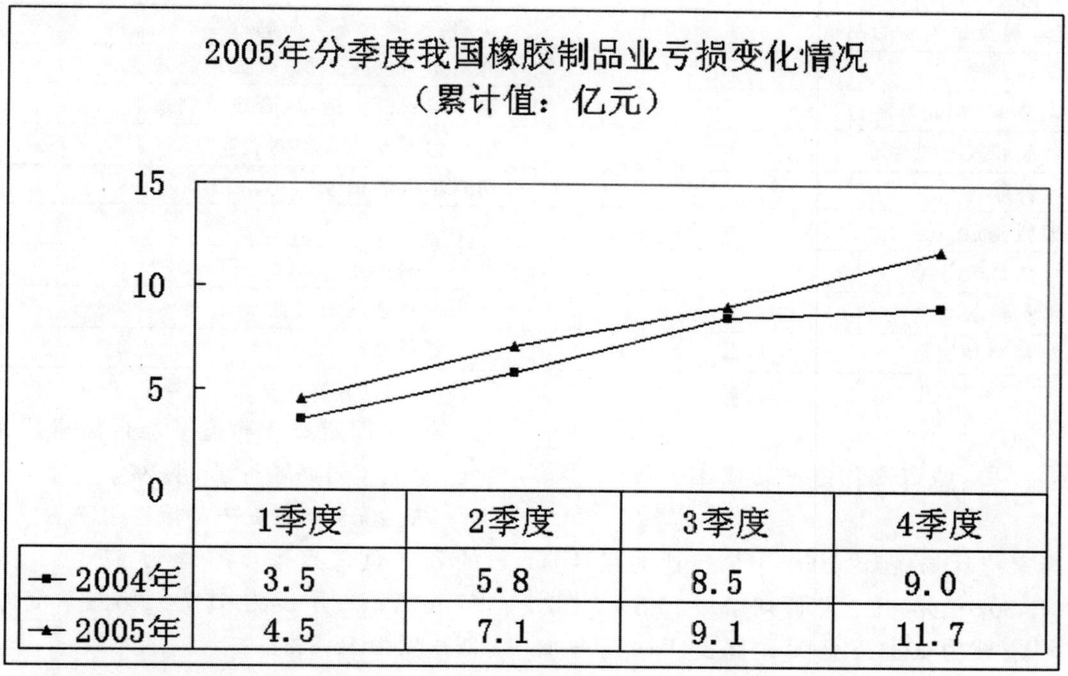


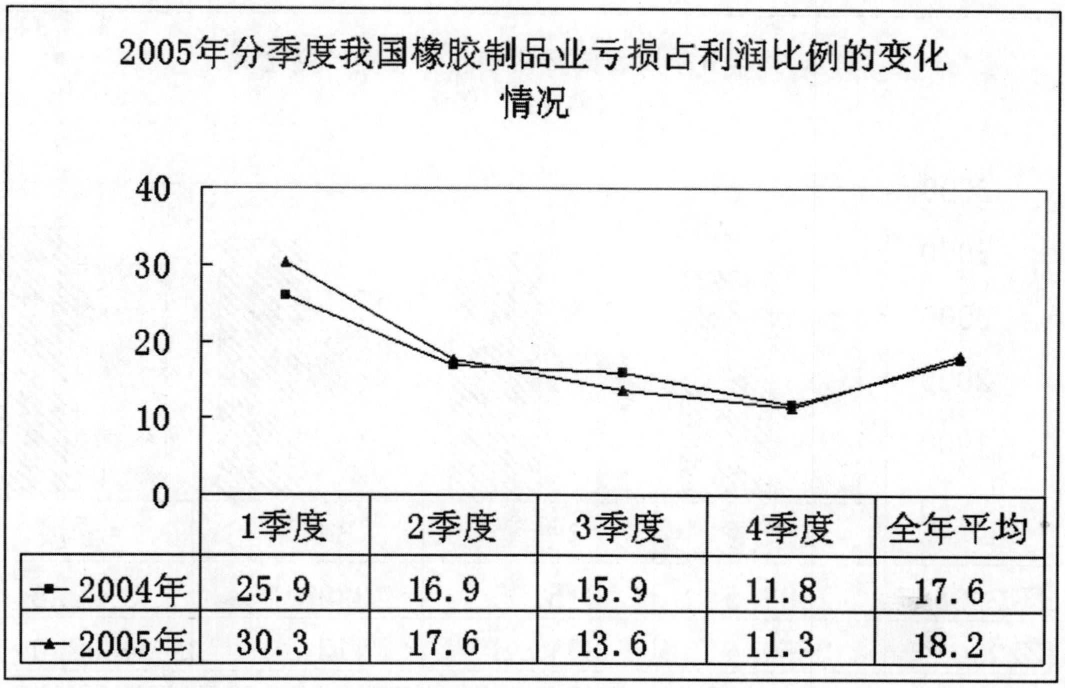

# 2005年我国塑料制品业经济运行概况

塑料制品业是我国国民经济行业分类中的一个大类。2005年该行业全部平均从业人员为179.3万人。

塑料制品业的范围

| | |
|---|---|
| 塑料薄膜制造 | 塑料薄膜制造业 |
| 塑料板、管、型材的制造 | 塑料板、管、棒材制造业 |
| 塑料丝、绳及编织品的制造 | 塑料丝、绳及编织品制造业 |
| 泡沫塑料制造 | 泡沫塑料及人造革、合成革制造业 |
| 塑料人造革、合成革制造 | 泡沫塑料及人造革、合成革制造业 |
| 塑料包装箱及容器制造 | 塑料包装箱及容器制造业 |
| 塑料零件制造 | 塑料零件制造业 |
| 日用塑料制造 | |
| 塑料鞋制造 | 塑料鞋制造业 |
| 日用塑料杂品制造 | 日用塑料杂品制造业 |
| 其他塑料制品制造 | 其他塑料制品业 |

## 一、总资产和资产负债率

据国家统计局统计，2005年该行业的累计资产总值为4302亿元，比上年同期增加15.6%，流动资产平均余额为2231.6亿元，比上年同期增加20.6%；固定资产净值平均余额累计为1446.5亿元，比上年同期增长了14.2%。

从2005年的资产负债率水平看，塑料制品业的资产负债率季度平均为57.3%，第一季度为57.3%，第二季度为57.7%，第三季度为57.3%，第四季度为56.8%左右。

2005年分季度我国塑料制品业总资产变化情况
（累计值：亿元）

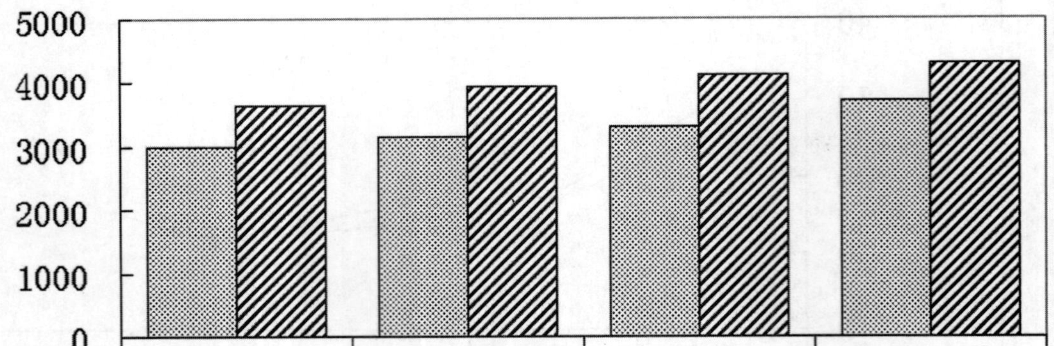


| | 1季度 | 2季度 | 3季度 | 4季度 |
|---|---|---|---|---|
| 2004年 | 2988.5 | 3157.5 | 3308.7 | 3722.5 |
| 2005年 | 3650.4 | 3943.6 | 4123.0 | 4302.0 |

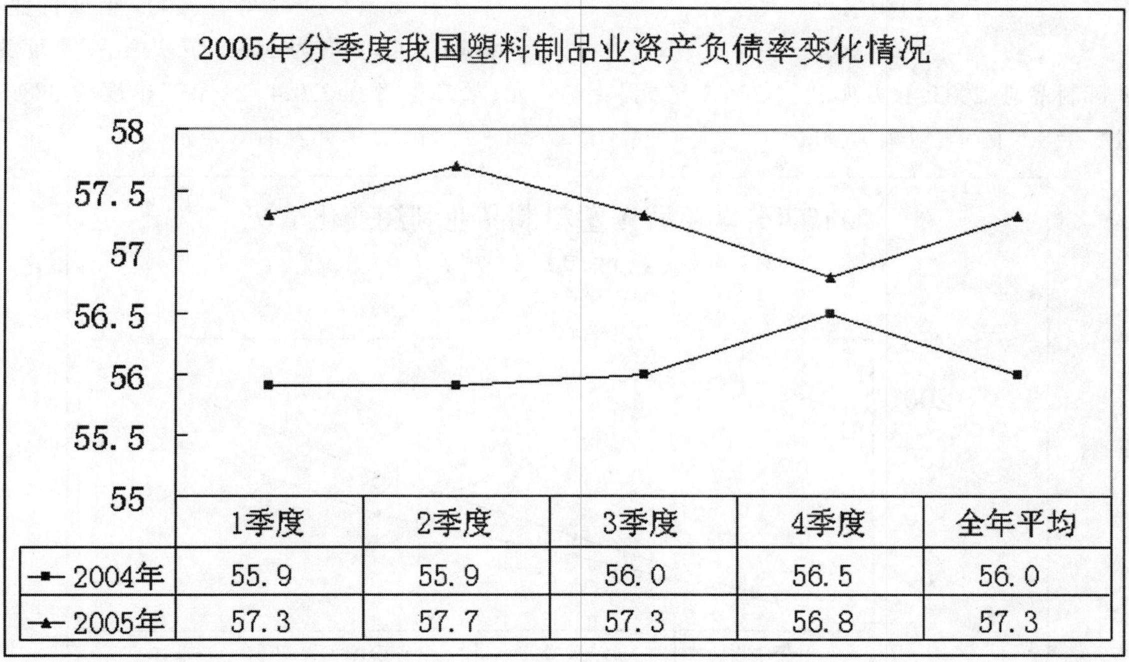


## 二、销售水平

2005 年该行业累计产品销售收入为 4846.9 亿元，比上年同期增加 25.97%。产品销售成本为 4261 亿元，比上年同期增加 26.6%。

该行业平均销售额占总资产比例为 69%，上年同期为 64.9%，2005 年比上年高 4.1 个百分点。

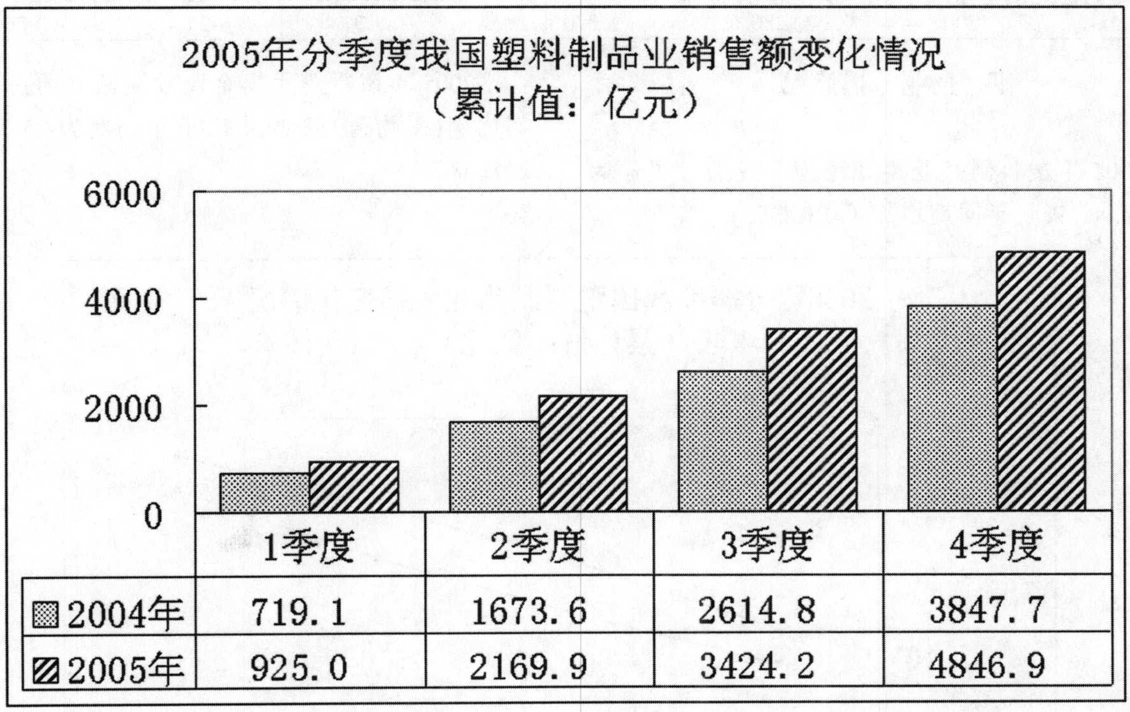


| | 年份 | 1 季度 | 2 季度 | 3 季度 | 4 季度 | 全年平均 |
|---|---|---|---|---|---|---|
| 销售额占总资产比例(%) | 2004 年 | 24.1 | 53.0 | 79.0 | 103.4 | 64.9 |
| | 2005 年 | 25.3 | 55.0 | 83.1 | 112.7 | 69.0 |

### 三、利润水平

塑料制品业 2005 年实现利润 206.3 亿元，上年同期为 158.5 亿元，增幅为 30.2%。

从万元销售利润率看，2005 年该行业的销售利润率季度平均为 366.3 元，第一季度为 280.6 元，第二季度为 370.4 元，第三季度为 388.3 元，第四季度为 425.7 元左右。

2005年分季度我国塑料制品业利润变化情况
（累计值：亿元）

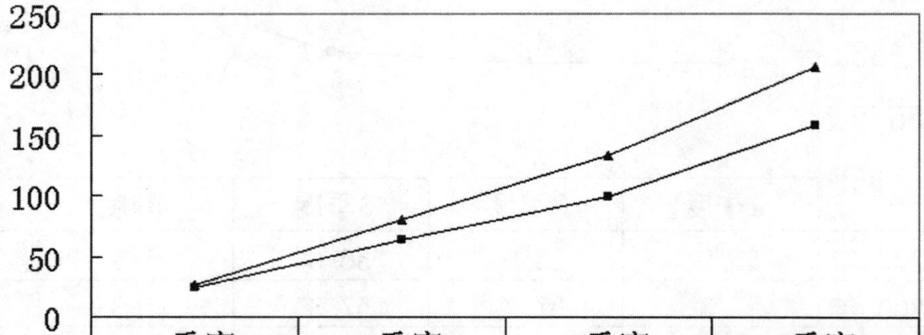


| | 1季度 | 2季度 | 3季度 | 4季度 |
|---|---|---|---|---|
| —■—2004年 | 24.7 | 63.8 | 99.5 | 158.5 |
| —▲—2005年 | 26.0 | 80.4 | 133.0 | 206.3 |

| 利润占销售额比例(%) | 年份 | 1 季度 | 2 季度 | 3 季度 | 4 季度 | 全年平均 |
|---|---|---|---|---|---|---|
| | 2004 年 | 343.8 | 381.4 | 380.6 | 412.0 | 379.4 |
| | 2005 年 | 280.6 | 370.4 | 388.3 | 425.7 | 366.3 |

### 四、企业亏损情况

2005 年塑料制品业累计亏损企业的亏损额为 35.4 亿元，较上年同期增加了 13.83%。

2005 年该行业亏损企业亏损额大约占利润总额比例(平均值)的 29.4%，上年同期为 25.7%应引起注意。

2005年分季度我国塑料制品业亏损变化情况
（累计值：亿元）

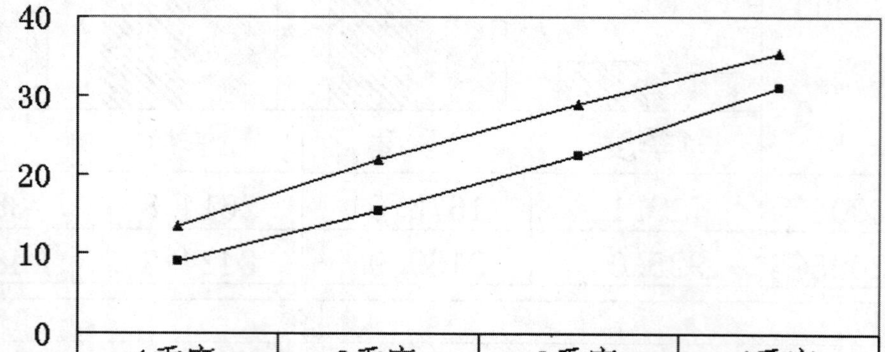


| | 1季度 | 2季度 | 3季度 | 4季度 |
|---|---|---|---|---|
| —■—2004年 | 9.0 | 15.3 | 22.4 | 31.1 |
| —▲—2005年 | 13.4 | 21.8 | 28.9 | 35.4 |

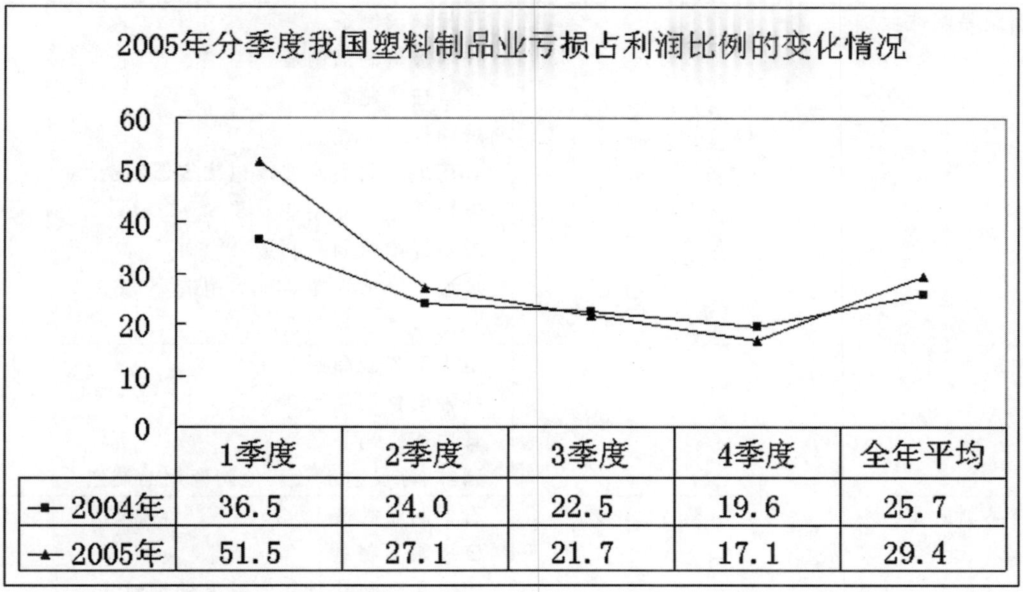


| | 1季度 | 2季度 | 3季度 | 4季度 | 全年平均 |
|---|---|---|---|---|---|
| 2004年 | 36.5 | 24.0 | 22.5 | 19.6 | 25.7 |
| 2005年 | 51.5 | 27.1 | 21.7 | 17.1 | 29.4 |

**五、产品产销量、产销率和库存情况**

从生产情况看，2005年我国共生产塑料制品2198.5万吨，比上年同期增产12.9%。其中，生产农用薄膜87.3万吨，比上年同期增产20.3%。

从销售情况看，2005年我国共销售塑料制品2158.4万吨，产销率为99.2%，年末较年初库存增加6.7%。同期销售农用薄膜84.9万吨，产销率为98.1%，年末较年初库存增加28.8%。

# 2005年我国非金属矿物制品业经济运行概况

非金属矿物制品业是我国国民经济行业分类中的一个大类，主要产品涉及水泥、平板玻璃等，是建设用重要物资。2005年该行业全部平均从业人员为413.7万人。

**非金属矿物制品业的范围**

| | |
|---|---|
| 水泥、石灰和石膏的制造业 | 水泥制造<br>石灰和石膏制造 |
| 水泥及石膏制品制造业 | 水泥制品制造<br>砼结构构件制造<br>石棉水泥制品制造<br>轻质建筑材料制造<br>其他水泥制品制造 |
| 砖瓦、石材及其他建筑材料制造业 | 粘土砖瓦及建筑砌块制造<br>建筑陶瓷制品制造<br>建筑用石加工<br>防水建筑材料制造<br>隔热和隔音材料制造<br>其他建筑材料制造 |

| | |
|---|---|
| 玻璃及玻璃制品制造业 | 平板玻璃制造<br>技术玻璃制品制造<br>光学玻璃制造<br>玻璃仪器制造<br>日用玻璃制品及玻璃包装容器制造<br>玻璃保温容器制造<br>玻璃纤维及制品制造<br>玻璃纤维增强塑料制品制造<br>其他玻璃制品制造 |
| 陶瓷制品制造业 | 卫生陶瓷制品制造<br>特种陶瓷制品制造<br>日用陶瓷制品制造<br>园林、陈设艺术及其他陶瓷制品制造 |
| 耐火材料制品制造业 | 石棉制品制造<br>云母制品制造<br>耐火陶瓷制品及其他耐火材料制造、 |
| 石墨及其他非金属矿物制品制造业 | 石墨及碳素制品制造<br>其他非金属矿物制品制造 |

## 一、总资产和资产负债率

据国家统计局统计，2005 年该行业累计资产总值为 10178.4 亿元，比上年同期增加 13.4%，流动资产平均余额为 4231.9 亿元，比上年同期增加 15.0%；固定资产净值平均余额累计为 4251.4 亿元，比上年同期增长了 15.2%。

从资产负债率水平看，第一季度为 60.3%，第二季度为 60.8%，第三季度为 61.0%，第四季度为 60.6%左右。

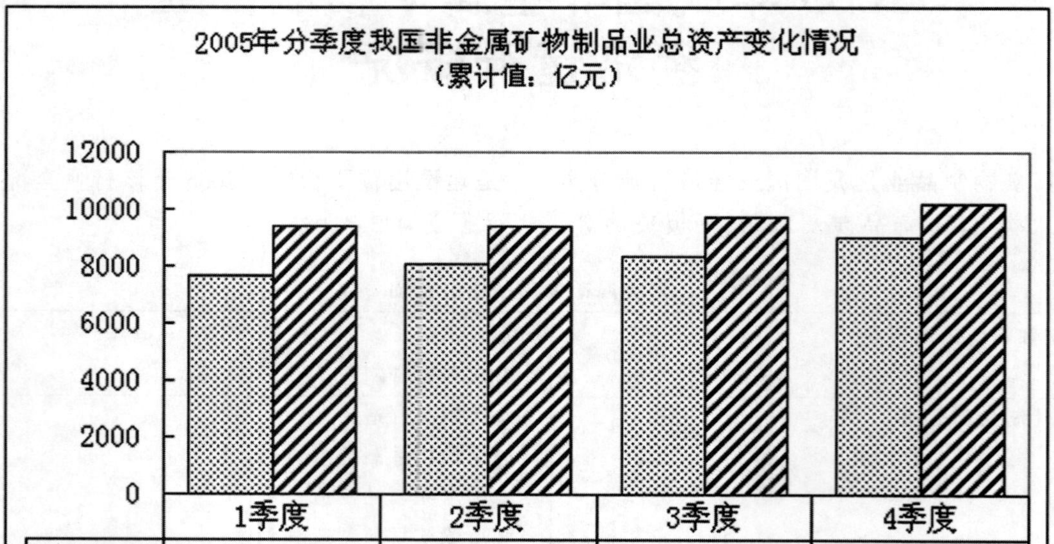


| | 1季度 | 2季度 | 3季度 | 4季度 |
|---|---|---|---|---|
| 2004年 | 7653.6 | 8077.6 | 8332.5 | 8975.3 |
| 2005年 | 9387.1 | 9387.1 | 9753.5 | 10178.4 |

| 资产负债率(%) | 年份 | 1 季度 | 2 季度 | 2 季度 | 4 季度 | 全年平均 |
|---|---|---|---|---|---|---|
| | 2004 年 | 60.8 | 60.8 | 60.8 | 60.2 | 60.7 |
| | 2005 年 | 60.3 | 60.8 | 60.8 | 60.6 | 60.7 |

## 二、销售水平

2005年该行业累计产品销售收入为8729.4亿元，比去年同期增加25%。产品销售成本为7403.1亿元，比上年同期增加28.1%。

该行业平均销售额占总资产比例为51.1%，上年同期为47.6%，2005年比上年略高3.5个百分点。

2005年分季度我国非金属矿物制品业销售额变化情况
（累计值：亿元）

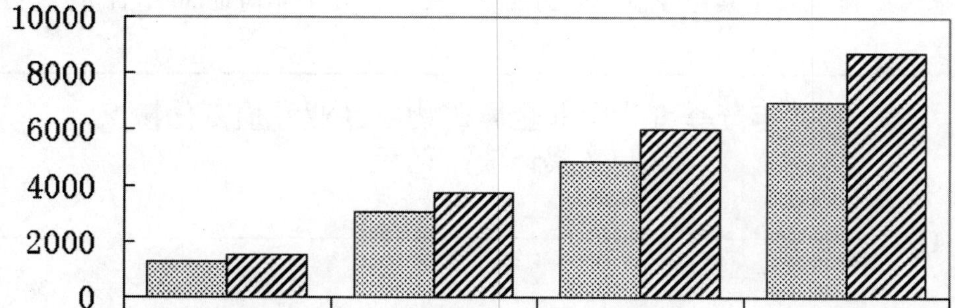


| | 1季度 | 2季度 | 3季度 | 4季度 |
|---|---|---|---|---|
| 2004年 | 1275.7 | 3044.3 | 4850.5 | 6982.0 |
| 2005年 | 1516.8 | 3749.7 | 6024.2 | 8729.4 |

| 销售额占总资产比例(%) | 年份 | 1季度 | 2季度 | 3季度 | 4季度 | 全年平均 |
|---|---|---|---|---|---|---|
| | 2004年 | 16.7 | 37.7 | 58.2 | 77.8 | 47.6 |
| | 2005年 | 17.0 | 39.9 | 61.8 | 85.8 | 51.1 |

## 三、利润水平

该行业2005年实现利润407.4亿元，上年同期为401.4亿元，基本持平，原因是煤炭价格上升和建筑业业绩下滑所至。

从万元销售利润率看，2005年该行业的销售利润率季度平均为371.9元。第一季度为253元，第二季度为372元，第三季度为396元，第四季度为467元左右。

2005年分季度我国非金属矿物制品业利润变化情况
（累计值：亿元）

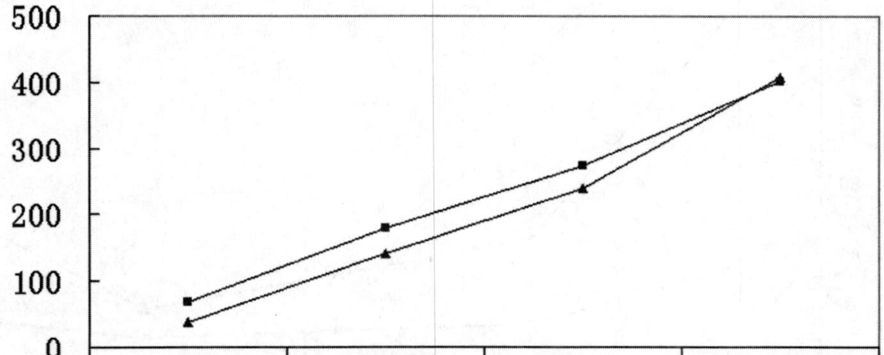


| | 1季度 | 2季度 | 3季度 | 4季度 |
|---|---|---|---|---|
| 2004年 | 68.5 | 178.4 | 272.3 | 401.4 |
| 2005年 | 38.4 | 139.6 | 238.3 | 407.4 |

| 利润占销售额比例(%) | 年份 | 1 季度 | 2 季度 | 3 季度 | 4 季度 | 全年平均 |
|---|---|---|---|---|---|---|
| | 2004 年 | 537.0 | 585.9 | 561.3 | 574.9 | 564.8 |
| | 2005 年 | 253.0 | 372.2 | 395.6 | 466.7 | 371.9 |

## 四、企业亏损情况

2005 年非金属矿物制品业累计亏损企业的亏损额为 100.9 亿元。

2005 年该行业亏损企业亏损额大约占利润总额比例（平均值）的 52.2%，上年同期为 22.6%，2005 年比上年高近 30 个百分点，情况愈发严峻。

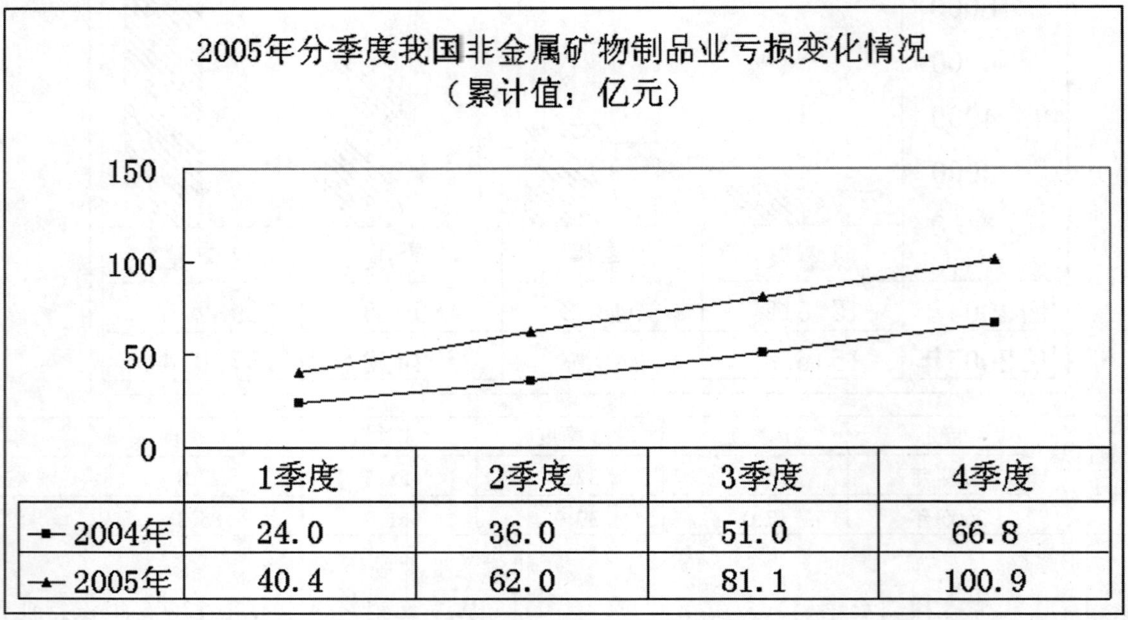


| 亏损占利润比例(%) | 年份 | 1 季度 | 2 季度 | 3 季度 | 4 季度 | 全年平均 |
|---|---|---|---|---|---|---|
| | 2004 年 | 35.0 | 20.2 | 18.7 | 16.6 | 22.6 |
| | 2005 年 | 105.3 | 44.4 | 34.1 | 24.8 | 52.2 |

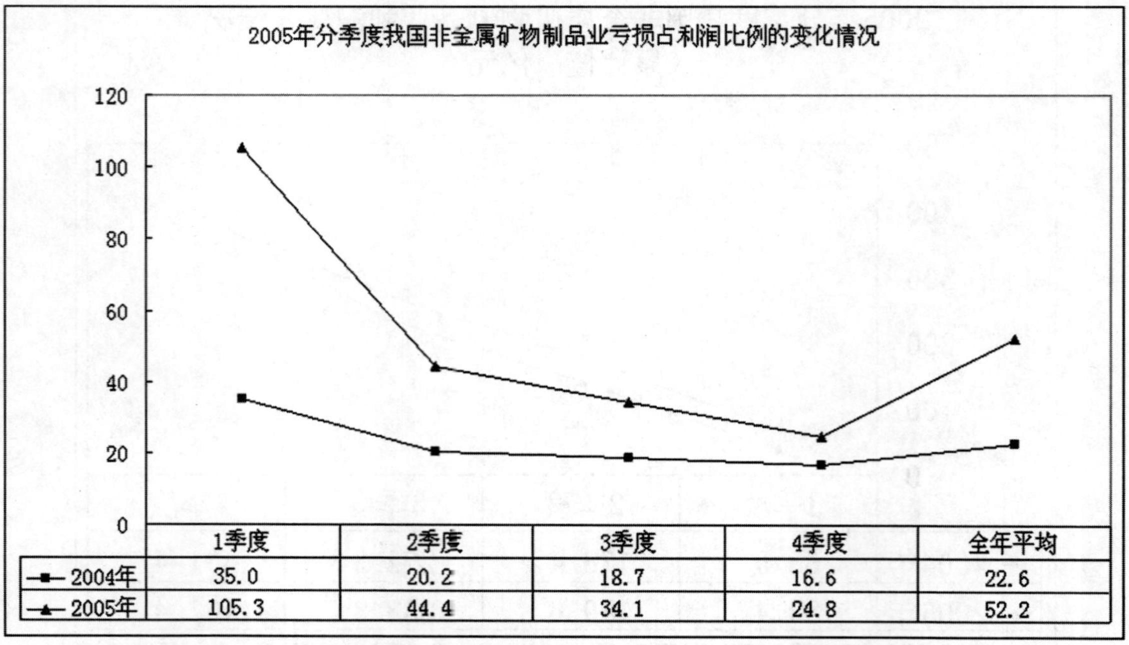

### 五、2005年产品产销量、产销率和库存情况

水泥：2005年我国共生产水泥103830万吨，比去年同期增产11.6%；同期销售水泥103354.3万吨，产销率为99.8%，年末较年初库存增加7.7%。

平板玻璃：2005年我国共生产平板玻璃36573.6万重量箱，比上年同期增产16.8%；同期销售平板玻璃34988.6万重量箱，产销率为96.7%，年末较年初库存增加65.2%。

# 2005年我国黑色金属冶炼及压延加工业经济运行概况

黑色金属冶炼及压延加工业是我国国民经济行业分类中的一个大类，主要涉及炼铁、炼钢、铸造、轧钢等钢铁加工产品。2005年该行业全部平均从业人员为281.1万人。

黑色金属冶炼及压延加工业的范围

| | |
|---|---|
| 炼铁 | 炼铁业、铸铁管制造业 |
| 炼钢 | 炼钢业 |
| 钢压延加工 | 钢压延加工业 |
| 铁合金冶炼 | 铁合金冶炼业 |

### 一、总资产和资产负债率

据国家统计局统计，2005年该行业累计资产总值为19086.2亿元，比上年同期增加25.5%，流动资产平均余额为7889.6亿元，比上年同期增加28.5%；固定资产净值平均余额为6653.3亿元，比上年同期增长了18.3%。

钢铁行业是个高负债行业，其生产资金主要靠银行贷款。从资产负债率水平看，黑色金属冶炼及压延加工业的季度平均资产负债率平均为60.9%，第一季度60.5%，第二季度和第三季度均为61.1%，第四季度为60.7%。

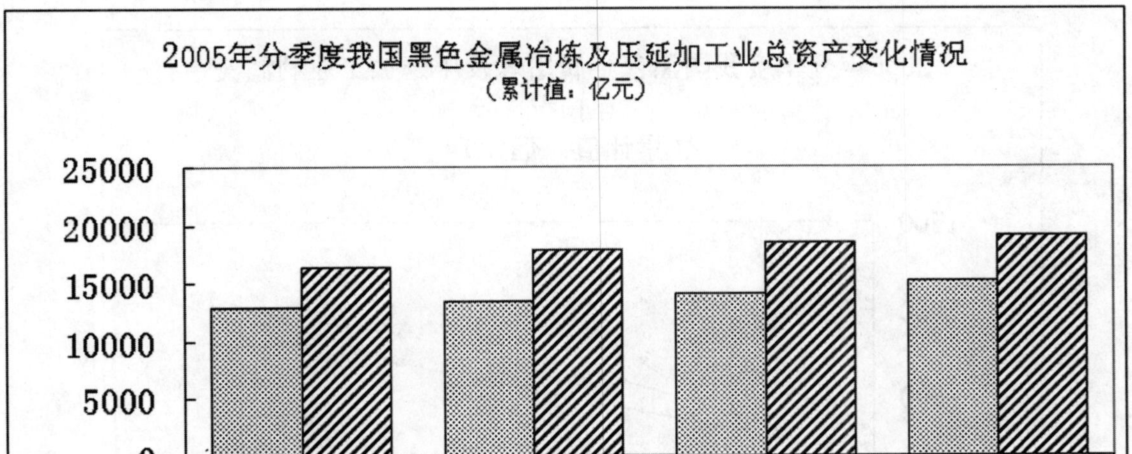


| | 1季度 | 2季度 | 3季度 | 4季度 |
|---|---|---|---|---|
| 2004年 | 12925.5 | 13390.0 | 14001.6 | 15208.6 |
| 2005年 | 16410.9 | 17903.7 | 18530.8 | 19086.2 |

| 资产负债率(%) | 年份 | 1 季度 | 2 季度 | 3 季度 | 4 季度 | 4 季度 |
|---|---|---|---|---|---|---|
| | 2004 年 | 58.1 | 58.9 | 59.4 | 59.7 | 59.7 |
| | 2005 年 | 60.5 | 61.1 | 61.1 | 60.7 | 60.7 |

## 二、销售水平

2005 年该行业累计产品销售收入为 21349.4 亿元，比去年同期增加 29.6%。产品销售成本为 19246.5 亿元，比上年同期增加 34.2%。

该行业平均销售额占总资产比例为 70.9%，上年同期为 67%，2005 年比上年略高 4 个百分点。

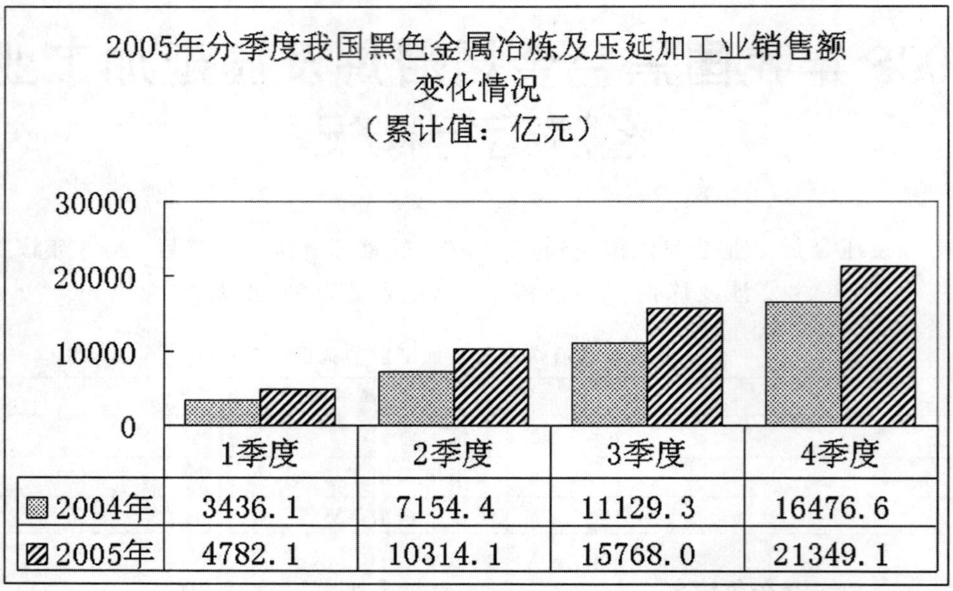


| 销售额占总资产比例(%) | 年份 | 1 季度 | 2 季度 | 3 季度 | 4 季度 | 全年平均 |
|---|---|---|---|---|---|---|
| | 2004 年 | 26.6 | 53.4 | 79.5 | 108.3 | 67.0 |
| | 2005 年 | 29.1 | 57.6 | 85.1 | 111.9 | 70.9 |

## 三、利润水平

黑色金属冶炼及压延加工业 2005 年实现利润 1037.4 亿元，上年同期为 1084.9 亿元，下降了 4.4%。

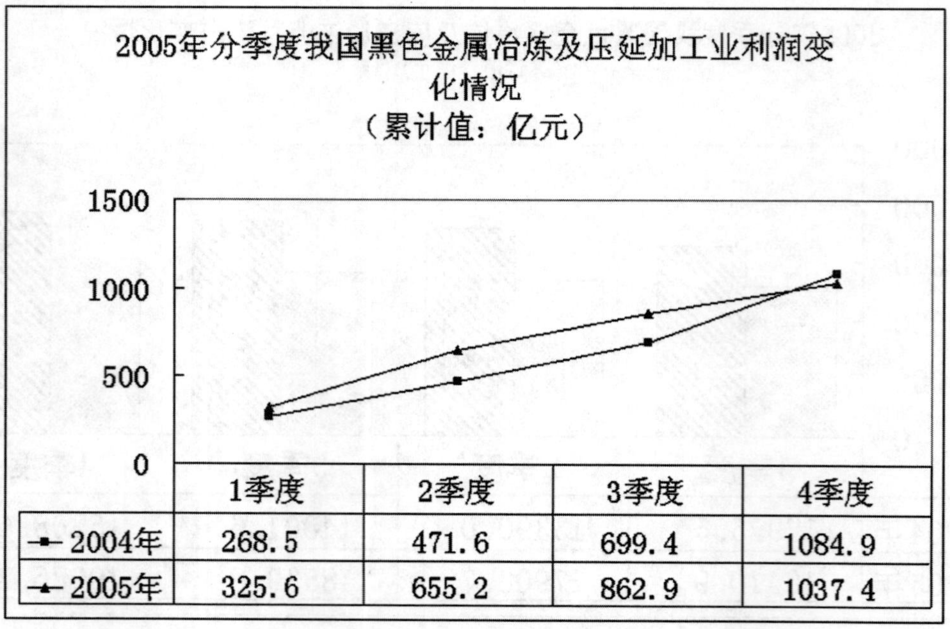

从万元销售利润率看，2005年该行业的销售利润率季度平均为587.3元，去年为681.9元，减少94.6元。分季度看，2005年第一季度为681元，比上年同期下降100.6元；第二季度为635.2元，比上年同期下降24元；第三季度为547.3元，比上年同期下降81.1元；第四季度为485.9元左右，比上年同期下降172.5元。其中原因既有市场饱和，需求不旺的问题，也有由于铁矿石和燃料涨价带来成本增加的因素。

| 利润占销售额比例(%) | 年份 | 1季度 | 2季度 | 3季度 | 4季度 | 全年平均 |
|---|---|---|---|---|---|---|
| | 2004年 | 781.4 | 659.2 | 628.4 | 658.4 | 681.9 |
| | 2005年 | 680.8 | 635.2 | 547.3 | 485.9 | 587.3 |

## 四、企业亏损情况

2005年黑色金属冶炼及压延加工业累计亏损企业的亏损额为99.8亿元。

2005年该行业亏损企业亏损额大约占利润总额比例(平均值)为7.5%，上年同期为3.9%，绝对值翻近4个百分点。

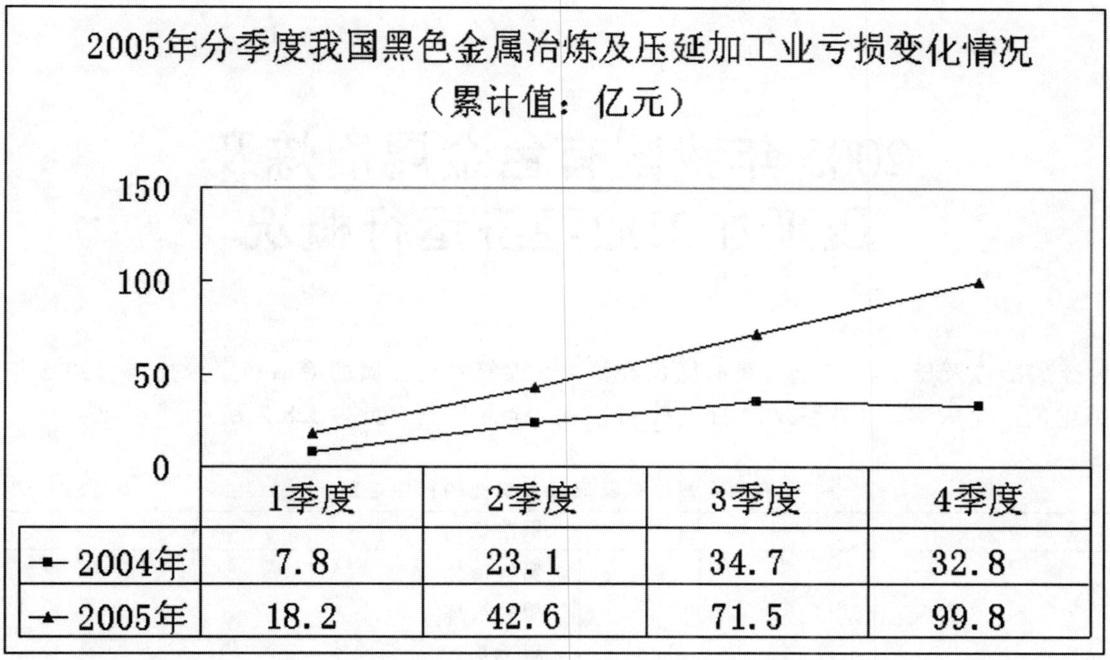


| 亏损占利润比例(%) | 年份 | 1季度 | 2季度 | 3季度 | 4季度 | 全年平均 |
|---|---|---|---|---|---|---|
| | 2004年 | 2.9 | 4.9 | 5.0 | 3.0 | 3.9 |
| | 2005年 | 5.6 | 6.5 | 8.3 | 9.6 | 7.5 |

## 五、2005年产品产销量、产销率和库存情况

总的看，该行业产能过剩是个没商量的事实。压缩初级产品产能，提高提高高档产品份额，按照市场需求生产，这是科学发展的必由之路，也是该行业自救的惟一出路。

| 产品名称 | 产量(万吨) | 增产幅度(%) | 销量(万吨) | 产销率(%) | 库存比年初增长±% |
|---|---|---|---|---|---|
| 生铁 | 33040.5 | 28.2 | 7122.6 | 98.8 | 80.1 |
| 粗钢 | 34936.2 | 24.6 | 8896.0 | 98.3 | 109.5 |
| 钢材 | 37117.0 | 24.1 | 36632.9 | 99.2 | 51.7 |
| 铁道用钢材 | 318.9 | 16.8 | 317.9 | 99.7 | 7.7 |

| | | | | | |
|---|---|---|---|---|---|
| 大型型钢 | 747.8 | 3.2 | 733.5 | 98.1 | 70.7 |
| 中小型型钢 | 2664.6 | 21.8 | 2589.3 | 97.8 | 21.2 |
| 棒材 | 2820.8 | 21.9 | 2760.5 | 98.0 | 56.3 |
| 钢筋 | 6776.5 | 17.4 | 6557.7 | 97.2 | 21.2 |
| 盘条(线材) | 6051.1 | 20.6 | 5963.1 | 99.4 | 42.1 |
| 厚钢板 | 1080.2 | 31.5 | 1054.8 | 97.9 | 112.0 |
| 热轧薄板 | 328.6 | 16.1 | 319.1 | 97.3 | 136.1 |
| 冷轧薄板 | 817.8 | 21.8 | 804.1 | 98.6 | 101.9 |
| 中厚宽钢带 | 3707.0 | 38.3 | 3636.6 | 98.6 | 92.2 |
| 镀层板(带) | 847.3 | 43.0 | 809.5 | 98.0 | 93.4 |
| 无缝钢管 | 1047.1 | 23.5 | 1031.9 | 99.0 | 31.7 |
| 焊接钢管 | 1567.1 | 20.4 | 1549.0 | 99.1 | 53.6 |
| 铁合金 | 1067.0 | 16.0 | 1026.3 | 98.4 | 30.0 |

# 2005年我国有色金属冶炼及压延加工业经济运行概况

有色金属冶炼及压延加工业是我国国民经济行业分类中的一个大类,主要涉及铜、铅、锌、铝、镍等有色金属的冶炼和压延加工。2005年该行业全部从业人员为128.2万人。

**有色金属冶炼及压延加工业的行业范围**

| | |
|---|---|
| 常用有色金属冶炼 | 铜冶炼<br>铅锌冶炼<br>镍钴冶炼<br>锡冶炼<br>锑冶炼<br>铝冶炼<br>镁冶炼<br>其他常用有色金属冶炼 |
| 贵金属冶炼 | 金冶炼<br>银冶炼<br>其他贵金属冶炼 |
| 稀有稀土金属冶炼 | 钨钼冶<br>炼稀土金属冶炼<br>其他稀有金属冶炼 |
| 有色金属合金制造 | 有色金属合金制造 |
| 有色金属压延加工 | 常用有色金属压延加工<br>贵金属压延加工<br>稀有稀土金属压延加工 |

## 一、总资产和资产负债率

据国家统计局统计，2005 年该行业的资产总值累计为 6427.6 亿元，比上年同期增加 21.4%，流动资产平均余额为 2966.9 亿元，比上年同期增加 27.2%；固定资产净值平均余额累计为 2238.4 亿元，比上年同期增长了 16.8%。

该行业 2005 年季度资产负债率平均为 64%，第一季度为 64.3%，第二季度为 64.2%，第三季度为 64.1%，第四季度为 63.5%。

| | 年份 | 1 季度 | 2 季度 | 3 季度 | 4 季度 | 全年平均 |
|---|---|---|---|---|---|---|
| 资产负债率 (%) | 2004 年 | 64.1 | 64.7 | 65.1 | 71.7 | 66.4 |
| | 2005 年 | 64.3 | 64.2 | 64.1 | 63.5 | 64.0 |

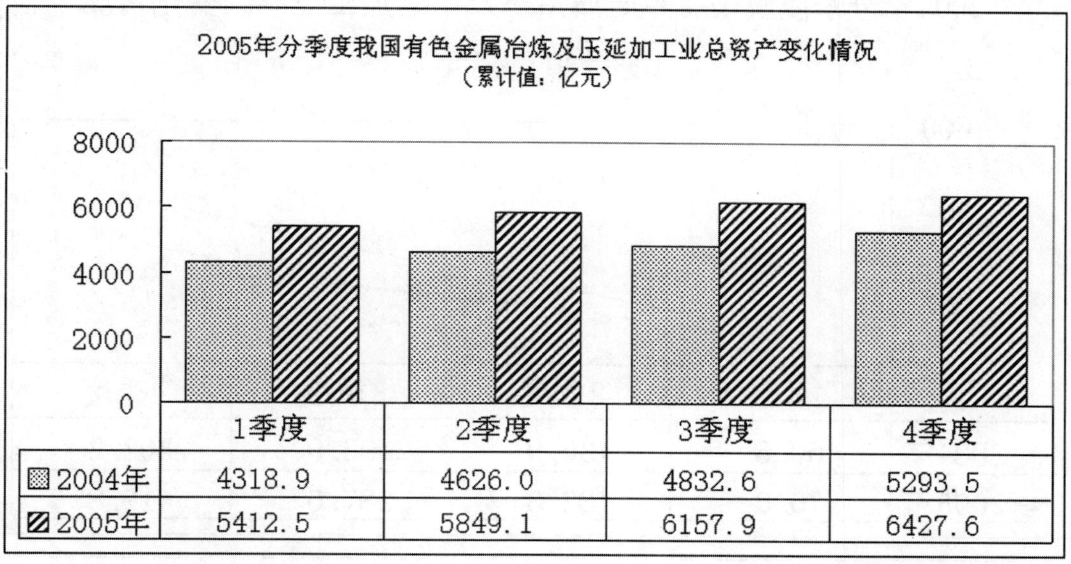


## 二、销售水平

2005 年该行业累计产品销售收入为 7713.6 亿元，比去年同期增加 34.8%。产品销售成本为 6832.4 亿元，比上年同期增加 35.6%。

该行业平均销售额占总资产比例为 73.6%，上年同期为 66.1%，2005 年比上年略高 7.5 个百分点。

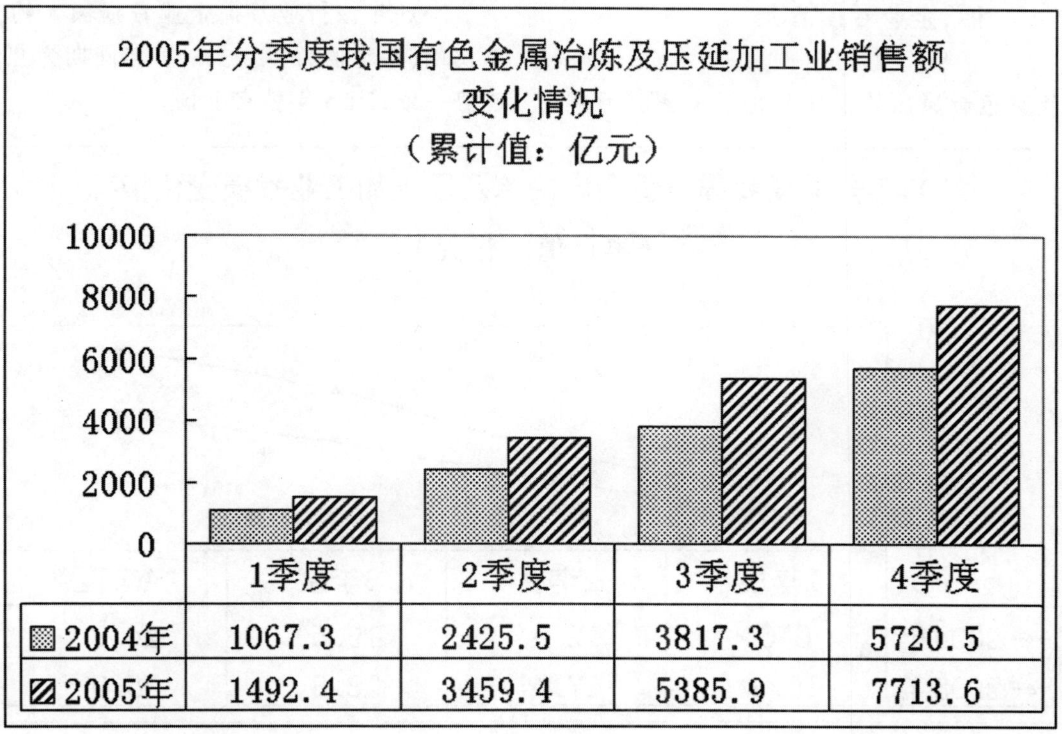

| | 年份 | 1季度 | 2季度 | 3季度 | 4季度 | 全年平均 |
|---|---|---|---|---|---|---|
| 销售额占总资产比例(%) | 2004年 | 24.7 | 52.4 | 79.0 | 108.1 | 66.1 |
| | 2005年 | 27.6 | 59.1 | 87.5 | 120.0 | 73.5 |

### 三、利润水平

该行业2005年实现利润419.8亿元，上年同期为302.2亿元，增幅为38.9%。

从万元销售利润率看，2005年该行业的销售利润率季度平均为537.1元，第一季度为514元，第二季度为555元，第三季度为534元，第四季度为544元左右。

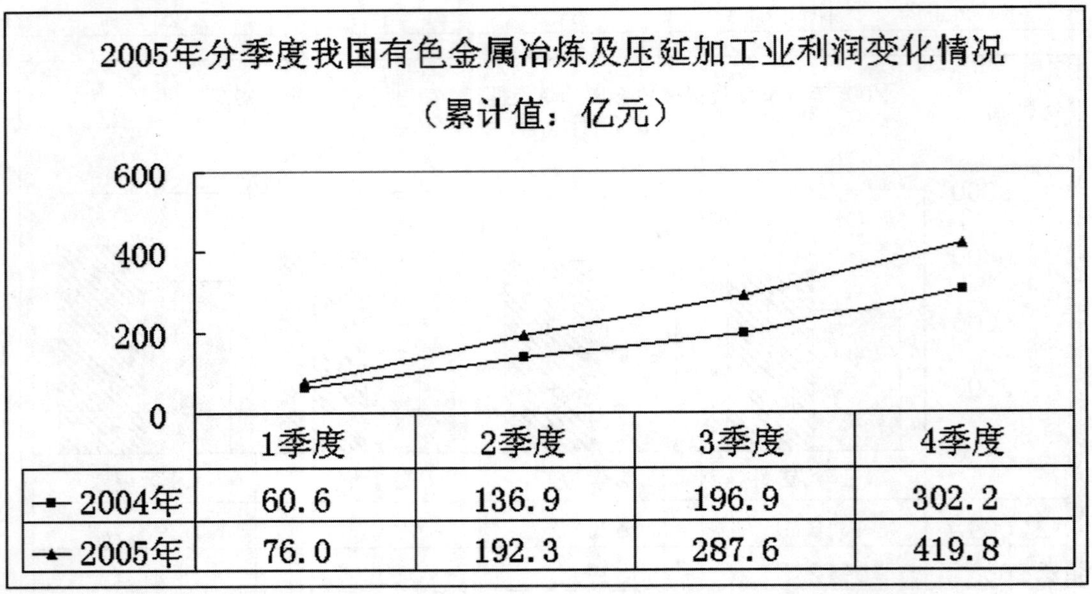


| | 年份 | 1季度 | 2季度 | 3季度 | 4季度 | 全年平均 |
|---|---|---|---|---|---|---|
| 利润占销售额比例(%) | 2004年 | 567.9 | 564.6 | 515.8 | 528.2 | 544.1 |
| | 2005年 | 514.4 | 555.8 | 534.1 | 544.2 | 537.1 |

### 四、企业亏损情况

2005年有色金属冶炼及压延加工业累计亏损额为35.9亿元。

2005年该行业亏损企业亏损额大约占利润总额比例(平均值)的10.3%，上年同期为9.5%，两年趋势一致，2005年稍有上扬。

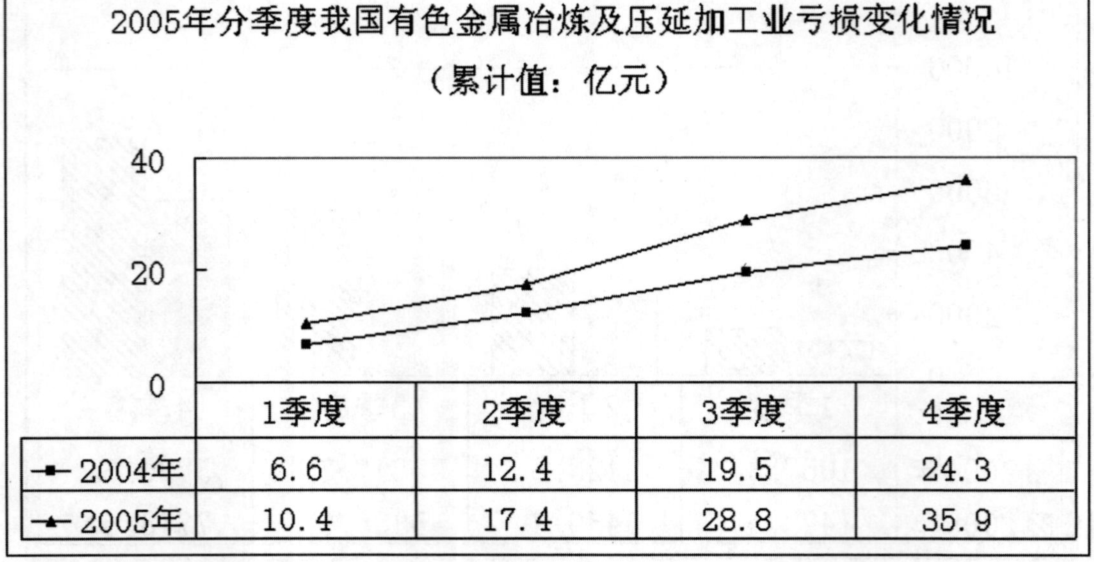

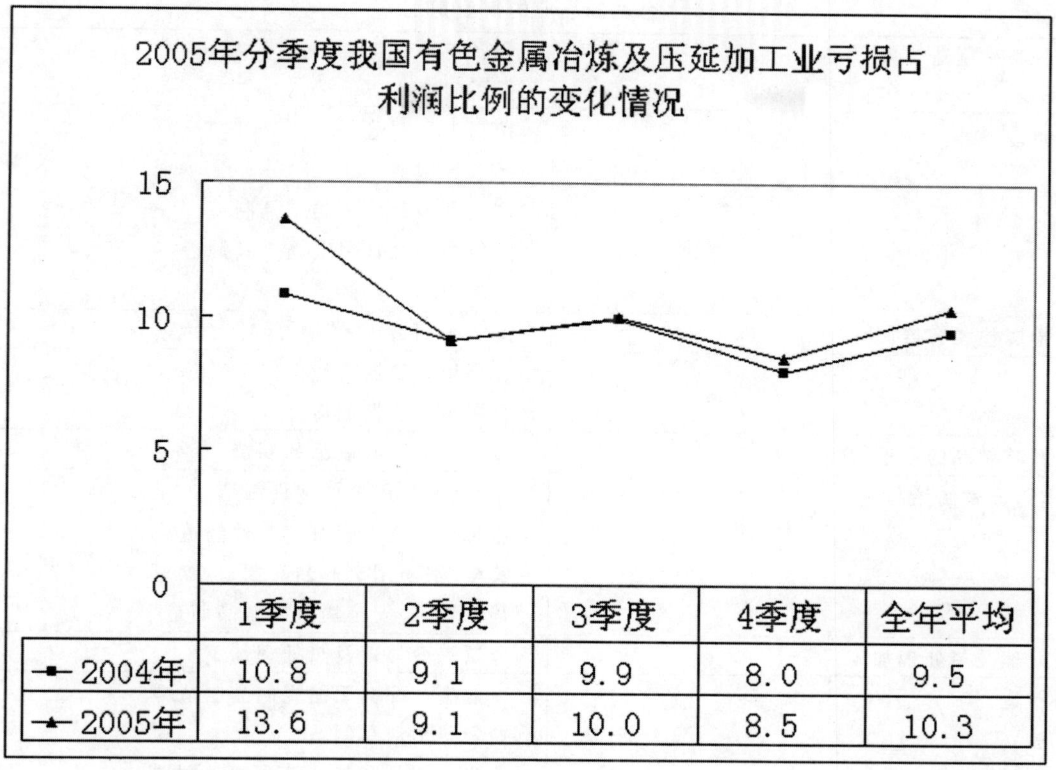


**五、2005年产品产销量、产销率和库存情况**

| | 单位 | 产量 | 增产幅度(%) | 销量 | 产销率(%) | 库存比年初增长±% |
|---|---|---|---|---|---|---|
| 十种有色金属 | 万吨 | 1585.1 | 15.5 | 1523.5 | 99.7 | -2.1 |
| 精炼铜 | 万吨 | 253.4 | 23.0 | 233.7 | 99.9 | -12.9 |
| 铅 | 万吨 | 233.4 | 26.5 | 230.9 | 100.3 | -13.5 |
| 锌 | 万吨 | 267.2 | -0.6 | 261.4 | 100.0 | -15.1 |
| 电解镍 | 吨 | 91412.9 | 31.3 | -- | -- | -- |
| 锡 | 吨 | -- | -- | 122713.6 | 100.1 | -22.0 |
| 原铝(电解铝) | 万吨 | -- | -- | 713.1 | 99.8 | 8.6 |
| 氧化铝 | 万吨 | 860.8 | 23.2 | 763.3 | 100.2 | -28.2 |
| 铜加工材 | 万吨 | 489.2 | 11.0 | 479.8 | 99.1 | 29.8 |
| 铝材 | 万吨 | 594.1 | 29.1 | 576.3 | 98.8 | 18.8 |

# 2005年我国金属制品业经济运行概况

金属制品业是我国国民经济行业分类中的一个大类，2005年该行业全部从业人员为216.9万人。

**金属制品业的行业范围**

| | |
|---|---|
| 结构性金属制品制造 | 金属结构制造<br>金属门窗制造 |
| 金属工具制造 | 切削工具制造<br>手工具制造<br>农用及园林用金属工具制造<br>刀剪及类似日用金属工具制造<br>其他金属工具制造 |
| 集装箱及金属包装容器制造 | 集装箱制造 |
| | 金属压力容器制造<br>金属包装容器制造 |
| 金属丝绳及其制品的制造 | 金属丝绳及其制品的制造 |
| 建筑、安全用金属制品制造 | 建筑、家具用金属配件制造<br>建筑装饰及水暖管道零件制造<br>安全、消防用金属制品制造<br>其他建筑、安全用金属制品制造 |
| 金属表面处理及热处理加工 | 金属表面处理及热处理加工 |
| 搪瓷制品制造 | 工业生产配套用搪瓷制品制造<br>搪瓷卫生洁具制造<br>搪瓷日用品及其他搪瓷制品制造 |
| 不锈钢及类似日用金属制品制造 | 金属制厨房调理及卫生器具制造<br>金属制厨用器皿及餐具制造<br>其他日用金属制品制造 |
| 其他金属制品制造 | 铸币及贵金属制实验室用品制造<br>其他未列明的金属制品制造 |

## 一、总资产和资产负债率

据国家统计局统计，2005年该行业的资产总值为4726.6亿元，比上年同期增加18.5%，流动资产平均余额为2762.9亿元，比上年同期增加21.2%；固定资产净值平均余额累计为1280.1亿元，比上年同期增长了20.6%。

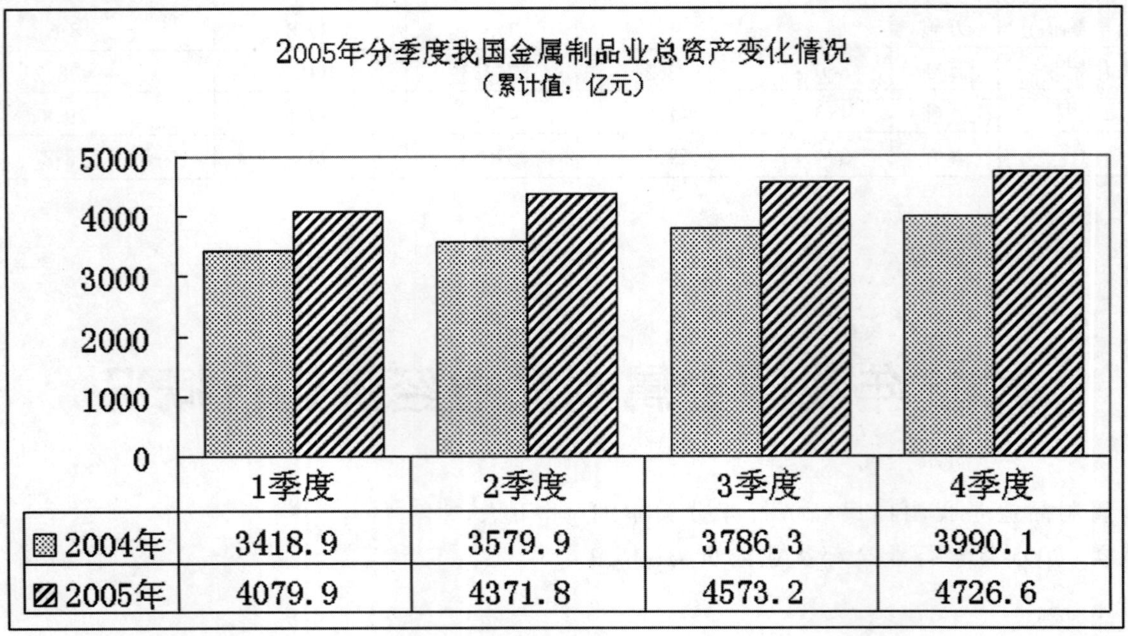

从全年的资产负债率水平看,金属制品业的资产负债率季度平均为60.4%左右,第一季度为60.7%,第二季度为60.9%,第三季度为60.3%,第四季度为59.8%。

| 资产负债率(%) | 年份 | 1季度 | 2季度 | 3季度 | 4季度 | 全年平均 |
|---|---|---|---|---|---|---|
| | 2004年 | 59.5 | 61.1 | 61.5 | 60.1 | 60.6 |
| | 2005年 | 60.7 | 60.9 | 60.3 | 59.8 | 60.4 |

## 二、销售水平

2005年累计产品销售收入为6278.6亿元,比上年同期增加30.3%。产品销售成本为5463.5亿元,比上年同期增加30.7%。

该行业平均销售额占总资产比例为81.0%,上年同期为75.4%,2005年比上年略高5.6个百分点。

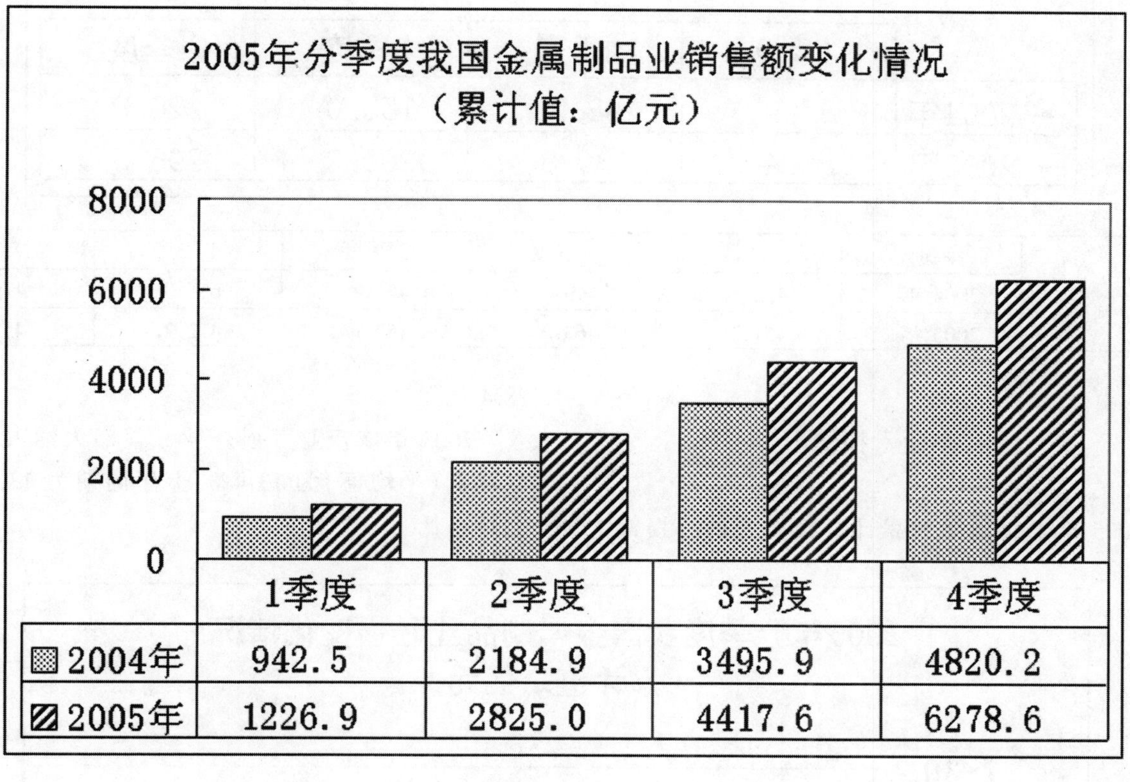


| 销售额占总资产比例(%) | 年份 | 1季度 | 2季度 | 3季度 | 4季度 | 全年平均 |
|---|---|---|---|---|---|---|
| | 2004年 | 27.6 | 61.0 | 92.3 | 120.8 | 75.4 |
| | 2005年 | 30.1 | 64.6 | 96.6 | 132.8 | 81.0 |

## 三、利润水平

该行业2005年实现利润296.5亿元,上年同期为226.8亿元,增幅为30.7%。从万元销售利润率看,2005年该行业的销售利润率季度平均为459.9元,较上年的479.7元,下降了19.8元。

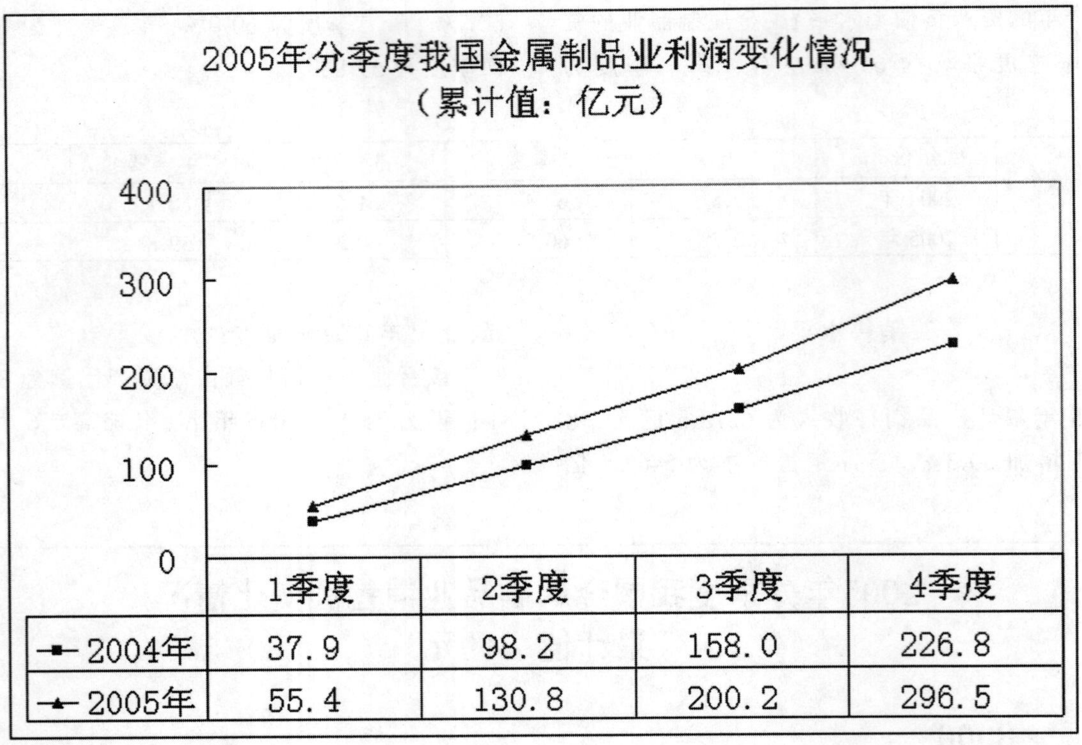


| 利润占销售额比例(%) | 年份 | 1 季度 | 2 季度 | 3 季度 | 4 季度 | 全年平均 |
|---|---|---|---|---|---|---|
| | 2004 年 | 402.5 | 449.4 | 451.9 | 615.0 | 479.7 |
| | 2005 年 | 451.3 | 463.0 | 453.1 | 472.2 | 459.9 |

## 四、企业亏损情况

2005 年金属制品业累计亏损企业的亏损额为 28.4 亿元。

2005 年该行业亏损企业亏损额大约占利润总额比例(平均值)为 13.4%,上年同期为 13.5%,比上年略低。

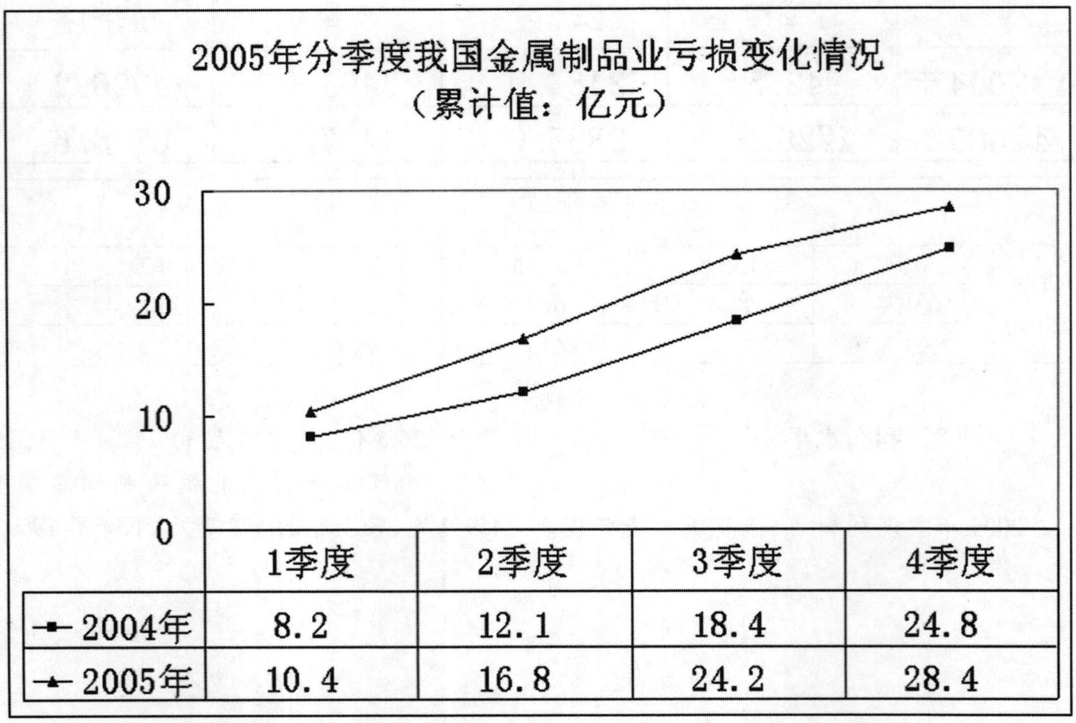

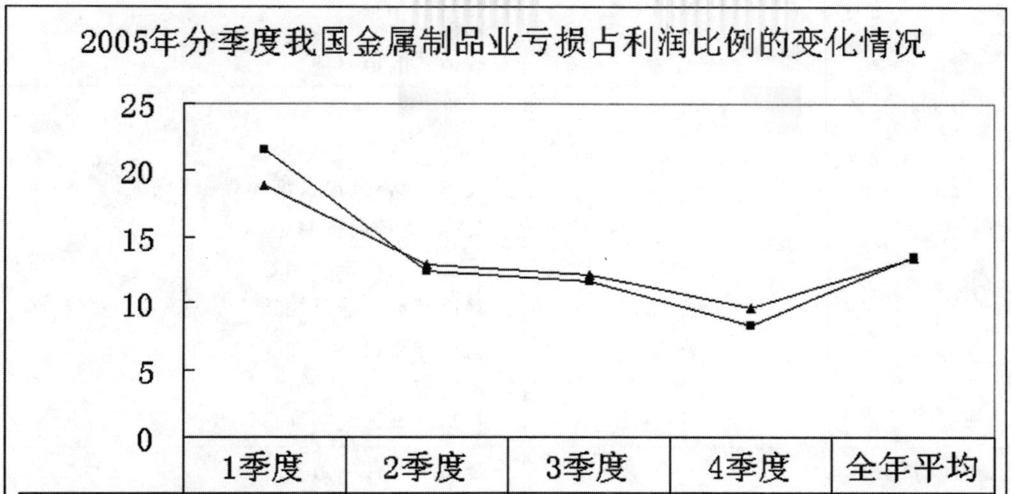


| | 1季度 | 2季度 | 3季度 | 4季度 | 全年平均 |
|---|---|---|---|---|---|
| 2004年 | 21.6 | 12.4 | 11.6 | 8.4 | 13.5 |
| 2005年 | 18.8 | 12.9 | 12.1 | 9.6 | 13.4 |

**五、产品产量、产销率和库存情况**

| | 产量(吨) | 比上年增长% | 销量(吨) | 产销率% | 比年初库存增长±% |
|---|---|---|---|---|---|
| 日用不锈钢制品 | 926386.6 | -- | 916196.3 | 98.9 | 28.5 |

# 2005 年我国通用设备制造业经济运行概况

通用设备制造业是我国国民经济行业分类中的一个大类，生产各种切削机床、工作母机和各种通用设备。2005 年该行业全部平均从业人员为 349.7 万人。

**通用设备制造业**

| | |
|---|---|
| 锅炉及原动机制造 | 锅炉及辅助设备制造 |
| | 内燃机及配件制造 |
| | 汽轮机及辅机制造 |
| | 水轮机及辅机制造 |
| | 其他原动机制造 |
| 金属加工机械制造 | 金属切削机床制造 |
| | 金属成形机床制造铸造 |
| | 机械制造金属切割及焊接设备制造 |
| | 机床附件制造 |
| | 其他金属加工机械制造 |
| | 起重运输设备制造 |
| 起重运输设备制造 | 泵及真空设备制造 |
| 泵、阀门、压缩机及类似机械的制造 | 气体压缩机械制造 |
| | 阀门和旋塞的制造 |
| | 液压和气压动力机械及元件制造 |
| | 轴承制造 |
| 轴承、齿轮、传动和驱动部件的制造 | 齿轮 |
| | 传动和驱动部件制造 |

| | |
|---|---|
| 烘炉、熔炉及电炉制造 | 烘炉<br>熔炉及电炉制造 |
| 风机、衡器、包装设备等通用设备制造 | 风机<br>风扇制造<br>气体、液体分离及纯净设备制造<br>制冷、空调设备制造<br>风动和电动工具制造<br>喷枪及类似器具制造<br>包装专用设备制造<br>衡器制造<br>其他通用设备制造 |
| 通用零部件制造及机械修理 | 金属密封件制造<br>紧固件<br>弹簧制造<br>机械零部件加工及设备修理<br>其他通用零部件制造 |
| 金属铸、锻加工 | 钢铁铸件制造<br>锻件及粉末冶金制品制造 |

## 一、总资产和资产负债率

据国家统计局统计，2005 年该行业的资产总值为 9624.4 亿元，比上年同期增加 17.8%，流动资产平均余额为 5913.7 亿元，比上年同期增加 22%；固定资产净值平均余额累计为 2247.1 亿元，比上年同期增长了 14.95%。

从资产负债率水平看，通用设备制造业的资产负债率季度平均为 63.8%。第一季度为 63.7%，第二季度为 64.2%，第三季度为 64.2%，第四季度末为 63.2%。

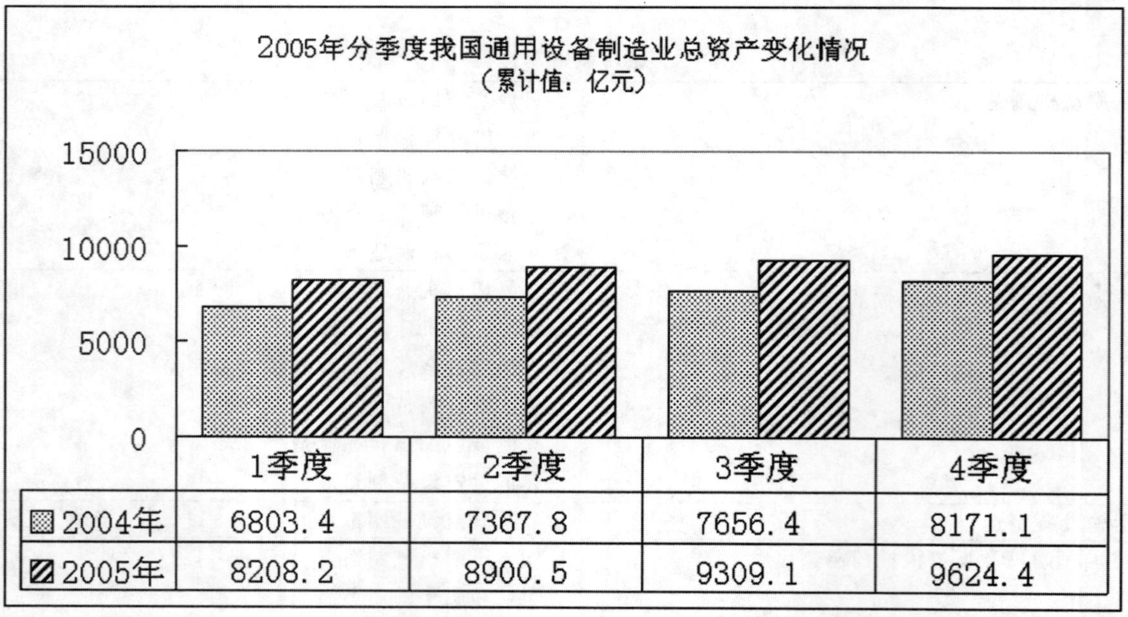


| | 年份 | 1 季度 | 2 季度 | 3 季度 | 4 季度 | 全年平均 |
|---|---|---|---|---|---|---|
| 资产负债率（%） | 2004 年 | 63.4 | 64.3 | 64.3 | 63.9 | 64.0 |
| | 2005 年 | 63.7 | 64.2 | 64.2 | 63.2 | 63.8 |

## 二、销售水平

2005 年该行业累计产品销售收入为 9937.2 亿元，比去年同期增加 28.7%。产品销售成本为 8331.87 亿元，比上年同期增加 29.49%。

该行业平均销售额占总资产比例为 62.9%，上年同期为 57.5%，2005 年比上年略高 5.4 个百分点。

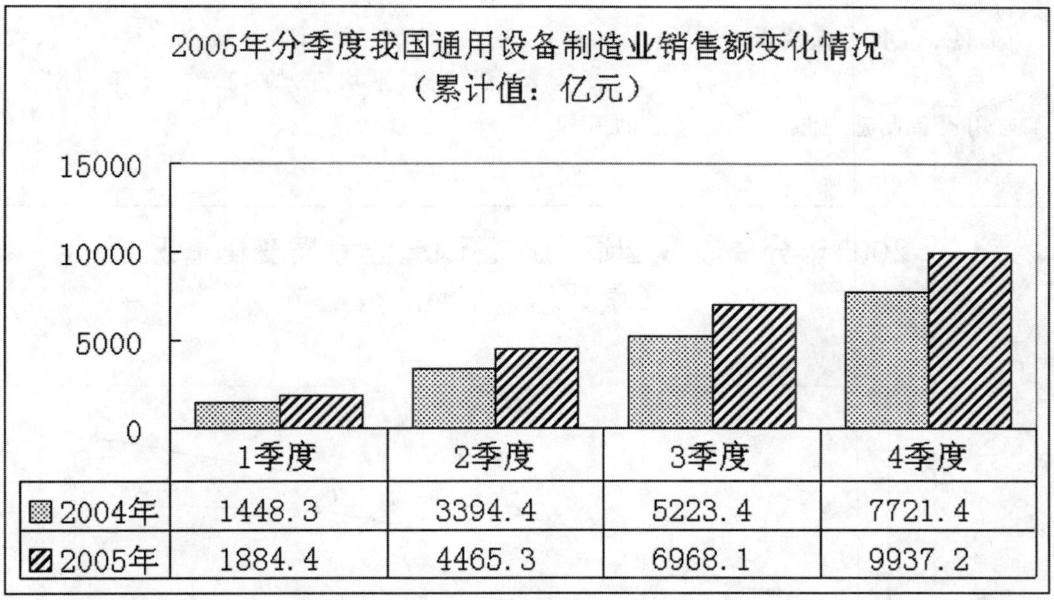


| 销售额占总资产比例(%) | 年份 | 1 季度 | 2 季度 | 3 季度 | 4 季度 | 全年平均 |
|---|---|---|---|---|---|---|
| | 2004 年 | 21.3 | 46.1 | 68.2 | 94.5 | 57.5 |
| | 2005 年 | 23.0 | 50.2 | 74.9 | 103.3 | 62.9 |

## 三、利润水平

该行业 2005 年实现利润 594.6 亿元，上年同期为 439.1 亿元，增幅为 35.4%。

从万元销售利润率看，第一季度为 491.3 元，第二季度为 542.3 元；第三季度为 562.2 元，第四季度为 598.4 元。

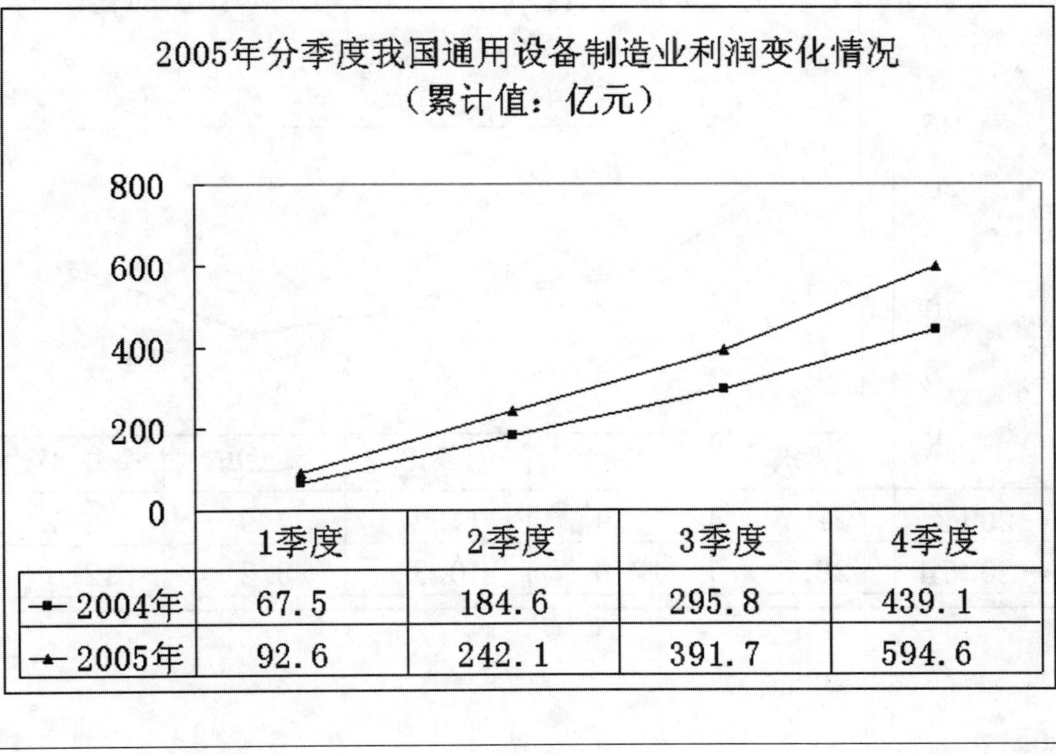

| 利润占销售额比例(%) | 年份 | 1 季度 | 2 季度 | 3 季度 | 4 季度 | 全年平均 |
|---|---|---|---|---|---|---|
| | 2004 年 | 466.3 | 543.7 | 566.2 | 568.7 | 536.2 |
| | 2005 年 | 491.3 | 542.3 | 562.2 | 598.4 | 548.6 |

## 四、企业亏损情况

2005 年通用设备制造业累计亏损企业的亏损额为 48.8 亿元。

2005 年该行业亏损企业亏损额大约占利润总额比例(平均值)的 12.9%,上年同期为 13.7%,下降 1 个百分点。

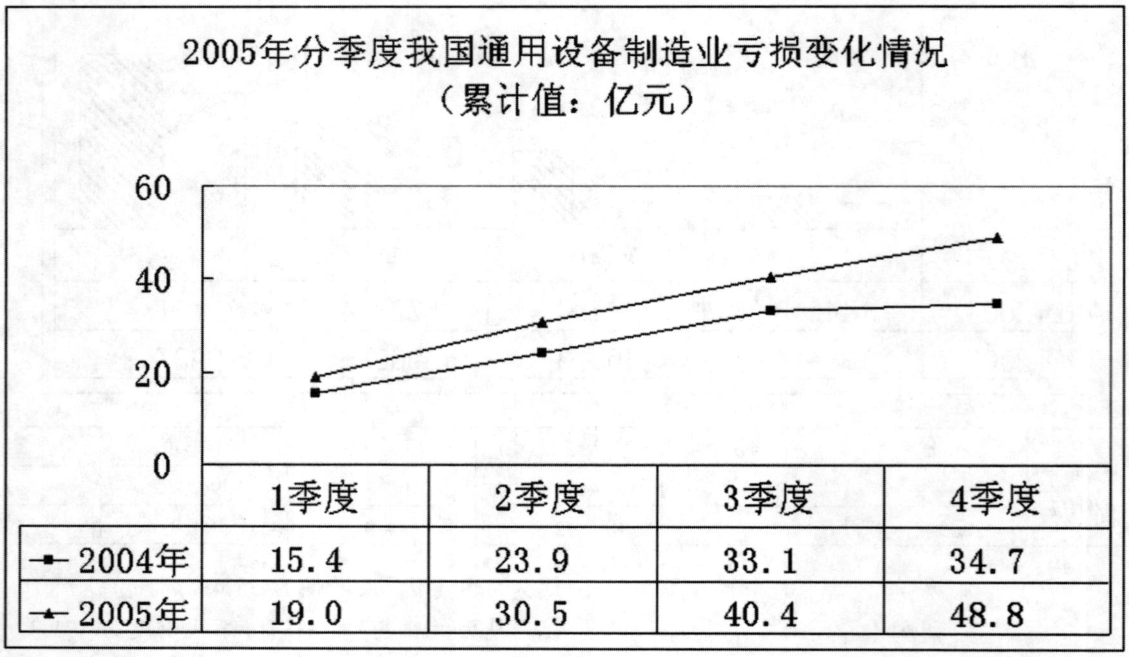


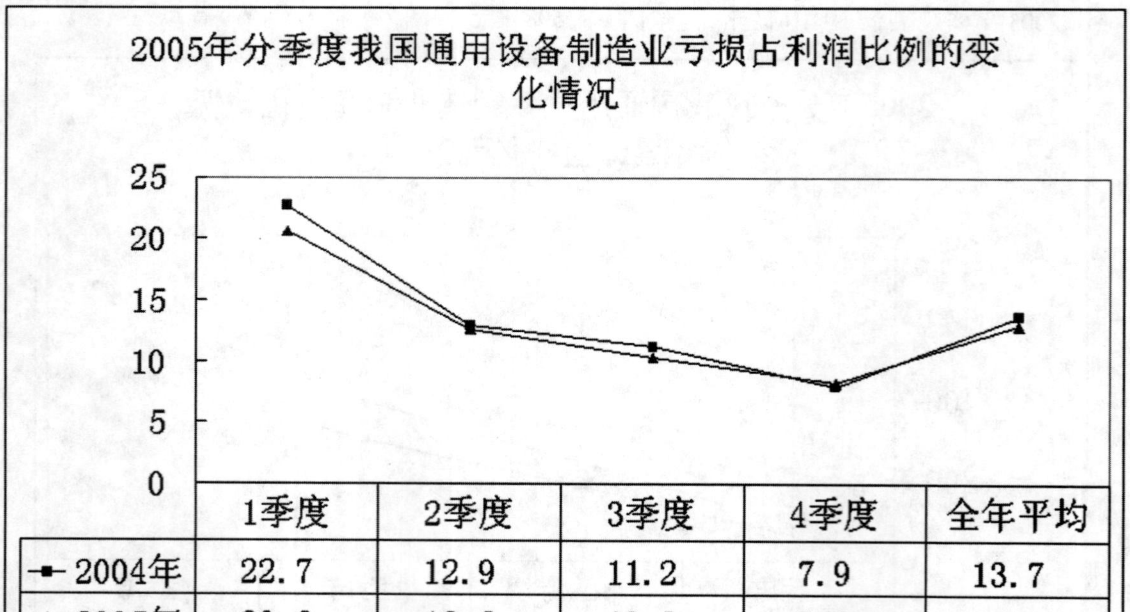

**五、2005 年产品产销量、产销率和库存情况**

| 产品名称 | 单位 | 产量 | 增长率(%) | 销量 | 产销率(%) | 比年初库存增减(%) |
|---|---|---|---|---|---|---|
| 工业锅炉 | 蒸发吨 | 162959.7 | 9.6 | 165324.7 | 102.7 | -12.8 |
| 内燃机 | 万千瓦 | 34795 | -5.3 | 31053.3 | 100.2 | -8.8 |
| 金属切削机床 | 万台 | 45.1 | 12.8 | 43.9 | 97.4 | 3.8 |
| 数控机床 | 台 | 59639 | 14.2 | 59497 | 100.2 | 1.2 |

# 2005 年我国专用设备制造业经济运行概况

专用设备制造业主要涉及矿山、冶金、电工、石化、化学工业、化纤工业、橡胶工业、塑料工业、木材工业、印刷工业等所用专业设备的制造,也包括农、林、牧、渔、水利,医用、公共安全、环保等专用设备的制造和修理。专用设备制造业是我国国民经济行业分类中的一个大类,2005 年该行业全部平均从业人员为 222.1 万人。

通用设备制造业

| | |
|---|---|
| 矿山、冶金、建筑专用设备制造 | 石油钻采专用设备制造<br>建筑工程用机械制造<br>建筑材料生产专用机械制造<br>冶金专用设备制造 |
| 化工、木材、非金属加工专用设备制造 | 炼油、化工生产专用设备制造<br>橡胶加工专用设备制造<br>塑料加工专用设备制造<br>木材加工机械制造<br>模具制造<br>其他非金属加工专用设备制造 |
| 食品、饮料、烟草及饲料生产专用设备制造 | 食品、饮料、烟草工业专用设备制造<br>农副食品加工专用设备制造<br>饲料生产专用设备制造 |
| 印刷、制药、日化生产专用设备制造 | 制浆和造纸专用设备制造<br>印刷专用设备制造<br>日用化工专用设备制造<br>制药专用设备制造<br>照明器具生产专用设备制造<br>玻璃、陶瓷和搪瓷制品生产专用设备制造<br>其他日用品生产专用设备制造 |
| 纺织、服装和皮革工业专用设备制造 | 纺织专用设备制造<br>皮革、毛皮及其制品加工专用设备制造<br>缝纫机械制造<br>其他服装加工专用设备制造 |

| | |
|---|---|
| 电子和电工机械专用设备制造 | 电工机械专用设备制造<br>电子工业专用设备制造<br>武器弹药制造<br>航空、航天及其他专用设备制造 |
| 农、林、牧、渔专用机械制造 | 拖拉机制造<br>机械化农业及园艺机具制造<br>营林及木竹采伐机械制造<br>畜牧机械制造<br>渔业机械制造<br>农林牧渔机械配件制造<br>其他农林牧渔业机械制造及机械修理 |
| 医疗仪器设备及器械制造 | 医疗诊断、监护及治疗设备制造<br>口腔科用设备及器具制造<br>实验室及医用消毒设备和器具的制造<br>医疗、外科及兽医用器械制造<br>机械治疗及病房护理设备制造<br>假肢、人工器官及植(介)入器械制造<br>其他医疗设备及器械制造 |
| 环保、社会公共安全及其他专用设备制造 | 环境污染防治专用设备制造<br>地质勘查专用设备制造<br>邮政专用机械及器材制造<br>商业、饮食、服务业专用设备制造<br>社会公共安全设备及器材制造<br>交通安全及管制专用设备制造<br>水资源专用机械制造<br>其他专用设备制造 |

## 一、总资产和资产负债率

据国家统计局统计，2005 年该行业的资产总值累计为 6447.9 亿元，比上年同期增加 16.0%，流动资产平均余额为 9028.9 亿元，比上年同期增加 13.3%；固定资产净值平均余额累计为 3887.2 亿

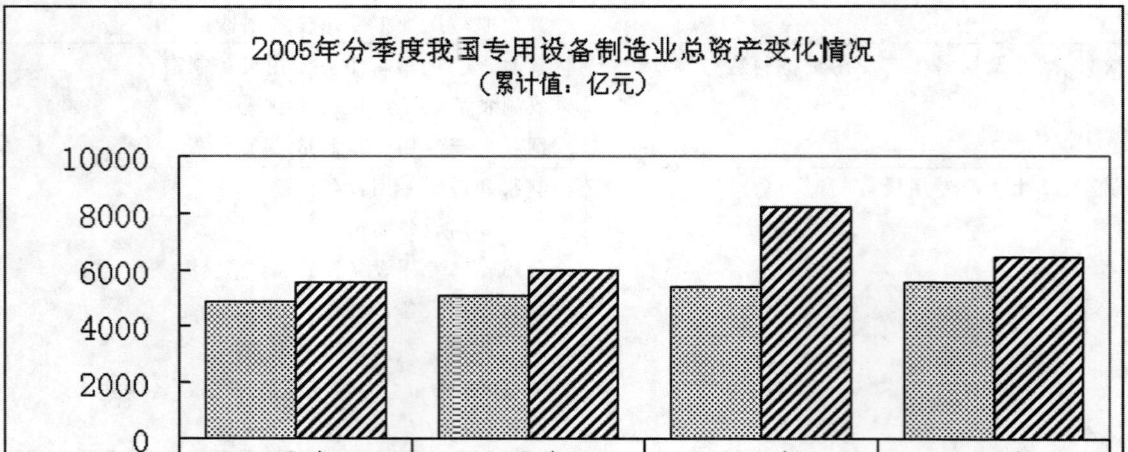


| | 1季度 | 2季度 | 3季度 | 4季度 |
|---|---|---|---|---|
| 2004年 | 4879.0 | 5092.1 | 5384.3 | 5558.0 |
| 2005年 | 5540.8 | 5964.9 | 8218.3 | 6447.9 |

元，比上年同期增长了0.16%。

从2005年的资产负债率水平看，专用设备制造业的资产负债率平均为64.1%左右。分季度看，第一季度64.2%，第二季度和第三季度为64.5%，第四季度为63.2%左右。

| 资产负债率(%) | 年份 | 1季度 | 2季度 | 3季度 | 4季度 | 全年平均 |
|---|---|---|---|---|---|---|
| | 2004年 | 64.7 | 65.6 | 62.4 | 63.4 | 64.0 |
| | 2005年 | 64.2 | 64.5 | 64.5 | 63.2 | 64.1 |

## 二、销售水平

2005年该行业累计产品销售收入为5921.9亿元，比上年同期增加27.6%。产品销售成本为4949.1亿元，比上年同期增加28.9%。

该行业平均销售额占总资产比例为55.7%，上年同期为50.9%，2005年比上年增加5个百分点。

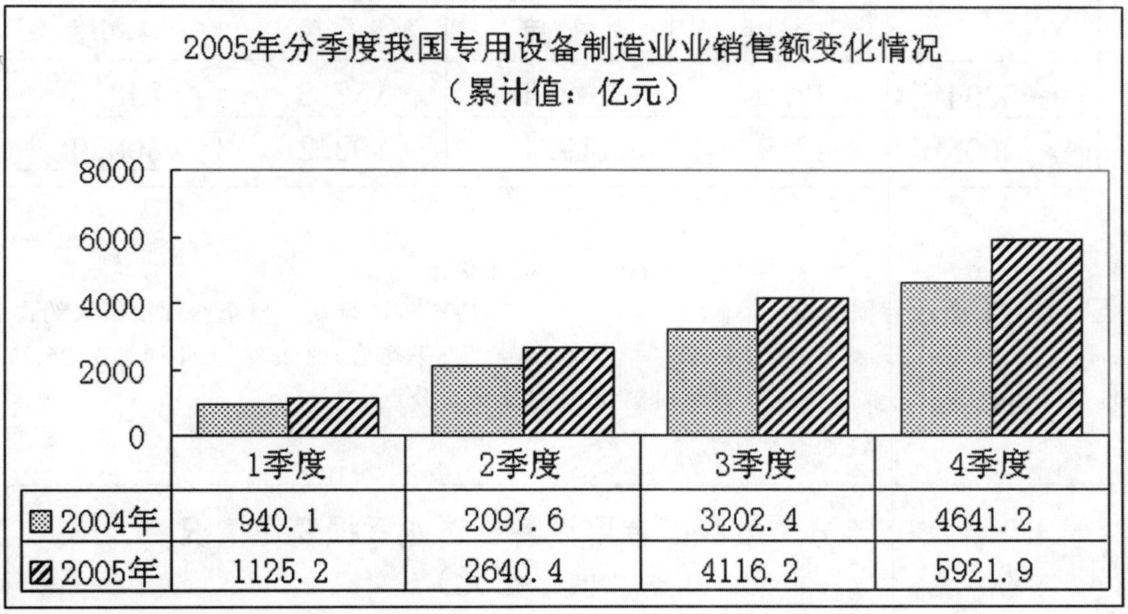


| 销售额占总资产比例(%) | 年份 | 1季度 | 2季度 | 3季度 | 4季度 | 全年平均 |
|---|---|---|---|---|---|---|
| | 2004年 | 19.3 | 41.2 | 59.5 | 83.5 | 50.9 |
| | 2005年 | 20.3 | 44.3 | 66.2 | 91.8 | 55.7 |

## 三、利润水平

2005年该行业实现利润308.9亿元，上年同期为243.8亿元，增幅为26.7%。

从万元销售利润率看，2005年平均销售利润率为455.5元，第一季度为381.4元，第二季度为452.2元，第三季度为466.8元，第四季度为521.6元左右。

| 利润占销售额比例(%) | 年份 | 1季度 | 2季度 | 3季度 | 4季度 | 全年平均 |
|---|---|---|---|---|---|---|
| | 2004年 | 393.1 | 488.9 | 490.9 | 525.3 | 474.6 |
| | 2005年 | 381.4 | 452.2 | 466.8 | 521.6 | 455.5 |

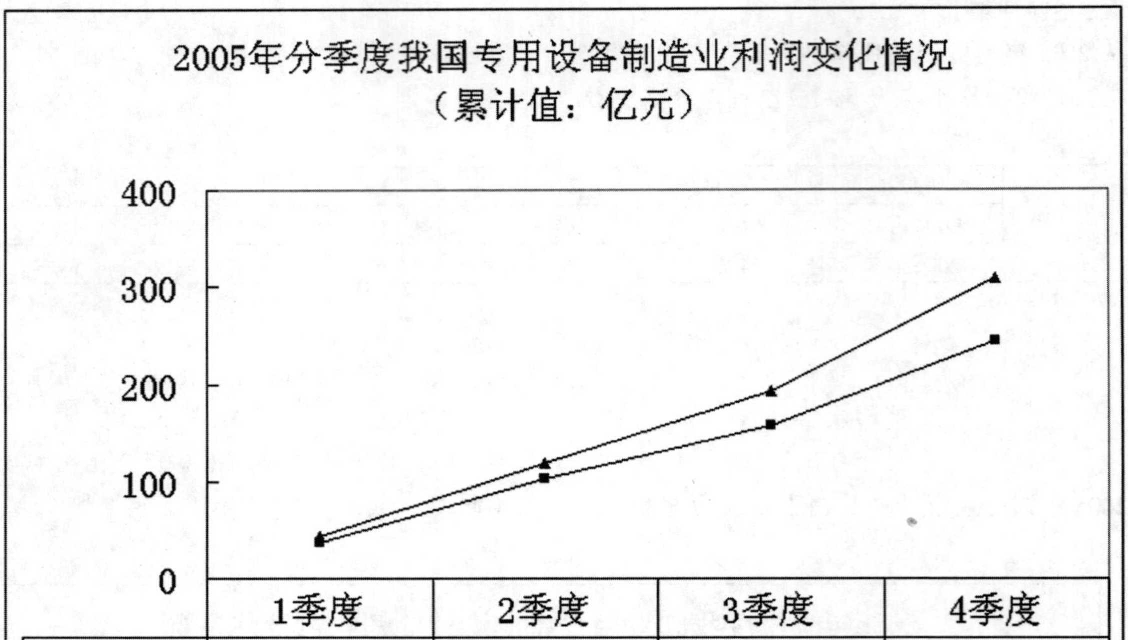


| | 1季度 | 2季度 | 3季度 | 4季度 |
|---|---|---|---|---|
| 2004年 | 37.0 | 102.5 | 157.2 | 243.8 |
| 2005年 | 42.9 | 119.4 | 192.2 | 308.9 |

## 四、企业亏损情况

2005 年专用设备制造业亏损企业的亏损额为 45.1 亿元。

2005 年该行业亏损企业亏损额大约占利润总额比例(平均值)的 25%，上年同期为 26.2%，下降 1.2 个百分点。

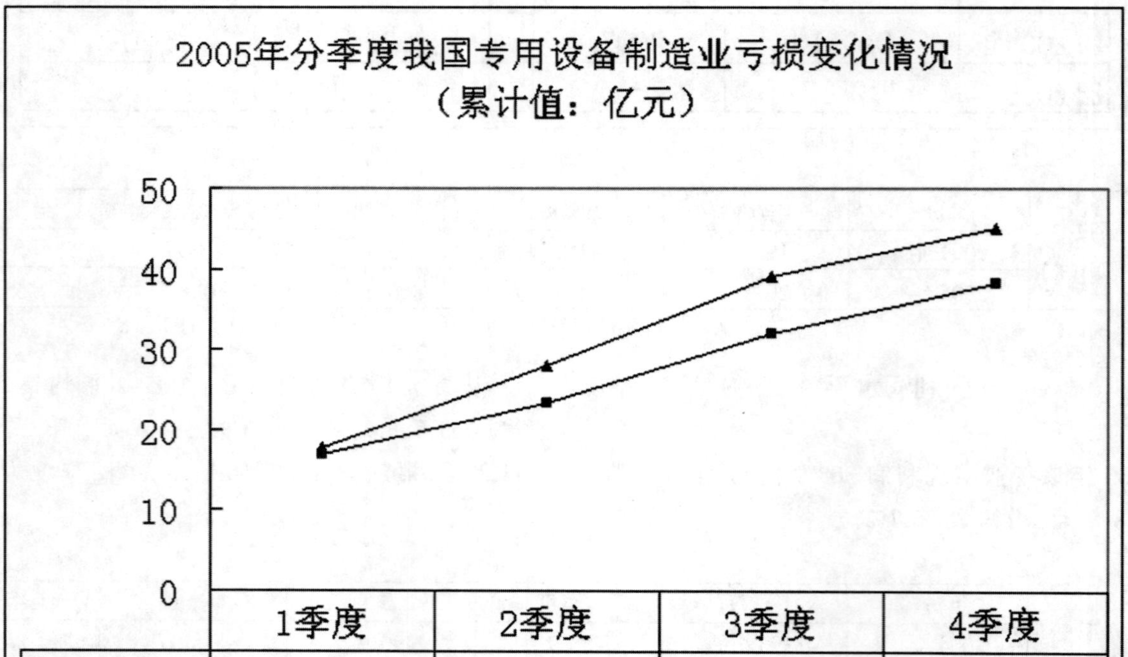


| | 1季度 | 2季度 | 3季度 | 4季度 |
|---|---|---|---|---|
| 2004年 | 17.0 | 23.3 | 32.0 | 38.4 |
| 2005年 | 17.8 | 28.1 | 39.2 | 45.1 |

| 亏损占利润比例(%) | 年份 | 1季度 | 2季度 | 3季度 | 4季度 | 全年平均 |
|---|---|---|---|---|---|---|
| | 2004年 | 46.0 | 22.7 | 20.3 | 15.8 | 26.2 |
| | 2005年 | 41.5 | 23.6 | 20.4 | 14.6 | 25.0 |

**五、2005年产品产销量、产销率和库存情况**

该行业产品很多，例如，大中型拖拉机、小型拖拉机、缝纫机等。就这三种产品2005年的产量、销量和产销率分析如下：

1. 生产情况

* 电动手提工具19280.4万台，增产10.8%；
* 金属冶炼设备290393.5吨，增产10.9%；
* 饲料加工机械129874台，减产6.0%；
* 包装专用设备93345台，减产2.8%；
* 大中型拖拉机162418台，增产53.8%；
* 小型拖拉机201万台，增产15.1%；
* 缝纫机986.4万架，增产11.5%；
* 大气污染防治设备8659台（套），减产1.7%。

2.销售情况

* 销售大中型拖拉机158229台，产销率为97.4%，年末库存量与年初比较增加33.8%；
* 销售小型拖拉机201万台，产销率为100.1%，年末库存量较年初减少1.1%；
* 销售缝纫机981.8万架，产销率为99.8%，年末库存量较年初增加3.5%。

# 2005年我国交通运输设备制造业经济运行概况

交通运输设备制造业主要涉及铁路运输设备、机车、汽车、摩托车、海洋运输船、航空航天器的制造，也包括交通运输设备的修理等。交通运输设备制造业是我国国民经济行业分类中的一个大类，2005年该行业全部平均从业人员为350.2万人。

**交通运输设备制造业**

| | |
|---|---|
| 铁路运输设备制造 | 铁路机车车辆及机动车组制造<br>工矿有轨专用车辆制造<br>铁路机车车辆配件制造<br>铁路专用设备及器材、配件制造<br>其他铁路设备制造及设备修理 |
| 汽车制造 | 汽车整车制造<br>改装汽车制造<br>电车制造<br>汽车车身、挂车的制造<br>汽车零部件及配件制造<br>汽车修理 |
| 摩托车制造 | 摩托车整车制造<br>摩托车零部件及配件制造 |
| 自行车制造 | 脚踏自行车及残疾人座车制造<br>助动自行车制造 |

| | |
|---|---|
| 船舶及浮动装置制造 | 金属船舶制造<br>非金属船舶制造<br>娱乐船和运动船的建造和修理<br>船用配套设备制造<br>船舶修理及拆船<br>航标器材及其他浮动装置的制造 |
| 航空航天器制造 | 飞机制造及修理<br>航天器制造<br>其他飞行器制造 |
| 交通器材及其他交通运输设备制造 | 潜水及水下救捞装备制造<br>交通管理用金属标志及设施制造<br>其他交通运输设备制造 |

## 一、总资产和资产负债率

据国家统计局统计，2005 年该行业的资产总值累计为 16232.4 亿元，比上年同期增加 14.8%，流动资产平均余额为 9028.9 亿元，比上年同期增加 13.3%；固定资产净值平均余额累计为 3887.2 亿元，比上年同期增长了 0.16%。

从资产负债率水平看，交通运输设备制造业的资产负债率季度平均为 62.2%左右，第一季度为 61.6%，第二季度为 62.8%，第三季度为 62.6%，第四季度为 61.6%。

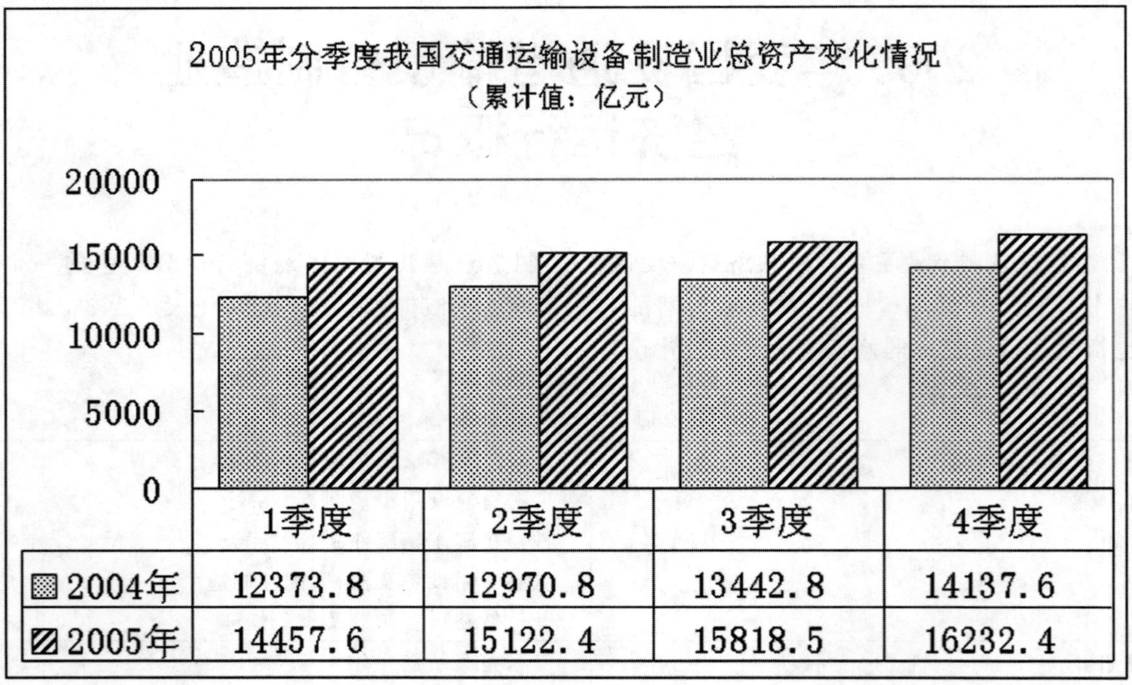


| 资产负债率(%) | 年份 | 1 季度 | 2 季度 | 3 季度 | 4 季度 | 全年平均 |
|---|---|---|---|---|---|---|
| | 2004 年 | 60.4 | 60.7 | 60.4 | 60.9 | 60.6 |
| | 2005 年 | 61.6 | 62.8 | 62.6 | 61.6 | 62.2 |

## 二、销售水平

2005 年该行业累计产品销售收入为 15365.8 亿元，比去年同期增加 14.7%。产品销售成本为 13148.2 亿元，比上年同期增加 16.5%。

该行业平均销售额占总资产比例为 57%，上年同期为 59.2%，2005 年与上年低 2.2 个百分点。

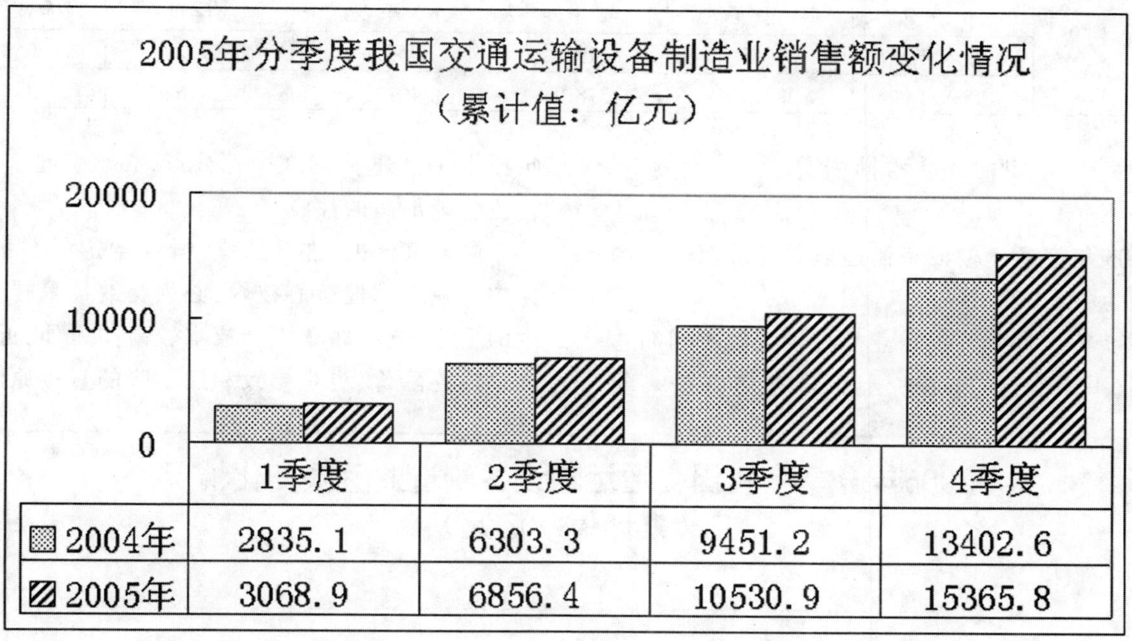


| 销售额占总资产比例(%) | 年份 | 1 季度 | 2 季度 | 3 季度 | 4 季度 | 全年平均 |
|---|---|---|---|---|---|---|
| | 2004 年 | 22.9 | 48.6 | 70.3 | 94.8 | 59.2 |
| | 2005 年 | 21.2 | 45.3 | 66.6 | 94.7 | 57.0 |

### 三、利润水平

2005 年我国交通运输设备制造业实现利润 657.1 亿元，上年同期为 766.9 亿元，2005 年比 2004 年同期减少 109.8 亿元，下降幅度为 14.3%，反映出汽车制造业买车利润大幅下降的事实。

从万元销售利润率看，2005 年季度平均销售利润率为 374.4 元。第一季度为 289.8 元，第二季度为 378.9 元，第三季度为 401.2 元，第四季度为 427.6 元。

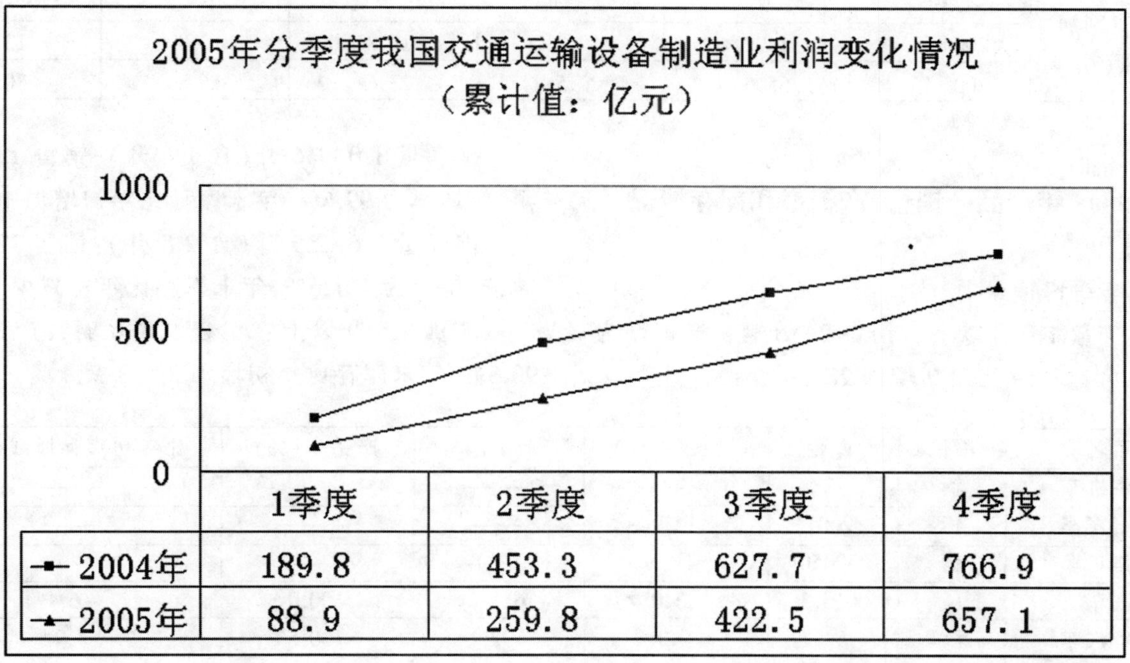

| 利润占销售额比例(%) | 年份 | 1 季度 | 2 季度 | 3 季度 | 4 季度 | 全年平均 |
|---|---|---|---|---|---|---|
| | 2004 年 | 669.5 | 719.1 | 664.2 | 572.2 | 656.3 |
| | 2005 年 | 289.8 | 378.9 | 401.2 | 427.6 | 374.4 |

## 四、企业亏损情况

2005 年交通运输设备制造业累计亏损企业的亏损额为 110.2 亿元。

2005 年该行业亏损企业亏损额大约占利润总额比例(平均值)的 30.9%,上年同期为 12.6%,今年比去年上升了 18.3 个百分点,必须引起企业和行业管理部门的注意。

据报道分析,进口品牌,国内合资生产轿车,国内企业不掌握核心技术,必须交纳技术转让发生的费用,导致轿车生产成本较高。另外,近几年轿车连连降价,也是导致利润下降的直接原因。

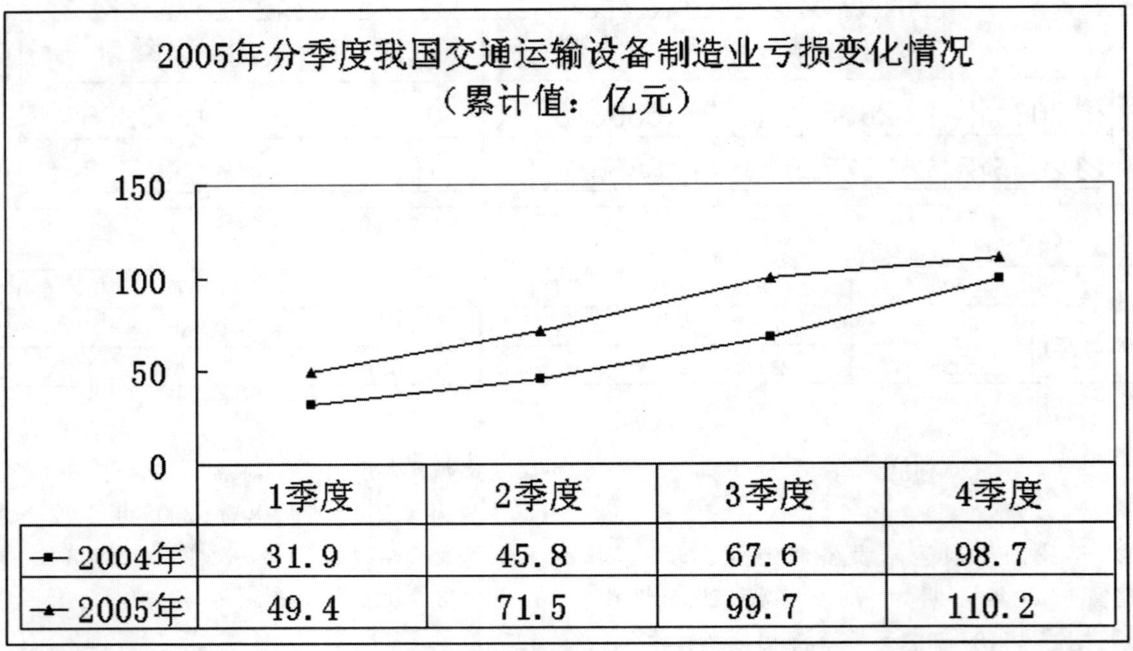


| 亏损占利润比例(%) | 年份 | 1 季度 | 2 季度 | 3 季度 | 4 季度 | 全年平均 |
|---|---|---|---|---|---|---|
| | 2004 年 | 16.8 | 10.1 | 10.8 | 12.9 | 12.6 |
| | 2005 年 | 55.6 | 27.5 | 23.6 | 16.8 | 30.9 |

## 五、2005 年产品产销量、产销率和库存情况

轿车销售特点:

排气量 1.0 升以下:销售 29 万辆,产销率为 98.9%,年末库存比年初增加 28.6%。

排气量 1.0~1.6 升(含 1.6 升):销售 133.2 万辆,产销率为 99.6%,年末库存比年初增加 10%。

排气量 1.6~2.5 升(含 2.5 升):销售 124.6 万辆,产销率为 101.6%,年末库存比年初减少 34%。

气量 2.5 升以上:销售 9.2 万辆,产销率为 90.3%,年末库存比年初增加 233.3%。

| 产品名称 | 单位 | 产量 | 增长率(%) | 销量 | 产销率(%) | 比年初库存增减(%) |
|---|---|---|---|---|---|---|
| 铁路机车 | 辆 | 838 | -4.3 | ---- | ---- | ---- |
| 铁路客车 | 辆 | 2001 | 14.9 | ---- | ---- | ---- |
| 铁路货车 | 辆 | 39050 | 41.9 | ---- | ---- | ---- |
| 汽车 | 万辆 | 615.3 | 13.0 | 615.2 | 100.0 | -6.4 |
| 载货汽车 | 万辆 | 191.1 | 0.9 | 192.1 | 100.5 | 4.9 |
| 公路客车 | 万辆 | 128 | 5.3 | 126.7 | 99.0 | -23.3 |

| 产品名称 | 单位 | 产量 | 增长率(%) | 销量 | 产销率(%) | 比年初库存增减(%) |
|---|---|---|---|---|---|---|
| 轿车 | 万辆 | 295.8 | 26.9 | 296 | 100.1 | -3.8 |
| 摩托车 | 万辆 | 1702.0 | 16.4 | 1708.2 | 100.4 | -11.4 |
| 自行车 | 万辆 | 5631.0 | 10.9 | 5575.6 | 99.0 | 26.1 |
| 民用钢质船舶 | 万综吨 | 1017.8 | 42.2 | 1018.1 | 100.0 | -24.1 |

# 2005 年我国电气机械及器材制造业经济运行概况

电气机械及器材制造业主要涉及电机制造、输配电及控制设备、电工器材、日用电气、照明器具的制造和修理。电气机械及器材制造业是我国国民经济行业分类中的一个大类,2005 年该行业全部平均从业人员为 361.8 万人。

**电气机械及器材制造业的范围**

| | |
|---|---|
| 电机制造 | 发电机及发电机组制造<br>电动机制造<br>微电机及其他电机制造 |
| 输配电及控制设备制造 | 变压器、整流器和电感器制造<br>电容器及其配套设备制造<br>配电开关控制设备制造<br>电力电子元器件制造<br>其他输配电及控制设备制造 |
| 电线、电缆、光缆及电工器材制造 | 电线电缆制造<br>光纤、光缆制造<br>绝缘制品制造<br>其他电工器材制造 |
| 电池制造 | |
| 家用电力器具制造 | 家用制冷电气具制造<br>家用空气调节器制造<br>家用通风电气具制造<br>家用厨房电气具制造<br>家用清洁卫生电气具制造<br>家用美容、保健电气具制造<br>家用电力器具专用配件制造<br>其他家用电力器具制造 |
| 非电力家用器具制造 | 燃气、太阳能及类似能源的器具制造<br>其他非电力家用器具制造 |
| 照明器具制造 | 电光源制造<br>照明灯具制造<br>灯用电气附件及其他照明器具制造 |
| 其他电气机械及器材制造 | 车辆专用照明及电气信号设备装置制造<br>其他未列明的电气机械制造 |

## 一、总资产和资产负债率

据国家统计局统计，2005 年该行业的资产总值为 11072.4 亿元，比上年同期增加 18.5%，流动资产平均余额为 6848.4 亿元，比上年增加 21.6%；固定资产净值平均余额累计为 2318.8 亿元，比上年同期增长了 15.1%。

从资产负债率水平看，电气机械及器材制造业的季度资产负债率平均值为 61.6%左右。分季度看，第一季度为 61.9%，第二季度为 61.9%，第三季度为 61.6%，第四季度为 60.9%。

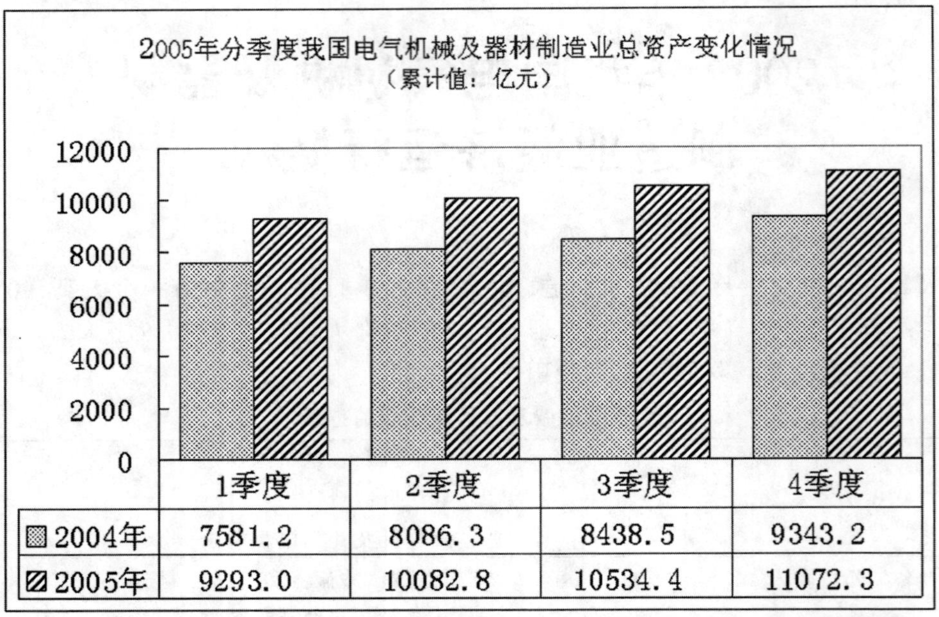

2005年分季度我国电气机械及器材制造业总资产变化情况
（累计值：亿元）

| 资产负债率(%) | 年份 | 1 季度 | 2 季度 | 3 季度 | 4 季度 | 全年平均 |
|---|---|---|---|---|---|---|
| | 2004 年 | 60.4 | 61.7 | 61.3 | 61.0 | 61.1 |
| | 2005 年 | 61.9 | 61.9 | 61.6 | 60.9 | 61.6 |

## 二、销售水平

2005 年该行业累计产品销售收入为 13326.4 亿元，比上年同期增加 25.4%。产品销售成本为 11351.5 亿元，比上年同期增加 26.8%。

该行业平均销售额占总资产比例为 73.8%，上年同期为 70.1%，2005 年比上年上升 3.8 个百分点。

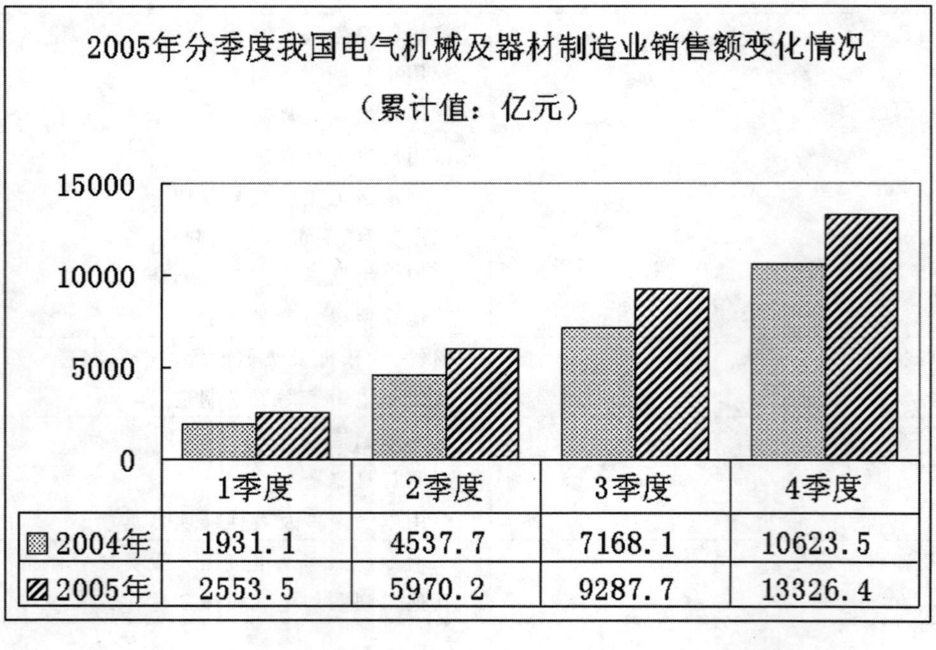

2005年分季度我国电气机械及器材制造业销售额变化情况
（累计值：亿元）

| 销售额占总资产比例(%) | 年份 | 1 季度 | 2 季度 | 3 季度 | 4 季度 | 全年平均 |
|---|---|---|---|---|---|---|
| | 2004 年 | 25.5 | 56.1 | 84.9 | 113.7 | 70.1 |
| | 2005 年 | 27.5 | 59.2 | 88.2 | 120.4 | 73.8 |

## 三、利润水平

2005 年实现利润 620.6 亿元，上年同期为 514.6 亿元，增收 106 亿元，增幅为 20.6%。

从万元销售利润率看，2005 年季度平均销售利润率为 415.7 元，第一季度为 374 元，第二季度为 405 元；第三季度为 417 元，第四季度为 466 元。

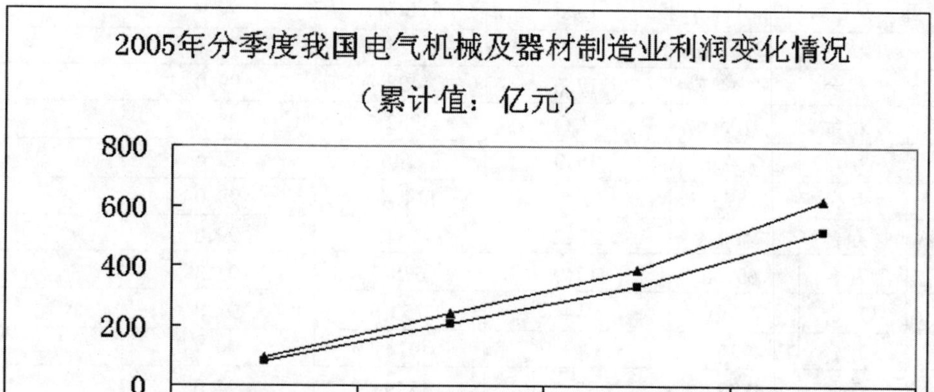


| | 1季度 | 2季度 | 3季度 | 4季度 |
|---|---|---|---|---|
| 2004年 | 82.1 | 206.6 | 329.5 | 514.6 |
| 2005年 | 95.6 | 241.8 | 387.8 | 620.6 |

| 利润占销售额比例(%) | 年份 | 1 季度 | 2 季度 | 3 季度 | 4 季度 | 全年平均 |
|---|---|---|---|---|---|---|
| | 2004 年 | 425.3 | 455.4 | 459.6 | 484.4 | 456.2 |
| | 2005 年 | 374.4 | 405.1 | 417.5 | 465.7 | 415.7 |

## 四、企业亏损情况

2005 年电气机械及器材制造业亏损企业的亏损额为 79.7 亿元。

2005 年该行业亏损企业亏损额大约占利润总额比例（平均值）为 17.4%，上年同期为 14.6%，增加 3 个百分点。

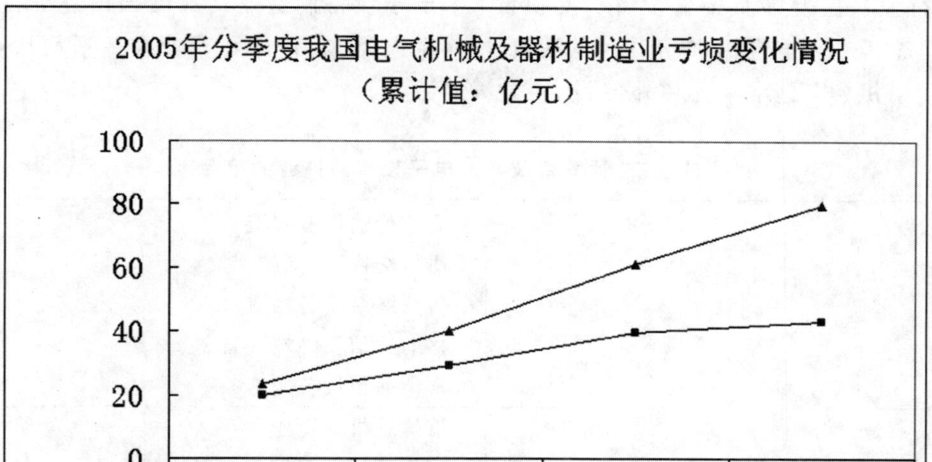


| | 1季度 | 2季度 | 3季度 | 4季度 |
|---|---|---|---|---|
| 2004年 | 19.7 | 29.2 | 39.5 | 43.3 |
| 2005年 | 23.4 | 40.1 | 61.1 | 79.7 |

| 亏损占利润比例(%) | 年份 | 1季度 | 2季度 | 3季度 | 4季度 | 全年平均 |
|---|---|---|---|---|---|---|
| | 2004年 | 24.0 | 14.1 | 12.0 | 8.4 | 14.6 |
| | 2005年 | 24.5 | 16.6 | 15.7 | 12.8 | 17.4 |

**五、2005年产品产销量、产销率和库存情况**

| 产品名称 | 单位 | 产量 | 增长率(%) | 销量 | 产销率(%) | 比年初库存增减(%) |
|---|---|---|---|---|---|---|
| 发电设备 | 万千瓦 | 9640.2 | 30.2 | 9409 | 97.6 | 121.1 |
| 交流电动机 | 万千瓦 | 12934.9 | 13.5 | 12667.6 | 99.0 | 13.6 |
| 家用洗衣机 | 万台 | 2952.6 | 15.9 | 2924.7 | 99.1 | 17.9 |
| 吸尘器 | 万台 | 4544.7 | 17.6 | 4498.7 | 99.0 | 55.3 |
| 家用电冰箱 | 万台 | 3105.6 | 2.6 | 3052.7 | 98.4 | 25.6 |
| 冷冻箱 | 万台 | 749.3 | 19.9 | 746 | 99.6 | 9.3 |
| 电风扇 | 万台 | 11593.7 | 7.5 | 11464.6 | 99.0 | 28.8 |
| 房间空气调节器 | 万台 | 7469.1 | 13.2 | 7434.2 | 99.6 | 6.2 |
| 吸排油烟机 | 万台 | 697.8 | 17.9 | 678.7 | 97.3 | 55.4 |
| 电热水器 | 万台 | 770.9 | -- | 753.9 | 97.8 | 42.1 |
| 微波炉 | 万台 | 4929.5 | -- | 4914.7 | 99.7 | 17.8 |
| 电饭锅 | 万个 | 4893.1 | 37.2 | 4599.3 | 94.0 | 184.3 |

# 2005年我国电子及通信设备、计算机及其他电子设备制造业经济运行概况

通信设备、计算机及其他电子设备制造业是国民经济支柱行业，主要涉及传输设备、交换设备、通信终端设备、雷达、电视机、收音机、电话机、广播电视设备、手机、电子计算机和外部设备、电子元器件的制造和修理。通信设备、计算机及其他电子设备制造业是我国国民经济行业分类中的一个大类，2005年该行业全部平均从业人员为436.7万人。

**通信设备、计算机及其他电子设备制造业的范围**

| | |
|---|---|
| 通信设备制造 | 通信传输设备制造<br>通信交换设备制造<br>通信终端设备制造<br>移动通信及终端设备制造<br>其他通信设备制造 |
| 雷达及配套设备制造 | 雷达整机制造业<br>雷达专用配套设备及部件制造业<br>应用电视设备及其他广播电视设备制造 |
| 广播电视设备制造 | 广播电视节目制作及发射设备制造<br>广播电视接收设备及器材制造 |

| | |
|---|---|
| 电子计算机制造 | 电子计算机整机制造<br>计算机网络设备制造<br>电子计算机外部设备制造 |
| 电子器件制造 | 电子真空器件制造<br>半导体分立器件制造<br>集成电路制造<br>光电子器件及其他电子器件制造 |
| 电子元件制造 | 电子元件及组件制造、印制电路板制造 |
| 家用视听设备制造 | 电视机<br>录像机<br>摄像机制造业<br>收音机、录音机制造业<br>其他电子设备修理业<br>其他电子设备制造业 |

## 一、总资产和资产负债率

据国家统计局统计，2005 年该行业的资产总值累计为 18106.6 亿元，比上年同期增加 15.8%，流动资产平均余额为 11217.3 亿元，比上年同期增加 17.6%；固定资产净值平均余额累计为 4233.8 亿元，比上年同期增长了 15.1%。

从资产负债率水平看，该行业资产负债率季度平均为 62.5%左右。第一季度为 62.1%，第二季度为 62.0%，第三季度为 62.8%，第四季度末为 63.2%。

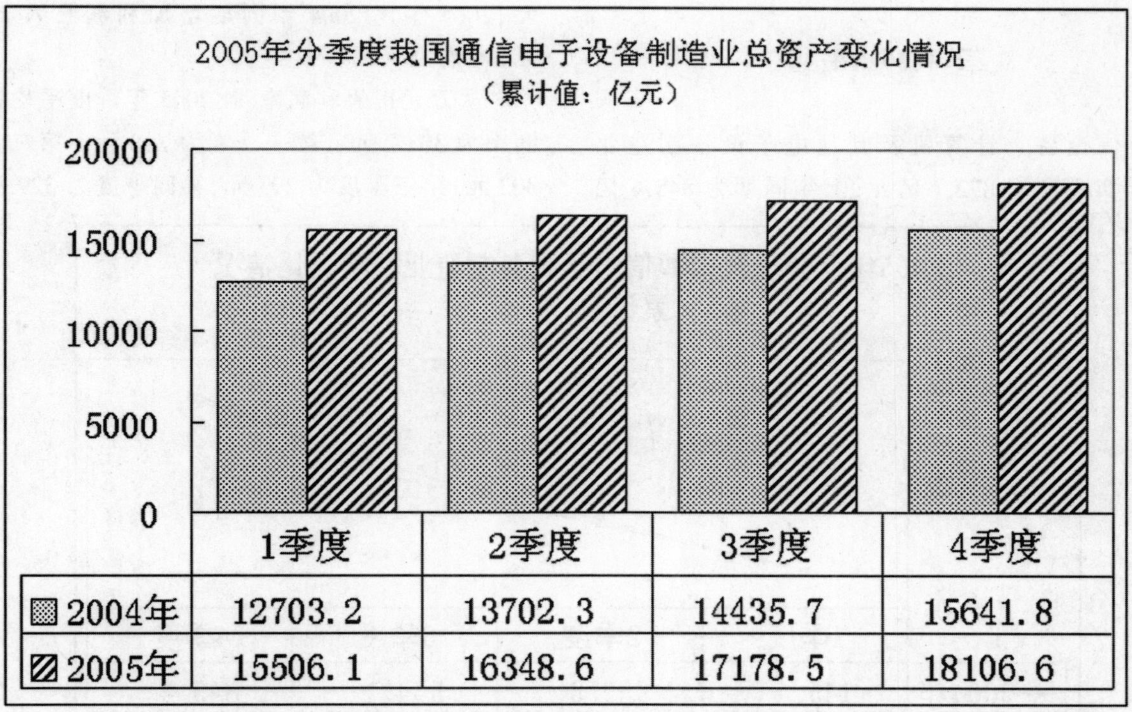


| 资产负债率(%) | 年份 | 1 季度 | 2 季度 | 3 季度 | 4 季度 | 全年平均 |
|---|---|---|---|---|---|---|
| | 2004 年 | 61.5 | 62.0 | 62.6 | 61.9 | 62.0 |
| | 2005 年 | 62.1 | 62.0 | 62.8 | 63.2 | 62.5 |

## 二、销售水平

2005 年该行业累计产品销售收入为 26457.8 亿元，比上年同期增加 22.95%。产品销售成本为 23884 亿元，比上年同期增加了 24.5%。

该行业平均销售额占总资产比例为 88.3%，上年同期为 86.1%，2005 年与上年高 2.2 个百分点。

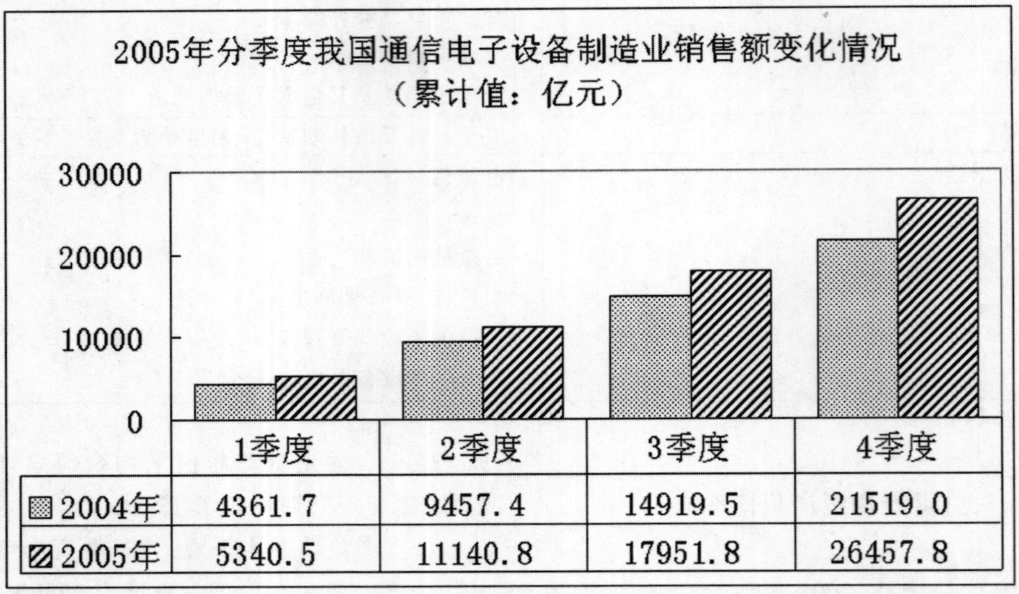


| 销售额占总资产比例(%) | 年份 | 1 季度 | 2 季度 | 3 季度 | 4 季度 | 全年平均 |
|---|---|---|---|---|---|---|
| | 2004 年 | 34.3 | 69.0 | 103.4 | 137.6 | 86.1 |
| | 2005 年 | 34.4 | 68.1 | 104.5 | 146.1 | 88.3 |

## 三、利润水平

通信设备、计算机及其他电子设备制造业 2005 年实现利润 872.7 亿元，上年同期为 845.4 亿元，2005 年比 2004 年同期增加利润收入 27.3 亿元，增幅为 3.2%。

从万元销售利润率看，2005 年季度平均销售利润率为 303.2 元，第一季度为 288 元，第二季度为 302 元；第三季度为 293 元，第四季度为 329.8 元。

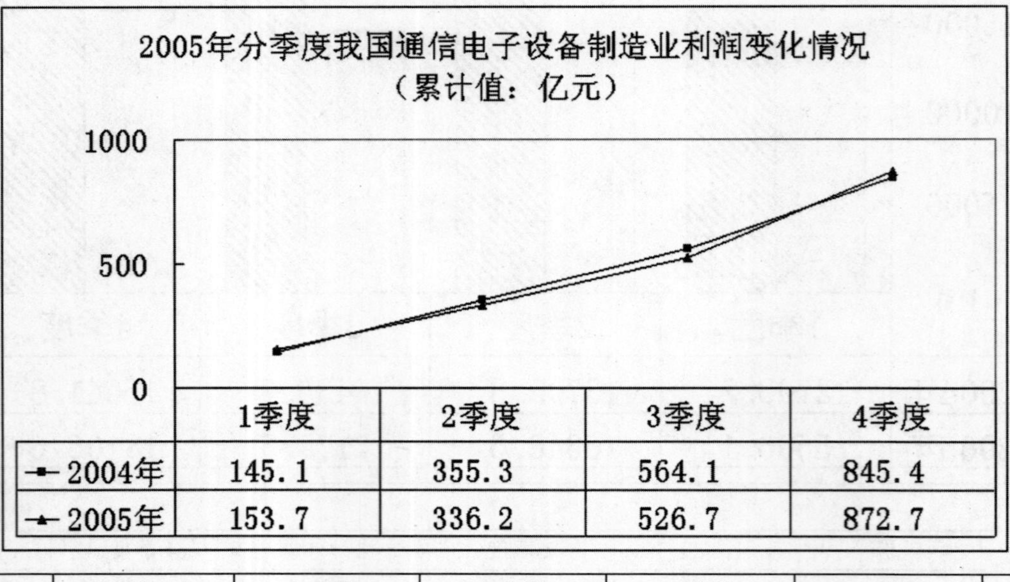


| 利润占销售额比例(%) | 年份 | 1 季度 | 2 季度 | 3 季度 | 4 季度 | 全年平均 |
|---|---|---|---|---|---|---|
| | 2004 年 | 332.6 | 375.6 | 378.1 | 392.9 | 369.8 |
| | 2005 年 | 287.7 | 301.7 | 293.4 | 329.8 | 303.2 |

## 四、企业亏损情况

2005年通信设备、计算机及其他电子设备制造业累计亏损企业的亏损额为225亿元。

2005年该行业亏损企业亏损额大约占利润总额比例(平均值)的34.4%，上年同期为20.0%，增加14.4个百分点。

| 亏损占利润比例(%) | 年份 | 1季度 | 2季度 | 3季度 | 4季度 | 全年平均 |
|---|---|---|---|---|---|---|
| | 2004年 | 30.8 | 19.3 | 17.3 | 12.4 | 20.0 |
| | 2005年 | 40.7 | 37.2 | 33.9 | 25.8 | 34.4 |

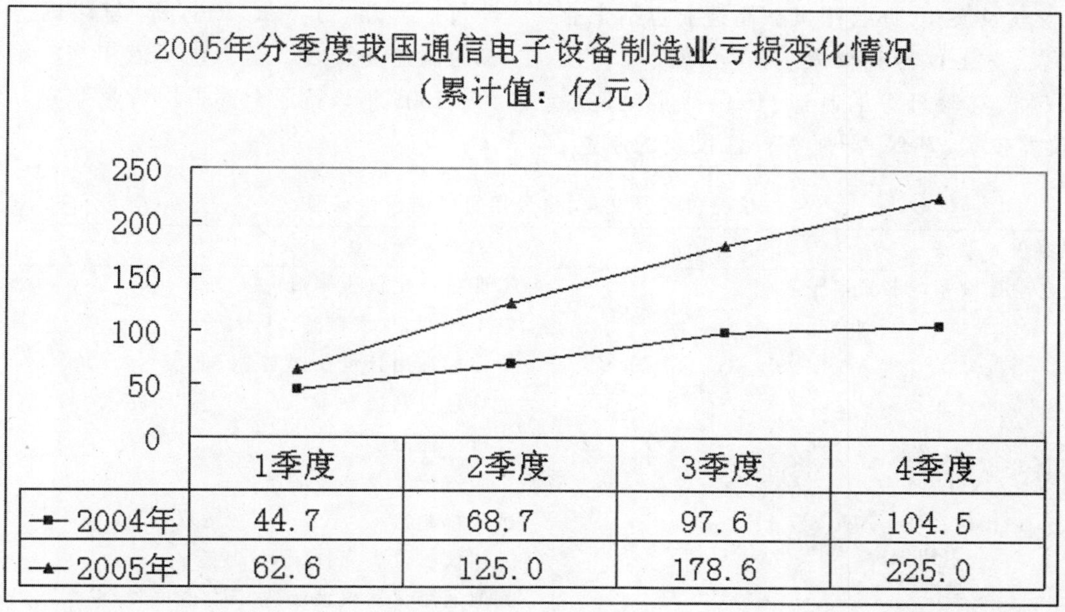


## 五、2005年产品产销量、产销率和库存情况

| 产品名称 | 单位 | 产量 | 增长率(%) | 销量 | 产销率(%) | 比年初库存增减(%) |
|---|---|---|---|---|---|---|
| 载波通信设备 | 台 | 12996 | 44.4 | -- | -- | -- |
| 光通信设备 | 部 | 667506 | -4.6 | -- | -- | -- |
| 程控交换机 | 万线 | 6948.8 | 13.0 | 7955.4 | 103.0 | -75.7 |
| 数字程控交换机 | 万线 | 6008.9 | 2.1 | 6790.9 | 100.2 | -69.3 |
| 传真机 | 万部 | 1067.9 | 23.0 | -- | -- | -- |
| 移动通信基站设备 | 万部(信道) | 724.5 | 64.8 | -- | -- | -- |
| 移动电话机 | 万部 | 32298.1 | -- | 32362.7 | 100.2 | -4.1 |
| 电子计算机 | 部 | 58097 | 7.4 | 58179 | 100.1 | -14.6 |
| 微型电子计算机 | 万部 | 8083.8 | 53.3 | 8076.6 | 99.9 | -10.0 |
| 笔记本电脑 | 万台 | 4562.7 | -- | 4571.8 | 100.2 | -11.1 |
| 彩色显象管 | 万只 | 7933.6 | -7.4 | 7919.5 | 100.3 | -10.8 |
| 集成电路 | 万块 | 2657824.2 | 19.6 | 2667172.4 | 100.5 | -6.3 |
| 大规模集成电路 | 万块 | 981845.75 | 24.3 | 978686.2 | 99.8 | 14.4 |
| 彩色电视机 | 万部 | 8778.5 | 13.1 | 8692.6 | 99.1 | 20.8 |
| 录相机 | 万部 | 1205.7 | -42.1 | 1208.7 | 100.3 | -51.6 |
| 激光视盘机 | 万台 | 10323.7 | -- | 10406.3 | 100.8 | -20.6 |
| 组合音响 | 万部 | 5437.1 | -1.4 | 5481.1 | 101.0 | -28.5 |

# 2005年我国仪器仪表及文化、办公用机械制造业经济运行概况

仪器仪表及文化、办公用机械制造业包括工业自动化仪表、电工仪器和仪表、光学仪器、计时仪器、分析仪器、实验机等的制造；还包括实验室仪器、汽车仪器仪表、环保、导航等仪器仪表的制造；也包括衡器、打字机、幻灯机、复印机、照相机、钟表的制造，总之，是个包罗面相当广阔的行业大类。2005年该行业全部平均从业人员为88万人。

仪器仪表及文化、办公用机械制造业范围

| | |
|---|---|
| 通用仪器仪表制造 | |
| 工业自动控制系统装置制造 | 工业自动化仪表制造<br>电工仪器、仪表制造<br>传递标准用计量仪器制造<br>量具量仪制造<br>分析仪器制造<br>实验室仪器及装置制造<br>试验机制造<br>通用仪器仪表元件、器件制造<br>其他通用仪器仪表制造 |
| 专用仪器仪表制造 | |
| 环境监测专用仪器仪表制造 | 环境保护仪器仪表制造业<br>汽车仪器仪表制造<br>导航、制导仪器制造<br>气象、海洋、水文、天文测量仪器制造<br>农、林、牧、渔仪器仪表制造<br>地质勘探、钻采、地震专用仪器制造<br>教学仪器制造<br>核子及核辐射测量仪器制造<br>电子测量仪器制造<br>专用仪器仪表元件、器件制造<br>钟表制造，计时仪器制造 |
| 光学仪器及眼镜制造 | 光学仪器制造<br>眼镜制造 |
| 文化、办公用机械制造 | 电影机械制造<br>幻灯机及投影仪制造<br>照相机及器材制造<br>复印机制造<br>打字机及油印机制造<br>电子计算器制造<br>其他文化、办公用机械制造 |
| 其他仪器仪表的制造及修理 | 其他仪器仪表制造 |

## 一、总资产和资产负债率

据国家统计局统计，2005年该行业的资产总值为2161.8亿元，比上年同期增加11.5%，流动资产平均余额为1365.6亿元，比上年同期增加13.4%；固定资产净值平均余额累计为488.7亿元，比上年同期增长了11%。

从资产负债率水平看，该行业资产负债率季度平均为57.7%左右。第一季度为58.9%，第二季度为58.1%，第三季度为57.2%，第四季度为56.7%。

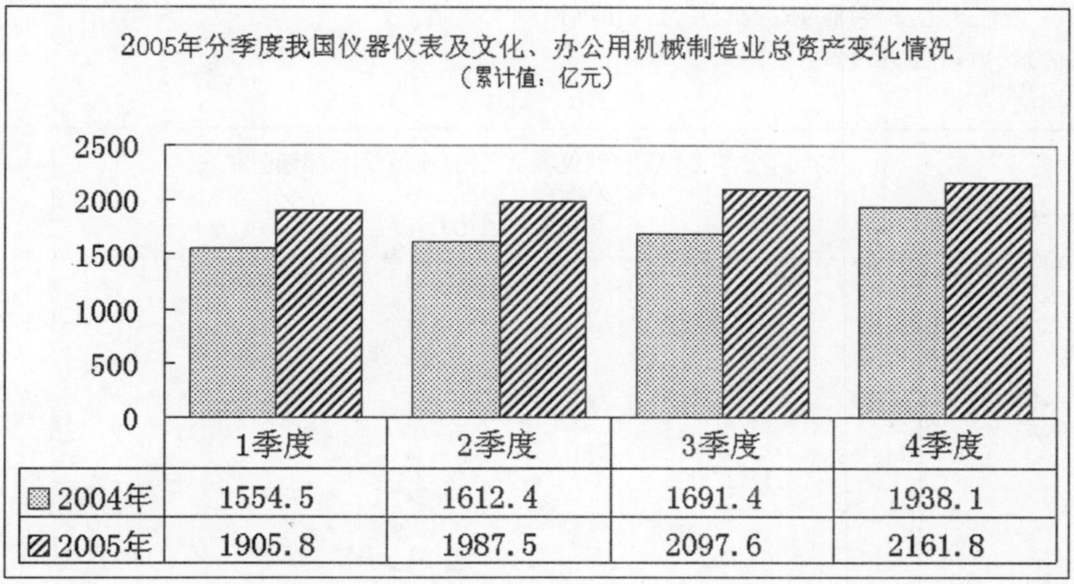


| 资产负债率(%) | 年份 | 1季度 | 2季度 | 3季度 | 4季度 | 全年平均 |
|---|---|---|---|---|---|---|
| | 2004年 | 56.9 | 57.4 | 58.4 | 57.2 | 57.5 |
| | 2005年 | 58.9 | 58.1 | 57.2 | 56.7 | 57.7 |

## 二、销售水平

2005年该行业累计产品销售收入为2762.9亿元，比去年同期增加21.3%。产品销售成本为2337.1亿元，比上年同期增加22.2%。

该行业平均销售额占总资产比例为77.0%，上年同期为72.4%，2005年比上年高4.5个百分点。

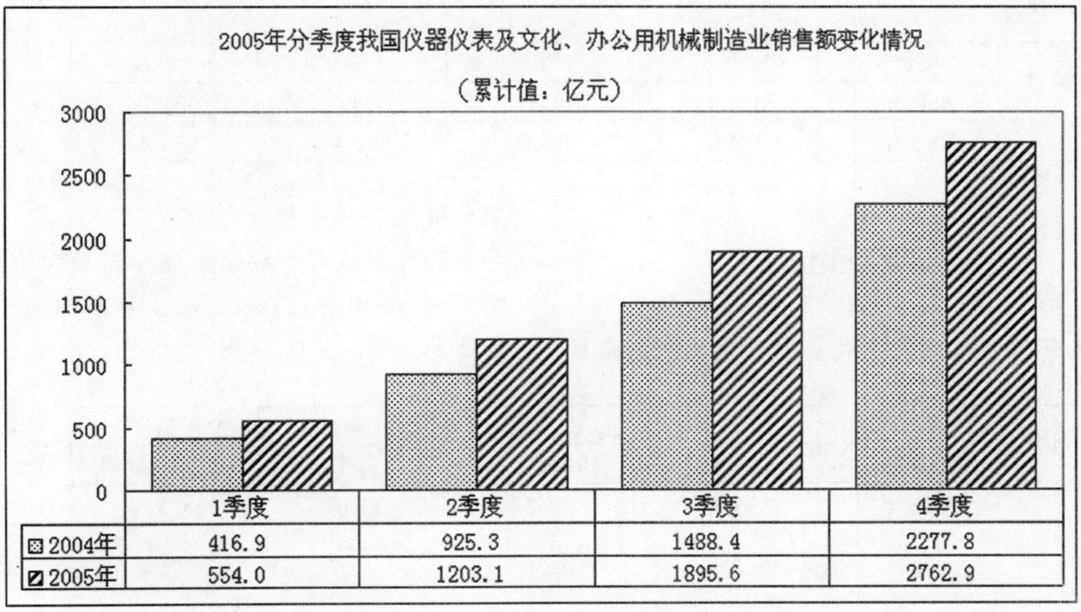

| 销售额占总资产比例(%) | 年份 | 1季度 | 2季度 | 3季度 | 4季度 | 全年平均 |
|---|---|---|---|---|---|---|
| | 2004年 | 26.8 | 57.4 | 88.0 | 117.5 | 72.4 |
| | 2005年 | 29.1 | 60.5 | 90.4 | 127.8 | 77.0 |

## 三、利润水平

该行业2005年实现利润152亿元，上年同期为119.8亿元，增幅为26.9%。

从万元销售利润率看，第一季度为374元，第二季度为483元；第三季度为520元，第四季度为550元。

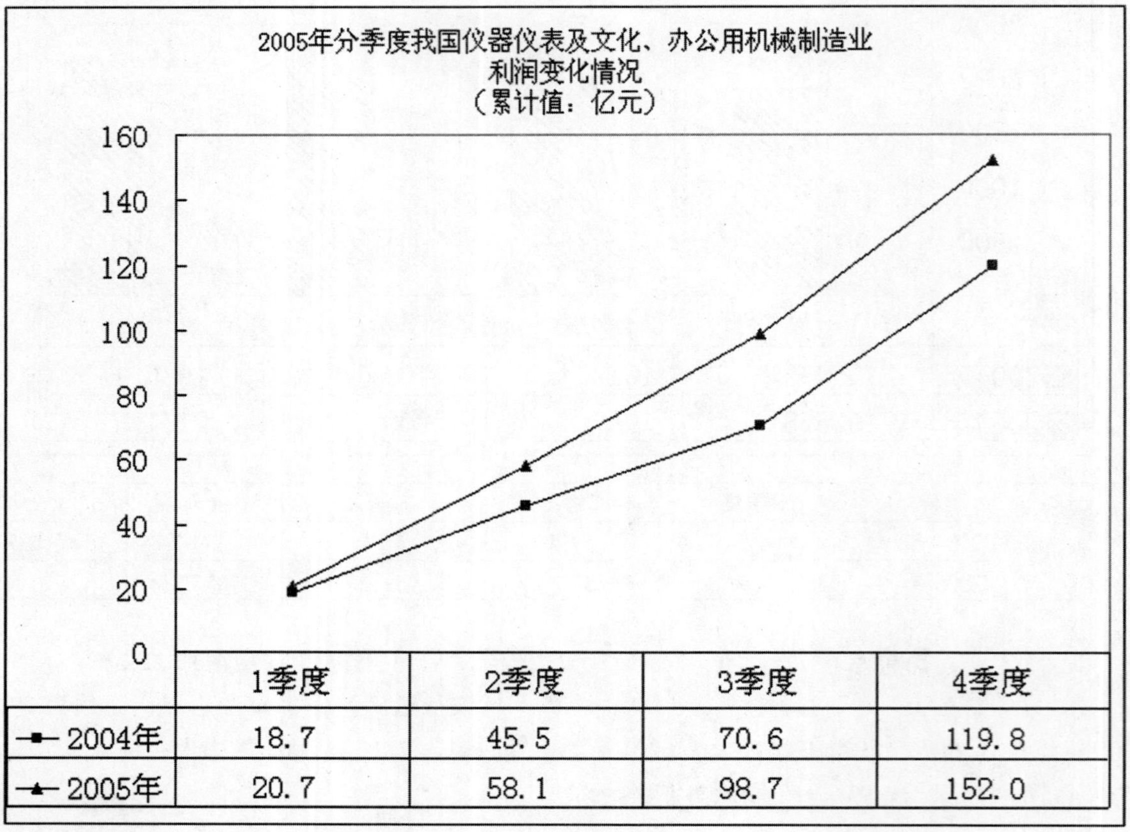


| 利润占销售额比例(%) | 年份 | 1季度 | 2季度 | 3季度 | 4季度 | 全年平均 |
|---|---|---|---|---|---|---|
| | 2004年 | 448.7 | 491.5 | 474.6 | 525.7 | 485.1 |
| | 2005年 | 374.0 | 483.0 | 520.9 | 550.0 | 482.0 |

## 四、企业亏损情况

2005年仪器仪表及文化、办公用机械制造业累计负债为14.8亿元。

2005年该行业亏损企业亏损额大约占利润总额比例(平均值)的19.3%，上年同期为17.7%，大体持平。

| 亏损占利润比例(%) | 年份 | 1季度 | 2季度 | 3季度 | 4季度 | 全年平均 |
|---|---|---|---|---|---|---|
| | 2004年 | 25.5 | 16.5 | 14.7 | 14.1 | 17.7 |
| | 2005年 | 36.2 | 18.2 | 13.0 | 9.7 | 19.3 |

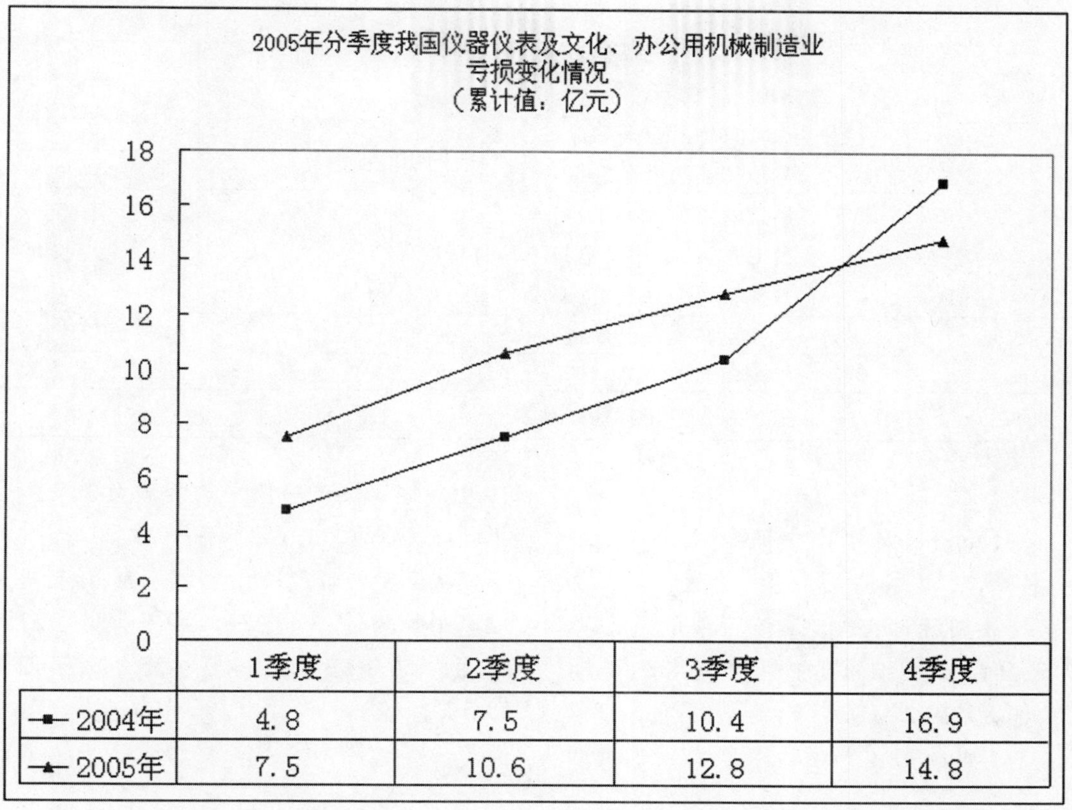


**五、2005 年产品产销量、产销率和库存情况**

从主要产品产量看，我国 2005 年生产电工仪表 4410.5 万台(套)，比上年同期增产 10.2%；照相机 7555.9 万台，比上年同期增产 2%；复印机械 402.8 万台，比上年同期增产 21.2%；钟 19353 万只，增产 2.3%；表 15498.9 万只，增产 1.5%。

从个别产品的销售情况看，2005 年累计销售了照相机 7581.3 万台，产销率为 100.5%，年末库存比年初下降了 22.8%。其中，数码相机占大头，销售量达到 5512.2 万台，产销率为 99.9%，年末库存比年初增加了 8.5%。

同期销售表 15389 万只，产销率为 99.3%，年末库存比年初增加 20%。

# 2005 年我国工艺品及其他制造业经济运行概况

工艺品及其他制造业是我国国民经济行业分类中的一个大类，2005 年该行业全部从业人员为 122.6 万人。

工艺品及其他制造业

| | |
|---|---|
| 工艺美术品制造 | 雕塑工艺品制造<br>金属工艺品制造<br>漆器工艺品制造<br>花画工艺品制造 |

| | |
|---|---|
| | 天然植物纤维编织工艺品制造(竹、藤、棕、草工艺品)<br>抽纱刺绣工艺品制造<br>地毯、挂毯制造<br>珠宝首饰及有关物品的制造<br>其他工艺美术品制造 |
| 日用杂品制造 | 制镜及类似品加工<br>鬃毛加工、制刷及清扫工具的制造<br>其他日用杂品制造(制伞) |
| 煤制品制造 | 生活用其他产品制造业 |
| 核辐射加工 | 生产用其他产品制造业 |
| 其他未列明的制造业 | 生产和生活用其他产品制造业 |

## 一、总资产和资产负债率

据国家统计局统计，2005 年该行业的资产总值为 1357.5 亿元，比上年同期上升了 16.8%，流动资产平均余额为 769.2 亿元，比上年同期增加了 19.8%；固定资产净值平均余额为 385.1 亿元，比上年同期增长了 15.6%。

从全年的资产负债率水平看，该行业的资产负债率平均为 56.3%左右。第一季度为 57.5%，第二季度为 56.4%，第三季度为 55.8%，第四季度末为 55.5%。

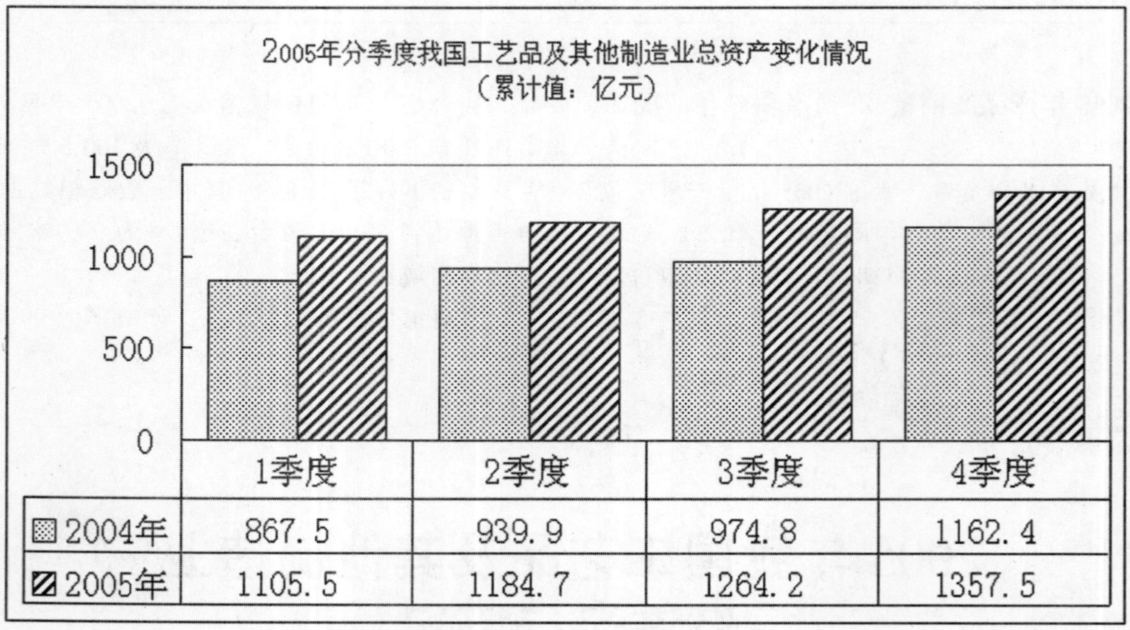


| 资产负债率(%) | 年份 | 1 季度 | 2 季度 | 3 季度 | 4 季度 | 全年平均 |
|---|---|---|---|---|---|---|
| | 2004 年 | 56.2 | 56.1 | 56.2 | 55.8 | 56.1 |
| | 2005 年 | 57.5 | 56.4 | 55.8 | 55.5 | 56.3 |

## 二、销售水平

2005 年前 9 个月累计产品销售收入为 1938.9 亿元，比上年同期增长了 27.7%。产品销售成本为 1671.4 亿元，比上年同期也增长了 27.2%。

该行业平均销售额占总资产比例为 87.8%，上年同期为 84.9%，2005 年比上年高 3 个百分点。

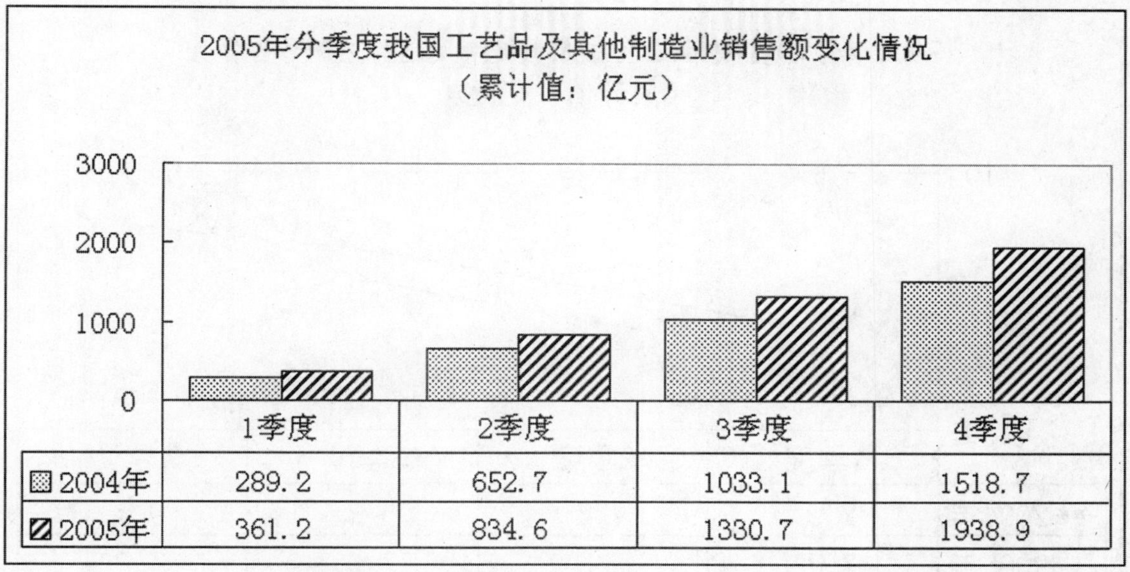


| 销售额占总资产比例(%) | 年份 | 1 季度 | 2 季度 | 3 季度 | 4 季度 | 全年平均 |
|---|---|---|---|---|---|---|
| | 2004 年 | 33.3 | 69.4 | 106.0 | 130.7 | 84.9 |
| | 2005 年 | 32.7 | 70.5 | 105.3 | 142.8 | 87.8 |

## 三、利润水平

工艺品及其他制造业 2005 年获得利润 87.6 亿元，去年同期为 65.8 亿元，增长了 33.1%。

从万元销售利润率看，第一季度为 336.1 元，第二季度为 396.2 元，第三季度为 411.3 元，第四季度为 452 元。全年各季度平均为 398.9 元，比上年的 375.1 元高 23.8 元，创利能力增强。

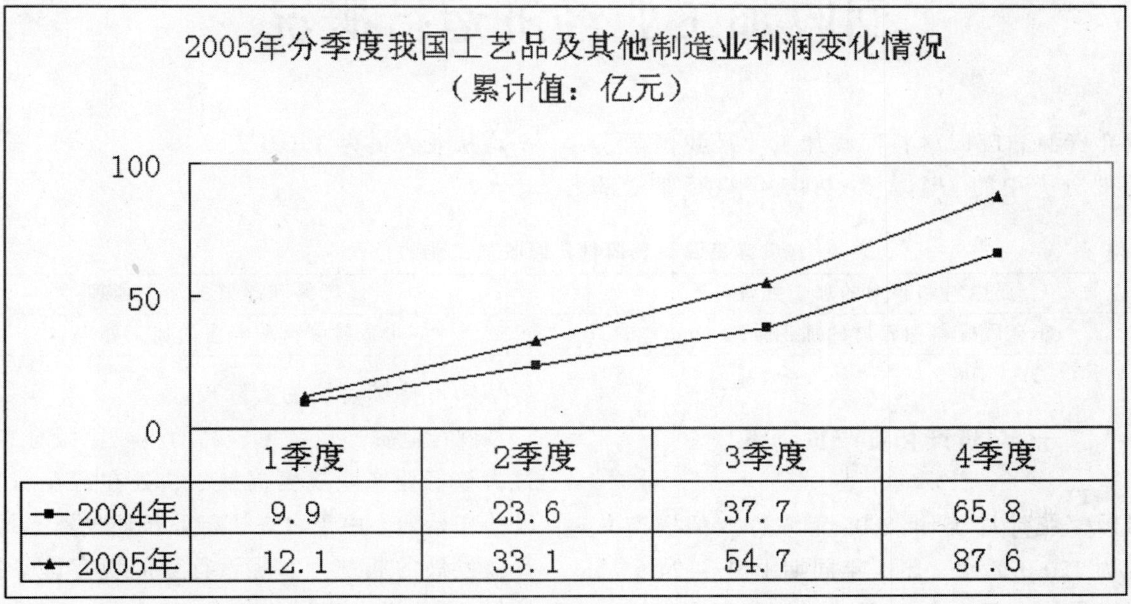


| 利润占销售额比例(%) | 年份 | 1 季度 | 2 季度 | 3 季度 | 4 季度 | 全年平均 |
|---|---|---|---|---|---|---|
| | 2004 年 | 340.6 | 361.3 | 365.0 | 433.5 | 375.1 |
| | 2005 年 | 336.1 | 396.2 | 411.3 | 452.0 | 398.9 |

## 四、企业亏损情况

2005 年工艺品及其他制造业累计亏损企业的亏损额为 7.9 亿元。

2005 年该行业亏损企业亏损额大约占利润总额比例（平均值）的 17.5%，上年同期为 19.1%，减少 1.6 个百分点。

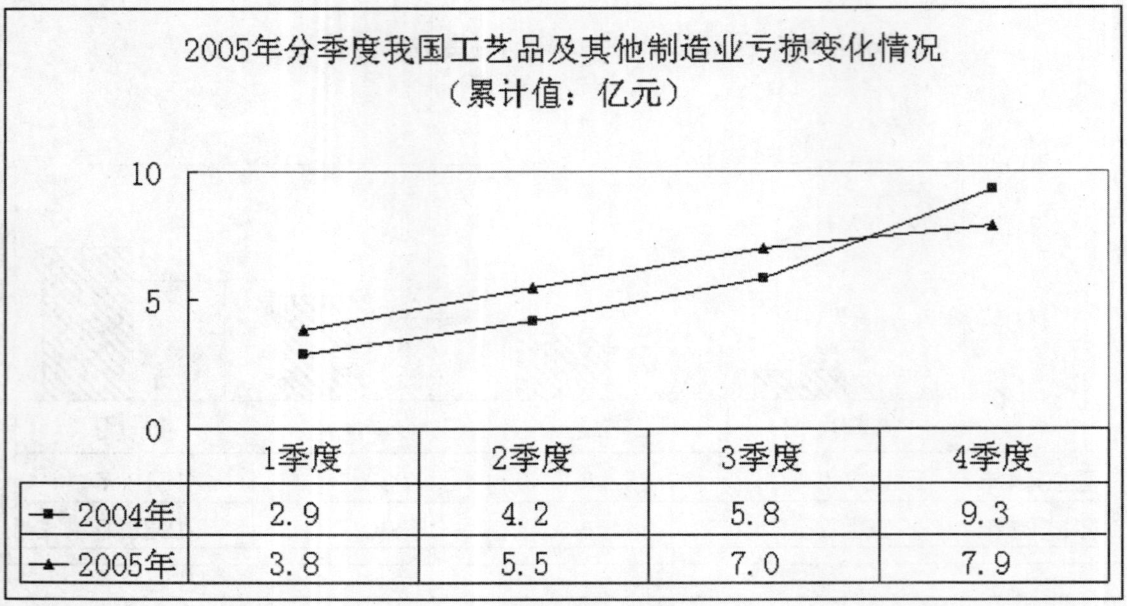


| 亏损占利润比例(%) | 年份 | 1 季度 | 2 季度 | 3 季度 | 3 季度 | 全年平均 |
|---|---|---|---|---|---|---|
| | 2004 年 | 29.2 | 17.6 | 15.3 | 15.3 | 19.1 |
| | 2005 年 | 31.1 | 16.7 | 12.9 | 12.9 | 17.5 |

# 2005 年我国废弃资源和废旧材料回收加工业经济运行概况

废弃资源和废旧材料回收加工业是我国国民经济行业分类中的一个大类，2005 年该行业全部平均从业人员为 3.6 万人。

**废弃资源和废旧材料回收加工业的范围**

| | |
|---|---|
| 金属废料和碎屑的加工处理 | 金属废料和碎屑的加工处理 |
| 非金属废料和碎屑的加工处理 | 非金属废料和碎屑的加工处理 |

## 一、总资产和资产负债率

据国家统计局统计，2005 年该行业的资产总值累计为 120.0 亿元，比上年同期上升了 24.9%，流动资产平均余额为 79.7 亿元，比上年同期增加了 46.4%；固定资产净值平均余额为 30.4 亿元，比上年同期增长了 43.7%。这些数字的增长反映全社会响应党中央建立“节约社会”的号召，努力争取科学和可持续发展的实际反映。

该行业资产负债率较高的主要原因有二，一是过去该行业产业规模仍偏小，处在行业新发展阶段的初始期。由于过去该行业长期投资不足，成为行业发展的瓶颈。二是该行业的现有设备技术含量低，不能满足市场的需求，建立较为现代化的第二资源工业行业就须装备大量较高技术含量的设备，因此要求初始投资较高。这是资产负债率高的原因之一。

| 资产负债率(%) | 年份 | 1 季度 | 2 季度 | 3 季度 | 4 季度 | 全年平均 |
|---|---|---|---|---|---|---|
| | 2004 年 | 72.2 | 72.3 | 71.1 | 70.9 | 71.3 |
| | 2005 年 | 66.8 | 67.9 | 69.2 | 70.2 | 68.5 |

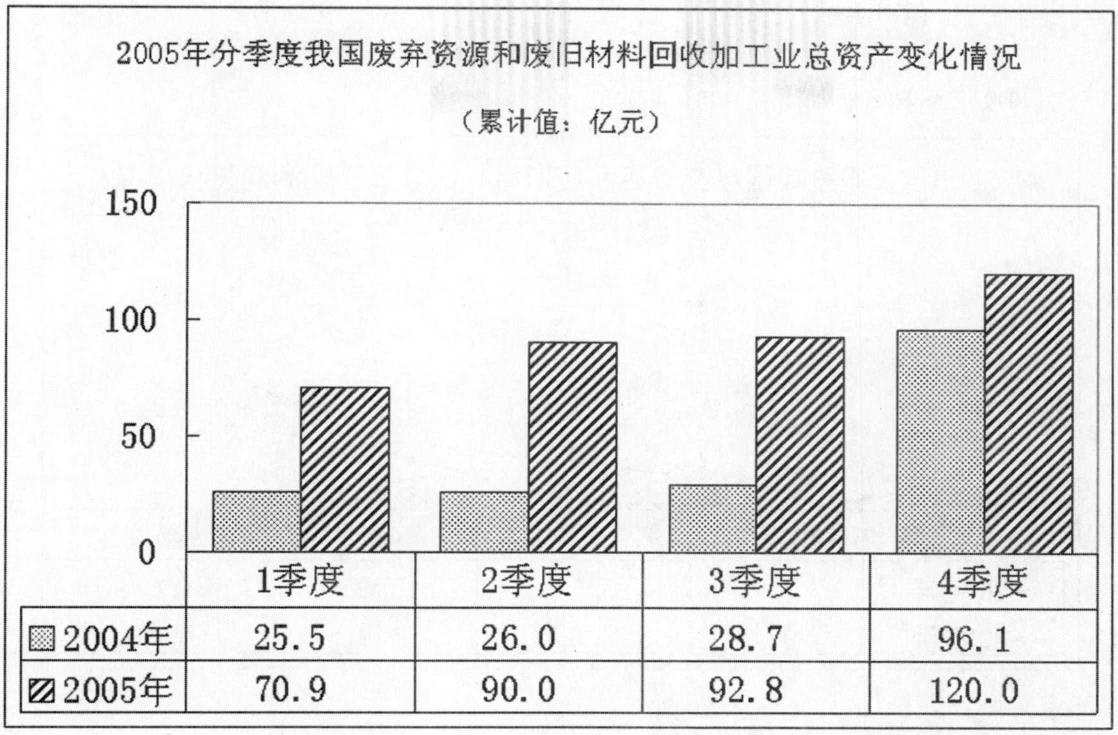


## 二、销售水平

从该行业的产成品销售情况看，2005年累计产品销售收入为248.3亿元，比上年同期增长了46.2%。产品销售成本为230.7亿元，比上年同期也增长了47.5%，这些数据反映2005年我国废弃资源和废旧材料回收加工业销售额和生产的势头好。

该行业平均销售额占总资产比例为138.7%，上年同期为136.9%，2005年比上年高1.8个百分点。

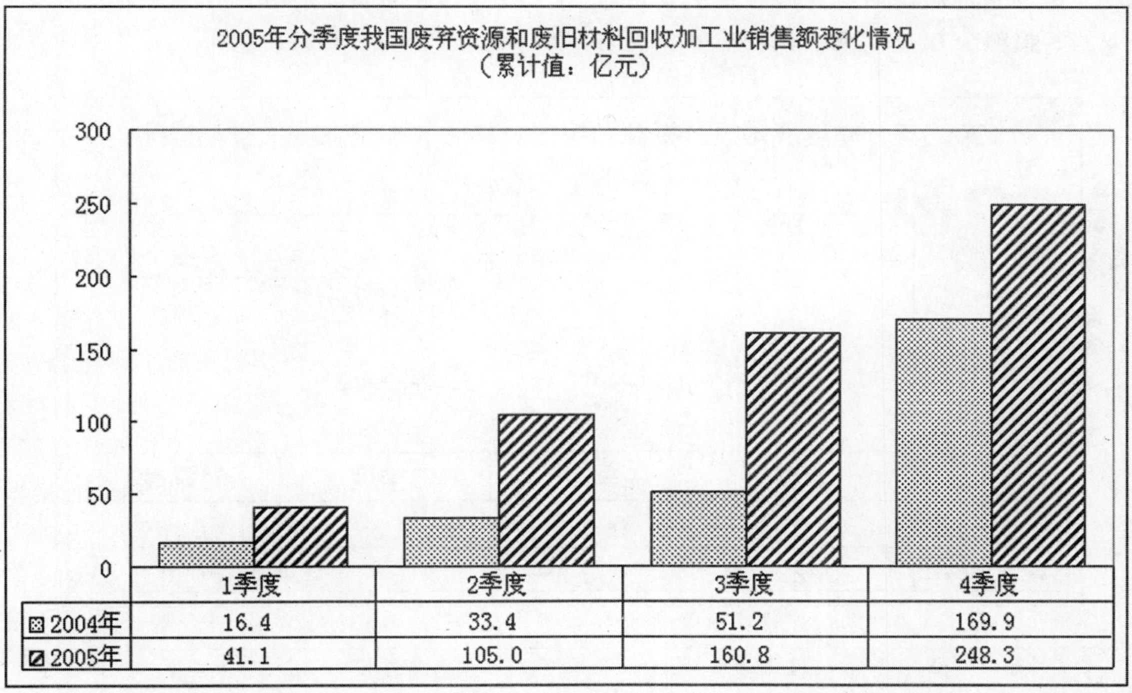


| | 年份 | 1季度 | 2季度 | 3季度 | 4季度 | 全年平均 |
|---|---|---|---|---|---|---|
| 销售额占总资产比例(%) | 2004年 | 64.2 | 128.1 | 178.4 | 176.8 | 136.9 |
| | 2005年 | 58.0 | 116.7 | 173.4 | 206.8 | 138.7 |

## 三、利润水平

废弃资源和废旧材料回收加工业 2005 年实现利润 6 亿元，上年同期为 4.62 亿元，增长 29.9%。

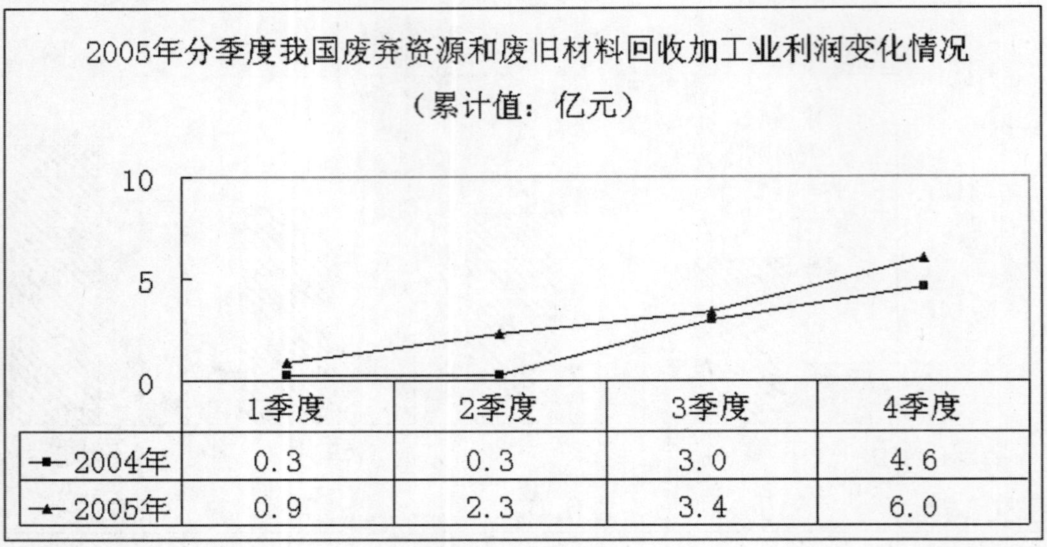


| 利润占销售额比例(%) | 年份 | 1 季度 | 2 季度 | 3 季度 | 4 季度 | 全年平均 |
|---|---|---|---|---|---|---|
| | 2004 年 | 170.9 | 87.0 | 580.3 | 271.9 | 277.5 |
| | 2005 年 | 211.5 | 216.3 | 211.4 | 241.7 | 220.2 |

## 四、企业亏损情况

2005 年废弃资源和废旧材料回收加工业累计亏损企业的亏损额为 0.77 亿元。该行业亏损高与其加工手段技术落后有关。

2005 年该行业亏损企业亏损额大约占利润总额比例（平均值）为 16.2%，上年同期为 21.1%，减少 4.9 个多百分点，有改善。

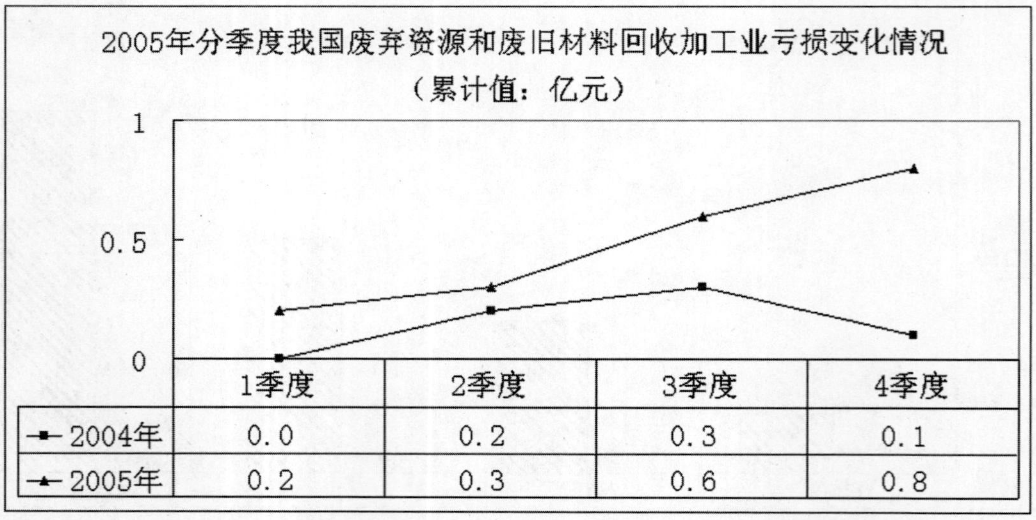


| 亏损占利润比例(%) | 年份 | 1 季度 | 2 季度 | 3 季度 | 4 季度 | 全年平均 |
|---|---|---|---|---|---|---|
| | 2004 年 | 14.3 | 58.6 | 8.4 | 3.0 | 21.1 |
| | 2005 年 | 19.5 | 14.1 | 18.5 | 12.8 | 16.2 |

# 2005 年我国电力、热力的生产和供应业经济运行概况

电力、热力的生产和供应业是我国国民经济行业分类中的一个大类，电力行业是重要的能源工业。该行业 2005 年该行业全部平均从业人员为 248.8 万人。

**电力、热力的生产和供应业的范围**

| | |
|---|---|
| 电力生产 | |
| 火力发电 | 火力发电业 |
| 水力发电 | 水力发电业 |
| 核力发电 | 核力发电业 |
| 其他能源发电 | 其他电业 |
| 电力供应 | 电力供应业 |
| 热力生产和供应 | 蒸汽、热水生产和供应业 |

## 一、总资产和资产负债率

据国家统计局统计，2005 年该行业的资产总值为 37539.9 亿元，比上年同期增加 8.6%，是我国唯一总资产近 4 万亿元人民币的行业。

2005 年该行业的流动资产平均余额为 6682.0 亿元，比上年同期增加 2%；固定资产净值平均余额累计为 21353.7.5 亿元，比上年同期增长了 11.7%。这些数据反映了 2005 年电力、热力的生产和供应业投资力度仍在加大，总资产保持持续增长态势。

从全年的资产负债率水平看，电力、热力的生产和供应业的季度平均资产负债率为 56.2%左右，属于良性发展发展状态。分季度看，第一季度为 55.4%，第二季度为 56.2%，第三季度为 56.5%，第四季度末为 56.8%。

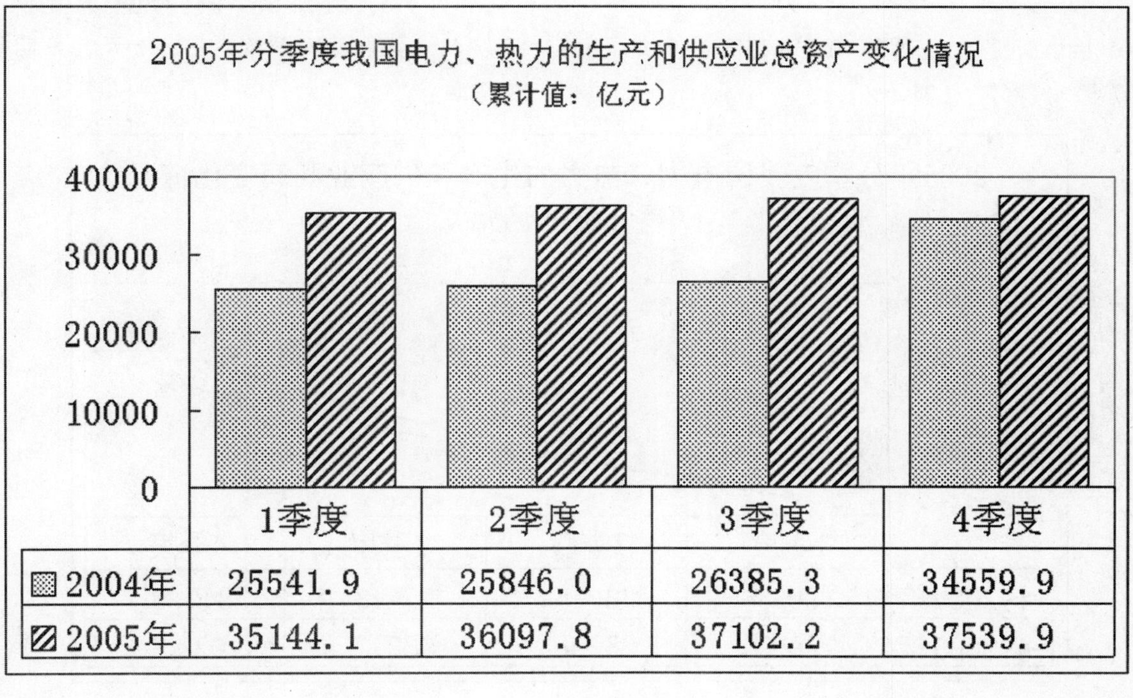

| 资产负债率(%) | 年份 | 1季度 | 2季度 | 3季度 | 4季度 | 全年平均 |
|---|---|---|---|---|---|---|
| | 2004年 | 62.8 | 62.8 | 64.0 | 55.2 | 61.2 |
| | 2005年 | 55.4 | 56.2 | 56.5 | 56.8 | 56.2 |

## 二、销售水平

2005年该行业累计产品销售收入为17613.6亿元，比上年同期增加21.5%。产品销售成本为15641亿元，比上年同期增加22.3%。

该行业平均销售额占总资产比例为28.4%，上年同期为28.5%。

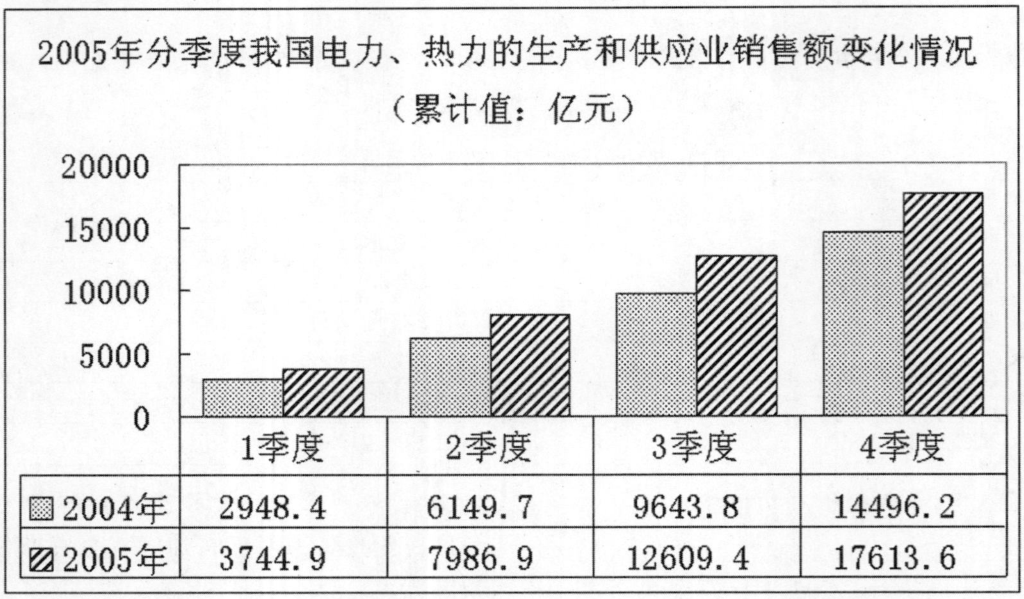


| 销售额占总资产比例(%) | 年份 | 1季度 | 2季度 | 3季度 | 4季度 | 全年平均 |
|---|---|---|---|---|---|---|
| | 2004年 | 11.5 | 23.8 | 36.6 | 41.9 | 28.5 |
| | 2005年 | 10.7 | 22.1 | 34.0 | 46.9 | 28.4 |

## 三、利润水平

2005年该行业实现利润1029.9亿元，上年同期为847亿元，增幅为21.6%。

从万元销售利润率看，2005年季度平均销售利润率为474.4元，第一季度为345.7元，第二季度为441.4元；第三季度为525.6元，第四季度为584.7元。

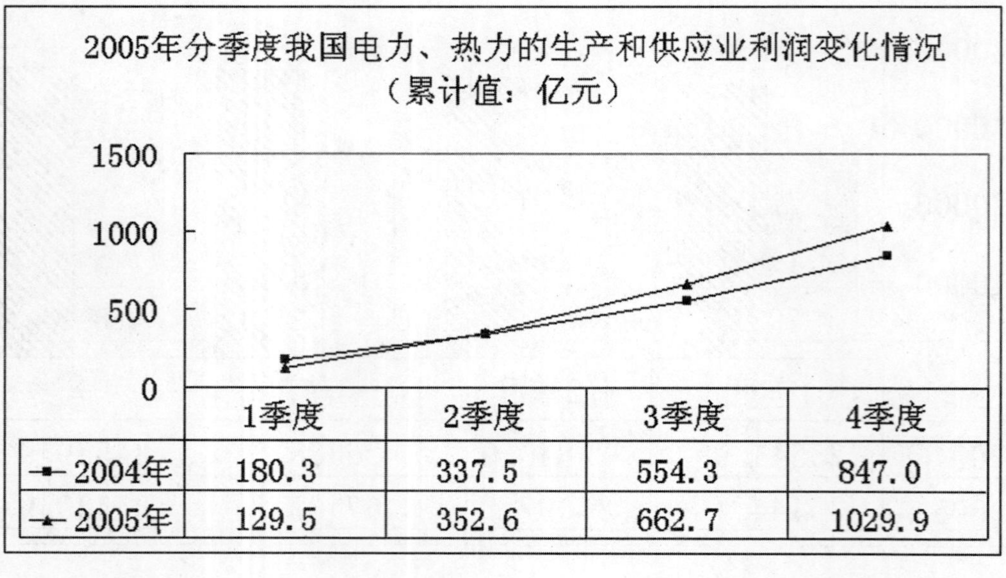

| 利润占销售额比例(%) | 年份 | 1季度 | 2季度 | 3季度 | 4季度 | 全年平均 |
|---|---|---|---|---|---|---|
| | 2004年 | 611.6 | 548.8 | 574.8 | 584.3 | 579.9 |
| | 2005年 | 345.7 | 441.4 | 525.6 | 584.7 | 474.4 |

## 四、企业亏损情况

2005年电力、热力的生产和供应业累计亏损企业的亏损额为146.7亿元，与上年同期大体持平。

2005年该行业亏损企业亏损额大约占利润总额比例(平均值)为34.9%，上年同期为23.9%。

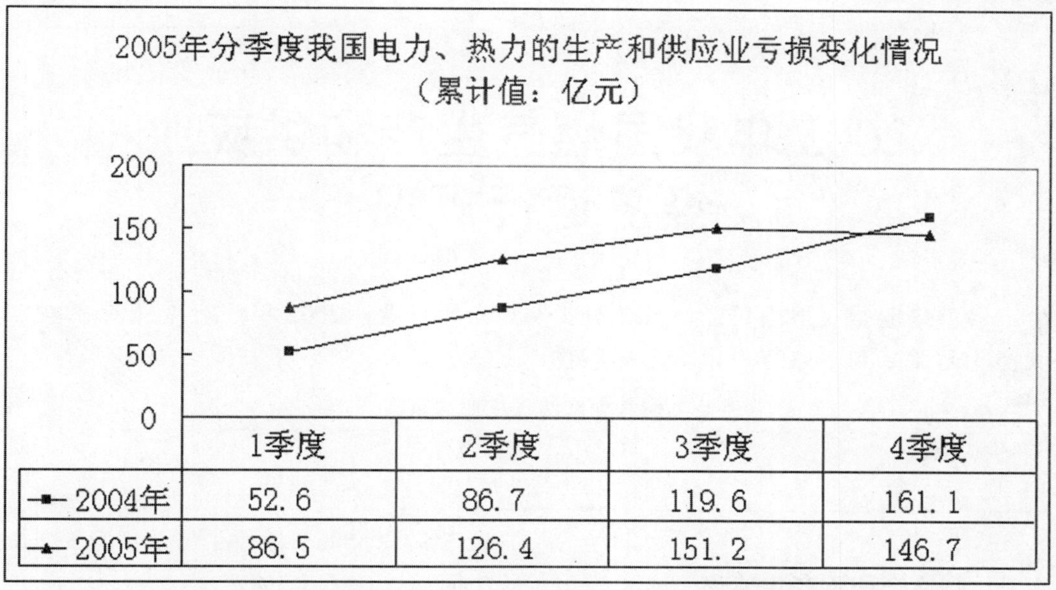


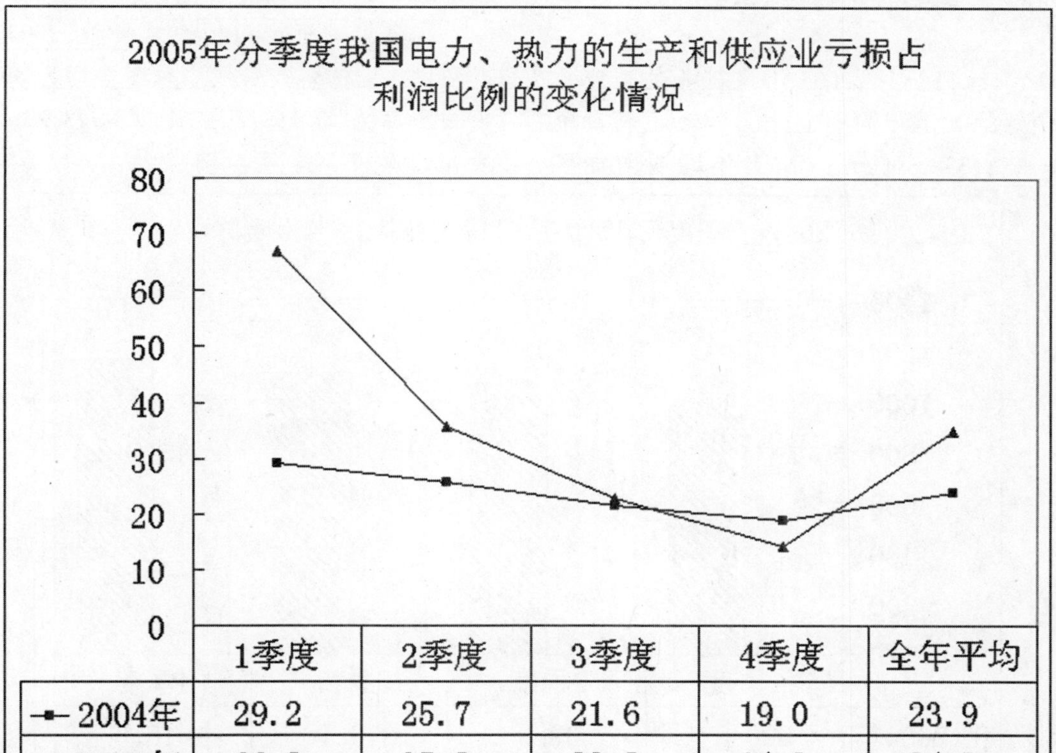


| 亏损占利润比例(%) | 年份 | 1季度 | 2季度 | 3季度 | 4季度 | 全年平均 |
|---|---|---|---|---|---|---|
| | 2004年 | 29.2 | 25.7 | 21.6 | 19.0 | 23.9 |
| | 2005年 | 66.8 | 35.8 | 22.8 | 14.2 | 34.9 |

### 五、2005 年产品产量

2005 年我国发电量为 24145.8 亿千瓦小时，比上年同期增长 13.3%。其中，火电产出 19857.3 亿千瓦小时，水电 3643.9 亿千瓦小时，核电 530.9 亿千瓦小时，分别增长了 12.5%，19.5%和 5.2%。

从我国电力的结构看，依然是火电为主。火电发电量占总发电量的 82.2%，水电占 15.1%，核电只占 2.2%。其他发电形式大约 0.5%。

总的看，2005 年我国缺电情况仍存，但已经得到明显缓解。据国家发改委预测数据，2006 年我国仍然缺电，但缺口较上年大为缩小，供应趋于平衡。这应归功于近几年电力建设。

# 2005 年我国燃气生产和供应业经济运行概况

燃气生产和供应业是我国国民经济行业分类中的一个大类，是关系到千家万户生活用燃料供应的行业。2005 年该行业全部平均从业人员为 15.2 万人。

燃气生产和供应业的范围

| | |
|---|---|
| 燃气生产和供应业 | 煤气生产业 |
| | 煤气供应业 |

### 一、总资产和资产负债率

据国家统计局统计，2005 年该行业的资产总值为 1162 亿元，比上年同期上升了 14.1%，流动资产平均余额为 338.6 亿元，比上年同期增加了 12.5%；固定资产净值平均余额为 532.6 亿元，比上年同期增长了 8.5%。

从全年的资产负债率水平看，2005 年燃气生产和供应业的资产负债率季度平均为 49.4%左右，第一季度为 47.1%，第二季度为 48.9%，第三季度为 50.2%，第四季度为 51.4%。

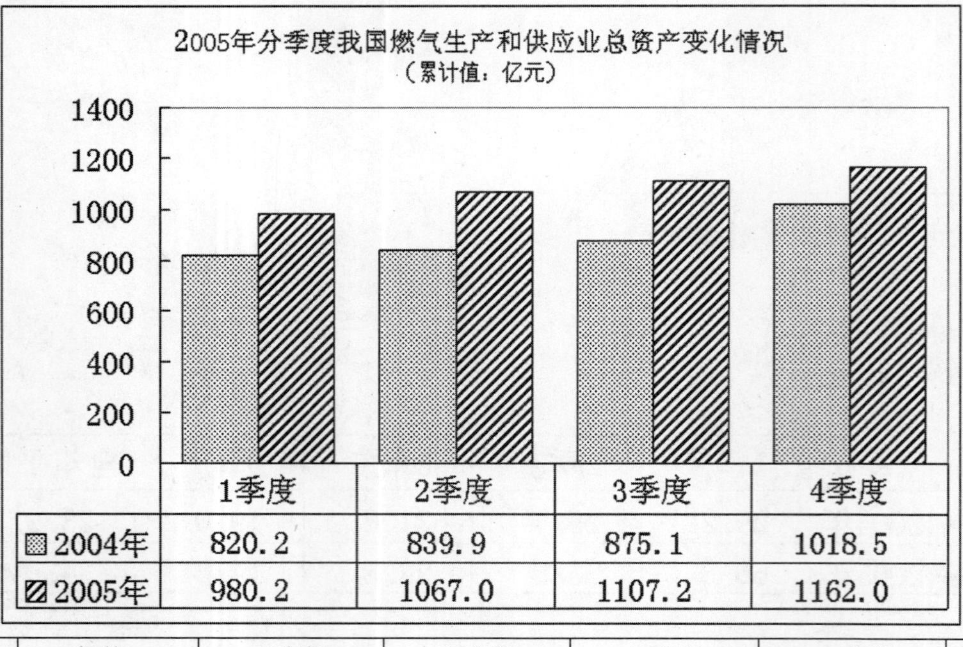


| | 年份 | 1 季度 | 2 季度 | 3 季度 | 4 季度 | 全年平均 |
|---|---|---|---|---|---|---|
| 资产负债率 (%) | 2004 年 | 47.3 | 47.4 | 47.0 | 47.4 | 47.3 |
| | 2005 年 | 47.1 | 48.9 | 50.2 | 51.4 | 49.4 |

## 二、销售水平

2005 年燃气生产和供应业累计产品销售收入为 657.2 亿元，比上年同期增长了 23.5%。产品销售成本为 598.8 亿元，比上年同期也增长了 25.2%。

该行业平均销售额占总资产比例为 35.9%，上年同期为 33%，2005 年比上年高 2.9 个百分点。

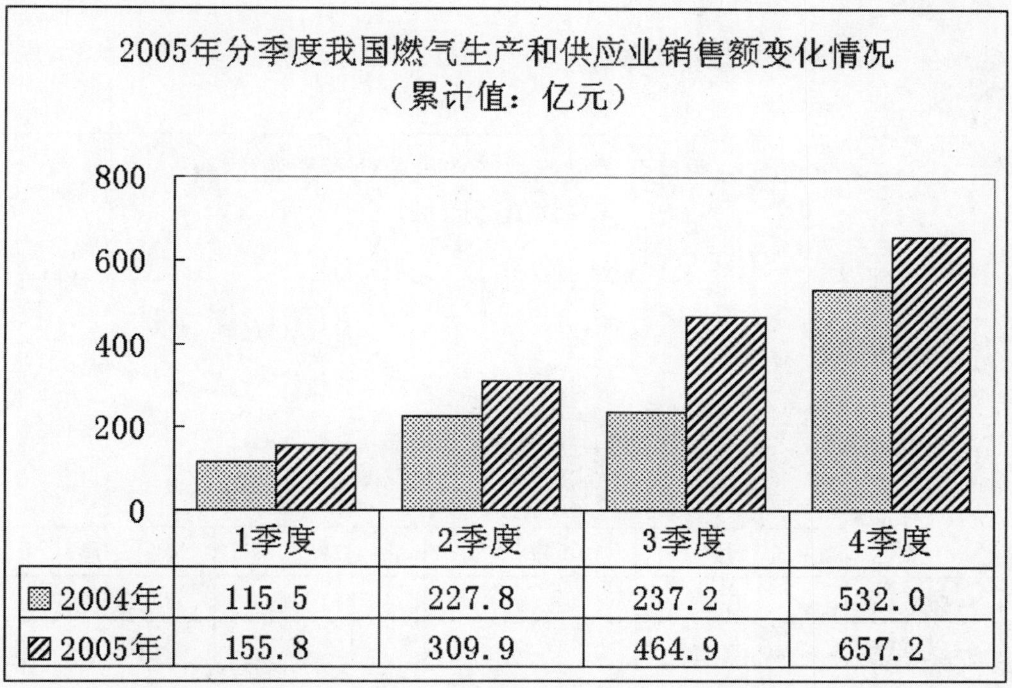


| 销售额占总资产比例(%) | 年份 | 1 季度 | 2 季度 | 3 季度 | 4 季度 | 全年平均 |
|---|---|---|---|---|---|---|
| | 2004 年 | 14.1 | 27.1 | 38.5 | 52.2 | 33.0 |
| | 2005 年 | 15.9 | 29.0 | 42.0 | 56.6 | 35.9 |

## 三、利润水平

2005 年该行业实现利润 16.0 亿元，上年同期为 16.6 亿元，基本持平。

从万元销售利润率看，2005 年季度平均销售利润率为 251.8 元，第一季度为 242 元，第二季度为 310.8 元；第三季度为 210.4 元，第四季度为 243.8 元左右。各季度数字起伏大主要由季节变动导致。

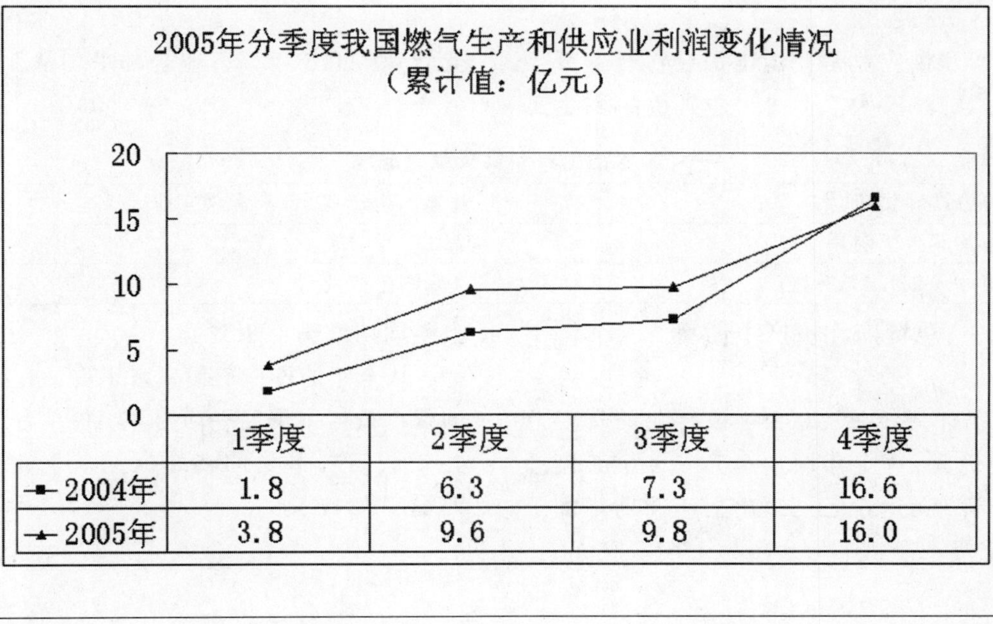

| 利润占销售额比例(%) | 年份 | 1季度 | 2季度 | 3季度 | 4季度 | 全年平均 |
|---|---|---|---|---|---|---|
| | 2004年 | 152.3 | 274.8 | 216.8 | 311.7 | 238.9 |
| | 2005年 | 242.0 | 310.8 | 210.4 | 243.8 | 251.8 |

## 四、企业亏损情况

2005年燃气生产和供应业累计亏损企业的亏损额为17.7亿元。

国家对燃气生产和供应业全线监控，并给企业补贴。据测算，2005年该行业亏损企业亏损额大约占利润总额比例(平均值)为131.4%，上年同期为157.4%。

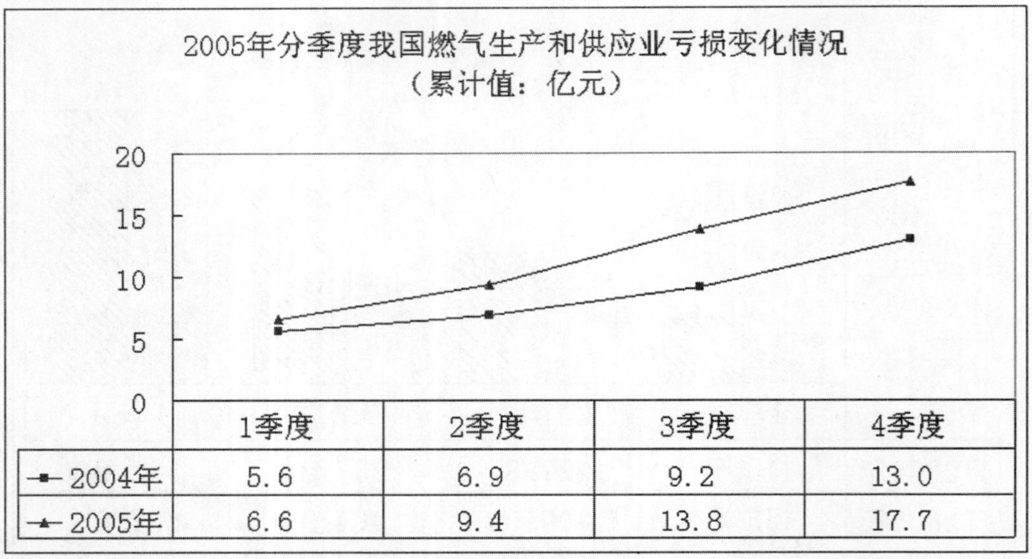


| 亏损占利润比例(%) | 年份 | 1季度 | 2季度 | 3季度 | 4季度 | 全年平均 |
|---|---|---|---|---|---|---|
| | 2004年 | 315.9 | 109.7 | 125.6 | 78.4 | 157.4 |
| | 2005年 | 176.1 | 98.0 | 140.6 | 110.7 | 131.4 |

# 2005年我国水的生产和供应业经济运行概况

水的生产和供应业是我国国民经济行业分类中的一个大类，涉及大众饮水，是典型的民生工业行业。2005年该行业全部平均从业人员为46.4万人。

**水的生产和供应业的范围**

| | |
|---|---|
| 自来水的生产和供应 | 自来水生产业，自来水供应业 |
| 污水处理及其再生利用 | 市政工程管理业 |
| 其他水的处理、利用与分配 | 自来水生产业 |

## 一、总资产和资产负债率

据国家统计局统计，2005年该行业的资产总值为2851.5亿元，比上年同期上升了9.6%，流动资产平均余额为658.6亿元，比上年同期增加了12.5%；固定资产净值平均余额为1567.3亿元，比上年同期增长了8.5%。

从全年的资产负债率水平看，水生产和供应业的资产负债率季度平均为47.1%左右，第一季度为46.4%，第二季度为46.8%，第三季度为47.6%，第四季度为47.5%。

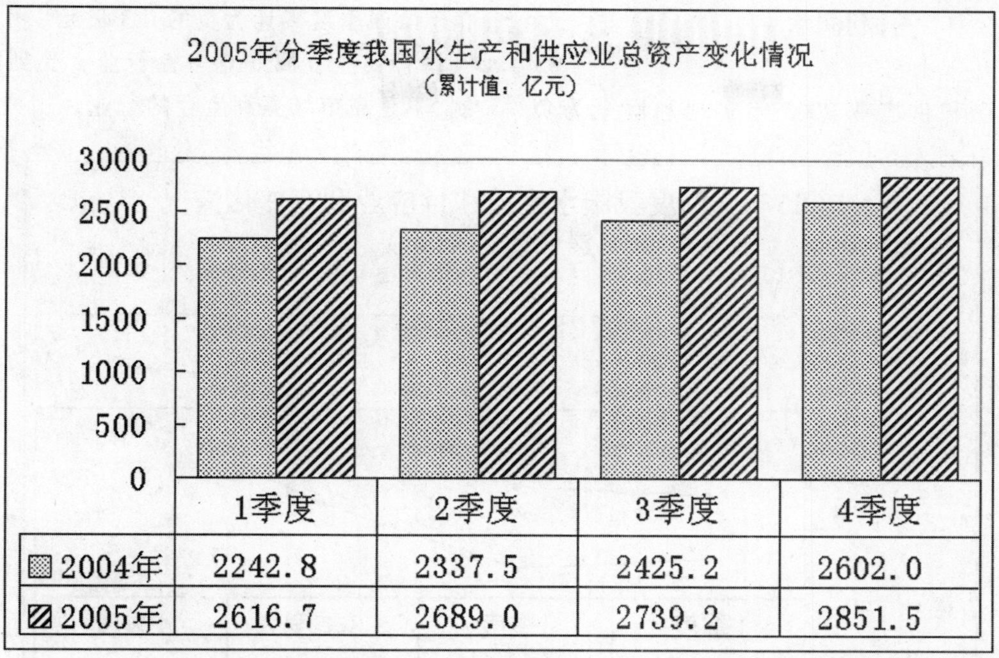


| 资产负债率(%) | 年份 | 1 季度 | 2 季度 | 3 季度 | 4 季度 | 全年平均 |
|---|---|---|---|---|---|---|
| | 2004 年 | 44.5 | 44.9 | 46.0 | 45.0 | 45.1 |
| | 2005 年 | 46.4 | 46.8 | 47.6 | 47.5 | 47.1 |

## 二、销售水平

2005 年累计产品销售收入为 541.4 亿元，比上年同期增长了 13.03%。产品销售成本为 417.2 亿元，比上年同期增长了 13.1%。

该行业平均销售额占总资产比例为 11.7%，上年同期为 11.5%，基本持平。

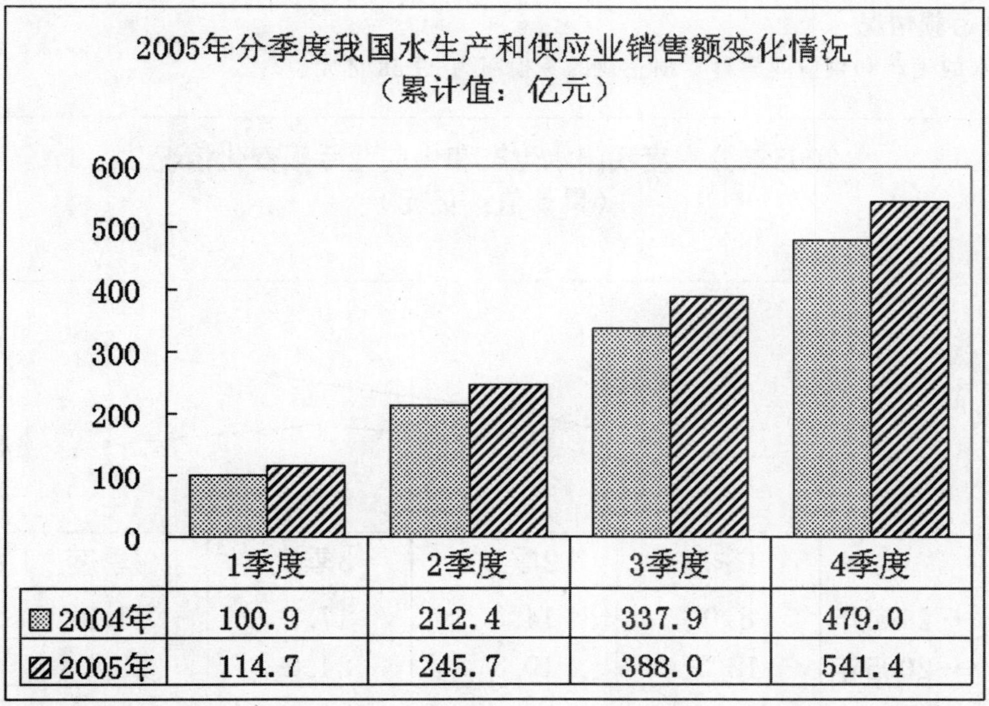


| 销售额占总资产比例(%) | 年份 | 1 季度 | 2 季度 | 3 季度 | 4 季度 | 全年平均 |
|---|---|---|---|---|---|---|
| | 2004 年 | 4.5 | 9.1 | 13.9 | 18.4 | 11.5 |
| | 2005 年 | 4.4 | 9.1 | 14.2 | 19.0 | 11.7 |

### 三、利润水平

水的生产和供应业 2005 年实现利润全为负值。第四季度累计为负的 0.3 亿元。由于该行业涉及国计民生，属非竞争性行业，受到国家严厉管制，不是靠市场赢利生存的行业。

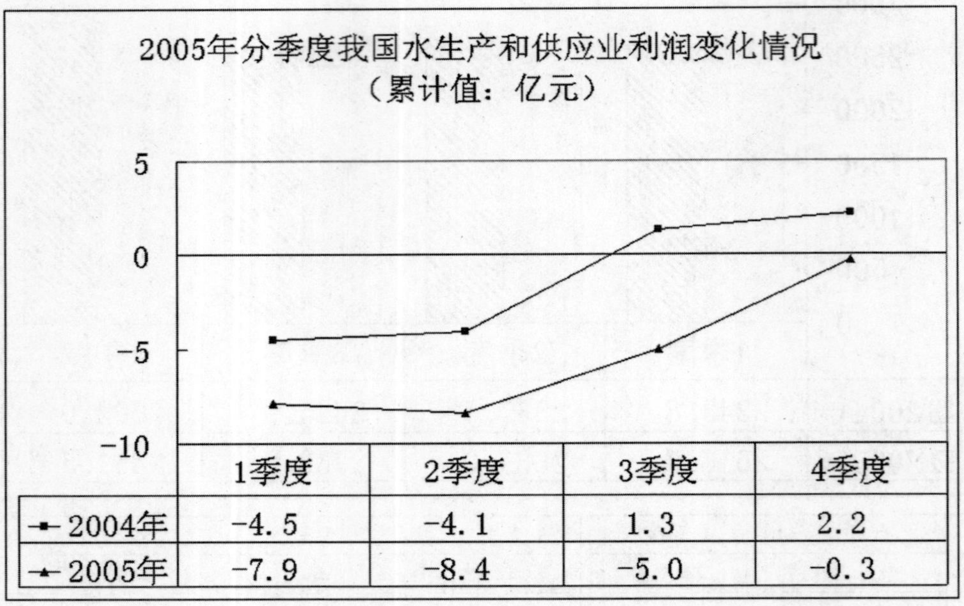


| 利润占销售额比例(%) | 年份 | 1 季度 | 2 季度 | 3 季度 | 4 季度 | 全年平均 |
|---|---|---|---|---|---|---|
| | 2004 年 | -446.0 | -193.0 | 38.5 | 45.9 | -138.7 |
| | 2005 年 | -688.8 | -341.9 | -128.9 | -5.5 | -291.3 |

### 四、企业亏损情况

2005 年水的生产和供应业累计亏损企业的亏损额为 29.58 亿元。

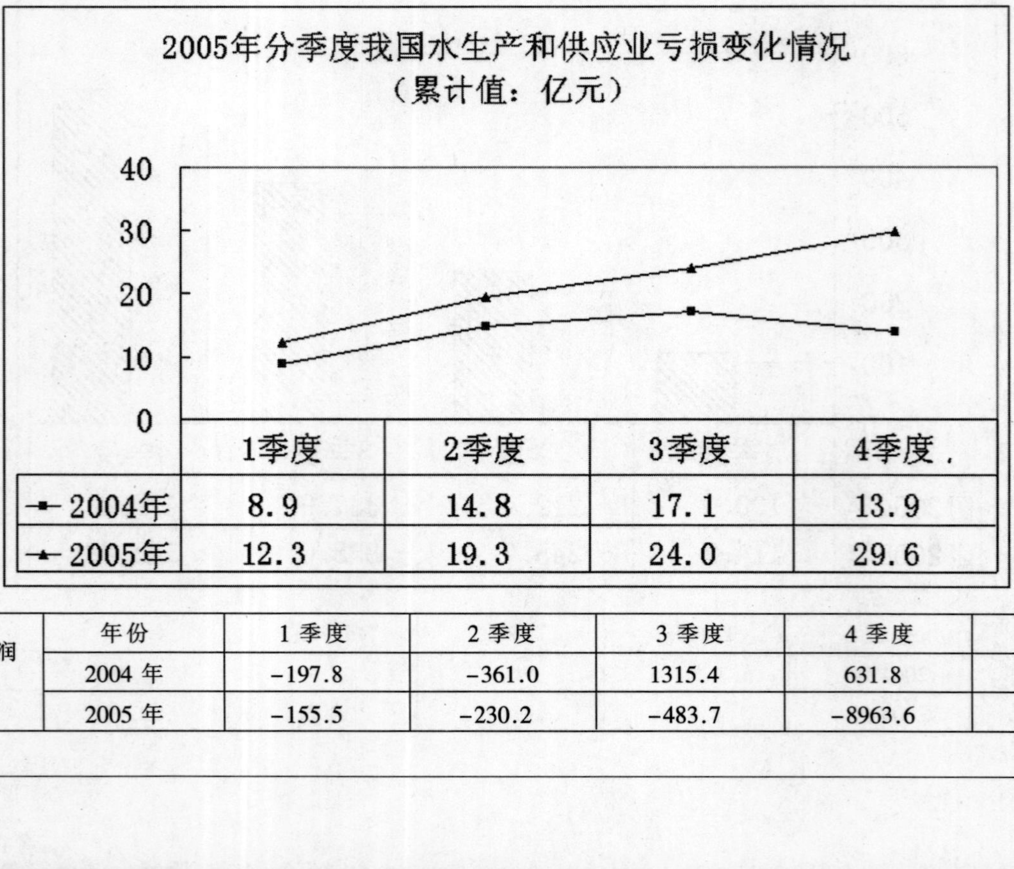


| 亏损占利润比例(%) | 年份 | 1 季度 | 2 季度 | 3 季度 | 4 季度 | 全年平均 |
|---|---|---|---|---|---|---|
| | 2004 年 | -197.8 | -361.0 | 1315.4 | 631.8 | 347.1 |
| | 2005 年 | -155.5 | -230.2 | -483.7 | -8963.6 | -2458.3 |

# 重点领航企业风采篇（上）

中国工业经济年鉴

# 重点领航企业

# 风采篇

# 品牌·中国

## 中国知名品牌
## 企业风采展示专辑

# 中国电信集团公司

## 中国电信创造中国企业入选“世界最受赞赏企业”

中国电信集团公司是按国家电信体制改革方案组建的特大型国有通信企业，于2002年5月挂牌成立。中国电信集团公司下设31个省级企业，拥有全国性骨干通信网络，在全国范围内经营电信业务，集团公司与31个省级企业既以资本为纽带、又以网络和业务为纽带。

中国电信集团公司由中央管理，是经国务院授权投资的机构和国家控股公司的试点。中国电信集团公司注册资本1580亿元人民币。目前主要经营国内、国际各类固定电信网络设施，包括本地无线环路；基于电信网络的语音、数据、图像及多媒体通信与信息服务；进行国际电信业务对外结算，开拓海外通讯市场；经营与通讯及信息业务相关的系统集成、技术开发、技术服务、信息咨询、广告、出版、设备生产销售和进出口、设计施工等业务；并根据市场发展需要，经营国家批准或允许的其他业务。中国电信集团公司继续拥有“中国电信”的商誉和无形资产。

中国电信集团公司以上海、江苏、浙江、广东四省（市）电信业务资产进行重组改制，于2002年9月10日成立中国电信股份有限公司，并于11月14、15日在纽约和香港两地完成股票发行和上市交易，标志着中国电信进入了健康发展的新阶段。

2002年中国电信成功入选“世界最受赞赏企业”，并于2003年再次入选，作为当年全球入选的345家企业中排名提升幅度最大的企业，中国电信创造了中国企业入选“世界最受赞赏企业”的最好成绩。中国电信在2003年度权威专业杂志《亚洲电信》的评选中，以绝对优势获得“亚洲最佳新兴市场运营商”称号。

中国电信
CHINA TELECOM

petrochemical

**yansan 燕山石化**

燕山石化夜景

公司全称：中国石化集团北京燕山石油化工有限公司

SINOPEC BEIJING YANSHAN PETROCHEMICAL CO.,LTD.

公司地址：北京市房山区燕山岗南路一号

电话：(010) 69342295　　传真：(010) 69342736

网址：http://www.bypc.com.cn

公司机关办公楼

燕山石化是中国石化集团公司直属的特大型石油化工联合企业，成立于1970年7月20日。原油加工能力850万吨/年，乙烯生产能力71万吨/年，拥有生产装置88套，辅助装置71套，可生产汽油、柴油、航空煤油、石蜡、乙烯、聚乙烯、聚丙烯、苯酚、丙酮、顺丁橡胶、丁基橡胶等94个品种411个牌号的石油化工产品，是我国最大的炼油化工生产企业之一，也是目前国内最大的合成树脂生产商、最大的合成橡胶生产商、最大的基本有机化工原料生产商。投产35年来，已累计向社会提供各类油品和化工产品2亿多吨，实现利税500亿元，为国民经济和首都建设发展做出了贡献。

在35年的发展历程中，燕山石化始终坚持以技术进步为先导，以服务客户为宗旨。汽油、聚乙烯、聚丙烯、顺丁橡胶等12大类产品多次荣获国家及部市级优质产品奖，并被命名为“北京市名牌产品”称号。燕山石化大力推进技术进步，在国内石化业率先进行了两轮乙烯改造，走出了一条系统优化，内涵发展的道路；拥有一批达到国内先进水平的自有技术，有368项科技成果通过部市级以上鉴定，269项技术成果在国内外获得专利权，并开创了我国成套石化技术出口的先河。

近年来，燕山石化坚持以科学管理为主线，不断强化基础管理，推进管理创新，各主要生产厂均通过了ISO9001体系和HSE体系认证。燕山石化坚持科学发展观，注重人与自然和谐发展，不断加大对“三废”的处理力度，深入开展污水回用项目研究，投用了多套污水回用装置。先后被评为国家环保与综合利用先进企业、国家绿化先进单位和“北京市花园式工厂”。

燕山石化将按照现代企业制度的要求，坚持改革、改组、改造和加强管理相结合的方针。大力进行产业结构、产品结构和组织结构调整，努力把燕山石化建设成为产品特色突出、技术实力雄厚、管理科学规范、员工素质优良、文化独特鲜明、发展持续稳定的现代企业。

# 中国石化集团北京燕山石油化工有限公司

SINOPEC BEIJING YANSHAN PETROCHEMICAL CO.,LTD.

职工在操作室内认真操作

检验人员在做质检分析

聚

71万吨/年乙烯装置

线

职工在认真检查产品质量

牛口峪污水回用装置

2001年第二轮乙烯改扩建过程中运用先进技术首次实现大型设备平移

200万吨/年催化裂化装置

# 中国石化集团北京燕山石油化工有限公司
SINOPEC BEIJING YANSHAN PETROCHEMICAL CO.,LTD.

# 海虹涂料　中国名牌

## 见证了中国涂料工业的辉煌

**1980年，** 作为深圳特区最早的外商投资企业，**海虹船舶漆有限公司**蛇口工厂在蛇口工业区奠基筹建，并于1981年正式投产。

1992年，由丹麦老人牌集团与香港招商局国际有限公司合资组建的**海虹老人牌(中国)有限公司**成立。公司总部设在香港，在中国境内共有三家工厂（蛇口、昆山、烟台）七个办事处（北京、大连、青岛、上海、成都、广州、深圳）。

目前，海虹老人牌涂料年产量达10万吨，销售额超过13亿港币。专业生产及经营船舶漆、集装箱漆、工业防护漆、建筑装饰漆、道路标线漆等不同类型的各种涂料产品。已成为中国船舶漆、集装箱漆、工业防护漆、建筑装饰漆和道路标线漆市场上的主要力量之一。

20多年来，海虹老人牌已成为国内主要的涂料产品生产商及供应商，为国内外许多大型工程提供了高质量的涂料。并先后被评为“广东省著名商标”“替代进口产品企业”“最佳外商投资企业”“外商投资双优企业”，且连续数年被评为“产品监督检验质量好企业”等称号；2005年9月，海虹涂料被授予“中国名牌”产品称号。

# 高举民族品牌的旗帜

2005年被授予“中国名牌”产品称号

作为“中国名牌”产品，其必须符合实物质量在同类产品中处于国内领先地位，并达到国际先进水平；市场占有率、出口创汇率、品牌知名度居国内同类产品前列；年销售额、实现利税、工业成本费用利润率、总资产贡献率居本行业前列；企业具有先进可靠的生产技术条件和技术装备，技术创新、产品开发能力居行业前列；产品按照采用国际标准或国外先进标准的我国标准组织生产；企业具有完善的计量检测体系和计量保证能力；企业质量管理体系健全并有效运行，未出现重大质量责任事故；企业具有完善的售后服务体系，顾客满意程度高。

海虹涂料凭借20多年的制漆经验，并借助丹麦老人牌国际领先的涂料技术，积极开拓进取，在业界内树立了优质优价的良好口碑，并荣获2005年“中国名牌”产品称号。

**海虹老人牌**

# 握手地产颠峰

## 已成为众多大型房地产商的涂料战略供应商

海虹涂料拥有强大的技术服务队伍，它的成员均为经验丰富的技术工程师组成，是经过特殊的培训及有多年以上的实地施工经验，参与各类大型工程项目的建造，维修及监理。海虹涂料的施工服务是一条龙式的服务，从前期的作业建议，评估风险，施工时的表面处理直到油漆完工，提供整体报告、评估及后期的维修追踪等服务。

“海虹涂料”是目前市场上高质量装饰涂料品牌之一。其高质量的内外墙建筑涂料至今在中国已广泛应用于工程项目和私人住宅，先后为中国大陆地区和香港的众多项目所采用。其中包括：首都机场、广州天河体育中心、香港新机场、广州碧桂园、上海普陀区政府、深圳世界之窗、深圳地王等，总量已超过三亿平方米的涂装面积。

海虹涂料，握手地产颠峰。凭借悠久的历史、良好的信誉以及卓越的服务得到众多房地产开发商、设计研究院和承包商的普遍认可。并已成功的与多个中国房地产百强企业签订了涂料战略供应商协议。

# 西北电网有限公司

# NORTHWEST CHINA GRID COMPANY LIMITED

西北电网有限公司高度重视水电调度工作，近几年来，积极发挥西北电网水电联合调度优势，有效地实现资源优化配置，在水电调度方面取得了丰硕成果。

## 1、西北电网水电发展概况

西北电网水电调度工作自1961年盐锅峡水电站投运开始起步，到1969年黄河上游第一座百万千瓦的刘家峡水电站投产发电，全国首条330kV刘天关输变电工程于1972年6月投产运行，使西北地区电力发展步入新的发展时期。随之西北电网省际联网工程全面启动，水电调度工作全面深入展开。1987年龙羊峡水电站建成投产后，形成了以龙羊峡为“龙头”的龙羊峡和刘家峡两库联合调度格局，共同承担电网调峰、调频，事故备用以及下游灌溉、防洪、防凌等综合利用任务。随着汉江上游石泉、安康梯级水电站及白龙江干流碧口水电站相继建成投产，西北电网水电调度工作得到了前所未有的发展。目前，黄河上游已建成龙羊峡、李家峡、刘家峡、公伯峡等水电站共十余座，汉江上游建成石泉、安康水电站，白龙江上游建成碧口水电站，黄河上游梯级电站不断的开发建设，使西北电网形成了以西水东火、水火互济、跨流域补偿调度为特点的水火电联合电网。截止2004年底，西北电网水电装机容量8143MW，占全网总容量的34.4%。

## 2、西北电网水电调度取得的成绩

### 2.1 发电调度效益显著

1986年龙羊峡水库蓄水以后，黄河上游形成了龙羊峡和刘家峡两大梯级水库。西北电网公司调度系统先后提出龙、刘梯级水库联合调度技术策略、梯级水库本身补偿调度、水电跨流域补偿调度、预留防凌库容等调度理论，并开展水情自动测报、水调自动化系统等工程建设。2000年以后，黄河上游来水连续偏枯，导致龙羊峡水库长期处于低水位运行，2003年曾逼近极限死水位2530m，电站机组面临被迫全停的危险，给西北电网安全稳定运行构成严重威胁。在此期间，调度人员精心编制调度预案，保持与有关部门技术沟通和协调，努力在提高水电调度科技水平上下功夫，确保了西北电网的安全稳定运行。

### 2.2 为防汛安全提供有力保障

1997年8月5日龙羊峡地区降特大暴雨，不到2小时降雨量50mm，洪峰流量105m$^3$/s，是250年一遇。洪水汇集龙羊峡北侧的中沟和下沟，由于涵洞被泥石流严重堵塞，洪水翻越两沟的挡水坝后进入发电厂房和出线楼，致使全厂被迫停机。水电调度专业人员立即制定紧急调度预案，开启闸门给下游补水，累计弃水量6.70亿m$^3$，有效地防止了事故损失的进一步扩大。

1999年8月5日李家峡水电站因当地暴雨引发山体滑坡，造成电厂出线塔倒塌，全厂被迫停机。西北网调及时调整运行方式，大幅度减少龙羊峡负荷，加大刘家峡出力，确保电网的安全运行，同时紧急采取抬升李家峡水库水位的措施，大大减少了李家峡的弃水，整个抢修期间李家峡水库弃水量仅8554万$m^3$。

汉江安康水库投运以来，20年一遇洪水时有发生，水电调度人员密切关注汛期天气变化情况，滚动修正水文预报方案，汛前及时腾库迎峰，汛后拦蓄洪尾，利用石泉、安康两水库联合调洪，发挥措峰、削减洪峰的作用，为保障重镇安康安全做出了积极贡献。

### 2.3 为宁蒙河段防凌安全提供技术支持

黄河流域地形地貌相差悬殊，径流量变幅也较大。冬春季受西伯利亚和蒙古一带冷空气的影响，黄河干支流有不同程度的冰情现象，在河流中容易形成冰塞、冰坝，造成凌洪泛滥成灾，对西北电网安全稳定经济运行也造成直接影响。经过多年的探索，西北电网调度系统在防凌调度中不断积累经验，并保证了防凌安全。

一是准确预测11月至翌年3月电网负荷和用电量需求。调度部门根据防凌调度预案和电网电力供需等情况，进行电力电量平衡。通过电力电量预测、平衡计算，使电网运行和梯级水库运用形成配套方案，达到既满足防凌要求又实现电网安全稳定经济运行的双重目的。

二是合理预留刘家峡水库防凌库容。为避免防凌期因电网电力电量需求量加大，龙羊峡出库较计划增加，导致刘家峡水库库容提前用尽。因此，在凌汛期开始，使刘库提早腾出一定库容（防凌库容），以提高冬季梯级出力。

三是制定有效缓解防凌与发电矛盾的调度预案。黄河上游梯级水库供水期从11月至翌年6月，龙、刘两库需要向下游补水，但是供水期8个月中就有5个月属于凌汛期，出库流量受到严格限制。为了有效缓解防凌与发电的矛盾，除了进一步提高火电机组发电能力和调峰能力外，还制定了切实可行的防凌调度预案，充分优化凌汛期梯级水库和电网运行方式。

**2.4 采取积极有效措施减轻水库泥沙淤积**

刘家峡水电站的泥沙问题主要是由洮河泥沙引起的。洮河在刘家峡大坝上游1.5km处汇入黄河干流，多年平均入库水量51.7亿$m^3$，占总入库水量的18%，多年平均入库沙量2860万t，占总入库沙量的31%。

水电调度人员经过多年的研究和探索，掌握了刘家峡及下游梯级水库泥沙淤积自然规律，制定一套《刘家峡水库排沙标准》，并在洮河泥沙来临之际实施异重流排沙。龙羊峡水库投运后相继实施龙—青梯级水库联合调水调沙。以上措施减轻水库淤积、延长了水库使用寿命。

**2.5 积极筹备水量，为沿黄灌区提供充足灌溉用水**

黄河宁夏、内蒙古河套地区引黄灌溉农业生产历史悠久，是全国著名的自流灌区。近年来灌区的灌溉面积逐年增加，需水量大幅度增加。近10多年，黄河上游来水连续偏枯，水库存水量严重不足。但通过调度部门的积极努力，近年来宁蒙灌区用水保证率始终在90%以上，宁蒙灌区粮食连年丰收。

**2.6 积极配合有关部门实施远距离调水**

黄河是我国北方地区的重要水源地之一，刘家峡和龙羊峡两座水库对天然来水进行蓄丰补枯调节，为沿黄地区工农业发展创造了巨大的经济和社会效益。为了暂时缓解下游严重缺水问题，国家有关部门从1992年开始，先后八次实施从上游梯级水库向河南、山东远距离调水工作。尽管黄河上游龙刘两库库存水量严重不足，电网安全运行形势非常严峻，但西北电网公司还是从国家大局为重，动员全网火电调峰，加大上游水库泄流量，支援下游灌溉及“引黄济津”远距离调水。截至2004年，圆满实施了8次远距离调水工作，为黄河下游地区工农业发展和城市人民生活做出了重大贡献。

**2.7 成功实施公伯峡水电工程“零流量”截流，开辟了黄河上游在建水电工程小流量截流先河，为国家节约大量的人力、物力和财力，也为黄河水电开发创造了优越条件。**

**2.8 建成西北电网水调自动化系统**

根据西北电网水电调度工作实际，经过专业人员多年不断探索研究，建成了集水情自动采集、数据传输、水务计算、数据库建立、数据处理等为一体的水调自动化系统，此类系统在当时属全国首例。该系统的建成大大地提升了西北电网水电调度工作的技术水平，也为推动全国水电调度领域的技术进步做出了重大贡献。西北电网水调中心自动化系统被评为2000年度国家电力公司科学技术进步二等奖。

**2.9 大力开展跨流域补偿调度及节水增发电量技术研究**

跨流域补偿调度在西北电网有着得天独厚的优势，效益非常显著。黄河上游汛期来水主要特点缓涨缓落，且拥有龙羊峡这样的龙头多年调节水库，可调库容达到247亿$m^3$，而汉江安康水库流域汛期来水陡涨陡落，拥有不完全年调节水库，可调库容17亿$m^3$。西北电网公司利用其互补优势，作了大量的研究探索工作，已经形成了一套成熟的技术体系，在多发安康季节电能、增加龙羊峡水库蓄水量，提高安康水库水量利用率，实施资源优化配置战略等领域取得了显著成绩。

## 3、西北电网水电发展展望

**3.1 黄河上游水电开发进程加快**

目前黄河上游水电开发主要进行的是龙羊峡—青铜峡河段，此河段大型水电站工程开发过半，正在建设的装机420万kW的拉西瓦水电站将于2008年投产发电。龙羊峡以上河段开发目前已进入实质性阶段。

**3.2 水电调度任务日益繁重**

随着梯级水电开发进程加快，电站多元化管理、综合利用任务加重、南水北调西线工程实施等情况都对西北电网水电调度工作提出更高的要求。

**3.3 电网建设将进一步加快**

西北地区具有丰富的能源资源，是全国重要的能源基地。为了实现西电东送目标，2005年9月26日中国第一条750kV输变电工程顺利建成投运。按照国家电网公司确定的发展规划，西北网内还将开工建设750kV兰州东—银川东、官亭—西宁，兰州东—关中、哈密—永登等输变电工程。随着西北电网建设步伐的加快，将在更大范围内实现资源优化配置。

# 五凌电力有限公司

## 五凌电力有限公司简介

国家领导视察五凌公司

五凌公司总经理李瑞师
获全国五一劳动奖状

五凌公司与中南设计院签署协议

五凌电力有限公司是按现代企业制度组建的电力开发经营企业，1994年10月成立，总部设在长沙市。

公司现已建成五强溪、凌津滩、近尾洲、洪江、碗米坡五座水电站，在建三板溪、挂治两座水电站，总装机容量约315万kW；白市、托口等沅水流域剩余梯级电站的前期工作已经展开，将在2005年全部开工建设。按照“以水电为基础，多种电源并举互补”的发展战略，公司正积极筹备黑麋峰抽水蓄能电站和黔东、新化火电厂的建设，同时启动了湖南核电的规划选址工作。

目前公司资产规模已近200亿元。几年来公司经济效益持续稳定增长，赢利能力、可持续发展能力不断增强。2004年实现利润3.3亿元，利税总额6.82亿元，全员劳动生产率约200万元/人·年。规划到2010年，公司装机容量突破800万kW，总资产达到400亿元。

公司坚持两个文明协调发展，积极培育和弘扬先进的企业文化理念。几年来先后荣获“全国五一劳动奖状”、“国家电力公司双文明单位”、“湖南省文明单位”等一百余项荣誉称号。

### 五凌公司文化与管理特色

五凌公司把培养职工的“三为四大”精神作为党政思想工作的重心。“三为”即：为社会繁荣创造财富、为企业发展创造价值、为员工进取创造平台。“三为”是五凌公司的企业宗旨，是全体五凌公司职工共同的价值观。“四大”即是把企业办成大学校、大家庭、大舞台、大熔炉。“三为”和“四大”是五凌公司企业文化的精髓，也是核心内容。

同时，五凌公司在“三为”、“四大”的基础上提炼

高峡平湖般的碗米坡水电厂

出了“庆幸”与“感恩”文化，并把“庆幸”与“感恩”作为增强员工凝聚力、向心力的五凌文化之源。

五凌文化是在五凌公司不断发展与壮大中积累起来的，与此同时不断积累起来的还有“小业主、大监理，建管结合，总价承包”的管理模式。

小业主大监理。传统的管理模式是一“一个项目、一套人马”，机构膨胀，管理成本高。五凌公司接管近尾洲水电站工程后，开始实行“小业主、大监理”的模式，施工现场只保留十余人的业主队伍，主要致力于协调建设环境、宏观控制进度、质量、投资，在充分精简现场业主的同时，充分授权中介机构，加大监理力量和权限，由监理在业主授权范围内负责处理和协调施工现场有关问题。五凌公司明确给监理18条授权，可以代行部分业主职能。“小业主、大监理”的模式有利于分层次操作，有利于各种资源的优化配置和管理成本的降低。

建管结合。传统的水电工程建设，其建设与运行管理是脱节的，导致后期整改消缺的工作量很大，建设成本急剧培加。建管结合就是在工程建设的初期就成立电厂筹建处，在工程建设阶段作为业主一个派出机构，在施工现场行使部分业主职能，在电站建成后直接转化为运行管理单位，一套人马，双重职能。建管结合的最大优势就是在建设阶段兼顾电厂以后运行的安全、稳定、方便，有效规避重复建设，节约工程成本。五凌公司自1999年近尾洲水电站建设开始实行建管结合体制取得成功后，又在洪江和碗米坡水电站工程建设中进行了全面推广，收到了良好的效果。

五强溪水电厂中央控制室

招投标、总价承包。过去一个工程项目经济合同少则数百，多则上千，合同管理非常困难，同时以单价合同为主的合同形式，由于过程中的不确定因素使设计变更较多，给合同履行造成很大困难，导致了大量的索赔和遗留问题。为了克服这些弊

# 五凌电力有限公司

## 五凌电力有限公司简介

从林掩翠中的洪江水电厂

灯火辉煌的近尾洲电厂

三板溪水电厂施工夜景

端，五凌公司通过公开招标投标，以总价承包方式与施工方签订合同。总价承包改变了以往工程建设中出现的概算调整、预算突破、决算追加的被动局面，引导了施工企业加强管理，减少浪费，内部挖潜，有效地保证了工程质量，加快了工程进度。原先，三板溪工程的概算投资核定是70多亿元，实行这种模式后，降低到了目前的61.5亿元，并有望控制在60亿元以内。

**五凌公司的战略规划**

五凌公司是从流域开发的基础上不断发展壮大起来的，十来年积累了丰富的能源开发经验，"三个滚动"的发展模式是其最重要的体现。

资本滚动。在国家规定对基建项目实行资本金制度后，水电滚动开发的实质是资本金筹措能力的滚动。母体电站除自身的还本付息外，还承担着筹集后续项目资本金的重担。截至2002年底，五凌公司累计发电356亿kWh，累计实现税后利润超过5亿元，有效地缓解了洪江、碗米坡、三板溪等后续项目资本金筹措的压力。近年来，由于公司经营状况不断改善，资产负债率逐年下降，2002年筹措三板溪项目建设资金时出现了银行争贷和主动下调利率的可喜局面。

管理滚动。将在已投产电站运行和工程建设中逐步形成的管理经验，持续推广应用到新投产电站和新建工程中再实践、再完善。在五强溪水电站之后投产的凌津滩、近尾洲水电站，按照五强溪水电站"新厂新办"的管理办法管理。洪江、碗米坡等水电站采用的"小业主、大监理"模式、移民"政府负责、业主参

景色优美的凌津滩水电厂

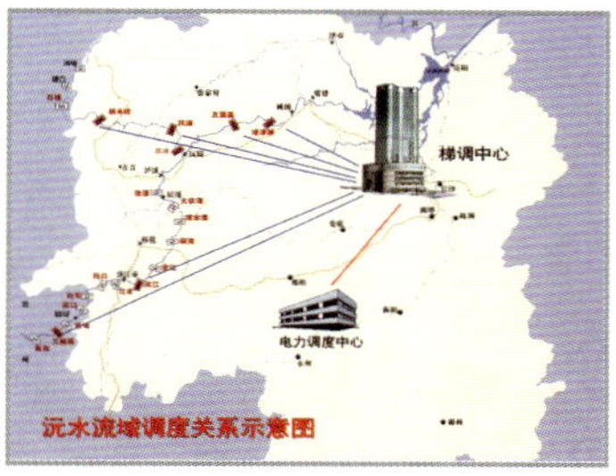


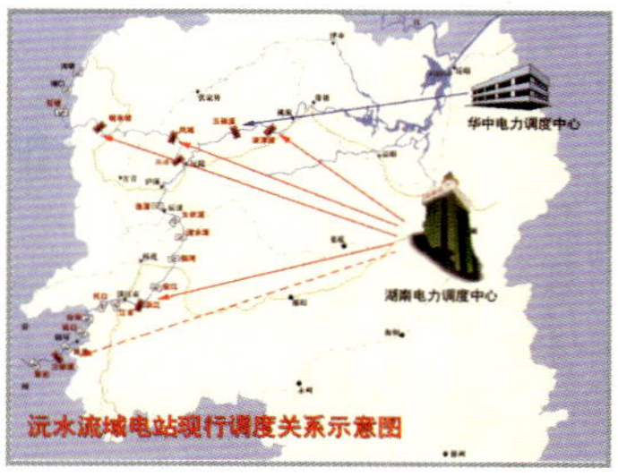

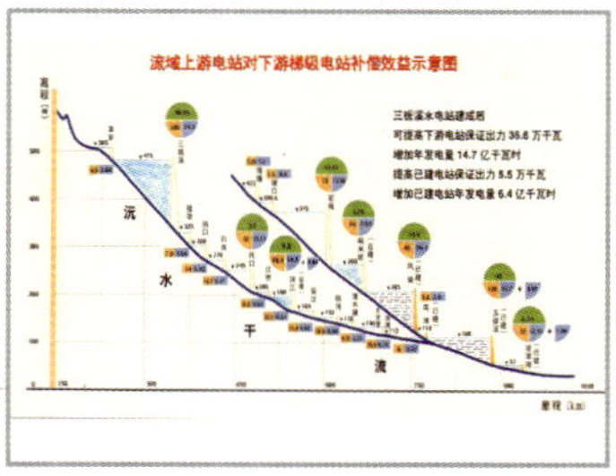


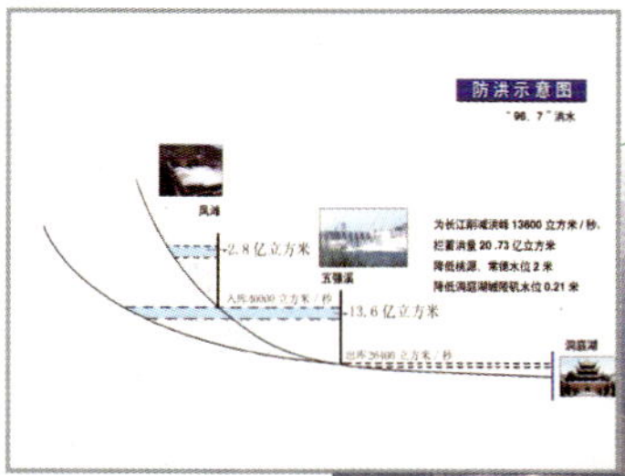

气势磅礴的五强溪水电厂

与、投资包干、综合监理”十六字方针等管理办法，也是从五强溪、凌津滩、近尾洲水电工程建设的经验教训中总结而来的。

人才滚动。所谓人才滚动就是以母体电站作为培训基地，加速人才的培养与开发，实现对建设项目和新投产电站的专业化管理。五凌公司在建工程和已完成的水电站，其主要管理干部均从五强溪、凌津滩水电站抽调，同时对母体电站除正常的人员编制外，还另外维持一定数量的培训编制，以满足不断开工和投产的新电站的人员需求。

今后的 20 年，是中国水电建成设发展的黄金时期，更是有了成功发展模式的五凌公司大显身手，大展宏图，再创辉煌的难得机遇，展望未来，五凌公司踌躇满志。

### 建造抽水蓄能电站

最近几年，长沙市电网负荷昼夜峰谷差达到 100 多万kW，湖南电网迫切需要稳定的电源，而五强溪水电厂与凌津滩电厂每年被迫弃水电量就达10亿kWh。专家认为，湖南要尽快建设抽水蓄能电站，以缓解电网调峰矛盾，在长沙电力负荷中心建立强有力的电源支撑点，保证系统安全、稳定、经济运行。专家的看法与五凌公司的设想不谋而合，经过一段时间的考察、选址、征地、移民等前期工作，一座 120 万 kW 的黑麋峰抽水蓄能电站于 2005 年 5 月正式得到国家发改委的批复。

### 创造“以水滚核”的模式和“水、火、核并举”的发展战略

五凌公司是搞水电的，但并不囿于水电，公司早已想到了核电，并有了“以水滚核”的模式开发湖南核电的构想。巧的是，国家电力体制改革后，五凌公司新的控股方——中国电力投资公司，是国家五大发电集团中唯一拥有核电资源的公司。依托得天独厚的优势，五凌公司已启动了核电项目的前期工作，首座核电站规模装机容量200万kW，计划2008年开工。同时，五凌公司正在积极筹措黔东、新化等火电项目，到那时，五凌公司将集水电、火电、抽水蓄能、核电于一体的多种能源开发的公司。

### 创建国际一流集团公司

五凌公司更注重学习世界发达国家先进的科技和管理经验，派人到美国田纳西流域取经。田纳西流域的梯级开发是世界水电的经典之作，一流的大坝，一流的电厂，一流的管理，一流的河畔风光，令公司管理人员由衷地赞叹。

五凌人不仅要将沅水开发建设成为中国的“田纳西”，而且要将五凌公司创建成国际一流的集团化公司。

浙江省电力公司与国家电网公司签订经营责任书

国务院领导考察浙江电力

# 浙江

浙江省电力公司领导，左起：工会主席江华东、副总经理石华军、副总经理梁绍斌、总经理赵义亮、党组书记贺锡强、副总经理姜雪明、纪检组长唐信根、总工程师张怀宇

浙江省电力公司是国家电网公司的全资公司，目前共有员工22560人，资产总额为711亿元，直供客户432.5万户。公司以“真诚服务，共谋发展”的服务理念，立足于服务党和国家工作大局，服务发电企业，服务电力客户，服务社会发展。生产、经营、建设、精神文明建设等各项工作成绩显著。公司先后被授予“中国一流电力企业”和“浙江省文明行业单位”等称号。2005年，完成售电量1306亿千瓦时，实行销售收入690亿元，统调最高负荷达2067万千瓦，全面完成年度业绩考核指标，取得网省公司综合业绩第2名、同业对标综合业绩第2名的优秀业绩。

浙江电网2005年共完成电网建设工程投资138.1亿元，投产500千伏变电站4座，合计主变6台、变电容量500万千伏安，投产线路697公里。电网建设发展迅速，电网安全可靠性和经济性进一步提高，较好地完成了电力建设任务。根据国网公司创一流同业对标新要求，公司还加强了基建达标工作力度，对省内23个220千伏电网项目进行了基建达标投产，6个500千伏项目进行基建达标复检。在创优质工程方面，500千伏萧山变、220千伏湖州太傅变和绍兴滨海变被评为省钱江杯优质工程，500千伏萧山变、宁温变和钱塘江大跨越获国网公司优质工程。500千伏萧山变还荣获2005年度国家优质工程银质奖。至2005年底，浙江电网拥有500千伏线路3991公里，变电站16座，主变容量2725万千伏安；220千伏线路9235公里，公用变电站128座，主变容量3658万千伏安。

2005年全省累计全社会用电量1642.31亿千瓦时，同比增长18.69%，增幅同比提高6.43个百分点。统调用电量1266.76千瓦时，同比增长15.13%。外购电392.20千瓦时，同比增长15.91%。2005年末全省6000千瓦及以上发电装机容量2854.78万千瓦，全省6000千瓦及以上电厂发电量1402.05亿千瓦时，同比增长16.87%。2005年公司累计完成国家电网公司口径售电量1306.49亿千瓦

国务院领导视察浙江桐柏抽水蓄能电站

浙江省省委书记习近平和副省长王永明到省电力调度通信中心考察指导迎峰度夏保供电工作

# 省电力公司

时，同比增长18.35%,完成国家电网公司下达的105.70%，超额完成国家电网公司下达计划；完成国家电网公司口径线损率3.15%,同比下降0.15个百分点，较国家电网公司下达计划低0.004个百分点。

2005年的电力生产紧紧围绕着省公司安全生产目标进行开展。坚持以人为本，落实各级安全生产责任，确保安全生产的可控、在控、能控。生产系统未发生生产性人身伤亡、电网大面积停电、重大设备事故以及生产性恶性误操作事故，各项安全生产指标得到了较大的提高，较好地完成了安全生产年度工作目标。春秋两

在建中的500千伏输变电工程

500千伏跨江铁塔施工

水乡网改施工途中

季均组织开展公司系统各单位的安全生产大检查，发现并消除了当前人身、电网、设备上存在的一些不安全因素，进一步夯实了安全生产基础，促进了全公司系统安全生产水平的提高。今

新投产的500千伏富阳变电所

浙江省电力公司调度系统迎峰度夏反事故演习

年夏季完成了十条500千伏输电线路和七条220千伏输点线路的增容工作，增加主变容量45万千伏安，提高输送能力42万千瓦，有效地缓和了我省局部电网供电的紧张局面。

浙江省电力公司在贯彻国家电网公司建设"一强三优"现代公司发展战略目标和浙江省实施"八八战略"、建设"平安浙江"的战略部署中，坚持"三抓一创"的工作思路，在"十一五"期间将推进集约化发展、精细化管理、规范化运作，使公司管理现代化水平、优质服务水平、员工队伍素质和品牌形象得到显著提高，基本建成电网坚强、资产优良、服务优质、业绩优秀，国内领先、现代化、集约化的电力公司。

桐柏抽水蓄能电站一号机组吊转子现场

浙江省电力公司领导向地方政府部门赠送《特高压电网》仪式

杭州市电力局开展党员光明行服务活动

党员在工地现场开展保持先进性教育活动

浙江电力科学发展研讨会

抗台冒雨抢修倒断杆塔

# 江苏沙钢集

# JIANGSU SHANGANG

沙钢集团炼铁厂

江苏沙钢集团有限公司是1975年靠45万元自筹资金创办起来的，20多年来沙钢定位国际先进水平，坚持科技创新、机制创新和管理创新，企业走上全面、协调和可持续发展之路。目前系

# 团有限公司

## GROUP CO., LTD.

董事长：沈文荣

**企业宗旨：**

**质量第一　信誉至上　面向全国　走向世界**

**沙钢理念：**

**科技领航　科技是取之不尽的资源**

**企业精神：**

**自力更生　艰苦奋斗　勇于创新　不断登攀**

国家特大型工业企业，全国最大的民营钢铁企业，现有职工9500余名，占地10平方公里，总资产325亿元。

沙钢拥有国际先进工艺装备水平的热轧卷板生产线一条，无扭控冷全连续高速线材

沙钢体育馆

生产线四条，全连续切分轧制带肋钢筋生产线六条，与韩国浦项合资的冷轧不锈钢板生产线二条、镀锌钢板生产线一条。具有年产铁1100万吨、钢1350万吨、材1300万吨，不锈钢板35万吨、镀锌钢板15万吨的生产能力，是目前国内最大的电炉钢和优特钢材生产基地。

迈入新世纪，沙钢不断加快技术创新、优化品种结构，生产工艺从短流程向短流程和长流程相结合转移，主导产品从大宗建材向高碳钢、金属制品用优质线材、合金钢、不锈钢薄板、热镀锌板等品种转移。重点开发了轮胎钢丝专用钢钟、冷镦钢、预应力轨枕钢丝用钢、钢棉钢等10多个填补省内、国内空白的新产品，全方位拓展国内外市场。

码头

2005年上半年沙钢共产铁369万吨，产钢484万吨，轧材339万吨，同比分别增长92%、59%和12%。实现销售收入195亿元，利润10亿元。

JIANGSU SHAGANG GROUP

沙钢高速线材

沙钢板卷

沙钢带肋钢筋

在企业建设发展过程中，沙钢勇于创新，不断攀登，在全国冶金行业率先实现"电炉全热装铁水、全精炼、全连铸、全热送、全一火成材、全连轧"的工艺路线，在国际钢铁行业中开创了电炉炼钢热装铁水新工艺，并获得国家发明专利。主导产品"沙钢牌"热轧带肋钢筋、优质碳素钢无扭控冷热轧盘条等产品实物质量均荣获国际先进水平金杯奖、"江苏省重点名牌产品"、"全国用户满意产品"、"国家免检产品"等称号，其中，82B钢绞线、钢棉钢用无扭控冷热轧盘条被列为国家级新产品。

沙钢主要技经指标水平年年有提高，且在全国同行中处于先进水平，综合竞争力不断增强。在全国500强中名列第75位，在江苏名列第1位。在全国民企中名列第2位。企业先后荣获"中国企业管理杰出贡献奖"、"全国质量效益型先进企业"、"全国用户满意企业"、"全国优秀企业（金马奖）"、"江苏省环保先进企业"等荣誉。国际著名的钢铁市场和企业调查分析机构WSD对全世界最有竞争力的24家钢铁企业排序，沙钢名列第14位。

180t 转炉

板坯连铸生产线

棒材生产线

线材生产线

全国最大品种最全的H型钢生产线

莱钢始建于1970年1月。经过35年的建设发展，现已成为控股莱钢股份等29个子公司，拥有总资产340亿元，3.9万名职工，具有年产1000万吨钢综合生产能力的钢铁企业集团。莱钢是国家重点扶持的520家企业之一，是中国冶金行业首批通过ISO9002质量体系、ISO14001环境管理体系和0HSAS18001职业安全健康管理体系国家认证企业。莱钢被授予中国大中型工业企业竞争力百强企业、全国名优产品售后服务优秀企业、国家重合同守信用企业、全国质量管理先进企业、全国再就业先进企业、国家技能人才培育突出贡献奖、山东省管理创新优秀企业、山东省AAA级信誉企业等荣誉称号。《以提高创造力为核心的学习型企业创建》、《提升钢铁企业发展品质的管理》两个课题，荣获全国企业管理现代化创新成果一等奖。

**钢铁主业产品有：**H**型钢、热轧卷板、螺纹钢、特殊钢等系列。**热轧H型钢荣膺“中国名牌”称号；轴承钢、齿轮

# 团有限公司

## 公/司/简/介

Shandong Laigang Group

钢、热轧H型钢和热轧带钢是“山东省免检产品”；热轧H型钢、热轧带肋钢筋、热轧带钢、轴承钢、齿轮钢、船用锚链钢6种产品获“山东名牌”产品荣誉称号；热轧H型钢、热轧带肋钢筋、轴承钢、齿轮钢4种产品获国家冶金产品实物质量“金杯奖”；齿轮钢产销量全国第一，并依靠过硬的质量打入一汽集团、东风汽车和美国福特等著名汽车制造企业。非钢产业产品有：矿山、球团、钢结构建筑、房地产、粉末冶金、水泥、耐火材料、运输物流、化工产品等。

2005年，在钢铁市场急剧变化的情况下，全体干部职工迎难而上，积极奋斗，全年实现销售收入391.7亿元、利税32.3亿元、利润16.3亿元，可比产品成本降低12.9亿元，生产经营建设、改革发展稳定等各项工作都取得了显著的成绩。钢铁主业实现跨越式发展。全年产

整装待发的热轧钢带

特殊钢生产线

国内首创的数据制造执行系统

钢1033.6万吨，生铁765.3万吨，商品坯材1049.2万吨。在2004年产钢658万吨的基础上，去年一举增产375万吨，连续三年钢产量增长速度在全国重点钢铁企业中排名第一。产品开发有新的进展，先后开发了美标H型钢、冷轧料08A1钢、高性能齿轮钢22CrMo、高压锅炉管钢等新产品。H型钢荣膺"中国名牌"产品称号。全年出口钢铁产品102.6万吨，创汇3.89亿美元。结构战略性调整迈出关键步伐。全年完成投资约60亿元。历时7个月打通了新区第二条生产线，一批新建项目提前建成投产，创出了"莱钢速度"。2005年6月29日，第一卷宽带钢下线，结束了莱钢没有板材的历史；9月17日，大型H型钢轧机热试成功，为产品形成

花园式厂区

# 团有限公司

系列化奠定了基础；2号烧结机、2号1880m³高炉、1500mm中宽带、大型H型钢轧线均比计划提前达产。主体工艺设备实现大型化，奠定了淘汰落后的基础。非钢产业盈利能力明显提高。全年实现非钢销售收入108.6亿元，利润7.6亿元。《莱钢钢结构绿色节能住宅建筑体系技术指导细则》通过了国家建设部审核；粉末冶金产量达到4万吨；房地产开发面积达66.2万m²；鲁碧水泥具备200万吨产能。

发展循环经济迈出新的步伐。加快实施《莱钢走新型工业化道路实施纲要》，大力推进循环经济步伐。各项耗能指标持续下降，尤其是吨钢耗新水3.5吨，连续三年保持了国内第一、世界先进水平。利用固体废弃物延伸产业链，提高了综合利用率，产生了重要的经济和社会效益。莱钢成为第一批国家循环经济试点单位。

现代化的厂房

环境建设取得新的进展。2005年莱钢水域治理、道路建设、绿化美化、公辅设施建设等都有新的进展，广大职工的工作和生活环境大为改观。

采用多项国际先进技术的1880m³高炉

# 沈阳鼓风机(集

董事长、总经理：苏永强

**一、企业概况**

沈阳鼓风机（集团）有限公司始建于1934年。1952年，国家投资170万元对沈鼓进行扩建改造，被确定为全国第一家风机专业制造厂。1963年更名为沈阳鼓风机厂，2003年整体转制为沈阳鼓风机（集团）有限公司（简称：沈鼓集团）。2004年5月，以振兴东北老工业基地、振兴沈阳装备制造业为目标，沈阳市委市政府、铁西新区委区政府对沈阳装备制造业进行了战略结构调整，推动沈鼓集团以品牌和管理优势与沈阳水泵股份有限公司、沈阳气体压缩机股份进行了战略重组，进行重大技术改造，建设新沈鼓集团。

沈鼓集团主要从事研发、设计、制造、经营科技含量高、质量优秀的离心压缩机、轴流压缩机、离心鼓风机、大型通风机等8个系列300个品种规格的风机产品；高压给水泵、强制循环泵、冷凝泵、斜流泵、高压注水泵、输油管线泵等51个系列579个品种的泵类产品；M、D型、M2DZ型、L.D6610型等45个系列400个品种规格的往复式压缩机。均服务于石油、化工、冶金、空分、天然气输送、公用工程(仪表气)、制药、制酸、电力、煤炭、纺织、国防、环保、科研等领域。在国家的12项重大技术装备中，有6项需公司的配套产品并正在运行。目前是国内生产规模最大、技术力量雄厚、工艺装备精良、产品质量最佳、竞争能力较强、经营效能较高、设计和制造技术始终居于同行业领先地位，并接近国际同行业先进水平而享誉国内外的国家重点支柱企业，是国家重大技术装备配套通用机械国产化基地。

沈鼓集团先后被确定为国家863工程CIMS重点示范企业、国家863工程CIMS应用领先企业、辽宁省科技先导企业、辽宁省首家博士后科研工作站、国家"九五"科技创新先进企业、中国机械工业管理进步示范企业、国家级技术开发中心、沈阳市双创新示范企业。1996年起，先后通过华信技术检验公司ISO9001质量保证体系认证，通过国家华夏环境认证中心ISO14000环境管理体系认证，通过GLB/Z9001国家军用标准质量体系认证；获得国家核安全局颁发的300～1000MW压力堆核电站核一级、核二级、核三级用泵设计、制造许可证，是国家惟一设计核电用泵的企业；通过挪威船级社ISO9001质量保证体系及海军装备部质量管理体系海军第二方认证。

沈鼓集团现有在岗员工总数为5796人，工程技术人员849人，其中，教授级高工40人，享受政府特殊津贴25人，高级工程师325人，工程师459人，高级工人技师79人，

团)有限公司

工人技师401人。

现有主要生产设备2290台。其中，五坐标数控加工中心等大、精、稀设备224台（套），大型产品试验场19个，各类检测设备418台套，进口设备215台，大型计算机终端、多种服务器、工作站、微机等千余台。在此基础上，沈鼓集团按照世界装备制造业工艺装备发展的新趋势，进行了关键数控加工设备、检测、试验设备更新，从整体上使工艺装备水平适应产品大型化发展的需要，数控机床占有率增加到20%以上，达到国外同类厂家的先进工艺装备水平。

半个多世纪以来，沈鼓集团公司生产的各类产品覆盖中国地域，远销世界25个国家和地区。其中离心压缩机市场占有率为85%，大型鼓风机占40%；锅炉给水泵占30%，冷凝泵占85%，高压注水泵占50%，输油管线泵占80%，加氢、除焦泵占80%；石化行业往复压缩机市场占有率为80%左右，化肥往复压缩机占60%，军工行业往复压缩机占70%。

近年来，沈鼓集团始终保持稳定、持续、协调发展的势头。主要经济技术指标连年递增15%～20%以上，年均完成科研项目达28项，以19.6%的速度递增；新产品产值率为64.2%以上。

2005年，完成工业总产值（不变价）：202534万元，同比增长52%；完成工业增加值：49420万元，同比增长46.5%；新产品产值(含税)：163890万元；同比增长58%；新产品品种/产量：253种435台，同比增加13种、46台；新产品产值率：80.9%，同比增加4.1个百分点;出口交货值(含税)：12642万元，同比增加142.2万元；全员劳动生产率(不变价)：678961元，同比增长39.5%。产品销售收入：178038万元，同比增长52.3%；利税总额：8325万元，同比增长29.2%；利润总额：1701万元，同比增长63.9%。

“九五”以来，共有34种新产品获得市级以上科技进步奖，国家级10项，省级21项。2MCL607+2BCL/A二氧化碳压缩机获国家金质奖；DH63离心压缩机获国家银质奖；2MCL457离心压缩机获国家银质奖。1998年为大庆石化提供的大型乙烯裂解气压缩机、丙烯压缩机分别获得国家科技攻关计划重大科技成果奖、中国石油化工集团公司科技进步一等奖，2003年荣获国家科技进步奖二等奖；CIMS项目获国家科技进步二等奖、机械部科技进步特等奖。

2003年，沈鼓集团荣获国家五一劳动奖状和”机械工业现代化管理企业“称号（全国仅8家）。

2004年，离心压缩机被中国名牌战略推进委员会和国家质量检验检疫总局评定为中国名牌产品。被中国质量协会用户委员会评为“全国用户满意企业”。

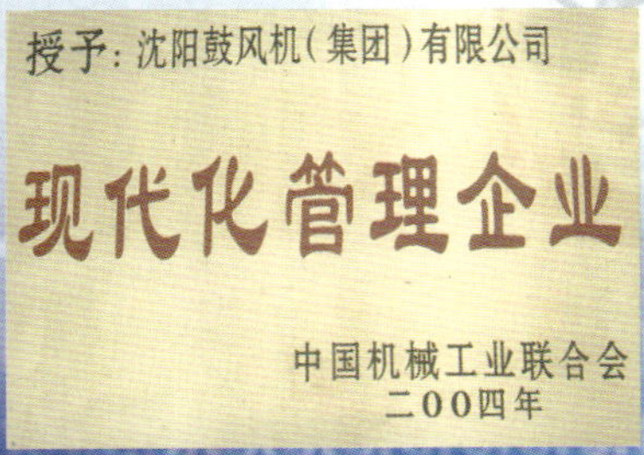


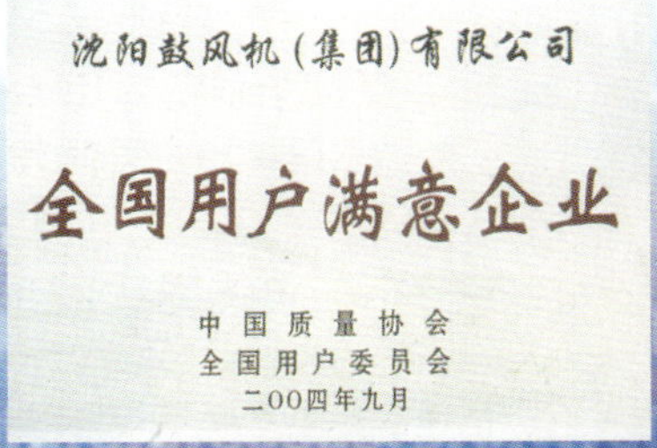


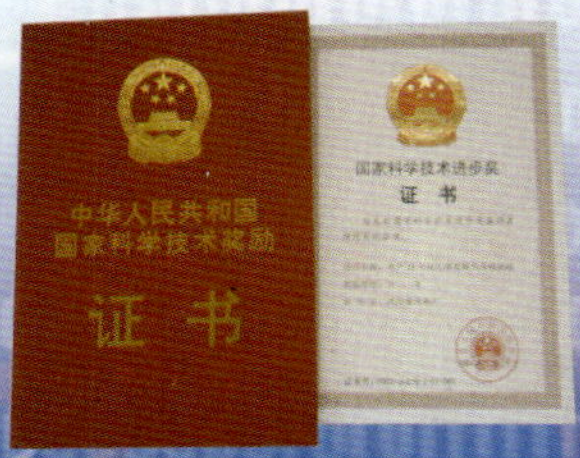

# 沈阳鼓风机(集

2005年，沈鼓的国家级技术中心进入全国50强，被辽宁省科技产业厅评定为辽宁省首家风机企业工程技术研究中心，获得“中国机械500强”称号。

**二、企业发展情况**

沈鼓集团以三企业搬迁重组改造为契机，力争用1～2年的时间，把新沈鼓集团建成世界级规模的通用机械生产基地，实现集离心式、轴流式、往复式压缩机，大功率水泵、汽轮机、燃气轮机等产品于一体的生产制造企业的目标，并具有国际大型工程成套能力。

离心压缩机领域重点发展：工业汽轮机、轴流压缩机、燃汽轮机、多轴空气压缩机、长输管线压缩机等新产品，逐步扩充成套能力；开发余热回收热泵、螺杆压缩机、膨胀机等工艺相近产品，开发90万～100万吨乙烯装置用的裂解气、丙烯、乙烯压缩机，开发45万吨以上合成氨装置用压缩机，开发60000m$^3$以上空分装置用多轴组装式压缩机，开发天然气管线输送压缩机，开发大型PDA装置用多轴压缩机，使国家重大技术装备实现国产化。

往复压缩机领域重点发展：开发研制100万吨级以上活塞力压缩机，大容量氢晴压缩机，常规动力与核动力水面及水下舰艇用空气压缩机。

水泵领域重点发展：开发600～1000MW大型核电站核泵，超临界、超超临界大型电站锅炉给水泵、循泵，大型水面舰艇和水下舰艇用泵和喷水推进装置，反应堆冷却核一级、二级泵。

企业的发展目标是：到2007年，工业总产值达到50亿～60亿元，销售收入50亿元；2010年，工业总产值达到100亿元，销售收入100亿元。

目前，沈鼓集团已经具备为以下国家重大技术装置提供离心压缩机、往复压缩机和水泵的配套能力，可生产制造：

60万～90万吨/年以上大型乙烯装置配套离心压缩机、往复压缩机、石化泵；

500万～1000万吨/年以上大型炼油装置配套离心压缩机、往复压缩机、石化泵；

45万～75万吨/年以上大型化肥装置配套离心压缩机、往复压缩机、石化泵；

52万～80万吨/年以上大型尿素装置配套离心压缩机、往复压缩机、石化泵；

500万～1000万吨/年以上大型煤液化、煤制油装置配套离心压缩机、往复压缩机；

# 团)有限公司

45000-60000m³/h以上大型空分装置配套离心压缩机、工业泵；

60万～90万千瓦以上大型火电机组配套轴流风机、锅炉给水泵；

60万～100万千瓦以上大型核电机组配套低温核供热泵、凝结泵；

大型石油天然气管线配套离心压缩机与管线泵；

大型液化天然气（LNG）装置配套离心压缩机与工业泵；

大型化纤基础原料（PTA）装置离心压缩机、往复压缩机；50万～100万吨/日污水处理装置曝气鼓风机、工业泵；

南水北调等大型供水工程斜流水泵；原子能重水提炼装置压缩机；

潜艇与核潜艇往复压缩机；

水面舰艇喷水推进装置军工泵。

今年上半年，沈鼓集团在广东茂名80万吨乙烯工程招标中，一举拿下1.2亿元合同，替代进口1500万美元。沈泵拿到0.8亿元核潜艇军工水泵合同。已经产成的国家重点工程项目——安庆、枝江4.8万大型空分装置离心压缩机在厂内一次试车合格，创造了历史新业绩，为开拓大型空分市场奠定了坚实的基础。

为上海金山石化68万吨/年乙烯工程设计制造的裂解气离心压缩机

为大庆石化48万吨/年乙烯工程设计制造的MCL706+2MCL706+MCL704裂解气离心压缩机

地址：沈阳市铁西区云峰北街36号
邮编：110022
联系人：李绍国
传真：024-25854719
电话：024-25801213　25801264
E-mail:lisg@shengu.com.cn

# 熠熠生辉的渤海明珠
# —中国石油辽河油田公司

中国石油辽河油田公司，是按照上市公司新体制独立运行的中国石油地区公司，是全国规模最大的稠油、超稠油生产基地。重组上市以来，充满活力的辽河油田公司高举“中国石油”这面大旗，以振兴辽宁老工业基地为己任，按照“持续有效较快协调发展”和“硬稳定、快发展”的要求，唱响增储上产、持续发展的主旋律，立足辽河坳陷这个主战场，牢牢把握改革发展稳定的主动权，努力实现辽河油田“持续繁荣、和谐稳定”。回眸上市以来的创业历程，辽河油田公司收获的是创业的激情，历史的超越，整体的迈进：勘探开发主营业务有新突破，生产经营管理基础不断夯实，科技创新能力持续提升，安全环保水平不断提高，党建思想政治工作开创新局面，企业文化建设硕果累累。上市以来累计探明石油地质储量2.38亿吨，生产原油6743万吨，生产天然气55.24亿立方米，外供天然气24.84亿立方米，完成销售收入954亿元，实现税费总额219亿元，连年超额完成股份公司下达的各项业绩考核指标，上缴利税始终位于辽宁省前茅，先后荣获了“全国五一劳动奖状”、“全国精神文明建设先进单位”、“中国企业文化建设优秀单位”、“全国企业文化优秀奖”、“企业文化建设实践创新奖和研究成果奖”、“第十届国家级企业管理现代化创新成果一等奖”、“全国重合同守信用单位”、“中央企业先进单位”、“辽宁省2001年度最有影响企业”等奖项与称号，连续四年跻身全国纳税百强。

## 勘探开发——新思路催生新发展

面对复杂的勘探条件，坚持“深化盆地，加强海上，突破外围，开辟新区”的勘探思路，用最先进的手段和设备对辽河富油凹陷进行重新认识、细化解释，通过新区勘探、评价勘探、滚动勘探、“三老”资料复查、难动用储量评价“多管齐下”，勘探获得新突破。深入开展“工程质量年”活动，加大甩开预探力度，加强地质综合研究，精细油藏描述和油藏经营管理。组织开展“注水工作年”活动，强化综合研究论证，科学编制老油田治理方案，深化老油田综合治理，依靠观念创新、技术创新、管理创新，使新区勘探和老区滚动勘探均取得了可喜成果，油田开发状况得到明显改善，稳产基础进一步加强。在拓展新区上获得实质性进展，获得南海海域18个区块的探矿权，拓宽了勘探领域，提供了新的战场。油田综合递减率和自然递减率分别控制在12%和33%以内，平均产能建设到位率82.7%，提前实现十五超产原油商品量100万吨的工作目标。

## 经营管理——持续创新提升整体效益

始终坚持把管理创新作为实施低成本战略的重要举措，广泛深入开展管理增效活动。按照现代企业制度要求，积极推进"五化管理"，努力完善"五个机制"，建立完善与上市公司相适应的经营管理运行机制和监督约束机制。进一步完善投资责任保证体系，严格项目决策程序，加强前期工作，规范投资管理；紧紧围绕业绩考核指标，强化预算管理，加强资金集中管理，认真开展财务税收检查，成功进行了资金收支两条线试点工作，提高资金使用效率；突出内部审计，强化各类经济事项的事前、事中审计和内控制度审计；努力建立与公司现行管理体制相适应的法律工作管理制度体系，有效地维护企业整体经济利益。努力建立规范有效的内控体系，切实增强企业的风险防范能力。积极开展"三个五"工程和"关、停、并、转、减、修、用、管"活动，大力开展"创建节能节水型企业"活动，广泛开展"金点子"工程，努力建立"人防、物防、技防"的长效防控机制。以"安全管理年"活动为主线，不断强化安全生产管理。严格落实安全生产责任制，稳步推进HSE体系运行管理，积极创建企业安全文化，安全基础工作得到加强，全员安全意识和素质进一步提高。

## 科技进步——突破关键技术发掘持久动力

以科技增油、科技增效为目标，针对制约油田发展的关键技术难题，坚持"研制一批、储备一批、试验一批、规模推广一批"的科技发展战略，以工程方案设计优化和简化为手段，以技术创新和适用配套技术应用为支持，以加强和规范科研管理为保证，以提高采油工程系统管理效益和技术水平为工作目标，大力开展科研攻关和技术项目推广。相继攻克一批重大技术难题，蒸汽驱和非混相驱转换开采方式、掺活性水替代井筒电加热开采超稠油工艺技术、锅炉改烧煤技术、稠油污水回用热注锅炉技术、超稠油管道输送技术、管道泄露自动监测系统、深部防砂工艺技术、深层水力压裂工艺技术等8项技术取得重大突破，为油田增产增效提供了有力的技术支持。五年累计研究实施新工艺、新技术300多项，规模实施11800多井次，增产原油196万吨。

总经理：谢文彦

党委书记：刘振军

以降本创效为目标，努力夯实基础管理，大力推进管理创新，油田整体管理水平稳步提升。

# 中国石油辽河油田公司

**队伍建设——"四个第一"筑牢思想组织保障**

按照"继承、融合、创新"的工作思路，努力做好新时期党建工作的"四个第一"，即：求真务实抓好"第一责任者"、与时俱进服务好"第一要务"，拓宽思路开发好"第一资源"、转变作风要做到"第一时间"。严格遵循"6433"的工作思路，大力选树六个方面的先进典型，不断增强大局、创新、责任和服务"四个意识"，"刹三风"，"树三气"，切实转变各级领导干部的工作作风，激发起广大干部员工奋发有为、积极进取的精神状态。通过建立"每周一次理论学习、每月一次业务培训、每季一次专题讲座"的学习制度，用机制和制度激发领导干部的学习热情，促进了领导班子整体素质的跃升。积极推进干部任前公示制、竞聘制和票决制，进一步完善了领导干部的选拔用人机制。积极开展"岗位树形象、家庭助廉洁"活动，把监督领域从8小时以内向8小时以外延伸，从"工作圈"向"生活圈"和"社交圈"延伸，从工作岗位向家庭延伸，提高领导干部拒腐防变的能力。积极推进集团公司建设"三支队伍"和股份公司的"143人才工程"，加大教育和培训工作力度，努力建设一支拥有最新、最前沿理论和经验丰富的科技人才队伍，一支活跃在生产一线、技术高超的员工队伍，一支能适应与国际接轨需要，具有丰富科技知识和现代管理科学的管理者队伍。

**企业文化——聚焦基层收获累累硕果**

以区站建设为重点，以激发基层活力为目标，辽河油田公司把企业文化建设的重点直接聚焦到基层区站，按照"人企价值共融、人企价值同增、人企价值并展"的工作要求，培育"奉献能源、创造和谐"的企业核心价值观，"爱国、创业、求实、奉献"的企业精神，"诚信、创新、业绩、和谐、安全"的核心经营理念，以及"凝聚和谐、创新超越"的团队精神；以区站为基石，大力开展情感、知识、民主、制度"四个建家"活动，创造人性化区站环境，培养"学习型"团队，建立企业沟通体系，完善区站的制度体系，不断推进区站文化建设；建立企业文化组织机构，制定企业文化发展规划，形成自上而下的完整体系；制订《辽河油田公司企业文化手册》，组织出版了《中国石油辽河油田公司画册》，建立企业理念识别体系，规范员工的职业行为，推进

区站的行为文化建设；从征集人生格言入手，培育员工共同的价值观念。扎实有效，富有活力的区站文化建设得到了社会各方面的肯定。辽河油田公司企业文化建设先后荣获辽宁省企业管理进步成果一等奖，2003年度中国企业文化建设优秀单位，全国企业文化优秀奖，实践创新奖和研究成果奖。"以区站为重点的辽河油田企业文化建设"成果摘得"第十届国家级企业管理现代化创新成果一等奖"桂冠。

## "六大系统工程"——确保"硬稳定、快发展"

2005年是油田全面实现"十五"计划目标，迎接"十一五"发展的重要一年，辽河油田公司将以邓小平理论和"三个代表"重要思想为指导，认真贯彻党的十六届四中全会精神和集团公司2005年工作会议精神，积极推进管理创新，科技创新，持续强化安全环保工作，大力加强员工队伍建设，全力维护矿区的稳定，努力实现油田公司持续有效发展，全面完成"十五"计划目标，为"十一五"的发展奠定坚实的基础。重点实施以下六大系统工程：

——坚持以发展为第一要务，加大勘探开发工作力度，实施好"勘探开发工程"，确保油气生产任务的全面超额完成；

——坚持低成本战略，加强和规范经营管理，实施好"管理增效工程"，不断提高企业管理水平和经营效益；

——坚持科学技术是第一生产力，积极推进技术进步，实施好"科技兴油工程"，努力提高油田勘探开发技术水平；

——坚持以人为本，切实做好安全生产、环境保护工作，实施好"安全环保工程"，为油田发展建设创造一个良好的环境；

——坚持以实现油田整体协调、共同发展为目标，与勘探局、石化公司一道，实施好"协调发展工程"，为油田发展建设营造一个安定、和谐的氛围；

——坚持以"三个代表"重要思想为指导，按照新时期党建工作"四个第一"的要求，深化完善企业文化建设，扎实开展基层基础工作，全面提高员工整体素质，实施好"队伍建设工程"，为油田发展提供有力的思想和组织保证。

熠熠生辉闪耀渤海湾畔，济风扬帆共奏发展和弦。中国石油辽河油田公司带着艰苦创业的锤炼与期待，满载着上市五年多来的光荣和收获，在"三个代表"重要思想的指引下，围绕"硬稳定、快发展"的奋斗目标，奏响整体协调、共同发展的和弦，朝着持续有效较快协调发展的目标激情迈进！

地址：辽宁省盘锦市兴隆台区石油大街98号
邮编：124010
电话：0427-7298001
传真：0427-7298674
网址：www.lh.cnpc.com.cn

坚持"创造能源与环境和谐"的理念，积极推进HSE体系建设，强化安全环保管理，努力创造人与自然的和谐。

大力推进技术创新，加快成熟技术的推广应用，狠抓关键主导技术的攻关，为油田发展提供有力的技术支撑。

以创新为动力，以科技为先导，积极实施"加快海上"的战略部署，加大海上勘探开发力度，不断增加后备资源储量。

大力推进勘探开发一体化进程，勇于创新，不断超越，加快增储上产的步伐，提前实现"十五"超产原油商品量100万吨的工作目标。

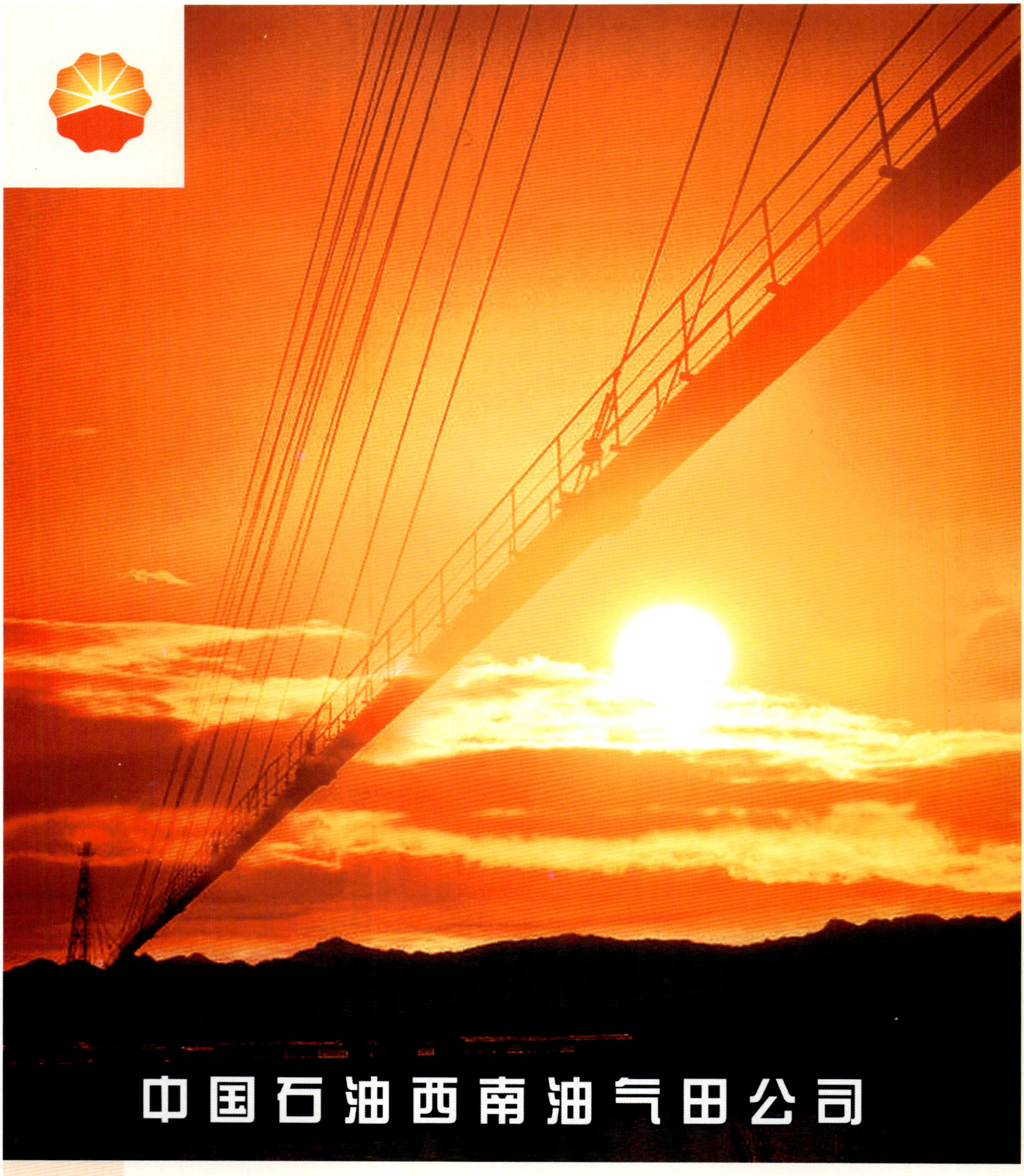


**[企业精神理念]**

**发展方针：**持续、有效、快速、协调。**长远目标：**创建中国最具实力的天然气工业基地。**企业精神：**爱国、创业、求实、奉献。**核心经营管理理念：**诚信、创新、业绩、和谐、安全。**企业宗旨：**奉献能源，创造和谐。**公司形象：**科学规划，团结奋进。

# 全国最大的天然气产销基地
# 中国首个产量过百亿的天然气气区

公司总经理李鹭光

公司党委书记张书铭

## [企业概述]

公司概貌：中国石油西南油气田公司主要经营四川盆地的油气勘探开发、炼油化工、油气运输和销售业务，现辖重庆、蜀南、川西北、川东北等4大气区和川中油气区，有员工2.1万人，资产总值172亿元，2004年实现销售收入93亿元，按销售额排序，居全国大型工业企业第154位，是全国最大的天然气产销基地。总部设在四川省成都市。油气资源：公司累计拥有四川盆地油气勘查、开采矿权125个，总面积16.28万平方千米，占四川盆地可供勘探面积18万平方千米的90%。经过近50年的勘探开发，公司已获气田104个、油田14个。截至2004年底，公司天然气探明储量累计7668亿立方米；剩余可采储量2930亿立方米，天然气剩余可采储量的储采比为28：1，剩余控制储量1899亿立方米，剩余预测储量3154亿立方米，三级储量之和达1.27万亿立方米，良性循环的资源储量序列已经形成。生产能力：西南油气田现有输(配)气站、增压站1300多座，油气井1200多口，天然气净化厂8座，天然气净化能力73亿立方米/年，80万吨炼油厂1座，10万吨甲醇厂1座，在四川盆地已建成连接各大中城市的环形集输气管网万余公里，天然气销往川、渝、云、贵、湘、鄂等西南地区六省市的900多家大中型工业用户和450多万户居民家庭。目前，天然气在川渝一次性能源消费结构中占14%，远远高于全国平均不到3%的水平，已超过一些发达国家的水平。2004年，川渝天然气产量突破了100亿立方米，成为中国第一个天然气产量超百亿的气区。技术实力：西南油气田拥有直属科研院所4个、省部级重点实验室5个、科研工作者1600多人，研究生以上学历132人，教授级高工9人。经过长期的攻关和实践，形成了一系列适应低孔低渗复杂油气藏的勘探开发配套技术，多项技术处于全国领先地位，其中部分技术达到国际先进水平。经营业绩：企业改制重组后的2000年到2004年，公司共实现销售收入368亿元，实现利润38亿元，上交税费20亿元以上，企业荣获“全国五一劳动奖状”、全国“守合同重信用”等殊荣。

## [主要生产经营成果]

2004年，公司取得了盆地内具有里程碑意义的三大成绩，在生产经营上刷新了川渝油气勘探开发10项历史纪录。具有里程碑意义的三大成绩是：实现了“52135”目标的“开门红”，川渝油气工业进入了快速发展的新阶段。实现了“川气出川”，几代川渝石油人的夙愿变成了现实，开创了更加广阔的市场空间。实现了四川油气田天然气年产量突破100亿立方米(加上四川石油管理局产气量)，成为我国第一个天然气年产量超百亿立方米的油气区。刷新的10项纪录是：一是勘探突破，取得了12个重要油气新发现，8个重要新进展，4个重要新苗头，在新区老区、新老层系均取得了具有重要战略意义的突破。二是新增天然气探明储量613.3亿立方米，控制储量601.8亿立方米，预测储量735.1亿立方米，三级储量之和1950亿立方米，比上年增加446亿立方米。三是新获天然气测试产量，累计获测试日产量1587万立方米，比上年增加1063万立方米，无阻流量超百万立方米的大气井10口。四是天

西南油气田公司领导班子合影

公司井场及钻台

# 中国石油西南油气田公司

公司配气站缩影

然气产销量，年产量和商品量分别为97.77和93.73亿立方米，分别比上年增加5.89亿和5.98亿立方米。五是新建天然气年产能，建成20.03亿立方米，是重组以来前4年平均水平的3倍多。六是天然气净化量，达到69.13亿立方米，比上年增加1.23亿立方米。七是原油加工量，达到70万吨，比上年增加19.75万吨。八是投资工作量，完成49.6亿元，比上年增加13.46亿元。九是销售收入，实现92.6亿元，比上年增加14.79亿元。十是实现利润，实现国际准则账面利润7.58亿元，考核利润10.65亿元，国内准则账面利润5.78亿元，首次实现国际国内准则双盈利。

## [主营业务]

勘探方面，完成二维地震5947千米，三维地震98平方千米，新获工业气井19口，新钻圈闭11个，新获油气藏9个，获含油气构造6个。取得12个重要油气新发现，8个重要新进展，4个重要新苗头，成为四川盆地天然气勘探历史上最好的时期之一。开发方面，完成了麻柳场、邛西、八角场气田外输等管道工程建设，整体加快了忠县净化厂、罗家寨净化厂等重点工程建设步伐，建成井场装置78套，集配气站16座，新建集输气管道674千米，新增天然气年产能20.03亿立方米，原油年产能2.01万吨；投产新井56口，新井产气3.75亿立方米。新获工业油气井68口(其中油井12口)，油气井平均单井测试产量是上年的2倍，获油气井成功率82.05%。新上采油气工艺措施317井次，增产天然气4.95亿立方米，增产原油4550吨。气田综合递减率控制在了6%以下。处理净化气超计划5.43亿立方米。生产原油13.8万吨，实现了“箭头向上”的目标。营销方面，通过科学合理地安排供气计划，加快开发不含硫气井，加快输气管线的改造，进行“移峰填谷”，降低生产自耗和减少自用气等有效措施，有效地缓解了供需矛盾，基本满足了地方经济发展对天然气的需求。努力优化供气结构，民用气同比增加了1.71个百分点，工业用气增加了0.93个百分点，天然气平均销售价格同比有所提高。审批新用户32家，年用气规模1.81亿立方米；11月16日，川渝天然气开始进入忠武管道，几代川渝石油人“川气出川”的夙愿变成现实。炼化方面，炼化产品销售收入达到22.9亿元，占公司销售收入的1/4，比上年增长7.3亿元。

公司集气站缩影

公司天然气净化厂缩影

## [科技进步]

召开了重组以来首次大型技术座谈会，围绕加快实现“52135”目标，制定和安排了今后一个时期科技发展的目标、任务和措施，出台了推进科技进步的决定。全年，启动科研项目75项，新技术推广项目8项；完成科研项目114项，有3项成果获集团公司技术创新奖，7项成果获股份公司技术创新奖，8项成果获四川省科技进步奖；申报国家专利技术6项，评定专有技术3项。

## [改革和管理]

在公司采输一线实行了轮班作业制，进一步优化了人力资源配置，规范了采输气井站管理。对公司机关机构和职能进行了调整，为促进管理流程的优化和管理的规范化奠定了基础。强化企业管理工作，编制完成了《公司“52135”发展目标总体部署及行动指南》；启动了“收支两条线”资金管理模式，开展了财税大检查。加强重点井、特殊工艺井、复杂事故井的过程管理，全年开钻井120口，完钻井112口，钻井进尺37.25万米，创10年来的新高。加强对合同的法律审查和合同履行的监控，公司及所属炼化总厂被公示为“全国守合同重信用企业”；采购各类物资15.3亿元，实现网上采购4.5亿元，完成考核指标的133%。开展了股权投资项目的清理整顿，清理法人实体31家，清算注销13家，整合保留18家。修订完善了《薪酬总额与业绩指标挂钩办法》，完成了内探体系建设阶段性工作任务。对部分单位进行了财务税收、货币资金管理、重点地面工程投资项目等方面的专项稽核和审计，接受了国家审计署等单位的专项审计和财务检查。加强安全生产和环境保护，公司获得了中国石油勘探与生产公司年度“安全生产达标单位”称号，无特大污染事故发生。

## [精神文明建设]

狠抓目标激励，广泛开展了“52135”目标大家谈等宣传动员活动，引导广大员工认清发展的机遇和肩负的重大责任。狠抓领导班子建设和干部队伍作风建设，集团公司党组及时充实、调整、完善了公司领导班子；之后，公司党委中心组集中学习，专题研究了加强领导班子建设和加快发展的问题，出台了公司党委、公司领导班子工作制度与议事规则，形成了加快实现“52135”目标的思路、勘探开发总体方案。对部分二级单位和机关处室的领导班子进行了调整。开展了创建“四好班子”、“五好处室”活动，出台了《关于加强两级机关作风建设的决定》，对处以上领导干部提出了“四个不准”的要求。狠抓基层建设和员工队伍建设。召开了公司基层建设工作会议，隆重表彰和宣扬了基层建设“十面红旗”单位，提出了今后一个时期公司加强基层建设的目标和措施。加强员工技能培训，举办各类培训班37期，培训员工1.68万人次，送股份公司和系统外培训近400人次；有4名员工获全国、四川省技术能手称号。狠抓企业文化建设，修改和完善了《公司企业文化手册》。

公司荣获全国五一劳动奖状

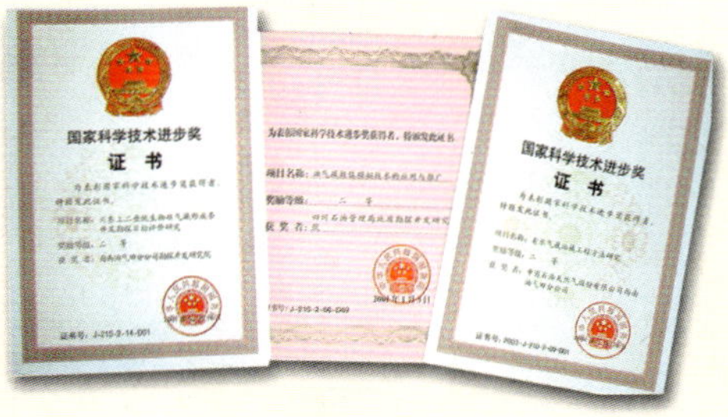


公司荣获国家科技进步二等奖

## [发展目标]

西南油气田2004－2010年发展目标是“52135”，即每年新增探明可动用天然气地质储量500亿立方米，每年新增天然气生产能力20亿立方米，2005年天然气产量达到100亿立方米，在2007年达到130亿立方米，跻身“中国石油”千万吨级大油气田行列，2010年产量达到150亿立方米，并在此基础上加快实施。

# 永远做第一的典范企业！

冠军建材集团董事长 林荣德

**冠军建材集团秉持“求真、求善、求美”的中心思想，坚持贯彻“生产质量最好的磁砖”。在成长的历程里，冠军建材集团业已荣获太多第一的荣誉，但冠军人从不因此而自满，更不断以创新、超越的精神，迈向国际化，优势竞争的潮流中，始终贯彻“6A”计划，确立行业的领先优势，「好，还要更好，要做，就做第一」。**

1972年，林田村先生在台湾创建冠军建材集团，自创“冠军”品牌，至今35年历史，始终以“坚持生产最高品质磁砖”和“诚信为本”为企业信念，一步一个脚印，奠定了今日冠军建材集团在业界的坚实基础和优良声誉。

1990年，林荣德先生接任公司董事长，尤为重视绿色环保理念，并积极与意大利研发单位进行技术合作；1992年，冠军以第一类股票在台湾成功上市，业绩一路遥遥领先同业；1996年，首家通过ISO-9001品质认证；1997年，首家膺颁绿色环保徽章，产品市场占有率达20%，连续14年在台湾雄踞行业的第一品牌。

1997年，投资3000万美元在江苏省昆山市设立信益陶瓷（中国）有限公司，占地500亩，全面实现“绿色工厂，绿色建材”的标准，绿色工厂是冠军在台湾地区成功的首要经验，所谓绿色工厂是具有公园化、自动化、节能化、零污染的绿色磁砖生产基地。引进世界顶级意大利生产设备——萨克米SACMI和西蒂SITI公司的7200吨、4600吨、2500吨、1890吨等高压成型机、精密高温电脑控温窑炉及CMF公司全程电脑自动供粉系统，并与国际研发机构合作成功研制「纳米」抗菌、自洁、止滑、耐磨等功能性「智能砖」，堪称与时俱进地将磁砖性能推入另一个新的纪元。

2002年，再投资5000万美元在山东省蓬莱市设立信益陶瓷（蓬莱）有限公司，秉承“绿色工厂”标准，开创冠军“Champion-V”技术平台，保证冠军生产出世界一流质量的绿色建材产品，并率先推出源于石材，胜于石材的「科技新石材」系列新品，符合政府倡导的绿色建材理念。2004年致力开发大规格冠军[科技新石材]，并开发成功幕墙干挂工艺，提高磁砖抗拉力30%以上，双切面与柔性结合，延长干挂使用寿命，确保了安全,并大幅降低建筑成本。

冠军建材集团旗下企业包含台湾冠军建材股份有限公司、台湾林木、林田村文教基金会、信益陶瓷（中国）有限公司、信益陶瓷（蓬莱）有限公司及中国各地13家分公司和50个营业所，总资产为2.6亿美元，产品畅销欧、美、日、韩、澳、非等25个国家和地区。集团长期致力于慈善公益事业，已捐建多所爱心希望小学，捐赠总额超过1700万人民币资助贫困学生就学，同时，积极促进海峡两岸的沟通交流，受到国台办、前任及现任国民党主席连战、马英九和亲民党主席宋楚瑜的赞赏和肯定。集团始终坚持以真诚回馈社会为己任，以“科技创造生活质感”为使命，为广大消费者带来个性化的高质感空间和舒适体验。

積跬步

——从1972年至今稳健发展，靠的就是脚踏实地的［跬步］

每一天，每一月，每一年的积累，从技术设备、研发中心到享誉业界的［绿色工厂］，都需要［跬步］精神，勿以善小而不为，勿以恶小而为之。在稳健中积累，在积累中超越。

冠軍磁砖 CHAMPION

# 冠军建材集团发展足迹

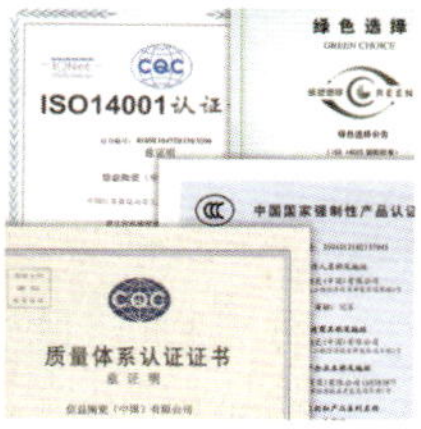

| | |
|---|---|
| 1972年 | 创立于台湾省苗栗县 |
| 1992年 | 在台湾股票上市 |
| 1997年 | 投资3000万美元在江苏昆山设立信益陶瓷中国总部 |
| 1998年 | 信益陶瓷（中国）有限公司第一期投产打造国内第一座绿色磁砖生产基地 |
| 1999年 | 中国磁砖业界第一家荣获ISO9001国际质量管理体系认证 |
| 2000年 | 再次领先磁砖业界第一家荣获ISO14001国际环境管理体系认证 |
| 2001年 | 中国磁砖业界第一家荣获GCP（中国绿色选择）认证 |
| 2001年 | 荣获“全国同行业十大名牌，售后服务满意度第一品牌”称号 |
| 2002年 | 中国磁砖业界第一家荣获ISO14025Ⅲ型环境标志认证 |
| 2002年 | 投资5000万美元在山东蓬莱设立信益陶瓷（蓬莱）有限公司 |
| 2003年 | 荣获“国家免检产品”称号，全力研发[科技新石材] |
| 2003年 | 在全国范围内推动“爱与关怀”慈善捐助活动，捐助爱心慈善小学，回馈社会公益 |
| 2003年 | 荣获“苏州市自主知识产权重点企业”称号 |
| 2004年 | “冠军”商标荣获江苏省“著名商标”称号 |
| 2004年 | 中国磁砖业界首家荣获CQC认证机构颁发的3C证书 |
| 2004年 | 荣获“江苏名牌产品”称号 |
| 2005年 | 荣获“中国品牌建设十大杰出企业”和“中国磁砖十大影响力品牌”称号 |
| 2005年 | 荣获“中国建材百强企业”称号 |
| 2005年 | 荣获“2005年度上海十大精品陶瓷”称号 |
| 2005年 | 荣获2005年度上海装饰材料市场“消费者满意产品、畅销品牌、优质服务企业”称号，“2005年度上海装饰材料市场综合能力领先企业金楹奖”称号 |
| 2005年 | 经世界品牌实验室评估，荣获中国最具价值500品牌第300名，为磁砖品牌之龙头 |
| 2005年 | 荣获“用户首选无毒害绿色环保百佳畅销品牌”称号 |
| 2005年 | 荣获“中国陶瓷行业名牌产品”称号 |
| 2005年 | 向宋庆龄基金会与清华大学贫困学子捐赠810万元助学金，这一善举受到CCTV报道 |
| 2006年 | 荣获“绿色建材产品”称号 |

## 冠军领先行业，率先成立以Champion-V技术平台为核心的研发中心

融合中西前沿时尚理念，从意大利、西班牙邀请世界顶级产品研发工程师加盟公司产品研发中心，组成当今世界一流的产品研发团队，为公司带来全新的产品设计理念，使公司产品能不断的推陈出新，并且始终代表全球最新的磁砖文化潮流，与世界同步风行。

冠军研发中心

## 先进的生产设备

### 冠军拥有世界一流的设备，在技术创新工作上领先同侪。

引进世界顶级意大利生产设备——萨克米SACMI和西蒂SITI公司的7200吨、4600吨、2500吨、1890吨等高压成型机、精密高温电脑控温窑炉及CMF公司全程电脑自动供粉系统，拥有完善且先进的高精密实验设备，为生产完美优质的产品提供最佳的保障。

# 科技新石材—源于石材，胜于石材

冠军领先同业开创Champion-V技术平台，率先研发成功“科技新石材”产品，引领磁砖科技化革命，并以科技吸纳天然石材的精粹，令磁砖纹理自然，蕴涵天然石材的高贵质感，具备健康环保、施工简便、维护轻松、物超所值等超越石材的优点，可谓源于石材，胜于石材。从欧洲到北美，从日韩到台湾，“科技新石材”已成为追求格调生活与精致空间人士的首选。

## 冠军“科技新石材”产品，5项全能

[质感天然] 精选天然原料，采用意大利科技布料系统，激光印刷技术，多色彩组合、多层次印刷和全程自动化品质控制，造就每片磁砖纹理自然，视觉超然，谱写“源于天然，胜于自然”之科技工艺。

[健康环保] 全面推行科技工艺，以国际领先的「绿色工厂」，制造出无辐射的绿色环保产品，通过严格的品管及对传统产业的不断升级，将「纳米」科技融入产品，赋予抗菌、自洁、止滑等新功能，实现产品功能化，让每片磁砖达到“绿色、健康、安全”之要求，符合“人性、科技、环保”的「绿色建材」。

[历久弥新] 天然石材分子结构松散，抗折强度不高，受外力碰撞容易碎裂，破坏装饰效果。冠军「科技新石材」产品经过高压力成型及1250° C煅烧，其产品性能，具强度、硬度、耐磨、抗污等特性，使产品品质精良，历久弥新。

[维护轻松] 天然石材需要打蜡抛光等日常维护。冠军「科技新石材」经过高压成型、高温粹炼，坯体致密，使表面不易纳垢、不易污染、耐腐蚀等特性，不必像石材需要经常保养。

[物超所值] 天然石材价格昂贵，施工复杂辅料多费用高，加上日常维护又添加了一份成本。冠军「科技新石材」产品已步入时尚化、个性化、健康化、多元化、多功能时代，品质超越石材，施工损耗更少，真正物超所值，兼具施工简便等诸多优点，是建材的新主流。

[质感天然]

[健康环保]

[历久弥新]

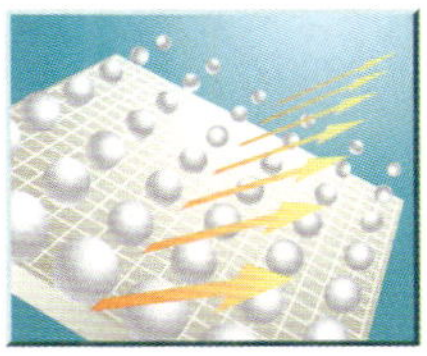

[维护轻松]

[物超所值]




信益陶瓷(中国)有限公司
江苏昆山市玉山镇经济技术开发区冠军路1号
电话:+86-512-57537755
传真:+86-512-57538808
http://www.sinyih.com.cn

信益陶瓷(蓬莱)有限公司
山东蓬莱市经济技术开发区冠军路1号
电话:+86-535-5608188
传真:+86-535-5979856

# 常熟星岛新兴建材有限公司

## CHANGSHU XINGDAO ADVANCED BUILDING-MATERIAL CO.,LTD.

### 企业简介

随着科学技术的不断进步，人类改造自然征服自然的能力日益增强，建设与生态失衡所造成的影响，常使人们为了挽救环境而付出更高的代价，当面临抉择而又需要两者兼顾时，一场全球性的绿色革命正在悄然兴起。为客户提供绿色产品、创建绿色企业、实现永续发展等新型理念与精神已被越来越多的社会组织与成员接受。

秉持上述理念与精神，常熟星岛新兴建材有限公司于2003年3月8日正式成立，专业从事生产加工热浸镀锌钢卷及相关产品，第一期投资730万美元，于2003年10月1日完成。第一期热浸镀锌（HGI）生产线，主要生产用于提供建材行业所需热浸镀锌钢卷，可年产热浸镀锌钢卷30万吨。

公司于2003年10月增加投资2，250万美元，建设第二期热浸镀锌生产线，生产、加工耐高腐蚀性铝锌钢卷及其相关产品，于2005年5月完成，年生产能力达到40万吨。

2005年12月，星岛三期增加投资6020万美元，建设裁剪中心，该中心将用于专业的薄板分条，整平加工，年产能20万吨。

常熟星岛新兴建材有限公司现被注册于百慕大群岛的中国金属（百慕大）有限公司100%控股。2005年5月，中国金属（百慕大）有限公司在新加坡主板成功挂牌上市。

公司本着通过加强经济合作和技术交流，凭借优势互补实现投资各方和全体员工利益最大化的愿望，精诚合作，携手并进，利用先进适用的进口设备与科学有效的管理，不断提升产品品质，并严

# 经营理念

**精诚团结　精益求精　务实创新　创造盈余**

CHANGSHU XINGDAO ADVANCED BUILDING-

格作好环境保护，努力开拓国内外新型建材市场且满足不同客户的需求。公司全体员工以诚信为本，在管理、品质、效率、成本与服务上追求卓越、追求完美、与客户共创互惠互利的环境，通过公司的努力与发展，振兴当地经济，积极参与和推动教育、文化、医疗卫生等社会福利事业的发展，回馈地方政府和人民。

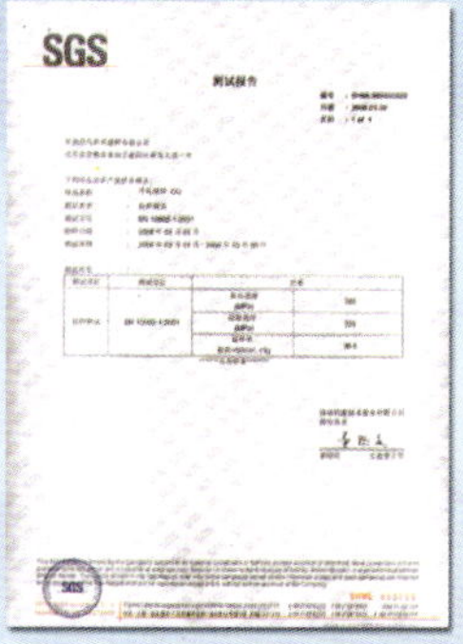

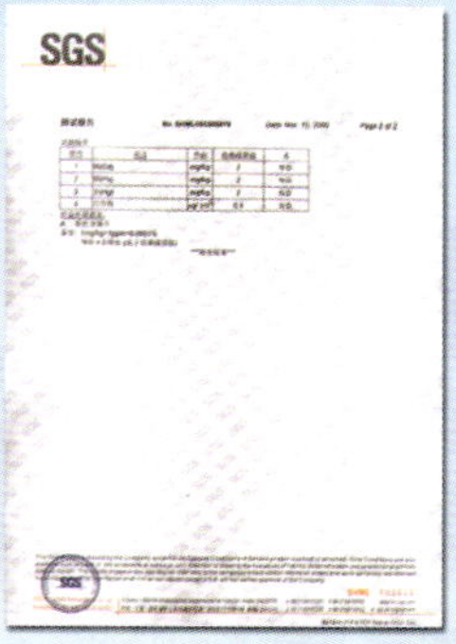

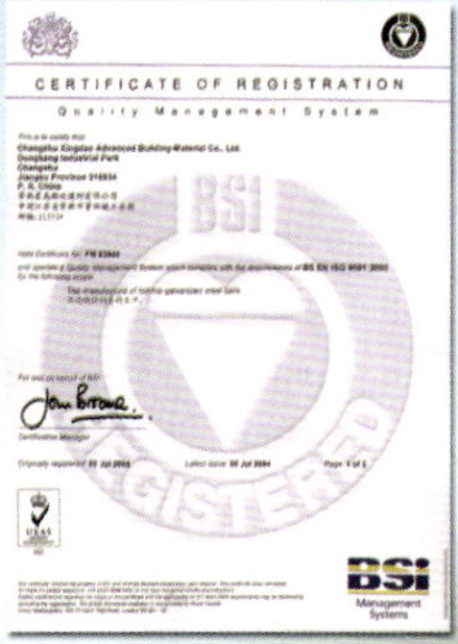

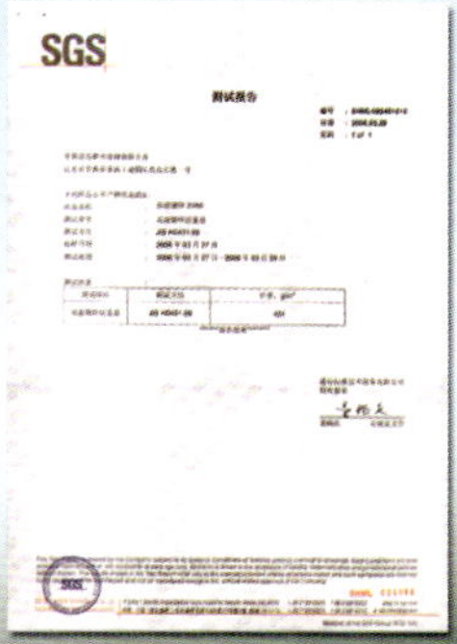

# 常熟星岛新兴建材有限公司

## CHANGSHU XINGDAO ADVANCED BUILDING-MATERIAL CO.,LTD.

CHANGSHU XINGDAO ADVANCED BUILDING-MATERIAL CO.,LTD.

经营范围：

主要从事生产、加工钢板、镀锌板、耐高腐蚀性铝锌合金板及其他相关产品，销售自产产品。

生产规模：

1、第一期主要生产热浸镀锌卷板（HGI），年设计产能为30万吨。

2、第二期主要生产热浸镀锌卷板（CGI、HGI），年设计产能40万吨。

一、二期全部投产，总年产能可达70万吨。

3、第三期主要加工各种宽厚板20万吨/年。

集团公司董事长、党委书记：董华

# 云天化集团有限责任公司

云天化集团是以云天化集团有限责任公司为母公司，拥有全资、控股子公司24家的产业集团。云天化集团有限责任公司的前身为云南天然气化工厂，是中国20世纪70年代引进国外成套设备建成的13家大化肥企业之一，始建于1974年，1977年建成投产。1997年，整体改制为云南省人民政府授权经营的国有独资有限责任公司，是云南省第一家国家一级企业，国家512 户重点企业之一和云南省政府重点支持的工业企业集团之一。

1997年，云天化集团有限责任公司发起组建了云南云天化股份有限公司并上市；1999年，通过收购重庆国际复合材料有限公司股权进入玻纤产业；2000年，通过收购云南省红河磷肥厂进入磷复肥产业；2001年，云南省化工研究院整体进入云天化集团，成为云天化技术中心的核心业务机构；2002年，投资组建云南江川天湖化工有限公司，继续做大磷复肥产业；同年，投资组建云南天创科技有限公司，发展精细磷化工产业；2003年，通过实施产业整合，云南盐化股份有限公司、云南博源实业有限公司进入集团，并托管云南红云氯碱有限公司，搭建了盐和盐化工业务平台；同年，云南富瑞化工有限公司进入集团，同时组建了云南天安化工有限公司，建设50万吨合成氨项目，进一步做大做强磷复肥产业。2005年，通过股权收购，控股云南马龙产业集团股份有限公司，进一步搭建了磷化工业务平台；同年，云南省政府实施新一轮整合重组，云南云峰化学工业有限公司、中轻依兰（集团）有限公司、云南省化学工业建设公司、云南磷化集团有限公司、云南三环化工股份有限公司进入云天化集团。

通过多年的努力，云天化已经从一家产品单一的氮肥生产企业，发展成为今天以化肥为主业，以有机化工、玻纤新材料、盐及盐化工、磷矿采选及磷化工为重要发展方向，拥有69家全资、控股及参股子公司的母子公司体制的企业集团。

截止到2005年末，云天化集团拥有总资产200多亿元，净资产87亿元；年销售收入达100多亿元，利润总额13亿元，实现利税18亿元。

# 云天化集团有限责任公司

【公司产品】

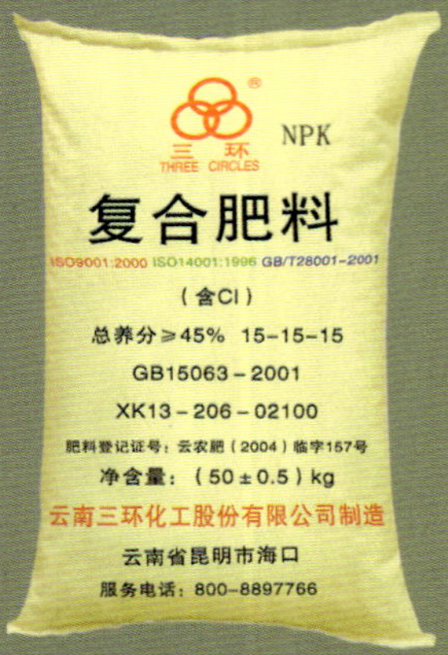


复合肥料

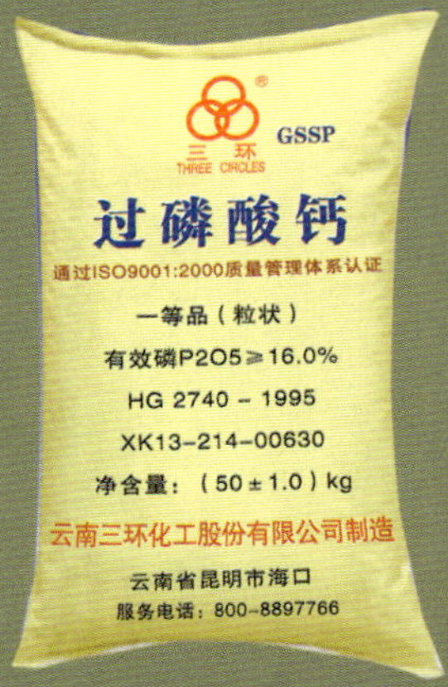


过磷酸钙

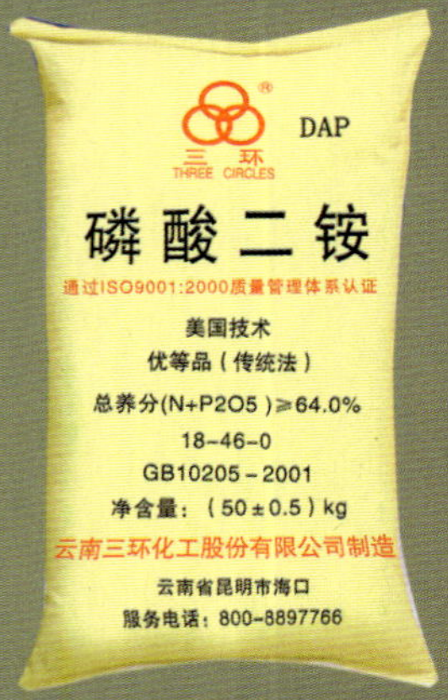


磷酸二铵

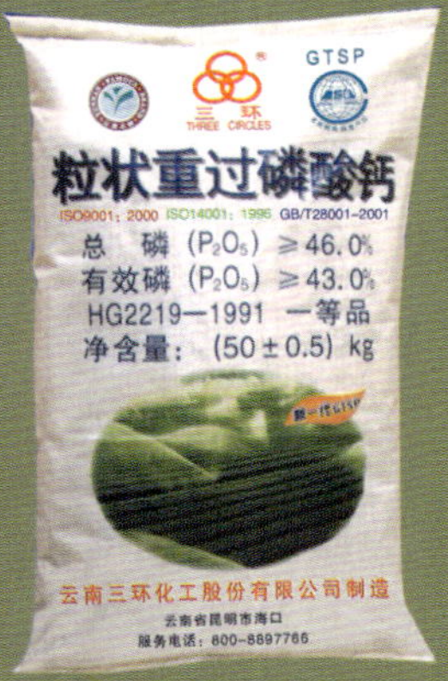


粒状重过磷酸钙

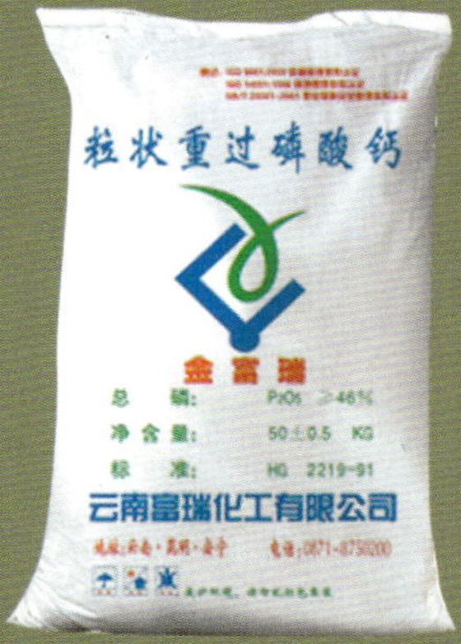


富瑞重钙

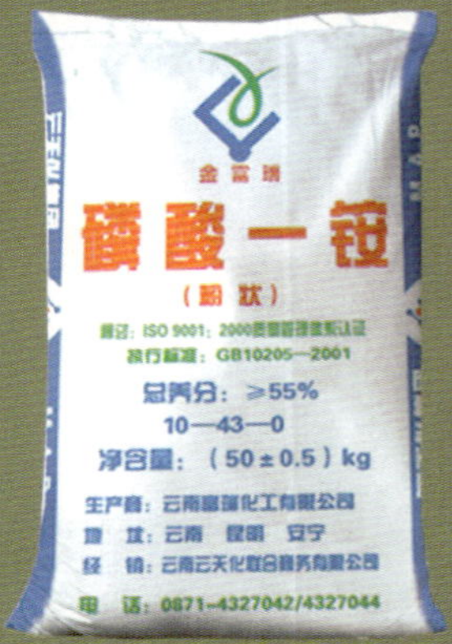


富瑞磷酸一铵

1

1. 玻纤产品
2. 产品硝酸铵
3. 尿素
4. 季戊四醇

2

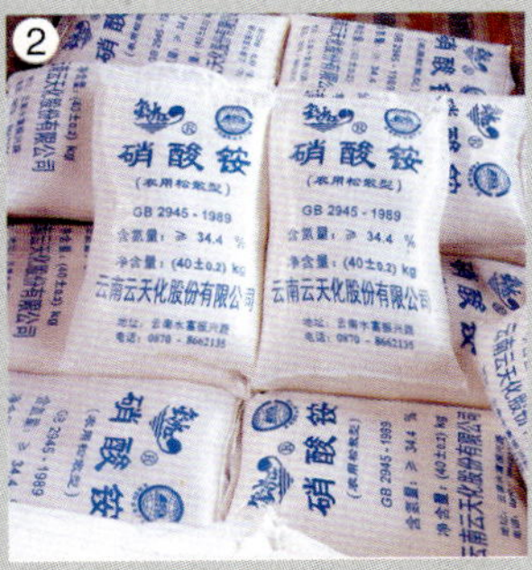


3

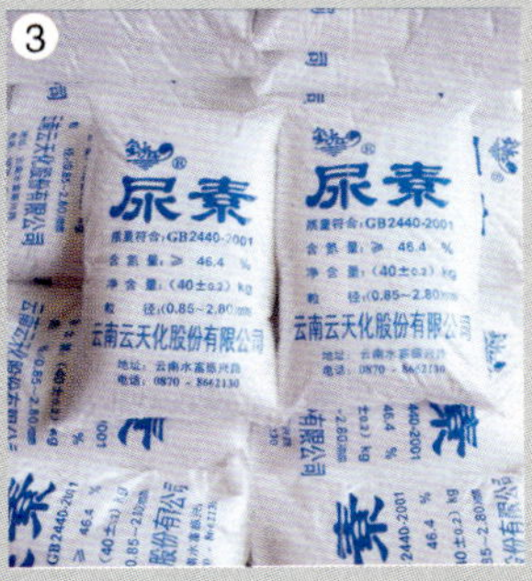


4

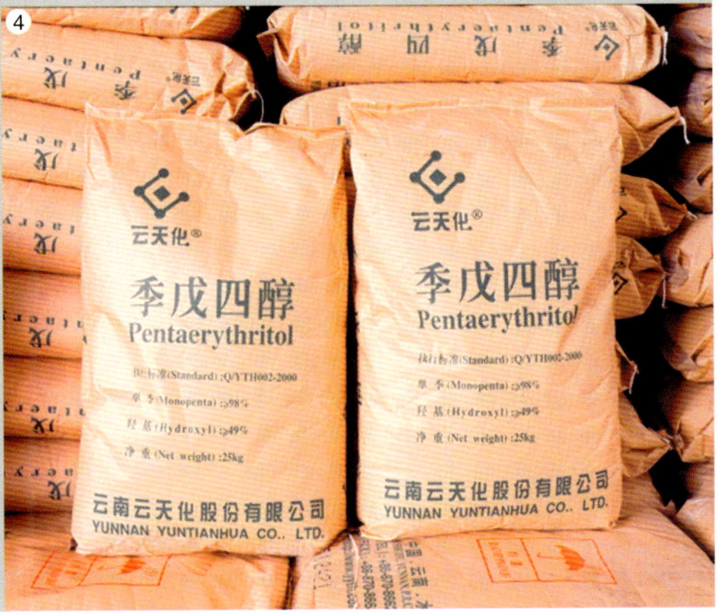



地址：云南省昆明市滇池路1417号
电话：0871-6242629 6242630
传真：0871-4318088 4318089
邮编：650228
网址：www.yth.cn
E-mail:yth@yth.cn

# 五粮液集团有限公司

## 五粮液集团有限公司诚谢社会各界的关心、关怀和厚爱。

五粮液集团有限公司位于“万里长江第一城”——中国西南腹地的四川省宜宾市北面的岷江之滨。其前身为50年代初由几家古传酿酒作坊联合组建而成的“中国专卖公司四川省宜宾酒厂”，1959年因其产品五粮液酒的优秀品质和声誉而正式命名为“宜宾五粮液酒厂”，从1985年起，原五粮液酒厂创造性地将历史文化承传与现代的科学运作相结合从而取得了高速发展的巨大成就，于1998年改制为“五粮液集团有限公司”。从九五期间到2004年，公司创下了销售收入平均增长40%的神奇速度，2004年，实现销售收入138亿元。

五粮液集团有限公司是以五粮液及其系列酒的生产、销售为主要产业，同时生产经营精密塑胶制品、大中小高精尖注射和冲压模具现代制造产业，以及生物工程为发展产业，药业工业、印刷业、电子器件产业、物流运输和相关的服务业的具有深厚企业文化的现代化企业集团。集团公司现有职工20000余人，其从事制造业的厂房错落有致地掩映在7平方公里的花园般的厂区中。

奋进塔

五粮液集团有限公司的成名产品“五粮液酒”是浓香型白酒的杰出代表，她以高粱、大米、糯米、小麦和玉米五种粮食为原料，以“包包曲”为动力，经陈年老窖发酵，长年陈酿，精心勾兑而成。她以“香气悠久、味醇厚、入口甘美、入喉净爽、各味谐调、恰到好处、酒味全面”的独特风格闻名于世，是当今酒类产品中出类拔萃的珍品。自1915年代表中国产品首获“巴拿马万国博览会”金奖以来，五粮液酒又相继在世界各地的博览会上共获38次金奖，1995年在“第十三届巴拿马国际食品博览会”上又再获金奖，铸造了五粮液“八十年金牌不倒”的辉煌业绩，并被第五十届世界统计大会评为“中国酒业大王”。2002年6月，在巴拿马“第20届国际商展”上，再次荣获白酒类唯一金奖，续写了五粮液百年荣誉。同时，五粮液酒还四次蝉联“国家名酒”称号；四度荣获国家优质产品金质奖章；其商标“五粮液”1991年被评为首届中国“十大驰名商标”；数年来“五粮液”品牌连续在中国白酒制造业和食品行业“最有价值品牌”中排位第一，2005年其品牌价值达338.03亿元，具有领导市场的影响力。五粮液股份有限公司于2003年再度获得“全国质量管理奖”，成为我国酒类行业唯一两度获得国家级质量管理奖的企业。

俯瞰

公司系统研制开发了五粮春、五粮神、五粮醇、长三角、两湖春、现代人、金六福、浏阳河、老作坊、京酒等几十种不同档次、不同口味，满足不同区域、不同文化背景、不同层次消费者需求的系列产品。特别是十二生肖五粮液、一帆风顺五粮液等精品、珍品系列五粮液的面世，其在神、形、韵、味各方面精巧极至的融合，成为了追求卓越的典范。

五粮液人通过以质量、规模、效益为工作重心实施了成功的阶段性战略突破和高速发展，使五粮液股份

包装线

酒圣山正面

厂区大景

有限公司已经具备了年酿造五粮液及其系列酒40多万吨的生产能力，以及年包装各类成品酒40多万吨的配套生产能力。同时，集团公司还以其开发的“仙林青梅果酒”和“亚洲干红”等优质产品来开拓国内外果酒市场。

为了给广大消费者提供更多更好的优质产品，为了更好地满足社会各阶层的不同需求，为了将我们历史文化中的瑰宝发扬光大，公司不断地将现代科技与古老的传统工艺相结合，不断地在提高产品质量的同时扩大企业的生产能力，以适应国内外市场发展的需求。

以塑胶制品和现代模具制造为主的五粮液普什集团公司迅速地成长壮大起来。其在防伪瓶盖、PET原料及成型制品、塑胶管材管件等几大类产品的生产和销售上都取得了优异的业绩，尤其是其高、精模具（主要是汽车模具、IT产业模具、家电产业模具以及高精尖设备的专用模具等）的设计制造业正在高速发展。

五粮液集团公司下属的丽彩集团公司在近十年来的市场运作中为本集团和诸多著名品牌的企业提供了一流品质的包装印刷制品，业务已从酒包装扩展到烟包装等。

以生产各种玻璃制品和包装材料为主的环球集团公司在通过了ISO9001：2000国际标准质量体系认证后，其多类产品的质量已经达到四川省的最好水平。

起步于为集团公司配套服务的安吉物流集团公司通过近年来不断加强对其基础管理和服务水平的提升，不仅通过了ISO9001：2000国际标准质量体系认证，被评为交通部道路物资运输二级企业，而且完成了由单一

的运输企业向现代化物流企业的转化，已经具备了较为完善的系统服务功能。

此外，以环保、保健、饮料、药业、精化、电子、家纺等为配套发展产业，以进出口贸易、投资咨询、维修服务等为配套服务产业，五粮液集团有限公司至今已经发展成为了包括18个全资或控股子公司的具有规模效益优势和巨大发展潜力的特大型企业集团。

1999年4月18日，时任中共中央总书记、国家主

席的江泽民同志亲临五粮液集团公司视察工作；2000年10月5日，时任全国人大委员长的李鹏同志莅临五粮液集团公司视察工作；2003年5月11日，中共中央总书记、国家主席胡锦涛同志又来到五粮液集团公司视察工作。这是对公司的最大鼓励和鞭策。

在五粮液集团公司内，全国最高的企业形象雕塑——奋进塔，全国最雄伟壮观的大门—五粮液东大门，全国规模最大的酒文化博览馆，以及气势恢宏的“鹏程广场”，胸怀高远的“观沧海”，美丽幽雅的文化公园“酒圣山”等等匠心独运、精巧美妙的五粮液特色景观与错落有致、整洁美观的生产厂房，在弥漫着沉沉花香与酒香相融合的“花园工厂”里交相辉映；在这块美不胜收的土地上，永不停息地成长着一群精艺克靡、刻苦创新、拼搏奋进、与时俱进、永争第一的五粮液人，他们用自己聪慧灵魂和辛勤汗水的创造回报大地万民。

五粮液人正是这样用他们的智慧、勤劳和不断追求卓越的精神，来创造五粮液卓尔不凡的美，来创造五粮液集团博大精深的企业文化，来创造五粮液集团优秀品质的产品和服务，来创造五粮液人卓越的环境效益、社会效益和经济效益。

**法人代表：王国春**

**地址：四川省宜宾市岷江路150号　　邮编：644007**

**电话：0831-3553988　　传真：0831-3552624**

# 一流企業

# FIRST-CLASS ENTEPRISES

## 公司簡介 Company Introduction

源志誠家紡歷經十餘年的創業發展,成爲一個集設計、生產、加工酒店及家居配套紡織裝飾產品系列的專業公司。公司現擁有現代化的織造車間、成品加工車間、產品展示中心、商場、寫字樓及遍布全國的專賣店，主要生產以絲織物與仿絲織物爲主的高密度家用紡織用布，并混合生產化纖、混紡及純棉的家紡用布，產品系列包括提花織造、印花、綉花、染色等等，同時擁有各精湛的深加工配套工藝，銷售網絡遍布全國各地、亞洲、中東、歐美等多個國家和地區。作爲國內裝飾布行業的翹楚“源志誠家紡”已成爲中國家紡行業的知名品牌。

源志誠設有專業的產品研發部，大部分產品采用自主開發的原材料，經特殊工藝加工而成，投資落成了占地20萬平方尺的織造車間，擁有國際先進的織造設備和專業生產綫，年生產能力充分滿足國内外客户的需求。

With decades of development, Yuanzhicheng Home Textile becomes a professional textile manufacturer specializing in design, produce, processing hotel and the textile decorative collections for home furniture.

The company has its own modern workshop of manufacture, workshop of process finished product, products' shown room, shops, offices and the exclusive shops around of China, it mainly produces silk fabric and polyester fabric with high density.

And it also produces polyester, mixed polyester and cotton. The product includes jacquard, printing, dyeing and so on.

And it also has all kinds of exq uisite technique for processing and matching. At the same time, its sales network is around of China Asia, The Middle East, European and American countries etc. It has already become the well known brand as the leader of domestic fabric fielding ---- “YUANZHICHENG HOME TEXTILE”

Yuanzhicheng
源志誠家紡

www.yuanzhicheng.com

# 榮耀　輝煌
# GLORIOUS　SPLENDID

第三屆廣東省家用紡織品行業協會
副會長

证　书

邓源潭先生：

为广东省家用纺织品行业协会第三届理事会副会长，特发此证。

广东省家用纺织品行业协会
二〇〇五年十一月

## 品牌優勢
## Brand Advantage

十多年來，源志誠艱苦卓絶，開拓進取，在布藝家紡行業形成了絶對領先的優勢。

源志誠家紡歷經十餘年的發展積澱，在行業評比中獲得了不計其數的設計産品等方面的榮譽，同時形成自己獨特的文化個性及經營哲學，在家紡業界聲名鵲譽，是公認的中式風格布藝的知名品牌。

With decades of great efforts, Yuanzhicheng Home Textile Company Limited pioneers and gives comparatively advantage over others in the home textile field.

With decades of development, Yuanzhicheng Home Textile is honored in numberless designs and products in textile competition. Meanwhile, Yuanzhicheng forms her unique cultural characteristic and management philosophy, which is well-reputated in Textile field and well-recognized as the famous textile brand in Oriental Style.

中國國際家用紡織品及輔料博覽會十周年促進金獎（1995-2004年）

優秀産品特等獎

2001年8月第八屆中國廣州國際家具博覽會展位設計獎—— 優秀獎

2002年10月中國國際家用紡織品及輔料博覽會10分視覺----展位設計獎

2003年10月中國國際家用紡織品及輔料（秋季）博覽會10分視覺--展藝設計獎

2004年春季廣州家紡布藝展優秀新産品獎

2004年(秋)中國廣州國際家紡布藝、家居飾品展會展位裝修設計獎—— 金獎

证　书

广州源志诚家纺有限公司：

设计的产品《蓝帝辉煌》在2004年中国国际家用纺织品设计大赛决赛评比中荣获"产品设计奖"优秀奖

Your product design wins the outstanding award of "Product Design Award" in the final of 2004 China International Home textile Design Competition.

荣誉证书
HONORARY CREDENTIAL

广州市源志诚家纺有限公司：

你公司的展位，被评为二〇〇五年（春）中国广州国际家纺布艺展览会"华岭杯"展位设计大赛二等奖。

特发此证

证　书

广州市源志诚家纺有限公司：

设计的产品《红宝/锦绣生香》在2005年中国国际家用纺织品设计大赛决赛评比中荣获"中国家纺产品设计金榜奖"

Your product design wins the Most Outstanding Brand Name Design Award in the final of 2005 China International Hometextile Design Competition.

源志誠織造有限公司
Yuanzhicheng Weaving CO.,LTD.

国际认可论坛
多边承认协议
（IAF/MLA）
集团承认

DAS Certification

UKAS QUALITY MANAGEMENT

## 生產優勢

## Advantage in production

源志誠設有專業的產品研發部，大部分產品采用自主開發的原材料，經特殊工藝加工而成，投資落成了占地20萬平方尺的織造車間，擁有國際先進的織造設備和專業生產綫，年生產能力充分滿足國内外客户的需求。

志誠紡織配套有限公司
Zhicheng Textile Accessories CO.,LTD.

With their professional developing department, most of YUANZHICHENG's raw materials are developed by themselves, and manufactured in a special way.

Their 200,000 square feet weaving mill have the advantage weaving machines and the professional production line, which can meet most of the requirements of domestic and oversea customers. Besides , YUANZHICHENG's ready-made work shop can design and sew all kinds of characteristic finished products according to their “new-classic-China” style, to meet the deferent and high requirement of home beauty.

**www.yuanzhicheng.com**

# 华中电网有限公司

位于中国中西部地区的华中电网有限公司是中国六大区域电网公司之一，覆盖湖北、河南、湖南、江西、四川和重庆直辖市，全区土地面积129.8万$km^2$，区内供电人口3.82亿，是中国供电人口最多的区域电网。华中地区能源资源具有“北煤南水西水、气”的分布特点，这一特点决定了华中电网是能在最大范围内实现资源优化配置、实现“西电东送、南北水火调剂运行”的最佳电网。

华中地区水能资源可开发总量为16300万kW，约占全国总量的43%；到2004年底已装机4067.1万kW（全口径），开发利用程度（按容量计）28%。华中地区的水能资源主要分布在四川的金沙江、雅砻江、大渡河，湖北的长江中游、汉江中下游、清江、堵河流域，湖南湘、资、沅、澧四水的干支流，江西的赣江及河南黄河中游。

华中地区的水能资源主要集中在四川和湖北，两省合计占全区89%，占全国38%。四川、湖北的技术可开发量分别为10345.96万kW、3309.5万kW。

“十一五”末，华中电网电源总规模为11810万kW，其中水电装机4902万kW、抽水蓄能装机259万kW，分别占华中电网电源总规模的41.5%和2.2%。

华中地区电源发展与建设的方针是：“大力开发水电，优化发展煤电，积极推进核电前期工作，因地制宜利用新能源发电。”随着国家大力开发水电的能源政策和西部大开发战略的实施，川西、鄂西、湘西地区流域梯级开水电的开发必将进一步加快。

按照规划，到2020年，华中地区水电装机容量将达到12000万kW（扣除外送后为9300万kW），开发程度达到73%（以容量计）。届时，华中地区的河南、湖北、湖南、江西、重庆经济上可开发水电将基本开发完毕，四川水电开发程度为61%左右，华中电网有限公司在区域范围内发挥资源优化配置的作用将进一步显现。

huazhong dianli

地　址：湖北省武汉市武昌区徐东路45号　　邮　编：430000
电　话：027-86765171　　传　真：027-86765170

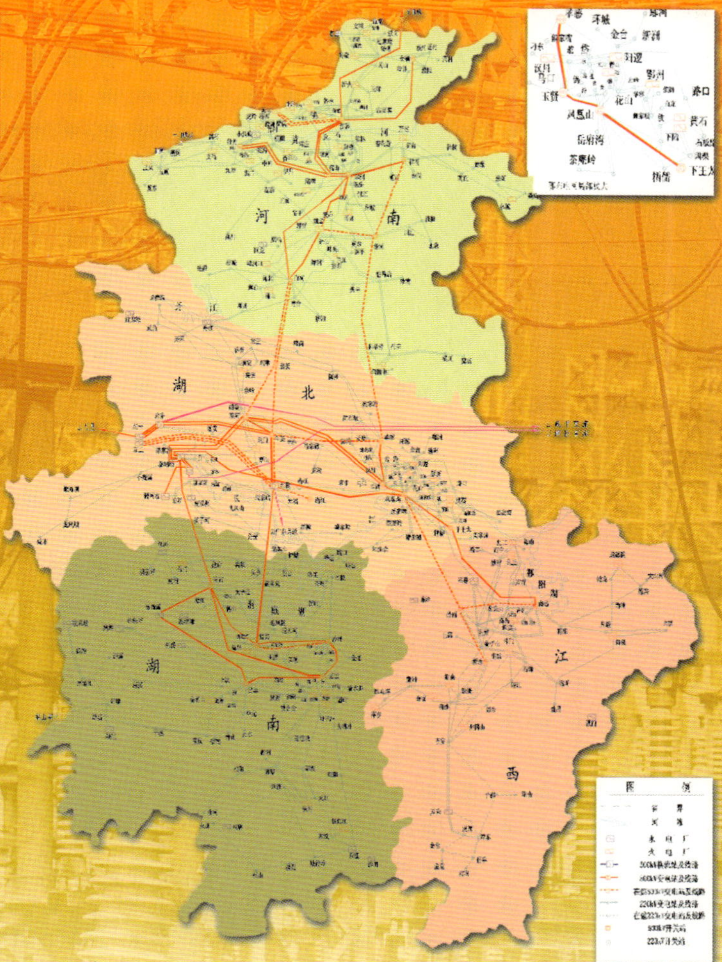


华中电力调度通信中心运行方式科　绘

大力开发水电　优化发展煤电

积极推进核电前期工作

因地制宜利用新能源发电

# 东北电网有限公司

东北电网有限公司（简称东电，英文缩写NEG）是在电力市场化改革的大潮中应运而生的，其前身为国家电力公司东北公司。随着电力体制改革的深化，于2003年9月25日组建成为国家电网公司依法出资设立的国有独资有限责任公司。

东北电网公司注册资本272亿元，供电区域包括黑龙江省、吉林省、辽宁省及内蒙古自治区三市一盟，电网覆盖面积124万$km^2$，供电服务1.15亿人口。目前，公司直接经营管理的500kV输电线路31条，总长4507km，总变电容量1552.2万kVA；220kV输电线路35条，总长3060.9km，总变电容量134.7万kVA；公司拥有辽、吉、黑三省电力公司等全资子公司和赤峰、通辽供电公司、超高压局等内部核算单位。公司直属水电厂分布在松花江、鸭绿江流域上，直调水电装机容量为5579MW，直属水电装机容量为3429MW，33台机组。其中丰满发电厂是我国最早的大型水电厂，被称为中国水电的摇篮；白山电厂是我国自主设计制造、自主安装运行的大型电站，装有全国第一台300MW水电机组，为大容量水电机组国产化开辟了道路；云峰、太平湾电厂坐落于中朝界河鸭绿江上，是中朝两国合营电站，隶属于中朝水力发电公司，东北电网公司代为管理，向中朝两国供电。2005年年底，白山抽水蓄能电站首台机组投产发电。

东北电网以500kV线路为骨干的网架已经形成，北起呼盟的伊敏，南至大连的南关岭，西自赤峰的元宝山，东达黑龙江的佳木斯、七台河，500kV主网架覆盖了东北地区的绝大部分电源基地和负荷中心；辽吉、吉黑省间500kV联络线均已达到两回；东北与华北电网实现了跨大区交流联网。

东北电网有限公司是在厂网分开的基础上设立的，其主要职责是经营管理东北电网，保证供电安全，规划东北电网发展，培育东北电力市场，管理电力调度交易中心，按市场规则进行电力调度。电网运营已经成为公司的主要核心业务。公司从满足东北地区社会经济发展和人民生活水平提高的需要出发，自觉纳入国家电网公司战略体系，主动融入东北地区经济，积极汇入世界电力发展主流，树立科学的发展观和人才观，不断提高技术水平和管理水平，将努力把东北电网建设成为安全可靠、结构合理、技术先进、管理科学的开放型、现代化的新型区域电网。

# 铁道通信信息有限责任公司
# China Railway Communication Co,.Ltd

## 铁通公司的发展之路

三年，对历史长河来说，算不了什么；但对铁通公司来说，却是大变样的三年，快速发展的三年。

铁通公司于2000年12月26日成立，成立时总资产136亿元，注册资本103亿元，公司股东18家，其中铁道部占51%，其他17个股东合计占49%。经过3年的发展，至2003年12月底，公司资产总额383亿元，比成立时增长了282%。公司现有省级分公司31个，独立事业部1个，地市分公司316个，控股子公司5个。员工总数7.2万人。

三年来，铁通公司在基础网络建设、市场营销策划、提升服务质量、深化制度改革上不断加大工作力度，取得了明显的效果。正是这些工作保证了一个大企业的不断发展和壮大。

## 网络建设成就喜人

铁通公司采用先进技术，对既有网络进行了整合、改造、扩容，促进了通信运营能力的整体提高。目前，铁通公司已有通信线路15万公里，其中光缆线路达10万公里，局用交换机1800多万线。各类业务覆盖全国31个省市区的大部分地区，与国内其他电信运营企业均实现了互联互通。

铁通公司目前与固定电话网主导运营企业在295个本地网、与中国移动在284个本地网、与中国联通在286个本地网实现了互联互通，与其他电信企业重新修订和签署了网间互联互通协议，大力推进了197300等业务的网间开放。2003下半年以来，网间障碍明显减少，通信质量有了较大提高。

铁通公司还组织了32个省干线传输网建设项目，扩大了网络覆盖范围，提高了网络的安全性和可靠性。而且初步完成了基础传送、业务承载和管理支撑三大基础网络在全国范围内的总体布局。区域传输网、城域网的建设也已经展开，这些都为铁通公司的市场开拓打下了基础。

## 坚定信心 走向市场

2003年是铁通公司市场经营取得重大突破的一年。面对年初市场经营的严峻形势和来自"非典"的影响，铁通提出了2003年经营工作重点和上半年保45%，争48%的经营目标。通过果断采取强化经营的措施，上半年超额完成了经营任务。7月份，在大连召开了会议，提出了"坚定信心，走向市场"的八字方针，大连会议不仅对2003年经营指标和推进进度进行了调整，而且确定了铁通今后快速、健康发展的方向。大连会议翻开了铁通公司发展新的一页。在2003年经营工作中，铁通建立了以经营任务下移、经营业绩考核为主体的市场营销体系，推进了"区域经营部制与客户经理制"，完善了"三级管理、四级营销"组织，划小经营核算单位，制定了经营业绩单项考核和用户发展等考核奖励办法。接着又推出了固话增值业务、呼叫中心、IP卡业务、800号及互联网增值等新业务。

# 以客户需求为导向

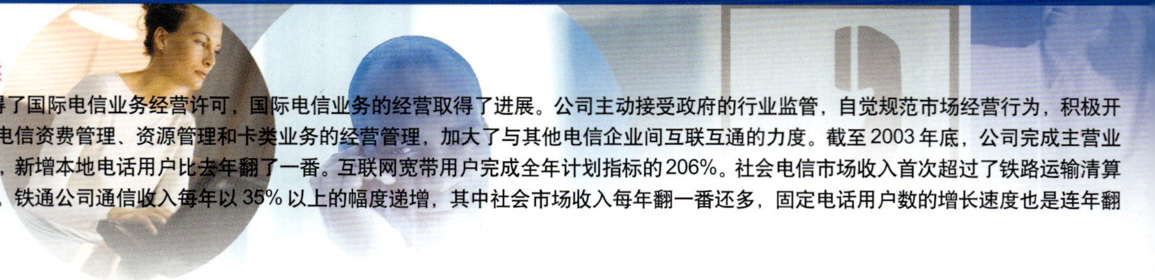

## 市场经营 成绩斐然

2003年，铁通公司获得了国际电信业务经营许可，国际电信业务的经营取得了进展。公司主动接受政府的行业监管，自觉规范市场经营行为，积极开展了专项整治活动，加强了电信资费管理、资源管理和卡类业务的经营管理，加大了与其他电信企业间互联互通的力度。截至2003年底，公司完成主营业务收入比去年同期增长41%，新增本地电话用户比去年翻了一番。互联网宽带用户完成全年计划指标的206%。社会电信市场收入首次超过了铁路运输清算收入，实现了历史性的突破。铁通公司通信收入每年以35%以上的幅度递增，其中社会市场收入每年翻一番还多，固定电话用户数的增长速度也是连年翻番。

## 服务是生命

铁通公司把提高服务质量作为提高企业核心竞争力的重要环节，

建立了全国计费结算中心、29个省计费中心和213个地市营收中心、870个营业厅系统。铁通建立了全国性的客户服务体系，成为全国第一家可向用户提供市话详单的运营企业。另外，开通了10050统一客服平台，服务质量达到了信息产业部的部颁标准。2003年，铁通公司本着"以质量塑造品牌，以服务赢得市场"的原则，围绕着"服务质量年"，开展了多种形式的活动。铁通公司的服务质量迅速提升，达到了信息产业部的部颁标准。

## 制度改革进行式

制度改革方面，铁通公司实施管理流程及业务流程再造，对原有的业务流程和管理流程进行了优化和重组。

进行了人事、用工、分配制度改革，实行了审计外派制度，加大了绩效考核力度，完成了公、专网业务分类和属地化管理，理清了与铁路企业的清算关系，深化了公司内部改革。

## 铁路服务紧抓不放

铁通公司始终把为铁路运输安全和信息化服务放在重要位置，围绕铁路提速和信息化建设，加大了投入力度。开通了行车调度管理信息系统、运输管理信息系统、客票发售与预订系统、铁路资金结算系统、铁路货运信息管理系统、铁路公安信息系统、铁路办公自动化系统等MIS信息系统。先后在五大繁忙干线11000公里铁路线及64条干线实施接入网改造，实现站站通3～5个2Mbps接口，满足了铁路运输各类管理信息系统的需要。不断改善为铁路运输的服务。

## 信用提升

铁通公司的信用等级稳步提高，国家开发银行、民生银行分别将公司的信用等级定为A级、AA级。每年的经营现金净流入量基本保持在100%的增长速度，显示了公司良好的获利能力和持续快速发展的活力。

## 技术创新

铁通公司积极部署、稳步推进，开拓了新的业务方向，取得了新的进展。获得了中国下一代互联网示范工程CNGI示范网络核心节点沈阳和北京核心节点的承建资格，申请了IPV6地址。获准在北京、上海、成都三个城市开展3G网络技术试验，在沈阳、重庆、长春三个城市进行数字集群系统商用试验。公司还在吉林完成了智能光网（ASON）试验，对下一代光传送网技术、组网、管理和业务进行了有益探索。在NGN特别是软交换等技术上，公司在重庆等地开展了商用试验，为公司进一步采用新技术、发展新业务奠定了基础。

2003年是铁通公司硕果累累的一年。在经营上，社会电信市场收入首次超过了铁路运输清算收入；在改革上，基本完成了通信专业分类和属地化管理；在管理上，提高了经营管理水平。这些都是靠铁通公司全体员工的努力拼搏，大力开拓公众市场以及铁通公司不断地拼搏和进取而得来的成果。

铁通在不断地追求卓越，一个企业正在崛起，逐步走向辉煌。

## 打造有竞争力的基础电信运营商

从2004年起，铁通公司由铁道部移交国资委管理。

2004年1月20日，两部委联合下发了"关于铁道通信信息有限责任公司移交国资委管理有关问题的通知"文件。通知明确，自2004年1月20日起，铁通公司由铁道部移交国资委管理。

## 历史的必然

铁通公司移交国资委管理，是贯彻落实党的十六届三中全会精神，加快推进铁路政企分开的一件大事，也是铁通公司建立现代企业制度，拓展市场空间，提升企业品牌，增强企业竞争力的良好发展机遇。

未来几年，随着国内经济体制改革的深化，特别是党的十六大提出了全面建设小康社会的目标，为整个信息产业的加快发展提供了政策支持，稳定良好的外部环境，将为我国电信业的持续发展提供广阔的空间。

## 难得的机遇

新一届政府重视电信监管、有序竞争，为企业发展创造了良好的外部环境。2003年，信息产业部新一届政府加强了互联互通和电信市场的监管力度，通信产业发展的环境进一步改善。通信法制建设得到增强，《电信法》起草取得实质性进展；国务院办公厅75号文出台，通信监管有了"硬措施"；运用法律、经济、技术、行政等多种手段解决互联互通问题，人为中断通信的恶性事件得到遏制；开展电信市场秩序的专项治理活动，市场竞争秩序明显好转。随着市场竞争环境的逐步规范，电信运营企业，特别是铁通公司这样的新兴基础电信运营商，将会获得更加有利的发展环境。

铁路跨越式发展，为铁通公司提供了更大的发展空间。铁道部的路网建设规划已经得到了国务院总理办公会的批准，铁路跨越式发展的序幕即将拉开。一方面，随着铁路路网规模不断扩大，电气化和复线建设逐年增加，铁路专用通信需求逐步扩大，铁路大规模信息系统的建设步伐逐步加快；另一方面，高速铁路、客运专线陆续开工建设，对铁路通信提出了更高的要求，铁路移动通信GSM-R和基于通信平台上的行车控制系统（CTCS）的应用将给铁通公司带来较好的发展前景。

铁通公司自身的快速成长，属地化管理的实施，为今后的发展打下了良好的基础。经过两年多的实践，公司已建立了三级管理、四级营销

的市场经营运作体系，建立健全了调度指挥、技术支持、网络管理、计费管理等管理系统，建立健全了全国统一的客服体系、管理制度、服务标准和工作流程，拥有了一支遍布全国的专业化营销服务队伍，探索和积累了较为成熟的营销服务经验。这一切，都将会为铁通公司在新的更广阔的空间寻求发展起到重要的作用。

## 独特的优势

2003年铁通公司完成公专网分类、属地化管理，有效地改进了服务方式，提高了公司总体服务质量，增强了公司在社会电信市场上的竞争力。随着属地化管理工作的进一步推进和公专网的业务界面、资金结算界面的更加清晰，铁路通信市场和社会电信市场都会得到较快的发展。

新的电信业务经营许可政策逐步放开，为铁通公司争取全业务经营提供了机遇。今年，国家有关部门在研究制定3G移动牌照发放政策时，开始考虑对固网运营商放开。铁通公司在新的市场准入政策开放之前进入了国资委，理顺了关系，赶上了一个难得的机遇。在多个场合多次向上级主管部门提出了3G业务的申请。而且已获准先期在北京、上海、成都3个城市进行技术试验，已经具备了开展3G移动业务的条件。随着公司隶属关系的改变，铁通公司成功申请全业务的希望正在逐渐地加大。

市场需求的持续增长为电信企业的发展带来了良好的预期。目前我国人均GDP只有1094美元，中等发达国家为3000美元以上。随着人均收入水平的提高，国内对电信产品和服务的需求会越来越大。这为包括铁通公司在内的基础电信运营企业带来了良好的发展预期。

## 不断的完善

2004年，铁通公司将在以下几个方面加大工作力度：

一深化改革。进一步清晰界面，完善分类管理和属地化改革；积极推进企业三项制度改革，不断优化人力资源的合理配置；积极探索公司重组改制的新途径，推进公司体制和机制创新。

一做大市场。开发个性化产品，完善营销体系建设，建立营销考核激励机制，努力开拓社会市场；做优路内市场，提高服务质量，增加服务品种，强调市场运作。

一强化管理。加强经营收入管理、财务资金管理、投资融资管理，加强基建工程管理及多经和子公司管理，提高公司的整体管理水平。

新的一年，新的起点。铁通公司将抓住此次移交的契机，以建立现代企业制度为手段，以创造企业最大效益为目标，以为社会提供优质服务为宗旨，提高网络质量，提升服务水平，加快市场开拓，深化企业改革，建立和完善适应市场变化的新体制和新机制，积极争取全业务经营，力争用3至5年的时间发展成为一个具有一定竞争实力的基础电信运营商。

公司名称：中国铁通集团有限公司　　网　　址：http://www.crc.net.cn/　　地　　址：北京市西城区月坛北街2号
邮　　编：100045　　电　　话：010-51890088　　传　　真：01051890674

中国电信
CHINA TELECOM
用户至上 用心服务
Customer First Service Foremost

## 【公司概况】

广东省电信有限公司（Guangdong Telecom Company Limited）隶属中国电信股份有限公司，是中国电信股份有限公司在广东行政区域范围内出资设立的独资子公司。公司具有企业法人资格，统一使用“中国电信”服务商标。

2002年10月10日，广东省电信有限公司正式成立，11月14、15日，公司部分资产在纽约和香港两地上市，是中国电信股份有限公司最大的子公司。公司共下辖22个地级市电信分公司、78个县级电信局，营业网点覆盖广东各乡镇，现有员工逾5万人。

广东省电信有限公司主要经营：国内、国际各类固定电信网络与设施（含本地无线环路）；基于电信网络的话音、数据、图像及多媒体通信与信息服务；与通信及信息业务相关的系统集成、技术开发、技术服务、信息咨询、广告、通信设备销售、设计施工等业务。

## 【上市】

2002年11月14日和15日，中国电信H股分别在纽约证券交易所和香港联合交易所挂牌交易，标志着中国电信H股首次公开发行获得成功。广东电信作为中国电信上市资产的组成部分，将以此作为发展的一个新起点，树立全新的经营理念，完善法人治理结构，建立有效的激励约束机制，在管理上实现与国际的接轨，实现股东价值的最大化。

## 小灵通 PHS

小灵通：即无线市话业务，是一种新型的个人无线接入系统，它采用先进的微蜂窝技术，将用户终端(即小灵通手机)以无线方式接入本地固定电话网，是固定电话的延伸和补充。

小灵通 PAS
电话魅力无限延伸

## 宽带业务 Broadband Service

广东电信能够提供从有线到无线的多种宽带接入服务。用户通过ADSL网络快车、LAN宽带通、WLAN天翼通、天地合一（卫星通信）....等宽带接入可以真切体验视频点播、网络游戏、远程教育、实时炒股等精彩无比的网络应用，将宽带梦想接入现实。

广东电信联合其他设备制造商、SP开展的“宽带极速之旅”活动，创新了宽带合作商务模式，使宽带用户规模迅速扩大，为推进广东信息化建设作出重大贡献。

## 互联星空 ChinaVnet

为吸引和整合多方力量参与宽带业务平台的建设，广东电信于2002年5月份推出了“互联星空计划”，该计划通过网络运营商与信息资源提供商的联盟合作，共同营造了互联网产业良性发展的生态环境。“互联星空”解决了宽带网上的应用问题，通过信息资源的整合，用户可享受到的网络生活更加丰富多彩；对信息行业，它建立起“运营商提供应用平台，合作伙伴提供内容服务”的运作模式，形成了相互促进、共同发展的产业链。

“互联星空”计划的实施，实现了用户、电信营运商、应用服务提供商的多方共赢，必将有力推动我省国民经济和社会信息化建设的步伐。

# 上海振华

上海振华港机(集团)股份有限公司(ZPMC)是世界知名重型机械制造商。成立13年来，在党的改革开放方针指引下，抓住机遇，奋发图强，在困难和挫折中茁壮成长。公司的奋斗目标--“世界上凡是有集装箱装卸的港口均应有中国上海振华生产的集装箱机械作业”。主产品大型集装箱机械已走向世界50个国家和地区(包括我国宝岛台湾、香港)90余码头。公司的ZPMC品牌成为港机行业世界知名品牌，近几年又开辟了散货机械、大型钢构、海上重型机械和港机配件等多元化市场。

可提高装卸效率70%～100%的双小车双40英尺集装箱起重机2006年将落户青岛港

应用GPS的轮胎式集装箱起重机

公司成立以来，坚持科技兴企，贯彻科学发展观，十三年跨越了世界同行三四十年的发展历程：从十几个人发展到二万五千多人，拥有五个研制基地、四个直属专业分公司的大型重工企业；从一年只能生产一台岸边集装箱起重机（岸桥），增强到平均一天半就生产一台重达1300～1600吨的岸桥。2005年生产190台岸桥和380台轮胎式、轨道式龙门集装箱起重机（场桥）。如今，上海振华港机公司的强大研制能力是中外港口制造史上空前的、罕见的；现已共生产港口机械2500多台，其中大型岸桥近1000台，且历年80%以上出口，将我国由进口集装箱机械国转变为世界最大港机出口国；振华公司连续六年世

公司运输船满载自主创新产品穿越美国金门大桥，进入美国国门

# 港机(集团)股份有限公司

界同行业订单排名第一，连续三年占据世界市场50%以上份额，2005年达到66%；企业产值连续三年50%增长，2004年9亿美元、2005年高达15亿美元；资本金从100万美元起家，积累到4.5亿美元巨资，国有资产增值了450倍，创造了企业跨越式发展的奇迹。

ZPMC从成立伊始就坚持走以企业为主体、以市场为导向的科技创新之路，研发与市场对路的高科技产品，每年都要推出10余项大小新产品。如世界首创的装卸效率可提高60%以上双40英尺集装箱起重机，实现一次可吊运两个重达80吨的40英尺集装箱。装卸效率提高50%以上的世界领先水平的全自动化双小车集装箱起重机、以及两者集成创新的可提高效率70%～100%的双40英尺箱双小车起重机、GPS导航的RTG、双向防摇技术、应用超级电容的绿色RTG、为上海港设计制造的全自动化无人堆场等国际领先新产品、新技术。目前，公司共获得国家重点新产品24项，上海市优秀新产品奖和科技进步奖共17项。已申请专利113项，其中发明专利56项（含国际发明专利5项）。如今，在世界集装箱机械领域，ZPMC已被全世界港口用户视为最有实力、最有竞争力、最能准时交货的集装箱机械供应商。世界上最大、最快、最先进、自动化水平最高、生产效率最高、环保节能效果最优的集装箱起重机均在ZPMC诞生。

应用超级电容的绿色RTG在美国西雅图

可提高装卸效率50%的全自动化双小车岸边集装箱起重机在德国汉堡港

可提高装卸效率60%的双40英尺箱岸边集装箱起重机在阿联酋迪拜港

世界最大的起重机研制生产基地－上海振华港机3.5公里岸线的长兴基地

# 舞阳钢铁有限责任公司

舞阳钢铁有限责任公司(简称舞钢)是我国第一家宽厚板科研、生产基地;公司现拥有10323名职工;公司自有总资产58.59亿元，企业占地面积539万平方米。现具备年产160万吨钢、130万吨钢板的生产能力。

舞钢的产品具有多品种、多规格、高质量、大单重等特点。钢板产品实物质量达到世界发达国家同类产品质量水平，可生产300多个牌号、300多个厚度规格的宽厚钢板，产品类别有：锅炉及压力容器用钢板、造船及海上采油平台用钢板、桥梁用钢板、油汽输送管线用钢板等十二大品种系列。有80多个品种用于替代进口，30多个品种出口到美、德、日、韩、加拿大、中国台湾等国家和地区，年出口量达10多万吨。

舞钢产品广泛应用于国家重点工程建设、重大技术装备项目、国防军工和国民经济主要部门。如三峡工程、上海外高桥电厂、黄河小浪底水利工程、秦山核电站、岭奥核电站、大亚弯核电站、上海卢浦大桥、武汉军山长江大桥、哈尔滨太阳桥、上海东方明珠塔、北京国家大剧院、深圳国际会展中心、北京电视中心、宝钢、太钢、马钢、包钢、鞍钢、攀钢等用于国内大型高炉炉壳、上海锅炉厂、东方锅炉厂、哈尔滨锅炉厂、沪东造船厂、大连造船厂、外高桥造船厂、南海、胜利油田等海上采油平台钢以及为军工生产的坦克、装甲钢、为航天事业神洲五号、神洲六号生产的专用钢和港口机械、煤矿机械、大型起重天车(1200吨)等。2000年，舞钢先后被列为国家三峡工程发电机组用板国产化定点企业和西气东输大口径直缝焊管线钢定点生产企业。

舞钢的产品质量和服务质量得到了顾客的肯定；造船用钢板先后通过了ABS、DNV、CCS、BV、GL、LR、RINA、KR、NK等九家船级社工厂认可；锅炉、压力容器用钢板通过了德国T?V、欧洲PeD认证，进入了欧洲市场。同时，舞钢生产的锅炉用钢、压力容器用钢4个牌号（20g、20R、16MnR、16MnDR）获国家免检产品；生产的锅炉、压力容器用钢、船体用结构钢等九个产品通过国家冶金产品质量认证；产品实物质量国内领先，许多产品已达到国际先进水平。

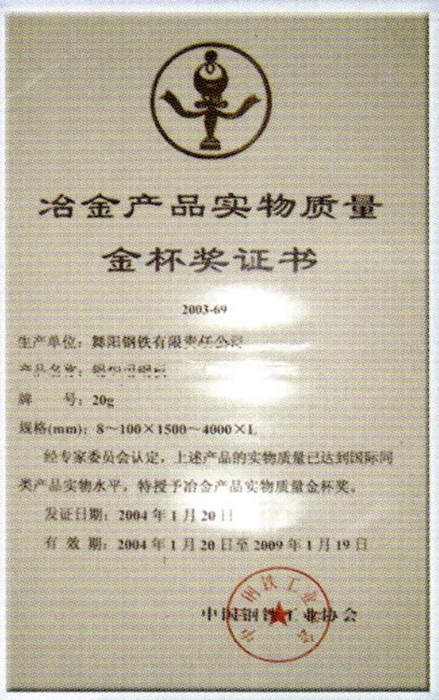

舞钢坚持走生产一代、开发一代和储备一代的经营战略。2000年以来，共研制开发新品种36个，80多个品种已替代进口；许多产品的研制、开发已处于国内冶金行业的领先地位，如以舞钢为主要责任单位制订了YB/T4104-2000《高层建筑结构用钢板》、YB/T4137-2005《低焊接裂纹敏感性高强度钢板》、GB/T19879-2005《建筑结构用钢板》、GB5313-85《厚度方向性能钢板》标准等。

公司自1997年一次性通过ISO9000族质量体系认证、质量管理体系实施运行以来，经过不断地改进与完善，形成了自我监督、自我调整、自我完善的持续改进机制，使企业的绩效获得了持续改进；由于质量管理工作开展的比较扎实，2003年、2005年公司被命名为河南省质量管理先进企业称号。

完善的质量管理体系，雄厚的技术力量，保证了舞钢的产品质量，赢得了广大顾客的信赖和赞誉。2003年压力容器用钢板、锅炉用钢板获“河南省优质产品”称号；2004年压力容器用钢板、船用钢板获“河南省名牌产品”称号；2005年锅炉、高建用钢板获“河南省名牌产品”称号；2003年获“河南省计量工作先进单位”等称号；同时，舞钢生产的锅炉用钢、压力容器用钢、高层建筑结构用钢板、模具用钢板、低合金高强度结构钢板以及桥梁用钢等品种钢先后荣获国家冶金产品实物质量金杯奖。

# 南阳纺织集团有限公司

NAN FANG JI TUAN

南阳纺织集团有限公司董事长：李兴敏

南阳纺织集团有限公司总经理：李学友

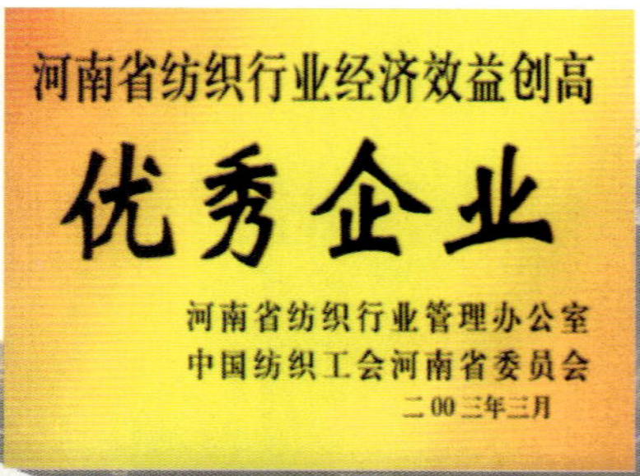


南阳，位于河南省西南部，曾孕育出诸葛亮、张衡、张仲景、范蠡等千古风流人物，为全国历史文化名城，悠久的历史积淀了大量的人文景观和文物名胜。南阳交通便利，高速公路四通八达，焦枝铁路纵贯南北，宁西铁路横穿东西，民航机场是河南三大空港之一，可直达北京、广州、上海、西安等20多个城市。这里气候温和，土地肥沃，为全国著名的优质棉基地。一座综合性、外向型、现代化的大型纺织企业——南阳纺织集团有限公司就坐落在这里。

南阳纺织集团有限公司兴建于1969年，经过30多年的发展，现有纱锭30万枚，气流纺7120头，各种织机2000台，其中190、230、280、340型进口无梭织机480台，固定资产8亿元，年产高档棉纱6万t，棉布一亿m，产值13亿元，销售收入15亿元，税利1.5亿元，其中利润8000万元，出口创汇5000万美元。集团公司下辖五个分厂（子公司），拥有当今世界一流的清梳联、精梳机、转杯纺纱机、自动络筒机、浆纱机、喷气织机、剑杆织机等先进设备，技术力量雄厚，测试手段齐全，生产各种规格的精梳、普梳纯棉、涤棉、麻棉、氨纶包芯、竹节纱、蛋白纤维等纱线和系列化、多规格平纹、斜纹、防羽绒、弹力、贡缎、提花等功能性装饰、工业和服装面料用坯布，纯棉32支精梳纱获省免检产品。企业顺利获得1SO9001:2000国际质量认证，产品远销欧美、中东、东南亚等20多个国家和地区，综合经济效益连年位于河南省和全国同行业前列。企业先后荣获全国和河南省棉纺织行业排头兵企业，河南省优秀企业，河南纺织知名企业，河南省50家重点骨干企业，省管理示范企业，省产品免检企业，全国纺织文明单位建设优秀企业，全国模范职工之家，全国精神文明建设先进单位，全国五一劳动奖状等一系列荣誉称号。

面对全球经济一体化和市场经济发展的新形势，南阳纺织集团有限公司将充分发挥改革、开放、管理和技术开发优势，加快产权制度改革步伐，采取投资设立、收购兼并、中外合资、生产技术协作和股票上市等形式，加强技术改造，不断增强企业核心竞争力，向专业化协作和多元化、国际化经营迈进，为我国纺织工业的发展做出新的贡献。

地址：河南省南阳市长江路 200 号
电话：0377-63112659
传真：0377-63112660
网址：http://www.wlfz.com
电子邮件：hnwlfz@htigc.com

健康睡眠，优质生活

# 穗宝集团

穗宝集团是一家知名的大型综合性家具集团，旗下有广州市欧亚床垫家具有限公司、天津欧亚床垫家具有限公司、北京公司、南方公司、上海公司、河北穗宝家具有限公司、广州穗宝家具有限公司、广州市穗宝室内装饰工程公司等，及床垫、床上用品、沙发、木家具、金属家具等多个生产基地、穗宝家私连锁店及全国350多家穗宝床垫专卖店。其中，广州市欧亚床垫家具有限公司、天津欧亚床垫家具有限公司由广州穗宝家具装饰厂与香港新鸿基——珠江三角洲投资有限公司合资成立，在集团中发挥着举足轻重的作用。穗宝集团主营产品是穗宝牌弹簧软床垫，业务范围包括生产、销售床垫、配套家具、床上用品及其室内配套装修。

穗宝集团拥有超过100000平方米的厂房，床垫年生产能力达700000张，为全国同行之最。广州市欧亚床垫家具有限公司是中国家具协会常务理事单位、中国软垫专业委员会副主任单位，是中国最具影响力的床垫家具企业之一。曾先后获评为〞中国500家最佳经济效益工业企业家具制造业第一位〞及〞家具制造行业利税总额第二〞、〞中国轻工业200强第144名〞。企业通过了ISO9001-2000质量管理体系认证，且连续多次获确认为〞外商投资先进技术企业〞。穗宝集团及旗下企业资信优良，连年获评为〞重合同守信用企业〞，及特级、AAA级信用企业、纳税信誉等级A类企业等。在历年国家及地方各级质量监督和市场抽查中，穗宝床垫产品合格率高达100%。穗宝产品和品牌已获国际国内重大奖项四十多项：〞国优〞、〞部优〞、〞省优〞、〞国家质量奖银质奖（家具类最高奖）〞、〞广东省名牌产品〞及多项国际家具博览会金奖或评比第一名。穗宝商标获〞广东省著名商标〞、〞中国十大最具潜力商标〞、〞中国家具行业床垫知名品牌〞，及在〞首届中国市场产品质量用户满意度调查〞中获〞消费者购物首选第一品牌〞。

〞追求卓越，成就卓越的人生和卓越的产品〞，这是穗宝的企业精神。穗宝人必将为之不懈奋斗，实现百年穗宝的梦想；坚持〞健康睡眠，优质生活〞的宗旨，共同缔造人类的梦、未来的理想与文明。

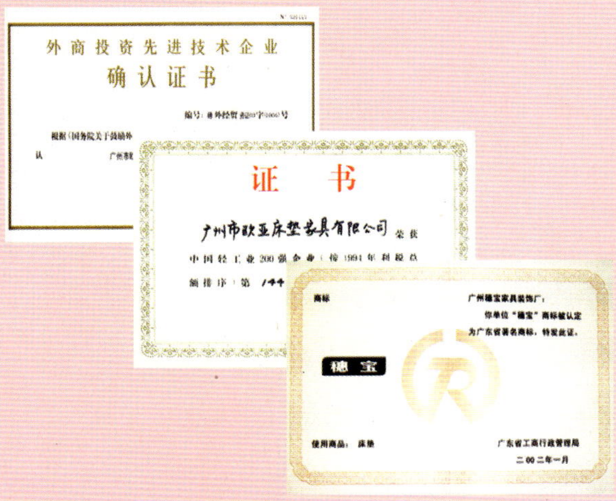


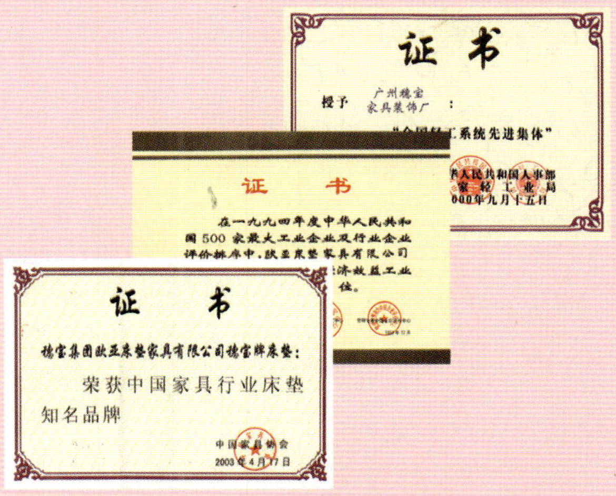


地　址：广州市万福路133号穗宝大厦
邮　编：510110
总　机：020-83383301
传　真：020-83382100
E-mail：group@suibao.com
http://www.suibao.com

中国移动通信
CHINA MOBILE
移 动 通 信 专 家

# 中国移动通信集团公司

中国移动通信集团公司（简称“中国移动通信”）是根据国家关于电信体制改革的部署和要求，在原中国电信移动通信资产总体剥离的基础上组建的国有重要骨干企业，于2000年4月20日成立，由中央直接管理。

中国移动通信集团公司注册资本为518亿元人民币，资产规模超过3200亿元，员工12．08万人。中国移动通信集团公司在国内10个省（自治区）设有全资子公司，全资拥有中国移动（香港）集团有限公司，由其控股的中国移动（香港）有限公司在国内21个省（自治区、直辖市）设立全资子公司，并在香港和纽约上市。

中国移动通信主要经营移动话音、数据、IP电话和多媒体业务，并具有计算机互联网国际联网单位经营权和国际出入口局业务经营权。除提供基本话音业务外，还提供传真、数据、IP电话等多种增值业务，拥有“全球通”、“神州行”、“动感地带”等著名品牌，服务网号为“139、138、137、136、135”。

中国移动通信是国内惟一专注移动通信发展的通信运营公司，在我国移动通信大发展的进程中，始终发挥着主导作用，并在国际移动通信领域占有重要地位。经过十多年的建设与发展，中国移动通信已建成一个覆盖范围广、通信质量高、业务品种丰富、服务水平一流的综合通信网络。网络规模和客户规模列全球第一。截止到2003年底，网络已经覆盖全国绝大多数县（市），城市商业楼宇、高档住宅小区等重点地区实现全覆盖，主要交通干线和旅游风景区基本实现无缝覆盖，GSM移动电话交换容量达到2．22亿户，客户总数达到1．77亿户，GSM国际漫游通达155个国家和地区，GPRS国际漫游扩大到34个国家和地区。目前，中国移动（香港）有限公司是我国在境外上市公司中市值最大的公司之一。

中国移动通信已经成功进入国际资本市场，1997年在境外成功上市后，良好的经营业绩和巨大的发展潜力吸引了众多国际投资，先后为国家吸纳大量外汇。根据美国《财富》杂志公布的世界500强最新排名，中国移动通信位列第230位。

按照国家培育一批具有国际竞争实力的大型企业集团的要求，中国移动通信确立了“争创世界一流通信企业”的发展战略目标。围绕这一目标，中国移动通信全力实施“服务与业务领先”的近期战略重点，努力提升领先优势，确保企业持续稳定发展，为推动我国走新型工业化道路做出应有的贡献。

中国网通

总经理：张春江

中国网络通信集团公司于2002年5月16日正式挂牌成立，是由中央管理的特大型国有通信运营企业集团，是经国务院同意进行国家授权投资的机构和国家控股公司的试点单位，现有固定资产2200多亿元，员工23万多人，主要经营国内、国际各类固定电信网络与设施，包含本地无线环路；基于电信网络的语音、数据、图像及多媒体通信与信息服务；相关的系统集成、技术开发等业务；国内外投融资业务；经营国家批准的其它业务。

中国网络通信集团公司拥有遍及全国的本地和长途电信骨干传输网络及通达亚太、美国、欧洲和中东等各主要国家的国际传输网络，拥有满足广大客户通信需求的丰富经验。

中国网络通信集团公司成立以来，积极贯彻落实国务院电信体制改革方案，解放思想，转变观念，深化改革，加快发展，各项工作都取得了长足进步。特别是成功实现了与吉通公司和网通控股公司的融合，组建了网通北方、网通南方和网通国际三大股份有限公司，融合重组工作取得了阶段性成果；圆满完成了党和国家重要会议和活动、韩日世界杯、抗击非典以及“神舟”五号航天飞行等重大历史性事件的通信保障和转播工作。

地址：北京市西城区复兴门风大街156号国际金融大厦C座　　邮编：100031
电话：010-66169671　　传真：010-66110009
http://www.chinanetcom.com.cn

中国移动通信
CHINA MOBILE
移 动 通 信 专 家

根据国家关于电信体制改革的部署和要求，湖南移动通信公司于1999年8月7日成立，并于2002年7月在香港和纽约上市，成立湖南移动通信有限责任公司，为我省第一家在境外上市的通信运营企业。公司主要负责湖南省内移动通信网的规划、建设、运营管理和经营全省移动电话语音、数据业务。公司性质为外商独资企业，在省内14个市州设有分公司。

湖南移动通信有限责任公司作为湖南省内唯一专注于移动通信发展的运营商，一直瞄准“争创世界一流通信企业”的发展战略目标，坚持以“创无限通信世界，做信息社会栋梁”为企业使命，全面实施服务与业务领先战略，不断加快发展步伐，努力引领技术进步，提升网络、服务与业务领先优势。移动网络信号已覆盖到了全省所有县以上城市和农村集镇，省内铁路、高速公路沿线和旅游景点实现信号无逢覆盖，城市的主要宾馆、酒店、商场、写字楼及其地下停车场和电梯内实现信号室内覆盖。陆续推出了移动IP、短消息、移动梦网、梦网邮箱、移动秘书、移动全球呼、GPRS、随e行、彩信、无线局域网、手机支付等多种移动新业务、新功能。公司向广大客户提供1860／1861服务热线24小时服务，增加了营业网点数量和服务功能，推出了多种交费方式，推行全球通大客户经理服务，实施客户积分奖励计划，开展“话费误差 双倍返还”服务承诺活动，推广集团客户信息化解决方案，为广大中国移动客户提供专家级的移动通信服务，促进了社会和企业自身的可持续发展，并较好的维护了客户的合法权益。湖南移动的客户数量以每年超过100万户的速度增长，目前已达到800多万户。2003年，湖南移动通信有限责任公司荣获“全国五一劳动奖状”，2005年被评为湖南省文明行业。

面向未来，湖南移动通信有限责任公司将始终坚持以科学发展观为指导，时刻秉承“追求客户满意服务”的经营理念，全面提升公司在通信行业的领先优势，推进企业全面、协调、可持续发展。

# 湖南移动通信有限责任公司

交换机房

客户服务1860

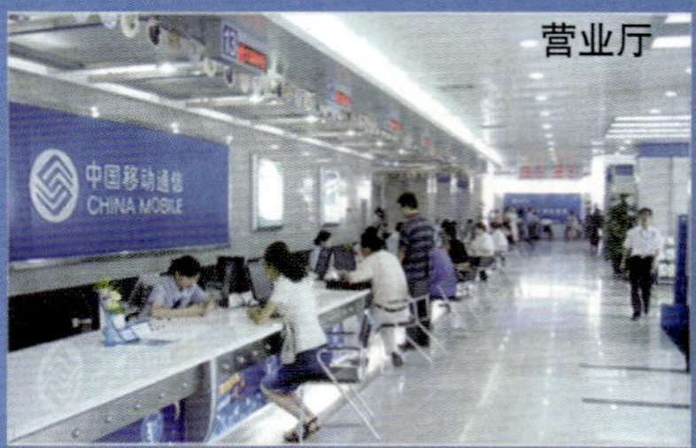
营业厅

应急通信保障车

/ 追 / 求 / 客 / 户 / 满 / 意 / 服 / 务

# 长飞光纤光缆有限公司
## YANGTZE OPTICAL FIBRE AND CABLE COMPANY LTD.

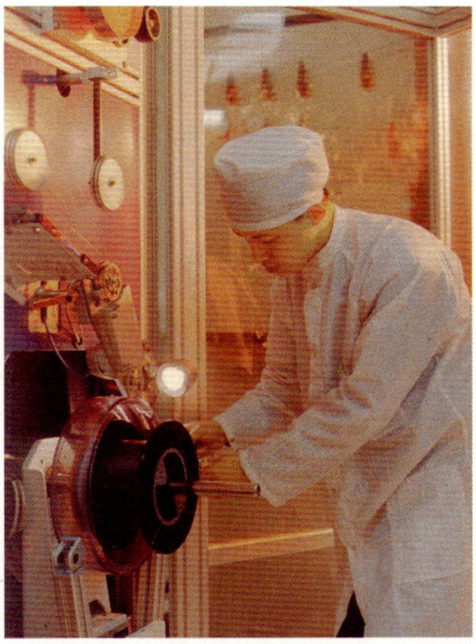

长飞光纤光缆有限公司是1988年由原中国邮电部、武汉市政府和荷兰飞利浦公司共同投资兴建、现由中国电信集团公司、武汉长江通信产业集团股份有限公司与荷兰德拉克控股公司共同经营，是当今中国产品规格最齐备、生产技术最先进、生产规模最大的光纤光缆专业制造和研究开发企业。公司位于武汉市关山二路四号，地处风景秀丽的东湖高新技术开发区，占地面积达十四万平方米。

长飞公司拥有现代化的厂房和生产设备，采用世界先进的光纤光缆生产技术和现代化的管理方法。1993年11月，长飞公司率先在同行业获得了荷兰KEMA公司颁发的ISO 9002国际质量体系认证证书，为国内光纤光缆行业的第一家。现在长飞正在实施2000版ISO 9001质量管理体系。

长飞是中国唯一掌握了光纤核心制造技术--预制棒技术的光纤生产企业，同时也是国内松套层绞式光缆和骨架式光纤带光缆的倡导者。长飞引进等离子体激活化学气相沉积（PCVD）工艺、设备和专利生产各种预制棒和光纤。经过多年的实践和改进，长飞掌握了一套具有国际先进水平的松套层绞式光缆生产技术。作为国内唯一一家拥有骨架式光纤带光缆生产技术和设备的公司，长飞为接入网建设提供性能出色、施工方便的光缆产品。

自1992年长飞公司的光纤光缆产品应用于中国国家通信光缆网以来，光纤光缆产品已遍及全国，并行销美国、日本、韩国、新加坡、泰国、澳大利亚、南非、欧洲和中东等十几个国家和地区，服务于邮电、铁道、电力、广播电视、航天、石油化工、交通、国防、教育等行业。

从投产至今长飞公司已进行了多期扩产，生产规模不断扩大，现已跻身于世界光纤光缆行业前五强。长飞公司在不断扩大生产规模的同时加大资本运作的力度，在国内相继投资成立了长飞光纤光缆（上海）公司，长飞光纤光缆（江苏）公司，控股广东汕头奥星光缆公司。

长飞认为质量就是达到用户的种种期望。长飞制订了一套全面质量管理体系，从市场调查、项目评估、合同评审、原材料的采购、产品生产、成品交付和售后服务等实行全过程质量监控，确保产品、工艺和服务满足用户需求。长飞的产品达到或超过部标、国标和国际标准。

面临新世纪的种种机遇与挑战，长飞公司将继续以客户为中心，以技术为导向，不断加强科研开发力度，优化产品结构，严格质量管理，保持持续稳定的发展，为客户提供更多更好的产品，为中国通信事业的发展作出更大的贡献。

**地址：中国武汉市关山二路四号** **邮编：**430073 **电话：**86 27 87802541
**传真：**86 27 87802536 http：www.changfei.com.cn

潍钢集团
WEIFANG STEEL GROUP

以人为本，科技为先

潍钢集团荣获“国家大型企业”、“山东省明星企业”、中国质量万里行、产品质量、服务质量无投诉用户满意品牌等荣誉称号，连年被评为潍坊市经济工作先进单位和环境保护先进单位，荣获国家级产品质量合格证书，并通过ISO9002国际质量体系认证。

潍钢集团全体员工热忱欢迎海内外各界朋友光临指导，洽谈合作！
潍钢朋友，天长地久！

党委书记、董事长：武际宝

# 潍坊钢铁集团公司

潍坊钢铁集团公司始建于1972年，位于山东半岛、世界闻名的风筝都——潍坊。是山东省四大钢铁企业之一。现有职工4500余人，固定资产30多亿元，占地面积220ha。主要工艺有：制氧、焦化、烧结、炼铁、炼钢、轧钢和余热发电等。主要产品有：线材、普圆、碳结钢、合结钢和弹簧钢等。二期工程新上230m$^2$烧结机、15000m$^3$制氧机、1200m$^3$高炉、120t转炉、精炼炉、90万t棒材生产线、2台6000kW余热发电机组和1台8000kWTRT机组以及80万t焦化装置，二期工程年产150万t钢。三期工程完成后实现年产300万t钢的生产能力。

JIGANG

# 济南钢铁集团总公司

2004年

钢产量

686

万吨

- 销售收入 274 亿元
- 利税 31.4 亿元
- 利润 20.5 亿元
- 出口创汇 4.4 亿美元

南钢始建于1958年。地处江苏省南京市江北沿江工业开发区，西由南京长江大桥、东由南京长江二桥与主城区相通，北靠宁扬、宁连高速公路，南临长江黄金水道，拥有5000吨级自备货运码头，厂区内设铁路专用线与京沪铁路相连，交通运输十分便捷。经过40多年的建设和发展，南钢已成为集采选矿、钢铁冶炼、钢材轧制为一体的特大型钢铁联合企业。现已具备450万吨钢、350万吨铁和450万吨钢材年综合生产能力。2004年南钢集团实现利税26.6亿元、利润18.6亿元，销售收入在2004年中国企业500强中名列第92位。

南钢现已开发形成中厚板（卷）、棒材、高速线材、热轧钢带、热轧薄钢板、球扁钢等六大类、100多个钢种、近万个品种规格的产品系列。拥有完整的质量保证体系，并通过ISO9001：2000标准质量体系认证。船用中板在全国率先通过9个国家船级社认证，销量全国第二。

2004年9月，南钢新上马一条现代化“宽中厚板（卷）”生产线，目前已具备150万吨钢、100万吨材的年生产能力。该生产线采用了当前世界最先进的卷轧中厚板生产工艺，可以实现全程无氧化保护浇注、最新的可调式宽板坯连铸、动态软压下控制等冶炼新技术，以及直接热装（DHR）、改进后的大咬入角卷轧、控制轧制及热机轧制、控制冷却、动态板形控制等先进的轧制工艺技术。目前在全世界同类生产厂中，该生产线的工艺最完整、装备最齐全、技术水平最高。

# 南京钢铁集团有限公司

地　　址：江苏省南京市六合区卸甲甸
邮政编码：210035
电　　话：025-57074458
传　　真：025-57048064
网　　址：www.njsteel.com.cn
电子信箱：nisco@njsteel.com.cn

# 通化钢铁集团有限责任公司

董事长、党委书记：安凤成

通化钢铁集团有限责任公司（以下简称“通钢集团”），是由原通钢集团公司、吉林建龙公司、吉林铁合金公司，于2005年12月28日联合重组成立的吉林省大型钢铁联合企业，是国务院振兴东北老工业基地重点支持的钢铁企业。在全国企业500强中排名第262位。目前，已具备年产500万吨钢的生产能力。截止2005到年末，拥有资产总值157.8亿元，其中固定资产94.7亿元，实现工业总产值152.5亿元，实现销售收入116.8亿元，实现利税13.4亿元，其中利润 5.4 亿元；铁、钢、材产量分别达385万吨、401万吨和390万吨。现有在岗职工2.2万人。

通钢集团总部位于吉林省长春市亚泰大街3218号通钢国际大厦。下辖通化钢铁股份有限公司、吉林市建龙钢铁有限公司、吉林铁合金集团有限公司、磐石无缝钢管有限公司、通化网航信息技术有限公司、通化蓝资科技有限公司、吉林市焊管有限公司、板石矿业公司、大栗子矿业公司、桦甸矿业公司、四平钢绞线公司、通钢国际贸易公司等12个子公司。主要经营黑色金属采矿、选矿、钢铁和铁合金冶炼、压延加工、金属制品、炼焦、冶金设计，与主营有关的原材料采购及产品销售、机械加工及化工产品、运输、仪表电器及汽车修理、水泥及制品、技术咨询、进出口贸易等。

通钢集团依托长白山悠久的历史和文化，形成了“品牌领先、冲击未来”的品牌管理文化。现已拥有规格齐全、品种配套的建筑用材和机械加工用材等产品体系。“长白山”牌系列产品主要有：角钢、槽钢、弹簧扁钢、热轧圆钢、带肋钢筋、热轧宽带钢、冷轧带钢、优质带钢、热轧圆盘条、硬线圆盘条、焊条圆盘条、无缝钢管、预应力钢绞线、连铸方坯以及铸造生铁、炼钢生铁、焦碳及化工产品等；“哈达”牌系列铁合金产品主要有：硅系、锰系、铬系、氮化系列合金、复合合金、钨铁、钼铁、通钢集团产品执行国际标准、国家标准、企业与用户协议标准，在主导产品全部获吉林名牌基础上，有17种产品分别获省优和国家冶金产品——“金杯奖”，其中带肋钢筋被国家技术监督局批准为免检产品。锰系和铬系铁合金“哈达”牌系列铁合金产品均为中国优质产品，其中75%硅铁、钼铁、微碳铬铁、硅锰合金获国家银质奖。长白山牌系列产品广泛应用于国内高层建筑、高速公路、桥梁隧道、电力和水利枢纽工程以及汽车、板带材广泛应用于制造业、机械加工等行业。“哈达”牌铁合金产品供应全国各大钢铁企业、国防军工企业和机械制造企业。通钢集团产品以其较强的市场竞争优势，出口亚洲和欧美等国家和地区，在国内外享有较高声誉。

2006年及今后一个时期，是钢铁行业战略大重组、资源大整合、布局大调整的战略机遇期。通钢集团将在改制重组后，加大招商引资、资本运作的工作力度，积极寻求战略合作伙伴，把企业做大做强。在这一过程中，按照科学发展观的要求，充分发挥新体制新机制的优势，在“装备大型化、工艺现代化”的原则指导下，立足全面协调可持续发展，抢抓振兴机遇，加快推进工艺技术和装备水平的现代化进程，“十一五”期间，新通钢集团将投资122.74亿元，推进原通钢集团“十一五”规划项目，积极开发不锈钢项目、汽车用钢和石油用管项目、铁合金、矿山资源项目。其中，原通钢集团“十一五”发展规划项目，是以通钢股份公司为主体，建设2座焦炉、1座高炉、1台烧结机、1条链篦机－回转窑、热轧薄板带二期、通化130万吨冷轧以及矿山和公辅等设施，到2007年末，实现年产钢600万吨的生产能力。“十一五”末，新通钢集团将通过挖潜、改造、新建、扩建、配套、购并重组等途径，并充分利用新通钢的体制机制优势和资源优势，实现钢的年生产规模达1000万吨以上，铁合金生产能力达到近期100万吨／年（远期200万吨／年），继续保持国内特种铁合金龙头地位，同时由目前的世界铁合金产量第五位上升到前三位，形成精品钢基地和特种铁合金基地，重点发展不锈钢、无缝钢管、汽车用钢三个重点产品系列，实现产品结构的战略性升级，最终以机制灵活、结构优化、管理高效、形象美好、文明富裕为内涵，把通钢建设成为强势化企业、学习型企业、生态型企业，具有较强核心竞争力、经济带动力、创效支撑力的特大型企业集团。

# 太原煤气化股份有限公司焦化厂

## 企业简介

太原煤气化股份有限公司焦化厂是太原煤炭气化（集团）有限责任公司的骨干企业，是太原城市煤气供应的主气源厂之一，是我国第一个煤炭综合利用的国有企业。1984 年 12 月正式投产，现拥有 58—Ⅱ型焦炉两座、80 型焦炉一座和与之相配套的煤气净化系统及化工产品回收系统。年产焦炭 75 万 t，城市煤气 1.5 亿 $m^3$，焦油、轻苯、硫铵、黄血盐等化工产品 4 万余 t，产品行销国内辽宁、山东、江苏、河北等二十多个省、市、自治区。主要产品一级冶金焦（指标为：灰分 ≤ 11.5%，挥发分 ≤ 0.9%，硫分 ≤ 0.6%，M40 ≥ 82，M10 ≤ 7.5）被评为山西省优质产品，生产的灰分低于 10.5% 的特级冶金焦已打入美国、日本等国际市场。1999 年通过 ISO9001 质量管理体系认证，2002 年 5 月通过 ISO9001:1994 版向 2000 版的转换。企业 2003 年被评为“山西省产品质量等级信得过企业”，并申报“国家质量 AAA 企业”，连续 5 年被评为省级文明单位，有 3 项技术成果获技术专利，多项技术成果获省、市科技进步奖。

近年来，该厂始终坚持“安全生产、稳定供气”的企业宗旨，通过完善内部管理、深化企业改革，不断推进企业科技创效，增强了企业综合竞争力，并结出了社会、经济和环境的累累硕果。

● **把握市场导向，灵活生产经营。**面对煤源紧缺、煤价猛涨的不利的

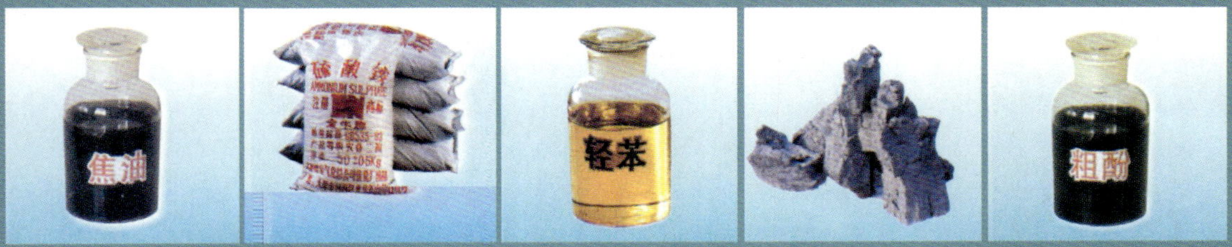


市场环境，坚持“掌握主动、拓宽煤源、提高产量、稳住价格、保住利润”的经营举措，有预见性地增加原料煤储备量，抓好原料煤采购的时间差、季节差、地区差、有效控制了采购价格，牢牢抓住了生产成本控制的关键环节。与此同时，努力在原料煤的精细配比上多做文章，合理调整高低价煤的科学配比，积极做好低价煤的配入使用，使生产和创效达到了最佳结合点。

● **创新分配机制，深化企业改革。**成功实施了以分配制度改革为切入点的全面改革，引进员工竞争机制，完善干部退出机制，在用人制度改革上进行有益尝试，从而优化了岗位设置、调整了管理结构、理顺了分配关系、完善了用人机制、初步形成了“岗位靠竞争、收入凭贡献”的分配机制，促进企业不断持续、稳定、健康的发展。

● **创新管理理念，加强科学管理。**一是大力推行以作业标准化、管理数据化、流程表格化为内容的“三化”管理体系。二是抓好 ISO9000 质量体系的有效运行，有效促进基础管理上台阶。三是逐步形成以计划、财务为中心的横向管理体系，使企业管理方式由粗放式、感性化管理向精细化、理性化方向发展。

● **增大环保投入、加快技术改造。**坚持走“环境与经济协调发展的”的道路，投资 8048 万元，成功实施了煤气全脱硫改造、污水综合治理改造、煤场防风抑尘网建设、焦炉地面除尘站建设、废水蒸氨脱氰导热油技术改造、洗煤车间尾煤回收改造、煤场封闭工程、焦粉回配、工厂区水系统综合治理等环保、技改项目，并开展了“清洁生产审核”工作，实现了经济效益、社会效益和环境效益的统一，为企业的可持续发展奠定了坚实基础。

● **树立企业形象，培育特色文化。**坚持以人为本的管理理念，把培训作为职工最大的福利，不断提高职工整体素质，引导职工转变观念，建立学习型企业。通过理念渗透、行为养成、素质教育、环境刷新等措施，加大企业文化培育力度，形成了“维护企业利益、诚实守信做事、提高创新能力、崇尚人本管理”的企业文化理念。

地址：山西省太原市万柏林区光华街 9 号　　邮编：030024
电话：0351-6523917

# 中国铝业贵州分公司

中国铝业贵州分公司总经理

常顺清

中国铝业贵州分公司是遵循国家关于股份制改造的重大决策，按照中国铝业公司总部重组改制部署，集中原贵州铝厂的优良资产，于2002年2月成立的大型铝联合企业，是境外上市公司中国铝业股份有限公司在贵州的分支机构。

公司位于贵州省贵阳市白云区境内，员工15000多人，各类专业技术人员2400多人，其中具有中、高级技术职称人员1100多人。截至2005年，已形成年产电解铝40万吨，氧化铝80万吨，碳素制品27万吨，铝土矿160万吨，石灰石矿65万吨和多种高附加值产品的生产能力。公司拥有总资产80.22亿元。目前，公司年现价工业总产值51.74亿元左右，年销售收入52亿元左右，优质产品产值率达95%以上，产品畅销海内外。

公司主要装备和技术经济指标居国内同行业先进水平，铝电解生产工艺技术达国际先进水平。公司现有氧化铝、电解铝、碳素制品和稀有金属镓四大产品系列32个品种。其中，砂状氧化铝为国内首创，高纯铝为国内独家生产，十种产品分获省、部、国优称号，七种产品获贵州省名牌产品称号；P1020铝锭为国内同行业首家获伦敦金属交易所注册，并被中国贸易促进会、法国科技质量监督评价委员会列为高质量产品和中国进入WTO推荐产品；华光牌铝产品被美国国际品牌策略研究中心、美中企业家协会列为美中著名品牌和2001年国际交流活动参展品牌。企业质量管理体系(ISO9001：2000)、职业健康安全管理体系(OHSAS 18001:1999)和环境管理体系(ISO14001：1996) 通过CQC认证审核，是国家一级计量企业、无泄漏工厂和中国铝业股份有限公司的铝电解、阴极碳素制品试验基地。

公司自成立以来，立足当前，放眼长远，提出了“发展壮企、人才强企、科技兴企、管理固企”的企业战略，制定了“一年打基础，二年上台阶，三年迈大步，四年大发展，五年见成效”的发展构想，构建了具有公司特色的企业文化。2002年，公司员工以转变观念为先导，以重组改制为动力，以成本控制为中心，励精图治，创新求强，生产经营创出佳绩，全年完成氧化铝超设计产能31.10%；铝锭超设计产能3.50%。2003年，公司生产持续向好，完成氧化铝同比增长14.75%；实现销售收入同比增长18.98%；实现利税同比增长36.16%。2004年，公司生产再创佳绩，完成氧化铝同比增长13.09%；实现销售收入同比增长16.09%；实现利税同比增长72.16%。2005年，公司生产经营业绩继续攀升，完成氧化铝同比增长10.79%，实现销售收入同比增长14.40%，实现利税同比增长10.50%。2002～2005年，公司累计完成固定资产投资40.38亿元，为“九五”五年间投资总额的187.81%。

按照十六大关于发展是第一要务的要求，在科学发展观的指导下，目前公司不断加大产业技术升级力度，持续调整产品结构，大力推进节能降耗和环境治理改造进程，全面实施清洁生产，积极发展循环经济，努力转变增长方式。随着四期技改工程的陆续投产和氧化铝挖潜扩建及环境治理工程的全面开工建设，届时，中国铝业贵州分公司综合实力将不断增强，实现利税将大幅增长，市场竞争力显著提高。

企业地址：贵州省贵阳市白云区　　总 经 理：常顺清　　邮　　编：550058
企业网址：www.chalco-gzfgs.com　　联系电话：（0851）4898036　　传　　真：（0851）4861128

电解铝干法净化系统

氧化铝溶出系统

碳素厂焙烧车间

# 江苏大亚铝业有限公司

总经理 赵丹辰

江苏大亚铝业有限公司是现时国内最主要的铝箔产品供应商之一，主要生产经营0.006/0.0065/0.007/0.009mm厚度的“双零”铝箔，为食品、医药、卷烟以及电子铝箔行业用户提供高质量、替代进口的铝箔产品。

公司现有主体生产设备全部从国外引进，现拥有德国、英国制造的铝箔轧机三台，配套铝箔合卷机、分卷机、轧辊专用磨床及铝箔退火炉，年产14500t“双零”铝箔。公司现有员工300人。

1993年投产以来，本着“争国内领先，创世界一流”的不懈追求，大亚铝业完全依靠自身力量，消化吸收了全套引进设备的维护技术，形成了具有自身特色的技术风格和成熟的铝箔加工工艺，保证了产品品质的稳定和提高，主要技术指标已达国际先进水平，完全实现了不同品种的标准化生产和针对不同客户特殊需求定制加工的生产能力。

以品质为依托，以服务为宗旨，大亚铝业广交天下朋友，目前已形成遍布全国的营销网络体系，国内市场覆盖面、占有率位居行业前列。产品出口北美、东南亚、澳洲、中东等地区。

公司通过了ISO9001：2000版质量体系认证和ISO14000环境体系认证，是国家计量保证确认合格单位。产品获2004年中国有色产品质量认证金杯奖、2005年中国包装联合会包装名牌产品。

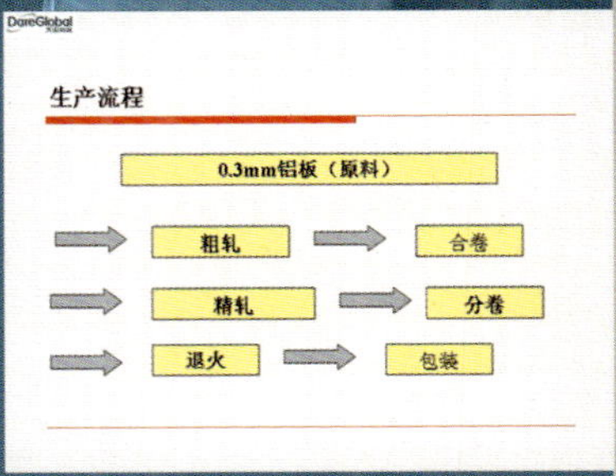


地址：江苏省丹阳市经济开发区金陵西路95号　邮编：212310
总机电话：0511—6882222
业务请拨：总机转2192或直拨6960791
赵逸琴 小姐 zhaoyiqin@cndare.com
国际业务：总机转2613或直拨6982603
周祖凯 先生 dyljgcxh@public.zj.js.cn
传真：0511—6887412　网址：www.dareglobal.

# 江苏萃隆铜业有限公司

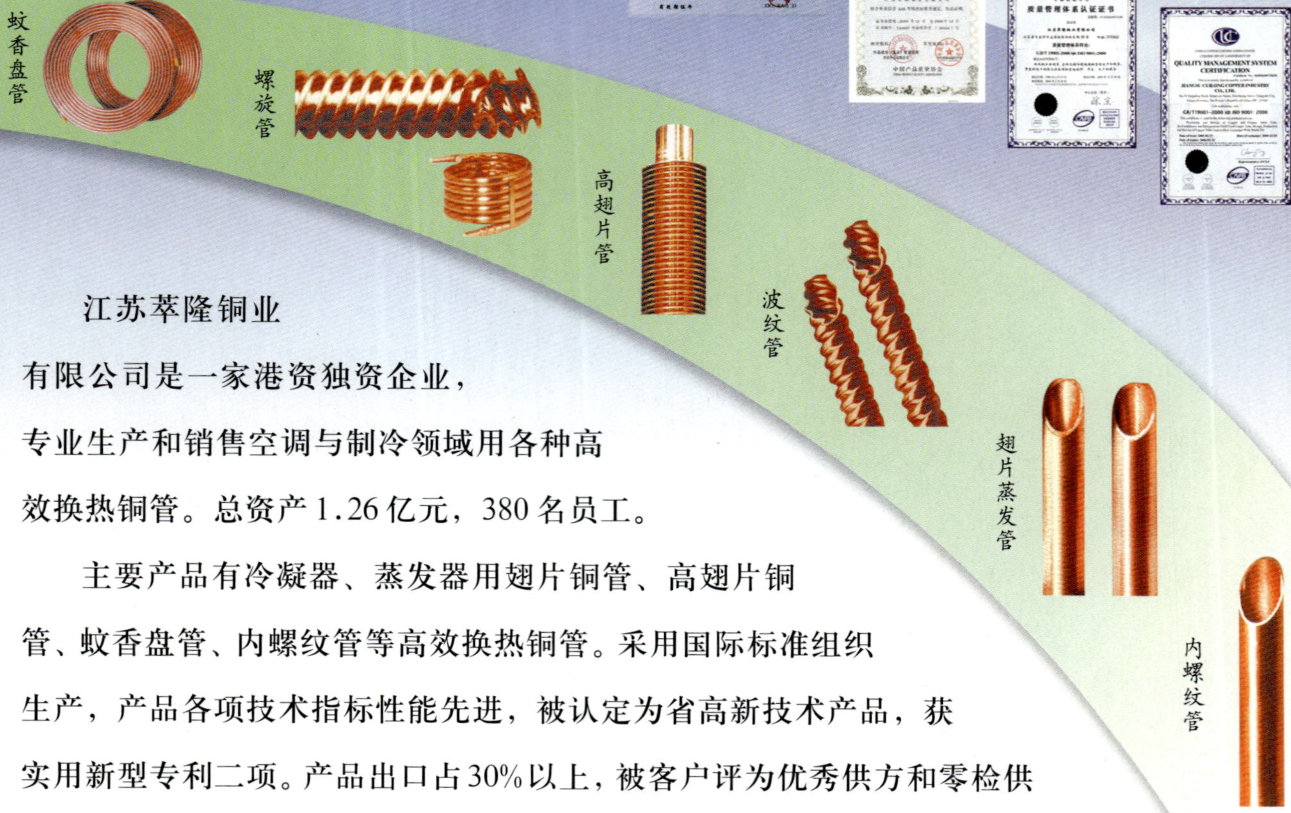


江苏萃隆铜业有限公司是一家港资独资企业，专业生产和销售空调与制冷领域用各种高效换热铜管。总资产1.26亿元，380名员工。

主要产品有冷凝器、蒸发器用翅片铜管、高翅片铜管、蚊香盘管、内螺纹管等高效换热铜管。采用国际标准组织生产，产品各项技术指标性能先进，被认定为省高新技术产品，获实用新型专利二项。产品出口占30%以上，被客户评为优秀供方和零检供应商。

公司坚持科技发展观，与上海理工大学联合成立了传热管强化技术研究所，致力研发新品，着力技改，从美国、日本等国引进先进生产装备和检测设备，具有从原材料到各类成品的完整生产线和完备的测试能力。

公司被认定为省高新技术、外商投资先进技术企业，通过2000版质量体系认证，获省名优企业、省AAA资信等级、中国质协颁发的质量、信誉AAA等级证书等荣誉称号。

地址：江苏省常熟市辛庄镇杨园杨东路18号　邮编：215562
销售热线电话：0512-52472368 52471229 52476168
http：//www.cuilong.com

翅片管车间一角(轧制生产线)

# 湖南水口山有色金属集团有限公司

董事长、总经理 刘振国

2006年，湖南水口山有色金属集团有限公司完成工业总产值(1990年不变价)14.6亿元，完成铜铅锌三种有色金属产量18万吨，铜铅锌三种精矿含量3.38万吨，实现销售收入27.8亿元，实现利税总额1.5亿元，其中利润1220万元。

一、生产经营。2006年，面对煤、电、油、运、原料持续紧张的不利形势，公司充分发挥自身优势，在电力供应紧张时期，及时调整锌系统检修周期，成功度过了“电荒”。在氧化锌市场疲软、亏损加大的情况下，果断决定暂时停产，节约有限的原料和资金，确保铜、铅系统高效运转，使冶炼生产仍然保持了较高水平，实现了总产量与上年基本持平。矿山生产，加快深部开拓，加大残矿、顶（底）柱回采力度，确保了自给原料的供应，减轻了对市场的依赖。加强循环经济建设，积极回收冶炼稀渣中的各类有价金属，变废为宝，创造了可观效益。

经营工作立足于国内国际“两种资源、两个市场”，互为补充和调剂，全年原料供应基本保证了生产需求，产品销售和货款回笼实现两个百分之百。进出口运作方面，紧紧抓住白银出口和铅精矿进口两个关键环节，全年实现进出口总额8511万美元，出口创汇5438万美元。

二、技改科研。公司全年共完成重点技改投资项目3个，累计完成固定资产投资1.97亿元。其中，采用具有自主知识产权“SKS炼铅法”工艺建设的铅冶炼烟气治理工程，于2005年8月26日成功竣工投产，形成了年产粗铅10万吨、硫酸10万吨的能力，使公司铅的产能稳居全国第二位，技术装备水平跃居全国同行业领先水平。投资1000万元完成了电铅配套改造，新增电铅生产能力6万吨。康家湾矿三期项目完成十三中段南部探矿和盲斜井工程，2006年下半年可部分投入生产。铅系统反射炉改造工程顺利投产，强化了铟物料的富集水平，提高了回收率，年创利润600万元以上。金属铍珠一期工程通过国防科工委组织的验收，二期工程正式立项，争取军工投资1200万元。金铜综合回收技术改造项目已经获得省经委批准立项，设计总投资2.4亿元，年产电铜3万吨，黄金800公斤。康矿外围找矿列入《国家危机矿山资源接替找矿纲要》笼子。

公司全年共完成科研项目19项，计划的5项重点科研项目都取得不同程度的进展。其中，水口山矿田深边部及近外围隐伏铅锌矿综合找矿研究，获中国有色金属工业科技进步二等奖。“锌系统次氧化锌进锌系统”研究取得重大进展，即将用于工业化生产。

三、改革发展。水口山铅锌矿和柏坊铜矿政策性关闭破产基本终结，重组项目正式运作，并实现扭亏为盈。新申报的四个政策性破产项目有望列入国家破产计划。辅业改制前期工作全部完成，改制方案获得省国资委正式审批。为了加快发展，推进改革改制进程，集团公司发起设立了国有控股、职工参股的水口山实业投资有限公司，共募集股本4000万元。由实业投资公司控股的“衡阳水口山冶金化工有限公司”正式成立，并正常运转，挥发窑、铟厂两个项目已经动工建设，2006年上半年将投入生产，发挥效益。制定了“十一五”发展规划，为企业可持续发展指明了方向，明确了重点。即到“十一五”末期，公司的年销售收入过50亿元，铜铅锌产品产量达30万吨，利税过2亿元，职工人均收入过2万元，把水口山建设成为国际国内具有一定影响的大型现代企业集团。

四、精神文明建设。加强企业文化建设，出台了《水口山企业文化纲要》，编写了《水口山企业文化手册》。坚持高标准严要求，广泛开展保持共产党员先进性教育活动，切实抓好学习动员、分析评议和整改提高三个阶段的工作，真正达到了“提高党员素质，加强基层组织，服务人民群众，促进各项工作”的目的，得到了广大职工群众的拥护，在满意度测评中，公司综合评价水平在98%以上。坚持执政为民，努力为职工群众办实事、办好事，投入资金近500余万元，完成了“液化气补贴改革”、“生活水电改造”、“房改后续扫尾”和“电视网络改造”等四件实事。加强社会治安综合治理，加大对“内盗”、“两抢一盗”和黄、赌、毒等严重危害社会治安行为的打击处理力度，保障了矿区的平安和谐。

柳桥集团公司有限公司是一家以羽绒产业为主的多元化、跨地区的大型企业集团。公司位于“中国羽绒之都”——杭州萧山羽绒工业园内，是亚洲规模最大、技术最先进的羽绒加工基地。公司主导产品“迪欧达”羽绒制品以卓越的品质在国内外享有较高声誉，被中国羽绒工业协会授予"信得过产品"，“迪欧达”牌羽绒被荣获中国名牌产品、浙江省著名商标。

公司总占地面积26万m²，下辖子公司10余家，员工近6000名，各类专业技术人员600余人。2005年销售额近25亿元人民币，出口创汇1.5亿多美元，出口量在全国同行业中遥遥领先，被行业权威人士称为"声誉卓越的羽绒专家"。

柳桥集团始终贯彻“以人为本，以质量求生存”的企业发展宗旨，历经多年磨砺，形成了独特的核心竞争力。秉承追求卓越、不断创新的经营理念，努力将公司打造成基业长青的优秀民族企业。

Located at Xiaoshan Eider Down Industrial Park Hangzhou£≠hometown of eiderdown in China, Liuqiao Group Co.,Ltd is the largest multivariate and trans-regional eiderdown production base with the most advanced technology in Asia. With outstanding quality, "Dioda" brand eiderdown products which is our leading product have enjoyed a high reputation both at home and abroad and was awarded as "trustworthy products" by China Feather & Down Industrial Association. "Dioda" brand down quilt has been honored to win China top brand product and the famous trademark of Zhejiang Province.

Covering an area of 260,000 square meters, our company has more than 10 subsidiary companies and 6000 employees including over 600 technicians. In 2005 we realized total sales of 2.5 billion RMB yuan and foreign exchange earnings of over USD 150 million. Its export volume is holding a safe lead at the same trade in domestic. Our company is named as "brilliant eiderdown expert" by authorities at the trade.

By taking the aim of "based on personnel and seek existence with quality", Liuqiao Group has formed its unique core competitiveness through years of hard work. By insisting on the concept of "keep pursuing excellence and innovation", we would like to build our company into the first-class national enterprise with a solid foundation.

# 柳桥集团有限公司

## Brief Introduction to Liuqiao Group Co.,Ltd

地址：浙江省杭州市萧山区大通路851号　邮编：311201
电话：0571—82730888　传真：0571—82705656
网址：www.lqfeather.com　电子信箱：lqyr@public.xs.hz.zj.cn

# 浙江三弘集团有限公司

自20世纪80年代起开始发展羽绒行业的浙江萧山，从以加工个体型为主到慢慢形成大批量生产型工厂，再发展到世界先进、高档生产工艺与设备发展阶段，走过了一个快速发展的繁荣时期，逐步确立了"中国羽绒之都"的重要行业地位。而三弘集团凭借助便利良好的发展机遇、得天独厚的外部环境、雄厚强大的自身实力，把信誉和品质视作企业发展的最大动力，在萧山诸多羽绒企业中脱颖而出，成为了全国羽绒行业的龙头企业。

## 以信誉为源泉　以品质为生命

——专访浙江三弘集团有限公司总裁章军华先生

成立于1994年的浙江三弘集团，经过十多年的发展，已形成了以羽毛、寝具、服装三大产业为核心，资本经营与实业经营互动发展的现代化企业集团，现下子公司设十二家，拥有员工3200余人，总资产12亿，产品远销北美、欧洲、东南亚等许多国家和地区，建立了庞大的国内外营销服务网络。作为沃尔玛、宜家等国际知名企业的全球供应商，三弘集团奉行"科技进步、科学管理"的发展战略，通过国际互联网营销，实行现代化管理手段，本着"以人为本，以质取胜"的管理理念和"创新、务实、奋进"的企业精神，大力弘扬"透明、公正、真诚"的企业文化，集聚了一大批为"三弘"贡献聪明才智的优秀人才队伍，为企业的持续发展奠定了扎实的基础。

**横刀立马，叱咤羽绒天地**

也许有人会问，羽绒制品似乎是一种受季节性影响很大的产品，专门从事羽绒制品生产的企业，岂不是在生产销售上会有很大的局限性？事实证明，这种担忧是有些多余的。据三弘集团有限公司总裁章军华先生介绍，目前以出口业务为主的三弘集团，利用南北半球存在气候差异这一特点进行生产销售，从3月份到10月份一直都处于企业的生产忙碌期，10月份后还要进行翻单，当国内正处于销售旺季时，三弘集团已经结束国外定单的生产，真正意义上的生产销售淡季十分短暂，再佐以家纺、装饰布等受季节性限制较弱的产品作为补充，因此羽绒制品企业受气候的限制并不像常人想像中的那么大。

每个企业的发展壮大，都有其自身的独特优势，那么三弘集团能够走到今天，又因拥有了哪些"独门绝技"呢？三弘集团有限公司总裁章军华先生介绍，三弘集团产品的主要优势集中在以下几个方面：公司在山东、四川等国内大型产绒基地都拥有自营工厂，与大型鸭、鹅屠宰场拥有良好的合作关系，因此在羽绒原料方面具有优质丰富的资源，能够充分保证产品的质量；产品设计是一个企业生存发展的重要因素，集团在上海成立了研发中心，大量汲取迅速有效的流行设计讯息，确保在产品设计上能够拥有独特优势；由于在长期从事出口贸易过程中获取了大量及时有效的信息，又深谙品质管理的重要性，三弘在外贸经验和品质管理方面也颇有心得；企业生存要以人为本，传统行业中员工因素是否稳定也决定着产品质量的稳定性，在三弘，作为产品质保基石的操作员工与技术员工群体一直非常稳定；由于十分重视对企业文化的建设，因此"信誉是三弘的资源，品质是三弘的生命"这句口号在三弘集团中深入人心，这也使得企业的合作伙伴时常对三弘对品质的严格要求感慨颇深；市场拓展方面，三弘集团主要通过参加国外大型展会，寻找比较稳定且具有优势的外国代理，在国内大型城市设立办事机构，并通过国内外大型媒体对企业进行全方位宣传等方式和手段，来全面稳固和拓展市场。

现如今三弘集团已成为全国同行业首家通过ISO9001国际质量体系、ISO14001国际环境体系认证的企业，公司为中国羽绒工业协会副理长单位，中国家用纺织品行业协会会员单位。2003年、2004年被中华工商商业联合会列入中国民营企业500强；2004年被中国羽绒工业协会授予"中国羽绒之都功勋企业"称号；2005年经美国最具权威行业杂志《今日家纺》统计排名中国家纺业出口销量第八，羽绒被出口最大；同年，以唯一一家中国企业的身份被全球第二大零售巨头Target公司授予"杰出供应商"奖，也是中国羽绒企业首次跻身于国际同行顶尖水平，代表了国际羽绒制品的先进水平。2005年9月，公司自有品牌"飞利弘"被国家质检总局、中国名牌战略推进委员会授予"中国名牌产品"荣誉称号。

**沧海横流，方显英雄本色**

伴随着国外市场对中国纺织服装出口设限越来越多，国内许多纺织服装企业面对日益恶化的贸易环境忧心忡忡，纷纷采取各种措施回避贸易壁垒带来的冲击。尽管贸易限制在羽绒行业还没有形成冲击，但高瞻远瞩的三弘集团决策层还是开始考虑发掘国内市场，三弘集团有限公司总裁章军华认为，虽然目前中国整体经济水平还不是很高，但国内市场仍有潜力成为全球最大的羽绒消费市场。因此三弘集团从2004年开始着手运做国内市场，在不断拓宽市场销路的同时，也为避免遭遇国际贸易风险对公司业务造成影响。

现如今肆虐全国的禽流感，在消费者中间造成了一定的恐慌，人们自觉不自觉地从心理上排斥与禽类有关的一切商品，这对国内羽绒制品市场也产生了一定影响。三弘集团有限公司总裁章军华强调，其实这主要是有些消费者受心理因素影响而谈"禽"色变。近日来包括羽绒协会还有国家质检总局在内的一些相关机构和单位，都已对此事进行了澄清，事实上使用制作工艺科学的羽绒制品是不可能引发禽流感的。由于三弘集团在国内市场的产品和销售定位在中高层，消费者素质较高，因此禽流感带给主流消费群体的恐慌没有那么大。但三弘集团还是采用在销售终端渠道和各大媒体进行广泛宣传的方式，让消费者了解更多的科学常识，避免消费误区。他表示，毕竟羽绒的优异性能是同类产品无可比拟的，相信消费者也不会因为禽流感的肆虐而拒绝在寒冷的冬季穿着羽绒服。

**辞旧迎新，展望美好未来**

2005年11月4日，中国羽绒工业协会三届二次理事扩大会议在北京举行。三弘集团公司董事长、总裁章军华和副总裁黄伟达受邀赴会，并在颁奖仪式上获得"中国羽绒寝具业突出贡献奖"，这是中国轻工业联合会以及中国羽绒工业协会经过领导小组认真审核评议，层层筛选所最终确认颁发的奖项，对三弘集团可谓"名至实归"。三弘集团有限公司总裁章军华认为，三弘之所以能够获得这一奖项，主要是因为三弘集团在为推动羽绒工业发展做出的一些工作和努力，今后三弘还将再接再厉，为推动羽绒工业发展继续做出贡献。

流光飞逝，转眼间我们将走过难忘的2005年，那么在新的一年里三弘集团又有哪些新的计划和期望呢？2006年度，三弘计划陆续将一些新的产品投入市场，主要包括外销市场的橱卫产品以及羽绒寝具的开发，现如今羽绒寝具已经从简单的保暖功能逐渐向更深层次的注入科技含量功能性方向发展。而对人体保健性能方面的开发也是近年三弘的关注重点，更加注重产品的人性化以及对人体医学功能方面的研究。章军华表示："希望我们公司的业务能够在现有基础上进一步拓展提高，获得更大发展。三弘还计划在明年兼并一个集团公司，目前已进入实质性操作阶段，因此明年公司的销售额有望在原有基础上翻一番，达到25-30亿左右。公司将通过继续进行更多品类的产品认证，跟进新的生产措施，将产品品质进一步提升。由于预计中国酒店产品市场将在近年有很大发展，许多酒店已认识到了羽绒产品的优异特性，越来越多的高档次酒店都已开始使用三弘的羽绒产品，因此我们计划在保持国外酒店产品市场稳定的前提下，进一步拓展国内的酒店产品业务，使企业获得更大的市场空间。"

"海纳百川，有容乃大。"尽管已经取得了如此多的成就和贡献，但三弘管理层也清醒地意识到，今后等待着三弘的将是更多的考验。三弘集团有限公司总裁章军华由衷地说"只有通过不懈地努力，塑造更加强大的团队、更有实力的开发队伍、更稳固的生产基础，三弘集团才能够实现成就百年基业的宏伟志向。"

# 千仞岗制衣有限公司

▲千仞岗服饰有限公司鸟瞰图

千仞岗制衣有限公司成立于1992年，占地面积180000m²，建筑面积150000 m²,拥有管理人员和专业技术骨干380人，员工6200人，下属控股水洗羽绒厂1家，全资子公司—江苏千仞岗服饰有限公司（泗阳生产基地）1家，合作加工单位28家，专业生产“千仞岗”牌羽绒服。

品牌是公司的形象，也是实力的象征，争创名牌是公司长期的战略目标。在专业咨询公司的辅导下，对品牌进行了整合，制订了切实有效的品牌发展战略，加大了广告投入的力度，2005年投入广告费2000多万元，系统而有效的广告宣传，大大提高了“千仞岗”的品牌知名度。为培育自主知识产权，提高核心竞争力。公司成立了研发中心，现有设计师11名。拥有具有国际先进水平的CAD三维仿真设计及排版系统，每年设计新产品200多个，申请服装外观设计专利10余项，现已取得专利证书5项，连续三年保持新品上市率达到90%以上,“千仞岗”女装羽绒服以款式新颖、不抄版、不摹仿而享誉业界。

公司在重视品牌、营销、设计的同时，始终以质量为基础，成立了检测中心，建立并完善了质量管理体系，先后通过了ISO9001质量管理体系、ISO14001环境管理体系认证，导入了5S管理，通过江苏省计量保证确认，采用Oeko—Tex100标准生产的“千仞岗”羽绒服，通过了中国环境标志产品认证，2004年被国家质检总局公布为质量较好的产品，二次荣获中国羽裳杯金奖，是中国羽绒制品行业最具影响力品牌，是中国名牌产品、江苏省著名商标，是中国羽绒工业协会常务理事单位。

面对巨大的市场需求，2005年公司在对苏北各县市作了详细地调查比对之后，斥资2.68亿元，在江苏泗阳经济开发区投资兴建了——江苏千仞岗服饰有限公司，达产时安装电脑平缝机5000台，员工达7000-8000人，建成后将成为国内最大的单体羽绒服专业生产基地。

▲申报生产线

年产 1.8 亿件，具有世界先进水平的"即发"牌针织品，80% 以上出口国际市场。

# 青岛即发集团控股有限公司

青岛即发集团创建于1955年，是国家大型企业集团，全国最大的针织和发制品出口生产企业，辖设内外资企业30 多个，拥有员工1万余人，总资产20亿元，形成纺、织、漂、染、印、绣、缝、水洗、包装全功能针织服装产业链，产品出口日本、美国、法国和我国香港等20多个国家和地区，在全国同行业率先通过了ISO9001质量体系认证、ISO14001环保体系认证和中国质量环保产品认证，建立了全国针织行业惟一的国家级技术中心，"即发"商标和"即发"牌针织内衣先后被评为"中国驰名商标"和"中国名牌产品"，"即发"品牌被国家商务部列为重点培育和发展的"中国出口名牌"，是全国针织行业惟一拥有三项国家级荣誉的企业。

多年来，即发集团始终把"技改—发展—再技改—再发展"作为打造名牌的主线；通过开发新型纤维、服装、家纺、产业纺织品等关键技术和工艺，来提高产品性能、功能和文化品位，特别注重用高新技术提升传统产业。在技术创新的同时，把产品质量视为企业发展的生命线，深入贯彻执行质量管理体系，学习借鉴国内外先进的管理理论和实践经验，结合企业的实际情况，创立了"一线四全模式"和"全方位质量管理法"，使企业的管理工作达到了先进水平。

为打造"世界即发"，即发集团制定了"国际品牌战略"计划，积极参加国际性的服装设计、展销活动，从产品的设计理念到组织生产、包装上市，一直到国际市场的形象广告宣传，均采取了国际一流的标准。过硬的产品质量和良好的商业信誉，使即发集团及其"即发"牌产品赢得了良好的国际声誉，国际市场的销售量快速增长。

在进军国际市场的同时，即发集团加快国内市场的开拓步伐，培育个性化、差异化产品，以文化力提升品牌竞争力，加大公关宣传力度，促进传统营销网络向现代化营销的转变。即发集团扩充并整合了国内销售网点，在原有基础上扩展了5个全国销售分公司，在包括北京、天津、青岛在内的大中城市开设旗舰店、销售专卖店、专卖柜和销售总代理，产品备受国内消费者的欢迎。

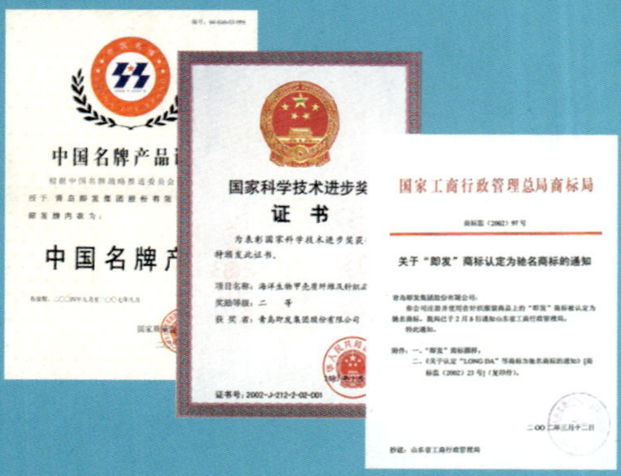

地　　址：青岛市即墨即发路1号
联 系 人：周遵林
联系电话：0532-87569666　0532-88583128

后纺车间设备

聚纺设备

产品

# 烟台华润锦纶有限公司

生产线控制室

## 企业简介

烟台华润锦纶有限公司隶属于华润集团，是华润纺织集团的下属企业，注册资本5000万美元，主要设备分别从意大利、德国、日本、瑞士等国引进。公司成立于1988年，主要产品为各种规格的锦纶6长丝（含弹力丝），产品范围在8D－140D，以细旦丝为主，品种有锦纶6预取向丝“POY”、高弹力丝"DTY"、 高强细旦全牵伸丝"FDY（H）"、高取向丝"HOY"和全牵伸丝"FDY"五大类80多个规格。系生产民用锦纶丝系列产品的专业化工厂，产品在国内、国际市场具有较强的竞争力。公司通过ISO9001：2000质量体系认证，产品质量始终处于行业领先地位。公司研制开发的锦纶6细旦变形丝获国家级新产品称号和山东省科技成果一等奖、国家纺织工业部科技成果三等奖；锦纶6扭矩丝获国家级新产品称号，YADA牌锦纶6弹力丝2003年被评为"山东名牌“产品；2004年引进的细旦FDY生产设备，自动化程度高，生产的锦纶细旦高强度全牵伸丝FDY（H）产品填补了国内空白，产品质量达到了国际先进水平，大量出口日本、韩国及欧洲等国。截至2005年，华润锦纶民用长丝（含弹力丝）生产能力达到1万余吨，销售收入4.5亿元。2006年，又新上了4条纺丝生产线，4台加弹机，企业规模逐步扩大，生产能力将达到1.4万吨，销售收入将达到6亿元。为不断提高竞争能力，企业制定了长期发展战略，到2008年，生产能力将达到3万吨，实现销售收入10亿元。

通过多年的努力，华润锦纶目前已建立起覆盖面极广而且稳定的销售网络，涵盖了从织袜、经编、纬编、机织布到包缠、染色等几乎所有锦纶市场的高端产品。由于产品质量稳定以及良好的售后服务，使华润锦纶的品牌优势逐步突显出来，遍布各地的营销网络，使华润锦纶的新产品能够迅速进入市场，并使用户得到满意的经济收益。

地　址：烟台开发区长江路180号
联系人：郭新佩
电　话：0535-6371379　6371688转3055
传　真：0535-6371379　6372777

Balthus

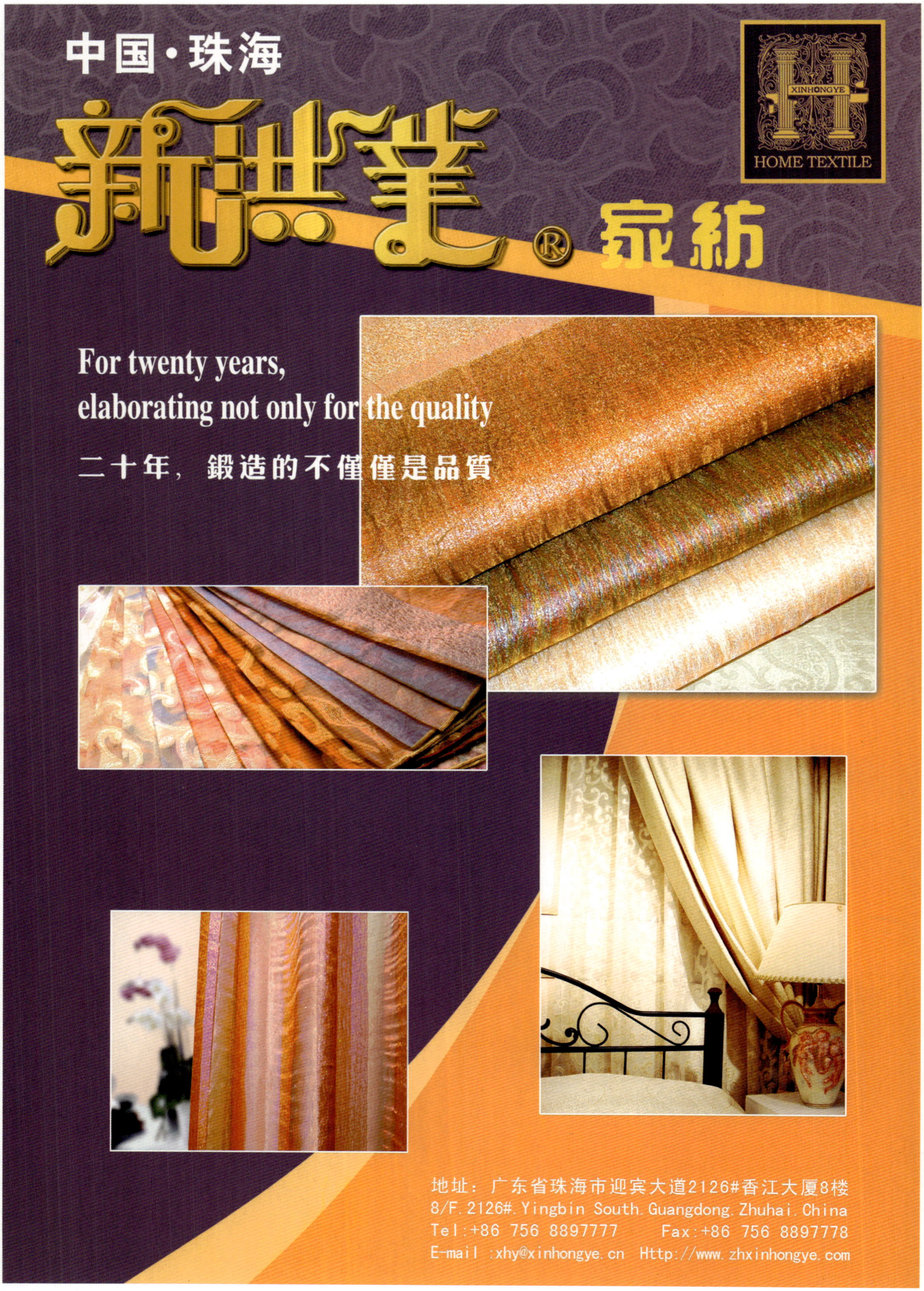
中国·珠海
新洪業®家紡
XINHONGYE
HOME TEXTILE
For twenty years,
elaborating not only for the quality
二十年，鍛造的不僅僅是品質
地址：广东省珠海市迎宾大道2126#香江大厦8楼
8/F.2126#.Yingbin South.Guangdong.Zhuhai.China
Tel:+86 756 8897777 Fax:+86 756 8897778
E-mail :xhy@xinhongye.cn Http://www.zhxinhongye.com

璐璐布藝

## INTRODUCOTION

Lulu Textile Ornament Co. Ltd of Qingyuan is a professional corporation which is especially engaged in the development and manufacture of ornament cloth. We established in 1990's and have become one of the leaders in manufacturing and exporting interior decorative cloth.

Lulu has moderate management system and consummate computerization. We equipped with a series of advanced machines, including 3.6M transfer printing machine, gilding-pressing machine, pleat-pressing machine ,color-pressing machine and so on.

Our corporation produces various kinds of textile products, offering different patterns of jacquard printed cloth, satindrill-printing cloth,embroidered cloth (gauze), gilded cloth (gauze),the crepe and satindrill gauze. We also design and produce cloth material required by the customer according to the particular demand. All our products have a good sale all over the world. With the advanced equipment and first-class technology, we can assure the quality of the goods and the prompt delivery.

LuLu----leading decorative cloth fashion, creating living style---sincerely service for our customers, we' re looking forward to the coming vast customers.

# 清远市璐璐纺织品装饰有限公司

清远市璐璐纺织装饰有限公司是一家专业从事装饰布艺设计研发、生产经营的企业。公司经过十余年的辛勤耕耘，开拓进取，现已成为本行业中颇具知名度的重要成员之一。

公司力量雄厚，具有现代化的管理体制，完善的电脑化、科学管理模式、设有：综合办公大楼、成品加工车间、产品展示厅。引进先进的生产设备和工艺，配合一流的生产技术，跟踪式的售后服务，堪称同行业中的专业典范。

公司经营品种繁多，可以提供各种花形与质料的提花布、直贡印花布、绣花布（纱）、滴塑烫金布（纱）、各类皱纱、直贡纱。公司拥有从国际市场引进的先进生产设备，包括多台织布机组、3.6米特宽转移印花机、滴塑烫金机、窗纱压皱机、压花机等其他设备，能确保产品的品质与交期。

公司产品行销全国各地及中东、欧美地区。除了能提供款式独特的成品工艺帘，还可为客户度身订制、设计生产出个性化的产品满足您的需求。此外公司还代理、批发欧美各国的名优装饰布与窗纱。

璐璐公司——引领时代潮流，创造生活艺术，诚意服务千万家，由总经理郭炳林率领全体员工恭候您的光临指导，共谋发展。

地址：广东清远市附城笔架北路威达工业区
传真：86-763-3920907
电话：86-763-3926111　3925333　3924168
电邮：lulutex@hotmail.com　lulutex@126.com

# 宁波宜科科技实业股份有限公司

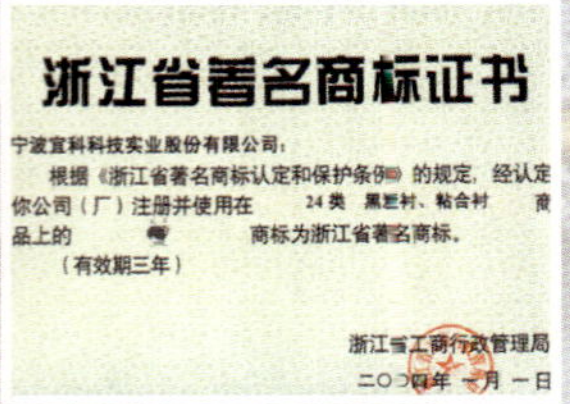

宁波宜科科技实业股份有限公司始创于1956年，是中国第一家生产服装衬布的企业，是行业内唯一一家上市公司。在业内有"行业龙头，业界标准"的美誉。公司拥有国际领先水平的机器设备，生产黑炭衬、粘合衬、组合胸衬、腰衬、树脂衬、垫肩、口袋布等系列近百个品种，具备3000万套服装辅料的生产能力，是国内衬布行业唯一进入中国服装行业双百强的企业、国家级高新技术企业，拥有自营进出口权，通过ISO9001国际质量体系认证。

公司以服装辅料的生产营销为主，研究开发高科技纺织材料为发展方向，主要产品"牦牛"牌黑炭衬和粘合衬系列衬布，获得了中国环境标志产品认证，获得Oeko-Tex Standard 100国际生态纺织品认证，成为中国衬布行业第一个"绿色"品牌，被中国纺织工程学会评为首批推荐的国产衬布名牌，被法国科技质量监督评价委员会评定为向欧盟推荐的高质量科技产品。公司产品的技术水平在全国同行业中处于领先地位，是黑炭衬和粘合衬国家行业标准的主要制订者。经浙江省科技厅审核，公司组建的"宁波市服装辅料工程技术中心"，被认定为省级高新技术研究开发中心。

公司成立以来，先后开发了高弹系列粘合衬、低醛防缩毛衬、免烫衬衣衬、双点全能配伍粘合衬、无纺双点粘合衬、机织双点粘合衬、水洗型黑炭衬、防静电粘合衬等产品系列。其中，低醛防缩毛衬被国家经贸委列入国家重点新产品计划；双点全能配伍粘合衬被国家科技部列入国家级火炬计划项目。本公司被国家科技部认定为"国家火炬计划重点高新技术企业"。公司还是解放军总后军需装备研究所军用服装辅料实验基地、东华大学(原中国纺织大学) 教学实习基地 。

"牦牛"牌黑炭衬和粘合衬系列产品定位于中高档服装用衬市场，主要销往国内各知名服装生产厂家，同时还远销欧美、日本、韩国和港台等国家及地区。根据中国服装协会辅料专业委员会的统计，本公司在国内中高档服装用衬市场中的生产能力、销售规模、经济效益和市场占有率等综合指标排名第一，是全国最大规模的生产销售中高档服装用衬的龙头企业。

地址：宁波市鄞州区雅源南路501号

电话：0574-88251123-253

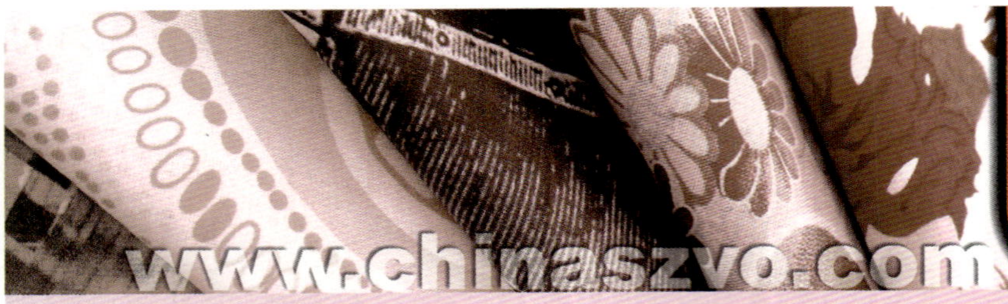


ISO9001 ISO14001 Oeko-Tex Standard 100

# 深圳中冠纺织印染股份有限公司

总经理室领导合影

## 公司简介

深圳中冠纺织印染股份有限公司是由华联发展集团控股的公众上市公司A、B股同时上市公司（深中冠A000018，深中冠B200018）。主营各类纯棉、纯麻、涤棉、麻棉、混纺高档面料以及成衣产品的生产、加工，产品全部销往我国香港和日本、欧美市场。

1980年—前身为新南新染厂，是深圳经济特区第一家外商独资企业，也是香港纺织印染行业首家内迁深圳的印染企业。

1992年—在全国印染行业中率先进行股份制改造，公司更名为深圳中冠纺织印染股份有限公司，同年在中国和香港发行A、B股，成为股票上市公司，也是中国纺织印染业第一家股票上市公司。

2002年—在大陆率先引进数码印花成套设备，现已大规模生产。

2002年—建立企业资源管理系统（ERP），获得业界和地方政府众多荣誉称号。

2003年—通过ISO9001、ISO14001认证。

2004年—按照ITS标准建立的纺织品检测中心正式运行，全部国外进口检测设备。

2004年—与国内大型纺织厂建立产品研发合作伙伴关系，增长产品研发生产链。

2004年—扩大与国际纺织品买家CK,GAP,JCPenney,NEXT,TOMMY合作。

2005年—获得Okeo-Tex Standard 100 class Ⅱ(直接与皮肤接触)认证。

近年来公司不断采用高新科技提升传统的工艺生产水平，先后引进了电脑制网系统、电脑测配色系统（Datacolor、GretagMacbeth）、电脑自动称料系统等自动化控制设备，提升产品质量，满足客户需求。

深圳中冠纺织印染股份有限公司现有全资附属企业三个：即中冠印染厂、中冠印染（香港）有限公司、香港盛中企业有限公司；控股企业三个：即深圳南华印染有限公司、香港中冠数码印花有限公司、深圳市维欧佩尔服装有限公司；参股企业三个：深圳联昌印染有限公司、杭州湾创业有限公司、福建兴业银行股份有限公司。

深圳中冠纺织印染股份有限公司广聚印染业的精英，依托先进的生产设备，不断开发生产适于国际市场潮流的面料，为国际知名服装品牌GAP、JCPenney、NEXT、TOMMY等提供纺织面料。中冠出口产品经过近二十年的发展，中冠公司优良的商誉、高品质的产品为海内外众多客户所认可。一个覆盖亚、欧、美的贸易伙伴群正在形成，她将引导中冠向更高的目标迈进。

深圳中冠纺织印染股份有限公司中冠印染厂
电话：86-755-89771088
传真：86-755-89771221
邮箱：info@chinaszvo.com
网址：www.chinaszvo.com

中冠印染（香港）有限公司
电话：(00852) 91827329
传真：(00852) 24281823
邮箱：info@chinaszvo.com

深圳中冠纺织印染股份有限公司深圳办事处
电话：86-755-83668430
传真：86-755-83668427
邮箱：info@chinaszvo.com

# 广东省东莞丝绸进出口有限公司

## DONG GUAN SILK IMP . & EXP .CO.,LTD OF GUANG DONG

### 简　介

广东省东莞丝绸进出口有限公司是由原广东省东莞丝绸进出口公司转制而成立的公司，成立于1987年4月。注册资本人民币2242.00万元，由广东省丝绸（集团）公司相对控股，公司内部职工持股的责任有限专业外贸公司，现有职工66人，设有18个业务和管理部门。公司主要经营业务是：丝类、纺织品、服装、机电产品、高新技术商品、鞋类、箱包、玩具等。公司现已拥有工业园区厂房面积达6万平方米。

公司自成立以来，坚持以出口为导向，出口规模和经营商品不断拓展、壮大，2004年出口规模达25600多万美元，创汇达12444万美元；2005年出口规模约24900多万美元，创汇达15821万美元。连年被东莞市工商行政管理部门评为“重合同守信用企业”单位、荣获广东省大型企业出口“突出贡献奖”；被东莞市委市政府评为2005年实际出口十强民营企业（第三名）。公司在中国纺织品服装出口企业中单列排名第32名，入编《中国纺织品服装对外贸易报告年鉴》，同时入编中国出口创汇荣誉企业。

### INTRODUCTION

Guangdong Dongguan Silk Export and Import Co. Ltd, originally named Guangdong Dongguan Silk Export and ImportCo.,was founded in April. 1987. It is a limited liabilityCorporation specialized in foreign trade, with a registeredcapital of 2242.00 million Yuan. Guandong Silk (Group) Co. holds the controlling stock of the company while the 66 staffmembers of it are owners of stocks of the company. By far ithas possessed a factory building of 60,000 m2 and set up 18businesses and administrative departments, with its majorbusiness ranging from silk, textile products, clothing, electromechanical products, high-tech commodities, shoes, suitcases to toys.

The company sees a constant expansion In export andcommodity varieties since its foundation as it sticks to theguidance of export orientation. In 2004, total export was 256million USD, with business revenue of 124.44 million USD; the figure in 2005 was 249 million USD and 158.21 USD. respectively. It has been entitled as “Enterprise with creditand honesty” by Dongguan Industrial and CommercialAdministrative Department and been rewarded with“EminentContribution” for large-sized export enterprises ofGuangdong Province. In2005 it was selected as one of the top10 non-state owned export enterprises by Dongguan municipalgovernment(placing the third). The company was ranked 32ndamong all domestic export enterprises engaging in textileproducts. It has been compiled into the Almanac of ChinaForeign Trade of Textiles & Clothing and collected as one ofthe honorable enterprises for foreign earnings.

法人代表：何伟基　　地址：广东省东莞市南城区莞太大道15号　　邮编：523009
电话：86（0）76922482923　　传真：86（0）76922483639　　E-mail：xiao7104@sohu.com
Legal representative：He Weiji
Business address：No.15, Guantai AV., Nancheng District, Dongguan City, Guangdong ProvinceP.C.：523009
Phone：86（0）769 2248 2923　　Fax：86（0）769 2248 3639　　E-mail：xiao7104 @ sohu.com

# 稳健跨越　快速发展

## 通威股份近年持续迅猛发展

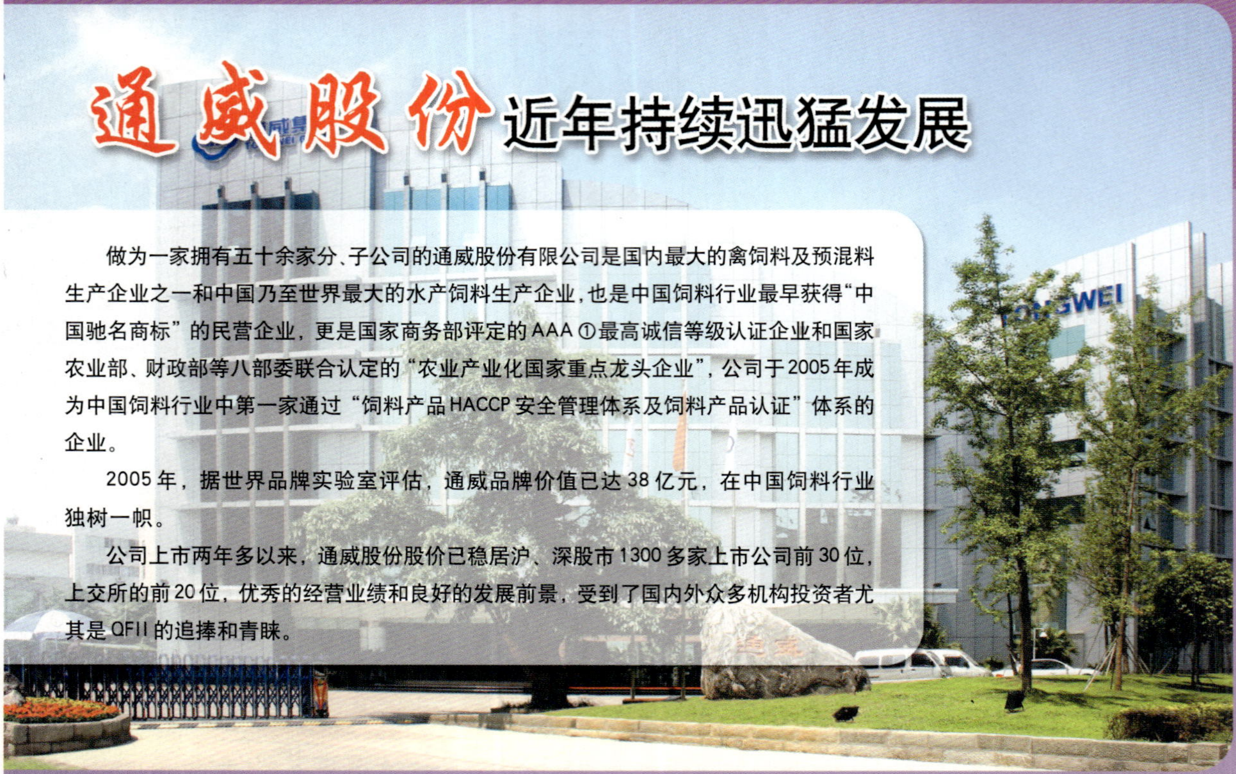

做为一家拥有五十余家分、子公司的通威股份有限公司是国内最大的禽饲料及预混料生产企业之一和中国乃至世界最大的水产饲料生产企业，也是中国饲料行业最早获得“中国驰名商标”的民营企业，更是国家商务部评定的AAA①最高诚信等级认证企业和国家农业部、财政部等八部委联合认定的“农业产业化国家重点龙头企业”，公司于2005年成为中国饲料行业中第一家通过“饲料产品HACCP安全管理体系及饲料产品认证”体系的企业。

2005年，据世界品牌实验室评估，通威品牌价值已达38亿元，在中国饲料行业独树一帜。

公司上市两年多以来，通威股份股价已稳居沪、深股市1300多家上市公司前30位，上交所的前20位，优秀的经营业绩和良好的发展前景，受到了国内外众多机构投资者尤其是QFII的追捧和青睐。

通威股份拥有雄厚的科研开发实力，建立有省级企业技术中心、四川农业大学动物营养博士工作站、上海水产大学研究生培养基地、通威股份禽类研究所等八大研发中心，每年研发基础投入数千万；拥有一个500多人的科研技术人员团队，专门从事动物营养、动物饲料、动物良种培育和鱼类基因工程的研究，每年提供上百项研究成果和200余篇科研报告。集团公司拥有三项饲料外观设计专利，发明的渠道金属网箱式流水养鱼技术被国家科委和农业部列入星火计划和丰收计划，在广大农村推。作为国家饲料标准化委员会委员单位，公司近年先后参与了《饲料工业技术标准体系表》、《饲料中盐酸克伦特罗的测定》等近五十项标准的审定工作，为中国饲料行业中饲料工业的标准化工作做出了突出贡献。近年来公司还与国外多家饲料企业、专业机构建立了常年的技术与战略合作关系并对大量发展中国家进行饲料和养殖技术扶持和输出。

通威股份年饲料生产能力已达600万吨。根据中国饲料工业协会的最新统计排名，近六年来的强劲发展，一路领先，国内市场占有率连年来上升，已连续多年处于全行业一流水平，通威股份禽饲料实际产量和销量从1999年起，至今连续六年位居全国前三甲。尤其值得强调的是，2006年，由于受禽流感、口蹄疫等影响，中国饲料行业全行业处于零增长、甚至负增长30%以上的不利境况，而通威股份今年来保持近40%的高速增长，通威禽饲料增长幅度高达100—150%，创造了全行业的奇迹。

# 浙江三力士橡胶股份有限公司

# ZHE JIANG SANLUX RUBBER CO.,LTD.

浙江三力士橡胶股份有限公司是经浙江省人民政府批准的规范化股份制企业。其前身是绍兴三力士橡胶有限公司。公司坚持“以创新求持续发展，不断领引行业潮流；以质量为根本，用品质创造价值；视品牌为生命，全力打造世界名牌”为经营理念，使公司得到了迅猛发展，公司生产的橡胶V带（三角胶带）连续多年产销量、出口量在全国同行遥遥领先。并荣获“中国名牌、国家免检”产品，三力士商标为“中国驰名商标”，公司成为国家重点高新技术企业和全国质量效益型先进特别奖企业。

我们的目标“世界名牌”。

Rubber V-belt iS the main commodity of the company As Our company was founded in 1983. from which time we have established a distributionnetwork that extends around the world. Specializing in the production ofV-belts and 0ther beltings.We offer all clients excellent Commercialconditions，full technical support，high quality standards and guaranteeddelivery. Due to these advantages，we are presently exporting our series tocustomers in the USA，Europe，Asia，Africa，etc.

With V-belts constituting our main product series.we are the leadingsupplier of these items in several countries around the word.Havingreceived permission to independently conduct inport permission toindependently conduct import and export from the Chinese government，we are one 0f the first companies in the domestic bciting industry to receive ISO9000 certification. Exporting annua sales turnovers worth more than USD10,000,000,our products are now being sold in more than twenty countries around the world.

Due to our concern for guaranteeing the highest product quality，and knowing that clients look for transmission systems that will work for a long period of time at minimal cost.We evaluate our belts through laboratory and field tests.According to international standards such as GB,API, ISO,and DIN

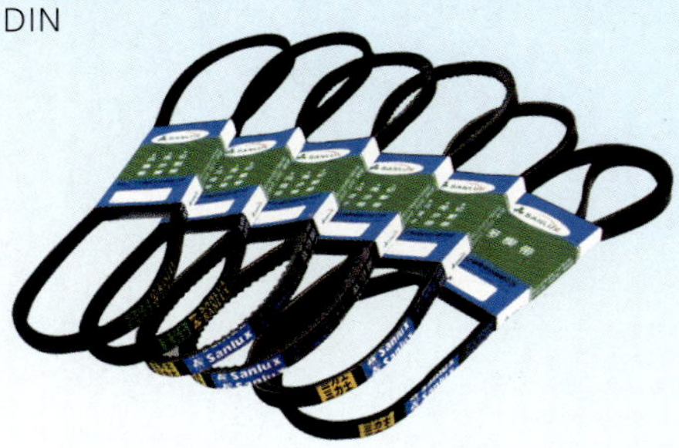

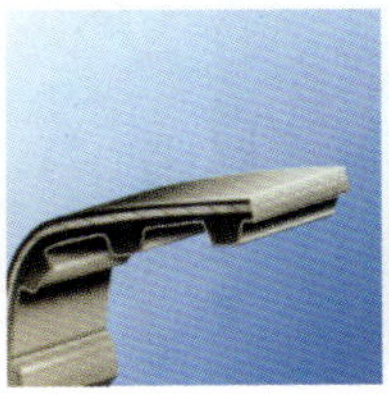

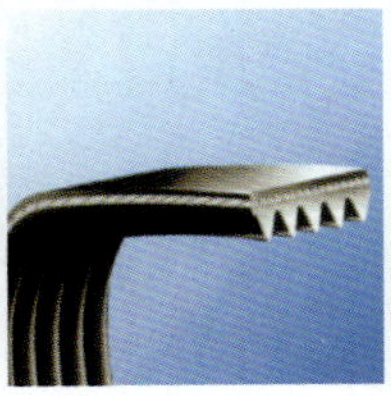

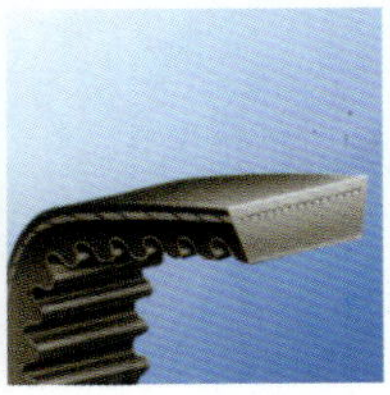

SANLUX
三力士

地址：浙江省绍兴柯桥
Add:Keqiao Shaoxing county Zhejiang Prov China
电话 /Tel：0575-4365688　4361766
传真 /Fax：0575-4363282
E-mail:sanlux@mail.sxptt.zj.cn

广东唯美陶瓷有限责任公司
唯美公司创建于1988年，地处国际制造业名城--东莞，是一家集建筑陶瓷设计开发、生产、销售为一体之制造商。公司拥有二十多条高品质的自动化生产线，年生产能力达2500多万平方米。
公司在“为实为适，唯新唯美”的经营理念倡导下，本着“从本务实，同创共享，永续经营”的经营宗旨，将传统和现代相结合、艺术和技术相结合、中国文化和欧洲文化相结合，以高新技术提升传统行业，以装饰文化塑造全球品牌，开发出具有唯美特色的个性化装饰艺术瓷砖。公司有上千个花色品种，获得60多项专利。
“唯美”牌产品主要为瓷质外墙砖和广场铺石，以工程产品为主，被誉为“工程砖家”。2003年，唯美被评为广东省著名商标和广东省名牌产品。
“马可波罗”品牌磁砖以其仿古风格，尽显欧式建筑装饰的艺术魅力，成为仿古砖领域的领导型品牌，引领着中国哑光仿古装饰潮流，被誉为“个性化艺术装饰全集”、“仿古砖家”，主要包括仿古砖、抛光砖、亮光、哑光瓷片、丽晶石等。2003年，马可波罗被评为“中国名牌产品”、“国家免检产品”荣誉称号。
“狄安娜”牌产品主要是艺术马赛克。艺术马赛克可以拼出各种层出不尽、千变万化的图案，充满艺术品位与活力，可将其灵活运用在标志性建筑的外墙、泳池、楼梯、走道等公共场所。
公司的战略目标是通过对资本、人才、知识、技术和信息资源的整合运营，培植企业的核心竞争力，实施名牌战略，为社会提供超值的产品和服务，让顾客满意，成为能持续健康发展、促进社会进步的优秀企业。
公司生产的产品完全按顾客指定标准生产及控制，如顾客没有指定标准，则执行高于行业标准要求的唯美产品企业内控标准及本公司其他的相应规范。
品质方针：精心制造，领导时尚，完善服务，顾客满意。质量目标：品质、品种、品牌。
地址：广东省东莞市　电话：0769-88463333　88463218　邮编：523270
本公司主要为客户制造下列产品并提供服务：
● 广场砖系列　● 外墙砖系列　● 地砖系列（釉面砖、抛光砖）　● 内墙砖系列
产品配件系列
公司使用“唯美”、“马可波罗”、“狄安娜”等品牌。
高埗唯美陶瓷工业园鸟瞰图

KITO
KITO CERAMICS 金意陶·陶瓷
風向中國
金意陶·陶瓷 KITO FACE CHINA
地址: 佛山石湾季华三路KITO思想馆 电话: 0757-88331051 www.ekito.cn

# 广西来宾永鑫糖业有限公司

张永宁董事长（中）在检查生产

广西来宾永鑫糖业有限公司成立于2001年11月1日，厂区位于来宾市河西工业开发区，座落在红水河畔，依傍桂海高速公路和湘桂铁路，水陆交通十分便利。公司注册资本15594万元，是一家完全按现代企业制度建立起来的股份制民营企业，现有固定资产2.36亿元，占地面积达22.63万平方米，员工468人，其中各类专业技术管理人员158人。公司拥有先进的大型制糖工业设备设施，有与产品生产相适应的质量监视和检测系统，2003年通过ISO9001：2000质量管理体系认证，2004年获得全国糖产品生产许可证（QS标志）。

公司采用亚硫酸法生产工艺，日榨甘蔗10000吨，年可处理甘蔗150万吨以上，产机制糖20万吨，产值5.86亿元。主导产品"晶龙"牌白砂糖严格执行国家GB317-1998标准，具有甜味纯正、色泽洁白、颗粒均匀、干燥松散、储存期质量变化小等特点，产品质量名列全国同行业前茅，2003年荣获国家轻工业产品质量优秀奖，2004年获得国家免检产品资格、通过中国绿色食品A级认证，2005年被中国消费者基金会推介为中国消费市场高品质信用品牌。本白砂糖产品特别适用于高级食品饮料和医药行业，产品畅销全国各地，深受消费者好评。

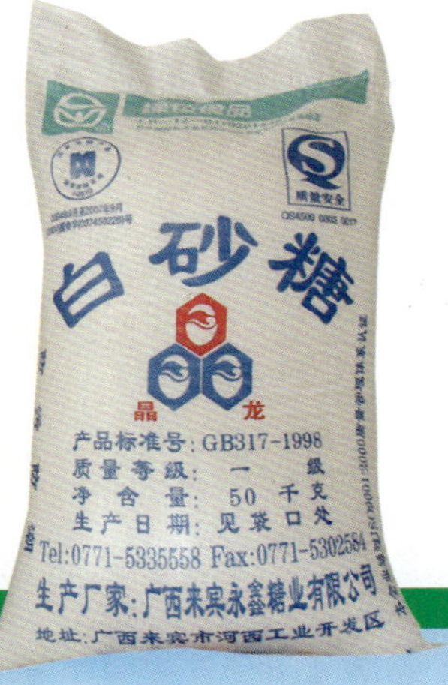



公司秉持"诚信、严谨、创新"的企业精神和"安全文明、优质高效、科学管理、务实创新"的质量方针，坚持把质量放在首位，树立"质量就是企业的生命"的经营理念，不断强化科技创新意识和质量安全意识，以市场为导向，以质量谋生存，以科学求发展。公司诚心为客户服务，并始终把顾客满意作为事业不断发展的目标，让甜蜜的生活走进千家万户！

公司蔗区一景

董事长：张永宁　总经理：谢明辉
地　址：广西来宾市河西工业开发区
邮　编：546100
电　话：0772－4283951　4283825（传真）
销售电话：0771－5335558　5302584（传真）
E-MAIL：Xmh108@163.com

# 中电国际山西神头发电有限责任公司

神头发电有限责任公司总经理：杨福友

神头发电有限责任公司党委书记：马世珍

中电国际山西神头发电有限责任公司位于山西省朔州市朔城区神头镇，装机容量120万千瓦，其前身为神头第一发电厂。2005年5月，在企业内部体制改革过程中，成立神头发电有限责任公司。公司安装两台200MW原苏联机组，四台200 MW原捷克斯洛伐克机组。1977年2月17日首台机组投产，1987年12月最后一台机组并网发电。2004年发电84.095亿kWh，在全国同等规模电厂中名列前茅。截止到2004年底，公司累计发电量1420亿kWh，创产值近百亿元，为国民经济建设和电力工业的发展做出了巨大的贡献。

多年来，企业始终坚持两个文明建设一起抓，以经济效益为中心，认真贯彻"诚实、认真、细心、奉献"的企业精神，深化改革，强化管理，不断推进管理创新、机制创新和科技创新，企业管理水平得以加强，经济效益显著提高，两个文明建设取得了丰硕成果。先后被国家电力公司命名为 "安全文明生产达标企业"、"双文明单位"；被山西省电力公司命名为"一流发电企业"；被山西省委、省政府授予"文明单位"、"山西省模范单位"、"山西省最佳企业"、"文明单位标兵"、山西省"十大安全明星企业"，荣获山西省"五一劳动奖状"；被中央文明委命名为"全国精神文明建设先进单位"；2004年4月被中华全国总工会授予"全国五一劳动奖状"。

目前公司正积极筹备四期扩建项目，拟安装两台600 MW燃煤汽轮发电机组，可研性报告已完成，项目正在积极审批之中。

强士电流输向京、津、唐、晋地区
图为该厂500千伏升压站　崔继源 摄

# 濮阳市春盛化工有限公司

我公司前身是濮阳市有机化工厂，属民营科技企业，占地120亩，现有职工140人，拥有总资产6000万元，是清丰县产值超亿元、利税超千万的龙头企业。本公司通过了ISO9002质量体系认证，获得了自营进出口权。

总经理：李书京

主要产品是1万吨/年的甲胺项目，该项目填补了省内空白分为一、二、三甲胺三种产品。产品富有广阔的市场前景。远销全国20多个省、市、自治区，曾出口到美国、日本、韩国、俄罗斯、意大利等国家。

本公司曾荣获“省管理示范企业”、“省高新技术企业”、“省五一劳动奖”、等多种荣誉称号。

公司总经理李书京携全体员工欢迎各级领导来厂检查指导工作。

地　址：河南省清丰县城南关外083号　　邮　编：457300

电　话：0393-7225948（销售科）　　传　真：0393-7225966

# 北京星海钢琴集团有限公司

## 公司简介

北京星海钢琴集团有限公司成立于1949年6月1日，是新中国第一家乐器工厂。

如今的星海钢琴集团已发展成为下设6个分厂，3个工业分公司，3个商业分公司，6个合资子公司，1个物业分公司，1所钢琴培训学校，1个乐器研究所的国家大型工业企业。主要产品包括：立式钢琴、三角钢琴、西管乐器、民族乐器、打击乐器、电声乐器和乐器配件等系列产品。其中钢琴的产销规模已达4万多架，位居全国第二，在世界乐器225强中名列第49位，出口量占钢琴生产总量的四分之一，出口到世界60多个国家和地区。星海产品在国内外市场享有较高的知名度和良好信誉。

企业1998年首次通过ISO9002国际质量认证，2004年ISO9001：2000国际质量管理体系证书换版成功；2001年通过ISO14001国际环保认证；2002年获得“全国五一劳动奖状”；2003年“星海”牌钢琴被国家质检总局评为“中国名牌”。企业先后五次荣获国际质量奖；连续十年获得“首都文明单位标兵”称号；连续十三年被市工商局评为“重合同守信用单位”和“守信企业”。

2005年，星海钢琴集团投资3.6亿元在北京市通州区“北京市光机电一体化产业基地”兴建了“星海工业园区”。

星海工业园区的设计按生产作业区、技术开发区、产品展示区、企业文化区、园林绿化区进行布局。园区建设占地约26万m2，内有立式钢琴造型的近9500 m2办公大楼一座，两座43700余m2现代化生产厂房，一栋总面积约35000 m2的钢琴生产综合楼。

在园区建设过程中公司还投入4826万元购置了除尘、静电喷涂、催化燃烧、加热烘干、微波卡背机、库房钢梁支架等新型设备。形成了年产钢琴5万架（其中三角钢琴5千架）、西管乐器8万支、民族乐器1万件、其他乐器2万件的生产规模。

星海工业园区的建设标志着“星海”在自身发展的历史上又跨入了一个新的里程，在开拓国际市场，争创世界名牌的拼搏中，星海将再次奏响更加美好的新乐章。

# 山西杏花村汾酒集团有限责任公司

**用心酿造　诚信天下**

董事长、党委书记：郭双威

山西杏花村汾酒集团有限责任公司为山西省政府授权经营的大型国有企业，以生产经营中国名酒——汾酒、竹叶青酒为主业，被公认为杏花村传统酿酒业的惟一继承者。公司现有员工8000余名，占地230万$m^2$，总资产23.5亿元，年产名优酒5万吨，拥有一流的酿酒工艺、技术装备和科技队伍，拥有得天独厚的自然环境优势、历史文化优势和品牌优势，在同行业中具有强大的核心竞争力。

山西杏花村是中国著名的名酒之乡，是中国酒和酒文化的发祥地。汾酒被称为中国酒界的长青树、活化石。杏花村酿酒作坊原址被批准为山西省重点文物保护单位。考古发现，杏花村有4000年以上的酿酒史。史料记载，杏花村汾酒南北朝时就得到北齐武成帝隆重推荐。唐代大诗人杜牧一首《清明》诗使杏花村成为酒文化的代名词。2004年立足优势资源，公司成功举办了中国山西首届杏花村汾酒文化节。

公司主要产品有汾酒、竹叶青酒、玫瑰汾酒、白玉汾酒、杏花村酒等。其中汾酒是中国传统白酒中清香型的典型代表，1915年荣获“巴拿马万国博览会”甲等金质大奖章，5次蝉联中国名酒称号。国藏汾酒为2004年推出的高端产品，是国家博物馆惟一永久收藏名酒。竹叶青酒以汾酒为基酒，加泡十余味中药材精心配制而成，是国家保健酒中惟一的中国名酒。

2004年，在以郭双威为董事长的领导班子带领下，以“111343”企业中长期发展战略为指导，公司名白酒基地、保健酒基地、酒文化旅游基地建设取得重大成就。全年实现销售收入15.33亿元，同比增长29.95%；实现利税5.25亿元，同比增长34.02%；上缴利税4.35亿元，同比增长19.37%；实现利润12781万元，同比增长的155.77%；出口创汇5931万美元，同比增长61%，主要经济指标均创历史最高水平。荣获“中国最具成长性企业”、“全国质量效益型先进企业”、“2004年度绿色企业管理奖”、“首批全国工业旅游示范点”。

地址：山西省汾阳市杏花村

邮编：032205

电话：0358-7229026　7320829(办公)

　　　0358-7229562　7229407(销售)

传统酒库

酒史博物馆

包装生产线

# 发展与创新的交响

## 国家电网公司2005年工作回顾

2005年是“十五”计划的最后一年，也是建设“一强三优”现代公司的起步之年，改革、发展、稳定任务异常繁重。在党中央、国务院的正确领导下，国家电网公司坚持以科学发展观统领全局，认真贯彻国家宏观调控措施，积极落实能源发展战略，把握机遇，应对挑战，克服困难，各项工作呈现崭新的局面，电网实现安全运行，公司确保和谐稳定，员工精神面貌焕然一新，公司步入更加广阔的发展空间。

2005年，电网建设迈上新台阶，投资规模和项目投产、开工规模均创历史新高，特高压试验示范工程取得重大突破。完成售电量14646亿千瓦时，增长13.6%；主营业务收入7214亿元，增长21.4%；实现利润总额143.9亿元，增长44.9%；全员劳动生产率22.1万元/人·年，增长31%。

2005年，国家电网公司各项工作取得了新的进展，公司面貌焕然一新：

**(一)正确把握公司发展方向和战略，统一思想和行动**

面对发展中的矛盾和困难，国家电网公司党组深刻分析内外部形势，审时度势，提出了建设电网坚强、资产优良、服务优质、业绩优秀的现代公司的发展战略目标，抓发展、抓管理、抓队伍、创一流的工作思路，以及服务党和国家工作大局、服务电力客户、服务发电企业、服务社会发展的服务宗旨，并作出发展特高压电网、推进国际能源合作、全面加强内质外形建设等重大决策，明确了公司发展的方向和战略。各部门各单位积极响应，广泛宣传，认真贯彻。广大员工深受鼓舞，只争朝夕，勤奋工作，拼搏奉献。

**(二)全力推进电网发展方式的根本转变，建设以特高压电网为核心的坚强国家电网取得重要突破**

坚持以科学发展观为指导，根据我国国情和电网发展规律，国家电网公司认真分析近年来煤电运紧张的内在原因，深刻认识电网发展对优化能源资源配置和转变经济增长方式的重要作用，从持续满足全面建设小康社会对电力的需求出发，与时俱进调整电网规划思路，全面加强电网规划，积极推动以特高压电网为核心的坚强国家电网建设，促进跨大区、跨流域、远距离、大规模资源优化配置。配合政府部门做好“十一五”电力工业发展规划和2020年远景目标研究。完成了特高压电网规划、同步电网规划和“十一五”国家电网发展规划。按照各级电网协调统一的原则，完成了各区域、省级电网发展规划和相应的二次系统规划，以及经营范围内的直辖市、省会城市、自治区首府、计划单列市等31个重点城市电网规划。这些规划的全面实施，将逐步解决电网发展滞后的问题，促进电力工业健康发展。

为推进特高压电网建设，国家电网公司在国家发改委等部委的支持下，加强领导，集中力量，锲而不舍，积极开展重大问题的咨询论证和技术攻关。建设和发展特高压电网的理论和思路得到广泛支持。特高压输电技术纳入《国家中长期科学和技术发展规划纲要》，试验示范工程纳入2005~2006年国家能源工作要点。晋东南-南阳-荆门交流特高压试验示范工程可研报告已通过评审，具备开工条件。

国家电网公司站在促进国家能源发展战略实施和保障国家能源安全的高度，充分发挥电网优势，积极谋划并开展同周边国家的能源合作和跨国输电，分别与俄罗斯、哈萨克斯坦、蒙古等国电力企业签订了合作协议和备忘录，中俄电力合作项目正式纳入两国政府能源合作框架，进入实质性谈判阶段。

适应电网项目核准制的新要求，公司克服困难，大力加强电网建设前期工作。跨区电网，区域、省级电网骨干网架和城乡电网建设加快。31个重点城市电网建设与改造全面启动。坚持多快好省建设电网，推行电网建设标准化、系列化，完成了110千伏~500千伏输变电工程典型设计。

着眼于建设现代化电网，国家电网公司整合科技资源，加强科技资金管理，加快试验基地建设和重大科研项目攻关，推广应用先进适用技术，取得重要进展。我国第一个750千伏超高压输变电工程和第一个全部国产化的直流输电工程正式投产并安全运行，标志着我国电网建设迈上了新的台阶。

**（三）坚持以效率和效益为中心配置生产要素，经营管理集约化、精细化水平明显提升**

国家电网公司认真贯彻依法经营企业、严格管理企业、勤俭办企业的方针，以战略规划为指导，以集约化为取向，以提高整体运营效率和经济效益为中心，深化改革，细化管理，加强资源整合，转变粗放型经营方式，取得了良好成效。

2005年，国家电网公司组织制定了"十一五"公司发展规划和电网、科技、信息、通信、教育培训等专项规划，战略规划体系基本形成。公司总部建设成效显著。综合计划和全面预算管理得到加强。综合业绩考核进一步完善。内控体系初步建立，审计监督力度加大。加强资金统一管理和有效监控，开展内部市场运作，降低融资成本，提高了资金运作效率。整合银行、保险、证券等资源，搭建统一的金融平台，培育新的效益增长点。调整重组部分直属单位的资产和主营业务，清理解决了一批历史遗留问题。加强部分发电资产、抽水蓄能电站和新能源业务的集中管理，规模效益和专业化管理优势得到发挥。

为堵塞管理漏洞，降低经营成本，防范投资风险，促进廉政建设，国家电网公司全面开展了清理帐外资金、各类公司、银行帐户和规范招投标工作。强力推行集中规模招标，取得明显成效。成本管理更加严格，非生产性支出得到控制。劳动用工、人事制度改革继续深化，员工收入分配管理逐步规范。营销工作显著加强，电费回收力度加大，全面完成年度计划。

国家电网公司认真贯彻国务院国发[2002]5号文件，实事求是地提出主辅分开、主多分离等改革实施意见和"十一五"时期深化电力体制改革的建议。主动加强和规范多经企业管理。认真做好分离企业办社会职能工作。

**（四）全面落实科学的电网安全观，确保了电网安全稳定运行**

国家电网公司深刻认识电网安全的极端重要性，始终把安全生产放在工作首位。在安全形势十分严峻的情况下，从转变安全理念和提升队伍素质出发，坚持"安全第一，预防为主"，贯彻安全生产"可控、在控、能控"的思想，颁布实施《关于加强安全生产工作的决定》，全面、全员、全过程、全方位强化安全管理，推进安全生产长效机制建设。认真吸取国外大面积停电事故教训，深入开展反事故斗争。完善大面积停电应急预案。坚持严肃认真的工作态度，狠抓安全生产责任制落实，加大了安全事故处理和责任追究力度。

通过采取综合措施，在各区域和省级电网统调负荷均创历史新高、改革发展任务艰巨、自然灾害频发等情况下，2005年国家电网公司保持了安全生产良好局面，圆满完成了迎峰度夏和各项保电任务。公司管理的发电机组保持安全稳定运行。

**（五）积极推进电力市场体系建设，跨区跨省优化资源配置的能力显著增强**

适应电网发展和电力供需形势变化，国家电网公司充分发挥市场配置资源的基础性作用，按照"完善省级市场、发展区域市场、培育国家市场"的方针，加快三级电力市场体系建设。加强电网调度，科学安排运行方式，推动跨区跨省电力交易。在保证安全的基础上，采取多种方式挖掘电网潜力，大力开展电网技术改造和升级，组织实施提高现有电网输送能力工程，全年提高输送能力4500万千瓦以上。累计完成跨区跨省输电2140亿千瓦时，取得了显著的社会效益和经济效益。

**（六）认真实施优质服务"三个十条"，"国家电网"品牌建设初见成效**

国家电网公司始终坚持把""四个服务"作为工作的出发点和落脚点，主动向社会公布并实施员工服务"十个不准"、"三公"调度"十项措施"和供电服务"十项承诺"，优化服务流程，完善服务标准，规范服务行为，加强监督考核，健全优质服务常态机制，服务水平全面提升。

围绕推动资源节约型社会建设，认真落实各项宏观调控措施，在大力加强内部节能降耗的同时，深入开展需求侧管理，积极引导社会科学用电、合理用电、节约用电。加强农村供用电管理，积极为农民、农业和农村经济发展服务。

认真贯彻《电力监管条例》，主动接受市场监管和社会监督。规范服务窗口建设，完善95598客户服务系统，认真履行服务承诺，供电服务质量明显提高。绝大部分单位在地方行风评议中名列前茅。

积极向各级党委政府汇报工作，主动加强与用户沟通，争取理解和支持。积极开展新闻宣传工作，推广企业标识系统。统一的"国家电网"品牌初步形成，社会形象明显改善。

**（七）保持共产党员先进性教育活动取得实效，队伍建设全面加强**

国家电网公司认真贯彻中央部署和要求，加强党的建设，扎实开展保持共产党员先进性教育活动，各级党组织战斗力普遍增强，党员队伍素质明显提高。

开展"四好"领导班子创建活动，加强各级领导班子思想政治建设、组织建设、作风建设和能力建设，提高领导干部的大局意识和责任意识，增强了贯彻公司决策部署的自觉性和主动性。按照"为民、务实、清廉"的要求，建立健全教育、制度、监督并重的惩治和预防腐败体系，颁布实施《关于加强廉政建设预防职务犯罪工作的决定》，深入开展警示教育，加强效能监察，加大领导干部任期经济责任审计力度，严格党风廉政建设责任制，强化权力运行监督，提高了干部队伍拒腐防变的能力。公司上下遵纪守法意识、组织纪律性明显增强。

高度重视工会和共青团工作。加强和改进信访稳定工作，确保队伍稳定，促进了社会和谐。

**（八）大力弘扬"努力超越、追求卓越"的企业精神，精神文明建设取得丰硕成果**

国家电网公司把企业文化建设作为"三抓一创"的重要内容，积极塑造以人为本、忠诚企业、奉献社会的企业文化，大力弘扬"努力超越、追求卓越"的企业精神，为公司发展提供了坚强的思想保证和精神动力。广大员工胸怀大局，扎实工作，在各自岗位上共同推动"一强三优"现代公司建设，展示了良好的职业素质和高尚的价值追求。公司系统认真履行社会责任，加强环境保护，积极参与各种社会救助和献爱心活动，实现了精神文明建设与物质文明建设双丰收。

2005年既有创业的艰辛，又有收获的喜悦。国家电网公司整体工作和各单位工作都有很大的进步，取得了显著成绩。面向未来，站在更高的起点上，国家电网公司满怀信心，努力向着"一强三优"现代公司的目标奋进！

# 中国华能集团公司

## 基本情况

中国华能集团公司是经国务院批准成立的国有重要骨干企业，是国家授权投资的机构和国家控股公司的试点。

公司注册资本200亿元。主要从事电源的开发、投资、建设、经营和管理，电力(热力)的生产和销售，信息、交通运输、新能源、环保相关产业及产品的开发、投资、建设、生产、销售，实业投资经营及管理。

截至2005年底，华能在全国23个省市拥有运营的全资、控股电厂76个，总装机容量4321.4万千瓦，资产总额为2269亿元。

## 重点电源建设项目简介

截止2005年底，公司在建的国家重点项目有六个，分别是小湾水电站、玉环电厂、伊敏电厂二期、珞璜电厂三期和达拉特电厂四期工程和苏州工业园区电厂二期。

小湾水电站：在建机组台数为6台，单机容量70万千瓦，在建规模420万千瓦，首台机组计划2009年投产。

玉环电厂：规划容量4×100万千瓦，分两期建设。其中一期工程在建，在建规模200万千瓦，首台机组计划2007年投产。

伊敏电厂二期：在建机组台数为2台，单机容量60万千瓦，在建规模120万千瓦，首台机组计划2007年投产。

珞璜电厂三期：在建机组台数为2台，单机容量60万千瓦，在建规模120万千瓦，首台机组计划2006年底投产。

**主要经济指标**

| 主要指标 | | 单位 | 指标 | |
|---|---|---|---|---|
| | | | 2004年 | 2005年 |
| 总资产 | | 亿元 | 1563 | 2269 |
| 收入 | | 亿元 | 538.1 | 736.4 |
| 上缴税金 | | 亿元 | 72.1 | 98.1 |
| 全员劳动生产率 | | 万元/人年 | 52.75 | 48.55 |
| 可控容量 | 总量 | 万千瓦 | 3,356.66 | 4,321.42 |
| | 火电 | 万千瓦 | 3,105.18 | 4,033.78 |
| | 水电 | 万千瓦 | 250.40 | 273.26 |
| | 风电 | 万千瓦 | 1.08 | 14.39 |
| 权益容量 | 总量 | 万千瓦 | 1,435.95 | 1,701.95 |
| | 火电 | 万千瓦 | 1,269.85 | 1,555.32 |
| | 水电 | 万千瓦 | 165.54 | 140.00 |
| | 风电 | 万千瓦 | 0.56 | 6.63 |
| 发电量 | 总量 | 亿千瓦时 | 1,947.80 | 2,564.15 |
| | 火电 | 亿千瓦时 | 1,827.01 | 2,429.98 |
| | 水电 | 亿千瓦时 | 120.48 | 132.17 |
| | 风电 | 亿千瓦时 | 0.31 | 2.00 |
| 供电煤耗 | | 克/千瓦时 | 336.85 | 345.78 |

达拉特电厂四期：在建机组台数为2台，单机容量60万千瓦，在建规模120万千瓦，首台机组计划2007年投产。

苏州工业园区电厂二期：建设机组台数为2台，单机容量60万千瓦，建设规模120万千瓦，计划于2006年初投产。

**生产经营**

2005年，公司系统认真贯彻党中央的一系列方针政策，以科学发展观统领工作全局，开拓进取，不懈努力，各项工作取得突出成绩。安全生产局面总体良好，没有发生重大设备事故、重大火灾事故、特大交通事故；全年完成发电量2564.1亿千瓦时，比2004年增长31.6%；完成投产发电装机容量331.3万千瓦；实现销售收入736.4亿元，比2004年增长36.84%；实现合并利润增长目标；全面完成了国资委下达的各项业绩考核指标。

2005年，公司取得了对北方联合电力有限公司51%的绝对控股权，使公司成为国内第一个装机容量突破4000万千瓦的发电集团，为完善发电资产的分布格局、拓宽发展空间、扩大装机规模创造了条件。

**科技进步**

清洁能源技术开发迈出新步伐。"绿色煤电"计划以及高温气冷堆核电示范项目，被列入了《国家中长期科学和技术发展规划纲要（2006~2020年）》。在国家科技部等有关部委的支持下，公司加入了美国"未来电力"企业联盟，将通过参与国际合作，跟踪、掌握清洁能源开发的前沿发电技术。公司与国内大型发电、煤炭和投资企业，共同发起成立了绿色煤电有限公司，积极推进新一代化石能源系统的研究开发，这一重大举措得到了中央领导的充分肯定，得到了社会各界的高度评价。核电开发公司的组建已经完成，具有国际领先水平、拥有我国自主知识产权的高温气冷堆核电示范项目得到积极推进。

努力攻克技术难题。小湾水电站工程攻克了大坝砼温控和坝基高地应力等技术难题，顺利实现了首仓大坝混凝土浇筑。公司在玉环电厂工程中组织联合攻关，率先在国内完成了P92钢材的焊接工艺、热处理及验收等导则的制订和审查，解决了国内没有超超临界机组主蒸汽管材焊接工艺标准的难题。

**企业文化**

2005年，公司制定并实施《企业文化建设实施方案》。进一步明确了建设一个为中国特色社会主义服务的“红色”公司，注重科技、保护环境的“绿色”公司，坚持与时俱进、学习创新、面向世界的“蓝色”公司的企业使命；进一步确立了“坚持诚信、注重合作、不断创新、积极进取、创造业绩、服务国家”的核心价值观；进一步树立了企业精神，即“千言万语、千辛万苦、千方百计”的敬业精神；“逢山开路、遇水搭桥”的开拓精神；“自找差距、自我加压”的进取精神；“敢为人先、敢为人所不能”的创新精神；“敢于工作、善于工作，敢于胜利、善于胜利”的奋斗精神。

**发展战略**

华能根据国民经济发展规划、国家产业政策以及市场需求，确立了战略定位：建设以电为核心，煤为基础，电煤路港运一体化的跨国能源集团；确定了战略目标：建设实力雄厚、管理一流、服务国家、走向世界，具有国际竞争力的大企业集团；明确了“十一五”的发展目标：到2010年，公司所有企业达到资源节约型企业标准的要求，各项能源、资源消耗指标和排放指标达到国内领先、国际先进水平；装机容量超过8000万千瓦，总资产超过4000亿元人民币，销售收入超过1400亿元人民币，进入世界企业500强。

为了实现上述目标，公司将以科学发展观统领工作全局，努力提高"七种能力"，实现"七个确保"。为此，必须认真实施"七项战略性举措"。即实施一体化战略，提高能源供给能力，确保安全稳定发电；实施节约战略，提高建设节约环保型企业能力，确保实现节能环保规划目标；实施创新战略，提高自主创新能力，确保公司可持续发展；实施500强战略，提高做强做大能力，确保国有资产保值增值；实施"走出去"战略，提高利用境内外两个市场、两种资源的能力，确保把公司建成以国内为主的跨国公司；实施人才强企战略，提高队伍建设能力，确保公司事业发展的人力资源；实施管理革命，提高公司健康发展能力，确保建成有国际竞争力的能源集团。

# 中国石油化工集团公司

## 一、中国石化总体情况介绍

中国石油化工集团公司（以下简称中国石化）是1998年国家在原中国石油化工总公司基础上重组成立的特大型石油石化企业集团，是国家独资设立的国有公司、国家授权投资的机构和国家控股公司。中国石化作为上下游、内外贸、产销一体化的特大型石油、石化公司，拥有油气勘探开发、石油炼制、成品油批发、销售和石油化工等主营业务。中国石化在《财富》2004年度全球500强企业中排名第31位。

2005年中国石化坚持以市场为基础，以效益为中心，强化安全环保管理，不断扩大资源、开拓市场，降本增效，尤其是努力克服各种困难，坚持炼油满负荷生产，精心组织成品油调运和购销，保障市场供应，生产经营和经济效益实现了新的增长。全年新增探明石油储量2.21亿吨、探明天然气储量1910亿立方米，生产原油3927万吨，天然气63亿立方米，同比分别增加1.7%和7.2%，加工原油1.49亿吨/年，增长5.2%，生产乙烯550万吨，增长29.2%；国内销售成品油1.05亿吨，增长10.5%。全年实现利税1099.57亿元，增长16.74%，其中实现利润557.36亿元，增长28.93%。

2005年中国石化坚持以结构调整为主线，走以内涵为主的发展道路。体现突出主业，严谨投资，保持了比较稳健的资本结构。川东北、塔河等油气勘探获得一批重要发现，塔河、鄂尔多斯等油气产能建设如期完成。扬子、金陵等炼油化工改造投产，茂名乙烯、广州炼油等改造进展顺利，新增加油站1000多座，1.3万座加油站实现联网刷卡加油。仪征-长岭原油管道和西南、鲁皖成品油管道全线或分段建成投用。扬巴、赛科两大中外合资乙烯项目顺利投入商业运行，青岛炼油、福建炼化等新建项目开工建设，一批海外油气资源项目和石油石化工程项目取得重要进展。

## 二、中国石化环境保护工作

（一）基本情况：

中国石化长期致力于追求安全、环境与健康的协调发展，恪守社会承诺，认真贯彻执行“安全第一、预防为主、全员动手、综合治理、改善环境、保护健康、科学管理、持续发展”的HSE工作方针，积极开展各项工作。2005年，以“完善制度、练好功夫、打好基础、落实问责”为中心，强化企业基础工作，进一步提高了企业整体的环保管理水平。

中国石化在发展经济、使国有资产保值增值的同时，主动履行自身的社会责任，不断回报社会。认真遵守国家的法律法规，严格做到新改扩建项目的环保“三同时”，实行HSE一体化管理，推行清洁生产，积极开展污染治理，取得了较好的成效。2005年与2000年相比，在工业总产值（以1990年不变价计算）增加51.5%的情况下，外排COD量减少27.5%，外排废水达标率达提高4.8个百分点；万元产值排COD量下降50%。

（二）主要工作。

1.完善环保管理体系。

中国石化突出“预防为主，以人为本”的思想，在全系统内建立并推行安全、环保和健康（HSE）管理体系。1999年底初步形成了中国石化HSE一体化管理体系，2000年3月在10个企业进行试点，2001年进一步修改完善，最终形成了一个体系（HSE管理体系）、四个规范（油田、炼化、销售、施工企业HSE管理规范）和五个指南（油田、炼化、销售、施工企业HSE实施程序编制指南、职能部门HSE实施计划编制指南）为框架的HSE管理体系。体系中确定了中国石化集团公司HSE管理的十大要素，涵盖中国石化上中下游和施工企业，并于

2001年4月向社会发布，并为体系实施提供必要的人力、物力和财务资源的支持。

中国石化作为中国最大的能源化工公司之一，十分重视社会责任，将可持续发展融入生产日常管理中。2005年建立、完善、实施了企业内部排污计费制度，把污染治理设施的运行费用和排污费，纳入排污单位的成本进行考核，督促排污单位精细管理、从源头减少排污；从而确保了中国石化能够在生产不断发展的同时，能源消耗和排污总量不断降低，资源利用率不断提高，努力实现经济与社会环境可持续发展。

2.健全环保和节水组织机构。

中国石化总部设有环保委员会和节水领导小组，负责制定集团公司环保和节水方针、目标和决定，协调监督各部门共同做好环保节水工作，定期听取集团公司环保节水工作汇报，审定污染严重企业的处理决定；总部设有安全环保局和节水办公室，负责制定公司内部的环保节水规定和程序，并管理和监督所属生产企业的环保计划；每个生产企业都有环保节水部门，负责监督本生产企业的环保节水事项和落实总部的环境规定和程序，这些环保部门向本生产企业的领导和总部安全环保局报告。

3.积极推行清洁生产。

中国石化自1995年开展清洁生产以来，长期坚持不懈，取得了较好的成绩，在同行业甚至全国工业界树立了较好的影响，得到国家有关部门的好评。2000年，中国石化成为国家首批清洁生产示范试点行业之一。1996年至2003年，中国石化先后对全系统53套主要生产装置进行清洁生产审核，其中有22套装置被国家环境保护总局认定为清洁生产示范装置。通过对生产工艺、技术、设备和操作管理的优化，参加审核装置的污染物量削减了12%~30%。不断加大污染治理力度。在生产总量不断扩大、产品质量持续提高的同时，外排污染物不断减少，实现了增产减污。在此基础上，中国石化针对自身特点，2004年制定并发布了严于国家标准的《清洁生产企业标准》(以下简称《标准》)，计划到2006年底前有40%以上直属企业能够达到《标准》的要求。据此，要求全系统所有企业对照《标准》系统地开展清洁生产工作，建立正常清洁生产工作秩序；建立健全清洁生产组织结构，完善源头污染物的计量手段，实施内部排污计费，建立清洁生产激励约束机制。

加强生产清洁汽油、清洁柴油、清洁航煤等加氢精制技术及硫磺回收、分子筛代替三氯化铝法制乙苯等成套技术的开发和推广应用，为清洁产品、清洁生产和污染治理提供技术支撑。同时开展利用生物技术生产清洁油品、天然气合成石油技术的研究。抓紧研究开发不用有毒有害的原材料，废水、废气、废渣生成量少，最终实现“零排放”的新一代环境友好工艺技术。加快通用合成树脂材料高性能化技术的开发，从源头解决环境污染问题。

4.不断优化调整产业结构，生产环境友好产品。

中国石化大力调整油气储量和产量结构，加大天然气等优质高效清洁能源的开发力度，天然气储量和产量逐年增加。对规模小、生产工艺落后、达不到环保要求的炼油化工生产装置坚决予以关停，到2003年底共关闭约1000万吨/年加工能力的炼油生产装置。同时，大力推进主要生产装置的技术改造，持续提高生产规模和集约化经营水平。减少汽车尾气有害气体的排放，是改善大气环境的重要措施。中国石化率先向我国政府做出了2000年实现车用汽油无铅化的承诺，积极开发清洁燃料生产技术，投入大量资金改造生产装置，提前一年实现了承诺。此后，中国石化积极开发汽油选择性加氢脱硫和可再生能源等清洁燃料生产技术，2000年7月1日起向北京、上海、广州市场供应新标准清洁汽油。努力增长高标号无铅汽油，有力地推动了汽车等相关产业向着节能、环保的方向发展。与此同时，中国石化不断强化产品的质量管理，在广大用户心目中树立了良好的品牌形象。

5.强化节水管理。

中国石化多年来高度重视节水工作，强调项目建设要把节水放在重要位置，以提高用水效率为核心，做好水资源的合理利用。在生产规模不断扩大的情况下，取水量逐年下降，主要用水指标不断进步。2005年与2000年相比，在工业总产值（以1990年不变价计算）增加51.5%的情况下，工业取水量减少27.3%；工业水重复利用率提高了8.07个百分点；加工吨原油取水量降低了44.44%，万元产值排取水量下降50%。

通过进一步优化供水、用水和排水系统，保护好水源地，防止水源的污染；优化制水供水设施，提高净水和软化除盐的技术水平，减少自用水量；控制和减少供水管网和用水设备的泄漏率，解决水冷却器的物料泄漏对循环水的污染问题，并提高换热效率，提高循环水的温差，提高浓缩倍数；尽可能减少直流冷却水，研究和推广凝结水回收、污水回用(包括采用“阶梯式循环用水法”)技术等措施，提高了工业水的重复利用率。

加大控制污(废)水对水环境的污染的力度，使节水改造与水污染治理结合起来进行，通过节水改造治理水污染，在水污染的治理中提高水的利用率，促进废水循环使用和综合利用，实现废水资源化。

6.积极开展“三废”资源综合利用工作。

中国石化积极开展“三废”综合利用，“三废”综合利用产值逐年提高。2004年中国石化专门召开了“三废”综合利用研讨会，开展了“三废”资源的摸底调查，在此基础上制定了有利于开展“三废”综合利用的《“三废”综合利用管理办法》，提出根据各企业获得减免税收的额度，按照一定比例安排年度专项奖励等考核办法，督促和鼓励所属企业积极开展“三废”综合利用，提高资源的利用效率，减少污染物排放量。

7.努力开展科技攻关。

中国石化依托现有的五个直属研究院和有关的技术中心，在开发新技术的同时，把开发适销对路的新产品，生产高质量、多品种、成本低、效益好、符合环境要求的石油石化产品作为科技进步的紧迫任务，努力为提高经济效益和市场竞争力提供技术支撑。2005年，本公司紧紧围绕主业生产经营和发展需要，加大力度开发核心技术、特色技术，加快技术的转化与推广应用，共取得重大科技成果288项。“非晶态合金催化剂和磁稳定床反应工艺的创新与集成”，获2005年度国家唯一技术发明一等奖；“生产清洁燃料的高活性加氢精制催化剂的研制及工业应用”获国家技术发明二等奖；“中压加氢裂化技术 (RMC) 的开发与工业应用”、“异丙苯清洁生产成套技术的研发及工业应用”等9个项目获国家科学技术进步二等奖。到2005年底，中国石化共申请中国专利9500多件项，发明专利达70%，已向38个国家申请国外专利近900项，获得授权专利近400件，已拥有国内外授权专利6000多件。

# 中国石油天然气集团公司

中国石油天然气集团公司（以下简称中国石油）是按照国务院机构改革方案，于1998年7月在原中国石油天然气总公司的基础上，重组设立的特大型石油石化企业集团，是国家独资的国有公司和国家授权投资的机构、国家控股公司，也是国内最大的石油天然气生产商和供应商。公司的业务涉及油气勘探开发、炼油化工、管道运输、油气产品销售、石油工程技术服务、石油机械加工与装备制造、海外油气业务、石油科学研究等。中国石油按照党中央、国务院的总体部署，以保障国家油气安全供应为己任，全面落实科学发展观，面对国内快速增长的油气需求，以提高质量效益为中心，积极稳健经营，努力转变增长方式，加强企业管理，推进科技进步，全力保障国内市场供应，2005年，各项工作取又得新进展，综合实力进一步增强。

规模实力和可持续发展能力显著增强。2005年，中国石油按照科学发展观要求，坚持把发展作为第一要务，坚持持续有效较快协调发展的方针，突出发展主营业务，促进企业增强自我发展能力，经济效益创历史最好水平。全年实现主营业务收入6937亿元、利润总额1770亿元、税费1336亿元，比上年分别增长22%、37.3%和24%。国有资本大幅增值，截至2005年底，中国石油资产总额突破万亿，达到11602亿元，比上年增长27%，所有者权益达到7475亿元，比上年增长25.5%，净资产收益率达到15.8%。全集团员工总数为107.8万人，比上年减少3.5%，全员劳动生产率达到36.3万元，比上年增长35.4%。中国石油在世界500强中的综合排名上升至46位，在世界最大50家石油公司排名中连续四年保持前十位，H股总市值突破万亿港元。

主营业务保持良好发展势头。中国石油始终把油气勘探放在首要位置，加大勘探投入，依靠科技进步，油气勘探成效是十分显著，油气产量创历史新高。2005年，公司在国内新增探明油、气地质储量56152万吨和3583亿立方米，分别比上年增长7.8%和78.3%，保持了储采平衡；在国内国外共生产原油12598万吨，比上年增长4.1%；在国内国外供生产天然气395.7亿立方米，比上年增长26.6%。炼油化工业务快速发展，全年加工原油11541万吨，比上年增长8.2%；生产成品油7434万吨，比上年增长9.5%；生产乙烯、三大合成材料、尿素、合成氨1153万吨，比上年略有增长。国际业务加快发展，已形成非洲、中亚、中东、南美和东南五个油气生产发展区。2005年，海外油气作业产量分别达到3582万吨和40.2亿立方米，比上年分别增长18.9%和13.2%；获权益油气产量2002万吨和29亿立方米，比上年分别增长22%和12.3%。

油气管道等一批重点工程建设有序推进。2005年，中国石油承担的陕京二线工程提前进气投产，为缓解北京及华北地区用气紧张局面创造了有利条件。西气东输压气站、储气库等配套工程进展顺利。忠武线输气管道“一干三支”全部建成投产。冀宁联络线主体管线全部贯通。我国第一条跨国管道-中哈原油管道一期工程顺利建成，对促进中哈能源合作，推进我国能源进口多元化具有重要意义。加强重点炼化工程建设，全年新增炼油一次加工能力1800万吨/年以上。大连石化新1000万吨/年常减压蒸馏联合装置基本建成，兰州、抚顺、西太3个千万吨级炼厂配套改造进展顺利，独山子千万吨炼油、百万吨乙烯项目开工建设。苏丹1000万吨/年产能建设、委内瑞拉650万吨/年奥里乳化油项目等重点工程顺利进行。

资本运营取得重大突破。2005年是中国石油资本运营取得重大突破，进一步赢得资本市场和社会各界认可的一年。一是首次成功收购大型国外上市能源公司。以55美元/股的价格，100%收购哈萨克斯坦PK石油公司，交易总价值41.8亿美元。这是迄今为止中国企业最大的海外收购案。同时，还成功签署了厄瓜多尔因卡纳项目收购协议，与印度石油天然气公司联合收购叙利亚幼发拉底项目部分股权已达成协议，中国石油开展国际能源合作的领域进一步扩大。二是首次成功实施H股后续发行。根据股东大会授权，以6港元/股的发行价格和快速建档方式，实施中国石油上市以来的首次H股增发，融资211亿港元，以总股数2%的发行获得接近于上市时发行10%股份所获资金，实现了国有资产大幅增值。三是首次以要约收购方式实施对下属上市子公司的整合。通过现金收购吉林化工、锦州石化和辽河油田三家上市子公司的流通股，使其完全退市。这对于推进资源优化配置、避免内部同业竞争、减少和规范关联交易具有重要现实意义。

体制改革与机制创新取得新进展。2005年，中国石油按照现代企业制度的要求，在母子公司体制框架下，稳步推进组织结构调整和业务整合，有力地推动了体制机制创新进程。按照统一对外的原则，由集团公司和股份公司共同出资成立国际业务公司，整合了集团内部分散的海外探勘开发业务，达到了统一海外业务平台、统一规划和协调管理国际业务的目的，有利于发挥集团整体优势、推进国际化战略的实施。对勘探开发、炼油化工、销售、工程技术服务等国内同类业务、相近业务实施专业化重组，整合了管理体制，提高了业务集中度。一是对集团公司和股份公司的科技、信息资源进行重组整合，形成了“一个整体、两个层次”的总体架构，强化了科技和信息资源的统一配置；二是将兰州炼油化工厂与兰州化学公司进行整合，形成了集团公司在西部地区规模最大的炼化服务企业，优化了资产和资源配置；三是进一步理顺玉门油田、前郭炼厂、浙江勘探等企业的管理体制，使资源配置更加合理，管理更加有效。同时，还将中国寰球工程公司整体并入中国石油，对提升集团公司炼化业务核心竞争力、实现上下游协调发展和加快寰球公司的发展都将起到重要作用。对集团公司和股份公司机关的部分机构进行整合，进一步理顺了管理职能，减少了工作重复交叉，强化了总部协调能力和功能建设。

科技创新和技术进步取得重大突破。中国石油紧密结合生产发展需要，加强科技攻关和新技术推广，努力解决关键技术瓶颈制约，2005年取得了一批重要成果。大型地震处理解释一体化软件进入推广阶段；储层地震预测与储层裂缝预测、隐蔽油气藏地震预测及描述技术的推广应用，为勘探取得突破发挥了重要作用；成功开发出气体钻井装备和软件，在川渝地区试用提高钻速3~10倍；自主设计制造的国内第一台9000米钻机交付用户；高性能测井成套装备试制出样机并投入现场试验。大庆油田三元复合驱技术基本成熟，辽河油田中深层稠油蒸汽驱技术具备工业化应用条件，长庆西峰特低渗透油藏攻关取得突破并建成百万吨生产能力，油藏精细描述、水平井技术及深度调剖、封堵大孔道技术在各油田推广应用，进一步提高了开发水平和效益。具有自主知识产权的重油悬浮床加氢裂化工业化试验进入第二阶段；离子液烷基化生产汽油技术进行工业试验的前期准备和中试运行。油气管道完整性管理的主要专项技术开始进行技术集成；天然气减阻增输等技术研究进展顺利。同时，信息化建设全面推进，信息管理应用平台基本建立。地球科学与钻井、上游生产、炼油与化工运行、质量安全环保等专业应用系统试点上线，先进计划系统、管道生产系统一期推广上线。完成了11个区域数据中心的网络建设，连接了93个地区公司。信息资源整合顺利实施，为统一信息管理和服务奠定了基础。

企业管理得到进一步加强。积极实施新的经营政策和经营管理机制。对未上市的企业改进和完善了利润核定、费用补贴等政策，促进了企业扭亏脱困，实力得到增强；对上市公司实行投资、薪酬与储量、产量、销量、油价、成本、效益等指标挂钩联动，健全相关业务经营互动机制，调动了各方面积极性。内控体系建设取得进展，完成了设计阶段的工作，并正式发布实施了《内部控制管理手册》。切实加强投资项目全过程管理，严格前期论证，认真审查初步设计及概算，全面开展后评价工作，确保了投资效益和资产保值增值。完善财务核算管理和业绩考核体系，开展多种经营投资、高风险投资、账外投资的清理整顿，推行境外资金集中管理，对所有上市的地区公司实现收支两条线管理，使财务管理和股权管理更加规范，企业风险防范能力进一步提高。积极配合国家审计署完成审计任务，对暴露出的问题进行严肃处理和及时整改，促进了企业的依法经营。深入开展创建节约型企业活动，全年节能71万吨标煤，节水6500万吨，新增煤代油、气代油39万吨。强化HSE管理，深入开展"管理增效年"、"安全管理年"活动，加强基层基础工作，企业管理水平进一步提升。

# 中国海洋石油总公司

**中国海洋石油总公司总经理傅成玉同志介绍**

傅成玉同志出生于1951年，毕业于中国东北石油学院地质学系，后获美国南加州大学石油工程硕士学位，在中国石油行业拥有逾30年的经验。

傅成玉同志先后在中国的大庆油田、辽河油田和华北油田工作过。1982年，傅成玉同志加入中国海洋石油总公司，自1983年始，先后在中国海洋石油总公司与阿莫科、雪佛龙、德士古、菲利普斯、壳牌和阿吉普等外国大石油公司的合资项目中任联合管理委员会主席。1994年至1995年，任中国海洋石油南海东部公司副总经理。1995年12月任美国菲利普斯公司国际石油（亚洲）公司副总裁兼西江开发项目总经理。1999年4月，傅成玉同志担任中国海洋石油南海东部公司总经理。

1999年9月，傅成玉同志出任中国海洋石油有限公司执行董事、执行副总裁兼首席作业官。2000年10月，担任中国海洋石油总公司副总经理。2000年12月，兼任中国海洋石油有限公司总裁。2002年8月起，任中国海洋石油总公司的子公司——中海油田服务股份有限公司董事长兼首席执行官。

2003年10月，傅成玉同志被任命为中国海洋石油总公司总经理，兼中国海洋石油有限公司董事长、首席执行官。

傅成玉同志上任以来，中国海洋石油总公司的油气产量及经济效益不断攀高，各项经济指标排名在中央企业中持续向前，综合型能源公司的雏形得以实现。傅成玉同志以石油人的果敢、坚毅与执着，带领公司大举拓展海外市场，是国家“走出去”战略的勇敢实施者。同时，中国海油的品牌及海外知名度，也伴随其独特的个人魅力在海外市场得到充分的展现与认可。

傅成玉同志带领的中国海油团队，领导集体团结实干，员工上下齐心合力，为了建设成为国际一流的综合型能源公司而稳步向前。

## 中国海洋石油总公司2005年发展回顾

1982年，中国海洋石油总公司（简称中国海油）在改革开放的强劲推动力下应运而生。20多年来，中国海油乘风就势，锐意改革，以海洋为起点，凭着一腔热情和石油人传承的艰苦创业精神，肩负起国有企业的责任，为国家发展贡献自己的力量。

**回首“十五”**

“十五”期间，中国海油实现了高速高效发展，经济规模迅速壮大，企业实力显著提升，对社会和国家的贡献日益增强。销售收入从284亿元上升到888.8亿元，利润总额从99亿元增加至387.7亿元，纳税额从23亿元提高到180亿元，总资产从533亿元上升到1914.3亿元，净资产从400亿元增加至1054.7亿元。国内油气产量从2235万吨提高到3364万吨油当量。这种跨越式发展的成果为公司“十一五”的厚积薄发奠定了坚实基础。

凭借良好的发展业绩，中国海油在国内、国际的影响力大幅提升。2005年，公司各项经济指标在中央企业排名中保持了继续上升的势头，利润总额居第4位，销售收入居第16位，资产总额居第11位。同时，中国海油在国际资信评级中继续保持了国内企业的最高级，标准普尔评级为A-，穆迪评级为A2。在2005年美国《福布斯》杂志公布的“亚洲企业50强”排名中，中国海油列第8位。

**核心主业稳步增产**

中国海洋石油有限公司(简称中海油)负责油气主业的勘探、开发、生产及销售。该公司于2001年在纽约及香港上市，现已成为全球最大的独立油气勘探及生产公司之一。

2005年，公司国内外油气总产量3900万吨油当量，油气总产量比上年增长7%。国内油气总产量3364万吨油当量，较上年增长11.4%。其中原油2789万吨，天然气57.5亿立方米。全年在建油气田19个，投产7个，其中提前投产4个。其中，旅大油田从发现到建成仅用3年时间，创下了全球海上稠油油田开发最快纪录。渤海油田区2005年产量达到1400万立方米，成为我国重要产油区。

秉承为股东创造更多价值的经营理念，中海油股权回报率多年保持在30%左右，得到资本市场的充分认可。截至2005年12月30日，公司股票价格较IPO累计上涨341.2%，总市值超过2155亿港币。

中海油严格遵循资本市场要求，规范运作，信息披露准确及时，加之近年来不俗的业绩表现，使公司得到各界的好评。2005年，公司入围《英国金融时报》全球500强，入选《商业周刊》亚洲150强。连续四年荣获《亚洲货币》、《亚洲金融》等著名财经杂志评选的“最佳管理公司”等荣誉。

**海外发展锐意扬帆**

2005年是中国海油坚定贯彻实施中央“走出去”战略力度最大的一年。肩负海外发展使命的干部员工兢兢业业、不辞劳苦，取得了实质性成果，2005年，成功完成加拿大油砂项目的收购。2006年初，在去年艰苦工作的基础上，公司用近23亿美元完成了尼日利亚OML130区块45%股权的收购。目前，公司海外资产和勘探区块主要分布在澳大利亚、东南亚、西非、里海等地。在海外共有风险勘探区块面积近40万平方公里，相当于公司在中国近海可勘探面积的1.3倍，海外权益探明可采储量达12.9亿桶油当量。

2005年竞购美国尤尼科公司，是中国海油发展史上的重大事件，也是中国企业、特别是国有企业走向国际市场的重大历史事件。尽管由于美国政治上的阻挠，竞购没有成功，但在整个竞购过程中，公司的策略、操作技巧以及在几个重要决策点上的选择得到了股东、投资者和资本市场的高度认可，也得到了国际舆论，特别是美国主流媒体的认同。同时，公司的影响力和市值都大幅增加。通过竞购，中国海油对国际化发展有了更为深入的认识，这将使公司未来走向国际的步伐更加稳健、扎实。

**整体布局日趋完善**

多年来，中国海油大力推动结构调整和产业升级，不断完善公司的产业链、价值链，综合型能源公司产业结构已经形成。

以经济发展与环境保护为出发点，中国海油率先在国内开展LNG业务。经过多年努力，公司已基本完成在东南沿海的布局。广东、福建、浙江、上海的站线项目建设基本上按计划进行，中国海油在我国LNG产业的主导地位和优势进一步得到强化。

2005年底，世界级规模的1200万吨惠州炼厂开工建设，2006年初，历经三年，克服了各种困难和挑战，我国最大的合资项目、具备世界一流水平的南海石油化项目建成投产，标志着中国海油从一个纯上游的勘探生产公司步入综合型石油公司行列。

2005年，中国海油的沥青及低硫燃料油生产销售克服了高油价与市场低迷的挑战，通过加强内部资源整合，加强市场开发和创新，创造了较好的业绩。重质沥青占国内市场份额达30%，清洁燃料油占国内市场份额10%，产品品牌价值得到了有效提升。

公司的化肥产业克服了台风等自然灾害不利因素，海南及内蒙古区的产量及销售情况继续保持良好势头，经济效益均创历史最好水平。

**专业服务能力增强**

坚持协调发展，实现集团价值最大化是中国海油落实科学发展观的重要举措。协调发展使中国海油下属的两大专业服务公司的竞争力显著提升。

中海油田服务股份有限公司是泛亚地区规模最大的综合性油田服务供应商，为海上油气田开发、生产提供物探勘察、钻井服务、油气井技术服务、近海工作船服务和运输四类服务。公司于2002年11月在香港上市。

2005年，在保持中国海域绝对领先地位的同时，中海油服坚持市场多元化战略，积极拓展海外业务。4月与印度尼西亚CNOOC SES LTD签订立修井服务综合合同。11月相继获得位于缅甸和澳大利亚两个区块的钻井作业合同。12月获得菲律宾国家石油公司两年期28口地热井固井作业合同。

中海油服良好的发展业绩赢得了资本市场的肯定。2005年公司市值较上年同期上涨31.3%。

海洋石油工程股份有限公司是中国最大的海上工程建造企业，拥有海洋油、气开发工程设计、制造、安装一体化工程总承包能力。公司于2002年2月在上海证券交易所上市。

海油工程以亚洲最大的起重铺管船“蓝疆号”为首的专业船队，构筑了海上作业的强大实力。2005年，海油工程的装备设施持续提升，推动海油工程的设计、建造、安装能力迈上新台阶。

2005年，海油工程蝉联“CCTV中国最具价值上市公司”荣誉。依托良好的经营、治理业绩，海油工程股改方案获高票通过，并获较高增幅。

**存续资产焕发活力**

中国海油的基地系统既有历史形成的企业办社会的负担，又承接了总公司历次改革所剥离的人员与资产，导致基地系统人员总量大，资产总量小，资产质量差。

中国海油没有搞简单的下岗分流，没有搞内部待业，也没有简单地一分了之，而是按照协调发展的总体思路，完成了对五家基地公司的改革和重组。

资产重组、专业细分后的10个专业分公司个个生龙活虎，干部职工士气高昂。原来发展中的包袱变成了一个有活力、发展快、效益好的企业。实践证明：思路对了头，不优的资产可以转化为优良资产；管理对了路，相对弱势的辅助企业可以转变为有竞争力的强势企业。

**科技领先自主研发**

2005年，在“科技领先”战略指导下，中国海油的科技投入不断加强，自主创新能力不断提升。地球物理、提高采收率、深水工程、边际油田开发、重油利用等五大重点实验室正式成立并开展科研课题研究工作，取得阶段性成果。一批紧贴生产、紧贴实际和需要的科研项目取得了突破，为逐步形成公司核心技术打下了良好的基础。

渤海稠油油田提高采收率综合项目组经过两年的技术研究与攻关，在利用钻井技术、调剖注聚技术及采油工艺提高采收率技术方面获得重大突破。2004年、2005年，“秦皇岛32-6海上大型油田建设工程”、“百万吨级海上油田浮式生产储运系统（FPSO）的研制与开发”分别获得国家科技进步二等奖。

未来，科技创新将在中国海油的发展轨迹中绽放出绚烂的光彩与无限的能量。

**安全环保持续改进**

2005年，中国海油继续推进健康安全环保管理体系的改进和完善，出台了重大安全环境事故责任追究的规定，强化安全管理制度和程序的执行和落实，加大监督检查力度。全年未发生重大安全环保事故。

2005年12月，中国海油所属中海石油环保服务有限公司，与韩国海洋污染响应公司签署了《溢油应急响应合作谅解备忘录》。该《备忘录》的签署，不仅结束了中国缺少溢油应急响应专业公司参与西北太平洋合作计划的历史，更标志着中国海油在海洋污染处理方面的工作上升到一个新的高度，得到了国际组织和国外同行的认可。

“十一五”期间，中国海油将全面推进HSE发展计划，重点落实健康安全环保管理体系持续改进行动、员工健康促进方案、环境保护专项治理、安全监督及管理人员健康安全环保资质培训等方面工作，塑造中国海油安全、绿色的能源企业形象。

**员工与企业共同发展**

中国海油倡导“以人为本，关爱员工”的企业文化，注重将企业文化落到实处，在与员工息息相关之处体现其内涵，使员工在点滴之间，感受企业的关爱，从而营造出和谐的企业与员工共同发展的机制。

公司通过建立完善的岗位竞聘上岗机制和培训发展机制，为每一位员工创造发展的空间和成长的途径。着力打造“高级经营管理人才”、“高级专业技术人才”和“高级技能人才”三支队伍，并为三类人才分别创造职位与薪酬提升的空间。为提升人力资源可持续发展竞争优势，中国海油建立与推行个人发展计划系统，有针对性地组织和实施各种专业类和综合管理类培训。

公司通过建立系统完善的制度来保障员工生存、工作和发展的权利，让员工感受到国有企业的优越性。公司为员工建立了一系列的企业补充保险，构建了完备且具有较高标准的福利保障体系。使员工可以更加安心、放心地投入到工作中，在推动公司发展的同时，谋求个人事业的发展。

## 和谐社会企业职责

中国海油致力追求人、企业、社会与自然的和谐进步，在发展经济的同时，亦关注人类的生活质量与生存环境的改善，努力促进社会各层面的共同进步与发展。

多年来，中国海油帮扶的海南省陵水县、保亭县、五指山市及西藏自治区尼玛县的黎、藏族同胞的生产、生活条件得到了有效改善，生活质量大幅提升。2005年，海南省保亭县的黎族同胞告别了世代居住的茅草房，搬进了新村社。西藏自治区尼玛县第一阶段扶贫工作的10大项目也在同年顺利完成，2000牧民用上了太阳能，县城面貌彻底改观。

2005年，公司进一步加大"中海油贫困大学生助学基金"的投入，将项目高校数量增至30所。目前已有1762名学生借助该基金得以安心就读，基金累计发放528万余元。

中国海油自2000年起投身由中国妇女发展基金会主办的"大地之爱·母亲水窖"活动，累计投入280余万元用于四川、云南和甘肃三个省14个县(区)的29个村水窖等小型民用水利设施的建设，切实解决了当地饮水难的问题。此外，中国海油还大力支持中国红十字会的"健康快车"项目，出资协助为更多老少边穷地区的白内障患者送去光明。

2005年，世界范围内的自然灾害频繁，并造成了重大的生命财产损失。在印度洋海啸及国内外的自然灾害中，中国海油及其所属单位、全体员工积极捐款捐物，总价值近1270万元，在第一时间为受灾民众提供人道主义援助。

中国海油认为，在经济全球化的今天，中国加入世界经济体系并发挥越来越重要的作用，我们的企业公民概念理应延展为世界公民的概仿。我们在世界范围内寻求经济发展机会的同时，也应将中国企业对社会责任的理解延伸开来。

2006年是"十一五"规划的起步之年，对中国海油的发展具有承前启后的重要意义。公司将坚持以科学发展观为指导，坚定不移地实施协调发展、人才兴企、科技领先和低成本战略，以创新推动公司的高速发展，实现公司发展的阶段性目标，为建设国际一流综合型能源公司打好基础。

# 国酒茅台特殊工艺的极致体现

## ——告诉您一个真实的"陈年茅台酒"

中国贵州茅台集团董事长 季克良

**适应不同层次消费需求，茅台酒产品结构日益完善，陈年茅台酒独领中国高端白酒市场风骚**

过去六年，是国酒茅台历史上值得大书特书的六年。

在作别计划经济堡垒的囿桎，全面投身市场经济海洋之后，茅台集团搏击市场风浪，取得了连续六年跨越式发展的佳绩，极大地改写了中国白酒市场的"版图"。

在此基础上，今年1月，茅台集团销售更创下了单月销售突破10亿元的历史纪录，超过了1998年全年的销售总额。根据现在的营销态势，茅台集团完全有望实现连续第七个年头的跨越式发展。

面对白酒市场销量总体下滑的局面，国酒茅台为什么能够逆势而上？

应该说，有很多经验可以总结，但其中十分重要的一条，就是我们真正树立了消费者是上帝、是恩人的观念，切实尊重不同的消费需求。在确保质量的前提下，进行了产品结构的调整和完善，逐步形成了满足高、中、低收入不同层次的消费者需要的档层次分明、品种齐全、以普通型茅台酒为主导，15年、30年、50年、80年系列陈年茅台酒针对高端（顶级）特殊消费，茅台王子酒、茅台迎宾酒面向中、低端酱香型市场，习酒、茅台醇等适应浓香型等其他香型白酒市场，茅台干红、茅台啤酒、茅台不老酒等满足其他酒类消费的"产品大家族"。

特别是，系列陈年茅台酒的成功开发和应市，系统地开创了中国白酒"年份酒"的先河，取得了极大的市场成功。

目前，陈年茅台酒已经在我国高端白酒消费市场上独领风骚，拥有了一个不断壮大的忠诚度极高的消费群体。陈年茅台酒的销售，占到了茅台酒总体销售和利润组成的相当比例，而且，仍然强劲地表现出向好趋势。

陈年茅台酒将茅台酒卓越的质量和口感风格尽情地加以释放，并且推上了一个新的高峰和境界，更加充分地展现了中华酒文化的摄人魅力。

除市场因素外，许多消费者都对茅台集团开发陈年茅台酒的科学和事实依据很感兴趣。要告诉您一个真实的陈年茅台酒，必须溯本清源，从茅台酒的生产酿造工艺说起。

**特殊的工艺决定了茅台酒易挥发香味物质少，为陈年茅台酒的开发打下了物质基础**

在中国白酒中，茅台酒的工艺最特殊，堪称技术与艺术、人与自然完美、精妙的结合。而陈年茅台酒，又堪称这种结合的极致体现。

茅台酒的特殊的工艺之一是全纯粮酿造，且不添加任何外来香、味物质，纯属"自来香"，53度高度茅台酒甚至连水（浆）都不加，因而，也决定了茅台酒中不易挥发的香味物质多，为陈年茅台酒的开发打下了物质基础。

迄今为止，茅台酒是我国惟一集国家绿色食品、有机食品、原产地域保护3项权威认证为一身的白酒类产品。从原料种植开始，到生产、储存、勾兑、包装，每一个环节，都严格按照"有机"标准实行规范化管理。

依据主体香的不同，中国白酒被划分为酱香、浓香、清香、兼香、米香等香型。兼香又有药香、凤香、鼓香、芝麻香、特香、浓带酱、酱带浓等香型。茅台酒是中国酱香型白酒的鼻祖和典型代表。

各种香型的白酒，工艺各有特点。不同的工艺特点有不同的结果。

大多数典型白酒都是单一的香型，惟有茅台酒，是由酱香、醇甜香型、窖底香型3种典型体酒为主构成的“复合香”，香味成分十分丰富。迄今，人们对其主体香只有轮廓性认识，尚未完全弄清，正在探索中，相信不久的将来会有结果。

茅台酒生产拥有得天独厚的自然环境。茅台酒的酿造工艺充分体现因地制宜的精神，引自然之理为己所用，是一个复杂的系统。

每年重阳分两次投料，同批原料要历时1年，经8次摊凉、加曲、高温堆积、入池发酵、7次取酒，再经3年以上酒库陈放，最后精心勾兑，普通型茅台成品酒方能包装出厂。整个过程耗时至少5年。

所以，普通型茅台酒一出厂，就可以说已经是5年的“年份酒”。这一漫长过程，居中国白酒生产之冠。

没有调查研究就没有发言权。我们注意到，最近，有的专家，在媒体上断言：“中国目前还没有一种白酒生产周期在两年以上”。这种说法是没有根据的。

我们欢迎所有专家、学者，乃至普通消费者到茅台酒生产一线看看，实地感受茅台酒特殊工艺的奥秘。

**茅台酒公司酒库比生产车间多，一代一代的老酒积存，为陈年茅台酒的开发打下了资源基础**

茅台酒工艺的复杂，实际上并非短短数语所能穷尽。简要讲，茅台酒有别于其他白酒的特殊之处，所谓“三高”，是很重要的一个方面。

“三高”的第一“高”是“高温大曲”。

用曲制酒，是我国古代劳动人民的伟大贡献，茅台酒对古代制曲工艺作了很多改进，纯用小麦，不添加任何辅料，符合《酒史》“得自然之曲者，乃称第一品”的要求。

大多数白酒对制曲的季节性要求不高，茅台酒的制曲则季节性非常强，都是在最炎热的伏天人工踩曲。这段时间气温高、湿度大，空气中微生物种类和数量繁多，生态活跃，更为特殊的是，制曲温度高达60摄氏度，可说是白酒制曲之最。

微生物在白酒香味成分形成的过程中，起着至关重要的作用，白酒的香味成分，就是微生物的代谢产物。不同的制曲温度，带来的微生物群系也不一样。温度高、适温宽，微生物种类和数量多，产生的香味物质和香味的前驱物质也多。

“三高”的第二“高”是“高温堆积发酵”。

“高温堆积发酵”属开放式多边发酵，被认为是茅台酒特殊工艺的精髓之一，发酵温度须达50度左右，远较一般白酒为高。通过这道工序，可以再次网罗、筛选、繁殖微生物，使各种适宜酿酒的微生物在品种、数量及其量比关系上趋于合理，并给酒醅带来大量的香气成分及香气成分的前驱物质，起到二次制曲之效。

“三高”的第三“高”是“高温（蒸馏）接酒”。

茅台酒的接酒温度在40℃左右，一般白酒只有25度。在蒸馏、流酒过程中，高温能够有效排除杂质，挥发部分硫化物和其他刺激性的低沸点物质，更多地保留不易挥发、相对比较丰富的高沸点香味物质，同时在蒸馏过程形成部分香味物质。

茅台酒的接酒温度与37度的人体温度基本吻合，使得酒进入人体后，与人体的协调性、适应性强一些，所以饮用茅台酒不会象一般白酒那样辣、上头。

“三高”之外，茅台酒工艺特殊之处的另一个重要方面，在于“长期陈放”。

经过1年的制酒生产，茅台酒的新酒（基酒）被生产出来，接着就进入“长期陈放”阶段。

从新酒入库，工人们就要进行小心照料。每个工人要管理1000多个大酒坛，不但要根据气候来调节库内空气对流，擦拭酒坛，让其晶莹发亮到照得见人的的程度，而且，还要保持地面清洁，不能有水渍，以便及时发现和掌握酒坛的渗透情况。新酒入库一年后，便进行“盘勾”，接着再陈放，达到3年，酒才基本老熟。

长期陈放，白酒将发生一系列物理、化学因素引起的变化。物理因素引起的变化，如缔合作用；化学因素引起的变化，为氧化还原反应，脂化反应，综合反应等，从而更大程度有效排除了那些暴辣、刺鼻的异味杂质，使酒体变得柔和、绵软，香味组份愈加丰满、幽雅。总之使酒进入人体后产生优雅、细腻、柔和、丰满、愉快等感觉。

茅台酒历史悠久。早在2000多年前，司马迁《史记》就记载，汉武帝饮了产于今茅台地区、赤水河一带的“枸酱酒”而“甘美之”。

历代茅台劳动人民不断探索、创造、总结，到明末清初，现代茅台酒生产酿造工艺基本成型。基于对工艺特点的深刻认识，在茅台酒生产的作坊时代，人们就一直有存老酒的习惯。

酒库比生产车间多，是茅台酒公司一道特殊的风景线，由于其他白酒储存期一般为一年，有的还不到，甚至更短，因此，在其他白酒生产厂家很难见到。一代又一代的积存，今天，茅台酒库里的老酒，已经形成一个庞大的数字，为陈年茅台酒的开发打下了坚实的资源基础。

茅台酒特殊工艺组成，还有一个重要方面，那就是“精心勾兑”。

白酒中的主要成分是醇类物质，也还有微量的酸、酯、酮、酚等物质成分。正是这些成分之间的量比关系决定着白酒的风格。而茅台酒还有不同香型酒，不同轮次酒、不同年份酒、不同酒精浓度的酒、为了保证出厂酒的稳定，只有应用勾兑工艺，才能最终形成茅台酒“酱香突出，幽雅细腻”的独特风格。因此，茅台酒厂“1965年在白酒行业首次提出了‘勾兑’工艺”，1975年又进一步发表文章阐述勾兑的实践经验，以后各名酒厂都十分重视勾兑工作，并都摸索出了很多成功的行之有效的经验。可以毫不夸张的说，“勾兑”是理论与实践的融合，是技术与艺术的结晶。

前些年，少数白酒企业掀起了一股“勾兑”之风。以致不了解白酒生产工艺的消费者形成一个认识误区，以为所谓勾兑，就是香精、酒精和水的勾兑，这是对勾兑的误解，白酒勾兑有“固态发酵原酒勾原酒”、有“固液勾兑”、有“液液勾兑”，当然也有酒精加水加香精的勾兑。

在此，有必要加以澄清。茅台酒的勾兑，属于典型的“固态发酵原酒勾原酒”。茅台酒既是固态纯粮酿造，而且是纯原酒勾兑。

### 茅台酒越陈越香已经为无数客观事实所证明，为陈年茅台酒的开发打下了公众认知基础

俗话说“老酒陈醋”。这句话，只对了一半。

准确的表述应该是，从对人体健康的影响看，所有的白酒都是越陈越好。如果就口感风格而言，是否越陈越好，则差异很大。

白酒生产的实践表明，几乎所有的白酒陈放久了，都会出现“酱陈味”或“老酒味”。由于酱香型白酒在风格上强调的就是酱香突出，“酱陈味”的出现，反而有助于这一风格的体现，客观上增添了酱香型白酒越陈越香的效果。

对于其他香型的白酒，“酱陈味”或“老酒味”则是一种与其主体香不协调的味道，会对其口感风格造成一定影响。因此，它们的工艺规定储存期都不太长，最多一年。

茅台酒越陈越香是很多专家所肯定的，而且其“酱陈味”(茅台称“老酒味”)被广大消费者所接受，这为陈年茅台酒的开发打下了公众认知基础。

历史上，就有“茅台特需酒”存在。作为专供外交部、人民大会堂、钓鱼台国宾馆等对外接待部门的用酒，“特需酒”一般都是由陈放时间相对较长的酒勾兑而成。

1972年，美国总统尼克松访华，用陈放时间较长的茅台酒，茅台酒厂员工专门为他勾兑了一桶酒，当时被称为“尼克松酒”。

此后，日本首相田中角荣、法国总统蓬皮杜访华，所喝的茅台酒，也都是以存放时间较长的老酒勾兑而成。

1973年，因为国务活动需要，毛泽东主席通过中央军委打电话到茅台酒厂，要了一批1952年生产的茅台酒。1981年，钓鱼台国宾馆同样通知茅台酒厂生产了一批老茅台酒。各重要接待单位自己也要存放一部分茅台酒作为老茅台酒，如已公开的毛主席生前泡了一大瓶高丽参的茅台酒，胡耀邦同志送了一瓶老茅台给棋圣聂卫平，聂又送给了中国足球队为冲出亚洲时用。

邓小平同志特别喜欢喝陈放时间长的茅台酒，家人和身边工作人员送给他一个“老茅台”的雅号。

很显然，如果不是茅台酒确实越陈越香，不会有上述活生生的事例出现。到目前，钓鱼台国宾馆、人民大会堂还有老茅台酒陈放。茅台酒公司自己，也用瓶装、库存两种方式陈放老茅台酒。

在客观事实的基础上，科学研究进一步证实，陈年茅台酒在外观上、口味上、理化指标上都有非同寻常之处。一般来说，陈年茅台酒色泽更微黄，余味更长，老酒味浓郁，固形物多。

已故的酿酒泰斗周恒刚老先生、著名白酒专家沈怡芳、高月明、高景炎等先生都在不同的场合明确表示，茅台酒可以长期储存，长期储存的茅台酒质量更好。

可以说，茅台酒越陈越香，是茅台酒具有的核心竞争力之一。

我们注意到，在巨大的利益驱动下，利用消费

者日益追求高品位生活的心理，市场上一些白酒，也不顾实际，以各种方式打起了“陈年”牌。这样的做法，极大地混淆了真伪的界限，扰乱了市场，误导了消费者，是对消费者权益的侵害。

然而，市场经济终究是诚信经济。大浪淘沙，陈年茅台酒的英雄本色，会在“不怕不识货，只怕货比货”中越来越显露无遗。

**陈年茅台酒的开发严格执行国家标准，既体现了酒龄特征，又体现了口感质量风格特征**

事实上，对酒类产品进行分级，国际上并不鲜见。

譬如，法国白兰地酒就分为几级，有的叫三星，有的叫拿破仑，有的叫 V.S.O.P.，有的叫 X.O.，其中，储存期在 7 年至 25 年之间的被称为 X.O.。

过去，国内白酒行业也有对同一种牌子的酒作等级划分的情况，如，某某大曲、头曲、二曲等。还有的被划分为一星至五星，等等。

面向市场，陈年茅台酒的开发借鉴了国内外这些比较好的做法，既是一种酒龄的划分，也是一种质量等级的划分。

所有的陈年茅台酒，和普通型茅台酒一样，都是严格按照国家标准勾兑生产。国家标准包括感观标准和理化标准，卫生指标。企业还有实物标准。

60 年代，以勾兑大师、茅台酒厂生产副厂长为首的科研组，在老酒师、老厂长郑义兴的指导下，把从酒库搜集到的 200 多种不同轮次、不同酒龄、不同味觉的样品酒进行了数千次品尝，最后归纳得出茅台酒的三种典型体酒。

1965 年底，全国第一届名白酒技术协作会在四川泸州召开，茅台酒厂发表的《我们是如何勾酒的》论文，引起强烈反响。1975 年茅台酒厂又一次发表了勾兑的经验介绍。从此，各名白酒厂借鉴运用茅台酒这一新颖的科学技术，并积累了很多行之有效的经验，在全国掀起了勾兑热潮。即使是为了低收入人群消费的酒也要进行勾兑，但这种勾兑要简单得多，谈不上技术和艺术的结合了。

茅台酒多轮次发酵、长期储存，标准体系非常复杂，每一个轮次都有自己的标准，基酒样本非常宽泛。标准是固定的，而勾兑是一个复杂的、动态的过程。要勾兑出色、香、味俱佳，口感风格相对恒定的茅台酒，要用少则三四十种，多则 100 多种，甚至 200 多种不同年份、不同轮次、不同典型体、不同酒精度的酒样来调配融合。

所以人们说，“精心勾兑”，最集中地体现了茅台酒工艺将精确技术与抽象艺术完美结合起来的本质特征。

陈年茅台酒，当然更离不开“精心勾兑”。

有消费者认为，15 年的陈年茅台酒，就应当全是陈放期为 15 年的茅台酒灌装，类推，30 年、50 年、80 年茅台酒，也应当如此。

这种看法我们理解，但并不符合茅台酒的生产规律和物质组分规律。依据陈年茅台酒的国家标准，陈年茅台酒的年份，既标注的是酒龄特征，又体现的是相应的口感质量风格特征。

食品消费除安全之外，最讲究口感。不同酒精浓度、不同香型、不同轮次、在不同储存容器和不同储存环境条件下储存的不同储存年龄的酒，品质会有差距。单纯是某一年份、某一轮次的库存老酒，若未经勾兑，未经严格的理化分析，香味组分的量比关系会失调，并不好喝。

遵循“精心勾兑”的规律，特定年份的陈年茅台酒都是以该年份的老酒为基酒，再与不同年份（可能高于、也可能低于特定年份）、不同轮次、不同典型酒体的酒相勾兑，最终使之符合国家标准和实物标准要求的特定年份陈年酒的口感质量风格。

由于陈年茅台成品酒的国家标准是相对固定的，而如前所述，不同年份、不同轮次的酒都有自己的标准，有不同的口感风格和物质组分。不同批次的陈年茅台酒，因参与勾兑的酒样不完全一样，物质组分必然是个变量。为了保证彼此基本一致的口感质量，企业还特别制定了实物标准。实践“不怕不识货，只怕货比货”，以确保各批次酒的质量。

这也正是勾兑工艺技术与艺术结合的生动写照。

本着对消费者负责任的态度，为了使不同年份的陈年茅台酒口感质量风格有明显区别，从 15 年一下到 30 年，再跨到 50 年、80 年，我们拉大了年份间距。

作为市场化的产品，陈年茅台酒刚刚走过一段并不算长的历程。我们期待并有理由相信，随着社会公众对其科学认识的进一步到位，陈年茅台酒必将一路辉煌走下去，攀越一座又一座市场之峰。

# 大庆油田有限责任公司

**大庆油田有限责任公司董事长、总经理王玉普同志介绍**

王玉普同志出生于1956年，中共党员，1982年1月毕业于大庆石油学院，2003年7月毕业于石油大学油气田开发工程专业，博士研究生，教授级高级工程师，享受国务院特殊津贴。现任大庆油田有限责任公司董事长、总经理、党委副书记。

王玉普同志毕业后一直在大庆油田工作，是一名从油田基层成长起来的优秀领导干部，具有强烈的政治责任感和历史使命感，主持大庆油田公司工作后，他更是把这种责任感和使命感化作谋求油田可持续发展的强大动力，团结带领广大干部员工，牢牢把握发展这个第一要务，解放思想，抢抓机遇，锐意进取，真抓实干，不断开创了资源采掘型企业可持续发展的新局面。

在油田可持续发展面临诸多挑战的情况下，确立了百年油田目标，有力地指导和推动了企业发展实践。大庆油田经过40多年的高速高效开发，如何在新时期新阶段谋求新发展，作为公司董事长、总经理的王玉普同志，自觉把科学发展观的指导意义、精神实质和认识成果，转化为企业可持续发展的强大动力，以战略的眼光、创新的思维和高度负责的精神，于2004年提出了“持续有效发展，创建百年油田”目标，并带领公司上下细化落实推进措施，齐心协力为之奋斗。

在油田稳产难度不断增大的情况下，实现了分阶段相对稳产，以实际行动维护了国家石油战略安全。面对油田进入特高含水开发期的实际，科学把握开发规律，精细控水挖潜工作，实现了油田经济可采储量的大幅度增加、老油田采收率的大幅度提升和外围低效难采储量的有效动用。公司成立六年来，累计生产原油2.94亿吨，实现销售收入5840亿元，为国家和地方上缴利税4795亿元，为维护国家石油战略安全做出了重大贡献，为中国石油天然气股份公司成为亚洲最具成长性的上市企业提供了强力支撑，为地方经济协调发展提供了大力支持。

在油田储采失衡问题日益突出的情况下，取得了油气勘探的重大突破，初步缓解了后备资源不足的矛盾。抓住资源接潜这一事关全局的重大问题，加大油气勘探力度，坚持从创建百年油田的长远需要出发，立足松辽、跳出松辽，立足国内、面向国际，积极寻求油气勘探新的领域、新的目标和新的突破。六年累计提交石油探明储量4.6亿吨、石油控制储量4.7亿吨、石油预测储量6亿吨，迎来了大庆探区第三次储量增长新高峰，进一步夯实了企业可持续发展的基础。

在原油产量实施战略性调整的情况下，加快培育新的经济增长点，不断拓展了企业生存发展的空间。实施油气并举、以气补油战略，在松辽北部深层探明了1000亿立方米的大气田，这是迄今为止我国东北地区最大的深层天然气气田，不仅为今后大庆地区天然气产业发展奠定了有力的资源基础，而且对平衡我国天然气市场的宏观布局起到了重要作用；探索公司由生产型企业向生产、贸易型企业转变的有效途径，成功取得进口俄罗斯原油的经营权，累计进口俄油411万吨，实现贸易额120多亿元，从而使油田在产量有序调减的情况下，仍然能够继续支持地区经济总量的稳定增长；加快“走出去”步伐，在国内开辟了胜利、大港等30多个工程技术服务市场，并进军蒙古、中亚、俄罗斯勘探开发和技术服务市场，积极参与海外油气资源的再分配，初步形成了对本土资源的有力补充。

在主力油田进入特高含水期的情况下，勇于挑战勘探开发技术极限，促进了企业核心技术能力的不断提升。王玉普同志高度重视科技工作，亲自组织重大科研课题攻关，并多次获奖。其中，桥式偏心分层开采挖潜配套技术研究获2004年国家技术发明二等奖，螺杆泵采油配套技术获2005年国家科技进步二等奖。在他的带领下，“十五”期间，公司科技工作实现了长足发展，共取得各类科研成果740项，科技发明专利161项，其中省部级以上奖励72项，国家技术发明奖等重大成果4项，这些成果在降低油田综合含水、弥补产量递减方面发挥了重大作用，为大庆油田的稳产提供了有效手段。此外，2004年组织开展的以控制含水上升和产量递减，增加可采储量和提高采收率为目的的十项重大现场试验，都是油田生死攸关的重大课题，如果在今后几年内相继攻克，公司的开发技术将取得革命性进步，油田采收率将得到大幅度提升，企业可持续发展将开辟一个新局面。

在积极谋求企业可持续发展的过程中，王玉普同志自觉实践“三个代表”重要思想，牢固树立和谐发展的意识，切实把营造安全稳定的企业环境和共同发展的社会环境，作为义不容辞的政治责任，较好地处理了改革、发展与稳定，国家、企业与个人，公司、社会与环境三个“三者关系”，使公司发展真正体现了科学发展观的要求。

**大庆油田有限责任公司2005年发展回顾**

大庆油田有限责任公司于2000年1月1日注册成立，以油气勘探开发为主营业务，是中油股份公司的全资子公司，为国有控股特大型企业。下属二级单位24个，员工90427人，注册资本475亿元，资产总额858亿元。

大庆油田1960年投入开发，目前是我国最大的油田，也是世界上为数不多的特大型砂岩油田之一。油田位于黑龙江省西部，松嫩平原北部，由萨尔图、杏树岗、喇嘛甸等48个规模不等的油气田组成，面积约6000平方公里。勘探范围主要包括东北和西北两大探区，共计14个盆地，登记探矿权面积23万平方公里。在46年的开发建设历程中，大庆油田创造了中国石油乃至整个工业战线的“三个第一”：原油产量第一，累计探明石油地质储量58.8亿吨，生产原油18.6亿吨，占全国同期陆上原油总产量的40%以上；上缴利税第一，共为国家上缴各种资金并承担原油价差1万多亿元，为国民经济发展做出了巨大贡献，特别是2000年以来连续6年荣登中国纳税百强企业榜首；原油采收率第一，主力油田采收率已突破50%，比国内外同类油田高出10~15个百分点，并从1976年开始，实现年产原油5000万吨以上持续27年高产稳产，“十五”期间年均油气当量仍然保持在5000万吨水平，创造了世界同类油田开发史上的奇迹。

2005年，在中国石油天然气集团公司、股份公司的领导下，大庆油田公司上下牢牢把握发展这个第一要务，紧紧围绕创建百年油田目标，继承发扬大庆精神，知难而进，锐意进取，团结一心，艰苦奋斗，取得了良好的经营业绩。

油气勘探创出历史最好水平。面对勘探对象日趋复杂、勘探难度日益增大的诸多矛盾，勘探系统进一步解放思想，锐意进取，大打勘探进攻仗，取得了丰硕成果。油气勘探储量目标实现“四个亿”，石油预测、控制和探明储量均超过1亿吨，天然气探明储量超过1000亿立方米，各级储量任务全面超额完成。石油勘探拿下了5个亿吨级规模储量区，天然气勘探第二个1000亿基本在握，第三个1000亿方向已经明确，为“十一五”提交探明储量奠定了坚实基础。更为重要的是，通过勘探上的实践、认识、再实践、再认识，公司对松辽盆地北部中浅层、深层及海拉尔盆地油气成藏规律的认识进一步深化，发现了新领域、新层系和新类型资源，这对指导今后的勘探部署具有十分重要的意义。

油田开发继续保持高水平。2005年，公司坚持以技术进步为支撑，扎实推进老区控水挖潜、提高采收率和外围增储上产工作，圆满完成了各项工作目标。“十五”后三年，新增石油可采储量1.08亿吨，长垣水驱综合含水少上升1.3个百分点，水驱自然递减率控制在9%以下，外围油田年产量达到510万吨，聚驱年产量连续4年保持在1000万吨以上。特别是在地下矛盾日益突出的情况下，通过把握开发规律、加强宏观控制、优化综合调整，使油田套损率大幅度下降，注采系统不断完善，压力系统日趋合理，开发调整步入了良性循环的轨道。为大庆油田在今后一个时期继续保持高水平开发创造了有利条件。

经济效益连续六年位居中国纳税工业企业榜首。2005年，油田生产遭受了“3·27”特大雪灾、雨季洪涝、“7·25”地震三次大的自然灾害，给油田生产带来了很大影响。面对这三大自然灾害，公司广大员工积极开展抗灾自救工作，切实把灾害损失降到了最低限度，使公司在困难的情况下，保持了油气生产的安全平稳运行，取得了良好的经营业绩。继2004年销售收入突破千亿元后，去年公司税前利润也突破千亿元。全年生产原油4495万吨，天然气24.4亿立方米；实现销售收入1492.37亿元，利税总额1267.81亿元。同时，涉外业务进一步发展，全年进口俄油281万吨，实现贸易额90.74亿元；签订国内外市场合同161份，实现产值6.4亿元，进一步提高了公司收益。

油田瓶颈技术攻关取得重大成果。面对制约勘探开发主营业务发展的重大技术难题，公司科技人员充分发挥科技第一生产力的作用，全力推进老油田剩余油挖潜技术、特低渗透扶杨油层有效开发技术、三元复合驱技术等“十大现场试验”，取得了一系列突破性进展。目前，三元复合驱试验进展顺利，试验区见到了明显的增油降水效果，现已初步具备工业化推广的条件。这项技术可在水驱的基础上提高采收率20%，将给中国石油新增10多亿吨可采储量，对中国石油工业的技术进步和国际竞争力的提升，都具有十分重要的意义；泡沫复合驱技术，作为重大的接替技术，可比聚合物驱和三元复合驱再提高采收率20和10个百分点，已在美国、英国、俄罗斯、加拿大等国家申报了发明专利，是当今世界最前沿的驱油技术；微生物采油技术经过近10年的攻关，开发了以原油为主要营养剂的微生物驱系列菌种。研究表明，可在三次采油之后进一步提高采收率，有望成为油田开发后期四次采油的主要接替技术。

企业经营管理水平得到持续提升。根据上市公司规范运作的要求，公司在中国石油内部率先将内控体系建设引入企业经营管理之中，成为国内首家按照美国《萨奥法案》完善内控体系建设的企业。2005年，公司健全完善了经营管理的各项业务流程和内控制度，做到了流程的每个控制环节与部门职责、流程节点描述、授权及岗位描述相统一；初步完成了内控体系的框架设计，编制完成了内控管理手册等相关管理文件；积极开展了内控体系的试运行和测试工作，并在测试和试运行的过程中强化监督检查和持续改进，使内控体系建设日趋完善。同时，企业经营管理进一步加强，初步实现了预算、核算、资金和资产信息管理的“一个全面，三个集中”；经营机制进一步创新，探索实行了“两奖一挂一留用”的内部经营政策；经营活动进一步规范，合同管理、审计监督、纪检监察、法律事务等经营风险防范控制体系逐步完善，进一步促进了规范运作水平的提升。

党建、思想政治工作和企业文化建设进一步加强。各级党组织按照上级的有关要求，在历时四个多月的党员先进性教育活动中，圆满完成了学习动员、分析评议和整改提高三个阶段的工作，真正达到了"群众满意工程"的要求；深入开展了"创百年油田，做百年先锋"主题实践活动，把广大党员的积极性进一步引导到了加快企业发展上来；总结选树了新时期" 五面红旗"，在队伍中进一步形成了弘扬大庆精神、岗位建功立业的浓厚氛围。公司保持共产党员先进性教育活动，不仅得到了中央巡视组和省、市督导组的高度评价，而且为今后加强和改进公司党的建设积累了宝贵经验。此外，以提升“五种能力”为目标，切实加强了各级领导班子建设；以“创‘铁人’基层队，争当行业一强”活动为载体，进一步夯实了以党支部为核心的基层建设；以举办第一届员工运动会为契机，推动了群众性企业文化活动的蓬勃开展。特别是在创建百年油田战略全面实施的关键阶段，胜利召开了公司第一次党代会，有效地统一了思想、凝聚了人心，推动了发展实践。

企业发展同员工利益和谐统一。公司坚持以人为本，践行“三个代表”，以改善边远矿区生产生活环境为重点，着力解决了事关员工群众切实利益的突出问题。投入大量资金，对边远采油厂的员工饮用水问题进行了集中治理，对部分员工居住区的供水、供电、道路问题进行了维修改造，对部分前线小队点的办公场所、车库、就餐点等配套设施进行了初步完善，并妥善解决了地震受灾后的搬迁问题，确保了受灾员工在入冬前喜迁新居。同时，积极探索新的分配机制，开辟员工利益的多种实现渠道，使员工收入稳步增长，生活质量不断提高；大力实施“送温暖工程”，开展“一帮一，帮扶再就业”活动，进一步形成了人企和谐、安定团结的局面。

公司的外部影响力进一步扩大。多次在国家各类评比中喜获殊荣，继先后被评为中央企业先进集体、全国"重合同守信用"企业、全国模范职工之家、全国石油和天然气开采行业十佳企业之后，又荣膺全国"最有影响力企业"榜首，并荣获全国企业文化建设贡献奖和全国企业文化建设先进单位称号，目前正在参评"中国工业大奖"；自主创新成果再获大奖，其中泡沫复合驱油技术、螺杆泵采油配套技术，分别荣获国家技术发明和国家技术进步二等奖；对外交流不断加强，举办并参加了多项国际性的学术交流会议，进一步宣传了大庆油田，使公司的知名度、美誉度在国内外不断提升。

2006年，是实施"十一五"规划的开局起步之年，也是推进百年油田战略的关键之年。公司将以党的十六届五中全会精神为指导，按照落实科学发展观和构建和谐社会的要求，坚持走新型工业化道路，全面贯彻集团公司、股份公司"东部硬稳定，西部快发展"的总体部署，抓住油气并举快发展"这条主线"，突出资源接替、油气生产、"走出去"、安全环保节能和"三基"工作"五个重点"，把握好实施"十一五"规划同实现百年油田战略目标、实现阶段性稳产同转变增长方式、加快公司发展同构建和谐社会"三个关系"，提升公司的宏观控制能力、自主创新能力和战略执行能力"三种能力"，为实现油气当量4000万吨以上稳产到2020年奠定坚实基础。

# 大庆石油管理局

大庆石油管理局是中国石油天然气集团公司的全资子公司,位于中国东北的黑龙江省大庆市,是以油气勘探、开发、石油化工、油田建设等石油工程技术服务为主,加速向新经济领域迈进的特大型国有企业集团。下属12个集团,9个专业公司,7个直属单位,员工11万多人。

大庆石油管理局是伴随着大庆油田的开发建设而逐步发展起来的。40多年来,企业积累了雄厚的经济技术实力和得天独厚的发展优势。石油钻探业务在国内石油工程技术服务领域处于领先水平。已经探明油、气田38个,含油面积4131km$^2$,探明石油地质储量55亿吨,天然气地质储量2660亿立方米,为大庆油田5000万吨以上长期稳产27年提供了丰富的资源基础和系统、先进的科学技术支持,为中国石油工业的发展以及世界石油地质理论的进步做出了重要贡献。近年来,凭借雄厚的技术实力,在委内瑞拉、印度尼西亚、埃及、美国、哈萨克斯坦等全球五大洲26个国家和胜利、南阳、辽河、吉林、冀东、新疆等国内29个省市自治区开展工程技术服务,取得了辉煌的业绩。

大庆石油管理局主要经营4大业务板块。

### ☆ 石油工程技术服务

大庆石油管理局钻探集团是中国陆上最大的石油工程技术服务企业。可提供平原、草地、沼泽、水域、沙漠、山地、城镇等陆上各种地表条件及恶劣自然环境下的地球物理勘探资料采集、处理、解释服务;可承担井深1000米至7000米的直井、定向丛式井、水平井、侧钻水平井、小井眼井、欠平衡井、煤层气井和地热井等多种井型的钻井、固井和测井施工;同时可提供上述各种井型钻井设计、井眼轨迹监测与控制、钻井液、取心及欠平衡等特殊工艺技术服务;具备年地震39000道,钻井2600口,进尺300万米,测井、固井4500口的钻探生产能力。钻探集团除在中国东北地区进行勘探工作外,还在中国的吐哈、塔里木、玉门、长庆、辽河、滇黔贵、胜利、南阳、西藏、青海、冀东、大港、吉林、两江等地区和东南亚、南美、北美、中东、北非、中亚、东亚等区域进行了各种类型油气勘探工程技术服务。

### ☆ 基建施工

大庆油田建设集团有限责任公司是中国石油系统最大的化工石油工程建设企业。具有年可完成施工产值50亿元的施工能力,拥有完善配套的试验室和检测系统。资质:具备化工石油工程施工总承包特级资质,化工石油设备、管道安装、防腐保温、无损检测、土石方等12项一级专业承包资质;市政公用工程、公路工程、房屋建筑工程、房地产开发等4项总承包一级资质;具有国际经济技术合作经营权;通过了由中质协质量保证中心审核的ISO9002质量体系认证和国家QHSE质量、环境和职业健康安全管理体系的认证。核心技术:具有长输管道预制与施工技术系列、焊接施工技术系列、大型设备安装技术系列、储罐压力容器制造及安装技术系列等8大核心技术系列和工艺及设备安装技术、设备吊装技术、管道穿越技术、特种金属焊接技术、无损检测技术等35项技术专长。累计完成科研攻关1295项,新技术推广775项,其中荣获国家级科技成果奖8项,省部级科技成果奖46项,获国家专利42项。业务涉及油气集输及储运系统工程设计和施工、油气处理及油田化工工程设计和施工、道路桥梁工程设计和施工、城市规划等许多工业、民用领域。在国内市场上,完成了具有世界先进水平的沙漠集输油工程——新疆塔中四联合站、库鄯输油管道、轮南首站大罐等大型沙漠油田建设项目、西气东输管道、陕京输气管道、西安10000m$^3$球罐、沪宁高速公路、哈大高速公路、桂林两江机场路、沈阳至本溪高速公路、长春至扶余高速公路等工程项目。在国外市场上，先后中标并完成了孟加拉国天然气集输公司的30英寸55公里输气管线工程总承包(EPC)项目，孟加拉国吉大港东方炼油厂储罐工程总承包(EPC)项目，哈萨克斯坦肯尼亚克油田产能建设、巴基斯坦贾姆宵罗电站储油罐工程施工项目等。建设集团在各项工程施工中，荣获国家最高工程质量奖—鲁班奖4项、国家优质工程金奖8项、全国用户满意工程4项；获得国家质量管理奖、全国优秀施工企业、全国百强建筑企业、全国实施用户满意工程先进单位、中国建筑施工综合实力百强企业、中国工程建设社会信用AAA级企业等多项荣誉称号。

☆ **化工**

大庆石油管理局凭借丰富的原油和天然气资源优势，建立了集科研、生产、经营、销售为一体的石油大化工格局。拥有10万吨/年甲醇装置、20万吨/年轻烃分熘装置、5万吨/年戊烷精细分离装置、250万吨/年原油稳定装置、2.1万吨/年聚丙烯酰胺装置和3万吨/年甲醛装置等多套装置。拥有先进的润滑油生产线和完善的产品质量检测手段，可生产润滑油、润滑脂、添加剂等近百个品种。拥有专门从事涂料生产的股份制企业，可生产油漆、建筑涂料、工业重防腐涂料三大系列150多个品种，其中工业重防腐涂料和外墙抗低温乳胶漆处于国内领先地位。拥有专门从事精细化工的企业，生产装置囊括了精细化工生产的每个反应单元。可生产荧光增白剂系列、对苯二甲醛、邻甲苯腈、亚磷酸三乙酯等多个品种。最新研制的高级干洗溶剂可与日本最高级的石油系干洗溶剂相媲美。企业设有油田化工博士后工作站，技术力量雄厚。拥有青岛庆昕塑料有限公司、黑龙江庆港塑料有限公司等多家规模较大的包装制品企业，可生产彩印膜、胶带膜、珠光膜、白膜、消光膜、热封膜、烟膜、瓦楞纸箱、夹层玻璃等多个品种。其中双向拉伸聚丙烯薄膜(BOPP)为国内同行知名产品，曾荣获北京包装技术展览会金奖。主要化工产品为甲醇、液氨、甲醛、液化石油气、工业混合烷、轻烃、重烷基苯磺酸盐三次采油表面活性剂。甲醇和轻烃加工的技术水平和生产管理处于国内先进水平，形成了具有发展潜力的产业。企业通过了ISO9002国际认证，甲醇、液化气等产品多次被评为黑龙江省和大庆市名牌产品、质量信得过产品以及全国用户满意产品。产品销售辐射全国20多个省自治区和直辖市，部分产品远销韩国和日本。

☆ **机械制造**

大庆油田装备制造集团是东北地区及中国石油天然气集团公司规模最大的石油机械制造厂家，也是亚洲最大的抽油机制造企业。集团拥有主要设备2169台套，其中包括43台(套)具有国际先进水平的大型精密加工及铸锻设备。拥有抽油机减速器、抽油泵、油管和铸钢、铸铁毛坯等具有同期国际先进水准的生产线。建立了CAD计算机工作站，拥有国际领先的UG-CAD/CAE/CAM/CAPP设计技术。产品包括抽油机、采油井口、钻井装备、特种汽车、抽油泵、油管、井下作业工具、油田专用泵、三采注聚装备、压力容器、电机等11个系列产品。主要产品年产能力分别为：抽油机4000台，特种汽车1000辆，采油井口装备3000套，抽油泵8000台，油管30000吨。2001年以来，抽油泵、油管、抽油机、采油井口和管线阀钻井井架和底座等产品先后获得美国石油学会的API认证。产品在满足大庆油田需要的同时，还在东北、西北、中原等区域和油田取得很大市场份额，抽油机、抽油泵、采油井口等产品远销美国、加拿大、澳大利亚、阿尔及利亚、印度、哈萨克斯坦、印度尼西亚、苏丹、阿曼等国。

大庆油田力神泵业有限公司是集电泵及螺杆泵机理研究、产品开发制造、试验检测、技术培训、现场服务与咨询为一体的高新技术企业。具备自行设计电泵机组的能力，负责起草全国的电泵技术标准。目前已形成2000套潜油电泵和1000台螺杆泵的年生产能力。主要生产86系列、101系列、130系列、172系列潜油泵，分别适用于4 1/2″、5 1/2″、7″、9 5/8″及以上套管，排量从$30m^3/d$~$4700m^3/d$，可满足陆地和海上各种条件下采油的需要。1996年通过了ISO9001质量体系认证，2003年通过了HSE管理体系、OSH职业安全健康管理体系和EMS环境管理体系认证。企业曾荣获中国石油天然气集团公司质量管理奖和“最佳服务中心”、中国质量协会颁发的全国“用户满意”单位等称号。产品占领中国最大的电泵市场大庆油田，销往吉林、渤海、塔里木等11个国内油田，打入苏丹、印尼等5个国家和地区，企业在苏丹、印尼等国家建立了电泵检修厂。

大庆石油管理局射孔弹厂是中国规模最大的射孔器材开发、制造、销售、服务企业。拥有射孔弹、射孔枪、激光弹架、弹壳模具镀锌等10条国际先进水平的综合配套生产线，具备年产300万发射孔弹、80万米导爆索、8万米射孔枪的生产能力。拥有射孔弹、导爆索、射孔枪和相关工具配件四大系列80多个品种，可提供多种系列配套产品及射孔优化设计、特种轰破作业等新特服务，可满足不同地质条件下油田勘探开发的需要。拥有目前国内唯一从事射孔器材基础理论研究、新产品开发和配套技术研究的科研机构。科技成果《无枪身聚能射孔弹配套技术》荣获全国科技大会奖，《深穿透射孔技术研究》被评选为石油天然气总公司十项重大科技成果之一。防砂复合射孔器的研制成功填补了国内空白，特深穿透射孔器API混凝土靶穿深突破1300mm。企业通过了ISO9000、OESE和API国际认证。“庆矛牌有枪身聚能射孔弹系列产品”被中国质量协会评为全国一百种“用户满意产品”之一，“庆矛”品牌荣获大庆市知名商标和黑龙江省著名商标，通过了马德里国际商标注册，成为中国射孔器材行业首家国际注册的品牌。产品销往全国20多个油气田及中亚、中东、东南亚、南美和北非等18个国家和地区。

实力创造非凡，文化成就未来。40多年来，大庆石油管理局在为国家创造巨大物质财富的同时，创造了宝贵的精神财富，形成了闻名中外的“大庆精神”、“铁人精神”、“三老四严”等独具特色的优秀企业文化。大庆精神同井冈山精神、长征精神、延安精神一样已成为中华民族精神的一部分，成为大庆石油管理局发展的不竭动力，成为优质服务、取信用户的巨大商誉优势。企业英雄“铁人”王进喜，被评为20世纪百年中国十大人物之一，其英雄业绩世人皆知、彪炳千秋。

伴随经济发展和社会文明程度的不断提高，大庆石油管理局在自身发展壮大的同时，致力于“关注环境，关爱生命，创造能源与环境的和谐”，先后实施了安居工程、绿地建设工程、湖水改造工程、广场建设工程等十大工程。矿区绿化、美化面积逐年扩大，油田绿化覆盖率为21.7%，建成区绿化覆盖率为36.5%，人均绿地达9.9平方米，如今的大庆已由昔日的塞外荒原变成今天的“北国江南”。

新时期，面对经济全球化的机遇和挑战，大庆石油管理局提出“逐步建成以石油工程技术服务为主、加速向新经济领域迈进的国内一流的社会主义现代化企业和全面实施国际化经营的现代企业集团”的奋斗目标。大庆石油管理局正在以崭新的形象阔步前行于“创建百年油田、搞好二次创业”的辉煌征程上。

发扬大庆精神、铁人精神，遵守“奉献能源，创造和谐”的企业宗旨，秉持“诚信、创新、业绩、和谐、安全”的企业核心经营管理理念，发展中的大庆石油管理局竭诚为您服务！

铁人队伍与您共创精彩世界！

# 四川石油管理局

## 一、企业概况

四川石油管理局隶属于中国石油天然气集团公司，是主营油气田工程技术服务、机械制造和油气合作开发，享有独立对外经济贸易和技术经济合作业务权的国有大型企业集团。

四川石油管理局有近50年的天然气勘探开发历史，在四川盆地建成了中国最大的天然气工业基地。坚持以建设中国西部最具实力的综合性油气工程服务企业为发展方向，形成了物探、钻井、测井、井下作业、油气田建设、石油机械制造等9个支柱专业、19个专业化公司的主营业务格局。是国际地球物理承包商协会成员和国家测绘局认证的“甲级测绘单位”、国际钻井承包商协会成员，具有国家化工石油工程施工总承包一级资质。截止到2005年底，全局有在册职工4.29万人，局属二级单位39个，资产总额110.8亿元。有各类专业技术人员1.24万人。钻井队120个，地震队26个，建筑施工作业队92个。在山地地震、超深井、定向井、丛式井、欠平衡水平井钻井，各类型测井，高压油气井控制，深井固井，地层取心，新型泥浆体系，油气井灭火，低渗透油气层改造，油气加工装置建设，大型油气管道跨越及穿越施工，钻头生产、螺旋焊钢管制造、钻机生产配套等方面居国内或国际先进水平。能提供从油气田勘探开发到地面建设等系统工程技术和相关的产品。

在近50年的发展史中，四川石油管理局先后参与了大庆、胜利、辽河、塔里木等10多个油田的会战，参与西气东输、忠武线、克拉2中央处理厂等重大工程建设。先后在20多个国家和地区服务。四川石油管理局的钻井队是最早进入国际市场的中国钻井队伍，特别是在科威特油井灭火中声誉卓著。荣获过“鲁班奖”、全国“五一劳动奖状”等多项国家级、省部级荣誉称号。荣获了“川军特别能战斗”的称誉，孕育了以“川油精神”为核心的企业精神文化。

## 二、“十五”成就

经过“十五”期间五年的不懈努力，四川石油管理局的面貌与2000年相比发生了较大变化。主要取得了四大成效：

——经营状况根本好转。2005年，主营业务收入98.9亿元，较2000年的39.5亿元增长150%。2005年全局实现利润0.61亿元，较2000年亏损6.66亿元，减亏增盈7.27亿元。

——管理体制彻底变革。撤销、移交中小学校33所，9个公安机构全部移交，医院、卫生所减少31个，企业办社会负担大大减轻。彻底进行专业化重组，压缩管理层次，构建了专业化管理格局。

——整体实力快速提升。五年中，设备新度系数从0.4提高到0.61。坚持不断强化“川油”特色的技术实力，形成了一大批特色配套技术。凭借较强的实力，为四川油气田的勘探开发提供了坚强支撑，完成的工作量不断攀升，大力拓展外部市场，年收入从7亿元增长到36.7亿元。

——企业凝聚力明显增强。随着企业发展，员工的人均收入较2000年的水平实现翻番。生产、生活基地逐步向大中城市靠拢。广大员工信心倍增，企业凝聚力大大增强。

## 三、“十一五”规划

“十一五”期间，四川石油管理局将实施“三四五六七”发展规划：

实施“三大战略”：持续发展战略、技术创新战略、市场拓展战略。

提高"四个能力":提高服务保障能力、提高市场开拓能力、提高自主创新能力、基本具备自我发展能力。

突出"五个重点":把转变经济增长方式作为发展的着力点、把技术创新作为发展的支撑点、把加强基层建设作为发展的立足点、把安全环保稳定作为发展的基本点、把以人为本作为发展的出发点。

实现"六大目标":(1)经济总量持续增长。到2010年,主营业务收入达到150亿元。(2)盈利能力持续提高。到2010年,利润达到2亿元。(3)竞争能力持续增强。技术创新能力明显提升,人才总量和结构更趋合理,建成中国西部最具实力的综合性油气工程服务企业。(4)创建资源节约型企业取得显著成效。年新增技术措施节能率达到1.8%以上,新增技术措施节水率达到3%以上。(5)全局各项事业全面发展。基层建设、企业文化建设取得新进展,安全、环保、稳定形势进一步好转,构建和谐企业取得实效。(6)职工生活质量改善。基地收缩取得较大进展,职工人均收入在2004年基础上实现翻番。

拓展"七项部署":做大做强工程技术服务业务、做精做强天然气业务和燃气业务、做专做强装备制造和机械加工业务、做快做强国际业务、做优做强多元经济业务、做好做强生产服务业务和公共事务管理业务。

# 以人为本　科学发展
# 全面推进具有国际竞争力石化企业建设进程

中国石油大庆石化公司

从2001到2005年的"十五"计划，是大庆石化公司改革和发展任务繁重而艰巨的五年，也是公司稳健发展、成绩较大的五年。面对市场竞争的新形势，面对重组改制后遇到的新情况、新问题，我们坚定不移地贯彻落实集团公司和股份公司的战略部署，以安全稳定为前提，以发展为第一要务，以改革和科技进步为动力，制定并实施了一系列具有创新意义的重大举措，圆满完成了"十五"计划，为公司"十一五"乃至长远科学发展奠定了坚实基础。

（一）发展战略稳步推进，综合实力进一步增强。以科学发展观为指导，制定并实施"中油排头，全国优秀，建设具有国际竞争力石化企业"的"三步走"发展战略，自我发展能力和盈利能力明显提高。主要产品产量、销售收入创历史最高水平，经济效益位居股份公司炼化企业前列，进入全国石化行业效益百佳企业前五名。五年累计实现销售收入941.07亿元、利税总额80.80亿元。年销售收入由期初的166亿元跃升到270亿元，实现了由巨额亏损向大幅盈利的跨越。

（二）经济规模逐步扩大，长远发展后劲进一步增强。完成建设项目121项，投资总额31.45亿元。聚乙烯专用料树脂改造工程、30万吨/年重整装置扩能改造、新建120万吨/年加氢裂化装置和4万标立/小时制氢装置、化肥扩能改造等一大批重点项目顺利投产。乙烯生产能力由48万吨/年增到60万吨/年，化肥生产能力由50万吨/年增到80万吨/年，炼油年加工量突破了620万吨。产品结构更趋合理，产品质量和高附加值产品、名优产品比例明显提升，高档石化产品产量有较大增长。

（三）科研开发成效显著，自主创新能力进一步增强。大庆石化公司历来高度重视科技工作，拥有一批爱国奉献、科学求真、团结协作的科技人员和技术精湛的操作人员，取得了一批以加氢催化剂开发、气相聚乙烯扩能技术、大型乙烯压缩机组国产化为标志的重大科技成果。组织实施科研项目297项，共投入科研经费1.9亿元。27种新产品开发问世，25项科技成果实现工业化应用。在聚烯烃树脂专用料及后加工技术、炼油与化工助剂系列产品开发等方面形成了自身特色，确立了中国科学院和股份公司化工中试基地、股份公司加氢技术研究中心和黑龙江省石化产品及合成树脂分析测试中心的科研地位。

（四）内部改革积极稳妥，运营流程日趋完善，企业活力进一步增强。对炼油、化纤业务实施整合，十五期间报费装置23套。解体了扭亏无望的化纤厂。对不良资产或非经营性资产妥善处理，资产结构和质量、营运状况明显改善。稳步推进人事、劳动和分配制度改革，激励约束机制得到完善。加大了干部公开竞聘和交流力度，选人用人机制得到完善。实行全面预算管理和资金、债务、会计核算集中管理，财务运作更加规范。加强审计、纪检、监察、法律工作，完善内控体系，增强了企业风险防范能力。QHSE体系运行顺畅，信息化建设步伐加快，企业管理水平有新提高。

（五）党的建设、企业文化建设扎实深入，队伍凝聚力和战斗力进一步增强。按照集团公司党组和省委、市委的统一部署，先后开展了"三讲"和党员先进性教育活动，党组织的政治核心作用进一步增强，党员先进性建设取得新成果。认真落实《集团公司企业文化建设纲要》，着力培育符合现代企业发展方向、具有鲜明时代特征和公司特色的企业文化。员工队伍思想观念发生了较大转变，机遇意识、市场意识、竞争意识、创新意识和对改革调整的承受能力有了较大提高，公司倡导的价值观念和行为方式得到大多数员工的认同和实践，工作积极性、主动性、创造性明显增强。

（六）员工工作生活环境继续改善，构建和谐企业能力进一步增强。在生产发展、效益提高的基础上，不断增加员工收入，提高生活质量。实施员工补充医疗保险，建立特殊岗位人身意外伤害保险和扶贫互助基金，实行七小时工作制、疗养货币化、免费工作餐、通讯费补贴、带薪休假制度。生产一线配备了微波炉、饮水机，修缮了员工休息室。支持和配合非上市企业加强社区管理和建设，完善了文化体育设施，使员工工作和生活环境更加舒适。加强安全监督管理，健全重特大事故应急预案，实施重特大事故责任追究制度，企业安全生产保障能力有了新的提高。推进清洁生产，强化资源节约，环境友好型、资源节约型企业建设有效进行。坚持“四共”原则，加强与总厂的协作，形成一盘棋格局。加强地企合作，带动地方经济发展，地企关系明显改善。

“十五”的成绩来之不易。在这五年的实践中，我们对推进企业科学发展规律的认识不断深化，这既是实践经验的总结，也是“十一五”必须遵循的原则。概括起来，主要有以下几点：

一是必须始终不渝地把科学发展作为第一要务。既要保持一定的发展速度，更要注重发展质量，坚持用发展的办法解决前进中的问题，做到速度与质量、效益相统一，努力实现科学发展。

二是必须坚持以人为本，加强和谐企业建设。妥善处理改革、发展和稳定的关系，确保大局稳定。在追求经济效益的同时，认真履行政治责任和社会责任，做到安全生产、清洁生产、节约生产，实现生产与安全、能源与环境、企业与社会、企业与员工的和谐，树立稳健、诚信、负责任的公司形象。

三是必须同步驱动支撑企业发展的科技和管理两个轮子。通过科技创新提高核心竞争力和管理现代化水平，通过管理创新提高运行质量和科技创新贡献率。避免相互脱节，特别是管理滞后影响和制约科技乃至整个企业健康发展。

四是必须坚持埋头苦干，力戒心浮气躁。继承和发扬“三老四严”、“四个一样”的优良传统，大兴求真务实之风。出实招、办实事、使实劲、求实效，防止急功近利，杜绝形式主义。

五是必须使政治优势和文化优势转化为企业的创效优势和发展优势。围绕中心抓好党的建设、思想政治工作和企业文化建设，使其进入管理发挥作用，为企业发展提供不竭的动力源泉。

总结“十五”成绩，我们备受鼓舞，展望“十一五”前景，我们充满必胜信心。“十五”计划的完成，标志着大庆石化公司已经站在一个新的起点上朝着既定的目标前进。

“十一五”是大庆石化公司发展的重要机遇期，更是实现发展目标的关键时期。我们一定要树立强烈的机遇意识、风险意识和创新意识，立足科学发展，着力自主创新，完善体制机制，促进企业和谐，使公司切实转入科学发展轨道。

“十一五”发展目标是：中油排头、全国优秀，把公司建设成为中国石油和国内最具竞争力的石化企业，实现公司“三步走”发展战略的前两步战略目标。优化加工流程，提高炼油实力；搞好百万吨乙烯建设，增强化工特色，为公司长远发展奠定坚实基础。到2010年，利润率达到8%以上，在股份公司炼化企业中盈利能力站排头；主要技术经济指标排在股份公司炼化企业前三位，达到国内领先水平；装置规模更趋合理，炼化一体配置资源能力明显增强；高附加值产品比例大幅增长，形成具有自身特色的产品优势；转变增长方式，资源节约型和环境友好型企业建设走在全国大企业前列；各项管理工作更加科学、规范、高效；员工思想道德素质和技术业务素质不断提高。企业竞争能力、盈利能力和抵御市场风险能力全面增强。

大庆石化公司的发展已经站在了“十一五”新的起点上，新的目标鼓舞人心，新的任务催人奋进。在公司发展新的历史机遇期，在大庆精神、铁人精神指引下成长起来的大庆石化人有责任有能力担负起公司发展的重任，团结一心，务实创新，全面推进具有国际竞争力石化企业建设进程，努力开创公司科学发展的新局面。

# 树立科学发展观　大力发展循环经济
# 提高资源利用率　建设节约型企业

中国石化集团燕山石化公司　　王永健

燕山石化公司成立于1970年，经过35年的发展壮大，已累计向社会提供各类油品和化工产品2亿吨，实现利税520亿元。2005年加工原油796.87万吨，生产乙烯98.93万吨，实现销售收入603亿元，实现利税42亿元。多年来，燕山石化坚持内涵发展，积极转变经济增长方式，推进技术进步，大力节能降耗，努力提高资源利用率，不断提高环保治理水平，在产品总量做大的同时，各种消耗显著降低，资源利用水平大幅提高，保持了企业持续健康发展，创造了良好的经济效益和社会效益。

## 一、树立科学发展观，珍惜资源，努力实现单位资源创造价值最大化

牢固树立和认真落实科学发展观，是新时期、新形势下我国经济社会发展的客观要求，也是企业改进发展模式、提高发展质量的指导思想。循环经济是一种以资源高效利用和循环利用为核心、符合可持续发展理念的经济增长模式。发展循环经济对于缓解我国资源紧张的状况、保持经济社会和谐发展具有重要意义。北京市面临着资源和环境的压力，"加快发展循环经济，建设节约型城市"具有十分的必要性和紧迫性。

燕山石化作为地处首都的工业企业，应当为北京建设"节约型城市"作出贡献。燕山石化主要原料是石油，不断提高单位石油创造的价值是企业竞争力之所在。华北地区水资源十分紧缺，燕山石化面临的资源制约问题十分突出。环境方面，作为负责任的大企业，必须自觉按照建设和谐社会、促进人与自然和谐发展的要求，提高环保治理水平，改善地区环境质量。燕山石化将资源和环境的压力转化为企业发展进步的动力，尽最大努力把有限资源利用好，在与其它企业创造相同经济效益的情况下，做到资源消耗量最低，环境影响最小。2005年与2000年相比，燕山石化每吨原油创造工业产值（不变价）从1510元提高到1819元，增长20%；单位产值耗水29.94吨/万元，下降20.4个百分点，万元产值COD排放量2621.43吨，下降1.07个百分点，实现了单位资源创造价值不断提高，单位产值消耗资源、产生污染逐年减少。

## 二、依靠技术进步，调整燃料结构，提高资源利用率

燃烧的火炬曾经是石化行业的标志，但这既浪费资源，又造成空气污染。1996年开始，燕山石化开展了大规模火炬系统改造，目前8支火炬在正常生产时完全熄灭，每年回收约10万吨火炬气，作为燃料替代重油，并减轻了大气污染物排放。

燕山石化大力开展节水工作，树立"污水也是资源"的观念，积极实施污水回用。2002年采用自主开发的炼油污水回用成套技术，投资1600万元建成西区污水回用装置，对污水进行深度处理净化，出水用于循环水系统。2004年又投资7000多万元建成东区污水回用装置，在国内首次采用双膜技术进行化工废水深度处理，实现了用污水脱盐作为锅炉补水在实践上的突破。两套污水回用装置2005年共生产回用水586万吨，既减少了污水排放，又节约了宝贵的水资源，初步实现由污水达标排放向水资源循环再利用型的转变。

燕山石化积极调整燃料结构，在国家发改委安排指导下，国际绿色能源组织援建的我国第一台220吨/小时水煤浆示范炉于2000年1月在燕山石化建成投产。目前，燕山石化已探索出比较成熟的水煤浆清洁燃烧技术，各项环保指标达到或优于北京市标准。2005年消耗水煤浆27.67万吨，可替代12万吨燃料油作为资源进行深加工，全年燃用酚焦油14061吨，既实现了资源的综合利用，又

一定程度地缓解了成本上升的压力，较好保障了生产生活的水、电、蒸汽供应，其经济效益和社会效益十分显著。2005年将62万平方米蒸汽供暖系统改造为型煤锅炉供暖。为综合利用1000万吨/年炼油系统改造后副产的石油焦，目前正在配套建设CFB锅炉。

燕山石化不断推广节能新技术、新工艺、新设备、新材料，提高节能水平。通过改造工艺加热炉，使公司58台加热炉的平均热效率从77.5%提高到87.0%。通过开发回收利用生产装置的余热，实现余热采暖130多万平方米，年节能折合标准油3万多吨。同时通过采用新型高效保温材料改造管网保温40万平米，提高隔热效率，年节能达3万吨标准油。

## 三、全面、全过程管理，大力节能降耗

燕山石化认真贯彻国家关于能源工作的方针、政策，建立健全全员、全面、全过程的节能管理体制。在公司范围内从原料进厂到产品出厂做全过程的调查，开展能量平衡测试，对千余台换热设备和机泵逐个进行检测计算，对生产装置进行热平衡测试和计算，找出节能潜力，制订节能规划。实行能耗定额管理，与经济责任制考核挂钩，调动职工节能积极性。目前已制订公司级节能制度17项，厂级节能制度30多项，使节能管理走向规范化、制度化。

通过加强能源计量管理，实施管网优化，治理跑冒滴漏，对能源转供进行清理等措施，堵塞了管理漏洞，全年减少蒸汽损失5万吨，减少电损失72万千瓦时，减少水损失43万吨。

燕山石化开展广泛的群众性节能竞赛活动，调动职工节能积极性和创造性。每年开展锅炉、加热炉、热交换站、循环水、变电站经济运行等节能小指标竞赛，促进了节能、降耗、增效。加强对民用水、电、液化气的管理，全部实现计量收费，提高职工群众的节能意识，2005年液化气用量比2003年节约2443吨。

## 四、加快油品质量升级，积极推进清洁生产

燕山石化按照中国石化部署，积极推动油品质量升级，改善首都空气质量。1999年实现了全部汽油无铅化，2000年开始生产清洁汽油，2003年下半年做到了全部生产清洁汽油，2004年生产出相当于欧Ⅱ排放标准的京标A汽柴油，2005年正在开始生产符合欧Ⅲ排放标准的京标B汽柴油。实行新标准后，北京市机动车尾气中污染物排放将大幅减少。以$SO_2$为例，实行欧Ⅱ标准后，排放量每年减少2760吨，实行欧Ⅲ标准，每年再减少3430吨，有利于改善首都空气质量。

1993年，我公司就成为国家环保总局清洁生产审计试点单位，开始将清洁生产引入生产管理中，污染防治从末端治理转向全过程控制。公司每年有计划安排3-4套重点装置开展审核，研究清洁生产方案，采用最新清洁工艺技术对装置进行改造。截至2005年，公司已有34套装置完成一次以上的清洁生产审核，占主要生产装置的71%。累计实施453个清洁生产方案，共削减污水排放量500万吨，削减COD排放量1148吨。

## 五、"十一五"环保目标

燕山石化与国际先进水平相比，还需要进一步深入开展工作。目标是把燕山石化建成一个"产品特色突出、技术实力雄厚、管理科学规范、员工素质优良、文化独特鲜明、发展持续稳定"的现代企业。下一步要抓紧进行1000万吨/年炼油系统改造，进一步推动油品质量升级，汽柴油质量全部符合欧Ⅲ标准，为实现2008年"绿色奥运"提供强大的绿色动力。改造后轻油收率将从73.30%提高到83.78%，燃动能耗将从88千克标油/吨下降到75千克标油/吨。燕山石化还将进行三轮乙烯改造，使乙烯产量达到130万吨/年以上，进一步调整产品结构和技术升级，能耗从690千克标油/吨降到650千克标油/吨以下。两项改造工程都将按照增产减污的原则，采用清洁生产工艺，实现环境保护与节能增效的目标。同时加快成品油管线建设，届时燕山石化向北京市供应的汽油、柴油、航空煤油全部实施管道密闭输送，降低挥发损失、环境污染和运输风险。"十一五"期间还要对化工系统动力锅炉进行整合改造，集中建设大型化锅炉，停开部分燃油锅炉，将热效率提高到93%以上，进一步降低污染物的排放，实现资源的合理利用和环境友好。

燕山石化将全面落实科学发展观，走新型工业化道路，继续在节能降耗、发展循环经济上加大力度，把北京的石化产业做精做优，为国民经济持续快速健康协调发展做出应有的贡献。

# 承担国家技术创新责任

## ——富通光纤预制棒技术自主创新纪事

2001年，富通集团研制成功了具有自主知识产权的光纤预制棒全合成技术，成为中国惟一掌握该项技术的企业；

2002年，富通集团承担的光纤预制棒产业化新技术课题被列入国家863计划，承担起了国家赋予的责任；

2003年，富通光纤预制棒全合成技术获中国信息产业重大技术发明奖；

2004年，富通光纤预制棒项目列入“十五”后续国家科技攻关计划；

2005年，富通集团研制成功了FTTH(光纤到户)用光纤预制棒，成为富通在光通信产业领域内的又一重大自主创新成果。

经过五年来的努力，富通集团在光通信产业内先后投资数亿元，攻克一道道技术难关，并取得了重大突破性进展，为民族光通信产业赢得了应用的尊严和底气，承担了国家在光纤预制棒领域技术创新的重任。

富通集团创办于1987年，经过十九年的发展，富通已是国家重点高新技术企业、全国电子信息百强企业和全国民营百强企业，产业规模、实力跃居国内同行前列。主导产品包括了光纤预制棒、光纤、光缆、光配件、通信电缆、电子线缆以及宽带无线接入、PHS移动终端、绿色新型环保锂离子电池等产品和FTTH接入网络解决方案。

光通信产业是国家重要的战略性产业，在国民经济信息化、保证国家信息安全及提升国家竞争力方面发挥着不可替代的作用。中国光通信产业经过多年的发展，虽然已经取得了长足的发展，并成为我国高科技领域与国际先进水平差距最小的行业之一。但是由于起步晚、市场环境和国际技术封锁等因素，中国光通信的核心技术光纤预制棒技术始终被国际大公司长期垄断。在整个光通信产业内，光纤预制棒作为光纤产品的核心原材料，是光通信产业的最上游产品和制高点，其利润占整个产业链的70%左右。意即谁掌握了光纤预制棒技术，谁就控制了整个光通信产业的“咽喉”。

富通集团光通信事业发展始于1993年，凭借科研合作优势，富通推出了各种型号的光缆产品。1998年，依托与国际企业的合作资源，富通率先进入光纤制造业，成为中国最早引进光纤拉丝生产线的民营企业。对当时的富通而言，虽然结合自身特点在极短的时间内快速消化吸收了国际先进的光纤生产技术，也为富通立足中国光通信产业奠定了雄厚的基础。但由于尚不具备光纤的上游产品光纤预制棒生产技术，因此每年不得不依赖国外进口光棒来拉制光纤。在富通与国外厂商签订的原材料供货合同中，国外厂商肆意抬高价格，处处设限，极大地制约着企业的成本控制能力。在与国际企业的合作与竞争中，此时的富通也已意识到上游核心技术对于自身发展的重要性。

2000年5月11日，时任中共中央总书记江泽民同志在专程来富通视察党建工作时，对富通立足高科技，坚持发展光通信产业的情况给予了肯定，也特别谈到了光纤预制棒项目的困难和重要性，并嘱托公司董事长王建沂“好好干！”。

在这样的背景下，富通集团决心突破光纤预制棒产业技术壁垒，掌握具有自主知识产权的光纤预制棒技术。同年11月，富通专门组建了光纤预制棒技术攻关小组。技术研发人员经过反复试验和论证，在引进国际先进技术的基础上加以消化吸收和二次开发。历时一年多的技术攻关和努力，2001年底，拥有自主知识产权的全合成光纤预制棒技术终于在富通研制成功，一举打破了国际光通信巨头多年的技术垄断格局，从而使富通成为中国唯一掌握该项技术的企业。

富通集团自主知识产权的光纤预制棒全合成技术相比国际同类技术，具有沉积速度快、生产效率高、可连续生产及成本低等优点，应用此技术制造的大型光纤预制棒最长可以拉制1000千米长的光纤。业内专家在进行技术鉴定时认为：该技术的先进性已达到世界领先水平。

2002年，富通光纤预制棒产业化项目被列入国家863计划，这标志着富通光纤预制棒研究工作走在了全国前列，它的实施对我国光通信领域科技进步和推动信息化进程有着深远的影响。2003年，富通技术研发人员开创性的将元素分析技术引入产品分析，经过缜密地科学分析和讨论，通过大量的实验及样品测试，成功开发出了适合拉制低水峰光纤的光纤预制棒，该工艺获得国家发明专利授权。2003年，富通光纤预制棒全合成技术获得国家信息产业最高奖—信息产业重大技术发明奖，这是对富通人在光纤预制棒领域多年努力的充分肯定。在掌握光纤预制棒全合成技术之后，富通并没有停滞不前，富通人站在开放性的技术平台上，在引进、吸纳国际先进技术的基础上，积极推进光纤预制棒生产设备的国产化，自行研制开发了具有自主知识产权的大尺寸光纤预制棒装置设备，从而大大降低了生产成本，并使光纤预制棒制造技术不断走向巩固和成熟。目前，富通已相继成功开发出了支持多种通信业务的光纤预制棒，如用于拉制G.652B、G.652C、G.655光纤的大尺寸光纤预制棒，并推出了G.652C、G.652D、G.655多模光纤、FTTH用抗弯曲等各种新型光纤。

2004年底，富通承担的光纤预制棒863项目中的三个课题顺利通过国家科技部组织的专家验收，获得专家的高度评价。近几年，通过不懈的努力，富通不仅在光通信领域内构建起了自主研发和自主创新能力，行业地位和影响力也得到了进一步提升。富通集团积极参与起草行业和国家标准的制订，富通是中国参与国际电信联盟（ITU）光纤标准制订的两家企业之一，还参与了有关国家光纤预制棒专利体系的建设。2005年，由富通集团组织参与、发起的中国通信业光纤反倾销案获得终裁胜利，不仅提升了富通的行业影响力，也对中国光通信产业的发展产生了重要的作用。

近年来，富通集团先后承担国家重大科技攻关、863计划以及重点技术改造等国家级项目8项，省市级计划项目达到25项，申请专利55项，成为代表国家在光通信产业领域内竞争的代表。

十多年的光通信发展历程，富通集团依靠持续的自主创新战略，在光通信领域内走出了一条从引进、消化吸收到再创新的道路，代表国家承担起了在光通信产业内技术创新的重任，也为推进中国信息化进程作出了应有的贡献。

# 海虹老人牌(中国)有限公司

海虹老人牌(中国)有限公司成立于1992年,是丹麦老人牌集团与香港招商局国际有限公司合资组建。老人牌集团在全球拥有18个工厂,47个销售办事处,130个存货点,以高质量的涂料产品远销世界各地。

海虹老人牌的业务领域包括中国大陆及香港地区。公司总部设在香港,在中国大陆共有三家工厂(蛇口、昆山、烟台),七个办事处(北京、大连、青岛、上海、成都、广州、深圳)。专业生产及经营船舶漆、集装箱漆、工业防护漆、建筑装饰漆、道路标线漆等不同类型的各种涂料产品。目前海虹老人牌年产量达10万吨,销售净额超过13亿港币,已成为中国船舶漆、集装箱漆、工业保护漆、建筑装饰漆、道路标线漆市场上的主要力量。

目前,海虹老人牌的所有工厂都通过了ISO 9001、ISO 14001及OHSAS 18001认证,这保证我们高质量的涂料是按国际标准生产,并且按照合乎环境要求的步骤进行,在生产过程中确保员工的健康与安全是第一重要的。此外,所有在中国生产的涂料产品都执行集团在丹麦哥本哈根中心制订的全球标准,确保了海虹老人牌在各地生产的涂料都拥有同等水准的质量。

除了提供高质量的产品之外,我们还提供专业化的技术服务及知识。作为船舶漆、集装箱漆、工业防护漆、装饰道路漆市场的带头人,海虹老人牌(中国)有限公司对技术服务顾问进行教育及装备上投入巨资,确保涂漆工作的每一个环节都能按照要求进行,以使客户满意。在中国,我们拥有160余名专业技术服务人员随时协助客户准备涂料配方并在施工过程中给予支持。在这些技术服务人员中有40多人拥有国际FROSIO证书。我们的专业技术服务人员在施工过程中会根据客户的实际需求推荐专业化的最优技术方案。

3家经ISO认证的工厂和13家储运仓库组成的独特供货链可以由南到北给各行业提供全系列产品,并保证在短时间内迅速、准确地向客户交货。多年来,海虹老人牌获得了中国政府和行业协会所颁发的众多奖项,如“中国外商投资企业500强”、“外商投资双优企业”及“安全生产管理一级单位”等。

海虹老人牌将继续追求客户的满意度、产品及服务的高质量,以“质量、信誉、服务、承诺”为经营理念,广泛地为广大消费者服务。

# 坚持自主创新　打造民族品牌

## ——武钢硅钢生产技术自主创新之路

武钢是新中国成立后国家投资兴建的第一个特大型钢铁联合企业，自1958年建成投产以来，经过几代武钢人的艰苦创业，努力奋斗，不断发展壮大，由最初设计的年产150万吨钢规模发展成为具备年产2000万吨钢综合生产能力的大型企业集团，走出了一条以科技为先导的质量效益型发展道路。截止2005年底，武钢累计产钢1.63亿吨，累计实现利税744亿元，其中上缴国家525.18亿元，是国家对武钢投资64.2亿元的8.1倍，为我国的社会主义现代化建设作出了重要贡献。

冷轧硅钢片素有冶金工业的“工艺品”之称，其生产技术代表着当今冶金工业的最高水平，反映着一个国家钢铁制造业的实力。武钢是我国最早引进硅钢生产技术的国有骨干企业，经过近30年的建设和发展，已成为我国规模最大、品种最齐全的硅钢生产基地，也是我国目前唯一能生产冷轧取向硅钢和高档无取向硅钢产品的钢铁企业。特别是武钢二硅钢工程不仅投资省，而且技术装备档次高、国产化率高、产品品质高，代表了中国硅钢生产的最高水平。

### 一、武钢硅钢生产概况

1974年，武钢首次从日本新日铁引进了冷轧硅钢生产专利技术，1978年建成我国第一条硅钢生产线。2006年9月，武钢二硅钢工程又全线建成投产。武钢冷轧硅钢片生产能力将由40万吨达到142万吨。同时，武钢已开始三硅钢建设，三硅钢建成后，武钢冷轧硅钢生产能力将达到162万吨，其中取向硅钢将达到40万吨。

28年来，武钢硅钢年产量从最初的7万吨扩大到2005年41.8万吨，从最初的8个品种、32个规格发展到36个品种、150个规格。截止2006年7月，武钢共生产硅钢524.6万吨，其中取向硅钢154.2万吨，无取向硅钢370.4万吨。武钢冷轧无取向硅钢片和冷轧取向硅钢片于1985-1994年曾先后获国家金、银质奖。硅钢片等5个产品于1982-1989年分获市、省、部优。冷轧无取向硅钢系列产品和冷轧取向钢系列产品于1990年获冶金部“实物质量达国际先进水平”六个金杯奖。2006年，武钢冷轧取向硅钢和无取向硅钢产品荣获“中国名牌产品”称号。

武钢冷轧硅钢产品被广泛应用于变压器、发电机、电动机和家用电器等领域，深受用户的信赖，为我国经济社会发展作出了重大贡献。研制开发的硅钢新产品被用于国家重要工程项目，如小浪底工程、三峡工程、青藏铁路工程、北京正负电子对撞机工程、神六载人飞船工程等。保定变压器厂采用武钢生产的HiB钢制造出了我国第一台50万伏的大型变压器。江西变压器厂采用武钢生产30QG105牌号HiB钢制造的变压器出口国际市场。武钢开发的宽带薄规格冷轧取向硅钢片还被用于国防建设和出口异变电焊机等。

### 二、武钢硅钢生产自主创新历程

武钢从20世纪80年代以来，大力开展硅钢生产技术创新，独立开发了一系列的硅钢生产技术及新钢种，取得了丰硕的自主创新成果。获得专利50项，40余项成果获得了市以上级别的科技奖励，其中省部级以上的科技进步及技术发明奖20项，国家级科技进步奖4项。《武钢一米七轧机系统新技术开发与创新》以及采用武钢研制的冷轧硅钢片的《北京正负电子对撞机和北京谱仪》项目获得国家科技进步特等奖。武钢通过坚持不懈的引进、消化、吸收再创新和集成创新，逐步形成了拥有自主知识产权的硅钢生产核心技术，极大地促进了我国冷轧硅钢片制造业的发展。

武钢硅钢技术自主创新经历了以下几个主要阶段：

第一阶段是专利技术的引进、消化、吸收阶段。这一阶段主要是从1974年引进日本硅钢专利技术，建成硅钢生产线到“六五”时期。武钢通过对所引进的专利技术进行消化、吸收，成功生产出了专利范围要求的冷轧硅钢片产品，并使产品为用户所接受。这是武钢硅钢生产的起步阶段。

第二阶段是专利技术的改进和提高阶段。这一阶段主要是在“七五”及“八五”中期。这一时期，武钢在消化和吸收一米七技术及日本硅钢生产专利技术的基础上，为了提高产品质量，扩大产能，第一次对日本专利技术进行了突破，完成了冷轧硅钢生产的全连铸生产技术及设备的开发及应用、硅钢大卷化生产技术的工艺及设备改进，成功开发了W07-W09系列高牌号无取向硅钢产品。这一阶段，武钢硅钢生产技术的自主创新有了一个良好开端。

第三阶段是硅钢技术引进消化吸收再创新和产品的自主研发阶段。为了满足国家建设和机电产业需求，武钢于1992年再次引进了新日铁取向硅钢生产技术，先后兴建了11条作业线，其中包括国内唯一、世界仅有5座的高温环形退火炉、采用先进的自动厚度控制技术的高精度森吉米尔轧机等，武钢硅钢生产能力、工艺水平实现了跨越式发展。与此同时，武钢投入大量的资金进行自主研发，硅钢技术进入空前快速的发展阶段。

第四阶段是硅钢技术的集成创新阶段。“九五”时期以后，武钢在硅钢生产实践中积累了丰富的科研、生产和管理经验，彻底摆脱了专利技术的束缚，开始走上以集成创新为主的发展道路，自主开发出了大量的冷轧硅钢新产品和多项武钢特有的硅钢生产技术，武钢开始形成自己的冷轧硅钢片核心生产技术。“十五”期间，武钢实施第三次大规模的技术改造，目前已经投产的二硅钢工程的21条作业线中，除3条轧机主体设备从国外引进外，其他设备全部国产化，国产化达到90%，其中包括具有当今国际先进水平的、我国第一座国产取向硅钢连续高温退火环形炉及取向硅钢成套技术装备。这一时期，武钢通过新产品开发，开始形成具有竞争力的战略产品群：取向硅钢方面，武钢独立自主开发完成了具有国际先进水平的低温取向硅钢生产装备及技术，并成功试制出QRD钢种。无取向硅钢方面，武钢开发出了具有自主知识产权的“X”系列新产品、国内制冷行业急需的无取向电工钢系列产品、半工艺型无取向硅钢（WGB系列）以及高效电机用钢DGX系列、电动汽车驱动电机用钢QDG系列等，标志着武钢的无取向硅钢达到世界冷轧硅钢生产技术的先进水平。

**三、武钢硅钢发展的思路**

随着我国经济高速增长，电力工业快速发展，硅钢产品的需求量越来越大，且由于国内硅钢产品的产能尤其是生产难度很大的取向硅钢的产能有限，我国不得不加大进口量以满足电力工业的发展需要。与此同时，国外加大了对硅钢生产技术的封锁，只对中国出口设备，不输出硅钢生产技术。面对这种形势，我们必须奋发图强，自力更生，增强硅钢生产技术的自主创新能力，满足国民经济发展的需要。

武钢“十一五”及今后一个时期的钢硅钢发展战略目标是：以科学发展观为指导，落实国家钢铁产业政策，进一步加大硅钢生产技术研发力度，提升自主创新能力，完善生产工艺，扩大生产规模，提高产品质量，降低生产成本，不断把武钢硅钢片做强、做大、做精，努力把武钢建设成为全球最具竞争力的冷轧硅钢片生产基地。武钢将采取以下措施：

1.加快“十一五”规划的实施，进一步扩大硅钢生产能力。武钢“十一五”发展规划已经得到国家发改委批准，规划中硅钢产能要达到162万吨。武钢正在抓紧实施一系列旨在扩大硅钢产能的重点项目，主要是兴建三硅钢工程。三硅钢建成后，武钢硅钢的生产能力将达到年产162万吨，其中取向硅钢将达到40万吨，进一步巩固武钢硅钢在国内的领先地位，从根本上结束我国取向硅钢主要依赖进口的被动局面。

2.进一步加大硅钢生产技术研发，开发硅钢新产品。2003年7月，武钢成立技术中心硅钢研究所，集中武钢从事硅钢生产和管理的专家、技术骨干，形成了硅钢研发创新的核心力量，同时配备了完善的试验及检测装备，其研发能力在全国同行业处于领先水平。武钢新建的中试工厂已投入使用，将为武钢硅钢技术开发创新提供有力的支撑。目前，武钢硅钢生产技术具有人才、装备、体制和生产业绩等方面独特的优势。武钢正在积极争取在武钢成立国家硅钢技术开发中心，通过政策和资金上的支持，加强产品研发，使武钢的硅钢生产技术达到世界先进水平，在一些关键技术方面拥有自己独特的知识产权。

3.改造技术装备，提高硅钢产品质量。武钢在总结硅钢多年生产和管理经验的基础上，于2005年专门成立了硅钢管理部，对硅钢生产实施全面的、一贯化的管理，对提高硅钢产品质量效果十分明显。为进一步提高硅钢产品质量，武钢还将从技术装备、生产工艺、工序配套、原料等各方面加强改进和管理。比如新建转炉-薄板坯连铸连轧生产线(即CSP)、对一热轧进行技术改造、二炼钢进行易地改造等。

# 青岛钢铁控股集团有限责任公司

## 坚持科学发展观,实现可持续发展

青岛钢铁控股集团有限责任公司,始建于1958年,是老牌的国有企业,属于全国34家重点钢铁企业之一。目前铁、钢、材产能分别达到400万吨,2004年度列国家统计局发布的中国最大企业集团500强第107位。

自1997年始,先后出任总经理、党委书记、董事长、首席执行官的王玉科,以其超前的思维方式和崭新的管理理念,舍命以赴、励精图治,从抓基础管理、科学管理入手,深入探索企业发展的新路子,在社会主义市场经济日臻完善、全球经济呈现一体化的新形势下,实施企业强身战略,充分发挥企业管理的导演作用,技术创新和管理创新并驾齐驱,企业呈现了持续、快速、稳定发展的新局面。资产总额由1997年的45.6亿元发展到2004年的118亿元;销售收入由1997年的24.7亿元提高到2004年的190亿元;利税总额由1997年的5477万元提高到2004年的11亿元。铁、钢、材产量分别由一九九七年42万吨、74.7万吨和48.75万吨,分别增加到2004年的217.14万吨、224.98万吨、215.86万吨,高附加值产品比率达57%以上,主导产品焊线、焊丝市场占有率达到国内第一位,是全国最大焊接用材生产基地,弹簧扁钢市场占有率也稳步上升到国内第二位。企业资产的数量和质量得到同步提高,2005年获中国500最具价值品牌,价值达64亿元人民币。

近年来,青钢积极推行管理创新和技术创新,推动企业品牌建设,在优秀的企业文化和全新的管理模式实践中走出了一条成功之路,连年获得和保持"冶金产品实物质量金杯奖"、"产品质量国家免检"、"省级重合同守信用企业"等称号,2002年起分别获得中国技术监督情报协会颁发的"中国质量过硬服务放心信誉品牌"、中国市场研究中心颁发的"中国质量、服务、信誉AAA级企业"、中国质量检验协会颁发的"全国产品质量售后服务信誉双保障企业"、人民日报社市场信息中心颁发的"中国钢铁市场产品质量用户满意第一品牌"、世界品牌实验室颁发的"中国500最具价值品牌"、中国质量协会、全国用户委员会颁发的"全国用户满意产品"等荣誉称号,构建了一个充满社会各界赞誉的新青钢。

**一、有效配置企业资源,增强市场竞争能力**

进入"九五"后的青钢,工艺装备大多数处于60年代水平,且无焦无铁,利用二次化铁炼钢,生产效率低、环境污染严重,吨材成本比同类企业高出200多元;产品技术含量低,90%以上为普通建材产品,缺乏市场经济条件下所必需的核心竞争能力,不支持企业的品牌战略向高层次发展,一度成为地方和行业中亏损的典型企业,濒临倒闭破产的边缘。

青钢人在王玉科的带领下,提出了"三年三大步"的奋斗目标,为了迅速扭转企业所面临的不利局面,一方面积极塑造新进的企业文化,贯彻"企业即人,以人为本"的原则,推行"五个日"全控联动管理模式,建立新型高效的企业运行机制;一方面充分发挥现代企业管理的导演作用,实现资源的有效配置。1997年上半年,果断决策,停掉能耗高效率低的小电炉,淘汰落后模铸工艺,仅用147天,用正常投资的一半建成投产了3号连铸机,达到工期短、投资省、达产快的国内一流水平,成为当时国内第11家全连铸企业。1998年5月,开始建设炼铁配套工程。其中年产烧结矿108万吨的烧结项目于1999年10月剪彩投产,节约工期11个月,节约投资23.5%。其中3号高炉于2000年3月份投入生产,彻底淘汰二次化铁工艺,实现全高炉铁水炼钢。之后，先后完成新高线工程、新1号高炉工程、10000立方米制氧工程、LF精炼炉工程、R8米高效连铸工程、小型厂弹簧扁钢改造工程、60万吨清洁型焦化工程、$500m^3 \times 2$高炉工程、80吨转炉炼钢工程、双高线技改工程、$105m^2$烧结机及机械化原料场工程、$15000m^3$制氧工程等。

在大型技改项目中积极采用了新技术、新工艺，其中高炉采用富氧喷煤、卡鲁金顶燃式热风炉等技术，提高了高炉利用系数，降低了入炉焦比；从乌克兰引进的单吹颗粒镁铁水脱硫技术，降低了转炉消耗；采用转炉顶底复吹、LF精炼炉工艺，精确控制钢水成分，提高了钢水的纯净度；在连铸机上采用先进的结晶器液面自动控制、电磁搅拌技术、二冷自动配水和气雾冷却技术、全程保护浇注工艺技术，提高了连铸坯的内在质量和表面质量；在高速线材轧机上采用了国际先进的红外线在线自动测径、双模块技术、分段变速的辊道控冷技术等，满足了不同用户对不同组织性能产品的要求，大大提高了产品的轧制水平。

青钢对烧结、高炉、炼钢、精炼、连铸至轧材各环节工艺技术装备进行了大量的配套性技术改造。目前拥有国内先进的烧结、炼铁、炼钢等工艺技术装备及2套国际一流装备水平的高速线材轧机生产线。对优化产品结构，生产高附加值新产品，提高企业的品牌效应、增强竞争能力起了关键性作用。

**二、加强资源的综合利用，创建节约型企业**

青钢坚持把企业发展与安全环保、废旧资源的综合开发利用相结合，认真贯彻执行《中华人民共和国节约能源法》、《中华人民共和国环境保护法》等法规，不断加强企业内部各项管理制度和措施，二零零四年通过了GB/T24001-1996环境管理体系和GB/T28001-2001职业健康安全管理体系的认证。先后投资2亿元用于环保设施建设，既改善了周边地区环境质量，又提高了对废弃物的开发与综合利用水平。目前污染物综合排放合格率达到91.05%；钢渣、烟气、余热等综合利用率达到90%以上。高炉煤气、转炉煤气、工业用水、热能、钢渣、污泥的综合利用提到了新的水平，其中钢渣年回收利用超过100%；全年吨钢水耗3.27立方米，工业水循环率达97%以上，吨钢水耗居同行业先进水平；高炉煤气的回收利用，节约标煤130736吨，年减少烟尘排放量578吨，年综合效益4590万元。2004年起利用烧结工程对化工厂废弃物--铬渣进行无害化处理，积极服务于青岛市的环境改造，造福社会。

新技术、新工艺的推广应用，大大降低了工序能耗和工人的劳动强度，提高了生产效率和经济效益，为建设节约型企业奠定了基础。对所有污染源的综合治理、循环再利用，极大地改善了企业的环境指标和工作环境状况，通过青岛市政府清洁生产验收，树立了良好的企业品牌形象。

**三、“十一五”发展规划**

青钢坚持走新型工业化道路，积极推广应用新技术、新工艺，继续发挥好现代企业管理的导演作用，进一步实现资源的合理配置，充分发挥资源效能，建设节约型企业。

随着我国冶金行业生产规模急剧扩张，普通长线钢材产品生产过剩，市场需求向高、精、特方向发展。根据国家产业政策和对产业布局进行调整的方针，实施主导产品逐步由普通钢材向优质钢材、特殊钢材和精品钢材转移，由低附加值钢材向高附加值和高科技含量钢材演进的战略，在“十一五”期间建成具有世界先进水平的宽厚板带工程，在实现自我积累、不断发展壮大的基础上，将青钢打造成技术水平先进、环境保护领先、资源充分利用、经济效益突出的现代化钢铁企业，树立一流的钢铁品牌。

# 中国钢铁业的奇迹

## ——记江苏沙钢集团有限公司

30年前靠45万元自筹资金起家的沙钢，现已成为一座占地10平方公里、总资产325亿元、年销售额达310亿元、中国500强企业中排名第75位、全国民营企业第2位的现代化新钢城，为中国钢铁工业构筑起一道光彩夺目的亮丽风景线。

沙钢认真实践邓小平理论和“三个代表”的重要思想，以科学发展观为指导，与时俱进，发展先进生产力，勇攀科技新高峰，带领广大干部和职工群众，紧跟催人奋进的时代节拍，团结拼搏，千锤百炼，铸就了目前国内最大的民营钢铁企业沙钢的辉煌，谱写出中国钢铁业的新篇章。

**一、坚持发展，科学决策**

沙钢深信发展是硬道理，竞争靠真本事。沙钢的领导者在重大问题的决策上谙熟“进与退”的辩证法，他们尊重科学，相信事实。残酷的商战培养了他们“合于利而动，不合于利而止”的决策能力和“进不求名，退不避罪”的负责精神。

1987年10月，经过周密的考察论证，沙钢领导班子作出了一个大胆决策：与香港永新公司合资3000多万美元，从英国比兹顿钢厂全套引进年产25万吨螺纹钢的电炉炼钢、连铸、连轧一体化短流程生产线。

决策的实施是成功的。仅用了23个月的时间，这条电炉炼钢生产线就建成投产。沙钢的生产能力翻了一番，并同国际先进水平一下子缩短了20年的距离，而且正好赶上小平同志发表南方谈话，钢材热销的好时机，当时轧成的钢材还有点发烫，客户就竞相提货，不到三年就收回了全部投资，被国内钢铁专家誉为“中国钢铁工业第三次革命的样板”。

永不满足，敢于超越，是沙钢一贯的秉性。1994年3月，沙钢又宣布了一个震动中国冶金界的消息：斥资2.2亿美元，兴建亚洲第一座具有国际90年代先进水平的90吨超高功率竖式电炉炼钢、LF精炼炉、连铸、连轧高速线材生产线，主体设备分别从德国、美国、瑞士等国际著名公司引进。

1996年，这条生产线投产，主要技经指标很快就达标，人均产钢量800多吨，高于世界水平。沙钢的工艺技术装备水平和生产规模，在国内一跃进入一流钢铁企业的行列，而且，迅速与国际水平接轨。

沙钢实现了跨世纪的超越，公司领导层的决策理念也升华到新的高度，扩大开放、招商引资的视野豁然开朗。

1996年10月，经国务院批准，沙钢与韩国浦项合资2亿多美元、年产能力为14万吨的冷轧不锈钢薄板工程破土动工，1999年2月竣工投产，从项目决策到投产仅用了两年多时间，成为全国三大不锈钢项目中批准时间最晚、而建设周期最短、产生效益最早的成功范例，在国内率先摘取了不锈钢薄板这顶“皇冠”，创出了新的“沙钢速度”。2003年，沙钢与浦项再度联手，建成不锈钢薄板二期工程，年产能力扩大到35万吨，成为目前国内最大的冷轧不锈钢薄板生产基地之一。

**二、科技领航，持续创新**

创新，是企业生存发展不竭的动力，更是企业争创一流的必由之路，企业创新的活力，来源于决策者的思维创新。

从45万元起家，到总资产300多亿元，沙钢的资产以几何级数积聚，对国家的贡献年年大幅度增长，既是沙钢技术创新的硕果，也是沙钢科学管理的结晶。

“九五”以来，沙钢人以强烈的超前意识、竞争意识和创新意识，勇于探索实践，对引进设备和技术消化吸收，辐射置换，融汇贯通，成功地完成了90吨超高功率竖式电炉炼钢、连铸、连轧生产线，以及6条全连铸棒材生产线“一火成材”和“切分轧制”的技术改造；与北科大合作开发了竖式电炉热装铁水和高效连铸新工艺的技术创新，使设备潜能充分释放，每年降本增效5000多万元。在全国冶金行业率先实现了“电炉全热装铁水、全精炼、全连铸、全热送、全一火成材、全连轧”的工艺路线，形成先进生产力，在全国冶金行业中独树一帜，获得了国家专利权。

加速企业信息化步伐，是沙钢在技术创新上又一高层次的追求，投资700多万元，在全国冶金行业中率先实施CIMS计算机集成系统应用示范工程，使技术进步与管理创新相辅相成，推进了企业管理现代化和信息化进程，每年产生上亿元的经济效益。国家科技部专家的评价说：沙钢CIMS工程的成功实施，对全省工业企业和全国冶金行业CIMS的建设和实施起到了极好的推动和示范作用。

**三、辨证思维，用好投资**

随着我国经济体制改革不断深入，企业已成为建设投资的主体。如何用好投资自主权，在技改和建设过程中达到既快、又好、更省的目的，提高项目投资效益，已成为每个企业亟待解决的问题。

这些年来，沙钢每年用于技术创新的投资，少则几亿，多则几十亿，每个项目投资，几乎都是分分厘厘都用在刀刃上，产生了令冶金同行惊叹的投入产出高效益，展示了沙钢的科学决策和严细管理才能。

沙钢在项目资金运作上，坚持科学态度与项目实际相结合，牢牢把好设计、招标和建设速度“三个关”，该花的钱再多也得花，该省的钱一分也得抠，屡屡奏效。润忠生产线建设，设计院预算至少要花20个亿，实际只花了13个亿，而且很快投产得益，创出了我国重大冶金技改工程投资决策管理上的一个成功范例，在全国同行中引起强烈反响。从2002年起，沙钢实施总投资150亿元的650万吨热卷板项目。经认真考察研究、博采众长，沙钢紧紧把握好项目设计、设备选型、工艺布局、建设速度和投资管理几道关，仅用三年时间，使整个项目工程全线贯通投产，标志着沙钢的生产结构实现了从短流程向长短流程结合转变，产品结构实现了从长材向扁平材的转变，钢种实现了从普钢向优特钢的转变，从而为沙钢的可持续发展树起了一座新的里程碑。据专家测算，该项目投资仅为国际同类项目的三分之一，建设时间缩短了一半，成为国内外同类项目投资最少、建设周期最短的又一成功之举。

**四、是业绩斐然，贡献社会**

沙钢人在创新之路上留下了一串串坚实而闪光的足迹，攀上了一座座雄奇的高峰。现在，沙钢主要技术装备均达到国际先进水平。主导产品“沙钢牌”热轧带肋钢筋、高速线材等实物质量均荣获国际先进水平金杯奖。全员劳动生产率、人均产钢量、人均创税利等主要技术经济指标，连年名列全国同类型企业前茅。

沙钢在办好企业的基础上，努力造福社会，回报人民。近五年来，沙钢上缴国家税金平均以40%以上速度递增，仅2004年入库税金就达15亿元，位居全市纳税大户榜首。近几年，还投资8000多万元，用于当地建办学校、兴建道路、抗洪救灾和文化体育等公益事业，还安置了5000余名农民工进厂务工，产生了显著的社会联动效应。

沈阳鼓风机(集团)有限公司

# 坚持自主创新,发展专有核心技术 擎起国家重大技术装备国产化的旗帜

沈阳鼓风机(集团)有限公司董事长、总裁　苏永强

进入新世纪,中国经济更加感受到经济全球化浪潮的冲击。面对国际跨国公司携带先进的技术和管理优势抢占中国市场,中国装备制造业只有坚持自主创新,培育具有自主知识产权的核心技术,提高产品的科技含量,走科技含量高、经济效益好、资源消耗低、环境污染少、人力资源得到充分发挥的新型工业化发展道路。

今年元月9日,胡锦涛总书记在全国科技大会讲话中指出:"自主创新能力是国家竞争力的核心。世界科技发展的实践告诉我们:一个国家只有拥有强大的自主创新能力,才能在激烈的国际竞争中把握先机、赢得主动。特别是在关系国民经济命脉和国家安全的关键领域,真正的核心技术、关键技术是买不来的,必须依靠自主创新。"

大型离心压缩机是重大工业装置的心脏设备、高技术产品,一套投资几十亿、上百亿的石化装置能否长周期、满负荷、安全稳定运行,能否创造经济效益、收回投资,离心压缩机成为关键核心设备。20多年来,沈阳鼓风机(集团)有限公司(以下简称沈鼓)励精图治,自主创新,敢于拼搏,勇攀高峰,坚定不移地发展培育具有自主知识产权的离心压缩机设计制造技术,使产品的科技含量、品牌含量日益提升,成为国内为数不多的堪与发达国家同类企业抗衡的装备制造企业,为国家重大技术装备国产化和国民经济的发展做出了重要贡献。

沈鼓集团先后被确定为国家863工程CIMS重点示范企业(全国仅有3户企业),国家863工程CIMS应用领先企业、辽宁省科技先导企业、辽宁省首家博士后科研工作站、国家"九五"科技创新先进企业、国家级企业技术中心、国家级企业研究开发中心、辽宁省和沈阳市双创新示范企业。荣获国家五一劳动奖状、机械工业现代化管理企业、全国精神文明建设先进单位等称号,沈鼓牌离心压缩机被评为中国名牌产品,公司被中国质量协会用户委员会评为"全国用户满意企业"。

沈鼓集团目前发展成国内开发、研制高技术含量透平机械中生产规模最大、技术力量雄厚、工艺装备精良、产品质量优良、竞争能力较强、经营效能较高、设计和制造技术始终居于同行业领先地位,并接近国际同行业先进水平的国家重点支柱企业,是国家重大技术装备配套离心压缩机国产化基地。

## 一、敢为人先,树起国产化里程碑

20世纪70年代末期,国家为了摆脱石油化工工业核心技术装备离心压缩机组长期依赖进口的局面,发展民族工业,重点发展一批关键领域装备制造业。国家投入巨资扶持沈鼓引进意大利、美国、日本、丹麦等六个国家的先进设计制造技术,经过短短几年的消化吸收研制,沈鼓于1982年成功设计制造了中国第一台年产52万吨尿素装置二氧化碳压缩机组,该机组投产当年即获得国家金奖,我国一举成为世界上能够生产大型离心压

缩机组的少数几个国家之一，沈鼓也一举跻身世界离心压缩机生产企业行列。此后，先后成功制造了年产30万吨合成氨、52万吨尿素装置五大机组，100万吨炼油、80万吨渣油加氢、2万立方米空分等大型装置离心压缩机组。外国公司根本没有想到沈鼓能在如此短的时间就将离心压缩机推向市场。

关键技术重复引进根本不可能。沈鼓马不停蹄对关键核心技术进行二次开发和全方位的自主创新，把国产化推向更高的层次，更尖端的产品。大型乙烯装置核心设备——压缩机，一直是中国石化工业和装备制造业几代人的梦想。乙烯和钢铁一样，是国民经济的重要基础原料，其生产能力被看作是一个国家经济综合实力的体现。在乙烯装置中裂解气压缩机、丙烯压缩机和乙烯压缩机（俗称乙烯"三机"）是乙烯装置的核心设备，中国石化企业的近20套大中小型乙烯装置压缩机全部从国外进口。

经过20多年对引进技术的创新发展，沈鼓相继开发了数十项具有国际先进水平的新技术，为研制大型乙烯"三机"奠定了坚实的基础。1995年，中石化总公司组织50多名专家学者对沈鼓承担大庆石化48万吨/年乙烯装置改造裂解气压缩机国产化进行可行性论证，一致认为：沈鼓完全有能力担此重任。为沈鼓圆乙烯装备国产化的梦想提供了历史机遇。承接任务后，沈鼓成功解决了设计、制造、材料、试验等几十项关键，出色完成了两台机组的制造任务，向大庆提供了达到国际先进水平的机组，结束了我国长期全部依赖进口的历史。该机组2003年获得国家科技进步二等奖。

之后，上海金山石化70万吨/年乙烯改造工程裂解气压缩机组，扬子石化64万吨/年乙烯改造工程丙烯、乙烯压缩机组，在前期工程均为全套引进国外技术和设备的情况下，后续改造工程都选择沈鼓制造，沈鼓再次把惊奇带给用户，两台机组一次试车成功并投料生产，标志着中国石化从此挺直了脊梁。

2005年12月31日，茂名石化64万吨/年乙烯扩建工程裂解气压缩机组通过出厂评审验收，该机组是我国国产石化工业最大的一台压缩机组，24米多长、三缸连动、功率3万多千瓦；年产百万吨乙烯装置离心压缩机组、年产60万吨PTA装置离心压缩机组国产化已经通过专家论证，沈鼓又将肩负新的历史使命。

有耕耘就有收获。20多年来，沈鼓在国产化的道路上迈出一个个坚实的脚印，创造了几百个第一：

中国第一台30万吨/年合成氨装置的空气压缩机、天然气压缩机和氨冷冻压缩机；第一台52万吨/年尿素装置的二氧化碳压缩机；

中国第一台180万吨/年加氢装置的循环气压缩机、加氢裂化压缩机组；

中国第一台350万吨/年催化裂化装置的富气压缩机；

中国第一台装置能力24万、36万、64万吨/年乙烯装置的裂化气压缩机、丙烯压缩机、乙烯压缩机组；

中国第一台10万、30万吨/年甲醇装置的合成气压缩机和循环气压缩机；

中国第一台10万吨/年丁基橡胶装置的合成气压缩机；

中国第一台以煤为原料的30万吨/年合成氨装置的原料气压缩机；

中国第一台4万立方米/时、4.8万立方米/时、5.2万立方米/时空分装置的空气压缩机；

中国第一台燃气-蒸气循环发电机组的煤气压缩机。

……

截至2005年底，沈鼓应用引进技术和自主开发的专有技术设计制造的1400余套离心压缩机组广泛应用于石油、化工、化肥、冶金、电力、纺织、制药、国防、科研等国民经济领域并正在运行，国家12项重大技术装备有6项需要沈鼓配套产品，离心压缩机产量位居世界前4位。"九五"以来，新产品共获市级以上奖励108项，其中获得国家级科技进步奖3项，国家级新产品13项，省、部级科技进步奖25项，市、厅级各种科技奖24项，连续7年获沈阳市科技振兴奖。累计为国家直接节省投资折合外汇6亿多美元。离心压缩机（国内制造部分）市场占有率达到85%以上。

**二、自主创新，培育核心技术优势**

沈鼓能够在国内外市场确立今天的地位，敢于同外商抗衡，源于自主创新、培育发展自己的核心专有技术，形成核心竞争能力。

2004年，沈鼓牌离心压缩机获得中国名牌。品牌以名牌为依托，名牌以核心技术做保证。离心压缩机是每分钟从几千到几万转的高速旋转机械，工作介质组份多，易燃、易爆、腐蚀性强，其设计制造涉及气体动力学、热力学、传热学、材料学、机械理论等多个学科领域。多年来，沈鼓坚持产品向“宽领域”扩展、单元技术向“高精尖”进军的科技发展战略，与国际先进技术比肩发展，每年以销售收入3%~5%的资金投入用于技术开发，年均完成科研课题几十项，5年来共完成300多项科研开发任务。其中，离心压缩机气体动力学的研究和高效基本级的开发，压缩机转子特性稳定性技术、强度振动计算软件的研究开发，压缩机热力模型开发及优化选型软件等具有自主知识产权的设计制造技术已经达到当代国际先进水平，完成了压缩机叶轮自动焊、超高强度耐腐蚀叶轮材料及工艺研究等多项新材料、新技术、新工艺的攻关，完成了“九五”、“十五”期间国家确定的攻关课题，几乎全部淘汰了当年引进的国外技术。

为实现跨学科、跨领域协同攻克企业亟待突破的科研课题，沈鼓一是组建国家级企业技术中心，成立了由3名博士、10多名硕士、几十名有工程经验的本科生组成的科研团队，并在大连理工大学、西安交通大学、东北大学设立3个国家级技术分中心，从事沈鼓课题的研究开发；二是与大连理工大学联合组建了沈鼓大工研究院，一支由博士、硕士等几十人组成的科研队伍，专门为沈鼓从事中长期技术课题的研究开发；三是组建辽宁省大型风机制造工程中心，国家级企业研究中心，完善企业科研开发体制；四是利用企业博士后科研工作站，面向西安交通大学等院校发布重点科研课题和前沿课题，已有7名博士后先后进站工作，与企业一起攻克技术难关。形成了一个多层次、跨地区的技术创新体系，增强了企业科技创新能力，使新产品开发速度明显加快。

科技人员是企业科技创新的主体。沈鼓首先在提高其工资待遇的同时，实行技术津贴、学位津贴、研发津贴，设立技术创新、价值工程、质量攻关、新产品开发等专项奖励，使其实际收入高于市场平均水平。其次，选树一批国家、省、市先进集体和先进个人，优先评聘非领导职务、晋升技术职称，积极推荐政府津贴和科技进步奖励，去年享誉全国的“五朵金花”就是科技队伍的先进代表。第三，与东北大学联办工程硕士班，与西安交大联办本科继续教育培训班，选送优秀人员脱产攻读硕士、博士学位（目前在学20多名）；优先分配住房，发给住房补贴、安家费等。第四，共选送1900多人次出国交流、考察和培训，每年举办多个培训班，2005年全公司人均培训45学时，有1.48万人次参加了培训。这些政策和措施，激发了科技人员的工作潜能和创造力，加快了科研开发和成果转化。

**三、管理创新，提升核心竞争力**

管理创新是创造市场的基础。八十年代初期，沈鼓以超前的思维，率先引进了先进的管理思想、管理方法以及管理手段，运用先进的计算机技术，完善建立了具有沈鼓特色的现代化管理体系。

从1990年被国家确定为“863”计划CIMS应用企业、开始大规模信息化建设以来，累计投入1亿多元，已经实现了生产管理与经营决策、产品工程设计（CAD/CAM/CAPP）和车间自动化三个应用分系统间的信息集成。

CAD覆盖了三大主导产品（离心压缩机、离心鼓风机、大型通风机）的主机、辅机、仪控等全部设计工作，实现了大型压缩机主导产品的CAX/PDM，主要零部件实现了数字化制造。

ERP系统广泛应用于生产制造、产品报价、财务管理、质量管理、人力资源管理、科学决策等全部管理系统，覆盖了公司的所有部门和全部生产经营活动，实现了信息流集成、企业资金流的集成，已经从传统封闭的集中式系统，发展为客户机/服务器式和浏览器/服务器混合型开放性系统。

车间管理信息化系统整合了人力资源、生产、设备、成本和质量等信息，主要生产车间实现底层管理信息化，部分车间实现了DNC，从而实现纵向和横向的信息集成。

建成了企业Intranet网与Internet互联网相互联接的网络系统，在网上建立了移动办公系统、客服中心系统等基于互联网的应用，实现了网上办公和无纸化办公，管理模式及管理手段达到国内领先进水平。

信息化不断提升沈鼓的综合实力和对市场的快速响应能力，产品报价周期缩短了66.7%；产品供货周期从18个月缩短为8~12个月，达到国际供货标准；生产指令与月份生产作业计划的编制周期从过去的30天缩短为5天；产品制造周期从5.5个月缩短为4.4个月。从而，促进了各项主要经济及技术指标几年来以50%以上的速度增长，大大提升了企业的核心竞争力。

**四、创造未来，奔向国产化新目标**

2004年，沈鼓开始实施历史上最大规模的企业战略重组和技术改造。昔日单兵作战的行业排头兵企业沈阳水泵厂、沈阳气体压缩机厂重组到沈鼓集团，在开发区投资14亿元建设了一个新型现代化企业。重组后的沈鼓集团，坚持用科学发展观统领全局，按照现代化规模产业集群和新型工业化的发展模式，彻底打破生产组织界限，实行专业化协作生产，提高工艺装备和设计制造能力，整个设计制造技术提升到一个崭新水平。具有设计制造年产60万至100万吨以上大型乙烯装置、年产500万至1000万吨以上大型煤制油装置、4万吨以上煤油装置等国家重大技术装备配套离心压缩机组的能力，可为60万至70万千瓦以上大型水电抽水蓄能机组、核电站等国家重大技术装备配套水泵，将为我国提高国际竞争力、建设和谐社会、实现国民经济未来发展目标书写更加辉煌的新篇章。

现在，沈鼓集团的目标是在未来几年成为技术管理先进、环境优美、专业化多元化、产值收入超60亿元以上的通用机械制造基地。

# 国内外金刚石锯片基体发展现状及走势分析

宜昌黑旋风锯业有限公司

## 一、历史回顾：

1. 世界上早期的金刚石锯片是一种用手工镶嵌天然钻石而成的;1930年以后,随着粉末冶金技术的发展，产生了焊接式金刚石圆锯片;1954年,人造金刚石诞生，金刚石圆锯片开始大规模应用于石材加工等行业。

2. 受中国石材加工行业的市场拉动，国内金刚石锯片基体的需求在20世纪80年代中后期开始发展起来,目前国内主要有宜昌黑旋风、河北玉田、山东海恩等三家生产企业。

3. 随着近几年国内基体生产企业的技术攻关和质量管理的加强,中国产品开始大量出口,并对国外同行业知名企业构成竞争压力。

## 二、国内石材行业金刚石锯片基体发展现状

金刚石锯片在国内主要应用于石材加工业,在一些新领域的使用还较少。

按材料分类:主要有$50Mn_2V$、75Cr1和65Mn三种材质，一些低端市场还有用45号钢的。一般情况下高频焊接锯片或激光焊接锯片可选用$50Mn_2V$,金刚石框架锯条可选用75Cr1,中高档烧结锯片可选用$50Mn_2V$和65Mn。

按规格分类：从Ø200mm起始，最大达Ø3500mm（国外最大圆锯片的规格为Ø5000mm)。目前尤以Ø1600mm锯片基体使用最为普遍。

按品种分类:金刚石锯片基体的品种出现新的变化：

1. 组合锯片基体

组合锯片用于成组切割花岗石和大理石板材,大大提高了切割效率、板材精度,降低了电能消耗。

虽然小组合的成本优势十分明显,但大小片匹配问题、分板精度问题等需要锯机厂、基体厂、制品厂联合攻关,才能进一步提高锯切效率和质量。

2. 薄片、超薄片锯片基体

可以大幅提高切割效率和荒料成材率,降低电力消耗。如使用厚度为4.0mm的Ø1600mm超薄基体，可以提高切割效率10%以上，降低电力消耗20%以上,提高荒料利用率15%以上。目前国内制品厂、锯机厂和石材厂所存在的一些技术层面上的问题，使薄片这种非常高端的石材锯片的推广步履为艰。在生产方面,由于薄片基体厚度较薄,给端跳、应力、平面度的调整和检测,以及热处理控制都造成极大的困难，仅靠人工校平和检测是难以达到较好效果的。黑旋风公司从德国进口的四合一先进设备,集调整应力、端跳、平面度和检测等四种功能为一体，专用于超薄型圆锯片基体的生产。

3. 掏空低噪音锯片基体

掏空低噪音锯片是未来石材切割锯机的主流产品,可以在石材锯片所有规格和品种中应用,还可以推广到建筑锯片行业应用。目前黑旋风公司已独立开发的具有自主知识产权的产品，从目前使用的Ø1600mm圆锯片的情况看,优势很多。

4. 框架锯条基体

目前金刚石框架锯在我国大理石锯切中已推广应用,尤其广东的云浮和上海等地发展很快。黑旋风公司已建立了一条高水平的专业化生产线,生产的产品逐步替代进口,并开始批量出口。

## 三、国内外市场金刚石锯片基体发展走势分析

1. 国内产品需求总量、品种规格和使用领域的走势。

总体上从中长期看，由于开发西部、振兴东北和中部崛起战略的实施，以及北京奥运会、南水北调和上海世博会等工程的启动，国内石材加工业的金刚石锯片基体需求量会保持稳定的增长。

从规格而言：目前石材行业的主导产品Ø1600mm需求量的增长将会减少；Ø1200mm规格左右的中片基体和Ø2600mm以上规格的超大片基体，需求增长强劲；直径小于600mm的小规格锯片基体需求量的增长速度将有一个较高的水平。

从品种而言：随着荒料资源和电力资源的越来越紧缺，以及政府关于环保意识的加强，一些高效率、节能型、资源型和环保型的锯片基体将出现高速增长的走势。

从使用领域看：将逐步拓展到装修行业、建筑施工、公路桥梁等工程领域，以及切割型材、切割金属、切割陶瓷等领域。

2. 中国将成为金刚石锯片基体的世界加工厂，产品出口将持续大幅增长。

中国的劳动力资源丰富和劳动力成本低的比较优势将在一段时间内长期存在，虽然可能会遇到越来越多的贸易壁垒，但中国将成为世界性的金刚石锯片基体加工厂。

德国、法国、奥地利等国外一些知名的老牌金刚石锯片基体生产企业，除了保留一些少数品种外，大部分品种正在实施或计划“关、停、转”，并直接从黑旋风等中国企业采购锯片基体。借此良机，宜昌黑旋风建成占地373亩的世界上最大的金刚石锯片基体生产、科研基地，可年产600万片，其中三分之二的基体全部出口。

3. 上下游厂家的战略合作和技术攻关，将是中国金刚石锯片从中低端领域进入国际高端市场的重要途径。

中国的金刚石锯片出口量很大，但长期以来只是在中低端市场领域，真正进入国际高端市场的很少。安泰公司和黑旋风公司联合研发，分别从刀头和锯片基体方面进行技术攻关，生产的大功率、高转速、高精度的专业化工程锯片已大量进入美国的一些高端市场。

4. 金刚石锯片基体的生产将进一步朝着规模化、集约化发展。

金刚石锯片基体行业属于劳动密集型、技术密集型和资金密集型行业，缺乏资金和技术支撑、没有特色的小企业生存将更加困难。

## 四、国内金刚石锯片基体行业存在的问题

虽然中国金刚石锯片基体的生产规模迅速扩张，中国产品的质量和价格等竞争实力在逐步增强，中国产品已大量出口，并在国际市场上占据了重要份额。但与国外相比，还存在着一些亟待解决的问题，主要表现在以下几个方面：

1. 国内金刚石锯片主要应用于石材加工业，高端产品被当作低端做。

从国际通行划分原则看，石材锯片是金刚石锯片的专业高档产品，但国内石材锯片生产企业，把这种高档产品当作低端做。

目前国内制品厂普遍的是单纯制作刀头，基本不做成品锯片。一些制品厂不太注重焊接、开刃、外观、包装、焊后的应力处理等环节，刀头品级也越来越低。

2. 国内行业恶性竞争，市场较混乱，缺乏统一管理和调控。

近一、二年，国内钢材价格持续走高，行业利润在减薄，但低质低价竞争仍在继续，赊销之风盛行，使行业利润进一步降低。

行业的恶性竞争，还表现在国内企业开拓国际市场方面。其实中国产品在国际市场上很有价格竞争优势，低价竞争毫无意义。

如果说在建筑锯片领域，中国还出现过一些引导市场主流的金刚石制品企业，那么，在石材锯片领域，到目前为止还没有一家规模大、质量高、市场控制力强的龙头企业。

3. 国内企业的品牌意识差，缺乏自主知识产权，专利技术少，产品的出口增长质量不高。

在参与国际分工的过程中，我国大部分产品具备了较强的国际竞争力，近几年产品的出口数量大幅增长。但出口增长质量不高，这已经成为开拓国际市场的主要问题，突出表现为自主品牌建设薄弱。部分企业虽然已经开始出口自主品牌商品，但由于缺乏自主知识产权，特别是核心专利技术，品牌的附加值偏低。

中国企业大量从事的是贴牌出口，仅在加工制

造环节拿到了少量的生产利润，而以品牌为标志的研发和营销等高增值环节的高额利润基本被国外厂商拿走，这不利于中国企业国际竞争力的提高和对外贸易可持续发展。

**五、建议和对策**

1. 大力发展并积极推广使用资源型、安全型、节能型、环保型的金刚石锯片基体，如激光焊接锯片基体、环保型复合消音锯片基体、薄片、超薄片基体、水滴鱼钩片基体、掏空低噪音锯片基体、框架锯条基体等。

2. 通过国内基体厂和制品厂的技术合作和联合攻关，共同开拓国际高端市场。

高端产品的研发，需要从基体、刀头、焊接等多环节分别进行专业化攻关，这不是国内那一家企业能单独做得好的。

黑旋风公司非常愿意为制品企业提供强有力的技术支撑和服务，和国内一些上下游企业合作，共同开拓国际高端市场。

3. 在国内石材锯片行业，形成一些生产成品的大企业，引导市场，促进高端锯片基体的推广使用。

在国内建筑锯片领域，为什么会出现一些象博深、安泰钢研、冀凯等大企业？其主要原因在于这些企业主要从事于成品制造。

国内的石材制品厂，主要从事于刀头制作，不是成品制造。刀头卖出后，无跟踪，无服务。这种经营也不被西方的文化和观念所接受。

要想从根本上解变这种现状，必须在石材锯片行业形成一些生产成品的大企业，引导客户，引导行业发展，推动高端锯片基体的大量普及使用。

4. 创造行业和谐发展的价值链，促进整个行业的整体提升。

价值链的发展来源于上下游企业的合作与配合，行业中的每个企业不可只顾下游而不顾上游地盲目发展，也不可只顾上游而不顾下游地闭门造车。

石材锯片行业中的单晶、粉末、制品、基体和石材等企业应组成联合舰队，协调发展，促进整个行业的整体提升。

5. 按照规模化、集约化的发展思路，积极扶持并进一步发展壮大国内金刚石锯片基体龙头企业，引导行业发展，创造中国锯片基体的世界性品牌，积极参与国际竞争。

6. 积极发挥行业协会的作用，规范企业行为，转变竞争观念，抵制行业内的恶性竞争。

7. 依靠科技进步，增加科技投入，狠抓新技术、新工艺、新产品的研究与推广，提高我国金刚石锯片基体的技术水平，增强产品的国际竞争力，不断拓宽我国金刚石锯片的应用领域。

（此文是根据公司董事长王黔丰同志在一些会议上的讲话，由李春林执笔整理而成）

# 发展循环经济　实现可持续发展

## ——中国铝业公司可持续发展战略

### 一、中国铝业公司基本情况

中国铝业公司(以下简称“中铝公司”)成立于2001年2月23日,公司注册资本113.8亿元。是国家授权的投资管理机构和控股公司，是中央直接管理的53户国有重要骨干企业之一。是全球第二大氧化铝生产商和中国最大的电解铝生产商,拥有亚洲最大、装备水平最高的铝材、钼材和钛材生产研发基地。公司产品广泛应用于生产生活和国防军工等各个领域,还是美国波音公司、欧洲宇航局、空中客车等国际知名企业的重要供应商。

中国铝业公司控股的中国铝业股份有限公司股票于2001年12月分别在纽约、香港上市。在《亚洲金融》杂志组织的2005年度上市公司亚洲最佳投资者关系排行榜的评选活动中，中国铝业股份有限公司荣获2005年亚洲最佳投资者关系奖中国公司冠军。企业信用等级连续被标准普尔评为BBB+级。

中国铝业公司的发展理念是振兴中铝,报效国家,回报股东,造福员工。发展目标是不懈地追求价值第一，不断增强公司的整体素质和核心竞争力,建成以铝为主的资源性、综合性的跨国公司。发展方针是优先发展氧化铝，创造条件发展电解铝,跨越式发展铝加工,有选择地发展非铝产品。发展举措是超常规快速发展,全方位开放发展,低成本高效发展，多方式灵活发展，高科技抢先发展,强管理稳健发展,努力把公司建设成为内具凝聚力、外具竞争力,具有规模效益良好增长性的资源型、科技型、综合性的世界一流企业。

2006年上半年，公司进一步深化国有企业体制改革,抓住机遇,加快发展,生产经营业绩再创历史新高,公司固定资产总额已达到1280亿元,实现的利润在冶金行业排名第一，在中央企业排名第七,销售收入增长率在中央企业排名第三。公司向创建世界一流企业的目标快速前进。取得的显著成绩得到了中央领导和国资委等有关部门的充分肯定和高度评价。

### 二、中国铝业公司通过发展循环经济,实施可持续发展战略的决策依据

发展循环经济是党中央、国务院做出的重大战略决策,完全符合我国铝工业发展的客观实际,通过发展循环经济，实现可持续发展也是中铝面对现实的重要决策。

一是与迅速发展的铝工业对资源的需求相比,我国铝土矿资源蕴藏量十分有限,人均储量偏低,以一水硬铝石为主,开采难度大,生产能耗高。

二是从我国铝行业全局来看，传统的高消耗、高排放、低效率的粗放型增长方式仍未根本转变。资源利用率低，环境污染严重的问题还不同程度地存在,与世界先进水平存在较大差距。

为此，中国铝业公司选择了通过发展循环经济,实现可持续发展的道路。

### 三、中国铝业公司通过发展循环经济实现可持续发展的做法

为抓住我国工业化加速发展的战略机遇期,中国铝业公司积极响应国家号召，为实现企业自身的可持续发展,开始着眼于内部挖潜,以“打造中铝百年老店,创建世界一流企业”为目标,在生产经营快速发展的过程中,不断强化环保意识,全面推行清洁生产,大力发展循环经济,努力创建节约型企业,使公司逐步走上了经济、环境、人全面和

谐发展的道路。

主要做了以下工作：

一是以技术进步为动力，走节约型发展道路

公司始终坚定不移地实施“科技兴企”战略，建立和完善科技创新体制，加大科技投入，开发自主知识产权，走集约式发展道路。从铝土矿开采、氧化铝制取、电解铝冶炼到铝的深加工，已形成了一整套达到世界先进水平、具有自主知识产权的核心技术，同时引进、消化、吸收了一批关键技术，为企业实现可持续发展奠定了重要基础。

中国铝业公司自主开发了“选矿拜耳法生产氧化铝新技术”，并成功实现了产业化，攻克了低品位铝土矿充分利用的难关，使拜耳法供矿铝硅比由10降低到5.7，延长了矿产资源服务年限，为我国低铝硅比一水硬铝石型铝土矿经济有效利用和我国铝行业的可持续发展找到了新的出路，使公司铝土矿资源利用率跃居世界第一。与国内非拜耳法工艺相比，降低生产成本10%，降低生产能耗50%。

中国铝业公司自主开发的“强化烧结法生产氧化铝新工艺”扩大了铝矿石的利用范围，产能提高50%，能耗降低41.7%，回收率提高约6个百分点，赤泥排放量削减40%，年节约标准煤68.9万吨，增加产量30万吨，年创经济效益1亿元以上，获得第八届中国专利金奖。

在电解铝技术方面，现代大型预焙铝电解工艺及装备、影响铝电解槽的关键技术等多项关键技术攻关或产业化试验，使中国铝业公司在节能降耗和资源综合利用方面取得了重大成果。

与此同时，中国铝业公司注重引进、消化和吸收国际先进技术，促进生产工艺的改进。铝加工1+4热连轧生产线采用国际上先进的生产工艺及设备，单位产品综合能耗比1+1生产线降低26.8%。

二是以强化管理为基础，大力推进节能降耗

在推进技术进步的同时，中国铝业公司不断夯实管理基础，以“创建世界一流企业”为目标，与世界先进企业对标，借鉴、吸收国际先进企业的管理体制、管理理念、管理方法，结合实际，大胆创新，逐步形成了一套具有中铝公司特色的管理体系，为节能降耗工作的深入开展夯实了基础。

质量、职业安全健康和环境管理三大管理体系已在中国铝业建立并有效运行，通过完善绩效考核制度、推行标准量化管理、增产节约挖潜等一系列管理手段，生产综合能耗连年下降。在列入统计的23项生产技术指标中，每年都有10多项创历史最好水平。每吨氧化铝综合能耗从2001年的1180千克标煤，下降到现在的980千克标煤，下降了16.9%，按现有产量计算，与2001年相比节约标煤155万吨；电解铝节电每年可达1.8亿千瓦时。

三是加强污染治理与综合利用，节约资源、保护环境

公司坚持经济、社会和环境效益的统一，加大环境保护的投入力度，按照国家要求关闭了全部自焙电解槽。公司各成员企业主要污染物全部实现了达标排放，达到了国家环境保护十五计划的要求。

公司在改进氧化铝生产工艺过程中，积极探索废液综合利用途径。2004年，从氧化铝生产母液中回收伴生金属镓29.7吨，占当年世界产量的30%，成为世界最大的金属镓供应商，创造价值8000万元。

公司依靠科技进步，不断研发固体废弃物再生利用新途径，延伸循环经济产业链。利用废弃物开发生产出了水泥、赤泥硅酸钙保温材料等多个品种。

公司改造提升传统的电解铝产业，直接用铝液加工生产铝合金，提高了产品的附加值，降低了因二次重熔造成的烧损消耗，现已成为国内最大的铝合金生产企业。

公司正在投资4亿元建设年产10万吨的再生铝合金工程。项目投产后比生产同等规模原铝年节电14亿千瓦时，节水100万吨，节约铝土矿等固体材料110万吨。

中国铝业公司大力推广工业废水零排放技术，通过采取截流、提升、综合治理措施，目前公司已有5家企业实现了工业废水零排放。

四是探索铝土矿复垦工艺化，促进了矿山可持续发展

公司在铝土矿开采中注重保护生态，实现采矿复垦一体化，生态保护成效显著，铝土矿复垦技术已达到世界先进水平。

中国铝业广西分公司的复垦技术研究，成功建成了矿山采矿剥离—洗矿还泥—复垦还田的联合工艺系统。截至2003年底，该公司累计复垦面

积近2000亩，采空区复垦率93.3%，复地率118%，复垦周期1.5~2年，坡地植被覆盖度大于95%。而且采空区植被覆盖率达到甚至超过了采空前的平均水平。

中国铝业山西分公司“剥离—采矿—复垦”一体化复垦新工艺利用引进的一流设备，因地制宜，采用条带开采，强化采矿，条带复垦，调整开采顺序，加速了复垦速度，使矿山开采与土地复垦同步进行。开采后耕地面积可增加24%，累计复垦面积已达2330亩。

复垦的成功把矿山采空区重新变成耕地，真正走上了一条绿色生产之路。目前中铝公司已有三家企业土地复垦达到国际水平。

**四、中国铝业公司通过发展循环经济实现可持续发展的总体思路**

回顾几年来的工作，在中国铝业公司发展循环经济、实现可持续发展的实践过程中，我们清醒地认识到，公司与世界一流企业水平相比还存在很大的差距。主要表现在：一是资源的保障程度低，公司铝土矿、铜矿等资源保有量的增长低于产量的增长；二是公司的产品结构不合理，氧化铝、电解铝、铝加工材产能比例不配套，影响了公司的总体竞争实力；三是公司虽然在资源利用率上高于国际同类水平，但却付出了能耗偏高的代价。

正是由于认识到这些差距，中国铝业公司决定结合“十一五”计划的制定，以高度的社会责任感和紧迫感，实施公司发展循环经济、创建节约型企业“十一五”推进计划，全面落实国务院关于创建节约型社会的要求，促进公司加快发展循环经济步伐，走上新型工业化发展道路，奠定创建“一流”企业的基础。

2004年11月中国铝业公司与中石油等6家中央企业联名发起《关于在中央企业创建资源节约型企业的倡议》，并在国家发展和改革委员会、中央电视台联合举办的“全民节约、共同行动”大型主题行动中，与十六家中央企业在人民大会堂签字，庄重承诺：“创建节约型企业，走循环经济之路”。2004年11月，公司召开了发展循环经济工作会议，对推进清洁生产、发展循环经济进行了全面部署。从公司的实际出发，提出了下一步公司发展循环经济工作的目标和措施要求，经过一年多深入广泛的发动，公司上下已经形成了发展循环经济、创建节约型企业的共识，中国铝业公司全体员工正积极投身到这一重要工作中来。

今后的几年，我们将认真贯彻落实近期国务院通过的《铝工业发展专项规划》、《铝工业产业发展政策》要求，适应国家加强和改善宏观调控有关政策，按照“控制总量、优化结构、合理布局、降低消耗，推动铝工业走新型化工业道路，实现由大到强的转变”的要求，以科学发展观为指导，以技术创新和制度创新为动力，完善公司的发展战略和制度建设，制定切实可行的推进计划，大力发展循环经济，创建节约型企业，实现在经济效益增长的同时，进一步提高资源生产率，实现可持续发展。

我们的近期目标是：到2010年，力争实现：与2003年相比，万元产值能耗下降30%以上；矿产资源综合利用率提高5个百分点；工业固体废物综合利用率提高5个百分点。

我们的长期目标是：通过不懈的努力，全面提升企业自身素质和竞争力，实现可持续发展，实现“打造中铝百年老店，创建世界一流企业”的目标。为此，我们将重点做好以下几项工作：

一是做好组织规划，促进工作扎实展开

加强组织规划是发展循环经济、建设节约型企业的重要保证。我们将进一步加强发展循环经济创建节约型企业工作的组织领导，切实把这项工作放在重要议事日程。在各企业建立主要领导挂帅、相关部门负责人组成的领导组，确定专门机构和专人负责，做到层层有责任，逐级抓落实。建立公司循环经济评价指标体系，制定循环经济发展中长期战略目标和分阶段推进计划，建立公司清洁生产规划和实施方案。要重点抓好节能、节水、资源综合利用、再生资源回收利用等循环经济发展重点领域专项规划的编制工作。积极推进包头铝、河南分公司等国家生态工业（铝业）示范园区规划建设，开创发展循环经济的新途径。

二是夯实基础管理，全面推进节能降耗

基础管理的强化是发展循环经济、建设节约型企业的重要内容。我们要加强宣传，营造氛围，广泛开展内容丰富、形式多样的资源节约活动，努力营造浓厚的节约资源企业氛围。建立健全资源节约和有效利用的管理制度，建立有效的激励和约束机制，调动职工节约降耗、综合利用的积极性。

加大节水设备和器具的推广力度，降低管网漏失率；推进污水处理及再生利用，节水和中水回用设施建设；加强原材料消耗管理，提高原材料利用率；加强资源综合利用，推进共伴生矿产资源的综合开发利用，推进工业废物综合利用；做好再生资源回收利用工作。建立起公司清洁生产审核指南、评价指标体系和技术导向目录。

三是加强科技进步，发挥科技的先导作用

科技进步是发展循环经济、建设节约型企业的重要推动力量。我们将继续加大对节约资源和循环经济关键技术的攻关力度，推广工业废水和其它废弃物的“零排放”技术、矿山一体化复垦等清洁生产技术，加快我国氧化铝、电解铝、碳素、铝加工生产过程中大型化、高效化、节能化、自动化设备的推广应用，开发和生产高性能、低成本、低消耗的新型铝产品。

四是加大投资力度，为可持续发展奠定基础

投资力度是发展循环经济、建设节约型企业的重要决定因素。我们将进一步加大投资力度，推进技术进步，实施与发展循环经济、创建资源节约型企业有关的技术改造项目。在科技进步方面，在未来的5年内，我们将积极投资开发资源节约技术；在发展方面，将加大投资用于发展循环经济，实现技术升级，逐步淘汰落后的工艺和生产技术，用先进适用技术对现有落后的生产工艺和设备进行技术改造，实现节能降耗、提高资源综合利用效果和降低污染，在资源节约的前提下，不断改善企业经济效益，实现企业可持续发展。

五是加快结构调整，实现产业和技术升级

结构调整是发展循环经济、建设节约型企业的主要途径。我们已按国家产业政策要求，淘汰了技术水平低、消耗大、污染严重的项目，从发展循环经济角度出发，建设和发展技术经济指标先进、生产规模较大、产业链较完善、国际竞争力较强的十二大铝工业基地，包括河南、山西、贵州和广西四大氧化铝-电-电解铝联合基地，以铝合金为主要产品的青海、内蒙、三峡和陕西四大铝电联营的铝合金基地，西南军工及高档铝加工产品、河南民用高档铝加工产品、山东化学品氧化铝和再生铝四大高技术铝产品基地。

六是大力改善生产工艺，实现可持续节能降耗

生产工艺的改善是发展循环经济、建设节约型企业的重要环节。我们将突出铝、铜、稀有稀土三大主业，以技术进步为支撑，不断改进主要产品的生产工艺。通过不断的创新，研究开发拥有自主知识产权的氧化铝、电解铝、铝加工新工艺、新技术，实现科技支撑的可持续节能和可持续发展。

七是积极争取国家政策支持

针对目前铝土矿的回采率低、资源浪费、无序开采，耐火材料高铝熟料与铝工业争夺铝土矿，采富弃贫、转而出口。建议国家采取措施，整顿铝土矿的开采秩序，为我国铝工业的可持续发展奠定基础。

积极争取国家对发展循环经济的重大项目安排低息贷款，并适当减免引进设备技术的关税，在增值税适用税率上采用较低税率等措施予以支持。

中国铝业公司始终没有忘记自己所肩负的重任。我们将把可持续发展作为工作的重心，从发展循环经济、建设节约型企业入手，全面实施可持续发展战略，借鉴EHS理念，强化QHES管理体系，积极落实国务院提出的三年资源节约奋斗目标，和零污染、零事故的目标，加快铝、铜、稀有稀土三大主业技术升级，努力做到具有较高资源生产率、较低污染排放率的清洁生产企业，创建“环境友好企业”和节约型企业，为公司实现可持续发展奠定基础。充分发挥中央企业的影响力、带动力，为推动中国铝工业的可持续发展做出应有的贡献。

（撰稿人：李朝阳）

# 创“高效减水剂”中国名牌产品
# 争“高效减水剂”世界行业领先

(浙江五龙化工股份有限公司)

## 一、企业概况

浙江五龙化工股份有限公司是由浙江省工商行政管理局批准设立的规范型股份有限公司，成立于1998年3月，位于长江三角洲经济中心——浙江省德清县新市镇。拥有占地面积260000平方米(约390亩)，总资产5亿元，员工730多名(专业工程、技术人员占总数30%以上)。

## 二、产业规模超前

公司专业从事高新技术产业“混凝土外加剂”的研制、开发、生产、销售、技术服务，拥有聚羧酸系列、萘系列、氨基磺酸盐系列、脂肪族系列高新技术混凝土外加剂产品。产业按《国民经济行业分类标准》规范分级门类C、大类31、中类313、小类3139。行业隶属于中国建筑材料工业协会混凝土外加剂分会。几年来，企业通过实施国家发改委重点技术改造国债项目、国家商务部出口高新技术产品重点技术改造项目、浙江省经贸委重点技术改造项目以及德清县重点技术改造项目的建设，使企业高新技术混凝土外加剂产业能量迅速提升，拥有国内同行业最大的2万立升反应釜28台、1万立升反应釜38台、5000立升反应釜28台、2000立升反应釜8台；高58米直径9米的世界同行业最大自动化喷雾干燥塔2座、高15米直径2米的小型喷雾干燥塔4座；国内同行业最大的全自动化合成大楼；全自动化粉剂复配生产系统等先进工艺装备，形成年产38万吨粉剂生产能力，产能规模创行业领先地位。产品广泛应用于各类工业与民用建筑、水利、交通、港口、市政等建筑混凝土工程。

## 三、技术创新领先

企业坚持“以人为本、科技兴业”的宗旨，形成了高新技术混凝土外加剂产业体系，先后与中国建筑材料科学研究院、北京清华大学、上海同济大学、浙江大学、上海市建筑科学研究院等国内著名高等院校、科研机构建立产学研联合体。

投巨资建成了“五龙省级企业技术中心”和“五龙省级混凝土外加剂材料研究开发中心”及中试车间。集综合研发、分析检测、混凝土试验、现场应用、技术培训于一体，满足企业科技成果转化需求，其硬件和软件在国内同行业具有领先水平。

成立“五龙职业教育培训中心”。在满足企业内部需求的同时还举办了《浙江省混凝土管桩结构标准图集培训暨修订》、《无锡市商品混凝土实验技术培训》、《全国预拌混凝土标准制订专业研讨》等多次行业技术、管理培训班，为行业技术信息扩散提供服务。

参与了《混凝土外加剂释放氨的限量》、《混凝土外加剂匀质性试验方法》、《预应力混凝土方桩标准》、《混凝土外加剂》等多项国家标准的编制工作。还发表了《引气减水剂对混凝土收缩的影响》和《硫酸钠对混凝土物理性能的影响》等论文。

企业技术创新成果累累，承担实施了国家火炬、星火、建设部等具有自主知识产权的科技项目达56项，特别是成功开发和组织生产混凝土外加剂前沿技术“绿色聚羧酸盐高性能减水剂”高技术产品，经浙江省新技术成果确认，通过国家铁道部产品质量监督检验中心检测合格，为行业技术提升和社会推广应用新产品新技术起到积极示范作用。

## 四、企业管理前卫

企业严格按照国家(地方)安全、环保、质量等管理要求，通过ISO9002国际质量保证体系和ISO14001国际环境管理体系认证及OHSAS18001职业健康安全管理体系认证，是国内同行业领先通过三合一体系认证的企业；企业还积极推行实施计量管理体系、省级能源管理体系、省级清洁生产体系的建设,通过相应认证和颁证,满足企业生产经营活动提升所需。

## 五、环境管理楷模

公司采用现代高新技术实施清洁生产工程,利用工业废渣和废水生产新型混凝土外加剂,实现企业工业废渣与废水零排放的目标,美化了生产区域环境,改善了员工作业环境,得到了周边社会好评,成为中国混凝土外加剂行业企业环境无三废排放企业,为国家和社会发展循环经济工作做出了贡献。

在实施环境工程的同时企业得到了丰厚的回报,经济效益和社会效益双丰收。经国家发改委和国家财政部多次来我公司实地考察,在符合所有条件的前提下企业的资源综合利用建设项目被列为2005年国家资源节约与综合利用重点技术改造国债项目,得到国家财政专项拨款930万元;2005年10月28日,国家发改委、科技部、国家环保总局三部委联合发布国家鼓励发展的资源节约综合利用和环境保护技术,五龙的资源综合利用技术以60顺位名列其中(全国共有261项);2005年12月17日至24日,五龙荣幸的被邀请参加了由国家发改委、中宣部等13家单位主办的2005年建设节约型社会展览会,受到国务院领导和专家的高度评价。

## 六、品牌形象著名

企业自1998年成立以来一直非常注重品牌建设及企业其他相关方面的形象和信誉管理工作,并综合纳入已实施的质量、环境、职业健康安全管理"三合一"体系中进行规范化管理。产品经国家、地方质量技术监督部门历年来的各种抽查和抽检,均符合国家相关质量技术标准,未发生各种行政处罚,无用户不良投诉。

企业成立品牌管理组织、制定品牌管理制度、加强品牌管理培训、增强品牌宣传力度。采用报刊、户外、网络、建立外埠营销机构等多种方式,踊跃参加国家行业会议、广交会、深交会、华交会、大型冠名演出等国内外商务活动,还积极参与和大力支持慈善总会及新农村建设,全方位进行宣传,扩大影响,提高知名度,使产品美誉度和公众认知度迅速提升。特别是1999年10月由本公司独家承办了中国混凝土外加剂行业会员代表大会,出席该次会议的国家相关部门领导、专家、全国行业企业代表达600多名,均到企业实地参观与考察,会议取得了满意的宣传效果。

几年来“高效减水剂”品牌产品产能规模、销售收入、利税总额等经济指标均快速增长,预计2006年产品销售收入达到10.3亿元,出口创汇将突破1000万美元。以"五龙"牌自有品牌出口于澳大利亚、阿联酋、土耳其、希腊、黎巴嫩、韩国、新加坡、泰国、马来西亚、越南、香港、台湾等国家和地区,已在各出口国家和地区以“五龙”自有品牌进行了境外商标注册,继续体现了中国混凝土外加剂行业龙头企业和行业排头兵的雄伟形象,以优越的自主品牌和先进的技术水平勇于参与国际市场的竞争,为国内同行业企业起到了示范作用。我们还要继续加大走出国门力度,逐步提高出口创汇额,开创五龙国际化市场运作新局面。

在上级各有关部门的关心扶持下,企业走上了健康快速的发展道路,已成为国家重点高新技术企业、国家建设部定点混凝土外加剂产业化示范基地、中国水泥制品工业协会定点混凝土外加剂生产企业、浙江省绿色企业、浙江省环保产业基地、浙江省清洁生产试点企业、浙江省循环经济试点企业、浙江省能源管理先进企业、浙江省AAA级重信用守合同企业和浙江省农业银行AAA级资信企业等荣誉称号;产品荣获浙江省名牌产品、浙江省著名商标、国家行业协会重商标创品牌奖励,成为中国混凝土外加剂行业知名品牌;在国内同行业领先通过ISO9002国际质量保证体系和ISO14001国际环境管理体系及OHSAS18001职业健康安全管理体系认证。

## 七、远景规划宏伟

根据“发展企业、回报社会、练好内功、服务市场”的五龙企业精神,提高“五龙国家行业产业化示范基地”的行业辐射力,提升与发展中国混凝土外加剂行业高新技术,发展社会循环经济,发展我国的民族工业、争创民族品牌、提高民族工业产品国际市场竞争力、确立我国外加剂事业的国际地位,为我国的建筑事业和混凝土外加剂事业做出新的贡献。

站在“十一五”开局之年的门槛上，五龙已经不仅仅满足做国内行业领先规模，放眼世界才是五龙真正的胸怀。我们有信心创“高效减水剂”为中国名牌产品，争取在世界同行业中成为著名企业，提高我国民族工业产品的国际市场竞争力。

**八、企业联系方式**

企业名称：浙江五龙化工股份有限公司

总经理：宋云昌

企业地址：浙江省德清县新市镇五龙桥

企业电话：0572-8444079

企业传真：0572-8444502

企业网址：http://www.chinawulong.com

企业邮箱：info@chinawulong.com

邮政编码：313201

**企业总经理宋云昌同志介绍**

浙江五龙化工股份有限公司是由总资产不足100万元的新华实业总公司（建电分厂）经股改而成立，宋云昌同志一直担任公司总经理兼研发中心主任，本着一个中国共产党员的高度责任感和使命感，以坚忍不拔的毅力致力于企业技术创新工作，兢兢业业忘我工作。

从1997开始至今，宋云昌作为第一完成人主持了聚羧酸系列、萘系列、氨基磺酸盐系列、脂肪族系列高新技术混凝土外加剂产品科研项目，均通过省级科技成果鉴定；承担实施的国家级火炬计划、星火计划、资源节约综合利用和环保技术，省级科研计划、火炬计划、星火计划、科研计划、高新技术产业化、科技创新基金、高质量赶超、技术创新、高技术产业化、高新技术产品、科技进步奖及市县科技项目达56项；建立企业技术中心、省级研发中心和职业培训中心；参与了《混凝土外加剂释放氨的限量》、《混凝土外加剂匀质性试验方法》、《预应力混凝土方桩标准》、《混凝土外加剂》等多项国家标准的编制工作。还发表了《引气减水剂对混凝土收缩的影响》和《硫酸钠对混凝土物理性能的影响》等论文。

科技成果的转化促进企业和社会共同发展，产品应用于建筑混凝土工程，能提高混凝土的强度，缩短施工时间，节约混凝土生产材料，延长混凝土工程使用寿命，改善建筑施工环境，解决新型建筑技术难题。已广泛应用于四川二滩、秦山核电站、长江三峡混凝土工程、浙江黄龙体育中心、萧山国际机场等国家（省级）重点工程。企业每年均有技术更新改造项目实施，具体有国家国债建设项目、国家重点技改、国家出口产品重点技改、省重点技改项目、省高新技术产业化项目、市建设先进制造业基地、县重点技改达13项；企业直接为社会解决劳动就业730多人，到2005年为止累计创造高新技术产品收入24.63亿元、利润21.36亿元、税金2.11亿元，企业总资产从当初的不足100万元迅速提升到目前5亿多元，已足以成见宋云昌同志的科技成就和巨大贡献。

宋云昌同志的科技成果更是体现为社会的高度负责，特别是对工业废渣、废水的成功研制开发和综合利用，实现企业无三废排放的高标准环保目标，得到了企业周边社会居民的广泛拥戴，并得到了国家发改委和财政部、科技部、建设部的国家重点项目立项和财政拨款，为国内混凝土外加剂行业生产企业利用工业废渣、废水生产新型环保型混凝土外加剂产品及发展绿色企业起到了先导作用，为创造企业与社会的和谐、企业与环境的和谐、企业与人类的和谐的新型发展目标尽心尽力，创造了巨大的经济效益和社会效益，为企业的可持续发展奠定了基础，使企业成为建设部混凝土外加剂产业化示范基地、国家重点高新技术企业、省高新技术企业、省“五个一批”重点骨干企业、省绿色企业、省环保产业基地、省技术创新优秀企业、省诚信示范企业、省AAA级重信用守合同企业、省著名商标、省名牌产品；通过ISO9001国际质量管理体系和ISO14001国际环境管理体系以及OHSAS18001职业健康安全管理体系认证，是国内同行业唯一通过三合一体系认证的企业，成为中国混凝土外加剂行业龙头企业；宋云昌同志荣获中国混凝土外加剂协会副理事长，经多年专业提升成为高级经济师、高级工程师，荣获浙江省及湖州市和德清县三级县劳动模范、多次荣获浙江省及湖州市和德清县三级科技进步奖、湖州市优秀共产党员、湖州市优秀科技工作者、德清县科技重大贡献奖、记个人三等功、浙江省节能先进个人等高级别荣誉称号。

# 陕西西凤酒股份有限公司

## 西凤酒史

西凤酒是我国最古老的历史文化名酒之一。它始于殷商,盛于唐宋,距今已有3000年历史。

西凤酒产于陕西省凤翔县。凤翔古称雍,为炎黄文化和周秦文化发祥地和中国著名酒乡，文化积淀十分丰厚。这一带出土的6000年前的酒具正式拉开了中国酒文化史的帷幕，仰韶文化遗址有二十多处,龙山文化遗址更多,秦公大墓的发掘轰动世界，雍城遗址和苏东坡任职凤翔时兴建的东湖园林等名胜古迹驰名中外。

根据殷商晚期的尹光方鼎铭文和西周初年的方鼎铭记载，远在3000年前这里出产的“秦酒”(即今西凤酒,因产于秦地雍域而得名)就成为王室御酒。《史记·秦本纪》上记述的秦穆公赐酒为盗马“野人”解毒,《酒谱》记载的秦晋韩原大战秦穆公获胜后“投酒于河以劳师”的典故就发生在这里。这里自古盛产美酒,唯以柳林镇所产之酒为上乘。至今,民间仍流传着“东湖柳、西凤酒、女人手”的佳话。唐贞观年间,西凤酒就有“开坛香十里,隔壁醉三家”的美誉。到了明代,凤翔境内“烧坊遍地,满城飘香”,酿酒业大振,过境路人常常“知味停车,闻香下马”,以品尝西凤酒为乐事。清末,西凤酒就打向海外。1915年,西凤酒荣获巴拿马赛会金质奖,遂盛名五洲。

## 企业简介

陕西西凤酒股份有限公司坐落在八百里秦川西陲的凤翔县柳林镇。这里地域辽阔、土肥物阜,水质甘美,历代颇具得天独厚的兴农酿酒之地利,是中国著名的酒乡。

西凤酒始于殷商晚期的“秦酒”,盛于唐宋时期的柳林酒,至今已有3000多年历史,是中国凤香型白酒的典型代表。曾四次荣获“国家名酒”称号,九次夺得国际金奖,是中华酒林中的一朵瑰丽奇葩。

西凤酒股份有限公司的前身是陕西省西凤酒厂,于1956年在周恩来总理的亲切关怀下创建。经过半个世纪的艰苦创业，现已发展成为占地50.2万$m^2$,年产白酒1200t,总资产7.21亿元的中国大型一档企业，是西北地区规模最大的国家名酒制造商。

近年来,企业经过数万次实验,几百次的工艺改进，在坚持传统酿酒工艺的基础上吸取百家之长,又独创了“凤兼型”白酒,被酒界专家誉为“新西凤实现了中国白酒工艺革命性的突破”。现在,新西凤已形成了新口味、新感觉、功能齐全的高中低档的100多个系列产品,满足了不同地区、不同口味、不同档次消费者的需求。

新世纪的西凤人正以与时俱进、开拓创新的精神,创造着更加辉煌的未来。

## 探索“西凤酒”名酒复兴之策

——陕西西凤酒股份有限公司董事长、党委书记　喻德鱼

西凤酒有着厚重的历史渊源和文化内涵,它始于殷商时期的“秦酒”。距今已有3000多年的历史。商周时代西凤酒为王宫珍品,春秋五霸秦穆公对西凤酒推崇备至。西凤酒盛于唐宋,曾经醉倒过唐朝诗人裴行俭、北宋才子苏东坡。明清时期。凤翔县境内烧坊遍地,满城飘香,酿造业蓬勃发展,过境路人常常“知昧停车、闻香下马”,以品尝西凤酒为乐事。

清末民初,西凤酒走出国门,扑向海外,屡获国际大奖:清宣统二年(1910年),西凤酒代表中国名产参加南洋国际劝业赛酒会，荣获银质奖;1915年,在巴拿马万国博览会上,获国际金奖殊荣,进入世界名酒之列;1928年获中华国货展览会银奖。

建国以后,在周总理的亲自关心下,国营陕西省西凤酒厂成立，西凤酒的产量和质量得以迅速

提高，西凤酒业获得长足发展。在1952年举办的第一届全国评酒会上，西凤酒崭露头角，与茅台、汾酒、泸州老窖并列为中国四大名酒。四大名酒的确立，无论是过去、现在还是将来，都对中国白酒行业和白酒市场的发展与走向产生着深远的影响。

此后共举行了五届全国评酒会，产生了贵州的茅台、董酒，山西的汾酒，四川的五粮液、泸州老窖、剑南春、全兴、郎酒、沱牌，湖北的黄鹤楼，湖南的武陵，陕西的西凤，江苏的洋河、双沟，安徽的古井贡，河南的宝丰、宋河，并称中国白酒17大名酒。1988年以后，国家不再进行名酒的评定，名酒在消费者眼里的地位也越来越牢固。

但是，在市场经济的浪潮中，西凤和茅台、五粮液等其他名酒拉开了差距，这其中有外界的因素，但更多的原因还在我们自身。

一是提价机遇的错失。上世纪80年代末90年代初，国家两次调整名酒价格，西凤酒却把自己定位在中低档，没有抓住政策机遇，完成原始积累。在这两次提价之前，中国老八大名酒之间的价格差异不超过10元，但在这两次提价过后，茅台和五粮液从诸多品牌中脱颖而出，形成了很强的价格递度和品牌区隔，同时也实现了利润上的突围。中国的经济转型市场转型是历史赋予的机遇，错过这样的机遇，要想在现在进行弥补将是非常的困难。

二是销售渠道的断裂。计划经济时期，西凤酒有一个遍布全国的由国有糖酒公司构成的销售渠道，但在计划经济向市场经济转轨时期。各省市的糖酒公司纷纷解体，西凤没有及时构建新的产品销售渠道，从而丧失了大部分的全国市场。

三是行销手段的滞后。在从计划经济到市场经济的过程中，中国白酒营销模式极有烙印地走过了产品销售、广告促销、概念营销、文化营销几个历史阶段，然而就在上世纪90年代中后期，就在川酒“六朵金花”竞相绽放，黔酒、皖酒、鲁酒攻城掠地的时候，西凤却在不知不觉中落在了后面。“洞中方七日，世上已千年”。近年来，中国白酒业正处在一个发展的十字关头，外临红酒、啤酒、黄酒及各类保健酒等的打压，内有各地大小无数品牌的流血相搏，上有国家政策特别是税收政策的“紧箍咒”，加上2003年至今的粮食价格大幅度上涨，以及小酒厂的不正当竞争、行业的不规范管理，使得身在其中的白酒企业特别是大中型名优酒企业犹如逆水行舟不进则退。

三千年来，西凤酒长盛不衰，这有赖于一代又一代西凤传人热情而忘我的无私奉献和努力。如今，这杆酒旗交到了我们这一代西凤人手中，面对着沉甸甸的历史遗产，西凤何日飞起来？西凤何日成为又一个茅台、五粮液？我们在继承历史。荣耀的同时，更继承着一种历史的责任。多少次夙夜兴叹，多少次深深思索……深刻的反思之后，我们开始积极地探索西凤的腾飞之路。

### 发展产品个性　寻找新的增长点

在文化界有句话是这样说的：“越是民族的，就越是世界的。”这句话用在白酒业同样适用，“越是独特的，就越有市场和长久的生命力。”在当今的白酒市场上，没有紧缺的产品，但独特的风格和独特的核心价值是紧缺的。在洋洋大观的华夏酒林中，西凤酒有着许多其他白酒品牌难以取代和不可复制的独特资源：论风格香型，西凤酒既不同于茅台的酱香，也不同于泸州老窖的浓香，更不同于汾酒的清香，它是当今中国市场上五大白酒香型(酱、清、浓、米、凤)之一凤型酒的唯一典型代表；论品质口感，西凤酒酸甜甘辣香五味俱全，甘洌厚重，后味干脆，回味愉快，明显不同于其他香型白酒；论历史传承，西凤酒始于殷商、盛于唐宋，有“白酒之源”之称，它对当代白酒的生产工艺产生过深远的影响；论工艺技术，西凤酒一年一个大生产周期，采用续糟配料混烧工艺，其工艺特点为：大麦、豌豆中高温制曲、发酵期短、新泥窖池发酵，并且有立窖、破窖、顶窖、圆窖、插窖、挑窖之特殊工艺。论贮藏方式，西凤酒一般要在用荆条编织而成的直径2—2.5米、可以装5吨左右白酒的酒海里贮存3年，而后进行勾兑，使香味成分互相融合，达到口感独到的效果，这种贮藏方式也明显区别于其他名酒。

一方水土养一方人，一方人酿一方酒。经过了几千年风雨洗礼的西凤酒，仍然能够屹立于众多的知名品牌中不倒，正是依赖于它这种独特的工艺、独特的口味以及独特优异的品质。但同时，我们更意识到，随着时代的发展变化，西凤酒必须紧扣时代发展的脉搏，在坚守个性的同时，要敢于创新，要在充分张扬个性的同时，使其口味更好地适合消费者的需求。西凤酒成长到今天，是继承千年传统酿造工艺的结果，更是技术创新的结果，是名酒企业与时俱进、摆脱自我局限的必然。与时俱进对于西凤酒来说，就是要从源头抓起，进行一次超越自我的技术革命，传统工艺要在科学实践的基础上不断创新才有希望。

基于上述经营理念，近年来，我们西凤人在保持凤型白酒基本风格的基础上，坚持自主创新，加大科技投入，对其工艺特征进行了调整，在传统凤型白酒重“香”的基础上，增加了重“味”的含量，开创了白酒香型研究的新纪元。工艺改良之后的西凤酒，形成了新的特制珍品西凤酒系列、特制精品西凤酒系列和特制西凤酒系列三大系列产品。新的西凤酒系列产品，实现了中国白酒新功能、新口味、新风格的成功突破，其口感特征已经发生了明显的变化，不仅仅醇厚挺爽，而且柔顺绵甜，受到了消费者和市场的欢迎。更为重要的是，新的西凤酒系列产品，由于工艺的繁杂、成本的大幅增加，使得我们开发出了一系列西凤酒高档产品。这些高档新产品上市以后，很受消费者欢迎，消费者纷纷放弃其他名酒高端产品，开始选择西凤酒，从而使得西凤名酒的品牌效应得以凸显，使得西凤名酒的品牌价值得以回归。因此，我们可以自豪地说，经过三千年悠悠沧桑岁月，西凤酒在保持传统本色的同时得以创新发展，在发展创新中依然保持着传统本色，它因其丰厚的历史沉淀而彰显着经典无价的魅力，更因其折射出与时代节奏合拍的气息而永葆青春与活力。

### 借力蓄势　重塑名酒品牌

西凤酒是中国四大老牌名酒之一。并连续四次蝉联过国家名酒的称号，其酒品质毋庸置疑，但今天的西凤酒，无论是市场占有率，还是品牌知名度及品牌美誉度等方面都无法和茅台、五粮液等名酒相比。西凤要复兴，西凤要重新回到中国一流名酒的阵营，就必须不断地擦亮品牌，不断地为品牌内涵注入新鲜的血液，使得消费者对西凤不断有一个新的认识，企业也才能具有鲜活的生命力。

意识到这一点，2005 年我们改变了西凤酒多年的低调状态，增强力度、加大资金投入，进行了规模空前的广告宣传和促销活动，其目的就是要在消费者心中重建西凤酒的新形象，给经销商以信心，给市场以支持。在广告宣传中，我们侧重于隐性和显性两方面的工作。搞好隐性宣传，就是通过在全国各大报纸、杂志、电台、电视台上，对企业行为进行报道，来达到宣传企业形象的目的。搞好显性宣传，就是要在搞好广告创意的基础上，在省内外有选择性地投放了大量的户外、电视、车体等覆盖面广的广告，来提升企业和产品的知名度、美誉度，提高消费者对企业和产品的忠诚度、信任度。通过立体化的张弛有度的广告运作，形成强大品牌冲击波，让西凤重新长鸣于祖国的大江南北，让西凤全新的品牌形象得到广大公众的深切认可。

此外，因为白酒作为一种与人类极其亲近的消费品，既有日常消费品的共性，又有其丰富的人文内涵，所以，2005 年，我们把品牌推广的重点放在通过组织及参与一系列品牌展示和社会公益活动上来，借助各种机会进行公关造势，发挥事件营销的威力，形成所谓的“媒体突破”，从而达到延伸品牌的文化内涵、带动商业消费以及重建名酒企业形象的目的。

元月份，我们在宝鸡万利大酒店隆重举行西凤酒省内用户座谈会，兑现 2004 年销售奖励承诺，与省内广大经销商建立利益共同体，对用户传递信息，全面开展 2005 年西凤酒营销工作总动员。

二月份，春节期间，在厂内举办锣鼓队、社火、元宵焰火文艺晚会活动，鼓舞士气，增强职工凝聚力。

三月份，组团参加了成都全国春季糖酒交易会，西凤酒无论从展位、新品、宣传、形象等方面都显示出了盛况空前、轰动效应极佳的局面，彰显了西凤品牌优势，充分展示了企业实力，提升了企业形象。在糖酒会期间，西凤酒被评为中国最具增长潜力白酒品牌第一名。

四月份，在市委市政府的大力支持下，经过我们的努力，市政府将原市区体育路更名为西凤路，我们隆重举行了西凤路命名盛典仪式。体育路更名为西凤路以后，西凤路成为展示西凤酒企业形象的重要舞台，成为展示西凤酒品牌形象的重要窗口。

五月份，西凤酒股份公司冠名陕西电视台知名栏目“秦之声”，同时隆重举办了“秦之声”走进西凤大型文艺演出和节目录制活动，使西凤企业、西凤品牌通过“秦之声”走遍大江南北，有效地传播了凤凰吉祥、西凤酒香的西凤文化，意义重大，影响深远。与此同时，5月18日，西凤酒在上海参加了中国国际食品博览会，在第六届国际评酒会上被评为“特别金奖”，这为西凤酒走出中国、打向世界奠定了基础。

六月份，西凤酒冠名赞助了首届宝鸡市金渭湖“西凤杯”龙舟大赛，赛龙舟喝西凤，是体育文化与酒文化有机结合，形成互动，相得益彰。同时，从六月份开始，公司组织的大型“西凤酒的祝福”文艺演唱团巡回演出，在陕西、河南的七十九个县市演出18场，给父老乡亲免费奉献了精神文化大餐，有效地宣传了西凤酒的历史文化、个性文化和情感文化，增加了西凤品牌的亲和力和忠诚度。

七月份，“中国驰名商标”及“全国质量优秀白酒产品”的评定，进一步增加了西凤品牌的含金量。同时，以巴拿马获奖为中心的诗文大赛活动，弘扬和发展了源远流长的西凤酒文化，活跃了省内外广大群众的业余文化生活，提高了西凤品牌的知名度。

八月份，公司冠名赞助了“中国西安首届国际酒文化节”，通过产品参展，给海内外酒业同行提供了一个展示自己、互相交流、共同提高的机会，为西凤酒立足陕西、走向全国、打入世界奠定了基础。同时，西凤大唐盛世酒、大唐雄风酒西安南门盛大入城仪式的隆重举行，是白酒行业品牌宣传的一项创举，这项活动使“国人骄傲、秦人自豪”。另外，我们还成功举办了“中国凤型白酒——西凤酒高峰论坛”活动，引起了全国白酒专家、省市行业领导和社会各界的高度关注，在经销商层面和消费者中产生了强烈的反响，对凤型白酒的工艺技术创新产生了深远的影响，使西凤酒悠久的历史和灿烂的文化得到了有效传播。

九月份，公司冠名了“西凤杯”第五届全国“市长杯”乒乓球赛，通过这项体育赛事，借中国市长协会和全国乒协这个平台，以球为媒，在高层面和广大观众中宣传了我们的西凤酒产品，美化了西凤企业的社会形象，促进了全民健身活动的蓬勃发展。同时，在北京钓鱼台举办的中国国际酒企业联谊会上，原人大副委员长王光英先生对西凤酒给予了很高的评价、酒界泰斗秦含章先生对西凤酒做了亲笔题词，借名人效应，西凤品牌和企业形象得到进一步提升。另外，和宝鸡市旅游局联合举办的西凤杯“凤舞中华”大型书法笔会，是对凤文化内涵的有效拓展和延伸。

十月份，西凤酒被选为“神舟”六号发射成功庆功用酒，此次和中国航天事业的合作，圆了西凤人两大心愿：一是为蓬勃发展的中国航天事业喝彩，二是进一步地提升了西凤酒的品牌形象。与此同时，公司通过周密组织、精心策划，再次强势出击全国糖酒会。此次糖酒会期间，巨型的西凤门楼、壮观的秦兵马俑方队，成为济南市最为靓丽的一道风景，吸引了众多媒体、商家和消费者的眼球，西凤老牌名酒的企业形象得到了有力的展示。

十一月份，企业积极参与到地方政府开展的“振兴凤翔白酒工业、打造酒业大县”活动中来，借此为地方经济的发展作出了贡献，并且进一步提升了西凤企业的影响力。同时，西凤和另外九家大陆名酒企业产品赴台参加“二OO五台北中华名酒精品交流展览会”，为两岸酒业合作架起了桥梁，成为两岸经贸交流的一个重大突破。通过这一连串成熟的品牌运作，勾勒出了西凤文化营销的真正内涵，使得西凤的品牌形象得到了有效传播，使得西凤的品牌力量得以重建，使得商家和消费者对西凤重新树立了信心，同时，也进一步彰显了西凤酒作为“中国四大名酒”的卓越风范。

### 创新营销思路 进行市场化运作

思路决定出路，思路决定方法。对一个企业来说，创新是关键，尤其是在营销思路上不断地进行创新，企业才能在竞争激烈的市场上生存和发展，今年，我们着重抓了以下几个方面的创新：

一是产品创新：市场是企业生存的土壤，产品是企业发展的种子。企业要想在市场上立足，就必须适应市场，顺应市场，向市场不断输送适销对路的优秀产品，并且要形成科学合理的产品结构体系，所以我们认为，企业的创新首先应该从产品创新开始。我们结合西凤酒的品质优势，对现有市场上的产品整理排序，吸纳现代的设计理念，根据焦点市场特性先后开发出不同系列、不同款型的产品。同时，我们还斥巨资进行企业硬件改造和技术革新，全国一流的自动化灌装线已经开始投入建设，它的建成必将有效地满足曰益膨胀的市场需求。另外，在产品结构方面，我们积极实施“369”方针，即打造三款全国性品牌，主推六款个性化产品，畅销九款区域强势品牌，借助名酒效应，全面实施品牌战略，实现西凤品牌的多元化、多方位发展。西凤1952、西凤1956、西凤尊酒、西凤将军情、柔西凤、西凤家乐、西凤华山论剑、西凤陈酿、西凤宝典酒等产品在市场上热销，不仅提升了西凤酒的品牌价值，而且构筑了其他产品在同价位段难以逾越的品牌壁垒。

二是营销机制创新：在以市场为导向的经营理念之下，我们在不断地进行营销机制的创新，不断地吸收民营企业的有益成分补充和完善自己，其目的就是在企业的运营上能更好地服务于市场，在用人上能够更为灵活，在薪酬分配上更为合理。今年以来，我们对营销公司内部机制进行了一系列改革：从用人、分配、财务方面进一步放权，彻底搞活营销机制。营销公司名称变更为营销总公司，由二级法人变更为独立法人。使其具有了相对独立的决策权、经营权、管理权。用人上股份公司只聘用营销公司总经理，营销公司总经理聘任副总经理和各分公司经理，各分公司自行聘任业务员。人员能上能下，能进能出，形成动态管理机制，全面实行了目标责任绩效考核。同时，营销公司办公地点举迁宝鸡市以后，接受市场信息更为快捷，市场决策更为灵活，服务客户更加方便。

三是经营理念创新：我们的经营理念是：“别人能提供的产品、价格和服务，我们也能提供，别人不能提供的产品、价格和服务，我们也应能最大限度地做到”，通过建立立体化的服务体系构造全方位服务平台，更深层次地服务于经销商，“致力于客户成功”。

在“终端为王”的营销大势下，谁占据了终端，谁就将取得胜利。“性非异也，善假于物也!”我们以合作、包容、共享、多赢显示出非凡的魅力。以前经销商为提货跑断腿、磨破嘴，如今经销商只需一个电话，要办什么事全由公司的人员来办，每个环节、每一个步骤都由公司的人去完成，环环相扣，一直到客户满意为止！在“致力于客户成功”定位下，面向全国吸引了一大批有经验、有实力、会经营的优秀经销商，组建起了高素质的销售队伍和网络。同时，对于销售好的、信誉高的、网络大的，西凤帮助经销商建设品牌店，帮助经销商培训促销队伍，以商家的发展作为西凤酒的发展，在“一荣俱荣，一损俱损”的支撑下，为终端销售注入强大的活力，充分实现企业与经销商之间的共赢。

西凤酒不能仅是西凤人的西凤酒！我们要让更多的人来享受西凤美酒，要让更多的人来经销西凤酒。真正的成功来自于商业中的共赢，来自于人际中的共赢，这是一种和谐的生意经，也是最高商道。为此，我们推出“让商家赚钱是硬道理”的经营基点，让优秀人才加入西凤，赢利西凤；让优秀人才享受西凤，享受成功；让成功人士钟爱西凤，赢就天下！

四是品牌定位创新：在市场转型、消费者的消费观念更新转变的大环境下，我们及时地调整和挖掘西凤品牌的精神价值和内涵，将“百鸟朝凤、酒喝西凤”的品牌定位改成了“凤凰吉祥、西凤酒香”。“百鸟朝凤、酒喝西凤”的广告语仅仅是对西凤名酒品质的传播，而“凤凰吉祥、西凤酒香”在传播名酒品质的基础上，更注重了对情感文化的诉求。西凤品牌在各族人民追求吉祥、幸福生活的美好愿望方面，具有其他品牌无法比拟的优势。通过对凤文化的有效传播，会使西凤具有鲜明的品牌个性，形成明显的品牌区隔，会和消费者的消费心理形成对接，和消费者的消费情感形成共鸣，从而直接有效地促进两凤酒的产品销售工作。

## 制订发展战略　抢抓发展机遇

近年来，随着消费者消费需求越来越趋向理性，中国白酒业在规模上、市场占有率上、利润上会迅速向拥有良好品牌潜力的大型或者超大型企业集中，而成功的必定是现有的大型名酒骨干企业。因此，未来几年白酒行业的八强必然是名酒的天下，而谁能够抓住这个机遇，谁就会取得快速的发展，而机遇只垂青那些有准备的人。因此，我们西凤企业领导班子顺应市场的发展潮流，制订了企业发展战略：

一是“凤凰振翅”：概括为十五字方针，即：“做酒业、拓市场、抓改革、促管理、创效益”，实施名牌战略，改革营销体制，创新营销模式，突破市场瓶颈，提升企业综合竞争力，迈出跨越式发展的关键之步!

二是“凤凰翱翔”:实施“冲八工程”,做优、做强西凤,使西凤酒在中国白酒行业迅速崛起,3~5年内冲入中国白酒前八名,实现西凤企业跨越式发展。

三是“凤舞九天”:走新型工业化道略,利用5~10年时间,做大、做强西凤酒,打造中国酒业新航母。坚持科学发展观,以西凤酒产业为核心,强化主业,拓展领域,内涵深化和外延扩展并举,产业发展多元化,经济发展持续化,创一流企业,做百年老店,建常青基业,酿造高品位生活,奉献社会,贡献人类。

在中国名酒中,西凤酒是西北地区唯一的国家名酒,因此西凤酒发展得好与否,不但关系到西凤的发展,更重要的是关系到陕西白酒业乃至于西北白酒业的重新崛起。西凤酒有着浓厚的文化底蕴,全国独一无二,而中国的文化与酒文化息息相关,有着十分独特的优势。西凤酒质量好,风格独特,又是中国凤型白酒惟一的典型代表,因此,西凤酒是中国凤型白酒基地,凤型白酒的格局应是以西凤酒股份有限公司为主,众多中小酒厂为群体的一个整体,中小酒厂依托西凤而发展,中小酒厂要全力维护西凤,坚决不能损坏西凤酒的名声,破坏西凤酒的形象。西凤酒的发展还有很多的路要走,西凤酒的发展也还有很多文化可做,发展空间也很大,因此我们要始终牢记:祖先给我们留下了西凤,我们将给后人留下什么?西凤应该拿出战略和气魄,西凤必须以进入白酒行业的“八强”作为自己的战略目标,并且以此来作为企业发展的源泉和动力,从而形成全国独特的西凤酒文化,引领中国白酒行业的发展。

另一方面,纵观老牌名酒,也只有西凤还有巨大的潜力没有完全释放,西凤酒在全国的市场占有率还与它的“四大名酒”地位不相匹配,容纳西凤酒的市场空间还相当大,这就是西凤最诱人和最具增长及发展潜力的根本所在,也是西凤被相关专业机构评为“2005年中国十大最具增长潜力白酒品牌第一名”的根本原因之所在。

为了实现企业的发展战略,我们确立了三个阶段的市场攻略计划:一是立足省内,把省内市场做深、做精、做透、做细,确保西凤酒在省内稳中上升,在省内.第一品牌的地位永不动摇;二是开拓省外,进一步确立河南、山东、华北、东北等省外重点市场的地位,企业在品牌宣传上大力支持,在营销政策上重点扶持,力争使西凤成为当地的区域强势品牌;三是鼓励支持省内有实力的品牌经销商向省外辐射运作,鼓励当地有网络的客户积极开发终端市场,分产品、分客户、分区域,根据不同的区域市场特点使用不同营销手段,全面提高西凤酒的市场占有率,提升西凤酒的品牌价值,扩大西凤酒的影响力,逐步培养忠实的消费群体。

我们有理由相信,随着白酒市场逐步的规范化运作,消费者对白酒认知度的提高和名酒消费心理的回归,产品的质量优势将更加彰显。西凤固有的质量优势、品牌优势,文化优势,加之强大的资金后盾及高效务实的市场运作,必将转化为市场优势和效益优势,极大地提高西凤酒产品的市场扩充能力。

我们有理由相信,充满活力、蓄势待发的西凤,走上腾飞之路不会遥远。

2006

# 中国工业经济年鉴

# China Industry Economy Yearbook

（下卷）

中国工业经济联合会
中　国　工　业　报　社　编

中国财政经济出版社

**图书在版编目(CIP)数据**

中国工业经济年鉴.2006/中国工业经济联合会，中国工业报社编.—北京：中国财政经济出版社，2006.9

ISBN 7-5005-9270-1/F·8049

Ⅰ.中...　Ⅱ.①中...　②中...　Ⅲ.工业经济-中国-2006-年鉴　Ⅳ.F42-54

中国版本图书馆 CIP 数据核字(2006)第 087371 号



中国财政经济出版社 出版

URL:http://www.cfeph.com.cn

E-mail:cfeph@cfeph.cn



社址：北京海淀区阜成路甲 28 号　邮政编码：100036

读者电话：010-88190973

北京雷杰印刷有限公司印刷　各地新华书店经销

开本：880×1230 毫米　16 开　83.375 印张　2 668 000 字

2006 年 9 月第 1 版　2006 年 北京第 1 次印刷

定价：480.00 元

ISBN 7-5005-9270-1/F·8049

(图书出现印装问题，本社负责调换)

# 《中国工业经济年鉴》特邀编委名单

（按姓氏笔画排序）

# 《中国工业经济年鉴》编辑委员会

# 编辑说明

继《中国工业经济年鉴·2005》首次出版发行之后，经过近一年的资料搜集和编辑加工等项工作，《中国工业经济年鉴·2006》如期与读者见面。这本由中国工业经济联合会和中国工业报社联合编纂的年鉴始终遵循真实的原则，力求成为记录年度中国工业经济运行状况的权威性资料。

本书所采用的数据，由国家统计局根据2005年月报整理归纳组成；"综合篇"稿件由中国工业经济联合会和国家统计局提供；"行业篇"稿件由相关工业行业协会提供；"地方工业篇" 稿件由地方工经联及国家统计局提供；"行业点评"和"工业行业主要数据"由中国工业报产业形势研究室和国家统计局联合分析制作；"专题研究"由中国工业报社编辑部提供；"大事记"由中国工业报总编室整理。

2006年中国工业行业排头兵企业名单由中国工业报社产业形势研究室根据国家统计局按国民经济法人单位产值销售额计算，行业前五名的企业为行业排头兵，共计2235家，仅供参考。

本书在编辑出版过程中，得到下列单位的大力支持：中国煤炭工业协会、中国石化工业协会、中国电力工业协会、中国钢铁工业协会、中国有色金属工业协会、中国建材工业协会、中国机械工业联合会、中国轻工业协会、中国纺织工业协会、中国食品工业协会、中国电器工业协会、中国农业机械工业协会、中国内燃机工业协会、各地方工业经济联合会等，在此一并表示衷心感谢。在此，我们很荣幸地告诉大家，《中国工业经济年鉴·2005》，获得了由中国出版工作者协会年鉴研究会组织评选的编校质量特等奖。

由于时间紧迫、经验不足，在编辑《中国工业经济年鉴·2006》过程中，难免有疏漏之处，敬请广大读者、业内专家提出建议并批评指正，我们将致力于完善，让来年的《年鉴》更上层楼。

联系电话：(010)68321348

电子邮件：qyllb@126.com

**中国工业经济联合会　中国工业报社**

**二〇〇六年九月**

# 目录

## (上卷)

## 综合篇
### ——2005年中国工业概况



## 行业篇
### ——2005年中国主要工业行业运行概况

目录



## 地方工业篇
### ——2005年中国主要地区工业运行概况

## 行业点评

# 目录



## 重点领航企业风采篇（上）

目录

目录

# 目录

(下卷)

## 重点领航企业风采篇(下)

目录

# 目录

目录

目录

## 工业行业主要数据

目录

目录



(以上数据由国家统计局提供)

## 政策法规

目录

目录



## 专题研究

# 目录

目录



## 大事记



## 附 录

# 东风汽车有限公司
# DONGFENG MOTOR CORPORATION LIMITED

东风汽车有限公司是东风汽车公司与日产汽车公司战略性合作携手组建的新公司。公司注册资本为人民币167亿元，双方各拥有50%的股份。东风汽车有限公司注册地设在湖北武汉市。东风汽车有限公司成立于2003年6月9日，7月1日正式运营，拥有员工70000名。

东风汽车有限公司主要制造基地分布在十堰、襄樊、广州等地，主营业务包括全系列商用车、乘用车、汽车零部件和汽车装备，生产的东风牌重、中、轻型卡车，客车，以及蓝鸟、阳光、天籁、颐达、骐达轿车畅销全国。

2003年11月24日，东风汽车有限公司发布了2003～2007年中期事业计划，称做“$2^3$计划”，计划的核心是强势增长、优化运营和相互学习。随着“$2^3$计划”的稳步推进，到2007年，东风汽车有限公司将实现商用车“中国第一，世界前三”的目标；乘用车将实现品牌价值“中国第一”的目标。东风有限最终将建设成为自主、开放、可持续发展，并具有国际竞争力的综合性汽车企业巨头。

# 东风商用车公司

东风汽车有限公司商用车公司，成立于1999年7月1日，是从事商用车研发、制造及销售的战略事业部。公司现拥有7个专业厂、11个子公司，分布于湖北、浙江、新疆、广西、广东等省区，员工34000人，资产156亿元，业务覆盖各类重、中、轻型载货车和客车、专用车等整车产品，以及发动机、驾驶室、车架、底盘等关键总成零部件和毛坯件的生产与装配，年商用车整车生产能力达30万辆，是我国目前最大的商用车制造企业之一。

# 东风汽车股份有限公司

1999年6月28日，“东风汽车”股票（600006）在上海证交所成功上市。1999年7月15日，东风汽车股份有限公司创立。

2004年2月，“东风汽车”正式进入东风汽车有限公司，成为东风轻型商用车事业的主体，并组成了以上市公司总部投资和利润管理为核心的两级公司治理结构，下辖汽车分公司、铸造分公司、东风康明斯发动机有限公司、东风裕隆汽车销售有限公司、东风襄樊旅行车有限公司、常州东风汽车有限公司、郑州日产汽车有限公司等13个分、子公司。

东风汽车”轻型商用车和车用动力两大主营业务蒸蒸日上。陆续推出的“东风小霸王”、“东风锐霸”、“多利卡康霸”、“东风之星”、“东风金刚”、“东风皮卡”等700多种车型的系列轻型商用车，全部是自主设计、开发和生产的拥有独立知识产权的自主品牌。

# 东风日产乘用车公司

东风日产乘用车公司（原为东风汽车有限公司乘用车公司）成立于2003年6月16日，位于广州市花都区。东风日产乘用车公司以广州风神汽车有限公司为基础，是东风汽车有限公司最具发展潜力的重要组成部分。

公司拥有花都和襄樊两个生产工厂，年生产能力25万辆，员工近5000人。公司已有"蓝鸟"、"阳光"、"天籁"、"颐达"和"骐达"五款轿车投放市场。公司现拥有251家供应商和165家经销商，遍布全国各地。自2000年风神公司成立至今，公司已累计销售近30万辆轿车。

# 东风汽车有限公司零部件事业部

东风有限零部件事业部从事商用车、乘用车零部件所谓设计、开发和研究，已形成底盘传动系统、行驶系统、发动机附件系统、车身附件系统和通用件等为主体的核心业务。完善的营销网络是东风零部件不断走向发展壮大的基石，先后与国内近60多家整车和主机厂，120家社会经销商建立了良好的长期合作伙伴关系，部分产品已先后出口美国、西欧、非洲、东南亚等国家和地区。

# 东风汽车有限公司装备公司

东风汽车有限公司装备公司是目前我国最大的汽车装备设计制造企业。公司具有雄厚的装备及技术研发实力。能够为汽车生产提供全套专用组合机床及自动线、加工中心、车身成型模具及焊接夹具、通用及专用刀具、量具、螺纹拧紧装备、黑色及有色金属铸件，是一个可以为汽车工业完成交钥匙工程的大型中外合资企业。

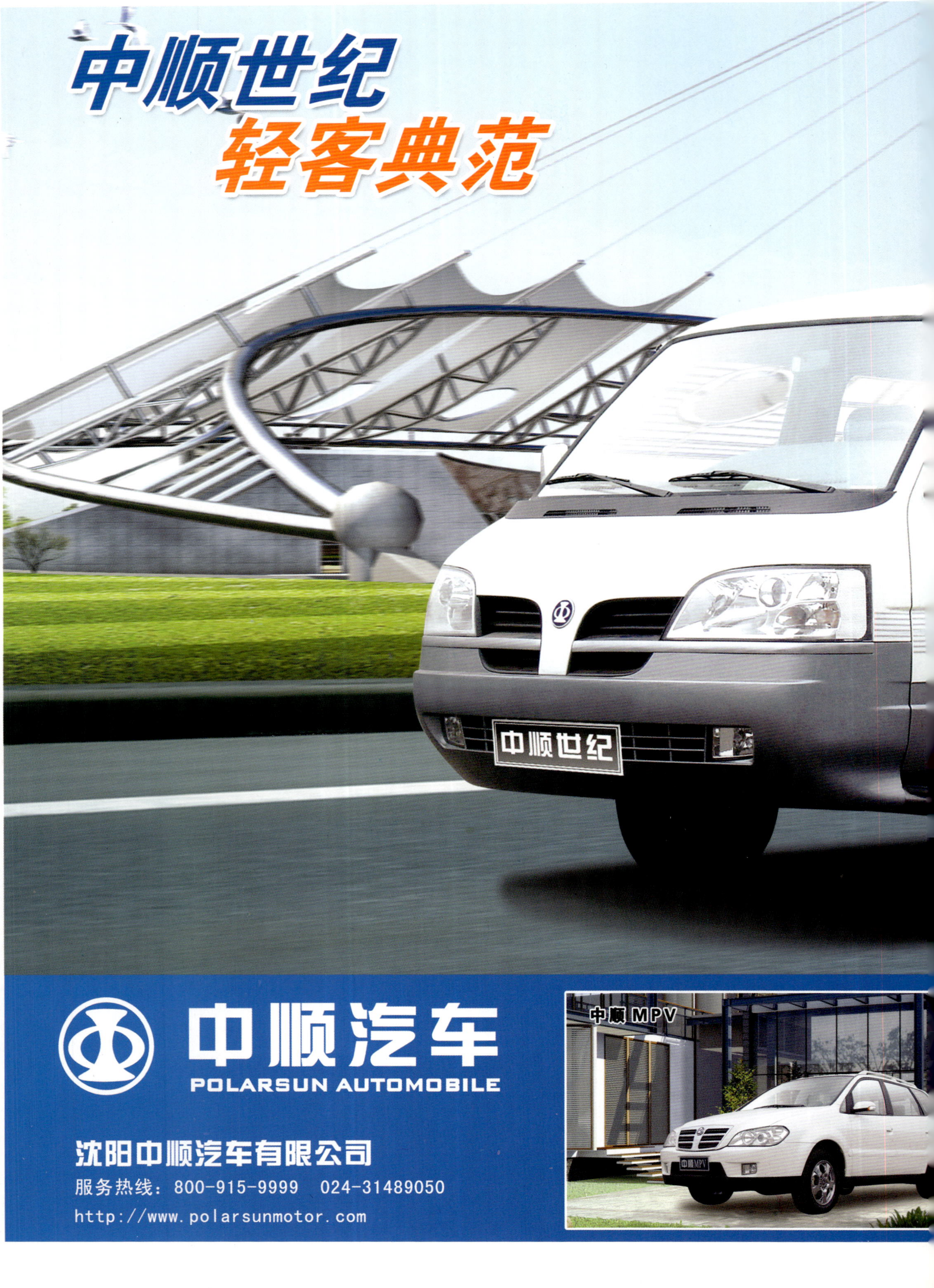
中顺世纪
轻客典范
中顺世纪
中顺汽车
POLARSUN AUTOMOBILE
沈阳中顺汽车有限公司
服务热线：800-915-9999　024-31489050
http://www.polarsunmotor.com
中顺 MPV

中顺 SUV

中顺皮卡

# 广汽集团

## 企业简介 Introduction

广州汽车集团股份有限公司（简称广汽集团）创立于2005年6月28日，由广州汽车集团有限公司整体变更成立，是由广州汽车工业集团有限公司、万向集团公司、中国机械工业集团公司、广州钢铁企业集团有限公司、广州市长隆酒店有限公司作为共同发起人，以发起方式设立的。

广汽集团的股本构成为：广州汽车工业集团有限公司持有3,217,403,529股，占股本总额91.9346%；万向集团公司持有139,636,656股，占股本总额3.99%；中国机械工业集团公司持有129,169,156股，占股本总额的3.6909%；广州钢铁企业集团有限公司持有6,999,331股，占股本总额的0.2%；广州市长隆酒店有限公司持有6,456,883股，占股本总额的0.1845%。其中：万向集团公司是全国汽车零部件龙头企业；中国机械工业集团公司在机械制造方面具有较强优势；广州钢铁企业集团有限公司与汽车行业关联度较高且极具行业区域优势；广州市长隆酒店有限公司则是具有良好动作机制和市场形象的民营企业。

广汽集团主要业务有面向国内外市场的汽车整车制造、销售及服务业务，汽车商贸及物流业务、汽车零部件业务、汽车金融及相关服务业务，具有真正意义上独立完整的产、供、销及研发体系。目前公司旗下拥有广州本田、广州丰田、本田汽车（中国）有限公司、广州五十铃、骏威客车、羊城汽车、广汽丰田发动机、广汽部件、广汽商贸、香港中隆等数十家知名企业，生产多种型号的乘用车、商用车、汽车发动机和主要汽车零部件等多种系列产品。

**广州汽车集团股份有限公司**
**Guangzhou Automoblle group Co.,LTD**

## 企业理念　Core Values

人为本，信为道，创为先。

Humanity,Credibility&Creativity.

## 企业目标　Mission

以卓越的国际化企业为目标，铸造社会信赖的公众公司。

To develop into a preeminent international enterprise and a trustworthy public company.

## 运营方针　Operate Guideline

尊重人性，崇尚沟通。

Respect human nature. Advocate communication.

勤勉务实，注重实践。

Work diligently. Operate practically.

追求效率，善用资源。

Improve efficiency. Utilize resources reasonably.

诚信合作，激情创新。

Cooperate wity credibility. Innovate with enthusiasm.

地址：广州市东风中路448号成悦大厦

Add:Chengyue Building,No.448 Dongfengzhong Rd.,Guangzhou,PRC

Tel:86-20-83151139 Fax:86-20-83150335 Post:510030 http://www.gagc.com.cn

解放卡车 挣钱机器
新
06平台全面升级
解放"四威"傲视群雄
06平台产品升级
2006年，囊括众多最新、最优科技成果，解放"四威"产品成功升级！每处优化设计均以创造最大运营价值为目标。产品覆盖各类货运需求，量身而制。挣钱效率高，赢利空间大。选择解放"四威"，便是选择了最强大的"挣钱机器"
奥威
骏威
悍威
大威
解放骏威 城际豪杰
2.1米宽体驾驶室豪华安全，轻卡投入，高载低耗是专门为城际物流量身打造高效赢利快车。
解放奥威 重卡英雄
配装全新的9升奥威发动机，动力覆盖310-350马力，油耗更低，承载性能更强。全新高顶驾驶室，驾乘、休息空间更加宽敞舒适。
解放悍威 创富新贵
在成熟四大底盘基础上匹配功率覆盖260、280马力的8升奥威发动机。燃油经济性极佳。8档、9档大扭矩变速器，13吨级"457"大后桥，大断面车架等优秀配置将承载其用户更多的运营财富。
解放大威 物超所值
技术成熟，购车养护成本低廉，280-340大马力，动力强，底盘强悍可靠。
一汽解放24小时销售服务专线 0431-7666666
一汽解放绿色通道备品供应中心 0431-5515555
http://truck.faw.com.cn

青岛青特众力车桥有限公司，是青特集团有限公司下属的一个专业生产汽车车桥的公司。

公司于 2003 年 10 月通过 ISO9001：2000 质量体认证，公司建立了一整套完善的质量保证体系和管理体系，主要生产“青特”牌各种驱动车桥，产品为国内各大汽车厂家配套。公司拥有省级企业技术中心一个，各类专业工程技术人员 100 余人，技术力量雄厚，具有自主开发各种车桥的能力。公司拥有各种先进生产和检测设备 300 余台套，其中包括：数控加工中心、2000 吨液压机、自动埋弧焊机、三坐标测量仪、超声波探伤仪、金相分析仪、车桥性能检测装置等具有国内先进水平的生产及检测设备。车桥装配线经鉴定达到国际先进水平，年产各种载重车桥 15 万支，是国内规划最大、技术质量水平一流的车桥生产企业之一。

公司生产的“青特”牌车桥及零部件被评为“山东省名牌产品”。“青特”商标被认定为“山东省著名商标”。

公司以“精工打造、创用户首选”为宗旨，向用户郑重承诺：“青特”车桥，品质如一，服务一流，五万公里无故障。

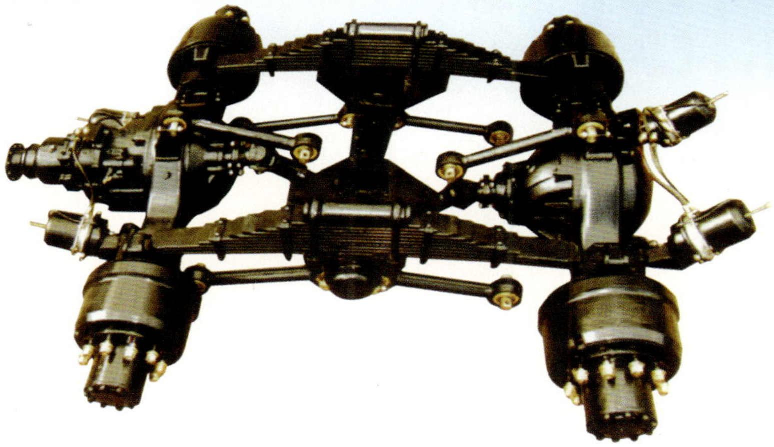

QDT261847SQ 457 冲焊双驱动桥及悬挂系统

457 Tandem Drive Axle And Suspension For Heavy Load Truck

457-6X4 中、后桥总成，适应各种大吨位重型载货车的选配，该桥的设计选用了国际流行的优质板材（δ=14 ~ 16mm）冲压而成，主从动锥齿轮大模数，具有承载能力大、疲劳强度高、制动性能好等优点。

地 址：中国青岛青特产业园（青岛市城阳区正阳东路）
电 话：0086-532-87766666
传 真：0086-532-87869982
网 址：http://www.qt-group.com

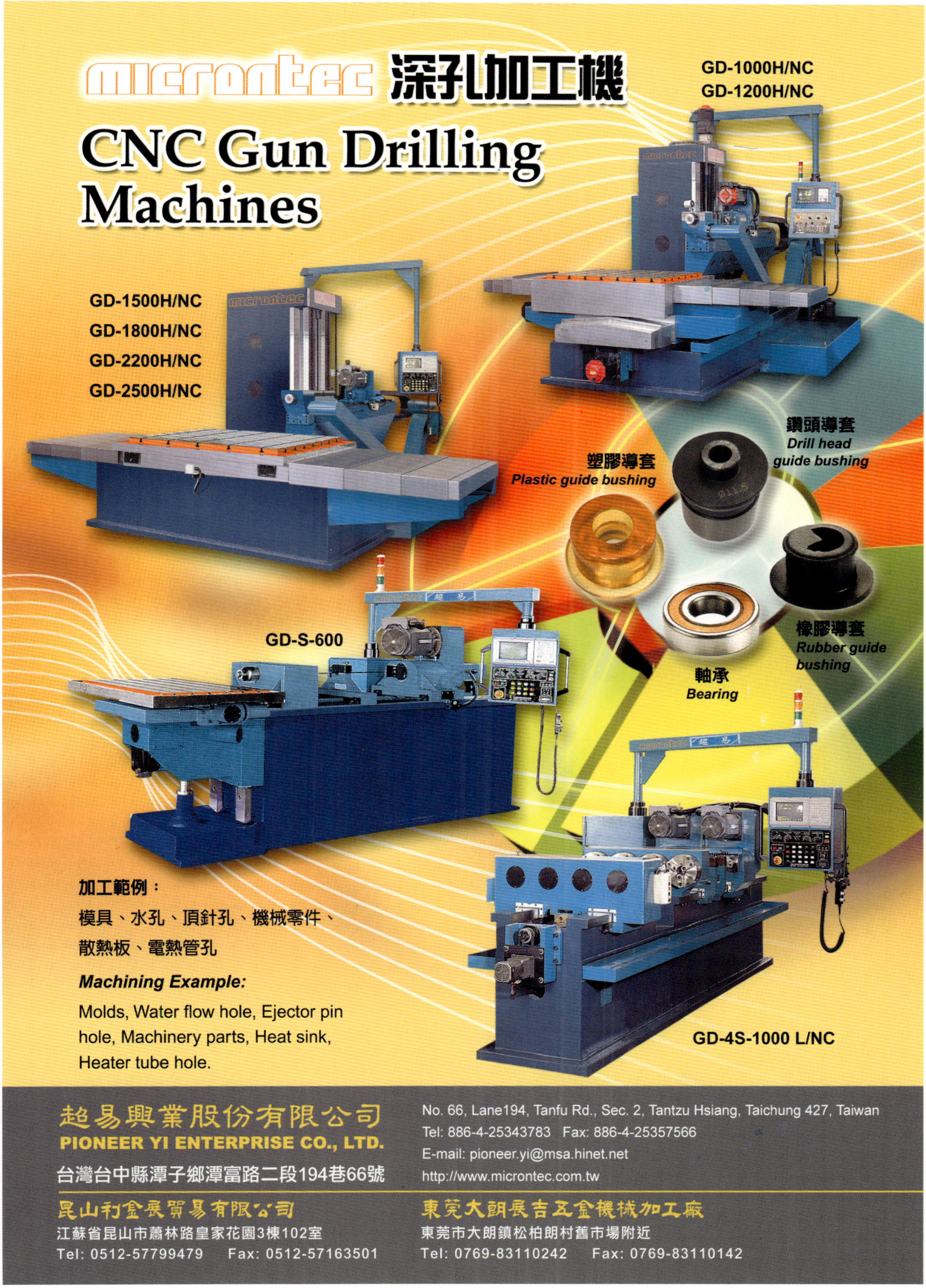
microntec 深孔加工機
CNC Gun Drilling Machines
GD-1000H/NC
GD-1200H/NC
GD-1500H/NC
GD-1800H/NC
GD-2200H/NC
GD-2500H/NC
鑽頭導套
Drill head guide bushing
塑膠導套
Plastic guide bushing
橡膠導套
Rubber guide bushing
軸承
Bearing
GD-S-600
加工範例：
模具、水孔、頂針孔、機械零件、散熱板、電熱管孔
Machining Example:
Molds, Water flow hole, Ejector pin hole, Machinery parts, Heat sink, Heater tube hole.
GD-4S-1000 L/NC
超易興業股份有限公司
PIONEER YI ENTERPRISE CO., LTD.
台灣台中縣潭子鄉潭富路二段194巷66號
No. 66, Lane194, Tanfu Rd., Sec. 2, Tantzu Hsiang, Taichung 427, Taiwan
Tel: 886-4-25343783 Fax: 886-4-25357566
E-mail: pioneer.yi@msa.hinet.net
http://www.microntec.com.tw
昆山利金展貿易有限公司
江蘇省昆山市蕭林路皇家花園3棟102室
Tel: 0512-57799479 Fax: 0512-57163501
東莞大朗展吉五金機械加工廠
東莞市大朗鎮松柏朗村舊市場附近
Tel: 0769-83110242 Fax: 0769-83110142

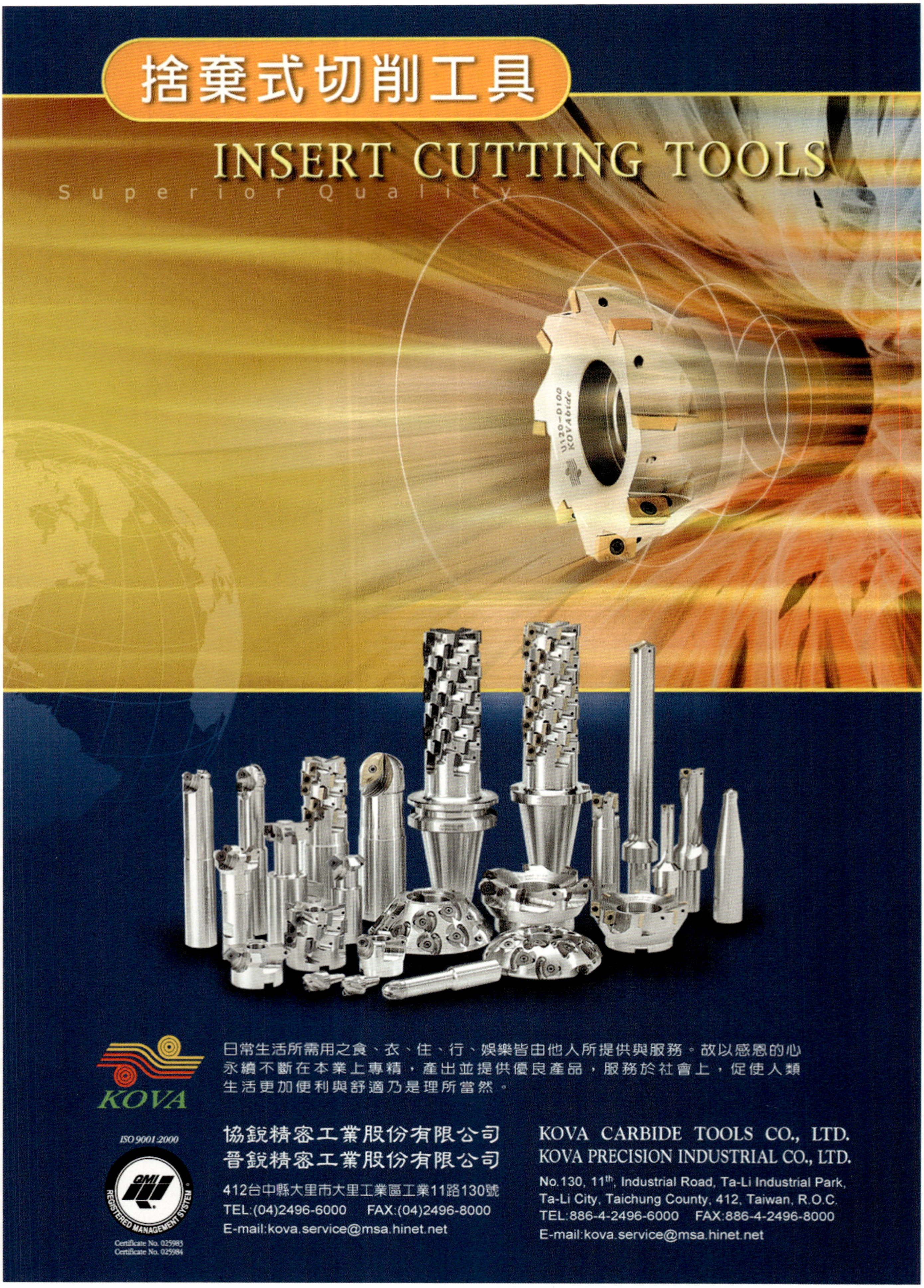

捨棄式切削工具
INSERT CUTTING TOOLS
Superior Quality
U120-D100
KOVAbide
日常生活所需用之食、衣、住、行、娛樂皆由他人所提供與服務。故以感恩的心
永續不斷在本業上專精，產出並提供優良產品，服務於社會上，促使人類
生活更加便利與舒適乃是理所當然。
KOVA
ISO 9001:2000
QMI
REGISTERED MANAGEMENT SYSTEM
Certificate No. 025983
Certificate No. 025984
協銳精密工業股份有限公司
晉銳精密工業股份有限公司
412台中縣大里市大里工業區工業11路130號
TEL:(04)2496-6000 FAX:(04)2496-8000
E-mail:kova.service@msa.hinet.net
KOVA CARBIDE TOOLS CO., LTD.
KOVA PRECISION INDUSTRIAL CO., LTD.
No.130, 11th, Industrial Road, Ta-Li Industrial Park,
Ta-Li City, Taichung County, 412, Taiwan, R.O.C.
TEL:886-4-2496-6000 FAX:886-4-2496-8000
E-mail:kova.service@msa.hinet.net

BENEFO®百利®

# 天津市百利

天津市百利电气有限公司是按现代企业制度组建的全新企业，是上市公司——天津百利特精电气股份有限公司的全资子公司（股票简称：百利电气，股票代码：600468）。公司有生产塑壳式断路器（MCCB）、万能式断路器（ACB）的悠久历史，其主导产品为：低压电器元件、电气传动及成套装置等。拥有15大系列、上万种规格。新建占地12万平方米的现代化工厂坐落于天津西青经济开发区。

企业高层管理者由博士、硕士等一批高级专业人员组成，并且拥有一支经验丰富、素质精良的员工队伍。由电气行业专家和具有大学本科以上学历的电气专业技术人员组成的公司技术中心被天津市政府授予“市级企业技术中心”称号。

公司以高科技为先导，引进国内外先进的计算机软件及加工设备，广泛采用CAD、CAM进行设计、生产并实行ERP管理。领先国内同行业研制的TM30系列塑壳式断路器，具有体积小、零飞弧、智能化、分断能力高等特点。近年，研发并投放市场的TM40系列产品，除具有TM30产品特点外，还具有隔离功能、模块化及所有附件均为插接式等特点，更便于用户使用及安装；TW30系列智能型万能式断路器最大壳架电流达到6300安培，是目前国内乃至世界最大的壳架电流等级；TQ30V（D）系列自动转换开关是我公司全国首创产品TQ30P系列自动转换开关的换代产品,额定电流从1A至6300A,是目前国内最大的自动转换开关系列；TQ40P系列自动转换开关、TJ40系列交流接触器和TM31系列微型断路器等其性能指标已达到国际先进水平；TW40系列万能式断路器的极限分断能力为国际领先水平。上述新产品，分别荣获国家级新产品奖、天津市技术创新优秀项目奖，已拥有国家专利77项，其中发明专利6项。

地址：天津市西青经济开发区民和道12号　邮编：300385　电话：022-23976390

# 杭州锅炉集团有限公司

# HANG ZHOU BOILER GROUP CO.,LTD.

水泥窑余热锅炉

**杭州锅炉集团有限公司**的前身是杭州锅炉厂，公司始建于1955年，是我国大型锅炉制造企业之一，同时也是国家余热锅炉研究、开发和制造基地。2001年经过改制，成立有限责任公司——杭州锅炉集团有限公司。2003年3月正式加盟杭州西子联合控股公司。其注册资金为人民币12000万元整，其中国有股2000万元，法人股9014.5万元，个人股985.5万元。

公司占地面积24万平方米，建筑面积为13.25万平方米，拥有资产总额20多亿元人民币，其中固定资产2.2亿元人民币，现有员工1300余人，其中专业技术人员400余名。

公司长期致力于高新技术的应用和新产品的开发，自八十年代以来，采取“以自主开发为主，技术引进、合作生产为辅”的方式，在自主开发的基础上，公司与美国GE、日本MITSUBISH、KAWASAKI、法国ALSTOM、荷兰NEM、SFL、芬兰AHLSTROM、德国BALCKE DüRR、OSCHATZ、SHG、英国DAVY等国际著名公司以及与中国科学院、清华大学、浙江大学、西安交通大学等国内著名院校广泛合作，已先后研制、开发、制造了23～256MW燃气轮机余热锅炉、冶金行业余热锅炉、燃煤高炉煤气、水煤浆等燃料的电站锅炉、新型1000MW及以下大型火电核电配套辅机、150～500吨／日城市垃圾焚烧炉、75～480蒸吨／时循环流化床锅炉、20～40万吨／年硫铁矿焙烧余热锅炉、7～70MW大容量热水锅炉、大型链条锅炉、300～1000MW烟气烟气加热器等系列的产品。自行开发的9E级燃气轮机余热锅炉填补了国内空白，达到了国际领先；引进美国NOOTER／ERIKSEN公司技术的9F级燃气轮机余热锅炉达到了同类产品国际先进水平，并成为公司新一代主导产品。

**地址：中国杭州东新路245号**
**Add：245 Dongxin Road Hangzhou China**
**电话(Tel)：0571-85387288（总机）**
**营销中心电话(Tel)：0571-85373947**
**传真(Fax)：0571-85377420**
**网址：www.Chinaboilers.com**
**电子信箱：(E-mail)：boiler@mail.hz.zj.cn**
**邮编(POST CODE)：310004**

循环流化床锅炉

9E燃机余热锅炉

9F燃机余热锅炉

保定天威集团有限公司
BAODING TIANWEI GROUP CO.,LTD.

自信自强 追求卓越

# 保定天威集团有限公司简介

保定天威集团有限公司其前身为保定变压器厂，始建于1958年。1995年按照建立现代企业制度试点要求进行改制，组建成立的以生产电力变压器为主导产品的大型高新技术企业集团。我们的发展战略规划是：大力发展变压器及相关产业并建设世界知名的变压器制造基地；大力发展太阳能光伏发电和风力发电设备，打造完整产业链，建设中国新能源生产基地。天威集团坚持"双主业、双支撑"的发展战略。"双主业"即是输变电产业和新能源产业，"双支撑"是"技术进步与自主创新"和"科学管理与制度创新"两大战略举措，努力建设世界知名电气集团。

超高压试验大厅4800kV冲击电压发生器

国内首台750kV特高压电力变压器

天威保变为贵广 II 回生产直流变压器

集团公司拥有雄厚的技术力量，具有国际领先水平的制造装备，拥有国家级技术中心。变压器产品的电压等级涵盖10～1000kV，比较有代表性的有500kV变压器从1983年投入运行至今仍保持"零"事故率的殊荣；为"三峡"工程制造的840MVA/550kV变压器和国内首台750kV超高压变压器均一次试制成功；贵广Ⅱ回超高压直流输电项目的试制成功，标志着我公司技术水平又迈上新台阶。

我国第一台国内单台容量最大的三峡工程用500kV 840MVA变压器

天威保定变压器工业园区

天威保定高新区工业园区

天威合肥工业园区

秦皇岛出海口基地

天威集团三园区一基地

天威集团规划并实施了 “三园区一基地“的战略布局，即：天威保定变压器工业园区、天威保定高新区工业园区、天威合肥工业园区、秦皇岛出海口基地；制订并实施了天威集团“三步走、翻两番”的战略目标，即：第一步到2005年底各项主要经济指标要比2000年翻一番，第二步自2006—2010年各项主要经济指标再翻一番，第三步自2011—2020年把天威集团建设成为世界知名的电气集团。

立足产业报国　铸就世界品牌

## 完整的新能源产业链

硅原料

多晶硅锭

多晶硅片

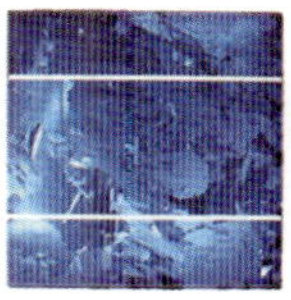

电池片

电池组件

天威集团太阳能光伏电池的制造技术，从引进吸收到自主创新 ，从落后 ，到追平，再到领先，促进了我国光伏产业几十年落后于人局面的彻底改变。按照有关媒体报道，天威英利是全球四大具备完整产业链的光伏发电设备制造企业之一；以硅片生产能力排名，为世界第七大太阳能电池硅片厂，电池产量进入全球前 15 名。我们已涉及风力发电领域，不久的将来将成为中国新能源产业基地。

新能源产品应用现场

# 山东华力电机集团

董事长：曲云凯

**山东华力电机集团股份有限公司**创立于1970年，三十五年来持续稳定发展，已成为一个集科研、生产、营销、服务于一体的大型现代化企业集团，是中国最具规模和实力的电机生产基地之一，2006年荣获“中国电动机制造行业排头兵企业”称号。

华力集团坚持“占科技高点、拓全球市场”的发展战略，建立了三大生产基地，构筑起三大市场板块。依托省级技术中心和稀土永磁电机工程技术研究中心等研发中心及各大专院校，形成了以大特电机为支撑，高压、高效、高附加值电机为龙头的三高产品格局。通过建立健全从原材料采购到生产过程到客户服务链的管理体系，形成了全方位、多层面、立体交叉的质量保障网络。集团产品现已涵盖Y系列、Y2系列船用、Y3系列、YX3 系列、1AL 系列、1L系列、高压防爆电机等26大系列6000多个规格，产品广泛应用于机械、煤炭、石油、化工、冶金、国防、造船等行业和科研机构，成为全国同行业品种最多、规格最为齐全的电机制造企业。公司产品先后通过了ISO9001质量管理体系认证，ISO14001环境认证、欧共体CE安全认证，南非SABS认证、中国节能产品认证、美国UL认证等认证认可，2004年被国家技术监督局评为“国家免检产品”，2006年获得了“中国名牌产品”称号。

华力集团已建立荣成、苏州、华力电机工业园三大生产基地，集团年生产能力集团达到150万台、1800万千瓦，企业规模及综合经济效益连续多年位列全国电机同行业第一。经过三十多年的不断发展和经验积累、吸

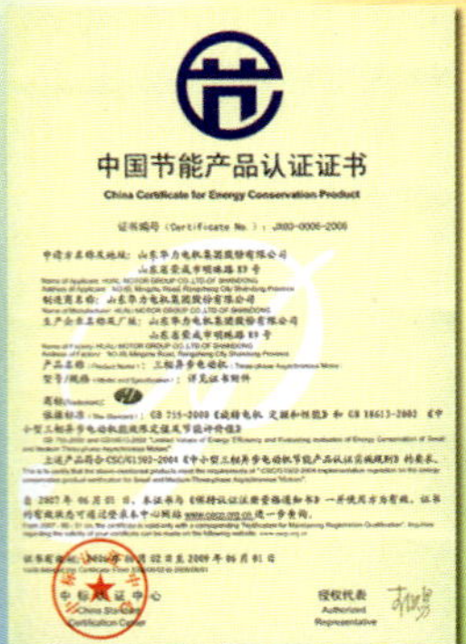

# 股份有限公司

1L 系列电动机

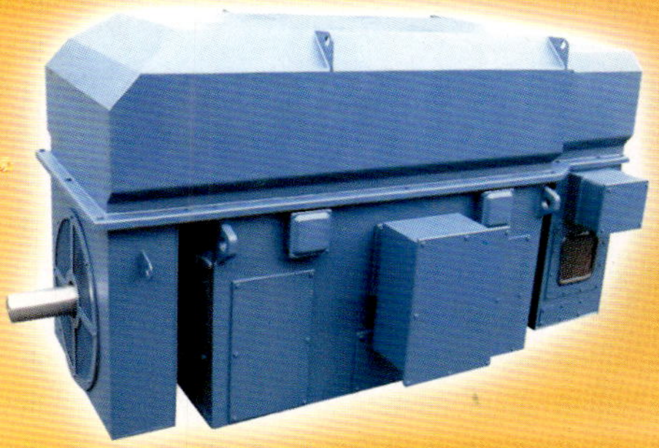

中型高压三相异步电动机

收国内外先进技术以及不断更新设备，公司的生产能力已达到国内外先进水平。集团在全国50多个大中城市建立起60处仓储式电机销售公司，形成了快捷、高效、完备的市场营销和服务网络，并构筑起了辐射中东、东南亚、欧洲等20多个国家和地区的全球一体化市场格局。

创新的理念，先进的技术，卓越的质量，完善的网络，优质的服务和华力人团结拼搏的精神，凝聚成永不衰竭的动力。华力集团正朝着“结构多元化、效益规模化、管理信息化、品牌国际化”的“四化”目标阔步前进。

**“创百年华力，树世界品牌”的企业目标一定能实现！**

YPT400 电机

组装流水线


地 址：山东省荣成市明珠路89号
邮 编：264300
总部办公室：0631－7551153
传 真：0631－7551432
经营计划部：0631－7551307
传 真：0631－7553744
进出口部：0631－7551302
传 真：0631－7581937
售后服务部：0631－7555999
传 真：0631－7587025
网 址：www.hualimotor.com.cn
电子邮箱：hualimotor@126.com

★ 中国煤炭工业百强企业

# 江苏宏安集团有限公司

江苏宏安集团有限公司现有5对矿井，分布在江苏、贵州两省；另有实业开发公司、物资供应公司、煤炭销售公司3家子公司；是一个跨地区、跨行业、跨所有制，集煤炭生产、销售、物流等为一体的省级集团公司。现有职工4000名，各类专业技术人员160余名。集团公司先后被中华全国总工会、国家能源部、煤炭工业部、中国煤矿工会、江苏省煤炭总公司授予“安康杯”全国职工电视培训优秀组织奖、部特级和部级质量标准化矿井、安全生产先进单位、安全生产先进集体等多项荣誉称号。集团公司董事长、党委副书记白文连也因成绩突出被中国工业协会授予全国煤矿优秀企业家等称号。

董事长白文连应邀列席全国政协十届四次会议

近年来，江苏宏安集团公司从企业的实际出发，在安全生产、经营管理、技改发展等工作中始终贯彻并认真实践“三个代表”重要思想，坚持以安全生产为重点，以技改发展为突破，以科技进步为动力，以促进经济发展为根本，大力推进观念、机制、管理、科技创新，内强素质，外塑形象；不断加大科技投入，确保安全生产创历史最好成绩；不断完善内控制度、规范各项工作，强化主业，发展多经，职工收入稳定增长。

江苏宏安集团坚持以人为本的经营理念，从提高职工收入、搞好福利设施入手，关心理解职工，为职工办实事。从去年下半年以来，在企业经济运行比较困难的情况下，在为职工补缴拖欠12年之久的职工养老保险金后，又为在岗职工人均增资400元。今年又先后两次提高职工养老保险金缴纳基数，使职工退休后老有所养，除此以外，还为职工办理了医疗保险、工伤保险等，成为赣榆“三险”全部办齐的唯一一家国有企业。职工福利设施、文化娱乐场所等在同行业中也是领先的。2005年集团公司跨入中国煤炭工业百强企业。

董事长白文连深入井下一线征求安全意见和建议

董事长白文连、总经理冀铭君检查指导矿山救护队工作

集团公司对新工人进行培训

集团公司举办安全文艺晚会

# 大同煤矿集团

董事长：刘随生

大同煤矿集团公司前身大同矿务局，成立于1949年8月30日，2000年7月改制为有限责任公司。2003年底重组晋北省属主要煤炭生产和销售企业，成立了新的大同煤矿集团公司（以下简称同煤集团）。2005年12月11日实施债转股，成为七家股东持股的公司，建立了新的产权结构和法人治理结构。新的同煤集团以晋北的大同、宁武、河东（北部）煤田为资源基地，拥有47对矿井，员工20万，员工家属70万，总资产405亿元。

公司总部位于山西省大同市西南15公里处，所属子公司、分公司和二级单位139个，分布在太原以北大同、朔州、忻州三地市。现已形成以煤炭生产为主，机械制修、钢铁生产、工程建设、化工、建材、物业、旅游等多业综合发展的特大型企业。

同煤集团生产的煤炭素以低灰、低硫、高发热量、煤质稳定等特点享誉世界，是少有的多用途优质动力煤，注册的“大优”、“大友”等九个品牌被授予“质量信得过产品”和“免检产品”。煤炭产品用户主要分布于华北地区、沿海地区和出口国际市场等三大区域。企业成立56年来，累计

# 有限责任公司

为国家提供优质煤炭14亿吨，上缴国家税费近193亿元，为国家的能源发展和全国的经济建设做出了突出的贡献。曾荣获国家企业管理优秀奖“金马奖”和全国“五一”劳动奖状等多种奖项。在1991年至1993年按销售收入、利税总额排序中连续三年荣列全国煤炭采选业榜首，成为“行业三连冠”。1995年荣获“中国煤炭采选大王”称号。2005年中国企业500强排名140位。连续13年荣获全国思想政治工作优秀企业称号。曾有30多位党和国家领导人视察企业。

近年来，我们始终坚持以提高核心竞争力为主导，巩固做强煤炭主业。采用一流的技术、装备和管理，加快建设一批安全、高效、新型的现代化矿井；以发展循环经济为方向，加快推进重大调产项目。大力推动循环经济，建设塔山等循环经济工业园区。加紧推进轩岗2×60万千瓦坑口电厂、60万吨甲醇、100万吨氧化铝、日产5000吨水泥等大型调产项目的进度；以产权多元化为重点，加强招商引资合作。多渠道筹融资金，合作融资、与金融机构签订战略合作协议、发行公司债券、A股顺利上市等手段和途径进行融资；以深化改革为动力，建立运转高效的母子公司管理体制。进行集团组织结构调整，由过去高度集权的行政管理模式向合理分权的母子公司管理体制转变，形成母公司——二级子（分）公司——三级公司（包括矿、厂）三个层次管理模式，建立健全以资本为联结纽带、合理分权、责权明确、信息通畅、监控有力、

大同煤矿集团公司办公楼广场

# 大同煤矿集团

总经理：吴永平

运转高效的大集团母子公司管理体制；夯实基础，不断创新安全管理机制。认真贯彻落实党和国家一系列关于安全生产的方针、政策，根据"安全第一、预防为主"，现场实践中坚持"安全第一，生产第二"。加强制度建设，提升管理理念，坚持高标准、严要求，不断推进质量标准化建设，提高安全管理水平；关心和依靠员工群众，重点办好五件实事。坚持以人为本，构建和谐企业。特别是让职工群众分享改革发展的成果，一是增加职工收入30%左右；二是落实党和政府民心工程、德政工程，启动了采煤沉陷区综合治理和棚户区改造两大工程，五年任务三年完成，年内竣工373栋住宅楼，让2万户员工家庭喜迁新居；三是投入500万元，为员工办理了大额医疗保险；四是培训就业，积极筹建同煤大学，建设万人培训基地，目前每年培训8000人次，同时团委向外输送待业青年，实现了第一个万名青年走出矿山目标；五是加强环保治理，实施了热电联供工程。

通过不懈努力，2005年全集团煤炭运销量突破1亿吨，达10027万吨。销售收入258亿元。上缴税费24亿元。安全百万吨死亡率0.212。在岗员工人均收入2万元，以优异的成绩，精彩结束"十五"。

# 有限责任公司

"十一五"的总体思路和目标，就是走现代化、集团化、洁净化、多元化、国际化道路，建成商品煤基地、出口煤基地、煤炭深加工基地，成为市场投资主体，建成具有国际竞争力的特大型煤、电、化能源集团，到2010年煤炭产销量达到1.5亿吨，销售收入达到500亿元，员工人均年收入达到3万元以上。这一规划集中概括为一句话，就是"做强同煤、造福员工"。

落实规划，我们已经明确了一个中心、三大任务。即抓住做强做优这个中心，一是巩固发展煤炭主业：建设现代化大煤矿，整合改造中小煤矿，实现煤炭产量持续稳步增长；二是调整优化结构：延伸煤基产业链，发展煤电、煤化工、冶金、装备制造产业，"十一五"期末，非煤销售收入与煤炭销售收入的比例，力争4比6；三是提高员工生活质量：努力改善矿区环境，落实好采煤沉陷综合治理和棚户区改造工程，通过五年的时间，建成600万平方米住宅，使近9.8万户35万员工家属的居住条件得到彻底改善。

大同煤矿集团公司洗精煤

大同煤矿集团公司一次5米采全高综采

# 兖矿集团有限公司

兖矿集团董事局主席、党委书记 耿加怀

兖矿集团是传统文化和现代文明在齐鲁大地上孕育的一支奇葩。她坐落在孔孟之乡的山东省济宁市，目前拥有全资子公司、控股公司和参股公司50余家，产业以煤炭、煤化工、煤电铝为主业，融建筑安装、机械制造、金融、运输、贸易等为一体。2005年11月末总资产400.44亿元，销售收入224.94亿元，利税55.54亿元。控股子公司兖州煤业股份有限公司在纽约、香港、上海三地上市，连年进入“中国上市公司50强”。

兖矿集团拥有国家级技术研究中心、国家级工程研究中心和企业博士后科研工作站，先后完成矿区开发建设技术、综采放顶煤技术、对置式多喷嘴气化炉技术、水煤浆气化技术等居世界前沿的技术创新项目；先后获得“国家科技进步特等奖”、“全国优秀企业金马奖”、“全国质量效益型企业特别奖”、“全国质量管理奖”、“全国最具影响力企业”等国家级荣誉；主要产品“兖矿煤” 被评为“全国公认名牌产品”，入选首届中国品牌500强，名列第86位，品牌价值80.53亿元；兖州煤业被香港《资本市场》评为“中国最佳公司治理”第四名，被评为第二届“CCTV中国最具价值10大上市公司”；兖矿集团及下属23家企业通过ISO9002质量体系认证和ISO14001环境管理体系认证，兖矿集团被大公国际资信评估公司评定为AAA级企业。兖矿集团的建设和发展得到了历届党和国家领导人的关怀和重视，先后有几十位党和国家领导人莅临兖矿视察和指导工作。

兖矿集团牢固树立和落实科学发展观，在总结“十五”取得成绩的基础上，确立了“十一五”“1426313”发展规划目标。即：1—煤炭生产经营规模1亿吨；4—甲醇400万吨；42—焦炭200万吨，煤制油200万吨，化肥200万吨，铝锭20万吨；46—醋酸60万吨，烯烃60万吨，总投资600亿元，销售收入600亿元；43—发电300亿度，醋酸乙烯30万吨，聚丙烯30万吨，可纺沥青3万吨；13—实现利税130亿元。

兖矿集团地处中国经济、文化发达地区，地理位置优越，交通便利。诚实、勤奋、勇于创新的兖矿人，是国内外经济、文化人士成就事业的忠诚伙伴。

综采放顶煤工作面

10 月 17 日，中央政治局委员、书记处书记、中央组织部部长、中央先进性教育活动领导小组组长贺国强（中）在兖矿集团鲁南化肥厂厂区视察

6 月 24 日，兖矿集团董事局主席、党委书记耿加怀（右一），董事局副主席、总经理王信（左一）陪同山东省省委书记张高丽（左二）视察兖矿国泰化工公司，并仔细观看刚刚生产出的优质醋酸产品。

5 月 1 日，兖矿集团董事局主席耿加怀与 DBT 公司代表亲切握手

5 月 1 日，兖矿集团与德国 DBT 公司签订专利技术转让使用合同现场

# 山东新汶矿业集团有

矿长　袁秋新

党委书记　牛家成

协庄煤矿1958年建矿，1962年投产，是一座年产200万吨的大型现代化矿井。矿区有铁路专用线与磁莱铁路接轨，西接京沪铁路，蒙馆公路横贯东西，京沪高速公路自西部经过，交通便利，地理位置优越。矿井主要煤炭产品为洗精煤、块煤、混煤，注册商标为“大协煤”和“新煤一号”，产品以“四高两低一稳定”（高发热量、高挥发分、高灰熔点、高流动度，低硫、低灰，质量稳定）之特点闻名国内外，产品畅销全国，动力精煤出口日本、韩国、西欧等地。2000年底矿井通过了ISO9002质量体系认证和计量体系认证，2003年通过了中国方圆委环境、质量、职业健康安全三位一体认证审核，矿井被中国保护消费者权益基金会评为首批质量信誉保证优势示范单位，“大协煤”、“新煤一号”两个注册商标被中国进出口检验检疫协会命名为“知名出口品牌”，并被国家质量检测中心评为“权威检测达标品牌——连续合格产品”。

近年来，该矿不断在企业安全生产、经营管理、非煤建设等方面进行管理创新，探索出了一条独具特色的企业运营模式，矿井各项工作蒸蒸日上，呈现出超常规、跨越式大发展的良好态势。

## 创新安全管理，建立安全长效机制

先后创新实施了“煤炭企业2S安全管理模式”、“煤炭企业（NM）市场化安全管理模式”，从导入新理念、培养高素质、引入新机制、依托新技术入手，坚持以人为本、创新求变，努力创建本质安全型矿井。导入新理念，筑牢了安全发展思想根基。通过导入“自己的安全自己管、指望他人不保险”、“他人的安全也要管，联责联保联着咱”、“以思想上的安全保证行为上的安全”、“珍惜、尊重和善待每天跟随着我们的身体，用健康经营人生”等新理念，在员工思维领域中爆发了一场“安全为了谁”观念性的重大革命，思想与心灵接受了一场深刻的洗礼，引领全员安全行为从被动接受走向主动管理。培养高素质，提升了员工安全的行为能力。大力倡导“学习是走在时代最列的有效途径”。以创建“学习型组织”为载体，启动了以“创建安全学习型企业、营造安全文化氛围”为主题的“全民素质提升工程”。通过向事故学、向专家学、封闭式学、在练中学、招生学等多种形式的学习培训，逐步把安全学习型企业推向深入，员工的思想境界、安全知识和操作技能显著提高，不仅提升了全体员工“我会安全”和“我能安全”的能力和本领，而且有力地提升了企业的学习力、创新力和竞争力。引入新机制，激发了安全管理的创新活力。通过引入目标激励机制、安全约束机制、安全市场机制、劳动用工机制，用机制激发员工增强内在的安全生产动力，增强了全员安全的创新活力，推动了安全管理工作不断向纵深层次发展。依托新科技，营造了本质安全的保障环境。通过改变系统不完善状态、改变设备不健康状态、改变隐患不确定状态，大力实施“科技兴安”战略，提高装备水平，推广应用新技术，实现了采掘生产机械化、智能化，安全监测监控制自动化、数字化，为安全管理提供强力的科技保障，实现了“人防”、“机防”向“技防”的全面转变，创造了本质安全的“硬”环境。矿井实现了连续四年安全生产和安全生产五周年，创造了安全最长周期，创出行业内同类矿井安全

# 限责任公司协庄煤矿

生产最好水平，多次得到集团公司、省煤矿安全监察局、国家安全生产监督管理局等上级领导的充分肯定。其中，“煤炭企业2S安全管理模式”、“煤炭企业（NM）市场化安全管理模式”都被煤炭工业协会、煤炭工业企业管理现代化成果评委会评为煤炭行业管理现代化优秀成果特等奖，国家局赵铁锤局长、中煤协会濮洪九会长认为：“这些独具中国煤矿管理特色的成果已经达到了世界先进水平”。

井下主配电室

**创新研究综合机械化开采技术，提高矿井生产水平**

按照“以掘保采、以采促掘”的工作思路，坚持走以机械化带动生产发展的路子，提高矿井机械化装备水平，使矿井具备了五套综采、六套综掘、一套机装的生产能力，并不断在生产工艺、开采技术方面进行创新，在大倾角、过断层、大埋深、支护困难和运输系统复杂等较差生产条件下积极探索研究综采、综掘工作经验，使矿井保持了稳产、高产。

区队学习室

**创新实施“链式管理法”，企业经济运行质量提升**

该管理法以“利益对称化”为主导理念，按照生产工艺流程及各单位、各部门的职责范围，建成了链式网络管理控制和生产企业主导工序控制体系。这种新的管理方法，把岗位的工作者模拟为岗位的所有者，同时运用市场化的运作机制，让岗位之间、上下道工序之间、服务与被服务之间形成结算关系，使岗位之间、工序与工序之间在收入与支出上具有等量的对应性，让每个岗位的员工都享有本岗位的剩余索取权，提高了员工工作的积极性，实现了利益上的对称。“链式管理法”获得第九届全国现代化管理成果二等奖。近年来，深化推进“链式管理法”，创新实施了“生产单位区域利益对称化管理”，借助市场手段实现了生产单位和区域之间的有效管理，并通过推行全面预算管理，使矿井综合成本得到有效控制，经济运行质量全面提升。

综采工作面

**构建“111168”企业文化体系，打造高品位文化矿井**

近年来，通过全面总结安全、生产、经营、发展等方面的工作经验，提炼形成了具有时代特征和企业特色的“111168”企业文化体系，即：心怀“一项使命”、倡导“一个愿景”、树立“一种精神”、牢记“一组誓言”，宣扬“六大主导理念”，倡树“八个立企观”，对企业各项工作的发展起到了“人心齐，泰山移”的巨大推动作用，全面提升了企业的整体素质，推动企业在市场经济的大潮中搏浪向前，为实现“安全高效、多元并进、文明富足、持续发展”的企业愿景提供了强有力的文化支撑。一方面把“111168”企业文化作为员工的行动指南、工作动力，凝聚员工，形成员工与企业的利益共同体和命运共同体，调动了每一个员工积极性、创造性和主动性，全身心投身到企业的改革发展大潮中；另一方面增强员工的学习力，以争做“学习型管理人员”、“专家型职工”、“首席技师”、“专业培训师”、“职业经理人”为手段，让全体员工在学习中养成工作习惯，在工作中养成学习习惯，实现学习成果与工作成就的共享与互动，提升全员文化素养和企业管理水平。文化产生凝聚力、向心力，激发了企业的创新力，使企业呈现跨越式发展强势。

矿井先后荣获全国“五一劳动奖状”、“环境保护十佳煤矿”、“煤矿思想政治工作优秀企业”、“煤炭工业文明煤矿”、“高产高效矿井 ”、“科技进步十佳矿井”、“百万职工健身活动先进单位”，荣获省“文明单位”、“创建学习型组织示范企业”、“煤矿安全程度评估A级矿井”、“现场管理样板企业”、“公民道德建设示范点”、“开发利用档案资源先进集体” 等几十项荣誉称号。

# 山西焦煤集团有限

**山西焦煤集团有限责任公司**2001年10月挂牌成立，是中国目前规模最大、煤种最全、煤质优良的炼焦煤生产企业。现有西山煤电集团公司、汾西矿业集团公司、霍州煤电集团公司、华晋焦煤公司、山西焦化集团公司（上市公司）、国际发展有限公司、煤炭销售总公司七个子分公司。公司总部设在太原市，地跨太原、临汾、运城、吕梁、忻州、晋中、长治7个地市的25个县市区。截至2005年底企业资产总额420亿元，职工15万人。现有28个生产矿井和18座洗煤厂，主要开采西山、霍西、河东、沁水四大煤田的煤炭资源，煤炭资源地质储量224.6亿吨，现有焦煤、肥煤、1/3焦煤、瘦煤、气肥煤、贫煤等多个品质的煤种。优质强粘煤产品硫份低、粘结性强、发热值稳定，是大型焦炉用煤的理想原料。2005年原煤生产核定总能力为6584万吨／年，洗煤总能力为5460万吨／年，炼焦精煤生产能力位居全国第一。

山西焦煤以煤炭开采加工为主，集矿井建设、发供电、化工、机电设备修造、建筑安装、建材、运输、进出口贸易以及三产服务业于一体的主业突出、综合发展的多元化大型企业集团。焦煤、焦炭等煤炭产品销往全国20多个省市，并出口日本、韩国、巴西、德国、印度和我国台湾等国家和地区。拥有焦炭和机电设备等进出口经营权。与宝钢、鞍钢、首钢、武钢、华能等国内外大公司结成了紧密型战略合作伙伴关系。

山西焦化30万吨煤焦油项目

“十五”期间，山西焦煤累计生产原煤23424.9万吨，累计生产炼焦精煤9259万吨；煤炭生产百万吨死亡率连续控制在0.15以下，大大低于国家和山西省下达的控制指标。2005年原煤产量达到6081万吨，炼焦精煤产量达到2441万吨，实现销售收入242.8亿元，实现税费32亿元，实现利润11.3亿元，在岗职工人均年工资收入达到25317元。

山西焦煤坚持贯彻资源综合利用、发展循环经济的思想，以建设绿色矿山为目标，先后投入170亿元进行产业结构调整，大力发展以“煤—电—材”、“煤—焦—化”两条产业链为标志的循环经济。以古交电厂为循环经济示范的大型坑口电厂建设取得成效，一期工程2×30万千瓦机组已于去年10月投产运行，二期2×60万千瓦项目已经列入山西省“十一五”电力规划。被列为国家重点技改工程的山西焦化30万吨焦油加工一期工程于2005年9月投料，技术世界领先，是国内最大的煤焦油集中加工项目。2005年，山西焦煤集团公司被列为国务院规划的全国13个大型煤炭基地之一，西山煤电

古交电厂全景

# 责任公司

和山西焦化被国家列为山西省仅有的两个循环经济试点单位。

山西焦煤坚持把科技进步、技术创新作为企业发展的根本保证，确立了“人才立企、诚信固企、科教兴企、创新强企”的经营理念，努力实现传统产业新型化。“十五”期间，用于技术改造的投入达到了55亿元，占到了销售收入的8.3%。引进了世界领先，全自动无人工作面的薄煤层刨煤机成套设备和技术；装备了目前国内先进的大采高、全自动、智能化工作面；整体推进装备升级、技术改造，提升了采掘机械化的总体水平。科技对企业经济效益的贡献率达到了40%。2005年，公司技术中心被认定为国家级技术中心。

“十五”期间，山西焦煤先后被山西省委、省政府授予“结构调整突出贡献企业”称号，获得了中华全国总工会、国家安全生产监督管理总局授予的全国“安康杯”竞赛优胜企业称号，获得了国家劳动和社会保障部颁发的“国家技能人才培育突出贡献奖”，被中国煤炭工业协会评为“全国煤炭工业优秀企业”“全国煤炭系统职工素质工程示范基地”，获得了“全国五一劳动奖状”。

山西焦煤办公大楼

山西焦煤“十一五”发展规划总的指导思想是：全面贯彻落实科学发展观，按照国家和山西省国民经济和社会发展第十一个五年规划的总体部署，遵循“做强做大焦煤主业，积极发展相关产业，联合参股上下游企业，放开搞活其他行业”的发展思路，坚持走新型工业化道路，坚持循环经济发展方向，坚持对外开放、产权多元化，坚持节约生产、清洁生产和安全生产。

按照山西焦煤集团公司制定的“十一五”规划，到2010年，将实现煤炭产量1.2亿吨、电力装机容量1000万千瓦（含参股）、焦炭生产能力1000万吨/年（含参股）、销售收入实现600亿元，成为主业强大、具有国际竞争力的亿吨级煤炭大集团。

复合顶板下薄煤层自动开采技术

山西焦煤召开第三届职工技能运动会

**地　址：山西省太原市新晋祠路一段1号**
**邮　编：030024**
**电　话：0351-8305100　8305000**
**传　真：0351-8305101**
**网　址：http://www.shanxicokingcoal.com**

# 工业行业主要数据

# 一、煤炭工业

## 2005年煤炭工业分地区主要经济效益指标

| 地区 | 资本保值增值率(%) | 资产负债率(%) | 流动资产周转率(次) | 成本费用利润率(%) | 人均销售率(元) |
|---|---|---|---|---|---|
| 全国 | 124.59 | 62.13 | 2.06 | 11.07 | 134253.66 |
| 北京市 | 124.36 | 41.45 | 5.02 | 12.21 | 492834.34 |
| 天津市 | 125.16 | 89.84 | 1.37 | 0.41 | 16935196.17 |
| 河北省 | 117.23 | 56.63 | 2.04 | 5.35 | 129691.50 |
| 山西省 | 128.40 | 66.70 | 1.78 | 12.44 | 156254.74 |
| 内蒙古 | 136.87 | 51.64 | 2.83 | 25.51 | 241876.10 |
| 辽宁省 | 120.33 | 55.41 | 1.75 | 1.58 | 92971.73 |
| 吉林省 | 107.37 | 57.65 | 1.76 | 5.44 | 66295.42 |
| 黑龙江 | 113.56 | 80.45 | 1.53 | 4.54 | 66750.24 |
| 上海市 | 134.56 | 90.40 | 3.18 | 0.17 | 1693533.33 |
| 江苏省 | 119.00 | 61.00 | 2.02 | 6.21 | 120480.40 |
| 浙江省 | 75.70 | 57.99 | 2.70 | 0.77 | 143807.55 |
| 安徽省 | 131.64 | 70.46 | 2.24 | 4.30 | 111169.80 |
| 福建省 | 116.21 | 49.46 | 3.29 | 13.02 | 130612.38 |
| 江西省 | 110.81 | 59.29 | 2.29 | 5.03 | 86011.35 |
| 山东省 | 122.56 | 62.49 | 1.86 | 14.00 | 209506.50 |
| 河南省 | 119.77 | 54.37 | 2.86 | 13.85 | 143170.19 |
| 湖北省 | 106.63 | 59.90 | 2.24 | 7.15 | 62490.43 |
| 湖南省 | 113.08 | 52.15 | 4.00 | 7.70 | 93200.33 |
| 广东省 | 113.90 | 52.46 | 2.68 | 7.92 | 75349.34 |
| 广西区 | 131.67 | 60.72 | 2.71 | 2.93 | 82790.92 |
| 海南省 | 96.61 | 81.81 | 0.09 | -2.18 | 385.42 |
| 重庆市 | 121.70 | 50.23 | 2.66 | 7.51 | 66497.60 |
| 四川省 | 131.95 | 60.91 | 2.86 | 8.12 | 76236.96 |
| 贵州省 | 122.55 | 49.91 | 2.28 | 5.93 | 91797.43 |
| 云南省 | 109.23 | 66.94 | 1.67 | 10.82 | 106050.39 |
| 西藏区 | 103.37 | 14.12 | 0.70 | 0.06 | 31423.08 |
| 陕西省 | 132.87 | 71.29 | 1.87 | 15.11 | 146367.69 |
| 甘肃省 | 115.47 | 53.96 | 1.47 | 6.29 | 60577.10 |
| 青海省 | 115.57 | 58.10 | 1.06 | 13.27 | 140799.07 |
| 宁夏区 | 174.02 | 55.38 | 1.20 | 2.16 | 118347.21 |
| 新疆区 | 110.99 | 51.51 | 1.04 | 7.38 | 63718.49 |

## 2005年煤炭工业分地区主要经济指标(一)

单位:千元

| 地区 | 产品销售收入 | | | 利润总额 | | |
|---|---|---|---|---|---|---|
| | 2005年 | 2004年 | 同期增长 | 2005年 | 2004年 | 同期增长 |
| 全国 | 576158841 | 404426745 | 42.46% | 55241796 | 30917832 | 78.67% |
| 北京市 | 11962075 | 12437026 | -3.82% | 1304948 | 1123140 | 16.19% |
| 天津市 | 3539456 | 2744536 | 28.96% | 16195 | 32769 | -50.58% |
| 河北省 | 31731361 | 23937225 | 32.56% | 1686813 | 562292 | 199.99% |
| 山西省 | 132911536 | 91151932 | 45.81% | 13909021 | 8098316 | 71.75% |
| 内蒙古 | 34978187 | 21124934 | 65.58% | 6739488 | 2166686 | 211.05% |
| 辽宁省 | 17389805 | 12882174 | 34.99% | 274871 | -86625 | -417.31% |
| 吉林省 | 5508619 | 3397966 | 62.12% | 322957 | 162756 | 98.43% |
| 黑龙江 | 19214925 | 13272314 | 44.77% | 797291 | 357662 | 122.92% |
| 上海市 | 101612 | 93256 | 8.96% | 355 | 418 | -15.07% |
| 江苏省 | 12893210 | 10225519 | 26.09% | 741313 | 537917 | 37.81% |
| 浙江省 | 1101422 | 1178773 | -6.56% | 13277 | 10515 | 26.27% |
| 安徽省 | 32802762 | 24539320 | 33.67% | 1295030 | 1093180 | 18.46% |
| 福建省 | 5002846 | 3244098 | 54.21% | 559042 | 326330 | 71.31% |
| 江西省 | 7039857 | 4866842 | 44.65% | 410717 | 212617 | 93.17% |
| 山东省 | 99282618 | 72433895 | 37.07% | 11838925 | 8018539 | 47.64% |
| 河南省 | 77652932 | 49509395 | 56.84% | 9137436 | 5394559 | 69.38% |
| 湖北省 | 1417658 | 1042154 | 36.03% | 99155 | 54975 | 80.36% |
| 湖南省 | 13353650 | 9313594 | 43.38% | 912730 | 522536 | 74.67% |
| 广东省 | 897486 | 963850 | -6.89% | 65566 | 77471 | -15.37% |
| 广西区 | 1334424 | 928209 | 43.76% | 37776 | 22713 | 66.32% |
| 海南省 | 74 | 83 | -10.84% | -589 | -281 | 109.61% |
| 重庆市 | 6015040 | 4525776 | 32.91% | 426611 | 292098 | 46.05% |
| 四川省 | 15158347 | 9345786 | 62.19% | 1131021 | 503347 | 124.70% |
| 贵州省 | 10574972 | 6687174 | 58.14% | 518935 | 305824 | 69.68% |
| 云南省 | 4328765 | 3023595 | 43.17% | 424181 | 183045 | 131.74% |
| 西藏区 | 8170 | 39240 | -79.18% | 286 | 259 | 10.42% |
| 陕西省 | 15161204 | 10741253 | 41.15% | 1895750 | 540702 | 250.61% |
| 甘肃省 | 4546190 | 3627525 | 25.32% | 256690 | 190281 | 34.90% |
| 青海省 | 844372 | 561575 | 50.36% | 99219 | -22584 | -539.33% |
| 宁夏区 | 6764963 | 4336731 | 55.99% | 149889 | 86957 | 72.37% |
| 新疆区 | 2640303 | 2250995 | 17.29% | 176897 | 149418 | 18.39% |

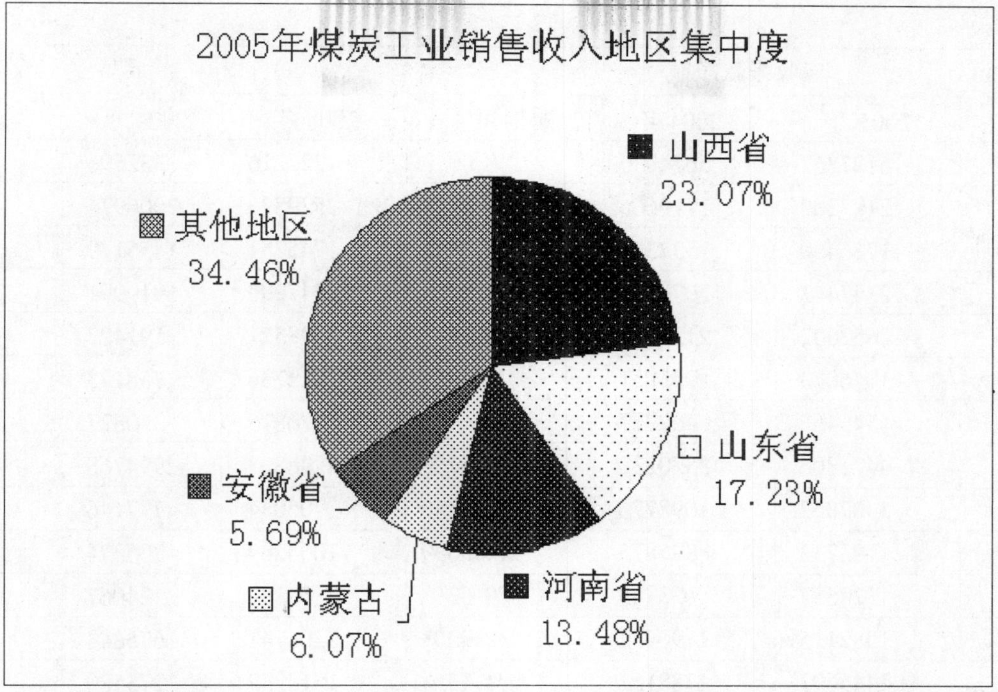


据统计，2005年我国煤炭工业按销售收入排名前5名的地区是山西、山东、河南、内蒙古和安徽，分别占全国销售收入的23.07%、17.23%、13.48%、6.07%和5.69%，销售收入排名前5名的地区占销售总收入的65.54%，这说明我国煤炭工业相对较集中。

**2005年煤炭工业分地区主要经济指标(二)**

单位：千元

| 地区 | 应收帐款净额 | | | 产成品 | | |
|---|---|---|---|---|---|---|
| | 2005年 | 2004年 | 同期增长 | 2005年 | 2004年 | 同期增长 |
| 全国 | 104157087 | 90929571 | 14.55% | 97686216 | 80053012 | 22.03% |
| 北京市 | 3104076 | 2958724 | 4.91% | 2098323 | 1670958 | 25.58% |
| 天津市 | 2576025 | 2030656 | 26.86% | 1288474 | 1208996 | 6.57% |
| 河北省 | 3321750 | 3178862 | 4.49% | 3856990 | 3177048 | 21.40% |
| 山西省 | 729906 | 700696 | 4.17% | 1586868 | 1399077 | 13.42% |
| 内蒙古 | 1653147 | 1712667 | -3.48% | 2859275 | 2089942 | 36.81% |
| 辽宁省 | 3572956 | 3010836 | 18.67% | 4796472 | 3235931 | 48.23% |
| 吉林省 | 2029724 | 1876891 | 8.14% | 2421603 | 2057414 | 17.70% |
| 黑龙江 | 4326522 | 2719560 | 59.09% | 3544461 | 2599923 | 36.33% |
| 上海市 | 6784149 | 5807446 | 16.82% | 2333406 | 2427584 | -3.88% |
| 江苏省 | 7225505 | 6627137 | 9.03% | 4513653 | 4329666 | 4.25% |
| 浙江省 | 6990212 | 6092786 | 14.73% | 7286908 | 6293695 | 15.78% |
| 安徽省 | 2988990 | 3110063 | -3.89% | 3520537 | 2775967 | 26.82% |
| 福建省 | 4770859 | 3582295 | 33.18% | 4106663 | 3268048 | 25.66% |
| 江西省 | 796827 | 724860 | 9.93% | 960402 | 753137 | 27.52% |
| 山东省 | 15077306 | 12624504 | 19.43% | 18385754 | 14148169 | 29.95% |

续表

| 地区 | 应收帐款净额 | | | 产成品 | | |
|---|---|---|---|---|---|---|
| | 2005 年 | 2004 年 | 同期增长 | 2005 年 | 2004 年 | 同期增长 |
| 河南省 | 6127867 | 5674036 | 8.00% | 4227216 | 3332596 | 26.84% |
| 湖北省 | 2187208 | 1719606 | 27.19% | 2529896 | 2006974 | 26.06% |
| 湖南省 | 1736450 | 1532399 | 13.32% | 1745781 | 1455179 | 19.97% |
| 广东省 | 12347442 | 12072821 | 2.27% | 7647098 | 6919991 | 10.51% |
| 广西区 | 2652602 | 2134879 | 24.25% | 3698521 | 3191422 | 15.89% |
| 海南省 | 1046073 | 955951 | 9.43% | 822736 | 758173 | 8.52% |
| 重庆市 | 545462 | 402777 | 35.43% | 476879 | 340877 | 39.90% |
| 四川省 | 4471806 | 3530233 | 26.67% | 4298833 | 2994768 | 43.54% |
| 贵州省 | 1407852 | 1098770 | 28.13% | 705034 | 777146 | -9.28% |
| 云南省 | 793733 | 896875 | -11.50% | 1005209 | 735374 | 36.69% |
| 西藏区 | 28687 | 23783 | 20.62% | 53192 | 24067 | 121.02% |
| 陕西省 | 1582115 | 1190432 | 32.90% | 2268741 | 1675844 | 35.38% |
| 甘肃省 | 1445693 | 1388152 | 4.15% | 1514242 | 1273580 | 18.90% |
| 青海省 | 201664 | 67127 | 200.42% | 168057 | 197501 | -14.91% |
| 宁夏区 | 372234 | 220297 | 68.97% | 348462 | 309960 | 12.42% |
| 新疆区 | 1262245 | 1263450 | -0.10% | 2616530 | 2624005 | -0.28% |

## 2005 年煤炭工业分地区主要经济指标(三)

单位:千元

| 地区 | 流动资产平均余额 | | | 固定资产净值平均余额 | | |
|---|---|---|---|---|---|---|
| | 2005 年 | 2004 年 | 同期增长 | 2005 年 | 2004 年 | 同期增长 |
| 全国 | 600872087 | 515107513 | 16.65% | 429376630 | 370296479 | 15.95% |
| 北京市 | 17895174 | 16436569 | 8.87% | 12094313 | 11842203 | 2.13% |
| 天津市 | 12095703 | 10570681 | 14.43% | 8047330 | 7404770 | 8.68% |
| 河北省 | 23484253 | 21143878 | 11.07% | 19031275 | 17205867 | 10.61% |
| 山西省 | 5957381 | 5263609 | 13.18% | 5091012 | 4795804 | 6.16% |
| 内蒙古 | 15190380 | 11880353 | 27.86% | 10878393 | 8585620 | 26.70% |
| 辽宁省 | 22960445 | 20405513 | 12.52% | 19128726 | 17165515 | 11.44% |
| 吉林省 | 10940645 | 9702535 | 12.76% | 14913839 | 11426127 | 30.52% |
| 黑龙江 | 20144799 | 15783054 | 27.64% | 20093684 | 15395824 | 30.51% |
| 上海市 | 24233768 | 21725110 | 11.55% | 12136335 | 11645714 | 4.21% |
| 江苏省 | 38367163 | 32365557 | 18.54% | 23156483 | 20155344 | 14.89% |
| 浙江省 | 34876882 | 29391476 | 18.66% | 20324250 | 18025665 | 12.75% |
| 安徽省 | 20299499 | 18090058 | 12.21% | 13877758 | 11559466 | 20.06% |
| 福建省 | 23521463 | 18999661 | 23.80% | 14607577 | 13393111 | 9.07% |
| 江西省 | 5343992 | 4777429 | 11.86% | 4557716 | 3945405 | 15.52% |
| 山东省 | 107736326 | 85153286 | 26.52% | 72831178 | 55725172 | 30.70% |

续表

| 地区 | 流动资产平均余额 | | | 固定资产净值平均余额 | | |
|---|---|---|---|---|---|---|
| | 2005 年 | 2004 年 | 同期增长 | 2005 年 | 2004 年 | 同期增长 |
| 河南省 | 33649204 | 29230486 | 15.12% | 25112108 | 21661440 | 15.93% |
| 湖北省 | 14749335 | 12954075 | 13.86% | 12690106 | 10441841 | 21.53% |
| 湖南省 | 10572176 | 9454309 | 11.82% | 8297828 | 7643898 | 8.55% |
| 广东省 | 56195694 | 54000820 | 4.06% | 32262420 | 30724194 | 5.01% |
| 广西区 | 15669455 | 12917335 | 21.31% | 14497588 | 12695575 | 14.19% |
| 海南省 | 4843714 | 4301110 | 12.62% | 2636391 | 2587382 | 1.89% |
| 重庆市 | 4068511 | 3371405 | 20.68% | 3580041 | 3031230 | 18.11% |
| 四川省 | 34001923 | 28928230 | 17.54% | 23936970 | 20728922 | 15.48% |
| 贵州省 | 9043386 | 7616318 | 18.74% | 3996048 | 3689788 | 8.30% |
| 云南省 | 6766035 | 6127638 | 10.42% | 7144307 | 7225491 | -1.12% |
| 西藏区 | 201328 | 129887 | 55.00% | 472397 | 250727 | 88.41% |
| 陕西省 | 8113924 | 6523367 | 24.38% | 7449239 | 6423863 | 15.96% |
| 甘肃省 | 7668776 | 7130742 | 7.55% | 6736704 | 6595756 | 2.14% |
| 青海省 | 578581 | 543560 | 6.44% | 776331 | 581619 | 33.48% |
| 宁夏区 | 2308315 | 1793290 | 28.72% | 1664490 | 1408421 | 18.18% |
| 新疆区 | 9393857 | 8396172 | 11.88% | 7353793 | 6334725 | 16.09% |

**2005 年煤炭工业分地区主要经济指标(四)**

单位:千元

| 地区 | 资产总计 | | | 负债合计 | | |
|---|---|---|---|---|---|---|
| | 2005 年 | 2004 年 | 同期增长 | 2005 年 | 2004 年 | 同期增长 |
| 全国 | 1235455682 | 1079398367 | 14.46% | 710416071 | 630065896 | 12.75% |
| 北京市 | 39425736 | 37174472 | 6.06% | 22016723 | 20498205 | 7.41% |
| 天津市 | 23364984 | 21522631 | 8.56% | 14929042 | 13249506 | 12.68% |
| 河北省 | 50919297 | 45933013 | 10.86% | 33473138 | 28727490 | 16.52% |
| 山西省 | 13444748 | 11739929 | 14.52% | 7869639 | 7266611 | 8.30% |
| 内蒙古 | 36004518 | 29630017 | 21.51% | 18773698 | 15303198 | 22.68% |
| 辽宁省 | 49103677 | 44058026 | 11.45% | 28531626 | 26322607 | 8.39% |
| 吉林省 | 30012987 | 25181102 | 19.19% | 18292122 | 14054642 | 30.15% |
| 黑龙江 | 42437742 | 36981973 | 14.75% | 28299757 | 24790655 | 14.15% |
| 上海市 | 44918143 | 41226010 | 8.96% | 25627822 | 23236933 | 10.29% |
| 江苏省 | 70268510 | 64735458 | 8.55% | 43088335 | 40358264 | 6.76% |
| 浙江省 | 66121314 | 59035762 | 12.00% | 40764950 | 36143922 | 12.79% |
| 安徽省 | 43110401 | 37954001 | 13.59% | 27152979 | 24230239 | 12.06% |
| 福建省 | 44407372 | 37011866 | 19.98% | 23930668 | 19017283 | 25.84% |
| 江西省 | 12103285 | 10957536 | 10.46% | 6682049 | 6164391 | 8.40% |
| 山东省 | 214509467 | 171062744 | 25.40% | 118945053 | 101691229 | 16.97% |

续表

| 地区 | 资产总计 | | | 负债合计 | | |
|---|---|---|---|---|---|---|
| | 2005 年 | 2004 年 | 同期增长 | 2005 年 | 2004 年 | 同期增长 |
| 河南省 | 69653487 | 59524564 | 17.02% | 40671992 | 35186481 | 15.59% |
| 湖北省 | 32314185 | 26878115 | 20.22% | 17775346 | 15751587 | 12.85% |
| 湖南省 | 24409253 | 21160995 | 15.35% | 13057142 | 10937803 | 19.38% |
| 广东省 | 105426861 | 100007050 | 5.42% | 59869930 | 57337310 | 4.42% |
| 广西区 | 37268263 | 32957855 | 13.08% | 20905062 | 19434119 | 7.57% |
| 海南省 | 8635911 | 8390724 | 2.92% | 4163888 | 3470678 | 19.97% |
| 重庆市 | 9809254 | 8102295 | 21.07% | 5953740 | 4811796 | 23.73% |
| 四川省 | 69883032 | 60675379 | 15.18% | 30415748 | 26751209 | 13.70% |
| 贵州省 | 17054020 | 14519897 | 17.45% | 7877825 | 6963809 | 13.13% |
| 云南省 | 16713080 | 15704415 | 6.42% | 11539459 | 12004444 | -3.87% |
| 西藏区 | 768795 | 710293 | 8.24% | 88377 | 74169 | 19.16% |
| 陕西省 | 18588054 | 15382293 | 20.84% | 11870964 | 10386611 | 14.29% |
| 甘肃省 | 18735188 | 18299441 | 2.38% | 10929210 | 10719750 | 1.95% |
| 青海省 | 1714116 | 1415345 | 21.11% | 880205 | 794666 | 10.76% |
| 宁夏区 | 4920595 | 3820424 | 28.80% | 3075572 | 2553067 | 20.47% |
| 新疆区 | 19409407 | 17644742 | 10.00% | 12964010 | 11833222 | 9.56% |

## 2005 年煤炭工业分地区主要经济指标(五)

单位:千元

| 地区 | 销售成本 | | | 销售费用 | | |
|---|---|---|---|---|---|---|
| | 2005 年 | 2004 年 | 同期增长 | 2005 年 | 2004 年 | 同期增长 |
| 全国 | 395412365 | 271750281 | 45.51% | 26138128 | 22929435 | 13.99% |
| 北京市 | 9725399 | 10513858 | -7.50% | 499875 | 459003 | 8.90% |
| 天津市 | 3515664 | 2679785 | 31.19% | 3061 | 2702 | 13.29% |
| 河北省 | 23316663 | 16967607 | 37.42% | 967287 | 804338 | 20.26% |
| 山西省 | 84075243 | 56134569 | 49.77% | 10939984 | 9915935 | 10.33% |
| 内蒙古 | 20306999 | 13416496 | 51.36% | 3582583 | 2585970 | 38.54% |
| 辽宁省 | 13559875 | 9379263 | 44.57% | 287885 | 316135 | -8.94% |
| 吉林省 | 4232855 | 2730913 | 55.00% | 133104 | 140115 | -5.00% |
| 黑龙江 | 13596948 | 9626893 | 41.24% | 377260 | 503013 | -25.00% |
| 上海市 | 96932 | 88624 | 9.37% | 2397 | 2074 | 15.57% |
| 江苏省 | 8693058 | 6554495 | 32.63% | 325907 | 325126 | 0.24% |
| 浙江省 | 916141 | 981315 | -6.64% | 15157 | 17887 | -15.26% |
| 安徽省 | 22973865 | 16649554 | 37.98% | 631637 | 530951 | 18.96% |
| 福建省 | 3453735 | 2142219 | 61.22% | 266647 | 178802 | 49.13% |
| 江西省 | 5354741 | 3442106 | 55.57% | 169044 | 140261 | 20.52% |
| 山东省 | 64820676 | 43226854 | 49.95% | 2788053 | 3230238 | -13.69% |

续表

| 地区 | 销售成本 | | | 销售费用 | | |
|---|---|---|---|---|---|---|
| | 2005 年 | 2004 年 | 同期增长 | 2005 年 | 2004 年 | 同期增长 |
| 河南省 | 56905568 | 35429433 | 60.62% | 1811855 | 1216863 | 48.90% |
| 湖北省 | 1025514 | 770310 | 33.13% | 38843 | 39630 | -1.99% |
| 湖南省 | 10177169 | 7218282 | 40.99% | 452510 | 419311 | 7.92% |
| 广东省 | 716976 | 771580 | -7.08% | 32968 | 42534 | -22.49% |
| 广西区 | 1042676 | 704175 | 48.07% | 51180 | 28819 | 77.59% |
| 海南省 | 80 | 91 | -12.09% | 0 | 0 | 0.00% |
| 重庆市 | 4528359 | 3396868 | 33.31% | 120256 | 114713 | 4.83% |
| 四川省 | 11584154 | 7131470 | 62.44% | 576318 | 434886 | 32.52% |
| 贵州省 | 7071688 | 4830058 | 46.41% | 480839 | 329976 | 45.72% |
| 云南省 | 3192437 | 2260524 | 41.23% | 176685 | 122191 | 44.60% |
| 西藏区 | 6838 | 23040 | -70.32% | 65 | 1220 | -94.67% |
| 陕西省 | 9967148 | 7675695 | 29.85% | 768609 | 486189 | 58.09% |
| 甘肃省 | 2808869 | 2109403 | 33.16% | 193687 | 164174 | 17.98% |
| 青海省 | 550422 | 379927 | 44.88% | 56709 | 113305 | -49.95% |
| 宁夏区 | 5407888 | 3115322 | 73.59% | 316259 | 211186 | 49.75% |
| 新疆区 | 1787785 | 1399552 | 27.74% | 71464 | 51888 | 37.73% |

**2005 年煤炭工业分地区主要经济指标(六)**

单位:千元

| 地区 | 财务费用 | | | 管理费用 | | |
|---|---|---|---|---|---|---|
| | 2005 年 | 2004 年 | 同期增长 | 2005 年 | 2004 年 | 同期增长 |
| 全国 | 7945029 | 7383606 | 7.60% | 77485550 | 58583448 | 32.27% |
| 北京市 | 6428 | 4638 | 38.59% | 422656 | 316265 | 33.64% |
| 天津市 | 37598 | 21849 | 72.08% | 30679 | 10672 | 187.47% |
| 河北省 | 363757 | 470111 | -22.62% | 5214928 | 3896601 | 33.83% |
| 山西省 | 2013518 | 2042413 | -1.41% | 16359847 | 11134730 | 46.93% |
| 内蒙古 | 396305 | 337483 | 17.43% | 2464901 | 1801560 | 36.82% |
| 辽宁省 | 69388 | 108609 | -36.11% | 3507853 | 3023657 | 16.01% |
| 吉林省 | 35906 | 36054 | -0.41% | 1060223 | 400289 | 164.86% |
| 黑龙江 | 511498 | 504961 | 1.29% | 3572021 | 2092122 | 70.74% |
| 上海市 | 1109 | -13 | -8630.77% | 4831 | 2209 | 118.70% |
| 江苏省 | 103202 | 60497 | 70.59% | 2910772 | 2447908 | 18.91% |
| 浙江省 | 12045 | 9400 | 28.14% | 204690 | 182722 | 12.02% |
| 安徽省 | 577260 | 296435 | 94.73% | 6515413 | 4397351 | 48.17% |
| 福建省 | 17472 | 12993 | 34.47% | 468551 | 347948 | 34.66% |
| 江西省 | 104617 | 111161 | -5.89% | 1114575 | 861536 | 29.37% |
| 山东省 | 1520204 | 1243897 | 22.21% | 15970403 | 13361326 | 19.53% |

续表

| 地区 | 资产总计 | | | 负债合计 | | |
|---|---|---|---|---|---|---|
| | 2005 年 | 2004 年 | 同期增长 | 2005 年 | 2004 年 | 同期增长 |
| 河南省 | 962814 | 1149627 | -16.25% | 7235473 | 5784113 | 25.09% |
| 湖北省 | 17802 | 12513 | 42.27% | 197078 | 154773 | 27.33% |
| 湖南省 | 124426 | 90791 | 37.05% | 1211943 | 871611 | 39.05% |
| 广东省 | 7452 | ·6957 | 7.12% | 60139 | 64796 | -7.19% |
| 广西区 | 17556 | 14268 | 23.04% | 194040 | 171894 | 12.88% |
| 海南省 | 120 | 120 | 0.00% | 349 | 310 | 12.58% |
| 重庆市 | 26629 | 18641 | 42.85% | 894011 | 691306 | 29.32% |
| 四川省 | 137935 | 119648 | 15.28% | 1673240 | 1198333 | 39.63% |
| 贵州省 | 93223 | 84059 | 10.90% | 1153240 | 878046 | 31.34% |
| 云南省 | 41797 | 37980 | 10.05% | 552350 | 486626 | 13.51% |
| 西藏区 | 51 | 67 | -23.88% | 873 | 6400 | -86.36% |
| 陕西省 | 455397 | 347722 | 30.97% | 1647565 | 1542470 | 6.81% |
| 甘肃省 | 165768 | 148290 | 11.79% | 1059616 | 902989 | 17.35% |
| 青海省 | 18645 | 16598 | 12.33% | 85056 | 72461 | 17.38% |
| 宁夏区 | 55685 | 31215 | 78.39% | 1160326 | 994289 | 16.70% |
| 新疆区 | 49422 | 44622 | 10.76% | 537908 | 486135 | 10.65% |

## 2005 年煤炭工业分地区主要经济指标(七)

单位:千元

| 地区 | 税金及附加 | | | 税金总额 |
|---|---|---|---|---|
| | 2005 年 | 2004 年 | 同期增长 | 2005 年 |
| 全国 | 9458311 | 6487054 | 45.80% | 53740849 |
| 北京市 | 45988 | 38110 | 20.67% | 400657 |
| 天津市 | 107 | 136 | -21.32% | 15719 |
| 河北省 | 348733 | 299318 | 16.51% | 2723656 |
| 山西省 | 2594500 | 1609176 | 61.23% | 13902194 |
| 内蒙古 | 786025 | 423182 | 85.74% | 3498735 |
| 辽宁省 | 172620 | 462465 | -62.67% | 1606786 |
| 吉林省 | 43455 | 28149 | 54.37% | 387541 |
| 黑龙江 | 207088 | 151348 | 36.83% | 1947728 |
| 上海市 | 52 | 42 | 23.81% | 1364 |
| 江苏省 | 195577 | 151967 | 28.70% | 1346826 |
| 浙江省 | 10311 | 11399 | -9.54% | 75972 |
| 安徽省 | 503017 | 402907 | 24.85% | 3399349 |
| 福建省 | 211061 | 160605 | 31.42% | 592244 |
| 江西省 | 84019 | 68136 | 23.31% | 572994 |
| 山东省 | 1344629 | 975157 | 37.89% | 8477887 |
| 河南省 | 1368371 | 686349 | 99.37% | 6706332 |

续表

| 地区 | 税金及附加 | | | 税金总额 |
|---|---|---|---|---|
| | 2005 年 | 2004 年 | 同期增长 | 2005 年 |
| 湖北省 | 27289 | 19971 | 36.64% | 114388 |
| 湖南省 | 217149 | 180064 | 20.60% | 1060716 |
| 广东省 | 12616 | 11521 | 9.50% | 84291 |
| 广西区 | 15313 | 10205 | 50.05% | 133127 |
| 海南省 | 0 | 0 | 0.00% | 4 |
| 重庆市 | 85706 | 58441 | 46.65% | 534433 |
| 四川省 | 258472 | 151600 | 70.50% | 1359633 |
| 贵州省 | 351975 | 197300 | 78.40% | 1213648 |
| 云南省 | 72034 | 46022 | 56.52% | 461831 |
| 西藏区 | 39 | 150 | -74.00% | 529 |
| 陕西省 | 344177 | 224179 | 53.53% | 1808839 |
| 甘肃省 | 55408 | 47467 | 16.73% | 505776 |
| 青海省 | 19269 | 9113 | 111.45% | 113071 |
| 宁夏区 | 53444 | 38686 | 38.15% | 399379 |
| 新疆区 | 29867 | 23889 | 25.02% | 295200 |

**2005 年煤炭工业主要经济指标**

| 指标 | 单位 | 2005 年 | 2004 年 | 同期增减 |
|---|---|---|---|---|
| 企业总数 | 个 | 5278 | | |
| 亏损企业 | 个 | 540 | | |
| 亏损企业亏损总额 | 千元 | 1236519 | | |
| 应收帐款净额 | 千元 | 46420389 | 39703105 | 16.92% |
| 产成品 | 千元 | 21226999 | 14684597 | 44.55% |
| 资产总计 | 千元 | 849620809 | 681958632 | 24.59% |
| 流动资产平均余额 | 千元 | 314779908 | 244239453 | 28.88% |
| 固定资产净值平均余额 | 千元 | 332700089 | 297829640 | 11.71% |
| 负债总计 | 千元 | 527831283 | 412614117 | 27.92% |
| 产品销售收入 | 千元 | 576158841 | 404426745 | 42.46% |
| 产品销售成本 | 千元 | 395412365 | 271750281 | 45.51% |
| 产品销售费用 | 千元 | 26138128 | 22929435 | 13.99% |
| 税金及附加 | 千元 | 9458311 | 6487054 | 45.80% |
| 财务费用 | 千元 | 7945029 | 7383606 | 7.60% |
| 管理费用 | 千元 | 77485550 | 58583448 | 32.27% |
| 利润总额 | 千元 | 55241796 | 30917832 | 78.67% |
| 全部从业人员 | 人 | 4291569 | 4066910 | 5.52% |

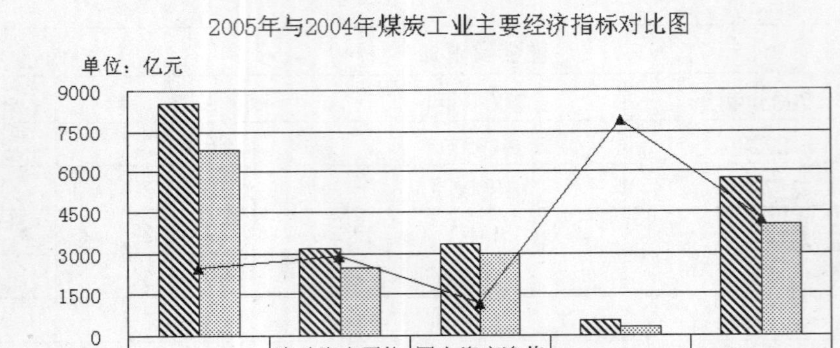


| | 资产总计 | 流动资产平均余额 | 固定资产净值平均余额 | 利润总额 | 产品销售收入 |
|---|---|---|---|---|---|
| 2005年 | 8496.21 | 3147.80 | 3327.00 | 552.42 | 5761.59 |
| 2004年 | 6819.59 | 2442.39 | 2978.30 | 309.18 | 4044.27 |
| 增长率 | 24.59% | 28.88% | 11.71% | 78.67% | 42.46% |

2005 年，在国家宏观经济调控作用下，煤炭供求矛盾有所缓解，但在国民经济整体快速增长的带动下，全国煤炭工业继续保持平稳快速增长。主要煤炭消费行业增长速度虽较 2004 年有所放缓，但生产继续保持平稳较快增长，推动煤炭需求增加。

主要经济指标统计显示，2005 年规模以上煤炭生产企业共 5278 家，全年实现销售收入 5761.59 亿元，比 2004 年增长 42.46%，资产总额达到 8496.21 亿元，其中流动资产平均余额达 3147.8 亿元，固定资产净值平均余额达 3327 亿元，分别比 2004 年增长 28.88%和 11.71%。这些统计指标显示 2005 年煤炭工业继 2004 年实现大跨越后，2005 年全行业各项主要数据趋于平稳增长，涨幅较上一年有所回落，盈利能力、偿债能力、资产营运能力与发展能力均有所提高。

## 全国各省、市煤产量同期对比情况表

| 产品名称 | 单位 | 地区 | 煤产量 | | | | 同期增长 | |
|---|---|---|---|---|---|---|---|---|
| | | | 2005 年 12 月 | 2005 年 | 2004 年 12 月 | 2004 年 | 12 月 | 全年 |
| 原煤 | 吨 | 全国 | 180023590.2 | 1824244750 | 161468264.9 | 1648068312 | 11.49% | 10.69% |
| 原煤 | 吨 | 北京市 | 361994 | 8106539 | 869420 | 9435913 | -58.36% | -14.09% |
| 原煤 | 吨 | 河北省 | 6225900 | 79563957 | 5908319 | 74730513 | 5.38% | 6.47% |
| 原煤 | 吨 | 山西省 | 44296949.86 | 439630284.9 | 37725013.96 | 400955414.2 | 17.42% | 9.65% |
| 原煤 | 吨 | 内蒙古 | 21638001.3 | 220644841.9 | 23175657.5 | 183383852.5 | -6.63% | 20.32% |
| 原煤 | 吨 | 辽宁省 | 5591617 | 61527993 | 6132708.3 | 65193934.8 | -8.82% | -5.62% |
| 原煤 | 吨 | 吉林省 | 2635268 | 24872278 | 2149576 | 23055742.5 | 22.59% | 7.88% |
| 原煤 | 吨 | 黑龙江 | 6094842.8 | 72533453.57 | 5888608.06 | 70207801.15 | 3.50% | 3.31% |
| 原煤 | 吨 | 江苏省 | 2369589 | 28175563 | 2322293 | 27690770 | 2.04% | 1.75% |
| 原煤 | 吨 | 浙江省 | 30801 | 412944 | 38819.5 | 552594 | -20.66% | -25.27% |
| 原煤 | 吨 | 安徽省 | 7314477.96 | 84344618.43 | 6544150.42 | 78940990.67 | 11.77% | 6.85% |
| 原煤 | 吨 | 福建省 | 1336384.82 | 13317427.12 | 1110497.15 | 12111629 | 20.34% | 9.96% |
| 原煤 | 吨 | 江西省 | 1651456 | 16207959.81 | 1652062 | 13480345 | -0.04% | 20.23% |
| 原煤 | 吨 | 山东省 | 13556812.45 | 140297755.5 | 12437740 | 143529064 | 9.00% | -2.25% |

续表

| 产品名称 | | 地区 | 煤产量 | | | | 同期增长 | |
|---|---|---|---|---|---|---|---|---|
| | | | 2005 年 12 月 | 2005 年 | 2004 年 12 月 | 2004 年 | 12 月 | 全年 |
| 原煤 | 吨 | 河南省 | 17935539 | 187614187.1 | 11874102.9 | 146404576.4 | 51.05% | 28.15% |
| 原煤 | 吨 | 湖北省 | 460896.14 | 4780667.44 | 577177.88 | 4336475.88 | -20.15% | 10.24% |
| 原煤 | 吨 | 湖南省 | 3730646.2 | 36465091.9 | 3537743.7 | 33116983 | 5.45% | 10.11% |
| 原煤 | 吨 | 广东省 | 0 | 2348393 | 311158 | 3646191 | -100.00% | -35.59% |
| 原煤 | 吨 | 广西区 | 592923 | 6373681 | 553460 | 5260268 | 7.13% | 21.17% |
| 原煤 | 吨 | 重庆市 | 1859066.03 | 19577949.1 | 1666701.7 | 18567879.14 | 11.54% | 5.44% |
| 原煤 | 吨 | 四川省 | 6462170.5 | 52190487.52 | 4446647.1 | 44276607.87 | 45.33% | 17.87% |
| 原煤 | 吨 | 贵州省 | 11604914.23 | 106151636.6 | 11952958.61 | 95999950.66 | -2.91% | 10.57% |
| 原煤 | 吨 | 云南省 | 2017873 | 21901754 | 1931014 | 19874398 | 4.50% | 10.20% |
| 原煤 | 吨 | 西藏区 | 0 | 33480 | 269.82 | 16412.1 | -100.00% | 104.00% |
| 原煤 | 吨 | 陕西省 | 2587847 | 28665278 | 2114158.7 | 27306347.2 | 22.41% | 4.98% |
| 原煤 | 吨 | 内蒙古 | 275718 | 2825914 | 212407 | 2431302 | 29.81% | 16.23% |
| 原煤 | 吨 | 陕西省 | 11348688 | 76615998 | 9190249 | 64014421 | 23.49% | 19.69% |
| 原煤 | 吨 | 甘肃省 | 2691373.87 | 33267712.22 | 2453242.3 | 29546650.48 | 9.71% | 12.59% |
| 原煤 | 吨 | 青海省 | 299566 | 5548502.97 | 393729 | 4064617 | -23.92% | 36.51% |
| 原煤 | 吨 | 宁夏区 | 2351596 | 25897722 | 1855947 | 23355075 | 26.71% | 10.89% |
| 原煤 | 吨 | 新疆区 | 2700679.02 | 24350679.88 | 2442433.25 | 22581593.67 | 10.57% | 7.83% |
| 洗煤 | 吨 | 全国 | 40701462.24 | 427910752.5 | 38398046.11 | 376219092.8 | 6.00% | 13.74% |
| 洗煤 | 吨 | 北京市 | 0 | 435511 | 56890 | 304422 | -100.00% | 43.06% |
| 洗煤 | 吨 | 河北省 | 4954230 | 57847696 | 5199687 | 57745944 | -4.72% | 0.18% |
| 洗煤 | 吨 | 山西省 | 18130704.63 | 173962811.4 | 16535512.11 | 145426095 | 9.65% | 19.62% |
| 洗煤 | 吨 | 内蒙古 | 1548034.06 | 17646365.13 | 1257934.3 | 13266649.86 | 23.06% | 33.01% |
| 洗煤 | 吨 | 辽宁省 | 1176323.75 | 13778639 | 1107178 | 14082515 | 6.25% | -2.16% |
| 洗煤 | 吨 | 吉林省 | 288043 | 1867925 | 241819 | 1302688.8 | 19.12% | 43.39% |
| 洗煤 | 吨 | 黑龙江 | 2255161 | 28059503 | 2508187 | 27129939 | -10.09% | 3.43% |
| 洗煤 | 吨 | 江苏省 | 385391 | 5120367 | 419359 | 5297670 | -8.10% | -3.35% |
| 洗煤 | 吨 | 安徽省 | 558144 | 8226165 | 649741 | 7267991 | -14.10% | 13.18% |
| 洗煤 | 吨 | 福建省 | 14539 | 135080 | 0 | 0 | 0.00% | 0.00% |
| 洗煤 | 吨 | 江西省 | 280682 | 2460185 | 325629 | 2051493 | -13.80% | 19.92% |
| 洗煤 | 吨 | 山东省 | 4219806 | 43410267 | 4054566 | 38768365 | 4.08% | 11.97% |
| 洗煤 | 吨 | 河南省 | 2451589 | 28442534 | 2645608 | 25056619.1 | -7.33% | 13.51% |
| 洗煤 | 吨 | 湖南省 | 173548 | 1822085.86 | 159752 | 1539153 | 8.64% | 18.38% |
| 洗煤 | 吨 | 重庆市 | 427487 | 4144180 | 318430 | 3740613 | 34.25% | 10.79% |
| 洗煤 | 吨 | 四川省 | 1088652.3 | 10398582.03 | 756765 | 9103229 | 43.86% | 14.23% |
| 洗煤 | 吨 | 贵州省 | 841231.5 | 9581599 | 684086 | 7903489 | 22.97% | 21.23% |
| 洗煤 | 吨 | 云南省 | 444264 | 5137500 | 432060 | 4313551 | 2.82% | 19.10% |
| 洗煤 | 吨 | 陕西省 | 352550 | 3505466 | 276176 | 2603266 | 27.65% | 34.66% |
| 洗煤 | 吨 | 甘肃省 | 45691 | 457163 | 47661 | 463063 | -4.13% | -1.27% |
| 洗煤 | 吨 | 青海省 | 4000 | 10000 | 10000 | 20000 | -60.00% | -50.00% |
| 洗煤 | 吨 | 宁夏区 | 984524 | 10094396 | 651349.7 | 7967515 | 51.15% | 26.69% |
| 洗煤 | 吨 | 新疆区 | 76867 | 1366732 | 59656 | 864822 | 28.85% | 58.04% |

# 二、石油化学工业

## 2005年石油化学工业分地区主要经济效益指标

| 地区 | 资本保值增值率(%) | 资产负债率(%) | 流动资产周转率(次) | 成本费用利润率(%) | 人均销售率(元) |
|---|---|---|---|---|---|
| 全国 | 118.67 | 53.13 | 3.08 | 10.66 | 522632.76 |
| 北京市 | 110.77 | 44.00 | 2.75 | 5.92 | 750173.18 |
| 天津市 | 111.32 | 51.26 | 2.84 | 18.08 | 613030.05 |
| 河北省 | 114.07 | 59.78 | 2.80 | 9.06 | 407241.29 |
| 山西省 | 123.98 | 67.90 | 1.75 | 2.62 | 279648.89 |
| 内蒙古 | 138.22 | 46.92 | 2.72 | 6.95 | 336334.93 |
| 辽宁省 | 121.10 | 54.09 | 3.64 | 1.69 | 721498.82 |
| 吉林省 | 110.82 | 47.77 | 2.76 | 7.87 | 508755.99 |
| 黑龙江 | 118.73 | 29.85 | 4.91 | 71.03 | 1004460.81 |
| 上海市 | 116.38 | 47.62 | 2.65 | 4.56 | 757901.95 |
| 江苏省 | 124.52 | 56.43 | 3.29 | 4.99 | 649611.36 |
| 浙江省 | 126.91 | 58.25 | 3.03 | 5.66 | 603238.14 |
| 安徽省 | 110.09 | 62.31 | 2.48 | 2.47 | 391555.49 |
| 福建省 | 116.73 | 49.44 | 2.80 | 5.29 | 355902.44 |
| 江西省 | 116.24 | 62.53 | 3.30 | 2.05 | 348848.36 |
| 山东省 | 120.85 | 51.97 | 4.42 | 13.53 | 636108.75 |
| 河南省 | 115.27 | 59.87 | 3.16 | 7.34 | 331019.72 |
| 湖北省 | 111.86 | 57.38 | 2.68 | 3.92 | 371563.65 |
| 湖南省 | 112.12 | 52.73 | 3.71 | 22.94 | 393120.24 |
| 广东省 | 111.86 | 53.70 | 2.60 | 5.24 | 426715.32 |
| 广西区 | 113.09 | 60.35 | 2.01 | 5.08 | 226788.77 |
| 海南省 | 103.90 | 46.17 | 1.39 | 32.88 | 646098.59 |
| 重庆市 | 115.68 | 51.31 | 1.91 | 9.56 | 270840.61 |
| 四川省 | 113.98 | 55.47 | 2.21 | 6.53 | 305280.14 |
| 贵州省 | 118.61 | 55.38 | 1.63 | 5.83 | 248466.61 |
| 云南省 | 122.53 | 57.84 | 1.97 | 10.90 | 349116.03 |
| 西藏区 | 105.97 | 25.73 | 0.37 | 5.20 | 271516.85 |
| 陕西省 | 127.50 | 52.44 | 3.12 | 33.51 | 560465.74 |
| 甘肃省 | 131.98 | 47.10 | 3.52 | 1.46 | 592951.58 |
| 青海省 | 120.61 | 60.95 | 1.76 | 58.28 | 387661.96 |
| 宁夏区 | 138.14 | 61.86 | 2.33 | -0.56 | 346762.11 |
| 新疆区 | 118.16 | 45.24 | 4.16 | 37.28 | 935344.67 |

## 2005年石油化学工业分地区主要经济指标(一)

单位:千元

| 地区 | 产品销售收入 | | | 利润总额 | | |
|---|---|---|---|---|---|---|
| | 2005年 | 2004年 | 同期增长 | 2005年 | 2004年 | 同期增长 |
| 全国 | 4747863606 | 3602355773 | 31.80% | 446646811 | 347762056 | 28.43% |
| 北京市 | 106458576 | 90928308 | 17.08% | 5980070 | 9106759 | -34.33% |
| 天津市 | 149115269 | 122853528 | 21.38% | 22516030 | 14220307 | 58.34% |
| 河北省 | 179119380 | 137220154 | 30.53% | 14647201 | 11092079 | 32.05% |
| 山西省 | 89046640 | 72114850 | 23.48% | 2149070 | 3772199 | -43.03% |
| 内蒙古 | 31472205 | 21670648 | 45.23% | 2018039 | 1444721 | 39.68% |
| 辽宁省 | 305313768 | 236961746 | 28.85% | 4948258 | 14265398 | -65.31% |
| 吉林省 | 96076534 | 75749514 | 26.83% | 6677787 | 7812712 | -14.53% |
| 黑龙江 | 248372019 | 184435070 | 34.67% | 100701268 | 72305478 | 39.27% |
| 上海市 | 267654591 | 219103949 | 22.16% | 11910035 | 15684989 | -24.07% |
| 江苏省 | 590995627 | 443650331 | 33.21% | 28034334 | 25131760 | 11.55% |
| 浙江省 | 441656582 | 334888941 | 31.88% | 23410471 | 19893485 | 17.68% |
| 安徽省 | 67944274 | 56439772 | 20.38% | 1629580 | 1466779 | 11.10% |
| 福建省 | 100323558 | 82000161 | 22.35% | 4965864 | 6373295 | -22.08% |
| 江西省 | 47267209 | 35149896 | 34.47% | 1042927 | 869842 | 19.90% |
| 山东省 | 633334681 | 416274696 | 52.14% | 74080177 | 43164468 | 71.62% |
| 河南省 | 163045086 | 120585436 | 35.21% | 10946972 | 6725637 | 62.76% |
| 湖北省 | 105008719 | 81338682 | 29.10% | 3905792 | 2224753 | 75.56% |
| 湖南省 | 104517306 | 81567567 | 28.14% | 19251604 | 13799983 | 39.50% |
| 广东省 | 425193225 | 352434687 | 20.64% | 20791268 | 23076315 | -9.90% |
| 广西区 | 28840501 | 23046410 | 25.14% | 1375215 | 1124736 | 22.27% |
| 海南省 | 7779027 | 6758598 | 15.10% | 1992332 | 1555918 | 28.05% |
| 重庆市 | 28191257 | 22161501 | 27.21% | 2607187 | 1950033 | 33.70% |
| 四川省 | 110524537 | 83601172 | 32.20% | 6549658 | 5523427 | 18.58% |
| 贵州省 | 24744044 | 19478564 | 27.03% | 1362568 | 1196758 | 13.85% |
| 云南省 | 35276778 | 26230245 | 34.49% | 3499781 | 2521259 | 38.81% |
| 西藏区 | 265815 | 269936 | -1.53% | 71708 | 56137 | 27.74% |
| 陕西省 | 116176141 | 84869250 | 36.89% | 27946272 | 16752202 | 66.82% |
| 甘肃省 | 70861864 | 52792387 | 34.23% | 995272 | 2573112 | -61.32% |
| 青海省 | 13356505 | 9868465 | 35.35% | 4641259 | 1692133 | 174.28% |
| 宁夏区 | 16523908 | 11832772 | 39.65% | -96756 | 537005 | -118.02% |
| 新疆区 | 143407980 | 96078537 | 49.26% | 36095568 | 19848377 | 81.86% |

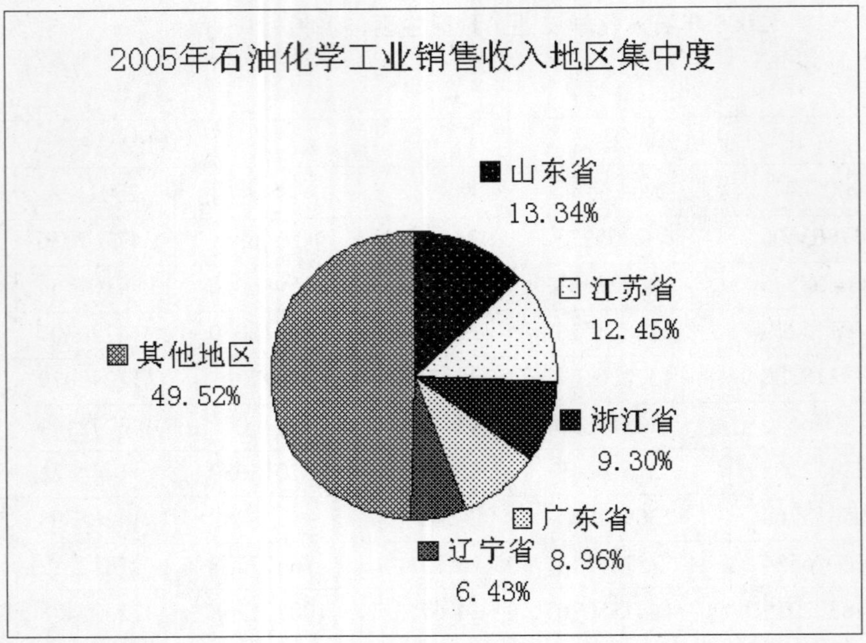


据统计，全国石油化学工业按销售收入排名前5名的地区是山东、江苏、浙江、广东、辽宁，分别占全国销售总收入的13.34%、12.45%、9.3%、8.96%和6.43%，销售收入排名前5名地区销售总收入占全国销售收入的50.48%。

**2005年石油化学工业分地区主要经济指标(二)**

单位：千元

| 地区 | 应收帐款净额 | | | 产成品 | | |
|---|---|---|---|---|---|---|
| | 2005年 | 2004年 | 同期增长 | 2005年 | 2004年 | 同期增长 |
| 全国 | 389684911 | 326325471 | 19.42% | 223641633 | 185789392 | 20.37% |
| 北京市 | 8120747 | 6939982 | 17.01% | 4915535 | 4142339 | 18.67% |
| 天津市 | 13164575 | 11338887 | 16.10% | 5204688 | 4325395 | 20.33% |
| 河北省 | 15031175 | 12721856 | 18.15% | 9451682 | 7827556 | 20.75% |
| 山西省 | 10398146 | 7358135 | 41.31% | 10814134 | 7557059 | 43.10% |
| 内蒙古 | 2443735 | 1970873 | 23.99% | 2223058 | 1459028 | 52.37% |
| 辽宁省 | 16290615 | 13354389 | 21.99% | 13869085 | 11712272 | 18.41% |
| 吉林省 | 8680626 | 7843180 | 10.68% | 4462240 | 4436637 | 0.58% |
| 黑龙江 | 5697498 | 5117552 | 11.33% | 6133305 | 5137178 | 19.39% |
| 上海市 | 32916894 | 27835727 | 18.25% | 11286136 | 9636701 | 17.12% |
| 江苏省 | 57086175 | 46506633 | 22.75% | 23062499 | 19547323 | 17.98% |
| 浙江省 | 39635779 | 32011574 | 23.82% | 22234206 | 18096863 | 22.86% |
| 安徽省 | 7552418 | 6628893 | 13.93% | 3964379 | 3593122 | 10.33% |
| 福建省 | 10434624 | 9167871 | 13.82% | 5691408 | 4661397 | 22.10% |
| 江西省 | 3799884 | 3353325 | 13.32% | 2302337 | 1836681 | 25.35% |
| 山东省 | 30598062 | 24791621 | 23.42% | 22885139 | 18213763 | 25.65% |
| 河南省 | 11221287 | 9486479 | 18.29% | 6368812 | 5736174 | 11.03% |

续表

| 地区 | 应收帐款净额 | | | 产成品 | | |
|---|---|---|---|---|---|---|
| | 2005 年 | 2004 年 | 同期增长 | 2005 年 | 2004 年 | 同期增长 |
| 湖北省 | 8310985 | 7828734 | 6.16% | 5267122 | 3973082 | 32.57% |
| 湖南省 | 5950926 | 5927541 | 0.39% | 4539997 | 4125565 | 10.05% |
| 广东省 | 57655257 | 48790081 | 18.17% | 26788454 | 23238837 | 15.27% |
| 广西区 | 3433564 | 3134226 | 9.55% | 2838807 | 2029589 | 39.87% |
| 海南省 | 1447737 | 1428157 | 1.37% | 446573 | 578166 | -22.76% |
| 重庆市 | 3128926 | 2917630 | 7.24% | 1896012 | 1423074 | 33.23% |
| 四川省 | 10944858 | 8669467 | 26.25% | 5700767 | 4736146 | 20.37% |
| 贵州省 | 3874310 | 3217169 | 20.43% | 2420448 | 2151193 | 12.52% |
| 云南省 | 4031931 | 3003621 | 34.24% | 3659246 | 2448153 | 49.47% |
| 西藏区 | 174633 | 74681 | 133.84% | 29790 | 26767 | 11.29% |
| 陕西省 | 7621730 | 6878628 | 10.80% | 4021633 | 3269420 | 23.01% |
| 甘肃省 | 2396196 | 1825679 | 31.25% | 3264091 | 3131440 | 4.24% |
| 青海省 | 1428910 | 752851 | 89.80% | 942540 | 774189 | 21.75% |
| 宁夏区 | 1641978 | 1313909 | 24.97% | 1405005 | 935837 | 50.13% |
| 新疆区 | 4570730 | 4136120 | 10.51% | 5552505 | 5028446 | 10.42% |

## 2005 年石油化学工业分地区主要经济指标(三)

单位:千元

| 地区 | 流动资产平均余额 | | | 固定资产净值平均余额 | | |
|---|---|---|---|---|---|---|
| | 2005 年 | 2004 年 | 同期增长 | 2005 年 | 2004 年 | 同期增长 |
| 全国 | 1699401220 | 1384271813 | 22.76% | 1716538243 | 1498487123 | 14.55% |
| 北京市 | 41881680 | 35558500 | 17.78% | 30690550 | 30516122 | 0.57% |
| 天津市 | 56133465 | 48748070 | 15.15% | 74290105 | 64479432 | 15.22% |
| 河北省 | 68520474 | 59496621 | 15.17% | 67696243 | 62106700 | 9.00% |
| 山西省 | 56718520 | 44948326 | 26.19% | 49871513 | 38634605 | 29.09% |
| 内蒙古 | 13468428 | 9700343 | 38.84% | 17400527 | 14276018 | 21.89% |
| 辽宁省 | 96487754 | 71359812 | 35.21% | 115755147 | 109682285 | 5.54% |
| 吉林省 | 37923837 | 31629990 | 19.90% | 60514258 | 56799593 | 6.54% |
| 黑龙江 | 56445054 | 44827645 | 25.92% | 102096407 | 98552351 | 3.60% |
| 上海市 | 107196928 | 94960324 | 12.89% | 94146149 | 77822658 | 20.98% |
| 江苏省 | 201916201 | 156868885 | 28.72% | 173260701 | 132255716 | 31.00% |
| 浙江省 | 165815875 | 125657701 | 31.96% | 108328073 | 89290366 | 21.32% |
| 安徽省 | 29052975 | 25783657 | 12.68% | 23650615 | 21805273 | 8.46% |
| 福建省 | 40031432 | 31511484 | 27.04% | 37313985 | 33374517 | 11.80% |
| 江西省 | 15479541 | 13156661 | 17.66% | 16720387 | 14965469 | 11.73% |
| 山东省 | 160856297 | 125885506 | 27.78% | 180055590 | 153763493 | 17.10% |
| 河南省 | 56038989 | 47085847 | 19.01% | 61850833 | 59466409 | 4.01% |

续表

| 地区 | 流动资产平均余额 | | | 固定资产净值平均余额 | | |
|---|---|---|---|---|---|---|
| | 2005 年 | 2004 年 | 同期增长 | 2005 年 | 2004 年 | 同期增长 |
| 湖北省 | 41857854 | 36455098 | 14.82% | 35492084 | 32170415 | 10.33% |
| 湖南省 | 29400419 | 27010160 | 8.85% | 32313084 | 31955516 | 1.12% |
| 广东省 | 177264158 | 150254054 | 17.98% | 103049104 | 93424579 | 10.30% |
| 广西区 | 15451794 | 13261509 | 16.52% | 11759528 | 11167980 | 5.30% |
| 海南省 | 5892099 | 5287158 | 11.44% | 4992205 | 5224493 | -4.45% |
| 重庆市 | 16019879 | 13458928 | 19.03% | 12309246 | 10607834 | 16.04% |
| 四川省 | 53544394 | 46478002 | 15.20% | 47691769 | 41197371 | 15.76% |
| 贵州省 | 16611401 | 13816838 | 20.23% | 10498954 | 9040809 | 16.13% |
| 云南省 | 19956370 | 15928761 | 25.29% | 17345598 | 14784844 | 17.32% |
| 西藏区 | 679837 | 741934 | -8.37% | 163977 | 200442 | -18.19% |
| 陕西省 | 39997531 | 34568755 | 15.70% | 85175823 | 68195516 | 24.90% |
| 甘肃省 | 23624207 | 16643936 | 41.94% | 29391134 | 26024607 | 12.94% |
| 青海省 | 9012531 | 6152815 | 46.48% | 13043574 | 11310925 | 15.32% |
| 宁夏区 | 7927401 | 6267824 | 26.48% | 7772287 | 6109668 | 27.21% |
| 新疆区 | 38193895 | 30766669 | 24.14% | 91898793 | 79281117 | 15.92% |

**2005 年石油化学工业分地区主要经济指标(四)**

单位:千元

| 地区 | 资产总计 | | | 负债合计 | | |
|---|---|---|---|---|---|---|
| | 2005 年 | 2004 年 | 同期增长 | 2005 年 | 2004 年 | 同期增长 |
| 全国 | 4190504987 | 3531219155 | 18.67% | 2226415602 | 1848929611 | 20.42% |
| 北京市 | 94751261 | 85541125 | 10.77% | 41690930 | 34587900 | 20.54% |
| 天津市 | 151118254 | 135748256 | 11.32% | 77468997 | 66499291 | 16.50% |
| 河北省 | 165766685 | 145323448 | 14.07% | 99103115 | 84595483 | 17.15% |
| 山西省 | 131149046 | 105781520 | 23.98% | 89048300 | 69613111 | 27.92% |
| 内蒙古 | 42551289 | 30785066 | 38.22% | 19965858 | 14993827 | 33.16% |
| 辽宁省 | 253891242 | 209656218 | 21.10% | 137342011 | 104207386 | 31.80% |
| 吉林省 | 116131981 | 104795013 | 10.82% | 55477453 | 49554005 | 11.95% |
| 黑龙江 | 181878223 | 153184312 | 18.73% | 54293141 | 43772749 | 24.03% |
| 上海市 | 247284464 | 212489117 | 16.38% | 117750515 | 97241795 | 21.09% |
| 江苏省 | 450965372 | 362153154 | 24.52% | 254499636 | 205837625 | 23.64% |
| 浙江省 | 344692195 | 271608851 | 26.91% | 200791843 | 157514197 | 27.48% |
| 安徽省 | 64611811 | 58691952 | 10.09% | 40259310 | 36987906 | 8.84% |
| 福建省 | 93670343 | 80247486 | 16.73% | 46307320 | 39174031 | 18.21% |
| 江西省 | 40086614 | 34484738 | 16.24% | 25066935 | 21482194 | 16.69% |
| 山东省 | 419520924 | 347155682 | 20.85% | 218017642 | 170373762 | 27.96% |
| 河南省 | 147312600 | 127800784 | 15.27% | 88189098 | 78837971 | 11.86% |

续表

| 地区 | 资产总计 | | | 负债合计 | | |
|---|---|---|---|---|---|---|
| | 2005 年 | 2004 年 | 同期增长 | 2005 年 | 2004 年 | 同期增长 |
| 湖北省 | 97782352 | 87411574 | 11.86% | 56104861 | 49740569 | 12.79% |
| 湖南省 | 81376792 | 72580771 | 12.12% | 42910965 | 40626332 | 5.62% |
| 广东省 | 329257385 | 294360432 | 11.86% | 176799398 | 158555849 | 11.51% |
| 广西区 | 36804276 | 32544559 | 13.09% | 22211351 | 19189865 | 15.75% |
| 海南省 | 12672782 | 12196935 | 3.90% | 5850456 | 6267603 | -6.66% |
| 重庆市 | 39012293 | 33723039 | 15.68% | 20016610 | 17766105 | 12.67% |
| 四川省 | 139979303 | 122805952 | 13.98% | 77651670 | 66591537 | 16.61% |
| 贵州省 | 34618476 | 29186765 | 18.61% | 19173150 | 15783221 | 21.48% |
| 云南省 | 50079172 | 40870595 | 22.53% | 28967882 | 24047465 | 20.46% |
| 西藏区 | 905514 | 854521 | 5.97% | 232983 | 263392 | -11.55% |
| 陕西省 | 153203728 | 120159596 | 27.50% | 80338171 | 65313680 | 23.00% |
| 甘肃省 | 66028749 | 50029255 | 31.98% | 31102364 | 25043204 | 24.19% |
| 青海省 | 26640573 | 22088243 | 20.61% | 16237349 | 13473130 | 20.52% |
| 宁夏区 | 21496170 | 15560927 | 38.14% | 13296639 | 9641759 | 37.91% |
| 新疆区 | 155265118 | 131399269 | 18.16% | 70249649 | 61352667 | 14.50% |

## 2005 年石油化学工业分地区主要经济指标(五)

单位:千元

| 地区 | 销售成本 | | | 销售费用 | | |
|---|---|---|---|---|---|---|
| | 2005 年 | 2004 年 | 同期增长 | 2005 年 | 2004 年 | 同期增长 |
| 全国 | 3836549341 | 2838145614 | 35.18% | 159778236 | 136682067 | 16.90% |
| 北京市 | 89081506 | 70910859 | 25.62% | 5339233 | 4607304 | 15.89% |
| 天津市 | 110982004 | 93130634 | 19.17% | 4670829 | 4170298 | 12.00% |
| 河北省 | 146858492 | 110830228 | 32.51% | 5165084 | 4457254 | 15.88% |
| 山西省 | 71301511 | 55711109 | 27.98% | 6365008 | 5975126 | 6.53% |
| 内蒙古 | 24506775 | 16803269 | 45.85% | 1083215 | 870626 | 24.42% |
| 辽宁省 | 276682928 | 199822729 | 38.46% | 4606516 | 3764894 | 22.35% |
| 吉林省 | 75576494 | 56491288 | 33.78% | 3300193 | 2788240 | 18.36% |
| 黑龙江 | 125629082 | 93189975 | 34.81% | 2971602 | 2854719 | 4.09% |
| 上海市 | 228985011 | 177659852 | 28.89% | 12125116 | 10511879 | 15.35% |
| 江苏省 | 513244903 | 376535542 | 36.31% | 21855152 | 17411214 | 25.52% |
| 浙江省 | 386509483 | 288090906 | 34.16% | 11740709 | 9559539 | 22.82% |
| 安徽省 | 60147879 | 49237234 | 22.16% | 2246171 | 1952559 | 15.04% |
| 福建省 | 86958616 | 68165202 | 27.57% | 3154351 | 2793625 | 12.91% |
| 江西省 | 39461798 | 29273151 | 34.81% | 3175654 | 2376832 | 33.61% |
| 山东省 | 514390226 | 332812768 | 54.56% | 13130966 | 10201394 | 28.72% |
| 河南省 | 137129236 | 99651767 | 37.61% | 4169919 | 3042032 | 37.08% |

续表

| 地区 | 销售成本 | | | 销售费用 | | |
|---|---|---|---|---|---|---|
| | 2005年 | 2004年 | 同期增长 | 2005年 | 2004年 | 同期增长 |
| 湖北省 | 89339824 | 67252665 | 32.84% | 4325764 | 4039131 | 7.10% |
| 湖南省 | 74812527 | 58018788 | 28.95% | 2948426 | 2264200 | 30.22% |
| 广东省 | 351171581 | 280554451 | 25.17% | 26707601 | 24707474 | 8.10% |
| 广西区 | 23144545 | 17722152 | 30.60% | 2015099 | 1852685 | 8.77% |
| 海南省 | 4720655 | 4190021 | 12.66% | 539790 | 548911 | -1.66% |
| 重庆市 | 21324525 | 16381242 | 30.18% | 1895904 | 1687836 | 12.33% |
| 四川省 | 87658245 | 65263320 | 34.31% | 5691737 | 4791399 | 18.79% |
| 贵州省 | 18951860 | 14366441 | 31.92% | 2176372 | 2129283 | 2.21% |
| 云南省 | 27841108 | 19977348 | 39.36% | 1961823 | 1752965 | 11.91% |
| 西藏区 | 71042 | 85778 | -17.18% | 82893 | 116384 | -28.78% |
| 陕西省 | 73909258 | 55499604 | 33.17% | 3052984 | 2625214 | 16.29% |
| 甘肃省 | 63245116 | 42899072 | 47.43% | 1093270 | 859606 | 27.18% |
| 青海省 | 6662863 | 5258019 | 26.72% | 290239 | 201493 | 44.04% |
| 宁夏区 | 15755014 | 10028435 | 57.10% | 420658 | 352864 | 19.21% |
| 新疆区 | 90495234 | 62331765 | 45.18% | 1475958 | 1415087 | 4.30% |

## 2005年石油化学工业分地区主要经济指标(六)

单位:千元

| 地区 | 财务费用 | | | 管理费用 | | |
|---|---|---|---|---|---|---|
| | 2005年 | 2004年 | 同期增长 | 2005年 | 2004年 | 同期增长 |
| 全国 | 44018050 | 39539870 | 11.33% | 194093697 | 170190038 | 14.05% |
| 北京市 | 471275 | 641137 | -26.49% | 5602620 | 5103153 | 9.79% |
| 天津市 | 1070332 | 1327883 | -19.40% | 6607202 | 5989276 | 10.32% |
| 河北省 | 2303890 | 2154147 | 6.95% | 7209257 | 7058901 | 2.13% |
| 山西省 | 2437627 | 1971027 | 23.67% | 4146597 | 3343356 | 24.02% |
| 内蒙古 | 211003 | 337189 | -37.42% | 1404606 | 1086948 | 29.22% |
| 辽宁省 | 2043193 | 1897345 | 7.69% | 11114425 | 9777741 | 13.67% |
| 吉林省 | 796515 | 1057589 | -24.69% | 5682446 | 4657864 | 22.00% |
| 黑龙江 | 287817 | 313762 | -8.27% | 11281461 | 8098195 | 39.31% |
| 上海市 | 1884814 | 1886487 | -0.09% | 14534838 | 13308809 | 9.21% |
| 江苏省 | 5481716 | 4458203 | 22.96% | 21103088 | 18285631 | 15.41% |
| 浙江省 | 5419124 | 4189528 | 29.35% | 14664511 | 12147729 | 20.72% |
| 安徽省 | 1030609 | 927051 | 11.17% | 2641456 | 2237016 | 18.08% |
| 福建省 | 1056703 | 980407 | 7.78% | 3426774 | 3031798 | 13.03% |
| 江西省 | 378033 | 605330 | -37.55% | 1788825 | 1520869 | 17.62% |
| 山东省 | 6466261 | 4868114 | 32.83% | 17882693 | 15145906 | 18.07% |
| 河南省 | 2186375 | 1905903 | 14.72% | 6605739 | 6175249 | 6.97% |

续表

| 地区 | 财务费用 | | | 管理费用 | | |
|---|---|---|---|---|---|---|
| | 2005 年 | 2004 年 | 同期增长 | 2005 年 | 2004 年 | 同期增长 |
| 湖北省 | 1326205 | 1130079 | 17.36% | 5082127 | 4461443 | 13.91% |
| 湖南省 | 985154 | 872096 | 12.96% | 3780578 | 3583962 | 5.49% |
| 广东省 | 2387178 | 2464460 | -3.14% | 18366065 | 16972735 | 8.21% |
| 广西区 | 308663 | 444318 | -30.53% | 1820171 | 1703160 | 6.87% |
| 海南省 | 87341 | 136274 | -35.91% | 422949 | 335409 | 26.10% |
| 重庆市 | 376702 | 395522 | -4.76% | 2343764 | 1949659 | 20.21% |
| 四川省 | 1719701 | 1284051 | 33.93% | 6636130 | 5415584 | 22.54% |
| 贵州省 | 381282 | 358081 | 6.48% | 1615890 | 1368915 | 18.04% |
| 云南省 | 647324 | 627600 | 3.14% | 2293953 | 2131246 | 7.63% |
| 西藏区 | -3031 | -4063 | -25.40% | 31956 | 30361 | 5.25% |
| 陕西省 | 1193523 | 1148059 | 3.96% | 6233008 | 4868386 | 28.03% |
| 甘肃省 | 194734 | 229168 | -15.03% | 3615022 | 2655647 | 36.13% |
| 青海省 | 128252 | 99251 | 29.22% | 704865 | 825630 | -14.63% |
| 宁夏区 | 305636 | 208511 | 46.58% | 589929 | 483415 | 22.03% |
| 新疆区 | 454099 | 625361 | -27.39% | 4860752 | 6436045 | -24.48% |

## 2005 年石油化学工业分地区主要经济指标(七)

单位:千元

| 地区 | 税金及附加 | | | 税金总额 |
|---|---|---|---|---|
| | 2005 年 | 2004 年 | 同期增长 | 2005 年 |
| 全国 | 60049853 | 52123124 | 15.21% | 238681468 |
| 北京市 | 1237886 | 1277503 | -3.10% | 4702938 |
| 天津市 | 3192424 | 2484352 | 28.50% | 9352795 |
| 河北省 | 2217115 | 1847722 | 19.99% | 8418990 |
| 山西省 | 901861 | 861197 | 4.72% | 7615252 |
| 内蒙古 | 369705 | 336563 | 9.85% | 1952077 |
| 辽宁省 | 5551986 | 5118832 | 8.46% | 13098780 |
| 吉林省 | 1588562 | 1410412 | 12.63% | 5412593 |
| 黑龙江 | 5359153 | 5058729 | 5.94% | 27646079 |
| 上海市 | 2415309 | 2410050 | 0.22% | 10225754 |
| 江苏省 | 3786321 | 3054025 | 23.98% | 19636397 |
| 浙江省 | 3468536 | 3095977 | 12.03% | 14880468 |
| 安徽省 | 754289 | 783000 | -3.67% | 2480778 |
| 福建省 | 832501 | 930634 | -10.54% | 2854690 |
| 江西省 | 856088 | 773210 | 10.72% | 2545292 |
| 山东省 | 6929970 | 5419357 | 27.87% | 31125554 |
| 河南省 | 2011772 | 1676551 | 19.99% | 7773817 |

续表

| 地区 | 税金及附加 | | | 税金总额 |
|---|---|---|---|---|
| | 2005年 | 2004年 | 同期增长 | 2005年 |
| 湖北省 | 1595838 | 1422123 | 12.22% | 4090156 |
| 湖南省 | 3015131 | 2486587 | 21.26% | 7213308 |
| 广东省 | 3643120 | 3391564 | 7.42% | 17232328 |
| 广西区 | 338180 | 306328 | 10.40% | 1776965 |
| 海南省 | 105582 | 61833 | 70.75% | 654599 |
| 重庆市 | 156048 | 157084 | -0.66% | 1499673 |
| 四川省 | 908285 | 691217 | 31.40% | 4941237 |
| 贵州省 | 230267 | 198980 | 15.72% | 1329111 |
| 云南省 | 182018 | 190933 | -4.67% | 1724925 |
| 西藏区 | 11770 | 11274 | 4.40% | 47045 |
| 陕西省 | 2746958 | 2144482 | 28.09% | 10972097 |
| 甘肃省 | 1658379 | 1583051 | 4.76% | 3156652 |
| 青海省 | 367640 | 233704 | 57.31% | 1585248 |
| 宁夏区 | 346659 | 273862 | 26.58% | 757970 |
| 新疆区 | 3270500 | 2431988 | 34.48% | 11977900 |

## 2005年石油化学工业主要经济指标

| 指标 | 单位 | 2005年 | 2004年 | 同期增减 |
|---|---|---|---|---|
| 企业总数 | 个 | 41255 | | |
| 亏损企业 | 个 | 7407 | | |
| 亏损企业亏损总额 | 千元 | 63252906 | | |
| 应收帐款净额 | 千元 | 389684911 | 326325471 | 19.42% |
| 产成品 | 千元 | 223641633 | 185789392 | 20.37% |
| 资产总计 | 千元 | 4190504987 | 3531219155 | 18.67% |
| 流动资产平均余额 | 千元 | 1699401220 | 1384271813 | 22.76% |
| 固定资产净值平均余额 | 千元 | 1716538243 | 1498487123 | 14.55% |
| 负债总计 | 千元 | 2226415602 | 1848929611 | 20.42% |
| 产品销售收入 | 千元 | 4747863606 | 3602355773 | 31.80% |
| 产品销售成本 | 千元 | 3836549341 | 2838145614 | 35.18% |
| 产品销售费用 | 千元 | 159778236 | 136682067 | 16.90% |
| 税金及附加 | 千元 | 60049853 | 52123124 | 15.21% |
| 财务费用 | 千元 | 44018050 | 39539870 | 11.33% |
| 管理费用 | 千元 | 194093697 | 170190038 | 14.05% |
| 利润总额 | 千元 | 446646811 | 347762056 | 28.43% |
| 全部从业人员 | 人 | 9084512 | 8624645 | 5.33% |

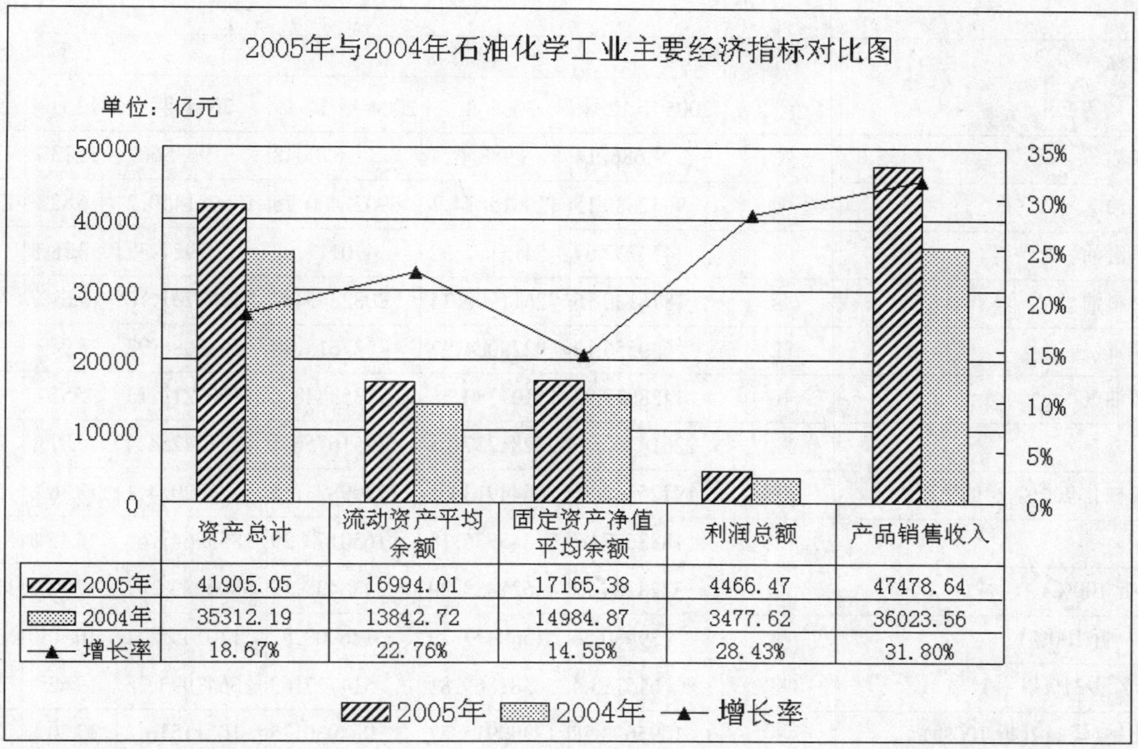


2005年我国石油化学工业发展势头良好，经济效益快速增长，但也存在着负债规模扩大，投入产出能力下降的问题。全国国有及规模以上的非国有企业共41255家，实现销售收入47478.64亿元，同比增长31.8%，完成利润4466.47亿元，比2004年增长28.43%，资产总额达41905.05亿元，其中流动资产平均余额达16994.01亿元，固定资产净值平均余额17165.38亿元，分别比去年增长18.67%、22.76%和14.55%。

## 全国石油化学工业主要产品产量同期对比情况表

| 产品名称 | 单位 | 完成产量 | | | | 同期增长 | |
|---|---|---|---|---|---|---|---|
| | | 2005年12月 | 2005年 | 2004年12月 | 2004年 | 12月 | 全年 |
| 天然原油 | 吨 | 14925090.93 | 180838891.6 | 14856699.87 | 174129548.5 | 0.46% | 3.85% |
| 天然气 | 万立方米 | 539217.91 | 4995538.92 | 410918.86 | 4098718.03 | 31.22% | 21.88% |
| 化纤浆粕 | 吨 | 86605.23 | 830954.96 | 55587.62 | 597307.89 | 55.80% | 39.12% |
| 化学纤维 | 吨 | 1664454.08 | 16291996.26 | 1243558.12 | 14197444.84 | 33.85% | 14.75% |
| 粘胶纤维 | 吨 | 112534.52 | 1180188.76 | 86948.19 | 972709.92 | 29.43% | 21.33% |
| 合成纤维 | 吨 | 1540123.84 | 15002604.3 | 1150896.28 | 13138500.18 | 33.82% | 14.19% |
| 锦纶纤维 | 吨 | 64265.66 | 716657.06 | 57310 | 616374.49 | 12.14% | 16.27% |
| 涤纶纤维 | 吨 | 1268033.83 | 12701616.86 | 915952.66 | 10991700.12 | 38.44% | 15.56% |
| 腈纶纤维 | 吨 | 137402.63 | 865091.87 | 124655.45 | 792681.1 | 10.23% | 9.13% |
| 维纶纤维 | 吨 | 4418 | 41749 | 5215 | 37555 | -15.28% | 11.17% |
| 丙纶纤维 | 吨 | 20533 | 244775.09 | 21906.4 | 276718.86 | -6.27% | -11.54% |
| 原油加工量 | 吨 | 24681574.75 | 286223334.7 | 24120273.56 | 268643122.7 | 2.33% | 6.54% |
| 汽油 | 吨 | 4645160.41 | 54053360.05 | 4820496.93 | 52366890.18 | -3.64% | 3.22% |

续表

| 产品名称 | 单位 | 完成产量 | | | | 同期增长 | |
|---|---|---|---|---|---|---|---|
| | | 2005年12月 | 2005年 | 2004年12月 | 2004年 | 12月 | 全年 |
| 煤油 | 吨 | 686214 | 9885624 | 870048 | 9635609 | -21.13% | 2.59% |
| 柴油 | 吨 | 9642688.15 | 110615824.7 | 9027400.75 | 100981450.2 | 6.82% | 9.54% |
| 润滑油 | 吨 | 454232.67 | 5415107.38 | 470117.68 | 5207927.38 | -3.38% | 3.98% |
| 燃料油 | 吨 | 1876140.16 | 22611900.74 | 2032345.87 | 21207701.16 | -7.69% | 6.62% |
| 石油沥青 | 吨 | 639556.12 | 9229084.97 | 537613.88 | 8675086.93 | 18.96% | 6.39% |
| 液化石油气 | 吨 | 1428979.92 | 16107789.36 | 1353848.6 | 14967212.13 | 5.55% | 7.62% |
| 焦炭 | 吨 | 22614702.79 | 232817371.5 | 19516756.1 | 187104254.4 | 15.87% | 24.43% |
| 机械化焦炉生产的焦炭 | 吨 | 19725362.81 | 206449136.1 | 17399873.65 | 167692954.1 | 13.36% | 23.11% |
| 煤气 | 万立方米 | 1888657.05 | 21345336.18 | 1650173.29 | 18555647.66 | 14.45% | 15.03% |
| 硫酸(折100%) | 吨 | 3728284.73 | 44621423.29 | 3480438.15 | 38069898.97 | 7.12% | 17.21% |
| 浓硝酸(折100%) | 吨 | 139980.56 | 1569473.22 | 126908.82 | 1301455.21 | 10.30% | 20.59% |
| 盐酸(含量31%以上) | 吨 | 615713.4 | 6581869.81 | 514727.63 | 5647993.15 | 19.62% | 16.53% |
| 氢氧化钠(烧碱)(折100%) | 吨 | 1095693.58 | 12399915.77 | 934930.25 | 10211516.8 | 17.20% | 21.43% |
| 离子膜法烧碱 | 吨 | 332230.82 | 3656364.11 | 266347.74 | 2770584.46 | 24.74% | 31.97% |
| 碳酸钠(纯碱) | 吨 | 1270729.45 | 14210891.12 | 1127061 | 12606749.21 | 12.75% | 12.72% |
| 碳化钙(电石)(折300升/千克) | 吨 | 889111.6 | 8945652.31 | 583862.95 | 6679837.66 | 52.28% | 33.92% |
| 合成氨 | 吨 | 3933103.38 | 45962701.99 | 3863614.9 | 42393561.38 | 1.80% | 8.42% |
| 农用氮、磷、钾化学肥料总计(折纯) | 吨 | 4404887.49 | 48879765.39 | 3949918.55 | 44163010.73 | 11.52% | 10.68% |
| 氮肥(折含N 100%) | 吨 | 3208735.51 | 35759160.67 | 2894440.93 | 32360415.45 | 10.86% | 10.50% |
| 尿素 | 吨 | 1736101.13 | 19948844.81 | 1725694.88 | 18749018.44 | 0.60% | 6.40% |
| 磷肥(折含P2O5 100%) | 吨 | 1064854.51 | 10753109.61 | 939152.62 | 9873175.39 | 13.38% | 8.91% |
| 钾肥(折含K2O 100%) | 吨 | 128013.47 | 2326548.11 | 111636 | 1905800.89 | 14.67% | 22.08% |
| 磷酸铵肥 | 吨 | 779889.3 | 9171228.59 | 595272.51 | 7498081.77 | 31.01% | 22.31% |
| 化学农药 | 吨 | 97117.41 | 1039226.28 | 71529.26 | 863987.12 | 35.77% | 20.28% |
| 杀虫剂 | 吨 | 35609.68 | 434184.16 | 26677.3 | 383318.47 | 33.48% | 13.27% |
| 杀菌剂 | 吨 | 9725.31 | 105399.19 | 10876.26 | 100922.93 | -10.58% | 4.44% |
| 除草剂 | 吨 | 29176.93 | 296854.64 | 21361.17 | 237810.53 | 36.59% | 24.83% |
| 乙烯 | 吨 | 699853.03 | 7555274.6 | 540136.13 | 6273717.13 | 29.57% | 20.43% |
| 纯苯 | 吨 | 285056.74 | 3060947.51 | 222477 | 2549387 | 28.13% | 20.07% |
| 精甲醇 | 吨 | 508329.02 | 5356107.71 | 415049.65 | 4404070.55 | 22.47% | 21.62% |
| 冰醋酸 | 吨 | 135073 | 1369732 | 115946 | 1160460 | 16.50% | 18.03% |
| 油漆 | 吨 | 242787.23 | 2490493.81 | 210617.99 | 2177115.16 | 15.27% | 14.39% |
| 建筑涂料 | 吨 | 122683.23 | 1335142.49 | 116670.63 | 1287732.39 | 5.15% | 3.68% |
| 油墨 | 吨 | 29331.36 | 302443.19 | 24944.27 | 257985.44 | 17.59% | 17.23% |
| 颜料 | 吨 | 113304.76 | 1391692.8 | 124162.61 | 1317036.31 | -8.74% | 5.67% |

续表

| 产品名称 | 单位 | 完成产量 | | | | 同期增长 | |
|---|---|---|---|---|---|---|---|
| | | 2005年12月 | 2005 | 2004年12月 | 2004 | 12月 | 全年 |
| 染料 | 吨 | 104920.63 | 1061264.48 | 117224.28 | 991108.74 | –10.50% | 7.08% |
| 塑料树脂及共聚物 | 吨 | 1992053.94 | 21419641.43 | 1599579.6 | 18101087.11 | 24.54% | 18.33% |
| 聚氯乙烯树脂 | 吨 | 610457.6 | 6492055.37 | 468587.24 | 5087988.8 | 30.28% | 27.60% |
| 聚乙烯树酯 | 吨 | 480387 | 5290468.69 | 388007.4 | 4515848.69 | 23.81% | 17.15% |
| 聚丙烯树酯 | 吨 | 469929.61 | 5229399.82 | 405777.06 | 4655165.76 | 15.81% | 12.34% |
| 合成橡胶 | 吨 | 151320.06 | 1632111.22 | 129191.5 | 1463174.37 | 17.13% | 11.55% |
| 顺丁橡胶 | 吨 | 35444.15 | 398582.26 | 33695 | 402547 | 5.19% | –0.98% |
| 合成纤维单体 | 吨 | 710901.9 | 7412347.31 | 593597.95 | 6510412.48 | 19.76% | 13.85% |
| 已内酰胺 | 吨 | 21484.87 | 213678.85 | 22786.05 | 231742.03 | –5.71% | –7.79% |
| 合成纤维聚合物 | 吨 | 795458.75 | 8749218.25 | 618027.62 | 7844359.54 | 28.71% | 11.54% |
| 聚脂 | 吨 | 711235.18 | 7776315.57 | 543070.13 | 6796088.76 | 30.97% | 14.42% |
| 照相胶卷 | 万平方米 | 10790.5 | 70800.43 | 3770 | 51938.27 | 186.22% | 36.32% |
| 环保药剂与材料 | 吨 | 194.5 | 3817.8 | 140.6 | 2748.5 | 38.34% | 38.90% |
| 肥皂 | 吨 | 59329.96 | 715782.19 | 59909.95 | 697163.74 | –0.97% | 2.67% |
| 合成洗涤剂 | 吨 | 486709.05 | 4944347.49 | 425090.65 | 4334098.65 | 14.50% | 14.08% |
| 合成洗衣粉 | 吨 | 281912.35 | 2940523.23 | 255078.36 | 2669866.64 | 10.52% | 10.14% |
| 香精 | 吨 | 9563.26 | 111311.73 | 8976.52 | 96943.21 | 6.54% | 14.82% |
| 牙膏(折65克标准支) | 万支 | 56707.99 | 647465 | 53295.34 | 509015.58 | 6.40% | 27.20% |
| 火柴(折50支标准盒) | 件 | 661982 | 6773421 | 607409 | 7409502 | 8.98% | –8.58% |
| 化学原料药 | 吨 | 134942.31 | 1238326.48 | 98751.44 | 1002674.33 | 36.65% | 23.50% |
| 中成药 | 吨 | 80460.67 | 758656.63 | 72144.38 | 659997.1 | 11.53% | 14.95% |
| 轮胎外胎 | 条 | 30896556 | 318198908.7 | 24846761 | 248067271 | 24.35% | 28.27% |
| 子午线轮胎外胎 | 条 | 12863412 | 142616935 | 10646608 | 104662694 | 20.82% | 36.26% |
| 胶鞋 | 万双 | 13816.53 | 123578.63 | 10582.69 | 100811.22 | 30.56% | 22.58% |
| 塑料制品 | 吨 | 2210026.11 | 21985476.27 | 1873658.17 | 19469215.96 | 17.95% | 12.92% |
| 塑料薄膜 | 吨 | 406060.83 | 4422000.04 | 362508.52 | 3848995.36 | 12.01% | 14.89% |
| 农用薄膜 | 吨 | 80767.68 | 873080.72 | 63013.65 | 725766.37 | 28.17% | 20.30% |
| 塑料型材(含板片材) | 吨 | 233403.18 | 2366849.98 | 196793.83 | 2089376.46 | 18.60% | 13.28% |
| 塑料管(棒)材 | 吨 | 240268.95 | 1967842.44 | 153555.9 | 1600534.12 | 56.47% | 22.95% |
| 塑料编织袋 | 吨 | 236193.62 | 2368642.24 | 195155.52 | 1912823.49 | 21.03% | 23.83% |
| 人造革 | 吨 | 84118.05 | 673303.43 | 73369.87 | 627850.66 | 14.65% | 7.24% |
| 合成革 | 吨 | 52185.65 | 514210.95 | 49786.61 | 469363.49 | 4.82% | 9.55% |
| 泡沫塑料制品 | 吨 | 99589.56 | 1112478.51 | 84248.38 | 968634.32 | 18.21% | 14.85% |
| 塑料包装箱及容器 | 吨 | 104599.45 | 1090201.88 | 78619.01 | 942290 | 33.05% | 15.70% |
| 日用塑料制品 | 吨 | 322903.33 | 3323231.49 | 314743.83 | 3146023.42 | 2.59% | 5.63% |

# 三、电力工业

## 2005年电力工业分地区主要经济效益指标

| 地区 | 资本保值增值率(%) | 资产负债率(%) | 流动资产周转率(次) | 资金利润率(%) | 成本费用利润率(%) | 人均销售率(元) |
|---|---|---|---|---|---|---|
| 全国 | 108.62 | 56.83 | 2.64 | 3.67 | 6.19 | 707837.45 |
| 北京市 | 98.79 | 18.1 | 3 | 9.12 | 13.21 | 1964392.47 |
| 天津市 | 103.48 | 61.67 | 3.77 | 4.72 | 6.31 | 1208611.97 |
| 河北省 | 122.19 | 60.55 | 3.8 | 5.8 | 7.17 | 749602.27 |
| 山西省 | 112.03 | 78.37 | 2.14 | 3.67 | 7.52 | 592991.14 |
| 内蒙古 | 129.43 | 72.25 | 2.26 | 3.12 | 7.19 | 580777.5 |
| 辽宁省 | 107.45 | 63.14 | 2.11 | 0.54 | 0.87 | 560876.59 |
| 吉林省 | 107.03 | 78.51 | 2.35 | 0.51 | 0.88 | 373577.09 |
| 黑龙江 | 99.81 | 69.98 | 2.3 | 1.17 | 1.74 | 326309.97 |
| 上海市 | 108.33 | 24.13 | 5.78 | 4.28 | 7.59 | 2558093 |
| 江苏省 | 111.57 | 62.74 | 3.47 | 3.54 | 4.62 | 1509080.52 |
| 浙江省 | 109.67 | 62.85 | 2.85 | 5.39 | 8.04 | 1291319.65 |
| 安徽省 | 110.3 | 71.55 | 3.95 | 7.06 | 7.83 | 743710.4 |
| 福建省 | 111.04 | 57.55 | 2.42 | 4.87 | 8.37 | 780170.73 |
| 江西省 | 103.93 | 82 | 2.18 | 0.61 | 0.96 | 345476.79 |
| 山东省 | 114.25 | 61.61 | 3.27 | 3.7 | 4.15 | 721629.31 |
| 河南省 | 111.23 | 69.06 | 2.3 | 0.82 | 1.27 | 553921.28 |
| 湖北省 | 107.15 | 55.99 | 2.12 | 3.38 | 12.32 | 621290.67 |
| 湖南省 | 110.45 | 75.25 | 2.59 | 1.85 | 3.95 | 425247.65 |
| 广东省 | 103.75 | 54.41 | 2.61 | 6.12 | 8.36 | 1756086.31 |
| 广西区 | 118.32 | 63.52 | 2.42 | 3.14 | 6.18 | 421074.97 |
| 海南省 | 110.63 | 79.55 | 2.7 | 2.25 | 5.4 | 426966.83 |
| 重庆市 | 114.61 | 60.94 | 1.64 | 2.22 | 5.34 | 441961.23 |
| 四川省 | 111.37 | 72.45 | 1.77 | 3.9 | 10.65 | 430041.16 |
| 贵州省 | 116.7 | 77.04 | 2.35 | 1.49 | 2.9 | 531506.53 |
| 云南省 | 106.87 | 75.74 | 3.28 | 4.62 | 8.65 | 493748.44 |
| 西藏区 | 105.16 | 5.57 | 2.15 | 1.37 | 12.26 | 114400.51 |
| 陕西省 | 120.28 | 73.84 | 1.85 | -0.01 | -0.01 | 411827.16 |
| 甘肃省 | 100.61 | 66 | 2.48 | 2.12 | 4.01 | 328499.87 |
| 青海省 | 114.91 | 75.95 | 0.94 | 1.23 | 4.88 | 581403.14 |
| 宁夏区 | 133.41 | 68.4 | 2.68 | 4.66 | 7.43 | 646713.94 |
| 新疆区 | 105.38 | 85.39 | 2.01 | 0.19 | 0.46 | 283558.1 |

## 2005年电力工业分地区主要经济指标(一)

单位:千元

| 地区 | 产品销售收入 | | | 利润总额 | | |
|---|---|---|---|---|---|---|
| | 2005年 | 2004年 | 同期增长 | 2005年 | 2004年 | 同期增长 |
| 全国 | 1761361468 | 1449618308 | 21.51% | 102993457 | 84695875 | 21.60% |
| 北京市 | 88142290 | 76176663 | 15.71% | 11271898 | 8849293 | 27.38% |
| 天津市 | 28247679 | 23487611 | 20.27% | 1685610 | 1354836 | 24.41% |
| 河北省 | 105774128 | 86303560 | 22.56% | 7150719 | 7058837 | 1.30% |
| 山西省 | 49931633 | 38564086 | 29.48% | 3538202 | 2883928 | 22.69% |
| 内蒙古 | 42622680 | 33066608 | 28.90% | 2833505 | 1916288 | 47.86% |
| 辽宁省 | 81371415 | 69335140 | 17.36% | 701073 | 1716875 | -59.17% |
| 吉林省 | 26587855 | 24193149 | 9.90% | 227735 | 285181 | -20.14% |
| 黑龙江 | 48989894 | 42938955 | 14.09% | 832226 | 255196 | 226.11% |
| 上海市 | 58421728 | 48609031 | 20.19% | 4181429 | 3146454 | 32.89% |
| 江苏省 | 151932718 | 111994536 | 35.66% | 6723690 | 4568355 | 47.18% |
| 浙江省 | 80019205 | 62944216 | 27.13% | 5980218 | 4274228 | 39.91% |
| 安徽省 | 52734273 | 45659177 | 15.50% | 3740257 | 3247523 | 15.17% |
| 福建省 | 60336844 | 50658548 | 19.10% | 4617274 | 3223709 | 43.23% |
| 江西省 | 29126803 | 24176203 | 20.48% | 272106 | -305080 | -189.19% |
| 山东省 | 144202464 | 118583568 | 21.60% | 5762576 | 5353593 | 7.64% |
| 河南省 | 99770085 | 75685380 | 31.82% | 1236932 | 805992 | 53.47% |
| 湖北省 | 78620606 | 62772918 | 25.25% | 8739530 | 6054481 | 44.35% |
| 湖南省 | 42034880 | 35460756 | 18.54% | 1580902 | 1670976 | -5.39% |
| 广东省 | 234700935 | 203020865 | 15.60% | 18046502 | 18092050 | -0.25% |
| 广西区 | 30693839 | 24217724 | 26.74% | 1807676 | 1543238 | 17.14% |
| 海南省 | 5149220 | 4572768 | 12.61% | 232485 | 181645 | 27.99% |
| 重庆市 | 17818109 | 15715453 | 13.38% | 900110 | 676798 | 33.00% |
| 四川省 | 53724182 | 43960307 | 22.21% | 5164764 | 3683077 | 40.23% |
| 贵州省 | 31319554 | 25821551 | 21.29% | 870685 | 1026740 | -15.20% |
| 云南省 | 29565163 | 23757465 | 24.45% | 2366782 | 2175262 | 8.80% |
| 西藏区 | 492723 | 412407 | 19.47% | 52117 | 21341 | 144.21% |
| 陕西省 | 27748914 | 25478049 | 8.91% | -3624 | 658630 | -100.55% |
| 甘肃省 | 24530399 | 21612310 | 13.50% | 943287 | 452460 | 108.48% |
| 青海省 | 10588514 | 8998884 | 17.66% | 490665 | 248792 | 97.22% |
| 宁夏区 | 14048567 | 11906913 | 17.99% | 990112 | 567259 | 74.54% |
| 新疆区 | 12114169 | 9533507 | 27.07% | 56014 | -992082 | -105.65% |

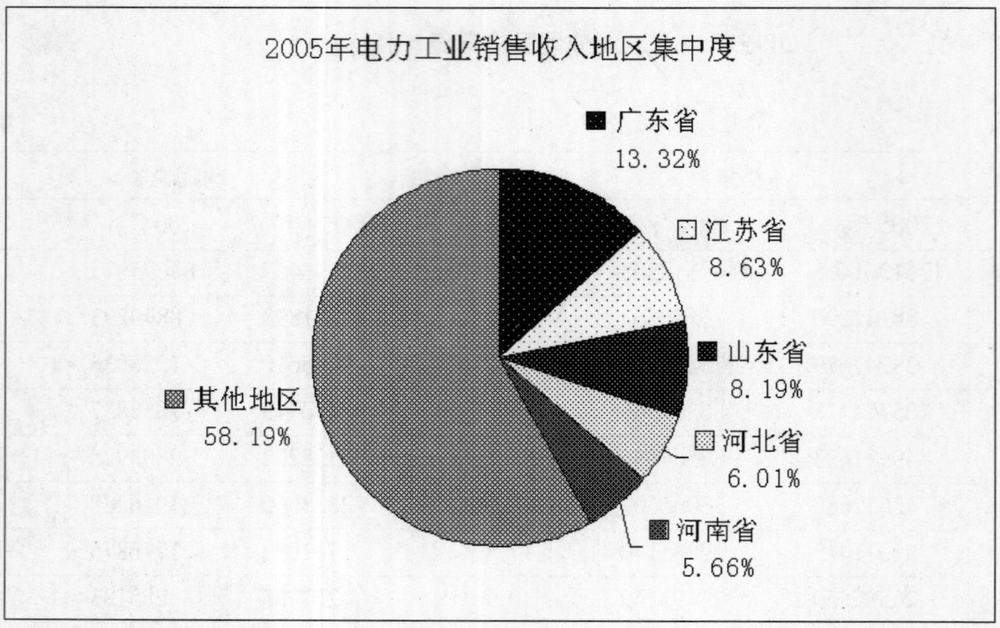


据统计，2005年我国电力工业按销售收入排名前5名的地区是广东、江苏、山东、河北和河南，分别占全国销售收入的13.32%、8.63%、8.19%、6.01%和5.66%，前5名地区的销售总收入占电力工业销售收入的41.81%。

## 2005年电力工业分地区主要经济指标(二)

单位：千元

| 地区 | 应收帐款净额 | | | 产成品 | | |
|---|---|---|---|---|---|---|
| | 2005年 | 2004年 | 同期增长 | 2005年 | 2004年 | 同期增长 |
| 全国 | 120763934 | 124235440 | -2.79% | 3649925 | 3219648 | 13.36% |
| 北京市 | 6059056 | 5806749 | 4.35% | 9408 | 103772 | -90.93% |
| 天津市 | 1361308 | 1245115 | 9.33% | 411 | 320 | 28.44% |
| 河北省 | 5137775 | 4951536 | 3.76% | 70253 | 68914 | 1.94% |
| 山西省 | 6340817 | 6396086 | -0.86% | 100520 | 69325 | 45.00% |
| 内蒙古 | 3586713 | 3238245 | 10.76% | 2519 | 8796 | -71.36% |
| 辽宁省 | 7630356 | 7484492 | 1.95% | 244558 | 143844 | 70.02% |
| 吉林省 | 1908138 | 2325096 | -17.93% | 200083 | 95118 | 110.35% |
| 黑龙江 | 4325355 | 4274199 | 1.20% | 401537 | 325131 | 23.50% |
| 上海市 | 2668394 | 2884794 | -7.50% | 18216 | 3831 | 375.49% |
| 江苏省 | 8072848 | 6618253 | 21.98% | 32299 | 39822 | -18.89% |
| 浙江省 | 5209877 | 5564692 | -6.38% | 340445 | 289818 | 17.47% |
| 安徽省 | 3045285 | 3819711 | -20.27% | 19527 | 18195 | 7.32% |
| 福建省 | 4218084 | 3933227 | 7.24% | 41439 | 12226 | 238.94% |
| 江西省 | 1640206 | 1631573 | 0.53% | 108303 | 13758 | 687.20% |
| 山东省 | 6319872 | 5843814 | 8.15% | 690958 | 772030 | -10.50% |
| 河南省 | 8387116 | 7408052 | 13.22% | 194550 | 223865 | -13.09% |

续表

| 地区 | 应收帐款净额 | | | 产成品 | | |
|---|---|---|---|---|---|---|
| | 2005 年 | 2004 年 | 同期增长 | 2005 年 | 2004 年 | 同期增长 |
| 湖北省 | 7066364 | 8993558 | -21.43% | 117099 | 88506 | 32.31% |
| 湖南省 | 3749483 | 4163383 | -9.94% | 173467 | 150648 | 15.15% |
| 广东省 | 12770146 | 14148060 | -9.74% | 642170 | 479231 | 34.00% |
| 广西区 | 2417837 | 2181229 | 10.85% | 2335 | 2205 | 5.90% |
| 海南省 | 635984 | 663249 | -4.11% | 17544 | 6995 | 150.81% |
| 重庆市 | 773083 | 1504213 | -48.61% | 12898 | 17853 | -27.75% |
| 四川省 | 4525525 | 5356739 | -15.52% | 94020 | 93768 | 0.27% |
| 贵州省 | 2594109 | 2669719 | -2.83% | 6159 | 7709 | -20.11% |
| 云南省 | 1750774 | 1939796 | -9.74% | 11858 | 9230 | 28.47% |
| 西藏区 | 45162 | 55988 | -19.34% | 2920 | 953 | 206.40% |
| 陕西省 | 2396974 | 2713074 | -11.65% | 0 | 0 | 0.00% |
| 甘肃省 | 2358881 | 2579853 | -8.57% | 59565 | 128142 | -53.52% |
| 青海省 | 1888010 | 2312431 | -18.35% | 34594 | 38353 | -9.80% |
| 宁夏区 | 681912 | 513465 | 32.81% | 270 | 6982 | -96.13% |
| 新疆区 | 1198490 | 1015049 | 18.07% | 0 | 308 | -100.00% |

**2005 年电力工业分地区主要经济指标(三)**

单位:千元

| 地区 | 流动资产平均余额 | | | 固定资产净值平均余额 | | |
|---|---|---|---|---|---|---|
| | 2005 年 | 2004 年 | 同期增长 | 2005 年 | 2004 年 | 同期增长 |
| 全国 | 668203398 | 655072526 | 2.00% | 2135369761 | 1912245979 | 11.67% |
| 北京市 | 29407408 | 33901399 | -13.26% | 94125000 | 82151474 | 14.57% |
| 天津市 | 7493287 | 7391291 | 1.38% | 28240496 | 28947365 | -2.44% |
| 河北省 | 27816200 | 22369395 | 24.35% | 95541329 | 78496455 | 21.71% |
| 山西省 | 23360219 | 26515272 | -11.90% | 72919619 | 58671206 | 24.29% |
| 内蒙古 | 18877304 | 14058248 | 34.28% | 71982041 | 57339761 | 25.54% |
| 辽宁省 | 38534213 | 36607279 | 5.26% | 92255117 | 88854916 | 3.83% |
| 吉林省 | 11328172 | 11520944 | -1.67% | 33324803 | 33707016 | -1.13% |
| 黑龙江 | 21282766 | 20930349 | 1.68% | 49696312 | 50596068 | -1.78% |
| 上海市 | 10107240 | 13863588 | -27.10% | 87634738 | 80395250 | 9.00% |
| 江苏省 | 43783619 | 49312552 | -11.21% | 146066337 | 112225073 | 30.15% |
| 浙江省 | 28031271 | 25295052 | 10.82% | 82983208 | 73850917 | 12.37% |
| 安徽省 | 13336869 | 14311181 | -6.81% | 39653819 | 37234396 | 6.50% |
| 福建省 | 24882863 | 22664274 | 9.79% | 69896147 | 65456639 | 6.78% |
| 江西省 | 13344758 | 13748189 | -2.93% | 31478488 | 30746676 | 2.38% |
| 山东省 | 44146662 | 38174914 | 15.64% | 111563993 | 102349006 | 9.00% |
| 河南省 | 43466440 | 39512766 | 10.01% | 108149665 | 101859421 | 6.18% |

续表

| 地区 | 流动资产平均余额 | | | 固定资产净值平均余额 | | |
|---|---|---|---|---|---|---|
| | 2005 年 | 2004 年 | 同期增长 | 2005 年 | 2004 年 | 同期增长 |
| 湖北省 | 37156920 | 40497148 | -8.25% | 221199401 | 202005567 | 9.50% |
| 湖南省 | 16202672 | 17840778 | -9.18% | 69110228 | 62961178 | 9.77% |
| 广东省 | 89907632 | 89170525 | 0.83% | 205012937 | 195618734 | 4.80% |
| 广西区 | 12686701 | 12316096 | 3.01% | 44878854 | 37403178 | 19.99% |
| 海南省 | 1906604 | 1676177 | 13.75% | 8418008 | 8106070 | 3.85% |
| 重庆市 | 10837672 | 9750487 | 11.15% | 29672753 | 25232925 | 17.60% |
| 四川省 | 30283475 | 27224875 | 11.23% | 102219090 | 92389376 | 10.64% |
| 贵州省 | 13351549 | 12464271 | 7.12% | 45156741 | 32199330 | 40.24% |
| 云南省 | 9026243 | 8847645 | 2.02% | 42222674 | 39593139 | 6.64% |
| 西藏区 | 229665 | 202273 | 13.54% | 3575425 | 3315356 | 7.84% |
| 陕西省 | 15033917 | 12111495 | 24.13% | 45101878 | 38239641 | 17.95% |
| 甘肃省 | 9884379 | 10755823 | -8.10% | 34608970 | 31975352 | 8.24% |
| 青海省 | 11228941 | 11963670 | -6.14% | 28622460 | 24332607 | 17.63% |
| 宁夏区 | 5242593 | 4521720 | 15.94% | 16023691 | 12715442 | 26.02% |
| 新疆区 | 6025144 | 5552850 | 8.51% | 24035539 | 23276445 | 3.26% |

## 2005 年食品工业分地区主要经济指标(四)

单位:千元

| 地区 | 资产总计 | | | 负债合计 | | |
|---|---|---|---|---|---|---|
| | 2005 年 | 2004 年 | 同期增长 | 2005 年 | 2004 年 | 同期增长 |
| 全国 | 3753984538 | 3455985657 | 8.62% | 2133361803 | 1908001987 | 11.81% |
| 北京市 | 577833934 | 584884973 | -1.21% | 104562052 | 96122533 | 8.78% |
| 天津市 | 42419603 | 40993279 | 3.48% | 26162110 | 25284744 | 3.47% |
| 河北省 | 136645490 | 111827884 | 22.19% | 82739178 | 65912617 | 25.53% |
| 山西省 | 104993829 | 93715538 | 12.03% | 82287949 | 72710707 | 13.17% |
| 内蒙古 | 130526808 | 100844905 | 29.43% | 94310830 | 76260594 | 23.67% |
| 辽宁省 | 146773375 | 136602997 | 7.45% | 92670449 | 83537906 | 10.93% |
| 吉林省 | 54445468 | 50869687 | 7.03% | 42747368 | 38865110 | 9.99% |
| 黑龙江 | 77701118 | 77848295 | -0.19% | 54375434 | 53279544 | 2.06% |
| 上海市 | 117302178 | 108283219 | 8.33% | 28309944 | 29647742 | -4.51% |
| 江苏省 | 226611244 | 203116596 | 11.57% | 142182987 | 128252502 | 10.86% |
| 浙江省 | 131269334 | 119691858 | 9.67% | 82505571 | 76756385 | 7.49% |
| 安徽省 | 69527324 | 63032212 | 10.30% | 49743727 | 45652642 | 8.96% |
| 福建省 | 112118711 | 100973313 | 11.04% | 64528404 | 59725412 | 8.04% |
| 江西省 | 53170879 | 51160917 | 3.93% | 43601155 | 41270845 | 5.65% |
| 山东省 | 210208422 | 183995896 | 14.25% | 129508907 | 108887172 | 18.94% |
| 河南省 | 174716656 | 157073904 | 11.23% | 120661686 | 104586736 | 15.37% |

续表

| 地区 | 资产总计 | | | 负债合计 | | |
|---|---|---|---|---|---|---|
| | 2005 年 | 2004 年 | 同期增长 | 2005 年 | 2004 年 | 同期增长 |
| 湖北省 | 281928218 | 263115438 | 7.15% | 157857951 | 155167817 | 1.73% |
| 湖南省 | 96913674 | 87742842 | 10.45% | 72929155 | 65778714 | 10.87% |
| 广东省 | 349765740 | 337136684 | 3.75% | 190292999 | 164911572 | 15.39% |
| 广西区 | 71451370 | 60386842 | 18.32% | 45383698 | 37087117 | 22.37% |
| 海南省 | 13076462 | 11820461 | 10.63% | 10402612 | 8805862 | 18.13% |
| 重庆市 | 51440909 | 44884545 | 14.61% | 31348262 | 27925564 | 12.26% |
| 四川省 | 163917574 | 147183466 | 11.37% | 118759835 | 110583016 | 7.39% |
| 贵州省 | 71093258 | 60918641 | 16.70% | 54768416 | 45161547 | 21.27% |
| 云南省 | 58782122 | 55000950 | 6.87% | 44523241 | 41541945 | 7.18% |
| 西藏区 | 4080351 | 3880084 | 5.16% | 227262 | 317487 | -28.42% |
| 陕西省 | 68649753 | 57076565 | 20.28% | 50690742 | 38381777 | 32.07% |
| 甘肃省 | 49048380 | 48749900 | 0.61% | 32371622 | 33639736 | -3.77% |
| 青海省 | 49735456 | 43281974 | 14.91% | 37773213 | 32579371 | 15.94% |
| 宁夏区 | 25031464 | 18762541 | 33.41% | 17122320 | 12949627 | 32.22% |
| 新疆区 | 32805434 | 31129251 | 5.38% | 28012724 | 26417644 | 6.04% |

**2005 年电力工业分地区主要经济指标(五)**

单位:千元

| 地区 | 销售成本 | | | 销售费用 | | |
|---|---|---|---|---|---|---|
| | 2005 年 | 2004 年 | 同期增长 | 2005 年 | 2004 年 | 同期增长 |
| 全国 | 1564099702 | 1279095523 | 22.28% | 4661487 | 4319300 | 7.92% |
| 北京市 | 82732231 | 71312244 | 16.01% | 70235 | 87494 | -19.73% |
| 天津市 | 25954005 | 21200482 | 22.42% | 56615 | 42777 | 32.35% |
| 河北省 | 94195971 | 75096814 | 25.43% | 524560 | 434572 | 20.71% |
| 山西省 | 44123286 | 32301712 | 36.60% | 56198 | 63676 | -11.74% |
| 内蒙古 | 35436286 | 27985740 | 26.62% | 271001 | 227377 | 19.19% |
| 辽宁省 | 75277243 | 62917965 | 19.64% | 207802 | 358199 | -41.99% |
| 吉林省 | 24409309 | 21998176 | 10.96% | 86959 | 85161 | 2.11% |
| 黑龙江 | 45434128 | 41190458 | 10.30% | 148607 | 94209 | 57.74% |
| 上海市 | 54457985 | 45494380 | 19.70% | 10464 | 9178 | 14.01% |
| 江苏省 | 139767483 | 104157243 | 34.19% | 34144 | 27401 | 24.61% |
| 浙江省 | 67563773 | 53209135 | 26.98% | 149112 | 139205 | 7.12% |
| 安徽省 | 45753469 | 39965197 | 14.48% | 129884 | 142031 | -8.55% |
| 福建省 | 52028516 | 43587160 | 19.37% | 70010 | 62231 | 12.50% |
| 江西省 | 26725688 | 22100168 | 20.93% | 56498 | 57736 | -2.14% |
| 山东省 | 131431868 | 106676937 | 23.21% | 630793 | 588141 | 7.25% |
| 河南省 | 90536412 | 69315902 | 30.61% | 348367 | 344964 | 0.99% |

续表

| 地区 | 销售成本 | | | 销售费用 | | |
|---|---|---|---|---|---|---|
| | 2005 年 | 2004 年 | 同期增长 | 2005 年 | 2004 年 | 同期增长 |
| 湖北省 | 64505139 | 52171326 | 23.64% | 163826 | 115500 | 41.84% |
| 湖南省 | 36798294 | 30149518 | 22.05% | 127432 | 120759 | 5.53% |
| 广东省 | 205394404 | 174780174 | 17.52% | 344605 | 308451 | 11.72% |
| 广西区 | 26634421 | 20842407 | 27.79% | 154150 | 122452 | 25.89% |
| 海南省 | 3822799 | 3381528 | 13.05% | 105724 | 75479 | 40.07% |
| 重庆市 | 15844121 | 13098091 | 20.97% | 36257 | 49846 | -27.26% |
| 四川省 | 42840284 | 34861137 | 22.89% | 234418 | 225163 | 4.11% |
| 贵州省 | 28129213 | 23367611 | 20.38% | 82304 | 72923 | 12.86% |
| 云南省 | 25127506 | 19524299 | 28.70% | 162463 | 174815 | -7.07% |
| 西藏区 | 356368 | 322148 | 10.62% | 5263 | 3558 | 47.92% |
| 陕西省 | 26076563 | 22971131 | 13.52% | 76307 | 50217 | 51.95% |
| 甘肃省 | 21068716 | 18571247 | 13.45% | 150194 | 120554 | 24.59% |
| 青海省 | 8704607 | 6816639 | 27.70% | 122295 | 72782 | 68.03% |
| 宁夏区 | 12360173 | 10675718 | 15.78% | 1841 | 1255 | 46.69% |
| 新疆区 | 10609441 | 9052836 | 17.19% | 43159 | 41194 | 4.77% |

## 2005 年电力工业分地区主要经济指标(六)

单位:千元

| 地区 | 财务费用 | | | 管理费用 | | |
|---|---|---|---|---|---|---|
| | 2005 年 | 2004 年 | 同期增长 | 2005 年 | 2004 年 | 同期增长 |
| 全国 | 55693570 | 52898946 | 5.28% | 40453004 | 35883643 | 12.73% |
| 北京市 | 1656820 | 1497016 | 10.67% | 868549 | 920085 | -5.60% |
| 天津市 | 463733 | 864852 | -46.38% | 250078 | 325884 | -23.26% |
| 河北省 | 2297252 | 1912252 | 20.13% | 2673610 | 2337872 | 14.36% |
| 山西省 | 2102974 | 2145591 | -1.99% | 749040 | 1033782 | -27.54% |
| 内蒙古 | 2905121 | 2310670 | 25.73% | 776599 | 710862 | 9.25% |
| 辽宁省 | 2320097 | 2064765 | 12.37% | 2360793 | 2003475 | 17.83% |
| 吉林省 | 1094620 | 1075438 | 1.78% | 326304 | 386073 | -15.48% |
| 黑龙江 | 1384358 | 1351782 | 2.41% | 777502 | 607841 | 27.91% |
| 上海市 | 197182 | 535322 | -63.17% | 418003 | 266288 | 56.97% |
| 江苏省 | 3577144 | 2439524 | 46.63% | 2016757 | 1653722 | 21.95% |
| 浙江省 | 3284047 | 3177433 | 3.36% | 3417017 | 2572792 | 32.81% |
| 安徽省 | 826868 | 1045273 | -20.89% | 1063656 | 946837 | 12.34% |
| 福建省 | 1942456 | 1886444 | 2.97% | 1097845 | 1125962 | -2.50% |
| 江西省 | 892382 | 1212228 | -26.38% | 621900 | 532067 | 16.88% |
| 山东省 | 3084319 | 2850359 | 8.21% | 3562870 | 2947499 | 20.88% |
| 河南省 | 3630934 | 3060738 | 18.63% | 3183086 | 2582030 | 23.28% |

续表

| 地区 | 财务费用 | | | 管理费用 | | |
|---|---|---|---|---|---|---|
| | 2005 年 | 2004 年 | 同期增长 | 2005 年 | 2004 年 | 同期增长 |
| 湖北省 | 4416896 | 4091963 | 7.94% | 1823975 | 1570770 | 16.12% |
| 湖南省 | 1727385 | 1998877 | -13.58% | 1400389 | 1317395 | 6.30% |
| 广东省 | 5425406 | 5469941 | -0.81% | 4695954 | 4153789 | 13.05% |
| 广西区 | 1217181 | 1034152 | 17.70% | 1251587 | 1141949 | 9.60% |
| 海南省 | 192443 | 176969 | 8.74% | 187448 | 254285 | -26.28% |
| 重庆市 | 605840 | 844026 | -28.22% | 370577 | 461307 | -19.67% |
| 四川省 | 3350474 | 3388125 | -1.11% | 2049697 | 1896669 | 8.07% |
| 贵州省 | 1320333 | 1047696 | 26.02% | 530491 | 518170 | 2.38% |
| 云南省 | 966347 | 902635 | 7.06% | 1121142 | 1061193 | 5.65% |
| 西藏区 | 982 | 852 | 15.26% | 62543 | 57137 | 9.46% |
| 陕西省 | 1174323 | 1174067 | 0.02% | 495425 | 452132 | 9.58% |
| 甘肃省 | 1199839 | 1271387 | -5.63% | 1088466 | 987680 | 10.20% |
| 青海省 | 1014779 | 818419 | 23.99% | 206245 | 183916 | 12.14% |
| 宁夏区 | 567501 | 455642 | 24.55% | 391217 | 277629 | 40.91% |
| 新疆区 | 853534 | 794508 | 7.43% | 614239 | 596551 | 2.97% |

## 2005 年电力工业分地区主要经济指标(七)

单位:千元

| 地区 | 税金及附加 | | | 税金总额 | | |
|---|---|---|---|---|---|---|
| | 2005 年 | 2004 年 | 同期增长 | 2005 年 | 2004 年 | 同期增长 |
| 全国 | 9750656 | 7738313 | 26.00% | 118200712 | 99403509 | 18.91% |
| 北京市 | 360842 | 332195 | 8.62% | 3762099 | 3301535 | 13.95% |
| 天津市 | 172640 | 139846 | 23.45% | 1985396 | 1733365 | 14.54% |
| 河北省 | 534928 | 460617 | 16.13% | 6144676 | 5560290 | 10.51% |
| 山西省 | 318530 | 182872 | 74.18% | 4522669 | 3210527 | 40.87% |
| 内蒙古 | 313401 | 252516 | 24.11% | 4823275 | 3824354 | 26.12% |
| 辽宁省 | 589518 | 467983 | 25.97% | 4819282 | 4536222 | 6.24% |
| 吉林省 | 140457 | 135499 | 3.66% | 1643815 | 1600287 | 2.72% |
| 黑龙江 | 262876 | 240802 | 9.17% | 3496859 | 3125544 | 11.88% |
| 上海市 | 342094 | 241149 | 41.86% | 3920922 | 3948960 | -0.71% |
| 江苏省 | 708440 | 456614 | 55.15% | 9572209 | 6514809 | 46.93% |
| 浙江省 | 476824 | 396135 | 20.37% | 5701362 | 4766627 | 19.61% |
| 安徽省 | 183979 | 170535 | 7.88% | 2749286 | 2663263 | 3.23% |
| 福建省 | 270934 | 203500 | 33.14% | 4325565 | 3424563 | 26.31% |
| 江西省 | 145520 | 138159 | 5.33% | 1627818 | 1490403 | 9.22% |
| 山东省 | 769080 | 609864 | 26.11% | 7674105 | 6782840 | 13.14% |
| 河南省 | 514919 | 350348 | 46.97% | 5385654 | 4403282 | 22.31% |

续表

| 地区 | 税金及附加 | | | 税金总额 | | |
|---|---|---|---|---|---|---|
| | 2005 年 | 2004 年 | 同期增长 | 2005 年 | 2004 年 | 同期增长 |
| 湖北省 | 600386 | 493277 | 21.71% | 6667841 | 5713660 | 16.70% |
| 湖南省 | 324144 | 271382 | 19.44% | 3093341 | 3004702 | 2.95% |
| 广东省 | 898598 | 664637 | 35.20% | 15101740 | 11807459 | 27.90% |
| 广西区 | 161014 | 135502 | 18.83% | 2091449 | 1812190 | 15.41% |
| 海南省 | 34469 | 31938 | 7.92% | 460657 | 364386 | 26.42% |
| 重庆市 | 99474 | 96506 | 3.08% | 1481418 | 1316933 | 12.49% |
| 四川省 | 436967 | 373514 | 16.99% | 5070849 | 4217624 | 20.23% |
| 贵州省 | 184516 | 164897 | 11.90% | 2341348 | 2036132 | 14.99% |
| 云南省 | 191420 | 144187 | 32.76% | 2326392 | 1866639 | 24.63% |
| 西藏区 | 7096 | 6511 | 8.98% | 64044 | 51980 | 23.21% |
| 陕西省 | 149990 | 139931 | 7.19% | 2126884 | 2026376 | 4.96% |
| 甘肃省 | 198111 | 177732 | 11.47% | 1962373 | 1740464 | 12.75% |
| 青海省 | 141017 | 67720 | 108.24% | 1013997 | 708049 | 43.21% |
| 宁夏区 | 130773 | 116424 | 12.32% | 1170112 | 941285 | 24.31% |
| 新疆区 | 87699 | 75521 | 16.13% | 1073275 | 910018 | 17.94% |

## 2005 年电力工业主要经济指标

| 指标 | 单位 | 2004 年 | 2003 年 | 同期增减 |
|---|---|---|---|---|
| 企业总数 | 个 | 5314 | | |
| 亏损企业 | 个 | 1589 | | |
| 亏损企业亏损总额 | 千元 | 14665911 | | |
| 应收帐款净额 | 千元 | 120763934 | 124235440 | -2.79% |
| 产成品 | 千元 | 3649925 | 3219648 | 13.36% |
| 资产总计 | 千元 | 3753984538 | 3455985657 | 8.62% |
| 流动资产平均余额 | 千元 | 668203398 | 655072526 | 2.00% |
| 固定资产净值平均余额 | 千元 | 2135369761 | 1912245979 | 11.67% |
| 负债总计 | 千元 | 2133361803 | 1908001987 | 11.81% |
| 产品销售收入 | 千元 | 1761361468 | 1449618308 | 21.51% |
| 产品销售成本 | 千元 | 1564099702 | 1279095523 | 22.28% |
| 产品销售费用 | 千元 | 4661487 | 4319300 | 7.92% |
| 税金及附加 | 千元 | 9750656 | 7738313 | 26.00% |
| 财务费用 | 千元 | 55693570 | 52898946 | 5.28% |
| 管理费用 | 千元 | 40453004 | 35883643 | 12.73% |
| 利润总额 | 千元 | 102993457 | 84695875 | 21.60% |
| 全部从业人员 | 人 | 2488370 | 2479149 | 0.37% |

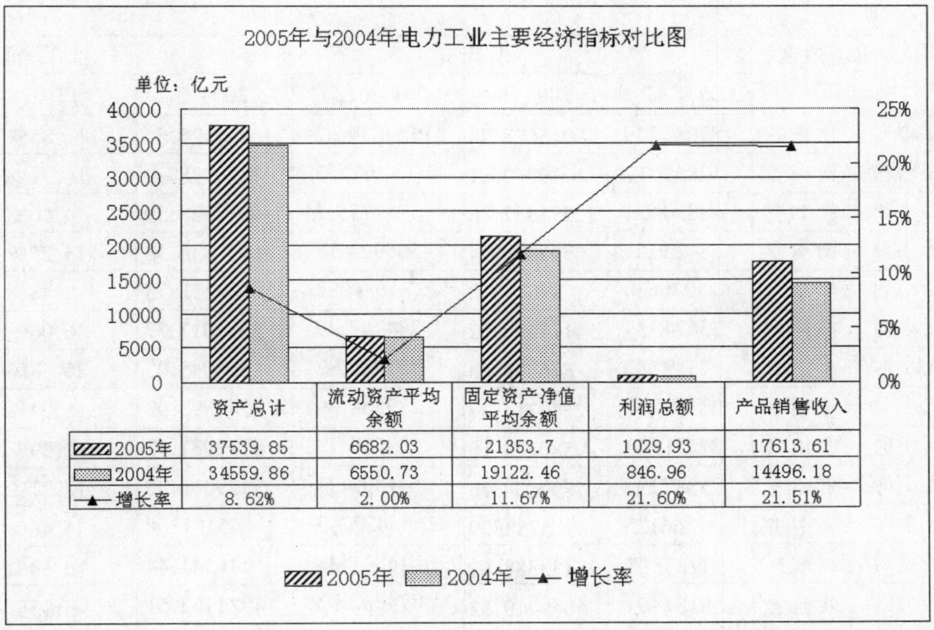


2005年，在国民经济平稳较快发展、运行质量进一步改善的良好态势下，电力供应能力进一步增强，电力消费保持较快增长，速度有所回落，电力供需紧张形势得到明显缓解，但季节性、时段性、地区性供需矛盾依然突出。

根据对全行业5314家规模以上企业的统计，2005年电力工业共实现利润1029.93亿元，增长幅度达21.6%，资产总额达37539.85亿元，同比增长8.62%，其中流动资产平均余额为6682.03亿元，比2004年增长2%，固定资产净值平均余额达21353.7亿元，同比增长11.67%，全年完成销售收入17613.61亿元，比去年增长了3117.43亿元，增幅达21.51%。

## 全国各省、市发电量同期对比情况表

单位：万瓦时

| 产品名称 | 单位 | 地区 | 发电量 | | | | 同期增长 | |
|---|---|---|---|---|---|---|---|---|
| | | | 2005年12月 | 2005年 | 2004年12月 | 2004年 | 12月 | 全年 |
| 发电量 | 万千瓦小时 | 全国 | 22465962.76 | 241457488.1 | 19590584.84 | 213135610.3 | 14.68% | 13.29% |
| 发电量 | 万千瓦小时 | 北京市 | 188374.81 | 2090252.63 | 200849.01 | 2013249.26 | -6.21% | 3.82% |
| 发电量 | 万千瓦小时 | 天津市 | 328345.69 | 3656948.51 | 337427.25 | 3365029.82 | -2.69% | 8.68% |
| 发电量 | 万千瓦小时 | 河北省 | 1191877.97 | 13240972.45 | 1141787.2 | 12212490.47 | 4.39% | 8.42% |
| 发电量 | 万千瓦小时 | 山西省 | 1158479.35 | 12726744.88 | 1033503.63 | 10609797.33 | 12.09% | 19.95% |
| 发电量 | 万千瓦小时 | 内蒙古 | 633103.19 | 6376821.15 | 558588.31 | 5296056.58 | 13.34% | 20.41% |
| 发电量 | 万千瓦小时 | 山西省 | 4365 | 109170 | 6320 | 77752 | -30.93% | 40.41% |
| 发电量 | 万千瓦小时 | 内蒙古 | 667565.94 | 4207445.17 | 251676.61 | 2769279.76 | 165.25% | 51.93% |
| 发电量 | 万千瓦小时 | 辽宁省 | 905905 | 9039659 | 846671.64 | 8740150.89 | 7.00% | 3.43% |
| 发电量 | 万千瓦小时 | 吉林省 | 369775.64 | 4120763.57 | 341711.7 | 3748121.28 | 8.21% | 9.94% |
| 发电量 | 万千瓦小时 | 黑龙江 | 597867.26 | 5960192.78 | 552047.28 | 5394339.92 | 8.30% | 10.49% |
| 发电量 | 万千瓦小时 | 上海市 | 684162.7 | 7287368.1 | 686227.58 | 7031275.72 | -0.30% | 3.64% |
| 发电量 | 万千瓦小时 | 江苏省 | 1785609.81 | 17895255.9 | 1284076.9 | 14361429.23 | 39.06% | 24.61% |
| 发电量 | 万千瓦小时 | 浙江省 | 1216747.24 | 13529583.41 | 1078347.31 | 11638907.01 | 12.83% | 16.24% |
| 发电量 | 万千瓦小时 | 安徽省 | 626331.35 | 6457364.7 | 510804.93 | 6084421.59 | 22.62% | 6.13% |
| 发电量 | 万千瓦小时 | 福建省 | 662800 | 7782500 | 568700 | 6596500 | 16.55% | 17.98% |
| 发电量 | 万千瓦小时 | 江西省 | 351639.49 | 3492663.82 | 322504.08 | 3288413.39 | 9.03% | 6.21% |

续表

| 产品名称 | 单位 | 地区 | 发电量 | | | | 同期增长 | |
|---|---|---|---|---|---|---|---|---|
| | | | 2005年12月 | 2005年 | 2004年12月 | 2004年 | 12月 | 全年 |
| 发电量 | 万千瓦小时 | 山东省 | 1870857.29 | 20015628.74 | 1657834.62 | 16966925.56 | 12.85% | 17.97% |
| 发电量 | 万千瓦小时 | 河南省 | 1286367.7 | 14199420.1 | 1102223 | 11909387.9 | 16.71% | 19.23% |
| 发电量 | 万千瓦小时 | 湖北省 | 885026.1 | 12571857.36 | 847755.2 | 10977958.59 | 4.40% | 14.52% |
| 发电量 | 万千瓦小时 | 湖南省 | 584230.64 | 6302850.44 | 506922.17 | 6038436.58 | 15.25% | 4.38% |
| 发电量 | 万千瓦小时 | 广东省 | 1976630 | 21633612 | 1839085 | 20251875 | 7.48% | 6.82% |
| 发电量 | 万千瓦小时 | 广西区 | 356745.37 | 4172166.02 | 244249.49 | 3353013.77 | 46.06% | 24.43% |
| 发电量 | 万千瓦小时 | 海南省 | 73492.83 | 816394.63 | 57921.82 | 663045.03 | 26.88% | 23.13% |
| 发电量 | 万千瓦小时 | 重庆市 | 251649.93 | 2340314.37 | 239564.09 | 2247893.93 | 5.04% | 4.11% |
| 发电量 | 万千瓦小时 | 四川省 | 812515.43 | 9580329.16 | 723599.79 | 8842981.42 | 12.29% | 8.34% |
| 发电量 | 万千瓦小时 | 贵州省 | 758822.99 | 7899054.76 | 641599.91 | 7129305.88 | 18.27% | 10.80% |
| 发电量 | 万千瓦小时 | 云南省 | 466125 | 5753829 | 437743 | 5191308 | 6.48% | 10.84% |
| 发电量 | 万千瓦小时 | 西藏区 | 17238.51 | 133388.67 | 14811.38 | 116541.44 | 16.39% | 14.46% |
| 发电量 | 万千瓦小时 | 陕西省 | 501878.91 | 5049419.52 | 474232.93 | 4921162.51 | 5.83% | 2.61% |
| 发电量 | 万千瓦小时 | 甘肃省 | 517070.42 | 4850651.49 | 440678.87 | 4359366.67 | 17.33% | 11.27% |
| 发电量 | 万千瓦小时 | 青海省 | 186955.94 | 2131530.58 | 170720.52 | 1707556.87 | 9.51% | 24.83% |
| 发电量 | 万千瓦小时 | 宁夏区 | 292269.54 | 3128698.04 | 240300.44 | 2677003.12 | 21.63% | 16.87% |
| 发电量 | 万千瓦小时 | 新疆区 | 255135.72 | 2904637.15 | 230099.18 | 2554633.73 | 10.88% | 13.70% |
| 火电 | 万千瓦小时 | 全国 | 19533222.1 | 198572363.1 | 16770885.91 | 176584854 | 16.47% | 12.45% |
| 火电 | 万千瓦小时 | 北京市 | 181955.81 | 2008469.63 | 187897.01 | 1943099.26 | -3.16% | 3.36% |
| 火电 | 万千瓦小时 | 天津市 | 328345.69 | 3656948.51 | 337427.25 | 3365029.82 | -2.69% | 8.68% |
| 火电 | 万千瓦小时 | 河北省 | 1183491.03 | 13175856.86 | 1136760.6 | 12160425.8 | 4.11% | 8.35% |
| 火电 | 万千瓦小时 | 山西省 | 1150090.92 | 12528207.97 | 1014762.09 | 10417726.71 | 13.34% | 20.26% |
| 火电 | 万千瓦小时 | 内蒙古 | 1298912.13 | 10542832.02 | 808484.02 | 8041536.84 | 60.66% | 31.10% |
| 火电 | 万千瓦小时 | 辽宁省 | 850576.64 | 8468283.65 | 815251.84 | 8306923.49 | 4.33% | 1.94% |
| 火电 | 万千瓦小时 | 吉林省 | 324017.9 | 3378429.9 | 308319.2 | 3198050.26 | 5.09% | 5.64% |
| 火电 | 万千瓦小时 | 黑龙江 | 587914.86 | 5757588.48 | 540738.48 | 5229913.32 | 8.72% | 10.09% |
| 火电 | 万千瓦小时 | 上海市 | 684162.7 | 7287368.1 | 686227.58 | 7031275.72 | -0.30% | 3.64% |
| 火电 | 万千瓦小时 | 江苏省 | 1783553.81 | 17872583.9 | 1282037.9 | 14338023.23 | 39.12% | 24.65% |
| 火电 | 万千瓦小时 | 浙江省 | 998057.3 | 10372149.88 | 823280.44 | 8828059.72 | 21.23% | 17.49% |
| 火电 | 万千瓦小时 | 安徽省 | 616132.09 | 6348645.96 | 505571.14 | 5977613.71 | 21.87% | 6.21% |
| 火电 | 万千瓦小时 | 福建省 | 535100 | 4868800 | 470900 | 5049000 | 13.63% | -3.57% |
| 火电 | 万千瓦小时 | 江西省 | 323943.21 | 3035586.74 | 284410.57 | 2988617.21 | 13.90% | 1.57% |
| 火电 | 万千瓦小时 | 山东省 | 1801587.03 | 19257914.01 | 1593995.05 | 16279638.05 | 13.02% | 18.29% |
| 火电 | 万千瓦小时 | 河南省 | 1231429.7 | 13467654.1 | 1056446 | 11176461.9 | 16.56% | 20.50% |
| 火电 | 万千瓦小时 | 湖北省 | 403750.76 | 4477571.13 | 347311.46 | 4062995.24 | 16.25% | 10.20% |
| 火电 | 万千瓦小时 | 湖南省 | 451859.12 | 4022728.25 | 350362.21 | 3699919.63 | 28.97% | 8.72% |
| 火电 | 万千瓦小时 | 广东省 | 1638225 | 17250675 | 1518813 | 16397827 | 7.86% | 5.20% |
| 火电 | 万千瓦小时 | 广西区 | 252934.86 | 2380886.06 | 148151.72 | 1786924.91 | 70.73% | 33.24% |
| 火电 | 万千瓦小时 | 海南省 | 60693.38 | 724637.55 | 52837.11 | 568617.8 | 14.87% | 27.44% |
| 火电 | 万千瓦小时 | 重庆市 | 217815.87 | 1816014.69 | 186463.77 | 1706849.69 | 16.81% | 6.40% |
| 火电 | 万千瓦小时 | 四川省 | 350405.07 | 3410379.71 | 325957.04 | 3397402.01 | 7.50% | 0.38% |
| 火电 | 万千瓦小时 | 贵州省 | 549231 | 5695797.53 | 491503.57 | 4966413.41 | 11.75% | 14.69% |
| 火电 | 万千瓦小时 | 云南省 | 265286 | 2748902 | 244257 | 2446749 | 8.61% | 12.35% |

续表

| 产品名称 | 单位 | 地区 | 发电量 | | | | 同期增长 | |
|---|---|---|---|---|---|---|---|---|
| | | | 2005年12月 | 2005年 | 2004年12月 | 2004年 | 12月 | 全年 |
| 火电 | 万千瓦小时 | 西藏区 | 66 | 788.4 | 63.8 | 759.4 | 3.45% | 3.82% |
| 火电 | 万千瓦小时 | 陕西省 | 481090.51 | 4582624.65 | 434500.46 | 4538917.99 | 10.72% | 0.96% |
| 火电 | 万千瓦小时 | 甘肃省 | 423251.2 | 3397011.73 | 330467 | 3280919.33 | 28.08% | 3.54% |
| 火电 | 万千瓦小时 | 青海省 | 50134 | 556331 | 51266 | 624258 | -2.21% | -10.88% |
| 火电 | 万千瓦小时 | 宁夏区 | 279478.54 | 2951942.04 | 231502.44 | 2582971.12 | 20.72% | 14.28% |
| 火电 | 万千瓦小时 | 新疆区 | 229729.97 | 2528753.62 | 204920.16 | 2191934.42 | 12.11% | 15.37% |
| 水电 | 万千瓦小时 | 全国 | 2442127.32 | 36439381.77 | 2289890.63 | 30486189.59 | 6.65% | 19.53% |
| 水电 | 万千瓦小时 | 北京市 | 3775 | 45660 | 9814 | 37705 | -61.53% | 21.10% |
| 水电 | 万千瓦小时 | 河北省 | 5271.74 | 49062.69 | 4644.5 | 47139.41 | 13.51% | 4.08% |
| 水电 | 万千瓦小时 | 山西省 | 8388.43 | 198536.91 | 18741.54 | 192070.62 | -55.24% | 3.37% |
| 水电 | 万千瓦小时 | 内蒙古 | 286 | 4674.1 | 393.9 | 5712.5 | -27.39% | -18.18% |
| 水电 | 万千瓦小时 | 山西省 | 4365 | 109170 | 6320 | 77752 | -30.93% | 40.41% |
| 水电 | 万千瓦小时 | 辽宁省 | 54248.36 | 542311.35 | 30110.8 | 411152.4 | 80.16% | 31.90% |
| 水电 | 万千瓦小时 | 吉林省 | 45207.74 | 734457.67 | 32842.5 | 542386.02 | 37.65% | 35.41% |
| 水电 | 万千瓦小时 | 黑龙江 | 4536 | 133795 | 6548 | 97820 | -30.73% | 36.78% |
| 水电 | 万千瓦小时 | 江苏省 | 2056 | 22672 | 2039 | 23406 | 0.83% | -3.14% |
| 水电 | 万千瓦小时 | 浙江省 | 42085.81 | 895594.18 | 61273.58 | 611378.29 | -31.31% | 46.49% |
| 水电 | 万千瓦小时 | 安徽省 | 10199.26 | 108718.74 | 5233.79 | 106807.88 | 94.87% | 1.79% |
| 水电 | 万千瓦小时 | 福建省 | 166700 | 2910000 | 92300 | 1545700 | 80.61% | 88.26% |
| 水电 | 万千瓦小时 | 江西省 | 27696.28 | 457077.08 | 38093.51 | 299796.18 | -27.29% | 52.46% |
| 水电 | 万千瓦小时 | 山东省 | 8 | 92 | 8 | 209 | 0.00% | -55.98% |
| 水电 | 万千瓦小时 | 河南省 | 50472 | 679099 | 42690 | 678615 | 18.23% | 0.07% |
| 水电 | 万千瓦小时 | 湖北省 | 478091.18 | 8056437.79 | 496635.74 | 6874806.35 | -3.73% | 17.19% |
| 水电 | 万千瓦小时 | 湖南省 | 132371.52 | 2280122.19 | 156559.96 | 2338516.95 | -15.45% | -2.50% |
| 水电 | 万千瓦小时 | 广东省 | 82905 | 1294415 | 75816 | 959644 | 9.35% | 34.88% |
| 水电 | 万千瓦小时 | 广西区 | 103810.51 | 1791279.96 | 96097.77 | 1566088.86 | 8.03% | 14.38% |
| 水电 | 万千瓦小时 | 海南省 | 12626.45 | 89868.08 | 4971.71 | 93433.23 | 153.97% | -3.82% |
| 水电 | 万千瓦小时 | 重庆市 | 33834.06 | 524299.68 | 53100.32 | 541044.24 | -36.28% | -3.09% |
| 水电 | 万千瓦小时 | 四川省 | 462110.36 | 6169949.45 | 397642.75 | 5445579.41 | 16.21% | 13.30% |
| 水电 | 万千瓦小时 | 贵州省 | 209591.99 | 2203257.23 | 150096.34 | 2162892.47 | 39.64% | 1.87% |
| 水电 | 万千瓦小时 | 云南省 | 200839 | 3004927 | 193486 | 2744559 | 3.80% | 9.49% |
| 水电 | 万千瓦小时 | 西藏区 | 15833.32 | 120970.03 | 13520.04 | 104701.54 | 17.11% | 15.54% |
| 水电 | 万千瓦小时 | 陕西省 | 20788.4 | 466794.87 | 39732.47 | 382244.52 | -47.68% | 22.12% |
| 水电 | 万千瓦小时 | 甘肃省 | 93370.22 | 1451289.66 | 110018.87 | 1076207.54 | -15.13% | 34.85% |
| 水电 | 万千瓦小时 | 青海省 | 136821.94 | 1575199.58 | 119454.52 | 1083298.87 | 14.54% | 45.41% |
| 水电 | 万千瓦小时 | 宁夏区 | 11332 | 164107 | 8798 | 94032 | 28.80% | 74.52% |
| 水电 | 万千瓦小时 | 新疆区 | 22505.75 | 355543.53 | 22907.02 | 341490.31 | -1.75% | 4.12% |
| 核电 | 万千瓦小时 | 全国 | 430203 | 5308824 | 434261.44 | 5046923.69 | -0.93% | 5.19% |
| 核电 | 万千瓦小时 | 浙江省 | 176547 | 2261178 | 193739.44 | 2198830.69 | -8.87% | 2.84% |
| 核电 | 万千瓦小时 | 广东省 | 253656 | 3047646 | 240522 | 2848093 | 5.46% | 7.01% |

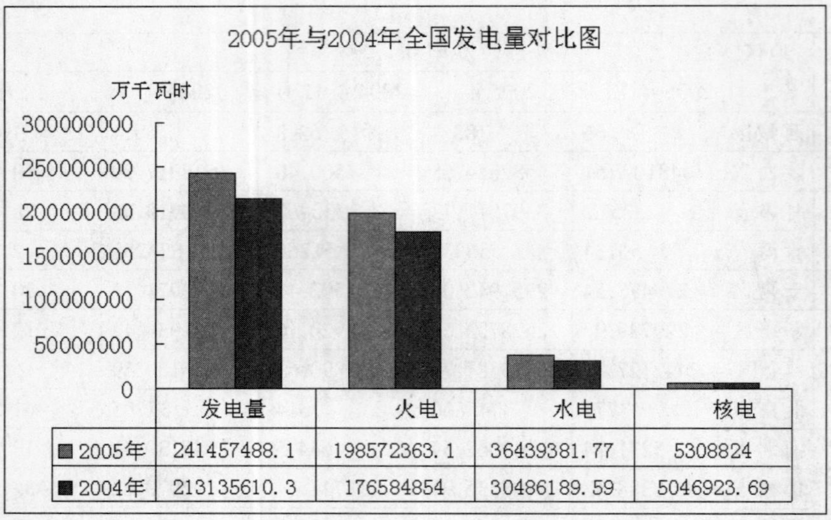


# 四、钢铁工业

## 2005 年钢铁工业分地区主要经济效益指标

| 地区 | 资本保值增值率(%) | 资产负债率(%) | 流动资产周转率(次) | 成本费用利润率(%) | 人均销售率(元) |
|---|---|---|---|---|---|
| 全国 | 126.31 | 60.08 | 3.02 | 5.58 | 698530.61 |
| 北京市 | 115.34 | 59.30 | 1.78 | 3.54 | 694005.75 |
| 天津市 | 143.77 | 71.88 | 2.96 | 4.16 | 1225605.42 |
| 河北省 | 131.76 | 64.82 | 3.60 | 6.92 | 734140.56 |
| 山西省 | 122.66 | 62.17 | 3.12 | 3.88 | 463437.65 |
| 内蒙古 | 121.22 | 55.20 | 2.83 | 4.25 | 528904.19 |
| 辽宁省 | 113.04 | 56.20 | 2.62 | 8.52 | 572154.86 |
| 吉林省 | 122.37 | 66.00 | 2.70 | 4.14 | 482509.68 |
| 黑龙江 | 107.86 | 76.21 | 1.97 | 2.21 | 338664.81 |
| 上海市 | 145.75 | 40.96 | 3.48 | 13.52 | 2798207.56 |
| 江苏省 | 125.76 | 64.85 | 3.45 | 4.66 | 1283560.05 |
| 浙江省 | 126.31 | 61.38 | 2.44 | 1.72 | 809291.10 |
| 安徽省 | 124.14 | 48.80 | 2.71 | 6.74 | 483760.44 |
| 福建省 | 127.61 | 59.89 | 2.86 | 2.48 | 835435.32 |
| 江西省 | 112.44 | 65.59 | 3.76 | 2.51 | 607208.51 |
| 山东省 | 137.97 | 66.49 | 3.53 | 4.68 | 943302.48 |
| 河南省 | 123.27 | 60.32 | 3.34 | 4.52 | 580076.93 |
| 湖北省 | 116.09 | 50.36 | 2.29 | 12.46 | 508503.53 |
| 湖南省 | 114.85 | 61.56 | 3.26 | 3.61 | 492714.43 |
| 广东省 | 125.73 | 67.64 | 3.07 | 1.70 | 1085906.13 |
| 广西区 | 128.38 | 56.71 | 3.21 | 3.03 | 520348.79 |

续表

| 地区 | 资本保值增值率(%) | 资产负债率(%) | 流动资产周转率(次) | 成本费用利润率(%) | 人均销售率(元) |
|---|---|---|---|---|---|
| 海南省 | 187.08 | 39.39 | 1.47 | 34.30 | 207599.29 |
| 重庆市 | 116.51 | 53.81 | 3.27 | 2.78 | 426339.85 |
| 四川省 | 117.25 | 66.49 | 2.58 | 2.97 | 380846.09 |
| 贵州省 | 114.47 | 74.43 | 1.82 | -3.38 | 216263.73 |
| 云南省 | 167.83 | 49.08 | 2.73 | 3.05 | 467936.22 |
| 西藏区 | 121.17 | 43.89 | 0.87 | 30.08 | 418653.16 |
| 陕西省 | 118.89 | 78.89 | 2.18 | -1.71 | 415912.41 |
| 甘肃省 | 125.41 | 68.73 | 1.91 | 4.74 | 434233.31 |
| 青海省 | 117.89 | 69.98 | 1.58 | 2.42 | 310483.51 |
| 宁夏区 | 115.06 | 68.76 | 2.61 | -5.72 | 199631.82 |
| 新疆区 | 118.53 | 53.52 | 3.54 | 7.51 | 702745.36 |

## 2005年钢铁工业分地区主要经济指标(一)

单位:千元

| 地区 | 产品销售收入 | | | 利润总额 | | |
|---|---|---|---|---|---|---|
| | 2005年 | 2004年 | 同期增长 | 2005年 | 2004年 | 同期增长 |
| 全国 | 2231577564 | 1713928218 | 30.20% | 117721382 | 118831060 | -0.93% |
| 北京市 | 46569868 | 40992191 | 13.61% | 1593258 | 1811920 | -12.07% |
| 天津市 | 98988473 | 77207573 | 28.21% | 3906802 | 2916746 | 33.94% |
| 河北省 | 359357398 | 269399681 | 33.39% | 23225483 | 18432488 | 26.00% |
| 山西省 | 103654781 | 85393414 | 21.38% | 3847205 | 4682951 | -17.85% |
| 内蒙古 | 60005238 | 42433483 | 41.41% | 2415026 | 2122663 | 13.77% |
| 辽宁省 | 191064822 | 150470873 | 26.98% | 14937142 | 14594123 | 2.35% |
| 吉林省 | 23757329 | 20330553 | 16.86% | 922827 | 1552832 | -40.57% |
| 黑龙江 | 10421055 | 8250394 | 26.31% | 229516 | 296319 | -22.54% |
| 上海市 | 148887028 | 107332755 | 38.72% | 17832508 | 16660071 | 7.04% |
| 江苏省 | 304844228 | 235522599 | 29.43% | 13607926 | 12308571 | 10.56% |
| 浙江省 | 61070725 | 47746443 | 27.91% | 1041352 | 2734667 | -61.92% |
| 安徽省 | 50987383 | 42342070 | 20.42% | 3212207 | 4175172 | -23.06% |
| 福建省 | 34795881 | 27880278 | 24.80% | 833327 | 1569951 | -46.92% |
| 江西省 | 38996752 | 28749814 | 35.64% | 954675 | 714426 | 33.63% |
| 山东省 | 203132643 | 133546728 | 52.11% | 9084855 | 7392885 | 22.89% |
| 河南省 | 72846641 | 52566758 | 38.58% | 3143010 | 2248955 | 39.75% |
| 湖北省 | 72886354 | 62205243 | 17.17% | 7928274 | 7580341 | 4.59% |
| 湖南省 | 48130809 | 39039654 | 23.29% | 1654452 | 2651078 | -37.59% |
| 广东省 | 70726152 | 57735338 | 22.50% | 1182249 | 2560663 | -53.83% |
| 广西区 | 30362872 | 23403944 | 29.73% | 887959 | 2134721 | -58.40% |

续表

| 地区 | 产品销售收入 | | | 利润总额 | | |
|---|---|---|---|---|---|---|
| | 2005 年 | 2004 年 | 同期增长 | 2005 年 | 2004 年 | 同期增长 |
| 海南省 | 1862996 | 1573925 | 18.37% | 465389 | 267690 | 73.85% |
| 重庆市 | 16611906 | 14744773 | 12.66% | 448521 | 1180820 | -62.02% |
| 四川省 | 74385334 | 57926197 | 28.41% | 2147785 | 2241308 | -4.17% |
| 贵州省 | 16580724 | 16558694 | 0.13% | -581370 | 57452 | -1111.92% |
| 云南省 | 30665264 | 23481087 | 30.60% | 914333 | 2937419 | -68.87% |
| 西藏区 | 423677 | 456062 | -7.10% | 96060 | 90592 | 6.04% |
| 陕西省 | 14088201 | 10401895 | 35.44% | -240874 | 247108 | -197.48% |
| 甘肃省 | 22129398 | 16002005 | 38.29% | 989844 | 846444 | 16.94% |
| 青海省 | 4388374 | 3776705 | 16.20% | 103333 | 133398 | -22.54% |
| 宁夏区 | 3059158 | 3840216 | -20.34% | -186176 | 123073 | -251.27% |
| 新疆区 | 15896100 | 12616873 | 25.99% | 1124484 | 1564213 | -28.11% |

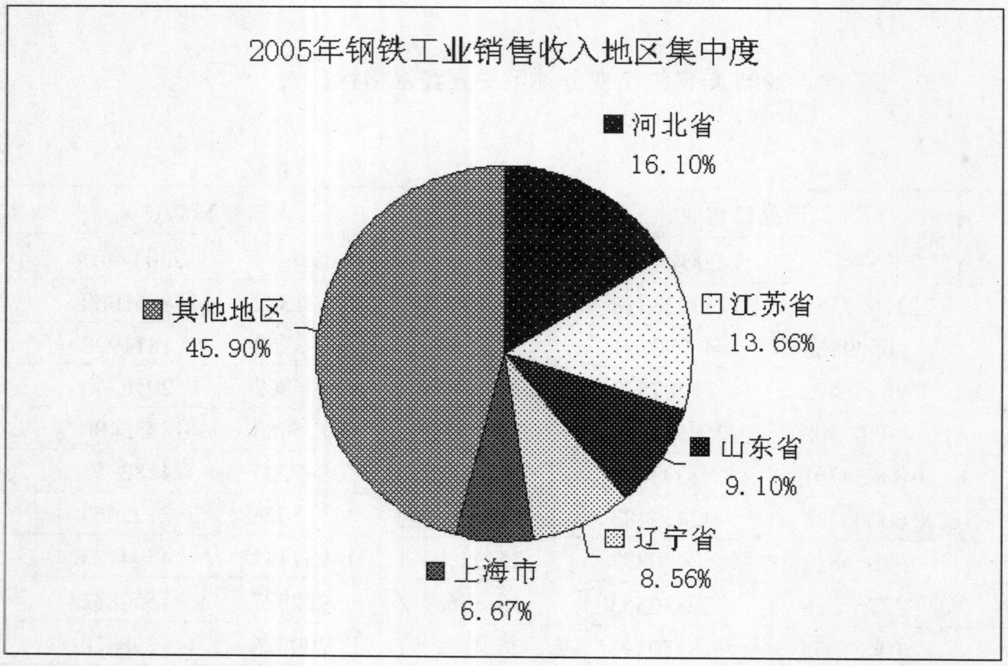


2005 年我国钢铁工业按销售收入排名前 5 名的地区是河北、江苏、山东、辽宁和上海，分别占全国销售总收入的 16.1%、13.66%、9.1%、8.56%和 6.67%，前 5 名地区的销售收入占全国销售收入的 54.1%。

**2005 年钢铁工业分地区主要经济指标(二)**

单位：千元

| 地区 | 应收帐款净额 | | | 产成品 | | |
|---|---|---|---|---|---|---|
| | 2005 年 | 2004 年 | 同期增长 | 2005 年 | 2004 年 | 同期增长 |
| 全国 | 96925753 | 72508523 | 33.67% | 100070826 | 71966183 | 39.05% |
| 北京市 | 4650504 | 2681190 | 73.45% | 1421787 | 1363544 | 4.27% |

续表

| 地区 | 应收帐款净额 | | | 产成品 | | |
|---|---|---|---|---|---|---|
| | 2005 年 | 2004 年 | 同期增长 | 2005 年 | 2004 年 | 同期增长 |
| 天津市 | 2556281 | 2569159 | -0.50% | 4597740 | 2240858 | 105.18% |
| 河北省 | 9653897 | 6294493 | 53.37% | 13955024 | 9998104 | 39.58% |
| 山西省 | 4435789 | 3106868 | 42.77% | 7040634 | 5091727 | 38.28% |
| 内蒙古 | 4840262 | 2801747 | 72.76% | 1996505 | 1237428 | 61.34% |
| 辽宁省 | 8899328 | 7446549 | 19.51% | 10479083 | 6810825 | 53.86% |
| 吉林省 | 1704095 | 1220818 | 39.59% | 946287 | 692766 | 36.60% |
| 黑龙江 | 675857 | 1130842 | -40.23% | 1149168 | 892207 | 28.80% |
| 上海市 | 7204715 | 5036750 | 43.04% | 4021822 | 3188229 | 26.15% |
| 江苏省 | 13719300 | 10499070 | 30.67% | 11840884 | 9159341 | 29.28% |
| 浙江省 | 3966378 | 2718038 | 45.93% | 3218898 | 2823872 | 13.99% |
| 安徽省 | 1523990 | 1190581 | 28.00% | 1267692 | 983702 | 28.87% |
| 福建省 | 1391121 | 864741 | 60.87% | 1339141 | 968510 | 38.27% |
| 江西省 | 1465697 | 820794 | 78.57% | 882722 | 800776 | 10.23% |
| 山东省 | 6055715 | 5568451 | 8.75% | 9207818 | 6171609 | 49.20% |
| 河南省 | 1829773 | 1292808 | 41.53% | 2591755 | 2467727 | 5.03% |
| 湖北省 | 2434459 | 1901053 | 28.06% | 3293222 | 2978624 | 10.56% |
| 湖南省 | 1280222 | 1125744 | 13.72% | 1977438 | 1418962 | 39.36% |
| 广东省 | 3631171 | 3536482 | 2.68% | 4343813 | 2385924 | 82.06% |
| 广西区 | 1174582 | 901306 | 30.32% | 1449436 | 1048803 | 38.20% |
| 海南省 | 62192 | 59664 | 4.24% | 187059 | 156941 | 19.19% |
| 重庆市 | 902882 | 686136 | 31.59% | 674378 | 540228 | 24.83% |
| 四川省 | 4184124 | 3721133 | 12.44% | 4377166 | 3584666 | 22.11% |
| 贵州省 | 2721048 | 1178669 | 130.86% | 1581957 | 1491410 | 6.07% |
| 云南省 | 1920077 | 767699 | 150.11% | 1594271 | 760471 | 109.64% |
| 西藏区 | 105048 | 234860 | -55.27% | 72800 | 97025 | -24.97% |
| 陕西省 | 1007907 | 889682 | 13.29% | 1706727 | 765596 | 122.93% |
| 甘肃省 | 1439254 | 1170302 | 22.98% | 1495185 | 919995 | 62.52% |
| 青海省 | 733150 | 513959 | 42.65% | 235446 | 224699 | 4.78% |
| 宁夏区 | 212881 | 162208 | 31.24% | 315434 | 233005 | 35.38% |
| 新疆区 | 544054 | 416727 | 30.55% | 809534 | 468609 | 72.75% |

**2005 年钢铁工业分地区主要经济指标(三)**

单位:千元

| 地区 | 流动资产平均余额 | | | 固定资产净值平均余额 | | |
|---|---|---|---|---|---|---|
| | 2005 年 | 2004 年 | 同期增长 | 2005 年 | 2004 年 | 同期增长 |
| 全国 | 833955820 | 644824726 | 29.33% | 694420264 | 584497676 | 18.81% |
| 北京市 | 28791107 | 23498221 | 22.52% | 16297081 | 17078009 | -4.57% |
| 天津市 | 40403696 | 26536737 | 52.26% | 21144025 | 16499434 | 28.15% |

续表

| 地区 | 流动资产平均余额 | | | 固定资产净值平均余额 | | |
|---|---|---|---|---|---|---|
| | 2005 年 | 2004 年 | 同期增长 | 2005 年 | 2004 年 | 同期增长 |
| 河北省 | 118729860 | 80874086 | 46.81% | 88808305 | 64720781 | 37.22% |
| 山西省 | 35875042 | 30541531 | 17.46% | 33027280 | 30548847 | 8.11% |
| 内蒙古 | 22620034 | 19737442 | 14.60% | 18038501 | 18466135 | -2.32% |
| 辽宁省 | 77772400 | 68256512 | 13.94% | 93212348 | 83297511 | 11.90% |
| 吉林省 | 9752503 | 7830967 | 24.54% | 8802181 | 7173544 | 22.70% |
| 黑龙江 | 5861035 | 4735223 | 23.78% | 3009501 | 2752695 | 9.33% |
| 上海市 | 52980807 | 32647489 | 62.28% | 70164233 | 57984915 | 21.00% |
| 江苏省 | 99899842 | 77054717 | 29.65% | 61571051 | 53981942 | 14.06% |
| 浙江省 | 29224815 | 20843481 | 40.21% | 11562406 | 10153994 | 13.87% |
| 安徽省 | 20567693 | 17106900 | 20.23% | 24979355 | 22076581 | 13.15% |
| 福建省 | 14016358 | 10336875 | 35.60% | 9691359 | 7943800 | 22.00% |
| 江西省 | 11629493 | 9088849 | 27.95% | 10395642 | 7856730 | 32.32% |
| 山东省 | 66660668 | 48276938 | 38.08% | 45236442 | 30759376 | 47.07% |
| 河南省 | 23753286 | 19917472 | 19.26% | 17288213 | 12516232 | 38.13% |
| 湖北省 | 33132324 | 30434672 | 8.86% | 34923969 | 34548719 | 1.09% |
| 湖南省 | 16543024 | 12984119 | 27.41% | 19064945 | 17367913 | 9.77% |
| 广东省 | 26293543 | 19756518 | 33.09% | 20159003 | 15837377 | 27.29% |
| 广西区 | 10990200 | 7910281 | 38.94% | 9082986 | 6804175 | 33.49% |
| 海南省 | 1479830 | 1062035 | 39.34% | 1668332 | 551728 | 202.38% |
| 重庆市 | 5463750 | 4690069 | 16.50% | 4696954 | 4187671 | 12.16% |
| 四川省 | 29997203 | 27560871 | 8.84% | 27909982 | 25510364 | 9.41% |
| 贵州省 | 9247275 | 8936937 | 3.47% | 6302601 | 5200634 | 21.19% |
| 云南省 | 13707426 | 8796421 | 55.83% | 11943571 | 10163537 | 17.51% |
| 西藏区 | 464342 | 509617 | -8.88% | 434064 | 331876 | 30.79% |
| 陕西省 | 7014509 | 5934510 | 18.20% | 3762865 | 3741056 | 0.58% |
| 甘肃省 | 12290084 | 10896653 | 12.79% | 13030178 | 9307797 | 39.99% |
| 青海省 | 2877297 | 2665511 | 7.95% | 1907020 | 1825231 | 4.48% |
| 宁夏区 | 1208714 | 1131560 | 6.82% | 1349366 | 1234580 | 9.30% |
| 新疆区 | 4707660 | 4271512 | 10.21% | 4956505 | 4074492 | 21.65% |

**2005 年钢铁工业分地区主要经济指标(四)**

单位:千元

| 地区 | 资产总计 | | | 负债合计 | | |
|---|---|---|---|---|---|---|
| | 2005 年 | 2004 年 | 同期增长 | 2005 年 | 2004 年 | 同期增长 |
| 全国 | 2015092687 | 1595327900 | 26.31% | 1210693707 | 943083783 | 28.38% |
| 北京市 | 64667197 | 56067624 | 15.34% | 38347077 | 30796410 | 24.52% |
| 天津市 | 82025284 | 57055106 | 43.77% | 58963138 | 39805076 | 48.13% |
| 河北省 | 263917410 | 200305428 | 31.76% | 171072852 | 132109273 | 29.49% |

续表

| 地区 | 资产总计 | | | 负债合计 | | |
|---|---|---|---|---|---|---|
| | 2005 年 | 2004 年 | 同期增长 | 2005 年 | 2004 年 | 同期增长 |
| 山西省 | 93331140 | 76092334 | 22.66% | 58027347 | 43246079 | 34.18% |
| 内蒙古 | 58009733 | 47856026 | 21.22% | 32023067 | 25871108 | 23.78% |
| 辽宁省 | 205781834 | 182035605 | 13.04% | 115656820 | 103359193 | 11.90% |
| 吉林省 | 23578621 | 19267660 | 22.37% | 15560958 | 12305332 | 26.46% |
| 黑龙江 | 13024913 | 12075274 | 7.86% | 9926000 | 9824460 | 1.03% |
| 上海市 | 174379989 | 119645677 | 45.75% | 71425151 | 50811722 | 40.57% |
| 江苏省 | 211243738 | 167970812 | 25.76% | 136998486 | 107031189 | 28.00% |
| 浙江省 | 52620056 | 41660544 | 26.31% | 32295648 | 23499637 | 37.43% |
| 安徽省 | 64483107 | 51942680 | 24.14% | 31464633 | 23089451 | 36.27% |
| 福建省 | 28052714 | 21983387 | 27.61% | 16801386 | 12152888 | 38.25% |
| 江西省 | 27017561 | 24029316 | 12.44% | 17720824 | 16499347 | 7.40% |
| 山东省 | 149365264 | 108259786 | 37.97% | 99317487 | 71197649 | 39.50% |
| 河南省 | 49944352 | 40517480 | 23.27% | 30125047 | 23986653 | 25.59% |
| 湖北省 | 89282552 | 76905056 | 16.09% | 44966125 | 39077782 | 15.07% |
| 湖南省 | 47040327 | 40957350 | 14.85% | 28956396 | 26256747 | 10.28% |
| 广东省 | 59900985 | 47642854 | 25.73% | 40516734 | 30778439 | 31.64% |
| 广西区 | 23451653 | 18267760 | 28.38% | 13300034 | 9388791 | 41.66% |
| 海南省 | 3769461 | 2014902 | 87.08% | 1484671 | 1443737 | 2.84% |
| 重庆市 | 13131897 | 11270628 | 16.51% | 7065905 | 5638469 | 25.32% |
| 四川省 | 78290394 | 66770356 | 17.25% | 52053679 | 42193031 | 23.37% |
| 贵州省 | 19677357 | 17189607 | 14.47% | 14645881 | 12594212 | 16.29% |
| 云南省 | 46269671 | 27569148 | 67.83% | 22709565 | 13661947 | 66.22% |
| 西藏区 | 1151847 | 950610 | 21.17% | 505538 | 308697 | 63.77% |
| 陕西省 | 13781220 | 11592025 | 18.89% | 10872604 | 7967287 | 36.47% |
| 甘肃省 | 33413284 | 26643938 | 25.41% | 22963452 | 16502583 | 39.15% |
| 青海省 | 7676815 | 6511775 | 17.89% | 5372416 | 4352126 | 23.44% |
| 宁夏区 | 3651470 | 3173553 | 15.06% | 2510618 | 2032479 | 23.52% |
| 新疆区 | 13160841 | 11103599 | 18.53% | 7044168 | 5301989 | 32.86% |

## 2005 年钢铁工业分地区主要经济指标(五)

单位:千元

| 地区 | 销售成本 | | | 销售费用 | | |
|---|---|---|---|---|---|---|
| | 2005 年 | 2004 年 | 同期增长 | 2005 年 | 2004 年 | 同期增长 |
| 全国 | 1993722074 | 1480320995 | 34.68% | 24721128 | 19224572 | 28.59% |
| 北京市 | 41487074 | 34122204 | 21.58% | 561346 | 414903 | 35.30% |
| 天津市 | 91195294 | 71004972 | 28.44% | 437735 | 416730 | 5.04% |
| 河北省 | 320880129 | 237379030 | 35.18% | 2998410 | 2162396 | 38.66% |
| 山西省 | 93561024 | 73776274 | 26.82% | 1228976 | 899105 | 36.69% |

续表

| 地区 | 销售成本 | | | 销售费用 | | |
|---|---|---|---|---|---|---|
| | 2005 年 | 2004 年 | 同期增长 | 2005 年 | 2004 年 | 同期增长 |
| 内蒙古 | 54806586 | 38480485 | 42.43% | 504826 | 466197 | 8.29% |
| 辽宁省 | 162668947 | 121200743 | 34.21% | 2373316 | 2105192 | 12.74% |
| 吉林省 | 20840641 | 17409828 | 19.71% | 400713 | 210005 | 90.81% |
| 黑龙江 | 9803449 | 6462009 | 51.71% | 208378 | 92952 | 124.18% |
| 上海市 | 123213059 | 83931631 | 46.80% | 937365 | 767565 | 22.12% |
| 江苏省 | 281838418 | 214035201 | 31.68% | 2312156 | 1790363 | 29.14% |
| 浙江省 | 57708734 | 42946494 | 34.37% | 445897 | 338235 | 31.83% |
| 安徽省 | 44982211 | 34948124 | 28.71% | 446980 | 342834 | 30.38% |
| 福建省 | 32112334 | 25038245 | 28.25% | 349330 | 318748 | 9.59% |
| 江西省 | 36529360 | 26616330 | 37.24% | 248025 | 201891 | 22.85% |
| 山东省 | 183366150 | 116620706 | 57.23% | 2600256 | 1701891 | 52.79% |
| 河南省 | 65750805 | 46396297 | 41.72% | 880214 | 819775 | 7.37% |
| 湖北省 | 58540120 | 49573489 | 18.09% | 409876 | 330417 | 24.05% |
| 湖南省 | 42518672 | 33127172 | 28.35% | 812047 | 609425 | 33.25% |
| 广东省 | 66624081 | 51977902 | 28.18% | 787297 | 741458 | 6.18% |
| 广西区 | 27513612 | 19441201 | 41.52% | 463559 | 373667 | 24.06% |
| 海南省 | 1158540 | 1082440 | 7.03% | 23831 | 9009 | 164.52% |
| 重庆市 | 15151856 | 12585439 | 20.39% | 299766 | 284122 | 5.51% |
| 四川省 | 65483826 | 49262267 | 32.93% | 1868315 | 1384688 | 34.93% |
| 贵州省 | 15702911 | 14727325 | 6.62% | 480723 | 515420 | -6.73% |
| 云南省 | 27940510 | 19596449 | 42.58% | 510967 | 442896 | 15.37% |
| 西藏区 | 241354 | 269964 | -10.60% | 17746 | 21295 | -16.67% |
| 陕西省 | 13064695 | 9380760 | 39.27% | 253274 | 183282 | 38.19% |
| 甘肃省 | 18293600 | 12296577 | 48.77% | 1022288 | 612544 | 66.89% |
| 青海省 | 3832764 | 3220075 | 19.03% | 121554 | 103648 | 17.28% |
| 宁夏区 | 2943542 | 3300114 | -10.80% | 136408 | 177676 | -23.23% |
| 新疆区 | 13967776 | 10111248 | 38.14% | 579554 | 386243 | 50.05% |

**2005 年钢铁工业分地区主要经济指标(六)**

单位:千元

| 地区 | 财务费用 | | | 管理费用 | | |
|---|---|---|---|---|---|---|
| | 2005 年 | 2004 年 | 同期增长 | 2005 年 | 2004 年 | 同期增长 |
| 全国 | 22133079 | 19150198 | 15.58% | 68816561 | 67859534 | 1.41% |
| 北京市 | 756713 | 713828 | 6.01% | 2220218 | 3203966 | -30.70% |
| 天津市 | 614314 | 584684 | 5.07% | 1602523 | 1396744 | 14.73% |
| 河北省 | 3557660 | 2806654 | 26.76% | 8152088 | 8393159 | -2.87% |
| 山西省 | 1222877 | 1020164 | 19.87% | 3081320 | 3246215 | -5.08% |
| 内蒙古 | 185225 | 172319 | 7.49% | 1356687 | 1405305 | -3.46% |

续表

| 地区 | 财务费用 | | | 管理费用 | | |
|---|---|---|---|---|---|---|
| | 2005 年 | 2004 年 | 同期增长 | 2005 年 | 2004 年 | 同期增长 |
| 辽宁省 | 1832392 | 2066277 | -11.32% | 8510514 | 8863693 | -3.98% |
| 吉林省 | 372978 | 227267 | 64.11% | 673010 | 734750 | -8.40% |
| 黑龙江 | 154717 | 212307 | -27.13% | 204011 | 167721 | 21.64% |
| 上海市 | 1098692 | 1004713 | 9.35% | 6640481 | 5255913 | 26.34% |
| 江苏省 | 3044250 | 2503051 | 21.62% | 5017968 | 5147113 | -2.51% |
| 浙江省 | 605930 | 342015 | 77.16% | 1677959 | 1483816 | 13.08% |
| 安徽省 | 291075 | 470074 | -38.08% | 1967587 | 2153482 | -8.63% |
| 福建省 | 347340 | 346407 | 0.27% | 850514 | 697534 | 21.93% |
| 江西省 | 336411 | 295447 | 13.87% | 944560 | 998869 | -5.44% |
| 山东省 | 2295324 | 1851754 | 23.95% | 6038078 | 5550201 | 8.79% |
| 河南省 | 442056 | 308184 | 43.44% | 2432497 | 2348655 | 3.57% |
| 湖北省 | 422768 | 585131 | -27.75% | 4239056 | 4041311 | 4.89% |
| 湖南省 | 507312 | 433813 | 16.94% | 2041585 | 1703489 | 19.85% |
| 广东省 | 889622 | 713275 | 24.72% | 1188473 | 1139069 | 4.34% |
| 广西区 | 304240 | 181273 | 67.84% | 1057310 | 1094164 | -3.37% |
| 海南省 | 8383 | 17831 | -52.99% | 166180 | 88494 | 87.79% |
| 重庆市 | 169883 | 127236 | 33.52% | 521846 | 524516 | -0.51% |
| 四川省 | 1112384 | 871994 | 27.57% | 3900571 | 3809666 | 2.39% |
| 贵州省 | 171031 | 158199 | 8.11% | 833647 | 917236 | -9.11% |
| 云南省 | 404268 | 370000 | 9.26% | 1131865 | 1184492 | -4.44% |
| 西藏区 | 9049 | 5276 | 71.51% | 51215 | 59175 | -13.45% |
| 陕西省 | 196202 | 186631 | 5.13% | 612207 | 412011 | 48.59% |
| 甘肃省 | 475429 | 333273 | 42.65% | 1090487 | 1213712 | -10.15% |
| 青海省 | 122723 | 125222 | -2.00% | 197857 | 174599 | 13.32% |
| 宁夏区 | 69408 | 59199 | 17.25% | 105678 | 104094 | 1.52% |
| 新疆区 | 112423 | 56700 | 98.28% | 308569 | 346370 | -10.91% |

**2005 年钢铁工业分地区主要经济指标(七)**

单位:千元

| 地区 | 税金及附加 | | | 税金总额 |
|---|---|---|---|---|
| | 2005 年 | 2004 年 | 同期增长 | 2005 年 |
| 全国 | 10484724 | 8820895 | 18.86% | 91470922 |
| 北京市 | 210772 | 211564 | -0.37% | 2056673 |
| 天津市 | 224456 | 140168 | 60.13% | 1936054 |
| 河北省 | 1450341 | 1041920 | 39.20% | 14882140 |
| 山西省 | 585771 | 845855 | -30.75% | 5449680 |
| 内蒙古 | 292214 | 278529 | 4.91% | 2880329 |
| 辽宁省 | 1514171 | 1170214 | 29.39% | 10381823 |

续表

| 地区 | 税金及附加 | | | 税金总额 |
|---|---|---|---|---|
| | 2005 年 | 2004 年 | 同期增长 | 2005 年 |
| 吉林省 | 115904 | 115344 | 0.49% | 976949 |
| 黑龙江 | 38094 | 34786 | 9.51% | 522478 |
| 上海市 | 668293 | 499787 | 33.72% | 7189989 |
| 江苏省 | 772685 | 675543 | 14.38% | 7815266 |
| 浙江省 | 222227 | 198625 | 11.88% | 1577272 |
| 安徽省 | 372279 | 334049 | 11.44% | 3012448 |
| 福建省 | 185349 | 115513 | 60.46% | 1256712 |
| 江西省 | 158314 | 135269 | 17.04% | 1837777 |
| 山东省 | 848332 | 658674 | 28.79% | 6690498 |
| 河南省 | 423101 | 311855 | 35.67% | 3338134 |
| 湖北省 | 525464 | 535004 | -1.78% | 4635527 |
| 湖南省 | 403975 | 191721 | 110.71% | 2296964 |
| 广东省 | 169464 | 155411 | 9.04% | 1366736 |
| 广西区 | 175675 | 152572 | 15.14% | 1463664 |
| 海南省 | 46343 | 46736 | -0.84% | 193570 |
| 重庆市 | 48599 | 39323 | 23.59% | 773776 |
| 四川省 | 471640 | 406494 | 16.03% | 3397774 |
| 贵州省 | 115031 | 92216 | 24.74% | 979182 |
| 云南省 | 154562 | 155756 | -0.77% | 1626393 |
| 西藏区 | 6539 | 8107 | -19.34% | 47652 |
| 陕西省 | 51375 | 43297 | 18.66% | 470033 |
| 甘肃省 | 127606 | 136920 | -6.80% | 1102530 |
| 青海省 | 23566 | 19677 | 19.76% | 237312 |
| 宁夏区 | 15960 | 12562 | 27.05% | 93169 |
| 新疆区 | 66622 | 57404 | 16.06% | 982418 |

## 2005 年钢铁工业主要经济指标

| 指标 | 单位 | 2005 年 | 2004 年 | 同期增减 |
|---|---|---|---|---|
| 企业总数 | 个 | 8372 | | |
| 亏损企业 | 个 | 1922 | | |
| 亏损企业亏损总额 | 千元 | 10338557 | | |
| 应收帐款净额 | 千元 | 96925753 | 72508523 | 33.67% |
| 产成品 | 千元 | 100070826 | 71966183 | 39.05% |
| 资产总计 | 千元 | 2015092687 | 1595327900 | 26.31% |
| 流动资产平均余额 | 千元 | 833955820 | 644824726 | 29.33% |
| 固定资产净值平均余额 | 千元 | 694420264 | 584497676 | 18.81% |
| 负债总计 | 千元 | 1210693707 | 943083783 | 28.38% |

**2005年煤炭工业主要经济指标**

| 指标 | 单位 | 2005年 | 2004年 | 同期增减 |
|---|---|---|---|---|
| 产品销售收入 | 千元 | 2231577564 | 1713928218 | 30.20% |
| 产品销售成本 | 千元 | 1993722074 | 1480320995 | 34.68% |
| 产品销售费用 | 千元 | 24721128 | 19224572 | 28.59% |
| 税金及附加 | 千元 | 10484724 | 8820895 | 18.86% |
| 财务费用 | 千元 | 22133079 | 19150198 | 15.58% |
| 管理费用 | 千元 | 68816561 | 67859534 | 1.41% |
| 利润总额 | 千元 | 117721382 | 118831060 | -0.93% |
| 全部从业人员 | 人 | 3194674 | 3059174 | 4.43% |

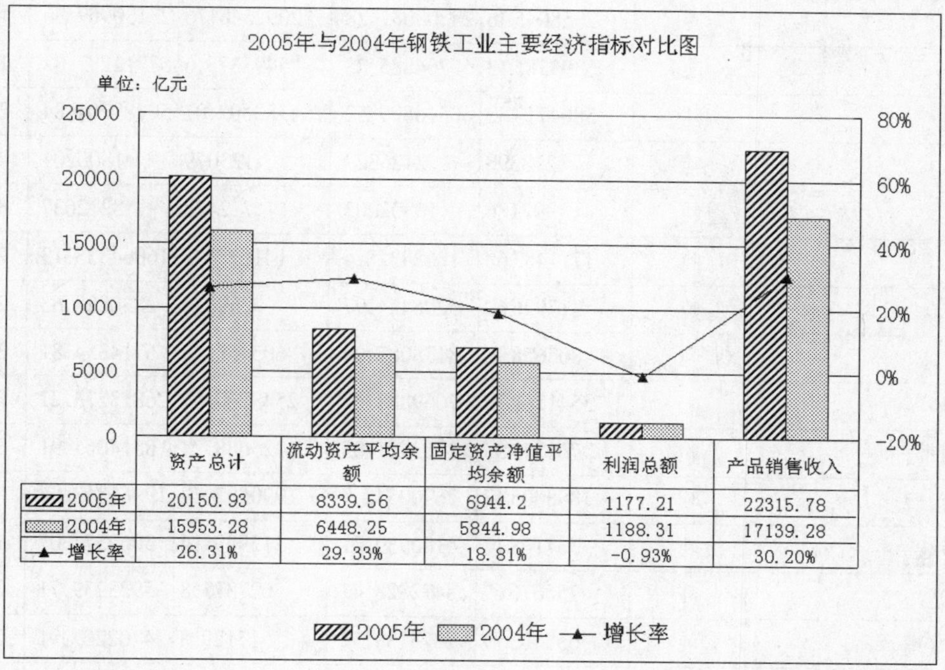


2005年我国粗钢产量首次超过3亿吨，这是中国钢铁工业发展史上的第二个里程碑，是中国钢铁工业又一个大发展的一年和对国民经济快速增长继续做出新贡献的一年。另一方面，也是产能过剩矛盾显现、钢材市场价格大起大落的一年。

2005年我国钢铁工业全年实现销售收入22315.78亿元，同比增长30.2%；利润总额1177.21亿元，同比减少0.93%；资产总额为20150.93亿元，比2004年增长26.31%，其中流动资产平均余额8339.56亿元，增幅为29.33%，固定资产净值平均余额为6944.2亿元，增长幅度为18.81%。

**全国钢铁工业主要产品产量同期对比情况表**

| 产品名称 | 单位 | 完成产量 | | | | 同期增长 | |
|---|---|---|---|---|---|---|---|
| | | 2005年12月 | 2005年 | 2004年12月 | 2004年 | 12月 | 全年 |
| 铁矿石原矿量 | 吨 | 43532151.79 | 420492813.8 | 31049597.66 | 335462013.1 | 40.20% | 25.35% |
| 硫铁矿(折含S 35%) | 吨 | 983470.34 | 11461075.09 | 850490.29 | 10432777.2 | 15.64% | 9.86% |
| 生铁 | 吨 | 30325594.31 | 330404575 | 25870803.04 | 257753965.1 | 17.22% | 28.19% |

续表

| 产品名称 | 单位 | 完成产量 | | | | 同期增长 | |
|---|---|---|---|---|---|---|---|
| | | 2005年12月 | 2005年 | 2004年12月 | 2004年 | 12月 | 全年 |
| 粗钢 | 吨 | 32041234.83 | 349361414.9 | 27563804.65 | 280485657.6 | 16.24% | 24.56% |
| 钢材 | 吨 | 33727525.62 | 371170138.5 | 28737947.4 | 299026020.5 | 17.36% | 24.13% |
| 铁道用钢材 | 吨 | 239187.85 | 3188424.32 | 215040.83 | 2730037.42 | 11.23% | 16.79% |
| 重轨 | 吨 | 169540 | 1925368 | 152816 | 1698147 | 10.94% | 13.38% |
| 轻轨 | 吨 | 24147 | 402104 | 24191 | 333207 | –0.18% | 20.68% |
| 大型型钢 | 吨 | 723134.33 | 7477565.66 | 687125.14 | 7249100.58 | 5.24% | 3.15% |
| 中小型型钢 | 吨 | 2619828.07 | 26645902.54 | 2316597.08 | 21875240.78 | 13.09% | 21.81% |
| 棒材 | 吨 | 2358045.46 | 28208087.28 | 2092528.76 | 23130967.86 | 12.69% | 21.95% |
| 钢筋 | 吨 | 6395385.13 | 67764885.23 | 5493373.6 | 57712297.82 | 16.42% | 17.42% |
| 盘条(线材) | 吨 | 5804713.32 | 60510899.52 | 4580602.07 | 50189201.84 | 26.72% | 20.57% |
| 特厚板 | 吨 | 298398 | 2425327 | 123079 | 1800201 | 142.44% | 34.73% |
| 厚钢板 | 吨 | 997186 | 10802003 | 722473 | 8212637 | 38.02% | 31.53% |
| 中板 | 吨 | 1771487.68 | 18624328.4 | 1416774.3 | 16064333.13 | 25.04% | 15.94% |
| 热轧薄板 | 吨 | 317996.69 | 3286444.97 | 259636 | 2830828.63 | 22.48% | 16.09% |
| 冷轧薄板 | 吨 | 803658.98 | 8178087.09 | 605458.23 | 6714354.81 | 32.74% | 21.80% |
| 中厚宽钢带 | 吨 | 3541112.25 | 37069882.45 | 2548200.67 | 26813223.21 | 38.97% | 38.25% |
| 热轧薄宽钢带 | 吨 | 761749.35 | 11563401.05 | 1125688.74 | 8514061.91 | –32.33% | 35.82% |
| 热轧窄钢带 | 吨 | 1898005.43 | 26900542.9 | 1990687.49 | 19966813.06 | –4.66% | 34.73% |
| 冷轧窄钢带 | 吨 | 367108.12 | 4180639.21 | 312989.14 | 3069574.07 | 17.29% | 36.20% |
| 镀层板(带) | 吨 | 756676.67 | 8472828.42 | 627373.8 | 5923239.71 | 20.61% | 43.04% |
| 镀锌板(带) | 吨 | 635403.77 | 7273138.52 | 517129.8 | 4702207.91 | 22.87% | 54.67% |
| 镀锡板(带) | 吨 | 88652.9 | 984235.9 | 91270.5 | 956204.8 | –2.87% | 2.93% |
| 涂层板(带) | 吨 | 179058.8 | 1729495.06 | 185518.35 | 1226907.48 | –3.48% | 40.96% |
| 电工钢板(带) | 吨 | 227557 | 2406853 | 141238 | 1612463 | 61.12% | 49.27% |
| 冷轧薄宽钢带 | 吨 | 626050 | 7495833 | 539259.75 | 5627810.35 | 16.09% | 33.19% |
| 无缝钢管 | 吨 | 959288.47 | 10470631.06 | 752510.3 | 8480761.93 | 27.48% | 23.46% |
| 焊接钢管 | 吨 | 1289866.66 | 15670728.28 | 1158977.68 | 13012636.96 | 11.29% | 20.43% |
| 其它钢材 | 吨 | 791924.36 | 8096017.05 | 842815.47 | 6269327.93 | –6.04% | 29.14% |
| 附:钢材生产中消耗的外购国内钢材 | 吨 | 1024568.54 | 11708945.73 | 800424.78 | 8353239.52 | 28.00% | 40.17% |
| 铁合金 | 吨 | 1280102.62 | 10670224.58 | 951807.94 | 9197750.58 | 34.49% | 16.01% |

# 五、有色金属

## 2005 年有色金属工业分地区主要经济效益指标

| 地区 | 资本保值增值率(%) | 资产负债率(%) | 流动资产周转率(次) | 成本费用利润率(%) | 人均销售率(元) |
|---|---|---|---|---|---|
| 全国 | 122.80 | 61.88 | 2.98 | 7.73 | 522601.62 |
| 北京市 | 129.01 | 51.38 | 2.23 | 2.74 | 564822.40 |
| 天津市 | 106.04 | 58.44 | 3.73 | 1.82 | 1249639.75 |
| 河北省 | 114.02 | 60.00 | 3.36 | 3.72 | 408734.59 |
| 山西省 | 118.76 | 69.84 | 1.97 | 11.68 | 217581.52 |
| 内蒙古 | 151.25 | 58.96 | 3.07 | 9.25 | 376727.51 |
| 辽宁省 | 119.13 | 68.77 | 1.62 | 5.78 | 370949.46 |
| 吉林省 | 115.61 | 59.85 | 1.66 | 18.13 | 177135.48 |
| 黑龙江 | 112.03 | 51.92 | 1.22 | 19.31 | 182564.48 |
| 上海市 | 115.53 | 58.89 | 3.29 | 3.34 | 723901.82 |
| 江苏省 | 124.30 | 66.15 | 4.07 | 2.82 | 1046773.91 |
| 浙江省 | 135.97 | 59.35 | 4.13 | 3.67 | 1004266.93 |
| 安徽省 | 121.49 | 68.19 | 3.45 | 4.10 | 810454.26 |
| 福建省 | 118.04 | 46.78 | 2.57 | 12.69 | 613160.62 |
| 江西省 | 122.69 | 51.65 | 3.30 | 9.51 | 618235.86 |
| 山东省 | 126.43 | 55.66 | 3.46 | 11.21 | 580564.11 |
| 河南省 | 117.73 | 68.81 | 3.63 | 12.94 | 598275.88 |
| 湖北省 | 126.50 | 60.16 | 3.36 | 4.05 | 464092.77 |
| 湖南省 | 120.77 | 59.59 | 3.93 | 4.99 | 415129.27 |
| 广东省 | 120.54 | 65.21 | 3.10 | 2.59 | 609640.84 |
| 广西区 | 123.31 | 67.47 | 2.76 | 12.85 | 297413.89 |
| 海南省 | 102.88 | 78.30 | 3.55 | -0.43 | 561882.22 |
| 重庆市 | 124.50 | 66.69 | 2.91 | 2.63 | 835400.13 |
| 四川省 | 113.29 | 62.38 | 2.57 | 5.62 | 416102.41 |
| 贵州省 | 116.29 | 59.77 | 3.05 | 13.17 | 324074.84 |
| 云南省 | 126.46 | 63.95 | 2.48 | 6.80 | 445503.16 |
| 西藏区 | 86.20 | 76.28 | 0.34 | -0.06 | 38519.23 |
| 陕西省 | 149.48 | 48.08 | 2.08 | 43.09 | 353886.81 |
| 甘肃省 | 113.81 | 61.98 | 2.04 | 7.45 | 370071.77 |
| 青海省 | 123.48 | 66.38 | 2.35 | 15.64 | 564569.32 |
| 宁夏区 | 124.05 | 67.28 | 1.14 | 5.55 | 336318.33 |
| 新疆区 | 105.60 | 61.22 | 2.19 | 15.77 | 275550.70 |

## 2005年有色金属工业分地区主要经济指标(一)

单位:千元

| 地区 | 产品销售收入 | | | 利润总额 | | |
|---|---|---|---|---|---|---|
| | 2005年 | 2004年 | 同期增长 | 2005年 | 2004年 | 同期增长 |
| 全国 | 878427998 | 643967207 | 36.41% | 61893593 | 40288472 | 53.63% |
| 北京市 | 6433892 | 5185456 | 24.08% | 173056 | 238932 | -27.57% |
| 天津市 | 13538597 | 11270684 | 20.12% | 243887 | 251618 | -3.07% |
| 河北省 | 15457116 | 12598155 | 22.69% | 564809 | 255034 | 121.46% |
| 山西省 | 19998353 | 16606949 | 20.42% | 2070061 | 2072351 | -0.11% |
| 内蒙古 | 20988243 | 15134105 | 38.68% | 1769165 | 861125 | 105.45% |
| 辽宁省 | 31191656 | 22201683 | 40.49% | 1668620 | 831973 | 100.56% |
| 吉林省 | 3590359 | 2885391 | 24.43% | 532059 | 104034 | 411.43% |
| 黑龙江 | 3019799 | 2423032 | 24.63% | 508845 | 318563 | 59.73% |
| 上海市 | 26078563 | 22479958 | 16.01% | 863857 | 817325 | 5.69% |
| 江苏省 | 82197921 | 62715439 | 31.06% | 2255433 | 1556093 | 44.94% |
| 浙江省 | 73269307 | 53840485 | 36.09% | 2623757 | 2090147 | 25.53% |
| 安徽省 | 33100573 | 23436081 | 41.24% | 1297080 | 785272 | 65.18% |
| 福建省 | 13509768 | 9657442 | 39.89% | 1557697 | 1082288 | 43.93% |
| 江西省 | 42099389 | 29205981 | 44.15% | 3648505 | 1791757 | 103.63% |
| 山东省 | 87763877 | 60473070 | 45.13% | 8818665 | 6767489 | 30.31% |
| 河南省 | 91625352 | 64964317 | 41.04% | 10317536 | 7413042 | 39.18% |
| 湖北省 | 19004135 | 13281424 | 43.09% | 744572 | 513831 | 44.91% |
| 湖南省 | 43929394 | 30422082 | 44.40% | 1997657 | 1151202 | 73.53% |
| 广东省 | 62752770 | 46134986 | 36.02% | 1551272 | 1260089 | 23.11% |
| 广西区 | 19587976 | 15513708 | 26.26% | 2159593 | 1775722 | 21.62% |
| 海南省 | 486590 | 395067 | 23.17% | -2847 | 7325 | -138.87% |
| 重庆市 | 11673046 | 7584746 | 53.90% | 309688 | 202585 | 52.87% |
| 四川省 | 19852246 | 14542158 | 36.52% | 1017809 | 686494 | 48.26% |
| 贵州省 | 12665493 | 11457443 | 10.54% | 1588472 | 996468 | 59.41% |
| 云南省 | 46513648 | 30725680 | 51.38% | 2931386 | 1792500 | 63.54% |
| 西藏区 | 22033 | 35301 | -37.59% | -123 | 2626 | -104.68% |
| 陕西省 | 19659828 | 12167270 | 61.58% | 5939005 | 1894202 | 213.54% |
| 甘肃省 | 38402718 | 29735406 | 29.15% | 2607305 | 1647503 | 58.26% |
| 青海省 | 10974663 | 8275270 | 32.62% | 1445977 | 863148 | 67.52% |
| 宁夏区 | 6456303 | 6352726 | 1.63% | 340191 | 54267 | 526.88% |
| 新疆区 | 2584390 | 2265712 | 14.07% | 350604 | 203467 | 72.31% |

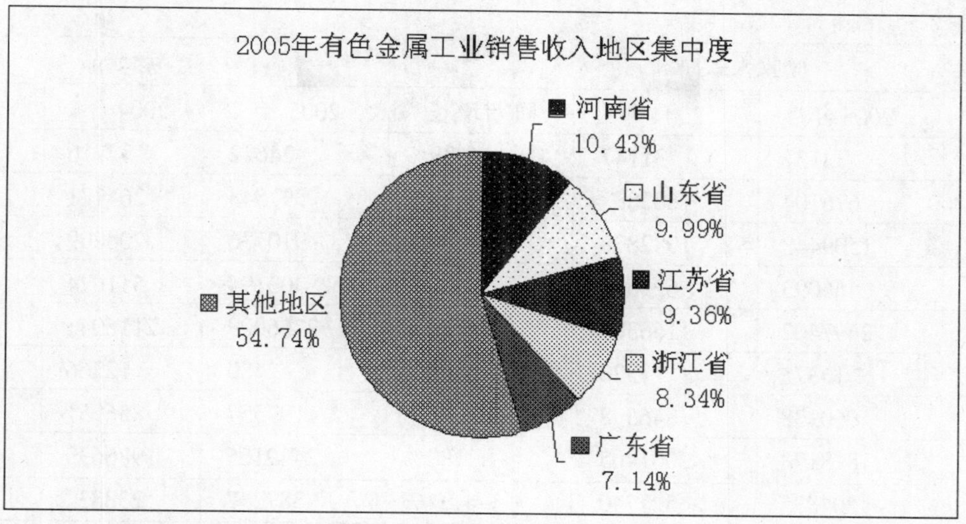


2005 年我国有色金属工业按销售收入排名前 5 名的地区分别是河南、山东、江苏、浙江和广东，占全国销售收入的 10.43%、9.99%、9.36%、8.34%和 7.14%，前 5 名地区销售总收入占全国销售收入的 45.26%，这说明我国有色金属工业地区集中度相对较低。

## 2005 年有色金属工业分地区主要经济指标(二)

单位：千元

| 地区 | 应收帐款净额 | | | 产成品 | | |
|---|---|---|---|---|---|---|
| | 2005 年 | 2004 年 | 同期增长 | 2005 年 | 2004 年 | 同期增长 |
| 全国 | 58959838 | 46323370 | 27.28% | 39528325 | 30589077 | 29.22% |
| 北京市 | 902870 | 733209 | 23.14% | 581454 | 311856 | 86.45% |
| 天津市 | 591202 | 503915 | 17.32% | 319838 | 320530 | -0.22% |
| 河北省 | 1405912 | 1168740 | 20.29% | 706525 | 643869 | 9.73% |
| 山西省 | 1314593 | 954494 | 37.73% | 1644083 | 1354384 | 21.39% |
| 内蒙古 | 1140410 | 860380 | 32.55% | 1295972 | 1038914 | 24.74% |
| 辽宁省 | 4259042 | 2930675 | 45.33% | 2519556 | 1709579 | 47.38% |
| 吉林省 | 357941 | 423611 | -15.50% | 152576 | 219445 | -30.47% |
| 黑龙江 | 452231 | 603243 | -25.03% | 127427 | 184978 | -31.11% |
| 上海市 | 3003344 | 2590348 | 15.94% | 783415 | 629444 | 24.46% |
| 江苏省 | 7718459 | 5644149 | 36.75% | 2458232 | 2100450 | 17.03% |
| 浙江省 | 5688773 | 4155016 | 36.91% | 2758384 | 2188554 | 26.04% |
| 安徽省 | 1028687 | 877089 | 17.28% | 876323 | 693995 | 26.27% |
| 福建省 | 1064343 | 923849 | 15.21% | 780621 | 705236 | 10.69% |
| 江西省 | 3252785 | 1762497 | 84.56% | 1704509 | 907841 | 87.75% |
| 山东省 | 3314642 | 2657951 | 24.71% | 2698637 | 2097399 | 28.67% |
| 河南省 | 3768694 | 3223890 | 16.90% | 2780647 | 1952660 | 42.40% |
| 湖北省 | 755897 | 733285 | 3.08% | 796259 | 523072 | 52.23% |
| 湖南省 | 1398105 | 1540675 | -9.25% | 1867104 | 1570727 | 18.87% |
| 广东省 | 7039985 | 5757929 | 22.27% | 4074976 | 3156464 | 29.10% |
| 广西区 | 1080693 | 717644 | 50.59% | 1187852 | 984381 | 20.67% |

续表

| 地区 | 应收帐款净额 | | | 产成品 | | |
|---|---|---|---|---|---|---|
| | 2005 年 | 2004 年 | 同期增长 | 2005 年 | 2004 年 | 同期增长 |
| 海南省 | 33137 | 31147 | 6.39% | 24642 | 32716 | -24.68% |
| 重庆市 | 676104 | 602887 | 12.14% | 397543 | 264171 | 50.49% |
| 四川省 | 1509448 | 1082878 | 39.39% | 910736 | 708209 | 28.60% |
| 贵州省 | 466093 | 621520 | -25.01% | 403194 | 511624 | -21.19% |
| 云南省 | 2697402 | 1166388 | 131.26% | 2766009 | 2116041 | 30.72% |
| 西藏区 | 16375 | 17320 | -5.46% | 12480 | 12266 | 1.74% |
| 陕西省 | 1060338 | 846598 | 25.25% | 1197557 | 856951 | 39.75% |
| 甘肃省 | 1818173 | 2061405 | -11.80% | 2449165 | 1986639 | 23.28% |
| 青海省 | 504835 | 527740 | -4.34% | 387247 | 238832 | 62.14% |
| 宁夏区 | 503381 | 449673 | 11.94% | 741632 | 453810 | 63.42% |
| 新疆区 | 135944 | 153225 | -11.28% | 123730 | 114040 | 8.50% |

**2005 年有色金属工业分地区主要经济指标(三)**

单位:千元

| 地区 | 流动资产平均余额 | | | 固定资产净值平均余额 | | |
|---|---|---|---|---|---|---|
| | 2005 年 | 2004 年 | 同期增长 | 2005 年 | 2004 年 | 同期增长 |
| 全国 | 331697013 | 257747073 | 28.69% | 252270979 | 216885992 | 16.32% |
| 北京市 | 3353097 | 2406703 | 39.32% | 1152219 | 838278 | 37.45% |
| 天津市 | 4000034 | 3260071 | 22.70% | 1291918 | 1059348 | 21.95% |
| 河北省 | 5009544 | 4193585 | 19.46% | 4461036 | 4312481 | 3.44% |
| 山西省 | 11108559 | 9149957 | 21.41% | 11918858 | 10263975 | 16.12% |
| 内蒙古 | 7740313 | 5954747 | 29.99% | 9294199 | 6233164 | 49.11% |
| 辽宁省 | 21806155 | 16687460 | 30.67% | 12906843 | 11785309 | 9.52% |
| 吉林省 | 2402813 | 1933985 | 24.24% | 2250366 | 2052333 | 9.65% |
| 黑龙江 | 2666707 | 2270339 | 17.46% | 1590546 | 1496103 | 6.31% |
| 上海市 | 8629438 | 7234245 | 19.29% | 4265840 | 3729304 | 14.39% |
| 江苏省 | 22803644 | 17567913 | 29.80% | 8269369 | 7317846 | 13.00% |
| 浙江省 | 20619694 | 14819824 | 39.14% | 7125543 | 5962270 | 19.51% |
| 安徽省 | 10761027 | 8415558 | 27.87% | 6635490 | 5577740 | 18.96% |
| 福建省 | 5463855 | 5060212 | 7.98% | 4904190 | 3853152 | 27.28% |
| 江西省 | 14274826 | 11254653 | 26.83% | 11028298 | 11165874 | -1.23% |
| 山东省 | 28872302 | 21814464 | 32.35% | 32943664 | 27036554 | 21.85% |
| 河南省 | 28401627 | 22032286 | 28.91% | 27442053 | 23439569 | 17.08% |
| 湖北省 | 6168935 | 5138138 | 20.06% | 5672417 | 4726264 | 20.02% |
| 湖南省 | 12184118 | 10147828 | 20.07% | 9374693 | 8350758 | 12.26% |
| 广东省 | 22798074 | 17673417 | 29.00% | 12144358 | 10447792 | 16.24% |
| 广西区 | 8388620 | 5783476 | 45.04% | 9322263 | 8928329 | 4.41% |
| 海南省 | 138757 | 135642 | 2.30% | 64983 | 64663 | 0.49% |
| 重庆市 | 4741739 | 3284655 | 44.36% | 4549671 | 3986145 | 14.14% |

续表

| 地区 | 流动资产平均余额 | | | 固定资产净值平均余额 | | |
|---|---|---|---|---|---|---|
| | 2005 年 | 2004 年 | 同期增长 | 2005 年 | 2004 年 | 同期增长 |
| 四川省 | 8751964 | 6687910 | 30.86% | 8879310 | 7639877 | 16.22% |
| 贵州省 | 4411208 | 3885238 | 13.54% | 7600472 | 7030796 | 8.10% |
| 云南省 | 22031567 | 15404756 | 43.02% | 15499920 | 11307661 | 37.07% |
| 西藏区 | 61297 | 68424 | -10.42% | 58566 | 96324 | -39.20% |
| 陕西省 | 11686328 | 7225289 | 61.74% | 5152961 | 5076676 | 1.50% |
| 甘肃省 | 20104873 | 17501352 | 14.88% | 16181030 | 12935635 | 25.09% |
| 青海省 | 5374832 | 3959002 | 35.76% | 5712702 | 4622859 | 23.58% |
| 宁夏区 | 5729055 | 5647643 | 1.44% | 3359220 | 4346658 | -22.72% |
| 新疆区 | 1212011 | 1148301 | 5.55% | 1217981 | 1202255 | 1.31% |

**2005 年有色金属工业分地区主要经济指标(四)**

单位:千元

| 地区 | 资产总计 | | | 负债合计 | | |
|---|---|---|---|---|---|---|
| | 2005 年 | 2004 年 | 同期增长 | 2005 年 | 2004 年 | 同期增长 |
| 全国 | 729068618 | 593704806 | 22.80% | 451154396 | 373114730 | 20.92% |
| 北京市 | 6101837 | 4729642 | 29.01% | 3135059 | 2201117 | 42.43% |
| 天津市 | 6183037 | 5830642 | 6.04% | 3613096 | 3421000 | 5.62% |
| 河北省 | 11313990 | 9922652 | 14.02% | 6788215 | 7044608 | -3.64% |
| 山西省 | 32649351 | 27491218 | 18.76% | 22801199 | 18734712 | 21.71% |
| 内蒙古 | 23911266 | 15808611 | 51.25% | 14097476 | 9477482 | 48.75% |
| 辽宁省 | 39426784 | 33095833 | 19.13% | 27115479 | 21579803 | 25.65% |
| 吉林省 | 5860574 | 5069253 | 15.61% | 3507527 | 3585303 | -2.17% |
| 黑龙江 | 4580441 | 4088489 | 12.03% | 2378217 | 2273224 | 4.62% |
| 上海市 | 15202782 | 13159442 | 15.53% | 8952379 | 7659048 | 16.89% |
| 江苏省 | 35366518 | 28453205 | 24.30% | 23395211 | 18893622 | 23.83% |
| 浙江省 | 36347331 | 26731502 | 35.97% | 21573012 | 16139197 | 33.67% |
| 安徽省 | 23807915 | 19596748 | 21.49% | 16235782 | 13477708 | 20.46% |
| 福建省 | 13573668 | 11499238 | 18.04% | 6349153 | 5106280 | 24.34% |
| 江西省 | 31265576 | 25483020 | 22.69% | 16147734 | 14880422 | 8.52% |
| 山东省 | 76795116 | 60739248 | 26.43% | 42743956 | 31811687 | 34.37% |
| 河南省 | 66994595 | 56904470 | 17.73% | 46096466 | 39463317 | 16.81% |
| 湖北省 | 14921335 | 11795206 | 26.50% | 8977207 | 7579123 | 18.45% |
| 湖南省 | 28533289 | 23626197 | 20.77% | 17001889 | 14476573 | 17.44% |
| 广东省 | 40488840 | 33590082 | 20.54% | 26401704 | 22417961 | 17.77% |
| 广西区 | 21685350 | 17586261 | 23.31% | 14630662 | 12681190 | 15.37% |
| 海南省 | 217078 | 211001 | 2.88% | 169980 | 164287 | 3.47% |
| 重庆市 | 9727270 | 7813193 | 24.50% | 6487299 | 5467302 | 18.66% |
| 四川省 | 22171530 | 19571174 | 13.29% | 13830509 | 11461968 | 20.66% |
| 贵州省 | 16685099 | 14348428 | 16.29% | 9972015 | 9103680 | 9.54% |

续表

| 地区 | 资产总计 | | | 负债合计 | | |
|---|---|---|---|---|---|---|
| | 2005年 | 2004年 | 同期增长 | 2005年 | 2004年 | 同期增长 |
| 云南省 | 45276612 | 35804139 | 26.46% | 28952782 | 21966653 | 31.80% |
| 西藏区 | 121012 | 140393 | -13.80% | 92311 | 80762 | 14.30% |
| 陕西省 | 25383116 | 16981042 | 49.48% | 12204753 | 9631339 | 26.72% |
| 甘肃省 | 43266754 | 38016820 | 13.81% | 26816473 | 25326544 | 5.88% |
| 青海省 | 15386623 | 12460906 | 23.48% | 10212926 | 8622224 | 18.45% |
| 宁夏区 | 12975824 | 10459781 | 24.05% | 8730272 | 6667432 | 30.94% |
| 新疆区 | 2848105 | 2696970 | 5.60% | 1743653 | 1719162 | 1.42% |

## 2005年有色金属工业分地区主要经济指标(五)

单位:千元

| 地区 | 销售成本 | | | 销售费用 | | |
|---|---|---|---|---|---|---|
| | 2005年 | 2004年 | 同期增长 | 2005年 | 2004年 | 同期增长 |
| 全国 | 758198473 | 556641697 | 36.21% | 11996641 | 9671623 | 24.04% |
| 北京市 | 5876028 | 4658264 | 26.14% | 95540 | 98339 | -2.85% |
| 天津市 | 12846470 | 10572510 | 21.51% | 102398 | 67199 | 52.38% |
| 河北省 | 13956624 | 11418977 | 22.22% | 314199 | 256298 | 22.59% |
| 山西省 | 16159904 | 13116941 | 23.20% | 276679 | 274697 | 0.72% |
| 内蒙古 | 17048783 | 13039525 | 30.75% | 367087 | 265597 | 38.21% |
| 辽宁省 | 27065500 | 19241917 | 40.66% | 527526 | 345588 | 52.65% |
| 吉林省 | 2437272 | 2308131 | 5.60% | 82707 | 57512 | 43.81% |
| 黑龙江 | 2183172 | 1799297 | 21.33% | 48513 | 44472 | 9.09% |
| 上海市 | 24171887 | 20723026 | 16.64% | 267374 | 233678 | 14.42% |
| 江苏省 | 77469596 | 58499140 | 32.43% | 691069 | 701277 | -1.46% |
| 浙江省 | 69489209 | 50553709 | 37.46% | 423549 | 326269 | 29.82% |
| 安徽省 | 30540837 | 21649241 | 41.07% | 199112 | 177959 | 11.89% |
| 福建省 | 11033083 | 7839305 | 40.74% | 207915 | 169401 | 22.74% |
| 江西省 | 35165809 | 25095095 | 40.13% | 430426 | 352178 | 22.22% |
| 山东省 | 72960261 | 49145719 | 48.46% | 1832325 | 1360254 | 34.70% |
| 河南省 | 75720504 | 52925316 | 43.07% | 1191196 | 988942 | 20.45% |
| 湖北省 | 16811753 | 11647944 | 44.33% | 320312 | 184861 | 73.27% |
| 湖南省 | 36719615 | 25693436 | 42.91% | 957471 | 737252 | 29.87% |
| 广东省 | 57137434 | 41455676 | 37.83% | 826335 | 664431 | 24.37% |
| 广西区 | 15547262 | 12106205 | 28.42% | 293342 | 253921 | 15.52% |
| 海南省 | 450471 | 350880 | 28.38% | 37772 | 17377 | 117.37% |
| 重庆市 | 10877522 | 6991246 | 55.59% | 109342 | 76662 | 42.63% |
| 四川省 | 16693549 | 12629203 | 32.18% | 398882 | 303032 | 31.63% |
| 贵州省 | 10105601 | 9342379 | 8.17% | 196976 | 209637 | -6.04% |
| 云南省 | 40445324 | 27154638 | 48.94% | 662940 | 614815 | 7.83% |
| 西藏区 | 11274 | 13977 | -19.34% | 984 | 999 | -1.50% |

续表

| 地区 | 销售成本 | | | 销售费用 | | |
|---|---|---|---|---|---|---|
| | 2005年 | 2004年 | 同期增长 | 2005年 | 2004年 | 同期增长 |
| 陕西省 | 11702193 | 8633408 | 35.55% | 248207 | 177770 | 39.62% |
| 甘肃省 | 31661782 | 23645325 | 33.90% | 514251 | 388107 | 32.50% |
| 青海省 | 8265609 | 6684588 | 23.65% | 203890 | 154488 | 31.98% |
| 宁夏区 | 5673701 | 5929696 | -4.32% | 127924 | 130011 | -1.61% |
| 新疆区 | 1970444 | 1776983 | 10.89% | 40398 | 38600 | 4.66% |

**2005年有色金属工业分地区主要经济指标(六)**

单位:千元

| 地区 | 财务费用 | | | 管理费用 | | |
|---|---|---|---|---|---|---|
| | 2005年 | 2004年 | 同期增长 | 2005年 | 2004年 | 同期增长 |
| 全国 | 10980055 | 9277131 | 18.36% | 30623624 | 26556105 | 15.32% |
| 北京市 | 53056 | 42722 | 24.19% | 264304 | 230565 | 14.63% |
| 天津市 | 90895 | 79330 | 14.58% | 235668 | 238604 | -1.23% |
| 河北省 | 183893 | 238192 | -22.80% | 506267 | 399030 | 26.87% |
| 山西省 | 393562 | 384704 | 2.30% | 924315 | 801052 | 15.39% |
| 内蒙古 | 361034 | 243689 | 48.15% | 1033642 | 707522 | 46.09% |
| 辽宁省 | 667113 | 620291 | 7.55% | 1211978 | 982621 | 23.34% |
| 吉林省 | 60303 | 55034 | 9.57% | 368657 | 343005 | 7.48% |
| 黑龙江 | 45332 | 40085 | 13.09% | 264685 | 203989 | 29.75% |
| 上海市 | 138148 | 150958 | -8.49% | 781866 | 702676 | 11.27% |
| 江苏省 | 649825 | 613981 | 5.84% | 1315510 | 1360690 | -3.32% |
| 浙江省 | 640342 | 484060 | 32.29% | 1122132 | 869238 | 29.09% |
| 安徽省 | 422435 | 392496 | 7.63% | 771758 | 629220 | 22.65% |
| 福建省 | 128364 | 103956 | 23.48% | 581864 | 493102 | 18.00% |
| 江西省 | 451017 | 432442 | 4.30% | 1477064 | 1270491 | 16.26% |
| 山东省 | 1301358 | 903683 | 44.01% | 2580932 | 2216819 | 16.43% |
| 河南省 | 1279250 | 1030130 | 24.18% | 2563534 | 2300473 | 11.44% |
| 湖北省 | 228808 | 196191 | 16.63% | 756847 | 668243 | 13.26% |
| 湖南省 | 510004 | 488252 | 4.46% | 1783517 | 1433822 | 24.39% |
| 广东省 | 544381 | 508926 | 6.97% | 1693948 | 1513745 | 11.90% |
| 广西区 | 337683 | 318033 | 6.18% | 956564 | 796221 | 20.14% |
| 海南省 | 2735 | 2774 | -1.41% | 11630 | 11146 | 4.34% |
| 重庆市 | 157718 | 121140 | 30.19% | 346429 | 266211 | 30.13% |
| 四川省 | 432620 | 248728 | 73.93% | 921866 | 714011 | 29.11% |
| 贵州省 | 110512 | 105765 | 4.49% | 993834 | 919297 | 8.11% |
| 云南省 | 762911 | 532034 | 43.40% | 2023965 | 1729409 | 17.03% |
| 西藏区 | 358 | 440 | -18.64% | 8185 | 4776 | 71.38% |
| 陕西省 | 194635 | 176999 | 9.96% | 1386878 | 1072225 | 29.35% |
| 甘肃省 | 446282 | 390762 | 14.21% | 2592161 | 2728883 | -5.01% |

续表

| 地区 | 财务费用 | | | 管理费用 | | |
|---|---|---|---|---|---|---|
| | 2005 年 | 2004 年 | 同期增长 | 2005 年 | 2004 年 | 同期增长 |
| 青海省 | 212651 | 145865 | 45.79% | 632880 | 453583 | 39.53% |
| 宁夏区 | 142741 | 188258 | -24.18% | 297773 | 322287 | -7.61% |
| 新疆区 | 30089 | 37211 | -19.14% | 212971 | 173149 | 23.00% |

## 2005 年有色金属工业分地区主要经济指标(七)

单位:千元

| 地区 | 税金及附加 | | | 税金总额 |
|---|---|---|---|---|
| | 2005 年 | 2004 年 | 同期增长 | 2005 年 |
| 全国 | 3724429 | 2508650 | 48.46% | 31736631 |
| 北京市 | 14752 | 9583 | 53.94% | 81250 |
| 天津市 | 18229 | 14096 | 29.32% | 185352 |
| 河北省 | 33359 | 23839 | 39.93% | 345298 |
| 山西省 | 111226 | 83572 | 33.09% | 1205263 |
| 内蒙古 | 111317 | 53892 | 106.56% | 911552 |
| 辽宁省 | 119966 | 72678 | 65.07% | 1001725 |
| 吉林省 | 13779 | 16739 | -17.68% | 214775 |
| 黑龙江 | 17139 | 11332 | 51.24% | 178761 |
| 上海市 | 17194 | 21763 | -20.99% | 409190 |
| 江苏省 | 145900 | 113406 | 28.65% | 1815632 |
| 浙江省 | 213003 | 198431 | 7.34% | 2130749 |
| 安徽省 | 116059 | 92465 | 25.52% | 1131583 |
| 福建省 | 56287 | 34931 | 61.14% | 283508 |
| 江西省 | 167022 | 78687 | 112.26% | 2106609 |
| 山东省 | 402318 | 282647 | 42.34% | 2321402 |
| 河南省 | 492022 | 247331 | 98.93% | 3521989 |
| 湖北省 | 99978 | 67038 | 49.14% | 740592 |
| 湖南省 | 327479 | 231684 | 41.35% | 1966884 |
| 广东省 | 152869 | 118009 | 29.54% | 1242094 |
| 广西区 | 124760 | 94158 | 32.50% | 1247934 |
| 海南省 | 1725 | 985 | 75.13% | 15638 |
| 重庆市 | 25284 | 24555 | 2.97% | 258164 |
| 四川省 | 150650 | 53300 | 182.65% | 870457 |
| 贵州省 | 109106 | 106009 | 2.92% | 1047089 |
| 云南省 | 237626 | 149086 | 59.39% | 2176144 |
| 西藏区 | 242 | 411 | -41.12% | 957 |
| 陕西省 | 114363 | 81154 | 40.92% | 1201230 |
| 甘肃省 | 258245 | 163068 | 58.37% | 2408097 |
| 青海省 | 51478 | 26381 | 95.13% | 440837 |
| 宁夏区 | 8030 | 28899 | -72.21% | 121173 |
| 新疆区 | 13022 | 8521 | 52.82% | 154703 |

**2005 年有色金属工业主要经济指标**

| 指标 | 单位 | 2005 年 | 2004 年 | 同期增减 |
|---|---|---|---|---|
| 企业总数 | 个 | 6424 | | |
| 亏损企业 | 个 | 1123 | | |
| 亏损企业亏损总额 | 千元 | 3938295 | | |
| 应收帐款净额 | 千元 | 58959838 | 46323370 | 27.28% |
| 产成品 | 千元 | 39528325 | 30589077 | 29.22% |
| 资产总计 | 千元 | 729068618 | 593704806 | 22.80% |
| 流动资产平均余额 | 千元 | 331697013 | 257747073 | 28.69% |
| 固定资产净值平均余额 | 千元 | 252270979 | 216885992 | 16.32% |
| 负债总计 | 千元 | 451154396 | 373114730 | 20.92% |
| 产品销售收入 | 千元 | 878427998 | 643967207 | 36.41% |
| 产品销售成本 | 千元 | 758198473 | 556641697 | 36.21% |
| 产品销售费用 | 千元 | 11996641 | 9671623 | 24.04% |
| 税金及附加 | 千元 | 3724429 | 2508650 | 48.46% |
| 财务费用 | 千元 | 10980055 | 9277131 | 18.36% |
| 管理费用 | 千元 | 30623624 | 26556105 | 15.32% |
| 利润总额 | 千元 | 61893593 | 40288472 | 53.63% |
| 全部从业人员 | 人 | 1680875 | 1610293 | 4.38% |

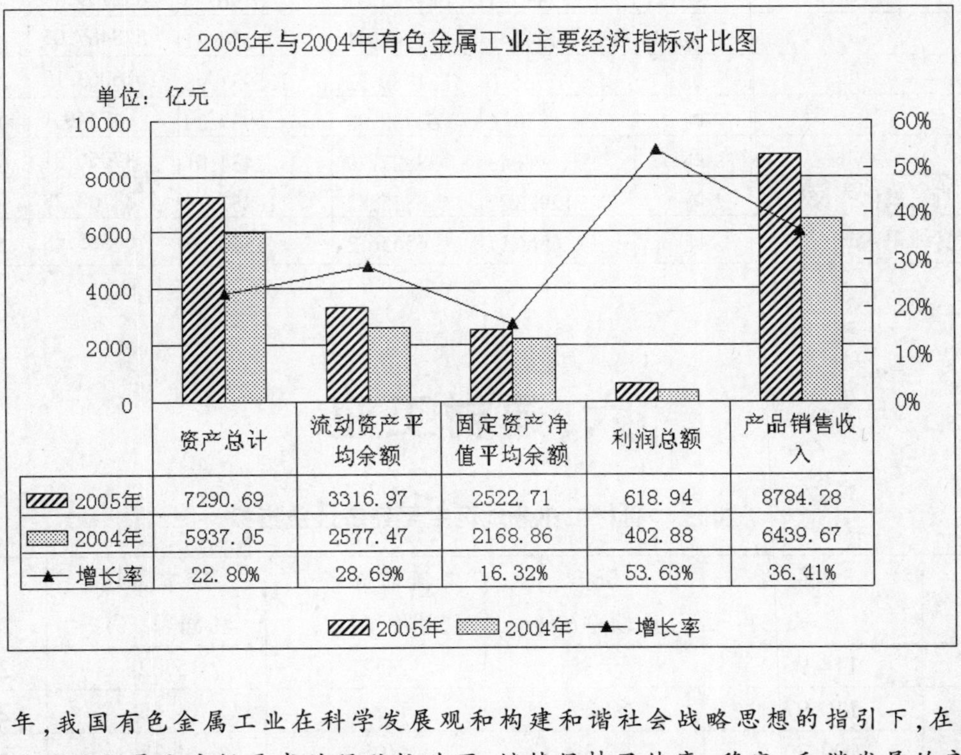


2005 年，我国有色金属工业在科学发展观和构建和谐社会战略思想的指引下，在国家宏观调控政策的正确指导和市场需求的强劲拉动下，继续保持了健康、稳定、和谐发展的良好态势，产品产量稳定增长，经济效益大幅度提高，据统计，全国有色金属行业规模以上企业共计 6424 家，2005 年全年实现销售收入 8784.28 亿元，比去年增长 36.41%，完成利润 618.94 亿元，同比增长 53.63%，资产总额达 7290.69 亿元，其中流动资产平均余额 3316.97 亿元，固定资产净值平均余额 2522.71 亿元，分别比去年增长 22.8%、28.69%和 16.32%。

### 全国有色金属工业主要产品产量同期对比情况表

| 产品名称 | 单位 | 完成产量 | | | | 同期增长 | |
|---|---|---|---|---|---|---|---|
| | | 2005年12月 | 2005年 | 2004年12月 | 2004年 | 12月 | 全年 |
| 十种有色金属 | 吨 | 1501307.91 | 15851093.26 | 1329213.84 | 13718740.73 | 12.95% | 15.54% |
| 铜 | 吨 | 251450.03 | 2533204.34 | 177551.05 | 2059598.6 | 41.62% | 23.00% |
| 铅 | 吨 | 220905.23 | 2333867.52 | 172687.06 | 1845202.21 | 27.92% | 26.48% |
| 锌 | 吨 | 265783.25 | 2671705.99 | 328542.42 | 2689420.89 | -19.10% | -0.66% |
| 镍 | 吨 | 8204.13 | 91412.89 | 3281.22 | 69639.96 | 150.03% | 31.26% |
| 锡 | 吨 | 12055.91 | 124016.73 | 14727.3 | 110561.74 | -18.14% | 12.17% |
| 锑 | 吨 | 16889.93 | 145525.63 | 11581.63 | 130863.17 | 45.83% | 11.20% |
| 铝 | 吨 | 670770.24 | 7412304.08 | 564718.22 | 6245255.04 | 18.78% | 18.69% |
| 镁 | 吨 | 48769.56 | 468705.17 | 41192.55 | 433475.23 | 18.39% | 8.13% |
| 钛 | 吨 | 1045.14 | 9273.59 | 434.71 | 4808.94 | 140.42% | 92.84% |
| 黄金 | 千克 | 51387.81 | 325303.92 | 22446.15 | 255310.33 | 128.94% | 27.42% |
| 白银 | 千克 | 712259.32 | 7196187.18 | 572464.57 | 6072016.17 | 24.42% | 18.51% |
| 氧化铝 | 吨 | 807885.41 | 8608759.41 | 608314.5 | 6984886 | 32.81% | 23.25% |
| 铝合金 | 吨 | 101611.38 | 944607.23 | 82207.15 | 808363.83 | 23.60% | 16.85% |
| 铜加工材 | 吨 | 439421.5 | 4892277.79 | 393092.55 | 4405778.59 | 11.79% | 11.04% |
| 铝材 | 吨 | 587531.6 | 5941361.86 | 407275.14 | 4600479.11 | 44.26% | 29.15% |
| 铜精矿含铜量 | 吨 | 56895.41 | 689522.91 | 60196.26 | 692199.41 | -5.48% | -0.39% |
| 铅精矿含铅量 | 吨 | 59943.45 | 627101.41 | 44224.31 | 578487.05 | 35.54% | 8.40% |
| 锌精矿含锌量 | 吨 | 173610 | 1831489.53 | 135931.98 | 1616063.12 | 27.72% | 13.33% |
| 锡精矿含锡量 | 吨 | 9809.6 | 63738.98 | 4937.29 | 47449.1 | 98.68% | 34.33% |
| 锑精矿含锑量 | 吨 | 4043 | 38827.79 | 2434.81 | 37056.81 | 66.05% | 4.78% |
| 钨精矿折含量(折三氧化钨65%) | 吨 | 12923.22 | 113855.82 | 10857.29 | 88108.28 | 19.03% | 29.22% |
| 钼精矿折含量(含纯钼45%) | 吨 | 6566.17 | 65656.2 | 5566.56 | 66385.88 | 17.96% | -1.10% |

# 六、建材工业

### 2005年建材工业分地区主要经济效益指标

| 地区 | 资本保值增值率(%) | 资产负债率(%) | 流动资产周转率(次) | 成本费用利润率(%) | 人均销售率(元) |
|---|---|---|---|---|---|
| 全国 | 114.96 | 60.38 | 2.32 | 5.02 | 238010.38 |
| 北京市 | 110.97 | 60.27 | 1.24 | 4.45 | 278021.38 |
| 天津市 | 109.70 | 65.39 | 1.95 | 4.31 | 333259.87 |
| 河北省 | 112.30 | 63.65 | 2.39 | 5.86 | 198026.16 |
| 山西省 | 109.41 | 71.76 | 1.18 | -1.89 | 86135.23 |
| 内蒙古 | 127.50 | 60.74 | 1.98 | 6.79 | 182816.77 |
| 辽宁省 | 114.61 | 61.59 | 1.90 | 3.51 | 252102.61 |

续表

| 地区 | 资本保值增值率(%) | 资产负债率(%) | 流动资产周转率(次) | 成本费用利润率(%) | 人均销售率(元) |
|---|---|---|---|---|---|
| 吉林省 | 94.37 | 69.31 | 1.50 | 4.52 | 188428.12 |
| 黑龙江 | 103.50 | 80.51 | 1.04 | -1.67 | 108735.22 |
| 上海市 | 108.46 | 56.26 | 1.86 | 5.65 | 395351.30 |
| 江苏省 | 116.58 | 60.72 | 2.43 | 5.09 | 331943.67 |
| 浙江省 | 123.60 | 60.96 | 2.04 | 4.75 | 274930.96 |
| 安徽省 | 117.34 | 60.59 | 2.11 | 4.65 | 215081.12 |
| 福建省 | 118.45 | 50.11 | 2.32 | 4.11 | 214335.32 |
| 江西省 | 115.64 | 59.73 | 2.23 | 3.44 | 161723.50 |
| 山东省 | 124.15 | 58.16 | 3.82 | 7.15 | 322478.68 |
| 河南省 | 118.61 | 59.07 | 3.18 | 8.43 | 223128.80 |
| 湖北省 | 120.16 | 57.15 | 2.49 | 4.33 | 180493.87 |
| 湖南省 | 111.00 | 61.36 | 2.92 | 2.96 | 134565.95 |
| 广东省 | 109.43 | 59.94 | 2.55 | 3.39 | 246471.55 |
| 广西区 | 118.03 | 65.07 | 2.55 | 2.10 | 103729.74 |
| 海南省 | 96.11 | 50.35 | 2.10 | 3.78 | 417986.43 |
| 重庆市 | 118.78 | 61.41 | 1.85 | 6.28 | 155887.60 |
| 四川省 | 114.24 | 56.43 | 2.19 | 3.69 | 148339.08 |
| 贵州省 | 103.23 | 64.34 | 1.23 | 0.23 | 93436.45 |
| 云南省 | 110.93 | 66.16 | 1.49 | 4.20 | 145641.08 |
| 西藏区 | 124.66 | 62.99 | 1.65 | 10.63 | 163656.58 |
| 陕西省 | 111.72 | 73.53 | 1.32 | -0.91 | 100296.93 |
| 甘肃省 | 101.85 | 64.34 | 1.17 | 0.89 | 94079.54 |
| 青海省 | 105.25 | 49.79 | 1.56 | 3.83 | 103483.05 |
| 宁夏区 | 119.30 | 56.94 | 1.36 | 7.42 | 156380.24 |
| 新疆区 | 104.76 | 54.46 | 1.05 | 6.34 | 170578.41 |

## 2005年建材工业分地区主要经济指标(一)

单位:千元

| 地区 | 产品销售收入 | | | 利润总额 | | |
|---|---|---|---|---|---|---|
| | 2005年 | 2004年 | 同期增长 | 2005年 | 2004年 | 同期增长 |
| 全国 | 1500793715 | 1180226003 | 27.16% | 70389449 | 62819116 | 12.05% |
| 北京市 | 30869270 | 27041566 | 14.15% | 1340914 | 1454719 | -7.82% |
| 天津市 | 29042931 | 26030637 | 11.57% | 1248287 | 1249061 | -0.06% |
| 河北省 | 71257733 | 55143818 | 29.22% | 3828143 | 3067059 | 24.81% |
| 山西省 | 12633799 | 11176718 | 13.04% | -234125 | 41840 | -659.57% |
| 内蒙古 | 9756931 | 7640909 | 27.69% | 648703 | 565405 | 14.73% |
| 辽宁省 | 56919223 | 40156854 | 41.74% | 1886466 | 1642160 | 14.88% |
| 吉林省 | 11725882 | 10289278 | 13.96% | 499222 | 591989 | -15.67% |

续表

| 地区 | 产品销售收入 | | | 利润总额 | | |
|---|---|---|---|---|---|---|
| | 2005 年 | 2004 年 | 同期增长 | 2005 年 | 2004 年 | 同期增长 |
| 黑龙江 | 7894503 | 7142614 | 10.53% | -142421 | -15316 | 829.88% |
| 上海市 | 95806667 | 85550322 | 11.99% | 5264052 | 5709292 | -7.80% |
| 江苏省 | 191308098 | 149621849 | 27.86% | 9304126 | 8345644 | 11.48% |
| 浙江省 | 147501835 | 121088197 | 21.81% | 6630068 | 7751725 | -14.47% |
| 安徽省 | 25506040 | 20958932 | 21.70% | 1138677 | 2384696 | -52.25% |
| 福建省 | 56674975 | 45437246 | 24.73% | 2196930 | 2759846 | -20.40% |
| 江西省 | 18465913 | 13717881 | 34.61% | 692934 | 580425 | 19.38% |
| 山东省 | 233958279 | 164024711 | 42.64% | 15420976 | 10246065 | 50.51% |
| 河南省 | 93812717 | 64035879 | 46.50% | 7246213 | 4142722 | 74.91% |
| 湖北省 | 31589315 | 25372232 | 24.50% | 1296117 | 1404193 | -7.70% |
| 湖南省 | 29578806 | 22884406 | 29.25% | 870292 | 629096 | 38.34% |
| 广东省 | 238587169 | 196156135 | 21.63% | 7614452 | 7690998 | -1.00% |
| 广西区 | 13883603 | 10533729 | 31.80% | 280961 | 277237 | 1.34% |
| 海南省 | 2371655 | 2380202 | -0.36% | 98964 | 145522 | -31.99% |
| 重庆市 | 15443629 | 12105501 | 27.58% | 926195 | 663651 | 39.56% |
| 四川省 | 36157355 | 26835268 | 34.74% | 1261361 | 637613 | 97.83% |
| 贵州省 | 6511493 | 5446723 | 19.55% | 15380 | -35413 | -143.43% |
| 云南省 | 8277074 | 6463084 | 28.07% | 335681 | 213598 | 57.16% |
| 西藏区 | 502753 | 424967 | 18.30% | 72840 | 84035 | -13.32% |
| 陕西省 | 8347814 | 7055443 | 18.32% | -72918 | 85543 | -185.24% |
| 甘肃省 | 5611468 | 5553395 | 1.05% | 47116 | -70735 | -166.61% |
| 青海省 | 1562801 | 1406253 | 11.13% | 61991 | 66530 | -6.82% |
| 宁夏区 | 3251458 | 2944057 | 10.44% | 240329 | 274657 | -12.50% |
| 新疆区 | 5982526 | 5607197 | 6.69% | 371523 | 235259 | 57.92% |

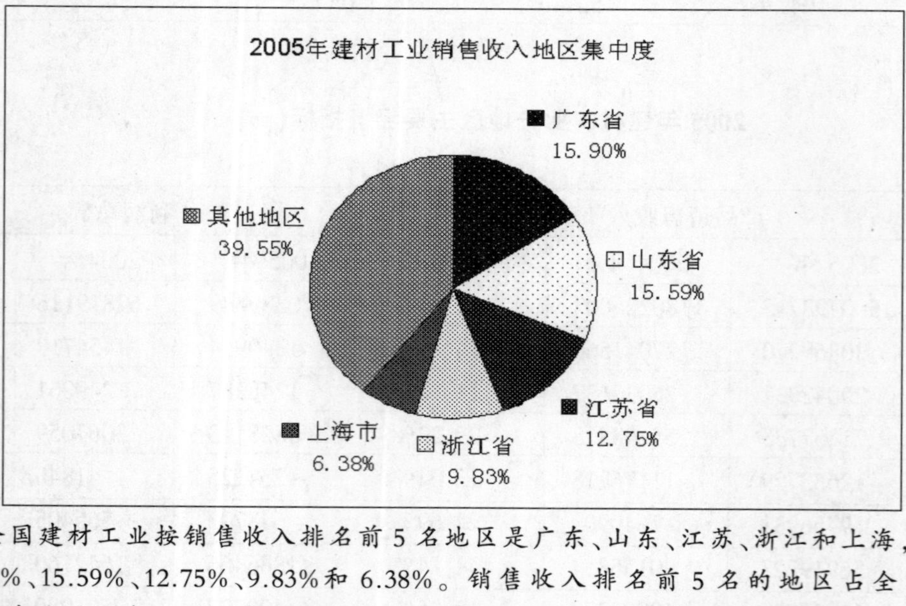


2005 年，全国建材工业按销售收入排名前 5 名地区是广东、山东、江苏、浙江和上海，分别占全国销售收入的 15.9%、15.59%、12.75%、9.83%和 6.38%。销售收入排名前 5 名的地区占全国销售收入的 60.45%，其中华东地区山东、江苏、浙江和上海四省市占 44.55%，高于工业平均集中度。

## 2005年建材工业分地区主要经济指标(二)

单位:千元

| 地区 | 应收帐款净额 | | | 产成品 | | |
|---|---|---|---|---|---|---|
| | 2005年 | 2004年 | 同期增长 | 2005年 | 2004年 | 同期增长 |
| 全国 | 205231998 | 177217426 | 15.81% | 106627652 | 91982561 | 15.92% |
| 北京市 | 10257472 | 8699533 | 17.91% | 3564024 | 3428091 | 3.97% |
| 天津市 | 4390425 | 4424638 | -0.77% | 1909254 | 1881140 | 1.49% |
| 河北省 | 8149837 | 7290847 | 11.78% | 6120415 | 5216759 | 17.32% |
| 山西省 | 2995033 | 2692113 | 11.25% | 2543919 | 2377124 | 7.02% |
| 内蒙古 | 1472332 | 1087076 | 35.44% | 893435 | 728710 | 22.61% |
| 辽宁省 | 10832353 | 9080804 | 19.29% | 4927625 | 4174022 | 18.05% |
| 吉林省 | 2364685 | 2359005 | 0.24% | 1334115 | 1376382 | -3.07% |
| 黑龙江 | 2486088 | 2248159 | 10.58% | 1694454 | 1431074 | 18.40% |
| 上海市 | 19806765 | 17080014 | 15.96% | 6312939 | 5723090 | 10.31% |
| 江苏省 | 29016762 | 23507224 | 23.44% | 9902956 | 8931509 | 10.88% |
| 浙江省 | 23486238 | 18110478 | 29.68% | 11093538 | 8699088 | 27.53% |
| 安徽省 | 2796009 | 2182612 | 28.10% | 2072742 | 1715656 | 20.81% |
| 福建省 | 8279049 | 7360660 | 12.48% | 4257156 | 3284103 | 29.63% |
| 江西省 | 1694239 | 1407127 | 20.40% | 1607553 | 1214325 | 32.38% |
| 山东省 | 12912035 | 11341440 | 13.85% | 11510076 | 9266881 | 24.21% |
| 河南省 | 8245897 | 7041078 | 17.11% | 4215086 | 3669590 | 14.87% |
| 湖北省 | 3510717 | 2898066 | 21.14% | 2338221 | 1709796 | 36.75% |
| 湖南省 | 2832455 | 2568658 | 10.27% | 2189437 | 2125001 | 3.03% |
| 广东省 | 30581527 | 29572091 | 3.41% | 17826683 | 15949741 | 11.77% |
| 广西区 | 1466935 | 1289619 | 13.75% | 1067408 | 898600 | 18.79% |
| 海南省 | 329918 | 222585 | 48.22% | 131561 | 96308 | 36.60% |
| 重庆市 | 2548127 | 1820678 | 39.95% | 1223390 | 963954 | 26.91% |
| 四川省 | 5071266 | 4188730 | 21.07% | 2732287 | 2293763 | 19.12% |
| 贵州省 | 1179964 | 1188217 | -0.69% | 924962 | 890177 | 3.91% |
| 云南省 | 1745035 | 1654012 | 5.50% | 698057 | 628979 | 10.98% |
| 西藏区 | 113531 | 93460 | 21.48% | 14202 | 13886 | 2.28% |
| 陕西省 | 1866931 | 1636580 | 14.08% | 1369923 | 1330269 | 2.98% |
| 甘肃省 | 1810825 | 1495677 | 21.07% | 851319 | 840867 | 1.24% |
| 青海省 | 231400 | 234378 | -1.27% | 255347 | 234607 | 8.84% |
| 宁夏区 | 865168 | 648226 | 33.47% | 404946 | 340631 | 18.88% |
| 新疆区 | 1892980 | 1793641 | 5.54% | 640622 | 548438 | 16.81% |

## 2005年建材工业分地区主要经济指标(三)

单位:千元

| 地区 | 流动资产平均余额 | | | 固定资产净值平均余额 | | |
|---|---|---|---|---|---|---|
| | 2005年 | 2004年 | 同期增长 | 2005年 | 2004年 | 同期增长 |
| 全国 | 699480185 | 595881937 | 17.39% | 553155651 | 475217565 | 16.40% |
| 北京市 | 26434663 | 23316137 | 13.37% | 13712715 | 12449925 | 10.14% |
| 天津市 | 15912520 | 13895497 | 14.52% | 8229737 | 7258036 | 13.39% |
| 河北省 | 31735422 | 27971011 | 13.46% | 33579367 | 29845446 | 12.51% |
| 山西省 | 11551996 | 9919702 | 16.46% | 10130973 | 9363413 | 8.20% |
| 内蒙古 | 5432351 | 4434757 | 22.49% | 7096629 | 5582419 | 27.12% |
| 辽宁省 | 32491831 | 27535459 | 18.00% | 23341618 | 21061079 | 10.83% |
| 吉林省 | 8178461 | 7482956 | 9.29% | 9177610 | 8055006 | 13.94% |
| 黑龙江 | 7698366 | 7443591 | 3.42% | 7265932 | 6455402 | 12.56% |
| 上海市 | 54705854 | 48111103 | 13.71% | 27703895 | 24898312 | 11.27% |
| 江苏省 | 86038796 | 71471404 | 20.38% | 55598271 | 47897169 | 16.08% |
| 浙江省 | 81883487 | 62378931 | 31.27% | 48338546 | 38933152 | 24.16% |
| 安徽省 | 12698920 | 11526676 | 10.17% | 16556232 | 13978129 | 18.44% |
| 福建省 | 26872380 | 21890930 | 22.76% | 20967909 | 17640014 | 18.87% |
| 江西省 | 9101479 | 7464994 | 21.92% | 10684540 | 9601213 | 11.28% |
| 山东省 | 67310577 | 55133562 | 22.09% | 64565602 | 50138549 | 28.77% |
| 河南省 | 32161315 | 26766104 | 20.16% | 27358660 | 23163203 | 18.11% |
| 湖北省 | 13849103 | 11502319 | 20.40% | 17010397 | 14168507 | 20.06% |
| 湖南省 | 10843010 | 9436398 | 14.91% | 12316646 | 10817119 | 13.86% |
| 广东省 | 97910983 | 89157992 | 9.82% | 66030628 | 58872696 | 12.16% |
| 广西区 | 5864022 | 5018598 | 16.85% | 10612194 | 8563752 | 23.92% |
| 海南省 | 1176367 | 1086482 | 8.27% | 1670673 | 1785874 | -6.45% |
| 重庆市 | 8962954 | 7714424 | 16.18% | 8999092 | 7403972 | 21.54% |
| 四川省 | 17874227 | 15206332 | 17.54% | 17141718 | 15783863 | 8.60% |
| 贵州省 | 5385770 | 5225901 | 3.06% | 5242750 | 4805269 | 9.10% |
| 云南省 | 5907538 | 5230607 | 12.94% | 6833306 | 6367206 | 7.32% |
| 西藏区 | 309847 | 301125 | 2.90% | 901497 | 338488 | 166.33% |
| 陕西省 | 6672877 | 5979903 | 11.59% | 7513265 | 6563842 | 14.46% |
| 甘肃省 | 5082431 | 4546834 | 11.78% | 5184962 | 4859891 | 6.69% |
| 青海省 | 1062917 | 943571 | 12.65% | 1263022 | 1114845 | 13.29% |
| 宁夏区 | 2554034 | 2244329 | 13.80% | 2743440 | 2291122 | 19.74% |
| 新疆区 | 5815687 | 5544308 | 4.89% | 5383825 | 5160652 | 4.32% |

## 2005年建材工业分地区主要经济指标(四)

单位:千元

| 地区 | 资产总计 | | | 负债合计 | | |
|---|---|---|---|---|---|---|
| | 2005年 | 2004年 | 同期增长 | 2005年 | 2004年 | 同期增长 |
| 全国 | 1490491077 | 1296537052 | 14.96% | 899958678 | 780692645 | 15.28% |
| 北京市 | 49689754 | 44775754 | 10.97% | 29947632 | 26270165 | 14.00% |
| 天津市 | 27759596 | 25305586 | 9.70% | 18153282 | 16892127 | 7.47% |
| 河北省 | 76933169 | 68509505 | 12.30% | 48968887 | 43209741 | 13.33% |
| 山西省 | 25727806 | 23515812 | 9.41% | 18462322 | 16261575 | 13.53% |
| 内蒙古 | 16365663 | 12836240 | 27.50% | 9939854 | 7550610 | 31.64% |
| 辽宁省 | 66678219 | 58177966 | 14.61% | 41064629 | 35498688 | 15.68% |
| 吉林省 | 17676774 | 18731442 | -5.63% | 12251336 | 11674818 | 4.94% |
| 黑龙江 | 17282809 | 16698883 | 3.50% | 13913706 | 12488894 | 11.41% |
| 上海市 | 95071513 | 87658963 | 8.46% | 53482645 | 47025082 | 13.73% |
| 江苏省 | 167634338 | 143797266 | 16.58% | 101783791 | 89351493 | 13.91% |
| 浙江省 | 161392740 | 130577014 | 23.60% | 98384776 | 78345781 | 25.58% |
| 安徽省 | 36163121 | 30818152 | 17.34% | 21910580 | 18059008 | 21.33% |
| 福建省 | 56752720 | 47913374 | 18.45% | 28436706 | 23078634 | 23.22% |
| 江西省 | 22898393 | 19801295 | 15.64% | 13677748 | 11456999 | 19.38% |
| 山东省 | 157661934 | 126997790 | 24.15% | 91700456 | 74840977 | 22.53% |
| 河南省 | 71183475 | 60012550 | 18.61% | 42049529 | 36432980 | 15.42% |
| 湖北省 | 38531269 | 32067440 | 20.16% | 22019907 | 18512349 | 18.95% |
| 湖南省 | 26886243 | 24221698 | 11.00% | 16496617 | 15447565 | 6.79% |
| 广东省 | 187847604 | 171662562 | 9.43% | 112595470 | 104544312 | 7.70% |
| 广西区 | 19640337 | 16640399 | 18.03% | 12779350 | 11457045 | 11.54% |
| 海南省 | 2944870 | 3064085 | -3.89% | 1482824 | 1564008 | -5.19% |
| 重庆市 | 22881864 | 19264746 | 18.78% | 14052153 | 12200736 | 15.17% |
| 四川省 | 42747876 | 37419705 | 14.24% | 24122095 | 20609667 | 17.04% |
| 贵州省 | 12093954 | 11716094 | 3.23% | 7781078 | 7421089 | 4.85% |
| 云南省 | 15505256 | 13977048 | 10.93% | 10257508 | 9409608 | 9.01% |
| 西藏区 | 1298106 | 1041293 | 24.66% | 817635 | 597611 | 36.82% |
| 陕西省 | 16847855 | 15080096 | 11.72% | 12387717 | 10685332 | 15.93% |
| 甘肃省 | 11876489 | 11660602 | 1.85% | 7641406 | 7422313 | 2.95% |
| 青海省 | 2664010 | 2531137 | 5.25% | 1326367 | 1311913 | 1.10% |
| 宁夏区 | 6851691 | 5743081 | 19.30% | 3901437 | 3142103 | 24.17% |
| 新疆区 | 15001629 | 14319474 | 4.76% | 8169235 | 7929422 | 3.02% |

## 2005年建材工业分地区主要经济指标(五)

单位:千元

| 地区 | 销售成本 | | | 销售费用 | | |
|---|---|---|---|---|---|---|
| | 2005年 | 2004年 | 同期增长 | 2005年 | 2004年 | 同期增长 |
| 全国 | 1286656758 | 995884800 | 29.20% | 50500567 | 41692121 | 21.13% |
| 北京市 | 26313266 | 22555582 | 16.66% | 1214285 | 1037956 | 16.99% |
| 天津市 | 25930474 | 22708104 | 14.19% | 723199 | 692087 | 4.50% |
| 河北省 | 59158776 | 45723020 | 29.39% | 2799411 | 2306765 | 21.36% |
| 山西省 | 10707802 | 9161002 | 16.88% | 528361 | 516613 | 2.27% |
| 内蒙古 | 7820514 | 5989951 | 30.56% | 316019 | 279428 | 13.09% |
| 辽宁省 | 47997570 | 33036284 | 45.29% | 2491051 | 1849215 | 34.71% |
| 吉林省 | 9619159 | 8175755 | 17.65% | 448988 | 409068 | 9.76% |
| 黑龙江 | 6814570 | 6105429 | 11.61% | 335024 | 308082 | 8.75% |
| 上海市 | 82262540 | 72029545 | 14.21% | 3185246 | 2930605 | 8.69% |
| 江苏省 | 166646316 | 128015916 | 30.18% | 5595437 | 4575499 | 22.29% |
| 浙江省 | 128578843 | 103370297 | 24.39% | 4139189 | 3388418 | 22.16% |
| 安徽省 | 21387508 | 16356902 | 30.76% | 1316038 | 1007678 | 30.60% |
| 福建省 | 48570324 | 37954735 | 27.97% | 1987625 | 1707405 | 16.41% |
| 江西省 | 15668856 | 11367020 | 37.84% | 627747 | 574023 | 9.36% |
| 山东省 | 201480056 | 140682466 | 43.22% | 6086108 | 4542478 | 33.98% |
| 河南省 | 77629883 | 52704932 | 47.29% | 4639916 | 3362989 | 37.97% |
| 湖北省 | 26520854 | 20666741 | 28.33% | 1356050 | 1224696 | 10.73% |
| 湖南省 | 24842547 | 18610551 | 33.49% | 1406160 | 1127603 | 24.70% |
| 广东省 | 208490555 | 169734695 | 22.83% | 6721914 | 5766717 | 16.56% |
| 广西区 | 11939633 | 8857879 | 34.79% | 618041 | 442209 | 39.76% |
| 海南省 | 2044055 | 1975125 | 3.49% | 107280 | 119104 | -9.93% |
| 重庆市 | 12520082 | 9394047 | 33.28% | 689088 | 755355 | -8.77% |
| 四川省 | 30754653 | 22575078 | 36.23% | 1237260 | 1033857 | 19.67% |
| 贵州省 | 5466479 | 4654997 | 17.43% | 312560 | 281021 | 11.22% |
| 云南省 | 6846106 | 5313272 | 28.85% | 363430 | 285485 | 27.30% |
| 西藏区 | 359172 | 290434 | 23.67% | 9457 | 5936 | 59.32% |
| 陕西省 | 6848866 | 5560488 | 23.17% | 361958 | 315924 | 14.57% |
| 甘肃省 | 4471626 | 4313212 | 3.67% | 294445 | 282994 | 4.05% |
| 青海省 | 1332075 | 1159805 | 14.85% | 77578 | 66657 | 16.38% |
| 宁夏区 | 2581395 | 2281233 | 13.16% | 207690 | 193303 | 7.44% |
| 新疆区 | 5052203 | 4560303 | 10.79% | 304012 | 302951 | 0.35% |

## 2005年建材工业分地区主要经济指标(六)

单位:千元

| 地区 | 财务费用 | | | 管理费用 | | |
|---|---|---|---|---|---|---|
| | 2005年 | 2004年 | 同期增长 | 2005年 | 2004年 | 同期增长 |
| 全国 | 20356399 | 17020315 | 19.60% | 65766247 | 57886993 | 13.61% |
| 北京市 | 370147 | 330246 | 12.08% | 2381681 | 2285682 | 4.20% |
| 天津市 | 212896 | 211887 | 0.48% | 1075367 | 1037920 | 3.61% |
| 河北省 | 1221458 | 1143578 | 6.81% | 2898027 | 2711937 | 6.86% |
| 山西省 | 502487 | 369359 | 36.04% | 904179 | 811285 | 11.45% |
| 内蒙古 | 251403 | 182014 | 38.12% | 591601 | 519065 | 13.97% |
| 辽宁省 | 827777 | 692619 | 19.51% | 2931201 | 2318310 | 26.44% |
| 吉林省 | 282285 | 247869 | 13.88% | 760038 | 717861 | 5.88% |
| 黑龙江 | 207833 | 213836 | -2.81% | 754120 | 757500 | -0.45% |
| 上海市 | 627312 | 617191 | 1.64% | 5448601 | 5036169 | 8.19% |
| 江苏省 | 2231254 | 1848420 | 20.71% | 7907261 | 6984136 | 13.22% |
| 浙江省 | 2656567 | 1990578 | 33.46% | 6341827 | 5402830 | 17.38% |
| 安徽省 | 525771 | 396961 | 32.45% | 1101601 | 1009453 | 9.13% |
| 福建省 | 667012 | 581811 | 14.64% | 2570354 | 1986055 | 29.42% |
| 江西省 | 324333 | 304028 | 6.68% | 737594 | 669704 | 10.14% |
| 山东省 | 3081383 | 2303273 | 33.78% | 6865662 | 5382018 | 27.57% |
| 河南省 | 1308999 | 1093959 | 19.66% | 3116351 | 2591538 | 20.25% |
| 湖北省 | 575377 | 454977 | 26.46% | 1610795 | 1417596 | 13.63% |
| 湖南省 | 457203 | 365540 | 25.08% | 1537824 | 1484991 | 3.56% |
| 广东省 | 1664214 | 1435476 | 15.93% | 8921667 | 7929335 | 12.51% |
| 广西区 | 205292 | 185939 | 10.41% | 796586 | 747588 | 6.55% |
| 海南省 | 13977 | 35727 | -60.88% | 105661 | 98830 | 6.91% |
| 重庆市 | 360664 | 304268 | 18.53% | 971561 | 843151 | 15.23% |
| 四川省 | 557049 | 529623 | 5.18% | 2051780 | 1876870 | 9.32% |
| 贵州省 | 145371 | 137457 | 5.76% | 600528 | 566981 | 5.92% |
| 云南省 | 273442 | 243244 | 12.41% | 770840 | 696034 | 10.75% |
| 西藏区 | 6928 | 1701 | 307.29% | 57628 | 41238 | 39.74% |
| 陕西省 | 258841 | 248545 | 4.14% | 642565 | 615300 | 4.43% |
| 甘肃省 | 188104 | 181588 | 3.59% | 468463 | 544893 | -14.03% |
| 青海省 | 32676 | 33065 | -1.18% | 120012 | 109299 | 9.80% |
| 宁夏区 | 88292 | 77047 | 14.59% | 220712 | 210754 | 4.72% |
| 新疆区 | 230052 | 258489 | -11.00% | 504160 | 482670 | 4.45% |

## 2005年建材工业分地区主要经济指标(七)

单位:千元

| 地区 | 税金及附加 | | | 税金总额 |
|---|---|---|---|---|
| | 2005年 | 2004年 | 同期增长 | 2005年 |
| 全国 | 9152089 | 7126648 | 28.42% | 57966751 |
| 北京市 | 81308 | 80786 | 0.65% | 1001591 |
| 天津市 | 55478 | 57791 | -4.00% | 591566 |
| 河北省 | 416364 | 364688 | 14.17% | 2665614 |
| 山西省 | 128557 | 131386 | -2.15% | 759959 |
| 内蒙古 | 71987 | 53692 | 34.07% | 566089 |
| 辽宁省 | 358116 | 242626 | 47.60% | 1927259 |
| 吉林省 | 96276 | 89633 | 7.41% | 658603 |
| 黑龙江 | 72011 | 64395 | 11.83% | 525016 |
| 上海市 | 192523 | 200416 | -3.94% | 2601842 |
| 江苏省 | 848808 | 730442 | 16.20% | 6859212 |
| 浙江省 | 782667 | 698124 | 12.11% | 5393650 |
| 安徽省 | 178362 | 184681 | -3.42% | 1193539 |
| 福建省 | 502711 | 434603 | 15.67% | 1921227 |
| 江西省 | 148896 | 128686 | 15.70% | 911141 |
| 山东省 | 1940314 | 1181298 | 64.25% | 10268273 |
| 河南省 | 855424 | 463030 | 84.74% | 4946779 |
| 湖北省 | 359117 | 257287 | 39.58% | 1546975 |
| 湖南省 | 385473 | 312867 | 23.21% | 1573819 |
| 广东省 | 897850 | 750187 | 19.68% | 5921363 |
| 广西区 | 107417 | 95928 | 11.98% | 835955 |
| 海南省 | 8917 | 9974 | -10.60% | 101806 |
| 重庆市 | 103239 | 104996 | -1.67% | 888009 |
| 四川省 | 268565 | 212910 | 26.14% | 1756682 |
| 贵州省 | 51441 | 46801 | 9.91% | 396792 |
| 云南省 | 64468 | 71266 | -9.54% | 678263 |
| 西藏区 | 4138 | 3175 | 30.33% | 35306 |
| 陕西省 | 65509 | 61208 | 7.03% | 473060 |
| 甘肃省 | 50639 | 45599 | 11.05% | 346580 |
| 青海省 | 11433 | 12075 | -5.32% | 78233 |
| 宁夏区 | 18782 | 15178 | 23.74% | 206826 |
| 新疆区 | 25299 | 20920 | 20.93% | 335722 |

**2005 年建材工业主要经济指标**

| 指标 | 单位 | 2005 年 | 2004 年 | 同期增减 |
|---|---|---|---|---|
| 企业总数 | 个 | 33311 | | |
| 亏损企业 | 个 | 6102 | | |
| 亏损企业亏损总额 | 千元 | 12926524 | | |
| 应收帐款净额 | 千元 | 205231998 | 177217426 | 15.81% |
| 产成品 | 千元 | 106627652 | 91982561 | 15.92% |
| 资产总计 | 千元 | 1490491077 | 1296537052 | 14.96% |
| 流动资产平均余额 | 千元 | 699480185 | 595881937 | 17.39% |
| 固定资产净值平均余额 | 千元 | 553155651 | 475217565 | 16.40% |
| 负债总计 | 千元 | 899958678 | 780692645 | 15.28% |
| 产品销售收入 | 千元 | 1500793715 | 1180226003 | 27.16% |
| 产品销售成本 | 千元 | 1286656758 | 995884800 | 29.20% |
| 产品销售费用 | 千元 | 50500567 | 41692121 | 21.13% |
| 税金及附加 | 千元 | 9152089 | 7126648 | 28.42% |
| 财务费用 | 千元 | 20356399 | 17020315 | 19.60% |
| 管理费用 | 千元 | 65766247 | 57886993 | 13.61% |
| 利润总额 | 千元 | 70389449 | 62819116 | 12.05% |
| 全部从业人员 | 人 | 6305581 | 6037906 | 4.43% |

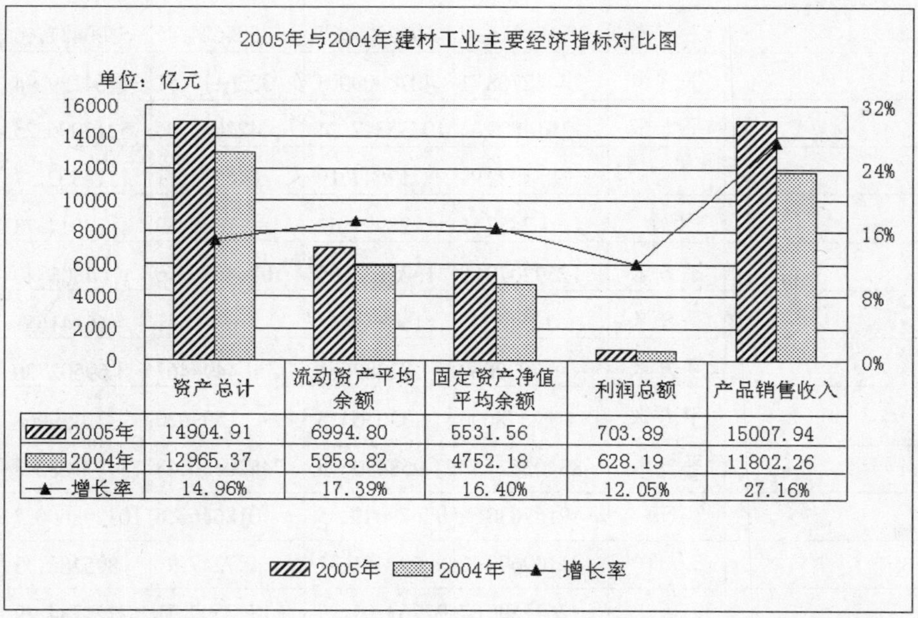


2005 年在国民经济持续、快速发展的强劲拉动下，建材工业生产和市场需求继续保持了平稳增长的态势；固定资产投资增速继续回落，投资结构更趋合理，产业结构得到进一步优化；出口贸易呈继续扩大的态势，但贸易摩擦有所增加；受原燃材料涨价等因素的影响，企业生产成本上升，盈利水平下降，亏损面扩大，全行业经济效益下滑。

2005 年建材工业资产总额达到 14904.91 亿元，同比增长 14.96%，其中流动资产平均余额达 6994.8 亿元，固定资产净值平均余额为 5531.56 亿元，分别比 2004 年增长 17.39%和 16.4%。全年完成销售收入 15007.94 亿元，同比增长 27.16%，实现利润 703.89 亿元，同比增长 12.05%，除山东、河南、四川、湖南、云南、新疆等省区外，全国大部分省市区建材工业的盈利水平下降。

## 全国建材工业主要产品产量同期对比情况表

| 产品名称 | 单位 | 完成产量 | | | | 同期增长 | |
|---|---|---|---|---|---|---|---|
| | | 2005 年 12 月 | 2005 年 | 2004 年 12 月 | 2004 年 | 12 月 | 全年 |
| 水泥熟料 | 万吨 | 65162798.31 | 659717781.6 | 54818643.78 | 564989792.7 | 18.87% | 16.77% |
| 预分解窑熟料 | 万吨 | 15536786.75 | 162756259.6 | 11144472.75 | 110413463.3 | 39.41% | 47.41% |
| 水泥 | 万吨 | 101860854 | 1038299884 | 87058710.75 | 930279590.1 | 17.00% | 11.61% |
| 水泥排水管 | 千米 | 6753.39 | 72596.18 | 6090.72 | 63987.77 | 10.88% | 13.45% |
| 水泥压力管 | 千米 | 623.07 | 8514.79 | 1379.81 | 11391.04 | -54.84% | -25.25% |
| 水泥电杆 | 根 | 443122.44 | 4011363.44 | 457016.33 | 4436327.51 | -3.04% | -9.58% |
| 商品混凝土 | 立方米 | 14326766.86 | 135289359.5 | 11298698.42 | 109746802.8 | 26.80% | 23.27% |
| 水泥预制管桩 | 米 | 9804411.91 | 91625406.54 | 8894797.89 | 74603562.33 | 10.23% | 22.82% |
| 砖(折标准砖) | 万块 | 689131.1 | 7650354.54 | 538871.78 | 6071960.09 | 27.88% | 25.99% |
| 瓦 | 万片 | 35772.41 | 383847.28 | 22633.07 | 240231.56 | 58.05% | 59.78% |
| 大理石板材 | 平方米 | 1971976.43 | 17956107.69 | 1455085.75 | 11867063.03 | 35.52% | 51.31% |
| 花岗石板材 | 平方米 | 13138198.56 | 134036624.8 | 10970944.62 | 107124551.1 | 19.75% | 25.12% |
| 石膏板 | 平方米 | 69355760.28 | 536678208.4 | 45591251.59 | 430743966.5 | 52.13% | 24.59% |
| 平板玻璃 | 重量箱 | 33997858.5 | 365735701.1 | 27249673.12 | 313041479.2 | 24.76% | 16.83% |
| 中空玻璃 | 平方米 | 690306.32 | 5922577.27 | 585624.85 | 5300437.66 | 17.88% | 11.74% |
| 钢化玻璃 | 平方米 | 4442708.71 | 40700099.3 | 3236117.51 | 31164189.94 | 37.29% | 30.60% |
| 夹层玻璃 | 平方米 | 1014809.34 | 10735317.24 | 422043.06 | 5215096.25 | 140.45% | 105.85% |
| 日用玻璃制品 | 吨 | 851322.97 | 8717547.19 | 646384.11 | 7578562.37 | 31.71% | 15.03% |
| 玻璃保温容器 | 万个 | 2457.56 | 28997.62 | 2668.89 | 33514.73 | -7.92% | -13.48% |
| 瓷质砖 | 平方米 | 125920784.8 | 1623128065 | 108640852.6 | 1304806040 | 15.91% | 24.40% |
| 炻瓷砖 | 平方米 | 12518397 | 160931442 | 10742631 | 146141651 | 16.53% | 10.12% |
| 细炻砖 | 平方米 | 7022060 | 82382661 | 4494467 | 59502730 | 56.24% | 38.45% |
| 炻质砖 | 平方米 | 2378096 | 32046415 | 1509020 | 22499968 | 57.59% | 42.43% |
| 陶质砖 | 平方米 | 83403623.57 | 958450698 | 74420430.48 | 754471883.8 | 12.07% | 27.04% |
| 卫生陶瓷 | 件 | 9167630.64 | 92679049.35 | 10186466.6 | 103298600.7 | -10.00% | -10.28% |
| 日用陶瓷 | 万件 | 109690.42 | 990451.32 | 87247.91 | 895288.33 | 25.72% | 10.63% |
| 耐火材料制品 | 吨 | 2641599.87 | 22763791.29 | 1842592.71 | 17225284.79 | 43.36% | 32.15% |
| 石墨及碳素制品 | 吨 | 799941.56 | 8602854.23 | 661929.72 | 6884413.89 | 20.85% | 24.96% |
| 玻璃纤维纱 | 吨 | 85947.22 | 951743.63 | 78247.31 | 716696.1 | 9.84% | 32.80% |

# 七、机械工业

## 2005年机械工业分地区主要经济效益指标

| 地区 | 资本保值增值率(%) | 资产负债率(%) | 流动资产周转率(次) | 成本费用利润率(%) | 人均销售率(元) |
|---|---|---|---|---|---|
| 全国 | 116.33 | 62.37 | 2.09 | 4.53 | 412730.76 |
| 北京市 | 120.52 | 57.95 | 2.01 | 3.89 | 816963.67 |
| 天津市 | 118.80 | 56.23 | 2.44 | 7.27 | 758994.04 |
| 河北省 | 113.64 | 62.25 | 1.91 | 7.21 | 256437.52 |
| 山西省 | 117.62 | 70.30 | 1.25 | 2.09 | 157220.60 |
| 内蒙古 | 114.40 | 61.47 | 1.56 | 2.68 | 259027.11 |
| 辽宁省 | 111.03 | 65.84 | 1.43 | 2.76 | 341824.08 |
| 吉林省 | 105.81 | 61.15 | 1.61 | 2.16 | 477080.37 |
| 黑龙江 | 111.40 | 81.22 | 0.94 | 2.28 | 256842.18 |
| 上海市 | 110.21 | 59.26 | 2.02 | 4.81 | 758689.77 |
| 江苏省 | 118.27 | 63.75 | 2.47 | 4.32 | 477033.95 |
| 浙江省 | 120.08 | 59.25 | 2.05 | 5.72 | 315874.12 |
| 安徽省 | 117.99 | 60.89 | 1.92 | 4.45 | 364633.19 |
| 福建省 | 111.41 | 62.07 | 2.25 | 5.21 | 466417.91 |
| 江西省 | 116.61 | 62.50 | 1.53 | 4.06 | 249528.25 |
| 山东省 | 125.66 | 61.80 | 3.10 | 5.67 | 460080.50 |
| 河南省 | 114.65 | 64.52 | 1.87 | 5.54 | 250488.24 |
| 湖北省 | 121.63 | 55.62 | 1.42 | 3.45 | 357218.45 |
| 湖南省 | 103.31 | 64.09 | 1.64 | 3.84 | 252419.36 |
| 广东省 | 117.99 | 63.87 | 2.48 | 3.77 | 396549.18 |
| 广西区 | 120.87 | 63.48 | 1.80 | 4.40 | 390363.75 |
| 海南省 | 133.16 | 61.19 | 2.17 | 5.56 | 788336.14 |
| 重庆市 | 114.72 | 62.05 | 1.84 | 3.23 | 318388.13 |
| 四川省 | 117.39 | 68.65 | 1.27 | 5.65 | 288957.65 |
| 贵州省 | 113.37 | 63.08 | 1.07 | −1.48 | 158094.80 |
| 云南省 | 114.59 | 66.97 | 1.29 | 1.84 | 230326.79 |
| 西藏区 | 94.62 | 59.47 | 1.06 | 0.20 | 60005.64 |
| 陕西省 | 114.97 | 67.95 | 1.01 | 2.58 | 200888.62 |
| 甘肃省 | 86.29 | 60.56 | 0.91 | 0.86 | 108062.62 |
| 青海省 | 102.68 | 57.15 | 0.98 | 1.51 | 145965.26 |
| 宁夏区 | 108.09 | 74.08 | 1.01 | 4.52 | 158240.10 |
| 新疆区 | 106.25 | 57.67 | 0.99 | 7.96 | 255638.00 |

## 2005年机械工业分地区主要经济指标(一)

单位:千元

| 地区 | 产品销售收入 | | | 利润总额 | | |
|---|---|---|---|---|---|---|
| | 2005年 | 2004年 | 同期增长 | 2005年 | 2004年 | 同期增长 |
| 全国 | 7100913838 | 5790768745 | 22.62% | 305391084 | 280984358 | 8.69% |
| 北京市 | 327969249 | 246846763 | 32.86% | 12326304 | 12513971 | -1.50% |
| 天津市 | 291490901 | 228313795 | 27.67% | 19780992 | 18175231 | 8.83% |
| 河北省 | 108245099 | 83696243 | 29.33% | 7220608 | 5195904 | 38.97% |
| 山西省 | 33389882 | 25738040 | 29.73% | 678043 | 360412 | 88.13% |
| 内蒙古 | 20861525 | 16401042 | 27.20% | 586359 | 1101519 | -46.77% |
| 辽宁省 | 237558507 | 197246066 | 20.44% | 6333505 | 6222216 | 1.79% |
| 吉林省 | 130501996 | 148026504 | -11.84% | 2743223 | 5696991 | -51.85% |
| 黑龙江 | 58123642 | 44878425 | 29.51% | 1331855 | 113769 | 1070.67% |
| 上海市 | 773451596 | 663267270 | 16.61% | 35868240 | 45199469 | -20.64% |
| 江苏省 | 1136118364 | 891731375 | 27.41% | 47233780 | 36633759 | 28.94% |
| 浙江省 | 600146295 | 496873759 | 20.78% | 32209690 | 30568711 | 5.37% |
| 安徽省 | 105801601 | 83135698 | 27.26% | 4510333 | 3361050 | 34.19% |
| 福建省 | 221580689 | 194468864 | 13.94% | 10935560 | 11389002 | -3.98% |
| 江西省 | 44975969 | 36815406 | 22.17% | 1924322 | 1112701 | 72.94% |
| 山东省 | 649027741 | 483983783 | 34.10% | 34404347 | 23120210 | 48.81% |
| 河南省 | 140429719 | 107430484 | 30.72% | 7266148 | 4735016 | 53.46% |
| 湖北省 | 156768175 | 124727075 | 25.69% | 5224959 | 5460310 | -4.31% |
| 湖南省 | 73177886 | 60616223 | 20.72% | 2862109 | 2765324 | 3.50% |
| 广东省 | 1554713891 | 1285961244 | 20.90% | 56017160 | 54769378 | 2.28% |
| 广西区 | 53525506 | 46094242 | 16.12% | 2208048 | 2341458 | -5.70% |
| 海南省 | 10473834 | 11897730 | -11.97% | 588744 | 503933 | 16.83% |
| 重庆市 | 118649246 | 103440090 | 14.70% | 3690152 | 5330122 | -30.77% |
| 四川省 | 130258640 | 101062932 | 28.89% | 6902276 | 177602 | 3786.37% |
| 贵州省 | 15259152 | 13012403 | 17.27% | -228424 | 227713 | -200.31% |
| 云南省 | 14659609 | 11193149 | 30.97% | 264703 | 198773 | 33.17% |
| 西藏区 | 85148 | 96971 | -12.19% | 2770 | 13312 | -79.19% |
| 陕西省 | 74531888 | 66870191 | 11.46% | 1864044 | 3435471 | -45.74% |
| 甘肃省 | 9163494 | 7947736 | 15.30% | 73542 | -90943 | -180.87% |
| 青海省 | 1155461 | 1004805 | 14.99% | 17638 | 16748 | 5.31% |
| 宁夏区 | 3540464 | 2861249 | 23.74% | 159304 | 29757 | 435.35% |
| 新疆区 | 5278669 | 5129188 | 2.91% | 390750 | 305469 | 27.92% |

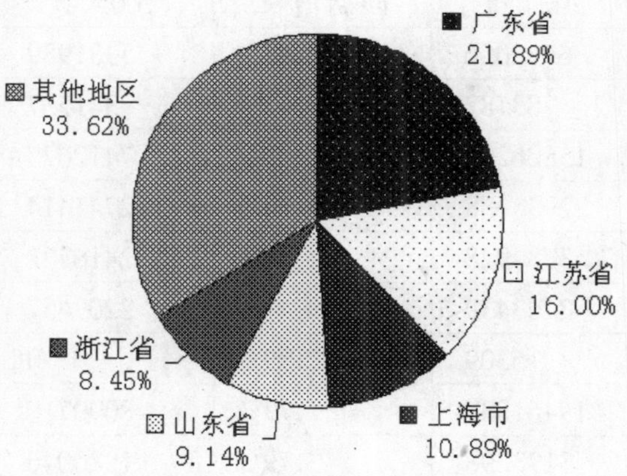


2005年机械行业共实现销售收入71009.14亿元，按销售收入排名前5名地区分别是广东、江苏、上海、山东和浙江，占全国销售总收入的21.89%、16%、10.89%、9.14%和8.45%，其他地区占33.62%，这说明我国机械行业地区集中度相对较高。

**2005年机械工业分地区主要经济指标(二)**

单位：千元

| 地区 | 应收帐款净额 | | | 产成品 | | |
|---|---|---|---|---|---|---|
| | 2005年 | 2004年 | 同期增长 | 2005年 | 2004年 | 同期增长 |
| 全国 | 1233044384 | 1003743955 | 22.84% | 405999349 | 361601118 | 12.28% |
| 北京市 | 49810857 | 37568498 | 32.59% | 16727414 | 15055278 | 11.11% |
| 天津市 | 49300075 | 33284389 | 48.12% | 7304347 | 6560742 | 11.33% |
| 河北省 | 17305284 | 14440528 | 19.84% | 11569145 | 9799212 | 18.06% |
| 山西省 | 7503835 | 5948475 | 26.15% | 4868792 | 3801354 | 28.08% |
| 内蒙古 | 4238604 | 3203854 | 32.30% | 1779376 | 1560110 | 14.05% |
| 辽宁省 | 46373041 | 39845929 | 16.38% | 19875696 | 19670634 | 1.04% |
| 吉林省 | 20728967 | 22862380 | -9.33% | 8089706 | 7786757 | 3.89% |
| 黑龙江 | 16657465 | 13022570 | 27.91% | 6177666 | 5682740 | 8.71% |
| 上海市 | 137952564 | 118018143 | 16.89% | 28296252 | 22715263 | 24.57% |
| 江苏省 | 219269571 | 176109490 | 24.51% | 46649507 | 42227796 | 10.47% |
| 浙江省 | 116374639 | 96770847 | 20.26% | 38680679 | 35295132 | 9.59% |
| 安徽省 | 17147865 | 13633465 | 25.78% | 8159024 | 7405044 | 10.18% |
| 福建省 | 35601200 | 31536192 | 12.89% | 10001513 | 9328508 | 7.21% |
| 江西省 | 6133077 | 5436491 | 12.81% | 2965482 | 2901741 | 2.20% |
| 山东省 | 59465042 | 46877117 | 26.85% | 34299198 | 29188066 | 17.51% |
| 河南省 | 20430357 | 17761771 | 15.02% | 9673859 | 8947492 | 8.12% |
| 湖北省 | 24425065 | 18372785 | 32.94% | 12426091 | 11073849 | 12.21% |
| 湖南省 | 14282580 | 13617846 | 4.88% | 6683181 | 6754832 | -1.06% |
| 广东省 | 278735228 | 217708767 | 28.03% | 89529327 | 75652590 | 18.34% |

续表

| 地区 | 应收帐款净额 | | | 产成品 | | |
|---|---|---|---|---|---|---|
| | 2005 年 | 2004 年 | 同期增长 | 2005 年 | 2004 年 | 同期增长 |
| 广西区 | 8535744 | 6752006 | 26.42% | 5331939 | 4595032 | 16.04% |
| 海南省 | 677680 | 783182 | -13.47% | 341537 | 784393 | -56.46% |
| 重庆市 | 19928693 | 15806294 | 26.08% | 7412675 | 6702746 | 10.59% |
| 四川省 | 27819845 | 22935658 | 21.30% | 12741414 | 12941866 | -1.55% |
| 贵州省 | 4725491 | 3784928 | 24.85% | 2416732 | 2276665 | 6.15% |
| 云南省 | 3016058 | 2163439 | 39.41% | 2207457 | 1829057 | 20.69% |
| 西藏区 | 23023 | 15309 | 50.39% | 0 | 0 | 0.00% |
| 陕西省 | 20005352 | 19461837 | 2.79% | 8090710 | 7632606 | 6.00% |
| 甘肃省 | 3293602 | 3173298 | 3.79% | 1880046 | 1648568 | 14.04% |
| 青海省 | 312401 | 270608 | 15.44% | 167366 | 188735 | -11.32% |
| 宁夏区 | 1383695 | 1196898 | 15.61% | 770890 | 690412 | 11.66% |
| 新疆区 | 1587484 | 1380961 | 14.96% | 882328 | 903898 | -2.39% |

**2005 年机械工业分地区主要经济指标(三)**

单位:千元

| 地区 | 流动资产平均余额 | | | 固定资产净值平均余额 | | |
|---|---|---|---|---|---|---|
| | 2005 年 | 2004 年 | 同期增长 | 2005 年 | 2004 年 | 同期增长 |
| 全国 | 3673363429 | 3115669023 | 17.90% | 1426074041 | 1291586277 | 10.41% |
| 北京市 | 178687606 | 147200035 | 21.39% | 57476452 | 42592116 | 34.95% |
| 天津市 | 133825883 | 104958071 | 27.50% | 50723506 | 46454041 | 9.19% |
| 河北省 | 61202362 | 52134447 | 17.39% | 30258887 | 27010906 | 12.02% |
| 山西省 | 29680080 | 23697280 | 25.25% | 16167795 | 15286776 | 5.76% |
| 内蒙古 | 14499456 | 12190910 | 18.94% | 6052444 | 5247857 | 15.33% |
| 辽宁省 | 177922229 | 155441141 | 14.46% | 75435711 | 68886920 | 9.51% |
| 吉林省 | 81313392 | 81029807 | 0.35% | 36385522 | 79607227 | -54.29% |
| 黑龙江 | 67046253 | 56686144 | 18.28% | 20162411 | 19965239 | 0.99% |
| 上海市 | 402220711 | 361934148 | 11.13% | 163825232 | 149911699 | 9.28% |
| 江苏省 | 503972080 | 416394278 | 21.03% | 224618276 | 186444143 | 20.47% |
| 浙江省 | 320617307 | 265834196 | 20.61% | 117892308 | 96934235 | 21.62% |
| 安徽省 | 58507980 | 51599920 | 13.39% | 26993633 | 21567234 | 25.16% |
| 福建省 | 106267788 | 90630719 | 17.25% | 32781333 | 29986428 | 9.32% |
| 江西省 | 31553201 | 27233063 | 15.86% | 13839750 | 12761655 | 8.45% |
| 山东省 | 232864520 | 185793360 | 25.34% | 98437117 | 78307508 | 25.71% |
| 河南省 | 80238508 | 70205598 | 14.29% | 35123021 | 32111077 | 9.38% |
| 湖北省 | 118122223 | 102789956 | 14.92% | 45544864 | 41673843 | 9.29% |
| 湖南省 | 45617658 | 43436714 | 5.02% | 25457979 | 24354683 | 4.53% |
| 广东省 | 682460103 | 571408443 | 19.43% | 220430685 | 190669916 | 15.61% |
| 广西区 | 32292708 | 27224611 | 18.62% | 10051901 | 9343528 | 7.58% |
| 海南省 | 4813317 | 4858004 | -0.92% | 1764132 | 1496390 | 17.89% |

续表

| 地区 | 流动资产平均余额 | | | 固定资产净值平均余额 | | |
|---|---|---|---|---|---|---|
| | 2005 年 | 2004 年 | 同期增长 | 2005 年 | 2004 年 | 同期增长 |
| 重庆市 | 70483280 | 58686002 | 20.10% | 30021852 | 26770344 | 12.15% |
| 四川省 | 112597969 | 92109561 | 22.24% | 32744969 | 30570603 | 7.11% |
| 贵州省 | 15284781 | 13260442 | 15.27% | 7564838 | 6793687 | 11.35% |
| 云南省 | 12432862 | 10223595 | 21.61% | 4224945 | 4099492 | 3.06% |
| 西藏区 | 82220 | 78962 | 4.13% | 74773 | 83531 | -10.48% |
| 陕西省 | 77949934 | 69248089 | 12.57% | 32426322 | 30279495 | 7.09% |
| 甘肃省 | 10373437 | 9829586 | 5.53% | 5075701 | 7861160 | -35.43% |
| 青海省 | 1217200 | 1135100 | 7.23% | 427713 | 419710 | 1.91% |
| 宁夏区 | 3585079 | 3392317 | 5.68% | 1554419 | 1498919 | 3.70% |
| 新疆区 | 5631302 | 5024524 | 12.08% | 2535550 | 2595915 | -2.33% |

**2005 年机械工业分地区主要经济指标(四)**

单位:千元

| 地区 | 资产总计 | | | 负债合计 | | |
|---|---|---|---|---|---|---|
| | 2005 年 | 2004 年 | 同期增长 | 2005 年 | 2004 年 | 同期增长 |
| 全国 | 6148363220 | 5285176489 | 16.33% | 3834920194 | 3272582184 | 17.18% |
| 北京市 | 304233684 | 252428357 | 20.52% | 176311291 | 143201122 | 23.12% |
| 天津市 | 207531707 | 174683423 | 18.80% | 116688408 | 92713715 | 25.86% |
| 河北省 | 106560719 | 93771015 | 13.64% | 66332828 | 60188119 | 10.21% |
| 山西省 | 53390091 | 45391582 | 17.62% | 37531882 | 31050521 | 20.87% |
| 内蒙古 | 25086812 | 21928479 | 14.40% | 15421768 | 12123043 | 27.21% |
| 辽宁省 | 298021650 | 268417270 | 11.03% | 196214108 | 174423935 | 12.49% |
| 吉林省 | 159999604 | 151216036 | 5.81% | 97847393 | 94096286 | 3.99% |
| 黑龙江 | 101429605 | 91048089 | 11.40% | 82383409 | 72609983 | 13.46% |
| 上海市 | 669460324 | 607437487 | 10.21% | 396735271 | 349851665 | 13.40% |
| 江苏省 | 858177105 | 725607060 | 18.27% | 547114895 | 462637589 | 18.26% |
| 浙江省 | 548551910 | 456826888 | 20.08% | 325017298 | 268634944 | 20.99% |
| 安徽省 | 104549309 | 88612118 | 17.99% | 63658196 | 53066113 | 19.96% |
| 福建省 | 154183579 | 138390827 | 11.41% | 95702093 | 85373390 | 12.10% |
| 江西省 | 58282447 | 49982647 | 16.61% | 36428287 | 30867304 | 18.02% |
| 山东省 | 411811625 | 327725590 | 25.66% | 254504012 | 203900999 | 24.82% |
| 河南省 | 138441189 | 120752844 | 14.65% | 89319135 | 79146651 | 12.85% |
| 湖北省 | 218830493 | 179918189 | 21.63% | 121704531 | 102227123 | 19.05% |
| 湖南省 | 89253626 | 86396208 | 3.31% | 57198684 | 54779474 | 4.42% |
| 广东省 | 1044881469 | 885558174 | 17.99% | 667396029 | 562087072 | 18.74% |
| 广西区 | 55633577 | 46029325 | 20.87% | 35318845 | 27863956 | 26.75% |
| 海南省 | 8259534 | 6202533 | 33.16% | 5053662 | 3784362 | 33.54% |
| 重庆市 | 129129817 | 112558762 | 14.72% | 80121228 | 69092868 | 15.96% |
| 四川省 | 179663254 | 153048700 | 17.39% | 123344237 | 106059361 | 16.30% |

续表

| 地区 | 资产总计 | | | 负债合计 | | |
|---|---|---|---|---|---|---|
| | 2005 年 | 2004 年 | 同期增长 | 2005 年 | 2004 年 | 同期增长 |
| 贵州省 | 27846128 | 24561565 | 13.37% | 17564643 | 15627255 | 12.40% |
| 云南省 | 20873953 | 18215791 | 14.59% | 13980197 | 11867091 | 17.81% |
| 西藏区 | 170289 | 179965 | -5.38% | 101278 | 94584 | 7.08% |
| 陕西省 | 136277698 | 118535119 | 14.97% | 92607167 | 81506422 | 13.62% |
| 甘肃省 | 19164708 | 22209325 | -13.71% | 11605946 | 11916917 | -2.61% |
| 青海省 | 2044268 | 1990951 | 2.68% | 1168276 | 1091829 | 7.00% |
| 宁夏区 | 5845494 | 5408192 | 8.09% | 4330077 | 4155133 | 4.21% |
| 新疆区 | 10777552 | 10143978 | 6.25% | 6215120 | 6543358 | -5.02% |

**2005 年机械工业分地区主要经济指标(五)**

单位:千元

| 地区 | 销售成本 | | | 销售费用 | | |
|---|---|---|---|---|---|---|
| | 2005 年 | 2004 年 | 同期增长 | 2005 年 | 2004 年 | 同期增长 |
| 全国 | 6166466914 | 4969598905 | 24.08% | 235636828 | 200600908 | 17.47% |
| 北京市 | 288166654 | 211030642 | 36.55% | 11041807 | 9890928 | 11.64% |
| 天津市 | 251814493 | 193171110 | 30.36% | 9721527 | 9077426 | 7.10% |
| 河北省 | 89143109 | 68967080 | 29.25% | 4266490 | 3410552 | 25.10% |
| 山西省 | 27953107 | 21385355 | 30.71% | 897536 | 832812 | 7.77% |
| 内蒙古 | 18188979 | 13954062 | 30.35% | 400276 | 414976 | -3.54% |
| 辽宁省 | 204496396 | 167174996 | 22.32% | 7939085 | 6958709 | 14.09% |
| 吉林省 | 113636868 | 127710667 | -11.02% | 3710317 | 2786436 | 33.16% |
| 黑龙江 | 50281201 | 38625304 | 30.18% | 1616985 | 1450289 | 11.49% |
| 上海市 | 678449145 | 564474792 | 20.19% | 20039829 | 17493644 | 14.55% |
| 江苏省 | 1010626302 | 787963454 | 28.26% | 30773256 | 25644586 | 20.00% |
| 浙江省 | 513062190 | 420514966 | 22.01% | 18322157 | 15385246 | 19.09% |
| 安徽省 | 88988499 | 69181040 | 28.63% | 6215558 | 5033518 | 23.48% |
| 福建省 | 193314289 | 167881522 | 15.15% | 8769909 | 7759068 | 13.03% |
| 江西省 | 38367706 | 30979203 | 23.85% | 1543230 | 1380417 | 11.79% |
| 山东省 | 559647896 | 417839811 | 33.94% | 22518724 | 18144897 | 24.10% |
| 河南省 | 117121265 | 89730161 | 30.53% | 6381556 | 5299749 | 20.41% |
| 湖北省 | 131915289 | 103324008 | 27.67% | 7319273 | 5616141 | 30.33% |
| 湖南省 | 59804860 | 48775849 | 22.61% | 3481758 | 3245715 | 7.27% |
| 广东省 | 1369308760 | 1122486765 | 21.99% | 52514934 | 44705328 | 17.47% |
| 广西区 | 44320276 | 38275688 | 15.79% | 2499340 | 2184259 | 14.43% |
| 海南省 | 8412583 | 10272796 | -18.11% | 316882 | 534856 | -40.75% |
| 重庆市 | 101137032 | 86261865 | 17.24% | 4737904 | 4725529 | 0.26% |
| 四川省 | 106977839 | 83118630 | 28.71% | 5429185 | 4365700 | 24.36% |
| 贵州省 | 12159243 | 10106176 | 20.31% | 768168 | 622566 | 23.39% |
| 云南省 | 12619423 | 9500307 | 32.83% | 445110 | 390082 | 14.11% |

续表

| 地区 | 销售成本 | | | 销售费用 | | |
|---|---|---|---|---|---|---|
| | 2005 年 | 2004 年 | 同期增长 | 2005 年 | 2004 年 | 同期增长 |
| 西藏区 | 57306 | 72987 | -21.48% | 2434 | 2544 | -4.32% |
| 陕西省 | 61214624 | 53393907 | 14.65% | 3149283 | 2463971 | 27.81% |
| 甘肃省 | 7239709 | 6161470 | 17.50% | 363792 | 332527 | 9.40% |
| 青海省 | 989403 | 826055 | 19.77% | 47782 | 44349 | 7.74% |
| 宁夏区 | 2840234 | 2286029 | 24.24% | 172934 | 140447 | 23.13% |
| 新疆区 | 4212234 | 4152208 | 1.45% | 229807 | 263641 | -12.83% |

## 2005 年机械工业分地区主要经济指标(六)

单位:千元

| 地区 | 财务费用 | | | 管理费用 | | |
|---|---|---|---|---|---|---|
| | 2005 年 | 2004 年 | 同期增长 | 2005 年 | 2004 年 | 同期增长 |
| 全国 | 44157966 | 43779440 | 0.86% | 343622366 | 299873099 | 14.59% |
| 北京市 | 1174285 | 1545142 | -24.00% | 17218539 | 14587314 | 18.04% |
| 天津市 | 531462 | 849066 | -37.41% | 9347152 | 7695307 | 21.47% |
| 河北省 | 1222835 | 1156167 | 5.77% | 6125723 | 5215890 | 17.44% |
| 山西省 | 569646 | 565382 | 0.75% | 3357296 | 2717780 | 23.53% |
| 内蒙古 | 171729 | 179478 | -4.32% | 1180048 | 982958 | 20.05% |
| 辽宁省 | 2070891 | 2346334 | -11.74% | 15923596 | 13530551 | 17.69% |
| 吉林省 | 892698 | 1171322 | -23.79% | 9416228 | 9959979 | -5.46% |
| 黑龙江 | 521035 | 639109 | -18.47% | 4421877 | 4053786 | 9.08% |
| 上海市 | 2009318 | 2862262 | -29.80% | 41014140 | 36409312 | 12.65% |
| 江苏省 | 6276918 | 6112582 | 2.69% | 44833775 | 39146249 | 14.53% |
| 浙江省 | 7161386 | 5722461 | 25.15% | 31103502 | 26459706 | 17.55% |
| 安徽省 | 964114 | 775824 | 24.27% | 5069331 | 4556788 | 11.25% |
| 福建省 | 1157380 | 1362805 | -15.07% | 7351735 | 6197544 | 18.62% |
| 江西省 | 493198 | 462082 | 6.73% | 2742264 | 2599418 | 5.50% |
| 山东省 | 4733409 | 4015710 | 17.87% | 23055653 | 19671610 | 17.20% |
| 河南省 | 1862380 | 1814588 | 2.63% | 6944036 | 5952365 | 16.66% |
| 湖北省 | 754138 | 1219173 | -38.14% | 11114820 | 8986655 | 23.68% |
| 湖南省 | 1061354 | 986809 | 7.55% | 5367726 | 5106171 | 5.12% |
| 广东省 | 5866740 | 5236622 | 12.03% | 63821166 | 52339760 | 21.94% |
| 广西区 | 359671 | 325886 | 10.37% | 3363075 | 3023638 | 11.23% |
| 海南省 | -13182 | 65064 | -120.26% | 833467 | 271637 | 206.83% |
| 重庆市 | 1029844 | 982238 | 4.85% | 7168625 | 6482261 | 10.59% |
| 四川省 | 1148524 | 1204318 | -4.63% | 9476734 | 11781904 | -19.57% |
| 贵州省 | 294025 | 236442 | 24.35% | 2346230 | 1918138 | 22.32% |
| 云南省 | 170748 | 174318 | -2.05% | 1294606 | 1160029 | 11.60% |
| 西藏区 | 493 | -67 | -835.82% | 9260 | 8604 | 7.62% |
| 陕西省 | 1330586 | 1335074 | -0.34% | 7837293 | 7232007 | 8.37% |

续表

| 地区 | 财务费用 | | | 管理费用 | | |
|---|---|---|---|---|---|---|
| | 2005年 | 2004年 | 同期增长 | 2005年 | 2004年 | 同期增长 |
| 甘肃省 | 151256 | 187613 | -19.38% | 952907 | 898659 | 6.04% |
| 青海省 | 13340 | 16829 | -20.73% | 100934 | 95572 | 5.61% |
| 宁夏区 | 31874 | 83276 | -61.72% | 362986 | 365788 | -0.77% |
| 新疆区 | 145871 | 145531 | 0.23% | 467642 | 465719 | 0.41% |

**2005年机械工业分地区主要经济指标(七)**

单位:千元

| 地区 | 税金及附加 | | | 税金总额 |
|---|---|---|---|---|
| | 2005年 | 2004年 | 同期增长 | 2005年 |
| 全国 | 36705042 | 30667879 | 19.69% | 181500163 |
| 北京市 | 1879472 | 1435448 | 30.93% | 8214072 |
| 天津市 | 2169578 | 1226032 | 76.96% | 7009618 |
| 河北省 | 551007 | 427205 | 28.98% | 3309255 |
| 山西省 | 141299 | 109075 | 29.54% | 1094378 |
| 内蒙古 | 76708 | 35804 | 114.24% | 346236 |
| 辽宁省 | 1470376 | 965619 | 52.27% | 6543214 |
| 吉林省 | 3098760 | 3612421 | -14.22% | 7635854 |
| 黑龙江 | 357501 | 282945 | 26.35% | 1623043 |
| 上海市 | 3700176 | 4448281 | -16.82% | 17059682 |
| 江苏省 | 2902957 | 2344104 | 23.84% | 23080196 |
| 浙江省 | 2943912 | 2484945 | 18.47% | 18107905 |
| 安徽省 | 804530 | 591262 | 36.07% | 3547733 |
| 福建省 | 602737 | 466104 | 29.31% | 4142913 |
| 江西省 | 429371 | 342399 | 25.40% | 1526854 |
| 山东省 | 4037439 | 2339856 | 72.55% | 20925692 |
| 河南省 | 960078 | 686325 | 39.89% | 5538766 |
| 湖北省 | 1332693 | 820888 | 62.35% | 7174055 |
| 湖南省 | 680402 | 502072 | 35.52% | 2929240 |
| 广东省 | 4856294 | 4393897 | 10.52% | 25346266 |
| 广西区 | 428821 | 333755 | 28.48% | 2081234 |
| 海南省 | 416843 | 425394 | -2.01% | 894312 |
| 重庆市 | 1701837 | 1492561 | 14.02% | 5237320 |
| 四川省 | 651669 | 435775 | 49.54% | 4257881 |
| 贵州省 | 43907 | 43251 | 1.52% | 422749 |
| 云南省 | 51524 | 44022 | 17.04% | 502918 |
| 西藏区 | 631 | 945 | -33.23% | 7201 |
| 陕西省 | 319263 | 288147 | 10.80% | 2177455 |
| 甘肃省 | 37792 | 39293 | -3.82% | 316347 |
| 青海省 | 3965 | 3457 | 14.69% | 49583 |
| 宁夏区 | 9095 | 8653 | 5.11% | 147663 |
| 新疆区 | 44405 | 37944 | 17.03% | 250528 |

**2005 年机械工业主要经济指标**

| 指标 | 单位 | 2005 年 | 2004 年 | 同期增减 |
|---|---|---|---|---|
| 企业总数 | 个 | 64880 | | |
| 亏损企业 | 个 | 11179 | | |
| 亏损企业亏损总额 | 千元 | 50873071 | | |
| 应收帐款净额 | 千元 | 1233044384 | 1003743955 | 22.84% |
| 产成品 | 千元 | 405999349 | 361601118 | 12.28% |
| 资产总计 | 千元 | 6148363220 | 5285176489 | 16.33% |
| 流动资产平均余额 | 千元 | 3673363429 | 3115669023 | 17.90% |
| 固定资产净值平均余额 | 千元 | 1426074041 | 1291586277 | 10.41% |
| 负债总计 | 千元 | 3834920194 | 3272582184 | 17.18% |
| 产品销售收入 | 千元 | 7100913838 | 5790768745 | 22.62% |
| 产品销售成本 | 千元 | 6166466914 | 4969598905 | 24.08% |
| 产品销售费用 | 千元 | 235636828 | 200600908 | 17.47% |
| 税金及附加 | 千元 | 36705042 | 30667879 | 19.69% |
| 财务费用 | 千元 | 44157966 | 43779440 | 0.86% |
| 管理费用 | 千元 | 343622366 | 299873099 | 14.59% |
| 利润总额 | 千元 | 305391084 | 280984358 | 8.69% |
| 全部从业人员 | 人 | 17204712 | 15898862 | 8.21% |

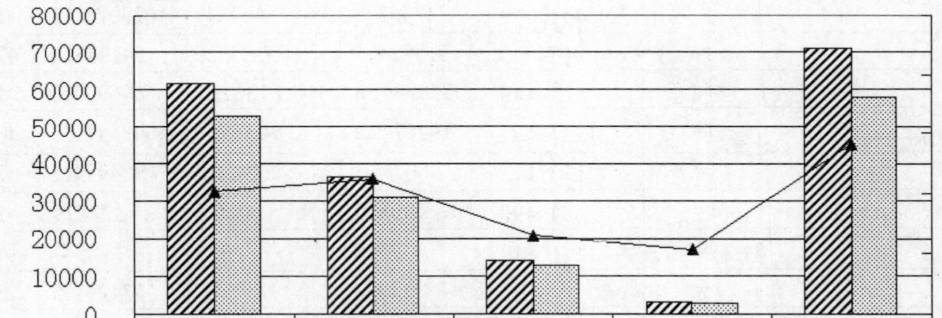


| | 资产总计 | 流动资产平均余额 | 固定资产净值平均余额 | 利润总额 | 产品销售收入 |
|---|---|---|---|---|---|
| 2005年 | 61483.63 | 36733.63 | 14260.74 | 3053.91 | 71009.14 |
| 2004年 | 52851.76 | 31156.69 | 12915.86 | 2809.84 | 57907.69 |
| 增长率 | 16.33% | 17.90% | 10.41% | 8.69% | 22.62% |

由于国家宏观调控的作用，2005 年中国机械工业实现了由超高速增长向平稳增长的过渡，增速回落。据统计，2005 年全国机械行业规模以上企业共计 64880 家，全行业实现利润 3053.91 亿元，增长速度回落到 8.69%，完成销售收入 71009.14 亿元，增幅达 22.62%。资产总额达 61483.63 亿元，同比增长 16.33%，其中流动资产平均余额 36733.63 亿元，固定资产净值平均余额 14260.74 亿元，分别比 2004 年增长 17.9% 和 10.41%。

## 全国机械工业主要产品产量同期对比情况表

| 产品名称 | 单位 | 完成产量 | | | | 同期增长 | |
|---|---|---|---|---|---|---|---|
| | | 2005年12月 | 2005年 | 2004年12月 | 2004年 | 12月 | 全年 |
| 工业锅炉 | 蒸发量吨 | 13958.97 | 162959.67 | 10332.71 | 148696.11 | 35.09% | 9.59% |
| 电站锅炉 | 蒸发量吨 | 46572.6 | 320180.6 | 31164 | 232862 | 49.44% | 37.50% |
| 内燃机 | 万千瓦 | 30344141.75 | 347949314.8 | 31670713.9 | 367351832.5 | -4.19% | -5.28% |
| 电站汽轮机 | 千瓦 | 9192500 | 77901640 | 6798000 | 53116200 | 35.22% | 46.66% |
| 电站水轮机 | 千瓦 | 222308 | 2258714 | 169744 | 2114157 | 30.97% | 6.84% |
| 金属切削机床 | 台 | 40959 | 450723 | 41197 | 399697 | -0.58% | 12.77% |
| 数控机床 | 台 | 5609 | 59639 | 5080.9 | 52203 | 10.39% | 14.24% |
| 金属成形机床(锻压设备) | 台 | 49110.6 | 625252.97 | 54079.75 | 519121.02 | -9.19% | 20.44% |
| 数控金属成形机床(数控锻压设备) | 台 | 8060.72 | 49556.54 | 13658.11 | 63317.48 | -40.98% | -21.73% |
| 铸造机械 | 台 | 3055 | 26845 | 3595 | 28250 | -15.02% | -4.97% |
| 起重设备 | 吨 | 193618.04 | 1916821.2 | 149764.27 | 1404139.24 | 29.28% | 36.51% |
| 叉车 | 台 | 6535 | 76073 | 5392 | 64820 | 21.20% | 17.36% |
| 输送机械 | 米 | 133517.33 | 1565358.49 | 146518.95 | 1313007.86 | -8.87% | 19.22% |
| 泵 | 台 | 3501529.73 | 29043400.68 | 3464881.54 | 24886615.04 | 1.06% | 16.70% |
| 风机 | 台 | 234543.8 | 2638148.8 | 252542.03 | 2308928.03 | -7.13% | 14.26% |
| 气体压缩机 | 台 | 563487.66 | 7702163 | 672551 | 6041577 | -16.22% | 27.49% |
| 制冷空调设备 | 台(套) | 370024 | 4027789 | 321978 | 3926741 | 14.92% | 2.57% |
| 减速机 | 台 | 228762.64 | 1892238.64 | 180403.53 | 1641972.53 | 26.81% | 15.24% |
| 分离机械 | 台 | 1766 | 17769 | 1621 | 14683 | 8.95% | 21.02% |
| 轴承 | 万套 | 65021.37 | 644221.92 | 65454.61 | 577379.4 | -0.66% | 11.58% |
| 阀门 | 吨 | 194949.26 | 1697398.82 | 138124.86 | 1231567.24 | 41.14% | 37.82% |
| 液压元件 | 件 | 3402064.9 | 34360578 | 3462349 | 41029074.11 | -1.74% | -16.25% |
| 气动元件 | 件 | 7924440 | 71382401 | 5385320 | 54788506 | 47.15% | 30.29% |
| 粉末冶金制品 | 吨 | 82514.19 | 750334.38 | 81309.97 | 606932.3 | 1.48% | 23.63% |
| 矿山设备 | 吨 | 132714.47 | 1442742.2 | 94336.69 | 1048847.88 | 40.68% | 37.55% |
| 粮食加工机械 | 台 | 130548.5 | 960757.3 | 208455.5 | 904974.2 | -37.37% | 6.16% |
| 饲料加工机械 | 台 | 19490 | 129874 | 19748 | 138219 | -1.31% | -6.04% |
| 烟草加工机械 | 台(条、组) | 819 | 7024 | 983 | 8347 | -16.68% | -15.85% |
| 棉花加工设备 | 台 | 3522 | 25068 | 3297.5 | 24991.5 | 6.81% | 0.31% |
| 缝纫机 | 架 | 847911 | 9863595 | 748789 | 8849235 | 13.24% | 11.46% |
| 造纸机械 | 台 | 2004 | 27687 | 1942 | 19813 | 3.19% | 39.74% |
| 印刷机 | 吨 | 7974.81 | 78564.27 | 5975.3 | 74625.77 | 33.46% | 5.28% |
| 塑料加工设备 | 吨 | 39431.39 | 353182.07 | 32733.94 | 373292.52 | 20.46% | -5.39% |
| 水泥设备 | 吨 | 32859.67 | 365178.58 | 31772.91 | 370747.36 | 3.42% | -1.50% |
| 冶炼设备 | 吨 | 26256.34 | 290393.49 | 20691 | 261832.93 | 26.90% | 10.91% |
| 金属轧制设备 | 吨 | 24906.73 | 297518.9 | 18448.95 | 229024.47 | 35.00% | 29.91% |
| 包装机械 | 台 | 8801 | 93345.5 | 9773 | 95997 | -9.95% | -2.76% |
| 大中型拖拉机 | 台 | 10722 | 162418 | 6525 | 105602 | 64.32% | 53.80% |
| 小型拖拉机 | 台 | 231508 | 2010084 | 150672 | 1746499 | 53.65% | 15.09% |
| 收获机械 | 台 | 16446 | 209699 | 8908 | 163734 | 84.62% | 28.07% |
| 场上作业机械 | 台 | 15766 | 165130 | 11689 | 132531 | 34.88% | 24.60% |
| 农业运输机械 | 辆 | 154161 | 1757016 | 165409 | 2136176 | -6.80% | -17.75% |
| 铲土运输机械 | 台 | 12148 | 129677 | 8867 | 117294 | 37.00% | 10.56% |

续表

| 产品名称 | 单位 | 完成产量 | | | | 同期增长 | |
|---|---|---|---|---|---|---|---|
| | | 2005年12月 | 2005年 | 2004年12月 | 2004年 | 12月 | 全年 |
| 压实机械 | 台 | 1750 | 16499 | 859 | 19152 | 103.73% | -13.85% |
| 混凝土机械 | 台 | 7703 | 108801 | 8976 | 95475 | -14.18% | 13.96% |
| 环境保护专用设备 | 台(套) | 5380.5 | 49813.65 | 3805.5 | 42813 | 41.39% | 16.35% |
| 水污染防治设备 | 台(套) | 863.5 | 10843.9 | 962.5 | 11697 | -10.29% | -7.29% |
| 固体废弃物处理设备 | 台(套) | 267 | 2602 | 190 | 1996 | 40.53% | 30.36% |
| 噪音与振动控制设备 | 台(套) | 90 | 440 | 33 | 399 | 172.73% | 10.28% |
| 大气污染防治设备 | 台(套) | 956 | 8659.75 | 723 | 8808 | 32.23% | -1.68% |
| 机车 | 千瓦 | 42 | 838 | 90 | 876 | -53.33% | -4.34% |
| 铁路客车 | 辆 | 576 | 2001 | 339 | 1742 | 69.91% | 14.87% |
| 铁路货车 | 辆 | 5660 | 39050 | 3463 | 27527 | 63.44% | 41.86% |
| 汽车 | 辆 | 603151 | 6153335 | 453609 | 5445259 | 32.97% | 13.00% |
| 载货汽车 | 辆 | 166772 | 1911095 | 153546 | 1894243 | 8.61% | 0.89% |
| 公路客车 | 辆 | 128166 | 1280044 | 107553 | 1215549 | 19.17% | 5.31% |
| 其中:大型(40座及以上) | 辆 | 6493 | 51563 | 4539 | 45022 | 43.05% | 14.53% |
| 中型(20~40座) | 辆 | 5959 | 41985 | 5112 | 49536 | 16.57% | -15.24% |
| 小型(9~20座) | 辆 | 49837 | 492052 | 39186 | 507428 | 27.18% | -3.03% |
| 其中:越野汽车 | 辆 | 7563 | 84823 | 4238 | 60781 | 78.46% | 39.56% |
| 轿车 | 辆 | 307805 | 2958395 | 192135 | 2331327 | 60.20% | 26.90% |
| 排气量1.0升及以下 | 辆 | 33491 | 293354 | 19842 | 159447 | 68.79% | 83.98% |
| 排气量1.0~1.6升(含1.6升) | 辆 | 138043 | 1337095 | 85761 | 1067311 | 60.96% | 25.28% |
| 排气量1.6~2.5升(含2.5升) | 辆 | 123547 | 1226061 | 80581 | 1035801 | 53.32% | 18.37% |
| 排气量2.5升以上 | 辆 | 12724 | 101885 | 5951 | 68768 | 113.81% | 48.16% |
| 改装汽车 | 辆 | 54964 | 481607 | 45723 | 499501 | 20.21% | -3.58% |
| 摩托车 | 辆 | 1755863 | 17020219 | 1380935 | 14618218 | 27.15% | 16.43% |
| 自行车 | 辆 | 4966817 | 56310535 | 3456694 | 50782742 | 43.69% | 10.89% |
| 民用钢质船舶 | 总吨 | 1427112.89 | 10178540.74 | 761392.15 | 7156394.17 | 87.43% | 42.23% |
| 发电设备 | 千瓦 | 10325860 | 96402211 | 10002847 | 74050826.5 | 3.23% | 30.18% |
| 水轮发电机组 | 千瓦 | 1414835 | 13183773 | 1757493 | 11407072 | -19.50% | 15.58% |
| 汽轮发电机 | 千瓦 | 8444378 | 78879928 | 7997827 | 59223527 | 5.58% | 33.19% |
| 交流电动机 | 千瓦 | 11309664.91 | 129348989.1 | 10344835.28 | 113928168 | 9.33% | 13.54% |
| 变压器 | 千伏安 | 61730264.11 | 631158328.2 | 48984710.72 | 542889148.1 | 26.02% | 16.26% |
| 高压开关板 | 面 | 43722 | 417629 | 35746 | 359978.5 | 22.31% | 16.01% |
| 低压开关板 | 面 | 212959.2 | 2145476.5 | 182449.5 | 2160550.4 | 16.72% | -0.70% |
| 电焊机 | 台 | 68531 | 719560 | 76450 | 588784 | -10.36% | 22.21% |
| 工业用电炉 | 台 | 531 | 5762 | 725 | 6897 | -26.76% | -16.46% |
| 微波通信设备 | 部 | 378365 | 3993141 | 733800 | 6799013 | -48.44% | -41.27% |
| 载波通信设备 | 台 | 872 | 12996 | 1484 | 8997 | -41.24% | 44.45% |
| 光通信设备 | 部 | 68792 | 667506 | 54027 | 699881 | 27.33% | -4.63% |
| 移动交换设备 | 信道 | 2.6 | 817.52 | 0 | 234.1 | | 249.22% |
| 移动通信设备 | 部(信道) | 642663 | 7244679 | 308747 | 4394686 | 108.15% | 64.85% |
| 程控交换机 | 线 | 7924864 | 69488113 | 7864189 | 61509026 | 0.77% | 12.97% |
| 数字程控交换机 | 线 | 7392887 | 60088456 | 7497751 | 58846828 | -1.40% | 2.11% |

# 八、轻工业

## 2005年轻工业分地区主要经济效益指标

| 地区 | 资本保值增值率(%) | 资产负债率(%) | 流动资产周转率(次) | 成本费用利润率(%) | 人均销售率(元) |
|---|---|---|---|---|---|
| 全国 | 117.25 | 57.33 | 2.46 | 5.00 | 204105.45 |
| 北京市 | 109.18 | 52.84 | 1.50 | 4.17 | 202042.45 |
| 天津市 | 106.86 | 58.33 | 1.51 | 4.19 | 195013.00 |
| 河北省 | 117.02 | 57.62 | 3.57 | 6.20 | 205932.30 |
| 山西省 | 115.04 | 66.45 | 1.50 | 1.90 | 109462.38 |
| 内蒙古 | 150.29 | 52.96 | 2.51 | 8.19 | 182027.45 |
| 辽宁省 | 114.72 | 55.08 | 1.93 | 4.43 | 193983.64 |
| 吉林省 | 112.03 | 56.59 | 1.74 | 3.13 | 100607.60 |
| 黑龙江 | 90.74 | 66.51 | 1.31 | 3.25 | 119835.50 |
| 上海市 | 109.27 | 53.71 | 2.12 | 5.44 | 300701.35 |
| 江苏省 | 112.46 | 62.60 | 2.62 | 4.71 | 266354.56 |
| 浙江省 | 127.07 | 59.72 | 2.26 | 5.16 | 227601.23 |
| 安徽省 | 117.71 | 54.56 | 2.49 | 4.12 | 141531.93 |
| 福建省 | 115.02 | 48.54 | 2.57 | 4.55 | 148981.58 |
| 江西省 | 156.05 | 53.64 | 3.19 | 5.22 | 161491.34 |
| 山东省 | 123.72 | 59.41 | 3.85 | 6.80 | 303199.63 |
| 河南省 | 128.31 | 49.95 | 4.23 | 9.04 | 210724.77 |
| 湖北省 | 113.21 | 53.00 | 2.04 | 6.05 | 205801.40 |
| 湖南省 | 110.81 | 52.94 | 3.24 | 5.57 | 236746.20 |
| 广东省 | 111.62 | 55.64 | 2.20 | 2.94 | 160723.74 |
| 广西区 | 117.29 | 63.99 | 2.43 | 1.64 | 120952.94 |
| 海南省 | 759.83 | 69.46 | 1.94 | −1.24 | 432599.77 |
| 重庆市 | 112.98 | 61.45 | 2.08 | 5.43 | 187201.50 |
| 四川省 | 111.14 | 59.15 | 2.19 | 3.08 | 190804.67 |
| 贵州省 | 122.08 | 78.75 | 1.30 | −0.50 | 107177.37 |
| 云南省 | 103.95 | 52.92 | 1.55 | 9.82 | 219532.42 |
| 西藏区 | 108.29 | 41.46 | 0.77 | 1.38 | 38014.42 |
| 陕西省 | 104.10 | 51.99 | 1.52 | 5.37 | 122452.43 |
| 甘肃省 | 104.57 | 55.99 | 1.31 | 0.22 | 71180.82 |
| 青海省 | 102.22 | 62.20 | 1.39 | 1.41 | 38114.62 |
| 宁夏区 | 106.42 | 68.87 | 1.53 | 3.81 | 128394.68 |
| 新疆区 | 115.05 | 45.70 | 1.33 | 4.62 | 164402.48 |

## 2005年轻工业分地区主要经济指标(一)

单位:千元

| 地区 | 产品销售收入 | | | 利润总额 | | |
|---|---|---|---|---|---|---|
| | 2005年 | 2004年 | 同期增长 | 2005年 | 2004年 | 同期增长 |
| 全国 | 1181202098 | 925352839 | 27.65% | 55294875 | 44658595 | 23.82% |
| 北京市 | 19522554 | 17385227 | 12.29% | 798589 | 1206552 | -33.81% |
| 天津市 | 16788279 | 15200821 | 10.44% | 695152 | 756760 | -8.14% |
| 河北省 | 30756813 | 24812295 | 23.96% | 1742526 | 1556722 | 11.94% |
| 山西省 | 2323120 | 1741873 | 33.37% | 43304 | 35938 | 20.50% |
| 内蒙古 | 4774580 | 2879275 | 65.83% | 368707 | 111867 | 229.59% |
| 辽宁省 | 24393249 | 17774700 | 37.24% | 1024591 | 661544 | 54.88% |
| 吉林省 | 10423149 | 8733411 | 19.35% | 312160 | 447762 | -30.28% |
| 黑龙江 | 10033467 | 8979869 | 11.73% | 329989 | 44683 | 638.51% |
| 上海市 | 71223521 | 62588017 | 13.80% | 3751615 | 3893267 | -3.64% |
| 江苏省 | 127585168 | 100269501 | 27.24% | 5803736 | 4048099 | 43.37% |
| 浙江省 | 165280828 | 132027687 | 25.19% | 8029466 | 6700103 | 19.84% |
| 安徽省 | 15055459 | 11853947 | 27.01% | 611736 | 513231 | 19.19% |
| 福建省 | 65781180 | 51622081 | 27.43% | 2823912 | 1896797 | 48.88% |
| 江西省 | 12488125 | 7819391 | 59.71% | 730879 | 713957 | 2.37% |
| 山东省 | 200397373 | 133081393 | 50.58% | 12540450 | 8004226 | 56.67% |
| 河南省 | 49392411 | 34412834 | 43.53% | 4047372 | 2475046 | 63.53% |
| 湖北省 | 20305395 | 17369986 | 16.90% | 1133829 | 1015289 | 11.68% |
| 湖南省 | 27392956 | 19125382 | 43.23% | 1448765 | 1093474 | 32.49% |
| 广东省 | 245500537 | 208629767 | 17.67% | 6913905 | 7370945 | -6.20% |
| 广西区 | 11685868 | 9149129 | 27.73% | 189777 | 133857 | 41.78% |
| 海南省 | 4567821 | 1397725 | 226.80% | -53338 | 49813 | -207.08% |
| 重庆市 | 4481791 | 3926309 | 14.15% | 250359 | 154225 | 62.33% |
| 四川省 | 18597731 | 14512236 | 28.15% | 539864 | 476729 | 13.24% |
| 贵州省 | 2276233 | 1637820 | 38.98% | -11817 | -6425 | 83.92% |
| 云南省 | 8339378 | 7653261 | 8.97% | 741234 | 699804 | 5.92% |
| 西藏区 | 73824 | 66432 | 11.13% | 2338 | -763 | -406.42% |
| 陕西省 | 5690854 | 5410811 | 5.18% | 286745 | 425833 | -32.66% |
| 甘肃省 | 1129426 | 1022019 | 10.51% | 2310 | -4855 | -147.58% |
| 青海省 | 221141 | 235374 | -6.05% | 3963 | 3113 | 27.30% |
| 宁夏区 | 2077426 | 1832179 | 13.39% | 75797 | 58294 | 30.03% |
| 新疆区 | 2642441 | 2202087 | 20.00% | 116960 | 122708 | -4.68% |

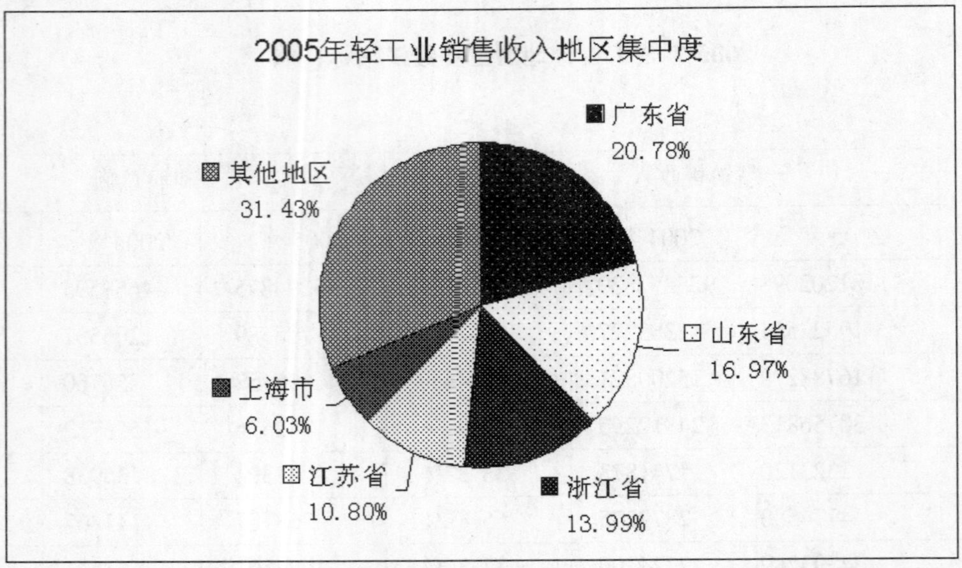


2005年机械行业按销售收入排名前5名的地区是广东、山东、浙江、江苏和上海，分别占全国销售收入的20.78%、16.97%、13.99%、10.8%和6.03%，其他地区占31.43%，机械工业地区集中度较高，其中华东四省市的销售收入占全国销售总收入的47.79%。

## 2005年轻工业分地区主要经济指标(二)

单位：千元

| 地区 | 应收帐款净额 | | | 产成品 | | |
|---|---|---|---|---|---|---|
| | 2005年 | 2004年 | 同期增长 | 2005年 | 2004年 | 同期增长 |
| 全国 | 151168765 | 129270667 | 16.94% | 73023537 | 63099172 | 15.73% |
| 北京市 | 3148706 | 2583476 | 21.88% | 1904917 | 1597076 | 19.28% |
| 天津市 | 2882632 | 2697941 | 6.85% | 942928 | 806589 | 16.90% |
| 河北省 | 2298853 | 1972973 | 16.52% | 2097889 | 1818876 | 15.34% |
| 山西省 | 401577 | 385119 | 4.27% | 458470 | 303382 | 51.12% |
| 内蒙古 | 511928 | 305100 | 67.79% | 304052 | 295921 | 2.75% |
| 辽宁省 | 3939199 | 3331090 | 18.26% | 2140694 | 1903791 | 12.44% |
| 吉林省 | 1388964 | 1154539 | 20.30% | 1356736 | 1361694 | -0.36% |
| 黑龙江 | 1716808 | 1849846 | -7.19% | 1282586 | 1376425 | -6.82% |
| 上海市 | 12633550 | 10244321 | 23.32% | 3424579 | 3126353 | 9.54% |
| 江苏省 | 16135183 | 13991569 | 15.32% | 6008629 | 5072239 | 18.46% |
| 浙江省 | 24115179 | 19507361 | 23.62% | 10469659 | 8640767 | 21.17% |
| 安徽省 | 1968998 | 1431223 | 37.57% | 1164147 | 986316 | 18.03% |
| 福建省 | 9171306 | 7791440 | 17.71% | 3747682 | 2942265 | 27.37% |
| 江西省 | 1267752 | 859424 | 47.51% | 660095 | 489864 | 34.75% |
| 山东省 | 12903774 | 10401843 | 24.05% | 9677713 | 7707540 | 25.56% |
| 河南省 | 2648488 | 2237780 | 18.35% | 1583554 | 1397915 | 13.28% |
| 湖北省 | 2472898 | 2418894 | 2.23% | 1122871 | 1273678 | -11.84% |
| 湖南省 | 1833000 | 1585671 | 15.60% | 1018643 | 1011069 | 0.75% |
| 广东省 | 40982760 | 37894860 | 8.15% | 18465947 | 16370135 | 12.80% |

续表

| 地区 | 应收帐款净额 | | | 产成品 | | |
|---|---|---|---|---|---|---|
| | 2005 年 | 2004 年 | 同期增长 | 2005 年 | 2004 年 | 同期增长 |
| 广西区 | 1115657 | 1048926 | 6.36% | 763633 | 559064 | 36.59% |
| 海南省 | 1523350 | 197970 | 669.49% | 477010 | 209693 | 127.48% |
| 重庆市 | 701807 | 519565 | 35.08% | 295841 | 332205 | -10.95% |
| 四川省 | 2026177 | 1837019 | 10.30% | 1189409 | 1047956 | 13.50% |
| 贵州省 | 735720 | 445257 | 65.23% | 231693 | 229367 | 1.01% |
| 云南省 | 1027932 | 961990 | 6.85% | 826712 | 836336 | -1.15% |
| 西藏区 | 32679 | 24031 | 35.99% | 12231 | 14649 | -16.51% |
| 陕西省 | 771706 | 736731 | 4.75% | 535791 | 542314 | -1.20% |
| 甘肃省 | 218707 | 207800 | 5.25% | 243122 | 257529 | -5.59% |
| 青海省 | 56874 | 43788 | 29.88% | 45309 | 69685 | -34.98% |
| 宁夏区 | 187857 | 159220 | 17.99% | 182576 | 158583 | 15.13% |
| 新疆区 | 348744 | 443900 | -21.44% | 388419 | 359896 | 7.93% |

**2005 年轻工业分地区主要经济指标(三)**

单位:千元

| 地区 | 流动资产平均余额 | | | 固定资产净值平均余额 | | |
|---|---|---|---|---|---|---|
| | 2005 年 | 2004 年 | 同期增长 | 2005 年 | 2004 年 | 同期增长 |
| 全国 | 517888199 | 442459152 | 17.05% | 419966657 | 350226599 | 19.91% |
| 北京市 | 13814223 | 12228717 | 12.97% | 10938389 | 9886511 | 10.64% |
| 天津市 | 11734171 | 10541106 | 11.32% | 7048840 | 6480268 | 8.77% |
| 河北省 | 9058481 | 8157092 | 11.05% | 10624225 | 9317470 | 14.02% |
| 山西省 | 1704155 | 1383549 | 23.17% | 1545171 | 1413292 | 9.33% |
| 内蒙古 | 2203611 | 1606583 | 37.16% | 2623186 | 1710224 | 53.38% |
| 辽宁省 | 13690162 | 11562931 | 18.40% | 11963418 | 10600830 | 12.85% |
| 吉林省 | 6375526 | 5573541 | 14.39% | 6969111 | 7075026 | -1.50% |
| 黑龙江 | 7374978 | 7966200 | -7.42% | 7084903 | 8268014 | -14.31% |
| 上海市 | 35514497 | 31827890 | 11.58% | 22492220 | 19564861 | 14.96% |
| 江苏省 | 52612604 | 44935717 | 17.08% | 55258837 | 44839791 | 23.24% |
| 浙江省 | 81830943 | 64249270 | 27.36% | 45673396 | 36679679 | 24.52% |
| 安徽省 | 6617082 | 5475081 | 20.86% | 5297349 | 4387749 | 20.73% |
| 福建省 | 27663547 | 23487084 | 17.78% | 18928577 | 17510224 | 8.10% |
| 江西省 | 4492603 | 3336851 | 34.64% | 6189349 | 3877166 | 59.64% |
| 山东省 | 56812323 | 47305171 | 20.10% | 59608607 | 46113702 | 29.26% |
| 河南省 | 13199975 | 10157634 | 29.95% | 14445489 | 10777799 | 34.03% |
| 湖北省 | 10493897 | 9443130 | 11.13% | 8524336 | 7365464 | 15.73% |
| 湖南省 | 8724433 | 8201369 | 6.38% | 9813528 | 8132068 | 20.68% |
| 广东省 | 118261592 | 104421460 | 13.25% | 71450244 | 63160202 | 13.13% |
| 广西区 | 5129782 | 4484863 | 14.38% | 8097836 | 6897190 | 17.41% |
| 海南省 | 3843833 | 866943 | 343.38% | 8260875 | 836477 | 887.58% |

续表

| 地区 | 流动资产平均余额 | | | 固定资产净值平均余额 | | |
|---|---|---|---|---|---|---|
| | 2005 年 | 2004 年 | 同期增长 | 2005 年 | 2004 年 | 同期增长 |
| 重庆市 | 2252327 | 2055791 | 9.56% | 1380548 | 1281093 | 7.76% |
| 四川省 | 8816188 | 8176845 | 7.82% | 8951119 | 7759703 | 15.35% |
| 贵州省 | 1867226 | 1644965 | 13.51% | 1188703 | 1119696 | 6.16% |
| 云南省 | 5482613 | 5285199 | 3.74% | 6019990 | 6101078 | -1.33% |
| 西藏区 | 108091 | 82703 | 30.70% | 194520 | 191752 | 1.44% |
| 陕西省 | 3803486 | 3683427 | 3.26% | 4635270 | 4390188 | 5.58% |
| 甘肃省 | 896416 | 821844 | 9.07% | 1090191 | 1072067 | 1.69% |
| 青海省 | 169310 | 150012 | 12.86% | 140134 | 157164 | -10.84% |
| 宁夏区 | 1334944 | 1377347 | -3.08% | 1849539 | 1722015 | 7.41% |
| 新疆区 | 2005180 | 1968837 | 1.85% | 1678757 | 1537836 | 9.16% |

## 2005 年轻工业分地区主要经济指标(四)

单位:千元

| 地区 | 资产总计 | | | 负债合计 | | |
|---|---|---|---|---|---|---|
| | 2005 年 | 2004 年 | 同期增长 | 2005 年 | 2004 年 | 同期增长 |
| 全国 | 1118791039 | 954226543 | 17.25% | 641405313 | 551289229 | 16.35% |
| 北京市 | 29828174 | 27320613 | 9.18% | 15760228 | 14253670 | 10.57% |
| 天津市 | 23554179 | 22042660 | 6.86% | 13739742 | 12460709 | 10.26% |
| 河北省 | 24298397 | 20764016 | 17.02% | 14001905 | 11851041 | 18.15% |
| 山西省 | 3829684 | 3329139 | 15.04% | 2544946 | 2123555 | 19.84% |
| 内蒙古 | 5654633 | 3762402 | 50.29% | 2994418 | 2196429 | 36.33% |
| 辽宁省 | 29696849 | 25887007 | 14.72% | 16356986 | 14315660 | 14.26% |
| 吉林省 | 15742946 | 14052457 | 12.03% | 8908385 | 8070731 | 10.38% |
| 黑龙江 | 16407368 | 18082199 | -9.26% | 10912305 | 12114442 | -9.92% |
| 上海市 | 66476855 | 60837953 | 9.27% | 35707844 | 32586011 | 9.58% |
| 江苏省 | 122393314 | 108829174 | 12.46% | 76616398 | 69760284 | 9.83% |
| 浙江省 | 162093096 | 127557569 | 27.07% | 96805114 | 76099620 | 27.21% |
| 安徽省 | 14605103 | 12407525 | 17.71% | 7968117 | 6321135 | 26.06% |
| 福建省 | 54405639 | 47300491 | 15.02% | 26410305 | 23315166 | 13.28% |
| 江西省 | 14558717 | 9329812 | 56.05% | 7809039 | 4881957 | 59.96% |
| 山东省 | 143462128 | 115956095 | 23.72% | 85228758 | 69581585 | 22.49% |
| 河南省 | 31350031 | 24432942 | 28.31% | 15659078 | 12457059 | 25.70% |
| 湖北省 | 22402465 | 19787808 | 13.21% | 11873442 | 10413583 | 14.02% |
| 湖南省 | 22005743 | 19859100 | 10.81% | 11650055 | 10453188 | 11.45% |
| 广东省 | 218903817 | 196123710 | 11.62% | 121798500 | 112001507 | 8.75% |
| 广西区 | 16239514 | 13846092 | 17.29% | 10391555 | 9106917 | 14.11% |
| 海南省 | 14735104 | 1939251 | 659.83% | 10234713 | 885675 | 1055.58% |
| 重庆市 | 4507025 | 3989199 | 12.98% | 2769454 | 2463391 | 12.42% |
| 四川省 | 21471507 | 19320033 | 11.14% | 12699695 | 12147626 | 4.54% |

续表

| 地区 | 资产总计 | | | 负债合计 | | |
|---|---|---|---|---|---|---|
| | 2005 年 | 2004 年 | 同期增长 | 2005 年 | 2004 年 | 同期增长 |
| 贵州省 | 4039192 | 3308649 | 22.08% | 3180698 | 2521585 | 26.14% |
| 云南省 | 13808033 | 13283431 | 3.95% | 7307440 | 7358172 | -0.69% |
| 西藏区 | 351508 | 324596 | 8.29% | 145725 | 143844 | 1.31% |
| 陕西省 | 10030694 | 9635855 | 4.10% | 5215361 | 5220285 | -0.09% |
| 甘肃省 | 2413334 | 2307839 | 4.57% | 1351322 | 1318868 | 2.46% |
| 青海省 | 371789 | 363698 | 2.22% | 231252 | 187089 | 23.61% |
| 宁夏区 | 4095366 | 3848329 | 6.42% | 2820429 | 2722754 | 3.59% |
| 新疆区 | 5058835 | 4396899 | 15.05% | 2312104 | 1955691 | 18.22% |

## 2005 年轻工业分地区主要经济指标(五)

单位:千元

| 地区 | 销售成本 | | | 销售费用 | | |
|---|---|---|---|---|---|---|
| | 2005 年 | 2004 年 | 同期增长 | 2005 年 | 2004 年 | 同期增长 |
| 全国 | 1017224173 | 792178290 | 28.41% | 36553047 | 29818249 | 22.59% |
| 北京市 | 16038875 | 13828255 | 15.99% | 850327 | 706790 | 20.31% |
| 天津市 | 14656326 | 13145681 | 11.49% | 624780 | 446350 | 39.98% |
| 河北省 | 25438680 | 20969588 | 21.31% | 1271926 | 859872 | 47.92% |
| 山西省 | 1961042 | 1433829 | 36.77% | 88332 | 70350 | 25.56% |
| 内蒙古 | 3892679 | 2415960 | 61.12% | 86306 | 76775 | 12.41% |
| 辽宁省 | 20795661 | 14964616 | 38.97% | 675934 | 581173 | 16.31% |
| 吉林省 | 8664396 | 7093159 | 22.15% | 426608 | 428361 | -0.41% |
| 黑龙江 | 8528865 | 7480662 | 14.01% | 542104 | 474951 | 14.14% |
| 上海市 | 60436065 | 52053669 | 16.10% | 2462055 | 2365632 | 4.08% |
| 江苏省 | 111130259 | 86337664 | 28.72% | 4249385 | 3521364 | 20.67% |
| 浙江省 | 144546447 | 115153537 | 25.52% | 4196841 | 3393846 | 23.66% |
| 安徽省 | 13040409 | 10224852 | 27.54% | 561037 | 448656 | 25.05% |
| 福建省 | 56819923 | 44361110 | 28.08% | 2202958 | 1986484 | 10.90% |
| 江西省 | 10472863 | 6528942 | 60.41% | 334823 | 230627 | 45.18% |
| 山东省 | 172341160 | 113698606 | 51.58% | 5645919 | 3998580 | 41.20% |
| 河南省 | 41443423 | 29057846 | 42.62% | 1956660 | 1384077 | 41.37% |
| 湖北省 | 16246396 | 13702900 | 18.56% | 900290 | 925371 | -2.71% |
| 湖南省 | 22377366 | 15646115 | 43.02% | 893305 | 687703 | 29.90% |
| 广东省 | 216360932 | 183284687 | 18.05% | 6738936 | 5650416 | 19.26% |
| 广西区 | 10335654 | 8015224 | 28.95% | 304850 | 258261 | 18.04% |
| 海南省 | 3707358 | 1228127 | 201.87% | 172547 | 43880 | 293.22% |
| 重庆市 | 3855461 | 3345521 | 15.24% | 141706 | 143757 | -1.43% |
| 四川省 | 15812109 | 12134982 | 30.30% | 609653 | 533835 | 14.20% |
| 贵州省 | 1916090 | 1354901 | 41.42% | 48159 | 55757 | -13.63% |
| 云南省 | 6631536 | 6028752 | 10.00% | 236461 | 220056 | 7.45% |

续表

| 地区 | 销售成本 | | | 销售费用 | | |
|---|---|---|---|---|---|---|
| | 2005 年 | 2004 年 | 同期增长 | 2005 年 | 2004 年 | 同期增长 |
| 西藏区 | 67514 | 64587 | 4.53% | 1578 | 2304 | -31.51% |
| 陕西省 | 4637197 | 4263868 | 8.76% | 157578 | 159849 | -1.42% |
| 甘肃省 | 865694 | 790076 | 9.57% | 38348 | 44023 | -12.89% |
| 青海省 | 184205 | 204541 | -9.94% | 1744 | 3807 | -54.19% |
| 宁夏区 | 1802262 | 1562909 | 15.31% | 40365 | 32461 | 24.35% |
| 新疆区 | 2217326 | 1803124 | 22.97% | 91532 | 82881 | 10.44% |

## 2005 年轻工业分地区主要经济指标(六)

单位:千元

| 地区 | 财务费用 | | | 管理费用 | | |
|---|---|---|---|---|---|---|
| | 2005 年 | 2004 年 | 同期增长 | 2005 年 | 2004 年 | 同期增长 |
| 全国 | 14134245 | 12541986 | 12.70% | 53005731 | 44362360 | 19.48% |
| 北京市 | 142814 | 148518 | -3.84% | 2077534 | 1892257 | 9.79% |
| 天津市 | 193382 | 164529 | 17.54% | 930371 | 763538 | 21.85% |
| 河北省 | 376138 | 316922 | 18.68% | 1358775 | 1089766 | 24.69% |
| 山西省 | 39629 | 40546 | -2.26% | 170838 | 150144 | 13.78% |
| 内蒙古 | 57043 | 45344 | 25.80% | 254408 | 216351 | 17.59% |
| 辽宁省 | 269783 | 307716 | -12.33% | 1439987 | 1170296 | 23.04% |
| 吉林省 | 226123 | 204883 | 10.37% | 698727 | 602840 | 15.91% |
| 黑龙江 | 197291 | 294725 | -33.06% | 561935 | 654812 | -14.18% |
| 上海市 | 526495 | 493611 | 6.66% | 4569986 | 4072882 | 12.21% |
| 江苏省 | 1479211 | 1938029 | -23.67% | 5144091 | 4564715 | 12.69% |
| 浙江省 | 2595505 | 1948787 | 33.19% | 6658417 | 5374786 | 23.88% |
| 安徽省 | 183509 | 149100 | 23.08% | 625088 | 492943 | 26.81% |
| 福建省 | 635761 | 569333 | 11.67% | 2970391 | 2405034 | 23.51% |
| 江西省 | 137997 | 146628 | -5.89% | 474865 | 20817 | 2181.14% |
| 山东省 | 2724114 | 2254157 | 20.85% | 5690150 | 4370853 | 30.18% |
| 河南省 | 649284 | 496222 | 30.85% | 1143860 | 864268 | 32.35% |
| 湖北省 | 249579 | 232152 | 7.51% | 1219128 | 1102460 | 10.58% |
| 湖南省 | 381142 | 307668 | 23.88% | 1132389 | 890968 | 27.10% |
| 广东省 | 1600700 | 1328744 | 20.47% | 11690512 | 10123173 | 15.48% |
| 广西区 | 255349 | 312871 | -18.39% | 552980 | 500753 | 10.43% |
| 海南省 | 404004 | 15688 | 2475.24% | 346662 | 79945 | 333.63% |
| 重庆市 | 57851 | 55163 | 4.87% | 283907 | 269183 | 5.47% |
| 四川省 | 330077 | 315361 | 4.67% | 1052416 | 950429 | 10.73% |
| 贵州省 | 50944 | 41081 | 24.01% | 268988 | 206398 | 30.32% |
| 云南省 | 140987 | 185456 | -23.98% | 678849 | 649468 | 4.52% |
| 西藏区 | 456 | 560 | -18.57% | 23532 | 16922 | 39.06% |
| 陕西省 | 76481 | 90257 | -15.26% | 523106 | 455731 | 14.78% |
| 甘肃省 | 21369 | 27832 | -23.22% | 125898 | 118211 | 6.50% |

续表

| 地区 | 财务费用 | | | 管理费用 | | |
|---|---|---|---|---|---|---|
| | 2005 年 | 2004 年 | 同期增长 | 2005 年 | 2004 年 | 同期增长 |
| 青海省 | 3416 | 2741 | 24.63% | 25544 | 649468 | 17.18% |
| 宁夏区 | 68840 | 72281 | -4.76% | 86927 | 16922 | 21.68% |
| 新疆区 | 58971 | 35081 | 68.10% | 225470 | 455731 | 13.20% |

## 2005 年轻工业分地区主要经济指标(七)

单位:千元

| 地区 | 税金及附加 | | | 税金总额 |
|---|---|---|---|---|
| | 2005 年 | 2004 年 | 同期增长 | 2005 年 |
| 全国 | 5708298 | 4045933 | 41.09% | 38548865 |
| 北京市 | 62479 | 62503 | -0.04% | 928524 |
| 天津市 | 24196 | 20538 | 17.81% | 370164 |
| 河北省 | 212062 | 148821 | 42.49% | 1045436 |
| 山西省 | 13639 | 11610 | 17.48% | 97049 |
| 内蒙古 | 93276 | 11884 | 684.89% | 296307 |
| 辽宁省 | 97850 | 62120 | 57.52% | 560616 |
| 吉林省 | 135079 | 49239 | 174.33% | 432702 |
| 黑龙江 | 64441 | 53275 | 20.96% | 473858 |
| 上海市 | 113596 | 166755 | -31.88% | 2093429 |
| 江苏省 | 417527 | 342822 | 21.79% | 4069465 |
| 浙江省 | 773720 | 653628 | 18.37% | 5571057 |
| 安徽省 | 84949 | 58201 | 45.96% | 537871 |
| 福建省 | 294787 | 213771 | 37.90% | 1873099 |
| 江西省 | 72188 | 48379 | 49.21% | 471863 |
| 山东省 | 1302372 | 717061 | 81.63% | 7637042 |
| 河南省 | 471758 | 290092 | 62.62% | 2293864 |
| 湖北省 | 155320 | 124401 | 24.85% | 726437 |
| 湖南省 | 378217 | 176219 | 114.63% | 1476741 |
| 广东省 | 624660 | 572741 | 9.07% | 4716483 |
| 广西区 | 67972 | 51093 | 33.04% | 601639 |
| 海南省 | 11998 | 10239 | 17.18% | 66736 |
| 重庆市 | 25043 | 23659 | 5.85% | 192324 |
| 四川省 | 97689 | 72180 | 35.34% | 802450 |
| 贵州省 | 16066 | 9970 | 61.14% | 104148 |
| 云南省 | 28337 | 26535 | 6.79% | 505734 |
| 西藏区 | 2282 | 4689 | -51.33% | 6298 |
| 陕西省 | 37393 | 37549 | -0.42% | 279022 |
| 甘肃省 | 9101 | 8861 | 2.71% | 52791 |
| 青海省 | 1191 | 3417 | -65.14% | 9725 |
| 宁夏区 | 7782 | 5665 | 37.37% | 122617 |
| 新疆区 | 11328 | 8016 | 41.32% | 133374 |

**2005年轻工业主要经济指标**

| 指标 | 单位 | 2005年 | 2004年 | 同期增减 |
|---|---|---|---|---|
| 企业总数 | 个 | 28719 | | |
| 亏损企业 | 个 | 4888 | | |
| 亏损企业亏损总额 | 千元 | 7871633 | | |
| 应收帐款净额 | 千元 | 151168765 | 129270667 | 16.94% |
| 产成品 | 千元 | 73023537 | 63099172 | 15.73% |
| 资产总计 | 千元 | 1118791039 | 954226543 | 17.25% |
| 流动资产平均余额 | 千元 | 517888199 | 442459152 | 17.05% |
| 固定资产净值平均余额 | 千元 | 419966657 | 350226599 | 19.91% |
| 负债总计 | 千元 | 641405313 | 551289229 | 16.35% |
| 产品销售收入 | 千元 | 1181202098 | 925352839 | 27.65% |
| 产品销售成本 | 千元 | 1017224173 | 792178290 | 28.41% |
| 产品销售费用 | 千元 | 36553047 | 29818249 | 22.59% |
| 税金及附加 | 千元 | 5708298 | 4045933 | 41.09% |
| 财务费用 | 千元 | 14134245 | 12541986 | 12.70% |
| 管理费用 | 千元 | 53005731 | 44362360 | 19.48% |
| 利润总额 | 千元 | 55294875 | 44658595 | 23.82% |
| 全部从业人员 | 人 | 5787215 | 5406274 | 7.05% |

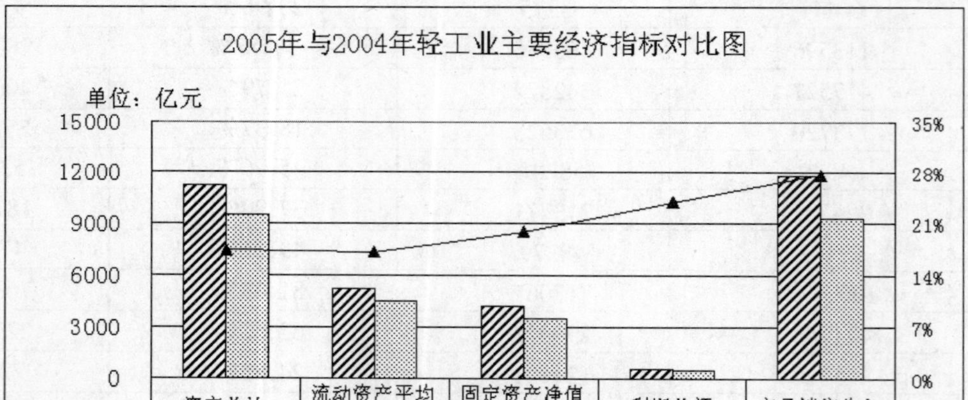


| | 资产总计 | 流动资产平均余额 | 固定资产净值平均余额 | 利润总额 | 产品销售收入 |
|---|---|---|---|---|---|
| 2005年 | 11187.91 | 5178.88 | 4199.67 | 552.95 | 11812.02 |
| 2004年 | 9542.27 | 4424.59 | 3502.27 | 446.59 | 9253.53 |
| 增长率 | 17.25% | 17.05% | 19.91% | 23.82% | 27.65% |

2005年全国轻工业生产呈现出平稳发展的势头，企业生产增长较快，规模以上工业经济效益继续保持了较高水平，各项指标均完成较好。

据国家统计局提供的数据，轻工全行业全部国有和年产品销售收入500万元以上非国有独立核算工业企业共计28719家，2005年完成销售收入11812.02亿元，比上年增长27.65%，实现利润552.95亿元，同比增长23.82%，2005年轻工业行业资产总额达11187.91亿元，流动资产平均余额5178.88亿元，固定资产净值平均余额4199.67亿元，分别比2004年增长17.25%、17.05%和19.91%。

## 全国轻工业主要产品产量同期对比情况表

| 产品名称 | 单位 | 完成产量 | | | | 同期增长 | |
|---|---|---|---|---|---|---|---|
| | | 2005年12月 | 2005年 | 2004年12月 | 2004年 | 12月 | 全年 |
| 人造板 | 立方米 | 5388254.13 | 53224180.39 | 4437059.77 | 41119320.1 | 21.44% | 29.44% |
| 胶合板 | 立方米 | 2531648.32 | 24189980.83 | 2046793.41 | 18851456.41 | 23.69% | 28.32% |
| 纤维板 | 立方米 | 1732972.31 | 17180326.24 | 1333057.12 | 13159862.66 | 30.00% | 30.55% |
| 刨花板 | 立方米 | 399750.75 | 3778311.03 | 365316.3 | 3406209.46 | 9.43% | 10.92% |
| 人造板二次加工装饰板 | 平方米 | 10780772.74 | 124399464.4 | 13229987.46 | 148346117.8 | -18.51% | -16.14% |
| 木地板 | 平方米 | 5456015.44 | 52020411.36 | 4623285.79 | 43813394.59 | 18.01% | 18.73% |
| 复合地板 | 平方米 | 13399003.98 | 98687834.58 | 8256272.41 | 76880564.73 | 62.29% | 28.37% |
| 家具 | 件 | 36942566.04 | 339901789.6 | 33455720.13 | 305082371.9 | 10.42% | 11.41% |
| 木制家具 | 件 | 14672954.79 | 113280793.4 | 11673796.14 | 96199061.66 | 25.69% | 17.76% |
| 软体家具(包括床垫、沙发) | 件 | 1653528.07 | 14441106.84 | 1457033.2 | 11994540.39 | 13.49% | 20.40% |
| 金属家具 | 件 | 15949332 | 172483480 | 16178873 | 159996821 | -1.42% | 7.80% |
| 纸浆 | 吨 | 1953505.42 | 19549126.79 | 1558904.54 | 15603697.55 | 25.31% | 25.29% |
| 机制纸 | 吨 | 5488426.6 | 54042897.48 | 4121600.24 | 42798146.66 | 33.16% | 26.27% |
| 新闻纸 | 吨 | 341196.37 | 3409519.42 | 286742.07 | 2962353.94 | 18.99% | 15.09% |
| 书写印刷纸 | 吨 | 183136.92 | 1827062.99 | 135772.1 | 1345949.47 | 34.89% | 35.75% |
| 箱纸板 | 吨 | 645557.58 | 6756576.41 | 515255.25 | 5644406.54 | 25.29% | 19.70% |
| 纸制品 | 吨 | 2013514.14 | 18719320.33 | 1726365.61 | 15874575.12 | 16.63% | 17.92% |
| 瓦楞纸箱(纸箱) | 吨 | 1110610.13 | 10583701.13 | 864369.98 | 8974309.69 | 28.49% | 17.93% |
| 本册 | 万本 | 27978.05 | 276731.51 | 29070.15 | 229035.31 | -3.76% | 20.82% |
| 自来水笔(钢笔) | 万支 | 13919851 | 101861141 | 9164465 | 91632212.7 | 51.89% | 11.16% |
| 木杆铅笔 | 万支 | 93311.42 | 1039290.67 | 86319.7 | 952502.7 | 8.10% | 9.11% |
| 金属切削工具 | 万件 | 21987.55 | 212270.5 | 16230.84 | 183204.75 | 35.47% | 15.32% |
| 模具 | 套 | 510450.19 | 6014309.19 | 430240.34 | 5205518.01 | 18.64% | 15.54% |
| 手工工具 | 万把 | 54547.9 | 540251.21 | 39329.56 | 390694.88 | 38.69% | 38.28% |
| 电动工具 | 台 | 18575909.98 | 192804290.2 | 16731001.85 | 174035004.6 | 11.03% | 10.78% |
| 搪瓷制品 | 吨 | 20985.03 | 235611.23 | 18185.8 | 204643.29 | 15.39% | 15.13% |
| 日用不锈钢制品 | 吨 | 103425.95 | 932032.6 | 94247.26 | 786942.76 | 9.74% | 18.44% |
| 锁具 | 万把 | 15143.88 | 136551.11 | 14677.5 | 131966.9 | 3.18% | 3.47% |
| 燃气灶具 | 台 | 1491006 | 16149347 | 878988 | 12190770 | 69.63% | 32.47% |
| 燃气热水器 | 台 | 1052560 | 6893431 | 553278 | 5302679 | 90.24% | 30.00% |
| 电力电缆 | 公里 | 832253.99 | 8124237.13 | 649681.31 | 6537140.66 | 28.10% | 24.28% |
| 通讯电缆 | 公里 | 6102854.03 | 67297398.96 | 6382475.23 | 66373470.26 | -4.38% | 1.39% |
| 光纤通讯电缆 | 公里 | 1004063.46 | 10762660.66 | 1032142.03 | 9808835.29 | -2.72% | 9.72% |
| 钢芯铝绞线 | 吨 | 103724.91 | 793444.72 | 72967.88 | 659566.66 | 42.15% | 20.30% |
| 绝缘制品 | 吨 | 41725.1 | 457966.28 | 35206.06 | 404212.26 | 18.52% | 13.30% |
| 蓄电池 | 千伏安时 | 5675447.14 | 66450502.54 | 4778063.62 | 59443701.45 | 18.78% | 11.79% |
| 原电池及原电池组(折R20标准只) | 万只 | 261901.97 | 2755719.3 | 249785.29 | 2510807.19 | 4.85% | 9.75% |
| 灯具 | 万只 | 94181338.39 | 914910587.3 | 73636065.82 | 813325924.1 | 27.90% | 12.49% |
| 电光源(灯泡) | 万只 | 87585.34 | 996541.66 | 86275.17 | 909602.39 | 1.52% | 9.56% |
| 家用洗衣机 | 台 | 3533810 | 29526277 | 3104164 | 25468526 | 13.84% | 15.93% |
| 家用吸尘器 | 台 | 3994411 | 45447128 | 3533113 | 38649806 | 13.06% | 17.59% |
| 家用电冰箱 | 台 | 2395711 | 31055834 | 2730449 | 30281234 | -12.26% | 2.56% |
| 冷柜(含冷冻箱、冷藏箱、展示柜) | 台 | 699944 | 7492938 | 539257 | 6247982 | 29.80% | 19.93% |

续表

| 产品名称 | 单位 | 完成产量 | | | | 同期增长 | |
|---|---|---|---|---|---|---|---|
| | | 2005 年 12 月 | 2005 年 | 2004 年 12 月 | 2004 年 | 12 月 | 全年 |
| 家用电风扇 | 台 | 9311321 | 115936483 | 10174485 | 107861492 | -8.48% | 7.49% |
| 房间空调器 | 台 | 7243075 | 74691013 | 5626763 | 65956958 | 28.73% | 13.24% |
| 吸排油烟机 | 台 | 798723 | 6978055 | 583247 | 5917039 | 36.94% | 17.93% |
| 电热水器 | 台 | 890242 | 7711254 | 547493 | 5300860 | 62.60% | 45.47% |
| 微波炉 | 台 | 5055318 | 49318917 | 4524609 | 43066664 | 11.73% | 14.52% |
| 电饭锅 | 个 | 5126525 | 48930797 | 3540084 | 35660181 | 44.81% | 37.21% |
| 家用电热烘烤器具 | 个 | 11784294 | 108298797 | 10176376 | 113517511 | 15.80% | -4.60% |
| 家用洗碗机 | 台 | 66278 | 814135 | 58256 | 523325 | 13.77% | 55.57% |
| 电话单机 | 部 | 19079070 | 169536632 | 15596657 | 157851898 | 22.33% | 7.40% |
| 传真机 | 部 | 977643 | 10678857 | 730825 | 8679242 | 33.77% | 23.04% |
| 移动电话机 | 部 | 35186156 | 323060968 | 24235590 | 264361222 | 45.18% | 22.20% |
| 电子计算机 | 部 | 5006 | 58097 | 5288 | 54100 | -5.33% | 7.39% |
| 微型电子计算机 | 部 | 8405275 | 80838234 | 5887003 | 52719333 | 42.78% | 53.34% |
| 笔记本计算机 | 部 | 4782038 | 45649858 | 3227740 | 29158885 | 48.15% | 56.56% |
| 显示器 | 部 | 14424981 | 151827577 | 9116267 | 101135047 | 58.23% | 50.12% |
| 打印机 | 部 | 3037637 | 35557656 | 2597253 | 30688090 | 16.96% | 15.87% |
| 黑白显像管 | 只 | 644204 | 7392619 | 714851 | 7202507 | -9.88% | 2.64% |
| 彩色显像管 | 只 | 7605605 | 79336055 | 6857074 | 85689520 | 10.92% | -7.41% |
| 半导体分立器件 | 万只 | 2183309.02 | 20628989.64 | 1584227.15 | 18002149.29 | 37.82% | 14.59% |
| 半导体集成电路 | 万块 | 285484.61 | 2657824.16 | 208946.58 | 2221707.7 | 36.63% | 19.63% |
| 大规模半导体集成电路 | 万块 | 107544.06 | 981845.75 | 81232.29 | 789602 | 32.39% | 24.35% |
| 彩色电视机 | 部 | 10151339 | 87784970 | 8269131 | 77625565 | 22.76% | 13.09% |
| 黑白电视机 | 部 | 725511 | 8415191 | 1063282 | 10075509 | -31.77% | -16.48% |
| 录像机 | 部 | 553972 | 12056697 | 1431221 | 20809851 | -61.29% | -42.06% |
| 激光视盘机 | 台 | 8998862 | 103820991 | 9227176 | 100489583 | -2.47% | 3.32% |
| 收音机 | 部 | 4757459 | 51915391 | 3485632 | 47308946 | 36.49% | 9.74% |
| 录放音机 | 部 | 6360299 | 83690134 | 6619530 | 72561740 | -3.92% | 15.34% |
| 复读机 | 部 | 148258 | 2215231 | 202176 | 2132814 | -26.67% | 3.86% |
| 组合音响 | 部 | 5065635 | 54371139 | 4180866 | 55154691 | 21.19% | -1.42% |
| 自动化仪表及系统 | 台(套) | 4719608.06 | 53383410.84 | 4477675.73 | 49447654.26 | 5.40% | 7.96% |
| 电工仪器仪表 | 台 | 4867778 | 44104438 | 3812525 | 40039681 | 27.68% | 10.15% |
| 光学仪器 | 台 | 973991 | 11724629 | 890118 | 10464461 | 9.42% | 12.04% |
| 成分分析仪器 | 台 | 9271 | 108954 | 11942 | 94335 | -22.37% | 15.50% |
| 试验机 | 台 | 1907 | 25901 | 2577 | 25486 | -26.00% | 1.63% |
| 汽车仪器仪表 | 台 | 1000232 | 14998655 | 1105020 | 20407821 | -9.48% | -26.51% |
| 环境监测仪器仪表 | 台 | 1321 | 9373 | 476 | 6873 | 177.52% | 36.37% |
| 电教设备 | 台 | 5007 | 45596 | 4155 | 44304 | 20.51% | 2.92% |
| 照相机 | 台 | 6954357 | 75559070 | 5410080 | 74064452 | 28.54% | 2.02% |
| 数码照相机 | 台 | 5982077 | 55229737 | 2818059 | 37862934 | 112.28% | 45.87% |
| 复印机械 | 台 | 384191 | 4027994 | 277817 | 3323598 | 38.29% | 21.19% |
| 钟 | 只 | 24027252 | 193530184 | 17852524 | 189095504 | 34.59% | 2.35% |
| 表 | 只 | 13940960 | 154988663 | 16417126 | 152717230 | -15.08% | 1.49% |
| 眼镜 | 付 | 71537461.41 | 670066733.5 | 70691747.23 | 675825339.5 | 1.20% | -0.85% |
| 伞 | 把 | 50729025 | 485753507 | 45155072.72 | 465461736 | 12.34% | 4.36% |

# 九、纺织工业

## 2005年纺织工业分地区主要经济效益指标

| 地区 | 资本保值增值率(%) | 资产负债率(%) | 流动资产周转率(次) | 成本费用利润率(%) | 人均销售率(元) |
|---|---|---|---|---|---|
| 全国 | 115.58 | 60.36 | 2.79 | 3.97 | 175779.76 |
| 北京市 | 111.59 | 64.41 | 1.51 | 1.32 | 122521.89 |
| 天津市 | 100.62 | 70.45 | 1.67 | 3.79 | 114494.30 |
| 河北省 | 110.11 | 60.16 | 3.69 | 6.76 | 194257.53 |
| 山西省 | 101.68 | 68.28 | 1.56 | -1.99 | 62408.59 |
| 内蒙古 | 102.53 | 54.25 | 1.56 | 6.64 | 235341.36 |
| 辽宁省 | 127.49 | 66.96 | 2.42 | 2.29 | 139016.51 |
| 吉林省 | 88.28 | 62.39 | 1.67 | 0.60 | 83507.02 |
| 黑龙江 | 113.84 | 67.16 | 1.16 | 1.42 | 60616.99 |
| 上海市 | 107.17 | 56.32 | 2.09 | 4.29 | 179424.35 |
| 江苏省 | 115.42 | 64.43 | 3.00 | 3.40 | 238054.70 |
| 浙江省 | 119.31 | 60.42 | 2.59 | 4.57 | 220122.28 |
| 安徽省 | 111.94 | 64.31 | 2.32 | 1.60 | 112148.88 |
| 福建省 | 124.01 | 43.40 | 3.09 | 4.74 | 134888.03 |
| 江西省 | 117.41 | 56.99 | 3.78 | 2.42 | 120112.98 |
| 山东省 | 124.74 | 59.50 | 3.82 | 5.88 | 216544.38 |
| 河南省 | 113.01 | 61.83 | 2.92 | 6.00 | 146807.89 |
| 湖北省 | 115.53 | 64.69 | 2.63 | 1.81 | 115849.69 |
| 湖南省 | 117.79 | 61.81 | 3.71 | 1.66 | 128981.94 |
| 广东省 | 109.07 | 57.97 | 2.59 | 1.49 | 123140.45 |
| 广西区 | 112.26 | 68.79 | 2.95 | 1.15 | 105194.61 |
| 海南省 | 106.57 | 63.35 | 1.55 | 5.50 | 144181.37 |
| 重庆市 | 117.96 | 69.43 | 3.44 | 1.44 | 118558.94 |
| 四川省 | 110.44 | 58.72 | 3.49 | 2.25 | 152113.18 |
| 贵州省 | 97.63 | 78.44 | 1.53 | -0.81 | 68557.77 |
| 云南省 | 111.87 | 77.62 | 1.03 | 2.00 | 48437.65 |
| 西藏区 | 92.96 | 40.44 | 0.21 | -0.05 | 40943.75 |
| 陕西省 | 100.18 | 84.82 | 1.55 | -1.98 | 72044.83 |
| 甘肃省 | 99.54 | 52.74 | 1.45 | 1.94 | 101108.61 |
| 青海省 | 42.99 | 48.97 | 0.69 | 5.68 | 95223.74 |
| 宁夏区 | 167.10 | 52.22 | 2.43 | 5.46 | 490197.80 |
| 新疆区 | 94.60 | 71.20 | 1.27 | -0.48 | 117525.18 |

## 2005年纺织工业分地区主要经济指标(一)

单位:千元

| 地区 | 产品销售收入 | | | 利润总额 | | |
|---|---|---|---|---|---|---|
| | 2005年 | 2004年 | 同期增长 | 2005年 | 2004年 | 同期增长 |
| 全国 | 2010704919 | 1592221420 | 26.28% | 75415537 | 52367420 | 44.01% |
| 北京市 | 14633647 | 12342217 | 18.57% | 195314 | 225005 | -13.20% |
| 天津市 | 16789673 | 16182732 | 3.75% | 638165 | 572335 | 11.50% |
| 河北省 | 71331364 | 58067725 | 22.84% | 4437112 | 3581895 | 23.88% |
| 山西省 | 3103392 | 2799684 | 10.85% | -73379 | -65673 | 11.73% |
| 内蒙古 | 16162068 | 12218793 | 32.27% | 968017 | 611741 | 58.24% |
| 辽宁省 | 29861581 | 22794543 | 31.00% | 647544 | 387910 | 66.93% |
| 吉林省 | 3659528 | 3813342 | -4.03% | 22374 | 28467 | -21.40% |
| 黑龙江 | 3350665 | 3178909 | 5.40% | 54101 | 71807 | -24.66% |
| 上海市 | 81464754 | 72867483 | 11.80% | 3546023 | 3248176 | 9.17% |
| 江苏省 | 424680306 | 334685794 | 26.89% | 14048629 | 9438881 | 48.84% |
| 浙江省 | 452829612 | 364669729 | 24.18% | 19519099 | 15213024 | 28.31% |
| 安徽省 | 21734790 | 18999155 | 14.40% | 351889 | 192958 | 82.37% |
| 福建省 | 124887569 | 96983696 | 28.77% | 5549674 | 4245670 | 30.71% |
| 江西省 | 18857858 | 12708407 | 48.39% | 512235 | 252598 | 102.79% |
| 山东省 | 302929776 | 206755592 | 46.52% | 16603170 | 9291850 | 78.69% |
| 河南省 | 51397147 | 38637156 | 33.03% | 2874801 | 1448003 | 98.54% |
| 湖北省 | 37983523 | 30590856 | 24.17% | 653993 | 336742 | 94.21% |
| 湖南省 | 18059019 | 12988840 | 39.03% | 307806 | 106887 | 187.97% |
| 广东省 | 257899561 | 224627420 | 14.81% | 3689065 | 3062879 | 20.44% |
| 广西区 | 6484406 | 4542051 | 42.76% | 71863 | 25254 | 184.56% |
| 海南省 | 1601855 | 1482523 | 8.05% | 85768 | 59627 | 43.84% |
| 重庆市 | 6004299 | 4855621 | 23.66% | 88911 | -31145 | -385.47% |
| 四川省 | 23951894 | 17556161 | 36.43% | 513458 | 365864 | 40.34% |
| 贵州省 | 685372 | 555953 | 23.28% | -5964 | -14727 | -59.50% |
| 云南省 | 855651 | 630132 | 35.79% | 18540 | -13597 | -236.35% |
| 西藏区 | 6551 | 5809 | 12.77% | -76 | 112 | -167.86% |
| 陕西省 | 6562996 | 5673502 | 15.68% | -128220 | -213088 | -39.83% |
| 甘肃省 | 2188597 | 2197804 | -0.42% | 39174 | 81523 | -51.95% |
| 青海省 | 446028 | 480047 | -7.09% | 25535 | 38445 | -33.58% |
| 宁夏区 | 3657856 | 2535933 | 44.24% | 191808 | 135759 | 41.29% |
| 新疆区 | 6643581 | 5793811 | 14.67% | -30892 | -317762 | -90.28% |

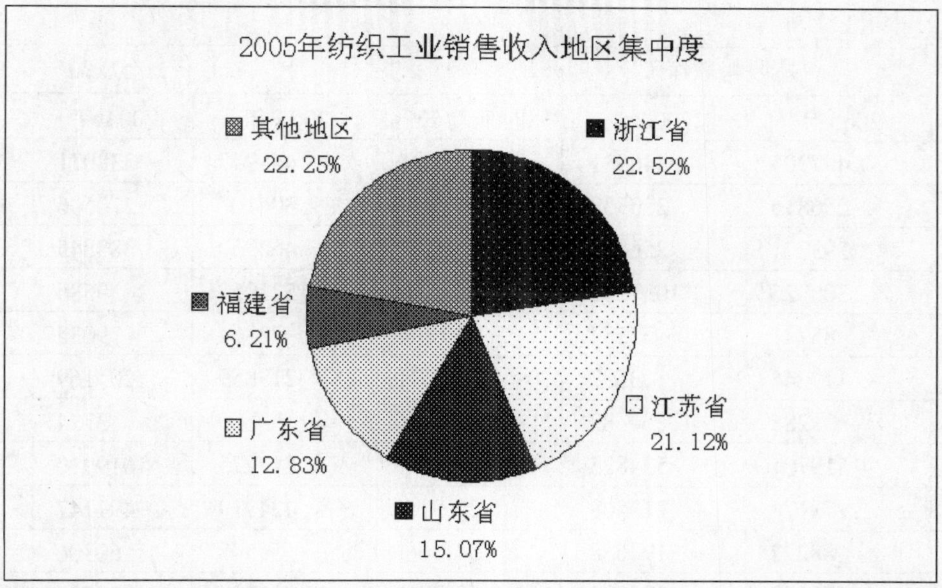


2005 年，我国纺织工业按销售收入排名前 5 名的地区是浙江、江苏、山东、广东和福建，分别是 22.52%、21.12%、15.07%、12.83% 和 6.21%，排名前 5 名地区的销售收入占全国销售总收入的 77.75%，其中华东地区浙江、江苏、山东三省占 58.71%，集中度较高。

**2005 年纺织工业分地区主要经济指标(二)**

单位:千元

| 地区 | 应收帐款净额 | | | 产成品 | | |
|---|---|---|---|---|---|---|
| | 2005 年 | 2004 年 | 同期增长 | 2005 年 | 2004 年 | 同期增长 |
| 全国 | 181943857 | 156305074 | 16.40% | 129492134 | 113406157 | 14.18% |
| 北京市 | 1878331 | 1758675 | 6.80% | 2760252 | 2454313 | 12.47% |
| 天津市 | 2246586 | 2263938 | -0.77% | 1209251 | 1365621 | -11.45% |
| 河北省 | 3228525 | 3008429 | 7.32% | 4379208 | 4089058 | 7.10% |
| 山西省 | 260773 | 283345 | -7.97% | 619752 | 551793 | 12.32% |
| 内蒙古 | 1720122 | 1954901 | -12.01% | 3002763 | 2487854 | 20.70% |
| 辽宁省 | 3088230 | 2444248 | 26.35% | 2635195 | 2110385 | 24.87% |
| 吉林省 | 324970 | 483887 | -32.84% | 817944 | 2247937 | -63.61% |
| 黑龙江 | 838719 | 749263 | 11.94% | 1218085 | 1125619 | 8.21% |
| 上海市 | 11864739 | 10374516 | 14.36% | 5862368 | 5350418 | 9.57% |
| 江苏省 | 36545673 | 30848829 | 18.47% | 22270101 | 19850181 | 12.19% |
| 浙江省 | 47093796 | 38242410 | 23.15% | 27745248 | 23027093 | 20.49% |
| 安徽省 | 1936410 | 1672239 | 15.80% | 2080488 | 1714027 | 21.38% |
| 福建省 | 13688681 | 11015039 | 24.27% | 6530753 | 5061915 | 29.02% |
| 江西省 | 1101963 | 912912 | 20.71% | 1382607 | 1154576 | 19.75% |
| 山东省 | 13412418 | 10905678 | 22.99% | 14552912 | 11513300 | 26.40% |
| 河南省 | 2832767 | 2465557 | 14.89% | 3231765 | 2942230 | 9.84% |
| 湖北省 | 2569986 | 2358242 | 8.98% | 3331603 | 2893600 | 15.14% |
| 湖南省 | 859700 | 696325 | 23.46% | 1723537 | 1277588 | 34.91% |
| 广东省 | 31711806 | 29465866 | 7.62% | 18214053 | 16296912 | 11.76% |

续表

| 地区 | 应收帐款净额 | | | 产成品 | | |
|---|---|---|---|---|---|---|
| | 2005 年 | 2004 年 | 同期增长 | 2005 年 | 2004 年 | 同期增长 |
| 广西区 | 497905 | 546031 | -8.81% | 448947 | 338071 | 32.80% |
| 海南省 | 256816 | 220338 | 16.56% | 306107 | 270606 | 13.12% |
| 重庆市 | 393721 | 256466 | 53.52% | 462960 | 388845 | 19.06% |
| 四川省 | 1308026 | 1057386 | 23.70% | 1521059 | 1439586 | 5.66% |
| 贵州省 | 85741 | 52584 | 63.06% | 72864 | 79035 | -7.81% |
| 云南省 | 119246 | 113597 | 4.97% | 219859 | 205169 | 7.16% |
| 西藏区 | 285 | 82 | 247.56% | 3609 | 3734 | -3.35% |
| 陕西省 | 519701 | 534823 | -2.83% | 847275 | 1019910 | -16.93% |
| 甘肃省 | 273178 | 213568 | 27.91% | 424919 | 491747 | -13.59% |
| 青海省 | 88272 | 194688 | -54.66% | 59508 | 60306 | -1.32% |
| 宁夏区 | 477109 | 335302 | 42.29% | 431624 | 280023 | 54.14% |
| 新疆区 | 719662 | 875910 | -17.84% | 1125518 | 1314705 | -14.39% |

**2005 年纺织工业分地区主要经济指标(三)**

单位:千元

| 地区 | 流动资产平均余额 | | | 固定资产净值平均余额 | | |
|---|---|---|---|---|---|---|
| | 2005 年 | 2004 年 | 同期增长 | 2005 年 | 2004 年 | 同期增长 |
| 全国 | 782735550 | 660144123 | 18.57% | 494291551 | 431504362 | 14.55% |
| 北京市 | 10413069 | 8928447 | 16.63% | 3918851 | 3736071 | 4.89% |
| 天津市 | 10445923 | 9606492 | 8.74% | 7512588 | 7611696 | -1.30% |
| 河北省 | 20502264 | 18170467 | 12.83% | 15490459 | 14404602 | 7.54% |
| 山西省 | 2021135 | 1963048 | 2.96% | 1832418 | 1850591 | -0.98% |
| 内蒙古 | 11303839 | 9433822 | 19.82% | 3953133 | 3807986 | 3.81% |
| 辽宁省 | 14245701 | 10483097 | 35.89% | 10146726 | 8337029 | 21.71% |
| 吉林省 | 1984376 | 2408121 | -17.60% | 2684609 | 2540442 | 5.67% |
| 黑龙江 | 3114740 | 2664147 | 16.91% | 2073204 | 1493654 | 38.80% |
| 上海市 | 41191323 | 36822793 | 11.86% | 17436590 | 16200004 | 7.63% |
| 江苏省 | 154461528 | 128850743 | 19.88% | 92080822 | 82190861 | 12.03% |
| 浙江省 | 193882425 | 156302719 | 24.04% | 112973858 | 97526688 | 15.84% |
| 安徽省 | 9818951 | 8909462 | 10.21% | 8237593 | 7198486 | 14.44% |
| 福建省 | 45687077 | 35143553 | 30.00% | 28709315 | 24590774 | 16.75% |
| 江西省 | 5396186 | 4569896 | 18.08% | 3599839 | 3061760 | 17.57% |
| 山东省 | 87012728 | 71681626 | 21.39% | 73187578 | 54203924 | 35.02% |
| 河南省 | 18900072 | 16318771 | 15.82% | 14126645 | 12735511 | 10.92% |
| 湖北省 | 15267972 | 13608374 | 12.20% | 12810189 | 10540886 | 21.53% |
| 湖南省 | 5216142 | 4528238 | 15.19% | 4177062 | 3609975 | 15.71% |
| 广东省 | 105111317 | 93978133 | 11.85% | 57973846 | 55003556 | 5.40% |
| 广西区 | 2336834 | 2059035 | 13.49% | 1423364 | 1297122 | 9.73% |
| 海南省 | 1035385 | 1029133 | 0.61% | 924281 | 909234 | 1.65% |

续表

| 地区 | 流动资产平均余额 | | | 固定资产净值平均余额 | | |
|---|---|---|---|---|---|---|
| | 2005 年 | 2004 年 | 同期增长 | 2005 年 | 2004 年 | 同期增长 |
| 重庆市 | 1938867 | 1554511 | 24.73% | 1392848 | 1310526 | 6.28% |
| 四川省 | 7139546 | 6571889 | 8.64% | 5655223 | 5155620 | 9.69% |
| 贵州省 | 443354 | 451697 | -1.85% | 528442 | 530928 | -0.47% |
| 云南省 | 871155 | 792080 | 9.98% | 877206 | 746234 | 17.55% |
| 西藏区 | 29466 | 32239 | -8.60% | 27153 | 24317 | 11.66% |
| 陕西省 | 4146606 | 4308004 | -3.75% | 4135670 | 4028808 | 2.65% |
| 甘肃省 | 1449344 | 1565340 | -7.41% | 1225378 | 1232084 | -0.54% |
| 青海省 | 344322 | 952715 | -63.86% | 333943 | 671781 | -50.29% |
| 宁夏区 | 1940622 | 1074273 | 80.65% | 585695 | 407808 | 43.62% |
| 新疆区 | 5083281 | 5381258 | -5.54% | 4257023 | 4545404 | -6.34% |

**2005 年纺织工业分地区主要经济指标(四)**

单位:千元

| 地区 | 资产总计 | | | 负债合计 | | |
|---|---|---|---|---|---|---|
| | 2005 年 | 2004 年 | 同期增长 | 2005 年 | 2004 年 | 同期增长 |
| 全国 | 1513563459 | 1309511049 | 15.58% | 913525661 | 798321539 | 14.43% |
| 北京市 | 17351511 | 15549618 | 11.59% | 11176128 | 9750932 | 14.62% |
| 天津市 | 20928969 | 20799161 | 0.62% | 14744701 | 15034581 | -1.93% |
| 河北省 | 42766929 | 38838709 | 10.11% | 25729678 | 23572818 | 9.15% |
| 山西省 | 4565023 | 4489686 | 1.68% | 3117076 | 2968146 | 5.02% |
| 内蒙古 | 17928987 | 17486782 | 2.53% | 9726538 | 9301787 | 4.57% |
| 辽宁省 | 27525487 | 21590389 | 27.49% | 18430711 | 13219309 | 39.42% |
| 吉林省 | 4910956 | 5562896 | -11.72% | 3063720 | 3183474 | -3.76% |
| 黑龙江 | 5670860 | 4981355 | 13.84% | 3808673 | 3160950 | 20.49% |
| 上海市 | 68381810 | 63805690 | 7.17% | 38510662 | 35273562 | 9.18% |
| 江苏省 | 292603395 | 253520974 | 15.42% | 188532023 | 165153676 | 14.16% |
| 浙江省 | 371854189 | 311664916 | 19.31% | 224681319 | 188756670 | 19.03% |
| 安徽省 | 20978661 | 18741502 | 11.94% | 13490419 | 12377110 | 8.99% |
| 福建省 | 84641491 | 68256481 | 24.01% | 36734743 | 29527456 | 24.41% |
| 江西省 | 10672376 | 9089567 | 17.41% | 6081905 | 5419667 | 12.22% |
| 山东省 | 196724387 | 157702152 | 24.74% | 117042942 | 96971595 | 20.70% |
| 河南省 | 38294958 | 33886506 | 13.01% | 23678765 | 21489403 | 10.19% |
| 湖北省 | 32702942 | 28306140 | 15.53% | 21156924 | 19307091 | 9.58% |
| 湖南省 | 11783350 | 10003661 | 17.79% | 7283019 | 6420913 | 13.43% |
| 广东省 | 184985461 | 169601945 | 9.07% | 107227892 | 99854845 | 7.38% |
| 广西区 | 4334695 | 3861266 | 12.26% | 2981840 | 2756453 | 8.18% |
| 海南省 | 2614797 | 2453576 | 6.57% | 1656491 | 1516364 | 9.24% |
| 重庆市 | 3879161 | 3288510 | 17.96% | 2693392 | 2293956 | 17.41% |
| 四川省 | 16364538 | 14817967 | 10.44% | 9609538 | 8639146 | 11.23% |

续表

| 地区 | 资产总计 | | | 负债合计 | | |
|---|---|---|---|---|---|---|
| | 2005年 | 2004年 | 同期增长 | 2005年 | 2004年 | 同期增长 |
| 贵州省 | 1046838 | 1072214 | -2.37% | 821164 | 804999 | 2.01% |
| 云南省 | 2657183 | 2375215 | 11.87% | 2062597 | 1842705 | 11.93% |
| 西藏区 | 59219 | 63707 | -7.04% | 23948 | 28346 | -15.52% |
| 陕西省 | 9862454 | 9844406 | 0.18% | 8365618 | 8028716 | 4.20% |
| 甘肃省 | 3138591 | 3153252 | -0.46% | 1655339 | 1758258 | -5.85% |
| 青海省 | 778732 | 1811608 | -57.01% | 381342 | 1026292 | -62.84% |
| 宁夏区 | 3135431 | 1876381 | 67.10% | 1637174 | 995329 | 64.49% |
| 新疆区 | 10420078 | 11014817 | -5.40% | 7419380 | 7886990 | -5.93% |

**2005年纺织工业分地区主要经济指标(五)**

单位:千元

| 地区 | 销售成本 | | | 销售费用 | | |
|---|---|---|---|---|---|---|
| | 2005年 | 2004年 | 同期增长 | 2005年 | 2004年 | 同期增长 |
| 全国 | 1784389916 | 1418728405 | 25.77% | 44177690 | 36013811 | 22.67% |
| 北京市 | 12478986 | 10486398 | 19.00% | 925588 | 782989 | 18.21% |
| 天津市 | 15004252 | 14447196 | 3.86% | 322676 | 362126 | -10.89% |
| 河北省 | 62296583 | 50472170 | 23.43% | 1714791 | 1463190 | 17.20% |
| 山西省 | 2873918 | 2573635 | 11.67% | 63709 | 53171 | 19.82% |
| 内蒙古 | 13335737 | 10490303 | 27.12% | 381426 | 379514 | 0.50% |
| 辽宁省 | 25690265 | 19427957 | 32.23% | 975127 | 868311 | 12.30% |
| 吉林省 | 3421744 | 3252805 | 5.19% | 66485 | 72503 | -8.30% |
| 黑龙江 | 2997444 | 2771861 | 8.14% | 88254 | 92651 | -4.75% |
| 上海市 | 69222053 | 61756349 | 12.09% | 3584518 | 3156659 | 13.55% |
| 江苏省 | 383928284 | 303596034 | 26.46% | 7975812 | 6509339 | 22.53% |
| 浙江省 | 402325501 | 324904742 | 23.83% | 8642797 | 7075839 | 22.15% |
| 安徽省 | 19745263 | 17290448 | 14.20% | 454324 | 379982 | 19.56% |
| 福建省 | 109016647 | 83731479 | 30.20% | 3514386 | 2645801 | 32.83% |
| 江西省 | 16355417 | 11227705 | 45.67% | 502606 | 314837 | 59.64% |
| 山东省 | 267771120 | 184529128 | 45.11% | 5131562 | 3840498 | 33.62% |
| 河南省 | 44886236 | 34421248 | 30.40% | 1129139 | 744259 | 51.71% |
| 湖北省 | 33514692 | 27128480 | 23.54% | 1021666 | 902603 | 13.19% |
| 湖南省 | 16089379 | 12662182 | 27.07% | 544231 | 350459 | 55.29% |
| 广东省 | 230150282 | 201801783 | 14.05% | 5908686 | 4979709 | 18.66% |
| 广西区 | 5978751 | 4210521 | 42.00% | 61806 | 47191 | 30.97% |
| 海南省 | 1186829 | 1141970 | 3.93% | 186699 | 163042 | 14.51% |
| 重庆市 | 5532747 | 4396957 | 25.83% | 118882 | 106059 | 12.09% |
| 四川省 | 21787524 | 16030099 | 35.92% | 382480 | 306744 | 24.69% |
| 贵州省 | 622469 | 505060 | 23.25% | 15635 | 14812 | 5.56% |
| 云南省 | 770195 | 560384 | 37.44% | 20601 | 19459 | 5.87% |
| 西藏区 | 4768 | 4522 | 5.44% | 5 | 108 | -95.37% |

续表

| 地区 | 销售成本 | | | 销售费用 | | |
|---|---|---|---|---|---|---|
| | 2005 年 | 2004 年 | 同期增长 | 2005 年 | 2004 年 | 同期增长 |
| 陕西省 | 5895486 | 5158254 | 14.29% | 145629 | 118083 | 23.33% |
| 甘肃省 | 1877922 | 1911472 | -1.76% | 37305 | 30237 | 23.38% |
| 青海省 | 393446 | 365906 | 7.53% | 2054 | 8459 | -75.72% |
| 宁夏区 | 3287241 | 2194067 | 49.82% | 22046 | 22743 | -3.06% |
| 新疆区 | 5948735 | 5277290 | 12.72% | 236765 | 202434 | 16.96% |

**2005 年纺织工业分地区主要经济指标(六)**

单位:千元

| 地区 | 财务费用 | | | 管理费用 | | |
|---|---|---|---|---|---|---|
| | 2005 年 | 2004 年 | 同期增长 | 2005 年 | 2004 年 | 同期增长 |
| 全国 | 22877901 | 18390117 | 24.40% | 72762587 | 60772921 | 19.73% |
| 北京市 | 140808 | 162885 | -13.55% | 1272031 | 1082083 | 17.55% |
| 天津市 | 136886 | 142958 | -4.25% | 837586 | 747696 | 12.02% |
| 河北省 | 690833 | 638238 | 8.24% | 1618565 | 1431558 | 13.06% |
| 山西省 | 55492 | 58970 | -5.90% | 226992 | 199517 | 13.77% |
| 内蒙古 | 522305 | 343623 | 52.00% | 599799 | 442088 | 35.67% |
| 辽宁省 | 251136 | 245112 | 2.46% | 1576862 | 1383987 | 13.94% |
| 吉林省 | 61734 | 54415 | 13.45% | 155180 | 155197 | -0.01% |
| 黑龙江 | 65923 | 59531 | 10.74% | 179776 | 172321 | 4.33% |
| 上海市 | 550201 | 559356 | -1.64% | 5136170 | 4597820 | 11.71% |
| 江苏省 | 4717112 | 3891294 | 21.22% | 13922930 | 11685168 | 19.15% |
| 浙江省 | 6777860 | 5333948 | 27.07% | 15571238 | 12417430 | 25.40% |
| 安徽省 | 344166 | 312495 | 10.13% | 867238 | 771535 | 12.40% |
| 福建省 | 950319 | 735707 | 29.17% | 4478547 | 3612442 | 23.98% |
| 江西省 | 151026 | 110196 | 37.05% | 497388 | 397203 | 25.22% |
| 山东省 | 3771631 | 2543392 | 48.29% | 8414890 | 6169137 | 36.40% |
| 河南省 | 817897 | 641758 | 27.45% | 1338093 | 1082753 | 23.58% |
| 湖北省 | 549753 | 452554 | 21.48% | 1342826 | 1201096 | 11.80% |
| 湖南省 | 186398 | 136449 | 36.61% | 636394 | 453066 | 40.46% |
| 广东省 | 1265300 | 1137628 | 11.22% | 11838958 | 10621202 | 11.47% |
| 广西区 | 63257 | 61089 | 3.55% | 222209 | 178478 | 24.50% |
| 海南省 | 8620 | 16853 | -48.85% | 135701 | 115117 | 17.88% |
| 重庆市 | 51115 | 49718 | 2.81% | 216985 | 302263 | -28.21% |
| 四川省 | 317707 | 265369 | 19.72% | 605791 | 499504 | 21.28% |
| 贵州省 | 2461 | 4275 | -42.43% | 67328 | 62582 | 7.58% |
| 云南省 | 35163 | 51002 | -31.06% | 136905 | 119118 | 14.93% |
| 西藏区 | 154 | 34 | 352.94% | 1925 | 1203 | 60.02% |
| 陕西省 | 159600 | 159600 | 0.00% | 411781 | 391678 | 5.13% |
| 甘肃省 | 19271 | 28196 | -31.65% | 96697 | 95154 | 1.62% |
| 青海省 | 7132 | 18267 | -60.96% | 13333 | 21222 | -37.17% |

续表

| 地区 | 财务费用 | | | 管理费用 | | |
|---|---|---|---|---|---|---|
| | 2005 年 | 2004 年 | 同期增长 | 2005 年 | 2004 年 | 同期增长 |
| 宁夏区 | 40673 | 20863 | 94.95% | 34517 | 26439 | 30.55% |
| 新疆区 | 165968 | 154342 | 7.53% | 307952 | 336864 | -8.58% |

## 2005 年纺织工业分地区主要经济指标(七)

单位:千元

| 地区 | 税金及附加 | | | 税金总额 |
|---|---|---|---|---|
| | 2005 年 | 2004 年 | 同期增长 | 2005 年 |
| 全国 | 8470154 | 5921757 | 43.03% | 55843733 |
| 北京市 | 30989 | 29108 | 6.46% | 378988 |
| 天津市 | 47568 | 31124 | 52.83% | 504249 |
| 河北省 | 519463 | 377721 | 37.53% | 2269785 |
| 山西省 | 10821 | 9211 | 17.48% | 126692 |
| 内蒙古 | 147832 | 52270 | 182.82% | 536890 |
| 辽宁省 | 111928 | 101887 | 9.86% | 478571 |
| 吉林省 | 9069 | 8615 | 5.27% | 70269 |
| 黑龙江 | 23339 | 14406 | 62.01% | 147728 |
| 上海市 | 145831 | 153464 | -4.97% | 2053350 |
| 江苏省 | 1224833 | 930527 | 31.63% | 11245952 |
| 浙江省 | 1904489 | 1526514 | 24.76% | 13444991 |
| 安徽省 | 101747 | 73296 | 38.82% | 727015 |
| 福建省 | 655906 | 464774 | 41.12% | 3275776 |
| 江西省 | 123268 | 69241 | 78.03% | 552447 |
| 山东省 | 1620123 | 768161 | 110.91% | 10492619 |
| 河南省 | 406383 | 239116 | 69.95% | 2076129 |
| 湖北省 | 285214 | 206476 | 38.13% | 1246728 |
| 湖南省 | 128773 | 83801 | 53.67% | 454005 |
| 广东省 | 769474 | 630892 | 21.97% | 4104675 |
| 广西区 | 25435 | 14581 | 74.44% | 218570 |
| 海南省 | 3978 | 6335 | -37.21% | 36823 |
| 重庆市 | 27970 | 24686 | 13.30% | 156506 |
| 四川省 | 64041 | 45437 | 40.94% | 546227 |
| 贵州省 | 2462 | 2276 | 8.17% | 21580 |
| 云南省 | 3328 | 1642 | 102.68% | 33878 |
| 西藏区 | 35 | 31 | 12.90% | 1036 |
| 陕西省 | 35599 | 24748 | 43.85% | 245004 |
| 甘肃省 | 9587 | 10765 | -10.94% | 62583 |
| 青海省 | 1084 | 1066 | 1.69% | 8144 |
| 宁夏区 | 7928 | 3608 | 119.73% | 29289 |
| 新疆区 | 21657 | 15978 | 35.54% | 297234 |

**2005 年纺织工业主要经济指标**

| 指标 | 单位 | 2005 年 | 2004 年 | 同期增减 |
|---|---|---|---|---|
| 企业总数 | 个 | 40135 | | |
| 亏损企业 | 个 | 6588 | | |
| 亏损企业亏损总额 | 千元 | 9735910 | | |
| 应收帐款净额 | 千元 | 181943857 | 156305074 | 16.40% |
| 产成品 | 千元 | 129492134 | 113406157 | 14.18% |
| 资产总计 | 千元 | 1513563459 | 1309511049 | 15.58% |
| 流动资产平均余额 | 千元 | 782735550 | 660144123 | 18.57% |
| 固定资产净值平均余额 | 千元 | 494291551 | 431504362 | 14.55% |
| 负债总计 | 千元 | 913525661 | 798321539 | 14.43% |
| 产品销售收入 | 千元 | 2010704919 | 1592221420 | 26.28% |
| 产品销售成本 | 千元 | 1784389916 | 1418728405 | 25.77% |
| 产品销售费用 | 千元 | 44177690 | 36013811 | 22.67% |
| 税金及附加 | 千元 | 8470154 | 5921757 | 43.03% |
| 财务费用 | 千元 | 22877901 | 18390117 | 24.40% |
| 管理费用 | 千元 | 72762587 | 60772921 | 19.73% |
| 利润总额 | 千元 | 75415537 | 52367420 | 44.01% |
| 全部从业人员 | 人 | 11438774 | 10701071 | 6.89% |

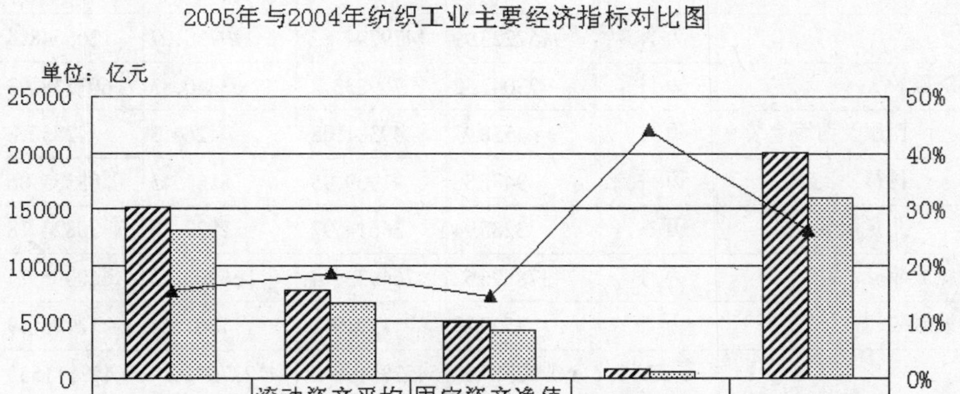


| | 资产总计 | 流动资产平均余额 | 固定资产净值平均余额 | 利润总额 | 产品销售收入 |
|---|---|---|---|---|---|
| 2005年 | 15135.63 | 7827.36 | 4942.92 | 754.16 | 20107.05 |
| 2004年 | 13095.11 | 6601.44 | 4315.04 | 523.67 | 15922.21 |
| 增长率 | 15.58% | 18.57% | 14.55% | 44.01% | 26.28% |

2005 年我国纺织工业在国内外两个市场的拉动下，纺织工业产销两旺，保持稳定增长，国内市场消费旺盛，大类产品产量保持较快增速，市场机制作用明显增强，行业运行质量稳步提高。据对纺织行业 40135 家规模以上企业的统计调查，2005 年全国纺织工业实现销售收入 20107.05 亿元，比 2004 年增加了 4184.84 亿元人民币，同比增长 26.28%，完成利润 754.16 亿元，增长幅度达 44.01%；资产总额达 15135.63 亿元，同比增长 15.58%，其中流动资产平均余额达 7827.36，同比增长 18.57%，固定资产净值平均余额达 4942.92 亿元，同比增长 14.55%。

## 全国纺织工业主要产品产量同期对比情况表

| 产品名称 | 单位 | 完成产量 | | | | 同期增长 | |
|---|---|---|---|---|---|---|---|
| | | 2005年12月 | 2005年 | 2004年12月 | 2004年 | 12月 | 全年 |
| 纱 | 吨 | 1398213.81 | 14124049.22 | 1183912.81 | 11425839.37 | 18.10% | 23.61% |
| 布 | 万米 | 387657.94 | 3776083.1 | 334227.42 | 3215193.92 | 15.99% | 17.44% |
| 棉布 | 万米 | 196585.39 | 1965741.7 | 170989.98 | 1585174.77 | 14.97% | 24.01% |
| 混纺交织布 | 万米 | 69192.53 | 705936.54 | 59025.77 | 645878.22 | 17.22% | 9.30% |
| 纯化纤布 | 万米 | 121878.16 | 1104382.09 | 104214.58 | 984142.93 | 16.95% | 12.22% |
| 印染布 | 万米 | 354462.71 | 3621554.98 | 316961.58 | 3130707.56 | 11.83% | 15.68% |
| 帘子布 | 吨 | 30340.52 | 317123.1 | 28883.67 | 312681.13 | 5.04% | 1.42% |
| 绒线(毛线) | 吨 | 37218.84 | 386952.55 | 37130.21 | 368861.92 | 0.24% | 4.90% |
| 呢绒 | 万米 | 2998.31 | 32960.3 | 2462.02 | 27962.17 | 21.78% | 17.87% |
| 麻袋(混合数) | 万条 | 324.5 | 4963.19 | 384.6 | 4703.92 | -15.63% | 5.51% |
| 苎麻布及亚麻布 | 米 | 21323272.2 | 215677460.8 | 18419165 | 178413417.9 | 15.77% | 20.89% |
| 丝 | 吨 | 12950.98 | 132536.07 | 11179.42 | 110869.03 | 15.85% | 19.54% |
| 丝织品 | 万米 | 76257.37 | 777380.85 | 63512.06 | 699380.96 | 20.07% | 11.15% |
| 针棉织品折用纱线量 | 吨 | 89971.8 | 922763.47 | 80768.71 | 836911.7 | 11.39% | 10.26% |
| 非织造布 | 吨 | 32059.53 | 350128.22 | 27198.67 | 289653.51 | 17.87% | 20.88% |
| 服装 | 万件 | 152223.91 | 1479794.87 | 129730.07 | 1266548.4 | 17.34% | 16.84% |
| 梭织服装 | 万件 | 73042.32 | 709833.2 | 63340.83 | 603738.93 | 15.32% | 17.57% |
| 西服及西服套装 | 万件 | 4558.97 | 49381.08 | 4264.3 | 42852.8 | 6.91% | 15.23% |
| 衬衫 | 万件 | 9482.86 | 91909.95 | 8161.45 | 83355.86 | 16.19% | 10.26% |
| 儿童服装 | 万件 | 3285.94 | 36614.97 | 2929.88 | 30824.18 | 12.15% | 18.79% |
| 针织服装 | 万件 | 78896.62 | 766423.74 | 66203.33 | 660095.75 | 19.17% | 16.11% |
| 羽绒服装 | 万件 | 2529.19 | 15919.1 | 1861.84 | 12175.19 | 35.84% | 30.75% |
| 轻革 | 平方米 | 50732389.54 | 545285198.3 | 41277682.27 | 457111533 | 22.91% | 19.29% |
| 皮鞋 | 万双 | 25192.73 | 252547.52 | 22857.79 | 221802.82 | 10.22% | 13.86% |
| 革皮服装 | 件 | 5323619.57 | 66400547.86 | 5692005.35 | 64497271.89 | -6.47% | 2.95% |
| 皮包、袋 | 万个 | 5612.2 | 54825.96 | 5669.2 | 53317.22 | -1.01% | 2.83% |
| 毛皮服装 | 件 | 247671 | 2085634 | 238525 | 2096010 | 3.83% | -0.50% |

# 十、食品工业

## 2005年食品工业分地区主要经济效益指标

| 地区 | 资本保值增值率(%) | 资产负债率(%) | 流动资产周转率(次) | 成本费用利润率(%) | 人均销售率(元) |
|---|---|---|---|---|---|
| 全国 | 114.46 | 57.50 | 3.03 | 5.14 | 399193.36 |
| 北京市 | 106.06 | 55.84 | 2.15 | 4.55 | 377968.52 |
| 天津市 | 108.56 | 63.89 | 2.44 | 4.29 | 498129.26 |
| 河北省 | 110.86 | 65.74 | 3.80 | 4.75 | 446426.94 |
| 山西省 | 114.52 | 58.53 | 2.07 | 4.86 | 228547.59 |
| 内蒙古 | 121.51 | 52.14 | 3.55 | 7.92 | 497272.74 |
| 辽宁省 | 111.45 | 58.10 | 3.07 | 3.31 | 386823.31 |
| 吉林省 | 119.19 | 60.95 | 3.72 | 3.83 | 436792.56 |
| 黑龙江 | 114.75 | 66.69 | 2.74 | 3.31 | 385342.62 |
| 上海市 | 108.96 | 57.05 | 2.25 | 3.71 | 585480.71 |
| 江苏省 | 108.55 | 61.32 | 3.12 | 3.08 | 484985.41 |
| 浙江省 | 112.00 | 61.65 | 2.54 | 4.01 | 453049.60 |
| 安徽省 | 113.59 | 62.98 | 1.95 | 3.46 | 273133.54 |
| 福建省 | 119.98 | 53.89 | 2.83 | 2.78 | 336523.56 |
| 江西省 | 110.46 | 55.21 | 3.72 | 3.35 | 325422.64 |
| 山东省 | 125.40 | 55.45 | 4.03 | 6.04 | 439414.45 |
| 河南省 | 117.02 | 58.39 | 4.35 | 6.94 | 349368.40 |
| 湖北省 | 120.22 | 55.01 | 3.03 | 4.17 | 291433.38 |
| 湖南省 | 115.35 | 53.49 | 3.93 | 2.86 | 337163.83 |
| 广东省 | 105.42 | 56.79 | 2.55 | 4.47 | 525503.63 |
| 广西区 | 113.08 | 56.09 | 2.79 | 10.18 | 324432.81 |
| 海南省 | 102.92 | 48.22 | 1.62 | 3.49 | 319915.21 |
| 重庆市 | 121.07 | 60.70 | 3.67 | 3.63 | 337566.46 |
| 四川省 | 115.18 | 43.52 | 2.89 | 6.63 | 427344.34 |
| 贵州省 | 117.45 | 46.19 | 1.16 | 35.73 | 246815.86 |
| 云南省 | 106.42 | 69.04 | 1.90 | 5.81 | 222555.71 |
| 西藏区 | 108.24 | 11.50 | 1.59 | 16.38 | 241680.77 |
| 陕西省 | 120.84 | 63.86 | 2.65 | 3.76 | 286817.86 |
| 甘肃省 | 102.38 | 58.34 | 1.29 | 2.05 | 158108.98 |
| 青海省 | 121.11 | 51.35 | 1.53 | −2.35 | 156158.36 |
| 宁夏区 | 128.80 | 62.50 | 1.85 | 3.08 | 261534.49 |
| 新疆区 | 110.00 | 66.79 | 1.27 | 2.05 | 301229.28 |

## 2005年食品工业分地区主要经济指标(一)

单位:千元

| 地区 | 产品销售收入 | | | 利润总额 | | |
|---|---|---|---|---|---|---|
| | 2005年 | 2004年 | 同期增长 | 2005年 | 2004年 | 同期增长 |
| 全国 | 1689270532 | 1300852901 | 29.86% | 80263454 | 53623737 | 49.68% |
| 北京市 | 36901445 | 31530100 | 17.04% | 1601725 | 819728 | 95.40% |
| 天津市 | 27624256 | 24015679 | 15.03% | 1139413 | 971553 | 17.28% |
| 河北省 | 84761298 | 68442474 | 23.84% | 3771367 | 2619628 | 43.97% |
| 山西省 | 11624159 | 9746220 | 19.27% | 522657 | 356875 | 46.45% |
| 内蒙古 | 48039033 | 33460752 | 43.57% | 3365796 | 1695839 | 98.47% |
| 辽宁省 | 66491833 | 47233015 | 40.77% | 2038603 | 833917 | 144.46% |
| 吉林省 | 38377468 | 28698607 | 33.73% | 1387491 | 1496216 | -7.27% |
| 黑龙江 | 49139661 | 38591959 | 27.33% | 1541229 | 1287898 | 19.67% |
| 上海市 | 51772303 | 46400483 | 11.58% | 1869059 | 1484695 | 25.89% |
| 江苏省 | 110250278 | 91835710 | 20.05% | 3285211 | 2617131 | 25.53% |
| 浙江省 | 81489126 | 69821636 | 16.71% | 3114861 | 2316260 | 34.48% |
| 安徽省 | 37511614 | 28232254 | 32.87% | 1239430 | 773346 | 60.27% |
| 福建省 | 60217525 | 49480903 | 21.70% | 1601131 | 907890 | 76.36% |
| 江西省 | 18828303 | 13556662 | 38.89% | 708347 | 471829 | 50.13% |
| 山东省 | 388507404 | 268064373 | 44.93% | 21705940 | 13025443 | 66.64% |
| 河南省 | 136808822 | 94943293 | 44.10% | 8756822 | 4349701 | 101.32% |
| 湖北省 | 41992053 | 33659289 | 24.76% | 1604511 | 1286678 | 24.70% |
| 湖南省 | 39322743 | 27495195 | 43.02% | 1071630 | 857837 | 24.92% |
| 广东省 | 140521246 | 118444369 | 18.64% | 5876324 | 4808581 | 22.20% |
| 广西区 | 39935084 | 31883863 | 25.25% | 3602221 | 2518001 | 43.06% |
| 海南省 | 7424912 | 6734858 | 10.25% | 247823 | 155033 | 59.85% |
| 重庆市 | 13653888 | 10544296 | 29.49% | 492192 | 315388 | 56.06% |
| 四川省 | 91018362 | 70398289 | 29.29% | 5464818 | 4638179 | 17.82% |
| 贵州省 | 9669505 | 7915626 | 22.16% | 2366290 | 1512827 | 56.42% |
| 云南省 | 12226543 | 11670478 | 4.76% | 652177 | 496482 | 31.36% |
| 西藏区 | 262707 | 193996 | 35.42% | 69160 | 49952 | 38.45% |
| 陕西省 | 19406957 | 15474207 | 25.41% | 675218 | 365394 | 84.79% |
| 甘肃省 | 9521639 | 8300479 | 14.71% | 172277 | 248732 | -30.74% |
| 青海省 | 858871 | 806274 | 6.52% | -19805 | -9290 | 113.19% |
| 宁夏区 | 3798527 | 2873531 | 32.19% | 120385 | 80922 | 48.77% |
| 新疆区 | 11312967 | 10404031 | 8.74% | 219151 | 271072 | -19.15% |

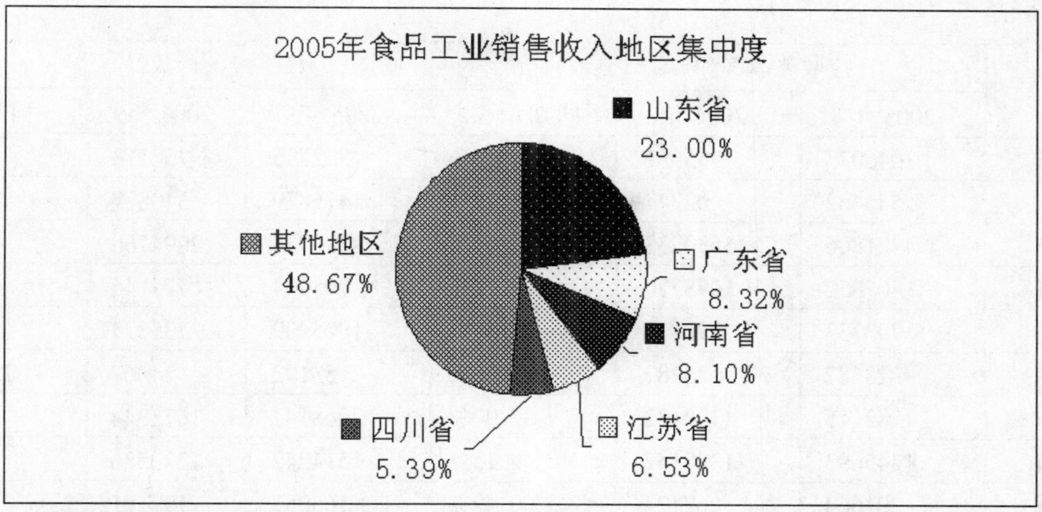


据统计,2005年食品工业按销售收入排名前5名地区是山东、广东、河南、江苏和四川,分别占全国销售收入的23%、8.32%、8.1%、6.53%和5.39%,前5名地区的销售收入占食品工业销售总收入的51.33%,其他地区占48.67%。

## 2005年食品工业分地区主要经济指标(二)

单位:千元

| 地区 | 应收帐款净额 | | | 产成品 | | |
|---|---|---|---|---|---|---|
| | 2005年 | 2004年 | 同期增长 | 2005年 | 2004年 | 同期增长 |
| 全国 | 104157087 | 90929571 | 14.55% | 97686216 | 80053012 | 22.03% |
| 北京市 | 3104076 | 2958724 | 4.91% | 2098323 | 1670958 | 25.58% |
| 天津市 | 2576025 | 2030656 | 26.86% | 1288474 | 1208996 | 6.57% |
| 河北省 | 3321750 | 3178862 | 4.49% | 3856990 | 3177048 | 21.40% |
| 山西省 | 729906 | 700696 | 4.17% | 1586868 | 1399077 | 13.42% |
| 内蒙古 | 1653147 | 1712667 | -3.48% | 2859275 | 2089942 | 36.81% |
| 辽宁省 | 3572956 | 3010836 | 18.67% | 4796472 | 3235931 | 48.23% |
| 吉林省 | 2029724 | 1876891 | 8.14% | 2421603 | 2057414 | 17.70% |
| 黑龙江 | 4326522 | 2719560 | 59.09% | 3544461 | 2599923 | 36.33% |
| 上海市 | 6784149 | 5807446 | 16.82% | 2333406 | 2427584 | -3.88% |
| 江苏省 | 7225505 | 6627137 | 9.03% | 4513653 | 4329666 | 4.25% |
| 浙江省 | 6990212 | 6092786 | 14.73% | 7286908 | 6293695 | 15.78% |
| 安徽省 | 2988990 | 3110063 | -3.89% | 3520537 | 2775967 | 26.82% |
| 福建省 | 4770859 | 3582295 | 33.18% | 4106663 | 3268048 | 25.66% |
| 江西省 | 796827 | 724860 | 9.93% | 960402 | 753137 | 27.52% |
| 山东省 | 15077306 | 12624504 | 19.43% | 18385754 | 14148169 | 29.95% |
| 河南省 | 6127867 | 5674036 | 8.00% | 4227216 | 3332596 | 26.84% |
| 湖北省 | 2187208 | 1719606 | 27.19% | 2529896 | 2006974 | 26.06% |
| 湖南省 | 1736450 | 1532399 | 13.32% | 1745781 | 1455179 | 19.97% |
| 广东省 | 12347442 | 12072821 | 2.27% | 7647098 | 6919991 | 10.51% |
| 广西区 | 2652602 | 2134879 | 24.25% | 3698521 | 3191422 | 15.89% |

续表

| 地区 | 应收帐款净额 | | | 产成品 | | |
|---|---|---|---|---|---|---|
| | 2005 年 | 2004 年 | 同期增长 | 2005 年 | 2004 年 | 同期增长 |
| 海南省 | 1046073 | 955951 | 9.43% | 822736 | 758173 | 8.52% |
| 重庆市 | 545462 | 402777 | 35.43% | 476879 | 340877 | 39.90% |
| 四川省 | 4471806 | 3530233 | 26.67% | 4298833 | 2994768 | 43.54% |
| 贵州省 | 1407852 | 1098770 | 28.13% | 705034 | 777146 | -9.28% |
| 云南省 | 793733 | 896875 | -11.50% | 1005209 | 735374 | 36.69% |
| 西藏区 | 28687 | 23783 | 20.62% | 53192 | 24067 | 121.02% |
| 陕西省 | 1582115 | 1190432 | 32.90% | 2268741 | 1675844 | 35.38% |
| 甘肃省 | 1445693 | 1388152 | 4.15% | 1514242 | 1273580 | 18.90% |
| 青海省 | 201664 | 67127 | 200.42% | 168057 | 197501 | -14.91% |
| 宁夏区 | 372234 | 220297 | 68.97% | 348462 | 309960 | 12.42% |
| 新疆区 | 1262245 | 1263450 | -0.10% | 2616530 | 2624005 | -0.28% |

**2005 年食品工业分地区主要经济指标(三)**

单位:千元

| 地区 | 流动资产平均余额 | | | 固定资产净值平均余额 | | |
|---|---|---|---|---|---|---|
| | 2005 年 | 2004 年 | 同期增长 | 2005 年 | 2004 年 | 同期增长 |
| 全国 | 600872087 | 515107513 | 16.65% | 429376630 | 370296479 | 15.95% |
| 北京市 | 17895174 | 16436569 | 8.87% | 12094313 | 11842203 | 2.13% |
| 天津市 | 12095703 | 10570681 | 14.43% | 8047330 | 7404770 | 8.68% |
| 河北省 | 23484253 | 21143878 | 11.07% | 19031275 | 17205867 | 10.61% |
| 山西省 | 5957381 | 5263609 | 13.18% | 5091012 | 4795804 | 6.16% |
| 内蒙古 | 15190380 | 11880353 | 27.86% | 10878393 | 8585620 | 26.70% |
| 辽宁省 | 22960445 | 20405513 | 12.52% | 19128726 | 17165515 | 11.44% |
| 吉林省 | 10940645 | 9702535 | 12.76% | 14913839 | 11426127 | 30.52% |
| 黑龙江 | 20144799 | 15783054 | 27.64% | 20093684 | 15395824 | 30.51% |
| 上海市 | 24233768 | 21725110 | 11.55% | 12136335 | 11645714 | 4.21% |
| 江苏省 | 38367163 | 32365557 | 18.54% | 23156483 | 20155344 | 14.89% |
| 浙江省 | 34876882 | 29391476 | 18.66% | 20324250 | 18025665 | 12.75% |
| 安徽省 | 20299499 | 18090058 | 12.21% | 13877758 | 11559466 | 20.06% |
| 福建省 | 23521463 | 18999661 | 23.80% | 14607577 | 13393111 | 9.07% |
| 江西省 | 5343992 | 4777429 | 11.86% | 4557716 | 3945405 | 15.52% |
| 山东省 | 107736326 | 85153286 | 26.52% | 72831178 | 55725172 | 30.70% |
| 河南省 | 33649204 | 29230486 | 15.12% | 25112108 | 21661440 | 15.93% |
| 湖北省 | 14749335 | 12954075 | 13.86% | 12690106 | 10441841 | 21.53% |
| 湖南省 | 10572176 | 9454309 | 11.82% | 8297828 | 7643898 | 8.55% |
| 广东省 | 56195694 | 54000820 | 4.06% | 32262420 | 30724194 | 5.01% |
| 广西区 | 15669455 | 12917335 | 21.31% | 14497588 | 12695575 | 14.19% |
| 海南省 | 4843714 | 4301110 | 12.62% | 2636391 | 2587382 | 1.89% |
| 重庆市 | 4068511 | 3371405 | 20.68% | 3580041 | 3031230 | 18.11% |

续表

| 地区 | 流动资产平均余额 | | | 固定资产净值平均余额 | | |
|---|---|---|---|---|---|---|
| | 2005 年 | 2004 年 | 同期增长 | 2005 年 | 2004 年 | 同期增长 |
| 四川省 | 34001923 | 28928230 | 17.54% | 23936970 | 20728922 | 15.48% |
| 贵州省 | 9043386 | 7616318 | 18.74% | 3996048 | 3689788 | 8.30% |
| 云南省 | 6766035 | 6127638 | 10.42% | 7144307 | 7225491 | -1.12% |
| 西藏区 | 201328 | 129887 | 55.00% | 472397 | 250727 | 88.41% |
| 陕西省 | 8113924 | 6523367 | 24.38% | 7449239 | 6423863 | 15.96% |
| 甘肃省 | 7668776 | 7130742 | 7.55% | 6736704 | 6595756 | 2.14% |
| 青海省 | 578581 | 543560 | 6.44% | 776331 | 581619 | 33.48% |
| 宁夏区 | 2308315 | 1793290 | 28.72% | 1664490 | 1408421 | 18.18% |
| 新疆区 | 9393857 | 8396172 | 11.88% | 7353793 | 6334725 | 16.09% |

**2005 年食品工业分地区主要经济指标(四)**

单位:千元

| 地区 | 资产总计 | | | 负债合计 | | |
|---|---|---|---|---|---|---|
| | 2005 年 | 2004 年 | 同期增长 | 2005 年 | 2004 年 | 同期增长 |
| 全国 | 1235455682 | 1079398367 | 14.46% | 710416071 | 630065896 | 12.75% |
| 北京市 | 39425736 | 37174472 | 6.06% | 22016723 | 20498205 | 7.41% |
| 天津市 | 23364984 | 21522631 | 8.56% | 14929042 | 13249506 | 12.68% |
| 河北省 | 50919297 | 45933013 | 10.86% | 33473138 | 28727490 | 16.52% |
| 山西省 | 13444748 | 11739929 | 14.52% | 7869639 | 7266611 | 8.30% |
| 内蒙古 | 36004518 | 29630017 | 21.51% | 18773698 | 15303198 | 22.68% |
| 辽宁省 | 49103677 | 44058026 | 11.45% | 28531626 | 26322607 | 8.39% |
| 吉林省 | 30012987 | 25181102 | 19.19% | 18292122 | 14054642 | 30.15% |
| 黑龙江 | 42437742 | 36981973 | 14.75% | 28299757 | 24790655 | 14.15% |
| 上海市 | 44918143 | 41226010 | 8.96% | 25627822 | 23236933 | 10.29% |
| 江苏省 | 70268510 | 64735458 | 8.55% | 43088335 | 40358264 | 6.76% |
| 浙江省 | 66121314 | 59035762 | 12.00% | 40764950 | 36143922 | 12.79% |
| 安徽省 | 43110401 | 37954001 | 13.59% | 27152979 | 24230239 | 12.06% |
| 福建省 | 44407372 | 37011866 | 19.98% | 23930668 | 19017283 | 25.84% |
| 江西省 | 12103285 | 10957536 | 10.46% | 6682049 | 6164391 | 8.40% |
| 山东省 | 214509467 | 171062744 | 25.40% | 118945053 | 101691229 | 16.97% |
| 河南省 | 69653487 | 59524564 | 17.02% | 40671992 | 35186481 | 15.59% |
| 湖北省 | 32314185 | 26878115 | 20.22% | 17775346 | 15751587 | 12.85% |
| 湖南省 | 24409253 | 21160995 | 15.35% | 13057142 | 10937803 | 19.38% |
| 广东省 | 105426861 | 100007050 | 5.42% | 59869930 | 57337310 | 4.42% |
| 广西区 | 37268263 | 32957855 | 13.08% | 20905062 | 19434119 | 7.57% |
| 海南省 | 8635911 | 8390724 | 2.92% | 4163888 | 3470678 | 19.97% |
| 重庆市 | 9809254 | 8102295 | 21.07% | 5953740 | 4811796 | 23.73% |
| 四川省 | 69883032 | 60675379 | 15.18% | 30415748 | 26751209 | 13.70% |
| 贵州省 | 17054020 | 14519897 | 17.45% | 7877825 | 6963809 | 13.13% |

续表

| 地区 | 资产总计 | | | 负债合计 | | |
|---|---|---|---|---|---|---|
| | 2005 年 | 2004 年 | 同期增长 | 2005 年 | 2004 年 | 同期增长 |
| 云南省 | 16713080 | 15704415 | 6.42% | 11539459 | 12004444 | -3.87% |
| 西藏区 | 768795 | 710293 | 8.24% | 88377 | 74169 | 19.16% |
| 陕西省 | 18588054 | 15382293 | 20.84% | 11870964 | 10386611 | 14.29% |
| 甘肃省 | 18735188 | 18299441 | 2.38% | 10929210 | 10719750 | 1.95% |
| 青海省 | 1714116 | 1415345 | 21.11% | 880205 | 794666 | 10.76% |
| 宁夏区 | 4920595 | 3820424 | 28.80% | 3075572 | 2553067 | 20.47% |
| 新疆区 | 19409407 | 17644742 | 10.00% | 12964010 | 11833222 | 9.56% |

## 2005 年食品工业分地区主要经济指标(五)

单位:千元

| 地区 | 销售成本 | | | 销售费用 | | |
|---|---|---|---|---|---|---|
| | 2005 年 | 2004 年 | 同期增长 | 2005 年 | 2004 年 | 同期增长 |
| 全国 | 1411401415 | 1086803679 | 29.87% | 96572590 | 77913589 | 23.95% |
| 北京市 | 27484950 | 23633242 | 16.30% | 5071668 | 4418821 | 14.77% |
| 天津市 | 22460630 | 19635029 | 14.39% | 2471938 | 2178886 | 13.45% |
| 河北省 | 73120815 | 58830080 | 24.29% | 4179520 | 3072263 | 36.04% |
| 山西省 | 9069434 | 7591989 | 19.46% | 765337 | 679863 | 12.57% |
| 内蒙古 | 36914805 | 26264381 | 40.55% | 3555594 | 2776344 | 28.07% |
| 辽宁省 | 56675424 | 40107531 | 41.31% | 2590282 | 1800009 | 43.90% |
| 吉林省 | 33126642 | 23354518 | 41.84% | 1392648 | 1142224 | 21.92% |
| 黑龙江 | 41266009 | 31496404 | 31.02% | 3283781 | 2927748 | 12.16% |
| 上海市 | 38283650 | 34950194 | 9.54% | 8055392 | 7015693 | 14.82% |
| 江苏省 | 96900193 | 80272704 | 20.71% | 5788603 | 4923824 | 17.56% |
| 浙江省 | 69345003 | 59903204 | 15.76% | 5031907 | 4032967 | 24.77% |
| 安徽省 | 31869295 | 23442820 | 35.94% | 1893719 | 1684850 | 12.40% |
| 福建省 | 52835744 | 43712740 | 20.87% | 2589898 | 2150830 | 20.41% |
| 江西省 | 15767917 | 11291279 | 39.65% | 863886 | 634695 | 36.11% |
| 山东省 | 337445334 | 233866008 | 44.29% | 11295650 | 8150321 | 38.59% |
| 河南省 | 116713237 | 82544737 | 41.39% | 6155224 | 4433787 | 38.83% |
| 湖北省 | 33326670 | 26475856 | 25.88% | 3246681 | 2731033 | 18.88% |
| 湖南省 | 32512787 | 22863343 | 42.20% | 2495581 | 1764487 | 41.43% |
| 广东省 | 112560422 | 95975910 | 17.28% | 12514854 | 10166656 | 23.10% |
| 广西区 | 32314800 | 26042233 | 24.09% | 1343443 | 1054978 | 27.34% |
| 海南省 | 5857376 | 5289387 | 10.74% | 676900 | 685615 | -1.27% |
| 重庆市 | 11427866 | 8689858 | 31.51% | 958161 | 758161 | 26.38% |
| 四川省 | 73407988 | 56314341 | 30.35% | 5756756 | 4515699 | 27.48% |
| 贵州省 | 4867111 | 4632268 | 5.07% | 784272 | 822676 | -4.67% |
| 云南省 | 9669673 | 9343171 | 3.49% | 757103 | 740200 | 2.28% |
| 西藏区 | 147398 | 113707 | 29.63% | 8914 | 5446 | 63.68% |

续表

| 地区 | 销售成本 | | | 销售费用 | | |
|---|---|---|---|---|---|---|
| | 2005 年 | 2004 年 | 同期增长 | 2005 年 | 2004 年 | 同期增长 |
| 陕西省 | 15608557 | 12347110 | 26.41% | 1371310 | 1157603 | 18.46% |
| 甘肃省 | 7473565 | 6496926 | 15.03% | 528498 | 440678 | 19.93% |
| 青海省 | 650558 | 662931 | -1.87% | 48205 | 41645 | 15.75% |
| 宁夏区 | 3108222 | 2309093 | 34.61% | 293204 | 294055 | -0.29% |
| 新疆区 | 9189340 | 8350685 | 10.04% | 803661 | 711532 | 12.95% |

**2005 年食品工业分地区主要经济指标(六)**

单位:千元

| 地区 | 财务费用 | | | 管理费用 | | |
|---|---|---|---|---|---|---|
| | 2005 年 | 2004 年 | 同期增长 | 2005 年 | 2004 年 | 同期增长 |
| 全国 | 17146402 | 14823549 | 15.67% | 54537106 | 46011180 | 18.53% |
| 北京市 | 282850 | 328926 | -14.01% | 2422970 | 2200646 | 10.10% |
| 天津市 | 220155 | 236936 | -7.08% | 987817 | 880074 | 12.24% |
| 河北省 | 647352 | 758268 | -14.63% | 1870070 | 1580887 | 18.29% |
| 山西省 | 212786 | 177150 | 20.12% | 520503 | 562683 | -7.50% |
| 内蒙古 | 399582 | 312580 | 27.83% | 1431009 | 1110653 | 28.84% |
| 辽宁省 | 575507 | 515887 | 11.56% | 1849482 | 1502512 | 23.09% |
| 吉林省 | 494253 | 289386 | 70.79% | 1044847 | 1000373 | 4.45% |
| 黑龙江 | 616659 | 580922 | 6.15% | 1744820 | 1585111 | 10.08% |
| 上海市 | 299283 | 320967 | -6.76% | 3269248 | 2923503 | 11.83% |
| 江苏省 | 744421 | 795962 | -6.48% | 2890339 | 2602144 | 11.08% |
| 浙江省 | 1004286 | 859008 | 16.91% | 2833158 | 2505125 | 13.09% |
| 安徽省 | 543127 | 486755 | 11.58% | 1408525 | 1099632 | 28.09% |
| 福建省 | 609589 | 549603 | 10.91% | 1939138 | 1563323 | 24.04% |
| 江西省 | 133508 | 127913 | 4.37% | 587079 | 571822 | 2.67% |
| 山东省 | 3901547 | 2816642 | 38.52% | 8782441 | 6519685 | 34.71% |
| 河南省 | 1932011 | 1586721 | 21.76% | 2875546 | 2268890 | 26.74% |
| 湖北省 | 401113 | 332344 | 20.69% | 1520687 | 1257613 | 20.92% |
| 湖南省 | 416266 | 297136 | 40.09% | 1470974 | 1103776 | 33.27% |
| 广东省 | 934725 | 925995 | 0.94% | 5765636 | 4834468 | 19.26% |
| 广西区 | 611382 | 516153 | 18.45% | 1676148 | 1540778 | 8.79% |
| 海南省 | 51393 | 41271 | 24.53% | 432263 | 418519 | 3.28% |
| 重庆市 | 131125 | 117521 | 11.58% | 515235 | 432684 | 19.08% |
| 四川省 | 656665 | 575067 | 14.19% | 3215558 | 2717150 | 18.34% |
| 贵州省 | 80850 | 93544 | -13.57% | 680267 | 680620 | -0.05% |
| 云南省 | 291507 | 314836 | -7.41% | 799997 | 740615 | 8.02% |
| 西藏区 | 1224 | 1202 | 1.83% | 22009 | 16471 | 33.62% |
| 陕西省 | 243875 | 222048 | 9.83% | 709064 | 558284 | 27.01% |
| 甘肃省 | 261576 | 240788 | 8.63% | 370982 | 370128 | 0.23% |

续表

| 地区 | 财务费用 | | | 管理费用 | | |
|---|---|---|---|---|---|---|
| | 2005 年 | 2004 年 | 同期增长 | 2005 年 | 2004 年 | 同期增长 |
| 青海省 | 14488 | 16816 | -13.84% | 69019 | 58310 | 18.37% |
| 宁夏区 | 75848 | 60445 | 25.48% | 146176 | 150885 | -3.12% |
| 新疆区 | 357449 | 324757 | 10.07% | 686099 | 653816 | 4.94% |

## 2005 年食品工业分地区主要经济指标(七)

单位:千元

| 地区 | 税金及附加 | | | 税金总额 |
|---|---|---|---|---|
| | 2005 年 | 2004 年 | 同期增长 | 2005 年 |
| 全国 | 22054451 | 17964176 | 22.77% | 65794819 |
| 北京市 | 701814 | 611104 | 14.84% | 2243934 |
| 天津市 | 369877 | 263734 | 40.25% | 1124828 |
| 河北省 | 947248 | 799065 | 18.54% | 2583060 |
| 山西省 | 428575 | 394583 | 8.61% | 820618 |
| 内蒙古 | 623074 | 406515 | 53.27% | 2096152 |
| 辽宁省 | 619057 | 533071 | 16.13% | 1643075 |
| 吉林省 | 398880 | 352850 | 13.05% | 848168 |
| 黑龙江 | 650509 | 688259 | -5.48% | 2094365 |
| 上海市 | 250099 | 227170 | 10.09% | 2562507 |
| 江苏省 | 1155626 | 1051116 | 9.94% | 3462428 |
| 浙江省 | 906858 | 837587 | 8.27% | 3091838 |
| 安徽省 | 890518 | 778670 | 14.36% | 1691288 |
| 福建省 | 632039 | 529992 | 19.25% | 1748838 |
| 江西省 | 298794 | 266651 | 12.05% | 765642 |
| 山东省 | 3898474 | 2964264 | 31.52% | 12123230 |
| 河南省 | 1261278 | 776747 | 62.38% | 4590366 |
| 湖北省 | 879664 | 736135 | 19.50% | 1978677 |
| 湖南省 | 794442 | 334322 | 137.63% | 1631450 |
| 广东省 | 1431494 | 1140696 | 25.49% | 5906795 |
| 广西区 | 377147 | 299107 | 26.09% | 2425036 |
| 海南省 | 126081 | 124983 | 0.88% | 468539 |
| 重庆市 | 207111 | 179339 | 15.49% | 577884 |
| 四川省 | 2466068 | 2046264 | 20.52% | 5061180 |
| 贵州省 | 812101 | 773166 | 5.04% | 1624640 |
| 云南省 | 156701 | 147493 | 6.24% | 702246 |
| 西藏区 | 3762 | 2029 | 85.41% | 24151 |
| 陕西省 | 303806 | 272205 | 11.61% | 808260 |
| 甘肃省 | 184426 | 173917 | 6.04% | 348104 |
| 青海省 | 42442 | 41564 | 2.11% | 55535 |
| 宁夏区 | 62086 | 57369 | 8.22% | 164275 |
| 新疆区 | 174400 | 154209 | 13.09% | 527710 |

**2005 年食品工业主要经济指标**

| 指标 | 单位 | 2005 年 | 2004 年 | 同期增减 |
|---|---|---|---|---|
| 企业总数 | 个 | 23053 | | |
| 亏损企业 | 个 | 3945 | | |
| 亏损企业亏损总额 | 千元 | 10686272 | | |
| 应收帐款净额 | 千元 | 104157087 | 90929571 | 14.55% |
| 产成品 | 千元 | 97686216 | 80053012 | 22.03% |
| 资产总计 | 千元 | 1235455682 | 1079398367 | 14.46% |
| 流动资产平均余额 | 千元 | 600872087 | 515107513 | 16.65% |
| 固定资产净值平均余额 | 千元 | 429376630 | 370296479 | 15.95% |
| 负债总计 | 千元 | 710416071 | 630065896 | 12.75% |
| 产品销售收入 | 千元 | 1689270532 | 1300852901 | 29.86% |
| 产品销售成本 | 千元 | 1411401415 | 1086803679 | 29.87% |
| 产品销售费用 | 千元 | 96572590 | 77913589 | 23.95% |
| 税金及附加 | 千元 | 22054451 | 17964176 | 22.77% |
| 财务费用 | 千元 | 17146402 | 14823549 | 15.67% |
| 管理费用 | 千元 | 54537106 | 46011180 | 18.53% |
| 利润总额 | 千元 | 80263454 | 53623737 | 49.68% |
| 全部从业人员 | 人 | 4231710 | 3890943 | 8.76% |

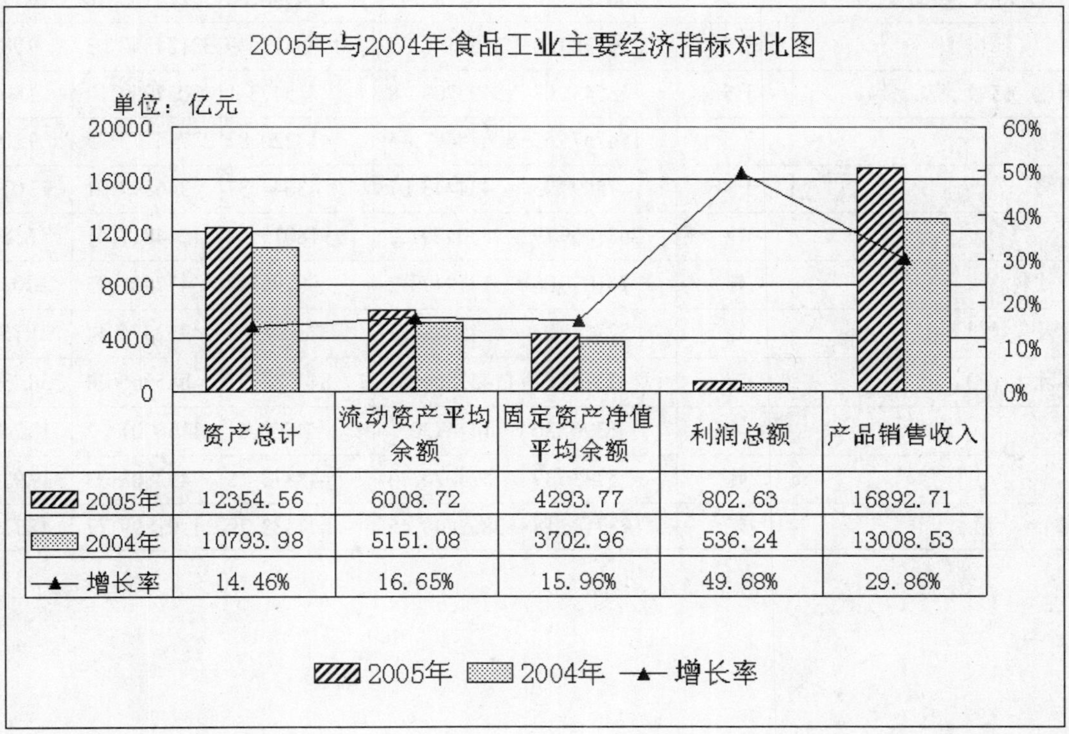


2005 年我国食品工业总体运行良好，各项经济指标显著提高，行业经济效益明显改善，继续发挥着国民经济支柱产业的重要作用。在 2005 年度中，23053 家规模以上食品企业累计实现利润 802.63 亿元，比上年同期增长 49.68%%，完成销售收入 16892.71 亿元，同比增长 29.86%；2005 年食品工业资产总额达 12354.56 亿元，同比增长 14.46%，其中流动资产平均余额 6008.72 亿元，固定资产净值平均余额 4293.77 亿元，分别比 2004 年增长 16.65%和 15.96%。

## 全国食品工业主要产品产量同期对比情况表

| 产品名称 | 单位 | 完成产量 | | | | 同期增长 | |
|---|---|---|---|---|---|---|---|
| | | 2005年12月 | 2005年 | 2004年12月 | 2004年 | 12月 | 全年 |
| 大米 | 吨 | 2181919.51 | 17662390.53 | 1423212.62 | 13238569.08 | 53.31% | 33.42% |
| 小麦粉 | 吨 | 4495550.82 | 39922933.34 | 3264977.38 | 30270728.2 | 37.69% | 31.89% |
| 精制食用植物油 | 吨 | 1815203.93 | 16122142.09 | 1799776.62 | 13692588.03 | 0.86% | 17.74% |
| 鲜冷藏冻肉 | 吨 | 920354.83 | 6888969.19 | 652268.73 | 5054612.39 | 41.10% | 36.29% |
| 成品糖 | 吨 | 1871062.81 | 9569925.77 | 2086322.73 | 10548277.82 | -10.32% | -9.27% |
| 糖果 | 吨 | 98289.14 | 789313.63 | 90507.86 | 699069.41 | 8.60% | 12.91% |
| 糕点 | 吨 | 43495.47 | 429463.35 | 38591 | 363141.65 | 12.71% | 18.26% |
| 饼干 | 吨 | 167792.06 | 1367543.6 | 110777.68 | 1105721.71 | 51.47% | 23.68% |
| 速冻米面食品 | 吨 | 174601.99 | 1306662.03 | 109404.67 | 931837.72 | 59.59% | 40.22% |
| 方便面 | 吨 | 347924.34 | 3279172.34 | 276629.97 | 2720953.84 | 25.77% | 20.52% |
| 乳制品 | 吨 | 1322251.82 | 13104213.22 | 983023.45 | 10240398.28 | 34.51% | 27.97% |
| 罐头 | 吨 | 418480.32 | 3600608.9 | 349128.27 | 3096693.35 | 19.86% | 16.27% |
| 味精 | 吨 | 149252.54 | 1359723.86 | 130257.08 | 1153021.62 | 14.58% | 17.93% |
| 酱油 | 吨 | 194832.61 | 1987161.84 | 194064.58 | 1678056.75 | 0.40% | 18.42% |
| 发酵酒精(折96度,商品量) | 千升 | 387287.78 | 3681287.42 | 324986.86 | 2713866.8 | 19.17% | 35.65% |
| 饮料酒 | 千升 | 2192383.66 | 35658146.33 | 1993473.49 | 32124352.03 | 9.98% | 11.00% |
| 白酒(折65度,商品量) | 千升 | 435431.08 | 3493709.48 | 415473.1 | 3037059.17 | 4.80% | 15.04% |
| 啤酒 | 千升 | 1547576.65 | 30615497.15 | 1417220.87 | 27745173.25 | 9.20% | 10.35% |
| 葡萄酒 | 千升 | 75099.03 | 434443.07 | 43644.37 | 346397.91 | 72.07% | 25.42% |
| 软饮料 | 吨 | 2631069.79 | 33804207.2 | 1918015.59 | 27244817.41 | 37.18% | 24.08% |
| 碳酸饮料 | 吨 | 741030.06 | 7719440.2 | 587957.2 | 6477401.85 | 26.03% | 19.17% |
| 果汁及果汁饮料 | 吨 | 527449.03 | 6345588.75 | 373678.53 | 4912574.44 | 41.15% | 29.17% |
| 液体乳 | 吨 | 1171704.67 | 11457864.64 | 844582.97 | 8856666.4 | 38.73% | 29.37% |
| 冷冻饮品 | 吨 | 63967.86 | 1445730.5 | 54560.61 | 1150007.62 | 17.24% | 25.71% |
| 精制茶 | 吨 | 57636.89 | 524070.76 | 48873.18 | 432808.83 | 17.93% | 21.09% |
| 瓶(罐)装饮用水 | 吨 | 987182.18 | 13862848.45 | 677483.79 | 11201899.77 | 45.71% | 23.75% |

# 政策法规篇

# 中华人民共和国国家发展和改革委员会
# 公 告

**2005年 第5号**

**公布冶金标准样品定点研制单位和定点销售单位名单**

国家发展改革委批准《钢铁研究总院》等27个单位为冶金标准样品定点研制单位(名单见附件一),《北京纳克分析仪器有限公司》等17个单位为冶金标准样品定点销售单位(名单见附件二),以上单位资格有效期为2004年7月1日至2009年6月30日。除上述批准的定点单位外,其它单位不得研制或销售冶金标准样品。

附件:

一、冶金标准样品定点研制单位名单

二、冶金标准样品定点销售单位名单

二○○五年一月二十八日

**附件一:冶金标准样品定点研制单位名单**

| 序号 | 单位名称 | 认可证编号 |
|---|---|---|
| 1 | 钢铁研究总院 | BYRK01-2004 |
| 2 | 宝钢集团上海钢铁研究所 | BYRK02-2004 |
| 3 | 太原钢铁(集团)有限公司技术中心 | BYRK03-2004 |
| 4 | 武汉钢铁(集团)公司技术中心 | BYRK04-2004 |
| 5 | 鞍山钢铁集团公司技术中心 | BYRK05-2004 |
| 6 | 大冶特殊钢股份有限公司技术中心 | BYRK06-2004 |
| 7 | 宝钢集团上海第一钢铁有限公司生产技术处 | BYRK07-2004 |
| 8 | 上海材料研究所 | BYRK08-2004 |
| 9 | 锦州铁合金股份有限公司 | BYRK09-2004 |
| 10 | 抚顺特殊钢股份有限公司质保部 | BYRK10-2004 |
| 11 | 宝钢集团上海五钢有限公司 | BYRK11-2004 |
| 12 | 重庆钢铁股份有限公司钢铁研究所 | BYRK12-2004 |
| 13 | 上海宝钢研究院 | BYRK13-2004 |
| 14 | 吉林铁合金股份有限公司 | BYRK14-2004 |

续表

| | | |
|---|---|---|
| 15 | 北京市海淀区海新标准物质研究所 | BYRK15-2004 |
| 16 | 本溪钢铁(集团)特殊钢有限责任公司 | BYRK16-2004 |
| 17 | 山东省冶金科学研究院标准样品研究所 | BYRK17-2004 |
| 18 | 重庆东华特殊钢有限责任公司技术质量中心 | BYRK18-2004 |
| 19 | 辽宁特殊钢集团有限责任公司中心试验室 | BYRK19-2004 |
| 20 | 攀钢集团攀枝花钢铁研究院 | BYRK20-2004 |
| 21 | 沈阳标准样品研究所 | BYRK21-2004 |
| 22 | 湖北省鄂钢股份有限公司质量部 | BYRK22-2004 |
| 23 | 本溪钢铁(集团)有限责任公司技术中心 | BYRK23-2004 |
| 24 | 郑州机械研究所 | BYRK24-2004 |
| 25 | 邢台海裕百特冶金设备行为研究有限公司 | BYRK25-2004 |
| 26 | 中国船舶重工集团公司第十二研究所 | BYRK26-2004 |
| 27 | 武汉科技大学分析中心 | BYRK27-2004 |

**附件二:冶金标准样品定点销售单位名单**

| 序号 | 单位名称 | 认可证编号 |
|---|---|---|
| 1 | 北京纳克分析仪器有限公司 | BYRK40-2004 |
| 2 | 武汉市中国标准化样品发行部 | BYRK41-2004 |
| 3 | 上海埃龙科技有限公司 | BYRK42-2004 |
| 4 | 北京冶金标准样品技术开发公司 | BYRK43-2004 |
| 5 | 成都圣和仁标准样品有限公司 | BYRK44-2004 |
| 6 | 北京应天意标准样品有限责任公司 | BYRK45-2004 |
| 7 | 沈阳市北方标准样品发行中心 | BYRK46-2004 |
| 8 | 沈阳市标准计量仪器供应站 | BYRK47-2004 |
| 9 | 长沙中远化工有限公司 | BYRK49-2004 |
| 10 | 南京测控科学器材设备有限公司 | BYRK50-2004 |
| 11 | 武汉维斯科冶金技术开发公司标准物质开发部 | BYRK51-2004 |
| 12 | 山东省冶金科学研究院标准样品研究所 | BYRK52-2004 |
| 13 | 郑州机械研究所标样服务部 | BYRK53-2004 |
| 14 | 上海材料研究所标样研究开发部 | BYRK54-2004 |
| 15 | 重庆市江北区新中标准物质研究所 | BYRK55-2004 |
| 16 | 上海民信工贸有限公司 | BYRK56-2004 |
| 17 | 吉林市嘉博科贸有限公司 | BYRK57-2004 |

# 中华人民共和国国家发展和改革委员会
# 公　告

**2005年 第10号**

**公布《低钠盐》等159项轻工、机械、煤炭、石油天然气行业标准和3项石油天然气行业标准修改单**

国家发展改革委批准《低钠盐》等159项行业标准(标准编号、名称及实施日期见附件),其中轻工行业标准85项、机械行业标准60项、煤炭行业标准9项、石油天然气行业标准5项;批准《SY/T5272-1991〈常规钻进安全技术规程〉》等3项石油天然气行业标准修改单,现予公布,3项石油天然气行业标准修改单自公布之日起实施。

以上轻工行业标准由轻工业出版社出版,机械行业标准由机械工业出版社出版,煤炭行业标准由煤炭工业出版社出版,石油天然气行业标准由石油工业出版社出版。

附件:

一、159项轻工、机械、煤炭、石油天然气行业标准编号、名称及实施日期

二、3项石油天然气行业标准修改单目录

三、3项石油天然气行业标准修改单

二〇〇五年三月十九日

**附件一:159项轻工、机械、煤炭、石油天然气行业标准编号、名称及实施日期**

| 序号 | 标准编号 | 标　准　名　称 | 代替标准 | 实施日期 |
|---|---|---|---|---|
| 轻工行业 | | | | |
| 1 | QB 2019-2005 | 低钠盐 | QB 2019-1994 | 2005-09-01 |
| 2 | QB 1013-2005 | 玻璃纸 | QB 1013-1991 | 2005-09-01 |
| 3 | QB 2682-2005 | 镀膜眼镜镜片减反射膜层性能质量要求 | | 2005-09-01 |
| 4 | QB 2683-2005 | 罐头食品代号的标示要求 | | 2005-09-01 |
| 5 | QB/T 1002-2005 | 皮鞋 | QB 1002-1997<br>QB/T 1003-1990<br>QB/T 1004-1990<br>QB/T 1005-1990 | 2005-09-01 |
| 6 | QB/T 1063-2005 | 制鞋机械 带刀片革机 | QB/T 1063-1991 | 2005-09-01 |
| 7 | QB/T 1148-2005 | 大头针 | QB/T 1148-1991 | 2005-09-01 |
| 8 | QB/T 1149-2005 | 回形针 | QB/T 1149-1991 | 2005-09-01 |
| 9 | QB/T 1150-2005 | 单层图钉 | QB/T 1150-1991 | 2005-09-01 |

续表

| | | | | |
|---|---|---|---|---|
| 10 | QB/T 1151-2005 | 订书钉 | QB/T 1151-1991 | 2005-09-01 |
| 11 | QB/T 1253-2005 | 饼干通用技术条件 | QB/T 1253-1991 | 2005-09-01 |
| 12 | QB/T 1254-2005 | 饼干试验方法 | QB/T 1254-1991 | 2005-09-01 |
| 13 | QB/T 1433.1-2005 | 饼干 酥性饼干 | QB/T 1433.1-1992 | 2005-09-01 |
| 14 | QB/T 1433.2-2005 | 饼干 韧性饼干 | QB/T 1433.2-1992 | 2005-09-01 |
| 15 | QB/T 1433.3-2005 | 饼干 发酵饼干 | QB/T 1433.3-1992 | 2005-09-01 |
| 16 | QB/T 1433.4-2005 | 饼干 压缩饼干 | QB/T 1433.4-1992 | 2005-09-01 |
| 17 | QB/T 1433.5-2005 | 饼干 曲奇饼干 | QB/T 1433.5-1992 | 2005-09-01 |
| 18 | QB/T 1433.6-2005 | 饼干 夹心饼干 | QB/T 1433.6-1992 | 2005-09-01 |
| 19 | QB/T 1433.7-2005 | 饼干 威化饼干 | QB/T 1433.7-1992 | 2005-09-01 |
| 20 | QB/T 1433.8-2005 | 饼干 蛋圆饼干 | QB/T 1433.8-1992 | 2005-09-01 |
| 21 | QB/T 1433.9-2005 | 饼干 蛋卷及煎饼 | QB/T 1433.9-1992 | 2005-09-01 |
| 22 | QB/T 1433.10-2005 | 饼干 装饰饼干 | QB/T 1433.10-1992 | 2005-09-01 |
| 23 | QB/T 1433.11-2005 | 饼干 水泡饼干 | QB/T 1433.11-1992 | 2005-09-01 |
| 24 | QB/T 1437-2005 | 课业簿册 | QB/T 1437-1992 | 2005-09-01 |
| 25 | QB/T 1439-2005 | 帐册 | QB/T 1439-1992 | 2005-09-01 |
| 26 | QB/T 1458-2005 | 非热封型茶叶滤纸 | QB 1458-1992 | 2005-09-01 |
| 27 | QB/T 1474.1-2005 | 绘图仪尺 直尺 | QB/T 1474.1-1992 | 2005-09-01 |
| 28 | QB/T 1474.2-2005 | 绘图仪尺 三角尺 | QB/T 1474.2-1992 | 2005-09-01 |
| 29 | QB/T 1474.3-2005 | 绘图仪尺 比例尺 | QB/T 1474.3-1992 | 2005-09-01 |
| 30 | QB/T 1474.4-2005 | 绘图仪尺 丁字尺 | QB/T 1474.4-1992 | 2005-09-01 |
| 31 | QB/T 1474.5-2005 | 绘图仪尺 量角器 | QB/T 1474.5-1992 | 2005-09-01 |
| 32 | QB/T 1474.6-2005 | 绘图仪尺 绘图模板 | QB/T 1474.6-1992 | 2005-09-01 |
| 33 | QB/T 1474.7-2005 | 绘图仪尺 术语、检验规则、标志、包装、运输、贮存 | QB/T 1474.7-1992 | 2005-09-01 |
| 34 | QB/T 1583-2005 | 皮制手套号型 | QB/T 1583-1992 | 2005-09-01 |
| 35 | QB/T 1584-2005 | 日用皮手套 | QB/T 1584-1992 | 2005-09-01 |
| 36 | QB/T 1616-2005 | 运动手套 | QB/T 1616-1992 | 2005-09-01 |
| 37 | QB/T 2250-2005 | 单面白纸板 | QB/T 2250-1996 | 2005-09-01 |
| 38 | QB/T 2684-2005 | 甘蔗糖蜜 | | 2005-09-01 |
| 39 | QB/T 2685-2005 | 冰片糖 | | 2005-09-01 |
| 40 | QB/T 2686-2005 | 马铃薯片 | | 2005-09-01 |
| 41 | QB/T 2687-2005 | 啤酒用糖浆 | | 2005-09-01 |
| 42 | QB/T 2688-2005 | 绝缘纸板 | QB/T 3503-1999 | 2005-09-01 |
| 43 | QB/T 2689-2005 | 滤嘴棒纸 | QB/T 3508-1999 | 2005-09-01 |
| 44 | QB/T 2690-2005 | 复写原纸 | QB/T 3512-1999 | 2005-09-01 |
| 45 | QB/T 2691-2005 | 半透明纸 | QB/T 3514-1999 | 2005-09-01 |
| 46 | QB/T 2692-2005 | 110kV~330kV 高压电缆纸 | QB/T 3519-1999 | 2005-09-01 |
| 47 | QB/T 2693-2005 | 彩色胶版印刷纸 | QB/T 3527-1999 | 2005-09-01 |
| 48 | QB/T 2694-2005 | 热敏彩票纸 | | 2005-09-01 |
| 49 | QB/T 2695-2005 | 日用皮鞋用线 | QB/T 3642-1999 | 2005-09-01 |
| 50 | QB/T 2696-2005 | 制鞋机械 折边机 | | 2005-09-01 |

续表

| | | | | |
|---|---|---|---|---|
| 51 | QB/T 2697-2005 | 地弹簧 | QB/T 3884-1999 | 2005-09-01 |
| 52 | QB/T 2698-2005 | 闭门器 | QB/T 3893-1999 | 2005-09-01 |
| 53 | QB/T 2699-2005 | 纸面石膏板护面纸板 | | 2005-09-01 |
| 54 | QB/T 2700-2005 | 乒乓球台 | QB/T 3905-1999 | 2005-09-01 |
| 55 | QB/T 2701-2005 | 乒乓球网架 | QB/T 3906-1999<br>QB/T 3907-1999 | 2005-09-01 |
| 56 | QB/T 2702-2005 | 镀膜眼镜镜片耐摩擦测试方法 | | 2005-09-01 |
| 57 | QB/T 2703-2005 | 汽车装饰用皮革 | | 2005-09-01 |
| 58 | QB/T 2704-2005 | 手套用皮革 | | 2005-09-01 |
| 59 | QB/T 2705-2005 | 皮革衣物洗染规范 | | 2005-09-01 |
| 60 | QB/T 2706-2005 | 皮革 化学、物理、机械和色牢度试验<br>取样部位 MOD | QB/T 3812.1-1999<br>ISO 2418:2002 | 2005-09-01 |
| 61 | QB/T 2709-2005 | 皮革 物理和机械试验<br>试样的准备和调节 取样部位 MOD | QB/T 3812.2-1999<br>ISO 2419:2002 | 2005-09-01 |
| 62 | QB/T 2708-2005 | 皮革 取样 批样的取样数量<br>取样部位 MOD | QB/T 3812.3-1999<br>ISO 2588:1985 | 2005-09-01 |
| 63 | QB/T 2709-2005 | 皮革 物理和机械试验 厚度的测定<br>取样部位 MOD | QB/T 3812.4-1999<br>ISO 2589:2002 | 2005-09-01 |
| 64 | QB/T 2710-2005 | 皮革 物理和机械试验 抗张强度和<br>伸长率的测定 取样部位 MOD | QB/T 3812.5-1999<br>ISO 3376:2002 | 2005-09-01 |
| 65 | QB/T 2711-2005 | 皮革 物理和机械试验 撕裂力的<br>测定:双边撕裂 取样部位 MOD | QB/T 3812.6-1999<br>ISO 3377-2:2002 | 2005-09-01 |
| 66 | QB/T 2712-2005 | 皮革 物理和机械试验 粒面强度和<br>伸展高度的测定:球形崩裂试验<br>取样部位 MOD | QB/T 3812.7-1999<br>ISO 3379:2002 | 2005-09-01 |
| 67 | QB/T 2713-2005 | 皮革 物理和机械试验<br>收缩温度的测定 取样部位 MOD | QB/T 3812.8-1999<br>ISO 3380:2002 | 2005-09-01 |
| 68 | QB/T 2714-2005 | 皮革 物理和机械试验<br>耐折牢度的测定 取样部位 MOD | QB/T 3812.9-1999<br>ISO 5402:2002 | 2005-09-01 |
| 69 | QB/T 2715-2005 | 皮革 物理和机械试验<br>视密度的测定 取样部位 MOD | QB/T 381210-1999<br>ISO 2420:2002 | 2005-09-01 |
| 70 | QB/T 2716-2005 | 皮革 化学试验样品的准备<br>取样部位 MOD | QB/T 381211-1999<br>ISO 4044:1997 | 2005-09-01 |
| 71 | QB/T 2717-2005 | 皮革 化学试验 挥发物的测定<br>取样部位 MOD | QB/T 381212-1999<br>IULTCS/IUC 5 | 2005-09-01 |
| 72 | QB/T 2718-2005 | 皮革 化学试验 二氯甲烷萃取物<br>的测定 取样部位 MODMOD | QB/T 381213-1999<br>ISO 4048:1977 | 2005-09-01 |
| 73 | QB/T 2719-2005 | 皮革 化学试验 硫酸盐总灰分和<br>硫酸盐水不溶物灰分的测定<br>取样部位 MOD | QB/T 381214-1999<br>ISO 4047:1977 | 2005-09-01 |
| 74 | QB/T 2720-2005 | 皮革 化学试验 氧化铬($Cr_2O_3$)<br>的测定 取样部位 MOD | QB/T 381215-1999<br>IULTCS/IUC 8 | 2005-09-01 |

续表

| | | | | |
|---|---|---|---|---|
| 75 | QB/T 2721-2005 | 皮革 化学试验 水溶物、水溶无机物和水溶有机物的测定 取样部位 MOD | QB/T 381216-1999 IULTCS/IUC 6 | 2005-09-01 |
| 76 | QB/T 2722-2005 | 皮革 化学试验 含氮量和“皮质”的测定:滴定法 取样部位 MOD | QB/T 381217-1999 ISO 5397:1984 | 2005-09-01 |
| 77 | QB/T 2723-2005 | 皮革 化学试验 鞣透度、革质及结合鞣质的计算 取样部位 MOD | QB/T 381218-1999 | 2005-09-01 |
| 78 | QB/T 2724-2005 | 皮革 化学试验 pH 的测定 取样部位 MOD | QB/T 381219-1999 ISO 4045:1977 | 2005-09-01 |
| 79 | QB/T 2725-2005 | 皮革 气味的测定 | | 2005-09-01 |
| 80 | QB/T 2726-2005 | 皮革 物理和机械试验 耐磨性能的测定 | | 2005-09-01 |
| 81 | QB/T 2727-2005 | 皮革色牢度试验 耐光色牢度:氙弧 | | 2005-09-01 |
| 82 | QB/T 2728-2005 | 皮革 物理和机械试验 雾化性能的测定 | | 2005-09-01 |
| 83 | QB/T 2729-2005 | 皮革 物理和机械试验 水平燃烧性能的测定 | | 2005-09-01 |
| 84 | QB/T 2730.1-2005 | 喷墨打印墨水 第 1 部分:喷墨打印机用墨水 | | 2005-09-01 |
| 85 | QB/T 2730.2-2005 | 喷墨打印墨水 第 2 部分:喷绘墨水 | | 2005-09-01 |
| 机械行业 | | | | |
| 86 | JB/T 10413-2005 | 喷漆室 | | 2005-09-01 |
| 87 | JB/T 10419-2005 | 摆线针轮行星传动 摆线齿轮和针轮 精度 | | 2005-09-01 |
| 88 | JB/T 10495-2005 | 皮带传动轮式拖拉机 通用技术条件 | | 2005-09-01 |
| 89 | JB/T 5910-2005 | 电除尘器 | JB/T 5910-1997 | 2005-09-01 |
| 90 | JB/T 7531-2005 | 旋压件设计规范 | JB/T 7531-1994 | 2005-09-01 |
| 91 | JB/T 6052-2005 | 钢质自由锻件加热 通用技术条件 | JB/T 6052-1992 | 2005-09-01 |
| 92 | JB/T 7532-2005 | 旋压工艺编制原则 | JB/T 7532-1994 | 2005-09-01 |
| 93 | JB/T 6056-2005 | 冲压车间环境保护导则 | JB/T 6056-1992 | 2005-09-01 |
| 94 | JB/T 4064-2005 | 上悬式离心机 | JB/T 4064-1992 JB/T 445-1992 | 2005-09-01 |
| 95 | JB/T 4333.1-2005 | 厢式压滤机和板框压滤机 第 1 部分:型式与基本参数 | JB/T 5152-1991 | 2005-09-01 |
| 96 | JB/T 4333.2-2005 | 厢式压滤机和板框压滤机 第 2 部分:技术条件 | JB/T 4333-1997 JB/T 8104-1999 | 2005-09-01 |
| 97 | JB/T 4333.3-2005 | 厢式压滤机和板框压滤机 第 3 部分:滤板 | JB/T 5283-1997 | 2005-09-01 |
| 98 | JB/T 4333.4-2005 | 厢式压滤机和板框压滤机 第 4 部分:隔膜滤板 | | 2005-09-01 |
| 99 | JB/T 9098-2005 | 管式分离机 | JB/T 9098-1999 | 2005-09-01 |
| 100 | JB/T 10502-2005 | 浓缩带式压榨过滤机 | | 2005-09-01 |
| 101 | JB/T 8103.2-2005 | 碟式分离机 第 2 部分:碟式啤酒分离机 | JB/T 5287.1-1991 | 2005-09-01 |
| 102 | JB/T 8103.3-2005 | 碟式分离机 第 3 部分:碟式乳品分离机 | JB/T 5287.2-1991 | 2005-09-01 |

续表

| | | | | |
|---|---|---|---|---|
| 103 | JB/T 8103.4-2005 | 碟式分离机 第4部分:碟式乳胶分离机 | JB/T 5287.3-1991 | 2005-09-01 |
| 104 | JB/T 8103.5-2005 | 碟式分离机 第5部分:碟式淀粉分离机 | JB/T 6491-1992 | 2005-09-01 |
| 105 | JB/T8103.6-2005 | 碟式分离机 第6部分:碟式植物油分离机 | JB/T 7231-1994 | 2005-09-01 |
| 106 | JB/T 2390-2005 | 平衡重式叉车 基本参数 | JB/T 2390-1984 | 2005-09-01 |
| 107 | JB/T 4238.1-2005 | 调速型液力偶合器、液力偶合器传动装置试验 第1部分:出厂试验方法 | JB/T 4238.1-1986 | 2005-09-01 |
| 108 | JB/T 4238.2-2005 | 调速型液力偶合器、液力偶合器传动装置试验 第2部分:出厂试验技术指标 | JB/T 4238.2-1986 | 2005-09-01 |
| 109 | JB/T 4238.3-2005 | 调速型液力偶合器、液力偶合器传动装置试验 第3部分:型式试验方法 | JB/T 4238.3-1986 | 2005-09-01 |
| 110 | JB/T 4238.4-2005 | 调速型液力偶合器、液力偶合器传动装置试验 第4部分:型式试验技术指标 | JB/T 4238.4-1986 | 2005-09-01 |
| 111 | JB/T 8849-2005 | 移动式散料连续搬运设备钢结构设计规范 取样部位 MOD | JB/T 8849-1999 ISO5049-1:1994 | 2005-09-01 |
| 112 | JB/T 10503-2005 | 空调与制冷用高效换热管 | | 2005-09-01 |
| 113 | JB/T 10504-2005 | 空调风机噪声声功率级测定 混响室法 | | 2005-09-01 |
| 114 | JB/T 10099-2005 | 电动工具双重绝缘导则 | JB/T 10099-1999 | 2005-09-01 |
| 115 | JB/T 5792-2005 | 船用交流起锚机自动系泊绞车控制箱 | JB/T 5792-1991 | 2005-09-01 |
| 116 | JB/T 5794-2005 | 甲板机械用船用电动机 通用技术条件 | JB/T 5794-1991 | 2005-09-01 |
| 117 | JB/T 5806-2005 | 船用双金属片式热过载继电器 | JB/T 5806-1991 | 2005-09-01 |
| 118 | JB/T 7567-2005 | 船用稳索绞车用三相异步电动机技术条件 | JB/T 7567-1994 | 2005-09-01 |
| 119 | JB/T 10493-2005 | 家用和类似用途的过电流保护断路器的可靠性试验方法 | | 2005-09-01 |
| 120 | JB/T 10494-2005 | 家用和类似用途的剩余电流动作断路器的可靠性试验方法 | | 2005-09-01 |
| 121 | JB/T 8952-2005 | 交流系统用复合外套无间隙金属氧化物避雷器 | JB/T 8952-1999 | 2005-09-01 |
| 122 | JB/T 10496-2005 | 交流三相组合式无间隙金属氧化物避雷器 | | 2005-09-01 |
| 123 | JB/T 10497-2005 | 交流输电线路用复合外套有串联间隙金属氧化物避雷器 NEQ | IEC60099-4:2001 | 2005-09-01 |
| 124 | JB/T 1644-2005 | 铸造机械 通用技术条件 | JB/T 1644-1991 | 2005-09-01 |
| 125 | JB/T 5925.1-2005 | 机械式振动时效装置 第1部分:基本参数 | JB/T 5925.1-1991 | 2005-09-01 |
| 126 | JB/T 5925.2-2005 | 机械式振动时效装置 第2部分:技术条件 | JB/T 5925.2-1998 | 2005-09-01 |
| 127 | JB/T 5926-2005 | 振动时效效果 评定方法 | JB/T 5926-1991 | 2005-09-01 |
| 128 | JB/T6309.2-2005 | 热室压铸机 第2部分:精度检验 | JB/T 6309.2-1992 | 2005-09-01 |
| 129 | JB/T6309.3-2005 | 热室压铸机 第3部分:技术条件 | JB/T 6309.3-1992 | 2005-09-01 |
| 130 | JB/T 7445.1-2005 | 特种加工机床 类种划分 | JB/T 7445.1-1994 | 2005-09-01 |
| 131 | JB/T 1189-2005 | 普通磨料 锆刚玉 | JB/T 1189-1992 | 2005-09-01 |
| 132 | JB/T 3294-2005 | 普通磨料 碳化硼 | JB/T 3294-1992 | 2005-09-01 |

续表

| | | | | |
|---|---|---|---|---|
| 133 | JB/T 3631-2005 | 普通磨具　树脂重负荷磨削砂轮 | JB/T 3631-1992 | 2005-09-01 |
| 134 | JB/T 6576.1-2005 | 冲天炉　第1部分:技术条件 | JB/T 6576.1-1999 | 2005-09-01 |
| 135 | JB/T 3149-2005 | 永磁吸盘 | JB/T 3149-1992 | 2005-09-01 |
| 136 | JB/T 6566-2005 | 四爪单动卡盘 | JB/T 6566-1993 | 2005-09-01 |
| 137 | JB/T 10498-2005 | 电焊机专用转换开关 | | 2005-09-01 |
| 138 | JB/T 5835-2005 | 电力半导体器件用门极组合件 | JB/T 5835-1991 | 2005-09-01 |
| 139 | JB/T 5842-2005 | 电力半导体器件用管芯定位环 | JB/T 5842-1991 | 2005-09-01 |
| 140 | JB/T 5843-2005 | 电力半导体器件用接插件 | JB/T 5843-1991 | 2005-09-01 |
| 141 | JB/T 10501-2005 | 电力半导体器件用管壳瓷件 | | 2005-09-01 |
| 142 | JB/T 8456-2005 | 低压直流成套开关设备和控制设备 | JB/T 8456-1996 | 2005-09-01 |
| 143 | JB/T 6228-2005 | 汽轮发电机绕组内部水系统<br>检验方法及评定 | JB/T 6228-1992 | 2005-09-01 |
| 144 | JB/T 0472-2005 | 光轮压路机 | JG/T 37-1999<br>JG/T 38-1999<br>JG/T 65-1999<br>JG/T 5024-1992 | 2005-09-01 |
| 145 | JB/T 0473-2005 | 轮胎压路机 | JG/T 74-1999<br>JG/T 5023-1992 | 2005-09-01 |
| 煤炭行业 | | | | |
| 146 | MT/T930-2005 | 煤矿用阻燃爆破母线技术条件 | | 2005-06-01 |
| 147 | MT/T931-2005 | 小直径药卷炸药技术条件<br>取样部位 MOD | API RP 55:1995 | 2005-06-01 |
| 148 | MT/T932-2005 | 工业炸药密度、水分、殉爆距离的测定 | | 2005-06-01 |
| 149 | MT933-2005 | 跑车防护装置技术条件<br>取样部位 MOD | API RP 68:1998 | 2005-06-01 |
| 150 | MT244.1-2005 | 煤矿窄轨车辆连接件　连接链 | MT244.1—1997 | 2005-06-01 |
| 151 | MT244.2-2005 | 煤矿窄轨车辆连接件　连接插销 | MT244.2—1997 | 2005-06-01 |
| 152 | MT716-2005 | 煤矿重要用途钢丝绳验收技术条件 | MT716—1997 | 2005-06-01 |
| 153 | MT/T934-2005 | 煤矿许用炸药煤尘<br>—可燃气安全度试验方法及判定 | | 2005-06-01 |
| 154 | MT355-2005 | 矿用防坠器技术条件 | | 2005-06-01 |
| 石油天然气行业 | | | | |
| 155 | SY/T 5087-2005 | 含硫化氢油气井安全钻井推荐做法 | SY/T 5087-2003 | 2005-05-01 |
| 156 | SY/T 6137-2005 | 含硫化氢的油气生产和天然气处理<br>装置作业推荐做法<br>取样部位 MOD | SY6137-1996<br>SY6278-1997<br>SY6456-2000<br>API RP 55:1995 | 2005-05-01 |
| 157 | SY/T 6277-2005 | 含硫油气田硫化氢监测与<br>人身安全防护规程 | SY6277-1997 | 2005-05-01 |
| 158 | SY/T 6610-2005 | 含硫化氢油气井井下作业推荐做法<br>取样部位 MOD | API RP 68:1998 | 2005-05-01 |
| 159 | SY/T 6426-2005 | 钻井井控技术规程 | SY/T6426-1999 | 2005-05-01 |

**附件二:3 项石油天然气行业标准修改单目录**

| 序号 | 标 准 编 号 | 标 准 名 称 | 修 改 单 号 |
|---|---|---|---|
| 1 | SY/T5272-1991 | 常规钻进安全技术规程 | 第 1 号修改单 |
| 2 | SY/T5430-1992 | 地层破裂压力测定 套管鞋试漏法 | 第 1 号修改单 |
| 3 | SY/T6543?1-2003 | 欠平衡钻井技术规范 第 1 部分:设计方法 | 第 1 号修改单 |

**附件三:3 项石油天然气行业标准修改单**

1. SY/T5272-1991《常规钻进安全技术规程》

行业标准第 1 号修改单

本修改单经中华人民共和国国家发展和改革委员会于 2005 年 3 月 19 日批准,以 2005 年 第 10 号公告公布,自批准之日起实施。

a.补充

在第 2 章引用标准一览表中第四条"SY5048-84"引用标准下面补充"SY/T5087 含硫化氢油气井安全钻井推荐做法"。

b.更改

第 3 章 3.2.4 条 b."井口距居民住宅不小于 100m。"更改为"油气井井口距高压线及其它永久性设施不小于 75m,距民宅不小于 100m,距铁路、高速公路不小于 200m,距学校、医院和大型油库等人口密集性、高危性场所不小于 500m。含硫油气井应急撤离措施按 SY/T5087 的规定执行。"

2. SY/T5430-1992《地层破裂压力测定 套管鞋试漏法》

行业标准第 1 号修改单

本修改单经中华人民共和国国家发展和改革委员会于 2005 年 3 月 19 日批准,以 2005 年 第 10 号公告公布,自批准之日起实施。

a.更改

第 2 章 2.3 条"井口安装后,采用封堵器清水试压,闸板防喷器以下整体试压到额定工作压力,稳压时间不少于 3min,允许压降不超过 0.7~1.0MPa。"更改为"井口安装后,采用封堵器清水试压,闸板防喷器以下整体试压到额定工作压力,稳压时间不少于 10min,允许压降不超过 0.7MPa"。

3. SY/T6543 1-2003《欠平衡钻井技术规范

第 1 部分:设计方法》行业标准第 1 号修改单

本修改单经中华人民共和国国家发展和改革委员会于 2005 年 3 月 19 日批准,以 2005 年 第 10 号公告公布,自批准之日起实施。

a.更改

第 15 章 15.4 条"点火装置应距井口下风向 75m 以上,距各种设施不小于 50m"更改为"燃烧口距井口不小于 75m,距各种设施不小于 50m"。

# 中华人民共和国国家发展和改革委员会
# 公告

**2005年 第16号**

根据《标准化法实施条例》的规定，我委组织对已实施5年以上尤其是1995年(含)的行业标准进行了复审，决定废止361项机械、汽车行业标准，其中：机械行业JB/T 1000-1977《外六角螺塞》等238项、汽车行业QC/T 57-1993《汽车匀速行驶车内噪声测量方法》等123项(标准编号及名称见附件)，现予公布，自公布之日起生效。

附件：废止361项机械、汽车行业标准编号及名称

中华人民共和国国家发展和改革委员会

二〇〇五年四月十五日

**附件：废止361项机械、汽车行业标准编号及名称**

| 序号 | 标准编号 | 标准名称 |
|---|---|---|
| | 机械行业 | |
| 1 | JB/T 1000-1977 | 外六角螺塞 |
| 2 | JB/T 1001-1977 | 内六角螺塞 |
| 3 | JB/T 1004-1967 | 管接头接管 技术条件 |
| 4 | JB/T 1005-1967 | 螺纹管接头、螺塞、密封垫圈 验收规则、包装与标志 |
| 5 | JB/T 10072-1999 | 光电誊影机 |
| 6 | JB/T 1504-1993 | 电镀用整流设备 |
| 7 | JB/T 1691-1992 | 阀门结构要素 阀杆头部尺寸 |
| 8 | JB/T 1717-1992 | 阀门结构要素 上密封座尺寸 |
| 9 | JB/T 1732-1992 | 阀门结构要素 锥形密封面尺寸 |
| 10 | JB/T 1733-1992 | 阀门结构要素 阀体铜密封面尺寸 |
| 11 | JB/T 1734-1992 | 阀门结构要素 闸板和阀瓣铜密封面尺寸 |
| 12 | JB/T 1738-1992 | 阀门结构要素 楔式闸阀阀体闸板导轨和导轨槽尺寸 |
| 13 | JB/T 1739-1992 | 阀门结构要素 楔式闸阀阀体密封面间距和楔角尺寸 |
| 14 | JB/T 1740-1992 | 阀门结构要素 楔式闸板密封面尺寸 |
| 15 | JB/T 1750-1992 | 阀门结构要素 氨阀阀体密封面尺寸 |
| 16 | JB/T 1751-1992 | 阀门结构要素 承插焊连接和配管端部尺寸 |
| 17 | JB/T 1752-1992 | 阀门结构要素 外螺纹连接端部尺寸 |
| 18 | JB/T 1756-1992 | 阀门结构要素 卡套连接端部尺寸 |

续表

| | | |
|---|---|---|
| 19 | JB/T 1762-1992 | 阀门结构要素 板体尺寸 |
| 20 | JB/T 1954-1977 | 卡套式端直通变径管接头 |
| 21 | JB/T 1955-1977 | 卡套式直通变径管接头 |
| 22 | JB/T 1956-1977 | 卡套式端直角变径管接头 |
| 23 | JB/T 1975-1977 | 卡套式端直通变径接头体 |
| 24 | JB/T 1976-1977 | 卡套式直通变径接头体 |
| 25 | JB/T 1977-1977 | 卡套式端直角变径接头体 |
| 26 | JB/T 1988-1977 | 薄壁管衬套 |
| 27 | JB/T 2099-1977 | 焊接式管接头接管 |
| 28 | JB/T 2448-1979 | 卧式轮轴压装机 基本参数 |
| 29 | JB/T 3682-1984 | HSS 钢丝绳手扳葫芦 |
| 30 | JB/T 3878.1-1985 | 插入焊接式直角管接头 |
| 31 | JB/T 3878.2-1985 | 插入焊接式三通管接头 |
| 32 | JB/T 3878.3-1985 | 插入焊接式四通管接头 |
| 33 | JB/T 3878.4-1985 | 插入焊接式锐角三通管接头 |
| 34 | JB/T 3878.5-1985 | 插入焊接式变径管接头 |
| 35 | JB/T 3878.6-1985 | 插入焊接式直通管接头 |
| 36 | JB/T 3878.7-1985 | 插入焊接式管接头 |
| 37 | JB/T 3878.8-1985 | 插入焊接式管接头 技术条件 |
| 38 | JB/T 443-1992 | 长轴离心深井泵 技术条件 |
| 39 | JB/T 5070-1991 | 热喷涂 常用术语 |
| 40 | JB/T 5180-1991 | TY41、51、61 型手扶拖拉机系列 |
| 41 | JB/T 5186-1991 | 照相机用硅光电二极管 |
| 42 | JB/T 5187-1991 | 直管形氙气闪光管 |
| 43 | JB/T 5189-1991 | 照相机铝合金压铸件 技术条件 |
| 44 | JB/T 5190.1-1991 | 照相机械零件表面处理 金属镀层及化学处理表示方法 |
| 45 | JB/T 5190.2-1991 | 照相机械零件表面处理 电镀前表面准备技术要求 |
| 46 | JB/T 5190.3-1991 | 照相机械零件表面处理 镀铜层技术要求 |
| 47 | JB/T 5190.4-1991 | 照相机械零件表面处理 镀镍层技术要求 |
| 48 | JB/T 5190.5-1991 | 照相机械零件表面处理 化学镀镍层技术要求 |
| 49 | JB/T 5190.6-1991 | 照相机械零件表面处理 镀黑镍层技术要求 |
| 50 | JB/T 5190.7-1991 | 照相机械零件表面处理 镀铬层技术要求 |
| 51 | JB/T 5190.8-1991 | 照相机械零件表面处理 镀黑铬层技术要求 |
| 52 | JB/T 5190.9-1991 | 照相机械零件表面处理 铝及铝合金零件阳极氧化染黑技术要求 |
| 53 | JB/T 5190.10-1991 | 照相机械零件表面处理 铜及铜合金零件钝化膜技术要求 |
| 54 | JB/T 5190.11-1991 | 照相机械零件表面处理 黑色金属零件化学氧化膜技术要求 |
| 55 | JB/T 5190.12-1991 | 照相机械零件表面处理 镀银层技术要求 |
| 56 | JB/T 5190.13-1991 | 照相机械零件表面处理 电泳聚四氟乙烯黑色固体润滑膜层技术要求 |
| 57 | JB/T 5191-1991 | 照相机械冲压件 通用技术条件 |
| 58 | JB/T 5192.1-1991 | 照相机械铆接件配合尺寸及极限偏差 柱形铆钉及沉头铆钉与连接孔铆接 |
| 59 | JB/T 5192.2-1991 | 照相机械铆接件配合尺寸及极限偏差 平头铆钉与连接孔铆接 |
| 60 | JB/T 5192.3-1991 | 照相机械铆接件配合尺寸及极限偏差 轮片与齿轮铆接 |

续表

| | | |
|---|---|---|
| 61 | JB/T 5192.4-1991 | 照相机械铆接件配合尺寸与极限偏差 光栏叶片与叶片铆钉铆接 |
| 62 | JB/T 5193-1991 | 照相机械塑料件 通用技术条件 |
| 63 | JB/T 5219-1991 | 工业热电偶 型式、基本参数及尺寸 |
| 64 | JB/T 5286-1991 | 纸板、硅藻土板框式压滤机 |
| 65 | JB/T 5294-1991 | 大型立式单级单吸离心泵 技术条件 |
| 66 | JB/T 5324-1991 | 舞台转台 |
| 67 | JB/T 5354-1991 | 电动工具 铝铸件压铸工艺导则 |
| 68 | JB/T 5364-1991 | 砂处理、清理设备 涂漆技术条件 |
| 69 | JB/T 5411-1991 | 隔膜计量泵用安全阀和补偿阀 |
| 70 | JB/T 5412-1991 | 隔膜计量泵用隔膜与限制板 |
| 71 | JB/T 5414-1991 | 热水离心泵 技术条件 |
| 72 | JB/T 54207-1994 | 感应同步器、光栅、磁栅数显装置可靠性考核办法 |
| 73 | JB/T 5427-1991 | 印版涂布烘干机 技术条件 |
| 74 | JB/T 54301-1992 | QCX4 系列电磁起动器 |
| 75 | JB/T 54302-1992 | JS7-A 系统延时继电器 |
| 76 | JB/T 54303-1992 | JS11 系列时间继电器 |
| 77 | JB/T 5432-1991 | 卷筒纸凸版印刷机 |
| 78 | JB/T 5436-1991 | 组合式固体树脂版制版机 |
| 79 | JB/T 54440-1994 | 数控车床可靠性评定方法 |
| 80 | JB/T 5485-1991 | 卧式平衡机悬臂转子 校验法 |
| 81 | JB/T 5486-1991 | 裂纹测深仪 技术条件 |
| 82 | JB/T 5487-1991 | 齿面洛氏硬度计 技术条件 |
| 83 | JB/T 5509-1991 | SHG 型环式冷却机 |
| 84 | JB/T 5529-1991 | 复印机械零部件质量认证规范 |
| 85 | JB/T 5530-1991 | 复印机械消耗品管理导则 |
| 86 | JB/T 5541-1991 | 照相机用压敏胶饰皮 |
| 87 | JB/T 5574-1991 | 立式内拉床 静刚度 |
| 88 | JB/T 5575-1991 | 真空蒸发光学镀膜设备 技术条件 |
| 89 | JB/T 5576-1991 | 真空蒸发装饰镀膜设备 技术条件 |
| 90 | JB/T 5579-1991 | 真空蒸发制镜镀膜设备 技术条件 |
| 91 | JB/T 5583-1991 | 工业热电阻 型式基本参数及尺寸 |
| 92 | JB/T 5597-1991 | 转塔车床 系列型谱 |
| 93 | JB/T 5602-1991 | 落地铣镗床 系列型谱 |
| 94 | JB/T 5607-1991 | 牛头刨床 系列型谱 |
| 95 | JB/T 5669-1991 | 数字式测力仪 |
| 96 | JB/T 5670-1991 | 田间生产查定综合测试仪 |
| 97 | JB/T 5671-1991 | 谷物联合收割机转速监视仪 |
| 98 | JB/T 5672-1991 | 谷物联合收割机损失监视仪 |
| 99 | JB/T 5689-1991 | 烧鸡加工成套设备 技术条件 |
| 100 | JB/T 5751-1991 | 冷库氨制冷装置自控设计 技术规定 |
| 101 | JB/T 5752-1991 | 冷库氨制冷装置自控设计 图样及技术文件内容统一规定 |
| 102 | JB/T 5753-1991 | 冷库氨制冷装置自动化系统及仪表 技术要求 |

续表

| | | |
|---|---|---|
| 103 | JB/T 5805-1991 | 船用中频发电机组电控装置 |
| 104 | JB/T 5871-1991 | 交流高压断路器的线路充电电流开合试验 |
| 105 | JB/T 5907-1991 | 电除尘器振打系统 通用技术条件 |
| 106 | JB/T 5912.1-1991 | 电除尘器支承 型式与基本参数 |
| 107 | JB/T 5912.2-1991 | 电除尘器支承 技术条件 |
| 108 | JB/T 5914-1991 | 电除尘器 产品型号编制方法 |
| 109 | JB/T 5930-1991 | 工程机械 压力表式测压装置 |
| 110 | JB/T 5958-1991 | 装载机工作装置疲劳试验方法 |
| 111 | JB/T 5979-1992 | 金属丝编织密纹网 |
| 112 | JB/T 5984-1992 | 宽 V 带无级变速装置 基本参数 |
| 113 | JB/T 5990-1992 | 包装箱用金属辅件 |
| 114 | JB/T 6001-1992 | 农林拖拉机驾驶室空调系统性能试验方法 |
| 115 | JB/T 6005-1992 | 内燃机机油泵转子 系列参数 |
| 116 | JB/T 6010-1992 | 内燃机机油泵齿轮 系列参数 |
| 117 | JB/T 6017-1992 | 分流离心式机油滤清器 参数 |
| 118 | JB/T 6018-1992 | 分流离心式机油滤清器转子总成 技术条件 |
| 119 | JB/T 6070-1992 | 热喷涂自熔合金涂层 试验方法 |
| 120 | JB/T 6085-1992 | 卧式车床 系列型谱 |
| 121 | JB/T 6087-1992 | 坐标镗床 静刚度 |
| 122 | JB/T 6150-1992 | 光电誊影纸 |
| 123 | JB/T 6161-1992 | 气吸立式点钞机技术条件 |
| 124 | JB/T 6165-1992 | 文件粉碎机 技术条件 |
| 125 | JB/T 6167-1992 | 自动油印机 技术条件 |
| 126 | JB/T 6234-1992 | 电动工具 冲压件冲压工艺导则 |
| 127 | JB/T 6235-1992 | 电动工具 产品企业标准编写导则 |
| 128 | JB/T 6252.1-1992 | QDZ-Ⅲ系列气动单元组合仪表 记录调节仪 |
| 129 | JB/T 6252.2-1992 | QDZ-Ⅲ系列气动单元组合仪表 指示仪 |
| 130 | JB/T 6252.3-1992 | QDZ-Ⅲ系列气动单元组合仪表 记录仪 |
| 131 | JB/T 6252.4-1992 | QDZ-Ⅲ系列气动单元组合仪表 色带指标仪 |
| 132 | JB/T 6252.5-1992 | QDZ-Ⅲ系列气动单元组合仪表 操作器 |
| 133 | JB/T 6367-1992 | 保护拖链 型式尺寸 |
| 134 | JB/T 6400-1992 | 大型压力容器锻件用钢 |
| 135 | JB/T 6408-1992 | 电除尘器用钢刷清灰装置 技术条件 |
| 136 | JB/T 6410-1992 | 移动式双区电除尘器机组 |
| 137 | JB/T 6425-1992 | 无粉腐蚀机 |
| 138 | JB/T 6426-1992 | 平版凸版两用印刷机 |
| 139 | JB/T 6429-1992 | 小型空气分离设备用纯化器 |
| 140 | JB/T 6436-1992 | 计量泵调量表 |
| 141 | JB/T 6437-1992 | 油隔离泵 |
| 142 | JB/T 6448-1992 | YEP 系列(IP44)旁磁制动三相异步电动机 技术条件(机座号 80~160) |
| 143 | JB/T 6477-1992 | 低压成套开关设备 产品及其组成部分图样绘制方法 |
| 144 | JB/T 6495-1992 | 阀门结构要素 闸板(或阀瓣)T 型槽尺寸 |

续表

| | | |
|---|---|---|
| 145 | JB/T 6496-1992 | 阀门结构要素 填料函尺寸 |
| 146 | JB/T 6497-1992 | 阀门结构要素 阀焊端部尺寸 |
| 147 | JB/T 6498-1992 | 阀门结构要素 阀瓣与阀焊连接槽尺寸 |
| 148 | JB/T 6528-1992 | 铸字盒 |
| 149 | JB/T 6529-1992 | 平压平凸版印刷机 |
| 150 | JB/T 6535-1992 | 离心式污水泵 技术条件 |
| 151 | JB/T 6536-1992 | 凝结水泵 技术条件 |
| 152 | JB/T 6589-1993 | 家用多用车床 精度 |
| 153 | JB/T 6590-1993 | 卡盘多刀车床 系列型谱 |
| 154 | JB/T 6591-1993 | 单轴自动车床 静刚度 |
| 155 | JB/T 6608-1993 | 拖链 |
| 156 | JB/T 6610-1993 | 金属切削机床 可靠性评定方法 |
| 157 | JB/T 6676-1993 | 农林拖拉机和机械、草坪和园艺机械 驾驶员操纵符号及其他符号 草坪和园艺机械用符号 |
| 158 | JB/T 6713-1993 | 保证拖拉机液压系统清洁度的工艺规范 |
| 159 | JB/T 6799-1993 | 静电复印机用高压发生器 技术条件 |
| 160 | JB/T 6812-1993 | DDZ-Ⅱ系列电动单元组合仪表 分流器 |
| 161 | JB/T 6813-1993 | DDZ-Ⅱ系列电动单元组合仪表 微分调节器 |
| 162 | JB/T 6814-1993 | DDZ-Ⅱ系列电动单元组合仪表 交流毫伏转换器 |
| 163 | JB/T 6815-1993 | DDZ-Ⅱ系列电动单元组合仪表 频率转换器 |
| 164 | JB/T 6816-1993 | DDZ-Ⅱ系列电动单元组合仪表 积算器 |
| 165 | JB/T 6817-1993 | DDZ-Ⅱ系列电动单元组合仪表 恒流给定器 |
| 166 | JB/T 6818-1993 | DDZ-Ⅱ系列电动单元组合仪表 Q型操作器 |
| 167 | JB/T 6847-1993 | 九针打印头 测试方法 |
| 168 | JB/T 6865-1993 | 摆锤式高、低温冲击试验机 技术条件 |
| 169 | JB/T 6871-1993 | 液压式万能试验机可靠性试验方法 |
| 170 | JB/T 6885-1993 | 通风机 圆形法兰尺寸 |
| 171 | JB/T 6904-1993 | 气瓶阀的检验与试验 |
| 172 | JB/T 6911-1993 | 往复泵产品零件热处理 技术条件 |
| 173 | JB/T 6935-1993 | 程序控制连续晒版机 |
| 174 | JB/T 6940.1-1993 | 羽绒加工成套设备 术语 |
| 175 | JB/T 6940.2-1993 | 羽绒加工成套设备 型式与基本参数 |
| 176 | JB/T 6946-1993 | 乳品机械 产品型号编制规则 |
| 177 | JB/T 6949-1993 | H170系列全液压掘进钻车 |
| 178 | JB/T 6973-1993 | 热喷涂操作人员考核要求 |
| 179 | JB/T 7053-1993 | 小规格链条包装 |
| 180 | JB/T 7054-1993 | 瓶装啤酒灌装线滚子输送链 |
| 181 | JB/T 7079-1993 | 弹簧驱动的冲击试验器及其校正 |
| 182 | JB/T 7084-1993 | 电动工具用铁芯叠装工艺导则 |
| 183 | JB/T 7085.1-1993 | 电动工具用串励电动机定子转子绕线工艺导则 第一部分 定子绕线工艺 |
| 184 | JB/T 7085.2-1993 | 电动工具用串励电动机定子转子绕线工艺导则 第二部分 转子对称绕线工艺 |
| 185 | JB/T 7085.3-1993 | 电动工具用串励电动机定子转子绕线工艺导则 第三部分 定子线圈绕制工艺 |
| 186 | JB/T 7085.4-1993 | 电动工具用串励电动机定子转子绕线工艺导则 第四部分 转子单叠绕线工艺 |

续表

| | | |
|---|---|---|
| 187 | JB/T 7096-1993 | 铜铋铈触头材料 技术条件 |
| 188 | JB/T 7120-1993 | YZC 系列(IP44)低振动低噪声三相异步电动机 技术条件(机座号 80~160) |
| 189 | JB/T 7168-1993 | 支腿式液压凿岩机 |
| 190 | JB/T 7176-1993 | 仿形车床 静刚度 |
| 191 | JB/T 7281-1994 | 拖拉机 涂料和涂漆工艺规范 |
| 192 | JB/T 7394-1994 | 标准电池 |
| 193 | JB/T 7395.1-1994 | 电测量仪器仪表术语 通用术语 |
| 194 | JB/T 7395.2-1994 | 电测量仪器仪表术语 电测量器具和设备 |
| 195 | JB/T 7395.3-1994 | 电测量仪器仪表术语 记录仪器和光线示(录)波器 |
| 196 | JB/T 7395.4-1994 | 电测量仪器仪表术语 数字仪表和模/数转换器 |
| 197 | JB/T 7395.5-1994 | 电测量仪器仪表术语 标准器、检示仪、稳定电源和比较测量仪器 |
| 198 | JB/T 7395.6-1994 | 电测量仪器仪表术语 测磁仪器 |
| 199 | JB/T 7395.7-1994 | 电测量仪器仪表术语 仪用互感器 |
| 200 | JB/T 7447.1-1994 | 机床通用部件 名义尺寸至 800mm 的工件随行托板 |
| 201 | JB/T 7447.2-1994 | 机床通用部件 名义尺寸大于 800mm 的工件随行托板 |
| 202 | JB/T 7474.5-1994 | 照相机 基本性能验收条件 |
| 203 | JB/T 7477-1994 | 光电誊影针 技术条件 |
| 204 | JB/T 7509-1994 | 热喷涂涂层孔隙率试验方法 铁试剂法 |
| 205 | JB/T 7524-1994 | 建筑钢结构焊缝超声波探伤 |
| 206 | JB/T 7536-1994 | 机械安全通用术语 |
| 207 | JB/T 7549.1-1994 | 聚酯瓶小型灌装封口机 |
| 208 | JB/T 7580-1994 | 家用和类似用途插头插座寿命试验机 |
| 209 | JB/T 7581-1994 | 琴键开关 寿命试验机 |
| 210 | JB/T 7582-1994 | 吊扇用开关 |
| 211 | JB/T 7583-1994 | 器具调光开关 |
| 212 | JB/T 7655-1995 | 脉冲电度表 |
| 213 | JB/T 7656-1995 | 多功能电度表 |
| 214 | JB/T 7657-1995 | 最大需量电度表 |
| 215 | JB/T 7742-1995 | 小型磁力传动离心泵 |
| 216 | JB/T 7768-1995 | 密封件 安全技术条件 |
| 217 | JB/T 7800-1995 | 投影电视用反射银幕 |
| 218 | JB/T 7801-1995 | 电影放映电脑自动控制装置技术条件 |
| 219 | JB/T 7802-1995 | 誊影测试板 |
| 220 | JB/T 7811-1995 | 普及型生物显微镜 交货技术条件 |
| 221 | JB/T 7813-1995 | DJK-7500 分散型控制系统软硬件产品文档 |
| 222 | JB/T 7816-1995 | 体视显微镜 |
| 223 | JB/T 7865-1995 | 农林拖拉机和机具 使用说明书和技术文件编印要求 |
| 224 | JB/T 7924-1995 | 滑动轴承 薄壁轴承用金属多层材料 |
| 225 | JB/T 8073-1996 | 滚动轴承 角接触球轴承端面凸出量测量仪 |
| 226 | JB/T 8075-1996 | 滚动轴承 钢球振动测量仪 |
| 227 | JB/T 8138.1-1995 | 电缆附件试验方法 第 1 部分:总则 |
| 228 | JB/T 8138.2-1995 | 电缆附件试验方法 第 2 部分:恒压负荷循环试验 |

续表

| | | |
|---|---|---|
| 229 | JB/T 8138.3-1995 | 电缆附件试验方法 第3部分:局部放电测量 |
| 230 | JB/T 8138.4-1995 | 电缆附件试验方法 第4部分:压力密封试验 |
| 231 | JB/T 8138.5-1995 | 电缆附件试验方法 第5部分:盐雾试验 |
| 232 | JB/T 8138.6-1995 | 电缆附件试验方法 第6部分:潮湿试验 |
| 233 | JB/T 8198-1996 | 滚动轴承 微型球轴承套圈沟曲率测量仪 |
| 234 | JB/T 8204-1996 | 滚动轴承 激光钢球表面粗糙度测量仪 |
| 235 | JB/T 8292-1995 | 电动软轴偏心插入式混凝土振动器 |
| 236 | JB/T 967-1967 | 直角型附接螺纹管接头 |
| 237 | JB/T 968-1967 | L 型附接螺纹管接头 |
| 238 | JB/T 969-1967 | T 型附接螺纹管接头 |
| | 汽车行业 | |
| 239 | QC/T 57-1993 | 汽车匀速行驶车内噪声测量方法 |
| 240 | QC/T 29020-1991 | 微型货车定型试验规程 |
| 241 | QC/T 29021-1991 | 微型货车防尘密封性试验方法 |
| 242 | QC/T 29022-1991 | 微型货车耐久性行驶试验方法 |
| 243 | QC/T 29037-1991 | 微型货车可靠性行驶试验方法 |
| 244 | QC/T 635-2000 | 双层客车技术要求 |
| 245 | QC/T 204-1998 | 摩托车和轻便摩托车定型试验规程 |
| 246 | QC/T 205-1995 | 摩托车和轻便摩托车质量定期检查规程 |
| 247 | QC/T 206-1999 | 摩托车和轻便摩托车发动机定型试验规程 |
| 248 | QC/T 210-1996 | 摩托车和轻便摩托车发动机质量定期检查规程 |
| 249 | QC/T 29116-1993 | 摩托车产品质量检查评定办法 |
| 250 | QC/T 29117.1-1993 | 摩托车产品质量检验整车抽查评定办法 |
| 251 | QC/T 29117.11-1993 | 摩托车产品质量检验 摩托车发动机清洁度检查评定办法 |
| 252 | QC/T 29117.12-1993 | 摩托车产品质量检验 摩托车减震器质量评定办法 |
| 253 | QC/T 29117.13-1993 | 摩托车产品质量检验 摩托车灯具质量评定办法 |
| 254 | QC/T 29117.14-1993 | 摩托车产品质量检验 摩托车仪表质量评定办法 |
| 255 | QC/T 29117.15-1993 | 摩托车产品质量检验 摩托车轻合金整体轮圈质量评定办法 |
| 256 | QC/T 29117.16-1993 | 摩托车产品质量检验 摩托车发动机化油器质量评定办法 |
| 257 | QC/T 29117.17-1993 | 摩托车产品质量检验 摩托车发动机磁电机质量评定办法 |
| 258 | QC/T 29117.18-1993 | 摩托车产品质量检验 摩托车发动机永磁交流发电机质量评定办法 |
| 259 | QC/T 29117.19-1993 | 摩托车产品质量检验 摩托车发动机活塞质量评定办法 |
| 260 | QC/T 29117.20-1993 | 摩托车产品质量检验 摩托车发动机活塞环质量评定办法 |
| 261 | QC/T 29117.21-1993 | 摩托车产品质量检验 摩托车发动机空气滤清器质量评定办法 |
| 262 | QC/T 29117.22-1993 | 摩托车产品质量检验 摩托车消声器质量评定办法 |
| 263 | QC/T 285-1999 | 汽车化油器技术条件 |
| 264 | QC/T 477-1999 | 汽车化油器进口凸缘的安装尺寸 |
| 265 | QC/T 525-1999 | 汽车发动机可靠性 试验方法 |
| 266 | QC/T 29088-1992 | 汽车发动机化油器出口凸缘尺寸 |
| 267 | QC/T 309-1999 | 制动鼓工作直径及制动蹄片宽度尺寸系列 |
| 268 | QC/T 421-1999 | 汽车交流发电机轴伸尺寸 |
| 269 | QC/T 425-1999 | 汽车用直流发电机安装尺寸 |

续表

| | | |
|---|---|---|
| 270 | QC/T 43-1992 | 汽车风窗玻璃气动刮水器技术条件 |
| 271 | QC/T 45-1992 | 汽车风窗玻璃气动刮水器型式与尺寸 |
| 272 | QC/T 221-1997 | 汽车轻合金车轮的性能要求和试验方法 |
| 273 | QC/T 640-2000 | 客车门窗用植绒密封条 |
| 274 | QC/T 8-1992 | 汽车用压力表 |
| 275 | QC/T 9-1992 | 汽车、摩托车用磁感应式转速表 |
| 276 | QC/T 10-1992 | 汽车、摩托车用磁感应式车速里程表 |
| 277 | QC/T 11-1992 | 汽车、摩托车用电流表 |
| 278 | QC/T 12-1992 | 汽车、摩托车用燃油表 |
| 279 | QC/T 13-1992 | 汽车用温度表 |
| 280 | QC/T 214-1996 | 汽车、摩托车用组合仪表 |
| 281 | QC/T 495-1999 | 汽车用磁感应式转速表参数和尺寸 |
| 282 | QC/T 496-1999 | 汽车用磁感应式车速里程表参数和尺寸 |
| 283 | QC/T 497-1999 | 汽车用电流表型式、参数和尺寸 |
| 284 | QC/T 498-1999 | 汽车用燃油表型式、参数和尺寸 |
| 285 | QC/T 499-1999 | 汽车用温度表型式、参数和尺寸 |
| 286 | QC/T 500-1999 | 汽车用压力表型式、参数和尺寸 |
| 287 | QC/T 594-1999 | 汽车、摩托车用电子车速里程表 |
| 288 | QC/T 595-1999 | 汽车、摩托车用电子转速表 |
| 289 | QC/T 596-1999 | 汽车、摩托车用电压表 |
| 290 | QC/T 475-1999 | 客车防尘密封性限值 |
| 291 | QC/T 26-1992 | 汽车用分电器安装尺寸 |
| 292 | QC/T 28-1992 | 汽车用起动机安装尺寸 |
| 293 | QC/T 29-1992 | 汽车用电喇叭安装尺寸 |
| 294 | QC/T 74-1993 | 汽车用交流发电机调节器安装尺寸 |
| 295 | QC/T 78-1993 | 汽车用插接式继电器和闪光器安装尺寸 |
| 296 | QC/T 197-1995 | 汽车常用开关的安装尺寸 |
| 297 | QC/T 426-1999 | 汽车用直流发电机调节器安装尺寸 |
| 298 | QC/T 29030-1991 | 点火线圈安装连接尺寸 |
| 299 | QCn 29008.6-1991 | 汽车产品质量检验车身密封性评定方法 |
| 300 | QCn 29008.10-1991 | 汽车产品质量检验总成评定方法 |
| 301 | QCn 29008.11-1991 | 汽车产品质量检验零部件评定方法 |
| 302 | QCn 29008.12-1991 | 汽车产品质量检验附件评定方法 |
| 303 | QCn 29008.13-1991 | 汽车产品质量检验清洁度评定方法 |
| 304 | QC/T 290-1999 | 汽车散热器质量分等 |
| 305 | QC/T 29042-1992 | 汽车车速里程表、转速表用软轴质量分等 |
| 306 | QC/T 29043-1992 | 汽车用压力表质量分等 |
| 307 | QC/T 29044-1992 | 汽车摩托车用磁感应式车速里程表质量分等 |
| 308 | QC/T 29045-1992 | 汽车摩托车用燃油表质量分等 |
| 309 | QC/T 29046-1992 | 汽车摩托车用电流表质量分等 |
| 310 | QC/T 29047-1992 | 汽车用温度表质量分等 |
| 311 | QC/T 29048-1992 | 汽车悬架用筒式减振器质量分等 |

续表

| | | |
|---|---|---|
| 312 | QC/T 29049-1992 | 汽车动力转向油泵质量分等 |
| 313 | QC/T 29050-1992 | 汽车用电喇叭质量分等 |
| 314 | QC/T 29051-1992 | 汽车万向节十字轴总成质量分等 |
| 315 | QC/T 29052-1992 | 汽车离合器总成质量分等 |
| 316 | QC/T 29053-1992 | 厢式货车质量分等 |
| 317 | QC/T 29054-1992 | 轻质燃油油罐汽车质量分等 |
| 318 | QC/T 29055-1992 | 保温汽车 冷藏汽车质量分等 |
| 319 | QC/T 29056-1992 | 半挂汽车列车质量分等 |
| 320 | QC/T 29057-1992 | 气卸散装水泥罐式汽车质量分等 |
| 321 | QC/T 29059-1992 | 载货汽车车箱质量分等 |
| 322 | QC/T 29060-1992 | 汽车发动机用蜡式调温器质量分等 |
| 323 | QC/T 29062-1992 | 汽车前照灯质量分等 |
| 324 | QC/T 29065-1992 | 汽车用起动机质量分等 |
| 325 | QC/T 29066-1992 | 汽车用水暖式暖风装置质量分等 |
| 326 | QC/T 29067-1992 | 汽车风窗玻璃电动刮水器质量分等 |
| 327 | QC/T 29068-1992 | 汽车门锁质量分等 |
| 328 | QC/T 29069-1992 | 汽车汽油泵质量分等 |
| 329 | QC/T 29070-1992 | 汽车半轴质量分等 |
| 330 | QC/T 29071-1992 | 汽车用玻璃升降器质量分等 |
| 331 | QC/T 29072-1992 | 点火线圈质量分等 |
| 332 | QC/T 29073.1-1992 | 汽车专用紧固件质量分等 连杆螺栓、连杆螺母 |
| 333 | QC/T 29073.2-1992 | 汽车专用紧固件质量分等 主轴承螺栓、缸盖螺栓 |
| 334 | QC/T 29073.3-1992 | 汽车专用紧固件质量分等 车轮螺栓、车轮螺母 |
| 335 | QC/T 29074-1992 | 汽车标准紧固件质量分等 螺栓、螺柱和螺母 |
| 336 | QC/T 29075-1992 | 汽车发动机活塞质量分等 |
| 337 | QC/T 29076-1992 | 汽车发动机气门挺杆质量分等 |
| 338 | QC/T 29077-1992 | 汽车用空气压缩机质量分等 |
| 339 | QC/T 29079-1992 | 使用非石油基制动液的汽车液压制动软管总成质量分等 |
| 340 | QC/T 29080-1992 | 汽车气制动软管总成质量分等 |
| 341 | QC/T 29081-1992 | 汽车用分电器质量分等 |
| 342 | QC/T 29083-1992 | 汽车传动轴总成质量分等 |
| 343 | QC/T 29084-1992 | 汽车车轮质量分等 |
| 344 | QC/T 29085-1992 | 汽车发动机活塞环质量分等 |
| 345 | QC/T 29086-1992 | 汽车发动机轴瓦质量分等 |
| 346 | QC/T 29091-1992 | 汽车用刮水电动机质量分等 |
| 347 | QC/T 29093-1992 | 汽车用暖风电动机质量分等 |
| 348 | QC/T 29095-1992 | 汽车用交流发电机质量分等 |
| 349 | QC/T 29098-1992 | 汽车转向器总成质量分等 |
| 350 | QC/T 29102-1992 | 汽车化油器质量分等 |
| 351 | QC/T 29103-1992 | 汽车钢板弹簧质量分等 |
| 352 | QC/T 29108-1993 | 汽车驱动桥差速器行星及半轴齿轮质量分等 |
| 353 | QC/T 29109-1993 | 汽车用驱动桥主、从动圆锥齿轮质量分等 |

续表

| | | |
|---|---|---|
| 354 | QC/T 29110-1993 | 汽车变速器 分动器总成及其齿轮产品质量分等 |
| 355 | QC/T 320-1999 | 自卸汽车液压缸质量分等 |
| 356 | QC/T 58-1993 | 汽车加速行驶车外噪声测量方法 |
| 357 | QC/T 29019-1991 | 专用汽车取力器质量分等 |
| 358 | QC/T 29005-1990 | 汽车用低压电线束质量分等 |
| 359 | QC/T 535-1999 | 重型载货车 燃料消耗量限值 |
| 360 | QC/T 538-1999 | 载货汽车 燃料消耗量限值 |
| 361 | QC 244-1997 | 汽车安全带动态性能要求和试验方法 |

# 中华人民共和国国家发展和改革委员会
# 公 告

**2005年 第24号**

国家发展改革委批准《铍片》等119项行业标准(标准编号、名称及实施日期见附件),其中有色金属行业标准38项、纺织行业标准25项、机械行业标准56项;批准《FZ/T 73020-2004〈针织休闲服装〉》1项纺织行业标准修改单,现予公布,《针织休闲服装》行业标准修改单自公布之日起实施。

以上有色金属和纺织行业标准由中国标准出版社出版,机械行业标准由机械工业出版社出版。

附件:一、119项有色金属、纺织、机械行业标准编号、名称及实施日期

二、1项纺织行业标准修改单

中华人民共和国国家发展和改革委员会

二〇〇五年五月十八日

**附件一: 119项有色金属、纺织、机械行业标准编号、名称及实施日期**

| 序号 | 标准编号 | 标 准 名 称 | 代替标准 | 实施日期 |
|---|---|---|---|---|
| 有色金属行业 | | | | |
| 1 | YS/T 41-2005 | 铍片 | YS/T 41-1992 | 2005-12-01 |
| 2 | YS/T 69-2005 | 钎焊用铝合金复合板 | YS/T 69-1993 | 2005-12-01 |
| 3 | YS/T 70-2005 | 粗铜 | YS/T 70-1993 | 2005-12-01 |
| 4 | YS/T 72-2005 | 镉锭 | YS 72-1994 | 2005-12-01 |
| 5 | YS/T 119.8-2005 | 氧化铝生产专用设备 热平衡测定与计算方法 第8部分 气态悬浮焙烧系统 | | 2005-12-01 |
| 6 | YS/T 119.9-2005 | 氧化铝生产专用设备 热平衡测定与计算方法 第9部分 流态化熔烧炉系统 | | 2005-12-01 |

续表

| | | | | |
|---|---|---|---|---|
| 7 | YS/T 119.10-2005 | 氧化铝生产专用设备 热平衡测定与计算方法 第10部分 板式降膜蒸发器系统 | | 2005-12-01 |
| 8 | YS/T 119.11-2005 | 氧化铝生产专用设备 热平衡测定与计算方法 第11部分 单套管预热高压釜溶出系统 | | 2005-12-01 |
| 9 | YS/T 287-2005 | 铝电解用半石墨质阴极炭块 | YS/T 287-1999 | 2005-12-01 |
| 10 | YS/T 321-2005 | 铋精矿 | YS/T 321-1994 | 2005-12-01 |
| 11 | YS/T 340-2005 | 镍精矿 | YS/T 340-1994 | 2005-12-01 |
| 12 | YS/T 472.1-2005 | 镍精矿、钴硫精矿化学分析方法 镉量的测定 火焰原子吸收光谱法 | | 2005-12-01 |
| 13 | YS/T 472.2-2005 | 镍精矿、钴硫精矿化学分析方法 铬量的测定 火焰原子吸收光谱法 | | 2005-12-01 |
| 14 | YS/T 472.3-2005 | 镍精矿、钴硫精矿化学分析方法 汞量的测定 氢化物发生 原子荧光光谱法 | | 2005-12-01 |
| 15 | YS/T 472.4-2005 | 镍精矿、钴硫精矿化学分析方法 铅量的测定 火焰原子吸收光谱法 | | 2005-12-01 |
| 16 | YS/T 472.5-2005 | 镍精矿、钴硫精矿化学分析方法 砷量的测定 氢化物发生 原子荧光光谱法 | | 2005-12-01 |
| 17 | YS/T 473-2005 | 工业镓化学分析方法 杂质元素的测定 电感耦合等离子体质谱法 | | 2005-12-01 |
| 18 | YS/T 474-2005 | 高纯镓化学分析方法 痕量元素的测定 电感耦合等离子体质谱法 | | 2005-12-01 |
| 19 | YS/T 475.1-2005 | 铸造轴承合金化学分析方法 锡量的测定 碘酸钾滴定法 | | 2005-12-01 |
| 20 | YS/T 475.2-2005 | 铸造轴承合金化学分析方法 铅量的测定 EDTA 滴定法 | | 2005-12-01 |
| 21 | YS/T 475.3-2005 | 铸造轴承合金化学分析方法 锑量的测定 硫酸铈滴定法 | | 2005-12-01 |
| 22 | YS/T 475.4-2005 | 铸造轴承合金化学分析方法 铜量的测定 硫代硫酸钠滴定法 | | 2005-12-01 |
| 23 | YS/T 475.5-2005 | 铸造轴承合金化学分析方法 砷量的测定 砷锑钼蓝分光光度法 | | 2005-12-01 |
| 24 | YS/T 475.6-2005 | 铸造轴承合金化学分析方法 铝量的测定 铬天青S分光光度法 | | 2005-12-01 |
| 25 | YS/T 475.7-2005 | 铸造轴承合金化学分析方法 铅、铜、铁、铋、锌、镉量的测定 原子吸收光谱法 | | 2005-12-01 |
| 26 | YS/T 476-2005 | 照相用硝酸银 | | 2005-12-01 |
| 27 | YS/T 477-2005 | 铜及铜合金化学分析方法 硼含量的测定 姜黄素直接光度法 | | 2005-12-01 |
| 28 | YS/T 478-2005 | 铜及铜合金导电率涡流检测方法 | | 2005-12-01 |
| 29 | YS/T 479-2005 | 一般工业用铝及铝合金锻件 | | 2005-12-01 |
| 30 | YS/T 480-2005 | 铝电解槽能量平衡测试与计算方法 四点进电和两点进电预焙阳极铝电解槽 | | 2005-12-01 |

续表

| | | | | |
|---|---|---|---|---|
| 31 | YS/T 481-2005 | 铝电解槽能量平衡测试与计算方法<br>五点进电和六点进电预焙阳极铝电解槽 | | 2005-12-01 |
| 32 | YS/T 482-2005 | 铜及铜合金分析方法 光电发射光谱法 | | 2005-12-01 |
| 33 | YS/T 483-2005 | 铜及铜合金分析方法<br>X射线荧光光谱法 | | 2005-12-01 |
| 34 | YS/T 484-2005 | 金属氢化物 镍电池负极用储氢合金<br>比容量的测定 | | 2005-12-01 |
| 35 | YS/T 485-2005 | 烧结双金属材料剪切强度的测定方法 | | 2005-12-01 |
| 36 | YS/T 486-2005 | 异丙基钠(钾)黄药 | | 2005-12-01 |
| 37 | YS/T 487-2005 | 异戊基钠(钾)黄药 | | 2005-12-01 |
| 38 | YS/T 488-2005 | 异丁基钠(钾)黄药 | | 2005-12-01 |
| 纺织行业 | | | | |
| 39 | FZ/T 42008-2005 | 竹绢丝 | | 2006-01-01 |
| 40 | FZ/T 42005-2005 | 桑蚕双宫丝 | FZ/T 42005-1998 | 2006-01-01 |
| 41 | FZ/T 50001-2005 | 合成纤维长丝网络度试验方法 | FZ/T 50001-1991 | 2006-01-01 |
| 42 | FZ/T 52005-2005 | 缝纫线用涤纶短纤维 | | 2006-01-01 |
| 43 | FZ/T 12011-2005 | 棉腈混纺本色纱 | | 2006-01-01 |
| 44 | FZ/T12008-2005 | 维纶本色纱线 | FZ/T12008-1999 | 2006-01-01 |
| 45 | FZ/T 12007-2005 | 棉维混纺本色纱线 | FZ/T 12007-1999 | 2006-01-01 |
| 46 | FZ/T 13014-2005 | 棉维混纺本色布 | FZ/T 13014-1999 | 2006-01-01 |
| 47 | FZ/T 13002-2005 | 棉本色帆布 | FZ/T 13002-1992<br>FZ/T 13003-1992 | 2006-01-01 |
| 48 | FZ/T 13015-2005 | 篷盖用维纶本色帆布 | FZ/T 13015-1999 | 2006-01-01 |
| 49 | FZ/T 14008-2005 | 棉维混纺印染布 | FZ/T 14008-1999 | 2006-01-01 |
| 50 | FZ/T 14001-2005 | 棉印染帆布 | FZ/T 14001-1992<br>FZ/T 14002-1992 | 2006-01-01 |
| 51 | FZ/T 14009-2005 | 篷盖用维纶染色防水帆布 | FZ/T 14009-1999 | 2006-01-01 |
| 52 | FZ/T 12013-2005 | 坦西尔纤维本色纱线 | | 2006-01-01 |
| 53 | FZ/T 13018-2005 | 坦西尔纤维本色布 | | 2006-01-01 |
| 54 | FZ/T 90045-2005 | 纺织机械产品型号的编制方法 | FZ/T 90045-1993 | 2006-01-01 |
| 55 | FZ/T 90060.1-2005 | 纺织机械 产品图样及设计文件<br>第1部分 总则 | FZ/T 90060-1995 | 2006-01-01 |
| 56 | FZ/T 90060.2-2005 | 纺织机械 产品图样及设计文件<br>第2部分 编号 | FZ/T 90061-1995 | 2006-01-01 |
| 57 | FZ/T 90060.3-2005 | 纺织机械 产品图样及设计文件<br>第3部分 图样的要求 | FZ/T 90062-1995 | 2006-01-01 |
| 58 | FZ/T 90060.4-2005 | 纺织机械 产品图样及设计文件<br>第4部分 设计文件的要求 | FZ/T 90063-1995 | 2006-01-01 |
| 59 | FZ/T 90060.5-2005 | 纺织机械 产品图样及设计文件<br>第5部分 格式 | FZ/T 90063-1995<br>FZ/T 90064-1995 | 2006-01-01 |
| 60 | FZ/T 90060.6-2005 | 纺织机械 产品图样及设计文件<br>第6部分 完整性 | FZ/T 90065-1995 | 2006-01-01 |

续表

| | | | | |
|---|---|---|---|---|
| 61 | FZ/T 90060.7-2005 | 纺织机械　产品图样及设计文件 第7部分　更改 | FZ/T 90066-1995 | 2006-01-01 |
| 62 | FZ/T 90060.8-2005 | 纺织机械　产品图样及设计文件 第8部分　标准化审查 | | 2006-01-01 |
| 63 | FZ/T 90060.9-2005 | 纺织机械　产品图样及设计文件 第9部分　管理 | FZ/T 90067-1995 | 2006-01-01 |
| 机械行业 | | | | |
| 64 | JB/T 6533-2005 | 旋片真空泵 | JB/T 6533-1997 | 2005-11-01 |
| 65 | JB/T 6873-2005 | 热偶真空计 | JB/T 6873-1993 | 2005-11-01 |
| 66 | JB/T 7642-2005 | 热阴极电离真空规管 | JB/T 7462-1994 | 2005-11-01 |
| 67 | JB/T 7463-2005 | 热阴极电离真空计 | JB/T 7463-1994 | 2005-11-01 |
| 68 | JB/T 7674-2005 | 罗茨真空泵 | JB/T 7674-1995 | 2005-11-01 |
| 69 | JB/T 7675-2005 | 往复真空泵 | JB/T 7675-1995 | 2005-11-01 |
| 70 | JB/T 6364-2005 | 直线运动滚动支承<br>循环式滚针、滚子导轨支承 | JB/T 6364-1992<br>JB/T 6365-1992 | 2005-11-01 |
| 71 | JB/T 7050-2005 | 滚动轴承　清洁度评定方法 | JB/T 7050-1993 | 2005-11-01 |
| 72 | JB/T 10510-2005 | 滚动轴承材料接触疲劳试验方法 | | 2005-11-01 |
| 73 | JB/T 10448-2005 | 钢铁构件固体渗铝工艺及质量检验 | | 2005-11-01 |
| 74 | JB/T 2977-2005 | 工业通风机、鼓风机和压缩机 名词术语 | JB/T 2977-1992 | 2005-11-01 |
| 75 | JB/T 5113-2005 | 间歇喷雾器 | JB/T 5113-1991<br>JB/T 5114-1991 | 2005-11-01 |
| 76 | JB/T 7284-2005 | 动力喷雾机 | JB/T 7284-1994 | 2005-11-01 |
| 77 | JB/T 7723.1-2005 | 背负式喷雾喷粉机　技术条件 | JB/T7723.1-1995 | 2005-11-01 |
| 78 | JB/T 7723.2-2005 | 背负式喷雾喷粉机　试验方法 | JB/T7723.2-1995 | 2005-11-01 |
| 79 | JB/T 8573-2005 | 踏板式喷雾器 | JB/T 8573-1997 | 2005-11-01 |
| 80 | JB/T 3923-2005 | 柴油机喷油泵联轴器　型式及基本尺寸 | JB/T 3923-1993 | 2005-11-01 |
| 81 | JB/T 5173-2005 | 喷油器总成　安装方式及连接尺寸 | JB/T 5173-1991<br>NEQ ISO2697:1999<br>ISO2699:1994 | 2005-11-01 |
| 82 | JB/T 5174-2005 | 喷油嘴偶件　型式及连接尺寸 | JB/T 5174-1991<br>NEQISO2697:1999 | 2005-11-01 |
| 83 | JB/T 5176-2005 | 单柱塞式分配泵总成　技术条件 | JB/T 5176-1991 | 2005-11-01 |
| 84 | JB/T 6295-2005 | 柱塞式喷油泵　安装型式及连接尺寸 | JB/T 6295-1993<br>NEQISO7299:1996 | 2005-11-01 |
| 85 | JB/T 2259-2005 | 双转子反击式破碎机 | JB/T 2259-1993 | 2005-11-01 |
| 86 | JB/T 6993-2005 | 单转子反击式破碎机 | JB/T 6993-1993 | 2005-11-01 |
| 87 | JB/T 3279-2005 | 复摆细碎颚式破碎机 | JB/T 3279-1991 | 2005-11-01 |
| 88 | JB/T 7354-2005 | PCD 型锤式破碎机 | JB/T 7354-1994 | 2005-11-01 |
| 89 | JB/T 5497-2005 | 窄轨矿车　试验方法和检验规则 | JB/T 5497-1991 | 2005-11-01 |
| 90 | JB/T 10518-2005 | 破碎筛分联合设备 | | 2005-11-01 |
| 91 | JB/T 10519-2005 | MGS 双进双出磨煤机 | | 2005-11-01 |
| 92 | JB/T 10520-2005 | 立轴锤式破碎机 | | 2005-11-01 |

续表

| | | | | |
|---|---|---|---|---|
| 93 | JB/T 3244-2005 | 蓄电池前移式叉车 | JB/T 3244-1999 | 2005-11-01 |
| 94 | JB/T 3340-2005 | 插腿式叉车 | JB/T 3340-1999 | 2005-11-01 |
| 95 | JB/T 3341-2005 | 托盘堆垛车 | JB/T 3341-1999 | 2005-11-01 |
| 96 | JB/T 966-2005 | 用于流体传动和一般用途的金属管接头 O形圈平面密封接头 | JB/T 966-1977<br>JB/T 967~969-1967<br>JB/T 970~975-1977<br>JB/T 977-1977<br>JB/T 981-1977<br>JB/T 984-1977<br>JB/T 987~994-1977<br>JB/T 997-1977<br>JB/T 1002~1003-1977<br>JB/T 1883~1884-1977<br>JB/T 2099-1977 NEQ<br>ISO8434-3:1995 | 2005-11-01 |
| 97 | JB/T 6618-2005 | 金属缠绕垫用聚四氟乙烯带　技术条件 | JB/T 6618-1993 | 2005-11-01 |
| 98 | JB/T 5398-2005 | 钢制套筒链、附件和链轮 取样部位 MOD | JB/T 5398-1991<br>ASME B29.12M-1997 | 2005-11-01 |
| 99 | JB/T 10521-2005 | 家用和类似用途器具耦合器　液体加热器用(重量啮合式)耦合器的特殊要求 | | 2005-11-01 |
| 100 | JB/T 831-2005 | 热带电力变压器、互感器、调压器、电抗器 | JB/T 831-1991 | 2005-11-01 |
| 101 | JB/T 5345-2005 | 变压器用蝶阀 | JB/T 5345-1991 | 2005-11-01 |
| 102 | JB/T 6302-205 | 变压器用油面温控器 | JB/T 6302-1992 | 2005-11-01 |
| 103 | JB/T 6483-2005 | 电精制防爆变压器 | JB/T 6483-1992 | 2005-11-01 |
| 104 | JB/T 6484-2005 | 变压器用储油柜 | JB/T 6484-1992 | 2005-11-01 |
| 105 | JB/T 7631-2005 | 变压器用电子温控器 | JB/T 7631-1994 | 2005-11-01 |
| 106 | JB/T 8450-2005 | 变压器用绕组温控器 | JB/T 8450-1996 | 2005-11-01 |
| 107 | JB/T 10522-2005 | 小容量交流接触器　可靠性试验方法 | | 2005-11-01 |
| 108 | JB/T 8446-2005 | 隐极式同步发电机转子匝间短路测定方法 | JB/T 8446-1996 | 2005-11-01 |
| 109 | JB/T 6229-2005 | 透平发电机转子气体内冷通风道检验方法及限值 | JB/T 6229-1992 | 2005-11-01 |
| 110 | JB/T 7114-2005 | 电力电容器产品　型号编制方法 | JB/T 7114-1993 | 2005-11-01 |
| 111 | JB/T 6242-2005 | 荧光光度计 | JB/T 6242-1992 | 2005-11-01 |
| 112 | JB/T 7469-2005 | 35mm 电影放映机　技术条件 | JB/T 7469-1994 | 2005-11-01 |
| 113 | JB/T 7470-2005 | 16mm 电影放映机　技术条件 | JB/T 7470-1994 | 2005-11-01 |
| 114 | JB/T 7483-2005 | 半导体电阻应变式力传感器 | JB/T 7483-1994 | 2005-11-01 |
| 115 | JB/T 6172-2005 | 压力传感器　系列型谱 | JB/T 6172-1992 | 2005-11-01 |
| 116 | JB/T 10523-2005 | 管壳式换热器用横槽换热管 | | 2005-11-01 |
| 117 | JB/T 10524-2005 | 硅压阻式压力传感器 | | 2005-11-01 |
| 118 | JB/T 10308.3-2005 | 测量和控制数字数据通信工业控制系统用现场总线　类型3:PROFIBUS规范 取样部位 MOD | IEC61158Type3:2002 | 2005-11-01 |
| 119 | JB/T 10308.8-2005 | 测量和控制数字数据通信工业控制系统用现场总线　类型8:INTERBUS规范 取样部位 MOD | IEC61158Type8:2002 | 2005-11-01 |

**附件二:1项纺织行业标准修改单**

FZ/T73020-2004《针织休闲服装》

行业标准第1号修改单

本修改单经中华人民共和国国家发展和改革委员会于2005年5月18日批准,以2005年第24号公告公布,自公布之日起实施。

①在2章后补充新条文:

“FZ/T73007-2002　针织运动服”。

②在4.2.6条后补充新条文,4.2.7:

“4.2.7　裙类产品不考核水洗后扭曲率”。

③在5.2.12条后补充新条文, 5.2.13:

“5.2.13 水洗后扭曲率试验按FZ/T73007-2002中5.4.3执行”。

④6.2.1条改用新条文:

“6.2.1 弹子顶破强力、水洗后扭曲率、起球、甲醛含量、pH值、纤维含量检验结果合格者判定该批产品合格,不合格者判定该批产品不合格”。

# 中华人民共和国国家发展和改革委员会
# 公　告

**2005年 第35号**

国家发展改革委批准《食品添加剂复合疏松剂》等102项化工行业标准(标准编号、名称及实施日期见附件),其中化工产品行业标准67项、工程建设行业标准35项,现予公布。

产品行业标准由化工出版社出版,化工工程建设行业标准由计划出版社出版

附件:102项化工行业标准编号、名称及实施日期

**中华人民共和国国家发展和改革委员会**

**二〇〇五年七月十日**

# 中华人民共和国国家发展和改革委员会
# 公　告

**2005 年　第 40 号**

根据《中华人民共和国煤炭法》、《煤炭经营监管办法》(国家发展改革委令第 25 号)和《国家发展改革委办公厅关于开展中央监管的煤炭经营企业经营资格条件变化和依法经营状况全面检查的通知》(发改办运行[2005]1166 号)的规定,我委对中央监管的煤炭经营企业经营资格条件变化和依法经营状况进行了全面检查,现将检查结果予以公布:

一、神华集团神府东胜煤炭有限责任公司、神华集团金烽煤炭有限责任公司、国投新集能源股份有限公司、中国中煤能源集团公司、神华煤炭运销公司、国投煤炭公司,经检查合格,准予继续从事煤炭经营。

二、中国煤炭销售运输总公司、中国华能国际经济贸易公司、国电燃料有限公司、中国石化集团物资装备公司、华电燃料有限公司、大唐电力燃料有限公司、中能电力工业燃料公司、中煤科技集团公司、中国铁路物资总公司、朔黄铁路发展有限责任公司、中国新兴矿产化工公司、中国燃料有限公司、中林食品药材开发公司、中国金域黄金物资总公司,经检查基本合格。煤炭经营资格证有效期至 2006 年 6 月 30 日。各企业须针对检查中存在的问题,在有效期内抓紧进行整改,达到《煤炭法》和《煤炭经营监管办法》规定的各项条件,逾期仍不符合规定条件的,将不再保留煤炭经营资格。

三、中国地方煤矿总公司、中国煤矿工程机械装备集团公司、中煤生产技术开发公司、中国高新技术投资发展有限公司、中国天平实业总公司、中勤实业发展有限公司、欣正实业发展总公司为限期整改企业。煤炭经营资格证有效期暂定至 2006 年 6 月 30 日,在此期限内,须针对检查中存在的问题,抓紧进行整改,并在 2005 年底前向国家发展改革委报告各项整改措施进展情况。一年整改期满后,仍不能达到各项规定条件的,依法取消煤炭经营资格。

四、未予公布的企业,原颁发的煤炭经营资格证到期后,不再继续保留煤炭经营资格。

中华人民共和国国家发展和改革委员会

二〇〇五年七月二十一日

# 中华人民共和国国家发展和改革委员会
# 公 告

**2005年 第 61 号**

国家发展改革委批准《铝用炭素材料取样方法》等35项行业标准(标准编号、名称及实施日期见附件),其中有色金属行业标准14项、轻工行业标准21项,现予公布。

以上有色金属行业标准由中国标准出版社出版,轻工行业标准由轻工业出版社出版。

附件:35项有色金属、轻工行业标准编号、名称及实施日期

中华人民共和国国家发展和改革委员会

二〇〇五年九月二十三日

**附件: 35项有色金属、轻工行业标准编号、名称及实施日期**

| 序号 | 标准编号 | 标准名称 | 代替标准 | 实施日期 |
|---|---|---|---|---|
| 有色金属行业 | | | | |
| 1 | YS/T 62.1-2005 | 铝用炭素材料取样方法 第1部分 底部炭块 | YS/T 62-1993 | 2006-02-01 |
| 2 | YS/T 62.2-2005 | 铝用炭素材料取样方法 第2部分 侧部炭块 | YS/T 62-1993 | 2006-02-01 |
| 3 | YS/T 62.3-2005 | 铝用炭素材料取样方法 第3部分 预焙阳极 | YS/T 62-1993 | 2006-02-01 |
| 4 | YS/T 62.4-2005 | 铝用炭素材料取样方法 第4部分 阴极糊 | YS/T 62-1993 | 2006-02-01 |
| 5 | YS/T 67-2005 | 变形铝及铝合金圆铸锭 | YS/T 67-1993 | 2006-02-01 |
| 6 | YS/T 489-2005 | 细晶铝锭 | | 2006-02-01 |
| 7 | YS/T 490-2005 | 铝及铝合金压花板、带材 | | 2006-02-01 |
| 8 | YS/T 491-2005 | 变形铝及铝合金用熔剂 | | 2006-02-01 |
| 9 | YS/T 492-2005 | 铝及铝合金成分添加剂 | | 2006-02-01 |
| 10 | YS/T 493-2005 | 活塞用4A11、4032合金挤压棒材 | | 2006-02-01 |
| 11 | YS/T 494-2005 | 洗衣机用铝及铝合金板材 | | 2006-02-01 |
| 12 | YS/T 495-2005 | 镁合金热挤压管材 | | 2006-02-01 |
| 13 | YS/T 496-2005 | 钎焊式热交换器用铝合金箔 | | 2006-02-01 |
| 14 | YS/T 497-2005 | 有色金属工业计量及自动化设备服务核算规范 | | 2006-02-01 |

续表

| | | | | |
|---|---|---|---|---|
| 轻工行业 | | | | |
| 15 | QB 1131-2005 | 首饰 金覆盖层厚度的规定 | QB 1131-1991 | 2006-05-01 |
| 16 | QB 1132-2005 | 首饰 银覆盖层厚度的规定 | QB 1132-1991 | 2006-05-01 |
| 17 | QB/T 1487-2005 | 不含气液体玻璃瓶装生产线 | QB/T 1487-1992 | 2006-05-01 |
| 18 | QB/T 2055-2005 | 装饰灯泡 | QB/T 2055-1994 | 2006-05-01 |
| 19 | QB/T 2747-2005 | 不含气液体负压灌装机 | QB/T 3684-1999 | 2006-05-01 |
| 20 | QB/T 2748-2005 | 四甲基吡嗪 | | 2006-05-01 |
| 21 | QB/T 2749-2005 | 三甲基吡嗪 | | 2006-05-01 |
| 22 | QB/T 2750-2005 | 2,3-二甲基吡嗪 | | 2006-05-01 |
| 23 | QB/T 2751-2005 | 甲基吡嗪 | | 2006-05-01 |
| 24 | QB/T 2752-2005 | 2-乙酰基噻唑 | | 2006-05-01 |
| 25 | QB/T 2753-2005 | 4-甲基-5-(β羟乙基噻唑) | | 2006-05-01 |
| 26 | QB/T 2754-2005 | 定容式液体定量灌装机 | | 2006-05-01 |
| 27 | QB/T 2755-2005 | 拼块地毯 | | 2006-05-01 |
| 28 | QB/T 2756-2005 | 手工编织奥比松-皇宫地毯 | | 2006-05-01 |
| 29 | QB/T 2757-2005 | 无汞碱性锌-二氧化锰电池用石墨 | | 2006-05-01 |
| 30 | QB/T 2758.1-2005 | 羽毛球网 | | 2006-05-01 |
| 31 | QB/T 2758.2-2005 | 羽毛球网柱 | | 2006-05-01 |
| 32 | QBJS 10-2005 | 轻工业工程设计概算编制办法 | QBJS 10-1993 | 2006-05-01 |
| 33 | QBJS 5-2005 | 轻工业建设项目可行性研究报告编制内容深度规定 | QBJS 5-1992 | 2006-05-01 |
| 34 | QBJS 6-2005 | 轻工业建设项目初步设计编制内容深度规定 | QBJS 6-1991 | 2006-05-01 |
| 35 | QBJS 34-2005 | 轻工业建设项目施工图设计编制内容深度规定 | QBJS 34-1993 | 2006-05-01 |

# 中华人民共和国国家发展和改革委员会
# 公　告

**2005年 第62号**

国家发展改革委批准《往复活塞压缩机 连杆小头衬套》等103项行业标准(标准编号、名称及实施日期见附件),其中机械行业标准66项、煤炭行业标准26项、石化行业标准11项,现予公布。

以上机械行业标准由机械工业出版社出版,煤炭行业标准由煤炭工业出版社出版,石化行业标准由中国石化出版社出版。

附件：103 项机械、煤炭、石化行业标准编号、名称及实施日期

中华人民共和国国家发展和改革委员会

二○○五年九月二十三日

**附件：103 项机械、煤炭、石化行业标准编号、名称及实施日期**

| 序号 | 标准编号 | 标　准　名　称 | 代替标准 | 实施日期 |
|---|---|---|---|---|
| 机械行业 | | | | |
| 1 | JB/T 2236—2005 | 往复活塞压缩机　连杆小头衬套 | JB/T 2236—1991 | 2006-02-01 |
| 2 | JB/T 5233—2005 | 罐车用风冷滑片空气压缩机 | JB/T 5233—1991 | 2006-02-01 |
| 3 | JB/T 7238—2005 | 无油润滑往复活塞食用二氧化碳压缩机　技术条件 | JB/T 7238—1994 | 2006-02-01 |
| 4 | JB/T 10525—2005 | 一般用喷油单螺杆空气压缩机 | | 2006-02-01 |
| 5 | JB/T 10526—2005 | 一般用冷冻式压缩空气干燥器 | | 2006-02-01 |
| 6 | JB/T 10527—2005 | 水基防锈液防锈性能试验多电极电化学法 | | 2006-02-01 |
| 7 | JB/T 10528—2005 | 防锈油防锈性能试验多电极电化学法 | | 2006-02-01 |
| 8 | JB/T 10529—2005 | 陶瓷密封阀门　技术条件 | | 2006-02-01 |
| 9 | JB/T 10530—2005 | 氧气用截止阀 | | 2006-02-01 |
| 10 | JB/T 10531—2005 | 滚动轴承　汽车空调电磁离合器用双列角接触球轴承 | | 2006-02-01 |
| 11 | JB/T 5389.1—2005 | 滚动轴承 轧机用四列圆柱滚子轴承 | JB/T 5389.1—1995 | 2006-02-01 |
| 12 | JB/T 5389.2—2005 | 滚动轴承 轧机用双列和四列圆锥滚子轴承 | JB/T 5389.2—1995 | 2006-02-01 |
| 13 | JB/T 7751—2005 | 滚动轴承 推力圆锥滚子轴承 | JB/T 7751—1995 | 2006-02-01 |
| 14 | JB/T 7752—2005 | 滚动轴承 密封深沟球轴承 技术条件 | JB/T 7752—1995 | 2006-02-01 |
| 15 | JB/T 2781—2005 | 滚动轴承　微型球轴承　技术条件 | JB/T 2781—1991 | 2006-02-01 |
| 16 | JB/T 5386—2005 | 滚动轴承　机床主轴用双列圆柱滚子轴承　技术条件 | JB/T 5386—1991 | 2006-02-01 |
| 17 | JB/T 3632—2005 | 滚动轴承　轧机压下机构用满装圆锥滚子推力轴承 | JB/T 3632—1993 | 2006-02-01 |
| 18 | JB/T 8211—2005 | 滚动轴承　推力圆柱滚子和保持架组件及推力垫圈 | JB/T 8211—1996 | 2006-02-01 |
| 19 | JB/T 6369—2005 | 柔性石墨金属缠绕垫片　技术条件 | JB/T 6369—1992 | 2006-02-01 |
| 20 | JB/T 7758.3—2005 | 柔性石墨板硫含量测定方法 | JB/T 6623—1993 | 2006-02-01 |
| 21 | JB/T 7758.2—2005 | 柔性石墨板　技术条件 | JB/T 7758.2—1995 | 2006-02-01 |
| 22 | JB/T 6907—2005 | 燃气摩托压缩机 | JB/T 6907—1993 | 2006-02-01 |
| 23 | JB/T 7240—2005 | 一般用往复活塞空气压缩机主要零部件　技术条件 | JB/T 7240—1994 | 2006-02-01 |

续表

| | | | | |
|---|---|---|---|---|
| 24 | JB/T 7663.1—2005 | 容积式压缩机　包装技术条件 | JB/T 7663.1—1995 | 2006-02-01 |
| 25 | JB/T 7664—2005 | 压缩空气净化　术语 | JB/T 7664—1995 | 2006-02-01 |
| 26 | JB/T 10532—2005 | 一般用吸附式压缩空气干燥器 | | 2006-02-01 |
| 27 | JB/T 10533—2005 | 地铁轴流通风机　技术条件 | | 2006-02-01 |
| 28 | JB/T 6445—2005 | 工业通风机叶轮超速试验 | JB/T 6445—1992 | 2006-02-01 |
| 29 | JB/T 10534—2005 | 多层镍镀层 各层厚度和电化学电位同步测定法 | IDT ASTM B764-1994 | 2006-02-01 |
| 30 | JB/T 7508—2005 | 光亮镀镍添加剂　技术条件 | JB/T 7508—1994 | 2006-02-01 |
| 31 | JB/T 10536—2005 | 涂装供漆系统　技术条件 | | 2006-02-01 |
| 32 | JB/T 10537—2005 | 冷冻空调设备用复合密封垫片 | | 2006-02-01 |
| 33 | JB/T 10538—2005 | 防爆除湿机及空调机 | | 2006-02-01 |
| 34 | JB/T 10539—2005 | 不锈钢短节矩滚子链和套筒链 | | 2006-02-01 |
| 35 | JB/T 1808—2005 | 电极挤压液压机 | JB/T 1808—1995 | 2006-02-01 |
| 36 | JB/T 7348—2005 | 钢丝缠绕式冷等静压机 | JB/T 7348—1994 | 2006-02-01 |
| 37 | JB/T 7356—2005 | 列管式油冷却器 | JB/T 7356—1994 | 2006-02-01 |
| 38 | JB/T 3241—2005 | SWP 型剖分轴承座十字轴式万向联轴器 | JB/T 3241—1991 | 2006-02-01 |
| 39 | JB/T 7341.1—2005 | 十字轴式万向联轴器用十字包　SWP 型 | JB/T 7341—1994 | 2006-02-01 |
| 40 | JB/T 10540—2005 | GSL 伸缩型鼓形齿式联轴器 | | 2006-02-01 |
| 41 | JB/T 10541—2005 | 冶金设备用轮胎式联轴器 | | 2006-02-01 |
| 42 | JB/T 5243—2005 | 收获机械传动箱　清洁度测定方法 | JB/T 5243—1991 | 2006-02-01 |
| 43 | JB/T 6268—2005 | 自走式收获机械　噪声测定方法 | JB/T 6268—1992 | 2006-02-01 |
| 44 | JB/T 7316—2005 | 谷物联合收割机　液压系统试验方法 | JB/T 7316—1994 | 2006-02-01 |
| 45 | JB/T 5922—2005 | 液压二通插装阀　图形符号 | JB/T 5922—1991 | 2006-02-01 |
| 46 | JB/T 5416—2005 | 塑料挤出干法热切造粒辅机 | JB/T 5416—1991 | 2006-02-01 |
| 47 | JB/T 5544—2005 | 电火花线切割机(单向走丝型)技术条件 | JB/T 5544—1991 | 2006-02-01 |
| 48 | JB/T 2326—2005 | 机床附件　型号编制方法 | JB/T 2326—1994<br>JB/T 2814—1993<br>JB/T 7449—1994<br>JB/T 8335—1996 | 2006-02-01 |
| 49 | JB/T 3207—2005 | 机床附件　产品包装通用技术条件 | JB/T 3207—1991 | 2006-02-01 |
| 50 | JB/T 5245.5—2005 | 台式钻床　第 5 部分:主轴　技术条件 | JB/T 5764—1991 | 2006-02-01 |
| 51 | JB/T 1786—2005 | 35mm 电影放映物镜　技术条件 | JB/T 1786—1991 | 2006-02-01 |
| 52 | JB/T 7809—2005 | 放映银幕特性参数和测定方法 | JB/T 7809—2000<br>JB/T 8389—2001 | 2006-02-01 |
| 53 | JB/T 599—2005 | 压力表校验器 | JB/T 599—1991 | 2006-02-01 |
| 54 | JB/T 5528—2005 | 压力表标度及分划 | JB/T 5528—1991 | 2006-02-01 |
| 55 | JB/T 5491—2005 | 膜片压力表 | JB/T 5491—1991 | 2006-02-01 |
| 56 | JB/T 5527—2005 | 船用压力表 | JB/T 5527—1991 | 2006-02-01 |
| 57 | JBT 7796—2005 | 弹簧拉压试验机 | JBT 7796—1995<br>JB/T 5523—1991 | 2006-02-01 |
| 58 | JB/T 5456—2005 | 熔体流动速率仪　技术条件 | JB/T 5456—1991 | 2006-02-01 |

续表

| | | | | |
|---|---|---|---|---|
| 59 | JB/T 6870—2005 | 携带式旋转磁场探伤仪　技术条件 | JB/T 6870—1993 | 2006-02-01 |
| 60 | JB/T 9672.2—2005 | 串联间隙金属氧化物避雷器<br>第2部分:35kV及以下交流系统用<br>有串联间隙金属氧化物避雷器 | | 2006-02-01 |
| 61 | JB/T 10511—2005 | 三轮汽车和低速货车　标牌 | | 2006-02-01 |
| 62 | JB/T 10512—2005 | 三轮汽车和低速货车<br>传动轴总成技术条件 | | 2006-02-01 |
| 63 | JB/T 10513—2005 | 三轮汽车和低速货车　前轴技术条件 | | 2006-02-01 |
| 64 | JB/T 10514—2005 | 三轮汽车和低速货车<br>钢板弹簧技术条件 | | 2006-02-01 |
| 65 | JB/T 10515—2005 | 三轮汽车和低速货车<br>液压制动轮缸技术条件 | | 2006-02-01 |
| 66 | JB/T 10516—2005 | 三轮汽车和低速货车<br>液压制动主缸技术条件 | | 2006-02-01 |
| 煤炭行业 | | | | |
| 67 | MT/T 2-2005 | 选煤厂破碎设备工艺效果评定方法 | MT/Z 2-1979 | 2006-02-01 |
| 68 | MT 950-2005 | 煤矿井下空气压缩机安全技术检验规范 | | 2006-02-01 |
| 69 | MT/T 951-2005 | 煤用分级破碎机 | | 2006-02-01 |
| 70 | MT/T 952-2005 | 双速多用绞车 | | 2006-02-01 |
| 71 | MT/T 953-2005 | 慢速绞车 | | 2006-02-01 |
| 72 | MT/T 954--2005 | 煤泥滤饼碎干机 | | 2006-02-01 |
| 73 | MT 558.1-2005 | 煤矿井下用塑料管材<br>第1部分:聚乙烯管材 | MT 558.1-1996 | 2006-02-01 |
| 74 | MT 558.2-2005 | 煤矿井下用塑料管材<br>第2部分:聚氯乙烯管材 | MT 558.2-1996 | 2006-02-01 |
| 75 | MT 558.3-2005 | 煤矿井下用塑料管材<br>第3部分:玻璃钢管材 | MT 558.3-1996 | 2006-02-01 |
| 76 | MT 141-2005 | 煤矿井下用塑料网假顶 | MT 141-1986 | 2006-02-01 |
| 77 | MT 754-2005 | 小型煤矿地面用抽出式轴流<br>通风机技术条件 | MT 754-1997<br>MT/T 753-1997 | 2006-02-01 |
| 78 | MT 159-2005 | 矿用除尘器通用技术条件 | MT 159-1995 | 2006-02-01 |
| 79 | MT/T 955-2005 | 石门揭穿煤与瓦斯突出煤层程序技术条件 | | 2006-02-01 |
| 80 | MT 956-2005 | 煤矿用隔爆水袋涂覆布 | | 2006-02-01 |
| 81 | MT/T 356-2005 | 煤矿井下安全工程钻机 | MT/T 356-1994 | 2006-02-01 |
| 82 | MT/T 957-2005 | 煤巷掘进工作面超前钻孔<br>防突措施技术条件 | | 2006-02-01 |
| 83 | MT/T 958-2005 | 石门揭穿突出煤层震动爆破技术条件 | | 2006-02-01 |
| 84 | MT 959-2005 | 距离爆破技术条件 | | 2006-02-01 |
| 85 | MT 960-2005 | 煤矿井下假顶用塑料编织布 | | 2006-02-01 |
| 86 | MT 961-2005 | 煤矿井下用玻璃钢电缆桥架 | | 2006-02-01 |
| 87 | MT 962-2005 | 煤矿带式输送机滚筒用橡胶<br>包覆层技术条件 | | 2006-02-01 |

续表

| | | | | |
|---|---|---|---|---|
| 88 | MT/T 963-2005 | 煤中汞含量分级 | | 2006-02-01 |
| 89 | MT/T 964-2005 | 煤中铅含量分级 | | 2006-02-01 |
| 90 | MT/T 965-2005 | 煤中铬含量分级 | | 2006-02-01 |
| 91 | MT/T 966-2005 | 煤中氟含量分级 | | 2006-02-01 |
| 92 | MT/T 967-2005 | 煤中锗含量分级 | | 2006-02-01 |
| 石化行业 | | | | |
| 93 | SH/T 0768-2005 | 闪点测定法(常闭式闭口杯法) | MODASTM D6450-1999 | 2006-02-01 |
| 94 | SH/T 0769-2005 | 石油产品、烃类及烃类-含氧化合物混合物蒸气压测定法(三级膨胀法) | MODASTM D6378-1999 | 2006-02-01 |
| 95 | SH/T 0770-2005 | 航空燃料冰点测定法(自动相转换法) | MODASTM D5972-2002 | 2006-02-01 |
| 96 | SH/T 0771-2005 | 石油产品倾点测定法(自动压力脉冲法) | MODASTM D5949-2001 | 2006-02-01 |
| 97 | SH/T 0772-2005 | 发动机油过滤性能测定法(经水和干冰处理及短时间加热) | MODASTM D6795-2002 | 2006-02-01 |
| 98 | SH/T 0773-2005 | 汽车轮毂轴承润滑脂寿命特性测定法 | MODASTM D3527-2002 | 2006-02-01 |
| 99 | SH/T 0181-2005 | 喷气燃料中萘系烃含量测定法(紫外分光光度法) | SH/T 0181-1992 MODASTM D1840-2002 | 2006-02-01 |
| 100 | SH/T 0606-2005 | 中间馏分烃类组成测定法(质谱法) | SH/T 0606-1994 MODASTM D2425-2004 | 2006-02-01 |
| 101 | SH/T 1612.1-2005 | 工业用精对苯二甲酸 | SH/T 1612.1-1995 | 2006-02-01 |
| 102 | SH/T 1612.8-2005 | 工业用精对苯二甲酸粒度分布的测定激光衍射法 | | 2006-02-01 |
| 103 | SH/T 1612.10-2005 | 工业用精对苯二甲酸 b* 值的测定色差计法 | | 2006-02-01 |

# 中华人民共和国国家发展和改革委员会
# 公 告

**2005 年 第 71 号**

国家发展改革委批准《送电线路带电作业技术导则》等 93 项行业标准(标准编号、名称及实施日期见附件),其中电力行业标准 43 项、石化行业标准 30 项、黑色冶金行业标准 4 项、物流行业标准 1 项、制药装备行业标准 12 项、汽车行业标准 3 项,现予公布。

以上电力行业标准由中国电力出版社出版,石化行业标准由中国石化出版社出版,黑色冶金行业标准由冶金工业出版社出版,制药装备、汽车行业标准由中国计划出版社出版,物流行业标准由中国标准出版社出版。

附件:93 项电力、石化、黑色冶金、物流、制药装备、汽车行业标准编号、名称及实施日期

中华人民共和国国家发展和改革委员会

二〇〇五年十二月八日

**附件:93 项电力、石化、黑色冶金、物流、制药装备、汽车行业标准编号、名称及实施日期**

| 序号 | 标准编号 | 标 准 名 称 | 代替标准 | 实施日期 |
|---|---|---|---|---|
| 电力行业 | | | | |
| 1 | DL/T 966-2005 | 送电线路带电作业技术导则 | | 2006-06-01 |
| 2 | DL/T 967-2005 | 回路电阻测试仪<br>直流电阻快速测试仪检定规程 | | 2006-06-01 |
| 3 | DL/T 968-2005 | 高压直流输电工程启动<br>及竣工验收规程 | | 2006-06-01 |
| 4 | DL/T 969-2005 | 变电站运行导则 | | 2006-06-01 |
| 5 | DL/T 970-2005 | 大型汽轮发电机非正常和特殊<br>运行及维护导则 | | 2006-06-01 |
| 6 | DL/T 971-2005 | 带电作业用交流 1kV~35kV<br>便携式核相仪 | IEC61481:2004,IDT | 2006-06-01 |
| 7 | DL/T 972-2005 | 带电作业工具、装置和设备<br>的质量保证导则 | IEC61318:2003,IDT | 2006-06-01 |
| 8 | DL/T 973-2005 | 数字高压表检定规程 | | 2006-06-01 |
| 9 | DL/T 974-2005 | 带电作业用工具库房 | | 2006-06-01 |
| 10 | DL/T 975-2005 | 带电作业用防机械刺穿手套 | IEC61942:1997,MOD | 2006-06-01 |

续表

| | | | | |
|---|---|---|---|---|
| 11 | DL/T 976-2005 | 带电作业工具、装置和设备预防性试验规程 | | 2006-06-01 |
| 12 | DL/T 977-2005 | 发电厂热力设备化学清理单位管理规定 | | 2006-06-01 |
| 13 | DL/T 978-2005 | 气体绝缘金属封闭输电线路技术条件 | | 2006-06-01 |
| 14 | DL/T 979-2005 | 直流高压高阻箱检定规程 | | 2006-06-01 |
| 15 | DL/T 980-2005 | 数字多用表检定规程 | | 2006-06-01 |
| 16 | DL/Z 981-2005 | 电力系统控制及其通信数据和通信安全 | IECTR 62210:2003,IDT | 2006-06-01 |
| 17 | DL/T 982-2005 | 核电厂汽水管道与支吊架维修调整导则 | | 2006-06-01 |
| 18 | DL/T 983-2005 | 核电厂蒸汽湿度测量技术规范 | | 2006-06-01 |
| 19 | DL/T 984-2005 | 油浸式变压器绝缘老化判断导则 | | 2006-06-01 |
| 20 | DL/T 985-2005 | 配电变压器能效及经济技术评价导则 | | 2006-06-01 |
| 21 | DL/T 986-2005 | 湿法烟气脱硫工艺能效检测技术规范 | | 2006-06-01 |
| 22 | DL/T 987-2005 | 氧化锌避雷器阻性电流测试仪通用技术条件 | | 2006-06-01 |
| 23 | DL/T 988-2005 | 高压交流架空送电线路、变电站工频电场和磁场测量方法 | | 2006-06-01 |
| 24 | DL/T 989-2005 | 直流输电系统可靠性统计评价规程 | | 2006-06-01 |
| 25 | DL/T 990-2005 | 双吊点弧形闸门后拉式液压启闭机(液压缸)系列参数 | | 2006-06-01 |
| 26 | DL/Z 634.11-2005 | 远动设备及系统<br>第 1-1 部分:总则　基本原则 | IEC60870-1-1:1988,IDT | 2006-06-01 |
| 27 | DL/Z 634.14-2005 | 远动设备及系统　第 1-4 部分:远动数据传输的基本方面及 IEC 60870-5 与 IEC 60870- 6 标准的结构 | IEC60870-1-4:1994,IDT | 2006-06-01 |
| 28 | DL/Z 634.15-2005 | 远动设备及系统　第 1-5 部分:总则　带扰码的调制解调器传输过程对使用 IEC 60875-5 规约的传输系统的数据完整性的影响 | IEC60870-1-5:1988,IDT | 2006-06-01 |
| 29 | DL/T 460-2005 | 交流电能表检验装置检定规程 | DL 460-1992 | 2006-06-01 |
| 30 | DL/T 436-2005 | 高压直流架空送电线路技术导则 | DL/T 436-1991 | 2006-06-01 |
| 31 | DL/T 599-2005 | 城市中低压配电网改造技术导则 | DL/T 599-1996 | 2006-06-01 |
| 32 | DL/T 790.433-2005 | 采用配电线载波的配电自动化 第 4-33 部分:数据通信协议　数据链路层面向连接的协议 | IEC61334-4-33 (FDIS):1998,IDT | 2006-06-01 |
| 33 | DL/Z 790.52-2005 | 采用配电线载波的配电自动化 第 5-2 部分:低层协议集　移频键控(FSK)协议 | IEC61334-5-2:1998,IDT | 2006-06-01 |
| 34 | DL/T 5002-2005 | 地区电网调度自动化设计技术规程 | DL 5002-1991 | 2006-06-01 |
| 35 | DL/T 5003-2005 | 电力系统调度自动化设计技术规程 | DL 5003-1991 | 2006-06-01 |
| 36 | DL/T 5013-2005 | 水电水利工程钻探规程 | DL 5013-1992 | 2006-06-01 |
| 37 | DL/T 5228-2005 | 水力发电厂 110kV~500kV 电力电缆施工设计规范 | | 2006-06-01 |
| 38 | DL/T 5229-2005 | 电力工程竣工图文件编制规定 | | 2006-06-01 |

续表

| | | | | |
|---|---|---|---|---|
| 39 | DL/T 5330-2005 | 水工混凝土配合比设计规程 | | 2006-06-01 |
| 40 | DL/T 5113.11-2005 | 水电水利基本建设工程　单元工程质量等级评定标准　第11部分：灯泡贯流式水轮发电机组安装工程 | | 2006-06-01 |
| 41 | DL/T 5331-2005 | 水电水利工程钻孔压水试验规程 | | 2006-06-01 |
| 42 | DL/T 5332-2005 | 水工混凝土断裂试验规程 | | 2006-06-01 |
| 43 | DL/T 5333-2005 | 水电水利工程爆破安全监测规程 | | 2006-06-01 |
| 石化行业 | | | | |
| 44 | SH/T 0774-2005 | 沥青加速老化试验法(PAV法) | ASTM D6521-2000,MOD | 2006-06-01 |
| 45 | SH/T 0775-2005 | 沥青弯曲蠕变劲度测定法(BBR法) | ASTM D6648-2001,MOD | 2006-06-01 |
| 46 | SH/T 0776-2005 | 沥青断裂性能测定法(DT法) | ASTM D6723-2002,MOD | 2006-06-01 |
| 47 | SH/T 0777-2005 | 沥青流变性质测定法(DSR法) | AASHTO T315-2002,MOD | 2006-06-01 |
| 48 | SH/T 0778-2005 | 石油沥青蜡含量测定法(裂解脱油法) | DIN EN 12606-1:1999 (2000确认),MOD | 2006-06-01 |
| 49 | SH/T 0779-2005 | 乳化沥青赛波特粘度测定法 | ASTM D244-2000 第29-33章,MOD | 2006-06-01 |
| 50 | SH/T 0780-2005 | 乳化沥青破乳度测定法 | ASTM D244-2000 第34-39章,MOD | 2006-06-01 |
| 51 | SH/T 0781-2005 | 乳化沥青与水混合性试验法 | ASTM D244-2000 第63-65章,MOD | 2006-06-01 |
| 52 | SH/T 0782-2005 | 柴油机油性能评定法(开特皮勒1K/1N法) | STM D6750-2002,MOD | 2006-06-01 |
| 53 | SH/T 0783-2005 | 内燃机油高温氧化和抗磨损性能评定法(CEPT-Ⅲ法) | | 2006-06-01 |
| 54 | SH/T 0383-2005 | 炮用润滑脂 | SH/T 0383-1992 гост19537-1983,MOD | 2006-06-01 |
| 55 | SH/T 0384-2005 | 弹药保护脂(弹保脂) | SH/T 0384-1992 гост 4113-1980,MOD | 2006-06-01 |
| 56 | SH/T 0099.1-2005 | 乳化沥青恩格拉粘度测定法 | SH/T 00991-1991(1998) ASTM D1665-1998,MOD | 2006-06-01 |
| 57 | SH/T 0099.2-2005 | 乳化沥青筛上剩余量测定法 | SH/T 00992-1991(1998) ASTM D244-2000 第53-58章,MOD | 2006-06-01 |
| 58 | SH/T 0099.3-2005 | 乳化沥青颗粒电荷试验法 | SH/T 00993-1991(1998) ASTM D244-2000 第23-28章,MOD | 2006-06-01 |
| 59 | SH/T 0099.4-2005 | 乳化沥青蒸发残留物含量测定法 | SH/T 00994-1992(1998) ASTM D244-2000 第16-22章,MOD | 2006-06-01 |
| 60 | SH/T 0099.5-2005 | 乳化沥青贮存稳定性测定法 | SH/T 00995-1992(1998) ASTM D244-2000 第77-83章,MOD | 2006-06-01 |

续表

| | | | | |
|---|---|---|---|---|
| 61 | SH/T 0099.6-2005 | 乳化沥青与水泥拌和测定法 | SH/T 0099.6-1992(1998) ASTM D244-2000 第46-52章,IDT | 2006-06-01 |
| 62 | SH/T 0099.7-2005 | 乳化沥青裹附性试验法 | SH/T 0099.7-1993(1998) ASTM D244-2000 第59-62章,MOD | 2006-06-01 |
| 63 | SH/T 0099.8-2005 | 乳化沥青冷冻安定性试验法 | SH/T 0099.8-1993(1998) ASTM D244-2000 第66-68章,IDT | 2006-06-01 |
| 64 | SH/T 0099.9-2005 | 乳化沥青与施工集料的裹附试验法 | SH/T 0099.9-1994(1998) ASTM D244-2000 第112-117章,MOD | 2006-06-01 |
| 65 | SH/T 0099.10-2005 | 乳化沥青粘附和抗水能力试验法 | ASTM D244-2000 第69-76章,MOD | 2006-06-01 |
| 66 | SH/T 0099.11-2005 | 乳化沥青施工现场粘附试验法 | ASTM D244-2000 第106-111章,IDT | 2006-06-01 |
| 67 | SH/T 0099.12-2005 | 乳化沥青沉淀测定法 | ASTM D244-2000 第40-45章,MOD | 2006-06-01 |
| 68 | SH/T 0099.13-2005 | 快凝型阳离子乳化沥青鉴定方法 | ASTM D244-2000 第92-99章,MOD | 2006-06-01 |
| 69 | SH/T 0099.14-2005 | 慢凝型阳离子乳化沥青鉴定方法 | ASTM D244-2000 第100-105章,MOD | 2006-06-01 |
| 70 | SH/T 0099.15-2005 | 乳化沥青水含量测定法(蒸馏法) | ASTM D244-2000 第4-10章,MOD | 2006-06-01 |
| 71 | SH/T 0099.16-2005 | 乳化沥青残留物含量测定法(低温减压蒸馏法) | ASTM D244-2000 第126-132章,MOD | 2006-06-01 |
| 72 | SH/T 0099.17-2005 | 乳化沥青残留物与馏出油含量蒸馏测定法 | ASTM D244-2000 第11-15章,MOD | 2006-06-01 |
| 73 | SH/T 0099.18-2005 | 乳化沥青密度测定法 | ASTM D244-2000 第118-124章,MOD | 2006-06-01 |
| 黑色冶金行业 | | | | |
| 74 | YB/T 4140-2005 | 微碳锰铁 | | 2006-06-01 |
| 75 | YB/T 4141-2005 | 连铸圆坯结晶器铜管　技术条件 | | 2006-06-01 |
| 76 | YB/T 5213-2005 | 炭块耐碱性试验方法 | YB/T 5213-1993 | 2006-06-01 |
| 77 | YB/T 5217-2005 | 萤石 | YB/T 5217-1997 | 2006-06-01 |
| 制药装备行业 | | | | |
| 78 | JB 20067-2005 | 制药机械符合药品生产质量管理规范的通则 | | 2006-06-01 |
| 79 | JB/T 20068-2005 | 结晶器 | YY/T 0138-1993 | 2006-06-01 |
| 80 | JB/T 20069-2005 | 卧式安瓿机 | YY 0232-1995 | 2006-06-01 |
| 81 | JB/T 20070-2005 | 立式安瓿生产线 | YY 0233.1-1995 | 2006-06-01 |
| 82 | JB/T 20071-2005 | 立式安瓿机 | YY 0233.2-1995 | 2006-06-01 |

续表

| | | | | |
|---|---|---|---|---|
| 83 | JB/T 20072-2005 | 离心式包衣造粒机 | | 2006-06-01 |
| 84 | JB/T 20073-2005 | 流化床包衣机 | | 2006-06-01 |
| 85 | JB/T 20074-2005 | 药物配料罐 | | 2006-06-01 |
| 86 | JB/T 20075-2005 | 振动式药物超微粉碎机 | | 2006-06-01 |
| 87 | JB/T 20076-2005 | 药物溶出试验仪 | | 2006-06-01 |
| 88 | JB/T 20077-2005 | 崩解仪 | YY 0132-1993 | 2006-06-01 |
| 89 | JB/T 20078-2005 | 玻璃输液瓶T型塞压胶塞机 | YY 0235.5-1995 | 2006-06-01 |
| 物流行业 | | | | |
| 90 | WB/T 1023-2005 | 菱镁胶凝材料改性剂 | | 2006-06-01 |
| 汽车行业 | | | | |
| 91 | QC/T 739-2005 | 油田专用车辆通用技术条件 | | 2006-06-01 |
| 92 | QC/T 629-2005 | 汽车遮阳板 | QC/T 629-1999<br>ISO105-B06:1998,MOD | 2006-06-01 |
| 93 | QC/T 740-2005 | 乘用车座椅总成 | SAE J826-2002、<br>SAE J1351-1993、<br>SAE J1756-1994,<br>MOD | 2006-06-01 |

# 中华人民共和国国家发展和改革委员会
# 中华人民共和国财政部
# 中华人民共和国海关总署
# 国家税务总局

**第 30 号**

为进一步贯彻落实《中共中央、国务院关于加强技术创新发展高科技实现产业化的决定》,充分发挥国家认定企业技术中心在国家创新体系和企业创新能力建设中的引导与示范作用,规范和加强国家认定企业技术中心的认定和评价工作,依据《科学技术进步法》,特制定《国家认定企业技术中心管理办法》,现予以公布,自2005年5月1日起施行。

国家发展和改革委员会主任： 马凯
财政部部长： 金人庆
海关总署署长： 牟新生
国家税务总局局长： 谭旭人
二〇〇五年四月十二日

# 国家认定企业技术中心管理办法

## 第一章 总则

**第一条** 为进一步贯彻落实《中共中央、国务院关于加强技术创新发展高科技实现产业化的决定》,充分发挥国家认定企业技术中心在国家创新体系和企业创新能力建设中的引导与示范作用,规范和加强国家认定企业技术中心的认定和评价工作,依据《科学技术进步法》,特制定本办法。

**第二条** 为推进企业技术中心建设,确立企业技术创新和科技投入的主体地位,对国民经济主要产业中技术创新能力较强、创新业绩显著、具有重要示范和导向作用的企业技术中心,国家予以认定,并享受相应的优惠政策,以鼓励和引导企业不断提高自主创新能力。

**第三条** 国家发展改革委、财政部、海关总署、国家税务总局负责国家认定企业技术中心的认定工作。国家发展改革委对企业技术中心建设进行宏观指导,并负责国家认定企业技术中心认定的具体组织工作和评价工作。

## 第二章 认定

**第四条** 国家认定企业技术中心的认定每年组织一次,受理认定申请的截止日期为每年5月15日。

**第五条** 申请国家认定企业技术中心的企业应具备以下基本条件:

1. 企业年销售额在3亿元以上。

2. 有较强的经济技术实力和较好的经济效益,在国民经济各主要行业中具有显著的规模优势和竞争优势。

3. 企业领导层重视技术中心工作,具有较强的市场意识和创新意识,能为技术中心建设创造良好的条件。

4. 具有较完善的研究、开发、试验条件,有较强的技术创新能力和较高的研究开发投入,研究开发与创新水平在同行业中处于领先地位。

5. 有技术水平高、实践经验丰富的技术带头人,科技人员队伍结构合理,在同行业中具有较强的创新人才优势。

6. 技术中心组织体系完善,发展规划和目标明确,具有稳定的产学研合作机制,技术创新绩效显著。

7. 企业两年内(指申请国家认定企业技术中心之日起向前推算两年)有下列情形之一的,不得申请国家认定企业技术中心:(1)有偷税、骗取出口退税等税收违法行为的。(2)涉嫌涉税违法正在接受审查的。

8. 已认定为省市(行业)认定企业技术中心两年以上。

9. 企业科技活动经费支出额、企业专职研究与试验发展人员数、企业技术开发仪器设备原值等三项指标不低于最低标准(详见附件三)。

**第六条** 国家认定企业技术中心认定程序:

1. 地方企业向省、自治区、直辖市、计划单列市相关主管部门(以下简称“相关主管部门”)提出申请并按要求上报申请材料,申请材料包括:《国家认定企业技术中心申请报告》(以下简称申请报告)(见附件一)和《企业技术中心评价材料》(见附件二)。

2. 相关主管部门对企业上报的申请材料进行审查,按照国家有关要求,确定推荐企业名单,并将推荐企业的申请材料和推荐意见(一式三份)在规定的时间内上报国家发展改革委,同时将推荐企业名单抄送同级国家税务局。

3. 国务院有关部门、计划单列企业集团、中央管理企业可按要求将申请材料直接上报国家发展改革委,同时抄送同级国家税务局。

4. 国家发展改革委委托符合条件的中介评估机构,按照《企业技术中心评价指标体系》(见附件三)对企业申请材料进行初评。

5. 依据初评结果,国家发展改革委组织专家择优进行综合评审。

6. 国家发展改革委会同财政部、海关总署、国家税务总局依据国家产业政策、初评结果、专家综合评审意见等进行综合审查后，择优确定国家认定企业技术中心名单。

**第七条** 已是国家认定企业技术中心的企业，其控股子公司企业技术中心如具备国家认定企业技术中心条件，可申请作为该企业国家认定企业技术中心的分中心，申请材料和认定程序与国家认定企业技术中心相同。

**第八条** 国家发展改革委会同财政部、海关总署、国家税务总局对认定结果(含国家认定企业技术中心分中心),以公告形式颁布。

**第九条** 国家认定企业技术中心认定结果从国家发展改革委受理申请之日起,90个工作日之内颁布。

## 第三章 评价

**第十条** 依据国家认定企业技术中心评价指标体系，对国家认定企业技术中心每两年进行一次评价。

**第十一条** 评价程序：

1. 数据采集。国家认定企业技术中心于当年4月15日前将评价材料报相关主管部门。评价材料包括:《国家认定企业技术中心年度工作总结》(附件四)和《企业技术中心评价材料》等。

2. 数据初审。相关主管部门对国家认定企业技术中心上报的材料进行审查,并出具审查意见，加盖公章后于当年5月15日前报国家发展改革委;国务院有关部门、计划单列企业集团、中央管理企业可直接上报(评价材料一式三份)。

3. 数据核查。国家发展改革委委托符合条件的中介评估机构对国家认定企业技术中心上报的评价材料及相关情况进行核查，核查方式包括召开核查会和实地核查等。

4. 数据计算与分析。国家发展改革委委托符合条件的中介评估机构对经核查后的数据按照《企业技术中心评价指标体系》的规定进行计算、分析,得出评价结果,并形成评价报告。

5. 国家发展改革委对评价结果和评价报告进行审核并确认。

**第十二条** 企业技术中心评价结果分为优秀、合格、不合格。

1. 评价得分90分及以上为优秀。

2. 评价得分60分(含60分)至90分之间为合格。

3. 有下列情况之一的评价为不合格。

(1)评价得分低于60分;

(2)连续两次评价得分在65分(含65分)至60分之间;

(3)逾期一个月不上报评价材料的企业技术中心;

(4)企业科技活动经费支出额、企业专职研究与试验发展人员数、技术开发仪器设备原值三项指标中任何一项低于评价指标体系规定的最低标准(详见附件三)。

**第十三条** 国家发展改革委对评价结果以公告形式颁布。

**第十四条** 国家认定企业技术中心评价结果从上报评价材料截止之日起,70个工作日内颁布。

## 第四章 调整与撤销

**第十五条** 集团公司技术中心被认定为国家认定企业技术中心的，其下属公司的原有国家认定企业技术中心资格视情况调整为集团公司国家认定企业技术中心的分中心。

**第十六条** 有下列情况之一的撤销其国家认定企业技术中心资格：

1. 评价不合格;

2. 国家认定企业技术中心所在企业自行要求撤销其国家认定企业技术中心;

3. 国家认定企业技术中心所在企业被依法终止;

4. 由于技术原因发生重大质量、安全事故的企业;

5. 有偷税、骗取出口退税等税收违法行为的企业。

**第十七条** 国家发展改革委会同财政部、海关总署、国家税务总局对调整与撤销的国家认定企业技术中心,以公告形式颁布。

## 第五章 管理与政策

**第十八条** 企业上报的申请国家认定企业技术中心材料和国家认定企业技术中心上报的评价

材料内容和数据应真实可靠。提供虚假材料的企业，经核实后，申请国家认定企业技术中心的企业三年内不得申请国家认定；已是国家认定企业技术中心的撤消其国家认定企业技术中心资格，三年内不得申请国家认定。

**第十九条** 因第十六条原因被撤销国家认定企业技术中心资格的，两年内不得重新申报国家认定企业技术中心。

**第二十条** 对于评价得分65分（含65分）至60分的国家认定企业技术中心，给予警告，并由相关主管部门、国务院有关部门、计划单列企业集团、中央管理企业负责督促整改。

**第二十一条** 国家认定企业技术中心所在企业发生更名、重组等重大调整的，应在办理相关手续后30个工作日内由相关主管部门、国务院有关部门、计划单列企业集团、中央管理企业将有关情况报国家发展改革委。

**第二十二条** 国家发展改革委会同财政部、海关总署、国家税务总局每年公告一次国家认定企业技术中心名单。

**第二十三条** 国家认定企业技术中心按照《财政部 国家税务总局关于企业(集团)技术中心等继续享受有关进口税收优惠政策的通知》(财税[2001]112号)的规定，享受《科学研究和教学用品免征进口税收暂行规定》(国函[1997]3号)中的有关优惠政策。

**第二十四条** 国家发展改革委通过企业技术中心创新能力建设专项，引导和鼓励企业加大技术创新投入，促进国家认定企业技术中心的建设和发展。

## 第六章 附则

**第二十五条** 各省市及国务院有关部门可结合本地区(部门)实际，参考本办法，制定相应政策，开展省市(部门)认定企业技术中心的认定和评价工作，并对企业技术中心建设给予相应支持。

**第二十六条** 本办法自2005年5月1日起施行。

**第二十七条** 本办法由国家发展改革委会同财政部、海关总署、国家税务总局负责解释。

**附件一：**

### 《国家认定企业技术中心申请报告》编写提纲

**一、企业(集团)的基本情况**

1. 企业经营管理等基本情况，包括所有制性质、职工人数、企业总资产、资产负债率、银行信用等级、销售收入、利润、主导产品及市场占有率、技术来源等。

2. 企业在行业中的地位和作用。

3. 企业在本产业领域技术创新中的作用和竞争能力。

**二、企业技术中心的基本情况**

1. 企业技术中心的发展规划及近中期目标。

2. 目前企业技术中心的组织机构及运行机制，包括：各项制度建立，组织建设、研发经费的保障，激励机制，创新环境，产学研合作等。

3. 企业技术中心研究开发及试验的基础条件。

4. 企业技术中心的研究开发工作开展情况，包括：原创性创新、自主开发、引进技术消化吸收、产学研合作、企业间技术合作等。

5. 企业技术中心信息化建设。

6. 企业技术中心技术带头人及创新团队的情况，以及人才培养情况。

7. 企业技术中心取得的主要创新成果(3年之内)及其经济效益。

三、省、自治区、直辖市、计划单列市主管部门或国务院有关部门、计划单列企业集团、中央管理企业的推荐意见。

**附件二：**

### 企业技术中心评价材料

**一、企业技术中心评价表**

**二、需提供的附件及证明材料**

1. 大中型工业企业科技活动情况表（L107-1)、大中型工业企业科技项目一览表(L107-2)、大中型工业企业科技项目一览表(L107-3)。未列入国家统计局大中型工业企业科技活动情况统计范围的企业应参照上述三个表的格式填报后提交。

2. 企业资产负债表、损益表、现金流量表的复印件。

3. 大型企业集团应将下属企业的（L107-1、L107-2、L107-3）表合并填报，资产负债表、损益表、现金流量表进行合并填报。

4. 评价指标的必要证明材料，主要包括：技术中心高级专家和外部专家、对外合作项目、研发周期三年及以上的项目、在研和完成的全部科技项目、发明专利、参与制定的标准、国家认证实验室、驰名商标、中国名牌产品、科技奖励等方面的内容。

**三、指标解释和填报说明**

1. 报告年度：指评价表中指标统计年度，时间范围从填写评价表的上一年 1 月 1 日到 12 月 31 日。所有指标的填报时间范围，如无特殊指明，均为报告年度。(T-1)年指上一次评价的报告年度。

2. 企业营业收入总额：指技术中心所在企业总部和其下属分公司、子公司、控股企业（按实际控投权）等应该列入会计合并报表范围的所有企业的营业收入（销售收入），经按合并报表原则处理后的合并营业收入。包括工业性企业产品销售收入、房地产与旅游酒店服务等第三产业的营业收入。

3. 企业利润总额：指企业业生产经营过程中各种收入扣除各种消耗后的盈余。反映企业在报告期内实现的盈亏总额（亏损以-号表示）。包括企业的营业利润补贴收入，各种投资净收益和营业外收支净额。

4. 企业产品销售收入总额：指工业企业销售产成品、试制半成品的收入和提供工业性劳务收入总额。

5. 企业产品销售利润总额：指企业销售收入扣除成本、费用、税金后的余额。

6. 企业科技活动经费支出额：指企业实际支出的全部科技活动费用，包括列入技术开发的经费支出以及技措技改等资金实际用于科技活动的支出。不包括生产性支出和归还贷款支出。科技活动经费支出总额分为内部支出和外部支出。

科技活动经费内部支出：指企业用于内部开展科技活动实际支出的费用，包括外协加工费。不包括委托研制或合作研制而支付外单位的经费。科技经费内部支出按用途分为科技活动人员劳务费、原材料费、赎买自制设备支出、其他支出。

科技活动经费外部支出：指企业委托其他单位或与其他单位合作开展科技活动而支付给其他单位的经费，不包括外协加工费。

7. 企业研究与试验发展经费支出额：指在企业科技活动经费内部支出中用于基础研究、应用研究和试验发展三类项目以及这三类项目的管理和服务费用的支出。

8. 企业全部科技项目数：指企业立项并开展研发（制）工作、以前年份立项（当年）仍继续进行研发（制）的科技项目，包括当年完成、年内仍在进行、年内研发工作已告失败的项目，不包括委托外单位进行研发的项目。从开发项目的性质看，包括新产品开发项目数、新技术开发项目数、新工艺开发项目数、新服务开发项目数与基础研究项目数之和。

9. 研发周期三年及以上的项目数：指研究开发周期在三年以上（含三年）的技术开发项目数。

10. 对外合作项目数：指企业与高等学校、科研院所及其他企业联合开展的科技项目数。

11. 新产品销售收入：新产品销售收入指报告期本企业销售新产品实现的销售收入。新产品销售收入是产品销售收入的组成部分，计算口径与产品销售收入一致。新产品即包括经政府有关部门认定并在有效期内的新产品，也包括企业自行研制开发，未经政府有关部门认定，从投产之日起一年之内的新产品。

新产品：指采用新技术原理、新设计构思研制、生产的全新产品，或在结构、材质、工艺等某一方面比原有产品有明显改进，从而显著提高了产品性能或扩大了使用功能的产品。新产品包括全新型新产品和重大改进型新产品二大类。

全新型新产品：指与以前制造的产品相比，其用途或者技术设计和材料三者都有显著变化的产品。这些创新可以涉及到全新的技术，也可以基于组合现有技术新的应用，或者源于新的知识的应用。

重大改进型新产品：指在原有产品的基础上，产品性能得到显著提高或者重大改进的产品。若产品的改变仅仅是在美学上（外观、颜色、图案设计、包装等）的改变及技术上的较小的变化，属于产品差异，不作为新产品统计。

12. 新产品销售利润：指企业销售新产品所实现的利润。

13. 企业技术开发仪器设备原值：指年末整个企业用于科研、技术开发的仪器、科研设备、中间试验设备的原值（帐面原值）。

技术开发仪器设备包括技术开发仪器、技术开发设备、技术开发检测设备、中间试验设备等。

14. 企业自有品牌产品与技术出口创汇额：指企业出口自己生产的自有品牌的产品和向国外出口技术所收入的外汇。

15. 企业职工总数：指企业在册职工人数。

16. 企业全体职工年收入总额：指企业在册全部职工一年的货币收入的总额。包括职工工资、福利费、奖金、政策补贴、项目提成等各项货币收入的总和。

17. 企业科技活动人员数：指工业企业直接从事（或参与）科技活动、以及专门从事科技活动管理和为科技活动提供直接服务的人员。累计从事科技活动的时间占制度工作时间10%（不含）以下的人员不统计。

（1）直接从事（或参与）科技活动的人员包括：工业企业所属的技术中心及中试车间（基地）等机构中从事科技活动的研究人员、工程技术人员、技术工人及其它辅助人员；虽不在上述机构工作，但编入科技活动项目组（攻关小组）的人员。

（2）专门从事科技活动管理和为科技活动提供直接服务的人员包括：工业企业主管科技工作的负责人，企业科技管理部门（科研管理处、部、科等）的工作人员，直接为科技活动提供资料文献、材料供应、设备维护等服务的人员。不包括保卫、医疗保健、司机、食堂人员、茶炉工、水暖工、清洁工等间接服务人员。

18. 企业研究与试验发展人员数：指企业科技活动人员中从事基础研究、应用研究和试验发展三类活动的人员。包括直接参加上述三类项目活动的人员及这类项目的管理和服务人员。

19. 技术中心职工人数：在技术中心工作并取得劳动报酬的从业人员年平均数。包括技术中心科研开发人员、直接管理人员和直接为其服务的人员等。

20. 技术中心人员培训费：指技术中心工作人员在国内、海外地区接受继续教育和专项培训的费用总支出。

21. 技术中心全体职工年收入总额：指技术中心在册全体工作人员的年货币总收入，包括工资、福利费、奖金、政策补贴、项目提成等各项收入的总和。

22. 技术中心高级专家人数：指全职在技术中心工作、获得国家、省、部和计划单列市等政府部门认定的有突出贡献的专家或者享受国家、省、部和计划单列市专项津贴的专家的人员数。

23. 技术中心博士人数：指全职在技术中心工作、获得博士学位的人员数。在站的博士后可以作为博士进行统计。

24. 来技术中心从事开发工作的外部专家人数：指来技术中心从事研究、技术开发工作的具有较高科技开发能力的海内外专家累计人月。最小统计单位为：0.5人月。

25. 技术中心在海外设立开发设计机构数：指技术中心在港澳台地区及国外设立以科研开发、设计为目的的开发机构数量。

26. 技术中心与其他组织合办开发机构数：指技术中心与高校、研究院所、其他企业联合设立的以科研开发设计为目的的组织机构数量。

27. 国家和国际组织认证的实验室数：指中华人民共和国有关国家部门和国际组织认定认证的、仍在有效期内的实验室、检测中心的数量。

28. 完成新产品新技术新工艺开发项目数：指企业完成（结题）的新产品开发项目数、新技术项目数、新工艺开发项目数之和。

29. 企业拥有的全部有效发明专利数：指企业作为专利权人拥有专利权属、经国内外专利机构授权且在有效期内的全部发明专利件数。

30. 当年被受理的专利申请数：指企业报告年度内向专利行政部门提出专利申请并被受理的专利件数。

31. 被受理的发明专利申请数：指企业报告年度内向专利行政部门提出发明专利申请并被受理的专利件数。

32. 最近三年主持和参加制定的国际、国家、行业标准数：指企业在报告年度、报告年度前一年、报告年度前二年主持或参与制定，目前仍有效执行的国际、国家、行业标准的数量。

33. 企业获得的驰名商标数：指企业拥有的国家工商行政管理总局评定的中国驰名商标数（含国际驰名商标数）。

34. 企业获得的中国名牌产品数：指企业拥有的国家质量监督检验检疫总局评定的中国名牌产品数。

35. 获国家自然科学、技术发明、科技进步奖项目数：指企业获得国家自然科学奖、国家技术发明奖和国家科技进步奖的项目总数。

**附件三：**

## 企业技术中心评价指标体系

**一、评价指标及评价基本要求**（缺表）

**二、行业系数**

有关说明：

1. 由于不同行业在技术创新投入与产出方面存在较大差异，技术中心评估时，对不同行业企业科技活动经费支出额占产品销售收入的比重、新产品销售收入占产品销售收入的比重和新产品销售利润占产品销售利润的比重等三个指标引入行业系数加以调节。

2. 行业系数只作为评估机构评价时使用，企业填报时无需考虑行业系数，按实际数据填报。评价时，根据企业填报的实际数据得出上述指标的比重，再乘以行业系数，得出指标的评价值。

3. 行业系数表中的其他行业指烟草、煤炭、交通、建筑、石油等行业，这些行业的新产品销售收入占产品销售收入的比重和新产品销售利润占产品销售利润的比重两项指标暂按满分的60%计算。

4. 轻工Ⅰ为家电行业，轻工Ⅱ为轻工的其他行业。

**三、指标体系的完善**

国家发展改革委会同财政部、海关总署、国家税务总局将根据各行业技术创新的实际状况和政府的宏观政策导向对评价指标、行业系数等进行必要的调整。

**四、限定性指标的最低标准**

1. 企业科技活动经费支出额不低于1000万元。

2. 企业专职研究与试验发展人员数不低于80人。

3. 企业技术开发仪器设备原值不低于1000万元。

**附件四：**

## 《国家认定企业技术中心年度工作总结》提纲

国家认定企业技术中心年度评价需要提交年度工作总结，以全面总结上一年度企业技术创新

| 行业 | 科技活动经费支出额占 | | |
|---|---|---|---|
| | 产品销售收入的比重 | 新产品销售收入占产品销售收入的比重 | 新产品销售利润占产品销售利润的比重 |
| 航空 | 0.8 | 0.6 | 0.6 |
| 电子 | 0.6 | 0.4 | 0.4 |
| 轻工Ⅰ | 0.6 | 0.4 | 0.4 |
| 轻工Ⅱ | 1.0 | 1.0 | 1.0 |
| 船舶 | 0.8 | 0.4 | 0.8 |
| 化工 | 1.2 | 1.0 | 0.8 |
| 机械 | 1.0 | 0.6 | 0.6 |
| 医药 | 0.8 | 0.8 | 0.6 |
| 冶金 | 1.2 | 1.4 | 1.4 |
| 纺织 | 1.0 | 1.0 | 1.0 |
| 建材 | 1.0 | 0.8 | 0.6 |
| 有色 | 1.0 | 1.4 | 1.4 |
| 铁道 | 1.2 | 0.6 | 0.4 |
| 石化 | 3.0 | 1.2 | 1.2 |
| 其他 | 3.0 | | |

与技术中心工作情况。主要包括如下内容：

一、企业技术创新战略与规划的实施情况，包括企业技术创新战略的制定与调整，年度计划的制定与实施（涉及企业秘密可作技术处理）。

二、企业技术创新体系建设，包括企业技术创新体系基本情况、技术中心组织建设（内部组织设置与调整、下属企业组织设置、与外部单位共建组织及运行情况等）、技术中心创新机制建设（技术带头人培养、人才激励机制、知识产权保护、技术创新投入制度及执行情况等）、合作创新情况（产学研之间、企业之间及国际合作情况）、企业技术创新基础设施建设（研究试验设施、检测设施、信息化设施）。

三、企业技术创新活动开展情况，包括年度重点创新项目的实施效果、关键核心技术和产品的自主创新情况、资源综合利用、节能降耗、清洁生产等创新情况。

四、技术创新信息化建设情况。

五、其他有特色的工作情况。

六、填写进口科研用品及减免税额情况表（详见附表）

**附表：**

进口科研用品及减免税额情况表

一、国家认定企业技术中心名称：

二、获得国家认定时间：

三、技术中心重点研究领域：

四、进口产品及减免税额统计：

五、有关问题说明：

免税进口产品清单

| 数量 | 进口金额 | 免征进口关税金额 | 免征进口环节增值税金额 |
|---|---|---|---|
| 1 | | | |
| 2 | | | |
| 3 | | | |
| 4 | | | |
| 5 | | | |
| 合计 | | | |

填报日期：年 月 日（企业盖章）

注：评价年此表随工作总结一起报送，非评价年国家认定企业技术中心将此表报相关主管部门，各主管部门于5月15日前报送国家发展改革委。

# 国家发展和改革委员会文件

**特急　发改运行[2005]2786号**

## 国家发展改革委关于做好2006年全国重点煤炭产运需衔接工作的通知

**各省、自治区、直辖市发展改革委、经贸委(经委、工业局)、煤炭局,煤炭、电力、钢铁、化肥行业协会,有关重点企业:**

2005年全国重点煤炭产运需衔接,注重发挥市场配置资源的基础性作用,在订货方式转换上迈出了重要步伐,为全年煤炭稳定供应和经济平稳运行奠定了良好基础。2006年是"十一五"规划开局之年,预测煤炭供需总量基本平衡、比较宽松,为进一步推进改革提供了良好机遇。为深入贯彻党的十六届五中全会精神,进一步推进煤炭订货改革,做好2006年重点煤炭产运需衔接工作,现就有关问题通知如下:

**一、突出企业市场主体地位,严格重点煤炭供需衔接资格。**

(一)凡不具备安全生产条件,不符合国家产业政策和发展规划、违规建设投产的项目,一律不纳入重点煤炭衔接范围。支持循环经济和资源节约型企业,支持大型骨干企业,促进结构调整。属于全国跨区域重点煤炭调运范围,符合铁路、水路合理流向要求。

(二)坚持以煤炭生产企业、煤炭终端消费企业为重点煤炭衔接主体,严格控制和减少中间环节进入重点煤炭衔接领域。坚持以发煤、收款煤矿为供方,接煤、付款厂家为需方,签订买卖合同。除供需双方企业和铁路、交通部门外,其他任何部门、机构和单位一律不得在合同上签字盖章。

(三)为提高铁路运输效率、保障重点,原则上,年度实际发(接)煤量低于20万吨的,不纳入重点衔接。化肥、居民生活、冶金配煤等特殊情况特殊考虑。

**二、公布重点煤炭运力配置框架,指导供需衔接。**

(一)根据国民经济发展对煤炭需求和铁路运力状况,确定2006年重点煤炭铁路运输总量调控目标为6.9亿吨。

(二)在重点煤炭运输总量调控目标内,根据铁路运输合理流向、流量,对具有衔接资格的煤矿,结合2005年铁路运输实际完成量及新投产能力等因素,安排运力配置框架。对以往年度签订了合同并配置了运力,但实际未执行或者执行情况很差的,不再保留运力配置。

(三)在运力配置框架范围内,支持煤矿集中和优化用户结构,支持用户集中和优化货源结构,支持运输部门集中和优化运输结构。

**三、严格执行《合同法》,签订规范的煤炭买卖合同。**

(一)供需双方企业在运力配置框架指导下,自主自愿衔接。在协商的基础上,严格按照《合同法》,签订规范的煤炭买卖合同。鼓励大型煤炭供需企业签订长期合同。原则上,年度合同量在20万吨以上的,应签订五年以上的长期合同,并优先落实运力。

(二)供需双方签订的单笔合同原则上应在20万吨以上,必须依据现有和新投产能力签订合同量,不得签订虚假合同。

(三)增强合同的严肃性和约束力,凡获得运输认可的合同,非不可抗力因素影响而不履行的,要给予严厉处罚。在大秦线选择部分企业试行运输合同。

四、在政府监控条件下，由供需双方协商确定电煤价格。

（一）总的原则是，在保持电煤价格总体稳定的前提下，取消我委2004年底出台的电煤价格临时性干预措施，由煤电双方自主确定交易价格，同时，采取必要的配套措施予以保障。

（二）在电煤供求形势缓和的情况下，煤炭、电力企业要理性对待价格分歧，合理确定价格目标，以保障煤炭价格总水平基本稳定为前提，签订2006年合同。地方政府部门要统一思想，按照我委统一部署，以保持煤价稳定为目标，积极协调煤炭价格矛盾，防止煤价出现大起大落。

（三）以运力分配为载体，鼓励供求双方签订长期交易合同。对签订长期合同、价格保持稳定的，优先给予运力保障；对双方价格相差悬殊、不能按时签订合同的，不予配置运力。

（四）建立电煤价格应急机制，如果市场电煤价格出现显著上涨或有可能显著上涨，政府将按照《价格法》有关规定，采取临时干预措施。

（五）取消价格干预措施后，要进一步加强煤炭价格监测工作，建立中国电煤价格指数，为政府和企业决策提供依据。

五、审查煤炭买卖合同，落实铁路运力。

（一）铁路、交通部门对供需双方签订的需要通过铁路、水路运输的合同，根据铁路合理流向、流量框架进行审查、落实运力。

（二）审查落实运力的基本原则：

——优先考虑循环经济和资源节约型企业；

——优先考虑电力、冶金、化肥等行业的优势骨干企业；

——优先考虑供需双方自主签订的长期合同；

——优先考虑价格稳定且供需双方没有分歧的合同；

——符合铁路、水路合理流向和流量的要求；

——符合国家产业政策和发展规划；

——符合基本建设项目审批核准的规定；

——符合国家宏观调控的政策要求。

六、严格产运需衔接程序，提高衔接效率。

（一）按照本通知确定的衔接原则和公布的框架方案，自本通知下发之日起，在企业间已初步衔接的基础上，进一步衔接、签订合同。

（二）在供需衔接、签订合同的基础上，国家适时召开重点煤炭运力衔接会议，组织铁路、交通部门审查合同、落实运力。凡供需双方未完成合同签订任务的，一律不安排落实运力。

（三）提高重点煤炭运力衔接效率，逾期未提交合同而影响落实运力的，责任自负。

# 国家发展改革委关于组织实施下一代互联网示范工程2005年研究开发、产业化及应用试验的通知

一、根据中国下一代互联网示范工程整体部署，围绕示范工程的目标和任务，国家发展改革委、科技部、信息产业部、教育部、国务院信息办、中国科学院、中国工程院、国家自然基金委员会将在相关计划中，支持示范工程研究开发、产业化及应用试验项目。

二、此次公告的内容为国家发展改革委拟在2005年支持的有关重点。

三、国家发展改革委拟在2005年支持的有关重点包括以下四个方面：

（一）设备和软件研究开发及产业化类，要求以产业化为目标或具有产业前景，并在中国下一

代互联网示范网络上试验。

（二）关键技术研究试验类，着眼前瞻性和战略性，要求提供中国下一代互联网示范网络试验，为实现示范工程下一阶段目标打基础。

（三）业务试验和应用示范类，以开发能发挥IPv6特点且有较大市场前景的业务和应用为目标，通过中国下一代互联网示范工程进行试验、验证。

（四）标准规范研究类，为中国下一代互联网示范工程的研发和试验及应用示范分项制定规范，推动形成国际、国内或行业标准。

四、有关具体要求已通知各省、自治区、直辖市、计划单列市、新疆生产建设兵团发展改革委（局），拟申报的有关单位可与当地发展改革委（局）高技术处联系。

五、项目申报截止日期为2005年2月5日。

六、公告发布支持重点领域的有关技术指标参考要求可在WWW.CAE.CN网址查询。

# 国务院关于2005年深化经济体制改革的意见

**国发[2005]9号**

**各省、自治区、直辖市人民政府，国务院各部委、各直属机构：**

近两年来，党中央、国务院审时度势，果断决策，科学实施宏观调控，经济和社会发展取得了突出成就。但是，宏观调控的实践也表明，生产力发展的体制障碍仍未消除，推进改革十分重要和紧迫。解决经济运行中的突出矛盾和问题，巩固和发展宏观调控成果，调整经济结构，实现经济增长方式转变，全面落实科学发展观，构建社会主义和谐社会，都需要加快推进改革。2005年是改革攻坚的关键一年，要抓住当前有利时机，把改革放到突出位置上，用更大的力量推进经济体制改革。

2005年推进经济体制改革的总体要求是：认真贯彻党的十六大、十六届三中四中全会和中央经济工作会议精神，紧扣影响经济社会发展的突出矛盾和问题推进体制创新，把深化改革同贯彻落实科学发展观、加强和改善宏观调控、促进经济平稳较快发展、构建社会主义和谐社会紧密结合起来，在一些重点领域和关键环节取得实质性突破。

2005年进一步深化经济体制改革要突出重点、全面推进，立足当前、兼顾长远，创新制度、转换机制，把握大局、处理好改革发展稳定的关系，抓好以下重点工作。

**一、深化农村经济体制改革**

继续深化农村税费改革。研究解决农村税费改革中出现的新矛盾和新问题，把工作重点放在搞好乡镇机构、农村义务教育体制和县乡财政管理体制等各项改革上。积极探索建立防止农民负担反弹的长效机制，巩固改革成果。

完善农村土地制度。切实保障农村集体经济组织的土地所有权和农民的土地承包经营权，继续推动土地承包纠纷仲裁试点工作。继续探索农户间转包、转让、互换等土地流转方式。加强对承包土地流转的监督管理，加大对强迫流转案件的督查力度。进一步研究探索农村集体建设用地使用权进入市场。加快农村集体土地所有权的确认，进一步推进集体土地所有权、宅基地登记发证工作。

深化粮食、棉花流通体制改革。全面贯彻《国务院关于进一步深化粮食流通体制改革的意见》(国发〔2004〕17号)和《粮食流通管理条例》。加快推进国有粮食购销企业改革。完善粮食市场准入制度，支持多种所有制粮食购销企业发展。加强和改善粮食宏观调控，确保国家粮食安全。进一步完善粮食风险基金政策，建立健全粮食主产区与主销区之间的利益协调机制。进一步深化棉花流通体制改革，按照国务院确定的《棉花质量检验体制改革方案》，搞好改革试点，完善改革方案。

深化农村金融改革。抓紧研究制订农村金融总体改革方案，加快构建功能完善、分工合理、产权明晰、监管有力的农村金融体系。探索发展新的农村合作金融组织。继续深化农村信用社改革,力争在完善治理结构、强化约束机制、增强支农服务能力等方面取得成效。继续扩大农户小额信用贷款和农户联保贷款。推进政策性农业保险试点,扩大试点范围。

深化林业、农垦、供销社体制改革。深入贯彻落实《中共中央国务院关于加快林业发展的决定》(中发〔2003〕9号),深化林业分类管理体制和森林资源管理体制改革。全面推进垦区集团化改革,加快垦区集团现代企业制度建设。继续扩大农民专业合作经济组织试点范围。继续推进供销社体制改革。

**二、深化国有企业和国有资产管理体制改革**

加快国有经济布局和结构战略性调整步伐。研究提出国有经济布局和结构战略性调整的总体思路,研究制订国有资本调整和国有企业重组的指导意见,完善国有资本有进有退、合理流动的机制。

完善国有资产监督管理体系。加快组建市(地)级国有资产监督管理机构。完善国有资产管理体制和监管方式,进一步完善出资人制度,建立国有资本经营预算制度,规范国有企业改制和国有产权转让,促进国有资本合理流动,防止国有资产流失,维护职工合法权益。积极推进企业法律顾问制度建设,建立健全国有企业法律风险防范机制。完善国有资本收益和国有资产授权经营管理制度。完善国有企业负责人经营业绩考核体系,建立健全国有企业经营者激励约束机制。中央企业要全面实行年度经营业绩和任期经营业绩考核责任制。修订、完善国有企业产权界定、资产评估管理、境外企业国有产权监管、上市公司国有股权转让管理办法等法规、规章和规范性文件。

大力推进国有企业股份制改革。加快推进国有大型企业股份制改革,支持具备条件的企业逐步实现主营业务整体上市。以建立健全国有大型公司董事会为重点,抓紧健全法人治理结构、独立董事和派出监事会制度。继续改革和完善国有企业经营管理人才选拔和任用方式,公开招聘国有和国有控股企业高级经营管理者。建立健全重大决策失误和重大资产损失责任追究制度,规范责任追究程序和办法。推进国有企业分离办社会和主辅分离、辅业改制。继续做好国有企业政策性关闭破产工作,建立依法破产机制。

深化垄断行业和公用事业改革。深化电信体制改革,加快建立电信普遍服务基金。适时出台邮政体制改革方案。抓紧研究提出铁路体制改革方案。完善烟草行业管理体制。研究制订盐业体制改革方案。实施电网企业主辅分离,理顺区域电网资产关系,建设区域电力市场,开展大用户直购电试点。继续深化民航体制改革。积极推进实施农村公路养护管理体制改革方案。推进供水、供气等市政公用事业市场化进程。推进水资源管理体制改革,加快水利工程管理体制改革步伐。

**三、进一步改善非公有制经济发展的体制环境**

贯彻落实《国务院关于鼓励支持和引导个体私营等非公有制经济发展的若干意见》(国发〔2005〕3号)。抓紧提出落实相关重要举措的部门分工方案,研究制订和完善放宽非公有制经济市场准入等相关具体措施和配套办法,形成促进非公有制经济发展的政策体系。

加快清理和修订相关法律法规。清理和修订限制非公有制经济发展的法律法规、部门规章和政策文件,加快完善保护非公有制经济合法权益、保护合法私有财产等各类产权的有关法律法规,为非公有制经济发展创造平等竞争的环境。

完善对非公有制经济的社会服务体系。积极为非公有制中小企业创业提供公共服务。改进信贷考核和奖惩管理方式,提高对非公有制企业的贷款比重。加快面向非公有制经济的金融产品和服务创新。鼓励政策性银行依托地方商业银行等中小金融机构和担保机构,开展以非公有制中小企业为主要服务对象的转贷款、担保贷款业务。拓宽非公有制经济的直接融资渠道,建立健全创业投资机制。规范发展中小企业信用担保体系。

**四、深化金融体制改革**

加快推进金融企业改革。按照建立现代金融企业制度的要求,进一步深化中国银行、建设银行股份制改革,着力完善公司法人治理结构,健全内控制度,转换经营机制,并建立相关监测与考评机制。加快制订和实施其他国有商业银行股份制改革方案。研究促进金融资产管理公司改革发展、提高不良资产回收率的政策措施。抓紧实施邮政储蓄体制改革。研究政策性银行的职能和定位。择机出台政策性银行条例。继续深化非银行金融机构改革。整合并规范发展地方中小金融机构,鼓励社会资金参与城市信用社和城市商业银行等金融机构的重组改造。深化保险业改革,继续推进国有保险公司股份制改造。健全管理制度,规范保险市场秩序。

健全金融调控体系。稳步推进利率市场化和人民币汇率形成机制改革，保持人民币汇率在合理、均衡水平上基本稳定。继续加强对资本流入的引导和管理,建立有序可控的资本流出机制。研究建立调节国际收支的市场机制和管理体制。建立健全货币市场、资本市场、保险市场有机结合和协调发展的机制,防范跨市场、跨系统风险。建立健全金融机构市场退出机制。加大对商业银行资产负债匹配的监管力度,推进信贷资产证券化试点。加快建立金融风险预警体系和化解系统性风险的长效机制。进一步完善反洗钱工作机制。

完善金融监管体制和协调机制。改善监管方式和手段,加强市场准入、治理结构、内部控制、资本充足率、重点业务和高级管理人员监管。全面推行贷款质量五级分类制度,落实贷款损失准备金拨备制度。进一步增强监管信息透明度,形成对监管机构和工作人员的监督制约和问责机制。加强金融监管的合作与协调,逐步形成专业金融监管机构和宏观调控部门共同组成的金融稳定协调机制。

**五、深化财政税收投资价格体制改革**

深化财政体制改革。进一步扩大预算管理制度改革的范围和规模，抓紧研究科学的政府收支分类体系。完善中央财政对地方的转移支付制度,调整和优化转移支付结构,规范转移支付办法。改革和完善省级以下财政体制，加大省级财政对县乡的转移支付力度。加快研究缓解县乡财政困难的有效措施,规范地方政府债务行为。全面推进中央和地方国库集中收付制度改革，深化政府采购制度改革,建立健全财政国库管理法律法规体系。改革和完善非税收收入收缴管理制度，逐步实行全口径预算管理。逐步建立健全财政预算绩效评价体系。

深化税收体制改革。进一步完善出口退税机制。做好内外资企业所得税制合并方案的研究和准备工作。搞好增值税转型试点,研究制订全面实施方案。调整消费税,研究改革资源税,研究完善环境保护有关税收政策。

推进投资体制改革。全面落实《国务院关于投资体制改革的决定》(国发[2004]20 号),尽快制定和完善各项配套政策措施。完善和规范企业投资项目的核准制和备案制,真正落实企业投资自主权;规范政府投资范围和行为，提高政府投资决策的科学化、民主化水平，实行政府投资项目公示制度,尽快建立政府投资责任追究制度;完善适应新形势要求的投资宏观调控体系，建立健全投资监管体系。

着力推进资源价格改革。实施煤电价格联动,完善峰谷、丰枯电价办法。扩大水资源费征收范围,加大水价管理办法实施力度,加强污水处理费征收管理,促进水资源节约。进一步完善石油、天然气价格形成机制。

**六、加快现代市场体系建设**

大力发展资本市场。继续抓紧落实《国务院关于推进资本市场改革开放和稳定发展的若干意见》(国发[2004]3 号),尽快出台配套政策措施,加强资本市场基础建设，建立健全促进资本市场发展的各项制度。进一步完善证券发行上市核准机制。研究建立股东代表诉讼制度、证券投资者保护基金和其他对投资者提供直接保护的机制。稳步推进期货市场规范发展和产品创新。继续推进资本市场对内对外开放。修订出台《企业债券管理条例》。规范发展产权交易市场。

进一步推进土地等资源市场建设。规范发展土地使用权市场。加快建立健全土地权利体系,推动土地确权立法,完善土地调查和登记制度,规范土地交易行为,建立土地权属争议调处机制。全面落实征地的统一年产值标准或区片综合地价补偿办法,拓宽安置途径,完善征地程序,规范征地行为，探索建立征地补偿安置争议的协调和裁决机制,稳步推进土地征收征用制度改革。经营性用地要全面推行招标、拍卖、挂牌出让制度,非经营性用地要建立公开供地机制。进一步加强土地市场调控,健全土地收购储备制度。认真贯彻落实《国务院关于深化改革严格土地管理的决定》(国发[2004]28 号)及配套实施办法。进一步推进矿业权市场建设,完善矿产资源有偿使用和探矿权、采矿权有偿取得机制。研究建立国家水权制度,建立总量控制与定额管理相结合的用水管理制度，完善取水许可证制度。探索建立水权市场。在有条件的地区,实行用水权有偿转让,逐步利用市场机制优化配置水资源。

加快建设城乡统一的劳动力市场。进一步改革劳动就业管理制度，清理对农民进城务工的不合理限制政策和乱收费，取消各种对农村劳动力就业的歧视性规定。进一步改革户籍管理制度，促进农村富余劳动力合理有序转移。选择部分具备条件的城市开展城乡一体化劳动力市场的试点工作。

深化流通体制改革。打破内外贸分割局面，推进内外贸一体化发展。深化国有流通企业改革，推进流通方式创新，大力发展现代流通业。探索构建内外贸一体化的流通管理体制。

加快推进社会信用体系建设。从构建金融信用体系入手，加快建设统一、高效、规范的企业、个人和其他组织的信用体系。加快信用体系标准化建设。出台并组织实施《社会信用体系建设总体方案》，探索建立政府监管信息共享机制。加快信用征集和信息披露立法进程，建立信用监督和失信惩戒制度。

推进行业协会、商会管理体制改革。尽快研究出台行业协会、商会改革指导意见。选择部分行业和城市进行改革试点。

继续整顿和规范市场经济秩序。进一步打破行业垄断和地区封锁，促进形成统一、开放、竞争、有序的市场体系。加强市场规则和法规建设，加快推进制定和出台《反垄断法》工作。完善行政执法、行业自律、舆论监督、群众参与相结合的市场监管体系。按照决策、执行、监督职能分开的要求，进一步理顺市场监管体制。

**七、推进科技教育文化卫生体制改革**

深化科技体制改革。以建立现代科研院所制度为重点，全面推进社会公益类科研机构分类改革。加快转企改制科研院所的现代企业制度建设，完善法人治理结构。完善鼓励创新的体制、机制和政策体系，确立企业在技术创新中的主体地位。发布国家中长期科学和技术发展规划纲要。

深化教育体制改革。继续贯彻《国务院关于进一步加强农村教育工作的决定》(国发[2003]19号)，完善农村义务教育以县为主的管理体制和以政府投入为主的经费保障机制。进一步深化高等教育管理体制改革，调整结构，提高水平。贯彻《民办教育促进法》，继续促进民办教育健康发展。严格规范各类学校招生和收费制度，加强学校财务管理和监督。

深化文化体制改革。大力发展文化产业，积极培育文化市场主体，规范文化市场秩序，健全文化市场体系。加快公共文化服务体系建设。

深化卫生体制改革。开展城市医疗服务体制改革试点工作，大力发展社区卫生服务。推进新型农村合作医疗试点工作，探索建立农村合作医疗筹资、管理、运行和监督体制。全面建成疾病预防控制体系，基本完成突发公共卫生事件医疗救治体系建设。深入整顿和规范医疗收费服务和药品购销秩序。

**八、推进收入分配和社会保障制度改革**

推进收入分配制度改革。组织研究收入分配制度改革的基本思路。抓紧出台完善个人所得税制度方案，加大收入分配调节力度。加强对垄断行业分配行为的监管。改革和规范公务员工资制度，推进事业单位收入分配制度改革。完善和严格执行最低工资制度。

进一步完善社会保障制度。继续抓好吉林、黑龙江城镇社会保障制度改革试点工作，研究制订推广方案。完善企业职工基本养老保险制度，坚持社会统筹与个人账户相结合，扩大做实个人账户试点。推进国有企业下岗职工基本生活保障向失业保险并轨，基本解决国有企业下岗职工历史遗留问题。依法扩大养老、失业、医疗、工伤等社会保险覆盖面，提高个体、私营和外资企业的参保率，完善灵活就业人员的参保办法。加大社会保险费的征缴力度，逐步提高统筹层次。研究制订机关事业单位养老保障制度改革方案。进一步完善城市“低保”制度，有条件的地区可探索建立农村居民最低生活保障制度。

**九、深化涉外经济体制改革**

继续深化外贸管理体制改革。改革口岸管理体制，加快“大通关”建设。加快管理方式创新，制定和完善外贸经营权放开后的配套办法。进一步减少和规范外贸行政审批，加强政府政策引导、统计监测、对外谈判和公共信息服务职能，完善和发挥行业组织的自律和协调职能。完善外贸法律法规。继续推进外贸促进体系和信用体系建设。

完善外商投资管理体制。进一步完善《外商投资产业指导目录》和《中西部地区外商投资优势产业目录》。制定和完善鼓励外商投资中西部和参与东北地区等老工业基地振兴的政策措施。制定和完善鼓励外商投资参与国企改组改造的政策措施。进一步完善外商投资企业监督管理办法。

完善“走出去”管理体制。出台《境外投资管理条例》。制定加快实施“走出去”战略的指导意见。建立健全境外国有资产监管制度，加强对境外企业的监管。

抓紧建立加入世界贸易组织后过渡期的应对机制。加快研究制订后过渡期关键领域和行业的应对方案，建立健全应对贸易摩擦预警机制和跨部门综合应对机制。有效运用反倾销、反补贴、保障措施等手段，健全符合世界贸易组织规则的产业救济和安全保障体系。

**十、加快推进行政管理体制改革**

继续深化政府机构改革。完善机构设置，理顺职能分工，着力解决矛盾比较突出的职责交叉问题，严格控制机构编制。积极推进政府职责、机构和编制的科学化、规范化、法定化。继续巩固政府机构改革成果，及时解决出现的新问题。合理界定乡镇机构职能，精简机构和减少财政供养人员。继续完善事业单位改革总体方案和配套政策措施，推动事业单位改革试点工作，加强对地方事业单位改革的指导。依法规范行政机关对事业单位的授权行为。

加快政府职能转变。进一步推进政企分开、政资分开、政事分开，推动各级政府强化社会管理和公共服务职能，在财力物力等公共资源上给予更多的支持。继续深化行政审批制度改革，清理、减少和规范行政审批事项，探索建立审批和许可事项的监督管理机制。

全面推行依法行政。认真贯彻执行《行政许可法》和《全面推进依法行政实施纲要》，加快建立法治政府。强化行政问责制度，逐步建立行政过错责任追究制度。健全社会公示、听证制度。大力推进政务公开，增强政府工作透明度，提高政府公信力。

各部门要按照国务院的部署，切实加强领导，明确重点，分解任务，落实责任，并根据不同情况确定落实时限。已经出台的改革方案，要精心组织实施，力求取得实效；着手启动的，要在年内完成或基本完成相关改革方案与思路的拟订，并切实做好基础性工作；跨年度的改革，要明确新的阶段目标，并力争实现。

要充分尊重人民群众的首创精神，鼓励人民群众积极探索、大胆创新；要坚持先行试点，积累有益经验，防范改革风险；要妥善处理好改革发展稳定的关系，把握好改革措施出台的时机、力度和节奏。

要建立健全统筹协调推进改革的工作机制，进一步加强改革的总体指导和综合配套。各部门要加强协作和沟通，积极配合，形成改革合力。发展改革委要认真履行职责，紧密跟踪各项改革进展情况，督促检查各项改革措施的落实，做好相关协调工作，及时把改革中出现的新情况、新问题汇总上报国务院。

地方各级人民政府要根据本意见，从实际出发，把握重点，明确责任，精心组织，扎实推进各项改革。

# 国务院关于加快发展循环经济的若干意见

**国发[2005]22号**

**各省、自治区、直辖市人民政府，国务院各部委、各直属机构：**

改革开放以来，我国在推动资源节约和综合利用，推行清洁生产方面，取得了积极成效。但是，传统的高消耗、高排放、低效率的粗放型增长方式仍未根本转变，资源利用率低，环境污染严重。同时，存在法规、政策不完善，体制、机制不健全，相关技术开发滞后等问题。本世纪头20年，我国将处于工业化和城镇化加速发展阶段，面临的资源和环境形势十分严峻。为抓住重要战略机遇期，实现全面建设小康社会的战略目标,必须大力发展循环经济,按照“减量化、再利用、资源化”原则,采取各种有效措施,以尽可能少的资源消耗和尽可能小的环境代价,取得最大的经济产出和最少的废物排放,实现经济、环境和社会效益相统一,建设资源节约型和环境友好型社会。为此,提出如下意见。

**一、发展循环经济的指导思想、基本原则和主要目标**

(一)指导思想。以邓小平理论和“三个代表”重要思想为指导,树立和落实科学发展观,以提高资源生产率和减少废物排放为目标,以技术创新和制度创新为动力,强化节约资源和保护环境意识,加强法制建设,完善政策措施,发挥市场机制作用,促进循环经济发展。

(二)基本原则。坚持走新型工业化道路,形成有利于节约资源、保护环境的生产方式和消费方式;坚持推进经济结构调整,加快技术进步,加强监督管理,提高资源利用效率,减少废物的产生和排放;坚持以企业为主体,政府调控、市场引导、公众参与相结合,形成有利于促进循环经济发展的政策体系和社会氛围。

(三)发展目标。力争到2010年建立比较完善的发展循环经济法律法规体系、政策支持体系、体制与技术创新体系和激励约束机制。资源利用效率大幅度提高,废物最终处置量明显减少,建成大批符合循环经济发展要求的典型企业。推进绿色消费,完善再生资源回收利用体系。建设一批符合循环经济发展要求的工业(农业)园区和资源节约型、环境友好型城市。

(四)主要指标。力争到2010年,我国消耗每吨能源、铁矿石、有色金属、非金属矿等十五种重要资源产出的GDP比2003年提高25%左右;每万元GDP能耗下降18%以上。农业灌溉水平均有效利用系数提高到0.5,每万元工业增加值取水量下降到120立方米。矿产资源总回收率和共伴生矿综合利用率分别提高5个百分点。工业固体废物综合利用率提高到60%以上;再生铜、铝、铅占产量的比重分别达到35%、25%、30%,主要再生资源回收利用量提高65%以上。工业固体废物堆存和处置量控制在4.5亿吨左右;城市生活垃圾增长率控制在5%左右。(注:上述有关指标将根据“十一五”规划作相应调整)

**二、发展循环经济的重点工作和重点环节**

(五)重点工作。一是大力推进节约降耗,在生产、建设、流通和消费各领域节约资源,减少自然资源的消耗。二是全面推行清洁生产,从源头减少废物的产生,实现由末端治理向污染预防和生产全过程控制转变。三是大力开展资源综合利用,最大程度实现废物资源化和再生资源回收利用。四是大力发展环保产业,注重开发减量化、再利用和资源化技术与装备,为资源高效利用、循环利用和减少废物排放提供技术保障。

(六)重点环节。一是资源开采环节要统筹规划矿产资源开发,推广先进适用的开采技术、工艺和设备,提高采矿回采率、选矿和冶炼回收率,大力推进尾矿、废石综合利用,大力提高资源综合回收利用率。二是资源消耗环节要加强对冶金、有色、电力、煤炭、石化、化工、建材(筑)、轻工、纺织、农业等重点行业能源、原材料、水等资源消耗管理,努力降低消耗,提高资源利用率。三是废物产生环节要强化污染预防和全过程控制,推动不同行业合理延长产业链,加强对各类废物的循环利用,推进企业废物“零排放”;加快再生水利用设施建设以及城市垃圾、污泥减量化和资源化利用,降低废物最终处置量。四是再生资源产生环节要大力回收和循环利用各种废旧资源,支持废旧机电产品再制造;建立垃圾分类收集和分选系统,不断完善再生资源回收利用体系。五是消费环节要大力倡导有利于节约资源和保护环境的消费方式,鼓励使用能效标识产品、节能节水认证产品和环境标志产品、绿色标志食品和有机标志食品,减少过度包装和一次性用品的使用。政府机构要实行绿色采购。

**三、加强对循环经济发展的宏观指导**

(七)把发展循环经济作为编制有关规划的重要指导原则。各级政府及有关部门要用循环经济理念指导编制“十一五”规划和各类区域规划、城市总体规划,以及矿产资源可持续利用、节能、节水、资源综合利用等专项规划,对资源消耗、节约、循环利用、废物排放和环境状况作出分析,明确目标、重点和政策措施。

(八)建立循环经济评价指标体系和统计核算制度。发展改革委要会同统计局、环保总局等有关部门加快研究建立循环经济评价指标体系,逐步纳入国民经济和社会发展计划，并建立循环经济的统计核算制度。地方各级人民政府有关部门要积极开展循环经济的统计核算，加强对循环经济主要指标的分析。

（九）制定和实施循环经济推进计划。地方各级人民政府要组织发展改革（经贸）、环境保护等有关部门，根据本地区实际，制定和实施循环经济发展的推进计划。国务院有关部门要研究制定矿产资源集约利用、能源和水资源节约利用、清洁生产，以及重点行业、重点领域发展循环经济的推进计划。

（十）加快经济结构调整和优化区域布局。加强宏观调控，遏制盲目投资、低水平重复建设，限制高耗能、高耗水、高污染产业的发展。大力发展高技术产业，加快用高新技术和先进适用技术改造传统产业，淘汰落后工艺、技术和设备，实现传统产业升级；推进企业重组，提高产业集中度和规模效益；大力发展集约化农业。发展改革委要抓紧制定《产业结构调整暂行规定》、《产业结构调整指导目录》以及加快服务业发展的指导意见，推进产业结构优化升级。同时，要根据资源环境条件和区域特点，用循环经济的发展理念指导区域发展、产业转型和老工业基地改造。开发区和重化工业集中地区，要按照循环经济要求进行规划、建设和改造，对进入的企业要提出土地、能源、水资源利用及废物排放综合控制要求，围绕核心资源发展相关产业，发挥产业集聚和工业生态效应，形成资源高效循环利用的产业链，提高资源产出效率。

## 四、加快循环经济技术开发和标准体系建设

（十一）加快循环经济技术开发。国务院有关部门和地方各级人民政府有关部门要加大科技投入，支持循环经济共性和关键技术的研究开发。积极引进和消化、吸收国外先进的循环经济技术，组织开发共伴生矿产资源和尾矿综合利用技术、能源节约和替代技术、能量梯级利用技术、废物综合利用技术、循环经济发展中延长产业链和相关产业链接技术、“零排放”技术、有毒有害原材料替代技术、可回收利用材料和回收处理技术、绿色再制造技术以及新能源和可再生能源开发利用技术等，提高循环经济技术支撑能力和创新能力。

（十二）抓紧制定循环经济技术政策。发展改革委要会同科技、环保等有关部门研究制定发展循环经济的技术政策、技术导向目录，以及国家鼓励发展的节能、节水、环保装备目录。支持引进国外发展循环经济的核心技术，加快新技术、新工艺、新设备的推广应用。

（十三）建立循环经济技术咨询服务体系。各地区、各部门要积极支持建立循环经济信息系统和技术咨询服务体系，及时向社会发布有关循环经济技术、管理和政策等方面的信息，开展信息咨询、技术推广、宣传培训等。充分发挥行业协会、节能技术服务中心、清洁生产中心等中介机构和科研单位、大专院校的作用。

（十四）制定和完善促进循环经济的标准体系。要加快制定高耗能、高耗水及高污染行业市场准入标准和合格评定制度，制定重点行业清洁生产评价指标体系和涉及循环经济的有关污染控制标准。加强节能、节水等资源节约标准化工作，完善主要用能设备及建筑能效标准、重点用水行业取水定额标准和主要耗能（水）行业节能（水）设计规范。建立和完善强制性产品能效标识、再利用品标识、节能建筑标识和环境标志制度，开展节能、节水、环保产品认证以及环境管理体系认证。

## 五、建立和完善促进循环经济发展的政策机制

（十五）加大对循环经济投资的支持力度。各级投资主管部门在制定和实施投资计划时，要加大对发展循环经济的支持。对发展循环经济的重大项目和技术开发、产业化示范项目，政府要给予直接投资或资金补助、贷款贴息等支持，并发挥政府投资对社会投资的引导作用。各类金融机构应对促进循环经济发展的重点项目给予金融支持。

（十六）利用价格杠杆促进循环经济发展。调整资源性产品与最终产品的比价关系，理顺自然资源价格，逐步建立能够反映资源性产品供求关系的价格机制。发展改革委要积极调整水、热、电、天然气等价格政策，促进资源的合理开发、节约使用、高效利用和有效保护。逐步提高水利工程供水价格；完善农业水费计收办法；调整城市供水价格，合理确定再生水价格，大力推进阶梯式水价、超计划、超定额用水加价制度。扩大峰谷电价和丰枯电价执行范围，拉大差价，在有条件的地区加快实行尖峰电价和季节电价；对高耗能行业中淘汰类、限制类项目，严格执行按国家产业政策制定的差别电价政策。加大供热体制和供热价格改革力

度，逐步建立基本热价和计量热价共同构成的热价形成机制，实行差别热价和煤热联动政策。逐步理顺天然气与其他产品的比价关系，建立天然气价格与可替代能源价格挂钩的机制。地方各级人民政府价格主管部门要研究制定并落实各项促进循环经济发展的价格政策。

（十七）制定支持循环经济发展的财税和收费政策。财政部门要积极安排资金，支持发展循环经济的政策研究、技术推广、示范试点、宣传培训等，并会同有关部门积极落实清洁生产专项资金。各级财政和环保部门要安排排污资金，加大对企业符合循环经济要求的污染防治项目的投入力度。有关部门要加快研究建立促进节能、节水产品和节能环保型汽车、节能省地型建筑推广的鼓励政策。继续完善资源综合利用的税收优惠政策，调整和完善有利于促进再生资源回收利用的税收政策，加快建立大宗废旧资源回收处理收费制度。适时出台燃油税，完善消费税制。积极研究以资源量为基础的矿产资源补偿费征收办法，进一步扩大水资源费征收范围并适当提高征收标准，优先提高城市污水处理费征收标准，全面开征城市生活垃圾处理费。研究完善限制国内紧缺资源及高耗能产品出口的政策。在理顺现有收费和资金来源渠道的基础上，积极探索建立和完善企业生态环境恢复补偿机制。政府采购目录要优先考虑节能、节水和环保认证产品。

**六、坚持依法推进循环经济发展**

（十八）加强法规体系建设。要结合我国国情，加快研究建立和健全循环经济的法律法规体系。当前要抓紧制定节能、节水、资源综合利用等促进资源有效利用以及废旧家电、电子产品、废旧轮胎、建筑废物、包装废物、农业废物等资源化利用的法规和规章。研究建立生产者责任延伸制度，明确生产商、销售商、回收和使用单位以及消费者对废物回收、处理和再利用的法律义务。

（十九）加大依法监督管理的力度。各地区、各部门要认真贯彻落实《中华人民共和国节约能源法》、《中华人民共和国可再生能源法》、《中华人民共和国清洁生产促进法》、《中华人民共和国固体废物污染环境防治法》和《中华人民共和国环境影响评价法》等有关法律法规。依法加强对矿产资源集约利用、节能、节水、资源综合利用、再生资源回收利用的监督管理工作，引导企业树立经济与资源、环境协调发展的意识，建立健全资源节约管理制度。各级环境保护部门要将发展循环经济与环境保护工作紧密结合，严格执行环境影响评价和“三同时”制度，逐步实行排污许可证制度；严格控制污染物排放总量，加强对企业废物排放和处置的监督管理，降低排放强度；鼓励有条件的企业在自愿的基础上，开展环境管理体系认证。

（二十）依法推行清洁生产。认真实施《中华人民共和国清洁生产促进法》，加快企业清洁生产审核，积极实施清洁生产审核方案。对污染物排放超过国家和地方规定的标准或者总量控制指标的企业，以及使用有毒、有害原料进行生产或者在生产中排放有毒、有害物质的企业，要依法强制实施清洁生产审核，监督实施清洁生产方案。发展改革委、环保总局要在全国范围内组织开展创建清洁生产先进企业、环境友好企业活动，引导企业加快实施清洁生产。

**七、加强对发展循环经济工作的组织和领导**

（二十一）加强组织领导。各地区、各部门要从战略和全局的高度，充分认识发展循环经济的重大意义，增强紧迫性和责任感，结合本地区、本部门实际，抓紧制定具体的实施方案，采取切实有效措施，加快推进循环经济发展。发展改革委牵头，会同环保总局等有关部门建立健全推进循环经济发展的协调工作机制，做好组织协调和指导推动工作，及时解决推进循环经济发展中遇到的重大问题。有关部门要在各自的职责范围内积极落实各项政策措施，加快推动循环经济发展。地方各级人民政府要确定一位领导同志负责循环经济发展工作，明确有关部门的职责分工，做到层层有责任、逐级抓落实。

（二十二）开展循环经济示范试点。发展改革委要会同环保总局等有关部门和省级人民政府，在重点行业、重点领域、产业园区和城市组织开展循环经济试点工作，探索发展循环经济的有效模式。通过试点，提出发展循环经济的重大技术和项目领域，进一步完善促进再生资源循环利用、降低污染排放强度的政策措施，提出按循环经济模式规划、建设、改造工业园区以及建设资源节约型、环境友好型城市的思路，树立一批先进典型，为加快发展循环经济提供示范。

(二十三)加强宣传教育和培训。各地区、各部门要动员社会各方面力量，大力开展形式多样的节约资源和保护环境的宣传活动，提高全社会对发展循环经济重大意义的认识，把节约资源、保护环境变成全体公民的自觉行为。要将树立资源节约和环境保护意识的相关内容编入教材，在中小学中开展国情教育、节约资源和保护环境的教育。要组织开展相关管理和技术人员的知识培训，增强意识，掌握相关知识和技能。编写消费行为导则和资源节约公约，引导合理消费，规范消费行为，开展多种形式的实践活动，逐步形成节约资源、保护环境的消费方式。

发展改革委要会同环保总局等有关部门，对各地推进循环经济发展的情况进行监督检查，重要情况要及时向国务院报告。

# 国务院关于促进煤炭工业健康发展的若干意见

国发[2005]18号

**各省、自治区、直辖市人民政府，国务院各部委、各直属机构：**

煤炭是我国重要的基础能源和原料，在国民经济中具有重要的战略地位。在我国一次能源结构中，煤炭将长期是我国的主要能源。改革开放以来，煤炭工业取得了长足发展，煤炭产量持续增长，生产技术水平逐步提高，煤矿安全生产条件有所改善，对国民经济和社会发展发挥了重要的作用。但煤炭工业发展过程中还存在结构不合理、增长方式粗放、科技水平低、安全事故多发、资源浪费严重、环境治理滞后、历史遗留问题较多等突出问题。随着国民经济的发展，煤炭需求总量不断增加，资源、环境和安全压力进一步加大。为促进煤炭工业持续稳定健康发展，保障国民经济发展需要，提出以下意见：

**一、指导思想、发展目标和基本原则**

(一)指导思想。以邓小平理论和“三个代表”重要思想为指导，全面落实科学发展观，坚持依靠科技进步，走资源利用率高、安全有保障、经济效益好、环境污染少和可持续的煤炭工业发展道路。把煤矿安全生产始终放在各项工作的首位，以建设大型煤炭基地、培育大型煤炭企业和企业集团为主线，按照统筹煤炭工业与相关产业协调发展，统筹煤炭开发与生态环境协调发展，统筹矿山经济与区域经济协调发展的要求，构建与社会主义市场经济体制相适应的新型煤炭工业体系，实现煤炭工业持续稳定健康发展，加快建设资源节约型社会，为全面建设小康社会提供可靠的能源保障。

(二)发展目标。从2005年起，用3—5年时间，建立规范的煤炭资源开发秩序，大型煤炭基地建设初见成效，形成若干个亿吨级生产能力的大型煤炭企业和企业集团，煤矿安全基础条件有较大改善，煤矿瓦斯得到有效治理，重特大事故多发的势头得到有效遏制，煤矿安全生产形势明显好转，矿区生态环境恶化的趋势初步得到控制，煤炭法规政策体系逐步完善。再用5年左右时间，形成以合理保护、强化节约为重点的资源开发监管体系，以大型煤炭基地和大型煤炭企业集团为主体的煤炭供给体系，以强化管理和投入为重点、先进技术为支撑的安全生产保障体系，以煤炭加工转化、资源综合利用和矿山环境治理为核心的循环经济体系，以《中华人民共和国煤炭法》和《中华人民共和国矿产资源法》为基础的法规政策调控体系。

(三)基本原则。坚持发展先进生产能力和淘汰落后生产能力相结合的原则，一方面加快现代化大型煤炭基地建设，培育大型煤炭企业和企业集团，促进中小型煤矿重组联合改造，另一方面继续依法关闭布局不合理、不具备安全生产条件、浪费资源、破坏生态环境的小煤矿。坚持治标与治本相结合的原则，着力解决影响煤炭工业健康发展的突出问题，同时抓紧完善法规政策调控体系，提高煤炭资源勘查、开发准入条件。坚持“安全第一、预防为主”的方针和综合治理的原则，促使煤矿安全文化、安全法制、安全责任、安全科技、安全投入等各项要素到位。坚持国家引导、扶持和企业自主发展相结合的原则，既要帮助企业解决历史遗留问题，为企业发展创造公平竞争的市场环境，又要尊重企业的自主发展权。坚持体制改革与机制创新相结合的原则，推进煤炭企业建立规范的现代企业制度，建立保障安全生产和促进健康发展的激励约束机制，提高企业的活力和竞争力。坚持煤炭开发与地方经济和社会发展相结合的原则，合理开发利用煤炭资源，促进煤炭、电力、冶金、化工等相关产业的联合和煤炭就地转化，带动地方经济和社会协调发展。

**二、强化规划和管理，完善煤炭资源开发监管体系**

(四)加强对煤炭资源的规划管理。煤炭资源是重要的战略资源，要改进管理方式，实现由粗放开发型管理向科学合理开发、保护节约型管理的转变。依法科学合理划定煤炭资源国家规划矿区和对国民经济具有重要价值的矿区，严格按国家规划有序开发。国家规划矿区、对国民经济具有重要价值矿区的划定，由国土资源部研究提出，会同发展改革委共同审定并公布。建立煤炭资源战略储备制度，对特殊和稀缺煤种实行保护性开发。

(五)完善煤炭资源管理与生产开发的管理制度。各级发展改革(煤炭行业)主管部门要综合运用煤炭发展规划、产业政策、法律法规等手段，加强对煤矿开发建设和煤炭生产的监督管理。各级国土资源主管部门要按照《中华人民共和国矿产资源法》和国务院行政法规，规范煤炭资源勘查、开采登记管理工作，纠正、制止一切越权审批和以招商引资为由越权配置煤炭资源的行为。煤炭开发规划和资源管理工作要相互衔接，紧密配合。发展改革(煤炭行业)主管部门编制煤炭生产开发规划、矿区总体规划时，必须征求同级国土资源主管部门的意见，并作为批准规划的重要依据。国土资源主管部门在编制煤炭资源勘查规划、矿业权设置方案时，必须征求同级发展改革(煤炭行业)主管部门的意见，并作为批准煤炭资源勘查规划和矿业权设置方案的重要依据。产煤地区地方各级人民政府要落实煤炭行业管理职能部门，并充实和加强煤炭管理力量，健全和完善管理制度，强化煤炭资源和生产开发管理。

(六)加大煤炭资源勘探力度。加大煤炭资源勘探资金支持力度，研究建立煤炭地质勘探周转资金，增强煤炭资源保障能力。由国家投资完成煤炭资源的找煤、普查和必要的详查，统一管理煤炭资源一级探矿权市场，在此基础上编制矿区总体开发规划和矿业权设置方案；依据矿区总体开发规划和矿业权设置方案，实行煤炭资源二级探矿权和采矿权市场化转让，转让收入要按规定实行“收支两条线”管理，并用于煤炭资源勘探投入，实现滚动发展。健全煤炭地质勘查市场准入制度，培育精干高效、装备精良的煤田地质勘探队伍。严格执行勘查技术规程，进一步完善储量评估制度，依靠科技进步，提高地质勘探精度，保障地质勘查质量，为合理规划和开发煤炭资源奠定基础。

(七)合理有序开发煤炭资源。进一步完善矿业权有偿取得制度，规范煤炭矿业权价款评估办法，逐步形成矿业权价款市场发现机制，实现矿业权资产化管理。煤炭矿业权资产化要与科学的生产规划相结合，按照“统一规划、集中开发、一次置权、分期付款”的原则有序进行。严格矿业权审批，对国家规划矿区内的煤炭资源，凡未经国家批准开发规划和矿业权设置方案的，一律不得办理矿业权的设置。保障矿区井田的科学划分和合理开发，形成有利于保护和节约资源的煤炭开发秩序。加快修订煤矿设计规范，严格开采顺序、开采方法和开发强度管理，禁止越层越界和私挖乱采。鼓励采用先进技术，开采难采煤层和极薄煤层。煤矿新建和改扩建项目必须按照隶属关系，依法取得同级安全生产监管部门的审查批准，并认真执行安全生产设施“三同时”制度(同时设计、施工和投入使用)。

(八)保护节约和合理利用煤炭资源。修订煤炭生产矿井资源回采率标准和管理办法，凡设计回采率达不到国家规定标准的煤炭开发建设项目，一律不予核准，不予颁发采矿许可证。建立严格的煤炭资源利用监管制度，对煤炭资源回采率实行年度核查、动态监管，达不到回采率标准的煤矿，要责令限期整改；逾期仍达不到回采率标准的，依法予以处罚，直至吊销采矿许可证和煤炭生产许可证。加快完善煤炭资源税费计征办法，研究将煤炭资源税费以产量和销售收入为基数计征，改为以资源储量为基数计征的方案，并在条件成熟时实施；同时，要积极探索多种激励约束机制，促使煤炭生产企业节约煤炭资源。健全煤炭生产企业资源储量管理机构，落实储量管理责任，完善煤炭储量管理档案和制度，严格执行生产技术和管理规程。

**三、加快结构调整，加强煤炭供应体系**

(九)加快大型煤炭基地建设。按照煤炭发展规划和开发布局，选择资源条件好、具有发展潜力的矿区，以国有大型煤炭企业为依托，加快神东、陕北、晋中等13个大型煤炭基地建设，形成稳定可靠的商品煤供应基地、煤炭深加工基地和出口煤基地。国家继续从中央预算内基建投资(或国债资金)中安排资金，以资本金注入等方式，重点支持大型煤炭基地建设。政策性银行、国有商业银行和股份制商业银行应积极改进金融服务，加大金融产品创新力度，切实支持符合国家产业政策和市场准入条件的煤炭开发建设。支持有条件的煤炭企业上市融资，按照国家规定发行企业债券，筹集建设资金，加快建设和发展。

(十)促进煤炭与相关产业协调发展。大型煤炭基地建设要与煤炭外运和水资源等条件相衔接，与相关产业和地方经济发展相协调。要加大投资力度，改革铁路和港口投资体制，鼓励企业法人、非公有资本参股建设和管理，抓紧建设和改造山西、陕西、内蒙古西部出煤通道和北方煤炭下水港口，提高煤炭运输能力，从根本上缓解交通运输对煤炭供给的制约。按照政府引导和企业自愿的原则，鼓励煤电一体化发展，加快大型坑口电站建设，缓解煤炭运输压力。鼓励大型煤炭企业与冶金、化工、建材、交通运输企业联营。火力发电、煤焦化工、建材等产业发展布局，要优先安排依托煤炭矿区的项目，促进能源及相关产业布局的优化和煤炭产业与下游产业协调发展。

(十一)培育大型煤炭企业集团。打破地域、行业和所有制界限，加快培育和发展若干个亿吨级大型煤炭骨干企业和企业集团，使之成为优化煤炭工业结构、建设大型煤炭基地、平衡国内煤炭市场供需关系和“走出去”开发国外煤炭、参与国际市场竞争的主体。煤炭企业要进一步完善法人治理结构，按照现代企业制度要求积极推进股份制改造，转换经营机制，提高管理水平。国家规划矿区、对国民经济具有重要价值矿区的资源开发由国有资本控股。鼓励发展煤炭、电力、铁路、港口等一体化经营的具有国际竞争力的大型企业集团。鼓励大型煤炭企业到境外投资办矿，带动煤炭机械产品出口和技术、劳物输出，提高我国煤炭工业的国际竞争力。

(十二)进一步改造整顿和规范小煤矿。各产煤地区要充分发挥市场机制的作用，加快中小型煤矿的整顿、改造和提高，整合煤炭资源，实行集约化开发经营。鼓励大型煤炭企业兼并改造中小型煤矿，鼓励资源储量可靠的中小型煤矿，通过资产重组实行联合改造。积极推进中小型煤矿采煤工艺改革和技术改造，规模以上煤矿必须做到壁式正规化开采。继续淘汰布局不合理、不符合安全标准、不符合环保要求和浪费资源的小煤矿，坚决取缔违法经营的小煤矿。

(十三)加快提升煤炭生产和设备制造技术水平。采用高新技术和先进适用技术，加快高产高效矿井建设，提高煤矿装备现代化、系统自动化、管理信息化水平，淘汰落后的技术装备与工艺，推动煤炭工业科技进步。大力推进中小型煤矿机械化，加快培育和发展面向小型煤矿的综合服务机构，形成完善的技术服务体系。通过关键技术引进、技贸结合、合作制造、市场换技术等多种方式，提高煤炭重大技术装备研发和制造能力，促进重大装备制造国产化。加强企业、科研机构和各类院校的联合，推进技术创新体系建设。

(十四)规范煤炭市场秩序。深化煤炭流通体制改革，改革电煤价格形成机制，运用经济手段和必要的行政法规，合理调整煤炭企业与发电企业的利益关系。继续推进煤炭订货方式改革，鼓励供需双方自主衔接、签订长期供货合同。加快建立以全国煤炭交易中心为主体，以区域市场为补充，以网络技术为平台，有利于政府宏观调控、市场主体自由交易的现代化煤炭交易体系。严格煤炭经营企业资格审查，取缔无证非法经营活动，清理煤炭运销环节乱收费、乱罚款，依法打击掺杂使假和偷骗税款等不法行为。

**四、坚持综合治理，强化煤矿安全生产保障体系**

(十五)进一步落实安全生产责任。加强“国家监察、地方监管、企业负责”的煤矿安全工作体系建设，进一步落实安全生产责任制。完善煤矿安全监察体制，提高监察的权威性和有效性，强化煤矿安全执法检查。落实地方人民政府煤矿安全监督管理职责，建立地方人民政府领导分工联系本地区煤矿安全生产工作制度。认真实行煤矿安全生产许可证制度，强化煤炭企业安全生产责任主体，落实企业法定代表人作为安全生产第一责任人的责任；精简企业管理机构，加强一线管理力量；坚持煤炭企业内部安全生产机构派驻制度，严格执行煤矿领导干部下井带班作业制度。严格外包工程队伍资质管理和现场管理。建立煤矿安全生产风险抵押金制度。

(十六)加大煤矿安全投入。按照企业负责、政府支持的原则，完善中央、地方和企业共同增加煤矿安全投入的机制。各类煤矿要按有关规定提取生产安全费用。国家继续从预算内基建投资(国债资金)中安排资金支持煤矿安全技术改造。对国家支持的煤矿安全改造项目，地方财政要积极安排配套资金，专项列支，并与中央资金同时到位。各级财政、审计和煤炭行业管理、煤矿安全监察部门要加强监督，确保煤矿安全资金专款专用，安全改造项目顺利实施并发挥效用。

(十七)提高瓦斯防治技术水平。成立煤矿瓦斯防治部际协调领导小组，加强煤矿瓦斯防治工作的领导和协调。设立国家瓦斯治理和利用(煤层气)工程研究中心，加强瓦斯防治科技攻关，立足于推动煤矿安全生产科技进步，从根本上扭转瓦斯事故多发的现状，加快瓦斯灾害监测预警、应急救援、瓦斯煤尘防爆、瓦斯抽采利用技术的研究。抓紧制订和实施全国煤矿瓦斯治理总体方案，尽快使煤矿瓦斯治理取得明显成效。财政、税务部门要尽快制订实施办法，对瓦斯(煤层气)抽采和利用实行税收优惠。煤炭企业要严格高瓦斯和瓦斯突出矿井的管理，建立健全危险源辨识技术体系、瓦斯抽采和监测监控体系、灾害预警救援体系，切实防范重特大瓦斯事故的发生。

(十八)提高煤矿职工队伍素质。建立和完善企业职工培训制度，组织和引导企业开展多层次、全方位的职工安全、技术培训和继续教育，全面提高煤矿职工队伍特别是采掘工人的素质和安全生产技能。对煤矿负责人和主要工种依法实行强制性安全培训，杜绝违章指挥、违章作业、违反纪律等现象。实行国家职业资格证书制度，对煤矿采煤等专业技术岗位人员和特殊工种人员实行职业准入，持证上岗，严格技术岗位人员配备标准。教育部门要加强与煤炭行业的合作，将煤炭行业有关专业纳入技能型紧缺人才培养、培训计划；要与大型煤炭企业合作，尽快恢复或设立一批煤炭职业技术学校。要引导有关大专院校和中等职业学校按照煤炭行业市场需求培养懂安全、有技术、会管理的煤炭专业人才。要通过设立煤炭专业奖学金、减免学费等措施，鼓励学生报考煤炭专业。

**五、加强综合利用与环境治理，构建煤炭循环经济体系**

(十九)推进洁净煤技术产业化发展。发展改革委要制定规划，完善政策，组织建设示范工程，并给予一定资金支持，推动洁净煤技术和产业化发展。大力发展洗煤、配煤和型煤技术，提高煤炭洗选加工程度。积极开展液化、气化等用煤的资源评价，稳步实施煤炭液化、气化工程。加快低品位、难采矿的地下气化等示范工程建设，带动以煤炭为基础的新型能源化工产业发展。采用先进的燃煤和环保技术，提高煤炭利用效率，减少污染物排放。

(二十)推进资源综合利用。按照高效、清洁、充分利用的原则，开展煤矸石、煤泥、煤层气、矿井排放水以及与煤共伴生资源的综合开发与利用。鼓励瓦斯抽采利用，变害为利，促进煤层气产业化发展。按照就近利用的原则，发展与资源总量相匹配的低热值煤发电、建材等产品的生产。修改制定配套法规、标准和管理办法，落实和完善财税优惠政策，鼓励对废弃物进行资源化利用，无害化处理。在煤炭生产开发规划和建设项目申报中，必须提出资源综合利用方案，并将其作为核准项目的条件之一。

(二十一)保护和治理矿区环境。煤炭资源的开发利用必须依法开展环境影响评价，环保设施与主体工程要严格实行建设项目“三同时”制度。按照“谁开发、谁保护，谁污染、谁治理，谁破坏、谁恢复”的原则，加强矿区生态环境和水资源保护、废弃物和采煤沉陷区治理。研究建立矿区生态环境恢复补偿机制，明确企业和政府的治理责任，加大生态环境治理投入，逐步使矿区环境治理步入良性循环。对原中央国有重点煤矿历史形成的采煤沉陷等环境治理欠账，要制订专项规划，继续实施综合治理，中央政府给予必要的资金和政策支持，地方各级人民政府和煤炭企业按规定安排配套资金。

(二十二)大力开展煤炭节约和有效利用。积极引导合理用煤、节约用煤和有效用煤，努力缓解当前煤炭供求紧张状况，解决煤炭产需长期矛盾。大力调整经济结构，切实转变增长方式，抓紧完善产业政策和产品能耗标准，限制高耗能工业的发展。优化能源生产和消费结构，鼓励发展新能源，努力减少和替代煤炭使用。依靠科技进步和创新，推广先进的节煤设备、工艺和技术。强化科学管理，减少煤炭生产、流通、消费等环节的损失和浪费。制定有利于节约用煤的经济政策、技术标准和法规，利用经济、法律和必要的行政手段，实行全面、严格的节煤措施，在全社会形成节约用煤和合理用煤的良好环境。

**六、制订和完善有关法律规章制度，健全煤炭工业法规政策调控体系**

(二十三)加强煤炭法制建设。抓紧修订《中华人民共和国煤炭法》和《中华人民共和国矿产资源法》，完善配套法规，建立健全与社会主义市场经济体制相适应的煤炭法规体系。尽快修订煤炭产业政策，完善办矿审核制度，严格准入标准。制订严格的煤炭资源消耗、污染物排放等标准，促进新技术、新工艺、新材料的应用，推动煤炭产业升级。加强煤炭执法队伍建设，依法规范煤炭市场秩序，为各类煤炭企业发展创造良好的市场环境。煤炭企业要认真贯彻执行国家关于资源、环境、安全生产等方面的技术政策和行业标准、规范，建立健全企业内部技术管理规章制度，规范矿井设计、施工、技术改造、生产和加工利用等方面的行为，深入开展安全质量标准化活动。

(二十四)切实减轻煤炭企业负担。各地要根据国家关于分离企业办社会职能的有关政策，加快分离煤炭企业办社会职能。严格按照1998年国务院关于改革国有重点煤矿管理体制的规定，切实落实原中央财政对国有重点煤矿增值税定额返还和所得税返还政策。加快增值税改革步伐，落实对已公布取消的各类基金和收费项目的清理、整顿措施，减轻煤炭企业负担。

(二十五)促进煤炭企业接续发展。落实《中华人民共和国煤炭法》有关规定，研究建立煤炭产业积累煤矿衰老期转产资金制度，筹集资金专项用于发展接续产业和替代产业。完善煤炭成本核算制度，保障煤炭企业增加接续资源，开展资源勘查，保护和治理环境，发展接续产业。重视煤炭合理开发与矿区经济社会的协调发展，在基础设施建设、财政转移支付等方面制定相关扶持政策，促进矿业城镇产业结构调整和经济发展，支持资源枯竭矿区经济转型。

(二十六)提高矿工劳动保障水平。加强煤矿质量标准化基础工作，提高机械化、自动化水平，改善作业环境，减轻矿工劳动强度。改革煤矿工作制度，将矿工入井时间缩短到八小时以内，并尽快实行四班六小时工作制。加强煤矿劳动保护用品的研发，煤炭企业必须为井下工人发放必需的劳动保护用品，不断提高劳动保护水平。加强对煤矿作业场所职业危害的监督检查，做好煤矿尘肺病等职业病的防治工作，保护矿工身心健康。全面贯彻落实《工伤保险条例》，各地劳动和社会保障部门要根据本地区煤炭企业的实际情况，制订煤炭企业参加工伤保险的具体办法。各类煤炭企业都应为矿工办理工伤保险，切实维护矿工的合法权益。

(二十七)提高矿工生活质量。劳动和社会保障部门要根据井下矿工的劳动强度和风险、生产环境等情况，制订或提高煤矿工人艰苦岗位津贴标准。各类煤炭企业应根据效益情况，逐步提高矿工收入水平。继续采取国家、地方政府、企业和个人共同出资的办法，解决历史形成的矿区危房、棚户改造问题。

(二十八)发挥中介组织作用。进一步培育和规范中介市场，充分发挥行业协会等中介组织在行业统计、技术服务、安全评价、市场开发、信息咨询、行业自律等方面的作用，为企业提供优质服务，为政府宏观调控提供决策咨询，规范企业市场行为，维护市场公平竞争秩序。

煤炭工业健康发展事关国民经济发展和能源安全大局。各地区、各部门要加强调查研究，结合本地区、本部门实际，认真做好贯彻落实工作，抓紧制订和落实各项具体措施。发展改革委要会同有关部门加强监督检查和指导协调，认真研究解决煤炭工业发展中遇到的困难和问题，促进煤炭工业持续健康发展。

# 国务院关于鼓励支持和引导个体私营等非公有制经济发展的若干意见

国发[2005]3号

**各省、自治区、直辖市人民政府，国务院各部委、各直属机构：**

公有制为主体、多种所有制经济共同发展是我国社会主义初级阶段的基本经济制度。毫不动摇地巩固和发展公有制经济，毫不动摇地鼓励、支持和引导非公有制经济发展，使两者在社会主义现代化进程中相互促进，共同发展，是必须长期坚持的基本方针，是完善社会主义市场经济体制、建设中国特色社会主义的必然要求。改革开放以来，我国个体、私营等非公有制经济不断发展壮大，已经成为社会主义市场经济的重要组成部分和促进社会生产力发展的重要力量。积极发展个体、私营等非公有制经济，有利于繁荣城乡经济、增加财政收入，有利于扩大社会就业、改善人民生活，有利于优化经济结构、促进经济发展，对全面建设小康社会和加快社会主义现代化进程具有重大的战略意义。鼓励、支持和引导非公有制经济发展，要以邓小平理论和“三个代表”重要思想为指导，全面落实科学发展观，认真贯彻中央确定的方针政策，进一步解放思想，深化改革，消除影响非公有制经济发展的体制性障碍，确立平等的市场主体地位，实现公平竞争；进一步完善国家法律法规和政策，依法保护非公有制企业和职工的合法权益；进一步加强和改进政府监督管理和服务，为非公有制经济发展创造良好环境；进一步引导非公有制企业依法经营、诚实守信、健全管理，不断提高自身素质，促进非公有制经济持续健康发展。为此，现提出以下意见：

**一、放宽非公有制经济市场准入**

(一)贯彻平等准入、公平待遇原则。允许非公有资本进入法律法规未禁入的行业和领域。允许外资进入的行业和领域，也允许国内非公有资本进入，并放宽股权比例限制等方面的条件。在投资核准、融资服务、财税政策、土地使用、对外贸易和经济技术合作等方面，对非公有制企业与其他所有制企业一视同仁，实行同等待遇。对需要审批、核准和备案的事项，政府部门必须公开相应的制度、条件和程序。国家有关部门与地方人民政府要尽快完成清理和修订限制非公有制经济市场准入的法规、规章和政策性规定工作。外商投资企业依照有关法律法规的规定执行。

(二)允许非公有资本进入垄断行业和领域。加快垄断行业改革，在电力、电信、铁路、民航、石油等行业和领域，进一步引入市场竞争机制。对其中的自然垄断业务，积极推进投资主体多元化，非公有资本可以参股等方式进入；对其他业务，非公有资本可以独资、合资、合作、项目融资等方式进入。在国家统一规划的前提下，除国家法律法规等另有规定的外，允许具备资质的非公有制企业依法平等取得矿产资源的探矿权、采矿权，鼓励非公有资本进行商业性矿产资源的勘查开发。

(三)允许非公有资本进入公用事业和基础设施领域。加快完善政府特许经营制度，规范招投标行为，支持非公有资本积极参与城镇供水、供气、供热、公共交通、污水垃圾处理等市政公用事业和基础设施的投资、建设与运营。在规范转让行为的前提下，具备条件的公用事业和基础设施项目，可向非公有制企业转让产权或经营权。鼓励非公有制企业参与市政公用企业、事业单位的产权制度和经营方式改革。

（四）允许非公有资本进入社会事业领域。支持、引导和规范非公有资本投资教育、科研、卫生、文化、体育等社会事业的非营利性和营利性领域。在放开市场准入的同时，加强政府和社会监管，维护公众利益。支持非公有制经济参与公有制社会事业单位的改组改制。通过税收等相关政策，鼓励非公有制经济捐资捐赠社会事业。

（五）允许非公有资本进入金融服务业。在加强立法、规范准入、严格监管、有效防范金融风险的前提下，允许非公有资本进入区域性股份制银行和合作性金融机构。符合条件的非公有制企业可以发起设立金融中介服务机构。允许符合条件的非公有制企业参与银行、证券、保险等金融机构的改组改制。

（六）允许非公有资本进入国防科技工业建设领域。坚持军民结合、寓军于民的方针，发挥市场机制的作用，允许非公有制企业按有关规定参与军工科研生产任务的竞争以及军工企业的改组改制。鼓励非公有制企业参与军民两用高技术开发及其产业化。

（七）鼓励非公有制经济参与国有经济结构调整和国有企业重组。大力发展国有资本、集体资本和非公有资本等参股的混合所有制经济。鼓励非公有制企业通过并购和控股、参股等多种形式，参与国有企业和集体企业的改组改制改造。非公有制企业并购国有企业，参与其分离办社会职能和辅业改制，在资产处置、债务处理、职工安置和社会保障等方面，参照执行国有企业改革的相应政策。鼓励非公有制企业并购集体企业，有关部门要抓紧研究制定相应政策。

（八）鼓励、支持非公有制经济参与西部大开发、东北地区等老工业基地振兴和中部地区崛起。西部地区、东北地区等老工业基地和中部地区要采取切实有效的政策措施，大力发展非公有制经济，积极吸引非公有制企业投资建设和参与国有企业重组。东部沿海地区也要继续鼓励、支持非公有制经济发展壮大。

## 二、加大对非公有制经济的财税金融支持

（九）加大财税支持力度。逐步扩大国家有关促进中小企业发展专项资金规模，省级人民政府及有条件的市、县应在本级财政预算中设立相应的专项资金。加快设立国家中小企业发展基金。研究完善有关税收扶持政策。

（十）加大信贷支持力度。有效发挥贷款利率浮动政策的作用，引导和鼓励各金融机构从非公有制经济特点出发，开展金融产品创新，完善金融服务，切实发挥银行内设中小企业信贷部门的作用，改进信贷考核和奖惩管理方式，提高对非公有制企业的贷款比重。城市商业银行和城市信用社要积极吸引非公有资本入股；农村信用社要积极吸引农民、个体工商户和中小企业入股，增强资本实力。政策性银行要研究改进服务方式，扩大为非公有制企业服务的范围，提供有效的金融产品和服务。鼓励政策性银行依托地方商业银行等中小金融机构和担保机构，开展以非公有制中小企业为主要服务对象的转贷款、担保贷款等业务。

（十一）拓宽直接融资渠道。非公有制企业在资本市场发行上市与国有企业一视同仁。在加快完善中小企业板块和推进制度创新的基础上，分步推进创业板市场，健全证券公司代办股份转让系统的功能，为非公有制企业利用资本市场创造条件。鼓励符合条件的非公有制企业到境外上市。规范和发展产权交易市场，推动各类资本的流动和重组。鼓励非公有制经济以股权融资、项目融资等方式筹集资金。建立健全创业投资机制，支持中小投资公司的发展。允许符合条件的非公有制企业依照国家有关规定发行企业债券。

（十二）鼓励金融服务创新。改进对非公有制企业的资信评估制度，对符合条件的企业发放信用贷款。对符合有关规定的企业，经批准可开展工业产权和非专利技术等无形资产的质押贷款试点。鼓励金融机构开办融资租赁、公司理财和账户托管等业务。改进保险机构服务方式和手段，开展面向非公有制企业的产品和服务创新。支持非公有制企业依照有关规定吸引国际金融组织投资。

（十三）建立健全信用担保体系。支持非公有制经济设立商业性或互助性信用担保机构。鼓励有条件的地区建立中小企业信用担保基金和区域性信用再担保机构。建立和完善信用担保的行业准入、风险控制和补偿机制，加强对信用担保机构的监管。建立健全担保业自律性组织。

## 三、完善对非公有制经济的社会服务

（十四）大力发展社会中介服务。各级政府要加大对中介服务机构的支持力度，坚持社会化、专

业化、市场化原则，不断完善社会服务体系。支持发展创业辅导、筹资融资、市场开拓、技术支持、认证认可、信息服务、管理咨询、人才培训等各类社会中介服务机构。按照市场化原则，规范和发展各类行业协会、商会等自律性组织。整顿中介服务市场秩序，规范中介服务行为，为非公有制经济营造良好的服务环境。

（十五）积极开展创业服务。进一步落实国家就业和再就业政策，加大对自主创业的政策扶持，鼓励下岗失业人员、退役士兵、大学毕业生和归国留学生等各类人员创办小企业，开发新岗位，以创业促就业。各级政府要支持建立创业服务机构，鼓励为初创小企业提供各类创业服务和政策支持。对初创小企业，可按照行业特点降低公司注册资本限额，允许注册资金分期到位，减免登记注册费用。

（十六）支持开展企业经营者和员工培训。根据非公有制经济的不同需求，开展多种形式的培训。整合社会资源，创新培训方式，形成政府引导、社会支持和企业自主相结合的培训机制。依托大专院校、各类培训机构和企业，重点开展法律法规、产业政策、经营管理、职业技能和技术应用等方面的培训，各级政府应给予适当补贴和资助。企业应定期对职工进行专业技能培训和安全知识培训。

（十七）加强科技创新服务。要加大对非公有制企业科技创新活动的支持，加快建立适合非公有制中小企业特点的信息和共性技术服务平台，推进非公有制企业的信息化建设。大力培育技术市场，促进科技成果转化和技术转让。科技中介服务机构要积极为非公有制企业提供科技咨询、技术推广等专业化服务。引导和支持科研院所、高等院校与非公有制企业开展多种形式的产学研联合。鼓励国有科研机构向非公有制企业开放试验室，充分利用现有科技资源。支持非公有资本创办科技型中小企业和科研开发机构。鼓励有专长的离退休人员为非公有制企业提供技术服务。切实保护单位和个人知识产权。

（十八）支持企业开拓国内外市场。改进政府采购办法，在政府采购中非公有制企业与其他企业享受同等待遇。推动信息网络建设，积极为非公有制企业提供国内外市场信息。鼓励和支持非公有制企业扩大出口和“走出去”，到境外投资兴业，在对外投资、进出口信贷、出口信用保险等方面与其他企业享受同等待遇。鼓励非公有制企业在境外申报知识产权。发挥行业协会、商会等中介组织作用，利用好国家中小企业国际市场开拓资金，支持非公有制企业开拓国际市场。

（十九）推进企业信用制度建设。加快建立适合非公有制中小企业特点的信用征集体系、评级发布制度以及失信惩戒机制，推进建立企业信用档案试点工作，建立和完善非公有制企业信用档案数据库。对资信等级较高的企业，有关登记审核机构应简化年检、备案等手续。要强化企业信用意识，健全企业信用制度，建立企业信用自律机制。

**四、维护非公有制企业和职工的合法权益**

（二十）完善私有财产保护制度。要严格执行保护合法私有财产的法律法规和行政规章，任何单位和个人不得侵犯非公有制企业的合法财产，不得非法改变非公有制企业财产的权属关系。按照宪法修正案规定，加快清理、修订和完善与保护合法私有财产有关的法律法规和行政规章。

（二十一）维护企业合法权益。非公有制企业依法进行的生产经营活动，任何单位和个人不得干预。依法保护企业主的名誉、人身和财产等各项合法权益。非公有制企业合法权益受到侵害时提出的行政复议等，政府部门必须及时受理，公平对待，限时答复。

（二十二）保障职工合法权益。非公有制企业要尊重和维护职工的各项合法权益，要依照《中华人民共和国劳动法》等法律法规，在平等协商的基础上与职工签订规范的劳动合同，并健全集体合同制度，保证双方权利与义务对等；必须依法按时足额支付职工工资，工资标准不得低于或变相低于当地政府规定的最低工资标准，逐步建立职工工资正常增长机制；必须尊重和保障职工依照国家规定享有的休息休假权利，不得强制或变相强制职工超时工作，加班或延长工时必须依法支付加班工资或给予补休；必须加强劳动保护和职业病防治，按照《中华人民共和国安全生产法》等法律法规要求，切实做好安全生产与作业场所职业危害防治工作，改善劳动条件，加强劳动保护。要保障女职工合法权益和特殊利益，禁止使用童工。

（二十三）推进社会保障制度建设。非公有制企业及其职工要按照国家有关规定，参加养老、失业、医疗、工伤、生育等社会保险，缴纳社会保险费。按照国家规定建立住房公积金制度。有关部门要根据非公有制企业量大面广、用工灵活、员工流动性大等特点，积极探索建立健全职工社会保障制度。

（二十四）建立健全企业工会组织。非公有制企业要保障职工依法参加和组建工会的权利。企业工会组织实行民主管理，依法代表和维护职工合法权益。企业必须为工会正常开展工作创造必要条件，依法拨付工会经费，不得干预工会事务。

**五、引导非公有制企业提高自身素质**

（二十五）贯彻执行国家法律法规和政策规定。非公有制企业要贯彻执行国家法律法规，依法经营，照章纳税。服从国家的宏观调控，严格执行有关技术法规，自觉遵守环境保护和安全生产等有关规定，主动调整和优化产业、产品结构，加快技术进步，提高产品质量，降低资源消耗，减少环境污染。国家支持非公有制经济投资高新技术产业、现代服务业和现代农业，鼓励发展就业容量大的加工贸易、社区服务、农产品加工等劳动密集型产业。

（二十六）规范企业经营管理行为。非公有制企业从事生产经营活动，必须依法获得安全生产、环保、卫生、质量、土地使用、资源开采等方面的相应资格和许可。企业要强化生产、营销、质量等管理，完善各项规章制度。建立安全、环保、卫生、劳动保护等责任制度，并保证必要的投入。建立健全会计核算制度，如实编制财务报表。企业必须依法报送统计信息。加快研究改进和完善个体工商户、小企业的会计、税收、统计等管理制度。

（二十七）完善企业组织制度。企业要按照法律法规的规定，建立规范的个人独资企业、合伙企业和公司制企业。公司制企业要按照《中华人民共和国公司法》要求，完善法人治理结构。探索建立有利于个体工商户、小企业发展的组织制度。

（二十八）提高企业经营管理者素质。非公有制企业出资人和经营管理人员要自觉学习国家法律法规和方针政策，学习现代科学技术和经营管理知识，增强法制观念、诚信意识和社会公德，努力提高自身素质。引导非公有制企业积极开展扶贫开发、社会救济和“光彩事业”等社会公益性活动，增强社会责任感。各级政府要重视非公有制经济的人才队伍建设，在人事管理、教育培训、职称评定和政府奖励等方面，与公有制企业实行同等政策。建立职业经理人测评与推荐制度，加快企业经营管理人才职业化、市场化进程。

（二十九）鼓励有条件的企业做强做大。国家支持有条件的非公有制企业通过兼并、收购、联合等方式，进一步壮大实力，发展成为主业突出、市场竞争力强的大公司大集团，有条件的可向跨国公司发展。鼓励非公有制企业实施品牌发展战略，争创名牌产品。支持发展非公有制高新技术企业，鼓励其加大科技创新和新产品开发力度，努力提高自主创新能力，形成自主知识产权。国家关于企业技术改造、科技进步、对外贸易以及其他方面的扶持政策，对非公有制企业同样适用。

（三十）推进专业化协作和产业集群发展。引导和支持企业从事专业化生产和特色经营，向“专、精、特、新”方向发展。鼓励中小企业与大企业开展多种形式的经济技术合作，建立稳定的供应、生产、销售、技术开发等协作关系。通过提高专业化协作水平，培育骨干企业和知名品牌，发展专业化市场，创新市场组织形式，推进公共资源共享，促进以中小企业集聚为特征的产业集群健康发展。

**六、改进政府对非公有制企业的监管**

（三十一）改进监管方式。各级人民政府要根据非公有制企业生产经营特点，完善相关制度，依法履行监督和管理职能。各有关监管部门要改进监管办法，公开监管制度，规范监管行为，提高监管水平。加强监管队伍建设，提高监管人员素质。及时向社会公布有关监管信息，发挥社会监督作用。

（三十二）加强劳动监察和劳动关系协调。各级劳动保障等部门要高度重视非公有制企业劳动关系问题，加强对非公有制企业执行劳动合同、工资报酬、劳动保护和社会保险等法规、政策的监督检查。建立和完善非公有制企业劳动关系协调机制，健全劳动争议处理制度，及时化解劳动争议，促进劳动关系和谐，维护社会稳定。

（三十三）规范国家行政机关和事业单位收费行为。进一步清理现有行政机关和事业单位收费，除国家法律法规和国务院财政、价格主管部门规定的收费项目外，任何部门和单位无权向非公有制企业强制收取任何费用，无权以任何理由强行要求企业提供各种赞助费或接受有偿服务。要严格执行收费公示制度和收支两条线的管理规定，企业有权拒绝和举报无证收费和不合法收费行为。各级人民政府要加强对各类收费的监督检查，严肃查处乱收费、乱罚款及各种摊派行为。

**七、加强对发展非公有制经济的指导和政策协调**

（三十四）加强对非公有制经济发展的指导。各级人民政府要根据非公有制经济发展的需要，强化服务意识，改进服务方式，创新服务手段。要将非公有制经济发展纳入国民经济和社会发展规划，加强对非公有制经济发展动态的监测和分析，及时向社会公布有关产业政策、发展规划、投资重点和市场需求等方面的信息。建立促进非公有制经济发展的工作协调机制和部门联席会议制度，加强部门之间配合，形成促进非公有制经济健康发展的合力。要充分发挥各级工商联在政府管理非公有制企业方面的助手作用。统计部门要改进和完善现行统计制度，及时准确反映非公有制经济发展状况。

（三十五）营造良好的舆论氛围。大力宣传党和国家鼓励、支持和引导非公有制经济发展的方针政策与法律法规，宣传非公有制经济在社会主义现代化建设中的重要地位和作用，宣传和表彰非公有制经济中涌现出的先进典型，形成有利于非公有制经济发展的良好社会舆论环境。

（三十六）认真做好贯彻落实工作。各地区、各部门要加强调查研究，抓紧制订和完善促进非公有制经济发展的具体措施及配套办法，认真解决非公有制经济发展中遇到的新问题，确保党和国家的方针政策落到实处，促进非公有制经济健康发展。

# 国家发展改革委办公厅关于组织申报2005年国家认定企业技术中心事项的通知

**发改办高技[2005]410号**

**国务院有关部门办公厅(办公室)，各省、自治区、直辖市、计划单列市及新疆建设兵团发展改革委(计委)、经委(经贸委)、计划单列企业集团：**

为做好2005年国家认定企业技术中心的组织申报工作，现将有关事项通知如下：

一、2005年国家认定企业技术中心重点认定的行业领域在《国家发展改革委办公厅关于2004~2005年度国家认定企业技术中心重点认定的行业领域的通知》(发改办高技[2004]548号)的基础上，进行了适当的补充，具体附件一。

二、申请国家认定企业技术中心的企业应具备的基本条件和编写申请材料的相关要求，按即将颁布的《国家认定企业技术中心管理办法》中的有关规定执行，具体附件二、附件三、附件四。

三、对于此项工作职能属于省级发展改革委的由省级发展改革委审核后行文上报我委；此项工作职能属于省级经委(经贸委)的由省级经委(经贸委)会同省级发展改革委联合行文上报我委；国务院有关部门、计划单列企业集团可直接申报。

四、请国务院各有关部门，各省、自治区、直辖市、计划单列市、新疆生产建设兵团发展改革委、经委(经贸委)，计划单列企业集团按照通知要求，认真做好2005年国家认定企业技术中心的组织申报工作。并将推荐企业的申请材料和推荐意见(一式三份)于5月15日前上报我委。

**附件：**

一、2005年国家认定企业技术中心重点认定领域

二、申请国家认定企业技术中心的企业应具备的基本条件

三、《国家认定企业技术中心申请报告》编写提纲

四、企业技术中心评价材料

# 国家发展改革委关于加强铁合金生产企业行业准入管理工作的通知

发改产业[2005]1214号

各省、自治区、直辖市、计划单列市及新疆生产建设兵团发展改革委、经委(经贸委):

根据《国家发展改革委关于进一步巩固电石、铁合金、焦炭行业清理整顿成果规范其健康发展的有关意见的通知》(发改产业[2004]2930号)精神,为进一步深化铁合金行业清理整顿工作,落实《铁合金行业准入条件》(国家发展和改革委员会公告[2004]第76号),遏制铁合金行业盲目投资,促进铁合金工业结构升级,经商环保总局,现将加强铁合金生产企业行业准入管理工作的有关事项通知如下:

**一、对铁合金生产企业实行行业准入检查认定和公告制度**

铁合金生产企业必须执行《铁合金行业准入条件》,为加强对铁合金生产企业行业准入的管理,对铁合金生产企业实行行业准入检查认定和公告制度。铁合金生产企业执行行业准入情况的检查认定工作主要由各省、自治区、直辖市、计划单列市发展改革委或经委(经贸委)负责。各地发展改革委或经委(经贸委)要将检查认定的情况报送我委。我委会同环保总局等有关部门对各地开展检查认定工作进行监督抽查。我委定期公告符合行业准入条件的铁合金生产企业名单。

**二、对铁合金生产企业进行行业准入检查认定和公告的程序**

各地发展改革委或经委(经贸委)对当地的所有铁合金生产企业(包括现有企业和新建企业)执行行业准入条件的情况都要进行检查认定。实行检查认定和公告的程序是:

(一)铁合金生产企业按照准入条件进行自查,并向各地发展改革委或经委(经贸委)报送自查评价材料,主要包括以下内容:企业基本情况(含企业名称和所在地、企业性质、职工人数、总资产、销售收入、利润总额、工艺装备情况、污染物达标排放情况、分品种生产能力、分品种产量等)、《铁合金生产企业行业准入情况评价表》(见附件)。

(二)各地发展改革委或经委(经贸委)要会同有关部门组织省级专家核查小组,按照《铁合金生产企业行业准入情况评价表》的要求,对企业执行行业准入条件情况逐项进行现场核查。在企业自查和专家组核查的基础上,各地发展改革委或经委(经贸委)提出检查认定意见,将检查认定情况及符合行业准入条件的铁合金企业名单报我委。各地发展改革委或经委(经贸委)向我委报送的材料主要包括以下内容:企业基本情况(含企业名称和所在地、企业性质、职工人数、总资产、销售收入、利润总额、工艺装备情况、污染物达标排放情况、分品种生产能力、分品种产量等)、《铁合金生产企业行业准入情况评价表》(见附件)、省级环保部门认定的企业污染物达标排放、环境影响评价文件审批意见和有效的排污许可证(未实行排污许可证制度的地区除外)证明材料、符合行业准入条件的铁合金企业名单。

(三)我委根据各省报送的检查认定材料,会同国家环保总局等有关部门组织中国铁合金工业协会及专家组,对铁合金生产企业执行行业准入的情况进行抽查。我委对符合行业准入条件的铁合金生产企业名单审定后予以公告。

**三、对铁合金生产企业实行行业准入检查认定的方法**

对铁合金生产企业进行行业准入检查认定采用量化测评的方法，将《铁合金行业准入条件》细分为工艺与装备、环境保护、能源消耗、资源消耗、环保和安全生产设施五个方面的具体要求，对每个方面进行量化评分，每个方面为100分，总计500分。其中前两项工艺与装备、环境保护对企业是否符合行业准入条件具有否决权，该两项中的任一小项不合格，企业总体评价不合格。

铁合金生产企业符合行业准入的要求是：在工艺与装备、环境保护两方面达到要求的前提下，能源消耗、资源消耗、环保和安全生产设施三个方面暂按60分及以上考核。具体评分方法按《铁合金生产企业行业准入情况评价表》及《铁合金行业准入评价填表说明》(见附件)进行。

**四、符合准入条件的铁合金生产企业名单的公告**

(一)符合行业准入条件的企业名单由国家发展改革委对外公告，接受社会各方面的监督，实行动态管理。各地发展改革委或经委(经贸委)对符合行业准入条件的企业要定期组织检查或抽查。有关方面对名单提出异议的，各地发展改革委或经委(经贸委)要组织复查。必要时，由我委组织抽查。对弄虚作假，经核实不符合准入条件的企业，将从公告中撤消，并追究有关人员的责任。

(二)对检查认定不符合行业准入的铁合金生产企业要责令其限期整改（限期时间不得超过一年)。整改后仍不符合行业准入条件的，应退出铁合金行业，金融机构不得提供信贷支持，电力企业停止供电，环保部门取消排污许可证。地方人民政府依法撤销或者关闭企业，工商行政管理部门依法责令办理变更登记或者注销登记。

(三)对新建、改扩建铁合金项目，必须符合准入条件。铁合金项目的投资管理、土地批租、贷款融资等必须依据铁合金行业准入条件。项目建成后要进行行业准入检查验收，符合行业准入条件的方可正式投入生产。

**五、铁合金行业准入检查认定工作安排和要求**

(一)铁合金行业准入检查认定工作是一项政策性、专业性、责任性很强的工作，是巩固铁合金行业清理整顿成果，规范铁合金行业发展，促进铁合金工业结构升级的重要措施，也是促进经济增长方式转变的重要内容之一，各地一定要高度重视，认真负责，把这项工作抓紧、抓实、抓好。

(二)各地发展改革委或经委(经贸委)要会同环保等有关部门精心组织检查认定工作。要组建由行业协会、企业、研究单位等方面参加的省级专家组，对铁合金生产企业进行现场核查。专家组要有权威性和一定的代表性，要有环保方面的专家参加。

(三)铁合金行业准入检查认定工作是一项长期的工作。2005年年底前，我委将公告第一批符合准入条件的铁合金企业名单。2006年6月底前，对现有的铁合金生产企业都要进行一次行业准入检查认定。对符合行业准入条件的企业也要定期组织检查或抽查。

(四)中国铁合金工业协会要调查和了解铁合金生产企业执行行业准入方面的情况，加强信息引导，加强行业自律。

**附件：**

《铁合金生产企业行业准入情况评价表》及《铁合金行业准入评价填表说明》

# 中华人民共和国国家发展和改革委员会令

**第35号**

《钢铁产业发展政策》业经国务院常务会议讨论通过，经国务院同意，现予以发布，自发布之日起施行。

附：钢铁产业发展政策

**国家发展和改革委员会主任：马凯**

**二〇〇五年七月八日**

# 钢铁产业发展政策

钢铁产业是国民经济的重要基础产业,是实现工业化的支撑产业,是技术、资金、资源、能源密集型产业,钢铁产业的发展需要综合平衡各种外部条件。我国是一个发展中大国,在经济发展的相当长时期内钢铁需求较大,产量已多年居世界第一,但钢铁产业的技术水平和物耗与国际先进水平相比还有差距,今后发展重点是技术升级和结构调整。为提高钢铁工业整体技术水平,推进结构调整,改善产业布局,发展循环经济,降低物耗能耗,重视环境保护,提高企业综合竞争力,实现产业升级,把钢铁产业发展成在数量、质量、品种上基本满足国民经济和社会发展需求,具有国际竞争力的产业,依据有关法律法规和钢铁行业面临的国内外形势,制定钢铁产业发展政策,以指导钢铁产业的健康发展。

## 第一章 政策目标

**第一条** 根据我国经济社会发展需要和资源、能源及环保状况,钢铁生产能力保持合理规模,具体规模可在规划中解决。钢铁综合竞争能力达到国际先进水平,使我国成为世界钢铁生产的大国和具有竞争力的强国。

**第二条** 通过产品结构调整,到2010年,我国钢铁产品优良品率有大幅度提高,多数产品基本满足建筑、机械、化工、汽车、家电、船舶、交通、铁路、军工以及新兴产业等国民经济大部分行业发展需要。

**第三条** 通过钢铁产业组织结构调整,实施兼并、重组,扩大具有比较优势的骨干企业集团规模,提高产业集中度。到2010年,钢铁冶炼企业数量较大幅度减少,国内排名前十位的钢铁企业集团钢产量占全国产量的比例达到50%以上;2020年达到70%以上。

**第四条** 通过钢铁产业布局调整,到2010年,布局不合理的局面得到改善;到2020年,形成与资源和能源供应、交通运输配置、市场供需、环境容量相适应的比较合理的产业布局。

**第五条** 按照可持续发展和循环经济理念,提高环境保护和资源综合利用水平,节能降耗。最大限度地提高废气、废水、废物的综合利用水平,力争实现"零排放",建立循环型钢铁工厂。钢铁企业必须发展余热、余能回收发电,500万吨以上规模的钢铁联合企业,要努力做到电力自供有余,实现外供。2005年,全行业吨钢综合能耗降到0.76吨标煤、吨钢可比能耗0.70吨标煤、吨钢耗新水12吨以下;2010年分别降到0.73吨标煤、0.685吨标煤、8吨以下;2020年分别降到0.7吨标煤、0.64吨标煤、6吨以下。即今后十年,钢铁工业在水资源消耗总量减少和能源消耗总量增加不多的前提下实现总量适度发展。

**第六条** 在2005年底以前,所有钢铁企业排放的污染物符合国家和地方规定的标准,主要污染物排放总量应符合地方环保部门核定的控制指标。

## 第二章 产业发展规划

**第七条** 国家通过钢铁产业发展政策和中长期发展规划指导行业健康、持续、协调发展。钢铁产业中长期发展规划由国家发展和改革委员会会同有关部门制定。

**第八条** 2003年钢产量超过500万吨的企业集团可以根据国家钢铁产业中长期发展规划和所在城市的总体规划,制定本集团规划,经国务院或国家发展和改革委员会进行必要衔接平衡后批准执行。规划内的具体建设项目国家发展和改革委员会不再审批或核准,由企业办理土地、环保、安全、信贷等审批手续后自行组织实施,并按规定报国家发展和改革委员会备案。

**第九条** 其它钢铁企业的发展也必须符合钢铁产业发展政策和钢铁工业中长期发展规划的要求。

## 第三章 产业布局调整

**第十条** 钢铁产业布局调整要综合考虑矿产资源、能源、水资源、交通运输、环境容量、市场分布和利用国外资源等条件。钢铁产业布局调整,原则上不再单独建设新的钢铁联合企业、独立炼铁厂、炼钢厂，不提倡建设独立轧钢厂，必须依托有条件的现有企业，结合兼并、搬迁，在水资源、原料、运输、市场消费等具有比较优势的地区进行改造和扩建。新增生产能力要和淘汰落后生产能力相结合，原则上不再大幅度扩大钢铁生产能力。

重要环境保护区、严重缺水地区、大城市市区，不再扩建钢铁冶炼生产能力，区域内现有企业要结合组织结构、装备结构、产品结构调整，实施压产、搬迁，满足环境保护和资源节约的要求。

**第十一条** 从矿石、能源、资源、水资源、运输条件和国内外市场考虑，大型钢铁企业应主要分布在沿海地区。内陆地区钢铁企业应结合本地市场和矿石资源状况，以矿定产，不谋求生产规模的扩大，以可持续生产为主要考虑因素。

东北的鞍山-本溪地区有比较丰富的铁矿资源，临近煤炭产地，有一定水资源条件，根据振兴东北老工业基地发展战略，该区域内现有钢铁企业要按照联合重组和建设精品基地的要求，淘汰落后生产能力，建设具有国际竞争力的大型企业集团。

华北地区水资源短缺，产能低水平过剩，应根据环保生态要求，重点搞好结构调整，兼并重组，严格控制生产厂点继续增多和生产能力扩张。对首钢实施搬迁，与河北省钢铁工业进行重组。

华东地区钢材市场潜力大，但钢铁企业布局过于密集，区域内具有比较优势的大型骨干企业可结合组织结构和产品结构调整，提高生产集中度和国际竞争能力。

中南地区水资源丰富，水运便利，东南沿海地区应充分利用深水良港条件，结合产业重组和城市钢厂的搬迁，建设大型钢铁联合企业。

西南地区水资源丰富，攀枝花-西昌地区铁矿和煤炭资源储量大，但交通不便，现有重点骨干企业要提高装备水平，调整品种结构，发展高附加值产品，以矿石可持续供应能力确定产量，不追求数量的增加。

西北地区铁矿石和水资源短缺，现有骨干企业应以满足本地区经济发展需求为主，不追求生产规模扩大，积极利用周边国家矿产资源。

## 第四章　产业技术政策

**第十二条** 为确保钢铁工业产业升级和实现可持续发展，防止低水平重复建设，对钢铁工业装备水平和技术经济指标准入条件规定如下，现有企业要通过技术改造努力达标：

建设烧结机使用面积180平方米及以上；焦炉炭化室高度6米及以上；高炉有效容积1000立方米及以上；转炉公称容量120吨及以上；电炉公称容量70吨及以上。

沿海深水港地区建设钢铁项目，高炉有效容积要大于3000立方米；转炉公称容量大于200吨，钢生产规模800万吨及以上。钢铁联合企业技术经济指标达到：吨钢综合能耗高炉流程低于0.7吨标煤，电炉流程低于0.4吨标煤，吨钢耗新水高炉流程低于6吨，电炉流程低于3吨，水循环利用率95%以上。其它钢铁企业工序能耗指标要达到重点大中型钢铁企业平均水平。

钢铁建设项目要节约用地，严格土地管理，有关部门要抓紧完成钢铁厂用地指标和建筑系数标准修订工作。

**第十三条** 所有生产企业必须达到国家和地方污染物排放标准，建设项目主要污染物排放总量控制指标要严格执行经批准的环境影响评价报告书(表)的规定，对超过核定的污染物排放指标和总量的，不准生产运行。

新上项目高炉必须同步配套高炉余压发电装置和煤粉喷吹装置；焦炉必须同步配套干熄焦装置并匹配收尘装置和焦炉煤气脱硫装置；焦炉、高炉、转炉必须同步配套煤气回收装置；电炉必须配套烟尘回收装置。

企业应根据发展循环经济的要求，建设污水和废渣综合处理系统，采用干熄焦，焦炉、高炉、转炉煤气回收和利用，煤气-蒸汽联合循环发电，高炉余压发电、汽化冷却，烟气、粉尘、废渣等能源、资源回收再利用技术，提高能源利用效率、资源回收利用率和改善环境。

**第十四条** 加快培育钢铁工业自主创新能力，支持企业建立产品、技术开发和科研机构，提高开发创新能力，发展具有自主知识产权的工艺、装备技术和产品。支持企业跟踪、研究、开发和采用连铸薄带、熔融还原等钢铁生产流程前沿技术。

**第十五条** 企业应积极采用精料入炉、富氧喷煤、铁水预处理、大型高炉、转炉和超高功率电炉、炉外精炼、连铸、连轧、控轧、控冷等先进工艺技术和装备。

**第十六条** 支持和组织实施钢铁工业装备本地化，提高我国钢铁工业的重大技术装备研发、设计、制造水平。对于以国产新开发装备为依托建设的钢铁重大项目，国家给予税收、贴息、科研经费等政策支持。

**第十七条** 加快淘汰并禁止新建土烧结、土焦（含改良焦）、化铁炼钢、热烧结矿、容积300立方米及以下高炉（专业铸铁管厂除外）、公称容量20吨及以下转炉、公称容量20吨及以下电炉（机械铸造和生产高合金钢产品除外）、叠轧薄板轧机、普钢初轧机及开坯用中型轧机、三辊劳特式中板轧机、复二重式线材轧机、横列式小型轧机、热轧窄带钢轧机、直径76毫米以下热轧无缝管机组、中频感应炉等落后工艺技术装备。

钢铁产业必须严格遵守国家适时修订的《工商领域制止重复建设目录》、《淘汰落后生产能力、工艺和产品的目录》，或依照环保法规要求，淘汰落后工艺、产品和技术。

**第十八条** 进口技术和装备政策：鼓励企业采用国产设备和技术，减少进口。对国内不能生产或不能满足需求而必须引进的装备和技术，要先进实用。对今后量大面广的装备要组织实施本地化生产。

禁止企业采用国内外淘汰的落后二手钢铁生产设备。

**第十九条** 特钢企业要向集团化、专业化方向发展，鼓励采用以废钢为原料的短流程工艺，不支持特钢企业采用电炉配消耗高、污染重的小高炉工艺流程。鼓励特钢企业研发生产国内需求的军工、轴承、齿轮、工模具、耐热、耐冷、耐腐蚀等特种钢材，提高产品质量和技术水平。

## 第五章 企业组织结构调整

**第二十条** 支持钢铁企业向集团化方向发展，通过强强联合、兼并重组、互相持股等方式进行战略重组，减少钢铁生产企业数量，实现钢铁工业组织结构调整、优化和产业升级。

支持和鼓励有条件的大型企业集团，进行跨地区的联合重组，到2010年，形成两个3000万吨级，若干个千万吨级的具有国际竞争力的特大型企业集团。

大型钢铁企业均要进行股份制改造并支持其公开上市，鼓励包括民营资本在内的各类社会资本通过参股、兼并等方式重组现有钢铁企业，推进资本结构调整和机制创新。

**第二十一条** 国家支持具备条件的联合重组的大型钢铁联合企业通过结构调整和产业升级适当扩大生产规模，提高集约化生产度，并在主辅分离、人员分流、社会保障等方面给予政策支持。

## 第六章 投资管理

**第二十二条** 国家对各类经济类型的投资主体投资国内钢铁行业和国内企业投资境外钢铁领域的经济活动实行必要的管理，投资钢铁项目需按规定报国家发展和改革委员会审批或核准。

**第二十三条** 建设炼铁、炼钢、轧钢等项目，企业自有资本金比例必须达到40%及以上。

建设钢铁项目除满足环保生态、安全生产等国家法律法规要求外，企业还必须具备较强的资金实力、先进的技术和管理能力，以及健全的市场营销网络，水资源、矿石原料、煤炭和电力能源、运输等外部条件要稳定可靠和基本落实。

钢铁企业跨地区投资建设钢铁联合企业项目，普钢企业上年钢产量必须达到500万吨及以上，特钢企业产量达到50万吨及以上。非钢铁企业投资钢铁联合企业项目的，必须具有资金实力和较高的公信度，必须对企业注册资本进行验资，银行提供资信证明，会计事务所提供业绩报告，有条件的通过招标方式选择项目业主。

境外钢铁企业投资中国钢铁工业，须具有钢铁自主知识产权技术，其上年普通钢产量必须达到1000万吨以上或高合金特殊钢产量达到100万吨。投资中国钢铁工业的境外非钢铁企业，必须具有强大的资金实力和较高的公信度，提供银行、会计事务所出具的验资和企业业绩证明。境外企业投资国内钢铁行业，必须结合国内现有钢铁企业的改造和搬迁实施，不布新点。外商投资我国钢铁行业，原则上不允许外商控股。

**第二十四条** 对不符合本产业发展政策和未经审批或违规审批的项目，国土资源部门不予办理土地使用手续，工商管理部门不予登记，商务管理部门不批准合同和章程，金融机构不提供贷款和其它形式的授信支持，海关不予办理免税进口设备手续，质检部门不予颁发生产许可证，环保部门不予审批项目环境影响评价文件和不予发放排污许可证。

**第二十五条** 各金融机构向炼铁、炼钢、轧钢项目发放中长期固定资产投资贷款，要符合钢铁产业发展政策，加强风险管理，向新增能力的炼铁、炼钢、轧钢项目发放固定资产投资贷款需要项目单位提供国家发展和改革委员会出具的相应的项目批复、核准或备案文件。

**第二十六条** 企业申请首次公开发行股票或在证券市场融资，募集资金投向于钢铁行业，必须符合钢铁产业发展政策，并需向证券监管部门提供由国家发展和改革委员会出具的募集资金投向的文件。

**第二十七条** 国家鼓励钢铁生产和设备制造企业采用工贸或技贸结合的方式出口国内有优势的技术和冶金成套设备，并在出口信贷等方面给予支持。

## 第七章 原材料政策

**第二十八条** 矿产资源属国家所有。国家鼓励大型钢铁企业进行铁矿等资源勘探开发，矿山开采必须依法取得采矿许可证。储量5000万吨及以上铁矿资源的开采建设项目必须经国家发展和改革委员会核准或审批，同时做好矿山规划、安全生产以及土地复垦、水土保持、地下矿井回填等环境保护工作，禁止乱采滥挖行为。未经合法审批手续乱采滥挖的，国土资源部门要收回采矿权，停止非法开采行为。

**第二十九条** 根据我国富矿少、贫矿多的资源现状，国家鼓励企业发展低品位矿采选技术，充分利用国内贫矿资源。国土资源部门要加大矿产资源勘探力度，保护矿产资源，对滥采乱挖行为，要给予必要处罚和进行整顿。

**第三十条** 按照优势互补、互利双赢的原则，加强与境外矿产资源国际合作。支持有条件的大型骨干企业集团到境外采用独资、合资、合作、购买矿产资源等方式建立铁矿、铬矿、锰矿、镍矿、废钢及炼焦煤等生产供应基地。沿海地区企业所需的矿石、焦炭等重要原辅材料，国家鼓励依靠海外市场解决。

钢铁协会要搞好行业自律和协调，稳定国内外原料市场。国内多家企业对境外资源造成恶性竞争时，国家可采取行政协调方式，进行联合或确定一家企业进行投资，避免恶性竞争。企业应服从国家行政协调。

限制出口能耗高、污染大的焦炭、铁合金、生铁、废钢、钢坯（锭）等初级加工产品，降低或取消对这些产品的出口退税。

## 第八章 钢材节约使用

**第三十一条** 全社会要树立节约使用钢材意识，科学使用，鼓励用可再生材料替代和废钢材回收，减少钢材使用数量。

**第三十二条** 建设部门要适时组织修订和完善建筑钢材使用设计规范和标准，在确保安全的情况下，降低钢材使用系数。

设计部门要严格按照设计规范和标准进行设计，把研发的经济、节约型产品及时纳入标准设计。

**第三十三条** 鼓励研究、开发和使用高性能、低成本、低消耗的新型材料，替代钢材。

**第三十四条** 鼓励钢铁企业生产高强度钢材和耐腐蚀钢材，提高钢材强度和使用寿命，降低钢材使用数量。

通过推广Ⅲ级（400MPa）及以上级别热轧带肋钢筋、各类用途的高强度钢板、H型钢等钢材品种，降低钢材消耗。

开发应用抗硫化氢、抗二氧化碳腐蚀的油井管和管线钢板、耐大气腐蚀钢板和型钢、耐火钢等产品，提高钢材的耐腐蚀性和钢材使用寿命。

**第三十五条** 随着市场保有钢铁产品数量增加和废钢回收量增加，逐渐减少铁矿石比例和增加废钢比重。

## 第九章 其它

**第三十六条** 咨询、设计、施工单位从事钢铁业活动，必须遵守本产业政策。相关行业协会要建立自律机制，互相监督。违反本产业政策规定的，由国家发展和改革委员会、建设部、工商管理总局等有关部门根据规定对责任人、责任单位进行处罚。

本产业发展政策是对钢铁行业的基本要求，各有关部门和行业协会可根据本产业政策制定和修订有关技术规范和相关标准。

**第三十七条** 规范市场秩序，维护市场稳定。鼓励钢铁企业与用户建立长期战略联盟，稳定供需关系，提高钢材加工配送能力，延伸钢铁企业服务。

**第三十八条** 发挥行业协会的作用，行业协会要建立和完善钢铁市场供求、生产能力、技术经济指标等方面信息定期发布制度和行业预警制度，向政府行政部门及时反映行业动向和提出政策建议，协调行业发展的重大事项，加强行业自律，引导企业的发展。

**第三十九条** 本产业政策由国务院授权发布，各政府行政管理部门都应遵守。对违反本产业发展政策的建设单位和行政单位，各级监察、投资、土地、工商、税务、质检、环保、商务、金融、证券监管等部门要追究其责任。

**第四十条** 钢铁产业发展政策，由国家发展和改革委员会组织有关部门制定、修订报国务院批准，并监督执行。

**注：**

1. 本产业发展政策所称钢铁产业的范围包括铁矿、锰矿、铬矿采选，烧结、焦化、铁合金、炭素制品、耐火材料、炼铁、炼钢、轧钢、金属制品等各工艺及相关配套工艺。
2. 跨地区投资指跨国、跨省、自治区、直辖市。
3. 境外企业包括国外和在香港、澳门、台湾地区注注册的企业。

# 关于调整印发《煤矿生产能力核定汇总表》格式的通知

**各产煤省（区、市）煤炭生产许可证颁发管理机关、有关中央企业：**

目前，大部分省（区、市）煤矿生产能力核定工作已进入收尾阶段，正在进行汇总。为便于掌握各类煤矿的基本情况和生产能力核定结果，加强综合分析，为宏观调控和经济调节服务，同时便于对外公布，接受社会监督，经研究，我们调整设计了新的《煤矿生产能力核定汇总表》格式，自印发之日起一律使用新表格，国家发展改革委发改运行[2004]2544号文所附的原煤矿生产能力核定汇总表同时废止。

各省（区、市）在填报汇总表时，对所有持有煤炭生产许可证的矿井，不论其生产能力大小，不论这次核定能力是否发生变化，都必须逐矿（井）填报，不得有一处遗漏，以全面反映本省（区、市）各类煤矿及其生产能力整体情况。

各单位除必须以正式文件上报核定结果时附报新的煤矿生产能力汇总表外，还须将汇总表电子版发至 zhangyong@sdpc.gov.cn 信箱。联系人：王旭东，联系电话：010-68535525。

本通知已在我委网站发布，各单位可直接登陆我委网站（www.ndrc.gov.cn）下载汇总表格式，并统一采用A3纸张。

**附：**

煤矿生产能力核定汇总表（中央）（略）

煤矿生产能力核定汇总表（地方）（略）

二〇〇五年四月十八日

# 国务院关于发布实施《促进产业结构调整暂行规定》的决定

国发[2005]40号

各省、自治区、直辖市人民政府,国务院各部委、各直属机构:

《促进产业结构调整暂行规定》(以下简称《暂行规定》)已经2005年11月9日国务院第112次常务会议审议通过,现予发布。

制定和实施《暂行规定》,是贯彻落实党的十六届五中全会精神,实现"十一五"规划目标的一项重要举措,对于全面落实科学发展观,加强和改善宏观调控,进一步转变经济增长方式,推进产业结构调整和优化升级,保持国民经济平稳较快发展具有重要意义。各省、自治区、直辖市人民政府要将推进产业结构调整作为当前和今后一段时期改革发展的重要任务,建立责任制,狠抓落实,按照《暂行规定》的要求,结合本地区产业发展实际,制订具体措施,合理引导投资方向,鼓励和支持发展先进生产能力,限制和淘汰落后生产能力,防止盲目投资和低水平重复建设,切实推进产业结构优化升级。各有关部门要加快制定和修订财税、信贷、土地、进出口等相关政策,切实加强与产业政策的协调配合,进一步完善促进产业结构调整的政策体系。各省、自治区、直辖市人民政府和国家发展改革、财政、税务、国土资源、环保、工商、质检、银监、电监、安全监管以及行业主管等有关部门,要建立健全产业结构调整工作的组织协调和监督检查机制,各司其职,密切配合,形成合力,切实增强产业政策的执行效力。在贯彻实施《暂行规定》时,要正确处理政府引导与市场调节之间的关系,充分发挥市场配置资源的基础性作用,正确处理发展与稳定、局部利益与整体利益、眼前利益与长远利益的关系,保持经济平稳较快发展。

国务院

二〇〇五年十二月二日

## 促进产业结构调整暂行规定

### 第一章 总　　则

**第一条** 为全面落实科学发展观,加强和改善宏观调控,引导社会投资,促进产业结构优化升级,根据国家有关法律、行政法规,制定本规定。

**第二条** 产业结构调整的目标:

推进产业结构优化升级,促进一、二、三产业健康协调发展,逐步形成农业为基础、高新技术产业为先导、基础产业和制造业为支撑、服务业全面发展的产业格局,坚持节约发展、清洁发展、安全发展,实现可持续发展。

**第三条** 产业结构调整的原则:

坚持市场调节和政府引导相结合。充分发挥市场配置资源的基础性作用，加强国家产业政策的合理引导，实现资源优化配置。

以自主创新提升产业技术水平。把增强自主创新能力作为调整产业结构的中心环节，建立以企业为主体、市场为导向、产学研相结合的技术创新体系，大力提高原始创新能力、集成创新能力和引进消化吸收再创新能力，提升产业整体技术水平。

坚持走新型工业化道路。以信息化带动工业化，以工业化促进信息化，走科技含量高、经济效益好、资源消耗低、环境污染少、安全有保障、人力资源优势得到充分发挥的发展道路，努力推进经济增长方式的根本转变。

促进产业协调健康发展。发展先进制造业，提高服务业比重和水平，加强基础设施建设，优化城乡区域产业结构和布局，优化对外贸易和利用外资结构，维护群众合法权益，努力扩大就业，推进经济社会协调发展。

## 第二章 产业结构调整的方向和重点

**第四条** 巩固和加强农业基础地位，加快传统农业向现代农业转变。加快农业科技进步，加强农业设施建设，调整农业生产结构，转变农业增长方式，提高农业综合生产能力。稳定发展粮食生产，加快实施优质粮食产业工程，建设大型商品粮生产基地，确保粮食安全。优化农业生产布局，推进农业产业化经营，加快农业标准化，促进农产品加工转化增值，发展高产、优质、高效、生态、安全农业。大力发展畜牧业，提高规模化、集约化、标准化水平，保护天然草场，建设饲料草场基地。积极发展水产业，保护和合理利用渔业资源，推广绿色渔业养殖方式，发展高效生态养殖业。因地制宜发展原料林、用材林基地，提高木材综合利用率。加强农田水利建设，改造中低产田，搞好土地整理。提高农业机械化水平，健全农业技术推广、农产品市场、农产品质量安全和动植物病虫害防控体系。积极推行节水灌溉，科学使用肥料、农药，促进农业可持续发展。

**第五条** 加强能源、交通、水利和信息等基础设施建设，增强对经济社会发展的保障能力。

坚持节约优先、立足国内、煤为基础、多元发展，优化能源结构，构筑稳定、经济、清洁的能源供应体系。以大型高效机组为重点优化发展煤电，在生态保护基础上有序开发水电，积极发展核电，加强电网建设，优化电网结构，扩大西电东送规模。建设大型煤炭基地，调整改造中小煤矿，坚决淘汰不具备安全生产条件和浪费破坏资源的小煤矿，加快实施煤矸石、煤层气、矿井水等资源综合利用，鼓励煤电联营。实行油气并举，加大石油、天然气资源勘探和开发利用力度，扩大境外合作开发，加快油气领域基础设施建设。积极扶持和发展新能源和可再生能源产业，鼓励石油替代资源和清洁能源的开发利用，积极推进洁净煤技术产业化，加快发展风能、太阳能、生物质能等。

以扩大网络为重点，形成便捷、通畅、高效、安全的综合交通运输体系。坚持统筹规划、合理布局，实现铁路、公路、水运、民航、管道等运输方式优势互补，相互衔接，发挥组合效率和整体优势。加快发展铁路、城市轨道交通，重点建设客运专线、运煤通道、区域通道和西部地区铁路。完善国道主干线、西部地区公路干线，建设国家高速公路网，大力推进农村公路建设。优先发展城市公共交通。加强集装箱、能源物资、矿石深水码头建设，发展内河航运。扩充大型机场，完善中型机场，增加小型机场，构建布局合理、规模适当、功能完备、协调发展的机场体系。加强管道运输建设。

加强水利建设，优化水资源配置。统筹上下游、地表地下水资源调配、控制地下水开采，积极开展海水淡化。加强防洪抗旱工程建设，以堤防加固和控制性水利枢纽等防洪体系为重点，强化防洪减灾薄弱环节建设，继续加强大江大河干流堤防、行蓄洪区、病险水库除险加固和城市防洪骨干工程建设，建设南水北调工程。加大人畜饮水工程和灌区配套工程建设改造力度。

加强宽带通信网、数字电视网和下一代互联网等信息基础设施建设，推进"三网融合"，健全信息安全保障体系。

**第六条** 以振兴装备制造业为重点发展先进制造业，发挥其对经济发展的重要支撑作用。

装备制造业要依托重点建设工程，通过自主创新、引进技术、合作开发、联合制造等方式，提高重大技术装备国产化水平，特别是在高效清洁发电和输变电、大型石油化工、先进适用运输装备、高档数控机床、自动化控制、集成电路设备、先进动力装备、节能降耗装备等领域实现突破，提高研发设计、核心元器件配套、加工制造和系统集成的整体水平。

坚持以信息化带动工业化，鼓励运用高技术和先进适用技术改造提升制造业，提高自主知识产权、自主品牌和高端产品比重。根据能源、资源条件和环境容量，着力调整原材料工业的产品结构、企业组织结构和产业布局，提高产品质量和技术含量。支持发展冷轧薄板、冷轧硅钢片、高浓度磷肥、高效低毒低残留农药、乙烯、精细化工、高性能差别化纤维。促进炼油、乙烯、钢铁、水泥、造纸向基地化和大型化发展。加强铁、铜、铝等重要资源的地质勘查，增加资源地质储量，实行合理开采和综合利用。

**第七条** 加快发展高技术产业，进一步增强高技术产业对经济增长的带动作用。

增强自主创新能力，努力掌握核心技术和关键技术，大力开发对经济社会发展具有重大带动作用的高新技术，支持开发重大产业技术，制定重要技术标准，构建自主创新的技术基础，加快高技术产业从加工装配为主向自主研发制造延伸。按照产业聚集、规模化发展和扩大国际合作的要求，大力发展信息、生物、新材料、新能源、航空航天等产业，培育更多新的经济增长点。优先发展信息产业，大力发展集成电路、软件等核心产业，重点培育数字化音视频、新一代移动通信、高性能计算机及网络设备等信息产业群，加强信息资源开发和共享，推进信息技术的普及和应用。充分发挥我国特有的资源优势和技术优势，重点发展生物农业、生物医药、生物能源和生物化工等生物产业。加快发展民用航空、航天产业，推进民用飞机、航空发动机及机载系统的开发和产业化，进一步发展民用航天技术和卫星技术。积极发展新材料产业，支持开发具有技术特色以及可发挥我国比较优势的光电子材料、高性能结构和新型特种功能材料等产品。

**第八条** 提高服务业比重，优化服务业结构，促进服务业全面快速发展。坚持市场化、产业化、社会化的方向，加强分类指导和有效监管，进一步创新、完善服务业发展的体制和机制，建立公开、平等、规范的行业准入制度。发展竞争力较强的大型服务企业集团，大城市要把发展服务业放在优先地位，有条件的要逐步形成服务经济为主的产业结构。增加服务品种，提高服务水平，增强就业能力，提升产业素质。大力发展金融、保险、物流、信息和法律服务、会计、知识产权、技术、设计、咨询服务等现代服务业，积极发展文化、旅游、社区服务等需求潜力大的产业，加快教育培训、养老服务、医疗保健等领域的改革和发展。规范和提升商贸、餐饮、住宿等传统服务业，推进连锁经营、特许经营、代理制、多式联运、电子商务等组织形式和服务方式。

**第九条** 大力发展循环经济，建设资源节约和环境友好型社会，实现经济增长与人口资源环境相协调。坚持开发与节约并重、节约优先的方针，按照减量化、再利用、资源化原则，大力推进节能节水节地节材，加强资源综合利用，全面推行清洁生产，完善再生资源回收利用体系，形成低投入、低消耗、低排放和高效率的节约型增长方式。积极开发推广资源节约、替代和循环利用技术和产品，重点推进钢铁、有色、电力、石化、建筑、煤炭、建材、造纸等行业节能降耗技术改造，发展节能省地型建筑，对消耗高、污染重、危及安全生产、技术落后的工艺和产品实施强制淘汰制度，依法关闭破坏环境和不具备安全生产条件的企业。调整高耗能、高污染产业规模，降低高耗能、高污染产业比重。鼓励生产和使用节约性能好的各类消费品，形成节约资源的消费模式。大力发展环保产业，以控制不合理的资源开发为重点，强化对水资源、土地、森林、草原、海洋等的生态保护。

**第十条** 优化产业组织结构，调整区域产业布局。提高企业规模经济水平和产业集中度，加快大型企业发展，形成一批拥有自主知识产权、主业突出、核心竞争力强的大公司和企业集团。充分发挥中小企业的作用，推动中小企业与大企业形成分工协作关系，提高生产专业化水平，促进中小企业技术进步和产业升级。充分发挥比较优势，积极推动生产要素合理流动和配置，引导产业集群化发展。西部地区要加强基础设施建设和生态环境保护，健全公共服务，结合本地资源优势发展特色产业，增强自我发展能力。东北地区要加快产业结构调整和国有企业改革改组改造，发展现代农业，着力振兴装备制造业，促进资源枯竭型城市转型。中部地区要抓好粮食主产区建设,发展有比较优势的能源和制造业,加强基础设施建设,加快建立现代市场体系。东部地区要努力提高自主创新能力,加快实现结构优化升级和增长方式转变,提高外向型经济水平,增强国际竞争力和可持续发展能力。从区域发展的总体战略布局出发,根据资源环境承载能力和发展潜力,实行优化开发、重点开发、限制开发和禁止开发等有区别的区域产业布局。

**第十一条** 实施互利共赢的开放战略,提高对外开放水平,促进国内产业结构升级。加快转变对外贸易增长方式,扩大具有自主知识产权、自主品牌的商品出口,控制高能耗高污染产品的出口,鼓励进口先进技术设备和国内短缺资源。支持有条件的企业"走出去",在国际市场竞争中发展壮大,带动国内产业发展。提高加工贸易的产业层次,增强国内配套能力。大力发展服务贸易,继续开放服务市场,有序承接国际现代服务业转移。提高利用外资的质量和水平,着重引进先进技术、管理经验和高素质人才,注重引进技术的消化吸收和创新提高。吸引外资能力较强的地区和开发区,要着重提高生产制造层次,并积极向研究开发、现代物流等领域拓展。

## 第三章 产业结构调整指导目录

**第十二条** 《产业结构调整指导目录》是引导投资方向,政府管理投资项目,制定和实施财税、信贷、土地、进出口等政策的重要依据。

《产业结构调整指导目录》由发展改革委会同国务院有关部门依据国家有关法律法规制订,经国务院批准后公布。根据实际情况,需要对《产业结构调整指导目录》进行部分调整时,由发展改革委会同国务院有关部门适时修订并公布。

《产业结构调整指导目录》原则上适用于我国境内的各类企业。其中外商投资按照《外商投资产业指导目录》执行。《产业结构调整指导目录》是修订《外商投资产业指导目录》的主要依据之一。《产业结构调整指导目录》淘汰类适用于外商投资企业。《产业结构调整指导目录》和《外商投资产业指导目录》执行中的政策衔接问题由发展改革委会同商务部研究协商。

**第十三条** 《产业结构调整指导目录》由鼓励、限制和淘汰三类目录组成。不属于鼓励类、限制类和淘汰类,且符合国家有关法律、法规和政策规定的,为允许类。允许类不列入《产业结构调整指导目录》。

**第十四条** 鼓励类主要是对经济社会发展有重要促进作用,有利于节约资源、保护环境、产业结构优化升级,需要采取政策措施予以鼓励和支持的关键技术、装备及产品。按照以下原则确定鼓励类产业指导目录:

(一)国内具备研究开发、产业化的技术基础,有利于技术创新,形成新的经济增长点;

(二)当前和今后一个时期有较大的市场需求,发展前景广阔,有利于提高短缺商品的供给能力,有利于开拓国内外市场;

(三)有较高技术含量,有利于促进产业技术进步,提高产业竞争力;

(四)符合可持续发展战略要求,有利于安全生产,有利于资源节约和综合利用,有利于新能源和可再生能源开发利用、提高能源效率,有利于保护和改善生态环境;

(五)有利于发挥我国比较优势,特别是中西部地区和东北地区等老工业基地的能源、矿产资源与劳动力资源等优势;

(六)有利于扩大就业,增加就业岗位;

(七)法律、行政法规规定的其他情形。

**第十五条** 限制类主要是工艺技术落后,不符合行业准入条件和有关规定,不利于产业结构优化升级,需要督促改造和禁止新建的生产能力、工艺技术、装备及产品。按照以下原则确定限制类产业指导目录:

(一)不符合行业准入条件,工艺技术落后,对产业结构没有改善;

(二)不利于安全生产;

(三)不利于资源和能源节约;

(四)不利于环境保护和生态系统的恢复;

(五)低水平重复建设比较严重,生产能力明显过剩;

(六)法律、行政法规规定的其他情形。

**第十六条** 淘汰类主要是不符合有关法律法规规定,严重浪费资源、污染环境、不具备安全生产条件,需要淘汰的落后工艺技术、装备及产品。按照以下原则确定淘汰类产业指导目录:

(一)危及生产和人身安全,不具备安全生产条件;

(二)严重污染环境或严重破坏生态环境;

(三)产品质量低于国家规定或行业规定的最低标准;

(四)严重浪费资源、能源;

(五)法律、行政法规规定的其他情形。

**第十七条** 对鼓励类投资项目,按照国家有关投资管理规定进行审批、核准或备案;各金融机构应按照信贷原则提供信贷支持;在投资总额内进口的自用设备,除财政部发布的《国内投资项目不予免税的进口商品目录(2000年修订)》所列商品外,继续免征关税和进口环节增值税,在国家出台不予免税的投资项目目录等新规定后,按新规定执行。对鼓励类产业项目的其他优惠政策,按照国家有关规定执行。

**第十八条** 对属于限制类的新建项目,禁止投资。投资管理部门不予审批、核准或备案,各金融机构不得发放贷款,土地管理、城市规划和建设、环境保护、质检、消防、海关、工商等部门不得办理有关手续。凡违反规定进行投融资建设的,要追究有关单位和人员的责任。

对属于限制类的现有生产能力,允许企业在一定期限内采取措施改造升级,金融机构按信贷原则继续给予支持。国家有关部门要根据产业结构优化升级的要求,遵循优胜劣汰的原则,实行分类指导。

**第十九条** 对淘汰类项目,禁止投资。各金融机构应停止各种形式的授信支持,并采取措施收回已发放的贷款;各地区、各部门和有关企业要采取有力措施,按规定限期淘汰。在淘汰期限内国家价格主管部门可提高供电价格。对国家明令淘汰的生产工艺技术、装备和产品,一律不得进口、转移、生产、销售、使用和采用。

对不按期淘汰生产工艺技术、装备和产品的企业,地方各级人民政府及有关部门要依据国家有关法律法规责令其停产或予以关闭,并采取妥善措施安置企业人员、保全金融机构信贷资产安全等;其产品属实行生产许可证管理的,有关部门要依法吊销生产许可证;工商行政管理部门要督促其依法办理变更登记或注销登记;环境保护管理部门要吊销其排污许可证;电力供应企业要依法停止供电。对违反规定者,要依法追究直接责任人和有关领导的责任。

## 第四章 附 则

**第二十条** 本规定自发布之日起施行。原国家计委、国家经贸委发布的《当前国家重点鼓励发展的产业、产品和技术目录(2000年修订)》、原国家经贸委发布的《淘汰落后生产能力、工艺和产品的目录(第一批、第二批、第三批)》和《工商投资领域制止重复建设目录(第一批)》同时废止。

**第二十一条** 对依据《当前国家重点鼓励发展的产业、产品和技术目录(2000年修订)》执行的有关优惠政策,调整为依据《产业结构调整指导目录》鼓励类目录执行。外商投资企业的设立及税收政策等执行国家有关外商投资的法律、行政法规规定。

# 中华人民共和国国家发展和改革委员会令

**第38号**

根据国家有关法律法规和《汽车产业发展政策》的有关规定,特制定了《汽车产品外部标识管理办法》,经国家发展改革委主任办公会讨论通过,现予发布,并于2006年2月1日起施行。

国家发展和改革委员会主任

二〇〇五年十一月三日

## 第一章 总则

**第一条** 为规范汽车生产企业产品外部标识，保护消费者合法权益，推动汽车生产企业增强质量意识和品牌意识，贯彻《汽车产业发展政策》，根据有关法律法规，制定本办法。

**第二条** 本办法所称的"汽车产品外部标识"是指注册商品商标、生产企业名称、商品产地、车型名称及型号、发动机排量、变速箱型式、驱动型式及反映车辆特征的其他标识。

**第三条** 本办法适用于在中国境内生产的面向国内市场销售的汽车。对在中国境内生产的面向国外市场的汽车和进口汽车不做统一要求。

**第四条** 汽车行业主管部门负责对汽车产品外部标识的标注进行规范和管理。

## 第二章 标识的标注

**第五条** 国产汽车在车身前部外表面的易见部位上应当至少装置一个能永久保持的商品商标。

**第六条** 国产乘用车、商用车、挂车在车身尾部显著位置(在保险杠之上的后部车身表面)上，应标注汽车生产企业名称、商品商标、车型名称等。如果标注商品图形商标，则应标注于车身尾部外表面的左右中间位置（车身尾部带备用轮胎架或车身后部左右开门的车辆除外)。

汽车生产企业的合资各方如将各自中文汉字名称的简称进行组合或将各自注册的汉字商标进行组合标注的，可不再标注生产企业名称。

**第七条** 采用外购底盘的专用车应保留原底盘的商品商标、生产企业名称等，同时还应标注专用车生产企业的名称、商品商标、车型名称等信息。

**第八条** 汽车零部件产品应标注生产企业商品商标或企业名称，具体标注方式由企业自行决定。

## 第三章 标识的要求

**第九条** 汽车生产企业名称必须采用中文汉字标注。车长超过 4.2m 的车型，其中文汉字高度不得低于 25mm，车长不超过 4.2m 的车型，其中文汉字高度不得低于 20mm。生产企业名称和商品文字商标必须采用同一材料标注。

**第十条** 车型名称可以采用中文汉字，也可以采用字母，其文字高度不得低于 15mm。

**第十一条** 汽车产品外部标识标注的内容应当与车辆产品标牌、车辆整车出厂合格证明等文件标注的内容一致。

**第十二条** 乘用车、商用车车身的前部和尾部标识中，汽车生产企业名称、商品商标、车型名称等应能永久保持，不得采用油漆喷涂方式和不干胶粘贴方式。

## 第四章 附则

**第十三条** 本办法所称汽车是指国家标准(GB/T 3730.1—2001)2.1 款定义的车辆，包括乘用车（2.1.1 款定义）和商用车（2.1.2 款定义），其中 2.1.1.11，2.1.2.3.5，2.1.2.3.6 款定义的车辆为专用汽车；所称挂车指国家标准 (GB/T 3730.1—2001) 2.2 款定义的车辆。

**第十四条** 本办法中的"汽车生产企业名称"是指汽车生产企业在工商部门登记注册的企业名称或汽车生产企业《公告》名称。

具体标注时，既可以采用企业全称，也可以采用企业简称，当采用企业简称时应在申报《道路机动车辆生产企业及产品公告》时备案。

国内汽车生产企业(集团)的控股子公司可以按照母公司的要求标注企业名称或简称。

**第十五条** 本办法中的"永久保持"是指在产品使用寿命时间内不允许老化和自然脱落。

**第十六条** 2006 年 2 月 1 日开始，申报《道路机动车辆生产企业及产品公告》(以下简称《公告》)的新产品必须符合本办法的规定，不符合本办法要求的，将不予登录《公告》。

**第十七条** 汽车生产企业应尽快按照本办法的规定对《公告》内车型车身外部标识进行调整，2006 年 5 月 1 日起《公告》内所有车型均需符合本办法要求，否则暂停有关车型《公告》。

# 国家发展改革委办公厅关于2005年国家工程研究中心有关工作的通知

**急 发改办高技[2005]232号**

**国务院有关部门办公厅(办公室),各省、自治区、直辖市及计划单列市、新疆生产建设兵团发展改革委,中央管理企业:**

国家工程研究中心(以下简称工程中心)是国家创新体系的重要组成部分。围绕为行业技术进步服务,加快科技成果转化的宗旨,工程中心对提升产业竞争力、促进科技与经济的结合发挥了重要作用。为适应投资体制改革等新形势的要求,继续做好工程中心的建设工作,现将有关事项通知如下:

**一、工程中心的审理程序**

工程中心的审理将采取“先组后建”的方式,即先审批工程中心的组建方案,再审批工程中心建设项目。

(一)工程中心的组建

按照非行政许可的行政审批方式对工程中心组建方案进行审批。主要审查申请单位是否具备组建工程中心的基本条件,工程中心的发展思路、目标、任务等是否合理等,特别是要审查工程中心在定位、机制、考核目标等方面如何体现为行业技术进步服务,加快科技成果转化的宗旨。具体步骤如下:

1. 国家发展改革委发布工程中心组建领域;

2. 各项目主持部门组织有关单位申报工程中心组建方案(暂参照原工程中心项目建议书格式);

3. 国家发展改革委组织专家进行评审;

4. 国家发展改革委择优批复工程中心的组建方案,明确工程中心的组建单位、目标、任务等;

(二)工程中心建设项目

经国家发展改革委批准组建的工程中心,在成立项目法人后可按批复的工程中心组建方案提出建设项目,申请国家补助投资。具体步骤如下:

1. 各主持部门在对项目单位提出的工程中心建设项目进行备案(或核准),并审核其具备建设条件后,向国家发展改革委报送工程中心建设项目资金申请报告(须达到可行性研究深度);

2. 国家发展改革委组织专家对资金申请报告进行评审或评估;

3. 国家发展改革委批复资金申请报告,并根据项目进度下达资金计划。

当前工程中心审理工作暂按上述程序执行,今后将在《国家高技术产业发展项目管理办法》、《国家工程研究中心管理办法》中对相关规定再做进一步完善。

**二、2005年组建工程中心的重点领域**

在2004~2005年度工程中心重点建设领域(发改办高技[2004]547号)的基础上,现对2005年组建工程中心的重点领域调整补充如下:

(一)下一代互联网

以增强我国在网络技术方面的核心竞争力,在知识产权和国际标准的竞争中赢得主动为主要目标,重点围绕下一代互联网标准、网络核心设备、网络管理和应用,建立具有国际先进水平的下一代互联网技术开发和工程转化设施,促进产业的形成和应用推广。

(二)汽车电子

以尽快提升我国汽车电子的技术层次和核心竞争力为主要目标,重点围绕汽车电子控制系统、电子信息系统、汽车设计制造的CAD/CAM/CAE软硬件等技术和产品，建立汽车电子技术系统集成及工程化设施，与整车应用相结合，推动汽车电子产业的发展。

（三）数字化诊断、治疗设备

以提高数字化诊断、治疗设备的自主研发能力，加快相关技术在临床医疗中的应用为主要目标，重点围绕促进电子信息、生物工程、精密制造等技术与临床医学的融合，提高关键技术和部件的研发及工程化能力，建立数字化诊断、治疗设备的研发及相关试验条件，促进我国生物医学工程产品向数字化方向发展。

（四）产品绿色设计与清洁生产技术

以缓解资源、能源大量消耗和环境负荷等对国民经济支柱产业发展的制约，促进循环经济的发展为主要目标，重点围绕提升我国支柱产业核心技术水平，发展环境友好技术，在产品绿色设计、生产流程控制、能源转换及社会废弃物处理等绿色设计和生产技术方面形成系统的研发及工程化能力，促进我国可持续发展战略的实施。

（五）水资源综合开发利用

以提高水资源的利用效率，缓解水资源紧缺矛盾为主要目标，重点围绕海水（苦咸水）淡化和直接利用、城市水资源综合开发利用的技术、工艺、装备，加强技术攻关和系统集成能力，提高相关技术装备的适用性，促进水资源开发利用的产业化进程。

（六）煤炭安全采掘与高效利用

以保障煤炭安全生产，提高煤炭转化利用效率，缓解我国石油供需矛盾为主要目标，集中国内各相关行业的优势力量，在引进、消化国外技术的同时，重点围绕煤炭安全采掘技术装备、煤炭液化核心技术、关键设备及专用催化剂等的研究开发，形成煤炭安全采掘及高效利用技术与装备系统研发和工程化能力，满足国民经济发展的迫切需求。

（七）矿产资源开发利用

以合理保护和利用我国特有资源和稀缺资源，促进相关产业的健康发展和经济社会的可持续发展为主要目标，重点围绕离子型稀土、低品位难处理矿产资源等的开采、高效选冶、应用及二次资源的回收利用等，形成较为完整的系统开发及工程化能力，促进国民经济的健康发展。

（八）先进制造技术与装备

以加快先进制造技术与装备的研发及工程化应用，促进我国制造业结构调整为主要目标，重点围绕船舶、汽车、电子等行业对先进制造技术与装备的需求，在数字化测控、精密超精密加工、快速成型、船舶先进制造等方面，建设先进制造装备设计和生产工艺研发的技术平台，提高我国先进制造技术与装备的整体自主创新能力，促进我国装备制造业的跨越式发展。

（九）核应用技术

以推动非动力核技术的应用，促进核应用技术这一新兴的高技术产业发展为主要目标，重点围绕加速器和放射性同位素技术，提高新一代强流加速器和放射性同位素制品技术的研发能力和应用水平，增强自主创新能力和核心竞争力，提升我国核应用技术的产业化水平。

（十）电动汽车

以缓解能源、资源等对汽车工业发展的制约，提高未来我国汽车工业竞争力为主要目标，重点围绕燃料电池汽车、混合动力汽车和电动汽车的整车集成技术，以一体化、模块化技术为主要方向，加快现代设计、电子控制、新型材料、先进制造等技术的集成应用，形成电动汽车整车开发与试验的工程化能力，推动电动汽车的产业化进程。

请按照通知要求，认真做好2005年工程中心的组建和建设项目申报工作。2005年工程中心组建方案申报的截止时间为2005年3月15日。对于我委已批准组建或立项的工程中心，其建设项目采取成熟一项、审批一项的办法，待完成项目法人组建、并经项目主持部门审查备案（或核准）后，即可向我委报送工程中心建设项目资金申请报告。

特此通知。

国家发展和改革委员会办公厅

二〇〇五年二月五日

# 创业投资企业管理暂行办法

(2005年9月7日国务院批准,2005年11月15日国家发展改革委、科技部、财政部、商务部、中国人民银行、国家税务总局、国家工商行政管理总局、中国银监会、中国证监会、国家外汇管理局联合发布,自2006年3月1日起施行)

## 第一章 总则

**第一条** 为促进创业投资企业发展,规范其投资运作,鼓励其投资中小企业特别是中小高新技术企业,依据《中华人民共和国公司法》、《中华人民共和国中小企业促进法》等法律法规,制定本办法。

**第二条** 本办法所称创业投资企业,系指在中华人民共和国境内注册设立的主要从事创业投资的企业组织。

前款所称创业投资,系指向创业企业进行股权投资,以期所投资创业企业发育成熟或相对成熟后主要通过股权转让获得资本增值收益的投资方式。

前款所称创业企业,系指在中华人民共和国境内注册设立的处于创建或重建过程中的成长性企业,但不含已经在公开市场上市的企业。

**第三条** 国家对创业投资企业实行备案管理。凡遵照本办法规定完成备案程序的创业投资企业,应当接受创业投资企业管理部门的监管,投资运作符合有关规定的可享受政策扶持。未遵照本办法规定完成备案程序的创业投资企业,不受创业投资企业管理部门的监管,不享受政策扶持。

**第四条** 创业投资企业的备案管理部门分国务院管理部门和省级(含副省级城市)管理部门两级。国务院管理部门为国家发展和改革委员会;省级(含副省级城市)管理部门由同级人民政府确定,报国务院管理部门备案后履行相应的备案管理职责,并在创业投资企业备案管理业务上接受国务院管理部门的指导。

**第五条** 外商投资创业投资企业适用《外商投资创业投资企业管理规定》。依法设立的外商投资创业投资企业,投资运作符合相关条件,可以享受本办法给予创业投资企业的相关政策扶持。

## 第二章 创业投资企业的设立与备案

**第六条** 创业投资企业可以以有限责任公司、股份有限公司或法律规定的其他企业组织形式设立。

以公司形式设立的创业投资企业,可以委托其他创业投资企业、创业投资管理顾问企业作为管理顾问机构,负责其投资管理业务。委托人和代理人的法律关系适用《中华人民共和国民法通则》、《中华人民共和国合同法》等有关法律法规。

**第七条** 申请设立创业投资企业和创业投资管理顾问企业,依法直接到工商行政管理部门注册登记。

**第八条** 在国家工商行政管理部门注册登记的创业投资企业,向国务院管理部门申请备案。

在省级及省级以下工商行政管理部门注册登记的创业投资企业,向所在地省级(含副省级城市)管理部门申请备案。

**第九条** 创业投资企业向管理部门备案应当具备下列条件:

(一)已在工商行政管理部门办理注册登记。

(二)经营范围符合本办法第十二条规定。

(三)实收资本不低于3000万元人民币,或者首期实收资本不低于1000万元人民币且全体投资者承诺在注册后的5年内补足不低于3000万元人民币实收资本。

(四)投资者不得超过200人。其中,以有限责任公司形式设立创业投资企业的,投资者人数不得超过50人。单个投资者对创业投资企业的投资不得低于100万元人民币。所有投资者应当以货币形式出资。

(五)有至少3名具备2年以上创业投资或相关业务经验的高级管理人员承担投资管理责任。委托其他创业投资企业、创业投资管理顾问企业作为管理顾问机构负责其投资管理业务的,管理顾问机构必须有至少3名具备2年以上创业投资或相关业务经验的高级管理人员对其承担投资管理责任。

前款所称“高级管理人员”,系指担任副经理及以上职务或相当职务的管理人员。

**第十条** 创业投资企业向管理部门备案时,应当提交下列文件:

(一)公司章程等规范创业投资企业组织程序和行为的法律文件。

(二)工商登记文件与营业执照的复印件。

(三)投资者名单、承诺出资额和已缴出资额的证明。

(四)高级管理人员名单、简历。

由管理顾问机构受托其投资管理业务的,还应提交下列文件:

(一)管理顾问机构的公司章程等规范其组织程序和行为的法律文件。

(二)管理顾问机构的工商登记文件与营业执照的复印件。

(三)管理顾问机构的高级管理人员名单、简历。

(四)委托管理协议。

**第十一条** 管理部门在收到创业投资企业的备案申请后,应当在5个工作日内,审查备案申请文件是否齐全,并决定是否受理其备案申请。在受理创业投资企业的备案申请后,应当在20个工作日内,审查申请人是否符合备案条件,并向其发出“已予备案”或“不予备案”的书面通知。对“不予备案”的,应当在书面通知中说明理由。

## 第三章 创业投资企业的投资运作

**第十二条** 创业投资企业的经营范围限于:

(一)创业投资业务。

(二)代理其他创业投资企业等机构或个人的创业投资业务。

(三)创业投资咨询业务。

(四)为创业企业提供创业管理服务业务。

(五)参与设立创业投资企业与创业投资管理顾问机构。

**第十三条** 创业投资企业不得从事担保业务和房地产业务,但是购买自用房地产除外。

**第十四条** 创业投资企业可以以全额资产对外投资。其中,对企业的投资,仅限于未上市企业。但是所投资的未上市企业上市后,创业投资企业所持股份的未转让部分及其配售部分不在此限。其他资金只能存放银行、购买国债或其他固定收益类的证券。

**第十五条** 经与被投资企业签订投资协议,创业投资企业可以以股权和优先股、可转换优先股等准股权方式对未上市企业进行投资。

**第十六条** 创业投资企业对单个企业的投资不得超过创业投资企业总资产的20%。

**第十七条** 创业投资企业应当在章程、委托管理协议等法律文件中,明确管理运营费用或管理顾问机构的管理顾问费用的计提方式,建立管理成本约束机制。

**第十八条** 创业投资企业可以从已实现投资收益中提取一定比例作为对管理人员或管理顾问机构的业绩报酬,建立业绩激励机制。

**第十九条** 创业投资企业可以事先确定有限的存续期限,但是最短不得短于7年。

**第二十条** 创业投资企业可以在法律规定的范围内通过债权融资方式增强投资能力。

**第二十一条** 创业投资企业应当按照国家有关企业财务会计制度的规定,建立健全内部财务管理制度和会计核算办法。

## 第四章 对创业投资企业的政策扶持

**第二十二条** 国家与地方政府可以设立创业投资引导基金,通过参股和提供融资担保等方式扶持创业投资企业的设立与发展。具体管理办法另行制定。

**第二十三条** 国家运用税收优惠政策扶持创业投资企业发展并引导其增加对中小企业特别是中小高新技术企业的投资。具体办法由国务院财税部门会同有关部门另行制定。

**第二十四条** 创业投资企业可以通过股权上市转让、股权协议转让、被投资企业回购等途径，实现投资退出。国家有关部门应当积极推进多层次资本市场体系建设，完善创业投资企业的投资退出机制。

## 第五章 对创业投资企业的监管

**第二十五条** 管理部门已予备案的创业投资企业及其管理顾问机构，应当遵循本办法第二、第三章各条款的规定进行投资运作，并接受管理部门的监管。

**第二十六条** 管理部门已予备案的创业投资企业及其管理顾问机构，应当在每个会计年度结束后的4个月内向管理部门提交经注册会计师审计的年度财务报告与业务报告，并及时报告投资运作过程中的重大事件。

前款所称重大事件，系指：

(一)修改公司章程等重要法律文件。

(二)增减资本。

(三)分立与合并。

(四)高级管理人员或管理顾问机构变更。

(五)清算与结业。

**第二十七条** 管理部门应当在每个会计年度结束后的5个月内，对创业投资企业及其管理顾问机构是否遵守第二、第三章各条款规定，进行年度检查。在必要时，可在第二、第三章相关条款规定的范围内，对其投资运作进行不定期检查。

对未遵守第二、三章各条款规定进行投资运作的，管理部门应当责令其在30个工作日内改正；未改正的，应当取消备案，并在自取消备案之日起的3年内不予受理其重新备案申请。

**第二十八条** 省级(含副省级城市)管理部门应当及时向国务院管理部门报告所辖地区创业投资企业的备案情况，并于每个会计年度结束后的6个月内报告已纳入备案管理范围的创业投资企业的投资运作情况。

**第二十九条** 国务院管理部门应当加强对省级(含副省级城市)管理部门的指导。对未履行管理职责或管理不善的，应当建议其改正；造成不良后果的，应当建议其追究相关管理人员的失职责任。

**第三十条** 创业投资行业协会依据本办法和相关法律、法规及规章，对创业投资企业进行自律管理，并维护本行业的自身权益。

## 第六章 附则

**第三十一条** 本办法由国家发展和改革委员会会同有关部门解释。

**第三十二条** 本办法自2006年3月1日起施行。

# 国家发展改革委办公厅关于东风汽车公司等企业违规调整车辆质量参数及处理的通报

**急 发改办产业[2005]120号**

**各省、自治区、直辖市、计划单列市及新疆生产建设兵团发展改革委(计委)、经贸委(经委)：**

按照交通部、公安部、国家发展改革委、质检总局、安全监管局、工商总局、法制办联合制定的《关于在全国开展车辆超限载治理工作的实施方案》的工作部署，我委发布了《公告》(2004年第31号)，对在用“大吨小标”载货汽车质量参数更改工作进行了安排，明确了更正质量参数的有关规定。多数生产企业按照要求，对“大吨小标”载货汽车的质量参数进行了更正，恢复原车辆设计的质量参数。但是，也有少数企业不重视恢复“大吨小标”车辆质量参数工作，未将车辆的质量参数恢复到原设计参数，而是无原则的迎合部分用户不合理的要求，将部分车型的质量参数调大，成为“小吨大标”车辆，东风汽车公司将89个车型的质量参数大标，安徽江淮汽车股份有限公司将88个车型的质量参数大标，对此情况众多用户反映十分强烈，严重干扰了市场秩序，造成不良社会影响。

为加强车辆生产企业及产品管理，进一步规范生产企业的行为，促进汽车行业健康发展，依据《国家发展和改革委员会公告》(2004年第31号)、原国家经贸委《关于车辆生产企业及产品目录管理改革有关问题的通知》(国经贸产业 [2001]471号)、《关于进一步加强公告管理和注册登记有关事项的通知》(国经贸产业[2002]768号)的规定，对东风汽车公司、安徽江淮汽车股份有限公司的违规行为予以通报批评，并作出如下处理决定：撤销上述两企业在《车辆生产企业及产品公告》(以下简称《公告》)中的所有违规车型；在2005年一季度内两企业申报的载货类汽车新产品实施公示2个月，经公示确认没有违规情况的产品才能列入《公告》；上述两公司内部要对有关责任人员进行处理。

各地发展改革委(计委)、经贸委(经委)要以此为鉴，加强对本地区车辆生产企业及产品的管理力度，整顿和规范汽车市场秩序；车辆生产企业也要加强内部管理，制定和完善工作程序，按照国家安全、环保、节能等标准和规定设计、生产车辆，规范销售行为。

国家发展和改革委员会办公厅

二〇〇五年一月十八日

# 中华人民共和国国家发展和改革委员会令

**第40号**

《产业结构调整指导目录(2005年本)》已经国务院批准，现予以发布，自发布之日起施行。

国家发展和改革委员会主任：马凯

二〇〇五年十二月二日

# 产业结构调整指导目录(2005年本)

## 第一类 鼓励类

### 一、农林业

1. 粮食中低产田综合治理与稳产高产基本农田建设

2.国家级农产品基地建设

3.蔬菜、花卉无土栽培

4.优质、高产、高效标准化栽培和养殖技术开发及应用

5.重大病虫害及动物疾病防治

6.农作物、家畜、家禽及水生动植物、野生动植物遗传工程及基因库建设

7.动植物优良品种选育、繁育、保种和开发

8.种(苗)脱毒技术开发及应用

9.旱作节水农业、保护性耕作、生态农业建设、耕地质量建设以及新开耕地快速培肥技术开发

10.生态种(养)技术开发与应用

11.农用薄膜无污染降解技术及农田土壤重金属降解技术开发及应用

12.绿色无公害饲料及添加剂研究开发

13.内陆流域性大湖资源增殖保护工程

14.远洋渔业

15.奶牛养殖

16.牛羊胚胎(体内)及精液工厂化生产

17.农业克隆技术研发

18.耕地保养管理与土、肥、水速测技术开发

19.农、林作物种植资源保护地、保护区建设以及种质资源收集、保存、鉴定、开发和应用

20.农作物秸秆还田与综合利用(包括青贮饲料、秸秆氨化养牛、还田、气化、培育食用菌等)

21.农村可再生资源综合利用开发工程(沼气工程、生态家园等)

22.平垸行洪退田还湖恢复工程

23.食(药)用菌菌种培育

24.草原、森林灾害综合治理工程

25.利用非耕地的退耕(牧)还林(草)及天然草原植被恢复工程

26.动物疫病的新型诊断试剂、疫苗及低毒低残留新药开发

27.高产牧草人工种植

28.天然橡胶种植生产

29.无公害农产品及其产地环境的有害元素监测技术开发及应用

30.有机废弃物无害化处理及有机肥料产业化技术开发及应用

31.农牧渔产品的无公害、绿色生产技术开发及应用

32.农林牧渔产品储运、保鲜、加工及综合利用

33.天然林等自然资源保护工程

34.植树种草工程及林木种苗工程

35.水土保持综合技术开发及应用

36.生态系统恢复与重建工程

37.森林、野生动植物、湿地、荒漠、草原等类型自然保护区建设及生态示范工程

38.防护林工程

39.石漠化防治及防沙治沙工程

40.固沙、保水、改土新材料生产

41.抗盐与耐旱植物的培植

42.速生丰产林工程、工业原料林工程及名特优新经济林建设

43.竹藤基地建设及竹藤新产品生产技术开发

44.中幼林抚育工程

45.野生经济林树种保护、改良及开发利用

46.珍稀濒危野生动植物保护工程

47.林业基因资源保护工程

48.次小薪材、沙生灌木和三剩物的深度加工及系列产品开发

49.野生动植物种源繁育、培植基地及疫源疫病监测预警体系建设

50.地道中药材和优质、丰产、濒危或紧缺动植物药材的种(养)殖

51.香料、野生花卉等林下资源的人工培育及开发

52.木基复合材料的技术开发

53.竹质工程材料、植物纤维工程材料生产及综合利用

54.林产化学品深加工

55.人工增雨防雹等人工影响天气技术开发和应用

二、水利

1.大江、大河、大湖治理及干支流控制性工程

2.跨流域调水工程

3.水资源短缺地区水源工程

4.农村人畜饮水及改水工程

5.蓄滞洪区安全建设

6.海堤防维护及建设

7.江河湖库清淤疏浚工程

8.病险水库和堤防除险加固工程

9.堤坝隐患监测与修复技术开发应用

10.城市积涝预警和防洪工程

11.出海口门整治工程

12.综合利用水利枢纽工程

13.牧区水利工程

14.淤地坝工程

15.水利工程用土工合成材料及新型材料开发制造

16.大中型灌区改造及配套设施建设

17.防洪抗旱应急设施建设

18.高效输配水、节水灌溉技术及设备制造

19.水情水质自动监测及防洪调度自动化系统开发

20.水文数据采集仪器及设备制造

三、煤炭

1.煤田地质及地球物理勘探

2.120万吨/年及以上的高产高效煤矿（含矿井、露天）、高效选煤厂建设

3.矿井灾害(瓦斯、煤尘、矿井水、火、围岩等)防治

4.工业及生活用环保型煤开发及生产

5.水煤浆技术开发及应用

6.煤炭气化、液化技术开发及应用

7.煤层气勘探、开发和矿井瓦斯利用

8.低热值燃料(含煤矸石)及煤矿伴生资源开发利用及设备制造

9.管道输煤

10.煤炭高效洗选脱硫技术开发及应用

11.节水型选煤工程技术开发及应用

12.地面沉陷区治理、矿井水资源保护及利用

13.煤电、煤焦化(焦炉煤气、煤焦油深加工)一体化建设

14.提高资源回收率的采煤方法、工艺开发应用及装备制造

四、电力

1.水力发电

2.单机60万千瓦及以上超临界、超超临界机组电站建设

3.采用30万千瓦及以上集中供热机组的热电联产,以及热、电、冷多联产

4.缺水地区单机60万千瓦及以上大型空冷机组电站建设

5.风力发电及太阳能、地热能、海洋能、生物质能等可再生能源开发利用

6.燃气蒸汽联合循环发电

7.30万千瓦及以上循环流化床、增压流化床、整体煤气化联合循环发电等洁净煤发电

8.单机20万千瓦及以上采用流化床锅炉并利用煤矸石或劣质煤发电

9.500千伏及以上交、直流输变电

10.投运发电机组脱硫改造

11.城乡电网改造及建设

12.继电保护技术、电网运行安全监控信息技术开发

13.大型电站及大电网变电站集约化设计和自动化技术开发

14.跨区电网互联工程技术开发

15.输变电新技术推广应用

16.降低输、变、配电损耗技术开发及应用

17.分散供电技术开发及应用

五、核能

1.铀矿地质勘查和铀矿采冶

2.低温核供热堆、快中子增殖堆、聚变堆、先进研究堆、高温气冷堆

3.核电站建设

4.高性能核燃料元件制造

5.乏燃料后处理

6.核分析、核探测仪器仪表制造

7.同位素、加速器及辐照应用技术开发

8.先进的铀同位素分离技术开发

9.辐射防护技术开发与监测设备制造

10.核设施实体保护仪器仪表开发

六、石油、天然气

1.石油、天然气勘探及开采

2.天然气水合物勘探开发

3.原油、天然气、成品油的储运和管道输送设施及网络建设

4.油气伴生资源综合利用

5.提高油气田采收率、生产安全保障技术和设施、生态环境恢复与污染防治工程技术开发和应用

6.放空天然气回收利用

七、钢铁

1. 黑色金属矿山接替资源勘探及关键勘探技术开发

2.炭化室高度6米以上、宽500毫米以上配干熄焦、装煤、推焦除尘装置的新一代大容积机械化焦炉建设

3.煤捣固炼焦、配型煤炼焦工艺技术应用

4.干法熄焦、导热油换热技术应用

5.120万吨/年以上大型链篦机回转窑和带式球团焙烧机等氧化球团生产

6.15万吨/年及以上直接还原法炼铁

7.先进适用的熔融还原技术开发及应用

8.废钢加工处理(分类、剪切和打包,不含炼钢)

9.合金钢大方坯、大型板坯、圆坯、异型坯及近终型连铸技术开发及应用

10.现代化热轧宽带钢轧机关键技术开发应用及关键部件制造

11.薄板坯连铸连轧关键技术开发应用及关键部件制造

12.高强度钢生产

13.高速重载铁路用钢生产

14.石油开采用油井管、电站用高压锅炉管及油、气等长距离输送用钢管生产

15.H型钢、400MPa及以上螺纹钢筋生产

16.冷连轧宽带钢关键技术开发应用及关键部件制造

17.冷轧硅钢片生产

18.控制轧制、控制冷却工艺技术应用

19.直径550毫米以上超高功率石墨电极生产

20.大型高炉用微孔、超微孔炭砖生产

21.优质合成、不定形耐火材料生产

22.铁合金新工艺、新技术开发应用

23.全燃煤气热电联产

24.蓄热式燃烧技术应用

25.冶金综合自动化技术应用

八、有色金属

1.有色金属矿山接替资源勘探及关键勘探技术开发

2.铜、铝、铅、锌、镍大中型矿山建设

3.紧缺资源的深部及难采矿床开采

4.硫化矿物无污染强化熔炼工艺开发及应用

5.高效萃取设备和工艺技术开发

6.高精铜板、带、箔、管材生产及技术开发

7.高精铝板、带、箔及高速薄带铸轧生产技术开发与设备制造

8.轨道交通用高性能金属材料制造

9.有色金属复合材料技术开发及应用

10.高性能、高精度硬质合金及深加工产品和陶瓷材料生产

11.稀有、稀土金属深加工及其应用

12.锡化合物、锑化合物(不含氧化锑)生产

13.高性能磁性材料制造

14.超细粉体材料、电子浆料及其制品生产

15.非晶合金薄带制造

16.新型刹车材料制造

17.高品质镁合金铸造及板、管、型材加工技术开发

18.有色金属生产过程检测和控制技术开发

19.焙烧、热压预氧化和细菌氧化提金工艺技术开发及应用

九、化工

1.化工原料矿产资源勘探及大中型化工原料矿山建设

2.资源节约和环保型氮肥装置建设以及原料本地化、经济化改造

3.优质磷复肥、钾肥及各种专用复合肥生产

4.高效、低毒、安全新品种农药及中间体开发生产

5.用清洁生产技术建设和改造无机化工生产装置

6.环保型涂料生产

7.新型生物化工产品、专用精细化学品和膜材料生产

8.新型高效、无污染催化剂开发及生产

9.有机硅、有机氟及高性能无机氟化工产品生产

10.无机纳米及功能性材料生产

11.新型染料及其中间体开发及生产

12.大型芳烃生产装置建设

13.提高油品质量的炼油及节能降耗装置改造

14.大型乙烯建设(东部及沿海80万吨/年及以上、西部60万吨/年及以上)及现有乙烯改扩建

15.大型合成树脂及合成树脂新工艺、新产品开发

16.大型己内酰胺、乙二醇、丙烯腈的生产技术开发和成套设备制造

17.大型合成橡胶、合成胶乳和热塑性弹性体先进工艺开发、新产品制造

18.新型环保型油剂、助剂等纺织专用化学品生产

19.复合材料、功能性高分子材料、工程塑料及低成本化、新型塑料合金生产

20.采用先进工艺技术的大型基本有机化工原料生产

21.高等级道路沥青、聚合物改性沥青和特种沥青生产

22.低硫含酸重质原油综合利用

23.合成树脂加工用新型助剂、新型吸附剂、高性能添加剂和复配技术开发

24.20万吨/年及以上氧氯化法制聚氯乙烯

25.氯化法钛白粉生产

26.高等级子午线轮胎及配套专用材料、设备生产

27.醇醚燃料生产

十、建材

1.日产4000吨及以上(西部地区日产2000吨及以上)熟料新型干法水泥生产及装备和配套材料开发

2.新型节能环保墙体材料、绝热隔音材料、防水材料和建筑密封材料、建筑涂料开发生产

3.优质环保型摩擦与密封材料生产

4.3万吨/年及以上无碱玻璃纤维池窑拉丝技术和高性能玻璃纤维及制品技术开发与生产

5.优质节能复合门窗及五金配件生产

6.新型管材(含管件)技术开发制造

7.优质浮法玻璃生产技术、装备和节能、安全平板玻璃深加工技术开发

8.一次冲洗用水量6升及以下的坐便器、节水型小便、蹲便器及节水控制设备开发生产

9.高新技术和环保产业需求的高纯、超细、改性等精细加工矿物材料生产及其技术装备开发制造

10.新型干法水泥和新型墙体材料等建材产品生产中消纳工业废弃物、城市垃圾和污泥的无害化与资源化关键技术及装备开发

11.玻璃纤维增强塑料制品(玻璃钢)机械化成型技术开发

12.散装水泥装备技术开发

13.高性能混凝土用外加剂技术开发与生产

14.50万吨/年及以上人工砂生产线及其技术装备开发生产

15.100万吨/年及以上大型水泥粉磨站建设

16.20万立方米/年以上大型石材荒料、30万平方米/年以上超薄复合石材生产

17.高品质人工晶体材料生产技术开发

十一、医药

1.具有自主知识产权的新药开发与生产

2.重大传染病防治疫苗和药物开发与生产

3.新型诊断试剂及生物芯片技术开发与生产

4.新型计划生育药物及器具开发与生产(含第三代孕激素的避孕药,第三代宫内节育器等)

5.天然药物、海洋药物开发与生产

6.制剂新辅料开发与生产

7.关键医药中间体开发与生产

8.医药生物工程新技术、新产品开发

9.新型药物制剂技术开发与应用

10.大规模药用多肽和核酸合成、发酵生产、纯化技术开发和应用

11.药物生产中的膜技术、超临界萃取技术、手性技术及自控技术等开发和应用

12.原料药清洁生产工艺开发与应用

13.新型药用包装材料及其技术开发

14.中药现代化(濒危稀缺药用动植物人工繁育技术开发;先进农业技术在中药材规范化种植、养殖中的应用;中药有效成份的提取、纯化、质量控制新技术开发和应用;中药现代剂型的工艺技术、生产过程控制技术和装备的开发与应用;中药饮片创新技术开发和产业化)

15.少数民族医药开发生产

16.数字化医学影像产品及医疗信息技术开发与制造

17.早期诊断医疗仪器设备开发制造

18.微创外科和介入治疗装备及器械开发制造

19.医疗急救及康复工程技术装置开发生产

20.实验动物养殖

21.微生物开发利用

十二、机械

1.数控机床关键零部件及刀具制造

2.三轴以上联动的高速、精密数控机床,数控系统及交流伺服装置、直线电机制造

3.新型传感器开发及制造

4.轿车轴承、铁路轴承、精密轴承、低噪音轴承制造

5.转轮直径8.5米及以上混流、轴流式水电设备及其关键配套辅机制造

6.大型贯流及抽水蓄能水电机组及其关键配套辅机制造

7.60万千瓦及以上超临界及超超临界火电机组成套设备技术开发、设备制造及其关键配套辅机制造

8.30万千瓦及以上循环流化床锅炉制造

9.40万千瓦级以上燃气、蒸汽联合循环设备制造

10.大型、精密、专用铸锻件技术开发及设备制造

11.500千伏及以上超高压交、直流输变电成套设备制造

12.清洁能源发电设备制造(核电、风力发电、太阳能、潮汐等)

13.30万吨/年及以上合成氨成套设备制造

14.60万吨/年及以上乙烯成套设备制造技术开发及应用

15.集散型(DCS)控制系统及智能化现场仪表开发及制造

16.精密仪器开发及制造

17.新型液压、气动、密封元器件及装置制造

18.自动化焊接设备技术开发及设备制造

19.大型、精密模具及汽车模具设计与制造

20.可控气氛及大型真空热处理技术开发及设备制造

21.安全生产及环保检测仪器设计制造

22.城市垃圾处理设备制造

23.粉煤灰储运、利用成套设备制造

24.废旧电器、塑料、废旧橡胶回收利用设备制造

25.海水淡化和海水直接利用设备制造

26.工业机器人及其成套系统开发制造

27.500万吨/年及以上矿井综合采掘、装运成套设备及大型煤矿洗选机械设备制造

28.2000万吨级/年及以上大型露天矿成套设备制造

29.大型油气集输设备制造

30.自动化高速多色成套印刷设备制造

31.种、肥、水、药高效施用和保护性耕作等农机具制造

32.5吨/时以上种子加工成套设备开发制造

33.禽、畜类自动化养殖成套设备制造

34.设施农业设备制造

35.农、林、渔、畜产品深加工及资源综合利用设备制造

36.秸秆综合利用关键设备制造

37.农业(棉花、水稻、小麦、玉米、豆类、薯类、草饲料等)收获机械制造

38.营林及人工植被工业化生产设备制造技术开发

39.大型工程施工机械及关键零部件开发及制造

40.电控内燃机及关键零部件技术开发与制造

41.蓄冷(热)技术开发及设备制造

42.大型能量回收装置成套设备设计制造

43.7000米及以上深井钻机成套设备设计制造

44.高性能清淤设备制造

45.医疗废物集中处理设备制造

46.自动气象站系统技术开发及设备制造

47.特种气象观测及分析设备制造

48.地震台站、台网和流动地震观测技术系统开发及仪器设备制造

49.地质灾害监测治理新技术及设备研发

50.有害气体净化设备制造

51.食品质量安全检验检测相关技术及设备

52.报废汽车拆解、破碎处理设备制造

十三、汽车

1.汽车、摩托车整车及发动机、关键零部件系统设计开发

2.自动变速箱、重型汽车变速箱等汽车关键零部件及具有自主产权(品牌)的先进、适用汽车、发动机制造

3.汽车轻量化及环保型新材料制造

4.汽车重要部件的精密锻压、多工位压力成型及铸造

5.汽车、摩托车型式试验及维修用检测系统开发制造

6.压缩天然气、氢燃料、合成燃料、液化石油气、醇醚类燃料汽车和混合动力汽车、电动汽车、燃料电池汽车等新能源汽车整车及关键零部件开发及制造

7. 先进的小排量经济型乘用车、集装箱运输车、多轴大型专用车辆

8.先进的轿车用柴油发动机开发制造

9.城市用低底盘公共汽车开发制造

十四、船舶

1.高技术、高性能、特种船舶和10万吨级及以上大型船舶设计及制造

2.万吨级及以上客船、客滚船、滚装船、客箱

船、火车渡船制造

3.5000立方米及以上液化石油气(LPG)、液化天然气(LNG)船制造

4.3000标准箱(TEU)及以上集装箱船制造

5.船用动力系统、电站、特辅机制造

6.大型远洋渔船及海上钻井船、钻采平台、海上浮式生产储油轮等海洋工程装备设计制造

7.船舶控制与自动化、通讯导航、仪器仪表等船用设备制造

**十五、航空航天**

1.飞机及零部件开发制造

2.航空发动机开发制造

3.机载设备系统开发制造

4.直升机总体、旋翼系统、传动系统开发制造

5.航空航天用新型材料开发及生产

6.航空航天用燃气轮机制造

7.卫星、运载火箭及零部件制造

8.航空、航天技术应用及系统软硬件产品、终端产品开发生产

9.航空器地面模拟训练系统开发制造

10.航空器地面维修、维护、检测设备开发制造

11.卫星地面系统建设及设备制造

**十六、轻工**

1.符合经济规模的林纸一体化木浆、纸和纸板生产

2.高新技术制浆造纸机械成套设备开发制造

3.非金属制品模具设计、加工、制造

4.生物可降解塑料及其系列产品开发

5. 农用塑料节水器材和农用多层薄膜开发、生产

6.高技术陶瓷(含工业陶瓷)产品及装备技术开发

7.陶瓷清洁生产技术开发及应用

8.光、机、电子一体缝制机械及特种工业缝纫机开发制造

9.天然香料、合成香料新技术开发和产品制造

10.新型、生态型(易降解、易回收、可复用)包装材料研发、生产

11.新型塑料保温板、大口径塑料管材(直径0.5米以上)、超低噪音排水塑料管、防渗土工膜、医用塑料等新型塑料产品开发、制造

12.高新、数字印刷技术及高清晰度制版系统开发及应用

13.高技术绿色电池产品制造(无汞碱锰电池、氢镍电池、锂离子电池、高容量密封型免维护铅酸蓄电池、燃料电池、锌空气电池、太阳能电池)

14.少数民族特需用品制造

15.天然食品添加剂原料及生产技术开发应用

16.无元素氯(ECF)和全无氯(TCF)化学纸浆漂白工艺开发及应用

**十七、纺织**

1.高档纺织品生产、印染和后整理加工

2.采用化纤高仿真加工技术生产高档化纤面料

3.各种差别化、功能化化学纤维、高技术纤维生产

4.纤维及非纤维用新型聚脂(聚对苯二甲酸丙二醇酯、聚萘二酸乙二醇酯、聚对苯二甲酸丁二醇酯等)生产

5.符合生态、资源综合利用与环保要求的特种天然纤维(包括除羊毛以外的其他动物纤维、麻纤维、竹纤维、桑蚕丝、彩色棉花等)产品加工

6.采用高新技术的产业用特种纺织品生产

7.新型高技术纺织机械及关键零部件制造

8.高档地毯、抽纱、刺绣产品生产

9.采用计算机集成制造系统的高档服装生产

10.利用可再生资源的新型纤维(聚乳酸纤维、溶剂法纤维素纤维、动植物蛋白纤维等)生产

11.纺织、纺机企业生产所需检测、试验仪器开发制造

**十八、建筑**

1.节能省地型建筑暨绿色建筑的开发

2.高层建筑与空间结构技术开发

3.低噪声建筑施工机具开发与制造

4.住宅高性能外围护结构材料与部件制造

5.新型建筑结构系统开发

6.建筑隔震减震结构体系及产品研发与推广

7.建筑节水、节能、节地及节材关键技术开发

8. 智能建筑产品与设备的生产制造与集成技术研究

9. 居住及公共建筑集中采暖按热量计量技术应用

10.商品混凝土、商品砂浆及其施工技术开发

**十九、城市基础设施及房地产**

1.城市基础空间信息数据生产及关键技术开发

2.城市公共交通建设

3.城市道路及智能交通体系建设

4.城市交通管制系统技术开发及设备制造

5.城镇地下管道共同沟建设

6.城镇供排水管网工程、供水水源及净水厂工程

7.城镇燃气工程

8.城镇集中供热建设和改造工程

9.城市雨水收集利用工程

10.节能、低污染取暖设备制造

11.城镇园林绿化及生态小区建设

12.城市立体停车场建设

13.先进适用的建筑成套技术、产品和住宅部品研发和推广

14.燃气汽车加气站工程

15.城市建设管理信息化技术开发

16.城市生态系统关键技术开发

17.城际快速、城市轨道交通(经国家批准)系统开发、建设及车辆制造

18.城市节水技术开发与应用

19.城市照明智能化、绿色照明产品及系统技术开发

20.国家住宅示范工程建设

二十、铁路

1.铁路新线建设

2.既有线路提速及扩能

3.客运专线、高速铁路系统技术开发及建设

4.机车同步操纵、列车电空制动(ECP)、25 吨及以上轴重货运重载技术开发

5.铁路行车及客运、货运安全保障系统技术与装备开发

6.编组站自动化、装卸作业机械化设备制造

7.铁路运输信息系统开发

8.铁路集装箱运输系统开发与建设

9.交流传动机车、动车组、高原机车、机车车辆救援设备制造及技术开发

10.交流传动核心元器件制造(含 IGCT、IGBT 元器件)

11.时速 200 公里及以上铁路接触网、道岔、牵引供电技术开发与设备制造

12. 电气化铁路牵引供电功率因数补偿技术开发

13.铁路线路检测、机车车辆监测技术开发与设备制造

14.大型养路机械、多用途养路机械、轨道检测设备、工务专用设备开发制造

15.行车调度指挥自动化技术开发

16. 混凝土结构物修补和提高耐久性技术、材料开发

17. 高速磁悬浮交通系统技术及材料开发与应用

18. 铁路旅客列车集便器及污物地面接收、处理工程

二十一、公路

1.国道主干线、西部开发公路干线、国家高速公路网项目建设

2.公路智能运输系统开发与建设

3.公路快速客货运输系统开发与建设

4.公路管理信息系统开发与建设

5.公路工程新材料开发及生产

6.公路工程及养护新型机械设备设计制造

7.公路集装箱和厢式运输

8.特大跨径桥梁修筑和养护技术开发

9.长大隧道修筑和维护技术开发

10.农村客货运输网络开发与建设

11.农村公路建设

二十二、水运

1.深水泊位(沿海万吨级、内河千吨级)建设

2.出海深水航道及内河干线航道建设、通航建筑物建设

3.大型港口装卸自动化工程

4.海运电子数据交换系统开发

5. 水上安全保障系统和救助打捞装备建设与开发

6.内河航运及船型标准化

7.港口、深水航道及航电枢纽建设所需特种工程机械设备设计制造

8.集装箱多式联运及水上集装箱运输

9.水上高速客运

10.原油、成品油、天然气船舶运输

11.船舶溢油监测及应急消除系统建设开发

12.水上滚装多式联运及水路大宗散货运输

13.水运行业信息系统建设

14.国际邮轮运输

二十三、航空运输

1.机场建设

2.公共航空运输

3.通用航空

4.空中交通管制和通讯导航系统建设

5.航空器维修

6.航空计算机管理及其网络系统开发与建设

7.航空油料设施建设

8.航空特种车辆、货场设备、仓储设备、货物集装器、高性能机场安检设备、高性能机场消防设备开发与制造

9.海上空中监督巡逻和搜救设施建设

二十四、信息产业

1.2.5GB/S 及以上光同步传输系统建设

2.155MB/S 及以上数字微波同步传输设备制造及系统建设

3.卫星通信系统、地球站设备制造及建设

4.网管监控、七号信令、时钟同步、计费等通信支撑网建设

5.数据通信网设备制造及建设

6.智能网等新业务网设备制造及建设

7.宽带网络设备制造及建设

8.数字蜂窝移动通信网建设

9.IP 业务网络建设

10.邮政储蓄网络建设

11.邮政综合业务网建设

12.邮件处理自动化工程

13.卫星数字电视广播系统建设

14.增值电信业务平台建设

15.32 波及以上光纤波分复用传输系统设备制造

16.10GB/S 及以上数字同步系列光纤通信系统设备制造

17.支撑通讯网的新技术设备制造

18.同温层通信系统设备制造

19.数字移动通信(含 GSM-R)、接入网系统、数字集群通信系统及路由器、网关等网络设备制造

20.大中型电子计算机及高性能微机、工作站、服务器设备制造

21. 线宽 1.2 微米以下大规模集成电路设计、制造

22.大规模集成电路装备制造

23.新型电子元器件(片式元器件、频率元器件、混合集成电路、电力电子器件、光电子器件、敏感元器件及传感器、新型机电元件、高密度印刷电路板和柔性电路板等)制造

24.电子专用材料制造

25.软件开发生产

26.计算机辅助设计(CAD)、辅助测试(CAT)、辅助制造(CAM)、辅助工程(CAE)系统开发生产

27.电子专用设备、仪器、工模具制造

28.大容量光、磁盘驱动器及其部件和数字产品用存储卡制造

29.新型显示器件、中高分辨率彩色显像管/显示管及玻壳制造及技术开发

30.新型(非色散)单模光纤及光纤预制棒制造

31.数字音视频广播系统设备制造

32.高密度数字激光视盘播放机盘片制造

33.只读光盘和可记录光盘复制生产

34.数字摄录机、数字录放机、数字电视产品制造

35.普通纸传真机制造

36.信息安全产品、网络监察专用设备开发制造

37.数字多功能电话机制造

38.6 英寸及以上单晶硅、多晶硅及晶片制造

39.多普勒雷达技术及设备制造

40.汽车电子产品制造

41.医疗电子产品制造

42.金融电子设备制造及系统建设

43. 无线局域网 (Wi-Fi 短距离无线通信技术等)技术开发、设备制造

44.电子商务和电子政务系统开发

45.卫星导航系统技术开发及设备制造

二十五、其他服务业

1.电子商务、现代物流服务体系建设及以连锁经营形式发展的中小超市、便利店、专业店等新型零售业态

2.粮食、棉花、食糖、食用油、化肥、石油等重要商品的现代化仓储等物流设施建设

3. 现代化的农产品市场流通设施及农产品贸工农一体化设施建设

4.闲置设备、旧货、旧机动车调剂交易市场建设

5.中小企业社会化服务体系建设

6.农、林业社会化服务体系建设

7.租赁服务

8.后勤社会化服务

9.城市社区服务网点建设

10.房地产中介服务、物业管理服务

11.社会化养老服务

12.残疾人服务设施建设

13.基本医疗、计划生育、预防保健服务设施建设

14.血站建设

15.远程医疗服务

16.文化艺术、新闻出版、广播影视、大众文化、科普、体育设施建设及产业化运营

17.文物保护及设施建设

18.幼儿教育、义务教育、高中教育、高等教育、职业技术教育及特殊教育

19.远程教育系统建设

20. 未成年人活动场所及儿童社会福利设施建设

21. 旅游基础设施建设及旅游信息服务系统开发

22.工业旅游、农业旅游、森林旅游、生态旅游及其它旅游资源综合开发项目建设

23.信用卡及其网络服务

24.旅游商品、纪念品开发

25.就业创业咨询、辅导、中介及培训服务

26.国家级工程(技术)研究中心、国家认定的企业技术中心、重点实验室、高新技术创业服务中心、新产品开发设计中心、科研中试基地、实验基地建设

27.科学普及、技术推广、科技交流、技术咨询、知识产权及气象、环保、测绘、地震、海洋、技术监督等科技服务

28.经济、规划、工程、管理、会计、审计、法律、环保等咨询服务

29.科学仪器、实验动物、化学试剂、文献信息等科研支撑条件共建共享服务

30.商品质量认证和质量检测

31.防伪技术开发和运用

32.资信调查与评级服务体系建设

33.动漫制作

**二十六、环境保护与资源节约综合利用**

1.矿山生态环境恢复工程

2.海洋开发及海洋环境保护

3.生物多样性保护工程

4.微咸水、劣质水、海水的开发利用及海水淡化工程

5.消耗臭氧层物质替代品开发与利用

6.医疗废物处置中心建设

7.危险废弃物处理中心建设

8.区域性废旧汽车处理中心建设

9.流出物辐射环境监测技术工程

10. 环境监测体系工程和新型环保技术开发应用

11.放射性废物及其它危险废物安全处置技术及设备开发、制造

12.流动污染源(火车、船舶、汽车等)防治技术开发及应用

13.城市交通噪声与振动控制及材料生产

14.电网、信息系统电磁辐射控制技术开发

15.削减和控制二恶英排放的技术开发与应用

16.持久性有机污染物类产品的替代品开发与应用

17.废弃持久性有机污染物类产品处置技术开发与应用

18."三废"综合利用及治理工程

19."三废"处理用生物菌种和添加剂开发及生产

20.含汞废物的汞回收处理技术开发应用及成套设备制造

21.重复用水技术开发及设备制造与使用

22.高效、低能耗污水处理与再生技术开发及设备制造

23.城镇垃圾及其他固体废弃物减量化、资源化、无害化处理和综合利用工程

24.废物填埋防渗膜生产

25.新型水处理药剂开发及生产

26.煤气、烟气除尘、脱硫、脱硝技术及装置开发、成套设备制造

27.墙体吸收噪声技术与材料开发

28.交流变频调速节能技术开发及应用

29.机动车、内燃机车节油技术开发及应用

30.新型节能环保家用电器和关键零部件生产及技术开发

31.节水、节能产品生产

32.用水监测仪器开发、生产

33.新型节能照明产品、生产技术开发和配套的材料、设备技术开发

34.节能、节水、环保及资源综合利用等技术开发、应用及设备制造

35. 日产2000吨及以上熟料新型干法水泥生产余热发电

36.高炉、转炉、焦炉煤气回收及综合利用

37.高能耗、污染重的石油、石化、化工行业节能、环保改造

38.高效、节能采矿、选矿技术(药剂)及设备开发、成套设备制造

39.多元素共生矿资源综合利用

40.低品位、复杂、难处理矿开发及综合利用

41.尾矿、废渣等资源综合利用

42.再生资源回收利用产业化

## 第二类 限制类

**一、农林业**

1.天然草场超载放牧

2.单线5万立方米/年以下的高中密度纤维板项目

3.单线3万立方米/年以下的木质刨花板项目

4.1000吨/年以下的松香生产项目

**二、煤炭**

1.单井井型低于以下规模的煤矿项目:山西、陕西、内蒙古30万吨/年;新疆、甘肃、宁夏、青海、北京、河北、东北及华东地区15万吨/年;西南和中南地区9万吨/年;开采极薄煤层3万吨/年

2.采用非机械化开采工艺的煤矿项目

3. 设计的煤炭资源回收率达不到国家规定要求的煤矿项目

4.未经国家或省(区、市)煤炭行业管理部门批准矿区总体规划的煤矿项目

**三、电力**

1.除西藏、新疆、海南等小电网外,单机容量在30万千瓦及以下的常规燃煤火电机组

2.除西藏、新疆、海南等小电网外,发电煤耗高于300克标准煤/千瓦时的发电机组,空冷机组发电煤耗高于305克标准煤/千瓦时的发电机组

**四、石油、天然气和化工**

1.10万吨/年以下及DMT法聚酯装置

2.7万吨/年以下聚丙烯装置(连续法及间歇法)

3.10万吨/年以下丙烯腈装置

4.10万吨/年以下ABS树脂装置(本体连续法除外)

5.60万吨/年以下乙烯装置

6.800万吨/年以下常减压炼油装置

7.50万吨/年以下催化裂化装置、40万吨/年以下连续重整装置、80万吨/年以下加氢裂化装置、80万吨/年以下延迟焦化装置

8.20万吨/年以下聚乙烯装置

9.20万吨/年以下乙烯氧氯化法聚氯乙烯装置、12万吨/年以下电石法聚氯乙烯装置

10.20万吨/年以下苯乙烯装置(干气制乙苯工艺除外)

11.10万吨/年以下聚苯乙烯装置

12.22.5万吨/年以下精对苯二甲酸装置

13.20万吨/年以下环氧乙烷/乙二醇装置

14.10万吨/年以下己内酰胺装置

15.20万吨/年以下乙烯法醋酸装置、10万吨/年以下羰基合成法醋酸装置

16.100万吨/年以下氨碱装置

17.30万吨/年以下联碱装置

18.20万吨/年以下硫磺制酸装置、10万吨/年以下硫铁矿制酸装置

19.常压法及综合法硝酸装置

20.以石油(高硫石油焦除外)为原料的化肥生产项目

21.硫酸法钛白粉生产线(产品质量达到国际标准,废酸、亚铁能够综合利用,并实现达标排放的除外)

22.1000吨/年以下铅铬黄生产线

23.5000吨/年及以下氧化铁红颜料装置

24.2.5万千伏安以下(能力小于4.5万吨)及2.5万千伏安以上环保、能耗等达不到准入要求的电石矿热炉项目

25.5000吨/年以下的电解二氧化锰生产线

26.15万吨/年以下烧碱装置

27.2万吨/年以下氢氧化钾装置

28. 单线2万吨/年以下或有钙焙烧铬化合物生产装置

29.氯化汞触媒项目

30.单套1万吨/年以下无水氟化氢(HF)生产

装置(配套自用和电子高纯氟化氢除外)

31. 单套反应釜6000吨/年以下、后处理3万吨/年以下的F22生产装置(作为原料进行深加工除外)

32.2万吨/年以下的(甲基)有机硅单体生产装置

33.8万吨/年以下的甲烷氯化物生产项目(不包括为有机硅配套的一氯甲烷生产项目)

34.8万吨/年及以上、对副产的全部四氯化碳没有配套处置设施的甲烷氯化物生产项目

35.斜交轮胎项目

36.力车胎项目(手推车胎)

37.高毒农药原药(甲胺磷、对硫磷、甲基对硫磷、久效磷、氧化乐果、水胺硫磷、甲基异柳磷、甲拌磷、甲基硫环磷、乙基硫环磷、特丁磷、杀扑磷、溴甲烷、灭多威、涕灭威、克百威、磷化锌、敌鼠钠、敌鼠酮、杀鼠灵、杀鼠醚、溴敌隆、溴鼠灵)生产项目

38.以滴滴涕为原料的生产三氯杀螨醇项目

39.以六氯苯为原料的生产五氯酚钠项目

40.林丹生产项目

41.300吨/年以下皂素(含水解物)生产装置(综合利用除外)

**五、信息产业**

1.激光视盘机生产线(VCD系列整机产品)

2.模拟CRT黑白及彩色电视机项目

**六、钢铁**

1.钢铁企业和缺水地区,未同步配套建设干熄焦、装煤、推焦除尘装置的焦炉项目

2.180平方米以下烧结机项目

3.有效容积1000立方米以下或1000立方米及以上、未同步配套煤粉喷吹装置、除尘装置、余压发电装置,能源消耗、新水耗量等达不到标准的炼铁高炉项目

4. 公称容量120吨以下或公称容量120吨及以上、未同步配套煤气回收、除尘装置,能源消耗、新水耗量等达不到标准的炼钢转炉项目

5. 公称容量70吨以下或公称容量70吨及以上、未同步配套烟尘回收装置,能源消耗、新水耗量等达不到标准的电炉项目

6.800毫米以下热轧带钢(不含特殊钢)项目

7.25万吨/年及以下热镀锌板卷项目

8.10万吨/年及以下彩色涂层板卷项目

9.2.5万千伏安以下、2.5万千伏安及以上环保、能耗等达不到准入要求的铁合金矿热电炉项目(中西部具有独立运行的小水电及矿产资源优势的国家确定的重点贫困地区,单台矿热电炉容量≥1.25万千伏安)

10.含铬质耐火材料生产线

11.普通功率和高功率石墨电极生产线

12.直径550毫米以下及2万吨/年以下的超高功率石墨电极生产线

13.5万吨/年以下炭块、4万吨/年以下炭电极生产线

14.一段式固定煤气发生炉项目(不含粉煤气气化炉)

**七、有色金属**

1.钨、钼、锡、锑及稀土矿开采、冶炼项目以及氧化锑、铅锡焊料生产项目(改造项目除外)

2.单系列10万吨/年规模以下粗铜冶炼项目

3.电解铝项目(淘汰自焙槽生产能力置换项目及环保改造项目除外)

4.单系列5万吨/年规模及以下铅冶炼项目

5.单系列10万吨/年规模以下锌冶炼项目

6.镁冶炼项目(综合利用项目除外)

7.4吨以下的再生铝反射炉项目

8. 再生有色金属生产中采用直接燃煤的反射炉项目

9.铝用湿法氟化盐项目

10.10万吨/年以下的独立铝用炭素项目

11.离子型稀土矿原矿池浸工艺项目

12.1万吨/年以下的再生铅项目

**八、黄金**

1.日处理金精矿50吨以下的独立氰化项目

2.日处理矿石100吨以下,无配套采矿系统的独立黄金选矿厂项目

3.日处理金精矿50吨以下的火法冶炼项目

4.处理矿石5万吨/年以下的独立堆浸场项目(青藏高原除外)

5.日处理岩金矿石50吨以下的采选项目

6. 处理砂金矿砂20万立方米/年以下的砂金开采项目

7.在林区、农田、河道中开采黄金项目

**九、建材**

1. 非浮法及日熔化量500吨以下普通浮法平

板玻璃生产线

2.100 万平方米/年及以下的建筑陶瓷砖生产线

3.50 万件/年以下的隧道窑卫生陶瓷生产线

4.水泥机立窑、干法中空窑、立波尔窑、湿法窑；新建日产 1500 吨及以下熟料新型干法水泥生产线

5.2000 万平方米/年以下的纸面石膏板生产线

6.沥青纸胎油毡生产线，500 万平方米/年以下的改性沥青防水卷材生产线，沥青复合胎柔性防水卷材生产线，聚乙烯膜层厚度在 0.5 毫米以下的聚乙烯丙纶复合防水卷材生产线

7.中碱玻璃球生产线、铂金坩埚球法拉丝玻璃纤维生产线

8.实心粘土砖生产项目

9.15 万平方米/年以下的石膏(空心)砌块生产线、单班年生产能力小于 2.5 万立方米混凝土小型空心砌块以及单班年生产能力小于 15 万平方米混凝土铺地砖固定式生产线、5 万立方米/年以下人造轻集料(陶粒)生产线

10.10 万立方米/年以下的加气混凝土生产线

11.3000 万标砖/年以下的煤矸石、页岩烧结实心砖生产线

12.5000 吨/年以下岩(矿)棉生产线

十、医药

1.维生素 C 原料项目

2.青霉素原料药项目

3.一次性注射器、输血器、输液器项目

4.药用丁基橡胶塞项目

5.无新药、新技术应用的各种剂型扩大加工能力的项目(填充液体的硬胶囊除外)

6.原料为濒危、紧缺动植物药材，且尚未规模化种植或养殖的产品生产能力扩大项目

7.使用氯氟烃(CFCs)作为气雾剂推进剂的医药用品生产项目

8.充汞式玻璃体温计项目

9.充汞式血压计项目

10.银汞齐齿科材料项目

十一、机械

1.2 臂及以下凿岩台车制造项目

2.装岩机(立爪装岩机除外)制造项目

3.3 立方米及以下小矿车制造项目

4.直径 2.5 米及以下绞车制造项目

5.直径 3.5 米及以下矿井提升机制造项目

6.40 平方米及以下筛分机制造项目

7.直径 700 毫米及以下旋流器制造项目

8.800 千瓦及以下采煤机制造项目

9.斗容 3.5 立方米及以下矿用挖掘机制造项目

10.矿用搅拌、浓缩、过滤设备(加压式除外)制造项目

11.农用运输车项目(三轮汽车、低速载货车)

12.单缸柴油机制造项目(先进的第二代单缸机除外)

13.50 马力及以下拖拉机制造项目

14.30 万千瓦及以下常规燃煤火力发电设备制造项目(综合利用机组除外)

15.电线、电缆制造项目(特种电缆及 500 千伏及以上超高压电缆除外)

16.普通金属切削机床制造项目(数控机床除外)

17.普通电火花加工机床和线切割加工机床制造项目(数控机床除外)

18.6300 千牛及以下普通机械压力机制造项目(数控压力机除外)

19.普通剪板机、折弯机、弯管机制造项目

20.普通高速钢钻头、铣刀、锯片、丝锥、板牙项目

21.棕刚玉、绿碳化硅、黑碳化硅等烧结块及磨料制造项目

22.直径 400 毫米及以下各种结合剂砂轮制造项目

23.直径 400 毫米及以下人造金刚石切割锯片制造项目

24.普通微小型球轴承制造项目

25.10~35 千伏树脂绝缘干式变压器制造项目

26.220 千伏及以下高、中、低压开关柜制造项目

27.普通电焊条制造项目

28.民用普通电度表制造项目

29.8.8 级以下普通低档标准紧固件制造项目

30.100 立方米及以下活塞式动力压缩机制造项目

31.普通运输集装箱项目

32.20 立方米以下螺杆压缩机制造项目

33.56 英寸及以下单级中开泵制造项目

34. 通用类 10 兆帕及以下中低压碳钢阀门制造项目

十二、船舶

1. 未列入国家船舶工业中长期规划的民用大型造船设施项目(指船坞、船台宽度大于或等于42米，能够建造单船10万载重吨级及以上的船坞、船台及配套造船设施)

2. 未列入国家船舶工业中长期规划的船用柴油机制造项目

十三、轻工

1.达不到国家《家用电冰箱耗电量限定值及能源效率等级》标准的冷藏箱、冷冻箱、冷藏冷冻箱(电冰箱、冷柜)项目

2.达不到国家《电动洗衣机耗电量限定值及能源效率等级》标准的洗衣机项目

3.达不到国家《房间空气调节器能效限定值及能效等级》标准的空调器项目

4.低档纸及纸板生产项目

5.聚氯乙烯普通人造革生产线

6.超薄型(厚度低于0.015毫米)塑料袋生产线

7.年加工皮革10万张(折牛皮标张)以下的制革项目

8.生产速度低于1500只/时的单螺旋灯丝白炽灯生产线

9.普通中速工业平缝机系列生产线

10.普通中速工业包缝机系列生产线

11.电子计价秤项目(准确度低于最大称量的1/3000,称量≤15千克)

12.电子汽车衡项目(准确度低于最大称量的1/3000,称量≤300吨)

13.电子静态轨道衡项目(准确度低于最大称量的1/3000,称量≤150吨)

14.电子动态轨道衡项目(准确度低于最大称量的1/500,称量≤150吨)

15.电子皮带秤项目(准确度低于最大称量的5/1000)

16.电子吊秤项目(准确度低于最大称量的1/1000,称量≤50吨)

17.弹簧度盘秤项目(准确度低于最大称量的1/400,称量≤8千克)

18.二片铝质易拉罐项目

19.普通真空保温瓶玻璃瓶胆生产线

20.2万吨/年以下的玻璃瓶罐生产线

21.合成脂肪醇项目(含羰基合成醇、齐格勒醇,不含油脂加氢醇)

22.3万吨/年以下三聚磷酸钠生产线

23.糊式锌锰电池项目

24.镉镍电池项目

25.开口式普通铅酸蓄电池项目

26.2000吨/年以下牙膏项目

27.原糖生产项目

28.北方海盐100万吨/年以下项目；南方海盐新建盐场项目；矿(井)盐60万吨/年以下的项目；湖盐20万吨/年以下的项目

29.白酒生产线

30.酒精生产线(燃料乙醇项目除外)

31.使用传统工艺、技术的味精生产线

32.糖精等化学合成甜味剂生产线

十四、纺织

1.74型染整生产线

十五、烟草

1.卷烟加工项目(改造项目除外)

十六、消防

1.火灾自动报警设备项目

2.灭火器项目

3.碳酸氢钠干粉(BC)灭火剂项目

4.防火门项目

5.消防水带项目

6.消防栓(室内、外)项目

7.普通消防车(罐类、专项类)项目

十七、其他

1.用地红线宽度(包括绿化带)超过下列标准的城市主干道路项目：小城市和重点镇40米，中等城市55米，大城市70米(200万人口以上特大城市主干道路确需超过70米的，城市总体规划中应有专项说明)

2. 用地面积超过下列标准的城市游憩集会广场项目：小城市和重点镇1公顷，中等城市2公顷，大城市3公顷，200万人口以上特大城市5公顷

3.别墅类房地产开发项目

4.高尔夫球场项目

5.赛马场项目

## 第三类　淘汰类

**注**：条目后括号内年份为淘汰期限，淘汰期限为2006年是指应于2006年底前淘汰，其余类推；

有淘汰计划的条目,根据计划进行淘汰;未标淘汰期限或淘汰计划的条目为国家产业政策已明令淘汰或立即淘汰。

一、落后生产工艺装备

(一)农林业

1.湿法纤维板生产工艺(2006年)

2.滴水法松香生产工艺(2006年)

(二)煤炭

1.未按批准的矿区规划确定的井田范围和井型而建设的煤矿

2.没有采矿许可证、安全生产许可证、营业执照、矿长资格证、煤炭生产许可证的煤矿

3.国有煤矿矿区范围(国有煤矿采矿登记确认的范围)内的各类小煤矿

4.单井井型低于3万吨/年规模的矿井(极薄煤层除外)(2007年)

5.既无降硫措施,又无达标排放用户的高硫煤炭(含硫高于3%)生产矿井

6.不能就地使用的高灰煤炭(灰分高于40%)生产矿井

7.6AM、φM-2.5、PA-3型煤用浮选机

8.PB2、PB3、PB4型矿用隔爆高压开关

9.PG-27型真空过滤机

10.X-1型箱式压滤机

11.ZYZ、ZY3型液压支架

12.木支架

(三)电力

1.大电网覆盖范围内,服役期满的单机容量在10万千瓦以下的常规燃煤凝汽火电机组

2.单机容量5万千瓦及以下的常规小火电机组

3.以发电为主的燃油锅炉及发电机组(5万千瓦及以下)

(四)石油、天然气和化工

1.没有取得采矿许可证的油气田,不符合国家油气资源整体开发规划的油气田

2.安全环保达不到国家标准的成品油生产装置

3.100万吨/年及以下生产汽、煤、柴油的小炼油生产装置(2005年)

4.4万吨/年以下的硫铁矿制酸生产装置(2005年)

5.50万条/年及以下的斜交轮胎,或以天然棉帘子布为骨架的轮胎生产线

6.1万吨/年及以下的干法造粒炭黑生产装置

7.1000吨/年以下黄磷生产线

8.单线1万吨/年以下有钙焙烧铬化合物生产线(2006年)

9.土法炼油

10.汞法烧碱

11.5000千伏安以下(1万吨/年以下)电石炉及开放式电石炉

12.排放不达标的电石炉

13.铁粉还原法工艺

14.生产氰化钠的氨钠法及氰熔体工艺

15.高中温钠法百草枯生产工艺

16.农药产品手工包(灌)装设备

17.石墨阳极隔膜法烧碱

18.KDON-6000/6600型蓄冷器流程空分设备

19.直接火加热涂料用树脂生产工艺

20.氯氟烃(CFCs)生产装置(根据国家履行国际公约总体计划要求进行淘汰)

21.主产四氯化碳(CTC)生产工艺(根据国家履行国际公约总体计划要求进行淘汰)

22.四氯化碳(CTC)为加工助剂的所有产品的生产工艺(根据国家履行国际公约总体计划要求进行淘汰)

23.CFC-113为加工助剂的含氟聚合物生产工艺(根据国家履行国际公约总体计划要求进行淘汰)

24.用于清洗的1,1,1-三氯乙烷(甲基氯仿)生产装置(根据国家履行国际公约总体计划要求进行淘汰)

25.甲基溴生产装置(根据国家履行国际公约总体计划要求进行淘汰)

26.100吨/年以下皂素(含水解物)生产装置(2007年)

27.盐酸酸解法皂素生产工艺及污染物排放不能达标的皂素生产装置(2006年)

28.含滴滴涕的油漆生产工艺(根据国家履行国际公约总体计划要求进行淘汰)

29.采用滴滴涕为原料非封闭生产三氯杀螨醇工艺(根据国家履行国际公约总体计划要求进行淘汰)

(五)钢铁

1.土法炼焦(含改良焦炉)

2.炭化室高度小于4.3米焦炉(3.2米及以上捣固焦炉除外)(2007年,西部地区2009年)

3.土烧结矿

4.热烧结矿

5.30平方米以下烧结机(2005年)

6.100立方米及以下高炉

7.100~200立方米(含200立方米)高炉(不含铁合金高炉)(2005年)

8.200~300立方米(含300立方米)高炉(不含专业铸铁管厂高炉)(2007年)

9.生产地条钢、钢锭或连铸坯的工频和中频感应炉

10.15吨及以下转炉(不含铁合金转炉)

11.10吨及以下电炉(不含机械铸造电炉)

12.化铁炼钢

13.15~20吨转炉(不含铁合金转炉)(2005年)

14.20吨转炉(不含铁合金转炉)(2006年)

15.10~20吨电炉 (不含高合金钢和机械铸造电炉)(2005年)

16.20吨电炉(不含高合金钢和机械铸造电炉)(2006年)

17.复二重线材轧机

18.横列式线材轧机

19.横列式小型轧机

20.叠轧薄板轧机

21.普钢初轧机及开坯用中型轧机

22.热轧窄带钢轧机

23.三辊劳特式中板轧机

24.直径76毫米以下热轧无缝管机组

25. 三辊式型线材轧机 (不含特殊钢生产)(2005年)

26.环保不达标的冶金炉窑(2005年)

27.手工操作的土沥青焦油浸渍装置,矿石原料与固体原料混烧、自然通风、手工操作的土竖窑,以煤为燃料、烟尘净化不能达标的倒焰窑(2005年)

28.3200千伏安及以下矿热电炉、3000千伏安以下半封闭直流还原电炉、3000千伏安以下精炼电炉(硅钙合金、电炉金属锰、硅铝合金、硅钙钡铝、钨铁、钒铁等特殊品种的电炉除外)

29.5000千伏安以下的铁合金矿热电炉(2005年)

30.蒸汽加热混捏、倒焰式焙烧炉、交流石墨化炉、3340千伏安以下石墨化炉及其并联机组、最大输出电流5万安以下的石墨化炉 (2005年)

(六)有色金属

1.未经国务院主管部门批准,无采矿许可证的钨、锡、锑、离子型稀土等国家规定实行保护性开采的特定矿种的矿山采选项目

2.未经国务院主管部门批准建设的钨、锡、锑、离子型稀土冶炼项目及钨加工(含硬质合金)项目

3.采用马弗炉、马槽炉、横罐、小竖罐等进行焙烧、简易冷凝设施进行收尘等落后方式炼锌或生产氧化锌制品

4.采用铁锅和土灶、蒸馏罐、坩埚炉及简易冷凝收尘设施等落后方式炼汞

5.采用土坑炉或坩埚炉焙烧、简易冷凝设施收尘等落后方式炼制氧化砷或金属砷制品

6.铝自焙电解槽

7. 炉床面积1.5平方米及以下密闭鼓风炉炼铜工艺及设备

8.炉床面积1.5~10平方米密闭鼓风炉炼铜工艺及设备(2006年)

9.10平方米及以上密闭鼓风炉炼铜工艺及设备(2007)

10.电炉、反射炉炼铜工艺及设备(2006)

11.烟气制酸干法净化和热浓酸洗涤技术

12.“二人转”式有色金属轧机(2006年)

13.采用地坑炉、坩埚炉、赫氏炉等落后方式炼锑

14.采用烧结锅、烧结盘、简易高炉等落后方式炼铅工艺及设备

15.利用坩埚炉熔炼再生铝合金、再生铅的工艺(2005年)

(七)黄金

1.混汞提金工艺

2.小池浸、小堆浸、小冶炼工艺

3.未经国务院主管部门批准,无开采黄金矿产批准书、采矿许可证的采选项目

(八)建材

1.六机及以下垂直引上平板玻璃生产线

2. 平板玻璃普通平拉工艺生产线及日熔化量100吨以下的“格法”平拉生产线

3.窑径2.2米及以下水泥机械化立窑生产线

4.无复膜塑编水泥包装袋生产线

5.70 万平方米/年以下的中低档建筑陶瓷砖、20 万件/年以下低档卫生陶瓷生产线

6.400 万平方米/年及以下的纸面石膏板生产线

7.200 万平方米/年以下的改性沥青防水卷材生产线 (2006 年)

8.窑径 2.5 米及以下水泥干法中空窑(生产特种水泥除外)

9.直径 1.83 米以下水泥粉磨设备

10.水泥土(蛋)窑、普通立窑

11.建筑卫生陶瓷土窑、倒焰窑、多孔窑、煤烧明焰隧道窑、隔焰隧道窑、匣钵装卫生陶瓷隧道窑

12.建筑陶瓷砖成型用的摩擦压砖机

13.石灰土立窑

14.陶土坩埚玻璃纤维拉丝生产工艺与装备

15.砖瓦 18 门以下轮窑以及立窑、无顶轮窑、马蹄窑等土窑

16.400 型及以下普通挤砖机

17.450 型普通挤砖机(2006 年)

18.SJ1580-3000 双轴、单轴搅拌机

19.SQP400500-700500 双辊破碎机

20.1000 型普通切条机

21.100 吨以下盘转式压砖机

22.手工制作墙板生产线

23.简易移动式砼砌块成型机、附着式振动成型台(2005 年)

24. 单班 1 万立方米/年以下的混凝土砌块固定式成型机、单班 10 万平方米/年以下的混凝土铺地砖固定式成型机

25.人工浇筑、非机械成型的石膏(空心)砌块生产工艺

26.100 万卷/年以下沥青纸胎油毡生产线

27.真空加压法和气炼一步法石英玻璃生产工艺装备

28.6×600 吨六面顶小型压机生产人造金刚石

29.手工切割、非蒸压养护加气混凝土生产线

30.无采矿许可证或不符合环保、安全生产要求的非机械化非金属矿开采

(九)医药

1.手工胶囊填充工艺

2.软木塞烫腊包装药品工艺

3.不符合 GMP 要求的安瓿拉丝灌封机

4.塔式重蒸馏水器

5.无净化设施的热风干燥箱

6.劳动保护、三废治理不能达到国家标准的原料药生产装置 (2006 年)

(十)机械

1.热处理铅浴炉

2.热处理氯化钡盐浴炉(高温氯化钡盐浴炉,暂缓淘汰)

3.TQ60、TQ80 塔式起重机

4.QT16、QT20、QT25 井架简易塔式起重机

5.KJ1600/1220 单筒提升绞机

6.3000 千伏安以下普通棕刚玉冶炼炉

7.3000 千伏安以下碳化硅冶炼炉

8.强制驱动式简易电梯

9.以氯氟烃(CFCs)作为膨胀剂的烟丝膨胀设备生产线 (根据国家履行国际公约总体计划要求进行淘汰)

(十一)轻工

1.5 万吨/年及以下的真空制盐、湖盐和北方海盐生产装置

2.利用矿盐卤水、油气田水且采用平锅、滩晒制盐生产装置

3.1 万吨/年及以下的南方海盐生产装置

4.年加工皮革 3 万张(折牛皮标张)以下的制革生产装置

5.300 吨/年以下的油墨生产装置(利用高新技术、无污染的除外)

6.每分钟生产能力小于 100 瓶(瓶容在 250 毫升及以下)的碳酸饮料生产线

7.1.7 万吨/年以下的化学制浆生产线

8.3.4 万吨/年以下的草浆生产装置 (2007 年)

9.以氯氟烃(CFCs)为发泡剂的聚氨酯泡沫塑料产品、聚乙烯、聚苯乙烯挤出泡沫塑料生产工艺(根据国家履行国际公约总体计划要求进行淘汰)

10.以氯氟烃(CFCs)为发泡剂或制冷剂的冰箱、冰柜、汽车空调器、工业商业用冷藏、制冷设备生产线 (根据国家履行国际公约总体计划要求进行淘汰)

11.四氯化碳(CTC)为清洗剂的生产工艺 (根据国家履行国际公约总体计划要求进行淘汰)

12.CFC-113 为清洗剂的生产工艺 (根据国家履行国际公约总体计划要求进行淘汰)

13.甲基氯仿(TCA)为清洗剂的生产工艺（根据国家履行国际公约总体计划要求进行淘汰）

14.自行车盐浴焊接炉

15.印铁制罐行业中的锡焊工艺

16.火柴排梗、卸梗生产工艺

17.火柴理梗机、排梗机、卸梗机

18.冲击式制钉机

19.打击式金属丝网织机

(十二)纺织

1.建国前生产的细纱机

2.所有“1”字头细纱机

3.1979 年及以前生产的 A512、A513 系列细纱机

4.B581、B582 型精纺细纱机

5.BC581、BC582 型粗纺细纱机

6.B591 绒线细纱机

7.使用期限超过 20 年的各类国产毛纺细纱机

8.B601、B601A 型毛捻线机

9.辊长 1000 毫米以下的皮辊轧花机(长绒棉种子加工除外)

10.锯片在 80 以下的锯齿轧花机

11.压力吨位在 200 吨以下的皮棉打包机(不含 160 吨短绒棉花打包机)

12.1332SD 络筒机

13.BC272、BC272B 型分条梳毛机

14.B701A 型绒线摇绞机

15.B311C、B311C(CZ)、B311C(DJ)型精梳机

16.1511M-105 织机

17.K251、K251A 型丝织机

18.Z114 型小提花机

19.GE186 型提花毛圈机

20.Z261 型人造毛皮机

21.LMH551 型平网印花机

22.LMH571 型圆网印花机

23.LMH303、303B、304、304B-160 型热熔染色机

24.LMH731-160 型热风布铗拉幅机

25.LMH722M-180、LMH722D-180 型短环烘燥定型机

26.ZD647、ZD721 型自动缫丝机

27.D101A 型自动缫丝机

28.ZD681 型立缫机

29.DJ561 型绢精纺机

(十三)印刷

1.全部铅排工艺

2.全部铅印工艺

3.ZD201、ZD301 型系列单字铸字机

4.TH1 型自动铸条机

5.ZT102 型系列铸条机

6.ZDK101 型字模雕刻机

7.KMD101 型字模刻刀磨床

8.AZP502 型半自动汉文手选铸排机

9.ZSY101 型半自动汉文铸排机

10.TZP101 型外文条字铸排机

11.ZZP101 型汉文自动铸排机

12.QY401、2QY404 型系列电动铅印打样机

13.QYSH401、2QY401、DY401 型手动式铅印打样机

14.YX01、YX02、YX03 型系列压纸型机

15.HX01、HX02、HX03、HX04 型系列烘纸型机

16.PZB401 型平铅版铸版机

17.JB01 型平铅版浇版机

18.YZB02、YZB03、YZB04、YZB05、YZB06、YZB07 型系列铅版铸版机

19.RQ02、RQ03、RQ04 型系列铅泵熔铅炉

20.BB01 型刨版机

21.YGB02、YGB03、YGB04、YGB05 型圆铅版刮版机

22.YTB01 型圆铅版镗版机

23.YJB02 型圆铅版锯版机

24.YXB04、YXB05、YXB302 型系列圆铅版修版机

25.P401、P402 型系列四开平压印刷机

26.P801、P802、P803、P804 型系列八开平压印刷机

27.PE802 型双合页印刷机

28.TE102、TE105、TE108 型系列全张自动二回转平台印刷机

29.TY201 型对开单色一回转平台印刷机

30.TY401 型四开单色一回转平台印刷机

31.TY4201 型四开一回转双色印刷机

32.TT201、TZ201、DT201 型对开手动续纸停回转平台印刷机

33.TT202 型对开自动停回转平台印刷机

34.TZ202 型对开半自动停回转平台印刷机

35.TZ401、TZS401、DT401 型四开半自动停回转

平台印刷机

36.TT402、TT403、TT405、DT402 型四开自动停回转平台印刷机

37.TR801 型系列立式平台印刷机

38.LP1101、LP1103 型系列平板纸全张单面轮转印刷机

39.LP1201 型平板纸全张双面轮转印刷机

40.LP4201 型平板纸四开双色轮转印刷机

41.LSB201 （880×1230 毫米） 及 LS201、LS204（787×1092 毫米）型系列卷筒纸书刊转轮印刷机

42.LB203、LB205、LB403 型卷筒纸报版轮转印刷机

43.LB2405、LB4405 型卷筒纸双层二组报版轮转印刷机

44.LBS201 型卷筒纸书、报二用轮转印刷机

45.K.M.T 型自动铸字排版机

46.PH-5 型汉字排字机

47.球震打样制版机(DIA PRESS 清刷机)

48.1985 年前生产的国产制版照相机

49.1985 年前生产的手动照排机

50.离心涂布机

51.J1101 系列全张单色胶印机(印刷速度每小时 4000 张及以下)

52.J2101、PZ1920 系列对开单色胶印机 （印刷速度每小时 4000 张及以下）

53.PZ1615 系列四开单色胶印机 （印刷速度每小时 4000 张及以下）

54.YPS1920 系列双面单色胶印机(印刷速度每小时 4000 张及以下)

55.W1101 型全张自动凹版印刷机

56.AJ401 型卷筒纸单面四色凹版印刷机

57.DJ01 型平装胶订联动机

58.PRD-01、PRD-02 型平装胶订联动机

59.DBT-01 型平装有线订、包、烫联动机

60.溶剂型即涂覆膜机

61.QZ101、QZ201、QZ301、QZ401 型切纸机

62.MD103A 型磨刀机

(十四)消防

1.火灾探测器手工插焊电子元器件生产工艺

(十五)其他

1.含氰电镀工艺(电镀金、银、铜基合金及予镀铜打底工艺，暂缓淘汰)

2.含氰沉锌工艺

**二、落后产品**

(一)石油、天然气和化工

1.多氯联苯(农药)

2.除草醚(农药)

3.杀虫脒(农药)

4.氯丹(农药)

5.七氯(农药)

6.毒鼠强(农药)

7.氟乙酰胺(农药)

8.氟乙酸钠(农药)

9.二溴氯丙烷(农药)

10.治螟磷(苏化 203)(农药)

11.磷胺(农药)

12.甘氟、毒鼠硅(农药)

13.107 涂料

14.改性淀粉涂料

15.改性纤维涂料

16.挥发性有机物含量超过 200 克/升或游离甲醛含量超过 0.1 克/千克的室内装修装饰用的水性涂料(含建筑物、木器家具用)

17. 可溶性金属铅含量超过 90 毫克/千克、或镉含量超过 75 毫克/千克、或铬含量超过 60 毫克/千克、或汞含量超过 60 毫克/千克的室内装修装饰用涂料(含建筑物、木器家具用)

18. 挥发性有机物含量超过 700 克/ 升或游离异氰酸酯含量超过 0.7%的室内装修装饰用的溶剂型木器家具涂料

19.聚乙烯醇水玻璃内墙涂料(106 内墙涂料)

20.多彩内墙涂料(树脂以硝化纤维素为主,溶剂以二甲苯为主的 O/W 型涂料)

21.氯乙烯-偏氯乙烯共聚乳液外墙涂料

22.焦油型聚氨酯防水涂料

23.水性聚氯乙烯焦油防水涂料

24.聚乙烯醇及其缩醛类内外墙涂料

25.聚醋酸乙烯乳液类(含 EVA 乳液)外墙涂料

26.聚氯乙烯建筑防水接缝材料(焦油型)

27.联苯胺和联苯胺型偶氮染料

28.软边结构自行车胎

29.滴滴涕(根据国家履行国际公约总体计划要求进行淘汰)

30.六氯苯 （根据国家履行国际公约总体计划

要求进行淘汰）

31.灭蚁灵（根据国家履行国际公约总体计划要求进行淘汰）

(二)铁路

1.C50 型敞车

2.P50 型棚车

3.N60 型平车

4.G50 型轻油罐车

5.东风 1、2、3 型内燃机车

(三)钢铁

1.工频炉和中频炉等生产的地条钢,工频炉和中频炉生产的钢锭或连铸坯，及以其为原料生产的钢材产品

2.热轧硅钢片

3.25A 空腹钢窗料

4.I 级螺纹钢筋产品（2005 年）

(四)有色金属

1.铜线杆(黑杆)

(五)建材

1. 使用非耐碱玻纤或非低碱水泥生产的玻纤增强水泥(GRC)空心条板

2.陶土坩埚拉丝玻璃纤维增强塑料(玻璃钢)制品

3.25A 空腹钢窗

4.S-2 型混凝土轨枕

5.一次冲洗用水量 9 升以上的便器

6.角闪石石棉(即蓝石棉)

7. 普通双层玻璃塑料门窗及单腔结构型的塑料门窗

8. 采用二次加热复合成型工艺生产的聚乙烯丙纶类复合防水卷材、棉涤玻纤网格(高碱)复合胎、聚氯乙烯防水卷材(S 型)

(六)医药

1.铅锡软膏管

2.粉针剂包装用安瓿

3.药用天然胶塞(其中注射剂:注射用青霉素(钠盐、钾盐)、基础输液立即淘汰,其余大容量注射剂淘汰期限为:2005 年年底)

4.直颈安瓿

(七)机械

1.T100、T100A 推土机

2.ZP-II、ZP-III 干式喷浆机

3.WP-3 挖掘机

4.0.35 立方米以下的气动抓岩机

5.矿用钢丝绳冲击式钻机

6.БY-40 石油钻机

7.直径 1.98 米水煤气发生炉

8.CER 膜盒系列

9.热电偶(分度号 LL-2、LB-3、EU-2、EA-2、CK)

10.热电阻(分度号 BA、BA2、G)

11.DDZ-I 型电动单元组合仪表

12.GGP-01A 型皮带秤

13.BLR-31 型称重传感器

14.WFT-081 辐射感温器

15.WDH-1E、WDH-2E 光电温度计

16.BC 系列单波纹管差压计

17.LCH-511、YCH-211、LCH-311、YCH-311、LCH-211、YCH-511 型环称式差压计

18.EWC-01A 型长图电子电位差计

19.PY5 型数字温度计

20.XQWA 型条形自动平衡指示仪

21.ZL3 型 X-Y 记录仪

22.DBU-521,DBU-521C 型液位变送器

23.JO2、JO3 系列小型异步电动机

24.JDO2、JDO3 系列变极、多速三相异步电动机

25.YB 系列隔爆型三相异步电动机（机座号 63~355mm,电压 660 伏及以下）

26.DZ10 系列塑壳断路器

27.DW10 系列框架断路器

28.CJ8 系列交流接触器

29.QC10、QC12、QC8 系列起动器

30.JR0、JR9、JR14、JR15、JR16-A、B、C、D 系列热继电器

31.电动机驱动旋转直流弧焊机全系列

32.GGW 系列中频无心感应熔炼炉

33.B 型、BA 型单级单吸悬臂式离心泵系列

34.F 型单级单吸耐腐蚀泵系列

35.GC 型低压锅炉给水泵

36.JD 型长轴深井泵

37.KDON-3200/3200 型蓄冷器全低压流程空分设备

38.KDON-1500/1500 型蓄冷器(管式)全低压流程空分设备

39.KDON-1500/1500 型管板式全低压流程空分设备

40.3W-0.9/7(环状阀)空气压缩机

41.C620、CA630 普通车床

42.X920 键槽铣床

43.B665、B665A、B665-1 牛头刨床

44.D6165 电火花成型机床

45.D6185 电火花成型机床

46.D5540 电脉冲机床

47.J53-400 双盘摩擦压力机

48.J53-630 双盘摩擦压力机

49.J53-1000 双盘摩擦压力机

50.Q11-1.6×1600 剪板机

51.Q51 汽车起重机

52.TD62 型固定带式输送机

53.3 吨直流架线式井下矿用电机车

54.A571 单梁起重机

55.4146 柴油机

56. 快速断路器：DS3-10、DS3-30、DS3-50(1000、3000、5000A)、DS10-10、DS10-20、DS10-30(1000、2000、3000A)

57.BX1-135、BX2-500 交流弧焊机

58.AX1-500、AP-1000 直流弧焊电动发电机

59.SX 系列箱式电阻炉

60. 单相电度表：DD1、DD5、DD5-2、DD5-6、DD9、DD10、DD12、DD14、DD15、DD17、DD20、DD28

61.SL7-30/10~SL7-1600/10、S7-30/10~S7-1600/10 配电变压器

62. 刀开关：HD6、HD3-100、HD3-200、HD3-400、HD3-600、HD3-1000、HD3-1500

63. 锅炉给水泵：DG270-140、DG500-140、DG375-185

64. 热动力式疏水阀：S15H-16、S19-16、S19-16C、S49H-16、S49-16C、S19H-40、S49H-40、S19H-64、S49H-64

65.0.4-0.7 吨/时立式水管固定炉排锅炉（双层固定炉排锅炉除外）

66. 动力用往复式空气压缩机：1-10/8、1-10/7 型

67.高压离心通风机：8-18 系列、9-27 系列

68.X52、X62W 320×150 升降台铣床

69.J31-250 机械压力机

70.TD60、TD72 型固定带式输送机

71.以未安装燃油量限制器(简称限油器)的单缸柴油机为动力装置的农用运输车（指生产与销售）

72.E135 二冲程中速柴油机(包括 2、4、6 缸三种机型)

73.TY1100 型单缸立式水冷直喷式柴油机

74.165 单缸卧式蒸发水冷、预燃室柴油机

75.非法改装车辆和已到报废期限的车辆

(八)轻工

1.汞电池(氧化汞原电池及电池组、锌汞电池)

2.一次性发泡塑料餐具

3.直排式燃气热水器

4.含重铬酸钾火柴

5.螺旋升降式(铸铁)水嘴

6.用于凹版印刷的苯胺油墨

7.进水口低于溢流口水面、上导向直落式便器水箱配件

8.铸铁截止阀

(九)纺织

1.H112、H112A 型毛分条整经机

2.B751 型绒线成球机

3.1332 系列络筒机

(十)消防

1.二氟一氯一溴甲烷灭火剂(简称 1211 灭火剂)(2005 年)

2. 三氟一溴甲烷灭火剂（简称 1301 灭火剂）(2010 年)

3.简易式 1211 灭火器

4.手提式 1211 灭火器 (2005 年)

5.推车式 1211 灭火器 (2005 年)

6.手提式化学泡沫灭火器

7.手提式酸碱灭火器

(十一)其他

1.59、69、72、TF-3 型防毒面具

# 中华人民共和国国家发展和改革委员会

**2005年 第45号**

根据《标准化法实施条例》的规定，我委组织对已实施5年以上的行业标准进行了复审，决定废止YB/T327-1963《耐火材料用铝土矿石分类及技术条件》等61项黑色冶金行业标准、DL/T 504-1992《电力工程规划设计任务来源代码》等39项电力行业标准、YS/T 14-1991《异质外延层和硅多晶层厚度测量方法》等46项有色金属行业标准、SY/T 5020-1997《钻井泵用锥柱螺纹》等16项石油天然气行业标准、MT377—1995《电雷管用绝缘电线》等8项煤炭行业标准、XB/T 108-1995《高钇混合稀土氧化物》等11项稀土行业标准（具体标准编号及名称见附件），现予公布，自公布之日起生效。

附件：废止181项黑色冶金、电力、有色金属、煤炭、石油天然气、稀土行业标准编号及名称

中华人民共和国国家发展和改革委员会

二〇〇五年七月二十六日

# 专题研究

**中国工业报 2005 年特别策划报道:装备工业合资变局**

**装备工业合资变局特别策划·开篇**

策划人语

# 从"何龙之辩"说起

中国工业报社总编辑　杨　青

今天本报编辑部推出了《装备工业合资变局特别策划》第一篇,这第一篇稿件的直接线索来自中国机械工业联合会的一个小型调研座谈会。参会的专家和领导都是在行业工作时间最长且仍在行业工作的人,其中就有曾长期担任国家机械工业部部长要职的何光远先生。

3 天后,何光远与龙永图在广州 2005 花都汽车论坛上相遇,就有了那场著名的关于自主品牌的"何龙之辩"。互联网的传播手段了得,消息一挂到网上,评论如潮,何光远的支持率远远领先。尽管网络编辑为提升龙永图的支持率花了不少心思,让我这个搞了 20 多年宣传的人相形见绌,但何光远的支持率仍在总票数的三分之二以上。网上争论的文字还算好看,基本保持了理性及平和,不乏可圈可点之处,特别是资深记者程远的文章尖锐犀利,无人能出其右;古清生的文字畅快淋漓,嬉笑怒骂令我辈艳羡不已。

前后琢磨了一遍龙部长的观点,觉得他确实是错了。且不说观点本身,仅是发表观点的场合和领域就很不对。龙部长是了得的人物,作为中国首席谈判代表谈下了 WTO,在 2002 年那个春天,龙永图 3 个字的知名度很高,其品牌效应一直延续至今。但这并不意味着他在任何领域任何时候都牛,在国际经贸领域他或可当博导的老师,但在对一个具体产业的战略发展方向和道路选择的问题上,就应该谨慎一些,虚心一点。因为这是实践性很强、很专业的领域。当他与一位近半个世纪都浸润于其中、深谙行业过去现在未来的老专家对垒时,过于自信地请出历史来证明,显然更是草率了些。

历史不仅仅是未来才能看到的东西。只要有足够的底蕴并善于总结,今天又何尝不能看到我们曾亲身经历过的历史呢?作为历史它们不足以证明些什么吗?遗憾的是,龙部长并不了解他讲这些话时需要了解的东西,不了解在一个个具体的企业、具体的行业发生的一连串事实,那些可以带领我们触摸真相的事实,那些已经过去可以称之为历史的事实。不了解,又要说,这就很悬,即便聪明如龙永图。

挺龙的赵牧有句著名的话:龙永图没有那么蠢吧。是的,非常同意。但龙永图可能不知道这样一段很微观的历史:一个国内最有希望、最受栽培的汽车核心零部件企业,在与一家德国同行公司合资之后,先是在股权上被迫让到丢掉否决权,接着所有技术开发人员被照单收进合资公司,再下来就是控制销售市场,大幅提价。在失掉了企业控制权之后,国内企业接着就失掉了多年来积蓄起来的技术能力,失掉了自主创新的可能前提,而在核心技术的研发上作为龙头企业,还失掉了最接近目标的先机,以及在市场上作为竞争对手,同时失掉了牵制跨国公司的有利位置。——这是将在这个特别策划中推出的大量案例中的一个。我们希望在这个《装备工业合资变局》系列报道中，系统地反映一个产业的真实经历，历史地描述一个时代的侧影。

也许当人们更多地了解了真相，就不会天真地把跨国公司500强当作白求恩和飞虎队了，也不会为招商引资而招商引资了——看看我们到底在与跨国公司的引进与合资中得到了什么：

技术——核心技术是跨国公司看得最紧的门户，如果我们的系统操作不能像韩国一样扶持自主的力量，事实上目前我国没有这样的体系、政策甚至理念，所以很少有从合资及对方控股企业中，拿到核心技术的成功案例。而跨国公司在中国设立的研发中心，也是在其全球版图中的一个附属，以实用型开发为主。

资金——一个世界500强控股85%的合资企业，某年在华营业额30多个亿，在地方上税500万元人民币；它控股一家国企51%股权一年余，却一分钱也没掏过。沿海某市走在招商引资的前列，三资企业占GDP的90%，而仅剩10%的国企是地方税收60%的来源。还需要列举更多的事实吗？

就业——这是我们曾经比较含糊的一个环节，毕竟合资、独资企业也需要用工。但在最近一个对东北国企的招商调查中，有劳动口的管理层担心，数万人会失去工作岗位。跨国公司不考虑中国国情，但在我们这样一个人口大国，弱者愈弱，矛盾会更大。

不言而喻，在改革开放的浪潮中，招商引资是我们对国家发展道路的战略性选择；引进技术，以及以市场换技术是我们对产业振兴的策略性选择。20年来，中国经济的发展受惠于此，国内企业的技术进步与管理创新也得益匪浅。

但随着时间的推移，国内外经济环境发生许多变化，外资进入中国的脚步不断加快，方式也在不断升级：从许可证生产到资本输出，从参股到控股以及独资，从单个产品到成系列扩展，从制造到销售研发等，向我们展示了一系列精妙而成熟的战略性进入的一流套路。

所以，"提高引进外资质量，坚持引进先进技术和消化、吸收、创新相结合，提高自主开发能力，保护知识产权，增强关键行业和领域的控制力，不断提高国际竞争力"是不容置疑的。这段引语摘自党的十六届四中全会决议，谨以此作为本专栏的编辑宗旨，并十分高兴与读者分享更多心得。

（《中国工业报》2005年9月8日 A1版）

# 假如排头兵被各个击破 振兴装备制造业又如何作为？

中国工业报记者 隆 啸

装备制造业是决定一个国家、一个民族工业水平、科技水平的标志性产业，是提高国民经济整体素质、实现可持续发展的重要基础。代表我们民族工业的行业骨干企业，责无旁贷负起振兴装备制造业的历史重任。

近年来，制造业成为外商投资的主要领域。据商务部外资司公布的统计数据显示，2002年新设立的外资企业，74.44%在制造领域。装备制造领域吸收外资呈现出一个特点，即外资进入战略对准行业排头兵企业。这给行业发展带来诸多担忧，引起各界的高度关注。

2005年8月下旬，中国机械工业联合会办公楼3楼的会议室里气氛颇为热烈。参加会议的9位同志,大多已是两鬓斑白,并且清一色与装备工业有着深厚的渊源。他们中有的人曾担任过原国家机械工业部的部长、副部长等要职,有的现在仍然以联合会副会长、秘书长、主任及协会理事长的身份在行业从事管理工作。

## 形势紧迫:龙头企业有成“板上肉”之虞

“×××正在和陕西鼓风机(集团)有限公司谈合资,××也在和沈阳鼓风机(集团)有限公司谈”。会议发言和自由讨论开始后,与会者透露了这样的信息。

实际上,在装备制造业领域,不仅仅是鼓风机行业的龙头企业被跨国公司盯上,其他行业的许多龙头企业同样收在跨国公司的眼底。有的企业正被跨国公司紧紧“咬住”不放,有的行业龙头企业已成为跨国公司的“麾下之臣”。

据记者所知,在工程机械行业,卡特彼勒在收购山工(山东工程机械有限公司)后,又把目光转向徐工(徐州工程机械集团)、三一重工和厦工(厦门厦工集团有限公司)。厦工集团资产总额近40亿元,去年销售总额42亿多元,主导产品轮式装载机市场占有率行业领先,而且刚刚完成了1.34平方公里的工业园建设和技术改造。此外,加上培育和经营了多年的销售渠道和服务体系,使厦工自然成为了卡特彼勒在国内工程机械行业众多追求目标中非常想得到的。一旦卡特彼勒竞购厦工集团股份获得成功,它在中国装载机市场的垄断地位必将提前形成。

在内燃机领域,德国博世公司在收购江苏无锡威孚有限公司后,将我们长期以来着意培养的技术中心撤销、合并。由于博世进一步控制了销售渠道,这家公司将P型喷油泵产品的销售价格由原来的7000元一件提高到13000元,赚取超额垄断利润。在仪器仪表领域,行业龙头企业也已身不由己,大多已在跨国公司的眼下。

现阶段我们尚没能统计有多少装备制造业的行业龙头企业已经被跨国公司收购或兼并,有多少行业已经被跨国公司控制,但一个很明白的事实是:这种现象正在持续发生且愈演愈烈!

与此相对应的最新资料显示,目前我国100%的光纤制造装备,80%以上的集成电路制造装备和石油化工装备,70%的轿车制造、数控机床、纺织机械设备都被进口产品所占领。而随着我国经济的快速发展,以及“中国制造”的繁荣,我国装备制造领域的自主技术并没有跟着繁荣起来,依赖进口装备的局面没有明显改观。

必须控股、对方必须是行业龙头企业、未来收益必须超过15%。这三点已经成为跨国公司目前在中国收购活动的基本点。正是从这个基本点出发,现阶段跨国公司利用中国国企改革进入攻坚阶段这一难得机遇,以资本运作方式“吃住”中国装备制造业的一批行业排头兵企业,进而打造自己的全球产业链和实现对中国市场的垄断。中国装备制造业在跨国公司的“盛宴”中,面临着被逐个击破和歼灭的危险,如果不辅以有效应对措施,后果难以想像。

## 外商独资化:市场换技术更加渺茫

“外商独资化,使市场换技术更加渺茫。”原机械工业部副部长、中国机械工业联合会原常务副会长、现中国机械工业联合会特别顾问陆燕荪神情颇为激动,座谈会开始后,就急迫而坚定地说出了他的观点。他解释说:“2003年我国新设立的外商独资企业是26943家,占三资企业65.59%,2004年1~11月,外商独资企业是27746家,约占总数的70%,外商独资化呈逐步增强趋势。合资企业的外商独资化趋势有一定的必然性,也会产生一些不利影响。过去,我国利用外资的重要战略目标是以市场换技术,主要是想通过与外商合资增强企业的国际竞争力,在合资情况下,这一目标没有充分实现。外商独资化以后,将使这一目标的实现更加渺茫。另外独资容易形成垄断,影响民族产业的发展,这一点在我国当前仍不具备竞争实力的高新技术产业当中表现得尤为明显。”

事实上,我们拿出的市场没有换来我们希望得到的技术,这只是一个层面上的问题。在技术之外的层面上,例如我们希望得到的企业管理和企业文化的提升,也没有因为实施合资而大量和有效地获得。相反,合资失败的企业为数不少。

“我敢这么说,机械制造行业不成功的合资起码要占30%~40%。有一个资料不知道你们看过没有，全国目前48万家合资企业，一年的亏损额达1200亿元人民币。在相当一部分合资企业里，故意把账做亏损，但是隐藏的利润全部揣到总部的腰包里去了。”与会专家说。

在记者去过的一些合资企业中，账面上能够赢利的占少数。跨国公司往往利用中国的一些企业尤其是地方官员吸引外资的强烈愿望，在进行合资谈判的过程中，提出了种种限制性条件。这些限制性条件使得跨国公司在合资企业里稳固地获取隐藏的利润。比如一家日本跨国公司，在合资之初就提出零部件全部从日本进口。同时，他们要求合资企业要向跨国公司派出的技术人员支付高额的薪酬。仅此两项，就使这家合资公司在7年时间里，账面上一直处于亏损状态，而实际上企业获得的利润都从暗地里流走了。再比如，为了得到一家合资企业，跨国公司在与中国企业进行合资以后，就采取让其一直陷入亏损的办法，直到将合资企业的中方拖垮，中方愿意将整个企业拱手相让，合资企业最后变成了独资企业。西北轴承厂就是这方面的一个典型例子。这家企业在拿出铁路轴承这一块优质资产和德国某公司合资后，一步一步地失去控制权，最后不但丢掉了合资公司，而且丢掉了有竞争力的高端主导产品的市场和制造资质。

有专门研究跨国公司战略的专家告诉记者，除了限制性条款、拖垮蚕食的策略，跨国公司的招数还有很多。事实上，他们凭借自身的优势，一直坚持强势思维，执意谋取单赢，而不是双赢或多赢。自然，在这样的境况下，希望通过合资便捷地获得技术，或者提升企业管理等其他诉求，对于中国企业来说，已经不是一件容易的事。

有关专家认为，在新的时期，随着我国经济总量在世界上分量的增加，国际同行、跨国公司对我国企业戒备之心远远大于上世纪，他们现在不愿意向我们转让技术，迫于某些压力，才像挤牙膏似地向我们转让一些技术，像过去许可证贸易那样引进技术很难。这就告诉我们，下一步的发展必须高度重视自主创新能力的培育，要不就走不出一条真正的振兴之路来。

**一个糊涂的观念：只要引来500强就是好的**

吸引外资是我国对外开放政策中的一个很重要的方面，跨国公司的进入在改革开放的不同时期产生了不同作用，但现在已是一把双刃剑。

“很多情况下，国有企业的改革实施者把问题想得简单化了，以为把企业卖给外国公司，卖给500强就可以长治久安了。实际上，企业在将股份卖给外国公司后，对方通常就把它变成一个亏损的企业，在你熬不下去的时候，合资企业就变成了独资企业，结果大量的遗留问题仍然要由政府来解决。”一位与会者这样说。事实上，除了因为合资不成功，政府部门最后不得不出来善后之外，一个更为严重的影响就是：中国企业形成的技术能力的团队被打散了！而这样的团队正是中国装备制造企业的发展振兴之本。

中国机械工业联合会副会长蔡惟慈认为，当前外企进入中国的方式发生了六大变化：一是对华合作方式由早期的许可证生产方式变为资本输出的方式。二是资本输出中外资所占比重由开始的一般性参股变为坚持要求控股，或者独资。还有的坚持要求控制中资企业原有的技术开发部门。“人家想得很远，目的是要从根本上消除将来中国企业与之一争高低的可能。”三是资本投入的力度明显加大，过去项目一般投入几百万美元，现在动辄几千万美元甚至上亿美元。四是向中国市场推出的产品由孤立的单个产品向制约整个工程的系统成套产品这样一个方向扩展。五是外企由过去那种简单的组装逐步向制造加工、整机生产、产品研发、市场营销等全过程延伸。六是进入的目的已不仅仅是占领中国市场，也在把中国的机械制造业纳入其全球产业链。目前以跨国公司为代表的外资，对于中国机械制造业进入的力度、深度、广度和所追求的目标，都发生了深刻的变化。

尽管外部环境发生了变化，但让人费解的是，在一些地方和企业进行国企改制操作的时候，仍然只认世界500强。如果需要选择一家合资对象，世界500强往往是首选。

振兴装备制造业：在机制和利益的冲突中抉择

装备制造行业的龙头企业在改制与合资的过程中，为什么会出现如此多的矛盾状况？与会的专家认为，行业属性、利益的不一致正是导致目前装备制造业表现出诸多矛盾的根源。

首先，装备制造业的属性跟一般的工业行业不同，它的排头兵企业及重点企业，比其他工业行业要多得多。因为行业特点就是面宽,门类多,品种复杂,一个行业排头兵代替不了另一个行业的排头兵。这样的行业属性决定了国家不可能像管其他工业行业如钢铁行业那样,抓住几个大的集团,就能把握住行业。

其次,这个行业的绝大多数排头兵往往归地方管辖,地方政府从政绩和地方经济发展的总量上考虑,在实际的操作上往往是很具局限性的。

第三,地方政府承担了发展本地经济的重任,不同地区为了获得竞争优势,在吸引外资的时候,争相提供优惠条件。因为事情很明白,你不让步别人让步,最后外资都跑到别人那里去了,自己的政绩还要不要?

第四,装备制造行业这两年日子是好过一点了,尤其是行业排头兵企业,但尽管如此,这些企业给地方政府的印象仍然是包袱而不是效益。地方政府担心如果不趁企业效益好的时候,把包袱甩掉,有朝一日企业效益不好的时候又变成地方政府的难题。所以将国企"卖之惟恐不及",自然也就没有心思来考虑行业的战略安全问题了。

第五,从企业的角度来看,也有和跨国公司合资的理由。一些行业排头兵企业,在改革和发展中碰到的难题,往往于现有的体制和机制环境当中找不到出路。第一道难题是作为一个国有企业,有很多地方自己做不了主,政府今天叫企业这样,明天叫企业那样,都不能拒绝。这种体制决定了企业希望通过某种方式摆脱行政干预,通过"技术手段"实现政企分开。第二道难题是,如果要想把企业做到和同行竞争,和外资企业竞争,有一定的抗风险能力,就必须把自身多年来形成的包袱甩掉。但甩掉包袱以及国企改制需要一定的资金,而现在多数国有企业不可能具备这样的能力,怎么办?只有选择引资。然而在引资对象的选择上,国内大型国企由于仍然是国有资本,不能从根本上解决"身份"问题,而民营企业由于技术缺乏,令人担心技术的后续支撑能力。这样的状况把一些国有的行业龙头企业逼进了两难境地,最后他们往往选择了国际资本。

## 出路:离不开自主创新

据有关数据显示,2004 年全国规模以上装备制造企业约 5.5 万家,从业人员近 1500 万人,实现工业总产值 5.1 万亿元,利润超过 2650 亿元,工业增加值约为 1.4 万亿元。

专家告诉记者,尽管行业的总量增长很快,但核心部分、关键领域、高附加值的部分如果被外资控制,就将出现一种外大内空的危险景象。如果是这样,在国际分工中,我国装备制造业就有被死死钉在价值链低端的危险。

要改变装备制造业的这种状况,专家们开出了两剂药方。首先是要管起来。对一般中小型企业在是否由跨国公司并购的问题上可以放开,但对若干重要领域排头兵企业的合资要集中核准管理,改变目前的国有排头兵企业被外资并购的放任自流和失控状态。其次是要给出路。要加大政府对若干重要领域排头兵企业的支持力度,使之有更好的成长条件;要加大国有企业改革重组中对民营资本利用的力度,通过体制和机制的彻底转换而焕发活力。除了这两剂药方之外,归根结底,是要提高企业自主创新的能力。

值得庆幸的是,有消息称,国家科技战略将全面进行修整,五部委正起草 12 套新规来实质性地推进包括装备制造业在内的工业经济的发展,而其落脚点也放在了自主创新上。同时,一些地方基于自主创新上的发展和探索,也为装备制造业的前景带来了值得期寄的曙光,而更多的人也正抱着不可为而为之的精神向前迈进。

(《中国工业报》2005 年 9 月 8 日 A1 版)

装备工业合资变局特别策划·西轴系列

重磅调查

# 西轴和FAG合资 与双赢无缘

中国工业报记者 王 聪

上世纪90年代中期起，在全国各地掀起一场招商引资的热潮。这其中有双赢的，有单方受益的，也不乏失败之例。在宁夏，西北轴承股份有限公司(以下简称西轴)与德国FAG公司的合资，虽不能说是失败，但至少可以认为是与双赢无缘。

7年前，西轴与德国FAG公司开始接触谈判；4年前，双方合资成立了富安捷铁路轴承(宁夏)有限公司；两年前，合资公司变成了德方独资；今天，双方成为供与求的合作伙伴。几年来，双方富有戏剧性的变化，使不少人一头雾水，不禁要问：合资，是福？还是祸？

若要识得“庐山”真面目，还得从1996年说起。

## “瞌睡”遇到“枕头”

西轴是全国轴承行业6家大型一档企业之一、西部地区最大的轴承企业、全国轴承行业首家上市公司。公司成立于1965年，历经3个发展阶段：第一阶段是大山沟建厂发展阶段(1965~1981年)，第二阶段是搬迁调整阶段（由山里迁到银川，1982~1992年)，第三阶段是改革发展阶段(1992年至今)。

1996年4月18日，中国轴承第一股——西北轴承(000595)在深交所正式挂牌，也是宁夏第二支上市的股票。该股当日开盘从4.15元，最高升至9.1元，成为当年少见的一支股票。

一夜间在资本市场拿到了1.2亿元的资金，对于西轴来说不亚于天上掉下来一个大馅饼。这种唾手可得的财富充满诱惑，为了当年赢利增长超过10%，实现配股，西轴把市场、产品等束之高阁，刻意扩大生产规模，企业当年账面实现销售收入递增1.5亿元，账面利润递增超过10%以上，1997年7月通过实施配股，西轴从资本市场第二次获得了8000万元。

然而，由于企业大量产品滞留在流通环节，不能进入终端销售，当年企业新增沉淀资金1.5亿元。以后的3年，西轴仍不断地向生产中投入资金。到2000年，企业资金沉淀达6亿元，每年背负银行的利息就高达4000多万元。企业艰难度日，举步维艰。此时的西轴想再从股市募得资金已经不可能，于是便在股市以外寻觅机会。

德国FAG公司是世界第三大轴承公司，德国最大的轴承企业。过去20多年来，FAG公司一直直接或间接参与中国铁路轴承的研究开发工作。正是有了对我国铁路轴承市场的深入了解，借助于我国招商引资的大环境，FAG公司抓住机会进入了有着广阔市场前景的中国，先后在上海、宁夏、江苏太仓注资设立了轴承生产企业。

合资前，西轴是铁道部批准生产铁路轴承的厂家之一，年生产铁路轴承能力为新制20万套，大修10万套，全年现金收入近2亿元，占西轴当时全年现金收入的40%以上，产品占全国铁路轴承市场的25%，在行业内具有举足轻重的地位。

经过10年搬迁和市场磨难的西轴已是精疲力竭，而此时的FAG公司正在中国寻找最佳合作伙伴。就如同"瞌睡"遇到了"枕头"，"借助于FAG的先进技术、科学管理和知名品牌，嫁接于西轴的精华部分——铁路轴承，让它发展壮大，带动西轴跻身于全国乃至世界轴承行业前列"，成为了双方合资的初衷。这不仅符合国家的产业政策，又符合铁道部扶持企业发展的路子，得到了自治区党委、政府的全力支持。

据西轴董事长李树明介绍，当时世界第一大轴承公司——瑞典SKF在国内合资组建了南口斯凯孚轴承厂。铁道部一直在寻求建立新的足以与SKF在国内形成竞争的铁路轴承合资企业，以打破铁路轴承市场只有一家合资企业的垄断局面。当时铁道部只允许国内再组建一家合资企业。西轴不与FAG合资组建富安捷公司，国内其他具有竞争实力的铁路轴承生产企业就有可能与外方组建新的公司，西轴乃至宁夏地区将永远失去这个机遇。

## 合资摩擦起"火"

1998年下半年，德国FAG公司在中国寻求战略发展的过程中，开始与西轴接触。1999年双方开始谈判，经过3年磋商后，达成一致意见：即德方以现金和技术投入，中方以原铁路轴承公司的设备、土地、厂房以及公司热处理分厂的精良设备和厂房投入，组建铁路轴承合资企业。

最终达成的框架协议内容是：组建合资公司，目标投资2000万欧元；由德方控股51%，中方49%；德方确定最初投资额只有3000多万元人民币，其中包括100万欧元的技术投资；中方原铁路轴承公司6000多万元资产整体进入新公司，进入方式受到投资比例和规模限制，一半资产由合资公司购入，另一半资产作为投资进入新公司；新公司用工由合资双方协商，从原铁路轴承公司和西轴热处理分厂员工中挑选。管理人员中，由中方委派副董事长、副总经理，财务、销售、采购、行政正职或副职等人员；产品全部在国内销售，占领国内市场，由中方负责利用原来的铁路轴承零配件加工生产线向该公司优先提供零配件，并收取劳务加工费用。同时，在商标使用上明确规定：前3年使用西轴的"NXZ"，待各项指标达到德方标准后使用"FAG"。

双方于2001年12月18日在北京签署了合约。合资公司——富安捷铁路轴承(宁夏)有限公司正式成立于2002年3月，当时注册资本为852万欧元，经营范围为开发、生产、销售、修理铁路轴承。

西轴董事长在接受记者采访时回忆说："时间到了2002年4月，德方资金始终不能到位，本身就对合资持反对态度的人要求公司撤销合约，公司先前支持合资的人也开始犹豫。这时公司领导对企业未来的命运难以'独断'，遂向宁夏自治区党委、政府请示，得到的答复是'要从招商的大局出发，坚决把合资工作搞下去'。2002年5月16日，双方开始组建合资公司。选聘录用合资公司员工时，德方一意孤行，不允许中方参与，而单方面进行人员选聘。任职和用工总数均由德方决定。合资前，原铁路轴承公司共有职工1100多人，德方决定只留用500人。为了合资大局，西轴将未被合资公司聘用的近600人全部予以安置。在合资公司聘用人员工资问题上，由于德方不采纳中方意见，造成合资公司录用人员不签订劳动合同，两次罢工。在此情况下，西轴多次召开原铁路轴承公司职工大会和职工代表会，稳定职工情绪，协助德方做好招聘职工的工作，使被录用职工与德方签订了劳动合同。在谈判过程中，从中方处于劣势的不平等地位，到组建新公司初期德方的独断行为，已经显现了双方合作的分歧。中方委任的副董事长兼副总经理到位后，对新公司经营管理提出的意见，德方一直不予采纳，使中方利益受到严重损害。"

## 选择分道扬镳

2002年下半年，德国依纳公司整体收购FAG公司后，合资公司控股方转为德国依纳公司，更换了合资公司决策层的部分成员。

控股主体变化了，双方的合作会因此愉快起来吗？

"2002年底，我们提出合资公司由西轴经营，遭到德方拒绝。由于德方不采纳中方意见，不信任中方在合资公司中的任职人员，先后解聘了生产、销售等管理部门的中方管理人员，高薪在国内招聘了部分管理人员，再加之德方不按合资协议办事，擅自增加德方在合资公司工作的人员，并且外方工作人员每周都要探亲，往返费用都要由合资公司承担，致使管理成本大幅上升。"李树明说。

2002~2004 年 4 月，合资公司共生产新制 352226 铁路轴承 19.6 万套。前两年年均产量只有 8.5 万套，仅占西轴原铁路轴承年产量的 42%。2004 年 5 月到 2005 年 5 月，合资公司基本停止了铁路轴承的生产，2004 年下半年开始小批量试制出口铁路轴承。2002 年，合资公司亏损 1200 余万元，2003 年继续亏损 1400 余万元。按合资比例，2002 年和 2003 年，西轴仅合并财务报表便合并亏损 1000 余万元。

2005 年 5 月，合资公司聘用的职工劳动合同期满，富安捷公司裁员 250 人。西轴全部接收了原西轴股份公司员工身份的裁员。

在合资公司连续两年亏损，市场大幅萎缩的情况下，西轴多次与德方控股方依纳公司进行联系和协商，试图改变这种被动局面，并提出两种选择，一是合资公司由中方收回，重新改变被动局面，打开销售市场；二是中方参股权由德方购买，中方可以借机摆脱亏损的被动局面，由德方独立经营。"为了自治区招商引资大局，为了留住德国依纳公司"，西轴在权衡利弊的基础上做出抉择，于 2003 年 12 月 17 日与德国依纳公司签约，将西轴持有合资公司的 49%股权出售给依纳公司。德方支付给西轴 2850 万元人民币，合资公司从此变成了德方独资企业。

### "拥抱"不成可以牵手

合资不成，合作却显得很紧密。今天，合资"决裂"的这对"冤家"依然有着千丝万缕的联系。

记者到富安捷铁路轴承（宁夏）有限公司采访必须经过西轴大门的厂区。不仅如此，富安捷公司所用的水、电、气全部都由西轴提供。对于西轴的这些服务，外方表示比较满意。在富安捷公司车间，当记者发现企业已经部分停工，问及总经理 GeorgHof 郢 mann 先生原因时，翻译告诉记者："由于停电，西轴没有按时给我们供货。"当记者再问对方是否只选择西轴一家供货商时，得到的答复却是"不能回答你"。

据了解，富安捷公司所需的上游产品全部由西轴提供。如果满负荷运转，西轴每年给富安捷公司的产品可创产值数千万元，占西轴目前产值的 10%。

西轴董事长李树明最后告诉记者，由于合资，企业让出了经营了多年的 NXZ 牌铁路货车轴承的品牌，失去了占中国铁路货车轴承 25%的市场，合资结局给西北轴承的教训太深刻了。但是西轴不能就此停留在埋怨上，求大同存小异，共同发展才是关键。

（《中国工业报》2005 年 9 月 13 日 A1 版）

本报观点

## 政府何时不再"逼迫"

中国工业报记者 贾柱

看了西北轴承合资变局的案例，很容易使人想起去年初乐凯与柯达合资时柯达全球副总裁叶莺讲过的一番话——

"在谈判的过程中，政府的因素肯定是有的，但却不是一个绝对的因素。政府如同父母，乐凯如同一个孩子，娶什么媳妇还在于儿子。其实决定的因素还是在乐凯，合作是一个两情相悦的事情。国资委也是提倡国企改革自己找婆家，乐凯选择和什么企业合作，政府是无法促成和逼迫的。”

姑且不论乐凯与柯达合资是否也出现了类似西北轴承的变局，单就叶莺讲的这番话，其实是很冠冕堂皇的，而且也多少有几分道理。因为在西北轴承合资变局的案例中，人们已经感受到了政府“促成和逼迫”的压力。

毋庸置疑，振兴装备制造业的主体是装备制造业的优秀骨干企业。然而，这些优秀的骨干企业却经常面临着不能主导自己命运的尴尬。主体何以不能“主导”？原来在很大的程度上，是政府主导了企业的合资重组。而对于政府主导企业的合资重组，业内人士至少可以得出三个结论：

其一，政府主导企业的合资重组，是一种游戏。游戏的内容是把一批国企打包出售，2003 年北京推出的“104 重组方案”就是一个例子。一直到 2005 年，有的地方还在搭这种台，唱这种戏。戏的主角自然是大大小小的政府官员，而已经挂牌出售的企业给人的感觉，仿佛是被插上了草标待价而沽的奴仆。

其二，政府主导企业的合资重组，是一种试验。至于试验的结果，官、产、学取得的共识是，增大了系统的风险。以产业风险为例，汽车行业的所谓“三大三小”，在合资的 20 年间没有开发出一款具有自主品牌、自主知识产权的国产轿车，甚至形成了对外资难以逆转的路径依赖。

其三，政府主导企业的合资重组，是一种错位。作为国有资产出资人的代表，政府的职能主要表现在监管上。换句话说，政府扮演的角色是“裁判员”。“裁判员”一旦变成了“运动员”，企业一旦变成了政府的附属物，国企改革 20 多年的成果就全部付诸东流了。

很显然，合资也好，重组也好，并购也好，都是企业的经营行为，自然应该由企业来主导。而对于政府主导企业的合资重组，业内人士难免提出一些质疑。其中最引人注目的一个话题是，政府主导企业的合资重组，会不会造成国有资产的流失？答案是肯定的。特别是有些地方政府官员对国企改制设定时间表，甚至采取倒计时的做法，动辄以撤职相威胁。在这样的背景下，国有资产想不流失都难。尤其值得一提的是，有时合资甚至成为国有资产流失的一个漏斗。有数据显示，仅 2000 年以来的 5 年间，中国查处了包括多名省部级高级干部在内的贪官 20 余万人。近 10 年间中国各种外逃资本达千亿元，其中不少就是通过合资这个漏斗漏出的国有资产。

有人说，未来的竞争不仅仅是企业与企业之间的竞争，更是生态系统与生态系统之间的竞争。特别是当价值的产生状态不再仅仅是链状——价值链，而是复杂的价值体系时，未来企业的成功，将更多地取决于生态体系的繁荣壮大。而政府主导企业的合资重组，恰恰使中国的国有企业参与竞争的生态系统受到了破坏。中国的企业家们就像是在戴着锁链跳舞，个中滋味，苦不堪言。

所以，政府主导企业的合资重组，还是悠着点好！

（《中国工业报》2005 年 9 月 13 日 A1 版）

**记者手记**

# 强扭的瓜不甜

记者驻地离西北轴承股份有限公司也就 20 公里，可是先前并不很了解有关西轴合资的情况。要不是报社杨青总编辑布置这篇“作业”，我依然不会对西轴有新的发现，因为我也犯了一个普通记者常犯的错误“喜欢炒热的”。

对于西轴这家老国企，除了 3 年前由于拖欠职工“三金”被媒体炒得沸沸扬扬之外，近两年很少有人关注。接受任务后，电话预约调查采访，西轴答应得很爽快。在调查采访的当天，我的“礼遇”很高，公司董事长李树明和总经理索战海早已在会议室里等候了。

两位老总谈得很动情，尤其是李树明董事长，也许是对西轴37年的感情太深了吧！在谈及西轴的改革和合资时他总是很激动，时而还用手敲打一下桌子。是的，不能不激动，为了一句“要有大局意识”的话，造成了决策的失误，并且一味地谦让，让出了优势产品，让出了主动权，包揽了一切包袱，压得自己几年都喘不过气来，使企业失去了绝好的发展机会。

再说德方，为了不使我的调查采访成为“一面之词”，富安捷公司对我的采访欣然接受。我得到了和西轴一样的“礼遇”，并从翻译的口中发现，德方“占了便宜还不卖乖”，提起合资，依然有怨言。

西轴真不容易。今天日子虽然好过了一些，但面对现实，西轴员工的内心沉痛而又踯躅，多数人选择了缄默。我理解他们的忍耐，因为管理层一再告诫他们要“奋发图强，再创西轴辉煌”。在企业每次的变革中，企业能自主的成分有多少？如果不“顾全大局”，让企业自主的积极倡导者要么离职，要么受到冷遇。这也许就是制度的悲哀！

（《中国工业报》2005年9月13日 A1版）

产业之虞

# 丢市场丧优势 轴承企业难以承受的合资之痛

中国工业报记者 沈 耘

只盯着月亮看，顶多就是一个形容俗了的好看的“银盘”，但把它放在八月十五的夜空上就有了无尽的意味。同样，只盯着西北轴承股份有限公司（以下简称西轴）与德国FAG公司一段失败的合资看，顶多也是西北轴承人“被青春撞了一下腰”，但把这个典型案例放在中国机械工业、轴承行业的大背景下来思考，它就有了深刻的意味和意义。

中国的轴承工业现状如何呢？是否健康，是否壮大？

## 中国轴承工业大而不强

据中国轴承工业协会介绍，2004年该行业国有及国有控股企业加上年产品销售收入500万元以上的非国有企业共927个，全年生产各类轴承约41亿套，实现销售收入392亿元，轴承销售额仅次于日本、美国和德国。

尽管如此，中国却完全不是一个轴承强国。中国轴承工业与世界轴承工业强国相比，存在较大差距，主要表现为高精度、高技术含量和高附加值的产品比例偏低、产品稳定性差、可靠度低、寿命短，还有一个重要的问题是产业集中度差。在全世界轴承约300亿美元的年市场容量中，世界八大跨国公司占75%~80%。在德国，三大公司占其全国总量的90%，日本5家公司占其全国总量的90%，美国3家公司占其全国总量的56%。在我国，最大的10家轴承企业销售额总和仅占全行业的24.7%，前30家的生产集中度也仅为37.4%，而SKF公司一家企业的年销售额相当于我国近千家企业的销售额总和。另外，在相关产品质量水平不高、产业集中度低的状况下，行业市场状况亦不容乐观。

在轴承行业里，民营企业抢夺了低端市场，但在中高档轴承领域，目前还无力与国有龙头企业相抗衡。即使有一天民企强大到吃掉了国企,无论盘子里的还是锅里的,毕竟都还是中国本土的企业。如果国外大企业利用他们技术、资金等方面的优势攻陷大型国有企业,就会对我国的轴承行业进行一次彻底的改头换面,这与国内企业间的此消彼长意味就完全不同了。

世界著名轴承企业早已对中国的市场虎视眈眈,中国入世后更是全力加快抢滩的步伐。到目前,SKF、INA(含FAG)、TIMKEN(含TORRINGTON)、NSK、KOYO、NTN、NMB和NACHI世界八大轴承工业公司,在中国境内已陆续建立了30多家轴承成品生产企业。现在跨国企业在我国的发展趋势是:一方面已建立的合资、独资的跨国企业在不断扩大生产规模,加快实施人员和采购本土化,使得我国轴承行业内资企业原有的比较优势不复存在。另一方面,加紧深入到我国轴承行业的核心层企业寻找合作伙伴,尤以生产中小型球轴承为主向高端产品进发,占领技术制高点,意图控制中国高端产品市场;有的还在我国建设研发中心,把合资或独资企业作为跨国轴承公司的一个生产车间。

在这样的行业大背景下,再来看西轴与德国企业这场失败的合资,就凸显出其重要意义。

从本报对西轴与FAG合资调查中可以看到,中方对这个合资有怒气,外方有怨气,虽不能说是“双输”,也说不上“零和”。

## 不能让民族装备制造业伤皮又伤骨

我国轴承行业现状是需要先进技术、部分资金,而外国大企业正觊觎我国市场,因此像西轴曾经“瞌睡遇到枕头”的事情可能还会不断出现。这样,探讨西轴与FAG合资的得失,就是一件对机械工业非常有益的事情。其意义在于,绝不能让西轴吃过的亏再在其他民族工业企业的身上被复制、被重演,使民族工业现在所受到的伤害由皮肉扩大至筋骨,甚至导致支离破碎。

探讨西轴与FAG合资失败教训的时候,首先一定要避免出现由单个失败案例而得出国有重要企业、大企业与外国人合资不可取的结论。我国企业在合资合作、对外开放的前提下,首要的问题就是如何提高合作的水平、合作的质量,努力做到“你好、我好、大家好”,而不是剑拔弩张、一拍两散。

对于中国到底要不要拥有并且不断强大自己的民族装备制造业这个问题,记者认为谁也不会说不要。因为假若在中国自己的装备制造业龙头企业都被洋人灭掉、立足点尽失之后,再谈振兴装备制造业、自主品牌、技术创新,无异于痴人说梦。

以轴承为例,它是重要基础件,在国家经济安全乃至国防安全方面具有战略意义。在二战期间,希特勒第一次轰炸前苏联的目标中就有轴承企业。

轴承行业的专家们呼吁,必须要重视我国的经济安全,保护民族工业。建议有关方面出台相应政策,使各机械制造行业的排头兵企业不在跨国公司的大举进逼中全军覆没。

## 51%与49%背后的“控制”文章

51%比49%只差了区区2%,但这是非常要害的2%。

外企在与我们企业合资的时候,往往要求控股,否则免谈。最少的控股比例是51%:49%。因为坚持这一比例,他们就以最小的代价,取得对整个合资企业的控制权,无论经营决策还是管理决策。

反观中方,49%与1%在权力上没有多少差别,但在风险承担方面却大大不同。49%,实际上是付出了最大的风险代价,取得的利益却与风险不匹配。因为在最大程度地与外方共担风险的情况下,却没有共享权力。

专家认为,中国的企业在合资中不能够轻易失去对企业的控制权,应该坚持51%,坚持控股。

实在不能够达成这个目标,也要坚持由中方担任总经理,并且要有合同的起草权,以防止外方利用他们获得的合同起草权,列出大量约束中国企业的刚性条款。

在合资谈判过程中,要认真进行可行性研究与不可行性研究,发扬民主,集合专家、企业家、法律顾问等各个方面的集体智慧,把合资的利、弊、风险及风险规避研究清楚。

与此同时,中国还应组织起精干负责的谈判班子,人员要包括财务、技术、资产管理部门的负责人等企业方面的专家,优秀的懂得行业的翻译、法律顾问等。要明确规定谈判班子的成员将来不进入合资公司工作，由企业妥善安排，以规避由于利益关系到自身而发生的问题。

资产评估也是中国企业保护自己利益的重要一环。在合资中，要聘请负责任、能主持公道的资产评估公司，评估时要有企业各有关部门人员参加，防止企业价值被低估、国家利益受损。同时中国企业不仅要关注自己的有形资产，更要勇于坚持将自己的专有技术、市场份额等折算为无形资产作为投资，还要考虑到中国企业潜在的技术与市场价值。

## 跨国公司的典型战略战术

由于国有企业一下进入市场经济后，往往有诸多不适应，产生一些冗员、资金匮乏、技术水平迫切需要提升等问题，从而希望通过合资达到"以市场换技术"的目的，也解决资金和人员负担的困难。外方希望合资，但他们到中国绝不是扶贫来了，中方若对他们合资的目的认识不清、把握不准，不仅无助于解决自己想解决的问题，还可能使自身处于雪上加霜的境地。

跨国公司到中国来战略意图非常明确，就是以合资为跳板，以合资作为取得中国市场的手段。合资—合资后连年亏损—中方承受不了最终让出股权—外方独资达到目的，这就是跨国公司典型的战略战术。

在现实中，合资公司往往一上来先要裁员，裁减下来的人员要由中方安置，中方人员就业的矛盾不仅得不到缓解，还会加剧，给企业造成严重负担。同时，由于没有控股权、经营管理权，中国企业对外方投入的资金也就没有支配权。

另外，跨国公司的研发基地一般都在本国，他们决不会把核心技术投入合资公司。他们把在华的合资公司作为一个加工厂，甚至仅仅是一个他们的生产车间。在实际中若把握不好，希望通过付出自己的一部分市场换取外方的先进技术，往往只是中方一相情愿的美好愿望，最后是赔了夫人又折兵。

## 地方政府之权与企业之利

在西轴与FAG合资过程中，由于德方资金始终不能到位，2002年4月西轴想撤销合约的时候，一个减少企业后来受到伤害的机会被宁夏回族自治区党委和政府指示"要从招商的大局出发，坚决把合资工作搞下去"这一句话给扼杀了。

在合资公司连续两年亏损、市场大幅萎缩的情况下，西轴试图改变这种被动局面。当时合资公司面临两种选择，一是由中方回购，重新改变被动局面，打开销售市场；二是中方参股权由德方购买，中方可以借机摆脱亏损的被动局面，由德方独立经营。

如果当时西轴选择回购股份，它割肉、失血，但生命还在，企业还是自己的。但"为了自治区招商引资大局，为了留住德国依纳公司(FAG被依纳公司收购)"，西轴出售了自己持有的合资公司49%股权，合资公司从而变成了德方独资企业。至此，西轴终于彻底地失去了最宝贵的一部分——合资企业、产品、市场，失掉了原来企业主导产品铁路轴承的一切。现在，西轴人看着铁路轴承市场需求旺盛、价格大幅上涨，惟有一声叹息。

经济要健康发展，政府宏观政策的引导不可或缺、功不可没，但市场经济必须要以市场为主，但一些地方官员不熟悉行业状况，关心自己的政绩大于考虑国家产业的安全。有专家甚至尖锐地说："外方总是希望通过地方政府官员对中国企业施压，以达到逼企业就范合资的目的。"

(《中国工业报》2005年9月14日 A2版)

专家圆桌

# 利用不成反被利用 跨国公司有隙可乘

嘉宾：北京大学政府管理学院　路　风
中国社会科学院工业经济研究所　张承耀
财政部财政科学研究所　文宗瑜

## A

**一个国家引进外资的目的是什么？我们在引进外资的实践中，是利用外资还是被外资利用了？**

路风：一般来讲目的有两个：弥补经济发展的资本不足；获得经济发展所需的技术和管理知识。从地方政府的角度讲还有第三个目的，即通过吸引企业在本地落户而创造税收和就业，繁荣当地的经济。

就中国而言，资本不足早已不是经济发展的瓶颈，所以一般都把引进技术和管理作为引进外资的主要理由。

张承耀：在改革开放初期，我们有一个口号叫"利用外资"。当时的背景是中国刚接触外面的世界，与人家直接竞争没有把握，因此采取"两头在外"的基本国策。所谓"两头在外"，主要是指资金、技术、管理从外面引进，在中国生产出产品后，销售到国外。这样，一方面可以规避上下游的国际风险，另一方面可以学习人家先进的管理经验。

张承耀：在引进外资过程中，引进技术与学习先进管理经验的"如意算盘"并没有很好地兑现，却显示出对中国的种种不利：人家先是高价将机器、设备、技术卖给中国，再高价将原材料、人工卖给中国，最后再低价买走成品，然后到国际上卖高价。其结果，造成国内生产部分没有利润甚至亏损，而这些我们的企业是控制不住的。十分明显，外资盯住的是中国的市场。中国入世使得情况发生了根本的转变，国内市场终于对外资开放了。

在这个历史过程中，"利用外资"演变成"被外资利用"的例子很多，其原因也很复杂。西北轴承公司与德国 FAG 公司的合资结果落得个"被外资利用"的可悲下场就是典型的个案。

我们口口声声说要"利用外资"，实际上是"被外资利用"。因为，所谓的"利用外资"就是一个不科学的概念。市场经济要平等互利，我们必须彻底转变观念，政府的价值取向与企业价值取向不要混杂在一起。我们没有独立的企业，就不可能实现良好的合资。学费交了是否能够增长智慧，现在还难以下结论。

## B

**中外企业合资外衣包裹下的目的是什么？**

文宗瑜：要正确的看待与评价合资，必须搞清楚 20 世纪 90 年代以来跨国公司进入中国的用意与目的。20 世纪 80 年代末、90 年代初，跨国公司纷纷进行"生产销售混合型"模式向"技术与销售主导型"模式的转型，通过把生产环节剥离并转移到发展中国家与落后国家，跨国公司集中从事研发与销售，以垄断技术主导全球市场。而中国改革开放用各种优惠吸引外资的政策等，导致了许多跨国公司选择把转型后的生产基地落户到中国。

路风：对于企业的合资目的，一般来讲是能力互补。即通过合资创造一个学习的机会，提高自己所短缺的能力。合资的本质是一种由双方或多方利益主体基于当时当地的利益需要而组成的战略联盟，所以合资企业从来不会是一种稳定的组织。一旦合资中的任何一方达到了自己的目的，合资的利益基础就动摇了。谁听说过合资企业成为百年老店的？这就产生一个问题，合资各方能够确保从合资中获得最大利益的关键因素是什么？答案是：学习的有效性和学习速度。也就是说，如果合资中的一方能够先于对方掌握自己原来所缺的能力，就会在合资中处于优势和主动的地位。

外国企业在中国投资的目的是什么呢？再简单不过：赚钱。向中国企业输出或转移技术是其目的吗？当然不是，而且为了自己的利益必须尽力防止这种事情发生，虽然有时为了进入市场而不得不做些让步。赚钱需要市场，而且要想赚越来越多的钱就必须控制市场，但进入一个人生地不熟的市场不是一件容易事。当中国政府规定不得独资时，合资是外国企业进入中国市场的惟一途径。

随着中国政府对 WTO 承诺的实现，外资可以在越来越多的行业中开办独资企业。但是，无论是否存在政府的限制，外国企业往往都是首先通过合资进入中国市场，因为它们需要熟悉中国的市场和政治环境，而且需要掌握销售渠道等等。目前，跨国公司越来越多地采用并购中国企业的方式来达到进入并控制中国市场的目的。道理是一样的：从无到有设立独资企业成本很高，不仅高在设施的投资成本上，更昂贵的是发展出包括运营、管理和营销等等方面的能力。并购现成的中国企业，不仅可以立刻获得从生产到销售的现成资产和能力，而且可以消灭竞争对手（包括品牌），从而达到控制市场的目的。

张承耀：就西轴来说，主要的表现为外方控股。在合资企业中，德方控股 51%，中方 49%。德方以现金和技术投入，中方以原铁路轴承公司的设备、土地、厂房、设备等投入。实际上，德方最初投资额只有 3000 多万元人民币，其中还包括 100 万欧元的技术投资。中方 6000 多万元资产整体进入新公司，一半资产作为投资进入新公司，另一半资产则由合资公司购入。除了资产的处置外，人员、销售、商标等都对德方有利。

张承耀：1996 年西轴作为轴承行业企业第一股、宁夏第二股股票上市，二次配股、扩大生产规模、销售收入递增、账面利润递增使企业好像穿上高速旋转、虚假繁荣的“红舞鞋”，最后由于流通不畅、资金积压、利息负担沉重，不得不另觅蹊径。当时，哪家企业拼命争取股票上市不主要是为了“圈钱”呢？

路风：中国企业与外国企业合资的主要目的是引进技术和管理，解决资金不足问题也是围绕这个目的。但在合资各方的利益、目标都存在矛盾的条件下，要保证达到自己的目的就必须坚持一些原则。

第一个原则是必须明确自己要合资的目标是什么。以为外资进来就一定带来技术是错误的，所以不明确自己要合资的具体目标就难以达到合资的目的，以“市场换技术”要一手交钱一手交货才可以。

中国存在许多在并不需要合资的情况下而合资的情况，结果都不好。即使在需要合资的条件下，也要认清外资进来最多是带来了学习的机会，而利用这种机会学到技术只能靠自己的努力。中国轿车工业合资了 20 年，而进行了合资的中国企业仍然无力开发新产品就证明了这一点。由此产生了第二个原则——在合资中必须保持自主性，就是要保持对技术学习及其过程的控制权。保证这种控制的关键是决不放弃自主研发和自主品牌，当然也就要求企业不能整体合资，这样才能保持技术学习的主体。

第三个原则是中国政府应该支持和保护中国企业的技术学习，通过种种手段增加中国企业的谈判力量。

## C

### 合资是否可以使中国企业形成技术能力？

张承耀：合资没有达到引进技术的目的，我们企业的核心技术也没有得到进一步的提升，国家也没有得到更多收益。因此，这是一场用企业的资产、职工、产品、市场换取官员政绩的交易。

文宗瑜：跨国公司在中国的合资公司主要定位两点：合资公司是跨国公司控制的一个生产与加工基地；充分利用中国的土地税收优惠及工人工资低的优势而大大降低生产成本。因此，跨国公司没有为中国的合资企业输出技术的动机。

路风：国际主流学术界的大量研究表明，从发达国家向发展中国家的技术转移是困难的，而且成本高昂。原因在于，有效引进技术的关键并非是否存在技术知识的外部来源，而是技术接受方必须具有能够消化吸收外来技术知识的能力，以及对技术学习付出足够的努力来发展这种能力。很多人没有搞清楚的是，坚持自主研发是吸收和学习外国技术最有效的途径——这已经为日本和韩国的经验所证明。

二战后，通过引进和学习外国技术而实现经济起飞的国家以日本、韩国为代表，而这两个国家都是在严格限制外资进入的条件下引进外国技术的，原因就在于它们都意识到必须防止外资来控制本国企业的技术学习过程。

技术能力是组织内生的，技术能力只能在企业进行研发和生产的过程中生成，并以企业为组织载体。这个事实说明一个基本道理：外国企业的技术能力不是中国的技术能力，也不会因为外国企业在中国设厂甚至设研发机构就变成中国的技术能力。一个国家的技术能力只能储存在本国企业之中，所以本土企业才是本土技术和管理能力的载体，才是中国进行技术学习的组织平台。

## D

### 为什么中国企业违反了市场竞争规律还要去合资？

路风：看西北轴承的合资，就会发现这个案例存在两个缺陷：第一，放弃了对技术学习的控制权。从报道上看，为了合资，西北轴承让出了控股权和品牌。不仅如此，在外方资金迟迟不到位的情况下，中方仍然退让，甚至在德方违反合资协议而对合资企业的任职和用工数量单方面采取行动时也忍气吞声。结果是毋庸置疑的，就是西北轴承失去了自己一块优良的业务，以及在这个业务领域中的资产和能力。

第二个缺陷就是西北轴承的合资承担了地方政府的“政治任务”。也就是说，政府短期政绩的利益压倒企业长期发展的利益，迫使企业不能按照市场竞争的原则决策。

十几年来，通过引进外资以实现GDP增长成了一些地方政府领导人的政绩指标。为了达到这些目标，许多地方的政府领导人不惜牺牲企业的利益。这样做当然会对经济发展留下长期的损害，但政府领导人只要在短期内取得政绩就可以升官，留下的烂摊子是别人的事。更严重的是，在中央政府放松对行业的管理之后，地方政府争相引进外资成为一场互相竞争的运动，贱卖中国企业也成了引进外资的捷径。以当官的逻辑去取代经营企业的逻辑，最后当然是企业吃亏。

张承耀：从西轴合资的过程来看，西轴及当地政府出现了委曲求全的现象。即：既然对方控股，就一切对对方有利，德方资金始终不能到位；录用合资公司员工时，中方不得参与；未被合资公司聘用人员全部给予了安置；合资公司录用人员不签订劳动合同两次罢工，中方协助德方做工作、与德方签订了劳动合同等等。如此委曲求全，就是由于宁夏政府的意见，要维护“招商大局”。

另外，西轴与德国FAG公司合资从行业上讲是铁道部的原因，铁道部为了打破铁路轴承市场只有一家瑞典合资企业的局面，只允许国内再组建一家合资企业，西轴如不与FAG合资，就可能丧失机遇。那么，为什么铁道部只允许再设立一家而不是多家合资公司？假如没有这种毫无道理的规定，西轴是否一定会走上“逼良为娼”之路？

## E

### 外资企业合资的主要手段与战略路线是什么？

路风：西北轴承的案例还提出一个重要的问题，即为什么在一块优良业务基础上建立起来的合资企业却始终亏损，并由此而最后变成外国独资企业？事实上，合资企业亏损不是个别现象，而是普遍现象。

亏损有种种原因，根据报道说西北轴承的亏损是外方的管理成本高昂。但有一点值得注意，为什么合资企业亏损的结局更多地是变成外国独资企业？从逻辑上讲，如果亏损反映了合资企业在经营上的缺陷，那为什么外国企业不但不撤资，反而把亏损的企业全盘接下？

由于在合资后亏损的企业往往是在合资前赢利的企业或业务，所以这里出现了一个奇特的合资道路模式：赢利的中国企业—合资—亏损—变成外国独资企业。这样一个路径难道没有反映出跨国公司控制中国市场的战略吗？

跨国公司通过转移支付造成在当地国家企业假亏损是一个在三四十年前就被注意到的现象。简单地讲，合资企业的亏损并不意味着外国母公司会有损失，因为可以通过供应虚高价格的核心元件、收取技术转让费和提成等手段赚钱。事实证明，合资企业亏损之时往往也就是外国母公司提出增资扩股之日。由于中国企业往往无力相应增资，于是外资比例上升，直至整个企业变成外国独资企业。面对这样多的案例事实，有谁敢否认让合资企业亏损不是外国企业的进入战略？

张承耀：在西轴这个案例中，中方提出合资公司由西轴经营遭到德方拒绝，德方却任意解聘中方人员，高薪招聘其他管理人员。再加上德方控股主体变化，使得合资公司连续亏损。“为了自治区招商引资大局，为了留住德国公司。”西轴将自己的49%股权出售给德方，换取2850万元人民币。就这样，6000多万元的资产卖了2000多万元。

在这里，德方“空手套白狼”的把戏获得成功。究其原因，无非两个方面：一是外方太不“仁义”，但是，站在对方角度看并无不合理，其路线合资控股—亏损—独资，非常精准。另一个方面是我们自己争上市、争引进资本、争担包袱。其结果，无非是让出了企业，留下了引进外资的政绩。

## F

**合资变局中有哪些深层内涵？**

文宗瑜：从全国大多数合资公司的发展结果看，可以归纳为几点结论：

1.在引进外资的合资中，中国企业基本上是被外资利用。原因在于，合资的合同条款不利于中方，导致了外资绝对主导合资企业。

2.合资根本无法达到引进技术的目的。中国的合资企业往往从事的是非核心部件的配套生产，无法学到技术。即使是从事核心部件生产，往往是外方技术人员及外方英、德、美、法及印、巴等国的雇员分布在核心技术岗位上。

3. 国家及地方没有得到税收增长的利益。因为，合资公司在享受完“三免两减”的税收优惠后，以关联结算如合资公司高价购买设备、低价向境外的公司供应产品等来控制合资公司不盈利或盈利很少。

当然，中国改革开放以来的招商引资还是带来一定积极的效应，例如增加了就业岗位、增加了出口、增加了GDP总量等。但是没有达到引进技术、争夺其他国家(地区)市场的目的。因此，招商引资应该实现从全面引进到有选择引进的转型，而且尽快取消各种优惠政策，实行外资企业与内资企业的同等待遇。

张承耀：德方公司所用的水、电和气都是由西轴提供的，上游产品全部是由西轴提供的，西轴让出了经营多年的品牌，失去了占中国铁路货车轴承25%的市场。西轴不仅白白送出一块肥肉，而且得一直供养下去。企业为了“要有大局意识”，让出了优势产品，留下了包袱，使企业失去了绝好的发展机会。

路风：最后我们要问，宁夏通过西北轴承的合资得到了什么？得到技术了吗？

当然没有，因为连自己原有的产品都失去了。得到税收了吗？也没有，因为合资企业是亏损的。即使后来变成独资的企业能够贡献一些税收，但不仅外资企业的税率较低，而且西北轴承还因为失去一块重要的业务而减少了税收贡献。得到就业了吗？还是没有，反而必须背上被外资裁员的包袱。很遗憾，西北轴承合资的结局对于宁夏来说是一个净损失。

西北轴承合资的教训是什么？就是在开放的条件下必须坚持自主。开放是必要的，引进也是必要的。但被一些人混淆的事实是，如果不坚持自主，那么由开放所带来的潜在利益是无法实现的，而且还会丧失自己的核心利益。

自从冷战结束以来，在西方政界、媒体和学术界的讨论中，中国、印度、俄罗斯、东欧、南非等等国家和地区经常被称为“新兴市场”。一些中国人也鹦鹉学舌地自称中国为新兴市场。但这是一个以西方为中心的概念，反映的是这些国家的开放使西方的跨国公司可能获得更大的市场空间，所以西方商学院近年来的一个讨论热点是跨国公司如何在“新兴市场”中赚钱。

成为一个以西方为中心的“新兴市场”并不符合中国的利益，中国要做的是成为一个百多年来无数中国志士仁人所梦寐以求的新兴工业国。成为这样一个新兴工业国，而不是他人的鱼肉，中国政府和中国企业就必须坚持自主。坚持了这个原则，合资、引进等等手段可以成为加快发展的工具。但放弃自主，开放就只能带来净损失。这就是西北轴承以及其他案例所证明的最大教训。

(《中国工业报》2005年9月15日 A2版)

装备工业合资变局特别策划·锦西化机系列

重磅调查

# 锦西化机廿余年栽树 西门子一朝摘果

中国工业报记者 贾存斗

“以去年为例，透平机械分厂实现年利润3000多万元，而去年锦西化机全集团年利润800万元。也就是说，去掉透平这部分利润，锦西化机其他十几个分厂整体亏损2200多万元。”8月30日，辽宁锦西化工机械(集团)有限责任公司(以下简称锦西化机)一位张姓(化名)高管向记者说出这一组数据。

张说，合资把锦西化机坑苦了。德国西门子不仅摘走了企业的赢利点，还摘走了企业最具竞争力的透平机械核心技术。“现在企业考虑的是合资以后如何生存、发展的问题。这是生死攸关的问题。”

调查中记者了解到，该企业从高层领导到一线员工对合资的态度都是“不赞同或极力反对”。但经过一年多的谈判，在2005年4月28日，合资合同还是签订了。

这段“姻缘”是如何结出苦果的？8月30日~9月1日记者深入锦西化机，试图找寻答案。

## 靓女透平

锦西化机的宣传册上如此介绍：透平机械是锦西化机的主导产品之一，公司从20世纪70年代开始研制透平机械，多次承担国家重点科技攻关项目。先后研制了氯气压缩机、氧化氮压缩机、乙烯压缩机、解吸气压缩机、空气压缩机、合成气压缩机、原料气压缩机、二氧化碳压缩机、工业汽轮机等。同时，还为国内外大化肥企业及石化企业提供各类压缩机、汽轮机备品配件。其生产的透平机械产品多次荣获国家、部、省级科技进步奖。

据张介绍，透平的组建具有显赫的背景：我国上世纪70年代初从国外引进了几十套30万吨化肥生产装置。这些装置的户籍国别繁多，有法国、德国、美国、日本等。这些设备在国内运行起来一旦出现问题，如果从国外请专家进行维修或进口配件，一是不方便，二是价格昂贵。在这种情况下，当时主管化工机械的国家化工部要求锦西化机组建一支专门的维修队伍，给这些进口的洋设备搞配件，进行维修。在这一初衷下，经过20多年的实践、消化和吸收，锦西化机透平机械分厂渐渐从无到有，由弱变强，发展到目前不仅做维修、做配件，还能进行整机制造，进行核心技术的研发。

“现在锦西化机已在该领域拥有国内领先、国际先进的核心技术，不比西门子、三菱的差。”张说。

据记者调查，在国内炼油及化肥行业，锦西化机的透平机械优于国内其他企业。但凡进行国内招标，锦西化机都是最主要的中标者。

数据也能说明透平的成长性。张说，过去，透平年产值也就三四百万元，经过这些年的发展，2004年产值达到1亿元。而透平去年的订单实际是3亿元。这意味着，在目前的规模下，透平一年的订单需3年才能干完。现在，透平已无法再接订单。

据张介绍，透平的利润率高达30%~40%，原因是透平的产品技术含量高。而机械行业的利润率平均在5%左右。“利润率这么高，并且有接不完的订单，所以从企业自身而言，不愿意将透平这一块合资出去。”张说这番话时，语气低沉。

透平的优势还在于维修能力特别强，国内仅此一家。张说，透平的维修队伍都是技术型、专家型的队伍。这种队伍在国外也很难找到。西门子在中国这块市场有份额，但中国市场不仅西门子一家，还有其他多家跨国公司及中国公司。西门子的维修队伍维护本公司的产品绝无问题，但要维修其他公司的设备就不一定顺手，况且成本高。而透平的维修队伍从组建之日起，维修维护的对象就是来自世界各国的设备。

总之一句话，透平机械在国内算是最靓的，真可谓外国蛮汉见了东方美人，必娶回家方罢休。

### 合资真相

记者在调查中得知，锦西化机与西门子的合资，应上溯至锦西化机改制之初。

张介绍，锦西化机对国有企业的改制“认识比较深刻”，而且步子也迈得比较早。从2003年初到2004年一年多的时间，锦西化机完成了运输公司、职工医院、机修分厂、后勤行政等十几个单位的主辅分离。

锦西化机对辅业分离得比较彻底：对辅业单位的资产进行评估，公开向企业管理层和职工出售，并要求对职工全员安排。结果是，辅业单位与母体现在只是一种业务上的联系，改制效果非常突出。以机修车间为例，改制前，车间无活干，工人工资每月只有300~400元，整个车间年产值30万元。改制后，2004年产值超过千万元，工人工资每月平均1500~2000元。辽宁省还将锦西化机主辅分离的改制经验加以推广。

主辅分离改制完成后，锦西化机在2004年年初，开始对主体企业按照国家的有关文件进行改制，并且要搞“真正的产权上的股份制，而不是翻牌式的不彻底改制”。锦西化机的管理层认为：“只有这样，才能更充分调动企业管理层与员工的积极性。”

于是，锦西化机先对企业职工的身份进行置换，实行聘任制，并对职工身份转变进行补偿。之后，对企业职工坚持按照自愿的原则购买企业股份。

到2004年6月，锦西化机已经将企业股份制改革的前期工作全部做完，改制方案已经送有关政府部门等待审批。就在这时，西门子来了。最初，西门子说要参与锦西化机的国有企业改制，并进行整体合作。应该说，当时无论是葫芦岛市政府，还是锦西化机都很高兴。因此，锦西化机积极与西门子进行接触。可是，随着接触的深入，锦西化机了解到，西门子并不想整体合作，只是想收购透平分厂。锦西化机感到了事情的严重性，从管理层到员工都表示不赞同合资。

一位不愿透露姓名的锦西化机职工向记者反映，在与西门子的合资谈判中，锦西化机逐渐挨不到谈判桌了，即便能参加谈判，也没有多少发言权。

针对这个问题，张姓高管作了如下表述：“对于合资，我们企业应该说有一定看法。但我们只是企业的员工，企业是国有企业，国有企业的改革是在政府领导下的，也许我们的看法不正确，但我们对与西门子合资的结果难以接受。”一位锦西化机的职工说得十分直白：“明显的道理，西门子将我们最赚钱的部门取走了，我们搞的股份制还有什么意义。”

而事实是，锦西化机对与西门子合资也提出了一些基本条件：比如股份，锦西化机提出应由自己控股，或者以51:49微弱比例控股。而这些西门子都不答应。更令人回味的是，西门子在整个谈判过程中的态度：最初是要积极“参与中国国有企业改制”，等到吊足了葫芦岛市政府与锦西化机的胃口，却提出了不和锦西化机整体合作，而是全资收购透平分厂的要求。葫芦岛市政府与锦西化机都“坚决不同意”全资收购透平，结果合资公司股比以西门子占七成、锦西化机占三成为谈判的最后结果。

特别引人注意的是，在谈判时西门子又提出合资公司将来只做维修。事到如今，西门子的司马昭之心已昭然若揭：透平分厂强项是维护与制造两块。维修能赚钱且不抢西门子的业务，而合资公司制造整机却会影响西门子在中国这一领域的市场份额。结果是，在葫芦岛市政府与锦西化机的坚持下，明确在合同里确定了"合资公司未来的主要业务是维修与制造"两项。

尽管将两项业务一并写入合同，但如果合资公司不造整机，中方也奈何不得。根据合资合同，合资公司五名董事，中方占两位，西门子占三位。中方为董事长，西门子为总经理与财务总监。张说："合资公司董事长的一切决定要由董事会投票决定，西门子董事占多，因此董事长并不能决策什么。更为重要的是，合资公司日常经营事务均由总经理管理，董事长不能干涉。事实上，中方已完全丧失了对合资公司的控制权。"

由此看来，未来合资公司能否制造整机绝对是一个悬念。若合资公司未来只做维修业务，西门子就等于彻底消灭了一个中国本土强大的竞争对手。

更为重要的是，锦西化机想通过合资公司分红的想法其实是不现实的：据张介绍，由于合资企业需要相当长的磨合期，透平公司的生产能力肯定会受到影响。一般经验，合资公司的最初几年是不会赢利的，而西门子制定的收购策略也是如此。另外，若西门子长期故意不赢利，那锦西化机就老也分不到红利，等于白白扔掉了一个现在已年赢利 3000 万元的企业。锦西化机的一名职工说，瞎子都能看出来这里设了一个什么样的局。

据调查，西门子与锦西化机的合资分三个阶段：从 2004 年 7 月~12 月 15 日为意向阶段，确定双方的合作等关系；从 2004 年 12 月 15 日在德国签订合作关系到 2005 年 5 月 1 日，为第二阶段，是合同酝酿阶段；第三阶段是整合阶段，现在双方正处于整合阶段。

## 主角配角错位

对锦西化机、对中国化工机械行业而言，这次合资无疑是一个悲剧。

记者在调查中得知，作为市属企业的锦西化机，其与西门子合资的主导者是葫芦岛市政府。

难道葫芦岛市政府不明白此次合资对锦西化机、对中国化工机械行业造成的伤害吗？

张的解释是："政府可能从政府的角度考虑问题，它考虑的是要把西门子这么一个世界 500 强排名靠前的公司引到葫芦岛市。这是一个很大的收获，以此可证明葫芦岛市的投资环境。"

一位锦西化机的职工说，自己辛苦种的树，等到果子成熟时却让他人摘走了。这位职工反问："将中国化工机械行业龙头企业的核心技术拱手相让，将锦西化机的最大赢利点拱手相让，真不知道当事人是怎么想的？"

跨国公司都是在成熟市场经济体制下成长起来的商业大鳄，与之合作应慎之又慎，稍不留意就会陷入其精心设计的陷阱。

中国人民大学风险投资研究中心研究员刘军认为，锦西化机与西门子合资，最后变成了地方政府按自身的意愿去行事，是"越位行为"。在某些官员看来，国有企业的管理层是政府任命的，就得听从领导，不行就换人，至于企业有多少核心技术被取走，行业遭受多大伤害，真是与自己风马牛不相及。如此才造成合资事件中原本作为配角的政府，却成了主角。

刘军补充说："西门子与锦西化机合资的说法不确切，严格的说法应是西门子并购锦西化机透平分厂，这两种说法的内涵大相径庭，不能混淆。"

## 锦西化机前途堪忧

锦西化机另一位王姓(化名)高管是中国化工机械行业声名显赫的人物，作为锦西化机的技术研发首脑，主持研发了大量知识产权属于锦西化机的核心技术，是多种化工机械产品产业标准的制定者。谈起锦西化机的辉煌历史、核心技术、研发能力口若悬河。

王介绍说，锦西化机始建于 1939 年，是中国化工机械制造工业的摇篮。半个多世纪以来，锦西化机已发展成为规模宏大、实力雄厚、技术先进的中国化工设备生产基地。

公司现有从事新品开发和生产的各类员工 3000 余人，年生产能力 4 万吨以上。主要产品有透平机械、搅拌设备、高压容器和大型回转设备四大支柱产品，以及储运设备、增速器、减速机、工业用泵、阀、铸铁锅等多种产品。

公司首批获得国家质量监督检验检疫总局颁发的AR1、CR1、CR2级别压力容器制造许可证；具有中国化工装备协会和国家锅炉压力容器安全监察局颁发的压力容器设计单位批准书；美国机械工程师学会(ASME)颁发的压力容器设计、制造授权书和U、U2规范钢印。公司还可根据顾客要求，按JIS、AD、API、TEMA等国外标准设计、制造产品。

公司拥有完善的质量保证体系，在国内同行业中率先取得ISO9001质量体系认证证书，先后有百余项产品获国家优秀产品称号；并拥有国家专利20余项。

锦西化机拥有集设计、工艺、焊接与搅拌试验等工程技术人员构建的化工机械研究所、搅拌设备研究所、透平机械研究所，担负着国家重点课题及企业新产品、新项目的研发与试验。

王着重强调了锦西化机的综合性。他说，相对锦州重型机械厂、南京化工机械厂长于高压容器装备，兰州化工机械厂长于炼油设备，锦西化机则长于中低压容器。

从历史上讲，无论产值、利润及所涉及的专业领域，锦西化机都是国内第一。

"可以说，锦西化机的行业排头兵称号，企业是心安理得接受的。"王说，西门子将透平合资出去以后，锦西化机只能等分红，因为锦西化机对合资公司没有别的参与权了，这样企业的后续发展，就成为锦西化机决策者们火烧眉毛的大事。"企业开了好多次各种层次的会议。对于合资，不是企业想怎么做就能怎么做的，那是政府考虑的事情。但毫无疑问的是，将透平合资出去，锦西化机还得发展。现在主要有六大发展课题：参与能源设备制造；巩固锦西化机的大型回转设备；与锦州重型机械厂、南京化工机械厂竞争高压设备；参与环保设备制造；开拓国外市场；巩固其他强项设备。每个课题都有专门的副总负责。"

锦西化机应对合资的策略是：让传统强项更强，在朝阳产业里插上一脚。比如环保设备，锦西化机已积极涉入。至于国外市场，以前由于透平机械在国内市场的活跃，所以有国外订单就做，无订单对企业也无大碍。而现在的形势是，必须培育新的赢利点。在企业的积极开拓下，锦西化机刚刚出口新加坡两套环保设备，用户反映很好。另外，多次开会形成的意见是，锦西化机若想再次腾飞，应继续重视研发，以培育自己的核心技术，不做技术含量低的产品，充分利用锦西化机的研发能力强，研发规模大的优势。

今年，锦西化机争取了年产百万吨乙烯、百万吨PPA装置国产化改造国债项目，国家发改委已于8月23日批准了这个项目。锦西化机目前正在实施。该项目总值2.08亿元，锦西化机将从硬件与软件两方面同时进行全面改造，以提升企业的技术能力。同时，百万吨级装置图纸已设计完毕，现在就等着在中国化工研究院进行实验。据了解，这个试验是个投入巨大的工程，但为了在百万吨级聚乙烯、百万吨级PPA装置设备领域占一席之地，锦西化机舍得投入。

据王介绍，百万吨乙烯、PPA装置目前国外也没有。但有关领导和专家提出："为什么中国就不能搞别人没有的东西？"

这更加坚定了锦西化机的信心。"国债项目对锦西化机肯定是个机遇，我们一定要抓住。从技术上讲，百万吨聚乙烯、PPA装置是个瓶颈，但我们肯定能完成任务。一旦完成，核心技术是我们的，锦西化机会有新的天地。"王说。

然而，锦西化机保卫科的一名职工对王的乐观不以为然。他说，锦西化机近两年绝对没有问题，但今后可就不好说了。他认为，锦西化机虽然生产很多领域的设备，摊子也铺得很大，但多是赔本赚吆喝。这种观点与张姓高管的说法相一致：锦西化机可以说除去透平分厂，其他分厂都在亏损。化工容器等设备由于市场竞争激烈往往不赚钱也要干，这也是由行业的性质与特点所决定的。

如此看来，锦西化机的明天的确令人关注。

最后我们仍然要问：中国化工机械行业龙头企业锦西化机陷入如此境地，到底应该由谁来负责？

(《中国工业报》2005年9月19日 A1版)

本报观点

# 这绝不是杞人忧天

中国工业报记者　贾存斗

从重大技术装备领域的整体形势讲，与跨国企业的合资、合作是符合扩大开放、提升我国装备制造业技术水平精神的。但是，对中国具有竞争优势与核心技术的企业如何合资，是一个需要深入考量的问题。我们应推崇的是使没有核心技术的企业得到技术，使拥有核心技术的企业通过合资、合作提升自己的技术水平的合资、合作，而不是将自己辛辛苦苦投入大量人力、财力得到的核心技术被合资方不费吹灰之力地取走的合资、合作。

不可否认，中国企业，尤其是重大技术装备企业，整体研发能力还低于世界著名跨国企业，绝大部分企业甚至还远远谈不上拥有核心技术。以中国广阔的市场空间，以中国企业无可比拟的本土优势，若中国企业具有核心技术和竞争能力，从理论上讲，外国公司是无法与中国公司竞争的。所以，跨国公司对中国市场的战略是很清晰的：保住高端优势，包括扼制一切可能的、潜在的竞争对手；开拓广阔的中低端市场，利用对本土优势企业的合资、控股、并购等资本运作方式，赢得竞争，达到扼制高端对手和收买中低端市场的战略目的。从这点上讲，对锦西化机这样具有世界先进技术的企业，更何况是中国化工机械行业的排头兵企业，不要说不能让跨国公司拿去，国家和地方政府还应竭尽一切所能对其给予政策、资金、人才方面的支持。

还是以锦西化机为例，一些客户在该企业简陋之极的招待所内为尽早提货，有的一住就是一个月。有的客户甚至向锦西化机提出自己可向锦西化机提供加班费、工人补助以便尽早提货回家。由此可见锦西化机产品的供不应求。而就是这些客户也对合资事件十分忧虑。锦西化机一位福建的客户与几位山西的客户向本报记者反映，合资前锦西化机与他们的关系很好，合作很愉快。一旦设备出了问题，锦西化机就会以最快的速度、最好的技术、最低的价格帮助企业解决问题。但合资以后，这些客户必须与西门子合作。“以前一个转子要100万元，而合资公司如果卡你脖子要300万元，你绝对没有办法。这是因为没有别的企业可选呀！这样的合资对中国太不利了，害处还在后面呢！”锦西化机的山西客户说。

无法不让人担忧，装备制造业体现了一个国家的核心竞争力。目前我国的经济总量已经不小，但装备制造业仍然不强。许多地方为了加快发展本地经济，竞相以本地的好企业为重点，规定时限对外招商引资，甚至为了防止被其他地区抢先，不惜答应外方种种苛刻条件，将企业控制权让予外方；而跨国公司则借此机会加速并购我国装备制造业中高成长性和拥有高附加值产品的排头兵企业。

对锦西化机与西门子的合资，中国机械工业联合会和国家发改委的一些专家、官员也认为，合资可以，但前提是中国企业不能失去控制权，尤其对于拥有核心技术的企业。这绝不是杞人忧天。

（《中国工业报》2005年9月19日　A1版）

记者手记

# 两位高管的谨慎

记者入住在锦西化机招待所。招待所一天要停两次水。里面入住的绝大部分是等待提货的来自全国各地的客户。但客人没服务员多，明显有“扩大用人，解决就业”的意味。尽管条件简陋，记者却不愿离开这个招待所，因为记者可以从这里获得想知道的更多信息。而记者在锦西化机宿舍区每当有意无意地谈到与西门子的合资事件时，锦西化机的普通员工无不气愤：这算什么事呀！

让记者感动的是，锦西化机的两位高管与记者进行了将近3个小时的对话，内容多是锦西化机的辉煌史。两位高管竭力与记者保持着距离，言语之间透露出谨慎。更有意思的是，最初记者联系采访的锦西化机宣传科崔科长，在要求记者带好记者证、介绍信，要求“关于锦西化机与西门子合资的事情免谈”，并将采访主旨更改为“报道中国化工机械行业龙头老大对中国化工机械行业发展战略的思考”的前提下，才同意记者去采访。可就在记者已坐上去辽宁葫芦岛市的长途客车后，崔科长变卦了，劝记者不要去，并说他从来没答应过记者的采访要求，还说“你来了我们也不接待，进不了厂大门”。并且，他们厂领导都出去了，根本无人接受采访。等到记者到了锦西化机，无论如何找他，打他的手机，崔科长就是不见踪影。

记者不厌其烦地说这些芝麻谷子的小事，无非想说，虽然锦西化机与西门子合资多么不受欢迎，但因为是：上头决定的事，谁也改不了。记者明显感受到锦西化机管理层对合资的无奈，对企业未来发展的焦虑；明显感受到锦西化机普通职工的反对情绪。一位锦西化机宿舍区的老人说：“好企业都合资了，到将来工人们都下岗了，政府的麻烦在后面呢。”记者至今都在思考老人的话。

（《中国工业报》2005年9月19日 A1版）

产业之虞

# 当合资成惟一企求时<br>还会在意技术与市场吗？

中国工业报记者 贾存斗

一粒石子会在整个池塘激起波澜，甚至会诱发惊涛骇浪。这绝非危言耸听，锦西化机与西门子的合资就产生了这个效应。事件的两个主角：一个是跨国巨头西门子，一个是在中国化工机械行业占据举足轻重地位的锦西化机，二者的结合可谓豪门联姻。但目前看来，此事件对中国化工机械行业的发展虽非灭顶之灾，但绝对是蒙上了一层阴影。更让人难以平静的是，此等不是针对核心技术就是将企业推入陷阱的合资，在中国机械行业确有蔓延之势。全球战略明晰的跨国公司正在有条不紊地蚕食中国市场：先是卖产品，继而卖技术，之后是合资，最后是控股。

中国化工机械行业如何应对跨国公司的吞并战略？中国化工机械行业应制定怎样的发展战略？

——每个诘问都是中国化工机械行业当下亟须破解的难题。

## 企业设备采购普遍存在崇洋心理

"中国化工机械行业的发展方向有点偏。"锦西化机的王姓高管(化名)说。

中国人力资源丰富、人工成本低,因此同类质的中国化工机械产品价格比国外低,但现在突出的现象是国内很多用户有"崇洋"心态。以135立方米大型聚氯乙烯聚合釜为例,现在国内有两条生产线,一条是日本的,一条是锦西化机的。锦西化机最初到某某石化投标时,被回绝了。后来锦西化机负责人几下某某石化,在国内某权威人物表态后,某某石化才决定由日本公司与锦西化机共同供货。事实是,锦西化机的135立方米聚合釜是国内重大技术攻关项目,达到国际先进水平。在本次竞标中,锦西化机不仅赶在日本厂家之前供货,同时产品设计美观、电频功率比日本产品低。更为重要的是,锦西化机产品比日本产品价格低得多。

如此优于国外同类产品,却差点被用户拒绝的现象,在国内市场司空见惯。王姓高管愤愤不平地说,若中国企业做不了或在技术上不能保障,这也就罢了。而现在的情况是,中国某些重大技术装备产品,无论技术还是产品都不比国外产品差,而国内企业设备订货时就是看不上自己的产品。

为什么会出现中国企业普遍不接受中国产品的现象。据一位要求隐去其姓名的业内专家分析,主要原因有3个:一是企业负责人的心态,认为凡是重大技术装备产品,跨国公司的技术水平肯定比国内企业的好。

二是这些企业负责人可以借购买外国设备不止一次地到国外公款旅游,说不定还有回扣或红包。

三是责任的问题。买发达国家的产品在使用过程中不出问题就证明买对了,即便出了问题也会有很多人表示理解,因为"外国先进设备都出问题,中国设备就更不能买了"。反之,企业一旦购买国产设备出了问题,那事情就麻烦了,领导会说省小钱大浪费,职工会说思想陈旧、不具备战略头脑。如此一来,中国企业尤其国有大企业便对国内设备产生了敬而远之的心态。

该专家举了这样一个例子:由于中国煤炭丰富而石油相对短缺,于是大力发展煤变油项目,据说国内一窝蜂地上了五六十套煤变油设备,但只有7套设备是向国内企业订购的,其他绝大部分生产合同都被跨国公司拿去了。而事实是,上海锅炉厂、锦州重型机械厂等国内企业生产的7套煤变油设备都没有质量问题。这种煤变油设备国内企业每套的制造价格是1亿多元,而国外公司的价格是2亿~3亿元。

这位专家十分动情地说,还有某种大型回转设备,国内生产价格4000多万元,外国生产价格则要8000万~9000万元。"实际上是用轮船往国外运黄金,更可怕的是国外企业得到中国巨额订单获得大发展,又反过来剿杀国内企业。"

中国人民大学风险投资研究员刘军认为,目前国内企业非要买国外产品的现象,体现了中国尚未完全市场化。

锦西化机的张姓高管(化名)说,国内一些企业不顾本企业的利益、不顾国家的利益,大量购买国外所谓的"技术先进设备",这个病症不除,将严重损害中国重大技术装备领域企业的发展。

## 化机企业生存环境不佳发育不良

由于跨国企业存在扼杀中国竞争对手企业的用心,加上地方政府热衷于招商引资,导致国内重大技术装备企业生存环境严峻。业内人士认为,目前中国重大技术装备产品的招标,关键在企业负责人的素质。因为无论是企业合资,还是产品招标都受很多不正常因素的影响。从这个角度讲,国家各有关部委及中国机械工业联合会对国内重大技术装备企业的支持尤其重要。为此,王姓高管建议:以后国家上项目,国家发改委或中国机械工业联合会都要组织专家论证,只要国内企业能做,并且产品质量不比国外差,就要建议项目单位用国产设备。

王姓高管认为,自己的建议与市场竞争规则并不矛盾。因为在技术、价格、服务等方面都有优势的中国企业与产品,却在不平等的竞争中落败,是违背市场竞争法则的。他说:"在重大技术装备领域,民族产业的说法还要提。想想看,若是中国的重大技术装备企业全成为跨国公司的雇佣军,中国工业的未来将会是什么样？”

据了解，目前国内化工机械行业存在混乱，大企业在生产小企业的低端产品，小企业又凭借成本优势弄得大企业筋疲力尽。大企业之间也是明争暗斗，而不是集中优势让自己的强项更强，不是努力让自己的核心技术与研发能力令别人无法炮制，或永远走在同行竞争者前面。因此，国内化工机械企业大都难以规模发展，研发能力大都不强。2004年，锦西化机的年产值为5.7亿元，相对于其他行业属于小型企业规模，但王姓高管强调："这个规模，在中国化工机械行业已经是老大。"

业内人士指出，我国化工机械制造企业存在很多不足，主要表现为：在计划经济体制下我国的企业多是大而全、小而全；长期的外延式扩大再生产和粗放式经营，使总体规模大、常规加工能力过剩、浪费严重、效益低下；缺乏科技开发能力，没有形成具有一定实力的大型化工机械制造集团，在激烈的市场竞争中难以形成拳头效应。

结合我国化工机械制造业的实际，专家呼吁：联合应该成为我国化工机械行业在入世以后发展的重要策略，因为要形成一些具备相当竞争实力的大型化工机械集团决非易事，而且也需要一个过程。

中石化宁波公司副总经理袁自伟指出，我国化工机械制造业中，电气、阀门等配件水平较高，但在成套设备、大型机组和关键设备的制造上与国际先进水平存在着明显的差距，很难满足先进、大型、复杂项目的需要。他希望国内化工机械制造企业要依据市场需要，尽快调整产品结构，提升技术含量，而不是一味埋怨用户的崇洋媚外。

### 为合资而合资如何发展技术与市场

改革开放以来，我国的机械制造业在引进国外资金和技术的同时，还学习和借鉴了不少国外先进的管理模式，如精益生产、敏捷制造和虚拟企业等，为提高我国企业的管理水平和生产技术水平起到了推动作用。因此，合资合作成为国内某些机械制造企业改变自己命运的惟一企求，地方政府更是在招商引资扩大开放方面大力推动。

一时间，在中国重大装备领域出现了一系列的合资合作事件，这些合资合作有一个共同的特点，就是世界著名跨国公司合资合作的对象都是国内装备制造领域的骨干龙头企业。这些中国企业要么在国内占有很高的市场份额，是该行业的老大、老二，要么具有甚至威胁跨国公司的核心技术。其实，跨国公司的战略意图已经非常明显。

跨国公司的行为无可指责，因为我国出现这股合资风潮是有深层次背景的，这要从化工机械行业"十五"工作重点讲起：

首先，加大利用外资的力度，要有重点地吸收大型跨国公司的投资，把利用外资嫁接改造老企业与搞活国有大中型企业结合起来，引导外资投向高新技术产业，加速化工机械产品结构调整。

其次，加快外向型企业（集团）的建设，使其成为利用外资的主体和出口创汇的骨干，率先与国际经济接轨。

第三，积极拓宽与国外公司的合作渠道，推进一批重点合作项目的建设。要抓住国际金融资本热点转向中国、跨国公司看好中国市场的机遇，加强与国外大企业、大财团在大型项目上的合作。

工作重点是"好经"，不过被精明的跨国公司利用了，被个别地方政府官员与企业的领导人念歪了。现在的合资合作风潮已背离了"十五"工作重点的精神实质，为中国化工机械行业埋下了隐患。

到记者截稿时，从辽宁葫芦岛市传来消息，合资公司已挂牌。未来的局面将是：锦西化机的透平机械核心技术被西门子取走了，国内大型化肥设备的维修就要看西门子的脸色了。可以说，锦西化机与西门子合资将改变中国化工机械行业的风向。

专家指出，亡羊补牢犹未为晚，但愿不再出现类似的荒诞合资事件，不再出现地方政府违背市场经济规律的越位行为，不再出现行业的内战内行、外战外行的局面，不再出现国内设备用户崇洋媚外的不和谐现象。

专家强调，中国化工机械行业应满怀信心地制定科学的发展战略、克服自身所短、学习跨国公司所长；加大行业整合力度，做大做强；提高研发能力，真正拥有自己的核心竞争力；一方面学会与"狼"共舞，一方面大踏步走出国门，将商业竞争的战火烧到对手门前。政府方面应从政策上给予扶持，给予宽松的环境。

（《中国工业报》2005年9月20日 A2版）

专家圆桌

# 舍了“靓女”却引来“狼”
# ——孰是孰非

**嘉宾**:中国石油和石油化工设备工业协会副秘书长　徐玉忠
中国社科院工业经济研究所投资与市场研究室主任　曹建海
光大证券财务顾问部并购副总监　沈学军

在美丽的东北名城葫芦岛市,中国化工机械行业的龙头企业辽宁锦西化工机械公司(简称锦西化机)正经历合资的阵痛。拿出企业最具盈利能力的分厂和西门子公司合资,目的只是要一个与世界500强企业同舞的资格,然而,锦西化机为实现这个梦想,失去的却是企业的盈利点、核心技术和对市场的控制权。近年来,随着我国重化工业的迅速发展,中国装备制造业迎来前所未有的市场机遇,跨国公司也纷纷将目光转向中国装备制造业的排头兵企业。在一浪高过一浪的并购大潮中,锦西化机的合资只是一朵小浪花,但同样折射出在引进外资推动国企改革中对国内企业命运的选择:是成为“狼”的共舞者还是沦为“狼”的点心?

## A

### 别让“靓女”成为牺牲品

徐玉忠:在石油化工机械行业,钻机方面有合资的,压力容器方面目前还没有出现合资的企业。但与锦西化机一样,国内企业都是把自己最好的那块资产拿出来合资了,因为钻采设备是市场最好、最赚钱的产品。这方面的典型例子是兰州石油化工机械厂第一分厂与美国企业的合资,也很难称得上成功,业内人士反应强烈。因为在石油钻机方面,我国以前是走在世界前列的,这个厂主要是地方政府让它合资,外方占51%的股份。合资前这个厂是研发、设计、制造、销售一条龙,合资后只剩下单一的加工业务,失去了原来的研发、设计、销售等业务。我认为这样的合资、并购是不成功的,对我们国内企业没有一点好处。

曹建海:我认为主要是两种动因在促成跨国公司并购国内装备制造业骨干企业。一方面跨国公司进入中国市场需要建立本土化的制造基地,这是装备制造业市场需求的复杂性决定的,于是他们纷纷将目光瞄向中国装备制造业的龙头企业。另一方面国内数得上的装备制造企业多属于国有企业,深受机制、人员、进口设备冲击、经济效益不佳等方面的困扰。同时,地方政府出于吸引外资、解决国有企业难题等目的,把跨国公司并购作为惟一理想路途,追求出政绩更是加剧甩卖“靓女”的倾向。

沈学军:从我国国有企业目前的状况看,利用外资可以有效补充企业改革中的资金不足,为国企改革创造有利的融资条件,从而有利于打破国内企业发展的资金、技术瓶颈,优化我国产业结构,提高国内企业的管理水平以及体制上的完善。对国有上市公司而言,外资并购有利于改善其股权结构,规范公司治理,优化资本和人力资源的流动,并提升企业国际化水平。国有企业改革,肯定不会放弃并购这种方式,而且这种方式在国际上证明对于搞活企业是很有效的。

但世上没有免费的午餐,外资并购对我国企业而言也是把双刃剑,如果操作不好,这把剑是有可能刺向自己的。这并不是危言耸听,国内企业在合资中踏入“陷阱”的比比皆是。其实这也不难理解,国外公司不是传教士,它首先是一个企业,其最根本的目标是以最少的投入寻求最大的回报。外资并购国企的主观目的决不是帮助我国国有企业脱困和转制。因此,众多期待与"狼"共舞者一不小心就可能成为"狼"的点心,一些民族品牌和行业龙头企业成为外资战略性并购牺牲品的例子也比比皆是。

## B

### "以市场换技术"的缺陷

曹建海:事实上,"以市场换技术"这个概念存在内在的逻辑缺陷。其关键在于,技术是一个动态的概念,掌握某项技术不等于拥有技术开发能力,今天的新技术不等于明天的新技术。此外,从静态的角度看待以市场换技术,跨国公司的进入无疑带来了新技术。但是,如果考虑技术创新的问题,我们发现,从存量技术到技术创新之间存在逻辑断层。这就是说,希望通过出让市场换来本土企业技术创新能力的提高,在逻辑上是不成立的。

徐玉忠:现在我们需要换个角度来看"以市场换技术",应该更加注重提高企业的研发能力,以我们的资金、技术、品牌去争取自己的市场,而且不只是国内市场,还应到国际上争取市场,把"中国制造"提高到一个新的水平。锦西化机与西门子的合资,是带有歧视性的。我们的企业总是希望与外企合资能提高自己的技术水平,但结果往往不仅没有提高技术水平,还把市场白"送"了。

沈学军:国有企业被并购后,原有的供应链将被改变,对其所在的行业甚至上下游关联产业,都会产生不利影响。由于外资所收购的国有企业一般在相应的产业和市场中占有一席之地,收购不可避免地会引发产业垄断问题,从而降低市场效率,造成社会资源的浪费。另外,在并购发生过程中,政策方面的漏洞也可能引发国有资产的流失,包括国企品牌被重组、利润转移、技术创新缓慢、支付高昂技术转让费或低水平技术转让等。

## C

### 正在受到威胁的国内品牌

徐玉忠:锦西化机是功能比较全的化工机械企业,主要生产转炉设备、回转设备、透平机械,在原化工部的机械企业里算是排头兵,曾承担国家的重点装备制造任务,如聚丙烯反应器、聚乙烯反应器(釜)。这些设备的制造具有很高的技术水平,代表了锦西化机的装备制造能力,但这些设备虽然单价较高却市场需求不大。

西门子收购锦西化机的透平机械厂,对沈鼓等国内同行企业也将构成一定威胁,这种威胁是渐进式的,因为,目前它带来的威胁主要体现在中国同类产品市场上。西门子与国内企业竞争不在于技术,而在于它的服务。利用锦西化机成熟的市场服务、维修网络,西门子在中国这个行业的市场竞争力将得到很快的提升。

曹建海:跨国公司普遍选择以并购的方式进入装备制造业,除了要迅速占领这一全世界最为活跃的投资品市场之外,更重要的是存在着巨大的以收购方式获得的利益转让空间,锦西化机的合资就是一个典型例子。西门子不仅获得了锦西化机最优质的资产,还获得了企业最具核心竞争力的透平机械核心技术,接下去西门子将完全按照对自己有利的方式决定合资企业的走向,留给锦西化机的希望只能是西门子何时能够"大发慈悲",允许中方从事整机制造、合理地分配给中方三成股权的应得利润。可以说,一个具有自主研发能力的民族装备工业企业,就这样被跨国公司瓦解了。

沈学军:外资并购最大的弊病就是民族品牌的丧失。著名品牌意味着较高的市场份额、消费者的忠诚度,同时也是一道竞争防线。品牌的历史影响、差异往往是竞争对手无法模仿的,品牌资产能够为企业筑起一道森严的市场壁垒,让对手望而却步。国内有不少历史悠久、知名度高的品牌,但由于管理水平低、资金不足、技术落后等原因而难以发展,从而有合资意向。这些知名品牌又是外企进入中国市场的障碍,于是通过并购来消灭这些品牌,便成为外企扫除障碍的利器。如在饮料市场上,国内8大饮料公司已有7家被可口可乐、百事可乐收编;在轮胎橡胶行业,外资已收购许多国内大型企业并形成垄断。在外资并购的大潮中,当年人们耳熟能详的许多品牌,如活力28、熊猫洗衣粉、扬子冰箱、红梅音响、北冰洋碳酸型饮料等都被外企打入了"冷宫"。残酷的事实说明,很多自主品牌不仅没有在外资并购中壮大自己,反而被削弱,走上了不归路。

## D

### 谁来关注产业未来

徐玉忠：锦西化机的合资，西门子占70%的高比例，这在我国机械制造业特别是一些关键的行业，开了一个很不好的“口子”。有人认为锦西化机是二类企业，被并购一个分厂问题不大。我认为，透平机械是一个技术含量比较高、比较经济的产品，像这样的行业如果被外国人控制是不合适的。兰州石油化工机械厂第一分厂的合资就是一个错误，锦西化机的合资也未必乐观。

在产业安全方面，如钻机行业是在合资后出现问题才被注意到，这表明我们缺少长远的产业规划与监督机制，缺少相应的并购、重组的评估机制(如评审、评估委员会)。

目前，我国进行的企业重组、合资、兼并，不完全是企业自己的行为，在很大程度上是政府行为。而在机械制造业，原来主管行业的政府部门撤销后，没有人或部门能从行业发展、产业安全等方面提出企业兼并、重组的意见，也就是说没有人从行业发展的角度来考虑这些事情。兰州石油化工机械厂、锦西化机的合资，都是在这种情况下出现的。因此，我认为当前应该是机械行业协会发挥作用的时候了，建议由包括行业协会的评估组织提出企业并购、重组的意见，政府再根据这些意见来决定企业的并购、重组。

沈学军：相关资料表明，2004年有近70%的外资并购为产业并购。产业并购目的是为了资源的有效利用，获得产业发展上的规模效应，其着眼点不在短期利益上，而是具有较长的产业运作期限和全球一体化发展的战略眼光。外资战略性产业并购最直接的后果，就是中方失去对行业龙头企业的控制权，外资企业将对整个行业实现垄断。如柯达公司已在感光材料行业表现出利用市场优势地位限制竞争的苗头，乐凯有可能沦为其“代工厂”，在全球性日益升级的数码领域争夺战中，只有看热闹的份。

少数地方政府为什么非理性地鼓励外资并购？这是因为对于地方政府来说，并不存在所谓产业安全或发展的问题，地方的税收和就业才是他们关注的焦点。损失或流失部分功效不大的国有资产对当地不构成任何实质性的损害，相反通过外资并购解决了地方国有企业的某些问题，为地方政府增添了新的政绩。因此，外资对地方政府有着很强的吸引力，甚至为了与其他地区争夺外资，地方政府往往亲自主持外资引进及其相关并购活动，企业对此却奈何不得。

## E

### 政府和企业都缺少准备

曹建海：锦西化机合资的关键是政府在谈判中完全取代了企业，政府本着积极引进世界500强、招商引资、国有企业改制等政绩观来把握合资问题，对于自主知识产权的国家利益，以及原有企业生存发展的既有利益，虽然也挂在嘴边，但却关注不够。对于外方提出的基于跨国公司全球利益最大化的方案，地方政府照单全收，成为跨国公司吞噬中国装备制造业龙头企业的“良师益友”。

沈学军：在外资并购国内企业的巨浪面前，很多地方政府和企业并没有对外资并购所产生的冲击和影响做好充分的准备。就目前情况而言，在外资并购活动中，国内企业总体上处于弱势地位。在强大的竞争压力和可能带来的利益诱惑下，众多地方政府和国内企业关注的是能否被跨国公司选中，甚至不惜一切代价仅仅谋取合作中的从属地位，从而出现一些我们不愿意见到的负面效果。

从政府层面来看，完善相关法规是当务之急。学习先进国家的成熟经验，尽快完善有关外资并购的法律体系，用法律手段规范并购行为，防止国有资产流失，抑制不正当商业行为就显得尤为重要。

曹建海：这里关键有两点：一是现有国有企业资产管理体制存在的问题，现有体制实际上已经完全剥夺了企业作为一个独立法人的经营自主权，政府和企业的分权体制由过去的“政企分开”变成了完全的政府行为，国有企业自身的法人权利被忽略了。二是认为即使合资存在“国有资产流失”，也是由于技术的复杂性且流失的受益方为世界知名公司而堂而皇之地找到托辞，说什么“不求所有、但求所在”。孰不知跨国公司却通过转移定价等举措把所在企业创造的财富源源不断装入自己腰包。

沈学军：从国资监管角度明确国有资产管理部门在企业并购中的地位和权限十分重要。在严格遵循国家相关法规及产业导向的前提下，国有资产管理部门作为出资人代表，在国有企业与外商的并购谈判中，不能以行政机构或所有者的第三方身份参加谈判，但对并购程序公平性、透明度、并购的经济效益、社会影响等，拥有审查、监督和审批权利，并有否决权。同时，为防止国有资产流失，政府应拥有对评估机构的资格认定权和产权交易规则的制定权，对并购资产的评估方法和评估价格拥有审查和监督权。

**F**

**利用本土优势争取主动权**

曹建海：从眼前来看，政府政绩考核不能从简单的GDP增速、利用外资数量等指标来衡量，而应把地方是否拥有自主品牌、自主研发能力、自主知识产权等指标列入考评的指标体系。道理非常简单，拥有企业的主导权可以增加我们的国民收入，而外资的增长从根本上看是在增加投资国居民的财富，国家之间财富的争夺越来越集中于能够创造主要利润的品牌和技术创新能力，这是未来国家之间竞争的制高点。

沈学军：虽然在外资并购潮流面前，国内企业无主动权，但在并购过程中也并非不能有所作为。这一点，主要体现在选择外国合作对象方面。首先，由于跨国公司在中国市场面临着全球性竞争，也急需不断寻找中国的合作伙伴，这加大了中国企业向外方讨价还价的余地，提高我方在并购中的谈判地位，有利于维护自身利益。其次，国内企业依托本土文化优势，采取跟进和学习策略，可与跨国公司形成“你中有我、我中有你”的战略格局。从长远发展来看，中国企业不仅可以决定跨国公司在华发展空间，而且通过与跨国公司的合作，自身的核心竞争力也将提高，并最终以更强的实力参与到国内外的企业并购活动中。

（《中国工业报》2005年9月22日 A2版）

**装备工业合资变局特别策划·威孚系列**

**重磅调查**

# 外方以独资要挟 威孚放弃高端市场

中国工业报记者 韩金池 严盘成 严 峻

2004年8月，坐落在无锡高新技术开发区的博世汽车柴油系统股份有限公司正式成立。企业名称中没有“中国”二字，更没有“无锡”字样，然而，它却是一家地地道道的中外合资企业，是世界上最具实力的燃油喷射系统供应商德国博世公司(BOSCH)与中国最大的柴油燃油系统生产商无锡威孚集团有限公司的“强强联合”。

博世公司终于完成了它在中国的战略布局。

而业内权威人士却对此项合资提出质疑，国家投巨资建设的威孚集团，还有对核心技术的控制权和产品开发的主导权吗？合资以后，威孚得到了什么，又失去了什么？得失相较，孰轻孰重？

为了弄清这些问题，记者于9月上旬前往无锡进行了采访。

**威孚在行业内坐头把交椅**

上世纪80年代以前，威孚当时叫无锡油泵油嘴厂,是家农机企业。产品主要为拖拉机用的柴油机配套。当时的企业领导就意识到,单靠为农机配套,企业难以做大做强。于是,在原机械工业部的组织下,威孚于1984年花3000万元引进了博世公司的A型泵制造技术。企业也转型为给运输卡车配套的汽车零部件企业。威孚集团有限公司董事长兼总经理许良飞将这次企业发展方向的转变称为“第二次创业”。彼时,中国汽车工业的发展也为威孚创造了巨大的市场空间。到了1998年,集团的核心企业——无锡威孚高科技股份有限公司已经成为业绩优良的A、B股上市公司。威孚集团也成为国内柴油燃油喷射系统的最大生产厂商。

1995年,威孚与博世再次合作。此次合作的目标是联合成立一家生产机械式柴油喷射系统的公司。这应是一个完整的柴油喷射系统,包括喷油嘴、喷油泵以及电控系统。作为双方合作的第一步,投资近3000万美元、威孚股本占48%的无锡欧亚柴油喷射有限公司建立了。但是,这家合资企业只生产柴油喷嘴。在谈判建立生产喷油泵的合资公司时,双方意见发生分歧。

其时,威孚集团已经兼并了南京金宁油泵油嘴厂,在南京生产喷油泵。博世担心,合资以后企业的技术会扩散到南京。后来威孚提出,将南京的工厂也纳入合资企业,但博世公司的人到南京考察后认为,那些韩国的设备已经落伍。南京的工厂未引起德国人的兴趣。

因此到1999年,谈判终于以失败告终。

尽管如此,作为中德双方合作的结晶,无锡欧亚公司还是有了丰厚的回报。去年,公司的赢利达到1.5亿元。

## 博世苏州另起炉灶

在与威孚集团进行谈判的过程中,博世公司做了两手准备:一旦无锡的谈判失败,就在苏州另起炉灶,独资建立一家生产喷油泵的工厂。果然,与威孚没有谈成。于是,博世公司便投资6000万欧元,在苏州成立了一家生产VE泵和P型泵的独资企业——博世汽车部件(苏州)有限公司。

博世(苏州)公司的建立,不但使威孚公司平添了一个竞争对手。而且对威孚人的心理产生了巨大影响,这使双方下一次的谈判还未开始,天平就已经倾向博世公司。

一位参加过谈判的威孚集团高层人士在接受记者采访时说,当时威孚根本就不相信博世在苏州的工厂能建起来,因为按有关政策,3000万美元以上的外商投资项目需要国务院有关管理部门的批准。在无锡已经有了生产柴油喷射系统的威孚集团的情况下,按理国家不可能批准博世苏州工厂的建立。

但是威孚人失算了。其时苏州工业园区已经获得了外商投资项目的审批权。所以,尽管博世在苏州企业的投资达到了6000万欧元,但是有苏州市政府的批准,企业就建立起来了。

## 德国人再抛橄榄枝

上世纪90年代末期,国家关于汽车排放法规出台。业内外开始认识到,要达到高等级的排放,关键在发动机,而发动机的关键是燃油系统。可见燃油系统是非常重要的,而其中的电控共轨技术我们当时还没有掌握。当时机械部惟一的归口研究所无锡油泵油嘴研究所研制推出适用于欧Ⅰ及欧Ⅱ的技术,但在国家推出欧Ⅲ时间表后,业内普遍对国内能否及时搞出欧Ⅲ持怀疑态度。

2001年5月的一天,威孚集团突然收到来自德国斯图加特的一份传真。虽然合资企业成立以来,威孚与博世的联系从未间断过,但是这份来自博世公司本部的传真还是令威孚人兴奋不已。传真中提出,威孚是否有意继续谈判合作事宜?至于谈什么,传真件没有明说。

这时,随着中国市场的不断开放,燃油喷射系统市场已经形成群雄逐鹿之势。除了博世以外,德国西门子、日本电装等世界主要柴油燃油喷射系统供应商均已在中国登陆。

另外,随着国家对汽车产品环保标准的要求不断升级,汽车零部件企业产品技术升级的压力也越来越大。许多发动机企业都声称已经生产出了符合欧Ⅲ排放标准的发动机。

在这种行业形势下,博世向威孚伸出橄榄枝。德国人所以再次相中威孚,有它自身的考虑。虽然博世在苏州建立了汽车零部件生产基地,但由于市场情况不好,苏州的企业一直不太景气。而作为中国国内行业领军企业的无锡威孚,不仅拥有广泛的营销网络，而且具备一定的人才储备和技术开发能力。

记者在威孚集团采访时，拿到了一份企业2004年的经营业绩表。其中，营业收入92亿元、工业增加值13.6亿元、利润2.1亿元、利税4.8亿元，各项指标均为行业第一。8种主要产品生产能力在行业中的排序也都是第一。

如此看来，德国人再次看中无锡这块风水宝地，便在情理之中了。

威孚集团的另一位高层人士在接受记者采访时说，当时企业首先要考虑的是生存问题。“像威孚这么大的企业，没有新技术是活不下去的。”怀着对新技术的渴望，威孚决定再次回到谈判桌前。

## 意在中国未来市场

谈判进行得异常艰苦。应该说，博世公司提出的条件是十分苛刻的，威孚集团也曾据理力争。但是德国人故伎重施，提出“如果不答应我的条件，我就要单干，把资金投向苏州的工厂”。这一次，威孚对德国人的要挟之语没有丝毫怀疑。在这样的情况下，威孚集团与博世公司签订了合资协议，在原来的合资企业无锡欧亚柴油喷射有限公司的基础上进行资产重组，成立新的合资公司。新公司于2004年8月8日正式成立，注册资本2亿欧元，博世公司投资6亿欧元。新的合资公司定名为博世汽车柴油喷射系统有限公司。

记者了解到，建立在无锡新区的新合资公司主要从事欧Ⅲ及以上标准的电子控制柴油喷射系统，包括卡车共轨喷油器、轿车共轨喷油器、电控VE泵及共轨油嘴的生产、销售和服务。建成达产后，将生产欧Ⅲ、欧Ⅳ排放法规要求的新一代电控喷射系统产品，建设成年产56万台电控VE泵、70万台高压共轨和电控喷油器的国际先进水平的生产基地。达产以后，公司年销售收入将达100亿元以上。

威孚通过合资，在这家合资企业的美好未来中，究竟得到了什么呢？

我们不妨看一看博世公司合资协议的主要内容：一、股权比例。博世公司占67%，威孚集团占33%。二、只许威孚生产欧Ⅱ以下的产品，欧Ⅲ的产品由合资企业生产。三、威孚集团原有的技术开发人员进入合资企业。四、博世将其在苏州P型泵和VE泵的生产设备整体转让并搬迁到无锡，成立无锡威孚汽车柴油系统有限公司，博世承诺将不再在中国生产欧Ⅱ以下的系列产品。

不难看出，合资以后，博世公司取得了合资公司的绝对控股权。在51%对49%的合资公司中，是控股权的问题，而67%对33%的合资公司中，则是重大事项决定权的问题，完全是博世一家说了算了。33%与1%的权利是一样的，但义务却不同，威孚要最大限度承担风险和责任。而合资以后威孚集团只准生产欧Ⅱ以下的老产品，不许生产欧Ⅲ及以上的新产品。这个原行业内的排头兵企业，从此失去了欧Ⅲ产品的开发与生产资格。这就是说，威孚想通过合资得到新技术的初衷根本没法或难以实现。据记者了解，2004年仅重型柴油卡车和大客车的产量就达141.9万辆。如果全部使用欧Ⅲ产品，市场之大可想而知。

不仅如此，通过这次谈判，威孚还失去了原有的研发队伍。为了断其技术研发的后路，博世将威孚所有研发人员按照名单几乎全部招进合资企业，令这个原来技术力量最为雄厚的行业排头兵企业，丧失了研发能力和可能。

有业内专家指出，这个项目是博世公司在亚洲地区最大的投资项目，其产品代表了博世在柴油喷射系统中全球领先的技术，目标市场不仅仅局限于中国，同时也将是博世全球采购系统的重要组成部分。可见与威孚合资，使博世顺利完成全球战略在中国的布局。

## 威孚何时能出师

那么，对于与博世公司的合作，许良飞又是怎么看的呢？从许良飞的谈话中，我们或许能体味出威孚与博世合资中的一些想法和初衷。

许良飞说，中国的核心汽车零部件技术，现在实际上都掌握在外国人手里。以前我们所谓的自主开发、自主创新，实际上都是抄人家的。到目前为止，我们所有的“创新”都是这种形式。

就柴油燃油喷射系统来说，目前包括符合欧Ⅰ、欧Ⅱ标准的机械式喷射系统我们都能做。因为机械式的东西比较容易模仿。但是到欧Ⅲ以后，再模仿就不那么容易了。事实上，欧Ⅲ的产品根本没法模仿,因为它是机械与电子相结合的产品。电子的东西看不见,摸不着。即使你把它破译了,你的工艺基础也达不到。

现在的技术壁垒越来越高,越往前走,技术难度越大。拿电控系统来说,就有与发动机和整车的一致性问题。如果人家不把技术参数给你,仿制出来的东西,与发动机和整车也难以融合。

跨国公司要进入中国的汽车产业,就要实行本地化生产。这时,我们就要想办法参与进去。首先要参与,不参与你始终学不会。参与之后,才有可能使我们中国人大量地掌握那些最前沿的高新技术,才有可能赢得一个团队,从而最终开发出具有自主知识产权的自主创新的产品来。

柴油燃油电子喷射技术在国外已是成熟的技术,而我们还没有掌握。这时,你就要放下架子,老老实实跟人家合作,向人家学习,先把这个知识学到手再说。要想做师傅,必须先当学徒;要想当老板,必须先做伙计。道理是一样的。

许良飞认为,从市场的角度讲,与博世合资是威孚明智的选择。

业内专家指出,在面临国家出台汽车排放标准法规,而我们又对按时掌握和推出新产品没有把握的严峻形势下,威孚作为行业最好最强的企业,做出合资的决定,有其自身发展上的考虑。就单个企业来说,威孚在一段时期内没有风险了,它将自己的命运绑在了博世这艘世界最大的汽车零部件生产商的航母上了。

但当我们站在行业发展的全局看,站在更大范围的国家利益来看,站在更长远的企业利益来看,意味就不同了。这次合资,使我们原本就不够强大的与跨国公司较量的队伍,又少了一支生力军。同时,我们也不能不为威孚更长远的未来担忧。

"威孚选派了一批最优秀的工程师进入合资企业,到新的研发中心去,跟外国专家一起工作,一起来解决中国市场的新产品研发问题。今年,合资企业选送60多位中国工程师到德国进行9~12个月的培训,仅培训费就花费1亿元人民币。从长期来看,中国人掌握了先进技术。只有培养出一大批优秀的专家以后,才可以谈得上技术创新。没有一大批优秀的专家,技术创新根本无从谈起。"许良飞的一番话,让记者油然而生出苏武牧羊式的悲壮。但威孚能否尽如许良飞之愿?

(《中国工业报》2005年9月26日 A1版)

本报观点

# 中国企业到底缺什么?

中国工业报社总编辑　　杨　青

在表达任何观点之前,我们需要的是事实。在大量事实面前,自然就会有观点。于是,我想在阐述自己观点之前讲一个故事,这个故事在我们当做故事讲述前不过是许多事实中的一件。

十分凑巧的是,故事的主角之一,正是今天本报重磅调查的报道对象——无锡威孚集团,而另一位主角则是与威孚同在一地、同属一个行业的中国一汽无锡油泵油嘴研究所。

这一厂一所摆在一起很多年了,过去是为农机装备提供服务,后来都转型升级进入汽车零部件制造领域,且业绩卓著,一个是行业的排头兵企业,一个是部属的行业归口所。

到了上世纪90年代末,这个行业发生了一系列重要变化,那些变化可以当做故事的背景来读:

背景一:汽车发动机的柴油化趋势,在上世纪已逐渐显现。而高压共轨系统是柴油发动机的发展方向之一,在1997年末于国际汽车界得到共识。

背景二:国内业界有一说,中国汽车制造技术落后,是发动机拖了后腿,而发动机落后是油泵油嘴拖了后腿。原因是多方面的,主要还是计划经济遗留下来的产业布局与分工的问题:零部件生产与整机分离,整机生产与整车分离,以及科研与生产脱节，研究所只管出设计图纸，企业则专攻量产。

背景三：当国际巨头纷纷登陆，国内发动机整机厂家陆续搞出欧Ⅲ产品时，当国家颁发相关排放法规规定淘汰时限，后WTO时代全球采购之风日盛时，国内从事发动机燃油系统专业制造的企业，都感到了极大的压力。

而威孚与无油所更是备感压力。此前，他们已分别在高压共轨系统上投入数以千万元的研发费用，到了2000年之后，仍然未获突破性进展。面对上述背景和紧迫现实，两家企业负责人做出了截然不同的选择。

威孚搭上了博世的豪华快车，其决策者的判断详见本期报纸头条。但搭别人的车是要买票的，威孚将自己对欧Ⅲ以上的技术开发能力做了抵押，博世照单全收，甚至我们第一次听说外方是拿着技术人员名单跟威孚认真要人的。跨国公司给我们上了关于竞争力的生动一课，企业的技术能力生长在它的组织里，蕴藏在由人组成的技术队伍中，这是由多年积累而成的弥足珍贵的企业财富。人家门儿清，而我们往往是糊涂的。

无油所选择了走自己的路。所长朱剑明的思路很清晰。国内企业与国际巨头的差距是显而易见的，怎么说都不过分。所以，要在高新技术领域有所作为，中国企业只有知己知彼扬长避短，充分发挥自己的特长，充分利用中国的特色。如果一味按照跨国公司的思路高举高打，中国没有哪个企业能够一下子聚敛数十亿元重金，从事技术升级。无油所以区区一所之力，要照此上高压共轨系统，无疑痴人说梦。

无油所的思路很像毛泽东的游击战思想，你打你的，我打我的。他们从测绘模仿开始，认真学习国外先进技术与理念，重在消化吸收。经历了10年坎坷曲折，克服了无数艰难险阻，顶住了各种怀疑动摇、曲解与否定，承受了巨大风险考验，终于搞出了电控柴油共轨系统，样品达到国外同类产品水平，即将进入中试。可贵的是，无油所这个项目完全避开了国外同类产品的专利技术壁垒，拥有完全自主知识产权，在国际同类产品中独树一帜。

所长朱剑明说起这个项目万般感慨。上世纪90年代，国内许多高校院所和大企业都尝试搞过共轨，但太难了，退下来的不止是威孚一家，无油所成为国内惟一坚守阵地的“孤独斗士”，好在得到一汽的支持。现在，无油所的科研成果即将产业化，它的面世将使中国企业占有在世界该领域第一阵营中的一席之地。

故事讲完了，我的观点也出来了：中国企业比起那些国际一流的大公司，技术、能力、理念、经验、资金等等，都存在巨大差距。但我们不能被人家吓住，并就此放弃对于自主能力的培育。没有技术，可以学习；没有经验，可以积累；没有资金，可以逐步筹措……但是如果没有了自信，没有了勇气，中国企业的自主创新就没有了希望，中国工业的自立自强就丧失了脊梁。所以朱剑明所长说：“中国的汽车工业需要有这样一种精神：那就是‘站直了，别趴下’！”

何止中国的汽车工业。

又何止中国的工业企业。

（《中国工业报》2005年9月26日 A1版）

**记者手记**

# 威孚的未来在哪里?

中国工业报社总编辑 杨 青

就目前来看，作为威孚集团的掌门人，许良飞的决策很难说就是错的。因为任何企业在做出重大决策时，首先要考虑的是规避风险。如果威孚选择自己开发柴油燃油电子喷射系统，不但投资大，时间长，而且能否搞成也没有十分的把握。相反，与博世合作，人家有现成的技术，搭车赶路，既省事，又没有什么风险。

合资前的无锡欧亚柴油喷射有限公司，年赢

利达1.5亿元。威孚的股本占48%，因此每年能分得几千万元的利润。合资以后，新的公司在运营初期肯定亏损。有人做过计算，仅人工成本就要增加一大块：几十个德国专家每年的工资就在4000万元以上；中方员工增加了约1000人，人员工资也相当可观。

让人庆幸的是，从苏州搬迁到无锡，从而纳入威孚旗下的无锡威孚汽车柴油系统有限公司，经营形势"好得不得了"，据说完全可以填补合资企业的利润损失。有人甚至认为，这是博世公司的失策——他们对中国市场的判断出现了失误。更有乐观者认为，德国人放弃了欧Ⅱ产品，认为这个产品的寿命只剩三四年，但实际上以中国市场之广大，未来相当长的时间内很可能是欧Ⅰ、欧Ⅱ、欧Ⅲ产品共存。

但是即便如此，欧Ⅱ以下的产品能长期存在下去吗？我们知道，任何产品都有其生命周期。典型的产品生命周期包括引入期、成长期、成熟期和衰退期。管理学认为，企业最晚也要在产品的成熟期开发下一代产品。目前，在柴油燃油喷射产品中，达到欧Ⅲ排放标准的电子喷射产品市场还没有启动，而威孚生产的机械式喷射产品畅销。但是，任何一个正常的商人都会有这样的判断力，不能期望某种产品永远畅销。更何况，现在施行欧Ⅲ排放国家已经列出时间表。到时候，威孚的换代产品在哪里呢？按照合资协议，威孚是不能开发欧Ⅲ产品的，更遑论生产。

也许有人会说，威孚在合资公司中不是还有33%的股份吗？将来欧Ⅲ产品市场启动以后，威孚仍可以分到三分之一的利润。对于一个中国的企业来说，这份利润已经相当丰厚。

不错，威孚在合资公司中占有33%的股份，但是不要忘了，它没有控股权，甚至没有否决权。德国人并不笨，且不说他们在苏州工厂的转让中已经在设备出售、许可证使用，以及CKD散件上赚得钵满盆盈，就说合资公司，将来一旦欧Ⅲ产品的市场红火起来，德国人是否还甘心与威孚分享利润？

这不是我们对德国人怀有阴暗的心理。因为在外资大量涌入中国的一段时间里，我们已经看到了太多的先例：让合资企业亏损，然后又提出增资扩股，当中方企业无力再投入时，股本比例自然下降；还有一些国外公司，给你一点蝇头小利，迫使你退出合资公司。如果此种情况降临到威孚头上，那么威孚的未来又在哪里？

（《中国工业报》2005年9月26日 A1版）

产业之虞

# 跨国公司图霸中国市场 自主研发点燃行业曙光

中国工业报记者 韩金池

很多年来，德国博世公司给中国内燃机企业的印象一直是"小器"，但是在与无锡威孚的合资上，博世却异乎寻常地表现出其大手笔的一面：一上来就投入6亿欧元，达到电控VE泵56万台、高压共轨70万套的生产目标。另外，在技术研发、标准制订、销售系统等方面，也是高举高打。

博世公司一反常态，出手如此"阔绰"，所为何来？

## 巨大的市场空间

在汽车发动机制造领域中，柴油机的比重一

直在节节攀升。据专家介绍，在相同的输出功率下，柴油机可以比汽油机节油25%~30%，而在温室气体排放方面则比汽油机降低了45%。另外，柴油的价格也比汽油要便宜，因此自上世纪90年代以来，柴油车在汽车中所占的比例越来越高。目前，包括中国在内的大部分国家的中、重型卡车发动机绝大部分采用柴油机，50%以上的轻型卡车也采用柴油机，而欧洲生产的轿车中也有30%~50%采用柴油机。“欧洲的发展形势是柴油机越来越普及。”原机械工业部部长、中国内燃机工业协会名誉理事长何光远接受记者采访时说。

2004年，中国生产151万辆载重卡车，其中柴油车为125.9万辆，另外，柴油大客车产量是16万辆，柴油载重卡车和柴油大客车的产量共计141.9万辆。

在柴油发动机中，燃油喷射系统是对机器性能和排放影响最大的部件。目前中国生产的柴油车，发动机还没有采用电子燃油喷射系统，或者叫共轨系统。也就是说，在尾气排放标准上这些车辆都没有达到欧洲Ⅲ号标准。另外，目前中国柴油轿车还基本处于空白状态。

可以想像，如果中国的柴油车尾气排放全部实施欧洲Ⅲ号标准，而柴油轿车也能实现批量生产，作为汽车“心脏的心脏”的柴油燃油电子喷射系统，其市场将会是怎样的情景。

而在车辆尾气排放标准上国家已列出明确的时间表，2010年要达到欧洲Ⅳ号标准，2008年达到欧洲Ⅲ号标准，北京计划在2007年实施欧洲Ⅲ号标准。

如此看来，博世公司在中国市场一反常态的“大手笔”，便不足为怪了。

## 国外企业纷纷抢滩

总部位于德国斯图加特的博世集团是一家高度国际化的跨国集团，在全球设有270家分支机构，其中230家位于德国境外。2004年，博世集团的销售收入达到400亿欧元。两年前，博世预计10年后中国的汽车产量将超过德国，其一位总经理曾经不加掩饰地说：“中国是未来的增长国，对系统供应商博世来说同样如此。”

分析人士普遍认为，此番博世登陆无锡，意在长远。最终目标是垄断未来中国的燃油喷射系统市场。而亚洲的一家燃油喷射系统生产商日本电装公司也不甘落后。电装公司其实也是靠引进博世公司技术发展起来的，它在引进德国技术后做到了消化、吸收及创新，逐渐成为亚洲一家小有名气的公司，其开发的燃油喷射系统专为日本车型配套。

2003年，电装公司与中国上海的两家公司合资，成立注册资本为346亿美元的上海电装燃油喷射有限公司，生产燃料喷射泵。与博世在无锡的合资公司如出一辙，上海的中日合资公司在合资协议的有关条款中明确规定：由中方控股的合资公司目前只生产机械控制的燃油系统，一旦将来开始生产电子控制燃油系统，则由日方控股。

与博世相比，电装公司由于占有“地利”之优，因此没有像博世公司那样采取一步到位的投资方式，而是采取更“经济”的方法：先生产机械泵，并且让中方公司控股；什么时候市场起来再生产符合欧Ⅲ排放的产品，而到那时则由日方控股。至于如何生产也完全根据市场的情况，可以是完全的CKD组装，也可以部分部件在中国生产、部分部件进口。

看好中国柴油燃油喷射市场的还不止上述两家跨国巨头，就连自身财务状况不佳的美国Delphi公司也在中国四处活动，准备建立独资或合资企业。

一位业内专家在接受记者采访时指出，国外著名的燃油喷射系统生产厂商正在把中国这一潜在的巨大市场作为他们的扩展目标。如果中国的燃油喷射系统行业没有自己的电控燃油喷射系统产品，不能以自己的优势(比如较低的价格、较完善的售后服务体系)在国内市场占有一席之地，那么10~15年后，我国已有的燃油喷射系统生产企业的市场将逐步萎缩，直至丧失殆尽。

这位专家说，燃油喷射系统不仅关系到汽车发动机和整车行业，也关系到与发动机有关的军用车辆，以及船舶、机车、农机和工程机械，直接关系到我国国民经济的健康发展。

## 行业命悬一线

资料显示，目前国内从事燃油喷射系统生产

的企业约有70家（不包括为大中型油泵油嘴厂做部分零件粗加工的小企业）。记者就威孚合资以后的行业走势采访对行业情况进行过系统研究的专家、无锡油泵油嘴研究所高级工程师宓浩祥。他说，如果国家实施欧Ⅲ排放标准，而国内其他企业又没有能力生产电控系统，那么所有的油泵油嘴企业将没事干，或者只能生产零配件，行业将遭受毁灭性打击。

据记者了解，目前国内其他企业都不会做电控系统，因为哪个企业都没有这个能力。行业排名第二的山东龙口油泵油嘴厂董事长兼总经理王仁耀就明确表示："我不可能做电控。"

但宓浩祥认为，因为中国市场空间大，需求层次复杂，高、中、低档产品会有很长的共存时间。至于这个时间会有多长，他认为"取决于国家对排放的控制力度"。

如果柴油燃油喷射市场形成一两家跨国公司垄断的局面，对主机厂又将意味着什么呢？记者了解到，正在试制欧Ⅲ发动机的某柴油机企业曾向博世公司采购10套共轨系统，博世公司报价2.5万欧元1套（注：1台国产机械喷射系统只要几千元，1台发动机也只有5万元）。

当然，样机的价格不能等同于以后的批量订购，但在一个垄断的市场里，批量订购的价格话语权不也是掌握在垄断者手里吗？

## 不能放弃自主开发

未来的电子燃油喷射系统是集高精密加工技术和电子数控技术为一体的高新技术产品。何光远在接受记者采访时分析了这项技术的三大难点：第一大难点是电子燃油喷射系统需要一整套的电控系统。何光远说："这是需要科研开发的，而要进行开发就要网罗人才，合理利用资源。"

第二个大难点是精密加工。要生产这套供油系统也就是控制性燃油嘴，需要有好的工艺和加工装备。

第三个难点就是电磁开关。使用高压共轨技术的发动机是高速发动机，需要非常敏感的电磁结构，每一秒要开关几十次，所以必须要找到相适应的电磁材料。

中国内燃机工业协会会长倪宏杰在接受记者采访时说，柴油机的升级主要是油泵问题。尾气排放标准从欧Ⅱ到欧Ⅲ，除了发动机本身要在工艺、结构等方面提升以外，很重要的就是燃油系统要变。倪宏杰说："原来威孚引进的博世公司的A型泵不行了，P型泵也不行了，要搞共轨。国家虽然没有把共轨作为高新技术，但它实际上就是高新技术。"由于我国相关基础研究的长期缺失，所以这项技术与国外差距较大。倪宏杰说："要引进技术，不引进技术是不行的。问题是引进技术也好，合资也好，让外方控股也可以，但不能放弃自主开发。"

## 自主开发难在哪里

谈到自主开发，记者不禁想到了在无锡采访时了解到的几年前汽油机电控燃油系统的故事。

记者采访威孚集团有限公司董事长兼总经理许良飞时他曾得意地谈到，目前联合电子有限公司每年能带给集团几千万元的利润。

许良飞所说的联合电子有限公司，实际上也是中国企业与德国博世公司的合资企业，威孚集团是中方第二大股东。这家1997年投产的企业，生产的产品是电子控制汽油喷射系统，是为汽油发动机配套的产品。

当初，汽油发动机喷射系统正在由化油器向电喷过渡。1990年，当时的机械部和科技部决定展开联合攻关，攻克电喷技术。这次联合攻关由原机械部牵头，声势浩大。具有地方优势的无锡市成立了攻关指挥部，参加单位有威孚集团和无锡油泵油嘴研究所，还有总参的一个研究所，后来上汽、一汽、二汽、清华大学、航天部第一研究院也加入进来。

这项攻关最终取得了成功，并于1996年通过部级鉴定。在攻关过程中，听到消息的一些国外公司也纷纷往里钻。博世、西门子、福特都来竞争，结果博世公司中标，成为合资公司中的外方持股者。

一位参加合资谈判的人士回忆当时的情景时说，联合攻关培养了一大批技术人员，这些人在与外方的谈判中起到了关键作用。比如许可证报价，博世公司报价8000万马克，最终以2900万马克成交。再如技术转让，开始他们想把EV1.3的技术转让给中方，但是我国的工程技术人员了解到，博世公司已经开发出EV6技术，并且即将应用。于是中方据理力争，最后德方只好同意转让 EV6 技术。“这项技术现在仍在使用，如果是 EV1.3，一买进来就已经落后了。”

周文华是无锡油泵油嘴研究所的一位研究人员，在浙江大学攻读博士期间，他参加了由浙江大学、无锡油泵油嘴研究所和威孚集团共同承担的国家“九五”攻关项目，这个项目是汽车行业惟一通过国家鉴定的项目。他深有感触地说：“开发高压共轨系统，国内不是没有能力和条件，产业化也完全能做得到，问题是我们没有组织起来。”

### 无油所成惟一希望

威孚与博世合资后，生产欧Ⅲ系列产品的机遇落到了德国人手里，国内企业前景一片黯淡。然而在一片黯淡之中，我们也看到了一线曙光。无锡油泵油嘴研究所 10 年来一直致力于高压共轨技术的研究，累计投入资金达 1 亿元。所长朱剑明说：“有我们在，跨国公司就不能一手遮天。我的产品卖五千元，他卖一万元就要掂量掂量。”

今年 6 月 30 日，无油所研究的电控高压共轨项目通过江苏省科学技术厅组织的技术鉴定。对于这项成果的应用前景，该鉴定书如此表述：“国产共轨系统的初步研制成功，具有大量应用到我国高排放要求的欧Ⅲ以上车用柴油机上的技术和市场潜力，除在性能和可靠性上可满足大量国内主机配套要求外，还可使柴油机的成本和配套成本大大降低。”

记者在无锡采访时，正赶上安装了该电控高压共轨的试验车辆返回所里，于是采访了试验负责人、无油所基础部部长周文华。据周文华介绍，此次试验行程 1500 公里，其中载货行驶 1000 公里，车辆在整车噪音、烟度排放、加速性能等方面，都比未安装共轨系统前有明显改进，而在发动机匹配和整车匹配方面也得到了满意的结果。他说：“从装车到现在，没有出现任何故障。”

朱剑明告诉记者，无锡市的公交系统马上就有 4 辆车要装上无油所的共轨系统，随后还将有 40 辆车装上共轨系统。

在一些人还抱有怀疑态度时，朱剑明对他的高压共轨系统充满信心：“技术开发已经成功了，投资不是问题，产业化也不是大问题。”

（《中国工业报》2005 年 9 月 27 日 A2 版）

**装备工业合资变局特别策划·杭齿系列**

**重磅调查**

# 杭齿合资谈判与初衷渐行渐远

中国工业报记者 杨 明 周宗明

记者日前从有关渠道了解，如果一切顺利的话，今年年底前，杭州前进齿轮箱集团有限公司（以下简称杭齿）就将与某外国公司签订合资合同。根据双方合资意向，合资公司注册资本为 6 亿元，外方将控股 70%。合资后，杭齿的三大产品及相关技术、设备、人员全部进入合资公司，杭齿不得与合资公司形成同业竞争，也就是说从法律和开发能力两个方面，杭齿都不能再有与其三大产品相关的自主开发权。

杭齿将要合资的消息一经传出，立刻引起行业上下高度关注。据了解，近一段时间以来，商务部及有关部门先后派人到杭齿了解情况，而杭齿的经销商和老客户更是关心合资的进展。在他们心目中，杭齿是一个掌握着多项国家行业生产技术标准，持有“前进”、“杭齿”两个全国知名品牌，船用齿轮箱生产规模亚洲第一、工程机械变速箱生产规模国内专业厂第一，并是当地纳税大户的行业排头兵企业。这么好的企业合资究竟是出于什么考虑呢？

## 杭齿的辉煌

据记者了解，杭齿始建于1960年，是中国最大的传动装置、粉末冶金制品的专业制造企业之一，也是我国机械工业大型重点骨干企业和自营出口企业。上世纪80年代以来，该公司相继投入巨资进行技术改造，并不断加快技术进步和产品结构调整，先后引进美国、德国、奥地利、法国、瑞士、意大利和日本等国的先进技术和成套设备，产品设计和制造水平不断提高。目前该公司主导产品有船用齿轮箱、汽车变速器、工程机械变速箱、调速离合器、风力发电增速箱、工业传动装置、农业机械变速箱、摩擦制品及粉末冶金零件等8大类1000多个品种。2003年、2004年杭齿连续两年被评为中国机械500强企业。2004年，杭齿工业总产值排名全国齿轮行业第二。

上述业绩的取得离不开数代杭齿员工的共同努力。在这一系列成绩的背后，是杭齿不断追求自主创新的企业理念在起主导作用。对于企业来讲，延长企业生命周期的惟一办法就是创新，尤其是技术创新。杭齿坚信，只有注重技术开发，才能提升企业核心技术水平；只有注重技术应用，才能提高产品品质与档次；也只有坚持技术创新的理念，企业才能不断寻找到新的经济增长点。自建厂以来，杭齿就是基于这样的竞争战略，不断完善，不断实践，最终形成了一套属于自己的创新体系。

在自主开发的道路上，杭齿硕果累累。上世纪80年代他们自主开发了135、300等颇受市场欢迎的船用齿轮箱新产品，并向市场推出了ZL40、50等工程机械变速箱。上世纪90年代中期，杭齿凭借人才优势，又自主开发了重型汽车变速箱等产品。V型传动是一种全新的、应用领域十分广泛的传动形式，目前世界上仅美、德、日等少数国家掌握该技术。为了掌握这项技术，他们用8年时间投入大量人力、物力进行攻关，并在2000年研制成功。目前该技术应用产品已经相继出厂，并出口到加拿大。近年来，在不断增加技术投入的情况下，杭齿产品技术等级不断提升，这也为他们后来的GWC52/59A（滑动轴承结构）、GWL60/66（蝶形弹簧结构）和GWC70/76等新产品的问世奠定了坚实的基础。

人才是企业的灵魂，杭齿一直非常注重人才的培养，并不断投入资金为企业技术人员提供培训机会。为了激励人才的创新能力，该企业近3年每年都要评出50~60个项目，并给予不同的奖励。此外，杭齿还对已实现销售的新产品设置提成奖，受奖人员涉及开发、试验、电算、工艺、制造、检验等多个科研环节。去年，该公司拿出104万元实施“科技进步奖”，最高奖励金额达8万元。

根据市场需求，近年来杭齿还不断加大了对产品试验试制的投入，其间新建了980平方米的试验车间，新建改制试车台十余个，采用了当今较为先进的全平块基础。这些为新产品的中间试验、型式试验、出厂试验提供了可靠的技术支援，也加快了产品的开发进程。目前，杭齿的船用齿轮箱研发能力已涵盖了12~12000马力功率的所有产品；工程机械变速箱研发已涵盖装载机、平地机、推土机、压路机、牵引机、铁路作业车、汽车吊等；汽车变速箱研发能力涵盖了重型卡车、城市客车、军用装甲车等领域。

在杭齿不断增强企业技术创新能力的同时，主要产品市场占有率不断提升。目前，杭齿船用齿轮箱产品在国内市场占有率为80%，在东南亚市场的占有率为75%；工程机械变速箱在国内市场占有率为35%，这也是国内专业齿轮生产企业市场占有率最高的。

## 谈判三次陷入僵局

那么，精心培育了这么多年，并且具备技术创新能力的杭齿为什么要同外商合资呢？

据了解，在杭齿的三大产品中，汽车齿轮箱相对薄弱。杭齿为了进一步拓展汽车齿轮箱的市场占有率，于2002年初提出了希望能与国外企业合资的想法。

根据相关材料描述，2002年初，杭齿向某外国著名公司表示了合资合作的意愿。2002年12月，双方签署了工程机械项目合资意向书。2004年2月，双方又签署了船用齿轮箱项目合资意向书。2004年8月，外方对杭齿合资项目进行了尽职调查。在2004年底，外方提出了优先与杭齿进行卡车项目和重型汽车变速箱项目合资的框架方案。而在今年3月1日，杭齿却就整体合资与外方签署了意向书。今年7月2日，双方再次签署有关文件，达成了大的原则性共识，也就是在这份共识中约定，杭齿车用变速箱项目以及具有市场竞争力产品的相关技术、设备等一同进入合资公司。

一个合资项目先后谈了许久。这其中都经历了哪些事情？又怎么从单项合资最后演变成整体合资？记者所掌握的材料并没有给予太多的信息。然而，记者近日却从一位知情人士那里得知，有关杭齿的合资远非材料里描述的那样简单。

据透露，这家国外著名公司早在1992年的时候就曾经表达过与杭齿合资的愿望，但此事在上报到原国家机械工业部后，有关领导与外方谈了仅5分钟即否决了该计划。据该人士透露，当时这位领导说了一句话："杭齿是我国装备制造业的重要企业，不能合。"随后这件事情就再也没有提过。

弹指一挥间。在十几年里，发生了很多变化。如今国家机械工业部已经撤销，杭齿也不再是部属企业，企业的资产和领导已经由地方政府管理和委派。企业也由原来的"找市长"完成了向"找市场"的转变。

据这位人士透露，在杭齿提出合资的想法后，那家国外公司很快就作出了积极回应。不过外方提出并不希望与汽车项目合资，而是要选择工程机械项目进行合资，但这有悖于杭齿合资的初衷。而且，杭齿工程机械项目一直发展得很好，所以杭齿拒绝了外方的意向，双方的合作随后便陷入了僵局。就在此时，杭齿的大股东表明了支持该合资项目的意向。这样，合资事宜继续进行，并且双方最终签订了合资意向书。

该人士透露说，就在外方到杭齿考察期间，发现杭齿的船用齿轮箱更具竞争力，而且无论是市场占有率还是产品的知名度，都是他们先前所不了解的。由此外方很快又提出，希望与杭齿进行工程机械和船用齿轮项目的合资意向，但没有提到汽车项目。原本就不想拿工程机械合资的杭齿，在外方提出这一要求后马上就表达了否定的态度，双方谈判再一次陷入僵局。如果按照这个意向，杭齿仅剩下汽车齿轮项目。那么合资后，相对薄弱的汽车齿轮部分今后的生产将是个大问题。权衡再三，杭齿随后作出决定，提出整体合资的想法，但强调必须由中方控股。然而，这一要求却被外方否决，外方要求控股。

控股问题一直是杭齿坚持的谈判底线，杭齿从来没有放弃这一想法。但就在谈判第三次陷入僵局的时候，外方放出话来："如果外方不能控股，就不会来杭州投资。"在这样的前提下，杭齿再一次妥协，签署了整体合资的意向书，并且是由外方控股70%。

## 合资意味着什么

据记者了解，根据有关合资意向，合资公司的船用产品为杭齿现有和将来自行开发和许可证下的船用变速箱及用于船舶的零件；合资公司的工程机械用产品为杭齿现有和将来自行开发和许可证下的工程机械用变速箱及用于工程机械车辆的零件；合资公司的卡车用产品为外方自行开发和许可证下的卡车变速箱和零件，现有的杭齿卡车变速箱将逐步被外方卡车产品替代；双方承诺各自带入合资公司的产品在中国市场不形成竞争，杭齿将不再开发、生产、销售与船用齿轮箱、工程机械变速箱、载重汽车变速箱等相关产品，杭齿也不能使用这些产品的商标。

从以上双方达成的意向可以看出，杭齿目前最具有优势的产品已经为合资公司拥有，但弱势项目则完全被外方产品所替代。想像一下，一旦合资成功，一方面是外方控股，另一方面是杭齿的技术研发力量全部并入合资公司。如果失去了控股权，又失去了赖以生存的自主开发能力，可想而知，杭齿过去引以为自豪的品牌，便可能从此销声匿迹，而企业大量投入积累起来的技术成果，也做了他人的嫁衣。

另据记者了解，在合资的方式上，外方提出中方原有的债务一律不能进入合资公司。在土地使用上，中方提出要在原有的厂址上进行扩建改造，而外方却坚持要在杭州萧山某地另行建造，具体的办法是由萧山方面提供土地，合资公司租赁使用。如果是这样的话，杭齿将有相当的存量资产得不到变现。而如果在原厂址上改造，这些都有可能盘活，大量不可搬迁设备也能继续利用。搬迁将会造成国有资产流失：现在杭齿的净资产是4.3亿元，合资后据说不到2亿元。

此外，据记者了解，杭齿的无形资产在谈判中也没有被外方算入。

事实上，合资带来的相关损失已经开始出现了。记者了解到，由于谈判影响，目前杭齿一个前期已经投资600万元的热处理车间的建设处于停工状态，并荒置在公司厂区里。另据了解，杭齿还有很多军工任务，其中不乏先进武器部件的研制工作。这些军工任务总不能拿到由外资控股的合资公司中去吧？而杭齿的先进加工设备和研发人员进入到合资公司，势必影响到军工任务的完成。

那么，合资以后杭齿的利润又将是怎样呢？根据相关信息显示，2003年杭齿的销售收入是79374万元，税前利润6292万元，2004年杭齿的销售收入是10.04亿元，税前利润5227万元，2005年销售收入预计是11亿元，税前利润预计是6000万元。但合资后预计2006年销售收入是11.86亿元，税前利润是-5131万元，2007年销售收入为15.69亿元，税前利润768万元，2008年销售收入是近20亿元，而税前利润也只有7089万元。

另据记者了解，在合资谈判中，外方曾经在意向书中规定，外方投入的产品要收取3900万元的技术提成费，逐年提取完成，这期间考虑人民币币值变动等问题，外方还可以提前提取。提取技术提成费是国际惯例，这很正常，但是一旦合资后，具体操作中方根本没有能力控制。由于今后合资企业生产的产品国内已经没有其他企业有能力生产，因此外方完全有可能高价采购外国零配件。这样一来，即使合资企业亏损了，外方一样可以从销售收入中提取费用，而中方就什么都得不到了。如果是那样，合资又是为了什么呢？

### 不合资怎么办

从最初的汽车项目合资的美好设想，到现在整体合资外方控股的现实，虽然两者相去甚远，但对于杭齿来说，如果不合资企业又该如何发展呢？据记者了解，虽然杭齿的发展势头很好，企业也具有自主研发能力，但毕竟是国企，一些国有企业的“通病”在杭齿一样存在，如包袱重、医疗费用支出巨大、冗员多等。据调查，目前杭齿3500名员工中，有指标考核的员工只有1300人，剩下的多数在相关的办事机构中任职。

在接受记者采访时，有关人士说到：“对于某些国有企业来讲，合资绝对是一条出路。国有企业必须进行改制，如果不改制，后面方方面面的事情都无法解决。企业的深化改革，一般来说有三种选择，一条路是MBO，现在看来根据国家有关规定，这条路杭齿是走不通了。第二条路是与民营企业合资，根据现在杭齿的情况，又很少有民营企业能与之相匹配。剩下的就只有合资这条道路了。合资是没有错的，杭齿最初也想借此引进先进的管理机制和先进技术，但是怎么合，以何种方式合资，国家有关方面应给予考虑。现在看来，合资谈判谈到最后，我们已经感到杭齿的合资问题越来越多，总是感觉为了合资谈判我们企业所付出的成本太大。但不合资企业又该怎么办，还是停留在原来的状况上吗？”

在采访中也有相关人士向记者反映：即使是合资，希望国家能有所规范，例如应该明确指出技术提成费不能包含其他关联费用，如销售收入提成费等。对合资项目谈成后国家能有一个专门的监督机制，即国家可以出资聘请专业审计公司，或者聘请合资公司中方代表对合资公司进行审计，这样我们的利益才不会遭受更大的损失。

这位人士指出：“现在国家提出了振兴装备制造业的战略设想，与此同时国家有关部门也应该出台相关文件，指出哪些企业属于龙头企业，并应该受到相应的重视，即使名单上的企业有所变化，但一定要有。此外，对于被列入名单的龙头企业，在政策上、财政上，国家也应该出台相关的指导性措施引领企业发展，例如是不是可以对于那些具有自主创新能力的企业给予免税的政策等。或许只有这样，国家提出的坚持自主创新，振兴装备制造业的战略设想才能真正实现。”

（《中国工业报》2005年10月10日 A1版）

本报观点

# 不谋万世者不足谋一时 不谋全局者不足谋一域

中国工业报社总编辑　　杨　青

本报关于合资变局的特别策划已经进行了四周，从西北轴承到锦西化机，还有无锡威孚，以至今天的杭齿，接下来还会有更多的案例和事实。

做这组报道有一种特别的感觉，就是停不下来，节奏快，难度大，但欲罢不能。这是我们的责任。我们有责任记录中国装备工业乃至中国工业所经历的真实历程，并希望能从中总结与反思。

从我们接触到的这些案例来看，无论已经过去，还是刚刚开始，甚至尚未开始，都有着一个相同之处，即是非曲直议论纷纷，各执一端莫衷一是。由于看问题的角度不同，判断的标准不同，认识的方法不同，对同一事件，会有不同的看法和解释。而我们的报道，不过是对如何看待骨干企业与跨国公司的合资提供了一个明确的思路和主张，——无论初衷若何，无论背景怎样，无论理由多少，惟有中国企业真正获得自主创新能力，才是衡量引资合资是否成功的最重要标准。

标准不同，操作起来目标便不同，结果会有云泥之差。比如有些企业是以改制为目标，有些是以技术为目标，有些是以资金为目标，等等；而一些地方政府则是以招商引资政绩为目标，以甩掉国企包袱为目标，以地方税收及就业为目标，等等。且不说那些拿不到台面上的谋一己私利、快一时意气的动机，这些说得出数得上的合资目的，哪一点不合理，哪一点就是错呢？

往往问题就出在这里。清朝陈谵云：不谋万世者，不足谋一时；不谋全局者，不足谋一域。企业合资的目的如果不谋划长远，不顾及全局，则弊多利少，败多胜少，凶多吉少。

长远有多远？四年一届官员任期远不远，十年一套企业班子远不远，这样的风马牛时钟速度，居然在多个重点骨干企业外资并购案中，起到了关键作用。管理学认为，传统制造业产品技术的时钟速度，在百年左右一个生命周期。因此，打造一个百年企业应该不是奢望。大凡跨国公司特别是机械制造类的，都有数十年乃至上百年的历史。他们进入中国市场光调研就会花去数百万以上的美元，一旦和我们接上火，早已设计好了一整套战略线路图，就剩下按部就班地操作了。而我们的企业甚至主导企业的政府官员们，却在合资决策中缺少战略上的长远考虑和准备，缺少对困难及问题的预见和研究。被对方牵着鼻子走，致使远离初衷，渐行渐远。不谋万世者，何以谋一时？！

全局有多广？对于排头兵企业来说，总应有行业的视野吧。而一个装备制造业的行业，总应有全国的胸襟吧。北大路风教授有几句话是很重的：像杭齿这样的国有排头兵企业，“它们承载了中国几十年来积累起来的技术能力和组织能力，是中国竞争力的源泉，是中国国防力量的基石，是中国经济发展的持续动力”，这样的企业，在决定它的未来命运时，如一味只从自身利益和短期效益考虑，就一定会留有后患。不谋全局者，何以谋一域？！

其实在过去的20年中，我们的企业，包括大量的中小企业，都经历了引进与合资的过程，收获了许多经验，推动了装备工业的技术进步与结构调整和产业升级。分析这些案例，我们发现凡是将核心技术学到手的企业，就能在合资与引进中占有主动；凡是看重并始终追求凝聚自身核心能力的企业，才能够矗立潮头风雨不动。

最近因工作之便，接触到装备制造业“走出去”的一些企业，如华立集团、陕西秦川机床集团、上海电气、沈阳机床股份、大连机床集团等，这些企业在海外运作的具体经历不同，但带给我们的一个信息却高度一致，即中国企业在承接世界范围内产业转移过程中给予我们的海外并购机会时，最大的收获就是可以将国际第一流的制造技术拿来。相比在国内用市场换技术的难度与风险，“走出去”更加稳准狠。而他们在积累了经验之后总结道，国内企业将技术研发中心放到发达地区，更有利于我们学习和掌握核心技术，提高技术能力和自主创新能力。

他山之石，可以攻玉。就看你如何拿法。

（《中国工业报》2005 年 10 月 10 日 A1 版）

记者手记

# 一次困难的采访

中国工业报社总编辑　杨　青

采访杭齿是非常困难的。我们曾经多次与杭齿进行联系，而企业方面则一再推脱。分析避而不谈的原因，就如他们所说的：“这件事情太敏感了。”

的确，杭齿现在所处的位置太尴尬了。他们应当知道在谈判中有很多不利于企业发展的条件，但是却选择了沉默。杭齿是一家老牌国有企业，虽然已经划归杭州萧山区属地管理，但资产管理、人事任免这些权力都还是由有关政府部门掌握。

在得知记者将对杭齿合资一事进行调查采访时，企业方面的态度是“不能公开报道这件事情”。此外，杭齿还特别强调：“批评企业可以，但绝不能批评政府。”事实上，记者并不想刻意和谁过不去，只是想把杭齿在合资中遇到的种种问题尽可能多侧面地真实地反映出来。但如果在这其中，的确有不妥的地方，报道出来也是个警示？

在采访中记者了解到，有关合资的事情，杭齿领导层内部的意见也不是很统一，赞成者有之，反对的也不少。这也使杭齿合资一事变得更加错综复杂。

由于合资谈判接近尾声，目前杭齿的一些经销商和老客户已经开始悄悄地与其他厂家进行联系，这些厂家中也包括杭齿的竞争对手。真不知道面对这些由于合资而带来的种种变化，杭齿人的心里是怎样一种滋味？

（《中国工业报》2005 年 10 月 10 日 A1 版）

产业之虞

# 龙头企业合资——牵一发而动全身

中国工业报记者　杨　明

目前，我国齿轮行业有四大骨干企业，这四家企业是我国齿轮行业极具代表性的企业。南京高速齿轮箱厂代表我国高速重载齿轮的发展水平，洛阳中信重型机械公司是重型矿山齿轮的代表，重庆齿轮箱厂是重型船用齿轮箱的重要生产厂家，而杭州前进齿轮箱集团有限公司则是我国最大的综合性齿轮箱生产企业。这样的企业如果被外资控股，影响将波及到整个行业。9 月 23 日，中国齿轮专业协会秘书长王声堂对记者如是说："站在行业发展的角度以及行业战略安全的角度，合资可以，但我不同意外方控股。"

## 杭齿地位短期无人替代

关于杭齿正在与外商商谈合资一事，王声堂早有耳闻。他对记者说："像杭齿这样的企业，不能轻易谈合资，并且还是让外方控股的合资。"他说，齿轮行业是属于技术、资金密集型行业，其中航空、船用齿轮又是技术要求极为苛刻的产品，代表我国齿轮行业的技术水平。

"如果杭齿合资成为事实，最直接的后果就是，我们在短时期内很难再培养一个新的企业达到杭齿现在的水平，其他企业也很难与新成立的外资控股企业竞争。"王声堂说："据我了解，现在我国沿海绝大多数轻型军舰和渔船的齿轮箱几乎都是杭齿生产的。试想，这么重要的企业如果被外资控股，产业安全势必受到间接的威胁。"

王声堂说："别小看一个齿轮的作用，齿轮行业几乎与所有的工业领域产品息息相关，从三峡电站工程到坦克、直升飞机、工程机械、汽车、仪器仪表。如果我们失去对齿轮行业的自主权，那么一系列工业产品的关键部件就掌握在他人手中，振兴装备制造业又从何说起。"

## 不能不计成本地合资

近十年来，我国齿轮行业发展迅速，增长速度一度高于机械工业17个百分点。现在，齿轮行业总产值已经达到500多亿元，在机械工业基础零部件中属于最大的行业。王声堂说："总结齿轮行业的发展，我们既看到成绩也看到了不足。'十五'期间，齿轮行业的工业总产值已经翻一番，产业集中度也大幅度提高，企业管理水平逐步与国际接轨，齿轮成套化、专业化水平得到提升。通过消化吸收以及自主研发，一部分产品接近或者达到国际先进水平。不过，齿轮行业整体自主创新能力不足。如自主研发的产品还很少，尤其是汽车变速箱，我国每年都要花费约100亿元进口。"

"现在，我国已经成为齿轮制造大国，但整体技术水平与发达国家相比仍有较大差距。通过合资引进国外先进技术与管理方式的初衷是正确的，但这绝不能盲目地不计成本地进行合资。"王声堂说："外资看中的是中国的市场，即使和杭齿这样的零部件厂合作，外资也会在整机合资企业中把与之相关的零部件企业带到中国，所以我们应该理性地看待杭齿的合资。一个产业不开放就不会进步，但合资应有一定限度，尤其是行业龙头企业在合资时一定要占据自己的产业主导地位，没有哪个国家会对本国重要的企业轻言放弃控股权。"

## 齿轮行业危机迫在眉睫

王声堂举例说："眼下，北京街头到处可以看到韩国现代汽车，它所用的零部件不是来自韩国独资企业就是韩国在中国的合资企业。"记者就此采访了北京齿轮厂的相关人士，得到的回答正如王声堂所说，现代汽车原本要采用北京齿轮厂的产品，但因种种原因还是采用了韩资企业的齿轮。据该人士介绍，原本北京市政府引进现代汽车是为了带动一系列的汽车零部件配套企业，但现在看来情况并非预期的那样。

据王声堂介绍，在齿轮行业，国产汽车齿轮变速箱是最薄弱的环节。目前，汽车自动变速箱核心技术完全掌握在外国公司手中。据统计，2001年我国进口汽车自动变速箱达4.8亿美元，2002年进口额达6亿美元，2003年进口额为8.6亿美元，2004年则达到11.6亿美元。预计五年之后，我国一半以上的轿车将采用自动变速箱，市场潜力巨大。王声堂说："如果我们没有自主创新能力，到那时整个市场只能拱手相让，产业沦落到受制于人的地步绝非危言耸听。"

王声堂说："现在齿轮行业的危机迫在眉睫，政府以及协会都没有发挥积极有效的作用。在合资问题上，政府没有明确的相关政策法规，舆论导向也不清晰，行业协会又缺少有效的管理办法，地方政府往往采取一卖了之的做法，这对整个行业的长远发展是不利的。"

## 程序应当规范

在接受记者采访时，王声堂不断向记者强调，在合资事件的背后，杭齿大股东的态度起着关键性的作用。

据记者调查,杭齿于1996年实行股份制改造,改造后杭齿的股本结构是:杭州市工业资产经营有限公司出资15055万元,占55.48%;中国工商银行的中国华融资产管理公司债转股出资6000万元,占22.11%;中国建设银行的中国信达资产管理公司债转股出资3600万元,占13.27%;中国银行的中国东方资产管理公司债转股出资2479万元,占14%。

据一位知情人士透露,杭齿资本由四个股东组成,根据《公司法》有关规定,公司的权力机构为股东大会,公司的决策机构为董事会,公司执行机构为经理层。因此,公司的重大决策应分别经董事会、股东大会做出,而不是由单一的股东说了算。此次杭齿与外方合资过程中一系列意向书的签订,据说没有经过公司董事会、股东大会。据该人士介绍,早几年杭州市政府就提出杭齿兼并杭拖,企业最初不同意,最终还是同意了,结果证明是失败的,为此杭齿承担了数百万元的损失。

记者在调查过程中获悉,目前杭齿的资产管理权已经有所改变,从今年1月1日起杭齿已经划归杭州市萧山区管理,大股东也由杭州市工业资产经营有限公司转为萧山区经济发展局,人事任免权待下一步明确。记者曾与萧山区经济发展局有关负责人进行电话联系,面对记者提出的“如何看待杭齿合资一事”,该负责人只说了一句话:“杭齿的事情我们是从萧山整体战略发展角度考虑的。”上述知情人士分析,从目前情况看,即使杭齿的三个小股东不同意,作为国有股的大股东极有可能采取收购三家股份的方式,最终实现由国有股一家与外方进行合资。

据熟悉行业情况的专家讲,2004年11月30日,国家发改委和商务部曾经发出24号文件,明确规定船舶中高速柴油机、辅机、无线通讯、导航设备及配件设计制造企业在合资中应由中方相对控股,杭齿产品应属于船舶中的辅机设备,因此合资的控股权应该掌握在杭齿手中。

王声堂说:“现在杭齿所在的杭州萧山区每年工业总产值大概2000多亿元,相比之下,当地政府不会很在意杭齿合资了会怎样。”

(《中国工业报》2005年10月11日 A2版)

专家圆桌

# 中国装备制造业的命脉还需政府把握

**嘉宾:**北京大学企业与政府研究所所长　路　风

中国社会科学院经济研究所研究员　刘小玄

## A

**合资带来了什么?**

跨国公司已经替我们辨识出中国装备制造业的根基、命脉、优势、优良资产、龙头企业在哪里,如果我们还不懂珍惜、不知觉醒,那最后留下的只能是遗憾。

刘小玄:最近两年,我国装备制造业出现排头兵企业被外资收购或者控股的动向。我认为像杭齿这样在行业内具有重要市场垄断地位的企业,如果轻易地被外资以不合理的条件收购或控股,特别是这种收购是以牺牲企业的现实利益为代价,那么就是一种不公平交易;如果是以牺牲企业发展前途为代价的话,那么很有可能在未来造成行业发展的萎缩,并且丧失中国企业在世界市场上应有的位置。过去杭齿是在国家政策支持下形成的具有垄断市场的企业,现在却要成为外资控制的具有垄断地位的企业。一旦外资的利益与中方利益不一致,外资则会利用市场垄断地位,对我国民族产业发展构成威胁。

路风：外国企业在跨国投资上绝对不是盲目决策，他们选择猎物是有非常充分的理由的。跨国公司选中杭齿就是因为看中它的核心竞争力，这是对杭齿的认可。

跨国公司为什么要控股杭齿？动机很明显，它要的是"杭齿"和"前进"。

两大品牌占有的中国机械传动产品市场，它想以杭齿的市场份额为基础打垮中国所有的本土品牌。同时还会获得杭齿在四五十年积累下来的优良资产、研发力量和大批熟练技工。那么，这种合资是否能够为中国保留下机械传动工业的根基及其技术能力的产品和产业平台？答案是显而易见的。具有讽刺意味的是，跨国公司要控股杭齿的另一个目的是获得杭齿品牌几十年来所站稳的海外市场。一些中国人不懂或装作不懂的是，技术的优劣最终是要由市场检验的。德国人的技术当然有优势，但在中国和东南亚市场上，这家跨国公司的液压传动产品就是卖不过杭齿的。杭齿基于自己能力的技术在发展中国家的环境中同样是有优势的。跨国公司一定要尽快得到杭齿，因为它在大中华区和东南亚、南亚的市场占有率远不及中国的杭齿，不在中国分到"这杯羹"，它的全球竞争业绩就会受到限制。这个逻辑其实是所有跨国公司觊觎中国制造行业排头兵企业的共同想法。

## B

### 国企的价值

国有排头兵企业到底值多少钱？这样的企业不是一件可以随便买卖的商品，因为它承载着几十年积累的技术能力和组织能力。

路风：分析杭齿合资这个案例，我们要提出一个问题：像杭齿这样的国有排头兵企业到底值多少钱？首先，这样的企业不是一件可以随便买卖的商品，因为它承载着几十年积累的技术能力和组织能力。其次，国有企业实行的是"全民所有制"。最后，即使要出售，这些国企是按照市场价值来定价的吗？我们来算两笔账：

第一笔账：根据某跨国公司和杭齿初步拟定的合资意向，合资公司总资本规模在6亿元左右，杭齿占30%股份，也就是1.8亿元左右，但目前杭齿账面净资产是4.3亿元。原因在于某跨国公司只要杭齿的"精华资产"，而把其余的"不良资产"当作包袱甩了出来。这些"不良资产"本来是和"精华资产"共生的，是"精华资产"的真实成本的重要组成部分，但跨国公司并没有支付这个成本。

第二笔账：近年来，跨国公司不断地在中国呼吁要尊重知识产权，但在收购中国企业时却并不尊重中国企业的知识产权、不计算中国企业的无形资产。杭齿拥有两大知名品牌"杭齿"和"前进"，均有良好的逐年增长的市场业绩。但根据合资意向，跨国公司在合资期限内将免费使用杭齿的这两大品牌，而规定的合资期限居然是"无限期"！如果忠实地遵守跨国公司谆谆教诲的游戏规则，那么在这"无限期"内，由跨国公司控股的合资企业应该向杭齿缴纳多少使用这两大品牌的费用？此外，杭齿还有积累了近50年的技术能力，跨国公司的合资企业吸走这些杭齿的无形资产应当如何做出资本补偿？

令人不解的是，在中国近十年来的国企合资谈判过程中，不仅跨国公司肆无忌惮地低估中国国企的无形资产，就连属地管理国资的地方政府也同样在低估自己国企的无形资产。举个例子，几年前，杭州一家国企被某挪威公司相中协议合资，挪威公司请中国公司评估这个国企的资产，结果是1.2亿元，挪威人不相信中国人，又请了美国资深的资产评估公司评估结果一样，挪威人说"早知道你们和他们评估的一样高，我们花那么多钱请你们干什么"。在资产明显作价较低的情况下最终还是政府拍板决定合资，合资后这家国企1.2亿元精华资产被卷走，但合资公司不久破产，被GE收购，积累多年的国资荡然无存。

外国企业在跨国投资问题上绝对不是盲目决策，他们选择猎物是有非常充分的理由的。实际上，跨国公司已经替中国政府辨识出了中国装备工业的根基在哪里、命脉在哪里、优势在哪里、优良资产在哪里、龙头企业在哪里，如果我们不懂珍惜、不知觉醒是相当遗憾的。

长远而言，地方政府引外资解决国企改制无疑是饮鸩止渴。被外方控股后，国企的包袱最终还是得由政府和中国企业自己解决。合资企业有"三免五减半"，它交的税和租金还不及因"贱卖"而折损的国资的零头，而且还会导致更多的人失业等。合资究竟能解决国企改制的什么问题？在什么条件下合资才利大于弊？这些是值得所有政府决策者思考的关键问题。

C

**规范并购程序**

中国缺少审核外资并购的程序和规则，缺少确定合理收购的价格体系与评估体系，没有把个别企业的并购案置于行业发展的战略视角下考虑。

刘小玄：对于国企的合资，政策上应该规范收购价格。像杭齿这样不计成本地谈合资，显然是不符合国家利益和企业利益的。企业在合资事宜中，应该保持和两家以上进行谈判，无论外资大小，都可以参与。

另外，也可以引进内资，包括民营企业、金融机构等参与谈判，形成一个竞争的局面，以便综合各方因素充分比较。

还有很重要的一点，就是要对合资的方方面面进行评估。国家应该成立一个评估委员会，成员可以包括企业利益相关者、行业专家、经济学家、技术专家、法律专家等。通过他们从不同角度的可行性论证、评估，使合资后的企业能在符合国家及民族利益的前提下有更好地发展。

路风：从长期看，中国一定要着手建立审核外资并购中国企业的程序和规则，把个别企业的并购案置于行业发展的战略视角下考虑。在国企改革中，国企的包袱问题只能在发展中逐步解决，需要的时间可能比我们现在能够意识到的更长。目前国企改革的关键是决不能在问题没有解决之前就轻易抛弃发展的基础和能力，否则包袱问题仍然得不到解决，只能转化为更为严重的社会问题。

D

**贱卖国企的行为是非法的**

在国有资产的财产权利体系中，企业的管理层具有关键的战略意义，因为他们是国有资产的使用者和管理者。

路风：我认为，地方政府贱卖国有企业的行为是非法的，我们关注的企业大多是下放地方的原部属企业。即使经过了国有资产的划拨程序，地方政府仍然不拥有对这些企业的完全财产权。原因有三：第一，这些企业对于中国工业和经济发展的影响是全局性的，而不是局部性的，具有公共意义。

在计划经济年代，国家创建这些企业时都有地理和行业上的双重考虑。虽然今天看来，当时的选择并不都是正确的，但这些企业的产业配套职能早已形成。例如，杭齿是造船、工程机械、农业机械、汽车、军用车辆等企业的上游产品供应企业（用流行的语言说，齿轮传动装置属于这些终端产品中的核心技术），同时也是冶金产品和机械加工设备的用户。丧失杭齿，那么中国就丧失一个掌握“核心技术”的组织平台，其影响是广泛的。

第二，即使是简单地把企业看作是可以买卖的商品，它也是一件特殊的商品，包括无形资产和有形资产。此外，在合资谈判中，在定价之前剥离“不良资产”成了出卖中国企业的一个标准程序。但“不良资产”与“精华资产”原本是共生的，后者的生成离不开前者的存在，所以“不良资产”本来就是“精华资产”实际成本的构成部分。把“精华资产”从账面净资产总额中切出来单独定价，就会因为不计算这些资产的实际成本而低估其价值。把“精华资产”抽出来贱卖给外国企业，这个丧失了生产力的社会成本仍然要支付。谁来付？跨国公司当然不付。如果政府支付，最终就是由全体中国人民来承担；如果政府不付，那么就是由只剩下“不良资产”的企业职工来承担。这难道不是中国社会贫富两极分化日益严重的根源之一？因此，仅按有形资产的账面净资产值来出卖中国企业，是另一种意义上的犯罪！

第三，由于地方政府对国有企业的领导人有任免权，所以企业领导人最终是不敢违抗政府命令的，被迫接受苛刻的合资条件。但是，企业的并购决定必须得到企业管理层的同意。

在国有资产的财产权利体系中，企业管理层具有关键的战略意义，因为他们是国有资产的使用者和管理者。在处置国有企业资产的过程中必须尊重管理层的意见，不仅是因为在国家与国有企业管理层之间存在着资产委托关系，而且是只有管理者才掌握有关企业运营的知识和经验。

E

**中央政府产业协调机制缺失**

在中央政府以及社会各界已经不断表示要振

兴中国装备制造业的同时，装备工业中的排头兵企业却一个接一个地被卖掉。

如果这种情况继续下去，我们靠什么去振兴中国装备工业？

刘小玄：我认为，如果要合资的话，从国家宏观层面上讲，要注意产业内均衡力量的配置，也就是说不要让外资形成产业的垄断能力。从地方政府方面，应当大力鼓励与合资企业相竞争的其他企业，以保持、提高中国企业在该产业里的竞争力。有一些行业的技术含量比较低，我们可以通过引进不同外资企业、不同技术等多元化力量，使竞争更为平衡，这样才能使合资有利于整个产业更好地发展。

路风：实际上，向跨国公司贱卖国有企业的行为是一股歪风，中央政府应该立刻煞住这股歪风。这种尴尬局面提出一个严重警告：由于中央政府缺少相应监督管理机构，正在失去规划中国工业发展的执政能力。

在计划经济时代，企业是按一个产品一个工厂的方式设立，协调产业链的职能则是由以工业部为主的行政机关承担，而现在原来体制下的行业规划和协调职能却成了空白。在发达资本主义市场经济中，规模巨大的企业承担了这些协调功能，但一个产品一个工厂出身的中国企业需要较长的时间才可能执行这些功能。如果中央政府在这种条件下放弃行业协调的责任，中国企业就成了一盘散沙。

作为发展中国家，中国对国有企业的监管不能仅仅缩减为“资产管理”，因为资产管理无法反映出行业协调、产业配套、技术瓶颈等需要。如果仅仅是资产管理，承载了中国工业技术能力的企业就变成了政府资产平衡表上的一堆财务数字，而工业发展所具有的技术的、组织的内容就被一笔勾销。在中国企业还没有成长为与发达国家的跨国企业同等规模之前，中国政府是决不能放弃对工业发展的行政协调。

中央政府缺乏行业协调能力的一个直接表现，就是对出售企业和工业资产没有审核机制和程序。在这方面美国人给中国人上了一课：IBM和优尼科都是私营企业，而且都不存在贱卖的问题，但美国政府仍然对它们与中国企业之间的并购交易进行审查，而且以“威胁”到美国利益为由阻止优尼科出售给出价更高的中海油。所有经济问题一旦牵涉国家利益都是重要的政治问题，政府责无旁贷要积极解决。

（《中国工业报》2005年10月13日 A2版）

**装备工业合资变局特别策划·大连电机系列**

**重磅调查**

# 殊途同归
# 大连两电机“外嫁”是福是祸？

中国工业报记者　杨　纯

2005年9月20日，记者来到了大连，走在曾被称为亏损一条街的大连市沙河口区汉阳街上，止步于坐落在这条路上的威斯特（大连）电机有限公司门前。在陈旧的厂房环抱的厂区内，代表外商的旗帜仍在迎风飘扬。但与记者在大连看到的其他几个现代化的企业相比，显得是那样不协调。这个七年前由原来的大连电机厂和新加坡威斯特电机公司（Western Electric）合资组建的、现已由外方独资的企业如今受到了人们的质疑，而同时受到质疑的，还有原大连第二电机厂和英国伯顿电机集团（BrookCrompton）合资组建的大连伯顿电机有限公司。人们质疑的焦点是：合资给这两个曾经在国内电机行业名噪一时的领军企业带来了什么？又为大连的工业经济乃至国内电机行业的发展起到了什么作用？这场合资究竟是福还是祸？

带着这些问题，记者在大连进行了采访。

## 曾经的金牌企业

合资前的大连电机厂（以下简称大电机）是一家成立于1946年具有50多年电机设计、制造经验的国有大型企业，其生产规模、产品质量、生产工艺和技术水平均曾在国内处于领先地位，历史上曾经是中国最大的电机生产企业，也是国家生产中小型交流电机的大型骨干企业。大连市机械行业协会领导向记者介绍，由于大电机重要的行业地位，合资前其一直是全国中小型电机协会理事长单位，并肩负着引领国内中小电机行业发展的重任。而它的行业地位，更体现在其产品在国内中小电机市场稳占半壁江山的分量上。因为市场分布广、占有率高、产品质量好，大电机还曾获得全国电机协会授予的电机产品金牌企业称号，其生产制造的Y系列、Y2系列以及派生的YD系列等许多普通电机产品在中国的机床、通用机械、冶金、轻工、纺织等行业也都有着良好的信誉并深受用户的喜爱。

然而随着时代的发展，冗员过多、效率低下等国企的通病也在大电机身上体现了出来，这家曾经的金牌企业亦显老态。特别是进入上世纪90年代，随着行业的不景气以及国有企业三角债拖欠的愈演愈烈，大电机陷入了经营困难的泥潭，最后导致“抱着金牌要饭吃”。据知情者介绍，当时正值矽钢片等原材料涨价，由于电机产品处于下游，价格提不起来，加上产品市场销售下滑，销售资金无法及时回笼，不但利润走低，大量的应收账款也使得企业流动资金非常紧张。从1993年开始，亏损的大电机只能以向银行举债来维持经营。如何扭亏为盈，拯救这个曾经的金牌国企则成为当时企业经营者和当地政府主管部门面临的一大难题。

而彼时，正值全国招商引资之风盛行，吸引外资参与拯救国企不但成为可行的渠道，更是各地方政府政绩考核的资本，许多地方政府把年度招商引资列为头等大事甚至下达任务限时完成。大连也不例外，一位已退休的政府有关部门领导告诉记者，当时政府还下达了消除亏损企业的年度指标，因为大连的机械行业亏损面大，故大电机被列为重点对象。于是在1996年前后，大电机自己找到了新加坡威斯特电机公司，希望通过与其进行合资来寻求出路。

## 上了花轿方知郎

1997年4月，经过一年多的合资谈判，大电机和新加坡威斯特电机公司签下了合资协议，这项当年被大连市政府列为主抓大事之一的合资项目终于落幕，大连市整体合资的第一家企业威斯特（大连）电机有限公司正式诞生。记者调查了解到，合资企业当时的注册资金为1亿元人民币，中方大电机以土地、厂房、设备等入股，而新方则以5000万元资金分期注入合资企业，中新双方各占股份50%。据知情者介绍，合资前主辅未分的大电机当时全部职工大约有6000多人，根据合资协议，除了入股的土地、厂房、设备和约3000多名一线职工进入合资企业外，未吸收入合资企业的资产以及未清偿的6000多万元银行债务则留在了大电机，通过提前退休、下岗、买断工龄等手段分流了近一半人。据介绍，尽管合资企业中双方股比对等，但中方并没有获得相应的权利，大事小事几乎都由新方说了算。

事实上，威斯特并不是什么救世主，“大电机嫁错了郎”，这是记者在大连听到最多的一句话。无论是目前在位的还是已退休的大连市政府有关部门领导；无论是在职的或退休的企业领导；无论是“院内”（外资企业内）还是“院外”（外资企业外）的职工，提起大电机无不为之扼腕叹息。大连市政府熟悉情况的相关人士告诉记者，合资的外方，是大电机的一个客户。虽然该公司在新加坡上市，但也仅仅是一个无资金、无技术、无市场、无企业管理经验的“四无”电机经销商，合资后才发现，“新郎”合资的目的并不是想把电机产业做强做大，而只是想在流通领域挣更大的利润。

另外，外资做亏损的惯用手法也被用到了这

个合资企业。一位知情者向记者透露,大电机合资后放弃了国内市场,产品全部出口并卖给境外的合资外方。外方一方面在境外另设立公司,由这家公司将收购的原材料高价卖给合资企业;另一方面,又将合资企业用高价原材料生产的产品低价卖给新加坡经销电机的母公司,通过原材料和产品两头从合资企业赚取高额利润。据了解,当时合资企业的财务报表一年能报亏两三千万元。几年下来,通过合资挽救大电机的初衷不但没有实现,恰恰相反,优质资产却流入了合资企业,大电机背负的是剩下的空壳、人员下岗分流的压力以及无法偿还的银行贷款。由于没有技术改造的投资,外资公司又没有管理能力,所以几乎没有新产品推出,加上当时行业不景气,亏损经营使得合资的中方更是难以作为。就这样,2000年4月,在经历了三年的合资之后,中方股份被迫退出合资企业,由外方威斯特全部收购中方5000万的股份,威斯特(大连)电机有限公司正式变成独资企业。至此,外商由合资、做亏损、再独资的战略路径又一次在中国企业身上体现。

## 二电机殊途同归

如果说大电机选错了联姻对象,那么大连第二电机厂(以下简称二电机)的合资则应该庆幸,至少它找了个像样的婆家。

合资以前,虽然二电机的名声和企业综合素质不能与大电机相比,但也曾是国内电机行业里的知名企业,是当时机械部树起的企业管理样板。与大电机中小型交流电机不同的是,二电机主要生产特种电机,是当时机械部生产起重冶金电机的排头兵企业。据了解,二电机当时在全国特种电机行业里排名仅次于佳木斯电机厂位列第二,年产量达到40万千瓦,占据国内特种电机市场的四分之一到三分之一,曾被全国电机协会授予银牌产品企业称号。同样,国企的通病也使得二电机在上世纪90年代中后期步履维艰。据了解,当时二电机的经营困难并不在于市场销路不好,而出在营销体系的不健康,导致产品销售资金无法回笼。据知情人介绍,当时二电机在全国成立了20多个独立的经销部,产品卖出后资金仅是回到了经销部的账上,而经销部又能够通过一些手段从二电机手中不付款或少付款就能拿到产品,从而造成了大量的资金体外循环。就这样,二电机也迈进了国企脱困的行列,成为一支摇曳风雨中期待招商引资火焰重新点燃的蜡烛。

值得庆幸的是,二电机的合资伙伴似乎门当户对。据大连市政府一位熟悉二电机的要员介绍,二电机的合资方英国伯顿电机集团,不但有自己的大生产线、先进的技术以及企业自己的研发中心,在产品质量和企业管理上也很突出,并在世界市场上占有一定的份额。经过近两年的谈判,1998年12月,双方签订合资协议,成立了大连伯顿电机有限公司。据原二电机厂厂长、现任大连伯顿电机有限公司总经理的董侠介绍,当时合资企业注册资金1.25亿元人民币,中方以土地、厂房、设备(以租赁形式)、产品等作价4000万元和外方整体合资,占股约33%,其余股份由外方以8000万元资金分三年注入,并且外方只吸收原二电机2800多名职工中的900多人进入合资企业。这样,合资后的二电机也是仅剩下了一个由1800多名职工和一些破旧资产以及本息约1.7亿元的银行贷款组成的空壳。

然而,尽管婆家不错,合资并非如人所愿,二电机重复了与大电机相似的历史。采访中记者得知,外方几乎是奔着占领中国市场的目的而来,既没有带来技术和产品,也没有对原有设备进行较大的投资和改进,而是占着二电机的厂房,用着二电机的技术照旧生产着原来二电机的41个系列产品,还利用二电机的营销网络,打着二电机的牌子卖着贴有伯顿字样的产品。据了解,直到现在,伯顿公司的产品仍然100%内销。毫无例外,外方同样使出了做亏损的招数,一位知情人士透露,几年中合资公司就亏损了近5000万元。随着中方资产的缩水,2001年外方收购了中方33%的股份。就这样,外方8000万元资金还没有悉数到位,伯顿已经完成了它的独资。

## 成功与失败

两个国企,两起合资,都走向了外商独资的结局,如何来评价这两起合资?

记者在大连期间,听到最多的声音是对合资失败的抱怨。大连一位政府工业主管部门的领导也毫不隐讳地坦言：实践证明，大连两个电机厂的合资是失败的。对于大电机，主要的失败在于没有找准合资对象，让一个没有市场、资金、技术和管理经验的企业捡了一个国家大一型企业的便宜；而对于二电机，合资不但没有带来什么好处，还造成了大量国有资产流失。更有甚者，原二电机的职工如今一半以上失去了饭碗，政府背上了沉重的负担，这两起合资都和预期目标相去甚远。甚至连给外方打工的高层领导也承认，二电机的合资中方吃了亏，而整个大电机才作价1亿元进行合资更是亏大了。据他透露，大电机当时的资产至少是这个数的2~3倍。而谈到大电机的今天，一位政府的老领导甚至反问记者："大电机还有什么今天？好几千人推给社会这就是大电机的今天！大电机背了多少包袱？为了这个包袱国家又给了多少政策？银行又减了多少利息？免了多少债务？这是多大的代价！分流职工的费用，银行豁免的费用，减员的费用，都是政府在埋单。算算总账，实际是政府在倒贴钱！而倒贴的结果呢，换来的是外资企业丰厚的利润和政府税收的流失。"曾是这两个企业行政主管部门的一位老领导的总结更是耐人寻味："当时政府没有很好地对这两个电机厂进行整合，让外方钻了空子，油水拱手让给人家，包袱却让政府背了，企业家和职工白干了几十年，债务逃废掉了，税收也流失了，留下了个说不清道不明的独资企业，这就是结局。"

据记者调查了解，大电机合资前所欠的本息近1.4亿元的银行贷款合资后仍由未合资部分承担，由于无力偿还，在减免了70%以后，剩下的那30%最终也作为不良资产划入了资产管理公司；当初合资时2000~3000名员工分流、安置的费用（包括每人每年1万元的工龄买断费）都是政府在掏腰包，外方没给过一分钱。据了解，由于大电机合资后放弃了国内市场，产品全部出口，加上做亏损，因此在所得税、国内销售流转税等基本没有税收贡献，每年只是象征性地缴纳几十万元的增值税和几万元的印花税。独资后，威斯特（大连）电机有限公司还曾放弃整机制造改做电机散件长达一年半之久，曾经的金牌电机产品早就在国内市场上销声匿迹。

即使合资企业的经营每况愈下，并且一直报亏，但据知情人士透露，外方每年从合资企业身上赚的钱却高达1200万美元。大连市机械工业统计资料显示，1997年合资企业威斯特（大连）电机有限公司工业增加值和产品销售收入分别为4776万元和18510万元，到了1999年，这两个指标则变为2587万元和5240万元，实现利税也由1997年的484.6万元剧减到83.7万元。记者曾试图查阅独资之后的威斯特（大连）电机有限公司的相关经营统计资料，结果没有找到。据大连市机械行业协会负责人透露，其独资后就不再向协会报送财务报表。而在中国电工电器工业协会中小型电机分会编制的年度全国中小型电机行业主要指标完成情况的内部资料里，关于威斯特（大连）电机有限公司经营状况的资料，无论是1997年合资以后还是2000年独资后的，记者都查找不到。全国中小电机行业协会统计部的负责人士告诉记者，大电机本是中小电机协会的创始单位之一，但从1997年合资以后，其再也没有向协会报送相关资料。

与此同时，看似门当户对的二电机的合资似乎也很糟糕。记者了解到，虽然外方伯顿当时为二电机没有进入合资企业的1800人的下岗分流支付了500万元的安置费，但后来合资企业又陆续进行了大量的裁员。记者了解到，目前独资的伯顿电机公司只有员工400多人，不及合资时的一半。记者还发现，在大连市机械行业协会编制的机械工业主要财务指标统计中，2003年伯顿电机有限公司利润总额为-158.3万元，而2003、2004两年，企业的长期投资和应交所得税一栏均显示为"0"。与此同时，合资前二电机欠下的本息约1.7亿元的银行债务，已经成为不良贷款至今仍由壳公司扛着。在特种电机市场上，用户们也渐渐地熟悉了标有伯顿字样的电机产品。

然而，反观这两起合资，在当时经营困难的压力下，如果不合资又会是什么结果？两家企业能不能挺到今天？采访中，尽管外资企业的中方高层领导坚持认为对于大企业合资不是好的选择，并且他主张国内排头兵企业绝不应该被并局合资，但他还是觉得要是没有1997年的合资，即便是大电机不破产，也未必能赶上现状，虽然他也承认威斯特（大连）电机有限公司目前也存在破产的危机。据他介绍，大电机合资后出口量曾达到国内第一，而目前威斯特（大连）电机有限公司和伯顿电机有限公司这两个独资公司加起来有1000多人，产量却比原来6000多人的时候还高。

在采访即将结束时，记者终于听到了与众不同的声音，一位当事人有着不同的见解，他不赞成合资失败的结论，他认为脱离当时的经济环境来评价合资是成功还是失败是不公平也是不准确的。这位当事人告诉记者，在合资前，由他经营的大电机资产负债率达到86%，还占压了1亿多元的流动资金，每次发工资都需要从银行贷款，还欠职工工资、保险、劳保等费用3000多万元，国家也没有相应的资金投入，当时如果不进行合资将很难挺过去。他还列举了一些数据表明，合资后大电机的产量是原来的2.5倍，出口额也由合资前的450万美元变为合资后的2500万美元，并且合资企业职工收入普遍比合资前提高了20%。“通过合资，职工收入提高了，出口创汇增加了，产量也上去了，虽说让出了国内市场，但正是因为我们的退出让国内兄弟生产企业市场份额上升了，这能说是失败了吗？”这位当事人反问记者。

但是，更多的人则不赞成这位当事人的看法。一位熟悉企业财务的政府部门领导告诉记者，出口额的计量当时是以出口交货值为准，并且合资企业威斯特电机有限公司的出口产品全部由境外新加坡威斯特集团负责收购，出口量再大也说明不了什么。而且由于合资企业做亏损，出口量越大，流到外方的利润反而越高，国内合资企业的亏损就越严重。更多的业内人士认为，产量的增加不能说明企业的发展，应该看到，近几年全国的电机企业蓬勃发展，与8年前相比，随着市场需求量的逐年增长，电机产量的增加也是自然的。虽然合资企业内的职工收入是提高了一些，但更多的无缘进入合资企业的职工又怎样了呢？采访中大家一致认为：当初如果不合资，利用好国家的一系列国企脱困等政策，将两个电机厂整合起来，现在肯定是一个好企业，一定是大连工业的一个新增长点，大机床、大重不都是这样挺过来了吗？连一位当年参与两个电机厂合资的政府领导也承认，如果当时不是招商引资划定时间表的压力，换个思路进行改革，这两个电机厂不是没有希望。

## 另一种希望

大电机、二电机的合资无论是成功还是失败，原来的国内电机行业金、银牌企业如今不复存在已成为客观事实。大电机没有合资的另一部分在1999年进行了公司制改造，改制为国有独资企业大连电机集团有限公司，接着又在2003年民营化改制为大连电机有限公司，现任董事长是操作了大电机与威斯特合资并在合资企业中任董事长并同时兼任大电机厂长的高本业。他是在威斯特（大连）电机公司独资后退出合资企业的。大连电机有限公司目前主要产品以各种交流异步伺服电机为主，虽不能和过去的大电机同日而语，却也还扛着大连电机的大旗。而二电机这边，没有进入合资的所谓的“院外”部分，由于没有了土地和厂房，并且按照二电机和伯顿的合资协议只能生产原来二电机41个系列产品中的3个，无奈之下只能在1999年迁往大连金州，在金州铸造厂这个1996年因破产被二电机兼并的3.5万平方米的土地上另起炉灶。经过发展，“院外”这部分如今也改制为民营企业并更名为大连天元电机有限公司。另外，独资后的大连伯顿电机公司由于经营绩效不佳，独资不到一年就被大电机的合资方新加坡威斯特电机公司收购，而此后，LJL电机集团又将威斯特收归旗下。因此，独资企业威斯特大连电机公司和伯顿电机公司虽为两家电机企业，实却同属包括英国伯顿电机集团、德国绍尔西（Schorch）、威斯特电机的LJL电机集团，现这两家公司的总经理由董侠一人双肩挑。经过这番周折，在大连如今形成了大连电机有限公司、大连天元电机有限公司以及威斯特大连电机公司和伯顿电机公司三足鼎立的局面。

值得一提的是，天元电机有限公司经过艰难的发展，如今产品达到包括超重冶金电机、变频调速电机、辊道电机、无刷谐波电机、涡流制动电机、建筑塔吊电机、油田节能电机、石油钻机电机、水冷电机等在内的25个系列156个品种1000多个规格。记者发现，在2004年大连市机械工业统计资料中，大连市机械工业企业经济效益综合指数排序里，天元电机排在第7位，而伯顿电机公司和大连电机有限公司则分别排在第22位和第42位；2004年，天元电机现价工业总产值和现价工业销售产值分别达到了10118万元和9143万元，超过了大连电机有限公司的4583万元和4167万元，也超过了伯顿电机公司的9520万元和8294万元；另外，在中国电工电器工业协会中小型电机分会公布的年度全国中小型电机行业经济效益指数综合排序中,天元电机有限公司列第3位,而伯顿电机公司则排在第22位。同样从合资迷局中走来,天元的发展似乎让人们看到了另一种希望。

在采访中记者还获悉,掌控着威斯特(大连)电机有限公司和大连伯顿电机有限公司的外方可能将要被奥地利一家公司所收购。诚然,在现代经济的资本运作中这已司空见惯,但是,大电机和二电机的这两起已成历史的合资,仍给人们留下了无尽的思考。

(《中国工业报》2005年10月17日 A1版)

本报观点

# 也说限时发售

中国工业报记者　邓继跃

大凡普通人经历的限时发售多出现在商家组织的促销活动中,其特点就是在设置"过了这村儿没这店"的时间恐慌的前提下,用极具杀伤力的低价甩卖一些特选商品,以满足回收资金或其他之需。不过,眼下限时发售似乎被滥用了,譬如在对地方国企的出售方面。

据悉,最近在东北以及西北等地,一些地方政府在国企改革或改制的过程中,就祭出了限时发售这一"促销"手段,内容是要求被其列出的待沽企业必须在规定期限内(时间越短越好,而且,购买对象被圈定为外资,当然,最好是世界500强)完成交易,否则……

一段时期以来,"不求所有,但求所在"之类的见解深得一些地方政府官员的认同,与此同时,将国企转让给外资几乎成了他们的共同嗜好,而使区域内国企真正实现竞争能力提升的其他选择方案,如果不是超出了他们智商水平的话,也会因种种原因而视若无睹。当然,有人会说,经营企业已经超出了他们"出资人"地位的本分,的确如此。不过,其热衷于违背市场经济规律抛售企业的举动不同样显得怪异吗?毕竟,国企转让与限时发售之间是不应存在内在联系的。

在这场"售企运动"中,小型国企已不吃香了。近来,许多效益好,在同行业中具有影响力的排头兵企业正成为主要的被抛售对象。当然,在出售这些国家曾有过大量、多种形式投入的企业时,总会有些"硬道理"被拿出来以正视听,譬如利用外资嫁接改造老国企、吸引外资发展地方经济、提升企业技术能力等。应该承认,从一般意义上说,这样的主观诉求总还说得过去,尽管购并这类商业活动在全球范围内的成功率都是可怜的低。当然,"售企运动"形成热潮的缘由是复杂的,也同样不是本文要讨论的话题。这里提出质疑的仅涉及限时发售。

限时发售的不妥之处有以下几点:

首先,中国的国企改革已进行了若干年,时至今日其体制机制弊端依然存在,就像一些专家所言,国有企业的改革在全球范围内都是一个难题。那么,对于中国这样一个由几十年积下的国企改革难题,要求在限定时间内随"卖"而去显然是过于简单了,也绝不是一种科学的、实事求是的解决问题的态度。

其次,任何企业之间的合作过程都是一种利益博弈的过程,而中外企业之间的合资抑或是收购所涉及的内容就更为复杂,如股权比例、组织架构、技术路线、利益关系、善后安排等。在处置这种关系企业生存与发展的重大事务时,限时发售就不仅仅是不严肃乃至荒唐可以概括的了。

第三,俗话说,强扭的瓜不甜,合作总要两相情愿。但是,当合作双方找不到各自利益的平衡点或被收购国企认为收购价格明显低于企业的市场价值时,限时发售又意味着什么呢?也许,只有这一概念的提出和执行者以及企业的实际经营者能知晓其中的含义。

"快刀斩乱麻"也许是面对复杂问题进行简单处理的办法之一,但对于解决国企改革这类问题时,可能它并不适用。

(《中国工业报》2005年10月17日 A1版)

记者手记

# 大连不相信眼泪

邓继跃

前苏联曾有一部电影叫《莫斯科不相信眼泪》,上世纪90年代,北京大学著名经济学教授周其仁也曾写过一篇文章叫做《哈尔滨不相信眼泪》,文章大体上是对上世纪90年代哈尔滨国企改革、职工下岗所引发的社会问题的一些深思。而此次,记者大连的采访似乎和这个话题又很接近。同样是国企,同样是合资,最终都走向了外商独资、排头兵企业消亡、大批职工丢饭碗的结局,很让记者感慨。

采访是顺利的。之所以顺利,是因为多数的被采访者,包括经历过合资的政府官员,行业管理者,企业经营者,曾在大电机、二电机工作的普通职工,甚至是社会上对这两个企业比较了解的一般群众,都还沉浸在对这两个曾经闻名了业内的样板企业的回味之中。他们面对合资带来的排头兵企业的消亡有太多的话要说,长期以来积压在他们心头对合资的那种遗憾、惋惜、哀叹甚至愤愤不平使得记者的采访本能够写得满满当当。

采访也是艰难的。由于合资的前前后后有太多的不规范,环境的压力、制度的漏洞、监管的缺乏、决策的偏颇以及既得利益的纠缠等涉及政府、企业方方面面的因素,使得整个事件极其复杂,绝不仅仅是成功或失败这几个字能说得清楚的。正是因为这样,才使得我们的一些采访对象总在迟疑、彷徨、忧虑和担心,始终处于既想说又不敢说,既愿说又怕说的矛盾之中。也正是这样,才有了记者一次次地被无理拒绝,才有了“重磅调查”中那些站出来说话但又不愿透露姓名和身份的诸多知情人士。

采访还是残忍的。并不是记者故意去追求某个典型,也不是记者想通过刻画典型来寻求一种训诫、批判某个企业和个人的快感,仅有的一点奢望,就是尽可能的还事件一个客观真实的原貌,好让我们再次遇到相同情况时能够想起些什么。然而,这个奢望却残忍地揭开了大连人疼痛的伤疤。正是这种残忍,再次刺痛了那些曾为国企艰苦奋斗最终却连生活都无法获得保障的下岗职工的心。也正是这种残忍,再次打击了那些曾为这两个企业的发展壮大倾注过心血的管理者的浓浓国企情结。难怪乎在采访中一位企业老领导提起往事时竟因情绪激动而泪流满面。

不管是职工辛酸的泪水,还是那位企业老领导动情的眼泪,也仅仅是对企业经历合资变局的无奈罢了。诚然,以商业的成功来论合资的成败或许是一种浅见,但是,领军企业的消亡却是不争的事实。

在大连采访期间,记者感到又一股国企改制之风正在兴起,大胆吸引外资、民资,甚至不受股比限制地参与国企改制是其传递的声音。希望这阵大风吹过之后,不再是大电机和二电机的合资结局,因为我们的企业、我们的职工已经不能再承受眼泪,大连也不再相信眼泪。

(《中国工业报》2005年10月17日 A1版)

产业之虞

# 排头兵企业陷落合资变局 行业技术升级被延缓

中国工业报记者　杨　纯

据近年电机行业统计信息，整个电机行业中小型电机产量约4000万千瓦，总产值约为90亿元，其中出口量约为700万千瓦，基本上为小型交流电动机，出口量约占交流电动机总量的20%左右。相关统计资料表明，2003年我国中小电机出口进入统计的企业44个，共出口74.61万千瓦，出口创汇11666.11万美元；2003年上半年，65家中小型电机企业产量达2650万千瓦，同比增长30%以上，有少数厂家增长50%以上。专家分析指出，我国中小电机行业正面临着自1992年以来从未有过的发展机遇。

遗憾的是，曾在中小电机行业声名远扬的原大连电机厂和原大连第二电机厂，再也无法分享行业发展的大好机遇。这两个行业排头兵企业经历了从合资到外商独资，如今已在市场上销声匿迹。“大连电机和大连二电机退出历史舞台，实在是太可惜了！”10月14日，中国电工技术学会名誉理事长周鹤良接受记者采访时感叹。然而，排头兵企业的消亡，仅仅是可惜吗？

## 样板企业被外资吞噬，国家多年心血付诸东流

全国中小型电机协会最早由大连电机等国内几家大型电机企业发起成立，大连电机则一直是理事长单位，引领着中小电机行业的发展。经过近年来的发展，目前国内整个中小电机产能约为6000万千瓦，而当时生产中小型电机的大连电机产量已达到100万千瓦，能够达到这个产量的电机生产企业国内没有几家。据中国电器工业协会行业发展部高级工程师陈金柱介绍，当时天津第一电机厂和天津第二电机厂的产量加起来才能达到100万千瓦左右。因此仅凭产量而言，大连电机厂就堪称国内中小电机的排头兵企业。

大连电机之所以为排头兵企业，更在于其雄厚的资金实力和先进的生产设备。据了解，国家在培育大连电机上也倾注了大量的心血，为了使其成为国内中小电机的领军企业，在“七五”、“八五”期间，不仅给其投巨资，还在技术上进行积极的扶持。据陈金柱介绍，当时由政府专门委托负责电工行业厂房、生产线设计以及提高行业工艺流程效率的机械部第八研究院专门负责设计大连电机的生产线、轴加工线、端盖加工线。在大连电机达到一定的生产工艺流程水准后，国内同行企业才在此技术的基础上进行模仿。各类产品实验也是先在大连电机进行，成型之后才向其他厂家推广。

同时，大连电机曾被全国中小电机协会评为金牌产品企业。据业内人士介绍，只有综合素质极高的企业才有资格获此殊荣，因此大连电机也成为了国内其他企业学习的榜样。据了解，就连现在的北京电机总厂，从生产线到整个建厂模式都曾以大连电机为样板。

以起重冶金特种电机闻名的大连第二电机厂也是行业里举足轻重的排头兵企业，当时国内市场的吊车、塔车大多数都是大连二电机在做配套。这个曾被全国中小电机协会颁发银牌产品称号的企业，也是国家花了大力气打造的成果。

然而，就是这两个国家曾倾注过心血的大企业，却在与外方合资后从此消失。面对这样的结果，周鹤良十分惋惜地对记者说：“标兵企业说没就没了，国家花了大力气的投资转眼就没了。现

在，它的设备也老化了、技术也没有了、人员也散了，国家花的心血白费了！”

### 自主创新能力削弱，产品更新换代受影响

事实上，这两个电机行业骨干企业的消失，还在一定程度上减缓了行业产品更新换代的速度。由于电机行业内部划分得比较细，不同类型电机产品的技术开发、更新换代都各有分工，而当时这方面的工作主要由企业的归口研究所来负责牵头。如大型电机(500千瓦以上的电机)由哈尔滨大电机研究所负责，中小型电机由上海电器科学研究所负责，防爆电机由南阳所负责，分马力电机由广州所负责等等。而中小电机分工更细，产品的技术改造和升级换代都由上海电器科学研究所负责牵头，各企业参加并承担技术攻关的联合设计。

而所谓的联合设计，并不只是以研究所为主，而是参加企业各有分工，在轴、线圈、端盖等各个方面先各自分头研究，然后再汇总，看是否总体达到一定的技术改造要求。以当时的条件，如果不搞联合设计，单凭一家企业自行开发研究或引进技术，一是没有足够的技术实力，二也没有相对充裕的资金。由于当时的大连电机是行业内举足轻重的排头兵企业，其资金、技术均达到了行业领先水准，并且它的产品种类在生产中小电机的企业中最为齐全，囊括了Y系列、Y2系列以及派生的YD系列、YH系列、YEJ系列、YGA系列、YPEJ系列、YEL系列、YM系列，因此，大连电机责无旁贷地成为联合设计中的骨干企业。

据介绍，当时中小电机行业的联合设计，最后都汇总到大连电机，因为只有它才具备相关的技术整合能力。我国中小电机跨入Y系列，就是通过由大连电机作为骨干力量的联合设计实现的。而目前，大连电机原来的技术骨干在合资变局中流失了，成为我国中小电机行业联合设计不可挽回的损失。陈金柱认为，少了这么一个大企业，行业自主创新力量无疑被削弱了。他说，虽然现在其他企业特别是一些民营电机企业迅速发展起来，也能够在联合设计创新中代替大连电机，并且一些项目也都能干起来，但是如果原来的排头兵企业还存在，我们自主技术创新的基础不就更强大了吗？对行业发展的贡献不就更大了吗？整个行业进步的速度不就更快了吗？

据了解，目前正在推介使用的“以冷代热”为发展趋向的Y3系列电机，正是因为后来联合设计进程缓慢而直到去年才开始推广。其实，原国家经贸委早在1999年发布的第16号令《淘汰落后生产能力、工艺和产品目录》中就明确规定，从2002年底起淘汰热叠轧工艺，停止使用热轧矽钢片。到2002年5月，国家再次发布了《限期淘汰热轧矽钢片》的公告。应该说，淘汰热轧矽钢片，推广采用冷轧矽钢片不但是节能环保的重要措施、发展循环经济的方式，也是技术发展的必然方向。据了解，在国外热轧矽钢片上世纪六七十年代就被淘汰，目前世界上只有中国还在使用。而Y3系列电机，正是为了贯彻国家“以冷代热”产业政策而开发出来的国内第一个完整的全系列采用冷轧矽钢片为导磁材料的基本系列电机，填补了国内在这个领域的空白。据陈金柱介绍，正是Y3系列产品研究的联合设计没有及时跟上，延缓了电机产品的“以冷代热”。如今，由上海电器科学研究所牵头进行的Y3系列电机的联合设计，有20多家企业参与，这其中早已没有了大连电机。

### 市场拱手让人，独资企业将偏离产业发展轨道

中小型电机是产量大、配套面广的机电产品，广泛应用于工业、农业、国防、医院、商场、宾馆等领域，大量产品作为风机、水泵、压缩机、机床、印刷机、造纸机、纺织机、轧钢机、城市地铁、轻轨交通以及矿山电动车辆等重要机械驱动的动力源。中国电器工业协会的相关数据表明，小型电动机是我国电机市场中量大面广的产品。2001年我国大中小型交流电动机市场总容量约为4410万千瓦，中小型电动机约为4092万千瓦，占92.7%，其中，小型电动机为3150万千瓦，占总量的71.5%。在国际市场上，电机也是机电产品的重要组成部分。有数据显示，世界电机贸易额约为35亿美元/年，而我国出口中小电机量占到交流电动机总产量的20%左右。

正是这如此可观的市场，吸引了垂涎三尺的国外电机企业。周鹤良说：“我们的企业往往就是这样轻视自己的力量、盲目迷信外商，以为合资包治百病，结果怎么样？其实，外商对中国企业根本

没有感情，用一点钱就把中国企业收购了，钱赚够了就走人。即使不走人，也占据了这个拥有巨大潜力的大部分市场，让我们自己的企业在剩下的有限市场里死拼。”他说：“特别可惜的是大连第二电机厂，原来它在起重冶金特种电机市场占有相当高的份额。随着国家土建、厂房建设的不断扩大，特种电机的市场也将相应扩大。但大连第二电机厂从合资到演变为外商独资，无疑是把这个潜在的市场也拱手让给了别人。”

更让人担心的是，独资后的企业将可能不再在国家发展大局的轨道上来运行了。陈金柱认为，如今企业已经是外国人的了，人家想搞什么就搞什么，根本用不着听中国政府的，也不一定支持国家的产业发展政策。他说：“如今在我国，电动机的用电量已占到社会总用电量的60%以上，生产和使用高效节能电机已经成为电机产业的发展方向(例如正在推介的Y3系列)，但是外商独资企业会支持吗？再比如，我们现在需要在原来大连第二电机厂一些产品的基础上开发新的冶金、石化电机，需要一定的资金、技术的再投入，人家会干吗？”

## 品牌消失令人惋惜，对产业战略格局影响待商榷

如今，强调自主品牌已经成为经济生活中的一件大事，电机行业也不例外。前两年，我国的中小电机出口处境艰难，不仅仅是因为绝大多数领域的中小型电机属于劳动密集型产品，在产品的设计理念、设计技巧、制造技术以及附加值等方面与发达国家有差距，还因为参与国际市场竞争的电机产品没有自己的品牌。长期以来，我国电机产品出口大多为国外公司采购或作为外方的生产基地按外方品牌生产，不但价格低廉，大部分利润也流向外方。

专家指出，现在回头来看，其实我国中小电机企业错过了一些培育名牌的机会。如大连电机，未合资时不仅在国内市场上深得用户们的信赖和喜爱，拥有很高的市场占有率，而且还有20%多的产品出口，颇受国际市场认可。而大连第二电机厂合资前尽管产品全部内销，但在特种电机用户当中也很有口碑。虽然现在改制后的大连电机有限责任公司也还打着大连电机的旗号，但市场对原来大连电机品牌的认识已经悄然发生了变化，原来的金字招牌正在被淡忘。陈金柱表示，在我国整个中小电机的发展过程中，原来的大连电机出口最多，当时出口创品牌就靠大连电机。现在，如果没有足够的资金投入与技术开发，加上经历了合资变局后人员散落、人心涣散，大连电机有限责任公司再打品牌就不那么容易了。周鹤良也表示，我国的企业要发展，就必须不断提高自己的创新能力、增强市场和品牌意识，但是这样失败的合资，把民族品牌丢了，实在是得不偿失。

周鹤良、陈金柱两位行业专家一致表示，对大连电机和大连第二电机厂这两个排头兵企业的消亡，从感情上来说，觉得很可惜，从企业价值来看，也是中小电机行业的一种损失。但由于电机特别是中小电机，本身仅仅是一种配套的设备，相对而言技术也并不是很高端，将这种损失放到产业安全和核心技术的层面去探讨，再加上市场优胜劣汰的固有规律以及其他电机企业特别是广大民营电机企业迅速发展壮大的现实，这场合资变局是否就一定给产业战略格局和发展前景带来一定的影响，还值得商榷。

(《中国工业报》2005年10月18日 A2版)

装备工业合资变局特别策划·迪尔佳联系列

重磅调查

# 一家农机排头兵企业的前世今生

中国工业报记者　贾存斗

张师傅曾是佳木斯联合收割机厂（简称佳联）的一名职工,现在则是一名修鞋匠。2005 年 10 月 13 日下午 5 时,佳木斯天已黄昏,他的面前还有一堆鞋等着他修理。1997 年,张 46 岁,佳联与约翰·迪尔合资他便内退回家，现在每月在劳动部门领六七百元退休金,加上他修鞋所得,每月也有千余元的收入。张修鞋的地方是佳联家属区,他对自己的日子十分满意。他知道佳联与约翰·迪尔的合资,也知道 2004 年 9 月 28 日合资企业完全成美国人的了。他认为佳联与约翰·迪尔合资是件好事,并且该公司独资与不独资没有什么区别。他认为:“不管企业是中国的还是美国的,工人们只要有活干有饭吃就行。”

24 岁的小李则是为约翰·迪尔佳联提供配套设备的兴联公司职工,他现在一周要上六天班,很累,工作环境据说也不好,每月才能领 800 多元工资,而且“还不能按时发”。小李认为佳联与约翰·迪尔合资是一个错误,而让“约翰·迪尔佳联独资简直是一桩罪过”。他说,佳联没有合资独资也会发展得很好，都是因为与约翰·迪尔合资等事件，弄得职工都没有了安全感。

这两人的观点颇有代表性。中国惟一一家能生产大型联合收割机的企业现在已成了美国约翰·迪尔在中国的独资公司。此事传出,舆论哗然。中国机械工业联合会、中国农业机械科学研究院以及业内的很多专家对此忧心忡忡，认为佳联作为中国农业装备行业龙头企业在与跨国公司的合资合作过程中,成为了牺牲者,并对中国农业装备行业的结构调整和产业升级产生了实质性影响。而事件的主角之一，佳木斯市政府却认为这是一件好事。孰是孰非,事件真相如何,本报记者深入黑龙江省佳木斯市,试图揭开尘封已久的真相。

## 引进技术:佳联曾焕发生机

一位知情人士,2001 年开始在佳联高管岗位工作、现在是兴联机械制造有限公司高管,并在约翰·迪尔佳联兼要职，同时还负责管理佳联留守处。他无疑是谈佳联历史演变的合适人选。

据他介绍,佳联 1946 年建厂,距今有 60 年的历史。企业原名是合江工业,以农机修理、制造为主,是佳木斯市工业的摇篮。上世纪 50 年代初,该企业更名为佳木斯农业机械制造厂，引进原苏联的大型谷物脱粒机。当时该企业主要的产品就是简单的脱粒机、播种机、开沟机。1980 年,该企业与佳木斯收获机械厂合并，名称也成为后来知名的佳木斯联合收割机厂,与吉林四平、河南开封、新疆联合收割机厂并称四大联合收割机厂。其余三家早期都是仿制外国产品，惟独佳联生产自主研发的丰收 3.0 联合收割机。

在计划经济时期,中国无大型收割机生产厂,进口产品又十分昂贵。因此随着国营大农场的发展，亟须发展适合大用户需要的大型自走式联合收割机。

据介绍，当时佳联生产的丰收3.0无故障运行也就一二百个小时，而发达国家的同类装备无故障运行则是几千小时。为此，当时佳联的厂长王自忠向主管部门——原机械工业部打报告，要求引进世界先进技术，在中国生产技术含量高的农机。

但在上世纪80年代，引进新技术也是一种新生事物。王自忠深知中国与世界发达国家农机行业的差距，深知中国农业机械远远不能适应农业发展需求，就积极要求参与引进发达国家先进的大型农机生产制造技术。

其实，当时无论是实力还是人员技术水平佳联在国内都不领先。但由于王的远见卓识，使得王对中国农业装备技术引进的贡献已为人们承认。

当时的机械工业部决定派考察团去欧、美等发达国家和地区进行考察，后来机械部拍板由佳联及开封收割机厂共同引进迪尔1000系列联合收割机技术。技术引进协议在1981年8月正式签订。

约翰·迪尔是世界500强企业，其农业装备全球著名，从生产制造、技术研发、产品服务、营销策略到管理水平等都处在世界前列。当时佳联由中国某进出口公司提供800万美元贷款引进其技术。

由于当时国内只能生产简单的联合收割机，所以技术引进使中国的农业装备生产一下跃到国际80年代水平。到了1984年，经过消化吸收，佳联开始小批量生产迪尔1000系列联合收割机。这一技术引进填补了中国大型联合收割机生产的空白，也结束了中国大型联合收割机全部依靠进口的历史。

因此，技术引进使佳联辉煌了一阵子，关键是全国独此一家。佳联的大型联合收割机在东北的国营农场、新疆生产建设兵团及华北地区知名度极高，占有国内95%的市场份额。所以，此次引进技术，无论是政府部门还是业内同行，都认为是成功的。由此，佳联在全国农机行业，尤其在联合收割机行业中奠定了龙头地位。

另外，佳联在第一次引进迪尔1000系列产品的基础上，又搞了第二次技术引进，引进迪尔1100系列的技术。但是这个技术只是在1000系列基础上对美观度和舒适性有所改善，在中国大型农机设备消费能力有限的情况下，这个系列产品最终没有形成批量生产。

## 佳联为何没控股

1982年引进约翰·迪尔1000系列联合收割机技术，给佳联带来了很大的变化，但不是翻天覆地的变化。从1982年到1997年的15年间，美国迪尔已经从1000系列发展出了很多系列，而佳联的产品依旧主要为1000系列，生产出来的产品质量还不完全过关，与约翰·迪尔的产品质量相差悬殊。

这位知情人士介绍，造成这种现象的原因是：佳联虽然使用约翰·迪尔技术，但由于农业机械的生产制造是一个系统工程，在某种程度上企业彻底消化引进技术的能力还很有限，产品质量受从原材料采购，到制造技术与生产管理等诸多环节的制约。例如，佳联生产的1000系列联合收割机出口马来西亚，装船时产品鲜艳美观，而经过漂洋过海，机器表面的油漆常常会脱落，新机器成了旧机器，甚至是废品。据他介绍，约翰·迪尔佳联现在虽然已成了美国的独资公司，但至今也没有解决产品表面斑点的问题。因此，约翰·迪尔佳联的产品一直没能出口到国外。

因此，相当长时间里，佳联虽具有美国技术，也是看国内市场吃饭，市场差企业效益就跌入低谷，市场好企业就好，大致五年就会经历一次波动。到1996年，企业的生产经营已经很困难，流动资金极度匮乏。另外，由于约翰·迪尔1000系列产品无法出口，而国内市场好时又无资金投入扩大生产，到1997年，佳联负债率已达130%，真正到了山穷水尽的地步。

但是企业困难，并不能说引进技术不成功。因此，约翰·迪尔公司进入中国寻找伙伴，首先想到的就是佳联。1994年，迪尔公司首席执行官带领专家团到中国考察，准备在中国寻找合作伙伴。因为佳木斯位于三江平原深处，在大型国有农场的中心，加之佳联有技术引进的积累及管理层特别有事业心。天时、地利、人和，使得迪尔选定佳联作为合资伙伴。从1994年开始，经过三年的合资谈判，1997年5月8日双方正式签订了合资合同。

据了解，迪尔选择佳联的真正理由，一是佳联引进迪尔技术15年，已形成了一定的技术能力和相当的生产制造实力。二是佳联生产的大型联合收割机占据垄断地位,国内市场占有率达95%。三是在未来相当长一段时间内,中国农机行业只有佳联可能成为迪尔的对手。通过合资,可以说迪尔将卖给佳联的技术再买回去了。

当时合资与否,是由中方控股还是外方控股,也是有不同声音。以1982年引进迪尔技术的佳联老厂长王自忠为代表的佳联职工,并不主张与迪尔合资。他们的理由是,技术已引进来了,没有必要再合资。而企业困难也不止佳联一家,若将来佳联能够获得国家支持,会迅速发展。王自忠等人还认为,若与迪尔合资应坚持两条:一是迪尔与佳联整体合资,即全员合资、全部资产合资;二是由佳联控股。

迪尔公司则提出只与佳联的优质资产进行合资,并且由迪尔控股。方式可以是先由中方控股,最终由迪尔控股。其理由是:迪尔不与佳联合资,还可以与开封、四平等地的企业合资;若中方控股,迪尔公司以后不会再提供更先进的技术;佳木斯投资环境不具备优势等。迪尔称,若不满足其条件,就不与佳联合资。

就在僵持不下的时候,迪尔提出第一步由佳联控股,等将来在中国南部投资建厂时,中方会受资金制约,那时再由迪尔控股。

与此同时,在迪尔公司的邀请下,佳木斯市有关方面组织了一个赴美考察团。看到迪尔先进的技术、制造和管理水平,考察团认为迪尔是佳联最好的合资伙伴,不仅作出合资决定,还认为,"与其两步走,不如两步并作一步走",让迪尔控股,"这样有利于合资公司以后的发展"。

为什么佳联买了迪尔技术还让迪尔控股?当时有关方面的考虑是,中国企业自主研制大型联合收割机在相当长时间内还有一定难度,让外方控股,可以激励迪尔全力以赴地在中国发展;此外,"迪尔公司有雄厚的资金,有强大的技术支持,将来合资企业产品不仅能占领国内市场,还可以走向国际市场,有利于将来企业做大做强。"一位不愿透露姓名的约翰·迪尔佳联的人士说。

一次突发事件,改变了谈判的格局与速度。

佳联老厂长王自忠,因意外事故去世。谈判的天平开始向迪尔公司倾斜。

迪尔公司最终如愿以偿。

## 佳联一分为三

佳联与约翰·迪尔合资时,只是将迪尔1000系列、1100系列、3060系列以及粉碎机等优质资产折合40%股份并入合资企业,同时企业的人员包袱、银行债务及种种社会负担都留给了老佳联。

不过,在签订合资协议时,为了解决老佳联的困难,合同明确了未来合资公司对佳联的三项反哺政策:合资公司租用佳联的厂房、空地、库房、办公楼、火车货场等设施;租用佳联一些设备,分十年逐步偿还;合资公司购买一批佳联的半成品、原材料,十年内逐步偿还。

据了解,合资公司对佳联的三项反哺,主要用于851名退休职工、286名内退职工的工资发放及养老统筹、失业统筹、医疗保险等的发放。据知情人士说,虽然包袱留在佳联,但由于三项反哺政策,使佳联得以保持厂泰民安。

随着佳联与迪尔公司合资的进展,佳联公司结构主体被彻底打破。最初佳联有4000余人,近千名退休职工,只有1500人进入合资企业,就是现在的约翰·迪尔佳联,另外1500人进入老佳联。而老佳联以前有三个集体厂为佳联搞配套,合资时未将它们包括进去。1999年,这三个集体企业进一步脱壳,成立了佳联收割机公司。这个公司有700人,以迪尔未合资进去的丰收3.0等机型为主导产品,目前发展很快。现在该公司年产中型联合收割机800~1000台,年产值7000余万元,利税400多万元,其中型收割机甚至与迪尔产品形成竞争。

老佳联并轨改制的步伐也没有停下来。迪尔公司收购佳联拥有合资公司40%股份付给老佳联7300多万元,除去工商银行拿走4500万元,剩下的2800万元全部用于安置老佳联的职工,使老佳联成功实行了并轨改制。2005年10月8日,老佳联改制为具有独立法人性质的民营股份公司:佳木斯兴联机械制造有限公司。这个公司还是为迪尔进行服务与配套。

到2005年10月,约翰·迪尔佳联成为外商独资企业已经一年多,老佳联似一位行将就木的老人,留下了三个"儿子":约翰·迪尔佳联、佳联收割、兴联公司。据了解,目前三个"儿子"都活得很好,只是在老佳联皮包骨头的躯体内,还有3亿元的银行债务。老佳联现在只有11人处于留守状态。

有一点知情人士说得十分清楚:“再过一段时间,就要向法院申请对老佳联实施破产。”到那时,全国闻名的佳木斯联合收割机厂就真的走到生命的终点。约翰·迪尔佳联未来有可能取得老佳联以往的殊荣,只是载体已是一家美国公司。

2005年10月14日,佳木斯市政府的一位官员对记者说:“佳联无论合资还是独资,都是国有企业改制的典范。”其观点是:“作为国有企业,佳联与其他国有企业具有相类似的历史包袱,比如企业办学校、办医院及后勤。所以,到现在人们才看清楚了国有企业的历史包袱不是企业自身造成的,也不是它自身所能解决的。因此,国有企业的历史包袱就应由国家负担。”

## 双赢的游戏?

据记者了解,自去年起我国农机市场需求旺盛,约翰·迪尔佳联的产品供不应求,客户要预付订金才能提货。2005年该公司产值将比去年翻一番,达到6亿元。而据有关人士分析,约翰·迪尔佳联的投资回报率高达20%。2004年约翰·迪尔佳联1078、1076大型联合收割机占中国市场份额的95%,可以说是垄断。

据佳联迪尔的一位高管介绍,约翰·迪尔佳联独资后,迪尔用在全球各地相同的标准来要求、管理迪尔佳联,迪尔佳联与迪尔其他的企业都是同步的,包括技术、设备、制造、管理。现在,迪尔公司正在进行生产线改造,未来迪尔佳联的产品很快就会进入国际市场。

毫无疑问,约翰·迪尔公司自1982年向佳联出售技术,到今天收为己有无疑成为大赢家。约翰·迪尔可以说在中国得到了它所想得到的一切:得到了中国的市场;垄断了中国大型联合收割机市场;得到了合资公司成熟的制造技术;实现了在农业大国的企业战略……

佳木斯市政府认为自己也是大赢家。佳木斯市经委的一位负责人总结了约翰·迪尔佳联独资的积极作用:一是企业独资以后,有助于企业发展有特色的产品、引入先进的竞争理念和竞争机制,不再受国有企业体制的束缚。二是使约翰·迪尔更加坚定了将企业做大做强的信心,使企业瞄准国际、国内的先进技术,瞄准国际、国内市场,提高研发水平。比如独资以后,这个公司购进了几台激光切割机,解决了以前受加工设备的制约长期不能解决的产品毛刺问题,同时减少了材料消耗。三是独资后,这个企业能够与约翰·迪尔整个公司实行并轨,经营理念、核算方式等实现了全球同步。

这位负责人说,现在看,这个企业对地方经济有几个拉动作用:一是带动了一个产业群,围绕着农机行业建立起了一个产业链。二是优化了佳木斯市的投资环境。三是可以形成一个比较正规的企业。

这位负责人说的是事实。约翰·迪尔佳联的一位高管进一步向记者介绍了该公司对地方经济的促进作用。他说,迪尔佳联在中国现有200多个供应商,黑龙江省占了140多个,佳木斯市占了40多个。迪尔佳联自身发展不仅解决了1500名职工的就业问题,同时也带动了周围企业的发展。比如皮带、轮胎、铸件、冲压件等,都是佳木斯当地企业配套生产的。这40多户供应商最大的年供货额可达1500万元,小的也在100万元左右。

上述知情人士认为,老佳联也是得利主体之一。他说,佳联合资把企业办社会的职能都剥离得很顺利。比如佳联的学校、医院剥离,迪尔都按照我们的相关政策承担了一定比例的费用,迪尔只留下佳联的生产主体。其他的如锅炉、铸造、后勤都在为合资厂服务。“可以这么说,佳联与迪尔合资后,主体发展得很好,辅助单位也安置得很好。合资以后,迪尔公司尽量用老佳联的厂房、库房、办公楼,同时将热处理、设备维修、工装制造三个车间连人带设备一起合并进入公司。可以说合资公司投入的这些费用解决了老佳联退休职工安置等问题。2000年,佳联分离学校,迪尔最后一次给了180万元补偿。”

对于中国惟一一家大型联合收割机企业被迪尔收购引发的争议,约翰·迪尔佳联的那位高管认为,无论合资还是独资企业,都是在中国土地上生产。另外,迪尔公司对中国农机企业有影响,对为其配套的企业提升产品质量影响也很大,因为迪尔对产品的质量要求很高。总之,从产业角度来看,迪尔带给中国农业机械企业的是高水平的竞争。“因此,加快了中国农业机械的发展速度”。

另外,这位高管还提出自己的质疑:收割机行业有没有必要非得保留一家中国的龙头企业?值不值得国家出资保护？它是不是对国家经济命脉产生重大影响的重大装备？这位高管说："对约翰·迪尔佳联独资不必惊慌。有些专家的忧虑并不可取。况且，佳联不与迪尔合资，也不会有今天的发展。"

约翰·迪尔佳联独资过程中真的没有受损的主体吗？

中国农机协会一位专家说，我们不能无视这样一个事实，中国惟一一家能够生产，并且掌握了大型联合收割机核心技术的企业被跨国农机大鳄吞噬了。中国是一个农业大国，而农业集约化经营又是历史发展的必然趋势。可以说，大型农业机械装备行业是一个值得中国政府大力扶植的产业。佳联的合资、约翰·迪尔佳联的独资是不是约翰·迪尔对中国的慈善行为，不言而喻。

相信站在不同角度，结论总是不一样的。作为本次调查的结尾，拟一个大大的问号让人们去思考应当是有意义的：那就是未来中国农机装备行业还会生长出可与跨国公司同台竞技的企业吗？若再次发生类似的行业龙头企业被收购事件，我们当如何作为？

（《中国工业报》2005 年 10 月 24 日 A1 版）

本报观点

# 盲目崇拜不可取

中国工业报记者　贾存斗

约翰·迪尔：一家世界 500 强企业；一家在全球拥有 4.8 万名雇员、在 16 个国家设有制造基地、产品行销 160 多个国家与地区的企业；一家全球农业机械的顶级设备制造商；一家 1837 年创业，具有 160 多年历史的企业……

这段文字陈述了一个事实，约翰·迪尔毋庸置疑是一家背景显赫的农业装备制造商，不用说发展中国家，甚至无数发达国家的农业机械设备制造商都对其高山仰止，每逢遥望其项背便由衷滋生敬意，甚至崇拜。

黑龙江省佳木斯联合收割机厂：1946 年诞生的一家农业机械设备制造企业；一家最早自主研制生产丰收 3.0 联合收割机的企业；一家 1982 年就"从战略高度出发购买约翰·迪尔技术"的中国农机企业；一家中国惟一能够生产约翰·迪尔 1000 系列大型联合收割机的企业；一家曾经占据中国大型联合收割机 95%市场份额的企业；一家被寄予振兴中国农业机械装备厚望的行业龙头企业。同时，佳联又与大部分中国国有企业一样，是一家社会包袱沉重的企业；是一家债务缠身的企业；是一家名声大而日子困窘的企业；是一家生产能力强而研发能力弱的企业。

上面的两段描述不是刻意对比孰优孰劣，而是要说明，由佳联引进约翰·迪尔技术，到最后约翰·迪尔佳联成为约翰·迪尔在中国的独资公司，呈现出佳联改制、合资、被收购的路线图，呈现出美国约翰·迪尔对中国市场由卖产品、卖技术到合资、全资收购的全球战略。

中国农业装备龙头企业佳联最终成为美国约翰·迪尔的打工仔，揭示出地方政府在国有企业发展过程中难以平衡国家、地方、产业或行业发展等的利益，是崇拜世界 500 强企业的结果。

佳木斯市政府看到上面的文字一定会大声喊冤，甚至委屈，并会罗列一大筐理由：从行业、产业方面讲，中国农业装备太落后，应与跨国公司合资合作；从企业来讲，不被跨国公司收购也是步履艰难，前途渺茫；从职工来讲，虽有下岗待业，但确保了大部分职工有班可上；从地方经济来讲，约翰·迪尔佳联成为约翰·迪尔的独资公司，它的发展会带动一个产业群，对地方经济有促进作用，对地方招商引资具有带动作用。

然而，本报记者在调查中得知，佳联走到今天，最终给国家形成了3亿多元的不良资产，而且有恶意逃废债务的嫌疑；中国惟一一家能够生产大型联合收割机的企业，现在成为跨国公司全球战略的一枚棋子；约翰·迪尔佳联从1997年合资到2004年独资，基本没给佳木斯上缴过税收，工人工资也逐年减少。而且未来也很难期望独资企业从税收方面对地方经济产生很大贡献。

对跨国公司来说，获得更多市场份额攫取更多利润是其本性。让本报记者至今疑惑的是，美国约翰·迪尔公司提出与佳联合资时，佳联内部分成两派：一派赞成，一派反对。待合资成为决策时，佳联内部坚持中方控股、坚持企业整体合资的占多数，迪尔公司不答应，并提出只与佳联的优质资产进行合资，这明显是一桩不公平的交易。然而佳联对约翰·迪尔提出的任何要求都被全盘接受。结果自然是合资成为定局；优质资产进入合资公司，佳联几大负担仍留给老企业成为定局；与其中方先控股，美方最终控股，不如两步并作一步走，美方提出控股就让它控股成为定局，美方要独资就让它独资成为定局。

为什么会有这样多的定局？

关键是约翰·迪尔这家世界500强企业头上的光环太耀眼了。

行文至此，让人联想到锦西化机同西门子的合资与佳联同约翰·迪尔的合资何其类似：都是先引进技术；都是走合资路线；都是将优质资产拿走；都是将中国装备制造行业龙头企业的核心技术或核心生产部门拿走；都是地方政府想方设法留住世界500强企业；都是中国装备制造行业的龙头企业受到影响。

两者合资也有不同：中国农业装备行业实力与世界水平差距较大，因而合资就显得必要。同时，约翰·迪尔还有人情味较强的三项反哺政策，而且约翰·迪尔佳联的发展确实带动了地方关联企业。

我们要问的是：一些地方政府在关键领域、优势企业与跨国公司合资合作过程中的“行政”行为要不要制约？如果答案是肯定的话，又该怎样去制约？诸如此类问题希望能引起业内外相关人士的深层思考。

（《中国工业报》2005年10月24日 A1版）

记者手记

# 绝境逢生的采访

中国工业报记者　贾存斗

2005年10月12日下午3时至10月13日下午1时，经过22个小时的旅程，记者从北京到了边境小城佳木斯，出发前记者曾与设在北京的约翰·迪尔（中国）投资有限公司的卫先生（化名）联系不下十次，在记者一再保证“不采访约翰·迪尔佳联公司高管”的前提下，卫先生才说出采访的联系方式。

然而记者到了迪尔佳联后，办公室人员说相关联系人上午有事出去了，不能接受采访，并且说“不知道这件事”。记者无法，又与北京的卫先生联络。经过长时间交涉，迪尔公司一位中层管理出来与记者见面。前后矛盾的是，这位中层说联系人临走时安排由其接待，可他的职责范围不管宣传，因此不能回答记者的问题。另外，这位中层说负责宣传的人已为记者准备好资料。大约过了半小时，这位中层拿给记者一份约翰·迪尔（中国）投资有限公司的新闻通稿，并说负责接待的人都不在，不能帮助记者联系采访有关政府部门，但是，“可以派车先送记者到旅馆休息”。

这位中层走了，记者在迪尔公司小会议室里孤零零地坐着，只好再次与北京的卫先生联系。这一次卫先生说真话了："我们对待媒体采访很谨慎，请你理解。"

事已至此，记者一时陷入了绝望的境地。

无奈之下，记者只好找离约翰·迪尔佳联公司最近的宾馆住下，并开通了房间直拨电话，准备14日作最后一搏。

在记者的再三追问下，13日晚9时左右，北京的卫先生来电话了，说第二天约翰·迪尔佳联公司的一位高管会向记者介绍一下迪尔公司的情况。对此，记者将信将疑。

14日早晨8时起，记者将宾馆当成了办公室，经过半小时左右的攻坚联系，打了二十几个电话，终于得到了下午采访佳木斯市经济委员会负责人的确切信息。

此后，采访变得异常顺利，大出记者意料：上午9时许，记者采访迪尔公司的高管；下午采访原佳木斯联合收割机厂高管，现在兴联机械制造公司、约翰·迪尔佳联公司任职的知情人士；下午4时左右，记者如愿采访到了佳木斯市经委负责人。

当记者15日坐上返回北京的列车，佳木斯市的气温已下降到零度左右。据气象部门报告，15日晚佳木斯便下雪了。

（《中国工业报》2005年10月24日 A1版）

产业之虞

# 自主创新难题不破 佳联事件还会重演

中国工业报记者　贾存斗

人们常说相同的悲剧不会在相同的地方重演。而事实是，在中国装备制造业出现的行业龙头企业从合资合作到被外方控股或完全成为外商独资企业的事件，却仍未有停止之势。有专家追溯此现象产生的根源得出这样的观点：中国尚存在严重的地方经济本位主义；中国的产业政策、产业布局及产业发展规划尚不能适应产业的发展要求。因此，当中国经济发展到一定阶段，便会在某个行业、某个部门甚至某个企业产生某种形势的混乱现象。

“这是市场经济在完善过程中的一种正常表现，但不好的现象会转瞬即逝。”该专家认为，佳联走到今天，是多种因素互相作用的结果，对这个事件的观察和分析应站在中国农机工业发展的高度上来进行，应从中国农机工业发展现状、与发达国家差距等方面去寻找佳联被迪尔蚕食的深层次原因。

科技部副部长刘燕华近期表示，目前我国农业装备的综合技术还很落后，仅相当于发达国家20世纪70年代的水平，在一些技术含量较高的新兴领域，差距还在不断加大。

“这才是佳联被收购的直接原因，因此形成自己的核心技术与竞争力是中国农机行业发展的惟一选择。否则，佳联事件还会重演。”一位中国农机学院的专家对本报记者表示。

## 要掌握合资主动权

有专家表示，约翰·迪尔、凯斯纽荷兰、洋马等国际著名农机企业相继在国内落户，不仅带来了成功经验，更带来了先进技术，国内企业与其合作研发，有望摆脱技术落后的局面，也有利于我国农机产品结构的调整。

但有关专家分析了佳联事件后对国内农机企

业提出告诫：尽管合资合作或联合进行技术研发是一条捷径，但主动权要掌握在自己手中。

原佳联厂厂长王旒勤2004年曾考察约翰·迪尔在美国、欧洲、巴西的工厂，他说："约翰·迪尔的一条生产线可以生产很多种机型，生产车间多是机械手自动操作，而且从原材料采购到产品最后下线甚至产品的售后服务，整个生产流程都是微机控制。最重要的是，产品几乎没有库存，完全按照订单生产。综合来看，中国农机生产的装备水平与国外差距确实很大。"

他认为，中国农机企业引进外国技术不但是应该的，而且是必须的。但同时，他对中国农机企业进行技术研发并与跨国企业进行竞争持乐观态度。他举例说，北汽福田生产的中型联合收割机比较适合国内市场需要，市场占有率很高，企业赢利也很可观。"这样的企业要有战略眼光，要有两手准备。一方面巩固自己传统的中小型联合收割机市场，一方面加大对大型联合收割机生产制造技术的引进、消化、吸收。更重要的是，要投入大量的人力、物力进行研发，形成自己的核心技术和核心竞争力。如此，中国企业才能在与像约翰·迪尔这样强势企业短兵相接的市场竞争中立于不败之地。"王旒勤说。

他认为，现在较多的情形是国有农机企业与外商合资合作，将来民营企业也会迅速展开与外资的合作。"事实上，民营企业在与外资谈判中更有优势，因为企业没有历史包袱，较少受到地方政府的制约，可以掌握更多的谈判主动权。"

王旒勤还有一个独到的观点：进攻常常是最好的防守，有实力的中国农机企业可以借鉴联想、海尔收购外国企业的模式，收购外国农机企业。如此，双管齐下，才会迅速拉近中外农业装备行业二三十年的差距。

## 中国农机工业现状

农业机械化发展战略研究课题组成员、中国农机工业协会理事长高元恩教授向记者介绍了我国农业装备工业的运行态势。他说，建国50余年来，特别是改革开放20多年来，随着农业的发展，我国的农业装备工业不断发展壮大，基本上能满足各个发展阶段的需求。

我国的农业装备制造业已具备相当规模，形成了较完整的工业体系，现能生产14大类95小类3000多个品种的农机产品。

高元恩认为，近两年农机工业形势好的原因是多方面的：一是整个国家宏观经济形势好，拉动了农业装备工业发展，特别是党中央和国务院对"三农"问题的重视，为农机市场提供了保证；二是农业结构调整的深入，为农业装备开拓了新的更广阔的市场；三是农机社会化服务范围和规模逐步增大，推动了农机市场的扩大；四是农机企业通过改革、改组、改造以及产品结构等方面的调整，更好地适应了市场的需要，特别是民营企业的迅速崛起，为行业的发展注入了活力。目前，农机行业63%的销售收入、81%的利润额来自民营企业。

高元恩说，现阶段我国农业装备的发展还不能完全适应"三农"要求，与发达国家相比差距还很大，主要表现在：除少数产品能达到国际水平外，大多数产品尚处上世纪70年代水平；产品结构不尽合理、技术含量低，量大面广的产品如小型拖拉机、单缸柴油机、三轮农用车等重复建设严重，造成市场过度竞争，企业效益下滑；技术含量高、农业结构调整急需的产品，如大马力拖拉机、采棉机、水稻种植和收获机械、农产品深加工设备等，还需要从国外进口；主要农机产品的平均失效间隔时间只及国外同类产品的1/3~1/2，再加上零配件销售管理混乱，劣质产品充斥市场，产品可靠性差的问题相当严重。

是什么因素制约了农机行业的发展，造成了这种差距？

高元恩认为，首先是农机产品开发难度大；其次是开发创新投入少，创新能力薄弱；三是农机行业厂点多，小企业多，造成生产集中度低、生产率低、企业竞争力差；四是很多企业缺乏长远发展的规划和明确定位，缺乏统一的部署。

## 跨国公司的战术

针对中国农机行业总量大、个体小、研发弱的现状，中国农机学院的专家介绍了世界农业装备业的发展趋势及其产品构成，分析了近几年来跨国企业的产销量，并提出农机产品的技术发展走势。

目前，世界农业装备业的发展主要体现三个

特点：

首先，企业历史悠久，规模庞大。当今国际农机企业的集中度大为提高，在国外主要的农机企业中，年销售收入在百亿美元级的有约翰·迪尔公司和凯斯纽荷兰公司，年销售收入在几十亿美元级的有阿格科公司、久保田公司和克拉斯公司，年销售收入在几亿美元级的有沙姆道依兹法尔公司、库恩公司、格兰公司等农机企业。

其次，调整产品结构，延伸服务领域。约翰·迪尔公司的产品主要是农业机械（拖拉机、联合收割机、农机具）、商用与市政机械、建筑与林业机械、动力系统（柴油机与传动系部件等）。2003年约翰·迪尔公司各类机械产品的销售额占总销售收入的比例是：农业机械占47.3%，商用与市政机械占20.8%，建筑与林业机械占17.6%，信贷收入占8.7%，其他收入占5.6%，这一比例在近3年变化不大。凯斯纽荷兰公司的产品主要是农业机械（拖拉机、联合收割机、柴油机、农机具）、工程机械及零部件等。久保田公司的机械类产品主要是中小型拖拉机、水稻联合收割机、插秧机等农业机械以及内燃机、工程机械、电子设备、自动售货机等。值得注意的是，国外主要农机企业的营销理念早已从推销产品过渡到推销解决客户问题的方案。目前，许多公司都有自己的农业技术研究机构，为客户提供农业技术方面的服务，一方面延伸了对市场的服务链，同时也推介了自己公司的产品。

第三，兼并重组势头旺盛。国外有的学者将大型农机企业的发展模式分为纵向一体化模式与横向一体化模式。国外主要农机企业在资本运作过程中，把兼并重组作为自己发展壮大的主要手段之一。约翰·迪尔公司的扩张模式和国际工程机械巨头美国卡特彼勒公司一样，属于纵向一体化类型，通常在运作国际业务、吸纳上下游伙伴或扩大业务领域时应用兼并重组的方式。10年来，约翰·迪尔公司的总资产周转率在60%~80%，近3年均处于下限，但也使自己始终保持了在行业中的领先地位。

“迪尔模式比较适合国内企业做大做强，国内企业必须尽早行动。”中国农机学院的专家说。

## 高元恩的“药方”

在谈到中国农业装备业发展趋势时，高元恩说，随着中国农业经营规模化、集约化、产业化的发展，大中型农业装备成为发展的重点。如何让大中型农业装备成为发展的重点？高元恩认为应做好四项工作：

首先，要以调整农机产品结构为突破口，增强行业的创新能力。农业经济调整急需提供一批新的设备，这为农业装备工业的发展提供了新的市场商机，要以此为突破口，调整产业结构。

其次，以新技术改造传统制造技术为重点，增强企业的核心竞争力。通过技术创新不断发展核心技术、提高制造水平，建立科学的、规范化的现代管理机制，最终形成自己的核心竞争能力。

第三，通过改革、改造、改组，优化行业组织结构，并对行业资本结构作相应调整。

第四，拓展国际市场，促进行业振兴。充分发挥我国农机产品覆盖面宽、适应性广、价格低廉的优势，面向国内、国际两个市场。

高元恩建议，作为我国机械制造业中的弱势产业，国家扶持十分必要，建议政府给予一定的政策扶持：要营造好的市场环境，建议国家增加农民购买大中型农机的补贴力度，建立购买农机产品专项贷款制度，适当贴息；进一步加大有关农机产品的税收优惠力度；国家在农机新技术、新产品开发上给予资金支持；在农机企业的重组、破产、并购中，国家应在财力、人员安置、债务处置诸方面给予扶持；国家适当给农机科研院所增加科研投入，增强科研力量。

专家认为，高元恩教授的“药方”核心就是自主创新，因为一个无核心技术、核心竞争力不强、实力相对薄弱的企业，面对约翰·迪尔这样的跨国巨头注定难逃被吞并的命运。

（《中国工业报》2005年10月26日 A2版）

装备工业合资变局特别策划·常变系列

重磅调查

# 改制一波三折 常变收购悬案待解

中国工业报记者 隆 啸

至今，关注常州变压器厂（以下简称常变）的人们还没有在江苏省产权交易所亦或常州市产权交易所的网站上如期看到这一工厂的名字。自从“常变遭遇收购变局”(详见本报2004年12月9日报道)以来，国企常变的改制一波三折，期间发生的事如TMT&D公司的兵败常州、常变的产品2005年被评上中国名牌等，让常变人对于自己单位的改制，多了一点“欲说还休”的情绪。人们在对常变投以更多关注目光的同时，也在更加深入地思索常变改制过程中夹杂的诸多颇有滋味的元素。

## TMT&D兵败常州

“TMT&D公司走了，听说这个公司都注销了。”2005年上半年，记者在TMT&D公司的网站上看到由东芝和三菱公司各占50%股份组成的TMT&D公司已宣布解散，他们对常变进行的收购行为最终没有完成。

常变建厂于20世纪80年代。1995年，常变拿出一部分资产和日本东芝公司进行合资，成立了常州东芝变压器有限公司(以下简称芝变)。按照合资时的规定，常变利用东芝公司的技术主要生产220kV及以下的变压器产品，芝变则主要生产500kV等大型变压器。通过引进技术及消化、吸收和改进，常变提高了变压器生产的技术水平，具备了生产220kV以下变压器的成熟技术，其产品销量也随之大幅度增加。到2004年时，企业效益逐步趋好，产品销售总收入71243万元，利润6033万元，跻身国内十大变压器企业之列。

但是在2001年时，由于效益非常差，常变希望通过与东芝的“扩大合作”来摆脱困境。而东芝公司希望通过与常变再一次合作，谋取本公司在华的利益。当时扩大合作的主要内容是：常变希望东芝追加投资，扩大常变的生产和销售规模；而东芝则希望在主要零部件的扩大供应等方面取得效益。在经历了一番波折之后，东芝公司最后决定整体收购常变，后来的收购行为由TMT&D公司执行。由于一方面在具体合作谈判上存在分歧，同时常变经过了解，发现TMT&D公司是一个亏损的公司；另一方面常变担心扩大合资将使常变陷入芝变的境地(即东芝可能利用尽人皆知的规则，让新合资的常变一直亏损，而自己却在零部件进口等方面赚取丰厚的利润)。

实际上，还有一个原因，常变与东芝的第二次合资谈判进行到2003年时，变压器行情开始向好，常变拥有了通过发展摆脱困境的大环境。而这个时候，常变与东芝公司合资的谈判对手也发生了变化。就在双方谈判的2003年下半年，常变根据市政府要求着手对企业实行内部转制，但不知道何种原因，常变的管理层收购被常州市政府叫停，市政府全力促成TMT&D公司对常变的收购。

TMT&D公司最终兵败常变收购的主要原因在于其已经解体。

## 老夫聊发少年狂?

在 TMT&D 公司败走常州时,常变的管理层事实上已经失去了对改制的主导权。也就是说,对于怎样改制、何时改制、哪个企业来参与常变的改制等,常变的管理层已经说不上话。关于常变改制的一切事情均由常州市政府派人开展,常变的管理层积极配合这一工作。正是在这种状况中,常变选择了竭尽全力发展自己。

由于一方面碰上了变压器行业发展的好时机,一方面常变 220 千瓦变压器的技术储备已经完成,加上管理层带领常变的职工铆足了干劲,从 2004 年以来迅速扩大了销售额,利润颇丰。

据常变网站发布的消息,该企业还在整流变压器、特种变压器等领域获得了突破,并攻占了国内的一些市场。

除此之外,常变还通过努力,在 2005 年顺利当选为中国变压器行业十大企业之一,其常州牌变压器被评为今年的中国名牌产品。

对于常变的一系列成绩,外人用“老夫聊发少年狂”来评价。实际上,现在的大众对于国企体制存在弊端,必须要改制已经没有异议。在这样的大环境中,常变再怎样发展,最终也逃不脱改制的命运。这犹如两个恋爱中的人,因为有血缘关系,注定要分开一样。也许在企业改制前,抓住行业发展的机遇,再好好干一场是他们惟一的选择了。

在中国的国企中,像常变这样的企业并不鲜见。也许有些国企已经没有发展的生命力了,但还有很多仍然有发展的机会,只是当改制成为必然的命题时,这种发展的生命力已经不可能在旧体制中延续。

## 多家企业欲购常变

尽管 TMT&D 走了,但常变的改制还要继续。比较把常变的产权整体卖给日本的东芝公司,常变的管理层和一些职工更愿意选择一家国内企业作为他们的新老板,而常变竟然幸运地获得了这样的一次机会。

2005 年上半年,经业内相关人士撮合,华立集团向常变伸出了收购之手。据华立集团的网上资料介绍,该集团是以华立集团有限公司为投资母体的跨地区、多元化、外向型企业集团,产权清晰、运作规范,在全国拥有 17 家装备先进、管理一流的生产型企业,并控股四家上市公司(国内两家、美国纳斯达克两家)、产业子公司六家。产业涉及计量仪表、电力自动化、信息电子、生物制药、房地产开发等领域,总资产逾 25 亿元,员工 6500 人,其中专业技术人员占 25%。生产基地分布在杭州、重庆、广州、北京、沈阳、海南等地,在全国设有 27 个全资销售分公司,在泰国、美国和加拿大设有制造工厂和研究机构。

有观点认为,中国的国企改制出现了一种怪现象,即只要是产权转让,被改制的企业对于收购方的选择就只有两种:一种是国内的民营企业,一种是跨国公司。除此之外,少有第三种选择。因为国企改制,无非是部分引进资金转让股份,或者产权全部转让。部分引进股份的结果是改制不彻底,这是一些地方政府不愿意看到的结果;而产权全部转让,如果仍然选择一家国有企业,那么,在一些人看来,“这种改制改了也等于没改,改来改去还是改到国企的饭碗里了”。这种结果也是一些政府部门所不愿意看到的。所以,一些政府部门在操作国企改制的时候,民营企业和跨国公司就成了他们物色“乘龙快婿”的候选对象。而两者对比起来,跨国公司当然是首选。因为在现阶段,跨国公司的财力、技术、品牌等,自然更容易得到地方政府的青睐。同时,在一些引进外资就是政绩的省市,如果成功引进一家跨国公司参与国企改制,正好可以达到一石二鸟的效果,跨国公司受欢迎也就不足为奇了。

## 收购悬念

在中国变压器行业诱人的蛋糕面前,尽管 TMT&D 公司没有完成对常变的收购,但东芝公司的战略依然没有改变。在常州市政府作出了常变的改制将挂牌进行,国内外的企业都有参与机会的决定后,东芝公司再一次加紧了对常变的战略性收购行动。

但据记者了解到的情况,除了西安西电变压器有限责任公司到常变接触了一次就没有继续联系外,目前华立集团、科瑞集团、西门子以及香港一家公司等仍在积极参与。

据记者获悉:“外资方面的赢面要大一些。”我们如果进行深入分析,似乎也能得到外资公司将要胜出的结论。但因为竞标细则还没出台究竟鹿死谁手,我们都在拭目以待。

**我们的期待**

也许有些人认为,常变只是一个小国企,谁将入主常变,似乎已经没有太多讨论的必要。但我们希望常变通过改制,企业的技术能力能得到发展,能为我国装备工业储备必要的技术,发展我们自己的民族品牌。我们也期待它在改制后,职工的权益能够得到有效保障。

(《中国工业报》2005年10月31日 A1版)

本报观点

# 潜规则认识

中国工业报社总编辑　杨　青

“某种意义上说,新闻记录着历史。那是活生生的、正在我们身边演进的历史。好的记者,是具有历史责任感的记录者;而一张好的报纸,则要告诉读者更多的真相。”——这是2004年底本报第一次报道常变引资改制时,所配评论的文字,也是我们当初决定报道此事的初衷。

常变一事,在我们这组“合资变局”中,并不具典型意义,因为常变不是排头兵企业。对于这个国内行业排名第八,年销售收入7亿多元,利润6000多万元的企业的去留归属,本系列明天发表的“产业之虞”中,将有中肯分析,在此不予赘述。只是通过对这段寻常经历,或称正在进行时的历史的了解和跟踪,让我们更坚定了对装备制造业相当长一段时间以来出现的跨国并购所形成的看法,以及加深了对纷繁现象之下潜规则的认识。

引资改制潜规则之一:“老百姓是个冤大头”(《隐蔽的秩序》语,吴思著)。国企改制从上世纪80年代中期开始,历时20年经历了好几个阶段,放眼看过去,苦乐不均喜忧参半。处理得好的企业案例尚能风平浪静,国资全身而退,百姓安居乐业;处理得差的企业,侵犯职工合法权益,承诺屡屡落空,多年矛盾遗留问题如空中悬河。但往往是没有后遗症的企业少,有后遗症的企业多,其原因是政府监督缺位,不作为或不愿作为。在各种利益纠缠博弈的改制运作中,企业职工的利益往往成为最容易被牺牲的东西。即便是非常完美的改制,基层广大职工利益也不过是得到基本保障,而绝对称不上是利益博弈的赢家,哪怕是最小的赢家。

引资改制潜规则之二:“皇上也是冤大头”(出处同上)。新社会没有皇上,但有国家。国家利益的诉求,每每成为最虚幻的挡箭牌。职工的利益被侵害了,他还有后续的追讨、告状甚至其他行为,国家却不那么具体。理论上说,国家利益与所有的公民有关,但实践中,地方政府就大包大揽了。有些地方卖国企,往往出发点是他四年一任要出的政绩,落脚点是他方圆多少里的地方利益,哪里还顾得上国家二字。李金华署长曾说,他是共和国的一条看门狗,难能可贵。其实偌大的共和国不是由国家审计署一家来看的,地方政府就没有职责吗?显然,在许多引资改制的案例中,地方政府都忽略了这一点。

引资改制潜规则之三:“宁与外人,不给家奴。”国企的经营团队,是往往被我们忽略的企业财富,这是多年培养和积累起来的企业核心能力。在我们所熟知的那些并购案中,其实外资更懂得这一点,也更看中人。他们往往说:“我们投的是企业,更是团队。”自MBO被喊停之后,许多大中型骨干企业的改制,便只剩下华山一条路,而地方政府纷纷向跨国公司不惜代价地伸出橄榄枝便不奇怪了。

引资改制潜规则之四:“劣币驱逐良币”。做企业和做人一样,都有素质的高下,品质的好坏。好企业能做成的事,坏企业做不到,而好企业做不成的事,怪了,坏企业竟做到了。让人怎么想都想不通,这该死的潜规则。

记得早年看过巴尔扎克的一本书,叫做《驴皮记》。这位法国文学巨匠在经历了十年的高产写作之后,陷入了深深的困惑之中。在他所专注描绘的金钱社会中,欲望驱使着人们做各种坏事而不受惩罚,法律和舆论也奈何不了。最终老巴想到了那块著名的驴皮,它实现你的任何欲念,而每实现一次,驴皮立刻缩小,你的寿命也随之减少,直至你有福不能享,眼睁睁地看着末日来临。主人翁拉斐尔说出了老巴的中心思想:“他们都是给自己行刑的刽子手。”

可惜,现实生活里,没有那张驴皮。也不可能让那些在引资改制中,获得了这样或那样利益的人,看清他们因此而失去的东西。

(《中国工业报》2005 年 10 月 31 日 A1 版)

产业之虞

# 外资企业抢夺“第三阵营”变压器行业格局存忧

中国工业报记者 隆 啸

“东芝要收购常变了吗?这件事对行业产生的影响不好说,我得仔细琢磨一下。”2005 年 10 月 25 日,记者电话采访了一家比较有名气的变压器研究所的负责人,他在对东芝有可能收购常变的消息表示惊讶的同时,对该事件的评价采取了十分谨慎的态度。

这位人士的态度是有道理的。目前,高速发展的中国变压器行业处于一个“战国时代”,国内变压器大企业竞相跑马圈地;而小企业则互相倾轧,生存状况不佳。与此同时,外资企业正倾力进入中国,不少跨国企业负责人纷纷亲临中国督战。在这样一个时代,记者尝试对整个变压器行业的格局进行深入剖析,感到十分困难。但通过对一些数据和事件的分析,一条线索逐渐变得明晰,那就是变压器行业里的外资愈来愈强,在天时、地利以至人和的环境中,他们有可能变得更强。如果变压器行业演化为两强对峙的局面,那么“第三阵营”将成为决定中国变压器行业格局的重要因素。

## 中国市场的四大阵营

事实上,在外资公司进入中国的前后,中国本土的变压器企业也在大力发展自己。尤其是近 10 年,国内变压器行业通过引进国外的先进技术,使变压器产品品种、水平以及高电压变压器的容量都有了较大提高。目前,国内企业生产的品种包括超高压变压器、换流变压器、全密封式变压器、环氧树脂干式变压器、卷铁心变压器、组合式变压器。尤其是随着新材料、新工艺的不断应用,国内各变压器制造企业不断研制和开发各种结构形式的变压器。

在变压器技术大幅提升的同时,国内变压器企业的做大做强也得到不同程度的发展。据不完全统计,目前在中国境内生产变压器的企业约有 1000 余家,这些企业主要分为四大阵营:ABB、AREVA、西门子、东芝等几大跨国集团公司以绝对优势形成了第一阵营,占据 20%~30%的市场份额,且市场份额仍在不断扩大;保变、西变、特变等国内大型企业通过提升产品的技术水平和等级，占有30%~40%的市场份额，稳坐第二把交椅；以江苏华鹏变压器有限公司、顺特电气有限公司、青岛青波变压器股份有限公司、常州变压器厂、山东达驰电气股份有限公司、杭州钱江电气集团有限公司等为代表的制造厂形成了第三阵营；不少民营企业由于经营机制灵活，没有非生产性的负担，也形成了一定的市场份额，形成第四阵营。以上列出的第二、第三阵营的企业，在2004年均进入行业十强（国内）。

### 第一阵营愈来愈强

与国内大企业渐成气候形成对照的是，处于第一阵营的外资变压器企业正变得愈来愈强。

以前对外资和国内企业的优劣势态进行比较时，外资企业在技术、资金、品牌等方面都胜出国内企业。现阶段再对两者进行比较，会发现外资企业在继续拥有上述优势的同时，还形成了以下五个优势。

首先，外资变压器企业在中国的独资和合资公司总量在增多。目前，ABB在中国设立了27家独资或合资企业，其中变压器企业主要有重庆ABB、合肥ABB、中山ABB、上海ABB和ABB配电变压器（合肥）有限公司。西门子在华销售的高端变压器产品大部分来自德国纽伦堡，目前在中国境内仅设立一家变压器企业，即济南西门子变压器有限公司，规模较小，但西门子同样在谋求更多的“中国基地”。AREVA在并购阿尔斯通输配电部后，其2004年业绩达114亿欧元，其中输配电业务占1/3。该公司在全球有61个生产基地，在中国有5个办事处，在上海有1家生产变压器的合资企业和1个合资厂，在苏州有2个合资厂。东芝除在日本拥有变压器企业外，已经在常州拥有1家合资企业，并生产经营了近10年时间。

其次，外资变压器企业收购合资企业中中方股份的步伐在加大。例如，ABB在华主要生产变压器的合资企业中，ABB控股现在上升到80%以上。

第三，ABB、西门子、阿尔斯通、东芝和伊林5家外资变压器企业占据了高端变压器市场50%的份额，这个比例还有上升的趋势。一个典型的事例是，2004年6月，在三峡电站的建设中，重庆ABB将三峡右岸12台总价值2.7亿元的500千伏高端变压器订单全部收入囊中。

第四，外资在收购兼并国内企业时更具优势。目前，中国正逢国有企业改制的攻坚阶段，在客观上为外资企业营造了收购兼并的条件。而外资公司一般善于和中国的地方政府保持良好的沟通关系，这为他们收购兼并提供了有利条件。

第五，外资公司进入中国市场进入“强势”阶段。例如世界第三大输变电制造商法国AREVA输配电部全球CEO Philippegulllemot不久前公开表示：“我们希望2004~2007年在中国销售额年增长率能达到25%，为此我们计划到2007年将在华投资总额在目前的基础上翻一番。”

这些新旧优势将有可能使外资变压器公司继续保持强势地位，外资公司将挟持这些优势，在中国的变压器市场上“掘”得盆满钵满。

### 第二阵营渐成气候

值得庆幸的是，经过近几年的兼并重组，目前，第二阵营的国内企业基本完成了产业布局，并逐渐形成气候。

保变在国内的生产布局已经形成了“三园一基地”的总体框架。在保变的“三园一基地”中，天威保变合肥变压器工业园区是保变于2004年8月与北京国富投资管理有限公司联合收购重组合肥金环变压器有限责任公司建成的工业园。保变通过对重组后的企业注入资金并引入先进的技术和管理，盘活了合肥金环的存量资源，目前投资3亿元的天威保变合肥变压器工业园区项目已启动。保变的天津出海口基地位于秦皇岛开发区，总投资3.8亿元。据悉，属山东省重点项目的保变出海口基地特大型变压器技术改造工程项目一期工程已于2005年10月11日试投产。该项目投产后，年生产能力可达2400万千伏安以上，年产值达7亿元。分析人士认为，保变的“三园一基地”布局形成了“三角形”构图，这种布局既有纵深，又有临海，其结构十分合理。

特变集团通过对沈变的兼并重组，也形成了“西北—西南—华南—华北—华东—东北”遥相呼应的输变电设备制造格局。西变尽管没有像保变和特变那样四处征战，但由于企业自身技术力量强，多年来牢牢坐定了国内变压器企业的前三把交椅。2005年，西变屡屡拿下高端变压器订单，有时甚至能从外资企业那里"虎口夺食"。

## 第三阵营决定胜负

2004年，根据对528个变压器企业的统计，全国变压器制造业完成工业总产值（当年价）263.78亿元，工业增加值69.98亿元，实现产品销售收入253.61亿元，利润总额为7.74亿元，比上年有较大幅度的增长。尽管整个行业利润不错，但是由于在同一行业争食者太多，加上原材料飞涨，行业内依然有效益不好的企业，整个行业利润率呈现大幅下降的趋势。数据显示，变压器行业的利润率已经由前几年的30%~40%降到目前的5%。

众多分析人士认为，在可预见的时间里，变压器行业的分化重组是不可避免的。而竞争格局最终很有可能形成两大阵营对峙的状况。如果变压器市场真的分化为两强世界，那么第三阵营将成为决定胜负的关键。因为如果把变压器行业的第一、第二阵营比作两强的话，那么在两强相争时很难在短时间内一决胜负。那么，从理论上分析，位居第三阵营的变压器企业将决定两强相争的最后胜负。可以说，在现阶段，如果谁拥有了第三阵营，谁就在竞争中更胜一筹。

以位居第三阵营的常变为例，该企业通过引进、消化、吸收和提高生产技术，已经具备220千伏及以下变压器的完整生产技术，2004年其销售总收入71243万元，利润6000多万元，在国内生产变压器的企业中，排名第八。像常变这样的企业说大不大说小不小，如果在现有条件下，常变没有了保变、特变那样的发展机会，其自身做大的机会就已经很少。但是，如果第一、第二阵营的企业拥有了它，那便如同获得一员"猛将"。不敢说得"猛将"者得天下，但得"猛将"者一定会实力大增，得"猛将"者一定会取得更大市场。因此，这个"猛将"将成为决定未来中国变压器行业市场格局的重要因素。

## 国内企业需要政策扶持

且不论变压器行业将出现怎样的格局，国内变压器企业亟须政策的扶持已毋庸置疑。

合资变压器企业在中国市场占据不少份额的同时，也赚得了优厚的利润。例如2003年常州东芝变压器产量约2250万千伏安，居行业排名第二位，重庆ABB产量约1800万千伏安，居行业排名第四位。合资企业给中国市场带来的变化主要有：带来了大量资金、先进装备，使其所在企业生产技术有所创新，在一定程度上促进了行业的发展；合资企业生产的高档产品，可满足较高层次的用户要求；有些合资厂已成为产品出口东南亚的生产基地，为我国出口创汇作出贡献；合资企业还能传授跨国公司的管理方法、思维观念、营销策略。

但同样不可否认的事实是，合资企业带来的负面影响也不少。例如：在公司成立之初就带走国有企业中的优秀骨干；合资产品多数是更新换代产品，直接冲击原引进产品市场；绝大多数合资企业由外方控股，跨国公司呈现出逐渐控制我国大部分市场的战略发展趋势；合资企业通过资金、技术实力发动持续商战，将使不少企业处境艰难，有的濒临倒闭。

尤其需要关注的是，在处于第二阵营的三大企业中，西变和保变均没有完成体制上的变革，只有特变以崭新的面貌出现在竞争市场上。

现阶段，我们不能否认外资给国内变压器市场带来的正面影响，因为在变压器行业大发展时期外资的合理参与是必不可少的。但有关专家指出，在这种竞争异常激烈的"战国时代"，政府应出台更多的政策对国内变压器企业进行扶持。否则，一旦变压器行业的第三阵营被外资公司收入囊中，那么变压器行业恐怕就将形成"一极"的强权垄断局面。而这种垄断的出现，对中国变压器行业及相关产业发展的影响是难以估量的。

（《中国工业报》2005年11月1日 A2版）

装备工业合资变局特别策划·工程机械系列

重磅调查

# 并购山工
# 卡特彼勒整合计划迈出第一步

《商务周刊》记者　袭祥德
中国工业报记者　隆　啸

10月19日上午，第8届北京国际工程机械展开幕式一结束，国内外工程机械企业的经理们便开始了频繁的迎来送往。除了关照自己的代理商及参观者，繁忙的他们也忘不了穿过拥挤的人群，到东侧的卡特彼勒展区观望一下。

在独树一帜的"卡特黄"两翼，是中美合资山工机械有限公司、徐工集团的展台，与其形成品字形布局。

这暗合卡特彼勒的中国布局。今年4月，卡特彼勒正式收购了山东山工机械有限公司（以下简称山工机械）40%的股份，将其纳入卡特彼勒的中国体系。徐工集团则早在1995年就与卡特彼勒合资成立了卡特彼勒徐州有限公司，并一度传出卡特彼勒要参与徐工集团整体改制的消息。

2004年，卡特彼勒在全球取得了302.5亿美元的创记录销售额与营收，其庞大的规模、强势的战略、可靠的技术，都让国内企业既羡又妒。但真正让他们瞩目的是这家世界上最大的工程机械公司在中国越来越明显的扩张野心。卡特彼勒在中国已经建立了11个生产基地、2个研发中心和1个培训中心，但这显然只是野心的一小部分，业内传闻中卡特彼勒计划并购的谈判对象曾经包括厦门工程机械股份有限公司、广西柳工机械股份有限公司、河北宣化工程机械有限公司、潍柴动力股份有限公司等一大批中国工程机械行业的龙头企业。庞大的行业整合计划是卡特彼勒垄断中国工程机械市场的"新机遇"，也是中国工程机械行业生存的巨大威胁。

这让中国同行心情复杂，记者置身其中尝试体会——即将被卡特掌控的不甘与抗争，竞争对手与卡特彼勒联姻带来的威胁，以及对整个行业未来命运的担忧……

## 三次变局

了解中国国情，熟悉国企对手，善于打政府牌，同时又具备行业霸主的实力与野心，作风强悍——一位国内行业龙头企业的负责人这样形容卡特彼勒。

"我必须让你了解的是，即使在中国，卡特彼勒也是一家非常大的公司，既包括生产、采购，也包括物流、营销、金融。"卡特彼勒（中国）投资有限公司企划部经理吴伟坚告诉记者。

他说："以前卡特彼勒在中国主要是徐州公司及销售部门，而现在合资公司众多。"

事实的确如此，卡特彼勒在中国已经从上个世纪单纯的技术许可，发展成为中国工程机械市场强有力的竞争者，而且正以其强势逐渐蚕食主要由国有企业构成的中国工程机械行业。

卡特彼勒在中国的事业起步于1975年，当时的石油部从卡特彼勒购买了38台石油钻井等设备。之后，卡特彼勒开始参与中国一系列大型项目，并逐渐建立起卡特彼勒产品在质量和产品可靠性方面的良好口碑。

“改革开放后，由于中国工程机械技术非常落后，1979 年国家考虑引进卡特彼勒或日本小松的技术，但当时卡特彼勒要价比较高，我们就引进了小松的推土机技术。”中国机械工业联合会市场发展部副主任冯宝珊告诉记者。但随后，在相关部门主持下，经过多家多方面对比，国内企业还是申请引进美国卡特彼勒技术。

1992 年左右，卡特彼勒提出来要在中国建合资企业，寻找了不少企业进行一系列谈判后，先后建立了卡特彼勒徐州有限公司、卡特彼勒上海发动机有限公司、山西国际铸造公司、亚实履带天津有限公司等合资企业。

但对卡特彼勒来说，这还不是一个完美的布局。2003 年，卡特彼勒在华业务年收入为 40 亿元人民币，其产量不足中国工程机械市场总产量的二十分之一。而卡特彼勒宣布的目标是 2010 年在中国市场销售额为 20 亿美元。与此对应，中国工程机械市场却在迅速发展，市场容量巨大。

业内人士指出，卡特彼勒在中国市场并不占优势的主要问题，是其产品定价较高，性价比不适应中国市场，尤其是本地化产品单一。

挖掘机是卡特彼勒在中国工程机械领域发展最好的产品，卡特彼勒徐州公司生产的一系列液压挖掘机 2004 年销售收入为 25.46 亿元人民币，是卡特彼勒在中国最大的一块销售收入来源。但这个市场竞争激烈，从上世纪 80 年代末开始，中国的挖掘机市场全数被小松、现代、大宇、卡特彼勒等国外公司占领，卡特彼勒挖掘机在中国的市场份额并不靠前。

与此同时，在装载机和压路机领域，包括卡特彼勒在内的跨国公司则完全不具备优势。装载机市场牢牢掌握在国内企业手中，每年产量近 12 万台，使中国成为装载机大国。虽然对中国装载机市场跟踪了 20 年，但跨国公司却少有斩获，其主要原因是厦工、柳工等国内品牌的性价比有明显竞争力，有效地抵御了国外品牌的进入。

冯宝珊介绍说，也正因如此，柳工、厦工等装载机一线企业一直是卡特彼勒的并购目标。冯宝珊告诉记者，总的来说卡特彼勒的合资原则有两个：第一是必须控股；第二是销售权要掌握在自己手里。“接下来的合作中，他们往往不允许控股企业有独立的技术能力与产品，所以无论哪个中国企业都不甘心放弃所有积累委身卡特彼勒。”由于位于前列的装载机企业迟迟不愿与卡特彼勒合作，卡特彼勒首先选择了在装载机领域并不十分强大的山工机械作为并购对象。

但是，从上世纪 90 年代开始的国有企业改制，进入新世纪后在中国如火如荼地上演，这为卡特彼勒提供了难得的机会。在其中分得一杯羹，对于在中国摸爬滚打了近 30 年的这家世界 500 强公司来说是自然而然的念想。

2003 年，卡特彼勒正式提出了在中国投资 100 亿美元的宏大计划。卡特彼勒(中国)投资有限公司总裁陈文灿在一次演讲中表示：“要在中国建立全球的竞争性生产基地，我们将对中国的几个重要的国有企业进行投资。”

## 最后一个馅饼

卡特彼勒这一宏大计划立刻在中国的工程机械行业引起极大震动，因为当年即使是中国第一大工程机械企业徐工集团的销售收入也只有 154 亿元人民币。

2003 年 12 月，在珠海世界经济发展宣言大会上，卡特彼勒正式公布了这一投资框架，并将与山工机械有限公司签订的合作备忘录作为整个计划的起点。此后两年中，卡特彼勒始终在按照自己的战略一步步前进——借助中国工程机械行业国企改制的机遇和各地方政府招商引资的热情，以世界 500 强的身份将中国市场上的主要竞争对手一一吞并。

并购山工机械是卡特彼勒整合计划的第一个战果。今年 3 月 22 日，中美合资山东山工机械有限公司在青州举行了隆重的揭牌仪式，山东省副省长王仁元与卡特彼勒公司董事会主席兼首席执行官詹姆·欧文斯共同为公司揭牌。

“卡特彼勒做了一笔划算的买卖。”山工机械一位高层这样分析。

他所说的“划算”含义丰富。尽管双方均没有透露这笔大买卖的细节，但该人士告诉记者，之所以许多信息没有公开，主要是因为这次并购的交易额低得可怜，“说出来有些丢人”。

今年4月28日，山东省外经贸厅正式对外公布的资料显然能说明一些问题："3月10日，卡特彼勒(中国)投资有限公司和卡特彼勒(香港)有限公司分别出资130.8万元人民币和43.6万元人民币，以股权并购方式获得山东山工机械有限公司30%和10%的股权，成立中外合资经营企业。项目投资总额620万元人民币，注册资本436万元人民币。"

以不到200万元人民币收购山工机械40%的股份，对卡特彼勒显然是一桩难以置信的好买卖。地处山东青州的山工机械是一家已经发展了40多年的国有企业，由山东工程机械集团控股，在中国装载机行业中排名第7，年生产能力达5000台，销售收入10亿元人民币，其技术在国内同行中较为领先，并拥有完善的产品支持系统和规范的代理商网络。

该山工机械人士认为，公司的改制为卡特彼勒提供了便利。2003年3月，山工机械有限公司正式改制为一家半民营公司，原董事长王春泉等公司管理层通过向其控股股东山东工程机械集团支付了一笔尚不清楚数额的钱，从而实现了管理层和员工持股。改制后的山工机械股权结构为国有股20%，管理层持股60.5%，优秀员工持股19.5%。

改制完成之后半年，山工机械就与卡特彼勒沟通并购事宜。根据2004年的媒体报道，山工机械总资产在6亿元人民币左右，但资产负债率比较高，净资产只有436万元，山工开出的售卖价是2200万元。显然，经过数次谈判与资产评估，卡特彼勒最终只以山工报价的零头收购了山工机械40%的股份，其余60%的股份卡特彼勒将在适当时候收入囊中。

卡特彼勒的轮式装载机在全球市场占有率一直稳居第一，年产量在1.2万台以上，是卡特彼勒公司仅次于挖掘机的主导产品，但在中国这一优势并没有发挥。由于中国企业的产品价廉物美而且技术能力提高很快，国内企业几乎把持着装载机市场的绝对多数份额，柳工和厦工2004年产销量都已经超过1.4万台，已经从量上动摇了卡特彼勒装载机在全球第一的位置。此时，卡特彼勒借助资本优势收购中国装载机企业，既能阻止中国企业对其领先地位的挑战，也抓紧了中国工程机械市场的资源。实际上，卡特彼勒一直在觊觎柳工、厦工等龙头企业，而对山工机械的收购只是一个开端。

更重要的是，经过一系列政府公关与接洽后，先前处理国有资产方面比较保守而现在正寻求突破的山东省，将成为卡特彼勒中国新布局的起点。

"目前卡特彼勒在中国的重点已经从徐州转向了山东，卡特彼勒与山东省有关部门联系非常密切，绝不仅仅是山工机械一家企业被卡特彼勒吞并，相信还会有更多的山东国有企业加入。"一位接近山工机械的人士告诉记者。

2004年4月，山东省经贸委与卡特彼勒公司在北京签署了全面战略合作备忘录，确立了在工程机械主机、研发中心等领域展开全面合作的构架设想。按照该备忘录，卡特彼勒将在今后几年内加大在山东投资合作的力度，采取并购、重组和合资、合作等方式，对山东的工程机械行业进行整合。

2004年10月19日，卡特彼勒公司并购山东山工机械有限公司签约仪式在济南山东大厦举行。在觥筹交错的背后，一位知情人告诉记者，曾在10年前的一次合资签约前突然提出签附加协议的卡特彼勒，"这次又故伎重施，在签约之前提出了一个补充协议。"山工立即找到了当地市长请示商议，毕竟已经不是10年前的环境，这位市长表现出少有的强硬，表示不能够轻易改变谈判条件。

"所以当时依然只是签订了一个意向性的协议，没有任何实质内容对外公布。"他说，在双方各做出一定让步后，正式协议才得以签订。

而新公司的名称也非常有意思，山工机械门口一个大牌匾上的名称是"中美合资山工机械有限公司"，但在其下方的括号中写着"卡特彼勒投资的公司"。

目前卡特彼勒正忙于山工机械内部的重整。除了从总部派来董事长，也从卡特彼勒徐州公司调派了多名管理人员。

"管理、技术、融资等方面卡特彼勒都在帮助我们改进，最重要的是做一些理念和企业文化方面的培训工作。在技术方面，卡特彼勒主要是把山工机械产品的一些小毛病改掉，山工品牌与卡特品牌将同时用，会持续5年甚至更长时间。"山工机械副总经理石文章告诉记者。

一位了解卡特彼勒的人士指出，目前按照卡特彼勒的制造标准，装载机的成本是不可能降下来的，卡特彼勒无法马上用“CAT”牌子叩开中国装载机市场的大门。所以，山工能够在5年中保留品牌和现有产品，已经是卡特彼勒收购原则的底线。

## 合资的代价

曾有人说过，飞黄腾达的道路上，总是点缀着破碎的友谊。卡特彼勒之前与中国企业的几次合作，大都让中国伙伴们不愿回首。

1994年成立的卡特彼勒上海发动机有限公司是卡特彼勒在中国的第一家合资公司。

早在1987年，上柴根据与卡特彼勒签订的技术许可协议，开始生产卡特彼勒3300B系列发动机。上世纪90年代初，在当时的机械工业部、上海市政府的推动下，双方决定在卡特彼勒控股的基础上，使用卡特彼勒的品牌建立一家合资公司，卡特彼勒与上柴分别占55%和45%的股份，卡特彼勒承诺在达到一定规模之后，利用其全球的销售网络将合资公司的产品出口到国外。

但是，从1995年开始，全球发动机行业陷入低谷，一直持续到1997年，3年中合资公司的发动机销售非常困难，连续3年亏损，公司一年的销售量才几百台。而发动机要在1万台左右才能形成规模效益，极低的销售量引发了公司内部中外双方的激烈矛盾。

当时，卡特彼勒根据自己产品的品质和传统，生产的发动机定位在高端，在恶劣的市场环境中，定价奇高的产品销售当然困难。但回首当年，一位熟悉当时合作情况的人士告诉记者，这种高成本不仅是销售问题。

“当时，合资企业需要从卡特彼勒购进部分零部件，而这部分零部件价格非常高，很长时间内是双方矛盾的焦点。”他说，实际上卡特彼勒的思路就是在零部件上先赚中方一笔，卖出发动机又赚一笔。

而且，合资企业内美方管理人员高昂的工资让亏损的合资公司难以承受。据介绍，公司8名外籍员工每人年薪相当于中方员工的十几倍甚至几十倍，“就是单支付外籍员工的费用，这个企业就不可能有利润”。

上述知情人认为，这种困境其实正是卡特彼勒所乐见的。“作为世界级的大公司，卡特彼勒可以坚持下去等待收获，但是上柴不行，严重亏损确实坚持不下去。”他说。

在上柴的压力下，双方又进行了谈判。卡特彼勒在两方面做出了让步，一是在进口零部件的定价方面，卡特彼勒降低了零部件价格以压缩产品成本，另一方面，卡特彼勒将派驻合资公司的外方人员从最初的8人减到5人。

但是这没有改变大幅亏损的局面。上述知情人士介绍，上柴认为外方掌握控制权，并不熟悉中国市场，有些市场策略中方并不认同，所以要求增持股份，把双方股份比例调整为50:50。但是卡特彼勒难以忍受，他们认为这家合资公司用的是卡特彼勒的品牌和技术，所以卡特必须控股。

1997年，由于无法在合资公司中达到与外方平等的决策控制权，上柴干脆对卡特彼特表示出减少股份甚至放弃合资公司的想法。但是卡特彼勒对此也表示反对，他们认为在当时的市场环境下，如果完全离开中方，自己也难以生存。“这家合资公司本身就在上柴的园区里边，在人才方面、国产化配件方面，卡特彼勒需要依靠中方的许多资源和支持。”该人士说。

但当年上柴董事会经过讨论，最终决定终止与卡特彼勒的合资，双方恢复技术许可方式的合作，3300B系列发动机可以继续在上柴生产。上柴B股(900920)的1997年年报披露：由于该合资公司自1994年12月成立以来连年亏损，合资公司于1997年9月1日经上海市外资委批准解散清算，至1997年12月31日，清算工作基本结束。

卡特彼勒负责人当时曾表示，作为一家世界级的企业，这是他们第一次在海外投资中遭遇失败，“公司成立3年左右时间就宣告解散，这对我们双方来说都是一个教训”。

## 失手徐工

收购山工机械也许是卡特彼勒在中国市场最后一次轻而易举的并购，参与徐工改制一役的落败是卡特彼勒目前所遇到的最大挫败。

今年10月25日，徐工集团与凯雷投资公司的签约仪式在江苏省会南京低调举行。凯雷集团投资3.75亿美元，取得了徐工机械85%的控股权，并将推动其实现海外上市。这意味着，作为徐工集团最早的合作伙伴，卡特彼勒已经丧失了直接并购徐工的可能。

徐工集团2002年开始启动其改制计划，并在江苏省产权交易所挂牌面向全球寻找合作伙伴，最初入围的公司就包括了卡特彼勒。虽然卡特彼勒以最快速度向徐工集团表示了并购愿望，但从后来的发展来看，徐工集团对其心存疑虑。

2004年年中，徐州方面对入围者进行了第一轮淘汰，公布了6家主要的潜在投资者，他们是卡特彼勒、华平创业投资有限公司、美国国际投资集团、摩根大通亚洲投资基金、凯雷亚洲投资公司和花旗亚太企业投资管理公司。当时绝大部分人都认为，卡特彼勒胜算最大，因为这家"财富500强"既是世界最大的工程机械企业，而且在此之前的1995年，就与徐工集团合资成立了生产挖掘机的卡特彼勒徐州有限公司。

但在2004年10月的第二轮筛选中，卡特彼勒出人意料最先出局，剩余全为清一色的金融资本——美国国际投资集团、摩根大通亚洲投资基金和凯雷亚洲投资公司。

卡特彼勒当然不会就此放弃希望。今年8月8日，卡特彼勒专门在北京人民大会堂召开其全球董事会2005年年会，这是卡特彼勒第一次将全球董事会移师中国，卡特彼勒全球14位董事和5位集团总裁专程出席此会。欧文斯在这次会议上表示，中国市场代表着当今建筑机械行业最大的增长机会。

会后，欧文斯率领全体董事与高管层浩浩荡荡直奔徐工集团。据知情者透露，欧文斯在徐州与徐工集团总裁王民进行了会谈，要求徐工集团放弃与其他外资企业的谈判，选择卡特彼勒进行改制。此后部分媒体以此推断"卡特彼勒9月收购徐工"。

但实际上，王民并没有改变态度。如果看一下卡特彼勒2003年曾经向国内某企业提交的一份投资合作意向书，也就不难理解像徐工这样的排头兵企业对卡特彼勒的戒备态度了。以下是记者辗转得到的这份意向书摘要：

1.合资要在卡特彼勒全球战略下进行，并服从卡特彼勒的全球战略；

2.卡特彼勒要求拥有品牌，强调全球一体化，限制使用原企业品牌；

3.卡特彼勒明确提出，先投资10%的股本金，但行使100%的所有权力，其他股本金分为7~8年投资到位，在此期间卡特彼勒代管其余90%股权，同时要求该企业交代管费用；

4. 对该集团下具有优势和产品重叠的上市公司进行重组，将其中个别业务分割出售；

5. 该集团需向卡特彼勒在国内建立的研发中心购买技术；

6. 将把该企业建成具有能生产卡特彼勒产品技术的企业，成为其在中国的生产基地；

7.其产品只在中国本土销售，限制产品出口，出口产品须打卡特彼勒品牌；

8.限制该集团和其他竞争者合作，对现有合资企业的发展进行限制；

9.按照跨国公司的管理模式，大批削减员工。

"徐工是中国工程机械行业的第一块牌子，国家辛辛苦苦经营了几十年，人力、物力、财力投入这么大，这些无形价值的损失是无法计算的，徐工对卡特彼勒的拒绝在保护品牌方面是非常明智的。"冯宝珊还指出，卡特彼勒意在控制徐工并非帮助中国工程机械长大。

现在，徐工集团改制已经水落石出。在失去并购徐工集团的机会后，颇具耐心的卡特彼勒也在调整中国的并购战略，之前卡特彼勒早已与厦工、柳工、三一重工等工程机械龙头企业建立紧密联系，并多次就相互合作进行谈判，接下来就是等待时机促进多年来的布局与谈判开花结果。

"卡特彼勒与我们的谈判一直在进行，但是我们希望国家给我们一个明示，到底出让多少股份比较合适。"柳工集团董事长王晓华在工程机械展上表示，看来他并不情愿将柳工的控股权出让。

"我们决心不放弃经营权、管理权和品牌使用权，这是经过几代人辛苦打拼才取得的成就。"王晓华说："柳工能够发展到现在，与其独立自主的专注精神是密不可分的。"

在中国市场的30年中，卡特彼勒虽然不断调整应对国内企业的战术，但其强悍风格一直没有改变，这恰恰成为国内工程机械企业与之合作的忧虑。"'神五'、'神六'上天了，对我们的装备制造业提出了更高的要求。我们振兴装备制造业，不可能把关键企业都卖掉，否则我们振兴谁呢，我们怎么去振兴呢？"冯宝珊说。

（《中国工业报》2005年11月7日 A1版）

本报观点

# 巨大差距下的自主诉求

中国工业报社总编辑　　杨　青

前日与一位民营企业的老总聊天，说到与跨国公司的合作，他曾有过两个失败的项目，具体的经历没有细说，只道："其实我们自谈判开始，就不是对等的。甚至我们根本就没有真正懂得，谈判桌上所说的话，也没有真正意识到，合资是什么。以为傍上世界最牛的公司了，一切也都会好的不得了，至于具体的想都没想。"他的话，令人触动。

何止是民营企业，许多国企当年与跨国公司接触时，抛开其他诸如甩包袱、求政绩等等非市场因素，有多少是真正意义上的对话，有多少人理解了企业的真正处境，又有多少企业真正预见到企业的未来？所以，许多合资合作的谈判，根本不是一个量级上的过招，而是相差极大实力悬殊的较量，为此我们付出了高昂的学费。

不仅仅是谈判。二十多年来，中国的企业在与世界一流公司打交道的过程中，随时随地感受到我们与人家的巨大差距。一个卡特彼勒，全球年销售额和营收超过300亿美元，而整个中国的工程机械市场年销售额才1000亿元人民币。若100亿美元投资中国市场，他投得起，我们受得起吗？汽车柴油发动机的核心部件燃油喷射系统，在国际上是上世纪90年代中后期才成熟起来的技术，我们也有企业在搞。但在参观了跨国公司的主要生产研发基地之后，原来想自己搞研发的念头没有了。在真正地见识了这个巨大的差距之后，完全被人家镇住了。

所以，在接近和认识我们与人家存在巨大差距这一事实上，开放比封闭更心惊，内行比外行还胆颤。愈是如此，路径的选择才格外重要。既然落后，便要学习先进，引进技术，这是不言而喻的。而同样是引进技术，南美选择了依附的路径，日、韩则坚持自主道路。国内一些企业，选择了现得利的路径，人养懒了，研发队伍散了，核心技术丢了，整天在流水线上总装人家的部件。这样的企业并不鲜见，尤其是大企业，处在有巨大市场利益的行业，比如汽车工业。

要避免陷入"落后→引进→再落后→再引进"的怪圈中，就必须在引进技术的同时，坚持自主创新。在这里，自主创新与引进技术一点儿也不矛盾，更不像个别经济学家（著名的）所说，是非此即彼互相排斥。要引进技术就不能自主创新，要自主创新就不能引进技术，这实际是把自主创新绝对化和妖魔化了。

有人对中国大企业与世界500强做了个比较，认为我们较有优势的是资源的垄断、成本的优势以及较大的产能。而我们的资源垄断拼不过别人的核心技术，我们的成本优势拼不过别人的品牌优势，我们的生产能力拼不过别人的供应链管理能力。恰恰是核心技术、品牌优势以及供应链的打造与管理，令那些跨国公司牢牢占据了领先地位，获得了巨大利益。中国的企业，特别是那些不在垄断资源行业及大企业之列的企业，要想在巨大差距背景下生存和发展，自主创新成为最为现实、理性和积极的诉求。

作为现实的诉求，自主创新是针对某些不切实际的幻想的警示，希望轻而易举地换来人家的核心技术和著名品牌，那只是一相情愿；作为理性的诉求，自主创新又是针对那些非理性的，仅以一己私利的偏激意见或依一时一地一事的轻率判断的否定；作为积极的诉求，自主创新则是对于未来长远发展的战略性选择，于国家、于产业、于企业都将意义深远。

（《中国工业报》2005年11月7日 A1版）

产业之虞

# 跨国公司强势布局产业链 中国企业无力招架

中国工业报记者　杨　纯

凯雷出资3.75亿美元收购徐工集团工程机械有限公司85%股权一事，尽管仅在南京低调举行了签约仪式，仍然成为第二天国内工程机械行业的头条新闻。记者在签约现场向一位业内权威人士问及凯雷控股将对国内工程机械行业产生什么影响时，他告诉记者："此事只能由时间来说明一切，对国内工程机械行业的影响也不太好说。"

然而，这种"不太好说"似乎可以从国际工程机械巨头在中国的突进中找到些许答案。今年3月22日，中美合资山东山工机械有限公司成立。国际工程机械巨头卡特彼勒公司董事长兼首席执行官詹姆斯·欧文斯在庆祝这一战果时表示："这是一个空前绝好的契机来参与中国的基础设施建设。"而卡特彼勒亚太运营副总裁瑞奇·拉文则表示："迈出这一关键的战略步伐必将增强和拓展我们在中国共同协作的力量。"如今，卡特彼勒在中国已拥有10个合资及独资生产厂，并通过5个独立经销商分销产品，其他外资巨头在中国的强势布局也在稳步进行。

## 国内企业遭到"围剿"

实际上，跨国公司在中国的产业布局早已展开，20世纪90年代中期，我国工程机械行业就掀起了一股合资浪潮。从1994年、1995年开始，发达国家的著名挖掘机制造企业先后在中国建立了合资企业，到1997年，中外合资企业已达到9家。1995年，日本小松制作所和山推公司合资建立小松山推工程机械有限公司；1995年，韩国现代与常林股份合资成立了常州现代；同年，日本神户制钢所与成工合资组建了成都神钢；1996年，日本日立建机与合肥矿山机械厂组建了合肥日立；1997年，美国卡特彼勒与徐工集团组建了卡特彼勒徐州有限公司等。

此外，1996年韩国大宇在烟台投资成立大宇重工业烟台有限公司，这也是当时惟一的外商独资挖掘机制造企业。

将近10年过去了，这些合资和独资企业在中国市场都取得了不错的成绩，而工程机械行业的国企却遭到了合资和独资企业的"围剿"。以挖掘机为例，欧、美、日、韩与中国的合资企业成为市场角逐的主角，而国内挖掘机企业明显表现出弱势。与此同时，国外的筑养路机械企业如加藤、多田野、利勃海尔、波坦、马尼托瓦克，小型机械企业如凯斯、久保田等也相继进入中国市场，觊觎我国工程机械产业，使中国的工程机械市场呈现明显的国际化特色。国内企业因为种种原因，在合资企业中处于被动地位并逐渐失去话语权，所占股份越来越少，甚至完全退出合资企业。

## 跨国公司要通吃产业链

目前，国际工程机械制造商在中国投资的企业已经成为中国工程机械制造业的重要组成部分，并且外资在中国的投入仍在不断加大。统计显示，2003年，国际品牌工程机械在华企业产销额达到270亿元。同年，中国挖掘机产销3.19万台，其中国际品牌产销量占93%，卡特彼勒、小松、日立、神钢、现代及大宇等在华企业取得了最佳效益。随后，国外制造商要求中国进一步开放和完善工程市场体系，提供一个"完全市场经济"的市场环境，主要包括：开放工程机械融资租赁市场和产品租赁市场；开放二手工程机械市场(二手进口和翻新业务)；开放工程机械零底价拍卖市场等等。

跨国公司还将其商业模式复制到中国。2003年以来，卡特彼勒启动了在中国的新一轮投资，从全球产业链和供应链的角度在中国整合市场和资源，寻求兼并包括挖掘机、装载机、推土机和柴油机等主机制造与配套企业。其布局覆盖了中国的代理商体系，同时还布局产业的新商业服务体系，组建卡特彼勒中国融资租赁公司和卡特彼勒中国物流公司等。因此，近几年国内工程机械市场全方位竞争态势愈演愈烈。中国企业面对的已不仅仅是传统的国际品牌高端进口产品竞争，还要面对抢夺中国市场优良资源和制造资源的兼并竞争。目前，中国工程机械产业具有优势的内销网络、产品和制造资源都处在跨国公司的视线之中。不可否认，跨国公司的商业模式和激烈的竞争对产业发展起到积极的推动作用，但是在中国产业结构不合理、产品质量和可靠性难以与外资企业抗衡，以及技术进步、产品开发和人才培养滞后的现状下，国内工程机械行业能否承受如此压力令人担忧。

以装载机为例，经过几年的竞争，中国市场已经形成了暂时稳定的行业格局：柳工、厦工为第一阵营，市场占有率都在17%以上；龙工、徐工、临工、常林为第二阵营，市场占有率为12%左右；山工、成工、三九宜工和宇通重工为第三阵营，其他为第四阵营。

曾有业内专家分析近几年工程机械市场需求走势时指出，市场销售将进一步向规模较大的企业集中，并呈现强者越强弱者越弱的趋势。随着外资布局的进一步深入，跨国公司在产品创新、质量可靠性以及售后服务等方面的绝对优势，将把行业竞争引向深入，行业格局将发生新的变化。

## 外资的"反本土化"战略

跨国公司的强势布局，目的是最大限度地占据中国工程机械市场。中国工程机械行业协会的统计数据表明，2004年行业全年销售收入为1157亿元，同比增长11.6%。此前，工程机械产业已经连续5年高速增长并在2003年突破1000亿元销售额大关。该协会预测，虽遭遇宏观调控，2005年工程机械行业仍将保持7%的增长。另有分析指出，由于水利、铁道、公路、电站、煤炭、房地产以及北京奥运、上海世博会等建设需要，我国"十一五"期间平均每年固定资产投资将达到1.6万亿元。据统计，大型建设项目投资的5%~8%用于购买工程机械，因此平均每年需采购工程机械900亿元左右。

统计显示，2003年在中国工程机械市场中，国际品牌已占半壁江山：进口产品达35.88亿美元(约合300亿元人民币)，国际品牌在中国的独资和合资企业的产品产销270亿元人民币。

在这样的市场占有率背后，则是跨国公司通过合资再到独资的战略布局。跨国公司对中国本土企业进行产品和业务的条块分割、裁员、拆分、重组，限制中国本土企业自有品牌的使用。对于跨国公司由经销控制—股权控制—品牌控制的战略路径，中国发展战略学研究会副理事长、北京钟岭企业管理研究院院长管益忻教授在接受记者采访时指出了其严重性，他说："当前世界经济竞争的格局归根到底就是品牌的竞争，品牌占领是客户经济时代的最高级形式。外资的产业布局，实际上意在抑制民族品牌，是一种严重的反本土化。"

## 国内企业持续发展乏力

一项关于工程机械产业调查很有说服力。在调查中关于"随着入世保护期的逐渐过去，国内市场进一步国际化，你如何看待国外产品和企业对国内市场的冲击？"这个问题，选择"对本土企业不会造成太大影响"的人数少于选择"对本土企业将是致命的打击"的人数，这个结果表达了一部分人的忧虑。对于"国内企业与外国企业竞争劣势在哪里"的问题，"管理落后"、"产品技术含量低"和"产品更新速度慢"是大多数人的选择，接下来是"配套能力差，没有服务网络"。这表明，国产品牌与外国品牌的差距主要还是产品技术含量和更新速度。

虽然近年来国产工程机械产品性能和可靠性得到了显著提高，但与国外产品相比仍然存在技术含量低、严重同质化的问题。一方面,技术水平的提高需要大量的资金和人才投入,使得众多国内企业望而却步。另一方面,随着外资的不断进入,特别是在跨国巨头欲主导国内产业的形势下,国内企业的价格优势并不能长期保持。在中国企业本土优势逐渐消失的同时,外国产品性价比却在不断提高。国内企业人才本来就匮乏,加上近几年日趋严重的技术人才流失,形成技术研究缺失又没有后续的技术与人才支持的恶性循环。

另外,整体配套水平不高也是国内企业的劣势。比如国内有一些挖掘机企业具有一定竞争力,能够与外资、合资企业相抗衡,但产品基本都是采用国际化配套方式。业内专家指出,国内企业选择国际化配套有利于缩小与跨国企业的差距,但国际化配套也削弱了国产工程机械的价格优势,不利于企业的可持续发展。

## 中国企业必须"走出去"

有专家预言,在未来5年内整个国际工程机械市场格局将发生改变,中国将成为不可或缺的一员,然而中国工程机械产业国际竞争力不足是一大软肋。对此,有专家分析指出,中国工程机械产业在国内市场面临国际竞争对手的挤压,进入国际市场近20年没有实现突破,其根本原因是发展的起始点长期基于国内市场,是"内需型"产业,故而长期处于对国际工程机械市场体系认识不足的状态。为此,国内企业只有抓住产业结构调整的契机进行升级,走国际化道路,培育包括企业核心竞争力、基础竞争力和环境竞争力在内的国际竞争力,才能实现由"制造大国"向"制造强国"的转变。

国际化是必由之路。然而现实的情况是,在融入国际市场的过程中,国内工程机械企业还没有真正掌握"走出去"的要领,大多处于小步试探阶段。虽然继中联重工成功收购英国保路捷公司后,2004年柳工、常林相继在澳大利亚和马来西亚建厂,迈出了国际化的关键一步,但总体来说,开拓国际市场仍是国内企业的弱项。

## 谁来维护产业安全

外资强势布局,通吃中国工程机械行业的企图招致业内人士的注目,行业龙头企业更是高度警觉。北京大学政府管理学院路风教授指出:"卡特彼勒的目的不仅是要控制中国工程机械的龙头企业,它要吃掉的是整个行业,但是很少人能看到其中的危险性。"

在并购山工之后,卡特彼勒又有了新举动。据了解,目前其正在发动机方面与潍柴动力股份有限公司谈判,虽然卡特彼勒在和潍柴谈判的过程中遇到很多问题,但这并不能阻挡卡特彼勒的步伐,原因之一是地方政府对此非常积极。路风深感忧虑地说:"中国只有徐工、柳工、厦工、三一重工等为数不多的工程机械强势企业,没有了他们,整个行业就完了。"他认为,从国家利益的角度来看,中国的装备工业不能让外资完全控制。事实上,这在美国也是一样的。重大技术装备是整个工业的基础,在这里一个企业的价值绝不能仅以当前的净资产价值来计算,因为它涉及到国家长期的发展能力问题。

跨国公司频频在国内攻城略地也许可以归结为行业管理的缺失,但另外两个问题似乎更值得重视:一是国家应建立审查机制,对关系国家经济安全的外资并购进行审查。从联想收购IBM、中海油并购尤尼科可以看出,美国有完善的审查机制。二是定价机制。路风指出,按照账面净资产来卖企业是贱卖国有资产,关于不低于账面净资产就可以接受的规定不科学,因为品牌效应、营销网络都应该放到定价中去。他批评:"卖与不卖的决定权并不在企业手中,企业根本无法从市场角度来与外资谈判。"

许多业内人士对外资强势突进对产业安全所造成的威胁甚为忧虑。9月28日,国务院常务会议已原则通过了《国务院关于加快振兴装备制造业的若干意见》。如果这个政策能真正而较快地形成执行力,跨国公司想在中国市场通过并购整合方式实现产业通吃就不会那么容易了。

(《中国工业报》2005年11月10日 A2版)

装备工业合资变局特别策划·合变系列

重磅调查

# 与ABB纠缠12年无果 天威一朝入主花开

中国工业报记者 隆 啸 卢 俊 王献留

"这道墙的左边是合肥ABB变压器有限公司(以下简称合肥ABB),墙的右边是天威保变(合肥)变压器有限公司(以下简称天威合变),以前这两大块都属于合肥变压器厂(以下简称合变),不过现在谈到合肥变压器厂的人越来越少了。"站在合肥市的望江西路,一位看似知识分子的中年路人这样向记者介绍。

10月底的合肥市洒落着深秋和煦的阳光,车水马龙中,人们的脚步显得有些杂乱,初来乍到者很容易被这种典型的正在发展的中部城市所带来的生机和活力所感染。尽管空气中弥漫的灰尘和喧嚣让人略显烦躁,但原合变的职工们没有心情去理会这些,一种从心底里涌出的微笑深深浅浅地挂在他们脸上。这种幸福来自于合变人身份的转变和对美好未来可预期的憧憬。一年前的8月,在天威保变电气股份有限公司(以下简称保变)对合变重组后的合肥金环变压器厂实施整体收购后,合变人的身份就已经随着老厂的消逝而彻底转换。现在,随着他们曾经为之奋斗过的工厂被一分为二,原合变的近1300名职工也完成了角色转换,一部分人早就成了合肥ABB的员工,一部分人则变身为保变合变人,还有一部分人离开了变压器行业,过上了另一种生活。

合变已经不再存在,作为一个概念将逐渐被埋入历史的故纸堆中。但合变与外资"纠缠"12年的合资历程,以及最终被国内企业收购的结局,仍然足够吸引人们的目光。

## ABB在中国境内的第一家合资企业

合变早年脱胎于合肥电机厂的一个变压器车间,当时工厂生产能力很低。在1985年前后,为了适应发展的需要,合变在国家有关部门的支持下进行了技术改造,当时的动作很大,土地就征了500多亩。最终合变建成了国内首家能够生产220kV变压器的定点厂家。在1988年投产后,合变的年生产能力达到300万kVA,是国内能够生产220kV变压器的前10家企业。2005年10月31日,合变的老书记、现在仍担任天威合变党委书记兼董事的胡德元用一种十分快捷的语调,向记者讲述着合变的历史。

"当时工厂的年生产能力达到了300万千伏安,但也只在1989年实现了这样高的产能,1989年后,生产状况开始一年不如一年。"胡德元告诉记者,由于当时变压器行情不好,企业遇到了很多困难。为了发展,企业不得不谋求出路,寻求合资是当时一种比较好的选择。

"我是1990年到这个厂工作的,正赶上和ABB

谈合资，合资谈了好几年。”胡德元对记者说。尽管合变与ABB的合资谈了好几年时间，但最终双方取得了一致意见，合资得以顺利进行。1992年11月，合变和ABB进行合资签约，1993年1月16日，合资公司合肥ABB正式挂牌，它成为ABB在中国境内的第一家合资企业。

合肥ABB的合资模式是：三方共同出资800万美元建立一家新的公司，参与合资建立新公司的除了合变和ABB外，还有合肥市建设银行。ABB、合变和合肥建行的股比分别为：51%、44%和5%。其中，合变投入200万美元的设备和97.5万美元的现金、合肥建行投入40万美元的现金，其余的资金由ABB投入。值得注意的是，合资公司一成立，ABB就进行了控股。由于控股，在合资公司所设立的9名董事会成员中，总经理、财务总监、生产总监以及人事方面的负责人等要职均由ABB的人担任，其他管理人员由合变的人出任。另外，合变提出了“新的合资公司必须为合变的职工提供400个工作岗位”的要求，作为合资的必要条件；同样，像许多其他合资公司一样，外资方ABB提出，不管合资公司是赢利或者是亏损，每年都必须从合资公司的销售收入中提取5%的技术管理费。

还有一个比较特殊的情况是，当时成立的合资公司没有购买土地，而是在合变的另一端租用土地兴建厂房；同时，合资公司也没有购买更多的变压器生产设备，一部分生产所需设备来自于合变当做股本金投入的设备，另一部分则由合资公司以租借的形式从合变取得。

“当时合资公司每月的设备和土地租金是400万元人民币。”胡德元告诉记者，租给合资公司的设备都是比较好的设备，因为在此之前，合变刚刚在国家有关部门的支持下对生产设备进行了技术改造，拥有大量技术含量较高的生产设备。而国家有关部门当初是不赞成合变和ABB合资的，但是当管理权下放到地方，合变成为合肥市的市属企业后，在地方政府的支持下，合资得以顺利进行。

## 合资公司的亏损和ABB的增资

应该说，当时的合资公司在拥有足够的发展资金和焕然一新的企业发展机制后，赢利是顺理成章的事。而对于合资的各方来说，他们也正是抱着这样一种希望，但公司发展的结果却没有像人们预料的那样。

“合资公司成立后，首先是没有订单来源。”胡德元告诉记者，由于没有获得订单，合资公司也就无事可做，为了让合资公司“开动机器”进行生产，合变于是将自己获得的订单交给合资公司来做。实际上，在进行合资后，合变的资金、技术人员以及技术含量较高的设备逐渐转移到了合资公司，合变就算想生产，也难以进行了。而当时的合资决策人以及大多数的合变人，也把满腔的希望寄托在合资公司身上，期望合资公司尽快好起来，这样合变就能借力合资公司，图谋改变命运。而对于合资后的合变，却没有考虑太多。

但是，人们对合资公司的期待并没有变为现实。

合资公司刚刚成立时，不但没有获得预期的订单，而且“技术不过关”，使合资公司的运营雪上加霜。技术方面的问题是跨国公司进入中国普遍出现的。

除此之外，进入合资公司的职工和留在合变的职工因各种利益冲突而引发了持续的摩擦，较大地影响了合资的效果。这些摩擦主要体现在如下几个方面：

首先，在合资后合变就停止了生产，合变的前途问题是两边的职工产生矛盾的重要原因。其次，在合变的1300名职工中，有400人进入了合资公司，其余的人仍留在合变，进入合资公司的人和留在合变的人，其待遇和福利自然不一样。但合资之初，合变的领导人曾提出了“一厂两制，待遇一致”的口号，这成为引发两边职工产生矛盾的一个导火索。第三，合资公司不断从合变挖走技术人员，这也是留在合变的职工十分恼火的事情。第四，进入合资公司的职工竟然也参与合变的福利分房。由于合资公司的职工与留在合变的职工矛盾和冲突不断，以至有些职工还采取了“集体行动”。

由于合资公司持续亏损，合资三方不得不坐下来商量对策。这时，ABB提出增加投资。但中方合变这边，却没有能力继续投资。而合肥建行，在没有看到赢利前景的时候，也没有增加投资的想法。正是在这种状况下，考虑到合资公司的发展前途，合变不情愿但也没有办法地同意了ABB追加投资。从1994年开始，ABB在经过连续6年的增资后，到2002年，其股本金额达到2100万美元，占合资公司总股份的85%，而中方合变和合肥建行的股份缩减到了15%。

在ABB扩资的过程中，为了理顺合资公司职工和留在合变的职工间的矛盾，ABB与合变从1995年开始还商谈过扩大合资。所谓扩大合资，就是合变将剩余的资产以一种合适的形式全部参与到合资公司中去，尤其是合变的职工全部参与到合资公司中去。当时的企业领导人认为，与其两边的职工矛盾很大，还不如双方扩大合资，以减少矛盾。但是，在经过两年谈判后，双方没有就扩大合资达成一致，最终只签订了一份谅解备忘录，其主要内容有：

1. 合变将租给合资公司的土地和设备以7200万元人民币的价格全部卖给合资公司；

2. 由ABB拿出353万美元给合变，作为合变离退休人员和富余职工的安置费用；

3. 合资公司拿出300万元人民币给合变建立配电房，以实现合资公司和合变的用电分开；

4. 合资公司与合变约定，合变只能生产110千伏以下的变压器，单台容量不能超过4万千伏安。

通过对备忘录的主要内容进行分析可以发现，ABB方宁愿拿出一部分资金给合变用于安置职工，也不愿意进行扩大合资，因为扩大合资意味着合资公司将不得不接收更多来自合变的职工。对于ABB而言，他们开办公司，需要的是优秀而熟练的技术人员、比较好的设备和市场，而不是一个老国企在改制过程中形成的包袱。

在合变扩大合资没有实现的同时，ABB方的谋划却没有停止，例如，将其租用的设备一次性购买，将合资公司与合变用电设施分开等。这些动作意图已经很明显，那就是一旦条件成熟，ABB会甩开合变单干。而在此之前，充分做好准备是必要的。

## 合变破产天威入主

扩大合资没有谈成，当时合变仍然拥有近900名职工，但是合变赖以发展的技术人员、生产设备以及资金等都流到合资公司去了，合资公司又持续亏损，那么未来该如何发展？合变职工的出路在哪里？

实际上，在合变一些职工的眼里，合资公司就如同一个巨大的磁场，不断吸走合变的元气。首先是合变的资金，其次是设备，而最主要的是合变的技术人员。

“开始我们还试图通过卡档案等手段限制合变的骨干技术人员流入到合资公司去，但到后来想限制都限制不了。有些技术人员为了到合资公司上班，干脆连档案都不要了。”胡德元告诉记者。

从1996年开始，按照国家“优化资本结构”等政策，负债1.6亿元人民币的合变彻底退出了历史舞台。据胡德元介绍，合变依照和合资公司签订的备忘录，将租给合资公司的土地和设备以7200万元人民币的价格全部出售，用来还债。同时，合变申请破产，共有7000万元银行债务被核销，剩下2000多万元的债务和近600多名合变的职工，以及合变的老地盘，重组成合肥金环变压器厂。

尽管重组后的合肥市金环变压器厂仍然拥有合资公司的一部分股份，但由于合资公司直到2004年也没有赢利，一个负债2000万元又没有任何优势的变压器厂依然过着艰难的日子。“重组后公司每年的产量只有70万~80万kVA。”胡德元告诉记者。直到2003年，合肥金环变压器厂在合肥市改制的大环境中迎来了保变。

“当时尽管合肥金环变压器厂负债累累，但仍然有几千万元的净资产。我们考虑，如果要把变压器这个产业保留下来，对于合肥金环变压器厂而言，惟一的办法就是寻找同行业中的强者，进行改制重组。”

胡德元告诉记者，从2003年开始，大约有十多个企业先后和合肥金环变压器厂谈过合作。之所以来了这么多公司，原因在于当时的变压器市场行情开始好起来，同时，公司所占据的一块土地在合肥市的位置相当好，很有开发价值。在完成了一系列国企改制的程序后，保变和北京国富投资管理有限公司组成的联合收购者最终成功收购合肥金环变压器厂，组建了天威合变。2004年8月16日，双方签订了正式收购合约。在新成立的天威合变中，保变占有70%的股份，北京国富投资管理有限公司占30%的股份。

保变在和北京国富投资管理有限公司联合入主金环公司后，除全部承担被收购公司的债权债务外，还同意为合变提供420个就业岗位，而保变为此共付出8000多万元的成本。

在金环公司被收购之前，合肥建行持有的合资公司的股份于2002年被ABB收购。2004年，金环公司持有的合资公司的股份在保变对其展开收购前，以2900万元人民币被ABB购走。至此，合肥ABB变压器有限公司在走过了12年的合资路后，终于彻底变成了一家外资独资公司。而这时候的合变在合资上纠纠缠缠了12年，黯然退出了历史舞台。据说，从2005年开始，独资企业合肥ABB开始大把大把地赚钱了，2005年其销售收入预计可达5亿元人民币。

### 年产值10亿元的变压器产业园

"我们在合肥市的工业园预计投入12亿元人民币，分两期建设，一期已经于今年10月10日举行了开工庆典。"天威合变总经理秦双喜告诉记者，工业园的一期投入将达到6亿元人民币，全部建成后年产值将达到10亿元人民币。

据秦双喜介绍，保变在收购合肥金环变压器厂的资产后，并没有在原厂址投资新建厂房，而是在合肥市庐阳产业园购买了440亩土地，兴建一个大型变压器产业园。目前，保变一方面在抓新的产业园的建设，另一方面则利用合肥金环变压器厂原有剩余设备进行生产。

"我们是2004年10月开始利用原合肥金环变压器厂的厂房和设备进行试生产的，在组织生产的过程中，我们又添置了必要的新设备。"秦双喜对记者说，刚开始组织生产的时候十分困难，因为合肥金环变压器厂的产品已经没有什么市场影响力。通过积极宣传保变的品牌，从2005年6月份开始，形势大为好转，预计今年公司的销售额将达到4500万元人民币，当年实现盈亏平衡。

"我们明年的订单也接了很多，现在仍然有公司来下订单，但我们暂时不接了。"秦双喜不无高兴地告诉记者，自从保变收购合肥金环变压器厂并开始组织生产后，企业职工的心情也变得好起来。"以前公司说要加班，大家都很不情愿，现在说要加班，大家都没有怨言了。"天威合变的团委副书记陶华笑嘻嘻地对记者说。据记者了解，现在天威合变职工的月平均工资达到了1000元人民币以上，而此前是600~700元人民币。

在记者采访期间，也有好消息不断传来，天威合变刚刚签下了出口5台变压器到印尼的合同。而记者离开天威合变的时候，正有大批的工人下班向外走，吃饭的时候到了……

（《中国工业报》2005年11月14日 A1版）

记者手记

# 颇费思量的采访

中国工业报记者 隆 啸 卢 俊 王献留

没有哪一次采访，像采访合变这样让记者费尽了脑力。之所以这样说，是因为在这次采访的过程中，随着事实的获得和采访的深入，一个难题越来越突出地摆到了记者面前，那就是如何去评判合变合资的是非功过，如何确定本文写作的主题。因为根据所获得的事实，似乎哪一方的观点都有几分道理：

首先，有人认为，作为一个较早进行合资的企业，合变通过和外资进行为期三年的谈判，最终顺利实现了合资，勇敢地跨出了合资的第一步，这应该是值得充分肯定的。但是，在合资之初，合变既没有引进技术的企图，也没有控股的愿望，整个合资思路似乎显得"十分模糊"，这又是应该深入反省的。事实最终也证明，正是合资之初的"毫无设计"，才导致了合变最后不得不走向破产。胡德元在总结合变和ABB的合资教训时就指出："合资的模式选择非常重要。"而合变通过合资取得的一些经验，也为国内相关企业，如重庆的企业和ABB合资以及常州变压器厂和东芝合资时借鉴。

同时，有关知情者也指出，合变和ABB的合资，是“有些亏的”。因为那时候合变在220kV变压器的生产上还是有一定技术实力的，而且刚刚进行了技术改造。至于资金，合变也不是拿不出一分钱的。

其次，从结果看，又有人对合变的合资提出了不同的看法。这些人认为：尽管合变已经不存在了，但是在合变的地盘上，建起了一家外资公司——合肥ABB，这家公司2004年销售收入达到4.5亿元人民币，现在它开始赢利了，交给合肥市的税金会越来越多，它还解决了一部分人的就业；同时，依托合变重组后的剩余资产，合肥市还引进了保变这样的企业，该企业计划投资12亿元人民币，在合肥市建立变压器产业园，产业园建成后计划年产值10亿元人民币。有人说，从这个角度看，合变的合资又是“合算”的。

第三，从地方经济发展的角度来思考合资，也有不同的看法。长期担任合肥市经贸委负责人、现任合肥市招商局局长、外资办公室主任的张成伟在和记者谈到合肥市的引进外资时，语气中充满了肯定。他对记者说，现在合肥市内资企业（不含民营企业）基本上都垮了，或者可以说国企改革基本完成了，但一大批外资企业建立起来了，应该说合肥市国企改制总体上是成功的。如果现阶段合肥市没有这样一批外资企业撑着，合肥市还真不知道该怎么办。他还详细地列举了两个事例来对此观点加以论证。一个是合肥市矿山机器厂，当初该厂的产品曾经获得过金奖，其主导产品挖掘机年最高产量达到400台，在日立与其合资进而实行全面收购后，目前该公司年产量最高达到5000多台，最高年产值30亿元人民币，上缴利税1.5亿元人民币。另一个是海尔在整体收购黄山电器总厂后，这个厂的黄山牌电视机年产量从当初的10万多台，上升到了2005年的250万~300万台，年产值将达到80亿元人民币。

张成伟还告诉记者，在合肥市属企业中，目前外资的比例大概达到了40%~50%。“合肥市的原则是谁来投资我们都支持，我们不放弃国内企业做大做强的目标，我们也不是不支持国有或者民营企业，而是我们支持它，它起不来，做不大做不强。”他认为，“竞争的全球性是挡不住的。”但是，当记者向张成伟提出这样的问题：如果合肥市的外资企业比例继续上升，超过50%达到60%甚至70%，将会出现什么局面时，张成伟笑了笑说：“这个问题需要更高层面的人来进行探讨。”

第四，合肥ABB也表明了他们的观点。作为一家外商独资企业，合肥ABB的有关人士以“忙”为由拒绝了记者的采访。事实上，合肥市的一些外资企业对中国的媒体是不怎么友好的，但这家公司总经理办公室的韩燕在放过了记者采访提纲的前三个问题后，独独对第四个问题，也就是该公司如何看待、评价与合变的合资等相关问题，在电话中进行了说明。她着重阐明了两个观点：一个是“合肥变压器厂当初合资时只是作为一个股东参与合资”，言下之意就是如果要责备ABB没有有效促进合变的技术提升，那是没有道理的，因为这不是ABB分内的事；另一个观点是，说到技术提升，她认为变压器的生产技术就体现在ABB的公司里。在她的话语中，似乎技术是无国界的。当记者就此问题再追问时，她却不再回答。

记者之所以在这里详细列出各方的观点，是不愿有“一方说理”之嫌。且不管各方观点的对错，记者认为，无论对于哪一方而言，下面这个事实，是不得不认可的：合变没有通过合资发展起来，而是破产被人兼并了；ABB利用与合变合资的绝好机会，组建了一个新的独资的实力公司，现在开始赚取丰厚的利润；保变的入主真正促成了一方平安，使更多的人有了过上好日子的机会。

（《中国工业报》2005年11月14日 A1版）

装备工业合资变局特别策划·北京奔驰系列

重磅调查

# 风险丛生
# 北汽控股命悬奔驰项目成败

中国工业报记者 贾存斗

“我不看好北京奔驰项目。”11月10日下午，国内著名汽车评论家程远对本报记者表示。

程的解释是：“对北京奔驰而言，根本谈不上国产化率的问题。”原因在于，北京奔驰设计年产能力2万~3万辆、初期年产1万辆，批量太小，零部件配套企业难来北京入户。更为关键的是，《构成整车特征的零部件进口管理办法》(以下简称《办法》)将是奔驰国产难以逾越的壕堑。

与此呼应，国内一位与戴姆勒·克莱斯勒集团、北京汽车控股有限公司内部人士都交往甚密、交情甚笃的媒体资深人士张先生(化名)向本报抖出内幕：奔驰E240在中国市场销售最好，但奔驰却将在德国本土停产多年的生僻车型E280拿到中国来生产。更让人疑惑的是，梅赛德斯-奔驰公司对E280进行了改动，对外宣布是：“E280新款是专为中国市场打造的。”此举外露精明，暗藏玄机。有汽车评论家说，这是一种“黄鼠狼给鸡拜年”的行为。

张先生还说，戴-克对北京奔驰“并不重视”，甚至有意想“整垮奔驰项目”，目的是将投入巨大的北汽控股拖入泥潭。待驯服北汽后，奔驰再谋其他。“更令人不平的是，奔驰利用掌握核心技术的筹码，逼迫北汽控股节节让步，独霸了北京奔驰的主导权，话语权”。

果真如此？

## 北京奔驰CKD方式卡壳

2005年11月4日，记者来到北京亦庄经济技术开发区新建的北京奔驰-戴姆勒·克莱斯勒有限公司生产厂区。北京奔驰规模很大，占地达一千几百亩，现代化的装配车间厂房只占据了其中一隅。记者看到，新厂房的土建工程已临近尾声，厂房内的水泥地面刚刚铺完，还不能进人，生产设备也没有安装。如此看来，北京奔驰宣布产品11月下线肯定不会是在这儿了。

北汽控股的罗处长在现场告诉记者，北京奔驰现在有两个生产车间，因此“11月份出车绝对没问题”。但无论记者如何追问，他就是不告诉北京奔驰的另一个车间在哪儿。与此对应，国内某家颇有影响的财经媒体近日作出北京奔驰在亦庄经济技术开发区有“秘密工厂”的报道。

自2003年北京奔驰高调宣布项目将于2004年7月投产后，人们至今也没有见到北京奔驰的影子。终于在2005年10月，北京奔驰-戴姆勒·克来斯勒新闻办公室主任阮伟建透露，北京奔驰项目将在今年11月实现国产奔驰下线，12月产品进入市场。

业内专家解释，推迟的原因有二，一是2004年4月1日《办法》的出台对北京奔驰可谓是在百米跑道上来了个急刹车，终点就在眼前，但有人硬是紧紧拉住了你的手脚。二是北汽控股与奔驰的合资谈判并不顺利。

那么，北京奔驰能否挣脱《办法》的束缚呢？

程远在接受本报记者采访时对此不乐观。他说："北京奔驰以CKD(全散件组装)方式无法进行下去。"

他三次强调，由于《办法》的出台，现在已经不能再对合资品牌的汽车讲国产化率了，而是整车特征。"从整车特征来讲，外资品牌实现国产化的难度增大了。以前只要是将一些无关紧要的零部件拼凑起来，从总数目来讲40%的部件还是可以达到国产化的。而从汽车七大总成来讲，达到国产化要求就很难了。因为汽车的任何一个总成都有核心技术，而合资汽车的总成核心技术都掌握在外方手中。合资企业要想在中国实现本土化生产，就必须将2~3个总成的核心技术拿到中国来，而不是像以前那样，用收音机、天线、轮胎、玻璃、螺丝钉这些部件凑数，从数目上达到40%便可以说国产化了。这样一来，对奔驰是一个挑战。"

他说，以前只有一个奥迪，不声不响就做了。后来宝马行动也较早，争取了更多CKD件的进口权。而现在的情况是，中国市场不仅有奔驰、宝马，还有皇冠、凯迪拉克等许多著名品牌的汽车。若只给北京奔驰开口子，其他企业绝对不同意。这不仅仅是市场经济公平的问题。另外，若高端品牌放开了，又会面临中低端品牌放不放开的问题。若全部放开，中国的汽车市场、汽车产业便会走向另一个方向。在目前中国自上而下呼吁自主创新的大环境下，"北京奔驰很难进行下去"。

程远还认为，北京奔驰现在对政府公关是个难点。众目睽睽下，北京奔驰很难达到心愿。"没有不透风的墙，若是只给北京奔驰放口子，我就不会饶了它。为什么？因为这样做会侵犯中国汽车产业的利益。"

另有专家表示，现在很多汽车合资企业都表示将严格执行《办法》，但如何执行绝对是一个并不难解的谜。二十多年的市场开放，中国汽车工业根本没有换来任何核心技术。时至今日，没有一个跨国汽车公司将汽车七大总成中任何一个总成的核心技术引进中国。

《办法》的出台，对以CKD方式进军中国的跨国汽车巨头，对梦想利用汽车工业发展经济的地方政府无异于猛泼了一盆冷水。

按照《办法》的规定，进口汽车零部件能否构成整车特征，主要有三条标准：一是进口全散件或半散件组装汽车的；二是进口车身(含驾驶室)、发动机两大总成装车的，或进口车身和发动机两大总成之一及其他三个总成以上的，或进口除车身和发动机两大总成以外其他五个总成以上装车的；三是进口零部件的价格总和达到该车型整车总价格的60%及以上的。

"戴-克原来就希望以CKD方式在中国生产，现在看来不大可能了。这也正是北京奔驰一再宣布推迟产品下线的原因。"张先生认为，奔驰公司在一年前绝对不会料到会有这么一个《办法》出台，但现在为时已晚。

据了解，北京奔驰并不是惟一受《办法》制约的项目。事实上，国内几乎所有的汽车合资企业都面临着新《办法》的挑战。

某位业内专家对本报记者表示："国内的汽车合资企业，宣布已实现了40%或50%，甚至60%~70%国产化率的，本质上都是CKD。这是公开的秘密。从这一点上说，《办法》不仅是对合资企业的考验，也是对政府能否按照《办法》执行的考验。"

据了解，对于在华销售不多的车型，《办法》甚至让经营者放弃了在中国生产的愿望。因为按照《办法》，在中国生产和走进口渠道二者的成本差别并不大，更何况在中国生产还要投资买设备建厂房。

## 北京奔驰零部件配套系统难建立

既然北京奔驰CKD方式面临困境，另外的出路就是实现零部件的本地化生产。

程远的观点是，对零部件企业，中国一向是很开放的，只是以前随跨国公司进入中国的零部件企业多是技术含量很低的企业，并不涉及七大总成的核心技术。

程远并不想对北京奔驰零部件的配套系统如何建立发表言论，他说自己对零部件"没研究"，不便发表议论，在记者的再三追问下他甚至说记者"强人所难。"但他在沉吟了足有半分钟后还是说："汽车的核心技术在零部件上，并不在整车装配上。好的零部件不一定能生产出好车，但惟有好的零部件才能装配出好车。”

张先生则认为，改革开放后，中国的汽车市场事实上被跨国公司瓜分了，没有形成一个统一的市场，没有形成一个统一的配套体系。而每一个跨国汽车公司的著名品牌都有自己独立的配套体系。现实是，无论中国政府、中国汽车企业给予多么优厚的条件，跨国公司具有高含量核心技术的配套零部件企业都没有进来。

张先生还介绍说，北京市政府为了提高北京奔驰的国产化程度，尽量减少配件进口，在厂房、土地、税收等方面给北京奔驰优厚的支持。同时，零部件企业进入中国需要购买大量的设备。对此，北京市政府承诺给予资金支持。但问题是，戴-克给北京奔驰的定位是“只针对中国市场”，因而决定了北京奔驰的产量会很小。如此一来，为北京奔驰配套的零部件企业就会面临成本压力。

据了解，即便未来全中国都买北京奔驰生产的奔驰车，中国市场奔驰的容量也就两三万辆。这意味着，为北京奔驰配套的零部件企业产量上升的空间很小。另外一方面，戴-克在全球的零部件采购价格是统一的，不可能因为在中国的零部件企业成本上升而降低零部件的采购价。这无疑也阻挡了零部件企业进入中国的脚步。

而令业内人士感到不解的是，身兼北汽控股及北京奔驰董事长的安庆衡曾在公开场合宣布：“北京市将通过高档车（奔驰）的生产，提高北京零部件企业的发展水平，绝不是简单地用进口件拼装便宜车。”而且，早在与奔驰合资之初，北京市政府就想主导北京奔驰零部件企业进入北京，建立类似北京现代配套体系的模式。

对此，张先生认为，为奔驰配套的零部件企业具有独立性。这是因为，奔驰作为豪华车，对零部件企业的技术要求很高，一般企业很难达到要求。因此，不是提供优惠条件就能引进的。

如此看来，对北京奔驰而言，如何引进二级配套企业实在是一个令人十分头疼的难题。

张先生说，北京奔驰零部件企业引进的主导权现在已完全掌握在外方手中。这是因为，北京方面没有核心技术，无法指定哪家企业可以进来。为奔驰配套的技术标准是由奔驰自己制定的，为奔驰配套的零部件企业也要外方认可了才可以。可以说，安庆衡想通过引进奔驰项目来提高零部件配套企业水平的想法是难以实现的。“他应该明白豪华车与中低档车的差距有多大、明白自己手中缺乏核心技术这把撒手锏”。张先生比喻说，任何汽车零部件企业都能为三轮车进行配套，但其市场是随着车型等级的升高而逐步变窄的，其配套难度随车型等级升高而增大。以北京现代为例，从2002年第一辆轿车下线，到2005年年产量达20万辆的规模，仅用了三年时间。而生产20万辆现代与生产1万辆奔驰的技术要求截然不同，这不是可以在一个平台上对比的。因此，北京现代的配套模式绝不可能适用于北京奔驰。北京市可以从北京现代配套系统的建立中分一杯羹，但在北京奔驰项目上则很难。

程远认为：“北京市若寄托于通过奔驰的本地化生产带动零部件产业的发展，这本身就是决策错误，根本不可能实现。”

“而分析对比一下北京奔驰与北京现代对产业链建立的态度也是很有意思的，会对中国汽车企业与外方合资有所裨益。”张先生说，德国奔驰公司的消极态度与韩国现代积极的态度形成反差。车型的差异是让北京现代与北京奔驰处境不同的根本原因。这二者，成有成因，败有败由。

一边是热火朝天，一边是冷冷清清。一边是前景灿烂，一边是危机四伏。北京奔驰的尴尬处境与北京现代的春风得意竟发生在北汽控股同一个屋檐下。

北京市是这样介绍北京现代的：北京现代为了保证生产的正常运转，降低价格，提高产品的竞争力，迅速建立了国产化协作配套体系。目前，北京现代已经与国内60多家汽车零部件配套企业建立了合作关系。这些企业在为北京现代提供优质的零部件配套服务的同时，还促进了区域经济发展、技术进步以及社会就业。北京现代自成立以来，国产化率不断得到提升，2004年达到74%。

张先生说，74%的国产化率有夸张之嫌，并且这个74%还是建立在零部件数目基础上的，但至少说明了一个道理：北京现代在国内可以说建立了相对完善的零部件配套体系。

相对于单调的CKD方式，北京现代的业务可谓丰富：北京现代从事设计、开发、生产和销售轿车、RV、卡车整车、发动机及其零部件；为合资公司生产和销售的产品提供售后服务并从事其他相关业务。张先生认为,外资品牌的汽车实现中国本地化生产,产业链的建立与否可谓成功的关键,可以说,相对于奔驰,北京现代的成功模式不可复制。

## 戴-克:貌合神离的合资伙伴

在程远眼里,作为北京奔驰的合作伙伴、世界著名的跨国汽车巨头戴-克是怎样的形象?摘一段程远先生文章内的话:戴-克并非是个容易相处的伙伴,在国际车业,临危抛弃三菱,与现代反目,有评论说它总是"急于吃掉自己的伙伴"。

张先生认为,戴-克作为合资伙伴确实有失地道。他介绍说,虽然有许多世界豪华车型进入中国销售或生产,但很少有奔驰品牌在中国市场享有"至高无上"的知名度与认可度。奔驰车现在已经成为中国高端商务群体购车的首选,成为高端商务人士身份、地位与财富的象征。也正因为国人的宠爱,让戴-克在中国的脾气逐渐恶劣。在2002年以前,戴-克面对众多国际汽车品牌争破头似的中国本土化生产浪潮面前,独自心若止水,岿然不动,并不时放出"没有在中国生产奔驰计划"的信息。

但是,中国市场变化太快了。2002年、2003年两年中,中国汽车市场急剧升温,高档豪华车销售状况出奇的好。一时间,中国市场成为世界著名汽车企业共同向往的福地。而此时,奥迪已成为中国公务车的代名词。2003年3月27日,奔驰在中国的老对手宝马和华晨合资成功,双方各持有50%股份,该项目近期产量1.5万~2万辆,远期目标为年产宝马3系、宝马5系3万辆。其他国际品牌的高档车如皇冠、凯迪拉克等也对实现在中国本地化生产"渴慕"得焦灼。

终于,出身高贵但性格蛮横若公子哥的戴-克也对实现奔驰中国本地化生产动起了心思。消息传出,一些地方政府、汽车企业使出浑身解数与其沟通,有的地方政府甚至表示,只要奔驰愿意与当地的汽车企业"结良缘",当地政府便会既送"女儿"(企业)又送"嫁妆"(厂房、厂地、税收优惠政策等)还给"票子"(提供卖方贷款)。

对奔驰项目竞争激烈,参与者包括一汽、东风以及广州市、福建省、北京市等,据说汽车"疯子"李书福也曾向戴-克抛"媚眼",但遭到拒绝。戴-克那时真是摆足了架子冷看各方争斗,坐收渔翁之利。另一方面,戴-克提出的合资条件是苛刻的,以奔驰与一汽的谈判条件为例,戴-克要求一汽放弃"红旗"、"解放"等自有品牌。

将奔驰项目落户北京当做奥运项目的北京市志在必得,无非是"各地向奔驰提供的优惠政策北京都应有,而各地不能承诺的北京也可能有"。再加上戴-克原本通过北京吉普与北汽控股就有"亲戚"关系。终于在2004年11月26日,在德国不莱梅,北汽控股与戴-克举行了增资生产梅塞德斯-奔驰轿车的签字仪式。

以上就是简洁的"戴-克终于情定北汽控股"的版本。有人甚至形容"戴-克不是北京市招入的姑爷,而是引进的一条中山狼"。

据北汽控股内部人士透露:自2003年9月8日合资双方签订合资协议后,双方在股权比例、销售控制权、合资经营管理权上谈得很苦。北京奔驰项目原定2004年7月投产,其后一再推迟,原因是对于国产奔驰的投产戴-克不急,而北汽控股着急。为什么?中国市场一年1万辆左右的进口奔驰足以维持它的利润。

张先生说:"事实上,戴-克对奔驰在中国市场的本土化生产还处于观望状态。正是由于这种长久的观望让北汽控股在谈判中日渐被动,再加上核心技术都掌握在戴-克手中,因此,北汽控股对北京奔驰现在完全丧失了主动权。"

戴-克集团内部人士透露,戴-克集团控制北京奔驰体现在销售网络的争夺上。以前奔驰在中国的销售网络按地域分布由南星、北星、东星三家销售公司组成。这三家公司在中国的奔驰4S销售店各有30~40家,共有100家左右。由北星、南星、东星组成的销售网络对戴-克集团负责,而不是对奔驰(中国)有限公司负责。在戴-克的全球系统中,由北、东、南星组成的销售网络的地位要高于奔驰(中国)的地位,也就是高于北京奔驰的地位。

现在北汽控股与奔驰(中国)就销售网络利益博弈的结果是:奔驰原有的销售网络不但销售进口奔驰,也销售北京奔驰。而北京奔驰组建的销售网络则只能销售北京奔驰,不能销售进口奔驰。

有汽车评论家说,以上举动说明,戴-克集团对北京奔驰项目本身并不看好,它们通过在中国建立两套销售网络，以形成一道防火墙，防止北京奔驰合资项目一旦失败对原有销售网络造成负面影响，因而规避了风险。

让人难以理解的是，北汽控股原本想主导北京奔驰在中国的销售网络，但至11月底，北汽控股与戴-克的谈判还在进行。“可以肯定的是，最终北京奔驰的销售网络还是由戴-克掌握。”知情人士说。由此看来，北京奔驰的成败对奔驰在中国的销售并不会产生任何影响，因为它原有的销售网络很稳定。

另有业内专家认为，由于《办法》挡道，戴-克的打算是，一旦CKD方式生产奔驰行不通，便转而生产克莱斯勒300C。他甚至猜测，也许戴-克真实的意图就是在北京奔驰生产克莱斯勒，而非奔驰。对此，程远也认为，不排除戴-克有偷梁换柱的意图。

（《中国工业报》2005年11月21日 A1版）

本报观点

# 风，向哪个方向吹？

中国工业报记者　贾存斗

“北京奔驰太复杂了。”这是本报记者在采访过程中听到最多的一句话。

复杂蕴涵着几层含义：

1.戴-克集团本身复杂。戴-克在中国的业务互相缠绕，就在国产奔驰投产前夕，戴-克集团宣布北京奔驰将生产克莱斯勒300C。而克莱斯勒300C与北京奔驰即将投产的奔驰E280存在市场竞争关系。这说明，股份成分复杂的戴-克集团对于在中国市场主推何种车型，尚处在内部利益团体的博弈之中。

2.北汽控股内部意见难统一。据该公司有关人士透露，该公司管理层由于北京奔驰项目风险巨大而观点纷纭。有人主张迅速终止这个投入巨大的无底洞项目，而决策者们则坚决支持这个提高北京形象、完善北京汽车产业结构的工程。因此，针对这个项目，北汽控股存在内耗。

3.北汽控股与戴-克各怀心事。戴-克在北京设厂，实质是观望状态下的“一点小动作”，似无大干一场的打算。而北汽控股则希望通过北京奔驰实现自己“草船借箭”的愿望。戴-克对此当然心知肚明。可以判定，这不是建立在“忠贞不渝”基础之上的“爱情”。很难想像，这一“姻缘”的结局。

我们认为，不管何种形式的合资，都要保证双方赢利，若不能，无论这种合资的外表多么瑰丽，终会如肥皂泡般破裂。就在北京奔驰即将投产的大喜日子里，很多业内权威专家却在频频讨论“北京奔驰可能失败”的话题。更有专家指出，“北汽控股搭上老本与戴-克合资，无异于踩着钢丝过河，是一种赌博行为”。

另外，北京奔驰从双方开始谈判到现在一路坎坎坷坷，其风险是日渐显现：

1.若中国政府坚持执行《构成整车特征的零部件进口管理办法》，则北京奔驰CKD方式将胎死腹中。

2.即便北京奔驰以某种形式侥幸过关，但面对年产两万辆的中国市场，项目的未来也有待观察。

3. 在德国本土停产多年、而在中国销售不及E240的E280改进型奔驰，于中国市场同奥迪、宝马竞争，确实存在悬念。

4.按“E280是专为中国市场打造的”说法，北京奔驰出口的前景很渺茫。

5.批量低至年产1万辆左右的北京奔驰，成本肯定会高，而售价却似乎应该低于德国产奔驰。因此，成本也是北京奔驰不容忽视的风险。

据北汽控股内部知情人透露，北京奔驰通过各种方式已经进口了大量的CKD件，短时间还不至于缺粮断顿，但这总不是长久之计。

如此看来，北京奔驰项目对于北汽控股而言是祸是福，不言而喻。“我不知风向哪个方向吹”，这也许道出了人们对北京奔驰未来命运的担忧。

（《中国工业报》2005年11月21日 A1版）

记者手记

# 气从何来?

这个选题让我很生气,并且气得很厉害。不是生奔驰公司的气,不是生北汽控股的气。

重磅调查写到最后卡壳了。文章提纲改了一次又一次,我都开始怀疑自己不会写文章了。为什么会产生这种现象?

采访不充分?不是。整个选题采访了国内著名汽车评论家程远先生;采访了奔驰(中国)有限公司内部人士;采访了十多年从事汽车产业报道并与北汽控股、戴-克集团关系密切,知道北京奔驰合资内幕的资深媒体人士张先生(化名);探访了北京奔驰亦庄生产基地;采访了奔驰4S销售店的负责人。

准备不充分?不是。从选题策划到动手写文章将近半个月,可以说时间充裕;还查找了几十万字的资料,可谓资料丰富。

那么,看似万事俱备,又缺哪股"东风"呢?

直至完成了稿件,望见窗外的树落光了叶子。我恍然大悟:原本简单的事情复杂化了。

事实是,这个选题采访的内容太多了,参考的资料太多了。太繁则乱,哈哈,这就是我生气的原因吧。

然而,等到我劝醒了自己,却忽然想到,我对北京奔驰的合资调查,一定会让有些人生气。

那么,大家都生气,到底怪谁呢?

产业之虞

# 孱弱的零部件产业链
# 中国汽车工业的巨大隐忧

中国工业报记者　贾存斗

"就是因为奔驰轿车的零部件国内不能生产,但中国又想在本土生产奔驰车,才上演了北汽控股与戴-克集团不平等合资的怪剧。"11月11日,北京一家奔驰轿车4S店负责人卫先生(化名)在接受本报记者采访时说。他的观点是:零部件才是汽车的灵魂。他用了一个排比句表达他的忧虑:宏伟的金字塔是一块块岩石堆垒成的,壮观的万里长城是一块块城砖垛砌成的,一辆豪华的奔驰轿车是一个个零部件组装成的。

"不能生产零部件的汽车产业就等于无源之水、无本之木,汽车企业就没有合资谈判的主动权,只能任人摆布。若北京能够建立为奔驰配套的零部件体系,北京奔驰项目就不会陷入现在的尴尬局面,北汽控股也不会在与戴-克合资谈判的过程中备受伤害。"他认为。

## 被冷落的零部件

中国汽车工业协会的一位专家针对北京奔驰合资项目对本报表示:"中国的汽车零部件业与国

际水平差得太远了，中国汽车工业要想发展，必须伏下身子踏踏实实地将零部件这个基础做好。否则，类似北京奔驰合资的被动局面还会不断地出现。随着零部件进口关税的进一步降低，中国的零部件业若不能在‘下雨之前买好伞’，真让人不敢想像中国汽车工业的未来。”这位专家还补充说，师夷长技以制夷，学习外方的经验与技术是必要的，但前提是中国汽车工业零部件的生产制造到整车的销售服务，都要以自主创新拥有核心技术为基础。

11月6日，中国重汽集团专用汽车公司技术中心的一位研究人员接受本报记者电话采访时表示，中国汽车工业有一个十分滑稽的现象，各地政府包括国内所谓的汽车巨头，对于整车制造的热情远远高于对核心技术的开发，远远高于对零部件的制造，远远高于对企业的现代化管理，远远高于对产品的售后服务。他认为，现在全国各地几乎都能生产整车的怪现象堪称世界奇迹，中国的整车生产厂家甚至比美国、日本、德国三国的总和还要多。事实是，这三个国家任何一家排名靠前的汽车企业产量，比中国全部汽车整车企业的总产量都毫不逊色。

## 花环下的差距

据权威机构预测：2007年前，世界汽车业巨头在低成本国家的零部件采购额累计将达到500亿美元，其中70%将来自中国。如此看来，我国汽车零部件生产和出口面临着巨大商机。

知情人士张先生介绍，目前由于国内汽车行业的快速发展，零部件产品主要用于国内汽车生产，出口多为国外维修配件，因此出口的动力不足。但汽车零部件的出口符合我国汽车行业现状和发展趋势，我国汽车零部件生产也正在加速本土化进程，零部件产业的发展进入加速期为我国汽车零部件出口提供了有利条件。另外，由于我国入世承诺轿车整车关税减让，中高档轿车价格将继续向下调整，因此这些轿车的本土化生产浪潮也即将开始出现。

“形势看似一片大好，但事实并不是那样，中国汽车零部件业与国际的差距‘不只十里八里’。”北京现代的一位生产主管说。

据他介绍，在国内汽车合资企业中，北京现代的本土化还是做得比较成功的。目前，北京现代对外所说的国产化率已高达60%~70%，但事实是国产化率顶多30%~40%，这还是合作伙伴韩国现代“真诚合作，想大干一番事业”的结果。他认为，中国零部件业与国际零部件业的巨大差距是客观存在的，具体体现在：数量上的差距、研制开发能力的差距、生产供应方式的差距、供应体制的差距、科技含量的差距、信息传播的差距（详见相关报道）。此外，低价营销、假冒伪劣、无品牌生产等多种自残行为的存在，严重影响了我国汽车零部件行业的健康发展。

这位生产主管认为，中国的汽车零部件业可以说是“散兵游勇”组成的一支战斗力不强的部队。面对如此状况，中国自主品牌的汽车不“难产”才怪呢！

“中国汽车工业再也不能延续以前的好高骛远了。”中国汽车工业协会的一位专家说。他认为，很多专家在2002年就对中国汽车工业一厢情愿地以市场换技术的发展模式提出质疑，但并没有引起有关部门的重视。更可悲的是，中国几大汽车生产企业安于“傍大款”式的发展模式，根本不对零部件的技术研发进行投入。尽管他们声称到某某年自主品牌的产品将达到多少比例，但那只是做给国人看的。

中国汽车工业协会的专家曾表示：“中国各地政府，包括国内汽车生产企业，存在一个共同的误区，认为零部件只是汽车很小的一部分，不值得集中精力、财力去做，认为零部件可以通过全球采购得到。”

这位专家认为，事实上国内零部件企业对自己的处境是很清楚的，也想生产高技术、高附加值的产品。但是，由于中国汽车工业存在制造水平落后、零部件企业规模小、自主研发能力弱、企业包袱沉重、市场竞争激烈等特点，因此中国的零部件企业无法适应中国汽车工业的高速发展。“很难为国际品牌的汽车配套，也客观上成为中国自主品牌汽车‘难产’的罪魁祸首。”

这位专家还认为，汽车产业附加值的70%是由零部件创造的。本质上，中国汽车工业没有弄清楚是应该先有整车还是先有零部件的问题。中国的一些地方政府好大喜功，在地方官员的眼里汽车零部件企业与面粉加工厂没有差别。

这位专家还认为，汽车生产企业的急功近利、浮躁，是造成中国汽车工业缺失自主创新能力的根本原因。

不愿对中国汽车零部件制造水平发表评论的程远先生在接受本报记者采访时也说："中国大陆的汽车零部件不仅与日本、韩国相差很远，即便是与中国的台湾地区也差得很远。中国大陆汽车零部件一年出口相当于整车也就几万套，而中国台湾则达十几万套。

### 自主创新的未来之路

2005年11月15~17日，全国汽车生产企业联席会第九次会议暨中国汽车工业协会五届五次会长办公会在西安举行。会议的主题是"自主创新成为中国汽车工业'十一五'发展的主旋律"。

张先生说："这是一件好事，中国汽车工业走自主创新的路子早晚会成共识。我理解的自主创新，本质应在零部件的技术研发上，而不是整车的装配。"

在全球经济一体化的大环境下，我国汽车零部件企业面对的市场环境十分严峻。有专家建议：中国企业要提高质量、降低生产成本、加大产品的技术含量以增加产品的附加值；培育自主品牌，进入国际汽车零部件贸易的主流市场。全面扩大汽车零部件出口，是汽车零部件企业首先应当抓好的问题，而这一切都应建立在自主创新的基础之上。

专家认为，中国汽车零部件业发展需要解决的问题主要有：一是改变观念，认识到世界汽车零部件行业呈现出组织集团化、技术高新化、供货系统化和经营全球化等新特点，建立商品供应链的概念和意识。二是建立和制定汽车零部件标准。三是加大企业科研开发力度，不仅进行适应性开发，还要进行超前开发、高科技开发和系统开发，逐步缩小我国汽车零部件产品技术水平与世界的差距。四是建立正确的营销理念，通过举办或参加国内外高质量的专业展览会，进行有策略的营销，提高企业及其产品的知名度。五是加强行业协会的建设。

张先生认为：汽车零部件行业是一个庞大的行业，需要探索一条既适合我国国情又符合国际化的道路。在经济全球化的今天，国际竞争迅速由制造业向贸易和服务业延伸，这个趋势决定21世纪全球汽车产业的竞争格局。只要解决好零部件产业发展存在的问题，认真学习韩国汽车工业超常规发展的经验，已经有了一定基础的中国成为汽车强国还是有希望的。

（《中国工业报》2005年11月24日 A2版）

**装备工业合资变局特别策划·煤机系列**

**重磅调查**

# 两龙头企业出售箭在弦上 外资距垄断仅一步之遥

中国工业报记者 杨明

11月8日，黑龙江省国资委办公大楼出现了几个陌生的面孔，他们是由中国工业经济联合会、中国煤炭工业协会及中国煤炭机械工业协会等组成的联合调研组成员。据悉，调研组此行的目的是想了解该省鸡西煤矿机械有限公司（以下简称鸡西煤机）和佳木斯煤矿机械有限公司（以下简称佳煤机)改制的有关情况。

调研组黑龙江之行事出有因。据记者了解,曾有人向上述行业组织反映,该省即将把这两个在煤机行业属于排头兵企业的全部产权卖给一家外国公司,外资收购的全部费用共计8亿元左右。据一位知情人士讲,如果把这两家企业卖给那家外国公司,其后果将可能危及国家长远利益和经济安全。转让后,我国若想再打造两个与之实力相当的企业,仅仅8亿元远远不够。记者判断,上述问题可能才是业内如此关注两企业改制出售的原因之一。

据了解,早在今年8月,黑龙江省国资委就曾在自己的网站上公布,黑龙江煤矿机械集团有限公司(含两企业,以下简称省煤机公司)力争9月末完成产权转让,但此事由于种种原因一直没有新的进展。另据记者近日多方了解,省煤机公司原定于11月21日签署产权转让协议,目前又不得不再次延期。据可靠消息,目前省煤机公司改制出售的相关具体方案已经上报有关部门等待批复。而对于两企业改制出售问题,目前该省省内则有不同声音,其中,有的是担忧外资收购后会垄断我国煤机行业,有的则是对两企业产权转让价格以及方式上存在分歧。

## 政府意志下的改制出售

据了解,鸡西煤机和佳煤机原属原国家煤炭部,1998年国家部委调整后两企业下放地方,现属于由省国资委监管的省煤机公司。两企业中,鸡西煤机主要生产采煤机,国内市场占有率约为三分之一。而佳煤机则主要生产掘进机,国内市场占有率为二分之一左右。应该说,从市场占有率以及业内知名度上说,两企业都称得上是行业龙头企业,那么是什么原因促使黑龙江省要把这两个企业卖掉呢?

对于调研组的到来,黑龙江省国资委给予了高度重视。为了阐明黑龙江省对这两个企业改制出售的具体情况以及想法,他们似乎也在等待这样一个机会。

据了解,对于这两个企业,黑龙江省采取的是承债式股权转让办法。外资收购两企业后,将负担两企业所有的欠税、欠贷款等费用,其中股权为3亿元、债务为2.6亿元、欠税2亿元,外方承诺收购后技改投资第一年为1亿元,第二年为8000万元,第三年为5000万元。据初步估计收购总成本大约在9亿~10亿元。

据黑龙江省国资委副主任盖鲁林介绍,目前黑龙江省企业所有制结构过于单一,国有企业比重一直居高不下,长期来看,这种单一的所有制结构势必会影响该省的未来发展。为扭转这一局面,2003年该省发起了新一轮国企改革,并把这项任务列为各项经济工作的重中之重,计划要在三年内完成产权制度改革。同年,该省选择了10户国有企业作为改革试点,鸡西煤机、佳煤机就在其中。

据盖讲,当时省里到企业了解情况时,两个企业向上级有关领导反映:“虽然这两年企业发展的势头有所好转,但发展所需的设备、资金等都十分缺乏。”在了解到这些情况后,省里决定采用市场手段对这两个企业发展给予支持。据介绍,起初该省曾经试图借国家振兴东北等老工业基地之机,为两企业申报国债项目,但国家发改委方面的回答是:“如果这两个企业不改制,国债项目就不能批。”据盖分析,国家有关方面的考虑是,如果两个企业机制不活,即使投入再多的资金,只不过营造出两个更大的老国企。为了把两个企业做强做大,这两个企业的改制就这样被提上日程。

在谈到两个企业的情况时,盖鲁林表达了他的忧虑。据他介绍,两个企业在几十年旧体制下产生了很多问题,目前鸡西煤机的设备新旧率是35%,而佳煤机的设备新旧率则是45%。“这样的设备怎么能和国内其他企业竞争,现在企业的效益还行,但谁能保证他们将来还行?”盖鲁林说,“据我们了解,鸡西煤机的一个产品噪音达到了120分贝,声音就像拖拉机,而国内另外一家煤机厂的同型号产品噪音则只有40分贝,这就是差距,是我们的产品精度不够。”除此以外,盖鲁林还介绍说:“现在两个企业欠税已达2亿元,欠银行贷款也达到2.6亿元,如果这两个企业现在把欠税、欠贷款交了,生产经营马上就得停下来。”盖鲁林说:“从目前的情况看,现在煤机市场的竞争已经越来越激烈。最近两年市场上冒出了好几个新的企业,有的还是民营的。这些企业负担轻,起点高,很容易就会赶超上来,所以我们的压力也比较大。这两个企业目前的负担很重,不仅要负责供水、供电，还要负担医院、学校、幼儿园等，这样的企业更不要说和外企竞争了。”

盖鲁林在介绍情况时反复强调：“过去黑龙江省有四大支柱企业，分别是桦林橡胶、佳纸、北满特钢、龙涤股份，这4个企业当时的年产值都过亿元，现在怎么样，仅仅短短的十年光景都垮了。我们的教训太深刻了。我们想通过此次改制，把黑龙江省的煤机产业做大做强，并希望在组建煤机制造集团的同时，能对整个黑龙江的煤机配套企业有个带动作用，另外我们引进这家外资公司的目的，是把世界上最领先的技术应用到我们的产品上。”

改制的方式也有很多，例如合资等，为何黑龙江省偏偏选择了转让全部产权这种方式呢？据盖讲，对此问题黑龙江省的想法是要以做强企业为目标，要保障国家、债权人、企业以及职工的利益。黑龙江省企业改制中采取的办法也不是一卖了之。据他讲，该省的三大动力、齐一机、齐二机等关系到国计民生的企业都会得到保障。

对于该省国资委的这种说法，有关人士指出，这种做法实际上和甩包袱差不多。该人士进一步指出，关系到国计民生的企业实际上有很多，绝对不能简单地以行业划分，政府有关部门应该更多地看到企业在行业中的地位和重要性，并能从这个角度出发看待企业，并扶持企业。

“如果企业的包袱政府能帮着卸下来，企业的机制再有所转变，难道企业就不能自己发展起来吗？”据参加此次调研的中国煤炭工业协会的潘庆林说，当他在调研会上问到这个问题时，该省国资委有关领导的回答是“有可能，但也未必，机制不转换仍有可能发展不起来”，听起来模棱两可。

## 企业正处绩效俱佳时

种种迹象表明，该省目前是铁了心要把这两个企业卖掉。那么企业的实际情况又是怎样呢？

11月10日，记者来到位于黑龙江省东部地区的佳木斯市。10日上午，在得知记者的来意后，佳煤机企业管理处的王处长对记者说，该公司高层领导正在开会，他表示如果记者愿意的话，就等领导开完会再说。

言谈中这位王姓处长向记者介绍说：“企业2002年时候产值是1亿元，2003年就到了2亿元，去年是3.5亿元，而今年到现在为止，已经完成5.5亿元，力争年底突破6亿元。可以说企业一年上一个台阶，现在生产任务排得满满的，工人经常加班加点。由于企业效益好了，待遇提高了，现在工人的干劲非常高。”

王处长对记者说：“企业要改制的事情很早就听说了，但到现在也没有个说法。目前，前前后后已经有很多企业来看过，最可气的是有家企业看完我们的相关产品后，回去自己投资3亿元搞了一个掘进机企业，还挖走了我们的一位高级工程师，生产与我们同类型的产品。你说气人不气人。”

王处长的心情我们可以理解，但他反映的还只是一个侧面，该企业的高管又是怎么想的呢？经过漫长的等待，10日下午记者最终还是见到了该企业的一位高管。据这位李姓高管介绍，在多年的沉寂之后，佳煤机在2002~2004年步入了快速发展期，除年产值逐年大幅增长外，产量也几乎以年50台的数量递增。2002年该企业掘进机产量为50台，2003年为100台，2004年为160台。据他预计，今年的产量将达到260台。此外，这位李姓高管介绍，这两年企业的利润增长也很快，去年该企业产品销售利润超过1亿元，上缴税收6000万~7000万元。

交谈过程中，在谈到企业欠税问题时，该高管的回答使记者略感意外。据他透露，目前该企业所欠税款正在不断减少。他说，由于国家对振兴东北等老工业基地有些优惠政策，虽然政策还没有出台，但可能会对东北地区一些企业陈欠税进行减免，所以这部分税暂且被有关税务部门搁置在一边了。而这几年企业所欠税款，企业已经陆续补还，现在该企业的欠税仅有2000万元，按照企业的发展速度，所欠税款估计很快就能还清。另外据这位李姓高管称，企业原有的1.3亿元贷款，目前也已经偿还得差不多了，现在欠银行贷款仅有6000万元。

记者谨慎地问到，就目前情况而言，企业自己是否有信心把企业做好。该高管毫不犹豫地说：“不是说所有的国有企业都搞不好，佳木斯煤机公司绝对有信心把企业做好。”据了解，这几年佳煤机陆续加大了技改投入。2004年，企业投入1300万元进行技改，而今年则投入了3500万元。这从侧面也印证了该企业管理者搞好企业的决心。

鸡西煤机与佳煤机两企业所在的城市相距并不是很远，乘车也就3个多小时。11月11日，记者来到了鸡西。虽然在鸡西煤机并没有见到企业高层，不过据企业党群工作部部长介绍，他们今年的产值能完成4亿元。另据他介绍，该企业的利润率和佳煤机差不多。除此以外，该部长不愿再透露一个字。在该厂厂区里，记者随机采访了一位孙姓工人，据她介绍，现在企业生产非常红火，一线职工最近几年来一直加班加点，有的一线职工月收入最高时能达到4000元左右，这在当地绝对算得上高工资。

## 无论谁收购都将赢者通吃

虽然在鸡西煤机记者并没有听到更多的不同声音，但在佳煤机，记者却从有关知情人士那里听到了质疑的声音。

据这位知情人士讲，参与此次收购的外资企业是一家名为国际煤矿机械集团的美国公司（以下简称美国煤机集团）。但该企业根本没有煤机制造方面的技术实力，一旦转让根本不会对两个企业的技术升级起促进作用。据权威部门统计，目前佳煤机的市场占有率是46%，而鸡西煤机的市场占有率为37%，如此的市场占有率，无论是谁收购两企业，都有可能形成对煤机市场的垄断。

据了解，美国煤机集团60%的股份来自世界知名的投资公司——美国乔丹公司。而该集团另外的两个股东，一个是中国美国商会主席Emorywillians，持股15%，另一个是美国福霖公司，持股25%。另据了解，美国福霖公司的老板李汝波曾在原国家煤炭部任过职，对中国煤炭市场相当熟悉。

那么美国煤机集团又是如何成为惟一的收购企业呢？据记者从黑龙江省国资委了解，自该省于2004年初确定两企业改制后，曾经到北京拜访过40多家世界500强企业以及众多国内颇具实力的企业，最后有4家企业明确表示了参与改制的愿望。这4家企业分别是，中煤集团、美国煤机集团、德国DBT公司、大连金泽集团。不过，就在该省发布公告宣布两企业进入产权市场进行交易时，最后只有一家公司报名，即美国煤机集团。

“如果让这样一个投资色彩很浓的公司收购两企业，日后再转手卖掉，损失最大的还是我们自己。”上述知情人士不无担忧地说。对此，记者特意向该省国资委询问，但得到的回答是：“你说的只是一种可能，将来的事情我们谁也不能预测，我们会给予考虑的。”

我国是煤炭生产大国、消费大国，煤炭市场极其广阔。虽然目前我国的煤机产品技术并不是世界上最领先的，但是产品占有相当大的市场份额。目前国际领先企业纷纷进驻中国，试图在中国市场上分一杯羹。在这种环境下将龙头企业一卖了之，未来损失的可能就是整个市场。

据有关人士分析，此次外方收购这两个企业最为看中的是企业的品牌、研发能力、市场占有率以及两企业在行业中的龙头地位。虽然目前两企业设备在同行业内算不上领先，但如果再投入7000万元至1亿元，完全可以达到国内甚至国际先进水平。

据记者从有关渠道获悉，目前黑龙江省内个别部门对此次收购表达了不同的声音。据悉，该省有关部门在充分了解两个企业的具体情况后曾提出，此次收购应该按照最低价值出售。从未来5年的收益计算，两企业的最低价值应该为15亿元。

此外，如果按照目前证券市场确定股票发行价格的方法——市盈率法计算，最低价值也是15亿元。但外方却另有一套计算方法。据了解，外方是按净资产值来进行计算的。按外方的计算方法，两企业评估结果是：净资产为4亿元，扣除剥离辅业资产7000万元，净资产为3.3亿元。据称，外方还认为仍有1.8亿元可疑类资产可以剔除。如此算来净资产也就是1.5亿元，考虑今年两企业税后净利润1.5亿元，外方出资仅为3亿元。

有关人士曾经给记者算过一笔账，由于外方投入的3亿元主要用于设备更新，而据估计，明年两企业实现利润至少应该在3亿元左右，外商进入后将享受所得税免二减三的优惠政策，如此算来实际上外方的3亿元投入，都是羊毛出在羊身上。

## 改制方案要慎之又慎

记者在采访期间还了解到，有关部门所说的引进外资拉动当地相关产业链的说法十分牵强。

据悉，目前两企业相关配套生产企业多数在黑龙江省外，当地只能提供一些技术含量极低的小零件，即使是外省提供的配套件，也不是核心部件，许多重要部件生产还要依靠两企业自身。

按照这种生产关系，一旦外商提出产品升级，肯定要进口大量零部件，这势必加大企业生产成本，在国内市场竞争日益激烈的情况下，在企业运营不能为中方掌握的情况下，利润将很难得到保障，而一旦出现亏损，企业命运可想而知。

采访期间，曾有一位职工对记者说："企业改制我们是拥护的，只要有活干，有饭吃我们就满足了。但是如果真要把企业卖给外商，这心里还真有点不舒服。我们有的职工几代人都在厂里干过，有一份感情啊。据说宁夏西北煤机厂通过改制现在是全员持股，最近两三年发展得很快，员工干劲非常高，因为企业真正成自己的了。"

对于这位员工所说的情况，谙熟企业改制的人士对记者说，其实企业改制有多种方式，该员工所说的就是其中一种。

记者最新了解到的情况是，目前该省有关方面正在反复斟酌两企业出售的具体方案，但有可靠消息称，最终该省还是有可能按照净资产3亿元的方案出售。

（《中国工业报》2005年11月28日 A1版）

本报观点

# 国有资产流失的一个漏斗

中国工业报记者　贾柱

从本报近期推出的装备工业合资变局特别策划系列报道的案例来看，行业排头兵与跨国公司的合资正在成为国有资产流失的一个漏斗。何以如此？

其一：国有资产出资人缺位。现在所谓的地方国资部门，并不是真正意义上的国有资产出资人，而只是国有资产出资人的代表。说得通俗一点，地方国资部门充其量只是国有资产出资人的"管家"。由于产权改革滞后，真正意义上的国有资产出资人其实还是虚位以待的。在这样的背景下，作为国有资产出资人的"管家"，地方政府官员在任期内因为受到招商引资政绩考核机制的影响，有可能产生短期行为，结果使行业排头兵在与跨国公司合资的过程中形成一种漏出机制，成为国有资产流失的一个漏斗。

其二：国有资产出资人错位。这种错位的表现有很多种，例如法律环境不完善、资产评估体制不健全、产权交易走过场以及金融监管不到位，等等。在这样的背景下，作为国有资产出资人的"管家"，地方政府官员本来应该监管国有资产，防止国有资产流失，结果反而使行业排头兵与跨国公司合资成为国有资产流失的一个漏斗。举几个简单的例子：从产权的估值衡量，一个产值规模可观的行业排头兵，如果低价出售给外资显然是国有资产的流失；从未来几年的收益计算，一个赢利预期看好的行业排头兵，如果低价出售给外资显然是国有资产的流失；从不同的改制方案比较，一个行业排头兵如果合资后上缴国家的税收减少了，显然是国有资产的流失。特别值得一提的是，行业排头兵企业大都历史悠久，一旦卖给外资，若想再打造同样的品牌，原先的售价是远远不够的。这不是国有资产流失是什么？

其三：国有资产出资人越位。很显然，无论是改制还是合资，国企的管理层和员工都是行为的主体。常言道，"宝剑送壮士，红粉赠佳人"。或者说，"货卖与识家"——讲的都是一个道理，就是让国企的管理层和员工拥有充分的话语权，因为国企的管理层和员工是国有资产的经营者。而在国企合资改制的过程中，地方政府官员不是帮着企业“卸包袱”而是“甩包袱”，甚至在企业员工不愿意将企业贱卖给外资的情况下，“牛不喝水硬按头”，岂非咄咄怪事？

一个时期以来，地方政府官员究竟有没有权力贱卖国有资产，特别是地方政府官员有没有权力将国有资产贱卖给外资？一直是业内人士争论的一个焦点。这个问题看似复杂，其实很简单。原因就在于，作为国有资产出资人的“管家”，地方政府官员的职能定位是“监管”国有资产，而不是“处置”国有资产。

从本报近期推出的装备工业合资变局特别策划系列报道的案例来看，地方政府官员贱卖“下放”的行业排头兵企业，是一个不争的事实——作为国有资产出资人的“管家”，地方政府官员以贱卖国有资产来炫耀政绩，使企业的合资改制名正言顺地成为国有资产流失的一个漏斗，显然是一个发人深思的问题。

（《中国工业报》2005 年 11 月 28 日 A1 版）

记者手记

# 20%与 37%差异所为何来？

似乎黑龙江煤矿机械集团有限公司有关领导对调研组的到来极为警觉，因为就在调研组到达哈尔滨的前一天晚上，当调研组与该公司董事长王希和通电话时，他只是简单地说：“我在出差。我不在公司谁都不会接待你们。”

细细体味一下，王的谨慎也情有可原。因为对于鸡西煤机和佳煤机产权出售一事，一直存有两种不同的声音：一种是两企业不重要可以卖，另一种则是这两个企业很重要，不能卖。而该省国资委所持的就是前一种观点。

按照该省国资委的说法，鸡西煤机的市场占有率也就是 20%，而且还在逐年下降。而据记者从权威部门获得的数据显示，鸡西煤机的市场占有率是 37%。如此差异所为何来？记者很是困惑。当记者问到如何看待两企业出售的利弊时，该省国资委的有关领导没有从正面回答，只是说：“此次两企业出售的利弊，应该由所有者来判断，不同的理念，不同的层次，应该有不同的判断。”

关于两企业的改制方案，该省国资委的有关领导给予了充分肯定，并说“我们的安置方案是最完备、最完美、最全面的”。在整个交谈过程中，有关人员还花费很长时间向记者介绍，黑龙江省国资委在防止国有资产流失的一些经验和做法。据介绍，这些做法还是全国各地学习交流的范本。

依记者看，黑龙江省把什么都考虑到了，就是没有考虑到两企业出售后，将会对整个煤机行业产生哪些影响。在与记者交谈的过程中，该省国资委没有一个人说到两企业出售后技术力量的消失、市场拱手相让等问题。当记者问到“外资是否会把两本土品牌雪藏而另设一个全新的品牌”时，该省国资委有关领导一时语塞，最后反问记者：“外资为什么要这么做？”

（《中国工业报》2005 年 11 月 28 日 A1 版）

产业之虞

# 龙头企业前途未卜<br>煤机行业格局即变

中国工业报记者 杨明

鸡西、佳木斯，黑龙江省的两个边陲小城，如今成为人们关注的焦点，而这一切是因为鸡西煤矿机械有限公司(以下简称鸡煤机)和佳木斯煤矿机械有限公司(以下简称佳煤机)即将出售。

这两家企业或许还不知道，就在黑龙江省积极推进两企业改制出售的同时，远在千里之外的北京正在召开一个重要会议，而会议上传出的信息，则与两企业密切相关。11月14日，中国煤炭工业协会第六次全国煤炭工业科学技术大会在京召开。中国煤炭工业协会会长、中国工程院院士范维唐在会上指出，“十一五”期间，我国煤炭工业科技工作的重点是全面推进矿井机械化生产，并努力实现煤炭工业重大技术装备国产化。据了解，到2010年，我国大中型煤矿采掘机械化水平将达到85%以上。“这就意味着今后我国采煤机、掘进机市场有着非常广阔的空间。”一位业内人士对记者说。

该人士的推测有其理由：今年早些时候，国家有关部门曾下发《国务院关于促进煤炭工业健康发展的若干意见》，提出大力推进中小型煤矿机械化，提高煤炭重大技术装备研发和制造能力，促进重大装备制造国产化。据了解，未来几年，我国将形成若干个亿吨级生产能力的大型煤炭企业和企业集团，这些大企业、大集团自然要配备先进的采掘设备。

然而这个机遇很可能将与鸡煤机、佳煤机擦肩而过，因为一旦两企业出售，再大的市场份额和利润空间，都将属于美国国际煤机公司。

## 五年内无人能出其右

据了解，2003年，中国煤机市场综采综掘产品总产值在200亿元左右，其中外资产值约为80亿元。

经过多年的积累，我国煤机行业获得了较快发展，形成了较完整的煤炭装备制造体系，专业化程度也很高。但今后的煤机市场需求已经不再仅仅局限于专业化装备的制造和加工，现在用户更多地需要具有综合生产配套能力的产品。

所谓综合生产配套能力(综采综掘)指的是，既能生产掘进机，又能生产采煤机、刮板机、液压支架等，并且产品彼此之间要有较强的配套能力。根据记者掌握的材料，我国生产采煤机的企业大概有10多家，产量排在前五名的企业分别是鸡西煤矿机械有限公司、无锡盛达机械制造有限公司、太原矿山机器集团有限公司、西安煤矿机械厂、辽源煤矿机械厂。据统计，鸡煤机2004年的产量比第二名要多出30台。掘进机生产企业有8家左右，排名第一的佳煤机2004年的产量要比第二名企业多出115台。相关资料显示，在大同、阳泉、淮南等重点煤机市场上，鸡煤机的市场占有率为37%，佳煤机的市场占有率更是高达70%。在评价鸡煤机、佳煤机两企业时，美国国际煤机公司坦言：五年内中国煤机市场没谁能取代两企业的行业龙头地位。

正是由于看中两企业的优势，美国国际煤机公司才决定押宝在这两企业上。在他们看来，黑龙江省出售两企业简直是天赐良机。据了解，美方在此次收购两企业之前，只生产工艺简单的液压支架，该公司起初得知黑龙江出售两企业时并没有足够资金储备。为了完成此次收购，该公司最终找到了资金雄厚的美国乔丹公司，由此美国国际煤机公司搭上了收购两企业的末班车。

在经历了十年的低谷之后，中国煤机行业迎

来了最为宝贵的发展期。然而正当我们企业为之摩拳擦掌跃跃欲试之时，外国资本却要加入进来分食这难得的盛宴。

## 煤机市场山雨欲来风满楼

两企业即将被出售的消息披露后，国内煤机行业已不能保持原有的平静。

据业内人士透露，目前神华集团与郑州煤矿机械制造有限公司等企业正紧密联系，希望尽快组建一个大型的采煤装备制造企业，以防止外资收购黑龙江两企业后在市场上形成垄断。

据有关人士透露，原本参与鸡煤机、佳煤机收购的德国DBT公司，最近在华的战略布局也有所调整，试图向我国产煤主省区靠拢。外资的一系列举动显示，他们开始向中低产品市场突破。与此同时，其他外资企业也相应加快了组建大型采煤装备制造企业的步伐。

据可靠消息，在今年10月28日举办的第十一届国际煤炭采矿技术交流及设备展览会闭幕后，世界采矿设备制造巨头美国久益公司(JOY)高管立即奔赴宁夏银川洽谈收购西北煤机公司事宜。

美国久益公司是一家在国际煤机行业声名显赫的企业，该公司在产品设计、研究开发、生产制造、销售和技术服务等方面拥有悠久的历史和丰富的经验。其主要产品有：滚筒式采煤机、液压支架、工作面运输机、转载机、采煤机、掘进机、锚杆机、穿梭车及控制系统等，并能提供长壁采煤和房柱采煤的成套设备。据不完全统计，截至2003年，久益采矿设备公司陆续向我国出售16台长壁采煤机、22台工作面输送机、3套液压支架、43台连续采煤机和18台穿梭车。

据业内专家介绍，西北煤机公司在业内也属重要企业。西北煤机公司现在分为三个独立的公司，西北奔牛实业集团有限公司是国内生产刮板输送机的骨干企业，市场占有率约为30%，仅次于张家口煤机公司；西北煤机二厂是生产胶带输送机的骨干企业，市场占有率约为30%；西北煤机三厂是生产矿用防爆电动机的骨干企业，产品是宁夏回族自治区的名牌产品。

专家指出，在经济全球化的大趋势下，跨国公司往往通过掌握整体工艺设计和产品核心技术，进而达到控制总装和采购的目的。各方之所以采取这些举动，都与鸡煤机和佳煤机将被外资收购有关。因为一旦两企业被美国公司收购，将在中国市场上冒出一个占据主导地位的企业，这对各方利益都是一种压力。

## 市场与品牌将一丢再丢

门迎春，中国老科技工作者协会煤炭工业分会副理事长，在谈到外资收购煤机企业时忧心忡忡地说："先是黑龙江，接着是宁夏，下面同样的情况还会出现在其他地区。如果任其发展，我国用半个多世纪建立起来的完整的煤炭装备制造体系将会瓦解。"

门迎春介绍，现在外国在华投资呈现一种新的动向，即并购大中型企业，尤其是行业的龙头企业，抢占国有品牌和市场。外国企业在跨国投资问题上绝对不是盲目决策、随便投资，他们选择"猎物"有非常丰富的经验。实际上，跨国公司早辨识出中国煤炭装备制造业的根基在哪里、命脉在哪里、优势在哪里、优良资产在哪里、龙头企业在哪里、市场前景有多大，他们只是在等待时机，现在机会来了。

门迎春说："跨国公司收购黑龙江两企业一旦成功，必将严重冲击我国煤炭装备制造体系，为其控制中国市场奠定基础。跨国公司必将以自身优势为依托，充分利用我国煤炭装备制造体系的弱点与劣势，以采煤机和掘进机产品为基础，再伺机收购输送机、液压支架、防爆电动机等企业向成套发展，同时高价招聘中国研发人员，在华组建强大的煤炭装备研发制造集团，以达到控制中国煤炭装备市场的目的。"

近年来鸡煤机和佳煤机两企业每年投入的研发资金都在4000万元左右，每年都有新产品问世。其中，鸡煤机从2000年至今，已陆续开发15个系列40多个品种的新产品。此外，还拥有从0.75m薄煤层至6m厚煤层的各类采煤机，新开发的MG2040型采煤机是国际上目前功率最大的。佳煤机具有自主知识产权的S135型掘进机在市场上更是供不应求。据悉，佳煤机今年又向国家申请了六项专利。有关人士对此深表痛心，认为这些研发力量以及市场若被外资控制实在可惜。

提起鸡煤机和佳煤机，煤机市场无不知晓，用户对两企业的品牌极为认同。据悉，今年淮南矿务局计划提高产量，拟采购25台掘进机，要求全部从佳煤机订购。由于地处同一地区的淮南煤机厂也生产与佳煤机同类的产品，安徽省有关方面干预，最后淮南矿务局被迫订购了18台。曾有一企业以产品降价或无偿让用户使用一年的方式，也没有赢得客户。相反，佳煤机和鸡煤机不但产品不降价，用户还要交预付款才能订货。由此可见两企业的品牌价值非同一般。

黑龙江省在出售两企业的问题上，十分看重地方利益。据了解，在谈判过程中该省明确提出，无论哪一方收购两企业，企业的市场投资中心、利润中心、研发中心或者加工中心都要设在黑龙江。但未见提及品牌以及对行业的影响诸问题。

## 煤机行业开始洗牌？

眼下，组建一个综合性的煤机制造集团已成为我国煤机行业迫在眉睫的任务。

据业内专家介绍，煤机行业格局不发生变化，任由企业独自发展，最终可能会被外资各个击破，行业将进入洗牌阶段。

该人士的分析绝非危言耸听。据了解，我国煤炭装备制造业是在计划经济时期，按照煤炭生产布局发展起来的，存在很多弊端。通常一个工厂的主导产品只是一种，并且由煤炭企业选厂配套。而产品的研发是由科研院所负责，工厂只负责加工制造，企业没有技术研发中心。为了配合煤炭生产布局，同一产品由几个工厂加工制造，因而企业规模小且分散。至今，我国没有一个煤炭装备制造企业能够成套研发、成套生产、成套销售、成套核算。即使是中国煤炭机械工程装备集团公司，也只能研发制造刮板输送机和液压支架，况且至今尚未真正形成集团优势。

组建一个综合煤机制造集团需要三机一架（采煤机、掘进机、刮板机、液压支架）。根据记者掌握的材料，目前国内采煤机生产企业，排头兵是鸡煤机，掘进机生产企业排头兵就是佳煤机。国内生产刮板机制造企业除西北煤机公司外，比较重要的企业还有张家口煤机公司、湖北煤矿机械厂、湖南煤机厂。在液压支架生产领域，郑州煤矿机械制造有限公司、北京煤矿机械厂、山东昌乐矿山机械总厂有限公司、平顶山煤矿机械厂位居前列。液压支架产品的生产技术工艺不复杂，技术含量不高，目前国内许多采煤企业的维修厂也能生产。

技术和资金是我国煤机行业的软肋，如果外资注入资金和技术，在很短的时间里就会取得行业控制权。有关人士分析，如果外资收购郑州煤矿机械制造有限公司以及北京煤矿机械厂，最大的意义在于它的生产能力和市场份额。而采煤机和掘进机与液压支架技术含量不同，采煤机的技术含量高，制造工艺也比较复杂。正如一位高管对记者所说，谁掌握了黑龙江两企业，实际上就控制了整个市场。

就现有的条件而言，国内可以组建综合煤机制造集团的企业只有两家，一个是山西焦煤集团，另一个则是中国煤炭机械工程装备集团公司。焦煤集团下属有山西煤矿机械制造股份有限责任公司，还有太原矿山机器集团有限公司，分别生产刮板机和采煤机。其中太矿公司还有生产掘进机的能力，加上焦煤集团有生产液压支架的能力，所以山西焦煤集团最有实力组建煤机制造集团。但山西焦煤集团目前似乎并没有这方面的打算，远不如中国煤炭机械工程装备集团公司来得那么快。

在收购鸡煤机和佳煤机未果之后，中煤集团公司所属装备公司（中国煤炭机械工程装备集团公司）不久前在北京举行对外合作项目签约仪式，分别与英国戴维布朗工程公司签署了减速器合作制造协议，与英国帕森斯链条公司签署了矿用链条战略合作协议，与波兰扎布热集团公司签署了合资制造采煤机意向书。不过，有关人士对中煤集团的做法评价不高，认为舍弃国内两个重要的煤机企业而与外资合作，会造成国内煤机行业“外强中干”的局面。

记者截稿时从有关方面获悉，中国煤炭机械工程装备集团公司日前再次表态，欲收购鸡煤机和佳煤机两企业，不知这是不是中国煤机制造行业留住这两个企业的最后机会。

（《中国工业报》2005年11月30日 A2版）

装备工业合资变局特别策划·玉柴系列

重磅调查

# 金股：悬于玉柴头顶的达摩克利斯之剑

中国工业报记者 杨纯

10月28日，广西玉柴机器股份有限公司宣布，由原广西玉林市发改委主任晏平接替王建明担任玉柴机器股份有限公司董事长一职。随着王建明这位中国企业界里极富传奇色彩的企业家的离去，由其掌舵了20年的玉柴再度进入人们的视线。

如今，玉柴这只“山沟里飞出来的金凤凰”正在沿着王建明等设计的“称雄国际内燃机行业”的目标稳步领跑国内内燃机制造业，也将在2005年度继续取得良好的经营业绩。然而，正是这个中国第一家成立中外合资股份有限公司、第二个在美国上市的中国内地企业，从登陆纽约股市那一天起，就与在资本市场上被称为金股的东西结下了难解之缘。

## 金股现身

提到玉柴，就不得不提玉柴13年前的股改，正是这个当时被理论界推崇备至并极富传奇色彩的股改模式，令玉柴成为继华晨中国之后第二个登陆纽约股市的中国企业，也正是这个传奇故事，使得玉柴得以从中国大西南山沟里一家极不起眼的柴油机生产企业迅速成长为中国最大的内燃机生产基地之一和日后的小型工程机械出口基地。

上世纪80年代末，玉柴集团制定了投资额为31700万元的技改计划，由于众所周知的一些原因，项目申报5年也未能拿到当时的国家计委的审批。

一个偶然的机会，让时任玉柴厂长的王建明感觉到了“资本魔方”的力量。在北京听了刘纪鹏有关股份制改革的讲课之后，王深受启发。会后，王建明把刘请到玉柴“软禁”了7天，设计出了一套改变玉柴命运的股改方案：玉柴集团将生产柴油机等主要的生产性资产分离，成立玉柴股份，全部资产折为国有股份。1992年7月，玉柴股份向境内非私营和三资企业法人机构定向募集法人股8000万股，募集资金2.3亿元。作为试点，这部分法人股通过STAQ系统发行，然后在STAQ系统流通。改组后，玉柴股份总股本为18958.36万股，其中国有股1095.36万股，占57.8%；法人股8000万股，占42.2%。

初尝了资本的甜味，仍想再融资，玉柴又找到中国证券市场研究设计中心联合办公室（简称联办），于是联办决定帮助玉柴引入海外投资人，创造一个控股结构的框架到境外上市。1993年2月，新加坡丰隆集团、高盛公司、美国国泰投资基金有限公司、新加坡曾王证券投资有限公司以及中国光大集团有限公司下属香港机构，开始与玉柴股份谈判合资，六方于同年4月1日签约，玉柴成为了中国第一家中外合资股份有限公司。

玉柴股份总股本在签约之后增加至38958.36万股，其中外资股2亿股，占51.34%；新加坡丰隆占22.26%；高盛占5.22%；美国国泰投资基金有限公司占12.64%；中国光大集团有限公司占12.64%。

为了在纽约间接上市，1993年底，外资股东开始精心运作：5家外资股东分别通过各自在BVI（英属维尔京群岛）注册的公司将其股份转移至海外，并将其持有的玉柴股份共2.78亿股（由2亿股变为2.78亿股，是由于光大将其原来所持的法人股进行了转移）合在一起，在百慕大注册了一家控股公司——玉柴国际。

5家外资股东随后进行了换股，将其持有的2.78亿股玉柴股份以10:1的比例换为玉柴国际的股份，成为玉柴国际的股东。股份置换后，玉柴国际持有玉柴股份76.4%的股份，成为玉柴股份的控股股东。这样，1994年，玉柴国际登陆纽约股市只欠东风了。

然而，上市并不一帆风顺。中国企业当时的海外上市，虽没有必须经过中国政府批准的严格规定，但根据中美双方证监会达成的相关备忘录，玉柴的间接上市必须有中国政府被知会的过程。虽说仅仅是知会，但在当时中国的环境下，对待国内企业海外上市，这一知会过程并不简单，招股说明书等各类详尽的资料在地方政府、原经贸委和证监会之间来回地传递，拖了不少时间。

事实上，影响知会审批的最关键因素在于玉柴的股权结构。根据当时国家相关产业政策的规定，内燃机行业不允许外资控股，而玉柴外资控股的结构恰恰违反了这一条。但是由于在外资占股的51.34%中，光大集团虽属境外投资者，但仍属国内资本，并且玉柴称自己事实掌握着企业的实际控制权，这样，在光大集团向原国家经贸委承诺仍将其所持玉柴法人股转移至其境外全资子公司后（光大随后将其所持的玉柴股份在STAQ系统流通的法人股通过光大国际信托投资公司以每股6元左右的价格进行了标购，最终转移到光大海外的全资子公司Coomber公司，加上在外资51.34%中的部分，光大集团于是成为玉柴国际的第一大股东），有关主管部门才打消了玉柴被外资控制的顾虑，知会审批才得以从原经贸委、中国证监会辗转批复。据了解，最后还是当时的国务院负责同志在出国考察的飞机舷梯上作了下不为例的批示之后，打了擦边球的玉柴国际才得以在纽约上市。

而就在玉柴国际为纽约上市在国内辗转运作时，丰隆坐不住了。极富资本运作经验的新加坡丰隆集团是富豪郭令灿的家族企业，在和其他股东一同运作玉柴上市的同时，丰隆也在忙活自己的一手。它将自己在中国的一些投资包括玉柴股份、新飞冰箱以及其在新加坡的几个建材、塑料加工企业一起打包，欲组成丰隆亚洲到纽约上市。在玉柴国际等待中国政府被知会的时间里，丰隆抢先完成了资产打包，并在纽约进行了上市前的巡回路演，丰隆亚洲上市箭在弦上。

丰隆亚洲的上市，使得玉柴其他股东坐立不安。因为"一个故事不可能在同一个地点在相隔不长的时间里和美国投资者说两遍"。如果玉柴国际上不了市，那么操作玉柴国际上市所花的功夫就真成了瞎折腾，其他股东的投资也就没有出路。

"根据当时的测算，如果玉柴国际单独上市，我们可以拿到1亿美元的资金。如果玉柴股份作为丰隆亚洲的一部分资产上市，我们最多只能拿到2000万美元，这个差距太大了。"王建明告诉记者。

于是，玉柴众股东和丰隆商量，希望其做出退让，让玉柴国际先在纽约上市，然后丰隆亚洲再到异地上市。可是深谙投资之道的丰隆哪里肯做赔本的买卖，顺势提出了同意玉柴国际先上市，但丰隆在玉柴国际中拿金股的要求，否则丰隆亚洲就提前上市。据知情人透露，彼时，广西玉柴正从巴西引进生产线，急需资金，如果不能及时通过上市融资，将要支付约1000多万美元的违约成本，而据说光大国际金融投资公司当时也急需寻找资金。出于无奈，包括玉柴国际第一大股东光大集团在内的其他股东，不得不签下股东协议，接受丰隆持金股的要求。

根据股东协议，丰隆持有金股，虽然其持股量低于第一大股东光大，只有29.3%，但可以对广西玉柴的经营、管理和发展等各事项具有一票否决权，而且规定，所有玉柴国际派到广西玉柴的董事都要一致投票，没有单独表决权，并且在玉柴国际中，丰隆也拥有一票否决权。这样，丰隆通过金股，实际上仅用不到30%的占股就把玉柴国际的实际控制权牢牢握在手中。

"其实让玉柴国际上市比丰隆亚洲单独上市要

好，因为国际会计法有规定，只有在持股量达到51%以上或是掌握了实际控制权的情况下，财务报表才可以依法合并，让玉柴国际上市并持有金股，丰隆亚洲才能对其资产包内的玉柴股份进行财务报表合并。如果丰隆亚洲先上市，玉柴股份就只能作为一项长期投资计入其财务报表，丰隆并不能拿到太多的好处。所以，丰隆持金股的做法完全是在玩手段。”服务玉柴近15年的律师、北京金杜律师事务所合伙人杨小蕾告诉记者。

据知情人士透露，实际上丰隆在持金股之前就曾提出过要在玉柴国际中设立常务董事会，并坚持要求自己在其中占多数席位，但这一想法当时未能如愿。

毫无疑问，持了金股的丰隆随后即将玉柴股份的财务报表进行了合并，丰隆亚洲不久也在新加坡上了市。而广西玉柴在从玉柴国际的纽约上市中拿到6000余万美元的同时，也从此给自己埋下了金股的伏笔。

## 金股表现

应该说，玉柴金股的出现，对于玉柴国际当初的纽约上市是有一定积极作用的。在上世纪90年代初，国内股票市场亦才刚刚建立，国内企业在国内A股上市都很困难，像玉柴这样到美国上市就更不容易了。况且那个时候，美国投资者对中国企业很不了解，对中国企业的经营管理心存疑虑。而作为国际资本市场上成名的资产经营和投资机构，丰隆对玉柴国际的掌控，使得一些国外投资者对玉柴另眼相看。并且丰隆也曾作过承诺，如果玉柴国际的股票发行不顺，其将负责相应的股票包销。当然，丰隆控金股、中国概念改善以及玉柴国际上市良好之间并不能划等号，它们之间也没有太多的确定性联系，但玉柴国际的上市在美国得到了积极的反应，股价一度从发行价攀升至13美元也是不争的事实。

拿到资金的广西玉柴，进行了设备更新和技术改造，1994~1996年，广西玉柴进行了大刀阔斧的改革并迅速强大起来。

“企业发展势头很好，双方的矛盾看不出来，一些分歧也被掩盖了。”王建明告诉记者。

但是自1996年开始，国家进行宏观调控，市场迅速下滑，加上玉柴自身经营上的一些问题，使得广西玉柴的经营业绩开始下滑，并在1997年达到经营的历史最低点。

“面对经营业绩下滑、市场萎缩等困难，如何渡过难关，双方的矛盾开始逐渐暴露出来。”王建明说。据他介绍，丰隆主要投资领域在金融、房产和酒店，制造业方面也仅涉及塑料、建材及装修等，“对经营管理玉柴这样的高技术含量的发动机制造企业缺少经验”。

面对业绩下滑，丰隆的措施就是节约开支，严格控制财务支出，对任何投资和技改都持否定态度，并几度欲进行裁员计划。而在王建明看来，这些都“根本无法使企业摆脱困境”。他认为，只有拿出钱来进行技术升级、产品更新、增加品种并留住、积聚科技人才才是根本出路，而“这个发展思路却是和丰隆严重冲突的”。

事实上，在丰隆控金股的董事会中，中外双方的发展思路就曾出现过争论，争论当然不是坏事，至少可以发现和探讨一些问题。然而，拥有一票否决权的金股，其决策的强硬给企业造成的影响则逐渐显露出来。

据知情人介绍，广西玉柴当时花了6亿元收购巴西公司，从1994年建厂，花了3年时间引进了德国的博世、美国的西南研究院等机构对其引进的福特柴油机进行相关的技改，正当技改关键时期，丰隆凭借金股特权在1997年将这项4亿元左右的资产全部作为坏账处理，于是玉柴当年的纽约报表亏损额达4000多万美元。“其实我们在业绩差的时候每年至少也有几百万美元的利润”，王建明对记者说，但这样却“严重损坏了玉柴在投资者眼中的形象和今后再融资的可能”。

据王建明介绍，丰隆凭借金股特权自1997年起就连续否决玉柴多项开发新产品、新工艺的动议。丰隆派驻的财务执行官在广西玉柴就是典型的一枝笔，所有财务支出都要其签字批准，“想给科技人员涨点工资或发些奖金都很困难”。

令王建明感到不能容忍的是，丰隆利用手中金股做了为自己谋利而损害其他股东权益的事情。据王透露，自1993年起至2000年，丰隆凭借金股特权把广西玉柴向玉柴国际分配的3900多万美元的红利仅向玉柴国际的其他股东分配了813万美元，其余3000余万美元则留存不予分配。“光大集团这些年也才拿到了7万美元的红利，这也是我们后来才知道的。”

丰隆常年的扣红不分，客观上给玉柴国际的其他股东造成了损失并给广西玉柴的声誉造成了负面影响，1997年后的2~4年时间里，很长一段时间玉柴国际的股价低于1美元，有时甚至跌到二三十美分。

## “第一次战争”

丰隆金股的强硬，终于导致了与王建明的第一次正面冲突。而此前，双方在经营管理和发展战略上的碰撞和摩擦甚至在董事会里的争论也一直没有停止。

1998年，王建明提出提升科技人员待遇方案，但是手握一票否决权的丰隆在董事会上却屡次拒绝通过。1999年9月，完全控制财务支出的丰隆甚至向广西玉柴派来了咨询队伍，准备擅自宣布所有玉柴员工的工龄只能从1992年起计。王建明认为这是摧毁玉柴的崩溃之举，于是断然采取行动，将丰隆公司派出的财务总监及咨询队伍驱逐出玉柴，还告诉外方如果在超过指定时间仍未离开玉柴，中方将拒绝提供一切住宿和车辆，并于当天宣布无限期关闭董事会。之后王建明立即向玉林市和广西区两级党委和政府作了紧急汇报，取得了政府主管的理解和支持。

丰隆方面也立即采取了应对行动，当天就在新加坡罢免了王建明玉柴国际董事长职位，并状告原国家经贸委，要求对王建明进行处理。然而此举似乎并未得到有效支持。据了解，原国家经贸委曾两次派人到广西玉柴就该事件进行调查，但每次都没有做出任何否定性质的表态。

而关闭董事会的这段时间，广西玉柴暂时甩开了金股控制再次取得了飞速的发展。

“从1999年9月下令关闭董事会到2001年双方和解，这两年时间是我们广西玉柴最宝贵的两年，在这两年里，我们放手做了很多应该做的事情，企业实现了完全的复苏。”王建明告诉记者。

广西玉柴在这期间加强了市场建设，全力推进新产品问世，落实科技人员待遇，强化了内部系列管理，严格规章制度并提高工作效率，经营业绩取得了显著的回升，2001年其柴油机销售量达到了7.4万台，超过1995年时的历史最高水平2000多台，并且利润也在逐步上升。

丰隆一方见此，在2001年派代表进行和谈，最终恢复王建明的董事长职位，并承认了管理层在关闭董事会期间工作的有效性，玉柴挑战金股的第一次“造反”以丰隆的妥协而结束。

## 为不可为之事

然而好景不长，广西玉柴和丰隆金股的冲突不久后再起，而真正使中外双方针锋相对的是丰隆对广西玉柴筹划国内A股上市的百般阻挠。

2002年，中银国际找到广西玉柴，为其策划国内A股上市。按照测算，根据广西玉柴的发展势头和财务审计，如上市成功，广西玉柴将可获得25亿元的发展资金，而丰隆对此则表示极力反对。虽然国内上市会给持金股的丰隆带来5%~6%股东权益的摊薄，但广西玉柴承诺仍将保持丰隆的控股地位，并且这也不会影响丰隆亚洲对广西玉柴的控制，“可丰隆就是死活不答应。”

“为了这个事，那会儿王总几乎每个月都要去新加坡一两次，我就跟着去过三次，可是丰隆就是不同意我们在国内上市。”杨小蕾律师向记者回忆。

另外，玉柴只是一个中间产品的制造商，其生产的发动机只有装到汽车底盘上才算具有商业价值，因此按照王建明的发展思路，玉柴应该积极经销整车和组织物流，并为安装了玉柴发动机的整车提供商业机会，才能使玉柴获得跨越式的发展，但这需要巨大的资金投入作为支持，而丰隆始终对此持否定态度。

“这让我们无法理解，并且这个矛盾根本也无法协调，于是我们下定决心要向金股挑战，决心破掉金股！”

虽然王建明并没有低估金股的顽固性，但这个曾被中美两国最著名的律师事务所宣称为固若金汤的金股，在其设立之时就具有了坚不可摧性，精通法律和熟悉国际资本运作的专家称，除非丰隆自己主动放弃所持有的金股，借助任何外力都无法撼动。

破除金股成了为不可为之事。然而，战争却已展开。

## “第二次战争”

对金股的挑战从 2002 年 2.45 亿元股息风波开始。

当时，玉柴国际董事会已通过发放 2002 年股息的决议，但广西玉柴派发了中方股息 7500 万元，却让另外 2.45 亿元股息趴在账上拒绝派发给外方，这让丰隆十分气愤，而更让其恼怒的是，玉柴国际收到了中林发展有限公司的通知，告知其已经成为玉柴国际的股东，要求自广西玉柴直接得到其应得的股息。

“此前，我们从没有获知中林发展是公司股东，也不知道哪家股东进行了股权转让，我们很吃惊。”当时，面对媒体采访丰隆这样表示。

丰隆的吃惊是对的。在此之前的 2002 年底，广西玉柴贷款 3.5 亿元收购了中国光大海外 Coomber 投资公司所持有的 24.3%的玉柴国际股票，为方便和金股作斗争，将该股权装在玉林市政府所属的香港窗口公司中林发展中，让中林发展给丰隆去函要求先把股息直接派发给中林，目的是点出丰隆不分红，并逼迫丰隆放弃持有金股。

这一风波在当时引起了众多媒体的关注，有媒体报道称“这正是玉柴集团在挟关联方争夺玉柴国际的股权”。

“由于金股滥用特权为自己谋利，长期不分红，现在就是股东起来挑战。”王建明向记者表示。

丰隆对这一点当然心知肚明，他们要求王建明提供以下信息：玉柴集团和中林发展有什么关系、王建明在中林发展有无个人利益关系；同时也要求中林发展提供与王建明个人、广西自治区政府关系的信息。

而王建明在随后的 2003 年 4 月 23 日则发表声明，称他没有义务给丰隆提供相关信息。

2003 年 5 月，丰隆掌控的玉柴国际将此事诉诸法律，战争趋于白热化。丰隆向纽约南部法庭控告中林发展、王建明等，要求被告说明关联方关系及他们的意图；向伦敦仲裁院提起诉讼，要求派发 2.45 亿股息；向新加坡法庭写报告，告王建明作为总裁，没有履行义务，发出终止王建明玉柴国际总裁职务的通知；还给有关部门写信，说明中林发展原来不是公司登记在册股东，不应给它派发股息，并要求免掉王建明公司董事职务。

“丰隆没有如愿，伦敦的诉讼虽然我们输了，但其判决根本不具备可执行性；新加坡的官司我们也不怕，因为仍然是王总在执掌着企业；关键是美国的诉讼我们赢了，丰隆金股对此很无奈。”杨小蕾告诉记者。

战争一直打到 2003 年 7 月，丰隆不得不做出让步并在 7 月 19 日签下股东协议。而正是这个“7·19 协议”，预示着金股已经开始松动。

据王建明介绍，协议重新规定了在广西玉柴的董事名额，广西玉柴的 4 个国家股董事和玉柴国际派往广西玉柴的中林发展的两个董事加在一块，首次超过了丰隆金股的 5 个董事，并且丰隆表示，在广西玉柴中，中林发展的两个董事可以独立表态，这意味着广西玉柴从丰隆金股的控制中部分夺回了控制权。

## 经典的“4·7 协议”

“7·19 协议”夺回的只是生产经营的控制权，但是玉柴的发展问题并没有得到根本的解决。按照王建明的发展思路，广西玉柴的跨越式发展，必须依托金融市场，再上市，再融资，但如果依然处于丰隆金股的控制之下，只要涉及金融市场，涉及利用国际金融资本，金股仍然是一个不可逾越的障碍。

为此，玉林市委、市政府和广西自治区党委和区人民政府的主要领导人先后多次做出金股必须破除的明确批示。

至于丰隆为何如此，记者曾试图探究。根据一般经济学逻辑，作为金融财务型投资者，作为长期的控股股东，理应知道立足实体企业的长线发展，做强实体企业，使其更具成长性，才会使得企业在股市上更具投资价值，才能更吸引广大投资者，也只有这样，自身的初始投资也才更具回报价值。而丰隆却屡屡阻碍广西玉柴的再上市融资计划和跨越发展模式（虽然这些模式还需实践来证明是否真正能够促进企业的发展），同时也没有拿出自己作为控股股东应尽责任的切实方案，不禁让人产生疑问：丰隆金股仅为图一个稳妥的投资回报？不愿为再上市的风险和成本操心？害怕自身利益受损？记者不得而知，但此背后应该有其追求的目标函数。

破掉金股的努力仍在继续坚持。实际上，在2003年金股松动的“7·19协议”中曾有一条，就是通过分拆上市的办法最终解决金股问题，双方对此争议很大，因此促成这一条的落实成了破金股的关键。为了实现这一条，广西玉柴耗费了大量的精力和巨大的代价。

“我们花了全部的精力，很高的成本，反反复复联系美国证监会、律师、各方人物，甚至还动用了美国的政治人物来出面解决，其间过程极为艰辛，工作极为复杂。”王建明告诉记者。

“因为美国时间刚好和我们相反，我白天工作，晚上接着和美国方面通电话，基本没怎么睡过好觉。”杨小蕾律师向记者坦言。

因为分拆上市涉及很多技术和操作上的难题，玉柴请来了美国战略资本集团(SCG)作为顾问。

最终，破金股的努力获得了纽约公众投资人和美国证监会的舆论支持，经过五昼夜的艰苦谈判，终于迫使丰隆代表在2005年4月7日签署了有条件放弃金股的股东协议。

协议中规定，玉柴的业务自玉柴国际分拆出来与转让出境的国家股合并同步重新上市，新上市公司将不再含有金股；另外为维持玉柴国际的上市资格，广西玉柴要用股东权益向玉柴国际支付5300万美元的补偿金。

为此，中方执行该协议的工作与代价除了那5300万美元补偿金外，还需向玉柴的顾问美国战略资本集团转让97%的玉柴机器集团公司持有的玉柴国家股。而据内部知情人士透露，执行该协议，中方将获巨大的利益，具体包括：玉柴分拆上市后资金募集量预计将达1.5亿美元；半年以后在香港再次上市资金募集量也将达2.5亿美元；玉柴机器集团公司在转让国家股股权后资产负债率将从90%以上降至50%；担负玉柴市场建设重任的玉柴营销公司资产负债率也将从90%以上降至70%，由此进入良性循环。最为重要的是，新的玉柴控股公司将不再含有金股，将严格按照萨奥法案，成立独立董事超过股东董事的新董事会，成为一家规范的公众公司。

“4·7协议”将使广西玉柴能够摆脱长达10年之久的金股控制。

王建明深有感触地对记者说：“在今天，由萨奥法案所倡导的公司治理潮流已是民主潮流，同股同权，不再以大股东为绝对权威，并且也不再允许股东台下达成任何控制协议。世界已经发展到这样的程度，在玉柴如果还有这样的一票否决、能够代替一切的金股存在，这和现代公司治理潮流悖之千里。所以我坚信，金股一定能够破除！”

正在金股得以破除，“4·7协议”准备逐步推进，企业也正试图放手大干一番的时候，玉柴却出人意料地进行了换帅，王建明这位改变了玉柴命运的企业家交出了“接力棒”。

然而，不管换帅个中原因如何，王建明率领玉柴所获得的业绩，的确创造了中国企业界里的一个经典。同时，资本市场上固若金汤的玉柴金股如果最终能够得以破除也将创造成功的另一项经典。

(《中国工业报》2005年12月5日 A1版)

本报观点

# 此鸭头非彼丫头也

中国工业报记者　杨青

本报这组特别策划，是在“关注跨国公司并购装备工业排头兵企业”的命题下进行的，但讨论的过程中，“跨国公司”的概念往往跑偏变成了“外资”。要说跨国公司是外资，没错；但“外资”项下决不仅是跨国公司。

比如国际投资基金。

投资基金所谓何物？按照个人理解，就是资本市场中用于投资赚钱的钱。常见的有风投(风险投资)、创投(创业投资)、战投(战略投资)等。风投、创投关注的是新兴科技领域中的企业，以小企业居多。战投不太一样，也更复杂一些，目前在我国装备制造业收购排头兵企业的外资，往往是这一类投资者。

从各类投资者的出身看，亦可粗分为产业型投资者和财务型投资者。大约六七年前笔者去玉柴采访，王建民就比较过这两类投资，我记得他当时更多地对财务型投资持批评态度。今年初，再见王建民时，知他与金股缠斗多年，便问海外上市后不后悔？答曰：不后悔。

玉柴引进的就是财务型投资者。本来这类并购不在我们这组关于跨国公司并购问题的选题视野中，用红楼梦里的话说，虽然都是外资，但“这鸭头不是那丫头”。只是国际投资基金特别是财务型投资者，近年来对我国传统工业重量级企业的大手笔并购动向，让人欲罢不能。

“为离婚而结婚”，是财务型投资者一大特征。资金进来之前就把如何退出设计好了，所谓3W原则：when是问什么时候资本能够退出，where是问资本将在哪里退出，what是问资本将以什么方式退出。

所以引进这样的投资基金，与产业型投资者的“白头到老”不同，似乎就此便上了资本运作的快车道，如果东家频繁转手，企业难免落入竞争对手囊中，南孚电池就是常被人提及的典型案例。笔者曾专门就此请教过徐工集团老总王民，徐工刚与世界著名私募基金凯雷投资签署并购协议。应该有三点可以注意，第一在谈判时设好防火墙；第二从一开始就准备对控股权的回购；第三积极配合海外上市，将企业真正做成公众公司。

财务型投资者与产业型投资者的另一不同是，资金进来后的运作方式。前者重在资本市场的运作，后者着力产品市场的运作。从产业链所处位置上说，财务型投资者与传统企业的结合，是各有所长、各取所需；产业型投资者与被并购企业则是同行或竞争对手。所以，财务型投资者更倾向于帮助被并购企业提升其品牌形象，保持其组织结构及团队，尽快出业绩题材，这是它的优点。同时由于不具备产业背景，因此在技术、营销及管理上，不能给予被并购者直接的帮助，这是它的缺点。其实产业型投资者虽有上述真材实料，但以我们这些年的实践看，又能真正让我们的企业掌握多少核心技术呢？如此看来，财务型投资基金的确有可取之处。

辩证法的一个基本观点就是，事物总有其两面性，投资基金亦是让人欢喜让人忧。银监会副主席唐双宁曾就银行引入战略投资者一事，发表个人观点：“要是引入了慈禧太后，迟早会被篡权的”。他的比喻很生动。

(《中国工业报》2005年12月5日 A1版)

产业之虞

# 中国内燃机行业处于变动前夜

中国工业报记者 杨纯

11月24日，在给大唐电信的传真中，美国华平创投宣称“大唐控股股权已于2005年9月26日转让至华平亚洲”，至此，这场证券市场炒得沸沸扬扬的华平逼宫大唐事件，最终以华平持有大唐控股所有股权，大唐电信失去大唐微电子的所有权益而告终。这场因大唐电信B类可转债发行违约，抵押公司尽落华平创投囊中的风波，不得不让人感叹华平在资本市场的老道。

无独有偶，更让人担心的是，像华平创投这样的国际财务型投资者可能早已扼住了一些中国企业的咽喉。“一些中国企业就像灰姑娘，需要并期待王子的惊人一吻，但当它获得了不断的跃升想要摆脱王子的时候，才发现挣脱是要付出代价的，事情也并没有想像的那么简单。”12 月 1 日，美联融通投资顾问有限公司投资总监、央视财经评论员顾灿奇在接受记者采访时道出了类似广西玉柴的国内企业对国际财务型投资者的无奈。

## 关键行业不能失控

不言而喻，国际财务型投资者正在加快追逐国内产业资本。由于中国产业资本定价偏低，中国经济拥有巨大的增长潜力，同时人民币也存在升值的空间，在资本逐利的“挖地效应”驱使下，这些财务型国际投资者均认为中国产业资本在未来的一段时期内预期回报较高，进而纷纷通过对中国企业的注资合作，以期和国内产业资本结合，获取 1+1>2 的效应。据顾灿奇的观察，美国纳斯达克上市公司正常的市净率一般在 3 左右，而国内企业仅为 1.5，“这说明国外企业资本营运及盈利能力比我们强，即我们产业资本自身的盈利获利能力有很大的提升可能性，这导致财务型投资者钟情中国企业。”顾灿奇分析认为。

然而，这些国际性的财务型投资者的陆续登陆，引发了人们的担忧。“虽然从中国的实际情况来看，大部分行业对外资开放的程度还不够，开放也存在透明度、清晰度和稳定性不足的问题，但是在一些关键行业，应该注意不能由外资对企业和行业造成垄断。”国务院发展研究中心企业研究所副所长张文魁向记者表示。

张文魁所说的关键行业应该包括广西玉柴所处的内燃机行业。内燃机是汽车等机械的核心部件，是高科技产业，因此必须在行业内形成自主创新、具备自主知识产权的核心技术。

从当前中国内燃机工业整体来看，产品的质量和技术水平已得到明显的提高，已从量的变化转向质的提升。据中国内燃机工业协会 2004 年不完全统计，当年全国共生产各种内燃机约 3837.4 万台 6.65 亿千瓦；销售约 3789.4 万台 6.53 亿千瓦。但是，内燃机行业的产品结构、产品技术经济水平、企业组织结构、工业装备水平、经营管理水平、企业创新开发能力和人员素质与先进国家和企业比，仍存在差距。特别是近几年，国外跨国公司为生存发展和增强其竞争力，占据中国的市场，并在中国采取独资、合资等方式建立研发中心。从中外合资形式看，国外大公司过去是利用技术、品牌、资金等优势，从销售产品、技术转让转变为合资合作。而现在的发展趋势是，一方面国外产业巨头要合资控股或在中国办独资企业，将部分中国企业组建成为其零部件、发动机的生产和出口据点；另一方面，国际财务型投资者也加强对行业的渗透。

中国内燃机工业协会理事长倪宏杰认为，中国内燃机行业的发展可以利用国外的资金，但是必须掌握主动权，不应该被外资控制。他认为，行业的发展不能只看眼前，应该看企业和行业在国内外市场激烈竞争中能否持续存在下去，而财务型投资者一般不懂产业，只注重商业或是资本的运作，重视的是眼前利润。市场和理念的不同，很容易产生分歧，对企业和行业的发展不利。

## 行业处于变动前夜

一味地深挖金股对玉柴发展的影响也许有点杞人忧天，但如果把玉柴放在其所处的国内内燃机行业的不断变动当中，似乎更好理解为什么玉柴力图摆脱金股谋求自身的发展。

在国家出台有关排放法规和节能要求后，国内内燃机行业虽然通过各种途径先后开发出一批满足欧Ⅰ、欧Ⅱ、欧Ⅲ的发动机，并开发出一批为满足各种先进发动机的配附件。但当前仍存在突出的问题：首先是整体规模不小，但水平参差不齐，总体水平不高，缺乏国际竞争能力。例如：单缸柴油机、摩托车用发动机等产品产量都居世界首位。多缸柴油机、多缸汽油机也具有一定的规模，但总体看，我国内燃机产品既有自主的知识产权又具有国际竞争力的，基本上没有。

其次是自主开发能力薄弱，创新能力不足，高新技术仍然依靠国外。我国内燃机工业，特别是车用发动机，中、低速大功率船用柴油机通过技术引进一定程度缩短了与国外先进产品水平的差距。但由于企业普遍缺乏高级优秀科研管理人才，基础研究落后，企业的技术创新能力不高。企业用于新产品、新技术研发投入又不足，这种状况决定了当前我们只能跟在别人后面追，关键技术受制于人，难于掌握内燃机的前沿高新的技术，如柴油机电控高压喷射技术、新型燃烧理论及控制技术、新型动力技术(燃料电池动力、混合动力)等方面。并且行业中高端产品技术来源主要还是依赖国外，特别是轿车发动机开发技术、电控技术、高可靠性大型工程机械配套用柴油机开发技术，以及为之配套的关键零部件，这些高端产品具有自主知识产权的很少。在这种情况下，中国的内燃机产品在国内外两个市场不可避免地被锁定于低端位置。

同时，分散重复建设仍很严重。据业内人士介绍，虽然经过"十五"建设，我国一些大企业集团产品集中度有一定的提高，但同一档次，基本性能相同的产品重复上马的现象仍然存在。以单缸柴油机、摩托车用发动机重复建设最为严重，小型汽油机也正在步其后尘。

而且，内燃机工业今后要持续发展，还有一些不确定的因素存在。内燃机已进入高科技时代，面对世界各国日益严格的环保和节能要求，跨国集团利用各种高科技手段在研制低排放、超低排放、准零排放、零排放的技术。其中低排放汽油机、柴油机、单一清洁燃料(氢燃料等)发动机的开发，电动、燃料电池动力和混合动力的研发，已经成为世界汽车产业的主要研究方向，而我们在这些方面做得很不够。

此外，随着入世三年的保护期已到，跨国公司促进零部件本地化的策略在关税进一步下调后可能会调整，从促进本地化可能调整到直接进口，国际竞争国内化将会凸显。在国民经济的经济结构和企业结构进入大调整时期，相关配套行业特别是汽车、工程机械行业的国内与国内、国内与国外之间的重大资产重组与调整也将增多，内燃机行业如果不加快产品结构调整和企业结构重组的步伐，就不能适应新的形势。

## "变相金股"令政企不分

实际上，金股作为一项制度安排并非丰隆独创，只不过是这个极富国际资本运作经验的财务型投资者依据国际经验照葫芦画瓢罢了。据了解，金股始于上世纪七八十年代的英国。当时正值英国国企出现私有化浪潮，由于工会和一些产业机构担心私有化会丧失对企业的控制，同时政府为了保证就业、税收等关键因素不失控，从而在私有化的国企中由政府保留所谓的金股，金股虽然不在股比上占优，却能够对企业达到实际的控制，并且拥有事后的否决权。但是，英国的实践已经证明，这种金股并不能有效实现既定的目标，或者说不通过金股形式，通过其他途径的加强监管也能够达到既定的目标。2002年，欧盟委员会曾有过裁定，认为金股是一种过时的违背时代潮流的制度安排，并要求欧盟国家取消金股。然而，就是这样的在西方国家被实践证明已经过时的金股安排，却套在玉柴头上长达十年之久，不能不让人感觉中国企业国际经验的缺乏。

让人更担心的是，这种被认为过时的金股安排，如今却频繁出现在国内企业中，并且金股的持有者是地方政府。据了解，在国内一些省份的国有企业民营化过程中，已经出现"变相的金股"。虽然政府向民营企业出售大部分国有股份，但同时要求民营企业给予类似"保留金股"一样的承诺。如保证政府有对企业裁员计划、重大项目投资计划甚至搬迁规划等的否决权。"这实际是政府在通过制度安排继续干预企业，政府将通过金股灌输其政策意图，这样的变相金股，只是给政府干预企业提供了另一种便利，只能使市场经济简单、透明的关系变得复杂，资源的配置也将受到扭曲。"张文魁指出。

## 值得关注的深层次问题

也许，由玉柴金股事件而引发的对财务型投资者进入国内产业的担忧还不止于此，在与这些国际财务型投资者的共事之中，还可能存在更深层次的问题。

我们的企业确实需要资金的注入，也的确需要这些极富国际资本和商业运作经验的财务型投资者把我们带进国际市场，帮助我们提升管理和运营水平。然而现实是很多企业"病急乱投医"，或是由于实力有限无法按照自身的意愿选择合适的合作伙伴，因而经常处于被动地位，不得不接受一些类似"金股"的城下之盟。对此，顾灿奇指出，市场经济是法制经济，必须按照游戏规则行事，而我们多数企业在行动时，往往不明白行为规则条款后面的真正含义，没有对所签行为条款包含的风险有清醒的认识，对自身行为的后果严重性估计不足，以至于常常吃亏。另一方面，对于这些国际财务型投资者而言，我们仍然是小学生，所知非常缺乏，对签订行为条约过程中的风险预见和管控水平也亟待提高。

同时，财务型投资者的进入还可能带来一系列的问题。例如，财务型投资者可能会采取链条式持股的股权安排，通过资本和股权的纽带，把一些甚至毫不相关的企业联系到一起。对此张文魁表示，链条式的持股，新的股东一般会对隐身幕后的实际控股人了解不足，很容易产生矛盾，并且这种股权安排在实际中往往造成最终控制人透明度不足，很容易产生关联交易，导致股权变动，给企业经营带来不稳定。

而战略分歧似乎也不可避免。内部人和股东往往都会对企业的发展有自己的战略思考，观点和立场的不同不可避免，但是，在财务型投资者以股东身份进入的情况下，如何来磨合，又如何去协调这种战略分歧就成为关键。如果这种战略的分歧不能有效地处理，就很容易演变成治理冲突，这就是我们看到的玉柴和丰隆十年中一次次的股东战争。而这种治理冲突得不到有效的缓和和化解，也将对企业造成巨大的负面影响，公司治理的法制无从解决，不得不回到行政干预，不但企业决策混乱无所适从，也造成两败俱伤。

此外，作为与财务型投资者合作的企业，其领导人不仅要具备做事的能力，还需要具备很强的与合作者甚至敌人沟通、谈判的能力，企业的高级管理人员不但要有搞项目、做科研和打市场的能力，更需要有政治技巧和能力，而这些方面，在张文魁看来“我们的企业家还需要转型”。

无论如何，如今财务型投资者已经对中国产业资本进行了更强有力的渗透，中国企业如何在合作中保护自己，顺畅解决战略分歧甚至是治理冲突或许才是我们应该更加关注的。

（《中国工业报》2005 年 12 月 8 日 A2 版）

**装备工业合资变局特别策划·沈凿系列**

**重磅调查**

# 出售沈凿：湮没在历史中的现实

中国工业报记者 隆啸

“我们把产品设计、产品销售和产成品装配权都卖了，搬到新厂区后把机床修理、零件锻造也取消了，只能是单纯生产零部件了，看到这些，我心里很担忧呀！”11 月 19 日，沈阳凿岩机械股份有限公司（以下简称沈凿）一位离休多年的老领导的一封信引起了记者的关注。在一些人看来，沈凿的合资是成功的，甚至有人将当时的沈凿合资称为“沈凿模式”。那么，是老厂长杞人忧天，还是合资过程出现偏差？沈凿的合资究竟是怎么回事，记者冒着严寒到沈阳进行了深度调查。

## 从辉煌到灰暗

“我们厂原来叫沈阳风动工具厂，它是我国成立最早、规模最大的生产凿岩机械和风动工具专业厂，中国的第一件风动工具就是由我们厂生产的。"记者冒着零下5度的严寒，在一大片居民房寻找了半个多小时，终于找到了写信人庞兆凯。庞兆凯老先生告诉记者，他在沈凿工作了一辈子，不但担任过该厂的总工程师，而且还当过副厂长，对于凿岩机等产品，他钻研了一辈子。记者看到，尽管已经90岁高龄，但庞兆凯的身体仍然十分硬朗，思路非常清晰，并且心中始终装着厂子，关注厂里的大事。

据庞兆凯介绍，沈凿是国家"一五"期间156项重点建设工程之一。沈凿在发展过程中有过辉煌的历史，其各项主要经济技术指标曾多年位居行业榜首，是行业的老大。20世纪90年代初，时任国家主席的江泽民到沈凿视察，对沈凿的"八五"改造给予了极大支持。沈凿主要产品有各类气动凿岩机、液压凿岩机、凿岩钻车、气动工具、凿岩钎具等，主要服务于建筑、铁路、交通、矿山、水电、市政工程及农田灌溉等领域。产品共58个系列103个品种，行销全国31个省、市、自治区，并在泰国、智利设有销售点。公司主导产品气动凿岩机国内市场占有率一度居行业之首，2000年企业通过了ISO9001质量体系认证。

记者收集到的资料也显示，沈凿建厂的历史较长，其在解放前就已经存在，1949年该厂生产了我国第一台凿岩机产品。值得一提的是，沈凿建厂后由于技术力量雄厚，原机械部命令其负责在全国有关省、市帮助和指导建立风动工具厂，并无偿供给产品图纸和工艺，有的还调(配)给技术人员和有经验的老工人。在沈凿的帮助下，全国共建成22个风动工具厂。可以说，是沈凿帮助打下了全国风动工具行业的根基。但是，曾经风头很盛的沈凿走到21世纪初的时候，再也无力前行了。到2003年，沈凿已经成了一个拥有职工5000多人，银行负债3亿多元，其他内外债3000多万元的老国有企业。

"2004年，在对2003年的沈凿进行审计的时候，发现沈凿的净资产为负7000多万元人民币。"一位不愿透露姓名的知情者告诉记者。由于负债沉重，机制不活，尽管沈凿的技术仍然比较过硬，产品还大有市场，但缺乏流动资金的沈凿几乎停止了生产和销售。"那时候企业的日子非常难过。"上述知情者告诉记者。

"合资本来应该是好事，但照目前这样的合作方式，我们只能守着老摊子用老办法维持现状，就等于被外资牵着鼻子走，永远没有新产品的研发，那么这个企业怎么能有前途？"庞兆凯介绍完厂里的情况后这样对记者说。他还告诉记者，看到企业合资后的现状难有发展前景，他着急，所以才给工厂写了一封信。由于庞老先生并不知晓当初沈凿合资的情况，记者决定寻找当初合资的直接操作者弄清合资究竟。

## 是否慌不择路？

记者首先与沈凿公司、合资公司沈阳瑞风机械有限公司(以下简称瑞风)的现任负责人、董事长兼总经理张洪泉及党委书记李治民进行了联系，他们以不了解当时情况为由，拒绝接受采访。由于无法采访到现职领导，记者转而采访合资当事人张杰。

"关于合资，我现在什么都不想说。"11月19日晚，记者用手机同现任沈凿副董事长张杰联系，他向记者表达了这样的心情。张杰是沈凿合资前的董事长兼总经理，是当时沈凿合资5人成员组的主要成员，在沈凿合资后，出任瑞风公司的董事长及总经理。2005年4月，他被沈阳机电装备工业集团调离瑞风，重新回到了沈凿。据张杰介绍，他目前正前往南京等地搞清欠工作，要20多天后才会返回沈阳。第二天，记者一行不得不深入职工中调查采访。经过一番周折，沈凿合资情况终于露出水面。

据知情职工介绍，适应大环境的需要，沈凿早在1999年就开始了合资谈判，以寻求一条生路。经过艰难谈判，到2003年，沈凿合资谈判终于有了结果，并于这一年与世界最大的凿岩机械制造商瑞典阿特拉斯公司签订了合资协议，同年11月完成了与瑞典阿特拉斯公司的合资合作。

当时双方采取的是全面合资的形式，其合资的主要内容有：沈凿的无形资产、分布在全国各地的28个销售网点、装配喷包生产线以5600万元人民币的价格出售给阿特拉斯公司，阿特拉斯公司成立了新的独资企业——阿特拉斯·科普柯公司(沈阳)矿山建筑有限公司(以下简称沈阳阿特拉斯·科普柯公司)；沈凿的其他优良资产、固定资产和流动资产与阿特拉斯合资组建了瑞风，瑞风总投资6000万元人民币，其中阿特拉斯公司现金投入1500万元人民币，占总投资额的25%，沈凿净投入4500万元人民币，占总投资额的75%；除一部分职工分别进入了合资和独资公司外，沈凿其余职工、银行贷款、应付账款、职工欠款等仍保留在沈凿。与其他合资一样，上述独资和合资公司均租用沈凿的厂房和设备，一年的租金是400多万元人民币（包括车间采暖费及物业费等）。

通过和阿特拉斯的合资，沈凿一分为三，品牌、市场及总装等被阿特拉斯公司买走成立独资公司，其他优良资产并入了合资公司，壳公司沈凿则成为大量负债的载体。

“如果沈凿的合资，发生在上世纪90年代初合资刚刚开始的年代，这种模式的选择还可以看做是没有经验，而发生在2003年，就只能看做是慌不择路或者……”一位熟悉内情的人告诉记者。

## 令人费解的《章程》

有人说，沈凿从一开始，走的就是“卖技术、卖品牌和卖市场”的路子，在技术、品牌和市场被外资买走后，沈凿已经资源枯竭，没有了生产经营和造血机能。其实，阿特拉斯·科普柯公司的技术比沈凿强得多，这家公司是世界上公认的凿岩机行业的“老大”。对于沈凿而言，所谓的“卖技术”，是指沈凿在与阿特拉斯公司合资后，不能再从事这个行业的产品的研制。

记者了解到，沈凿原有的技术人员一部分流入到沈阳阿特拉斯·科普柯公司去了，剩下14人留在合资公司，主要从事生产工艺方面的事情。由于技术、产品和市场被阿特拉斯·科普柯公司收购，这意味着沈凿在凿岩机领域的声音已消逝。

仅仅两年时间，沈凿相继失去了中国工程机械协会副理事长、气动凿岩机分会理事长的位置。那么，被沈凿控股75%的合资公司瑞风又能够给沈凿带来多少希望呢？

如果简单地了解沈凿的合资公司瑞风，似乎看不到它和其他同样属于国有企业改制过程中的合资公司有太多的不同。但细细研究一下，却能看到这个合资公司和其他合资公司的根本区别，而其玄机就在沈凿和阿特拉斯·科普柯公司在合资时签订的《中外合资沈阳瑞风机械有限公司章程》。

记者通过曲折的渠道，摘录下《章程》中的一些内容：第十八条，董事会由7名董事组成，其中甲方（指沈凿方，编者注）委派4名，乙方委派3名。董事任期为4年，经委派方决定可连任。第二十七条，下列事项需经全体董事一致通过：(1)公司《章程》的修改或修正；(2)公司的延期、终止或解散；(3)公司注册资本的增加和转让（让与）（在阿特拉斯·科普柯集团或甲方内部的转让也将会得到代表另一方的董事会成员的支持）；(4)公司与另一经济组织的合并；(5)总经理、副总经理以及其他直接向总经理报告工作的高级管理人员的聘任，他们的薪酬、社会保险、福利和差旅费标准等，总经理、副总经理的聘任和解聘；(6)年度利润分配；(7)公司制造的产品和由公司与阿特拉斯·科普柯（沈阳）建筑矿山设备有限公司签署的分供应协议所涵盖的产品的出口；(8)将对提供给阿特拉斯·科普柯（沈阳）建筑矿山设备有限公司的产品的生产能力产生消极影响的公司制造的产品范围的显著扩大；(9)公司将使用的商标和标识；(10)从公司账户中提取资金的授权权限；(11)本《章程》或合同规定的其他事项；(12)公司员工的薪资标准。

透过繁多的条款，我们可以看到：在这个合资公司中，沈凿方尽管为控股方，其控股比例达到75%，但在董事会成员的设置上，并没有按照控股比例来进行；而应该特别关注的是“下列事项需经全体董事一致通过”这项条款的内容，在事实上完全抵消了沈凿方的控股地位，并将阿特拉斯·科普柯公司推上了主导者的位置。所谓的“下列事项需经全体董事一致通过”，通俗地说，就是“董事一票否决”。既然董事拥有一票否决权，而阿特拉斯·科普柯公司又通过供货协议对合资公司进行了进一步限制，可以说，阿特拉斯·科普柯公司通过25%的注资，达到了100%的控制目的。而沈凿在合资公司中则处于一种附属位置，除了按照协议要求保质保量低价地为沈阳阿特拉斯·科普柯公司提供零部件外，目前还没有第二种选择。这意味着合资企业已沦为独资企业的加工车间，它的用户只有一个，那就是阿特拉斯·科普柯公司。

## “沈凿模式”是耶非耶

“作为记者,在逐步了解沈凿的合资后,你应该会有自己的判断了吧?”一位透露情况的知情人这样反问记者。记者没有就上述问题进行回答,因为记者在深入独资公司、合资公司及沈凿本部采访时,发现这些公司的一些职工及中层管理人员对于合资却是一片叫好声。他们认为:沈凿当初如果不合资,其结果只有走向倒闭破产,现在企业通过合资,不但建成了新厂房,而且解决了1000多人的就业问题,因而对于合资,是应该充分肯定的。

“我现在不用担心下个月工资发不发得出,我们一般工人的工资都涨了好几百元。”在机床旁一位职工现身说法地告诉记者。

记者在采访时也看到,已经搬到沈阳市新工业区的沈凿、瑞风和沈阳阿特拉斯·科普柯公司占据了大约6万多平方米的地盘,虽相距百米却不同天。沈凿现在的主要“生产任务”是管理厂区内的能源供应和收取租金。合资企业瑞风公司专心致志地为独资企业沈阳阿特拉斯·科普柯生产零部件,阿特拉斯·科普柯公司进行最后装配并把产品销售出去。在合资公司和独资公司的生产车间里,记者还看到,沈凿的部分工人们在更换了身份后,已经穿上了不同颜色的衣服,一为蓝一为绿,但他们手中仍然干着同样的活。在独资公司的装配车间里,其成品表面上的“7655”标识十分醒目。职工们在忙碌的同时对瑞典方要增持合资公司的所有中方股份的消息,同样露出了欣欣然的表情。

“沈凿的合资,我可以给你用一句话概括:品牌、市场和技术被卖了,合资公司被套牢了,老沈凿成了个烂摊子了。”一位知情者这样对记者说。这位知情者认为,在整个合资中,瑞典方是绝对的赢家。首先,沈阳阿特拉斯·科普柯公司通过买走沈凿的品牌、市场和技术,现在正获取优厚的利润。据悉,拥有100多名员工的沈阳阿特拉斯·科普柯公司2005年预计销售收入将达1.8亿元人民币,而其利润将达到2000多万元人民币。但是,直到现在,瑞典方并没有在合资公司以及独资公司大量投入新产品及新技术,沈阳阿特拉斯·科普柯公司目前销售的仍然是以前沈凿的主导产品,即7655型凿岩机,只不过是多了一个科普柯的标识,甚至这家独资公司的销售人员也还是以前沈凿的老员工。

其次,合资公司在被沈阳阿特拉斯·科普柯公司变相控制的同时,获利非常低。采访中我们了解到,瑞风公司2003年亏损200多万元人民币,2004年仅赢利17万元人民币,今年在瑞典的独资公司大获丰收的情况下,其预期赢利也只有200多万元人民币。但这首先要弥补2003年的亏损,如有剩余利润,其中还有25%要交给外方。与独资公司100多人相对应的是,瑞风公司的员工达到740人。

第三,沉重的包袱甩给了沈凿。合资后沈凿仍背负着各类欠款共1500余万元人民币,到目前欠银行贷款本息达3.8亿元人民币,每年度仍需要支付银行贷款利息2000余万元人民币;除此之外,沈凿每年度需要支付离休干部医药费、下岗职工生活费、离退休及下岗人员采暖费、退休职工工资等稳定成本近600万元人民币,以上费用尚不含沈凿公司基本运营费用。在改制后,沈凿本部遗留下来各类需要支付费用的职工总数2700余人,不包括集体职工近百人。

对于记者特别关心的“合资是否会带来沈凿技术的提高”,上述知情人苦笑了一声后,对记者说,合资根本不可能提高沈凿的技术水平。首先,外资公司并没有在中国设立研发中心。其次,外资公司合资的目的就是看中中国的廉价劳动力和优惠政策,他们并不在中国生产所有的凿岩机产品,而是根据全球情况进行统筹安排,最终生产何种产品决定于在当地生产这种产品所要付出的成本,因而合资企业瑞风生产什么,要看独资企业的“脸色”,命运完全掌握在独资企业手中。第三,沈凿的凿岩机等产品的技术水平在现阶段已经完全能够满足国内市场需要,可以说合资和提高技术水平没有什么关系。

记者在离开沈阳的时候,得知当地政府部门正在全力推进沈阳国企与跨国公司的合作以谋求改制的顺利进行,不知道“沈凿模式”会不会被广泛推广……

(《中国工业报》2005年12月12日 A1版)

**本报观点**

# “赔本买卖”赚什么？

中国工业报社副总编辑 李联慧

12月6日，由《南方周末》首次推出的2005年“世界500强在华投资最佳企业”排行榜在京发布。尽管主办方称此榜与众不同之处在于其价值观和评价体系，强调这份榜单是以责任、发展与和谐为主题，但在排行榜新闻发布会上，仍招来媒体记者对世界500强在华纳税不佳及滥用中国资源方面的质疑。

按《南方周末》的评价指标，三星电子以70.409分荣获2005年“世界500强在华投资最佳企业”排行榜第一名。大众汽车和皇家飞利浦电子以57.205分和53.783分分列第二名和第三名。此次共有近400家企业参评，但主办方只公布了前70名，有人分析这是因为很多企业得分过低所致，因为排在第70名的企业得分只有13.783。可见，这份强调责任与贡献的榜单，500强普遍得分偏低。

解读这份榜单，有一个数据成为人们关注的焦点，那就是世界500强公司的纳税得分普遍偏低。以位居排行榜首位的三星电子为例，其纳税得分只有区区的1.203分（满分为10分）。在上榜的70家跨国公司中，只有21家纳税得分在1分以上，其他均低于1分。这份声称以官方权威发布和公开收集到的数据为依据的榜单明明白白地暴露出在华跨国公司风光背后的隐情。新闻发布会上，面对媒体的质疑，主办方也坦然承认有些跨国公司确实利用各种手段避税。

其实这样的结论并不新鲜。据国家税务总局统计，在中国累计开业的25万家外商投资企业中，亏损面高达51%。调查表明，在过半的亏损外企中，除小部分属经营性亏损外，虚亏避税是主流。对此，国家税务总局反避税处的官员曾发出过这样的声音：外资流入最大的国家美国每年的外企避税折合人民币达4500亿元左右，而中国作为世界上第二大外商直接投资国，反避税手段又远远逊于美国，因此，中国每年避税流失的税额远远超过人们普遍估计的300亿元。

令人费解的是，招商引资时几乎所有外企的可行性报告都是盈利的，现在却“长亏不倒”。一个更有趣的现象是，许多中外合资企业，合资前中方企业本来还是盈利的，一合便亏，一亏就是好几年。而外资方似乎对这种“赔本买卖”不仅习以为常，无动于衷，更是越“赔”越来劲，越“赔”越增资扩股。而中方企业却赔不起这个本，只能以出售公司股权来止损，最后丧失对公司的所有权。合资—亏损—扩股—外商控股或独资，这样一条路线图在本报“装备工业合资变局”特别策划所报道的案例中都屡屡得到验证。

外企为何热衷于“赔本买卖”？有专家分析指出，跨国公司的避税手法主要有四种：一是与海外母公司进行关联交易，增加成本，造成账面亏损，从而将企业利润向境外转移；二是向母公司或关联企业支付巨额特许权使用费，最典型的是支付高额商标使用费；三是通过“资本弱化”向海外支付巨额利息；四是通过一些避税港避税。可见，一些“赔本买卖”对外企而言未必当真，真的不过是外方把钱从一个看得见的口袋掏到了另一个看不见的口袋，留下中方企业面对空囊发出一声叹息。

虽然目前全球有包括中国在内的70多个国家出台了制约转让定价的反避税措施，中国也在进一步加强对外企的审计，但令人遗憾的是，据业内人士的测算，以中国现有的人力、物力和技术手段，中国现有外企平均每家被审计的概率是800年一遇。这样的现实只能将审计定义为虚设，而寄望于跨国公司的自律更是痴人说梦。从这个意义上讲，“赔本买卖”照样可以赚他个盆满钵盈，与悖论无关。

（《中国工业报》2005年12月12日 A1版）

记者手记

# “阿特拉斯耸耸肩”

沈凿的并购方是瑞典的阿特拉斯公司——世界最大的凿岩机械制造商。这让我想起那个西方神话中肩负世界千万年的阿特拉斯神，以及美国作家安·兰德的同名小说《阿特拉斯耸耸肩》。这本书在探讨金钱的意义时有这样一句话:“如果他一直不知道该寻求什么，金钱无法为他提供一个目标。”兰德还有一句名言:“每个问题都有两面,一面是正确,一面是错误,夹在对与错中间的则是邪恶。”

在记者的调查过程中,关于沈凿的合资,存在着一明一暗两种观点。

明的观点认为是,暗的观点以为非。

对于这两种看法，记者在沈凿合资一文中已经作过较充分的描述,这里不妨再简单概括一下。其中认为是的观点为:合资的大方向是对的,避免了企业的破产,使一部分人有了再就业的机会;而以为非的观点为:沈凿放弃了市场、品牌和技术,放弃了自我发展,成为了跨国公司的附属,且并未卸掉沉重的包袱。

事实上,真正让我们深入思索的是,为什么外资能够以“金股”制胜？也就是该案中以较少的投入,而轻取控股权的事实。

如果说选择放弃市场、放弃品牌、放弃技术是一种不得已的事情,不是其他什么“交易”。那么,很显然在合资中被外资方以金股制胜，这只能说明我们在谈判中失掉得太多了。

在这里，记者不是想草率地批评合资谈判时的企业领导人亦或是地方政府,记者私下揣度,他们在谈判时应当“心如明镜”,但是由于他们对合资的诉求,有过多的非市场因素,超出了以市场手段能够解决的范围,比如转制,比如卸包袱,比如出业绩甚至政绩等，而他们的身份也不是市场化的人,所以在一个典型的市场交易中,便出现了非常的结果。

我们付出了代价，为“一直不知道该寻求什么”,或者说为一直在寻求其他的什么。尽管我们不否认合资的积极意义，也惟愿沈凿的员工们能过上更好的日子,但我们也同样不能否认,从总体上看,从长远上看,沈凿的合资,是不合算的,被卖掉的不仅仅是品牌和市场，而是未来自主创新的能力,自我发展的机会。而正是自主创新能力和自我发展机会，才有可能真正使沈凿的广大员工过上好日子。同时,对于一个行业骨干企业的处置,还不仅仅是这样一个标准。

神祇阿特拉斯来了,据说他能肩起整个世界。但我们的命运,不在他的肩上,在我们自己手里。

(《中国工业报》2005 年 12 月 12 日 A1 版)

装备工业合资变局特别策划·哈一工系列

重磅调查

# 外资轻取精华
# 再造哈一工几无可能

中国工业报记者 杨明

初冬的哈尔滨，已经寒意浓浓。11月17日上午8点，哈尔滨第一工具(厂)有限公司(简称哈一工)厂部大楼二楼冰冷的会议室里，早早地坐满了滚刀工具分厂、插剔刀具分厂、锥齿轮刀具分厂职工，他们在焦急地等待厂里的答复。

“我们不明白，为什么要合资？滚刀、插剔、锥齿轮包括拉刀分厂，全是厂里效益最好的部分，而且是外资绝对控股，这不是明摆着我们的利润都被人家拿去了么？再说了，让我们到合资公司去上班，这几年我们的养老保险工厂没有交一分钱，还有拖欠我们的集资款、工资、独生子女费等。这些问题不说清楚，你让我们怎么到合资公司上班啊？”一位滚刀工具分厂的职工在会议室大厅里对记者说。

这位职工所说的合资一事，指的是哈一工与美国格里森公司的合资。今年10月25日，格里森一工(哈尔滨)刀具有限公司成立庆典仪式在哈市举行。据了解，这家跨国公司是由全球最大的制齿装备生产企业——美国格里森公司（简称格里森）与我国最大的精密复杂刀具生产企业——哈一工共同出资组建。按照协议，双方合资组建的新公司注册资本为10143万元，其中格里森投资7100万元，哈一工投资3040万元，格里森公司控股70%。

有人曾比喻说，哈一工与格里森的合资就像一根导火索，引燃了哈一工一系列事情的发生。

先是滚刀工具分厂、插剔刀具分厂、锥齿轮刀具分厂职工拒绝到合资公司上班，后是董事长崔国民提交了辞职报告拂袖而去，再接下来就是银行催债、新厂房等待后期建设资金、职工等待工厂解决厂里拖欠的养老保险费用等。

这些事在如此短暂的时间内集中爆发，犹如一记记重拳，打在这个原本是工具行业排头兵的企业身上。

但合资带来的影响，远非这些矛盾可比。一位业内人士对记者说：“合资后，国家失去了对一个以我国最大的精密复杂刀具生产科研基地著称、其复杂刀具产品国内市场占有率为36%的企业的掌控，这或许才是更为深远的影响之一。”

## 合资的由来

11月17日上午，郑建民，这个新上任的哈一工一把手，并没有给等待答复的职工带来令他们满意的回答。郑能做到的就是告诉大家：“这些问题厂里一定会解决，但眼下厂里一时拿不出资金。明年4月底以前，肯定会为职工解决这些问题。”

同样，郑建民也没有给记者一个满意的答复。对于记者提出的就合资问题向他进行采访的要求，郑建民也婉转地拒绝了。不过，在此次与职工的见面会上，记者听到郑建民是这样评价这次合资的:"原本应该是先改制再合资，现在这个事情恰恰拧了。"

应该说,哈一工之所以选择合资这条道路,还是与它所处的环境有着密切的联系。

据了解,在哈一工原董事长崔国民上任之际,该厂已经连续多年处于亏损的状况。据有关资料显示,最高时亏损达到6000万元。为能尽快摆脱窘境,该厂想尽了各种办法,但由于包袱沉重、亏损较多，即使是已经获得了国家批复的项目却仍得不到银行的贷款,企业发展陷入窘境。

当时的市场环境是，国外著名的刀具制造企业多数已经进入中国,而且市场份额逐渐攀升。外来的压力以及内在的弊端，迫使哈一工不得不走上寻找投资方来拯救企业这条路，在当时这种做法也符合黑龙江省国企改革的思路。

哈尔滨市是一座美丽的城市，是黑龙江省工业企业最多的城市之一。据了解,2002年,黑龙江省加快了国企改革的步伐,为此,该市的国企改革任务更为繁重。据统计,该市国有企业有1500多户,而根据计划,该市2005年要有90%的国有企业启动改革,其中70%必保完成。2004年和2005年是哈市重要的改革年份,但企业多、任务重、改革阻力大都是摆在该市有关领导面前令人头疼的问题。

作为改革重点之一的哈一工同样令哈市有关方面头疼。由于包袱重等原因,哈一工的改制迟迟没有进展。据说为了寻找投资方,崔国民在任几年的大部分时间都花在这上面了。

不过，于今年6月16日召开的第十六届哈洽会,使得哈一工与格里森合资有了契机。

据了解,按照当时市里的战略意图,如果在这次会上哈一工能与外资签约，不仅能加快哈一工的改制步伐,也能吸引到重量级的外国投资者,并且还可以实现该市"退二进三"的城市空间布局调整,可谓一举多得。

但据记者从有关方面获得的信息,哈一工与格里森合资并非一帆风顺。就在行将与格里森签约的前期,哈一工内部高层对合资并不是十分认同。

据了解，这其中最大的争议就在控股权的问题上。在这一问题上,哈一工遇到了与本报早期报道的"杭齿合资"相似的困惑,即中方坚持控股,而外方则咬着控股权死死不放。

谈判几经停顿，事态发展也几度处于僵局之中。此时,该市领导以及哈一工的主管单位——哈尔滨机械控股有限公司的领导找到了哈一工的高层,通过反复沟通,哈一工高层的观念发生了180度的转变,认为与格里森合资后,不仅能得到企业所需的发展资金,也能引进先进的设备与技术,而且职工的待遇也有可能获得提高。综合考虑之后,哈一工最终在合资协议上签了字。

据了解,哈市是按照"不求国资独大"的原则来推进哈一工合资的。在引资方案中,该市向投资者承诺，参与合资合作的资产都是哈一工的有效资产,至于债务、人员、企业办社会等各种包袱都与此无关。据悉,为了增加合作的可能性,哈一工的项目规划还按照产品特点分别立项的方式与国外企业对应合资。对于这种分别立项、分别合资的办法,该市称其为"分解式改制"。

据记者从哈尔滨市有关部门了解，目前由于缺少改制资金，哈一工正式的改制方案还没有最终确定,所以改制也没有进入实质阶段。但根据有关资料显示，哈一工改制后的组织框架是成立哈尔滨第一工具(集团)公司,下设一工格里森刀具合资公司、一工科技发展有限公司、螺纹刀具合资公司、通用刀具合资公司、斯劳特刀具有限公司、一工普威特镀膜有限公司、装备有限公司以及钢铁有限公司。据称,哈一工的拉削刀具厂未来也将纳入这一框架,具体事宜还在磋商之中。

现在，哈一工除成立一工格里森刀具合资公司外,今年年初还有一家合资公司开始投产了。

## 合资后的哈一工

那么前期分拆公司合资的情况又是怎样呢?

哈一工涂层厂就是上述提到的分拆合资并已经投产的分厂。据了解,合资成立的哈一工普威特镀膜有限公司，是由哈一工和德国PVT超耐磨薄膜镀膜技术公司共同组建。按照合资方案,哈一工占股10%,外资控股90%。据记者了解,此次合资并不能算得上成功。

采访期间，一位原哈一工涂层厂的员工对记者说:"在合资前,我们涂层厂属于承包部门,每年大概有200万元的产值,我们每年给厂里上交100多万元,剩下的我们自负盈亏,包括职工的开支、设备维修支出等，效益应该说很不错。但合资以后呢？如果还按照原来的产值计算，哈一工现在能得到的也就是20万元左右。从目前情况来看，就是这20万元哈一工也未必能得到保证，因为合资公司自成立以来一直处于亏损状态，外资不是这个月添个设备，就是下个月买个其他什么的，反正自年初合资以来，企业没有一个月是不亏的。”

涂层厂原本希望通过合资引来先进设备和技术，但据这位职工反映：“实际情况是，他们的设备比我们原来的设备先进程度有限。而且经过多年的消化吸收，我们已经对原来引进的设备消化得差不多了，但合资后引进的设备，外方技术人员只是告诉我们在机器操作时按哪个钮，不按哪个钮，其余一概不透露，这样合资是为了什么？”

据记者调查了解，与这位职工有着同样困惑的，在哈一工还有不少。

厂里一位科室人员对记者说：“都说我们是‘靓女先嫁’，但企业嫁了靓女却没有回报。现在的情况是，在新厂区格里森只是搬来了一台检测设备，其余的都是哈一工的。”

困惑还不止这些。另据该厂有关人士介绍，哈一工于2002年12月分开，由哈尔滨第一工具有限公司和哈尔滨第一工具厂两部分构成。前一部分是该厂的生产主厂(18个分厂)，后一部分属于辅助分厂(包含企业办社会等)。生产主厂部分是该企业赢利的主体部分，全厂都依靠这一部分在支撑，滚刀工具分厂、插剔刀具分厂、锥齿轮刀具分厂等就在其中。据了解，这三个主要刀具分厂再加上拉削刀具分厂的产值能占到全厂总产值的一半以上。该人士说：“我们把最好的部分拿出去合资，好的部分让外资拿去赚钱了，剩下烂摊子又怎么办？为什么外资就不能把差一点的部分也接收过去？”

如果不是企业负担太重，哈一工或许可以发展得比现在要好得多。

据统计，即使是在刀具工业所用钢材涨价200%的情况下，去年哈一工生产主体仍赢利851万元。另据统计，哈一工的生产主体部分产值也呈现出逐年上升的态势。2001~2004年，滚削刀具厂的产值分别为1259万元、2145万元、2684万元、3088万元，插剔刀具厂是1037万元、1434万元、1569万元、1581万元，锥齿轮刀具厂是1196万元、1319万元、1346万元、1669万元，拉削刀具厂则为2079万元、2790万元、3311万元、3595万元。今年1~9月，四个主要分厂的产值分别为2537万元、798万元、1332万元、2831万元，同比都有所增长。去年全厂缴税1789万元，同比增长24.4%。

一位滚削刀具厂的高管对记者说，哈一工的滚削刀具、插剔刀具、锥齿轮刀具以及拉削刀具等都属于精密复杂刀具，由于产品技术含量高，所以利润也大。“现在哈一工缺什么？我们是缺资金，但更缺一个好的机制，若政府能把企业的包袱卸下来，我相信企业一定可以发展得很好。”这位高管对记者说，“过去在计划经济时期，我们被称做是中国的四大工具厂之一，无论是产品的质量，还是产品的数量在国内都是首屈一指的。虽然现在从全厂效益来看，一直亏损，但我们核心分厂的实力绝对不能被否认，无论是产品的技术、职工队伍还是市场认知度，都是国内其他企业所无法比拟的。这也是企业的优势所在。”

格里森深知这其中的内涵。据这位高管介绍，格里森近年来频繁与行业内企业接触，其中不乏哈一工的竞争对手。“从这些动作看，格里森收购哈一工，非常有可能只是其在中国布局的重要一环。格里森收购哈一工看中的不仅是哈一工在中国刀具行业的地位，更重要的是减少了一个潜在的竞争对手”。

在采访中该人士指出，对于格里森控股的事情，全厂基层领导班子有很多人都持反对意见。“可这又能怎样，企业最后还不是被人家控股了”。

## 合资带来的影响

为了解合资对哈一工的影响，记者采访了一位在机床工具行业工作了几十年、对行业情况了然于胸的专家。谈及哈一工与格里森合资的事情，这位专家是这样评价的：“哈一工与格里森的合资给人一种饥不择食的感觉，这种做法就好比是饮鸩止渴。”

据他介绍，机床行业在我国被喻为工业母机行业，而机床工具行业则可以比作是这些机床的牙齿，其重要性不言而喻。他指出，之所以说哈一工与格里森的合资有些欠考虑，主要是因为哈一工在行业中占据的地位。“哈一工这么多年来辛苦培育起来的市场地位,如今却因为合资而丧失实在是得不偿失。合资可以,但是我们至少应该保持控股权。从现在的情况看,合资后,我国国内其他的厂家如果再想赶上来，占有哈一工空出的位置几乎越来越难。我现在甚至想不出,我国还有什么办法能再造一个哈一工。因为培育一个优秀的刀具企业,不仅需要大量的资金,更需要时间、技术以及宝贵的人才。我们国家培育一个哈一工花费了多少钱?现在就这样轻易地合资,实在是让人痛心。"

哈一工发展到今天已经有50多年历史。目前哈一工的产品包括齿轮刀具、拉削刀具、可转位刀具、铣削刀具、螺纹刀具、孔加工刀具、锯削刀具、车削刀具以及其他共九大类202个品种2万多个规格。产品应用覆盖领域包括国防、能源、航天、电力、汽车、机床、农机等。众多业内人士在评价哈一工时都会指出，这是中国目前重大装备工业最大的复杂刀具生产企业之一。

"该厂在全国设有20多个自销分公司,还有80多个二级销售网点,现在被外资控股了,这些就是我们的陪嫁。从某种意义上说,这也是我们为了合资而付出的代价吧。"一位业内人士忧心忡忡地说。

但哈一工付出的代价实际上远不止这些。

据哈一工有关人士介绍,"合资的事情对哈一工产生了不小的冲击。为了能配合市里工业企业退城进郊的部署以及合资安排，哈一工与合资成立的格里森一工(哈尔滨)刀具公司都将搬迁到哈市开发区，建立新厂。可是哈一工哪来那么多资金?为了建设新厂区,哈一工变卖了一部分固定资产,但还是不够。目前新厂区建设一期工程只完成了70%，陆续投入已经达到8700万元，这其中有2500万元是从开发区借的。按照计划,在新建厂区的同时,老厂区土地也进行拍卖,可现在作价1.5亿元的地皮从挂牌伊始,至今无人过问,主要原因还是因为老厂区布局比较复杂，而且周边还连带有其他企业。眼下,银行三天两头催债,在这样的重负之下,企业还怎么发展?"

该人士说:"如果能把建设新厂区的钱都投入到技术改造上，企业状况可能也不会像现在这样窘迫。"据他介绍,最近几年,哈一工技改投资几乎没有,有的也只是工厂设备、厂房等的修补。

据该厂一位不愿透露姓名的职工向记者介绍,由于哈一工滚削刀具、插剐刀具、锥齿轮刀具厂职工身份转换、工人不能按时到岗等问题一直没有得到解决,鉴于此情况,日前格里森方面也已经明确表态,如果这些事情中方不能解决,格里森将拒绝接收这些分厂的职工。

由于合资的事情一直没有新的进展，现在哈一工这些分厂的生产任务已经停止。"这些难道不是损失么?最近几年受汽车、电力行业的带动,企业正处于直线上升阶段。我们没合资前,生产任务一直排得满满的,职工经常是加班加点。可现在生产都停了,工人开不出工资,这可怎么办?"

现在,哈一工的职工可谓是谈合资色变。尤其是最近，哈一工原涂层厂的几名员工不知何故被合资公司除名的消息传出后，滚削刀具、插剐刀具、锥齿轮刀具分厂以及其他后续即将合资的分厂职工,对于将来的合资更是忐忑不安。

(《中国工业报》2005年12月19日 A1版)

记者手记

# 谁来负责?

在哈一工，想找到一个能为记者解答相关问题的企业负责人很难。

找崔国民谈?在哈一工,关于原董事长崔国民的去向,流传着各种各样的说法。对此,记者也曾向该厂的有关领导作过询问，但有关领导对记者的解释是:"个人原因,已经请辞了。"在企业发展处于最紧要的关头,一厂之主竟然有如此表现,实在令记者感到惊讶。

找郑建民谈？记者好不容易在回答职工问题的会场上堵到他，但郑却说，“职工的问题我还回答不过来，哪有时间和你谈合资的事”，几句“对不起”后便转身而去。

不回答记者的提问没有关系，但对于企业的发展一定要有人来负责。那么在哈一工，又有谁应该对企业的现状负责呢？

在哈一工厂门口，当几名职工在瑟瑟寒风中，哆哆嗦嗦地把有关材料交到记者的手中时，一种悲哀从记者心底油然而生。对于企业目前所出现的种种状况，工人们无能为力。在记者看来，他们才是工厂的主人，他们的未来与企业发展息息相关，难道这一切就应该由工人来承担么？

在采访中，多数员工都会向记者提到资金的问题，如在文章中提到的拖欠的工资、养老保险费、独生子女费及欠集资款等，之后，工人们大都会激动地问上一句：“钱都到哪里去了？”

钱都到哪里去了？记者更是不得而知。

老总可以说辞就辞，工人们却无法如此潇洒。到底应该由谁来对哈一工的现状和未来负责？直到现在，记者也不清楚。

（《中国工业报》2005 年 12 月 19 日 A1 版）

记者手记

# 龙头企业丧失话语权 刀具行业谁主沉浮？

中国工业报记者 杨明

哈一工之所以选择合资，有深层次的原因，但对于国内刀具行业而言，这次合资带来的影响将是长期和深远的。

近日，一位不愿透露姓名的业内资深人士在听说哈一工精密复杂刀具部分与外资合资的事情后对记者说：“哪怕是占 51%的股份也好啊，怎么能轻易放弃控股权？放弃控股权意味着失去了控制权。”

“由于外资控股，中方已经没有能力掌控合资企业的未来，近半个世纪培养的技术团队成为外资囊中之物，这对今后国内刀具行业的发展极为不利。”该人士强调，目前国内生产精密复杂刀具的企业虽然有很多家，但哈一工是最好的，技术在国内领先。

## 哈一工 丢失的市场由谁填补

“在合资问题上，如果我们不能掌握外国先进的技术，也绝不能丧失自己的核心能力。”该人士说，“与格里森合资就能引来技术？无数事实表明，好的技术外企是不会轻易让中方掌握的。”他介绍，今年 5~6 月，格里森曾与我国颇有影响的一家齿轮机床厂接触，格里森提出的苛刻条件是：“中方不能生产格里森的产品，只能负责格里森产品在中国的代销。”由此不难看出，格里森控股哈一工精密复杂刀具部分的背后想法。

格里森在哈一工最困难的时候，轻易取得了哈一工最有价值的精华部分，这样的结局令众多业内人士感到吃惊。

哈一工是全国装备工业大型骨干企业之一，是全国最大的精密复杂刀具生产和科研基地。经过“六五”至“九五”期间的技术改造，哈一工的研发能力、工艺装备水平都有很大的进步，拥有一支实力强大的技术开发队伍。据了解，目前哈一工对其生产的 8 大类 156 种产品拥有全部的关键技术和知识产权。此外，近几年哈一工开发了很多新产品，其中三分之二哈一工拥有自主知识产权。

在国内刀具市场，哈一工的品牌与产品质量博得无数用户的认同。

有关部门今年推出的一份最新国内刀具市场

调查显示，尽管国内市场包含了国外许多著名刀具生产企业，但哈一工仍有很高的忠诚度。市场上认知哈一工品牌且实际采用哈一工产品的用户高达64%。

滚刀、插剃齿刀、锥齿轮加工刀具是加工汽车齿轮和发电设备的关键盘工具。在国内，哈尔滨东安汽车动力有限公司、长春第一汽车制造厂、天津内燃机厂、潍纺柴油机厂等都是哈一工的客户。哈一工合资后失去的市场空间由谁来填补，是国内的其他企业还是格里森？

## 行业低端混战高端失守

目前我国刀具行业年总产值100亿元左右，近年来由于受到机床以及汽车等行业的拉动，该行业每年销售收入增长速度在20%左右。但是看似繁荣的市场背后却隐藏危机。

“哈一工不选择合资能怎样？”12月9日，中国机床工具协会工具分会秘书长沈壮行对记者说，“现在哈一工面临巨大的市场压力，世界重要的刀具生产企业都来到中国，他们多数自设工厂以及分销机构，不断瓜分中国的刀具市场。据统计，目前刀具市场的三分之一已被国外企业占据。”

据了解，目前世界知名刀具厂商加快了开发中国市场的步伐。瑞典Sadvik旗下的Coroman、Titex、Walter，德国的Mapal、Leitz、Guhring，以色列的Iscar，日本的OSG、大昭和，美国的Valinite、Ingosoll等，已纷纷在中国设立制造企业，外资企业的营销、服务网络遍布全国。

“国内刀具市场是低端混战、高端失守。”沈壮行如是说。

据沈壮行介绍，由于行业政策缺少控制力度，我国每年都有大量的低端刀具产品出口。据统计，2004年，我国共出口高速钢刀具19.39亿件，相当于日本全年高速钢刀具产量的25倍，每支刀具均价为0.2美元，只相当于日本同类高速钢刀具的1/20。与此同时，我国高效刀具的进口已经从2000年的8千万美元猛增到2004年的4亿美元。2004年，中国的高速钢和硬质合金产量均占全球产量的40%，但我国制成的工具成品销售收入仅占全球工具销售收入的10%左右。在高端产品领域，外资企业更是占有绝对优势。如果这样的状况延续下去，国内企业的生存空间会越来越小，企业生产经营将难以为继。

有关人士指出，如果像哈一工这样的骨干企业能坚守住，至少能对外资企业起到牵制作用，而一旦我们自己的龙头企业消失了，那么极有可能形成外资垄断的局面，那就不仅仅涉及行业内利润分配的问题，我国其他相关制造业都可能受到影响。

有关人士指出，哈一工的合资已经说明了我们对刀具行业高端技术掌控的有心无力，而业内大量企业的艰难处境也预示着我们对整个刀具行业的把握已经力不从心。

面对严峻的市场形势，国内还有哪些企业能与外国刀具企业抗衡？

据了解，哈一工国内的主要竞争对手陕西汉江工具厂，目前正与世界最大的涂层企业瑞士Blazers公司以及德国SAAKE公司进行合资合作。此外，上工(上海工具厂)与意大利SU公司进行了合资合作，生产齿轮刀具。这些国内刀具行业的重点骨干企业，正在被外资蚕食。迫于市场压力，目前国内刀具市场已经出现为外资做贴牌生产的企业，其中不乏一些颇具实力的企业。

## 行业崛起 有待多方努力

工欲善其事，必先利其器。虽然刀具的成本占产品制造成本的比例很小，影响却极大，对制造业的发展起着极其重要的作用。

今年年初，哈量(哈尔滨量具刃具厂)收购了德国的KELCH公司，掌握了刀具测量仪器——对刀仪的世界先进技术，无疑使彷徨中的中国刀具行业看到了一丝希望。“在与外资合作中，企业核心业务非但没有被外资掌控，反而是自己的核心能力不断获得提高。这或许才是我国企业应该找寻的方向。”一位业内专家如此评价哈量的作为。

在刀具行业整体处于弱势的情况下，仅凭哈量一家难以实现行业的崛起。实现行业的崛起，离不开哈量、哈一工这样的龙头企业，离不开众多具有自主研发能力的企业，更离不开国家对于行业的重视与支持。业内有关专家认为，国家在这方面的支持力度远远不够。

有关专家指出：国有企业并非一无是处，只要国有企业能顺利地通过体制改革这一关，同样可以走上健康的发展道路。对于行业排头兵企业，国家更应该给予支持。

目前，国家已经注意到装备制造业企业在改制过程中出现的一些新问题，今年9月28日，国务院常务会议原则通过了《国务院关于加快振兴装备制造业的若干意见》。有关人士认为，该《意见》的实施将有效推动装备制造业的健康发展。

（《中国工业报》2005年12月22日 A2版）

**装备工业合资变局特别策划·长沙阀门系列**

**重磅调查**

# 长阀将携核心技术委身沃茨？

中国工业报记者 贾存斗

长沙市赤岗北路10号周围高楼林立，商铺饭店密集。2005年12月6日上午9时，记者怀疑自己走错了地方，以为到了商业繁华区。然而，这里确实是此行的目的地长沙市阀门厂（以下简称长阀）。记者拦住了厂门口一位身穿阀门厂工作服的职工，问他是否知道沃茨收购的事情，那位职工边走边说："知道，职代会都开过好几次了，上个月（11月）合同已经签了。"他还告诉记者："被美国公司收购是件好事，人家有钱，技术又先进。再说了，我们才不管公司卖给谁呢？有班上有钱拿就行。"

据记者调查，美国最大的阀门企业沃茨公司正在对长阀进行收购。收购消息对外封锁得密不透风，原因一是美国沃茨要求长阀"收购期间拒绝一切媒体采访"，以免"消息散发给收购带来麻烦"。二是长阀担心一旦收购失败会对企业有影响。但有一点，"长阀卖与不卖，是卖给美国沃茨，还是卖给国内企业，是经过长阀职代会表决通过的"。

## 中国阀门行业的"以色列"

长阀有一个绰号：中国阀门行业的"以色列"。何以得此雅号？下面的例子颇能解释其由来：

2005年春节刚过，长阀厂长刘普成收到了东深供水改造工程指挥部发来的感谢信和相关证书，感谢该厂为工程提供了一流产品。据了解，这一工程是当时全国最大的调水工程，特点是供水量大，对设备的技术水平、运行稳定性要求高。在对阀门等其他设备实行的公开招标中，国内外十几家企业争夺激烈，最后长阀毫无悬念地中标了全部16台DN2600液控阀门合同。

一个有趣的细节是，东深供水改造工程指挥部特意向长阀多订了一台阀门供展览用，表明该工程的核心部件——阀门用的是长阀的产品。

再举一个例子：一台进水口径达530毫米的蝶阀2004年12月10日在长阀通过专家验收，这是我国自行研制的最大口径阀门。据专家介绍，我国500毫米以上口径的特大型电站水轮机进水阀长期依赖进口。该阀门的研制成功，标志着我国特大口径阀门国产化取得了重大进展。这台单价近400万元的重锤式阀门，是国内首次研制。国内机械、电子、液压等行业的专家认为，该阀实现了就地控制、远方控制及联动控制，可满足"无人值班、少人值班"的要求，是水电站管线系统截断的理想新型设备。

这台阀门现在已经安装使用，各项性能指标都达到或超过了设计要求，处于国内领先、国际先进的水平。据了解，购买这台阀门的用户当初也是采取国内外招标，长阀最后胜出。

从以上两个例子不难看出：规模并不大的长阀，在国内重大工程的阀门产品招标中实力强大，这背后依托的即是其雄厚的技术研发实力与核心技术。

2005年12月6日上午10时，记者坐在了长阀高级工程师、经营副厂长胡在义的对面。胡副厂长身材魁梧、性格豪爽，一口浓重的毛泽东式的湖南话，让记者不胜其苦，有些话要重复三四遍记者才能明白他说的意思，但这并不影响胡介绍该厂辉煌发展史的谈兴。

据介绍，长阀是一个1958年建厂的集体企业，1982年之前虽是原机械工业部定点生产中、低压阀门及特殊阀门的专业厂，但一直生产直径400毫米以内的小口径阀门。企业受集体身份、统产统销等因素影响，可说无任何特色，在行业内是小字辈。企业的转机发生在1982年，当时的长沙市政府受改革开放的影响，决心搞活搞强长阀。企业做大做强关键在人才，于是长阀面向社会招聘高级专业人才。现任厂长刘普成就是这一年经招聘进入该厂的。刘的到来可谓长沙市阀门厂的一个大事件。刘是青海某单位从事机械制造研究的高级专家，享有国务院特殊津贴，获得过多项阀门行业的发明专利，是名副其实的专家型人才。其后，集体性质的长阀陆续招聘进一大批专业技术人才，使企业得到了脱胎换骨的变化，迅速焕发生机。至1983年，长阀已处于腾飞的黎明时分。

也是在1983年，长沙市科委了解到辽宁省铁岭市阀门厂引进意大利技术，正在制造可以消除水锤现象的液控阀门。所谓水锤，就是在阀门迅速关闭的瞬间，水压迅速上升产生巨大压力，造成输水管道破裂，或者损害阀门、电机的现象。长沙市科委将这一信息传递给长阀，该厂迅速对这种阀门进行研究。有一点要强调的是，长阀在学习意大利液控阀门技术时，并不是照葫芦画瓢，而是分析该产品存在的问题，进行改进。经过一年的研发攻关，1984年长阀生产出具有自主创新特色的直径700mm的液控阀门。“这次研制成功对长阀是划时代的，对中国阀门制造业是划时代的，对中国城市自来水供应也是划时代的，是一场革命。”胡副厂长说这话时语气加重了许多。

据介绍，长阀液控阀门研制出来之前，水锤对城市供水及大规模引排水设施损害极大，城市自来水厂的维修工人夜里甚至不能睡觉。1984年，当时的航天工业部某单位上马风洞工程，原打算工程液控阀门产品进口，当听说长阀研制出来后，决定采用该厂产品。由于风洞工程是国家重点工程，招标设备不能出现任何差错。因此，采用国产阀门的施工单位是要冒风险的。但事实证明，长阀的液控阀门质量好于国外同类产品。

风洞项目的成功，让长阀的液控阀门获得了声誉，紧接着，全国各地的城市供水企业陆续采用了长阀的产品。对此，胡面露笑容地说：“长阀的液控阀门在消化吸收外国先进技术的基础上进行了全新设计，以及自主研发，拥有了核心技术。可以说，长阀不仅实现了液控阀门的国产化，还在技术上超过世界水平。”

长阀在城市供水领域获得成功后，又将目光转向了引水工程。引水工程要求阀门口径大，技术含量高。该厂先后中标甘肃景泰川引黄工程、宁夏羊黄工程、山西万家寨引黄工程以及本文上面提到的东深引水工程等项目，这些工程多是国际招标、投资巨大的国家重点工程。业内人士都知道，阀门口径越大、承受的压力越高，因此对技术水平的要求就越先进。需要说明的是，我国引水工程的大口径阀门以前一直是进口，因此，长阀对大口径阀门的国产化、替代进口做出了重要贡献。在长阀的带领下，国产大口径阀门在国内市场获得了极大的认同，将外国公司挡在了国门之外。

据胡介绍：“现在的长阀有很强的研发能力，有核心技术，有些地方比国外企业还先进。”

长阀在液控阀门的研发与推广获得了巨大成功后，面对国内同行在液控阀门领域的激烈竞争，将重点放在了具有使用寿命长、维护简单、调节和密封性好、耐高温、体积小、操作方便灵活等特点的金属弹性硬密封蝶阀的研发与推广上，并将产品的领域拓展到电力、化工、冶金、城市供暖等行业。1987年，该厂通过引进瑞典技术研制出我国第一台金属弹性硬密封蝶阀，填补了国内空白。长阀这种产品形成系列后，已向国内外用户提供了数千台，广泛应用于我国冶金行业如宝钢、武钢、首钢等大型钢铁企业，石化行业如长岭炼化、沧州化工等国家重点企业，城市供热行业如北京、沈阳等国内大型城市热力公司，电力行业如广州发电厂、郑州热电厂、云南漫湾电厂等大型热电厂，其他还包括黄河小浪底水电工程、上海苏州河治理工程等重点工程。同时，长阀的产品还出口到巴基斯坦、缅甸、泰国、新加坡、挪威等国家与地区，长阀成了阀门产品的跨国供应商。

“可以说，以前我们垄断液控阀门，等大家都做出来后，我们又垄断了金属弹性硬密封蝶阀的市场。长阀就是靠技术领先吃饭，不与同行企业在低层次上竞争。”胡在义说。

## 沃茨收购长阀真相

了解沃茨收购长阀应先理顺长阀改制的历程，记者概括为三部曲。

1996年前，长阀是典型的集体企业。1996年至2005年，长阀实行企业领导班子租赁承包制度，企业性质依然是集体企业。2005年底以后，沃茨将收购长阀。

这三部曲中，一部曲由于与企业被收购无关，在此省略。

二部曲的背景则直接关系沃茨收购长阀。时间到了1996年，当时国企改革改制在全国开展得如火如荼，因此，长沙市有关部门要求长阀进行改制，原则上实行股份制。但长阀是集体企业，因此政府的态度只能是建议，具体采用何种改制形式，需经长阀职代会投票通过。

当时的长阀经过职代会投票，决定实行企业领导班子租赁承包制。这一决定后经职代会投票表决获得通过。

“可以说，企业能够在国内保持技术领先，与采取这种改制模式有关系。”胡对记者说。

长阀实行企业领导班子租赁承包制成功吗？

2005年12月7日下午，记者采访了湖南省机械行业管理办公室（以下简称机械办）一位不愿透露姓名的官员。他介绍说，该厂是一家集体企业，领导班子五人中有四位是高级工程师和经济师，是典型的专家治厂。近几年该企业在现任厂长刘普成的带领下，比较重视引进外国先进技术及自主研发，企业发展很快，十多年的时间将一个产值200多万元的集体小厂发展到2004年年产值6000多万元的企业。“更令人称道的是，在头几年机械行业滑坡的形势下，长阀却能保持15%的年增长率。2004年，该厂人均利税2万多元。同时，长阀的大口径、特殊阀门在国内乃至世界都有相当强的竞争力。可以说，长阀是长沙市工业经济领域的一颗明星”。

“长阀的领导班子租赁承包制总体上是成功的，也是长沙市租赁承包制运转得最好的。近几年长阀大口径阀门一个接一个地搞出来，与该企业研发资金的充足有关系。”但是，这位官员认为，“租赁承包制实际上隐患很大，是一种并不完美的改制模式。”

他认为，这种改制有几个弊端：一是企业没有解决产权问题，还是集体企业，因此，无论企业领导班子还是职工积极性都不会发挥到最大；二是企业难以做大。由于这种方式没有大规模的资金用于企业的发展，企业在国内阀门行业长期处于第二梯队。

事实上，改制的成与败长阀领导层最是“饮水自知”。2005年12月7日，长沙市国资委、长沙市企业改革和领导办公室改革（产权）处处长杨能武在接受记者采访时说，近几年长阀一直通过长沙市的对外部门进行联络，期望能够获得与外资合资合作的机会，最后应是以美国沃茨收购方式收场。

胡在义副厂长说，2004年，沃茨决定在中国寻找合作伙伴，获业内推荐说，“你们要想在中国收购企业，首先应该是长阀。长阀的大口径阀门处于世界领先水平，信誉度很高，同时该企业的品牌已经在中国市场打出来了”。而胡清楚地知道，“沃茨进入中国的战略就是选择中国技术最先进的合作伙伴”。

据胡介绍，沃茨是一家上市公司，资金、技术实力都很强大，在世界各国收购了很多企业，同时在我国天津塘沽、浙江台州等地建立了多家合资、独资企业。而长阀为何愿意被沃茨收购呢？一是资金短缺已成了长阀做大做强的瓶颈；二是现任班子成员年龄偏大，企业改制问题显得十分紧迫；三是长沙市政府要求长阀尽快完成改制。

因此，沃茨找上门来时，长阀痛快答应“出嫁”。据不愿透露姓名的人士介绍，沃茨与长沙市政府进行的收购谈判进行得很顺利。收购大致内容为，沃茨总投入×××××美元，打造中国南部阀门行业的“航空母舰”。需要说明的是，收购款项还需用来安置企业职工，确保离退休人员的医保资金全部交到医保中心。内退人员的医保社保由新公司提供保障，工资不能低于长沙市最低工资标准。同时，离职人员每人补助5万元，退休职工每人补助1.5万元，在职职工一年按4000元一次性买断身份。据了解，企业职工对此都十分满意。用于收购后企业发展的资金据说约为1亿元人民币。另外，收购合同规定，企业3年内不解雇职工，管理层须签一份不准在同行业内竞争企业就职的协议，同时沃茨10年内不准解雇现在的企业管理层。对企业老管理层的五位租赁承包人进行赔偿。

“总之，对这次收购，方方面面都十分满意。”胡最后说。

### 长阀投怀送抱的背后

写到这儿，沃茨收购长阀应该是皆大欢喜了。

沃茨欢喜。以几千万元人民币的代价，轻松擒获了中国阀门行业的“宝马”，甚至不是擒获，而是投怀送抱，而长沙市政府还会无条件地支持发展。想想这些，沃茨一定笑得合不拢嘴。

长阀欢喜。职工得到了安置，未来的管理层将得到较好的安排，老的企业承包者得到了数目不详的赔偿，企业得到了发展的资金。

地方政府欢喜。一个企业得到了彻底的改制，职工得到了很好的安置，未来这个企业还能做大做强，引资对象还是世界知名的阀门企业，说明这里投资环境良好。

当然大家都有理由欢喜，市场经济环境下，跨国企业收购中国一家企业本不应该大惊小怪，但是有一点，长阀几十年来积累的市场、核心技术及专业技术人才都成为沃茨的囊中物了，长阀的自主产品以后对国内其他企业再也不是业内竞争，而是中外竞争了。以后中国的钢铁企业、发电企业、供热公司、自来水厂使用产品时，或许都要看外商的脸色了。

据上面的专家介绍，客观地说，中国制造业的整体水平与世界发达国家还有不小的差距，阀门行业同样如此。但中国阀门行业未来市场前景看好，因此，世界知名的阀门企业对中国市场都是垂涎欲滴，都在想方设法进入中国市场。长阀虽然规模小，但有核心技术，有优秀的专业队伍，这是难以估量的无形资产。

机械办的官员说：“长阀职工多是专家型人才，以前的待遇本身就被打了折扣，被收购后待遇会有提高，沃茨也一定会留住这些专业人才更好地为其服务。”业内专家也认为，跨国公司对发展中国家的战略目标之一，就是争夺高级专业人才。

至于沃茨收购长阀，杨能武的态度是：“只要有利于企业做大做强，有利于职工安置，卖给外国公司还是中国公司都一样，因为发展就是硬道理。”

沃茨收购长阀将成定局。那么，沃茨的下一个猎物又会是谁呢？

（《中国工业报》2005年12月26日 A1版）

装备工业合资变局特别策划·专家观点

# 国有资产管理的错位

中国机械工业联合会副会长 朱森第

《中国工业报》近期刊出的装备制造业合资变局系列报道，提出了一个装备制造业振兴中至关重要的问题，即引进外资是手段还是目的，是发展自己还是削弱自己，是利用外资还是被外资利用。

看完这些系列报道，心中不免郁闷、愤愤，合资前这些行业中有重要地位的花费十几年、几十年心血培育起来的国有企业，合资后或失去了原先的地位，或陷入困境，或原来意义上的企业消失了。这些报道向我们揭示了合资过程中的种种变数，引发了对合资的种种思考。这些报道对人们不敢深入的层面、不愿触及的问题，作了不懈的追索，客观地反映了过程中的一些情节。读后又不免唏嘘感叹一番，却又无酣畅淋漓之感。倒不是记者的文笔艰涩、令人费解，也并非报道的深度欠缺。看得出来，作这些报道是有难度的，也是有阻力的。一些当事人或回避或吞吞吐吐，或文过饰非，使报道难以深入。笔者读后，总觉如鲠在喉，不吐不快，于是提笔。

系列报道中合资企业的中方企业都是国有企业，而在合资进行的过程中，这些国有企业的负责人多半处于从属和次要的地位，有的只是服从而已，有的没有发言权，有的因据理力争而被调离。市长和国有资产管理部门的有关负责人则在合资谈判中冲锋陷阵、一手策划。在企业里干了十几年、几十年，对企业最了解、对合资对手知根知底的企业负责人被靠边，而长官们越俎代庖，合资的结局可想而知。长官们认为我是国有资产的代表，企业负责人是打工的，当然我说了算，而职工更是打工的打工了。企业负责人也普遍认为长官是老板，自己是打工的，至多是一个职业经理人而已。笔者接触到很多国有企业和国有控股企业，似乎这种说法很流行。细想起来，却有种种疑惑。

我国的国有资产明确为国家所有、分级管理。从中央到地方的各级国有资产管理部门，名副其实的、名正言顺的应是国有资产的管理部门，严密一点讲，是国有资产监督管理机构。因此，国务院设立的是国有资产监督管理委员会，行使对中央的国有资产监督管理职能。各省市的国有资产管理机构行使在其省市的国有资产监督管理职能。无论是中央管理的国有资产或是省市地方管理的国有资产，均是国家所有。各级政府的行政长官，有责任管好国有资产，但并非国有资产归其所有。国有资产的所有者包括企业负责人，包括企业职工，当然也包括公务员在内。国有资产的所有者不能虚拟化，从而形成国有资产管理的缺位。国有资产的所有者各有分工，各司其职，但国有资产决非某一行政长官所有，也决非国有资产监督管理部门所有。作为国有资产所有者组成之一的企业负责人，负有在其企业内国有资产的经营责任，负有国有资产的运行和保值增值的责任；企业职工则应对该企业的国有资产保值增值作出贡献，从某种意义上讲在该企业的国有资产也有职工的一份。正因为如此，在国有企业的改制中，才有职工身份置换一说。

时下，不少行政长官视其管辖下的国有资产为其所有，俨然以老板自居，如同私营企业的老板处置自己的资产那样来处置国有资产，企业负责人成为打工者，职工成为打工仔。在合资过程中打工者靠边，打工仔更是无权过问，连声响都没有。于是国有资产监督管理者成为所有者，这些所有者却无人对其监督管理了。原先，企业负责人在经营国有资产时，有国有资产的监督管理部门和行政长官对其监督，如今这些国有资产的所有者，谁来监督呢？国有资产管理的错位，造成国有资产管理体制设计上监督管理的缺位。没有监督的权力，难免滥用；本非所有者却以老板自居，失误自然不必付出代价。

系列报道中合资企业出现的种种问题，无不可以归结为国有资产管理的错位。当然并非所有的人都这么认为。有些当事人认为合资企业由外方控股而转为外方独资，原先的国有企业消失，这是国有企业改革走出来的一条路。笔者不禁要问，合资的外方所选择的中方企业，应该讲当时都是不错的企业，不然外方也不会选择这些企业作为合资的对象，而且这些企业合资前都是行业中的排头兵或骨干重点企业。合资时，把企业的核心部分或精良资产纳入合资企业中，余下的质量不高的资产和债务留在中方企业的母体内，或由政府承接富余人员和债务。合资企业运转一定时候以后，外方加大股比进而独资，中方企业的品牌没有了，中方的技术骨干和技术积累都在外方控股的企业或独资企业里了，中方企业连名字都没有了，还谈及什么发展吗？有人会讲，外方独资企业还在中国土地上，向当地纳税，吸纳当地劳动力，还带动了当地为其配套的企业。笔者实在不敢苟同。原先的国有企业没有向当地纳税，没有给当地提供就业机会，没有配套企业为其配套吗？一个好端端的行业排头兵企业消失了，难道这就是国有企业的改革出路？

这个问题进一步引伸到一个更为引人关切的问题。如若装备制造业中大型骨干重点企业，纷纷合资，或由外方控股，或逐渐演变为外方独资，我国装备制造业振兴的主体又何在呢？“靓女先嫁”者，差不多均是装备制造业中的好企业，“靓女”嫁出去后再培育、扶植一批“靓女”，然后再嫁，中国的装备制造业不就成了培植“靓女”的产业了，振兴也就成为一个画中之饼了。

（《中国工业报》2005年11月15日 A1版）

装备工业合资变局特别策划·记者互动

# 中国企业不能在“世界工厂”中迷失

中国工业报记者　赵加积

在有关中国汽车要不要创自主品牌的观点引起争论后，近日龙永图又说，他并非不鼓励国内汽车创新和开发自主品牌，只是想强调国内汽车业遍地开花大搞自主品牌时机远远不够成熟。笔者认为，龙永图这两次的讲话细节不同，观点也不同。

## 部分中国企业急功近利

目前，开发自主品牌还未成为企业的自觉行动，大部分企业仍愿意贴牌生产，甚至有的企业合资时没有贴牌，现在为了好销售反而贴上了。这种眼睛只盯在当前贴牌生产或合资利润、税收和就业的观念，是一种急功近利式的拔萝卜经营理念，是和中国的国际竞争战略背道而驰的。

我们知道，奔驰、丰田等世界名牌汽车厂家都是一开始生产就着手打造品牌，奔驰品牌历经100多年，丰田品牌经过20多年努力才大批进入美国市场。可口可乐是1886年诞生的，当年只有50美元营业额，却投入46美元做广告打造品牌。1901年，可口可乐营业额为12万美元，投入10万元做广告仍是为铸造品牌。有人统计，全世界100个名牌中，用了100年的占36%，用了80~100年的占28%，用了50~80年的占25%，用了50年的为11%；成长最快的是韩国三星，用了20多年。

## 铸造品牌是长期储蓄投资

铸造品牌要有目标和理念，有了目标就会千方百计去做，如果等“条件成熟”再做，条件永远成熟不了。中国汽车工业已经有50多年的发展历史，许多企业已具备条件。龙永图讲“不够成熟”，主要是指专利、技术、资金条件不成熟。实际上，自主品牌主要是一种文化和情感，用情感和文化打造品牌记忆和客户资源。相对而言，技术、专利、资金从某种意义上讲容易解决，而情感与文化塑造最难。如可口可乐1%是专利，而99%是美国文化。我们可以制造出同样的可口可乐，但制造不出同样的可口可乐文化。

奔驰中国公司总裁韩力达说：“品牌是指它的内涵与客户之间的关系。我们要做的就是使客户需要这样一个品牌。而不是需要一部汽车这么简单。”国际品牌联盟副主席弗朗希斯·麦奎尔考察中国后说：“中国企业在品牌建设方面最大的误区是低估了自己的实力，中国有能力生产优质产品，缺的恰恰是品牌的塑造。”

把铸造品牌当做成本，必然是有钱时才投入，没钱就不投入。世界上用这种理念铸造品牌的企业，没有一家成功。把铸造品牌当做长期储蓄投资，条件成熟不成熟都要创造条件投入，是中国企业要树立的新观念。

### 迷失在“世界工厂”的美梦中

近期，从国家科技研究课题组传出令人沮丧的消息：20年来，“世界工厂”的美梦已经让中国迷失，在表面繁荣的背后，我国在众多核心技术领域正面临着“创新能力缺失甚至消退”的糟糕局面。拥有知识产权及创新能力，是一个国家发展的筋骨，随着经济快速发展，中国的创新能力和知识产权也应快速发展。

目前全球99%的发明专利掌握在世界创新能力前20位的国家手中，中国在这个序列的排位不升反降！同时，中国的发明专利累计授权量，不仅远远低于发达国家，甚至落后于韩国和我国的台湾地区。中国2004年GDP居世界第六位，但世界100个名牌没有一个是来自中国的。从结果看，我国早年提出的“以市场换技术”正走向反面，没有技术、专利、版权和品牌的中国只能是“加工车间”。在今年9月12日香港开幕的迪士尼乐园里，授权品牌T恤卖100港元，品牌拥有人获75港元，广东生产商获25港元，其中工人工资仅1~5港元。

中国经济的可持续发展，关键要靠科技创新，要靠自主知识产权。如果一味依靠购买技术、专利和贴牌，只能是一种“寄生型”发展。日本知名经济评论家长谷川庆太郎最近发表文章说：“只要仔细分析中国的实态，我还是认为，中国未来掌握在日本和美国手中。”他还说：“中国经济受制于日本，主要因为两点：一是日本企业能向中国提供中国产业不可缺少的高质量产品；二是日本拥有优秀的技术实力和确保技术优势而对研究开发的巨大的投资。”文章列举了日本的机床、汽车，还列举了中国出口美国80%的产品，都是在华美国企业制造的等等。在这里，不管他的论点是否正确，但他的观点至少说明了科技、创新能力和品牌是决定竞争胜负的重要因素。

（《中国工业报》2005年9月28日 A2版）

## 没有自主品牌<br>造多少车也是别人的辉煌

东风汽车股份有限公司总经理办公室调研员、高级工程师 马恒海

前不久，博鳌亚洲论坛秘书长、原中国WTO首席谈判代表龙永图和全国政协常委、原机械工业部部长何光远就中国汽车产业是否要致力于开发和发展自主品牌话题，展开了针锋相对的辩论。

中国汽车产业要不要自主品牌，道理并不深奥。2003年，德国大众汽车公司70%利润来自销量只占其全球1/7的中国市场，靠的是品牌；当年广州标致20多位法方白领年薪3000多万元，相当于中方3000多名员工全年工资总和，仗的是品牌；时下，股比各占50%的轿车合资企业，外资实际权益超过80%，凭的是品牌；不久前，德国大众公司断然拒绝向合资20年之久的伙伴上汽集团转让早已过时的桑塔纳技术平台，卡的就是不让中方尽快拥有自主品牌，与其抗衡争利。

中国汽车行业自主品牌缺失、合资权益大头外溢、自主发展受制与人，这是连普通百姓都明白的事理。“我们不能够为自主品牌而搞什么自主品牌”、“今后在中国本土生产的汽车，……它叫什么名字就已经不重要了。”龙永图反其道而论。

尽管汽车自主品牌目前尚存争议，发展生存

还很艰难，但其在与跨国公司的竞争中正逐渐发展壮大，已成不争事实。据统计，目前商用车中，自主品牌卡车与客车品牌数量占有率分别为90%和76%，其市场占有率2004年分别为94.2%和95.2%。乘用车自主品牌轿车品牌数量占有率为40%，市场占有率也逐步增长，2005年上半年上升达25.43%，同比增长了近7%，成为目前乘用车销量增幅的主力。在今年上半年，国产乘用车销量排名中，天津一汽、奇瑞和吉利3家自主品牌企业跨入前10名。

当今世界，国家昌盛，归根结底靠科技创新实力，靠民族的自主产业体系。审视经济全球化，并不是世界大同。跨国公司推波助澜的国家间经济互补与市场竞争，是以品牌为旗帜、知识产权为利剑的赢取利益最大化的全球角逐。谁拥有自主知识产权及品牌，谁在竞争合作中就说了算，谁就将占据世界经济产业价值链高端，这是不以人们意志为转移的客观规律。对此，我们别无选择，正如何光远呼吁："我们应该通过与国外公司合作，学习他们的技术、管理来壮大我们自己，逐渐把有自主知识产权的品牌发展起来。"

"没有自主品牌，造多少车也是别人的辉煌。"这是以耿昭杰为代表的中国老一代汽车人的毕生追求与感悟。

人们知道，日、韩汽车迅速成功的要素之一，就是举国上下的民族情结。同跨国公司相比中国汽车工业眼下差距的确不小，正因为如此才需要全民族齐心协力去奋斗。否则，大有希望的中国汽车产业必将走上拉美汽车产业的不归之路。

有人认为，何龙之辩表面上为其政见之异的延续，但实质反映的是政府有关部门及其决策者们在制定汽车产业发展政策目标设计时两种截然不同的产业价值取向——走合资依附拉美之路，还是拓开放自主日韩之道。

至于龙永图"哪一种意见是正确的，我们还是让历史来证明。"的观点，已从哈飞、奇瑞、吉利等一批自主品牌的问世与成长，逼使洋品牌车不得不低头降价，百姓花上3万元就能享受轿车文明的现实中找到了答案！

(《中国工业报》2005年9月28日 A2版)

# 中国工业行业排头兵分析报告

中国工业报社产业形势研究室

## 一、2005年工业经济运行情况

2005年工业规模以上完成销售收入244594亿元，同比增长27%，保持了较高的发展速度。

全年规模以上工业完成增加值66425亿元，比上年增长16.4%，增速同比减缓0.3个百分点；实现利润14362亿元，增加2649亿元，增长22.6%，增幅同比回落15.5个百分点。

轻重工业生产增速差距缩小。轻、重工业分别完成增加值20585亿元和45841亿元，同比增长15.2%和17%。其中，轻工业增速同比加快0.5个百分点，重工业减缓1.2个百分点，轻重工业增速差距比上年有所缩小。

各种所有制企业生产较快增长。国有及国有控股企业完成增加值26063亿元，同比增长10.7%。集体、股份制、"三资"企业分别完成增加值2581亿元、32173亿元和18977亿元，增长12.4%、17.8%和16.6%。

工业产品出口保持较高增速。工业品出口连续两年保持30%以上的高速增长后，2005年增势有所减缓。规模以上工业企业实现出口交货值47949亿元，同比增长26.1%，增幅同比回落6.5个百分点。其中，10月和12月月度出口增幅低于20%。

工业产品销售率基本稳定。产品销售率为98.1%，与上年基本持平。其中，轻工业产销率97.79%，同比提高0.17个百分点；重工业产销率98.24%，下降0.09个百分点。

## 二、工业行业排头兵企业特征

2005年，2235家工业行业排头兵企业共完成工业总产值54452.22亿元，同比增长27.5%，实现销售收入57128.59亿元，同比增长28.9%。实现利润5286.22亿元，同比增长20.6%。在较好的经济环境下，大企业的规模经济指标均实现了较快速度的增长。

从表1的计算数据表明，虽然排头兵企业数量不到工业企业总数量的1%，但是无论在产值、销售收入、利润方面，这些企业所占比例都超过了20%，其中以利润所占比例最高，2005年达到了36.8%，虽然这一比例有所下降，但是大企业在对全行业的利润贡献方面仍占据主导地位，这表明大企业具有的规模优势是确保其获取高利润的重要条件。

表1 2004~2005年主要工业企业经济指标占全行业总量的比重情况(%)

| | 工业总产值 | 销售额 | 利润 | 资产 | 出口 |
|---|---|---|---|---|---|
| 2004 | 21.5 | 22.9 | 37.4 | 21.7 | 27.8 |
| 2005 | 21.6 | 23.3 | 36.8 | 21.8 | 29.2 |

从表1的产值、销售额、资产、出口四个重要经济指标来看，2335家主要工业企业的发展情况是比较平衡的，资产、销售额、产值所占比例比较接近，出口比例较高，这说明大企业在开拓国际市场方面也较中小企业有明显的优势。

从相对经济指标的对比看，2235家主要企业的情况也要好于全行业水平。尤其是利润率指标超过行业平均水平3.4个百分点，人均劳动生产率相当于平均水平的2.07倍。资产负债率和应收帐款周转率都是略好于全行业平均水平。

表2 2005年主要企业和全行业的指标计算比较(%)

| | 资产负债率 | 销售收入利润率 | 人均劳动生产率 | 应收帐款周转率 |
|---|---|---|---|---|
| 行业总体 | 58.3 | 5.9 | 36.5 | 9.1 |
| 2235家主要企业 | 54.7 | 9.3 | 75.4 | 11.2 |

表3 2004年主要企业和全行业的指标计算比较(%)

| | 资产负债率 | 销售收入利润率 | 人均劳动生产率 | 应收帐款周转率 |
|---|---|---|---|---|
| 行业总体 | 57.7 | 6.1 | 30.5 | 8.6 |
| 2235家主要企业 | 53.8 | 9.9 | 63.4 | 11.1 |

和2004年相比，2235家主要企业的经济指标没有太大的变化，主要表现在劳动生产率提高、利润水平降低、负债情况不容乐观。

排头兵企业相当大一部分是国有企业，近期国家在破除垄断、提高竞争方面出台了一系列的产业政策，从而使得少部分大型企业的垄断地位逐步消失、垄断利润减少。同时原材料涨价也使得全行业利润水平下降，所以盈利能力降低将是这些大企业都要面对的问题。同时在国际竞争的压力下，企业实行新的管理制度，减员增效，采用新技术，使得劳动生产率大大提高。

机械和石化行业是工业行业排头兵企业的主体，共有680家机械企业，325家石化企业入选。680家机械企业2005年实现销售收入21227.2亿元，占当年工业行业排头兵企业销售收入的37.16%；实现利润总额为1015.6亿元，占当年工业行业排头兵企业利润总额的19.21%；资产总计为15131.54亿元，占当年工业行业排头兵企业资产总计的28.81%；325家石化企业2005年实现销售收入为12279.47亿元，占当年工业行业排头兵企业销售收入的21.49%；实现利润总额为2395.83亿元，占当年工业行业排头兵企业利润总额的

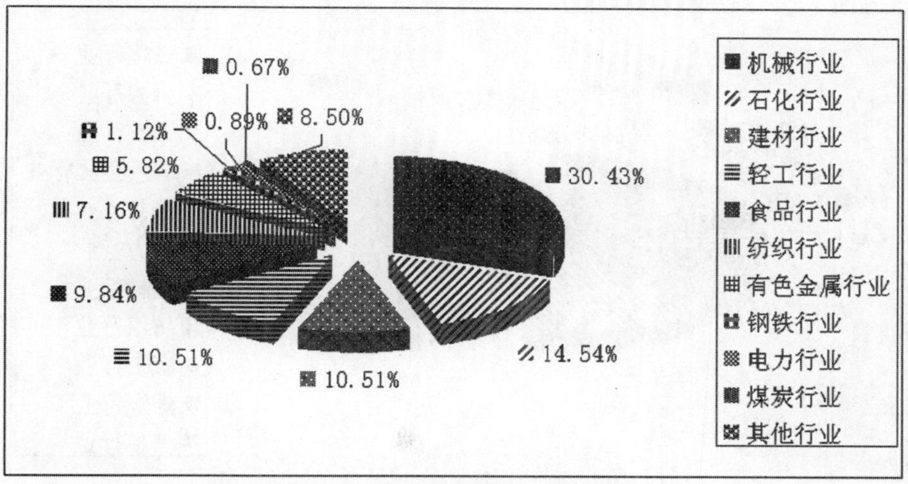


图 1 排头兵企业行业分布情况

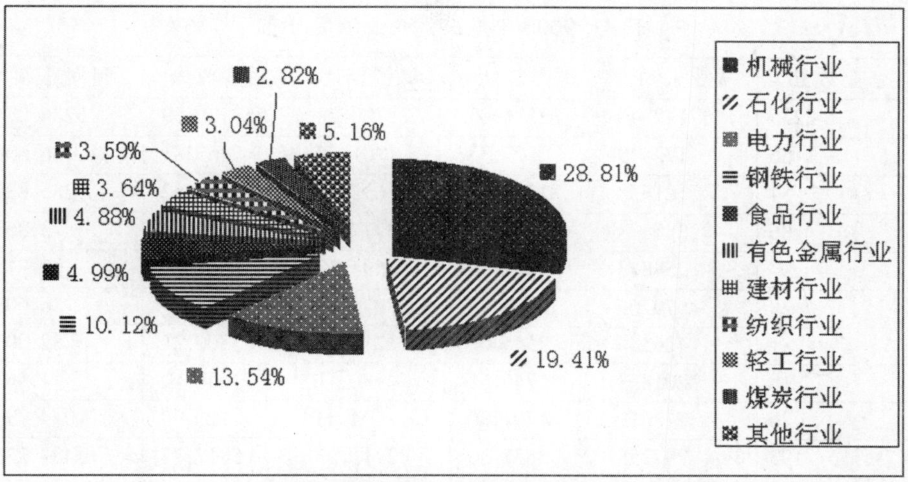


图 2 排头兵企业行业资产分布情况

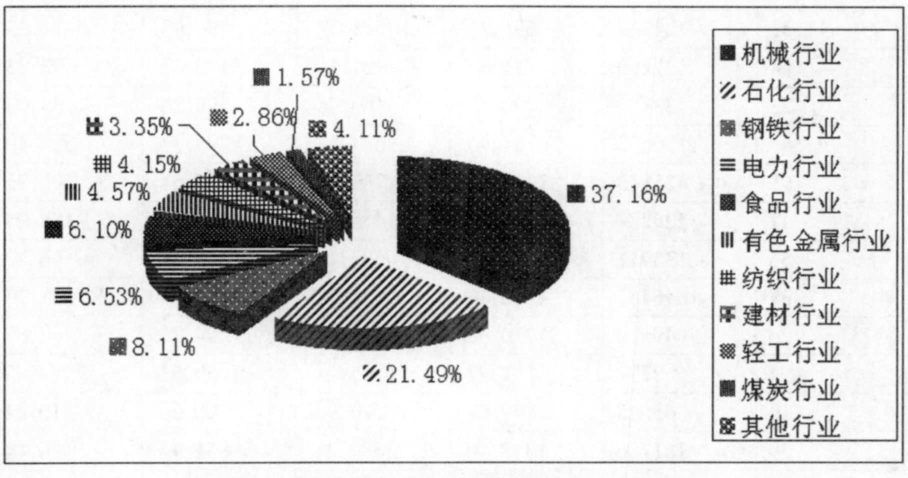


图 3 排头兵企业行业销售收入分布情况

45.32%;资产总计为 10194.11 亿元,占当年工业行业排头兵企业资产总计的 19.41%。

华东地区是工业行业排头兵企业数目最多、规模最大的地区。2005 年工业行业排头兵企业中有 1101 家企业在华东地区,1101 家企业 2005 年实现销售收入为 25846.43 亿元,占当年工业行业排头兵企业销售收入的 45.24%;实现利润总额为 1925.18 亿元,占当年工业行业排头兵企业利润总额的 36.42%;资产总计为 21547.85 亿元,占当年工业行业排头兵企业资产总计的 41.02%。

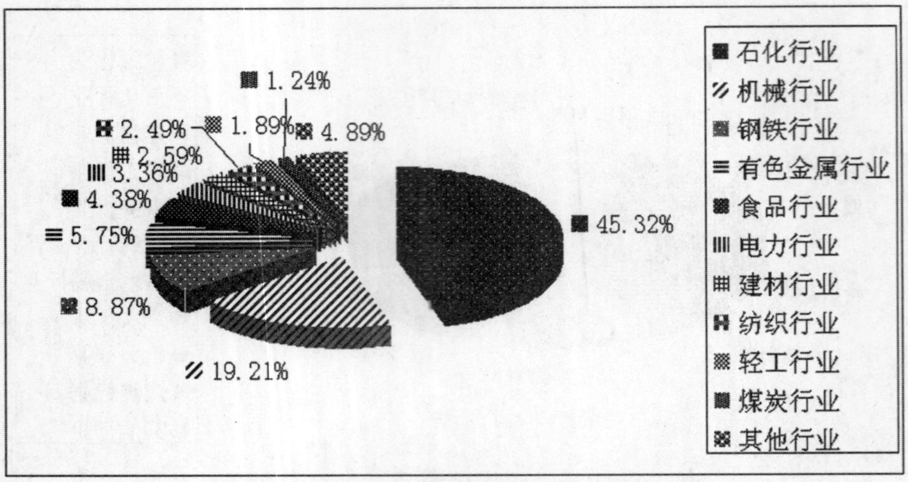


图 4 排头兵企业行业利润分布情况

表 4 2005 年排头兵企业地区分布

单位：亿元

| 地区 | 企业数量 | 从业人员 | 资产总计 | 负债合计 | 销售收入 | 利润总额 | 工业总产值 |
|---|---|---|---|---|---|---|---|
| 全国 | 2235 | 7142340 | 52526.16 | 28702.22 | 57128.59 | 5286.22 | 54452.22 |
| 北京 | 66 | 173439 | 2623.35 | 1201.28 | 2469.81 | 136.60 | 2252.25 |
| 天津 | 54 | 121558 | 1245.78 | 632.09 | 1968.82 | 285.88 | 1878.67 |
| 河北 | 86 | 286808 | 1552.36 | 977.83 | 1322.13 | 73.86 | 1269.77 |
| 山西 | 17 | 254848 | 837.96 | 594.79 | 507.70 | 37.81 | 453.41 |
| 内蒙古 | 28 | 79705 | 603.45 | 274.59 | 483.54 | 38.60 | 391.07 |
| 辽宁 | 81 | 426536 | 3545.67 | 2213.06 | 3300.27 | 82.00 | 3117.90 |
| 吉林 | 18 | 201853 | 1745.61 | 980.41 | 1648.19 | 11.56 | 1724.12 |
| 黑龙江 | 20 | 218613 | 1791.80 | 604.63 | 2120.95 | 1044.99 | 2031.77 |
| 上海 | 193 | 297758 | 5838.36 | 2711.27 | 5817.77 | 481.23 | 5455.64 |
| 江苏 | 295 | 706082 | 5662.70 | 3417.33 | 7615.06 | 331.21 | 7555.67 |
| 浙江 | 208 | 401093 | 2323.00 | 1298.25 | 3223.61 | 185.89 | 3076.81 |
| 安徽 | 33 | 124963 | 698.71 | 391.52 | 586.97 | 31.33 | 509.18 |
| 福建 | 64 | 127260 | 771.63 | 461.10 | 1173.47 | 93.23 | 1155.95 |
| 江西 | 23 | 33788 | 290.18 | 165.76 | 309.25 | 31.03 | 317.76 |
| 山东 | 349 | 1196602 | 6734.90 | 3684.63 | 8293.77 | 864.49 | 7503.93 |
| 河南 | 95 | 425813 | 1233.51 | 781.18 | 1385.61 | 105.96 | 1310.91 |
| 湖北 | 47 | 225887 | 3143.25 | 1455.94 | 1462.34 | 188.04 | 1291.11 |
| 湖南 | 56 | 135911 | 1130.36 | 682.41 | 868.42 | 66.22 | 629.33 |
| 广东 | 331 | 1046462 | 4990.46 | 3058.02 | 8824.58 | 451.23 | 8965.64 |
| 广西 | 24 | 49572 | 210.68 | 130.11 | 204.22 | 8.87 | 207.12 |
| 海南 | 4 | 2797 | 131.97 | 96.73 | 39.53 | -0.78 | 42.51 |
| 重庆 | 14 | 45545 | 191.69 | 126.90 | 200.60 | 10.84 | 211.10 |
| 四川 | 39 | 161706 | 1378.50 | 884.26 | 831.94 | 96.14 | 850.25 |
| 贵州 | 11 | 47872 | 346.18 | 168.11 | 183.70 | 33.44 | 171.96 |
| 云南 | 24 | 72683 | 1003.83 | 300.37 | 649.48 | 94.48 | 621.86 |
| 陕西 | 25 | 98089 | 1102.35 | 568.48 | 750.38 | 268.65 | 616.30 |
| 甘肃 | 10 | 116784 | 434.98 | 272.37 | 348.51 | 17.45 | 292.81 |
| 青海 | 8 | 22529 | 441.67 | 348.09 | 137.11 | 27.92 | 119.51 |
| 宁夏 | 1 | 3498 | 2.45 | 1.58 | 3.59 | 0.00 | 4.75 |
| 新疆 | 11 | 36286 | 518.80 | 219.12 | 397.26 | 188.05 | 423.17 |

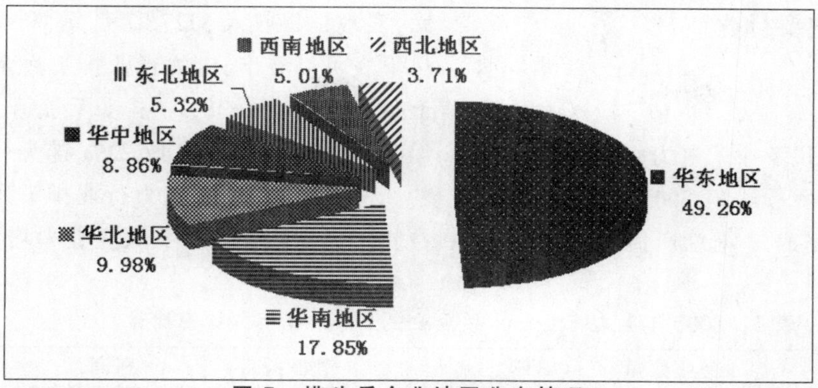


图5　排头兵企业地区分布情况

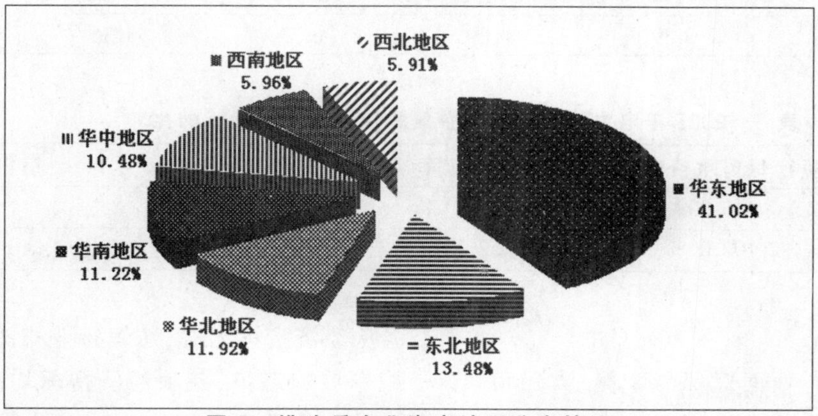


图6　排头兵企业资产地区分布情况

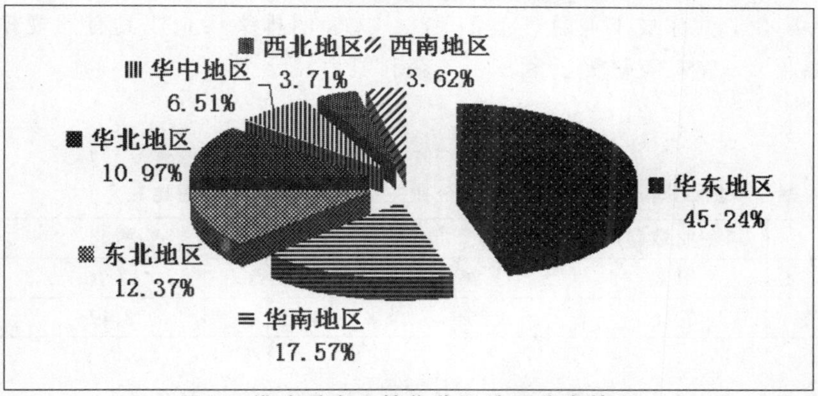


图7　排头兵企业销售收入地区分布情况

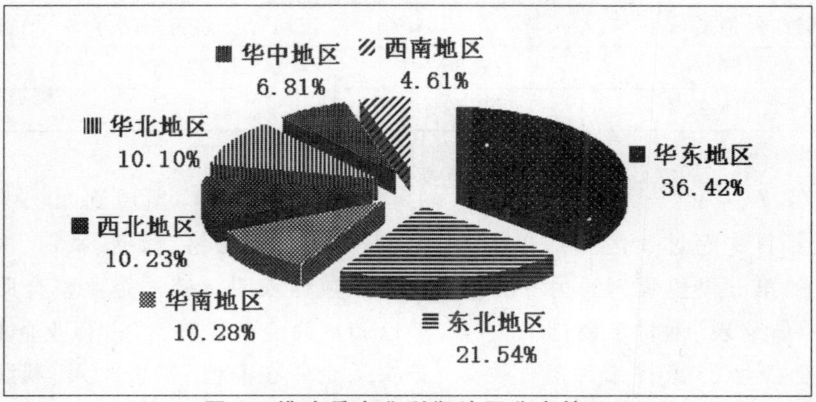


图8　排头兵企业利润地区分布情况

**注:** 本文按华北、华中、华东、华南、西南、西北、东北七大区域划分分别统计计算，其中华北地区包括北京、天津、河北、山西；华中地区包括河南、湖南、湖北；华东地区包括上海、山东、江苏、浙江、安徽、江西；华南地区包括广东、福建、海南；西南地区包括四川、广西、重庆、云南、西藏、贵州；西北地区包括甘肃、陕西、新疆、宁夏、青海、内蒙古；东北地区包括辽宁、黑龙江、吉林。

## 三、主要行业

### 1. 电力行业

尽管电煤市场的放开增加了电力企业的成本，造成部分电力企业利润亏损，但2005年电力行业20家排头兵企业累计完成工业总产值2225.18亿元，实现销售收入3727.87亿元，利润177.39亿元。从下表可以看出，电力行业排头兵企业虽然在数量上仅占全行业0.38%，排头兵企业总数的0.89%，但其利润却占全行业17.22%，排头兵企业利润总额的3.36%，这说明了电力行业排头兵企业的经济效益相对高于行业及排头兵企业平均水平。

表5　2005年电力行业排头兵企业主要经济指标的比重比较

| | 企业数量 | 工业总产值 | 销售额 | 利润 | 资产 |
|---|---|---|---|---|---|
| 占全行业比重(%) | 0.38 | 12.52 | 21.16 | 17.22 | 18.95 |
| 占排头兵企业比重(%) | 0.89 | 4.09 | 6.53 | 3.36 | 13.54 |

表6　2005年电力行业排头兵企业和全行业主要指标的比较

| | 资产保值增值率(%) | 资产负债率(%) | 流动资产周转率(次) | 销售利润率(%) |
|---|---|---|---|---|
| 行业总体水平 | 105.00% | 56.83% | 2.64 | 5.85% |
| 排头兵企业 | 102.00% | 52.13% | 3.53 | 4.76% |

### 2. 纺织行业

2005年，中国纺织行业面对贸易摩擦、人民币升值等不利因素，仍然保持持续高速增长态势，据统计，全行业160家排头兵企业共完成工业总产值2377.11亿元，实现销售收入2369.34亿元，利润131.64亿元。

从经济指标上看，纺织行业排头兵企业保持了平稳发展的态势，各项经济指标均略好于全行业，其中销售利润率比行业总体水平高出1.81个百分点，这表明排头兵企业具有的规模优势确保了其获利能力。

表7　2005年纺织行业排头兵企业主要经济指标的比重比较

| | 企业数量 | 工业总产值 | 销售额 | 利润 | 资产 |
|---|---|---|---|---|---|
| 占全行业比重(%) | 0.4 | 11.26 | 11.78 | 17.16 | 12.46 |
| 占排头兵企业比重(%) | 7.16 | 4.37 | 4.15 | 2.49 | 3.59 |

表8　2005年纺织行业排头兵企业和全行业主要指标的比较

| | 资产保值增值率(%) | 资产负债率(%) | 流动资产周转率(次) | 销售利润率(%) |
|---|---|---|---|---|
| 行业总体水平 | 117.38% | 60.36% | 2.79 | 3.75% |
| 排头兵企业 | 115.22% | 59.52% | 2.83 | 5.56% |

### 3. 钢铁行业

2005年我国粗钢产量首次超过3亿吨，这是中国钢铁工业发展史上的第三个里程碑，另一方面，钢铁行业产能过剩矛盾显现、钢材市场价格大起大落，在此背景下，全行业25家排头兵企业共完成工业总产值4240.94亿元，实现销售收入4633.17亿元，利润469.01亿元。

2005年钢铁产业通过并构重组，企业规模不断扩大，年产1000万吨粗钢以上的企业由2004年的2家（宝钢、鞍钢）发展到2005年的8家，即宝钢、鞍钢、武钢、首钢、沙钢、莱钢、济钢、唐钢，上表的各项数据表明，钢铁企业整合所产生的规模优势已转变为经济优势，仅占行业企业总数0.35%的排头兵企业在产值、销售收入、利润各方面所占的比重均超过了20%，其中对行业利润的贡献率更达到了39.84%，并且资产保值增值率、资产负债率、流动资产周转率、销售利润率等指标均大大好于行业平均水平。

表 9　2005 年钢铁行业排头兵企业主要经济指标的比重比较

| | 企业数量 | 工业总产值 | 销售额 | 利润 | 资产 |
|---|---|---|---|---|---|
| 占全行业比重(%) | 0.3 | 18.88 | 20.76 | 39.84 | 26.38 |
| 占排头兵企业比重(%) | 1.12 | 7.79 | 8.11 | 8.87 | 10.12 |

表 10　2005 年钢铁排头兵企业和全行业主要指标的比较

| | 资产保值增值率(%) | 资产负债率(%) | 流动资产周转率(次) | 销售利润率(%) |
|---|---|---|---|---|
| 行业总体水平 | 123.33% | 60.08% | 1.66 | 5.28% |
| 排头兵企业 | 131.27% | 51.39% | 3.03 | 10.12% |

**4. 机械行业**

2005 年，机械行业较好地克服了"市场波动"和上游产品大幅提价等不利因素的影响，成功地实现了由高速增长向平稳快速增长的过渡，据统计，全行业 680 家排头兵企业共完成工业总产值 21126.36 亿元，实现销售收入 21227.2 亿元，利润 1015.6 亿元。

机械行业的属性跟一般工业行业不同，面宽、门类多、品种复杂，一个细分行业的排头兵代替不了另一个细分行业的排头兵，只要掌握了某项关键技术的企业都有可能成为此细分行业的优势企业，甚至占据垄断性的市场地位。

2005 年机械行业排头兵企业数量占 1.05%，但工业总产值却占全行业的 28.82%，销售额占全行业的 29.89%，利润额占全行业的 33.26%，可见其产出总量在行业内占有举足轻重的地位，从各项经济效益指标来看，机械行业排头兵企业也好于行业平均水平。

表 11　2005 年机械行业排头兵企业主要经济指标的比重比较

| | 企业数量 | 工业总产值 | 销售额 | 利润 | 资产 |
|---|---|---|---|---|---|
| 占全行业比重(%) | 1.05 | 28.82 | 29.89 | 33.26 | 24.61 |
| 占排头兵企业比重(%) | 30.43 | 38.8 | 37.16 | 19.21 | 28.81 |

表 12　2005 年机械行业排头兵企业和全行业主要指标的比较

| | 资产保值增值率(%) | 资产负债率(%) | 流动资产周转率(次) | 销售利润率(%) |
|---|---|---|---|---|
| 行业总体水平 | 114.95% | 62.37% | 2.09 | 4.30% |
| 排头兵企业 | 115.60% | 66.01% | 2.30% | 4.78% |

**5. 建材行业**

2005 年，在国民经济持续、快速发展的强劲拉动下，建材行业生产和市场需求继续保持了平稳增长的态势，但受原燃材料涨价等因素的影响，企业生产成本上升，竞争加剧，盈利水平下降，亏损面扩大，但排头兵企业仍保持强劲增势，全行业 235 家排头兵企业共完成工业总产值 1912.44 亿元，实现销售收入 1916.43 亿元，利润 137.04 亿元，各项经济指标好于行业平均水平。

表 13　2005 年建材行业排头兵企业主要经济指标的比重比较

| | 企业数量 | 工业总产值 | 销售额 | 利润 | 资产 |
|---|---|---|---|---|---|
| 占全行业比重(%) | 0.71 | 12.14 | 12.77 | 19.47 | 12.84 |
| 占排头兵企业比重(%) | 10.51 | 3.51 | 3.35 | 2.59 | 3.64 |

表 14　2005 年建材排头兵企业和全行业主要指标的比较

| | 资产保值增值率(%) | 资产负债率(%) | 流动资产周转率(次) | 销售利润率(%) |
|---|---|---|---|---|
| 行业总体水平 | 114.48% | 60.38% | 2.48 | 4.69% |
| 排头兵企业 | 118.94% | 58.09% | 2.3 | 7.15% |

6. 煤炭行业

2005年，在国家宏观经济调控作用下，煤电油运供求矛盾有所缓解，全国煤炭行业继续保持平稳快速增长，全行业15家排头兵企业共完成工业总产值775.79亿元，占全行业总产值13.52%，实现销售收入895.50亿元，利润65.58亿元，分别占全行业销售总收入的15.54%和利润的11.87%，销售利润率达9.59%，排头兵企业经济效益明显好于行业整体水平。

表15 2005年煤炭行业排头兵企业主要经济指标的比重比较

| | 企业数量 | 工业总产值 | 销售额 | 利润 | 资产 |
|---|---|---|---|---|---|
| 占全行业比重(%) | 0.28 | 13.52 | 15.54 | 11.87 | 17.46 |
| 占排头兵企业比重(%) | 0.67 | 1.42 | 1.57 | 1.24 | 2.82 |

表16 2005年煤炭排头兵企业和全行业主要指标的比较

| | 资产保值增值率(%) | 资产负债率(%) | 流动资产周转率(次) | 销售利润率(%) |
|---|---|---|---|---|
| 行业总体水平 | 119.47% | 62.13% | 1.35 | 7.32% |
| 排头兵企业 | 121.25% | 65.50% | 1.64 | 9.59% |

7. 轻工行业

2005年全国轻工业生产呈现出平稳发展的势头，企业生产增长较快，规模以上工业经济效益继续保持了较高水平，各项指标均完成较好，但轻工业行业众多，中小企业占绝大多数，据统计，全国235家排头兵企业累计完成工业总产值1593.42亿元，实现销售收入1635.59亿元，利润99.95亿元。

表17 2005年轻工行业排头兵企业主要经济指标的比重比较

| | 企业数量 | 工业总产值 | 销售额 | 利润 | 资产 |
|---|---|---|---|---|---|
| 占全行业比重(%) | 0.82 | 12.87 | 13.85 | 18.08 | 14.27 |
| 占排头兵企业比重(%) | 10.51 | 2.93 | 2.86 | 1.89 | 3.04 |

表18 2005年轻工行业排头兵企业和全行业主要指标的比较

| | 资产保值增值率(%) | 资产负债率(%) | 流动资产周转率(次) | 销售利润率(%) |
|---|---|---|---|---|
| 行业总体水平 | 118.48% | 57.33% | 1.72 | 4.68% |
| 排头兵企业 | 117.26% | 59.27% | 2.8 | 6.11% |

8. 石化行业

据统计，2005年石化行业325家排头兵企业共完成工业总产值12118.77亿元，实现销售收入12279.47亿元，利润2395.83亿元。

石化行业规模经济效应十分显著，比较长的产业链和足够大的规模是公司制胜的关键。2005年，仅占石化全行业企业数量0.79%的排头兵企业所创造的产值占全行业工业总产值的24.85%，销售额占25.86%，排头兵企业对行业利润的贡献率达53.64%，销售利润率达19.51%，远远高于行业平均水平。

表19 2005年石化行业排头兵企业主要经济指标的比重比较

| | 企业数量 | 工业总产值 | 销售额 | 利润 | 资产 |
|---|---|---|---|---|---|
| 占全行业比重(%) | 0.79 | 24.85 | 25.86 | 53.64 | 24.33 |
| 占排头兵企业比重(%) | 14.54 | 22.26 | 21.49 | 45.32 | 19.41 |

表 20　2005 年石化行业排头兵企业和全行业主要指标的比较

| | 资产保值增值率(%) | 资产负债率(%) | 流动资产周转率(次) | 销售利润率(%) |
|---|---|---|---|---|
| 行业总体水平 | 116.75% | 53.13% | 7.62 | 9.41% |
| 排头兵企业 | 114.11% | 43.31% | 4.08 | 19.51% |

### 9. 食品行业

2005 年，我国食品工业继续保持良好的发展势头，行业经济效益明显改善，全行业 220 家排头兵企业累计完成工业总产值 3269.82 亿元，实现销售收入 3483.13 亿元，利润 231.77 亿元。

表 21　2005 年食品行业排头兵企业主要经济指标的比重比较

| | 企业数量 | 工业总产值 | 销售额 | 利润 | 资产 |
|---|---|---|---|---|---|
| 占全行业比重(%) | 0.95 | 18.7 | 20.62 | 28.88 | 21.21 |
| 占排头兵企业比重(%) | 9.84 | 6.0 | 6.1 | 4.38 | 4.99 |

表 22　2005 年食品行业排头兵企业和全行业主要指标的比较

| | 资产保值增值率(%) | 资产负债率(%) | 流动资产周转率(次) | 销售利润率(%) |
|---|---|---|---|---|
| 行业总体水平 | 116.85% | 57.50% | 2.03 | 4.75% |
| 排头兵企业 | 112.59% | 52.34% | 2.84 | 6.65% |

### 10. 有色金属行业

2005 年，我国有色金属行业在国家宏观调控政策的正确指导和市场需求的强劲拉动下，继续保持了健康、稳定、和谐发展的良好态势，产品产量稳定增长，经济效益大幅度提高，可持续发展的能力显著增强。

据统计，2005 年有色金属行业 130 家排头兵企业完成产值 2530.03 亿元，占全行业工业总产值的 27.87%，实现销售收入 2612.63 亿元，利润 303.99 亿元，分别占全行业总量的 29.74%和 49.12%，资产保值增值率、资产负债率、流动资产周转率和销售利润率等经济指标均好于行业平均水平，这说明排头兵企业能通过规模经济、技术创新等手段消化竞争压力，继续保持较高的盈利水平，实现业绩的持续性增长。

表 23　2005 年有色金属行业排头兵企业主要经济指标的比重比较

| | 企业数量 | 工业总产值 | 销售额 | 利润 | 资产 |
|---|---|---|---|---|---|
| 占全行业比重(%) | 2.02 | 27.87 | 29.74 | 49.12 | 35.15 |
| 占排头兵企业比重(%) | 5.82 | 4.65 | 4.57 | 5.75 | 4.88 |

表 24　2005 年有色金属排头兵企业和全行业主要指标的比较

| | 资产保值增值率(%) | 资产负债率(%) | 流动资产周转率(次) | 销售利润率(%) |
|---|---|---|---|---|
| 行业总体水平 | 125.99% | 61.88% | 2.16 | 7.05% |
| 排头兵企业 | 131.15% | 59.98% | 2.68 | 11.64% |

《中国工业经济年鉴·2006》

# 重点领航企业风采篇（下）

中国工业经济年鉴

# 重点领航企业

# 风采篇

# 品牌·中国

## 中国知名品牌企业风采展示专辑

自主发展　开放合作
中国第一汽车集团公司（原第一汽车制造厂）简称“第一汽车”，1953年7月15日破土动工，中国汽车工业从这里起步。53年来，第一汽车肩负中国汽车工业发展重任，经历了建厂创业、产品换型和工厂改造、上轻型车和轿车三次大规模发展阶段，产品生产由单一卡车向轻型车和轿车方面发展。1991年，与德国大众公司合资建立15万辆轿车基地；2002年，与天津汽车工业（集团）有限公司联合重组；与日本丰田公司实现合作。目前，产品结构已形成以轿车为主的新格局。
第一汽车拥有全资子公司32家，控股子公司17家，其中包括一汽解放汽车有限公司、富奥汽车零部件有限公司等全资子公司和一汽轿车股份有限公司、天津一汽夏利汽车股份有限公司、一汽四环股份有限公司等上市公司及一汽—大众汽车有限公司、天津一汽丰田汽车有限公司等中外合资企业。在东北、华北和胶东、西南、华东形成布局合理的生产基地，以及在国内汽车行业具有产品开发和工艺材料开发领先水平的技术中心。资产总额1087.6亿元，员工13.37万人。
52年来，第一汽车累计产销中、重、轻、轿、客、微各类汽车800余万辆，在巩固和发展国内市场的同时，不断开拓国际市场，逐步建立起全球营销和采购体系。
2003年5月1日国家实施汽车产品强制性认证制度以来，一汽集团所有整车类和改装类企业获得汽车产品认证证书1330余张。企业过程控制管理水平得到了进一步提高，产品质量持续保持优良，产品与企业竞争力得到加强。
遵循“第一汽车，第一伙伴”核心价值观和“用户第一”的经营理念，努力践行“让中国每个家庭都拥有自己的汽车”的产业梦想。一汽人正在为建设“规模百万化、管理数字化、经营国际化”的新一汽而努力奋斗。
www.faw.com　中国 长春市 东风大街2259号

上海汽车集团股份有限公司（简称“上汽股份”）成立于2004年11月29日。上汽股份集中了上海汽车工业（集团）总公司（简称“上汽集团”）与汽车产业链相关的资产和业务，旗下企业主要从事汽车和零部件的生产、销售、开发、投资及配套服务，现有职工约5.8万人。

目前，上汽股份的主要产品包括轿车、微车、客车、重型卡车、摩托车、拖拉机和工程机械，拥有车身饰件、底盘、电子电器、动力传动、空调和铸锻热加工等6大零部件供应系统。作为中国领先的乘用车生产厂商，上汽股份旗下有上海大众、上海通用、上汽通用五菱、上海申沃、上海汇众等整车生产企业；延锋伟世通、联合汽车电子等零部件企业；上汽通用金融公司、安吉天地等汽车服务贸易企业；汽车工程研究院、泛亚技术中心等技术开发机构，并在境内外资本市场拥有上海汽车和韩国双龙汽车两家上市公司。

面对未来，上汽股份将加快实施“规模提升、国际经营、科技强身”三大战略，重点做强“整车、关键零部件、自主品牌和服务贸易”四大核心业务板块，围绕成本、技术、人才和机制，加强管理与创新，做大国内国外两个市场，将公司建设成主业突出、核心能力强、具有国际竞争力的现代化汽车大集团。

SAIC Motor Corporation Limited (SAIC Motor) was founded on November 29, 2004. It encompasses the assets and businesses which previously belonged to Shanghai Automotive Industry Corp. (Group) (SAIC Group), the assets and businesses that are closely related to the automotive industry and that are key to the future sustained growth and development. With a total of 58,000 employees, the subsidiary and associated companies of SAIC Motor are mainly involved in the manufacturing, sales, R&D, investment and services of vehicles and parts.

Currently, SAIC Motor mainly produces passenger cars, mini vehicles, buses, heavy-duty trucks, motorcycles, tractors and construction equipment. It also produces six categories of parts including body trimming, chassis, electric & electronics, powertrain, air-conditioning and casting, forging & heat-processing. In SAIC Motor, the leading passenger car maker in China, there are car-making companies such as SVW, SGM, SAIC-GM-Wuling, Shanghai Sunwin, Shanghai Huizhong and so on; parts companies such as Yanfeng Visteon, UAES and so on; service and trade companies such as SAIC-GMAC finance company, Anji-TNT and so on; engineering organizations such as SAIC automotive engineering research institute and PATAC. Besides, there are two public-listed companies: SA in Shanghai and Ssangyong Motor in Korea.

In the future, SAIC Motor will continue to increase scale, achieve global operation and strengthen itself with science & technology. With vehicles, key components, self-owned brands and services as the four core businesses, SAIC Motor will strengthen its performance and positions on cost-effectiveness, technology know-how, human resources and mechanism through continuously enhancing its management and innovativeness, enlarging its market shares in both domestic and global markets and making itself into a leading automotive company with prominent core businesses, strong core competencies and global competitiveness.

上海汽车集团股份有限公司

地址:上海市威海路489号　电话:22011888　传真:22011777

宽敞舒适的飞航式座舱

精彩就在一瞬间爆发！福特福克斯以独有的New edge新边锋设计，刻画出跃跃欲动的姿态，令人不禁心驰神往！犀利的鹰眼式几何三角头灯及锋锐的立体腰线，洋溢着奔放活力！高科技金字塔晶钻尾灯衬托利落车尾，吸引无数追随目光！外在赢得满场喝彩，内在更精彩！独具匠心的人性化设计遍布宽敞惬意的座舱，与您默契合一，时刻激发您内心的驾驭激情！请即预约试驾，亲身体验福特福克斯的动感魅力！欢迎登录福特中国网站www.ford.com.cn或拨打免费热线:800-810-8168

Ford 活得精彩

福特福克斯 FOCUS

长安福特 荣誉出品 “福特道路救援服务”全新推出！购福特新车，即可一路享受福特关爱！

天津一汽
旺车升级 生活添彩
+12项改进=+0元
夏利A+
夏利A+超值上市
售价¥3.38万起

# 天津一汽夏利汽车股份有限公司

# TIANJIN FAW XIALI AUTOMOBILE CO., LTD.

**天津一汽夏利汽车股份有限公司**是中国第一汽车集团公司控股的经济型轿车制造企业，是一家集整车制造、发动机、变速器生产以及科研开发于一体的上市公司。

公司的前身是天津汽车夏利股份有限公司，成立于1997年8月28日，1999年7月27日在深圳证券交易所挂牌上市。

2002年6月14日，中国第一汽车集团公司与天津汽车工业（集团）有限公司签署重组协议，一汽集团受让了原由天汽集团持有的公司50.98%的股份，对公司拥有控股权，企业正式融入一汽体系之中，天津一汽夏利汽车股份有限公司由此得名。

公司目前拥有居于国内先进水平的冲压、车身、涂装、装配生产线，整车质量检测线，计算机工作站、产品开发及检测实验室等。现有员工8137人，总占地面积747240.9m²，具备包括整车及动力总成制造、产品研发、销售、进出口业务在内的完整体系，“夏利”、“威姿”、“威乐”系列轿车，天内牌发动机、天齿牌变速器都是公司的拳头产品。

“天一重组”后，天津一汽全体员工在公司经管会的领导下，秉承“学习、创新、抗争、自强”的企业精神，强化内部管理、狠抓制度落实，公司经营步入了良性循环的轨道。重组第二年实现扭亏为盈，摘掉ST帽子；连续三年持续盈利，累计实现利润6.4亿元。

夏利作为天津一汽的当家产品，以其皮实、省油、耐用的优良品质及其便捷的维修服务广受赞誉，20年来夏利走遍大江南北，社会保有量近80万台、总产量突破120万辆，成为中国汽车工业第一个突破百万产量的民族品牌。2005年，夏利单一品牌销量居全国第一，夏利新N3荣获“2005CCTV中国年度自主品牌车型”大奖。

今天，天津一汽已将“小车大师”作为自己的产业梦想，它明确了公司要做“经济型轿车领头羊”的奋斗目标，表达了天津一汽对合作伙伴、员工、股东和社会尽职尽责，努力成为社会所信赖的企业市民的美好愿望。它必将成为天津一汽人长期艰苦创业、持续挑战、自主发展的精神支柱，作为一种文化力长期积累和培育。

Tianjin FAW Xiali Automobile Co., Ltd. is an economic car manufacturer with its shares held by China FAW. It is a listed company with whole car manufacturing & selling, production of engine and transmission as well as researching & developing. The former of Tianjin FAW is Tianjin Automotive Xiali Company Ltd., which was founded on August 28, 1997. On July 27 of 1999, it was on the market in Shenzhen Stock Exchange.

China FAW and TAIC (Tianjin Automotive Industry Group Co.) signed a re-organized agreement at the Great Hall of the People in Beijing on June 14, 2002. China FAW purchased 50.98% of TAIC and had the holding right of Tianjin FAW. From then, it is renamed to Tianjin FAW Xiali Automobile Co., Ltd.

The company has the advanced pressing, welding, painting, assembly production lines, the whole car quality test line, vehicle engine foundry and machinery equipment, transmission plant, computer station and testing labs etc. in China. Up to now, the company with 8137 staff members, wholly occupying fields of 747240.9m², has an integrated system of entire car and power assembly manufacture, research and development of new products, sales, import and export. The most competitive products of us include “Vizi”, “Vela”, “Xiali” series cars, Tiannei series vehicle engines, Tianchi transmissions, etc.

After the re-organization, under the leadership of the Management & Administration Committee, the total employees continue to deepen the inner-management & implementation, with holding the corporate spirit “To learn, to create, to contend, to be self-renewable”. Our business has gone into a virtuous circle. In the second year after the re-organization, the company turned losses into profits and picked off the ST of its stock. In the following three years, the company has made profits constantly and the total amount of profit was 640,000,000 yuan.

As a major product, Xiali has been widely commended by the customers for its good quality of “robust, economic” and convenient service. The Xiali cars have kept running all over the country in the past 20 years. Its market share is up to 800,000 and total output is over 1.2 million. It is the first national brand of China's auto output that has broken 1 million. In the year of 2005, the sales volume of the single brand Xiali ranked the first in China's market. Xiali N3 had the honor to win the “2005 CCTV the Annual Award for Independent Auto Brand of China”

Now, Tianjin FAW has regarded “small car, great master” as their industry ambition. This goal of being the pioneer in the field confirms the future of the company, expressing its responsibilities towards the cooperative partners, employees, stockholders and the society and the desire to be a good enterprise trusted by the society. As a power of culture to cultivate and improve, the goal is the spiritual support of the Tianjin FAW in the long march with intensive and pioneering efforts for constant challenge and independent development.

TIANJIN FAW XIALI AUTOMOBILE CO., LTD.

# 光荣与梦想

## ——奇瑞汽车有限公司

在过去的3000多个日夜，全体奇瑞人以百倍的努力不断拓展着自己的生存空间，以制造具有国际水准的中国汽车为己任。

1997年至2004年，在奇瑞第一次创业中，我们书写中国汽车行业的奇迹，年产销超过10万辆，并初步形成完整的产品线，掌握整车、发动机、变速箱三大核心技术，成功进军中国汽车行业第一军团。2005年至2010年将成为奇瑞第二次创业阶段，企业造车理念从关注产品层面的“品质、科技、我的时尚”转向更具人文关怀的“更安全、更节能、更环保”，通过优化管理使人力资本成为企业的核心竞争力，把握世界汽车先进核心技术的主动权，研发并生产更具国际市场竞争力的产品，力争2010年实现年产销100万辆。

我们执著地在自主创新的大道上奋力前行，胸怀造福人类的宏愿，一步一个脚印，朝“造世界一流的汽车产品、打造成世界一流的汽车企业、做世界一流的中国汽车人”的明天迈进！目前，东方之子、瑞虎、A5、旗云、QQ等车型均在各自细分领域扮演着“标杆先锋”的角色。ACTECO系列发动机的成功上市，更是标志着中国汽车技术发展历史中的一个重要里程碑的诞生，它的面世向世界宣告了中国人已经掌握了汽车的核心技术，中国的民族汽车工业受制于人的历史宣告终结。

今天的奇瑞，在中国民族汽车工业中乃至世界汽车格局中已占有重要的一席。对奇瑞而言，汽车研发过程已不再神秘，但奇瑞人仍将一如既往的大胆探索，积极整合国际、国内资源，进一步深化管理，加快改革发展的步伐，精益求精，朝着以人为本、永续经营的目标进发。

奇瑞公司将以“更好的产品、更好的质量、更好的服务”来构建奇瑞未来的市场架构，给客户和社会更多的回馈。

奇瑞涂装生产线

**亚洲强势、全球领先**

奇瑞拥有多项位于全球领先行列的技术和设备，保证了奇瑞产品的精良品质！

涂装二车间生产线，设备由德国DURR公司整体承建，是继宝马等之后世界第五条、亚洲第二条最为先进的涂装生产线。

奇瑞世界领先的第二发动机厂

**领先设计、精益生产**

奇瑞第二发动机厂生产线更是亚洲技术领先的发动机生产线；由德国HULLER HILLE公司精心设计，设备全部由法、德著名公司设计制造，采用了国际先进的制造工艺和检测设备。同时是国内同行业率先采用工业网络的生产线！

奇瑞ACTECO发动机

**同步天下、独步中国**

具有同步欧洲先进技术的奇瑞ACTECO系列发动机，是中国新一款具有自主知识产权的轿车发动机，它的出现，开创了真正意义上的中国汽车工业新纪元，堪称中国汽车发展的转折点和里程碑！拥有自主知识产权的奇瑞东方之子系列轿车首装"中国心"！

奇瑞自动焊接机器人

**精准工艺、精良品质**

奇瑞拥有多项位于全球领先行列的成熟的工艺和设备，奇瑞自动焊接机器人精密生产，保证了产品的精良品质！从而保证奇瑞汽车的优质、低价和制造技术的可持续发展性。

国家节能环保汽车工程技术研究中心

**归口管理、领先科技**

2005年6月16日，中国汽车产业自主创新发展战略论坛暨国家节能环保汽车工程技术研究中心揭牌仪式在奇瑞汽车有限公司举行。原奇瑞汽车工程研究院正式成为国家科技部"国家节能环保汽车工程技术研究中心"基地。这是首个由中国国家科技部归口管理的汽车工程技术研究中心。

奇瑞五款车型

**安全节能、环保标杆**

目前，东方之子、瑞虎、A5、旗云、QQ等车型均在各自细分领域扮演着“标杆先锋”的角色。

奇瑞汽车有限公司

CHERY AUTOMOBILE CO.,LTD.

**奇瑞汽车　更安全　更节能　更环保**

网址：www.chery.cn　客户服务热线：8008681668　(0553) 5951286

CHERY 更安全 更节能 更环保

华晨汽车集团控股有限公司是一家年轻的、成长中的中国汽车制造企业，总资产近300亿元人民币，员工总数3.4万人。

集团公司全资、控股、参股的主要企业包括：沈阳华晨金杯汽车有限公司、华晨宝马汽车有限公司和金杯车辆制造有限公司等三个整车制造厂；沈阳新光华晨汽车发动机有限公司、沈阳航天三菱发动机制造有限公司和绵阳新晨动力机械有限公司等三个发动机生产厂以及30余家汽车零部件企业。主要产品有华晨宝马系列高级轿车、中高级商务轿车尊驰、家庭轿车骏捷、金杯海狮系列轻型客车、金杯系列轻型卡车、阁瑞斯MPV以及491、4G6系列汽油发动机等。

华晨汽车集团控股有限公司 制造商 沈阳华晨金杯汽车有限公司

在过去十年的发展中，华晨与宝马、丰田等国际知名公司合作，引进、消化了国际先进技术和管理经验，在中国汽车工业中走出了一条高起点、自主创新的道路，形成了金杯和中华两大自主品牌。

华晨集团以“打造民族自主品牌精品”为宗旨，遵循“品质先，方敢天下先”的经营理念，按照“高起点自主创新，高品质自主品牌，高目标跨越发展”的战略目标，大力发展规模经济，实施“品牌、品质、品种”三品工程，有效进行资源整合，不断提高核心竞争力。让“一路有我　华晨汽车”的主题理念，为中国千千万万百姓家庭提供物超所值的精品服务，成为振兴民族汽车自主品牌的一面重要旗帜。

地址:沈阳市大东区东望街70号　邮编:110044　电话:024-88201183　客户服务热线 800-890-7818 024-88211818

# 沈阳中顺汽车有限公司

沈阳中顺汽车有限公司是辽宁省和沈阳市汽车产业“十一五”规划重点扶持的龙头企业，是沈阳市汽车产业“2+1”总体规划布局的重要组成部分和省市两级政府着力发展的“创百亿产值企业”，专注于轻型客车、多功能商务车（MPV）、运动型休闲越野车（SUV）等乘用车和系列商用车的研发、制造。

中顺汽车坚持走自主创新的发展之路，以自主研发、自主品牌为企业核心竞争力和参与国际、国内市场竞争的必备优势。开创性设立了美国底特律、洛杉矶和中国上海、沈阳的四大研发平台，针对中国和海外目标市场以国际标准为中顺汽车量身打造新车型，这种跨越美中两国四地，植根中西方汽车文化的“中顺研发模式”使企业始终跟随国际最前沿的汽车技术，保证了拥有完全自主知识产权的新产品陆续投放市场，为企业的持续发展提供了源动力。

截至目前，中顺汽车已经构建起覆盖中国主要省区的销售和服务网络。以菲律宾和泰国为代表的中顺汽车东盟地区销售中心，以阿联酋迪拜为代表的中东地区物流和服务中心都在筹建中，并已经在荷兰鹿特丹设立了欧洲销售筹备中心，在美国洛杉矶设立了北美销售筹备中心，为中顺汽车建立起了完善的海内外销售和服务网络。

作为中国汽车行业迅速崛起的一支新生力量，沈阳中顺汽车有限公司致力于打造具有完全自主知识产权的国际知名汽车品牌，愿意肩负起振兴中国民族汽车工业的重任，并为此进行不懈的努力和追求。

# 新生代轻客制造专家

中顺旗下中顺世纪轻客是中国汽车市场主流品牌，销量稳居轻客行业前列，增长速度遥遥领先国内同类产品，凭借极具竞争力的自主核心技术、高性价比优势，以及卓越的品质、服务和良好的市场表现被誉为“中国轻客典范”，获得诸多殊荣：2006全国“两会”新闻采访专用车、2006世界园艺博览会指定用车、“中国健康扶贫工程”指定用车、中国消费论坛2005－2006年度读者最信赖品牌、2005中国年度汽车总评榜最佳客车奖、第三届中国“汽车奥斯卡”总评榜最受欢迎的轻型客车奖。

前凸的流线型外观，符合国际安全法规要求，与车身配合浑然天成，中顺世纪轻客整体感觉时尚、大气、稳重、品位高雅。半高顶、加长车身，提供更大的乘载空间。国内主流轻客发动机动力强劲，操控性能优越。符合人体工程学原理的座椅，提供5-14座多种位置布局，前后推动的后排折叠座椅可任意调节，在保证乘坐舒适性的同时，车内空间做到了最大化，客运、货运同样出色。

中顺世纪轻客一贯坚持实用路线，在国内率先推出了“基础型+选装菜单”销售模式，在保证车辆动力、行走等基本配置前提下，用户可根据使用需求选装功能部件，大大降低了购车成本，最大限度提高了整车性能价格比，真正做到了“时尚”和“实用”的完美结合。这种销售模式一经推出即引起了业界的强烈关注，经过长期的市场验证，深受用户的欢迎。

重点针对物流快运市场需求的中顺世纪柴油轻客已经在海外和国内上市，该车搭载YC4F90-21型柴油发动机，具有动力强劲、性能可靠、排放标准高等优点，尤其整车燃油经济性突出，是轻客市场公认的“省油标兵”。

中顺世纪品牌现已形成汽油、柴油两种燃油动力，乘用和特种专用两大系列轻客产品。中顺世纪专用轻客涵盖厢式货车和警车、囚车、救护车、金融押运车、邮政车、工程车、路政车、卫生防疫车、计划生育车等十几种车型。中顺世纪系列轻客良好的市场表现为中顺汽车赢得了“新生代轻客制造专家”的美誉。

在轻客产品行业地位和市场占有率稳步提升之时，中顺汽车并未满足现状而放弃对更高目标的追求。为提升企业后续发展空间，增强核心竞争力，中顺汽车积极针对目标市场需求进行自主品牌的MPV、SUV、皮卡车等全新车型的研发，以期进入大规模乘用车和商用车市场，参与更宽领域竞争。

中顺MPV主要针对家庭用户，完美符合东方审美观点的外观和内饰布置，以及完全轿车化的底盘设计带来的燃油经济性及兼顾功能性与实用性让这款车型十分值得期待。中顺SUV休闲越野车有二驱和四驱两种驱动方式，二驱型具有非常好的燃油经济性，四驱型带来强劲的越野性能，是时尚一族购车的最佳选择。

中顺汽车
POLARSUN AUTOMOBILE

沈阳中顺汽车有限公司
服务专线：800-915-9999 024-31489050
http://www.polarsunmotor.com

# 中国重型汽车集团有限公司

CHINA NATIONAL HEAVY DUTY TRUCK GROUP CO.,LTD

## 企业简介

中国重汽董事长、党委书记 马纯济

中国重汽总经理 蔡东

中国重型汽车集团有限公司（简称中国重汽）总部坐落于山东省济南市，是国内主要的重型载重汽车和军车生产基地。以开发和制造中国第一辆“黄河”牌重型汽车、成功引进“斯太尔”重型汽车整车生产项目、与沃尔沃合资生产具有当代国际水平的重型汽车而闻名。

2001年1月18日，重组后的中国重汽坚持科学发展，重新构架了企业运营机制，并对企业实施再造，企业重新焕发了生机与活力。

中国重汽在济南地区设有济南卡车股份有限公司、济南华沃卡车有限公司、济南商用车有限公司、特种车事业部和济南客车公司。中瑞双方合资生产沃尔沃发动机的股份制企业即将在济南破土动工。山东地区的企业还有潍坊柴油机厂、青岛专用车公司、泰安五岳公司和济宁商用车公司等；省外企业包括杭州汽车发动机厂、重庆油泵油咀厂等。设在总部的技术发展中心是国家级的企业技术中心，为中国重汽的产品开发和研制提供有力的技术保障。现在中国重汽已拥有各种专利550多项，拥有HOWO、斯太尔王、斯太尔、黄河王子、黄河少帅、黄河等系列800多个车型的产品，全面覆盖了各类用户对重型汽车的需求。

中国重汽已经构建起较为完善的营销网络体系。截止目前，中国重汽在全国各地已拥有52家区域营销分支机构，近600家经销网点，近100家4S专卖店，120家与中国重汽建立合作关系的改装企业，460余家特约服务站，30家备件供应中心分库，60多家“亲人”配件专营网点。

不断地否定昨天，科学地安排今天，勇敢地创新明天。今天快速发展的中国重汽正在全力实施技术领先战略、区域化发展战略、高质量低成本战略、国际化战略。一心一意打造中国重型汽车第一品牌，力争尽快建设成为国际知名、国内其他企业不可替代的重型汽车基地，为我国汽车工业的发展做出更大的贡献。

地址：济南市无影山中路53号
邮编：250031
电话：0531-85582000
销售咨询热线：0531-87565718
亲人服务热线：800-8606016
网址：www.cnhtc.com.cn

## 技术创新

总装线

(2004年10月28日，中国重汽面向中国市场打造的新一代重卡HOWO下线)

焊装机器人

涂装线

检测线

## 可靠的质量保证　走向世界的通行证

中国重汽视产品质量为企业生命，一贯重视质量工作。

集团公司下属的潍坊柴油机厂、杭州汽车发动机厂、重汽集团专用汽车公司等企业都先后通过了ISO9000标准的质量认证，中国重型汽车集团济南卡车有限公司通过了ISO9001 2000版新标准的质量认证。

AQC
天津华诚认证中心
中国汽车产品认证委员会质量体系认证中心

质量管理体系认证证书

兹证明

中国重型汽车集团有限公司

质量管理体系符合：GB/T19001-2000—ISO 9001:2000 标准

该体系覆盖的产品为：

斯达—斯太尔系列、黄河系列商用汽车、军车、各类改装车、特种车及客车底盘的设计、开发、生产和制造（由集团全资子公司—中国重型汽车集团济南卡车有限公司实施）及销售和服务。

中心代表：程勇

CNAB032-Q

中国国家强制性产品认证证书

申请人名称及地址

中国重型汽车集团有限公司

商标：豪泺

制造商名称及地址

中国重型汽车集团有限公司

生产企业名称及地址

产品名称和系列、规格、型号

货车

产品标准和技术要求

上述产品符合强制性产品认证实施规则的要求，特发此证。

发证日期：2005年2月28日

本证书的有效性依据发证机构的定期监督获得保持。

CQC

主任：

中国·北京·www.cqc.com.cn

A 0177448

CNACL

实验室认可证书

(No. 0357号)

经中国实验室国家认可委员会评定，

济南汽车检测中心

符合 CNACL201—99《实验室认可准则》(等同 ISO/IEC 导则 25《校准和检测实验室资格的通用要求》)的规定，予以认可。

获认可的技术能力范围另文发布。

证书有效期：5年

发证日期：2000. 9. 26

中国实验室国家认可委员会

国家质量技术监督局

中国重汽济南工业园

# 东风汽车有限公司

MTP Machine Tool Plant

## 企业概况 GENERAL SITUATION

设备制造厂始终坚持“用户是衣食父母、质量是企业生命”的经营思想，通过引进国外先进技术，跟踪国际发展动向，采用国际上先进的行业标准，开发自己的专有技术，生产的大量专用设备及自动线，柔性设备、焊接设备，可控螺纹拧紧设备，工装产品和汽车零部件产品，广泛应用于卡车、轿车、摩托车、医疗、家电、核工业等领域。

江泽民同志曾视察设备制造厂，他称赞设备制造厂技术水平高、观念新、管理好，汽车工业就是要靠你们去装备。

设备制造厂厂长王建军、党委书记张国彦、营销厂长唐善洲向新老用户致谢，竭诚与社会各界精诚合作，共创美好明天。

上海汇众后桥加工自动线

为重庆长安汽车股份有限公司提供的缸盖柔性加工自动线。

为扬州柴油机厂提供的发动机缸体缸孔、止口精加工立式组合机床

EQD19可换箱的加工单元

# 设备制造厂

## DongFeng Moto Co.,Ltd.

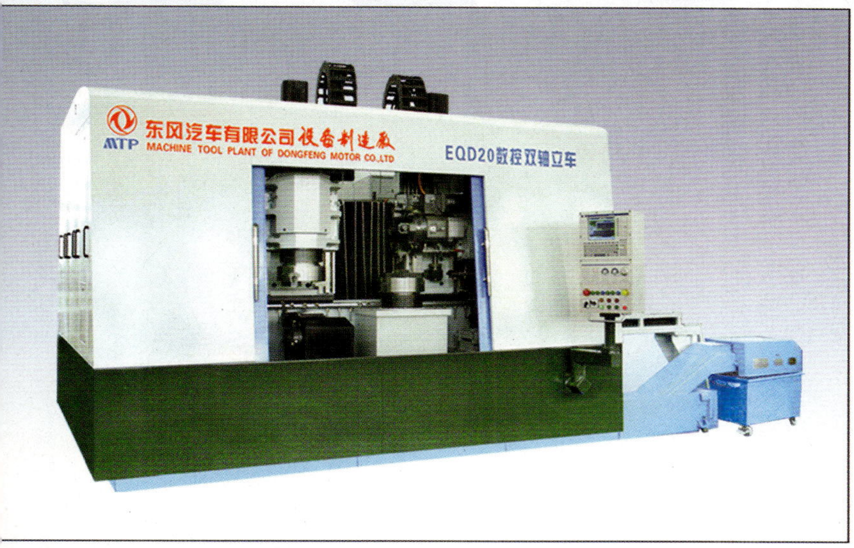


自主研制的EQD20数控双轴立式车削中心，荣获机床行业“春燕”奖

CK534数控单轴立车

为云内动力股份公司提供的发动机缸体，缸盖柔性加工自动线

本田柔性线装配现场

为潍坊柴油机厂提供的斯太尔发动机缸体曲轴孔、凸轮轴孔、定位销孔精加工机床

PM系列卧床加工中心

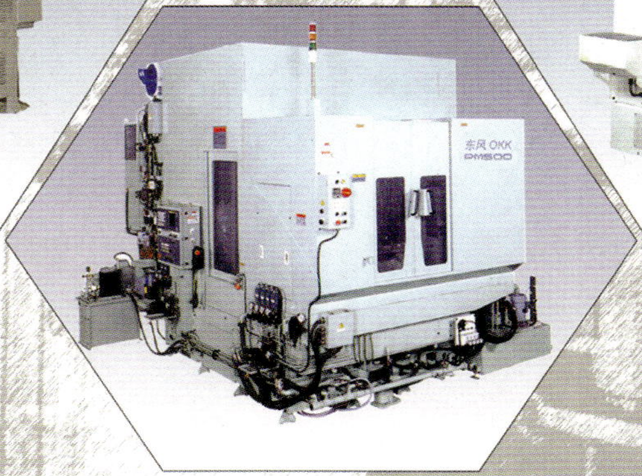

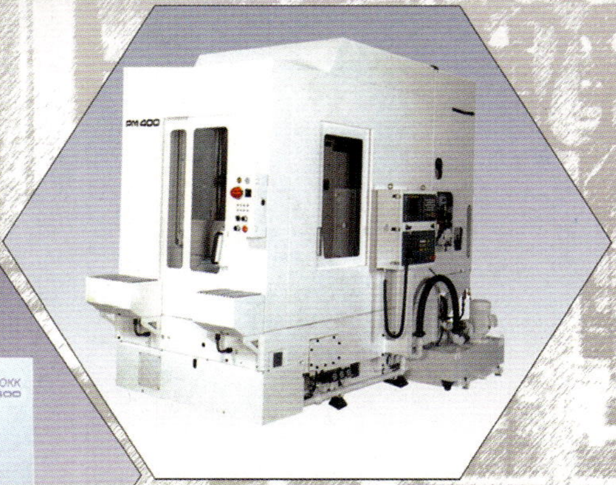

# 东风汽车有限公司

MTP Machine Tool Plant

为加工中心配套的夹具（该夹具的用户为东风本田发动机有限公司）

快换攻丝辅助系列

为东风汽车公司提供的东风小霸王1.5T轻型车驾驶室总成焊装自动线

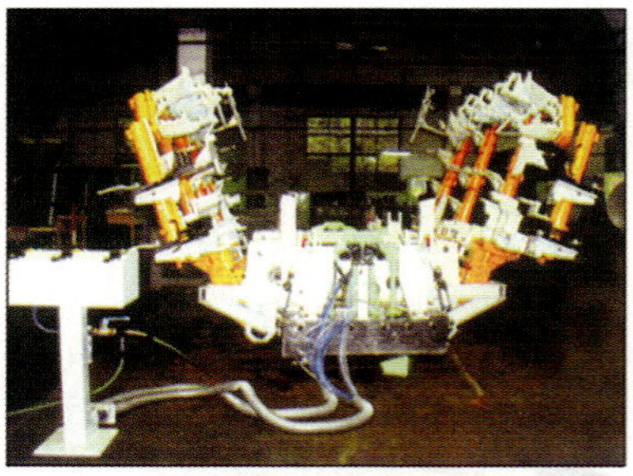

出口土耳其的微型客车车身总成焊状夹具

# 设备制造厂

## DongFeng Moto Co.,Ltd.

托森主减速器

10吨级平衡悬架

气、电动可控螺纹拧紧工具系列

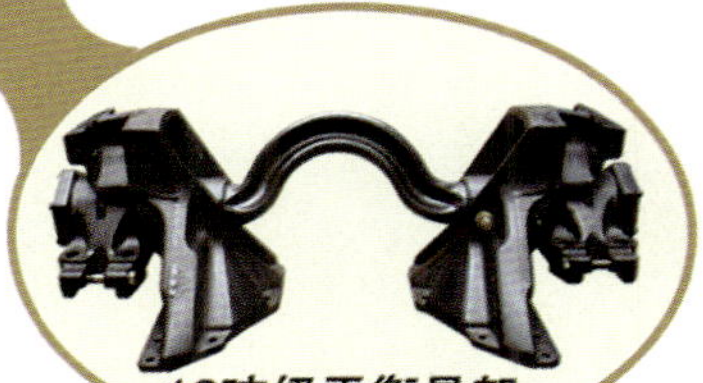

12吨级平衡悬架

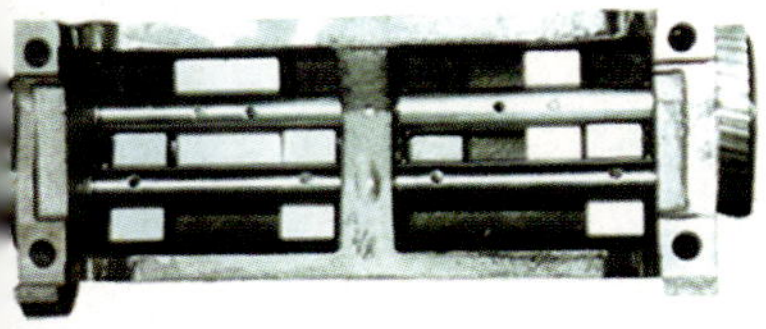

康明斯4BT柴油发动机平衡器总成

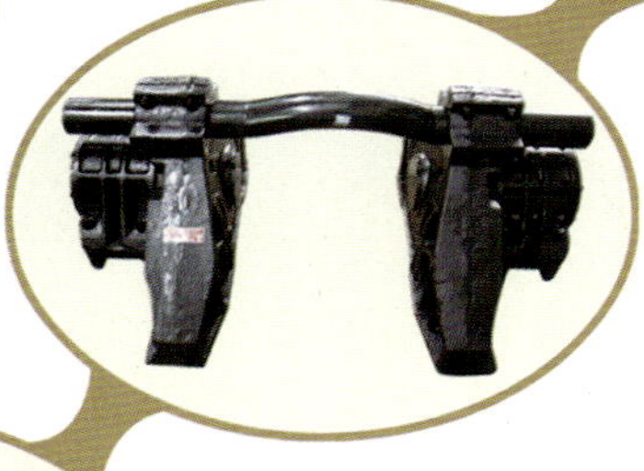

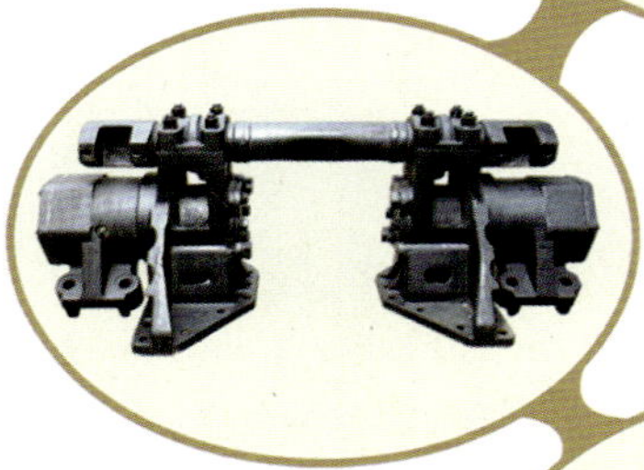

13吨级平衡悬架系列

发动机连杆电动拧紧机

神龙206前后半桥装配线

206后桥装配线

为神龙汽车有限公司提供的轿车后桥装配线

TONGCHENG

# 湖南省金华车辆有限公司

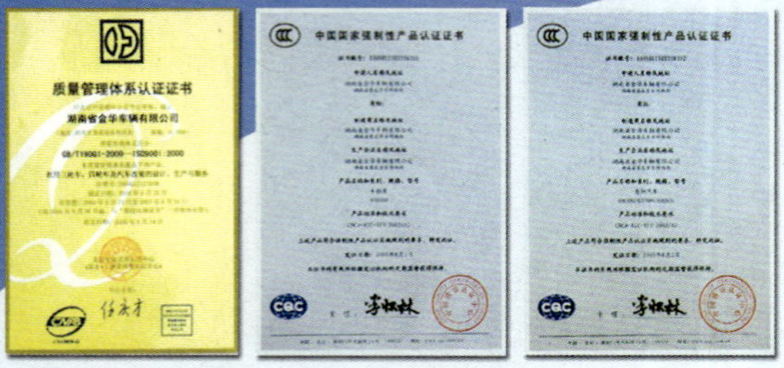

油车系列

半挂车系列

湖南省金华车辆有限公司是湖南金鼎控股集团下辖的骨干企业，是国家发展和改革委员会公告生产专用汽车的企业。主要生产、经营自卸车、半挂车、罐装车、仓栅车、厢式车等五大系列数十种车型。是一个集研发、制造、销售、服务为一体的专用汽车制造企业。

公司生产条件优越，技术力量雄厚，交通便利，环境优雅。拥有厂房面积2.1万平方米。各类专用汽车生产设备400余台。其中有数控火焰切割机、500T钢板液压成型机、600T大型液压折弯机、大型罐体成型机等一大批先进设备。为生产优质产品奠定了坚实的基础。公司现有员工400多人，其中高、中级技术人员50多人。

公司已与一汽解放、东风汽车、中国重汽和北汽福田等国内多家大型汽车生产企业建立了战略合作伙伴关系，是以上企业的网络成员厂及其在湖南的定点改装企业。并与湖南大学、重庆重型汽车研究所、汉阳专用汽车研究所等单位建立了技术合作关系，长期得到大专院校和科研院所的技术支持。

公司遵循**“质量求生存，规模创效益”**的经营理念，先后通过了ISO9001：2000质量管理体系认证和产品CCC认证。

金华人坚持**“让用户满意是我们永远的追求”**的服务理念，想用户之所想，急用户之所急，不断研发科技含量高、适合地方个性化要求的新产品。

公司秉诚**“诚信务实，追求卓越”**的企业宗旨，以实力迎接挑战，不断扩大生产规模。一期投资技改设计年生产能力8000台。该项目是湖南省“十一五”计划重点工程。金华人将着力打造品牌，用3～5年时间将公司建成国内大型的专用汽车生产基地。

**“高瞻远瞩绘宏图，齐心协力创伟业”**入世后的中国企业面对全球经济的竞争与机遇，容不得炎黄子孙有丝毫犹豫。现代企业的人才将是企业竞争制胜的关键，我们热忱欢迎业界精英加盟金华，携手合作，为铸就中国汽车行业的辉煌，实现金华人产业报国的崇高愿望而努力奋斗！

自卸车

仓栅车

厢式车系列

地址：湖南省娄底市乐坪西街
销售热线：0738-8876351　8873988
网址：www.hnjhcl.com
E-mail：jinhuagai@sina.com
邮编：417000
传真：0738-8876358

MINGWEI明威

# 广东明威专用汽车有限公司

GUANGDONG MINGWEI SPECIAL VEHICLE CO;LTD.

CCC S
A013620

广东明威专用汽车有限公司是通过GB/T119001 idt ISO9001质量认证体系，生产明威牌半挂车、专用车的自营进出口企业，世界制造厂识别代号（WMI）为LJT。公司已经被列入全国汽车、民用改装车和摩托车生产企业及产品公告并通过产品3C认证，属私营有限责任公司。

公司占地5万$m^2$，建筑面积2.1万$m^2$，固定资产1.0亿元，年工业销售收入2亿元。主要产品有40英尺二轴或三轴集装箱骨架及平板半挂车、二轴或三轴平板半挂车、散装水泥罐式汽车及半挂车、运加油车及半挂车、车辆运输半挂车、混凝土搅拌运输半挂车、厢式运输半挂车。

GDMW is a company which has passed the GB/ T119001 idt ISO9001 conformity of quality system certification and been authorized by government to export/import directly, producing semi-trailer and special vehicles of the band of MingWei ; the Manufacturer in the World Identification (WMI) of GDMW is "LJT".The company has already been listed in the Public Announce of Vehicle ,civil refitting vehicle and motorcycle enterprises and products ,and our company has obtained 3C certificates, belonging to privateundertaking company.

The covering area of our company is 50 thousand square meters that includes 2.1 thousand square meters construction area. Our fixed assets is 100 million Yuan RMB, and the annual sale has reached to 200 million Yuan RMB. Our main products are as following:Container transportation semi-trailer (frame or platform & two or three axles), low platform semi-trailer(two or three axles), bulk cement powder tank truck and semi-trailer, semi-trailer tipper, oil tank semi-trailer、car transportation semi-trailer, cement mixer semi-trailer and dry boxtruck & semi-trailer.

地址：广州市番禺区钟村镇屏一村
传真：020-84711683
电话：020-84774999 、34712777
邮编：511495
Add:Pingyi Village Zhongcun Town,Panyu District Guangzhou
Tel:020-84774999、34712777 Fax:020-84711683 Post Code:511495
**Web:http://www.mw-trailer.com.cn** **E-mail:sales@mw-trailer.com.cn**


## 广东明威专用汽车有限公司

GUANGDONG MINGWEI SPECIAL VEHICLE CO;LTD.

ISO 9001 UCS
国际认可论坛
质量管理体系
多边承认协议
成员认可
CNAB
注册号：CNAB024-Q

证书编号:02403Q10868R1M

yunli 运力

# 與时代并驾齊驱

加油车

**广西柳州运力专用汽车股份有限公司**(原:柳州市汽车改制厂)系中国散装水泥推广发展协会会员单位,2003年及2004年“中国机械500强”之一,是西南最大的专用汽车生产企业。

公司主要产品为“运力”牌各类专用车(粉粒物料运输车、混凝土搅拌运输车、加油车、重型自卸车、环卫车、厢式运输车、半挂车等10多个品种)、载货汽车车厢、车架总成及各种汽车零部件。现已形成年产2000台各类专用车、10000台车厢、10000台车架的生产能力,已有14个系列、125个品种的专用汽车列入国家发展改革委员会的《车辆生产企业及产品公告》,主导产品散装水泥车、加油车、混凝土搅拌运输车产销量已跻身国内同行业前列。

公司于2000年12月通过了ISO9001国际质量体系认证及“CCC”认证,系广西首家获得“危险化学品包装物、容器产品生产许可证”的专用车生产企业,拥有“自治区级”技术中心。2004年“运力”品牌被评为"广西著名商标",同时公司开发的粉粒物料运输车、混凝土搅拌运输车获得“国家级新产品”称号。

柳州运力将继续秉承“与时代并驾齐驱”的经营理念,期盼与各界朋友携手合作,为中国专用汽车这一朝阳产业的发展做出应有的贡献。

- 凝土搅拌运输车 ---“乘龙”“东风”、“日产柴”、“斯太尔”、“红岩”底盘系列
- 粉粒物料(散装水泥)运输车
  ----“乘龙”、“东风”、“解放”、“重汽”、“红岩”底盘系列
- 加油车
  ----“乘龙”、“东风”、“解放”底盘系列
- 洒水车
  ----“东风”、“解放”底盘系列
- 自卸车
  ----“乘龙”、“东风”、“日产柴”底盘系列
- 运油、粉粒物料半挂车----“东风”底盘系列

混凝土搅拌运输车

## 广西柳州运力专用汽车股份有限公司

GuangXiLiuzhouYunliSpecial-purposeVehicleCo.,Ltd.

地 址:广西柳州市柳邕路253号　　邮 编:545005
电 话:0772-3250746 3250049 3258615　　销售热线:0772-3250849　　传 真:0772-3250045 3256497
http://www.yunli.cn　　E-mail:info@yunli.cn

南京中大金陵双层客车制造有限公司是我国最早研制、开发、生产双层客车的专业厂家。公司位于南京长江大桥以北，宁通、宁连一级公路交汇处，地理位置优越。

公司除专业生产适用于城市公共交通运输的单、双层客车产品外，同时，还根据市场需求，生产团体客车、长途客车、旅游客车及特种客车。目前，双层客车产品品种、技术、销售、服务均处于国内同行业领先水平。通过技术改造，公司已具备年产单、双层客车2000辆的生产能力。

公司产品覆盖北京、上海、天津、杭州、武汉、沈阳、大连、长春、哈尔滨、成都、福州、厦门、长沙、昆明、南京等八十多大中城市。主产品双层客车市场占有率85%以上，2001年度出口单、双层客车为国内客车行业出口量之最。

**主导产品有**：

单层客车：JLY6800、JLY6100、JLY6110、JLY6120系列城市公交客车，团体客车，旅游观光客车，仿古观光车等；

双层客车：JLY6100S、JLY6101S、JLY6101CNG、JLY6110S、JLY6121S、JLY6122S、JLY6137SBK、JLY6111SBK系列城市双层公交客车，豪华空调车，天然气型双层客车，旅游观光车等。

**南京中大金陵双层客车制造有限公司**

联系人：郑琨山　　电话：025-57758684 57759434 57759062　　http://www.jlbus.com

地址：南京市六合区龙津路36号 邮编：211500　　传真：025-57750771　　E-mail:zks57752434@126.com

# 十堰市郧齿汽车零部件有限公司

郧齿

董事长、总经理：姜盛堂

十堰市郧齿汽车零部件有限公司（原郧阳汽车齿轮总厂），为国内最大的发动机正时齿轮专业生产企业之一，以生产“**郧齿**”牌发动机正时齿轮著称。公司人才济济，工艺检测手段先进，有科技大楼、计算机局域网、计算机辅助设计、检测和生产，与大专院校科研机构有长期的合作研发关系。具有雄厚的CAD齿轮设计和制造能力，拥有国内先进数控设备及齿轮生产线，有高、中频、渗碳、磷化和辉光离子氮化热处理、车、磨、拉、钻、铣、滚、剃、插、磨齿等工艺，主要生产设备400多台。公司主要生产东风、五十铃、福田、珀金斯、康明斯、江淮、长城、成发、新晨、凯马等汽车发动机齿轮为主导的汽车零部件150多个品种，为东风集团成员企业，江铃、北汽福田、成发等协作企业。公司产品广泛适用于东风、五十铃、全顺、VM、D1、4H、康明斯、珀金斯等机型，具备大批量的生产能力，年产齿轮及零部件600多万件，产品与全国十多家著名汽车厂商配套，畅销全国各地，并出口美国等国外市场。

公司坚持“技术创新，管理严谨，服务周到，精益求精”的质量方针，通过了ISO9001、QS9000、TS16949质量体系认证和ISO14001环境认证。正时齿轮荣获国家级重点新产品、湖北名牌产品，降噪技术荣获“国家级科技成果”。被省政府授予“科技进步奖”、“成果推广奖”、“科技型中小企业创新奖”，被中国零部件协会、中国齿协授予“优秀新产品奖”；公司已列为湖北省高新技术企业、科技示范企业、专利示范明星企业、质量管理先进企业、重合同守信用企业、二级计量单位、档案管理A级企业、知识产权管理与保护推进工程管理重点保护单位、国家火炬计划十堰汽车关键零部件产业化基地骨干企业。拥有十一项发明专利。

董事长兼总经理姜盛堂携全体员工热忱欢迎新老客户协作配套，合资合作！

D1Ⅲ发动机齿轮

VMⅢ发动机齿轮

康明斯发动机齿轮

北汽福田发动机齿轮

四HⅢ发动机齿轮

叉车发动机齿轮

贯通桥齿轮

五十铃发动机齿轮

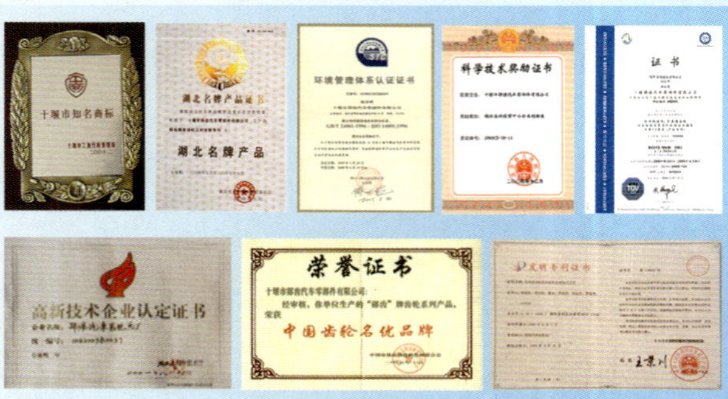

珀金斯发动机齿轮

东风发动机齿轮及零部件

地址：湖北省十堰市郧县城关东岭街30号　邮编：442500　电话：0719-7232941　7230262

传真：0719-7232182　电子邮件：yc@qpcity.com.cn　网址：http://yc.qpcity.com.cn

五菱柳机致力于打造具有国际竞争力的微型汽车发动机第一民族品牌。

在国内主要7家微型汽车企业中已经有4家配套柳机的发动机（五菱汽车、东风小康、一汽佳宝、汉中吉奥）。

在微型汽车发动机行业内产销量排名第一，市场保有量近200万台。

**LJ474QE系列汽油发动机**

## 4大尖端优势

采用国际著名的联合电子电喷系统，排放低，达到欧III标准

16气门，全铝合金机体

重量轻，动力曲线更优化，令汽车更有劲

采用静音设计，振动与噪音更低，让汽车更加舒适平稳

## 3大尖端优势

采用国际著名的德尔福电子电喷系统，排放低，达到欧III标准

顶置凸轮轴、齿形皮带传动，结构简化，重量减轻

多球型燃烧室，燃油消耗率接近柴油机

LJ465Q-1AE系列汽油发动机

# 柳州（吉林）绰丰柳机内燃机有限公司

## Daily Success LiuJi(JinLin)Engine CO.,Ltd.

**柳州绰丰柳机内燃机有限公司**是2000年8月由“绰丰公司”（香港）与“广西柳州机械厂”合资的中外合资企业，香港方控股60%。该公司位于山清水秀的柳州高新区柳江高新技术工业园。“吉林绰丰”是由柳州绰丰在2003年投资建厂，香港方控股85%。港方在两个公司的固定资产达5800万元人民币，所有者权益为1.3亿元人民币。

公司生产的产品以462Q、465Q系列微型汽车汽油发动机为主，同时生产发动机飞轮，链轮室等多种发动机零部件。两个公司单班生产能力可达20万台。

两个公司成立以来，在产品开发、技术进步、售后服务、市场开发、企业管理等方面有了很大的发展。两个公司年产微型车发动机都在七万台以上，到2005年底已累计生产销售各类微型车发动机28万余台。公司除供给 “上汽通用五菱汽车股份有限公司”所需配套的发动机外，还向“一汽吉林汽车厂”、“华阳汽车厂”、 “浙江康迪汽车厂”、“云南一汽红塔汽车厂”等厂家供货。同时，我公司生产的多种型号发动机还搭载在“一汽佳宝”车上，随 “一汽吉林轻型车厂” 整车出口至东南亚、非洲及美国等地。我公司在装配整机的同时，还生产多种发动机零部件与有关整机厂配套。三年来，生产的产品销售畅通、没有积压，受到用户欢迎。

CF462QE1

为了减轻运输压力，2003年初合资公司在吉林省吉林市投资兴建了 “吉林绰丰柳机内燃机有限公司” 直接与 “一汽吉轻佳宝车” 配套。这一举措为降低成本，让利用户起到很好的作用。

公司所生产的产品，过程受控、质量稳定。设有外来件检查站、样品库和发动机实验室。出厂产品100%经过试验。2004年两个公司都已通过了质量管理国际标准：ISO/TS16949：2002版。

CF465QE1

两个绰丰公司均有自己的生产基地。两个公司由于机构精简、人员精干、设备先进、科学管理、技术力量强，劳动生产率列全国前矛。

“柳州绰丰” 和 “吉林绰丰” 均以“高标准、严要求、育自控员工，严管理、重服务、造名牌动力”为质量方针，勤练内功、面向用户、质量稳定、服务周到。

为适应汽车市场不断发展的需求，两个 “绰丰柳机” 正以不断创新的精神大力开发新产品为我国的内燃机工业作出自己的贡献。

CF474QE8

CF491QE2-1

CF465Q-1ANE1

**柳州绰丰柳机内燃机有限公司**

地址：广西柳州市柳江县穿山镇绰丰路1号综合办　邮编：545107　电话：0772-7488226　传真：0772-7489998

**吉林绰丰柳机内燃机有限公司**

地址：吉林省吉林市永吉经济开发区上海路4号综合办　邮编：132200　电话/传真：0432-4206099

# 中国北方发动机研究所

中国北方发动机研究所隶属中国兵器工业集团公司，创建于1958年，地处塞外古城山西大同。是我国唯一的从事高速大功率柴油机研究开发的专业研究所。

建所以来，研究所承担了多项国家重点科研项目的研制任务，研究设计了二冲程、四冲程、风冷、水冷、增压中冷等二十余种柴油机，为国防建设和国民经济建设做出了突出贡献。近年来先后获国家科技进步奖、省部级科技成果奖四十余项，获兵器工业科技创新优秀团队奖、山西省劳动竞赛集体一等功，并多次荣获省市精神文明单位等称号。

研究所不仅培养了一支有较高专业理论水平和长期从事科研实践经验的专业技术队伍，而且拥有了先进完备的研究试验手段。柴油机高增压技术国防重点实验室是国内唯一的专门进行增压技术方面研究的国家重点实验室，增压技术研究手段和开发能力达国际先进水平。

目前已成功开发了多个品种系列具有自主知识产权的增压器产品，广泛用于汽车、工程机械、船舶、发电机组和特种车辆动力。为将增压器产业做大做强，积极推进体制改革与技术创新，成立了北方天力增压技术有限公司，实现技术产业化的跨越发展。并以技术入股的形式组建了宁波天力增压器股份有限公司，形成了批量生产的能力。

开发了液压泵系列产品，广泛应用于煤矿采矿业及液压机械行业。形成了研究所的另一个产业支柱。光整技术是一项新兴技术，也是一朝阳性产业，该产品已初具规模，在机械加工领域的应用正处于强有力的上升势头。此外，在机械加工、大型铸铝件、精密铸造等方面也具有一定的技术和生产优势。

中国北方发动机研究所愿以先进的技术水平、领先的试验测试手段、精良的仪器设备和雄厚的经济实力为基础，同国内外各界朋友广泛地开展技术合作与科技交流。

地址：山西省大同市第22号信箱

邮编：037036

电话：0352-5362252

传真：0352-4088602

网址：www.cneri.com.cn

科技领先 追求卓越

轻型车EQ140（4-Φ14.5）

| 轴管 | 4孔分度圆直径 | 外止 | 止口高 | 孔对中心先夹角 | 额定扭矩 |
|---|---|---|---|---|---|
| Φ89*2.5 | Φ120 | 12.Φ95 | 2.5 | 40 | 2580N.m |

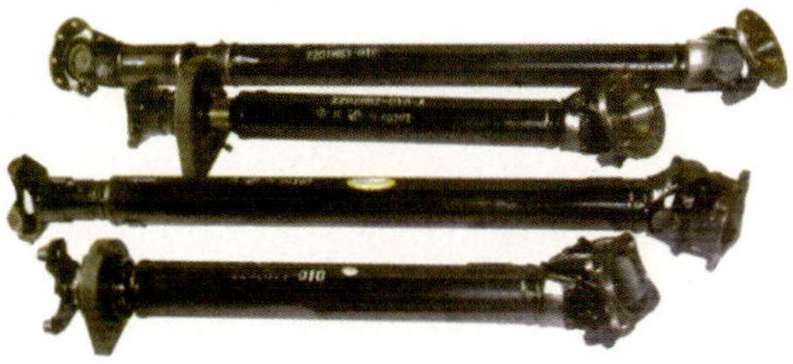

EQ153传动轴（4-Φ14.5）

| 轴管 | 4孔孔距 | 外止 | 止口高 | 额定扭矩 |
|---|---|---|---|---|
| Φ89*4、Φ*5 | 112*88 | 12Φ108 | 2.5 | 5300N.m |

重型车端面齿传动轴总成

| 类型 | 4孔孔径 | 分度圆直径 | 齿夹角 | 额定扭矩 |
|---|---|---|---|---|
| 0092 | 4-Φ15 | Φ150 | 70°*110° | 18500 |
| 0082 | 4-Φ15 | Φ150 | 70°*110° | 13000 |
| 0125 | 4-Φ15 | Φ150 | 70°*110° | 8200 |
| 0125-Q | 4-Φ15 | Φ130 | 70°*110° | 8200 |

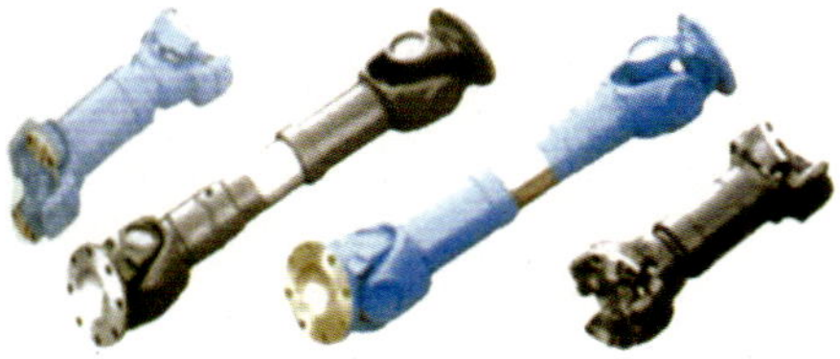

传动轴总成(配缓速器)

| 型号 | 额定扭矩 | 长度 |
|---|---|---|
| 金龙 | 5400N.m | ≥280cm |

解决东风公司EQ1230、EQ1290车型
传动轴抖动问题和结构改进

结构改进前

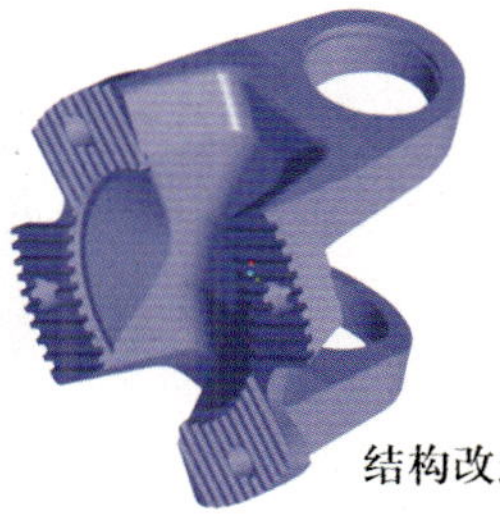

结构改进后

轻、中型车转向装置

精铸件

轴间差速器总成

# 重庆长安金陵汽车零部件有限公司

重庆长安金陵汽车零部件有限公司成立于2003年3月，是中国南方工业汽车股份有限公司控股公司、长安汽车（集团）有限责任公司下属公司，跻身2004年度中国汽车零部件百强企业、2005年度重庆市汽车零部件十强企业。

公司地处世界闻名的长江和嘉陵江两江汇合口，交通便利，占地面积9.03万平方米，总资产5.79亿元，各类设备1000余台（套），员工2500余名，2005年销售收入6.07亿元。公司下设11个生产车间，7个职能部门，拥有10家以生产汽车零部件为主的参（控）股企业。

公司主要经营范围：汽车零部件开发、制造、销售及售后服务、信息化服务；汽车零部件模具、工具、工装的开发、制造及模具销售；汽车零部件科技技术咨询服务。

公司主要产品：汽车冲焊件、底盘类零部件，变速器，发动机零部件。公司拥有冲焊、变速器、连杆、后桥、传动轴生产线，具有年产36万车付汽车零部件的生产能力。

公司主要客户：重庆长安汽车股份有限公司、长安福特马自达汽车有限公司、重庆长安铃木汽车有限公司、南京长安汽车有限公司、河北长安汽车有限公司、江西江铃控股有限公司、长安跨越车辆有限公司、湖南江南汽车制造有限公司等。

公司技术力量雄厚，拥有重庆市认定的市级企业技术中心，具有汽车零部件自主开发能力。

公司生产工艺先进，售后服务体系完善，产品质量可靠，通过了TS16949质量管理体系认证及ISO14001环境管理体系升级换版认证。

公司遵循“真诚服务，永争一流”的经营理念，坚持“有所为，有所不为”的方针，以追求企业利润最大化为目的，全面落实科学发展观，调整产品结构，打造冲焊生产基地，发展冲焊核心业务，加快自主创新，开发模块化产品，实现产品升级和规模效益，提升核心竞争力，把汽车零部件产业做专做精、做强做大，构建和谐、创新型企业，为振兴中国汽车工业做出贡献。

**公司注册地址：中国重庆市江北区港城工业园区　　邮　编：400023**

**公司主要经营地址：中国重庆市江北区鲤鱼池二村26号世纪中环大厦四楼**

**电　话：023-67591610　　传　真：023-67591609　　电子邮箱：admin@cqjl.com.cn**

# 中国一汽·无锡油泵油嘴研究所

无锡油泵油嘴研究所科研大楼外景

中国第一汽车集团公司无锡油泵油嘴研究所是我国内燃机行业从事柴油机和燃油喷射系统研究开发的专业研究所。研究所拥有一支由博士（后）、硕士等年轻科技骨干和具有丰富经验的专家组成的优秀科研队伍，具有从事柴油机及燃油喷射系统开发研究的先进设备和条件，在行业中占有明显的技术优势。在发动机高压喷射、增压中冷、燃油系统匹配、代用燃料、废气再循环、模拟计算、发动机结构强度刚度计算应用以及电控喷射技术等方面，处于国内领先水平。

近年来，研究所紧紧围绕集团公司的总体战略部署，出色地完成了一批高难度、高水平的战略任务，开发研制了我国第一台电控共轨柴油机，并实现了我国第一批电控双燃料系统生产和出口零的突破。

研究所将始终坚持以“树一流人才、出一流产品、创一流事业”为建所宗旨，把“赶超内燃机领域世界先进水平”作为长期奋斗的战略目标，为我国汽车工业形成可持续发展的核心竞争能力作出贡献。

我们将以优良的工作环境和工作条件，以优厚的生活福利待遇，引进有志于献身我国汽车工业的各类有识之士。

为优秀高层次人才配备“三把钥匙”（汽车、住房、实验室），年薪10万元以上。

2006年需求（20名）：

1、内燃机：9名（博士1，硕士3，本科5）
2、车辆工程：2名（博士1、硕士1）
3、电子技术：4名（博士1，硕士2，本科1）
4、机电一体化：2名（硕士1，本科1）
5、企业管理：2-3名（硕士）
6、自动化：2名（本科）

地　址：江苏省无锡市钱荣路15号　　邮　编：214063
电　话：0510-5510994，5513496　　传　真：0510-5512208
网　址：www.wfieri.com　　E-mail：wfieri@public1.wx.js.cn

# 江阴模塑集团

董事长：曹明芳

模塑集团始创于1984年，是江苏省首家创办中外合资企业的省百家优秀民营企业之一。经过近20年的发展，模塑集团业已形成以汽车零部件、模具制造、房地产和酒店等流通服务业为主的规模型、跨国型、外向型集团公司。截止2005年底，模塑集团共有下属企业32家，其中上市公司一家，合资企业五家，总资产达32.25亿元人民币，年销售达到30.14亿元人民币，实际上交税金达1.82亿元。集团现已成为中国最大的轿车保险杠生产基地，是中国1000强制造企业之一，也是中国上规模民营企业500强之一。

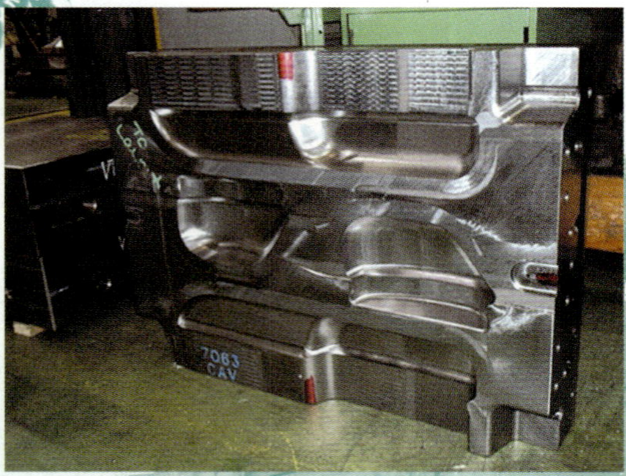

模具

保险杠油漆生产线

# 有限公司

秉承**“做大、做强、走高科技发展路线”**的企业发展战略，模塑集团不断引进世界先进技术及其装备，发展高新技术产品。现已拥有省级以上高新技术产品58项，主打产品轿车彩色保险杠年产量达120万套，市场占有率达32%，位居国内第一，并在上海、沈阳、武汉以及烟台等地建立了四大生产基地，为国内上海大众、上海通用、一汽、二汽等四大主机厂即时供货。同时为顺应国际汽车零部件产业发展趋势，集团在巩固轿车外饰件的同时，大举拓展轿车内饰件，内饰件的生产将成为集团未来汽车产业发展的又一增长点。

“模具乃工业之王”，随着集团公司与全美第四大汽车零部件企业及全美第一大老牌注塑机厂商组建的两个合资企业的成立，模塑集团的模具制造业及注塑机制造业得到了长足的发展，不仅改变了国内大型保险杠模具全依赖于进口的历史，而且自行研制开发的大型模具分别出口至澳洲、欧洲等地，大大提高了企业的技术及管理能力，也为企业赢得了市场和品牌。

房地产领域，集团公司投巨资用五年多时间打造的近300万平米的大型中高档枫丹白露、金色江南、金色水岸、财富广场等住宅小区、商业用房使得鸿意地产一跃成为江苏省内知名房地产公司之一，为南京、无锡及省内多个地区的城市建设作出了应有的贡献。而集团所涉及的其它流通产业主要经营整车销售、汽车零配件销售、金融投资担保以及酒店、商场等服务行业。

**今天，沐浴着新世纪曙光，模塑人仰望山巅，海纳百川，满怀信心迎接每一位世界各地的朋友！**

注塑机

保险杠

地　址：江苏省江阴市周庄镇长青路8号
电　话：86-510-86401458　　86401456
传　真：86-510-86401459
邮　编：214400
网　址：//www.jymosu.com
Email：office@jymosu.com

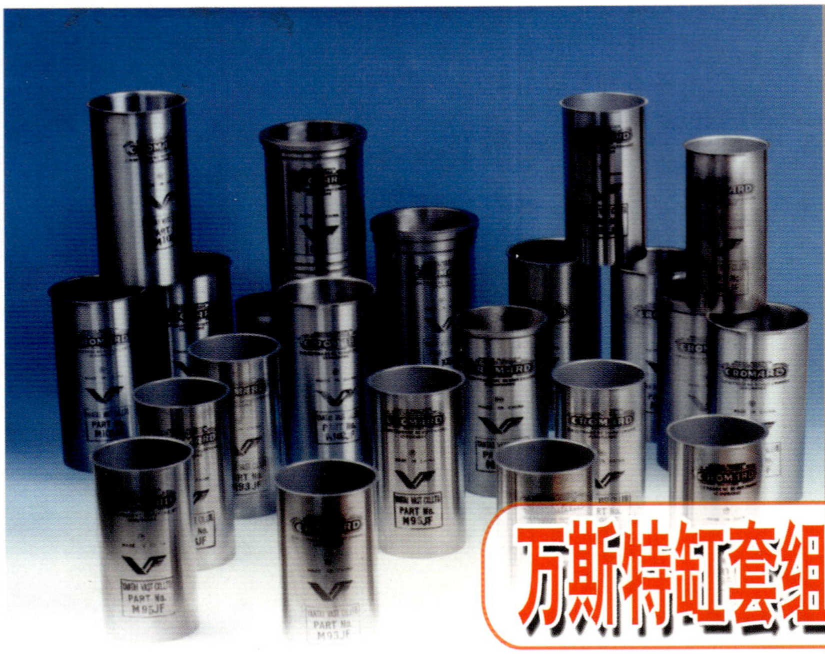

- 全国100家最佳汽车零部件供应商
- 打假扶优重点保护企业
- 创名牌出口产品企业
- 高新技术企业

# 万斯特缸套组件——品质世界领先

烟台万斯特有限公司地处胶东半岛，占地10万平方米，资产总额1.6亿元，是由中国节能投资公司与香港中银集团于1994年合资组建的现代化高技术企业。

公司一次性买断代表世界最先进水平的英国LAYSTAII公司CROMARD专有技术，引进英国、瑞士、意大利等国际先进的加工设备和检测仪器，生产品质一流的钢质薄壁镀铬缸套系列产品。

经过数年坚持不懈的消化吸收和改进创新，产品耐磨性、配副性等主要性能指标居世界同行业领先地位，并先后被评为“国家级新产品”、“中华科技精品”、“山东省名牌产品”。

产品投放市场后，先后为江铃、东风朝柴、北汽福田、保定长城、广西玉柴、云内等主机厂配套，并连续多年被授予“优秀供应商”、“免检供方”等荣誉称号。

公司与国际标准接轨，先后通过了北京九千认证中心及英国皇家认可委员会ISO9002质量体系双认证，中国汽车产品认证委员会质量体系认证中心QS-9000质量体系认证，以及新加坡PSB认证公司ISO/TSI6949质量体系认证。建立了全面可靠的质量体系和产品研发体系。公司秉承“以服务造就用户”的服务理念，开通24小时服务热线电话：0535-7290999，确保为用户提供完善的售前售后服务，满足用户要求。由于产品质量原因造成的损失，由我公司承担全部责任。

## 烟台万斯特有限公司

地址：山东省莱阳市龙门东路31号　　电话：0535-7291632　7291566

邮编：265200　　传真：0535-7291772　7291571

http://www.vast.com.cn

# 重庆红岩汽车车桥厂

Chongqing HongYan Motor Co.,Ltd.Axles Plant

重庆红岩汽车车桥厂是我国第一家高起点的重型汽车桥总成定点生产厂，工厂始建于20世纪60年代中期，是经国务院批准、引进法国贝利埃重型军用卡车桥总成制造技术建设的军用越野车桥生产基地，具有近50年重型桥总成研发和生产的悠久历史。70年代率先采用德国曼车桥总成制造技术、成功研发了“红岩”系列桥总成，90年代引进奥地利STEYR整车制造技术，成为斯太尔桥总成项目唯一定点生产承制单位，2003年红岩公司投资1.65亿元对车桥厂进行了技术改造，厂房建筑面积达到32000平米，加工中心、数控设备、各类专机等精大稀设备达到80%以上。新厂特点：第一、平面布置优、国内领先。第二、生产效率高、质量一流。第三、工艺技术新、行业独特。第四、全面信息化、兼容ERP。第五、现代物流、精益生产。第六、绿色环保、持续发展。工厂现有机加工生产、热处理、总成装配、涂装等共35条生产线，企业年生产桥总成能力10万根。

质量认证：1996年工厂在全国同行业中率先通过了ISO9001质量体系认证，2002年再次通过了ISO9001-2000版质量体系认证，2003年通过了第二方国军标GJB9001A-2001质量体系认证。

产品品种：红岩加强型前轴、斯太尔前轴、带轮边减速的斯太尔冲焊桥系列、带轮边减速的红岩铸钢桥系列、单级减速驱动桥、客车桥、承载桥、鞍座总成、平衡悬架装置及相关底盘零件。这些产品已与重庆重汽、北汽福田、洛阳福赛特、青岛专汽、青岛一汽、东风柳汽、泰安专汽、浦沅起重机、长江起重机、三一重工、北京中环动力、泰安航天特种车公司等单位形成广泛的配套合作，在这些单位的工路运输车、牵引车、自卸车、散装水泥车、水泥搅拌车、皮带输送车、起重机及特种车上体现出了红岩产品的优势。

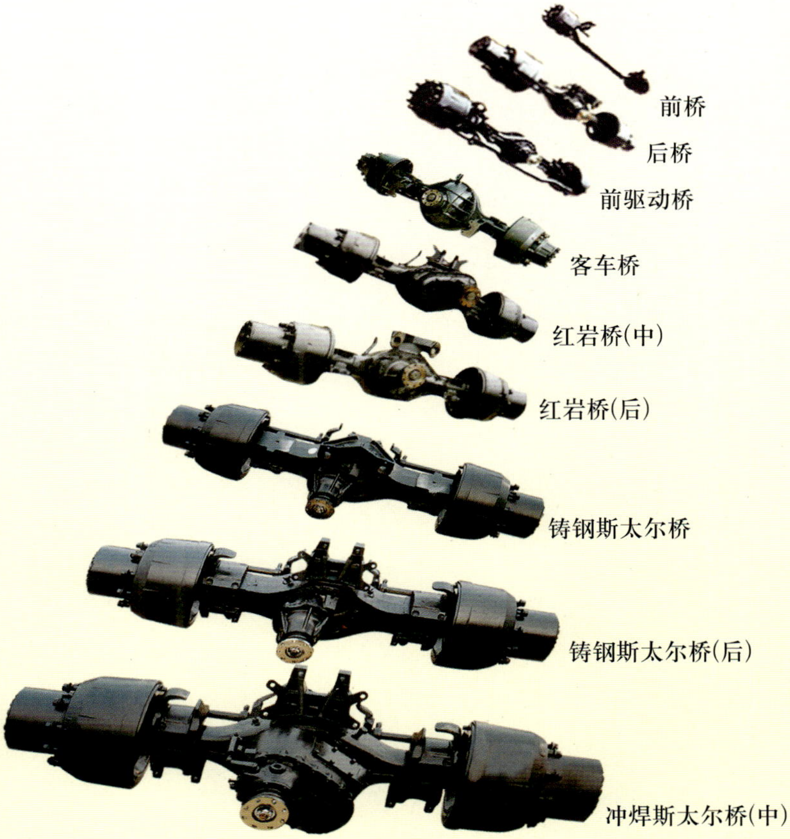


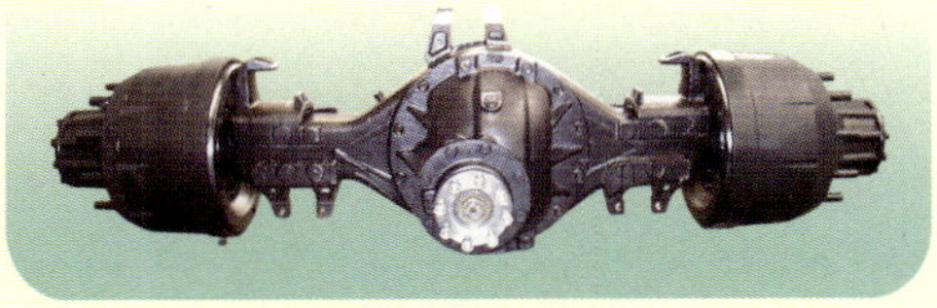
单级减速驱动桥

起重机桥

单　　位：重庆红岩汽车有限责任公司（车桥厂）
地　　址：重庆市双桥区　　邮编：400900
销售热线：023-49639724　49638544　49635545　　传真：023-49636581
网　　址：http://www.hycqc.com　　E-mail：xs@hycqc.com

**HT2402F-6：38** 主从动锥齿轮

# 湖北车桥有限公司

湖北车桥有限公司是以各类前后桥总成、汽车齿轮为主导产品的专业化生产企业，属国家机械工业局骨干企业，湖北省85家重点企业之一。

企业创建于1978年，现有员工586人，占地面积22万平方米，资产总额4.5亿元。1995年荣获全国机械行业最高荣誉——中国机械工业优秀企业；1997年顺利通过国家有关部门检测鉴定，成为“国家安全级企业”，同时通过了ISO9001国际标准质量体系认证；1998年，公司技术中心被评定为“省级企业技术中心”；2001年12月，公司通过中国汽车产品认证委员会质量体系认证中心的QS9000质量体系审核。2003年公司获得“省安全级企业”称号。2004年公司“博盈”牌系列产品荣获“中国知名车桥十佳品牌”。2005年初，公司通过TS16949、ISO14000、OHSAS18000的现场认证，成为全国同行业首家同时通过“三标”认证的企业。2005年底，经中机安协专家评审，公司成为全国首家通过国家一级安全质量标准化机械制造民营企业。

公司引进美国、日本、德国、瑞士等国家的先进齿轮加工设备和奥地利热处理生产线，具有年产各类汽车前后桥总成20万台、主从动螺旋锥齿轮30万套的生产能力。1998年公司开展了以信息网络中心、数控加工中心、技术开发中心为主体的大规模技术改造，引进了奥尼康C28六轴联动切齿机、美国M&M公司3525测齿中心、英国LK公司的90C三座标测量仪等大批世界一流水平的加工和检测设备，产品系列覆盖0.5T–20T。目前，公司在螺旋锥齿、高速低噪性能和桥总成超长使用寿命等方面取得了突破性进展，赢得了良好商誉。

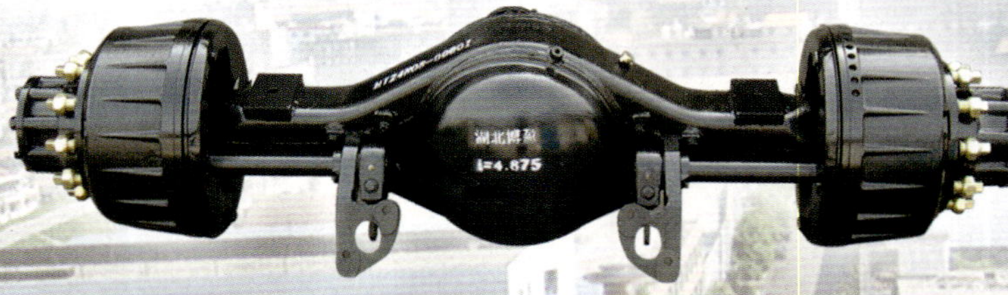


**HT24N08-00001** 后桥

公司产品主要为北汽福田公司（诸城汽车厂、欧曼汽车厂）、东风汽车公司、南京春兰公司、苏州金龙客车公司、扬州亚星公司和江淮汽车公司、郑州宇通客车公司等数十家配套，并与客户建立了稳定良好的合作关系，产品畅销全国。

多年来，我公司在**“质量第一、顾客满意”**的宗旨指引下，以优良的产品质量、合理的销售价格、周到的售后服务赢得了全国广大用户的赞誉。

2005年6月湖北车桥有限公司恢复“湖北车桥”名称，坚持发展主业，抓住机遇做精做强的企业发展战略，形成了主业突出、品种齐全、人心稳定、客商合作环境美好、管理规范、创新能力强、重合同守信用的良好企业形象。公司坚持**“精益管理、缔造品牌、持续改进、顾客满意”**的质量方针、**“以质量求生存，以科技求发展，以品牌求开拓”**的治厂原则和**“博采众长，竞合共赢”**的经营理念，以一流的生产工艺，成熟的制造经验，满足国内外市场的需求。

**法人代表：** 冯启泰

**地　　址：** 湖北省公安县城关荆江大道178号

**邮　　编：** 434300

**公司电话：** 0716 – 5225925

**销售热线：** 0716 – 5226671（5238066）

**服务热线：** 0716 – 5234241

**产品开发电话：** 0716 – 5234027

**传　　真：** 0716 – 5228925

# 中国名牌 万力轮胎

中国名牌

CHINA TOP BRAND

万力轮胎 WANLI TIRE

## 广州市华南橡胶轮胎有限公司

广州市华南橡胶轮胎有限公司（简称“华轮”）是全国率先引进技术专业生产子午线轮胎（“万力牌”）的企业，公司年生产能力500万条，是目前我国华南地区最大的子午线轮胎生产基地。先后被评为 “中国石油和化学工业百强企业”、“2003年度广东省优秀企业”。

华轮生产技术从美国费尔斯通引进，设备由美国、日本、德国等引进，通过对引进技术的消化、吸收和提升，逐步形成了独具特色的自由技术体系，目前装备性能和生产技术在国内同行业处于领先水平。2005年10月，华轮被国家发改委等部门认定为“国家级企业技术中心”；2003年5月，华轮通过评审，获得“广州市高新技术企业”称号。现在华轮是国内子午线轮胎规格花纹最齐全的厂家，生产轿车轮胎从80至35系列、载重胎有无内胎和有内胎共10个系列400多个规格花纹产品，每年均有30多个新的规格花纹品种推向市场，生产和研发能力在国内处于领先地位，高档轿车子午线轮胎多次填补国内自主设计开发和生产空白。

华轮已经通过了ISO9001认证、ISO14000的环保认证、德国汽车工业VDA6.1质量体系认证，中国轮胎产品强制性（3C）认证和美国DOT、欧盟ECE、澳大利亚ADR23、中东SASO等国家产品认证。2002年10月，通过了国家强制性产品认证（即“3C”认证）；2003年通过了汽车配套行业最新国际标准ISO/TS16949：2002体系认证。

“万力”轮胎在国内先后与一汽大众、一汽红旗、一汽解放、长丰猎豹、海南马自达、郑州日产、广州五十铃等多家国内知名汽车厂家配套，通过多年的努力，“万力”轮胎逐渐树立起中高档的品牌形象，现产品70%以上供出口，远销欧美、澳洲等90多个国家和地区。作为高新技术产品，“万力”轮胎被国家商务部列入“重点扶持和发展的名牌出口产品”、“广州工业重点培育发展具有知识产权的名牌产品”，2003年11月被中国橡胶行业协会评定为“中国轮胎十大民族品牌”之一，2004年9月“万力牌”全钢子午线轮胎荣获“2004年度中国名牌产品”称号。

地址：广州市番禺区东环路116号

邮编：511400

电话：020−84611600、84629574

传真：020−84632053、84610302

http://www.wanlitire.cn

E−mial:wanli@wanlitire.cn

# 中国第一汽车集团
# 辽阳汽车弹簧厂

www.fawlt.com

中国最大的汽车钢板弹簧生产基地---中国第一汽车集团辽阳汽车弹簧厂始建于1953年，1998年经国家批准，资产划转一汽，成为一汽集团的全资子公司，隶属富奥汽车零部件有限公司直接领导。

工厂现有职工1495人，总资产为26707万元，占地面积8.76万平方米，生产建筑面积3.69万平方米，全厂共有设备498台，其中主要生产设备199台。

企业有十二个职能部门、三个基本车间和一个辅助生产车间，主要生产13个系列400多个品种，产品包括普通叠片弹簧、渐变刚度弹簧、少片变截面弹簧、双曲率半径弹簧和平直段弹簧，年生产能力为9万吨。近2年开发了空气弹簧导向臂和少片宽缝变截面弹簧，空气弹簧导向臂为1/4结构的少片变截面悬臂弹簧，少片宽缝变截面弹簧采用筋槽定位，节省了配件。

目前企业已发展成解放系列车型（包括重型、中型、轻型、微型）、斯太尔系列车型、北方奔驰系列车型、客车系列车型（包括大型、中型、轻型、微型）汽车钢板弹簧的弹簧生产基地，主导产品为一汽集团公司各种汽车配套，同时还为国内十几个汽车厂配套，产品还远销美国、法国、澳大利亚、土耳其等国家。

2005年工厂方针：积极应对市场挑战，努力寻求新的发展机遇，降低生产、采购、质量、销售成本，切实抓好新产品研发和规划，努力拼抢集团内、外两个市场，加强员工培训，积极推进内部经济关系市场化和TPS管理，确保全年经营目标的实现。质量方针：质量零缺陷，服务零距离。为深化质量管理，我厂已经通过了ISO-9001:2000和TS16949的质量认证工作。

我厂产品技术性能先进、质量稳定，有较强的研发能力及完善的售后服务体系。***愿竭诚为广大客户服务，欢迎海内外客户莅临我厂参观指导，携手共创美好的明天！***

**地　址：** 辽宁省辽阳市胜利路61号
**邮　编：** 111000
**电　话：** 0419-2268205、8201、8152、8208、8200
**传　真：** 0419-2124913、2154047
**网　址：** www.fawlt.com
**E-mail：** jjn-8888@163.com

热处理生产线

意大利MC-250型液压疲劳试验机

车间生产线

自动优化下料线

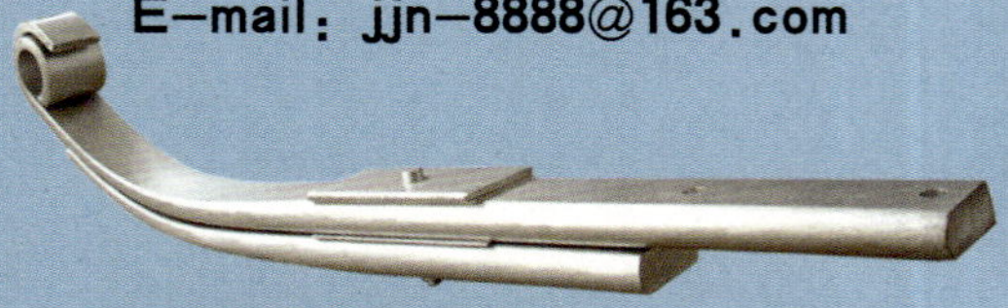
空气弹簧导向臂

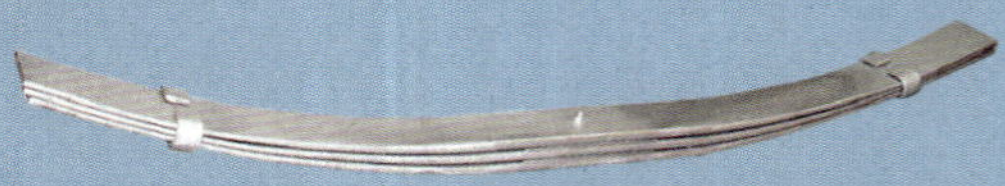
轻型车少片变截面弹簧

大吨位重型车少片
宽缝变截面弹簧

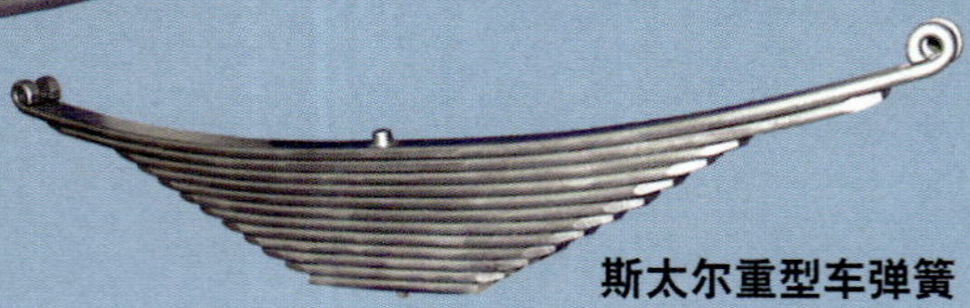
斯太尔重型车弹簧

# 重庆红岩长力弹簧有限公司

孔繁茂总经理

**重庆红岩长力汽车弹簧有限公司**（以下简称公司）是重庆红岩汽车弹簧有限责任公司和江西长力汽车弹簧股份有限公司共同出资组建。公司是中国最早从事汽车弹性元件制造的企业，以生产性能优良的“红岩”牌汽车钢板弹簧、横向稳定杆、油气悬挂及举升缸三大类产品闻名于世。公司拥有3条共年产5万吨的重型车、客车、轻型车板簧生产线，年产5万件的重型车、客车横向稳定杆生产线。公司是以配套销售为主的企业，主要为中国重汽、重庆重汽、陕西重汽、北汽福田、北方奔驰、厦门金龙、郑州宇通、重庆庆铃等三十家重型、轻型、客车厂配套。公司在中心城市和主要地区建立健全了营销和服务网络，在国际市场上，取得了英国约克公司和奔驰公司生产许可绿卡，产品出口法国、意大利、英国、德国、新加坡、马来西亚等国家。

何小萍书记在大会上

生产作业现场

公司拥有专业的技术中心，主要从事产品开发，并紧跟汽车工业发展方向，采用国际先进技术，积极致力于本专业的新技术、新材料、新工艺的研究，使公司始终保持行业中的技术领先优势，其新产品多次获得国家级、市级新产品奖。

公司拥有从德国进口的SCHENCK疲劳试验机和BOKER变截面轧机，从英国进口的FB挠式卷耳机，从意大利进口的BANFI应力喷丸机等高、精、尖技术装备，拥有国内最高水平的变截面板簧生产线，并注重与汽车制造厂及供应商的合作，根据用户的不同需求，应用先进技术，以严格的质量控制为保证，设计和制造出满足用户需要的产品。

2003年公司通过质量体系ISO9001标准2000版认证，确保了产品质量的稳步提高。公司将坚持**“更全、更优、更满意”**的质量方针，关注用户需求，追求技术进步，坚持持续改进，同国内外用户通力合作，提供性能优良、质量可靠、用户满意的产品和优质的服务。

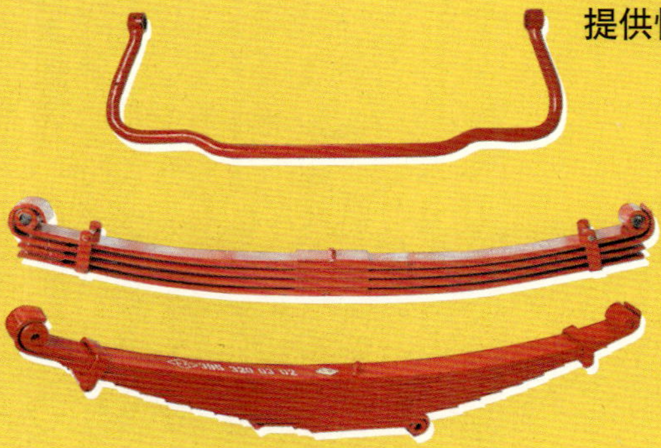

**地　址：重庆市渝中区化龙桥龙隐路2号**　　**邮　编：400043**
**电　话：023-63310235**　　**传　真：023-63312431**

# 四川省岳池汽车弹簧有限责任公司

YUE GUANG

## YUECHI SICHUAN PROVINCE AUTOMOBILE SPRING CO.,LTD.

董事长：廖德凯

四川省岳池汽车弹簧有限责任公司（原四川省岳池汽车弹簧厂），现坐落于岳池县城创业园区，距离邓小平故里广安仅27公里。公司占地面积40余亩，厂房8000余平方米，是各型汽车钢板弹簧的专业生产厂家，年产板簧上万吨。主要产品有东风、解放、红岩、斯太尔、客车、农用车等系列的各类汽车钢板弹簧，是中汽联营公司的成员厂，二汽、郑汽、宝鸡车辆公司以及王牌、嘉泰等农用车辆制造厂的定点配套企业。同时承接来料加工，并可根据客户要求进行板簧设计制造。

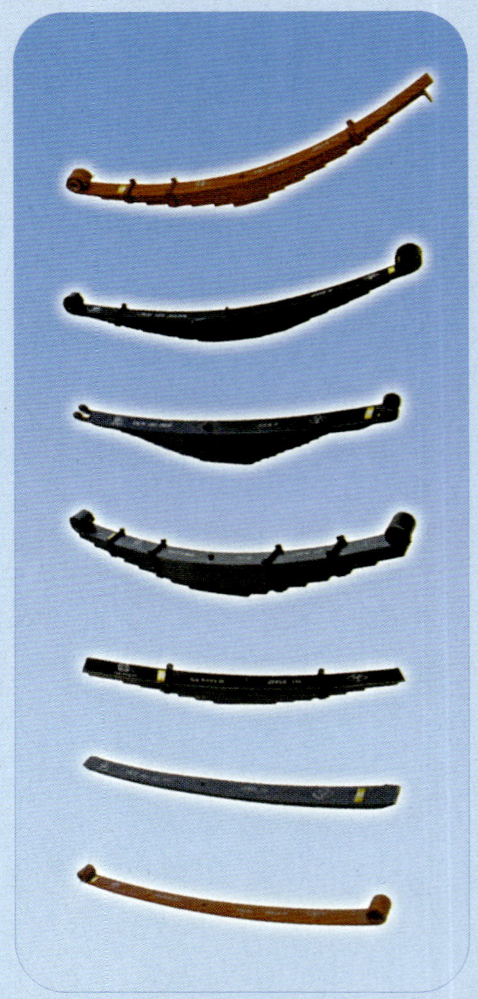

公司始终坚持“质量第一，用户至上”的原则。1999年通过了ISO9002质量管理体系认证，2003年又顺利通过了ISO9001:2000质量体系转版认证。过程质量控制严格，检测手段齐全，建立了有效的质量保证体系，从而使各项质量指标均达到同行业先进水平，产品多次在全国、省行检中达到一等品和优等品水平。主导产品东风EQ140系列板簧荣获了“省优质产品”称号；斯太尔板簧通过了国家质量检测，在广大用户中深受好评。产品畅销28个省、市、自治区，拥有200余家用户和10多个配套厂。公司注重科技进步，使用了国内行业先进的数控变截面轧机、步进式天然气淬火炉、网带式边疆天然气回火炉，表面抛丸强处理及远红外油漆烘干设备，采用仪表、微机自动控温技术，从而极大的促进了产品的质量，降低了生产成本，提高了产品在市场的竞争力。

经过四十多年创造与发展，公司先后被评为“地区中二型企业”、“省级综合成长型企业”，荣获了“国家二级计量单位”、“省级先进企业”、“四川省200家最佳效益工业企业”、“四川省200家最大市场占有工业企业”、“四川省重合同守信用企业”以及“小平故里百名诚信纳税人”等称号。

四川省岳池汽车弹簧有限责任公司真诚欢迎国内外朋友到公司参观、洽谈，同谋发展大计，美丽的银城欢迎您的光临。让我们携手并进，共创美好明天。

地址：四川省县池县九龙镇岳光路118号　邮编：638300　电话：0826-5220434　5222106　传真：0826-5222106

BEINEI

# 北京北内柴油机有限责任公司

北京北内柴油机有限责任公司是一家以生产道依茨BFL912/913C系列风冷柴油机整机及配件为主业的投资主体多元化的中型企业。公司拥有各类机床设备四百余台，其中高精度关键设备五十一台。拥有可共线加工三、四、六缸发动机机体的缸体加工线，可共线加工三、四、六缸发动机曲轴的曲轴加工线以及发动机连杆加工线、发动机杂件加工线各一条。高度清洁完善的整机装配车间及拥有全部电脑检测设备的发动机试验车间将为您提供高质量的柴油机产品。

道依茨BFL912/913C系列风冷柴油机是德国道依茨公司（KHD）开发的主力产品，目前仍在德国本土生产并在持续改进中。我公司采取引进技术重金购买了德国道依茨公司（KHD）BFL912/913C系列风冷柴油机的生产许可证，在中国生产销售道依茨BFL912/913C系列风冷柴油机的三、四、六缸全系列产品。该系列风冷柴油机为四冲程采用直接喷射和涡流室（低污染）两种燃烧方式，功率范围：24KW－141KW，转速范围：1500－2800转/分。已经批量配套在建筑机械、工程机械、拖拉机、汽车、农业机械、发电机组、空压机组、水泵机组、矿山机械、库房机组、特种设备等领域。受到广大用户的一致好评。BFL912/913C系列风冷柴油机还获得了“北京市名牌产品”的称号。

北京北内柴油机有限责任公司是一家管理规范，集科、工、贸于一体的现代化企业。有高素质的经营管理团队、雄厚的技术力量、严格的质量体系，已经通过ISO9001：2000质量体系认证。产品遍及全国各地，并已经实现批量返销欧洲、北美、南美、非洲及南亚地区。

我们将竭尽全力开发更多的新产品，并努力保持与KHD的同步改进，并以优质的服务满足社会各界的要求。

地　　址：北京市丰台区永外大红门六合庄1号
邮　　编：100076
总　　机：010－87882880
销　　售：010－87882886　87882351(传真)
配件销售：010－87882351
售后服务：010－87880214
网　　址：//www.cnbeinei.com

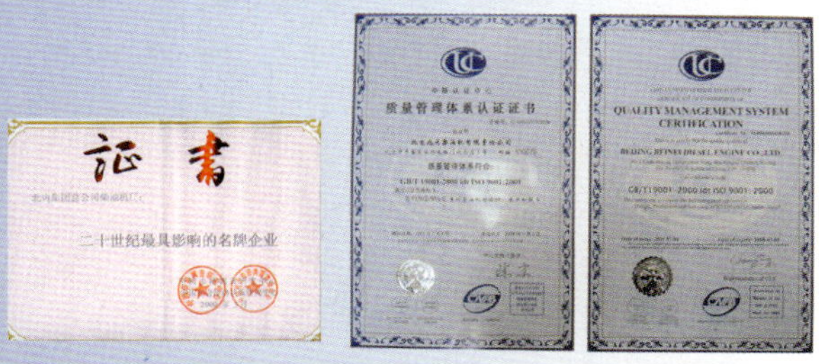

SUZHOU ISHIKA

siim

# 苏州石川制铁有限公司

苏州石川制铁有限公司是中国苏州市与日本金泽市技术交流的成果，它诞生于1994年9月，原址位于苏州市盘门路235号。2001年6月为扩大生产规模，置地于苏州吴中经济开发区重建新厂，2002年1月新工厂竣工开业。2005年12月第二工厂竣工投产。

新工厂瞄准21世纪现代铸造企业的新目标，装备了当今世界上造型速度最快的丹麦DISA造型机，辅以日本富士电炉，德国爱立许混砂机，日本新东抛丸机，德国SPECTRO发光分光分析仪，台中精机加工中心等设备，形成了从熔炼，砂处理，造型，清理，机械加工到检测一整套设备的生产流水线，努力为客户做出质量最好，价格最便宜和产品.

“坚持品质第一，强化成本管理,全员同心协力”，我们将以一流的生产设备，严谨的工作态度，科学的管理方法，优良的售后服务，在客户心目中树立起最信得过的企业形象。

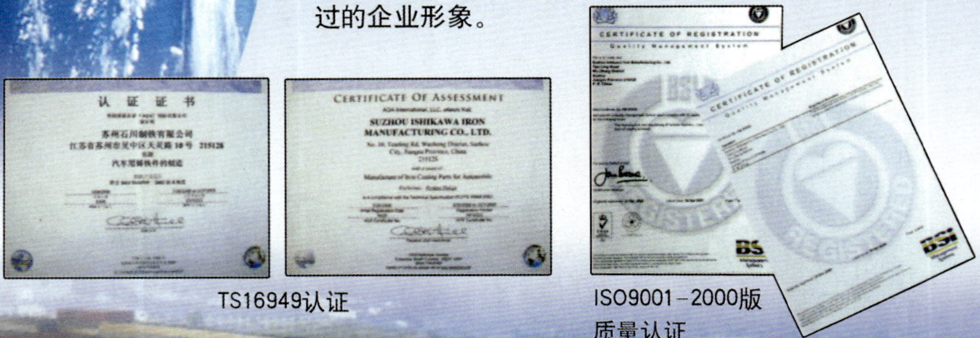


TS16949认证

ISO9001–2000版质量认证

VA IRON MANUFACTURING CO.,LTD.

董事长盐谷外司（右三）在第二工厂竣工典礼上剪彩

总经理唐瑞国（左一）访问英国受布莱顿市长接见

加工中心

DISA230生产流水线

地址：苏州市吴中经济开发区天灵路10-12号

电话：0512-65639067　　0512-65639068

传真：0512-65653989（F1），　0512-65289949（F2）

网址：www.cn-siim.com

邮箱：siim@public1.sz.js.cn

# 普什模具有限公司

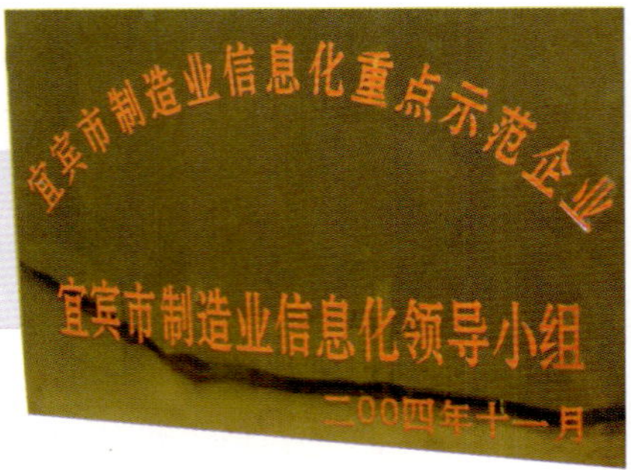

车门下模

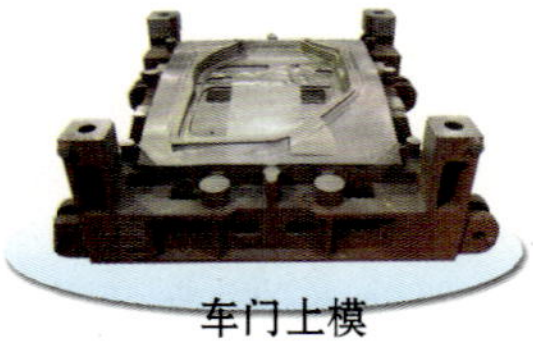
车门上模

多型腔水盖模具

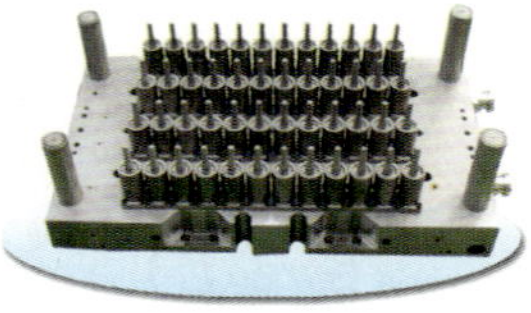

四川省宜宾普什模具有限公司坐落于万里长江第一城——宜宾。公司筹建于2000年，是普什集团旗下的全资子公司。公司定位于世界一流，即：规模世界一流、硬件设施世界一流、管理及研发世界一流。公司占地面积约10万平方米，拥有欧美日世界一流厂家各类加工中心、激光加工中心、深孔钻、数控平面磨床、坐标磨床和各类热处理设备约200余台。250t-2300t压机15台和英国、德国、意大利大型三坐标检测设备。并有100余套HP高档CAD/CAM工作站，各类CAD/CAM/CAE软件配套。固定资产投入达14亿。

公司引进国内外高级管理、技术人才50多名，现有模具设计人员66名，CAM人员31名；钳工122名。拥有高端CAD/CAM/CAE图形工作站达58台，配套有UG、CATIA、AutoCAD、Powermill、Vericut、Cimatron、Dynaform等多种世界先进的设计、分析、编程软件，现已形成塑料产品设计开发及模具设计、车身设计开发、相关冲压模具的设计、制造、产品注塑、冲压及网络自动化管理能力，相关冲压模具的设计、制造、产品注塑、冲压及网络自动化管理能力，向国内外各汽车厂家提供模具产品及生产服务。

**公司业务范围：**

1、多型腔精密塑料模具（防伪瓶盖模具、瓶胚模具、医药、饮料包装产品模具、汽车内饰件模具、摩托车装饰件模具和各种注塑产品）；

2、汽车覆盖件、结构件模具及其产品；

3、各种压铸模具；

4、大型精密机械加工。

**以质量求生存、以品牌求发展、以管理求效益、以市场求创新。普什模具公司将以质量管理体系为核心，以具有世界一流的优良装备和先进技术为社会提供完美产品与服务。普什期待与您一起共创辉煌！**

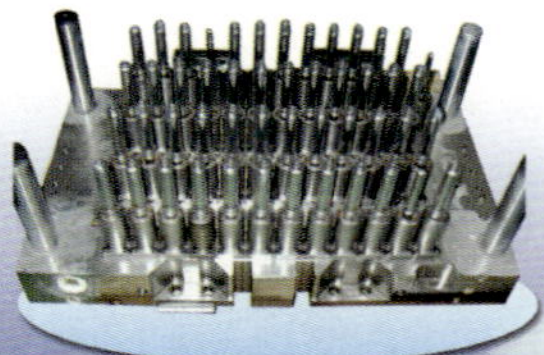

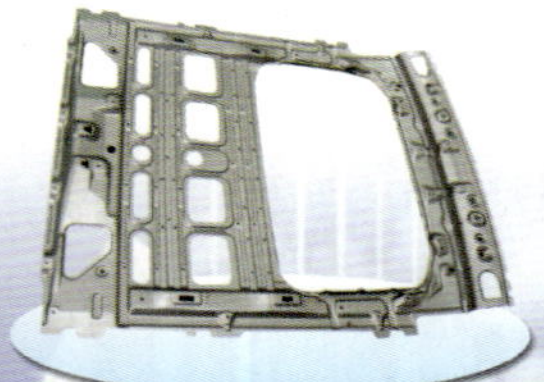

**电话：0831-3566363**
**传真：0831-3552158**
**E-mail：info@pushmold.com**
**http://www.pushmold.com**

# FOTON 福田模具 企业简介

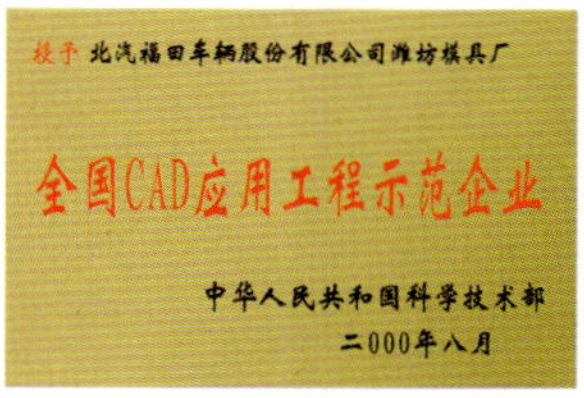

厂长：武军

福田公司潍坊模具厂位于山东半岛交通要塞风筝都潍坊市，是北汽福田汽车股份有限公司专业汽车模具工艺装备事业部，企业现有职工290名，其中专业工程技术人员80多名，拥有一支国内一流水平的设计队伍。

企业始终坚持适中规模、稳步发展的战略方针，现拥有模具制造关键设备—意大利高速五轴数控铣床、日本高速数控铣及西班牙数控铣、美国激光扫描测量机、日本激光切割机11台，大型试冲、延配压床等设备32台，模具制造能力达到年40万工时，冲压件年百万件。具有整车车身模具装配协调能力，固定资产1.3亿多元。先后为福田公司开发轻卡、面包车、欧曼系列重卡等车型车身模具2500多套。企业与国内一汽、东风、天汽、北京吉普、上海通用、西安比亚迪等厂家建立稳固的商务关系，同时还承接了韩国、日本等厂商的部分轿车模具。

潍坊模具厂承担了"产品及其模具的协同设计与制造"国家863项目的企业，现在汽车模具设计采用CAD/CAM、三维实体建模、逆向工程、精细化加工、PDM与CAPP技术，生产组织实现了ERP信息系统管理，建立起了具有国内先进水平的信息化管理平台。2002年上海第九届国际模具展览会上后地板拉延模被评定为具有国际水平模具，2004年上海第十届国际模具展览会上福田奥铃皮卡主地板翻边侧冲孔模被评定为具有国际水平模具。2002年11月顺利通过了ISO9000质量体系认证，2000年被评定为全国CAD应用工程示范企业，被山东省认定为高新技术企业，2003年6月被认定为山东省制造业信息化工程重点示范企业称号。

福田欧曼重卡是福田公司具有独立知识产权的车型项目，该车型吸收了国际先进的造型理念。2003年5月经山东省科技厅鉴定技术水平达到了国产同类产品的领先水平。2004年欧曼重卡汽车车身模具被国家科技部评定为国家重点新产品，2004年8月被山东省评定为机械工业科技进步一等奖。

意大利五轴联动数控铣床

日本五轴连动高速数控铣

轿 车 模 具

前围本体拉延模

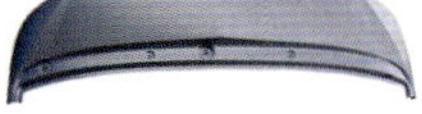

前围本体

轿 车 模 具

翼子板侧翻整形模

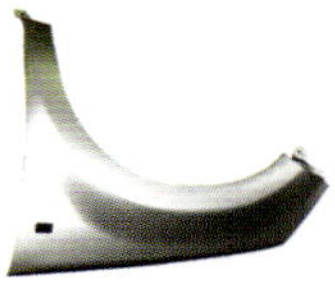

翼 子 板

激光扫描测量机

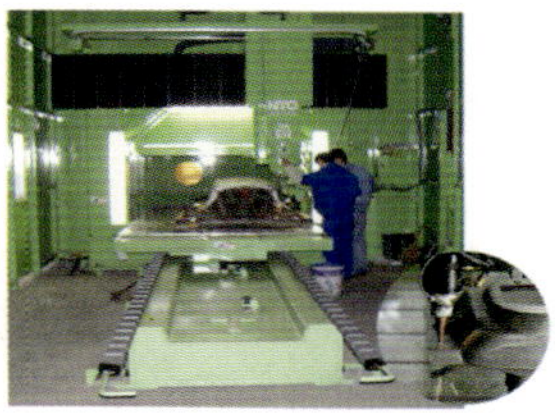

激 光 切 割 机

福 田 欧 曼 先 锋 、 雄 狮 系 列 汽 车 产 品

## 北汽福田汽车股份有限公司潍坊模具厂

地址：山东省潍坊市北海南路192号
邮编：261206
电话：0536—7608682
传真：0536—7602270
E-MAIL: sunbaosheng@foton.com.cn

# 耐高低温聚四氟乙烯密封圈（件）的专业生产企业

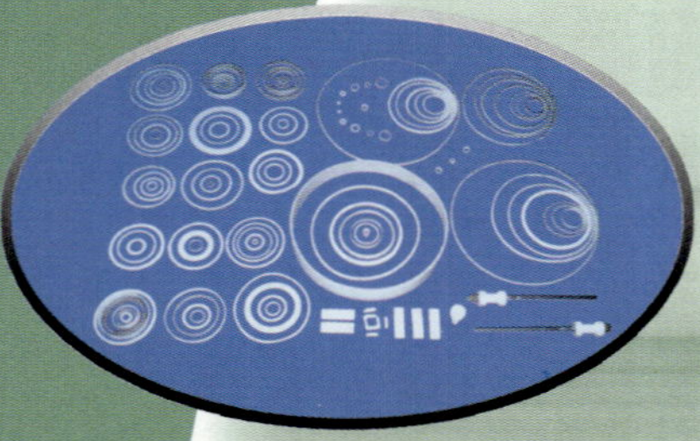

浙江省浦江氟塑有限公司系专业生产聚四氟乙烯密封圈（件）的企业。公司通过八年艰辛努力开发研制成功的聚四氟乙烯特种改性耐高低温密封圈（件）产品，使用温度达到了−220℃～+350℃，其各项技术性能指标达到国内领先水平，有几项技术指标还优于国外同类进口产品，而价格却只有同类进口产品的40%。该产品的开发研制成功，既填补了国内在此技术领域上的空白，也满足了国内市场的需求。产品经用户的多年试用和使用后，已得到了用户的肯定和好评（如浙江三方集团阀门公司及国家高新企业福建捷斯特阀门制造公司等几十家企业的欢迎）。

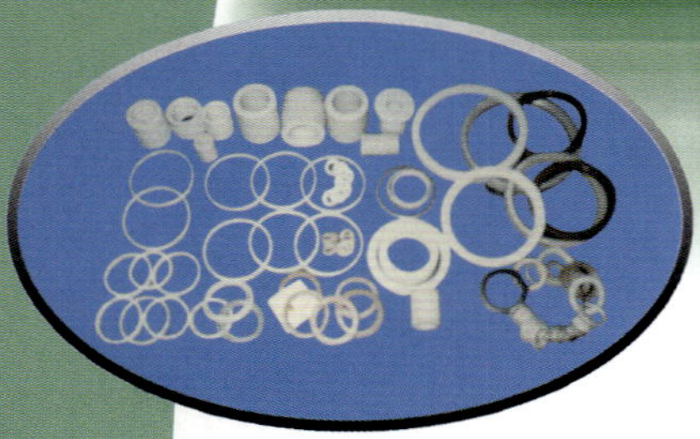

该项目产品2003年6月经浙江省科技信息研究所的查新和检索（在国内未见报道）属国内空白；8月经国家化学建材质量检验中心检测合格；11月通过了浙江省科技厅组织的新产品科技成果鉴定。2004年6月，公司产品通过了ISO9001：2000质量体系认证，同年该产品被列为浙江省2004年第一批新产品试制计划和金华市第三批高新技术产品，又荣获浦江县科学技术进步二等奖。2005年，该项目产品又被列为金华市第四批高新技术产品，2005年8月再次经浙江省科技信息研究所的查新和检索，还属国内空白。

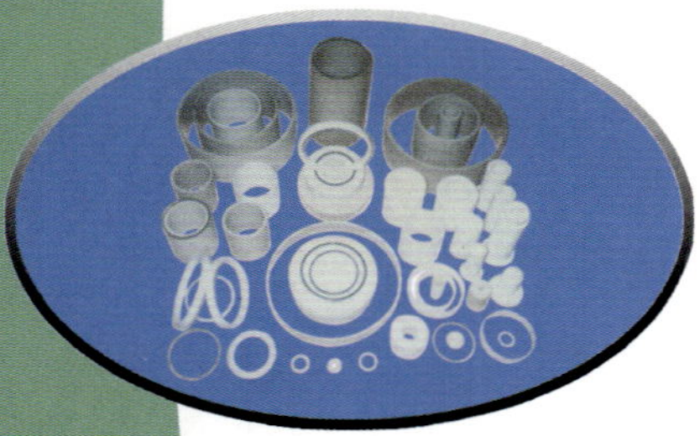

在2003年浙江省诚信企业宣传活动中被认定为浙江省诚信暨质量达标单位，获得中国名牌与市场战略促进委员会中国市场质量过硬优质信誉品牌、中国社会调查所企业部中国优秀品牌产品称号等多项荣誉证书。2005年又被评为全国质量服务信誉消费者满意企业等多项荣誉称号。2005年中国科学技术交流中心把本产品列入了《中国优秀高新技术产业及科研成果要览》；由金华市科技局向省科技厅申报“十一五”计划；2005年，公司已申报浙江省高新技术产品和2006国家重点新产品计划项目。

本公司产品配套于阀门、机械、化纤、军工、新兴造船业等行业中，使用范围十分广泛。去年经国家科技部的推广，国内外用户纷纷来电来函订货，而公司现有的生产能力、设备、场地等，已无法满足市场发展的需求。为了满足市场，公司计划以投融资方式来扩建项目生产线，形成规模产业化。

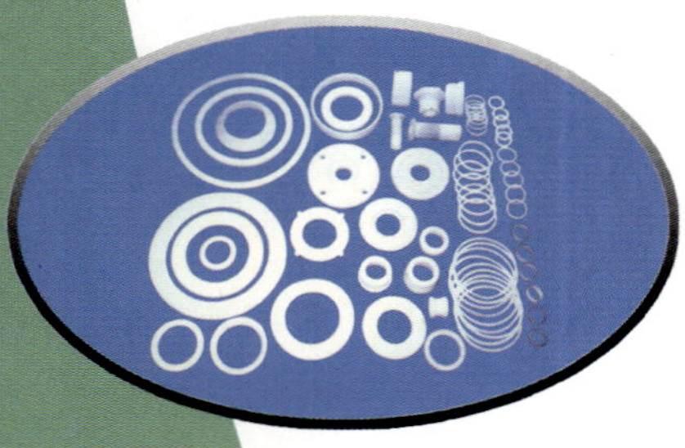

## 浙江省浦江氟塑有限公司

地址：浙江省浦江县浦阳镇东山新区183号　邮编：322200
电话：0579—4112079　4123065　传真：0579—4112079
董事长：陈秉杞手机：013600695820
联系人：黄丽丽手机：013335921216
公司网址：www.pjfusu.com
E-mail.：fs1@pjfusu.com cbq@pjfusu.com

# 綦江长风齿轮有限公司

# QIJIANG CF GEAR CO.,LTD

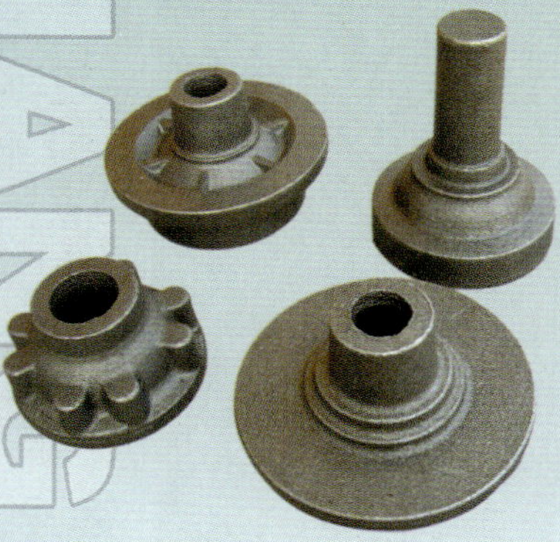

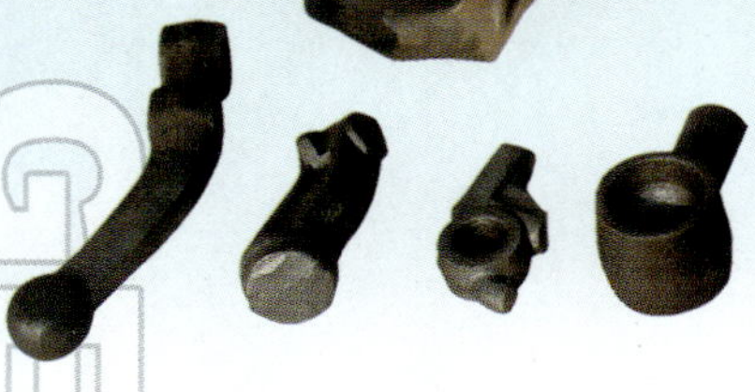

**綦江长风齿轮有限公司**成立于1971年，坐落于中国西部齿轮城--重庆市綦江县，是一家从事各型汽车锻件、齿轮、总成生产、销售、服务的中型民营企业。公司现有总资产近亿元，各类生产设备近500台（套），员工500余人，年销售逾亿元。

公司拥有从材料到部件总成全套先进精密的生产、检测、试验设备，能从事各种汽车零部件的锻造、精密加工、热处理、装配等专业工作，并具备较强的零部件开发、工模具设计制造能力。公司质量体系先进健全，已通过ISO9001：2000国际质量体系认证，目前ISO/TS16949：2002国际质量体系认证工作正实施中。

长风公司主导产品**各型汽车弧锥齿轮、重型汽车齿轮、各型锻件、转向节、主减总成等各种汽车配件**，因供货及时、质量可靠、价格适中、服务周到曾多次获中国重汽、湖南汽车车桥厂、重庆重汽、陕西重汽、安徽安凯福田曙光车桥公司等国内各大汽车厂、总装厂"优秀供应商"、"AA级供方"、"优秀配套单位"等称号。公司注重质量、讲求信誉，是中国质量万里行"质量信誉双满意"单位。

綦江聚集了大批锻件、齿轮、部件总成生产企业，锻造生产、机械加工、总成装配技术先进，条件优越。长风公司作为綦江民营龙头企业，在机制、管理、企业实力上具有较大优势，选择长风公司，定能为贵公司降低成本、保证质量、提高产品竞争能力助一臂之力。本公司诚挚希望国内外朋友到齿轮城，共商合作发展大计！

**The QIJIANG CF GEAR** company founded in 1971, was situated the west China gear-city -- Chongqing Qijiang county, was one is engaged in each automobile forging, the gear, always becomes the production, sales, the service medium privately operated enterprise. The company existing total property nearly hundred million Yuan, each kind of production equipment nearly 500 (set), the staff 500 extra people, the year sell the exceed hundred million Yuan.

The CF company has from the material always becomes the complete set advanced precise production, the examination to the part, test equipment, can be engaged in each kind of automobile spare part forging, the precise processing, the heat treatment, the assembly and so on the specialized work, and has the stronger spare part development, the labor mold design manufacture ability. The company quality system advanced is perfect, has passed ISO9001: 2000 international quality systems authentication, at present ISO/TS16949: 2002 international quality systems authentication work is being implemented.

The company leads the product each automobile spider gear, the heavy automobile gear, all type forging, dead axle, the host reduces always becomes and so on each kind of automobile fitting, because supplied goods promptly, the quality is reliable, the price is moderate, the service is thorough once many times attains the Chinese heavy steam, the Hunan automobile vehicle bridge factory, the Chongqing heavy steam, the Shaanxi heavy steam, the Anhui peaceful triumphant Fukuda dawn vehicle bridge company and so on the domestic each big motor pool, always installs the factory " the outstanding supplier ", " the AA level supplier ", " the outstanding necessary unit " and so on the title. The company stresses the quality, emphasizes the prestige, is the Chinese quality Wan Li line "the quality prestige double satisfaction " unit.

The Qijiang count gathered the large quantities of forgings, the gear, the part always becomes the production enterprise, the forging production, the machine-finishing, assemblies and parts technology is advanced, the condition was superior. The strong wind from afar company takes Qijiang the privately operated main item enterprise, in the mechanism, the management, the enterprise strength has a bigger superiority, the choice strong wind from afar company, decides can reduce the cost, the guarantee quality for the your firm, sharpens the product competition ability helps the helping hand. This company sincerely hopes the domestic and foreign friends to the gear city, discuss together the cooperation development important matter!

公司董事长：周庆龙

Corporation Representative: Qinglong Zhou

地址：重庆市綦江县古南镇新山村48号

48# xinshanchun gunan,qijiang count,chongqing

邮编：401420

PC: 401420

电话：023-48662269 48662238

Tel: (86) 023-48662269 48662238

传真：023-48663372

Fax:(86)023-48663372

E-mail: office@qijianggear.com

http: //www.qijianggear.com

GAIN STAR
科 迪 利 鑫

蕴藏 品位 动感 时尚

# 您的安全——科迪利鑫

深圳市科迪利鑫科技开发有限公司是由专利发明人与一私营企业合作创新的高新科技技术企业，注册资金600万。主要经营汽车智能安全自动保护器的技术开发和销售及其它国内商业、物资供销业，进出口业务。本着努力成为所有汽车制造者的供应商（有车必有安全器），以保护行业安全和尽可能降低行车事故损失为己任的宗旨，致力于开发具有瞬间实现自动缓冲、自动熄火、自动刹车、自锁、提前报警五大功能的智能汽车安全保护器系统。清华大学专家认为，该系统柔性保护司乘人员和汽车，还填补了国内外的空白，提高我国汽车安全工业的自动化、智能化水平。

**深圳市科迪利鑫科技开发有限公司**

地址：广东省深圳市宝安31区前进一路164号

电话：0755-27851128 29984619

传真：0755-27850038

http://www.kedilx.com

E-mail:kedilx@kedilx.com

# 巨鹿县同兴密封件厂

进虎 JIN HU

进虎

巨鹿县同兴密封件厂是生产各类汽车、农用车、拖拉机、工程机械等配套用的发动机、柴油机、变速箱及管道密封件的专业厂家。生产的“进虎”牌系列产品，在工商业同仁中享有很高声誉，产品销售全国各地，深受好评。是省质量管理先进单位和省级“重合同守信用”厂家。

质量是永恒的主题，满足顾客需求是不变的目标。2002年推行实施了ISO9001:2000质量管理体系的标准和要求。以科学有效的管理方法和生产工艺，为顾客提供优质的产品和服务。

主要生产：新型环保耐油密封垫片、石棉密封垫片、橡胶配件、尼龙配件、聚氨脂油封，聚四氟配件、铜、铝、铁冲压配件；并能承揽各种特殊密封件的加工制造。

始终坚持“质量第一，顾客至上，薄利多销，诚信服务”的经营宗旨，竭诚欢迎各界朋友洽谈业务，愿和各地用户建立长期协作关系。

**巨鹿县同兴密封件厂**

**地址：河北省巨鹿进虎寨工业区**
**邮编：055250**
**电话：0319-4233176**
**传真：0319-4233423**
**http://www.txmfj.com**
**E-mail:tongxing@txmfj.com**

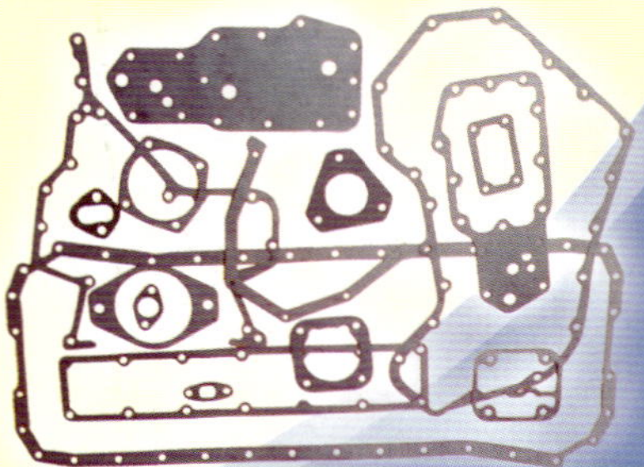

AODI 奥缔

# 台州安捷机械有限公司

台州安捷机械有限公司位于东海之滨——台州玉环汽摩工业园区内，是生产汽车制动间隙自动调整臂系列产品的专业企业。

公司占地面积11800平方米、建筑面积6580平方米，拥有固定资产1280万元，年创产值3800万元，长期配套汽车制造公司及车桥厂有：包头北方奔驰重型汽车公司、一汽集团、安徽安凯汽车公司、陕汽集团、北汽福田等，产品深受制造厂家信赖，并且在汽配市场有一定的知名度。

公司以“品质、诚信、改善、创新”为经营理念。严格奉行“第一次就做好，好了还要更好”的作业基准。不断引进先进设备及检测仪器，努力提高职工技术素质。2003年ISO−9000质量管理体系认证的通过为公司的质量规范管理提出了更高要求，在新的起点上本公司竭诚为客户提供卓越的产品及优质服务。

# 重庆市三维机电一体化技术公司

机械工业第三设计研究院所属重庆市三维机电一体化技术公司，从事机电一体化技术研究和先进机械加工装备的研发、制造。为机械行业、汽车行业、摩托车行业、内燃机主机和配件行业等设计、制造各种自动化生产线、非标设备、专用设备。3MK8315 梯形环斜端面数控磨床、Z154 三工位活塞环自动造型机等活塞环加工专用设备产品，具有国际先进水平，获机械部科技进步奖，实现了替代进口，在内燃机配件骨干企业中广为采用。

## 梯形环斜端面数控磨床加工精度

| | | |
|---|---|---|
| 单片环高 | Ring width(Single piece) | 0.004 mm |
| 组环高 | Ring width(Each grup) | 0.008 mm |
| 单片角度 | Angle(Single piece) | 6' |
| 组角度 | Angle(Each grup) | 10' |
| 表面粗糙度 | Surface roughness | Ra 0.3 |

重庆市三维机电一体化技术公司

## 三工位活塞环自动造型机技术规格

| | | |
|---|---|---|
| 活塞环最大外径 | Maximum diameter of piston ring | Φ305 |
| 活塞环最大高度 | Maximum ring width | 22 mm |
| 每模造型个数 | Number per mold | 1 ~ 16 pcs |
| 每模造型时间 | molding time per mold | 6 ~ 8 sec(可调) |
| 砂箱规格 | Flask specification | 415 × 367 × 35(30) $mm^3$ |
| 砂型压实比压 | Compacting force | 0.6 ~ 1.1 M Pa(可调) |
| 压缩空气耗量 | Consumption amount of compressed air | 60 $m^3$/hr |
| 总功率 | Total power | 12 kW |
| 占地面积 | Coverd area | 3.35 × 2.25 $m^2$ |

负责人：李惕新
地 址：重庆市石桥铺渝州路 17 号
邮 编：400039
电 话：(023)68614794 13508345387
传 真：(023)68604780
http://www.cqswjd.cn
E-mail：sanweicn@cta.cq.cn

# 霸州市宏伟机械有限公司

霸州市宏伟机械有限公司（原名：霸州市宏伟摩托车配件有限公司），地处津、京、保三角地带（位于津西50公里、距京100公里、距保定100公里）霸州市信安镇。

公司占地面积5734m²，建筑面积4154m²，现有职工160人，高中级职称技术人员15人，固定资产600万，流动资产650万，生产车间9个，公司以铝铸造为主，现有铝炉6个，吊钩式抛丸清理（喷砂）机1台，热芯盒射芯机3台，液体清洗机1台，并具有车、铣、刨、磨、镗、珩磨、钻加工的技术能力。

本公司不仅为国内大的企业加工产品，（如：天津特精液压集团公司、天津拖拉机制造厂、天津仪表厂、东芝避雷器公司。）也努力参与国际的配套和配件产品，如：美国雅士佳公司、台湾宝利福公司、上丰机械（天津）有限公司等等!并且也参与了国内的广大市场配件。我公司的产品不仅面向国内广大市场和大的主机厂，也走向了世界不少的地区和角落，我们的产品深受国内外用户的好评和信赖。

多年来，在各级政府的大力支持下，公司得到了方方面面的支持和认可，并先后被命名为国家计量合格单位，市最佳效益企业，市安全文明单位，市先进单位，多年获镇级强企业和优秀协作厂家等称号，并在2002年4月通过了ISO9001:2000国际质量体系认证。

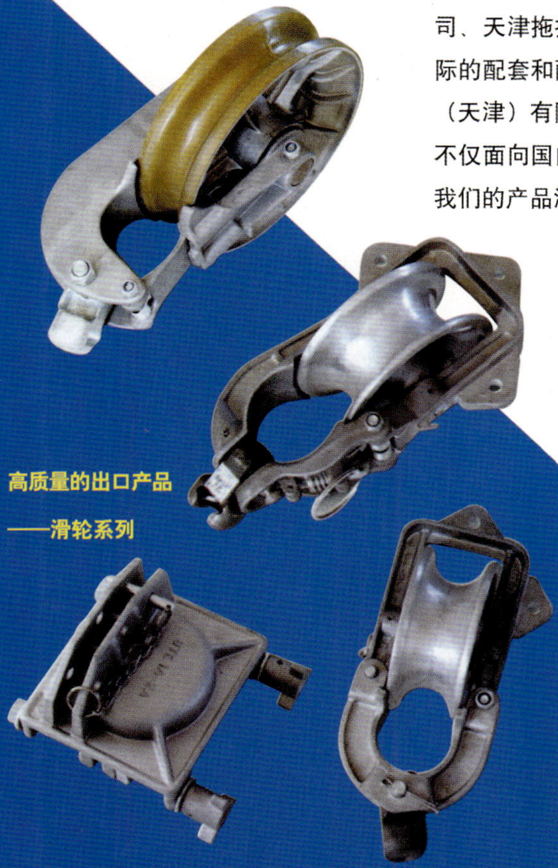

高质量的出口产品

——滑轮系列

地址：霸州市信安镇仁义街　邮编：065703
电话：0316-7453950 7451110
分厂：0316-7457171
技术组：0316-7457172
传真：0316-7458650
Http://www.lfhw.com
E-mail:bhmp@bzhw.mail.sohu.net

**我公司以质量求生存，以产品求发展，真诚和各届朋友合作，共展宏图。**

# 浙江万里安全器材制造有限公司

至臻至美的產品
貼心貼意的服務

general manager
总经理

浙江万里安全器材制造有限公司是国家认定的汽车安全带专业生产骨干企业，产品为中国一汽集团公司、东风集团公司、重汽集团、青岛汽车厂等车制造企业配套，属一汽轻、中、重型卡车配件的定点生产企业，年产安全带100万条。

本公司只做一件事，昨天如此，今天如此，明天亦如此。这就是专业生产汽车安全带。这样才会做精、做细、做优。因此，我公司产品设计充满专家沤心沥血竭诚为用户服务的智慧结晶。本公司坚持“诚信为本，客户至上”的经营宗旨，把忠诚、美誉作为企业存发展的基础和最好的竞争手段，力创名牌是我们矢志不移追求的目标。汽车安全带系列产品首批通过国家强制性CCC认证。“万安泰”牌汽车安全带总成荣获“中国名牌”、“中国名优产品”称号。解放系列产品特许使用一汽原厂商标。

本公司始终遵循“**强化基础、完善管理、刻求质量、服务大众**”的质量方针，全面实施产品检测电脑自动化控制，整体通过了国ISO9001质量管理体系认证。

公司努力适应当今经济全球化的大趋势，积极参与国际大竞争，产品畅销欧美、南美、中东、非洲及东南亚国际市场。“万里安”牌汽车安全带经美国国际品质认证委员会，法国ATN科技质监评委会分别确定为优质品牌和高科技产品，他们为我公司向美国，欧市场推荐。

公司的发展壮大离不开广大客户长期以来的关心和支持。我们决心与时俱进，再创优势，重科技创新，打品牌战略，继续以一产品，低廉价格，优良服务回报客户。诚挚期待广大用户一如既往选择公司的产品和服务。

**A001**
QA92-31型通用简易二点式汽车安全带
QA92-31General-purpose Tow-point Type Car Safety Belt

**A011**
跑车专用四点式安全带
Four-point type safety belt specially for car

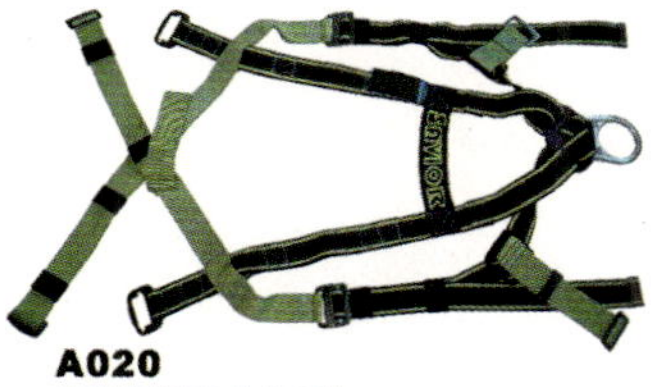

**A020**
肩背式高空作业安全带
Shoulder-back type safety belt for Working high above the ground

**C001**
QA92-33型紧急锁止式安全带
QA92-33 Emeergency Locking Type Car SafetyBelt

**C013**
通用型自动三点式汽车安全带
Versatility automatic three-point type Automobile Safety Belt

**C027**
自动通用两点式安全带
Automatic versatility two-point type safety belt

地址：浙江省瑞安市十八家工业区
宝隆路15号
邮编：325200
热线电话：0577-65814912　65821320
传真：0577-65814673
http://www.wanli-autoparts.com

YIDEQIPEI
易得
洛阳市易得汽车配件厂
洛阳市易得汽车配件厂座落在风景秀丽、工业繁荣的洛阳市高新技术开发区，是非等速汽车传动轴总成、工程机械传动轴总成和农业机械传动轴总成专业制造厂家。
企业技术力量雄厚，工艺先进，检验手段齐全，拥有一批先进的加工设备和检测设备。企业在行业内较早通过了ISO9001-2000质量体系认证，产品的生产、检测全部采用ISO国际标准，并不断引进、吸收、消化国内外先进技术，为产品质量的提高和新产品开发提供了可靠保证。现已形成年产20万根规模生产能力。主要为（轻、中、重）汽车、工程机械、农业机械等产品配套。
如今，企业依托工业城市优势，以创新求实效，在完善的售后服务体系下与广大用户真诚合作，创“易得”品牌，同谋发展，共创事业辉煌。
地址：河南省洛阳市高新技术开发区华夏路
电话：0379-64183737　64180582
手机：13938803200　13938877747
传真：0379-64180493
http://www.yide.lygx.com.cn
E-mail:yidi666@tom.com
易得
YIDEQIPEI

真诚服务 技术一流

# 国家电动汽车试验示范区

国家电动汽车试验示范区是 “九五”国家重大科技产业工程电动汽车项目之一。1996年11月经国家科技部批准立项建设，1998年6月9日正式开通运行。经过“九五”、“十五”两个阶段的建设，形成了能够满足电动汽车运行、试验、示范、检测和研究开发的条件。

自1998年进区参试的20多部国内外电动汽车，开展以公务、出租、公交等形式的运行试验，至2005年底累计行驶里程180多万公里，采集了大量的试验数据，积累了丰富的技术资源，取得了很好的试验成果，被誉为世界上最优秀、功能最齐全的试验示范区之一。

已建成了电动汽车整车运行性能检测实验室、电动汽车动力性能检测实验室、电动汽车安全性检测实验室；电动汽车试验示范区数据处理及网络能讯中心。形成可按国家、国际电动汽车标准从事电动汽车整车、动力电池、充电设备的性能试验、检测的能力和条件。其试验、检测涵盖了车辆动力、经济、安全性能；电池包、电池模块、单体电池多种性能以及危险工况下的安全性能、充电过程氢气排放量；车载、地面、感应式充电机的电气特性等项目。形成了资源共享的数据及网络通讯条件。

试验示范区的发展已成为电动汽车运行示范的基地、学术研讨的学校、研究开发的前沿、合作交流的窗口、人才培养的摇篮，并将努力建设成为电动汽车的检测中心。试验示范区将朝着开放式的实验室方向发展，努力构建一个国际性、流动式和开放式的电动汽车测试共享平台、服务于我国乃至国际电动汽车的产业。

地 址：广东省汕头市龙湖区
下蓬工业区内
邮 编：515065
电 话：0754-8353589
传 真：0754-8353590
http://www.cev.com.cn
E-mail：chinaev@cev.com.cn

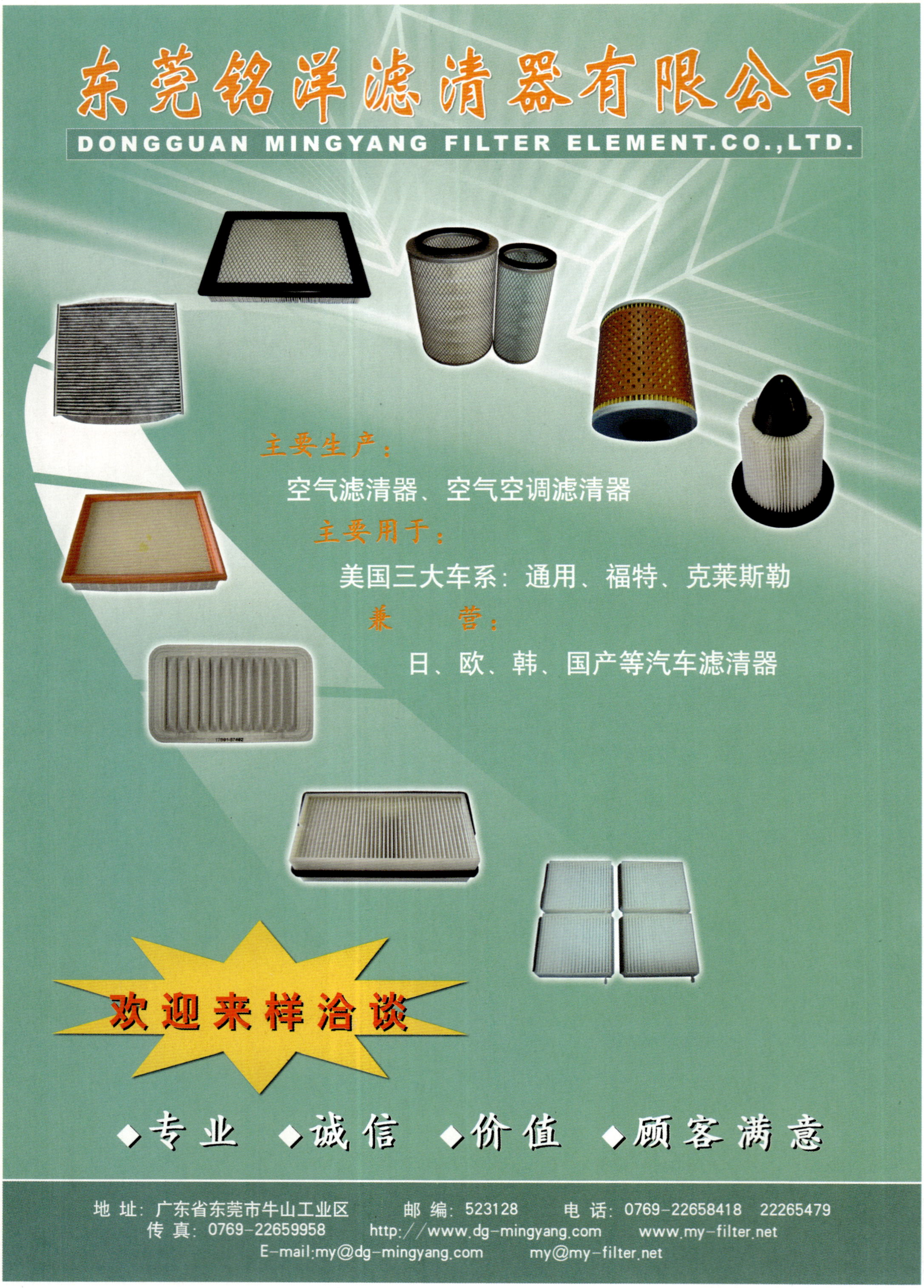
东莞铭洋滤清器有限公司
DONGGUAN MINGYANG FILTER ELEMENT.CO.,LTD.
主要生产：
空气滤清器、空气空调滤清器
主要用于：
美国三大车系：通用、福特、克莱斯勒
兼　营：
日、欧、韩、国产等汽车滤清器
欢迎来样洽谈
◆专业 ◆诚信 ◆价值 ◆顾客满意
地址：广东省东莞市牛山工业区　邮编：523128　电话：0769-22658418　22265479
传真：0769-22659958　http://www.dg-mingyang.com　www.my-filter.net
E-mail:my@dg-mingyang.com　my@my-filter.net

# 湖南安福气门有限公司

湖南安福气门有限公司（原湖南气门厂，成立于1958年），是全国唯一一家以生产各种内燃机气门、气门座摩擦幅为主导产品的中美合资企业。

公司占地面积180，000平方米，建筑面积45，000平方米，拥有固定资产8600多万元，各种加工及检测设备589台套，年生产气门800万支，气门座650万支，辅助轴50万支 。

公司通过了ISO/TS 16949：2002国际质量体系认证，并被评为湖南省优秀企业，湖南名牌产品，安福商标被评为湖南省著名商标。产品出口美国，德国，巴基斯坦，阿联酋，东南亚等国家和地区且都受到一致好评，2003年获美商颁发的“质量信的过”奖。

**主要产品系列和主机配套单位：**

| | |
|---|---|
| 一汽丰田系列 | 东风汽车 |
| 玉柴系列 | 昆明云内动力 |
| 潍柴系列 | 江铃汽车 |
| 扬柴系列 | 江淮动力 |
| 康明斯系列 | 嘉陵工业集团 |
| 大众捷达、桑塔纳系列 | 中国一拖集团 |
| 夏利系列 | 上海柴油机股份有限公司 |
| 神龙富康系列 | 柳州发动机厂 |
| 东安系列 | 林海集团发动机厂 |
| | 南昌华源凯马 |

销售部电话/Tel：+86(0)736 5833348　+86(0)736 5892591 (Internatioanl)　传真/Fax：+86(0)736 5823110
网址：//www.afqm.com　邮箱：anfu@afqm.com　Internatioanl E-mail：kenwong@afqm.com

# HUNAN ANFU ENGINE VALVE CO.,LTD.

Hunan ANFU Engine Valve Co.,Ltd (the former Hunan Engine Valve Factory) is one of leading manufacturer professional in production of internal-combustion engine valves , valve seats and other components . ANFU is a Sino-American joint venture and was established in 1958 which has a total asset of 86,000, 000 RMB including 180,000 m2 of land , 45,000 m2 of plant area and 535 sets of various equipment . Currently, It has more than 800 employees. And can produce 8,000,000 pieces of engine valves ; 6,500, 000 pieces of valve seats and 500,000 auxiliary axils .

The company possesses key technologies such as Electric upsetting, Bi-metal inertial friction welding, Stellite PTA, Shortpeening, Chrome plating, Nitriding, Solution treatment, Shape grinding, Swirl polishing, Cone surface stack welding, Shank part plating chrome or nitrogenize, cap nitrogenize and so on . The company has accepted technological cooperation with national research institute of internal-combustion and many automobile research institute of university such as TIANJIN university , QINGHUA university and so on .It also established the first tribology laboratory specializing in the friction and wear of engine valve and valve seat .

The company is certified with ISO/TS16949:2002, the international quality assurance standard. It supplies engine valves and valve seats to more then 20 engine manufacturers in China including China FAW Group Corporation; Yuchai Group Co., Ltd, WEICHAI power Co., Ltd, SHANGHAI Diesel Engine Co., Ltd, DONGFENG motor corporation Co., Ltd(Cummins; KIA, Peugeot.......) etc. It also has a strong national network of over 100 distributors and dealers for Chinese aftermarket. Some of our products are exported to overseas markets such as US, Germany, Pakistan, U.A.E, and other European and Southeast Asia countries.

**2001**年6月，四川富顺华茂运输有限公司成立，是按照交通部对客运企业的要求和适应客运市场的需要，由县内10家客运企业，1个中心客运站合股组建。由四川省交通厅核准，经中华人民共和国交通部批准的国家二级客运企业，目前，全公司拥有客运车辆426台，其中，豪华客车94辆，长短途客运线路92条，日发班车798次，日送旅客2万人次，年营运收入6000多万元，年实现利税700多万元。公司现有职工1385人，全公司固定资产超亿元。公司遵循“安全运营、服务旅客、创新务实、争创一流”的经营宗旨，以市场为导向，以科技为动力，以质量创品牌、以管理出效益，以创新求发展为目标。初步形成以客运为主业的集汽车修理、客运站服务、驾驶员培训、汽车综合检测、汽车贸易、旅客饮食、旅客服务为一体的，全方位，多元化的综合经营格局。成为四川客运战线上综合实力强，有一定影响力，充满生机和活力的一支客运队伍，公司正按照安全、快捷、畅通、高效、优质的经营理念发挥着骨干客运企业的作用，公司在深化客运改革中不断完善制度。不断提高科学管理水平，以现代化的管理手段加强对客运车辆的管理，以保障安全提高效益为目标，为地方经济的繁荣、为人民群众的安全出行服务。

公司董事长总经理：舒其林　　地址：四川富顺县富世镇交通路18号

联系电话、传真：0813-7110297　　邮编：643200

# 重庆市渝电汽车弹簧有限公司

## 公司简介

我公司创建于 1996 年 8 月 1 日，是专业生产汽车钢板弹簧的私营企业。占地面积共计 30 亩，近靠成渝铁路、成渝高速公路和长江码头。公司已取得自营进出口权资格，通过了 ISO9001：2000 质量管理体系认证。

年产板簧能力 10000 吨，主要配套厂：重庆宇通客车公司，四川长江工程起重机公司，重庆力帆汽车有限公司，北起多田野（北京）起重机有限公司，主要品种有红岩、斯太尔、铁马、奔驰、沃尔沃、金龙、宇通、江淮、杭汽、大宇、安凯、金旅、重客、广骏；长江起重机、东风、解放等系列汽车钢板弹簧。板簧采用微机控制淬火、盐浴回火、喷丸强化等先进工艺，产品性能良好，质量稳定可靠，出口意大利、韩国及东南亚各国。我公司拥有大批优秀管理人才和科技人才，拥用仿德国全电脑控制的轧机、仿英国全自动卷耳机、应力喷丸机等关键设备，生产设施齐全。拥有化学成分、金相分析、性能、疲劳试验机等检测设备，采用 PCCAD 软件和设计开发软件，设计开发能力极强，可进行新车、异形车和少片簧与多片簧互换设计与加工订做。

我公司工程技术人员研制的板簧产品曾获“国家专利”，重庆市 “星火科技奖”、永川市 “科技进步奖”。我公司多次荣获“私营企业光彩之星”、“私营明星企业”“十佳创业明星企业”和国家“质量定点示范单位”等荣誉称号。

我公司将以“最优的质量、合理的价格、满意的服务”热情欢迎国内外客商前来洽谈业务、指导工作，携手合作，共创辉煌！

**公司地址：永川市胜利路塘皇坝** **邮政编码：402160**

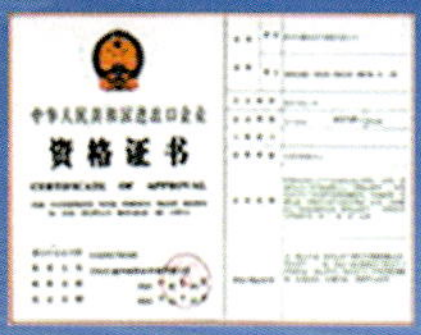

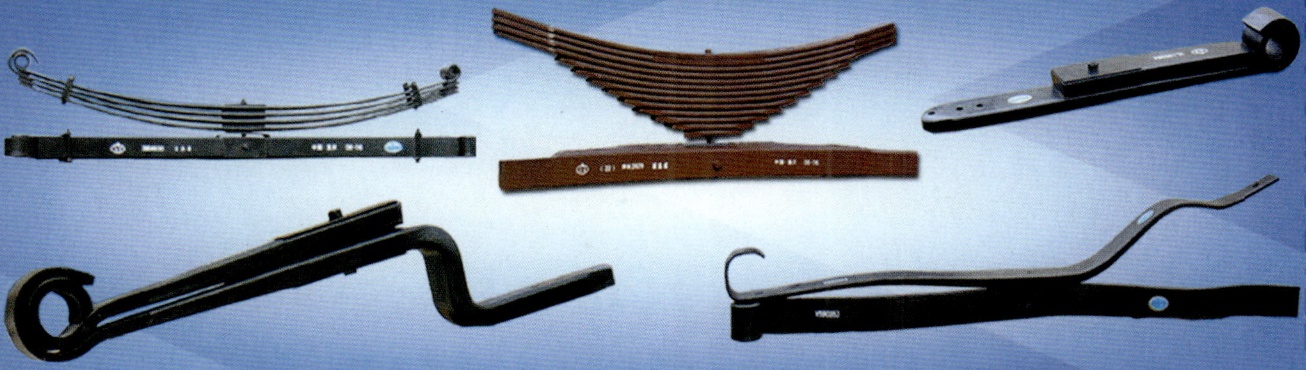

**三包承诺**

| 项　　目 | 主 要 原 因 | 服务期 | 更　换　方　式 | 更　换　程　序 |
|---|---|---|---|---|
| 总成断裂 | 疲劳损坏、加工缺陷 | 六个月 | 三片以内换断片，三片以上换总成 | 1、将总成送直销点首验，并报告质量跟踪电话：13709400112，后交回公司判定。<br>2、未退总成。可先付货款，替换后，按上述规定处理。<br>3、“三包”累计时间达到服务期规定不再更换。 |
| 总成不回弹 | 热处理或材质缺陷 | 一　年 | 经检属热处理硬度不合格，换单片或总成 | |
| 装配质量 | 设计、工艺过程缺陷 | 五日内 | 换单片或总成 | |
| 工程用车总成 | 道路条件差、载荷严重超标 | 二个月内 | 经检属加工质量换单片 | |
| 变截面总成 | 道路条件差、应力集中 | 二个月内 | 经检属加工质量换单片 | 注：凡中心孔断裂、弄虚作假、把关失职、磨痕严重、标记不清，装夹或使用不当造成失效，不予更换。 |
| 单片夹灰、原裂纹 | 材质或工艺缺陷 | 一个月内 | 以旧片经检确认换新 | |

营销部：023-49839346　传真：023-49839606　财务部：023-49839988　总经理：023-49839966 13709400112

重庆中转库：023-68039911　68039966　小灵通：023-60629966（老顶坡）　重庆办事处：023-89063720（老顶坡）

成都办事处：028-83551583　66113411（富森）　028-85027733（三九佛兰）　昆明办事处：0871-7365576（晓东）

广州办事处：020-86057097（白云堡）　贵　阳：0851-5101685（太兹桥）　泉州办事处：0595-7365576

郑　州：0371-66838018　66838028（国产）　杭　州：0571-86450111　86988928　上　海：021-66822821

兰州：0931-2502058　太原：0351-2184417　乌鲁木齐：0991-3851278　沈阳：024-86051073　哈尔滨：0451-86045721

网　址：www.ydth.com　电子邮件：OZX@ydth.com　office@ydth.com　sale@ydth.com

CHONGQING YUDIAN AUTOMOBILE SPRING CO., LTD

# 四川省蜀安驾校有限公司

我校是经省公安厅及省经委和省工商局于一九九四年四月批准注册的一所专业汽车驾驶员培训学校，面向全国招生，办公地址位于成都市大石西路18号。学校现有教职员工1200余人，教练车450余台，经省工商行政管理局批准备案的招生处400余个，训练场占地总面积210亩。11年来，共计培训合格学员20万名，多次被省公安厅评为“文明单位”，被省交通厅运管局评为“先进单位”，被省劳服企业协会评为劳服企业“先进单位”。二00二年十月被省运管局批准为“一类驾校”。二00四年一月被省运管局和劳动部门批准为营业性道路运输驾驶员从业资格证及技能等级证培训单位，授牌为成都第21培训部。二00四年七月被省劳动和社会保障厅及省运管局指定为驾驶技师培训单位。二00五年一月被成都市道路运输行业协会评为“成都市交通运输行业从业人员培训工作优胜单位”，被中国十大影响力品牌推委会等四家权威机构评为“中国十大知名驾驶培训机构”。二00五年被四川省对外经济合作促进会和四川重点企业服务办公室评为《四川首届全国服务质量明星企业》。二00五年五月十二日被选为四川省道路运输协会常务理事单位。二00五年十一月被中国社会调查所评为全国驾驶培训行业“中国十佳信誉单位”。二00六年一月被中国消费者查询中心评为“百家诚信单位”，被中国企业文化促进会、人民日报社市场报等五家权威机构评为“中国名牌建设十大杰出企业”，“中国驾驶培训行业十大影响力品牌”，总经理个人被评为“中国品牌建设十大杰出企业家”。二00六年五月被中国客户满意度评价中心、四川省法人代表权益保护中心评为“AAA”级客户满意单位。

学校开设了各型机动车驾照培训，增驾培训及营运驾驶员从业资格证，技能等级证，驾驶技师培训项目。培训教练车辆有大车小车18种车型。班次设有白班、晚班、周末班。

学校执行省物价部门统一的收费标准，学员报名时，一次性缴纳，中途（除按学车合同约定的外）不再加收学员任何费用。

学校的办学宗旨是“学员满意，诚信为本”。按照国家教学大纲严格训练。为维护学员合法权益，保证教学质量，全面提高培训合格率，学校率先在全省推出与学员签订学车合同，以书面形式明确学员与学校双方的责、权、利；学校设有专用投诉电话，供学员随时咨询情况，反映问题；学校对招生处及教练员和教学实施全程监管，对损学员利益等违规违纪的招生处或教练员，均作严肃处理。

学校教学设施设备配套，设有多功能电教室，实操教学平台，电教板，模拟驾驶器，模拟理科考试电脑，透明整车和实物教学室，维护排故教学间，圆饼路、单边桥、坡道起步、红外线桩训场，学员待训休息茶廊，学员餐厅，学员宿舍。

学校组织机构健全，规章制度完善，招生处设置规范，教练车标志统一，工作人员亮证服务。

地址：成都市大石西路18号　邮编：610071

电话：028-87042469　法人代表：罗维炳

# 公司简介 Brief Introduction

**海**南省汽车运输总公司（以下简称“海汽”）是一家以道路运输为主业的多元化集团公司，具有国家道路客运一级经营资质，为中国交通百强企业。海汽现有22个分公司和8个子公司，为社会提供客货运输、汽车修理、技术培训、旅游租赁、燃油料供应、货物快递、汽车销售等服务。海汽大力弘扬“同心、多元、创新、奋进”的企业精神，以“抓质量、树形象、创名牌”的经营方针为指导，致力实施名牌发展战略，并取得了阶段性成果：“海汽”商标、海汽司徽、“海汽快车”标徽和“海汽快车、海汽旅游车、海汽普通车”三种车车体包装，分别获得了国家工商局商标注册和国家知识产权局专利证书。海汽已通过ISO9001：2000质量管理体系认证，进一步把质量管理推上一个新的台阶，实现了与国际质量管理标准接轨。

海汽现拥有“海汽快车”、“海汽快递”、“海汽旅游”、“海汽货运”、“海汽维修”、“海汽器材”、“海汽技校”、“海汽物业”、“海汽出租”、“海汽自驾”等系列品牌。先后获得“全国用户满意企业”、“全国用户满意服务”“中国质量 服务 信誉AAA级企业”、“中国企业文化建设成功企业”、2003年度“中国商务信用企业”、“质量·服务诚信示范单位”、海汽快车被评为“全国用户满意产品”等殊荣。

海南省汽车运输总公司
TRANSPORTATION SERVICES OF HAINAN

地址：海南省海口市海府路24号海汽大厦
Add:Haiqi Plaza,No24 Haifu Road ,Haikou,Hainan,China
邮编(M.C)：570203
电话(Tel)：0898-65330158　65336632
传真(Fax)：0898-65336632
E-Mail:hq50jych@sina.com

# 唐山丞起汽车零部件有限公司

SUCCEED GROUP

TANGSHAN CHENGQI AUTO SPARE PARTS CO.,LTD

董事长：李晓泊

唐山丞起汽车零部件有限公司隶属河北丞起集团，注册资本1200万元，是制造汽车零部件的专业厂。其前身为河北兴达汽车零部件股份有限公司。现有占地面积15.3万平方米，总资产2.38亿元，固定资产1.65亿元，员工1000人，其中各类专业技术人员100人。

公司位于河北省乐亭县，地处京津唐秦4市环抱的滦河冲击平原，近临京唐港口、唐港铁路及唐港、京沈、津秦高速公路，地理位置优越，交通、通讯设施发达。距北京250KM，天津200KM，京唐港口25KM，毗邻国家“十一五”重点建设项目—曹妃甸港口50KM。

公司设备精良、技术实力雄厚。拥有立、卧式加工中心、数控车床、数控仿形铣床、大型中空成型机组、三座标测量机等先进设备600多台套，组成了十多条专业化机加工（组装）生产线和迪砂线、消失模、压铸等三条铸造生产线；新产品的研发、设计、试制全部应用了CAD／CAM以及UG三维建模技术，工装、模具的设计与制造、数据传输等实现了全过程计算机联网控制。

公司主要生产制造汽车零部件产品。其中：**轻(微)重型汽车变速箱壳体系列产品**，主要有一汽伊顿A7H、哈齿680、910、130等重型卡车变速箱铸铁壳体、唐山爱信5D、中马5Y等轻型汽车系列变速箱铝壳体产品，年生产能力为20万套；**轻＼微＼轿车冲压件系列产品**，主要有哈飞中意、民意、一汽夏利等微轿车系列车门铰链，夏利后窗台板、东安465Q、468Q发动机隔板等产品，年生产能力为1000万件；**汽车塑料燃油箱系列产品**，主要有保定长城皮卡、一汽夏利、郑州日产等塑料燃油箱产品，年生产能力为10万只；**发动机件系列产品**，主要有进气岐管、后延伸机匣等产品，年生产能力30万件；外贸出口产品，主要包括：德国佛克斯公司轮胎驻车器，日本三菱公司外贸横梁、正时齿轮罩壳，美国金牛公司203齿轮箱、德国德欧公司减速箱壳体、管道阀体等四十多种产品。

主要市场用户有：一汽伊顿变速箱有限公司，一汽集团哈尔滨变速箱厂，长春汇锋汽车齿轮有限责任公司，山西大同齿轮集团有限责任公司、唐山爱信齿轮有限责任公司、浙江中马汽车变速器有限公司、哈尔滨东安汽车动力股份有限公司等7家主机厂；哈飞汽车股份有限公司、天津一汽夏利股份有限公司、保定汽车股份有限公司、保定长城华北汽车有限责任公司、郑州轻型汽车制造厂等5家汽车厂。

公司质保体系健全，产品检测、理化及三坐标测量机检验手段完备可靠。于97年底通过了ISO9001质量体系认证，2005年12月，通过了TSI6949质量体系认证。2006年5月，汽车零部件产品通过了国家“3C”产品认证。

几年来，公司共取得新成果12项，其中5RYA变速箱壳体等四项新产品获得省级科技进步二等奖。1998年公司被授予“省级高新技术企业”和“质量效益型先进企业”称号；被中国工商银行评为“AA”级信用企业；连续多年被一汽伊顿变速箱有限公司、一汽集团哈尔滨变速箱厂、唐山爱信齿轮有限责任公司等主机厂评为“优秀供应商”。

公司坚持“诚实守用、用户至上、优质高效”的经营理念，竭诚为国内外用户提供精良产品和优质服务。

公司董事长李晓泊，总经理李建良携全休员工热忱欢迎广大 国内外客户来公司参观、考察，携手合作、共同发展！

地 址：河北省乐亭县富强街　　电 话：0315—4690773　4690712　　Http: //www.xdlq.com

邮 编：063600　　传 真：0315—4690713　　E—mail: hbxd6699@sina.com

# 常州市常光光学仪器有限公司

## Changzhou changguang Optical Instrument Co.,Ltd

总经理：潘榴娣

常州市常光光学仪器有限公司前身为常州市光学仪器厂，建于1953年，2002年转制。“常光牌”金属金密封充氮型望远镜在国内享有较高的声誉，与航海、造船、渔业、电力、林业、旅游、勘探、公安、军队等部门建立了良好的商贸关系，赢得了市场。

我公司自2002年转制以来，紧跟形势，走改革之路，根据国情、厂情，奋力拼搏，以难以想象的困难，树立企业新形象，调动全厂精英，以精湛的技艺，全套的生产流程（金工、光学、特艺、装配），齐全的检测仪器，确保常光的品质，保护常光品牌，使产品有序投入市场。公司坚持科技进步，在继承老产品69式15倍、81式10倍、78式7倍的同时，与科研单位合作，开发了A04式7倍、S62式8倍，以开发新品、生产和营销策略的调整拓展了市场。现根据市场需求公司正在继续开发新型、轻便的10*45、12*50规格的望远镜，使产品真正做到系列化、标准化和实用性，以新形象、新实力增强常光品牌五十多年来的不懈之精神，把“常光”这一品牌在我们手中发扬光大，报答广大用户对“常光”的热情。

近年来，常州市常光光学仪器有限公司被誉为“中国产品质量监督管理中心成员单位”，“常光牌望远镜”被国家确认为“质量跟踪重点保护产品”和“国家标准合格单位，质量放心品牌”，荣获“江苏市场公认名牌”。

本公司为军品生产定点企业，产品具有中华人民共和国船舶检验局认证书，愿与新老客户建立更好的商贸关系，公司现坐落在常州机电工业园，交通便利，热忱欢迎用户光临指导，广泛交流与合作，提供互流信息，共同繁荣我们的事业。

**公司宗旨：** 质量第一、用户第一，为用户提供一流的售前、售中、售后服务。

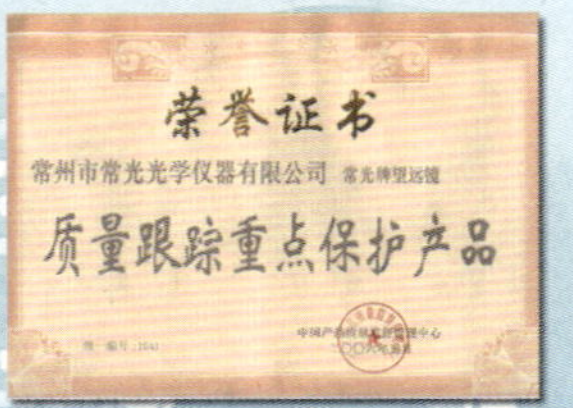

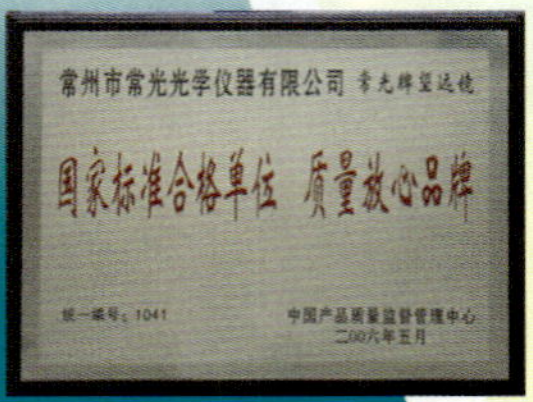


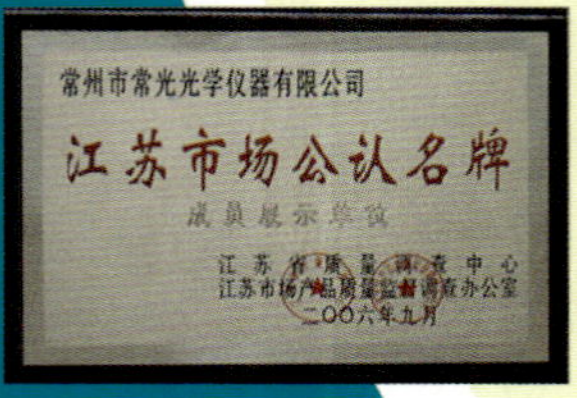

地址：江苏常州青洋北路18号
邮编：213021
网址：//www.cz-cg.cn
E-mail：cz-cg@163.com
电话：0519-5505981
传真：0519-5505892

# 萍乡市天一新材料有限公司

萍乡市天一新材料有限责任公司是一家以粉末注射成型技术注射高、精、小型零部件的高科技新企业。由于它的组成人员都是来自业内的技术骨干，起点高，已成功地为市场提供了汽车增压器喷嘴环叶片、拨叉、进口织机电磁针、KOVAR合金电子封装件、电脑转角等十几个产品，受到客户的青睐。

企业可以做到产品质量好、成本低、交货迅速，能按需求设计出客户满意的产品。为顾客提供优质的产品和服务。

面对市场给我们提供的机遇，我们正在规划建立新的生产基地，使企业成为江西省最大的成型零部件制造基地。

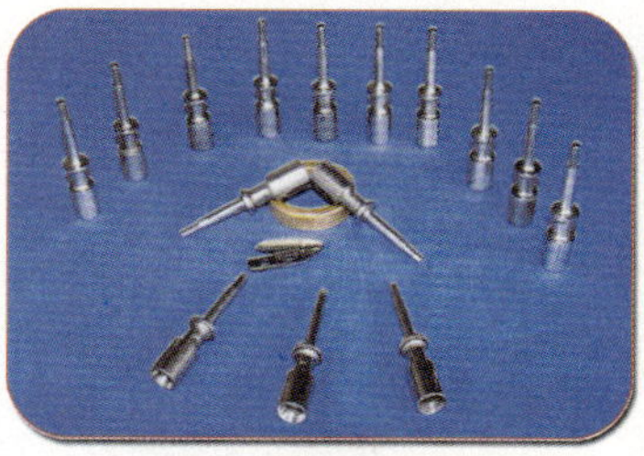

丰田织机电磁针等织机零件

汽车增压器喷嘴环耐高温叶片及拔叉

电子封装件等电子零件

厂区环境一角

**地址：江西省萍乡市高新工业园振工北路3号　　董事长：郭梅清**

**移动电话：13307908835　　电话：0799-6651271**

**传真：0799-6651977**

**E-mail:pxtianyi123@tom.com**

**网址：www.pxtianyi.com**

Auto and her
汽车与她
新浪博客开啦！
blog.sina.com.cn/u/1216895695
If you meet women's expectations
You exceed those for men's
如果达到了女性的要求
那么一定超过了男性预期的目标
www.autoandher.com
Tel:010-58950878
Fax:010-58950866

# 顺特电气 SUNTEN

顺特电气有限公司（原顺德特种变压器厂）建立于1988年，经过十多年的发展，已成为国内外著名的输配电设备供应商，国内最大的干式变压器生产企业。专业制造干式变压器、预装式变电站、组合式变压器、高低压开关、干式电抗器、电力电子成套装置等高品质的电气设备。

作为国家优秀高新技术企业，早在1993年，顺特电气就成立了“广东省城网电气设备工程技术开发中心”。2001年12月，经国家人事部批准，设立博士后工作站，形成以工程中心为主体，产学研相结合的技术开发体系。

ERP企业资源计划管理系统的成功实施，使企业产值从1996年的4亿元跃升到2004年的12亿元，生产效率提高50%以上，从材料定购、库存、设计、生产、销售、发货到财务管理的全过程实现了网络化的计算机管理，形成了现代化、高效率、规范的企业管理体系。

顺特电气一直深入推行全面质量管理，贯彻"以客户为中心"的原则，建立了持续改进的质量保证体系。1995年6月，在国内同行中率先通过了英国标准协会（BSI）和香港品质保证局（HKQAA）的ISO9001质量保证体系认证， 2001年12月通过了2000年版认证，2002年11月又顺利通过ISO14001环境管理体系认证。2004年干式变压器产品先后顺利通过“Ⅲ型环境标志”认证和“绿色十环标志”认证。2005年干式变压器产品率先荣获中国名牌产品。

人民大会堂、中央军委办公大楼、毛主席纪念堂、三峡水利枢纽、大亚湾核电站、浦东国际机场、塔里木油田、广州地铁、东方明珠电视塔、酒泉卫星发射基地、上海F1国际赛车场……这些知名建筑和重点工程都有顺特电气的产品在安全运行。

以推动电气设备的技术进步为己任，顺特电气将进一步增强科研开发实力，提升产品性能和服务质量，在服务社会、服务客户的同时创造企业发展的新辉煌。

中置柜

美式箱变

半埋式变电站

地埋变

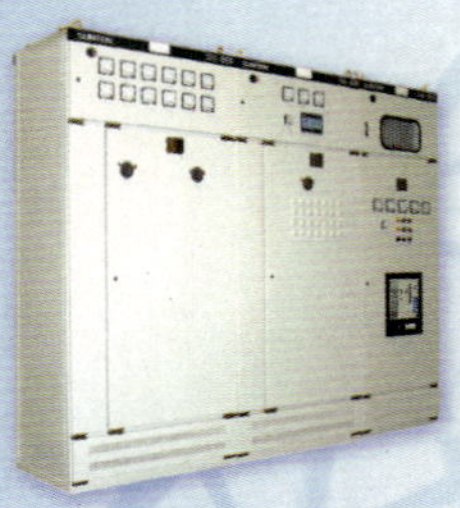

GGD 开关柜

大容量 16000KVA 干变

铁心电抗器

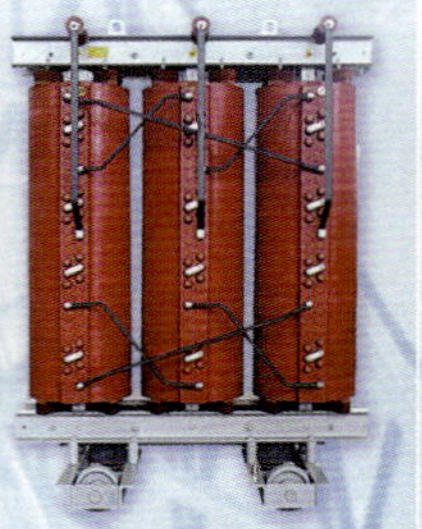

干式牵引整流变压器

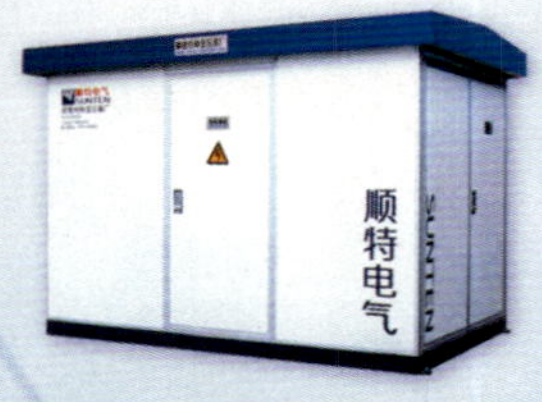


欧变

干式空心电抗器

## 顺特电气优质供电的保证

地　址：中国广东省顺德市大良红岗工业区
电　话：0757 – 22666888
传　真：0757 – 22629923
网　址：www.sunten.com.cn

西门子(杭州)高压开关有限公司

# 追求卓越 技术领先

## 创造价值——厦门ABB开关有限公司与您携手共进

ABB(www.abb.com)是全球领先的从事能源和自动化技术的跨国集团，致力于为公用事业和工业领域的用户提供高性能的环保产品。目前，ABB拥有152000名员工，遍布于全球100多个国家。

作为著名跨国集团ABB于1992年9月在中国投资创办的第一家合资企业，厦门ABB开关有限公司是ABB在中国的配电产品生产制造基地，也是其在亚太地区最大的中压开关制造和研究基地。可年产中压开关柜4000台，真空断路器10000台。

1994年，公司在中国开关行业率先通过了ISO9001:1994年版质量管理体系认证；1996年又荣获国家环保局环境管理体系审核中心颁发的中国第001号ISO14001环境管理体系认证证书；1998年更成为全国首家获得联合国中国国家清洁生产中心认定的“清洁生产企业”。2000年，公司被厦门金融咨询评信公司评定为“AAA级资信企业”。2001年公司销售额已突破7亿元人民币。

公司的产品已广泛用于包括北京人民大会堂、毛主席纪念堂、北京供电局、上海宝钢、上海电力局、连云港田湾核电站、三峡工程、苏州工业园华能电厂、厦门机场、广州地铁、苏丹炼油厂等在内的国内外1000多个重点工程。同时，公司产品已被列入国家经贸委《第一批全国城乡电网建设与改造所需主要设备产品及生产企业推荐目录》中。

继推出明星产品ZS1铠装式金属封闭开关设备和VD4真空断路器后，公司又从ABB集团相继引进ZS3.2铠装式金属封闭开关设备、VC真空接触器及GSR铁道电气化真空断路器。目前，新产品i-ZS1智能化金属铠装式开关设备、ZS8.x金属封闭开关设备、ZX2气体绝缘智能化中压开关设备、Uni Starter金属铠装式熔断器真空接触器柜和永磁操动的VM1真空断路器也已投放市场，以满足中国客户的需求。成功的本土化生产提高了同行业的制造技术和配套能力，促进了当地的经济发展，从而成为ABB集团“植根各地，放眼全球”经营策略的成功实践者。

“为客户创造价值”是我们的信条，我公司将以持续满足市场对优质、安全、可靠的中压开关的需求为己任，实现我们的战略目标——

**成为亚太地区的首选中压开关供应商和世界级中压开关公司。**

ABB

# 常熟开关制造有限公司

## （原常熟开关厂）

董事长：唐春潮先生

常熟开关制造有限公司（原常熟开关厂）作为专业研发、制造高低压电器元件和成套开关设备的企业，全体员工坚持“团结、创新、求实、争效”的敬业精神，秉承“科技兴企业、管理出效益”的宗旨，将企业发展成为国内低压电器行业的中流砥柱，企业产品以其高科技、智能化领跑国内行业水平，产品结构不断向深层次、多元化拓展，推动了我国低压配电电网向自动化发展。

公司通过多年发展，拥有总资产6.5亿元，员工1517人，其中大中专以上520人，工程硕士36人，具有高级职称20人、中级职称120人，占地面积达20多万平方米。生产的主要产品包括：CM1、CM2、CM1L、CM1E、CM1Z、CM2Z系列塑壳断路器，CW1、CW2系列智能型万能式断路器、CW1G系列隔离开关，CAP1、CA1系列自动转换开关，CR1系列电动机软起动器、CR2系列智能型电动机软起动器，CD1系列电动机保护器，CE1系列智能型电力仪表，CV1系列户内高压真空断路器以及与日本富士电机合资生产的SC—E、N系列交流接触器、TK—E、N系列热过载继电器等。本公司主要产品均通过了中国质量认证中心认证，获得“3C”证书，其中CM1系列产品已通过“CE”认证。

目前公司生产的高低压成套开关设备有：KZN1—12、KYN44A—12、HXGN□—12铠装式金属封闭开关设备，XGN15—12型交流高压六氟化硫环网开关设备，CGHL(K)、GCL/K—0.4、GCS、GHT1低压抽出式开关柜，SIKUS(SIEMENS)、GLL/K—0.4低压固定分隔式开关柜，GGD低压固定式开关柜，XLL2动力配电柜，XM、PZ30动力照明箱，并最新自主开发了CGZ1智能型低压成套开关设备。本公司成套开关设备通过机械工业部全国质量监督检验，并列入全国城乡电网改造第二批、第三批名单目录，被列为“中国电器工业推介产品”，荣获“江苏省优秀新产品‘金牛奖’”。由于质量可靠，设计合理，外形美观，已多次被选用于秦山核电公司、宝钢、马钢、成都市少年宫艺术中心、成都罗马假日广场变电所、四川石化大厦、成都新华广场、成都锦城艺术宫、中国核物理工程院、南京扬子石化公司、唐山港主变电所、北京燕山石化30万吨乙烯工程、上海氯碱股份有限公司、天津保税区、北京国际俱乐部、北京中南海等国家重点工程。

公司先后被评为“国家重点高新技术企业”、“中国机械工业管理进步示范企业”、“全国机械工业核心竞争力100强企业”、“全国重合同、守信用企业“、“江苏省知识产权重点保护单位”、“江苏省质量管理先进单位”。2001

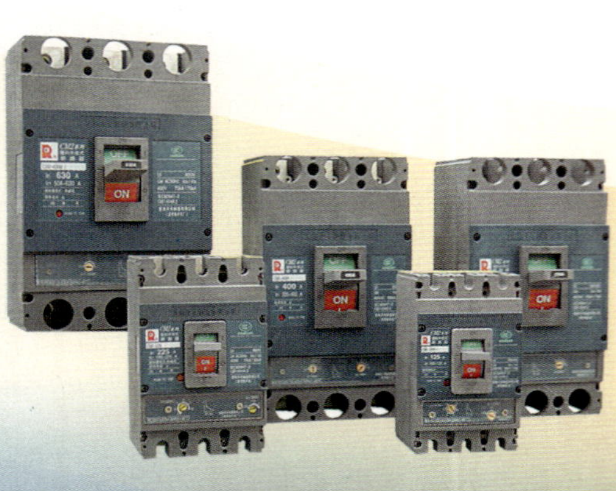

CM2系列塑壳断路器

CW2系列万能式断路器

中国名牌产品

年公司已通过ISO9001–2000版质量体系换版审核，并于2005年4月顺利通过ISO14001环境管理体系及OHSMS18001职业健康安全管理体系认证，实施以ERP管理为重点的信息化、网络化管理，拥有各类进口自动化数控生产及检测设备120台／套，其中成套生产设备有日本天田株式会社生产的数控转塔式冲床、数控160t、250t折弯机、数控机械式剪板机、弯排机、模具研磨机，德国通快公司生产的数控$CO_2$激光切割机，德国ERIT公司生产的母线铜板数控液压冲床及折弯机等，建有江苏省企业技术中心，图形商标 为江苏省著名商标。

由于公司生产的塑壳断路器和智能型万能式断路器主要技术性能指标达国际同类产品先进水平，先后被认定为国家级新产品、国家重点新产品、江苏省高新技术产品，江苏省名牌产品，荣获机械工业科技进步奖，全国机械工业质量管理奖，2003年又双双被评为中国名牌产品，深受用户青睐。但企业并没有固步自封，而是以“名牌激励，永不言满”的姿态，本着强烈的责任感和进取心，坚持“为顾客创造价值，为员工创造机会，为社会创造效益”的发展原则，与高校合作形成“中专升大专，大专升本科、本科升硕士”的人才梯队培养；依托博士后工作站的建设，为公司长远发展奠定了坚实的技术基础和人才基础；以电器产品试验检测站和技术中心的建立提高新产品开发能力和手段；以先进生产设备改造传统工艺生产模式，实现制造过程柔性自动化，提高产品质量和产量；进一步健全营销和服务网络，以全方位服务奉献真诚，携新老朋友，创造新业绩，从而重塑中国电器行业新形象。

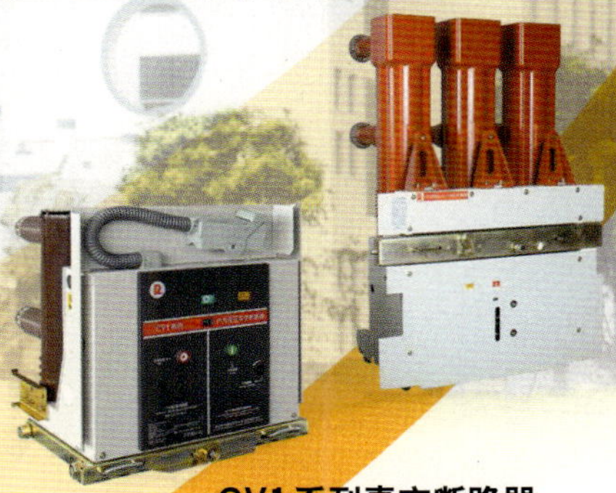

CV1系列真空断路器

CGZ1智能型开关柜

董 事 长：唐春潮
总 经 理：王春华
地　　址：常熟市建业路8号
邮　　编：215500
电　　话：0512–52842237（公司办）
0512–52841616（元件销售）
0512–52840073（成套销售）
联 系 人：朱大华　温福林　朱小华　韩逸新
传　　真：0512–52841606　52841465　52841042
网　　址：WWW.RIYUE.COM.CN
电子信箱：CSKG0001@JSMAIL.COM.CN

中国驰名商标
TENGEN 天正电气

## 天正人的使命

致力于提供可靠度卓越的产品和服务，
使电气能源更安全、更有效、更便捷地造福人类。

## 天正人价值观

要像维护我们尊严一样关注质量的每个环节，任何与之相背的行为都要受到惩罚。
不断寻求各种方法，让客户感觉到与我们的合作更便捷、有效、富有价值。
绝不能让企业内部产生的冲突妨碍对顾客的优质服务。
每个人都要勇担责任，不找借口，并对结果负责。

生产基地二 **温州工业园**

地址：浙江省温州柳市东风工业区　邮编：325604
总机：0577-62775688　传真：0577-62776888
http://www.tengen.com.cn　E-mail:kefu@tengen.com.cn

生产基地三 **南京工业园**

地址：南京幕府西路30号　邮编：210015
电话：025-58798937　传真：025-58705858
http://www.tengen.com.cn　E-mail:kefu@tengen.com.cn

可靠，源自科技

## BG·TBP-35KV型电压保护器

BG·TBP三相组合式过电压保护器是一种新型的保护电器，也是一种新型的霹雷器，它主要用于35KV以下交流电力系统中，使交流电气设备的绝缘免受过电压的危害，如保护变压器、真空开关、母线、旋转电动机、发电机、并联补偿电容器等电气设备，该保护器在限制相地之间的过电压的同时，又对相间过电压进行有效的限制，效果十分理想。并且一台三相组合式过电压保护器可起到六台普通避雷器的作用，同时克服了普通的三只避雷器星形接法不能更好保护相间过电压的缺点。

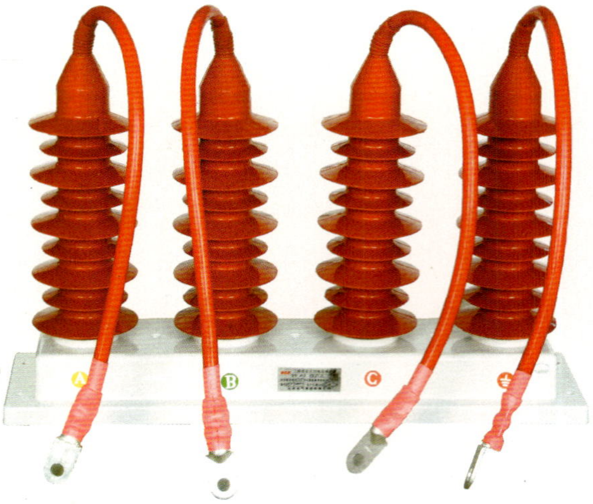

顺兴电力及输变电设备有限公司
SHUN HING POWER & TRANSMISSION EQUIPMENT CO.,LTD.
广东顺兴电力设备有限公司
GUANGDONG SHUN HING POWER EQUIPMENT LTD.
shunpower
~The quick access to
EmPowerment
我们愿为中国电力的畅盛发展而倾一辈之力
顺兴电力及输变电设备有限公司　香港皇后大道中99号中环中心6806-6809室　电话：+852-28151626　传真：+852-28152091，28507504
广东顺兴电力设备有限公司　广州市番禺区沙湾镇龙岐工业区　邮编：511483　电话：020-84737861 84737862 84740145 84740146 34739581 34739582　传真：020-84737863
华北地区/电话：010-85261119 65238586　传真：010-65238806　东北地区/电话：024-23342232　传真：024-23342262　华东地区/电话：021-53853353　传真：021-53853356　华中地区/电话：027-88564061 86774307　传真：027-86773510
西北地区/电话：029-85260959 85361963　传真：029-85366986　西南地区/电话：023-63529838　传真：023-63529858　华南地区/电话：020-84737861 84737862　传真：020-84737863
www.shunpower.com

HUYU
环宇电器
www.huyu.com.cn
环宇集团有限公司
地址:浙江省乐清市温州大桥工业区
电话:0577-62889999
传真:0577-62885588
325603
生活因你更安全
THE LIFE ARE MORE SAFE BECAUSE OF YOU
全新HU系列

上海电气电站集团党委书记、总裁：郑建华

# 简介

上海电气集团股份有限公司是中国最大的装备业制造集团之一，其核心产业板块上海电气电站集团是从事发电设备制造和电站工程建设的专业集团，员工13000余人，拥有一流的人才资源和一流的装备资源。

集团积极实施科教兴市主战略，以一流的现代管理和国际化运作快速驶入世界经济发展轨道。2002年以来，火力发电设备的生产、销售量以及订单数量保持全球第一。尤其是近年来，集团全面突破传统管理模式，着力推进以发挥资源优势为核心的管理一体化，快速实现了主产品向大容量转移、产品结构向高端技术和清洁能源转移、产业向多元化转移的产业升级。2004年，各项经济指标在国内发电设备制造业名列前茅，产销值双双超过百亿元。

上海电气 SHANGHAI ELECTRIC | 上海电气电站集团 SHANGHAI ELECTRIC POWER GENERATION GROUP

地址：上海金都路3669号

邮编：201108

电话：54429500

传真：54429550

网址：www.shanghai-electric.com

**主导产品：**

1000MW、600MW、300MW等级火力发电和核能发电设备。

**主要产品：**

各种规格的火力发电机组，水力发电设备，风力发电设备，交直流电动机等。

**创新产品：**

1000MW级及以上核电机组、重型燃气轮机、电站环保装置等。

# 电力推动我们

外高桥第三发电厂2 × 1000MW超超临界燃煤机组主设备合同签字仪式

首台重型燃气轮机发运仪式

秦山二期合同签约

# 世界
# 创造电力

现场服务

山西柳林开工典礼

# 太原前进变压

董事长：王校鸣

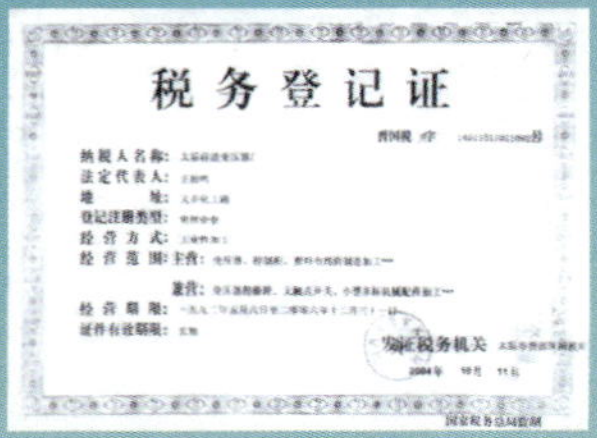
税务登记证

质量体系认证证书

太原前进变压器厂

太原前进变压器有限公司（原太原前进变压器厂）始建于1983年，是原机械工业部定点生产变压器类产品的专业厂家。在城乡电网改造中被国家经贸委推荐为变压器类产品的制造厂家，工厂通过了GB/T19001—2000质量保证体系认证。

公司主要生产电压为6—110kV，容量为31500KVA及以下各系列产品，包括有：S9节能低损耗变压器、S11—MR系列卷铁芯低损耗变压器、S9系列35KV级电力变压器、电压110kV容量40000KVA以下电力变压器、电弧炉变压器、矿热炉变压器、矿用变压器、煤矿用隔爆移动变电站、箱式变电站、干式变压器等系列产品。产品远销内蒙、河北、陕西、青海、广西、浙江、江苏、江西、安徽、新疆、贵州、宁夏、山西等省、市、自治区。公司以优异的产品质量，优美的产品外观和完善的售后服务，赢得广大用户的好评。

S9(SF9)型50～31500kVA/35kV系列无励磁调压变压器

35KV级SZ9系列有载调压变压器

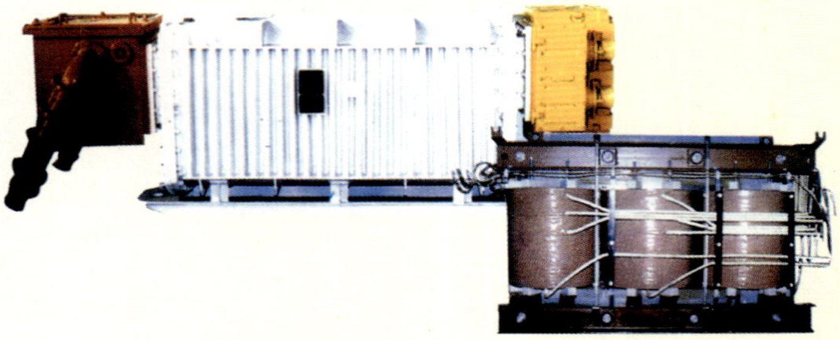

KBSGZY系列矿用隔爆型移动变电站

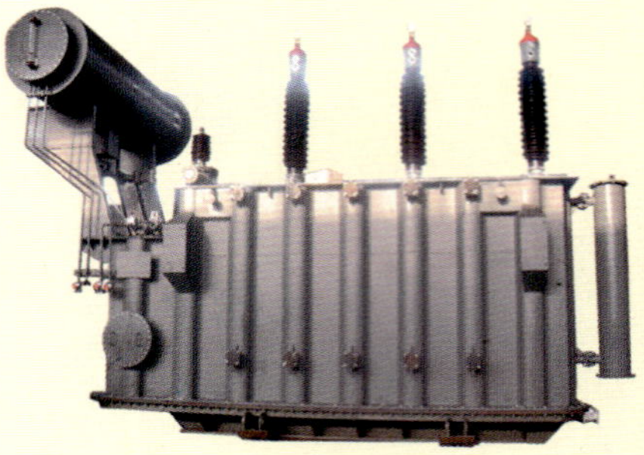

SFSZ9—31500/110电力变压器

# 器有限公司

矿热炉变压器

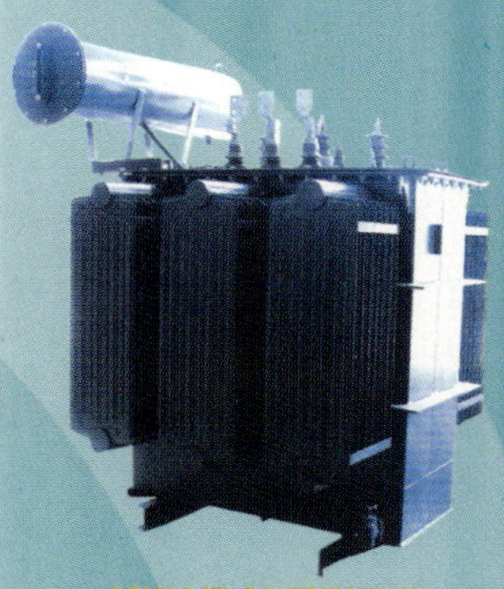

10KV级S9系列无励磁调压配电变压器

太原前进变压器有限公司（原太原前进变压器厂）有一支素质高、技术精、会管理的专业人才和高级工程师队伍，近年来公司研制开发了S11-MR系列卷铁芯全密封变压器，矿用隔爆移动变电站，110KV级直降式矿热炉变压器，35KV级电弧炉变压器和精炼炉变压器，这些产品以先进的设计和优良的制造工艺，保证了质量，满足了用户要求，受到用户的好评。我公司生产设备齐全，检测手段完善，技术力量雄厚，管理严格，拥有完整的质量保证体系，可为用户提供先进、安全、优质环保的产品。我们将永远与用户、商家携手合作，以更新的面貌，再创精品，再创辉煌。

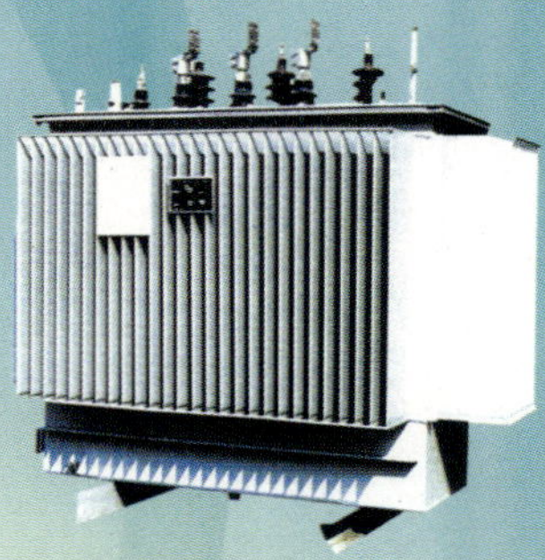

10KV级S9-M系列全密封无励磁调压配电变压器

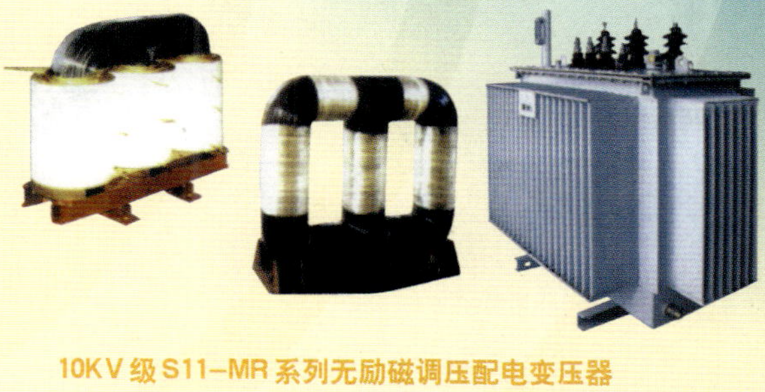

10KV级S11-MR系列无励磁调压配电变压器

SF-20000/110有载调压变压器

4000/35单项补偿用自耦变压器

地址：山西省太原市晋源区化工路南段
邮编：030021
电话：0351-6078181
传真：0351-6939396
网址：www.qianjingBYQ.com
邮箱：qjbyqc@163.com
通用网址：中国特种变压器

# 企业简介
## COMPANY INTRODUCTION

《 温州市飞雷电器成套配件有限公司，位于中国电器之都—柳市，交通便利，风景宜人。公司创办于1984年，经过两代人的努力，现拥有员工200多人，是集科研、开发、生产、销售为一体的大型柜体配件企业。目前公司已联合浙江海坦塑胶制品有限公司，温州中意坦塑胶制品有限公司等几家最具实力企业，强强联手，推行“诚信为本，携手合作，共同创新”的方针，开创柜体配件行业新典范。

《 公司拥有国际先进的生产流水线和检测设备，严格按照国家标准和国际标准组织生产，从原材料购进到成品出库实行全程控制。制定“以客户需求为中心，以生产管理为基础，持续改进质量体系，提高用户满意产品”的质量方针。企业以完善的质量管理通过了ISO9001：2000国际质量体系认证。

《 卓越的产品源自于现代企业的发展攻略。励精图治，飞雷建立了齐全完善的产品体系，主要产品GCK、GCS、MNS、GGD等全套配件畅销全国各地。深受广大客户的信赖和支持。

《 面对新的市场竞争态势和全球经济一体化的格局，飞雷将秉承“素质决定实力”的发展理念，坚持“诚信为本，勇于创新，锐意进取，稳建发展”的经营方针，大力推进技术创新，资本运营，国际化拓展三大战略，全面推动飞雷由传统企业走向高新技术产业转型。尊重知识人才，构筑一种奋发向上，团结拼搏的飞雷精神，全力打造“实力型企业”为国内外电力建设奉献我和的智慧和力量！

# 追求卓越品质 < 全力打造飞雷知名品牌

从使命到灵魂只有一步之遥

飞雷却在风雨中豪情拓进了整整一个岁月的轮回

从新生命的诞生

到如今的颇具规模，品牌的经营管理

全方位的企业运作

飞雷如同颖脱而出的矫鹰

几多春秋磨砺，无数商战突围

终于走出一个浑圆、丰盈的自己

成为成套配件界极具实力的一颗璀璨的明珠

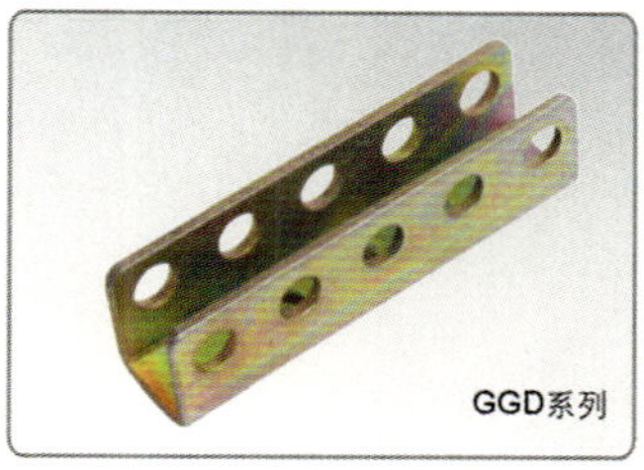
GGD系列

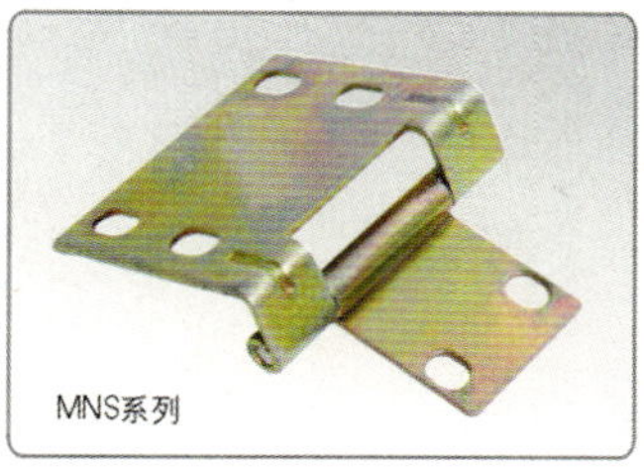
MNS系列

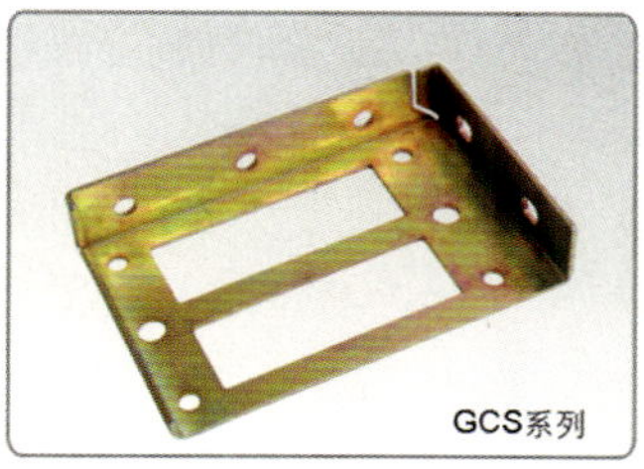
GCS系列

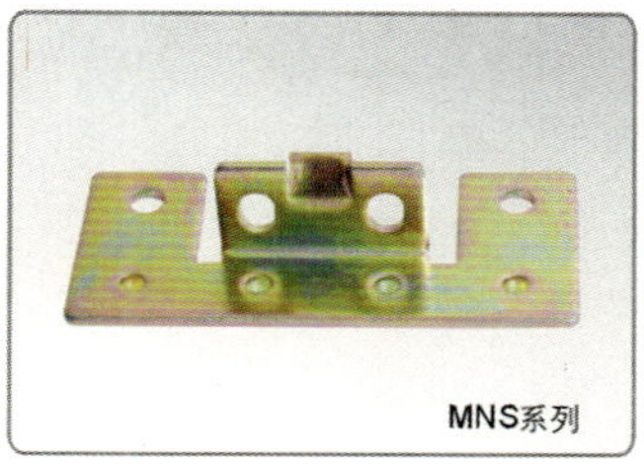
MNS系列

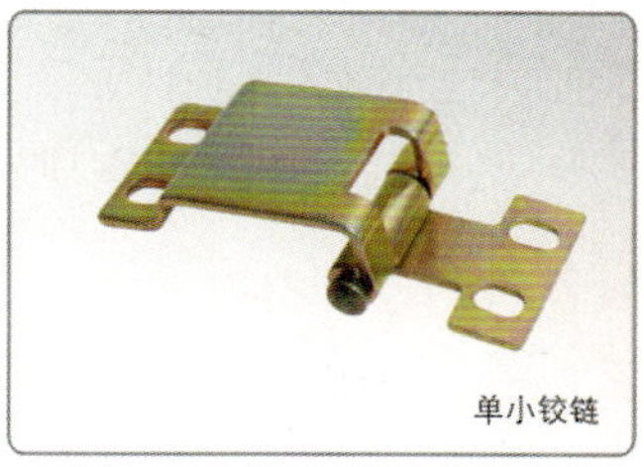
单小铰链

专业生产柜体配件
WWW.FEILEI.NET

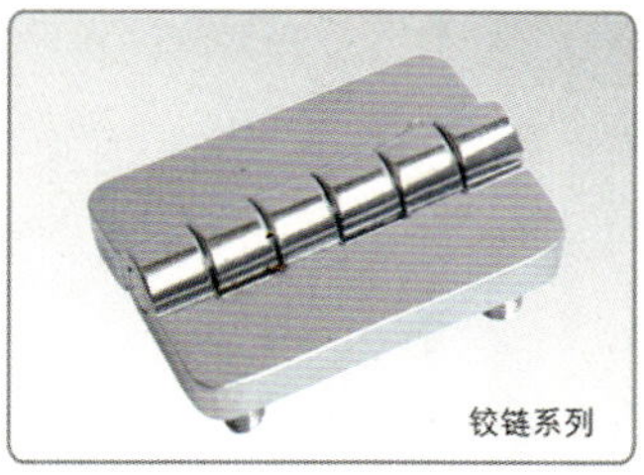
铰链系列

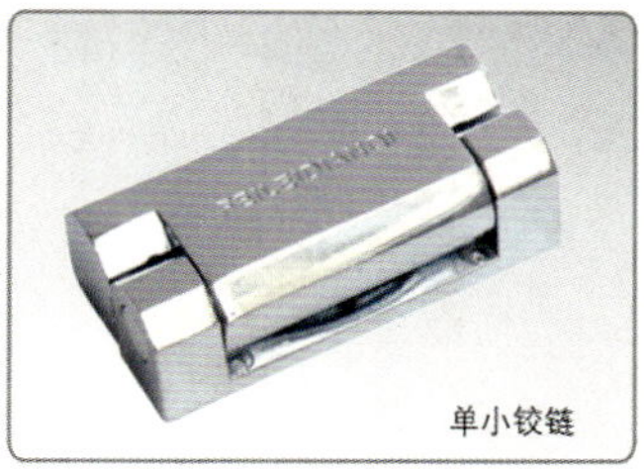
单小铰链

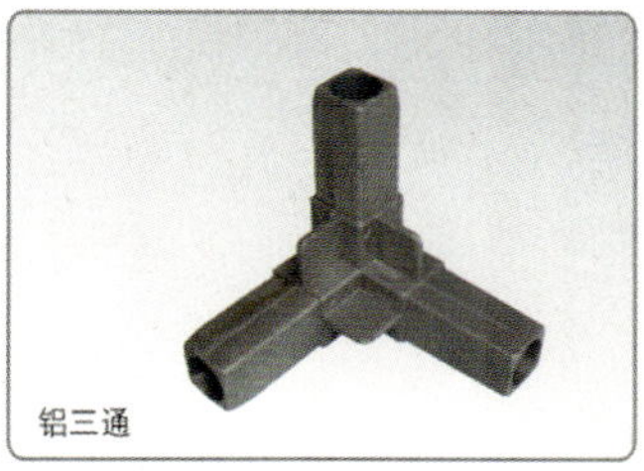
铝三通

**温州飞雷电器成套配件有限公司**
WENZHOU FEILEI ELECTRIC PACKAGED ACCESSORIES CO.,LTD
地址：浙江省乐清市柳市吕岙工业区
电话：0577-27871333 62790282 传真：0577-62791292
E-mail: systemyysyy@163.net

天威集团

# 保定天威保变电气股份有限公司

## BAODING TIANWEI BAOBIAN ELECTRIC CO.,LTD.

保定天威保变电气股份有限公司(简称“天威保变”)，是天威集团的主体企业，秉承并发展了原保定变压器厂主要优良资产和大型变压器科研成果及产品品牌。公司已实现国有股份制改革并成为沪市A股上市公司（股票代码600550）。公司面向国内外市场提供750kV、500kV、330kV、220kV、110kV级及以下各类变压器、互感器、电抗器。产品被列入国家1000MW及以下火电机组、水电机组和750kV及以下变电站（所）主要设备重点生产厂家。公司已通过机械工业质量体系认证中心GB/T19001-ISO9001质量体系认证，通过南非国家标准局（NETFA）生产能力认证，拥有进出口贸易经营权。大型火电机组变压器，核电机组变压器和输变电变压器已打入美国、巴基斯坦、伊朗、马来西亚、和中国香港等国家或地区。

公司生产的500kV变压器保持独家事故率为零的记录，公司拥有国内为核电站提供产品和服务的供应商资格。国内单台容量最大的OSFPSZ-750MVA/500kV三相自耦有载调压变压器已并网投运，三峡电站4台SSP-840MVA/500kV发电机主变压器2003~2005年交付使用，并自行设计开发了SFP-720MVA/500kV火电机组主变压器，国内第一套ODFPS-500kV/750kV输变电变压器和OSFPSZ-360MVA/500kV三相自耦有载调压联络变压器。天威保变正在致力于研制开发1000MVA/1000kV特高压变压器、300Mvar/1000kV电抗器和±500kV、±800kV直流输电系统使用的换流变压器和平波电抗器，公司产品向着高电压、大容量、低损耗、低噪声方向发展，以满足电力建设发展需求和不同客商的各种需要。

地址：河北省保定市天威西路2222号　　邮编：071056　　电话：0312-3308511　3220381

# 主要产品

http://www.twbb.com

华能玉环电厂DFP-370MVA/525kV
单相双绕组发电机变压器

出口美国TX-300MVA/230KV移相变压器

出口马来西亚OSFPSZ-200MVA/275kV变压器

香港OSFPSZ-240MVA/400kV
三相自耦有载调压变压器

上海杨高变电站三台ODFPSZ-250MVA/500kV变压器

出口美国SFP-400MVA/230kV电力变压器

## 天威保变近年出口大型变压器目录

| 国家或地区 | 规格型号（MVA/kV） | 数量 |
|---|---|---|
| 美国太平洋公司 | SFP—400/230/25 | 1 |
| | TX—300/230/230 | 2 |
| 美国弗吉尼亚电力公司 | SFZ—112/236/36.5 | 1 |
| | SFZ—75/236—36.5 | 7 |
| 中国香港中华电力公司 | OSFPSZ—240/400/132/11 | 9 |
| 阿尔巴尼亚 | OSFSZ—120/220/115/37.6 | 1 |
| 埃塞俄比亚 | SFSZ—40/230/66/33 | 1 |
| 伊朗萨汉德电厂 | OSFPSZ—160/230/132/20 | 1 |
| | SF—25/20/6.3 | 2 |
| | SFFZ—63/230/6.3/6.3 | 4 |
| 巴基斯坦恰希玛核电站 | SFP—370/236/20 | 1 |
| | SFFZ—50/132/6.3/6.3 | 1 |
| | SFF—50/20/6.3/6.3 | 1 |
| 马来西亚 | OSFPSZ—200/275/143/11 | 1 |
| | OSFPSZ—102/275/121/38.5 | 2 |
| 孟加拉巴库项目 | OFZ156.3/230 | 5 |
| 苏丹麦洛维大坝 | ODFSZ—100/500 | 14 |
| | OSFSZ—100/500 | 2 |
| | OSFSZ—100/220 | 2 |
| | SFZ—40/220 | 6 |
| 尼日利亚 | SFP—105/330 | 4 |

福州OSFPSZ-750MVA/500KV
三相自耦有载调压壳式变压器

出口埃塞俄比亚SFSZ-40MVA/230kV
三相有载调压变压器

苏丹麦洛维大坝输变电项目
ODFSZ-100MVA/500kV单项自耦有载调压变压器

出口尼日利亚SFP10SMVA/330kV变压器
这是国内同行业330kV大型变压器产品首次进入尼日利亚市场

传真：0312-3230382　3227502　股票代号：600550　邮箱：bgs@twbb.com

上联牌

# 上海电器股份有限公司人民电器厂

上海电器股份有限公司人民电器厂是一家主营中低压电器元件的国有控股企业，创建于1914年，拥有近百年的专业制造历史，被同行誉为“国内低压电器的摇篮”。

企业拥有集研发、生产、销售于一体的优势，以及独特的模具、弹簧、触头加工工艺。在岗职工1200余人，拥有总资产3.4亿元，主要产品有框架式断路器、塑壳式断路器、交流接触器、双电源转换开关、热继电器等，目前正积极实施“立足低压，开发中压，发展直流电器，拓展特种电器”的新一轮发展战略。

企业现拥有市级企业技术中心和国家级试验室，连续九次获上海市高新技术企业称号，产品连续九次被评为上海市名牌产品及六次名牌产品百强，其中的框架式断路器在2003年被评为中国名牌产品，企业荣登中国机械工业核心竞争力100强，并跻身于中国机械500强之列。

诚信打造上联品牌

持续追求用户满意

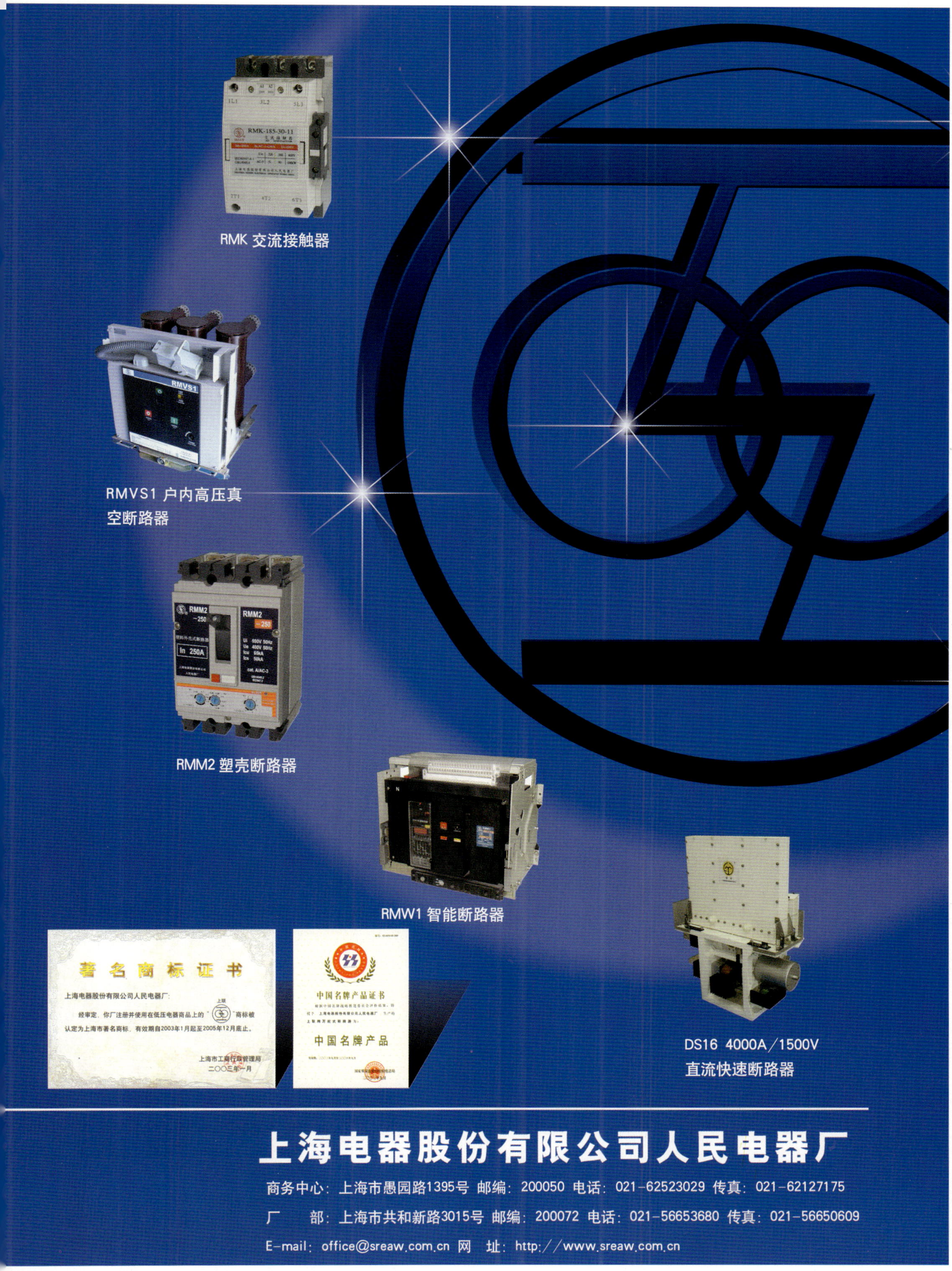
RMK 交流接触器
RMVS1 户内高压真空断路器
RMM2 塑壳断路器
RMW1 智能断路器
DS16 4000A/1500V
直流快速断路器
著名商标证书
上海电器股份有限公司人民电器厂:
经审定，你厂注册并使用在低压电器商品上的 商标被认定为上海市著名商标，有效期自2003年1月起至2005年12月底止。
上海市工商行政管理局
二〇〇三年一月
中国名牌产品证书
中国名牌产品
上海电器股份有限公司人民电器厂
商务中心：上海市愚园路1395号 邮编：200050 电话：021-62523029 传真：021-62127175
厂 部：上海市共和新路3015号 邮编：200072 电话：021-56653680 传真：021-56650609
E-mail：office@sreaw.com.cn 网 址：http://www.sreaw.com.cn

西门子(中国)有限公司
自动化与驱动集团
低压控制产品与系统部
北京市朝阳区望京中环南路7号
邮政信箱：8543
邮政编码：100102
电话：(010) 64721888
传真：(010) 64721494
www.ad.siemens.com.cn/products/cd

SIEMENS

# WZZY 信心，源自专业

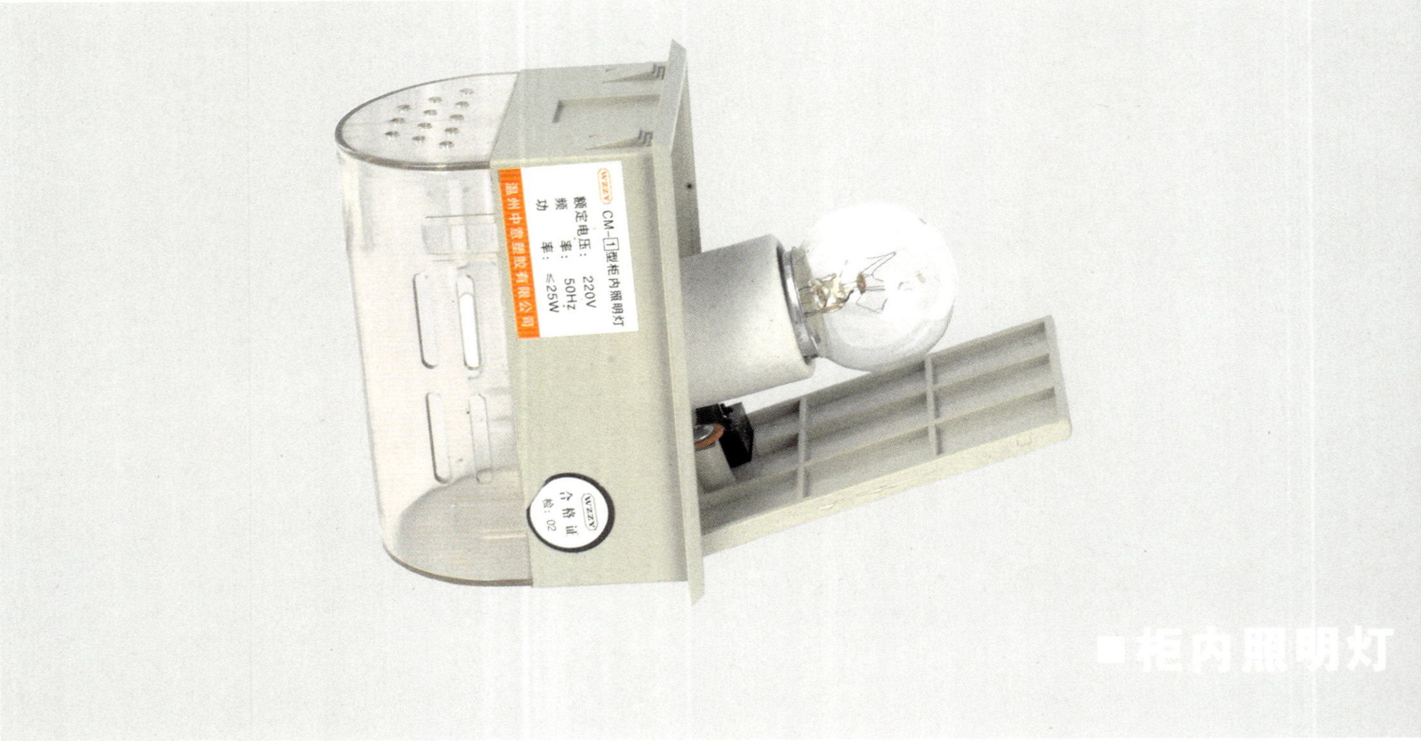


■柜内照明灯

■绝缘子

■插件 · 测控板

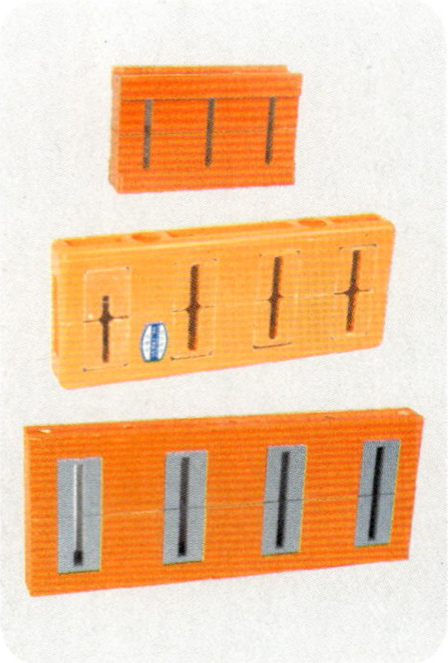

■母线框

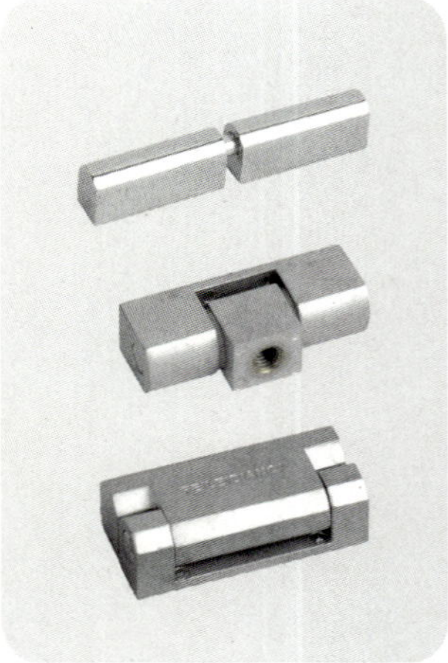

■铰链

# 温州中意塑胶有限公司

地址：浙江温州柳市新市街61-63号　　邮编：325604
电话：0577-27871333　　传真：0577-62761066
http:www.wzhaitan.com　　网络实名：温州中意

# 山东达驰电气股份有限公司

董事长：马效坤先生

山东达驰电气股份有限公司位于苏、鲁、豫、皖四省交界和京九铁路与新亚欧大陆桥交汇处的牡丹之乡——菏泽，是以生产输变电设备为主的电工电气类高新技术企业。公司拥有总资产8亿元，占地面积36万平方米，通过了国家二级计量、ISO9001国际质量管理体系认证和ISO14001国际环境管理体系认证，是原国家机械部、国家电力公司定点生产企业。荣获国家级重点高新技术企业、国家级守合同重信用企业、中国机械500强、中国专利明星企业、中国变压器十强企业等荣誉称号。

公司现有员工1150人，其中博士2名，硕士4名，大专以上专业技术人员501名，占员工总数的43%，公司科研开发实力雄厚，拥有各式一流的数控生产、质检设备270多台套，与清华大学、中国矿大、沈阳变压器研究所等高校和科研单位建立了密切的人才、技术协作关系，成为清华大学的中试基地，并在北京东燕郊开发区建立科研开发基地。公司主导产品有220kV级240000kVA及以下各种规格型号的油浸电力变压器、S11型变压器、35kV级20000kVA及以下干式电力变压器、智能变配电系统、密集节能变电设备等，现已达20多个系列280多种型号，年生产能力2000万kVA。“达驰”产品被国家经贸委、国家电力公司列入全国城乡电网建设与改造所需设备产品，被评为“中国名牌产品”、“国家免检”产品”、“变压器行业十大影响力品牌”、“国家新型节能产品”，“达驰”商标被评为“山东省著名商标”。并分别与新疆、陕西、宁夏、安徽等7个省市区电力公司组建了合资企业，产品销售网络覆盖了全国30个省市自治区，进而辐射到周边国家。

“顾客是‘上帝’，质量是生命”是我们的经营思想；“自接到用户反馈信息时起，以最佳方式、最快速度到达现场服务，直到满意用户为止”是企业的服务承诺。

**达驰电气欢迎各级领导、各界朋友莅临指导、洽谈合作。**

**地址：山东成武县工业园区**
**邮编：274200**
**电话：0530-8651628　8651660**
**传真：0530-8651679**
**网址：//www.moderndachi.com**
**E-mail：cdlhz@hz-public.sd.cninfo.net**

S11-M.R变压器

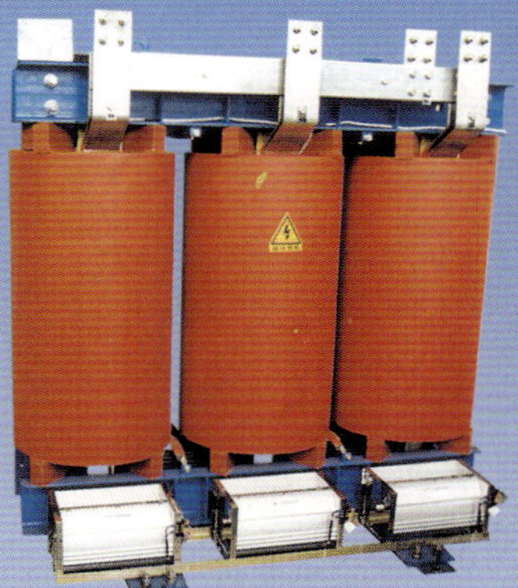

35kV_SC9 干式变压器

箱式变压器

220kV 变压器

# 上海电气集团股份有限公司

上海电气集团是中国最大的装备制造业集团。上海电气的历史可以追溯到1880年。上个世纪中叶，上海电气首创了世界第一台商业运行的双水内冷汽轮发电机组和世界上第一台镜面磨床，引起了世界关注。1980年以后，上海电气先后与西门子、三菱、阿尔斯通等跨国公司组建了全新的合资企业，在引进先进管理的同时，引进吸收了世界先进技术，使集团的核心竞争力不断攀升。

进入21世纪，上海电气以现代企业制度的标准，创新的体制和机制；以融入世界经济的气魄，更新技术和装备，实现了投资主体多元化，形成了“全心全意为客户和投资者创造价值”，“与创造者共创未来”的集团文化。上海电气集聚了一批中外闻名的优秀企业，其中有：上海机电股份有限公司(A股600835，B股900925)、上海输配电股份有限公司(600627)、上海柴油机股份有限公司(A股600841，B股900920)、上海电气电站集团、上海重型机器厂、上海三菱电梯有限公司、上海机床厂有限公司等等。

今天，上海电气的主导产品集中于电站及输配电设备、机电一体化设备、交通运输设备、环保成套设备等核心板块，集团建有中央研究院和财务公司。上海电气已经形成了设备总成套、工程总承包和为客户提供完整的解决方案的能力。上海电气的主要产品，长期以来在中国市场销量领先，在海外市场不断扩大领域。上海电气的目标是全面融入世界经济，保持国内领先，不断提高国际竞争力。

无论您是客户，投资者，还是合作者，上海电气都将与您共有一个美好的明天。

上海电气集团股份有限公司
地址:上海兴义路8号万都中心30楼
电话:021-52082266-3051
邮编:200336
E-mail:office@chinasec.com

# 施耐德电气公司

施耐德电气公司作为全球电力和控制领域的领导者，拥有悠久的历史和强大的实力，配电和自动化及控制是施耐德电气携手并进的两大业务领域，遍布民用住宅、建筑、工业、以及能源与基础设施四大市场。公司旗下拥有三个具有国际领导地位的品牌：Merlin Gerin(梅兰日兰)、SquareD(美商实快电力)和Telemecanique(TE电器)。自1836年成立以来，施耐德电气一直是法国的工业先锋之一。80年代以来，施耐德电气逐渐脱离了非电力业务，将战略重点聚焦于电气领域。施耐德电气2004年全球销售额超过103.65亿欧元，在全世界130多个国家拥有84866名员工，197家生产厂、150个客户服务中心及9000多个销售点。

随着在中国业务的蓬勃发展，施耐德电气逾加重视在中国的发展，目前在中国已经拥有4000多名员工，14家生产型企业，4个分公司，28个地区办事处，400多家代理商和全国性的销售网络，以及4个物流中心，2个培训中心和1个研究发展巾心。

**客户支持热线：**

**800 810 1315**

**施耐德电气(中国)投资有限公司**
北京市朝阳区将台路2号
和乔丽晶中心施耐德大厦
邮编：100016
电话：(010)84346699
传真：(010)84501130

**上海分公司**
上海市仙霞路319号
远东国际广场A座9楼
邮编：200051
电话：(021)62351333
传真：(021)62351238

**广州分公司**
广州市环市东路403号
广州国际电子大厦31楼
邮编：510095
电话：(020)87320138
传真：(020)87321929

**武汉分公司**
武汉市武胜路
泰合广场15层1502室
邮编：430033
电话：(027)85712588
传真：(027)85712688

**南京办事处**
南京市黄埔路2号
黄埔大厦17层A座
邮编：210016
电话：(025)4814815
传真：(025)4814816

**南宁办事处**
南宁市南湖区民族大道111号
广西发展大厦12层
邮编：580022
电话：(0771)5519761/62
传真：(0771)5519760

**烟台办事处**
烟台市南大街9号
金都大厦2516室
邮编：264001
电话：(0535)3393899
传真：(0535)3393998

**深圳办事处**
深圳市深南东路5047号
深圳发展银行大厦17层H
邮编：518001
电话：(0755)25841022/1488
传真：(0755)82080250

**大连办事处**
大连市中山区人民路68号
大连宏誉商业大厦2205室
邮编：116001
电话：(0411)2822690
传真：(0411)2822692

**福州办事处**
福州市五一中路88号
平安大厦12层D单元
邮编：350005
电话：(0591)7114853
传真：(0591)7112046

**杭州办事处**
杭州市凤起路78号
浙金广场4楼
邮编：310003
电话：(0571)85271466
传真：(0571)85271305

**重庆办事处**
重庆市渝中区邹容路68号
大都会商厦16楼1603室
邮编：400010
电话：(023)63839700
传真：(023)63839707

**西安办事处**
西安市高新区科技路48号
创业广场B座17层
邮编：710075
电话：(029)88332711
传真：(029)88324697/4820

**天津办事处**
天津市河西区围堤道125–127号
天信大厦13层1305室
邮编：300074
电话：(022)28408408
传真：(022)28408410

**长沙办事处**
长沙市五一中路68号
亚大时代11层1106室
邮编：410011
电话：(0731)4585710/11/12/13
传真：(0731)4585709

**昆明办事处**
昆明市东风西路123号
三和商利写字楼14层O座
邮编：650032
电话：(0871)3647549/50/58/59
传真：(0871)3647552

**成都办事处**
成都市顺城大街308号
冠城广场27楼B、C、D、E、F座
邮编：610017
电话：(028)86528282
传真：(028)86528383

**乌鲁木齐办事处**
乌鲁木齐市新华北路5号
美丽华酒店1112室
邮编：830002
电话：(0991)2825888–1112
传真：(0991)2848188

**沈阳办事处**
沈阳市沈河区青年大街219号
华新国际大厦16层G．H．I座
邮编：110015
电话：(024)23964339
传真：(024)23964296/97

**济南办事处**
济南市泺源大街229号
金龙中心主楼21层D座
邮编：250012
电话：(0531)6121765
传真：(0531)6121628

**合肥办事处**
合肥市长江路1104号
古井假日酒店820室
邮编：230001
电话：(0551)4291993 4299891/92/93/95
传真：(0551)2206956

**郑州办事处**
郑州市金水路115号
中州假日宾馆1号楼4层
邮编：450003
电话：(0371)5939211/12 5935282
传真：(0371)5939213

**哈尔滨办事处**
哈尔滨市香坊区中山路93号
哈尔滨保利科技大厦612号
邮编：150036
电话：(0451)82343219
传真：(0451)8231110<3

**石家庄办事处**
石家庄市中山东路303号
世贸皇冠酒店办公楼12层1201室
邮编：050011
电话：(0311)6698713
传真：(0311)6698723

**长春办事处**
长春市解放大路2677号
长春光大大厦1211–1212室
邮编：130061
电话：(0431)8400302/03
传真：(0431)8400301

**太原办事处**
太原市府西街268号
力鸿大厦1003室
邮编：030002
电话：(0351)4937186/4937025
传真：(0351)4937029

**洛阳办事处**
河南省洛阳市中州中路319号
金水湾大酒店1002/1003室
邮编：471000
电话：(0379)3397162
传真：(0379)3397161

**常州办事处**
江苏省常州市局前街2号
椿庭楼宾馆1216室
邮编：213003
电话：(0519)8130710
传真：(0519)8130711

**佛山办事处**
佛山市祖庙路百花广场
2823室
邮编：528000
电话：(0757)83992619/0029
传真：(0757)83991312

**施耐德(香港)有限公司**
香港湾仔港湾道30号
新鸿基中心31楼3108–28室
电话：(00852)25650621
传真：(00852)28111029

Merlin Gerin
Square D
Telemecanique

Schneider Electric
*Building a New Electric World*

# 湖南省醴陵市华鑫

## 卓越品质

湖南省醴陵市华鑫电瓷电器有限公司(原湖南省醴陵市浦口高压电瓷电器有限公司）始建于1985年。公司地处湖南省醴陵市浦口工业小区，占地面积7万米$^2$，建筑面积3.7万米$^2$，固定资产4000万元，现有员工400余人，电瓷生产能力为9000吨/年以上，是中国电瓷行业主要企业之一。

公司从设计、生产、检测严格执行国家标准，并可按用户要求执行IEC和美、英、德、澳等国际标准，并于2002年通过了ISO9001国际质量体系认证。主要产品有$SF_6$10～750kV瓷套，10～220kV支柱瓷绝缘子。诸如：变压器、互感器、断路器、组合电器、电缆终端、电容（式）器以及避雷器用瓷套，隔离开关、高低压线路和电站用瓷绝缘子以及熔断器

内外全自动数控修坯机

30～200kN电磁四向2抗弯扭实验机

该报告中空心瓷绝缘子是国内受次通过零下六十摄氏度低温弯曲实验的产品（右图为实验现场）

# 电瓷电器有限公司

## 值得信赖

等等，还可根据用户需要制造各种类型的瓷绝缘子。产品不仅遍及全国，并出口 20 多个国家和地区。

公司以人为本，以科技为依托，以品质求发展，不断创新与完善，为社会创造新的价值。让客户100%满意是我们的经营理念，诚信是我们奉行的诺言，争创国际品牌是我们追求的目标。

**地址：湖南省醴陵市浦口镇工业小区**
**邮编：**412208
Http://www.cn-pk.com
Email：pk@cn-pk.com
**电话：**0733-3138188　3138168
　　　0733-3136525　3137889
**传真：**0733-3136575　3137889
**总经理：石军生**

华鑫永远是您最可信赖的合作伙伴！

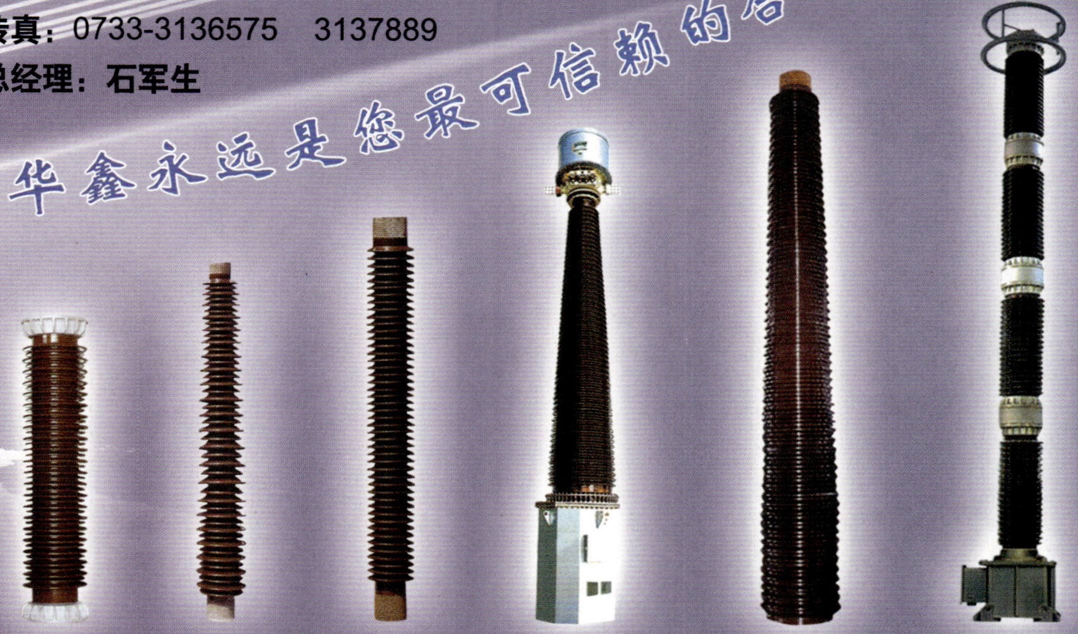

# 上海双震机电设备有限公司
## （上海陆震油压工业有限公司）
## 马　尔　禄　工　具

马尔禄工具

地址：上海市闵行区七莘路 1666 弄 44 号 103 室

电话：021-54796002 54867930　传真：021-54867902

http://www.luzhen.sh.com　E-mail:luzhen@sh-luzhen.com

◆ 专业进口欧美、日本、台湾各类油压、电动工具

◆ 电工输配电工程工具：铜、铝排立弯、平弯、穿孔、切断、端子压着，徒手弯管，电动泵浦等手动工具。

◆ 机械工具：油压拔轮，油压缸设计、千斤顶，汽车修配板金工具，欢迎来电索取详细目录目录，益可代理各项工具业务服务。

**通过 ISO 质量管理体系认证 证书号：02004Q11263R0S**

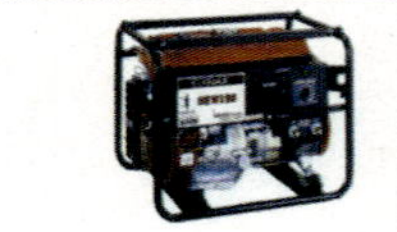


日本新型 SHW190RAS 发电电焊机

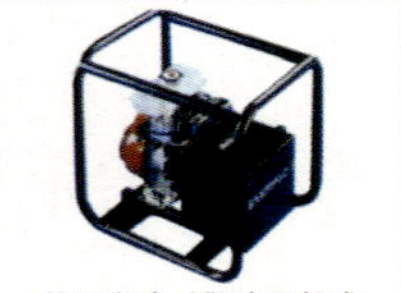

美国汽油引擎油压帮浦

日本泽藤变频发电机

日本泽藤汽油发电机

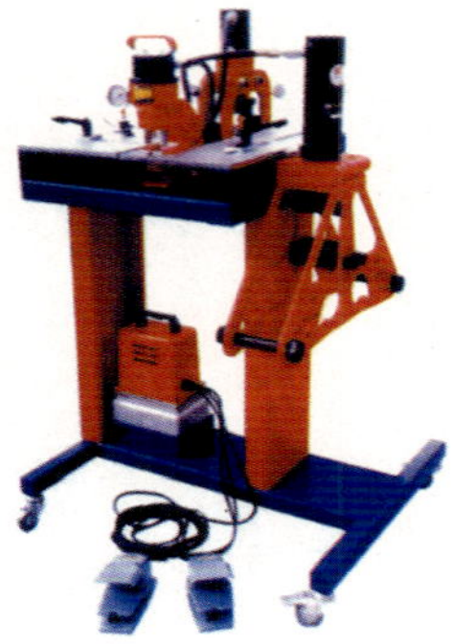

MPCB-401
母线加工、立弯、平弯工具

CTE-25AS 电动泵

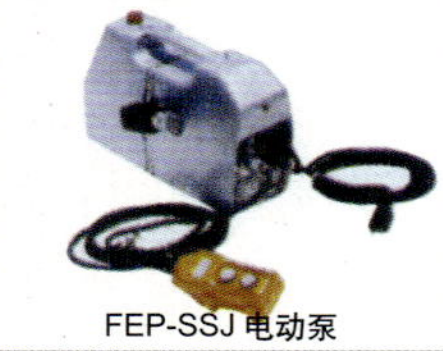

FEP-SSJ 电动泵

UP-35RH.ARS　日本

UP-45SVG-5 日本电磁三方阀双回泵浦

AP-900　气压泵

CFP-800-1　脚踏泵

CP-700　手动泵

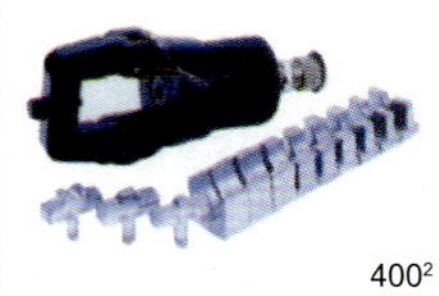

$400^2$
CO-400A　点式压着

35TON $630^2$
CO-630A　压着工具

35TON $630^2$
CO-630B　压着工具

开嘴 38,30mm
CYO-400B　$400^2$

开嘴 30 38mm

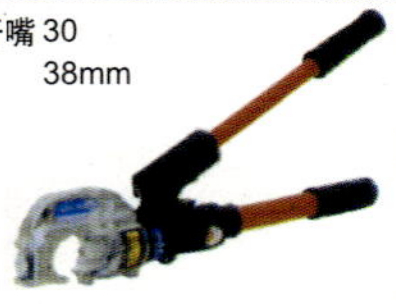

CYO-400A　$400^2$

六角型　$400^2$

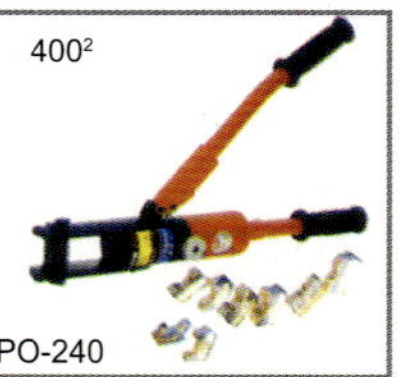

CPO-240

六角型　$400^2$

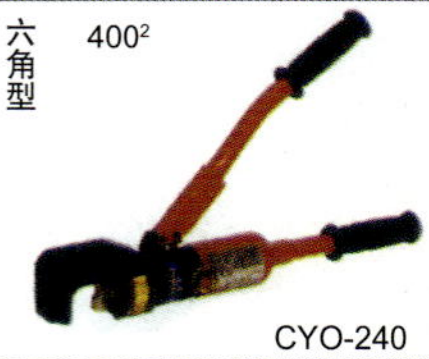

CYO-240

$185^2$

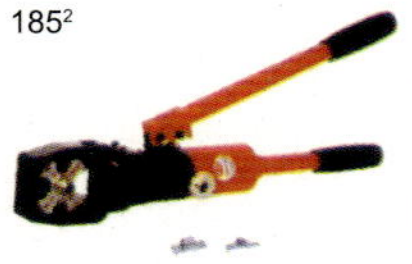

CPO-150S　点式型

$400^2$

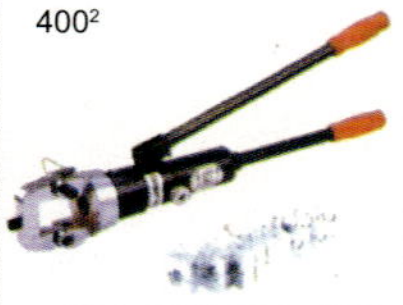

六角型
CPO-400B CPO-500B

$1.25^2 \sim 10^2$

MH-10　手动压着

$1.5^2 \sim 6^2$

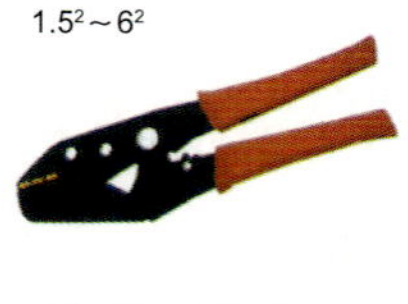

MH-123　绝缘端子

$10^2 \sim 35^2$

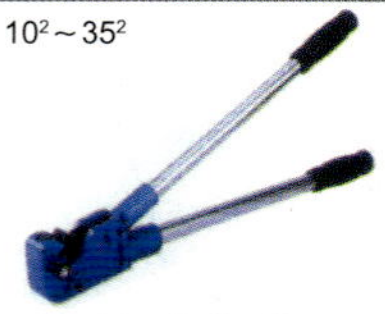

MT-38　点式压着

$25^2 \sim 120^2$

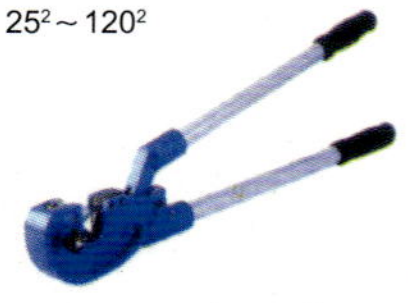

MT-100　点式压着

MK-150($16^2$-$150^2$)压着

MK-120($10^2$-$120^2$)压着

MK-05($6^2$-$50^2$)　六角型

MK-06($10^2$-$120^2$)　六角型

MK-07($25^2$-$150^2$)　六角型

1/2" ~2"

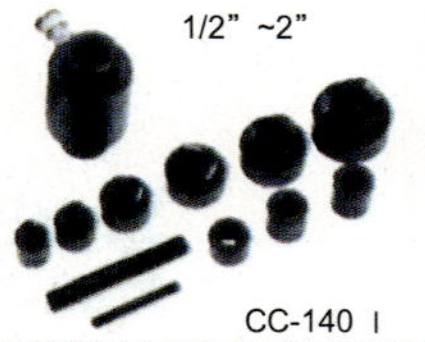

CC-140 Ⅰ

2 1/2" ~4"

CC-140 Ⅱ 穿孔工具

四方形、长方形

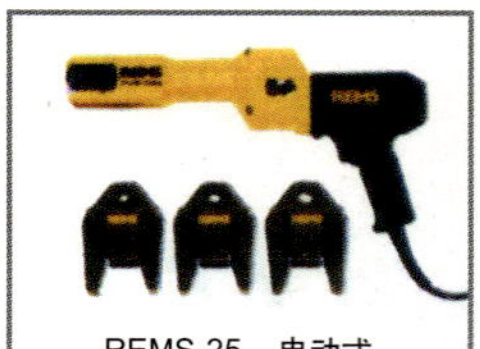


REMS-25　电动式

RES-571010　充电式

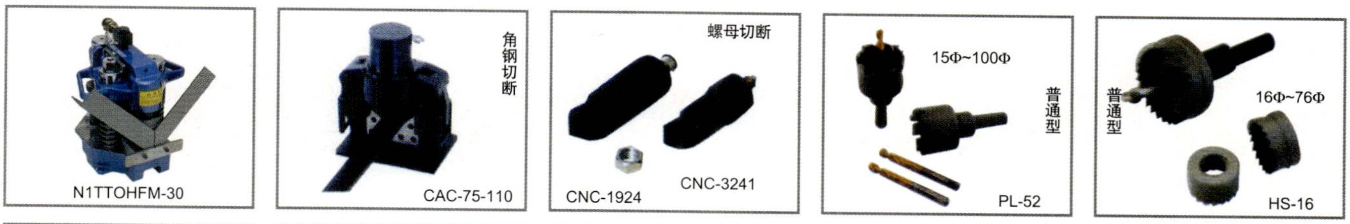

N1TTOHFM-30 | CAC-75-110 | CNC-1924 CNC-3241 | PL-52 | HS-16

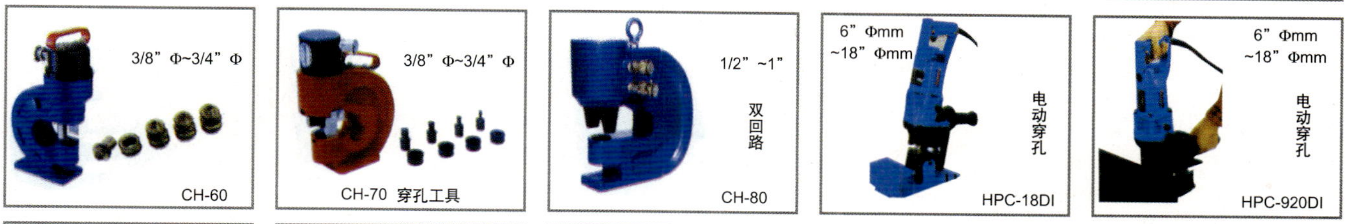

CH-60 | CH-70 穿孔工具 | CH-80 | HPC-18DI | HPC-920DI

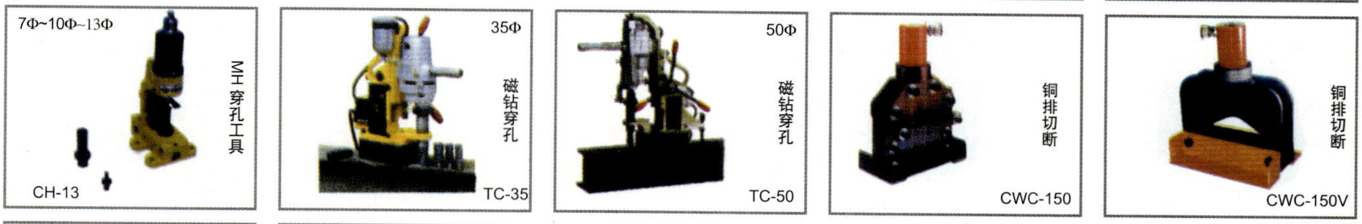

CH-13 | TC-35 | TC-50 | CWC-150 | CWC-150V

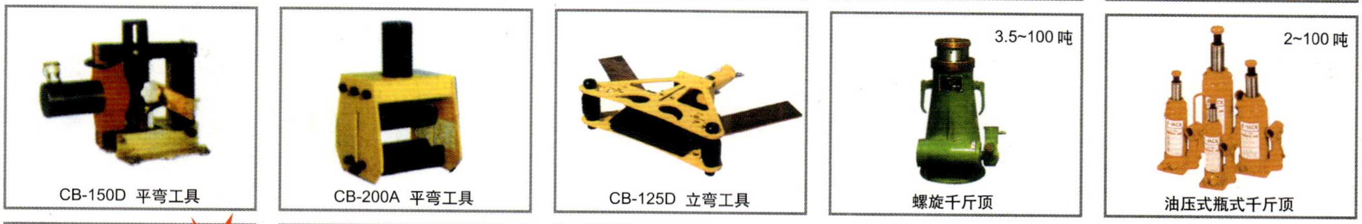

CB-150D 平弯工具 | CB-200A 平弯工具 | CB-125D 立弯工具 | 螺旋千斤顶 | 油压式瓶式千斤顶

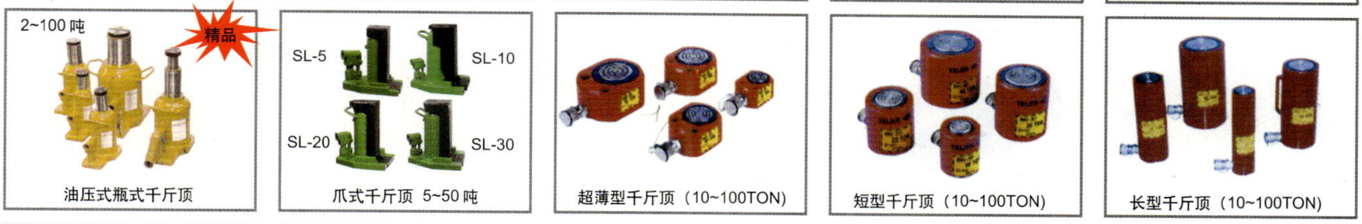

油压式瓶式千斤顶 | 爪式千斤顶 5~50 吨 | 超薄型千斤顶（10~100TON） | 短型千斤顶（10~100TON） | 长型千斤顶（10~100TON）

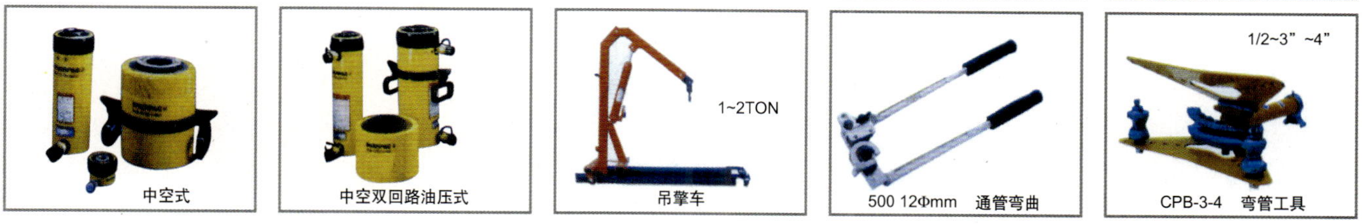

中空式 | 中空双回路油压式 | 吊擎车 | 500 12Φmm 通管弯曲 | CPB-3-4 弯管工具

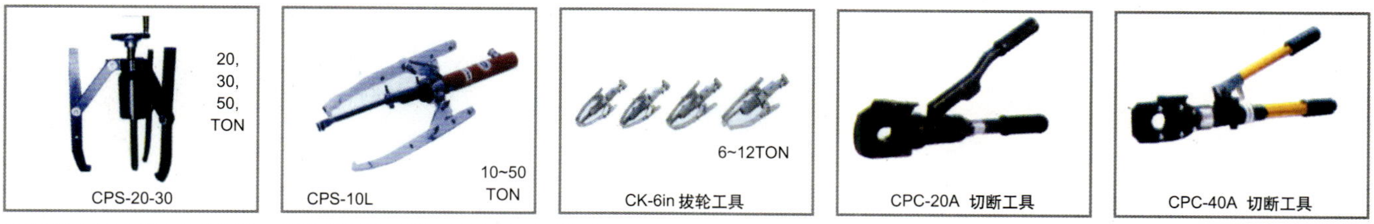

CPS-20-30 | CPS-10L | CK-6in 拔轮工具 | CPC-20A 切断工具 | CPC-40A 切断工具

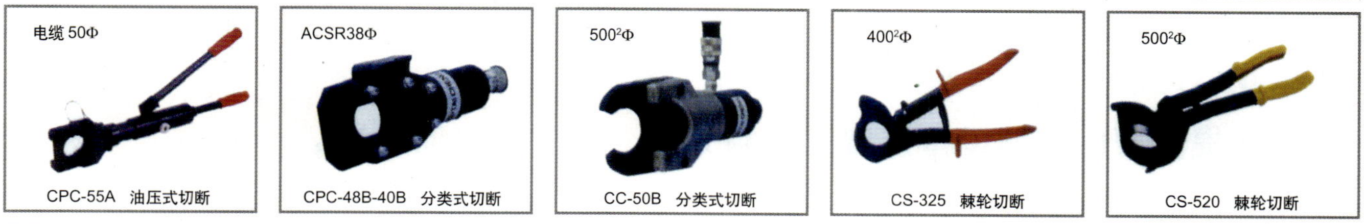

CPC-55A 油压式切断 | CPC-48B-40B 分类式切断 | CC-50B 分类式切断 | CS-325 棘轮切断 | CS-520 棘轮切断

ME-60 手动式切断 | ME-500 手动式切断 | CRS-10 放线架 | 张线器 1TON.2TON | SD-1000C 紧线器

# 哈尔滨动力设备股份有限公司

**感谢国内外各界朋友多年来的支持与帮助！**

国产首台60万千瓦超临界汽轮机总装

国产首台60万千瓦直接空冷汽轮机盘车典礼

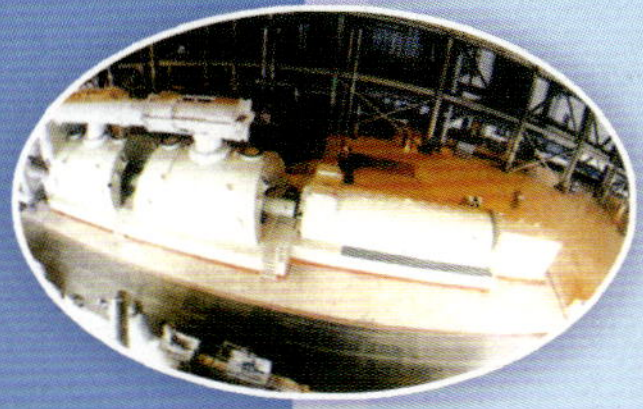
60万千瓦亚临界火电机组

65万千瓦核电机组汽轮机总装

30万千瓦亚临界火电机组

哈尔滨动力设备股份有限公司，坐落在美丽富饶的“天鹅项下”的黑龙江省哈尔滨市。是经国家批准，由哈尔滨电站设备集团公司（哈电集团是中央确定的44家关系国家安全和国民经济命脉的重要骨干企业之一）在所属“三大动力”主机制造厂的基础上，经过股份制改组成立的股份有限公司。于1994年12月16日在香港挂牌上市，是中国目前历史最久，规模最大的发电设备制造商之一；也是目前中国最大的发电设备出口企业。

本公司所属企业有享誉国内外建厂四十多年的锅炉、汽轮机、电机“三大主机制造厂”和电站工程公司，在中国发电设备制造史上创造许多“第一”。我公司正在为三峡生产的700MW水电机组，代表着当代世界水平；300MW、600MW火电机组是在引进美国燃烧工程公司（CE）和西屋公司（WH）技术的基础上经过消化吸收和发展创新，技术经济指标已达世界先进水平；为秦山核电站提供的650MW核电机组已投入运行。目前正在与国外公司洽谈引进超临界火电机组的设计制造技术。自行研制的葛洲坝125MW轴流转桨式大型水电机组、210MW二排汽汽轮机和首台600MW亚临界锅炉均获国家质量金奖。

多年来公司广泛深入开展“优质产品、优质服务、优质工程”的“三优”活动。坚持全心全意、为客户提供售前、售中、售后的全方位的服务宗旨，在国内外市场享有良好的声誉。以哈尔滨发电设备国家工程研究中心为龙头的研发系统担负着生产一代，研制一代，开发一代新产品的重任；在自主开发与引进技术相结合的思想指导下，始终处于开发发电设备新技术的前沿，为国家电力发展壮大贡献着我们的微薄之力。

21世纪，面对知识经济、网络经济时代的到来，面对中国加入WTO的新形势，将面临着新的机遇、新的挑战。我们将一如既往地以先进的技术，优质的产品，全方位的服务回报客户，建立国内外更广泛、更密切的合作关系，以高昂的姿态、崭新的业绩面向新的世纪。

公司于1987年在国内同行业中首先获得美国机械工程师学会（ASME）颁发的动力锅炉（S）、压力容器（U）和应力分析压力容器（U2）设计制造授权证书及法规钢印。汽轮机、汽轮发电机及水电机组的生产均采用IEC或更高的标准。

公司从产品的开发设计、工艺编制、原材料采购、生产制造、成品检验到售后服务全过程按国际标准建立了完善的质量保证体系，并设有专门的质量管理和质量检测机构。本公司及全资子公司全部取得了ISO9001质量体系认证合格证书和美国FMRC认证中心的等同认证。本公司负责发电设备制造的全资子公司按国家核安全法规（HAF0400）和国军标（GJB/Z9000～9004）的要求，建立了核电产品制造质量保证体系和军品制造质量保证体系，获得了核电产品和军工产品合格供应商资格。

公司拥有世界先进水平的检测设备，可满足700MW水电、1000MW炎电及核电机组的生产需要。公司从事质量管理和质量检测的人员共1500余人。各子公司每年进行一次审核，以不断改进其内部质量保证体系。


**地　址：** 哈尔滨动力区大庆路95号

**电　话：** 0451-82135727　82135724　82118941-8012

**传　真：** 0451-82135700

**邮　编：** 150040

**国际互联网网址：** http://www.chinahpec.com

**电子信箱：** hpec@public.hr.hl.cn

董事长、党委书记：耿雷

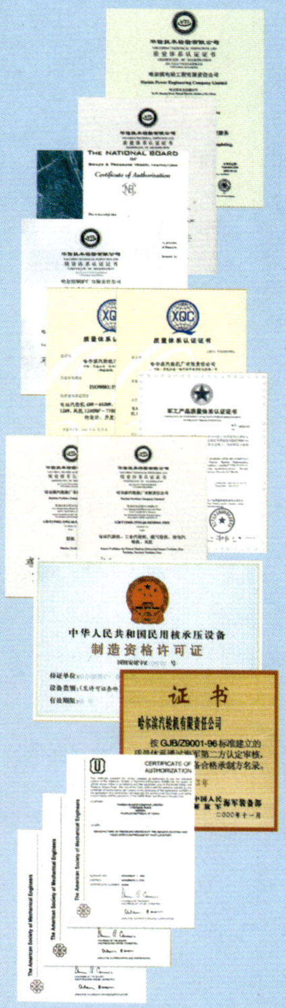

大型环保节能220T循环流化床锅炉

三峡部件加工

三峡水电机组上机架尺寸检查

# 温岭市东方冷机有限公司

**温岭市东方冷机有限公司**是从事冷机《双回路循环水冷却机组》研究、设计、制造的专业公司。公司法定代表人：陈立人。本公司宗旨是：*以科学技术服务大众，以产业发展报效祖国*。本公司技术人员占员工人数的38%，长期从事冷机研究制造，无结垢、无结露、无泄漏、无排放污染，保持介质水冷却基本特性；无需外接冷却水。整机一体紧凑，占地面积小，运行安全可靠等优点的冷机设备。该冷机可广泛适用于国内外电力、冶炼、石化等行业工业设备的介质冷却，具有深厚的专业技术知识。本公司重质量，重信誉，以诚为本，以信树人。

本公司志在突破以浪费大量水资源为代价的传统工业冷却方式，在积累了多年制造纯水冷却装置经验的基础上，走访了大量的各行各业新老用户，投入了大量的人力物力，潜心数年研发出《双回路循环水冷却机组》，并成功地突破了工艺难题，现已进入了批量制造和实用阶段。本公司产品实现了“水”的突破，替代了传统的冷却塔水冷却方式，为用户带来了巨额的经济效益，为人类节约了大量的水资源，为社会减少了环境污染，为此：获得国家实用新型和发明创造二项专利；获得国家科技部、财政部创新基金的巨额无偿资助。

本公司为了不辜负国家的关注和无偿资助的厚爱，不辜负用户的信任，将进一步加大科技基金的投入；兢兢业业、发奋自强，为社会提供优良的节水、节能、符合环保要求的系列冷却设备。上述项目经浙江省科技厅组织专家进行现场使用考察和资料鉴定的结论是：该产品的研制是成功的，同意通过省级鉴定，可以投入批量生产。建议开发系列产品，满足市场需求。

该项目的实施是立足于目前我国亟待解决的水资源、电能源和环保等重大问题，市场需求量潜力巨大，前景极其广阔，效益预测。起动资金5000万元人民币，年总产值6000万元人民币，利润1500万元人民币。回收期5–6年。诚寻国内外有实力的投资商合作开发该项目。欢迎国内有资金缺项目的实业家参与该项目的市场开发！

冷媒水

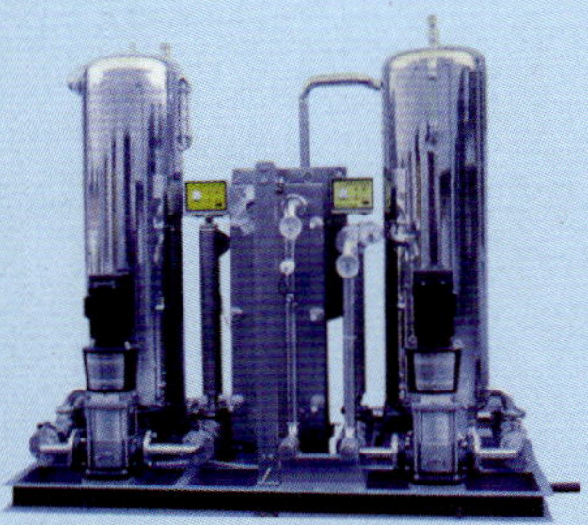
敞开式

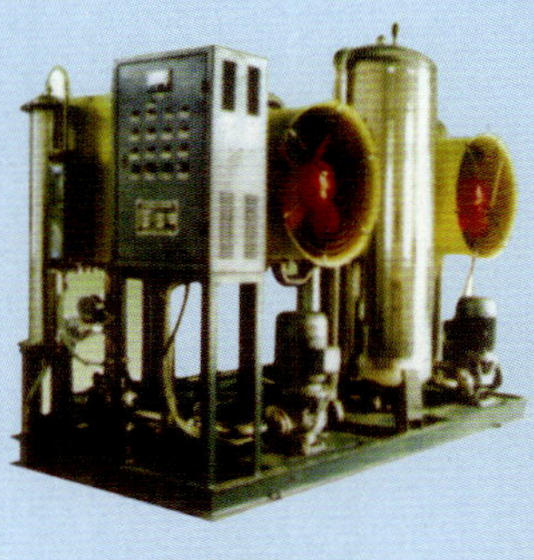
风冷却机组

柜体式

**项目名称：**双回路循环水冷却机组
**单位名称：**浙江温岭市东方冷机有限公司
**通信地址：**浙江省温岭市温峤镇排涝遂洞花园
**邮　　编：**317527
**联 系 人：**陈立人
**联系电话：**0576–6968913
**手机号码：**13906562785
**网　　址：**http://www.dflj.com
**电子邮箱：**info@dflj.com

# 桂林电力电容器总厂

国家电网公司750kV输变电示范工程投产现场会

桂林电力电容器总厂创建于1967年，是我国自行设计和建造的首家电力电容器科研和生产基地，原国家第一机械部直属大型二档企业，国家二级企业，位列全国500家最大电气机械器材制造企业。

桂林电力电容器总厂拥有专门从事新材料、新技术及新产品研究和开发的试验研究室、高压试验大厅。其中试验研究室是我国电力电容器行业唯一可以全面进行介质材料的理化和电气性能及组合应用性能研究的研究基地。目前，企业拥有3条专业的电力电容器生产—全膜电容器生产线、电容式电压互感器生产线、金属化膜电容器生产线；生产线配备了美国HILTON公司的全自动全膜电容器卷制机，瑞士MONTANA公司制造的全自动金属化膜电容器卷制机，以及20多套高性能的真空浸渍处理系统。企业产品系列达26个，规格型号上千种，年生产能力达到2500万千乏。企业于1997年通过ISO9001质量体系认证，建立的质量管理体系符合ISO9001：2000标准，产品的技术经济水平和产品研究开发能力处于国内领先水平，1991年荣获国务院颁发的“国家重大技术装备一等奖”奖牌。

30多年来，桂林电力电容器总厂共获国家发明奖1项，国家科技进步奖2项，部、省、市级科技进步奖28项，国家专利7项，为我国电力电容器行业的发展作出了巨大的贡献。企业先后为北京房山500千伏变电站提供42万千乏并联电容器，辽宁辽阳500千伏变电站提供16万千乏并联电容器，深圳大亚湾核电站500千伏输电工程提供36万千乏并联电容器……迄今为止，企业已为50多个500千伏变电站提供产品。2003年成功研制750千伏电容式电压互感器，2005年9月随西北750千伏输变电示范工程建成成功投入运行。

国家电网公司750kV输变电示范工程投产产品

国家电网公司750kV输变电示范工程投产产品

运行于深圳大亚湾500kV变电站的TBB35—40080/334—BLW大容量并联补偿装置

500串补电容器产品

500滤波电容器产品

Minzng 照耀

专业制造价值

# 龙湾民政电器厂

总经理：

龙湾民政电器厂是一家专业从事墙壁开关、插座、小型断路器、漏电断路器等电器附件的研究开发和生产制造的现代化企业。

随着世界经济全球一体化的发展，外国企业纷纷进驻中国，中国在世界经济舞台上的地位日益突出，照耀电器也将这一机遇作为企业发展的目标，公司引进法国全套技术设备，竭力在世界电器行业做出自己历史性的一步。

在“品牌塑辉煌，品质在于细节”生产理念下，照耀电器在每一个产品上都将品质放在产品生产的第一位，在每一个产品出厂前，都经过一系列严密的检验。产品质量符合GB和IEC标准并通过CCC国家强制性产品认证。产品提供12年质量保证，畅销全国各地，并出口东南亚、西欧等国家地区。在企业设备上引进国外最新的工艺注塑机，采用德国优良的检测设备，再次保证了产品的高质量。

照耀电器将以“优良的品质，满足客户的需求”作为全体员工的奋斗目标，在企业发展的事业上，不断开拓，永攀高峰。

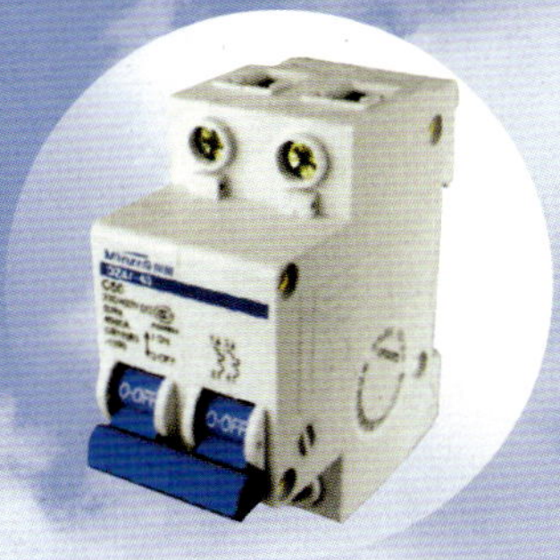

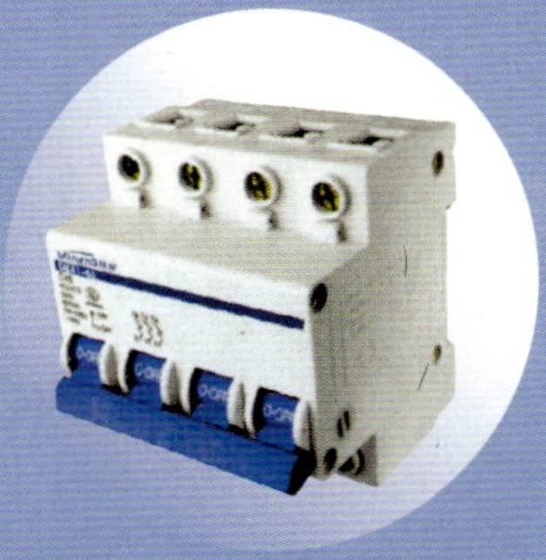

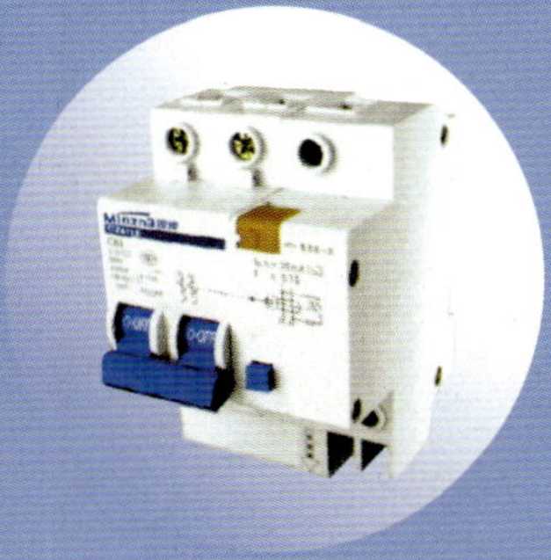

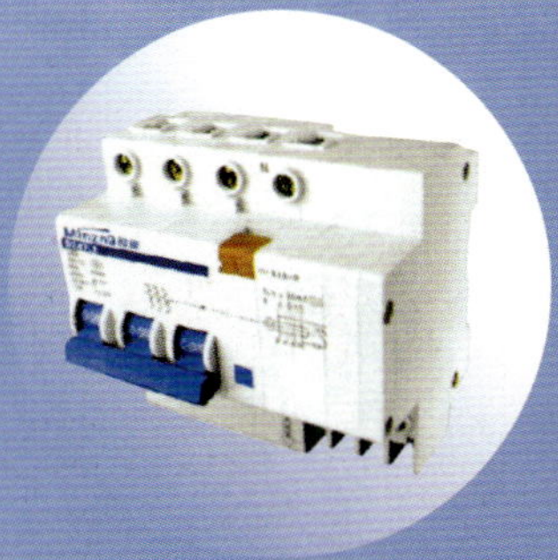

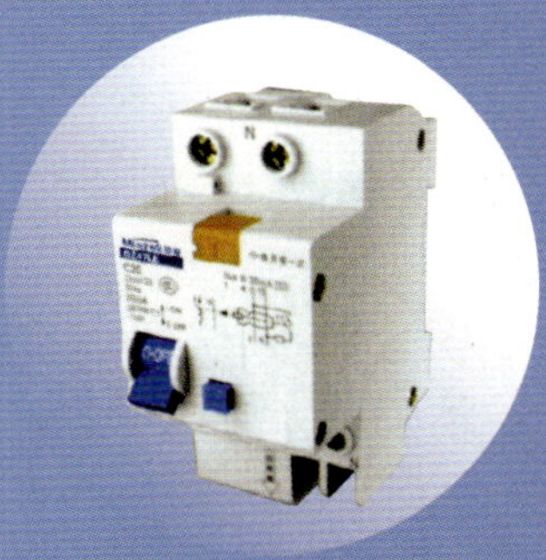

龙湾民政电器厂（制造商）
上海虑百工贸有限公司（委托商）
地址：永中郑宅工业区　电话：0577-86819202
传真：0577-86828158　http://www.minzhengzhaoyao.com

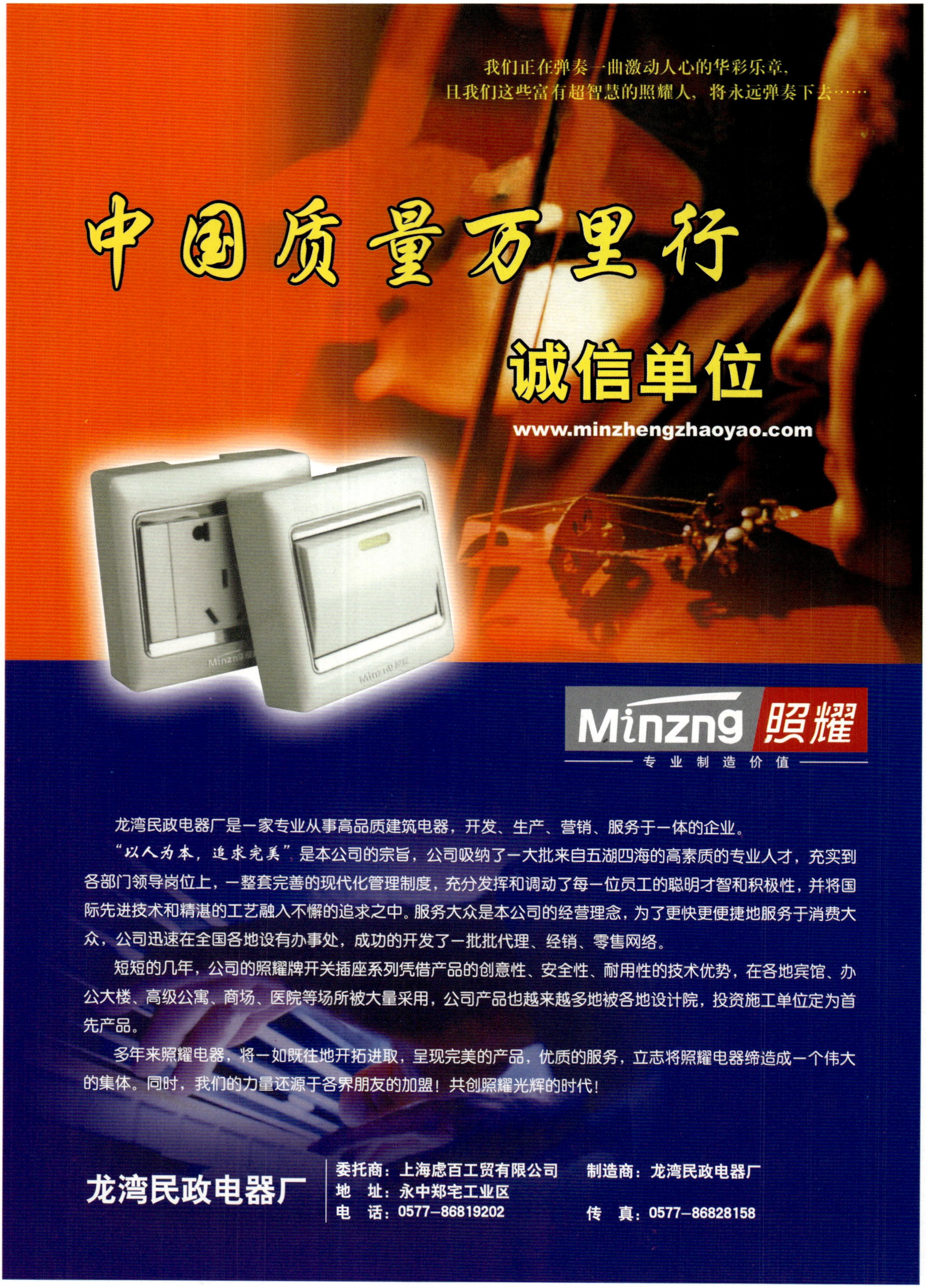
我们正在弹奏一曲激动人心的华彩乐章，
且我们这些富有超智慧的照耀人，将永远弹奏下去……
中国质量万里行
诚信单位
www.minzhengzhaoyao.com
Minzng 照耀
专业制造价值
龙湾民政电器厂是一家专业从事高品质建筑电器，开发、生产、营销、服务于一体的企业。
“以人为本，追求完美”是本公司的宗旨，公司吸纳了一大批来自五湖四海的高素质的专业人才，充实到各部门领导岗位上，一整套完善的现代化管理制度，充分发挥和调动了每一位员工的聪明才智和积极性，并将国际先进技术和精湛的工艺融入不懈的追求之中。服务大众是本公司的经营理念，为了更快更便捷地服务于消费大众，公司迅速在全国各地设有办事处，成功的开发了一批批代理、经销、零售网络。
短短的几年，公司的照耀牌开关插座系列凭借产品的创意性、安全性、耐用性的技术优势，在各地宾馆、办公大楼、高级公寓、商场、医院等场所被大量采用，公司产品也越来越多地被各地设计院，投资施工单位定为首先产品。
多年来照耀电器，将一如既往地开拓进取，呈现完美的产品，优质的服务，立志将照耀电器缔造成一个伟大的集体。同时，我们的力量还源于各界朋友的加盟！共创照耀光辉的时代！
龙湾民政电器厂
委托商：上海虑百工贸有限公司
制造商：龙湾民政电器厂
地　址：永中郑宅工业区
电　话：0577-86819202
传　真：0577-86828158

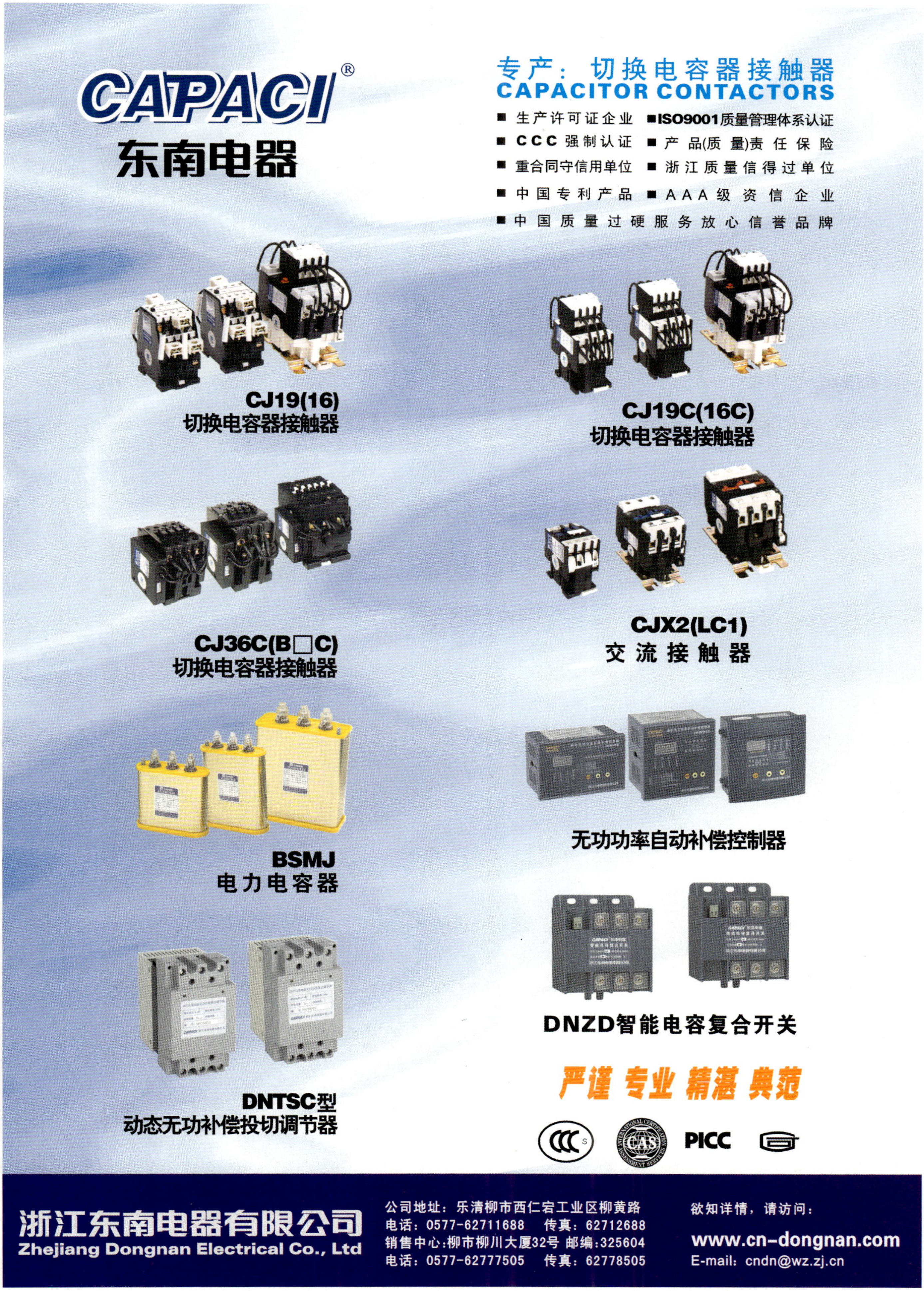
CAPACI®
东南电器
专产：切换电容器接触器
CAPACITOR CONTACTORS
■ 生产许可证企业 ■ISO9001质量管理体系认证
■ CCC强制认证 ■ 产品(质量)责任保险
■ 重合同守信用单位 ■ 浙江质量信得过单位
■ 中国专利产品 ■ AAA级资信企业
■ 中国质量过硬服务放心信誉品牌
CJ19(16)
切换电容器接触器
CJ19C(16C)
切换电容器接触器
CJ36C(B□C)
切换电容器接触器
CJX2(LC1)
交流接触器
BSMJ
电力电容器
无功功率自动补偿控制器
DNZD智能电容复合开关
DNTSC型
动态无功补偿投切调节器
严谨 专业 精湛 典范
PICC
浙江东南电器有限公司
Zhejiang Dongnan Electrical Co., Ltd
公司地址：乐清柳市西仁宕工业区柳黄路
电话：0577-62711688 传真：62712688
销售中心:柳市柳川大厦32号 邮编:325604
电话：0577-62777505 传真：62778505
欲知详情，请访问：
www.cn-dongnan.com
E-mail：cndn@wz.zj.cn

# 三辰 SANCHEN

高频开关电源模块采用艾默生系列产品

## 追求卓越
## 引领直流电源行业新潮流

## PGD 系列直流电源屏

- 镉镍电池
- 免维护电池
- 微机控制
- 高频开关
- 邮电通信

直流电源屏

是变配电系统必不可少的操作和应急电源

是理想的成套不停电直流电源装置

### 企业资质

- 通过ISO9001：2000质量体系认证
- 原机电部、电力部、冶金部、化工部定点企业
- 国家经贸委两网改造重点推荐产品企业
- “三辰”——浙江省著名商标
- 国家“重合同、守信用”企业
- 全国直流电源联合设计与行业标准副组长单位
- 浙江省高新技术企业、高新技术产品
- 国内直流电源设备生产经营规模大型企业
- 变电站综合自动化系统
- 所有产品均通过省、部级鉴定
- 承接水电设备成套工程项目
- 艾默生网络能源有限公司授权分销商

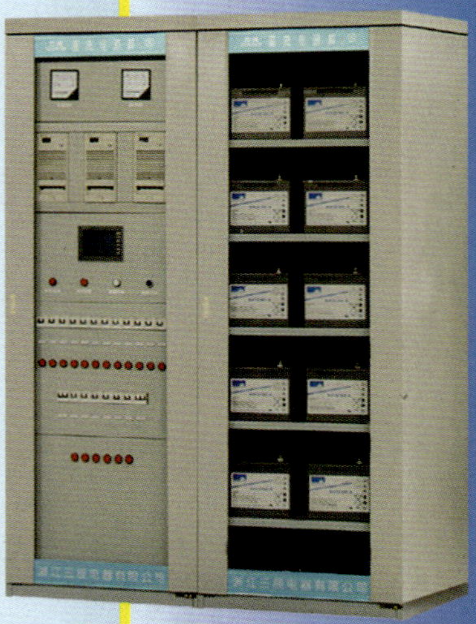

## PGD7-B
## 智能高频开关壁挂电源

- 适合小型开关站、小型用户变电站、10kV以下开闭站
- 具备二路交流输入（一路PT供电可选）
- 具备“四遥”功能并提供RS435/232通讯接口供选择
- 容量26Ah及以下，电压220V、110V、48V、24V

### 应用场所

- 适用于各种发电厂、变（配）电所、电信通信、计算机房、电气化铁路、石化、冶炼等重要直流用电场合

### 技术参数

- 交流电源电压，380V±15%无相序要求
- 输出电压范围 $U_e$±15%，由软件设定
- 输出电流范围(10% ～ 110%)$I_e$,由软件设定
- 输出稳压精度≤±0.3%
- 输出稳流精度≤±0.3%
- 纹波系数≤±0.1%
- 单体电池微机在线检测
- 具有温度自动补偿充电功能
- 选配长寿命优质进口或国产免维护蓄电池，容量12～6000Ah，电压12～220V

## 浙江三辰电器有限公司

董事长：陈立荣
总经理：王炳林

地址：浙江省青田县水南公路 41 号 邮编：323900
咨询热线：0578-6961784 6961845 13905782114
传真：0578-6888777

E-mail:sanchen@mail.lsptt.zj.cn
http://www.chinasanchen.com

# 新东北电气(沈阳)高压开关有限公司

总经理：盛东升先生

新东北电气（沈阳）高压开关有限公司是2002年5月按现代企业制度建立起来的外商独资企业。公司占地面积30余万平方米，主要设备1200余套，现有员工1900余人，其中，工程技术人员290余人，管理人员299余人。公司吸纳了日本日立公司和瑞士ABB公司先进的产品制造技术和管理经验，具有较强的产品研发能力和生产制造能力，是国内输变电高压开关设备主要科研制造基地之一。公司主导产品有六氟化硫全封闭式组合电器（简称GIS）、六氟化硫断路器（简称CB）、发电机保护断路器等20余个系列、190余个品种、450余种规格，分布于72.5KV—800KV等多个电压等级。目前，公司正在研发百万伏电压等级的产品。公司产品已遍布全国并远销20多个国家和地区，在国内外市场上享有较高的声誉。

公司所有产品均采用国家标准（GB）、国际电工委员会标准（IEC）等相关要求进行制造，并通过ISO 9001质量体系认证和荷兰KEMA的资质认证，同时具有压力容器设计制造资质和瑞士ABB 500KV GIS生产资质、以及国家二级企业和国家计量体系确认企业资质，公司产品先后荣获了国家部委、省、市等各级奖励40多项。

公司作为目前国内唯一的750KV特高压GIS生产厂商，为国家第一条750KV超高压输变线路制造的GIS设备已投入运行，同时目前已有多套500KV GIS运行于三峡左岸电厂，公司已获得了三峡右岸高压开关设备的部分制造合同；在售后服务方面，公司在全行业率先推行了《用户服务制度》，由此获得了“全国用户服务十佳”称号。

ZF6-72.5/126 气体绝缘金属封闭开关设备

ZF15-550 气体绝缘金属封闭开关设备

LW53-550 六氟化硫瓷柱式断路器

LW56-550 六氟化硫罐式断路器

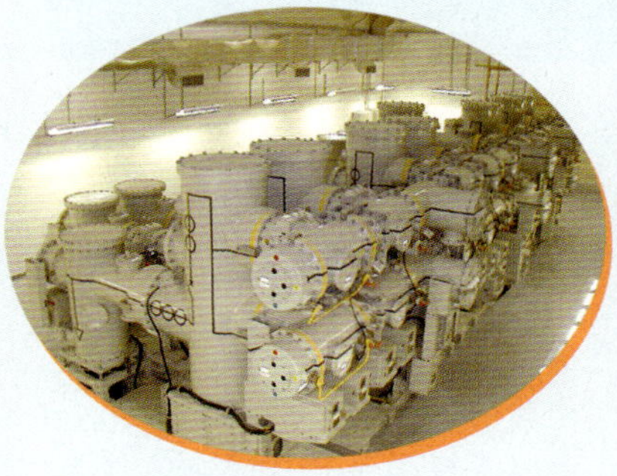

126kV 小型化气体绝缘金属封闭开关设备


地 址：中国 辽宁省沈阳市铁西区景星北街38号 邮 编：110025 电 话：086—024—25877911（总机）
传 真：25849863 E-mail：nhvs@nhvs.com.cn www.nhvs.com.cn

# 杭州汽轮动力集团有限公司

**杭州汽轮动力集团有限公司**（以下简称：本集团）的前身为杭州汽轮机厂，成立于1958年。1995年6月，作为国务院百家建立现代企业制度试点，首批改制为政府授权经营的国有独资企业；是国家520家重点国有企业和杭州市六家国有资产授权经营大集团之一。

**工业汽轮机**

**燃气轮机总装**

**出口日本万吨轮下水典礼**

本集团拥有国家级技术中心、博士后工作站、工业汽轮机研究所各一家。有成员企业16家，其中全资企业2家，绝对控股公司5家，相对控股公司4家，参股公司5家；产业涉及装备制造、船舶制造、电子真空管制造、进出口贸易、服务业、房地产等领域。

截止2005年底，本集团拥有总资产56.13亿元，营业收入61.73亿元，利润总额6亿元；员工总数3800余人，其中各类专业技术人员1550余人，占员工总数的38.75%，工程技术人员920人，占员工总数的23%。

本集团高度重视科技创新工程，有数十项科研成果荣获省部级以上科技进步奖，其中，获国家科技进步一等奖项目2个，获国家科技进步二等奖项目2个。

2003年以来，本集团抓住了国内电力设备需求急剧增长的历史性机遇，实现了企业“超常规，跨越式”发展！03—05年整个集团的规模和效益取得了连续“翻番”的佳绩，营业收入从03年的5.42亿元，到05年的61.73亿元，增长了11.1倍；利润总额也从03年的0.57亿元，到05年的6亿元，增长了10.8倍。工业汽轮机产量从03年的124台/83.18万千瓦，猛增到05年底的352台/328.94万千瓦，分别增长了2.8倍和3.95倍。工业汽轮机的年产量已经名列世界第一。

本集团十分重视产品质量，1995年获GBT9001—ISO9001质量体系认证，2001年又取得ISO9001：2000换版认证。“工字牌”工业汽轮机商标2004年获得浙江省著名商标。

党和国家领导人十分关怀本集团的改革和发展，胡锦涛、温家宝、吴邦国、江泽民、李鹏、乔石等中央领导都曾先后视察过本集团。

杭州汽轮机股份有限是本集团的核心企业，系B股上市公司，本集团持有该公司63.64%的股份。该公司是目前国内唯一能按用户特殊需要非标设计制造工业汽轮机的厂家，也是目前唯一已将产品打入由少数几家国际著名跨国公司控制的工业驱动汽轮机高端市场的中国企业；其工业驱动汽轮机产品国内市场占有率始终稳定在80%以上。

**地　址：杭州市环城北路167号　邮　编：310004　电　话：0571-85097609　传　真：0571-85097330**

# 大连互感器有限公司

www.huganqi.com

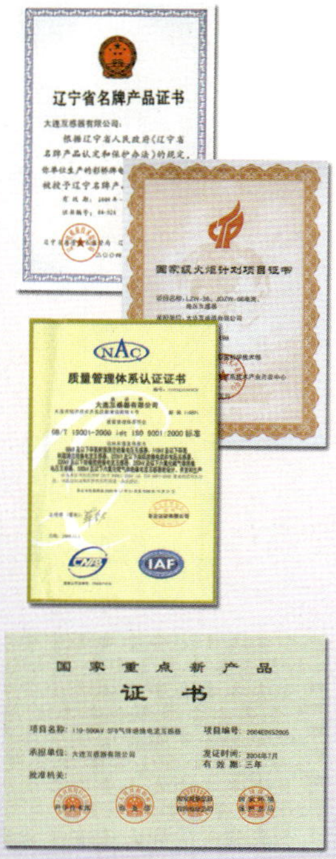


大连互感器有限公司前身为大连互感器厂。始建于1976年，是国家定点生产互感器的专业厂，国家城乡电网建设与改造所需设备首批被推荐的六个互感器生产企业之一，是大连市高新技术企业、全国用户满意企业、全国计量先进企业。

公司座落于大连经济技术开发区，占地58000m²，建筑面积38000m²，有职工400人，其中工程技术人员占职工总数的五分之一。技术力量雄厚，生产设备齐全，工艺先进，检测手段完善，拥有国内一流的全屏蔽防干扰高压试验大厅，3200kV冲击试验装置，不仅可以满足全部出厂试验，并可进行部分型试试验。1996年9月，在国内互感器行业中率先取得了ISO9001质量体系认证注册，并于1998年通过ISO10012.1计量检测体系确认合格。

主要生产0.5～500kV级油纸绝缘、环氧树脂浇注绝缘、SF6气体绝缘以及硅橡胶绝缘各种电流、电压互感器。户外浇注式电流、电压互感器，1995年开始挂网试运行，填补国内空白，并取得国家专利，其电压等级从0.5～110kV是油纸绝缘互感器的替代产品，已广泛应用于城乡电网改造中；35－500kV SF6气体绝缘电流、电压互感器具有无油、无介损、绝缘可靠、暂态保护、免维护等突出特点，已在许多国家重点工程中应用；电容式电压互感器不仅兼有载波通讯功能，并且具有防谐振和从外部进行误差调整的特点，深受用户欢迎；暂态电流互感器，依其优良的暂态误差保护特性，在短路电流非周期分量衰减时间较长的故障切除保护电路中被普遍采用；引进德国MWB专有技术生产的10～35kV级户内浇注绝缘电流、电压互感器，依其完美的造型、优良的性能，堪称互感器精品之作。

公司具有对各种电流、电压互感器进行独立设计、开发、生产、安装和服务的能力，产品除满足国家标准外，还可根据不同国家标准要求或特殊技术要求进行产品的设计和开发。近年来先后有8种产品被评为国家级重点新产品，如TYD110/√3—0.02H、LCWB7—220、LZW—12、JZW—12等，国家级火炬计划项目两项，还有40多种产品先后获省、市金、银牌奖，省优秀新产品金牌奖。

公司产品畅销全国30多个省、市、自治区并为许多国家重点工程配套，如三峡外送工程（重庆二滩电站）、万家寨电站、五强溪电厂、天生桥电厂、元宝山电厂、丰满电厂以及哈大、沈秦电气化铁路、西气东送工程等，部分产品直接出口日本、朝鲜、古巴及东南亚各国。注册商标“彩桥”2003年被认定为辽宁省著名商标，2004年“彩桥”牌互感器荣获辽宁省名牌产品称号。

大连互感器有限公司始终坚持质量第一，顾客至上、开拓创新、服务一流的质量宗旨。董事长姜德民携全体员工愿与您共求发展，携手共进，共铸辉煌。

TYD500

LVQBT-500W2

LB7-220W2

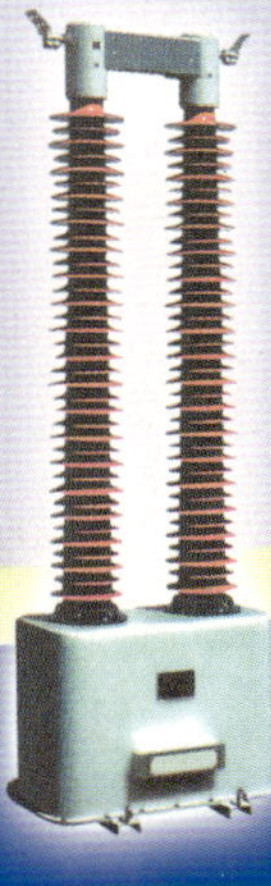

LRGBJ-220W2

LZW-110W2

地址：大连市开发区新港迎宾街4号
电话：0411—87501323、87500224
传真：0411—87500314、87503015
联系人：孙云堂
网址：www.huganqi.com
E—mail：dlhgq@163.com，dlhgq@huganqi.com

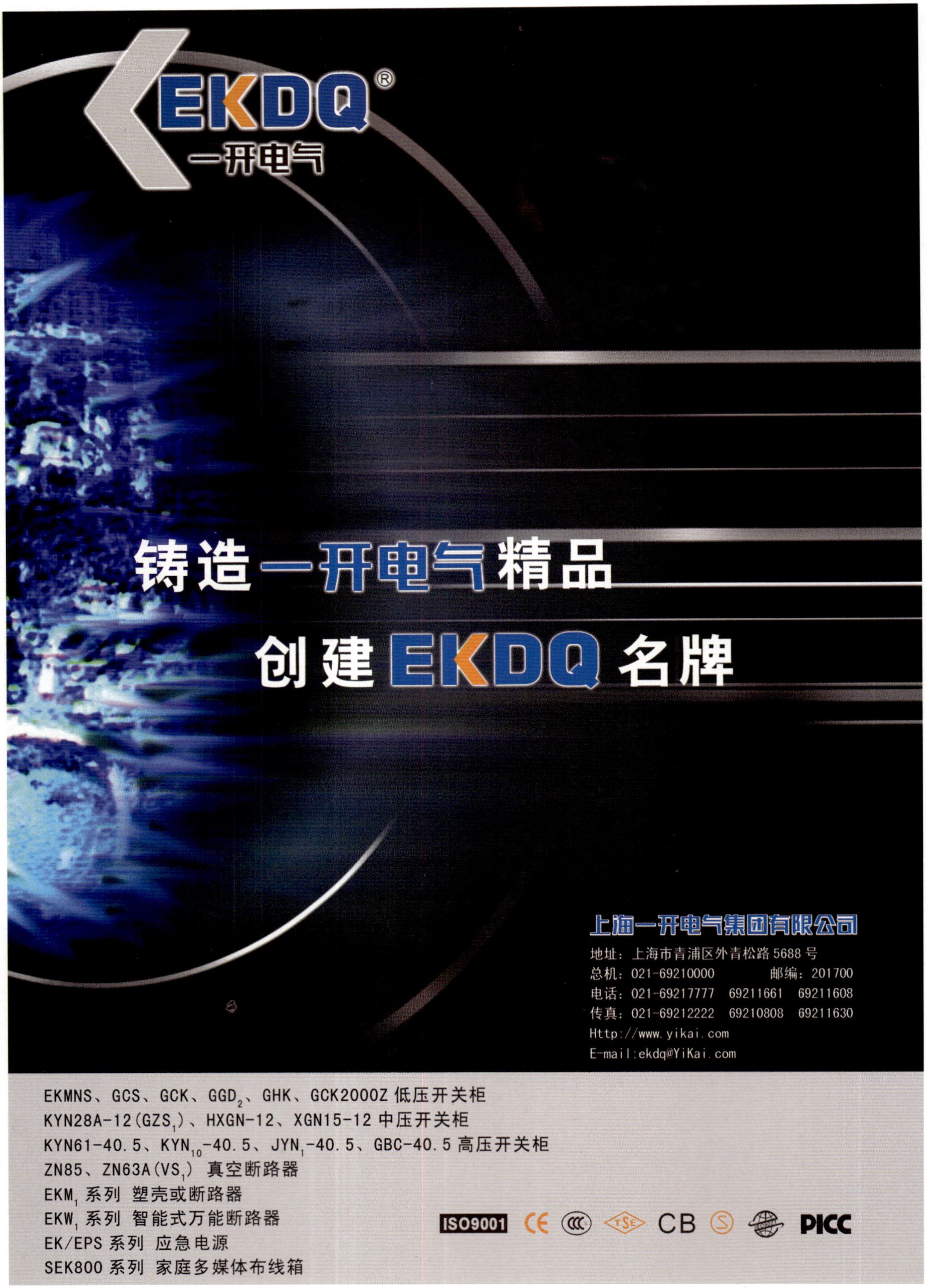
EKDQ®
一开电气
铸造一开电气精品
创建EKDQ名牌
上海一开电气集团有限公司
地址：上海市青浦区外青松路5688号
总机：021-69210000 邮编：201700
电话：021-69217777 69211661 69211608
传真：021-69212222 69210808 69211630
Http://www.yikai.com
E-mail:ekdq@YiKai.com
EKMNS、GCS、GCK、GGD2、GHK、GCK2000Z 低压开关柜
KYN28A-12(GZS1)、HXGN-12、XGN15-12 中压开关柜
KYN61-40.5、KYN10-40.5、JYN1-40.5、GBC-40.5 高压开关柜
ZN85、ZN63A(VS1) 真空断路器
EKM1 系列 塑壳或断路器
EKW1 系列 智能式万能断路器
EK/EPS 系列 应急电源
SEK800 系列 家庭多媒体布线箱
ISO9001
CE
CB
PICC

# 創業 CHAYIP® 东莞市创业电气设备有限公司

**东莞市创业电气设备有限公司**是专业生产各种高低压成套开关设备及控制设备的工业电气制造企业。公司通过 ISO9001：2000 国际质量体系认证，并同时通过了 3C 国家强制产品认证。公司生产的**“创业”牌**系列产品获《中国著名品牌》证书；公司还获《中国讲诚信守合同重质量典范企业》证书。

该公司是集产品开发、制造、技术支持于一体的高新技术企业，具有丰富的生产经验及大规模生产能力，有 20000 多平方米的现代厂房，多个驻外办事处；公司先后从德国、意大利、美国、日本、芬兰、荷兰等国进口先进制造，检测试验设备；建立了计算机和网络管理系统和CAD辅助设计系统及ERP资源共享管理系统等先进的高科技资源；近80人的技术开发、质量检验与售后服务等专业队伍；在工业与民用建设、房地产、高层建筑、广场、体育馆、国家大型重点工程等输配电行业的成就有目共睹。产品遍及全国各地和中国香港及东南亚各国。

**国际经理人协会 2002 年度、2003 年度“十大杰出经理人、企业贡献奖”获得者、企业管理博士、中国百名优秀企业家、中国工商理事会理事、广东省私营企业常务理事、东城商会副会长、东莞市创业电气设备有限公司董事长、总经理苏洪财先生。**

该公司主要产品有KYN28A—12(Z)、HXGNI5A—12(F)、XGNI5—12(F)等高压开关柜，PGL、GGD、GGF 等固定柜，KYM(GGL5)、MCC/LMCP 封闭式柜，GCK(L)、GCK2000—2、BFC、GCS、MNS 等抽屉柜、XL 动力配箱、照明配电箱、电表箱、插座箱、排骨箱等箱类及非标控制台、琴柜、模拟屏、消防水泵及中央空调箱，楼宇智能化及 BA 系统控制箱，亦可根据客户要求提供各种新颖、合理的柜体非标箱。

经过几年的努力，公司的品牌知名度越来越高，拥有众多的固定客户群。面对日益激烈的市场竞争，为了在竞争中赢得先机，真正满足用户的个性化需求，在世纪之初，正在攻读企业管理博士学位、2002年和2003年连续两年荣获国际经理人协会“十大杰出经理人、企业贡献奖”，现担任广东省私营协会常务理事、东城商会副会长、东莞市附城基业电气设备有限公司董事长、总经理苏洪财先生着眼当前，放眼未来，高屋建瓴再聚行业精英、强强联手创立了东莞市创业电气设备有限公司。新公司承接“基业”宝贵的研发技术及资源，引进高科技人才和设备，以科技创新、服务创新、管理创新的全新三维理念，带领全体员工发扬开拓、务实、团结的精神，共同开创美好的未来！

**“追求卓越，创新科技”是我们的经营理念！**

**“以人为本，睿智创新”是我们的口号！**

**创业公司下属企业：**

**东莞市聚成电气设备有限公司**

经营范围：高低压电气成套设备、高低压电器元件、配电箱（柜）、电线电缆、工程塑料、五金器材。

地　址：广东省东莞市东城区宝马山东宝路 21 号

电　话：0769—2684289　　传　真：0769—2684308

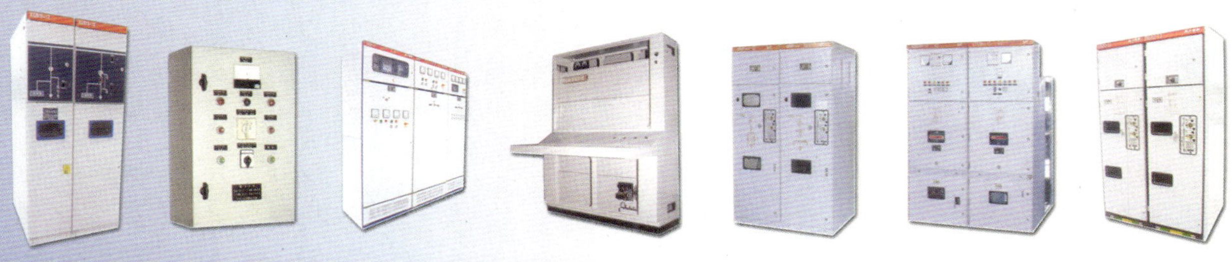

地　址：广东省东莞市城区温南路 78 号　　邮　编：523006　　电　话：0769—2617628（八线）

传　真：0769—2259663　　网　址：www.chayip.com　　E—mail：dgky.cy@163.net

CHINT

## 企业简介

正泰集团总部位于浙江省温州市，主要生产经营高低压电器、输变电设备、仪器仪表、建筑电器、机床电器、汽车电器、焊接设备、通讯设备等100多个系列、5000多个品种、20000多种规格的产品，是中国工业电器行业产销量最大的企业之一。“正泰”商标被国家工商行政管理局认定为“中国驰名商标”。“正泰”牌电能表、塑料外壳式断路器、万能式断路器等三大系列产品被评为“中国名牌产品”。

正泰集团不断进取、不断完善、不断超越，期待把无尽的光明和动力传输到世界每一个角落。

正泰集团公司近年来通过从美国、瑞士、日本、意大利等国家引进先进设备、自动化生产技术、现代化仓储管理技术等，大力提高企业技术装备和工艺水平，主要生产工艺装备、检测设备、模具加工设备、仓储设备、试验站等均达到行业领先水平。这些先进的技术设备，是现代化生产的必要保证。

卓越品质

CHINT

品质体现我们的尊严。

正泰集团公司把质量视为生命，并郑重承诺："创世界名牌，持久地为国内外客户提供满意的产品！"率先通过了ISO9001质量体系认证、ISO14001环境管理体系认证、OHSAS18001职业健康安全管理体系认证，并取得了中国低压电器行业第一张强制性认证证书3C认证。公司的部分产品还通过国际CB安全认证、美国UL认证、比利时CEBEC认证、荷兰KEMA认证、德国VDE认证等多项国际认证。

**正泰集团公司**
地址：浙江温州柳市工业区正泰大厦
邮编：325604
电话：0577-62777777 62877777
传真：0577-62775888
客户服务热线：800-8577777
http: //www.chint.com
E-mail: chint@chint.com

OHSAS18001:1999 ISO9001:2000

XCMG
徐工集团
● 徐工集团列中国500强企业第125名
● 徐工集团列中国机械工业百强企业第3名
● "徐工"荣获行业首个中国驰名商标
● 徐工装载机被评为中国名牌产品
卓越品质 追求一流
徐工徐工 助您成功
/满/足/超/值/需/求/ /效/力/社/会/进/步/

世界柳工　源自中国

# 广西柳工集团有限公司

董事长、党委书记：王晓华

总　裁：冯　立

广西柳工集团有限公司是国有资产授权经营的方式组建的国有独资企业，是国家重点联系的首批300家国有大型企业集团之一。目前在柳州、上海、江阴、扬州、镇江等地拥有全资及控股公司11家，参股公司3家，总资产40亿元，净资产22亿元，现有员工7000人，是广西“十一五”期间重点培育和发展的工程机械集群主业中的龙头企业。2005年实现营业收入65.6亿元，出口创汇3921万美元，主要经济指标居国内同行业之首。

公司的核心企业——广西柳工机械股份有限公司是于1993年将原柳州工程机械厂改制而成的，是广西乃至中国工程机械行业第一家上市公司。集团公司有近四十年轮式装载机生产历史，现已形成年产1～5.4m$^3$轮式装载机2万台生产能力，并拥有0.25～1.2m$^3$挖掘机、10～25t压路机、1.5～5t叉车、混凝土输送泵、混凝土砌块生产线等产品，形成了较为全面的工程机械系列产品。柳工ZL系列装载机处于国内领先水平，有近10种型号的产品荣获机械部和国家级多项奖励及荣誉称号，2004年柳工牌装载机荣获中国名牌产品称号。ZL100C是目前国内最大型轮式装载机。此外，集团各子公司还经营工程机械零部件生产、房地产、药业、食品业、物流、进出口业务等。

公司拥有国家级企业技术中心和博士后工作站，拥有目前世界先进的制造设备和技术，建立了完善强大的技术开发体系，被信息产业部列为“国家企业信息化试点单位”，通过了ISO9001质量体系认证。强大的技术开发和制造能力使柳工一直处于行业领先地位，被誉为“中国工程机械行业排头兵”。连续多年入选中国企业500强、中国机械百强企业，连续两年入围世界工程机械50强。

公司坚持以工程机械为核心的相关多元化发展原则，依托柳工强大、领先的技术力量、管理模式、营销网络、集团规模等优势，培育企业核心竞争力和独特的企业文化。以“追求无止境”的发展理念，以用户的需求作为柳工努力的方向，打造“柳工” 国际化品牌，不断做强做大，建立一个融入全球经济一体化的开放的、国际化的柳工。

http://www.liugong.com

董事长：王晓华
总　裁：冯　立
地　址：广西柳州市柳太路1号
邮　编：545007
电　话：0772-3886001
传　真：0772-3886697
网　址：www.liugong.com
邮　箱：group@liugong.com

玉柴机器
YUCHAI

Guangxi Yu
Engineerin

玉柴工程机械有限责任公司

# 人为本 · 争第一 · 零起点

广西玉林玉柴工程机械有限责任公司是广西玉柴机器集团有限公司控股的中外合资企业。现有总资产8.8亿元，占地面积40万平方米，员工一千余人，主要生产设备700台套，拥有现代化钢结构厂房，形成10000台/年的产销能力，分别在玉林、桂林设立技术研发、生产基地。

主导产品有**YCI3**、**YCI8**、**YC25**、**YC30**、**YC35**、**YC45**、**YC55**、**YC60**、**YC65**、**YC85**、**YCI35**、**YC225**、**YC255**等十三大系列六十多个品种的多功能全液压中小型挖掘机、YC系列叉车，多功能履带推土机及其变型机。产品具有挖、推、钻、抓、回填等诸多功能，广泛应用于建筑、市政、交通、能源、通讯、农林、水利、园林、绿化等基础设施建设场所。

玉柴工程机械有限责任公司与时俱进，刻意创新，不断开拓，积极构筑可持续发展的战略平台，以优良的产品和优质的服务真诚回报用户，回馈社会。

## YC60 系列液压挖掘机

| | |
|---|---|
| 整机重量 | 5800kg |
| 额定功率 | 61.2hp |
| 斗　容 | 0.22m³ |
| 标准斗宽 | 748mm |

地址：广西玉林市天桥路168号　　邮编：537005　　电话：0775-3289559　3289535　3289567　3283150

n Yuchai
g Machinery
Company Limited

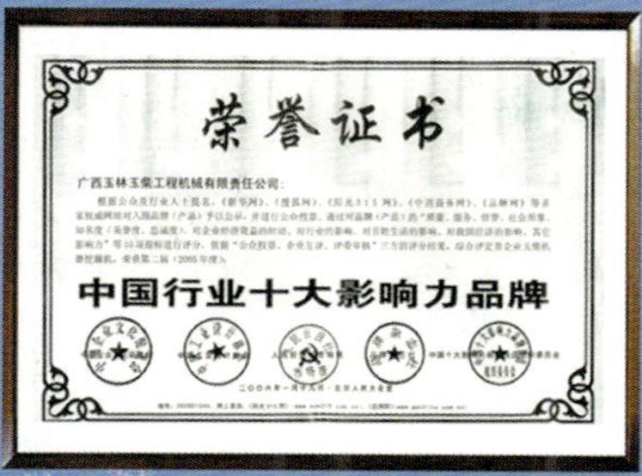

**YCC30CD**
**系列叉车**

发动机 YC4F
额定功率 54.4hp

**YC35 系列**
**液压挖掘机**

整机重量 3740kg
额定功率 43.5hp
斗 容 $0.12m^3$
标准斗宽 626mm

**YC85 系列**
**液压挖掘机**

整机重量 8100kg
额定功率 76.1hp
斗 容 $0.32m^3$
标准斗宽 859mm

## YC135 系列液压挖掘机

**整机重量** **13300kg**
**额定功率** **111.5hp**
**斗 容** **$0.52m^3$**
**标准斗宽** **1034mm**

传真：0775-3285202（公司办） 3283399（销售部） 3286678（技术服务中心） http://www.yuchai-excavator.com

# 温州市鹿城电动阀门厂

温州市鹿城电动阀门厂位于东海之滨，瓯江南岸距市中心12km，离雁荡山风景区80km，永强机场3km，紧靠同三高速公路交通十分方便。企业占地面积5000m$^2$，建筑面积3800m$^2$。现有职工108人，其中管理人员16人，技术工程人员10名，高级工程师5名。公司拥有大型立车、数控镗床、大型圆台磨床、数控车床、加工中心等，配套理化、液压阀门测试设备39台，建立了质量检测和试验中心，实现了CAD计算机辅助设计。

企业通过了ISO9001质量体系认证，各项质量活动实行标准化、程序化、规范化管理，是集科研开发、生产、营销和服务一体化的企业。

CV3000系列
引进调节阀

ZHAWG
气动调节蝶阀（灰浆型）

$ZD^{X}_{Q}G$
电子式三通调节阀

$ZM^{A}_{B}S$
气动角型调节阀

ZZYP系列
精小型自立式压力调节阀

气动薄膜调节阀

ZJHP
精小型单座调节阀配电—气定位器

卫生级电动焊接球阀

ZHAW
带手动双座套筒调节阀

$Y42H-\frac{16}{25}$
蒸汽减压阀DN20—250

## 我厂宗旨：

“质量为本，科技创新、优质服务、产品一流”。

企业主要**生产各类控制阀，生产的各类气动、电动、气液、电液、调节阀、切断阀、V 型球阀、偏转心阀**已有10多年历史，产品规格多达3000种，广泛应用于石油、化工、矿山、冶炼、电力、轻纺、造纸、制药、食品工业的行业生产控制过程，以及市政工程、冷暖空调、消防工程、远程总线控制，并做为配套设备出口世界各地，深受用户好评。

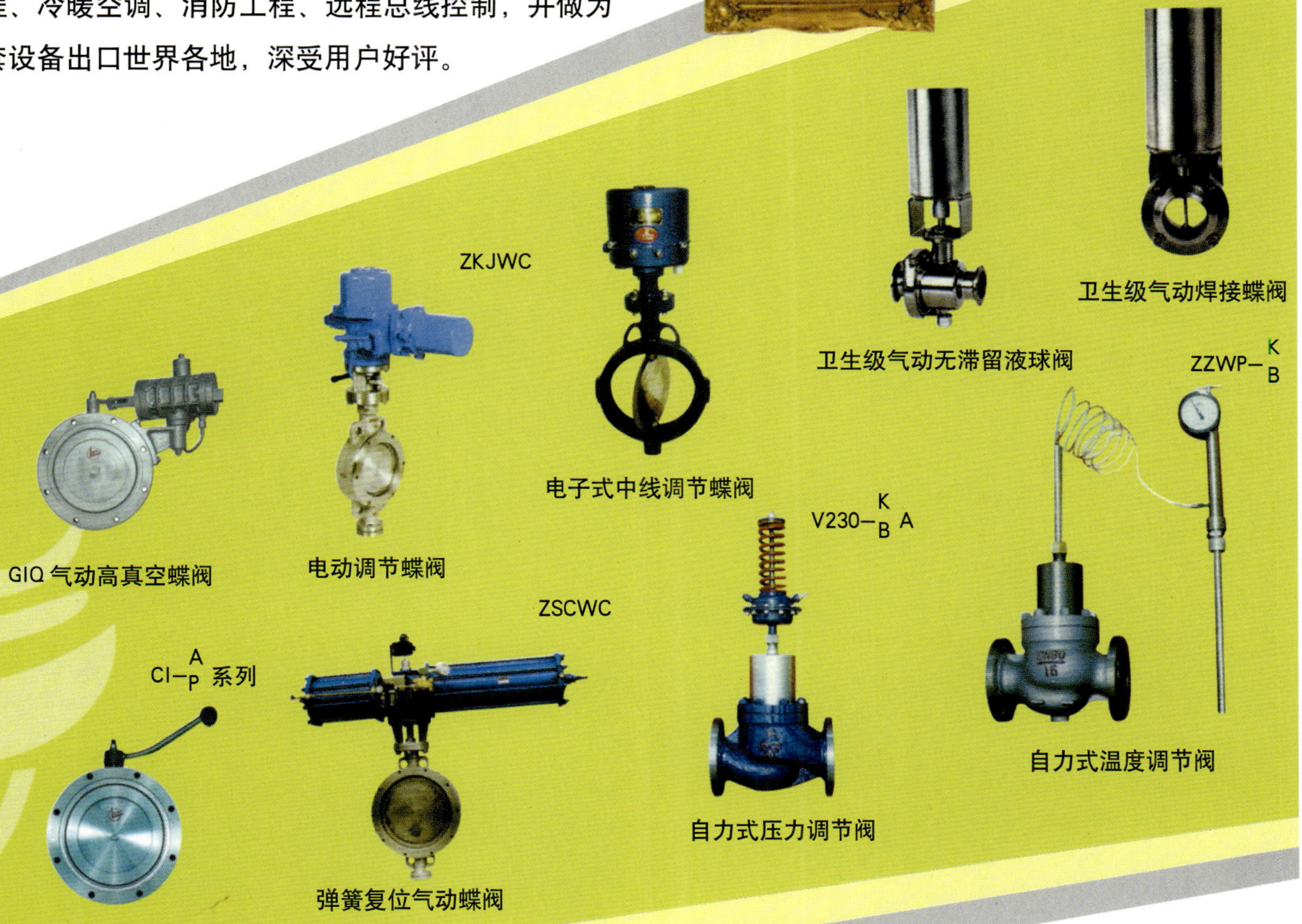


# 温州市鹿城电动阀门厂

电话：0577-86891801　86873866
传真：0577-86891800　86875446
销售部：0577-86875446　　手机：13968865280
永嘉销售部：0577-67993396
http://www.lcddfm.com
E-mail:lcddfm@hotmail.com　lcddfm@163.com
地址：温州市机场大道703号（兰田村姚家汇）
邮编：325024

柳州环宇

# 柳州环宇压

柳州压缩机总厂是全国生产大中型压缩机的骨干企业。1995年、2001年分别在同行业中率先通过ISO9001:1994和ISO9001:2000质量管理体系认证。建立有自治区级技术开发中心，连续十六年荣获广西**"重合同，守信用"**称号。**"环宇"**商标是广西著名商标。

工厂始建于1958年，占地面积28万平方米，主要生产设备700多台套。现有职工1150人，其中各类专业技术人员280人(其中工程技术人员147人)。

工厂具备独立设计、制造各类压缩机、工程机械和压力容器的资格，年产大中型压缩机可达2000台。主要产品有：空气压缩机、煤气压缩机、天然气压缩机、螺杆压缩机等200多种，广泛用于冶金、矿山、机械制造、轻工、化工、建材、玻璃、医药、食品、水电、城市煤气输送、建筑、国防工程等领域。主导产品VY-9/7型空压机、L-22/8型空压机、D-100/8型空压机获名

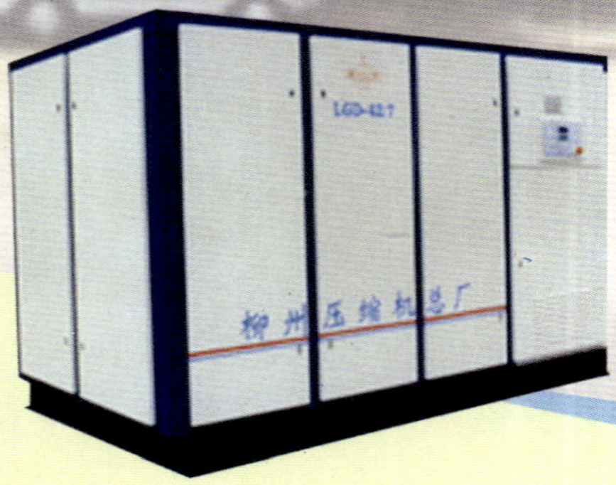


**LGD、LGF系列螺杆空气压缩机**

**D系列空气压缩机**

# 缩机有限公司

牌产品称号。1985年以来，工厂生产的大型空压机在全国市场占有率达70%以上，煤气压缩机国内市场占有率达60%以上。LGY—17/7型双螺杆压缩机、OGF—3/7型单螺杆压缩机被列为国家重点科技项目和新产品，质量达到优等品标准。工厂生产的D—100/8—e型空压机获“九五”国家技术创新优秀项目奖。2005年D—100/7（8）荣获广西名牌产品。

工厂设计、制造的产品在国内市场享有较高知名度和信誉，并且多次在国家重点工程招标中中标，如北京亚运会、京九铁路、天津大港油田、三峡水电站等。部份产品远销亚、非、拉、欧等21个国家和地区。

*我们热忱希望与各界人士一起携起手来，真诚合作，共铸辉煌！*

煤气(天然气)压缩机

V系列移动式空气压缩机

L系列空气压缩机

地　　址：广西柳州市北雀路129号
电　　话：0772—2310098　　2313027
传　　真：0772—2313274　　2312100
电子信箱：hyxs@lyhy.com.cn

www.lyhy.com.cn

# 常州市猛将过

董事长：俞达林

常州市猛将过滤网厂地处长江三角洲之苏南平原，位于鱼米之乡的江苏省常州市新北区孟河镇。这里地理环境优美，水陆畅通，交通便捷，通讯发达。

我厂始建于1986年，一直本着“质量至上，信誉第一”的宗旨，通过全厂员工的艰苦创业，奋力拼搏，工厂已具有一定的规模。目前工厂占地2000余平方米，建筑面积1500余平方米，有三大生产车间。现有管理人员10名，技术人员8名，生产工人28名，年销售收入达500万元。

常州市猛将过滤网厂聘请哈尔滨工业大学教授叶荣茂作顾问，生产各种铸造过滤网，专门为铸造行业服务。目前我厂生产铁水过滤网，铝合金过滤网，钢水过滤网等产品。近两年，又独自设计发明了专用于熔模的铸造产品—四角帽式过滤网。自我国加入WTO后，各铸造厂家对自己的产品质量要求精益求精，为了满足各铸造厂家的要求，我厂又耗资几十万元新增加了一套先进设备，专用于生产多孔泡沫陶瓷过滤片。我厂产品行销全国二十多个省、市、自治区，并出口东南亚等地，深受用户的一致好评。

工厂技术力量雄厚，检测设备先进，检测手段齐全，产品保质保量，并专门设有技术信息反馈部门，竭诚为广大用户服务。有些用户对我厂产品的使用方法不太了解，我厂亲自派技术人员前去协助，有时甚至无偿供应该厂产品试用。对于用户的询问，做到不厌其烦，有问必答。

我厂1999年获全国铸造科技成果奖；2001年获国内贸易部颁发的中国名优产品荣誉证书，同年3月又获江苏省打假保优专刊办公室颁发的“消费者、用户信得过企业、产品、服务”荣誉证书，获“中国行业质量优秀产品”称号。同年，由我厂设计发明的四角帽式过滤网，获“香港国际新技术、新产品”博览会金奖。2002年获全国高科铸造信息成果奖，同年又获中华人民共和国国家经贸颁发的“消费者信得过产品，质量信得过产品”荣誉证书。2002年又获亚洲新产品，新产品博览会授予的科技发明进步奖。展望未来，厂长俞达林和全体员工充满信心。

四角柱式过滤片

多孔汕丰陶瓷过滤片

# 滤网有限公司

## 使用范围

| 过 滤 风 种 类 | 使 用 范 围 |
|---|---|
| 铁水过滤网 | 用于铜合金、灰铁件、球铁件、小型铸钢件 |
| 钢水过滤网 | 用于中小型铸钢件 |
| 铜合金过滤网 | 用于铜合金件 |
| 铝合金过滤网 | 用于铝合金件 |
| 帽式过滤网 | 用于熔模件 |
| 碳化硅过滤片 | 用于铸铁件 |
| 氧化锆过滤片 | 用于铸钢件 |

## 技术性能

| 过滤网<br>技术性能 | 铁水过滤网 | 钢水过滤网 | 铜合金过滤网 | 铝合金过滤网 |
|---|---|---|---|---|
| 工作温度（℃） | 1450 | 1600 | 1200 | 850 |
| 持续工作时间（分） | 10 | 5 | 10 | 10 |
| 常温抗拉强度kg/4根 | ＞8 | ＞16 | ＞6 | ＞6 |
| 发气量（cm3/g） | ＜60 | ＜60 | ＜60 | ＜30 |

## 过滤网规格

| 名 称 | 网孔尺寸 | 规 格 |
|---|---|---|
| 铁水过滤网 | 1.5×1.5 | 按用户要求制作 |
| | 2 × 2 | |
| | 2.5×2.5 | |
| 钢水过滤网 | 1.5×1.5 | |
| | 2 × 2 | |
| | 2.5×2.5 | |
| 铜合金过滤网 | 1.2×1.2 | |
| | 1.5×1.5 | |
| 铝合金过滤网 | 0.9×0.9 | |
| | 1.0×1.0 | |
| | 1.2×1.2 | |
| | 1.5×1.5 | |

执行标准：航天工业部部颁标准(QJ999-86)

技术咨询：哈尔滨工业大学铸造教研室

高级顾问叶荣茂教授

董事长：俞达林

地址：江苏省常州市新北区孟河镇猛将

电话：0519-3532737

传真：0519-3552012

多孔汕丰陶瓷过滤片

多孔汕丰陶瓷过滤片

直孔陶瓷过滤片

# 上海鼓风机厂有限公司

SHANGHAI BLOWER WORKS CO.,LTD.

电站风机

脱硫风机

矿井风机

离心风机

冶金风机

**上海鼓风机厂有限公司**已有六十多年历史，是中国机械制造行业中的大型骨干企业。专业生产各种离心式压缩机、离心式和轴流式通风机、离心式和罗茨式鼓风机、消声器及刚挠性联轴器等。公司产品除提供国内火电站、石油、化工、矿山、地铁、隧道、冶金、建材、纺织、核电、轻工、环保、船舶、大楼通风及国防工业等工程配套需要外，在世界上30多个国家和地区均有本公司产品为各工程配套。

从70年代开始，公司不断引进世界先进的通风技术，先后从德国透平通风技术有限公司和巴布考克公司引进动叶可调轴流式风机、静叶可调轴流式风机、工业用离心式风机及消声器、刚挠性联轴器技术，从丹麦诺文科公司引进海上石油平台及商船用离心式和轴流式通风机技术，还从日本日立制作公司引进离心式压缩机技术。通过对引进技术的消化吸收与提高，不断开发适合各类用户需要的通风设备，使产品在广泛的通风工程领域内已形成比较大规模，并均可用目前世界上最先进的技术来满足用户所需要的参数范围。

公司为年产三十万 t 合成氨工程设计制造的空气压缩机曾获国家重大技术装备成果一等奖；为60万kW电站设计制造的电站风机获国家重大技术装备特等奖；为30万kW、20万kW电站设计制造的轴流风机获国家金质奖、国家重大技术装备优秀项目奖。近年来，公司在为国家重点工程建设中提供了一系列高质量的产品，包括：燕山石化66万t/年乙烯工程中的丙烯冷冻压缩机、上海金山石化70万t/年乙烯工程中的丙烯冷冻压缩机、上海外高桥电厂90万kW电站风机、中国新型核电高温气冷堆的氦气循环风机、出口伊朗电站、伊朗地铁大批量的工程配套风机等。

公司设备中，工艺装备资产总值的70%以上为数控设备。公司还建有国内最大的工业风机性能试验基地，试车功率为5000kW。先进的设备、领先的技术、精良的工艺，保证了公司产品的加工精度。公司在行业中率先通过了国内VTIL公司和美国FMRC公司ISO9001质量认证，企业获“上海市质量管理奖”、产品获“上海市名牌”称号.

**地　　址：上海市共和新路3000号**
**邮　　编：200072**
**电　　话：021-56650577**
**传　　真：021-56651514**
**电子信箱：E-mail:sbw@sbw-cn.com**
**网　　址：Website:www.sbw-cn.com**

# 陕西鼓风机低速风机厂

陕西鼓风机低速风机厂是陕西鼓风机（集团）有限公司的专业化制造厂，主要从事鼓风机、通风机、除尘等装置系统的设计及制造。

本厂以技术为先导，以市场为导向，不断进行产品结构、性能的研发，自行开发了C600、D750系列组合式离心鼓风机，实现了流量和压力的随意组合；AI、AII、C、D系列广泛应用在冶金、石化、化肥、环保等领域，能实现流量压力的自控调节和软启动，节能效果显著；目前生产的C系列污水处理风机在技术和质量上均处于国内领先地位，先后荣获“陕西省优质产品”和“西安市优质产品”称号。本厂采用美国海巴公司先进的MC系列多级离心鼓风机专有技术，生产制造的MC系列离心鼓风机，具有简单而紧凑的结构，高强化的扩展性能，高效而稳定的运行工况，优越的性能价格，市场前景广阔，该产品自2004年投放市场以来，深受用户青睐。

本厂2004年通过ISO9001《质量管理体系》、ISO14001《环境管理体系》、OHSAS18001《职业健康安全管理体系》的认证。

本厂宗旨：“质量第一、用户至上”。

C系列风机－中分立分结构

The Shaanxi Blower (group) corp., ltd. low speed Blower factory is the profession of the group to turn the manufactory, Mainly be engaged in the blower fanner , in addition to dust etc. equips the design and the manufacturing of the system.

My plant takes technique as to lead first, taking market as the direction, carrying on the development of the product structure, function continuously, by oneself developing the series of C600 、D750 sectional centrifugal blower, carrying out the discharge and pressures to combine at will ; The series of AI、AII、C、D widely using in the areas of Metallurgy、petrifaction、fertilizer、environmentalism, carried out the discharge pressure of from control to regulate and soft start, economize on energy the result to salience; The series of C dirty water processing blower produce currently all is placed in the domestic to lead the position on the technique and quantities, it has the honor of acquiring “high-quality product of the shaanxi province” and “high-quality product in Xi'an City” titles successively. My plant adopts the forerunner' s many classes of series of MC of the American HIBAR company to centrifugal blower to have the technique particularly, the series of MC that produces the manufacturing centrifugal blower, have simple but the structure of the tightly packed, high enhance of expand the function, efficiently but the stable movement work condition, superior of function price, that product since 2004 threw in the market, a favor.

My plant passed the ISO9001《 quantity management system 》, ISO14001《 environment management system 》, OHSAS18001 《 healthy safety of occupation management system 》attestation in 2004.

My plant aim:“The quantity is first, customer is highest”.

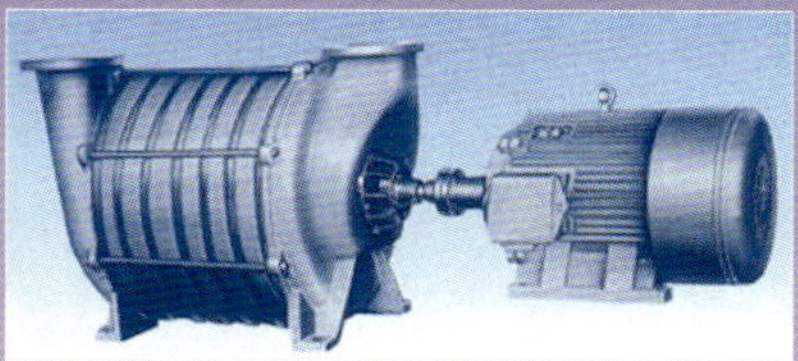

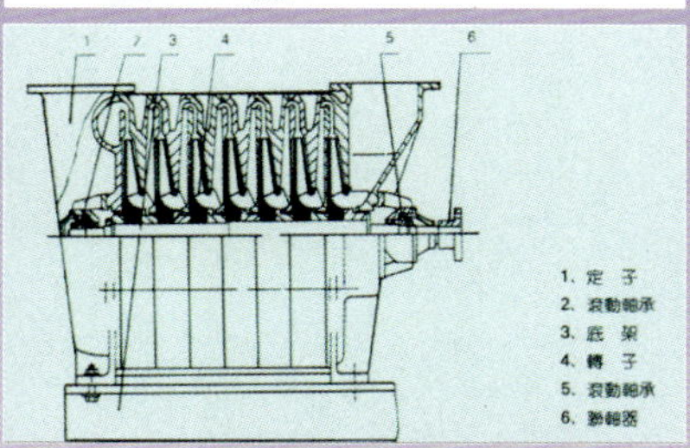


C系列风机－串级结构

C系列风机－串级、中分立分结构

C系列风机－中分立分结构

MC系列风机 美国技术环保产品

D系列风机－中分立分结构

地 址：陕西省西安市临潼区陕鼓路16号
邮 编：710611
电 话：029-81392680(合同科)
029-81392603(售后办)
029-81392607(技术科)
传 真：029-81392606
Http：//www.shaangu.com

# 江苏泰隆减速机股份有限公司

泰隆集团地处扬子江畔的泰兴市区，是泰兴人引以为豪的国家大型企业。泰隆集团东临沪宁高速、宁通高速，西靠南京禄口机场，南有江阴大桥，交通便捷，物流畅通，具有得天独厚的区位优势。

泰隆集团在全国优秀企业家、江苏省劳动模范董事长殷根章的领导下，经过20多年的悉心经营，昂首迈进了中国机械工业500强，成为行业龙头老大。集团现拥有总资产5.8亿元，固定资产3.6亿元，占地面积60万平方米，员工3162人，专业工程技术人员896人。近年来，公司从美国、德国、日本、俄罗斯等国家引进了大型数控磨齿机、蜗杆磨床、加工中心和计算机控制的碳氮共渗炉等一批高精尖的生产设备和检测设备，各类通用和专用生产、检测设备1858台（套）。建立了全国同行业中检测功能最全、检测功率最大、仪器最先进的测试中心，创建了苏中地区第一家厂办省级减速机研究所和省级工程技术中心。公司生产的主产品减速机,已经形成圆弧蜗轮蜗杆、行星齿轮、中硬齿面、硬齿面、平面二次包络、少齿差均载齿轮、三环、PS摆环、TL模块化、星轮减速机等十几个系列，几十万种规格的系列产品。翻转式水箱拉丝机系列，双捻合股成型系列，立卧式收放线系列钢帘线机械设备成为国际最大生产基地。引风机及各类防爆、防腐船艇用特种风机系列，双叶、三叶罗茨鼓风机及高温风机在市场崭露头角。公司荣获"全国首批重合同守信用企业"、"全国重点高新技术企业"、"全国机械工业质量效益型先进企业"、"全国机械工业质量管理奖"、"全国用户满意服务"等殊誉，在同行业中率先通过质量、环境、安全三位一体认证及ISO10012计量体系确认。公司2005年实现销售10亿元，实现利税1.8亿元,继续在全国同行业中位居第一。

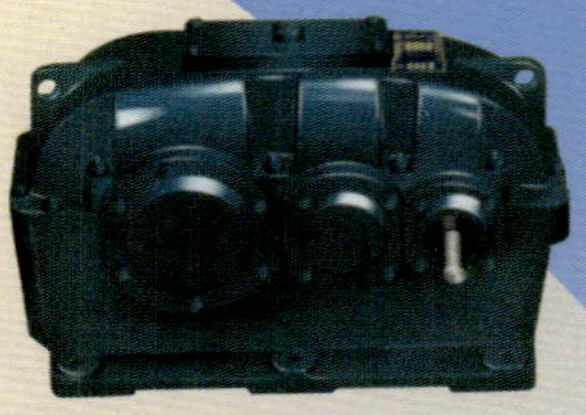
硬齿面圆柱齿轮减速机

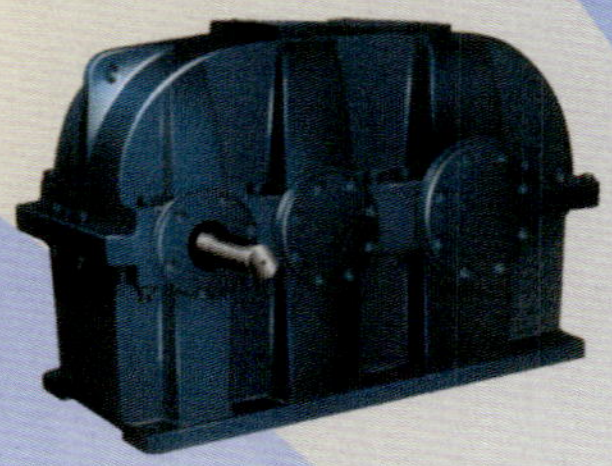
起重机减速机

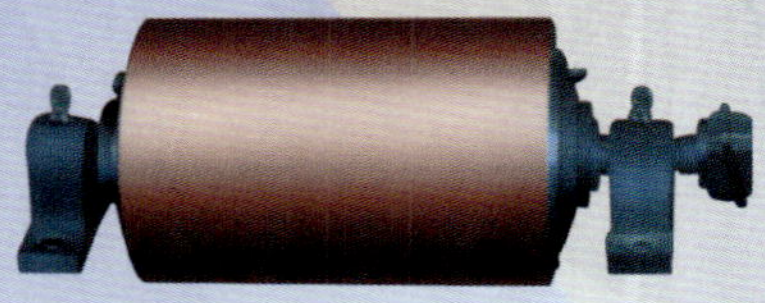
电动滚筒

蜗轮蜗杆减速机

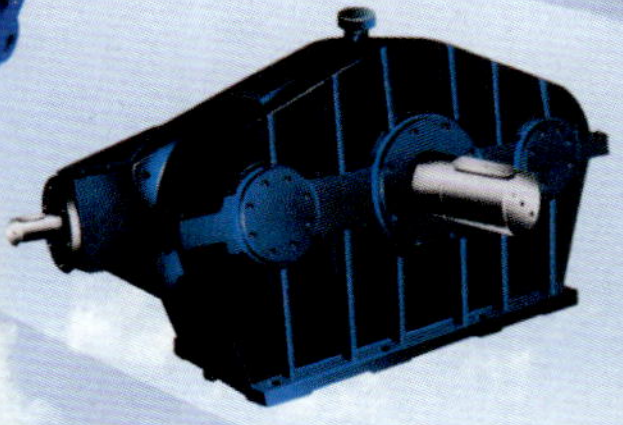
三环减速机

TL模块化组合齿轮减速机

地址（ADD）：江苏省泰兴市大庆东路88号
NO.88,Daqing Rd.(E) TaiXing City,Jiangsu Province
邮编（P.C）：22540
电话（TEL）：0086-523-7695698 7668018 7668028
传真（FAX）：0086-523-7665426 7665000 7665186
网址：http：//www.tailong.com
电子信箱：E-mail：tlgrp.tx@public.tzjs.cn

公司的强大实力与骄人业绩，吸引了世界减速机行业巨头之一意大利布雷维尼公司主动与泰隆合资生产S系列行星减速机，进一步推进了公司的国际化进程。

缸泵阀系列

导弹发射井盖高压多级液压缸

西昌卫星发射基地发射塔架现场

四川长江液压件有限责任公司是实施了国企改制，机制全新，技术资本实力雄厚的大型民营现代化企业、2004年被列为四川省高新技术企业。经过39年液压件专业化的生产，已成为国家大型骨干企业，被国家统计局列为全国机械工业500家大型企业第287位。公司“六五”、“七五”、“八五”均被国家列为重点技术改造企业。享有国家经贸委批准的外贸进出口经营权，通过了ISO9001：2000国际质量体系认证。

企业生产的长佳牌多路换向阀是以手动换向阀为主体，并可实现液动和气动换向，实现多个执行机构的集中控制。其参数：压力为16－35Mpa、流量为40－250L/min，近年来根据主机需要，成功地开发了具有负载反馈、脉宽调制的节能型产品。其中QF28全负荷传感多路换向阀荣获“2004年度中国液气密行业优秀新产品”。

长佳牌中高压齿轮泵采用滚针轴承、DU轴承、浮动侧板等先进结构，具有压力高（10－25Mpa）、转速范围宽（600－3000r/min）、排量规格多（0.82－350ml/r）等特点，并成功地引进美国威格士公司高压齿轮泵技术。2003年获得四川省“名牌产品”称号。

长佳牌中高压液压缸是液压系统中作往复直线运动的执行机构。缸径范围为40－600mm，工作压力16－40Mpa，公司在200—800T压桩机系列油缸、装载机系列油缸、挖掘机系列油缸、清洁车系列油缸开发上拥有成熟的设计和工艺保证，非标油缸最大缸径可达700mm，多级缸可达5级缸，产品具有工作可靠、易于维修及连接方式多样等特点。2002年长佳牌中高压液压缸连续四届蝉联四川省“名牌产品”称号。

四川长液公司多次为全国重点工程、国防科委、第二炮兵部队生产制造了1.2米、2.4米、6×8米等风洞试验用柔壁液压装置，为西昌、酒泉卫星发射基地研制了电摆杆液压装置等。2000年以来，长液公司在国家重大工程项目中大显身手，以丰富的设计、制造实践经验，掌握开发大型液压装置的核心技术，通过创新设计和研制，屡屡夺得国家重大工程中标，先后研制开发了2002年的上海磁悬浮轨道梁“DYY300型运架一体机180吨液压平台升降系统”，2003年的国家电力建设研究所亚洲最大输电线杆塔试验站的核心部份“1000KV杆塔试验液压加荷系统”、2004年的西昌卫星基地“301发射塔架平台液压系统”等，是一个制造了多套大型重点装备液压系统的大型骨干企业。其中为三峡水利枢纽开发的450T、500T门机抓梁液压系统荣获“2004年度中国液气密行业优秀新产品”和“2004年度机械工业科技进步三等奖”。

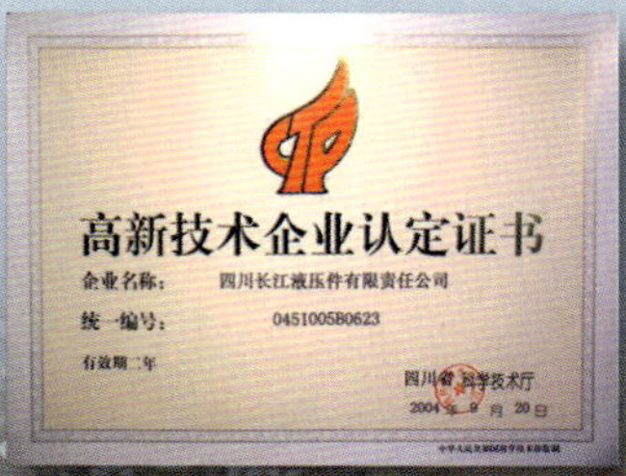


公司在董事长兼总经理雷洪明的带领下，坚持管理创新和技术创新，全力打造学习型企业和具有长液特色的企业文化。组织实施了公司业务流程再造，实施企业ERP信息化管理。长液公司正以稳健的步伐迈入国际先进、国内一流名牌企业行列。

地　址：四川省泸州市江阳区茜草镇
邮　编：646006
董事长兼总经理：雷洪明
联系电话：0830-3589287 3589238（技术）
3589205 3589176（销售）
传　　真：0830-3580325（技术） 3580131（销售）
网　　址：http://www.cj-hydraulic.com.cn
E-mail：cjyy@mail.luzhou.net

DMTG
2004年中国企业500强
大型工业企业500强
中国机械工业100强、机床工业首位
中国机械工业核心竞争力20强
中国机床工具行业销售收入连续五年第一
DMTG牌数控车床——中国名牌产品
中国名优产品售后服务十佳企业
大连机床 装备世界
尽可想像，我们携手能够做到的事情
Imagine what we can do together

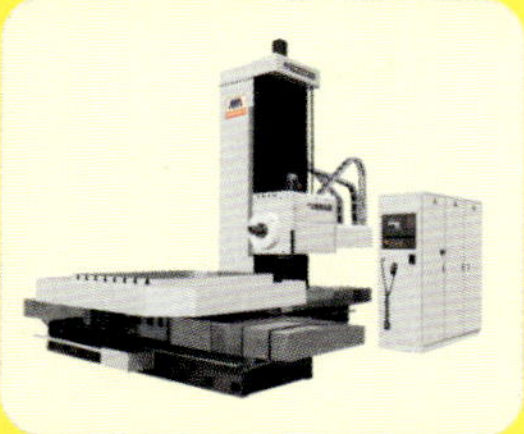

SMTCL

# 沈阳机床(集团)有限责任公司

## SHENYANG MACHINE TOOL (GROUP) CO., LTD.

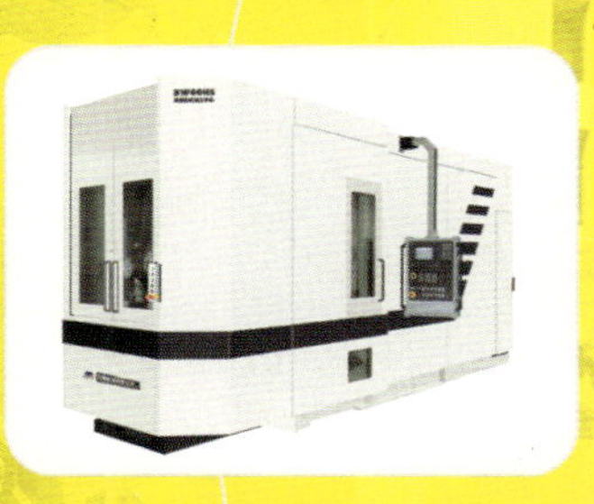

沈阳机床(集团)有限责任公司于1995年12月通过对沈阳原三大机床厂资产重组而组建。主要生产基地分布在中国的沈阳、昆明以及德国的阿瑟斯雷本。2004年机床产销量突破5万台，其中数控机床产销量突破6千台，机床产销量多年来始终居国内同行业首位。

公司主导产品为金属切削机床，包括两大类：一类是数控机床，主要有数控车床、数控铣镗床、立式加工中心、卧式加工中心、龙门式加工中心、数控钻床、重大型数控机床、高速铣削中心、激光切割机、质量定心机及各种数控专用机床和数控刀架等；另一类是普通机床，主要有普通车床、摇臂钻床、卧式镗床、多轴自动车床、各种普通专机和机床附件。共300多个品种，千余种规格。市场覆盖全国，并出口80多个国家和地区。

目前，公司的中高档数控机床已成批量进入汽车、国防军工、航空航天、轨道交通等重点行业的核心制造领域。“十五”期间囊括机床行业三个“十五”科技攻关课题项目。研制的上海磁悬浮轨道梁加工生产线等数控机床产品已达到国际领先水平。“沈一机”牌数控车床被授予中国名牌产品。2004年在重组素有“中国金牌出口基地”之称的云南CY集团有限公司后，成功并购了具有140多年重型机床制造历史的德国希斯公司，标志公司已经开始步入国际化经营轨道。公司的发展目标是打造世界知名品牌，创建世界知名公司。

**A Wide Range Of Provide Customers With Complete Set Of Solutions**

## 广州数控（GSK）

### ----中国南方的数控产业基地

国家863《中档数控系统产业化支撑技术》重点项目承担企业，广东省20家重点装备制造企业之一。从1987建厂开始，十几年来致力于专业研发、生产机床数控系统、伺服驱动装置与伺服电机，推广机床数控化普及，开展数控机床贸易，现已经发展成为一家集科、教、工、贸于一体的大型高新技术企业。公司现有员工1200多名，其中博士4名、硕士研究生50多名，工程技术人员500多名。年产数控系统2万多套，2000年至2004年，产品产销量连续五年居国内同行业首位。是全国最大机床数控系统生产基地，市场占有率超过1/3。

**主要产品有：**

GSK系列车床、铣床、加工中心数控系统，DA98系列全数字式交流伺服驱动装置，DY3系列混合式步进电机驱动装置，DF3系列反应式步进电机驱动装置，GSK SJT系列交流伺服电动机，CT-L数控滑台，数控刀架等控制设备。

**GSK 广州数控设备有限公司**

**GSK CNC EQUIPMENT CO., LTD.**

地址：广州市罗冲围螺涌北路一街52号　邮编：510165
总机：020－81786477 81999473　电话：020－81996810
传真：020－81982783　网址：www.gsk.com.cn

BYJC
北京第一機床廠
尉建行同志视察北一林河数控基地
全国政协主席贾庆林视察北一良乡数控基地
原机械工业部部长何光远先生参观北一产品
北京第一机床厂
北京北一机床数控有限责任公司
地　址：北京市顺义区林河工业开发区双河大街16号
电　话：010-89496161　传　真：010-89451869
网　址：www.byjc.com.cn
北京第一机床厂销售分公司
地　址：北京市朝阳区东三环中路39号建外SOHO B座2802室
电　话：010-58691108　传　真：010-58690354
E-mail：bjby@263.net.cn
北京第一机床进出口有限责任公司
地　址：北京市朝阳区东三环中路39号建外SOHO B座2604室
电　话：010-58693398　传　真：010-58693594
E-mail：byjcjck@sina.com

# 青海华鼎重型机床有限责任公司

数控铁路专用机床

数控重型卧式车床

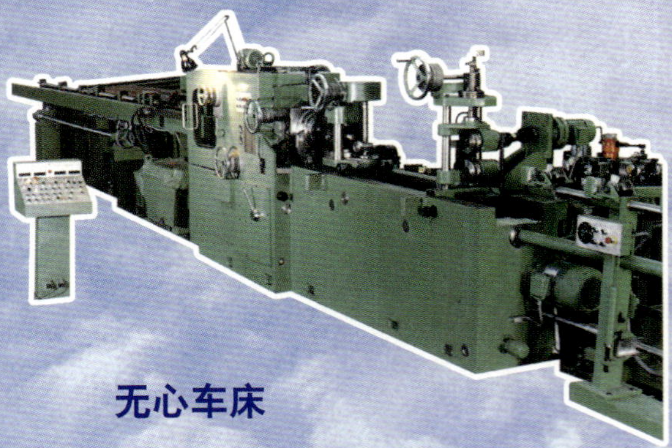

无心车床

青海华鼎重型机床有限责任公司是由原青海重型机床厂发起设立的青海华鼎实业股份有限公司的子公司，是国内机械行业重点骨干企业和重型机床的主要生产企业之一，为国家二级企业、青海省高新技术企业，曾荣获全国机床行业标兵、全国用户满意企业等荣誉称号，全国首批“重合同、守信用”企业。

公司占地13万平方米，拥有各类设备380多台，其中金切设备150多台。公司具有雄厚的设计制造能力和较强的加工制造能力，拥有2500平方米的新产品试验基地和近万平方米的大型、精密件加工车间及起吊能力100吨的装配车间。公司主要产品为铁路专用机床、轧辊机床及其专机、重型卧式车床、无心车床及其它专用机床。产品全部服务于国家重点支持和优先发展的交通、能源、原材料、国防等基础产业，符合国家的产业政策。现已开发了190多个规格品种的机床产品，形成了以数控、高精度重型机床为主，集多品种、多层次、多领域具有鲜明特点于一身的产品格局。目前公司产品在国内市场平均占有率为60%，产值数控化率超过50%，部分产品远销非洲、欧洲及亚洲30多个国家和地区。

随着国际市场与国内市场的接轨，市场经济运行体制逐步规范，市场空间进一步扩大，公司将充分利用先进的技术，高质量的产品，讲求以科技为先导，以信誉为根本，以质量求生存，奉行精心设计、精细制造、精诚服务的方针，全方位为客户提供优质的服务。

地址：青海省大通县体育路1号　　邮编：810100　　电话：0971-2722163　　传真：0971-2723286

# 哈尔滨第二工具（厂）有限责任公司

## Harbin No2. Tool Corporatioo. China.

董事长：姜兴金

哈尔滨第二工具厂始建于1956年，50年来已发展成为国家金属切削刀具和木工切削刀具的重点企业。

主要产品为金切刀具和木工刀具两大类，98个品种，5914个规格。金切刀具有机用锯条、高速钢车刀、立铣刀、键槽铣刀、直镶齿三面刃铣刀等均获国家、部、省级优质产品称号。木工刀具的生产能力、品种、复杂程度及加工水平均居国内先进水平，是ISO9001质量管理体系认证企业。

*公司视产品质量为生命，并竭诚为广大用户服务。*

地址：中国哈尔滨市道外区南极街171号
邮编：150020
企业网址：www.haergong.com
电子信箱：heg@haergong.com
电话：0451-88323846
传真：0451-88327541
销售公司电话：0451-88324532 88321138
销售公司传真：0451-88309616
出口公司电话：0451-88327021

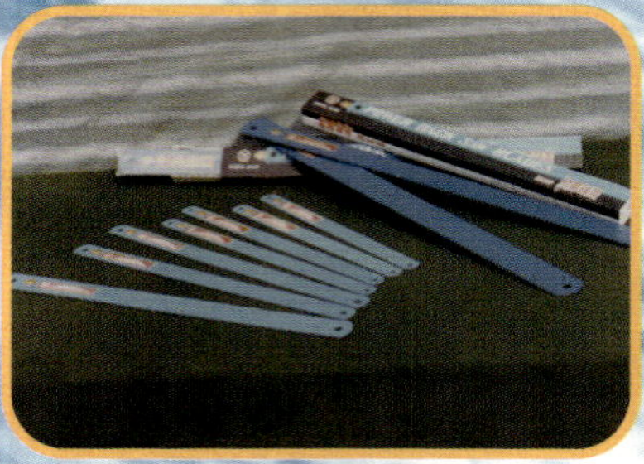

# 江苏金方圆数控机床有限公司

江苏金方圆数控机床有限公司系国家级高新技术企业、全国机械工业联合会理事单位、全国机床工具行业协会及全国锻压行业协会副理事长单位、国家火炬计划邗江数控金属板材加工设备产业基地龙头骨干企业、扬州市邗江锻压协会理事长单位、国内锻压行业较早通过ISO9001国际质量体系认证的企业、AA级信用企业。公司人均劳动生产率100万元以上。法人代表宓仲业毕业于哈尔滨工业大学，是第八届全国人大代表、全国劳动模范、中青年专家、教授级高级工程师。

公司主要生产数控压力机、折弯机、剪板机、激光切割机及板材加工柔性生产线，所有产品均为高新技术产品，其中VT、ET、RT系列数控压力机、JLC系列数控精密激光切割机，MCZ数控母线生产线、APSS冲－剪混合生产线等15个产品被列为国家级重点新产品。1997—2004年连续8年被评为江苏省名牌产品。

地址：江苏扬州开发区开发路35号
电话：0514—7871336　7871337　7873787
传真：0514—7871336　7880637
http://www.jinfangyuan.com　E—mail：yz.jfy@public.yz.js.cn

# 上海工具厂有限公司
SHANGHAI TOOL WORKS CO.,LTD.

## 公司简介

上海工具厂有限公司是中国工具行业的国家一级企业，具备自营出口能力，有50多年专业生产各类刀具的历史。主要产品有**孔加工刀具、螺纹刀具、硬质合金刀具、超硬刀具、涂层刀具、齿轮刀具、铣铰刀具、拉削刀具、刀柄刀杆、量具**以及各种**非标异型刀具**。产品畅销国内外，享有盛誉。

公司多次获得国家、原机电部、上海市等多项奖牌和奖状。公司“上☆工”商标被评为上海市著名商标。1996年公司通过ISO9001质量体系认证。上工牌钻头、丝锥自1997年以来连续被上海市评为名牌产品，硬质刀具2004年被评为上海市名牌产品。

近期，公司引进关键精密设备、先进涂层设备、精密测量仪器、先进CAD/CAM软件和技术，重点开发了硬质合金PCB钻头和铣刀、高性能高速钢和硬质合金精密圆形数控刀具、超硬刀具、各类复合涂层刀具、精密数控刀柄等，以满足电子、通信、汽车、模具、电站、机床、冶金、军工、航空、航天等行业的加工需要以及特殊技术要求的加工需要。

公司竭诚为国内外客户提供优质的产品和一流的服务。

上☆工

上海工具厂有限公司
地址：中国上海军工路1060号
电话：021-65386538 传真：021-65381198
网址：www.stwc.cn
上海工具厂销售有限公司
地址：中国上海周家嘴路1113号
电话：021-65122433 传真：021-65019353

上工国际精密工具有限公司营销部
地址:上海市军工路1060号
电话:021-65386538 传真:021-65487059,65380629
上海工具厂有限公司进出口部
地址:上海市军工路1060号
电话:021-65487536,65486579 传真:021-65381679

# 沈阳市盛世磨料磨具有限公司
## Shenyang ShengShi Abrasive and Grinding Tools Co.,Ltd.

总经理　乔春华

General Manager：Qiao Chunhua

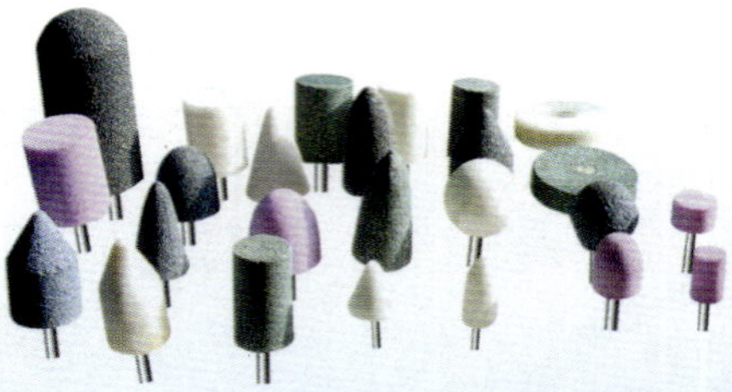

沈阳市盛世磨料磨具有限公司是九十年代新兴的利用国际最先进的生产技术和加工工艺制做陶瓷砂轮、树脂砂轮、橡胶砂轮、金刚石砂轮、涂附磨具以及树脂砂轮补强用高品质黄铁矿粉的专业性公司。生产品种齐全，技术力量雄厚。产品质量居国内领先水平。特别是高速切割砂轮、角向磨光砂轮、轴承抛光砂轮、磨曲轴砂轮、磨铸件砂轮、镜面磨砂轮、钢厂专用砂轮等是综合国内外最先进的技术，具有独创的耐磨，高效、不烧伤、光洁度高、安全可靠等高品质的新型产品。受国内外大型钢厂、船厂、汽车制造厂、轴承厂、机械厂、铸件厂以及进出口商的青睐和好评。目前公司的研发能力已形成优势，可以根据用户需要，研制特殊用途的高、精、尖产品以及替代进口产品，公司的宗旨是一切以用户的需求为最高准则，以用户的满意为最终目的。

**欢迎国内外朋友光临合作！**

Shenyang Shengshi Abrasive and Grinding Tools Co., Ltd is a new and developing company since 1990s,which specializes in producing ceramic, resin, rubber grinding wheels, diamond grinding wheels as well as coated abrasives, high quality sulfur mine powder which is used in the reinforcement of resin grinding wheels using foreign advanced manufacturing technique and process. The company employs a powerful technical force and produces complete varieties with the quality being the leading level in China. Especially the high speed resin cutting wheels, angular polishing wheels, bearing polishing wheels, crankshaft wheels, cast iron wheels, mirror wheels, wheels specially used in steel plant etc. are new super grade products of high abrasion resistance, high efficiency, non-burn, high surface finish, safety and reliability, which are produced integrating the most advanced domestic and international technology. Having been used by lots of well-known domestic and international enterprises, our products are proved that all the indexes reach ideal result and sold well in many main large enterprises both at home and abroad such as steel plants, ship buildings, bearing plants, motor plants, machinery factories, molten plants as well as foreign customers. Now we have the high ability of researching and developing new products in special use according to the customer's demands, which can be the substitute of importing products.

The tenet of the company: The customer's demand is our highest guide line The customer's satisfaction is our end aim.

**Welcome friends from all over the world to come for cooperation!**

厂区一角 A glance of the

地址：沈阳市苏家屯区瑰香街 18 号（雪松开发区）
Add：No.18 Guixiang Street,Sujiatun District,
Shenyang China
邮编(P.C.)：110101
电话(Tel)：024-89426688 89155618
传真(Fax)：024-89426999 89156098
Http://www.chinashengshi.com
E-mail:shengshi@online.ln.cn

# 连云港机床厂有限公司

## LIANYUNGANG MACHINE-TOOL PLANT CO.,LTD.

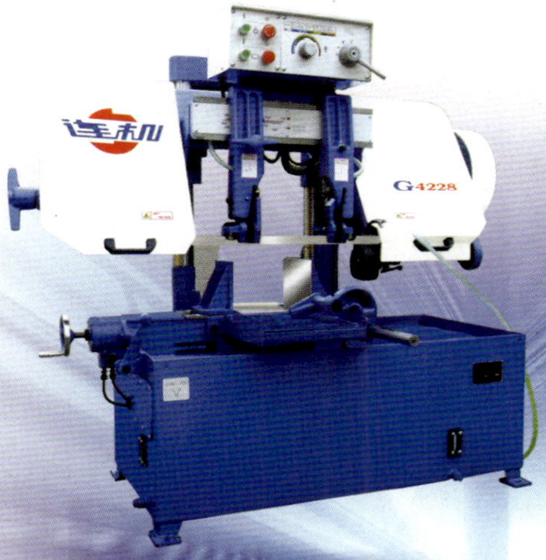


G4228 双柱卧式带锯床

H-250SAⅡ 半自动带锯床

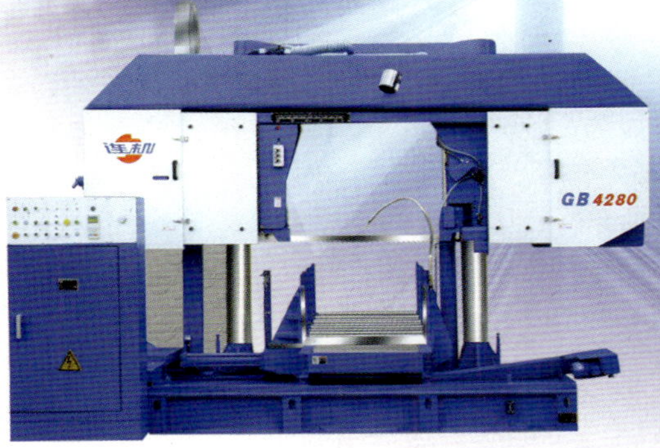


GB4280 双立柱卧式带锯床

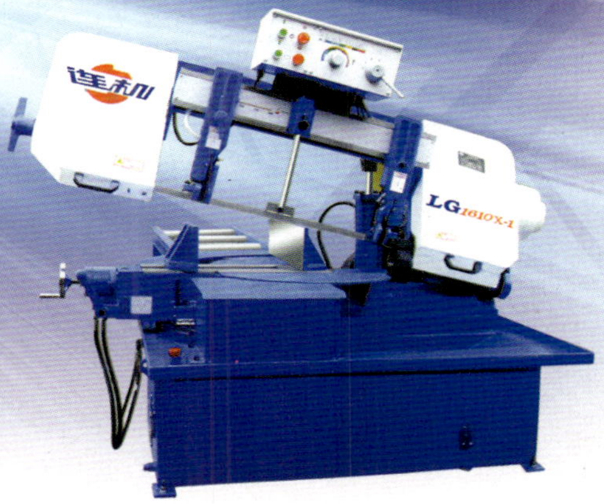

LG1610X-1型钢专用带锯床

连云港机床厂有限公司（原连云港机床厂）位于黄海之滨、新亚欧大陆桥东桥头堡、美丽的港口城市—连云港市。

连云港机床厂有限公司创建于1967年2月。2.1万平方米的占地面积，1.45万平方米的厂房建筑，150余台套高精度的生产设备，使其拥有年产2000余台套各类金属锯床的生产能力。优美的环境，便捷的交通，特殊的地理位置，加上优秀的员工，使得连云港机床厂有限公司充满朝气。

1994年，我厂与日本天田株式会社合资兴建了天田连云港机械有限公司，注册资金620万美元，主要产品为AMADA ϕ250系列带锯床、双金属带锯条，产品质量挤身世界一流。

经过三十余年的努力与奋斗，公司已发展成为中国规模最大的锯削装备的生产基地，2002年名列中国机床工具行业企业效绩评比综合得分第一。主要产品有ϕ160—500mm全系列卧式弓锯床及ϕ250—1300mm全系列带锯床。公司积三十余年的生产经验，加上完美的ISO9000质量管理体系，必将使广大顾客的需求得到最大的满足，并与广大顾客共创美好的明天。

地　址：江苏省连云港市新浦海连西路18＃　邮　编：222004　电　话：0518-5412884
传　真：0518-5513399　开户银行：工商银行幸福路分理处　帐　号：1107015109000029386

KAIJI
浙江省玉环县坎门机床厂
紧跟时代步伐 振兴民族工业
CK6132 车床
CKQ40 球形车床
CJK0620 车床
MCV32 立式加工中心
CSK40 双主轴自动车床
CJK6136/6145 车床
仪表车床
XK5030 立铣床
HK12 珩磨机

# 简介

Brief Introduction

坎门机床厂创建于1983年,地处汽摩工业园区和机电工业园区及温岭白溪工业园区。临104国道泽坎线。工厂总占地面积七万余平方米，全厂现有职工240余人，大中专工程式技术人员22名,高级技术人员5名。

以振兴民族工业为己任，在数控高速发展的今天，不断努力进取紧跟时代步伐。近年来该厂科技人员在原生产经济型数控车床、数控铣床的基础上相继开发了CK6132斜床身数控车床、、高速电主轴、MCV-32、XH715、80A加工中心、车削中心。这样使的坎机更具实力来参与当今激烈的市场竞争。

坎机重视技术改造工作，不断采用先进的技术装备，上规模、上水平，生产条件日臻完善。工厂拥有从精密龙门导轨磨到加工中心各种“精、大、稀”先进设备10余台，一般加工设备130余台套。各种检测设备齐全，激光干涉仪、动平衡仪、噪音测量仪等应有尽有。设备硬件在浙江同行业中堪称一流。

企业坚持以科学进步为动力，以市场为导向，以质优价廉的产品深受广大用户的欢迎，生产的数控车床多年来畅销不衰。在机床行业竞争激烈的今天，企业能脱颖而出连续数年保持快步增长，在同行业中备受瞩目。

随着我国机床工业加入WTO，可谓机遇与挑战并存。为了迎接挑战，抓住机遇，该厂又组织科技人员开发了合乎市场要求的中档数控车床，使数控机床的档次上了一个新台阶。该厂正着手ISO9000质量认证工作，预计在2005年度各项工作将完成，并将以崭新的姿态，更加信心百倍地踏上新的征程。

## 浙江省玉环县坎门机床厂

YUHUAN COUNTY KANMEN MACHINE PLANT,ZHEJIANG PROVINCE

地　址：浙江省玉环县黄泥坎　　邮　编：317600　　传　真：0576-7286036 7299538 6271557
电　话：0576-7286197 7299688 7518557 6271588　　Http://www.kaiji.com
售后服务：0576-7286287　　总　机：0576-7299548　　E-mail:kaiji@mail.tzptt.zj.cn

外设办事机构

东莞办事处：0769-5326529
宁波办事处：0574-87483258
常州办事处：013382809028
成都办事处：028-84602235
无锡办事处：0510-2858522
上海办事处：013501770517
山东德州办事处：0534-2427016 013395448588

ZOOMLION

# 长沙中联重工科技发展股份有限公司湖机分公司

## （原湖南机床厂）

湖南机床厂创建于1951年，是中国机床工具行业的重点国有企业，中国机床工具工业协会常务理事和锯床分会理事长单位.国家机械工业局“长沙锯床研究所”就设置于厂内。

历经半个多世纪的努力和奋斗，湖南机床厂已发展成为目前中国规模最大的锯削装备与工具的生产制造基地。主要产品包括卧式带锯床、立式带锯床、卧(立)式圆锯床、弓锯床、砂轮切割机床、金刚石带(线)锯床等六大系列和重点工程配套专用锯削机床、双金属带锯条、复合带材、金刚石带(线)锯条、塔机、升降机配套件及电控装置等近百个品种规格的产品。

在国家“七五”,“八五”计划期间，湖南机床厂率先实现了锯削技术赶超世界先进水平的历史性突破，成功引进建成了我国唯一完整的两条双金属带锯条生产线，年生产能力达三百余万米，技术装备和工艺水平整体达到国际先进水平。同时自行开发研制的高效率、高精度、低消耗的多种规格卧(立)式带锯床系列产品和锯削专用机床，持续畅销，并已形成批量出口。在我国锯床，锯条行业，湖南机床厂于2002年首家获得ISO9001:2000质量认证。“AA”牌系列双金属带锯条于2000年，2002年连续获得湖南省名牌产品称号。

“AA”牌双金属带锯条

地　　址：湖南省长沙市岳麓区麓谷工业园麓谷大道677号（厂部）　　邮　　编：410205

湖南省长沙市新开铺路114号（机床制造基地）　　邮　　编：410009

传　　真：0731-8997386（麓谷园区）　　0731-5266502（湖机园区）

电子邮箱：hjxs@hnsawing.com. cn（销售）　　hjxs@hnsawing.com.cn（技术）

网　　址：www.hnsawing.com.cn　　网络实名：湖南机床厂　中国锯床锯带

销售与技术咨询专线：

机　床　部：0731-8997382

锯　条　部：0731-8997385

进 出 口部：0731-8997200

配　件　部：0731-5266503

售后服务部：0731-8997381

技　术　部：0731-5266555

销售总经理：0731-8997379

GKT623硬质合金摆式圆锯床

G5132立式带锯床

GK4240数控立柱卧式带锯床

中联重科麓谷工业园
ZOOMLION LUGU INDUSTRY PARK

# 浙江雁荡山机床有限公司

浙江雁荡山机床有限公司创办于1987年，专业从事带锯床、带锯条的研究和生产，公司现有员工315人，下设总厂、铸造分厂、钣金分厂、磨齿机分厂、焊接机分厂，全国各省共有30个办事处，总厂占地面积11800m²，建筑面积8000m²，下设：金工车间、装配车间、锯条车间、钣金车间、喷漆车间、成品锯带焊接车间，主要产品：卧、立式两大类22种规格50余种机型，年生产能力2000台套以上，锯条30万米。

公司拥有五项国家专利，技术的应用：可确保锯条不断齿、不断带，成倍延长锯条寿命，使锯条耗用成本，每平方米截面积在17元以下，生产效率达130cm²/min（45＃）比国际标准高一倍。

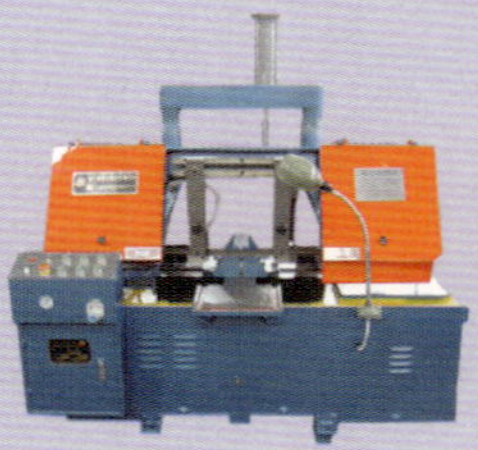

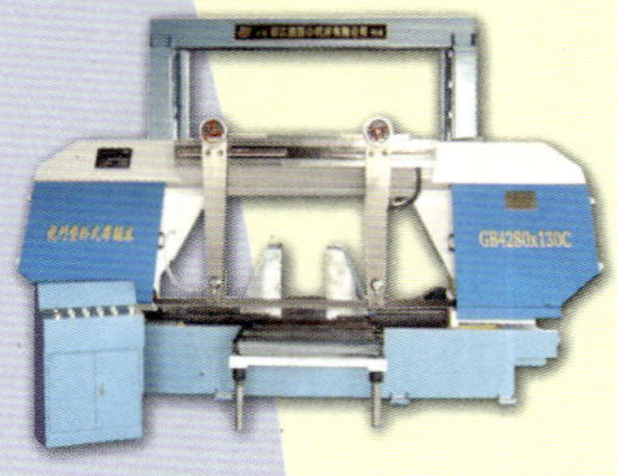

柔性锯削技术的发明，得到了国家经贸委、国家科委、机械工业部的大力支持和推广。1993年，被国家经贸委评为国家级重点新产品，技术水平被评为国际先进。1996年，国家科委发文推广。1997年，被国家科委定为**“火炬计划”**，于1999年9月验收通过，1998年，被国家机械工业部评为节能产品，1995年9月20日，通过中国机电日报、倡仪举办带锯床擂台赛向世界同行挑战，摆擂将7年，无人应战。中央电视台，中国机电日报等媒体誉为**“带锯王”**。

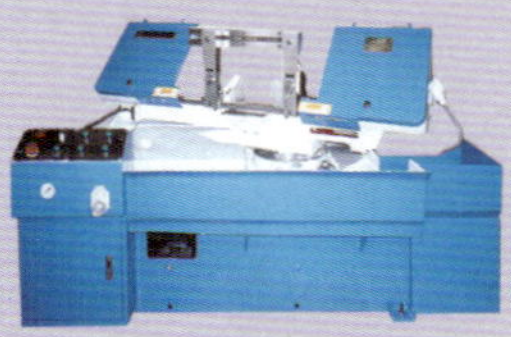

国内外带锯床同时使用的比较，我公司带锯床得到了中捷友谊厂的赞赏，并采用我公司技术和商标，2000年联合创办雁捷锯业股份有限公司，我们坚信，强强联合，必将产生更高水平的新一代带锯床。

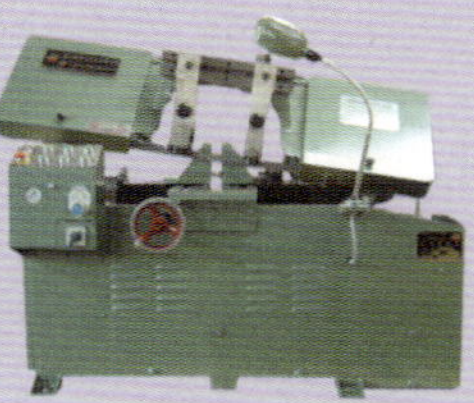

2001～2005年连续五年，产品经国家机床研究所检验合格，被国家技术**“监督局评为合格好产品”**。

公司连续十年被评为重合同，守信用单位，银行信誉连续8年为三A级，连续三年被银行评为**“黄金客户”**，被财税评为纳税大户。

**我公司位于国家级旅游风景区雁荡山脚下，交通方便，为求更完美，诚邀新老客户光临考核、赐教！**

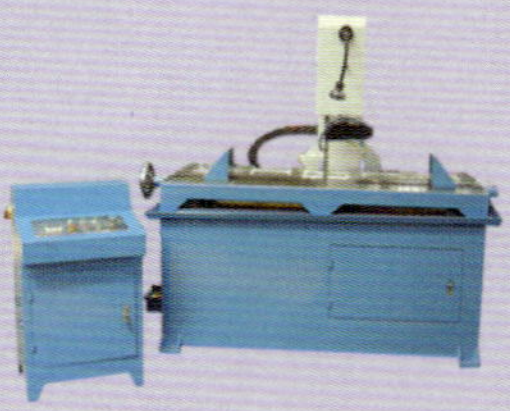

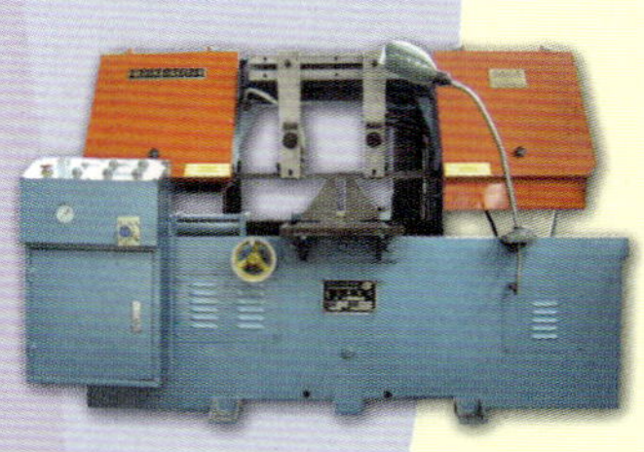

雁机人的追求：为您提供最佳效益的产品和最佳的服务。

我们坚信：采用震球锯床、震球锯条效率最高，成本核算最低，操作方便。

我们承诺：优良、及时的售后服务。

我们希望：总有一种适合您。

我们努力：全面提高自己。

我们在创新中再造优势。

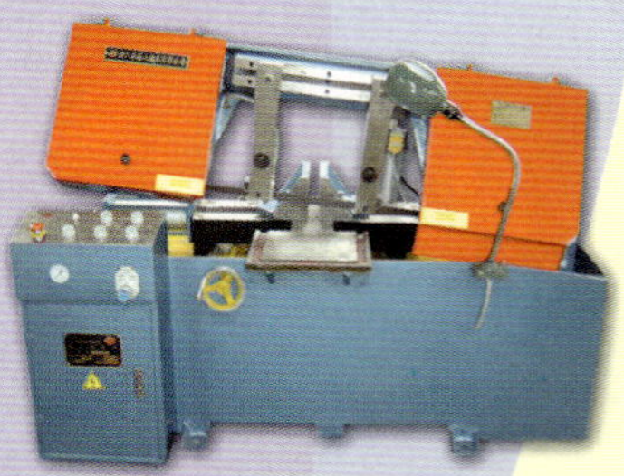

**地址：浙江省乐清市雁荡镇工业区**

**邮编：325613**

**电话：0577-62153888　62156999**

**传真：0577-62151698**

# TM 天津市天门精密机械有限公司

## TIANJIN TIANMEN PRECISION MACHINE CO.,LTD.

董事长、总经理：

天津市天门精密机械有限公司是我国最早开发、设计和制造刀具预调测量仪的公司之一。本公司以其完整的刀具预调测量仪系列，先进的制造技术和第一流的产品质量，领导我国刀具预调测量仪工业之潮流。本企业通过ISO9001：2000国际质量管理体系认证，产品销量占国内市场份额的60%以上，并行销世界五大洲。

**天津市天门精密机械有限公司的刀具预调测量仪可分为立式、卧式两大类：**

立式刀具预调测量仪如DTJ Ⅰ 1540、DTJ Ⅱ 1540、DTJ Ⅱ 2550、DTJ Ⅱ 3070、DTJ Ⅰ 3070、DTD Ⅱ 3070、DTD Ⅰ 3070等主要用于镗、铣类刀具的测量；卧式刀具预调测量仪如DTZ Ⅰ 4854、DTC Ⅱ 1010等主要用于车床类刀具的测量。

本公司的刀具预调测量仪的刀具测量范围为X（刀具直径）＝ϕ 300～600mm，Z（刀具长度）=400～700mm。由于本公司刀具预调测量仪采用模块式设计结构，所以本公司可以随时按照用户的需要，将刀具测量范围扩大到X= ϕ 1000mm，Z=1000mm，并专门设计制造各种专用刀具预调测量仪。

天津市天门精密机械有限公司的刀具预调测量仪采用目前最先进的制造技术，最高级的材料，最优秀的电器和机械元件。天津市天门精密机械有限公司作为国内刀具预调测量仪制造工业的先驱，在发展刀具预调测量仪制造技术和提高仪器质量方面，做出了举世公认的贡献！

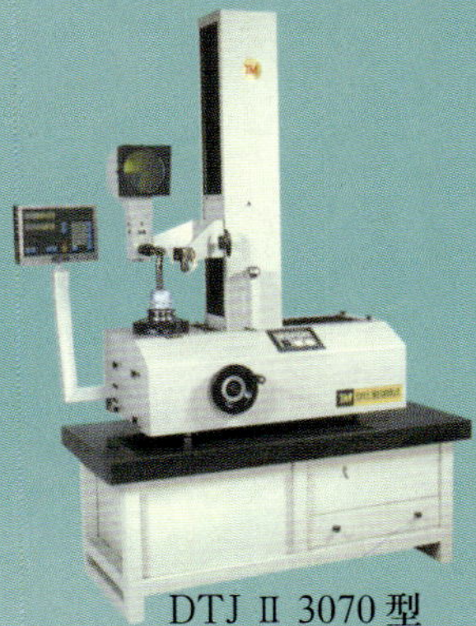

DTJ Ⅱ 3070 型
刀具预调测量仪

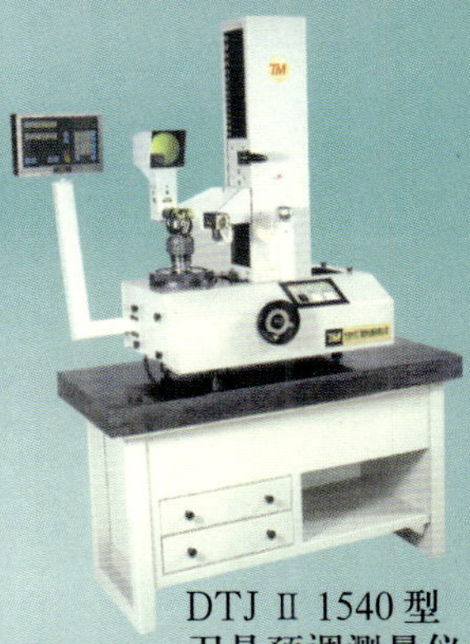

DTJ Ⅱ 1540 型
刀具预调测量仪

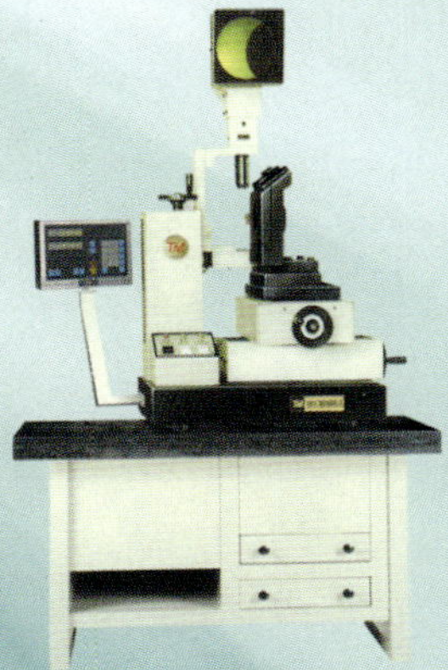

DTC Ⅱ 1010 型
车床刀具预调测量仪

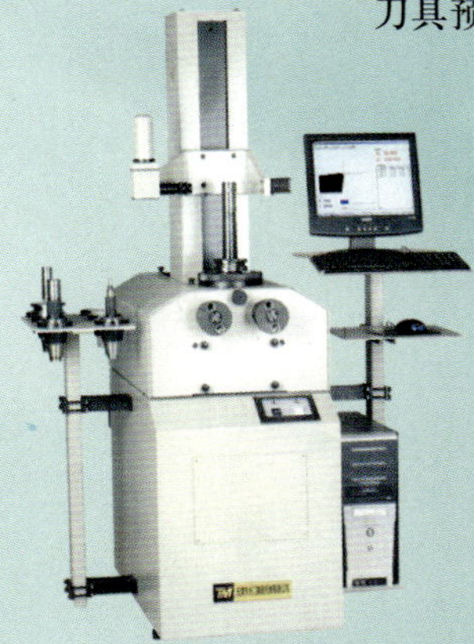

DTG Ⅲ 2550 型
光电自动刀具预调测量仪

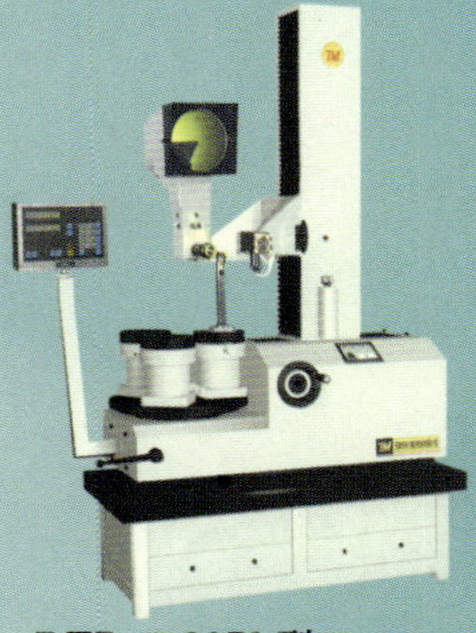

DTD Ⅱ 3070 型
立式多工位刀具预调测量仪

**地址：中国天津新技术产业园区海泰发展六道6号　电话：022-23784737　23788113（总机）**
**传真：022-23784917　邮编：300384　http://www.tmjj.com　E-mail:tm@tmjj.com**

**www.tmjj.com**

HTPM

凯特精机

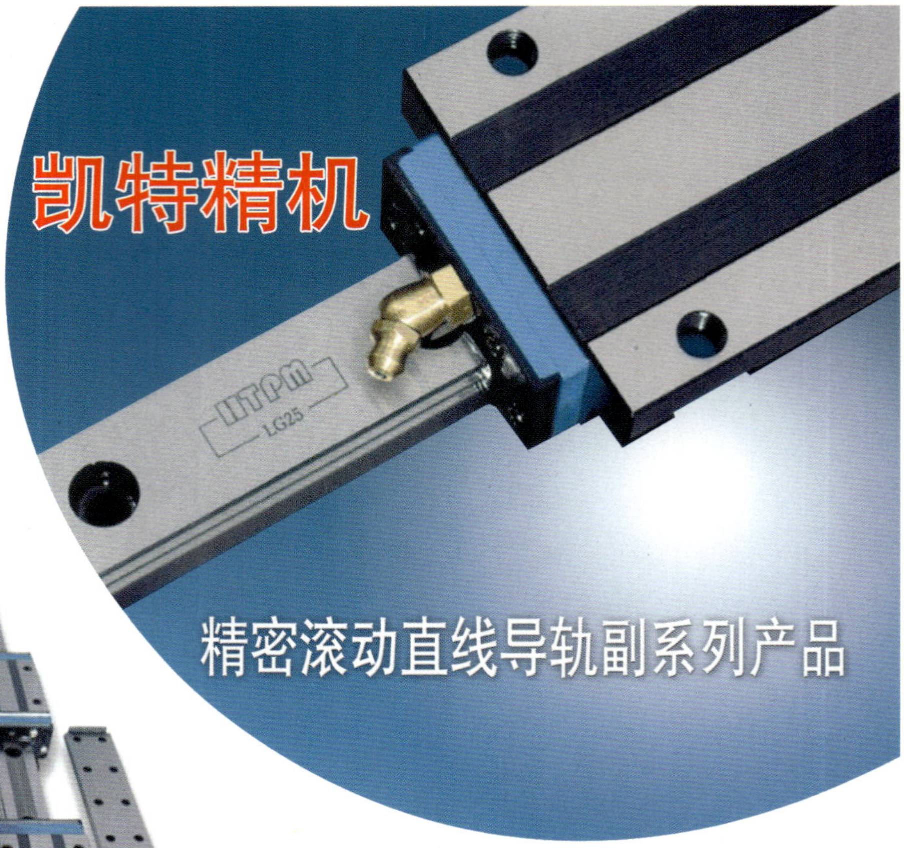


精密滚动直线导轨副系列产品

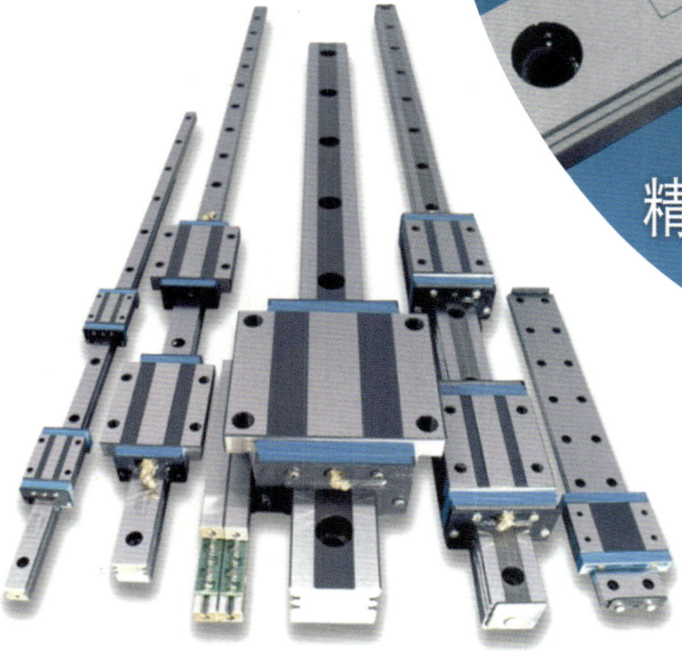

型号规格：

HTSD-LG15 HTSD-LG20
HTSD-LG25 HTSD-LG30
HTSD-LG35 HTSD-LG45
HTSD-LG55 HTSD-LG65

高性能
高精度
高品质

- 2005年中国机床工具协会精心创品牌十佳企业
- 合资品牌，采用欧洲CNC精密导轨副磨削生产线
- ISO9001:2001国际质量体系认证
- 大量导轨、滑块常备库存
- 大规模应用于加工中心、数控车床、数控铣床

特别适合在高档金属切削类数控机床上使用

广东高新凯特精密机械有限公司
（原新会凯特精密机械有限公司）

地址：广东省江门市新会区西门路圭峰高科技工业村
电话：0750-6693278 6693778 邮编：529100
传真：0750-6691361
http://www.htpm.com.cn E-mail:dg@htpm.com.cn

# 天津市津机磨床有限公司
## （原天津市磨床总厂）

天津市津机磨床有限公司，改制组建于2002年初，前身是有着50多年研制和生产磨床历史的天津市机床厂（后更名为天津市磨床总厂）。改制后的津机磨床有限公司，集中了原磨床总厂的先进的设计制造技术以及优良的资产和优秀的人才，开发设计、生产制造平面磨床、数控专用机床和机床的改造、大修以及磨床相关技术的咨询业务，继续保持了包括卧轴矩台、卧轴圆台、立轴圆台平面磨床系列和数控成形、数控强力成形、数控专用成形系列磨床在内的80多个品种规格的技术储备和600（标准）台的年生产能力，稳固地占居着中国北方平面磨床生产制造地的领先地位。

董事长 冯会有

**MM7150** 精密卧轴矩台平面磨床

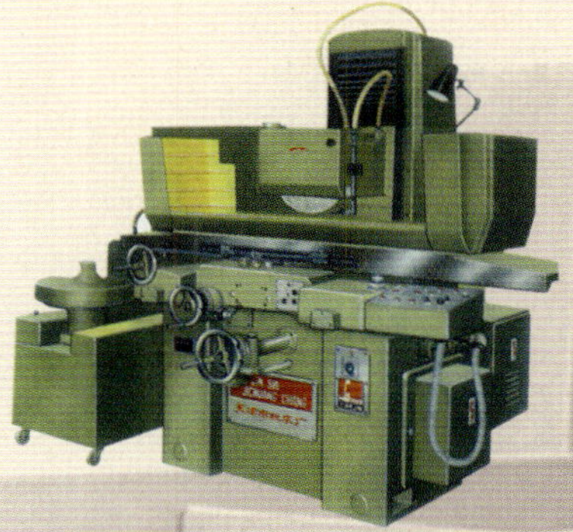

**MG7125** 型高精度卧轴矩台平面磨床

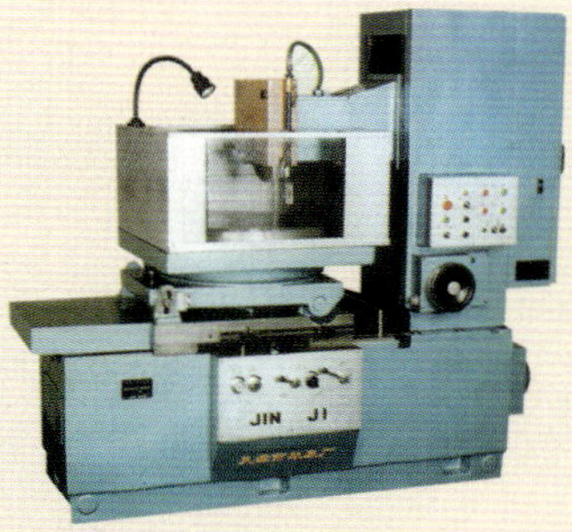

**M7350D M7363** 卧轴圆台平面磨床

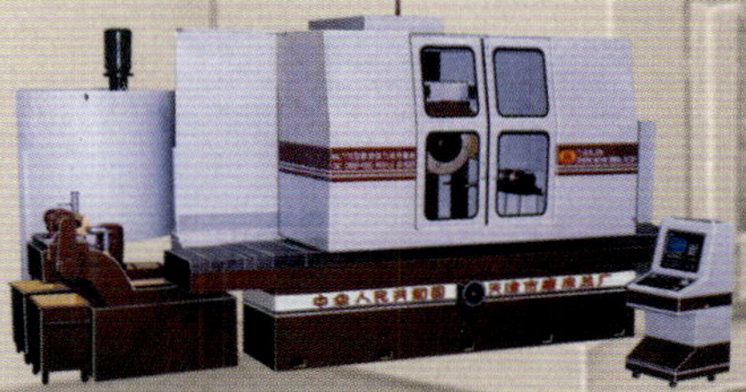

**MKL7175** 型数控强力成形磨床

**MTCNC-12** 型数控瓦楞辊成型磨床

**MTCNC-15** 和 **MTCNC-16** 数控圆弧剪刃成型磨床

**www.tianjin-machine.com.cn**

地址：天津市河北区金纬路389号 电话：022-24453883 24453910 26362734 26360619
邮编：300010 传真：022-24453897 26362958

# 营口科宇数控机床电器有限公司

营口科宇数控机床电器有限公司（原营口市机床电器厂）地处沈大高速公路中段，北靠美丽的辽河，南临风景秀丽的鲅鱼圈新港，地理位置优越，交通便利。

营口科宇数控机床电器有限公司（原营口市机床电器厂）是机电部定点生产机床电磁离合器、高低压开关柜厂家之一，获省授予“质量信誉保证单位”称号，并通过ISO9001-2000质量管理体系认证，具有40多年生产历史。技术测试设备先进，产品质量可靠。

电磁离合器、十字开关、行程开关、接线板

| 名称 | 型号 | 名称 | 型号 | 名称 | 型号 |
|---|---|---|---|---|---|
| 电磁离合器 | DLM0-6.3 | 十字开关 | LSS1-21 | 桥式吊车电控箱 | 地控QD-10T |
| 电磁离合器 | DLM0-6.3A | 十字开关 | LSS1-21Z | 桥式吊车保护箱 | QBD-100B/2G15 |
| 电磁离合器 | DLM0-6.3AZ | 十字开关 | LSS1-31 | 桥式吊车熔断器箱 | DQFZ-3-/X |
| 电磁离合器 | DLM0-16 | 十字开关 | LSS1-41 | 桥式吊车接线盒 | XQ1B-24B/1 |
| 电磁离合器 | DLM0-16A | 十字开关 | LSS1-41Z | 桥式吊车接线盒 | XQ1B-22B/1 |
| 电磁离合器 | DLM0-16AZ | 十字开关 | LSS1-41A | 1-5T电动单梁控制箱 | BX1H-10X/2 |
| 电磁离合器 | DLM3-5 | 十字开关 | LSS1-41Q | 桥式吊车各种滑车 | |
| 电磁离合器 | DLM3-5A | 十字开关 | LSS1-42 | 桥式吊车各种吊挂 | |
| 电磁离合器 | DLM3-10 | 十字开关 | LSS1-42A | 桥式吊车各种接头 | |
| 电磁离合器 | DLM3-10A | 多级主令开关 | LSZ1-16/n | 高压/低压预装式变电站 | ZBW-12 |
| 电磁离合器 | DLM3-16 | 多级主令开关 | LSZ1-18/n | 环网真空开关柜 | HXGN□-12型 |
| 电磁离合器 | DLM3-16A | 主令开关 | LS2-2 | 铠装移开式金属封闭开关设备 | KYN□-12型 |
| 电磁离合器 | DLM3-25 | 主令开关 | LS2-3 | 固定式金属封闭开关设备 | HGN2-12 |
| 电磁离合器 | DLM3-25A | 接线板 | TD-15A | 低压抽出式开关柜 | MNS型 |
| 电磁离合器 | DLM5-5 | 接线板 | TD-20A | 低压抽出式开关柜 | GCK型 |
| 电磁离合器 | DLM5-5A | 接线板 | TD-30A | 低压固定式开关柜 | GGD型 |
| 电磁离合器 | DLM5-5C | 接线板 | TD-60A | 有触点顺序控制器 | DKJB-01型 |
| 电磁离合器 | DLM5-5CZ | 按扭站 | GLA-01 | 有触点顺序控制器 | DKJB-04型 |
| 电磁离合器 | DLM5-10 | 按扭站 | GLA-03 | 微机顺序控制器 | KSW-□型 |
| 电磁离合器 | DLM5-10A | 各种动力箱 | XL型 | | |
| 电磁离合器 | DLM5-10C | 各种动力箱 | XM型 | | |
| 电磁离合器 | DLM5-10CZ | 锅炉电控装置 | 3t-40t | | |
| 电磁离合器 | DLM5-16 | 锅炉变频控制系统 | 10t-40t | | |
| 电磁离合器 | DLM5-16A | 电缆桥架 | | | |
| 电磁离合器 | DLM5-25 | 铆焊、机械加工 | | | |
| 电磁离合器 | DLM5-25A | 电磁离合器通用电刷 | | | |

电 话：0417-3699009 3699052
传 真：0417-4823658
网 址：http：//www.ykkysk.com
邮 箱：yingkoudianli@yahoo.com
ykkyskjc@126.com
地 址：辽宁省营口市黎明邮局2号信箱
邮 编：115001

# 万濠精密仪器有限公司
RATIONAL PRECISION INSTRUMENT CO.,LTD.

AFAQ CERT NO. 4968

UKAS 022

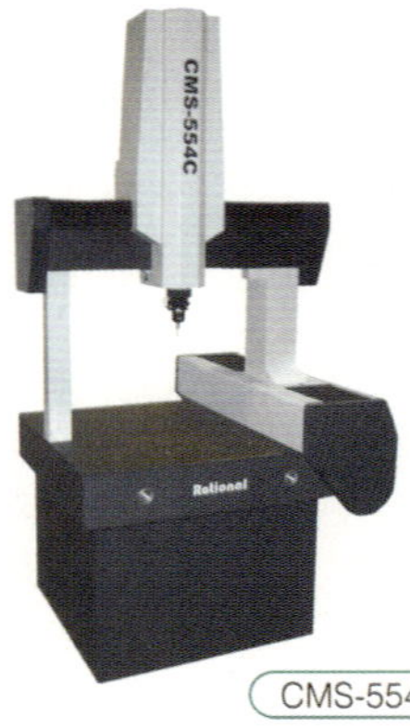


CMS-554C

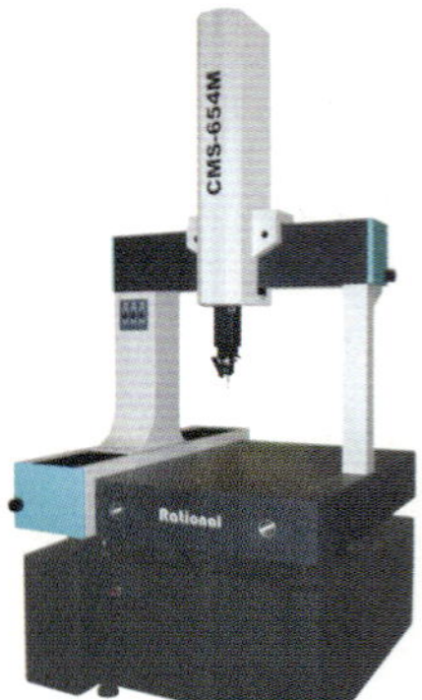


CMS-654M

三坐标测量机系列
Coordinate Measurment System

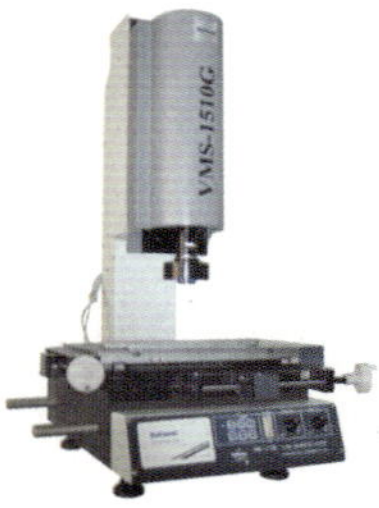

VMS-1510G

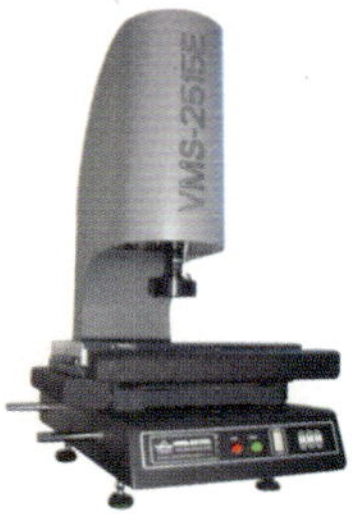

VMS-2515E

VMS-5030A

影像仪系列
Video Measuring System

## 专业精密仪器制造商

东莞市万濠精密仪器有限公司是一家专门从事光、机、电一体化的精密光学检测仪器产品研制、生产和销售的高新技术企业。

公司通过了ISO9001 :2000质量体系认证,主要产品均已通过CE检测,产品除供应国内以外，还出口欧洲、美洲、台湾等亚洲地区。产品优良的性价比与周到的售后服务，为公司树立了良好的品牌形象，赢得了中外客户的广泛认可。

Rational precision instrument co.,ltd is a high-tech enterprise that integrates optics, mechine,electricity and software program. We are researching and producing the high quality and low price products for our customers. We has passed the ISO 9001:2000 certification and our major products have passed CE certification. Our products have been sold not only domestic but also export to many countries and areas, for example Europe, America, Korea, Taiwan etc. Excellent quality/cost ratio make we has been recognized in our customers.

CPJ-3000Z

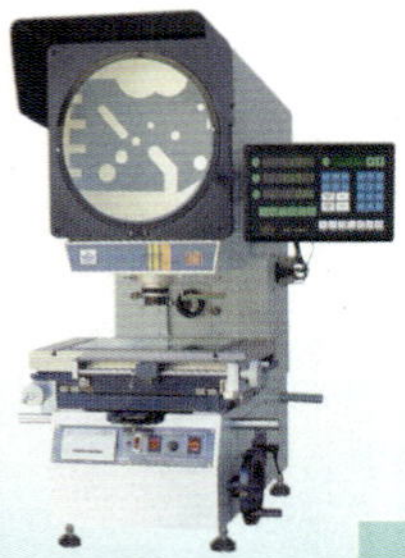

CPJ-3000AZ

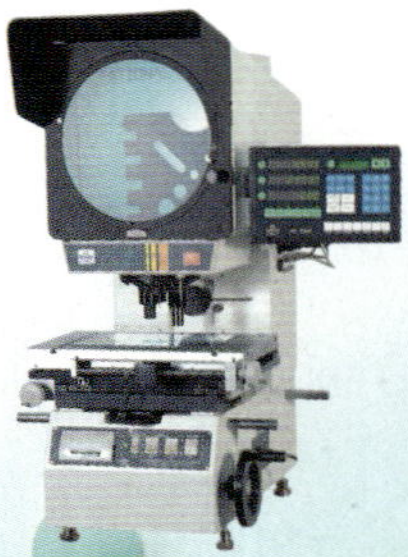

CPJ-3000CZ

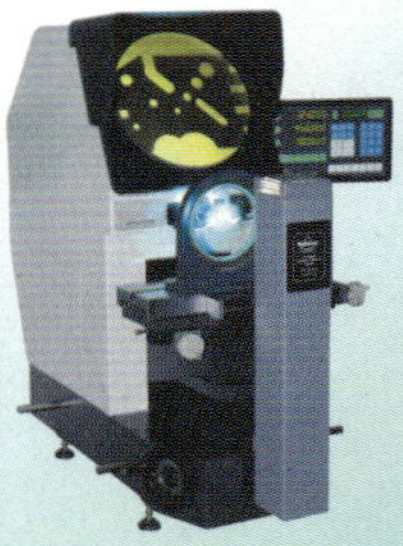

CPJ-3020W

CPJ-4025W

投影仪系列
Digital Measuring Projector

数显表系列
Multi-functional Digital Readout

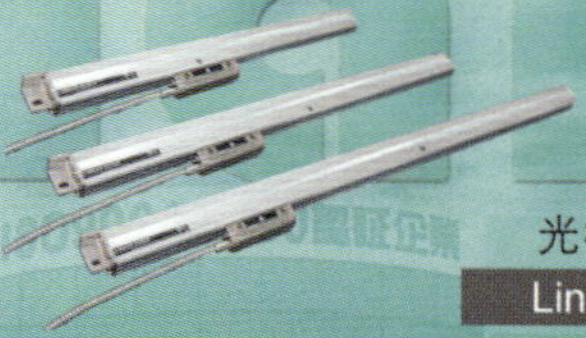

光栅尺系列
Linear Scale

电话(Tel):
0769-85330109 85316127
传真(Fax):
0769-85301322 85330106
邮编(Postalcode): 523877
网址(Homepage): Http://www.rational-wh.com
电子邮箱(E-Mail): Webmaster@rational-wh.com
地址(Add):
东莞市长安镇厦边管理区金沙五路
Jinsha Fifth Road, Xiabian District, Chang`an Town, Dongguan City, Guangdong Province, China

**東莞市萬濠精密儀器有限公司**
Rational Precision Instrument Co.,Ltd.

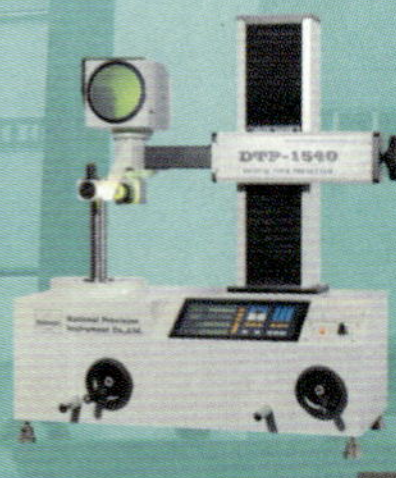

DTP-1540
刀具预调仪
Tool Presetter

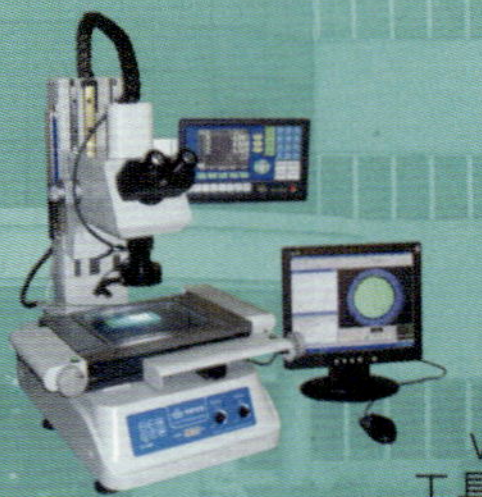

VTM-1510
工具显微镜
Video Toolmaker Microscope

# 苏州三光科技有限公司

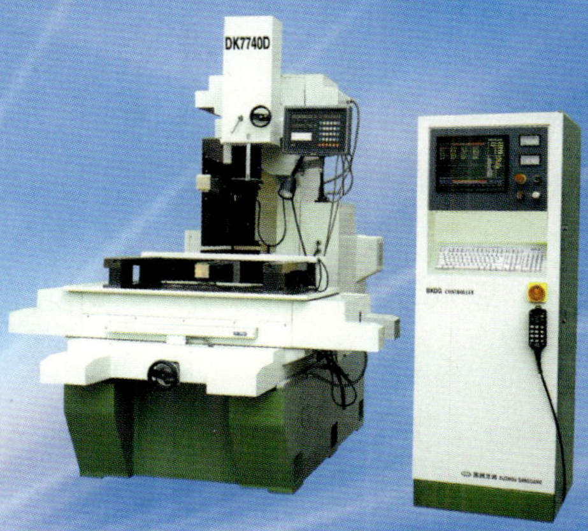

DK7740D 高速走丝电火花数控线切割机床

产品质量保证

由"机械工业电加工机床产品质量监督检测中心"认证

ISO9000

中国船级社质量认证公司

CHINA CLASSIFICWHON SOCIETY QUQLHY ASSURANCEETD (CSQA)

苏州三光科技有限公司是由苏州三光集团有限公司和友嘉(香港)实业有限公司合资经营的高新技术企业。

公司专业生产**"三光牌"**低速走丝电火花数控线切割机、高速走丝电火花数控线切割机及电火花高速小孔机三大系列产品。"三光牌"产品融入了国际主流机床的特点，质量稳定、性能可靠，深受用户欢迎，远销五大洲的十多个国家和地区，2005 年被评为江苏名牌产品。公司曾荣获中国机械工业管理进步示范企业、2003年度中国机床工具行业数控产值十佳企业和精心创品牌活动十佳企业等称号。

面对日益激烈的市场竞争，苏州三光科技有限公司将继续发扬"精诚所至，金石为开"的企业精神，不断创新，力争成为中国最大、最强的电加工机床制造企业。

DS703B 电火花高速小孔机

DK7632A 低速走丝电火花数控线切割机

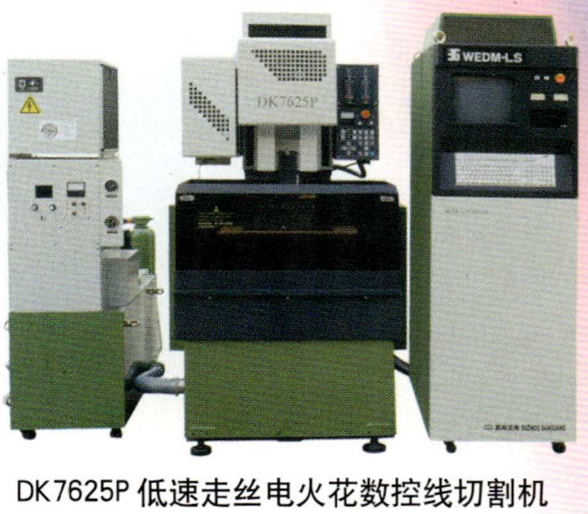

DK7625P 低速走丝电火花数控线切割机

董事长：包志书　地址：苏州新区运河路 47 号　市场部电话：0512—68251373　http：//www.ssgedm.com

总经理：盛家乐　邮编：215011　市场部传真：0512—68251162　E—mail：sale@ssgedm.com

# DQ 宁波市东青电器机械研究所®

# 简 介

宁波市东青电器机械研究所创建于1996年5月，位于宁波市启新路167号江东科技创业中心（国际会展中心边），在所长陶赧尔博士带领下，聚集了一批有志于机电行业相关产品研发实践经验的科技人才，经十余年的开拓创新，精心研制了以万能联动开关为核心的数十种系列产品，广泛应用于各个领域中的新老电动、电磁操作控制系统。

设计WLK3型万能联动开关时，本着以人为本的理念，在提升产品功用性能同时，对选材、结构设计等进行了独特创新，删繁就简，使其更具可靠性、稳定性，从而大大提高了性价比；该产品技术含量高、内含十项专利技术，使用寿命长、整机传动安全机构实现600万次（6年多）免维修设计，电寿命大于300万次；检修拆装快（2—3分钟内即可完成），无需调试和接拆电线。

其主要特点是：一可广泛用于各种复杂的电动、电磁控制机械配套使用，使之实现规范化、系列化和操作动作形象化；二为使用在线的各种新、老电动、电磁控制机械增强性能、加快作业速度、并提高其整机安全使用完好率，更具市场竞争力；三可带动各种电动、电磁控制机械、电器等制造业的共同发展；四可为各种新、老电动、电磁控制机械用户大大简化操作规程和减小操作主令备用量，降低生产成本，而获取更大经济效益。经有关专家评审，该产品技术已达国际领先水平。

本产品在2002年获“中国专利博览会”《金奖》，2002年被评定为“浙江省优秀科技产品”05年10月获“香港国际高新技术博览会”《金奖》；05年10月获“首届英国国际发明博会”最高荣誉《金皇冠奖》，2005年11月经“美国帕拉丁国际科学中心专家委员会”审定为《帕拉丁国际发明金奖》，05年10月经国际高新技术成果认证委员会审议，认定为美国《帕拉丁国际高新技术成果认证证书》，认定为《英国国际科学中心国际高新技术成果认证证书》。

该产品在上海港、天津港、宁波港和铁路装卸机械及建筑、工程、矿井提升、冶金轧钢、石油钻机等相关行业的电动主机，有级、无级操控系统中，经仟余台装机六年多实际使用验证后，整机无故障使用率达一年以上，传动和安全机构无故障使用率实现五年以上免维修，有效地提高了劳动生产率，深受用户工程技术人员和操作、检修员的欢迎。

WLK3 型系列
双向万能联动开关

WLK3 型系列
单向万能联动开关

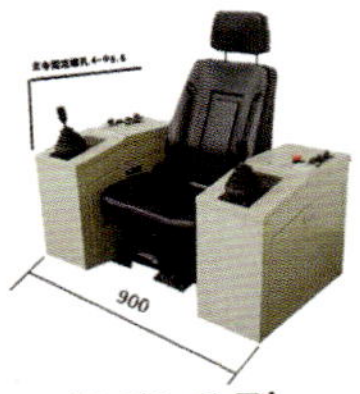
WLK3-T 型
万能联动控制台

WLK3-D 型
万能联动控制台

英国《金皇冠奖》

美国《帕拉丁发明金奖》

香港《发明金奖》

中国《发明金奖》

地址：宁波市江东区启新路 167 号　邮编：315040 电话：（0574）66890735 传真：87662486
网址：www.zjdq.com　东青电器.cn　（E-MAIL）：dq@zjdq.com

# 彬县煤炭有限责任公司

董事长：何万盈

彬县煤炭有限责任公司属地方煤矿，股份合作制企业，资产总额6.02亿元，现有职工2014名，拥有下沟矿、百子沟五矿两对生产矿井，一座在建蒋家河煤矿，年设计生产能力321万吨。

近年来，公司以邓小平理论和“三个代表”重要思想为指导，以人为本、以发展为主题、以科技进步为动力、以经济效益为中心，深化改革、强化管理、艰苦创业，于1997年10月投资1.4亿元建成了一座年产45万吨的现代化矿井——下沟矿，2001年与煤科总院北京开采研究所进行经济技术合作，投资3319.4万元完成了下沟矿综合机械化放顶煤技术项目，使产量由45万吨提高到90万吨。该项目被评为煤炭工业科学技术一等奖。2002年4月与煤科总院上海分院合作改造了下沟矿主提升系统。改8吨箕斗为30度大倾角皮带提升，生产能力提高了150万吨，该项目荣获中国煤炭工业科学技术二等奖。这种院企合作，改造传统产业的做法被全国第五次煤炭科技大会誉为“陕西彬县模式”在全国推广应用。公司经过技改，煤炭开采洗选技术达到国内先进水平，安全生产、经营管理工作迈上新台阶，原煤产量由2000年的89.9万吨提高到2004年的230万吨，销售收入从5880万元提高的2.68亿元，实现利税总额从487万元增加到6070万元，实现利润从不足100万元增长到3012万元，员工人均年收入从5200元提高到18866元，企业进入全国煤炭工业100强。公司获全国煤炭工业优秀企业、部特级质量标准化矿井、全国高产高效矿井、依法生产煤矿、省级十大科技成果奖、先进企业、文明单位等50多项荣誉称号。董事长何万盈同志获全国煤炭工业优秀企业家、全国煤矿优秀矿长、中国煤炭工一科学技术一等奖和二等奖、省级优秀科技工作者、省市劳动模范等殊荣。

被列入第八批国债建设项目的下沟矿300万吨综合机械化技改工程，2003年7月开工建设，300万吨洗煤厂已于2004年5月竣工投产，洗选设备全部从美国进口。年设计生产能力210万吨的4401工作面2005年4月投产，矿井综采综掘、综合调度、提升运输、通风排水、供电通讯、安全监测监控均选用国内最先进的成套设备并实现自动化。到今年年底，公司原煤产量将达到320万吨以上，实现销售收入6亿元，实现利税总额超过1.5亿元，以量的积累促进质的飞跃，实现技术一流、管理一流、质量一流、效率一流，真正使生产上规模、管理上水平、产品上档次，把下沟矿建设成国家级高产高效矿井和陕西省一流的煤炭企业。

团结奋进的公司领导班子

下沟矿300万吨洗煤厂的竣工投产，煤炭产品可由原来的4个增加到8个品种，200mm—70mm为大块煤，70mm—25mm为中块，25mm—13mm为小块，13mm以下为沫煤。灰分、水分都小于10%，硫分小于0.5%，发热量为28-32MJ/KG，超过出口煤标准，优质环保煤被陕西省煤炭进出口公司确定为出口煤基地。市场广阔，竞争力强，产品远销日本；韩国、台湾等地，国内有江苏、湖北、安徽、浙江、山东、江西、甘肃及陕西各大中城市等98家用户。“用户第一、信誉第一、质量第一、服务第一”是我们对社会的承诺。

下沟矿300万吨洗煤厂

下沟矿全貌

公司办公大楼夜景

# 彬县煤炭

我们彬县煤炭有限责任公司是一个有50多年开采历史的地方煤矿，股份合作制企业，资产总额6.44亿元，职工2014名，拥有下沟矿、百子沟五矿两对生产矿井，设计生产能力321万吨。企业曾获中国煤炭工业优秀企业，国家级科技进步一等奖、二等奖，全国依法生产先进煤矿，全国高产高效矿井，陕西省煤炭工业十大科技成果奖，省级先进企业、文明单位，省市县安全生产先进单位等荣誉称号，2003年进入全国煤炭行业100强。

近年来，我们以邓小平理论和“三个代表”重要思想为指导，以发展为主题，以科技进步为动力，以效益为中心，按照“发展是硬道理”、“科学技术是第一生产力”的指针，不断引进、消化、吸收先进适用技术，推进产业升级，提高生产的现代化装备水平，经过坚持不懈努力，实现了跨越式发展。

**一、企院合作，利用先进技术改造传统产业，为开发彬长煤田树立了典范。**

下沟矿是我公司的骨干矿井，于1997年10月建成投产，该矿地处彬长煤田东南部，原设计生产能力45万吨／年，井田面积11$KM^2$，地质储量16160万吨，可采储量6032万吨，煤层平均厚度16.7m，煤质属低灰、低硫、特低磷的含油不粘煤。2000年3月至2001年3月我们与国家煤科总院北京开采研究所进行经济技术合作，投资3319万元，实施了综采放顶煤技改项目，使矿井生产能力从45万吨提高到90万吨，该项目获煤炭工业科学技术一等奖，被陕西省评为“九五”技术改造优秀项目。在2001年12 月召开的全国煤炭工业第五次科学技术大会上，范维唐会长，把我们进行企院合作、改造传统产业作为具有中国特色的煤炭企业科技发展的一种模式—陕西彬县模式，给予了很高的评价，并作为典范在全国煤炭行业推广。

# 有限责任公司

**二、不断加快科技创新步伐，努力向高产高效目标迈进。**

经过第一次技术改造，下沟矿安全生产装备有了较大提高。在此基础上，我们以建设高产高效的现代化大型矿井为目标，及时向国家有关部门申请立项，2002年至2005年又连续实施了主斜井提升系统改造工程、300万吨综合机械化技改工程和安全国债项目，将下沟矿建成了陕西省地方煤矿中第一个年产300万吨的大型生产矿井。

**1、安装了全国首例大倾角皮带运输机**

2002年1—4月份和煤科总院上海分院运输机械研究所进行合作，完成了下沟矿提升系统改造工程，改箕斗提升为30度大倾角皮带提升，使矿井生产能力从90万吨提高到150万吨，该项目获国家煤炭工业科学技术二等奖。我们与上海分院共同研制安装的30度大倾角皮带属国内首创。

**2、建成了陕西省地方煤矿第一个年产300万吨的综放工作面**

新装备的4401工作面倾角长度185米，走向长度2000米，工作面装有先进的电牵引采煤机、支撑掩护式低位放顶煤支架，刮板输送机、转载机和破碎机综合输送能力1500t/h装备总功率达到5200KW，设备总重量约10000吨，为实现高产高效提供了可靠的保障，在陕西省煤矿装备中处于超前领先地位。工作面平均日产达到9260吨，最高达到11695吨。单工作面生产能力达到300万/年吨以上，平均月生产原煤314900吨，原煤生产人员效率提高到27.2吨/工，全员工效达到14.7吨/工，资源回收率达到85%，百万吨死亡率下降到0.33人，经营成本37.09元/吨，综合成本只有43.24元/吨，安全系数、生产效率、经济效益均大幅度提高，快速稳步走上了高产高效之路。

**3、建立了瓦斯抽放、注氮放灭火和黄泥灌浆系统**

矿井新开拓的404采区掘进期间瓦斯含量出现异常，通过测定，绝对涌出量26.9m$^3$/min，对此，我们与煤科总院抚顺分院瓦斯研究所合作，现场确定抽放方案，收集瓦斯基础参数，完成瓦斯抽放设计。购置安装了两套井下移动式ZWY60/90型瓦斯抽放泵、2500米玻璃钢管及3套液压钻机，采用斜向孔抽放，达到了抽放工作面前方卸压瓦斯的目的，使瓦斯绝对涌出量降至18.2m$^3$/min，给安全回采创造了条件。同时给4401工作面装备JXZD—600型移动注氮车两台，输氮钢管2500米，通过向采空区注氮，控制采空区浮煤氧化发火，并进一步改造完善了矿井黄泥灌浆系统，抑制采空区浮煤自燃。

# 彬县煤炭

**4、建设了一座300万吨洗煤厂**

下沟矿300万吨洗煤厂2003年7月1日开工建设，2004年5月建成，由美国赛吉满中国有限公司、西安设计研究院和邯郸设计研究院组成的联合体以总承包方式中标承建，主要设备从美国和澳大利亚进口，生产规模600t/h，生产能力达到300万吨/年以上，采用块、沫分别入选和自动排矸方式，块煤选用重介浅槽分选，沫煤选用重介旋流器分选，提高了煤炭产品的附加值，年增加收入4000万元，实现净利润2000万元，投资效益十分显著。

**5、建设了综合自动化监测监控系统和污水处理厂**

为了进一步提高现代化水平，我们在下沟矿建立了综合自动化系统，对矿井安全监测、束管检测、电力检测、皮带机集中控制、生产调度、工业电视等8个子系统的管理信息进行整合，通过对全矿井安全状况和生产过程进行实时监测、监视和调度管理，能够对矿井冲击地压、瓦斯异常涌出与泄漏、煤层自燃发火、综放工作面矿压等信息进行实时分析、诊断和预测，有效预防和及时处理各种突发事故和自然灾害，实现了数据采集、生产调度、经营管理、决策指挥的网络化、信息化、科学化。我们根据环保要求，同时，也配套建设了污水处理厂，污水处理能力1620m3/d，对生产、生活污水全部进行二级生化处理。

**三、技术创新结硕果，企业综合实力明显增强。**

我公司对下沟矿连续进行了三次技术改造，总投资达4.18亿元，装备达到国内先进水平，安全生产技术水平有了质的飞跃，推进了企业经济效益大幅度提升，和2001年相比，原煤产量从128万吨提高到338万吨，销售收入从1.05亿元提高到6.31亿元，实现利税总额从1525万元提高到1.75亿元，上缴国家税费从1300万元提高到1.25亿元，职工人均年收入从8250元提高到3万元，产值占到全县工业总产值的2/3，上缴税费占到全县财政收入的一半，近年来没有发生任何重大事故，一般性事故率大幅度下降，安全状况明显好转。企业整体面貌发生了巨大变化，员工生活质量有了很大提高，形成了**"建一流企业，创一流业绩"、"建设矿山、发展矿山、热爱矿山"**的创业氛围。现在，我公司下沟矿地面像花园，井下像车间，新建的办公楼安装有中央空调、室内外全部装饰，配备了现代化办公设施，公寓楼内设衣柜卫生间和阳台，员工食堂刷卡管理，自助就餐；富有时代气息的景观广场整体用花岗岩铺贴，广场中心建有象

# 有限责任公司

征企业精神的醒目雕塑；工业区和生活区共有大小花园23个，面积20000多平方米，绿树常青，鲜花飘香。企业文化建设得到前所未有的发展，我们建起了职工培训学校，聘请西北工业大学对中层以上管理干部进行培训，请陕西能源职业学校对全体职工进行培训，将提高安全生产技术装备水平与实施人性化管理理念相结合，员工素质、企业素质显著提高，整个矿区从地面到井下，从生产系统到生活服务系统，从硬件设施到软件配置，均向着集约高效、安全文明、环保节约的方向稳步发展，企业经济增长方式、精神面貌和素质内涵均发生了明显变化，实现了生产现代化、管理科学化，学习制度化，食宿宾馆化，物质文明和精神文明建设同步发展到了较高的水平，为进一步扩大生产、延长产业链、培育新的经济增长点打下了牢固的基础。年设计生产能力90万吨的蒋家河煤矿2005年10月1日已正式开工建设，还准备投资建设2×5万千瓦矸石电厂。企业发展壮大后，也积极承担起了更广泛的社会责任，向城区建设、希望工程、抗灾救灾、贫困学生及流行性传染病防治捐款400多万元，为社会公益事业做出了较大贡献，有力地拉动了当地运输业、维修业、生活服务业的快速发展，在促进区域经济社会发展方面起到了重要作用。

总之，近年来，我们在企院合作、依靠科技进步改造传统产业方面，持之以恒地进行了积极探索和实践，科技成果产业化结出了丰硕成果，实现了规模生产，取得了规模效益。在以后的工作当中我们将继续努力，与时俱进，向着安全、文明、高效的目标扎实奋进，为构建和谐社会做出积极贡献！

# 云驾岭煤矿

邯郸矿业集团有限公司云驾岭煤矿，是1992年投产的国有重点煤矿，位于河北省邯郸市武安新华大街北端，现有职工1300多名，矿井设计能力60万吨／年无烟煤，经过技术改造，实际生产能力达到150万吨／年。拥有90万吨／年的新型选煤厂，60万吨／年的通云扩大区，云宁矸石发电厂总投资6.2亿元，年发电量7.5亿kwh。近年来，云驾岭煤矿与时俱进，励精图治，改革创新，坚持走新型工业化道路，大力实施科技兴矿战略。形成了煤、电深加工产业链，进一步提高煤炭的科技含量和附加值，实现了采煤综放化，开拓掘进综掘化，巷道支护锚网化，管理信息化，并在国内首次成功应用5.0m以下综采放顶煤开采技术。2007年原煤产量将达到200万吨／年，企业发展前景广阔。

矿长：徐玉良

云驾岭煤矿坚持科学发展观，努力创建“劳动关系和谐单位”，通过1999年企业内部改制和2003年邯郸矿业集团有限公司改制，建立了完善的全员劳动合同制度，工资集体协商制度，社会保障制度，职业健康安全和质量保障体系，明确了企业的发展战略和方针目标，建立了现代企业制度。导入先进的企业文化管理，走新型工业化的道路，国内首创4.0m左右云驾岭综采放顶煤开采技术，采煤综放化，掘进综掘化，巷道锚网化，管理信息化、精细化。以安全责任重于泰山，职工生命高于一切。以安全为煤矿的第一政治、第一形象、第一效益、第一责任和第一管理目标，以提升整体安全管理层次，提高职工队伍素质，作为抓安全促发展的根本。矿井安全质量标准化达到行业新标准一级，跨入高产高效矿井，荣获全国精神文明建设先进单位、全国文明煤矿、河北省文明单位、省“安康杯”竞赛优胜企业、省环保先进单位、河北省国资委所出资企业劳模大会先进集体、全国第八届**“讲理想、比贡献”**先进集体。塑造了一流的现代化矿井新形象。

落实科学的发展观，通过打造以人为本争创一流的强势企业文化，形成了“管理理论科

右徐玉良矿长接过安康杯

安全监督总局法规司黄毅司长

文化节

学，责任目标明确，内部控制到位，管理效果明显”的精细化责任目标管理体系，印发了《云驾岭煤矿企业文化手册》和《云驾岭煤矿安全制度汇编》。企业文化主要是整合企业长期生产经营实践中形成的管理思想、管理方式、群体意识和行为规范。导入先进的文化管理，以企业文化作为企业的灵魂、旗帜和精神支柱，使企业管理由粗放经验型向集约化文化型高层次管理跨跃。从根本上解决了安全这个制约煤矿发展的深层次关键问题，导入一举一动规章至尊的安全理念，6S行为规范，走动式和ABCD四卡链式闭合管理。提升管理层次，全面提高职工队伍的整体素质和事故防范能力，牢固树立安全第一的思想，坚决做到不安全不生产，使安全这个社会关注的焦点，煤矿的难点，变为令人振奋的亮点。迄今已实现安全生产1100多天，生产原煤400多万吨无重伤、无工亡。促进了全面、协调、可持续发展。2004年实现了16项历史性突破，其中产值3亿元，利税2亿元；商品煤产量140.71万吨，跻身邯郸矿业集团第一家大型现代化矿井；首创5米以下综放开采1002306吨采煤队。2005年奋斗目标产值4.5亿元，利税2.5亿元；商品煤产量150万吨，人均收入3万元。

产品品质优良，煤种属于低硫、低灰、高热量的优质无烟煤，主要品种有精粒煤、精小块煤、精中块煤、精大块煤、精沫煤、中煤、煤沙、煤泥和混煤等。混煤灰分23–26%，发热量23.0–25.1KJ；精煤灰分≤15%，发热量31.3KJ以上，深受冶炼、化工、电厂等用户的欢迎。以优质产品，优良的人品，优秀的服务赢得了知名品牌，受到八方赞誉。(郭祥智)

王三堂到矿

左一金能集团董事长王社平
左二矿长徐玉良

全国煤炭工业双十佳矿长
徐玉良携全体员工诚邀各界朋友共铸辉煌！

矿领导班子

现代化矿井精品综放采面

电 话：0310–7756042　7756043
传 真：0310–5696552
邮 箱：hkzhq@163.com

# 陕西彬长矿区开发建设有限责任公司

执行董事兼总经理 严广劳

党委书记 徐冉忠

陕西彬长矿区开发建设有限责任公司是经陕西省人民政府批准设立的大型煤炭企业，是彬长矿区开发建设的主体，隶属陕西煤业集团有限责任公司。公司总部设在具有魅力城市之称的陕西省咸阳市。

彬长矿区地处咸阳市彬县、长武县境内。欧亚大陆桥——312 国道以及规划建设的西（安）平（凉）铁路、武（汉）银（川）高速公路从矿区穿过，交通十分便利。彬长矿区位于黄陇侏罗纪煤田中部，规划面积 790 平方公里，地质储量 67.29 亿吨，是全国 13 个特大型煤炭基地之一。

彬长公司前期开发建设大佛寺、小庄、胡家河、孟村等 4 对特大型矿井，建成后将达到 3400 万吨的年生产能力。其中，大佛寺矿井设计能力 600 万吨／年，实际按 800 万吨／年建设，最终将达到 1000 万吨的年生产能力；小庄矿井规划能力 1200 万吨／年；胡家河矿和孟村矿井规划能力均为 600 万吨／年。另外，公司从长远发展考虑，已对雅店、杨家坪、赵家堡、彬东远景规划区矿井编制勘察设计，即将展开地质详查和精查工作，最终整个矿区将达到 5000 万吨／年的生产能力。同时加强对彬长矿区电厂项目和煤化工项目的合作开发。其中，电厂项目将建设装机容量 480 万千瓦的马屋电厂，配套建设孟村和胡家河矿井、亭口水库，该项目已列入陕西省电力工业“十一五”发展规划；煤化工项目，拟以小庄矿井煤炭为原料，建设年产 180 万吨的二甲醚煤化工厂。

彬长公司本着“精干高效”的原则，对矿区实行“集约化生产，简约化管理，不搞后勤，不办社会”，充分利用社会资源解决矿区治安，职工就医，物业管理，设备维修等。届时，陕西彬长矿区开发建设有限责任公司将成为国内一流、国际领先，集煤、电、化、路一体的特大型现代化煤炭生产和深加工基地。

彬长矿区煤质优良，平均灰分 10%、含硫 0.6%、发热量 28.50 MJ/Kg、挥发分 34.50%，是优良的动力、化工、冶金和建材用煤，产品主要有洗大块（大于 80mm）、洗精块 1 号（13～30mm）、洗精块 2 号（30～80mm）、洗精煤（小于 50mm）。欢迎国内外各界人士莅临古都咸阳指导工作、洽谈业务，携手合作，共同发展。

国家安全生产监察总局副局长王显政视察大佛寺矿井建设

企业理念：超越平凡，打造一流

安全理念：以人为本，安全为天

经营理念：至诚至信，互惠双赢

陕西省副省长洪峰视察大佛寺矿（左为陕西煤业集团公司董事长沈浩，右为彬长公司执行董事总经理严广劳）

地址：陕西省咸阳市人民中路 37 号工商银行大厦 15 层
电话：0910-3252033 传真：0910-3252030
销售电话：0910—3272967（传真）
网址：http://www.bchgs.com 信箱：zonghe@bchgs.com

# 碾道村煤矿矿长

王骏先生

王骏（曾用名王军），汉族，1966年出生在山西省平陆县曹川镇庙来村，中共党员经济师，曾在西藏阿里军分区服役，现任碾道村煤矿矿长、中国管理科学研究院企业高级管理人才培训中心毕业、国际高级职业经理人（三星级）同时任中国煤炭行业高级研究员、中国发展战略高级研究员、中国亚太经济发展研究中心特约高级研究员、中国评论常务理事平陆县工商业联合会副会长、凤凰山旅游开发区主任、丰泽园酒店董事长，参加工作多年来始终以党和人民的利益为重，认真贯彻执行党的各项方针政策，时刻高标准严格要求自己，时刻不忘自己的职责和“为人民服务”的思想，在本职工作中锐忌改革大胆实践，取得了较好的经济效益和社会效益。为实现最广大人民群众的根本利益、为推动当地经济发展起到了积极的表率作用。曾被授予“中国优秀企业家”、“中国知名企业家”、“中国百名行业风云人物”、“热心公益杰出人物”、“爱国报国全国先进模范”、“中国煤炭行业诚信企业家”、“中国诚信企业家”、“中国100诚信之星”、“中国优秀人民公仆”、“共和国功勋人物”、第五届“中国改革百名优秀人物”、第二届“亚洲管理创新百名优秀人物”、“中国百名行业创新杰出人物金像奖”，“中国百名基层战略创新杰出人物”、“中国环境保护形象大使”、“中国企业创新优秀人物”、“杰出爱国人士”、“中国杰出基层领导者”、“中国知名专家学者”、“中国专家学者十年贡献人物”、“中国管理创新杰出人物金像奖”、“华夏精英”、中华民族团结友好协会授予“友好使者”、“世界名人杰出华人”、山西省“关爱员工的优秀民营企业家”、“社会扶贫模范”、平陆县“乡土名优人士”、“2005感动平陆十大新闻”、曹川镇党委政府授予“三个代表的忠实实践者”、“汗洒故土，情系乡亲”“忠实践行三个代表，扶助教育做贡献”。坡底乡党委、政府授予“新世纪楷模”、当地人民群众授予“德高望重”等等，碾道村煤矿及王骏矿长的发展和事迹曾被中央二台、七台、山西卫视、运城新闻、平陆电视台多家媒体报到，并入编在《党旗下的风采》、《共和国脊梁》、《中国当代杰出领导文献》、《求是》杂志，《政府与法制》贯彻十六届四中全会精神，《学习与实践》、《中国劳模风采》、《中华名人大典》、《党政企领导干部论坛》、《中国知名专家学者辞典》、《中华文明榜》、《盛世英才风云榜》、《中国安全生产大黄页》、《当代山西商会》、《中国评论》、《运城安监》、《平安运城》等书中。他所写的“抓好安全促生产，洒尽热血为人民”的爱国宣言荣誉铭刻在居庸关长城中华爱国英才报国宣言墙上。

# 碾道村煤矿

在东沟村水泥路通车仪式上与县委书记姚十保、政协主席陈苹果及镇党委政府领导合影

在碾沟桥剪彩仪式上与县委书记姚十保、政协主席陈苹果、政法委书记石杜杰

运城市常委总工会主席王典民、平陆县委副书记苏政辉、镇党委书记段一平一行到碾道村煤矿调研。

碾道村煤矿成长在国家级贫困县，革命老区，中华民族发祥地，中流砥柱、圣人傅说的故乡，平陆县曹川镇与坡底乡交界处，南依黄河，北靠中条山，这里多为山地，人民纯朴善良，勤劳勇敢，由于恶劣的地理条件，生活在这里的人民还比较贫穷，近几年新一届县委、县政府为了改变这里人民群众的生存条件，敢教日月换新天的决心，带领全县人民改造和完善了通往各乡镇的油路工程及村通水泥路工程，根据各乡镇实际情况，因地制宜，大力发展果桃牧、烟叶，已逐步形成基地化，农村出现了一种繁荣景象，煤电铝的基础发展，也取得了巨大成就，淘汰了落后的开采方式，引进了先进技术和管理理念，招商引资的大型电厂、铝厂也在建设中，城镇化建设已有大的改观，各行各业都有了翻天覆地的变化，发展旅游资源，利用人文环境，自然风光成了平陆政府及人民向往的目标。

碾道村煤矿始建于2000年，矿区东西长1.2公里，南北宽0.62公里，总面积0.744平方公里，可采煤层有9#、10#、11#，批准开采煤层为10#，属低涌水量和低瓦斯矿井，2003年11月投产，设计年产量9万吨，五证齐全，现有矿长1人，副矿长4人，特种工作人员26人，管理人员24人，机运机修队50人，矿工60人，其中党员12人，设计年产量9万吨。目前正在进行采煤方法改革，煤矿扩产五大系统配套，矿区建设及资源整合，整合后，矿区面积将达到3.63平方公里。

碾道村煤矿在发展中，始终坚持"安全第一，预防为主"的方针，"管理装备，培训并重"的原则，以"一通三防"为重点，坚持"有疑必探，先探后掘"的原则，把安全当作重中之重，用规程制度规范日常工作，严禁违章指挥、违章作业，及时解决问题，处理隐忠，在安全装备投入上，不惜代价逐步实现了半机械化生产，由房柱式采煤改革为长臂采煤，以建设现代化矿井为目标，积极引进科技含量较高的技术、设备和工艺，以提高机械化程度；在安全生产组织过程中，通过对提升、通风、供电等环节的技术改造，优

# 碾道村煤矿

化生产系统和优化配置，推动生产安全技术、装备不断升级，运用现代管理手段对安全生产进行全过程控制，使安全管理系统化、网络化、规范化，达到机制优化，规范管理和操作安全，促进了安全工作的持续稳定和健康发展，积极培育具有凝聚力、创造力、形象力和核心竞争力的企业文化，通过学习找差异，竞争机制促差异的思路，改革内部管理机制，用人制度、分配方式，以适应外部环境，推动矿井各项工作不断登上新台阶，达到凡事有章可循，凡事有人负责，凡事有据可查，凡事有奖有罚。坚持从点滴抓起，从矿领导班子抓起，达不到目标要有原因分析，有处理结论，制订了《煤矿职工行为规范》、《各级管理人员行为暂行规定》和《加强职工劳动纪律的规定》等管理制度，不定期组织检查，定期全矿通报，发现问题，有解决措施，有整改责任人，有检查落实人，坚持原则做到执行制度不走样，善始善终，并保持制度的一致性、连续性。牢固树立与时俱进的思想观念和奋发有为的精神状态，大力弘扬“热爱煤矿，献身煤矿”的信念，整合启动竞争、创新、信息“三大机制”。深化人事、劳动、分配“三项制度”改革，确保各项工作持续协调发展，把我矿建设成安全生产效益性煤矿，坚持安全生产，关爱生命，科学决策，规范管理，防微杜渐，警钟常鸣。

在经营管理上实行以人为本，民主管理，全心全意依靠职工办企业，维护职工合法权益，扎扎实实为职工分忧解难，办实事，实行矿务公开，促进企业发展，签定集体全同，开展工资集体协商，狠抓领导班子建设，加强职工职业道德培养，改善生产、工作、生活环境，全面提高队伍思想作风和素质，使职工爱企如家，实现了“井下文明生产，井上文明生活”的良好局面，逐步形成了指导企业发展的核心理念，即“以人为本，尊重人、关心人、爱护人”，“诚信为本，一诺千金”；内部管理上，以情感人，以理服人，营造一种文明向上、团结和谐的环境，“诚信为本”是我们煤矿做人、做事、经商的一种理念，它构成了煤矿品牌的基石；优质的产品、优秀的人品、优良的管理，构成了煤矿的文化核心，在实践过程中实现了“从产品品牌到企业品牌”，“从环境改造人到

# 碾道村煤矿

人文环境塑造人”，“从集体主义到现代企业团队精神”，“从传统管理到现代文化型长效管理”的飞跃，从而达到矿领导职工满意，上道工序让下道工序满意，产品质量让用户满意，企业发展让上级领导满意的行为准则。提高全矿职工的文化精神素质，建设学生型团队，重奖科技人员，推动煤矿进入学习、创新、提高良性循环的轨道，由粗放型管理向科学型、文化型管理发展，职工由纯体能型向增加智能含量发展，企业由单一的劳动密集型向依靠科技进步的方向发展，让有理想的人讲理想，让有道德的人讲道德，从集体主义走向团队精神，力图文化的长效管理，努力把我矿建设成为“长寿型企业”，实现艰苦创业，产业报国，整合资源，最大利用“富而思源，回报社会”。

碾道村煤矿在十分艰难的创业阶段，替政府排忧解难，拿出百万元修路、架桥、建校，帮扶群众，扶助贫困学生，免除三个行政村的农民生活用电，学校用电等等回报社会，为当地公益事业做出了自己的贡献，向社会展示了良好的企业形象，同时也得了政府及人民群众的认可，碾道村煤矿被授予“长城爱国全国先进示范单位”、“爱国报国全国先进模范单位”、“中国知名企业”、“全国质量稳定信誉保证企业”、“中国煤矿行业诚信经营示范企业”、“国家A级守信企业”、“国家AAA级质量诚信会员单位”、“国家诚信消费者（用户）信得过单位”、“全国煤碳产品质量、服务质量无投诉用户满意单位”、“中国质量、服务、信誉AAA级企业”、“中国环境保护优秀企业”、“中国诚信联盟企业”、“繁荣地主经济明星企业”。2003、2004年信用平陆建设领导组授予“诚信企业”入选商务部企业档案，煤矿员工刘新红被省总工会工商联授予“关爱企业的优秀员工”，授予矿长王骏 “中国优秀企业家”、“中国知名企业家”、“中国百名行业风云人物”、“热心公益杰出人物”、“爱国报国全国先进模范”、“中国煤炭行业诚信企业家”、“中国诚信企业家”、“中国100诚信之星”、“中国优秀人民公仆”、“共和国功勋人物”、第五届“中国改革百名优秀人物”、第二届“亚洲管理创新百名优秀人物”、“中国百名行业创新杰出人物金像奖”，“中国百名基层战略创新杰出人物”、“中国环境保护形象大使”、“中国企业

当地老百姓为王骏送匾牌

矿中层管理人员会议室

# 碾道村煤矿

创新优秀人物”、“杰出爱国人士”、“中国杰出基层领导者”、“中国知名专家学者”、“中国专家学者十年贡献人物”、“中国管理创新杰出人物金像奖”、“华夏精英”、中华民族团结友好协会授予“友好使者”、“世界名人杰出华人”、山西省“关爱员工的优秀民营企业家”、“社会扶贫模范”、平陆县“乡土名优人士”、“2005感动平陆十大新闻”、曹川镇党委政府授予“三个代表的忠实实践者”、“汗洒故土，情系乡亲”“忠实践行三个代表，扶助教育做贡献”。坡底乡党委、政府授予“新世纪楷模”、当地人民群众授予“德高望重”等等，碾道村煤矿及王骏矿长的发展和事迹曾被中央二台、七台、山西卫视、运城新闻、平陆电视台多家媒体报到，并入编在《党旗下的风采》、《共和国脊梁》、《中国当代杰出领导文献》、《求是》杂志，《政府与法制》贯彻十六届四中全会精神，《学习与实践》、《中国劳模风采》、《中华名人大典》、《党政企领导干部论坛》、《中国知名专家学者辞典》、《中华文明榜》、《盛世英才风云榜》、《中国安全生产大黄页》、《当代山西商会》、《中国评论》、《运城安监》、《平安运城》等书中。

随着采煤方法的改革，资源整合及改扩建工程的进行，碾道村煤矿在安全设备投资上会更多，同时将派出我们的管理人员去外单位参观学习，学习他们的先进技术，先进管理理念。使碾道村煤矿更上一层楼，警钟常鸣，珍爱生命，标本兼治，求索新技术、新工艺是我们今天必做的工作，构建和谐社会是我们今天奋斗的目标，碾道村煤矿将会用规范的安全管理和爱心为平陆的煤炭事业发展和人民群众的安居乐业做出新的贡献，并唤起更多有爱心的人们加入到这个行列中，共同为构建和谐社会服务。

我生活在农村，农民的辛苦和困迫的生活时常缭绕在我的眼前，记忆在我的脑海里，他们勤劳务实、憨厚，日出而作，日落而休，与世无争，深深地打动了我一个中共党员的心，我能为他们做些什么呢？就是这个企业，我要努力办好这个企业，在伟大的中国共产党领导下，最大限度地帮扶他们早日过上幸福美满的生活。

向贫困小学学生捐资10万元

矿工部分生活区

为当地群众修的水泥路

于2005年6月份完成的双汇路电源工程

# 同煤大唐塔山

## 夯实基础 高端起步

董事长、党委书记 贾海棠

副董事长、总经理 武望国

同煤大唐塔山煤矿有限公司是由大同煤业股份有限公司、大唐国际发电股份有限公司、大同煤矿集团有限责任公司三方股东共同投资组建，位于同煤集团塔山工业园区，公司的2个工程项目——塔山矿井和选煤厂是塔山工业园区的龙头和重要配套项目，具有十分重要的地位。

塔山工业园区地处大同煤田东翼中东部边缘地带，在大同市南约30公里，距同煤集团公司约20公里，地域属大同市南郊区所辖。塔山工业园区项目规划建设总投资约105亿元，以年产1500万吨的矿井及配套选煤厂、年产5万吨的高岭岩深加工厂、4×5万KW资源综合利用电厂和2×60万KW坑口电厂、水泥厂、砌体材料厂及全长20.65公里的铁路专用线，也就是“一矿六厂一条路”，共同组成工业链，做到多业并举，实现资源综合利用,使整个矿区走向可持续发展的道路。

塔山工业园区规划建设模式具有鲜明的“循环经济”特点，有别于传统的资源-产品-废弃物单向直线式经济发展模式，而是采用资源-产品-废弃物-再生资源的反馈式循环经济发展模式。以塔山矿井为龙头，每一个生产单位产生的废弃物都是另一个生产单位的主要生产原料，以“减量化、再利用、资源化”为原则，将煤炭资源“吃干榨尽”，实现低消耗、低排放、高效率，从而更加有效地利用资源和保护环境，以尽可能小的资源消耗和环境成本，获得尽可能大的经济效益和社会效益。塔山工业园区一期工程包括五个项目，分别是塔山矿井、塔山选煤厂、高岭岩深加工厂、铁路专用线和资源综合利用电厂。

## 先进设备

塔山矿井设计概算20.56亿元，占地430亩。设计年产量1500万吨，矿井服务年限120年，是目前国内设计能力最大的井工矿井，单井口产量居于领先水平。井田面积共170.8平方公里，地质储量50.7亿吨，可采储量30亿吨。可采煤层5层，总厚度29.65米。煤层倾角一般小于5度。主采煤层为3-5#层，平均厚度为18.44米。煤质为特低硫、特低磷、中高发热量的优质动力煤，发热量为4900大卡左右。

矿井预计三年达产，届时形成三个综合机械化采煤工作面，再加上四个连采工作面，达到1500万吨的设计生产能力，职工人数800人左右，全员效率达到62.5吨/工，年人均效率2万吨，建成现代化高产高效矿井。

# 煤矿有限公司

## 科学统筹　全面发展

矿井首采工作面采用国内外先进的放顶煤开采技术和设备，提高了煤炭资源回收率；引进大功率采煤机及工作面配套设备，保证了设备运行的可靠性；引进无轨胶轮车辅助运输系统，极大地降低了工人劳动强度，缩短了工作面搬家准备时间；引进连续采煤机进行巷道掘进，提高了掘进速度和效率；采用小时能力达6000吨的大功率胶带运输机集中运煤，保证矿井生产不受运输环节制约；配备了现代化的监测、监控系统，对井下、地面包括选煤厂在内的人员、环境和设备进行实时监测，实现远程集中控制。

塔山选煤厂设计概算4.34亿元，占地340亩，年入选量1500万吨，劳动定员245人，全员效率204吨/工，人均效率6.12万吨/年。选煤厂采用重介浅槽分选块煤，重介旋流器分选末煤，煤泥分选机回收煤泥的联合洗选工艺，小时处理能力3000吨，主要生产块煤、洗混煤和中煤三个产品，实现原煤全部入洗。洗选后产率为：洗块8.69%，洗混煤50.67%，中煤10.27%。质量指标为：洗块灰分为16.89%，洗混煤灰分为15.29%，中煤灰分为32.52%，各产品硫分均小于0.8%，产品质量指标可根据市场需求的变化进行调整。选煤厂成套设备采用国际招标采购，主要设备由澳大利亚厂商提供，代表了国内外煤炭洗选技术的先进水平。

### 领导视察

全国政协社会和法制委员会主任王森浩(右五)视察塔山煤矿

国家发改委副主任欧新黔(右二)视察塔山煤矿

山西省委书记张宝顺(左二)两次视察塔山煤矿

山西省省长于幼军(右二)视察塔山煤矿

## 思想就是力量，一切力量来自完成职责
## 精神就是动力，一切动力来自实现目标

塔山矿井和选煤厂是塔山工业园区的龙头和重要配套项目，具有十分重要的地位。其设计生产规模、装备和技术水平达到国内一流，辅助生产、生活后勤等主要依托同煤集团现有设施和服务社会化，整体优势体现在产量大、机械化和自动化程度高、用人少，社会负担小，实现效率、效益最大化。公司将按照“在装备、技术和管理上创一流水平，在资源节约和综合利用上创一流水平，在环境保护上创一流水平”的总体发展目标，努力建设一流的现代化煤炭企业。

# 大同煤矿集团公司燕子山矿

矿长　徐成

大同煤矿集团公司燕子山矿，位于大秦铁路支端，109国道南侧，世界著名文化遗产云冈石窟以西22公里处，是一座由我国自行设计的特大型国有现代化矿井。矿井始建于1980年，采煤机械化程度100%。所产均为低灰低硫高发热量的优质动力煤，商品煤合格率达100%，产品远销日本、韩国等国家和地区。

今年以来，燕子山矿认真贯彻以人为本，全面、协调、可持续发展的科学发展观，以安全促高产，以管理创效益，以弘扬文明创建推动和谐发展，不仅在地质条件异常恶劣、小窑侵扰严重、集中7次搬家以及成本指标压力巨大等困难情况下，取得了提前31天实现年生产计划过半的好成绩，而且安全管理和成本控制效果明显，企业文化建设和文明创建持续引深，矿山面貌和社区环境不断优化，在"做强同煤、造福员工"的道路上迈出了矫健的步伐，为全年各项指标的顺利实现赢得了先机、把握了主动。

**安全根基坚如磐石。**燕子山矿牢固树立安全发展观，大力推行"人人都是安全员"理念，认真执行"十靠十到位"要求，始终坚持"规章制度、现场监管、安全培训"三元并重，实行了领导联点承包责任制、质量与数量分项考核制等，修订完善了462个岗位安全责任制和175项安全管理制度，编制了"员工安全行为十种"、"安全管理六预规则"，建立了安全信息卡，设立了安全信息中心，进一步健全了安全管理体系；实现了采掘工作面"三专两闭锁"、"双风机双电源"自动切换和双探头监测，大力推行了环节管理，全面构建了职业健康安全管理体系，完成了办公局域网、工业电视监控网、安

全监测监控网的三网合一；引进了多媒体培训软件、建立了考试题库和计算机考试系统、全年不间断安全知识技能培训考核，有效提高了员工自保互保能力，在全矿构建起了“人人都是安全员、天天实现零事故”的目标管理体系。

**矿井生产持续提升。**不屈不饶，勇于奉献的燕子山人面对复合层顶板、漏顶易发、地质构造复杂、小窑干扰严重、盘区扩展、火下采煤、工作面短、搬家多、采煤队组少、设备陈旧等诸多不利因素，不畏艰难，赶先学优，大打“采、掘、机、电、运、通、安全、管理”八个硬仗，深入推行环节管理、岗次管理、人性化管理，积极开展机电、安全、技术培训，不断强化生产组织与现场管理，突出顶板管理与机电检修，并根据矿井实际情况适时调整衔接部署，实现了盘区安全有序接替，取得了前九个月累计生产原煤 339 万吨、进尺 26409 米，实现利润 9261 万元，员工人均收入 26127 元，同比增长 30% 的好成绩，实现了煤炭主业的持续跨越式发展。

**文明创建卓有成效。**人与自然和谐相处、经济与社会协调发展是燕子山矿党政的不懈追求，他们矢志不移、科学规划，积极致力于环境友好型矿区建设，先后整修了文化活动中心、体育健身中心等场馆，增补了配套设施，上马了网球场、运煤通道等一批环境治理工程，完成了矸石山治理，构筑完善了绿化网络，绿化覆盖率达到了 36.5%。特别是共产党员服务站、爱心家园、光彩事业基金会和重特大病救助基金会紧密结合、优势互补，实现了帮贫济困无死角、无疏漏，截止九月底共计发放各类救济金 25 万多元，发放无息借款 13000 元，捐献物品 4798 件，帮助弱势群体解决了燃眉之急。

**非煤产业稳步攀升。**他们从优化产业结构、实现全面协调可持续发展的角度出发，重点突出做优做强机械加工业和商贸业两大辅业，完成了商贸城三期工程建设，使商贸城占地总面积增至 60000m²，服务范围由原来的 6 万人增至 20 万人，有效带动了周边地区运输业、加工业和餐饮业的兴起；重新改建了鑫隆机械修造厂厂房，成功开发出井下防爆电锯、液压阀等新产品，并对实业公司机关进行了精减重组，调整了领导班子，招标出租了公司办公楼，对纯净水厂实行了租赁经营，盘活了闲置资产，提高了产品质量和经济效益，形成了"煤炭主业、商贸业、机械制造业"三元并举产业格局，为今后非煤产业快速发展、顺利实现产值和经营总额翻一番目标奠定了基础。

成绩的取得，证明了昨日的辉煌；未来的道路，仍需艰难的跋涉。今天，勇于奉献、争创一流的燕子山人正在为全年各项奋斗目标的圆满完成做着最后的冲刺；明天，展现在我们面前的必将是燕子山矿更新更美的壮丽诗篇。

时代广场

绿色居民小区

# 大同煤矿集团地方

同煤集团董事、地煤公司董事长

李守礼

大同煤矿集团地方煤炭有限责任公司(以下简称地煤公司)现有青磁窑煤矿、姜家湾煤矿、东周窑煤炭有限责任公司、杏儿沟煤业有限责任公司、焦煤矿有限责任公司、新高山煤炭集运公司六个子公司。现开采六对生产矿井，拥有资产159703.94万元，在岗员工16409人。井田面积70.55平方公里，煤炭保有地质储量166857.75万吨，可采储量91721.46万吨，核定生产能力435万吨。生产低灰、低磷、低硫、弱粘结优质动力煤，发热量6000—7300大卡。现有三座选煤厂，洗选能力为650万吨/年。拥有7个煤炭发运站，都具备整列发运能力，其中4个具有万吨发运能力，整体发运能力为1050—1630万吨/年，是山西省经贸委确定的“出口煤商品生产基地”。

目前面对空前的市场机遇和挑战，地煤公司正以**昂扬的激情，与时俱进，开拓创新，**努力为实现同煤集团的战略目标做出新的更大的贡献。

# 煤炭有限责任公司

同煤集团董事长刘随生（左二）
来地煤公司指导工作

同煤集团总经理吴永平（前排右二）
在地煤公司指导工作

地煤公司及下属子公司多年来一直被大同市列入优势企业，为大同市经济发展建设发挥了积极的作用。加入同煤集团以来，地煤公司充分依托同煤集团在管理、技术、装备、资金、人才、政策等方面的优势，在同煤集团的领导和大力支持下，强化管理，夯实了安全基础，加快结构调整和技术改造步伐，提高了采掘工艺水平，企业驶入了改革发展的快车道。2005年完成煤炭产量432万吨，现价产值103852万元，完成煤炭销量630万吨，实现销售收入141252万元，实现利税17516万元，利润2760万元。

生产调度室

综合机械化采煤
工作面

出口煤商品生产基地

# 郭二庄矿业有限公司

董事长、党委书记：郝彦方

郭二庄矿业有限公司位于河北省武安市北13公里处，南与邯（郸）长（治）公路干线相连，煤矿铁路专用线与横穿井田的褡（裢）午（汲）铁路相连，道路纵横交错，交通四通八达。

矿井年设计能力105万吨，建有一座年洗选100万吨煤的洗选厂，系邯郸矿业集团有限公司大型主力矿井之一。产品有混煤、中煤、煤沙、煤泥、精煤、精小块、精中块、精大块8个品种，灰分低，含硫低，发热量高。是冶金、发电、造气、化肥、民用的理想原料。

该公司坚持“质量第一，用户至上”的煤质管理理念，具有完善的煤质管理和煤质化验手段，计量器具先进，装车工具机械化，速度快，计量准，昼夜服务。公司先后荣获“煤质管理标准化二级矿井”、“煤质管理标准化一级矿井”和河北省及邯郸市“重合同守信誉”单位等荣誉称号。

该公司始终坚持“安全第一”的方针，做到警钟长鸣。正确处理安全、生产、效益三者的关系，不断加大安全投入，坚持装备、培训、管理并重原则，努力创建本质安全型矿井。同时，大力实施科技兴矿战略，努力提高采掘机械化程度，采用了综采、综放新技术，推广应用了锚网（索）技术，推广使用综掘机，提高单进水平。建立了瓦斯监控系统，实施24小时监控，安装了职工信息管理系统、井下职工微机考勤系统、视频会议系统，实现了微机化管理。大力实施精煤战略，千方百计提高煤质，提高出块率。科学先进的管理手段，促进了企业经济效益的提高；2005年完成原煤产量141.3万吨，创建矿58年来最高纪录。

该公司以“团结拼搏，务实创新”为企业精神，坚持以人为本，实施精细化管理，建塑企业文化，强化基础工作管理，大搞质量标准化，使井下作业环境大大改善，矿容矿貌大为改观，职工精神面貌焕然一新，企业焕发出勃勃生机。该公司拥有一个“团结务实，真抓实干，争创一流”的领导班子。目前，郭二庄矿业有限公司在新一届领导班子带领下，围绕集团公司第三步跨越发展战略，与时俱进，奋力拼搏，扎实工作，正朝着做大做强做精目标迈进。

矿区“八荣八耻”启动仪式

大合唱

职工安全答题

地址：河北省武安市矿山镇　邮编：056303　电话：0310–7752699　传真：0310–7752699

# 河北金能邯郸矿

邯矿集团公司董事长 刘建功

**邯矿集团公司**现为河北省和全国煤炭工业百强企业。企业前身是邯郸矿务局，成立于1958年4月，原为煤炭部直管，1998年8月下放到河北省管理。2002年12月，按照国家债转股政策，由邯郸矿务局改制为邯郸矿业集团有限公司，公司注册资本10.7亿元，其中国有股7.4亿元，法人股3.3亿元，现有总资产47.5亿元，所有者权益15.8亿元，在册职工1.7万人。2005年12月，邯矿集团与邢矿集团强强联合，现为河北金牛能源集团有限公司的子公司。目前，邯矿集团公司拥有邯郸和张家口两个矿区，其中邯郸矿区6个煤矿，张家口矿区4个煤矿，共下辖21个分公司和子公司，核定生产能力784万吨，入洗煤能力390万吨。煤炭主要品种有无烟块煤、混煤、精煤、精末煤、配焦煤和电煤等，产品具有低磷、低硫、低灰、低挥发份、高机械强度、高灰熔点、高热稳定性等特点，是冶金、发电、化工、建材等产业及民用优质用煤。煤炭产品主要销往河北、山东、江苏、河南、湖北、安徽、北京、天津等地区，部分精煤出口巴西。

2005年邯矿集团公司认真贯彻党的十六届四中、五中全会和国务院１８号文件精神，坚持“三个代表”重要思想，树立科学发展观，按照“以煤为主，做大做强，跨越发展”的总体思路，围绕一届四次职代会上确定的全年目标，解放思想，开拓创新，团结实干，各项工作取得了新的成绩：**煤炭生产再创历史新水平。**通过完善矿井生产系统、提高装备水平、狠抓重点采掘区队建设等有力措施，煤炭生产指标继续保持了较快增长势头；**矿井技改和项目建设取得新进展。**全公司固定资产投资完成9.9亿元，其中工程项目建设投资完成7.5亿元，重点项目建设顺利推进，企业持续发展能力和整体实力大大增强；**企业改革迈出新步伐。**建立以盛源公司为母体的张家口矿区组织管理机构，制定下发规范性管理意见，理顺了北矿区与邯矿集团公司的关系。成功地联合重组了涿鹿煤矿，拓展了北矿区的区域范围，进一步扩大了邯矿集团公司的实力和影响；**企业管理又有新突破。**内部规章制度进一步健全和完善，13个管理办法的出台规范了二级单位的经营行为。责任目标管理体系在邯郸矿区普遍建立，经营分析、调度、考核和督导力度加大，成本费用得到有效控制；**改善职工生活采取了新举措。**大力实施“民心工程”，投资600万元为邯郸矿区6矿和机械总厂生产一线职工宿舍全部安装了空调，投资500万元改造各矿职工食堂，邯郸矿区9000多名井下职工全部吃上了免费营养餐；**企业文化建设呈现新气象。**按照“三步走”战略，强力推进企业文化建设，集团公司南北矿区掀起企业文化建设热潮，促进了职工思想观念转变和行为的规范与养成，促进了职工素质的提高和管理工作的加强，促进了环境刷新和企业形象建设；**思想政治工作和精神文明建设开创了新局面。**围绕全年任务，思想政治工作充分发挥宣传引导、鼓劲造势、凝心聚力作用。企业精神

# 业集团有限公司

年产量5000吨的玻纤厂车间

文明建设成效显著，基层单位的创建意识逐步提高，创建机制更加成熟，创建力度进一步加大。阳邑矿、陶一矿申报了全国文明矿，云驾岭矿建成了河北省文明单位、全国文明矿、全国精神文明创建先进单位。

**2005 年主要生产经营指标完成情况是：**原煤产量完成 738 万吨，与去年同期相比提高 118 万吨，其中邯郸矿区产量 540 万吨，张家口矿区产量 198 万吨；精煤完成 178 万吨，其中块煤完成 97 万吨；掘进进尺完成 8.3 万米，其中开拓进尺完成 2.4 万米，重点进尺完成 1.7 万米。回采工作面平均单产 4.8 万吨／月，综采工作面为 10.5 万吨/月。采煤机械化程度达到 98.41%；掘进装载机械化程度达到 96.41%。综合煤价 284 元/吨；全部销售收入 32.8 亿元；人均工资 20600 元；原煤产量、精煤产量、开拓进尺、综合单产、采掘机械化程度、全员效率、产值、利润、人均收入等 10 多项生产指标创历史最好水平。此外，生铁、发电、玻纤、水泥等非煤项目也都较好完成了生产指标。

年发电量 4 亿 kwh 坑口热电厂

邯矿集团公司“十一五”期间及 2006 年总体工作思路，就是认真贯彻十六届五中全会精神，认真贯彻国务院关于促进煤炭工业健康发展的若干意见，坚持用科学的发展观统领工作全局，继续实施跨越式发展战略，走低成本扩张之路，采取多种形式、多种渠道，最大限度地争取煤炭资源，拓展企业的发展空间；坚持依靠科技进步，建设高产高效矿井，通过技术引进和技术创新，通过上装备、上技术，大幅度提高煤炭生产能力和单产单进水平，从建设高产高效采掘区队入手，把大多数矿井建设成为高产高效矿井；认真实施精煤战略，大力调整产品结构，从生产、运输、加工等各个环节采取措施，提高无烟煤块煤产量和精煤产量，以优质和适销对路的产品进一步改善企业的经营，努力打造邯矿的核心竞争力。2006 年的主要目标：原煤产量 760 万吨，精煤产量 265 万吨；总进尺 7.8 万米，开拓进尺 2.3 万米；非煤产业:生铁 28 万吨，水泥 25 万吨，玻纤 6250 吨，发电量 7.5 亿 kwh。在销售上实现产销平衡，利润再创新水平，人均收入增长 3000 元，安全上杜绝重大工亡事故，实现安全生产。

年产百万吨的综采工作面

# 靖远煤业有

公司董事长罗福乾同志

靖远煤业有限责任公司是甘肃省人民政府批准，在原靖远矿务局基础上整体改制而成的国有大型企业。矿区位于甘肃省白银市境内，总面积102平方公里，西距兰州140公里，北距银川300余公里，各矿铁路专线与国铁包兰线接轨，国道109、省道唐红公路交叉经过，运输条件便利。目前，公司总资产33.7亿元，职工27000余人，设有15个职能部室，下属5个生产矿、10个辅助生产单位、12个办社会职能单位，控股或参股甘肃靖远煤电股份有限公司、白银洁能热电公司，以及白银宝积山煤业公司、白银红会煤业公司、白银市陇宝地质钻探有限责任公司等破产重组公司。2005年3月30日甘肃靖远煤电股份有限公司股票上市交易。现矿区保有煤炭地质储量8.3亿吨，成煤期为侏罗纪，煤种为不粘结、弱粘结煤及气煤。主导产品“晶虹”煤具有低硫、低磷、低灰、高发热量等优点，是广大用户降低成本、保护环境的首选用煤，广泛用于电力、冶金、化工、建材等行业，现实际生产能力800万吨／年以上。2002年“晶虹”产品被评为“全国质量稳定合格产品”，“晶虹”商标被授予甘肃省第三届著名商标。公司具备煤炭生产、洗选和销售、基建施工、地质钻探、机械制修、科研设计、工程监理、瓦斯发电、供水供电、救护消防、文教卫生、职业技能鉴定、后勤服务等综合发展能力。

综采放顶煤工作面

近年来，靖煤公司坚持“让股东满意，使员工幸福，为社会奉献”的经营理念，高举改革发展旗帜，按照“主业做强做大，非煤调优调特，异性互补，关联扩张，谋求可持续发展，走新型工业化道路”的发展思路，在省委“两个高举”、“一个加强”和“两抓两放”战略举措指引下，抢抓西部大开发历史机遇，突出加快发展的时代主题，秉承艰苦奋斗的优良传统，以科学发展观统领改革发展工作，加强战略研究与管理，全面推进“三大”创新，积极探索和实践主业做强做大，非煤调优调特，异性互补，关联扩张，谋求可持续发展，走新型工业化道路的途径，推动企业跨越式发展，开创了靖远矿区和谐发展的全新局面。从经济总量来讲，在不到五年的时间再造了一个“九五”时期的靖远矿区。已建成不同条件煤层的综放体系和“五井十面”高产高效矿井生产格局，改善矿井安全生产条件，建成全国煤炭工业双十佳煤矿2对，全国煤炭工业科技创新型矿井、特级和一级高产高效矿井各1对，极大地提升了安全管理水平，安全工作已步入全国先进行列，公司原煤产量由“九五”时期的400万吨／年左右增长到今年的800万吨以上，成为创建一流企业的坚实基础；从企业产业结构来讲，促进了由单一煤炭生产型向多种能源产品生产型的转变。大力开展项目攻关，积极推进资源综合利用，在已建成2个瓦斯发电站的基础上，努力充分利用矿井水，建设矿区废污水处理与雨水集流回用工程；要加快

信息化管理调度中心

# 限责任公司

副省长杨志明与董事长罗福乾敲响靖远煤电开市宝钟

省上领导徐守盛深入矿区一线

省上领导王宪魁检查指导工作

矿区沉陷区综合治理，促进生态环境和基础工程建设，构建和谐小康矿区发展的良好环境，培育新的经济增长点；要努力建设劣质煤发电、煤化工等项目，逐步实现煤、电、化、冶一体化发展格局，促进企业可持续发展；从企业管理上讲，促进企业了走向资本运营和生产经营全面发展的轨道。2005年成功重组长风特电国有法人股，组建了靖远煤电股份公司，推动公司迈出了国企股改、资本市场直接融资和多元化经营的历史步伐，企业综合实力、社会知名度、美誉度极大提升，矿区面貌焕然一新，职工收入稳步大幅提高，呈现出了矿区安定、团结进取、创新发展、争创一流的良好局面。目前公司跻身全国煤炭工业百强、煤炭工业科技进步企业和甘肃省工业六十强，并连续多年保持省部级双文明单位和重合同守信用企业称号，被评为全国煤炭工业优秀企业、安全生产先进单位、厂务公开先进单位、绿化先进单位和甘肃省优秀企业、思想政治工作先进单位等。

今后，要继续认真落实省委“两个高举”和“两抓”战略举措，坚持以科学发展观统领企业发展全局，继续推进企业产权结构、产业结构、产品结构和管理体制的战略调整，构建基础产业（煤炭）、支柱产业（电力、煤化工）、层次清晰、专业协作、共同发展的产业格局。利用五年时间，依靠上市公司融资平台，扩张经营。（1）2006年—2007年完成定向增发；（2）2008年—2009年完成向社会增发新股，实现靖煤公司整体上市。（3）通过扩股、收购、相互参股等多种方式，以优引强，吸引战略投资者，努力构建跨行业、跨地区煤电化运一体化发展的大型国内国际知名公众公司。在“十一·五”期间，煤炭产量突破1000万吨大关，做强西北煤炭第一股，实现煤、电、化、冶一体化发展格局，主营业务收入达到30亿元，实现利税8亿元，人均年收入达到4万元。与“十五”规划相比，基本实现营业收入翻一番，利税翻两番，人均收入翻一番，打造出一个多元股东结构、多元产业体系的跨地区跨行业经营的现代新型能源企业集团。

美丽的矿山夜景

# 甘肃靖远煤电

董事长：罗福乾

甘肃靖远煤电股份有限公司是靖远煤业有限责任公司重组长风特种电子股份有限公司而成立的上市公司，原由国营长风机器厂于1993年11月17日发起设立并在深圳证券交易所挂牌交易，被誉为“陇原第一股”。公司股票自2004年4月1日起被实施特别处置，2005年5月10日起暂停交易，使公司面临最终退市的严峻局面。在先后两次保壳重组均告失败的情况下，靖远煤业有限责任公司在省委、省政府的大力支持下，按照“工业强省”战略方针和省国资委相关会议精神，抓住机遇，以所属王家山煤矿的优良资产，于2005年6月与长风特电进行了重大资产置换重组，公司主营业务由家用电器制造、销售转为煤炭生产、洗选和运输，并随后完成了股权分置改革和企业名称变更登记。由于靖远煤业有限责任公司对长风特电的实质重组，从根本上改善了公司的经营状况，盈利能力大幅提高，经营业绩不断攀升，一举扭转了长风特电连续三年亏损的局面。2005年实现主营业务收入16060万元，净利润达到3281.76万元，每股净收益为0.185元。今年一季度实现利润1579万元，每股收益提高了1400%，实现了公司价值与股东利益的迅速增长。经申请复核，公司股票于2006年3月30日在深交所正式恢复交易，6月26日股票撤销退市风险警示及其他特别处理，股票简称由“*ST长风”改为“G靖煤”，6月30日公司在兰州正式举行了揭牌仪式。目前公司股价已由停牌时的3.55元升至5.5元上下，表明公司资产置换重组、股权分置改革等一系列重大举措已得到了广大投资者的积极响应。对长风特电的重组成功，不仅保住了甘肃省宝贵的上市公司“壳资源”，确保了国有资产保值增值，维护了广大公众投资者的根本利益，也使靖远煤电成为西北地区首个成功上市的煤炭企业，为企业挺进资本市场，利用上市公司平台融资发展，做大做强煤电主业，实现煤、电、化、运一体化发展战略目标打下了坚实基础，极大地提升了企业的社会影响力。

甘肃靖远煤电股份有限公司所属王家山煤矿，井田总面积25平方公里，有两层可采煤层，煤层平均厚度13米，属中侏罗纪低灰、低硫、低磷、高发热量的不粘结优质动力和民用煤，矿井实际年产量已达190万吨以上。

甘肃省副省长杨志明，公司董事长罗福乾在深交所敲响开市宝钟

2006年6月30日，公司在兰州隆重举行揭牌仪式

节日的矿山张灯结彩

公司生产矿井工业广场一角

新落成的职工健身广场

# 股份有限公司

总经理：陈虎

年产90万吨的现代化洗煤厂

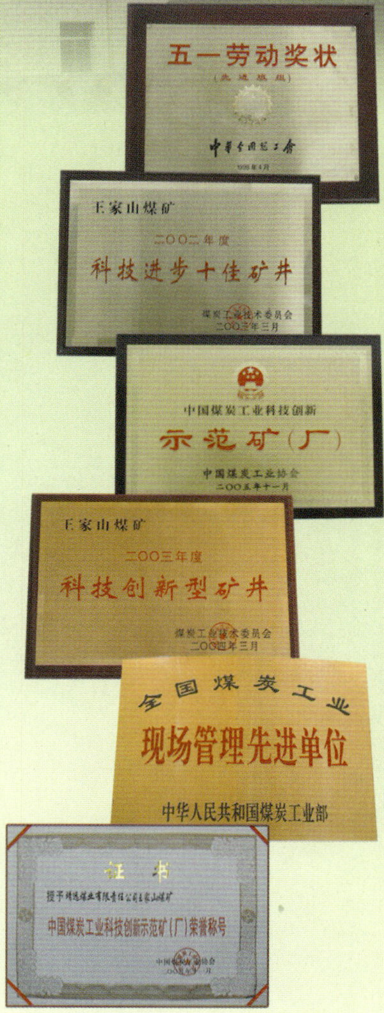


公司总股本17787万股，其中大股东——靖远煤业有限责任公司持有8320万股，占总股数的46.78%。公司在册员工1926人，各类专业技术人员524名，占员工总数的27.2%，公司下辖二个综合采区、九个部室和四个专业公司，其中配套洗煤厂洗选能力达90万吨，采掘机械化程度分别达到100%和56.9%。同时拥有现代化的安全监测和信息网络系统，实现了企业管理的集约化、信息化和规范化。

重组复牌再创陇原雄风，股改上市共铸靖煤辉煌。浴火重生的甘肃靖远煤电股份有限公司将按照上市公司治理准则，不断完善法人治理结构，健全内部组织体系和管理机制。并紧紧依托具有国际领先水平、获得七项国家专利、荣获中国煤炭工业“十大科技成果成果”和全国安全生产科技进步特等奖的急倾斜厚煤层走向长壁综采放顶煤技术，实施以深部集中生产为重点的一系列重大技术改造，使矿井生产能力达到300万吨以上。公司将继续坚持科学发展观，大力实施以煤为主、多业并举的发展战略，着力推进科技兴企、项目开发建设，拓展煤基产业链，在稳定提高矿井产能的同时，通过建设2×13.5MKW煤矸石电厂，努力把公司建设成为煤炭生产与转化综合利用、生产经营和资本运营相结合的新型现代能源企业。公司将以此为新的起点，抢抓中国证券市场全流通的良好发展机遇，依托大股东靖远煤业有限责任公司跨越式发展的强劲动力，凭籍公司在资源、技术、区位、品牌等方面的优势，进一步优化法人治理结构，全面推进技术革新和项目发展，促进产品结构调整和产业升级，增强企业竞争力和综合实力，实现公司新的飞跃。

荣获全国“五一”劳动奖状的综放二队二班员工在研究工作

达到国际领先水平的急倾斜厚煤层走向长壁综采放顶煤工作面

中国煤矿文工团“西部安全行”到公司慰问演出

# 峰峰集团有限公司梧桐庄矿

**全国绿化模范单位　煤炭工业双十佳矿井　行业级高产高效矿井**

峰峰集团有限公司梧桐庄矿地处河北省磁县境内，北距邯郸市60公里，南距安阳市45公里，107国道和京广铁路在矿井东部15公时处穿过，地理位置优越，交通十分便利。

团结拼搏的矿领导班子

矿井于1989年4月开始筹建，2003年10月正式投产，是完全按照高产高效矿井要求设计和建设的大型现代化新型矿井。年设计生产能力为120万吨，服务年限80年，主采煤层二号煤，属国家紧缺的低灰、低硫、低磷、高挥发份、高发热量的优质服煤。矿井主要以综采、综掘和胶带运输等先进生产工艺和装备组织生产，机械化、集约化程度较高。

近年来，桐桐庄矿按照“素质一流、管理一流、效益一流”的发展要求，围绕2008年实现年产210万吨目标，坚持“走新路、创新业、跨越发展”的工作思路，以人为本，以法治矿，依靠科技创新、技术创新、管理创新，克服了井下地质条件异常复杂，水大、地温高等不利条件，不断开创了各项工作的新局面。矿井年产量从2001年的36万吨猛增到2003年的120万吨，三年攀上了三个台阶，实现了“当年投产，当年达产”目标；2005年矿井产量达到171万余吨，产量、效率、效益等在集团公司均名列前茅，企业全面实现了跨越式发展；安全形势始终保持了较好态势，全矿杜绝了水、火、瓦斯、煤尘、顶板等重大灾害事故；杜绝了工亡和重伤事故以及二级以上非伤亡事故，连续实现了安全生产四周年、安全产煤500万吨等目标；企业面貌焕然一新，井上环境整洁美观，井下现场规范有序，员工精神振奋，热情高涨。

万吨级储煤仓

凤凰广场

## 突出安全工作核心，不断提高安全管理水平

树立“环境改造人”的理念，大力开展了企业文化尤其是安全文化建设，建立了井上下“亲情化”安全文化走廊，形成了从员工宿舍到工作现场，从地面环境到井下各头面的安全文化网络体系，不断增强了员工的安全意识。深入推行安全精细化管理，结合“6S”管理，健全标识、细化程序、严明责任，加强考核，探索浓度了走动式管理、准时化检查、职能科室管理人员上岗制度等管理方式，规范健全各岗位职责和安全责任，加强了工程施工的过程控制和动态管理，强化质量整改，巩固了安全基础。创新管理手段，创造性执行安全确认制度。将其作为一道必要的工作程序，有机融入生产的各环节、各系统，通过细化管理责任，明确管理目标，严把各项措施审批和落实关，加大安全隐患排查力度，强化事故的超前预防和过程控制力度，保证了安全生产关于建立安全管理网络强化安全检查的暂行规定的，建立了全方位、立体化安全管理网络，开发应用了安全网络管理系统，加快了问题和隐患的处理速度，提高了安全管理效果。强化安全培训，建立健全了“四个一”安全培训机制，完善培训内容，并结合开展了技术比武、技术练兵活动等，提高了队伍素质。突出管理重点，坚持“安全第一、治水为主、结合当前、规划长远、分面精查、综合治

理、总结分析、查找规律”32字治水方针，建立健全了矿井水文地质动态监测网和数据库及水文预报、水情预报通讯系统；建成了一流的地面注浆系统；采取走出去请进来的办法，多次和集团公司及省内外、国内外的专家共同合作，研究探讨防治水方案，综合利用三维地震、可控源音频大地电磁法和瞬变电磁法等当今国内外先进的防探水技术，在煤田范围内广泛查找大型导水陷落柱，并通过井上下打钻、注浆放水等多措并举，对发现导水隐落柱进行了有效封堵，为矿井生产创造了安全环境。“工作面底板综合防治水技术研究”荣获了2003年度全国煤炭行业“十大”科技成果奖。

地面调度指挥系统

## 明确生产目标，全力推进高产高效矿井建设

大力实施“科技兴矿”战略，不断增强矿井发展后劲。重点针对矿井整体设计进行了技术优化，完成了《梧桐庄矿矿井技术改造方案》和四采区设计开采方案，实现了矿井生产地区的战略性转移，为加快生产衔接，提高矿井生产能力创造了条件。率先在集团公司安装应用600KW、700KW大功率电牵引采煤机组，大面积推广应用了煤巷锚杆支护技术以及“锚网喷”、岩巷快速掘进、“三掘三喷”、“三小”等先进技术工艺，有效提高了矿井采掘生产能力；分析筛选改造方案，采取边生产边改造的方式，实施了矿井提升、运输、通风等系统的改造，开工建设了西风井工程，逐步消除了生产“瓶颈”，为矿井跨越式发展奠定了基础。

平安广场

## 创新管理体系，打造高绩效团队

按照“事事有人管，办事讲程序”的原则，创新推行“三现”、“三事”管理，严格落实管理要求，强化过程控制和超前管理以及事故分析，促进了生产的稳步发燕尾服；在集团公司率先引进了准军事化管理体系，制定并下发了《梧桐庄矿准军事化管理安排意见》，确定了以“十化”为主要内容的准军事化管理标准，开展了全员军事训练和准军事化管理知识培训和知识竞赛活动，并积极引导准军事化管理向井下现场延伸，向井下工作岗位延伸，通过与安全确认工作的有效结合，促进了员工规范意识、服从意识、执行意识的进一步养成；建立完善了矿井绩效考核评价体系，明确考核重点，细化量化考核内容，合理调整分配结构，重点向生产一线、管理和技术岗位倾斜，调动了各单位、各部门及每名员工的工作积极性；创新推行了经营管理的自主式管理体系，实现了预算编制、执行控制、差异分析、绩效评价和考核激励的全过程动态管理，提高企业创校能力。

体育广场

## 建设温馨环境，创建平安和谐梧桐

坚持建设环境刷新工程，高标准改扩建完成了企业文化一条街、网球场、篮球场、阅览室、棋牌室等文娱活动场所，并对原煤仓、皮带楼、员工宿舍等地面设施刷新，为员工提供了温馨舒适的工作环境；针对地理位置较为偏远、交通不便的特点，增购了通勤班车，建成了员工之家、梧桐之家、凤凰之家等文娱设施，并通过租赁、承包、托管等“企业化管理、社会化服务、市场化运作”方式，不断强化完善员工食堂、宿舍、澡塘、环卫、通勤班车的管理使用，为员工创造了舒适的生活娱乐环境；针对井下高温高湿、作业环境恶劣的情况，安装使用了全国首台进口井下局部制冷设备，为员工创造了安全的工作环境；坚持“两低于”的原则，随着企业产量、效益的增长，实现了员工收入的同步增加。

今日的梧桐庄矿，队伍朝气蓬勃，事业蒸蒸日上，企业形象良好，发展势头喜人，一座现代化高产高效矿井已初步展现在世人面前。

# 盛源科技集团

盛源科技集团董事长　王玉海

盛源科技集团地处中国经济百强县—山东省滕州市柴里煤矿工业园区，是一家集生产、销售、服务、研究和开发于一体、有自主经营品牌及自主外贸进出口权，在鲁南地区享有较高知名度、已经通过国家商务部“AAA”企业信用档案注册的、多元化发展的集团企业。企业总资产约4.7亿元，在册职工达4100余人。

盛源科技集团成立于2004年11月，是根据法律程序，经过资产重组、股权置换改制，在国家工商行政管理总局核准注册的免行政区划、免行业限制的集团化企业，主体由盛源热电公司、盛源煤焦化公司、盛源荣达公司、凌顿空调公司、贝斯特机械设备公司、鲁王电器公司、正旺生物科技公司、润王石化公司、盛源光电发展公司、薛城经贸公司等十余个参股、控股公司，生产经营范围涉及热电联产、煤焦化工、机械制造、生物晶体、中央空调、子午轮胎模具、矿用低压电器、建筑建材、精密铸造、建材水泥、工业用油、渔业养殖、生物饲料、冷光源系列灯具、太阳能光伏灯具、煤矿安全仪器、国际商贸等上百个商品经营系列。多数产品已取得ISO9001、ISO14001、煤矿安全标识等资质证书。盛源科技集团已在全国十多个省市地区设立了驻外公司和办事处，初步形成了跨地区、跨行业、跨所有制辐射全国的发展网络，先后与泰国、印度、美国、韩国、印尼等数家国外企业建立了业务关系。2005年企业经济总收入预计完成4.06亿元，预计实现利税5100万元。

面对市场竞争新形势，盛源科技集团将以“建国内名流企业，创国家知名品牌”为目标，正在全力推进资本多元化、经营国际化和管理现代化战略，完善内部管理体系、营销网络体系和科技创新体系，向打造国内强势企业挺进！

山东省省委书记张高丽（左二）、枣庄市委书记马金忠（左一）来矿视察

枣矿几土那董事长、党委书记江卫（左二）、总经理王明南（左一）在柴里煤矿检查指导工作

正旺科技园开业庆典仪式

创国家知名品牌

建国内名流企业

地址：山东滕州西岗

邮编：277519

电话：0632－4059707

传真：0632－4059707

邮箱：syjt.cn@163.com

# 山东省微山湖矿业集团

山东省微山湖矿业集团是集煤炭生产、炼焦、发电、供热、食品加工和纸塑彩印于一体的县属重点骨干企业，2000年5月在原微山欢城煤矿的基础上，经过改制组建。集团下辖三矿四井、六家非煤公司、四个参股公司，总资产6.5亿元，职工4000余人。集团组建以来，始终坚持发展是第一要务，牢固树立科学发展观，做大做强煤炭主业，大力发展和搞活非煤产业，努力打造主业突出、核心竞争力强的大型矿业集团。2004年原煤产量过百万吨，实现销售收入3.3亿元，实现利税1.18亿元，利润7887万元。今年1至10月份生产原煤77.6万吨，实现销售收入3.07亿元，实现利税1.36亿元，利润1.12亿元，经济效益实现了历史性新突破。

企业先后获得山东省“地方煤炭工业系统安全生产先进集体”、“先进基层党校”、“重合同守信用单位”，济宁市“文明单位”、“经济发展贡献奖”、“优秀基层党组织”、“综合治理先进单位”、“思想政治工作优秀企业”，微山县“经济效益支柱企业”、“明星企业”等荣誉称号。

微山湖矿业集团工业园区

# 尚义煤矿

尚义煤矿建于1955年2月，位于河北省张家口市尚义县红土梁镇境内，西北距尚义县城18公里，南距京包线郭磊庄火车站62公里，坝下距张家口市102公里，郭花公路穿矿区而过。现有大阳坡井、大坝沟井两对生产井，年产原煤12万吨，并设有动力厂、综合建筑公司、职工医院、子弟学校、后勤服务中心、棍沟林牧场六个附属单位和劳动服务公司、煤炭经销有限公司两个二级法人单位。全矿在册职工1098名。矿在郭磊庄、沙岭子火车站、张家口南站建有发煤站和出煤场，储煤面积达2400平方米，年发煤量可达50万吨。

法人代表：门树彬

所产原煤主要为烟煤和贫瘦煤，具有发热量高、含硫量低的特点。

企业曾先后荣获部级质量标准化矿井、省级先进企业、市级文明单位、安全生产优胜单位等称号。

今年企业工作总体思路是：扭住一个主题（抓住有利机遇期，实施大发展，实现大跨越），坚持两轮驱动营销策略（自营经营一起抓，火运汽运一起上），构筑三心格局（围绕中心抓效益、把握重心抓班子、凝聚人心抓队伍），突出四件大事（安全、人才、管理、改制）。

矿班子成员

企业一直将安全工作放在一切工作首位，高看一眼，构建了管理、培训、装备三位一体的安全保障机制。切实摆正安全与生产，安全与效益的关系。从大局着眼，从细微之处着手，强化现场管理不放松，时刻紧绷安全弦，使安全工作取得优异成绩，全矿已连续实现安全生产1400多天，其中大阳坡井实现连续安全生产16周年。

矿长，党委书记门树彬，男，汉族，出生于1950年12月，河北康保县人，中共党员，高级通风工程师，国家注册安全工程师，张家口市第十、十一届人大代表。1968年8月参加工作，毕业于阜新矿业学院煤矿安全专业。在矿参加工作以来，先后任技术员、生产技术科副科长、科长，井口主任、副矿长、第一副矿长。1997年以后任张家口市尚义煤矿矿长、党委书记。

门树彬任企业主要领导以来，坚持以人为本、以德治矿。讲诚信、谋发展，以追求效益最大化，实现煤矿二次辉煌为目标，练内功，强素质，提升竞争力。坚持三个文明协调发展，努力构建和谐矿区。

矿机关大楼

# 神华集团

**神华集团有限责任公司**（以下简称神华集团），是于1995年10月经国务院批准，按照《公司法》组建的国有独资公司，是以煤炭生产、销售，电力、热力生产和供应，煤制油及煤化工，相关铁路、港口等运输服务为主营业务的综合性能源企业，主要负责建设以神东、榆神、万利矿区为主体的动力煤生产和煤制油基地，乌海地区的煤、焦、化基地，包头地区煤化工基地，准格尔矿区、胜利矿区的煤电基地，神华新疆矿区、神华宝日希勒矿区、神华宁煤矿区的煤、电、化基地，国华电力的火电基地，神东电力公司与神东煤炭公司的矸石电基地，国华能源投资公司风力发电基地，以及与之配套的以铁路、港口为主体的煤炭、油品运输网络。

2005年，神华集团在党中央、国务院的正确领导下，认真落实科学的发展观，坚持走新型工业化道路，积极开展质量效益年活动，商品煤销售超过1.67亿吨，煤炭产销量连续4年稳居国内首位，位列世界煤炭企业前列，煤炭生产各项经济技术指标在全国同行业领先。发电量超过488亿千瓦时。煤直接液化试验连续18天投煤运行成功，直接液化项目正式开工建设。原煤生产百万吨死亡率控制为0.02。

按照国务院国有资产监督管理委员会的要求，大胆创新，锐意改革，中国神华能源股份有限公司在香港联交所成功上市，被《亚洲货币》杂志评为2005年亚洲地区最佳IPO。

# 有限责任公司

进一步优化产业结构，做强做大主业，以增资扩股的方式重组了新疆矿业集团公司，以股权转让方式重组内蒙古宝日希勒煤业公司，以合资合作的方式重组了宁煤集团，收购了内蒙古利民、众兴两个民营企业。截止2005年底，全集团合法拥有的煤炭资源储量比2004年增长了124%，为集团公司实现战略愿景储备了资源。主辅分离、辅业改制、分离企业办社会职能工作取得新的突破。

截至2005年底，神华集团拥有1.5亿吨能力的煤炭生产基地，1293公里的铁路，6500万吨装船能力的港口，870万千瓦装机容量的电厂，在册员工98351人，资产总额1888亿元。

神华集团紧紧围绕“开疆拓土、重整河山，做强做大、打造辉煌”的发展思路，努力建设本质安全型、质量效益型、科技创新型、资源节约型、和谐发展型的“五型企业”，逐步建成以煤炭为基础，实力较强的、具有国际竞争力的大型能源企业。

# 平顶山煤业（集团）有限责任公司

董事长、党委书记：陈建生

总经理：常建华

平顶山矿区1955年9月建矿，是新中国自行勘探设计建设的第一个特大型煤炭基地。生产和规划煤田面积3000km$^2$，煤炭储量150亿t，煤种齐全，煤质优良，为国内品种最全的炼焦煤和电煤生产基地。企业资产总额153亿元。建矿以来至2003年末，累计生产原煤5.85亿t，冶炼精煤7788万t，上交利税73.67亿元。根据国家统计局最新公布的大型工业企业排序，平煤在全国大型工业企业中排名第171位，在煤炭行业大型工业企业中排名第5位，在河南省大型工业企业中排名第3位。设立有国家级企业技术中心、博士后科研工作站、国家级矿山救护中心、国家A级劳动安全卫生评价咨询中心。具有国家建设部颁发的房屋建筑工程施工总承包、矿山工程施工总承包和机电设备安装工程专业承包壹级资质证书，具有国家商务部颁发的对外经济合作经营资格证书和自营出口权，是中国对外承包工程商会会员单位，可承包各类工业、民用建筑、安装工程和承包境外矿务工程及劳务合作。

平顶山煤业（集团）有限责任公司非煤产业起步于80年代初期，目前已形成焦化、炭素、发供电、化工、建筑、机械制造、建材、社会服务等非煤行业。产品有焦炭、超高功率石墨电极、电力、化肥、甲醇、矿山机械、碳化硅、水泥、砌块、玻璃制品、阻燃输送带、炸药、高压胶管、PVC管材、润滑油脂、

平煤集团公司机关总部

河南省省长李成玉参加平煤集团与美国C/G签字仪式

集团公司领导听取非煤产业汇报

矿灯、灭火器、劳保用品等500多种。非煤产业年销售收入39.1亿元。

平顶山煤业（集团）有限责任公司实施“以煤为本、相关多元化”发展战略，走新型工业道路，围绕煤电、煤焦、煤化三条产业连，将建成煤炭主业突出，核心竞争能力强，可持续发展能力强，煤电化一体，在全国有重要影响的特大型能源化工企业，成为全国重要的火电基地、煤化工基地和冶金用煤基地，步人全国企业百强行列。

**平顶山煤业（集团）有限责任公司**
地址：河南省平顶山市矿工路中段21号
邮编：467000
电话：0375-2723521
网址：http://www.pmjt.com.cn

平煤集团飞行化工公司厂区夜景

平煤集团坑口电厂

平煤集团天宏焦化公司生产厂区

# 龙口矿业

集团公司董事长党委书记：宋子安

龙口矿业集团有限公司位于胶东半岛西北部渤海湾南岸的龙口市境内，东邻烟台，西接潍坊，北与天津、大连隔海相望；设有5万吨级泊位的龙口港与之相邻，大莱龙铁路、威乌高速公路和206国道横贯其中，距烟台机场、青岛机场均只有1–2个小时车程，交通便利，位置优越。龙口矿区于1968年开发建设，1980年成立龙口煤炭生产建设指挥部，1987年5月改为龙口矿务局，2003年3月30日正式改制成

集团公司董事、总经理梁金久会见外国专家

集团公司董事长宋子安、集团公司董事、党委副书记、纪委书记兼工程建设公司董事长袁景安视察工程建设公司

集团公司董事长宋子安与集团公司董事、工会主席曹堡珲签订集体合同

军事化管理的龙矿集团矿山救护队员

立龙口矿业集团公司。龙矿集团现有在册员工13240人，资产总额30.5亿元，是一个集煤炭、电力、建筑建材、汽车运输、精密铸造、橡塑制品等为一体的国家大型企业，同时也是全国唯一一家实施海下采煤技术的煤炭企业，预计05年将形成第一个海下采区。目前，龙矿集团下辖煤业、实业、物业、热电、山西经贸五大专业化公司和工程建设、汽车运输、中心医院三个子公司，形成了以资本为纽带、横向相对独立、纵向紧密联结的三个管理层次，推动了管理工作由粗放型向集约型的转变。

龙矿集团所辖煤田横跨龙口、蓬莱两市，现已勘明地质储量26.8亿吨，其中陆地储量13.9亿吨，海底储量12.9亿吨；龙口矿区原设计生产能力为500万

# 集团有限公司

龙矿集团威风锣鼓队参加山东省首届煤矿艺术

吨，现有洼里、北皂、梁家三对生产矿井。通过全面推广综采放顶煤技术，龙矿集团采煤工作面煤炭回收率由过去的80%左右提高到95%左右，煤炭资源回收率和劳动生产率实现大幅度同步提高。

龙矿集团主要煤炭产品为长焰煤，发热量3300—5500大卡／千克，挥发份40%以上，灰份12—15%，含硫量低于0.6%，燃点为290–300℃，适用于各种动力配煤、发电、化工和玻璃生产及民用生活领域。

2004年实现销售总收入24.5亿元，同比增加88.46%；上缴税金2.4亿元，同比增加118.18%。2005年，龙矿集团将全面实施一年做实、两年做强、三年做大“三步走”战略的最后一步，实现做大的基本任务。届时，企业年销售收入确保35亿元，力争达到40亿元，比大发展、大跨越的2004年再增长70%以上，进一步做大企业规模，增强抵御市场风险的能力。

集团公司董事、副总经理吕金坤主持龙矿集团油母页岩炼油项目专家论证会

烟台市委副书记范庆梅视察龙矿集团企业文化建设

山东省煤炭工业局局长王宝山视察龙矿集团

未来两到三年，龙矿集团将坚持大集团战略，进一步解放思想，抢抓机遇，高起点定位，跨越式发展，走新型工业化道路，推动集团公司形成煤炭、热电、油母页岩炼油、海水淡化、建筑工程五大产业并举的产业格局，最终实现原煤产量1000万吨、销售收入超过50亿元、税后利润2～2.5亿元的奋斗目标，把龙口矿区建设成为高度文明、洁净秀美、独具特色的特大型企业集团。

龙矿集团高标准的员工洗浴中心

中国大型优质无烟煤生产供应基地

# 永城煤电（集团）有限责任公司

董事长、总经理：陈雪枫

党委书记：王自立

永城煤电（集团）有限责任公司（简称永煤集团）地处豫东平原永城市境内，是中国六大无烟煤基地之一。矿区含煤面积572平方公里，地质储量25.26亿吨，占河南省东部地区煤炭总储量的70%以上。

永煤集团的煤炭产品具有“三低一高”的特性，全部为特低硫、特低磷、低灰、高发热量的优质无烟煤，是国家重点支持和发展的绿色环保型能源产品，被国外誉为"中永一号"，畅销日本、韩国、巴西、东南亚等国家和地区。特别是主导产品高炉喷吹末精煤，其发热量、硫磷含量、灰份、哈氏可磨系数均优于其他同行。

进入新世纪以来，永煤集团紧紧围绕企业改革发展这一主题，充分发挥区位和资源优势，以人为本，抢抓机遇，着眼长远，超前决策，锐意创新，加强管理，整合企业内外部资源，加快做强做大步伐，形成了按照科学发展观进入良性循环、持续经营的可喜局面。企业的产值、利润等各项经济指标连年翻番，综合竞争力快速提升，国有资产的保值增值率高出全国同行业平均值的5倍。遵循诚信经营的营销模式，引入先进营销理念，高度关注用户满意度，煤炭销售市场化程度高，阳光发运，规范快捷，著就了良好的企业信誉，吸引了一大批优质的用户群体。在全国煤炭行业里首次提出“标煤”概念并成功运作产生巨大效益，被称为是煤炭计量史上的一次“革命”。推行以内部市场化为核心的“三化”管理，加大产品、产业、产权三个结构调整，走出国企

永城煤电集团公司总部

2003年3月永城与宝钢成功签约，开启中国煤钢合作先河

2004年5月永煤与宝钢、巴西CVRD在北京签署投资合作协议，联手打造中国第一家中外合资煤炭企业

现代化的矿区场景

改革新路子，被确定为河南省推进国有大型企业产权制度整体改革的第一家试点单位。通过资本运营，与上海宝钢集团成功实现合作，开启了全国煤钢合作的先河。2004年5月24日永煤、宝钢、世界500强--巴西CVRD公司成功签约，联手打造中国第一家中外合资煤炭企业。按照“靠大、联大、做大”的战略，引入国际国内知名企业，通过资产纽带结成战略伙伴关系，完善法人治理结构，规范产权管理关系，建立了长效发展机制。

永煤集团通过几年来的奋斗，走出了一条加快国企发展的新路子，其迅猛发展被誉为是“河南省工业企业的一个奇迹”。新华社、中央政策研究室、国资委、全国煤炭工业协会等多次来永煤集团总结推广永煤的成功经验。

永煤集团将秉承“以煤为主，适度相关多元化”的发展理念，进一步完善产权结构，逐步形成煤、煤化工、电力三大支柱产业。到2007年煤炭产量达到1600万吨、产值达到100亿元；2010年煤炭产量达到2500万吨、产值达到200亿元。

永煤人正以“建设中国综合质量最优、经济效益最好、核心竞争力最强的无烟煤精品基地”为目标，力争早日把永煤集团打造成为中国煤炭行业的一面旗帜。

地址：河南省永城市光明路中段　　邮编：476600
电话：0370—5197977　　传真：0370—5197004

# 忻州市煤炭工业局

局长：韩春

2004年以来，我局以科学发展观为指导，走规模发展、安全发展、高效发展、科学发展、全面协调可持续发展的新型工业化道路，发展集约型、节约型、环保型、效益型煤炭经济。

一是重抓全市煤炭结构调整、资源整合、关小建大，加工转化都有长足进步。2005年底我市有各类煤矿280座293坑，其中生产矿井275座383坑，生产能力2676万吨／年。基建矿井5矿10坑，总设计能力429万吨／年。通过资源整合现保留矿井206座。

二是主抓采煤方法改革，投入资金达4亿元，平均每矿投资200万元，115座矿井完成采改，89座通过采改提升能力，增加能力800万吨。

三是狠抓安全专项整治，去年以来市局检查有证矿212次，下执法文书236份，查处举报14次，夜查65人次，41矿次，罚款48万。

四是大抓煤矿的基本条件改善，开展了双回路供电、瓦斯监控、洒水防尘三项重点工程建设，符合条件的煤矿完成双回路供电，予以保留的煤矿已基本安装完毕瓦斯监控系统，75%的矿建立洒水防尘系统。

五是常抓培训工作，2005年市局共举办各类煤矿晏全培训班26期，受训特种业人员2109名，大大提高了煤矿从业人员的素质和技能。

总之，全市煤炭产业的安全和科技发展有了长足的进步。近两年全市煤矿总产量达到近3000万吨，实现了历史性突破，煤炭利税占到全市财政收入的30%，正在发挥着支柱产业的作用。我市煤炭工业的快速发展，不仅拉动了地方经济，同时有力地带动了电力、冶金、化工、机械、建材等相关产业的发展。煤炭产业呈现出快速、高效的发展前景。

在2004年和2005年全省煤炭工作会上，市煤炭工业局分别被评为先进单位和合格单位，受到奖励。

瓦斯检测监控室

# 保定天威集团有限公司

## BAODING TIANWEI GROUP CO.,LTD.

2006年中国机械500强
荣誉证书

天威集团规划并实施了“三园区一基地“的战略布局，即：天威保定变压器工业园区、天威保定高新区工业园区、天威合肥工业园区、秦皇岛出海口基地；制订并实施了天威集团“三步走、翻两番”的战略目标，即：第一步到2005年底各项主要经济指标要比2000年翻一番，第二步自2006—2010年各项主要经济指标再翻一番，第三步自2011—2020年把天威集团建设成为世界知名的电气集团。

天威集团太阳能光伏电池的制造技术，从引进吸收到自主创新，从落后，到追平，再到领先，促进了我国光伏产业几十年落后于人局面的彻底改变。按照有关媒体报道，天威英利是全球四大具备完整产业链的光伏发电设备制造企业之一；以硅片生产能力排名，为世界第七大太阳能电池硅片厂，电池产量进入全球前15名。我们已涉及风力发电领域，不久的将来将成为中国新能源产业基地。

保定天威集团有限公司其前身为保定变压器厂，始建于1958年。1995年按照建立现代企业制度试点要求进行改制，组建成立的以生产电力变压器为主导产品的大型高新技术企业集团。我们的发展战略规划是：大力发展变压器及相关产业并建设世界知名的变压器制造基地；大力发展太阳能光伏发电和风力发电设备，打造完整产业链，建设中国新能源生产基地。天威集团坚持“双主业、双支撑”的发展战略。“双主业”即是输变电产业和新能源产业，“双支撑”是“技术进步与自主创新”和“科学管理与制度创新”两大战略举措，努力建设世界知名电气集团。

国内首台与百万机组配套的变压器

保定天威集团生产的国内第一台750千伏特高压变压器

沁北电厂SFP-720MVA-500kV主变压器(2003年制)

BAODING TIANWEI

# 自信自强 追求卓越

集团公司拥有雄厚的技术力量，具有国际领先水平的制造装备，拥有国家级技术中心。变压器产品的电压等级涵盖10～1000kV，比较有代表性的有500kV变压器从1983年投入运行至今仍保持“零”事故率的殊荣；为“三峡”工程制造的840MVA／550kV变压器和国内首台750kV超高压变压器均一次试制成功；贵广Ⅱ回超高压直流输电项目的试制成功，标志着我公司技术水平又迈上新台阶。

BKDK-50000KVar-550kV
单相壳式电抗器

中冶赛迪三器身整流变压器
ZSSI-20100kVA-35kV

气体绝缘变压器

保定天威英利新能源公司的太阳能发电系统
在四川甘孜30KW村村通工程中使用

并网光伏电站

# 萍乡南方煤机厂

萍乡南方煤机厂隶属江西工业工程职业技术学院。这里拥有众多科技型专业人才，是定点研制生产各类防爆风机的专业厂家。我厂检测设备先进，质量保证体系完善，通过了“ISO9001-2000”认证，荣获“江西省著名商标”称号。我厂以优质的产品、优良的信誉服务于客户，不断开拓创新，致力再创辉煌。


地　址：江西省萍乡市高新技术工业园西区

邮　编：337006

电　话：0799-6611670 、6611684


一、煤矿用隔爆型压入式轴流局部通风机

| 型　号 | 电机功率（kW） | 风　量（m³/min） | 全　压（Pa） | 最高全压效率（%） | 噪声（LsA）（dB） |
|---|---|---|---|---|---|
| YBT-2.2 | 2.2 | 95～65 | 530～1010 | ≥75 | ≤30 |
| YBT-4 | 4 | 150～110 | 860～1550 | ≥75 | ≤30 |
| YBT-5.5 | 5.5 | 150～90 | 540～1630 | ≥75 | ≤30 |
| YBT-11 | 11 | 225～150 | 720～2120 | ≥75 | ≤30 |

二、矿用防爆压入式对旋轴流局部通风机

| 型　号 | 电机功率（kW） | 风　量（m³/min） | 全　压（Pa） | 最高全压效率（%） | 噪声（LsA）（dB） |
|---|---|---|---|---|---|
| FBD№4.0/2×2.2 | 2×2.2 | 140～90 | 240～1850 | ≥75 | ≤30 |
| FBD№4.5/2×3 | 2×3 | 180～110 | 350～2200 | ≥75 | ≤30 |
| FBD№4.5/2×4 | 2×4 | 190～130 | 450～2400 | ≥75 | ≤30 |
| FBD№5.0/2×5.5 | 2×5.5 | 195～130 | 840～3000 | ≥75 | ≤30 |
| FBD№5.0/2×7.5 | 2×7.5 | 235～170 | 740～3300 | ≥75 | ≤30 |
| FBD№5.6/2×11 | 2×11 | 315～220 | 640～3900 | ≥80 | ≤25 |
| FBD№6.0/2×15 | 2×15 | 365～260 | 800～4700 | ≥80 | ≤25 |
| FBD№6.0/2×22 | 2×22 | 490～360 | 1200～5300 | ≥80 | ≤25 |
| FBD№6.3/2×30 | 2×30 | 575～420 | 1400～5800 | ≥80 | ≤25 |
| FBD№6.3/2×37 | 2×37 | 630～450 | 1500～6400 | ≥80 | ≤25 |
| FBD№7.5/2×45 | 2×45 | 800～460 | 1500～6600 | ≥80 | ≤25 |

三、煤矿地面用防爆抽出式轴流通风机

| 型　号 | 电机功率（kW） | 风　量（m³/min） | 静　压（Pa） | 最高静压效率（%） | 噪声（LsA）（dB） |
|---|---|---|---|---|---|
| FBCZ№6.3/3 | 3 | 275～210 | 140～500 | ≥70 | ≤35 |
| FBCZ№7.1/5.5 | 5.5 | 400～300 | 300～650 | ≥70 | ≤35 |
| FBCZ№7.6/7.5 | 7.5 | 480～345 | 355～720 | ≥70 | ≤35 |
| FBCZ№9.0/11 | 11 | 670～515 | 325～770 | ≥70 | ≤35 |
| FBCZ№9.0/15 | 15 | 800～630 | 430～930 | ≥70 | ≤35 |
| FBCZ№10/18.5 | 18.5 | 830～630 | 500～1100 | ≥70 | ≤35 |
| FBCZ№10/22 | 22 | 940～700 | 550～1260 | ≥70 | ≤35 |
| FBCZ№11.2/30 | 30 | 1050～800 | 650～1400 | ≥75 | ≤35 |
| FBCZ№12.5/37 | 37 | 1200～920 | 690～1540 | ≥75 | ≤35 |
| FBCZ№12.5/45 | 45 | 1400～1040 | 770～1720 | ≥75 | ≤35 |

# 中国航空工业第一集团公司

中国一航研制的新舟 60 飞机

党组书记、总经理：林左鸣

中国航空工业第一集团公司（中国一航）成立于1999年7月1日，是中央管理的大型企业集团，致力于以快速成长、建设航空强国为目标的创新型科技产业集团。

中国一航系列发展歼击机、歼击轰炸机、轰炸机、运输机、教练机、侦察机与涡喷发动机、涡扇发动机和空空、地空导弹等，产品谱系日益丰富，其中包括已经公开的飞豹、枭龙、山鹰等飞机和秦岭、昆仑、太行等发动机。能够研发空中加油机、预警机、无人机、新型空间飞行器等特种飞行器。部分机载设备达到或接近国际先进水平。

中国一航能自主研发生产轻重搭配、与发达国家在役主战机种相当的第三代歼击机、第三代大推力涡扇发动机和第四代空空导弹，并自主开展新型航空武器装备的研发。

新舟 60 涡桨支线飞机实现多国批量出口。具有自主知识产权的 ARJ21 新型涡扇支线客机 2008 年实现首飞。大型飞机研发能力基本具备。世界上正在服役的干线客机，约一半装有中国一航生产的零部件。燃气轮机形成轻重系列，摩托车、空调压缩机行业领先。

中国一航为中国军队提供了90%的航空武器装备，累计生产 20 多个型号 15000 余架飞机， 20 多种 5 万余台发动机，万余枚导弹。

中国一航所属的中国航空研究院和 31 个科研院所组成高水平的科研体系，拥有一批中国科学院、中国工程院院士和国家重点实验室，一批重大科研试验设施达到亚洲一流或国际领先水平。多年来航空关键技术领域科研成果丰硕。

集团金航网联通 16 个省市的 100 多家成员单位，大大提升了异地协同设计制造能力和现代化信息传输能力。

以建设世界一流企业为方向，初步形成以精益六西格玛为主线，具有一航特色的先进管理平台。集团文化已成为凝聚二十万员工的精神纽带和强大动力。

激情筑就通天路，壮志抒写报国篇。中国一航人秉承“航空报国，追求第一”，“激情进取，志在超越”的集团理念和精神，以“突出航空主业，相关多元发展，实现三个大体相当”为战略方针，为跻身世界航空工业强者之林，为建设创新一航、魅力一航、和谐一航而拼搏。

中国一航研制的枭龙战机

地 址：北京市朝阳区建国路 128 号一航大厦（东办公区） 邮 编：100022 电 话：010-65665922 65665923
地 址：北京市东城区交南大街 67 号（西办公区） 邮 编：100009 传 真：010-65666518

# 中国航空工业第二集团公司

## China Aviation Industry Corporation II

总经理：张洪飚

中国航空工业第二集团公司作为中国航空工业的主力军之一，是在原中国航空工业总公司所属部分企事业单位基础上组建的特大型国有企业，于1999年7月1日正式成立，是国家授权投资的机构，由中央直接管理。公司注册资本126亿元，总资产780亿元。

中国航空工业第二集团公司旗下共有工业企业、研究院所和其他企事业成员单位68个。拥有在香港上市的中国航空科技工业股份有限公司和在国内上市的6家A股公司控股权，持有中国航空技术进出口总公司、中国航空工业供销总公司50%股份。

经国务院批准，经营范围包括：所投资企业的相关国有资产和国有股权；直升机、运输机、教练机、强击机、通用飞机、无人驾驶飞行器等军民用航空器和相关发动机、机载设备等航空产品；汽车、摩托车及其发动机、零配件；燃气轮机、风力发电；纺织、制药、医疗、环保设备及其它非航空产品；飞机租赁、通用航空服务、工程勘察设计、工程承包建设、房地产开发、中介服务等第三产业项目；航空产品、其他产品和技术进出口业务；航空产品和项目的国际合作、联合研制生产；航空产品转包生产、对外工程承包、招标投标、劳务输出、境外带料加工等业务。

中国航空工业第二集团公司所属企业生产了新中国第一架飞机和第一台航空发动机。55年来，累计生产各种飞机6800多架（其中含直升机800多架）、航空发动机2万6千余台、战术导弹1万余发，并生产了数以百万计的汽车，年产汽车数量已达全国汽车总产量十分之一左右，成为我国重要的汽车科研生产基地，并开发生产了摩托车以及其它各种民品，为我国国防建设和经济建设作出了重要贡献。改革开放以来，在国际合作方面也取得很大成果，与巴基斯坦合作研制K8飞机，与法国、新加坡合作研制EC120直升机，与巴西合资生产ERJ145涡扇支线客机都已批量交付用户。K8飞机、Y8飞机、Y12飞机、Z9直升机等多种机型批量出口多个国家。

中国航空工业第二集团公司将继续发挥其科研生产能力雄厚优势，以市场为导向，坚持“军民结合、军品优先、民品为主、扩大出口、发展经济”的方针，以“诚信经营，品质一流”为理念，竭诚与国内外各界进行广泛的交流与合作，相互促进，共创美好未来。

地址：北京市东城区交道口南大街67号　信箱：北京33号　邮编：100712
值班电话：（010）64032137　传真：（010）64054556

ARJ21
中国人自己的飞机
让客户赢利
让乘客满意
中航商用飞机有限公司
AVICI COMMERCIAL AIRCRAFT CO., LTD.
地址：上海市长宁路1027号兆丰广场商务楼23楼
电话：(86-21) 52413737　52413782
网址：www.acac.com.cn

# 石家庄飞机工业有限责任公司

空中翱翔的小鹰-500飞机

石家庄飞机工业有限责任公司是中国航空工业第二集团公司所属的通用飞机和轻型运输机主机生产厂，装备了现代化的数控加工中心，全面推广了计算机辅助设计与制造，建立了CAD和CAM工作站，实现了设计、加工制造一体化，是具有雄厚技术基础和产品开发实力的技术密集型企业。

公司生产的Y5B系列飞机是目前我国通用航空领域拥有数量最多、年作业量最大、适用领域最广的通用航空机种，有农林型、旅游型、多用途型和跳伞型等多种型号，该系列产品被广泛运用于客货运输、农林作业、空投伞降、航摄物探、飞行员培训、公务用机和军事等领域，享有安全、经济、可靠、实用的盛誉。

小鹰-500飞机是我公司与中航第一飞机设计研究院、中国民航飞行学院联合研制，具有我国自主知识产权的4-5座轻型飞机， 2003年10月25日首飞成功。该机可作为民航及空、海军飞行员的初中级教练机、私人商务的小型公务机、旅游机、空中探测、航拍、巡逻、农林作业、航空俱乐部飞行用机。

石飞公司秉承**"坚持航空为本"**的发展思路，逐步建成通用飞机研发、制造、服务、维修于一体的综合基地。与此同时，大力加强民品的发展，已研制开发出了明星牌四轮全场地车（ATV）、铝合金幕墙门窗、纺织机械、煤矿机械、汽车门板、食品包装机械等十几大类的民品。

正在执行农业作业的Y5B飞机

滑向跑道的Y5B军机

停在跑道上的小鹰-500飞机

小鹰-500飞机参加石洽会

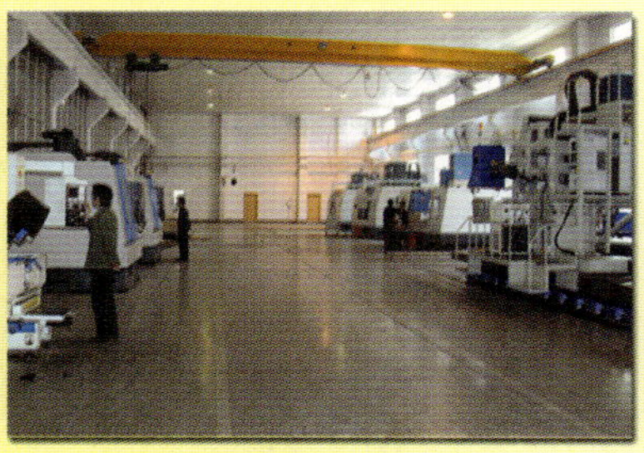
数控加工中心

公司民品并条机

地址：河北省石家庄市北二环西路19号　Add：No.19 Bei'erhuan West Road,Shijiazhuang,Hebei　邮编/P.C：050062
电话/Tel：0311-82246692　87754251　传真/Fax：0311-87752993　Http：//www.samc.com.cn　E-mail：samc@yeah.net

上海机场(集团)有限公司
SHANGHAI AIRPORT AUTHORITY

**企业精神**

同心同德　开拓创新　赶超一流　服务社会

**经营方针**

依托航空主业　开展多种经营　强化资产运作　实现持续发展

**发展战略**

把上海机场建设成为国际航空枢纽港

把上海机场集团建设成为综合性企业集团

# 一汽解放汽车有限公司

一汽解放汽车有限公司（简称一汽解放公司）成立于2003年1月18日。是中国第一汽车集团公司以原第一汽车制造厂主体专业厂为基础，按照“1、2、3、3”核心竞争力标准（即一个开发中心，采购和销售二个网络，焊装、涂装和总装三大工艺以及发动机、底盘、变速箱三大总成），以一汽技术中心为技术依托，重新组建的中重型载重车制造企业，是一汽集团公司最大的全资子公司。

一汽解放公司下设11个职能部（室）；生产经营单位有卡车厂一个专业厂；一汽解放车桥分公司、一汽解放发动机分公司、一汽解放大连柴油机分公司、一汽解放无锡柴油机分公司、一汽解放内蒙古分公司、一汽解放公司仓储中心六个分公司；一汽贸易总公司、一汽解放青岛汽车厂二个全资子公司和一汽伊顿变速箱有限公司、长春一汽宝友钢材加工配送有限公司、长春一汽鞍井钢材加工配送有限公司、内蒙古一汽亿阳专用汽车有限公司4个参股公司。总资产290亿元，员工总数2万余人。

2005年，一汽解放公司进行了管理模式、组织机构调整、卡车厂机构扁平化的体制改革，降低了企业管理的协调成本，提高了快速反应能力。完成了信息系统规划，实施了PDM、生产控制系统、财务“小闭环”系统、“三网”建设；升级了OA自动化办公系统、采购系统、物流电子看板系统、销售业务系统、分子公司的ERP系统。通过了ISO9000质量体系/14000环境管理体系/18000职业健康与安全管理体系等三方认证监审、GJB9001A国家军用标准二方认证监审。开展了TS/16949的前期培训和试点。实现了整车生产单位销售、产品、采购、生产资源、财务“五统一”管理模式。学习日本丰田管理理念和手段，引进日本丰田专家对解放公司的总体支援，全面推进TPS，围绕成本、质量、现场进行改善，取得成效。

一汽解放公司的主导产品是解放品牌中重型系列载重汽车，产品覆盖范围包括中型车、准重型车、重型车全系列产品结构，发动机马力段覆盖130-350马力。2005年解放品牌实现销售124268辆，市场份额30.14%。实现整车出口1500辆，出口到欧洲、非洲、中东、亚洲的二十多个国家和地区，并在国外建立组装、营销及服务基地。

2005年解放品牌价值从2002年93.35亿元提升到113.67亿元。

“十五”期间，一汽解放公司全力实施“1、2、3、3”战略，投资54.5亿元，对三大总成、三大工艺进行了技术改造。2005年三大总成、三大工艺技术改造基本完成，提升了产品核心竞争能力：

**——解放卡车新基地全面建成投产**

2005年新总装线、焊装线、涂装线、车架生产线全面建成投产，使解放卡车工艺装备和硬件设施达到了先进水平。新基地达到了年产十万辆整车的生产能力。

**——三大总成技术改造基本结束**

6DL发动机生产线建成投产，生产7.7升机和8.6升机两个系列重型柴油机产品，生产能力5万台；JM1发动机系列进入了二代开发。道依茨机发动机一期五万台生产基地已初步建成，技术引进三大系列柴油机产品将陆续投产。

车桥产品，在自主研发和引进日产柴桥基础上形成了30个品种的日产柴全系列中、重型车桥。与韩国现代的合作开发，形成了轻型系列车桥平台。为打造“国际上品种最全、系列最宽”的车桥奠定了坚实基础。

变速箱形成了以自主开发和引进美国伊顿公司技术为支撑的高低端两个产品平台，共7个系列产品。

发动机、车桥、变速箱三大总成初步形成系列化和技术改造的基本结束，奠定了整车产品结构调整和技术升级的产品基础和技术基础，使解放中重型卡车核心资源的体系能力和整车核心竞争力迅速提升。

**产品结构调整，形成了中型、准重型、重型三个系列卡车产品。**

重型车推出了奥威、大威高低档两个平台，形成了牵引、载货、自卸系列产品；准重型在FM系列车型基础上，推出了悍威J5M平台系列，完成了动力总成升级，具有高低档两个平台产品；中型车在FK系列车型基础上，推出J5K骏威平台，拓宽产品品种，完善了解放长头车产品系列。宽系列的产品，为提高企业竞争力奠定了产品基础。

一汽解放公司践行“用户第一”的经营理念，“解放2005·感动服务月”活动以实际行动实现了100%找到用户，100%电话回访，100%解决问题。

2006年，一汽解放公司将以人为本，深化“用户第一”的经营理念。把“用户第一”体现在为用户提供的产品和服务能够给用户创造价值上，并用“产品第一、质量第一、成本第一、服务第一”这四个第一来保证和实现“用户第一”。

2006年，一汽解放公司将继续深化解放品牌战略，加速以J6换代车为主要内容的产品结构调整，加速完善内部三大总成资源和结构调整，加速实现三大总成资源产出，实现产品结构向大马力重型车的根本转变。

2006年，一汽解放公司将进一步强化整车适应性产品研发和总成平台产品的研发体系，提高自主研发能力和水平，提高市场反应速度和能力。进一步加速体制机制创新，建立适应国际化竞争需要的现代管理体系。面向国内、国际两个市场，建立国内、国际两个营销体系，扩大整车出口。

一汽解放公司坚持走自主创新发展之路。到2010年将实现：销售整车17.5万辆，销售收入270亿元，利润12.4亿元。把解放产品打造成中华第一卡车，把一汽解放公司建设成具有国际竞争力的国际化的卡车公司。

# 东风汽车有限公司设备制造厂厂长王建军

王建军，出生于1957年2月，1982年1月毕业于华中科技大学机械、工艺及自动化专业。现任东风汽车有限公司设备制造厂厂长、湖北省机械工程学会理事、设备制造厂科技委员会主任。研究员级高级工程师。从1982年至今，他组织、主管了50多项技术开发、技术进步项目，有11项获得国家、省、部级科技进步奖。1994年12月，被国家机械工业部授予“中国机械工业科技专家”，2000年1月享受湖北省政府特殊津贴，2003年获得中国汽车工业优秀人才奖。

王建军同志长期从事机床及其自动线的设计制造及企业管理工作，在组合机床、自动线、高速加工中心等设计制造方面具有深厚的造诣，技术成果颇丰。由他担任技术主管，负责总体方案、加工工艺方案设计的叉子耳孔加工自动线，采用了精镗加工在线自动测量、自动补偿系统、U型钻加工工艺等技术，并第一次应用了该厂自行开发的电－液式自动补偿装置、自动线工况计算机动态显示及故障诊断系统等新装置和新技术，创造经济效益600万元，被评为1994年度东风公司十大科技成果；他主持的富康轿车发动机缸体缸盖加工自动线的研究开发项目，开发应用了高速加工技术、新结构的刚性主轴多轴箱、数控三坐标加工单元，龙门式上下料机械手等20多项新技术，通过了由法国专家组成的验收团按欧洲标准进行的严格验收，创造效益6000万元，获得国家科技进步二等奖。

面对飞速发展的科学技术和市场对高科技产品的需求，王建军同志带领全厂员工，坚持以科技进步促进工厂发展，提升工厂的核心竞争力，以新技术、新工艺、新产品回报用户。由于汽车、摩托车等产品更新换代速度极快，以前的刚性组合机床、自动线已不能满足更换产品的需要，各生产厂商迫切需要既有高柔性又有高生产率的高速加工中心来进行生产，高速加工中心的需求量与日俱增。但是由于技术上的原因，目前国内自主开发高速加工中心是一项空白；在王建军的主持下，设备制造厂从2001年开始开发、研制高速加工中心，并取得了优异的成绩，该厂设计制造的高速加工中心其主要技术参数均达到同类产品国际先进水平，填补了国内自主开发高速加工中心的空白，在北京国际机床工具展览会上受到业内专家的好评。

作为一个有着35年历史、1000多名员工的技术密集型企业的最高管理者，王建军以严谨、务实的工作作风，致力于机床及其自动线的技术开发和企业管理改革，为我国机床工业的发展，为打造国际型先进企业做出了重要的贡献。2003年7月，设备制造厂整体进入由东风汽车公司与日产公司组建的中外最大的合资企业－－东风汽车有限公司，面对新的形势、新的要求，王建军带领领导班子成员，贯彻精益化思想，强化科学管理，全面提升企业管理水平，使设备制造厂的管理改革不断深化，经济效益逐步提高，在激烈的市场竞争中显示出强大的战斗力和优秀的团队精神，荣获了“全国五一劳动奖状”、“全国机械行业文明单位”、“湖北省文明单位”、中央企业“厂务公开先进单位”、中国机床工具行业“精心创品牌十佳企业”等一系列荣誉称号。

# 创新:企业持续发展的不竭动力

## ——东风汽车有限公司设备制造厂

东风汽车有限公司设备制造厂始建于 1969 年，主要生产专用机床及其自动线、柔性加工设备、可控扭矩转角螺蚊拧紧设备、焊装设备、专用夹具、辅具等工艺装备和汽车零部件。2003 年 7 月 1 日,整体进入由东风公司和日产公司组建的合资公司。工业总产值由 2000 年的 7152 万元,跃升到 2004 年的 43567 万元，先后荣获了“全国五一劳动奖状”、“全国机械行业文明单位”、“中央企业厂务公开先进单位”、中国机床工具行业“精心创品牌十佳企业”、“全国机械行业职工技术创新优秀组织单位”等荣誉称号。

**技术创新:大力提升竞争力**

早在上个世纪 90 年代,原国家机械工业部进行的一次市场调查中，设备制造厂在市场竞争力、创新能力、技术开发能力等方面综合排名第一。作为技术密集型企业,设备制造厂长期坚持跟踪国际发展动向,向国际水平看齐,走技术创新、自主开发之路,使企业的实力不断增强,产品不断推陈出新,有二十多项研发成果获得国家、行业及公司优秀科技成果,有的填补了国内空白,极大地满足了用户的需求,赢得了市场及用户的广泛赞誉。设备制造厂始终瞄准国际先进水平,主动迎接市场挑战,市场需要什么产品,就开发什么,一种新产品出现了,就跟踪新技术,作好技术储备,确保在市场需要时能够快速提供。在产品研发中,该厂以“三管齐下”的方式,一是引进先进技术,通过消化吸收达到国产化;二是自主开发,依靠自己的技术、人才优势开发新产品;三是联合开发,和国内外具有实力的企业和科研院所联合开发新产品。多年来,设备制造厂开发研制出多项具有国内领先水平、达到国际先进水平的新产品。“数控双轴立式车削中心”,是国内首台自主研制开发的同类型车削中心,填补了国内的空白,该产品可自动完成盘类零件的上下料及双面粗、精车和攻丝、铰孔等加工，在 2005’CIMT 北京国际机床展览会上展出后,受到了广泛关注和高度评价;DM 系列准高速卧式加工中心已形成覆盖大小零件加工的 5 个系列产品,该系列加工中心为目前国内市场的主力机型,其技术性能领先于国内同类卧式加工中心，在 2004 年长安缸盖柔性加工线项目招标中，由该系列加工中心组成的柔性加工线一举中标，成为国内由国产加工中心组成的第一条柔性加工线。该厂自主开发的新一代 DH 系列高速加工中心，其技术性能达到国际同类产品先进水平,是今后卧式加工中心的主力机型。05 年成功地为神龙公司提供了两条 206 轿车车桥装配线。该装配线带数据采集和零件身份信息进行追溯功能，其技术含量居国内装配线之首。

设备制造厂坚持两条腿走路、两大产品并举的经营思想和发展战略,积极开发汽车零部件新品,建立了目前全国最大的重型车平衡悬架装置系列产品开发生产阵地，同时具备了既能提供商用车产品也可提供越野车产品的能力，可以为社会不同需求的用户提供质优价廉的汽车零部件产品,包括平衡悬架系列产品、越野车主减速器总成和风扇齿轮箱总成、4BT 发动机平衡器总成、V 型推力杆等。

**管理创新:在提升管理水平中强身**

设备制造厂秉承学习、创新、超越的经营理念,导入日产先进的管理思想，把方针管理、现场管理、QCD改善、KPI考核等先进的管理方式渗透到生产经营的各个环节，建立健全了一套以生产指标、成本考核、工作标准为核心的科学管理模式，数据统计、图表管理、目视板管理、PDCA循环工作法、组建跨部门团队等日产科学管理工具得到广泛应用，并日益凸显出效果。

该厂导入数据管理方式，组建了包括质量、成本、物流、人事等跨部门职能团队（CFT）小组，坚持用数据说话，规范基础管理。运用准时化生产模式，变"推动"式计划为"拉动"式计划，坚持每周三次现场"上岗会"制度，保证计划的能力通过性，确保分流的有效性，使生产始终保持良好的秩序和高速的节奏，管理的有效性进一步增强。

2、坚持"改善就是马上去做"，提高管理水平。QCD（质量、成本、周期）改善让生产周期缩短：这里有一组对比数据：该厂先后为山东潍柴生产过三条发动机缸盖加工自动线，1988年，生产第一条线时，用了24个月；2002年第二条线的制造调试用了20个月；今年，第三条线交货期仅为12个月。去年10月，该厂为东风康明斯公司进行C系列缸体加工自动线的改造，在施工过程中，员工门进行了大量的改善，提高的工作效率，整个改造工程提前了半个月，康明斯公司主动提出对设备制造厂进行奖励。

3、以人为本，和谐管理。设备制造厂始终把以人为本的管理思想贯穿管理工作全过程，从2004年开始就建立了ISO14001环境管理体系/OHSAS18001职业安全健康管理体系二合一的体系，同时以该体系为平台，全面推进适合于工厂的法律法规及其它要求和本厂的各项管理制度、作业指导书；加强对重要环境因素、重大危险源的监测、监控，做好应急防范措施，防止了重大污染事故、重大安全事故的发生。

4、设备制造厂建立并通过了ISO9001:2000H ISO/TS16949:2002质量管理体系认证，以产品外观精美、内在可靠、性能优良为目标，最大限度地满足用户需求，注重从细节抓起，着力顾客满意的企业形象。

**机制创新："聚才生金"促发展**

人才是知识与技术力量的载体，谁拥有高素质的员工队伍，谁就会在竞争中占有先机。设备制造厂是一个技术密集型企业，"科技兴企，人才为先"的理念已经在领导和全体员工的思想上扎了根。实施"人才开发"战略，全面提高员工的整体素质，成为设备制造厂发展的不竭动力。

设备制造厂十分重视人才的培养，把实施"员工素质"工程作为提高工厂核心竞争力的"第一要务"，把高技能、高技术人才作为工厂发展的"第一资源"，把人才聚集战略作为实现工厂健康可持续发展的"第一战略"，构筑了一个上下结合、分级培训、纵横交叉、结构合理的具有工厂特色的培训体系，从组织领导、目标规划、制度保障、基础档案、员工培训、绩效考核、奖励激励到效果评价，八大体系相互联系、相互促进，为员工搭建了一个挖掘潜力、施展才华的平台，使员工个人成才、职业生涯设计与推进工厂发展目标实现有机结合。

推进薪酬制度改革，建立了专业岗位人员竞聘上岗制度，使一批有真才实学的人才进入专业岗，稳定了骨干队伍，开展了"工技互帮互学"、"拜师学技结对子"、员工技能竞赛等一系列活动，倡导精一、会二、学三，鼓励员工一专多能，成为复合型人才，不断提高员工的"造血功能"，努力营造人才成长环境，形成了有利于人才价值充分体现的使用机制。生产车间及辅助部门互相选派骨干进行多工种培训，钳工学习电工、车工学习铣工，在生产任务紧张、工种之间出现不平衡时，突破单位和工种界限，全力保任务完成，仅2005年就共举办各类技术、业务、外语等培训118期，培训人数达4954人次，先后派出18名骨干到日本、美国、瑞士等国家学习考察。

目前，设备制造厂有享受国务院专家津贴的研究员级高工2人，国家级、部级、公司级专家人才48人，高级工程师、高级技师73人，238人具有中级以上职称，员工队伍的整体素质好，有十八人次的员工在全国、中央企业、省以及公司员工技能大赛上取得优异成绩，他们为设备制造厂的长久兴旺提供了可靠的技术支撑和强大的发展后劲。（刘跃进）

# 自主创新求发展　逐鹿神州满目春

## ——记不断前进发展的桂林电力电容器总厂

在群雄崛起的桂林工业界，有一个老牌国企令人称羡：连续六年的产值利税大户、企业经营指标每年以25%以上的速度持续快速增长，企业排位连年上升，2005年共完成工业总产值5.1亿元，实现利税1.01亿元，分别比上年同期增长25.32%和37.98%，各项指标再创历史新高；荣获自治区五一劳动奖状、全国环境优美工厂……

在竞争激烈的机械工业行业，有一个规模不大的企业不容睥睨；拥有38年的建厂历史和浓厚的企业文化，掌握国内超高压和特高压输变电领域尖端技术、纵横国内大型电力工程市场，在国外公司大举入侵国内市场、行业企业纷纷改制重组、嫁接引资、市场格局重新洗牌的残酷竞争面前，从容地树立起一面民族工业的大旗……

这个企业就是——桂林电力电容器总厂。

桂林电力电容器总厂始建于1967年，是由我国自主设计、投资建造的第一家电力电容器厂。从建厂之初，该厂就依靠自身的力量，坚持不懈地追求创新的理念和争当第一的精神，使企业由小到大，由弱到强，现已发展为国家机械工业骨干企业，中国输变电制造行业高压和超高压电容式电压互感器、无功补偿及其成套设备的科研和制造生产基地，中国500家最大电气机械及器材制造企业。特别是从1999年以厂长王锋为核心的现任领导班子上任以来，秉承企业一贯的艰苦奋斗、自主创新的精神，与时俱进、锐意改革，不断创新企业管理和经营理念，大力开发新产品新技术，努力提高产品质量，先后开发出引领行业市场潮流的超高压和特高压直流、交流输电产品，表现出强大的领先国内电容器行业技术的能力，为企业发展营造了广阔的空间。

**技术围着市场转，瞄准需求做文章**

作为我国自行建造的大型国有企业，桂林电力电容器总厂一直在机械行业中扮演着重要角色。进入20世纪90年代，市场经济的大潮荡涤着中国社会的各个角落，桂容总厂几度辉煌几度沉浮。1999年底新班子上任之初，企业正处于严峻的竞争形势下，全行业总的形势是供大于求，企业生产合同不足；新产品开发相对滞后；再加上由于历史原因，4000万元的银行贷款无法按期归还，6000万元的贷款担保的连带责任又行将压来，企业资信度下降，银行不给贷款，企业资金运作紧张……

面对困难，厂领导班子果断决策：实施“技术围着市场转”的战略，研究分析市场动态和产品需求趋势，结合企业实际，及时研发市场潜力大、用户需求高、技术含量大的新产品。把技术创新作为提高企业核心竞争力的根本途径，先后研制开发了填补国内空白国内场强最高、技术先进的$BAM_{4}11/\sqrt{3}$–334–1W全膜电容器、我国首台BKMJ11–1800–35H型无油自愈式高压并联电容器等新产品。到2001年，以技术创新促进企业发展的战略初显成效，企业发展开始步入良性循环。

2001年底，一封来自西北销售前线的市场调研报告引起了厂领导的高度重视：国家将在西部地区建造10个750千伏的输变电站工程，并将该项工程列入国家“十五”重大技术装备项目。厂领导层敏锐地捕捉到这一商机，立即组织有关技术人员开展技术攻关，在一年之内就研制出新产品并通过了国家技术鉴定。2004年8月国家电网公司举行我国第一个750千伏输变电示范工程：官亭—兰州750千伏超高压输变电工程设备招标，桂容总厂一举中标兰州在750千伏变电站所有750千伏电容式电压互感器，成为能为国内最高等级的输变电示范工程提供重要设备的厂家之一。2005年9月26日，该系统在顺利经过72小时的试运行后，正式投产运行。该工程是我国目前电压等级最高的超高压输变电工程，也是世界上海拔最高的750千伏输变电工程，填补了我国500千伏以上电压等级的空白，显示了我国电力工业发展到一个新阶段，并跨入世界先进行列。而桂容总厂的750千伏电容式电压互感器产品因在所有产品供应厂家的产品验收中唯一没有出现过质量问题而受到国家电网公司领导的交口称赞。

科技创新产品，技术领先市场。要在激烈的市场竞争中掌握主动权，就必须提高自身的创新能力，在若干重要领域掌握核心技术，提高企业竞争实力。750千伏电容式电压互感器的研制和竞标成功，并没有让领导班子沾沾自喜，他们的目光看得更远；我国能源与生产能力分布的不均衡，决定了“西电东送”、“南北互供”的基本战略方针，尽早研究特高压、远距离送电技术，实现电力资源在较大范围的优化配置十分紧迫。几十年来，我国超高压直流输变电工程一直被国外大公司垄断。厂领导对直流电容器领域产品的开发研制十分重视，专门成立了直流输电产品技术课题攻关小组，率先在国内进行研制。2004年底，在课题研制的攻坚阶段，传来了南方电网公司贵州—广东±500千伏直流输变电工程项目即将在2005年10月底进行项目招标的消息，工厂立即召开了由有关技术人员和销售人员参加的会议，并成立了由销售和技术人员组成的联合攻关小组，一方面总结历年来项目招标的成功和失败的经验，分析、制定相关竞标方案：一方面根据标的需求，反复修改产品技术方案，誓以桂容的技术和服务从洋人碗里分一杯羹。经过反复修改技术参数和进行产品型式试验、现场解剖分析，终于攻克了阻碍国内产品设计成功的瓶颈—产品内熔丝技术和套管漏油等高难度技术问题，成功研制出国内最高水平的直流滤波、交流滤波和大容量并联电容器，其中直流滤波、交流滤波电容器于2005年6月通过了国家两行业技术鉴定。2005年底该厂在贵州—广州±500千伏（Ⅱ回）直流输电工程项目招标中一举中标3000多万元的电容器装置，首次成批量进入一贯被国外公司垄断的国内超高压直流输电工程领域，对企业今后的技术发展和市场前景产生了深远影响。

**完善机制筑平台，茏葱梧桐引凤来**

作为老牌国企，特别是像桂容总厂这样一个资产总值不大、还贷责任较重的国有企业，没有外来资金、没有外来技术，发展全靠自己，许多人对它的发展前景并不看好。但桂容总厂的领导班子却带领职工扭转了别人的看法——

市场竞争，并非是企业所有制性质的竞争，而是技术实力和技术水平的竞争，研制、生产的产品能满足市场的需求，并能获取更多的利润，是企业能够生存发展的关键。认准这个道理，如何打造自主创新的平台、增强企业技术创新能力就理所当然地放在了重要位置。1999年底至今，企业在未新增一分贷款，并且还掉历史贷款3200多万元的情况下，自筹资金，引进多种台套先进测试仪器和设备，大大提高了企业开发和试验电力电容器及其成套装置设备能力，能承担电力电容器研究所需原材料的研究试验，以及并联、虑波、脉冲、耦合、中频电热电容器和电容式电压互感器等产品的型式试验。还自筹资金3500多万元进行技术改造，更新电容器元件的核心生产车间的空调净化系统，调整车间工艺布局，改造净化间，新安装全套自动控制制冷设备，进口两台价值500万元的先进卷制机，改造集合式电容器产品生产线，进一步扩大了企业生产规模和能力，确保了产品质量，使企业的技术装备水平和生产制造能力上了一个新台阶，为企业自主创新构筑了坚实的基础。

为改进生产工艺，提高生产设备的利用水平，实现劳动者与生产设备的更好结合，以降低消耗、提高劳动生产率，近年来企业先后进行了并联电容器盖子超声波清洗工艺、内熔丝技术等方面的研究并取得了重大突破，达到国际先进水平，在并联、串联和滤波电容器产品中全面推广，大幅度提升了产品技术性能，是促进企业产品性能可靠、稳定运行的一次飞跃。同时，对集合式产品的散热问题、全膜电容器绝缘油、内电阻、压紧系数研究、电容式电压互感器中压套管、扩张器等进行改进研究，使企业产品质量性能、劳动生产率得以大幅度提高，有效降低了生产成本，从根本上提高了企业竞争能力。

企业间的竞争，从表面看是产品、价格的竞争，但实质上更是人才的竞争。工程技术人员是实践“科学技术是第一生产力”的主力军，离开科技人员或没有科技人员的积极性，科技兴厂就是句空话。为积极培养和使用创造型人才，采取有效措施营造进得来、留得住的人才环境，企业领导班子实行在工作环境、住房条件等相关待遇上向工程技术人员倾斜的人性化管理的同时，注重对富有创新能力的各类人才不拘一格的大胆使用。早在2001年初，该厂就以桂林市首开先河的胆识和魄力，在工程技术人员中实行协议工资制，充分调动广大技术人员的工作热情。协议工资不唯年龄、资历、学历，以在为工厂开发新产品、促进企业效益的实际工作中的贡献大小为标准，划分近十个岗次，对每一岗次的工程技术人员，在工作目标、责任大小、实际效益等内容上，每月进行考核，有奖有罚，较大程度地调动了技术人员开发新产品、维护正常生产经营工作能力的积极性和主动性。经过几年的实践和完善，现已形成了一整套能上能下、可高可低的协议工资考核体系和骨干技术人员年薪制，许多学历相对较低的技术人才经过努力，成绩突出被破格使用，协议工资系数被调整到较高级别，一些贡献突出的顶尖人才的年收入甚至超过了厂级领导；而因为安于现状、竞争意识不强而被降级使用的技术人员也不在少数。这种能上能下的激励机制，多年来形成了良性循环，突出了能力和贡献大小，有利于人才使用和成长。为提高科技人员的专业技术水平，企业还采取“边使用、边教育、边提高”的原则，定期组织技术人员进行业务培训，每年从工作岗位上选送1~2名业务骨干到高等级科研院校学习深造，更新知识，以不断提高创新能力；对于一些有突出贡献的高级人才，打破年龄限制，委以重任。几年来工厂提拔和使用了8名年轻技术骨干到高级技术岗位，他们的平均年龄不足35岁。750千伏电容式电压互感器的主管设计师，在被委以重担时，只有36岁；而一名大专学历、从事理化试验多年、积累了丰富技术经验的技术专家，因为在试验研究方面取得了突出成绩而被任命为副总工程师……不分年龄、不论学历、求贤若渴的用人机制，给了许多年轻技术人员一展身手的舞台。近几年来，国外公司大举入侵国内电容器市场，人才竞争白热化，一些企业不堪人才大占的重压而痛失良才，给企业发展带来沉重的打击，而桂容总厂高端科技人才队伍始终保持稳定，给企业加强自主创新、应对市场竞争打下了良好的基础。

**追求创新无止境 纵模驰骋满目春**

在国家大力投资能源建设、国外公司大举入侵国内市场的广阔而又充满竞争的市场环境里，电力电容器行业几大厂家都先后与国外大公司合作或被控股，唯有桂容总厂凭借尖端优质的产品和技术，以国有企业的身份在群雄纷争的市场中岿然屹立。特别是近几年来，“桂容”品牌已成为“优质、精品”的代名词，成功为国家重点工程750千伏输变电工程提供配套并获好评、在南方电网500千伏超高压直流输电工程中中标都显示了企业强大的技术实力和市场能力。2005年，企业经营指标在连续五年大幅度攀升之后，再创历史新高，提前三个月完成全年生产任务，实现了产值超5亿、利税超1亿的既定目标。特别是利税总额增长幅度大大超过产值增长幅度，更表现出企业向高新优质技术发展所取得的骄人成绩。尤其重要的是，在国家电网公司组织的对全国电容器供应厂家进行的电容器主导产品并联电容器和电容式电压互感器技术创新能力、产品性能、质量、供货能力和管理水平等的综合考评中，该厂综合性评价名列前茅，稳坐行业头把交椅。有专家评论说：桂容总厂的生产规模不是最大的，产品性能和质量却是最好的；生产设备不是最好的，生产能力和供货能力却是最强的。机械工业部原副部长陆燕荪到桂容总厂考察后，曾评价说：“桂林电力电容器总厂已成为中国本士民族工业的一面旗帜！”

成绩面前，桂容人并不满足，“追求无止境、烈火炼真金”。他们以750千伏电容式电压互感器研制并投运成功为契机，积极参与了国家电网公司组织的特高压技术研究的工作，并通过吸纳武汉高压研究所、西安交通大学等研究院所的外部专家参与企业的技术创新活动，使自主创新能力不断深化。2005年开展了百万伏电容器装置研制等，使企业在激烈的市场竞争中始终站在技术优势的前沿。目前1000千伏电容式电压互感器、110千伏并联电容器装置技术方案已提交国家电网公司并极受好评；1000千伏电容式电压互感器已通过抗震试验，试品已基本制作完成。

2006年新年伊始，桂林电力电容器总厂就已承接合同3亿多元，仅一季度要完成的产值就达1.8亿元，呈现出一派产销两旺的好势头。而该厂改制工作经过多年反复论证和谨慎选择后，终于迈出了实质性一步，确定了与广州白云电气有限公司达成强强合作的意向，目前已签定了框架协议，即将改制挂牌。这次以资金、市场为核心的强强合作，将为企业发展和技术创新注入强势资金支持，企业发展更将因此而春光无限。

桂林电力电容器总厂的1100多名职工，将以更高更远的目标和更好的服务，为祖国电力事业的发展做出更大贡献！

（王海英）

# 国内电瓷行业一颗耀眼的明星

## ——醴陵市华鑫电瓷电器有限公司

湖南省醴陵市华鑫电瓷电器有限公司（原湖南省醴陵市浦口高压电瓷电器有限公司）创建于1985年。公司地处湖南省醴陵市浦口工业小区，现有职员630余人。年产电瓷产品18000吨，是国内电瓷行业的主要生产企业之一。公司拥有雄厚的技术力量，先进的电瓷生产设备，完善的检测设施，可按国标、IEC、澳、英、美、德、俄、日等标准组织生产，各种产品均符合国家标准要求，产品不仅遍销全国，并出口20多个国家和地区，受到了广大国内外客户的一致好评，且多次为国家重点建设工程提供优质产品。并于2002年通过了ISO9001国际质量管理体系认证。2005年该公司生产的"PK牌"系列产品被评为"湖南名牌"。该公司多次获得湖南省各级政府评定的"重合同守信用单位"，"纳税大户"，"文明建设先进单位"等荣誉。目前，该公司正努力扩大生产经营规模，建新的生产工厂，并于2006年6月正式投入生产。

公司有着悠久的历史，自成立以来一直走在电瓷生产行业的前列。经过多年的改革发展，取得了喜人的成绩，同时也积累了丰富的管理经验。

**一、规模不断扩大，核心竞争力不断加强**

公司现有规模和过去相比，无能是从生产环境，还是从技术力量等各方面都上了新的台阶。现已跻身于国内电瓷行业的排头兵序列。

公司特别重视科学技术力量的投入，花费大力气引进技术综合性人才，现有专业技术人员60余人，其中高级职称5人，中级职称18人。投入3000余万元进行基础装备改造引进先进的生产设备、检测设施。使生产能力进一步扩大，年生产能力已达1.8万吨。主要产品有sF635-1000KV高压电器瓷套，10-220KV支柱瓷绝缘子。诸如：变压器、互感器、断路器、组合电器、电缆终端、电容（式）器以及避雷器用瓷套，隔离开关、高低压线路和电站用瓷绝缘子以及熔断器等，还可以根据用户需要制造各种类型的瓷绝缘子。产品遍布全国各地，并出口欧美等发达国家。公司同时也特别加强品质的管理，依托"以质量求生存、以品质求发展"的质量方针，公司的产品品质不断提升。全面按ISO9001国际质量管理体系进行管理，确保产品品质优良，收效很好。在生产过程中有技术质保体系作保证，加上实行"5S"管理，严格生产工艺控制，严守岗位操作守则，生产流程整个过程中体现了科学性、连续性、规范性、先进性。目前，企业规模正不断壮大，企业核心竞争能力不断加强。

**二、重视文明建设，不断提高全员综合素质**

公司始终坚持把文明创建工作放在重要议事日程上，按照"深化、完善、巩固、提高"的总方针，紧紧围绕"构建文明和谐企业"的创建目标，以"人无我有，人有我新，人新我特"的管理理念，克难奋进，锐意进取，使公司的各项工作顺利开展，文明创建工作稳步前进。在文明创建工作中始终坚持管理文明、精神文明、物质文明"三个文明"，一起抓的方针，坚持高标准，全方位，重质量的原则，通过贯彻：（一）锐意改革，不断创新，建设"大舞台"，狠抓管理文明。（二）以人为本，提素强基，建设"大家庭"、"大学校"，狠抓精神文明。（三）开拓进取，优质高效，建设"大产业"，狠抓物质文明。采取综合措施，进行综合治理，形成了统一领导，齐抓共管，职工广泛参与的工作机制，真抓实干，常抓不懈。促进了公司的文明建设，连续五年获地级市"文明建设先进单位"。并通过文明建设确立了企业的管理文化，提升了企业的综合实力，也提高了全体员工的综合素质，收到了良好的实际效应，为企业的长足发展打下了坚实的基础。

**三、不断提高产品档次，争创国内一流电瓷制造企业**

随着国家电力建没的迅猛发展和国际、国内同行业竞争的日益加强，更新更高档次的产品倍受市场欢迎，公司一直加大新产品的研发投入，不断开发出满足市场最新需求的产品，其中 2005 年 9 月 26 日国家电网公司 750kv 输变电示范工程顺利投产，这是目前国内电压等级最高、世界上相同电压等级海拔最高的输变电工程，工程装备技术水平达到了国际一流水准。该工程顺利投产标志着我国电网建设技术跨入了世界先进行列。标志着我国建设世界一流电网取得了重要的阶段性成果。华鑫公司为该工程提供了超高压 750kv 电容式电压互感器瓷套，从安装到调试到投入运营一次成功，无任何质量问题，得到国家电网公司的高度评价。

**四、努力追求卓越管理，打造优秀企业。**

华鑫在以下八个方向加强管理：一是始终以顾客为关注焦点，顾客是上帝，是一个企业生存的前提；二是充分发挥领导作用，领导的重视与员工对整个项目的意识程度是成正比的；三是确定公司宗旨，对顾客进行承诺；四是健全管理机构，明确管理职责，以落实责任，避免职责的交错；五是强化资源管理，满足公司运行需要；六是严格控制程序，确保过得有效；七是树立企业形象，加强品牌意识；八是优化整合，节约成本。在工作实践中不断追求争创“四个一流”的工作目标，叫响“突击奉献比贡献、树立品牌创精品”的口号，努力出优质产品，提高产品售后服务质量。使市场渠道更加宽广，企业综合实力显著提高。

**五、致富思源、富而思进，努力回报社会**

在各级政府政策支持下，企业有了相当的成效，取得了良好的经济效益，致富不忘源头。华鑫公司一直在坚定不移地改革进取，创新发展，依托产业政策，优质高效地生产品好质优的产品，服务于社会。华鑫公司实现了工业产值、销售收入、上缴税收等指标以每年 25% 的增长幅度稳步增长，正处在健康快速的发展的良好环境中。“喝水不忘打井人”，华鑫公司历年来都投入大量的资金回报社会，多次捐资修路、助学、扶贫等，创造了良好的社会效益，为地方经济的发展做出了重要的贡献。

继往开来，在满怀喜悦迎来新的曙光之际，我们展望未来，充满着无限的信心和美好的憧憬。在今后的发展中，我们将更加努力，开拓进取，创新发展，为把产业做大做强，为把企业发展成为国内领先、世界著名的具有核心竞争力的大型电瓷电器企业而不懈奋斗。

机遇与挑战同在，光荣与梦想共存！华鑫经过管理创新，背靠优秀的经营管理团队，通过以科技为依托、以质量求发展，诚信经营的理念，落实科学发展观，与时俱进的进取观，加上全体华鑫人的不懈努力，一定会迎来更加辉煌的明天！

让我们与华鑫一起展翅翱翔，共同迎接和谐美满的未来！

# 温州市龙湾民政电器厂

本厂创办于1992年，生产基地位于永昌郑宅工业区，现有员工58人，技术管理人员7人，本公司专业生产墙壁开关。目前投入空气开关、电子系列新产品。不断引进先进技术，近年来聘请专业的技术人员，管理机制，实施营销网络，市场竞争一系列新战略，生产流程管理标准化。民政福利企业，已拥有生产工艺和完善的检测设备，产品远销国内的各大市场，深受广大用户的赞誉。

本厂以独特的经营方式，诚实的服务信誉以“重质量，求信誉，谋发展”的宗旨，灵活的经营方式将完美的科技结晶——高品质的产品奉献给国内外用户，深受广大消费者的欢迎。

**我们民政“照耀”电器在实践中体会到有几方面：**

1、一个企业的创业成功，不是因为某人某方面特长的发挥，而是一个企业综合素质的成功。一个成功的现代企业，必然具有经济学家的头脑，政治家的眼光，社会学家的工作技巧，外交家的口才，企业文化的研究，还要有一支高素质员工队伍，吃苦耐功的精神。

2、民政电器厂起先名为“1+1”预示着自己的事业，从最基础做起，一步一个脚印走下去，好象红军万里长征，经过艰难险阻，走出第一步。本厂开始注册资金为3.1万，给人家作代理加工配件，夫妻俩勤劳工作，日夜奋斗终于探索出企业管理的对象是管理者负责控制的整个特定的系统，生产经营者以市场为对象，以商品生产和交换为手段，实现企业的目标。

3、民政“照耀”企业如何发展？有很高的“含金量”。简单地看，表面地看是一组“数字的目标”，然而数字是枯燥的，它是概念化的，但是这背后恰有很高的“含金量”。数字的背后注重的不是企业增长的速度，而是工业速度背后的结构，调整和产业升级，更是事业上从低到高，从小到大，从量到质的新变化。民政“照耀”人要下决心培养吃的少，产蛋多，飞得远的好‘鸟’，腾出空间换来新产品，新的体制和新的增强方式，实现经济发展的新飞跃。

4、民政“照耀”人从实践工作中体会到，目前市场竞争，市场是无情的，必须要有一定胆量。敢于天下先的精神，就是要“与狼共舞”。我们要加大市场客户的力度，主要就是引进竞争的伙伴，就是要引进“狼”，引进“虎”，就是我们的企业要“与狼共舞”，强调只有“与狼共舞”我们自己才能在“狼”面前成为“狼”，在“虎”面前成为“虎”。也许引进“狼”和“虎”的时候我们可能会被“狼吞虎咽”，有这种危险的可能，但“不入虎穴焉得虎子”这是必须面对的“幕后”从几年来的酝酿，会议讨论以及无数次修正，揭露企业“低、小、散”的钥匙。最后我们终于“水落石出”，与各位负责人协商决定会议提示如何发展民政企业的产业结构优势。开始实施“民政福利企业如何发展”的工程，进入产业结构调整的关键期和战略期，我们一定要抓住机遇加快发展进一步创新，经济发展思路。由于目前原材料涨价，管理费用大，陈旧产品系列没有利润，必须创新多样化。品牌升级，提高质量，企业才有生命力，一步一步向前进。目前民政“照耀”电器加快实现企业增强方式，有粗放型向集约型转变，走出一条效果好、耗能低的新型化的路子。

5、在实践中体会到“商标”的重要，在我们心中曾经有一个梦，要用品牌推进企业产化升级灿烂星空，谁是真的英雄，努力走品牌之路的企业让我们感动，我们“民政照耀”电器决心在几年中用我们的品牌换来企业真心笑容，不经历风风雨雨怎么见彩虹？没有人能随随便便成功。

6、民政“照耀”电器不断发扬壮大，构建一个和谐的民政福利企业。当我们看到未来的业务和产品能够涉及更宽广的范围，而利润又是诱人的时候，我们又开始困惑怎样进行解决。最终我们决定与其在这个行业都试图取得发展，还不如本公司擅长的行业领域做强做大。制定市场导向型战略，企业转型过程中有很多的动力是可以加以利用的，但是没有比了解市场的发展趋势和知道如何能使顾客满意更重要一个长期的资本结构来支持这个战略，战略的内容就是如何配置人员产品和市场，资本结构应与战略相适应并且使其发挥作用。

7、作为一个企业主面对机遇和挑战：首先要战胜自己，要敢于授权，敢于授信于人。靠自己去突击各方面的知识，只能是妄自菲薄。要想真正把公司经营得好，就要全面构筑企业组织框架，合理分工明确职责。重视人才，建立人才引进机制，以专业人才经营运作公司。从1992创办“民政电器厂”以来，正反两方面的经验教训，警示我们如果在每个部门选任用上一个正派的好人就可以团结带动一批正派的人，使用一个不正派的人可能有一批不正派的人冒出来，必须始终坚持德才兼备原则。能否自觉坚持理论联系实践重要思想作为选用岗位，工作技术上有本领，干净干事的优秀人才推进领导岗位，事业就不断发展。

8、我们在工作中深深体会到：办企业着重于“诚信为本”诚者天之道，思诚者人之道，人无诚信则鄙陋，家无诚信则殆，企业无诚信则绝无市场客商。“诚信”乃是立企业之本。

我们“民政照耀”乘着二个会议的东风，正在弹奏一曲激动人心的华彩乐章，且我们这些富有超智慧的“照耀”人将永远弹奏下去。

# 亚威机床有限公司情况介绍

## 一、亚威历史沿革

江苏亚威机床有限公司是一个创建于1956年的国有老厂，50~60年代从事农业机械维修，70年代开始生产锻压机床——摩擦压力机、折弯机、剪板机；是中国最早生产销售折弯、剪板机床的厂家之一。90年代开始研发生产数控折剪机床、数控冲床、卷板加工机械——开卷线等产品。进入21世纪，亚威加快了改革开放的步伐，2000年完成国有体制改革，成立股份制公司；2001年与瑞士SMS公司合资，研发生产具有欧洲现代水平的PB系列数控折弯机、LGS数控剪板机；2002年与意大利SLM公司合资，研发生产欧洲先进技术的卷板加工机械；2003年与日本日清纺合作，研发生产国际先进水平HIQ系列数控转塔床；2004年与欧洲D'Design公司J.T.Consult.bv公司合资，在荷兰注册SMD公司专门销售数控折剪机床。目前经过50年发展历史的亚威机床有限公司，已成为中国板材加工机械行业规模较大的知名公司。

## 二、亚威管理模式、经营规模、产品及市场状况

### 1、管理模式及经营规模

亚威是一个集团化公司，共拥有六个分（子）公司，其中：三个中外合资子公司，分别是：中瑞合资YW-EPT锻压机床有限公司，中意合资YW-SLM锻压机械有限公司、荷兰SMD板料加工机械欧洲销售公司；三个亚威的全资分公司，分别是：数控冲床分公司、机加工分公司、结构件分公司；公司总资产2亿多RMB，占地15万平方米，银行资信AAA级，经营规模为年产销总额3亿元。

### 2、产品研发及技术成就

公司生产经营产品分为两大类。一类为平板加工机械，包括折弯机、剪板机、转塔冲床，现有15个系列；70多个规格品种；另一类是卷板加工机械包括开卷校平线系列，16个规格品种，分条卷取系列，6个规格品种。

公司设有能满足市场和客户需要的产品研发中心，拥有机、电、液各类技术设计人才60多名，高中级工程师45名，公司每年用于新产品研发和产品技术改进方面的投入（包括国外先进技术引进费用）达销售额的8%左右。

公司产品研发坚持瞄准国际先进水平，早在90年代初就将产品开发重点转向数控锻压机床，将“数控、高速、精密、成套”作为产品发展方向，采用自主开发、引进消化吸收国外先进技术和与国外专家联合开发设计相结合的方式，建立一套较为有效的技术创新、产品研发体系。企业滚动编制3~5年产品发展规划，对年度技术创新，产品开发目标实施严格的项目管理，按完成开发产品项目的数量、难度、效果，对开发人员进行绩效评价，予以奖罚，并对贡献大的技术骨干实施股权激励。充满活力的研发机制，极大地吸引和调动了技术人才的工作热情。近几年，平均每年开发设计3个系列，十几个规格品种的数控产品成功投放市场。HIQ、HPI、HPH三个系列高性能数控冲床，PBH、PBB、PBE三个系列高性能数控折弯机，LGS系列数控剪板机等产品的技术性能已达到国内领先，国际先进水平。

PBH、PBB 数控折弯机，HIQ、HPH 系列冲床，4 个规格型号开卷线获得国家级的新产品奖，江苏省科研成果奖。

3、营销网络及市场公布

公司实施立足中国市场逐步开拓国际市场的营销战略，注重网点建设，目前亚威在中国国内已建立销售办事处 20 多个，有 60 多名亚威自己的销售和售后服务人员。亚威自 70 年代从事折弯机、剪板机生产、经营业务以来，亚威的产品以先进的技术、可靠的质量、优质的服务在国内享有较高的声誉。亚威产品遍及中国除台湾省以外的所有省、市和地区，已拥有近 2 万多个最终客户。2000 年以来，亚威产品市场随产品技术质量性能水平的提高，已全面进入高端客户市场，目前国内家电行业知名制造商如：海尔、格力、美的等都是亚威忠实的客户；中国工程机械行业 80%的客户如：徐工卡特彼勒、小松山推、柳工、厦工、龙工等企业都是亚威的客户；钢材配送行业有 40%的企业亚威客户；许多国际大公司的在华投资项目都选用亚威高档数控冲压机床，如西门子、伊莱克斯、LG、三星等。

近几年，亚威在巩固国内市场的同时开始加大国外市场的开发力度，以进入先进发达国家——欧美市场为切入点，推进两个市场协调发展战略。2004 年在欧洲荷兰合资设立 SMD 销售公司，在 SMD 欧洲销售公司努力之下，亚威的高档数控折剪机床已批量进入欧洲市场，目前亚威是中国品牌中高档数控折弯机在欧洲市场年销售量最大的企业。Mr.JT 用一年多时间，不仅创造了销售近 30 台机床的业绩，而且初步建立起由欧洲六个国家代理商组成的销售网络；2004 年底年亚威与美国 NC、MEC 公司建立销售代理合作关系，美国市场今年初开始起动，目前已有两个批次，3 台机器进入美国市场。与此同时，亚威产品已逐步进入俄罗斯、澳洲，东南亚等国家和地区。

4、质保体系与工艺装备状况

（1）、质量管理体系及运行状况

亚威坚持以质取胜经营方针几十年如一日，公司上下牢固树立“质量第一，客户至上”的经营理念；公司的质量方针是：技术——与时代同步；质量——稳定可靠；体系——规范有效；服务——顾客满意。有较好的质量管理基础和质量管理人才队伍，90 年代按 ISO9001 标准建立企业质量体系，并不断加以完善，2003 年通过 2000 版改版评审，企业的质量管理基础得到进一步巩固和加强。亚威以“做世界一流锻压机床”为目标，数控产品采用国际先进标准组织生产。员工中已形成了“追求卓越，制造国内外客户满意产品”的质量意识。

（2）、工艺设备对高品质产品技术、性能、质量的保证能力。

公司在原有 100 多台加工设备年产近千台普通折剪机床能力的基础上，近几年又新添数控加工设备十多台，其中新增落地镗铣加工中心等设备均从欧洲进口，使数控高档产品的关键、主要部件加工质量切实得到保证。在此基础上着重研究提高产品装配调试工艺水平。先进的加工设备和科学严格的制造工艺，是亚威生产质量可靠、性能稳定产品的可靠保证，使亚威数控机床一炮打响欧洲市场，欧洲广大客户对亚威数控机床的好评进一步增强了亚威开拓国际中高端市场的决心和信心。

## 三、亚威未来 3~5 年规划目标

1、未来 3~5 年总体战略思路目标

以提质提效，做优做强为目标，积极拓展国内国际市场，实施两个市场协调发展、全球化经营的发展战略；继续加大技术引进、合资合作力度，实施差别化发展战略；充分发挥先进技术优势，继续实施品牌发展战略，把亚威创建为一个现代化的国际性知名公司。

2、市场发展战略

进一步巩固扩大中国市场，重点拓展国内高端市场的同时，加大开拓国际市场的力度；巩固发展西欧、美国市场的同时，开发东南亚、北欧等市场。在计划进行市场开发的国家或地区，考察寻找有实力的公司作为亚威的合作伙伴，逐步建立集销售和售后服务为一体的销售代理网络。亚威将与国外代理商精诚合作，提供必要的展宣和培训支持，本着互惠互利的原则，与国外代理商共同求得亚威机床销售业务的发展。

3、企业管理及生产经营规模目标

亚威经前几年的发展，企业综合实力不断增强，目前已具备做优做强、做大规模的后劲和发展空间，再作适当投入，至2008年，计划目标销售总收入达6亿。

（1）技改投入计划目标：以进一步提高数控转塔冲床的产销能力为重点，带动数控折剪的销售量增长；增加2000万元RMB的技改投入，增添数控加工中心等关键设备，提高冲床工艺质量保证能力和生产能力；

（2）推进企业管理的信息化计划目标：在2006年初完成老厂搬迁，建成两大类产品生产基地，即平板类产品、卷板类产品分别实现专业化生产和管理的基础上，进行ERP工程投资，2005年完成研发中心的软硬件升级，2009年完成ERP工程实施，力争到2010年把亚威办成一个既国际化又现代化的大公司，为实现向百年亚威目标进发奠定坚实基础。

# 制造精品　自主创新

## HTPM见证中国精密滚动直线导轨副产业化进程

2005年，广东高新凯特精密机械有限公司荣获中国机床工具协会“精心创品牌十佳企业”称号；2006年初，在《机械工人》的用户调查中，HTPM是用户满意的十佳品牌之一，同时特别提出，国内HTPM是表现突出的精密滚动直线导轨副品牌。

最近两年，数控机床行业就功能部件的产业化做了较为深入的讨论，讨论中更对高档精密滚动功能部件反映强烈，国产高档数控机床的发展需要国产高档的精密滚动功能部件。精密滚动直线导轨副作为重要的滚动功能部件，在国内的应用中起步较晚，处于快速发展期，广东高新凯特精密机械有限公司这一中外合资企业投产的HTPM品牌的精密滚动直线导轨副作为一九九六年的国家级火炬计划项目，见证了行业的高速发展，担负起了高档精密滚动直线导轨副产业化的重任。

广东高新凯特精密机械有限公司坐落在珠江三角洲美丽的五邑侨乡 -- 江门市新会区，是一家由中国高新投资集团公司控股，并与香港中银集团投资公司以中外合资形式组建的高新技术企业。为中国机床工具工业协会理事、中国机床工具协会滚动功能部件分会的副理事长、副秘书长、质量技术委员会副主任委员单位。公司向国家机械工业部和国家科委立项承担的滚动直线导轨副系列产品研究开发项目于一九九六年被国家科委评为“国家级火炬计划项目”。二00二年被认定为 “广东省高新技术企业”。二00二年获ISO9001:2000国际质量认证，二00三年被中国质量信用评价中心认定为“中国质量信用企业”。

广东高新凯特精密机械有限公司的总投资和注册资本为640万美元。其中：中方出资360万美元；外方出资280万美元。分别占注册资本的56.25%和43.75%。公司占地面积35亩，建有现代化的厂房面积达11000平方米，其中包括可满足超精密零件机械加工所需的恒温车间的面积共5200平方米。公司耗资400多万美元从意大利、美国、日本等国家引进了具有上世纪九十年代中期最先进的现代化精密滚动直线导轨副生产设备和精密检测设备。其中有意大利生产制造的CNC-3000、CNC-1000超精密导轨、滑块磨削设备各2台（套）；美国惠普、日本东京精机、日本三丰等公司生产制造的HP5528A型激光测量仪、590A型粗糙度形状测量仪、PJ303投影仪等精密测量设备。2005年投入600万进行技术改造，现已形成精密滚动直线导轨的年生产能力50000米（套），为当前全国生产规模最大、生产设备最现代化、生产工艺技术最先进、并具有独立研究、开发、设计能力的专业精密滚动直线导轨副生产企业。同时，公司也顺应市场不断扩展的需求，在筹划短期内继续扩大生产规模，为中国装备制造业的发展作出自己的贡献。

广东高新凯特精密机械有限公司又是一家由国内和香港最具经济实力的投资公司投资，以大专院校为技术依托，集产、学、研为一体的滚动直线导轨副生产企业。公司的主要技术来源于华中科技大学机械工程学院。目前，公司面向市场需要的产品研究开发、产品的设计、生产工艺技术等工作由一批长期从事滚动直线导轨副研究的专家、学者和本公司培养的年轻科技人员负责。面向未来的战略性理论研究、产品开发，以及对国际先进技术的跟踪、消化、吸收等工作，由华中科技大学一批专家、学者负责。本公司雄厚的技术力量和强大的科研开发能力，为本公司大批量向国内外客户提供可与国外同类产品相媲美、相互换的高性能滚动直线导轨副系列产品打下了坚实的基础。

广东高新凯特精密机械有限公司自成立日起，就确立了“四高一专”投资经营理念。即：高起点投资起步、高性能的导轨副产品设计和高质量的产品生产、高端市场客户定位，以及走专业化大规模生产道路。通过不懈努力，由公司独立设计、生产的滚动直线导轨副于一九九六年经中国机床工具检测中心作现场精度检测，被鉴定为符合国家标准的合格产品；于九七、九八年德国 HANS 公司分别对本公司的两批送检产品作寿命、内部组织、硬度、精度等全面的检测鉴定，被认定为符合德国行业标准的高精度产品。其后，企业以成熟的工艺技术进入了大规模的生产阶段。至今，大批量投放市场的产品有 LG、LMW、LGW、LV、GTFR、FVG 六大系列数十个型号规格的滚动直线导轨副。其中 LG 系列有 12、15、20、25、30、35、45、55 型；LMW 系列有 15、25 型；LV 系列有 9、6、3 及 FVG10、GP25、35 等。此外，LGW、LMW 和 LV 系列其余一批各型号规格产品在处于试生产阶段中。以"HTPM- LG"为品牌的高性能滚动直线导轨副投放市场以来，年产量、销售量均以每年翻一番的速度发展，产品的质量也在逐年提高，并迅速赢得国内外客户的青睐，产品除了在国内已广泛应用在各种类型的数控金切机床及电加工、电子、纺织、印刷、橡胶、玻璃、木工等加工机械上外，远销欧洲和韩国。

广东高新凯特精密机械有限公司于九四年加入了中国机床工业工具协会滚动功能部件分会，并成为分会的副理事长、副秘书长和质量技术委员副主任委员单位。作为分会的副理事长、技术委员会副主任单位，本公司把推动我国滚动直线导轨副的技术进步，缩短与国际同类产品的差距为己任，积极参与了滚动直线导轨副标准的起草和研究讨论，并承担了《机床用滚动直线导轨副术语和符号》标准的起草等工作。目前，该标准在分会的授权下，由广东高新凯特精密机械有限公司主持召开了两次分会技术委员会讨论会议，形成了分会向国家标委会报批的“报批稿”。

磨砺十三年，广东高新凯特精密机械有限公司在滚动直线导轨副专业化生产的进程中迈出了坚实的步伐。然而，在我国机械制造业中，主机厂对国产滚动功能部件发展的期待，行业领导对广东高新凯特精密机械有限公司的关怀与期盼在鞭策着我们。加快滚动功能部件行业的发展，做大、做强这家已初具规模的滚动直线导轨副专业化生产企业，是广东高新凯特精密机械有限公司矢志不渝的追求目标。

# 是什么推动着秦川的发展

2005 年，秦川集团的销售收入和利润比 2004 年又有两位数字的增长，这是继 1985 年公司的业务出现增长以来连续第 21 个增长年。在这一年，秦川又获得了几个值得炫耀的荣誉：中国机械工业企业现代化管理创新成果一等奖；中国工业（金切机床）行业排头兵企业；全国和谐劳动关系模范企业。除此之外，秦川在 2005 年推出的、具有自主知识产权的 YK73125 大规格精密数控成型磨齿机亮相 CIMT2005，并首台实现了销售。YK73125 精密数控成型磨齿机以规格大、精度高为主要特征，集数控修整、静压技术、在线测量和在线补偿为一身，不仅吸引了参观者的目光，引起了同行的注意，也受到国家领导人的关心。全国政协主席贾庆林、副总理曾培炎在行业协会领导的陪同下参观了秦川的展台，并给予了许多鼓励。

是什么力量推动着这样一家地处西北、一家规模并不算大的企业不断发展，成为我国机床工具行业、尤其是精密数控机床制造业的龙头企业的呢？它具有哪些核心竞争优势、哪些独到之处呢？每当面对媒体、面对同行，他们都会不约而同的向我提出这样的问题。似乎，秦川的发展之路，在他们的眼中，是一道不解的谜。

**1、自主创新研发优势**

2001 年，秦川机床集团新老领导班子交接，面对改革纵深发展带来的竞争形势，面对沿革了几十年的研发体系，新班子迅速形成了一个共识：企业效益要进一步提升，技术创新要进一步加速，必须从现行的研发体制上动刀，解决科研和生产“两张皮”的问题，将科研和生产更加有机的结合起来。为此，我们成立了秦川发展技术研究院。针对公司科研、生产工作的具体情况，研究院下设 13 个研究所，并且将大部分所建制在分厂一级，形成了研究院、国家级企业技术中心和博士后工作站三位一体的、与公司生产紧密结合的研发机构。

为了强调技术研发的重要性，我们按照产品大类，设立了公司首席设计师。

这样的改变，让秦川获得了一次科研与生产同时跃进的能量补充。

研究院致力于新产品和应用技术开发，积极进行基础技术研究，坚持拥有自己的核心技术，为秦川集团持续发展提供技术储备。

连续几年，我们每年都推出自主研发的、属于国内首台首套的精密数控机床新设备：02 年我们推出了 YK7332A 数控成型磨齿机、6PM2 混联机床、03 年我们推出了 YK7220、YK7250 数控砂轮磨齿机、VMC900 小型龙门式加工中心；04 年我们推出了 VTM180 龙门式车铣镗复合加工中心；在今年的展会上，我们推出了 YK73125 这一亚洲自己生产的、迄今规格最大的数控成型磨齿机，它以大规格、高精度为特征，集数控修整、静压技术、在线测量和在线补偿为一身，不仅吸引了参观者的目光，引起了同行的注意，受到用户的青睐，在展会上就实现了销售，也受到国家领导人的关心。

现在，公司机床产品的数控化率已达到 100%，数控精密齿轮磨床和其他数控机床产品的 30% 达到国际先进水平，70% 达到国内领先和先进水平，国内市场占有率达 75%。加快培育自主核心能力，通过技术创新扩大竞争优势，实现打造具有国际竞争力的百年企业的宏伟目标，成为公司上上下下的共识。

**2、“三精”优势**

“精密制造、精密测量、精密装配”是秦川机床积数十年而形成的公司独有的核心能力，它集中体现在制造、检测的各项精度指标数据上，如高精度分度盘达到国际先进水平，相邻误差为 2 角秒，累积误差为 10 角秒；主轴总成的跳动为 0.0005-0.001mm;齿轮加工和检测精度达到 GB/T10095-88-3 级；蜗轮副的精度到德国 DIN 标准 2 级。这不仅是作为国内惟一的精密齿轮磨床设计制造企业所必需的，也为秦川进入国家重大装备制造领域、航空航天和国防装备领域提供了条件。为中国卫星发射试验台研制的大功率高速齿轮增速箱和为宝钢进口高速轧板线研制的、唯一的一台国产飞剪机组分获国家银奖和国家科技进步二等奖，就是最好的例证。

这些年，秦川在技术研发方面的投入一直维持在产品销售收入的 6%左右，这是保障企业在高端市场具有竞争实力的必要条件。一大批新装备的投入，进一步加强了企业的三精优势，一批新生力量的培养造就，进一步保证了企业研发力量的持续稳定，这是我们在与国外同行竞争中立于不败之地的基本保证。

**3、质量优势**

秦川集团在质量管理方面有着良好的传统，始终奉行“质量第一、用户第一”的宗旨。

公司曾获得国家质量奖，被中国质量管理协会、全国用户委员会评为全国用户满意企业。

公司在行业内较早通过了 ISO9001（1994 版）质量体系认证，2003 年又取得中国质量认证中心的 ISO9001(2000 版)质量管理体系认证。

2004 年公司又获得 GJB9001A-2001 国军标认证及 ISO/TS16949-2002 汽车行业质量体系的认证审核。

**4、管理优势**

我们按照“客户为中心、以服务为第一”的经营理念，对原有的管理体系和激励机制进行了改革和创新：在内部管理上，公司改进制造流程，缩短中间环节、减少内部消耗，使主流机床的制造周期缩短了 22%，主机厂产品产量以及企业全员劳动生产率得到大幅提升。在考核体系上，公司不搞“一刀切”的平均主义，根据利润中心、成本中心以及费用中心的不同特点和各经营单位的不同定位，实行“一厂、一策、一议”，设置不同的考核模式和指标体系，并兼顾短期考核（年度考核）和中长期考核（任期考核），在一定程度上解决了企业内部激励导向难以明确，经营者短期行为难以规范的问题。

公司有一支知识化、年轻化、专业化、团结奋进、求真务实的管理层队伍。

秦川集团的管理团队坚持“以德治厂、依法治厂”，倡导“堂堂正正做人，踏踏实实做事，快快乐乐生活”的诚信文化，加强企业精神文明建设。在班子内部、干群之间与员工之间营造坦诚、互信、融洽的氛围，在企业与政府、企业与金融机构、企业与投资者、与用户、与社会公众、与中介机构和媒体之间搭建一种诚信、友好、信赖、共赢的沟通平台，为企业的发展打下了坚实的文化基础。

2005 年，公司获第十一届中国机械工业现代化管理创新成果一等奖。

**5、“三高”追求**

“高端技术、高端市场、高效益”是多年来我们根据自己企业的实际提出的、指导企业经营工作的至高理念。他植根在“三精”的基础之中，又全面准确地体现出秦川追求高端的价值观，成为秦川发展战略、经营战略、企业文化的重要组成部分。目前，中国的机床市场分为中低端和高端两大块。国内企业占据了太多的低端市场。高端市场则主要由外国制造商 -- 欧美及日本的制造商所垄断，我国众多行业急需的高端机床大都依赖进口。秦川就是要利用手中所掌握的高端技术、所拥有的高端装备，打造出高端的产品，形成在高端市场的竞争优势，产生更高的经济效益。我们“三高”发展战略目标制定原则是：（1）坚持自主创新，加强对外合作。（2）延伸产业链。（3）提高装备水平。（4）确立了“以客户为中心，以服务为第一”的经营理念。

上面提到的四个优势和一个追求，是不是概括了秦川机床能够在激烈的市场竞争中不败、持续发展的全部原因呢？我看也未必。回顾过去一年的工作，秦川的全体员工更深的体会到，为了自立于世界民族之林，我们必须坚持技术创新，以技术创新带动品牌建设，以品牌建设提高企业效益，这里边最根本的还是技术创新，技术的创新和技术的领先是我们公司持续发展的原动力。同时，我更相信一点，就是要搞好一个企业，最重要的还是人，管理者、技术人员、技术工人、其他专业人员，作为最高管理者的责任，就是要管好、带好一班人，尤其是企业的高级管理人员，通过他们去带动中层干部，影响我们的员工。

我们强调创建学习型的组织，这成为我们这个团队的一个行为准则。积极的探索精神、尖锐的思想交锋、不掩饰过失、不粉饰错误，善于总结经验教训，机会来了的时候要能“抓”得住，危机来了的时候要能“扛”得住，这，恐怕才是我们能够不断发展的根本原因。

还有一点值得一提，就是我常常提醒我们的管理者：秦川，时时刻刻站在危机的边缘。

秦川机床集团有限公司

党委书记、董事长 龙兴元

二〇〇五年十二月

# “以人为本 诚信为根 民主管理 科学决策”

## 巩固发展改制成果 全力打好招商引资、搬迁改造、企业重组三大战役

哈尔滨第二工具(厂)有限责任公司

哈尔滨第二工具厂始建于1956年1月,是国家工具行业的重点骨干企业,是我国木工刀具生产品种最全的企业,所生产的精密复杂机用木工刀具代表国家水平。是国家批准的出口自营权企业。企业设有国家指定的精密复杂木工刀具研究机构——哈尔滨木工刃具研究所,设有专职工技术人员,从事产品的开发和研制工作。企业设有“黑龙江木工刀具质量监督检测站”,承担全省木工刀具质量监督检测任务。

企业占地面积5.72万平方米,建筑面积5.78万平方米,主要设备604台(套),其中引进先进工具生产线三条。

并轨改制后企业现有员工665人。设有七个分厂、六个处室。负责产品生产、技术、供应、销售、服务等工作。

产品分为金属切削刀具和机用木工刀具两大类、98个品种、5974个规格。企业产品年生产能力230万元件。金属切削刀具有机用锯条(国家优质品)、高速钢车刀(国家一等品)、铰刀、铣刀、拉削刀具和齿轮刀具。机用木工刀具(哈尔滨市名牌产品)分为四类等。产品覆盖全国30多个省市自治区、直供户达4000多家,并远销26个国家和地区,年出口创汇额100万美元。

**一、企业的发展回顾**

企业在上级的正确领导下,率领全厂职工,努力实践“三个代表”重要思想,认真贯彻党的“十六大”精神,认真开展保持共产党员先进性教育活动,依靠全厂干部职工群策群力,战胜了销售回款不足、原材料涨价、生产流动资金短缺种种困难,较好的完成了全年的各项经济指标,为企业顺利改革改制奠定了坚实的基础。

(一)努力实践“三个代表”重要思想,把立党为公、执政为民贯穿于党委工作的始终,确保企业生产经营和改革改制工作有序进行。

加强厂级领导班子的执政能力,强化干部队伍建设,适应瞬息万变的市场需求和企业改革改制的总体要求,确保生产经营和企业改制两不误。

(二)密切关注市场动态,建立适应市场变化的营销体系。

对工具市场而言充满艰辛和坎坷,原材料价格大幅上扬、工具市场疲软,回款不畅,增加了企业经营的难度。企业知难而进,根据市场行情及时调整营销政策,完成了全年生产经营任务。

1、加强了销售公司内部管理,提高工作效率,确保各项工作的准确无误,销售工作全程受控,增加了企业的诚信度。

2、坚持店经理负责制,实行多劳多得,奖勤罚懒,充分调动了销售人员的积极性,为回款奠定了管理基础。

(三)适应市场行情,加强内部生产经营管理,最大限度降低成本,为企业生产奠定良好基础。

逐步地完善生产计划管理功能,克服原材料涨价带来的不利影响,针对客户购现货多,期货少且工期短的现状及规格零散、尺寸要求不同的特点,精心组织,使订货合同得到了落实。

企业全面加强财务管理工作,在各有关部门的紧

密配合下，完成了市国资委对企业进行的清产核资工作，为工厂改制并轨做好了充分的准备。

（四）通过巩固和提高产品质量，实施品牌战略，调整产品结构，使高附加值的换代产品成为企业新的经济增长点。

1、2005 年研制了涂层木工刀具、硬质合金刀具等新产品，开发的新产品属国内领先水平。

2、牢固树立质量意识，这是企业生存之本，工厂认真贯彻 ISO9001 质量管理体系。把质量工作作为一项重要指标纳入考核标准，全面实行质量否决权。从原材料入厂检验到成品出库，全过程都处于受控状态。确保为用户提供满意的产品。

（五）按政府的要求，精心筹划、制定企业改革改制方案。

企业根据哈尔滨市政府意见，完成了对企业的改革改制工作，组建了投资主体多元化的公司制企业。

**二、企业总体发展思路**

以“三个代表”重要思想和党的十六大精神为指导，以国家振兴东北老工业基地优惠政策为契机，继续深化改革，加速产品结构调整，加大国内外两个市场开发力度。完善管理体系，促进企业发展。

具体概括为一个中心、两个创新、三个规范

一个中心：以组建投资主体多元化公司制企业，提高企业经济效益最大化为中心；

两个创新：在技术改造暨产权制度改革上实现创新，在优化内部结构、调整产品结构上有所创新。

三个规范：一是规范现代企业管理制度，确保全体员工提高综合素质；二是规范市场行为，努力开拓国内外两个市场，加大销售回款力度，确保职工收入提高；三是规范生产合同科学管理，确保订货周期按时兑现。

（一）利用优惠政策、抓住机遇，加大改制力度，积极稳妥的推进公司制改造进程。

企业通过技术改造、引进战略投资伙伴，组建投资主体多元化的公司制企业，最终完成企业的整体改制。

1、实行公司制改造。改制工作完成后，按公司制的管理模式，合并机构，整合留岗职工。引进先进管理系统，建成具有快速反应的现代化管理机构，高效生产指挥系统、精良的生产设备和配备电子商务的市场营销体系的现代企业。

采用先进的技术标准，完善质量管理保证体系；培养一批有技术、有经验的生产骨干力量，汇集众多的中、高级人才，形成科研、生产、销售及技术服务的多功能体系；依靠技术进步和科技创新，不断提高产品设计和制造质量，为用户提供满意的产品。

（二）科学整合工厂内部机构，合理确定岗位和编制，精干干部队伍，全面提高企业综合管理水平。

1、整合机构是产权制度改革的前奏，也是加速改制的动力。建立精练、高效的办事及生产机构。

2、随着机构的整合，精干管理队伍势在必行。要创建过硬的领导团队，坚持德才兼备、公道正派、能者上，庸者下的用人原则，把真正能干事，心里装着群众，时刻以工厂发展为己任的能人聘用到领导岗位。

3、建立与企业改制发展相适应的科学、规范管理体系，注重财务人员综合素质的培养，为工厂领导做出合理决策提供正确的财务依据。

4、加强企业改制过渡期的生产管理，力争生产与改制两不误两促进。加强生产指挥系统的协调性、科学性、灵活性。确保销售合同的兑现，增强市场的信誉度。

5、规范物资采购工作。在采购工作中要注意收集市场信息，拓宽采购渠道，严格控制主辅材的采购成本，保证原材料质量。

（三）精干销售队伍增强服务意识，加强营销网络信息化建设，以市场为导向，随时调整营销策略，保证回款指标如期完成。

1、加强对工具市场的调研，客观地分析国内外工具市场状态，及时把握住对工厂有利的市场信息，科学分解指标。

2、加大国内外市场的开发力度，制定适应市场变化的措施，逐步增大产品在工具市场的占有份额。掌握客户的心理与市场的实际需求，主动出击，主动同客户交流，扩大营销群体。

3、压缩费用支出，降低销售成本。

4、在出口工作中要克服原材料涨价成本增加的不良因素，加强同出口外贸公司的沟通与协调，本着互惠互利的原则做好出口业务，增加出口额度。

（五）科学调整产品结构，适时开发有效益的产品，为企业的持续发展提供保障。

高附加值、高精度的工具产品是现代企业发展的关键之所在。工厂现在的主导产品由于缺乏高附加值已成为制约工厂经济发展的不利因素，开发高科技的替代产品势在必行。

按照市场的需求把企业产品发展为系列化，规格化，精品化，以崭新的面貌和优良的产品质量，保持工具市场上的主导地位。

**三、企业发展规划**

1、以企业品牌为基础，发展品牌系列产品，以品质保证市场。

2、合理调整产品结构，促进企业发展

（1）对木工刀具生产线进行技术改造，扩大木工数控刀具的生产能力，联手国际著名生产商共同开发国内外市场。

（2）建一条双金属带锯生产线，取代即将被淘汰的机用锯条产品，完成产品的升级换代。

（3）建设一条硬质合金刀具生产线。为快速发展的国内装备制造业配套，专业生产硬质合金刀片和装配式数控刀具，形成企业新的利润增长点。

3、以市场需求为导向，有效促进生产经营快节奏运行，高度重视市场与生产保障系统的连接，不断完善企业内部运行机制，将企业做专做强。

# 打造强势安全文化　构筑长效安全机制

煤炭企业属于高危行业,安全是“天字号”工程。安全工作能不能抓好，直接关系到职工的生命安全和企业的生存与发展。那么怎样才能落实科学发展观,紧紧抓住提升管理层次，提高队伍素质,抓安全促发展的根本呢?2003年以来,邯郸矿业集团云驾岭煤矿把打造以人为本争创一流的强势安全文化，作为全面提升本质安全管理水平的重要课题进行了探索与实践。通过导入一举一动规章至尊的安全理念,牢固构筑“安全第一,预防为主”的思想防线、精细化安全管理的管理防线、只认制度不认人的安全监察防线,通过牢固构筑这三道防线,以及大力推进安全质量标准化、安全管理精细化、安全装备现代化，建立了内在长效安全机制。使安全管理由粗放型向集约化，由经验型向文化型高层次跃进。使安全这个煤矿管理的难点,变为令人振奋和带来更大期待的亮点，迄今已安全生产1000多天,安全生产原煤400多万吨无工亡。今年上半年,生产煤炭75.3万吨,销售收入2.3亿元,盈利1.09亿元,职工人均收入15500元。跨入高产高效矿井,荣获全国文明煤矿、河北省文明单位、河北省“安康杯”竞赛优胜单位。2005年6月19日,全国“安全生产到企业、进班组、入社区”公益宣传活动启动仪式在云驾岭煤矿举行,7月29日，云驾岭煤矿安全文化管理经验在河北省全省安全工作会上做了经验推广介绍。

## 一、以安全文化为先导,构筑安全思想防线

云驾岭煤矿的安全文化是企业安全管理思想、管理方式、群体意识和行为规范的整合和积累,是有效的安全管理方法,包括“人”的管理、“物”的管理和“环境”的管理,而以人的管理为主。这矿的安全文化主要由安全法规、安全理念、安全机制、安全组织、安全制度、安全管理和安全教育等13部分构成。安全文化载体主要由《安全文化手册》、《安全制度汇编》、矿井安全文化标识、安全文化走廊、区队文化苑、云煤文化报和文化论坛等组成。

打造安全文化关键在人，必须以人为本，全员参与,才能育人兴安。这就首先要从人的思想观念抓起,构筑牢固的安全思想防线。矿领导作为安全文化的“旗手”,必须当好安全文化的带头人。设计者、执行者和推行者,切实把安全作为领导干部的政治生命,作为企业的第一政治、第一形象、第一效益、第一责任和第一管理目标,从自身做起,牢固树立“安全为天”的思想,切实摆正安全与生产、安全与效益、安全与发展的关系，并始终把抓好安全工作作为重中之重，常抓不懈,坚决不要带血的煤,不要带血的利润,做到不安全不生产。

明确提出了“抓安全就是抓生产,抓生产必须抓安全”,“宁停十天产,不冒一次险”的要求,反复向职工灌输 “安全责任重于泰山，职工生命高于一切”,“违章指挥就是杀人,违章作业就是自杀”,“生产再重重不过安全，金钱再贵贵不过生命”,“明智的人不用自己的生命和鲜血为人做教材”,“只认制度不认人”,“多操一份心,少遇一次险”等安全理念。

为了构筑全员安全思想防线，这矿在安全理念提炼以及理念渗透过程当中,坚持以人为本,全员参与,采取了安全全家福、安全寄语、安全誓言、安全活动日、安全高潮日、安全文艺节目等多种形式宣传教育职工。在安全文化教育活动中,充分发动职工积极参与。特别是在开辟安全漫画走廊、印制安全文化扑克牌过程中,全部是由职工自创作品中精选出来的，并提炼出了职

工易于理解、愿意接受的安全文化理念，形成了自我教育、互相教育浓厚的安全文化氛围，真正把“一举一动，规章至尊”等安全理念铭刻在心中，落实在行动上，在全矿上下形成了力求实现零违章、零隐患和零事故的安全目标。在安全文化论坛中，通过职工及家属的现身说法，起到了警示教育作用。98年工亡马三的妻子，一上台就泣不成声地说:你们都有一个完整的家，马三他因违章在道心被大罐轧死，抛弃父母妻儿，苦了一家三代。洗煤厂工人谢关庆说:安全文化救了我一命。这是指我矿自从搞安全文化以来，不仅重视抓大事，而且重视抓细节，上岗连穿衣戴帽都有严格规定，他在煤楼下搞清理时，一块足有20斤重的碴块砸在安全帽上，避免了一起伤亡事故。

**二、以安全文化为基石，构筑安全管理防线**

文化促进管理，管理提升文化。在抓好安全理念提炼和渗透的同时，把完善安全管理制度和严格现场管理作为提升安全文化的一项重要措施。

做到职工培训经常化，提高职工素质。木桶原理告诉我们，木桶的最短板块决定着木桶的最大容量。同样，煤矿的一个区队、一个班组、乃至一个人的安全水平和安全状况的好坏，直接影响着全矿的安全。只有提高每个职工的素质，才能实现安全生产。在安全教育培训方面我们坚持“工作学习化，学习工作化”，每年对职工进行强化培训，做到外培与内培相结合，脱产与业余相结合，强化安全培训与岗位培训相结合。

我们在安全培训模式上进行了创新。自去年开始，创建了“三日一题，一周一考”的职工培训模式，紧密结合我矿安全生产实际，按照不同工种、不同岗位，坚持每三天至少学习一道安全法规、安全规程措施、岗位安全技能、安全问题解决方法，以及安全隐患如何消除等方面的问答题，在每周星期五进行一次考试，并将考题与分数进行存档登记，考试成绩与工资挂钩。有效地防止了过去在安全培训上流于形式的问题，提高了广大职工应知应会的能力，解决了干啥不懂啥，干啥不会啥的问题，提高了广大员工的安全文化素质和安全业务素质，从而营造了浓厚的安全文化学习氛围。

做到技术装备现代化。强化安全管理的硬件建设、实现矿井技术装备现代化、提升抗灾防灾能力，是安全管理的基础和保证，也是我们安全文化建设的一个重要组成部分。在安全生产的实际工作中，我们十分重视积极推广应用新技术、新工艺、新设备，采煤工艺实现了轻放化，巷道支护做到了锚网化，改善了安全生产环境。另外，从事故的源头抓起，狠抓了重大危险源的监测与管理。“一通三防”采用网络监测系统。2003年，为了适应高产高效的安全需要，全面提升了矿井的装备水平。尽管当时煤炭市场形势特别好，但我们仍停产一个月，投资6500万元，牺牲当前利益，为企业长远发展打基础，对矿井提升、供电、运输、通风等系统进行了全面技术改造，为我矿的安全生产奠定了坚实基础。去年我矿又提取安全资金780万元，专款专用，保证了必要的安全投入。

三是做到安全质量标准化。安全质量标准化是煤矿安全生产的基础，基础不牢，地动山摇。为此始终把安全质量标准化工作，作为搞好安全生产的一条基本经验，常抓不懈。坚定不移地落实集团公司的精品战略要求，狠抓了精品工程一条线的安全质量管理，在国家煤矿安全条例标准的指导下，对回采、掘进、开拓、机电、运输、通风一条线安全质量管理，进一步深化、细化和量化，做到井上下每一台设备、每一趟管线、每一个岗位都有明确的责任人和巡查人，编码挂牌管理，做到了岗岗有标准，事事有人管。通过抓精品工程，采掘工作面的内在工程质量大幅度提高，矿井连续几年保持了安全质量标准化矿井行业级标准。

**三、以安全文化为手段，构筑安全监察防线**

安全文化的执行力决定着安全文化建设的成效，执行力的好坏关键在监察和考核。在安全生产的监察和考核上，我们坚持以严治矿、预防为主、事前控制和动态管理的原则，建立了“管理科学，责任明确，控制到位”的精细安全责任目标管理体系。上至矿长书记，下到各工种岗位，人人有责任，岗岗有标准，事事有人管，处处有考核。以严格执行安全管理制度作为安全的保证，以“管理的灵活是一种艺术，制度的灵活是一种灾难”的理念告诫大家，做到了只认制度不认人，考核不留情面，不手软，不平衡，不照顾，将安全指标列为对各单位和领导的否决条件，安全指标完不成，年终不能评为先进。在安全质量考核上，我们坚持开展最佳最差评比，实行动态管理，动态检查，每班考核，与工资挂钩。在考核方式上，大力推广走动监察管理模式，实行A、

B、C、D 四卡考核，走动式管理，双向考核，实现了全员抓安全，使安全隐患能够及时发现，尽快得到解决，使所有工作现场都纳入到了检查考核之中。

对煤矿来说，违章指挥、违章作业、违反劳动纪律的“三违”现象是事故发生的根源，是安全生产的大敌。正如海恩法则所讲的，在每一次安全灾难发生之前，必然有数十次轻微事故和若干起未遂先兆，如果能及早洞察这些征兆，就有可能避免事故的发生。看似偶然的事故，实则是安全意识淡漠、违章侥幸等人为因素最终必然导致血的代价。所以把治理“三违”作为我矿安全文化治理的一项重点工作，经过几年的探索和积累，基本形成了“四铁精神过五关，十字作法保安全”的长效安全管理模式。以铁面孔、铁手腕、铁心肠和铁纪律“四铁”精神抓安全，对一般“三违”人员给予罚款和帮教；对违章冒险，蹬、扒、跳等严重三违进行过五关，即学习关、检查关、帮教关、家属签字关和电视曝光关。“十字”做法即“严”、“细”、“教”、“保”、“防”、“治”、“查”、“树”、“爱”、“转”。为了加强对“三违”人员的教育，实行了全员积分考核，对一般和严重“三违”一次分别扣 5 分或 10 分，累积扣分达到 15 分，不仅一律停止工作，而且要自己交纳 100 元培训费，到安全培训中心学习 7 天，安全考试成绩合格后，才能申请复岗；扣分达到 30 分，工人一律开除矿籍，管理人员一律给予免职处分。去年 3 月，综掘区一名新任副区长，因为违章指挥造成一次绞车断跑罐事故，严格执行对事故四不放过的原则，给予了他撤职处分，罚款 500 元，并通报全矿的处理。严格执行安全一票否决制度，“三违”人员一律取消当年评选先进资格。同时实行全员安全风险抵押，建立责任追究制度，加大责任追究力度，严格落实国家法律法规和集团公司《安全管理责任追究处罚办法》，从而使各项安全管理制度得到了很好的落实。通过构筑安全监察防线，提高了安全文化的执行力，尤其在对“三违”的安全治理方面，实现了安全教育使其不想，安全制度使其不为，安全监督使其不能，安全惩处使其不敢，待遇优厚使其不舍。使“三违”现象明显减少，安全隐患大幅度降低，矿井的整体安全状况得到明显改善。

通过安全文化管理，使安全管理的思想防线更加牢固，安全管理的方式更加全面系统，全员参与的群体安全意识进一步增强，职工群众的安全行为进一步规范。从而，紧紧抓住了生产力中的三个构成要素，即人的劳动技能，劳动工具和劳动对象的管理，通过上装备精兵利器，上技术优化环境，尤其是紧紧抓住了上手段，提升管理层次和职工素质这个关键，提高了安全文化的执行力，使精细化安全管理促进了标准化，标准化促进了高产高效，促进了经济效益的全面提升和企业的大跨越发展。（郭祥智）

# 大事记

# 2005 年中国工业大事记

## 1月

1月1日起，我国汽车关税降到30%、取消进口配额以及进口汽车实行自动进口许可管理、取消进口汽车保税等政策相继实施。

1月1日，国家取消了电解铝、铁合金、黄磷、电石等高耗能产品的出口退税。

1月1日开始，我国海关对家具进口正式实施“零关税”(此前我国此项关税率为7%)。

1月18日，国家环保总局以强硬姿态公布了金沙江溪洛渡水电站等13个省市的30个违法开工项目，涉及投资额达1179.4亿元。此举引来舆论赞誉，被冠名为“环评风暴”。

1月18日，国家质检总局、国家标准化管理委员会发布《家用和类似用途电器的安全 手持式电动园艺用吹屑机、吸屑机及吹吸两用机的特殊要求》，并规定2005年8月1日起实施。

1月19日，农业部印发了《关于转发<国家发展改革委、财政部关于加强和规范机动车牌证工本费等收费标准管理有关问题的通知>的通知》(农机发[2005]1号)，要求各省、自治区、直辖市农机管理部门与有关部门积极联系，加强管理，认真落实国家对拖拉机牌证工本费等的收费标准。

1月，我国第三大石油天然气集团——中国海洋石油有限公司(中海油)考虑对美国同业对手优尼科公司发出逾130亿美元收购要约，这起交易标志此系中国企业规模最大、最重要一宗海外收购。

## 2月

2月4日，农业部农业机械化管理司印发了《关于使用全国统一拖拉机联合收割机及驾驶员牌证登记证书检验标志的通知》(农办机[2005]4号)，决定从2005年4月1日起，使用全国统一的号牌、行驶证、驾驶证、登记证书和检验合格标志，并就有关工作提出具体要求。

2月14日，辽宁阜新矿业集团孙家湾煤矿发生特大瓦斯爆炸事故，死亡214人。

2月22日，国家税务总局近日下发《国家税务总局关于开展2005年税收专项检查工作的通知》，决定今年在全国范围内开展税收专项检查工作，检查项目框定钢铁、水泥等九个方面。

2月23日，信息产业部正式颁布EVD《高密度激光视盘系统技术规范》为我国电子行业推荐性标准。

2月23日，中国纺织工业协会批准在浙江海宁成立纺织工业(华东)家用纺织品检测中心和纺织工业经编产品检测中心。

2月25日，农业部与财政部联合印发了《农业机械购置补贴专项资金使用管理暂行办法》(财农[2005]11号)，该管理办法在稳定补贴机具实行择优筛选制、补贴实行集中支付制、受益实行公示制管理实行监督制、成效实行考核制等“五制”基础上，进一步明确了农、财两部门的职责，简化了资金使用运作程序，规范了补贴机具选型和目录制定工作。新办法的颁布实施，标志着农机购置补贴资金使用管理更加趋于完善，更加符合国家支持产业发展的特点。

2月28日，全国人大通过《中华人民共和国可再生能源法》。该法规定，国家设立专项资金，制定可再生能源发电上网电价、费用分摊及税收优惠政策，支持可再生能源发展。

2月28日，宝钢与Hamersley达成2005年铁矿石价格。同2004年相比，哈默斯利粉矿、块矿以及哈默斯利扬迪矿 FOB 价格分别上涨 71.5%。

## 3月

3月1日，由国家发改委、国家质检总局和国家认监委制定的《能源效率标识管理办法》施行，冰箱、空调两大家电产品率先实施能源效率标识制度。这将给我国家电市场带来一系列的变革。

3月1日，国家规定铁矿砂实行自动进口许可管理。凡铁矿砂进口企业，须按《货物自动进口许可管理办法》和有关规定，办理自动进口许可手续。

3月23日，奥克斯集团宣布退出汽车市场，但大连、北京相继发生奥克斯车主的集体维权行动。为了全身而退，奥克斯不得不继续履行对车主的服务承诺。

3月26日，国务院下发了《关于切实稳定住房价格的通知》，即"国八条"。《通知》指出，稳定国内房地产市场发展，关系到中国金融安全和社会稳定、影响整个国民经济的健康运行、影响中国和谐社会的建构。

3月30日，温总理主持召开国务院常务会议，着重分析了当前钢铁供求形势和价格走势。会议强调要进一步搞好对钢铁工业发展的宏观调控，采取更直接、更有力的措施，应对国际铁矿石价格大幅上涨的问题；要严格控制钢铁产品出口，尽快落实取消对钢坯、钢锭出口退税措施；加强铁矿石进口协调和管理，整顿和规范铁矿石经营秩序；加大钢铁行业结构调整力度，抑制钢铁生产能力盲目扩张。

3月，《中华人民共和国煤炭法》修订工作正式启动，涉及提高行业门槛、建立煤炭资源战略储备制度等方面的问题。

3月，42岁的王天普打破逐级升职传统，成为中石化新任总裁，为中石化带来了一位有史以来最年轻的总裁。

## 4月

4月1日，国家正式取消钢坯、钢锭等粗钢产品的出口退税政策。

4月1日起，国内进口铁矿石价格将执行上涨71.5%(离岸价)的新价格。

4月1日开始，国家《汽车品牌销售管理实施办法》正式实施，确认了品牌销售将成为主流销售方式。但是，品牌销售不仅只有4S专卖店一种形式，采取什么样的销售模式由企业自行决定，进口汽车和国产汽车是"分网"还是"并网"销售，也由企业自主决定。

4月1日，国家《构成整车特征的汽车零部件进口管理办法》出台，对经核定为构成整车特征的进口零部件，海关按照整车归类，并按照整车税率计征关税和进口环节增值税，使进口组装车不能以散件名义进口。

4月5日，科龙被中国证监会立案调查后，即有十几家境内外公司纷纷表示意欲收购科龙，海信终以9亿元正式入主科龙。

4月15日，中国钢铁工业协会成立进口铁矿石工作委员会，中国五矿化工进口商会也成立了进口铁矿石分会，实行铁矿石进口"一个声音对外"，增强在国际价格谈判中的"话语权"。

4月16日，四川长虹公布去年重亏36.81亿元，创沪深股市亏损之最。

4月，随着证监会对科龙电器立案调查的开始，格林柯尔旗下的五家上市公司先后发布公告，与格林柯尔划清界线。美菱电器的公告声称，公司董事长顾雏军被公安部门采取刑事强制措施。格林柯尔系的另一家企业华意压缩，向浙江省嘉兴市中级人民法院起诉科龙电器。

## 5月

5月1日，国家质检总局、国家标准化管理委员会发布的《电动洗衣机能耗限定值及能源效率等级》实施。

5月1日，由于煤价上涨，国家实施煤电价格联动，全国电价平均上涨2.52分钱；煤炭出口退税率从11%下调到8%；河南、安徽等8省市煤炭资源税的税额标准提高。

5月1日，国家下调钢材出口退税2个百分点；对进口铁矿石实行许可证管理。

5月1日，国家将煤炭，钨、锡、锌、锑及其制品的出口退税率下调为8%。取消稀土金属、稀土氧化物、稀土盐类，金属硅，钼矿砂及其精矿，轻重烧镁，氟石、滑石、碳化硅，木粒、木粉、木片的出口退税政策。

5月17日,TCL集团与阿尔卡特达成换股协议,TCL全资持有双方合资公司TAMP公司的股份。

5月19日，我国首台9FA重型燃气轮发电机组——浙江半山天然气发电工程1号机组在杭州点火成功。

5月19日,国家首次将铁矿石、生铁、废钢、钢坯、钢锭、稀土原矿、磷矿石等产品列入加工贸易禁止类商品目录。

5月至6月,由东方汽轮机厂研制的我国首台高国产化率F级重型燃机顺利发运。首台高国产化率重型燃机的成功试制，表明我国发电设备企业自主研发能力的进一步提高。

## 6月

6月10日，三一重工股权分置改革方案以93.44%的高赞成率顺利通过，标志着中国上市公司股权分置改革成功。

6月,中国规模最大的民营石油联合企业——长联石油控股有限公司在外界不断的揣测和质疑声中终于揭牌亮相。

## 7月

7月1日,我国第一个针对汽车燃油消耗的强制性国家标准出台。它填补了我国汽车节能标准的空白，充实和完善了我国汽车强制性标准法规体系，将有利于推动我国汽车燃料经济性的提高和汽车技术的全面进步，并为国家汽车主管部门制订出台各项汽车节能政策奠定基础。

7月1日,正式取消“以产顶进”政策,对列名钢铁企业销售给国内加工出口企业用于生产出口产品的国产钢材，一律按规定征收增值税并开具增值税专用发票,不再办理免、抵税。

7月6日,上海永乐1.4亿收购灿坤国内32家门店。

7月10日,富通集团研制成功了FTTH(光纤到户)用光纤预制棒,成为我国在光通信产业核心技术领域的又一重大科技突破成果。

7月20日,《钢铁产业发展政策》正式向社会公布，其目的是引导社会各界通过结构调整全面提升钢铁行业的竞争力，促进我国钢铁行业的持续健康发展。

7月25日,“全国机械工业优秀高科技能人才表彰大会”在北京召开,中国第一重型机械集团公司锻工范友国、大连重工起重集团有限公司维修电工王亮荣获“机械工业技能大师”称号。

7月28日,国家发改委、财政部、商务部、国土资源部、海关总署、税务总局、环保总局七部委联合发出了《关于做好控制高耗能、高污染、资源性产品出口有关配套措施的通知》，表示将出台多项措施,控制部分高耗能、高污染和资源性产品出口。

7月31日，科龙董事长顾雏军、CFO姜源、副总严友松等高管已正式被捕。

7月,《钢铁产业发展政策》正式出台,《钢铁产业发展政策》明确指出,要通过钢铁产业组织结构调整,实施兼并、重组,扩大具有比较优势的骨干企业集团规模,提高产业集中度。

## 8月

8月1日,国美电器1.8亿收购易好家。

8月1日,商务部海关总署公告,决定将氧化铝(含铝矿砂)、铁合金矿列入加工贸易禁止类商品目录。

8月1日，国家质检总局、国家标准化管理委员会发布的《家用和类似用途电器噪声限值》实施。

8月1日,农业部、财政部和国家发改委联合颁发《国家支持推广的农业机械产品目录管理办法》,列入《目录》的产品,可以按照有关规定,享受国家促进农机化的财政补贴、金融扶持等优惠政策支持。

8月1日,国家取消了电解锰的出口退税。

8月1日起，对目前仍在征收出口关税、2005年7月20日起受欧盟进口数量限制的17种纺织品停止征收出口关税。

8月2日，中海油宣布撤出优尼科公司收购，收购过程历时半年,仍因失利告终。

8月7日,广东省梅州大兴煤矿发生特大透水事故,死亡123人。

8月9日,国务院办公厅近日转发国家发展改革委、国土资源部等7部委《关于加强钨锡锑行业管理的意见》,明确提出要对钨、锡、锑三种矿产实行矿产年度开采总量和出口产品配额总量计划，严禁超计划开采和计划外出口。

8月10日，商务部正式发布《汽车贸易政策》。这是商务部加强重要商品市场流通管理的重要举措。

8月16日,鞍本钢铁集团正式在沈阳揭牌。鞍本钢铁集团由鞍山钢铁集团公司和本溪钢铁（集团)有限公司联合重组而成,标志着我国产业调整进入了实质性阶段。

8月22日,国务院下达“撤资令”,要求公职人员限期主动从煤矿撤资。

8月22日起,氧化铝(含铝矿砂)和铁合金矿列入加工贸易禁止类目录，国家不再审批新的加工贸易合同。

8月22日,国务院办公厅发出《关于坚决整顿关闭不具备安全生产条件和非法煤矿的紧急通知》。

8月23日,宝钢出台四季度产品销售价格,各品种价格较三季度下降3%~15%不等。

8月下旬,特高压电网建设方案送呈国家发改委核准,围绕着“特高压电网上马与否”的一场激辩,成为2005年夏秋之交最引人瞩目的电力事件。

8月,我国南方爆发了大面积的“成品油供应短缺”现象。其中以广东最为严重,“油荒”时间长达一个多月，对当地的工农业生产带来了严重的影响。

## 9月

9月1日，国家质检总局在北京人民大会堂召开中国名牌产品暨中国世界名牌产品表彰大会,对获得2005年中国名牌产品称号的企业进行了表彰。

9月7日,温家宝总理主持召开国务院常务会议,讨论并原则通过《铝工业发展专项规划》、《铝工业产业发展政策》和《中华人民共和国审计法修正案(草案)》。

9月16日，随着国务院副总理曾培炎轻轻按下电钮，三峡左岸电站最后一台70万千瓦机组正式投入运行。三峡左岸电站9号机组并网发电,标志着三峡左岸电站比原计划提前一年全面投产。

9月25日，中国第一重型机械集团公司正式签约，承制秦山核电二期扩建工程核反应堆压力容器和稳压器，迈出我国核电设备国产化的坚实一步。

9月26日，我国第一条750千伏输变电工程投产并实现安全稳定运行。750千伏输变电示范工程是由青海官亭至甘肃兰州东长达140公里的线路。是目前国内最高电压等级,也是世界上海拔最高的750千伏输变电工程,填补了我国500千伏以上电压等级的空白。标志着我国电力工业发展到了一个新阶段,并跨入世界先进行列。

9月28日，在国务院常务会议上讨论通过的《国务院关于加快振兴装备制造业的若干意见》中,把发展大型、精密高速数控设备、数控系统和功能部件列为国家重要的振兴目标之一，为机床行业的发展提供了前所未有的发展机遇。

9月,被称为全国继中石油、中石化、中海油之后的第四大石油开采炼化企业——陕西延长石油(集团)有限责任公司(延长油矿管理局)宣告成立。

## 10月

10月1日,《二手车流通管理办法》正式颁布实施。该办法首先打破垄断格局,引入竞争机制,实现经营主题多样化。新办法将带动二手车行业产生巨大的变革和发展，整个中国汽车行业也将形成新的增长点。

10月1日，国家强制性标准《家具使用说明书》正式实施,在此项强制性标准《家具使用说明书》中,不仅明确规定了家具产品的化学标准和物理标准,还对家具所有材料、涂料实际含有的有毒物质做了严格规定，对消费者使用家具的注意事项、防护措施也做出说明。

10月8日,党的十六届五中全会在京召开,会上主要审议了“‘十一五’规划”。

10月18日,中国一拖集团有限公司在洛阳举行建厂50周年庆典。同时，这也标志着中国拖拉机工业迎来了50年华诞。一拖是我国“一五”期间全国重点布局的156家重点项目之一。

10月25日,农业部印发了《关于印发〈农业机械试验鉴定机构鉴定能力认定办法〉和〈农业机械推广鉴定证书和标志管理办法〉的通知》(农机发

[2005]9号)。

10月25日,农业部农业机械化管理司在网上发布公告,对《2006年全国通用类农业机械购置补贴产品目录》进行公开选型,各农机生产企业将按有关要求自愿申报。

10月25日,中国工程机械的旗舰企业徐州工程机械集团公司(简称徐工集团)与国际投资机构凯雷投资集团(简称凯雷)签署协议,凯雷以3.75亿美元(折合约30亿元人民币)的价格获得徐工集团目前全资拥有的子公司徐工集团工程机械有限公司(简称徐工机械)85%的股权,徐工集团保留徐工机械剩余15%的股权。此次并购引起了业界内外的深度关注。

10月26日,加拿大地方法院以不带任何条件的最终裁决,批准中石油出资41.8亿美元100%收购PK公司。此前,依据法律程序,哈萨克斯坦石油公司股东大会已经以99%的高票表决,通过了中石油收购PK公司的报价方案收购。这是迄今为止中国石油企业在海外实现的最大收购案。

10月,中国汽车产业界齐聚天津,重点讨论汽车产业"'十一五'规划"。

10月,地处内蒙古赤峰市克什克腾旗白音高勒苏木境内的中国北方最大有色金属矿采掘工程投产。

## 11月

11月7日,国家发改委公布《关于建立煤热价格联动机制的指导意见的通知》,若周期内煤价变化达到或超过10%,将相应调整热价。

11月9日,四川长虹正式发布公告,四川长虹电器股份有限公司与广东格林柯尔企业发展有限公司签署了《美菱电器股份转让协议书》。根据转让协议,格林柯尔将其持有的合肥美菱股份有限公司境内法人股82852683股(占该公司已发行总股本的20.03%)转让给四川长虹。

11月13日,中石油吉林石化分公司双苯厂发生爆炸事故,共造成5人死亡、1人失踪、60多人受伤。爆炸还造成约100吨苯类物质流入松花江,造成了江水严重污染,沿岸数百万居民的生活受到影响。

11月14日,第一条跨境输油管道——中哈原油管道建成,中国与哈萨克斯坦原油管道在中哈边境阿拉山口实现跨国对接,这标志着该项目主体工程已顺利完成。该项目是中国建设的第一条跨国输油管道,于1997年由中哈两国政府共同提出,最低输量1000万吨/年。

11月16日,国家安全生产监督管理总局发出《关于印发〈进一步加强冶金行业安全生产工作的指导意见〉的通知》,强调要加强冶金行业的安全监管工作,全面清理冶金企业建设项目安全设施"三同时"情况,遏制各类安全生产事故的发生,实现冶金行业安全生产稳定好转;对不符合《钢铁产业发展政策》的项目不予办理安全手续并建议有关部门将其关闭。

11月21日,奇瑞和通用汽车公司对外宣布,双方的知识产权纠纷已达到和解协议。通用大宇公司、通用公司和奇瑞公司间的所有案件及相关诉讼请求已经被退回。

11月25日,全国水力资源复查成果发布会在京召开,宣告全国水力资源复查完成。此次复查,进一步查清了中国水力资源状况和开发利用潜力,并首次对台湾省水力资源进行了系统调查。复查成果显示:我国水电装机约1亿千瓦,仅占经济技术和经济可开发装机容量的18.5%和25%,水电开发潜力巨大。

11月25日,中国纺织信息中心与英国SDC签署合作协议,在纺织品应用色彩培训方面开展合作。

11月27日,黑龙江省七台河东风煤矿发生171人遇难的特大矿难。

## 12月

12月7日,河北唐山开平刘官屯煤矿发生特大瓦斯爆炸事故,死亡91人,17人下落不明。

12月9日,国家发改委发布《家用电器维修服务明码标价规定》,并规定2006年1月1日开始实施。

12月12日,上海黄金交易所50克小金条的交易价格一度涨至每克140.5元人民币,1号金和2号金的交易价格也分别涨至每克140元和139.15元的高价位,交易价格均创我国黄金市场开放后黄金价格之最。

12月12日，中国电器工业协会在京举办保护低压电器产品知识产权研讨会，再次掀起低压电器行业打假风暴。

12月12日，商务部公布《专业家电卖场经营规范(草案)》，并向社会征求意见。

12月14日，首钢提前实现全年1100万吨钢产量目标，跻身国内千万吨级大钢厂行列。

12月14日，国家发展和改革委员会、财政部、商务部、国土资源部、海关总署、国税总局、环保总局等七部委联合下发通知，从2006年1月1日起，锌产品的出口退税率将从8%下调到5%。

12月15日，中国广东核电集团岭澳核电二期工程正式开工建设。该工程总投资260亿元人民币，是我国目前自主化程度最高的百万千瓦级核电站。

12月15日，无锡尚德太阳能电力有限公司在纽约证券交易所成功上市。这是中国内地首家在纽约证券交易所挂牌上市的民营高科技企业。

12月15日，中国石油天然气集团公司和哈萨克斯坦国家石油天然气公司举行中哈石油管道一期工程阿塔苏—阿拉山口段竣工投产庆典。

12月16日，沙钢产钢突破1000万吨，跻身国内千万吨级大钢行列。

12月19日，武汉钢铁集团公司与柳州钢铁集团公司宣布联合重组。

12月21日，国务院正式向社会公布《促进产业结构调整暂行规定》及相关的《产业结构调整指导目录》。

12月23日，格力集团无偿转让格力商标给格力电器，结束长达两年的“父子之争”。

12月26日，溪洛渡水电站正式开工建设。该电站总投资675亿元人民币，是中国第二大水电站，也是中国“十五”期间开工的最后一项巨型水电工程。

12月28日，飞利浦增持TCL集团5%股权，成为TCL第三大股东。

12月30日，唐钢粗钢产量突破1000万吨，跻身国内千万吨级大钢行列。

12月，浙江半山天然气发电工程3号机组顺利投产发电，创下一年投产3台燃机的纪录，杭州华电半山发电有限公司成为全国最大的天然气发电厂。另，至今年12月底，全国发电装机达到5亿千瓦，全年新增装机超过6000万千瓦，创中国电力建设历史最高水平。

# 附录

附录一

# 中国工业经济联合会简介

中国工业经济联合会（英文名：CHINA FEDERATION OF INDUSTRIAL ECONOMICS，缩写：CFIE）是经国务院批准成立、国家民政部注册登记的全国性社会团体，简称：中国工经联。

中国工经联前身为1988年成立的中国工业经济协会。1998年10月，经国务院领导同意，有关部门批准，更名为中国工业经济联合会，作为全国工业行业的联合组织。

经中共中央批准，全国政协副主席、中国工程院院长徐匡迪同志兼任中国工经联会长，全国人大常委会副委员长顾秀莲、中国工业经济联合会原会长林宗棠为名誉会长。新一届全国理事会理事375名，其中，主席团主席34名、副会长41名、常务理事205名。党和国家领导人胡锦涛、吴邦国、温家宝、贾庆林、曾庆红、黄菊对中国工经联工作分别作了重要指示。

中国工经联的主要工作是：促进行业协会立法，规范和发展行业协会；依靠科技创新推进名牌战略；维护产业安全、公平贸易和解决国际贸易争端；实施“中国工业大奖”的培育和审定工作，推动企业走新型工业化道路。

为探索社会主义市场经济体制下行业组织的改革与发展，使中国工经联真正成为代表企业利益的行业联合组织，逐步与国外行业组织接轨，中国工经联从2002年4月起实行主席团制改革。主席团是常务理事会闭会期间中国工经联重大事项的决策机构。主席团目前由34位主席组成，徐匡迪会长任执行主席。另一位执行主席由企业家轮流担任，中国海洋石油总公司总裁傅成玉任2006年度执行主席。

## 中国工业经济联合会第四届全国理事会<br>名誉会长、会长、副会长、主席团主席

**一、名誉会长**

| | |
|---|---|
| 顾秀莲 | 全国人大常委会副委员长、全国妇联主席 |
| 林宗棠 | 中国工业经济联合会名誉会长<br>中国名牌战略推进委员会主任 |

**二、会　长**

| | |
|---|---|
| 徐匡迪 | 全国政协副主席、中国工程院院长 |

**三、副会长（按姓氏笔划为序）**

（一）高级副会长

| | |
|---|---|
| 于　珍 | 中国机械工业联合会会长 |
| 朱　训 | 中国矿业联合会会长 |
| 孙树义 | 中共中央企业工作委员会原副书记 |
| 吴溪淳 | 中国钢铁工业协会会长顾问 |

| | |
|---|---|
| 陈士能 | 中国轻工业联合会会长 |
| 杜金陵 | 原中国工业经济联合会常务副会长 |
| 杜钰洲 | 中国纺织工业协会会长 |
| 张人为 | 中国建筑材料工业协会会长 |
| 张志刚 | 商务部原副部长 |
| 郭廷标 | 辽宁省政协主席、辽宁省工经联名誉会长 |
| 范维唐 | 中国煤炭工业协会会长 |
| 赵希正 | 中国电力企业联合会理事长 |
| 顾家麒 | 中共中央机构编制委员会办公室原常务副主任 |
| 康　义 | 中国有色金属工业协会会长 |
| 蒋以任 | 上海市政协主席、上海市工业经济联合会会长 |
| 李勇武 | 中国石油和化学工业协会会长 |
| 魏家福 | 中国远洋运输(集团)总公司总裁 |

(二)常务副会长

| | |
|---|---|
| 孙树义 | 中共中央企业工作委员会原副书记 |

(三)副会长

| | |
|---|---|
| 马挺贵 | 中国建筑装饰协会会长 |
| 王秦平 | 国家质量监督检验检疫总局原副局长 |
| 艾　丰 | 全国政协委员、经济日报社原总编辑 |
| 朱　焘 | 中央国有重点大型企业监事会主席 |
| 谢振华 | 中国电力企业联合会党组书记、常务副理事长 |
| 许　扬 | 深圳市工业经济联合会会长 |
| 邬贺铨 | 中国工程院副院长 |
| 吴　元 | 神华集团有限责任公司总经理 |
| 杨　慎 | 中国房地产业协会会长 |
| 陈志鑫 | 上海大众汽车有限公司总经理 |
| 陈佳贵 | 中国社会科学院副院长 |
| 陈祥麟 | 上海汽车工业(集团)总公司董事长 |
| 陆首群 | 首都信息发展股份有限公司名誉董事长 |
| 邱世杰 | 陕西省工业经济联合会会长 |
| 张春江 | 中国网络通讯公司总经理 |
| 张蓓莉 | 中国宝玉石协会副会长 |
| 金生官 | 北京工业经济联合会会长 |
| 岳宗泰 | 河北省工业经济联合会会长 |
| 胡成中 | 德力西集团有限公司董事局主席 |
| 胡耀珑 | 广州市工业经济联合会会长 |
| 钟力生 | 河南省工业经济联合会会长 |
| 钱梓弘 | 江西省工业经济联合会会长 |
| 韩修国 | 中央国有重点大型企业监事会主席 |
| 蔡延松 | 中国林业工程建设协会理事长 |

四、主席团主席

| | |
|---|---|
| 徐匡迪(执行主席) | 全国政协副主席、中国工程院院长 |
| 傅成玉(执行主席) | 中国海洋石油总公司总裁 |
| (以下按姓氏笔画为序) | |
| 王　军 | 中国中信集团公司董事长 |
| 于　珍 | 中国机械工业联合会会长 |
| 马富才 | 中国石油天然气集团总公司原总经理 |
| 朱　训 | 中国矿业联合会会长 |
| 刘高倬 | 中国航空工业第一集团公司总经理 |
| 刘瑞旗 | 上海恒源祥集团公司总经理 |
| 刘绍勇 | 中国南方航空集团公司总经理 |
| 刘振亚 | 国家电网公司总经理 |
| 孙树义 | 中国工业经济联合会常务副会长 |
| 李勇武 | 中国石油和化学工业协会会长 |
| 李留恩 | 河南安彩集团有限责任公司董事长、总裁 |
| 杜金陵 | 中国工业经济联合会高级副会长 |
| 杜钰洲 | 中国纺织工业协会会长 |
| 杨贤足 | 中国联通发展战略咨询委员会主任 |
| 吴一坚 | 陕西西安金花企业集团董事长、总裁 |
| 吴溪淳 | 中国钢铁工业协会会长顾问 |
| 张人为 | 中国建筑材料工业协会会长 |
| 陈士能 | 中国轻工业联合会会长 |
| 范维唐 | 中国煤炭工业协会会长 |
| 竺延风 | 中国第一汽车集团公司总经理 |
| 季克良 | 中国贵州茅台酒厂有限责任公司董事长 |
| 郭廷标 | 辽宁省政协主席、辽宁省工经联名誉会长 |
| 南存辉 | 正泰集团公司董事长 |
| 顾家麒 | 中共中央机构编制委员会办公室原常务副主任 |
| 康　义 | 中国有色金属工业协会会长 |
| 彭致圭 | 山西省工业经济联合会会长 |
| 蒋以任 | 上海市政协主席、上海市工业经济联合会会长 |
| 谢企华 | 上海宝钢集团公司董事长 |
| 鲁伟鼎 | 万向集团公司总裁 |
| 颜志卿 | 中国南方航空集团公司原总经理 |
| 魏家福 | 中国远洋运输(集团)总公司总裁 |

附录二

# 中国工业报社

中国工业报社 (英文名称 CHINA INDUSTRY NEWS AGENCY,缩写 CINA)是经国务院国有资产监督管理委员会同意,中央机构编制委员会办公室批准的法人事业单位,隶属于中国工业经济联合会,由中国工业经济联合会、中国机械工业联合会联合主办。

《中国工业报》国内外公开发行,每周一、二、三、四、五出版,每期对开八版。其前身是中国机电日报社,创建于 1980 年。所办报纸《中国机电日报》一直是原机械工业部、国家机械工业委员会、机械电子工业部、国家机械工业局的机关报。

报纸宗旨　以权威性、实用性、专业性服务于工业企业和行业管理者。

报纸特色　阐释工业政策信息,突出参考性;发布行业分析预测,突出准确性;提供各类市场信息,突出实用性;推荐典型管理案例,突出借鉴性。

发展目标　打造工业经济领域强势媒体,成为中国产业信息第一品牌。

**《中国工业报》版面设置:**

工业要闻　传达、阐释国家经济政策,报道工业领域重要新闻。

趋势分析　总结、分析、预测各行业的运行状况、发展趋势等。

观察访谈　聚集工业领域的重大事件,多角度对话热点话题。

区域经济　多层面、多角度关注区域经济发展。

信息资讯　以权威的数据、图表等,发布国内外市场实用信息。

企业资讯　工业领域骨干重点企业微观层面报道。

《机械周刊》是我国产业媒体中最具权威性和影响力的专业周刊,重点服务于中国装备制造业,全面报道机床工具、工程机械、农业机械、石化通用、重型机械、内燃机、基础件、仪器仪表、环保机械、食品包装机械等行业。每周一、四出版,每期对开四版。

《汽车周刊》由本报与中国汽车工业协会联合主办,是全面报道汽车行业发展的主流周刊,是中国汽车工业协会的工作报。每周五出版,对开八版,彩色印刷。

《名牌周刊》由本报与中国名牌战略推进委员会联合主办,是中国名牌产品培育、评价、推介工作的指定宣传媒体。也是中国工业大奖组委会指定的宣传报道、信息发布媒体,每周三出版,对开四版,彩色印刷。

《电气周刊》专业服务于我国电力、电工电器和电子行业的权威周刊。每周二出版,对开四版,彩色印刷。

《中国工业报》社已在全国各地设立了 68 个记者站,在 80 余个工业发布城市聘有 4000 多名通讯员。国内 100 余家权威研究机构、政府机关及 300 余工业行业协会为其提供后援支持,1000 余位专家学者为其提供专业支持。报社业务网络健全,社会资源十分丰富。

社长:王军

副社长:韩宇

总编辑:杨青

副社长、党委副书记:张波

副社长:金忠利

社址:北京市西城区展览路葡萄园一号

邮政编码:100037

产业形势研究室电话/传真:(010)68321348 68325919

网址:http://www.cinn.cn

电子信箱:qyllb@126.com

附录三

# 2006年中国工业行业排头兵企业名单(排名不分先后)

**主办单位**:中国工业经济联合会企业工作委员会
中国工业报社

**支持单位**:国家统计局工业交通统计司

**发布标准**:中国工业行业排头兵企业的遴选标准是:按照国家统计局工业统计报表制度,根据国民经济行业分类标准和法人企业统计的原则,以国家统计局等单位的统计数据为基础,参考有关行业协会和业内专家的意见,结合中国工业报社产业数据中心的相关数据,发布公示名单后,经综合评价予以评定,最终确定447个行业中2235家企业为2006中国工业行业排头兵企业。

中国工业行业排头兵企业名单,已在中国工业经济联合会(www.cfie.org.cn)及中国工业报社网站(www.cinn.cn)上发布,敬请关注。

咨询电话:010-68321348 13701379133

邮　　箱:qyllb@126.com

**◆烟煤和无烟煤的开采洗选**

兖矿集团有限公司
大同煤矿集团有限责任公司
新汶矿业集团有限责任公司
平顶山煤业(集团)有限责任公司
晋城无烟煤集团有限公司

**◆褐煤的开采洗选**

龙口矿业集团有限责任公司
内蒙古平庄煤业集团有限责任公司
霍林河露天煤业股份有限公司
内蒙古满世煤炭运销有限责任公司
鄂尔多斯市乌兰煤炭集团有限责任公司

**◆天然原油和天然气开采**

大庆油田有限责任公司
中国石化胜利油田有限公司
长庆油田公司
中国石油天然气股份有限公司新疆油田分公司
中海石油(中国)有限公司天津分公司

**◆铁矿采选**

马钢(集团)控股有限公司
邯邢冶金矿山管理局
山东北金集团有限公司
淄博金顺达企业集团有限公司
浙江漓铁集团有限公司

**◆铜矿采选**

玉溪矿业有限公司
云南楚雄矿冶股份有限公司
抚顺红透山铜矿
湖北兴冶矿业有限公司
绍兴平铜(集团)有限公司

**◆铅锌矿采选**

兰坪金鼎锌业有限公司
深圳市中金岭南有色金属股份有限公司凡口铅
甘肃省成州矿冶(集团)公司
湖南柿竹园有色金属有限责任公司
内蒙古东升庙矿业有限责任公司

◆镍钴矿采选

吉林省通化赤柏松铜镍矿
新疆亚克斯资源开发有限公司
盐边县宏大铜镍有限责任公司
张家界兴达冶化有限公司
哈密市佳泰矿产资源开发有限公司

◆锡矿采选

广西高峰矿业有限责任公司
苏仙区坳上镇后塘有色金属矿
临武县万水乡六八矿
江西省会昌金龙锡业有限公司
临武县万水乡二三八矿

◆锑矿采选

湖南省新龙矿业有限责任公司
新宁县回龙龙口锑矿
丹寨县锑品实业公司
宜章县宝元矿业有限公司
晴隆锑矿

◆铝矿采选

中国铝业股份有限公司矿山分公司
河南省偃师市府店镇联办铝矿
禹州市富强铝矾土公司
遵义县苟江经济开发有限公司
登封市兴杰铝矿

◆镁矿采选

辽宁三才矿业有限责任公司
营口新型耐火材料有限公司
营口经济技术开发区新科耐火材料厂
大石桥市华镁集团有限公司
营口成龙实业有限公司

◆金矿采选

山东招金集团公司
中金黄金股份有限公司
灵宝市金源矿业有限责任公司
蓬莱金创集团公司
招远市蚕庄镇黄金企业管理中心

◆银矿采选

洛宁县故县华泰银铅选矿厂
洛宁县铁炉坪银矿灵洛分矿
东乌珠穆沁旗天贺矿业有限责任公司
陕西银矿
承德燕山银业有限公司

◆钨钼矿采选

金堆钼业公司
江西省修水香炉山钨业有限责任公司
江铜矿山新技术开发有限公司
哈尔滨松江钼业有限公司
汝城县华南铁合金有限公司

◆稀土金属矿采选

达茂旗稀土股份有限责任公司
龙南县稀土工业公司
上饶广茂稀土厂
赣州南方稀土冶金有限责任公司龙南分公司
定南县南方稀土有限责任公司

◆石灰石、石膏开采

江苏船山集团有限责任公司
蓬莱市杏山采石厂
蓬莱市林庄石场
淄博彤泰矿业有限公司
镇江市茅迪实业有限公司

◆建筑装饰用石开采

浑源县花岗岩开发公司
青岛磊鑫集团有限公司
衡阳县井头建材有限公司
衡阳县溪江建材有限公司
盱眙县鹏胜采石有限公司

◆耐火土石开采

唐山市鑫达工贸有限责任公司
莱州宏兴萤石股份有限公司
北京利尔耐火材料有限公司
山东中齐耐火材料有限公司
淇县黄洞矿业管理有限公司

◆粘土及其他土砂石开采

山东省长清县建筑材料工业公司平安建材站
永修县矽砂矿
山东省昌邑市石英矿砂厂
阳新县富池镇砂石集团
台儿庄区涧头集镇徐楼采石厂

◆化学矿采选

贵州宏福实业开发有限总公司
贵州开磷(集团)有限责任公司
云南磷化集团有限公司
云浮硫铁矿企业集团公司
澧县新澧化工有限责任公司

◆采盐

内蒙古兰太实业股份有限公司
云南盐化股份有限公司
莱州市天源盐业有限公司
莱州市盐业集团有限责任公司
四川久大制盐有限公司

◆石棉、云母矿采选

青海茫崖石棉矿
灵寿县云母集团公司
日照磊鑫矿业资源有限公司
四川省石棉矿
三十六团石棉矿

◆石墨、滑石采选

西峡县龙成集团
海城市牌楼滑石矿
山东省栖霞市华盛精细化工有限公司
广西龙广滑石开发有限公司
广西壮族自治区滑石工业公司

◆宝石、玉石开采

岫岩满族自治县偏岭镇成临矿业有限公司
岫岩满族自治县玉石矿玉雕工艺厂
平度市广益石墨有限公司
南京明达矿业有限公司
临安市大峡谷上溪叶腊石矿

◆谷物磨制

黑龙江省北大荒米业有限公司
河南省北徐集团有限公司
郑州金苑面业有限公司
河北五得利集团东明面粉有限公司
河北大名县五得利面粉有限公司

◆饲料加工

湖南正虹饲料有限公司
辽宁禾丰牧业股份有限公司
潍坊六和饲料有限公司
天津市景田实业公司
康地万达(天津)有限公司

◆食用植物油加工

东海粮油工业(张家港)有限公司
黑龙江九三油脂有限责任公司
秦皇岛金海粮油工业有限公司
大海粮油工业(防城港)有限公司
益海(连云港)粮油有限公司

◆非食用植物油加工

沈阳天奇有机制品有限公司
通辽市通华蓖麻化工有限责任公司
茂名市长源油脂工业有限公司
杭州兴达油脂有限公司
肥城市七九油脂有限公司

◆制糖

日照市凌云海糖业集团有限公司
南宁糖业股份有限公司
广东顺德糖厂有限公司
广西贵糖(集团)股份有限公司
广西扶南东亚糖业有限公司

◆畜禽屠宰

吉林德大有限公司
山东凤祥有限责任公司
河南省华英禽业集团
内蒙古草原兴发股份有限公司
青岛九联集团股份有限公司

◆肉制品及副产品加工

河南省漯河市双汇实业集团有限责任公司
山东金锣企业集团总公司
诸城市外贸有限责任公司
得利斯集团有限公司
北京大发正大有限公司

◆水产品冷冻加工

山东大洋食品集团有限公司
好当家集团有限公司
青岛佳元水产有限公司
西霞口集团有限公司
日照市水产集团总公司

◆鱼糜制品及水产品干腌制加工

丹徒区龙山鳗业联合公司
徐龙食品集团有限公司
长乐市聚泉食品有限公司
大连善岛食品有限公司
瑞金市红都水产食品有限公司

◆水产饲料制造

湛江粤华水产饲料有限公司
湛江粤海饲料有限公司
青岛源发水产饲料有限公司
厦门浦头饲料有限公司
佛山市顺德区全兴水产饲料有限公司

◆鱼油提取及制品的制造

海南省水产加工厂
长沙市海人生物科技有限公司
福建省南安市建新海产有限公司
桓仁三达药材有限公司
沧州海源生物制品有限公司

◆蔬菜、水果和坚果加工

山东龙大企业集团有限公司
山东吉龙实业有限公司
青岛万福集团股份有限公司
合肥华泰食品有限责任公司
阳江喜之郎果冻制造有限公司

◆淀粉及淀粉制品的制造

长春大成实业集团有限公司
滨州金汇玉米开发有限公司
甘肃亚盛实业(集团)股份有限公司
黄龙食品工业有限公司
赵县兴柏集团

◆豆制品制造

统一嘉吉(东莞)饲料蛋白科技有限公司
东莞市中谷油脂有限公司
东莞华农饲料蛋白开发有限公司
广东丰源粮油工业有限公司
北京王致和食品集团公司

◆蛋品加工

福清市阳光食品有限公司
大连境港生化制品厂
广东正红鸭蛋开发有限公司
南昌环珠蛋厂
高邮市三湖蛋品有限公司

◆糕点、面包制造

蜡笔小新(福建)食品工业有限公司
好丽友食品有限公司
上海克莉丝汀食品有限公司
华嘉食品有限公司
杭州顶园食品有限公司

◆饼干及其他焙烤食品制造

上好佳(中国)有限公司
上海达能饼干食品有限公司
百事食品(中国)有限公司
乐天(中国)食品有限公司
漯河临颍县亲亲食品有限公司

◆糖果、巧克力制造

箭牌糖果(中国)有限公司
爱芬食品(北京)有限公司
东莞徐记食品有限公司
不凡帝范梅勒糖果(中国)有限公司
南京喜之郎食品有限公司

**◆蜜饯制作**

龙口市广源食品有限公司
福建东方食品集团有限公司
山东沾化健源食品有限公司
兴隆县北区果品加工集团
山东金丝食品有限公司

**◆米、面制品制造**

河南省龙云集团有限公司
上海乐惠米业有限公司
厦门市翔安区兴盛食品有限公司
上海福新面粉有限公司
广东成泰米业有限公司

**◆速冻食品制造**

河南思念食品股份有限公司
郑州市三全食品股份有限公司
广州酒家企业集团利口福(番禺)食品限公司
上海国福龙凤食品有限公司
深圳淘化大同食品有限公司

**◆方便面及其他方便食品制造**

河南省南街村集团有限公司
杭州顶益食品有限公司
隆尧县华龙日清食品有限公司
河南斯美特食品有限公司
昆山统一企业食品有限公司

**◆液体乳及乳制品制造**

石家庄三鹿集团股份有限公司
内蒙古蒙牛乳业集团股份有限公司
内蒙古伊利实业集团股份有限公司
光明乳业股份有限公司
双城市雀巢有限公司

**◆肉、禽类罐头制造**

上海梅林食品有限公司
四川省美宁食品有限公司
厦门罐头厂
上海福喜食品有限公司
成都市伍田食品有限公司

**◆水产品罐头制造**

佛山市顺德东方罐头有限公司
佛山市南海佳鸿水产有限公司
佛山市顺德区粤花罐头食品有限公司
广州鹰金钱企业集团公司
荣成市石岛广信食品有限公司

**◆蔬菜、水果罐头制造**

椰树集团海南椰汁饮料有限公司
上海梅林正广和股份有限公司
烟台市大远食品有限公司
湘阴县三塘食品有限公司
新疆兵团中基番茄制品有限责任公司

**◆味精制造**

河南省莲花味精集团有限公司
上海太太乐调味食品有限公司
河北梅花味精集团有限公司
通辽梅花生物科技有限公司
广州奥桑味精食品有限公司

**◆酱油、食醋及类似制品的制造**

佛山市海天调味食品有限公司
李锦记(广州)食品有限公司
李锦记(新会)食品有限公司
江苏恒顺集团有限公司
广东美味鲜调味食品有限公司

**◆营养、保健食品制造**

广东南方李锦记营养保健品有限公司
中山市完美日用品有限公司
江西汪氏蜜蜂园有限公司
宝健(中国)日用品有限公司
无锡健特药业有限公司

**◆冷冻饮品及食用冰制造**

和路雪(中国)有限公司
天津伊利康业冷冻食品有限公司
杭州祐康食品有限公司
上海伊利爱贝食品有限公司
杭州五丰冷食有限公司(杭州冷气制品厂)

◆盐加工

中盐宏博集团有限公司
平顶山市中盐皓龙有限责任公司
江西盐矿有限责任公司
江苏淮海盐化厂
中盐长江盐化有限公司

◆食品及饲料添加剂制造

青岛康大外贸集团有限公司
内蒙古金河集团华蒙实业有限公司
平邑县六和有限责任公司
山东乐悟集团有限公司
山东谷神生物科技集团有限公司

◆酒精制造

南阳天冠集团有限公司
焦作市河阳酒精实业有限公司
黑龙江华润酒精有限公司
龙口市振龙酒精有限公司
天津市冠达实业总公司

◆白酒制造

四川省宜宾五粮液集团有限公司
贵州茅台酒厂(集团)有限责任公司
泸州老窖集团有限责任公司
四川剑南春集团有限责任公司
山西省杏花村汾酒集团公司

◆啤酒制造

青岛啤酒股份有限公司
北京燕京啤酒集团顺义区内企业
广州珠江啤酒股份有限公司
百威(武汉)国际啤酒有限公司
哈尔滨啤酒有限公司

◆黄酒制造

中国绍兴黄酒集团有限公司
上海金枫酿酒有限公司
东风绍兴酒有限公司
上海冠生园华光酿酒药业江湾药酒厂
上海冠生园华光酿酒药业有限公司

◆葡萄酒制造

烟台张裕集团有限公司
中法合营王朝葡萄酿酒有限公司
烟台威龙葡萄酒股份有限公司
烟台中粮葡萄酿酒有限公司
华夏葡萄酿酒有限公司

◆碳酸饮料制造

可口可乐(中国)饮料有限公司
上海申美饮料食品有限公司
可口可乐装瓶商生产(东莞)有限公司
广东太古可口可乐有限公司
杭州中萃食品有限公司

◆瓶(罐)装饮用水制造

杭州娃哈哈保健食品有限公司
天津顶津食品有限公司
沈阳润田食品饮料有限公司
怡宝食品饮料(深圳)有限公司
杭州娃哈哈百立食品有限公司

◆果菜汁及果菜汁饮料制造

山东天府集团公司
烟台北方安德利果汁有限公司
厦门银鹭食品有限公司
成都统一企业食品有限公司
乳山市曙光啤酒有限公司

◆含乳饮料和植物蛋白饮料制造

乐百氏(广东)食品饮料有限公司
露露集团有限责任公司
杭州娃哈哈饮料有限公司
河北小洋人生物乳业有限公司
南京大旺食品有限公司

◆固体饮料制造

维维集团
东莞雀巢有限公司
卡夫天美食品(天津)有限公司
天津高乐高食品有限公司
上海英联食品饮料有限公司

◆茶饮料及其他软饮料制造
广州顶津食品有限公司
河南省漯河市昌达实业有限公司
杭州顶津食品有限公司
红牛维他命饮料有限公司
河北旭日保健制品有限公司

◆精制茶加工
湘阴县兰岭茶叶有限公司
浙江华发出口茶厂
湖南省三益茶业有限公司
宁波瑞龙茶业有限公司
广东国宾集团有限公司

◆烟叶复烤
云南省烟草烟叶公司
云南烟草文山州公司
福建南平武夷烟叶发展有限公司
云南曲靖烟叶有限责任公司
大理州复烤厂

◆卷烟制造
上海烟草(集团)公司
玉溪红塔烟草(集团)有限责任公司
昆明卷烟厂
常德卷烟厂
长沙卷烟厂

◆棉、化纤纺织加工
山东魏桥创业集团有限公司
华芳集团有限公司
孚日家纺股份有限公司
山东德棉集团有限公司
石家庄常山纺织股份有限公司

◆棉、化纤印染精加工
东莞福安纺织印染有限公司
山东大海集团有限公司
互太(番禺)纺织印染有限公司
山东龙喜集团公司
东莞沙田丽海纺织印染有限公司

◆毛条加工
张家港保税区天宇毛纺有限公司
利华(宁波)羊毛工业有限公司
江苏银铃集团公司
张家港市保税区澳丰毛纺有限公司
上海石化椏力实业发展有限公司

◆毛纺织
江苏阳光集团有限公司
山东如意科技集团有限公司
江苏澳洋实业(集团)有限公司
江苏倪家巷集团有限公司
兰雁集团股份有限公司

◆毛染整精加工
东莞德永佳纺织制衣有限公司
内蒙古临河市大兴羊绒制品有限公司
普宁市丽达纺织有限公司
内蒙古临河市双河羊绒制品有限公司
维信(临河)羊绒实业有限公司

◆麻纺织
新牟国际集团公司
铜陵市华源麻业有限公司
湖北银泉纺织股份有限公司
咸宁市精华苎麻纺织有限公司
重庆市涪陵金帝工业集团有限公司

◆缫丝加工
鑫缘茧丝绸集团股份有限公司
江苏富安茧丝绸股份有限公司
四川南充六合(集团)有限责任公司
盐城丹凤丝品有限公司
重庆金凤丝绸集团有限公司

◆绢纺和丝织加工
浙江永通染织集团有限公司
浙江南方集团
江苏吴江丝绸集团有限公司
鹰翔化纤有限责任公司
浙江新中天轻纺集团有限公司

◆丝印染精加工

浙江天圣股份有限公司
浙江亚太高科股份有限公司
浙江华港染织有限公司
浙江天马实业股份有限公司
绍兴华宇印染纺织有限公司

◆棉及化纤制品制造

江苏梦兰集团有限公司
青岛喜盈门集团公司
山东洁月集团有限公司
山东亚光纺织集团
龙口市黄河营纺织有限公司

◆毛制品制造

江苏振阳集团
绍兴昆隆毛绒制品有限公司
淄博华洋集团毛绒有限公司
山东维尔纺织集团股份有限公司
绍兴百诚毛绒有限公司

◆麻制品制造

哈尔滨哈博纺织有限公司
泰州龙达亚麻纺织有限责任公司
枣庄市麻棉制品有限公司
通州市大达麻纺织有限公司
江门市新会区麻纺织厂有限公司

◆丝制品制造

浙江巴贝领带有限公司
成都天友发展有限公司
绍兴吉利领带织造有限公司
绍兴鑫利达服饰印染有限公司
浙江雅士林领带服饰有限公司

◆绳、索、缆的制造

巢湖市金猴渔具集团
天津市渔网制造有限公司
昆山金洲制网有限公司
威海市海佳网线有限公司
江苏通海线业有限公司

◆纺织带和帘子布制造

江苏骏马集团有限责任公司
晋江市百宏弹性织造有限公司
宁波锦纶股份有限公司
江苏群发化工有限公司
南化集团泰州化纤公司

◆无纺布制造

浙江金三发新纺织集团有限公司
大连瑞光非织造布集团有限公司
南海南新无纺布有限公司
康那香企业(上海)有限公司
博爱(中国)膨化芯材有限公司

◆棉、化纤针织品及编织品制造

青岛即发集团控股有限公司
江门市新会区冠华针织厂有限公司
江苏东渡服装集团有限公司
浙江加佰利纺织实业有限公司
上海针织九厂

◆毛针织品及编织品制造

鄂尔多斯羊绒制品股份有限公司
内蒙古东达蒙古王集团公司
内蒙古鹿王羊绒集团公司
江苏宏大集团
北京鄂尔多斯科技发展有限公司

◆丝针织品及编织品制造

东莞世丽纺织有限公司
洛阳市金顺来针织有限公司
福州福华纺织印染有限公司
绍兴县华欣针织有限公司
桐庐富春江织造有限公司

◆纺织服装制造

江苏波司登股份有限公司
海澜集团公司
江苏综艺集团
红豆集团有限公司
阿迪达斯(苏州)有限公司

◆**纺织面料鞋的制造**
青岛世原鞋业有限公司
福建省建乐鞋业有限公司
东莞裕元制造厂
山东省文登市耐力鞋业有限公司
石家庄市冀中实业公司

◆**制帽**
上海泛太制帽有限公司
上海亚源制帽有限公司
青岛丰昌制帽有限公司
淮安市源通制帽有限公司
中山伟立纺织品有限公司

◆**皮革鞣制加工**
浙江卡森实业有限公司
河南鞋城皮革制品有限公司
河北天同齐盛皮革股份有限公司
上海富国皮革有限公司
无棣县星一皮革公司

◆**皮鞋制造**
江苏森达集团有限公司
沈阳恒泰鞋业发展有限公司
沈阳于洪鞋业园有限公司
奥康集团有限公司
青岛三湖制鞋有限公司

◆**皮革服装制造**
海宁蒙努集团有限公司
雪豹集团公司
威海华羽(荣成)服装有限公司
杭州桦桐家私有限公司
温州吉尔达鞋业有限公司

◆**皮箱、包(袋)制造**
常熟美迪洋皮件有限公司
番禺世门手袋有限公司
青岛达中皮革制品有限公司
华夏山二实业有限公司
高碑店市白沟箱包(集团)有限公司

◆**皮手套及皮装饰制品制造**
亚美(厦门)皮件有限公司
文登市合成里革厂
莱州市渤海皮件厂
营口埃睦爱斯缝制有限公司
浙江省平湖华神皮革有限公司

◆**皮革制品制造**
上海国利汽车真皮饰件有限公司
创利皮革(扬州)有限公司
广州北洋皮革制品有限公司
厦门大统皮革制品有限公司
常熟三联皮件有限公司

◆**毛皮鞣制加工**
孟州市东方皮业有限公司
焦作恒泰皮毛有限公司
尉氏县凯华制革有限公司
烟台龙泰毛皮有限公司
孟州市伊星皮毛制品有限责任公司

◆**毛皮服装加工**
肃宁县华斯实业集团
惠来县葵铿皮革厂有限公司
浙江中辉皮草有限公司
龙津服装(深圳)有限公司
枣强县富邦皮毛有限公司

◆**羽毛(绒)加工**
江苏广丰羽毛有限公司
四川省隆昌都英羽绒有限公司
安徽七星羽绒工贸集团
江苏欣隆羽绒有限公司
绍兴市茂龙吴中羽绒制品有限公司

◆**羽毛(绒)制品加工**
浙江柳桥羽毛有限公司
上海东隆羽绒制品有限公司
杭州金弘三鸟羽绒制品有限公司
浙江华兴羽绒制品有限公司
光隆羽绒制品(苏州)有限公司

◆锯材加工

青岛良木健厚木业有限公司
德华建材(苏州)有限公司
吉林森林工业股份有限公司红石林业分公司
抚松县林业集团有限公司
二连浩特市远恒木业有限责任公司

◆木片加工

上海安信地板有限公司
沈阳新富大木业制造有限公司
海南方海木业开发有限公司
上海红虹木业有限公司
营口经济技术开发区佳隆木制品有限公司

◆胶合板制造

德仁集团有限公司
江苏胜阳木业集团有限公司
鲁丽集团有限公司
新乐市协神胶合板集团
佛山市南海佳顺木业有限公司

◆纤维板制造

大亚科技集团有限公司
沈阳文成企业集团有限公司
温州木材集团公司
山东贺友集团总公司
常熟市东盾木业有限责任公司

◆刨花板制造

河北银港人造板有限公司
广西三威林产工业有限公司
龙口华兴家具厂
吉林省抚松县露水河刨花板厂
河北赛博板业集团有限公司

◆建筑用木料及木材组件加工

胶州市联谊木制品厂
大连通世泰建材有限公司
圣象实业(深圳)有限公司
乳山市机房设备厂
上海森大木业有限公司

◆木容器制造

东莞大迪音响器材有限公司
天门市信润木业制品有限公司
石家庄市宝石木材包装厂
潍坊市圣达包装有限公司
广州新新日用制品有限公司

◆软木制品及其他木制品制造

天津嘉文实业有限公司
湛江信威工艺品有限公司
天津明春实业有限公司
无锡凤凰画材有限公司
福建王斌装饰材料有限公司

◆竹、藤、棕、草制品制造

安徽省庆发湖工艺品有限公司
衡山县逢缘草艺开发有限责任公司
寿县板桥草席集团公司
华安达工艺产品有限公司
莱州市沙河镇华源草制艺品厂

◆木质家具制造

大连华丰家具有限公司
台升实业有限公司
美克国际家私(天津)制造有限公司
深圳天诚家具有限公司
大连爱丽思生活用品有限公司

◆竹、藤家具制造

广州市南方家具有限公司
江门市蓬江区远扬藤器家私厂
青岛晶滕家具有限公司
佛山市三水区金浩家具厂
翡翠家俱(惠阳)有限公司

◆金属家具制造

上海延锋江森座椅有限公司
上海基舜兴休闲制品有限公司
胜立塑胶工业(深圳)有限公司
佛山市顺德区锡山家具有限公司
杭州威陵钢家具有限公司

◆塑料家具制造

中山守强塑胶工业有公司
新会区七堡宝利塑料家具厂
宁波均胜工业有限公司
宁波康贝儿童用品有限公司
河北兴华玻璃钢制品有限公司

◆纸浆制造

海南金海浆纸业有限公司
江门甘蔗化工厂(集团)股份有限公司
广西南宁凤凰纸业有限公司
云南云景林纸股份有限公司
福建省青州造纸有限责任公司

◆机制纸及纸板制造

山东晨鸣纸业集团股份有限公司
金东纸业(江苏)有限公司
华泰集团有限公司
山东太阳纸业股份有限公司
山东泉林纸业有限责任公司

◆手工纸制造

江都市东方纸品有限公司
莆田兴华轻工制品有限公司
烟台台皓韩纸工业有限公司
上海中一纸业有限公司
中国宣纸集团公司

◆加工纸制造

深圳劲嘉彩印集团股份有限公司
亚龙纸制品(昆山)有限公司
广东冠豪高新技术股份有限公司
云南新美铝铝箔有限公司
金鑫(清远)纸业有限公司

◆纸和纸板容器的制造

浙江大胜达包装有限公司
利乐包装(北京)有限公司
利乐华新(佛山)包装有限公司
鸿兴印刷(深圳)有限公司
上海中隆纸业有限公司

◆书、报、刊印刷

鹤山雅图仕印刷有限公司
中华商务联合印刷(广东)有限公司
凸版印刷(深圳)有限公司
利丰雅高印刷(深圳)有限公司
湖南新华印刷集团有限责任公司

◆本册印制

浙江广博集团股份有限公司
上海当纳利印刷有限公司
福建恒达集团有限公司
济南东港安全印务有限公司
武汉大枫股份有限公司

◆包装装潢及其他印刷

黄山市化工总厂
成都印钞公司
西安印钞厂
北京印钞厂
深圳市当纳利旭日印刷有限公司

◆装订及其他印刷服务活动

上海印钞厂
华工科技产业股份有限公司
东莞新洲印刷有限公司
深圳利丰雅高印刷有限公司
新郑市三联印刷厂

◆记录媒介的复制

江苏新广联光盘有限公司
乐金大自然(杭州)记录媒体有限公司
麦迪实电子科技(上海)有限公司
湛江华丽金音影碟有限公司
浙江华虹光电集团有限公司

◆文具制造

得力集团有限公司
樱花(福建)包装文具有限公司
佛山市高明新时代办公用品有限公司
百花(福建)文具有限公司
江苏共创人造草坪有限公司

◆笔的制造

宁波贝发集团有限公司
莱州市铅笔厂
成路集团有限公司
山东天象集团公司
上海真彩文具用品有限公司

◆教学用模型及教具制造

宁波华茂文教股份有限公司
宁波华茂科技股份有限公司
南通海易标牌有限公司
杭州市名师集团有限公司
浙江三和科教仪器有限公司

◆墨水、墨汁制造

深圳深日油墨有限公司
珠海市宝杰数码喷绘材料有限公司
广州市快能达文具实业有限公司
上海奥林丹文化用品有限公司
广州金箭办公用品制造厂

◆球类制造

浙江天龙集团
东莞冠贺运动器材有限公司
上海红双喜冠都体育用品有限公司
南京胜利体育用品有限公司
绍兴雪峰集团有限公司

◆体育器材及配件制造

中山广盛运动器材有限公司
泰山体育器材集团有限公司
厦门新凯复材科技有限公司
东辉塑胶(上海)有限公司
杭州富泰运动器材有限公司

◆训练健身器材制造

大东傲胜保健器(苏州)有限公司
厦门群鑫机械工业有限公司
乔山健康科技(上海)有限公司
发美利健康器械(上海)有限公司
上海东庚金属制品有限公司

◆运动防护用具制造

东莞力凯鞋业制造有限公司
东莞纬球鞋厂有限公司
奇利田高尔夫用品(深圳)有限公司
东莞宏元鞋业制造有限公司
天旗运动用品(宁波)有限公司

◆中乐器制造

广州星野乐器制造有限公司
霸州贝司克斯乐器有限公司
武汉艾立卡电子有限公司
江苏大风乐器有限公司
上海民族乐器一厂

◆西乐器制造

广州珠江钢琴集团有限公司
青岛世正乐器有限公司
功学社(天津)乐器有限公司
北京星海乐器有限责任公司
枣庄市新韩乐器有限公司

◆电子乐器制造

天津雅马哈电子乐器有限公司
广东省四会市华声乐器有限公司
卡西欧电子(珠海)有限公司
浙江东方琴业有限公司
得理电子(深圳)有限公司

◆玩具制造

好孩子集团有限公司
佛山市南海中美玩具厂
佛山市南海区官窑镇华轩玩具厂
上海荣威塑胶工业有限公司
中山市隆成日用制品有限公司

◆露天游乐场所游乐设备制造

常州侨裕旅游用品有限公司
江门市阿波罗电子有限公司
常州佳得顺炉业有限公司
济南巨源游乐设备制造有限公司
常州市阳光金国英旅游用品有限公司

◆游艺用品及室内游艺器材制造

瑞德电子(深圳)有限公司
加胜运动器材(浙江)有限公司
上海中路实业有限公司
青岛庆照旅游用品有限公司
浙江嘉企实业有限公司

◆原油加工及石油制品制造

中国石化镇海炼油化工股份有限公司
中国石化上海石油化工股份有限公司
中国石化股份有限公司茂名分公司
中国石油天然气股份有限公司大连石化公司
中国石油天然气股份有限公司抚顺石化分公司

◆人造原油生产

仪征市锦程新能源有限公司
龙岩卓越新能源发展有限公司
青州伟创科技有限公司
福鸟润滑系统(上海)有限公司
盘锦交通沥青有限公司

◆炼焦

上海焦化有限公司
潞城市潞宝焦化有限公司
太原煤炭气化(集团)公司
襄城县宏源(许昌)焦化有限公司
山西焦化集团有限公司

◆无机酸制造

云南三环化工有限公司
鹰鹏化工有限公司
河北东华化工总公司
包头明天科技股份有限公司
苏州精细化工有限公司

◆无机碱制造

天津大沽化工股份有限公司
山东海化股份有限公司
锦化化工集团有限责任公司
太原化学工业集团有限公司
唐山三友碱业(集团)有限公司

◆无机盐制造

四川龙蟒集团有限责任公司
广东中成化工股份有限公司
河北诚信有限责任公司
合肥四方化工集团有限责任公司
济南裕兴化工有限责任公司

◆有机化学原料制造

中国石油股份有限公司吉林石化分公司
上海赛科石油化工有限责任公司
扬子石化—巴斯夫有限责任公司
吉化集团公司
北京东方石油化工有限公司

◆氮肥制造

湖北宜化集团有限责任公司
辽宁华锦化工(集团)有限责任公司
泸天化(集团)有限责任公司
大化集团有限责任公司
山东联盟化工集团有限公司

◆磷肥制造

江阴澄星实业集团有限公司
铜陵市化学工业集团有限公司
四川宏达(集团)有限公司
云南富瑞化工有限公司
云南红磷化工有限责任公司

◆钾肥制造

青海盐湖工业集团有限公司
聊城鲁化集团第四化肥厂
四川米高化肥有限公司
茫崖康泰钾肥有限责任公司
格尔木市翰海企业集团有限公司

◆复混肥料制造

山东省鲁北企业集团总公司
中国石化集团南京化学工业有限
湖北洋丰股份有限公司
江苏华昌集团有限公司
贵州西洋肥业有限公司

◆**有机肥料及微生物肥料制造**

龙口市龙丰田力宝肥料有限公司
滕州市鲁滕生物有机肥有限责任公司
滕州市黎昊生物工程有限公司
荣成市胜利化工有限公司
兴安盟鑫益农生产资料有限公司绿色有机肥厂

◆**化学农药制造**

红太阳集团有限公司
江苏苏化集团有限公司
浙江新安化工集团股份有限公司
江苏扬农化工集团有限公司
沙隆达集团公司

◆**生物化学农药及微生物农药制造**

山东京蓬生物药业有限公司
江苏长青农化股份有限公司
河北康达有限公司
山东省胜帮绿野化学有限公司
山东京博农化有限公司

◆**涂料制造**

立邦涂料(中国)有限公司
杜邦中国集团有限公司
廊坊立邦涂料有限公司
广东华润涂料有限公司
PPG 涂料(天津)有限公司

◆**油墨及类似产品制造**

天津东洋油墨有限公司
富士电机(深圳)有限公司
杭华油墨化学有限公司
富士写真光机(深圳)有限公司
太阳油墨(苏州)有限公司

◆**颜料制造**

江苏天鹏化工集团有限公司
大连路明科技集团有限公司
常州龙宇颜料化学有限公司
杭州百合化工有限公司
广东三水大鸿制釉有限公司

◆**染料制造**

浙江龙盛控股有限公司
浙江闰土股份有限公司
巴斯夫应用化工有限公司
浙江联化科技股份有限公司
杭州吉华化工有限公司

◆**密封用填料及类似品制造**

光洋化学应用材料科技(昆山)有限公司
广东省番禺福田化工有限公司
福建省石狮市华宝集团公司
上海浦东新区星火化工厂
绍兴市恒丰聚氨酯涂饰实业公司

◆**初级形态的塑料及合成树脂制造**

中国石化北京燕化石油化工股份有限公司
翔鹭石化企业(厦门)有限公司
宁波乐金甬兴化工有限公司
无锡兴达泡塑新材料有限公司
上海氯碱化工股份有限公司

◆**合成橡胶制造**

山东银河德普胶带有限公司
申华化学工业有限公司
青岛黄海橡胶集团有限责任公司
江门坚达橡胶制品厂有限公司
上海高桥巴斯夫分散体有限公司

◆**合成纤维单(聚合)体的制造**

扬子石油化工股份有限公司
中国石油辽阳石化分公司
烟台万华合成革集团有限公司
珠海碧阳化工有限公司
远纺工业(上海)有限公司

◆**化学试剂和助剂制造**

潍坊弘润石化助剂有限公司
中国石油兰州化学工业公司
淄博金城石化有限公司
山东胜通集团股份有限公司
湖北楚源精细化工股份有限公司

◆专项化学用品制造

中国石化齐鲁股份有限公司
山东东岳化工有限公司
龙口市龙海精细化工有限公司
山东恒通化工股份有限公司
山东金沂蒙集团有限公司

◆林产化学产品制造

广东华林化工有限公司
广西梧州松脂股份有限公司
广西梧州日成林产分化工有限公司
景谷县林业股份有限公司
上海杰事杰新材料股份有限公司

◆信息化学品制造

柯达(中国)股份有限公司厦门分公司
乐金化学(南京)信息电子材料有限公司
3M 中国有限公司
中国乐凯胶片集团公司
昆山沪铼光电科技有限公司

◆环境污染处理专用药剂材料制造

科特拉(无锡)汽车环保科技有限公司
爱森(中国)絮凝剂有限公司
宁波市南海生物化工有限公司
凯米沃特(宜兴)净化剂有限公司
东莞美坚化工原料有限公司

◆动物胶制造

罗赛洛(广东)明胶有限公司
上海胶基食品有限公司
罗赛洛(温州)明胶有限公司
青海明胶股份有限公司
盐城市海鑫化工有限公司

◆肥皂及合成洗涤剂制造

广州宝洁有限公司
安利(中国)日用品有限公司
纳爱斯集团有限公司
强生(中国)有限公司
山东九鑫日用化工有限公司

◆化妆品制造

江苏隆力奇集团有限公司
玫琳凯(中国)化妆品有限公司
上海家化联合股份有限公司
雅芳(中国)有限公司
湖北丝宝股份有限公司

◆口腔清洁用品制造

广州高露洁棕榄公司
好来化工(中山)有限公司
柳州两面针股份有限公司
广西奥奇丽股份有限公司
美晨集团股份有限公司

◆香料、香精制造

国营建中化工总公司
浙江嘉兴中华化工集团有限责任公司
上海奇华顿有限公司
国际香料(中国)有限公司
天津市汇宇实业有限公司

◆其他日用化学产品制造

李字实业集团有限公司
上海庄臣有限公司
江苏爱特福股份有限公司
文登市葛家化工厂
定州双天民营工业基地

◆化学药品原药制造

哈药集团有限公司
石家庄制药集团有限公司
华北制药集团有限责任公司
山东西王集团有限公司
东北制药集团有限责任公司

◆化学药品制剂制造

扬子江药业集团有限公司
西安杨森制药有限公司
阿斯利康制药有限公司
上海罗氏制药有限公司
广州白云山制药股份有限公司

**◆中药饮片加工**

上海市药材有限公司
青岛国风药业股份有限公司
内蒙古蒙药股份有限公司
中山市中智中药饮片有限公司
北京利仁康药材经营中心

**◆中成药制造**

天津中新药业集团股份有限公司
天津天士力集团有限公司
吉林修正药业集团股份有限公司
汇仁集团有限公司
上海雷允上药业有限公司

**◆兽用药品制造**

武汉春天生物工程股份有限公司
新昌国邦化学工业有限公司
浙江国邦兽药有限公司
武汉人福高科技产业股份有限公司
南通天成保健品有限公司

**◆生物、生化制品的制造**

升华集团控股有限公司
山东山松生物工程集团有限公司
诺维信(中国)生物技术有限公司
山东正大福瑞达制药有限公司
宝鸡阜丰生物科技有限公司

**◆卫生材料及医药用品制造**

威海威高集团公司
兖州翔宇化纤纺织有限公司
苏州东瑞制药有限公司
湖北天门健康集团
深圳市制药厂

**◆化纤浆粕制造**

山东高密银鹰化纤有限公司
河北吉藁化纤有限责任公司
河南神力集团有限责任公司
甲乙(连云港)粘胶有限公司
新疆银鹰工贸有限公司

**◆人造纤维(纤维素纤维)制造**

吉林化纤集团有限责任公司
南通醋酸纤维有限公司
新乡白鹭化纤集团有限责任公司
山东海龙股份有限公司
江苏盛虹化纤有限公司

**◆锦纶纤维制造**

中国神马集团有限责任公司
泉州天宇化纤织造实业有限公司
无锡明特化纤有限公司
岳阳巴陵石化化纤有限公司
上海荣华涤纶有限公司

**◆涤纶纤维制造**

中国石化仪征化纤股份有限公司
江苏三房巷集团有限公司
桐昆集团股份有限公司
万杰集团公司
浙江纵横轻纺集团有限公司

**◆腈纶纤维制造**

中国石油抚顺石油化工公司
浙江金甬腈纶有限公司
河北省秦皇岛晴纶厂
东莞大日化工厂有限公司
常熟市华虞纺染厂

**◆维纶纤维制造**

安徽皖维高新材料股份有限公司
湖南省湘维有限公司
兰州新西部维尼纶有限公司
深圳永合科技化工有限公司
江阴市新桥针织绒有限公司

**◆车辆、飞机及工程机械轮胎制造**

山东成山集团有限公司
安徽佳通轮胎有限公司
三角集团有限公司
山东玲珑橡胶有限公司
上海轮胎橡胶(集团)股份有限公司

◆力车胎制造

建泰橡胶(深圳)有限公司
华丰橡胶(中国)有限公司
广州广橡轮胎企业集团有限公司
山东东岳橡胶制品有限公司
伊诺华像胶(平湖)有限公司

◆轮胎翻新加工

保定市立中车轮制造有限公司
招远市鹏泰轮胎翻新有限公司
青岛新颖橡胶厂
青岛双丰橡胶厂
莒州宏伟橡胶有限责任公司

◆橡胶板、管、带的制造

青岛橡六集团有限公司
龙口市橡塑胶管有限公司
浙江双箭橡胶股份有限公司
尉氏县久龙橡塑有限公司
浙江三力士橡胶股份有限公司

◆橡胶零件制造

安徽省宁国中鼎股份有限公司
佛山市顺德区容桂佳臣橡胶实业有限公司
申雅密封件有限公司
亚新科零部件(安徽)有限公司
北辰精密零件(深圳)有限公司

◆再生橡胶制造

普利斯通(沈阳)轮胎有限公司
南通回力橡胶有限公司
江阴美源实业有限公司
京东橡胶有限公司
仙桃三和橡胶有限公司

◆日用及医用橡胶制品制造

龙口市福利橡塑雨布厂
山东科亿达集团有限公司
上海金泉山医疗器材有限公司
北京乳胶厂
石家庄鸿业塑胶制品有限公司

◆橡胶靴鞋制造

杭州橡胶(集团)公司
双星集团有限责任公司
内江市巨安置业公司
荣光集团有限公司
岳阳三五一七橡胶总厂

◆塑料薄膜制造

浙江大东南塑胶集团公司
申达集团有限公司
佛山塑料集团股份有限公司
河北宝硕集团有限公司
明达塑胶(厦门)有限公司

◆塑料板、管、型材的制造

安徽国风集团有限公司
芜湖海螺型材科技股份有限公司
新疆天业股份有限公司
辽阳忠旺塑料型材有限公司
大连实德塑胶工业有限公司

◆塑料丝、绳及编织品的制造

中国石油乌鲁木齐石油化工总厂
辽阳忠旺塑料有限公司
淄博齐旺达塑料制品公司
青岛交河塑料有限公司
正定县常山塑料制品厂

◆泡沫塑料制造

台达化工(中山)有限公司
南京红宝丽股份有限公司
广州宏育聚胺酯工业有限公司
苏州常乐泡塑新材有限公司
欧诺法装饰材料(上海)有限公司

◆塑料人造革、合成革制造

江阴龙山集团公司
南亚塑胶工业(南通)有限公司
浙江无名皮塑集团有限责任公司
江苏蝙蝠塑料集团有限公司
江苏双象集团有限公司

◆塑料包装箱及容器制造

上海紫江企业集团股份有限公司
杭州顶正包材有限公司
焦作飞鸿包装有限公司
珠海中富实业股份有限公司
亚普汽车部件有限公司

◆塑料零件制造

安徽天大企业(集团)有限公司
圣美精密工业昆山有限公司
赫比(上海)家用电器产品有限公司
亚光耐普罗精密注塑(天津)有限公司
北京三箭和众鼎电子有限公司

◆塑料鞋制造

丽碧复合塑料(深圳)有限公司
莆田新飞天鞋业有限公司
福清宏太鞋业有限公司
福州叶下塑革有限公司
江门谦信化工发展有限公司

◆日用塑料杂品制造

浙江鸿达集团有限公司
宁波利时塑胶有限公司
东莞泛昌窗帘制品有限公司
中山市保时利塑胶实业有限公司
世界塑胶餐垫(宝安)有限公司

◆水泥制造

山东山水水泥集团有限公司
华新水泥股份有限公司
唐山冀东水泥股份有限公司
山东沂州水泥集团总公司
铜陵海螺水泥有限公司

◆石灰和石膏制造

上海拉法基小野田石膏建材有限公司
邯郸市复兴冶金建材总厂
井陉县下安联合总公司
新余新钢实业公司
张山子镇建材厂

◆水泥制品制造

河南建喜建筑材料有限公司
上海市建筑构件制品有限公司
上海建工材料工程有限公司
江苏建华管桩有限公司
宝业集团股份有限公司

◆砼结构构件制造

乳山市夏村镇建筑综合加工厂
江阴南方建设集团有限公司
无锡市锡山三建实业有限公司
吴江市明港道桥预应力桥梁有限公司
济南市天桥天大实业公司

◆石棉水泥制品制造

青岛元鼎非金属制品有限责任公司
博爱县福星建筑材料厂
新郑市辛店镇建发机制瓦厂
新郑市新泰水泥机制瓦厂
新郑市新现机制瓦厂

◆轻质建筑材料制造

北新集团建材股份有限公司
山东泰和东新股份有限公司
郑州飞机设备公司
山东龙新建材股份有限公司
可耐福石膏板(芜湖)有限公司

◆粘土砖瓦及建筑砌块制造

文登市口子建材厂
郑州中牟良诚建材公司
淄博市东岳实业总公司建材厂
华容县塔市驿镇建材厂
青岛嘉盈建材有限公司

◆建筑陶瓷制品制造

光宇集团有限公司
杭州诺贝尔集团有限公司
佛山市新中源陶瓷有限公司
佛山市三水新明珠建陶工业有限公司
佛山市南海区汇亚陶瓷有限公司

◆建筑用石加工

济南市青华山花岗集团总公司
文登东意石材有限公司
新乐市正莫大理石工艺集团
山东莱东集团总公司
广西岑溪市归义花岗岩开发公司

◆防水建筑材料制造

青岛广源发集团公司
山东乐化集团有限公司
山东省文登市东海化工厂
山东兴创纸业集团有限公司
山东清大实业集团有限公司

◆隔热和隔音材料制造

北京星牌建材有限责任公司
上海阿姆斯壮建筑制品有限公司
任丘市京联新型建材厂
西斯尔(广东)玻璃棉制品有限公司
亨特道格拉斯工业(中国)有限公司

◆平板玻璃制造

江苏华润集团公司
中国耀华玻璃集团公司
上海耀华皮尔金顿玻璃股份有限公司
中国洛阳浮法玻璃集团有限责任公司
山东蓝星玻璃(集团)有限公司

◆技术玻璃制品制造

山东玻璃总公司
四川国栋建设股份有限公司
福耀玻璃工业集团股份有限公司
信义汽车玻璃(深圳)有限公司
山东豪妍玻璃制品有限公司

◆光学玻璃制造

富士能(天津)光学有限公司
蓬莱水晶石厂
成都光明光电信息材料有限公司
苏州板哨子电子有限公司
湖北华光新材料有限公司

◆玻璃仪器制造

山东省药用玻璃股份有限公司
济南力诺玻璃制品有限公司
武汉力诺股份有限公司濮阳分公司
濮阳宝石玻璃有限公司
濮阳县文留镇北方玻璃厂

◆日用玻璃制品及玻璃包装容器制造

濮阳县柳屯镇武汉力诺工业股份中原公司
广东华兴玻璃有限公司
广东澳联玻璃有限公司
沧州四星玻璃有限公司
孟州市泰华有限公司

◆玻璃保温容器制造

南昌市五江保温瓶实业有限公司
北京鹿牌都市生活用品有限公司
上海万盛保温容器有限公司
佛山市南海家乐日用器皿有限公司
凤阳县金星保温瓶总厂

◆玻璃纤维及制品制造

泰山玻璃纤维股份有限公司
巨石集团有限公司
重庆国际复合材料有限公司
上海宏和电子材料有限公司
江苏九鼎集团股份有限公司

◆玻璃纤维增强塑料制品制造

江苏申海集团股份有限公司
广州忠信世纪玻纤有限公司
圣戈班韩格拉斯世固锐特玻璃(上海)有限公司
文登半岛渔具有限公司
沁阳市华美有限公司

◆卫生陶瓷制品制造

深圳成霖洁具有限公司
唐山惠达陶瓷(集团)股份有限公司
淄博泽沣建筑陶瓷有限公司
佛山科勒有限公司
淄博城东建陶厂

◆特种陶瓷制品制造

山东金麒麟集团有限公司
淄博工陶耐火材料有限公司
苏州村田电子有限公司
山东鲁阳股份有限公司
河南省长新工贸有限公司

◆日用陶瓷制品制造

广西三环企业集团股份有限公司
唐山陶瓷股份有限公司
淄博美洋陶瓷有限公司
湖南华联瓷业有限公司
邯郸陶瓷集团有限责任公司

◆园林、陈设艺术及其他陶瓷制品制造

福建省德化佳美瓷厂
广东长城集团有限公司
福建省德化县国红瓷厂
广东顺祥陶瓷有限公司
唐山市亚利陶瓷有限公司

◆石棉制品制造

孟州市翔宇有限责任公司
博爱县福利耐火材料厂
江苏威特集团有限公司
海城市北方防腐保温有限公司
青岛华冶耐火制品厂

◆云母制品制造

江苏冰城电材有限公司
河北灵寿县工贸联营云母厂
行唐县秦台矿业加工厂
通城县云奇云母制品有限公司
灵寿县中非云母总厂

◆耐火陶瓷制品及其他耐火材料制造

营口青花耐火材料股份有限公司
海城市后英经贸集团有限公司
重庆市博赛矿业(集团)有限公司
海城市西洋耐火材料有限公司
河南耕生耐火股份有限公司

◆石墨及碳素制品制造

河南省西保冶材集团有限公司
吉林炭素集团有限责任公司
兰州海龙新材料科技股份有限公司
南通江东碳素股份有限公司
抚顺炭素有限责任公司

◆炼铁

华盛江泉集团有限公司
新疆八一钢铁(集团)有限责任公司
天津荣程联合钢铁集团有限公司
芜湖新兴铸管有限责任公司
徐州钢铁总厂

◆炼钢

武汉钢铁(集团)公司
唐山钢铁集团有限责任公司
青岛钢铁控股集团有限责任公司
天津天铁冶金集团有限公司
邯郸钢铁集团有限责任公司

◆钢压延加工

宝山钢铁股份有限公司
鞍山钢铁集团公司
首钢总公司
江苏沙钢集团有限公司
莱芜钢铁集团有限公司

◆铁合金冶炼

吉林铁合金有限责任公司
江苏江南实业集团有限公司
凌海市沈宏实业股份有限公司
葫芦岛市东越铁合金有限公司
河南省郸城财鑫集团有限责任公司

◆铜冶炼

江西铜业集团公司
铜陵有色金属集团公司
云南铜业股份有限公司
大冶有色金属公司
张家港联合铜业有限公司

**◆铅锌冶炼**

白银有色集团公司
葫芦岛有色金属集团有限公司
西部矿业有限责任公司
湖南株冶火炬金属股份有限公司
济源豫光金铅集团有限责任公司

**◆镍钴冶炼**

金川集团有限公司
吉林吉恩镍业股份有限公司
赣州逸豪优美科实业有限公司
新疆有色金属工业公司阜康市冶炼厂
浙江嘉利珂钴镍材料有限公司

**◆锡冶炼**

云南锡业集团有限责任公司
柳州华锡集团有限责任公司
云南乘风有色金属股份有限公司
个旧市自立矿冶有限公司
个旧市百冶矿产品加工厂

**◆锑冶炼**

锡矿山闪星锑业有限责任公司
河池市南方有色冶炼有限责任公司
广西华锑化工有限公司
常德辰州锑品有限责任公司
广西日星金属化工有限公司

**◆铝冶炼**

中国铝业股份有限公司河南分公司
茌平县信发热电有限责任公司
中国铝业股份有限公司贵州分公司
中国铝业股份有限公司青海分公司
中国铝业股份有限公司山西分公司

**◆镁冶炼**

山西闻喜银光镁业(集团)有限责任公司
太原市同翔金属镁有限公司
稷山县华宇实业有限公司
宁夏惠冶镁业有限公司
西安海德鲁镁业有限公司

**◆金冶炼**

紫金银辉黄金冶炼有限公司
内蒙古乾坤金银精炼股份有限公司
灵宝黄金股份有限公司
福建紫金矿业股份有限公司
烟台恒邦集团有限公司

**◆银冶炼**

河南省安阳市豫北金属冶炼厂
湖南省郴州市金贵有色金属有限公司
永兴县西河铅业有限责任公司
郴州永星有色金属冶炼有限责任公司
天津港保税区瑞尔普稀贵金属有限公司

**◆钨钼冶炼**

洛阳栾川钼业集团有限责任公司
厦门钨业股份有限公司
徐州市环宇特种合金有限公司
江苏峰峰钨钼制品股份有限公司
赣县世瑞矿产品贸易有限公司

**◆稀土金属冶炼**

冠县冠洲集团总公司
宜兴新威集团有限公司
赣州虔东实业(集团)有限公司
内蒙古包钢稀土高科技股份有限公司
甘肃省稀土集团有限责任公司

**◆有色金属合金制造**

株洲硬质合金集团有限公司
自贡硬质合金有限责任公司
厦门金鹭特种合金有限公司
北京中科三环高技术股份有限公司
江阴市电工合金有限公司

**◆常用有色金属压延加工**

南山集团公司
海亮集团有限公司
西南铝业(集团)有限责任公司
山东丛林集团公司
江苏张铜集团有限公司

◆贵金属压延加工

山东金升有色集团有限公司
奥博特铜铝业有限公司
武汉市金凰珠宝有限公司
长城金银精炼厂
山东鲁鑫贵金属集团公司

◆稀有稀土金属压延加工

山东铝业股份有限公司
青岛浦项不锈钢有限公司
宝鸡有色金属加工厂
中国铝业股份有限公司山东分公司
营口阿斯创化工有限公司

◆金属结构制造

精功集团有限公司
江阴海达集团有限公司
浙江大东吴集团有限公司
江苏常盛集团有限公司
林州市林丰铝电有限责任公司

◆金属门窗制造

沈阳远大铝业工程有限公司金属门窗分公司
步阳集团有限公司
重庆美心(集团)有限公司
群升集团有限公司
辽宁东林瑞那斯股份有限公司

◆切削工具制造

江苏天工集团有限公司
江苏飞达工具集团股份有限公司
江苏丹工实业总公司
株洲市钻石切削刀具股份有限公司
哈尔滨量具刃具集团有限责任公司

◆手工具制造

江苏宏宝集团有限公司
宁波天工巨星工具有限公司
捷家宝电器(深圳)有限公司
文登市东琦工具厂
强鹰集团有限公司

◆农用及园林用金属工具制造

宁波宝兴园艺设备有限公司
阳东金恒实业有限公司
天津市金锚家居用品有限公司
犀牛日用制品(中山)有限公司
浙江麦克园林机械有限公司

◆刀剪及类似日用金属工具制造

上海吉列有限公司
文登大星金属制品有限公司
江苏金鹿集团有限公司
上海双立人亨克斯有限公司
荣成市荣盛刃具有限公司

◆集装箱制造

深圳南方中集集装箱制造有限公司
江苏新华昌集团有限公司
广东顺安达太平货柜有限公司
天津中集北洋集装箱有限公司
青岛中集集装箱制造有限公司

◆金属压力容器制造

山东环日集团有限公司
北京天海工业有限公司
佛山市南海冠益不锈钢制品有限公司(和顺)
山东水龙王集团有限公司
巴马(上海)空压机有限公司

◆金属包装容器制造

杭州中粮美特容器有限公司
波乐亚太(深圳)金属容器有限公司
三水健力宝富特容器有限公司
太平洋制罐(北京)有限公司
钦龙金属工业(昆山)有限公司

◆金属丝绳及其制品的制造

法尔胜集团公司
江苏兴达钢帘线股份有限公司
湖北福星科技股份有限公司
浙江元立金属制品集团有限公司
贵州钢绳(集团)股份有限公司

◆建筑、家具用金属配件制造

烟台三环锁业集团公司
本田制锁(广东)有限公司
中山市华锋制锁有限公司
台山市华一五金制品有限公司
蓬莱市家具锁厂

◆建筑装饰及水暖管道零件制造

路达(厦门)工业有限公司
中捷控股集团有限公司
河北中原钢管制造有限公司
济南玫德铸造有限公司
天元散热器集团公司

◆安全、消防用金属制品制造

上海迪保安防设备有限公司
上海和汇安全用品有限公司
上海善卫保险箱有限公司
福建省天广消防器材有限公司
宁波永发集团有限公司

◆金属表面处理及热处理加工

唐山恒通精密薄板有限公司海港分公司
无锡新大中薄板有限公司
江苏国强镀锌实业有限公司
广州太平洋马口铁有限公司
宝钢益昌黄石镀铝薄板有限公司

◆工业生产配套用搪瓷制品制造

淄博工业搪瓷厂
石家庄正中搪瓷有限公司
淄博市化工设备厂
江苏扬阳化工设备制造有限公司
湖南立发颜料化工有限公司

◆搪瓷卫生洁具制造

上海科勒有限公司
南京东陶有限公司
浙江省诸暨市奔达搪业有限公司
中山市永丽建材有限公司
上海佩尔泰克工业有限公司

◆搪瓷日用品及其他搪瓷制品制造

湖南五江轻化集团有限公司
佛山市三水区加美实业有限公司
佛山市南海区黄岐街道新南炊具有限公司
余姚市振华金属制品有限公司
石家庄市东兴搪瓷厂

◆金属制厨房调理及卫生器具制造

江门市日新不锈钢材料厂有限公司
广州市花都永大不锈钢型材厂有限公司
广东万和健康电器有限公司
上海白鹤华新丽华特殊钢制品有限公司
广州欧派橱柜企业有限公司

◆金属制厨用器皿及餐具制造

苏泊尔集团有限公司
浙江台州爱仕达电器有限公司
江门市华士实业有限公司
邵东县铝业公司
惠州皇冠制罐有限公司

◆铸币及贵金属用品制造

沈阳造币厂
上海造币厂
南京造币厂
上海造币厂一分厂
上海锦元文化发展有限公司

◆锅炉及辅助设备制造

上海锅炉厂有限公司
哈尔滨锅炉厂有限责任公司
东方锅炉(集团)股份有限公司
武汉锅炉集团有限公司
北京巴布科克威尔科克斯有限公司

◆内燃机及配件制造

潍柴动力股份有限公司
江苏常发实业集团有限公司
上海柴油机股份有限公司
江苏林海动力机械集团公司
江苏英田集团

◆汽轮机及辅机制造

东方汽轮机厂
上海汽轮机有限公司
哈尔滨汽轮机厂有限责任公司
杭州汽轮动力集团有限公司
南京汽轮电机(集团)有限责任公司

◆水轮机及辅机制造

上海福伊特西门子水电设备有限公司
富春江富士水电设备有限公司
重庆水轮机厂有限责任公司
浙江金轮机电实业有限公司
浙江富春江水电设备有限公司

◆金属切削机床制造

大连机床集团有限责任公司
沈阳机床(集团)有限责任公司
秦川机床集团有限公司
齐重数控装备股份有限公司
宝鸡机床厂

◆金属成形机床制造

江苏沃得机电集团有限公司
江苏扬力集团有限公司
扬州锻压机床集团有限公司
金丰(中国)机械工业有限公司
陕西汉江机床有限公司

◆铸造机械制造

深圳领威科技有限公司
武汉大西洋连铸设备工程有限责任公司
南京长江给排水管道有限责任公司
盐城恒泰铸造有限公司
山东省淄博蠕墨铸铁股份有限公司

◆金属切割及焊接设备制造

唐山松下产业机器有限公司
天津市永昌焊丝有限公司
天津联业焊条制造有限公司
无锡华联精工机械有限公司
北京时代科技股份有限公司

◆机床附件制造

捷可勃斯夹头(苏州)有限公司
呼和浩特市众环集团有限责任公司
台州市三鸥钻夹头制造有限公司
江苏省无锡建华机床厂
烟台环球机床附件集团有限公司

◆起重运输设备制造

徐州工程机械集团有限公司
上海振华港口机械(集团)股份有限公司
奥的斯电梯(中国)投资有限公司
上海三菱电梯有限公司
广州日立电梯有限公司

◆泵及真空设备制造

丰球集团有限公司
上海电力修造总厂有限公司
上海凯士比泵有限公司
上海凯泉泵业有限责任公司
山东省莱州市内燃机配件厂

◆气体压缩机械制造

上海日立电器有限公司
杭州制氧机集团有限公司
黄石东贝电器集团有限公司
威海华埠集团
上海英格索兰压缩机有限公司

◆阀门和旋塞的制造

丹佛斯(天津)有限公司
尉氏县阀门集团公司
无锡市工装自控工程有限公司
福建省中宇集团公司
苏州纽威阀门有限公司

◆液压和气压动力机械及元件制造

SMC(中国)有限公司
济南锅炉集团有限公司
颇尔过滤器(北京)有限公司
伊顿流体动力(上海)有限公司
深圳寿力亚洲实业有限公司

◆轴承制造

瓦房店轴承集团有限责任公司
上海美蓓亚精密机电有限公司
人本集团有限公司
洛阳 LYC 轴承有限公司
哈尔滨轴承集团公司

◆齿轮、传动和驱动部件制造

杭州前进齿轮箱集团有限公司
重庆齿轮箱有限责任公司
浙江恒久机械集团有限公司
亚实履带(天津)有限公司
山东浩信机械有限公司

◆烘炉、熔炉及电炉制造

台山市冠荣金属制品有限公司
北京神雾热能技术有限公司
古河电子(苏州)有限公司
应达工业(上海)有限公司
盐城丰东热处理有限公司

◆风机、风扇制造

陕西鼓风机(集团)有限公司
沈阳鼓风机集团有限公司
豪顿华工程有限公司
浙江上风控股集团有限公司
奇宏电子(深圳)有限公司

◆气体、液体分离及纯净设备制造

四川空分设备(集团)有限责任公司
上海通惠开利空调设备有限公司
江苏苏净集团有限公司
开封空分集团有限公司
红原航空锻铸工业公司

◆制冷、空调设备制造

大连冰山集团有限公司
松下·万宝(广州)压缩机有限公司
烟台冰轮集团有限公司
三菱电机(广州)压缩机有限公司
长沙远大直燃机有限公司

◆风动和电动工具制造

百得(苏州科技有限公司
牧田(昆山)有限公司
江苏金鼎电动工具有限公司
牧田(中国)有限公司
上海正峰工业有限公司

◆喷枪及类似器具制造

正恒机械设备制造(深圳)有限公司
诺信(中国)有限公司
宁波盛恒光电有限公司
浙江瑞丰五福气动工具有限公司
宁波李氏实业有限公司

◆包装专用设备制造

京山县轻机集团公司
青岛市藏南纸制品机械厂
胶南市高戈庄纸箱设备厂
中国轻工业机械总公司南京轻工业机械厂
青岛华池包装机械有限公司

◆衡器制造

梅特勒-托利多(常州)称重设备系统有限公司
乳山市衡器厂
中山市金叶衡器有限公司
蓬莱市天平配件厂
浙江霸王衡器有限公司

◆金属密封件制造

蓬莱石化配件有限公司
山东省兖州市联诚金属制品有限公司
诸城市义和车桥有限公司
烟台胜地汽车零部件制造有限公司
艾志(南京)机械工业有限公司

◆紧固件、弹簧制造

晋亿实业股份有限公司
山东省文登市双力板簧(集团)有限公司
常熟市标准件厂
东明实业(嘉兴)有限公司
浙江乍浦实业股份有限公司

◆**机械零部件加工及设备修理**

常州机械设备进出口有限公司
济阳县济北石化有限责任公司
天津赛瑞机器设备有限公司
武汉市江南机床大修机械加工厂
安徽省湖滨机械厂

◆**通用零部件制造**

浙江三花集团有限公司
荣成市崖头镇新庄联合企业总公司
南京高精齿轮集团有限公司
秩父精密产业(深圳)有限公司
江苏力星钢球有限公司

◆**钢铁铸件制造**

山东省邹平广富钢铁集团有限公司
苏州隆兴钢铁加工有限公司
青县觉道庄钢铁有限公司
河南中原特殊钢集团有限公司
汝州市天瑞铸造集团有限公司

◆**锻件及粉末冶金制品制造**

兖州市合金钢股份有限公司
济南永君物资有限责任公司
安特精密机械(上海)有限公司
信义集团公司
山东鲍德永君翼板有限公司

◆**采矿、采石设备制造**

中信重型机械公司
沈阳矿山机械(集团)有限责任公司
沈阳重型机械集团有限责任公司
郑州煤矿机械集团有限责任公司
张家口煤矿机械有限公司

◆**石油钻采专用设备制造**

宝鸡石油机械厂
兰州石油化工机械设备工程集团公司
江苏曙光集团有限公司
山东墨龙石油机械股份有限公司
深圳赤湾胜宝旺工程有限公司

◆**建筑工程用机械制造**

广西柳工机械股份有限公司
中联重工科技股份有限公司
大宇重工业烟台有限公司
厦门工程机械股份有限公司
三一重工股份有限公司

◆**建筑材料生产专用机械制造**

中天仕名科技集团有限公司
洛阳北方玻璃技术股份有限公司
江苏省恒远机械设备制造厂
广东佛陶集团力泰机械有限公司
唐山盾石机械制造有限责任公司

◆**冶金专用设备制造**

大连重工·起重集团有限公司
中国第二重型机械集团公司
中国第一重型机械集团公司
上海重型机器厂有限公司
邢台机械轧辊(集团)有限公司

◆**炼油、化工生产专用设备制造**

哈尔滨空调股份有限公司
北京化工机械厂
沧州华北石油专用管材有限公司
锦西化工机械(集团)有限公司
石家庄安瑞科气体机械有限公司

◆**橡胶加工专用设备制造**

桂林橡胶机械厂
天津赛象科技股份有限公司
深州市金属结构热力设备有限公司
益阳橡胶塑料机械集团有限公司
福建华橡自控技术股份有限公司

◆**塑料加工专用设备制造**

宁波海天集团股份有限公司
佛山市顺德区震德塑料机械厂有限公司
震雄机械(深圳)有限公司
东华机械有限公司
宁波住重机械有限公司

◆木材加工机械制造

山东工友集团股份有限公司
威海齐全木工机械有限公司
天门市华中钢带锯业有限责任公司
上海人造板机器厂有限公司
宁波大墩机械工业有限公司

◆模具制造

河源龙记金属制品有限公司
赫比(天津)电子有限公司
宝德仕钦科技(苏州)有限公司
汉达精密电子(昆山)有限公司
新兴精密电子(苏州)有限公司

◆食品、饮料、烟草工业专用设备制造

上海烟草机械有限责任公司
威斯达电器(中山)制造有限公司
上海轻工机械股份有限公司
常德烟草机械有限责任公司
山东省文登市二轻机械厂

◆农副食品加工专用设备制造

江苏正昌集团公司
山东恒力虎山机械设备有限公司
福临机械制造有限公司
开封第二粮机厂
青岛建华屠宰设备制造有限公司

◆饲料生产专用设备制造

江苏牧羊集团有限公司
永通机械制造有限公司
新泰市时星机械有限公司
上海正诚机电制造有限公司
淄博汇德饲料机械有限公司

◆制浆和造纸专用设备制造

邹平长星集团有限公司
维美德西安造纸机械有限公司
温县第一造纸机械厂
美卓造纸机械(中国)有限公司
恒星集团有限公司

◆印刷专用设备制造

北人印刷机械股份有限公司
上海高斯印刷设备有限公司
上海光华印刷机械有限公司
辽宁中野科技实业发展有限公司
江门市蓬江区棠下展艺电脑机械有限公司

◆日用化工专用设备制造

滑县华康化学工程设备制造厂
江阴市华英成套设备有限公司
立志美丽(南京)有限公司
淄博翔天化工热电设备制造有限公司
台州市诚信化工设备厂

◆制药专用设备制造

湖南千山制药机械股份有限公司
长沙楚天科技有限公司
上海宣胡机械制造厂
浙江迦南制药设备有限公司
常州市范群干燥设备厂

◆照明器具生产专用设备制造

东莞巨汉灯饰有限公司
济南泺华灯具有限公司
东莞卡斯特照明有限公司
深圳市珈伟实业有限公司
北京星光影视设备科技股份有限公司

◆玻璃、陶瓷和搪瓷制品生产专用设备制造

广东科达机电股份有限公司
佛山石湾鹰牌设备配套有限公司
烟台市风机厂
山东三金玻璃机械集团有限公司
沈阳西科石英有限公司

◆纺织专用设备制造

经纬纺织机械股份有限公司
青岛星火纺织集团股份有限公司
浙江金鹰集团有限公司
郑州纺织机械股份有限公司
马佐里(东台)纺机有限公司

◆皮革、毛皮及其制品加工专用设备制造

连云港鹰游纺机有限责任公司
青岛环球机械股份有限公司
武汉楚天激光集团股份有限公司
上海富钰机械有限公司
温州市瓯江液压机械有限公司

◆缝纫机械制造

飞跃集团有限公司
宝石控股(集团)有限公司
珠海兄弟工业有限公司
西安标准工业股份有限公司
杰克控股集团有限公司

◆电工机械专用设备制造

无锡市梅达电工机械厂
河南北方星光机电有限责任公司
长青林电子有限公司
无锡市苏源益能电力电器有限公司
佛山市高明鸿溢机械有限公司

◆电子工业专用设备制造

乐金电子(南京)等离子有限公司
禹城市通裕集团公司
深圳天马微电子股份有限公司
深圳先进微电子科技有限公司
皆利士多层线路板(中山)有限公司

◆拖拉机制造

中国一拖集团有限公司
山东常林机械集团股份有限公司
约翰·迪尔天拖有限公司
新乡一拖股份有限公司
上海纽荷兰农业机械有限公司

◆机械化农业及园艺机具制造

山东福田重工股份有限公司
文登市第一通用机械厂
约翰迪尔佳联收获机械有限公司
久保田农业机械(苏州)有限公司
洛阳一拖东方实业有限公司

◆营林及木竹采伐机械制造

小松全能(常州)机械有限公司
桂林玉柴工程机械有限公司
青岛千川木业设备有限公司
柳州索罗小型动力机厂
溧阳市平陵林机有限公司

◆畜牧机械制造

高唐双龙养殖设备有限公司
四川华勋畜牧机械有限责任公司
天津正大机械有限公司
利拉伐(上海)乳业机械有限公司
上海乳品机械厂有限公司

◆渔业机械制造

蓬莱市顺达船业有限公司
江阴市银浪水簇用品有限公司
佛山市顺德区金顺达机器有限公司
青岛红狮洗涤机械有限公司
荣成市石岛镇石头河渔具厂

◆农林牧渔机械配件制造

山东省文登市车辆总厂
山东顺达机械有限公司
河南中轴集团有限公司
威海联谊板簧有限公司
开封宏达拨叉集团有限公司

◆农林牧渔业机械制造及机械修理

山东时风(集团)有限责任公司
山东五征农用车有限公司
北汽福田车辆股份有限公司农业装备奎文厂
河南奔马股份有限公司
山东黑豹股份有限公司

◆医疗诊断、监护及治疗设备制造

航卫通用电气医疗系统有限公司
深圳迈瑞生物医疗电子有限公司
力斯顿听力技术(苏州)有限公司
上海西门子医疗器械有限公司
沈阳东软数字医疗系统股份有限公司

◆口腔科用设备及器具制造

福建梅生医疗科技股份有限公司
烟台冰科氧业有限公司
咸阳西北医疗器械集团有限公司
上海菲曼特医疗器械有限公司
上海胜利医疗器械有限公司

◆实验室及医用消毒设备和器具的制造

山东新华医疗器械集团
连云港千樱医疗设备有限公司
宁波蓝野医疗器械有限公司
上海华线医用核子仪器有限公司
烟台西蒙西塑料包装品有限公司

◆医疗、外科及兽医用器械制造

山东淄博山川医用器材有限公司
欧姆龙(大连)有限公司
双鸽集团有限公司
泰尔茂医疗用品(杭州)有限公司
江苏鱼跃医疗设备有限公司

◆机械治疗及病房护理设备制造

佛山市南海良润医疗运动器材有限公司
北京源德生物医药工程有限公司
上海顺隆康复器材有限公司
戴维医疗器械有限公司
郑州市华盛医疗电器有限责任公司

◆假肢、人工器官及植(介)入器械制造

楼氏电子(苏州)有限公司
瑞声达听力技术(中国)有限公司
优利康听力技术(苏州)有限公司
微创医疗器械(上海)有限公司
安东五金塑胶电子有限公司

◆环境污染防治专用设备制造

天洁集团有限公司
菲达集团有限公司
福建龙净环保股份有限公司
绍兴五洋实业有限公司
江阴精亚集团有限公司

◆地质勘查专用设备制造

石家庄煤矿机械有限责任公司
保定宏业石油物探机械制造有限公司
张家口探矿机械总厂
湖南省永州409队机械厂
上海神开科技工程有限公司

◆邮政专用机械及器材制造

贵阳普天万向物流技术股份有限公司
宁波东钱湖旅游度假区飞鸿盛箱柜厂
上海邮政通用技术设备公司
天津普天通信设备厂
北京鸿安达邮政机械有限公司

◆商业、饮食、服务业专用设备制造

北京长吉加油设备有限公司
江苏海狮机械集团有限公司
淇县永盛机械厂
北京富连京制冷机电有限公司
常州市墅乐厨具有限公司

◆社会公共安全设备及器材制造

清华同方威视技术股份有限公司
浙江金盾控股集团有限公司
先讯美资电子(沈阳)有限公司
美安防盗系统(中国)有限公司
南京消防器材股份有限公司

◆交通安全及管制专用设备制造

安徽皖通科技发展有限公司
无锡市安邦电子有限公司
北京万集科技有限责任公司
无锡安邦电气有限公司
合肥工大高科信息技术有限责任公司

◆水资源专用机械制造

三门峡新华水工机械有限责任公司
江苏天雨环保集团有限公司
青岛三利集团有限公司
上海汉华水处理工程有限公司
武进液压启闭机有限公司

◆**铁路机车车辆及动车组制造**

齐齐哈尔铁路车辆(集团)有限责任公司
长春轨道客车股份有限公司
中国南车集团戚墅堰机车车辆厂
中国南车集团株洲电力机车厂
中国北车集团大连机车车辆有限公司

◆**工矿有轨专用车辆制造**

爱地雅(东莞)自行车有限公司
胶南市星华金属制品有限公司
厦门工程机械制动器厂
鞍钢集团鞍山矿业运输设备制造厂
青岛兴本车辆有限公司

◆**铁路机车车辆配件制造**

四方机车车辆有限责任公司
铜陵车辆厂
大同爱碧玺铸造有限公司
株洲南车电机股份有限公司
常州轨道车辆牵引传动工程技术研究中心

◆**铁路专用设备及器材、配件制造**

中铁山桥集团有限公司
中铁昆明大型养路机械集团有限公司
中铁宝桥股份有限公司
株洲时代集团公司
北京铁路信号工厂

◆**汽车整车制造**

中国第一汽车集团公司
上海通用汽车有限公司
东风汽车有限公司(十堰地区)
广州本田汽车有限公司
一汽-大众汽车有限公司

◆**改装汽车制造**

东风汽车有限公司乘用车公司
中国第一汽车集团青岛汽车厂
四川丰田汽车有限公司
厦门金龙旅行车有限公司
厦门金龙联合汽车工业有限公司

◆**电车制造**

妮斯电子部品(天津)有限公司
广州朗晴电动车有限公司
蒂森克虏伯中人激光拼焊有限公司
常州市德春电器有限公司
江西新光机动车有限公司

◆**汽车车身、挂车的制造**

扬州中集通华专用车股份有限公司
深圳中集专用车有限公司
湖南同心实业股份有限公司
佛山市南海区福迪汽车有限公司
广东富华工程机械制造有限公司

◆**汽车零部件及配件制造**

万向集团公司
北京现代摩比斯汽车零部件有限公司
上海汇众汽车制造有限公司
长春一汽四环汽车股份有限公司
联合汽车电子有限公司

◆**汽车修理**

北京市汽车修理公司
济南华达企业集团总公司
太原轻型汽车总厂
南充大进车业有限公司
山西大昌汽车有限公司

◆**摩托车整车制造**

江门市大长江集团有限公司
重庆力帆实业(集团)有限公司
新大洲本田摩托有限公司
钱江集团有限公司
中国轻骑集团有限公司

◆**摩托车零部件及配件制造**

万丰奥特控股集团有限公司
重庆宗申发动机制造有限公司
江门市华铃精密机械有限公司
重庆市渝江压铸有限公司
星月集团有限公司

◆脚踏自行车及残疾人座车制造

捷安特(中国)有限公司
广东天任车料有限公司
天津富士达自行车有限公司
上海永久股份有限公司
信隆实业(深圳)有限公司

◆助动自行车制造

苏州市吴中区和平实业有限公司
澳柯玛(沂南)新能源电动车有限公司
天津科林自行车有限公司
金华市绿源电动车有限公司
荣轮科技(深圳)有限公司

◆金属船舶制造

大连船舶重工集团有限公司
江南造船(集团)有限责任公司
沪东中华造船(集团)有限公司
渤海船舶重工有限责任公司
上海外高桥造船有限公司

◆非金属船舶制造

显利(珠海)造船有限公司
临海市航畅船舶制造有限公司
常州玻璃钢造船厂
江阴市玻璃钢船厂
湖南太阳鸟游艇有限公司

◆娱乐船和运动船的建造和修理

西安捷力电力电子有限公司
厦门瀚盛游艇有限公司
南通五湖玻璃钢旅游船用有限公司
上海红双喜游艇有限公司
上海宝岛游艇有限公司

◆船用配套设备制造

大连船用柴油机厂
武汉船用机械有限责任公司
南京中船绿洲机器有限公司
常石集团(舟山)船业发展有限公司
常石集团(舟山)大型船体有限公司

◆船舶修理及拆船

广州文冲船厂有限责任公司
澄西船舶修造厂
中海工业有限公司
南通中远船务工程有限公司
大连中远船务工程有限公司

◆航标器材及其他浮动装置的制造

南通中远船舶钢结构有限公司
无锡兴泰船舶装备有限公司
上海东运船舶工程有限公司
上海星星橡胶制品有限公司
无锡市华洋潜水器材设备有限公司

◆潜水及水下救捞装备制造

东台市江海消防设备有限公司
广得成实业(深圳)有限公司
聊城特莱登潜水装备有限公司
上海海上救助打捞局芜湖潜水装备厂
上海潜水装备厂

◆交通管理用金属标志及设施制造

唐山市腾达高速设施有限公司
四川蓝灵(集团)有限责任公司
靖江市迅达交通设施工程有限公司
新世纪标志(深圳)有限公司
杭州萧山金鹰交通设施有限公司

◆发电机及发电机组制造

哈尔滨电机厂有限责任公司
东方电机股份有限公司
上海汽轮发电机有限公司
青岛捷能电工电子集团有限责任公司
北京北重汽轮电机有限责任公司

◆电动机制造

浙江卧龙控股集团有限公司
上海电气集团上海电机厂有限公司
湘潭电机集团有限公司
杭州松下马达有限公司
山东华力电机集团股份有限公司

◆微电机及其他电机制造

东莞华强三洋马达有限公司
日本电产(大连)有限公司
威海恒大电机集团公司
珠海松下马达有限公司
东莞信浓马达有限公司

◆变压器、整流器和电感器制造

保定天威集团有限公司
青岛变压器集团有限公司
江苏华鹏变压器有限公司
中电电气集团有限公司
特变电工股份有限公司

◆电容器及其配套设备制造

飞宏(东莞)电子有限公司
基美电子(苏州)有限公司
荣成飞尔可电子有限公司
文登大浩电子有限公司
桂林电力电容器总厂

◆配电开关控制设备制造

西安电力机械制造公司
广州市白云电气集团有限公司
大全集团有限公司
厦门 ABB 开关有限公司
武汉凯迪电力股份有限公司

◆电力电子元器件制造

许继集团有限公司
东莞三星电机有限公司
正泰集团公司
德力西集团有限公司
国家电力公司南京电力自动化设备总厂

◆电线电缆制造

江苏远东集团有限公司
万达集团股份有限公司
宝胜集团有限公司
铜陵精达铜材(集团)有限公司
亨通集团有限公司

◆光纤、光缆制造

宏安集团有限公司
江苏通光信息有限公司
江苏中天光缆集团
长飞光纤光缆有限公司
浙江富春江光电科技股份有限公司

◆绝缘制品制造

日东电工(上海浦东新区)有限公司
龙口市电器绝缘材料厂
四川东材企业集团有限公司
日星电气(中山)有限公司
常熟市豪威富集团有限公司

◆电池制造

深圳市比亚迪股份有限公司
无锡松下电池有限公司
三洋能源(苏州)有限公司
威海文隆电池有限公司
广州市虎头电池集团有限公司

◆家用制冷电器具制造

苏州三星电子有限公司
广东科龙电器股份有限公司
青岛澳柯玛集团总公司
江苏双良集团有限公司
河南新飞电器有限公司

◆家用空气调节器制造

海尔集团公司
美的集团有限公司
珠海格力电器股份有限公司
乐金电子(天津)电器有限公司
广东志高空调股份有限公司

◆家用通风电器具制造

美的(中山)电风扇制造有限公司
艾美特电器(深圳)有限公司
东莞汇勋电器制品有限公司
山东金龙企业集团公司
宁波方太厨具有限公司

◆家用厨房电器具制造

广东格兰仕集团有限公司
漳州灿坤实业有限公司
广东东菱凯琴集团有限公司
广东惠而浦家电制品有限公司
上海松下微波炉有限公司

◆家用清洁卫生电器具制造

合肥荣事达集团有限责任公司
南京乐金熊猫电器有限公司
杭州松下家用电器有限公司
无锡小天鹅股份有限公司
苏州爱普电器有限公司

◆家用美容、保健电器具制造

飞利浦电子(珠海)有限公司
博朗(上海)有限公司
松下电工万宝电器(广州)有限公司
珠海经济特区飞利浦家庭电器有限公司
喜高塑胶制品(深圳)有限公司

◆家用电力器具专用配件制造

河南科隆电器股份有限公司
上海松下电子应用机器有限公司
杭州阿斯丽电器有限公司
亚弘(东莞)电器有限公司
青岛海立美达钢制品有限公司

◆燃气、太阳能及类似能源的器具制造

广东万和电器有限公司
中山华帝燃具股份有限公司
樱花卫厨(中国)有限公司
山东皇明太阳能有限公司
上海林内有限公司

◆电光源制造

蓬莱得宝新光源灯饰有限公司
欧司朗(中国)有限公司
佛山电器照明股份有限公司
上海飞利浦亚明照明有限公司
通用电气照明有限公司

◆照明灯具制造

世纪阳光控股集团有限公司
威海金通实业有限公司
鸿联灯饰有限公司
北京松下电工有限公司
海日升电器制品(深圳)有限公司

◆灯用电器附件及其他照明器具制造

番禺中德电控有限公司
上海西门子开关有限公司
慈溪宏一电子有限公司
文登三吉电子有限公司
东莞东进照明有限公司

◆车辆专用照明及电气信号设备装置制造

上海小糸车灯有限公司
广州斯坦雷电气有限公司
秦皇岛海湾安全技术有限公司
山东华艺集团
上海通用电气安防电子有限公司

◆通信传输设备制造

UT斯达康通讯有限公司
熊猫电子集团有限公司
四川汇源光通信股份有限公司
全一电子(深圳)有限公司
广州海格通信有限公司

◆通信交换设备制造

华为技术有限公司
深圳市中兴通讯股份有限公司
南京爱立信熊猫通信有限公司
上海贝尔阿尔卡特股份有限公司
武汉邮电科学院

◆通信终端设备制造

深圳三星科健移动通信技术有限公司
旭丽电子(广州)有限公司
友利电电子(深圳)有限公司
青岛朗讯科技通讯企业有限公司
东莞航天电子有限公司

### ◆移动通信及终端设备制造

摩托罗拉(中国)电子有限公司
诺基亚首信通信有限公司
富泰宏精密工业有限公司
达业(上海)电脑科技有限公司
北京索爱普天移动通信有限公司

### ◆其他通信设备制造

北京金长科国际电子有限公司
鹏思特(天津)实业有限公司
伟创力电子(常州)有限公司
京信通信系统(广州)有限公司
南京普天通信股份有限公司

### ◆广播电视节目制作及发射设备制造

北京北广科技股份有限公司
深圳市九州信息科技有限公司
新奥特硅谷视频技术有限责任公司
泰宇电子(上海)有限公司
蓝星南京六九零二工厂

### ◆广播电视接收设备及器材制造

中达视讯(吴江)有限公司
大北欧通讯设备(厦门)有限公司
深圳市同洲电子技术有限公司
朝阳电子(深圳)有限公司
东杰电气(中国)有限公司

### ◆应用电视设备及其他广播电视设备制造

松下系统科技有限公司
南望信息产业集团有限公司
翰硕宽频科技(深圳)有限公司
北京中科大洋科技发展股份有限公司
北京巴可利亚德电子科技有限公司

### ◆电子计算机整机制造

鸿富锦精密工业(深圳)有限公司
长城国际信息产品(深圳)有限公司
达丰(上海)电脑有限公司
英顺达科技有限公司
戴尔(中国)有限公司

### ◆计算机网络设备制造

亚旭电子科技(江苏)有限公司
杭州华为三康技术有限公司
山东中创软件工程股份有限公司
青岛安普泰科电子有限公司
港湾网络有限公司

### ◆电子计算机外部设备制造

乐金飞利浦液晶显示(南京)有限公司
福建捷联电子有限公司
明基电通信息技术有限公司
希捷国际科技(无锡)有限公司
惠普科技(上海)有限公司

### ◆电子真空器件制造

大连大显集团有限公司
东莞三星视界有限公司
乐金飞利浦曙光电子有限公司
华映光电股份有限公司
华飞彩色显示系统有限公司

### ◆半导体分立器件制造

苏州松下半导体有限公司
乐山无线电股份有限公司
英飞凌科技(无锡)有限公司
上海旭福电子有公司
上海凯虹科技电子有限公司

### ◆集成电路制造

恩斯迈电子(深圳)有限公司
鑫茂科技(深圳)有限公司
中芯国际集成电路制造(上海)有限公司
纬创资通(中山)有限公司
飞思卡尔半导体(中国)有限公司

### ◆光电子器件及其他电子器件制造

苏州爱普生有限公司
日立显示器(苏州有限公司
飞利浦电子元件(上海)有限公司
深圳三洋华强激光电子有限公司
信利半导体有限公司

◆电子元件及组件制造

无锡夏普电子元器件有限公司
津亚电子有限公司
台达电子电源(东莞)有限公司
联建(中国)科技有限公司
广茂科技(广州)有限公司

◆印制电路板制造

旭电(苏州)科技有限公司
伟创力科技(珠海)有限公司
天弘(苏州)有限公司
东莞广通事务机有限公司
广州添利线路版有限公司

◆家用影视设备制造

海信集团有限公司
四川长虹电子集团公司
深圳创维-RGB电子有限公司
苏州飞利浦消费电子有限公司
TCL王牌电器(惠州)有限公司

◆家用音响设备制造

惠州三星电子有限公司
索尼精密部件(惠州)有限公司
信华精机有限公司
惠阳东威电子制品有限公司
惠州市德赛集团视听科技有限公司

◆工业自动控制系统装置制造

武汉NEC中原移动通信工程公司
重庆川仪总厂有限公司
北京发那科机电有限公司
上海ABB工程有限公司
海德集团公司

◆电工仪器仪表制造

杭州华隆电子技术有限公司
上海世禄仪器有限公司
上海寺冈电子有限公司
兰吉尔表计(珠海)有限公司
广州南方电力集团电器有限公司

◆绘图、计算及测量仪器制造

宁波长城精工实业有限公司
宁波蓝达实业有限公司
梅特勒托利多仪器(上海)有限公司
北京赛多利斯仪器系统有限公司
宁波巨联工量具有限公司

◆实验分析仪器制造

安捷伦科技(上海)有限公司
横河电机(苏州)有限公司
上海精密科学仪器有限公司
岛津仪器(苏州)有限公司
上海威尔泰工业自动化股份有限公司

◆试验机制造

荣成市海翔试验机有限公司
广东汕头超声电子股份有限公司
浙江新界泵业有限公司
济南试金集团有限公司
台州东音泵业有限公司

◆供应用仪表及其他通用仪器制造

华立产业集团有限公司
江苏林洋电子有限公司
青岛华青仪表(集团)有限公司
宁波三星科技有限公司
鑫磊工贸有限公司

◆环境监测专用仪器仪表制造

陕西长岭电子科技有限责任公司
福建大姆指环保科技有限公司
北京吉祥德尔格安去设备有限公司
荣成市东一环保设备有限公司
亿鸿环保机械(苏州)有限公司

◆汽车及其他用计数仪表制造

惠州东风易进工业有限公司
延锋伟世通汽车电子有限公司
西门子威迪欧汽车电子(芜湖)有限公司
成都航空仪表公司
上海德科电子仪表有限公司

◆导航、气象及海洋专用仪器制造

陕西凌云电器总公司
国营汉光机械厂
海鹰企业集团有限责任公司
苏州一光仪器有限公司
重庆华渝电气仪表总厂

◆农林牧渔专用仪器仪表制造

肇庆市显通电子有限公司
广州广兴牧业设备有限公司
济宁市仪表厂
福州电力设备厂
烟台佳华欧配埃系统有限公司

◆地质勘探和地震专用仪器制造

河北赛赛尔俊峰物探装备有限公司
西安石油勘探仪器总厂
兖州市浩珂伟博矿业工程有限公司
济宁浩珂伟博有限公司
抚顺煤矿安全仪器有限责任公司

◆教学专用仪器制造

湖南长海数码科技发展股份有限公司
浙江天煌科技实业有限公司
浙江亚龙教仪有限公司
张家港市红叶视听器材有限公司
侯集教学仪器厂

◆电子测量仪器制造

泰克科技(中国)有限公司
上海贺利氏电测骑士有限公司
青岛前哨朗普测量技术有限公司
江阴市长仪集团有限公司
武汉市滨湖机械厂

◆钟表与计时仪器制造

珠海新明珠表业有限公司
山东伟博集团有限公司
中山梅华表业有限公司
金欧泰精密仪器(深圳)有限公司
天津中鸥表业集团有限公司

◆光学仪器制造

信泰光学(深圳)有限公司
普丽科技(佛山)有限公司
苏州璨宇光学有限公司
东莞信泰光学有限公司
尼康光学仪器(中国)有限公司

◆眼镜制造

陆逊梯卡华(东莞)宏眼镜有限公司
北京博士伦眼睛护理产品有限公司
诚益光学(厦门)有限公司
青岛宝库光学有限公司
成都市晶华光学集团公司

◆电影机械制造

伟成盒带厂(深圳)有限公司
东莞大岭山铃鹿富士施乐电器厂
深圳华强智能技术有限公司
南京光电仪器产业有限公司
虎丘影像科技(苏州)有限公司

◆幻灯及投影设备制造

苏州智能泰克有限公司
优利讯(上海)有限公司
汕头普乐士仪器有限公司
南京金象来电教器材有限公司
昆山伟视光学有限公司

◆照相机及器材制造

佳能珠海有限公司
佛山普立华科技有限公司
柯达电子(上海)有限公司
彩晶光电科技(昆山)有限公司
奥林巴斯(广州)工业有限公司

◆复印和胶印设备制造

佳能(中山)办公设备有限公司
佳能(苏州)有限公司
夏普办公设备(常熟)有限公司
理光(深圳)工业发展有限公司
佳能精技(苏州)办公设备有限公司

◆计算器及货币专用设备制造

金宝电子(中国)有限公司
安迅(北京)金融设备系统有限公司
迪堡金融设备有限公司
冲电气实业(深圳)有限公司
福建省新威电子工业有限公司

◆雕塑工艺品制造

深圳元升轻工实业有限公司
江西果喜实业集团有限公司
文登市双狮石雕厂
江西桐青金属工艺品有限公司
宝吉工艺品(深圳)有限公司

◆金属工艺品制造

荣成市崖头镇马家庄工贸公司
闽侯闽兴编织品有限公司
南京金箔集团有限责任公司
东莞勤上五金塑胶制品有限公司
浙江新光饰品有限公司

◆漆器工艺品制造

青岛龙丰盛发制品有限公司
湖北长江光电仪器厂
曲阜圣美框木有限公司
羿松装饰品深圳有限公司
浙江特艺集团有限公司

◆花画工艺品制造

中山华泰工艺制品有限公司
佛山市三水区华文人造花有限公司
荣成市精进工艺品有限公司
厦门金鹏人造花有限公司
荣成市艺田工艺品有限公司

◆天然植物纤维编织工艺品制造

莱州工艺品集团有限责任公司
祁东县金鹏草席有限公司
山东新伊甸工艺品(集团)有限公司
福州云飞编织有限公司
爱玲包装服饰有限公司

◆抽纱刺绣工艺品制造

山东云龙绣品工业公司
文登市裕祥绣品有限公司
安徽天鹅纺织制品公司
山东万得集团有限公司
杭州萧山美艺花边有限公司

◆地毯、挂毯制造

莱州小河工艺品有限公司
威海海马集团公司
威海山花地毯集团有限公司
日照东升地毯有限公司
联创实业有限公司

◆珠宝首饰及有关物品的制造

从化东麟钻石有限公司
上海老凤祥有限公司
浙江日月首饰集团有限公司
深圳市宝福首饰有限公司
周大福珠宝金行(深圳)有限公司

◆制镜及类似品加工

浚玉鹤玻璃制品有限责任公司
麦枘纳唐纳利(上海)汽车系统有限公司
武汉都市环保工程技术股份有限公司
广东多纳勒振华汽车系统有限公司
港隆镜艺有限公司

◆鬃毛加工、制刷及清扫工具的制造

江苏三笑集团有限公司
中原制鬃集团有限公司
清远市名业油漆工具制品有限公司
泰祥汽车配件(深圳)有限公司
嘉兴捷顺旅游制品有限公司

◆煤制品制造

北京市强旺原煤加工厂
许昌市恒源物资有限公司选煤厂
上海浦东北蔡燃料厂
淇县东街环城煤球厂
高碑店市镇南煤炭加工有限公司

◆ **金属废料和碎屑的加工处理**

江苏永恒钢铁实业有限公司
云南华云实业总公司
浙江宝嘉炉料加工有限公司
广州亚洲钢铁有限公司
上海宝钢钢铁资源有限公司

◆ **非金属废料和碎屑的加工处理**

莱州市华明工业塑料有限公司
沈阳增鑫塑料有限公司
北京松本光春环保资源再生有限公司
宁波特种油品厂
宁波天益金属冷挤压有限公司

◆ **火力发电**

湖南省电力公司
大庆石油管理局
陕西省电力公司
北方联合电力有限责任公司
华电国际电力股份有限公司

◆ **水力发电**

中国长江三峡工程开发总公司
二滩水电开发有限责任公司
黄河上游水电开发有限公司青海公司
江西丰城发电有限责任公司
五凌公司

◆ **电力供应**

江苏省电力公司
山东电力集团公司
华北电网有限公司
辽宁省电力有限公司
上海市电力公司

◆ **热力生产和供应**

北京市热力集团有限责任公司
石家庄东方热电燃气集团有限公司
中国石化集团荆门石油化工总厂
大连市热电集团有限公司
沈阳惠天热电股份有限公司

◆ **燃气生产和供应业**

北京市燃气集团有限责任公司
潮洲市华丰造气厂有限公司
乌审旗天然气公司
加德士海洋燃气能源有限公司
广州华凯石油燃气有限公司

◆ **自来水的生产和供应**

北京市自来水集团有限责任公司
深圳市水务(集团)有限公司
广州市自来水公司
上海市自来水市北有限公司
大连市自来水集团有限公司

◆ **污水处理及其再生利用**

北京城市排水集团有限责任公司
绍兴水处理发展有限公司
江门市文昌沙水质净化厂
上海化学工业区中法水务发展有限公司
唐山市城市污水处理有限责任公司
中国工业行业排头兵企业名单